故宫博物院十年论文选

2005～2014

故宫博物院◎编

1

故宫出版社

故宫博物院十年论文选（2005～2014）编委会

编辑指导委员会

主　任：单霁翔

成　员：纪天斌　王亚民　宋纪蓉　冯乃恩　娄　玮

顾　问

张忠培　郑欣淼

编辑委员会

主　　编：单霁翔

执行主编：宋纪蓉

副 主 编：于庆祥　项坤鹏

成　　员：

（故宫研究院各所负责人，以姓氏笔画为序）

王　素　王光尧　王进展　王跃工　方　遒　付卫东　任　昉

任万平　吕成龙　朱诚如　李　季　李袁婕　余　辉　陈丽华

陈俊旗　张志和　严　勇　罗文华　赵中男　晋宏逵　徐海峰

章宏伟　曾　君　蒋　威　雷　勇

（编辑人员）

张　露　左远波　杨爱英　万　钧　宋小军　何　芳　宋仁桃

梅　婷　王飞虎　李园明　赵　瑾　谭浩源

策　划

余　辉　赵国英

博物馆科学技术能力建设的实践与探索（代序）

单霁翔

中国的博物馆事业处于一个前所未有的繁荣发展时期，然而，科学研究是博物馆可持续发展的后劲力量。一方面，无论博物馆事业在适应社会需求中如何变化，科学技术在博物馆中的地位和性质不会有根本的改变；另一方面，博物馆科学研究应该与时俱进，为博物馆事业的繁荣发展提供支撑体系。今天，博物馆必须保持较高的科学水准和较好的科学形象，才能在文化领域中保持应有的文化地位。博物馆科学研究的内容包括藏品、展览、管理的各个方面，而实现科学研究的提升，则依靠科学技术人才的汇集和人才成长环境的优化。

新中国成立初期，历史和地方史志博物馆专业人员主要是来自高等院校考古、历史、美术等专业的毕业生。在新中国的高等教育史上，考古学专业诞生较早，北京大学历史系从20世纪50年代就开办了考古学专业；70年代以来，吉林大学、山东大学、南京大学、武汉大学等10余所高等院校相继开设了考古学专业，为文物博物馆行业培养了大批人才。改革开放以后，随着文物博物馆事业的快速发展，考古学专业已经不能覆盖文物博物馆行业涉及的所有专业领域，诸如流散文物鉴定、地面文物保护、博物馆藏品管理和展示设计等方面的问题，均突破了考古学范畴。

在1982年《文物保护法》颁布实施以后，博物馆人才培养进一步提上日程，专业培训扩展到了文物系统以外，包括与高等院校合作开办博物馆干部进修班，解决博物馆管理人才的学历问题，成为博物馆人才培养的一项重要内容。从1984年至1989年，国家文物局委托高等院校举办博物馆干部专修班，招收在职博物馆系统管理人员参加学习，学制一般为2年，合格者获得大学专科学历，提高了一批博物馆管理人员的基本素质。同时，还加强了对高层次博物馆人才的培养，与高等院校合作开展包括研究生教育在内的高层次专业人才培养。例如1986年9月，国家文物局委托南开大学举办

作者：故宫博物院院长，研究馆员。

博物馆学研究生班，学制3年。1989年3月，国家文物局和复旦大学共同筹建的复旦大学文物博物馆学院正式成立。这一时期，高等教育的相关学科建设取得了一些进展。从1980年开始，南开大学、上海大学、复旦大学、杭州大学等著名大学的历史学系相继开办文物与博物馆学专业。

但是总体来说，在中国的高等院校教育中，博物馆教育及相关专业的设置严重不足，绝大多数高等院校都没有开设有关博物馆的课程，甚至那些设有考古或文化遗产相关专业的高等院校也很少开设博物馆教育的课程。高等院校无疑应在博物馆教育活动中承担更重要的使命，发挥更大的作用，成为博物馆人才培养的主要渠道。自从中国恢复学位制度以来，在教育部系统学科分类中，历史学既是门类名称，也是一级学科名称；而"考古学及博物馆学"为历史学之下的二级学科。在教育部分管的本科专业名称中，"考古学"专业和"博物馆学"专业则是单列和并存。

在中国的高等院校里，聚集着数以千万计的优秀青年学子，他们毕业后会成为社会各行各业的栋梁之材，有的还会进入各级教育机构和政府的管理决策部门，青年学生对博物馆的了解和认知程度，就博物馆事业而言，具有长远的意义和价值。因此，在博物馆人才培养方面，应适应新形势和新任务的需要，逐步发展文物与博物馆学专业办学水平，为博物馆事业发展提供智力支持和人才保证。经过多年的发展，一些博物馆专业的毕业生，包括部分硕士生和博士生，逐步充实到博物馆岗位，使博物馆的知识和人才结构趋于合理。

这一时期的业务培训与博物馆业务工作结合更加紧密，更有针对性。其中，开展岗位培训始终是博物馆人才培养的重点。例如1994年中国革命博物馆举办了3期全国讲解员岗位培训班。1998年10月，故宫博物院又举办了4期古陶瓷鉴定高级研讨班，其中一期专门为台湾地区专业人员举办。1998年4月，国家文物局和北京大学联合成立北京大学考古文博学院暨中国文物博物馆学院。此后，国家文物局对于学院在经费、项目、基础设施建设方面给予支持，使学院办学条件有了很大改善，也使国家文物局在人才培养基地建设方面迈出新的一步。

1990年，国家重新启动职称评审工作，并将职称评审工作转入正常化轨道。1992年初，国家文物局成立高级职称评审委员会，针对文物博物馆方面三个系列的专业技术职务任职资格评审，在全国范围内进行指导和规范，使一大批博物馆专业人员获得了文物博物馆系列高级职务任职资格，大批优秀的高级专业技术人员的工作条件和生活待遇得到了改善，激发了他们献身博物馆事业的积极性，作为文物博物馆事业的骨干力量，活跃在博物馆等各相关领域，使博物馆界不断涌现高水平的研究成果。大部分省、自治区、直辖市文物部门也成立了独立的文物博物馆系列高级职称评审委员会，在促进专业领域学术发展、理论研究、技术进步，促进青年专家成长等方面发挥了重要的作用。

在2002年召开的全国文物工作会议后，国家文物局从事业发展的战略高度，将加强文物博物馆人才培训列为文物事业的四项重点基础工作之一，提出大力开展教育培训，在项目安排和经费预算方面给予保障，逐步实施资格认定、持证上岗制度，培养了更多的高素质文物博物馆专业人才和管理人才。此后，全国文物博物馆系统专业人才和管理人才培训得到明显加强。特别是在教育培训的模式方面有所创新，在总结以往培训实践的基础上，国家文物部门不再沿用自办培训中心模式，转为依托高等院校、科研机构的教学平台，开展教育培训，充分发挥高等院校教师、设施等教学资源优势，学习环境也更加优越，教育培训质量有所提高，教育培训的教学思路逐步清晰。

2003年以后，国家文物局与北京大学、清华大学、复旦大学、南开大学、四川大学、西北大学和中国文物研究所等高等院校和科研机构密切合作，连续六年举办了全国省级文物局局长、博物馆馆长、考古研究所所长、古代建筑研究所所长专业管理干部培训班，共培训省级文物博物馆管理干部440名，达到应参加培训人员的80%。在此基础上，推动博物馆人才教育培训向基层深入，积极指导各省、自治区、直辖市文物部门，开展地市县博物馆馆长和专业人员的培训工作。同时，一些博物馆以及中国博物馆学会和其他学术团体，也积极组织专业人才培训。

伴随着文化遗产事业科学发展，博物馆人才教育培训体系不断完善，国家文物行政部门和地方文物行政部门形成统一领导、分级负责、通力合作、运转高效的有效机制，使人才教育培训更加规范化、科学化，继续健全博物馆教育培训机构，稳定师资队伍。以杰出人才为主体的博物馆学科带头人队伍逐步形成，博物馆中科学技术人员的数量大幅增长，学历结构、专业结构、年龄结构得到改善，骨干人才队伍得到充实，科学研究实力和学术水平得到提升，自主创新能力和竞争实力得到显著提高。

同时，一些重点博物馆加大从业人员教育培训投入，创造条件，积极鼓励支持在职人员参加学历教育和继续教育培训，并在培养、引进和使用人才方面制定了专门的管理办法，在岗位设置和专业技术职务晋升、评审与聘任等各个环节进行合理规划，既严格各项标准和要求，又不拘一格，为博物馆从业人员设计合理的职业发展生涯。通过持续开展的博物馆人才教育培训，博物馆系统内文物保护科研人员数量较以往大幅增加，高素质科技人才比例快速提升；博物馆系统外科研人员大量涌入，人才队伍得以充实壮大。一批行业领军人物脱颖而出，一些科技专家进入国际科技组织工作。以优秀创新人才为主体的科研团队建设初见成效，逐步成为推动文物保护科学技术进步的核心力量。

当前，制约文物保护科学技术发展的因素，既有历史遗留问题，也有发展过程中产生的新情况、新问题和新矛盾，其中科学技术人才仍然匮乏、科学技术投入有待加强的问题突出。科学研究人员在行业从业人员中比例偏低，总量严重不足。能够把握国际文化遗产保护科学技术发展前沿、站在国家发展高度思考重大科学技术问题的战略科学家，既了解文物保护需求、又懂得科学技术的复合型科学技术人才，以及具有大局意识与统筹协调能力的科学技术管理人才严重短缺。基于自主创新的科学技术人才队伍建设需进一步加强，创新人才的成长环境尚需优化。

科学技术人才队伍建设是文物保护科学技术工作的根本。应通过科学技术项目引进人才，培养人才；与高等院校紧密合作，争取开设更多的文物保护科学技术专业，通过学历教育造就人才；与相关国家级科研院所以及国际知名文化遗产保护机构建立交流互访制度，提升高层次人才的培养档次等方式，积极推进人才的培养和创新团队建设。为此，博物馆系统内外科技工作者之间的屏障必须打破，建立起充分信任和稳定深入的合作关系，形成规模化、结构化的科学技术创新人才队伍，培养出博物馆学术带头人和复合型科学技术人才。

博物馆复合型科学技术人才是指熟悉博物馆工作规律，具有较强的科研能力和学术水平，创新意识强，或掌握多种专业知识和技能，并能够在博物馆工作中与不同专业领域的人才保持良好的沟通和专业合作，从而成为博物馆工作中的领军或核心人物的科学技术工作者。同时，需要顺应事业发展趋势，加强创新型人才培养环境建设。逐步建立学校教育和实践相结合、国内培养和国际交流合作相衔接的开放式培养体系。依托重大科学技术专项、重点科研项目、行业科研基地，以及国际交流合作项目，培养高层次创新型科学技术人才。重点培养一批博物馆科学技术战略人才、学术带头人、复合型人才，加强创新团队建设，基本形成开放、灵活、多元、高效的科学研究组织机制，形成结构合理的人才队伍。

目前，中国博物馆从业人员6万余人，学历结构、知识结构和职称结构，都与博物馆的专业化要求存在较大差距，与国外发达国家博物馆机构中专家云集、类似高等院校和科研院所的情况形成鲜明对比，提升博物馆从业人员的整体水平迫在眉睫。为此，一方面鼓励高等院校的博物馆专业发展，目前已有30余所高等院校设置了文物与博物馆学专业，比开设考古学专业的高等院校还要多。另一方面，专业技术培训项目和中外合作人才培养项目持续开展。与世界上其他博物馆以及学术研究机构建立良好的合作伙伴关系，并与之开展实质性的研究成果交流和资料共享，是博物馆加强科学研究水平的有效方式。为此，近年来扩大国际交流与合作，在项目实践中培养骨干人才。

从2002年开始，国家文物局结合文物博物馆工作实际，陆续举办了包括博物馆藏品定级以及馆藏书画、纺织品、古代家具、青铜器、石质文物等保护修复专业技术培训班，利用高等院校和科研院所的教学条件，通过在职培训、学历教育、师承制传授等多种途径，培养保护修复人才，造就大批具有创新意识和能力的高素质科技人才，建立起完善的馆藏文物保护人才培养模式。同时，通过开展馆藏文物保护修复领域重大课题的共同研究，使一批专业技术人员业务水平得到迅速提高，成为各个博物馆机构的业务骨干，逐渐形成馆藏文物保护修复人才队伍的基本力量。

就中国当下的博物馆事业来说，不仅要注重人才的引进、培养和锻炼，更重要的是改变人才的观念，加大在人力资源方面的投入，克服体制、编制、人才使用机制等方面的局限，提高人才的使用效率，包括提高人才的待遇。博物馆的特殊性决定，博物馆不仅需要独具特色的专家学者，例如文物鉴定专家、文物修复专家、文物保护技术专家等，还需要博物馆专业技术人员整体上有较高的水平，即优化的群体结构，这包括专业技术人员队伍的年龄结构、学历结构、职务结构、专业结构等。

中国博物馆界专业人员偏少，缺少重要学科带头人。博物馆工作者如何通过博物馆的文物藏品，利用有效的手段，使不同时代的历史得以呈现和揭示，使不同地域的文化得以交流与融合，使不同民族的遗存得以认知与探索，这些将是博物馆最值得深入研究的内容。管理理念的落后、人才队伍的匮乏，必定制约博物馆事业的发展。因此，在专业结构上，要从博物馆知识覆盖面广的特点出发，聘用多学科的专业人员。作为一名现代博物馆科学技术人员，应当努力成为本专业的专家，要具有创新的意识，要跟上时代的步伐，努力调整自己的知识结构。

随着研究领域的扩展与深入，博物馆的科学研究方法不断扩展与更新，需要将不同知识背景和专业背景的研究人员整合到博物馆的科学研究平台上，通过博物馆与科学研究机构、保护管理机构制定战略合作协议等方式，打破原来各自学科的分隔壁垒，在人才培养、学术活动、项目实施、国际交流等各方面积极开展合作。博物馆拥有丰富的科学研究资源，需要博物馆人员研究，也需要社会人士参与研究。由于一般博物馆缺乏研究人才，因此在学术研究方面应坚持开放性原则，动员社会力量，特别是科研机构、高等院校参加和支持与博物馆有关的学术研究工作，借助专家的力量来提高研究水平。博物馆要开放研究空间，吸引更多的社会人士参与科学研究，才能提高整体科学研究水平，实现多出研究成果，多出学术人才。

博物馆应成为科学研究和知识普及的重要平台。不仅要建设一支理论研究队伍，有效整合理论资源，还要创造良好的学术氛围。例如南京博物院重视营造浓厚的学术氛围，着力培育专业素质好、知识水平高的研究队伍，全院员工每年平均在各类期刊发表论文 200 余篇，在国内外学术研讨会发表学术演讲近 50 人次。博物馆丰富的文物藏品和文化遗址，需要一代甚至数代人不懈的潜心研究，所以发挥专业人才科研优势，加强科技保护，把分散、残缺的文物信息尽可能还原成连贯的历史文化链条，挖掘文物藏品所蕴含的深层内涵和价值，进而就相关古代文化、艺术、科技等重大专题展开研究，解开历史的谜团，传承优秀基因，达到古为今用的目的，让社会公众更多地了解博物馆，让博物馆更加充满活力。

深入浅出的研究成果和普及教育，攸关博物馆的影响力和吸引力。一方面，高等院校在建筑、艺术、教育、传播，以及资讯管理、财务管理、商业管理等学科课程中普遍开设博物馆学概论，有益于学生未来接触博物馆与文化遗产专业知识。另一方面，从青少年时期开始培养对博物馆的参与习惯，这是普及教育的基础。同时应重视中小学教师的博物馆知识教育。中小学校的基本教育与社区亲子教育中加入博物馆的学习课程，也是大众终身学习教育的基础。

国际博物馆协会的博物馆专业人才训练委员会（ICTOP）成立于 1968 年，20 世纪 70 年代之后，在国际博物馆协会提出博物馆专业培训课程纲领之后，各国的高等院校相继成立博物馆学研究所并推出各种专门与专修课程，目前，该委员会提出一系列博物馆专业发展课程指南，致力于专业人才培育，针对今天的博物馆发展与未来的变革，将研究与提供培训课程的结构与内容纲要作为建议。具体目标包括：增进不同国家在博物馆领域的相互了解，传播各国发展成果，介绍各国博物馆政策和成功做法，让更多的人认识博物馆与文化遗产问题。通过向学员传播博物馆发达国家的文物保护技术和博物馆管理经验，促进和加强发展中国家博物馆事业的发展。

苏东海先生认为博物馆的科学研究可以区分为三类：一是学术性研究。这是一种严格科学意义上的具有科学探索价值的研究。这种学术性研究存在于博物馆专业学科的研究、博物馆学的研究以及文物藏品研究之中，学术研究的成果最终通过公认的论著发表等途径传达给社会公众。二是普及性研究。博物馆的许多业务研究属于学术成果的运用而不是学术研究本身，即一种普及性研究，普及性研究也是一种创造性研究，具有很高的社会价值。三是服务性研究。这里指的是科学研究服务的某些研究工作，例如编制文物藏品检索系统、编写出版文物藏品目录以及提供学术研究动态资料等。

博物馆科学研究是以服务社会、传播知识、教育观众为已任的一项公益性工作，博物馆发展需要科学研究功能提供重要的支撑作用。在科学研究功能的基础上，可以增进人们对博物馆及其藏品的认识深度和兴趣，持续地发挥博物馆的综合功能。因此，要自觉地把博物馆作为真正意义上的研究对象，提倡科学思想、科学精神、科学理念、科学方法、科学态度，努力使之成为一门有理论表述与体系框架的学科。随着社会环境的演变，博物馆为了应对新的社会需求，励精图治，踏实践行，积极以公众需求为导向，在文化传承的基础上，探索科学技术支撑，以面向现代社会发展；强化学术研究攻关，以突出文化纵深认知；重视公众文化教育，以拓展社会横向联合。

博物馆的文物藏品来源大致分为两大类，一类是考古挖掘工作结束后经过整理移交的出土文物，另一类是社会上的收藏并经过征集入藏的传世文物，当然也还包括捐赠等其他渠道和方式进入馆藏的文物，但是主要是前两类。不论是出土文物，还是传世文物，进入博物馆之后，都有一个继续深入研究的任务，这是因为人们对事物的认识都有一个从感性到理性不断深入和完善的过程。随着社会的发展和各学科之间相互渗透、互相影响的关系不断加深，必然会促进各学科原有基础上的研究进一步深入，进行新的探讨与反思，以达到研究的不断深化和认识的逐渐正确。

博物馆管理的每一件文物藏品，都必须经过科学鉴定，在肯定其历史的、科学的或艺术的价值之后，才能作为博物馆的正式收藏品。鉴定工作既是挖掘文物自身价值的过程，又是通过研究加深理性认识的过程。因此，只有通过科学研究，才能辨其真伪，确定其价值，进而为文物藏品的保护与收藏提供科学的依据。同时，由于科学研究信息分享和文物安全保护的需要，必须建立和健全文物档案，科学研究还为文物档案的建置提供了准确的资料。

加强博物馆藏品研究，是博物馆事业发展的重要保证，也是博物馆学发展的重要基础。我国博物馆的文物藏品异常丰富，应充分利用博物馆藏品的优势，开展以文物藏品研究为核心的博物馆学研究，发展和构建独具特色的博物馆学体系。不仅历史类博物馆应该加强文物藏品研究，任何类别的博物馆都有各自的文物藏品研究任务，均应结合各自博物馆实际，对不同时代、不同地域、不同材质、不同器类、不同制作工艺的文物藏品特征进行深入透彻地研究，以文物藏品价值的研究、保护、传播利用为核心，重新认识文物藏品在博物馆学研究中的重要地位。

现代博物馆学要求在研究文物藏品的过程中，不仅要关注文物藏品本身，还要把文物藏品放在人类知识所能了解的已逝年代文化背景下，去观察、探讨、诠释文物藏品赖以产生和存在的环境状态，解读它所承载的历史文化信息，进而认识社会历史的真实及其沧桑变迁，从而揭示人类社会发展的客观规律。博物馆藏品作为一种可移动文化遗产，通常由物质形态和文化意义两部分构成。所谓文物藏品研究，其本质是将文物藏品中蕴藏的文化意义揭示出来。这些文化意义，就是陈列展览应该向观众传播的有效信息，也是观众希望通过博物馆学习获得的各种知识。

目前，从中国博物馆陈列展览的总体状况看，普遍缺乏针对文物藏品的系统而且目标意义指向明确的深度分析研究，缺乏必要的学术支撑，这是影响陈列展览质量的重要原因。为此，加强博物馆对相关主题及文物藏品的研究，应该是目前博物馆界的重要任务[1]。博物馆的文物藏品研究，应从社会联系和历史变化的角度，探讨一系列文物藏品之间流转变化的逻辑与原因，掌握其流变的轨迹，以了解自然、社会及人类观念的变迁。同时，通过加强对文物藏品背后非物质因素的研究，使观众得以透过文物藏品的物质性，了解文物藏品制造者和使用者的精神世界。

丰富的文物藏品是任何一座博物馆得以生存、发展的基础与前提。文物藏品研究是保护管理工作职能的一个重要方面，对文物藏品进行研究的广度和深度，体现了专业工作者的业务素质与研究造诣。随着研究的深入以及科学技术所提供的技术手段愈

1　严建强：《信息定位型展览：提升中国博物馆品质的契机》，《东南文化》2011 年第 2 期。

多，对文物藏品价值深层次的认识也会愈来愈多，通过检测可以分析出文物藏品的材料来源、产地、制作工艺以及文物藏品的化学成分、物质结构、绝对年代等数据，分析的结果是文物藏品鉴定和养护技术的可靠依据，能够促进文物藏品的科学研究，并为人们提供认识和评价文物藏品价值更加科学的凭证。

博物馆专业人员对文物藏品的征集、鉴定、归档、保管以及展示等，均需要科学研究成果的支撑。因此，长期以来所说的博物馆具有研究功能，一般是指对于文物藏品的研究，即通过揭示文物藏品的文化内涵，以更好地为陈列展览服务，为社会公众服务。不可否认，文物藏品为科学研究提供实物基础，是博物馆科学研究的重要课题。今天应该下大力气，自觉地以当代的眼光阐释文物藏品的历史意义与当代意义，在注重研究文物藏品内涵的同时，增加文物藏品与当代社会生活的关系研究，要在文物藏品的文化内涵与博物馆观众的文化需求之间建立联系，通过深入研究，使文物藏品在现代生活中发挥不可替代的作用。

通常说博物馆具有三大功能，即收藏、研究、展览。如果说文物收藏功能是基础，陈列展览功能是功用，那么科学研究工作就是解析文物藏品信息、指导陈列展览的承上启下的重要环节。英国自然博物馆馆长 M. 迪克森（M.Dixon）认为，“传统上，大多数公众认为博物馆是一个教育和休闲娱乐的地方，却没认识到博物馆背后的科学支撑”。实际上，博物馆质量提升与博物馆的学科建设和科学研究密不可分。博物馆的科学研究内容十分丰富，既有以文物藏品为中心的器物研究、考古研究，又有以陈列展览为中心的研究，更有以人为中心的研究。

博物馆根据规模和性质设置技术工作区。社会科学类的博物馆设有文物保护科学实验室、文物修复室、文物复制工场等，自然科学类的博物馆设有标本制作室、化石修理室、模型制作室，还要有适当的科研经费，具备先进的分析检测仪器、修复技术设备和有高素质专业技术的人才等客观条件。博物馆藏品的概念不断扩大，文物藏品的价值和作用也在不断提高，不只限于作为博物馆业务研究的物质基础，也要向公众展示更多信息，博物馆是开放的公共文化机构，应该积极创造条件，利用文物藏品体现其社会职能，这也是文物保护管理和科学研究的目的。

今天，信息技术的发展，使人们对科学和技术状况的了解变得比以往任何时候都更加容易。但是，当一些博物馆纷纷借鉴或仿效各种游乐手段，努力向休闲娱乐场所转型之际，英国的博物馆则将博物馆的视野延伸到科学领域，致力于揭开博物馆幕后的秘密，建立公开的交流平台，公示收藏和研究这一博物馆的核心功能，实现内部实验室向公众开放，让公众了解支撑博物馆展览教育活动的科学内容，鼓励更多公众参与内部的科研过程，并通过专家讲解、标本制作、三维特效互动式电影播放等方法，让人们更容易理解接受，体验发现奥秘的快乐，以此扭转博物馆作为娱乐场所的形象，并将公众理解科学深化为公众理解收藏，公众理解研究，公众理解未来[1]。

新形势下衡量博物馆发展的标志不仅是文物藏品的不断增加和良好保存，更重要的是如何提高文物藏品利用率，充分有效地利用以满足公众和社会的需要，也是探索博物馆发展的新型的运作模式。浙江省博物馆于 2010 年 12 月举办了中国古琴国际学术研讨会，同时举办了馆藏唐代雷琴演奏会。来自海内外的琴学专家以及古琴藏品丰富的博物馆代表参加了此次活动。在博物馆古琴作为文物研究和保护的对象，重视其历史文化的价值，但是古琴往往失去了作为乐器的本身属性和主要功能，其生命似乎在进入博物馆时就被宣告“死亡”。博物馆对于馆藏古琴的研究，也偏重器形、题刻、断代、鉴赏等，而古琴的音色，则不在研究和保护的范围之内。同时，在多数情况下，对于馆藏古琴不主动进行修复，不上弦，也不做技术修复处理，以保持入馆原貌为原则。

浙江省博物馆认为需要重新唤醒古琴作为乐器的本身功能，应使古琴在博物馆里继续为社会民众发挥更多的价值。因此，演奏会的推出引起各方的关注，专家学者对于博物馆能够深入发掘古琴的历史、文化、艺术价值，开创馆藏古琴作为乐器演奏的先河，尝试改变馆藏古琴“只见其形，不闻其音”的状态，探索馆藏古琴“活化收藏”途径，唤醒沉睡多年的馆藏古琴，弹奏出古香古色的唐宋清音，无不表示赞赏。加拿大博物馆学家威特林说：“任何机构如果根本不利用物品，或者没有把藏品用作主要的

1 章迪思、梁建刚：《自然博物馆：重建中的若干可能》，《解放日报》2009 年 11 月 30 日第 5 版。

信息传达工具，不论其性质如何，都不是博物馆。”[1]事实上，古琴在安装上琴弦以后，就能保持力学上的平衡，就不至于散架。因此，对于馆藏古琴的保护，需要更多地赋予它生命活力[2]。

中国人民抗日战争纪念馆研究部提出“研究部也是服务部”的口号，强调研究工作要为博物馆各项工作提供学术服务，要为社会大众提供学术咨询服务。鉴于陈列展览要“见人、见物、见事、见精神”，在实现“见人、见物”的基础上，通过研究人员对陈列展览的细节开展深入细致的研究，挖掘抗日战争文物背后的故事、抗日战争照片背后的故事、抗日战争人物背后的故事，实现“见事、见精神”，给观众留下清晰、深刻的印象。努力建设“抗日战争史料征集和研究中心”，汇集和挖掘散落在全国各地图书馆、档案馆、民间收藏家手中的资料，以及港澳台的抗日战争资料，还从英国、美国、俄罗斯、日本等国家收集相关史料，形成有一定规模的抗日战争资料中心。抗日战争史料征集和研究中心建成后，逐步向社会开放，为社会研究提供平台和服务[3]。

科学研究是博物馆服务社会公众的重要组成部分，也是博物馆文化传播的基础，例如一项陈列展览的学术水平与思想深度，同该博物馆科学研究的质量息息相关。但是，目前博物馆普遍缺少对于陈列展览的细节研究。蔡元培先生曾经提出“拿我们的观察，拿介绍的态度”的观点，这一论述实际上就是指博物馆科学研究的内容和所持的态度。博物馆各项业务活动的基础是科学研究，但是它的主要内容是对于文物藏品和宣传教育的研究，研究成果要体现在陈列展览上，“陈列展览就是一篇不是用文字写成的研究论文”[4]。同时，博物馆的科学研究不仅包括临时展览研究、固定陈列研究、展览主题选择、展览策划探讨等方面的研究，而且包括博物馆的安全防范、开放服务、馆舍

1 苏东海：《什么是博物馆——与业内人员谈博物馆》，《中国博物馆馆刊》2011 年第 1 期。

2 陈亚萍：《博物馆古琴活化收藏与保护》，《中国文物报》2010 年 12 月 29 日第 5 版。

3 罗存康：《纪念馆研究工作与服务社会大众》，《中国纪念馆》2011 年第 1 期。

4 宋伯胤：《博物馆：学校以外的教育机构》，《东南文化》2010 年第 6 期。

管理等方面的研究，可以说博物馆研究是极为宽泛的概念，研究对象丰富多彩、千变万化，各个博物馆依据自身特点，选择研究对象，侧重点又有所不同。

任何一门学科的发展都有赖于其他相关学科的相互渗透、借助和补充。“学科分类的精细化是社会分工日益精细和人类活动社会化程度不断趋强的反映，是科学的进步；但是，如果不适当地在学科设置和研究工作中构筑壁垒、设置鸿沟，就会妨碍学术的发展”[1]。博物馆的科学研究具有很强的综合性，需要与社会科学和自然科学中的许多学科之间建立密切联系。因此，博物馆学的研究方法，也必然呈现多元化和综合性，必须引入其他相关学科的理论和方法，从不同的学科角度对博物馆诸多问题进行立体、综合的考察研究，这样才能实现对博物馆诸多问题较为全面、本质的认识。

博物馆的研究应当加强与社会各界的联系，积极为社会科学研究提供有效的资料和素材，为社会科学研究提供客观的历史见证物。博物馆还应积极开展博物馆学有关的专业学科的研究工作，使博物馆的各项业务活动都在科学研究的基础上进行。专业学科的研究，应从本馆的性质和任务出发，以文物藏品为基础结合文献资料进行，研究成果主要体现在陈列展览、研究论文和学术专著等方面。博物馆的活动及展示要以适当的研究成果来有效呈现，研究的主题要符合博物馆发展的核心策略，并具有开放性。

一座博物馆要成为研究型博物馆，需要在更广阔的视野上，对博物馆的各项工作进行全方位的研究。例如博物馆与考古学和考古遗址的关系；博物馆与文化遗产和自然遗产的关系；博物馆与工业遗产、农业遗产、当代遗产的关系；博物馆与物质遗产和非物质遗产的关系；博物馆与社会文物和民间收藏的关系；博物馆与数字信息化、网络化、新媒体传播的关系；博物馆与旅游业的关系等。社会的发展，公众的需求，是一个动态的过程。全方位融入现实社会的博物馆，还应密切关注正在发生的、与博物馆有关的社会热点问题，及时地将它们纳入研究范围，作为研究的对象。

研究型博物馆是博物馆可持续发展的不竭动力。博物馆学是一门研究和指导博物

1　江蓝生：《追求融通与交叉的学术境界》，《人民日报》2009 年 8 月 7 日第 7 版。

馆事业发展的学科。作为一门逐渐形成的新学科，博物馆学符合“优势突出、特色鲜明、新兴交叉、社会急需”的学科设置原则，具有明显的跨学科性、综合性和交叉性特征，并且这些特征贯穿于博物馆学研究的过程之中。今天，“博物馆的学术研究有越来越狭小化的倾向。相对于研究所或者大学，博物馆的研究视野相对狭小，研究层次相对较低”[1]。这种“狭小化”的学术视野必然影响博物馆科学研究的广度、深度和质量。因此，博物馆科学研究必须拥有跨学科的思维，采取跨学科的研究路径，运用跨学科的研究方法，才能取得跨学科的研究成果。

国际博物馆协会致力于培养博物馆专业人才，主要培训对象包括来自发展中国家的以下人员：从事文化遗产和博物馆保护和利用的管理工作者；从事博物馆业务工作的中级以上专业人员；不同类型博物馆的馆长和专业技术人员；生态博物馆、民族村寨博物馆所在社区的管理者和居民代表；从事文化遗产旅游项目的研发人员和市场推广人员；高等院校遗产科学、博物馆学等专业的假期研修生或课题研究人员。通过为期10年的项目合作，达到提高受众国家和地区的博物馆和文化遗产管理的专业化水平，促进文化遗产和博物馆理论研究，推动发展中国家博物馆和其他遗产管理机构对文化遗产加以有效保护和可持续利用的目的。

随着中国综合国力的不断提高，博物馆领域对外合作交流日益增多，在提高博物馆的国际化、现代化水平方面发挥了独特作用。同时，中国博物馆学的发展在国际上仍显滞后，这主要反映在中国博物馆学领域缺少新的思想和新的理论，在学术领域缺少国际领先的研究成果，博物馆学的发展滞后于博物馆的发展。进入21世纪以来，博物馆的内外部环境发生了巨大变化，如何适应这种变革，为博物馆的发展探索可持续发展之路，已经引起广泛的国际关注。中国博物馆的快速发展，赢得了国际博物馆界的高度赞誉，国际博物馆协会等国际专业组织对与中国开展合作表现出浓厚的兴趣。

正是由于20多年来中国博物馆协会与国际博物馆协会合作的深度和广度不断拓

1　郭长虹：《社会发展与博物馆社会服务观念的变革》，《博物馆观察——博物馆展示宣传与社会服务工作调查研究》，第132页，学苑出版社，2005年。

展，中国计划发起组建国际博物馆协会培训中心（ICMS）。2010 年 5 月“5 · 18 国际博物馆日”期间，笔者在广州会见了国际博物馆协会总干事安弗伦斯，向国际博物馆协会提出在中国建立一个国际博物馆协会培训中心的建议，并就双方合作的基本原则提出了想法，希望此项合作能作为 2010 年 11 月在上海举办的国际博物馆协会第 22 届全体会议的一项重要成果。鉴于中国、亚洲太平洋地区及世界上其他地区博物馆的快速增长，考虑到所有博物馆学科领域日益增长的能力建设及恰当的研究与发展的需要，以及国际博物馆协会亚洲太平洋地区组织提出的全世界范围内的广泛参与式接触的相关建议，安弗伦斯总干事对在中国建立国际博物馆协会培训中心的提议给予了积极的回应。

根据国际博物馆协会亚洲太平洋地区组织、国际博物馆协会中国国家委员会的提议，作为 2010 年国际博物馆协会大会及全体会议的成果之一，2010 年 11 月 12 日，国际博物馆协会第 22 次全体会议原则通过《关于建立国际博物馆协会国际博物馆培训中心的决议》，即在中国建立国际博物馆协会国际博物馆培训中心。2012 年 7 月，国际博物馆协会马丁·汉斯·辛兹主席访问北京，就在故宫博物院建立国际博物馆协会培训中心相关事宜达成共识。2012 年 9 月，国际博物馆协会中国国家委员会秘书处向巴黎国际博物馆协会总部提交了《关于合作建立国际博协培训中心协商会议的报告》。

2013 年 1 月，中国博物馆协会与故宫博物院签署了国际博物馆协会国际博物馆培训中心委托合作框架协议。故宫博物院作为实际运行机构，为培训中心的运转管理和项目实施提供必要的人力资源。国际博物馆培训中心的目标是：研究并集合世界不同地区关于博物馆发展研究的学术动态；促进不同文化及区域博物馆情境中参与社区文化事务的模式；基于区域及国际合作促成能力建设项目，在推进博物馆现代化及专业化的过程中发挥作用；促使所有国际博物馆协会会员，特别是来自低经济指标国家的会员能够参与所有项目活动。

原载《平安故宫 · 思行文丛 · 癸巳集》，故宫出版社，2014 年

目　录

历史

宫廷建筑

金石考古

书画碑帖

陶瓷

宫廷工艺

图书档案

博物馆理论与实践

故宫的价值与地位

郑欣淼

内容提要：故宫的价值伴随着不断深化的文化思想与人文意识而逐步得以增值，即“皇宫的故宫”封建皇权中枢，“博物院的故宫”全民财富，“世界文化遗产的故宫”明清时期中国文明，“故宫学视野下的故宫”全方位文化遗产。故宫的价值奠定了故宫的地位，即国宝地位，体现在四个方面：皇家收藏与王朝命运的紧密相连、清宫旧藏与民族文化的延续、文物迁徙与国宝命运的底定、两岸故宫并存与互补彰显的民族和谐的现实意义。故宫的价值与地位终显于故宫的文化意义，能够为中华民族的伟大复兴作出贡献。

关键词：故宫价值　故宫地位　故宫文化　民族复兴

故宫是什么？是紫禁城，是皇室藏品，是曾在这里发生过的人和事，也是这几方面所组成的文化整体。故宫有着非同寻常的价值以及特殊的地位。认识了它的价值及地位，才能说了解了故宫，也才能明确故宫在当代的意义。

一　对故宫价值认识的四个阶段

故宫的价值是客观存在的，但对它的认识是一个不断深入研究的过程。80多年来，对故宫的认识经过了四个阶段。

（一）作为皇宫的故宫（1911年以前）

故宫是明清两代的皇宫，又叫紫禁城，中间虽经多次重修和扩建，但仍保持了初

作者：原故宫博物院院长。

时的格局。从1420年建成至1911年清朝统治结束，491年间先后有24位皇帝在此居住并执政。

皇宫是封建帝王发布政令的统治中心和豪华生活、奢侈享受的所在，因此总是力求宏大壮丽。西汉初年，天下还未定，萧何大发民役营作未央宫，“壮甚”，汉高祖刘邦以为过度，怒责萧何，萧何回答说：“天下方未定，故可因遂就宫室。且夫天子以四海为家，非壮丽无以重威，且无令后世有以加也。”[1]刘邦听了大悦。因此，宫殿营造的指导思想是儒家礼制，是尊卑贵贱的等级制度，它鲜明地反映了中国传统文化中注重巩固人间社会政治秩序的特点，特别是体现统治者的权威与财富，也象征着封建王朝的强大。唐初骆宾王有诗说：“山河千里国，城阙九重门。不睹皇居壮，安知天子尊？”[2]，“九天阊阖开宫殿，万国衣冠拜冕旒。”[3]王维的诗句，使人们感受到唐代大明宫早朝时的庄严、帝王的尊贵以及唐王朝的威仪。

宫殿是中国古代建筑中发展最为成熟、成就最高、规模最大的一类建筑，故宫则是历代宫殿建筑的集大成者，也是我国古代宫城发展史上现存的唯一实例和最高典范。故宫城墙以内的面积达到72万平方米，现存建筑面积16.7万平方米。紫禁城蕴含着深刻的政治、文化意义，体现了“皇权至上”的伦理思想。它的规划设计是附会封建宗法礼制的，继承了传统的宫城、内城、外城的三重城制度，居都城中央。它有大明门、承天门、端门、午门、奉天门及奉天（太和）、华盖（中和）、谨身（保和）等五门三朝。三大殿等南部建筑为“外朝”，以北建筑为“内廷”，乾清门内及乾清宫之廷为“燕朝”，也就是所谓的“寝”。总体规划布局仍可见“五门三朝”“前朝后寝”“左祖（太庙）右社（社稷坛）”，体现儒家的理想和封建礼制。传统的阴阳五行学说在紫禁城建筑中也得到运用。

如果说秦汉宫殿主要是通过高台建筑形式追求“非壮丽无以重威”，那么隋唐宋元以来，则通过纵向排列，从空间序列上取得整齐、庄重、威严的艺术效果；而紫禁城正是将以往的实践经验兼收并蓄，成为我国封建社会后期宫殿建筑的典范。在建筑布局上，故宫强调所谓“中正无邪”，即中轴对称的方式，从永定门开始，经前门、天安门、端门、午门、太和殿、景山、地安门、鼓楼、钟楼，北京城市和皇家建筑形成一条长约8千米的中轴线。故宫在这条中轴线的中部，其中最重要的建筑外朝三殿和内廷三宫都坐落在这条中轴线上，其余建筑则对称布置于左右，形成强烈的反差与对比。同时以层层推进、步步深入的手法，给人以深远、悠长之感。太和殿是整个宫殿建筑的中心，它不仅占据了最主要的建筑空间，而且在布局和建筑上还调动了种种手段来衬托它，集中体现了皇帝至高无上的封建威权，“非壮丽无以重威”在此得到绝好的印证。

---

1 （西汉）司马迁：《史记·高祖本纪》，中华书局，1982年。

2 《帝京篇》。

3 《和贾舍人早朝大明宫之作》。

故宫修成后，当时的文渊阁大学士金幼孜作了《皇都大一统赋》，称颂："萃四海之良材，伐南山之巨石。""以相以度，以构宫室。栋宇崇崇，檐楹秩秩。以盖以覆，陶冶埏埴。以绘以图，黝垩丹漆。焕五彩之辉煌，作九重之严密。""超凌氛埃，壮观宇宙。规模恢廓，次第毕就。奉天屹乎其前，谨身俨乎其后。惟华盖之在中，竦摩空之伟构。文华翼其在左，武英峙其在右。乾清并耀于坤宁，大善齐辉于仁寿。""左祖右社，蔚乎穹隆；有坛有庙，有寝有宫。"[1]

作为皇宫的故宫，是皇权的象征，是封建王朝的中枢所在地，成为鲜明的政治符号，有着至高无上的地位，它庄严、肃穆，也充满神秘感。

（二）作为博物院的故宫（1925 年以后）

故宫博物院的创立，具有两方面的意义：其一是民主革命的又一胜利，是对复辟势力的一次致命打击；其二是我国文化艺术史上的一个伟大业绩。

辛亥革命结束了清朝的统治，根据《清室优待条件》，溥仪还暂居紫禁城内廷，这一住就是 13 年。不仅清代皇帝"尊号"仍存，且继续使用宣统年号，并享受中华民国对待外国君主之礼遇。逊清皇室在北洋政府的庇护下，不断进行与民国政府法令相抵触的活动。1917 年张勋复辟破坏共和的闹剧，便是其中的一幕。1924 年 9 月的第二次直奉战争中，爱国将领冯玉祥发动震惊中外的"北京政变"，修正《清室优待条件》，驱逐溥仪出宫，完成了辛亥革命未完成的事业。接着成立"清室善后委员会"，负责清理清室公产、私产及一切善后事宜，成立图书、博物馆筹备会。在点查过程中，清室遗老及保皇怀旧军阀、官员的阻挠与破坏从未停止。发现的溥仪与内务府大臣金梁、保皇派头子康有为密谋复辟的往来信件，使人们进一步看清，冯玉祥将军驱逐溥仪出宫是正确的，因为只要溥仪还住在紫禁城内，逊清遗老、旧臣和保皇党人就断不了复辟的念头。鉴于当时的紧迫形势，善后委员会认为，应迅速成立博物院，使清宫善后之事成为公开局面，才能杜绝清室方面的复辟妄想。根据图书、博物馆筹备会完成的筹备工作，善后委员会决定于 1925 年 10 月 10 日举行故宫博物院成立典礼。10 月 10 日是中华民国的国庆日，这当然是颇有用意的。在成立大会上，曾任摄政内阁总理的黄郛致词说："今日开院为双十节，此后是日为国庆与博物院之两层纪念；如有破坏博物院者，即为破坏民国之佳节。吾人宜共保卫之。"执行驱逐溥仪出宫的警卫司令鹿钟麟说："大家都听过'逼宫'这出戏，人们也指我去年所做之事为'逼宫'。但彼之'逼宫'为升官发财，或为做皇帝，我乃为民国而'逼宫'，为公而'逼宫'。"[2]人们在讲话中一再强调在这一天成立故宫博物院的深意。把博物院与民国等同起来，

1　转引自（清）于敏中等编纂《日下旧闻考》（一），第 93 页，北京古籍出版社，2001 年。

2　《益民报》1925 年 10 月 11 日。

既说明博物院的意义重大，也表示了要像保护民国一样保护博物院的决心。

博物馆是以文化教育为目的，收藏、研究、展示和保存实物的机构。19世纪下半叶在洋务运动、维新运动中，有识之士不断提倡引进西方类型的现代博物馆，作为“开民智”的重要措施。由于办博物馆被视为“新政”之一端，遭到清政府的反对。故宫博物院的成立，将紫禁城这座昔日帝王居住的宫苑禁区，变为平民百姓可以自由参观的场所；将作为君主法统象征和仅供皇帝观赏享用的珍贵文物，变为全民族的共有财富。故宫博物院成立时，就制定了《故宫博物院临时理事会章程》。1928年，国民政府颁布了《故宫博物院组织法》，这是中国历史上第一部有关博物馆的法律，后来又颁布了《故宫博物院理事会条例》。这两份文件在故宫博物院的发展史上具有十分重要的意义，标志着博物院已由草创走向成熟，也是中国博物馆事业走上正轨的开端。

故宫博物院以其宏伟壮丽的宫殿建筑和精美绝伦的古代艺术珍品名扬海内外。但是，由于故宫博物院是在反对帝制复辟的背景下成立的，反对封建主义又是民主革命的重要任务，因此，如何在反对封建主义的同时，保护好历史文化遗产，就是需要正确认识和处理的一个问题。在一个较长时期，故宫博物院被定为艺术类博物馆，人们相对重视的是故宫的艺术品。故宫古建筑，因是封建帝王的皇宫，虽然在维修保护上作了很大努力，但未得到应有的重视。对于文物藏品，看重的是传统的铜、瓷、书、画等，不少宫廷遗物被当做非文物作了简单处理，例如处理宗教画；拆毁乾隆年制的八旗甲胄卖铜钉、革；而清代2万多幅帝后书画作品，也是没有当做文物对待的。为了适应展览需要，或因其他原因，撤除一些殿堂的原状陈设或改造其内部格局，例如皇极殿、奉先殿的室内原状陈设被撤除并处理给另外的文物单位，乾清宫东西侧的端凝殿、懋勤殿、上书房、南书房等地方的室内原状皆被拆除等[1]。1959年，更有人提出故宫“地广人稀，封建落后”，要对它进行改造。在处理反封建与保护历史文化遗产的关系上，是有教训的。

（三）作为世界文化遗产的故宫（1987年以后）

1972年，联合国教科文组织在法国巴黎通过了《保护世界文化与自然遗产公约》，确定为了人类的今天和未来，将世界范围内被认为具有突出和普遍价值的文物古迹和自然景观列入《世界遗产名录》，以确保遗产的价值能永续保存下去。《公约》规定，对于世界遗产，整个国际社会都有责任予以保护。1987年，故宫被列入世界文化遗产。世界遗产组织对故宫的评价是：“紫禁城是中国五个多世纪以来的最高权力中心，它以园林景观和容纳了家具及工艺品的9000个房间的庞大建筑群，成为明清时代中国文明无价的历史见证。”

1 参阅朱家溍《忆单士元兄》，《中国文物报》1998年6月10日。

故宫成为世界文化遗产，使人们对故宫古建筑价值的认识有了深化。建筑是人类历史文化的纪念碑，伟大的建筑往往成为一个城市、一个民族甚至一个国家的象征物。故宫就是这样的象征物。故宫不只是宏伟的古建筑，还包括珍藏其间的文物精品，它们联结在一起，成为中华传统文化的一个载体与中华文明成就的一个标志。故宫所代表的是已经成为历史的文化，而且有着宫廷文化的外壳，同时它还代表了当时的主流文化，经过了长时期的历史筛选和积累，当然不能简单用“封建落后”来概括。故宫和博物院不是毫不相干或对立的，而是有机的统一，是相得益彰。把它们结合起来就可看到，故宫博物院是世界上极少数同时具备艺术博物馆、建筑博物馆、历史博物馆、宫廷文化博物馆等特色，并且符合国际公认的“原址保护”“原状陈列”基本原则的博物馆和文化遗产。世界文化遗产的基本精神是文化的多样性，从世界文化遗产的角度，人们努力挖掘和认识故宫具有的突出的和普世的价值。

“文化遗产”观念的引入，突破了传统的“文物”观念的局限性，强化着遗产的环境意识、共享意识以及全社会都必须承担管理和保护的理念，促使人们从“大故宫”的观念来看待故宫保护。这在故宫保护中得到充分体现。不仅要保护故宫本身，还要保护它的环境。过去只重视对故宫本身的保护，后来认识到与皇宫连在一起的护城河也是皇宫的当然组成部分，必须治理，于是就有了20世纪90年代投资6亿元人民币、费时3年的护城河治理，改变了长期存在的脏、乱、差面貌。根据世界遗产委员会的要求，在文化遗产地的周边必须划定“缓冲区”，以保护其周边原有的历史风貌和环境。2005年，故宫缓冲区方案确定，总面积达到1463公顷。这一方案的实施，将使故宫外围环境传统风貌的历史真实性得到有效保护。北京旧城是以故宫为中心规划发展起来的，人们更认识到，北京旧城的整体保护必须重视作为中心区域的故宫的保护。这种不断提升的文物保护意识与理念有力地推动着故宫的整体保护。

故宫作为世界文化遗产，对它的保护提到了重要的议事日程。2002年10月17日开始的故宫百年来的最大规模修缮，引起海内外的高度关注。这次维修，通过保护故宫整体布局、彻底整治故宫内外环境、保护故宫文物建筑、系统改善和配置基础设施、合理安排文物建筑的使用功能、提高文物展陈艺术品位与改善文物展陈环境等“完整保护、整体维修”的五大任务，使故宫重现庄严、肃穆、辉煌的原貌。故宫维修坚持祛病延年、最少干预、最大限度地保存故宫古建筑真实性和完整性的原则。从世界遗产的高度，故宫修缮工程既是保护我国珍贵的文化遗产，也是履行我国对国际社会的庄严承诺，它的根本意义在于实现人类文明延续和可持续发展。世界遗产事业所倡导的是由各国政府保护文化的多样性。故宫修缮所秉持的保护理念及修缮中所坚持的具有中国传统特色、实践证明是正确的技术与做法，不但对国内，而且也对国际世界遗产保护理论作出了应有的贡献。2007年5月，在北京召开的“东亚地区文物建筑保护理念与实践国际研讨会”通过的《北京文件》，对中国遗产保护的政策和原则给予很高评价，对故宫等世界遗产地的修缮给予充分的肯定，这是对不同文化背景的世界遗产及其特色的保护方式的尊重。

（四）故宫学视野下的故宫（2003年以来）

“故宫学”是2003年提出的，它是以故宫及其丰富收藏为研究对象的一门科学。故宫学研究主要包括紫禁城宫殿建筑群、文物典藏、宫廷历史文化遗存、明清档案、清宫典籍及故宫博物院的历史六个方面，有着丰富深邃的学科内涵。故宫文化是以皇帝、皇权、皇宫为核心的皇家文化。从反映皇家文化的特点来划分，故宫学有狭、广两义。狭义的故宫学是人文科学的一门独立学科，广义的故宫学则是一门知识和学问的集合。长达80年的有关故宫的实践和研究成果是故宫学的基础，故宫学的提出并确立将使其研究进入自觉阶段，从整体上提高故宫学研究的水平。故宫学体现出的故宫博物院对传承弘扬中华文明的强烈的责任感、使命感和自觉性，它倡导的“故宫在中国、故宫学在世界”理念所蕴含的开放的工作思路、自觉的创新意识，不仅引领着故宫学术研究从自发走向自觉、积极规划故宫的学术前景、提高故宫的学术影响力和学术地位，更为故宫保护和博物馆建设事业提供了理论的指导。

从故宫学的视野看待故宫，不仅认识到故宫古建筑、宫廷文物珍藏的重要价值，而且看到宫廷历史遗存有着同样重要的意义；更为重要的是，古建筑、文物藏品、历史遗存以及在此发生过的人和事，是一个不可分割的文化整体。这一认识是故宫学得以产生的重要依据，也有利于进一步挖掘故宫的历史文化内涵。故宫文化的这一整体性，也使流散在院外、海外、国外的清宫旧藏文物、档案文献有了一个学术上的归宿。基于此，两岸故宫博物院在学术研究上的交流与合作就是不可避免的，人为的阻隔只能是暂时的，事实上这种交流也是在不断地发展。

在故宫学的影响下，故宫博物院文物保护观念有了新的变化，对文化遗产概念的理解与认识逐步深化，更加自觉地对故宫进行全面的保护。制定了《故宫博物院2004～2010年文物清理工作规划》，启动了彻底清理藏品的工作。对原来认为是“资料”的10万多件藏品予以重新鉴别定级，对由于历史原因重视不够的大量宫廷遗存给以新的认识。在认真清理文物藏品的基础上，正在编印《故宫博物院藏品大系》、《故宫博物院藏品总目》，将向社会公开发行，更好地为公众服务，并为院内外乃至海内外的故宫学研究者提供便利。文物征集也有了新的思路。突破旧有的收藏理念，入藏著名现当代画家李可染、吴冠中等和一批国家工艺美术大师的代表作品，确立起从传承民族文化角度审视当代艺术品、从保护民族财富的高度认识征集收藏的新理念。

从故宫学角度审视，故宫不仅是举世闻名的物质文化遗产，同时也承载着重要的非物质文化遗产内容，其中最突出的是中国古代宫殿建筑的工艺技术。它们一方面以物质的形态存在于建筑物中，一方面以手艺的形态，通过工匠口传心授世代相传。故宫有专门的维修管理机构和施工队伍，涌现过一批古建大家和专门工艺人才。这次故宫大规模维修，进行全过程跟踪影像记录，实行“师承制”，就为了使古建筑技术薪火相传。书画装裱等文物保护传统技艺，也是需要保护和传承的非物质文化遗产。2007年，故宫博物院已将中国古代官式建筑传统工艺和书画装裱工艺申报列入国家非物质文化遗产。

故宫学的提出与确立，正在推动着故宫学术视野的扩大与研究的深入。以保护文化遗产和弘扬传统文化为主旨的《故宫学刊》于2004年创刊，《故宫博物院院刊》、《紫禁城》成功改版，并在其他图书出版方面，大力开拓、挖掘故宫文化资源。故宫博物院古书画研究中心、古陶瓷研究中心、古建筑研究中心陆续成立，正在筹建的还有藏传佛教文物研究中心、明清宫廷史研究中心。积极主动地与院外科研院所进行联合考古、学术考察和办学，学术成果大量涌现，故宫价值及丰富内涵不断得到发掘。

二　故宫的国宝地位

故宫的地位与价值是相关联的。故宫的地位，概括地说，是国宝的地位。

长期以来，故宫的文物藏品被称为“国宝”。前些年，有一部反映故宫文物南迁的电视剧，名字叫做《国宝》。在故宫博物院工作过的老前辈那志良先生写了一本书，书名就是《典守故宫国宝七十年》。现在人们也把一些极为珍贵的文物称为“国宝”，意为国之瑰宝。但是，把故宫文物称为“国宝”，则有别于一般的“国之瑰宝”的概念，有着国宝本身所具有的特殊含义。

什么是“国宝”？所谓国宝，指的是国家的宝器，又称国器，是祭祀之器。在古代，“国之大事，在祀与戎”[1]。《国语·鲁语上》载：“夫祀，国之大节也。而节，政之所成也。故慎制祀以为国典。”视祭祀为国典，强调祭祀与国家制度的重要关系，说明当时将祭祀视为国家头等重要之事。《周礼·春官·天府》云：“天府，掌祖庙之守藏与其禁令。凡国之玉镇、大宝器藏焉。若有大祭、大丧，则出而陈之；既事，藏之。”《商书·汤誓》云：“国之宝器，即祭天地诸神宝玉之类。”国之宝器，原本皆指宗庙祭祀之器，这些祭器象征着王位。传统的祭祀礼俗，以祭祖、祭社与祭天最具重要性。在古人看来，“天”主宰王朝的兴替，是人世君主的父亲，因而周王遂被称为“天子”。从政治功能而言，祭天就是政权合法性的象征，也只能是君主独享的专权。直到明代，犹有法律颁布，提醒百姓“庶民祭里庄、乡厉及祖父母、父母，并得祀灶，余皆禁止”[2]。相传夏禹铸

1 《左传·成公十三年》。

2 《明会典·祭祀通例》；参阅洪德先《俎豆馨香——历代的祭祀》，《敬天与亲人》，台湾联经出版事业公司，1983年。

九鼎，历商至周，为传国的重器，亦被称为国宝。《史记·平原君列传》记平原君用毛遂出使楚国，谋合纵成功，叹云：“毛先生一至楚，而使赵重于九鼎大吕。”《索隐》云：“九鼎大吕，国之宝器。”《正义》云：“大吕，周庙大钟。”宗庙为国家象征，其宝器之存亡，往往作为国家存亡之标志。“国宝”又特指传国玺，更是与国家的统治权联系在一起。此外，“国宝”还有国家宝贵人才之义。

我国文物博物馆界用国宝称呼相当珍贵的文物，大约与日本的影响有关。日本于1928年就颁布了《国宝保存法》。对于重要文化财，他们从世界文化的角度考虑，把其中认为具有较高价值的、不同类型的国民之宝指定为“国宝”，有美术工艺品，也有建筑物[1]。日本的国宝是文化财的最高等级名称，有明确的对象，我国则是泛指极其珍贵的文物。把故宫的文物藏品统称为“国宝”，与这种泛指显然有着区别，虽也说明故宫藏品的极端重要性，但应注意到它与国宝的本来含义的关系。

故宫文物国宝地位的形成，有着多种原因，也有一个强化的过程，我们可以从以下四个方面来认识。

首先，皇家收藏的国宝意义。

收藏作为一种活动，贯穿于人类社会发展的始终。现代重大考古发现证明了史前人类收藏行为的存在。从商代起，王室就重视文物的搜集和保存。殷商的文物多集中于宗庙。周代王室文物、珍品收藏之处名曰“天府”“玉府”，并有专职官员负责管理。在青铜器时代，象征着权力之源的青铜器是最受尊崇的王室宝物。汉朝的“天禄”“石渠”“兰台”，则是汉宫贮藏珍贵文物及图书之所。到宋徽宗时，收藏尤为丰富。《宣和书谱》、《宣和画谱》、《宣和博古图》，就是记载宋朝宣和内府收藏的书画鼎彝等珍品的目录。清代帝王重视文物收藏，特别是乾隆皇帝，更使宫廷收藏达到了极盛，《西清古鉴》、《西清续鉴》、《宁寿鉴古》、《石渠宝笈》、《秘殿珠林》、《天禄琳琅》和《四库全书总目》等，是清乾隆时期编辑的宫中所藏古铜器、书画、图书的目录。在古代中国，“溥天之下，莫非王土；率土之滨，莫非王臣”[2]，掌握着绝对权力的封建帝王，必然是全社会中最高档级同时也是最为丰富的奢侈品、礼仪用品、珍奇品及古董的拥有者；由于皇帝以“内圣外王”的身份出现，被人为地推崇为全社会伦理的最高典范，这样皇室又成为祖先、民族、国家象征物的最大收藏者[3]。

人类收藏的动机与目的是多方面的。对于源远流长的皇室收藏，它不仅是“宜子孙”的一笔宝贵财富，也不仅是供皇帝个人赏玩的珍稀艺术品，更重要的是这些藏品所具有的强烈的政治与文化的象征意义。皇室收藏文物，更重视这些文物所寓有的某种至高德行的含义，认为它的聚集可被视为天命所归的象征。因此，新的王朝接受前朝的

1 王军：《日本的文化财保护》，文物出版社，1997年。

2 《诗·小雅·北山》。

3 吴十洲：《紫禁城的黎明》，第148页，文物出版社，1998年。

旧藏，表示着它继承前朝的天命；或者如有的研究者认为，皇家收藏是中国历代统治者确定其政权合法性的重要来源[1]。故宫的收藏，可以上溯到宋朝，至今已有千年历史，而所收藏的文物，则反映了中华五千年的文明史。宋代宫廷收藏宏富，靖康之乱，图籍、书画、宝器悉归于金；宋高宗南渡，迁都临安，又积极搜集。南宋灭亡，临安未遭兵革，元相伯颜派郎中董祺将南宋收藏由海运到大都，即今日的北京。元为明所灭亡，明将徐达将元内府所藏，全部运到南京；后来明成祖迁都北京后，这些宝物又由南京运到北京。明代亡国，这些宫廷藏品又悉数为清所得。见于著录中的很多古代文物早已散失，但也有不少珍品几经聚散，历尽沧桑，保存到今天。例如，晋王珣《伯远帖》、隋展子虔《游春图》、唐韩滉《五牛图》、五代顾闳中《韩熙载夜宴图》等著名书画，都曾载在《宣和书谱》、《宣和画谱》或《石渠宝笈》中，现仍藏在故宫博物院。这部分藏品是中国皇家收藏传统的延续。

皇室收藏与王朝命运的紧密联系，这些藏品成为皇权的象征。因而清宫旧藏文物本来就具有国宝的意义。

第二，故宫博物院的成立，象征君主法统的清宫旧藏为人民所共有并同享，为其国宝意义赋予了维系中华民族文化、传续中华文明血脉的新内涵。

在封建时代，“朕即天下”，国即家，家即国，整个天下都是帝王的，皇宫里的所有物品，自然都是帝王的财产，谁也动不得。乾隆皇帝曾规定过，宫中的一切物件，哪怕是一寸草都不准丢失。养心殿的一个景泰蓝小罐里盛着 36 根一寸长的干草棍，他拿了几根放在几案上，叫人每天检查，少一根都不行，这叫做“寸草为标”。溥仪曾回忆道：“这堆小干草棍儿曾引起我对那位祖先的无限崇敬，也曾引起我对辛亥革命的无限忿慨。”[2]

辛亥革命后，紫禁城的三大殿交给了中华民国政府，但溥仪还暂居内廷，皇宫里大量堆积的文物珍宝仍然由皇室和内务府占有。为了解决经费困难，小朝廷 1922 年曾公开用投标的方式拍卖古物，还在向各银行借款时抵押了大量金器古董。“这些财宝每一分钟都在被赠送、出售或典押，甚至被偷窃。”[3]不仅溥仪小朝廷认为这些文物珍宝属于自己，甚至民国政府也承认这是皇室的私有财产。1914 年民国政府成立古物陈列所，在文华殿、武英殿展出了从沈阳故宫与热河行宫运来的 20 万件清宫藏品，据庄士敦称，这些艺术品是被“借”来而尚待民国政府购买的皇室藏品[4]。

对于溥仪等拍卖或抵押宫中大量文物的行径，社会舆论予以高度的关注。这些文物到底是国家财产还是皇家私产？皇室是否有权处理？一些报刊时评发出抗议的言论，

---

1 [美] 珍妮特·埃利奥特、沈大伟：《中国皇家收藏传奇》，第 9 页，当代中国出版社，2007 年。

2 溥仪：《我的前半生》，第 55 页，群众出版社，2003 年。

3 [英] 庄士敦：《紫禁城的黄昏》，第 228 页，山东画报出版社，2007 年。

4 前揭《紫禁城的黄昏》，第 228 ~ 230 页。

认为被处置的物品是国家财产，皇室没有权力出卖它们。湖北省教育会为制止清室出售古物致内务部代电（1923年11月12日）更有代表性，认为这些古物是“全国五千年之文物”：“窃我国与埃及、希腊、印度同为数千年前古国，其文明久为中西所慕。清室之古物，尤为历代帝室递嬗相传之珍秘，并非一代一人所得私有。合全国五千年之文物，集于首都之清室，一涉疏忽，不徒散佚堪虞，即立国精神且将无从取征。清室以经费短绌，转售东邻，不啻将五千年立国精神捐弃一朝，念及此，能勿痛心。”[1]

驱逐溥仪后，成立了清室善后委员会，首先就是清点清宫物品，分清公产与私产。1924年11月7日发出大总统令：“著国务院组织善后委员会会同清室近支人员协同清理公产私产，昭示大公。所有接收各公产，暂责成该委员会妥慎保管。俟全部结束，即将宫禁一律开放，备充国立图书馆、博物馆等项之用，藉彰文化，而垂永远。”[2]原清宫的物品，有公私产之分。属于私者，为溥仪生活衣物、财钱，包括金、银锭等，均由溥仪带去；属于公者，是与中国历史文化相关的部分，必须交给人民并努力保卫。也正因这个原因，当溥仪出宫时行李中所藏的王羲之《快雪时晴帖》和仇十洲的《汉宫春晓图》一卷，因系公物被扣了下来，而存放在库房中的101382两银元宝，则悉数发给了溥仪。清室善后委员会在点查时发现溥仪的“赏溥杰单”等文件，后以《故宫已佚书籍书画目录四种》为题刊行，在序言中强调“国宝散失，至堪痛惜”！

对清宫旧藏文物的这种内涵，并不是所有人一下子都能认识。1928年6月，国府委员经亨颐提出一项议案，认为故宫是逆产，要求废除故宫博物院，分别拍卖或移置院内一切物品。国民政府会议审议了这一荒谬提案，并要求中央政治会议重新复议有关故宫博物院的决定及有关法令。故宫博物院同仁向社会各界特别是政府高层作了大量的宣传工作，阐述保护故宫文物的重要意义以及故宫博物院的历史使命，对经亨颐提案的五个要点逐条反驳。两个月后，中央政治会议否决了经亨颐提案，故宫博物院保存下来了。这次交锋，留给世人印象最深的是张继以古物保管委员会主席委员的长篇呈文，他在最末一段说道：“现欧洲各国，为供历史之参考，对于以前皇政王政时代物品，莫不收罗保存，唯恐落后，即苏俄在共产主义之下，亦知保护旧物，供学者之研究。一代文化，每有一代之背景，背景之遗留，除文字之外，皆寄于残余文物之中，大者至于建筑，小者至于陈设，虽一物之微，莫不足供后人研究之价值。明清两代，海航初兴，西化传来，东风不变，结五千年之旧史，开未来之新局。故其文化，实有世界价值，而其所托者，除文字外，实结晶于故宫及其所藏品。近来欧美人士，来游北平，莫不叹为大可列入世界博物院之数，即使我人不自惜文物，亦应为世界惜之。”[3]

1　中国第二历史档案馆：《中华民国史档案资料汇编第一辑·文化》，第222～223页，江苏古籍出版社，1994年。

2　前揭《中华民国史档案资料汇编第一辑·文化》，第292～293页。

3　刘北汜：《故宫沧桑》，第83页，紫禁城出版社，2004年。

这里突出故宫古建筑及其藏品的“世界价值”，是难能可贵的认识。

1932 年，“北平政务会议”对故宫作了三项决议方案，其中第一项是呈请中央拍卖故宫古物，购买飞机 500 架。经院长易培基等多方努力，国民党中央政治会议议决保护故宫办法，拍卖文物一案被否决。

每次争论的结果，都使人们加深了对故宫文物国宝地位的认识：这是数千年中华文明的精粹，来之不易，不可当做寻常古董任意处置。

第三，文物南迁进一步强化和提升了故宫文物的国宝地位。石守谦在《清室收藏的现代转化——兼论其与中国美术史研究发展之关系》一文中，对此有所论述[1]。

1931 年，日本发动九一八事变，占我东北，华北告急。故宫博物院理事会考虑日军一旦入侵华北，故宫文物就有被毁或被劫的危险，于是决定选择院藏文物中的精品，迁往上海储藏。这一计划得到国民政府批准后，故宫就开始了南迁文物的准备工作，首先是挑选文物，集中装箱。1933 年 1 月，日军进入山海关，华北地区形势更为紧张。故宫博物院理事会于是决定，将已装箱的文物从当年 1 月起，分批运往上海。

故宫文物南迁的消息经报纸披露后，引起截然不同的反响。支持者认为，日军极有可能得寸进尺，继续南侵，有必要把故宫重要文物转移到南方安全地带。国土沦丧犹可力图恢复，任何文物之损失，终将万劫不复。反对者则认为，迁运文物犹如弃国土于不顾，势将造成民心浮动，社会不安。反对最力者为北平名流周肇祥，他于中南海成立“北平民众保护古物协会”并自任主席，发通电，散传单，公然表示将以武力手段阻止文物南迁。当时一些文化界名人也反对南迁，如胡适、鲁迅等，鲁迅写有“寂寞空城在，仓皇古董迁”[2]及“文化一去不复返，古城千载冷清清”[3]的讽刺诗句。而有意思的是，此后不久即担任故宫博物院院长的马衡先生正在为文物南迁奔忙时，他的儿子马彦祥却以笔名在报纸上发表多篇文章，对文物南迁提出批评：“因古物之值钱，结果弄得举国上下，人心惶惶，束手无策，这种现象，想起来实在有点好笑。”他说：“我们国难一来的时候，不是大家都众口一词地说‘宁为玉碎，勿为瓦全’么？现在为了一点古物，便这样手忙脚乱，还说什么牺牲一切，决心抵抗？要抵抗么？先从具有牺牲古物的决心做起！”[4]想不到的是，1937 年 11 月下旬，故宫有两列装文物的火车要从南京发往陕西，缺少押运员，院秘书便请马彦祥帮忙押运，他便担负了这个重任。从四年前的反对，到这次甘冒战火参与到押运故宫文物西迁的行列之中，马彦祥的认识已有了重大转变。

故宫的文物不能简单地视为古董、古物，而是国宝，是祖宗留给我们的文化遗产，

1 该文载台北故宫博物院编《故宫学术季刊》第 23 卷第 1 期。

2 《南腔北调集·学生和玉佛》。

3 《伪自由书·写实》。

4 转引自马思猛《参与故宫文物西迁》，《攒起历史的碎片》，第 185～186 页，北京图书馆出版社，2007 年。

其中蕴含着民族的历史、民族的文化、民族的情感，不能以币值论价。故宫文物南迁的争论，使人们对它的国宝地位有了进一步的认识。文物南迁十多年，受尽种种险阻，始终为国人所关注。而文物的常常化险为夷，使“古物有灵”的说法广为传颂[1]，且与“国家的福命”联系了起来。1947 年 9 月 3 日，马衡院长在北平广播电台作了《抗战期间故宫文物之保管》的著名演讲，简要介绍了抗战时期文物南迁、西迁的经过以及保管之困难等。他说：抗战八年之中，文物多次险遭灭顶之灾，例如当 9000 多箱文物由重庆运往乐山途中暂存于宜宾沿江码头时，重庆以及宜宾上游的乐山和下游的泸县都遭到敌人的狂轰滥炸，唯有宜宾幸免；长沙湖南大学图书馆在文物搬出后不到四个月就被炸毁；重庆的几个仓库在搬出后不到一个月，空房也被炸掉；从南郑到成都时，在把存放在南郑文庙的文物运出后刚 12 天，文庙就遭敌机投下的 7 枚炸弹夷平。“像这一类的奇迹，简直没有法子解释，只有归功于国家的福命了”。

从现在来看，历史已经证明，当时还不可能有比南迁更为有效的保护文物的方法。为了避开战争的灾难性破坏，为了保证在这一个非常时期文物不受损失，最为可能的方法就是将文物迁到安全的地方。迁徙疏散成了战时文物保护与保管的手段。

不仅中国，在第二次世界大战中，欧洲许多国家为了防止德国的侵略，也都纷纷疏散、藏匿本国博物馆的艺术精品。以英国为例，英国博物馆的主管们 1938 年就做转移藏品的准备。他们计划将艺术收藏品转移到英国西北部的威尔士隐藏起来。在伦敦本地，地铁未用地段被预置为储存点。在国家美术馆，大幅画的边框都做有特别的槽口，以便很快从框中取出画装入存放在地下室的箱子里。经过多次操练，一个大美术馆能在 7 分钟内清空。1939 年 8 月 23 日《苏德互不侵犯条约》宣布后，欧战不可避免的步伐加快，英国博物馆即着手装箱外运。装满了包装好的首都藏品的皇室列车只能以每小时 10 英里的速度行进，以使颠簸震动减少到最小限度。大多数英国藏品甚至在 9 月 3 日正式宣战前就抵达指定隐匿地点，9 月 5 日，所有重要物品都撤离疏散。

再以美国为例。日本偷袭珍珠港后，美国本土主要博物馆即着手转移他们最有价值的收藏品，弗立克、大都会和其他艺术品收藏机构作出了授权转移收藏品的决定。文化资源保卫委员会 1943 年 3 月的报告称，仅从华盛顿就有 4 万立方英尺的书籍、手稿、印刷品和绘画，加上第一面星条旗，以及那些代表着美国民主发展步伐的档案被送往“内陆腹地的三处教育机构”；《独立宣言》则送往诺克斯堡保存[2]。

欧洲及美国博物馆的文物藏品，绝大多数是来自世界各地，一般主要不是本国本民族的艺术品，而故宫的文物，全是中华文明的结晶，是中国五千年艺术长河的重要载体和见证。与欧美相比，故宫文物精品在外十多年，受尽艰难波折，更是创造了第

1 参阅那志良《典守故宫国宝七十年》，第 110 页，紫禁城出版社，2004 年。

2 ［美］C.H. 尼古拉斯：《欧洲的掠夺——西方艺术品二战蒙难记》，第 63 ～ 65、271 页，江苏人民出版社，2000 年。

二次世界大战中保存人类文化遗产的奇迹。

第四，海峡两岸两个故宫博物院的同时存在，为两岸同胞及国际社会所关注，也更加彰显着故宫及其藏品的国宝意义。

20世纪40年代末，抗日战争时期故宫博物院南迁文物的1/4运到了台湾，1965年在台北成立故宫博物院。从此，世界上同时有了两个故宫博物院。

国民党政权在溃退大陆时，运走这批文物精品并成立故宫博物院，当然不仅是这些文物贵重值钱。台北故宫博物院的地址，据说是为了纪念孙中山先生百岁诞辰，称为“中山博物院”，“行政院长”严家淦在台北故宫博物院开馆的贺词中对此作了说明：“此一博物院定名为中山，并在国父诞辰之日落成，尤具意义。国父以继承尧、舜、禹、汤、文、武、周公、孔子相传的道统为己任；博物院代表一个民族的文化。现在博物院以中山为名，来纪念国父，就是要把国父的思想发扬光大，达到天下为公的地步。”[1]虽然同一地方既是中山博物院又是故宫博物院，让人有点费解，但立意则很清楚，强调台湾政权是中国的代表，也是皇家文化传统的继承人，而皇家收藏就是这一身份的一个证明。台北故宫博物院认为，“本院肩负开物成务的重大使命、民族传统源流的导扬以及国民人文艺术素养的提升”[2]。故宫文物也成为台湾当局企图“在经济之外，另一突破外交孤立的取向”[3]。近些年来，台湾当局推行“去中国化”路线，又想通过台北故宫藏品争取国际社会的关注，使其陷入尴尬的地步。

在北京，新中国成立后故宫博物院得到重大发展。1949年1月31日，北平和平解放。2月7日，故宫博物院在闭馆40多天后重新对外开放。3月21日，北平市军事管理委员会接管了故宫博物院，全体工作人员原职原薪，马衡院长继续任院长。6月7日军事管制结束。20世纪50年代，故宫博物院百废俱兴，维修颓坏古建筑，整顿脏乱环境，充实院里人力，制定了明确的发展方针，特别是通过文物清理以及政府调拨、购买、接受捐赠等，一批流失在海内外的清宫旧藏重新回到了故宫，而且补充了更多的过去清宫所没有的精美艺术品，使故宫博物院成为世界上收藏中国文化艺术品最为宏富的宝库。

台北故宫博物院现有文物藏品65万件册，清宫旧藏及遗存占到92%以上。截至2006年9月底，藏品总数为655279件册，其中铜器5994件，瓷器25310件，玉器12103件，漆器707件，珐琅器2510件，雕刻651件，文具2379件，钱币6952件，绘画5257件，法书2959件，碑帖450件，拓片756件，丝绣279件，织品88件，折扇1641件，印拓7件，杂器12293件，善本书籍176713册，清宫档案文献386729件册，

1 转引自《故宫跨世纪大事录要·肇始播迁复院》，第272页，台北故宫博物院，2000年。

2 《故宫跨世纪大事录要·扩建转型茁壮》，第415页，台北故宫博物院，2000年。

3 台北故宫博物院：《故宫七十星霜》，第318页，台湾商务印书馆，1995年。

满蒙藏文献书籍 11501 册[1]。

故宫博物院的文物藏品约 150 万件套，85%为清宫旧藏和遗存，依据不同质地、形式和管理的需要，分为绘画、法书、碑帖、铭刻、雕塑、铜器、陶瓷、织绣、玉石器、金银器、珍宝、漆器、珐琅、雕刻工艺、其他工艺、文具、生活用具、钟表仪器、帝后玺册、宗教文物、武备仪仗、善本文献、外国文物和其他文物等，共 25 大类 69 小项。其中绘画 43202 件，法书 54927 件，碑帖 25464 件，清代帝后书画约 25000 件，铭刻 32144 件，陶瓷 349161 件，铜器 29169 件，玉器 28461 件，石器 1395 件，金银器 3317 件，珍宝 1121 件，漆器 17707 件，珐琅器 6155 件，雕塑 9738 件，雕刻工艺 10148 件，其他工艺 12348 件，织绣 139592 件，文具 65055 件，家具及生活用具 35487 件，钟表仪器 2629 件，帝后玺印 4941 件，宗教文物 41123 件，武备仪仗乐器 19501 件，外国文物 4903 件，善本特藏 195318 件册，书版 230000 余块，古建筑类文物 5468 件，另有正在整理的其他文物资料及古籍等约 20 万件册。

比较起来，故宫博物院在文物藏品总数、文物种类以及精品总数上，都远远多于台北故宫博物院。但是两岸两个故宫博物院同根同源，其藏品有着很强的互补性。通览两个故宫博物院的文物藏品，还有三个明显特点：

其一，故宫文物的经典性。从物质层面看，故宫只是一座古建筑群，但它不是一般的古建筑，而是皇宫。中国历来讲究器以载道，故宫及其皇家收藏凝聚了传统的特别是辉煌时期的中国文化，是几千年中国的器用典章、国家制度、意识形态、科学技术以及学术、艺术等积累的结晶，既是中国传统文化精神的物质载体，也成为中国传统文化最有代表性的象征物，就像金字塔之于埃及、雅典卫城神庙之于希腊一样。因此，从一定意义上说，故宫文化是经典文化。经典具有权威性。故宫体现了中华文明的精华。经典具有不朽性。故宫属于历史遗产，它是中华五千年历史文化的沉淀，蕴含着中华民族生生不已的创造精神，具有不竭的历史生命。经典具有传统性。传统的本质是主体活动的延承。故宫所代表的中国历史文化与当代中国是一脉相承的。中国传统文化与今天的文化建设是相连的。对于任何一个民族、一个国家来说，经典文化永远都是其生命的依托、精神的支撑和创新的源泉，都是其得以存续和赓延的筋络与血脉。

其二，故宫文物是中华五千年文明的重要载体和见证。故宫是世界上最丰富、最重要的中国古代艺术品的宝库。在两岸故宫的 210 万件套文物中，论时代，上自新石器时代，下至宋元明清直至近现代；论范围，囊括了古代中国各个地域的文明精华，包容了汉族和古代许多少数民族的艺术精粹；论类别，包含了中国古代艺术品的所有门类。故宫庋藏的各主要类别文物，其本身就完整地记录了该类文物从萌生、发展到辉煌的文化链。以书法为例，故宫的藏品涵盖了从契刻到书写进而发展成为一门独立

1　转引自《物华天宝》，第 7 页，台北故宫博物院，2007 年。

的书法艺术的历程，藏品从甲骨文、钟鼎文，直至晋朝开始形成书法艺术，此后，历朝各代的名家流派，几乎一应俱全。再以陶瓷为例，从新石器时代的黑陶、彩陶，直到两宋的五大名窑，元青花瓷，明代白瓷、釉里红、斗彩等，清代的粉彩和珐琅彩等；其他如玉器、铜器和许多工艺品等，也是如此。为了这条历史文化长河永远奔腾流淌、润泽后代，故宫博物院还在收藏现当代的艺术精品。因此，故宫是一部浓缩的中华五千年文明史。中华民族绵延不断的历史文化在故宫博物院的各类文物藏品里均得到了充分的印证。

其三，故宫藏品与故宫古建筑都是旷世之宝。故宫藏品的一个重要特点是与故宫古建筑的不可分割。故宫是世界文化遗产，故宫的文物藏品因此也是世界文化遗产故宫的重要组成部分，它不仅是中国的，同时也是全人类的共同财富。

基于虽有两个故宫博物院但故宫只有一个的中华民族文化认同感，以及两个博物院的收藏都是中华民族文化遗产的事实，因此努力保护好这笔丰厚的文化遗产，并为弘扬中华传统文化、使中华文明赓续不断而努力，就是两个故宫博物院庄严而神圣的历史使命。

概括起来，故宫的国宝地位有以下五个特点：

第一，故宫的皇家收藏，决定了它的国宝意义；故宫博物院的成立及其不平凡经历，给皇家收藏赋予新的意义，使它与民族文化血脉的传承联系在一起。

第二，故宫的国宝，统指故宫的所有文物藏品，也包括故宫古建筑。

第三，故宫国宝具有中华文明与中国传统文化的象征意义。

第四，故宫的国宝地位是历史形成的。

第五，故宫是不可替代的。

故宫文化的整体性、丰富性及象征性，使故宫成为取之不竭的文化宝藏。保护故宫及其藏品，就是保持我们与祖先联系、沟通的渠道，就是保护中华民族的文化根基。故宫丰厚的文化资源，对于我们传承中华民族的优秀传统文化，对于弘扬和培育民族精神、建设中华民族共有精神家园，对于加强同世界各国的文化交流、扩大中华文明的国际影响力，都能够发挥独特的重要作用。在今天兴起社会主义文化建设新高潮的伟大实践中，故宫博物院决心努力探索在保护中利用、在传承中创新、在弘扬中发展的新思路、新举措，为实现中华民族的伟大复兴和中华文化的继往开来作出应有的贡献。

原载《光明日报》2008年4月24日“光明讲坛”第7期

故宫博物院如何定位?

于　坚

内容提要：一个博物馆（院）的定位，是关系馆（院）的性质、方针、任务、业务范围、发展方向的大问题。从 1925 年故宫博物院成立，到 1984 年本人开始主持故宫工作，其间经历了几代人，对故宫定位的认识，也大致经过了四个阶段：第一个阶段 1925 年至 1949 年前，故宫以保护、传承为主；第二个阶段 1949 年至 1952 年，故宫为革命、为建设服务；第三个阶段 1953 年至 1985 年前，故宫为艺术性博物馆；第四个阶段 1986 年后，故宫为综合性博物馆。通过讨论几代人对故宫定位的认识，让故宫所独具的特色，更加突出、更加丰满。

关键词：故宫博物院定位　艺术性博物馆　综合性博物馆　故宫博物院工作条例

1949 年新中国成立后，对于探讨故宫博物院（以下简称故宫）改革方案（定位）之事，我从始至终一直参与、学习。

故宫应该如何定位？乍见这个题目，很可能会让人觉得，这是个早已解决了的问题，还要探讨什么呢？

其实不然。因为一个博物馆（院）的定位，是关系馆（院）的性质、方针、任务、业务范围、发展方向的大问题。故宫的定位是有个过程。由于故宫太大、内容太丰富、内涵太深厚，对她的认识不免会有一个深化的过程，随之准确定位也需要有个过程。从 1925 年故宫博物院成立，到 1984 年我开始主持故宫工作，其间经历了几代人，对故宫定位的认识，也大致经过了以下几个阶段。

作者：原故宫博物院副院长，研究馆员。

一　第一阶段故宫以保护、传承为主（1925年至1949年前）

1949年初，北平刚解放之际，我曾以北平市军事管制委员会联络员身份常驻故宫工作半年多，几乎每天都和马衡院长有接触。有一天，闲谈中我问马老："您是参加故宫博物院创建的人，又是领导故宫多年的老院长，您领导故宫的指导思想是什么？"马老不假思索地告诉我："四个字：保护、传承。"谈到宗旨问题，马老说："仁者见仁、智者见智。"这次和马老聊天，给我留下很深印象，至今记忆清晰。

我认为，马老所说的"保护、传承""仁者见仁、智者见智"，就是故宫自建院以来的定位。这12个字的精神，体现在故宫建院后工作的各个方面。但我也感到，这个定位偏保守，制约了效益发挥。

二　第二阶段故宫为革命、为建设服务（1949年至1952年）

1949年3月，故宫正式被接管。同年4月，北平市军事管制委员会文化接管委员会指示故宫："要利用文物为教育人民之工具，以启发其反帝、反封建的革命思想，并协助国家建设事业为工作目标。因此，全部陈列室要重新布置，不要炫奇尚异，而以教育为主旨。"确定了故宫新的业务方针。

故宫遵循"向人民""为人民"的指示精神，逐渐走上发展改进的道路。先后开辟新的陈列室，举办了"（皇）帝、（贫雇）农生活对比""清代禁书""清代帝国主义侵华史料陈列""清代反帝反封史料"等展览。发展方向就是为革命、为建设服务了。

似可认为，北平市军事管制委员会文化接管委员会的指示，是对故宫定位的初步新探索。它反映当年处在解放战争高潮的革命形势下对故宫所具有价值的认识，显然尚未认识到故宫真正价值之所在。我估计马衡院长当时对这个指示，是会有些想法的。但是我从未听他说过什么，而是坚决执行上级指示，先后亲自安排布置了上述展览。

1949年11月，中央人民政府文化部成立，设一厅六局，文物局是其中之一。由郑振铎担任文物局局长，王冶秋为副局长。文化部和文物局对故宫如何改革（定位），非常重视。我曾几次听到振铎局长说过："紫禁城面积大、房子多，应该建成博物馆城，其中有彼此独立的若干个博物馆，""故宫类似苏联的冬宫和法国的卢浮宫，也应该发展为艺术博物馆，""故宫陈列要包括中外古今的艺术。"他在思考故宫的改革，言谈中兴奋之情溢于言表，似乎故宫很快将成为以中外古今艺术为内容的艺术博物馆了。

1951年12月初，我随冶秋副局长两次去故宫，和院内外专家一起座谈、调研，并拟出故宫向艺术博物馆发展的改革方案。提出了"故宫陈列采用时代（艺术）综合陈列、原状陈列、专题（专馆）陈列、临时陈列（展览）四种形式，其中以时代（艺术）

综合陈列为主”的陈列展览计划。

此后，由于“三反”“五反”等运动的开展，故宫改革问题只好推后。

三　第三阶段故宫为艺术性博物馆（1953年至1985年前）

“三反”“五反”运动结束后，1953年5月30日，振铎局长经过深思熟虑，写出长达八千字的《故宫博物院改进计划的专题报告》，上报沈雁冰、周扬、丁西林三位部长。国家将故宫改革问题重新提上议事日程。振铎局长提出故宫的性质是：“文化、艺术、历史性的综合博物馆”，其作用是“充分发挥爱国主义的教育作用”，是从故宫实际提炼出的意见。振铎局长的报告摘要如下：

第一，现在的陈列，主要缺点是原状陈列的地方太多（乾清宫、坤宁宫及西六宫等）。但原状陈列不是不能有，而且应该有，不过必须选择重点。

第二，将故宫作为博物馆区，而布置若干不同类型的博物馆是可能的，而且必要的。

第三，故宫博物院“其性质应该是：文化、艺术、历史性的综合博物馆，而以艺术品的陈列为其中心”，“其主要任务，应该是：充分发挥爱国主义的教育作用……”

第四，依据这样的方针、任务，故宫博物院的陈列计划，应该分为三部分。第一部分：历代工艺美术的综合陈列。这是故宫现藏文物最多的部分，可充分利用来陈列。第二部分：美术品的专馆。可分为绘画馆、雕塑馆、建筑馆这三馆。这些都是美术史的主题，必须重点地陈列出来的。第三部分：其他性质的专馆。像戏曲馆、兵器馆、国际馆、民族馆及金库等。

就在这一年的9月10日和12月21日，文化部先后召开两次部长办公会议，研究、讨论《故宫博物院整顿改革方案》。确定了“故宫为艺术性博物馆”“陈列采用历代艺术综合陈列、艺术专馆陈列、原状陈列、临时展览四种方式”，提出故宫的陈列方针：“首先应以能充分表现中国历代艺术为主，同时注意现代的少数民族艺术品陈列，设立国际礼品馆，可先举办国际礼品展览。”显然，这是参考国外皇宫艺术博物馆，特别是苏联冬宫博物院的结果。

从此，中国最大、最重要的博物馆——故宫，长期遵循文化部、文物局确定的性质、方针、任务（定位），开展了各方面的工作。

但是，多年实践证明，由于历史条件不同，中国建立涵盖中外古今艺术品的博物馆是很难达到的目标。具体来说：

第一，定性为艺术博物馆：不能涵盖故宫博大精深的内涵，难免造成对故宫旧藏文物（物品）的不当处理。郑振铎局长所提故宫的性质是综合博物馆比较合适。

第二，外国艺术陈列：够条件的外国艺术品，国内空白的，购买需重金，前途渺茫。办了几年“外国礼品”展，最后只好停办。看来只宜举办外国艺术品借展、交换展。

第三，历代艺术综合陈列：将中国历代艺术品按时代综合在一起陈列，很难展现清楚中国各种艺术发展的历史脉络和相互关联，内行看难满足，外行看只热闹。1985年撤除了这个展览。郑振铎局长提出的“历代工艺美术的综合陈列”，值得考虑。

四 第四阶段故宫为综合性博物馆（1986年后）

20世纪80年代，我在主编《北京博物馆年鉴》第一卷（1902～1987）时，开始将故宫定位为“综合类”，而没有列入“艺术类”。这个定位的提出，是基于以下几点考虑：

第一，故宫是中国历史上封建社会最后两个朝代的皇宫，其建筑是两千年来皇宫建筑之集大成，建筑的理论、形制、结构、工艺、材料均达到封建社会的顶峰（有深入研究余地）。

第二，故宫是历经明清两个朝代、24位皇帝、长达近六百年的全国统治中心，其中发生的对中国历史有突出影响、可歌可泣的人和事，其载体就是故宫（有待发掘、利用）。

第三，故宫博物院是辛亥革命胜利的成果，由于和平逐溥仪出宫、和平建博物院，以及受建院后震惊全国的所谓“易培基盗宝案”（查无实据，不了了之）的影响，不敢再处理宫中物品，原紫禁城内遗物很多得以保存下来。其中很多是直接、间接有关皇家礼仪、宗教、衣、食、住、行、学、娱、医等的用物，内有大量虽非艺术品，但也是皇家独有、全国顶尖的藏品（有待发掘、利用）。

第四，上述各项，其历史、艺术、科学的价值，非“艺术”两字所能涵盖。如果故宫以“艺术性”博物馆定位，大量非艺术类藏品难免被忽略、轻视，以至不当处理掉（而且不是没有发生过）。

我认为：将故宫定位为“综合性博物馆”与原定“艺术性博物馆”没有不可调和的矛盾，因为“综合性”涵盖内容的空间大，并不排斥“艺术内容”，又可包容故宫博大精深的其他内容。顺此发展，故宫博物院所独具的特色，将更加突出，更加丰满。

1984年4月，我任故宫博物院副院长，主持院务工作。1986年4月，我在草拟《故宫博物院工作条例》（先后四稿）时，开宗明义第一条就是故宫的定位。经过几个月反复思考，我认为，自己在《北京博物馆年鉴》第一卷（1902～1987）上将故宫定位为“综合性博物馆”不错，简而明。但总觉得在《条例》上定位只写“综合”两字过简，工作不便遵循。于是我将故宫定位写成：“故宫博物院是以明清皇宫和宫廷旧藏文物为基础的宫廷史迹和文化艺术博物馆；是全国重点文物保护单位（当时尚未通过为世界文化遗产项目）；是世界闻名的旅游胜地。”

为什么要写成“宫廷史迹和文化艺术博物馆”？我主持故宫工作期间，每年参观故宫的观众已达千万人次。我反复琢磨，故宫最吸引人的魅力何在？想来想去是皇宫建筑、皇宫原状、皇家收藏。我设想，即使是一座紫禁空城、宫殿内空无一物，人们也会从全国各地、世界各地蜂拥而来参观宫殿建筑。因为中国长达20个世纪的帝制和对皇帝的吹捧、神化，早已深入人心，厚积了人们对皇宫先睹为快的心理。雄伟、庄严、金碧辉煌的皇宫建筑、皇宫原状、皇家收藏，是故宫吸引中外观众最具魅力的陈列。所以并列为“宫廷史迹和文化艺术博物馆”。

为什么写“全国重点文物保护单位”？目的是要重视国家对“全国文物保护单位”所特定的要求（今天，还要增加要重视全人类对故宫——世界文化遗产所特定的要求），避免日久天长用故宫作博物馆址，而忽略故宫“全国文物保护单位”和“世界文化遗产”的身份。特别是安全，永远是故宫第一位的大事，没有安全的保证，任何成果瞬间都可以化为泡影，造成不可弥补的损失，成为上对不起祖宗、下对不起子孙的终身遗憾。安全，对故宫人，人人有责。

为什么写“世界闻名的旅游胜地”？因为事实如此。中外旅游者，凡到北京都怀有“不到长城非好汉、不去故宫真遗憾”的心情，初到北京的中外游客，如果没进过故宫，等于没到北京旅游。1986年，故宫的游客已超千万人次，只会逐年增加，不可能减少。这一趋势，必将对故宫的安全和服务带来新挑战，要求及时提出应对新举措。还有，不管是否认同，故宫客观上已经是认识首都和中国的一个重要名片，每年要经得起从四面八方、五湖四海来京的千余万中外游客的检验、评估。这就要求所有故宫人要以游客为本，做到“文明、礼貌、热情、周到”的服务。

以上是我对故宫如何定位问题的一些认识和思考，也是1986年我在草拟《故宫博物院工作条例》时，最费思索的问题。为此，特将1986年4月定稿的《故宫博物院工作条例》（第四稿）附于本文之后，希望对故宫如何定位问题关心和有兴趣的同志，也来参与思考、研究。

附录：《故宫博物院工作条例》

作者按：“文化大革命”中，文化部是重灾区，文化工作被全盘否定，单位牌子被摘，部及所属单位干部进入“五七干校”改造，组织打碎，思想扰乱。

20世纪80年代中，新设置的文化部为了在思想上进一步拨乱反正、明确各单位的大政方针、更好开展今后工作，在全系统开展了“文化大革命”后第一次的整党。故宫在整党中，着重面向今后，拟出了《故宫博物院工作条例》（以下简称《条例》）。这个《条例》，就是故宫在这次整党中对故宫拨乱反正的答卷。这是“文化大革命”后故宫在拨乱反正中交的第一份答卷。在赵启扬同志主持的文化部全系统领导整党同志参加的大会上，曾指定我汇报了故宫的整党经验。

《条例》是我执笔，但《条例》经过全院职工三上三下的反复讨论，凝聚了全院职工的智慧和经验，最终形成的这个《条例》（第四稿），已经是定稿。当年消息灵通的博物馆还曾索去参考。

《条例》的制定，既是对过去的总结，更着重面向今后。因为1949年新中国建立后，故宫经历过几次整顿改革，许多老故宫人都是亲历者，我长期在文物局博物馆处工作，更是参与者，因此《条例》内涵必然有总结过去的成分，但更多的是对今后故宫发展的思考。我主持故宫院务时，就是按《条例》的理念进行工作的。

需要说明的是，《条例》由于当时主持故宫开展历史上第一次文博专业职称评定（全国试点）和院领班子换届而未及上报。今天披露《条例》的目的，一是记录下故宫人26年前对故宫博物院的认识，二是提供一份让后人研究的史料。

应该补充说的是：我在草拟《条例》时，由于当时顶层对文博尚未及设计，所以最费思索的就是关于故宫博物院如何定位——“条例”第一条（详见前文）。

《故宫博物院工作条例》
（第四稿）

一　总则

第一条：故宫博物院是以明清皇宫和宫廷旧藏文物为基础的宫廷史迹和古代文化艺术博物馆；是全国重点文物保护单位；是世界闻名的游览胜地。

第二条：故宫博物院以马克思列宁主义、毛泽东思想为全院工作的指导思想，坚持为社会主义、为人民服务的方向。贯彻“古为今用”的方针，执行文博工作政策法令，把本院办成具有自己特色的社会主义国家博物馆。

第三条：故宫博物院在社会主义两个文明建设中发挥以下社会作用：宣扬我国光辉灿烂的古代文化艺术，向人民群众进行爱国主义、历史唯物主义和美的宣传教育；普及有关的历史和文化科学知识；为继承优秀的民族文化遗产，创造社会主义的、民族的新文化提供研究借鉴资料；为中外观众提供内容丰富、情趣高尚、环境优美的游览场所；开展国际文化交流，增进我国人民同各国人民的了解和友谊。

第四条：故宫博物院根据自己的性质和特点，履行保护、利用、研究、服务四项基本任务，要正确处理好相互之间的关系，做到相辅相成，讲求实效，出成果、出人才。

第五条：故宫博物院应加强与国内外文博单位、有关的学术业务团体的学术经验交流，注意吸收新的科学研究成果和经验，从实际出发引进先进技术，逐步提高我院各项工作的现代化水平。

第六条：故宫博物院的行政后勤工作，应根据本院性质、任务不断提高科学管理水平，为全院业务工作的进行和事业的发展提供必要的保证条件。

二　文物保护工作

第七条：古代建筑、皇家园林、文物藏品、善本图书是国家的宝贵历史文化遗产，是开展各项业务活动的物质基础，执行《中华人民共和国文物保护法》，保护好这些文物、文化遗产，是国家和人民赋予故宫博物院的神圣职责，是全院的首要任务，全体职工都要树立安全第一、预防为主的思想，防止人为的和自然对文物的损毁。

第八条：古建筑根据各自的价值，实行全面规划、分级管理、区别对待，对古代建筑的保护与使用，做到相互兼顾、相得益彰。古建筑修缮要保持原貌，坚持质量第一，做到精心设计，精心施工。对全院古建筑进行测绘制档，逐步做到档案齐全。在不影响古建筑安全和原状要求条件下，绿化、美化环境。

第九条：执行《博物馆藏品保管试行办法》，对文物藏品进行科学的整理、保管，做到保管妥善、制度健全、账目清楚、鉴定精确、查用方便。

根据本院性质、任务，通过多种渠道，不断丰富本院藏品，充实薄弱环节。

一级藏品未经主管院长批准不得提取利用；一级藏品的调拨、借展、交换、出国展览或注销，要报经文化部文物局批准。

第十条：开展对古建、园林、文物藏品、善本图书的科学保护工作。改善设备条件，完善各种安全设施，在总结、运用传统技术经验的同时，引进先进技术，不断提高保护、修复、复制、鉴定的科学技术水平。

三　文物利用工作

第十一条：保护文物的目的是为了充分发挥文物的社会教育作用。文物的利用，必须以安全为前提，以宣传教育为主旨，以社会效益为最高准则。

第十二条：陈列展览是博物馆宣传教育的主要手段，也是充分发挥文物社会作用的重要形式。

重点办好具有故宫特色的基本陈列——宫廷原状、宫廷文物和古代文化艺术陈列。基本陈列要有计划地调整、提高，使内容、形式和环境完美地结合，达到既具有较高思想性和科学性，又具有较高的艺术性，力求深入浅出，雅俗共赏。

组织以本院藏品为主或与外单位合办的专题展览、巡回展览，筹办出国展览等。

第十三条：编辑出版工作是扩展宣传教育、传播科研成果、促进中外文化交流的有力手段和重要途径。要紧密结合本院的性质、任务，首先编辑出版切合广大中外观众所需要的说明图录、图片、幻灯片等通俗宣传材料；同时结合科学研究、传统经验总结，编辑出版专著、期刊、汇编、图录、目录等。

第十四条：群众宣传工作处于直接联系广大观众、发挥社会宣传教育职能的第一线，主要承担导引接待外宾、电化教育、组织专业参观、编写讲解宣传材料、举办讲座等任务。接待要热情礼貌，讲解要准确、熟练、生动。

四　科学研究工作

第十五条：科学研究是全院开展各项业务活动的基础，是提高各项业务工作质量和科学管理水平的关键，是出成果、出人才的主要途径。科学研究的目的，主要是为了提高各项业务工作的质量和专业技术人员的学识水平和实际工作能力，同时也为有关学科的发展做出应有的贡献。

第十六条：根据我院的性质和任务，应有计划地开展文物藏品、善本图书、宫殿建筑和皇家园林的研究，明清宫廷历史和史迹的研究，文物藏品和古建、园林的科学保护（修复、复制）的研究，以及保管、陈列展览、群众工作等有关博物馆学的研究。做到工作、科研、专业技术人才成长密切结合。

第十七条：图书馆的基础是宫廷藏书，它既具有皇家图书馆的性质，又是与院的性质、任务相结合的专业性图书馆。

要不断补充全院业务和科研所需的图书资料，对院藏图书资料进行登记、保管、编目、借阅，及时向各业务部门提供有关图书资料的信息。

妥善保管善本图书，逐步整理、编目，重点研究、复印，严格借阅制度。

第十八条：根据各项业务工作和科学研究的需要，依靠院内外专家，相应地建立各种学术、专业组织，充分发挥这些组织对业务和科研工作的指导、评议和咨询作用。

五　服务工作

第十九条：服务工作是直接面向广大中外观众，体现我院精神文明，关系国家、首都、全院声誉的一项基本任务。全院职工都要树立“观众第一”“全心全意为观众服务”的思想。各部门都要把及时做好开放路线中，属于本部门职责范围的工作，作为自己的本职工作和重要任务。

第二十条：凡直接接触观众的岗位或临时在开放路线内工作的同志，都要做到：

文明礼貌、助人为乐、维护院容。

为观众提供高质量的各种服务项目，解决观众浏览、休息需要，供应特点突出、丰富多彩、称心如意的印刷品、纪念品。

六 组织机构

第二十一条：故宫博物院实行党委领导下的院长负责制，按照民主集中制的原则，统一领导全院的政治思想工作、业务工作和行政后勤工作。要发扬实事求是和群众路线等优良作风，贯彻执行党的路线、方针和政策。

第二十二条：院下属主要设处（部、室、社）和科（组）两层机构，个别大部门增设小组（小队）。机构设置既要根据本院的性质、任务和事业发展的需要，也应遵循精兵简政的原则。

第二十三条：各部门应根据此条例进一步明确本部门的职责、任务，建立各级的岗位责任制，建立健全相应的规章制度。

七 附则

第二十四条：本条例自上级批准之日起实行。

一九八六年四月二十六日

未刊稿

中国木结构文物建筑保护的原则与实践

——学习《北京文件》的初步体会

晋宏逵

内容提要：2007年发布的《北京文件》重申并发展了《奈良真实性文件》和《联合国教科文组织文化多样性世界宣言》，对于从世界文化多样性的角度认识故宫古建筑的特征，建构“文物建筑的理论体系与保护原则的统一”，指导故宫维修工程对保护故宫真实性、完整性的追求，发挥了重要的作用。

关键词：北京文件　文化多样性　故宫维修　保护原则

2007年5月24日至28日，中国国家文物局、国际文化财产保护与修复研究中心、国际古迹遗址理事会和联合国教科文组织世界遗产中心联合主办的“东亚地区文物建筑保护理念与实践国际研讨会”在北京成功召开，起草通过了《北京文件——关于东亚地区文物建筑保护与修复》（以下简称《北京文件》，《中国文物报》于6月15日发布了文件的中文版）。不久前，国家文物局提供给我院《北京文件》的附件《关于北京世界遗产地保护与修复的评价与建议》（英文版）（以下简称《评价与建议》）。故宫博物院作为世界遗产地故宫的直接管理者，学习和实践《北京文件》将是我们的一项长期任务。我参加了这次会议和《北京文件》的起草工作，受到教育和启发。我以《北京文件》的理论论述和《评价与建议》对北京三处遗产地保护工程的判断作为标准，检验和评估正在进行中的故宫维修工程，取得一些新的认识。现在把自己的思考写出来，请会员们批评指正。

一　从世界文化多样性的角度认识故宫古建筑的特征

《北京文件》重申并发展了《奈良真实性文件》和《联合国教科文组织文化多样性世界宣言》的主要观点，说明：“文化多样性是人类精神和思想丰富性的体现，也是

作者：原故宫博物院副院长，研究馆员。

人类遗产独特性的组成部分。因此，采取审慎的态度至关重要。在修复过程中必须充分认识到遗产资源的特性，并确保在保护和修复过程中保留其历史的和有形与无形的特征。”显然，认识故宫古建筑的特征，是保护它们的前提。

1. 中国木结构古建筑的材料与构造特征

在全球的视野上考察中国木结构古建筑的突出特点，建筑学家有多种概括。最有影响的，当属20世纪30年代林徽因先生著《论中国建筑之几个特征》、《清式营造则例·第一章》和50年代梁思成先生著《中国建筑的特征》[1]。梁思成先生认为："中国的建筑体系是在世界各民族数千年文化史中一个独特的建筑体系。它是中华民族数千年来世代经验的累积所创造的。这个体系分布到很广大的地区：西起葱岭，东至日本、朝鲜，南至越南、缅甸，北至黑龙江，包括蒙古人民共和国的区域在内。这些地区的建筑和中国中心地区的建筑，或是同属于一个体系，或是大同小异，如弟兄之同属于一家的关系。"[2]他们指出，中国主要建筑材料为木，次加砖石瓦之混用。中国的木造建筑结构原则是"架构制"，这种材料与结构的自然特征再加以艺术的创造，就形成了中国建筑的"超等特色，使中国建筑占极高的美术位置的，而同时也是中国建筑之精神所在。这些特色最主要的便是屋顶、台基、斗拱、色彩和匀称的平面布置"[3]。林先生逐项说明，中国建筑屋顶所具有的尽善尽美的曲线风格是结构法所促成的。屋脊上各种装饰构件的配置和位置显露基本结构上的节段，自然合理。斗拱是柱与檐之间最恰当的关节，同时也是檐下的一种点缀。"因为木料不能经久的原始缘故，中国建筑又发生了色彩的特征。涂漆在木料的结构上为的是：①保存木质抵制风日雨水；②可牢结各处接合关节；③加增色彩的特征。这又是兼收美观实际上的好处，不能单以色彩作奇特繁华之表现。"[4]可见，中国古建筑体系的核心特征是由材料特性衍生的。成造台基的石材，成造架构的木材都是自然材料，砌筑墙体以及铺墁地面的砖和铺盖屋顶的瓦及其粘接材料石灰是人工烧造的。油漆彩画材料使用了多种有机物。由于中国古建筑使用的材料种类特别丰富，而不同材料的生命周期有很大的差异，总有一些材料随着生命周期的客观规律需要被维修直至更换，一个建筑群常常有新旧建筑并存，一座建筑的不同部位也常常存在一个新旧并存的过程，这就是建筑保养和维修的结果，只要台基和木构架尚良好的建筑都可以进行保养和维修，这是木结构建筑和其他非永久材料建造的建筑得以长期保存的传统手段。

1　林徽因：《论中国建筑之几个特征》，《中国营造学社汇刊》第三卷1期。梁思成：《清式营造则例》，中国营造学社，1934年，第一章之末署：林徽因。梁思成：《中国建筑的特征》，《建筑学报》1954年第一期。

2　梁思成：《中国建筑的特征》，《梁思成全集》第五卷，第179页，中国建筑工业出版社，2001年。

3　林徽因：《论中国建筑之几个特征》，《林徽因建筑文萃》，第8页，上海三联书店，2006年。

4　前揭《论中国建筑之几个特征》，《林徽因建筑文萃》，第15页。

2. 故宫建筑的特征与文化内涵

与中国其他类型古建筑相比较，宫殿建筑除了上述普遍特征之外，还具有其他特征，这些特征表现为突出的建筑历史和艺术价值。正如林徽因先生评价的那样："以整个故宫来说，那样庄严宏伟的气魄；那样富于组织性，又富于图画美的体形风格；那样处理空间的艺术；那样的工程技术，外表轮廓和平面布局之间的统一的整体，无可否认的，它是全世界建筑艺术的绝品，它是一组伟大的建筑杰作，它也是人类劳动创造史中放出异彩的奇迹之一。"[1] 而这些特征的生成源于其内涵的文化因素。试择其要者列举如下：

（1）以封建礼制为理论指导。紫禁城建筑的主题是通过无比的雄伟壮丽来表现皇帝至高无上的地位。这个主题由 2200 年前西汉丞相萧何说出来，后来逐渐形成一整套理论。紫禁城按照这些理论、礼仪制度的规定进行规划建设，建筑艺术从属于礼制规定。首先，在规划上体现"择中而立""敬天法祖"的思想，把紫禁城规划在北京城市中心，与首都城市形成统一的构图。经过明清两个王朝的建设，北京城以宫城为中心，西侧和北侧安排皇家园林，南侧之东设置太庙来祭祀祖先，南侧之西设置社稷坛，祭祀作为农业国家象征的社稷，官署和皇家服务机构都集中在皇城里。在紫禁城内，则要容纳封建礼法制度所确定的所有功能，包括皇帝作为国家最高领袖履行政务职能的需要和作为第一家庭的生活需求，以及皇家文化活动，供奉佛教、道教，娱乐及休息等各方面需求，为天下作则。

（2）以继承"祖制"和传统为原则。中国宫城建设有 2000 多年的历史，通过文献记载和后代向前人的模仿，形成稳定的传统建筑模式。院落是传统建筑的基本布局单元，紫禁城建筑也是以院落为单元，按照使用功能分为防御体系、外朝和内廷三大部分。防御体系占地约 31 公顷，包括城墙和护城河。外朝在城南半部，占地约 28 公顷，是皇帝举行重大礼仪活动的场所。按三条纵轴线布置三组院落：中央轴线的前朝，东侧轴线的文华殿和西侧的武英殿。内廷在故宫的北半部，占地约 41 公顷，是皇帝处理日常政务的办公区和家庭所在。建筑群用长街大致分成 5 列纵长的长方形，中央轴线上是乾清宫和御花园。它的左右如众星拱卫北辰一样安排嫔妃和孩子们的居所。在这些主要建筑的左右和后部安置着为皇家服务的众多机构。紫禁城建筑部署是用纵深的轴线来安排多组院落，每个院落根据建筑功能安排多座建筑，这些建筑有主有从，有正有配，清晰地表达了封建社会制度所规定的等级和秩序。大约从曹魏邺城开始，宫城建设突出了中轴线的布局。紫禁城将中轴线突出至极致，它是贯串北京全城 7.8 公里中轴线的中央部分。所有院落整体上沿中轴线对称布置，而且紫禁城中体量最大、等级最高的建筑都放在中轴线上。中轴线前段是一系列的礼仪性质的门，表现五门三朝的制度。午门的凹字形高台建筑则至少延续了唐代大明宫含元殿以来宫城正门的形制。

1 林徽因：《我们的首都：故宫三大殿》，原载《新观察》1952 年第 3 期，收入前揭《林徽因建筑文萃》，第 167 页。

（3）以官修的建筑术书为依据。中国从商代就产生了“工官”制度，宫殿建筑在数量、体量、质量方面始终远远优于民间建筑。而且对斗拱制度的研究表明，唐代建筑已经具备了高度标准化。虽然目前只发现两部完整的官修建筑术书，但是有理由相信宫殿建筑是按照官方颁布的建筑标准进行营造的，也因此使紫禁城建筑具有了整体统一和谐与个体丰富多彩的审美效果。紫禁城内木结构建筑的等级、样式、体量等差距巨大，但是它们拥有共同的外观，白色的汉白玉石台基、红色为主的房屋本身、黄瓦覆盖的大屋顶以及屋檐下青绿色的彩画，构成了紫禁城建筑群宏伟统一的色彩基调。同时，各个院落随功能的区别和时代的演进表现出各自的特色。这种特色的形成主要依赖富于变化的院落空间系列和传统工艺营造的美丽。构成建筑本体美的传统工艺主要有三类，即遍布全城的石雕艺术、琉璃烧造的建筑构件和室内外的建筑彩画。营造建筑内部空间艺术的手段是内檐装修。紫禁城古建筑的内装修高贵典雅，多彩多姿，精巧绝伦，创造了不同的室内空间气氛，满足了使用功能，表达了建筑之美。如乾隆花园的内装修使用最珍贵的紫檀，镶嵌了玉雕、双面丝绣、竹黄浮雕、竹丝底纹等江南手工艺；艺术效果丰富、儒雅与富贵。还使用了诞生在欧洲的艺术“通景画”“线法画”，移植为室内天顶画、壁画，比如倦勤斋通景画的藤萝造就了永远的春天。这样，皇帝和他的家庭实际居住的房屋面积尽管很小，但通过装修、书画和收藏品等，构成了古代中国最高等级的文化品位，耐人寻味。

（4）以官营为基本组织管理制度。工官制度的内容之一，是把封建社会的赋役制度与官方营造活动结合在一起。这个制度不仅解决劳动力，也把掌握建筑工艺技术的专业人才作为一种身份确定下来，甚至世袭。这种制度清代逐渐松动，但是宫殿建筑始终是由皇家进行组织管理，有些皇帝甚至亲自参与建筑设计。这就保证了宫殿建筑可以进行大规模的建设，可以使用最优质的材料和最优良的技术，进行最精密的施工，形成有别于民间的“内工”手法与技术要求。

故宫古建筑的外在特征是有形的，需要认真体验与总结。这些有形的特征源于历史的积淀，源于文化的培植，通过一套完整的组织制度，最后经过工匠的手艺结晶成为建筑。在保护维修过程中必须特别注意保存这些有形的特征，因为有形特征的改变和消失也意味着无形特征的永远流失，给人类多样性的文化资源造成无可弥补的损失。

二　文物建筑的理论体系与保护原则的统一

会议回顾了《威尼斯宪章》和1972年联合国教科文组织通过《保护世界文化和自然遗产公约》（以下简称《公约》）以来国际社会一系列关于文化遗产保护的建议、宪章、宣言、决议，还有澳大利亚的《巴拉宪章》和中国的《中国文物古迹保护准则》（下文称《中国准则》）。指出：“各国遗产保护机构自现代保护运动发起以来从各自保护实践中以及从世代相传的文物建筑保护的传统做法中总结的原则和经验，也在此次会议上受到了关注。”

1. 国际社会对中国文物保护原则的肯定

1931 年的《雅典宪章》发表标志现代保护运动开始，现在已经发展成为国际社会的共同运动。1972 年发起的《公约》到第 30 届世界遗产大会时，共有 185 个国家缔约，138 个国家的 830 项遗产列入《世界遗产名录》。联合国教科文组织及国际古迹遗址理事会等有关组织通过制定宪章和组织国际会议的形式，指导和规范各国的保护活动，使之日益专业化、科学化。同时，积极倡导国际古迹遗址理事会的各个国家委员会在《威尼斯宪章》的基本原则下制定发布适用于本国家的原则。从 1979 年起，澳大利亚、加拿大、巴西、新西兰、美国和日本先后发布了本国的宪章或准则。中国早在 20 世纪 30 年代，就由政府颁布了《古物保存法》。1982 年，全国人民代表大会颁布了《中华人民共和国文物保护法》。2000 年，经国家文物局推荐，中国文物古迹保护协会发布了《中国文物古迹保护准则》。形成了具有中国特色的法律和理论体系。《评价与建议》说：“与会者认可了由《中华人民共和国文物保护法》和《中国文物古迹保护准则》所确定的国家级框架，这个框架为保护中国文化遗产的真实性提供了应有的重视、准确的定义和严格的规定。”这是国际文化遗产保护界第一次发表对中国文物保护法律和理论体系的评价，说明中外有着共同的认识基础，以及在这个基础上对《公约》各缔约国的文化传统和保护实践、经验总结的理解与尊重。

2. 现代保护理论是一种方法论

《北京文件》提出：“现代保护理论可以被视为涵盖决策过程的方法论，这一决策过程从认知遗产资源的重要性和价值开始，并构成采取相应保护处理的依据。”这是一个非常重要的论断，它提供给我们如何理解和认识国际文物保护理念的钥匙。这里所说的方法论，是在对世界文化多样性认识的基础上，把对遗产资源进行深刻的认知作为保护前提和依据，可以理解为是必须遵循的程序。由于遗产资源是多样的，保护与修复工作也是多样的，不存在固定方式或标准化的解决方法。不能把国际文物保护界发布的宪章、文件理解为具体的方法，任何一种方法都有针对性，因此也都有局限性，不能作为模式照搬。因此《北京文件》告诫：“考虑到各个遗产地的文化和历史特性，修复工作不能不经过适当的论证和认知，就按照固定的应用方式或标准化的解决方法进行。”

3. 对文化多样性的理解是贯彻保护原则的基础

世界遗产委员会发布的《实施保护世界文化与自然遗产公约的业务指南》（以下简称《公约业务指南》）规定：“世界遗产的保护与管理须确保其在列入名录时所具有

的突出的普遍价值以及完整性和/或原真性在之后得到保持或增强。”[1] 为实现这个目标，我国的文化遗产保护应该贯彻哪些原则呢？《中国准则》归纳了10个方面，即①必须原址保护；②尽可能减少干预；③定期实施日常保养；④保护现存实物原状与历史信息；⑤按照保护要求使用保护技术；⑥正确把握审美标准；⑦必须保护文物环境；⑧已不存在的建筑不应重建；⑨考古发掘应注意保护实物遗存；⑩预防灾害侵袭。这些原则是对国际宪章的中国化，是对中国《文物保护法》的具体化。中国是一个地域辽阔、民族众多、文化遗产门类丰富的国家，各类文化遗产面临的保护任务也有很大差异。也同样要区别特定地区、时代、民族的文化背景，准确认识文化遗产的特征，才能把这些原则真正贯彻下去。

三　故宫维修工程对保护故宫真实性的追求

《北京文件》对真实性特别针对东亚地区文物古迹的真实性作了具体的定义和解释：“真实性可以理解为信息来源的可靠性和真实性。文物建筑与遗址本身作为信息的来源具有根本的重要性，体现在诸如形式与设计、原料与材料、用途与功能、位置与环境，以及传统知识体系、口头传统与技艺、精神与情感等因素中。任何维修与修复的目的应是保持这些信息来源的真实性完好无损。在可行的条件下，应对延续不断的传统做法予以应有的尊重，比如在有必要对建筑物表面重新进行油饰彩画时。”这段话延续了《公约业务指南》的解释，并且增加了对延续不断的传统做法予以尊重的内容，是针对东亚地区木结构文物建筑的特征而提出的[2]。故宫维修工程的根本目的，正是为了保存故宫的真实信息来源并把它们传之永久。信息来源主要有三个方面：历史资料、文物建筑本身、非物质文化—传统手工艺技术。

1. 为故宫维修工程收集整理历史资料

有关故宫的历史档案是故宫历史信息的重要来源。故宫维修任务确定之初我们即安排了收集整理工作。因为故宫档案目前分散在境内外多个机构，收集整理工作是一项长期任务。已经进行的有：①与中国第一历史档案馆合作，整理《奏案》和《奏销档》，并把它们全部数字化。这项工作已经完成，现故宫博物院文档信息系统收录《奏案》1074卷，54136件档案；《奏销档》741册，33774件档案；②请中国紫禁城学会编辑整理《中国宫廷建筑大事编年》，在学会各同仁的努力下，明年可见成果；③整理故宫博物院历年档案，建立数字化古建信息系统。截至2006年年底，已经收录1623座建筑信息，其中

1　联合国教育、科学与文化组织保护世界文化与自然遗产的政府间委员会：《实施保护世界文化与自然遗产公约的业务指南》II.F保护与管理，96款。2005年。

2　前揭《实施保护世界文化与自然遗产公约的业务指南》，参见II.E完整性和/或真实性，82款。

图纸 11272 张，影像 11422 张，以及相关文字资料；④整理、数字化院藏 20 世纪 30 年代中轴线建筑实测图，计划出版；⑤整理《乾隆京城全图》及其副本，重新出版。

2. 利用传统和现代科技手段采集蕴含于建筑本身的信息

文物建筑本身是最主要和最重要的信息来源，应该进行勘察测绘，提取、记录和研究这些信息，这是我国进行文物建筑研究和保护的基础工作，过去称为保护工程的“前期研究工作”，《准则》规定为程序内容。以前故宫博物院按照“四有”档案的要求，对紫禁城建筑普遍进行过一次法式测绘。这一次我们进行的工作有：①按照维修工程的要求，重新测绘了故宫总平面图，并按照工程计划，对故宫的每一座建筑进行传统的徒手测绘和勘察；②与北京建筑工程学院合作，结合古建筑测绘，进行三维激光扫描的试验研究，发挥该技术对中国古建筑的认知和分析功能，记录并监测古建筑的变化；③研究用数码摄影的方法，真实记录故宫内外檐彩画，存入古建筑数据库；④与中国林业科学院木材研究所合作，进行古建筑大木结构木材树种及其物理力学性能变异性研究。最终将建立故宫古建筑木材树种数据库；⑤对琉璃瓦进行成分检测；⑥结合保护工程，对彩画颜料和新发现的材料进行成分检测。

3. 尽最大努力保存原形制、原结构、原材料，使用原工艺，恢复原格局

既然文物建筑本身是最根本的信息来源，而且文物本体具有唯一性，因此尽一切可能保存文物本体就非常重要。我们主要按照老一辈文物保护专家归纳的“四原”原则来操作，处理好两类问题，一是保存与更换的关系，二是必要的复原要有充足的依据[1]。

尽可能保存原材料。在做法上掌握：①属于原状的地面、墙体、石质构件，最大限度地保存；②大木结构最大限度地少扰动，五年来，除了武英殿前殿和体仁阁等少数建筑进行了局部落架以外，大部分建筑只是检修；③大木构件努力保存。普遍发生的木柱糟朽一般用墩接方式部分保存原材料，少数完全丧失承载力的柱、梁进行了抽换和更换；④屋面的琉璃瓦在拆卸时全面编号。只更换断裂破碎的，一些坯料完整而琉璃釉严重剥落污染的，进行清洗或回炉挂釉之后回原位。吻兽等装饰构件经清洗加固后全部回原位；⑤内檐彩画没有抢救问题，全部原状保存。外檐彩画中保存现状还较好的在原位置保存，一部分进行了清洗加固试验。不能再继续保存的老彩画残片进

---

1 祁英涛：“就单体建筑来说，……应该保持古建筑在以下四个方面的原状，即：建筑物原来的造型；原来的结构法式；原来的构件质地和原来的制作工艺。如果是保持一座建筑群的原状，还应该增加一条，就是必须保持原来建筑时期或历史形成的健康的内部环境与周围环境的面貌……”（《正定隆兴寺慈氏阁复原工程第一、二方案及说明》，1955 年）1990 年，罗哲文先生在联合国教科文组织召开的亚太地区文物保护会议上所作发言，进一步归纳为保存文物价值的四个方面，即保存原来的建筑形制，保存原来的建筑结构，保存原来的建筑材料和保存原来的建筑技术。

行揭取，保存到库房，原位置进行了复制或复原。

必要的复原主要针对后人对文物原状的改变，五年来的主要项目有：①三大殿院落的东西庑房恢复外廊格局；②太和门前东西朝房恢复被拆除的后檐柱、檩、枋；恢复传统灰背；③一部分后人改变做法的砌体恢复为干摆做法；④午门外檐彩画从19世纪60年代所做的宝珠吉祥草复原为和玺彩画。这些复原项目都经过认真研究，有确切依据。

4. 传承传统工艺技术的努力

《北京文件》对于传统工艺技术除了在“保护原则”“文化多样性与保护过程”“真实性”三章中加以阐述以外（见上文），在“木结构油饰彩画的表面处理”一章中，还指出：“适当的传统技术和工艺应在任何可行的条件下加以应用。传统材料和相关知识也应得到不断研究，以增进对技术工艺的认识，并改善对其应用。”在“培训”一章，要求“要特别重视提倡传统技能以及有关建筑工艺和其他传统技能的传承与抢救。这可能涉及在国家或地区层面建立合作伙伴关系，以便对上述知识进行鉴别与记录，并将其纳入相关学校和培训中心的教育和培训计划中”。《北京文件》对传统知识的充分的重视基于这样的认识，即传统知识体系、口头传统与技艺是文物建筑信息真实性的来源。对于以木结构为主要特征、需要经常维修来保持良好状态的中国古建筑，这一认识极其重要。因为它认可经过恰当维修的文物建筑仍旧具有真实性。

故宫博物院在建国之初，集合了北京当时最优秀的古建筑各工种的匠师组建了自己的维修工程队伍。近60年来，保障了故宫古建筑的安全，积累和传承了中国古建筑和宫殿建筑特有的技艺。为抢救濒临失传的技术，我们推行“师承制”，恢复诸如“裱糊”等工种，力图使各工种手艺保存和流传。如何在市场经济的大环境下使这支队伍存在并继续在保护故宫古建筑中发挥作用，我们还需要深入研究。

四　故宫维修工程对保护故宫完整性的追求

《北京文件》解释了《实施世界遗产公约操作指南》对完整性的定义，认为完整性“应考虑到体现遗产重要性和价值所需的一切因素。对一座文物建筑，它的完整性应定义为与其结构、油饰彩画、屋顶、地面等内在因素的关系，及其与人为环境和/或自然环境的关系。为了保持遗产地的历史完整性，有必要使体现其全部价值所需因素中的相当一部分得到良好的保存，包括建筑物的重要历史积淀层”。真实性与完整性是世界遗产保护的终极目标和永恒主题，要保护包括它的环境、布局和本体的每一个部分。

1. 通过制定保护总体规划，保存和恢复故宫历史环境

故宫博物院和中国建筑设计研究院历史研究所合作编制了《故宫保护总体规划（大

纲)》，通盘规划了保护原则、方针、对策、规划目标以及任务安排。其中规定故宫的历史环境，要严格执行北京市关于世界文化遗产的保护范围和缓冲区的法律规定，实施保护。要拆除西华门南北两侧大楼，合理调整故宫博物院对古建筑的使用功能，保存和恢复故宫的历史格局。目前故宫博物院正在国家有关部门支持下，积极建设位于海淀区的我院基地，疏解院内办公用房压力。积极准备在西河沿堆场区建设我院新的科技部实验室和办公区，腾出占用的13处古建筑。

2. 通过屋顶检修保护核心的大木结构

中国古建筑的核心是大木构架，薄弱位置是屋顶。60年前，著名学者朱自清先生反对在战乱饥饿、经费紧张的情况下，花钱保护北平的文物古建筑。他说："保存只是保存而止，让这些东西像化石一样，不再妄想它们复活起来。"[1]梁思成先生则从工程技术方面说明，这个看似良好的愿望是不现实的。"假使建筑物果能如朱先生所希望，变成化石，问题就简单了。可惜事与愿违。北平的文物建筑，若不加修缮，在短短数十年间就可以达到破烂的程度。失修倾圮的迅速，不唯是中国建筑如此，在钢筋水泥发明以前的一切建筑莫不如此。……因为屋顶——连钢筋洋灰上铺油毡的在内——经过相当时期莫不漏，屋顶一漏，梁架即开始腐朽，继续下去就坍塌，修房如治牙补衣，以早为妙，否则'涓涓不壅，将成江河'。"[2]梁先生所描述的是中国建筑最普遍的规律。在中国北方用灰泥铺装瓦面，木质望板的腐朽经常是逐渐发生的，而且压在苫背灰层之下，最难发现和处理，往往在发现时已经殃及椽子甚至大木构件。对屋顶的及时检修是保护大木结构的有效手段。这是几十年来故宫古建筑监测、保养、维修的重点，也是这一次保护工程的重点内容。对于因为检修屋顶而采取的琉璃瓦的保护处理措施，与会者给予充分理解。在《评价与建议》中，实地参观得出的具体意见是："与会者观察到，将旧瓦片和新瓦片放在一起清洁往往使近期修复的屋顶呈现更加光亮的外观。但是我们感觉在北京的日常环境中，这种光亮将在相对短的时间内褪去。"

3. 基于完整性考虑的木结构表面处理——对建筑油饰彩画的保护与复原

彩画的处理是会议讨论的重点之一，《北京文件》专用一章论述"木结构油饰彩画的表面处理"。文件表述了中国建筑彩画具有文物价值、对木结构具有保护作用和它的脆弱性。除这三个普遍性质之外，故宫建筑彩画还是中国官式建筑彩画最集中的遗存。其内容，按和玺、旋子、苏式、吉祥草、海墁分五类，各自又有若干类级。通过彩画，表达了建筑群布局的秩序、建筑的等级和功能。故宫建筑彩画风格从年代上可以划分

1 朱自清：《文物·旧书·毛笔》，原载1948年3月31日《大公报》第三版，转引自前揭《梁思成全集》第四卷，第314页。

2 梁思成：《北平文物必须整理与保存》，前揭《梁思成全集》第四卷，第309页。

为六个阶段，即：明代、清早期、清中期、清晚期、中华民国时期、新中国成立以后。因此，彩画还是判断故宫建筑历史年代的佐证，而且凝聚了中国清代传统的彩画工艺技术和艺术的成果。所以，故宫建筑油饰彩画是故宫古建筑的重要组成部分，从保持故宫完整性角度，应该得到良好的保存和保护。《北京文件》指出："在保护中首先要关注的是应当尽可能多地保留表层材料的真实性，涉及重新油饰彩画的决定应当建立在适当的专业咨询基础之上。"

故宫彩画的保存状况如何？建筑彩画根据位置分为内檐彩画和外檐彩画两大类别。内檐彩画一般保存条件明显好于外檐，故宫的内檐彩画目前一般还没有大面积的抢救问题。故宫外檐彩画则普遍保存不好。首先是组成"地仗"的粘接材料都为有机物，耐候性很差，老化则龟裂，与木材脱离，形成空臌甚至脱落，以致彩画也随之受到破坏。另外，彩画本身的污染、颜料脱落、起甲、粉化等病害均普遍严重。故宫彩画遭到的人为破坏是1915年袁世凯为登基做准备而仓促进行的三大殿等外朝建筑彩画重绘，改变了清代彩画所表现的皇宫的秩序。

针对上述状况，故宫博物院对内檐彩画始终采取原状保存的方针。

故宫外檐彩画由于客观生命周期较短，历史上一直在不断更新。建立博物院以来，彩画保护工程经过了几十年的摸索。20世纪50年代，故宫就如何结合维修工程处理建筑彩画问题展开过讨论。50年代末、60年代初，由于一批建筑的旧彩画过于残破不可能继续维持，安排了一批彩画工程。对于袁世凯改造过的建筑，按照可靠的依据"复原"清代彩画。对于严重残破的彩画，按照原有彩画遗迹描拓复制。这一时期的实践成果为：①建立了彩画工程的程序，即：勘察、记录与测量、描拓实样等现场工作；与历史文献进行对照研究；方案设计；征求专家意见；主管部门批准；技术设计；实施；检查与验收；②摸索了重新绘制彩画的"复原"和"复制"两种做法；③强调了继承传统工艺，按照官式做法不走样地实施，精工细作，保证了质量；④培养了工匠，传承了工艺，为故宫彩画保护工作的长期进行提供了保障。70至90年代，在宁寿宫花园彩画的工程中，故宫开始了"修整"的试验。就是对极为珍贵的彩画，尽一切可能保存原物的试验。对已经空臌剥离的地仗，进行除尘、软化，然后回贴。实在不可能回贴的，用薄铁皮条加钉固定。已经不存在的部分，采用补做地仗、补绘彩画的方法局部复制。复制的彩画，有些做旧，有些没有做旧。同一时期，故宫也开始研制彩画保护涂料，在彩画表面进行封护。这种材料首先用在新绘制的彩画上，直观效果明显。但是缺少总结，没有继续试验。2002年以来，故宫的外檐彩画工程仍旧采取了复原、复制、修整三种主要做法，也开始了对部分内檐及大门内彩画利用科技手段进行保护的试验。另外，为了保存一些残存的、还可以看清纹样而难以继续在原位置保存的彩画，我们实施了揭取，作为古代彩画真实标本，保存到文物库房中。

原状保存是文物保护追求的目标，但是直至现在，追求外檐彩画与建筑相始终在技术上还是不可能的。我认为，面对中国不同地区、保存年代不同、性质不同的众多文物建筑，即便是同在故宫之内，建筑彩画保护都必须“具体问题，具体分析”，建立价值评估的思想。对外檐彩画不可能在原位置继续存在的情况下，进行修整和复制，是延续古建筑价值、传递历史信息的有效形式。正如存世国宝《女史箴图》，专家们公认它是唐人摹本，却也公认它传达了西晋顾恺之的画风。当然故宫彩画进行修整、复制，有它可以依赖的条件。故宫外檐彩画目前保存的最早标本是乾隆中期，距今仅仅二百余年。清官式建筑彩画的传统材料与做法基本上得到传承，对实现原工艺、原材料比较有把握。各类彩画文样的存在使复制甚至复原彩画可以找到恰当的依据。因此，与中国现存的早期建筑彩画的传统技术和艺术已经失传、不可能再现的情况，也是有根本的区别的。

《评价与建议》对故宫的内檐彩画保护说，“我们可以认为它们的真实性得到了很好的尊重”。对外檐彩画则有所保留，认为“遗憾的是，这在上述三个遗产地造成了修复效果的某种标准化”。但是总的还是肯定了北京的做法：“关于建筑彩画，应保持和加强现有政策，以尽可能多地保护历史资料，保留代代传承下来的传统做法”；并且建议：“还应加强研究项目，以便更好地理解与这些建筑彩画相关的材料、工艺和技术，研究工作可以包括从每个遗产地的不同地点广泛地采集样本，以保证对整个遗产地有很好的理解。”

4. 利用现代保护技术对故宫石质文物、彩画进行保护的试验研究

故宫有约 8 万平方米石质建筑材料，6500 米石栏杆。这些材料的外表面很多雕刻着图案，是精美的艺术品。但是它们每日每时都暴露在被污染的大气环境中，材料退化非常明显，一部分风化极其严重。故宫现存的内檐彩画虽然目前没有普遍需要抢救的问题，但是如何使它们更长久地保存呢？外檐上个别清代以前绘制的彩画，保护问题更加迫切。所有这些都是传统技术无能为力解决的问题，只能依赖现代技术。近年来，故宫博物院与科研机构和大学合作，开展了利用现代科技保护古建筑材料的研究。2003 年起，还与意大利文化遗产部合作，研究制定了太和殿三台的石质文物保护、木质宝座屏风的油饰清洗等保护方案。

5. 内檐装修保护的起步与初步成果

故宫内檐装修是中国古建筑艺术的奇葩。故宫古建筑在高度标准化的建筑外观之内，用内檐装修创造了丰富多彩的室内空间气氛，满足了不同功能的需要，而且造就了高贵典雅、精巧绝伦的皇家气派。殿堂的内装修主要是藻井、井口天花和垂花门罩（毗卢帽）。宫室的内装修最多使用的是各种隔断。如碧纱橱、版壁、栏杆罩、几腿罩、落地罩、花罩、炕罩，等等。还有在室内用装修的方式建造两层楼房或者楼房的样子，称为仙楼。与内装修结合的家具，如博古架和书架。牌匾和对联也属于内檐装修，直接说明建筑的主题。故宫内装修用珍稀的材料制作，像紫檀、乌木。还镶嵌珍贵的工

艺品，像玉雕、景泰蓝饰件、竹黄雕刻。棂格心内也总是镶嵌刺绣和大臣们的书画。因此，故宫内檐装修是故宫完整性的重要因素之一，应该加以认真的保护。

从 2001 年开始，故宫博物院和美国文物建筑基金会合作，开始进行宁寿宫倦勤斋的保护。倦勤斋虽然只有九间房，却是乾隆时期建筑的代表作。其内装修由两淮盐政组织制作，带来了南方的工艺和风格。而且在最西的四间房内，引进了欧洲“天顶画”的手法，在全部墙壁和顶棚上，绘制了兼具中西绘画特色的庭院和藤萝。保护工程开始前，所有内装修均已经极度残破，布满灰尘。保护工作完全按照《威尼斯宪章》和《中国准则》的程序进行，研究工作贯穿全部而且非常精细，包括了对每一种材料和工艺的研究以及对它的修复研究，也包括如何进行展示开放和使之长期保存的技术研究。按照计划，2008 年 8 月将可以有控制地开放。倦勤斋保护工作对故宫内装修的保护具有试验和示范作用。

结语

按照《故宫保护总体规划（大纲）》，故宫维修工程将持续到 2020 年。这 5 年只是开头。“东亚地区文物建筑保护理念与实践国际研讨会”这个时候在北京召开，而且实地考察和评价故宫以及天坛、颐和园的保护工程，对故宫保护工作是极大的监督和帮助。我国的《文物保护法》规定，我国文物保护工作的总方针是“保护为主，抢救第一，合理利用，加强管理”。故宫是中国 2000 年宫城建设历史以来保存下来的唯一的完整实例，又在 82 年前辟为人民的博物院。在保护的基础上，发挥故宫在当代社会中不可替代的作用，把两者都做得更好，是我们追求的目标，任重道远。

附记：这是我在“紫禁城学会第六次学术研讨会”（2007 年 10 月）上的发言稿，论文结集时，不知何故漏载。2012 年中国文物学会传统建筑园林委员会在西安召开第十八届年会，我认为此文内容尚有现实意义，遂提交，拟发表于中国文物学会传统建筑园林委员会主编、《中国建筑文化遗产》编辑部承编的《建筑文化遗产的保护与利用论文集》中。今故宫博物院征稿编辑《故宫博物院十年论文选（2005—2014）》，因寻旧稿，还是认为这篇文章真实地表达了故宫大修工程准备阶段和前五年的工作状况，反映了我对于文物建筑保护工程的理念的思考，因此提交给编者，就教于大方。

2014 年 5 月 27 日

未刊稿

故宫博物院的文物保护理念与实践

冯乃恩

内容提要：文物保护工作已经成为我国文化领域内的重点工作和热点关注，在保护实践中始终困扰的一个问题就是怎样才是保护文物，怎样才能保护好文物。本文从故宫博物院的实践中梳理出文物保护应遵循的“真实性、完整性、协调性”相统一的原则，尝试性地给出以上问题的答案，并概述了文物保护理念的传播手段。

关键词：真实性　完整性　协调性　融入社会　共同参与

提到故宫或紫禁城大家都很熟悉，很多外国朋友也大都知道紫禁城这个地方，因为它作为世界文化遗产在各个国家的旅游手册里都有，但是谈到故宫博物院时，知道的人并不是很多，这是通过观众调查得到的结论。这些年故宫人做了大量的工作来宣传故宫博物院，希望大家能够了解故宫是一座博物馆。

故宫博物院管辖的文物建筑的范畴包括紫禁城及其外围部分建筑，是故宫博物院两大文物保护对象古建筑和可移动文物中规模最为庞大的部分。紫禁城占地尺寸，以城墙为界，南北长 961 米，东西宽 753 米，合计 72 万平方米，其中古建筑是 16 万平方米。端门位于天安门和午门之间，占地 3.4 万平方米，文物建筑面积是 6565 平方米。此外，故宫还管辖大高玄殿，它占地 1.3 万平方米，建筑面积 3340 平方米；北边还有御史衙门，占地面积 0.2 万平方米，建筑面积 1135 平方米。位于南池子还有一处皇史宬，占地 0.85 万平方米，建筑面积 2164 平方米。而故宫博物院管理的可移动文物则多达 1807558 件套，其中珍贵文物 168 万件，占藏品总数的 93%。

故宫博物院文物保护所遵循的原则应是：真实性、完整性、协调性的统一。

作者：故宫博物院副院长，副研究馆员。

一 文物保护的真实性原则

什么是真实性？按我的理解，文物的不可再生性、原生性决定了它的真实性。第一点是原时代信息的真实性。举个例子，就是文物鉴定，你首先必须清楚它所属年代。如果是汉代，它是否具有汉代此类器物的共同特征？它是否代表了汉代的生产水平和艺术欣赏水平？这是指标，是原时代信息的真实性。第二点是延续时代信息的真实性。因为往往一个器物的寿命是很长的，经过数朝代的更替之后，每个朝代都会赋予它当时朝代的信息。第三点是保护信息的真实性。这点是指当代或者是收藏它的年代，对它的一种干预。主要指为了让它能够继续保存下去，对它所做的修复。

以绘画为例，所承载的信息中有两方面内容代表了明确的真实性信息。首先是时代信息，无论哪个时代，都是众多研究者经过考证档案文献资料，以及研究它的纸张、用墨、绘画手法等与同时代的典型特征进行比对所得出的结论，当这一结论成为共识，它的真实性就成为考证其他文物的重要参考。其次是延续的信息，从画后的题跋可看出它经历的多个时代，经过了哪些人的转手，每一个收藏者和鉴赏者都留下了他们独特的信息。这些信息构成了这幅画的流传经历，不仅说明了这幅画本身的真实性，而且间接地反映出每一位题跋者所处时代的部分信息。

至于文物保护的真实性，则可通过具体的经修文物得以体现。故宫在修复每一件文物时，都要做相应的过程记录工作，也就是文物修复档案，既包括修复时间、修复手段、修复程序、修复材料等文字记录，也包括照相、录像和使用科技手段所做的分析图表、配方成分等多种记录，从而使得后人能够清晰明了地掌握文物本体曾经被叠加了哪些我们这个时代的信息，不至于因修复而造成误判。特别是修复前、修复中的影像等相关资料，就是通过保护修复信息的真实性，来反映它的原时代的真实性。

再以建福宫花园的复建为例，建福宫花园是乾隆皇帝所修建的、最为他所珍爱的花园，经常用来欣赏他收藏的历代珍宝。后来在他修建为他退位准备居住的宁寿宫区域的时候，特意按照建福宫花园的样式翻建了一座花园，就是现在著名的乾隆花园。可惜这样一座精美而辉煌的建筑群，却在清朝最后一个皇帝溥仪时期遭了劫难。1923年，一场大火把建福宫花园烧得干干净净，成为一片废墟，无数的宫中收藏化为灰烬。直到1995年，故宫博物院、国家文物局和香港文物保护基金会，一起探讨，开始了大规模的复建工作，持续到2005年。复原过程中，始终遵循原材料、原工艺、原形制的原则，不仅重视原始档案的查找，而且以科学严谨的态度，按照科研的办法存留了大量施工过程中的照片，这些历史照片和详尽的工序的记载，同样是真实性三方面的体现。

在太和殿修缮工程中为了保证文物的真实性，不仅对梁架采用了按方向编号的方法，而且把每一块瓦也逐一编号。拆下来的时候就码放的整整齐齐，以便将瓦正确地返回原位。如果瓦本身没有受到过多的损害，按原状恢复回去，最大限度地保留原真性；

如果瓦的胎体仍然完整或损伤不大，则采用复烧釉的工艺进行修复，也可以部分地保留原始信息，不至于因为全部更换新瓦而将原始信息全部丢失。

二　文物保护的完整性原则

文物保护已经从个体文物的保护拓展到文化遗产的视野，特别是对于故宫这样的世界文化遗产来说，如何能够保障它完完整整地存在于现代人的眼中，如何能保障它完完整整地传承给我们的后代，就是需要我们格外注重的事情。首先是紫禁城建筑群的完整性，其次是故宫藏品和故宫环境天然一体的完整性。

为了做到真实完整地保护故宫，国务院批复了故宫保护总体规划大纲，根据规划大纲的要求，故宫博物院不仅启动了预期到2020年完成的古建修缮工程，先后对武英殿、文华殿、午门、太和门、太和殿及其东西两庑、慈宁宫、神武门等主要建筑进行了全面的修缮，而且以修缮为契机，在国家文物局的大力支持下，以保护故宫完整性为目标陆续将占用故宫古建筑办公或作为库房的单位予以迁出，2011年将被部队占用了60年的大高玄殿收回，还在文化部的主持下与国家博物馆签署了端门及其以北区域交还故宫管理的协议。这是一个良好的开端，还有大量的艰巨的任务尚待完成，目前，这项工作还在继续推进，比如西华门内南北两侧屏风楼内单位的迁出、位于南池子的皇家档案库皇史宬的收回等仍然任重道远。这些工作并非只是管理权属的简单划分，它的重要意义在于尊重紫禁城建筑群的完整性、尊重紫禁城功能的完整性，从而全面诠释世界文化遗产所应有的文化价值，正确传播文化遗产所承载的史实与意义，正如单霁翔院长所倡导的“把一个壮美的紫禁城完整地交给下一个600年”。

谈到故宫藏品及故宫环境天然一体的完整性，首先就要清楚故宫藏品的构成，在1807558件套的藏品中，绝大多数来自于清宫旧藏，有的是属于清朝皇帝收集的前朝古物，比如众多的书法、绘画、青铜器；有的是属于清宫造办处制作的或者是皇家向各地定制的器物，比如大量的玉器、家具、瓷器、服饰；有的是属于地方、个人和外国进献的贡品，比如钟表、珠宝珍玩等。这些物品进入宫中后，分布于各个宫殿之中成为日常的陈设或储存于特定的收藏地，从而构成了故宫藏品与故宫环境的天然一体性，现在院藏档案中还有一类是宫中各殿的陈设档，故宫博物院的特色展览原状陈列很多就是根据陈设档进行的原状布置。这是世界范围内依托于皇家宫殿遗址建立的博物馆中藏品的共性，无论是法国的卢浮宫博物馆，还是俄罗斯的冬宫博物馆、克里姆林宫博物馆均是这样。

位于故宫西部的雨花阁，改建于乾隆十四年（1749年），为藏传佛教密宗佛堂，其中供奉有三座坛城、众多的佛经、佛像、唐卡，200余年来从未改变过其固有的功能，其中的陈设品也没有改变过摆放的位置，故宫博物院成立后一直将它作为原状库房予以保护，并没有像有些宫殿中的文物已经收存到专门的库房中。再如“大禹治水图”

玉山，是故宫博物院藏品中体量最大的玉器。乾隆五十三年（1788年）最终完成这件作品后，就摆放在宁寿宫乐寿堂一直到现在。这是最为典型的藏品与原有环境相生相依的案例，故宫博物院把它们一个作为库房保存，一个作为面向观众开放的展厅。两种方式都是对文物保护完整性的具体落实。

除此之外，还有很多文物是通过建院以来历次的文物清理核对之后，搬离原有的放置地点存放到地面或地下库房中，这一类文物，有的根据陈设档和文物本身附带的黄签等标识以及专家的研究布置到遍布全院的原状陈列中，如太和殿、乾清宫、养心殿、长春宫、储秀宫等殿宇中，还有的通过专题展览陈设到展厅中供观众欣赏。无论哪种形式的展览方式，虽然不是一一对应于它们原时代的存放地，但是由于它们仍然在紫禁城的大环境中，仍然展示于古建筑之内，与整体环境处于相生相依之中，仍然是对文物保护完整性的另一种表现方式。

所以，故宫博物院始终遵循文物保护完整性的原则，主张和强调故宫藏品与紫禁城密不可分、共生共存的特殊关系，这是与一般性博物馆相比具有的重大区别。

三　文物保护的协调性原则

文物与它的依存环境，文物与保藏者和观赏者之间的互动，文物本体之上的现代与过去信息的叠加，构成了诸多的矛盾复合体。怎样能够既保障所有信息的完整性，又能够让它融洽地存在于一座建筑物或者一件文物上，这是从事文物保护工作必须要做到的，也就是在矛盾中追求和体现协调性。

首先是历史信息取舍的协调性。例如，现在太和殿的匾额上书有“太和殿”三个汉字。按照规制，清宫匾额基本都是满汉对照的，直到清朝覆亡、袁世凯复辟的时候，打着恢复汉家天下旗号，把太和殿的匾换掉了，改为单独的汉字。这段史实已经过去100多年的时间了，如果机械地理解原原本本地恢复紫禁城的原貌，就要在现在修缮的时候改成满汉对照的。但是故宫博物院没有这样来做，因为它仍然是一段特殊历史信息，有必要保留下来，让后人不仅从文献上了解，还要从建筑物证上看到这段史实。这就是如何对待历史信息，如何在保护的时候选择历史信息的问题。同样的问题还表现在这次故宫古建修缮工程到底恢复到清朝哪个时期的选择上，有的说康熙，有的说康乾盛世，有的说光绪，甚至有的说保持清末的沧桑，故宫博物院的原则是，不笼统地一刀切地对所有的建筑制定同一要求，而是针对每个建筑根据它的信息属性来逐一确定，基本原则是以始建或大规模重建的时期为基准，参考其他信息所处时代来确定。而且尊重建筑本体上留下的各个时期信息，能不干涉尽可能不干涉或少干涉，单霁翔院长在古建大修进入到常态阶段后更是强调“维护为主，保养为主”的原则，不做大拆大改。这就是在保障真实性、完整性的前提下，对于矛盾的历史信息寻找取舍平衡点，使之协调共存。

其次是以文物生命延续为准则处理协调性。以太和门、太和殿广场的地砖为例，地砖经过数百年历史的侵蚀而斑驳，有的彻底消失，留下多个坑。故宫不是一个仅供少数人凭吊的遗址，而是一个观众如织的博物馆，既要真实、完整地保存和展示紫禁城的风貌，还要充分尊重和服务于观众舒适、安全地参观。故宫博物院作为管理者就需要在保护与利用的矛盾中寻求协调解决的办法，采取的措施就是挖补，保留现状完好和损伤不大的砖，延续文物的生命；针对损毁严重的部分进行挖补，彻底消失的才用新砖填补。再比如，中和殿在进行勘察时发现顶部梁架有损坏的情况，进行修缮设计的时候就遵循了以上的原则，不彻底更换损坏的梁架，而是局部加固，既保留了原始信息，又延续了文物生命。

最后是积极融入社会发展。典型的例子是太和殿和午门的修缮。太和殿在进行修缮时，由于是揭顶大修，需要持续两年多的时间，而且整个建筑外貌都被棚架覆盖，致使观众看不到太和殿的本来面目。为了解决这个问题，故宫博物院采取了两个办法，一是制作了一个巨大的一比一的太和殿喷绘，虽然看到的不是真实的太和殿，但是仍然能够看到它的面貌；二是在三台下利用施工围挡制作了一个太和殿历史沿革与修缮的展览，全面地介绍了太和殿及修缮方法，既把更多的历史真实的信息传导给观众，又宣传了文化遗产保护的原则和方法，争取了更多人对于修缮的理解和支持。午门的成就主要体现在根据社会发展的需要，根据故宫博物院标准化展厅的迫切需要，将古建筑保护与利用有机地结合起来，通过在午门城楼内部搭建玻璃展厅的方法，既解决了现代化展厅的需要，又满足了观众欣赏午门城楼内部结构和不伤害古建筑的双重要求。为此，这项修缮工程还获得了联合国教科文组织颁发的文物保护成就奖，而且在之后举办的太阳王路易十四、英国走向世界、西班牙皇家骑士展等展览取得了良好的社会效益，成为故宫博物院最重要的中外文化交流的展示窗口，成为古建筑信息和现代展览信息协调共生的范例。

四　文物保护理念的推广与普及

故宫博物院的文物保护工作不能只依靠自身的努力，还需要依靠全社会的力量共同参与才能完成好。这就需要加大故宫博物院与社会各界的协同，加大文物保护理念的宣传工作，通过推广与普及，吸引文博界专业人士特别是文博界以外的社会人士积极关注和参与进来。

第一是共同研究。在这方面故宫博物院已经很早就开始了探索，与美国世界文物保护基金会合作开展乾隆花园的研究与修复，修缮完成的倦勤斋成为传统工艺与现代科技相结合的典范，特别是双方合作摄制的“皇帝的秘密花园”纪录片还原了中外专家共同研究、修复的历程，揭示了修复工作背后的诸多故事，广为宣传了保护的理念和具体手段，在世界范围内获得了更多的关注与支持。与日本凸版公司合作的文化资产数字化研究所，利用先进的虚拟现实技术采集了众多的古建筑三维数据，制作了“天子的宫殿”系列 VR 作品，接待了数以万计的来宾观看影片，并且多次成为赴海外的故宫展览随展项目，用电子信息手段传播了故宫文化。将来，还要充分发挥故宫博物院古书画、故宫学、古建筑等多个研究中心、科研基地的作用，与国内外的大学、专业研究机构联合开展文化遗产保护、古建筑、文物等领域的研究工作。

第二是编辑出版。故宫博物院具有的独特优势就是拥有故宫出版社，多年来出版了众多的文物研究图书，今后将着力加强古建修缮、文物保护等方面的图书出版。武英殿是故宫大修中最早开始并竣工的古建项目，在修缮前、修缮中就非常注重把勘察、设计、修缮的具体过程记录下来，注重有关文献、工程资料的搜集整理，然后正式出版了古建修缮工程报告系列的《武英殿》，向全社会公开发行。已经陆续出版的和将要出版的还有倦勤斋、太和殿、钦安殿等工程报告。

第三是举办展览。故宫博物院每年举办的常设展览、专题展览等可达三十余个，赴国外的专题展览也有十余个，通过实体展览可以最直观地展示文物保护成果，而且这些展览不仅有文物展示，还通过文物修复成果展的方式让观众看到文物是如何修复的，通过现场演示和亲身参与了解修复的手段。除了实体展览之外，故宫博物院还在官方网站上开办网上展览，比如配合春节举办的生肖艺术展、宫廷玩具展、宫廷匾联展，等等。即使不到故宫博物院，也能通过互联网足不出户地了解故宫文化。

第四是举办面向公众的各种活动。故宫博物院每年都会有面向青少年的“小手拉大手”故宫知识课堂，通过画瓷、绘制龙袍、串朝珠、拓印等活动使小观众在互动中获得文物知识；通过故宫讲坛的形式由故宫博物院的专家面向社会公众开办讲座，讲解故宫文化、文物常识、保护方法等，不仅有固定场所固定时间的讲座，还有不定期走进校园、走进社区、走进军营的讲座。

第五是通过传统媒体和新媒体手段来推广。报纸、电视等传统媒体拥有强大的宣传优势，不断地将故宫博物院开展的工作主动向媒体发布，可以让公众及时、准确地了解故宫，创造良好的发展环境。为此，故宫博物院经常性举办新闻发布会、媒体通气会，及时回复媒体的采访要求，借助媒体的力量广泛宣传保护理念和措施。此外，新媒体越来越成为公众喜闻乐见的传播方式，为此，故宫博物院也在这方面做了大量尝试，2011 年以来开设了新浪微博、腾讯微博、人民网微博、微故宫等官方账号，第一时间发布信息，与公众互动。此外，还开发制作了《皇帝的一天》、《韩熙载夜宴图》、《每日故宫》、《陶瓷馆》等 APP 应用，利用无线互联网的传播优势、互动优势，使故宫文化和文物保护成果走进千家万户。

未刊稿

故宫学研究中的价值观问题

李文儒

内容提要：故宫作为曾经的皇宫承载的历史的或曰传统的文化体系与作为博物馆承载的现代文化体系，是两种性质完全不同的甚至某种程序上是相互对立的文化体系。故宫学研究者的职责就在于不仅要研究这两种不同的文化体系，更要研究这两种文化体系之间的切割与转换关系。在由这样的故宫学研究内涵的三个向度构成的故宫学的三维文化学术空间中，研究主体的价值观——价值评判与导向便构成了这一特殊学术建构的灵魂。

关键词：故宫学　文化转型　现代理性　价值评判　学术自信

故宫学的提出，故宫学研究所的建立，《故宫学刊》的编辑出版，足以说明学人对以“故宫”的文化承载为研究对象的学术研究的高度自觉。由于研究对象的特殊性，故宫学研究中的价值观问题是我这些年来一直关注的问题之一。我在《从皇宫到故宫到博物院——纪念辛亥革命100年》一文中的结束部分较为集中地提出了这一问题，但并未展开讨论[1]。

我提出的主要问题是：作为形象鲜明的文化形态“符号”，明清时代的皇宫紫禁城符号的核心指代是帝制、君主；成为故宫之后则是半君主半民主、君主与民主纠结的符号；只有到了故宫博物院时代，才成为完整意义上的民主符号。但对于作为公共文化机构、承担民主文化使命的博物馆来说，博物馆民主文化价值的实现在较长时期内并未引起足够的重视。从故宫文化的价值构成和博物馆文化价值构成着眼，故宫文化在完成了“谁的紫禁城”之文化民主转型之后，故宫博物院面临的重大文化任务是如何实现故宫文化向民主文化的本质性转型，如何推进故宫文化为真正的民主文化建设作出历史贡献。辛亥革命已经百年，至少如下问题仍很现实：第一，以故宫博物院

作者：原故宫博物院副院长，研究馆员。

1　见《故宫博物院院刊》2011年第6期。

成立为标志，将君主独占的文化改变为人民共享的文化，将皇家的私藏改变为公共的所有，如前所述，这只是改变了作为“物”的所有权问题，解决的仅仅是容易解决的表层问题；在更深的层次上，如故宫成为故宫博物院在文化的民主化革命方面到底意味着什么？到底应该承担什么样的文化历史使命？故宫博物院作为现代公共文化机构的价值实现到底引发过怎样的讨论？第二，在故宫文化体系中，“君主”与“民主”的关系如何？故宫文化的“主流”是什么，是君主文化还是民主文化？是君主的成分多还是民主的成分多？对于其中的精华与糟粕又该如何认识和取舍？第三，怎样以现代理性与观念，即以民主文化的价值观对待保存至今的故宫文化？从君主到民主，从传统到现代，故宫文化经历了怎样的演变过程？孕育出怎样的新文化的成果？传统文化、故宫文化如何在现代文化转型与文化创新中发挥应有的作用？如何在人民创造自己的新生活中发挥应有的作用？

我以为这一系列问题是所有参与故宫学研究的研究者需要持久关注和思考的重要问题。因为作为皇宫承载的历史的或曰传统的文化体系与作为博物馆承载的现代文化体系，是两种性质完全不同的甚至在某种程序上是相互对立的文化体系。故宫学研究者的职责，不仅要研究两种不同的文化体系，更要研究这两种文化体系之间的切割与转换关系。在由这样的故宫学研究内涵的三个向度构成的故宫学的三维文化学术空间中，研究主体的价值观——价值评判与导向是这一特殊学术建构中的灵魂。

我所强调的故宫学研究中的价值观，即研究和评判故宫所承载的悠久丰富的历史与厚重复杂的传统文化时依傍和运用的价值体系，归根结底还是“当下”如何解读“传统”的问题，还是任何历史都是“当代史”的含义。其基础是还原研究，所谓还历史的本来面目；重点是评价性研究，是理性批判。这也就是治史向来看重的史与论、知识与见识的关系。缺乏客观的、真实的、严谨的还原性研究，谈不上理性的评判与见识；当然，有了前者，也不一定必然有后者，但一定可以为后者提供充分讨论的基础，奠定产生和发扬真知灼见的基本条件。不论是以还原研究为主，还是以评判性研究为主，当然更多的应该是你中有我、我中有你的综合性研究，不管何种研究，提出应当达到当时与现时的最高历史水平的要求，任何时候都不算过分。

以我和赵中男先生策划、主要由他主编的“明代宫廷史研究丛书”为例。这一研究系列书目计有18种之多。故宫的研究资源特色与优势要求故宫博物院应有相应的学术研究特色与优势。编辑此套图书最初的目的主要是想弥补宫廷史研究，特别是明代宫廷史研究的不足，所以，研究范围涉及宫廷历史的方方面面。现在的故宫是明代建造、明清两朝使用近500年的皇宫。家国天下，皇宫是家亦是国，是一个国家长达500年的权力政治核心。清承明制，清朝不只是承袭了明朝帝王的执政与生活的空间，还包括制度文化、政治文化、经济文化、社会文化，是全方位的继承。故宫学研究如果缺失明代宫廷史研究是不可想象的。为了选题的立项和研究的展开，我们多次召开专家学者论证会。经过数年努力，已完成四种并正式出版，其余正在紧张推进之中。故宫学首创者郑欣淼先生专文予以评价，认为该研究项目首次从宫廷史的角度分门别类、系统全面地研究明代宫廷史，可以逐步确立明代宫廷史相对独立的学术地位，可以促使宫廷史涉及的一些问题与领域受到关注，可以推动社会史、文化史的研究，可以促进中外宫廷研究方面的交流与合作[1]。“明代宫廷史研究丛书”虽然首先是立足于故宫丰富的文化资源的还原性研究，但因宫廷地位的特殊性，足以辐射与影响到每一个角落，如对最高端的权力集中、体制运行的研究，决策、执政、行政的通畅与阻滞，权力的制衡、监督的有效与失效，体制内种种可能的有限性与种种不可能的无限性，等等，不只是还原性研究的巨大空间，同时也是评判性研究的巨大空间，更是对研究者的巨大挑战与考验。同样是体制与权力运行程序的原因，宫廷制度、政治、经济、文化对整个社会的思想文化的统治与影响虽然显而易见，但仍然值得仔细梳理，尤其有必要作价值判断层面的深刻反思。

以皇宫建筑研究为例。紫禁城是故宫最外在最鲜亮的标志，这些年来下大力搜罗辑录整理，陆续编辑出版的《明清宫廷建筑大事史料长编》，无疑是填补空白的还原性研究。多年来一直对故宫古建筑进行着的保护研究、修缮研究、建筑科学研究及建筑工艺研究等，已经积累了丰富的研究成果。这些都是非常必要非常重要的。不过，紫禁城作为皇宫，作为发挥专制统治核心的功能早已成为历史，今天的紫禁城，已经成为千百万人自由出入的公共文化空间了，当这么多的人们面对曾经极端地凸显了皇权至高无上、神圣不可侵犯、至今依然保存完好的历史建筑形态时，应当有何感想又如何认识呢？也许这是更重要的、最需要作出价值判断的论题。

有人亲口告诉我，从天安门走进紫禁城，走啊走，看见太和殿，腿一软就跪下了。我说不至于吧？为什么要跪下呢？累了吧？他说，不是，紫禁城，震撼！多么大的力量啊，把膝盖都震软了。仔细想想也不无道理。从永定门开始，乃至从更远的地方开始，一条笔直的中轴线，一直通到太和殿的龙椅上。试想怀抱着一定要亲眼看看皇帝的金銮宝殿的心愿，穿过永定门门洞，前门门洞，明朝大明门、清朝大清门、民国中华门门洞（已不存，现毛主席纪念堂所在地），外金水桥，天安门门洞，端门门洞，午门门洞，内金水桥，太和门，到太和殿广场了，突然看见蓝天白云中雄伟的皇帝的金銮宝殿了，这是一种怎样的经历和体验，我想刹那间确实能够涌出那种被震撼倒的感觉，腿一软不就跪下了嘛。皇帝就是要凭这个造就无比的威严啊。不管北京城有多大，紫禁城有多大，所有的建筑都在突出唯一的这个位置——皇帝。皇帝已经不是一个具体的人，而是一个抽象的位置了。不管谁坐上这个位置都行。我们的问题是要研究修建紫禁城时用什么手段达到了强化皇权位置的这一目标。为什么设定了这样一个建筑目

1　郑欣淼：《略评明宫史研究丛书》，《故宫学刊》总第6辑，紫禁城出版社，2010年。

的，就能够做到让建筑实现这样一个目标？过去是所有人必须下跪的，但为什么会影响到现在？为什么紫禁城会有这样的效果？皇帝要的就是这个效果，你跪下了，正中皇帝的下怀，他就是要把皇权推到至高无上的地位，让你进了这个空间，就自觉不自觉地腿一软跪下了，这就是帝制时代的紫禁城建筑的核心价值。我们今天建造一处地方，让你见了就跪下，这肯定不行，现在要的是人人平等，谁也不会再去营造这样一个建筑空间。我还亲眼看见过一个肯定是从偏远地方来的老太太，扒在太和殿门口，看了半天冒出一句话：这就是龙椅呀？还不如俺家的沙发舒服。老太太的直感绝对正确。是不舒服呀，皇帝坐在那儿就是不舒服，那就不是让皇帝舒舒服服坐的椅子，他必须正襟危坐，背没地方靠，手没地方扶。坐在那儿，必须保持一种很威严的姿态，没有，就必须强制出来，想没有都不行。所以，皇帝坐在那儿是那个样子，谁过去坐都是那个样子：坐什么人不重要，那个位置最重要，这就是皇帝的宝座的核心价值。

大家都说紫禁城好，为什么谁也不会去再建一座呢？谁真住进去，真的很不舒服。建造紫禁城所追求为皇权、为帝制、为专制、为等级制服务的价值体系，现在谁还需要呢？没人需要了，这是要批判和抛弃的价值体系。但是，我们要弄清楚这样的价值观念，是怎样通过形态化的方式呈现并被强化的，研究清楚当然是很有价值的。因为任何时候都有这样那样的价值观需要形态化呈现并被强化的。

随着紫禁城原有的使用价值的消失，作为文化遗产的审美价值会越来越得到强化。公众文化素质大大提高，审美需求迅速增加，走进紫禁城的人们会思考：紫禁城为什么这么好看，耐看？一般说把大红、大绿、大黄堆积在一起肯定不好看，但大黄大红大紫的紫禁城为什么这么好看？百看不厌？紫禁城的大面积铺排开来的金黄色大屋顶，你站在景山上放眼望过去，灿烂辉煌，好看！老百姓家盖房子，用大黄屋顶，肯定不好看，为什么？紫禁城的宫墙，那么大面积单调的紫红色，为什么好看？紫禁城的彩绘，颜色丰不丰富？赤橙黄绿青蓝紫，什么色彩都有了。按理说，这些色彩堆积在一起，能好看得了吗？哪个姑娘肯将一件赤橙黄绿青蓝紫的衣服穿在身上试试？但是故宫的彩绘就是好看，为什么？这就是它特殊的美学效果。美学效果和整体理念有什么样的关系？这类问题是需要我们去研究的具有永恒价值、永恒意义的问题。紫禁城，像这样的人类文化遗产，有许许多多文化的价值、美学的价值等待我们去发掘。

帝制、皇权、等级与皇宫的建筑形态是什么关系？从建筑理念、建筑思想等建筑文化层面研究和理解往昔的皇宫肯定是非常重要的课题。紫禁城已经成为历史，我们为什么还要精心地保护？除了理性地认识历史，还有没有实用价值？使用的价值一去不复返了，审美价值应该与时俱存。从建筑艺术，从建筑审美的层面研究皇宫建筑就会成为一个研究不尽的课题。我曾尝试从图像学、视觉艺术的角度关照紫禁城。紫禁城给我的感受是：紫禁城其实是一个“主题先行”的艺术结晶，即中国帝王意志、统治思想、传统文化的艺术结晶。紫禁城是中国古老哲学诗学和传统礼制礼教的形体化、格式化、标准化。紫禁城的选址、规划、布局、结构、造型、色彩，紫禁城的高低错落、疏密协调、宽窄相间、空间节奏、光影变幻，紫禁城整体的统一、完备、端庄和变化差异中的对应、和谐、均衡、灵动，不是在建筑美学的指引下完成的，而是在帝制、宗法、礼教理念的指引下完成的。悠久深厚的中国传统文化是紫禁城定位奠基的原点，是紫禁城营建的基准线，或者说古老文化、政治体制、社会结构、礼制理念左右了建筑审美取向——这正是中国古代宫廷建筑审美的独特性、根底性所在。找到了这个文化之本、文化之根，也就找到了面对紫禁城宏大建筑群之时，我们为什么总是被建筑政治理念与建筑艺术审美竟能如此完美地统一而一再震惊的根本原因，我们因此更加确信：伟大的美在于整体而不在局部，任何时候伟大的美都是整体的美，这样的伟大的美一定有它的深深的文化的根——伟大的建筑源于伟大的文化，整体的浪漫想象与细节的灵感闪烁镶嵌在高远、博大、深厚、精致的文化背景上。我发现，我从图像、视觉艺术出发，结果回到理念、思想、文化上了，它们之间的关系，也许是最有意义、最有价值的[1]。

再以故宫博物院藏品为例。被世人称为稀世皇家珍宝的180万件（套）以上的藏品是故宫深处最隐秘、最吸引人的文化资源。进故宫的人，一多半是冲着皇帝的宫殿来的，还有一部分是除了看宫殿，还惦记着看皇帝的宝贝，明明白白想着到这个全世界著名的博物馆里看它的藏品。为什么？这也是价值判断、价值导向的问题。不少人，包括不少熟识的文化界人士，总会问两个相关的问题：一是故宫到底有多少好东西？二是好东西是不是都弄到台湾去了？这个问题逼着郑欣淼院长写了一本《天府永藏——两岸故宫博物院文物藏品概述》的专著，第一次全面盘点了两岸故宫博物院的藏品，也是第一次全面系统地梳理了除建筑外的明清皇宫遗存的传承流变。

大陆人到台湾的多起来了，到台湾一定会到台北故宫博物院去看展览，转一圈，看见上千件的展品，就觉得故宫博物院好的东西都跑到台湾了。其实他或是没有到过故宫博物院，或是到了只顾看宫殿，没注意看展览。事实上故宫书画馆、陶瓷馆、珍宝馆、钟表馆、玉器馆、青铜器馆等常设展展品上万件，仔细看，两天看不完。比起看没看到“宝物”来，从“宝物”中看到什么更重要。不少到过台北故宫博物院的人还会这样说：看看人家的“红烧肉”（肉形石），看看人家的翠玉白菜，多好！“红烧肉”和翠玉白菜有多好？除了工艺确实不错，还有什么呢？这就是关于看藏品展品的价值观问题。文化遗产的价值，有历史价值、科学价值和艺术价值。“红烧肉”、翠玉白菜的价值和其他文物的价值一样吗？故宫博物院建院时清点文物，天字第一号文物是什么？是皇帝的宝座吗？不是，是太和殿门口用来挡门的小木头板凳，这是排在故宫数百万文物中的天字第一号文物。从历史价值的角度看，从皇宫到故宫再到故

1　见《紫禁城的图像学意义——纪念紫禁城590年》，《故宫博物院院刊》2010年第4期。

宫博物院的巨大历史变革的角度看，是翠玉白菜有价值，还是天字第一号的木头小板凳有价值？现在的社会导向往往简单地以值多少钱来衡量文物的价值，把价格混同于价值，张口就问值多少钱。就说那颗翠玉白菜吧，值多少钱？它的价值在历史价值、审美价值上，不在价格上。这件工艺品是做了瑾妃的陪嫁才进到宫里的。料并不算好，工艺很好，寓意却好，一表清白，二祈多子。这只是还原性叙述。今天我们看这棵翠玉白菜，应有更丰富的审美发现。正如一棵白菜不是天生的，是种菜的农民耕地、育苗、施肥、浇水、管理，才长成一棵水灵灵的大白菜一样，翠玉白菜的产生是一个审美创作的过程。是谁，又如何把一块石头变成了白菜？什么样的创意？什么样的造型？什么样的工艺？想法是怎么来的？怎么雕得那么像白菜？他为什么对白菜有这么深的感情呢？他的美学观是什么？是崇尚自然的美学观，还是尊重劳动的美学观？为什么齐白石天天画白菜、画石头？为什么他就是劳动人民的知音？他就是根植于劳动人民的“菜根”？我们现在叫草根吧，白菜就是菜根啊。古人也好，今人也罢，艺术家、工匠、手艺人，他的经历、立场、选择、判断、审美追求都是不一样的。做“红烧肉”的那个人，他肯定喜欢红烧肉，他一想起红烧肉，感觉就来了：这块石头，真像红烧肉，再看更像红烧肉。做翠玉白菜的，我想他是吃素的，他看见白菜有特别的感觉，他一定和白菜有很深的感情，他也许同时也是个种菜的。“红烧肉”肯定不是和尚做的。这不是胡思乱想，也许最初就是这么回事。我们要从创作过程以及作品对人的影响来看其审美效果。为什么“红烧肉”、翠玉白菜对普通老百姓有那么大吸引力呢？为什么大家都喜欢齐白石呢？因为创造者的审美心理契合了普通人的审美心理，这就是艺术创造者和欣赏者的审美感应、审美共鸣，这就是艺术美的价值所在。

故宫博物院有无比丰富的历史文化资源。博物馆作为公益性文化机构，要保障公民的文化权益，要让公众共享文化资源，分享文化成果。但是，博物馆文化如何面对大众？我们研究宫廷历史，研究皇宫建筑，研究皇家收藏，我们举办展览，我们有什么样的价值观和价值导向？我们告诉老百姓的是什么？我们把传统文化资源交给社会，交给公众的同时，交给社会、交给公众什么样的认识皇宫文化、传统文化的文化价值观？如果单单是少数学者对历史学的某一很专门的研究，可以不考虑公众的认知与接受，而一旦与博物馆文化联系在一起，就不能置公众于不顾。或者说，博物馆文化就是从学者研究到社会普及、公众认知接受以至于形成共同记忆的文化过程。学者与公众具有不可分割的互动关系。学校教育也同理。

即便是比较单纯的学者研究，也有一个对待传统文化、帝制文化的科学态度问题。我们常常用“敬畏”来表达我们对悠久历史、丰富传统文化的虔诚的尊重，这当然是应有的姿态。但在具体的学术研究过程中，我们在“现在”与传统文化对话的时候，我们在还原、阐述、解读传统的时候，就应该不是“敬畏”“仰视”，而是平等的态度。同时我们还应特别防止盲从、泥古，更要警惕复古、食古不化，警惕“亡灵”“王魂”

的“复活”。对帝制那样的制度文化的评判当然不会丧失现代理性，但对物质文化、对文物、对沾了皇帝气的物件的评价，难免有意无意之间被“帝制”、被“王魂”所“俘虏”或“绑架”。

把故宫学研究、故宫文化传播与博物馆文化价值及公众认知联系在一起的时候，尤其需要保持清醒的理智。在帝制时代，统治者的思想即是社会思想，“真命天子”与“皇帝万岁万万岁”既是皇帝的统治思想理念、统治者的核心价值观，也是社会百姓的被统治的核心价值观和比较普遍认同的思想理念。帝制文化中的天命、等级、特权，与现代文化中的人权、平等、公平、正义水火不容，需要我们在故宫学研究中作出鲜明的切割和创造性的文化转换。

以民主文化为标志的故宫博物院文化中的故宫文化、传统文化，如果和现代人生活不发生关系，博物馆就真的只是保留了“死”的东西，没有生命了；如果博物馆把传统的、应该扬弃的文化价值原封不动地传达给现代公众，那它还不如死了的好。历史留给故宫博物院的文化资源是不变的，但其文化价值经过我们的研究，选择成、转化成、创造成对我们现代生活有用的，能够提升我们生活质量，能够提高我们认知水平和审美能力，能够让我们今天活得更好，它才是有价值的，也就是说传统的东西经过我们的选择、转化与创造，参与到我们现代生活的创造中，或者说参与到我们所创造的新生活之中，其博物馆文化价值才得以实现。如果是相反，假如我们宣传了多年的故宫文化，假如故宫博物院的文化财富给老百姓的文化心理影响是双腿一软不由自主地向皇权下跪，文化价值选择是我什么时候也弄一把龙椅坐坐，也弄一块“红烧肉”、翠玉白菜把玩把玩，也弄一处像皇家大院一样的院子住住，如我们常常看到的高端房地产广告词标榜的那样，这不就糟糕了吗？我们岂不是继续传播皇权思想吗？这岂不是我们最大的失职吗？事实上，在昔日的皇宫这样一个特殊的空间里，以皇宫建筑语言为媒介，以皇家藏品语言为媒介，帝制、皇权、君主语言权力与暴力侵犯公众的危险时时存在。在我们把这样的文化作为主要研究对象之后，研究者被侵犯的危险同样时时存在。这就要求我们不仅要时刻提高警惕，更要有自觉自主的应对意识。在这样一种特殊的研究境域中，以现代理性、现代价值观构建超越性的学术研究追求就是十分必要和重要的了。只有这样，故宫学研究才能在学术自觉之后，经现代理性价值观的指引而到达学术自信的境界。

原载《故宫博物院院刊》2013年第2期

创新是文化发展的生命力

纪天斌

内容提要：创新是事物生存和发展的必备能力。文化创新要尊重文化发展的规律，深入挖掘文化所孕育的内涵，使传统文化重新焕发力量；与新时代相呼应，使文化更加适应人民群众的需求，在现代化建设中发挥重要作用。

关键词：创新　本质　内涵　挖掘　精髓　民族精神

创新是一个永恒的话题，创新是事物生存和发展的必备能力。客观世界永远处在不断地发展和变化之中，处在客观世界中的万物，要获得生存和发展的能力，必须适应，适应新的生存环境，适应新的情况变化，适应新的发展要求。事物不断适应之过程，就需要随时改变原有的种种模式，改变不合时宜的陈旧做法，培育具有时代气息的、具有新的生机和活力的各种能力。因此，适应之过程，即是创新。从这个意义上讲，没有创新就无法生存，没有创新更谈不上发展，这是一条绝对真理。万物皆如此，文化发展亦不能例外。

一

从本质上理解创新，是科学实现创新的前提。创新的本质是事物生存与发展的客观要求，其表现形式则是主观对客观的适应。客观决定主观，即物质决定意识，主观能动适应客观，即意识对物质具有反作用。这是马克思主义的基本原理，是指导我们认识问题和处理问题的科学方法。我们今天谈创新，谈文化创新，绝非标新立异，绝非随波逐流，是新世纪文化发展自身必然面对和必须解决的问题。通俗地讲，文化的发展必须适应当今世界的变化，适应人民群众需求水平的变化，适应国际竞争中文化

作者：故宫博物院党委书记、副院长。

所起作用的变化。

当今世界，文化需求在人民群众的各种需求中所占的位置越来越大，要求也越来越高；文化交流在国际交往中所起的作用亦越来越大。就一个国家而言，文化在经济、政治、外交上所发挥的作用是其他任何东西所无法替代的。文化已成为国际竞争的重要内容，成为国家形象的主要表现。

中华文化博大精深，源远流长，在民族发展的不同历史阶段，皆有不同的表现形式，对社会的进步与发展起着重要作用。如何使这些曾经辉煌的历史文化重新焕发出巨大的力量，如何延续并发展这些历史文化，如何使之更加适应今天人民群众的需求，如何使之在我国现代化建设中发挥重要作用，是广大的文化工作者必须思考的问题。保护和创新则是问题的关键。摒弃丢弃观念，摒弃封存思想，重新认识其价值，大力整合和创新丰富的文化资源，进行大胆有效的开发利用，使之与时代紧密结合，走出国门，走向世界，不失为一种创新模式。

二

文化创新要充分考虑文化的本色，要将创新的文化与优秀的传统文化有机地嫁接起来，充分体现出中华文化之特色，使之有源有本，老树开出新花。

文化是民族之灵魂，不同国家、不同民族有着不同的文化，文化所具有的强大魅力就在于它的多样性，它可以让人们了解不同民族、不同国家的历史以及今天，可以反映出这个民族的内涵和外延，进而可以折射出其价值观和发展观。中华文化具有强烈的民族特色，是既多元又统一的集合体。中华民族是多民族融合为一的伟大民族，各民族都有自己的文化，都有它特殊的价值，有它特殊的文化趋向。虽然中华民族是以汉族为主，汉族在中国文化塑造过程中扮演着重要角色，但不可否认，少数民族的文化在中国文化的发展过程中，起了不可缺少的重要作用。因此，中华文化创新具有丰富多彩的内容，这是任何国家的文化所无法比拟的。

三

文化创新要深入挖掘文化所孕育的文化内涵，或者说，创新文化要有文化。没有文化的所谓创新，是对文化的毁坏。简单的包装，生硬的嫁接，玄而玄之的表现，如此种种，都是没有文化的作为，应坚决抵制。创新文化要尊重文化发展的规律，要经得起时间的考验，要有历史的厚重感，同时要与新时代相呼应，给人以永不磨灭的精神享受和激励，不能以眼前的利益为目的追求肤浅的感官刺激，不能故弄玄虚，让人不知所云，甚至胡编乱造，无中生有。

文化创新，要善于挖掘其精髓，艺术性地表现其优秀的民族精神。中国文化在形成和发展过程中，汇集成许许多多永放光芒的民族精神，如团结统一、惩恶扬善、刚健自强、坚韧不拔、公而忘私、重德轻利、顾全大局、勤劳勇敢、不屈不挠、诚实守信、开拓创新、与时俱进，等等，这些优良的民族精神，世代相传，生生不息，支撑和激励着中华民族创造了一个又一个惊世之举。古有四大石窟、长城、故宫、都江堰，今有大运河、红旗渠、三峡水利工程、神舟飞船等，都是中华民族为世界文明所作出的伟大贡献，其所蕴含的文化内涵，将会永放光芒。挖掘和创新这些文化具有重大的历史意义和现实意义。

四

在世界的眼里，中国具有无穷的魅力，那正是因为中国有无穷的文化。我们为我们的祖先所创造的辉煌文化而感到骄傲。同时，我们今人理应踏着先人的足迹，继续创造出具有中国特色的新的伟大的文化。

法国著名作家马尔罗曾断言，21世纪的发展无非是文化的发展。进入本世纪，随着经济全球化的大潮，文化在国家的发展和激烈的国际竞争中占有重要的地位。文化已渗透到当今社会生活的各个领域，在经济、政治和外交事务中起着越来越重要的作用，已成为国际竞争的重要内容。正如党的十八大报告中指出：“文化是民族的血脉，是人民的精神家园。全面建成小康社会，实现中华民族伟大复兴，必须推动社会主义文化大发展大繁荣，兴起社会主义文化建设新高潮，提高国家文化软实力，发挥文化引领风尚、教育人民、服务社会、推动发展的作用。”这不但充分说明创新和发展中国文化具有重大的意义，同时也指出文化创新的基本要求。我们作为文化工作者，责无旁贷，任重而道远。

未刊稿

社会发展从传统文化寻根

张志和

内容提要：怎样才能实现中华民族的伟大复兴的中国梦，有很多问题需要回答。本文认为，社会发展必须继承弘扬中华传统文，方能重建中国人的道德秩序和文化信仰。儒家文化有很多优秀成分值得我们重新认识和认真体悟，是中华民族的根脉所系。传统文化是我国经济社会发展的重要支撑力。

关键词：传统文化　儒家思想　社会发展

一　文化是什么？

文化这个名词，大家都知道。但要给它下一个准确的定义却很难。因为在不同场合、不同层面上对文化的理解都是不同的。真正的文化，是社会人的内在行为和外在行为的规定性。搞明白其中的三个词，文化的意思就清楚了。

第一，我们大家都是“社会人”。如何理解“社会人”这个概念？每一个人存在的价值都是在和别人的交往中实现的。试想，如果我们离开了自己的家人、朋友、同事和社会上的其他人，一个单独的我还有什么意义呢？这就是“社会人”的概念。

第二，什么是“内在行为”呢？就是我们思考问题的方法。每个人每天都在思考问题，但是我是依据什么样的逻辑或者原则来思考问题的？我为什么这样想而不那样想？“外在行为”，就是我们做事情的方式。我的工作、我们的衣食住行是怎么安排的，这是外在的。这些加起来就是文化。具体到一个人，说这个人有特点，能被大家记得住，就是因为这个人的思想和行为怎样，这是最重要的，而不是其相貌有特点。大而言之，我们中华民族的文化之所以被称为中华文化，就是因为我们中国人自古以来的思想方

作者：故宫学研究所，研究馆员。

法、行为方式同外国人不一样，因此才能称为中华文化。

第三，什么叫“规定性”呢？文化一旦形成，它就约束着所有人的思想和行为，我们必须按照文化的规则来思考问题和做事情。举个最简单的例子，我们在座的有男士也有女士，为什么女同志可以穿裙子，男同志不可以；女人可以留长头发男人不可以呢？法律条文都没有规定，但大家都遵守这样一个规定，并且是严格地遵守。实际上这就是文化对我们的约束。在中国，男人就不可以穿裙子，小男孩也不可以，这就是文化的规定性。英国的男人是可以穿裙子的，那是他们的英伦文化。由此可以明白一个道理：文化对于一个民族来讲，是非常有力量的，是在我们思想行为中带规定性的东西。我们生活的方方面面，做事情和思考问题，都首先要考虑以文化作为前提。

什么是传统文化？简单说就是在清朝灭亡以前由我们中国人自己创造的文化。五四新文化运动以后，我们的文化中加入了一些外来的元素，很多人就认为我们已经被“西化”了。比如说我们坐在这样的讲堂里，使用着现代化科学设备，出门坐汽车，在家住高楼，所有的东西都被“西化”了。其实，这些东西都是表面的，在内心深处，我们的灵魂仍然是中国人自己的。如果中华民族被彻底“西化”了，那么中华民族的存在还有意义吗？

二　我们为什么必须继承和弘扬传统文化

西方人有一句话讲得很好：人类一思考，上帝就发笑。什么意思呢？每一个单独的个体对问题的思考，即便用上最大的力量也会有缺陷。人类文明史是像大树一样慢慢长出来的，不是某一个人可以想得出来的。新中国成立后，我国的发展建设走了不少弯路，甚至到了崩溃的边缘。邓小平同志用八个字救了我们：实事求是，改革开放。所谓实事求是，就是让我们放弃教条主义，改革开放就是让我们睁开眼睛看世界，然后再决定我们该怎么办。我们欣然接受了资本主义的好的东西，从科学技术到现代管理，从企业管理到政府管理，很多层面的东西我们向先进的资本主义国家学习，我们的生活才有了巨大改变。说白了就是，我们不再像过去那样去简单地反帝。但是有一点，到目前为止，好像一部分中国人仍然很坚定，认为我们自己的历史文明是不好的，不能要！不知道大家想过一个问题没有：我们在东亚这个地方有幅员辽阔的疆土，是世界上人口最多的国家，也是历史最悠久的国家之一。我们宣布自己的文化历史不好、不要了，这在全世界是一个特例，仅此一例！除了中国之外，其他任何一个国家都非常尊重自己的历史，只有我们会说自己的历史不好！这是不是一个怪现象呢？今天，我就是想和大家来共同探讨一下，我们的历史文化究竟是什么样性质的文化，它对于当今的社会有什么样的意义？

中华文化的特点是多元一体。什么叫多元？因为我们有 56 个民族，每个民族都有自己的文化，这是一个多元。另一个就是我们传统文化里有三个元素叫“儒”“释”“道”，这也可以称为一个多元，但是合起来它是一体的，可以称之为中华文化。其中，儒家思想是关键所在，就是说在座的只要没有出家当和尚，没有到道观里面当道士，我们都是儒家的人。很多人不信，说“我是党员啊，是共产党的人，你别说我是儒家的人，好不好”。千万不要搞错了，党是政治信念、是信仰，不包括生活的全部；文化是生活层面的东西，所以在中国你不可能不是儒家的人。只不过你了解了儒家的思想，你就是个理性的儒家的人；从来不知道这个东西，那么你是个感性的儒家的人。与你读没读儒家的书关系不大。

文化是什么？文化就是空气，当没有提醒你时，你不知道空气有这么重要，但是离开空气就活不了。我们今天讨论这个话题，就是想要大家明白，我们自己国家创造的这种文明，尤其是儒家思想，究竟是什么样的性质，怎么样去学习和理解它。

三 “五经”是我国两千多年间不变的“干部读本”

我们中国人现在所享受的文化不是夏商时期的文化，主要是周朝以后的文化。夏商时期大约一千一百多年的时间里，中国人的精神状态是什么呢？用六个字来归纳：听天命，信鬼神。为什么呢？主要是因为当时的生产力太低下，人没有能力对抗大自然带来的各种各样的灾害，精神被大自然所压抑，最后只能相信命运是老天爷定的，背后有鬼神在支配，自己决定不了自己的命运，这是一个很不好的状态。周朝建立后，周朝人的思想有了一个重大改变，提出了一个新的说法，叫“天命靡常，唯德是馨”，就是说人的命运并不是一个定数，上天只亲近、保佑品德好的人，要求每个人要发挥主观能动性，把做好事放到第一位，这就是后来孔子所讲的“听天命，尽人事”。就是强调人要发挥自己的主观能动性，把事情做好是最重要的。在周朝建立后的几百年间，有三个人为中国文化的确立作出了重大贡献。第一个是周文王，他为我们留下了一本书叫《周易》，这是中国人的哲学；第二个人是周武王，他用武力重新统一了天下，实现了社会的安定和太平；第三个人是周公，是周武王的亲弟弟。他辅佐成王行政七年，为中国人制定了一整套礼仪规则，把整个社会管理起来了。这套礼仪从政治层面讲就是七个字：封侯建国家天下。也就是把国当成了家，天下人就是一家人。世界上只有我们中国人才有“国家”这么一种说法，家即是国，国即是家，成龙唱的歌是有渊源的。

到了春秋末年，孔子看到社会上乱象丛生，就思考一个问题：怎样才可以让天下不乱呢？他认为只有恢复周公当初为我们制定的礼仪制度，社会才能安定团结。抱着这样的理想，孔子深入学习研究周朝的档案资料，然后跑到许多诸侯国去考察，成为当时天下最有学问、见识和思想的人。一个人一旦有了学问、有了思想便会有担当。

孔子的担当是什么呢？就是要让“天下皆士”。可他只是个平民百姓，没有权力，如何推行自己的政治主张呢？他想出一个办法：办学校，教学生，让他们去帮助诸侯大夫管理社会，天下就会好起来。要办学就要有教材，于是孔子编了六本书作为教材，就是《诗》、《书》、《礼》、《乐》、《易》、《春秋》。另外教六种技能，叫礼、乐、射、御、书、数，是辅助性的。经过战国、秦朝，到汉朝的时候，六经只剩下了五经，就是《诗》、《书》、《礼》、《易》、《春秋》。人们都认为它很重要，就开始学习、解读这些经典。大学问家董仲舒向皇帝上了三道奏章，这就是历史上著名的“天人三册”。指出春秋战国时期百家争鸣，只有儒家思想最适合管理社会，应当把儒家思想定为正统思想，其他的都不要再讲了，这就是我们历史上讲的“废黜百家、独尊儒术”。汉武帝采纳了这个意见，把儒家思想定为国家的正统思想。

什么叫正统呢？就是国家制定方针、政策要以这五本书为依据，所有想当官的人都必须读通这五本书。从汉武帝开始到清朝灭亡前的1905年，这五本书大体上就是我们这个国家二千一百多年间不变的领导干部的标准读本、干部教材。革命之后，我们把这个东西就废掉了。到今天为止，很多人都不知道这里面包含了什么样的道理。

四　《周易》和谐思想是中国传统文化的核心理念

《周易》也叫《易经》。“经”这个字是汉朝以后加上的，是经典的意思。汉朝人对“易”这个字有三种解释：第一种解释叫“变易”，运动变化发展的意思。这就是中国人的世界观，世上万事万物皆在运动变化发展之中，没有任何一样东西是静止独立存在的。第二种解释叫“不易”。“不易”的意思就是不变。什么不变呢？规律法则不变。事物千变万化，但规律法则不变，因此周易用了这八个字：阴阳交感，刚柔相济。第三种解释叫“简易”。是什么意思呢？主要是对人来讲的，人活在世上不是只为了吃饭，而是为了成就事业的。面对千变万化的事物，该怎么成就？《周易》告诉我们，只有善于把握事物发展变化的规律，做什么事情就简单而又容易了。老祖宗是给我们提个醒，要我们做事情千万不要违背客观规律。这就是“简易”的意思。所以《周易》书名中一个“易”字的三种解释，就已经把中国人的哲学思想高度地概括起来了。

《周易》讲的阴阳交感，刚柔相济，体现的就是我们中国文化最核心的理念，即和平、和谐、合作。我们中国自古以来是讲和平，爱好和平，讲相处合作，这不是一种空话，是我们的一种哲学理念。

从《周易》看当今社会就应明白一点：在国内，我们一定要放弃斗争哲学，做任何事只要从和平、和谐、合作方面来思考，我们的生活就会更好。过去一个时期讲斗争哲学，人们说每个中国人都是一条龙，三人合到一块就变成虫了，为什么会变成虫呢？因为三人就开始斗，斗了之后大家的力量就在内耗中消失掉了。

五 儒家文化的基因使我们接受了马克思主义

儒家的经典中“五经”之外有“四书”，就是《论语》、《孟子》、《大学》、《中庸》。

我经常在想：现在，我们不少家长管孩子很困难、很头疼，到底是什么原因？实际上先哲古圣早就讲过了，你自己的孩子自己教是教不好的。孟子讲要“易子而教”，就是让别人来教你的孩子，找一个他比较尊重的人来指点他，这才行。《论语》里面有很多东西是我们今人应该好好读的。建议大家：你的孩子如果读书了，就给他买一本《论语》。在初中、高中时读一遍，这孩子一辈子肯定不会成为坏孩子。如果已经工作了还没有读过这本书，怎么办？就要补上这一课。做人做事该怎么做，这里面告诉了我们无数的道理。它是一本永远不过时的书。

儒家的社会理想是什么呢？就是：“大道之行也，天下为公，选贤与能，讲信修睦。故人不独亲其亲，不独子其子，使老有所终，壮有所用，幼有所长，鳏寡孤独废疾者皆有所养。男有分女有归。货恶其弃于地也，不必藏于己；力恶其不出于身也，不必为己。是故谋闭而不兴，盗窃乱贼而不作，故户外而不闭。”这就是大同世界，是孔子在大约两千五百年前告诉我们的。这是不是我们理想中的共产主义社会生活？我们中国人为什么在信仰马克思共产主义的同时，要批判孔子呢？我们过去骂他是丧家狗，他怎么会是丧家狗呢？他是真正为我们中国人构建精神家园的人，所以我们不能任意扔掉我们自己的历史文化，否则，就会有很多问题解决不了。

大家想一想，马克思是德国人，研究出了伟大的科学社会主义理论，为什么他的祖国不用它？为什么他在英国做研究时英国人很尊敬他，但是就不用他的理论？整个欧洲，整个发达资本主义国家都知道他的学说博大精深，但都不用！然而，在遥远的东方，在四万万人中只有少数几个人刚刚把马克思主义理论搞清楚时，只不过是听到了俄国十月革命一声炮响，我们中国人就接受了马克思主义思想，这是为什么？一个最根本的原因，在于文化基因。欧洲文明从古希腊开始，它的文化、经典法律只是讲自私自利和个人主义的，对马克思讲的共产主义理论，欧洲人认为是异端邪说。而我们中国人因为孔子大同世界的这个理想，早就认同公平平等的思想，马克思只不过是用另一种语言来阐述这样的理想，和我们中国人内心深处所向往的东西非常吻合，所以很快就被接受了。没有这种文化的根基、基因，我们中国人也一定不能把马克思主义立刻接受过来，所以我们没有理由排斥孔子。大家想一想是不是这个道理？

六 传统文化是我国经济社会快速发展的重要支撑力

儒家的人生理想是什么呢？是《大学》开头的一段话。这一段话才真正是儒家思想的纲领所在，这是朱熹讲的。朱熹把这个东西归纳为“三纲八目”。所谓“三纲”

就是指治理国家的三大原则，党政领导干部都要做到“明明德”，前一个“明”是展示的意思，后一个“明”是美好的意思，就是当官的都要把你美好的品德展示给人民看；要“亲民”，热爱老百姓；要“至于至善”，不管做什么事情都要从善念出发，制定方针政策，不能带有任何的恶意和偏私。“八目”是指每一个人都应当尽量努力去做八件事情，即“格物、致知、诚意、正心、修身、齐家、治国、平天下”。“格物、致知、诚意、正心”就是通过学习和修炼把自己的心给摆端正了。这也是“修身”的内容，就是让你做好两件事：第一，养成美好的品德；第二，增加你的学识才干。有了这个前提，下一步才是把家管好。能够“修身、齐家”，才可以去“治国、平天下”，这个“治国”也不是指今天的治理国家。“国”在孔子那个时代是地方诸侯国的意思，就是地方政府。你能把一个地方治理好，再去参与中央政府的管理工作，就是“平天下”，让天下太平。这是儒家对中国人，尤其是中国男人规定的一条大道理，从“格物致知”开始，一步一步地往前走。

后世讲，儒家的学问就是“修齐治平”四个字。在这里面，关键在哪里？就是“修身”。所以《大学》的开头讲“自天子以至于庶人，亦以修身为本”，这是最关键的要害所在。到目前为止，我们中国人仍然被这句话规定着生活。只要你信了这句话，你按这句话做，你就是儒家的人。三十多年来中国社会的高速发展，我认为是这些因素起了关键作用：第一，是我们党的英明；第二，政府管理大气有效；第三，就是用儒家的思想作支撑。前两条我不讲，就讲后面儒家的这条。因为有“修身”的观念，中国人成了世界上最爱学习的人，最关心子女教育的人是我们中国人。你想想，一个爱学习的民族怎么能不发展、不进步呢？这就是一个强大的动力。

七　“薪火相传”是中寻求灵魂归宿的最佳途径

因为有“齐家”的概念，中国人也是世界上最爱家的人。我们有些同志可能没有出过国，或者对其他国家的事情不了解。我讲这么一个现象，凡是有宗教信仰的国家的人，都不怎么爱家。这是一种对生命的体悟。为什么呢？西方人信基督教，他们认为灵魂是不死的，所以在欧洲中世纪，很多人都放弃了家庭生活，到教堂、经院里去读经抄经，准备来世到天堂。中东的人相信伊斯兰教。伊斯兰教产生比较晚，它也相信有天堂、地狱，还有末日审判，所以你看中东地区的一些极端分子，他们愿意去做人肉炸弹，很多人不理解。你以为他死啦？不是，他认为是到真主安拉那里报到去了。佛家讲人有三世因果、六道轮回，灵魂不灭，所以和尚干脆就出家。现在印度人信的是印度教，印度教的很多理念跟佛教是一样的。到现在为止，印度人从来不崇拜所谓的英雄和国王。他们崇拜在山林里修行的那些人。因为那些人认为通过修行，将来能到极乐世界去。所以在印度，大多数五十岁以上的人都认为自己对家庭的义务已经完成了，离家出走，当乞丐去修行。印度现在大约有五百万乞丐，并不是因为家里贫穷，而是为来生作准备而出家修炼。

关于灵魂的讨论，只有中国人没有说清楚。灵魂究竟是不是永恒存在？如果不是永恒存在的，我们的生命如此短暂，该怎么办呢？在孔子那个时代，这件事就没讨论清楚。他的学生也曾经问过死是怎么回事。被孔子批评了一顿：活，我还没闹明白呢，你问我死是怎么回事，我哪里知道！这就是《论语》上那句“未知生，焉知死”。孔子的意思是，那个说不清楚的东西我们就不要说了，我们只管把活在世上的人的生活安排好，就可以了。所以孔子一辈子坚持一个原则，就是《论语》上讲的，“子不语怪力乱神”，“敬鬼神而远之”。

所以关于灵魂的讨论，中国人是没有究竟的。这样就出现了一个问题——我们的生活该怎么安排？最后，我们聪明的祖先找到了一种方法，相信什么呢？我们的子孙后代就是我们生命的意义，这就叫“薪火相传”，只要你相信这句话，家庭就是最重要的。中国人奋斗的第一目标，就是追求家庭幸福；第二才是个人；第三是治国平天下。扪心自问，我们是不是这样的人？尤其是女同志要想一想，再苦再累只要家庭好都可以，是吧？甚至到了生命的紧要关头——你看看在汶川地震的时候就发生过这样的事情：一个老太太抱着小孙子，在地震的那一刻，把孙子推出去，自己被砸死了。她很安宁，因为这是她生命的延续！

中国人就是这样：追求家庭幸福是中国人追求的第一目标。家庭是社会的细胞，每一个细胞都好起来的时候，社会怎么能不进步呢？中国社会当前的快速发展，与中国人爱家的心情有极大的关系。韩国人、日本人都说，中国现在自私的人太多了。表面上看是这样的。没有读过儒家经典的人更会觉得是这样的，中国人很自私。这些都是因为没有把我们的传统文化搞明白才产生的现象。其实在客观上，家庭是一个集体。在古代没有社会保障制度的情况下，养老育幼，都在家庭里完成。社会政府的责任并不重。因此，我们不能完全把为家庭的奋斗当成一个私事来看待，它是治国的重要部分。

因为有“治国平天下”的理念，中国人是世界上最喜欢当官的人，所以机构老是膨胀，控制不住。这个东西在儒家里面本来是很好的。他是要你在有能力为家庭工作之外，再有能力去为社会作一份贡献，当官就是让你奉献的！可是到后来有很多人认为当官是发财的一个途径，从而出了问题。由此我们可以看出儒家的学问和思想是多么的好！今天我们说构建和谐社会，如果不继承弘扬传统文化，不拿儒家的思想来充实我们的精神家园，很多问题解决起来就比较困难。

最后，怎么来理解我们社会和传统文化的关系？我们每个人该承担什么样的责任？我想中国文化虽然有一定的缺陷，但是它本身是人类最优秀文明的成果之一，是需要我们大力继承和弘扬的，所缺陷的东西可以从西方的科学技术和现代管理中补充进来，这样中华民族才能实现伟大复兴，我们每个人都要承担起我们自己的责任。这个责任是什么呢？就是《论语》上曾子讲的一句话："士不可以不弘毅，任重而道远，仁以为己任，不亦重乎？死而后已，不亦远乎？"

原载《北京青年报》2013年5月5日第18版

做好藏品保管工作的基本经验

高　和

内容提要：本文从文物特点、保管观念、制度建设、工作细节、预防保密、队伍建设等方面总结文物藏品保管工作的心得，对于当代文物保管与保护具有十分重要的指导意义。

关键词：文物特点　保管观念　制度建设　工作细节　预防保密

北京博物馆学会保管专业委员会自2001年至2010年共召开了10次学术研讨会，收到论文近200篇。内容有藏品管理、藏品保护、藏品编目、藏品排架、藏品库管理、藏品征集、藏品研究与利用、藏品信息等，并且先后出版了两本论文集。十年的成果可说是丰硕，值得庆贺。通过十年的学术活动，提高了藏品保管人员的素质，改进了工作，总结了多年来藏品保管和保护的经验。这些经验有传统的，也有新的科技管理办法。特别是2008年5月12日四川汶川大地震，告诉我们应如何建设藏品库房的经验。绵阳市的中心文物库在地震中建筑和藏品均未受损失，就是因为这个库房建设符合国家标准，加上规范的藏品管理办法。

北京博物馆学会保管专业委员会十年来的学术研讨会总结的经验非常丰富。它不仅总结了十年的经验，事实上也总结了前人多年的好方法、好经验。我们应该从中学习研究，总结出博物馆藏品保管工作中的最基本的经验，以推动藏品保管工作的不断前进。那么，哪些是应该坚持的基本经验呢？笔者认为除去领导重视和建筑设备等条件外，还应该重视如下10个问题：

一　尊重文物特点，不要主观从事

文物藏品是国家的重要文化财产。藏品一般都具有历史价值、艺术价值和科学价值，

作者：原保管部，副研究馆员。

是国家文明进步的象征，是对国民进行爱国主义教育的好材料，更是学习和发展民族文化、科技的重要资源。但是，如何保护好和利用好这部分资源是十分值得研究的。首先是要尊重文物藏品特点的问题。文物藏品的最大特点是不可再生性。一件藏品被毁掉了是无法弥补的。文物藏品中尤其是古代藏品多数都很娇嫩，有的怕潮湿，有的怕干，有的怕磕碰，有的怕摩擦，有的怕光照，有的怕尘，有的怕震，等等。因此，根据上述文物藏品的特点和藏品的娇嫩易损问题，我们应该加强对文物的保护管理。凡是涉及文物藏品的工作，无论是保管工作还是藏品利用工作，都应该以科学的观点对待，按藏品特点和要求做好保管工作，而不能主观行事，想怎么做就怎么做。例如，藏品库应如何建设，藏品柜架应如何制作，藏品包装运输又应注意什么问题，藏品利用应在什么条件下才是合适的（如展出、观看、照相等），都应当用科学的观点去对待。只有按藏品特点去想问题，才能科学地保管好和利用好藏品。

二　事事以预防为先，不要盲目

预防是许多工作都应重视的，尤其是文物藏品的保管和利用工作更应加倍重视。藏品保管工作的每一步都需要坚持以预防为主的思想为指导。俗话说，不怕做不到就怕想不到。凡事有预料有准备就能做得好。比如建设文物库房就应从设计、用料和施工等方面考虑。首先应想到坚固耐用，能防震，其次才是防潮、防光、防尘和开间格局等问题，因为建设符合标准要求的藏品库房是保护文物的百年大计。再如，制作藏品柜架、整理藏品、提用藏品等过程中，都应有安全预防的思想。制作柜架要考虑坚固、防滑、防震等问题；整理藏品要考虑整理环境安全问题；提用藏品要考虑利用的环境和包装运输的安全问题。总之，要做到藏品万无一失。预防性保护藏品好的例证有许多，如四川汶川大地震绵阳市中心文物库房安然无恙。1976 年唐山大地震时也波及北京，北京虽然不是震中，但有的建筑也受到了损失。故宫博物院在这次地震中藏品基本没受损失，就是因为在震前早已做了防震工作。这样的历史经验值得我们永远借鉴。

三　凡事要多研究，不要简单从事

做任何工作都需要研究，有研究才能明事理。这里强调凡事多研究，就是做藏品保管工作要多动脑子，多想办法，有经验可循的要研究，无经验可借鉴的更要研究。研究什么？研究藏品特点、现状，研究藏品变化、研究藏品环境、研究保管保护藏品方法等。总之，做藏品保护工作反对简单从事，反对主观主义，避免少数人说了算，强调发挥集体智慧，做好藏品保管工作。

四　工作注意细节，不能粗心大意

有人说“细节决定成败”，这话很有道理。注重工作中的细节是藏品保管工作的关键。总结过去藏品保管工作中所产生的问题，除天灾人祸外多数是由于工作中注意细节不够所致。藏品保护工作需要注意细节的方面很多，下面就几个主要方面谈谈看法：第一，对藏品特点要有认真、深入、细致的认识，这是做好保管工作的前提。不了解藏品的特点和性质是无从谈做好藏品保管工作的。因此，做藏品保管工作，就要先了解藏品的性质和特点。藏品的质地、易损程度、藏品年代、藏品形态及完残状况等都要清楚得如数家珍。这样强调并不过分，举个例子，有个博物馆用印章打印谱，当用战国青铜印打印时，印下去再提起，发现印断了，一看印里边像马蜂窝似的朽了。其实这个印从表面看很好，很光亮，看不出易损的问题。总结经验教训，造成青铜印的损伤是由于我们对古代久远文物易损的可能性理解和认识不够所致。第二，藏品等级要细。藏品进馆经过鉴定后，首要任务就是进行登记，尤其总登记账一定要逐一登记清楚，不错，不漏。登记用的墨水要用不褪色的。如果藏品登记不认真，无论是藏品名称还是其他方面都可能造成错误和混乱，给藏品管理造成损失。第三，藏品库房管理要细。藏品库房管理是保管工作的重中之重，它关系到藏品的安全问题。藏品提退必须有手续，严格验收出入单情况。文物回库要及时放归原位。坚持日常管理制度，进库房要检查门窗等安全情况；出库时也要检查窗、电等情况，做到确保安全，不出事故。概而言之，藏品保管工作注意细节是非常重要的。

五　坚持库房的日常管理，不能三天打鱼两天晒网

坚持日常管理就是有制度地经常管理，不是有任务就进库，没任务就很长时间不管。现在有的博物馆保管人员有提陈藏品工作时进库，没任务不进库；还有的是为写文章看文物进库，否则也不进库。因此，有的馆因不经常进库管理，致使文物坏了还不知道是何时坏的，也有的馆因管理不好，有的藏品很长时间找不到。上述这种管理办法对藏品安全是十分有害的，应该及时改进。所以，只有坚持日常管理，藏品才会安全。坚持日常管理，即使藏品出现问题也能及时发现并妥善得到保护。坚持藏品库日常管理可减少藏品发霉、干裂、褪色和混乱等问题，更不易发生丢失藏品的现象。

六　重视藏品利用过程中的安全也是藏品保管的责任

现在各博物馆情况不一，有的博物馆陈列保管一条龙，有的保管部也管陈列，有

的保管部虽不管陈列工作，但也同样存在着许多藏品利用过程中的安全工作。例如，为陈列展览，提退工作要动用藏品，为领导、专家提看藏品，为出国展览等都要动用藏品。动用藏品就有安全问题，动用藏品越多，文物损伤的概率就越大。每次动用的藏品都少不了包装和运输，还要考虑到藏品所去的环境。每个环节稍有疏忽都有可能出问题。所以，只有重视利用藏品中的各种安全问题并采取相应的防护措施，才能保证藏品的安全。

七　坚持制度才能保证藏品保管工作的顺利进行

制度不是万能的，但没有制度任何工作也做不好。俗话说，没有规矩不成方圆。为了保护好藏品就必须建立健全各项管理制度。藏品保管工作制度很多，如藏品登记制度、藏品进出馆制度、藏品征集制度、藏品库安全制度、藏品进出库制度，等等。有了制度大家就应该执行，执行制度不分上下级，应该一视同仁。因为制度不只是给保管员制定的，它是给全馆工作人员制定的。馆内所有人员如果动用藏品，都应按制度办事，无一特殊。有的个别人把自己放在制度之上那是错误的，是对藏品保管不利的。当然，有些制度也不是一成不变的，制度应随着事业的发展变化而不断补充内容，修改不适宜的条款，但在未变之前都应该认真遵守。而制度的修订，应是以越修越完善，越有利于藏品保管安全为原则。

八　藏品保管工作应有保密观念

有人说藏品没必要保密，藏品是国家的，是人民的财产，应该公开让大家看。其实，正因为是国家和人民的财产，我们才更应认真保管好。我们对藏品有保密观念并不等于不给大家看，也不等于不让大家了解藏品知识，而是为了更好地保管藏品，使藏品更长久地服务于人民群众。况且，我们说藏品保密是有范围的，如库房位置、什么库藏什么文物没必要让无关的人员知道，知道的人越少越好。还有藏品出外展览，也不应把藏品运输时间等事宜告诉外人，万一有人要破坏运输的藏品，后悔就晚了。我们的藏品有保密的一面，更有公开的一面。如博物馆陈列、藏品的出版物，还有影视片等都是向群众公开的。曾有人说库房也应开放，我不太理解这个说法。至于有些群众想研究某些文物而陈列室又满足不了其需求，通过一定手续是可以到库房参观的，有关兄弟馆要学习库房管理的也是允许和欢迎的。我们说藏品库房保密室对那些无关的人不要讲库房的情况，这样有利于藏品的保护。

九　藏品保管工作要传统和现代管理方法相结合

藏品保管的目的是尽可能地使藏品延年益寿。只有首先保护好藏品，才能充分地发挥藏品的作用。有人说藏品保管的目的是为了利用，这话有些简单，应该说在保护好的前提下利用。这句话明确了藏品保管和利用的关系。近年来，藏品保管出现了新的管理方法，如利用电脑技术管理藏品、进行编目等，这对检索资料提供利用比较方便，减轻了一定的人力。有的馆已经进入数字化管理，这是现代科技给藏品保管工作带来的好处。但是，由于新的藏品管理方法出现，有的同志就认为全部可以替代传统管理方法了。我觉得这种看法值得探讨。笔者认为从目前看，新的管理办法还不能全面代替传统办法。第一，藏品总登记账不能变，还应是传统方法，即用不褪色墨水手写的办法。有人说可以用电脑打印，但打印的文件同手写的是不同的，不能相提并论。对传统和现代管理方法都要尊重，不能轻易肯定也不要简单否定，凡事经过认真研究后再作结论。尽管手写与打印都可以做，但手写的具有书写者的特点，不易翻印和作假。正因为不能作假，所以它也就具有了法律的依据性，有利于藏品的保护。第二，藏品管理有许多工作仍应是传统方法。如藏品排架、藏品进出库等工作还得人去干。特别是藏品本身的情况，还是要人去检查，去经常观察藏品的变化。第三，藏品的陈列、出版照相、为专家学者提看文物等仍需要人去做。因此，笔者认为我们做藏品保管工作，不管采用什么方法，只要对藏品保管保护有利的就利用，不利的坚决不用。对传统和现代管理方法都要尊重，不能轻易肯定也不要简单否定任何方法，凡事经过认真研究后再作决定。

十　要有一支素质高的保管队伍

历史证明，任何机关和单位要想做好工作都需要有一支优秀的队伍。藏品保管工作更是如此。多年经验证明，藏品库房和设备再好，而管理人员不认真管理藏品，照样出问题。有的馆库房条件差，但藏品保管员认真负责，积极想办法解决问题，藏品管理得很好。再有，藏品管理制度制定得再好，管理人员不去执行，也不能解决问题。因此，要管理好藏品就必须注重人员的培养，提高管理人员的素质。培养管理人员要下功夫，不是来馆后讲几次课完事，而是要在工作实践中不断地发现问题，解决问题，逐步提高人员水平。如有机会组织馆与馆交流也是非常重要的，像每年组织的保管工作学术研讨会就是培养藏品保管员的好机会。总之，要培养一支好的藏品管理人员队伍，要下大力气才行。

综合上述 10 条经验，笔者得出一个想法，即今天之所以能总结出这 10 条经验，原因是什么呢？笔者认为应感谢北京博物馆学会保管专业委员会，是他们组织的学术研讨会才产生了经验的总结。设想如果没有学术研讨会，单凭某人某单位是有一定困难的。学会的工作之所以搞得好靠什么？靠领导。笔者认为这与崔学谙、张大祯、马希桂等领导同志的支持是分不开的。特别是崔学谙先生亲自领导主持工作，为学会活动花费了不少心血，如筹备资金、确定研究专题等，所以北京保管专业委员会才有今天的好成绩。望今后越办越好。

原载《继承发展·保护管理——北京博物馆学会保管专业十年学术研讨纪念集》，北京燕山出版社，2010年

博物馆常用合同综述

黄哲京

内容提要：博物馆在业务活动中根据活动内容、对象的不同与各种社会组织和个人之间缔结了多种形式的法律关系，需要有效规范各种具体法律关系，保证自身合法权益，规避各类法律风险的唯一手段，就是与各类组织、个人之间缔结合法有效的合同。本文对博物馆合同的概念、特点、分类、一般内容以及起草、审查、管理方面的一些基本做法作了简要论述。

关键词：博物馆合同　法律关系　基本做法

博物馆作为一个为社会和社会发展服务的公开的常设机构，它把收集、保存和研究有关人类及其环境见证物当做基本职责，以便展出，公之于众，提供学习、教育和欣赏的机会。为了实现上述职责，博物馆需要经常面向社会组织和个人开展文物借用、文物展览、接受捐赠、参观服务、展品制作、布展施工、文物出版、文物复仿制、借用文物拍摄影视、博物馆基建、文物保护技术服务、租借文物资料等大量的业务活动。在这些业务活动中，博物馆根据活动内容、对象的不同与各种社会组织和个人之间形成了多种形式的法律关系。随着社会主义法制建设的不断完善，规范各种法律关系的法律规范正在不断健全。但是由于法律关系的具体性、立法活动的后置性和民事法律关系中意思表示的自由性，法律不可能对如此众多且错综复杂的法律关系内容都做出明确的规范。在这种背景下，博物馆如果需要有效规范各种具体法律关系，保证自身合法权益，规避各类法律风险的唯一手段就是，与各类组织、个人之间缔结合法有效的合同。

博物馆作为一个依法成立的法人实体，应当独立地参与法律活动并承担法律责任，但由于我国博物馆长期处于行政化管理，市场意识较薄弱，在法律事务管理特别是合

作者：审计室，副研究馆员。

同管理方面距离一般法人实体的法制化、规范化要求有着相当的差距。另一方面在法学界，由于缺少对于文博行业的了解，对博物馆各种专用合同的研究也还很不够。作为法律专业的博物馆工作者，笔者认为加强对各类博物馆专用合同的规范和研究，是关系到我国文博法律体系建设和文博事业发展的重要工作，也是一项具有深远意义、良好基础且十分紧迫的工作，它需要法学界、文博界广大学者共同的努力来实现。借此机会笔者对博物馆合同的概念、特点、分类、一般内容以及起草、审查、管理方面的一些基本做法作了简要论述，希望引起文博界同仁对这一特殊合同的充分重视，对加强文博法学研究，促进文博事业发展尽一份绵薄之力。

一 博物馆合同的概念与特点

博物馆是一个收藏、展示、研究历史文物和科学标本的专门机构，它的业务工作与一般行业具有较明显的差异性，这也就意味着在博物馆业务工作中形成的各种法律关系同样与一般法律关系有着较明显的差异性。正是由于这种差异性的存在，使得博物馆在开展各种专业业务活动时订立的各种专业合同，也与一般合同在形式、内容、原则、要求方面具有较大的区别。为了更好地把握这种区别，做好此类合同的起草工作，以保证博物馆的合法权益和国有文物的安全，我们暂将这些具有相同的博物馆业务活动专用合同归集为一类进行专项研究与讨论，出于研究讨论的方便需要，我们暂将此类合同统称为博物馆合同。

如前所述，博物馆合同就是博物馆因开展各类专业业务活动，而以博物馆名义与有关单位和个人订立的与一般合同具有区别性的专用合同的统称。这类合同因其涉及博物馆专业的业务活动，所以与一般合同存在区别，这种区别就是博物馆合同的特点。

（一）合同的当事各方中至少有一方是博物馆

合同的当事方中至少有一方是博物馆，这是博物馆合同的最显著特点。一份合同会有两个或两个以上的当事人，作为一份博物馆合同，其当事人中必须有一个是博物馆。这里指的博物馆应当是博物馆以法人名义订立合同，而不包括博物馆内设机构或下属公司对外订立的合同。博物馆内设机构不具有法人资格，也非民法上所称的其他组织，没有对外缔约的资格，不能对外订立合同。而博物馆下属公司的对外缔约属于企业合同，从法人的独立性角度看平等主体之间的合同不能给第三方设定义务，因此如果没有博物馆作为当事人而仅以博物馆下属公司名义订立的合同无权给博物馆设定义务，也不能涉及博物馆业务活动，故此不应属于博物馆合同的讨论范畴。

（二）合同内容涉及博物馆的专业业务活动

博物馆合同应是涉及博物馆的专业业务活动的专用合同，内容涉及博物馆的专业业务活动，这是博物馆合同的又一显著特点。博物馆作为一个收藏、展示、研究历史文物和科学标本的专门机构，经常会开展文物借用、文物展览、接受捐赠、参观服务、展品制作、布展施工、文物出版、文物复仿制、借用文物拍摄影视、博物馆基建、文物保护技术服务、租借文物资料等各种博物馆专业业务活动，这些业务活动往往都关系到国家文物安全和博物馆业务工作，通过规范这些专业业务活动的专用合同，可以确保博物馆专业业务活动的顺利开展，保证国家文物安全，促进博物馆事业发展，这是专题研究博物馆合同的根本目的。因此仅有博物馆作为当事人，内容并不涉及博物馆专业业务活动的一般民事合同，如博物馆购买一般办公用品的买卖合同、博物馆与有关电力、自来水、热力部门订立的供用水、电、气、热力合同等等，也不应纳入博物馆合同的研究范畴。

（三）合同在受一般法规调整外通常还会受到文博专业法规调整

博物馆合同在受一般法规调整外通常还会受到文博专业法规调整，这一特点应当分两个方面进行理解。一方面，博物馆合同作为一般类合同首先要受《民法通则》、《合同法》等相关法律法规的调整，内容要符合有关法律法规的要求，不违背有关法律法规的强制性规定。另一方面，博物馆合同因其涉及博物馆的专业业务活动，而这些专业业务活动的开展往往要受到《文物保护法》、《文物保护法实施条例》、《公共文化体育设施条例》等文化文物方面的专业法律法规和《文化部涉外文化艺术表演及展览管理规定》、《博物馆管理办法》等文化部、国家文物局发布的部门规章和规范性文件约束。因此博物馆合同中涉及博物馆专业业务活动内容的条款也要符合上述法律、法规和规章、规范性文件的规定。比如博物馆承办的出入境展览与外方签订的展览合同就应符合《文化部涉外文化艺术表演及展览管理规定》和《文物出国（境）展览管理规定》；博物馆接受国外或港澳台地区公民或法人的捐赠时订立的接受捐赠合同应当符合《文物、博物馆单位接受国外及港澳台同胞捐赠管理暂行规定》，等等。

（四）合同内容、形式除符合法学要求外还应符合文博学术要求

不同的博物馆合同，依其内容不同，分别属于合同法学上的不同分类，我国的《合同法》规定了 15 种有名合同，每一类有名合同在法学上对其内容、形式、义务、对价、生效时间等都有一套学术性的一般要求，供合同起草人员参考使用。我们的博

物馆工作人员在起草博物馆合同时，可以根据具体情况选择使用上述要求。但另一方面博物馆合同在内容、形式方面除了要符合法学要求外，还应符合博物馆学要求，特别是在博物馆专业业务活动方面更应严格遵守文物学、博物馆学方面的业务规范。对于某些具体问题博物馆学要求与法学要求有冲突的应当优先依据文物学、博物馆学方面的要求。

二　博物馆合同的订立原则、常见类别和一般内容

（一）博物馆合同的订立原则

博物馆为了达到财产交换、劳务给付、文物展览等目的，与对方或其他几方当事人经过平等友好协商订立合同。在订立合同的过程中应当遵守有关法律法规、社会道德设置的一些基本原则。这些原则分为两类，一类是合同的通用原则，这是由《合同法》和一般社会公序良俗设定的。另一类是博物馆合同的专用原则，这是由国家有关文物博物馆方面的法律法规、博物馆业务工作规范和博物馆职业道德规范设定的。归纳起来博物馆合同订立的一般原则主要包括以下几方面：

第一，自愿原则：当事人依法享有订立合同的权利，还可以依法自主自愿地选择对方当事人，就某一民事经济活动进行平等协商，以合同形式明确各自的权利义务，任何单位和个人不得非法干预。

第二，平等原则：是指合同各方当事人在民事经济活动中的法律地位一律平等，一方不得将自己的意志强加给另一方。

第三，公平原则：是指以公平、平允为准则，经过协商以明确各方当事人的合同权利和义务。

第四，诚实信用原则：是指合同各方当事人在从事民事经济活动时，应当诚实信用，恪守诺言，以善意的方式履行其义务，不滥用权利，不规避法律和合同，不侵害他人利益和社会公共利益，一旦出现纠纷或争议适用法律解决时，也应当保护各方当事人的合法权益。

第五，合法性原则：签订和履行合同，属于民事权利义务关系，政府一般不予干预，主要采取自愿原则。可是合同有时会涉及国家利益和社会公共利益，所以合同的自愿原则不是绝对的自由，一旦当事人签订的合同违反国家法律法规，违背社会公德，损害社会公共利益，国家则有权依法干预，如《合同法》第五十二条规定五种情形的合同无效。

第六，鼓励履行合同的原则：合同只要没有违反法律禁止性规定，就会得到法律保护。合法的合同应该得到履行，如一方不履行或不严格履行合同，给另一方造成损失的，守约方有权要求违约方承担损害赔偿的责任。

博物馆合同订立的专用原则包括以下三个方面：

第一，维护国家文物安全原则：博物馆合同所涉及的博物馆业务活动往往会关系到博物馆收藏的历史文物的安全，安全线是博物馆的生命线，维护国家文物安全是博物馆的最重要职责之一。因此维护国家文物安全原则应当是博物馆合同订立过程中最重要的一条专业原则，对于维护文物安全的要求应当贯穿博物馆合同的全部条款。

第二，遵守国家文博法规原则：如前文所述，因为博物馆合同的内容需要涉及诸多的文物、博物馆方面的专业业务工作，所以博物馆合同在受一般法规调整外通常还会要受到文博专业法规调整，因此遵守国家文博法规也是博物馆合同订立过程中的一项重要原则。一份合格的博物馆合同在形式和内容方面以及整个订立和履行的过程中都应当严格的遵守国家有关文物博物馆方面的法律法规，当然同时还应当遵守《民法通则》、《合同法》等相关法规。当文博专业法规与处于相同位阶的一般法规发生冲突时，应当按照“特别法优于一般法”的原则优先适用文博专业法规。

第三，保证博物馆合法权益原则：博物馆合同是博物馆业务工作的专用合同，是由博物馆与相关单位或个人订立的，作为一名博物馆工作者在订立合同时应有效维护博物馆的合法权益，为博物馆规避各种不必要的法律风险，也是博物馆合同订立过程中的一个重要原则。

（二）博物馆合同的常见类别

博物馆合同按照其当事人、标的、内容和所涉及的博物馆业务活动不同，大体可分为以下几类：文物展览、接受捐赠、参观服务、展品制作、布展施工、文物出版、文物复仿制、借用文物拍摄影视、博物馆基建、文物保护技术服务、租借文物资料等。

1. 国有文物借用合同

博物馆依照《文物保护法》规定向有关单位出借国家文物时在出借博物馆和借用文物单位之间订立的合同。

2. 博物馆展览合同

博物馆组织主题展览外出展出或接待外来主题展览时，由展览主办博物馆或其他文化机构与承办博物馆或其他文化机构之间订立的合同，主办与承办双方需至少有一方是博物馆，此合同才属于博物馆合同研究范畴。

3. 博物馆接受捐赠合同

博物馆接受相关组织或个人捐赠货币、设备、物资或文物藏品时与捐赠人订立的合同。

4. 博物馆展品制作合同

博物馆委托有关制作单位按其要求制作各类展品时与制作单位订立的合同。

5. 博物馆参观服务合同

博物馆接待观众参观时执行的通用服务条款或是接待旅游团队或特殊团体参观时与旅行社或参观组织者订立的合同。

6. 博物馆布展施工合同

博物馆开展布展施工时与有关设计、施工、监理单位订立的合同。

7. 博物馆出版合作合同

博物馆作为作者出版学术作品或其他相关作品时与出版机构订立的合同。

8. 博物馆影视拍摄合同

博物馆接待有关影视单位拍摄影视作品时订立的合同。

9. 博物馆建筑工程合同

博物馆开展馆舍、库房等基础设施建设时作为建设单位与有关勘察、设计、施工、监理单位订立的合同。

10. 博物馆文物修得合同

博物馆对外提供文物修复服务或接受外界文物保护专业机构文物修复服务时订立的合同。

11. 博物馆文物资料使用合同

外界单位使用博物馆馆藏文物影像资料（包括拓片、手绘线图等）时与博物馆订立的合同。

12. 博物馆文物藏品运输（包装）合同

博物馆在运输或包装文物藏品时与有关运输、包装机构订立的合同。

13. 博物馆文化产品开发合同

博物馆利用馆藏资源开发文化产品时与开发机构订立的合同。

14. 博物馆信息化工程合同

博物馆开展信息化工程开发时与有关技术单位订立的合同。

15. 博物馆产品监制合同

博物馆监制外单位开发生产的产品时订立的合同。

16. 博物馆场地租赁合同

博物馆在长期或临时向外界的组织或个人出租本馆拥有或管理的房产时订立的租赁合同。

17. 博物馆专用设备买卖合同

博物馆向有关单位购买与业务活动有关的专业设备时订立的买卖合同。

（三）博物馆合同的一般内容

依照《合同法》的一般规定和博物馆的业务特点，笔者归纳了博物馆合同的一般内容，供各位同仁起草博物馆合同时参考：

第一，当事人名称或姓名和住所。这一条款是合同首部的内容，它表明合同是由哪两个或哪几个主体签订的。当事人如果是法人应当用名称，如果是自然人应当用姓名。当事人名称一定要写全称，住所地址要写上明确的通信地址，如有必要还可附以电话、传真、电子邮箱等。

第二，标的。标的即合同各方当事人债权和债务关系所指的对象，有可能是货币、物资、劳务、特定行为、智力成果或工程项目等等。合同的标的一定要特别明确以免引起不必要的纠纷。

第三，数量。数量即合同标的的限定，在签订合同数量时，数量一定要明确具体，还要注意使用国家统一规定的度量衡和法定单位、计量方法等对数量进行计量。

第四，质量。合同标的质量的好坏、优劣，与当事人利益密切相关，质量也是对合同标的的限定。合同标的的质量应当根据当事人合同目的、性质等方面来确定。

第五，价款或报酬。价格是获得标的物的代价，报酬是获得服务的代价，除涉外合同价款、报酬可使用外币计价外，其他合同都应使用人民币计价，所以在合同中应该注明价格、报酬的数额、支付方式和币种以及由那一方支付等。

第六，履行期限、地点和方式。履行期限是指债权人要求债务人履行合同义务的时间范围，包括即时履行、定时履行、一定期限内履行、分期履行。履行的地点是指债务人履行合同义务和债权人接受债务履行的地点，应写具体、确定，不能泛写。履行方式是指当事人采取什么方法来履行合同义务，是对合同义务履行的具体要求。

第七，各方当事人的权利义务。本条应包括两方面内容，一方面是合同中的权利。合同中涉及的权利，简称合同权利，又称合同债权，是指合同一方当事人根据合同约定要求对方当事人承担一定行为的权利，大体分为四个方面：请求权、给付受领权、保护权、处分权。另一方面是合同中的义务。合同中涉及的义务简称合同义务，又称合同债务，是指合同一方当事人根据合同约定要求对方当事人实行一定行为的义务和合同义务分为给付义务和附随义务。

第八，违约责任。违约责任是合同各方当事人违反合同所应承担的民事责任。在合同中约定违约责任是当事人选择对违反合同后果的补救措施，也是因违约而受到损害的一方得到补偿其损失的基本方式。违约条款包括违约责任的承担条件、承担方式及免责条件等内容，一旦出现违约时，能够以此作为处理违约的依据。

第九，争议解决方法。在合同中约定解决争议的方法，是合同各方当事人自主选择出现争议、纠纷时可以采取的解决问题的办法。常见的争议解决方法包括协商、调解、仲裁和诉讼四种。

以上仅是博物馆合同的一般条款，具体内容不同类的合同会有较大的差异，请各位同仁参考使用，切勿照搬硬套。

三　博物馆合同的起草、审查和管理

（一）博物馆合同的起草

要订立一份博物馆合同，首先要起草合同。所有的书面合同都存在起草问题，由于起草合同的一方在起草合同时能够更好地考虑和保护自己的利益，所以在谈判过程中取得合同的起草权有许多实际意义。如果博物馆方面能取得合同起草权，则应安排既了解博物馆业务工作又有法学专业知识的起草人员承担起草工作。起草人员首先要对国家有关法规和司法解释进行认真研究，弄清在本合同的标的、内容、主体等方面国家有哪些相应的规定，特别是文博方面的专业法规和文博行业的职业规范中有无特殊规定。

搞清法规后就可以开始实际的起草工作了。起草合同，就是把合同各方在谈判中关于权利义务的一致意见用文字的形式确定下来。所以起草合同一定要在双方或几个谈判，并达成合意后才能开始。对于重要合同起草人员应当列席或参与实质性谈判，以增强对合同内容的理解，便于在起草过程中把握内容。

合同作为一种法律文书，应有一定的规范性。博物馆人员在起草时，应该注重合同的规范性。如果国家曾颁布过与本合同相关的示范文本，起草人员可以依照示范文本内容进行起草；如果没有示范文本，法律著作中的参考文本，也可以起参照作用。但有的示范文本或参考文本比较粗略，则不能直接作为合同文本，起草人员应当按示范文本的条款结构，补充详细内容。

在起草合同的过程中要注意合同文字规范、准确，合同内容在逻辑上要前后一致，特别是在示范文本的基础上添加新内容时，一定要避免前后文间的矛盾、重复和相互冲突。

（二）博物馆合同的审查

不论是由博物馆方面自行起草的合同，还是由对方起草的合同，在合同起草完毕后，作为合同当事人的博物馆要组织专业人员对合同进行审查，这种审查应当是全面的，既要审查合同的合法性，也要审查其在业务方面的真实性、公平性，同时还要平衡合同整体的周密性。如果有必要可以由法律专业人员和博物馆业务工作方面的专业技术人员分别审查。在审查过程中审查人员要端正态度，处理好各种关系，切实把好审查关，为博物馆避免合同纠纷和法律风险。

为了做好审查工作，博物馆应当制定相应的制度对合同审查程序加以规范。合同审查的一般程序是：首先由订立合同的业务部门提出审查申请，在申请时应当填写《合同法律审查申请表》，申请表中应当有合同名称、对方单位名称以及签约目的、有关实质条款等内容。填写完毕后由业务部门将《合同法律审查申请表》附上合同草稿和对方单位的有关资质一并交有关部门审查。审查部门收到申请后指定专人对合同进行审查，一般合同可由法律专业人员单独审查，技术性较强的合同应当会同技术人员共同审查。由法律专业人员单独审查的合同，审查人员也应就合同有关技术内容与业务部门进行充分沟通。在审查结束后，审查部门应出具合同法律审查意见书。审查意见必须合法、真实、明确。审查同意的进入审批程序，由有关领导审批签署。审查人员认为合同内容应当修改的，由审查人员提出修改建议，由业务部门人员与对方沟通确认，对方提出新的修改意见，由业务部门重新报审查人员审查。审查人员如发现合同内容、标的或主体违反法律规定，审查人员应及时向主管领导汇报，并与业务部门沟通，建议采取相应措施或变更有关项目。如果没有变通办法，审查人员应向主管领导和业务部门提出终止签订合同的建议。有一点需要注意的就是，审查人员的审查意见并不是最后结论，有时提申请审查和实施审查两个过程要反复多次，所有修改都要得到对方的认可，所以在审查过程中审查人员要与业务人员通力配合。在业务人员不配合审查人员工作时，审查人员应当进行耐心细致的解释，换取业务部门人员的理解与支持，确保审查工作圆满完成。

合同审查的内容包括合法性、周密性、真实性和公平性四个方面，每一个方面都关系着整个合同的内容，对待每一个方面的问题，审查人员都要谨慎、细致。在此，我们把这四个方面审查中的一些要点问题作一略述，希望能对各位同仁的工作实践有所帮助。

第一，合法性审查：合法性审查就是审查合同是否合法，是否存在违反法律法规强制性规定的内容。实践中合法性审查主要把握以下四个要点：其一，合同主体是否合法；其二，合同形式是否合法；其三，合同内容是否合法；其四，合同订立手续是否合法。

第二，真实性审查：真实性审查就是审查合同内容是否真实、有效。具体说来，在这方面应当着重审查合同的意思表示是否真实，对方当事人是否有良好的履约能力，以及本单位的经营、偿付能力是否符合合同要求。真实性审查的过程较多地涉及对方单位的有关信息，审查人员应在这一环节尽可能多的与业务人员进行沟通，以了解更为详细的情况。

第三，公平性审查：公平性审查的内容就是审查合同是否显失公平。《合同法》规定，显失公平的合同是可撤销的，所以在合同缔结前审查其公平性是十分必要的。审查公平性的实质就是要判断合同是否明显对我方有利或者明显对对方有利，同时还要评估这种有利的程度是否达到显失公平的程度。这种评估要求审查人员对合同所涉及的业务工作有相当的了解，因此，在这一环节中应当吸纳业务方面的专业人员共同参与审查或提供支持意见。

第四，周密性审查：周密性审查，就是审查合同是否完备、严密。周密性审查首先要审查合同条款是否齐备；其次要审查合同条款是否完善；最后还要审查合同文字是否规范、准确。

（三）博物馆合同的管理

除了合同起草和审查，作为合同当事人的博物馆还应对合同的整个订立和执行过程以及中途的变更、解除都要进行严格、有效的管理，让整个合同流程法制化、规范化，以确保合同目的如期实现，避免合同纠纷的发生。

1. 合同管理的组织体系

建立健全合同管理的组织体系，是实施良好合同管理的基础。这就需要要求博物馆的主要领导（法定代表人）、合同管理机构（法律事务机构）、专业业务部门、合同承办人员要各司其职，形成体系。

2. 合同管理制度

在完善组织的同时，还应当健全管理制度。一套完整的合同管理制度应当包括合同归口管理制度、合同分类专项管理制度、合同管理人员资格制度、合同授权委托制度、合同审查制度、合同会签和审批制度、合同专用章管理制度、合同监督检查制度、合同纠纷调处制度、合同台账和统计报表制度、合同归档制度和合同管理考核制度共12项。

3. 合同管理的基本内容

完整的合同管理应包括订立管理、履行管理、变更及转让管理、终止管理和监督检查五方面内容，每一方面都应有详细的制度予以保障。

从保证合同实现的角度看完善的合同管理与周密的合同审查有着相当的作用，合同管理往往是在整个合同运行流程中最容易被忽视的环节，也是我们的博物馆所最需要完善的环节。在我们的博物馆行业中，由于长期处于计划经济的行政划管理之下，法治意识相对淡薄。体现在合同管理方面，不论是体系建设不是制度执行方面都有许多不到位的地方，距离博物馆法律事务管理法制化、规范化的要求还有较大的差距。比如在组织机构建设方面，据不完全统计目前在我国博物馆行业中建有专门的法律事务机构的只有故宫博物院一家，而聘有专门的法律顾问和法律专业人员的也不多。再比如在制度落实方面，一些合同制度的规范在实际工作中往往会因其“麻烦”而被工作人员忽视，按照合同授权委托制度的要求，除法定代表人亲自在合同上签字外，其他人员在合同上签字必须得到单位法定代表人的书面授权，而在实际中这张授权书往往会因工作效率的原因而被省去，可是注重“效率”的工作人员却不会想到这张授权书的存在会直接影响到承办人员签字的法律效力。其实这种组织的不完善和制度的被忽视都会在无形中给博物馆带来法律风险。面对正在到来的社会主义法治社会，面对不断完善的社会主义法律体系，加强博物馆合同管理以及针对博物馆合同的研究，逐步规范各类博物馆合同，对于正在蓬勃发展的中国博物馆事业有着重要的意义。

原载《博物馆常用合同概论》，紫禁城出版社，2010年

博物馆志愿者的法律环境与法律保障

甄　敏

内容提要： 通过国内外志愿者的法律地位、法律环境的对比，阐述我国博物馆志愿者的法律环境及法律保障上的缺失，呼吁明确博物馆志愿者的法律地位，在此基础上出台相应的法律加以规范，以制度来保障服务水平的提高，用法律的手段促进博物馆事业的发展和进步。

关键词： 自愿　非营利　志愿精神　法律概念　保障制度

志愿者（volunteer）一词最早来源于拉丁文中的“voluntas”，意为“意愿”。由于志愿者活动的发展历史与背景等因素的不同，对于志愿者含义的理解，不同国家的人存在不同的理解，其法律概念也存在很大的差异，因此有必要用法律的概念来规范定义志愿者地位以及志愿者应享有的法律保障。

一　志愿者的法律概念

（一）国外志愿者的法律概念

志愿者（有的国家称为“义工”）活动在国外已有一百多年的历史，西方学者对于志愿者的表述主要是指志愿者的行为为个人行为，其提供服务是自愿；是将其余暇时间或知识贡献给他人的，其活动动机完全是利他的，没有个人私利的；其活动不是独立的，是自愿选择将其时间、精力、技能、经验、服务等奉献给一个组织的人。

作者：原宣教部，副研究馆员。

（二）国内志愿者的法律概念

国内学者对志愿者概念的界定主要是从精神文明建设的角度，把志愿者服务作为人们精神活动的内容，虽然“义工”和“志愿服务者”这些词走进人们生活的时间并不长，但国内早已广泛开展的“学雷锋活动”“拥军优属活动”“义务劳动”实际上都是义工活动的一种表现形式。进入 21 世纪后，志愿服务与国际接轨，因此，一部分学者将志愿者定义为自愿贡献个人的时间、精力、技能，为社会提供非营利的、无偿的为社会公众服务的人。

综上所述，我认为志愿者首先是自然人，是有别于法人、社团组织的一个法律概念，志愿者本身不受民族、种族、国籍和身份等的限制，并且具有完全的行为能力，志愿者从事志愿服务活动，体现的是个人的尊严和价值。其次，志愿者作为完全行为能力人，能够自主决定自己的行为，所以志愿者的法律概念应该是在主观上自主自愿，将其时间、精力、技能、经验、服务等奉献给一个组织的人。

（三）博物馆志愿者的法律概念

在西方社会志愿者或志愿者组织是普遍现象，人们做志愿者已成为生活的一部分。博物馆的志愿者不仅“自愿、利他、不计报酬”，而且还要有一定的相关知识和技能。因此，社会公众普遍将博物馆的志愿者看作受人尊敬且行为高尚的人。

在我国，博物馆作为公益性的社会文化教育机构，从本质上说，它既是为了服务社会公众，又必须依靠社会公众的支持，而志愿者对于博物馆来说既是社会公众，又是博物馆的“内部公众”，他们既是博物馆服务的对象，又是无偿为他人服务，支持博物馆事业的社会公众。因此，博物馆志愿者的法律概念应是具有较高的个人素养，热爱文博事业，热心社会公益事业，具有文物的基础知识以及相关的历史文化知识，愿意贡献自己的业余时间和精力，不以物质报酬为前提，在博物馆无偿为公众服务的人。

二　博物馆志愿者的法律环境

（一）博物馆志愿者的作用

志愿者组织是个非营利组织，在西方有许多这样的组织，如英国的社区部门，美国的志愿组织、义工部门、慈善部门、免税部门、市民社会、社区组织、社会团体等。它们在处理政府与市场、政府与社会、政府与公众的关系上，发挥着重要的作用。如美国志愿者，仅 1991 年非营利组织的志愿者就为全美提供了 205 亿小时的服务，贡献了相当于900万就业人口的工作量，其劳动价值据估算是1760亿美元，由此可见，非营利组织的作用不可小觑。

国外博物馆普遍使用志愿者，他们的工作范围很广，涵盖了文物收集、展览制作、讲解、文物保护和修复的领域，甚至会担任安全方面的角色。20世纪80年代末，美国博物馆就已经吸引了377000位志愿者为公众服务，是当时全美博物馆正式员工人数的2.5倍，而一些小型博物馆则完全由志愿者管理，因此可以这样说，美国志愿者在美国博物馆起到了至关重要的作用。

我国志愿者的活动最初是在1993年底由团中央发起实施，经过十几年的发展，志愿服务从大学生等青年群体逐步扩大到中老年等社会各个年龄段，成为全社会的共同行动。随着我国志愿服务事业的蓬勃发展，志愿者在社会服务、救援抢险、大型活动、扶贫开发、海外救援、城市社区建设以及环境保护等方面发挥了极其重要的作用，志愿者为推动人类发展、弘扬时代新风、促进社会和谐等做出了重要贡献。

联合国将2001年规定为“国际志愿者年”，号召全球各国推动志愿服务工作。之后，我国博物馆相继开展了志愿者活动，担任的主要是讲解、导览服务，向公众宣传本地的历史、文化、经济、科技、社会概况等。博物馆一方面扩大了宣传教育的范围，另一方面志愿者从中获得知识，通过无偿为社会公众服务，实现自己的人生价值和获得社会对个人能力的认可。实践证明，博物馆志愿者是博物馆服务队伍的补充和延伸，博物馆志愿者把博物馆理念、博物馆知识、博物馆文化进行了更为广泛的社会传播，起到了博物馆沟通社会的纽带和桥梁作用。

近年来，博物馆志愿者的工作提升了博物馆在公众中的形象，赢得了良好的社会声誉，他们理应得到公众的尊崇和礼遇，但是由于政策的缺失，志愿者在志愿服务过程中，其自身的合法权益往往得不到有效保护。因此，应尽快进行我国志愿者（包括博物馆志愿者）和志愿服务保障的法律制度建设，将志愿者和志愿服务保障纳入制度化、法治化的轨道，进而为志愿者和志愿服务提供稳定切实的保障。

（二）法律环境

在一些发达国家，义务服务的法律体系十分完善，组织运作规范，财务制度健全，比如，美国根据法律规定，对慈善事业不仅给予税务法律上的支持，而且还对向非营利机构捐款或以其他形式提供赞助的人士实行税务减免政策。民众普遍认为，凡是成功人士，都应该为社会作出更大的贡献，尤其是对博物馆的支持和赞助，因此，能到博物馆做义工被众多美国人认为是一件无比荣耀的事情。

在中国的现行法律体系中，明确鼓励和倡导志愿者活动的法律法规应该是1996年3月全国人大八届六次会议批准的《中华人民共和国国民经济和社会发展“九五”计划和2010年远景目标纲要》，该《纲要》大力提倡开展社会志愿者活动，并把它列为精神文明建设的内容。纲要明确指出："坚持不懈地开展群众性精神文明建设活动，普遍进行创建文明家庭、文明单位、文明城市的活动，军民、警民、工农共建精神文明的活动。提倡开展社会志愿者活动和社会互助活动。大力表彰和宣传各类先进典型，弘扬社会正气。破除陈规陋习和封建迷信，移风易俗，提倡科学、文明、健康的生活方式。"其后，在《中共中央关于加强社会主义精神文明建设若干重要问题的决议》及2002年发布的《中国西部开发十年规划》和2003年发布的《中国21世纪可持续发展行动纲要》中明确提出要利用志愿服务的力量促进社会发展的目标。"充分发挥共青团、少先队团结和引导广大青少年进步的重要作用，深入开展'希望工程''青年志愿者''手拉手'等活动，发扬互相关心、助人为乐的精神。"

随着我国志愿服务事业的蓬勃发展，我国已将志愿服务作为促进社会发展的重要因素之一，先后制定了一系列的法规，如国家为保护弱势群体，维护弱势群体的合法权益，1984年颁布了《残疾人保障法》，鼓励社会组织和个人为残疾人提供捐助和服务；2006年颁布的《未成年人保护法》，鼓励社会团体、企业事业组织以及其他组织和个人，开展多种形式的有利于未成年人健康成长的社会活动，爱国主义教育基地、图书馆、青少年宫、儿童活动中心应当对未成年人免费开放；博物馆、纪念馆、科技馆、展览馆、美术馆、文化馆以及影剧院、体育场馆、动物园、公园等场所，按照有关规定对未成年人免费或者优惠开放；1992年的《妇女权益保护法》和1996年的《老年人权益保护法》等都是倡导社会对弱势群体的理解、尊重、关心和帮助，并在法律层面鼓励和支持志愿者为他们提供服务。

三　博物馆志愿者的法律保障

对于非营利组织为公民服务的活动及社会地位，在西方一些国家都有明确的法律规定，如英、美有《公民服务法》、《劳动法》，明确规定非政府组织的活动、社会地位受法律的保护，志愿者的行为受到法律的管束和保护，志愿者本身的权益得到了有效的保障。特别是《公民服务法》为整个社会的志愿者行为创造了良好的社会和法律氛围。

而我国针对社会团体的政策，只有1950年颁布的《社会团体登记暂行办法（暂定规则）》、1989年颁布的《社会团体管理条例》和1998年颁布的《社会团体登记管理条例》，这3项法律条例规定："社会团体，是指中国公民自愿组成，为实现会员共同意愿，按照其章程开展活动的非营利性社会组织。"而在这些条例中没有规定志愿服务应该享有的权利和履行的义务以及应承担的法律责任。

近年来国家针对博物馆颁布了《中华人民共和国文物保护法》、文化部出台了《博物馆管理办法》，但是尚未有一部全国统一的博物馆志愿服务法规，因此应尽快制定有关的法律法规，为志愿者提供法律保障，为志愿服务事业创造良好的环境。笔者认为，在相关的法律法规内容上应对志愿服务范围、社会支持、经费来源、表彰奖励、法律责任等进行具体的规定，规范志愿服务活动。博物馆要为志愿者提供必要的安全、卫生、医疗等条件和保障，要开展相关的知识和技能培训，保障志愿者合法权益，这样才能更好地促进志愿服务事业蓬勃健康发展。具体的来说，法律保障制度建设主要有以下几个方面：

第一，博物馆志愿者合法权益的保护。虽然志愿者提供志愿服务具有无偿性、公益性，但并不代表不需要对其合法权益进行相应的保护。志愿者在志愿服务过程中，有些被服务对象往往借无偿服务，对志愿者任意使用、侮辱、贬低、伤害等，严重违背了志愿服务的初衷，伤害了志愿者“公益之心”。因此，制定博物馆志愿者制度，建立科学合理的志愿者权益保护体系是必要的。

第二，制定博物馆志愿者规章制度。明确博物馆志愿者的权利和义务，比如，志愿者要遵守博物馆的管理规定，完成博物馆安排的服务活动，参与博物馆安排的教育与培训，维护义务服务及志愿者的声誉及形象，尊重被服务者的权利，等等；如博物馆违约时，志愿者有权自由退出，而志愿者违约时，博物馆也有权强令志愿者退出等。

第三，建立博物馆志愿者保险制度。解决志愿者后顾之忧，鼓励志愿者从事博物馆志愿者服务，应通过立法为志愿者提供人身安全、意外医疗保障等社会保险，为他们开展志愿服务工作提供必要的保障。

总之，博物馆要想更好地扮演自身的角色，实现自身的价值，就必须加快法制化的进程。博物馆作为公益性的社会服务机构，必须从制度入手，明确博物馆志愿者的法律地位，在此基础上出台相应的法律加以规范。完善的制度是任何一项事业得以发展的保障，只有这样，博物馆的志愿者才能更好地为公众服务，才能更有效地促进博物馆事业的发展。这也就是本文所要表达的：用法律的手段促进博物馆事业的发展和进步。

参考文献：

[1] http://www.yg0752.cn/bbs/archiver/?tid-4229.html

[2] http://www.lunwen88.com/New-703.html

[3] 宋玉芳:《奥运志愿者管理研究》，北京体育大学出版社，2004 年。

[4] 曾春红:《志愿者的法律地位初探》，中国法院网，2004 年 4 月。

[5] [美] Neil Kotler, Philip Kotler，潘守永、雷虹霁译：《博物馆战略与市场营销》，北京燕山出版社，2006 年。

[6] 史吉祥、郭富纯:《2002 博物馆公众研究》，吉林人民出版社，2003 年。

[7] 郝亚钟:《论我国博物馆的法律地位》，《新世纪博物院的实践与思考——北京博物馆学会第五届学术会议论文集》，北京燕山出版社，2007 年。

原载《浙东文化论丛》(2010 年第一、二合辑)，上海古籍出版社，2010 年

艺术语境与博物馆空间

——中国传统艺术展示的探索

孙 淼

内容提要：艺术作品总是在特定的历史时期与环境下完成的，我们今天将其放置在博物馆[1]空间中进行展示，必然要营造一个恰当的环境。这不仅要求我们对传统艺术语境作深入的分析，还要根据博物馆空间与展览内容进行语境的重构。本文以人、物、环境三者的相互关系为切入点，简要总结了传统艺术语境的主要特征，并特别提出了“人”在语境中的重要地位。同时通过对国内外一些博物馆的案例分析，揭示出现代展示中一些具有启发性的成功做法。

关键词：艺术语境　博物馆展示　观众　私密　互动

一　复杂的语境——艺术品与环境的关系

（一）艺术语境的由来

从一张复原图上可以看出卢浮宫收藏的胜利女神雕像（Nike of Samothrace）当年曾被安放在一条重要的轴线上，与古希腊的剧场、会议厅等建筑毗邻（图一）。人们站在古希腊剧场内可以遥望女神的尊容，从那仰视的角度可以想象当年希腊人必定每天都怀着崇敬的心情眺望他们的女神。

在今天卢浮宫的共享大厅中，这尊胜利女神被放在楼梯间的尽头，矗立在高高的平台上。背后是简洁的石柱、拱门，正上方是玻璃圆顶（图二）。虽然没有经典的希腊柱式与高大的穹顶，但我们仍能领略到古典建筑的气势。观众需要走过很长一段台阶才可以接近这件艺术品。在雕像的周围没有任何展品，这无疑突出了它高贵的气质。更为重要的是，观众在台阶下看到的景象与站在古希腊剧场中央看到的有惊人的相

作者：展览部，副研究馆员。

1　本文中所指的博物馆均为艺术类博物馆。

图一 "胜利女神"复原图

图二 卢浮宫内的"胜利女神"

似。设计师借助建筑空间为展品营造出一个恰当的历史氛围，将人们带回到过去。博物馆通过陈列让观众以古人的视角来欣赏这件作品，尽管表面上看是单纯的审美表达，但实际上，艺术品与空间构成的语境才是策划者想要传递给观众的最终信息。

我们知道，艺术品的创作往往是在特定的历史时期与环境下完成的。因此，在一件艺术品产生时，它就一定有存在的"语境"。和语言学的解释相似，艺术品语境也分为内外两个层次，狭义上是艺术品存在的建筑、陈设等具体环境，广义上则还包括艺术品产生的社会、文化、宗教、政治背景等。

显然，艺术品很难永久保持其最初的语境。自西方产生博物馆以来，我们发现很多传统艺术已经背离了它们原有的语境，比如米洛斯岛的维纳斯雕像被搬进了卢浮宫；帕特农神庙的雕塑在卢浮宫的展厅中被重新排列。事实上，一件艺术品的魅力存在于自身与语境形成的整体，然而被放在博物馆中的作品重新构建了自身的语境，这是无法扭转的事实。早在20世纪初就有不少学者质疑，如本·雅明、海德格尔等人就对博物馆流露出相当悲观的情绪。在博物馆快速发展的今天仍有学者提出疑问，"艺术博物馆对艺术品的保护是完全不打折扣的，还是适得其反呢？"[1]

自20世纪90年代开始，已经有不少学者开始研究博物馆中的艺术语境问题。这和美术史研究中的"对实物的回归"趋势是分不开的。"越来越多的美术史家看到以作品的复制图像代替作品本身，以图像思辨代替对作品的物质性和历史性的具体考察

1 丁宁：《博物馆：艺术经典的意义流变》，王璜生主编：《无墙的美术馆》，第32页，广西师范大学出版社，2003年。

是有很大局限性的，因此他们开始把注意力集中到艺术品原来的面貌和属性上。”[1]于是就有了对博物馆展示与艺术作品之间相互关系的研究。博物馆对于语境的重构究竟带给艺术作品怎样的影响，已成为了今天众多学者感兴趣的课题。

同时，博物馆也在艺术语境的重新构建问题上做着各种尝试，它反映出博物馆展览策划、设计理念的转变，那些试图吸引不同层次观众、从多角度诠释艺术品内在价值的展览，无不是在艺术语境这一课题上进行的深入的发掘和探讨。

图三　1935 年伦敦中国艺术展览会

（二）东西方差异——语境探讨的意义

由于东西方艺术自身的创作环境、表述方式存在差异，将西方博物馆的空间建构与陈列手法直接拿来模仿套用很可能会出现问题。因此在艺术语境问题上还需要分别加以研究，比较二者之异同。

大英博物馆藏有一尊隋开皇阿弥陀佛造像，较早时候的照片是在 1935 年伦敦中国艺术展览会时拍摄的（图三）。在英国皇家艺术学院的古典建筑里，观众穿过拱门走进中庭就能够领略到它的全貌。然而在那样的环境中，除了阿弥陀佛瞑目含笑的神态，似乎再难令观者产生更多的想象。如今这尊造像被放置在大英博物馆内靠近中国厅的共享空间里，凡是从此经过，上下楼梯的观众都只能从某一角度观看其局部（图四），原因是这尊塑像体量太大，足有两层楼高。需要特

图四　大英博物馆内的隋代造像

1　巫鸿：《美术史与美术馆》，《美术史十议》，第 32 页，三联书店，2008 年。

别注意的是，雕像所处的空间不仅狭小，背后还有两个黑色的科林斯柱。如果换成西方的雕塑作品，在这样的环境中或许尚不觉唐突，但是，以如此方式展示中国雕塑，观众如何能体味这件艺术品的魅力呢？至于那些对中国艺术缺乏了解的西方观众就更不用说了。

这个例子提醒我们，如何正确地诠释传统艺术品，在博物馆空间中构建恰当的艺术语境，作出自己的特色是一个值得深入研究的课题。我们需要不断总结探寻艺术品的原始语境，并对当下国内博物馆展览进行反思。这正是今天探讨艺术语境问题的价值所在。

二　传统室内陈设与现代场景复原

研究中国传统艺术的最初状态离不开对室内陈设的分析，从分析中我们可以寻找到构建语境的依据。

在传统绘画中经常有建筑出现，尽管所占画面比例很小，但我们依然能从中观察出室内空间的布局、陈设物品与人物活动。画中所描绘的场景既从现实生活中来，又融入了作者心中的理想。我们也不妨将其理解为一种静态的展示，从中分析归纳出一些室内陈设的基本规律。

事实上，室内陈设在不同年代的绘画作品中展现出不同的面貌，我们从古代绘画中所要找寻的更多的是陈设物间的相互关系。宋代刘松年《四景山水画》卷中有室内空间的描绘（图五），画中，客人要走过一段曲折小路才能见到院门。走进院中向左转，过小桥，迎面就是客厅，厅中正面墙前放一个山水屏风，左边摆一张书案，上面放瓷瓶、书籍和香薰，右边是主人坐在床榻上，欣赏院中的风景。我们看到“士人在世俗生活

图五　刘松年　《四景山水画》卷（局部）

中用想象和营造为自己酝酿了一个独立的小天地”[1]，再加上屋中几、榻、屏风、器具陈设的组合，就形成了画家想要展示给观者的理想世界。

图六　文徵明《楼居图》（局部）

明代画家文徵明曾为刘麟作《楼居图》（图六）。当时刘麟辞官返乡，欲在苏州建一座两层房舍，自己准备住在阁楼上。文徵明在图中描绘了理想中的隐士生活。房屋被安排在画面正中稍远的位置，好似主人过着与世隔绝的生活，偶尔邀请好友在家中叙谈。屋内有一张红漆桌子，上面摆着一件青铜器和几本书，背后是一幅落地屏风，屏风的后面隐隐显露出书架，上面摆满了手卷，仆人正在隔壁沏茶。屋外是茂密的树林，有木桥溪水，远处山峦起伏、连绵不绝。作品充分揭示了一幅文人避世隐居的林壑之景。再回到室内陈设，首先需要关注的是位于室内正中的屏风，它体量很大，为整个空间提供了一个背景画面。红漆桌在主人与客人中间，上面摆放的青铜器或许作为观赏之用。屏风、桌、器物与人之间的尺度以及位置关系，是今天博物馆展示的重要参考依据。第二是空间内与外的联系，主人面对窗户，可以向外远眺，窗外的风景此时成为室内的一部分，事实上我们所要探寻的语境正是内部陈设与外部景观形成的一个整体，这一点十分重要。

以上两点在文震亨的《长物志》中都有总结，他把曾祖父的理想世界变成了文字，形成理论。在卷十“位置”中称：“位置之法，繁简不同，寒暑各异。”就是说根据环境的繁简和季节的变化，室内陈设也应作相应的变化。应该因时制宜，与环境协调，形成诗情画意的整体美。这说明古代室内艺术品陈设并不是孤立于周围环境的，建筑空间与内部陈设环境必定相互贯通、紧密联系。

此外，这一章中还对物品陈设的具体方式作了描述。如《悬画》一节讲道：“悬画宜高，斋中仅可置一轴于上……画桌可置奇石，或时花盆景之属……斋中宜小景花鸟，若单条、扇面、斗方、挂屏之类，俱不雅观。画不对景，其言亦谬。”所谓画不对景，指的是室内陈设物品之间的不当关联。在现代展示中，文物陈列有时只注意年代顺序，

1　扬之水：《终朝采蓝——古名物寻微》，三联书店，2008 年。

却忽略了内容上的联系，这一点在文物组合展示的时候尤需注意。《小室》一节中称："小室内几榻俱不宜多置，但取古制狭边书几一，置于中，上设笔砚、香盒、熏炉之属，俱小而雅。……或置古奇石，或以小佛橱供鎏金小佛于上，亦可。"《敞室》中云："……列木几极长大者于正中……几上大砚一，青绿水盆一，尊彝之属，俱取大者；置建兰一二盆于几案之侧；奇峰古树，清泉白石，不妨多列……"以上叙述着重提到尺度的问题。在小空间中，家具数量要少，尺寸要小巧，书几都要选择狭边的，房中摆设也需缩小尺寸，所供佛像只要鎏金小佛即可；而随着室内空间面积和通透性的增加，家具都要选择较大的，数目也可以多选。不难发现，文震亨特别注意陈设与整体环境之间的联系。从字里行间我们也能体味出，他其实在指导主人应如何恰当地展示自己的珍藏。对于今天博物馆的展示空间，这些原则仍然值得借鉴。

为展现传统艺术语境，在当代博物馆中搭建古代庭院或书房场景是很常见的做法。大都会博物馆以网狮园中的"殿春簃"为原型设计的中国庭院是较为成功的案例，该景位于远东艺术永久陈列区的中央，周围有中国、日本、韩国、印度及东南亚的展览，被安排在这样一个位置实在是再理想不过了。观众参观展览后可以走进园中休息，放松的同时也可以对中国艺术有一个更为形象直观的印象，走出展厅再继续观看展品时，便会对中国艺术品的精神内涵有更深层次的认识。由于有了这样一处原汁原味的景观，西方观众在游览完这一展区后，想必从审美和求知两方面会有不小的收获。

园内正厅的书斋原本叫做"殿春簃"，此处改名为"明轩"，匾额题字取自文徵明的书法。正厅的主要目的是为展示中国的明式家具，而书斋正是恢复展品原始摆放方式的绝佳场所。屋内装修典雅稳重，用料讲究，做工精细，很符合明代文人住宅的风格。房间正中用床榻、凳组成了会客区域，背景是宽大的条案，上设盆景，插花瓷瓶。墙上开窗，露出后院种植的翠竹，其景很像网狮园中的"竹外一枝轩"。东墙设一衣柜，两张官帽椅，正上方设一挂屏。这些典型的明式家具既作为单独的展品出现，又构成了一个整体，向观众展示了典型的明代文人书斋的全貌。显然若要真正做到位，绝不是摆几件家具、挂几幅字画那么简单，它需要严谨的态度以及一定的学术研究水平做支撑。

图七　苏州博物馆"长物书斋"

苏州博物馆新馆展厅中复制了小型的书斋，也算是不错的尝试。在一间叫做"长物书斋"的展厅中，根据《长物志》中的描述恢复了一个理想中的文人书房（图七）。在展览的说明里特别提到："构建一个迥俗的读书空间……经营起一个兼具知性与美感的书斋生活世界，对于明中期以来普遍的读书人来说，甚至已经成为比读书本身更为重要的追求。”

展厅大体分为三个区域，入口右侧是一个休息放松的环境。靠墙有一张床榻，背后上方挂一幅山水画，榻的旁边放一张小案，用于盛放围棋棋子。屋子靠窗的区域是读书的小环境，正中有一张书案，上面放着毛笔、砚台、几册书、带紫檀底座的石雕和一个笔筒。围绕书案有一张官帽椅和两个矮墩。书案右侧还放了一个高几，上设青花瓷瓶。后侧方是一排书架共六个格子，书不算多但码放得整齐有序，高低错落，中间空余的地方还会放个盆景做点缀。与床榻相对的区域用于弹琴，几案上设一古琴，左边的高几上有香薰，背后的条案上只放一件碧玉山子。于是在不大的空间里，集中体现了读书、抚琴、对弈三个典型的文人活动。书斋基本上以《长物志》中的思想为营造原则。在这样一座园林式的博物馆中，此展室在小环境里构建的艺术语境，令观众更为深入地体会明代文人的生活方式。

两个案例值得我们总结的是，博物馆的策划者结合学术研究的成果，在遵循一些基本原则的前提下恢复传统陈设，同时在传统中又有所创新。因此从某种意义上说，这些展示其实是中国传统艺术“活”的载体，而不是没有生命的复制品。

三　艺术语境中“人”的因素

在今天的博物馆中，搭建场景是很普遍的做法。诸如在是展示书画作品时，常会在一个角落设计一个书房。问题在于这是唯一的解决办法吗？艺术品的内涵在场景中能够完全展现出来吗？首先，观众是被排斥在场景之外的，不能走入其中；其次，他们很容易因为司空见惯的陈设形式而将其忽略，这样就失去了场景搭建的意义。这说明，设计者在试图创造艺术语境的时候对于“人”的因素有所忽略，或是缺少足够的重视。从传统艺术作品中我们不难发现，人在空间中的位置处理、传统艺术品的欣赏方式（人与物的互动关系）等，都为我们在博物馆陈列中重新构建艺术语境提供了有用的参考。

另一方面，观众、艺术品、环境是今天博物馆空间最核心的部分。传统博物馆空间以艺术品为中心，环境作为载体，而观众并没有被考虑进去。现代博物馆越来越认识到观众的重要，而将其放在了中心的位置，三者的关系开始发生变化。艺术品与观众之间一定存在着互动关系，艺术品带给观众某些信息，而观众的反馈有可能会改变艺术品的展示状态。环境不但会影响艺术品的价值体现，也会直接影响观众的参观体验，而这些变化正与我们传统艺术语境的内涵相契合。

（一）人与空间的关系

前面提到的文徵明的《楼居图》给我们传递出了明确的人、物、空间三者的关系。

其实桌上的器物和书籍、背后的屏风和窗外的风景都是以主人为核心的。在传统山水画中，建筑和人的地位一般都不太突出，往往在角落中隐约可见，但这幅画却有所不同，茅屋位于画面的中心，三面都能看到风景。作者并没有打破人与自然的和谐，但似乎有意抬高了茅屋与人的地位，或许这便是文徵明的理想世界。这幅画也启示我们，在环境展示中，人的位置非常重要，观众在空间中的立足点、欣赏文物的视角以及文物摆放的位置与人的关系都应成为我们重点关照的部分。

当然，在现代展示空间中建造一座《楼居图》中的茅屋并不现实，原型的转换可以有很多方式，只要根据现有环境建立“适合”的艺术语境就足够了。曾经在大英博物馆展出的“神仙与守护神——中国宗教绘画展”（Chinese Religious Paintings）就是一个成功的范例（图八）。

展览从寺庙与神位、道家与八仙、佛生图、基督教与回教几个角度展开。在文物的挑选上，除了佛教、道教题材绘画作品外，还注重选取与伊斯兰教、基督教有关的文物，来说明其他宗教在中国的传播。同时文物种类并没有局限于绘画本身，瓷器、木雕到琉璃构件的展示都生动地体现出佛教、道教在民间广泛的影响。

展厅的布局与中国传统的合院有些相似。门口两侧放了两件唐代的“三彩天王俑”，而传统宅第的大门外通常也会摆放石狮做镇宅之用。进入展厅，迎面的墙上挂着一幅唐代刺绣《灵鹫山释迦说法图》（Buddha Preaching On Vulture Peak），我们发现佛祖与天王正暗合了展览的主题“神仙与守护神”，同时此处还起到了一个影壁的作用。绕过“影壁”，就进入展厅内部，中心区域是四个较矮的独立柜围合的空间，主要展示小件器物。外围两侧墙面则是大幅的立轴绘画。在视觉上，空间的“内”与“外”互不影响，观众站在中央，近可观物，远可赏画，还可相互比较（图九）。我们不难发现，此时人在空间中是作为主角出现的，空间中的所有尺度都与观者十分贴近，这更增加了空间的亲和力。

可见，展览的空间布局可以有双重解释。首先，入口的雕像、影壁、围合的展柜类似传统的合院形式，观众位于展厅中心时，好似《楼居图》中茅屋的主人，近处的

图八　大英博物馆“中国宗教绘画展”

图九　“中国宗教绘画展”中器物与绘画的对照

文物就是屋中的陈设，而远处的绘画便是屋外的风景，“内”与“外”相互贯通、联系紧密。第二层解释来自中间四组文物（分别是佛教、道教、基督教、伊斯兰教）围合而成的精神空间，它暗示了中国传统文化的包容，令观众感受到中国人宗教信仰的多样性。设计师在小巧的空间中极大地拓展了展览本身的内涵，构建了一个内容丰富的艺术语境。

（二）传统艺术的欣赏方式——人与物的独特关系

与西方艺术作品不同，中国传统艺术有着独特的欣赏方式，主要体现在两个方面：一是私密性，二是互动关系。

首先，观看书画或是把玩器物都是十分私密性的事情，人与物的关系是极为密切的。我们从古代绘画作品中所描绘的场景就可以找到一些例证。

台北故宫博物院藏有一幅明代画家杜堇的《玩古图》（图一〇）。画中的故事发生在一个私家的庭院中，一位收藏家正在向朋友展示其收藏的古玩。院中的落地屏风、古树、栏杆围合出一个不大的空间，主人与朋友之间是一张长桌，上面摆满了青铜器、瓷器、玉器，两人一边把玩欣赏，一边亲切交谈。画面右上方是一张更大的桌子，上面摆着册页、手卷、香炉、花瓶等物件，两名侍女正在收拾整理，似乎要搬到中间的桌上向客人展示。画面的左下方一位小书童肩扛着一幅卷轴画正向主人这边走来。画中人物表情、动作都刻画得十分生动，主人微笑着指点某件物品，客人手捧铜器凝眉

图一〇　杜堇《玩古图》（局部）

沉思，侍女也面带笑容、从容不迫。总之，这幅画从一个侧面反映出古人展示、欣赏文物的方式。

有意思的是，西方博物馆显然也意识到东西方的差异，在展示东方藏品的时候独具匠心地营造出私密空间。大都会博物馆举办的“中国雕漆艺术展”可以说是个成功的例子（图一一）。展厅被划分成几个小空间，尺度感与中国传统居住空间相近，完全没有西方古典建筑那么高大、空旷。在展厅中，展柜围合出一个私密性很强的小环境。靠近墙面是一张条案，墙上面有一副对联，前面是两个尺度与条案近似的展柜，中央放置了一条长凳。简单的布置令观众感觉是在家中欣赏艺术品，除了不能触摸到文物以外，和《玩古图》中描绘的画面竟是那么相似。

其次，中国传统欣赏方式的另一个特点是人与作品之间存在着互动的关系。这一点在观看绘画作品的时候体现得最为明显。有些描绘历史事件、社会生活的长卷如《清明上河图》、《康熙万寿庆典图》等，从打开手卷的那一刻开始，观者就仿佛在画中游历，心情也随着画面的内容起伏变化。原本二维的作品由于增加了时间的因素变成了三维空间，我们所说的语境在这里是观者与画作共同构成的。毫无疑问，这一特殊的观看方式必然会对博物馆的空间形态产生影响。在西方的艺术博物馆中，无论油画还是雕塑作品，完全都是静态的呈现，这显然有别于中国人欣赏书画艺术的习惯。这也就意味着我们的博物馆在展示某些作品的时候除了静态摆放以外，还应当运用一些展示手段诠释出人与物的互动关系，从而体现中国书画独特的艺术语境。

大英博物馆收藏有著名的《女史箴图》，由于对环境的苛刻要求，如此珍贵的画作很少对外展出。但是在展厅中设计师特别安排了一个小空间，放置了一个电子触摸屏幕，画面可以随着观众的触摸而移动。正因为有了这样的设计，观众不但有机会欣

图一一　大都会博物馆“中国雕漆艺术展”

赏整幅作品，而且获得了类似观看手卷的互动体验。技术手段在今天的博物馆已经完全不是问题，关键是如何恰当地运用这些手段，借助先进的设备弥补传统陈列的不足。

相比之下，通过复原传统空间来创造艺术语境在博物馆展示中比较容易实现，而人与艺术品之间的关系体现就要困难得多。无论怎样，在展览中观众都是无法触摸到展品的，现代博物馆展示中人与物的分离是必然的，同时，博物馆发展的趋势一定又是面向大众、不断开放的，而非私密的、小众的。从这一角度来讲，二者之间似乎永远存在矛盾。当然，这并非无法解决，前面讲述的一些很有新意的尝试已经为我们拓宽了思路。这仅仅是个开始，博物馆的策展人、设计师还需要不断努力，作更加深入的研究与探索。

原载《故宫博物院院刊》2011年第1期

以光纤照明演绎陶瓷之美

——故宫新陶瓷馆的照明设计

朱雅娟

内容提要：本文试图通过对故宫博物院新陶瓷馆灯光设计的种种尝试，最大限度地运用灯光表现手法，为观众提供精神和物质多层次、多角度的审美信息，这种信息包括有历史文化的、心理的、生理的等诸多方面。作者在文中表达出将灯光照明、古代建筑空间、陈列设备以及展品等有机地融为一体的设计理念，从而创作出一个完整的艺术作品——新陶瓷馆。

关键词：照明　环保　安全　历史文化　心理　生理

一　新陶瓷馆展室光环境设计构想

故宫博物院是世界上极少数同时具备艺术、建筑、历史、宫廷文化等特色的博物馆，并符合国际公认的“原址保护”“原状陈列”等基本原则。新陶瓷馆位于紫禁城东侧的文华殿，此地明初为经筵之所，后为太子之东宫，殿内雕梁画栋，彩砖墁地，一派皇家富丽堂皇的气象。新陶瓷馆迁址于此，定然煞费一番苦心。而在此进行新陶瓷馆的陈列设计，更是一道难题。

陶瓷馆是故宫的基本陈列，此次在陈列设计上运用了一种抽象的艺术手法，即尝试用光来诠释文物的真谛。展览设计既要求在光线中突出特定殿堂空间的皇家气派，又要求用光线演绎出古陶瓷的质感特点，在光线中体悟火与土的淬砺过程。

陈列设计中灯光环境的内涵比较广泛，其中包括用照度、色温、投影等因素在环境空间里构建起的生理与心理环境，陈列照明设计正是利用这些生理和心理的因素，在自然光的基础上，运用人工照明为观众营造一种有利于参观的照明环境。

在整体设计中，我首先考虑的是借鉴舞台美术设计的某些手法，利用泛光照明展

作者：原展览部，副研究馆员。

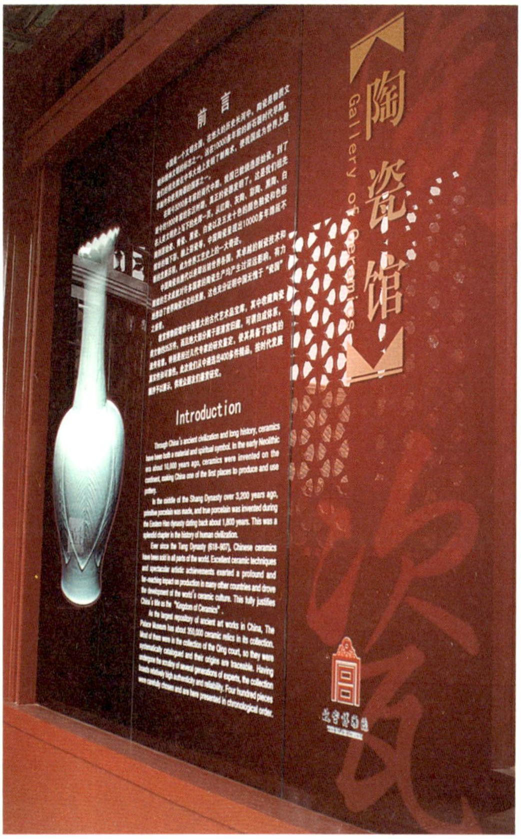

图一　陈列前言效果

现金碧辉煌的殿体建筑与绚丽的彩画；其次是运用追光照明，烘托出陶瓷的釉色纹理。同时，在设计中还尝试运用主光、次光、自然光、投影、通透、色温等的有机变化与组合，使展室达到主题突出、层次丰富、明暗相宜、和谐优美的艺术效果。

色温温暖的光源从大殿不同角度漫射而来，烘托出窑炉的某些光线特点，从而在心理上对观众进行了不动声色的暗示与引导。向观众传递某种特定的审美信息，这就是陈列照明设计的心理效果，具有影响情绪、引发联想、创造意境的作用。

设计者在这里所要向观众传递的特定而具体的审美信息，包括照明光色、古代建筑、陈列空间、陈列设备以及陈列品等，将这一切有机地融合在一起，共同形成一个完整的艺术作品——新陶瓷馆。

首先是前言的设计（图一）。我们利用自然光的通透和大殿避风阁古建半透光的结构特点，创造了一个由殿外自然光向殿内人工照明过渡的环节，这种过渡非常自然，毫无造作的痕迹，不会使视觉从室外进入室内转变时产生常有的局促现象。因为在古建中布置展览还必须照顾到建筑环境的特点。

同时，我们展览设计中运用光线的交叉投射、聚光投射、泛光衬托、自然光过渡等手法分出展览光照的层次。光照大致可分为三个主要层次：一级照明是展柜内照射在文物上的光源，二级照明是文物说明文字的光源，三级照明是展室内照射在建筑上的光源。用这样不同层次的光照来突出展览的重点，营造展览的空间，描绘展览的意境，烘托展览的气氛。

例如，处理文华殿后部与主敬殿连接的穿廊时（图二），主敬殿匾额作为穿廊的亮点，从文华殿后 3.5 米高的展柜上方安置六盏大射灯，从不同角度、不同距离照射在匾额之上，使得穿廊上的每一根梁柱都尽显其彩绘的艺术魅力，突出了故宫特有的建筑特色和审美特点。

文华殿的地面是民国时期铺墁的陶瓷地砖，为青蓝与暗红色相间的四方连续图案。

图二　主敬殿穿廊的照明效果

陶瓷地面与陶瓷馆有意无意之间融合为一体，在温暖的光线照射下显得自然古朴，流露出往昔的光华。

光是手段，是材料和表现形式，是陈列设计的灵魂，是对展览效果最具影响力的因素之一。新陶瓷馆光源的设计，不但考虑到文物保护和环境保护等因素，还考虑到让光源对观众精神和感官产生的影响，让光源不仅起到实用的照明作用，而且还要起到创造意境、烘托气氛、吸引观众的作用。

二　新陶瓷馆展柜及柜内灯光设计

新陶瓷馆的展柜柜体为直线型现代结构，与大殿彩绘藻井形成时代的对比，而柜内文物又与大殿建筑形成呼应，达到对立统一的艺术效果。展柜采用防锈钢结构，具有牢固、密封、灵活等特点，可根据需要调控湿度、温度。展柜为直线型结构，大小都是按照每个文物实际要求的体量制作的，每个展柜底部都安装有独立的发光器、排风扇、2～4个电源插座等，顶部亦安装有独立的发光器和排风扇。按照所陈列的文物器型、纹理颜色等要求，在柜内安装有多个光纤灯头。展柜玻璃采用夹胶超白玻璃，安全性高，通光率达85%以上，并且具有防紫外线和红外线辐射的功能。

展柜的颜色是以文华殿立柱的暗红色为色标采样，用亚光喷塑等工艺合成（图三），意在呼应文华殿内部装饰风格。展柜内的背板等设备均用灰黑色，减少多余颜色，与降

图三　展柜与空间效果

低照度的展室亮度相统一，最终达到突出文物自身的造型、色彩、质感，把观众的注意力吸引过来的目的。新陶瓷馆的所有说明文字大多采用黑底透光的形式（图四），安排在所展器物的下方，文物与说明一一对应。在展柜内用光线分出两个层次，一是文物（一级照明），二是说明（二级照明），与大殿内的建筑照明（三级照明）形成一个有机的光的体系。三级光源均为暖色调，向观众传递出陶土……窑炉……烧造等一系列的审美信息，从而获得一种心理暗示，这种暗示就像琴键弹奏出的乐曲，每个音符都会不断敲打观众的神经。

故宫新陶瓷馆所选用的是法国Luxam品牌光纤灯具，具有防紫外线和红外线功能，照度、色温、焦聚等均可自由调控。根据展柜和文物的不同结构、造型、色彩、纹理、吸收光线的程度等特点，照度可在50～400LX、色温可在3000K之内自由调配。

新陶瓷馆展柜内部的照明设计全部为光纤照明，光纤照明即是在3mm的金属软管内贯穿30余根光导纤维来传递光线，这样可以任意突现文物的各个局部细节，确保呈

图四　说明文字效果

现每一件文物的艺术特征，而且光纤灯头便于调整角度、照度、色温、焦聚，便于隐蔽安装，以达到最佳展出效果。

新陶瓷馆采用光纤照明系统，对每件文物进行突出与修饰，光纤灯针对照射对象在照度与角度等方面进行特定性设计，使每件文物在光纤灯的针对性照射下“活”了进来。用光描述文物，用光展现陶瓷的造型纹饰，烘托陶瓷的色泽质感，丰富了展品层次，表现了文物特有的历史风韵和审美特征。

在陈列设计中，对于灯光照明的设计应本着降低能耗、环保安全的原则，减少不合理的光照和装置，新陶瓷馆所选用的法国的光纤灯具在欧洲的博物馆中普遍应用，并有严格的照度、色度、聚焦等标准，并有上百种规格的灯具供不同需求使用。

三 新陶瓷馆的文物照明设计

陈列灯光的设计，是把照明方式与陈列设计融合在一起的设计手法，对于陈列对象进行艺术设计和空间安排，使照明方式和陈列设计成为创造光影艺术的手段，同时也使观众对艺术品的审美达到极致。

现代科学技术的发展，丰富了灯光照明的表现力，使之不仅仅停留在均衡、和谐、对称、整齐等一般性感知的层面上，而是追求在最大限度上表现事物的本质，表现文物的生命力，表达展览的设计风格与主题思想。

故宫新陶瓷馆的照明设计有点照明、线照明、面照明之分，通过光纤灯焦距的变化，从点照明毫无痕迹地过渡到面照明，自然流畅，不会因照明的生硬过渡而影响观众的注意力。特别是展柜内照射文物的光源，灯光对于文物可以说是量体裁衣，一一对应，根据不同文物的造型、色泽、质感等特点，通过焦聚、照度、色温、角度等的变化来突出每件文物的细部特征。让光线来讲述文物、描绘纹理、体现质感，观众只能看见光线照射在文物上，而看不到任何灯具，真正表现出简约而不简单的设计理念。

下面介绍几种比较典型的照明方法。

（一）泛光照明

任何一个物体，如果没有光源的照射，就无法显现出它的形体、色泽、质感，因此展品是在某种光源的照射下才能尽显其本色。

对于新石器时代的器物来说，我们选用了泛光照明的方法，新石器时代的陶器大致分为彩陶、白陶、黑陶、印纹硬陶等，这些分布在不同地域的陶器有着一个共同的特点，就是表面比较粗糙没有挂釉，有着比较强的吸收光线的特性。使用泛光照明，可以尽量提高亮度而又不会产生光斑。上下同时给光，使文物不会产生明显的阴影和明暗界线，观众可从任何角度看清文物的各个细部特征。

如彩陶漩涡菱形几何纹双系壶，在泛光温柔地照射下，呈现出清晰的纹理与柔和的色泽，又具有古朴凝重的远古气息（图五）。

（二）聚光照明

在特定的环境中，对特定的文物，单凭一个点来照明是远远不够的，这就需要多点的聚光照明。如宋定窑孩儿枕（图六），在多点聚光照射下，尽显定州瓷器洁白如玉、温润滑腻的特点，并将孩儿那憨态可掬的面部表情和自然洒脱的衣服纹理张扬得淋漓尽致。

（三）投影照明

光影本身就是一种特殊是艺术表现形式，既可以以表现光为主，也可以以表现影为主，能表现丰富的空间内涵。如宋哥窑青釉贯耳瓶（图七）那巨大的投影，既凸显了文物自身特点，又暗示出其深远的历史渊源和文化底蕴。

光环投影照明是一种比较新颖、富有艺术特色的照明形式。即在文物下方投射一个光环，以光环来衬托文物，产生一种高贵神秘的感官效果。如清康熙红地开光珐琅

图五　彩陶漩涡菱形几何纹双系壶的照明

图六　宋定窑孩儿枕的照明

图七　宋哥窑青釉贯耳瓶照明投影

图八　清康熙红地开光珐琅彩牡丹纹碗照明投影

图九　明正德孔雀绿釉碗的照明

彩牡丹纹碗（图八），在高光照射下，底部产生一个明亮的光环，在光环的衬托下，更显现出明代瓷器的温润剔透与高贵典雅的品质。

（四）点照明

顾名思义，点照明是将光线集中于一点的照明方式，是一种重点照明方式，也是光纤照明最基本的形式，这种方法比较适于表现那些体型比较小巧的文物。点照明可根据展品的实际情况选用聚焦光头、变焦光头、反射光头等。聚焦光头输出光的角度比较小，可获得比较远的照明距离；而散射灯头输出光的角度比较大，可获得比较大面积的照明范围。选用不同的灯头，就可以获得不同的重点照明效果。例如明正德孔雀绿釉碗（图九），就是在正上方用点照明与侧面辅助照明的共同烘托下，得以充分展示其绚丽的纹饰特征与雍容华贵的品质。在陈列设计中，它是小中见大的一个很好的范例。

（五）线照明

点照明是照明最基本的形式，而线照明和面照明是通过点照明的不同阵列安排来实现的。其实，无论是线照明还是面照明都是点照明的延伸。对于博物馆文物照明来说，通常用一种光线的单一照明是不够的。因此，对于器型较小、成组的文物来说，运用成组的点照明组成线照明，这样可以将多件文物用光有机地组合为一体。采用线照明，通常用来表现线条形文物或排列成线条形的文物组合。例如清康熙青花十二月花卉纹杯，在线照明的整合下（图一〇），将 12 个小杯组成一个整体，使之不致有松散零乱的感觉，对于陈列多件套比较小的文物来说，是一个简便有效的办法。

还有许多种照明方法，而且这些方法又可以组合运用，因此只要内容需要，组合形式将是多种多样没有穷尽的。

图一〇　清康熙青花十二月花卉纹杯的陈列照明

结语

光是一切视觉艺术的灵魂，陈列艺术也是这样。光纤照明作为一种技术进入博物馆，已经有十余年的时间了，对于文物保护的意义非常巨大，它是一种安全可靠的光源，可以避免光辐射（红外线和紫外线）对文物产生的不易察觉的损伤。但是，对于陈列设计真正具有意义的还是这次新陶瓷馆所采用的光纤灯具。以前的光纤灯为暴露式的“牛眼灯”形式，这种灯具理论上可旋转360度，但实际只能旋转200度左右，灯具的灯头暴露在展柜的顶部，造成许多噪光干扰观众的视线。而新陶瓷馆所采用的光纤灯具的灯头是隐蔽式的，观众只见光不见灯，没有多余的光线分散注意力。这就涉及光运用的生理效果问题，如何消除视觉干扰，减少视觉疲劳，使观众在尽可能轻松舒适的环境中参观，是陈列灯光设计所应关注的问题。

新陶瓷馆的形式设计与照明设计是同步进行的，光就是新陶瓷馆的灵魂。在此所用的光纤灯，在表现力方面远非其他光源可比，这种光纤技术，就好比设计师手中的魔术棒，能任意发挥设计师的想象力和创造力。光纤照明对新陶瓷馆陈列来说，可以说是比较好地实现了形式与内容、技术与艺术的完美结合。

故宫新陶瓷馆光纤照明的设计与应用，仅仅是一个开始，一种尝试，相信在今后的博物馆陈列设计领域，这种技术一定会被普遍采用，而且会越来越成熟。

原载《故宫博物院院刊》2009年第4期

文物保护

文物医院与文物保护修复档案

宋纪蓉

内容提要： 故宫博物院作为中国建在古代皇宫里最大的博物馆，不但收藏了150余万件（套）文物，同时还保存了许多中国古代特有的文物保护修复传统手工技艺，如古书画的装裱与修复、青铜器的修复与复制、古钟表的修复、古书画临摹复制、宝玉石的雕刻与镶嵌、传世漆器与木器的修复技术等。这些技术有着上百年的历史，有的历史甚至更为悠久，是经过世代相传，在不断完善和发展中形成的有着完整工艺流程的技术。在故宫博物院里还建有分析检测和科学研究的实验室，为各类文物的保护修复方案提供科学诊断依据，确保文物在故宫博物院的文物医院里获得"益寿延年"。近年来，故宫文物保护修复专家完善了文物保护修复档案，借鉴了某些医疗工作的方式服务于文物保护修复业务，用科学的方法记录了保护修复工作的全过程，为今后的文物研究、保护修复工作提供可靠翔实的依据。

关键词： 文物医院　文物保护修复档案　故宫

一　文物医院的基础

故宫博物院设在紫禁城里，这里曾是明清两代24位皇帝的宫殿，占地72万余平方米，建筑面积约16.7万平方米。故宫博物院的文物医院就坐落在皇家四合院里，称为文保科技部，其主要任务是从事故宫博物院藏各类文物的保护研究、修复和复制，半个多世纪以来许多国宝在这里获得了抢救性保护。这种抢救性保护本身类似治病救人的医疗工作，因此从事这种特殊工作的机构可以被称为文物医院。故宫的文物医院——文保科技部现有古书画装裱与修复、青铜器修复与复制、古钟表修复、古书画临摹复制、宝玉石雕刻与镶嵌、传世漆器与木器修复、囊匣制作等工作室和分析检测实验室，传统工艺与现代技术的结合，形成了当今的文物医院。

作者：故宫博物院副院长，研究馆员。

（一）传统的文物修复技术

故宫博物院文保科技部保存并传承了古书画的装裱与修复、青铜器的修复与复制、古钟表的修复、古书画的临摹复制、宝玉石的雕刻与镶嵌、传世漆器与木器的修复、囊匣的制作等技术。这些技术都有着上百年的历史，有的历史甚至更为悠久，是经过世代相传，在不断完善和发展中形成的，有着完整的工艺流程，具有中国鲜明的民族风格，是具有故宫特色的“非物质文化遗产”。

1. 古书画装裱修复技术

故宫保存的“古书画装裱修复技术”2008 年已经被列为“第二批国家级非物质文化遗产”。据唐人张彦远的《历代名画记·论装背褾轴》记载，“自晋代以前，装背不佳。宋时范晔始能装背”，古书画装裱技术距今已有 1600 多年的历史。到了隋代，由于丝织品和造纸技术的发明，促进了装裱技术的发展，出现了一批著名书画家，创作了大量名作。在当时的京城，观文殿后设有二台，东称妙楷台，藏自古法书，西称宝迹台，收自古名画。隋炀帝即位后，又将内府所藏书画分为上、中、下三等，上品使用红琉璃轴，中品使用绀琉璃轴，下品使用漆轴作为装饰，并派诸葛颖、江总等监制装背。隋代的书画装裱是从两晋南北朝向唐代过渡的一个重要时期。历唐至宋，书画装裱进入鼎盛时期，《高宗翰墨》记载：“本朝自建隆以后，平定僭伪，其间书法名迹，皆归秘府，先帝又加采访……命蔡京、梁师成、黄冕辈，编类真赝，纸书绢素，备成卷帙，皆用皂鸾鹊木绵褫，白玉珊瑚为轴，秘在内府，用大观、政和、宣和印章。”由于朝野均重视装裱，故设置官职，“装背”就是宋代“文思院”的六种待诏之一。明清时期基本形成以北方为中心的“京裱”与以苏杭、扬州为中心的“苏裱”和“扬裱”流派。清宫造办处专设“裱作”一项，汇集南北高手从事宫廷收藏书画的装裱与修复工作。民国时期，宫中高手散落民间。中国的书画修复业形成了以琉璃厂的玉池山房、大树斋和上海的汲古阁、刘定芝装池等为代表的两大流派。新中国成立后，国家文物局长王冶秋将包括刘定芝装池、玉池山房等裱画铺在内的全国书画装裱修复高手请到故宫，专门负责装裱修复故宫收藏的书画文物，他们是张耀选、杨文彬、孙承枝、江绍大、张有年等，先后修复了张择端《清明上河图》、展子虔《游春图》、韩滉《五牛图》、马和之《唐风图》、顾闳中《韩熙载夜宴图》等一系列国宝级文物。

2. 青铜器的修复和复制技术

传统青铜器的修复和复制技术也有着清晰的传承脉络。春秋时期就已经出现这种技术，《吕氏春秋·审己》和《韩非子·说林》均有记载，事如汉代方士新垣平向汉武帝进献仿周代青铜器事发被革职。故宫现藏唐代仿西周青铜觯已经达到了较高的工艺水平，宋代、元代仿制古代青铜器成为风尚，杭州、苏州等地出现了颇有名气的仿古青铜器作坊。明代万历年间，仿古青铜器制作分为南北两派，金陵的甘文堂、苏州的蔡家和北京的施家成为代表。清代比明代仿器不仅精细，而且数量繁多。清宫内务府造办处内有专门机构，负责征召国内各地能工巧匠仿制、修复青铜器，使青铜器修复、复制技术不断完善，日趋成熟，形成了一套工艺规范的传统手工技艺。

到了明清时期，青铜器的修复和复制技术逐渐成熟，出现了北京派、潍坊派、苏州派、西安派等不同的流派。故宫博物院的青铜器传统修复技术源于北京派的“古铜张”，“古铜张”的修复技术现在被认为源于清宫造办处的于氏。于氏原在内务府造办处专门修复宫廷珍藏古玩青铜器，19 世纪末光绪年间，于氏离开紫禁城，成为北京民间青铜器修复业的创业者。1952 年，“古铜张派”第三代传人赵振茂来到故宫博物院，从事青铜器修复工作，并将这项传统工艺又带回了紫禁城。当时的专家还包括长期从事青铜器修复复制的赵同仁、李会生、孟海泉及景德泉、古德旺、张聚如等人。几十年来，这些专家修复、复制各类青铜器文物上千件，为我国文物保护修复工作作出重要贡献。随着第一批进入故宫的修复师年龄的增长，传承青铜器传统修复技艺在 70 年代成为全国文物修复行业的突出问题。1972 年，国家文物局委托故宫举办文物修复培训班。故宫博物院青铜器修复专家赵振茂承接了青铜器修复培训任务，先后为湖北、湖南、广东、辽宁、重庆、广西、新疆、陕西、甘肃、山东、云南、北京、江苏、山西等十几个省份培养了青铜器修复工作者，使京派传统修复技艺传授到全国各地。传统青铜器修复技术主要包括整形、拼接、补配、粘接（焊接）、加固、做旧等工序，有时还会涉及去锈、烫蜡（表面封护）等工作。每项技术都有自己的操作规范，都要根据青铜器的具体损坏情况选择应用。传统青铜器复制技术的制作模具、翻模铸造、錾刻花纹、打磨做旧等每道工序都有很高的技术难度。从“古铜张”传人进入故宫后，故宫博物院通过“师承制”的方式培养了一批掌握传统修复和复制技术的专家，先后修复了包括班簋、立鹤方壶、齐史祖辛觯、司母辛鼎、二祀邲其卣、马踏飞燕等一大批国宝级文物，复制了格伯鬲、兽面纹觚、兽面纹瓿、鸢祖辛卣、西周牛尊、西周荣簋等一系列重要文物。

3. 古钟表修复技术

欧洲的钟表在明代就已经传入中国，受到皇室的喜爱。在清代的康乾盛世时期，京城皇宫已经成为中西文化交流的重要舞台，深受清代帝王喜爱的钟表成为皇家室内陈设、装饰的重要器物。康熙十九年（1680 年）清宫设立造办处，专门承制各种御用器物。皇帝出于对钟表的喜爱，在造办处下成立了做钟处，征召全国能工巧匠与在清宫供职的外国匠师一同肩负起御制钟制作、改制和维修的职责。做钟处曾经制造了多件御制钟表，同时对清宫钟表不断地进行修复和日常维护，直到宣统三年（1911 年），溥仪宣布退位，清王朝统治宣告结束。但是，在紫禁城内，作为内务府下属机构的做钟处并未被裁撤，逊清皇室时期（1911～1924年），原做钟处的工匠留在紫禁城中从事清宫钟表的修复与维护。1925年故宫博物院成立，原做钟处的工匠仍留在故宫修复钟表文物。新中国成立后，故宫博物院建立了古钟表修复工作室，这些工匠继续在故宫博物院从事古钟表的修复工作，同时传承技艺。通过师徒的传承，培养了一批技术精湛的钟表修复专家。

故宫古钟表修复技术已延续了三百多年，这一技术源于清宫造办处做钟处，其工匠的主要来源有三：一是来自欧洲的传教士，他们是御制钟的主要设计者和机械加工的技术指导。如法国人沙如玉在雍正六年七月二十五日（1728年8月30日）抵华，在法国人巴多明推荐下，第二年春天被召入京，雍正七年（1729年）三月初九日，首领太监赵进忠传怡亲王谕："著西洋人沙如玉在造办处做自鸣钟活计，钦此。"中国第一历史档案馆馆藏档案《造办处各作成做活计清档》中多处记载西洋人沙如玉制作钟表的情况。二是做钟太监，他们是宫中最早向西方传教士学习自鸣钟机械结构和维修的技术人员。三是因广钟闻名一时的广州做钟技师。这些能工巧匠在做钟处共同工作，技术上不断融合，形成了故宫现有的古代钟表修复技术。

故宫现有的古代钟表修复技术主要包括结构调查、拆卸、清洗、去污、除锈、烘干、栽尖、补齿、焊接、铆合、锉磨、组装、倒齿、备劲、跑弦、合夹板、核对分针和时针、换套针、调试等技术环节。

故宫博物院自建院以来，已利用古代钟表修复技术修复了铜镀金象驮转花钟、铜镀金象驮水法塔式音乐钟、铜镀金葫芦式转花广钟、紫檀镂嵌珐琅转仙人钟、铜镀金四象驮乐箱帕跑人犀牛转花钟、木楼式时刻更钟、铜镀金鸵鸟驮亭式表、铜镀金嵌珐琅人物亭式转水法钟、铜镀金嵌料石升降塔钟、铜镀金牛驮水法亭式钟、四柱亭式无发条坠力钟、铜镀金镂空套冠架式钟、铜镀金八仙水法转花钟、铜镀金转花走人镜表、铜镀金嵌料花四象驮转花转水法钟，等等。

4. 古代书画临摹复制技术

临摹古代书画珍本，长期以来，成为传承中国古代书画艺术和中国古代书画技法的重要手段。据历史文献记载，4世纪，东晋画家顾恺之不仅创作了很多名画，同时也临摹了许多绘画作品；5世纪，南朝刘宋时期的画家刘绍祖，是个"善于传写"的摹画高手；5世纪，南齐谢赫撰写的画论《古画品录》中有六法之一的"传移模写"；唐初，皇家设立掌理秘书图籍的官署"集贤院"，这里曾大规模地进行研究和临摹古书画的工作；宋代大书法家米芾，因爱好古人书画，遍临晋唐名迹，可以乱真；宋代以后随着绘画艺术的发展，书画临摹的风尚也随之更加普遍，特别是明清以来，临摹书画之风更盛，出现了"湖南造""河南造""广东造""苏州片""扬州皮匠刀"等。民国初期，上海地区集中了一批专以临摹传世名画的书画临摹高手，成员主要有谭敬、汤安、金仲鱼、郑竹友、胡经等。他们制作古书画时分工合作，或绘画，或写字，或摹刻印章，或装裱做旧，所摹作品惟妙惟肖。与此同时，北京、天津画坛也出现了一批绘画高手，其中包括“湖社画会”的陈临斋和著名女画家冯忠莲（陈少梅之妻）以及专门临摹书法印章的金禹民。故宫博物院从 20 世纪 50 年代开始，吸收了上海、北京等地的一批掌握古代书画临摹技术的专家，如金仲鱼、郑竹友、冯忠莲、金禹民、陈临斋等。冯忠莲摹《清明上河图》、《虢国夫人游春图》；金仲鱼摹赵佶《听琴图》、郭熙《窠石平远图》、崔白《寒雀图》；陈临斋摹《韩熙载夜宴图》、胡環《卓歇图》、《花竹锦鸡图》，其中很多摹本已经被作为文物进行收藏。

古书画临摹技术主要包括勾稿、落墨、着色、做旧、题款及印章的摹制，摹制过程中完全使用传统工艺、传统材料，所摹作品在最大程度上接近原件。这样便延续并发展了一千七百多年的古书画人工临摹复制技术，保存了中国古代传统绘画技法和临摹技术，利用古书画人工临摹复制技术，复制了诸多国宝级古书画文物，保存并弘扬了中国的传统文化。

在故宫博物院，其他门类的文物修复传统工艺技术也有着类似的传承脉络，目前故宫博物院文物修复传统工艺技术的门类在中国是最全的。为了保护这些传统工艺技术，从 20 世纪故宫博物院就开始吸收有着较好知识结构的年轻人，让他们学习文物修复传统工艺技术并从事文物修复工作，通过老师傅的传授，已形成了几十人的专家队伍，使故宫保存的这些传统工艺技术可以更好地传承下去。

（二）现代科学技术的应用

为了更好地保护和修复故宫收藏文物，20 世纪 80 年代故宫博物院成立了文保科技部。近年来，故宫建起了冷冻和熏蒸杀虫灭菌工作室，负责文物的杀虫灭菌；同时，安排专人负责环境研究工作，对文物库房环境、展室环境、展柜恒温恒湿微循环系统等进行监测研究，提出可实施方案，达到了文物环境的优化和预防文物病害的发生；此外，还建立了文物保护分析检测实验室，购置了扫描电子显微镜、X 射线荧光波谱仪、X 射线荧光能谱仪、X 射线衍射仪、激光拉曼光谱仪、红外光谱仪、不同类型的光学显微镜、差热失重综合热分析仪等现代检测仪器。这些措施构建起了当今文物医院的分析检测框架，实际上是对医疗方式的某种借鉴，使故宫博物院可以运用多种现代科学技术手段为传统文物修复技术提供支援。文物保护实验室还有先进的环境监测设备，为故宫文物的收藏与展示提供了技术保证。

在修复上蔡出土青铜鼎的工作中，实验室的专家同青铜器修复专家合作，利用 X 光照相技术，发现了鼎腹内隐藏在锈层下的铭文，为修复工作提供了依据。

“倦勤斋”是故宫中的重要建筑，在修复“倦勤斋”室内斑竹彩画的过程中，实验室工作人员利用显微分析发现了部分斑竹彩画的重绘现象，为倦勤斋内装修不全的档案记录提供了重要的补充资料，也为倦勤斋室内修复工程提供了可靠的依据。

在丝织品修复工作中，传统工艺的操作技能起着重要的作用。纺织品织补工艺、织物缝补工艺、缂丝工艺、刺绣工艺等工艺技术在现代文物保护修复工作中不可缺少，更不能被其他方法所替代。在继承这些传统工艺的同时，必须利用现代科技辅助提高修复的效果，利用不同功能的显微镜对纤维类别进行科学的鉴定与分析，以确保修复工作的正确。在对纺织品面料的材质鉴定中，利用现代科学仪器对故宫收藏的羽毛纱材质文物进行检测分析，得出了“羽毛纱是由羊毛或羊毛与桑蚕丝交织而成”的科学结论，解决了历史上具有争议的“羽毛纱是否由鸟的羽毛编织而成”的悬疑问题。

在传统宝玉石的雕刻与镶嵌技术应用于文物修复工作的过程中，故宫同样引进了现代化的仪器和设备来辅助传统工艺技术，提高了工作效率，增加了工作的精准度。在近几年的修复工作中，专家们将电脑雕刻机、精细切割机、显微镜等仪器和设备用于宝玉石雕刻镶嵌工作，通过精密切割机可以更加准确地切割宝玉石原材料，省时，节约原料，且操作安全；通过使用显微镜，更加清晰地分析了材料的内部结构，从而确保制订的修复计划的正确性和选择的材料的适宜性，完成了一些手工难以完成的工作。

传统的青铜器修复中往往要涉及器物碎片的拼接工作。传统的拼接方法是根据碎片的茬口进行比对，茬口吻合后将碎片粘接或焊接。但是，许多器物往往碎成很多块，要将它们拼接复原，往往要耗时数天乃至几个月，耗费了修复工作者大量的时间和精力；有时碎块过小，茬口部分不容易通过肉眼辨别，稍有不慎便会造成拼接失误。为了解决传统修复工作中青铜器碎片拼接难度大、耗时长、易出错的缺陷，故宫开展了“青铜器修复传统拼接技术的科学化研究”工作，利用计算机辅助文物复原系统采用形状匹配技术，通过三维激光扫描仪和三维照相机等输入设备，实现了文物碎片的数字化，进而采用文物虚拟复原技术对文物碎片进行拼接。

二　文物保护修复档案的完善

（一）文物保护修复第一手资料的保存

文物保护修复档案作为文物保护修复工作中的第一手资料有着重要的意义，它不但记载了文物上的各种信息，还记录了保护修复工作的全过程。用科学的方法建设文物保护修复档案是文物保护修复工作的需要，也是保护非物质文化遗产的有效途径。文物是历史文明的载体，是弘扬中华文化、建设中华民族共有精神家园的重要组成部分。由于文物具有不可再生性，因此，文物上保存的历史、艺术和科学等信息也同样成为了人们了解古代社会的重要资源，具有不可再生性。这些重要资源不但能够反映古代社会的历史、文化背景，还在某种程度上反映了当时社会的生产力发展水平、工艺条件以及社会的价值取向等内容，是文物价值的重要体现。因此，在保护文物本身的同时，保存文物上的各种历史文化信息理应成为文物保护工作中极其重要的一项内容。目前，我国文物保护技术主要包括文物科学研究与保护、传统修复与复制。这些工作的目的都是为了延长文物寿命，延缓文物老化。这一点同样具有医疗工作的性质。但是从另一角度来说，文物保护与修复也是对文物的人为干预，容易使文物本身具有的某些特性（如强度、酸碱度、耐折度、外观等）发生一定的改变。为了保留文物在保护修复工作前所具有的原始信息，必须要在文物修复前对文物原状加以描述，同时由于保护修复过程中的人为干预会造成文物修复后状态的改变，所以工作人员同样要对文物保护修复的过程以及修复后文物的状态进行详细描述和记录。这些对文物原状的描述与修复过程的记录资料就是文物保护修复的技术档案。这类档案大致相当于医疗工作中的病历，是对文物医院里的“病人”进行医治的极为重要的依据。这样的技术档案，作为文物的第一手文献资料，既保存了文物的原始与现今的各项信息，也有助于文物保护修复工作的总结归纳与提高。更重要的是，它为今后对该文物的研究、保管、利用与再修复提供了重要的依据。

（二）记载文化遗产信息的有效方法

在我国，文物修复已有较长的历史，前辈们发明创造了传统的修复工艺和技术，是极其珍贵的非物质文化遗产。多年来采用师徒制，口授心传，很少有文字记载。通过建立文物保护修复档案，能够使传统的工艺和技术更有效地传承下来。

做好文物保护修复的建档工作，要解决一个方法问题。这是许多文物保护修复人员面临的实际问题。从发达国家的经验及我国目前文物保护修复实际情况看，建立文物保护修复档案，需要使用科学的方法来进行。在建立档案之前，首先要明确建立档案的目的、使用档案的对象，在此基础上制定相应的建档方法。通常，档案的建立都是以保存历史信息供后来的研究者、保护者使用为目的。档案的使用对象包括：文物的所有者及文物的责任者、文物的研究者与利用者、今后的文物保护修复人员。由于档案的使用者不同，需要的内容也各有侧重。这就需要文物保护修复人员根据档案使用者的需求有侧重地进行记录。对于文物研究者来说，必要的文字资料不可缺少，而对于今后的文物保护修复人员来说，大量详细的图片则显得更为直观和重要。

明确了档案的使用对象后，就要选择正确的建档方法。因为使用正确的建档方法可以在相对短的时间内为文物的所有者、使用者提供翔实可靠的资料。这就要求：第一，正确记录文物的基本信息（质地、材料、尺寸、体积、重量等），制作相应的图片（照片、线图、结构图），提出科学的分析结果以及列出与文物相关的各项规章制度等。

在以上过程中，应注意使用严谨的术语，对文物进行专业化的描述。因为严谨的术语可以规范文物保护修复档案的内容和形式，使之科学化，避免使用非专业术语带来的字面上的歧义与内容上的模糊。第二，要在工作中进行连续性记录，用详细的文字记录每天工作的内容和遇到的问题。第三，在整个工作完成后，应进行归纳和总结，这项工作是建立文物保护修复档案过程中必不可少的一个步骤。因为在归纳和总结过程中，可将原有的连续性的内容通过有序的信息排列上升到综述的高度，最终为档案的利用者提供较为完备的参考资料。这项工作大致相当于对患者进行的跟踪观察和跟踪治疗作出连续的记录，以便他人能从这一医疗案例中获得更有效的治疗方法和经验。通过文物保护修复的记录工作，能够详尽地记载传统的修复技术和文物的相关信息，从而能更进一步地服务于文物的保护与修复。

（三）文物保护修复技术档案内容的探索

在文物保护修复档案中，首先需要撰写的是文物调查书。文物调查书是整套文物保护修复档案的依据和基础，反映了文物在保护修复前的初始状态。文物调查书中应当包括有文物的基本信息，如文物的名称、年代、所有者以及文物的等级、尺寸、重量等内容。另外，调查书中应当注明文物的类别，如陶瓷器、金属器物、玉器、纺织品、书籍、绘画等；标明文物的收藏地点、数量和来源。在调查书中，需要用简单的文字对文物的历史背景、文物的外观、历史痕迹（如使用状况、制作缺陷、前人的修复改动等）进行描述，作为文物的必要说明。在调查书中，最重要的就是对文物的损伤状况或病害情况加以细致描述，要注明文物损伤的种类，如破损、开裂、锈蚀、变型、生霉、虫蚀、附属物损坏，等等，同时还要注明程度，最后要由送修人补充说明送修原因、要求、保护修复的内容。如果说对文物的简单调查相当于对患者的初步体检，那么文物调查书就相当于初步的体检报告。

调查书的组织形式通常可以有以下几种：一为自由式撰写。这样的撰写格式并不固定，主要是撰写人根据器物的特点，针对器物进行有侧重的说明，以此突出所要说明的内容，给人留下较为深刻的印象。另外，还可以借助、使用标准化的术语，辅助相应的图表进行自由式撰写。自由式撰写的好处是写出的档案材料具有针对性，可以使原件上存在的问题一目了然。二为非自由式撰写。这类是通过在预先设计好的表格上圈定选项，以记录文物的保存状况和在保护修复过程中将要涉及的内容和问题。这种方法较为呆板，但写出的档案比较客观，同时，不同的器物所对应的档案格式相同，有利于档案的后期管理和利用。但是，由于非自由式撰写可能无法将所有类别的器物状况表达清晰，因此，表格中应当列出“不确定”“不清晰”等选项，还应当留出一定的空白区域，以便档案撰写者进行专门的、有针对性的书写。在制作调查书时，可能会遇到一些困难，如不能很好地观察器物的整体或局部，不能理解文物上存在的某些现象，不具备标准化的术语，不知如何确定文物的损伤程度，如此等等。此时，只要对所看到的内容加以客观的描述即可。应当注意的是，不要把记述性的记录写成带有主观色彩的解释性记录。在完成文物调查书的写作后，在其最后的部分要含有文物送来日期及送来人的签名、接收人的签名，以表示对调查书内容的确认。

文物调查书制作完成后，要对文物进行拍照和绘图。照片拍摄是对文物修前状态的影像记录，照相的方式可以使用普通相机拍摄彩色或黑白照片，也可以用数码相机拍摄，在某些特定的情况下，还可能会用到红外线摄影和 X 光摄影的技术手段，以获取文物上无法用肉眼观察到的损伤或信息（如绘画上色彩被修补过的地方、铜器上被锈蚀层遮盖住的铭文等）。无论怎样，文物保护修复前的照片作为参考资料，为文物保护修复提供依据和比照对象。另外，可以根据文物的特点绘制立体图、平面图、线图，用不同的颜色和符号在图上注明文物的损伤内容，在图中还可以依照原件大小按比例标出各个部位的尺寸，为文物修复工作提供依据。

在为文物进行照相和绘图的同时，应当对文物的制作材料和工艺进行调查和记录。文物材料的调查可以使用直接观察法，通过肉眼对材料加以辨别，在条件允许的情况下，应通过实验手段对文物的微观结构、成分配比、理化性质进行分析记录。运用仪器分析得到的数据应当附在档案中，以备参考。文物的制作工艺调查是阐明文物最初制作工艺的途径，对工艺进行描述是为保护修复工作的展开提供必要的参考和补充。

在保护修复工作正式开展之前，必须依据前面已经制作完成的文物调查书、保护修复前照片和绘图、文物的材料和制作工艺报告为依据，按送来人提出的要求制定相应的方案。方案的内容应当包括技术路线（如除尘、去锈、清洗、拼接、加固等）、工艺和将要使用的材料、方法。这一过程可以理解为不同的专家对患者的会诊，并在此基础上制定出切实可行的治疗方案。文物的保护修复方案应当是经过认真研究和讨论形成的文字资料，它将成为整个文物保护修复工作的基础并指导实际操作。

进行实际的保护修复工作时，要有相应的工作记录，以记载每天工作的内容、工作者及在工作中出现的新问题等。工作记录可以使用完全自由式撰写，也可以借助表格进行撰写。每天的工作记录中应当包括对文物进行观察、保护修复的整个过程、工作日期和工作人员签名。这样可以在保护修复工作结束后，使人清楚地了解在文物保护修复过程中，什么人在哪一天对文物进行了怎样的处理。

当所有的保护修复工作完成后，工作人员应当提交出相应的保护修复技术报告。这份报告是综述性的材料，它是整个保护、修复过程的总结性概括，将成为今后人们对文物进行研究、保护的重要依据，对文物本身来说是至关重要的档案资料。保护修复技术报告中应当详细地说明保护修复工作全过程的情况，在工作中遇到的问题、技术难点和解决方法，另外在保护修复技术报告中还要写出本次工作中存在或需要进一步解决的问题等。需要注意的是，在提交的保护修复技术报告中，需要明确标示出工作介入的区域和具体位置，对使用的方法和技术、使用的材料及用量进行详细描述，如果在保护修复过程中最终的结果和预计达到的目标发生变化，应当在技术报告的结束部分进行补充说明，同时提出预防性建议。最后，技术报告中应列出参考书目和依据的标准。为了进一步对保护修复结果进行说明，需要为技术报告配上相应的修后照片。

保护修复技术报告制作完成后，在文物所有者或文物使用者提取修复好的文物时，需要由其填写文物提取记录书。文物提取记录书的主要内容应当包括文物的名称、编号、年代、所有者、提取者、提取时间、提取时文物状态，最后再经过提取人与文物保护修复人员共同确认后，由文物提取人填写提取意见，进行文物交接。

像这样由文物送修记录书、文物的各种照片与图表、对文物材质及制作工艺的分析报告、保护修复方案、工作日志、技术报告、提取记录等一系列的文字、图像资料综合在一起形成的一套较为完整的文物保护修复档案，不但是对文物原有的状况、附加的信息的描述和记录，同时也保留了保护修复工作中使用的工具、材料、方法等方面的内容，它作为文物的特殊资源，将为今后的文物研究、保护修复工作提供可靠而翔实的依据。

综上所述，为了保留文物的原始信息与人工干预后文物状态的改变而对文物原状与修复过程进行记载，这样的资料就是文物保护修复档案。它作为文物的第一手文献资料，既保存了文物的原始与现今的各项信息，同时也有助于文物保护修复工作的总结归纳与提高，更重要的是为今后对此文物的研究、保管、利用与再保护修复提供了重要的依据。如同治疗患者的医院必须要有病历一样，构建文物保护修复档案，就是为文物建立一份详尽的“病历”。

20世纪90年代，美国博物馆界提出了“艺术品医院”的概念，反映了国外重视艺术品保护的理念；这里提出的“文物医院”的概念虽然不如前者那样复杂和完善，但同样反映出我国文保工作者对这项事业的不懈追求和逐步接近国际文保先进理念的趋势，值得人们进一步探索。同时，提出文物医院的概念不仅是将文物保护修复档案研究加以提炼和升华，将这项工作从技术层面提升到学术高度，并且还将有助于故宫学的发展和完善，因为文物保护方面实践和理论相结合的研究同样是故宫学的重要组成部分，也是亟待加强的薄弱环节。因此，提出并探讨文物医院的有关理论，对于文物保护修复工作和年轻的故宫学具有双重的意义。文物保护修复档案的建立是完善文物医院的第一步，是“治疗”文物这种特殊“患者”所不可少的重要环节，接下来的第二步是对文物病害诊断的“规范化”表述，即图示标准的建立。对传统的文物保护修复工艺进行科学化的记录和总结，在最大程度上以标准化的文字、图像形式保存传统工艺，制定文物保护修复行业标准，在现有的文物保护修复工作中越来越显示出其重要性和迫切性。目前，故宫博物院已经完成了一份适合院藏纸绢类文物的病害分类及图示标准初稿，规定了院藏纸绢类文物的病害范围、基本术语及定义、病害分类和图示中的文本内容与格式、病害标识符号以及画面的基本概述、画面的病害描述等，并在乾隆花园二期工程的室内贴落画修复与复原工作中加以探索和应用，还有第三步、第四步……总之，出现病害的文物就如同病人，需要进医院治病；传统的保护修复工艺技术好比“中医”，现代的科学技术犹如“西医”，针对不同文物的病害情况制定不同的保护修复技术方案，须视具体病例加以具体分析而定，切不可一概而论。因此，完善故宫博物院的文物医院还有大量的工作需要探索和完成，任重道远！而尽快建立和完善文物保护修复档案，则是每一个文物保护修复工作者和机构的首要任务。

参考文献：

[1] 《文物修复研究》，民族出版社，2003 年。

[2] 《中国书画装裱大全》，山东美术出版社，2005 年。

[3] 《文物修复与复制》，中国农业科学技术出版社，1996 年。

[4] 《造办处各作成做活计清档》胶卷号 68、69。

原载《故宫学刊》总第五辑，紫禁城出版社，2009 年

我国文物保护理念的探索

陆寿麟

内容提要：我国的文物保护修复在借鉴西方完整的科学体系和方法的基础上，结合自身独特的传统文化特色，探索并建立了相关的理念与方法。我国的文物保护修复理念应以保护并体现文物完整的价值为最高准则，遵循不改变文物内含的一切原始信息的“不改变文物原状”原则、有利于文物长久保存的“最小干预原则”和有利于文物价值完整体现的“可识别原则”，综合运用传统修复保护技术与现代科技成果，以实现全面揭示文物的价值内涵，有效保护文物的原真性、完整性和科学性。

关键词：文物保护理念　不改变文物原状原则　最小干预原则　可识别原则　原真性

我国处于世界的东方，在自身历史发展的进程中形成了独特的文化传统，包括传统的政治、经济、文化、艺术以及生活、丧葬等习俗等，创造了独特的文物，如木结构古建筑、金石、陶瓷、书画、漆竹木器、丝织品以及壁画、彩画、彩绘、泥塑等，具有浓郁的东方特色。我国的文化背景有别于西方，与西方世界对文物的认知也有一定的区别：西方世界比较侧重对古代艺术品的研究和保护，以及对文物艺术价值的认知；我国则将具有历史价值、艺术价值和科学价值，在今天的社会生活和社会发展中仍能起积极作用的遗迹、遗物定义为文物。西方国家在自身传统文化的基础上和自身理念的指导下，已经较早地建立起一套完整的文物保护科学体系和方法，也一直为我国的文物科技工作所学习与借鉴；但另一方面，我国也根据自身的社会背景、文化特征及理念，通过长期的实践积累，探索并建立了相关的文物保护修复理念与技术。对此，一些西方国家以及我国的部分专业人士提出了质疑甚至责难。有鉴于此，本文将对我国的文物保护理念探索作一梳理，并作相应的阐述。

作者：原文保科技部，研究馆员。

一　文物保护修复的最高准则应以保护并体现文物的完整价值为核心

一切被保存的“有形”的遗迹、遗物，也就是我们通常所说的实物形态的“文物”，必然都具有“无形”的价值内涵。1978年在湖北随县（今随州）曾侯乙墓发掘出土的编钟，由青铜铸造的这套“钟”、乐器，直观地反映了它“有形”的艺术造型；每一个钟都具备互不干扰的双音，以一钟双音来编制半音阶，允许误差极为有限，再现了极为先进的声学结构。欧洲的半音阶问世于16世纪，18世纪钢琴上才出现5个八度；而2500年前的曾侯乙编钟就以十二音阶、能在5个半八度的音域内创作和演奏，这说明当时中国的音乐发展在世界上遥遥领先，而并非如人们习惯上说的中国音乐根本没有科学的音律。一套编钟同时反映出当时中国冶金铸造的科技水平和社会生产力发展水平，反映了实现音律、音色、音质的技术水平、艺术水平和社会文化内涵，构成了这件有形文物的无形价值内涵，成为今天研究科技发展和艺术创作的借鉴。因此，作为文物价值信息载体的有形文物实体至关重要，“皮之不存，毛将焉附”，如果“载体”不存在，其价值内涵将无从找寻。

文物的保护工作、文物保护修复技术工作者，从形式上看，是保护文物的实体，但实质上是保护文物的价值免遭自然和人为的损害，以使之能长久地保存下去。文物的价值是固有的，不可能增加，只可能受损，因此，保护文物的价值和体现文物价值的完整性殊为困难。对残损文物的修整与复原，为的是保持文物实体的完整性，从而更有效地体现出它的价值。例如考古发掘出土的陶器碎片，只有在粘接复原成完整的器物后，才能运用考古学的地层法、类型法来研究它的文化类型，体现它的学术价值。所以文物保护、文物修复的最高准则是以保护和体现文物价值为核心，也就是在对文物价值认知的基础上，更科学有效地保护和体现它的价值。

二　彩画修补——东西方“原真性”理念的碰撞

中国古代建筑彩画具有典型的中国特色，我们对它的保护、修复，包括对已缺失彩画的添补描绘，在国际上产生了很大的争议。许多西方的古代艺术品保护修复专家质疑这一做法，认为违背了文物保护的“原真性”原则，是破坏。从表面上看，这是保护技术与保护方法层面上的争论，究其实质，则是东西方在文物保护理念上的碰撞。西方学者把中国彩画作为独立的艺术品看待，认为既然损坏缺失了，就应该保持现状，没有必要补画、重描，否则就违背了“艺术品不搞复原”的原则；但我们认为应该着眼于更有利于文物价值的保护和体现。中国古建筑彩画是古建筑的组成部分，它有保护建筑构件和装饰古建筑的功能，重要的是它还体现了它所依附的古建筑的职能（如宫殿、寺庙、陵寝、庭院……）和等级（如皇宫、王府、官衙……）。建筑职能不同，等级不同，其建筑彩画也就不同，所以古建筑彩画主要用来体现它所依附的古建筑的价值。虽然彩画同样具有时代特点和一定的艺术价值，但它并不是艺术家创作的独立的艺术品，而是工匠根据设计要求所绘制的有一定规范的匠作。一旦这些彩画损坏、缺失，古建筑的部分价值就无法体现出来，就需要补画、补描，甚至重画。确实，补画和重画的彩画已经不是文物，但这既能保护建筑构件，又能由此体现出古建筑的价值，因而是十分必要的。当然，补画彩画一定要严格遵循不搞“创作性”复原的原则，必须尊重原作，符合原作及其时代特点，符合古建筑的功能、等级等价值体现。古建筑彩画的保护修复，绝对不允许打破规格、打破规范、打破等级制度和焕然一新的做法。

三 “原状”应是指包括文物一切原始信息的状态

我们的文物保护修复工作，应该在以保护、体现文物价值为核心的理念的指导下，建立起一系列的保护原则和技术方法，尽量避免对文物及其价值造成伤害和损失，应遵守《中华人民共和国文物保护法》所规定的“不改变文物原状”的原则。所谓文物的“原状”，不仅是指文物的“原貌”——外观形貌，而且还应当包括文物一切原始信息的状态，即文物所内含的一切历史、艺术、科学、材料及工艺技术等无形的信息。“不改变文物原状”，除了不能改变人们所能感觉到的一切原貌外，也不能改变文物固有的、反映当时社会意识形态、社会生产力发展水平、社会科学技术水平以及社会发展的一切历史信息。通常所说的“整旧如旧”的“旧”，也不能理解为一般意义上“新旧”的“旧”，而应该指旧有的状态，即“原状”。举例来说，我们发现一件铁器，断定了它的时代，又根据它的外部形态、结构确定它的功能是生产工具或是武器、乐器、艺术品、日用品等，也能判别它在当时的社会背景和社会生产力条件下对社会发展所起的作用。但尽管如此，其价值还没有充分显示出来，因为只有它的内部化学成分和组成、金相结构才能反映当时的冶金技术水平、科学技术水平和生产力发展水平。同样是铁器，来源可能大不相同。河北藁城出土了一件铁刃铜钺，证明铁已被人们利用，但是经科学的分析、检测，证明它是陨铁，不是人工冶炼的产物，仅仅是“自然采集”后被加工利用了。考古发掘和科学分析研究证明，我国在春秋后期同时产生了块炼铁和生铁冶炼两种生产工艺。但是生铁硬而脆，很难广泛、有效使用，战国初期又出现了生铁的柔化技术、炼钢技术。可见中国的生铁冶铸、柔化技术分别比西方国家早了 1900 年和 2300 多年。这说明我们通过分析、检测等科学技术手段，揭示了文物更深层次的价值，更全面地反映了文物的原状。因此，为了遵守“不改变文物原状”的原则，对于具有科技冶金史价值的铁器保护，就不宜采用早期的热膨胀原理去锈和高温还原处理方法。西方发达国家对腐蚀生锈的铁质文物的保护处理使用高温还原法，其还原处理虽然能基本清除由地下埋藏带来的、造成铁质文物进一步腐蚀的因素，有利于器物的长期保存，而且还能将锈蚀产物部分还原成铁，外观效果很好，如果单从艺术品的价值来衡量，这是一种非常好的保护处理方法；但是铁质文物经高温处理后，内部的金相结构发生了变化，损失了它最重要的反映社会发展的冶金史研究价值的信息，这实际上改变了文物的“原状”，损害了文物固有的价值体现，因此，没有能真正做到对文物科学有效的保护。

四 “最小干预原则”应有利于文物的长久保存

我国为文物保护制定的“保护为主、抢救第一”的基本方针，指的是在一般情况下，为文物创造良好的保存环境，采取科学的管理措施，尽量不要对文物本体进行干预。因为对文物本体的任何干预措施都有可能对文物及其价值产生不同程度的伤害，只有在迫不得已，也就是处于濒危的情况下，在文物实体无法正常保存的情况下，为了抢救才采取修复和保护处理的干预手段。但是我们也不能简单化地理解“最小干预原则”，一旦需要干预，就应该采取最为可靠、最为有效、有利于文物的长久保存的方法，并尽量减少对文物价值造成的伤害，保证文物“原真”地保存下来。文物保护和修复工作，决不能追求一劳永逸，一次处理解决一切问题。我们应该相信，随着对文物本身认识的深化，随着整个社会科学技术水平的发展和提高，后人会比我们做得更好。

五 “可识别性原则”应有利于文物价值的完整体现

对于保护材料而言，保护、修复使用的一切添加材料都并非用来替代文物的原材料，而是要更有效地保护原工艺、原材料所固有的一切历史信息和工艺技术信息。因此，没有必要过多地强调原工艺、原材料。保护材料既无须追求特别强固，也不要追求特别耐损，重要的是，添加的材料不能对文物本体及文物的原材料造成伤害，不影响对文物原始材料、原始工艺等价值信息的研究；也不要简单地要求耐老化，而应该要求即使材料老化以后，也不会对文物产生无法挽回的不良后遗症。因此，关于“可识别性”原则，也不能机械地理解，对不同的对象应该有不同的要求。如前面提到的陶器碎片，只要粘合起来，残缺部分用石膏补上，就能体现出它的历史价值和学术价值；而对于艺术品，为了体现艺术的完整性和美感，应该根据其价值体现的需要，进行修整、复原、补缺，并尽量保持和原真部分和谐一致。所谓“可识别”原则，无非是为了防止以假乱真，影响正常的学术研究。我国的文物修复大师们认为，“不可识别”基本上不可能做到，做得再“完美”，对专家来说都是可以鉴别的，即使难以通过感觉器官鉴别，还有很多仪器设备和工具可以帮助解决。过度强调视觉上的“可识别”原则，很难把握尺度，甚至无所适从，只能“仁者见仁，智者见智”。这其实不利于文物价值的完整体现，不利于体现艺术品的完整性和美感，特别是不利于体现文物价值完整性的内涵。保护单位对缺失的文物作部分复制品，用以体现其价值的完整性，是可取的。例如一座陵园，由于久经创伤已经遭受损害，甚至部分缺失，严重影响了整个陵园、陵寝制度的体现，适当做一些有充分科学依据的复原（虽然这部分“复制品”不属于文物保护的“范畴”），也不失为一个全面展示遗址、陵寝制度的好方法。

六　综合运用传统工艺技术与现代科技手段

文物是各个民族在社会发展过程中留下的遗迹、遗物，是各个民族的传统理念、传统文化和传统工艺技术的结晶。如果对与文物紧密相关的传统理念、传统工艺技术不尊重、不研究、不了解，就不可能科学、有效地做好文物保护工作。对传统工艺技术及其科学内涵的研究可以通过老艺人来发掘，也可以到文献资料中去寻找，但最终都离不开采用现代科技对制作材料、工艺技术进行分析和模拟实验，了解不同组成材料及其相互关系、作用和功能，制作的工艺方法及工艺流程，揭示其科学的内涵。

文物保护修复技术都是从传统工艺技术演进而来的。所有的传统工艺技术均会随着社会意识理念的变化而变化，随着社会科技的发展而发展；传统的修复技术和修复工艺也随着保护修复理念的变化而演变。文物在最初作为实用品时，其修复仅仅为了能继续使用；成为收藏品特别是进入市场后，其修复往往是为了鉴赏和观赏，或者是为了更高的经济收益而较多考虑艺术上的“完美”和艺术品的完整；今天，作为对具有历史、艺术、科学价值的遗迹、遗物的文物的保护、修复，最重要的是保护其价值的完整性、科学性和原真性。

传统修复技术在发展过程中，也不断地引进先进的工艺技术，采用新材料，不断地完善。例如我国青铜器的修复技术在20世纪30年代前后，就逐渐引进了西绿、洋干漆等国外材料，后来甚至发展到化学作锈的办法。传统工艺技术所以能保留到今天，有它存在的理由、合理的内涵和科学的依据，我们应该认真地研究，科学地继承。但是，从保护修复技术角度来看，传统工艺技术必然会受到意识理念的导向和科学技术水平的制约，也难免带有认识上的局限性和材料、工艺技术的局限性，所以有些方法在修复过程中，难免对文物的价值产生一定的损害，或留下一些后遗症，如金属文物的修复焊接中带进的一些氯化物会加剧金属的腐蚀破坏。因此，讨论文物的保护、修复原则，必须在科学理念指导下认真研究传统保护、修复技术的科学性及其时代的局限性，在继承、发扬和发展我国优秀的传统技术的基础上，将最新的科学技术成果应用到文物病害调查和保护修复工作中来。但这绝不意味着用现代科技、现代材料替代原来的材料、淹没原有的工艺技术，而是要更全面地揭示文物的价值内涵，更有效地保护文物的原真性，更充分地发挥其在社会生活和社会发展中的积极作用。

从科技视角来看，一切物质材料被人们所利用并赋予历史价值后，都可能成为文物，所以文物的研究和保护会涉及所有学术和技术领域，既有社会科学、人文科学，也有自然科学、技术科学，还需要有艺术、美学的修养。文物保护科技是多学科、综合性的应用技术。中国的文物保护科技工作者需要非常丰富和全面的知识，需要踏踏实实的实践，既要深入研究中国的传统文化、传统理念和传统工艺技术的特色，又要紧跟科学技术发展的前沿，以最先进的理念、最新的科学技术成果来保护文物，真正建立起一套具有中国特色的文物保护的理念和方法，方有可能同西方发达国家平等对话，共同交流，促进我国文物保护科技事业的发展。

原载《东南文化》2012 年第 2 期

中国古书画修复如何借鉴“最小干预原则”

——以传统书画修复中的接笔为例

郭文林

内容提要：我国传统书画修复有其独特的程序和规范，对所修补的地方进行全色接笔是传统书画修复的基本技巧之一。但是，国外文物修复中“最小干预原则”的引入，给书画修复理念和手段带来了不小的冲击。本文尝试立足于中国书画的特殊性，深入分析“最小干预原则”在书画修复中的可应用性。

关键词：古书画修复　最小干预原则　隐补　接笔　全色

一

今天，文物修复领域“最小干预原则”的引入，给传统的书画修复理念和手段带来不小的冲击。与国外的修复理念相比，似乎中国传统的文物修复手段存在着一些不太科学或者说太不合理的地方。比如，传统的中国书画修复，在书画的破损处“隐补”修复后，需要对修补的地方进行全色接笔。而“最小干预原则”却不提倡进行全色接笔，主张在书画破损处的“隐补”修复后，第一，不再进行全色（即使要全色，也不能与原件同色，要比原件的颜色浅，使人能明显地看出人为修补的痕迹），用来区别人为修补的地方；第二，修补处的画意缺失部分，不进行画意的接笔，缺失部分就空白地保留在那里。这一修复理念的引入给我们传统的书画修复工作造成了一定的困惑。

那么，最小干预原则的提出是否有道理？它的合理之处又在哪里呢？笔者认为，最小干预原则确有它的合理之处。它的提出是基于文物修复过程中应该尽量减少人为因素的加入，从而尽可能地保持文物原有的特征，这无疑是一个很好的也是非常重要的原则。但是，简单地提倡“最小干预”亦算不上太科学，由于没有说清是在什么情况下的最小干预，因而这又是一个模糊的理念，没有可操作性。因为所谓“最小干预”

作者：原文保科技部，研究馆员。

必须是有前提的，即在什么情况下的最小干预。比方说，我们需要修复一件文物，必需要把文物修复好，使其无论在结构、外形等诸方面都呈现一个完整的状态，可以供人们欣赏与研究，才能算修复成功。假如把合格算作十分，应该是在修复合格的前提下进行最小干预，这样才是真正的最小干预。如果我们只修复到八分或者六分，肯定比修复十分的干预小，但这时并没有达到要修复合格的标准。我一点不动手不是干预得更小吗？如果是这样，你可能根本没有达到修复文物的目的。而最小干预的前提怎样定，是一个需要认真考虑的问题。我觉得中国文物几百年来形成的修复理念有其合理性，也是最适应本国国情的，是经过长久实践考验的。所以，修复中国文物还是应该以中国的修复理念和手段为准，特别是中国的书画文物。这些传统的书画修复手段，是经过长期的实践积累而逐渐形成的一整套修复方法，是符合我国国情和中国传统审美观念的修复方法，也可以说是最适合我国书画文物的修复方法。

对于“最小干预”原则我们需要分析其合理性，要辩证地运用它，而不能完全照搬。对于国外先进的修复理念和手段，我们不但要学习和吸收，而且还要迅速地体现在我们的文物修复过程中。例如，国外同行们在修复每一件文物时，先期调查做得非常详细，从文物的质地、受损程度、损坏原因、拟修复的方法及使用的修复材料等，都有详细的调查和记录，甚至还要做多次的试验来确定修复方案。这种做法我们在以往的文物修复中做得就很不够，往往没有经过详细的调查和研究，只凭自己的经验就匆忙地修复了。再如，国外的每一件文物都建立有文物档案，该文物的所有信息（包括所有的修复信息）都记录在案，就像病人的病历一样。这些好的方法和经验我们都要虚心地学习和采纳。故宫博物院文保科技部近年推广实施的文物档案，就是借鉴了国外先进的理念，同时结合我国自身国情而制定实施的一项文物修复管理方法。但是在引进国外修复理念时，也要分析其是否适合我国的情况，不能盲目地认为所有的外国经验和理念都是好的。因为各国有各国不同的气候和文化环境、不同的文化传统和审美取向，文物的形式、质地、材料等也不尽相同，因而修复文物的手段和方法也必然有所不同。所以，不能全盘照搬国外的经验，而应该根据各自的特点，采用适合本国艺术品的修复方法。

二

就中国书画文物的装裱形式来说，是有别于其他国家（特别是西方国家）且极具中国特点的。中国书画所用的载体是宣纸或者丝绢，而西方油画的载体一般是麻布或木板。由于载体的不同，因而其修复方法也必然不同。同样，在修复理念上东西方也会有所区别。中国书画文物是在纸、绢上进行的，而纸、绢在与空气接触后，会逐渐发生氧化反应，在光线的照射下，特别是紫外线的作用下，纸、绢极易发生变色、脆化等老化现象。当老化现象发展到一定程度时，作为书画载体的纸、绢就会出现开裂、起翘以至于发生完全脆化脱落的现象，这就是中国书画的老化过程，也是中国书画必须进行修复的重要理由。如果书画文物已经严重老化，那就必须进行必要的修复，问题是在修复过程中我们怎样遵循“最小干预”原则，既把文物修好又要尽量减少人为因素的加入。不能因为有“最小干预”原则，就这也不敢动，那也不能修，甚至舍弃自己传统的修复方法和理念，笔者觉得那是十分狭隘的。

我们知道，传统的中国书画修复工序大致可分为：洗、揭、补、全等几道工序。前三道工序不必多说，是古旧书画类修复都必须做的工作，本文着重就“全”的工序加以讨论，因为这道工序受“最小干预原则”的冲击最大。这里所指的“全”，是指全色和接笔两道工序。中国传统修复理念中的“全色”，是将古旧书画残缺处新修补地方的颜色“全”成与原件一样的颜色，使整个画面呈现完整性；“接笔”则是将原画中画意缺失处的内容接补起来，使画面尽量趋于完整。当最小干预原则提出后，有人就指出，在中国书画修复过程中第一应该去掉“全”这道工序。理由是：全色接笔后将使人看不出哪些是原件，哪些是后人修复的地方，这就混淆了古人和今人的东西，等于加入了人为的因素，从而影响了文物的价值。退一步讲，即使要“全”色的话，也必须“全”的与原件颜色不一样，使人一眼就可看出修补的痕迹。第二是不能进行接笔，画意脱落的地方，补全后就空缺在那里。如果进行接笔，那更是以现代人的笔墨替代了古人的笔墨，也是加入了人为的因素，不符合最小干预的原则。

这两种说法看似十分合理，但仔细分析以后似乎并不十分恰当，在实践中这样做似乎没有必要或者不可行。前文我们已经提到，中国古旧书画一般情况都是以纸、绢为载体，尤其是纸本的古旧书画，常常出现虫蚀、霉变、老化变脆等现象，因而造成画面的缺失较多。试想一下，书画揭裱补全后，如果不进行全色（或是全的颜色比原件颜色浅）的话，画面肯定会出现大量修补的痕迹，遇到脱落情况严重的书画，修复后画面呈现一片一片的空白，效果会十分难看，给人一种未完工的感觉，这样的修复肯定会影响原件的艺术效果，同时也不符合中国传统的审美要求。其实，全色要想全得与原件有区别是十分容易的，但是要想全色到与原件颜色一样则是很难办到的，全成一致才是中国古书画修复技术中的精华所在。尤其是传统修复中所说的要达到“四面光”（即从书画的不同方向看，都看不出修复痕迹），那更不是每一个修复技术人员都能做到的，没有十分高超的水平是全不出“四面光”的，有的人甚至一辈子都全不出“四面光”的效果。即使我们往“四面光”的方向努力，也不一定能达到“四面光”的效果，多多少少会与原件有所不同，内行人总是能够看出修补的痕迹。因为从侧面看时，新修补的地方会发暗，缺少原件表面的那层“宝光”。因此根本不会出现与原件区别不开的现象，也就不必担心存在人为因素的干扰了。

其次，关于不能接笔的提法似乎也有商榷的地方。因为书画文物（包括其他文物在内）的老化过程是必然的，甚至可以说是不可阻止的。在这种自然规律面前，我们文物保护工作者不可能完全阻止文物的老化过程，我们只能尽量减缓其老化，以延长文物的寿命。在文物老化损坏情况发生后，应该及时地给予修复。因此，对于书画文物的画意缺失部分最好能够及时进行画意的接笔修复，这样才能最大程度地保存原件画意之完整。这里需要强调的是，古旧书画的画意接笔也是有前提条件的，不是什么情况都可以接笔的，有的时候就不能接笔。接笔的条件首先应是缺失的画意四周，画意比较完整，所缺失的画意可以通过四周画意情况推导出来。这种情况下最好及时进行接笔，以免以后画意缺失太多，没有可以借鉴的信息，或是丢失一些必要的信息，使得接笔工作不能尽善尽美。举个实际例子，笔者曾接笔某博物馆的一件书画作品，其中有一处缺失的地方画意中还保留有一只猫的四只爪子和尾巴，猫的上半身已经没有了。假如我们不进行接笔，将来画意进一步缺失，猫的四肢和尾巴也不见了，那时就不好再接笔了，因为已经没有一点可借鉴的信息了，你不可能知道在画意中还应该有一只猫，这等于丢失了画面的一部分信息。从保持文物的完整性来讲，这就是一种损失。所以笔者认为，在能够进行接笔的时候，一定要及时根据画面信息进行接笔，以避免今后信息的进一步缺失而导致无法接笔的情况发生。还有一种情况，画面画意虽然缺失较多，但画面相对处于比较单一的画意之中，例如，缺失的画面处于树的中间、山石中间等，可以借鉴他处树木、山石的特征，把缺失部分的画意补全。这样的情况我们接笔时也是经常可以遇到的。但是如果不接笔，一旦画意缺失过多，树木的枝杈走向、山石的结构等信息缺失过多，再要接笔就十分困难了，这也是应该及时接笔的原因之一。同时应该知道，接笔工作是一项非常重要，也是需要慎重对待的工作。每次接笔之前，要仔细分析原件画意，尽量做到接笔内容的准确无误，同时还要注意符合原件用笔用色的特点。在线条较多的时候，还要体现用线的功力，甚至有些地方在接笔之前，画面背后还要进行托色处理，等等，这些因素在接笔前一定要考虑成熟才能动笔，因此接笔工作不是随便哪一个人都能干的，只有在充分理解原件艺术特色的前提下，才能完成接笔工作。这就要求接笔的人不但要有较高的绘画功底，还要有较高的艺术修养，他要读懂画、理解画，才能做好接笔工作。

一般情况下，书画的全色工作可以由装裱师傅完成。而画意的接笔，如属简单的接笔，可以由裱画师进行，而复杂画意的接笔工作，一般应由具有绘画基础的人（而且应该是具有较高水平的人）来完成。具体到故宫文保科技部的书画修复，较为复杂的接笔工作一般是由摹画室的临摹师来完成。

三

下面就中国传统书画修复实践中不同形式书画的接笔为例，说明书画接笔的必要和难点。

（一）绘画的接笔

绘画的接笔有的较为容易，有的非常复杂。接笔的画师需要掌握较高的绘画技法，具有较高的艺术修养。因为不同时期的绘画、不同的画家具有不同的艺术特点，必须充分掌握各个不同时期、不同画家的艺术特点，才能将原画作的艺术风貌再现出来。只有充分地理解原件的艺术风格，才能使所接笔的内容与原件保持一致。

例如，山西某博物馆的一幅水陆画，其画意缺失在人物的头部（头发部分），而且人物手持的器物也有缺失（图一）。这张画接笔的难点在于，将头发线条的动感和流畅性与原件保持一致，头发飘动起来的动态曲线要与原件相符，否则将显得生硬呆板，失去原件的美感。人物手中的器物，从残留的画意可以看出一手持剑，一手持鞭。正如上面提到的理由，如果不及时接笔，原件画意再多缺损一点的话，将无法知道人物手持的器物是什么，也就不大可能正确地进行接笔。另一幅画意的画面缺损在人物嘴部，如果不接笔将显得十分难看，不符合传统的审美要求。接笔时，参照了旁边另一人物的形象，接笔后的效果十分理想（图二），基本看不出接笔的痕迹，笔者认为没有影响原画的艺术效果。反之，如果不进行接笔，画意缺失在人物的关键之处，那将影响

图一　水陆画破损处接笔前（左），破损处接笔后（右）

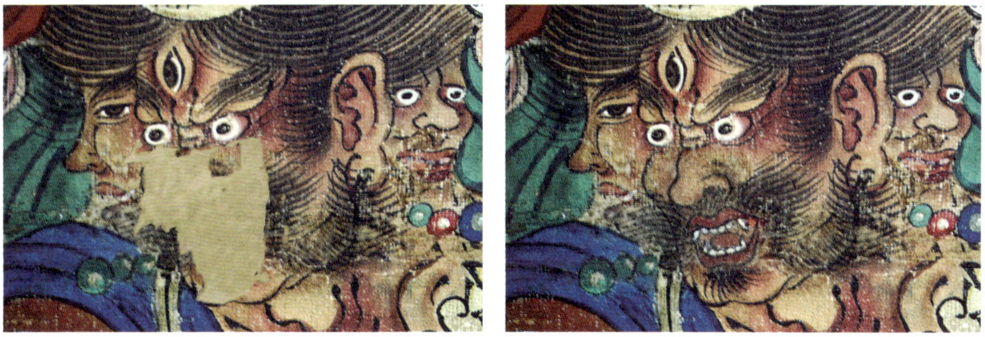

图二　嘴部接笔前（左图），嘴部接笔后（右图）

原画的艺术完整性。

难度最大的是写意画的接笔。笔者曾接受过一件清代陈善君四条屏写意螃蟹的接笔工作。这幅画虽不是什么大家之作，其修复接笔的工作却有相当的难度，原因是该画是一幅写意画。我们知道，写意画是在生宣纸上进行绘制的，其水墨效果是变化万千的，具有一定的随机性，即使是同一个画家也不可能画出两幅一模一样的作品来。这种墨色变化万千的效果是接笔的一个难点。但是，经过隐补修复后的书画已经成为熟纸，要在熟纸上画出生纸的那种自然晕渗的水墨效果就更加困难了，这是第二个难点。为此，笔者反复揣摩该画水墨晕渗的特点和画家的用笔风格，又在其他纸上进行多次的练习，掌握好用墨色的浓淡，特别是掌握好用水来控制墨色的晕散效果，终于在熟纸上画出了生纸上的水墨效果（图三）。

故宫倦勤斋内墙壁上和顶部等处的贴落画与其他宫殿的“贴落”非常不同，它不是独立的单一画面，而是由一幅幅画面连接而成为一个整体，形成一个完整的场景，又称为通景画。从绘画技法上看，通景画采用中国传统的工笔重彩双勾填色与西洋明暗凹凸画法相结合，每片叶子、每个花朵都描绘得极为细腻，甚至每根竹竿都极富立体感，在其中心线处画出高光以增强竹子的立体感。使得整个通景画画面具有极强的真实感。倦勤斋通景画使用中国传统的国画颜色着色，画中采用了大量的天然矿物质颜色，设色艳丽厚重，但在上色时又借鉴了西洋画色彩关系的表现手法，对所绘的物体按结构和受光面来分染，比传统的中国画渲染方法有了更强的立体感。例如藤叶的着色，先用石绿平涂，再用重绿色分染叶片的明暗转折，用白粉在叶片受光处提高光，再用重绿色按结构走向勾出叶筋，使每一片叶子都具有很强的立体感和光的感觉。藤萝花的着色也是如此，用白加紫调成淡紫色平染，再用深紫色分染暗面（表现背光面），用白粉提亮分染（表现受光面），使每一串花束都十分丰盈饱满。再如北墙上所绘的建筑，结构严谨，瓦垄、内檐、柱子、窗格等物体在着色时，先染好基本色调，用相应的重色分染暗部，用相应的浅色表现物体受光处，在高光处用白粉提亮，极好地表

图三　水墨写意画接笔前（左图），水墨写意画接笔后（右图）

图四　倦勤斋通景画接笔前（左图），倦勤斋通景画接笔后（右图）

现了建筑物的结构空间和立体感。由于通景画长期暴露于空气中，受外界各种不利因素的影响，使得画绢的绢丝氧化变脆，大面积生霉，有的地方颜色起翘甚至脱落，因而造成画面出现大小不等的缺失。因此，必须进行及时的抢救性修复。我们的任务就是在装裱师将原画重新揭裱后，对画意缺失脱落部分进行必要的接笔、全色的修复。具体的接笔方法，可按照上面分析的画法进行（图四）。

（二）书法的接笔

书法文物的修复，在传统修复中一般是不接笔的。一是字迹缺失以后，文字的内容不好确定。为避免出现文字上的错误，干脆不进行接笔。二是书法上的困难。因为不同时代的书写习惯各有不同，字体上的差异是很微妙且不易掌握的，为了避免出现文字字体的差异，往往在修复书法文物时对文字的缺失不进行接笔工作。但是，如果有特殊要求和有确实的根据时也可以进行接笔。

我们曾对甘肃省张掖市博物馆藏的一件明英宗朱祁镇（正统十二年）的诏书进行接笔。该诏书为蜡笺纸，内容为：“皇帝圣旨。朕体天地保民之心，恭成皇曾祖考之志，刊印大藏经典颁赐天下，用广流传。兹以一藏安置陕西甘州卧佛寺，永充供养，听所在僧官僧徒看诵赞扬，上为国家祝釐，下与生民祈福。务须敬奉守护，不许纵容闲杂

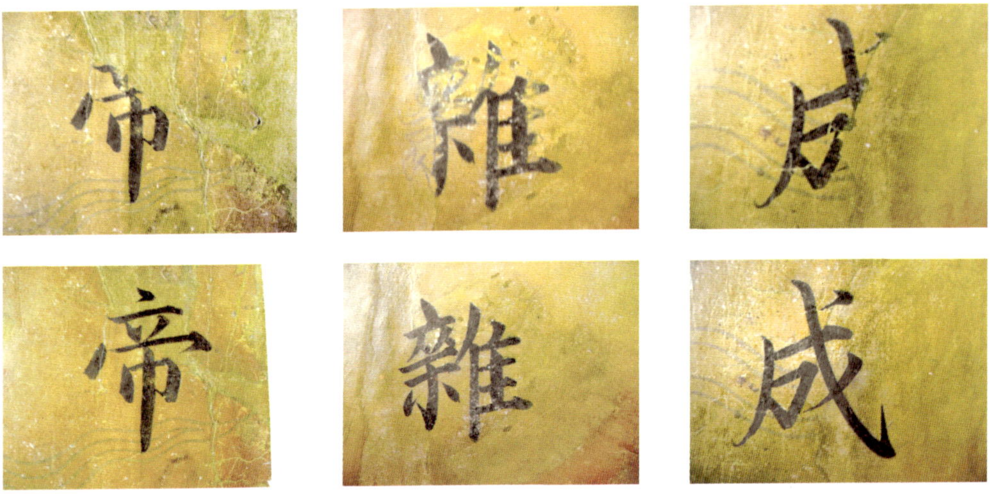

图五　明英宗诏书接比前后对比

之人私借观玩，轻慢亵渎，至有损坏遗失。敢有违者，必究治之。谕。正统十二年二月十五日。”因诏书年代久远，保管不善，损毁严重（图五），其中缺损、丢失字迹多处。根据文物所有者的要求，在修复中要把缺失的字补齐。经查确认该诏书中全部缺失的字有：皇、朕、体、印、大、州、守、杂；部分缺失的字有：天、民、之、心、成、志、刊、甘、亵。这件文物的接笔难点除了上面所说书法外，还在于书写载体是蜡笺纸，幸好在前几年我们有一个课题，研究过蜡笺纸的复制。这次由裱画的张旭光老师把蜡笺纸的缺损处补全，由我接笔诏书中的字体。这种蜡笺纸表面涂有蜡层不宜书写，而且对于墨色的浓淡也不易掌握。经过反复揣摩原件字体书写的特点，注重用笔的起驻转折变化以及墨色的新旧程度等，经多次试验，终于较好地完成了接笔工作。

总之，书画修复中的接笔全色是中国书画修复的一大技术要点，是我们的技术优势所在。我们在修复书画文物时对于“最小干预”如何理解，如何执行，需要区别对待。在引进国外好经验、好理念的同时，不能妄自菲薄甚至把自己的优势抛弃。一切应以保持文物原貌和最大信息为标准。这里对于“原貌”的理解可能有所不同，有人认为保留修补的痕迹才是保持原貌，试想，修复后的书画文物上出现一片一片的空白处，这就是保持了原貌吗？以中国传统审美观认为画面颜色统一、内容完整才称得上保持原貌。因此，笔者认为在与各国同行交流时，一定要把我们的技术优势保持下去并且发扬光大，不能人云亦云，否则，长此以往将使我们的技术优势不复存在。

原载《故宫博物院院刊》2011 年第 4 期

白蚁危害与防治的思考

刘恩迪

内容提要：白蚁危害在我国南方地区普遍存在。近年来，其影响区域有向北扩展的趋势。本文介绍了白蚁的生物学特性、危害特点以及白蚁防治技术的发展脉络，并结合北京地区的蚁害情况，提出：做好散白蚁对古建筑危害的防治是目前北京地区白蚁防治工作的重点；白蚁监测—控制技术集白蚁预防与灭治于一体，不仅可使治理区域内白蚁密度明显降低或基本无蚁，而且对白蚁的发生、危害具有长期监控之功能。

关键词：白蚁　危害　防治　古建筑

白蚁是仓库害虫的一种，多发生在南方。近年来，北京个别地区先后出现蚁情，有的地方（如民居院内）由于未给予有效治理，造成较大的危害。我们在工作中也遭遇了白蚁，引起多方面的重视，经过积极防治，已使其得到控制。现将白蚁危害与防治的一些认识与思考提出，以供讨论。

一　白蚁的生物生态学特性

（一）白蚁历史悠久，分布广泛

白蚁是原始的社会性昆虫，在地球上的生存时间很长，距今已有2亿～3亿年的历史。

白蚁分布很广，世界上亚、非、美、澳、欧五大洲都有，分布面积约占全球总面积的50%。白蚁喜好温暖潮湿的气候，因此在热带、亚热带地区更易滋生繁殖。以赤道为中心，分布界限主要在北、南纬45°范围。南纬超过45°25’就没有白蚁了；

作者：文保科技部，研究馆员。

白蚁分布北界纬度较高，在法国巴黎约北纬 49°、德国柏林约 52° 50’及汉堡约北纬 53° 20’仍有散白蚁分布和危害。我国白蚁分布主要在长江以南的地区，广东、广西、四川、湖北、浙江、上海、江苏等地白蚁灾害十分普遍。西安、青岛等地也都有白蚁危害。我国白蚁分布的北界为北纬 40°，即辽宁丹东至北京一线。

白蚁分布的海拔高度最高为 2743 米，在阿富汗东北方印巴克什米尔喜马拉雅山下有白蚁的存在；我国云南丽江海拔 2420 米处，也发现有散白蚁。在高纬度、高海拔地区，冬季最低气温可达－30℃，但在地表 20 厘米深处和木结构内 10 厘米深处，温度仍可保持－2℃～－3℃，在空调设备良好、保温设备完善的室内，在建筑物内地板、墙裙、门框甚至庭院内绿化树木中的白蚁都不会受室外低气温的影响，仍可存活下来。

（二）白蚁营巢群居，食源丰富

白蚁是黑暗中的居住者，长期过隐蔽生活，不论地下巢、地上巢和树中巢，都具有御敌的功能。白蚁以巢群为核心，有几十万到几百万个体，群体内有严密的分工。它们互相帮助，协调地生活，到百米以外去活动觅食，同时构筑蚁路作为掩体，秩序井然，好似一个独立的社会。任何个体都不可能离开巢群而独立生活。

白蚁取食纤维素，纤维素是地球上最丰富的有机物，满山遍野的森林、草木，城市绿化树木、花草及地面的枯树落叶，房屋建筑内的木结构装修及纤维素制品如纸张、书籍、资料、布匹，以及家具、枕木……这些都是白蚁取之不尽、用之不竭的食物来源。

（三）白蚁繁殖力强，增长迅速

白蚁是一类生存繁衍能力极强的社会性昆虫，其繁殖是呈几何级数速度增长的。白蚁成熟巢群产生有翅成虫进行分飞繁殖，是繁衍后代、扩展新巢群的主要途径。每年繁殖季节，每个成熟老巢都分飞成千上万甚至几万头有翅成虫。白蚁种类不同，其有翅成虫数量有很大的差别。有翅成虫离巢分飞后遭受空中鸟类或地面天敌，如蛇类、蛙类、蚁类、家禽等捕食，能配对生存的占分飞成虫总数的 0.5%～7%(平均 3%～4%)，初建群体建立后 3 个月内，仍会遭受土壤内天敌的伤害，真正能存活下来创建新巢群的占分飞总数的 1%～2%。以每巢飞出有翅成虫平均 1 万个计，每个成熟老巢每年可产生新巢 50～100 个。

通常情况下，一个发育成熟的群体，5～7 年后会增加至成百上千个新的发育成熟的群体。

二　白蚁危害特点

白蚁是世界性的害虫。其危害概括起来有 4 个特点：

（一）隐蔽性

白蚁畏光，隐而难察。一般情况下，3 年以内的初期群体，由于其群体内个体数量少，在地下、墙内（木结构内）的巢中，不用外出活动取食，因而很难被发现，能发现和予以灭治的绝大多数都是成熟老巢。许多新建群体虽然尚未被发现，其实已经存在，过几年便会逐步发展壮大为成熟群体，造成危害。被白蚁危害的物体外表形似完好，里面却千疮百孔，一俟发现已损失严重，难以挽救。一个建筑或一个区域内，只要发现有白蚁存在，那么究竟有多少新、老白蚁巢群，很难掌握。同时，建筑物周围、街道两旁的大树都可能有白蚁巢。白蚁通过树中蚁巢从树根处再筑通道，从地下蔓延到建筑内来危害。这就是为什么我们说防治白蚁是一项长期任务，不能指望一蹴而就的道理。

（二）广泛性

目前，全世界已记载的白蚁有 2600 多种，其中，种类较多的国家及地区有中国（476 种）、澳大利亚（360 多种）、印度（280 多种）、南美（400 多种）、非洲（近 1000 种）及东南亚（400 多种）。白蚁危害范围十分广泛，几乎涉及国民经济的各个领域，如房屋建筑、交通设施、电讯设备、江河堤坝、农林作物、档案图书、纺织品以及武器弹药等。在建筑物方面，长江流域 40% ～ 50% 房屋受白蚁危害，华南地区房屋受白蚁危害率为 60% ～ 80%，广东个别城市可高达 90%。

（三）严重性

白蚁危害带来的损失相当惊人。有资料报道，美国每年因白蚁破坏造成的直接经济损失为 20 亿～ 30 亿美元，欧洲每年约为 2 亿欧元，澳大利亚每年约为 1 亿澳元。我国是白蚁危害最严重的国家之一，每年因此造成的经济损失为 20 亿～ 25 亿元人民币。而白蚁对文物古迹、堤坝水库等造成的毁坏则难以用经济数据进行直接统计。因而人们称白蚁危害是无声的地震，无烟的火灾。

（四）长久性

白蚁危害的历史源远流长，可以认为古代祖先有了房屋、筑了堤坝，就有了白蚁的危害。白蚁的生存和危害时间如此之久，说明它在地球上有着良好的生存环境、广泛的食物来源和极强的繁殖能力。这些条件使得白蚁在地球上能够长期生存，世代繁衍，长盛不衰，今后亦将世世代代地生存下去。

三　白蚁的防治

对白蚁的防治，在20世纪初，人类使用天然的杀虫剂如砷剂防治白蚁。20世纪40年代，使用人工制造的化学药物滴滴涕、三氯苯、五氯苯酚、二溴乙烷等。20世纪50年代，出现了氯丹、林丹、七氯、狄氏剂、艾氏剂及灭蚁灵等有机氯灭蚁剂。20世纪80年代中期，美国等发达国家开始使用有机磷杀虫剂（如毒死蜱及异柳磷）及拟除虫菊酯类杀虫剂（如氯菊酯、氯氰菊酯、联苯菊酯及氰戊菊酯等）防治白蚁。20世纪90年代以来，又筛选出氟虫氰、氟铃脲、氟虫胺及除虫脲等特异性灭蚁剂。

艾氏剂、氯丹、狄氏剂、七氯、灭蚁灵等有机氯杀虫剂能够对人类及环境产生严重危害，被称为持久性有机污染物（Persistent Organic Pollutants，简称POPs）。由联合国环境规划署组织实施的全球性条约——《关于持久性有机污染物的斯德哥尔摩公约》要求缔约国对POPs产品应“禁止和/或采取必要的法律和行政措施以消除”。

20世纪80年代以后，IPM（Integrated Pest Management，即害虫综合治理）作为一种经济、有效且保护环境的害虫治理策略或方法，广泛应用于农业、林业等领域。把IPM理念应用于白蚁治理，即综合利用各种有效防治措施，同时全面考虑经济、生态及社会效益，有效控制白蚁种群数量，防止白蚁造成危害。目前这一理念，在白蚁防治领域已受到普遍的重视与青睐。

白蚁IPM通常包括以下几个步骤。

（一）检查和监测

检查即仔细查看，监测指有规律的定期的检查。对于白蚁则意味着要查找白蚁新鲜的危害活动痕迹、潮湿的痕迹以及腐烂的木头或导致腐烂的环境条件。检查及随后的监测有助于确定白蚁危害的部位、危害的类型和危害的程度。

（二）鉴定

鉴定的目的是获得正确的害虫信息，即确定你发现的是否是真正的白蚁危害，及确定引起危害的是哪一种白蚁。

（三）确定危害水平

这意味着要确定害虫引起的损坏不能被接受，即需要处理时的害虫种群水平。通常的 IPM 程序中对害虫有一个忍受水平，但对于白蚁这个忍受水平是零，即探测发现的白蚁任何危害都被看做是不能忍受的，一旦发现白蚁就需要进行防治。

（四）防治处理

当检查鉴定结果确定是白蚁后，就要制定防治方案，选择最适合实际情况的方法，包括综合运用物理的、生物的和化学的方法进行防治，以及改变环境使之不适于白蚁生存。同时还要确定具体实施的专业人员。

需要强调的是，对任何情况而言，预防都是最好的治理。

（五）监测

在防治处理后进行监测对于评估已实施防治方法的效果是非常重要的。在白蚁防治中，持续的、有规律的、定期的监测以期尽可能早地探测到新的白蚁入侵，是十分重要的。

四　北京地区的白蚁情况

北京地处北温带，受气候条件制约白蚁种类有限，分布不普遍，但在局部地区造成的危害也颇为严重。

北京白蚁的危害最早在 1961 年发现于通县（今通州区）。后来经过普查，先后在海淀、昌平和长辛店等地区发现有白蚁成不连续的分布。近年在市内的东城、西城等地区也相继发现白蚁危害。

北京目前发现的只有散白蚁一个属的 1 ～ 2 种白蚁，危害点多为古代园林和建筑，如十三陵、圆明园、颐和园、香山、碧云寺以及市内的个别地区，如西城区西四北八条的一座古旧寺庙（现已成大杂院），等等。它们的共同特点都是木结构的古代建筑，危害严重时，也会危及园内古树，如碧云寺和卧佛寺等。

北京白蚁分布的特点是目前尚未连成片，只是相互不连接的地区发现有白蚁。但是由于缺乏系统的调查研究，一些情况并未完全掌握。就当前掌握的情况而言，在通州（民居）、西四北八条古庙大杂院、十三陵及碧云寺等处，白蚁危害颇为严重，且有逐渐连片的趋势。

北京白蚁分布的另一个特点是多发生在古代南北交往频繁的地方，如：通州地处大运河终点，是古代进京举子重要落脚之地，读书人的书箱和行李、船上的货物等很容易夹带白蚁，因此，通县白蚁危害集中、严重并不足怪。

五　北京地区白蚁防治

鉴于北京地区只发现有散白蚁，危害点多为古建筑，因而做好散白蚁对古建筑危害的防治是北京地区白蚁防治工作的重点。

（一）古建筑白蚁防治的基本原则

1. 古建筑白蚁防治必须遵守文物保护的原则

在对具有人文和历史价值的名胜古迹进行白蚁防治时，应尽量保护名胜古迹的完好，做到不破坏或尽量控制、减少对名胜古迹的损坏，确保名胜古迹的原貌和文物价值。

2. 古建筑白蚁防治必须遵循环境保护与白蚁治理兼顾的原则

环境保护是关系到全人类子孙后代的大事。在进行白蚁防治工作时，应采用环保的药剂和技术，避免对环境造成污染。

3. 古建筑白蚁防治要坚持预防和治理相结合的原则

既要将危害古建筑的白蚁消灭，又要对古建筑物采取必要的预防措施，以使其在其后相当长的时间内不再被白蚁危害。这是古建筑白蚁防治有别于普通建筑白蚁防治的地方。

4. 古建筑白蚁防治应坚持综合治理的原则

在古建筑白蚁防治中，必须将整个建筑及其周围的园林树木、绿地列为防治控制范围，对不同的危害采取不同的防治方法，实施综合治理。否则，顾此失彼，难于保持古建筑白蚁防治的成果。

5. 古建筑白蚁防治要坚持与建筑物维护修缮工程同时施工的原则。

各级文保管理部门与白蚁防治专业机构要相互配合，将白蚁防治与建筑物维修工程有机地结合起来，做到有蚁必治、无蚁早防、防治结合、长效管理，确保祖先留下的宝贵遗产不受到损坏。

（二）散白蚁的防治思路

散白蚁是土木两栖性白蚁，其特点是群体分散，不建大型巢，多做分散小巢，蚁巢无主副巢之分，巢内无定型“王室”，蚁王、蚁后所在的巢较大，最大直径在北京地区未见超过20厘米者。因此，使用防治家白蚁的方法，即找蚁巢、集中杀死蚁王蚁后是不适宜的。

散白蚁的同一群体可分若干小群活动，各小群互有个体往来，故有散白蚁不散之说。这是人们利用能传染的药剂消灭它的有利条件。散白蚁每年要进行分飞，分飞季节是其活动最频繁时期。具体分飞时间受当地气温、气压的影响，一般在气温18℃以上，气压在750毫米左右进行。白蚁分飞时是使用药剂消灭它的最佳时期。同时，散白蚁具有相互接触吮舔习性，即白蚁在爬行时如遇到同一群体的个体便相互用口器或触角交接，借以传递信息。如白蚁身上沾有杂质或异物时，就彼此吮舔。利用这个习性，只要我们将灭蚁粉剂喷在部分白蚁身上，就能使其互相传染中毒，造成全巢覆灭。需要强调的是所用药剂不应是速效的，而应该使染上药剂的白蚁有足够的时间将药剂喂饲给群体中的其他白蚁。最后，群体中所有白蚁受到药物感染，白蚁开始死亡，群体中白蚁数量急剧下降或全部死亡。

（三）白蚁监测—控制技术

近年来，一种白蚁监测—控制技术在散白蚁防治工作中发挥了很好的作用。该技术以白蚁监测—控制装置与生物农药“克蚁星”粉剂为主体，集白蚁预防与灭治于一体，具有操作简便、防治效果好、对环境无污染等优点，是IPM技术在我国白蚁控制中的具体应用。

生物农药“克蚁星”是用伊维菌素、阿维菌素原药，经过技术处理研制成的新型超高效生物农药。它对白蚁具有较强的二次传递效果。白蚁监测—控制装置是将用引诱剂、取食刺激剂、标记信息素和水按一定比例混合溶液处理好的木条盛在白蚁监测—控制装置内芯里，然后在古建筑周围按一定技术要求安装。当外出觅食的白蚁工蚁发现后，大量的工蚁会进入该监测—控制装置内取食。此时，将少量的“克蚁星”毒饵放在监测—控制装置，让工蚁带回巢内喂食蚁王、蚁后、兵蚁和其他幼蚁，从而导致整巢白蚁死亡；或者直接喷“克蚁星”粉剂在工蚁身上，让工蚁带回巢内，利用白蚁互舔、食同类尸体等习性，通过接触传染，导致整巢白蚁死亡。一旦整巢全部死亡，则拿走监测—控制装置内剩余的毒饵或换掉沾有“克蚁星”粉剂的内芯，将装置重新安装在适当位置，让监测—控制装置继续发挥监测作用。

（四）北京地区白蚁防治工作展望

第一，北京地区白蚁危害客观存在，但受地理条件限制，不会发展成南方各省的态势。

第二，做好散白蚁对古建筑危害的防治是目前北京地区白蚁防治工作的重点。

第三，白蚁监测—控制技术符合 IPM“少用化学杀虫剂”的原则，大大降低了药剂对环境的污染，不仅可使局部区域白蚁密度明显降低或基本无白蚁，而且可以对白蚁的发生、危害作长期监控。

原载《文物修复研究》（4），民族出版社，2007 年

明清古建筑木结构典型抗震构造问题研究 *

周 乾

内容提要：为保护古建筑，本文采用分类统计方法，研究了我国明清古建筑木结构的典型抗震构造问题。基于大量工程现场勘查结果，对古建筑木结构的典型抗震构造问题进行了归纳汇总，分析了原因，提出了加固建议；基于典型算例，对古建筑木结构加固方法进行了深入论证。结果表明：我国古建筑木结构的柱子、斗拱、榫卯节点、梁架、屋顶等各部位都容易产生开裂、糟朽、变形、拔榫等抗震构造问题并影响结构的抗震性能，而这些问题的产生原因主要与木结构的构造特征、木材材料性质及施工保养等因素有关；对这些抗震构造问题及时采取合理有效的加固措施，可减轻或避免结构产生的震害。

关键词：抗震构造　典型问题　加固建议　木结构　中国古建筑

引言

我国的古建筑以木结构为主，在构造上主要由基础、柱子、斗拱、梁架、屋顶等部分组成（图一），其中，梁与柱采取榫卯节点形式连接。千百年来，它们历经了各种地震灾害而保持完好，体现了良好的抗震构造。如柱础可产生滑移隔震作用，柱子侧角可减小水平地震力作用，榫卯节点和斗拱可产生减震耗能作用，低矮的梁架与厚重的屋顶可保证结构的稳定性等[1]。

虽然古建筑木结构的构造有利于抗震，但是当这些构造出现问题（如构件开裂、节点拔榫等）而又未得到及时解决时，结构的抗震能力要受到影响，在地震作用下的震害要加剧。如图二所示的四川广元市觉苑寺大雄宝殿，在2008年汶川地震中破坏位

作者：故宫学研究所，副研究馆员。

* 基金项目：故宫博物院科研基金资助项目(KT2007-4)；文化部科技创新项目(17-2009)

1　闫维明，周乾，孔凡东：《中国古建筑抗震构造研究》，《第十届结构工程青年专家国际学术研讨会论文集》，第537～542页，科学出版社，2008年。

置达 56 处，其中某柱子的最大倾斜值达 0.22 米（图二，a）。而相关资料表明[1]：与该柱子相连的榫卯节点在震前就有严重的拔榫问题（图二，b），由于未得到及时的加固，因而使得震害加剧。此外，现有的关于中国古建筑木结构构造的力学研究侧重于抗震优越性，对典型的抗震构造问题研究很少[2、3、4、5]。为解决上述问题，本文基于大量古建筑勘查结果，对明清时期为主的古建筑木结构的典型抗震构造问题进行归纳汇总，分析原因，提出加固建议，为古建筑抗震加固提供参考。

a. 立面照片

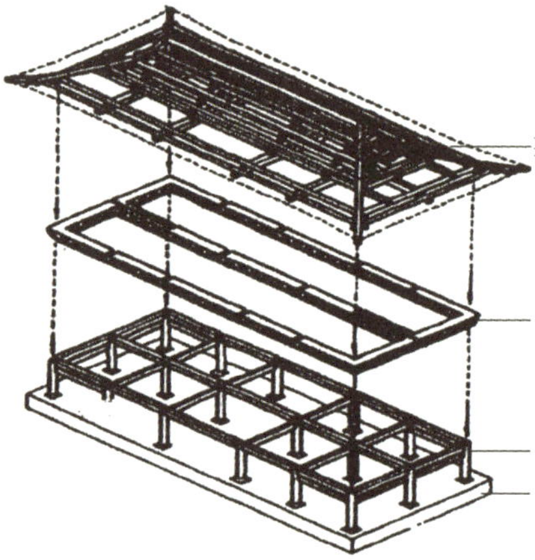

b. 主要构造

图一　中国古建筑木结构构造

a. 震后柱身倾斜

b. 震前节点拔榫

图二　某古建筑震害与抗震构造问题

1　周乾、闫维明、杨小森等：《汶川地震古建筑震害研究》，《北京工业大学学报》2009 年第 3 期。

2　陈平、姚谦峰、赵冬：《西安钟楼抗震能力分析》，《西安建筑科技大学学报》1998 年第 3 期。

3　张鹏程、赵鸿铁、薛建阳：《中国古建筑的防震思想》，《世界地震工程》2001 年第 4 期。

4　苏军、高大峰：《中国木结构古建筑抗震性能的研究》，《西北地震学报》2008 年第 3 期。

5　周乾、闫维明、周锡元等：《中国古建筑动力特性及地震反应》，《北京工业大学学报》2010 年第 1 期。

一　评估依据

基于我国《古建筑木结构维护与加固技术规范》(GB 50165-92) 相关规定[1]，古建筑木结构的各个组成部分应满足如下抗震构造要求：

柱子：材质应该完好，开裂、糟朽程度应在容许范围内，且柱子与柱顶石应有足够的接触面积(图三，a)；榫卯节点：榫头与卯口应连接紧密，拔榫、开裂或歪闪值应

a. 柱子　b. 榫卯节点　c. 斗

d. 梁架　e. 檩三件　f. 椽子和望板

g. 瓦面　h. 墙体　i. 整体

图三　木构件抗震构造照片

1 《古建筑木结构维护与加固技术规范（GB50165-92)》。

在容许范围内(图三，b)；斗拱：各个构件连接牢固，没有严重变形、松动或开裂朽问题(图三，c)；梁架：材质良好，不能有过大变形或裂缝，且端部与其他构件连接良好(图三，d)；檩三件：材质良好，开裂及糟朽程度应在容许范围内，无过大挠度且檩头之间连接牢固(图三，e)；椽子和望板：材质良好，且椽子与基层连接应牢固(图三，f)；瓦面：与屋面基层连接牢固，以避免在地震时产生掉落（图三，g）；墙体：应保持完好，不能有严重的开裂、变形或酥碱问题(图三，h)；此外，木构架在水平方向的整体倾斜尺寸应在容许范围内(图三，i)。

二　典型问题

基于大量现场勘查及归纳统计结果，可得古建筑木结构典型抗震构造问题主要表现在如下几个方面。

（一）柱子

柱子的典型抗震构造问题主要表现为柱顶石风化、柱根糟朽及柱身开裂等，见图

a. 柱顶石风化

b. 柱根糟朽

c. 柱身开裂

图四　柱子问题

四所示。柱顶石风化使得柱子的有效支承面积减小，在地震作用下柱子很容易从柱顶石滑落，从而造成结构破坏。某些类型木结构古建筑外侧的柱子被包砌在墙体内，柱根糟朽使得柱根的受力截面减小，地震作用下柱根截面应力大幅度增加，很可能造成柱根折断。柱身开裂使得柱子的承载能力降低，使得地震作用下柱子产生竖向受力不足或水平侧移过大，从而威胁结构安全。

（二）斗拱

斗拱的典型抗震构造问题包括构件松动、歪闪、开裂等，见图五所示。位于柱顶和梁架之间的斗拱主要功能在于传递屋面荷载及构件之间的挤压和摩擦耗散地震能量。当构件产生松动或破坏时，其协同工作受到破坏，斗拱的减震性能降低，也不利于屋面荷载的传导，影响整体结构稳定。

a. 松动

b. 歪闪

c. 开裂

图五　斗拱问题

（三）榫卯节点

中国古建筑木结构梁柱连接的方式一般为榫卯连接，即梁端做成榫头形式，插入柱顶预留的卯口中。榫卯节点的典型抗震构造问题表现为拔榫、榫头下沉、榫头扭曲等，见图六所示。地震作用下，一方面榫头与卯口之间的相互运动可耗散部分地震能量，从而减轻结构的震害，另一方面榫头从卯口拔出，产生拔榫。拔榫削弱了梁与柱之间的联系，使得节点由半刚接向铰接状态过渡，从而影响了结构的整体稳定性。榫头下沉是指榫头由于受到卯口挤压产生竖向变形或破坏，从而导致的下沉现象。榫头下沉削弱了榫头的抗弯、剪、压的有效截面面积，因而承载力降低，很容易导致节点位置在地震作用下产生破坏。榫头扭曲指榫头在侧向外力作用下因破坏或变形产生的扭曲现象。榫头扭曲使榫头偏心受压，且受到的扭矩和剪力增大，在地震作用下很容易产生断裂问题。

a. 拔榫

b. 榫头下沉

c. 榫头扭曲

图六　榫卯节点问题

a. 梁头劈裂

b. 梁头变形

c. 梁身开裂

图七　梁架问题

（四）梁架

梁架典型抗震构造问题主要表现为开裂、变形（挠度）等，见图七所示。古建筑木结构的梁头截面一般被削弱并用来支撑檩头传来的荷载，在这个位置很容易产生局部弯、压、剪应力过大造成劈裂、变形等问题，从而引起上部结构变形过大，且降低梁架的承载力，加剧地震对结构的破坏。梁身开裂包括水平和竖向裂缝，这些裂缝使得梁的有效受力截面减小，增大了梁的挠度和截面应力，容易造成梁在地震作用下产生弯、剪、压破坏，不利于结构的整体稳定。

（五）屋顶

屋顶包括椽望、檩三件、瓦面等部分，不同部分的典型抗震构造问题描述如下。

1. 椽望

椽望属于屋面基层部位，主要用来承担瓦件及铺瓦灰的重量。椽望的主要抗震构

a. 望板糟朽

b. 椽子糟朽

c. 椽子下垂

图八　椽望问题

造问题包括椽子、望板糟朽及椽头下沉等，见图八所示。望板和椽子处于潮湿环境中时很容易产生糟朽问题。糟朽使得椽望的有效承载面积减小，地震作用下，上部的瓦块更容易松动或掉落。另外，椽望糟朽容易引起屋面雨水渗漏，从而使得屋顶其他木构架产生糟朽，降低结构的抗震能力。椽子在望板上固定不牢或瓦面重量过大时，将会产生椽头下垂现象。椽头下垂削弱了上部瓦件的黏结作用，使得地震作用下瓦件的破坏加剧。

2. 檩

檩子通常架设在梁架之间，用来承托椽子和望板，其截面形状一般为圆形。檩头之间的连接方式也通常采用榫卯节点形式。檩子的典型抗震构造问题包括檩头连接松动、檩身开裂及挠度等，见图九所示。檩头连接松动削弱了檩与檩之间的拉接，使得地震作用下檩子容易产生翻滚或滑动，不利于上部结构的稳定。檩子开裂使得檩的有效承载截面减小，增大了檩子受弯、剪破坏的可能性。檩的挠度将使得檩上部的构件产生下沉，很容易使构件产生受弯破坏。

a. 连接松动

b. 开裂

c. 挠度

图九　檩子问题

a. 瓦面杂草

b. 瓦块风化

c. 瓦块松动

图一〇　瓦面问题

3. 瓦面

瓦面的典型抗震构造问题包括瓦面杂草、瓦块风化及松动等，见图一〇所示。瓦面杂草的主要原因在于粘接瓦件的泥浆里含有草籽，在一定条件下这些草籽容易滋生蔓延。瓦面杂草削弱了瓦件间的黏接力，使得瓦件松动，同时容易使得雨水渗漏于望板上，导致望板糟朽，从而影响屋顶的抗震性能。瓦块风化指瓦块由于风化作用而产生的破坏现象，地震作用下风化的瓦块更加容易掉落。瓦块松动则是由于瓦块与灰浆的黏接力降低而造成的，它使得瓦面的抗震能力降低。

（六）墙体

古建筑墙体位于梁与柱之间，主要起填充作用。墙体的抗震功能主要通过自身对柱子的嵌固作用来减小柱子的振动，同时墙体自身提供部分抗剪承载力。墙体的典型抗震构造问题包括酥碱、开裂、变形等，见图一一所示。墙体的酥碱主要指墙体因风化作用产生的破坏现象，它使墙体的承载力降低，在地震作用下容易产生开裂。墙体的开裂及变形则主要由于地基不均沉降或上部荷载过大产生，在地震作用下，这些症状将更加明显。

a. 酥碱

b. 开裂

c. 变形

图一一　墙体问题

三　原因分析

基于归纳分析，可得古建筑木结构典型抗震构造问题的产生原因主要有如下几个方面。

（一）构造问题

对于图一二 (a) 的梁柱节点和图一二 (b) 的梁檩节点而言，由于构件搭接的需要，梁、柱、檩的端部截面都削去了部分尺寸，这样使得节点位置很容易产生应力集中现象，造成节点因强度不足而产生开裂或变形问题，如图五 (c)、图六及图七 (a) (b) 所示；节点位置的承载力主要依靠榫头和卯口的咬合力来提供，而这种咬合力往往很小，从而使得在外力作用下榫头很容易从卯口拔出，造成拔榫问题，如图六 (a) 和图九 (a) 所示。

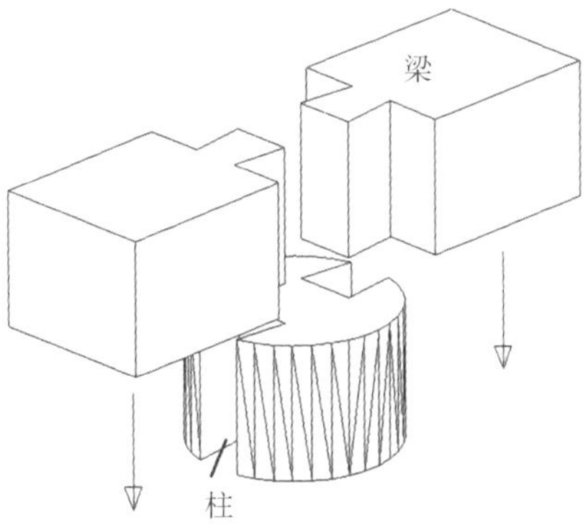

a. 梁柱节点

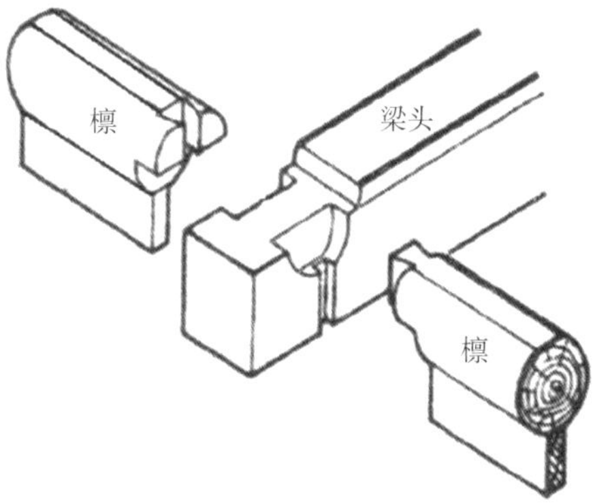

b. 梁檩节点

图一二　榫卯节点构造

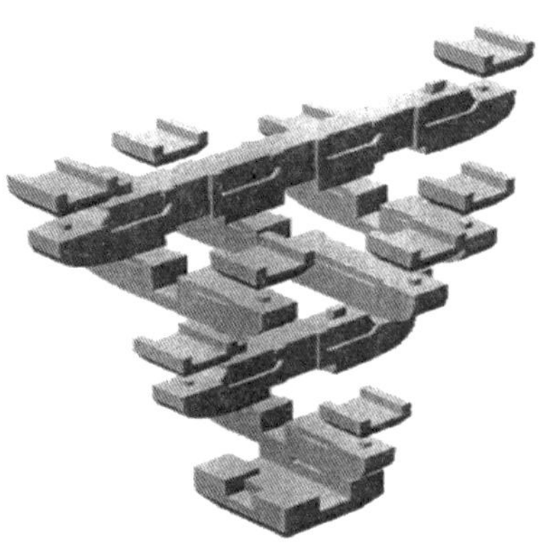

图一三　斗拱构造

另外，对于图一三所示的斗拱而言，由于斗拱的构件小、数量多，又属承重构件，构件之间通过榫卯连接，在外力作用下，如地震、风、雪作用，斗拱上的檐檩产生歪闪或柱子下沉，都将使得斗拱各个构件受力不均，使得构件榫卯连接松动，或产生歪闪，见图五 (a)(b) 所示。

（二）材料问题

木材的弹性模量低，且随着时间增长而减小，这样使得在荷载长期作用下，木结构很容易产生较大的变形，见图九 (c) 所示。虽然木材抗压强度较大，但是其顺纹抗剪强度很小，在外力作用下，木材很容易产生剪切裂缝，见图七 (c)、图九 (b) 所示。木材在潮湿环境中容易糟朽，从而使承载能力降低，见图四 (b)、图八 (a)(b) 所示。木材在干燥过程中切向和径向的收缩率不同，因而容易产生开裂问题。另外，在长期荷载作用下木材的强度会降低[1]，因而也会产生开裂或变形问题，如图四 (c)、图五 (a)、图七 (c) 所示。

对于砖、瓦及石材而言，在空气中它们容易产生酥碱或风化，从而使构件受到破坏，承载力降低，见图四 (a)、图一〇 (b)、图一一 (a) 所示。

（三）施工保养问题

从施工工艺看，古建筑木柱通常包砌在墙体内，当空气不流通且柱根部位潮湿时，容易造成柱子糟朽，见图四 (b) 所示；古建筑屋面板上面覆盖厚厚的黏土，屋面板在缺乏通风的情况下也容易产生糟朽，见图八 (b) 所示。从施工质量看，榫头或卯口的尺寸误差太大时，很可能使榫卯节点产生拔榫或变形问题，见图六所示；屋面椽子钉在望板上不牢固时，会产生下沉问题，见图八 (c) 所示；屋顶杂草的原因主要是因为铺瓦泥内的草籽未得以有效清除，见图一〇 (a) 所示；瓦面松动的主要原因是瓦块与铺瓦泥之间的黏结强度太低，见图一〇 (c) 所示；古建筑墙体以下的地基未作有效处理时，墙体会产生开裂、变形等问题，见图一一 (b) (c) 所示。对于保养不善的古建筑，上述各种抗震构造问题更容易滋生蔓延。

（四）其他因素

风、雨、雪等自然因素对古建筑木结构的抗震构造具有一定的破坏作用，如柱顶

1 龙卫国、杨学兵、王永维等：《木结构设计手册》（第 3 版），第 21 ～ 22 页，中国建筑工业出版社，2005 年。

图一四　虫蛀构件

石风化（图四，a)、柱根糟朽（图四，b)、椽望糟朽（图八，a、b)、瓦块风化（图一〇，b)、墙体酥碱（图一一，a) 等。虫蛀也能造成木构件破坏（图一四），应及时进行处理。另外，对于一些开放的古建筑，当承受的荷载太大时，构件也容易产生变形和开裂。

四　加固建议

对于古建筑木结构不同的抗震构造问题，应采取及时有效地加固措施。除加强日常维护和保养外，还可采取如下加固方法。

（一）开裂加固

对于开裂尺寸较大的构件，可采用铁箍加固法，这也是中国古建筑木结构采用的传统加固方法之一。所选的铁箍厚度一般为 3~10 毫米，宽为 50~150 毫米。加固的具体做法为[1]：首先用木条及加固胶（乳胶、环氧树脂等）等填塞加固部位，然后用铁箍对开裂的梁、柱进行包裹，并每隔一定间距用铆钉固定，通过铁箍对构件的约束力来提高构件的抗震能力，见图一五所示。当开裂尺寸很小时，也可直接采用小木条填塞于缝隙中并用加固胶粘牢。另有采取 CFRP(Carbon Fibre Reinforced Plastic) 加固开裂构件的做法[2]，即采用 CFRP 包裹开裂部位，利用 CFRP 较强的抗拉强度来约束构件开裂部位的变形，提高构件的承载力，同时 CFRP 自身也参与承载，以减小地震作用下构件的破坏。

（二）榫卯节点加固

在地震作用下，一方面榫头绕卯口转动，并对卯口产生相对摩擦和挤压作用，这

1　《古建筑木结构维护与加固技术规范（GB50165-92)》。

2　许清风、朱雷：《CFRP 维修加固局部受损木柱的试验研究》，《土木工程学报》2007 年第 8 期。

a. 梁身加固

b. 梁头加固

c. 柱身加固

图一五　铁箍加固开裂构件

使部分地震能量得以耗散，另一方面，榫头从卯口拔出，造成拔榫。拔榫削弱了梁、柱构件间的联系，很可能造成结构失稳，从而威胁结构安全。在受力过程中，榫卯节点的力学状态发展过程为[1]：铰接→刚接→半刚接→失效（脱榫）。为减小由于脱榫造成的结构破坏，加固措施应满足如下要求：(1) 保证结构的韧性，以吸收地震能量；(2) 加强构件间连接，以提高结构刚度，充分发挥材料的力学性能，使结构最终达到材料破坏。而榫卯节点传统的加固做法为采用铁片加固榫卯节点。如对于图一六 (a) 所示用于梁柱连接的燕尾榫节点，通常采用厚 5 毫米 ~15 毫米的铁片连接，然后用铆钉固定，通过铁片来承担部分节点承载力并限制拔榫；对于图一六 (b) 所示的檩头节点，由于榫头和卯口所属构件均为水平向，因此通常采用的加固方法为将铁片两端削尖并做成弯钩形式，钉入檩头内，通过铁片的弯钩部分对木构件所起的约束作用来限制檩头的水平拔榫。另也有采用 CFRP 布包裹榫卯节点区域以加固榫卯节点的做法[2]，见图一六 (c) 所示。

1　俞茂宏、ODA Y、方东平等：《中国古建筑结构力学研究进展》，《力学进展》2006 年第 1 期。

2　吴志雄：《某木结构古民居的加固》，《福建建设科技》2006 年第 5 期。

a. 梁柱榫卯节点

b. 檩头节点

c. CFRP 加固

图一六　榫卯节点加固

从抗震角度来讲，上述加固方法并没有改变榫卯节点的耗能机制。这是因为采取上述加固方后，榫头与卯口的连接得到了加强，拔榫尺寸受到了限制，而榫头与卯口之间仍有较强的转动能力，榫卯节点仍有一定的耗能性能。文献[1、2]制作了考虑榫卯连接的木结构平面框架模型，分别采用铁片（扁钢）及 CFRP 加固榫卯节点，通过进行低周反复加载试验，对比研究了榫卯节点加固前后的滞回性能、骨架曲线特性、延性、耗能、刚度退化等抗震性能。结果表明：上述加固方法可在提高榫卯节点的强度和刚度，且加固后的节点仍有较好的耗能性能，因而上述加固方法均有一定的效果。

（三）松动加固

对于松动的斗拱，可卸下构件重新进行安装。对于掉落、断裂的斗拱，可采用原

1　于业栓、薛建阳、赵鸿铁：《碳纤维布及扁钢加固古建筑榫卯节点抗震性能试验研究》，《世界地震工程》2008 年第 3 期。

2　谢启芳、赵鸿铁、薛建阳等：《中国古建筑木结构榫卯节点加固的试验研究》，《土木工程学报》2008 年第 1 期。

a. 斗拱

b. 椽子

c. 瓦件

图一七　构件松动加固

材料按原状进行添配，并将构件之间的暗榫补齐（图一七，a），然后将构件粘牢钉固[1]。对于松动的椽望，可采用铆钉进行加固 (图一七，b)。对于松动的瓦件，可采用灰浆重新铺墁，铺墁时可在灰浆里放少量黏结剂，以增强瓦块与基层的粘接强度 (图一七，c)。

（四）糟朽及酥碱加固

对于糟朽的木柱，可采用传统的墩接法加固，即将柱子糟朽部分截掉，换上同等尺寸的新料，再用铁箍对加固的位置包裹牢固，见图一八 (a) 所示。对于糟朽的木梁，可采用灌强力胶法加固[2]。对于糟朽的椽望，一般首先将椽望上面的瓦面揭去，然后将糟朽的椽望用新料更换 (图一八，b)，再重新在上面铺瓦。对于酥碱的墙体，先用錾子

1　《古建筑木结构维护与加固技术规范（GB50165-92)》。

2　薛玉宝 :《用环氧树脂加固处理古建筑木构件的方法》，《古建园林技术》2009 年第 4 期。

a. 柱根

b. 望板

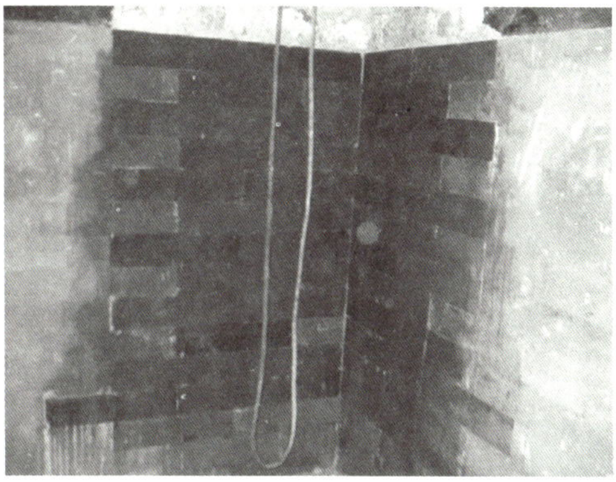

c. 墙体

图一八　糟朽及风化构件加固

将需修复部位剔除，剔除面积宜单个整砖的整数倍，从残损砖的中部开始，向四周剔凿，按原位下肩砖的规格重新砍制，以老浆灰背实补砌，见图一八 (c) 所示[1]。

（五）挠度加固

对于梁、檩挠度问题，可采用支顶的方法进行，即通过对梁架进行支顶来减小其挠度的方法[2]。支顶加固通常有两种形式：当木梁下有梁枋时，可在梁枋上设置木柱 (图一九，a) 或龙门架 (图一九，b) 作为附加支座；当木梁下没有梁枋时，可在木梁侧方设置铁钩拉接，铁钩一端钉入木梁内，另一端钉入附近梁架内，该铁钩同样起到附加支座作用 (图一九，c)。支顶加固法可有效改善木梁内力重分布，降低木梁跨中挠度和弯距，提高地震作用下木梁的受荷性能。

1　王俪颖：《故宫太和殿维修工程施工纪实（2006 ~ 2008 年）》，《古建园林技术》2009 年第 3 期。

2　周乾、闫维明、李振宝等：《古建筑木结构加固方法研究》，《工程抗震与加固改造》2009 年第 1 期。

a. 支顶

b. 龙门架支顶

c. 铁钩

图一九　挠度加固

（六）其他加固

当柱顶石表层风化面积过大而影响柱子承载力时，应予更换；当柱顶石严重风化或缺损时可进行修补，原则是保证补配材料的强度与原柱顶石相当，同时颜色也相近。传统的补强材料为：白蜡、黄蜡、芸香、木炭及石面（与原有石材相同的材料）按一定比例混合，加温溶化后即可使用[1]；对风化的琉璃瓦宜更换；另对屋顶杂草应进行清除，常用的除草剂有草干脍、敌草隆、西马津等[2]。屋顶除草后应对除草位置进行抹灰以防渗漏。

五　加固算例

为详细说明古建筑木结构加固方法，下面将结合典型工程算例及抗震试验进行论证。

1　刘大可：《中国古建筑瓦石营法》，第 368 ～ 369 页，中国建筑工业出版社，1993 年。

2　《古建筑木结构维护与加固技术规范（GB50165-92）》。

算例 1：天安门城楼角檐柱墩接加固计算[1]。根据中国林科院对天安门城楼柱子的勘查分析，天安门城楼东北角外檐柱局部出现腐朽并呈空洞状，该柱子直径 0.65 米，在柱高 0.5 米处径向深度 0.11 米内局部重腐，柱高 1.0 米处自表面到内部深处有局部重腐。经研究采用墩接方案进行加固，即采用新料代替腐朽部分，将墩接部分沿柱子截面分成两个部分，每个部分各为半个圆柱，错缝搭接 0.5 米，分两次墩接加固。经过计算，屋面传到角柱的压力为 27 吨，而墩接的半个圆柱的受压能力为 62 吨，满足抗压要求。此外，为了使墩接柱根新旧料形成受力整体，在墩接柱部位上下端各加一根直径为 20 毫米的螺栓，在墩接部位自下由上设置 3 道铁箍 (下部为 100 × 5 毫米，上面 2 道为 150 × 5 毫米)，铁箍卧入柱内，以便于柱子油饰施工，铁箍中部每 200 毫米钉一根直径为 10 毫米、长为 120 毫米的铁钉，铁箍搭接长度为 150 毫米，如图二〇所示。该墩接方案于 1999 年施工，至今未发现任何问题。

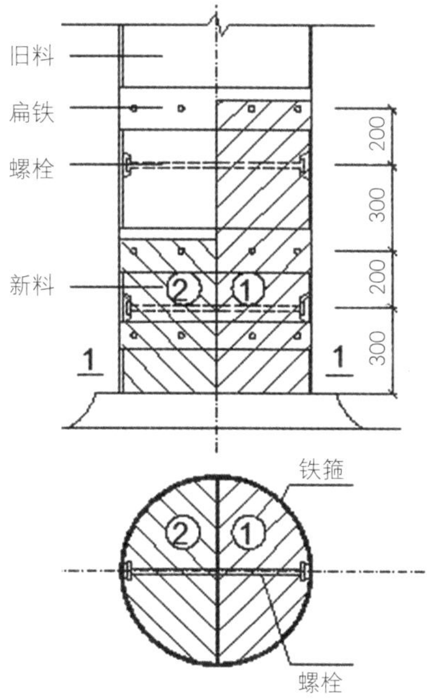

图二〇　天安门城楼角柱墩接示意图

算例 2：四川省广元市大雄宝殿榫卯节点抗震加固计算。2008 年汶川地震中，该古建筑前后檐双步梁与金柱相交处柱头严重倾斜，最大值达到 0.22 米，见图二 (a) 所示。计算结果表明[2]：柱头大尺寸侧移的主要原因是上述位置所在榫卯节点的拔榫造成的。因此，在确定结构加固方案时，可考虑基于结构变形现状，加固前后檐拔榫的双步梁，加固方案见图二一 (a) 所示，具体做法为：第一，雀替下拱原有通榫插入金柱，首先对双步梁进行支顶，将小拱拆除；第二，加固铁件一端固定在双步梁底皮，另一端用垫片、螺栓与金柱卯口卡住拧紧固定；第三，将拱榫上部刻槽使 $\Phi12$ 铁筋能够埋入，并将拱内侧放置垫片和螺栓处局部剔除；第四，铁活安装完毕后将拱归位；第五，加固铁件涂刷无色防锈漆两道。

通过对加固前后的构架进行模态对比分析，发现加固前构架的振动形式以扭转为主，位置在挑檐檩高度，而上部梁架几乎保持不动，与震害勘查的结果基本吻合，见图二一 (b) 所示；而加固后的构架振动形式以 x 或 y 单向平动为主，体现了较好的抗震性能，见图二一 (c) 所示。另通过时程对比分析，发现加固后的构架在地震作用下位移

1　张峰亮：《天安门城楼角檐柱墩接技术研究及施工》，《古建园林技术》2004 年第 2 期。

2　前揭《汶川地震古建筑震害研究》。

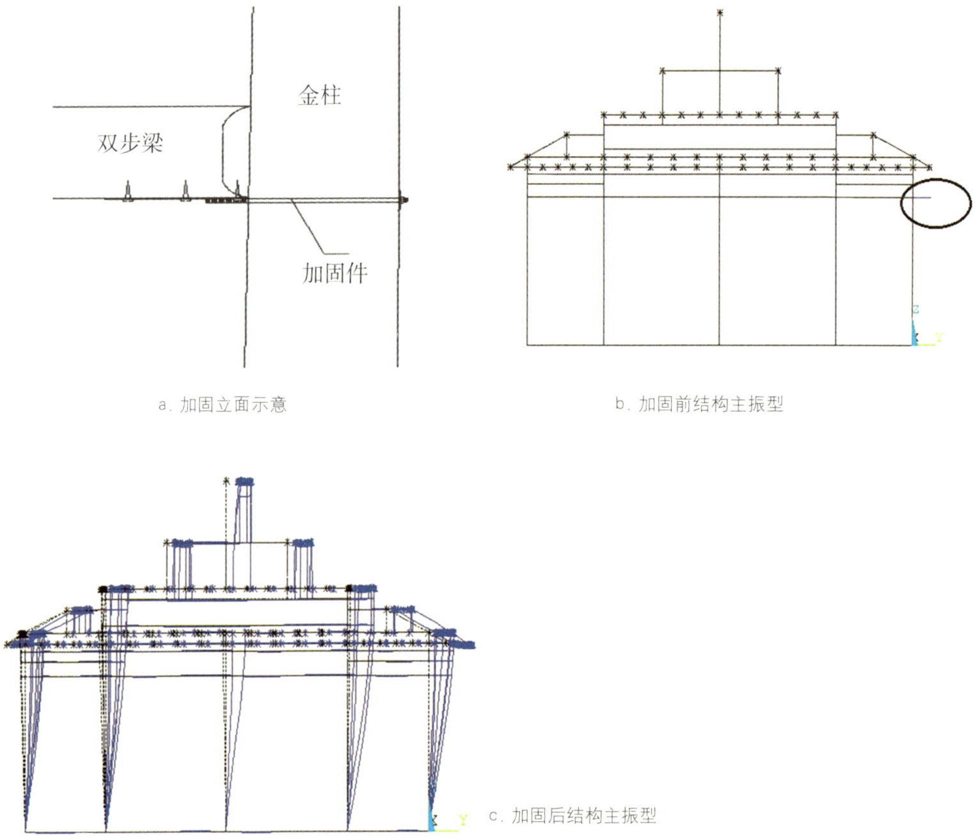

a. 加固立面示意

b. 加固前结构主振型

c. 加固后结构主振型

图二一　榫卯节点加固方案

响应及加速度响应远小于加固前[1]。由此可知，上述加固方法可减小构架的地震响应并提高其抗震性能。

算例3：CFRP布加固古建筑榫卯节点振动台试验。为研究CFRP布加固榫卯节点的抗震效果，作者进行了振动台试验论证。根据故宫博物院太和殿某开间的实际尺寸及《清式营造则例》相关规定[2]，制作了4梁4柱木结构空间框架模型，榫卯节点则选定为承重构架常采用的燕尾榫节点形式。构件及模型的具体尺寸见图二二所示。另加固榫卯节点所选的CFRP布厚度为0.11毫米，粘贴层数为1层，粘贴方式为：将80毫米宽的CFRP布条对每个节点的梁部内外两侧进行包裹，包裹长度为从柱边缘外延250毫米。

试验在北京工业大学工程抗震与结构诊治北京市重点实验室水平单向电液伺服振动台上进行。为获得地震作用下典型节点的位移及加速度相应情况，选择顶板正中S1点、南侧横梁正中S2点及西南侧柱根位置S3点，分别安装拉线式位移计及加速度传

1　周乾、闫维明：《古建筑榫卯节点抗震加固数值模拟研究》，《水利与建筑工程学报》2010年第3期。

2　宾慧中、路秉杰：《浅识宋材份制与清斗口制》，《安徽建筑》2003年第3期。

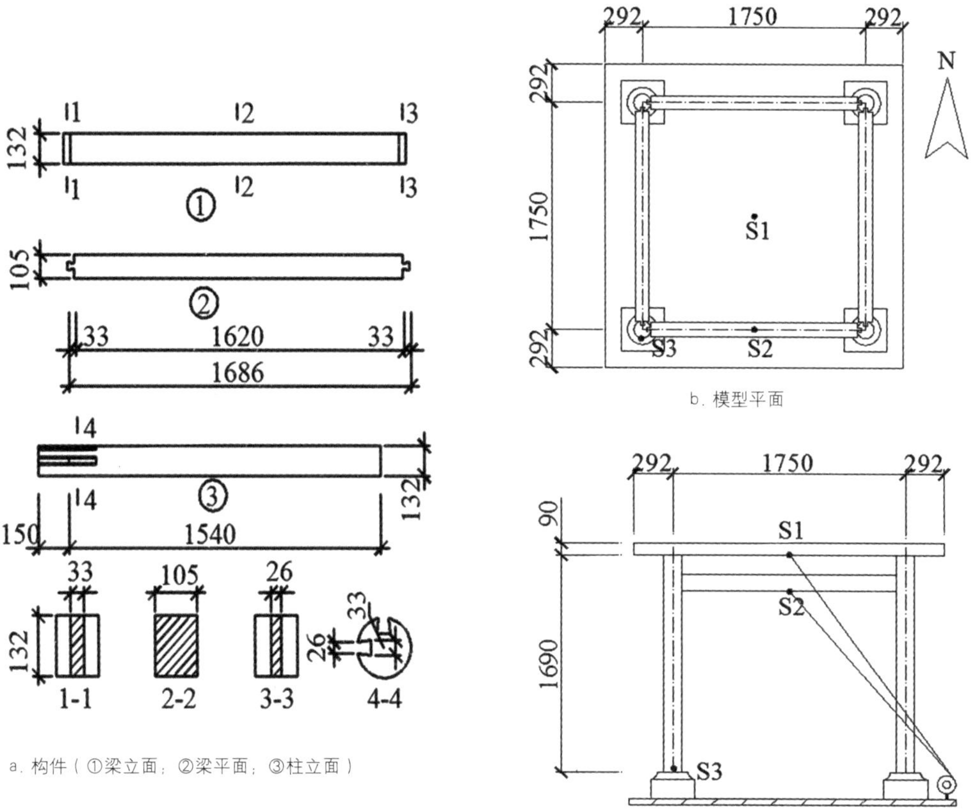

a. 构件（①梁立面；②梁平面；③柱立面）

b. 模型平面

c. 模型剖面

图二二　模型及榫卯节点尺寸（单位：mm）

感器，各节点位置见图二二所示。试验时，首先对构架输入 0.05g(1g=9.8m·s^{-2}) 白噪声以获得结构基频和阻尼比，然后输入峰值为 0.1g、0.2g、0.3g 的 El-Centro 波，方向为东西向，主要研究上述指定位置的地震响应情况。

图二三为在输入地震波峰值 PGA=0.3g 作用下的试验照片。试验现象表明：在地震波加速度峰值较小时，构架加固前后均保持良好的振动状态；而随着地震波加速度峰值增大，未加固构架由于节点拔榫尺寸过大而造成局部倒塌，CFRP 布加固构架则由于 CFRP 布对榫卯节点的约束作用，构架仍保持稳定状态。因此 CFRP 布加固榫卯节点后，可提高构架的刚度及稳定性。

通过对构架输入白噪声激励，发现加固后的构架基频为 1.221Hz，略大于加固前(0.793Hz)。这说明 CFRP 加固节点后，构架刚度增大，而结构频率与刚度二次方成正比，自振频率在加固前后改变不大，因此这种加固方法对古建筑木结构的抗震机理没有根本改变，体现并贯彻古建筑维修与保护时与原结构等刚度的原则[1]。

1　葛鸿鹏、周鹏、伍凯、赵鸿铁：《古建木结构榫卯节点减震作用研究》，《建筑结构》2010 年第 40 卷。

a. 加固前（圆圈内为破坏位置）

b. 加固后

图二三　构架振动照片（El-Centro 波，PGA=0.3g）

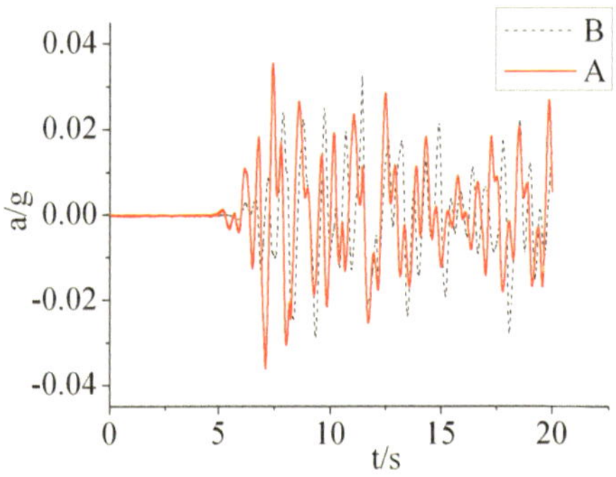

a.0.1g

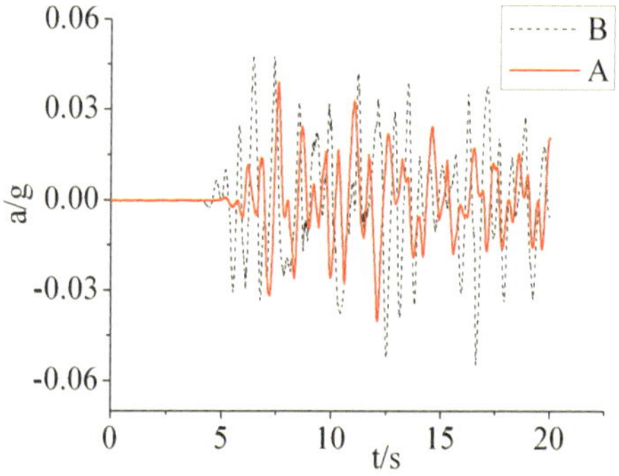

b.0.2g

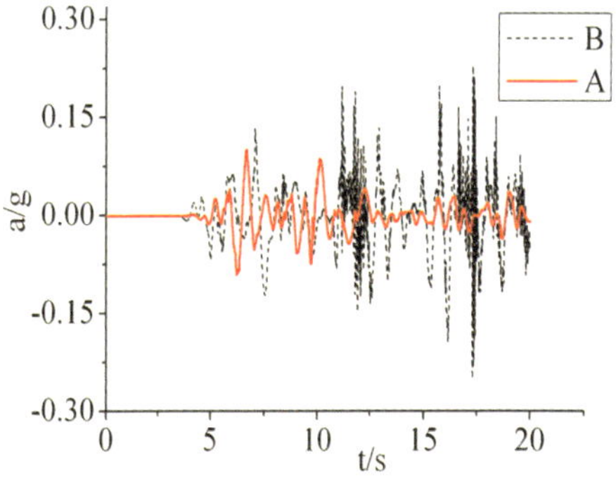

c.0.3g

图二四　点 S1 加速度响应

图二四为不同峰值 El-Centro 波作用下 S1 点的绝对加速度响应曲线，其中 B 代表加固前，A 代表加固后。易知：地震波加速度峰值为 0.1g 时，由于节点拔榫量小，CFRP 几乎没有发挥作用，因而节点加速度响应差别很小，甚至出现加固后的加速度响应峰值更大的情况。0.2g 条件下，节点拔榫量增加，而 CFRP 对节点拔榫的约束作用

略有增强，加固后点S1的加速度响应峰值小于加固前。0.3g条件下，由于构架侧移较大，节点拔榫量过大，无加固构架加速度响应峰值明显增大；而加固后的构架则由于CFRP对榫卯节点约束作用，节点拔榫量受到控制，构架保持稳定振动状态，榫卯节点仍能发挥耗能减震作用，点S1速度响应峰值远小于加固前。由此可知，CFRP加固榫卯节点后，可减小结构的加速度响应峰值，且地震波作用峰值越大，减震效果越好。

从振动台试验结果可以看出，CFRP布加固榫卯节点后，可提高构架的刚度和稳定性，并在一定程度上减小构架的地震响应，因此CFRP布具有较好的加固效果。

结论

本工作基于大量工程现场勘查结果及加固典型算例，研究了中国古建筑木结构典型抗震构造问题，得出如下结论：

第一，我国古建筑木结构典型抗震构造问题有：柱顶石风化、柱根糟朽及柱身开裂；斗拱构件松动、歪闪、开裂；节点拔榫、榫头下沉及扭曲；梁架开裂、变形；椽望糟朽、椽头下沉；檩头连接松动、檩身开裂及挠度；瓦面杂草、瓦块风化及松动；墙体酥碱、开裂及变形等。

第二，古建筑木结构典型抗震构造问题的产生原因主要包括木结构构造问题、木材材料问题、木结构施工问题及其他因素破坏等。

第三，对于开裂构件，可采用铁箍、加固胶或CFRP进行加固；对于榫卯节点破坏，可采用铁件或CFRP加固；对于松动构件，宜拆下后重新安装或采取铆钉加固；对于糟朽构件，应清除破坏部位，采取新构件补充安装并加固；对于挠度过大的构件，可采用支顶的方式进行加固；对于风化、酥碱构件，宜采取相同颜色的灰浆掺和强力胶修复；对于屋顶杂草，应采用除草剂清除并采取防漏措施。

原载《文物保护与考古科学》2011年第2期

故宫不同文物环境对部分有机材料影响的试验研究

田金英　王春蕾

内容提要：为弄清故宫博物院文物环境状况，解决文物保存环境对有机质文物材质的影响问题，我们针对文物展览及保存的环境特点，展开了一系列调查研究。故宫文物的环境主要分为三种，我们将这三种文物环境作为试验场所，选择有机质文物中常见的桑蚕丝料和宣纸作为试验材料，把选好的试验材料制作成可作纤维强度检测的试验样品。我们还选择了四种不同颜色的丝织品，四种不同的绘画颜色涂在宣纸上，作为本试验环境对色牢度影响的试验样品。将以上各种试验样品同时摆放在以上三种不同环境中，不定期对样品进行检测，又分别在试验环境中安装全自动温湿度检测记录仪，对试验环境进行了为期一年的检测记录。通过对这些试验样品检测的数据进行整理，作者分析了不同环境对文物材质的影响。

关键词：文物环境状况　试验样品　纤维强度　抗张强度　色牢度　温湿度

引言

环境问题具有不可根除和不断发展的属性，它与人类的欲望、经济的发展、科技的进步同时产生，同时发展，呈现出孪生关系[1]。文物是由不同材料构成的，而这些材料的自然损坏，始于材料自身的劣化变质，这是文物损坏的内因，此外，还有外界环境因素的影响，这一点也十分重要。故宫博物院建立在明清两代皇宫的基础上，有着近万间宏伟的宫殿建筑和 180 万件艺术珍藏。皇宫的古建筑群既是文物，又是陈列收藏文物的场所。因此，研究这座宫殿的建筑环境、宫廷陈设饰件环境以及宫廷珍藏品的保存环境成为我们的重要任务。

从 20 世纪 80 年代中期开始，我们就不断地对故宫室内外环境的空气质量进行过

第一作者：文保科技部，研究馆员。

1　何强、井文涌、王翊亭：《环境学导论》，第 4 页，清华大学出版社，1994 年。

检测分析，对环境污染源进行了详细调查，对引起文物损坏的原因进行了深入的研究。

本文在这些研究的基础上继续针对不同有机质文物所适宜的保存环境展开试验研究。在包罗万象的文物质地中，我们选择了质地较为敏感的材料——桑蚕丝织品和书画装裱材料宣纸作为本试验的样品，试验时间自 1998 年 9 月至 2005 年 2 月。

一　试验

本文参考 1998 年 9 月至 1999 年 9 月室内环境温湿度的检测结果，分析研究 1998 年 9 月至 2005 年 2 月样品材料的检测结果，由此推测不同质地文物所适宜的不同环境。

（一）试验环境

经过调研我们了解到，故宫可移动的文物藏品陈列展览或收藏保存在三种环境里。第一种环境是：以古建筑原状为基础的原状陈列展览室，这种展室内环境温湿度是随自然界季节的变化而改变，我们称之为自然环境[1]；第二种环境是：古建筑室内进行过装修改造，安装有空调设备，但是，空调设备又不能昼夜运行，致使陈列展室内部环境不能够恒定温度和湿度[2]；第三种环境是：完全由中央空调系统控制，长年恒温恒湿的地下文物库房环境[3]。下面我们分别以三种不同类型的展览和收藏空间加以说明。

1. 体和殿

自然环境展室——体和殿。它是以古建筑原状为基础设计的展览室，为了减少室外环境对文物的影响，同时也为了文物的安全，一般情况下居室不开门窗，整个环境处于相对封闭状态。这种环境条件下的试验，只要对环境的温湿度因子进行一年的检测，以此检测数据为参考依据，即能够说明该环境对纸张颜色的影响程度。

2. 绘画馆（保和殿西庑）

我们在试验过程中选择了每天约三分之一的时间使用机械空调设备调节控制展室

1　田金英、王春蕾：《自然环境展室温、湿度对绘画颜料色牢度影响的试验研究》，《文物保护与科技考古》2006 年。

2　田金英、王春蕾：《环境因素对有机质材料色度影响的试验研究》，《文物保护与考古科学》2007 年第 4 期。

3　田金英：《恒温恒湿环境对绘画颜料色牢度影响的试验研究》，《中国文物保护协会第四次学术年会论文集》，第 308 页，科学出版社，2007 年。

内温湿度变化的展室保西庑，它在白天 8 ～ 17 点依靠空调设备升温或降温，晚上 17 点至次日早 8 点关闭空调设备，整个展室温湿度是随着空调设备的启动和关闭而改变。保西庑室内多年来一直进行绘画展览，所以我们称它绘画馆。需要说明的是，在本展室的最南端有 10 米左右的不可移动的壁画展览，它与整个绘画馆的环境还有较大差别，为此，我们在此位置摆放了试验样品，安装了温、湿度的自动检测记录仪[1]。

3. 地下库房（织绣库房）

昼夜恒温恒湿的环境——地库，是故宫博物院 20 世纪 90 年代启用的库房，它是本次试验所选择的最佳试验环境，昼夜温度差范围 ±2℃，相对湿度差范围 ±5%。

我们将制作好的试验样品摆放在以上三种环境中，同时又在样品摆放处安装温、湿度自动检测记录仪，观测记录环境因素的变化，然后对试验样品进行不定期的色差或纤维强度的检测，观察环境对试验样品的影响程度[2]。

（二）试验环境的检测

进行环境因素对有机质材料色牢度影响的试验研究，主要使用两台仪器。

1. 试验仪器设备

本试验主要使用的仪器，一是上海环境气象仪器厂生产的全自动检测记录的温、湿度计；二是北京光学仪器厂 1987 年生产的 TC—PⅡG 型全自动测色色差计[3]。

2. 试验环境温湿度的检测

在每一试验环境内的不同位置，安装三台可进行全自动检测记录的温、湿度计，每周更换一次记录纸，坚持 13 个月。然后按照记录纸上的标记，以每小时为单位选择一个有效数字，每天温、湿度数字各 24 个，据此计算出日平均值、月平均值、年平均值以及最高值、最低值和最大波动值，这部分试验的检测结果已于 2007 年发表[4]。

1　前揭《环境因素对有机质材料色度影响的试验研究》。

2　前揭《恒温恒湿环境对绘画颜料色牢度影响的试验研究》。

3　田金英、宋纪荣：《故宫原状陈列室文物环境对部分有机质材料影响的试验研究》，《文物保护研究新论》，第 308 页，文物出版社，2008 年。

4　前揭《环境因素对有机质材料色度影响的试验研究》。

（三）试验样品的制备、摆放与检测

1．试验样品的制备

（1）桑蚕丝纤维强度试验样品的制备

购置试验样品的支撑板——三合板，将三合板裁成50厘米 ×150厘米大小，接着将在市场购买的彩条纯棉布料裁成65厘米 ×170厘米大小，再在板子后面四周涂上乳胶，将包裹木板的彩条纯棉布粘牢，晾干备用。最后将市场购买的枣红色纯桑蚕丝布料试验样品，裁成5厘米 ×45厘米大小的长方条，两头涂上乳胶，每6条为一组样，共6组，平行粘贴到纯彩条棉布包裹的木板上[1]。

（2）绘画颜料试验样品和纯桑蚕丝布料色牢度试验样品的制备

研究环境对不同绘画颜色的影响，首先需要加工制备需要涂有颜料的宣纸样品。我们请绘画技术人员在无色宣纸表面涂上石青、石绿、灰、黄四种颜色，选择较均匀的部位裁成10厘米 ×10厘米的正方形，试验要求裁出36块，作为不定期检测颜色变化的试验样品。选择古代衣服边角料，红、米、蓝、黄四种不同颜色，把它们裁成10厘米 ×10厘米的正方形，同样地共裁出36块，作为不定期检测颜色变化的试验样品。在将其摆放到试验环境之前，用TC—PⅡG型全自动测色色差计进行初始检测，同时做好检测位置的标记，以便不定期地重复检测[2]。

（3）绘画材料试验样品的制备

我们从科技部库房挑选绘画装裱常用的宣纸作为本试验样品，首先根据纸张材料强力试验要求制作15厘米 ×150厘米规格的样品支撑板，接着将在市场购买的彩条纯棉布料裁成20厘米 ×170厘米的规格，再在板子后面四周涂上乳胶，将包裹木板的彩条纯棉布粘牢，晾干备用。把从科技部库房领取的宣纸，尽量选折痕轻的部位裁成10厘米 ×12厘米的规格，在纸样品的边沿轻轻涂抹乳胶，把样品贴在事先制作的样品支撑板上，摆放在试验环境中，不定期进行强力试验[3]。

2．试验样品的摆放与检测

（1）绘画馆（保西庑）

在展室北侧和中间各选一个展柜，在最南端的壁画前选择一个位置，分别摆放了试验样品和温湿度检测记录仪。

将红色布料样品和白色纸板样品尽量摆放在展柜门后或展柜下方不明显的位置，

1　前揭《故宫原状陈列室文物环境对部分有机质材料影响的试验研究》。

2　前揭《故宫原状陈列室文物环境对部分有机质材料影响的试验研究》。

3　前揭《环境因素对有机质材料色度影响的试验研究》。

以减少试验研究给观众带来的不良视觉影响[1]。

（2）体和殿

在展室西侧、中间以及东侧靠墙的桌子下边，各摆放一组试验样品，同时在每一组试验样品旁安装一台每周更换一次记录纸的温湿度检测记录仪[2]。

（3）一期地库

在一期地下库房，选择了纺织品文物库房作为试验室，将三组平行试验样品摆放其中，第一组样品靠在库房最里面的墙边，第二组靠在室内中间立柱下，还有一组靠近库房门口的侧墙下。每一组试验样品旁也安装一台每周更换一次记录纸的温湿度检测记录仪[3]。

二　试验结果

（一）三种试验环境温、湿度检测结果

绘画馆、体和殿和一期地库三种试验室环境的温、湿度检测结果已发表[4]。

（二）三种试验环境的试验样品的检测结果

1. 绘画馆（保西庑）试验样品的检测结果数据已整理发表[5]

（1）纯桑蚕丝试验样品色差值折线图（图一至图三）

（2）绘画颜料色牢度试验样品色差值的折线图（图四至图六）

（3）纯桑蚕丝试验样品断裂强度检测结果（图七至图九）

（4）宣纸抗张强度检测结果（图一〇至图一二）

2. 体和殿试验样品的检测结果数据已整理发表[6]

1　前揭《环境因素对有机质材料色度影响的试验研究》。

2　前揭《故宫原状陈列室文物环境对部分有机质材料影响的试验研究》。

3　前揭《环境因素对有机质材料色度影响的试验研究》。

4　前揭《环境因素对有机质材料色度影响的试验研究》。

5　前揭《环境因素对有机质材料色度影响的试验研究》。

6　前揭《故宫原状陈列室文物环境对部分有机质材料影响的试验研究》。

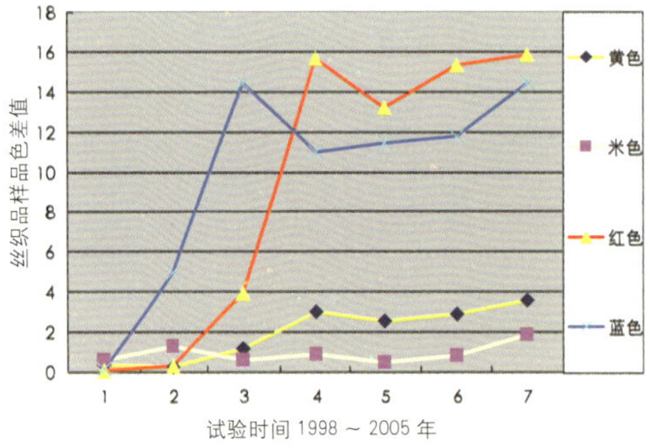

图一　1 号样品色差值折线图

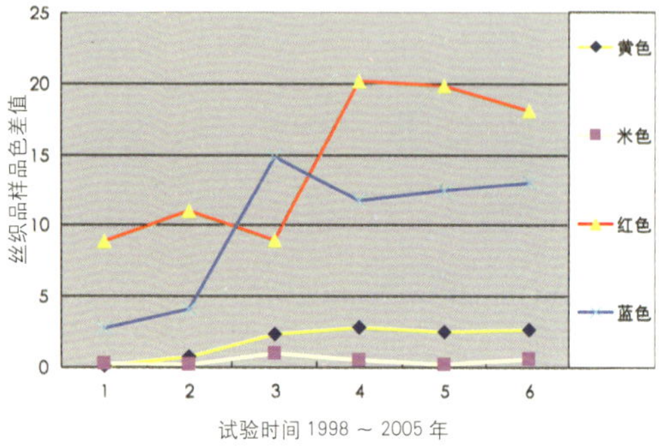

图二　2 号样品色差值折线图

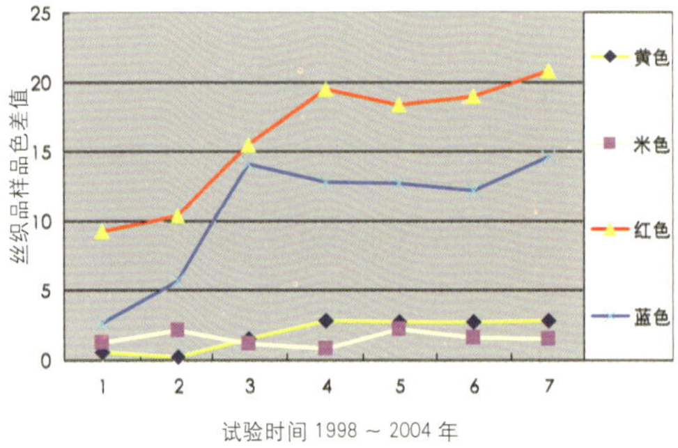

图三　3 号样品色差值折线图

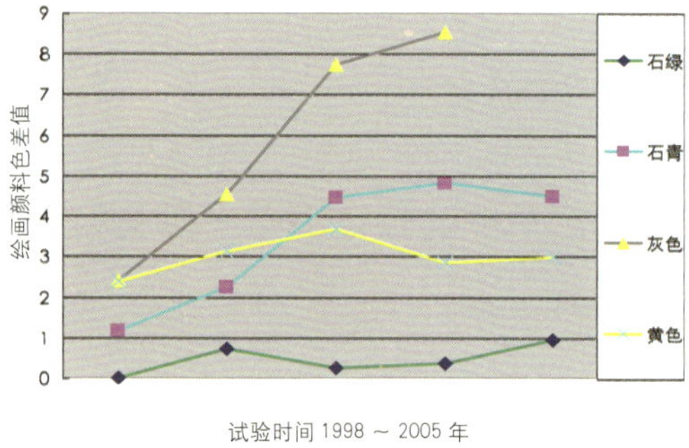

图四　1 号样品色差值折线图

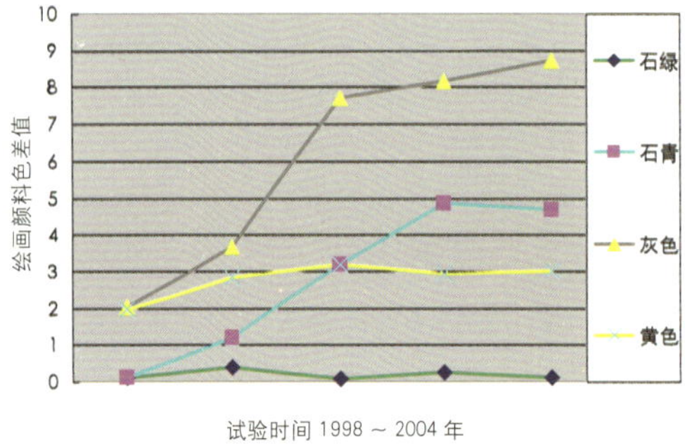

图五　2 号样品色差值折线图

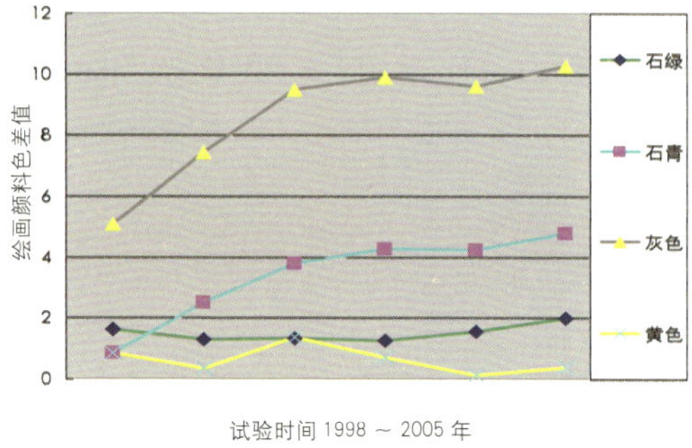

图六　3 号样品色差值折线图

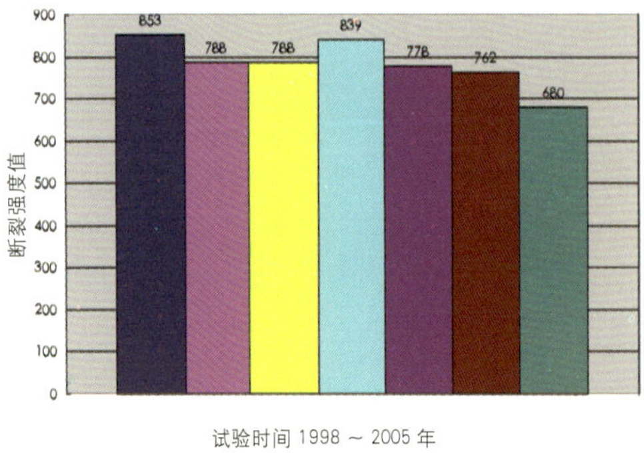

图七　1 号样品断裂强度平均值柱形图

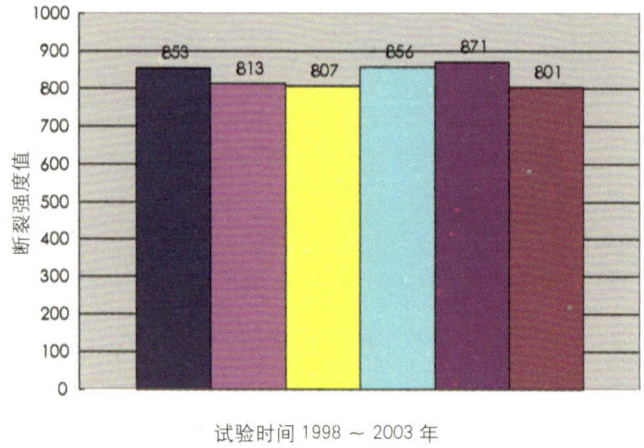

图八　2 号样品断裂强度平均值柱形图

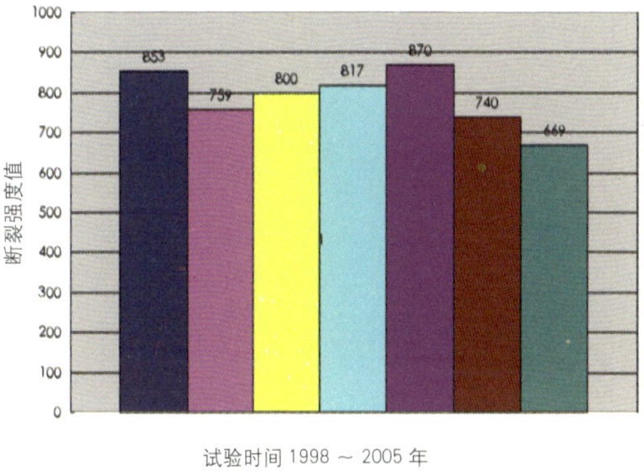

图九　3 号样品断裂强度平均值柱形图

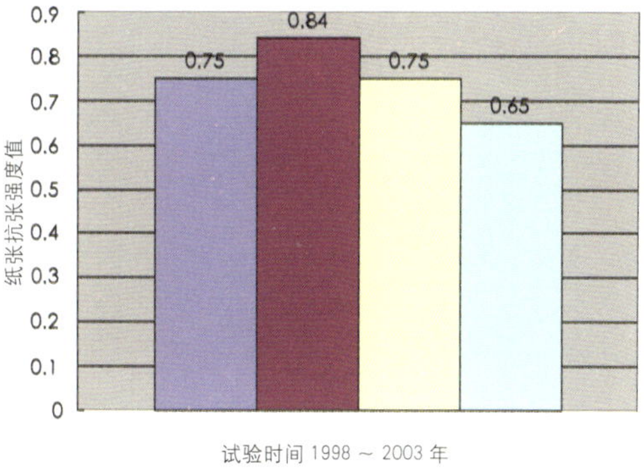

图一〇　1 号样品抗张强度值柱形图

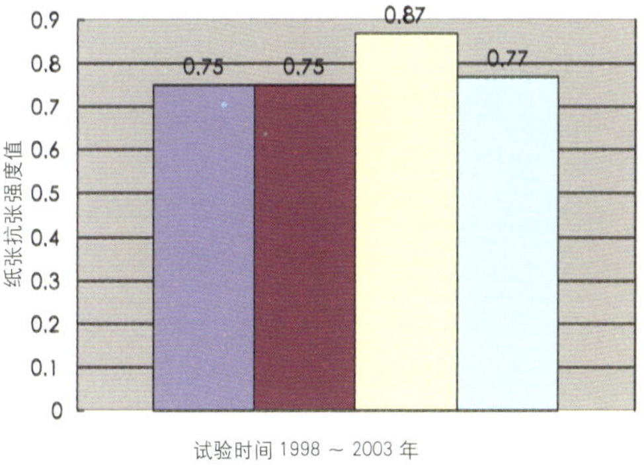

图一一　2 号样品抗张强度值柱形图

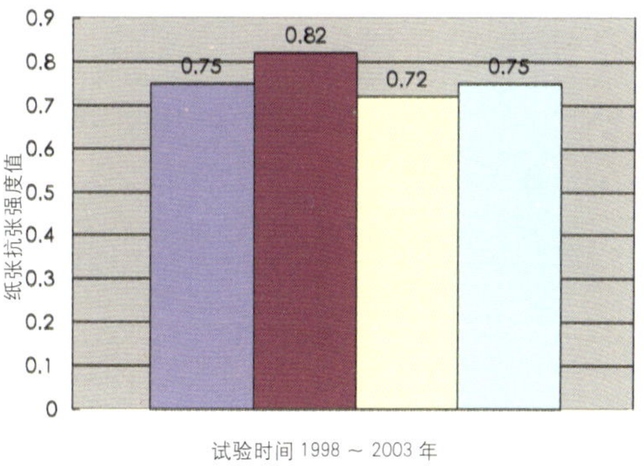

图一二　3 号样品抗张强度值柱形图

3. 地库（织绣库房）试验样品的检测

结果整理如下：

（1）纯桑蚕丝试验样品色牢度检测结果（图一三至图一五）；

（2）绘画颜料色牢度检测结果（图一六至图一八）；

（3）纯桑蚕丝试验样品断裂强度值（图一九至图二一）；

（4）宣纸试验样品抗张强度检测结果（图二二至图二四）。

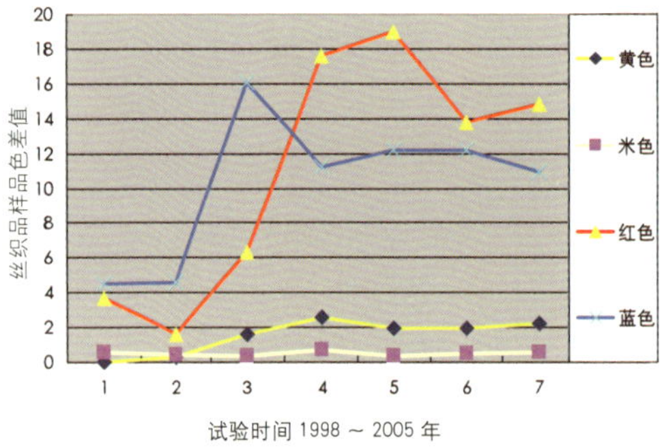

图一三　7 号样品色差值折线图

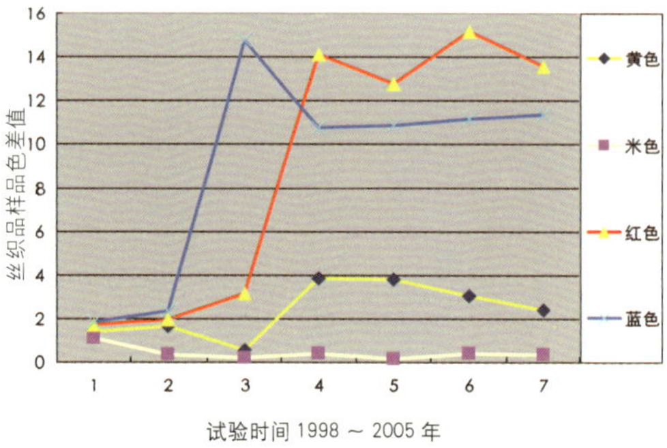

图一四　8 号样品色差值折线图

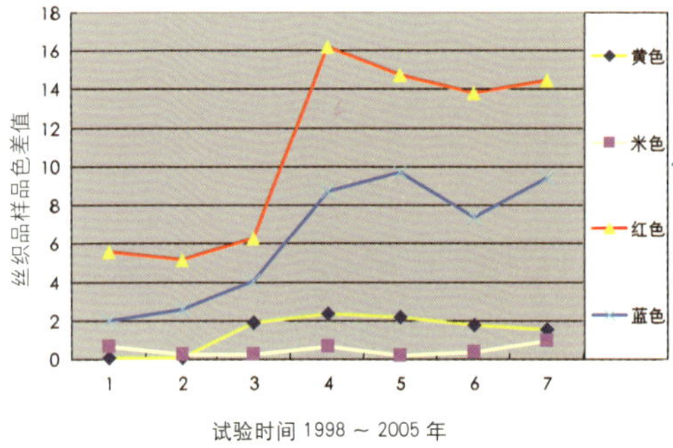

图一五　9 号样品色差值折线图

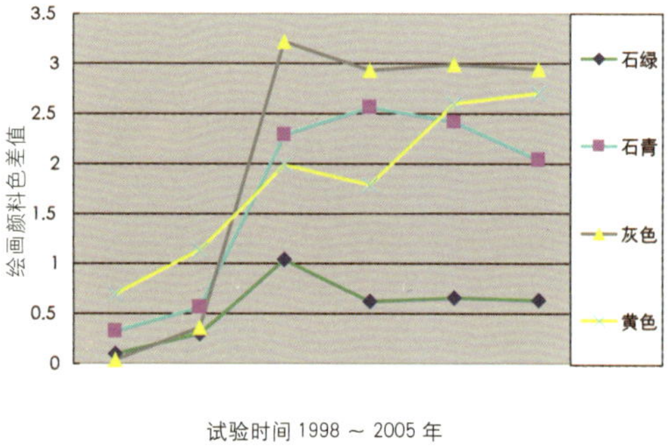

图一六　7 号样品色差值折线图

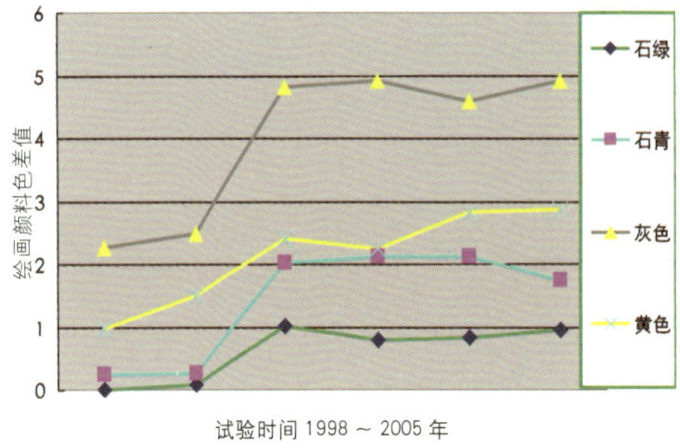

图一七　8 号样品色差值折线图

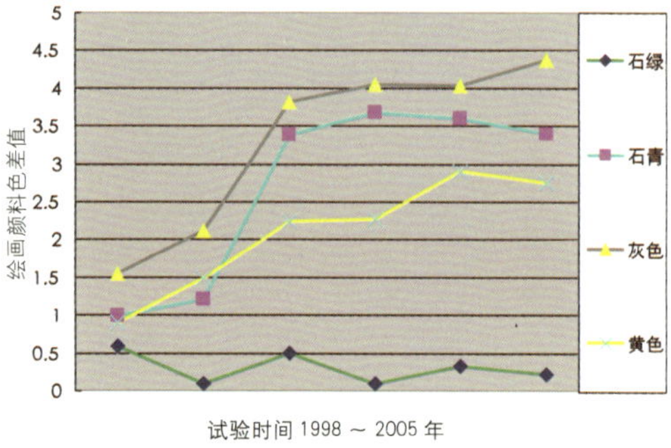

图一八　9 号样品色差值折线图

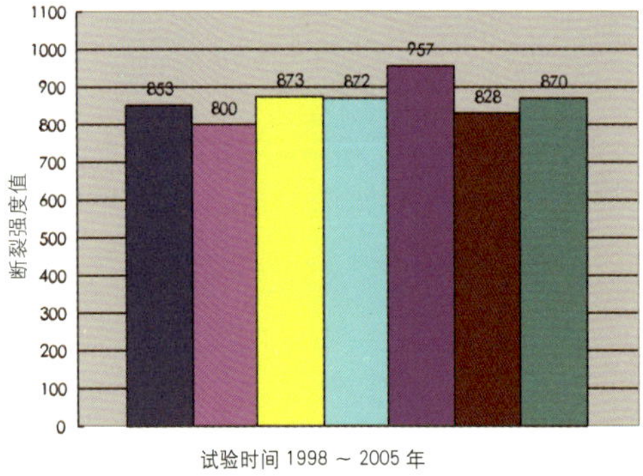

图一九　7 号样品断裂强度平均值柱形图

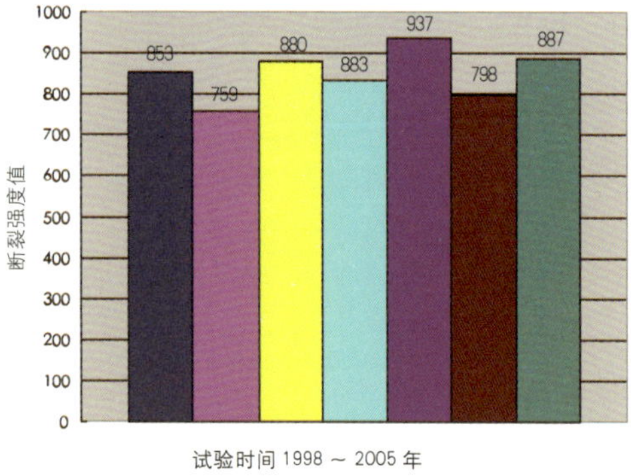

图二〇　8 号样品断裂强度平均值柱形图

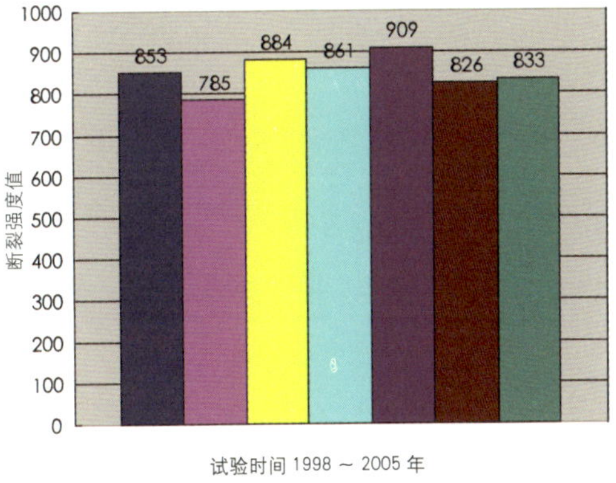

图二一　9 号样品断裂强度平均值柱形图

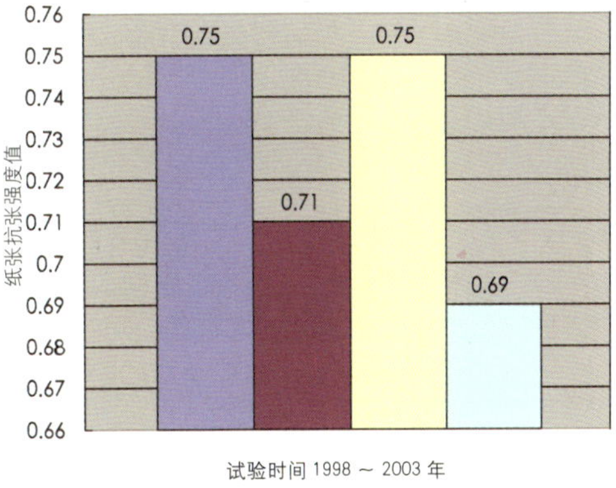

图二二　7 号样品纸张抗张强度平均值柱形图

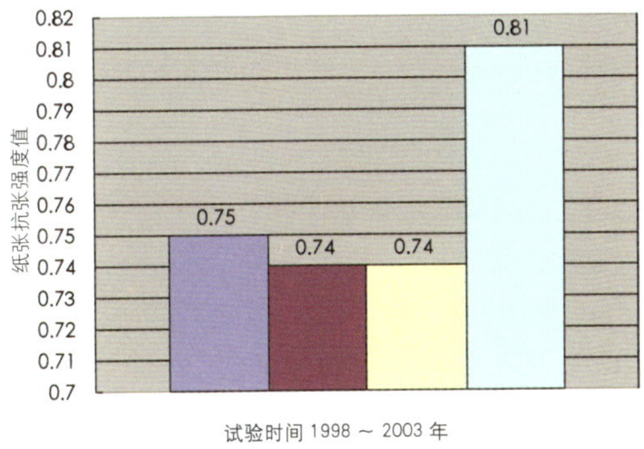

图二三　8 号样品纸张抗张强度值柱形图

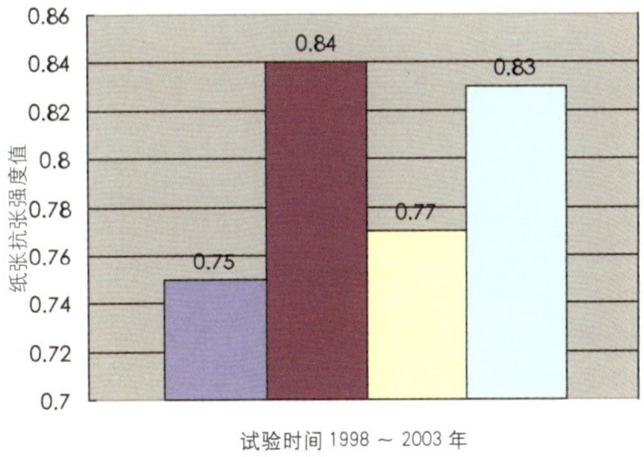

图二四　9 号样品纸张抗张强度值柱形图

三　结果与结论

本文绘画颜料和丝织品颜色变化试验检测由试验室自行操作完成，使用北京光学仪器厂 1987 年生产的 TC—PIIG 型全自动测色色差计，参照等效国际标准 ISO 105/J01—1987《纺织品颜色和色差的测定》。

纺织品断裂强力的检测，全部由国家军需产品质量监督检验中心测试，参照标准 BG/T3929.1—1997《纺织品织物断裂强力和断裂伸长的测定》，在国家一级标准规定的环境 t=20±2℃、相对湿度 RH=65±2% 的条件下，对 55 组试验样品进行了测试。组数 55，每组试验 6 条，合计 7 次。

纸张抗张强度的检测，全部由中国制浆造纸工业研究所国家纸张质量监督检验中心测试，参照标准 GB12914，单位 KN/M，在国家标准规定的测试环境 t=23±1℃、相对湿度 RH=50±2% 的条件下对 64 组试验样品进行了测试。组数 64，每组试验 10 条，合计 7 次。

（一）试验结果

1. 绘画馆试验结果（表一、表二）

表一　绘画馆绘画颜料色差变化评级表

试验时间 \ 色差级别 \ 样品颜色	灰色	石青	黄色	石绿
1999 年	3—2	4—2	3—4	5
2000 年	3—2	4—2	3	4—5
2001 年	4—2	4—3	3	5
2002 年	4—2	4—3	3—4	5
2004 年	样品丢失	4—2	3—4	4—5
2005 年	样品丢失	4—2	3	4—5

表二　绘画馆丝织品色差变化评级表

试验时间 \ 色差级别 \ 样品颜色	黄色	米色	红色	蓝色
1999 年	5	5	1—2	3—4
2000 年	4—5	5	1	3
2001 年	3—4	4—5	1—2	0
2001 年	3—4	4—5	0	1
2002 年	3—4	5	0	1
2004 年	3—4	4—5	0	1

2. 体和殿试验结果（表三、表四）

表三　体和殿绘画颜料色差变化评级表

样品颜色 / 色差级别 / 试验时间	灰色	石青	黄色	石绿
1999 年	4—5	5	4—5	5
2000 年	2—3	4—5	4—5	4—5
2001 年	3	3—4	3	5

表四　体和殿丝织品色差变化评级表

样品颜色 / 色差级别 / 试验时间	黄色	米色	红色	蓝色
1999 年	4	4—5	4	2—3
2000 年	4—5	3—4	2	1—2
2001 年	4—5	2—3	0	1
2001 年	3—4	2	0	0

3. 一期地库试验结果（表五、表六）

表五　一期地库绘画颜料色差变化评级表

样品颜色 / 色差级别 / 试验时间	灰色	石青	黄色	石绿
1999 年	4	4—5	4	4—5
2000 年	4	4—5	4	5
2001 年	2—3	3—4	4	4—5
2002 年	3—4	3—4	4	4—5
2004 年	3—4	3—4	4	4—5
2005 年	3—4	3—4	4	4—5

表六　一期地库丝织品色差变化评级表

样品颜色 / 色差级别 / 试验时间	黄色	米色	红色	蓝色
1999 年	5	4—5	3	2—3
2000 年	5	5	4	2—3
2001 年	4—5	5	2	0
2001 年	3—4	4—5	0	1—2
2002 年	4	5	0	1
2004 年	4	4—5	0	1
2005 年	3—4	4—5	0	1—2

注：表中 0 数字是指色差值大于 13.6 以上

（二）结论

我们参照色牢度评定级标准，对试验样品的试验结果进行了分析研究，总结出了不同环境对纸样和纯桑蚕丝织品的影响程度。首先需要说明，断定色差变化的评级标准，级别为五档，数字越大说明影响越小；相反，数值越小说明影响越严重。经过对试验数据的整理我们发现，四种绘画颜料和四种丝织品染料在三种环境条件下，每种环境中的三组平行试验样品的试验结果比较一致。下面以试验结果为依据，详细分析研究不同文物环境对有机质材料的影响程度。

1. 绘画颜料色差试验结论

三种试验环境对绘画颜料样品的影响结果表明，体和殿内的样品色差变化最明显。而四种颜色的绘画颜料中灰色变化最大，其次是黄色，石青和石绿受环境温、湿度的影响相对较小，换句话说，石青色和石绿色对环境变化不太敏感。

2. 纯丝织品色差变化

从试验结果分析，丝织品染料色牢度与绘画颜料色牢度相比差别很大，纺织品染料对环境温湿度变化比较敏感。三种环境内的红色丝织品试验样品，三年后检测的结果均大于 13.6，超出国标评级范围，用 0 表示；其次就是蓝色，三年后它的色差变化也显示出极大变化。对于蓝色来说，它的色差值变化以体和殿试验样品最严重，其次是绘画馆和一期地库，而一期地库和绘画馆试验样品的色差值比较，没有明显差异。

体和殿黄色丝织品样品色差变化最小，米色色差变化大于黄色；绘画馆黄色丝织品样品色差变化大于米色；恒温恒湿的地库环境内的丝织品试验样品色差变化黄色略大于米色，它们在同一标准级别内。

3. 纯桑蚕丝试验样品的断裂强度

在这三种试验环境中，绘画馆与一期地库文物环境比较，后者有明显的优势。绘画馆试验样品的断裂强度检测，以初始检测的断裂强度值为标准，初始检测数据均大于后来的检测样品的断裂强度，随着试验时间的延长，这一数据呈逐渐下降趋势；一期地库环境内的试验样品的断裂强度，相比初始数据没有明显的下降趋势。体和殿由于在试验期间遇上室内装修，试验样品丢失，2001 年试验被迫停止，但前三年的试验数据，也呈现出明显的下降趋势。

4. 宣纸试验样品抗张强度试验

由于在试验样品的选择上缺少经验，不了解样品的性能与均匀度，在检测结果的整理后过程中，发现试验结果与初始数据比较，没有明显的规律可循。通过与样品检测单位的专家共同讨论，试验样品的有纵向裁制，有横项裁制，初始检测均为横向，因此，听取纸张检测专家的意见，认为检测结果属于纵向数值的均删除。按照这种分析，三种不同文物环境对宣纸试验样品的影响程度，还是没有明显的变化趋势。再对照初始检测试验样品分析，同时检测 10 块纸样，每块纸样又裁成 12 条进行的抗张强力检测，其数据范围，最高值是 0.95，最小值是 0.48，其平均值最小是 0.65，最大值是 0.84，而这三种环境内试验样品的检测结果，一期地库内的三组平均数据都出现在参考值的范围内，绘画馆 2 号试验样品和体和殿 6 号试验样品，2000 年的检测结果是 0.87 和 0.88，均略大于初始检测值。

本试验除纸张试验样品的试验结果未能得出结论外，其他试验样品均能看出有明显的发展趋势。

总之，故宫文物环境因素的好坏，直接影响本试验结果。一期地库恒温恒湿环境为目前最佳的文物环境；绘画馆文物环境尽管白昼不一致，但因古建筑墙体厚，密封较好，环境质量好于体和殿室内环境；环境最差的为体和殿。

原载《故宫博物院院刊》2011 年第 5 期

故宫博物院藏楚王酓璋戈的保护修复

高　飞　王有亮　吕团结

内容提要：本文介绍了故宫博物院藏楚王酓璋戈的背景资料及保存现状，使用X射线照相和X射线荧光能谱分析方法对铜戈的嵌金工艺和曾经补配材料进行了观察与成分分析，并根据器物的病害特点与文物保护相关原则，制定了有针对性的修复方法，取得良好的修复效果。

关键词：楚王酓璋戈　文物修复　焊接　粘接

青铜兵器是古代青铜器中的一大门类。“国之大事，在祀与戎”，在青铜时代，战争频发，当时的贵族为了获胜毫不吝惜珍贵的青铜，铸造了大量的兵器。虽然经历了战争的消耗，但仍然遗存数量众多，青铜戈即是其中的一种。

楚王酓璋戈（图一），作为故宫博物院院藏一级文物，显然并非普通的青铜戈可比。此戈长“援”，有“胡”且残，“援”及“胡”饰嵌金鸟篆书铭文 18 字：“楚王酓（熊）璋严犯南戉（越），用乍（作）䡇戈，台（以）邵（昭）旟（扬）文武之。”[1] 记楚王

图一　楚王酓璋戈

第一作者：文保科技部，副研究馆员。

1　李家浩：《楚王酓璋戈与楚灭越的年代》，《文史》第 24 辑，中华书局，1985 年。

酓璋重击南越，作此车战用戈，用以宣扬楚惠王酓璋之武功。此戈工艺水平精湛，嵌金的鸟篆书铭文更是字体清秀，并彰显出其高贵的等级，具有很高的历史和文物价值，本文就楚王酓璋戈的修复过程予以概述。

一 楚王酓璋戈的背景资料

楚王酓璋戈铭文中所述酓璋即为楚惠王（公元前488～前432年），芈姓，熊氏，名章，楚昭王之子，是中国历史上春秋晚期、战国初期的楚国君主。既然楚惠王名熊章，为什么又叫楚王酓璋戈呢？说到“酓”姓和“熊”姓之间的联系，很多学者们至今仍在研究。楚国的铜器铭文，包括“楚王酓璋戈”等，在这种资料中，楚王是“酓”氏。而这些铜器又都是楚王室铸造、使用的。也就是说，当时可能别国人称楚王室为“熊”氏，而楚王室自称“酓”氏。之后又有人发挥想象：文献以“熊”代“酓”，一则是由于这两个字读音相近，二则是由于北方诸侯对楚人曾以禽兽视之的心理。战国时代楚秦交恶，秦人所作的《诅楚文》称楚君之氏不用“酓”字而用“熊”字，就是视同禽兽的证据[1]。而国家博物馆于成龙先生通过研究发现，对于楚人而言，“酓”与“熊”两字，意旨无别，互可通用。《诅楚文》及典籍之中的楚王之氏，以“熊”代“酓”，是因时代变迁而产生的用字差异，而非其他原因[2]。

在青铜兵器中，戈是出现较早的，二里头文化时期即已出现，且一直延续使用至战国和秦，期间形制虽有变化，但其几个基本部位仍大致相同[3]。戈是春秋战国时的主要刺杀、格斗兵器，它通常由青铜戈头、柲（柄）、柲帽、柄末端的镈等部分组成，其中最主要的部分就是铜戈头，而铜戈头又可细分为“援”“内”“胡”“锋”“刃”“穿”“阑”“脊”等部分（图二）。

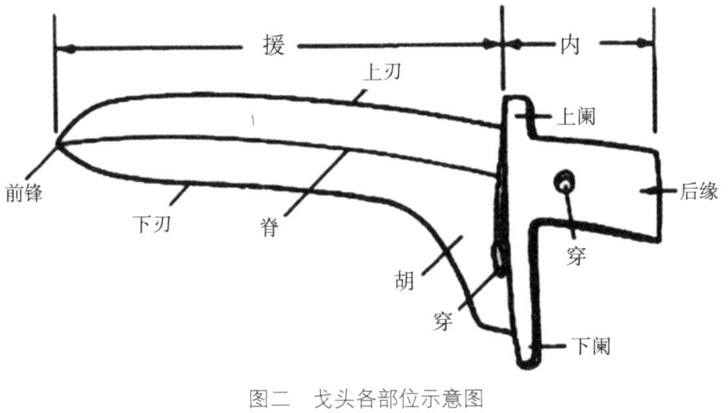

图二 戈头各部位示意图

1 张正明：《楚史》，第36页，湖北教育出版社，1995年。

2 于成龙：《若云战国楚人事，且将勾兵说惠王——跋楚王酓璋戈》，《紫禁城》2012年第9期。

3 朱凤翰：《中国青铜器综论》（上），第389页，上海古籍出版社，2009年。

楚王酓璋戈之所以具有很高的历史和文物价值，其中一个重要的原因就在其“援”及“胡”处饰有嵌金鸟虫篆书铭文，字体清秀而不失古韵，在兵器中不为多见。

鸟虫书作为古汉字的一种书体，又名虫书、鸟书、鸟篆、鱼书等，出现于公元前6世纪至2世纪。最初只是为了美观，后来因为笔画复杂，花样繁多，难于仿造，也用于书写证件。鸟虫书大体都是用当时流行的篆书字体为骨干，任意加以改造和装饰。开始是作一些鸟或虫的形状连缀在笔画上，常露出字形之外，不难辨认。后来逐渐发展成鸟虫在笔画之间，或即用鸟虫代替笔画，与篆书字体十分和谐，容易取得美观的效果。这种字体不能按照许慎六书分析解说，在中国文字学史上是一个骈枝[1]。

中国青铜器时代末期，铜器上用鸟虫书作为纹饰，常见于戈矛剑之类，钟铭也有，较早的有：吴王子于戈，吴王僚即位（公元前526年）前作；楚王孙渔戈，楚司马子鱼（卒于公元前525年）作；宋公栾戈（公元前514～前45年）；楚王酓璋戈（公元前488～前432年）；蔡侯产剑（公元前471～前457年）；越王勾践剑（公元前496～前465年），这些都是吴、楚、宋、蔡、越国之物，从地理上看，鸟虫书大约发生在长江中下游一带。

二　保存现状及检测分析

（一）保存现状

楚王酓璋戈送修时，其“内”和“援”断裂为两部分（图三）。在断裂的碴口处，通过观察可以发现曾经焊接过的焊锡残留，故可以判定此戈曾经修复过，但由于时间的推移，焊接处或虚焊或材料老化，造成了文物从曾经修复处再次开裂。

对断口处进行观察，可以看出此戈的铜基体有的部分已经呈现深红褐色，这是铜质矿化的表现，也是造成器物从焊接处开焊的原因之一。因为为了焊接牢固，必须要在焊口上找到纯度高的铜基体，以便在焊剂的作用下，利用高温将焊锡与青铜基体连接在一起，形成牢固的整体。而这件戈的断口处部分锈蚀，矿化严重，已经失去其铜基体的性质，所以焊接的效果和强度势必会受到影响。

由于在戈的表面并没有发现粉状“有害锈”，表面的锈蚀产物比较稳定，且此戈在库房中保存多年一直比较稳定，没有新的锈蚀产生，所以出于青铜器保护修复的相关原则，不宜盲目进行去锈的工作。

1　互动百科：鸟虫书。http://www.baike.com/wiki/%E3%80%8A%E9%B8%9F%E8%99%AB%E4%B9%A6%E3%80%8B

图三　铜戈“内”与“援”的断裂

（二）检测分析

由于观察到此戈曾经焊接修复过，因此为了对其材质与曾修复情况进行科学认知，以便指导修复方案的制订与具体实施，采用 X 射线照相（X-ray Photography）、X 射线荧光能谱（ED-XRF）的方法对器物进行了检测与分析。

1.X 射线照相

由于传统的青铜器修复会在修复过的地方做旧，虽然符合东方人对于艺术和审美取向的需求，但为观察器物是否曾经修复过造成了困难。为了更好地了解楚王酓璋戈曾修复的情况，使用 X 射线探伤机对铜戈进行了照相，实验参数为：电压：160 千伏；电流：5 毫安；距离：70 厘米；拍照时间：5 分钟。照片见图四。

参照图四，发现了戈的“内”有曾经补配修复的痕迹，与铜戈基体颜色明显不同的修补碎块清晰可辨，因此需要继续对铜戈的修补部位进行成分分析，以确定原来补配所使用的材质。

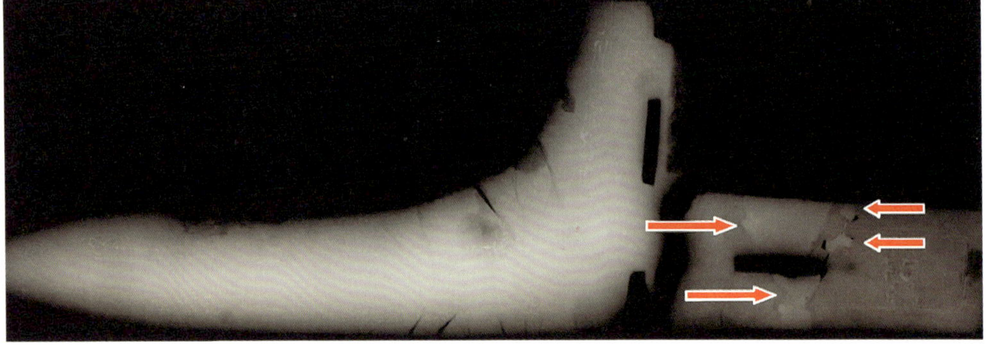

图四　X 射线照片（箭头处指向补配部位）

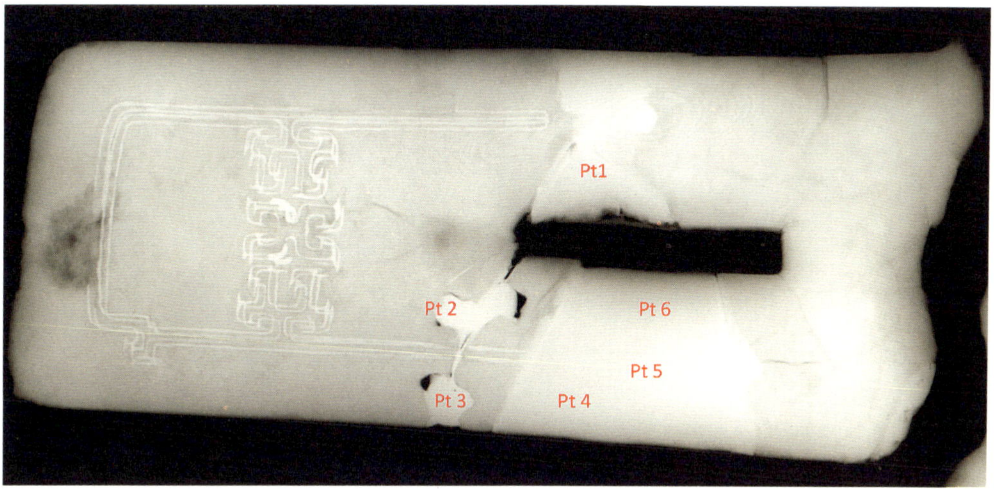

图五　铜戈"内"部位补配部位的成分分析点位

2.X 射线荧光能谱分析

使用故宫博物院古陶瓷检测研究实验室美国 EDAX 公司的 EAGLE III 型 X 射线荧光能谱仪对此戈的嵌金纹饰以及补配部位进行原位的成分分析，测试条件为：电压：40 千伏；电流：150 ~ 200 毫安；测试时间：100 秒（活时间）。采用无标样定量分析软件得到元素的半定量质量百分含量，其分析结果如表一所示，其中补配部位的分析点位见图五。

表一　铜戈不同点位的元素半定量组成

（单位：wt%）

		Al	Si	P	Ca	Fe	Cu	Pb	Sn	Ba	Zn	Au	Ag
错金部位	1	—	—	—	0.4	0.7	0.8	—	6.0	—	—	84.6	7.6
	2	—	—	—	0.3	1.0	1.0	—	4.2	—	—	85.3	8.2
	3	—	—	—	0.3	0.5	4.9	—	7.3	—	—	80.1	6.9
补配部位	1	—	1.3	—	2.3	0.2	6.5	42.2	42.3	4.9	0.5	—	—
	2	—	2.2	—	2.7	0.2	1.6	47.7	45.2	0.4	—	—	—
	3	—	3.4	—	2.5	0.2	0.5	65.2	26.7	0.5	1.0	—	—
	4	—	—	0.1	0.7	0.1	51.8	27.2	20.0	—	—	—	—
	5	—	—	—	0.8	0.1	52.1	27.3	19.7	—	—	—	—
	6	—	—	—	0.9	0.1	57.0	24.0	18.1	—	—	—	—

由上表可知，铜戈的嵌金部位含金量稳定，此外还含有一定量的银（Ag）杂质，由于没有测出汞（Hg）元素，因此推测应没有使用“金汞齐”的方法涂金，而为传统

的镶嵌法错金工艺。

从补配位置的成分分析结果来看，点位 1 ～ 3 与点位 4 ～ 6 的补配材料明显不同：点位 1 ～ 3 主要由 42% ～ 65% 的铅（Pb）和 26.7% ～ 46% 的锡（Sn）组成，由图五可见，点位 1 ～ 3 分布在断裂的裂缝处，应为焊接裂缝处所使用的低熔点铅锡焊料。铅锡合金作为焊料，春秋战国时期已经出现，山西晋国赵卿墓和战国早期的曾侯乙墓出土青铜器均采用了铅锡配比相当的焊料[1]；而点位 4 ～ 6 主要由 51% ～ 57% 的铜（Cu）、18% ～ 19% 的锡（Sn）和 23% ～ 27% 的铅（Pb）组成，参看此部位的 X 射线照片，应为一整块与铜戈基体配比不同的高铅锡青铜补块。可以看出，此件铜戈曾进行过补配和焊接，其缺损的部位比较明显。

三　保护修复原则的制定

青铜传统修复中的焊接技术，是文物修复过程一种把破碎片或补配件连接起来的传统工艺，经过历代青铜器修复行业的不断传承和发展得以继承和保存下来，是工艺的选择，也是历史的选择，因为只有真正有效的、经典的工艺才能在历史发展的进程中得以保留。但这种传统的焊接工艺也并非十全十美，还存在着两个不利于文物保护的缺陷：首先是焊接时需要使用焊剂（氯化锌溶液）助焊，它虽然属于弱酸，但仍有一定的腐蚀作用，若不去除干净，会给焊接后的青铜文物留下锈蚀的隐患，不利于文物的保护；其次是在焊接时为了保证焊接的牢固，必须要锉焊口。也就是需要焊接的断口上找出纯度高的铜基体，并在断接面两边锉出一定的坡度作焊接口，以便于填注焊锡。但实际上古代的青铜文物由于矿化严重，往往在实际修复中需要较大面积地锉找，这其实也是一种对青铜文物的破坏，所以需要尽量减少锉磨焊口。

随着时代的发展，高分子材料粘接技术已逐步引进到青铜文物修复技术的领域，实践证明，使用粘接技术的好处是不用锉焊缝和使用焊剂，可减有效少对青铜文物的破坏，而且相对于锡焊，在矿化严重的青铜器上也能起到良好的连接作用。同时，采用高分子胶粘剂也存在着几个缺点：其一是这些胶粘材料固化时间相对较长，容易导致错位或变形；其二是这些胶粘剂固化后，器物如果需要矫形处理就很难了，不像焊接工艺，连接后还可以通过烙铁加温熔化，然后根据位置的需要对焊接的部位进行调整；其三，如果待粘接断口铜基体较好，其粘接强度则不如焊接，而且粘接过多，会让铜器修复后缺少金属质感。

由于楚王酓璋戈的开焊断口处部分部位铜的金属性质已经基本缺失了，所以为了保证修复的效果，笔者认为仅仅采用焊接的方法将断开处重新连接，显然不是一个好的方

1　金普军：《中国先秦钎焊技术发展规律的探讨》，《自然科学史研究》2009 年第 1 期。

案，这将会使文物因为焊接的效果不好而有随时再次开焊、断开的可能性。对于这样重要的文物而言，这是一个很大的安全隐患。因此，基于以上的原因，笔者决定采用传统焊接工艺和高分子胶粘材料粘接相结合的方案进行这件楚王酓璋戈的修复工作。

四　保护修复方法与流程

（一）修前照相

接到修复任务后，将文物由专业的文物摄影工作者进行拍照，然后将照片存档。这项工作对文物修复、保护工作来说必不可少。它可翔实地记录下文物修复之前的状态，以备日后修复工作中随时调用参考。

（二）断口处理

首先，利用电烙铁加温去除曾经焊接修复残留的焊锡。

然后对断口进行打磨，这是焊接之前必须做好的准备工作。根据前文制定的尽量少锉磨焊口的修复原则，并没有过多打磨已经呈现暗红褐色的部位，而只将铜基体好的部位打磨露出新铜，为焊接做好准备。

如前文所述，由于戈的表面并没有发现"有害锈"，所以没有盲目地进行去锈的工作。但为了保证用 AAA 环氧树脂胶进行粘接的效果和强度，必须要对需要粘接的断口两侧进行清洁，因此使用棉签蘸取无水乙醇擦拭，把断口两侧的表面清洁干净。

（三）拼对、焊接和粘接

断口处理好之后就是整个修复工作中至关重要的步骤：拼对、焊接和粘接。

锡焊法的优点是设备简单，操作方便，容易掌握。焊接所需的温度低（在 250℃ ~ 450℃的范围内即可进行各种铜器的焊接），热度对焊件的影响小，不会造成铜器的氧化，对铜器修复来说，这无疑是最大的优点。因此，使用锡焊法将之前打磨过的、铜基体较好的部位进行了焊接，由于焊接部分只占整体断口的三分之一左右，所以余下部分还要进行粘接处理。

由于焊接完成后，戈的整体就基本固定了，所以粘接采用了流动性比较好的 AAA 环氧树脂胶来进行，将调好的稀稠度合适的胶液从断口处流动渗透进去，在渗透之前要在戈的断口对侧底部垫上一小团干净的布，以防止胶液漏出。这样经过两面断口的胶液渗透粘接后，焊接、粘接的工作就基本完成了。

图六　楚王酓璋戈修复前后的效果对比图

（四）做色

做色是整个修复中的收尾工作，但恰恰又是非常关键的，它直接影响文物修复后的外观效果，因此铜戈修复完整后，就要进行做色处理。焊接和粘接完成后，在器物的修复处留下了用于焊接和粘接的焊锡和环氧树脂，做色前要将它们按器物表面打磨平滑，然后用无水乙醇调和虫胶漆并加入需要的矿物质颜料调出与铜戈表面接近的颜色，用牙刷蘸取喷弹、点染在需要做色的部位。经过多次颜色过渡、套色后，我们将整个铜戈修复部位的颜色做得与原件锈色比较接近，达到了比较理想的效果。至此，整个的修复过程基本完成。

（五）修后资料整理保存

经修复后的楚王酓璋戈，按照修复程序在修复完成后，进行了专业的文物摄影，资料存档。

综上所论，通过对楚王酓璋戈的检测分析，明确了该戈曾使用不同材料进行过焊接、补配处理，铜戈的“内”与“援”两部分，因为原焊接断口处金属基体矿化严重而开焊、断裂。经过锡焊并结合环氧树脂粘接的方法重新连接后，不仅使得断裂的文物恢复原貌，而且显著增强了连接强度，修复前后的效果对比如图六。

附记：感谢故宫博物院古器物部何林先生、文保科技部苗建民主任以及恽小刚先生对本工作的支持。故宫博物院文保科技部实验室的李合先生完成了X射线荧光能谱的分析测试工作，王方先生完成了X射线照相的工作，曲亮先生通读全文并提出了有益的修改意见，在此一并致以感谢。

原载《中国文物保护技术协会第七次年会学术论文集》，科学出版社，2013年

唐三彩的仪器中子活化分析其在两京地区发展轨迹的研究

雷　勇

内容提要：本文采用仪器中子活化分析技术测定四个主要的唐三彩窑遗址（河南黄冶窑、陕西铜川黄堡窑、长安礼泉坊窑、河北邢窑）以及墓葬、建筑遗址出土唐三彩胎的元素组成，分辨了不同产地唐三彩胎的元素组成差别。而且本文综合考古资料、实验数据的统计学处理结果，将唐三彩在盛唐时期的发展历程划分为两个阶段，大约以705年（武则天退位）为界。前一阶段的唐三彩属于白胎类型，制作中心集中在洛阳地区，唐三彩器主要由黄冶窑制造，大型唐三彩俑由洛阳地区（包括黄冶附近）未被发现的窑场制作。后一阶段唐三彩的制作中心向长安地区转移，该中心的重要产品是红胎唐三彩，同时可能采用外来的原料制作白胎唐三彩，洛阳地区作为唐三彩的另一个制作中心同时存在。进而论证唐三彩器和唐三彩俑存在两个相对独立的发展轨迹。

关键词：唐三彩　产地　仪器中子活化

序言

在中国，唐三彩的出土地域十分广泛，数量最多的是陕西西安和河南洛阳地区。目前已经发现的大规模出土唐三彩的窑址主要有四处，分别是河南巩县黄冶窑址[1]、陕西铜川黄堡窑址[2]、陕西长安礼泉坊窑址[3]、河北内丘邢窑唐三彩窑址[4]（图一）。另外，

作者：文保科技部，研究馆员。

1　河南省巩义市文物保护管理所：《黄冶唐三彩窑》，科学出版社，2000年。

2　陕西省考古研究所：《唐代黄堡窑》，文物出版社，1992年。

3　张国柱、李力：《西安发现唐三彩窑址》，《文博》1999年第3期。

4　内丘县文物保管所：《河北省内丘县邢窑调查简报》，《文物》1987年第9期。

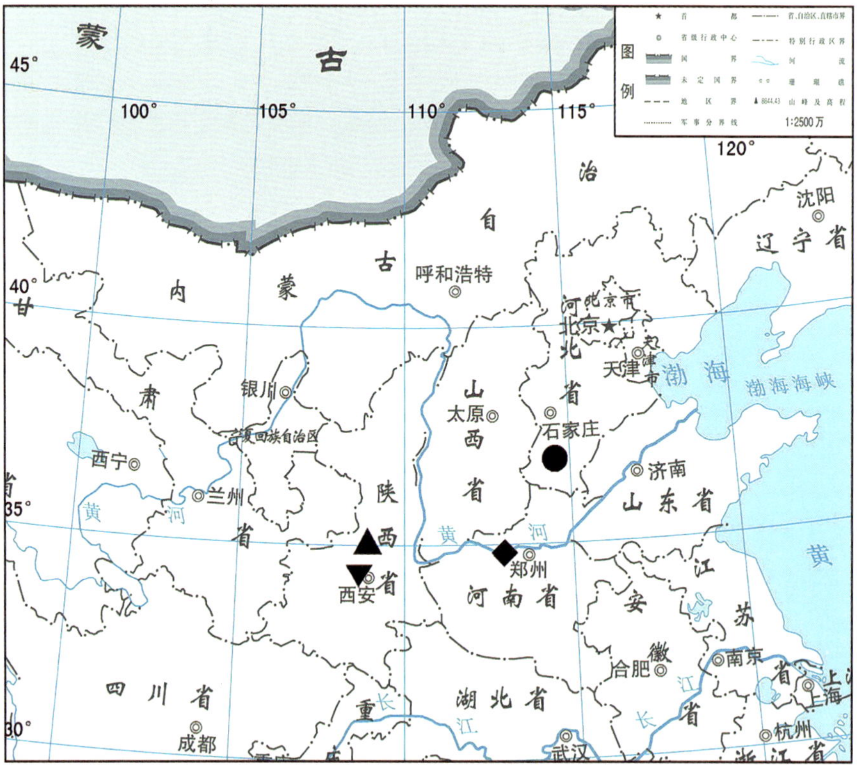

图一　中国古代主要唐三彩窑址的分布图
▲陕西黄堡窑遗址　▼长安礼泉坊窑址
◆河南黄冶窑遗址　●河北邢窑遗址

在山西浑源[1]，河南鲁山、宝丰、禹县、密县、济源，四川邛崃[2]等地也发现有唐三彩窑，不过它们的规模较小或者时代较晚。其中四川邛崃唐三彩窑址规模较大，但时代属于中晚唐时期。此外，还有渤海国生产的具有地域特色的渤海三彩[3]。

借助传统考古学的研究方法，从器物种类、造型特征、釉色等角度仍无法确切地判别许多唐三彩的产地。唐三彩在两京（长安和洛阳）地区的产生、发展、传播并最终达到鼎盛的脉络也不清晰。两京地区在唐三彩发展史上的不同地位也存在争议。而明晰唐三彩的发展轨迹，也就解决了唐三彩乃至中国古陶瓷发展史上的一个重要疑问。科学地总结和归纳唐三彩产地的判别方法，可以为唐代墓葬、遗址的研究提供非常有用的研究手段。故宫博物院的苗建民研究员曾经采用中子活化分析的手段，研究过陕西、

1　陈安利：《中华国宝：陕西珍贵文物集成 · 唐三彩卷》，陕西人民教育出版社，1998 年。

2　李知宴：《中国釉陶艺术》，中国轻工业出版社，1989 年。

3　［日］山崎一雄：《渤海三彩与唐三彩的釉药及胎土的比较》，《博物馆研究》1996 年第 4 期。

河南、湖北、江苏扬州地区出土唐三彩的产地[1]，为唐三彩的产地判别提供了重要的信息。

本项研究通过仪器中子活化分析方法测定四个主要唐三彩窑址（黄冶窑址、黄堡窑址、长安礼泉坊窑址和邢窑内丘窑址）出土唐三彩胎的元素组成，为唐三彩产地的判别和研究提供参照和依据；采用同样的分析方法测定未知产地（主要是长安和洛阳地区）唐三彩胎的元素组成，参照窑址出土唐三彩的分析数据，结合已掌握的考古发现和文献记载研究唐三彩产地的判别方法，归纳唐三彩的发展和传播轨迹。

中子活化分析技术 (NAA) 最早应用于考古研究是在 20 世纪 50 年代[2]，这一研究方法具有分析灵敏度、准确度高，无须定量分离，基体效应和取样量小等优点。到了 70 年代，当这种方法与计算机统计分析技术结合以后[3]，逐渐成为一种成熟的研究手段。到目前为止，在古器物痕量元素分析中，此方法被认为是最有价值的分析手段[4]。

一　实验及数据处理结果

我们选取长安礼泉坊窑址出土的唐三彩残片共 85 片 (编号 1 ～ 85)，按照胎色将样品分为红、米黄、粉红、灰黑、白共五类样品；同时选取河南黄冶窑址出土的唐三彩 36 片（编号 86 ～ 121）、陕西铜川黄堡窑址出土的唐三彩 51 片 (编号 122 ～ 172)、河北内丘邢窑遗址出土的唐三彩 7 片（编号 Xn1 ～ 7）。后三个窑址出土唐三彩的胎色为白色或浅粉色。再选取西安、洛阳、扬州地区墓葬或遗址出土唐三彩，共 100 余片左右（表一）。由于多数墓葬和遗址的报告未出，部分墓葬只掌握纪年等简要情况。将所选唐三彩样品的胎切取足够量，并进行研磨至粒度接近 200 目。

1　苗建民、陆寿麟:《中子活化分析和主成分分析对唐三彩产地问题的研究》,《东南文化》2001 年第 9 期。

2　Sayre,E.V.,and R.E.Dodson, “Neutron activation study of Mediterranean potsherds,” *Amerian Journal of Archaeology*,1957,61:35-41;Sayre,E.V.,A.Murrenhoff,and C.F.Weick,Non-destructive analysis of ancient pot sherds through neutron activation,Report BNL-508,Upton,N. Y, Brookhaven National Laboratory,1958.

3　Harbottle,G, “Activation analysis in archaeology,” *Radiochemistry*,1976,3:33-72;Wilson,A.L, “Elemental analysis of pottery in the study of its provenance:A review.” *Journal of Archaeological Science*,1978,5:219-36.

4　M.Balla,G.Keomley,Gy.Rosner, “Neutron Activation Analysis for Provenance Studies of Archaeological Ceramics,” *Journal of Radioanalytical and Nuclear Chemistry,Articles*,Vol.141,No.1(1990):7-16.

表一　墓葬和遗址出土唐三彩的样品表

墓葬或遗址名	器物类型	胎色	样品数量（片）
李福墓[1]（672年）	器皿	白	5
恭陵哀妃墓[2]（676年）	器皿	白	7
李晦墓[3]（689年）	俑	白	8
康文通墓[4]（697年）	俑	白	7
章怀太子墓[5]（706年）	俑	红	13
节愍太子墓[6]（710年）	俑	白	6
西安南郊M31墓[7]	俑	白	12
	俑	红	4
昭陵32号陪葬墓	器皿	白	5
扬州唐城遗址	器皿	白	16
大明宫遗址	器皿	白	14

称适量样品，用高纯铝箔包裹，在200℃下烘干约4小时。然后将样品和化学标准及标准参考物一起送入反应堆中接受中子辐照，照射时间为8小时，中子注量率为$5.0\times10^{13}n/cm^2\cdot S$。活化后的样品经一定冷却时间（第一轮为7～9天，第二轮为18～19天）后，拆去铝箔，将样品转入塑料小瓶中，用ORTEC公司生产的带高纯Ge探测器（GEM-20180-T型）的多道探测系统进行测量。采用SPA解谱程序对数据进行分析，检测出21种元素。

根据仪器中子活化的分析结果，可基本建立起黄冶窑址、黄堡窑址、长安礼泉坊窑址和邢窑内丘窑址出土唐三彩化学成分的数据库，为墓葬和遗址出土唐三彩的产地

1　前揭：《中华国宝：陕西珍贵文物集成·唐三彩卷》。

2　郭洪涛：《唐恭陵哀皇后墓部分出土文物》，《考古与文物》2004年第4期。

3　韩伟、张建林：《陕西新出土唐三彩唐墓壁画》序，重庆出版社，1998年。

4　西安市文物保护考古所：《唐康文通墓发掘简报》，《文物》2004年第1期。

5　陕西省博物馆、乾县文教局唐墓发掘组：《唐章怀太子墓发掘简报》，《文物》1972年第7期。

6　陕西省考古研究所：《唐节愍太子墓发掘报告》，科学出版社，2004年。

7　西安市文物保护考古所：《西安南郊唐墓（M31）发掘简报》，《文物》2004年第1期。

推断提供了可靠的参照数据和标准（附表一至附表三）。

由于样品较多，元素种类也有 21 个，我们选择了化学性质稳定、不易受环境影响的 Ce、Nd、Eu、Tb、Yb、Lu、Hf、Ta、Th、Sc、Cs、La、Sm、U 共 14 种元素。例如，考虑到埋藏环境可能带来的元素干扰，Fe、Na、K 没有被纳入主因子分析所选择的 14 种元素。采用主因子分析进行数据分析，使这 14 种元素的主要信息显示在因子 1、2 当中，用来观察四个窑址和墓葬、建筑遗址出土唐三彩胎料间成分的差别。因子 1、2 涵盖了 77% 以上的信息。因子分析的处理结果如下（图二）：

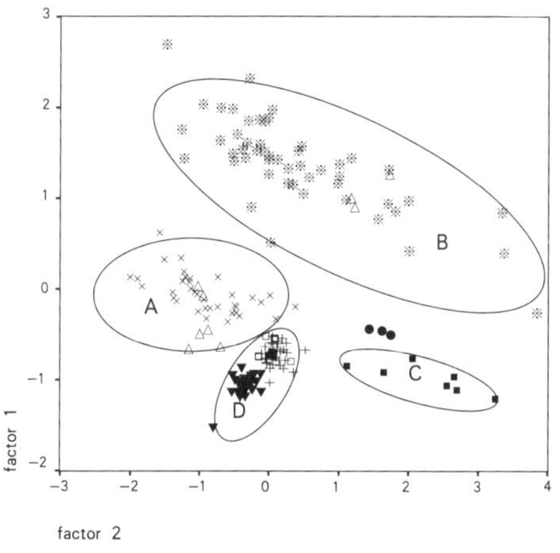

（图二，a）长安礼泉坊、黄堡、黄冶、邢窑唐三彩窑址出土唐三彩胎的因子分析图
× 黄冶窑（区域 A） ※ 黄堡窑（区域 B）
■邢窑（区域 C）长安礼泉坊唐三彩窑：+ 红胎（区域 D）
※黄胎 ●粉胎 □灰黑胎 △白胎

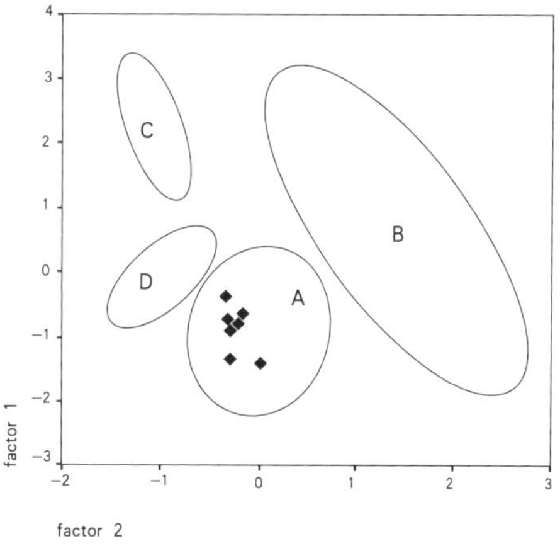

（图二，b）长安礼泉坊、黄堡、黄冶、邢窑和李晦墓出土唐三彩的因子分析图
◆李晦墓

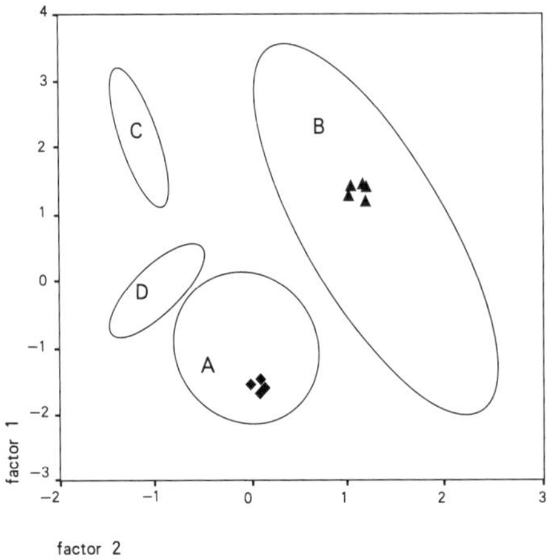

（图二，c）长安礼泉坊、黄堡、黄冶、邢窑、李福墓和昭陵 32 号陪葬墓出土唐三彩的因子分析图
◆李福墓　▲昭陵 32 号陪葬墓

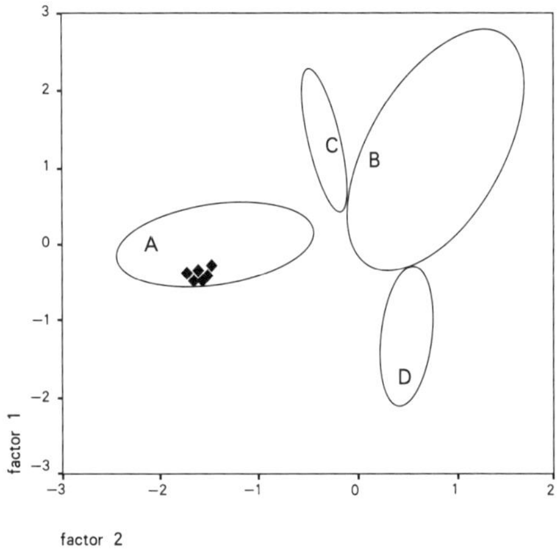

（图二，d）长安礼泉坊、黄堡、黄冶、邢窑和节愍太子墓出土唐三彩的因子分析图
◆节愍太子墓

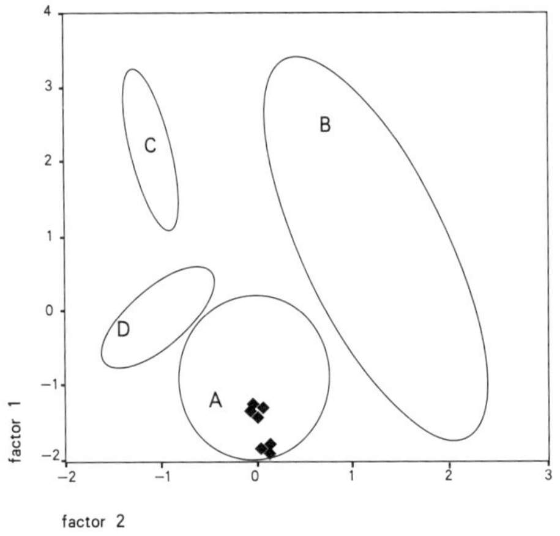

（图二，e）长安礼泉坊、黄堡、黄冶、邢窑和哀妃墓出土唐三彩的因子分析图
◆哀妃墓

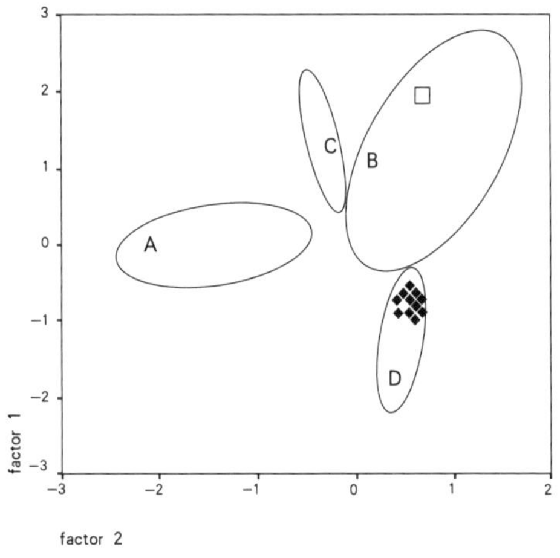

（图二，f）长安礼泉坊、黄堡、黄冶、邢窑和章怀太子墓出土唐三彩的因子分析图
章怀太子墓：◆红胎　□白胎

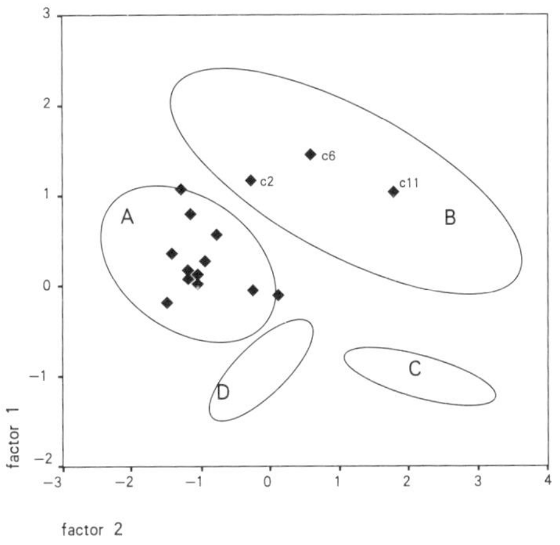

（图二，g）长安礼泉坊、黄堡、黄冶、邢窑和大明宫太液池出土唐三彩的因子分析图
◆唐大明宫太液池遗址

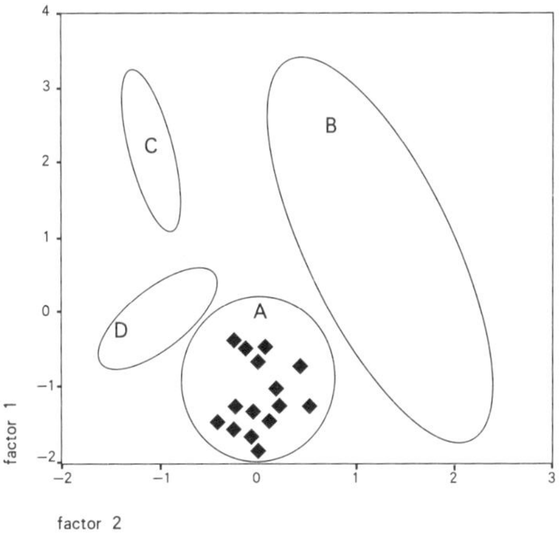

（图二，h）长安礼泉坊、黄堡、黄冶、邢窑和唐扬州城遗址出土唐三彩的因子分析图
◆唐扬州城遗址

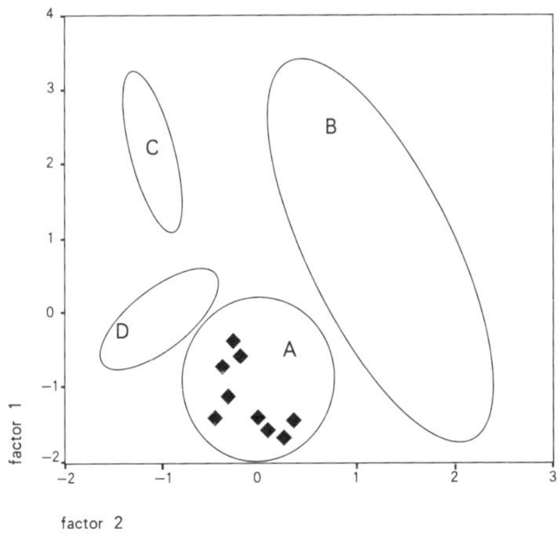

（图二，i）长安礼泉坊、黄堡、黄冶、邢窑和康文通墓出土唐三彩的因子分析图
◆康文通墓

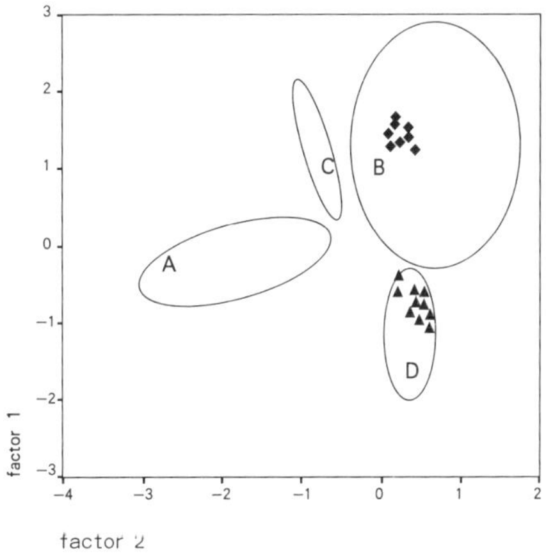

（图二，j）长安礼泉坊、黄堡、黄冶、邢窑和西安南郊 31 号墓出土唐三彩的因子分析图
西安南郊 31 号墓：◆白胎 ▲红胎

图二　因子分析处理结果

陕西黄堡窑、河南黄冶窑、河北内丘邢窑、长安礼泉坊窑遗址出土的唐三彩胎的因子分析图有明显的差别（图二，a）。其中，前三个窑附近都有高岭土矿床可供开采，表明这些窑址采用当地的高岭土作为唐三彩的制胎原料。长安礼泉坊窑址出土的唐三彩主要以铁红胎为主，这是其他三个窑址没有发现的。在当地，制作这种铁红胎的黏土十分丰富，制胎原料可以就地取材，非常便利。还表明长安礼泉坊窑址出土的少量白胎唐

三彩中，一部分与黄冶窑唐三彩胎的成分接近，另一部分与黄堡窑唐三彩胎的成分接近。西安附近没有制作白胎的高岭土矿床，据此可以推测该窑址出产的白胎唐三彩选用了黄冶和黄堡窑附近的制胎原料；也有可能选用过这两个窑的白胎素烧制品；甚至购入这两个窑的唐三彩成品。这些可能性表明，这三个窑址之间可能存在工艺和技术上的联系。

由于各墓葬和建筑遗址出土唐三彩胎的样品很多，分析的元素种类也较多（附表四至附表八），为了便于研究各墓葬遗址、建筑遗址及窑址出土唐三彩之间的关系，我们同样选择了化学性质稳定、不易受环境影响的Ce、Nd、Eu、Tb、Yb、Lu、Hf、Ta、Th、Sc、Cs、La、Sm、U共14种元素，采用主因子分析进行数据分析，使这14种元素的主要信息显示在因子1、2当中，用来观察四个窑址和墓葬、建筑遗址出土唐三彩胎料的成分差别。因子1、2涵盖了68%以上的信息。因子分析的处理结果如图二（b ～ j）。在图二（b ～ j）中，长安礼泉坊（红胎）、黄堡、黄冶、邢窑出土唐三彩的数据点分别由A、B、C、D四个区域代表。这些图显示在被研究的唐代墓葬中，多数墓葬和遗址（包括李晦墓、李福墓、节愍太子墓、大明宫遗址、哀妃墓、扬州唐城遗址、康文通墓）出土的白胎唐三彩与黄冶窑唐三彩成分接近，数据点都分布在区域A中，表明白胎唐三彩主要采用黄冶窑附近的制胎原料。

由于昭陵陪葬32号墓、西安南郊M31墓、大明宫遗址的部分白胎唐三彩与黄堡窑唐三彩成分接近，数据点都分布在B区域中，因此可认为它们都选用了黄堡窑附近的制胎原料。

西安附近的章怀太子墓、西安南郊M31墓出土的红胎唐三彩与长安礼泉坊窑址出土的红胎唐三彩成分接近，数据点都分布在D区域中，说明都是选用当地的胎料制作的。此外，大明宫太液池也出土了红胎唐三彩，但未作分析，推测结果也应当与礼泉坊窑址出土的红胎唐三彩的成分接近。

二　讨论

由于原料可以运输至外地用于唐三彩的生产，因此元素分析的结果只能确定未知产地唐三彩的胎料来源，却无法深入地研究它们的产地。为了判定唐三彩的产地，笔者结合现有的考古资料和已掌握的唐三彩分析数据，力求归纳出唐三彩主要的发展历程，总结不同时期唐三彩产地的判定依据。

（一）唐三彩的起源和发展轨迹

1. 唐三彩工艺的起源

唐三彩属于釉陶制品。目前可以查阅到的最早的釉陶制品出现于西汉时期，经过东汉的兴盛期，釉陶在三国、两晋时期逐渐衰落，而釉陶从北朝、隋、初唐又开始恢复并迅速发展[1]，这成为唐三彩出现的重要条件。北朝时期釉陶制品的胎色开始以铁红色为主（北魏司马金龙墓，484年）[2]，之后出现了白胎釉陶器（北齐厍狄迴洛墓，562年）[3]，在其后的娄睿墓中（570年）[4]出现了白胎二彩（绿彩、黄彩）釉陶水盂，范粹墓（575年）[5]出土了白釉绿彩长颈瓶和白釉绿彩罐，李云墓（576年）出土了淡黄底绿彩罐和四系壶。单从釉色上讲，娄睿墓已经出现白、绿、黄三色釉了，只是黄、绿色处于点缀地位，并没有达到真正意义上的三彩并行，相映生辉。笔者据此认为，唐三彩的雏形在这时已经清晰可见，这个过程应该就是釉彩制作工艺走向成熟的过程。根据这些考古资料可以将北朝釉陶器的发展历程归结为红胎、灰胎单彩釉陶器→白胎单彩釉陶器→白胎二彩釉陶器的发展历程。

唐三彩最早是由采用三彩施釉工艺的白胎釉陶制品发展而来的。而最早的釉陶器中，红胎或灰胎的固有颜色影响了彩釉原本的色彩，降低了彩釉的表现力。在白胎表面施彩釉，绚丽的彩釉可以真正被表现出来，所以白胎釉陶器乃至后来的白胎釉陶俑的产生是釉陶制作工艺的一个重大进步。

娄睿墓出土的白胎黄、绿釉（单彩）陶器，范粹墓出土的白胎黄釉扁壶和高润墓（576年）[6]出土的绿釉扁壶表明，尽管北朝已经出现了多彩的施釉工艺，但单色釉陶器依然得到保持和发展。这些白胎单彩釉陶制品是伴随着多彩施釉工艺的改进而同步发展的，它和唐三彩出现后仍然流行的单彩制品有着密切的关系。

随着洛阳成为隋朝的政治、经济中心，附近居民生活和丧葬对釉陶的需求日渐增长。为满足这种需求，其他地区的制作工匠汇集到洛阳附近来，为唐三彩的产生提供了技术条件；洛阳附近及周边地区盛产白色高岭土，分布众多黄河的支流，为唐三彩的制作提供了必要的自然条件。因此，原本在洛阳周边地区（主要在山西、河南境内）出现的白胎施彩釉的技术逐渐在洛阳地区得到集中和发展。

尽管隋朝建国时间不长，发现出土有釉陶制品的墓葬较少，但由于洛阳附近巩义地区的隋、唐生产白瓷和生产唐三彩的窑址分布在同一个区域，据此推测巩义白瓷的制作工艺和巩义唐三彩的产生有着密切关系。巩义双龙白瓷瓶和双龙三彩瓶相似的风格就是一个典型的例子。最近，我在沧州市博物馆内看到一个龙首瓶，通体基本为白釉，但龙的右爪施黄釉，这或许表明该白瓷瓶与三彩釉瓶的制作工艺之间存在联系。

---

1 前揭《中国釉陶艺术》。

2 大同市博物馆：《山西大同石家寨北魏司马金龙墓》，《文物》1973年第3期。

3 王克林：《北齐厍狄徊洛墓》，《考古学报》1979年第3期。

4 山西省考古研究所、太原市文物管理委员会：《太原市北齐娄睿墓发掘简报》，《文物》1983年第10期。

5 河南省博物馆：《河南安阳北齐范粹墓发掘简报》，《文物》1983年第10期。

6 磁县文化馆：《河北磁县北齐高润墓》，《考古》1979年第3期。

唐初郑仁泰墓（664年）[1]出土的白胎白釉间蓝釉的钮盖施釉技术和在北齐娄睿墓、李云墓、范粹墓釉陶器中就已经使用的二彩施釉技术类似，但这个施蓝釉的钮盖是纪年最早的、出土有蓝彩釉陶器的墓葬，它的出现标志着釉陶摆脱了原先以黄、绿二色为主的釉陶器色调，蓝色系的引入是釉陶乃至唐三彩发展历程的重要一步。

2. 唐三彩器的产生和发展

王小蒙总结了大部分唐三彩的纪年唐墓[2]，陈安利总结了长安地区49座出土有唐三彩的唐墓[3]，徐殿魁总结了盛唐时期洛阳地区15座出土有唐三彩的唐墓[4]，王仁波也统计了部分国内外出土和收藏的唐三彩[5]。现主要参考王小蒙总结的纪年三彩唐墓，将能查到的陕西和洛阳地区出土有唐三彩的纪年墓葬总结如表二。

表二　已出土唐三彩的纪年墓

纪年	墓葬名称（陕西）	纪年	墓葬名称（河南）	纪年	墓葬名称（其他地区）	器物种类与数量
665年	牛相仁墓[6]					三彩瓶1
667年	漳泽电厂三号墓[7]					三彩盂1
670年	王大礼墓[8]					砚台
672年	李福墓[9]					罐1，盘1
672年	礼泉太宗妃燕氏墓[10]					罐1
675年	李震墓[11]					砚台

1　陕西省博物馆、礼泉县文教局唐墓发掘组：《唐郑仁泰墓发掘简报》，《文物》1972年第7期。

2　王小蒙：《试论唐三彩的发展轨迹》，《'02古陶瓷科学技术国际讨论会论文集》，第410～417页，上海科学技术文献出版社，2002年。

3　前揭《中华国宝：陕西珍贵文物集成·唐三彩卷》。

4　徐殿魁：《洛阳地区隋唐墓的分期》，《考古学报》1989年第3期。

5　王仁波：《陕西省唐墓出土的三彩器综述》，《文物资料丛刊》1982年，总第6辑。

6　陕西省考古研究所，2003年西安南郊出土，资料尚未公布。

7　前揭《中国釉陶艺术》。

8　前揭《陕西省唐墓出土的三彩器综述》。

9　前揭《陕西省唐墓出土的三彩器综述》。

10　前揭《中华国宝：陕西珍贵文物集成·唐三彩卷》。

11　前揭《陕西省唐墓出土的三彩器综述》。

纪年	墓葬名称（陕西）	纪年	墓葬名称（河南）	纪年	墓葬名称（其他地区）	器物种类与数量
675 年	富平李凤墓[1]					埚 1，双联盘
		676 年	偃师哀妃墓[2]			瓶 2，盆 1，四系罐 1，净瓶 1，奁 1，碗 6，高足盘 3。全部为单彩
678 年	礼泉唐嘉会墓[3]					砚台 1
				684 年	湖北郧县李徽墓[4]	盂 1，龙首杯 1，瓶，角杯
689 年	陕西高陵李晦墓[5]					男女立俑，男骑俑，磨、井栏约 139
				689 年	山西长治崔拏墓[6]	盖盂
		691 年	孟津屈突季扎墓[7]			镇墓兽 2，文官 2，武士 2，骑马俑 17，牵马俑 2，骆驼 2，男侍从 3，女侍从 7，狗 1
		694 年	偃师李守一墓[8]			男侍从 2，女侍从 2
697 年	西安南郊康文通墓[9]					武士 2，文官 1，武官 1，镇墓兽 1，女立俑 1，男立俑 1，牵马俑 1，马 1，骆驼 1，井 1，磨 1，灶 1，杵臼 1

1 富平县文化馆、陕西省博物馆、文物管理委员会：《唐李凤墓发掘简报》，《考古》1977 年 5 期。

2 前揭《唐恭陵哀皇后墓部分出土文物》。

3 前揭《中华国宝：陕西珍贵文物集成 · 唐三彩卷》。

4 湖北省博物馆、郧县博物馆：《湖北郧县唐李徽、阎婉墓发掘简报》，《文物》1987 年 8 期。

5 韩伟、张建林：《陕西新出土唐三彩唐墓壁画序》，重庆出版社，1998 年。

6 王进先：《山西长治市北郊唐崔拏墓》，《文物》1987 年 8 期。

7 310 国道孟津考古队：《洛阳孟津西山头唐墓发掘报告》，《华夏考古》1993 年 1 期。

8 中国社会科学院考古研究所河南第二工作队：《河南偃师杏园村的六座纪年唐墓》，《考古》1986 年 5 期。

9 前揭《唐康文通墓发掘简报》。

纪年	墓葬名称（陕西）	纪年	墓葬名称（河南）	纪年	墓葬名称（其他地区）	器物种类与数量
698年	西安东郊独孤思贞墓[1]					镇墓兽2，武士2，文官2，男侍从7，女侍从2，文吏1，风帽俑1，乐舞俑1，牵马俑2，马6，骆驼4，小马9，牛9，猪5，羊5，鸡10，鸭5
		703年	偃师张思忠墓[2]			镇墓兽2，天王2，文吏2，男侍从9，女侍从2，马2，骆驼2，鸡2，猪1，狗2，羊1，井栏1，子母盏9
		704年	洛阳龙门安菩墓[3]			镇墓兽2，天王2，文吏2，马4，骆驼2，牵马、骆驼俑6，男骑乐俑4，女骑俑4，男立俑3，女立俑1，男侍从16，女侍从25，小马、小骆驼4，牛5，狗2，猪1，鸡3，鸭2，鹅4，灶2，井栏1，米碓2，磨1，七星盘一组8件，小碗6
706年	乾县懿德太子墓[4]					男骑55，胡人男骑4，罐32，碗21，钵6，小盘7，另有瓶、壶、杯等160件左右
706年	乾县章怀太子墓[5]					女立俑53，男立俑76，武士2，文吏2，镇墓兽2，马4，牵马俑3。其他骆驼、牛、羊、狗共230件和数件三彩器皿

1　中国社会科学院考古研究所：《唐长安城郊隋唐墓》，文物出版社，1980年。

2　偃师文物管理委员会：《河南偃师县隋唐墓发掘简报》，《考古》1986年11期。

3　洛阳市文物工作队：《洛阳龙门唐安菩夫妇墓》，《中原文物》1982年3期。

4　前揭《唐懿德太子墓发掘简报》。

5　前揭《唐章怀太子墓发掘简报》。

纪年	墓葬名称（陕西）	纪年	墓葬名称（河南）	纪年	墓葬名称（其他地区）	器物种类与数量
706 年	乾县永泰公主墓[1]					男骑 24，女骑 3，女立俑 6，胡人立俑 24，胡人骑俑 1，马 10，碟 9，碗 10，杯 4，炉 5，盒 6，釜甑 1，瓶 1，罐 23，钵 2，勺 1，奁 1，盒盖 3，盘 1，灯 2，兵器架 3，盖罐 31
		706 年	偃师宋祯墓[2]			龙柄壶 1
709 年	西安东郊独孤思敬墓[3]					镇墓兽 2，天王 2，文吏 2，牵马俑 4，牵骆驼 4，马 4，骆驼 4
		709 年	偃师李嗣本墓[4]			豆 1
				707 年 / 710 年	甘肃秦安县唐墓[5]	镇墓兽 2，天王 2，文吏 2，马 4，骆驼 2，牵马、牵骆驼俑 56，骑马俑 10，立俑 1
710 年	富平节愍太子墓[6]					女立俑、马、骆驼、牵马、牵骆驼俑等 10 件
				710 年	山西长治西郊李度墓[7]	抱鸭形壶女俑
712 年	咸阳契苾明墓[8]					双峰驼、单峰驼、马、牵马、牵骆驼俑
718 年	礼泉李贞墓[9]					牵马、牵骆驼俑 4，女骑俑 2，马 2，骆驼 2，盘 1，碗 2，单彩立俑 37，碗 2，罐耳壶 1

1　陕西文物管理委员会：《唐永泰公主墓发掘简报》，《文物》1964 年 1 期。

2　前揭《河南偃师杏园村的六座纪年唐墓》。

3　前揭《唐长安城郊隋唐墓》。

4　前揭《河南偃师杏园村的六座纪年唐墓》。

5　甘肃省博物馆文物队：《甘肃秦安县唐墓清理简报》，《文物》1975 年 4 期。

6　前揭《唐节愍太子墓发掘报告》。

7　长治市博物馆：《长治市西郊唐代李度、宋嘉进墓》，《文物》1989 年 6 期。

8　前揭《中华国宝：陕西珍贵文物集成 · 唐三彩卷》。

9　昭陵文物管理所：《唐越王李贞墓发掘简报》，《文物》1977 年 10 期。

纪年	墓葬名称（陕西）	纪年	墓葬名称（河南）	纪年	墓葬名称（其他地区）	器物种类与数量
723 年	西安西郊鲜于庭诲墓[1]					镇墓兽 2，文吏 1，女俑 4，骆驼载乐俑一组 6 件，牵骆驼、马俑 5，骑卧骆驼俑 1，马 4，单彩男侍从 2
724 年	西安金乡县主墓[2]					盘 1，盅 1
727 年	礼泉安元寿夫妇墓[3]					女立俑 2，马 1
		728 年	巩义唐墓[4]			云鹤宝相花盘杯一组 10 件
733 年	西安东郊韦美美墓[5]					碗 1
				744 年	辽宁朝阳韩贞墓[6]	三足罐 1，小狗 1
		851 年	巩义市 M1，M18[7]			塔式罐 2，罐 2
				886 年	扬州五台山唐墓[8]	壶残片 1，钵 1

在已发掘的唐三彩中，胎色主要有白、铁红两种。白色是相对而言，经常出现白偏粉红的胎色。铁红和其他非白色胎的外表面都加施化妆土，以达到釉下白底色的效果，便于釉色的突出。

唐三彩的发展初期只出现三彩器物，未见三彩俑，表明其初期是以生活器为主。这个时期出土有唐三彩的纪年唐墓主要有牛相仁墓（665 年，2003 年西安南郊出土）、恭陵哀妃墓（676 年）、李凤墓（675 年）、李徽墓（684 年）、李震墓（675 年）、

1 前揭《唐长安城郊隋唐墓》。

2 西安市文物管理委员会：《西安唐金乡县主墓清理简报》，《文物》1997 年 1 期。

3 昭陵博物馆：《唐安元寿夫妇墓发掘简报》，《文物》1988 年 12 期。

4 席彦昭：《唐三彩云鹤宝相花三足盘》，《中原文物》1996 年 1 期。

5 呼林贵等：《西安东郊唐韦美美墓发掘记》，《考古与文物》1992 年 5 期。

6 朝阳地区博物馆：《辽宁朝阳唐韩贞墓》，《考古》1973 年 6 期。

7 河南省文物考古研究所、巩义市文物保管所：《巩义市北窑湾汉晋唐五代墓葬》，《考古学报》1996 年 3 期。

8 吴炜：《江苏扬州五台山唐墓》，《考古》1964 年 6 期。

燕妃墓（672 年）、李福墓（672 年）等。上述墓葬除洛阳的哀妃墓（图三[1]）和湖北的李徽墓外，都分布在长安地区。经过分析，李福墓、哀妃墓出土的唐三彩与黄冶窑唐三彩胎的成分接近，表明这两个唐墓出土的唐三彩均选用黄冶附近的制胎原料。最初的唐三彩制作工艺是白胎底施彩釉，这要求窑场毗邻白色高岭土矿床和水源，而巩义黄冶白河一带正满足了这些要求。

笔者同意王小蒙[2]的观点，唐三彩器的产生受瓷器生产的影响较大，应当是在有生产瓷器传统的地区首先出现的。隋、初唐时期烧制白瓷的黄冶地区就具备这种条件，这为唐三彩器的生产提供了技术条件。

据郑州市考古所的廖永民先生介绍，在巩义黄冶附近白河一带的初唐地层中唐三彩器已经出现。孙新民先生也将黄冶唐三彩窑的上限暂定为初唐[3]，而其他制作唐三彩的窑址都基本晚于初唐时期。据此，在已发现的唐三彩窑址中，巩义黄冶窑成为最早出产成熟唐三彩器（图四）[4]的大型窑址。

显庆二年（657 年）高宗李治移居洛阳，以洛阳为东都，之后随着武则天的逐渐掌权，政治中心向东都转移。因此大批皇室李姓贵族在洛阳居住，但他们死后多数遵循礼制，被迁回长安埋葬。此时两京地区的交通运输已经十分畅通，重量和体积适度的黄冶窑

图三　蓝绿釉长颈瓶（河南偃师唐恭陵哀妃墓出土）

图四　三彩碗（河南巩义黄冶窑出土）

1　郑州市文物考古研究所：《唐三彩与唐青花》，科学出版社，2005 年。

2　前揭《试论唐三彩的发展轨迹》，《'02 古陶瓷科学技术国际讨论会论文集》，第 410 ~ 417 页。

3　孙新民：《巩义黄冶唐三彩》，第 14 页，大象出版社，2002 年。

4　前揭《唐三彩与唐青花》。

唐三彩器完全可以运输至长安，因此，大批产自黄冶窑的唐三彩器完全有可能出现在长安地区的唐代墓葬中。例如，唐刺史李凤曾在邓州、虢州、豫州为官，这些地域都在洛阳附近，因此李凤墓（675 年）中出土的三彩双联盘也应当产自洛阳附近，而且很有可能是黄冶窑。

综上所述，长安附近出土的早期唐三彩器不太可能产自无高岭土矿床的长安地区，它们和李福、哀妃墓出土的唐三彩器一样，产自黄冶窑的可能性很大。这和李福、哀妃墓与黄冶窑唐三彩成分接近的分析结果相一致。

3. 唐三彩俑在洛阳地区的产生和鼎盛时期

大型唐三彩俑是唐三彩鼎盛时期最具代表性的器物类型，唐三彩俑的产生以及它和唐三彩器之间有着复杂的关系，对它的研究也是盛唐时期唐三彩研究最重要的内容之一。通过研究，笔者更倾向于唐三彩俑显著受粉彩俑或陶俑影响的观点。王小蒙引用冯先民先生“三彩俑首先是一种雕塑艺术”的评价[1]，真切地反映出那些只有具备高超艺术造诣的工匠才能塑造出体型魁梧、丰满健壮、栩栩如生的镇墓兽、武士、文吏俑等。陶俑的制作工艺结合三彩的施釉技术是唐三彩俑产生的基础，而盛唐以前洛阳地区雄厚的陶俑制作传统为三彩俑的创制提供了必要的工艺技术条件。

自东汉起，洛阳及周边地区作为北方重要的政治、经济中心，聚集了大批技术水平高超的手工业者，其中就包括烧制陶俑的工匠。洛阳北面的平城（今大同）是北魏的都城和政治中心，晋阳（今太原）因为是北齐高欢相府所在地而成为北齐的另一处政治中心，安阳附近的邺城则是东魏、北齐的都城。由于上述地区在当时特殊的政治地位，集中了大批贵族墓葬，墓葬出土的大量陶俑反映了当地发达的陶俑制作技术。

洛阳及其周边地区的厚葬风俗在北魏时期就十分盛行，在这些陪葬的器物中陶俑成为十分重要的组成部分，它往往成为死者家族炫耀身份、地位乃至攀比的重要内容。北魏洛阳附近的北魏元邵墓（528 年）[2]、洛阳北大同附近北魏司马金龙墓（484 年）[3]均出土了为数不少的红陶俑和红胎釉陶俑（表三）。其中司马金龙墓中的一个残俑已高达 54.5 厘米，说明大型陶俑的制作工艺早在北魏就已经十分盛行了。

1　前揭《试论唐三彩的发展轨迹》，《'02 古陶瓷科学技术国际讨论会论文集》，第 410 ～ 417 页。

2　洛阳博物馆：《洛阳北魏元邵墓》，《考古》1973 年第 4 期。

3　大同市博物馆：《山西大同石家寨北魏司马金龙墓》，《文物》1973 年第 3 期。

表三 北魏部分墓葬出土陶俑的类型统计

纪年	墓名	地点	胎质	釉色	陶俑类型与数量
385 年（建义元年）	袁邵墓	河南洛阳	泥质青灰		文吏俑 9，扶盾武士俑 1，武士俑 2，持盾俑 16，铠马武士俑 8，骑马鼓吹俑 4，骑从俑 2，击鼓俑 3，笼冠侍吏俑 1，侍俑 42，半浮雕侍俑 4，牵马俑 1，伎乐俑 6，舞俑 1，仆俑 4，长衣俑 2，童俑 1，马 1，驴 1，骆驼 1，牛 1，猪 2，镇墓兽 2
474 年（延兴四年）484 年（太和八年）	司马金龙夫妇墓	山西大同	红褐、黄褐	青绿、黄褐	釉陶武士俑 122，釉陶骑马武士俑 88，釉陶男俑 113，女俑 15，釉陶胡俑 8，釉陶女乐俑 12，釉陶大俑 2，釉陶驮粮马 2，釉陶牛 5，釉陶羊 2，釉陶猪 2，釉陶狗，釉陶鸡 1，釉陶骆驼 3，釉陶镇墓兽 1

北齐（550 ~ 557 年）虽然只有短短二十多年，但是许多贵族墓葬中出土了大批制作精美的陶俑，如洛阳北山西境内的贺拔昌墓（553 年）[1]、厍狄徊洛墓（562 年）[2]；太原北齐狄湛墓（565 年）[3]、厍狄业墓（567 年）[4]、韩裔墓（567 年）[5]、娄睿墓[6]（570 年），洛阳东北的安阳范粹墓（575 年）[7]，河北磁县的高润墓（576 年）[8]（表四），这些墓葬中的陶俑体格较大，数量很多，多数墓葬中的武士俑都在半米以上，充分显现了陶俑在北齐时繁盛的景象和在厚葬风俗的重要地位，但这时的墓葬还未见由高岭土制作的白陶俑。

1 太原市文物考古研究所：《太原北齐贺拔昌墓》，《文物》2003 年第 3 期。

2 前揭《北齐厍狄徊洛墓》。

3 太原市文物考古研究所：《太原北齐狄湛墓》，《文物》2003 年第 3 期。

4 太原市文物考古研究所：《太原北齐厍狄业墓》，《文物》2003 年第 3 期。

5 陶正刚：《山西祁县白圭北齐韩裔墓》，《文物》1975 年第 4 期。

6 前揭《太原市北齐娄睿墓发掘简报》。

7 前揭《河南安阳北齐范粹墓发掘简报》。

8 前揭《河北磁县北齐高润墓》。

表四　北齐部分墓葬出土陶俑的类型统计

纪年	墓名	地点	胎质	陶俑类型与数量
553年（天宝四年）	贺拔昌墓	山西太原	灰胎	按盾武士俑2，甲骑具装俑1，骑马执物俑3，击鼓骑俑2，鼓吹骑俑1，陶牝猪1，陶狗1，陶羊1，陶鸡1
562年（河清元年）	厍狄徊洛墓	山西寿阳	泥质灰胎	按盾武士俑2，佩刀武士俑16，负盾武士俑15，披氅侍卫男俑15，袒肩侍卫男俑12，翻领双衽侍卫男俑14，伎乐俑3，舞蹈胡俑1，文吏俑1，侍女俑14
564年（河清三年）	狄湛墓	山西太原	红胎	三棱风帽俑5，盔甲俑10，执盾俑2，背盾俑5，袒肩俑13，圆盔俑3
567年（天统三年）	厍狄业墓	山西太原	未知	镇墓武士俑2，三棱风帽俑29，铠甲俑3，圆顶盔俑12，圆顶风帽俑11，持盾俑26，女官俑6，持剑女官俑3，女侍俑2，镇墓兽1，陶鸡1，残件1
567年（天统三年）	韩裔墓	山西祁县	泥质红陶、灰胎	女俑7，男俑36，武士俑62，骑马武士俑13，力士俑1，大陶马3，驮粮马1，陶羊2，陶猪2，镇墓兽1
570年（武平元年）	娄睿墓	山西太原	灰胎	镇墓兽2，武士俑91，文吏俑103，女官俑45，女侍俑31，女侍跪俑3，女仆俑1，役夫俑3，骑马武士俑41，骑马文吏俑4，骑俑2，骑马乐俑22，执物骑俑10，驮物骑俑1，镇墓俑2，马10，驮马3，骆驼4，牛1，猪10，卧羊6，卧狗5，鸡2
575年（武平六年）	范粹墓	河南安阳	红、灰陶	镇墓兽1，武士俑2，鲜卑侍立俑8，仪仗俑10，侍从文俑21，仆侍俑15，女俑10，骑马俑1，马1，牛1，骆驼1，母子猪1，猪1，鸡1
576年（武平七年）	高润墓	河北磁县	泥质灰胎、红胎	按盾武士俑2，甲骑装具俑7，击鼓骑俑2，吹奏骑俑2，伎乐骑俑8，侍从骑俑4，笼冠骑俑1，女侍骑俑4，持盾俑8，甲胄剑囊俑12，击鼓俑10，侍卫俑71，伎乐俑23，套衣俑68，文吏俑23，侍从俑98，胡俑4，胡帽俑8，笼冠俑21，女侍俑5，马4，驮驴1，骆驼1，牛1，卧羊2，狗1，猪2，镇墓兽2

581年建国的隋于589年统一中国。隋开始定都长安，但在大业五年（609年）以后隋以洛阳为东都，上述北齐地区的陶俑制作中心逐渐向洛阳地区和长安地区集中，山西境内出土大型陶俑的墓葬，特别是贵族墓葬锐减，只有太原附近的斛律彻墓（597

年）[1]出土了一些制作水平较高的陶俑。安阳附近出土有陶俑的墓葬主要有宋循墓（589年）[2]、郑平墓（596年）[3]、张盛墓（595年）[4]（表五）。值得一提的是，张盛墓中出土的侍吏、武士俑不但已经高70多厘米，而且胎质白细，属于白陶俑。白陶俑制作工艺的日臻成熟标志着红陶俑向白陶俑的重要转变，由于白胎表面施釉的色彩表现力更强，所以白陶俑制作工艺的成熟为以后唐三彩俑的产生奠定了重要的基础。安阳发现的窑址中出土的男侍俑、武士俑、文吏俑和骆驼俑都采用白色高岭土制胎[5]，其中武士俑和骆驼俑表面都施釉。这表明隋代白陶俑的制作开始和施釉工艺结合起来，标志着白胎单彩釉陶俑的出现。

表五　隋部分墓葬出土陶俑的类型统计

纪年	墓名	地点	胎质	陶俑类型与数量
589年（开皇九年）	宋循墓	河南安阳	红、黄胎	武士3，套衣俑2，侍俑13，女俑1，骆驼1，狗4
595年（开皇十五年）	张盛墓	河南安阳	白高岭土、陶胎	侍吏俑2，武士俑2，镇墓兽2，仪仗俑35，伎乐俑8，舞俑5，仆侍俑27，胡俑2，僧俑2，鹤1，鸭1，鹅1，鸡2，羊1，狗1，母子猪1
596年（开皇十六年）	郑平墓	河南安阳	泥质红胎	持盾武士俑2，文官俑4，男侍俑11，女侍俑2，风帽俑1
	窑址	河南安阳	白胎	男侍俑头1，武士俑1，文吏俑1，黄、绿釉骆驼4

唐初洛阳地区沿袭隋白胎单彩釉陶俑的制作技术（表六），如陕西礼泉境内的张士贵墓（658年）[6]出土了大量的白胎彩绘釉陶俑，而且体积较大，其中马俑已经接近半米高，釉彩上出现了单彩的白釉、黄釉、豆青釉；洛阳东北的唐初新乡张枚墓（664年）[7]中出土的白釉马俑、白釉骆驼俑、浅黄釉镇墓兽、女俑；郑仁泰墓（664年）也出土了大批白胎黄绿釉陶俑，表明白陶俑的制作和施釉工艺已经充分结合起来，白胎釉陶俑的制作工艺已经比较成熟了。尽管北齐就已出现施二彩的釉陶器，唐初郑仁泰墓也出土了白釉施蓝彩的二彩釉陶器，但尚未发现同样的工艺使用在釉陶俑中，再次

1　山西省考古研究所、太原市文物管理委员会：《太原隋斛律彻墓清理简报》，《文物》1992年第10期。

2　安阳文教局：《河南安阳隋墓清理记》，《考古》1973年第4期。

3　周到：《河南安阳琪村发现隋墓——郑平墓》，《考古通讯》1956年第6期。

4　考古研究所安阳发掘队：《安阳隋张盛墓发掘记》，《考古》1959年第10期。

5　河南省博物馆等：《河南安阳隋代瓷窑址的试掘》，《文物》1977年第2期。

6　陕西省文管会、昭陵文管所：《陕西礼泉唐张士贵墓》，《考古》1978年第3期。

7　新乡市博物馆：《新乡市唐墓简报》，《文物资料丛刊之6》，1982年。

证明了唐三彩施釉技术首先被采用在器皿的制作中，同时也验证了釉陶俑和釉陶器的两条相对平行的发展轨迹。

表六　唐初部分墓葬出土陶俑的类型统计

纪年	墓名	地点	胎质	釉色	陶俑类型与数量
658 年（显庆三年）	张士贵墓	陕西礼泉	白胎	无	男立俑 103，持物男立俑 3，男胡立俑 4，女立俑 44，女坐俑 2，马、骑马文官俑 2，男骑马武士俑 2，女骑马俑 14，马 8，鸭 5，牛 1，羊 1，狗 2，鸡 1
				黄、白、豆青	彩绘男骑马乐釉陶俑
			红胎	无	男立俑 33，女立俑 4，男骑马胡俑 6，女骑马胡俑 6，残男俑 12，猪 6，马头 19，牛头 1，残驼 5
664 年（麟德元年）	张枚墓	河南新乡	白胎	白、浅黄、咖啡	白釉马 1，白釉骆驼 1，浅黄镇墓兽 2，浅黄釉女俑 2，带釉帷帽俑 4，浅黄风衣风帽俑 1，浅黄釉武士俑 2
				无	马 1，猪 2，立牛 1，卧牛 1，鸭 1，女俑 4，帷帽俑 1
664 年（麟德元年）	郑仁泰墓	陕西礼泉	白胎	黄、绿	武士 2，镇墓兽 2，仪仗俑 150，男立俑 99，卷发俑 1，侏儒俑 13，女立俑 55，女坐俑 1，女跪坐乐俑 14，女舞俑 2，男骑乐俑 38，男武器俑 4，男武骑俑 4，男骑俑 42，男骑猎俑 5，女骑俑 36，骆驼 6，马 3，猪 3，羊 2，狗 1，牛 1。以上釉陶俑均为釉上绘彩，部分俑贴金

《新唐书·张士贵》记载“张士贵，虢州卢氏人”，墓志中称他为虢国公，表明张士贵的籍贯是洛阳西三门峡，陪葬洛阳地区的釉陶产品不难理解，而且又由于长安地区无生产白胎陶釉俑的原料，陕西礼泉唐贵族张士贵墓和郑仁泰墓中出土的白胎釉陶俑推测应产自洛阳及周边地区。

根据孝静迁邺的记载，原来寓居洛阳的中西亚商贾、伎巧皆附高氏东去，其所怀生产技艺也必东迁至邺[1]，表明安阳与洛阳工艺的大规模交流在北齐就有了。隋大业三年

1　宿白：《青州龙兴寺窖藏所出佛像的几个问题》，《文物》1999 年第 10 期。

（607 年）集河北诸郡工艺杂户三千余家于洛阳[1]，表明北朝的工匠已集中到洛阳地区，此时洛阳发达的陶俑制作工艺为唐三彩俑的产生孕育了成熟的技术条件。这些陶俑表面涂饰粉彩，呈现出绚丽多彩的艺术风格，这与唐三彩注重色彩融汇的艺术取向极为相似，从而奠定了（粉彩）陶俑与唐三彩器施釉工艺相互融合的基础。

唐以洛阳为东都，武氏更定其为神都，从武则天被封为皇后（655 年）、称帝直至退位（705 年）期间，政治中心主要在洛阳，相应地刺激了洛阳和周边地区经济、手工业的发展。因此，在盛唐早期，洛阳地区雄厚的陶俑制作传统和已经成熟的三彩施釉工艺使该地区成为唐三彩俑理想的创制地点和以后的制作中心。

由于陶俑和器皿的生产条件不同，要求的技术和工艺设施存在差别，而距洛阳不远的巩义黄冶窑附近出土的唐三彩大俑极少，说明目前黄冶窑已经发掘的地区不出产大型三彩俑。据此推断，可能存在尚未发现、有陶俑制作传统的窑场，在汲取黄冶、白河一带三彩的施釉工艺的基础上，创制出唐三彩俑。

迄今为止，李晦墓（689 年）是纪年最早的出土唐三彩俑的墓葬。虽然位于长安附近，但胎的分析结果与巩义黄冶窑唐三彩胎的成分相似，显示该墓出土的唐三彩胎并非采用当地的制胎原料。长安礼泉坊唐三彩窑址出土了与黄冶窑唐三彩胎料成分相似的三彩残片，但发掘者认为这个窑址存在的时间晚于李晦墓的下葬时间，因此不支持李晦墓唐三彩产自长安礼泉坊窑址的假设。据此，李晦墓唐三彩俑虽然在长安地区出土，但应当产自距离巩义高岭土矿床不远，又有陶俑制作传统的洛阳地区，而且很有可能是由这里尚未发现的窑场制作的。据李晦墓志记载，他生前历任东都留守、户部上书、幽州刺史、燕然道大总管、赤水军经略大使、秋官尚书等职。李晦身故时（689 年），高宗已经去世，政治中心已经转移到洛阳地区，此时的武则天长期在东都临朝，官至秋官尚书的李晦应该经常在洛阳地区执行公务和生活。因此，他位于长安郊区的墓中出现产自洛阳的唐三彩俑可以得到合理的解释。

综上，笔者总结出：红胎、灰胎陶俑→白陶俑→白胎（单彩、二彩）釉陶俑→白胎唐三彩俑，应该是唐三彩俑产生的轨迹。三彩俑的出现标志着唐三彩发展最辉煌的时代即将开始，从此，大批大型的唐三彩俑逐步展现在历史舞台。

洛阳附近出土了大批盛唐时期精美的唐三彩大俑，如洛阳屈突季扎墓（691 年）[2]、李守一墓（694 年）[3]、张思忠墓（703 年）[4]和著名的安菩夫妇墓（709 年）[5]。其中年

---

1 （唐）杜宝：《大业杂记》：“（大业三年）十月，敕河北诸郡送工、艺户陪东都三千余家。于建阳门东道北□十二坊、北临洛水，给艺户居住”。

2 前揭《洛阳孟津西山头唐墓发掘报告》。

3 前揭《河南偃师杏园村的六座纪年唐墓》。

4 前揭《河南偃师县隋唐墓发掘简报》。

5 前揭《洛阳龙门安菩夫妇墓》。

图五　三彩武士俑（唐康文通墓出土）

代较早的屈突季扎墓中出土的唐三彩俑，特别是武士俑、文吏俑、镇墓兽，体格远大于李晦墓出土的唐三彩俑，三彩施釉工艺比较成熟，已经基本呈现出后来常见的大型三彩陪葬俑的风貌。

因此，可以说唐三彩俑首先在洛阳地区达到它的高峰。在武则天掌权时代，大批的贵族官吏特别是李姓皇族尽管在洛阳地区为官、生活，但死后基本都要回迁长安地区下葬，因此为数不少的产自洛阳或黄冶的唐三彩就被搬运至长安地区，如李晦墓、康文通墓[1]（图五）等。

4. 唐三彩在长安地区的制作

由于北朝的政治中心远离长安，因此同一时期长安附近大型的贵族墓并不多。北周安伽墓等未见陶俑陪葬，表明北周时期，长安地区陶俑的陪葬风气没有洛阳及其以北的周边地区兴盛。北朝在长安地区尚未具备生产白胎单彩釉陶俑的技术基础。隋定都长安后，长安地区出现有大量陶俑陪葬的墓葬逐渐增多。这些陶俑的制作应当主要得益于洛阳及洛阳以北地区迁移而至的工匠，这表明两京地区陶俑的制作风格在此时比较相似。目前发掘出土有较多陶俑的隋贵族墓有李和墓（582年）[2]、罗达墓（535年）[3]、李静训墓（608年）[4]、姬威墓（610年）[5]、田德元墓（611年）[6]、刘世恭墓（615年）[7]和吕思礼夫妇墓（616年）[8]（表七）。这些墓出土的陶俑工艺和制作水平接近洛阳及其周边地区，但依然未见白陶俑。

1　前揭《唐康文通墓发掘简报》。

2　陕西省文物管理委员会：《陕西省三原县双盛村隋李和墓清理简报》，《文物》1966年第1期。

3　李城铮、关双喜：《隋罗达墓清理简报》，《考古与文物》1984年第5期。

4　陕西省文物管理委员会：《西安西郊隋李静训墓发掘简报》，《考古》1959年第4期。

5　陕西省文物管理委员会：《西安郭家滩隋姬威墓清理简报》，《文物》1959年第8期。

6　陕西省文物管理委员会：《西安郭家滩隋墓清理简报》，《文物参考资料》1957年第8期。

7　俞伟超：《西安白鹿原墓葬发掘报告》，《考古学报》1956年第3期。

8　陕西省考古所：《隋吕思礼夫妇合葬墓清理简报》，《考古与文物》2004年第6期。

表七 西安地区部分隋代墓葬出土陶俑的类型统计

纪年	墓名	地点	胎质	陶俑类型与数量
582年（开皇二年）	李和墓	陕西三原		侍吏俑2，笼冠俑19，袒右肩俑10，着翻领窄袖服俑4，风帽俑5，长袍俑2，女俑3，骑马文官俑15，骑马武士俑2，武士俑2，胡俑5，镇墓兽1，马3，骆驼2，羊3，狗4，鸡2，子猪1
596年（开皇十六年）	罗达墓	陕西西安	红胎	骑马俑1，甲马俑4，笼骑马俑8，仪仗骑马俑8，风帽套衣立俑2，笼冠拱手立俑4，小冠拱手立俑5，翻领短袄立俑4，执盾武士俑2，文官俑3，鞍马1，小马3，骆驼1，镇墓兽2，陶狗1，陶猪1
608年（大业四年）	李静训墓			
610年（大业六年）	姬威墓	西安		男女俑（包括风帽俑、拱手俑、侍役俑，牵马俑，老人俑，披风衣俑，执物俑）120左右，武士俑1，骑马俑1，镇墓兽3，鸡3，鸭4，狗2，猪4，羊2
611年（大业七年）	田德元墓	西安		拱手俑18，武士俑2，骑马俑9，马2，狗2，鸡2，羊1，猪2
615年（大业十一年）	刘世恭墓	西安	红胎	镇墓兽1，武士俑2，骆驼俑1，
616年（大业十二年）	吕思礼夫妇墓	西安	红胎、灰胎	武士俑2，甲骑具装俑3，风帽骑马俑4，风帽俑10，笼冠俑3，女立俑8，小冠俑13，持箕俑1，骆驼俑1，陶猪2，陶鸡1，陶狗1

唐定都长安后，出土制作精美大型俑的贵族墓葬也多起来。像李寿墓（630年）[1]、司马睿墓（649年，163俑，30骑马俑）[2]、段元哲墓（639年，68俑，22骑马俑）[3]，墓中陶俑的数量骤增，而且陶俑制作也奢华起来，像李寿墓中的陶俑彩绘贴金的情况也多起来。临川公主墓（682年）[4]也出土了大约300件陶俑，尽管未见详细报告，但其奢华陶俑陪葬的风气可见一斑，这也表明长安地区陶俑的陪葬需求也大幅度提高，当地制作陶俑的规模和技术水平也因此得到迅速提升。唐初张士贵墓中的红胎陶俑的

1 陕西省博物馆：《唐李寿墓发掘报告》，《文物》1974年第9期。

2 齐东方：《试论西安地区唐代墓葬的等级制度》，《考古学研究（一）》，第288页，文物出版社，1990年。

3 前揭《试论西安地区唐代墓葬的等级制度》，《考古学研究（一）》，第288页。

4 陕西省文管会、昭陵文管所：《唐临川公主墓出土的墓志和诏书》，《文物》1977年第10期。

图六　三彩龙头构建（陕西黄堡窑出土）

图七　三彩琉璃构件（唐大明宫遗址出土）

制作技术已经比较成熟，制作这种陶俑的黄土类原料在当地也十分易得，据此，张士贵墓中出土的红胎陶俑（表六）极有可能是在长安本地制作的。这些自然条件和技术条件奠定了长安地区陶俑的制作基础。但长安地区无白色的制胎原料成为唐三彩在这一地区发展的瓶颈。武则天统治时期的墓葬，未见红胎唐三彩的出土，间接表明洛阳地区是当时主要的唐三彩制作中心。

唐三彩从洛阳运至长安毕竟路途较远，特别是那些形状不规则的大型三彩俑运输起来极不方便。而且武则天退位后，长安重新成为政治、经济中心，其周边陪葬唐三彩的需求大幅度增长，因此原先的运输条件除了路途遥远、物品易损坏、成本高昂外，数量上也不能满足长安地区的需要。在这种供需矛盾下，伴随着政治中心的转移，一些工匠包括唐三彩的制作匠人也由洛阳迁至长安附近，长安及其周边地区开始出现制作唐三彩的窑场，如陕西铜川黄堡唐三彩窑和长安礼泉坊唐三彩窑。但长安地区无高岭土矿床，因此推测这些窑场最初采用从外地运来的高岭土来制作唐三彩。长安礼泉坊窑址出土白胎样品的分析结果也印证，该窑场可能采用黄冶窑和黄堡窑附近的制胎原料。

随着唐三彩陪葬风俗逐渐平民化，相对不那么富有的墓葬也开始陪葬唐三彩器物。陕西唐代黄堡窑遗址、唐华清池遗址[1]、唐大明宫遗址出土的三彩建筑构件表明（图六[2]、图七[3]），建筑材料亦开始采用唐三彩的制作工艺。唐三彩也脱离原先单纯的明器用途，逐渐生活化，这更加刺激了对唐三彩的需求。唐三彩成品和制作原料从洛阳向长安地区的运输不仅成本高，也不能满足长安地区对唐三彩日渐增长的需要，在这种状况下，制作匠人将用于红胎粉彩俑的化妆土工艺移植到唐三彩的制作中。由于红胎土在长安地区十分廉价、易得，所以红胎涂刷化妆土的白胎仿制工艺逐渐成为长安地区出产的唐三彩主要采用的制作工艺，这与长安礼泉坊窑址出土的唐三彩以红胎（图

1　前揭《中华国宝：陕西珍贵文物集成·唐三彩卷》。

2　前揭《唐代黄堡窑》。

3　中国社会科学院考古研究所西安工作站提供。

图八　三彩瓶下部（残，长安礼泉坊窑址出土）

图九　三彩风帽骑马俑（唐章怀太子墓出土）

八）[1]为主的情况互为佐证。

礼泉坊窑址与章怀太子墓唐三彩红胎相似的分析结果证明，红胎唐三彩乃是长安地区出产。章怀太子墓是迄今为止纪年最早的出土有红胎唐三彩（图九）[2]的墓葬（706年），而706年恰逢武则天退位第二年，这可能标志着陕西地区大批红胎唐三彩，特别是唐三彩俑的诞生和迅速发展。需要强调的是，在这一时期两京地区同时拥有唐三彩俑的生产中心，这一点可以从长安附近的章怀太子墓（706年）中的大型红胎唐三彩和洛阳安菩夫妇墓（709年）中的大型白胎唐三彩得到证实。

武则天退位后，长安地区不但出土大批红胎唐三彩俑，也有一些白胎唐三彩继续出现。关于这些白胎唐三彩的产地，确实存在洛阳附近出产和长安本地制造两种可能。例如，节愍太子墓（710年）虽然纪年明确，出土唐三彩（图一〇）[3]的成分与黄冶唐三彩胎成分相近，但尚不能确定这些唐三彩的产地。由于从黄冶和黄堡附近将白色高岭土运输至长安都不容易，因此长安本地出产的白胎唐三彩数量不会太大。需要提到的是，虽未对甘肃秦安唐墓（710年）出土的大批大型唐三彩俑进行分析，但无论产自洛阳还是长安，都说明在唐代大型唐三彩俑的长途运输还是有可能的。同时，也间接地说明了大型白胎唐三彩俑产自洛阳然后运输到长安的可能性，推测需求量少时主要靠运输，需求量大时就地制作。

李唐在长安恢复统治（706年）后，洛阳地区出土有唐三彩大俑的纪年唐墓不多，

1　陕西省考古研究所：《长安礼泉坊唐三彩窑》，文物出版社，2007年。

2　陕西省考古研究所张建林提供。

3　前揭《唐节愍太子墓发掘报告》。

图一〇　三彩马和牵马俑（唐节愍太子墓出土）　图一一　三彩载物卧驼（西安南郊 31M 唐墓出土）

特别是唐玄宗在位后期，说明大型唐三彩俑的需求中心可能向长安地区转移。

此外，在唐三彩的发展过程中，单彩制品成为几乎无法与之严格区分的类型，而且其制作工艺与三彩制品也没有本质上的差别。笔者据此认为，唐三彩的概念并不能限定在“至少具备三色釉的釉陶制品”，而应当包括唐代那些应用了低温釉彩制作工艺的单色釉制品，以及采用化妆土工艺制作的红胎唐三彩。

综合考古资料和实验数据的统计学处理结果，可将唐三彩在盛唐时期的发展历程划分为两个阶段，大约以 705 年（武则天退位）为界。前一阶段的唐三彩属于白胎类型，制作中心集中在洛阳地区，唐三彩器主要由黄冶窑制造，大型唐三彩俑由洛阳地区（包括黄冶附近）未被发现的窑场制作；第二阶段，唐三彩的制作中心向长安地区转移，长安地区成为另一个唐三彩的制作中心，该中心的重要产品是红胎唐三彩，同时采用外来的原料制作白胎唐三彩，而洛阳地区作为唐三彩的另一个制作中心同时存在。

章怀太子墓、西安南郊 M31 中出土的红胎唐三彩与长安礼泉坊窑址出土的红胎唐三彩成分相似，都应该产自长安地区。西安南郊 M31 墓出土的白胎唐三彩（有蓝釉，图一一）[1] 成分与黄堡窑唐三彩成分接近，但黄堡窑未见造型相近的唐三彩俑，也未见蓝釉三彩，推测该墓出土的唐三彩产自长安地区。

节愍太子墓出土的唐三彩尽管与黄冶窑唐三彩成分接近，但存在长安和洛阳地区制作的两种可能。大明宫太液池出土的唐三彩都是生活器，样品的成分与黄冶窑和黄堡窑唐三彩的成分接近。但由于唐大明宫存在时间较长，所以该遗址出土的唐三彩的来源

1　前揭《西安南郊唐墓（M31）发掘简报》。

可能会更加复杂，又因为出土器物的地层关系无法精确地体现出土器物所属的时代，因此仍无法根据成分分析进行精确的产地推断。

（二）其他问题

1. 两京地区唐三彩相似难辨的原因

部分长安与洛阳地区唐三彩外观特征相似，所以通过传统的考古学方法仅依据外观特征尚无法完全分辨，这个原因可以解释如下：长安附近唐三彩窑场的生产可能带有更多的商业目的，它的产品种类相对较多，俑和生活器兼作，甚至还有一些创新。长安地区的许多工匠是从洛阳及其以北地区跟随政治、经济中心的转移而来（包括隋初定都长安和唐武则天统治结束后向长安的两次迁移），因而制作工艺会沿袭洛阳及其以北地区的某些风格。陶俑及器皿制作技术在长安本地的发展，也会使长安地区的唐三彩俑和器皿拥有本地域特有的某些造型和风格，并出现一批生活化气息浓重的唐三彩器，如房屋、假山等类型。洛阳地区所产唐三彩器皿和俑向两京源源不断地输送，造成了两京地区唐三彩既相似，又似有差别，容易混淆的现状。

笔者在巩义黄冶、白河一带的调查发现，当地的白色高岭土至少有两层，而且两层的垂直距离不到 1 米，其中一层颜色略带粉红色，而另一层白度较高。这表明同一个窑可能同时出产粉胎和白胎唐三彩。因此，是否粉胎或白胎，并不能作为唐三彩分类的参考标准。这和黄冶、黄堡窑均有粉胎和白胎的唐三彩的情况是一致的。

2. 长安礼泉坊唐三彩窑址的初步研究

礼泉坊窑址地处长安西市附近的礼泉坊（图一二）。西市又有“金市”之称，贞观以来，即为聚钱之所。龙朔以后，西市的繁荣更远远超过了东市。西市的繁荣，首先也反映在开渠潴池以解决运输和用水问题上。考古工作在对西市以及附近里坊进行勘察和钻探时，发现永安渠流经西市东侧的时候，有沿西市南大街北侧向西又伸出一段的长约 140 米、宽约 34 米、深约 6 米的支渠，横贯市内。这条支渠可能就是《长安志》卷十所记“（西）市西北有池，长安中沙门法成所穿，支分永安渠以注之，以为放生池”的水渠道遗迹。天宝元年（742 年），京兆尹韩朝宗又分潏水开漕渠，目的就是为了漕运。《唐会要》卷八七记漕渠：“入自金光门，置潭于西市西街，以贮林木。”永泰二年（766 年），京兆尹黎干以京城薪炭不给，又自西市引渠，“自（光德坊）京兆府，直东至（开化坊）荐福寺东街，至北（务本坊）国子监正东，至于城东街正北，又过景风门、延喜门入于苑。（渠）阔八尺，深丈余”。

礼泉坊地处永安渠和它向西引出的一条漕渠附近，这两条水道为窑场提供必需的水

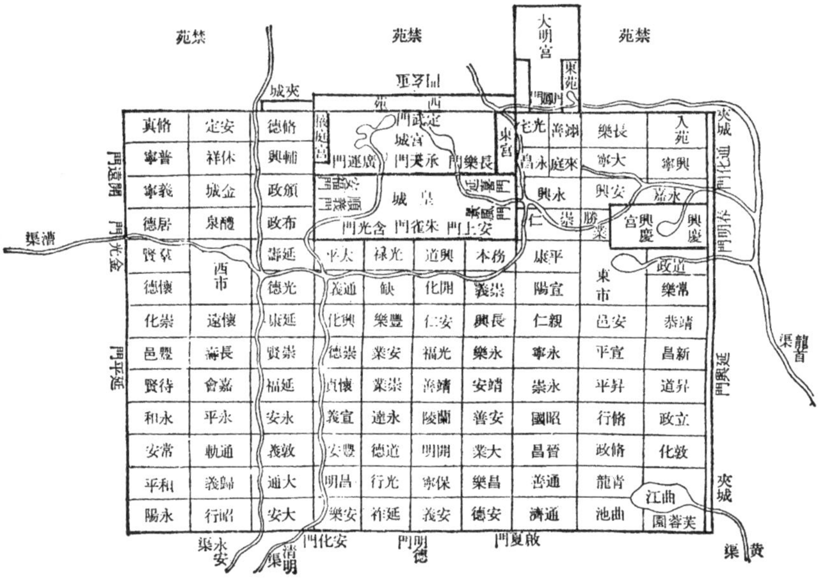

图一二 长安外郭城图

源和运输条件，而附近黄土丰富易得，因此这里具备生产红胎唐三彩的条件，甚至可以运输少量白胎制作原料。

长安礼泉坊窑址所烧制唐三彩的胎按照胎色可以分为红、米黄、粉红、灰黑、白共五类。制胎原料中铁的含量和烧制工艺在很大程度上决定唐三彩胎的颜色。这五类样品中，除了灰黑和红胎以外，胎中铁的含量是有显著差别的。灰黑和红胎的分析结果相似，表明这些唐三彩采用相似的制胎原料，但烧制工艺有别。

陕西黄堡窑、河南黄冶窑、河北邢窑遗址、长安礼泉坊窑址出土的大多数唐三彩（红胎、灰黑胎、米黄胎）胎有明显的成分差异，长安礼泉坊场窑址制作一些很少量的白胎唐三彩，选用的是和黄冶窑或黄堡窑唐三彩成分相似的制胎原料。

目前的分析结果表明，西安礼泉坊唐三彩窑的白胎制作原料主要是从黄冶和黄堡附近运输而来，运至的高岭土，推测部分用作化妆土涂刷至红胎表面以达到模仿白胎底的效果，另一部分则直接用来制作白胎唐三彩。

据发掘者介绍，西安礼泉坊唐三彩窑应当处于盛唐后期即唐玄宗时期，此时的政治、经济中心从东都洛阳迁回西京长安，该窑址不仅为了满足随之增加的丧葬需求，还要满足日用的需要，从它地处西市附近就可看出此窑选址的用意，即此唐三彩窑的建立更多的是出于商业目的。该窑址出土了一些用来制作大俑的陶范，表明该三彩窑是俑和生活器兼作。这个窑并没有悠久的瓷器或陶俑的制作传统，因此推测在这里制作唐三彩的工匠主要是外迁来的工匠和他们传授出的徒弟。据此，这里生产的唐三彩制品风格上既具有东都洛阳的风格，也融汇了本地的一些特色。商业目的决定这里生产的唐三彩制品种类混杂，不似御用产品种类固定。

3. 唐三彩产地的判断（表八）

第一，洛阳地区出土唐三彩器应当主要是黄冶窑生产的，河南恭陵哀妃墓就属于这种情况。而大型唐三彩俑应当是在附近地区尚未发现的窑址专门生产的，洛阳屈突季扎墓（691 年）、李守一（694 年）、张思忠墓（703 年）和著名的安菩夫妇墓（709 年）都属于这种情况。

第二，无论有否纪年，红胎唐三彩主要是无高岭土出产的长安地区出产的，章怀太子墓（706 年）、西安南郊 M31 墓中出土的红胎唐三彩就属于这种情况。

第三，在纪年早于武则天退位（705 年）的白胎唐三彩中，三彩俑主要是洛阳地区（包括黄冶）尚未发现的窑场出产的，李晦墓（689 年）、康文通墓（697 年）出土唐三彩就属于这一类；而三彩器主要是黄冶窑制作的，李福墓（672 年）唐三彩就是一例。此结论与第一个结论有部分重叠。

第四，无论是否有纪年，成分与黄堡窑相似的白胎唐三彩中，有蓝釉的长安及周边地区（包括黄堡窑未发掘的遗址）制作的可能性较大。这时因为黄堡窑无蓝釉唐三彩出土，尚不能肯定这类唐三彩是黄堡窑的产品，西安南郊 31 号墓出土的白胎唐三彩就属于这一类情况；

无蓝釉的唐三彩俑和器物的风格也可以判别是否黄堡窑制作。黄堡窑主要生产唐三彩器，较少生产唐三彩俑，而且与长安地区多数陶俑的风格差别较大。例如昭陵 32 号陪葬墓、西安南郊 31 号墓出土唐三彩俑的风格与黄堡窑唐三彩俑风格差别较大，因此不似黄堡窑已发掘遗址的产品，很可能是长安及周边地区（包括黄堡窑未发掘的遗址）出产的。

第五，在与黄冶窑唐三彩成分相似的唐三彩中，洛阳地区以外的、时代无法判断的或纪年晚于 705 年的墓葬中出土的唐三彩，有可能是长安地区出产的，也有可能是洛阳地区出产的，所以，节愍太子墓（710 年）、西安唐大明宫遗址出土的部分白胎唐三彩，产地尚不能给出明确的判断。通过唐三彩器的风格对比可以解决一部分三彩器的判别，如扬州唐城出土的唐三彩器物类型与黄冶窑唐三彩不但成分相似，而且

图一三　三彩盘（河北内丘邢窑出土）

器物类型也十分接近，因此主要是黄冶窑制作的。

尽管分析内丘邢窑出土的唐三彩（图一三）[1]，但尚未找到成分类似的遗址和墓葬中出土的唐三彩，因此尚无法就内丘邢窑唐三彩的产生、发展过程和产品传播范围进行讨论。

目前分析的唐三彩种类和数量有限，随着不断涌现的新考古发现和更多的唐三彩分析，本项研究将会更加深入，本文的一些见解和看法也还需进一步检验。

表八　部分墓葬和建筑遗址出土唐三彩的产地判别

墓葬或遗址名	器物类型	胎色	产地推测
李福墓（672年）	器皿	白	黄冶窑
恭陵哀妃墓（676年）	器皿	白	黄冶窑
李晦墓（689年）	俑	白	洛阳地区
康文通墓（697年）	俑	白	洛阳地区
章怀太子墓（706年）	俑	红	长安地区
节愍太子墓（710年）	俑	白	
西安南郊M31墓	俑	白	长安及周边地区
	俑	红	长安地区
昭陵32号陪葬墓	器皿	白	长安及周边地区
扬州唐城遗址	器皿	白	黄冶窑
大明宫遗址	器皿	白	

河北邢窑唐三彩中子活化的分析数据[2]、李福墓出土唐三彩胎的中子活化分析数据[3]、节愍太子墓出土唐三彩胎的中子活化分析数据[4]、昭陵陪葬32号墓出土唐三彩胎

1　河北省内丘县文物保管所贾成惠提供。

2　贾成惠、雷勇、冯松林、冯向前：《浅议邢窑唐三彩》，《文物春秋》2006年第1期。

3　雷勇、冯松林、冯向前、王小蒙、张建林：《部分昭陵陪葬墓出土唐三彩的中子活化分析与产地研究》，《考古与文物》2004年汉唐增刊。

4　雷勇、冯松林、冯向前、刘呆运：《唐节愍太子墓出土唐三彩的中子活化分析与产地研究》，《唐节愍太子墓发掘报告》，第202～207页，科学出版社，2004年。

的中子活化分析数据[1]、哀妃墓出土唐三彩胎的中子活化分析数据[2]、大明宫遗址出土的唐三彩胎的中子活化分析数据[3]由于在以前的文章中已经提及，这里就不再重复了。

附记：感谢我的导师中国科学院高能物理所的柴之芳教授、课题组长冯松林、成员冯向前等在制样、测量、数据处理等各个环节给予的帮助。十分感谢陕西省考古研究所、河北省考古研究所、中国社会科学院考古研究所、郑州市考古研究所、西安市文物保护考古所、扬州市考古队、扬州市博物馆、河北省内丘县文保所、河南省偃师博物馆等许多前辈和同行在样品收集和文献查阅时提供的极大帮助，有了他们的帮助，我的许多研究内容才可能进行并完成。

原载《故宫博物院院刊》2007年第3期

1　前揭《部分昭陵陪葬墓出土唐三彩的中子活化分析与产地研究》。

2　雷勇、冯松林、冯向前、郭洪涛：《唐恭陵哀妃墓出土唐三彩的中子活化分析和产地研究》，《中原文物》2005年第1期。

3　何岁利、雷勇：《大明宫太液池遗址出土唐三彩的初步研究》，《新世纪的中国考古学——纪念王仲殊诞辰八十周年论文集》，第757～771页，科学出版社，2005年。

附表一　西安礼泉坊唐三彩窑址出土

样品编号	Fe	Na	K	Ce	Nd	Eu	Tb	Yb	Lu	Hf	Ta
	%			μg/g							
1	4.02	1.29	2.87	87.6	40.5	1.53	1.12	3.72	0.47	7.15	1.26
2	4.29	1.11	2.73	90.0	44.9	1.68	1.20	4.15	0.54	7.20	1.13
3	4.04	1.14	2.85	83.1	39.4	1.46	1.21	3.74	0.50	6.96	1.17
4	3.97	1.11	3.22	82.5	39.0	1.52	0.98	3.76	0.50	7.11	1.32
5	4.27	1.09	1.69	85.7	43.4	1.69	1.04	4.39	0.56	7.70	1.42
6	4.18	1.13	2.65	85.6	39.3	1.58	1.04	3.85	0.50	6.32	1.39
7	4.22	1.12	2.37	82.9	39.7	1.44	1.02	3.95	0.54	6.51	1.28
8	4.21	1.10	3.74	82.9	36.4	1.46	0.99	3.81	0.48	6.22	1.35
9	4.34	1.12	2.14	88.6	39.6	1.48	1.08	4.08	0.50	7.15	1.51
10	4.32	1.10	2.85	84.5	43.8	1.49	1.14	4.05	0.50	7.23	1.33
11	4.21	1.10	2.90	83.6	42.0	1.43	1.09	3.76	0.51	7.08	1.24
12	4.29	1.07	2.16	85.3	39.6	1.56	1.11	4.11	0.50	6.47	1.32
13	4.37	1.07	3.78	103	51.5	1.59	1.41	4.19	0.52	6.99	1.34
14	4.20	1.08	2.70	85.0	38.9	1.55	1.03	4.07	0.45	6.41	1.38
15	4.34	1.06	3.48	83.8	43.1	1.46	1.01	4.11	0.52	6.81	1.35
16	4.42	1.12	3.99	87.2	42.1	1.59	1.04	4.03	0.47	6.16	1.34
17	4.55	1.05	2.21	88.0	45.5	1.65	0.96	3.16	0.55	6.62	1.34
18	3.93	1.13	2.30	83.2	35.1	1.46	1.06	3.21	0.49	7.50	1.29
19	4.23	1.08	4.16	84.4	43.1	1.57	1.22	2.92	0.46	6.52	1.32
20	4.46	1.10	2.71	85.1	41.5	1.51	1.13	3.97	0.47	6.06	1.38
21	4.25	1.09	3.56	84.0	36.3	1.43	0.97	3.85	0.53	6.54	1.20
22	4.14	1.19	2.87	84.5	36.4	1.52	1.24	3.93	0.48	6.72	1.22
23	4.27	1.11	2.86	84.3	43.7	1.43	0.96	3.85	0.49	6.51	1.21
24	4.22	1.12	2.61	84.4	43.5	1.51	1.24	3.70	0.43	6.65	1.20
25	3.99	1.14	2.65	82.3	40.4	1.47	1.02	3.70	0.47	7.20	1.12
26	4.17	1.14	3.30	82.5	42.7	1.54	0.98	3.74	0.47	6.44	1.21

唐三彩的中子活化分析数据[1]

Th	Sc	Cr	Co	Rb	Cs	Ba	La	Sm	U
μg/g									
16.3	15.5	99.4	15.20	144.0	8.88	664	54.4	7.11	3.26
16.3	16.5	107.0	16.70	145.0	9.77	644	55.0	7.47	2.90
15.4	15.4	151.0	15.10	145.0	9.85	671	51.9	7.42	3.40
15.4	15.4	104.0	15.10	139.0	9.82	620	51.6	7.40	3.49
16.6	16.1	105.0	16.70	154.0	10.10	648	54.7	7.89	4.06
16.9	16.1	94.6	16.70	148.0	10.00	675	54.9	7.66	3.49
16.4	15.9	94.5	16.70	153.0	10.30	707	53.5	7.52	3.56
16.1	15.9	94.0	17.10	154.0	10.10	713	54.0	7.56	3.30
17.1	16.1	96.6	16.70	151.0	10.00	663	56.7	8.03	4.31
16.6	15.9	92.8	16.70	143.0	10.00	676	54.3	7.88	3.85
16.6	15.7	95.1	16.00	147.0	10.00	637	54.4	7.74	3.62
16.7	16.2	99.4	16.80	154.0	10.50	733	55.1	7.93	3.93
20.5	16.5	102.0	17.10	155.0	10.60	733	64.9	9.08	4.32
17.1	15.9	98.5	16.80	154.0	10.80	679	55.5	7.90	3.45
16.6	16.1	98.1	16.90	157.0	10.70	735	55.3	7.99	3.67
18.3	16.7	97.4	17.30	168.0	10.90	733	58.3	8.07	4.57
18.7	16.4	99.0	16.90	159.0	11.20	727	58.9	8.46	4.48
16.5	14.8	92.3	14.60	148.0	10.50	690	52.4	7.87	3.88
16.7	15.7	93.8	16.80	156.0	10.50	680	54.3	7.72	3.91
18.0	16.6	97.5	17.10	167.0	11.30	742	57.8	8.21	4.56
15.8	16.0	97.2	17.10	146.0	10.30	677	53.9	7.42	3.22
15.9	15.7	91.1	16.80	144.0	9.89	628	54.4	7.50	3.23
15.8	16.1	98.9	16.80	156.0	10.10	674	54.6	7.55	3.62
15.9	15.7	96.6	16.20	144.0	10.00	623	54.2	7.66	3.79
15.4	15.2	94.2	14.90	143.0	9.76	660	52.4	7.62	3.49
16.0	15.5	90.4	15.70	150.0	10.10	694	53.6	7.53	3.49

1 Lei Yong, Chai Zhifang, "Study on the Compositional Differences of Tang Sancai from Different Kilns by INAA", *Journal of Archaeological Science*, Volume 32, 2005, 2:183-191.

样品编号	Fe	Na	K	Ce	Nd	Eu	Tb	Yb	Lu	Hf	Ta
	%			μg/g							
27	4.12	1.19	1.23	81.2	34.9	1.54	1.09	3.60	0.43	6.29	1.21
28	4.33	1.16	3.57	90.7	40.7	1.57	1.16	3.92	0.52	6.42	1.21
29	4.15	1.07	5.30	85.6	44.3	1.53	1.07	3.19	0.51	7.43	1.40
30	4.49	1.06	2.47	88.1	45.5	1.64	0.90	3.22	0.50	5.97	1.39
31	3.99	1.10	2.55	80.4	40.7	1.52	1.07	3.78	0.47	7.41	1.33
32	4.25	1.14	3.57	85.7	38.8	1.55	1.11	4.15	0.49	7.43	1.26
33	4.32	1.12	1.62	85.9	43.0	1.58	1.16	3.95	0.55	7.18	1.15
34	4.32	1.08	3.54	89.1	46.3	1.63	1.01	2.79	0.48	6.80	1.07
35	4.16	1.10	3.76	83.7	42.9	1.55	0.99	3.39	0.49	7.40	1.33
36	4.33	1.10	1.91	84.7	41.0	1.53	1.16	3.13	0.50	7.95	1.32
37	3.93	1.15	1.93	81.3	44.4	1.44	1.00	3.27	0.48	7.30	1.19
38	4.19	1.09	1.94	85.0	45.8	1.55	1.10	3.45	0.49	7.77	1.36
39	3.46	1.19	3.41	75.3	36.4	1.39	1.04	4.12	0.49	6.61	1.33
40	3.53	1.19	4.29	72.8	37.1	1.35	1.03	3.92	0.49	6.89	1.19
41	3.35	1.14	4.10	69.1	36.2	1.23	0.98	3.59	0.41	6.73	1.14
42	3.34	1.14	2.81	64.5	32.1	1.22	0.92	3.40	0.42	5.67	1.12
43	3.31	1.17	2.60	69.0	34.1	1.24	0.98	3.87	0.47	6.39	1.12
44	3.52	1.17	3.89	71.8	36.1	1.32	0.94	3.69	0.44	5.88	1.12
45	3.31	1.07	3.15	68.2	32.8	1.27	0.94	3.28	0.44	5.54	1.14
46	3.58	1.16	1.51	69.5	33.7	1.33	0.75	2.75	0.43	5.80	1.10
47	2.54	1.15	3.32	53.5	26.8	1.02	0.68	2.04	0.31	4.42	0.84
48	3.55	1.28	4.03	73.2	38.0	1.32	0.89	2.50	0.42	6.25	1.05
49	3.43	1.18	2.03	69.1	35.8	1.38	0.86	3.27	0.43	6.60	0.98
50	3.41	1.17	2.04	70.0	34.6	1.30	0.93	3.14	0.41	6.96	0.99
51	3.55	1.19	3.73	72.1	35.4	1.32	0.96	2.89	0.47	6.19	1.14
52	3.55	1.21	3.58	74.0	37.0	1.34	0.81	2.59	0.44	6.55	1.17
53	3.52	1.20	3.77	71.6	38.1	1.33	0.90	2.90	0.45	5.84	1.14
54	3.57	1.19	2.08	73.8	36.4	1.38	1.00	2.92	0.45	6.41	1.09
55	3.42	1.22	2.00	79.6	41.6	1.39	0.93	2.85	0.46	6.93	1.24
56	3.53	1.18	4.01	70.3	35.3	1.37	0.84	2.82	0.45	6.14	1.07

Th	Sc	Cr	Co	Rb	Cs	Ba	La	Sm	U
μg/g									
15.2	15.6	95.1	15.30	143.0	9.67	600	51.7	7.12	3.47
16.6	16.2	102.0	16.30	152.0	10.30	639	58.2	7.61	3.54
16.8	15.3	95.4	16.20	147.0	10.10	626	55.1	8.03	4.17
18.3	16.3	99.7	23.00	160.0	11.10	710	58.9	8.23	4.62
15.0	15.2	98.2	15.30	144.0	10.00	654	52.1	7.73	3.69
16.0	15.7	96.6	16.40	139.0	9.86	620	53.4	7.56	4.05
16.1	15.8	96.3	16.80	141.0	10.00	623	53.9	7.55	4.26
16.0	16.0	103.0	16.80	140.0	9.42	599	55.5	7.54	3.05
16.8	15.4	96.2	16.70	156.0	10.30	667	53.5	7.87	3.73
17.5	15.4	98.3	16.70	155.0	10.30	691	54.4	8.14	4.25
15.6	14.9	86.7	15.40	145.0	9.90	698	51.1	7.81	4.14
16.9	15.2	94.4	16.40	157.0	10.20	692	54.3	8.04	3.88
14.3	14.1	82.7	13.50	123.0	8.15	628	46.9	7.12	3.89
13.7	13.9	85.3	14.10	117.0	7.12	657	45.7	7.02	3.85
12.5	12.9	75.0	12.30	100.0	6.65	763	43.5	6.86	4.18
12.1	12.3	72.2	12.60	121.0	7.32	685	41.1	6.38	3.67
12.8	13.0	77.8	12.10	115.0	7.17	745	44.1	6.93	4.36
13.4	13.4	76.6	13.70	131.0	7.95	721	45.3	7.06	3.72
12.6	12.7	66.4	13.00	115.0	6.39	636	43.3	6.61	4.50
11.9	12.8	76.0	12.60	106.0	6.88	596	42.2	6.18	3.60
9.5	9.9	55.7	10.50	85.2	5.59	441	45.1	6.44	3.50
13.0	13.7	87.2	13.70	110.0	7.00	621	45.7	6.66	3.40
12.1	13.4	79.6	13.00	89.7	6.95	616	41.8	6.08	2.98
12.0	13.2	81.4	12.70	85.0	7.00	544	42.3	6.10	3.20
13.0	13.6	81.9	13.90	105.0	7.46	620	44.8	6.46	3.31
13.0	13.4	82.5	13.60	114.0	7.44	643	45.5	6.54	3.77
12.9	13.4	79.5	13.90	105.0	7.15	600	44.9	6.58	3.63
13.7	13.8	82.4	13.80	110.0	7.20	611	45.4	6.57	3.55
14.2	13.8	79.6	13.90	119.0	7.86	595	49.4	7.41	3.89
12.7	13.2	80.3	13.40	94.2	6.18	593	44.1	6.58	3.38

样品编号	Fe	Na	K	Ce	Nd	Eu	Tb	Yb	Lu	Hf	Ta
	%			μg/g							
57	3.28	1.23	2.03	69.8	34.0	1.34	0.89	2.92	0.42	6.56	1.52
58	3.47	1.21	2.19	72.7	34.0	1.31	0.84	2.65	0.41	6.65	1.13
59	3.46	1.32	4.67	72.6	35.6	1.38	1.01	2.77	0.46	6.07	1.21
60	3.51	1.26	2.46	70.9	34.2	1.31	0.92	2.89	0.43	6.18	1.21
61	3.65	1.23	5.88	73.4	37.9	1.40	0.99	2.75	0.47	6.57	1.16
62	3.53	1.17	2.54	73.0	38.4	1.38	0.84	2.77	0.45	6.25	1.16
63	3.48	1.12	2.61	71.6	35.1	1.38	0.89	2.73	0.43	6.33	1.21
64	3.59	1.14	5.94	71.5	36.0	1.28	0.82	3.02	0.43	6.10	1.13
65	3.53	1.10	2.95	71.8	35.1	1.40	1.02	2.70	0.44	6.07	1.13
66	1.71	0.40	3.11	182.0	86.0	2.71	1.70	5.39	0.56	10.40	1.91
67	1.74	0.37	3.19	176.0	94.7	2.59	1.43	5.25	0.59	10.10	1.88
68	1.75	0.40	3.28	178.0	92.2	2.68	1.70	5.40	0.62	10.30	1.72
69	4.42	1.24	1.72	86.5	38.8	1.61	1.02	3.81	0.50	6.70	1.44
70	4.40	1.21	1.74	86.0	42.5	1.52	0.91	3.89	0.50	6.77	1.41
71	4.55	1.23	1.18	95.2	48.5	1.79	1.11	3.92	0.54	6.40	1.32
72	4.49	1.26	3.07	87.4	40.2	1.53	0.89	3.71	0.48	6.47	1.17
73	4.43	1.26	3.95	85.5	41.5	1.50	1.05	3.75	0.45	6.87	1.20
74	4.36	1.29	1.35	86.6	40.1	1.45	1.00	4.21	0.48	6.82	1.32
75	4.45	1.25	1.43	87.0	42.5	1.40	0.95	3.79	0.44	6.91	1.21
76	0.78	0.26	1.64	170.0	61.9	1.40	0.97	3.75	0.49	12.30	1.46
77	0.61	0.17	2.04	183.0	79.6	2.28	1.42	5.43	0.82	15.10	2.28
78	0.71	0.24	1.68	173.0	63.1	1.30	0.91	3.84	0.49	11.90	1.61
79	0.79	0.31	1.83	156.0	62.9	1.32	0.81	2.87	0.49	12.90	1.91
80	0.81	0.19	1.88	193.0	89.0	2.55	1.67	5.89	0.88	16.80	2.37
81	0.70	0.24	1.70	199.0	69.3	1.17	0.69	4.20	0.59	12.80	1.48
82	0.45	0.31	2.19	263.0	79.6	0.98	0.70	4.24	0.57	10.40	1.53
83	0.87	0.33	2.73	158.0	61.0	1.31	0.71	3.59	0.51	12.60	1.77
84	0.81	0.13	1.77	149.0	69.2	2.30	1.48	6.12	0.80	19.30	1.97
85	0.80	0.26	2.96	161.0	62.2	1.22	0.79	3.90	0.56	13.80	1.73

Th	Sc	Cr	Co	Rb	Cs	Ba	La	Sm	U
μg/g									
12.3	12.5	70.8	13.00	108.0	6.65	640	43.6	6.47	3.25
13.4	13.3	79.9	13.90	120.0	7.53	618	45.9	6.70	4.20
13.1	12.7	97.5	13.20	122.0	7.29	625	43.8	6.57	3.42
13.5	13.3	92.2	13.40	119.0	7.88	615	44.2	6.78	4.48
13.1	13.5	79.7	13.70	122.0	8.18	639	44.3	6.80	3.86
13.3	13.2	79.4	13.90	108.0	7.40	567	45.1	6.85	3.73
13.5	13.1	74.4	12.90	121.0	8.07	621	44.2	6.76	3.66
13.9	13.3	78.9	13.90	106.0	6.83	642	44.9	6.90	3.99
13.4	13.1	79.0	13.00	101.0	7.78	646	55.9	8.22	3.90
32.8	19.0	75.6	5.80	99.5	6.46	620	109.0	16.90	9.18
32.6	19.0	77.0	5.83	111.0	6.58	699	109.0	17.00	9.45
33.1	19.1	79.1	6.45	106.0	6.86	715	111.0	17.20	9.25
18.1	16.2	96.6	16.60	172.0	10.70	783	56.9	8.01	4.25
18.1	16.0	95.0	16.40	161.0	10.50	793	56.5	7.92	4.35
18.4	16.7	99.9	16.60	148.0	9.85	718	61.1	7.82	3.70
16.9	16.5	99.1	16.80	152.0	9.77	679	57.2	7.31	3.66
16.6	16.3	97.9	16.20	149.0	9.37	647	55.5	7.37	3.83
17.1	16.1	98.1	16.30	150.0	9.47	700	56.8	7.54	3.72
16.9	16.3	100.0	16.30	159.0	9.98	699	56.2	7.49	3.57
22.7	18.6	76.2	2.85	72.5	4.67	430	107.0	8.04	3.92
29.4	21.6	99.9	2.94	102.0	16.40	219	95.0	12.90	8.31
25.8	19.3	78.7	2.11	72.7	4.47	418	112.0	7.79	4.20
28.2	18.6	69.7	3.37	88.1	5.61	619	105.0	8.98	5.99
32.3	20.6	103.0	6.02	112.0	17.80	248	101.0	14.70	5.75
21.7	19.9	89.1	2.62	65.3	4.79	368	128.0	7.41	3.90
22.6	20.5	83.6	1.40	76.5	5.31	448	170.0	6.89	4.00
26.6	19.5	73.0	3.25	79.1	5.40	486	103.0	8.58	5.49
25.2	20.6	99.6	3.84	85.1	15.30	175	80.9	12.80	7.13
24.7	18.3	71.0	2.98	76.6	5.20	500	107.0	8.40	5.21

附表二　河南黄冶窑址出土

样品编号	Fe	Na	K	Ce	Nd	Eu	Tb	Yb	Lu	Hf	Ta
	%			μg/g							
86	0.90	0.33	1.35	157.0	52.8	1.08	0.86	4.15	0.49	13.40	1.83
87	0.34	0.27	1.75	159.0	51.5	0.82	0.62	3.50	0.44	14.50	1.73
88	0.43	0.24	1.56	157.0	47.1	0.81	0.58	3.16	0.43	16.00	1.63
89	0.94	0.36	2.20	146.0	62.4	1.56	1.04	3.74	0.41	12.20	1.65
90	0.52	0.25	1.89	150.0	54.6	0.92	0.75	3.76	0.44	12.50	1.73
91	0.69	0.25	1.51	165.0	57.3	1.19	0.87	3.89	0.46	12.50	1.76
92	0.58	0.24	1.54	153.0	52.1	0.99	0.74	3.67	0.45	11.90	1.89
93	0.86	0.31	1.93	133.0	57.3	1.42	1.23	4.03	0.48	13.10	1.75
94	0.70	0.25	2.01	173.0	58.9	1.26	0.92	3.86	0.49	12.10	1.80
95	1.13	0.40	2.05	204.0	94.0	1.77	1.35	4.75	0.60	11.40	1.87
96	0.92	0.28	1.47	160.0	61.6	1.53	0.99	4.17	0.49	15.10	1.95
97	0.51	0.25	1.35	149.0	52.8	0.98	0.82	4.05	0.55	14.30	1.70
98	0.91	0.29	1.85	140.0	61.1	1.71	0.99	3.79	0.44	12.60	1.68
99	1.25	0.31	2.14	140.0	58.6	1.60	1.11	3.83	0.42	11.70	1.77
100	0.45	0.28	1.89	164.0	53.4	0.76	0.54	3.46	0.47	14.60	1.69
101	1.17	0.33	1.95	146.0	58.8	1.34	1.00	3.89	0.48	12.10	1.73
102	2.41	0.35	2.29	143.0	60.2	1.68	0.92	4.16	0.60	9.72	1.74
103	0.98	0.36	2.16	153.0	61.1	1.22	0.87	3.54	0.44	13.50	1.60
104	1.00	0.43	2.33	144.0	64.7	1.62	0.89	3.38	0.44	10.80	1.74
105	0.98	0.34	2.13	150.0	63.2	1.58	1.10	3.78	0.47	12.70	1.69
106	0.99	0.32	2.04	153.0	59.6	1.33	0.72	4.05	0.51	11.80	1.66
107	1.11	0.33	1.89	151.0	58.0	1.17	0.74	3.75	0.52	13.20	1.68
108	0.88	0.31	2.17	158.0	59.7	1.10	0.80	3.72	0.49	12.50	1.59
109	0.90	0.42	1.67	161.0	61.3	1.12	0.82	3.80	0.50	12.80	1.63
110	0.79	0.44	2.26	144.0	53.4	1.13	0.84	3.45	0.47	14.30	1.76
111	1.04	0.28	1.95	159.0	65.2	1.39	0.85	4.15	0.49	11.10	1.63

唐三彩的分析数据[1]

Th	Sc	Cr	Co	Rb	Cs	Ba	La	Sm	U
μg/g									
26.4	18.1	68.0	3.90	73.3	4.69	443	104.0	7.16	5.82
23.3	18.9	74.1	1.17	59.8	3.51	389	107.0	5.44	4.79
21.8	18.5	75.0	1.37	61.9	4.41	351	111.0	4.68	4.69
27.1	20.1	79.1	2.78	86.2	5.95	530	93.5	9.37	5.24
22.4	18.3	74.1	1.63	71.2	4.82	410	97.3	6.28	5.05
22.4	18.9	75.4	2.02	76.2	4.88	420	109.0	7.45	5.09
23.9	18.5	72.8	1.39	77.6	4.92	434	104.0	6.47	5.05
27.8	18.2	71.8	3.58	82.6	5.42	502	90.1	8.55	5.58
21.9	18.9	74.9	2.39	81.1	5.00	462	115.0	7.57	4.93
27.7	24.4	83.4	14.40	93.6	6.34	601	127.0	13.10	7.67
28.0	19.4	74.9	4.90	77.9	4.87	474	105.0	9.10	6.11
24.9	18.7	72.9	1.95	73.6	4.95	444	96.3	6.68	4.56
27.4	19.1	72.9	11.80	82.9	5.44	466	90.3	10.10	5.33
28.4	19.1	74.7	4.72	81.9	5.81	483	91.3	9.42	5.52
25.0	19.5	74.0	1.60	61.4	4.02	392	108.0	5.85	4.54
26.5	18.4	76.4	3.08	74.7	5.21	464	95.0	8.30	5.12
21.1	20.5	84.3	2.92	109.0	8.99	583	87.3	9.35	5.93
28.7	19.1	77.5	3.29	80.0	5.57	550	103.0	8.23	5.32
29.7	19.0	80.6	1.83	110.0	8.11	608	97.3	9.49	5.11
27.3	19.6	77.9	2.81	87.7	5.33	492	98.0	9.37	5.19
25.3	18.9	76.2	3.29	75.4	5.01	448	97.7	8.01	5.05
26.8	19.2	71.9	5.53	82.8	5.52	507	97.7	7.80	5.76
24.4	18.3	71.1	4.51	84.1	6.52	536	104.0	7.50	5.57
24.9	18.8	72.7	4.61	86.1	6.67	548	95.2	5.93	5.56
26.6	18.4	74.6	1.88	83.0	5.74	559	95.5	7.40	5.69
25.5	18.4	77.3	7.26	80.5	5.32	536	103.0	9.49	5.60

1 Lei Yong,Chai Zhifang, "Study on the Compositional Differences of Tang Sancai from Different Kilns by INAA", *Journal of Archaeological Science*,Volume 32,2005,2:183-191.

样品编号	Fe	Na	K	Ce	Nd	Eu	Tb	Yb	Lu	Hf	Ta
	%			μg/g							
112	0.73	0.30	1.75	143.0	54.0	1.12	0.63	3.34	0.40	12.30	1.69
113	0.78	0.30	1.78	166.0	62.9	1.24	0.84	3.85	0.50	11.90	1.76
114	0.66	0.34	1.63	150.0	50.8	0.93	0.83	3.61	0.46	13.20	2.07
115	0.93	0.30	2.63	141.0	62.9	1.66	1.11	4.03	0.47	11.40	2.05
116	0.74	0.32	1.87	152.0	57.7	1.09	0.78	3.76	0.50	13.00	1.84
117	0.75	0.36	2.43	173.0	59.9	1.00	0.80	4.04	0.51	14.00	2.01
118	0.98	0.31	1.58	137.0	63.0	1.69	1.36	4.40	0.48	13.00	1.92
119	0.67	0.36	2.00	145.0	51.5	1.03	0.70	3.56	0.45	16.90	2.09
120	0.87	0.33	2.28	137.0	55.7	1.23	0.80	3.52	0.43	10.40	1.89
121	1.34	0.39	1.82	157.0	67.6	1.81	1.26	4.61	0.55	12.10	1.62

附表三　陕西黄堡窑出土

样品编号	Fe	Na	K	Ce	Nd	Eu	Tb	Yb	Lu	Hf	Ta
	%			μg/g							
122	1.59	0.18	1.65	139.0	44.4	1.62	1.35	5.33	0.85	14.90	3.19
123	1.25	0.15	1.35	105.0	41.2	1.34	1.07	4.43	0.73	13.90	2.89
124	1.72	0.14	1.25	101.0	45.5	1.58	1.27	5.06	0.80	16.40	3.34
125	2.25	0.28	1.73	100.0	37.6	1.31	1.13	4.52	0.74	13.20	3.24
126	1.40	0.13	1.70	137.0	61.9	2.00	1.65	6.17	0.98	15.50	3.06
127	1.85	0.15	1.76	116.0	75.6	2.34	1.87	6.58	1.00	15.10	3.04
128	1.65	0.12	1.63	122.0	57.1	1.80	1.43	5.09	0.82	13.20	3.08
129	1.33	0.19	1.51	145.0	42.6	1.21	1.31	5.37	0.86	11.10	2.89
130	1.74	0.18	1.41	108.0	48.9	1.34	1.27	5.05	0.77	15.10	3.00
131	1.31	0.15	1.66	97.2	34.4	0.95	0.87	5.11	0.71	15.00	2.50
132	2.82	0.33	1.82	109.0	50.3	1.63	1.17	3.95	0.62	11.50	2.02
133	1.53	0.17	1.67	104.0	52.9	1.77	1.33	5.01	0.80	16.50	3.16
134	1.49	0.13	1.11	112.0	46.1	1.30	1.07	4.74	0.74	16.40	2.96

Th	Sc	Cr	Co	Rb	Cs	Ba	La	Sm	U
μg/g									
24.4	18.4	71.8	3.13	79.8	5.34	417	97.3	7.31	5.06
24.8	19.4	77.4	4.66	82.6	5.67	484	107.0	8.48	5.04
28.5	17.8	64.4	1.53	69.7	4.60	501	100.0	6.46	5.96
29.4	18.9	72.6	9.89	89.8	5.41	539	89.3	11.20	6.44
24.7	18.1	75.5	2.12	87.9	5.17	527	102.0	7.98	5.59
26.7	19.9	74.0	1.80	96.9	6.05	598	117.0	7.60	5.96
29.7	19.2	77.4	14.90	87.4	5.61	509	89.2	11.60	6.38
27.4	18.2	69.0	1.27	86.6	5.62	592	103.0	7.51	6.51
26.3	18.5	69.9	3.20	93.0	5.96	497	91.6	8.53	5.45
26.4	19.4	74.3	8.62	74.4	5.24	489	95.4	10.60	6.32

唐三彩的中子活化分析数据[1]

Th	Sc	Cr	Co	Rb	Cs	Ba	La	Sm	U
μg/g									
28.4	19.1	102.0	3.51	72.7	14.60	283	67.6	8.46	9.43
26.1	18.7	109.0	4.94	73.0	12.70	241	63.6	7.25	7.56
27.4	17.0	95.4	3.18	72.0	14.20	198	64.4	8.36	8.19
29.4	21.4	137.0	5.89	97.6	13.20	371	65.1	6.73	8.75
28.4	19.2	105.0	3.91	81.6	13.60	241	86.5	11.00	7.81
27.0	18.9	110.0	3.84	82.9	12.40	217	104.0	12.50	7.64
27.4	20.5	122.0	5.17	87.5	14.10	314	82.5	9.46	7.66
25.4	17.6	94.5	4.65	52.0	10.40	190	98.7	6.79	5.62
26.9	19.6	122.0	3.74	81.0	12.10	260	67.7	7.77	7.95
26.5	20.9	150.0	3.48	80.8	9.82	284	64.0	4.93	5.89
23.2	18.7	105.0	8.92	115.0	12.80	413	66.7	8.47	6.33
27.0	18.5	98.0	3.66	60.5	11.20	229	69.8	9.39	7.65
24.6	17.0	104.0	6.55	53.2	11.20	224	71.1	8.16	7.43

1 Lei Yong,Chai Zhifang, "Study on the Compositional Differences of Tang Sancai from Different Kilns by INAA", *Journal of Archaeological Science*,Volume 32,2005,2:183-191.

样品编号	Fe	Na	K	Ce	Nd	Eu	Tb	Yb	Lu	Hf	Ta
	%			μg/g							
135	1.53	0.14	1.18	98.3	41.0	1.30	1.22	4.41	0.70	15.10	3.32
136	1.37	0.16	1.63	132.0	56.3	1.88	1.35	6.32	1.00	17.70	3.04
137	1.59	0.18	1.40	119.0	38.6	1.27	1.08	5.45	0.75	17.90	2.69
138	1.43	0.15	1.13	108.0	39.3	1.23	1.05	5.73	0.76	17.30	3.36
139	1.19	0.13	1.41	107.0	50.4	1.45	1.21	5.61	0.82	17.50	3.33
140	1.21	0.14	1.53	181.0	114.0	3.66	2.35	8.70	1.18	14.80	2.69
141	2.05	0.15	1.68	108.0	42.9	1.49	1.34	5.87	0.80	15.40	2.71
142	1.68	0.17	1.32	155.0	106.0	3.33	2.39	6.85	1.11	16.90	3.19
143	1.61	0.12	1.50	109.0	41.6	1.57	1.15	5.71	0.79	16.70	2.78
144	1.78	0.12	1.61	152.0	79.9	2.39	1.75	6.78	1.05	15.50	3.19
145	1.62	0.12	1.39	107.0	38.9	1.53	1.22	5.82	0.79	16.20	2.78
146	1.59	0.17	1.67	133.0	77.9	2.42	1.94	6.96	1.03	15.50	3.17
147	1.32	0.13	1.79	114.0	42.0	1.23	1.25	4.82	0.74	14.60	3.32
148	1.65	0.13	2.41	128.0	58.6	1.76	1.33	5.64	0.85	14.00	3.19
149	1.15	0.13	1.84	123.0	50.2	1.66	1.44	5.43	0.80	17.40	3.45
150	1.33	0.13	1.71	118.0	45.8	1.39	1.35	5.60	0.84	15.20	3.70
151	1.21	0.12	0.45	101.0	27.6	0.99	1.05	4.87	0.81	17.30	3.86
152	1.58	0.16	2.43	102.0	47.2	1.42	1.20	4.56	0.68	14.90	3.66
153	1.99	0.14	1.91	124.0	69.7	2.29	1.52	5.63	0.91	14.30	2.90
154	1.35	0.15	1.32	134.0	77.3	2.75	1.80	5.77	0.96	15.90	3.15
155	1.84	0.14	1.33	168.0	62.6	1.97	1.44	5.75	0.88	16.10	2.95
156	1.19	0.12	1.33	135.0	58.8	2.00	1.39	5.20	0.84	16.50	2.99
157	1.78	0.15	2.88	117.0	52.7	1.77	1.16	4.71	0.73	13.60	2.90
158	1.69	0.16	2.07	128.0	45.5	1.58	1.20	5.25	0.83	14.20	3.02
159	1.26	0.12	1.89	128.0	60.7	1.97	1.31	4.91	0.79	16.70	3.10
160	1.44	0.13	1.73	139.0	61.9	2.26	1.57	6.70	1.07	17.30	3.03
161	1.55	0.16	2.48	133.0	77.1	2.39	1.66	6.17	0.98	15.70	2.95
162	1.51	0.13	0.80	154.0	62.8	1.98	1.71	5.98	0.95	14.30	3.05
163	1.37	0.14	2.09	130.0	94.6	3.22	2.29	8.36	1.26	16.90	3.01

Th	Sc	Cr	Co	Rb	Cs	Ba	La	Sm	U
μg/g									
27.3	16.6	101.0	3.84	72.9	13.50	237	66.5	7.51	7.54
28.8	18.8	90.7	3.18	67.5	11.40	186	78.4	10.20	7.86
27.0	19.5	109.0	4.53	60.2	11.50	178	68.7	6.56	6.70
31.9	19.3	120.0	4.65	54.4	10.20	200	73.0	5.80	7.19
29.2	17.5	98.7	4.86	64.9	11.10	215	73.8	8.36	8.43
28.3	20.7	114.0	5.68	64.0	10.90	190	143.0	18.60	6.56
25.1	20.6	130.0	3.88	78.4	13.10	250	66.5	7.61	6.80
28.1	18.3	102.0	3.17	79.9	13.50	251	131.0	18.20	7.95
26.1	19.2	105.0	3.90	66.3	13.10	193	63.3	7.55	6.47
29.5	21.0	111.0	6.40	82.4	14.20	236	109.0	14.00	8.72
26.4	19.3	106.0	4.25	70.0	13.60	207	61.9	7.48	6.78
27.8	17.9	96.0	3.47	69.8	12.50	225	99.3	14.20	8.23
29.4	20.0	119.0	4.15	72.3	13.60	276	71.0	7.62	8.47
28.1	20.7	126.0	4.90	92.7	14.40	226	82.9	10.10	7.80
31.6	18.3	107.0	4.11	68.9	12.10	214	76.5	9.34	8.54
32.6	19.8	102.0	4.19	72.3	13.30	259	80.0	8.23	9.54
34.0	19.4	109.0	4.21	54.2	8.92	161	66.6	5.49	9.69
27.9	15.7	97.5	3.49	73.2	15.90	230	67.1	9.14	8.19
28.1	20.9	122.0	4.37	84.5	13.00	298	91.8	11.30	7.04
29.2	19.4	97.8	2.97	70.6	12.40	198	98.0	14.00	7.45
28.0	21.3	109.0	6.72	67.8	11.80	224	79.8	11.00	7.42
27.4	17.8	97.2	3.82	57.3	10.30	201	75.8	11.00	7.29
27.4	20.2	127.0	3.93	76.9	13.00	251	79.5	9.00	7.42
26.8	20.1	116.0	5.64	78.3	13.00	271	75.8	8.55	7.45
27.7	17.8	96.4	3.77	58.9	10.20	183	74.7	11.10	7.79
29.3	19.4	97.6	4.22	65.7	12.40	164	87.0	12.00	8.04
26.9	17.5	99.4	3.25	64.1	11.40	275	98.7	13.40	7.71
28.7	19.2	98.7	3.68	68.2	13.40	222	99.0	11.10	7.91
29.1	19.3	100.0	2.97	74.0	14.20	214	125.0	16.80	8.32

样品编号	Fe	Na	K	Ce	Nd	Eu	Tb	Yb	Lu	Hf	Ta
	%			μg/g							
164	1.70	0.15	1.62	107.0	43.8	1.38	1.19	4.91	0.74	14.10	2.90
165	1.63	0.12	0.84	123.0	57.5	1.91	1.55	5.75	0.93	14.20	2.99
166	1.85	0.16	0.78	102.0	44.9	1.48	1.03	4.36	0.68	15.00	3.17
167	1.69	0.14	2.35	133.0	44.3	1.59	1.36	4.93	0.82	13.60	3.06
168	1.49	0.16	1.75	127.0	55.2	1.82	1.27	5.11	0.81	14.80	2.91
169	1.57	0.15	1.93	125.0	57.7	1.73	1.38	5.03	0.82	14.20	3.08
170	1.55	0.14	1.09	165.0	67.9	2.23	1.51	6.50	0.99	14.60	2.96
171	1.29	0.17	1.90	90.5	35.9	0.97	0.98	4.22	0.70	15.90	3.31
172	1.53	0.14	1.11	136.0	81.7	2.64	1.86	6.16	1.00	14.90	2.85

附表四　李晦墓出土的唐三彩胎的

样品编号	Fe	Na	K	Ce	Nd	Eu	Tb	Yb	Lu	Hf	Ta
	%			μg/g							
252	0.66	0.40	2.50	132	56.9	1.70	3.42	0.410	12.7	1.75	24.8
253	0.66	0.48	2.20	132	56.3	1.51	3.05	0.428	12.4	1.64	24.6
254	0.65	0.45	2.18	130	56.1	1.51	3.06	0.401	11.8	1.62	24.7
255	0.67	0.42	2.33	136	57.9	1.57	3.17	0.390	11.6	1.75	25.1
256	0.65	0.43	2.40	132	58.1	1.55	3.32	0.405	11.7	1.74	24.6
259	0.66	0.42	2.36	132	56.5	1.66	3.62	0.459	11.8	1.61	25
260	1.11	0.43	1.77	145	53.3	1.07	3.56	0.443	13.4	1.83	23.6
261	0.36	0.33	1.86	168	62.1	1.04	3.44	0.453	12.5	1.65	23.3

附表五　章怀太子墓出土唐三彩胎的

样品编号	Fe	Na	K	Ce	Nd	Eu	Tb	Yb	Lu	Hf	Ta
	%			μg/g							
3QZ1	4.40	1.10	2.63	84.2	40.0	1.43	1.05	4.16	0.485	7.65	1.17
3QZ2	4.96	1.00	2.46	91.2	44.0	1.57	1.06	4.27	0.465	6.45	1.24

Th	Sc	Cr	Co	Rb	Cs	Ba	La	Sm	U
μg/g									
27.4	19.8	127.0	3.47	81.3	12.50	303	68.2	7.54	7.67
26.6	20.5	124.0	5.13	82.4	13.30	250	83.6	9.80	7.43
25.7	15.9	99.6	3.73	68.4	14.30	211	64.2	7.95	6.85
27.6	20.0	115.0	6.83	79.9	12.90	210	74.8	8.38	7.07
26.6	18.3	96.2	6.90	60.3	12.00	228	80.4	9.77	7.49
27.9	19.7	105.0	4.25	67.0	12.20	210	82.8	10.10	8.07
29.3	21.6	113.0	3.97	75.8	12.30	219	102.0	10.90	7.49
28.0	16.9	103.0	4.27	54.6	9.16	255	64.6	5.51	7.37
25.8	17.7	97.8	2.95	61.0	11.30	234	105.0	14.10	7.22

中子活化分析数据

Th	Sc	Cr	Co	Rb	Cs	Ba	La	Sm	U
μg/g									
11.0	19.9	82.8	3.93	96.0	6.32	690	86.8	8.61	4.85
11.0	19.9	81.6	4.10	93.3	6.48	611	86.6	8.49	4.74
9.55	19.9	79.6	4.32	98.0	6.72	630	86.3	8.58	4.79
9.46	20.0	81.9	4.00	96.0	6.42	664	88.8	8.71	4.79
9.22	19.9	79.9	3.84	97.2	6.60	620	86.5	8.43	4.91
10.6	19.9	79.6	3.95	91.9	6.17	651	85.9	8.54	4.9
11.2	19.3	75.9	3.20	70.8	4.80	471	96.7	6.44	4.82
11.2	20.2	81.0	0.919	76.5	4.84	458	108	7.30	4.2

中子活化分析数据

Th	Sc	Cr	Co	Rb	Cs	Ba	La	Sm	U
μg/g									
16.4	15.9	95.8	16.3	132	9.54	577	54.0	7.47	3.89
18.6	17.2	103	19.7	153	11.1	645	58.3	7.79	4.28

样品编号	Fe	Na	K	Ce	Nd	Eu	Tb	Yb	Lu	Hf	Ta
	%			μg/g							
3QZ3	4.13	1.16	2.96	80.0	37.3	1.44	0.94	3.96	0.455	7.31	1.17
3QZ4	4.43	1.08	2.56	84.1	41.1	1.46	1.03	4.20	0.463	6.85	1.19
3QZ5	4.03	1.16	2.91	81.9	38.5	1.48	0.953	4.07	0.436	7.34	1.15
3QZ6	4.05	1.17	2.57	84.0	39.3	1.53	1.03	4.15	0.464	7.71	1.24
3QZ7	4.39	1.11	3.01	83.9	38.7	1.52	0.933	4.20	0.489	7.62	1.27
3QZ8	4.12	1.19	2.60	84.6	40.2	1.5	0.93	4.05	0.435	7.57	1.21
3QZ9	4.22	1.14	3.01	81.0	42.1	1.48	1.04	4.30	0.505	7.46	1.28
3QZ10	4.49	1.12	2.26	86.5	41.2	1.48	1.10	4.30	0.493	7.12	1.21
3QZ11	4.08	1.17	1.98	81.8	39.8	1.49	1.06	4.18	0.45	7.12	1.19
3QZ12	4.52	1.09	2.7	84.7	42.6	1.58	1.09	4.45	0.516	6.85	1.87
3QZ13	4.64	1.05	3.26	84.8	39.8	1.51	1.02	4.12	0.443	6.38	1.24
3QZ14	1.39	0.133	1.84	183	83.8	2.33	1.69	7.46	0.841	15.5	2.27
3QZ15	1.51	0.133	2.33	78.2	34.1	0.828	0.794	3.69	0.401	8.56	1.34

附表六　扬州唐城遗址出土唐三彩胎的

样品编号	Fe	Na	K	Ce	Nd	Eu	Tb	Yb	Lu	Hf	Ta
	%			μg/g							
K1	0.235	1.71	0.342	180	55.0	0.93	0.85	3.61	0.56	12.6	1.56
K2	0.344	1.95	1.440	154	57.3	1.45	1.22	4.60	0.63	11.3	1.92
K3	0.292	1.90	0.371	148	42.7	0.91	0.72	3.00	0.45	12.6	1.65
K5	0.324	2.05	0.716	168	49.2	1.05	0.85	3.44	0.51	12.7	1.76
K6	0.498	2.67	0.810	84.2	49.4	0.974	0.722	3.68	0.393	11.7	1.98
K7	0.581	2.72	0.972	111	49.7	0.712	0.75	4.52	0.509	10.8	2.00
K9	0.381	2.02	0.771	149	45.2	1.03	0.75	3.19	0.46	14.5	1.79
K10	0.444	2.14	0.908	149	69.8	1.52	0.983	4.27	0.457	11.8	1.69
K11	0.336	1.45	0.816	105	48.4	1.85	0.905	3.48	0.359	7.63	1.44
K12	0.472	1.76	1.260	145	49.3	0.90	0.94	4.10	0.57	12.6	2.34

Th	Sc	Cr	Co	Rb	Cs	Ba	La	Sm	U
μg/g									
15.5	15	90.1	14.9	125	9.08	617	50.3	7.12	3.45
16.8	15.9	96.7	16.9	136	9.89	576	53.4	7.40	3.50
16.9	14.8	90.6	15.1	128	8.88	561	53.0	7.17	3.84
15.9	14.9	90.2	15.4	130	8.82	554	53.7	7.5	3.82
16.8	15.8	95.0	16.3	136	9.61	578	53.3	7.35	3.74
16.2	15.2	92.1	15.2	132	8.73	572	53.0	7.44	3.92
15.9	15.3	92.9	15.3	133	9.07	585	51.2	7.2	3.83
17.2	16.0	95.6	17.2	138	9.89	588	55.1	7.56	3.67
15.9	14.9	91.1	15.6	130	9.24	534	53.5	7.33	3.71
16.6	16.0	95.4	16.9	140	9.96	569	54.9	7.76	3.89
17.3	16.3	100	16.7	146	10.4	659	56.0	7.61	4.19
30.4	21.0	109	2.43	106	18.3	264	98.6	13.9	8.09
21.3	12.4	47.4	3.32	125	11.1	164	41.2	6.42	4.37

中子活化分析数据

Th	Sc	Cr	Co	Rb	Cs	Ba	La	Sm	U
μg/g									
21.4	18.8	78.0	1.05	65	4.02	444	112.0	6.52	4.53
21.9	19.9	79.1	3.13	86	6.31	623	92.8	10.30	4.98
23.3	17.6	74.3	0.93	64	4.02	419	96.8	5.66	4.80
26.8	18.1	68.8	4.05	71	4.82	404	107.0	7.19	4.53
24.5	19.2	69.8	3.84	109	7.7	817	48.1	7.32	5.24
22.8	19.6	70.4	4.98	80	6.13	569	67.3	6.48	5.41
27.0	18.5	76.5	2.43	82	5.44	552	93.8	7.77	4.87
27.1	21.6	76.6	9.78	81	5.93	575	93.7	11.1	6.71
16.9	14.6	97.7	2.12	57	5.58	555	67.2	9.33	5.7
24.7	19.6	67.1	5.00	67	5.90	556	87.3	7.02	6.73

样品编号	Fe	Na	K	Ce	Nd	Eu	Tb	Yb	Lu	Hf	Ta
	%			μg/g							
K13	0.411	2.00	1.000	148	57.5	1.58	1.37	3.86	0.50	11.9	1.76
A1	0.296	1.84	0.944	143	41.4	1.23	0.71	3.41	0.47	13.7	1.66
A2	0.726	2.25	1.260	139	47.4	1.66	1.21	4.38	0.52	10.1	1.68
A3	0.339	1.33	0.648	167	44.0	0.93	0.68	3.71	0.50	13.3	1.69
A5	0.278	1.61	0.391	146	39.4	0.79	0.69	3.14	0.43	12.9	1.66
A6	0.140	1.98	0.840	84.6	38.6	1.25	0.786	3.04	0.328	4.52	1.05

附表七　西安南郊M 31墓出土唐三彩胎的

样品编号	Fe	Na	Ce	Nd	Eu	Tb	Yb	Lu	Hf	Ta
	%		μg/g							
F1	0.979	0.271	180	76.9	2.21	1.58	5.39	0.869	15.7	2.29
F2	0.744	0.265	190	75.3	2.37	1.69	5.62	0.860	14.6	2.38
F3	0.701	0.193	187	78.2	2.38	1.55	5.32	0.783	14.6	2.27
F4	0.702	0.214	189	76.9	2.36	1.67	5.37	0.794	15.2	2.56
F6	0.869	0.146	176	72.8	1.91	1.59	5.36	0.873	14.4	2.31
F7	4.29	0.950	101	44.2	1.63	1.08	3.31	0.519	7.14	1.45
F8	4.77	1.09	85.9	42.9	1.52	0.977	3.31	0.512	6.10	1.33
F9	0.796	0.275	184	74.8	2.32	1.50	5.26	0.778	15.2	2.33
F10	4.17	0.972	107	49.8	1.75	1.10	3.61	0.573	8.06	1.44
F11	4.56	1.04	87.0	40.4	1.52	1.16	3.09	0.486	7.11	1.39
F12	0.739	0.238	193	77.3	2.37	1.65	5.68	0.855	14.9	2.32
F13	0.872	0.199	188	73.6	2.11	1.57	5.77	0.896	14.9	2.25
F14	1.17	0.190	174	74.4	2.18	1.64	5.23	0.864	14.4	2.25
F15	0.899	0.146	178	72.9	1.98	1.49	5.68	0.900	14.7	2.33
F16	0.726	0.237	187	79.0	2.53	1.68	5.52	0.868	15.9	2.25
F17	0.750	0.237	200	77.2	2.46	1.65	5.77	0.844	15.0	2.35
F18	0.800	0.237	177	70.6	2.27	1.55	5.52	0.931	16.3	2.11

Th	Sc	Cr	Co	Rb	Cs	Ba	La	Sm	U
μg/g									
26.9	20.6	73.7	6.69	83	5.61	607	88.9	10.80	6.01
26.7	17.8	76.7	2.95	72	5.22	421	90.9	7.40	5.07
24.10	22.0	74.4	11.40	113	8.35	736	78.7	9.47	5.64
20.8	17.6	74.1	1.78	64	4.34	430	110.0	6.00	4.25
24.0	17.5	72.2	0.79	67	4.40	418	96.8	5.65	4.60
13.2	15.3	72.8	1.35	119	11.1	483	52	6.86	2.5

中子活化分析数据

Th	Sc	Cr	Co	Rb	Cs	Ba	La	Sm	U
μg/g									
30.6	23.1	104	3.84	91.5	14.4	215	96.2	12.6	8.42
32.2	22.4	100	3.69	96.3	15.8	238	102	13.7	8.29
31.8	22.8	103	2.86	100	16.2	216	99.2	13.2	7.96
32.3	22.7	104	2.78	94.5	15.7	248	101	13.4	8.37
29.0	22.7	98.8	3.16	97.7	14.6	264	96.3	12.3	8.08
19.6	16.7	95.0	17.6	124	9.61	518	61.8	8.67	4.28
17.4	15.9	100	17.4	142	9.77	567	53.1	7.56	3.06
31.3	22.0	103	3.27	97.3	15.1	207	96.6	13.0	8.23
20.4	17.7	103	16.4	131	10.7	482	63.2	9.01	4.13
16.7	15.1	97.6	17.3	132	8.96	575	47.8	6.92	2.59
32.7	22.7	106	2.86	96.9	16.1	213	96.4	13.0	7.66
30.0	24.4	104	3.39	105	16.6	204	94.8	12.2	7.43
29.3	21.8	98.7	4.09	102	15.4	273	85.6	12.3	7.18
30.3	22.8	101	6.02	100	13.8	283	88.0	11.4	7.29
31.7	21.8	102	2.91	102	15.7	227	94.9	12.8	7.75
33.6	23.2	108	3.12	100	16.1	243	97.9	13.3	7.69
29.4	25.6	96.8	4.04	96.7	13.9	168	89.9	12.8	7.62

附表八　康文通墓出土唐三彩胎的

样品编号	Fe	Na	Ce	Nd	Eu	Tb	Yb	Lu	Hf	Ta
	%		μg/g							
F33	1.06	0.246	179	74.6	2.25	1.59	5.64	0.923	15.0	2.26
F34	0.674	0.413	146	44.0	0.786	0.639	3.08	0.516	12.9	1.90
F37	0.534	0.277	175	48.0	0.867	0.559	3.47	0.501	14.1	1.82
F38	0.672	0.419	145	43.6	0.702	0.559	3.44	0.473	13.4	1.84
F40	0.696	0.432	147	44.3	0.790	0.549	3.10	0.437	13.8	1.91
F41	0.715	0.322	159	58.6	1.14	0.680	3.34	0.500	12.2	1.8
F42	0.676	0.412	151	47.5	0.809	0.698	3.23	0.477	14.2	1.91
F43	0.558	0.263	141	48.9	1.12	0.706	2.67	0.399	12.9	1.75

中子活化分析数据

Th	Sc	Cr	Co	Rb	Cs	Ba	La	Sm	U
μg/g									
29.5	22.9	102	3.54	95.8	15.2	185	91.8	13.2	7.41
26.4	17.1	74.3	1.08	74.4	5.08	419	98.1	5.76	4.91
26.3	17.1	72.1	0.99	64.2	4.39	369	115	5.86	4.31
25.8	17.2	70.6	1.09	72.2	4.94	450	96.0	5.67	4.28
26.0	17.5	77.0	1.19	72.7	5.14	450	98.1	5.81	4.62
24.5	18.2	75.5	2.30	75.5	5.10	436	103	8.28	4.69
26.9	17.8	74.5	1.07	70.7	4.91	433	98.4	5.84	4.82
26.3	17.1	70.4	1.10	60.4	3.90	412	91.6	7.50	4.41

“龙鳞装”与《刊谬补缺切韵》装裱关系考析

单嘉玖　王岩菁

内容提要：龙鳞装是古代书籍从卷轴向册页过渡阶段出现的一种装帧形式，又称鱼鳞装，也有人叫旋风装。前者指展开的时候书页的排列序如鳞片；后者指卷收的时候动如旋风。也有人认为龙鳞装与旋风装是不同的装帧形式。本文从书画装裱角度探讨了“错缝裱法”的起源，分析了“龙鳞装”与《刊谬补缺切韵》的关系，认为“旋风装”与“龙鳞装”应该不是非此即彼的关系，而是书籍装订形式发展中的一种动态变化过程。

关键词：叶子　旋风叶　旋风册子　二王等书录　刊谬补缺切韵

古代图画和书籍最初都沿袭早期的简策制度，以右为上写画卷收。书籍（包括一些小幅画作）发展到册装形式后，卷轴（包括手卷和立轴）仍作为书画的装裱和收藏方式保存下来，并延续到今天。但是在册装形式诞生之前，曾经出现过介于两者之间的装帧形式，有人称旋风装，有人称龙鳞装，对有关形制也有不同看法。

一　关于旋风装与龙鳞装的著述和观点

“旋风”之名，源于南宋张邦基《墨庄漫录》所述吴彩鸾书《唐韵》“皆旋风叶”（其前北宋欧阳修《归田录》举述其书时，尚称“叶子”），另一南宋人侯延庆《退斋笔录》讲到宋哲宗曾使用过“旋风册子”。“龙鳞”之称，则始于元人王恽《玉堂嘉话》对吴彩鸾所书韵书的表述。于是关于旋风装与龙鳞装的形制问题，曾引起近现代学者长达百年的讨论，影响所及，除专题考察外，还包括文明史、文化史、书史、出版史、印刷史、文献学、版本学、书籍装帧、古籍修复以及《辞海》、《辞源》、《百科全书》的著述，中心点是该种书籍的具体形式以及产生时间。

第一作者：文保科技部，研究馆员。

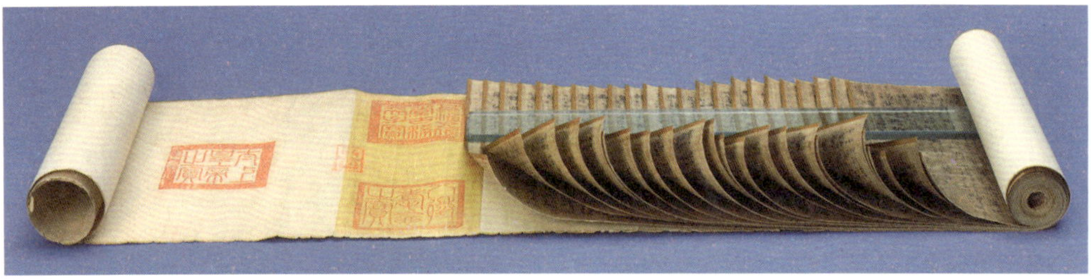

图一　《刊谬补缺切韵》（故宫博物院藏）

图二　《筮宅凶吉法》的装订及展开形式（大英图书馆藏）

图三　《筮宅凶吉法》的卷收形式（大英博物馆藏）

20 世纪初至 80 年代，“形式说”中虽然有“与囊子相似”“旋风装即蝴蝶装”“旋风装亦名经折装”“旋风装是经折装的变形”“旋风装是梵夹装的改进”等不同观点，但都倾向于是一种折叠成册、以纸相连、回环往复不会间断的形式。80 年代以后，随着对实物考察的展开，除了旧说的沿存，又出现两种不同观点：一种是 1981 年李致忠先生发表的《古书旋风装考辨》，认为故宫博物院藏“《唐写本王仁煦刊谬补缺切韵》就是旋风装”，“由于打开时，形似龙鳞，所以称为龙鳞装”[1]（图一）。另一种是 2003 年杜伟生发表在《中国古书旋风装——敦煌遗书四种》中的观点，认为“将书页一侧码齐，在纸边涂上糨糊逐叶粘牢，再粘上一根木棍或用劈开的竹棍夹住书叶粘连处，打眼穿线装订。展阅时书叶虽参差不齐，但排列有序，收藏时以集齐的一侧为轴心卷起，这种装帧就是‘旋风叶’，也就是中国古书的旋风装”（图二），故宫博物院藏《刊谬补缺切韵》“仅仅是一种权宜做法，却给后世留下一件举世无双的龙鳞装珍品”，“它的原始装帧应该是：将所有书叶集齐右侧，逐叶涂少许糨糊将纸边粘牢，加轴。由于书叶很长，所以先对折一下，然后卷起收藏”[2]（图三）。

关于该装帧形式的起源，也有不同推测。有推测始于唐大和（827 ～ 835 年）末（距柳公权题识时间不远）；有认为早于天宝八年（749 年，目前所知吴彩鸾抄写《唐韵》的最早制册时间）；也有认为出自宋宣和内府（宋徽宗朝重装时，是否保留原样式不

1　李致忠：《古书旋风装考辨》，《文物》1981 年第 2 期。

2　杜伟生：《中国古籍修复与装裱技术图解》“附录”，第 450 ～ 451 页，《中国古书旋风装——敦煌遗书四种》，北京图书馆出版社，2003 年。

得而知）。

本文拟从书画装裱的角度作一探讨。

二 “错缝裱法”始于初唐的分析

唐张怀瓘《二王等书录》载：“贞观十三年，敕购求右军书，并贵价酬值，四方妙迹靡不毕至。敕起居郎褚遂良、校书郎王知敬等，于玄武门西、长波门外科简内，出右军书共相参校，令典仪王行真装之。梁朝旧装纸见存者，但裁剪而已。右军书大凡二千二百九十纸，装为十三帙，一百二十八卷。真书五十纸，一帙，八卷，随纸长短为度；行书二百四十纸，四帙，四十卷，四尺为度；草书二千纸，八帙，八十卷，以一丈二尺为度。”[1]

在古代，书法家的作品多身后见贵，王羲之父子则不同，其在世时作品就已成为珍藏对象，后世统治者更以聚多为尚。唐代之前，法书的装裱及收录多真、草相杂，唐太宗“贵价酬值”后，不仅参校真伪，而且“令典仪王行真”对购求所得并经过校检的右军法书进行归类，分卷制裱，“装为十三帙，一百二十八卷”。这里先分析一下《二王等书录》所记卷帙的分配情况。书中真书五十纸，分为八卷，定为一帙。如果每卷以六纸计，最终会有一卷为八纸（或其中两卷各为七纸），因而，此八卷没有规定统一卷长，而是“随纸为度”。暂推测此八卷仍然是采用传统的“平接法”加以装裱，并以七纸平接裱法做一比算：

魏晋纸张有大纸和小纸两种，小纸直高 23.5 ~ 24 厘米，横长 40.7 ~ 44.5 厘米；大纸直高 26 ~ 27 厘米，横长 42 ~ 52 厘米。因此，七张魏晋小纸的总横长约在 284.9 ~ 311.5 厘米之间，七张魏晋大纸的总横长则在 294 ~ 364 厘米之间。唐尺合今 31.1 厘米，由此可知，无论王右军的真书使用的是魏晋小纸还是大纸，如果采用平接法制裱，七纸卷的最大长度也不过在（唐）一丈二尺左右。

而行书和草书就不同了：“行书二百四十纸，四帙，四十卷，四尺为度”，即行书是以十卷为一帙，每卷六纸。六张魏晋小纸的总横长为 244.2 ~ 267 厘米（合 7.8 ~ 8.6 唐尺）之间；大纸在 252 ~ 312 厘米（合 8.1 ~ 10 唐尺）之间。而唐“四尺”仅合今 124.4 厘米。可见，无论王右军的“行书”使用的是晋代小纸还是大纸，只要采用“平接法”装裱，画心的总长度都将远远超出所定“卷底”的长度。因此，要将总横长不低于 244 厘米（7.8 唐尺）的画心，装裱在仅长 124 厘米（4 唐尺）的底纸上，只有采用“龙鳞装”的错缝裱法才能做到。

草书更是如此：“草书二千纸，八帙，八十卷，以一丈二尺为度”，即草书虽

1 《法书要录》卷四，（唐）张怀瓘:《二王等书录》第 812 册，第 166 页，台湾影印文渊阁四库全书;《墨池编》卷四，（唐）张怀瓘：《二王等书录》第 812 册，第 803 页，台湾影印文渊阁四库全书。

然也是以十卷为一帙，但每卷达到二十五纸。二十五张小型晋纸的平接横长可达 1017.5 ～ 1112.5 厘米（大纸在 1050 ～ 1300 厘米之间），而唐“一丈二尺”仅为 373.2 厘米。如果“草书”使用的是晋代小纸，平接后，画心的最小横长也在“三丈二尺”以上（大纸可达三丈五尺以上）。可见，如果不采用“错缝裱法”制裱，根本不可能在一丈二尺的底纸上，完成总横长达三丈二尺以上画心的卷藏装帧。

同理，故宫博物院藏《刊谬补缺切韵》计 24 页（第一页整页贴制，其余 23 页错缝装裱），每页横长为 47.8 ～ 49.4 厘米，以均长 48 厘米计算，如果采用早期卷装书籍的平接裱法，其中用来贴制画心的底纸，最低长度也不能低于 1152（48×24）厘米。而现存《切韵》除去首页平贴及引首、隔水、尾子所占长度外，用于粘贴其余 23 张画心的卷底长度仅为 130 厘米（不足三张画心的平接长度）。可知《切韵》的“错缝裱法”，正是实现在最短的卷底上完成众多书叶卷装收藏的首要前提。

除上述考察外，南宋朱熹《晦庵先生朱文公文集·答余正甫》还记述了另一种装订方法：“修书之式只可作草卷，疏行大字（欲可添注），每段空纸一行（以备剪贴），只似公案折迭成沓，逐卷各以纸索穿其腰背（史院修书例如此，取其便于改易也）。”[1] 这种在南宋时期作为史院修书成例，并且以“纸索”穿订成册的形式，不仅与我们今天所用的“活页纸”非常相似，也更接近“从第一叶翻起，直翻到最后，仍可接连翻到第一叶，回环往复，不会间断”的情况。

宋哲宗赵煦生于 1076 年，1086 年继位，1100 年卒。朱熹生于 1130 年，卒于 1200 年。虽然在历史关系的划分上，前者所在时期称北宋，后者处于南宋，二者的实际相距时间并不很长。而欧阳修则生于 1007 年，卒于 1072 年，其于治平四年（1067 年）完成的《归田录》，直言“唐人藏书皆作卷轴”，证明书籍发展到宋代的这一时期，已经步入成熟的册装阶段，有关书籍的形式也证明了这一点（图四）。

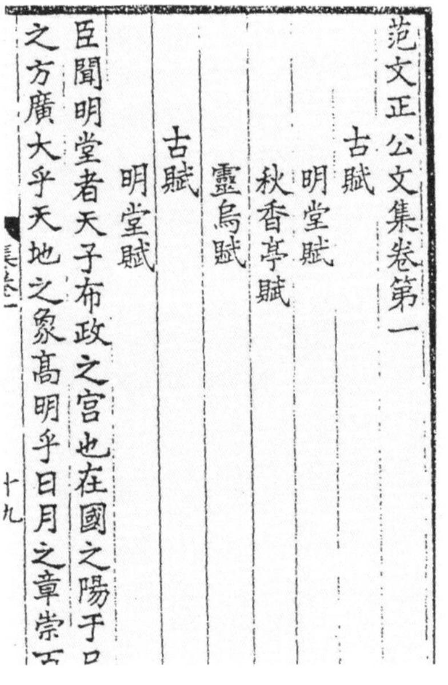
范文正公文集卷第一
古賦
明堂賦
秋香亭賦
靈烏賦
古賦
明堂賦
臣聞明堂者天子布政之宮也在國之陽于
之方廣大乎天地之象高明乎日月之章崇
十九

图四　《范文正公文集》（北宋元祐，初刻本）

通过上述比较，笔者以为：“龙鳞装”与“旋风装”应该不是非此即彼的关系，而是书籍装订形式发展过程中的一种动态的变化过程——即龙鳞装不仅早于经折装（折叠本始于唐末），而且还可能是旋风装的最早形态（也是唐宋学者多以吴彩鸾所书《唐韵》为例，并喻以“旋风”的原因），只是后来被翻检率更高的（字书、韵书等）

1 《晦庵先生朱文公文集》卷六三，第 35 页，《四部丛刊初编 · 集部》，上海商务印书馆民国十八年重印本。

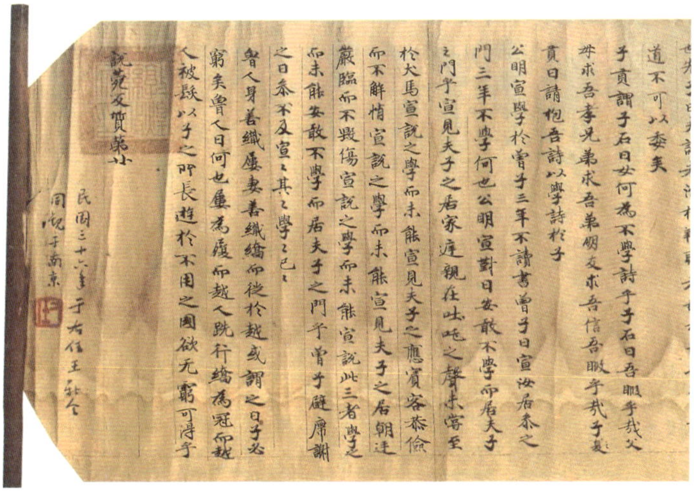
道不可以委矣
子貢謂子石曰子不學詩乎子石曰吾暇乎哉父
母求吾孝兄弟求吾弟朋友求吾信吾暇乎哉子貢
曰請投吾詩以學詩於子
公明宣學於曾子三年不讀書曾子曰宣汝居參之
門三年不學何也公明宣對曰安敢不學而居夫子
之門乎宣見夫子之居家庭親在叱咤之聲未嘗至
於犬馬宣說之學而未能宣見夫子之應賓客恭儉
而不懈惰宣說之學而未能宣見夫子之居朝廷
嚴臨而不毀傷宣說之學而未能宣說此三者學之
而未能安敢不學而居夫子之門乎曾子避席謝
之曰參不及宣其學而已
魯人身善織屨妻善織縞而徙於越或謂之曰子必
窮矣魯人曰何也屨為履也而越人跣行縞為冠也而越
人被髮以子之所長遊於不用之國欲无窮可得乎
說苑反質第廿
民國三十六年
同觀于南京

图五　单页贴轴《说苑》卷尾

工具书所取法，加之相继出现轴贴、竹夹、穿索等多种不同装订方法，名称才从叶子、旋风叶、旋风册子，续递为我们今天统称的旋风装（以区别于梵夹装、经折装及蝴蝶装）。因此，从《二王等书录》反映的制裱关系看，书籍从卷轴发展到蝴蝶装之前，尽管已经通称为“册”，但除了“梵夹装”和“经折装”之外，“旋风装”本身就以类似称谓出现在包括《二王等书录》所反映的“错缝裱法”“粘联法”（甘肃敦煌及英法等国所藏敦煌遗书）、“粘连后再串线法”以及宋哲宗使用的“旋风册子”和宋代史院用的“纸索”集册等多种不同装订方法的制册形式（其中的轴贴，除了用于多页书籍，还存在过单页单轴的形式，如图五之中），唯独“龙鳞装”是在《玉堂嘉话》所称“吴彩鸾龙鳞楷韵”“鳞次相积”的表述出现以后，才作为一种形象的叫法称行于世，从而出现了“错缝裱法”在该类制册方法中形式（实际）出现最早，而“别称”（龙鳞）却出现较晚的情况。

三　龙鳞装与《刊谬补缺切韵》关系比证

故宫博物院藏《刊谬补缺切韵》原贮清宫御书房，称《吴彩鸾刊谬补缺切韵》，故宫博物院成立之前，溥仪将其赏于溥杰，散佚在外。1947 年，故宫博物院将其购回并影印出版（并附《出版说明》及唐兰先生《跋》），改称为《唐人写本王仁煦刊谬补缺切韵》。于是，《刊谬补缺切韵》有了不同叫法，以著作者言，称《王仁煦刊谬补缺切韵》；以书写者言，称《吴彩鸾书刊谬补缺切韵》，对是否为吴彩鸾所写持有疑问的人则称唐人书或唐写本《王仁煦刊谬补缺切韵》。原书卷尾有明儒宋濂题跋称：“右，吴彩鸾所书《刊谬补缺切韵》，宋徽庙用泥金题签，而前后七印俱完。装潢之精，亦出于宣和内匠，其为真迹无疑。余旧于东观见二本，纸墨与之正同，第所多者柳公权之题识耳，诚希世之珍哉。”

宋濂的跋语有四点值得注意：

第一，宋濂曾见过三本纸墨相同的《刊谬补缺切韵》，其题跋既与张邦基“吴彩鸾善书小字……今世间所传唐韵犹有，皆旋风叶。字画清劲，人家往往有之”的著录一致，也与柳公权“一夕书广韵一部，即鬻于市”的题识吻合。

第二，宋濂跋文所言“第所多者柳公权题识耳”，有人认为指现存本，也有人认为系其所见另外二本之一。考现存本并无柳公权题识，《四库全书提要》也未述及，而且《玉堂嘉话》明确著述，柳题本为“五十四”页，宋濂跋本则为“二十四页”，不仅足以证明两者并非同一个本子，也为我们提供了写录者不拘行、页，随笔而为，“一夕书广韵一部”传说的可想性。

第三，与现存本相比，宋濂所见另外二本《刊谬补缺切韵》，不仅“纸墨与之正同”，而且其中一本有柳公权题识，既证明张邦基所谓“人家往往有之”的记述并非虚言，也反映了《宣和书谱》所记述的“彩鸾唐韵，世多得之”，“今御府所藏正书一十有三”（唐韵平声上、唐韵平声下、唐韵上声、唐韵去声、唐韵入声、唐韵上下二、唐韵六）的实在性，即不仅宋濂所见“三本”出于同一手笔，装帧形式也不是现存本所独有。

第四，宋濂跋称，“第所多者，柳公权之题识耳”，与王恽所记“后柳诚悬题云”一致，区别只在宋濂跋本并未言及柳氏题识内容，王恽则对柳氏题识作了具体复述。表明王恽所见本，不仅正是柳公权“数载勤求”所获且加注“题语”之本，并因此著录于《玉堂嘉话》中，而且后来还与另外一个本子同为宋濂于“东观”亲所历目。

除了宋濂见过的三本《刊谬补缺切韵》，清初藏书家钱曾也提到过两个本子，其《读书敏求记》卷三《云烟过眼录》称《录》云：“焦达卿有吴彩鸾书《切韵》一卷。其书‘一先’为‘二十三先’‘二十四仙’。相传彩鸾所书《韵》，散落人间者甚多。余从延陵季氏曾睹其真迹，‘一先’仍作‘一先’，与达卿所藏者异。逐叶翻看，展转至末，仍合为一卷。张邦基《墨庄漫录》云旋风叶者即此，真旷代之奇宝。因悟古人‘玉燮（躞）金题’之义。《唐六典》所以有‘熟纸装潢匠’之别也。自北宋刊本书行世，而装潢之技绝矣。余幸遇此韵，得靓唐时卷轶旧观。今季氏零替，此卷不知归之何人。世无有赏鉴其装潢者，惜哉。”[1] 钱曾的著述再次说明，除了所谓吴彩鸾写本，世上其实还有其他人抄录的本子。《宣和书谱》卷四《送光诗》就提到过一个叫詹鸾的人：“詹鸾不知何许人也，作楷字，小者至蝇头许，位置宽绰，有大字法，书《唐韵》极有功，近类神仙吴彩鸾，慕彩鸾故名焉，昔李赤之慕李白，司马相如之慕蔺相如，盖类是也。彩鸾以书《唐韵》名于时，至今断纸余墨，人传宝之。今鸾于斯亦然，故知鸾于此不凡，今御府所藏正书二。”可见除了吴彩鸾所书本，宋内府还收藏过詹鸾所书本。另外，

1　丁瑜点校本：《读书敏求记》卷三，第 83 ～ 84 页，书目文献出版社，1983 年。

黄庭坚《山谷别集》卷十一《跋张持义所藏吴彩鸾唐韵》也有如下记录：“右，仙人吴彩鸾书孙愐《唐韵》，凡三十七叶，此唐人所谓叶子者也。按彩鸾隐居在锺陵西山下，所书《唐韵》民间多有，余所见凡六本，此一本二十九叶彩鸾书，其八叶后人所补，气韵肥浊不相入也。”黄庭坚所言“三十七页”本，不仅与前述之本页数又有不同，而且“此唐人所谓叶子者”的记述，正是指该类韵书的装裱特点而言。其中除了所《跋》本，作者还见过另外五本（除了书写上的差异，装裱形式应无不同，也是作者概言“此唐人所谓叶子者”的原因）。可见，作为当时文人使用的工具书，除了所谓吴彩鸾、詹鸾书写的本子，还有过其他人仿制的本子，以致出现钱曾所说“一先为二十三先”，并称所见真迹“一先仍作一先”的情况。

从有关历史及传承关系看，无论柳公权的“勤求”，还是宋内府的收藏，主要偏重其间的书法价值，而钱曾“自北宋刊本书行世，而装潢之技绝矣”的赞誉，则多了一分对该种装裱技术“失传”的慨叹。元欧阳玄《圭斋文集》卷四《赠赵祥表褙》尚有“鱼鳞已是善排比，鹥尾犹况工剪贴”句，证明不仅元代有人善操其技，而且继王恽之后，又有了“鱼鳞”之称。故宫博物院所藏《刊谬补缺切韵》也曾于明代重裱过，其流传至清代时，“宣和七印亦只存其四”，说明该种制裱方法至明末清初才“最终失传”，致使钱曾又发出“装潢之技绝矣”的慨叹。

另外，除了史学界的研究，科技界也曾对《刊谬补缺切韵》作过考察。《中国科学技术史·造纸与印刷卷·隋唐五代古纸检验结果一览表》检验鉴定，故宫博物院藏《刊谬补缺切韵》所用纸张为初唐（618 ～ 720 年）纸[1]，与唐兰先生考证该书的成书时间在神龙二年（706 年）堪属一致。

因此，关于龙鳞装的诞生时间，本文认为有这样几种关系值得注意：

（1）张怀瓘在唐开元（713 ～ 741 年）中翰林院奉职，其《二王等书录》所记“敕起居郎褚遂良、校书郎王知敬等”，以科简所藏参校购求而来的王右军法书，并令典仪王行真重加制裱的时间，在贞观十三年（639 年）至贞观二十二年（648 年）之间。

（2）按上述历史关系，右军法书的“错缝裱法”不晚于贞观二十二年（648 年），《刊谬补缺切韵》则诞生于神龙二年（706 年）。二者互质，既与该种制裱形式从诞生到广延顺成彼此，也与“鳞次相积”的成册时间（天宝八年，749 年）递相吻合。

（3）吴彩鸾（世称“女仙”，明、清《一统志》，《江西通志》以及宋代至清代私家笔记多有载述）虽为传说中人物，但《刊谬补缺切韵》的诞生时间为神龙二年（706 年），王恽所谓“鳞次相积”的制册时间为天宝八年（749 年），二者相距 43 年，撰著者与抄录者并非同一人不仅完全可能，也符合“一夕书广韵一部，即鬻于市”的传说关系（即撰定者为王仁煦，写录者即使不是“吴彩鸾”，也应该是某个被神化了的

1　潘吉星：《中国科学技术史 · 造纸与印刷卷》“续表 4-1”，第 182 页，科学出版社，1998 年。

人物）。

（4）与《刊谬补缺切韵》不同的是，王羲之法书并非两面书写，其中“行书”与“草书”的错缝裱法只是集藏方式的一种改变，尚不具备实质意义上的使用功能，而《刊谬补缺切韵》则是供人使用的工具书。特别是在崇尚诗文的唐代，作为当时文人的常用书，采用错缝裱法后，不仅缩小了卷长，而且更易于翻检。加之各页均两面书写，给使用者提供了传统卷轴所不具有的方便性能，从而极大地提高了这种制册方法的实用性。尤其是唯独首页采取单面书写的特点，既反映了书籍尚未完全脱离卷装束缚之前，正是该种形式的制裱关系决定了起始页与其后诸页书写方式的不同，也从另一方面反映了书写者与制册者的主从关系。因而，以“王右军法书”与《刊谬补缺切韵》的装裱差异相比，后者在前者基础上的改变，反映了“错缝裱法”自宫廷诞生，到被世间仿效、改进、应用等发展过程中的变化与进步。

（5）值得思考的是，上述形式的书籍尽管尚未脱离卷轴，但由于自首页开始即与次页构成两页连查并检的关系（而且每翻一页都能如此），既减少了翻页次数，又最大限度地为漏检倒寻或重复查找提供了尽可能多的方便，实际已经具备了后世册装书籍的视读特点，因此也体现出该种装帧形式实际是在不断总结和积累的基础上，又经过多种“处心积虑的思考”后，才刻意将首页制成单面书写，以便与次页构成并视连读所追求的效果。

还值得注意的是，在上述改变过程中，改进者对这一制册形式与传统手卷制作关系所作的思考：传统手卷的制作方法，是从右向左展开（可边展开，边顺序浏览），所以“米贴”及“引首”位于手卷右端，尾轴在手卷左端，卷藏的时候由左向右卷收。而“龙鳞装”正好相反，它是从左向右打开（而且只有全部打开之后，才能露出位于最右侧的首页，然后再按传统习惯自右向左阅读、翻看），所以“米贴”及“引首”是位于卷的左端（实际是书的结尾处），尾轴位于卷的右端（即书的起始位置），卷藏的时候则由右向左卷收（之所以如此，是因为如果采用传统手卷自左向右的卷收方式，会与书叶的叶口形成“戗茬儿”）。因此，尽管从表面上看，这种装裱形式只是在传统手卷的基础上加贴了一些“活页”，只不过打开方式相反，但正是这种不同，反映了改进者对首页设置的“多种”思考——由于该种形式既与传统手卷相似，又与传统手卷的打开方式不同，限于书籍内容或每页书写字数多寡的不同，无论最后一页是整幅字还是半幅字，都不会因为与传统卷子的开卷方式相反而需另作判断，只通过起始页与其后诸页定位方式的不同，就可直观区分出书的首尾关系。可见，正是由于有了以上“思考”，才使改进者特别将首页“单独提出”，设置于具有提示意义的引领位置上。这种“思考”也是该书唯独首页采取单面书写、整页贴制，并与次页的“头缝”直接相接（图六），其余诸页才依次“错缝装裱”的重要原因，以及次页仅外口包边，“头缝”不包边（以便与首页尾口相接，参见图七），而其余诸页则里、外口都加包边（以

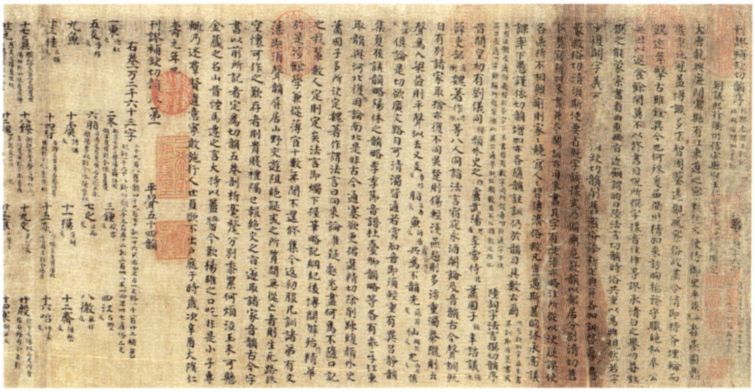

图六　《刊谬补缺切韵》首页（故宫博物院藏）

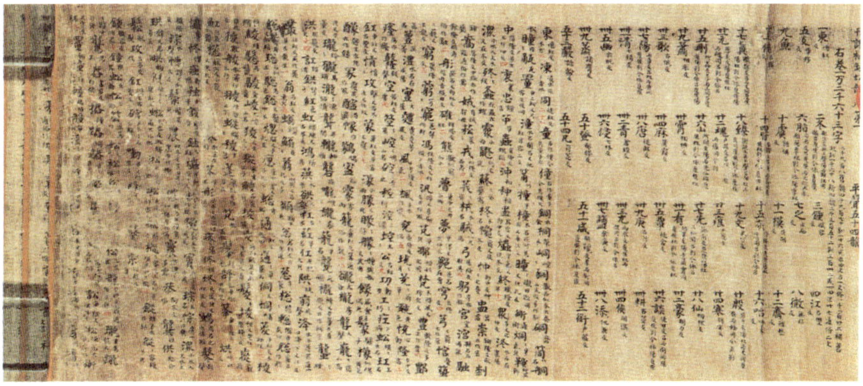

图七　《刊谬补缺切韵》次页（故宫博物院藏）

利画心保护）的构思巧妙之处（图八）。

除了对首页的精细筹划外，其余诸页则采用“错缝裱法”的另一好处是，仍可在字幅书写较满、用于浆口的空白边较小的情况下，获得较为理想的（两页）并视接览、从容检索的使用效果。这与后世册装书籍随着书页的增多、厚度的加大，通过扩展装订边口宽度的办法来满足阅读需求的考虑（图九），具有异曲同工之妙，同时也从客观上反映了设计者对实践过程的反复思考。

因此，如果抛开形式，只就设计思想而言，这种依首页定版式（特别是首页用来书写序言和目录）的构想，即使与今日书籍突出首页与封面的设计原则相比，也很难说有什么本质上的不同。由此可以想见，虽然唐末又诞生了经折式（比错缝裱法更便于佛经的持阅和诵读），并为后世“奏折”所取法，但上述形式对传统卷轴的突破以及早期“错缝裱法”关系的实践与改进，无疑对两面书写（或印制等）册装书籍的出现，都起到了重要的引导和推动作用，同时也是故宫博物院所藏《刊谬补缺切韵》本的另一重要价值之所在。

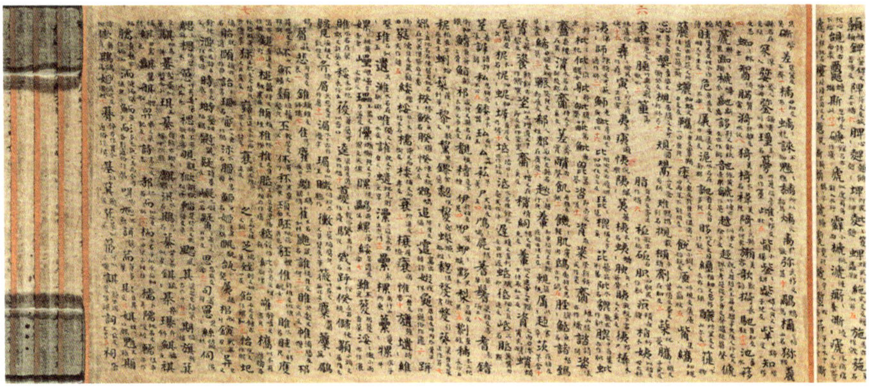

图八 《刊谬补缺切韵》第三页（故宫博物院藏）

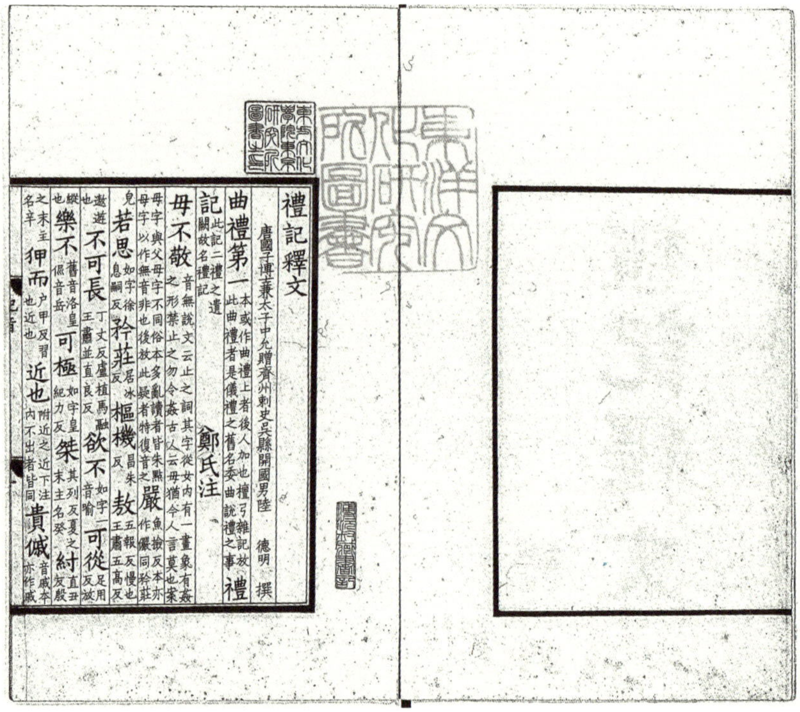

图九 明嘉靖校刻宋淳熙中抚州公使库刊开禧咸淳间修本《礼记释文》

（6）柳公权生于778年，卒于865年，加之“神全气古，笔力遒劲”的赞誉出于书法家柳公权之笔，以及“一夕书广韵一部，即鬻于市”“皆旋风叶，人家往往有之”等记载，证明此书至少在柳氏于大和九年（835年）“题识”时，已经是现在我们见到的这种“麟次相积”的形式，只是由于王恽的形象著述，才衍生出“龙鳞”一称。

（7）从目前所知记载看，柳公权题本似乎并没入藏过宋内府，而故宫博物院所藏本虽曾经入藏宋内府，但宋濂所述“宋徽宗泥金题籤”已缺失，“宣和七印亦只存其四”。

由明入清期间的转属变化虽尚无从探究，但民国三十六年故宫影印本《刊谬补缺切韵》唐兰先生《跋》言：“此本手揭处多磨损，足见当时检用之繁。原书当为册子，颇类今之洋装书，故近脊处多粘损，下叶之字，往往印于上叶，今为龙麟装者，疑是宋人所改。”

由于故宫博物院藏《刊谬补缺切韵》并非《玉堂嘉话》所述有“柳公权题识”的本子，而且“错缝裱法”所需浆口不如册装书籍的装订所需宽度大，参悟唐兰先生的考察，“粘损”的出现，一方面表明该书的原始书叶并不具备册订书籍所需宽度，另一方面也表明，随着册装形式的出现，该本似曾一度受书籍装订发展的影响被“鹜新者”易为册装，又经宣和复原、明代重裱，以至几经反复之后，粘损至重，出现“下叶之字，往往印于上叶”的情况。

综上所述，本文认为，在书籍由卷轴向册页发展过渡的过程中，唐早期的“错缝裱法”应该是各种“旋风装”制册形式中诞生最早的一种。故宫博物院藏本《刊谬补缺切韵》的“鳞次相积”的形式不晚于天宝，由于故宫博物院藏本再裱于宣和，重装于洪武，因而成为我们今天所能见到的既包含了“原始错缝裱法”的制裱特点，又反映着其后的应用、改进、发展及其变化关系的唯一完整实物。

原载《故宫博物院院刊》2011年第3期

北宋金银书《妙法莲华经》卷的修复保护

王岩菁

内容提要：1986 年，史树青、刘光启等先生在青岛讲学时发现胶县博物馆收藏的一卷北宋金银书《妙法莲华经》，随后，在即墨市博物馆找到其余六卷，凑成一部完整的七卷二十八品《妙法莲华经》。2008 年，故宫博物院承担了对即墨市六卷《妙法莲华经》的修复，作者在深入了解其经卷历史背景的同时，对修复的难点及技术进行了分析。修复完成后，折痕严重、残损破旧的经卷恢复了平整、洁净的外观，使国宝得到有效的保护。

关键词：北宋金银书　妙法莲华经　磁青纸　修复

《妙法莲华经》又称《法华经》，是大乘佛教的一部重要经典。唐代以前写经皆为纸本墨笔，北宋时期用金银书写，流传下来的经卷极为罕见。该经共七卷，二十八品，全经皆用金银书写，使用了当时名贵的碧纸（又称磁青纸）。面对这样珍贵的文物，修复者必须深入了解其历史背景，以期在修复中对技术和材料的选用有一个相关理论依据，并且为建立文物修复档案提供详细的资料。

一　关于北宋金银书《妙法莲华经》

1986 年史树青和刘光启等先生到青岛讲课时，从教学实物中发现了一件北宋《妙法莲华经》，由胶县博物馆提供。随后，又在即墨县博物馆找到六卷北宋《妙法莲华经》，这是一部保存完整的七卷北宋金银书《妙法莲华经》。它的价值体现在四个方面：

第一，有明确纪年。在第七卷尾有银书“庆历四年太岁甲申十二月戊子朔五日壬辰弟子何子芝造此经一部谨记”题记，后又有金书“大明洪熙元年孟秋吉旦善人葛福

作者：文保科技部，副研究馆员。

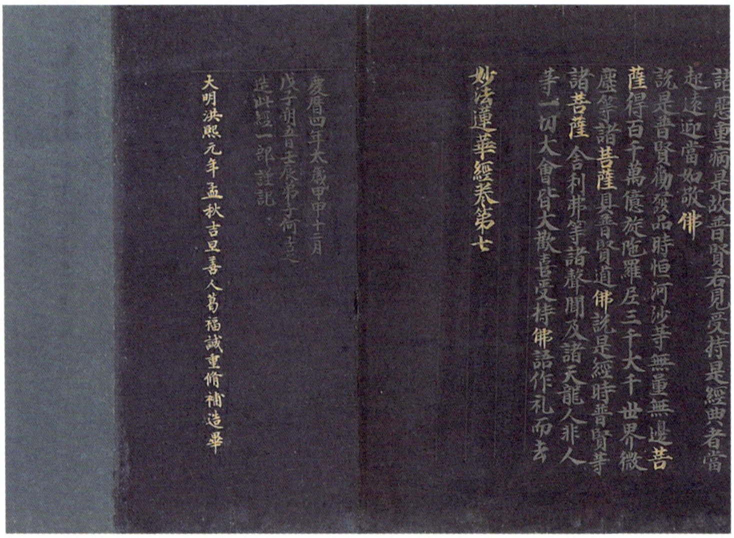

图一　第七卷卷尾题记

诚重修补造毕”题记（图一）。根据以上题记，可知此经写于北宋庆历四年（1044年），明洪熙元年（1425年）修补重装。

第二，有经变画和供养人像。除第一卷未见经变画和供养人像，其他各卷皆有绘制精细、内容丰富的经变画及供养人像。经变画画风沿袭了唐代吴道子的“吴家样”风格，画面均有详细的文字榜题，有造经人四川果州西充县何子芝夫妇供养像及题记。

第三，七卷经卷完整无缺。《妙法莲华经》以唐写本最早，后有刻本《妙法莲华经》，但均非足本。收藏于各地图书馆、博物馆的《妙法莲华经》基本上都是几卷或一卷甚至一纸经文。

第四，七卷皆用宋代最名贵的磁青纸以金银书写绘画。根据相关记录，国内各大图书馆、博物馆现在并没有确切纪年的唐代泥金银写经入藏，那么这件北宋金银写经就是目前已知最早的藏品。

磁青纸是宋代特制的名纸，色呈深蓝，质厚而韧，具有防虫、防潮、不褪色的特点。磁青纸在历史上又名瓷青纸、绀纸、碧纸、绀碧纸、绀青纸、青藤纸、碧楮纸、鸦青纸等，唐及五代称为“碧纸”，称为“磁青纸”则见于明代宣德以后，因其颜色近于青花瓷而得名。此部经卷第一卷经文，纸色略浅并薄于他卷，文字风格亦与其他各卷不同。第一卷除护法神像、如来说法图外，皆为明代洪熙元年所补。又，卷二有六纸，卷三有二纸，亦皆为同时所补[1]。明代重装不仅修补了经文，还在第一卷护法神像、如来说法图后续一纸，以八宝杂花为地，间绘宝匣、宝龛各一，并有“大乘法宝”“皇帝万万岁”“仁宗皇帝御赞”牌记（图二）。元朝皇帝仁宗爱育黎拔力八达所作的《赞莲经》诗赞云：“六万

1　青岛市文物管理委员会：《青岛发现北宋金银书〈妙法莲华经〉》，《文物》1988年第8期。

图二 第一卷明代补经“仁宗皇帝御赞”

余言七轴装，无边妙义广含藏。白玉齿边流舍利，红莲舌上放毫光。喉中甘露涓涓润，口内醍醐滴滴凉。假饶造罪过山岳，不须妙法两三行。”

二 关于北宋金银书《妙法莲华经》的修复

2008 年，故宫博物院文保科技部对即墨市博物馆收藏的六卷北宋《妙法莲花经》（即第一、二、三、四、五、七卷）进行了修复。修复方案遵循了“保留一切历史信息、最小干预”的原则。首先，修复人员对经卷修复前的现状进行了全方位的文字记录，并进行了高清晰度照相，深入掌握文物细微的劣化情况，做好文物修复档案。下面以北宋《妙法莲华经》第七卷的修复为例，介绍并探讨此类文物的修复保护技术。

（一）第七卷《妙法莲华经》图像简介

本卷插有绘制精美的护法神像、经变画、供养人像及其榜题。护法神像榜题为“护法善神”。经变画榜题为“父见子神力如是。心大欢喜。其二子身上出水身下出火”，“尔时普贤菩萨乘六牙白象王。俱诣佛所”。供养人像题记为“果州西充县抱戴里弟子何子芝同寿女弟子陈氏、长男文用、次男文祚、小男文一，同造此经，愿长保安吉，供养，亡过母亲杨氏”。如来说法图（皆如来居中，其中如来、梵王、天王、菩萨等为金面，余为银面）榜题为“摩睺罗、紧那罗众、梵王众、阿修罗众、诸菩萨众、帝释众”。首题上书“妙法莲华经卷第七”，下书“后秦三藏法师鸠摩罗什译”；品题“妙音菩萨品第二十四、妙法莲华经观世音菩萨普门品第二十五、妙法莲华经陀罗尼品第二十六、妙法莲华经妙庄严王本事品第二十七、妙法莲华经普贤菩萨劝发品第二十八”；尾题“妙法莲华经卷第七”“庆历四年太岁甲申十二月戊子朔五日壬辰弟子何子芝造此经一部谨记（银书）”“大明洪熙元年孟秋吉旦善人葛福诚重修补造毕”。此外，本卷经文皆用金银泥书写，楷书，经文中凡经名及菩萨、如来、世尊诸佛等名皆为金书。

（二）经卷状况

《妙法莲华经》第七卷，使用碧纸（即磁青纸）25张。每纸纵30.5～31厘米，横51～52厘米。卷长1407厘米。经卷尾纸横长43厘米，木轴，平头。经卷以细白麻纸裱背，天头用淡青色云鸾纹绫，横宽26厘米，隔水用黄色樗蒲纹花绢，横宽9厘米。印花绢的纹饰十分清晰，应是明代重装时所用的宋代旧绢。经卷包首缺损、磨蚀严重，包首最前端缝有竹制眉帖（天杆）。

对破损状况的分析：《妙法莲华经》第七卷经卷及装裱分别有受潮、霉斑、局部开裂破损等伤况，画面有些磨损，一些字上的银粉已有脱落。由于经卷中心的木轴过细，尾纸过短，造成经卷出现多重折痕。经卷前端的天头、隔水有残破，霉渍污损严重。

（三）修复

原《修复单》注：“霉斑较重，部分起翘，包首、卷首画折痕较重。有脏污和沉淀物，霉斑，水渍。”修复要求：“揭去旧裱，清洗画面，加固断裂部位，修补画心，接笔全色，按原装裱款式，装裱成卷。”

据此，经卷的修复被分为天头与隔水部分和画心部分。对天头、隔水的修复主要在于缺损处的修补和霉污的清洗；对画心的修复需要考虑用水对磁青纸和金银的影响，同时，需对画心的多重折痕进行分析，通过修复使经卷平整。

1. 天头、隔水的修复

经卷原装裱用料保存有各方面的历史信息，这些裱料因为有破损和霉污，需要修复和补配。经卷的天头是淡青色云鸾纹绫，类似这种图案的花绫是古书画装裱中经常使用的，在保存的旧料中，我们尽量找到了与之图案相似的同类材料用于修复。隔水是明代重装时所用的宋代旧绢，这种带有花纹的绢与现在使用的绢在织法和薄厚上都有不同，它比锦薄，比现在的绢厚，斜条底纹与“樗蒲纹”相间。修复者在保存至今的旧料中，没有找到图案相似的补配绢料。但是，有一件清代字画修复时存留的旧裱料与之有两个共同点：一是质地薄厚相近，二是斜条的纹理与“樗蒲纹”的底纹相似。两者比对效果较为接近（图三），只是此段绢的颜色是浅湖色。经过全色试验，发现旧黄色能将绢的浅湖色盖住，使之接近宋代旧绢的颜色。所以，修复人员决定使用这件材料。

经卷最前端背面覆有包首，包首缺损、磨蚀严重，已经看不出织物的颜色和纹理。宋代以花鸟为题材的丝织品用于装裱在当时非常流行，尤其多见鸾鹊图案，鸾鹊展翅飞翔，形似开屏的凤凰。所以，我们为包首选用了一种以云朵和凤凰为图案的花绫，请苏州绫绢厂复制加工，再按原件颜色手工染制，重装使用。揭取下来的旧料（原包首）则妥善保存，留作资料供原单位日后研究之用。

图三　隔水修补

天头和隔水都有霉污，霉斑较重。在文物修复中对陈旧霉斑的处理至今还是一个难题。霉菌使织物中的蛋白纤维脆化分解，强度降低，并且使纤维材料变色。生活中我们对织物上的霉渍常常是用手搓洗或采用化学药品（高锰酸钾+草酸）进行清洗处理，但陈旧霉渍依然不会尽除。对文物上的霉斑则不可轻举妄动，使用化学药品有可能会造成织物纤维的损伤。此次保护性修复，在“最小干预”“修旧如旧”的修复原则下，我们采用了传统的清洗方法，以软毛刷蘸清水清扫织物表面，将脏污徐徐地去除。当水由黄变清时，天头和隔水便基本变洁净了。陈旧霉渍的部分，用软毛刷蘸热水反复淋洗数次，之后在水油纸上施薄糨固定天头（隔水同此方法），揭去背纸和原来的不当补料，整理破损边口，把织物线头用毛笔按方法捋顺，在放大镜下，仔细将选用的补料按照纹路方向与缺损处对齐补上。然后，再经过托色纸、施胶矾、补全颜色，便完成了本次修复过程。

2. 画心的修复

传统修复中总是要用清水对画面进行清洗，如同洗脸一样。由于本卷的页面画心使用的是磁青纸，又是用金银书写，修复时，一方面要考虑到磁青纸遇水褪色的问题；另一方面还要考虑到金银粉遇水化跑失，也就是说，修复中用水清洗、揭背纸是否会破坏经卷的原始面貌。经卷画面上的泥金字闪闪发光，而银字则已有些发黯，个别字上的银粉已有脱落，这可能是泥金的化学性质比银更加稳定。考虑到北宋磁青纸与金银字迹的珍贵和诸多的不确定性，在经卷画面尚清洁完好的状况下，我们决定不采用以水清洗的方法，而是用毛刷和软布将浮尘掸净。之后的揭除背纸，同样要使用水，

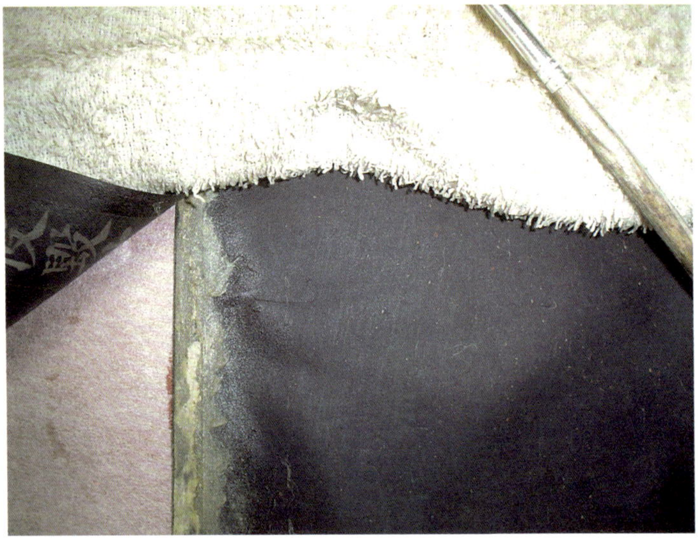

图四　画心揭除背纸

这就需要在画心的一端，先试揭背纸看一看，即用水润湿 30 厘米背纸，观察磁青纸的渗水情况。果然，磁青纸具有良好的抗水性能，纸不褪色，金银字也不受影响。但是，为了防止画面上的金银粉粘落在台案上，我们仍然不敢大量施水，而是先将化纤纸（化纤纸又叫化学纤维纸，原产于日本，是日本书画修复中常用的材料）铺在台案上，再将经卷展开在化纤纸上进行修复。画心背面是两层麻纸，由于磁青纸质厚而韧，用喷水壶喷水润湿画背后，再用潮毛巾覆盖在画背上，待经卷因潮湿完全展平，水气渗透纸背，糨糊软化之后，再用手指轻轻搓揉麻纸表面，使其与画心分离，两层麻纸比较容易地被揭了下来。仔细观察每段磁青纸接口的位置（图四），发现原来的磁青纸是经过托心后再连接的，所以这次揭纸需要将画心接口掀起，去除接口中间的托纸，并重新填加糨糊粘牢，这样，由于画心接口处较薄，不易产生折痕。

经卷托心后，要对画心折裂处再做加固，于画心背面贴折条。贴条如若遗漏，装裱完成后，折痕会依然显现，断纹如故。按照传统修复方法，画心完成托心、贴条的工作后，就该为画心施以胶矾，为全色作准备。但是胶矾对磁青纸和磁青纸上的金银字会产生什么影响呢？有些资料显示，胶矾会加速纸张的老化过程。鉴于此，我们决定不对画心施以胶矾。宋代磁青纸质厚，纸面坚实，平滑有光泽，入水不濡，色泽耐久，所以只需对纸面色浅处分几次以干笔浅涂全色即可。画面稍大些的修补处，可在托纸背面点染胶矾水，以防画面颜色渗漏。

在揭除背纸前，针对经卷折痕较多之原因的分析认为：第一，由于尾纸过短，与尾纸粘接的木杆过细，木杆两端的轴片大于木杆，使经卷在卷收时，中心有空隙，造成经卷不能卷紧，从而产生折痕；第二，由于画心连接不够整齐，故而造成经卷不能卷紧，以致多发折痕。第一个问题只要增加尾纸即可解决。第二个问题则待揭除背纸后，

图五 《妙法莲华经》卷天头、隔水、护法神像、经变画、供养人像、如来说法图

对画心平行进行矫正方能解决。

《妙法莲华经》原卷的装裱形式，属于经卷装形式，没有传统手卷的“撞边”或“包边”，取“佛法无边”之意。本次修复揭裱，完全按原来形式重装。传统手卷“撞边”或“包边”形式都有一个“削手卷”的过程，就是将手卷卷紧，用马蹄刀削磨两头，使其成为一个平面，这是矫正手卷平行整齐的关键。而经卷没有“撞边”，也就没有了这个“矫正”的过程，缺少了这样一个技术环节，经卷的整齐性多少也会受到影响。在经卷的修复过程中，我们试图通过使用激光标线仪矫正经卷的平行度。从前，在画心托心、贴墙等技术环节中，需要多人配合，用拉线的方式使画心平行整齐，但是人工拉线没有固定性，工作中参照的平行线不稳定，从而会影响到画心的整体平行。激光标线仪是一种工程仪器，激光射线清晰，标线范围广、精度高、稳定性好。使用激光标线仪可使我们更加方便、精确地完成修复工作。

本次修复三次使用激光标线仪作为画心矫正的辅助设备。第一次，一段经卷揭除背纸完成后，用激光标线仪矫正原始画心连接是否平行，并在不影响画面经文字体的情况下，于两节磁青纸接口处进行微调，使画心平行，填糨粘牢。第二次，托画心时，再次用激光标线仪。由于经卷较长，托心要分几次完成，而托心之间的衔接处需要使用标线仪再次定位，检查画心是否平行，如若发现画心有偏离，还可以在画心接口再作调节。这两次使用激光标线仪起到了削手卷的作用。第三次，经卷覆背贴墙时，按照激光标线仪的射线，经卷的粘贴始终平行。

本次修复，历经三年，材料或精选旧藏，或专门定制，运用传统修复技法，对六卷北宋《妙法莲华经》进行了仔细的揭背、贴条与全色，并修补原本残破的天头、隔水，增加了尾纸，最终使国宝恢复了旧观，得到了有效的保护（图五），同时，也为同类文物的修复积累了可供参考的经验和数据资料。

原载《故宫博物院院刊》2012 年第 4 期

故宫灵沼轩金属构件的病害分析及其成因研究 *

曲　亮　王时伟　李秀辉　康葆强　雷　勇

内容提要：本文使用 X 射线衍射（XRD）、离子色谱（IC）、光学显微（OM）及显微红外光谱（Micro-FTIR）等分析手段，对故宫灵沼轩建筑金属构件的锈蚀产物样品进行了分析，并结合相关研究成果探讨了构件的病害成因及影响因素。研究表明，钢铁质构件的主要锈蚀机理为大气环境下的电化学腐蚀，其所处的外部环境及自身的材质、加工特点，均可对锈蚀程度产生影响；而金属构件的断裂、变形，除了构件自身的材料特性外，还与其承受的构造应力、环境高低温交变以及不恰当的填充材料有关。

关键词：灵沼轩　金属构件　铸铁　纯锌　病害分析

引言

故宫博物院作为我国规模最大的皇家建筑群，遗存了大量的室外金属文物，如各类室外陈设（鼎炉、路灯及各种动物造型陈设等）、建筑构件及装饰物（面叶、门钉、瓦钉及宝顶等）和消防用的水缸，文物取料涵盖了钢铁、黄铜、青铜等材质。而在建筑物中，金属构件使用最为繁杂的便是“灵沼轩”这一钢铁与砖石混合结构的仿西式建筑。

灵沼轩位于紫禁城东六宫的延禧宫内，该建筑始建于清宣统元年（1909 年），建筑形式为西洋式五顶塔形水座铁楼，地下一层，地上两层，地下一层主体建筑与石驳岸间可蓄水，地上二层平台四角各有一铁亭，其中东南、西南为六角单檐铁亭，东北、西北为八角单檐铁亭，中间为八角形双层檐铁亭（图一）。灵沼轩的特殊之处在于该建筑大量使用了铸造构件（铸铁柱、铁艺装饰、铁亭铸钢角柱和槛栏）、轧制钢型材（工字钢、角钢、T 钢、扁钢、槽钢、钢板、钢窗、钢管等）、机加工螺栓螺母和轧制焊

第一作者：文保科技部，副研究馆员。

*　本文为故宫博物院研究课题“故宫灵沼轩金属构件的保护研究”的研究成果，课题编号：KT2009-11。

图一　灵沼轩南向全景

接而成的纯锌装饰件[1]，这些以增强建筑抗压、抗拉性为目的的主体构件和装饰附属物，不但材质与加工方法多样，同时由于该建筑是外国洋行负责设计和零件采购的，金属构件中所蕴含的近代中西方技术交流方面的信息十分丰富，因此非常值得我们对其进行保护与研究。

关于灵沼轩各类金属构件的保存现状，作者曾专门撰文阐述[2]。需要说明的是，本文的研究着眼于金属构件自身的个体病害，构件的结构安全和稳定性等问题不在研究范围之内。通过现场调查，灵沼轩金属构件主要存在以下三类病害。

第一，钢铁质构件的严重锈蚀以及由此造成的缺失：主要发生在轧制钢型材和机加工螺栓、螺母上，其中绝大多数的钢板和螺栓、螺母已经无法继续使用（图二、图三）；

第二，构件的物理性损伤：主要表现为铸造构件和纯锌装饰件的开裂、变形和缺失，其中一层外檐的 18 根非承重铸铁柱开裂十分严重，裂缝处还曾灌入过填充物（图四）；

第三，构件的表面污染：主要表现为建筑地下一层各类金属构件表面的沥青和黏土污染。

值得一提的是，灵沼轩的铸造构件和工字钢构件表面曾涂刷过防腐涂层（图五），在很大程度上减缓了该类构件的锈蚀进程，起到了重要的保护作用。

本文使用多种仪器分析方法，对钢铁质构件与模拟样品的锈蚀产物、铸铁柱的填

1　“故宫灵沼轩金属构件的保护研究”课题组：《故宫灵沼轩金属构件材质分析与研究》，故宫博物院课题研究报告，2012 年。

2　曲亮、赵鹏、王时伟：《北京故宫灵沼轩建筑构件的调查研究》，《中国近代建筑研究与保护（八）》，清华大学出版社，2012 年。

图二　二层工字钢梁上钢板严重锈蚀

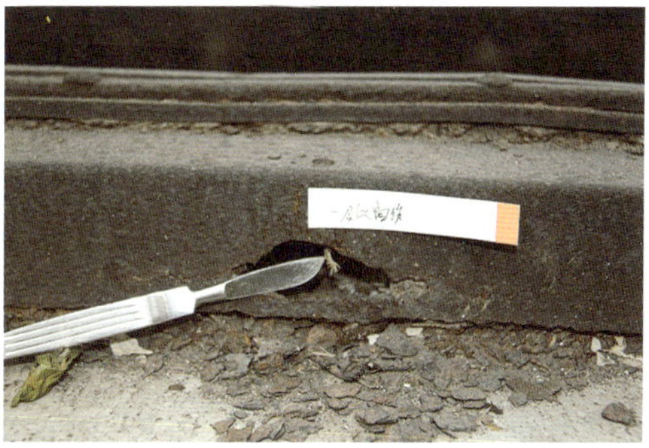

图三　一层钢窗的锈蚀、剥落

图四　一层外檐非承重柱的裂缝与填充物

图五　一层外檐非承重柱表面的涂层

充物及原始涂层样品进行了分析，并参考相关研究成果，分析金属构件各类病害的特点，探讨其产生的原因及影响因素，以期为后续的保护工作提供理论依据。

一　分析实验

（一）样品采集与制备

采集不同类型钢铁质构件的锈蚀产物、铸铁柱的填充物和原涂层样品。由于灵沼轩内发生锈蚀的绝大多数是钢制构件，因此，加工125毫米×75毫米×1.5毫米的普通碳素钢板，放置在盐雾箱内，使用自来水喷雾半小时后通氧半小时，每天循环12次，持续14天后，得到布满锈蚀的模拟样品。锈蚀产物样品见图六，所有样品的具体信息见表一。

图六　钢铁质锈蚀产物样品照片（LZXXIU-1、4～10，MNYP-1）

表一　样品信息

编　号	样品描述	取样位置
锈蚀产物		
LZXXIU-1	钢板锈蚀物，黑棕色，层状	二层西南铁亭槛框底座内侧钢板锈蚀物
LZXXIU-4	钢板锈蚀物，黑棕色，层状	二层工字钢梁上的钢板锈蚀物
LZXXIU-5	钢框锈蚀物，黑棕色，层状	二层西南铁亭顶下钢框锈蚀物
LZXXIU-6	角柱锈蚀物，棕红色，层状	二层中心亭中部角柱锈蚀物
LZXXIU-7	钢窗锈蚀物，棕红色，块状，混有大量黄色黏土	地下一层钢窗锈蚀物
LZXXIU-8	钢窗锈蚀物，黑棕色，片状	一层钢窗锈蚀物
LZXXIU-9	工字钢梁锈蚀物，棕红色，片状	北向桥架工字钢立面锈蚀物
LZXXIU-10	工字钢梁锈蚀物，棕红色，粉状	北向桥架工字钢立面锈蚀物

编　号	样品描述	取样位置
MNYP-1	表面有棕红色和黑色锈蚀物	普通碳素钢模拟样品
填充物样品		
LZXTCW-1	铸铁柱内填充物，浅黄，致密	一层外檐非承重柱纵向裂缝内填充物
LZXTCW-2	铸铁柱内填充物，白色，疏松	一层外檐非承重柱纵向裂缝内填充物
原涂层样品		
LZXTC-1	原涂层样品，一面为致密的黑色，一面为疏松的红色	一层外檐非承重柱基体上原涂层

（二）分析方法

本项研究工作使用的分析方法、设备，工作条件及样品处理过程见表二。

表二　样品分析方法、设备处理过程

分析方法	设备及工作条件	样品处理过程
X 射线衍射（XRD）	日本理学 D/max-2550PC 型 X 射线衍射仪，管压 40kV，管流 150mA，扫描角度范围 3 ~ 90°	将锈蚀样品和填充物样品研磨至精粉后进行 XRD 分析测试，对于样品量较少的涂层样品，取样后采用单晶硅样品槽进行 XRD 测试
离子色谱（IC）	美国 DIONEX DX-600 型离子色谱仪，AS14 分离柱，流速：1.2ml/min，3.5 ~ 1.0mmol/L　$NaCO_3$ 等度淋洗	将锈蚀样品研磨至精粉后进行 IC 分析测试
光学显微镜（OM）	德国 Leica DM4000 型透反一体显微镜，使用反射光的单偏光和正交偏光观察	取部分锈蚀样品使用丙烯酸树脂 B-72 的丙酮溶液渗透加固，用环氧树脂冷镶，按标准金相流程磨抛制成光片，以备在光学显微镜下进行观察
显微红外光谱（Micro-FTIR）	美国 Thermo Fisher iN10 Mx 傅里叶显微红外光谱仪，MCT 检测器，扫描范围 4000 ~ 675cm^{-1}，分辨率为 4cm^{-1}，扫描次数 64 次	取涂层样品后使用金刚石样品池进行显微红外测试
三维激光扫描	日本 KONICA MINOLTA Range7 型三维扫描仪，配合三维数据处理软件	

二 实验结果与讨论

（一）锈蚀产物的分析

1. 锈蚀产物种类与分布特点的分析

锈蚀产物样品的 XRD 图谱见图七，分析结果见表三。从图七和表三中可见灵沼轩钢铁质构件的锈蚀产物主要由磁铁矿（Magnetite，Fe_3O_4）、针铁矿（Goethite，α-FeOOH）和纤铁矿（Lepidocrocite，γ-FeOOH）这三类组成，磁铁矿和针铁矿比较稳定，而纤铁矿活性较高，近期的研究表明，在气相环境下铁质文物的锈蚀产物中，纤铁矿的出现可以作为锈蚀反应还未最终稳定的标志[1]，说明灵沼轩钢铁质构件的锈蚀正在持续发生之中。此外，除上述三种物相外，部分样品检出黏土中常见的石英（Quartz,SiO_2）与钠长石（Albite,$NaAlSi_3O_8$），应是构件表面积尘造成的，其中样品 LZXXIU-7 从宏观观察上可以看出混有大量黏土，从样品分析的结果上也能得到验证。

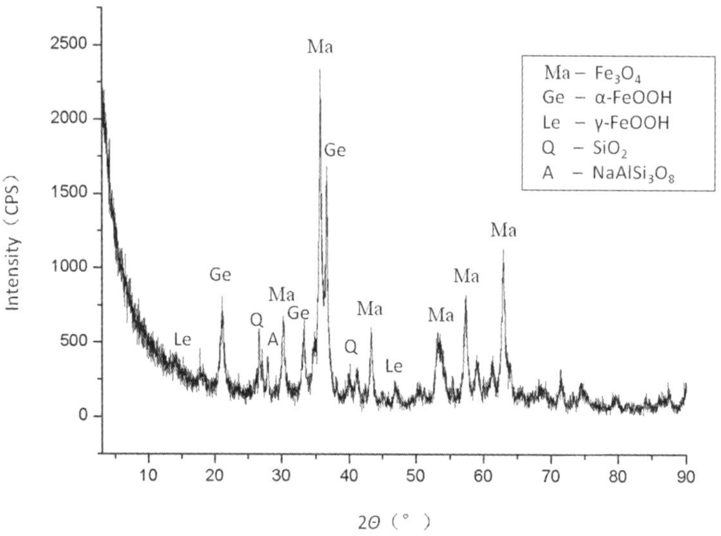

图七 样品 LZXXIU-5 的 XRD 图谱

1 David A.Scott and Gerhard Eggert.*Iron and Steel in Art.Corrosion.Colorants.Conservation.*UK:Archetype Publications Ltd,2009,p37.

表三　锈蚀产物样品的XRD分析结果

编　号	XRD分析的物相组成
LZXXIU-1	Fe_3O_4、α-FeOOH、γ-FeOOH
LZXXIU-4	Fe_3O_4、α-FeOOH、γ-FeOOH
LZXXIU-5	Fe_3O_4、α-FeOOH、γ-FeOOH、SiO_2、$NaAlSi_3O_8$
LZXXIU-6	γ-FeOOH、α-FeOOH、Fe_3O_4、SiO_2
LZXXIU-7	SiO_2、$NaAlSi_3O_8$、α-FeOOH
LZXXIU-8	Fe_3O_4、α-FeOOH、γ-FeOOH
LZXXIU-9	α-FeOOH、γ-FeOOH、Fe_3O_4、SiO_2、$NaAlSi_3O_8$
LZXXIU-10	α-FeOOH、γ-FeOOH、SiO_2、$NaAlSi_3O_8$

锈蚀样品在显微镜下的矿相组织，可以展现灵沼轩钢铁质构件不同锈蚀产物分布的特点。对于锈蚀严重的构件，其内层的锈蚀产物呈现明显的层状特征。如图八（1、2）所示，单偏光下锈层大部分呈灰色，中间沿锈层方向夹杂黑棕色条痕，正交偏光下锈层主要为分层的蓝黑色磁铁矿，锈层中间夹杂一定量的橙红色针铁矿和纤铁矿混合锈。这表明，磁铁矿在这些层状锈蚀产物中占很大比例，针铁矿和纤铁矿则以条痕状分布在磁铁矿锈层间，符合内陆环境置放的铁质文物锈层结构分布的普遍规律[1]；而对于样品表层的锈蚀产物，如图九（1、2）所示，性质活泼的纤铁矿分布在样品疏松的最外层，而较致密的内层锈蚀主要为磁铁矿。这也可以解释LZXXIU-10较之LZXXIU-9没有检出磁

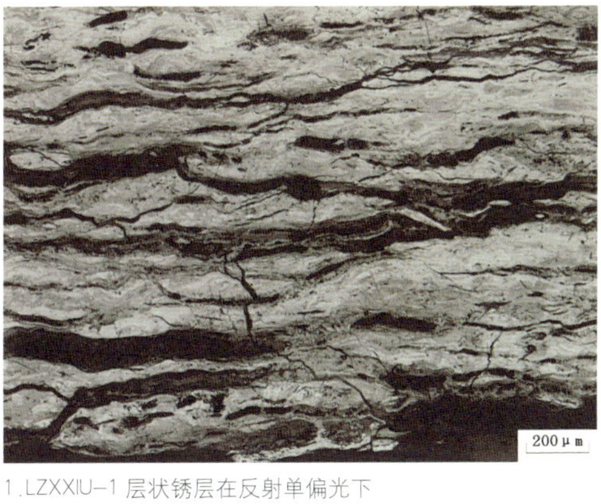

1.LZXXIU-1 层状锈层在反射单偏光下

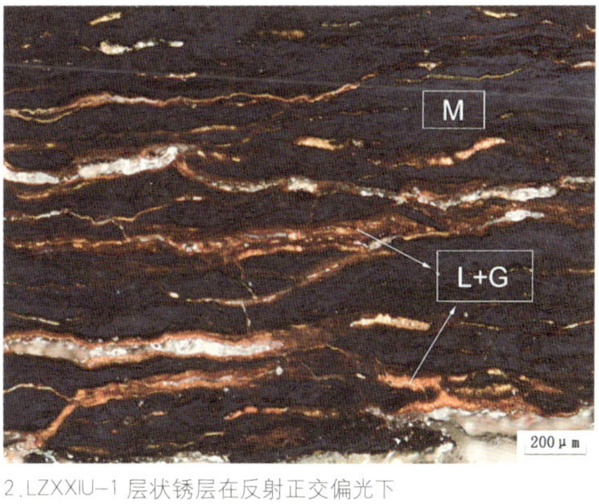

2.LZXXIU-1 层状锈层在反射正交偏光下
（M：磁铁矿；L+G：纤铁矿＋针铁矿）

图八　样品LZXXIU-1锈层光片的光学显微照片（50X）

1　马清林、沈大娲、永昕群主编：《铁质文物保护技术》，第62页，科学出版社，2012年。

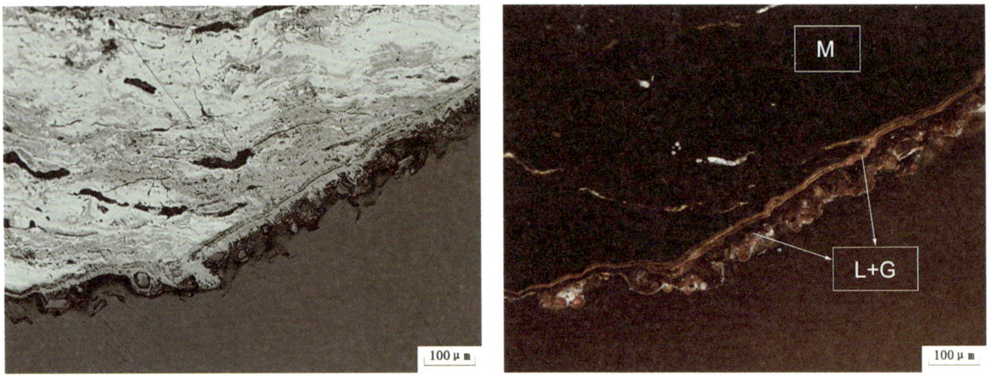

1.LZXXIU–6 表层锈层在反射单偏光下

2.LZXXIU–6 表层锈层在反射正交偏光下

（M：磁铁矿；L+G：纤铁矿 + 针铁矿）

图九　样品 LZXXIU–6 锈层光片的光学显微照片（100X）

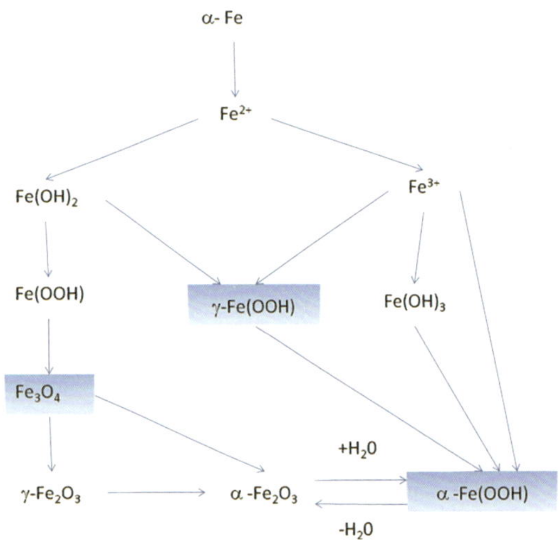

图一〇　锈层中各类锈蚀产物的关系图

铁矿的原因，是因为 LZXXIU-10 只是刮取了工字钢表层的不稳定锈层，而 LZXXIU-9 则是完整的锈层样品。

图一〇显示了铁在大气环境下主要锈蚀产物之间的转变路径[1]，纤铁矿是一种不稳定的中间产物，可以反复产生，并趋向转变为稳定的产物。经过数年这样持续的锈蚀进程，灵沼轩钢铁质构件形成了层状的锈蚀结构，其表层疏松的锈蚀产物，含有大量活性较高的纤铁矿，与致密的磁铁矿不同，它属于发展之中的“有害浮锈”，在保护处理前应该去除干净。

2. 锈蚀产物中 Cl^- 含量的分析

铁质文物中存在的 Cl^-，是部分锈蚀现象得以循环发生的重要原因之一，它能够阻止不稳定锈蚀产物向稳定的锈蚀产物的转化，并产生持续的锈蚀[2]。在海水打捞的铁质文物中，这种现象比较普遍，而对于内陆环境下的室外铁质文物，则需要使用合适的分析方法测定锈蚀产物中的 Cl^- 含量，以便分析其锈蚀机理。

1　David A.Scott and Gerhard Eggert.*Iron and Steel in Art,Corrosion,Colorants,Conservation*.UK:Archetype Publications Ltd,2009,p108.

2　前揭《铁质文物保护技术》，第 78 页。

表四　锈蚀产物样品的IC分析结果

（单位：mg/g）

编　号	LZXXIU-1	LZXXIU-4	LZXXIU-5	LZXXIU-6	LZXXIU-7	LZXXIU-8
Cl^-	0.015	0.014	0.057	0.015	0.257	0.029

相关分析结果显示[1]，我国近海出土铁器的Cl^-含量平均值为2.86mg/g，而海水打捞器物高达7.47mg/g，且大多数样品中检出了典型的含氯锈蚀产物——四方纤铁矿（β-FeOOH）。表四为灵沼轩锈蚀产物的离子色谱分析结果，可见样品锈层中的Cl^-含量在0.014～0.257mg/g之间，与近海或海水打捞器物的结果不在一个量级上。同时表三显示锈蚀产物中并未检出四方纤铁矿，说明处于内陆大气环境保存的灵沼轩，其钢铁构件的锈蚀机理与近海出土或海水打捞的铁质文物不同。另外，样品LZXXIU-7的Cl^-含量明显高于其他样品，这应该是因为样品取自曾经被掩埋在土中数年的地下一层钢窗上，掺入了大量带有可溶盐的黏土造成的。

3．模拟样品的分析

为了进一步明确灵沼轩钢铁质构件的锈蚀机理，我们制备了带锈的模拟样品，图一一显示的是模拟样品在显微镜下两种不同形态的锈层。黑色的为致密层，而棕红色的为其上的较疏松层（浮锈），分别对其近似取样，并进行X射线衍射分析。图一二为模拟样品与灵沼轩钢铁质构件锈蚀产物的XRD对比图谱，可见模拟样品致密锈层含有稳定的磁铁矿和针铁矿，而疏松锈层与灵沼轩构件锈蚀产物相同，除了磁铁矿和针铁矿外，还含有活泼性的纤铁矿，这说明模拟样品不仅在锈蚀产物的种类上与灵沼轩钢铁质构件相符，其分布层次特点也相符合。

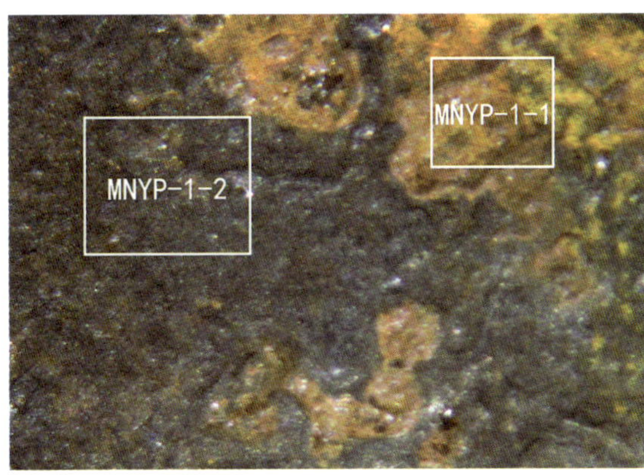

图一一　样品MNYP-1的实体显微照片（35X）

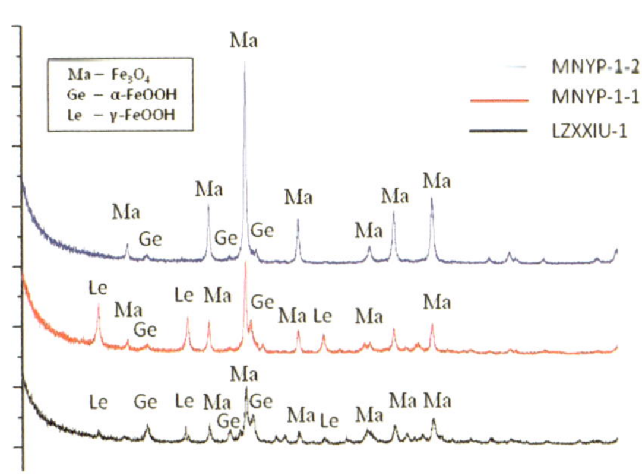

图一二　模拟样品与构件锈蚀产物的XRD对比图谱

1　成小林、陈淑英、潘路等：《不同保存环境下铁质文物中氯含量的分析》，《中国历史文物》2010年第5期。

通过前文对灵沼轩钢铁质构件锈蚀产物的X射线衍射和离子色谱分析，我们并未发现含氯的锈蚀产物，锈层中的Cl^-含量也在较低的范围内。同时，使用水而非其他介质制备而成的模拟样品，其锈蚀产物与灵沼轩构件锈蚀产物在物相组成和分布层次上拟合很好，因此可以确定，灵沼轩钢铁质构件的主要锈蚀机理应为大气环境下铁的电化学腐蚀。

（二）填充物的分析

按表五给出的灵沼轩一层外檐非承重柱裂缝中填充物的物相组成，我们可以发现这些填充物主要由方解石（Calcite,$CaCO_3$）和石英（SiO_2）构成，较为疏松的样品中还有氢氧化钙［$Ca(OH)_2$］。石灰灰浆是我国古代建筑常用的粘接和填补材料，方解石型碳酸钙就是暴露在空气中的灰浆的最终产物[1]。可以推测，在铸铁柱出现裂缝后，曾经有先人使用石灰灰浆对其进行了灌浆或者填补，其中，石灰灰浆调制并起到填充作用的化学反应可由式1和式2表达：

式1：　　CaO（生石灰）$+H_2O = Ca(OH)_2$（熟石灰）

式2：　　$Ca(OH)_2$（熟石灰）$+CO_2 = CaCO_3+H_2O$

可以看出，式1是石灰灰浆的调制过程，式2则反映了灰浆（熟石灰）在空气中与二氧化碳反应，生成碳酸钙从而硬化的过程。因此，样品中的氢氧钙石应是灰浆内部还未反应的熟石灰，而石英则可能是灰浆中掺入的沙子带入的。

表五　填充物样品的衍射分析结果

编　号	XRD分析的物相组成
LZXTCW-1	$CaCO_3$、SiO_2
LZXTCW-2	$CaCO_3$、$Ca(OH)_2$、SiO_2

（三）构件原涂层的初步分析

灵沼轩铸造构件和工字钢表面覆盖着一层原始涂层，图一三是铸铁柱上原涂层样品LZXTC-1在实体显微镜下的照片，可见原涂层最外层为致密的黑灰色，次外层为较疏松的红色。为了分析涂层的组分，我们分别采集了两层的粉末样品（人工近似分离），使用X射线衍射分析和显微红外分析对照研究，X射线衍射分析结果见表六，红外分析图谱见图一四。

1　杨富巍、张秉坚、曾余瑶等：《传统糯米灰浆科学原理及其现代应用的探索性研究》，《故宫博物院院刊》2008年第5期。

图一三　样品 LZXTC-1 的实体显微照片（35X）

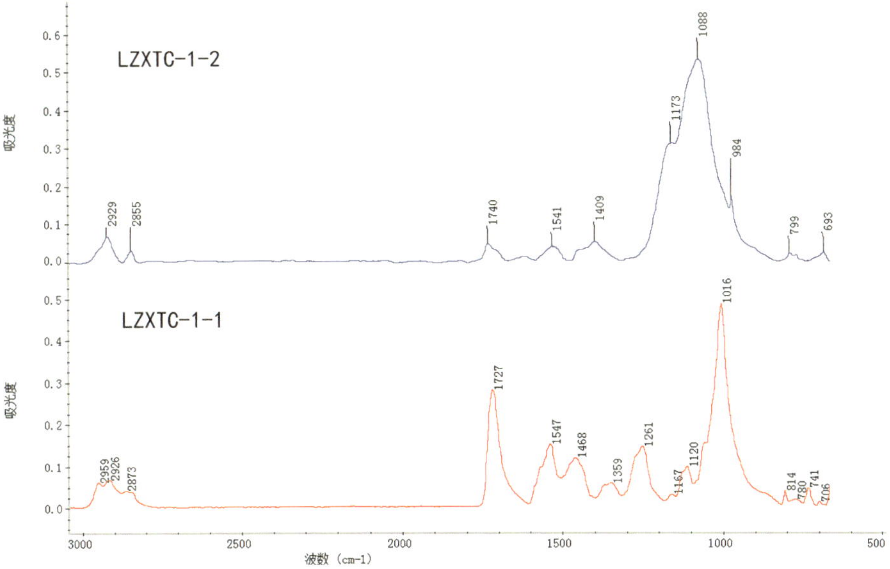

图一四　铸铁柱上原涂层样品的显微红外谱图

表六　铸铁柱上原涂层样品的衍射分析结果

编　号	物相组成
LZXTC-1-1	$PbSO_4$、$BaSO_4$、Fe_2O_3、$NaAlSi_3O_8$、Pb_3O_4
LZXTC-1-2	Pb_3O_4、$BaSO_4$、$CaCO_3$、SiO_2、Fe_2O_3

早期钢铁防锈漆主要通过防锈颜料发挥作用，由表六可见，样品中检出了 Pb_3O_4（铅丹 Miniumite，又名红丹），作为主要功能组分的红丹防锈漆，效果优秀且应用广泛，虽然对环境污染较大，但目前依然无法完全被替代。参考常见的油性红丹防锈漆的配方体系[1]，铅丹是防锈漆中的主要防锈颜料，赤铁矿（Hematite，Fe_2O_3）为辅助防锈颜料，

1　高瑾、米琪编著：《防腐蚀涂料与涂装》，第 100 ~ 101 页，中国石化出版社，2007 年。

重晶石（Barite，$BaSO_4$）和石英属于填料，而硫酸铅（Lead Sulfate，$PbSO_4$）可能是防锈漆在工业大气环境下的转化产物。同时，根据样品的显微红外分析谱图，我们推测涂层中含有脂肪酸或脂肪酸酯类的有机成分，亦可以推测防锈漆的成膜物质是亚麻油或者蓖麻油这类的干性植物油。

因此可以判断，灵沼轩部分钢铁质构件上涂刷过油性红丹防锈漆，但钢铁的防锈涂层往往是底漆至面漆的配套系统，本文的初步分析也只是依靠宏观角度的近似分离和取样，还不能完全说明涂层真实的层次特点。因此，涂层的实际层位关系以及各层的功能特点，还需要使用扫描电镜、显微拉曼等方法进一步确定。

三　灵沼轩金属构件病害的成因分析

通过调查研究，前文所述三种病害中，金属构件的污染病害原因比较简单，主要表现为地下一层铸铁柱和钢窗表面的沥青与黏土污染。据记载，在 20 世纪 70 年代，灵沼轩的一层地面以下的部分曾被挖防空洞之土填实[1]，金属构件尤其是铸铁柱表面涂刷的一层沥青应出于土中防腐、隔离的考虑，而随着后日填土的清理，构件表面遗存大量黏土也属正常现象。与污染问题相比，构件的锈蚀与物理性损伤就严重和复杂得多了，往往是多种因素共同作用的结果，下文就对其成因和影响因素进行探讨。

（一）钢铁质构件的锈蚀

影响金属腐蚀的因素很多，它既与金属本身的某些因素（如性质、组成、结构、表面状态、变形及应力）有关，又与锈蚀环境（介质 pH 值、组成、浓度、温度、压力、溶液的运动速度）有关[2]，对于灵沼轩的钢铁质构件的锈蚀现象，其原因可分为外因（环境因素）与内因（构件材质特点与加工工艺）两大类。

1. 外因——环境因素的影响

铁是自然界比较活泼的金属，铁质文物很容易在外界自然环境及介质的化学和电化学作用下发生锈蚀破坏现象[3]。依据前文，灵沼轩钢铁质构件的锈蚀机理主要为大气环境下的电化学腐蚀，即在铁质文物表面达到足够的电解质条件下，铁作为阳极被氧

1　故宫博物院古建部设计室：《延禧宫内灵沼轩（水晶宫）维修保护工程设计做法说明》，内部资料，2004 年。

2　魏宝明主编：《金属腐蚀理论及应用》，第 212 页，化学工业出版社，2008 年。

3　陆寿麟、李化元、郭兴宽：《从汉代金柄铁剑的技术处理谈出土铁器的保护》，《故宫博物院院刊》2000 年第 1 期。

图一五　不同铁亭钢框的对比

图一六　罩棚上下钢板保存状况的差异

化为氧化物的过程，其阳极与阴极的电化学反应式如下：

阳极反应：$2Fe \rightarrow 2Fe^{2+}+4e$

阴极反应：$O_2+2H_2O+4e \rightarrow 4OH^-$

由此可见，氧气和水是构件锈蚀过程的主要环境影响因素。灵沼轩处于开放的室外环境中，流通的空气可以为锈蚀过程提供富氧环境，同时有研究表明[1]，随着大气相对湿度的增加，金属表面液膜厚度也会逐渐增加，从而形成连续电解液薄层，以致发生电化学腐蚀；同理，自然降雨更容易湿润钢铁表面并形成电解液层。灵沼轩的钢铁质构件为室外保存，北京夏季的高湿空气与降雨，都会为锈蚀的电化学反应发生提供必要的条件。

通过观察发现，由于环境因素的差异，灵沼轩不同位置的同类钢铁质构件，其锈蚀程度存在明显差异。例如二层北侧两座未完工铁亭（没有盝顶和钢板封闭）的钢框，就比南侧两座基本完工铁亭的钢框保存情况好（图一五）；又如二层南向罩棚骨架上下的钢板锈蚀程度明显不同，下侧的钢板已经脱落殆尽，而上侧的钢板只是表面锈蚀（图一六）。这些现象说明，半封闭位置的构件，由于容易存水且不易干燥，其锈蚀情况就比开放性位置的同类构件严重得多。

2. 内因——构件材质特点及加工方法的影响

除了环境因素，构件的材质和加工方法也与锈蚀息息相关。金属的耐蚀能力首先与其活泼性有关，一般来说标准电极电位越负的金属越容易发生腐蚀，但也有一些金属虽然活泼性很高，却容易在常温下生成保护膜，从而具有良好的耐蚀能力。例如锌，虽然电极电位比铁更负，却不易发生腐蚀，这也可以解释为什么灵沼轩部分钢铁质构件锈蚀的十分严重，而纯锌装饰件几乎没有腐蚀。另外，金属的合金元素、夹杂物、金相组织、制造缺陷以及表面状态都可能对腐蚀产生影响。

1　李晓刚、董超芳、肖葵等：《金属大气腐蚀初期行为与机理》，第 8 ～ 9 页，科学出版社，2009 年。

灵沼轩不同类型钢铁质构件的锈蚀程度存在很大差异，铸造构件和工字钢构件的锈蚀情况较轻，而机加工的螺栓螺母以及钢板则锈蚀十分严重，几乎无法继续使用。通过分析，造成这种差异的原因主要有以下三点：

第一，钢铁构件中的某些元素对抑制锈蚀可以起到重要的作用，人为加入Ni、Cr、Si、Cu和Al等合金元素，有利于形成保护膜，或使基体电极电位升高，从而达到提高基体耐蚀性能的目的。表七[1]为不同构件典型样品的成分分析结果，从中可见铸铁花枝的Si含量明显高于其他两类。铸铁是以Fe-C-Si为基础的铁基合金，Si的加入可使组织中的基体金属产生钝化，提高电极电位，有效地提高抗化学腐蚀和电化学腐蚀能力，同时砂型铸造所用的型砂也会与铸件表面相互作用，使表面形成一层硅酸盐保护膜，从而提高了铸铁表面的耐蚀性[2]。

表七　样品的湿化学成分分析结果

编号	样品	材质	加工方法	主要化学成分（Wt%）				
				C	Si	Mn	P	S
1	螺母	碳钢	机加工	0.039～0.078	0.17	0.015	0.072	0.05
2	工字钢	碳钢	轧制	0.089	0.034	0.56	0.30	0.10
3	花枝	铸铁	砂型铸造	3.85	1.56	0.74	0.055	0.066

第二，铸铁构件的含碳量比碳钢构件高很多，碳在铸铁内是以石墨和渗碳体的形式存在的，有研究表明[3]，铸铁选择性腐蚀（即阴极极性低于石墨的铁素体基体优先腐蚀的现象）的发生，使得构件表面生成由石墨骨架和锈蚀产物组成的致密、牢固钝化层，显著降低了在大气中的锈蚀速度，因此铸铁的耐蚀性优于碳钢。

第三，铸造构件和工字钢构件之所以没有严重锈蚀，最重要的原因是涂刷了防锈涂层。这些构件表面涂刷的油性红丹漆涂层，既能与油基中的脂肪酸形成具有缓蚀作用的铅皂，又能与锈中的Fe^{3+}和Fe^{2+}交换生成不溶的正铅酸铁，还能在工业大气中与污染物生成的不溶性铅盐（例如硫酸铅）而抑制锈蚀[4]。目前，这些构件表面的防锈涂层整体保存状况较好，但铸铁柱表面涂层的最外层出现了起甲和剥落（见图五），直接露出红色部分，这种现象如果不作适当的处理，将会成为锈蚀发生的源头。

1　前揭《故宫灵沼轩金属构件材质分析与研究》。

2　大谷南海男、名越敏郎：《铸铁の耐食性》，《铸锻造》，1977，（1）：1—6。

3　Gallins H H.Graphitic corrosion of cast iron.BCIRA Journal,1962;10:543-550；申泽骥、苏贵桥：《铸铁的电化学腐蚀机理》，《现代铸铁》2002年第1期。

4　中国腐蚀与防护学会主编：《防腐蚀涂料与涂装》，第74页，化学工业出版社，1994年。

（二）金属构件的物理性损伤

1. 铸铁构件的开裂

灵沼轩铸造构件的锈蚀情况虽然不太严重，但开裂和破损的情况较多，其产生原因主要有以下两点：

第一，铸造构件在制造过程中，容易在内部残留相变应力、热应力和收缩应力等内应力，从而发生开裂[1]；同时铸铁构件由于含碳量高，导致脆性较高且塑性变形能力差，在承受外部构造应力或高低温变化时，也容易开裂和变形。图一七与图一八是采用三维激光扫描技术对建筑一层两种铸铁柱体病害细节的展示，其中承重柱表现为中部的横向开裂、变形，而非承重柱则主要表现为纵向开裂与变形。这种差异是因为承重柱上的载荷造成的构造应力，使柱体边缘壁厚较小处发生了横向开裂，进而导致了2.8度的歪闪（由三维数据测得）；而外檐非承

图一七　不同角度承重柱横向开裂的三维细节

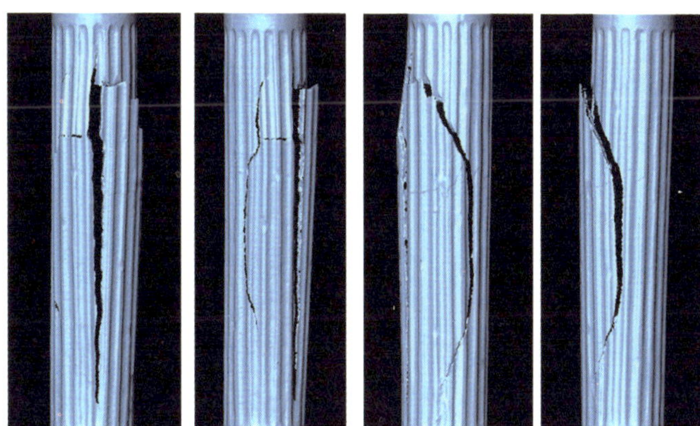

图一八　不同角度非承重柱纵向开裂的三维细节

1　陈伟、王宝祥、齐永刚等:《铸件残余应力的产生、测试与消除》,《河北理工大学学报(自然科学版)》2007年第3期。

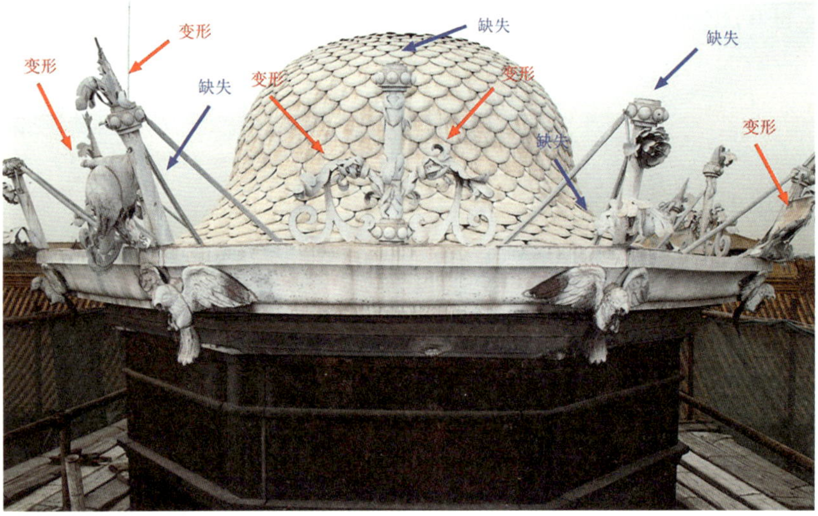

图一九　纯锌装饰件的变形与缺失

重柱断裂的原因只与铸件特性有关，残留内应力以及极端的高低温差（曝晒后突然降雨等），使得铸件容易沿较长的纵向发生开裂。

第二，外檐非承重铸铁柱全部开裂且发展严重，也与填充材料有关。当柱体由于材料特性发生开裂后，前人使用石灰类的填补材料灌浆并填缝，希望能够将裂缝稳定。但事与愿违，由于石灰材料吸湿膨胀的特性，同时其与铸铁的热膨胀系数也不相同，因此由铸铁柱未封闭的顶端进入的雨水以及极端的高低温差，都可能是造成铸铁柱继续开裂、变形甚至脱落的原因。另外，铸造过程中遗留在柱体内部的型砂也可能对构件的开裂产生影响，限于不能对构件内部进行取样，有待条件成熟时再进行观察与分析。

2. 纯锌装饰件的变形、断裂及缺失

灵沼轩中央铁亭盝顶上方存有纯锌板材制成的精美装饰，目前存在变形、断裂及缺失的问题，其中部分花鸟造型的装饰件变形严重，甚至断裂缺失（图一九）。锌板是一种易于再加工且不易腐蚀的材料，正是由于这种特性，自 19 世纪电解炼锌技术发明以后，锌板便被广泛应用于西方雕塑和建筑物的顶部装饰上。将纯锌板裁剪成不同形状，并通过焊接的方法将它们拼接成立体、复杂的造型，不仅美观而且重量较轻，还可以有效地减轻建筑载荷。但由于锌的硬度很低（摩氏硬度 2.5），因此十分容易受外力作用而变形或断裂，进而造成缺失。

四　结论

通过对灵沼轩金属构件的病害分析与其成因的讨论，我们可以得到以下几点结论：

第一，钢铁质构件的主要锈蚀机理为大气条件下的电化学腐蚀，主要锈蚀产物为磁铁矿、针铁矿与纤铁矿，它们有规律地分布在锈蚀产物中。构件的锈蚀过程不但与环境因素（空气、湿度）有关，还受到构件自身的材质特点和加工方法的影响，涂刷过防锈涂层的构件明显保存情况较好。

第二，铸铁材质由于含碳量高且残余内应力，本身易发生开裂。同时其承受的构造应力、高低温变化的外部环境以及不恰当的填充材料都是开裂、变形现象发生与发展的原因。纯锌装饰件由于锌板硬度较低，容易发生变形、断裂与缺失。

第三，地下一层的金属构件由于曾被土掩埋，存在沥青以及黏土的污染。

五　对保护工作的建议

通过对灵沼轩金属构件病害问题的研究，我们可以对其保护工作提出几点建议：

第一，在彻底解决和保证建筑结构安全问题的前提下，清除锈蚀钢铁质构件表面的污染物和浮锈，选用恰当的表面处理方法与封护材料，钝化构件并达到与空气和水分的有效隔绝。为保留原始工艺信息，应尽可能地保留构件稳定的原始涂层，并对其起甲、剥落处进行修补、加固和部分封护处理。

第二，替换和添配构件时需谨慎，必要时需要提前对新制构件进行防腐蚀处理，以免加大原有构件的构造应力，或者出现新的锈蚀诱因。

第三，彻底清除铸铁柱体内部的填充材料，使用变形能力强的软性材料填补裂缝，由于材质脆性大，铸铁构件不宜进行矫形和焊接处理。因纯锌板材易折，对其进行矫形处理需要格外谨慎，有条件时可纳入文物修复的范畴。

第四，需要转变室外文物经一次保护处理就“一劳永逸”的观念，注重保护处理后的日常性监测和养护处理，随时掌握构件的保存状况和保护材料的老化、蜕变情况，并及时采取应对措施。

另外，灵沼轩金属构件目前出现的病害，除自身与外部环境原因外，还有多年来未对其进行有效监控和保护等原因。紫禁城内大量的不可移动性金属文物均面临着相似的问题，有必要尽快对其保存现状与病害原因进行分析，制定恰当的保护措施，并建立完善的监测方法与机制，以避免珍贵的文化遗产遭到破坏。

附记：特别感谢故宫博物院古建部张学芹高级工程师对本研究的指导与支持。本文显微红外分析由故宫博物院马越女士完成，三维激光扫描得到了故宫博物院赵鹏先生的帮助，模拟样品的制备得到了北京科技大学何积铨教授的帮助，在此一并致以真挚的感谢。

原载《故宫博物院院刊》2013 年第 2 期

丁观鹏《释迦及十六尊者像屏》的粉本来源及其艺术特色

张　蕊

内容提要：丁观鹏是乾隆时期创作罗汉画最多的宫廷画家，他的两套《释迦及十六尊者像屏》组画作品，风格独特，个性鲜明。本文试图通过对《清宫内务府造办处档案总汇》等史料的考察，探讨这两套组画的历史背景、粉本来源等，并通过实际临摹的艺术实践，对其艺术特点进行总结。

关键词：丁观鹏　像屏　粉本　卢楞迦　中西合璧

2008 年，故宫博物院文保科技部古书画临摹复制组集体承担了临摹丁观鹏《释迦牟尼佛及十六尊者像》的任务[1]，共十七轴，为绢本（以下简称绢本《像屏》），现存故宫博物院。据古书画部同事介绍，这个题名是 20 世纪五六十年代的老专家拟定的，同样题名的作品还有一套，于 1973 年由故宫博物院调拨给了沈阳故宫博物院，是纸本（以下简称纸本《像屏》）。两套组画内容一样，出于同一个粉本，有着相同的赞文和相似的长跋，画中服饰纹理和人物情态略有区别。观其画面，两者虽都钤有“秘殿珠林”印记，但查《秘殿珠林及续编三编》[2]，均未有著录，在专门收集清宫绘画的《国朝院画录》[3]中，也未见有此画名。有幸的是，笔者在临摹过程中又查阅了《清宫内务府造办处档案总汇》[4]（以下简称《清档》），发现著录中有少许关于这两套组画的重要信息和线索，从而使我们能够更多地了解关于绢本《像屏》和纸本《像屏》的基本情况、

作者：文保科技部，副研究馆员。

1　十六尊者：尊者，罗汉之尊称，十六尊者也称十六大阿罗汉，是释迦牟尼佛的弟子，他们受佛嘱托，不入涅槃，常住世间，受世人供养而为众生作大福田。（[法]莱维、孝阀纳著，冯承钧译：《法住记及所记阿罗汉考》，第 4 页，商务印书馆发行，民国二十二年。）

2　《秘殿珠林及续编三编》，故宫珍本丛刊，海南出版社，2001 年。

3　（清）胡敬：《国朝院画录》，故宫博物院藏。

4　中国第一历史档案馆、香港中文大学文物馆合编：《清宫内务府造办处档案总汇》，人民出版社，2005 年。

粉本来源及其绘画特色。

丁观鹏在乾隆朝所画十六（十八）罗汉组画不少于八组，乾隆帝常常将自己写完的佛经命丁观鹏于其前后补画佛像和罗汉像，他在题丁观鹏《罗汉图》诗中说："云海遨游睹圣僧，观鹏笔妙貌云鹏。依然谁认前身是？可谓端知后者能。"[1] 诗中给予丁观鹏非常高的评价。此丁观鹏《释迦及十六尊者像屏》即是丁观鹏罗汉组画中的两组，它们虽然在文献中没有记载，但从其画面造型特点、绘制手法及题跋赞语分析，应该是有一番来历的。

一 《像屏》组画的基本情况

两组《像屏》均为十七轴，每轴为独立的尊者，作表法状，身后有圆光，没有环境背景和供养人。其中释迦牟尼佛双手持钵，跏趺坐于莲台；十六尊者或结相或手执供具，皆呈坐相，其坐榻或竹椅或山石或蒲团，相貌有年少或年长，有汉相，亦有梵相和胡僧相，姿态各异，形神俱佳。

对比两组《像屏》，绢本画面润泽精美，纸本画面整体效果不如绢本完美，二者皆在十七幅图中左上方有相同的赞词，每幅画正上方都有藏文标名，并在第十六阿必达尊者像中题有几乎相同的跋文，落款时间也相同，同时钤有相同的五玺印，即"乾隆御览之宝""三希堂精鉴玺""宜子孙""乾隆鉴赏""秘殿珠林"。除绢本"释迦牟尼佛像"外，其余的画幅下方都署有"臣丁观鹏恭绘"款，并钤"臣丁观鹏""恭画"二印。

不同的是，绢本《像屏》画幅左下角或右下角又多了"宝蕴楼书画录"印章，而纸本上没有。看来绢本组画曾经在1914年成立的古物陈列所[2] 专用文物库房"宝蕴楼"内收藏过，画轴上同时有"热"字旧签，得知这曾是存于承德的古物。经查阅得知，纸本《像屏》曾经供奉于故宫乾隆花园的萃赏楼后楼上[3]（即今天的云光楼），1973年被调拨到沈阳故宫博物院。纸本的每幅赞词末尾都钤有"乾""隆"二印，而绢本上没有。另外，二者的署款不同，绢本是"乾隆丙子冬十月臣汪由敦奉敕敬书"，后钤有"臣由敦"和"敬书"印；纸本为"乾隆丙子冬十月御制赞并跋御笔"，后钤有"天龙三昧"和"如如"印。由此可以看出，绢本《像屏》的赞跋是大臣汪由敦来完成的，而纸本《像屏》的赞跋则是乾隆帝御笔所写。

1 前揭《秘殿珠林续编》第2册，第199页。

2 古物陈列所，1914年成立，为中国第一所艺术博物馆，展馆位于今故宫博物院的武英殿。参段勇《古物陈列所的兴衰及其历史地位述评》，《故宫博物院院刊》2004年第5期。

3 《故宫物品点查报告》第四编第一册卷五，第114页，七四九号，故宫博物院刊行，中华民国十七年四月二十日。

目前绢本十七条屏的状况为，画心纵 86 ～ 88 厘米、横 54 ～ 55 厘米，清宫旧裱，画心及绫边均有旧霉渍斑点，第五、八、十、十一幅，通体黄斑，裱工有折，有开裂、脱丝、划痕、污渍等，裱背旧补，画心有颜色脱落。

纸本十七条屏的状况为，画心纵 95 厘米、横 66 厘米，作品经过重新装裱，现为普通立轴式；画心旧损较多，另有虫蛀和霉迹，画面白色部分多有反铅现象。

这两套《像屏》均被列为国家二级文物，非常珍贵，但奇怪的是，文献中没有任何关于画中形象是根据什么而画，是否有现成的“粉稿”，为什么要画这两组罗汉像的记载。笔者带着这样的问题查找了《清档》的相关记录，找到了作品创作的线索。

二 《像屏》粉本的来源

（一）绢本《像屏》

所谓“粉本”，在中国古代宗教壁画中称“小样”或“稿本”，在清代宫廷中，不管是重要作品还是一般作品，绘制正图之前都必定画有“样”和“稿”先呈御览[1]，然后才可以正式绘制。

丁观鹏《释迦及十六尊者像屏》在绘制之前同样需要有“样”和“稿”，这个“稿样”又是怎么来的呢？我们先看看《清档》的记录：

> 乾隆二十一年四月，（如意馆）二十一日接得员外郎郎正培催总德魁押帖一件，内开：本月十九日太监胡世杰持来卢楞迦罗汉一幅，传旨：着丁观鹏仿此画笔意，各按次序，用白绢画十六罗汉十六幅，每幅长二尺八寸，宽一尺八寸，起稿呈览。钦此。于闰九月二十日画得。[2]

档案中首先点出了作品的起止时间和材料尺寸，比对后发现，记载与绢本《像屏》的尺寸是一致的。

首先，《清档》记：“用白绢画十六罗汉十六幅，每幅长二尺八寸，宽一尺八寸。”所谓的“白绢”是指中国传统绘画材料的蚕丝绢，色微黄，未加练漂，故亦称生丝白绢，绢本《像屏》用的即是此绢，绢地厚，排列密，是清宫中常用的一种丝绢。至于画幅的尺寸，以清代的营造尺一尺为现今的 32 厘米为标准，“每幅长二尺八寸”经换算后，即纵是 89.6 厘米；“宽一尺八寸”即横为 57.6 厘米；绢本组画最大幅的尺寸为：纵 88 厘米、横 55 厘米，与《清档》的记录非常接近，只是偏小一些。不过目前《像屏》组

1 聂崇正：《清宫绘画与“西画东渐”》，第 63 页，紫禁城出版社，2008 年。

2 前揭《清宫内务府造办处档案总汇》第 21 册，第 639 页，乾隆二十一年四月二十一日（如意馆）。

画是经过托裱后的尺寸，其画幅大小与装裱前有些小的出入也是情理中的事。

其次，绢本《像屏》署款为："乾隆丙子年冬十月"，丙子年为乾隆二十一年（1756年），说明此作品是在乾隆二十一年（1756年）十月之前绘制的，与《清档》记录的"闰九月二十日画得"相一致。由此可以得知，绢本《像屏》开始绘制的时间为《清档》中的"乾隆二十一年四月十九日"。若按此推算的话，至"闰九月二十日画得"，《像屏》前后不过才画了五六个月，十六轴若用六个月来平分，每个月至少要画三轴，也就是说丁观鹏要在十天左右画完一幅罗汉像。这个速度确实有些惊人，但按照丁观鹏完成其他作品的一般时间来看，十天时间对丁观鹏而言是不成问题的。这样我们就先确定下来绢本《像屏》的起止时间：乾隆二十一年（1756年）四月十九日始，至同年闰九月二十日止。

由创作时间和画幅尺寸两点可以判定，《清档》所记录的"十六罗汉"即绢本《像屏》。

依《清档》所述，丁观鹏在创作绢本《像屏》时，当仿照卢楞迦《罗汉》笔意，且"各按次序"。

那么，仿卢楞迦罗汉的"笔意"是什么特点呢？从《清档》著录中并不能知晓。目前能看到的卢楞迦绘画只有现存故宫博物院的《卢楞迦六尊者像》（以下简称《六尊者像》），因此《六尊者像》便成为研究卢楞迦罗汉画风格的重要依据。画中罗汉形象高古深沉，笔法遒劲古朴。《像屏》与《六尊者像》在笔意形式上有颇多的相似之处（图一至图四），如衣纹线条组织简洁，注重疏密对比，设色有朱磦、石绿及石青等石色对比；每幅画中主尊皆为坐像，座榻或椅或石，并装饰有花色座毯；主尊面容有泰然自若的汉僧相，也有充满古意的印度梵僧和西域僧相貌，皆庄重端严，无夸

图一 《六尊者像》第十七尊者

图二 《像屏》第十尊者

图三　《六尊者像》第十五尊者

图四　《像屏》第五尊者

张怪诞之意。主尊手中或持供具或结相，身后皆有圆光，圆光中或绘以满色，或只在边缘染色。当然，《清档》记录丁观鹏参考卢楞迦的画只有一幅，内容是非常有限的，大部分的绘制还是要靠丁观鹏自己去发挥。

其实《像屏》与《六尊者像》两者在整体气息和绘制方法上还是存在着很大差异的（图五、图六）。其中开脸是最大的不同：卢氏的开脸设色浅淡，线条笔触清晰肯定；丁氏开脸线条含蓄，多被复勾的色线覆盖从而转化为体面，同时染以重粉，融汇中西画法，更注重晕染。在对人物相貌的刻画上，丁观鹏采用较多的程式化特征，例如尊者像大都有长长的耳垂，一波三折式的眼型；而卢楞迦在这方面的刻画较平实且不太夸张。再者，画面透视上也存在着不同，《像屏》中有些服饰图案及座椅脚榻的处理运用了欧洲绘画的"焦点透视"技法，在《六尊者像》中依然是传统的"散点透视"。

此外，丁观鹏整体用色浓重，有勾金纹饰，画面装饰性较强；而卢楞迦则通过薄色晕染中的渐变体现画面的厚重感。尽管如此，《像屏》中的罗汉像在构图形式、人物造型及衣袍设色等方面还是遵循了卢楞迦罗汉画传统的艺术风貌，画家以此为基础进一步组织自己的绘画语言。

丁观鹏和卢楞迦为什么都要将胡僧梵像作为他们画中的罗汉形象呢？也许是因为中国佛教是由印度经西域传入中原的，为了忠实于佛教原貌，追求古意，在文人笔下

图五　《像屏》第一尊者

图六　《六尊者像》第八尊者

都喜欢将罗汉形象画成印度或西域的僧人形象。元代画家赵孟頫在他的《红衣罗汉图》中就自题到："余尝见卢楞迦罗汉像，最得西域人情态，故优入圣域。盖唐时京师多有西域人，耳目所接，语言相通故也。至五代王齐翰辈，要与汉僧何异？余仕京师久，颇尝与天竺僧游，故于罗汉像，自谓有得。此卷余十七年前所作，粗有古意。未知观者以为如何也。"[1]

《像屏》除了仿卢楞迦罗汉画笔意外，《清档》中还提到"各按次序"。那么这个次序是什么呢？就是对十六罗汉的名号的规范。在绢本《像屏》的题跋中就明确提到了这一点：

十六罗汉之名见于梵经《纳纳达答剌传》及《法住记》，俗所称十八者，不见梵典。咨之章嘉国师，云西域但有十六之号而无十八。常闻嘎鲁裸喇嘛传自中土，《唐史》云，益以达哈喇麻答拉及花商则为十八。及考之唐书，并无此语。宋苏轼十六罗汉赞不载其名，复有十八罗汉赞备书梵号其前，十六人与《法住记》合，而后二人一曰庆友，即所谓难提蜜多罗，为诸比丘说十六大阿罗汉住处者，一曰宾头颅，即宾度卢跋罗堕阇，实乃一人重出，良由此土僧伽未能深通贝筴，辗转传讹，博辨如轼，亦不免因人致误耳。夫神通显示多至五百，若八百乃至九十九万亿，奚事十六、十八之斤斤哉！顾佛薄伽梵般涅槃时，以无上法付嘱十六阿罗汉，令其

1　赵孟頫：《红衣罗汉图》题记，辽宁省博物馆藏。

护持，自当以十六为正。前人画罗汉相如张僧繇、卢楞迦、贯休，皆止十六，斯亦一证也。兹命丁观鹏写十六应真像成，朕各为之赞，而应真法号一正以章嘉国师所定《同文韵统》[1]合音字，并系唐古忒梵字于前，有学无学人可共证之云。

实际上，“十六罗汉”的名号差异令皇帝相当困惑，尤其是来自西番的“十六罗汉”与汉地历朝所绘的“十六罗汉”名号排序的不同，都需要有统一的说法。于是乾隆帝在章嘉国师指导下，用《同文韵统》和音字对十六罗汉名号进行了规范，这个时间应早于乾隆二十一年（1756年）四月。可能那时只是文字上的说明，为了从图式上更直观地看到被规范后的十六罗汉形象，乾隆帝又钦命丁观鹏“各按次序”，即按照已规范好的十六罗汉名号次序，以画面的形式对“十六罗汉”进行写照。

从《像屏》画面看，丁观鹏在绘制“十六罗汉”时，应该也参考过西藏唐卡罗汉画的绘制。拿16～17世纪清宫旧藏《罗汉与天王》唐卡[2]来对照，《像屏》的第三、第四尊者除外，其他十四位尊者与《罗汉与天王》唐卡中尊者的持物结相完全相同，只是他们的名称不同，次序也不同。这种尊者以手印与持物为标志形成的固定组合方式源自藏传佛教“三密为用”的密宗修习或实证法[3]，是藏传佛教特有的一种表现形式，经章嘉国师指导、乾隆帝钦定后的十六罗汉名号排序即是在西藏罗汉画原有样式的基础上完成的，因此丁观鹏的《像屏》组画所表现的内容即是藏传罗汉画名号排序的内容。

由此看来，绢本《像屏》组画并非是在有现成粉稿的情况下完成的，它是丁观鹏凭借自己高超的创作才能，在没有底稿的情况下，参考了卢楞迦一幅罗汉画的笔意形式及唐卡罗汉画的手印与持物，自己独立完成了起稿和创作的。《清档》记录的“起稿呈览”也证实了这一点，最终，丁观鹏仅用了六个月的时间，着实令人叹服。

（二）纸本《像屏》

纸本《像屏》现存沈阳故宫博物院，画幅纵95厘米、横66厘米，较绢本《像屏》长出8厘米，宽出10厘米，通过两组画面的对比，纸本《像屏》每幅宽出的10厘米被用来钤盖图章，而上下空间则自然留出空白，实际画面人物的大小，与绢本是等同的，是出于同一稿本。至于它的起止时间还是来看《清档》中的记录：

---

1 《同文韵统》：乾隆十三年至十四年间章嘉国师及庄亲王等奉旨所编，是以梵音校正藏、满、蒙、汉文读音的标准工具书。参见何芳《乾隆朝清宫十八罗汉唐卡名相解析》，《故宫博物院院刊》2003年第4期。

2 王家鹏主编：《故宫博物院藏文物珍品大系·藏传佛教唐卡》，第208页，上海科学技术出版社，香港商务印书馆，2003年。

3 前揭《乾隆朝清宫十八罗汉唐卡名相解析》。

乾隆二十一年十一月，（如意馆）二十九日接得员外郎郎正培押帖一件，内开为：本月二十八日，太监胡世杰交丁观鹏画绢画罗汉十六幅，传旨：着托纸一层。

乾隆二十一年十一月，（如意馆）十八日接得催总德魁押帖一件，内开：本日首领桂元交御书宣纸十六幅，传旨：着丁观鹏仿卢楞迦画十六罗汉再画一分（幅）。钦此。[1]

第一条记录指出了绢本《像屏》完成后于乾隆二十一年（1756 年）十一月二十八日托纸的情况。第二条记录"丁观鹏仿卢楞迦画十六罗汉再画一分（幅）"，也就是说绢本《像屏》于乾隆二十一年（1756 年）十一月十八日需要再画一份，而且是在"御书宣纸十六幅"上面画，说明首领桂元交来的十六幅宣纸已是乾隆帝于二十一年十一月十八日之前事先写好题跋和赞词的，纸本《像屏》中的每一幅赞文末尾都钤有"乾""隆"二印，最后的署款是："乾隆丙子冬十月御制赞并跋御笔"，后钤有"天龙三昧"和"如如"二印。也都说明其赞文和跋语确为乾隆帝御笔所写，而署款时间"乾隆丙子年冬十月"，恰在《清档》的二十一年（1756 年）十一月十八日之前，很显然这个"再画一分"的"十六罗汉"就是沈阳故宫所藏的纸本《像屏》。

绢本《像屏》完成时间为乾隆二十一年（1756 年）闰九月，而十一月紧接着就画纸本《像屏》，因此两者不是同一时间所画，也不是同一时间完成。后画的纸本《像屏》是乾隆御笔题字，先画的绢本《像屏》是大臣汪由敦所写，但它们的署款日期都为"乾隆丙子年冬十月"，这倒有些令人费解。据笔者推测有可能是：乾隆帝看到丁观鹏完成的绢本《像屏》画面如此精美，出于谨慎的考虑，乾隆选择了先在宣纸上题好赞跋，然后再命大臣汪由敦照此体例为绢本题写。纸本跋中的"并系唐古忒字于其端"，在绢本则改为"并系唐古忒梵字于前"，多了一个"梵"字，"于其端"改成"于前"，文义多少有所不同，这显然是乾隆帝对措辞再三斟酌的结果，也说明了在纸本上先写，有利于不妥当之处可以进一步修改，从而体现了乾隆帝对绢本的格外重视。

那么纸本《像屏》是什么时间完成的？《清档》中又记：

乾隆二十二年十月，（如意馆）十一日接得员外郎郎正培押帖一件，内开为：本月初十日，太监胡世杰交丁观鹏宣纸画罗汉十六幅，传旨：着用琴边裱法做挂轴十六轴。钦此。[2]

若按照乾隆二十二年（1757 年）十月装裱完成时间来计算，纸本《像屏》自乾隆二十一年（1756 年）十一月十八日开始画，至二十二年（1757 年）十月共用了近一年

1 前揭《清宫内务府造办处档案总汇》第 21 册，第 709 页，乾隆二十一年十一月二十九日（如意馆）。

2 前揭《清宫内务府造办处档案总汇》第 22 册，第 562 页，乾隆二十二年十月初十日（如意馆）。

的时间。而事实上，纸本《像屏》的绘制时间并没有那么长。《清档》记：

乾隆二十二年四月，（如意馆）初八日，接的员外郎郎正培、催总德魁押帖一件，内开：三月三十日，侍郎裘日修带来贯休罗汉十六轴，首领桂元传旨交如意馆，着丁观鹏将面像、衣纹俱照依勾出，其余手足等处，若合法者，不可重改；若不合法者，遵照从前指示之处改画。至山子、石头，着王炳画。将现在承办之画俱行暂停，先将此项办理。钦此。

于二十三年正月十八日，催总德魁将画得罗汉十六轴呈进讫。[1]

文中提到“将现在承办之画俱行暂停，先将此项办理”，也就是说，纸本《像屏》从乾隆二十一年（1756年）十一月十八日至乾隆二十二年（1757年）三月三十日，暂时只画了四个半月的时间，就必须暂停下来，转而开始画《仿贯休十六罗汉》。而在这四个半月期间，丁观鹏还进行了《维摩不二图》、《白描观音像》[2]的绘制活动，实际上纸本《像屏》的完成用了不到四个月；那么从乾隆二十二年（1757年）三月三十日至十月初十日，有没有再补画却不得而知，但从画面细节来看，整体上不如绢本画得细致，应该与纸本《像屏》的作画时间过短有直接关系。

（三）释迦牟尼文佛

关于《像屏》中本师[3]“释迦牟尼文佛”的出现，笔者也翻阅了相关典籍。释迦牟尼文佛，亦称为“释迦文佛”，与“释迦牟尼佛”是旧译与新译的区别，旧译一般称为“释迦文佛”，而在新译时期一般均称为“释迦牟尼佛”；《六祖坛经》中亦有“释迦文佛”的说法[4]。

释迦牟尼文佛在《像屏》中的出现，从第十六尊者像的跋语中并没有作任何解释说明，而《清档》中也没有直接的答案和任何线索。根据两组《像屏》画面来看，不论是装潢、画风、题赞还是保存现状，都可以很直观地看到两张佛像与各自的“十六

1 前揭《清宫内务府造办处档案总汇》第22册，第519页，乾隆二十二年三月、四月初八日（如意馆）。

2 前揭《清宫内务府造办处档案总汇》第21册，第714页，乾隆二十一年十二月（如意馆），初七日接得催总德魁押帖一件，内开：本月初六日太监胡世杰交《维摩不二图》手卷一卷，扫象图条画一轴，宣纸二张传旨着丁观鹏仿《不二图》画一张，着姚文瀚仿扫象图画一张，山树着王炳画青绿山水，钦此；《清宫内务府造办处档案总汇》第22册，第512页，乾隆二十二年正月（如意馆），初五日接得员外郎郎正培押帖一件，内开：为本月初四日，太监胡世杰持来大悲心陀罗尼经一册，御笔陀罗尼经一份，传旨着丁观鹏仿大悲经上观音像白描画。钦此。

3 丁福保编：《佛学大辞典》：（术语）“佛教以释迦如来为根本之教师，故称本师”，中国书店，2011年。

4 河北禅学研究所编：《禅宗七经》，第364页，宗教文化出版社，1997年。

罗汉组像”是在同一时间段完成的。《法住记》说：“佛薄伽梵般涅槃时，以无上法付嘱十六大阿罗汉并眷属等，令其护持，使不灭没。”[1]本师理应排在十六罗汉之首，因此乾隆命丁观鹏仿卢楞迦罗汉画笔意作十六罗汉像的同时再添画“释迦牟尼文佛像”，也是顺理成章的，可惜档案文献中没有具体的记录。还有令人费解的是，绢本中的“释迦牟尼文佛”像没有“臣丁观鹏恭绘”的署款，而且绢本中的第七尊者和第八尊者像的名款也与纸本上的位置不同，这些都有待进一步考证。

三　两组《像屏》的艺术特色

通过对两组《像屏》的比对，我们发现，绢本《像屏》与纸本《像屏》虽然出于同一个粉本底稿，但反映出的画面气息不太相同。绢本《像屏》画面工致，设色浓丽，开脸润泽精细；纸本《像屏》的部分设色较绢本显得不充分，开脸缺少层次，精细程度也不如绢本。不过，作为“再画一分（幅）”的纸本，它的画面色彩搭配和纹饰造型并没有完全照搬绢本，而是采取灵活的色彩变化和不同的衣纹组织，体现了丁观鹏对同一画稿的变通处理能力，可以说，两套组画各有所长。

《像屏》中“本师释迦牟尼文佛”像，纸本在绢本的基础上作了相应调整，整体更显妙好。例如，袈裟省去了条纹图案，变得更整体；裙边置入莲台中，显得人物更挺拔庄重；莲瓣里面留出空白没有画纹理，使莲花更有风动之感。其中佛像的面貌变动最大，纸本较绢本的脸形偏瘦长，并添加了短胡须，发髻也从墨蓝色变成佛头青色，更显尊贵威严的气度，令人肃然起敬；开脸虽然渲染不多，但立体饱满，神态生动传活，亲切自然，似乎正在演说无上妙法。绢本《像屏》中的佛像特点虽然不够突出，但仍示现佛陀慈悲祥和的神情（图七至图一〇）。对释迦牟尼佛面部的不同处理，应该说是丁观鹏在绘画实践中对佛陀圣像不断加深理解的结果，体现了丁观鹏对释迦佛的真诚敬仰之情，因此其创作得心应手，如有神助。

又如《像屏》中第五尊者“拔杂哩逋答喇尊者”像（图一一至图一四），绢本中的描绘更加突出。“逋答喇尊者”充分展现了沉着儒雅的文人气质以及大阿罗汉坦荡的胸怀和气魄，绢本中，画面用色洁净润泽，不温不火，线条虚实相间，劲挺有力，眼睛神采奕奕，似注视远方天际；嘴部刻画生动具体，符合透视关系；面部与手足肌肤的晕染借助了欧洲油画的处理手法，过渡微妙，体现了皮肤润透细腻的质感；手足造型亦皆精美。此幅尊者像无论对人体结构的把握，还是用笔、用色都显示了丁观鹏将中西艺术合璧的高超技艺；而纸本《像屏》的“拔杂哩逋答喇尊者”神采不足，肌肤晕染较绢本色泽欠佳。纸本中的第四尊者与绢本图像相比，染色上也存在不足（图一五、图一六）。

1　前揭《法住记及所记阿罗汉考》，第4页。

图七 《像屏》绢本释迦牟尼文佛

图八 《像屏》纸本释迦牟尼文佛

图九 《像屏》绢本释迦牟尼文佛头像

图一〇 《像屏》纸本释迦牟尼文佛头像

图一一　绢本第五尊者（局部）

图一二　纸本第五尊者（局部）

图一三　绢本第五尊者（局部）

图一四　纸本第五尊者（局部）

图一五　绢本第四尊者

图一六　纸本第四尊者

其实，不论是绢本还是纸本，丁观鹏所绘《释迦及十六尊者像屏》整体上都不失为一组优秀的佛教绘画，都凸显了清宫佛教绘画注重法度规矩、强调富丽庄严的风格。这种风格，正迎合了乾隆皇帝的审美需求。正如周叔迦论佛画时所说："五代以前绘画佛教图画，都能庄严妙好，从形容仪范中体现佛菩萨清静端严、慈悲静穆的道德品质。宋代以后文人画兴，于是佛教画分为两派，其一继承隋唐规矩，不失尺度，如宋李公麟、马和之，明丁云鹏、仇英、商喜，清禹之鼎、丁观鹏等；其一则不拘绳墨，以古朴奇谲为高，如宋梁楷，明陈洪绶，清金农、罗聘等是。若就佛法言之，诡谲形态是画佛菩萨像所不应取法的。"[1]

丁观鹏所绘两组《像屏》的艺术特色体现在如下几个方面：

第一，构图与造型。为了突出作品中罗汉的形象及个性特点，丁观鹏在构图上，参考了卢楞迦罗汉画的做法，每幅画省略背景，只保留尊者的座榻；同时，十六尊者及佛像皆位于每幅画面的中下方，上方空间预留较多空白用以藏文标名，很显然是有意安排，这样会使尊者的名号更加醒目，从而拥有更加庄严肃穆的宗教气氛，也能彰显其宗教功用。

丁观鹏的人物造型整体感觉较写实，事实上多源于对尊者面容、手足的刻画吸收了西洋绘画中对光影的处理方法，从而增添了立体写实的效果。但是以欧洲写实绘画的人物比例来衡量，有些画面手脚的比例还不够协调，个别肢体结构也不太准确，不过所有这些并不影响画面的整体效果和美感。

第二，勾线与用笔。《像屏》中衣纹线条简洁力挺，注重用笔的方圆缓急之变化，体现了南齐谢赫《六法论》[2]中"骨法用笔"的特点。线条在丁观鹏的每幅尊者像中仍起着立骨和提神的作用，也为下一步"随类赋彩"进行了铺垫，达到"应物象形"乃至"气韵生动"之目的；《像屏》的用线不及《卢楞迦六尊者像》有弹性和韵味，不过丁观鹏还是有他自己的用线特点，即在衣袍主线条画完后又复加三四遍的色线进行交叠勾勒，既增加了装饰性，又强调了线条的厚重和变化，这种画法在清前期宫廷画家冷枚的画作中也有体现，但丁观鹏较之更强化了体面的转折关系和厚度，在乾隆朝宫廷画家中尤为突出。

第三，用色与勾金。《像屏》用色浓艳，色彩种类繁多，却华贵沉稳，艳而不俗，画中大胆地强调了色彩对比及冷暖关系，如红与绿，即朱砂、朱膘与石绿的对比；红与蓝，即朱砂与石青的对比；黄与蓝，即石黄与石青的对比，以及柔和色系列的对比。这些颜色都大面积地分布在画面的主体服饰及座榻上，使画面格外醒目。同时在对比色之间，丁观鹏总会用高雅的灰色系列作调和色，用来协调色彩之间的关系，实现画面的整体统一。虽然《像屏》画面中有较多大面积的重石色，但并不让人感到艳俗和僵死，反倒给人细润雅致及明快之感，尤其是浅色的衣袍，水气充盈，施色虽薄却仍显沉稳厚重，

1 周叔迦：《周叔迦佛学论著全集》第3册，第1049页，中华书局，2006年。

2 潘运告编：《汉魏六朝书画论》，第301页，《古画品录》，湖南美术出版社，2004年。

同时又不失清新润透，颇具唐宋之法，展现了丁观鹏施色方面的高超技艺。

勾金纹饰在每幅罗汉像中都少不了，金色既有华丽装饰的作用，也能充当协调各纯色的角色，使色彩搭配既有对比又能统一，增强了画面的装饰效果。此外，丁观鹏还常常在人物衣袍的边口处及袈裟的条纹上使用同一色相不同色阶的颜色进行层层退染，使整体用色富有节奏，更加生动明快。

第四，开脸。利用西画明暗及块面造型的开脸方法是丁观鹏绘制人物画最为显著的特点。在《像屏》系列中，丁观鹏的每幅罗汉像面貌各不相同，刻画谨细，转折过渡微妙，明暗渲染凹凸感强。丁观鹏在前辈画家中西合璧画风的基础上又进而完善了自己的表现手法，这与他受意大利老师郎世宁的影响有直接关系。在人物肖像的处理上，郎世宁等欧洲画家讲究人物造型严谨写实，形体比例准确，符合解剖结构，同时，为了附和中国皇帝的审美意趣，传教士画家们又吸取了中国传统“写真”艺术中传神的特点，采用正面受光，减弱其明暗对比，去除形象的大部分阴影，以保持柔和的色调和清晰的五官特征。但丁观鹏并没有全部照搬老师教授的西洋绘画技法，比如五官的造型及比例关系就没有完全采用西画的写实性手法，而是保留部分传统佛教人物画程式性特征，如每位尊者的眼睛大多为三个曲度变化的低垂式，又如尊者的耳朵为长耳特点，而鼻子的造型也多有相似。由于《像屏》组画是宗教题材绘画，十六罗汉乃超凡脱俗之体，丁观鹏不可能依现实模特去写生，只能靠想象和平日对西番人的记忆去塑造形体，形象刻画不免有很大的主观性。但他主动弱化了尊者脸部的结构线，同时强调了晕染的立体效果，让人觉得每幅罗汉像看起来既写实又有种超然物外之感，所以丁观鹏的人物画开脸只能说是融合了西洋古典绘画中的一些体面渲染技法，但造型上不完全写实。丁观鹏利用这种中西合璧的绘画技法塑造的宗教人物，形象立体，神采不失，尤其对肌肤润泽细腻质感的刻画，可以说达到了相当的绘画高度和不凡的艺术境地。

总之，《像屏》组画所表现的题材内容虽具有藏传罗汉画的图像特征，但绘制手法仍是中国传统人物画技法，属典型的汉藏结合式罗汉画风格，作品同时吸收了欧洲绘画的特点，是丁观鹏罗汉画创作中成熟的代表作品。

两套《像屏》能够并存于世，实属不易，将它们放在一起进行比较研究，会让我们直观地看到丁观鹏绘画的绘制流程，能更清楚地认识丁观鹏创作过程中的造型、用色等灵活变通的特点，对研究丁观鹏的绘画技巧和对其作品的临摹提供了很大帮助。同时，《像屏》组画还传达了藏传佛教意义上的图像仪轨和规范说明，是清宫乾隆朝特别时期造就而成的，是清代宫廷绘画中非常珍贵的宗教题材绘画作品，也是中国佛教绘画中不可多得的优秀作品之一，其在美术史上应有着不可替代的作用。

原载《故宫博物院院刊》2013 年第 6 期

故宫博物院藏墨的病害原因初探*

王 方 赵丽红 林 欢

内容提要：古墨的保存非常困难，理想的策略就是从根本上延缓或减少病害的发生。本文在实验和研究的基础上，结合对故宫博物院藏墨的保存现状和受损特点的调查，从内因和外因两方面详细讨论了病害产生的原因和机理，发现烟灰颗粒的团聚和烟料与胶料的分布不均是造成墨受损的主要原因，提出古墨的保存环境应维持在一个适宜的相对湿度和温度范围内，并尽量保持稳定。

关键词：墨 保存环境 相对湿度 病害原因

引言

故宫博物院收藏有古墨5万余锭，时间跨度从明早期的宣德朝直到民国时期，具有非常珍贵的历史和艺术价值。

墨的保存非常困难，故宫博物院藏墨中有一部分出现了开裂、生霉的现象，有的甚至断裂成很多碎块，失去了它原有的价值。墨受损后的修复难度很大，特别是那些整体酥解或是断裂成很多块的碎墨，即使能修复，它的价值也会受到很大影响。在墨的保护研究方面，上海博物馆的吴来明[1]等对墨的产地、生产工艺等作过较为详细的调查，对墨的保存和修复方法也作了简要的论述和总结；解玉林[2]等对墨的保存也作过专门研究，并通过实验探讨了墨保存的最佳相对湿度，具有一定的借鉴意义；台湾学者

第一作者：文保科技部，副研究馆员。

* 本文得到故宫博物院科研课题“保存环境对墨的影响研究”的资助，课题编号：KT2007-17。

1 吴来明等：《古墨保存自然老化问题的调查研究》，《文物保护与考古科学》2006年第4期。

2 解玉林、陈元生：《墨的保存研究》，《文物保护与考古科学》2002年第14卷增刊。

张丰吉[1]和余敦平[2]等分别采用仪器分析的方法对墨的原料进行了元素分析和形貌观察比较；国外学者奥古齐（Oguchi）[3]、宫坂（Miyasaka）[4]等也从自然科学的角度对墨的微量元素组成以及烟灰的颗粒尺寸和粒径分布进行了研究，具有一定的参考价值。

对于墨的保护，与其亡羊补牢，不如未雨绸缪。因此，最好的办法就是采取预防性保护措施，从根本上延缓或减少各种病害对墨的损伤。所谓预防性保护，就是在搞清楚文物病害产生原因的基础上，对文物保存环境实施有效的监测和调控，抑制各种环境因素对文物的损害，尽可能阻止或延缓文物的劣化，从而达到长久保存的目的。

一　实验及讨论

（一）墨的基本组成

古墨是以烟灰为主料，以胶和各种添加剂（包括各种稳定剂、防腐剂和芳香剂等）为辅料按一定比例配制而成。

烟灰也可称为炭黑，是一种无定形碳，呈轻且极细的黑色粉末状，是有机物（松木、动植物油等）在空气不足的条件下经不完全燃烧或受热分解而得的产物。炭黑颗粒的体积非常微小，基本上呈球形，平均直径约为100纳米[5]，而人眼的分辨率约为0.1～0.2毫米，因此裸眼不可能看见。常温下，碳的化学性质很稳定，除了氟以外，几乎不与任何物质发生反应，所以才能保证墨迹经过上千年的岁月仍然字迹清晰，黝黑如初。

墨中的另一种主要原料是胶，通过胶的作用，不溶于水的碳颗粒彼此固结在一起。古代制墨所使用的胶为动物胶，分为皮胶和骨胶两大类，是用动物的皮、骨等熬制而成，通常称为明胶。

明胶是一种天然高分子材料，具有亲水性强、成膜性好的特点。明胶中蛋白质的含量占82%以上，含有18种氨基酸，其余成分为水分和无机盐。明胶几乎无臭无味，能溶于热水，冷却后成凝胶状物[6]。明胶不溶于冷水，但会吸收大量水分使其自身体积剧烈增大，吸收的水分可相当于其自身质量的5～10倍，这种现象称为明胶的溶胀。明胶是两性物质，与酸和碱都可以发生反应。它还具有蛋白质的化学性质，可被大多数蛋白水解系统水解而生成氨基酸。

1　张丰吉：《墨质分析》，《文房四宝专辑》，第346～360页，彰化：生活美学馆，2008年12月。

2　余敦平：《墨里乾坤：试从科学观点探讨古墨特性》，《故宫文物月刊》1987年第2期。

3　Oguchi,H.1977. *Studies on Chinese inkstick* [Japanese] .Kobunkazai no Kagaku 20-21:38-66.

4　Miyasaka,K.1979. *A Guide to the Art of Ink*.Tokyo:Unsodo.13 pages of halftone plates.

5　John Winter, *East Asian Paintings 45-59*,Archetype Publications (in association with the Freer Gallery of Art and Arthur M.Sackler Gallery,Smithsonian Institution).

6　严金龙等：《明胶的粘度行为和谱学特征》，《皮革化工》1999年第6期。

（二）相对湿度对墨的保存的影响

1. 烟灰的溶解度实验

取少量烟灰样品放入烧杯中，加入去离子水，观察其溶解情况，结果未发现任何变化：烟灰几乎都浮在水面上，而且水的颜色清澈透明（既不浑浊也没变色）。用玻璃棒搅拌后，烟灰仍然漂浮在水面上，未见任何溶解的迹象。

2. 烟灰的吸湿增重实验

称取一定质量的油烟灰，在相对湿度为 12% 的干燥器中稳定至恒重，再将其放入相对湿度为 75% 的干燥器中，定期称量其质量。经过一年半以上的时间，质量几乎没有变化。再将油烟灰从 75% 的干燥器中移至 12% 的干燥器中，又经过一年以上的时间，质量仍然没有变化。因此，可以认为油烟灰在不同相对湿度环境中的质量是恒定的，也就是说油烟灰对空气中的水分基本上是不吸收的。

以上实验证明了烟灰既不溶于水，也不吸潮，因此，可以认为空气中相对湿度的变化对其质量没有影响。

3. 明胶颗粒的溶解和干燥实验

将明胶颗粒用温水浸泡溶解，经过一段时间，样品逐渐凝结成胶状物。在较低的相对湿度中（当相对湿度超过 60% 时，放置一天以上的时间，明胶就会腐败、变质）放置一段时间，水分形成的气泡蒸发后，明胶的体积并未明显缩小，而是呈现蜂窝状。这种蜂窝状的结构使明胶更易于吸水和脱水，从而不利于墨的整体保存。

4. 墨的吸湿性实验

物质中水分的含量与环境的相对湿度有关。含有一定水分的物质在其表面上会形成一定的水蒸气压，当水蒸气压低于空气中的水蒸气压时，就会吸收空气中的水分直到达到平衡为止；若物体表面的水蒸气压高于空气中的水蒸气压时，就会向空气中释放水分，直至平衡，此时的空气湿度称为平衡相对湿度。

在恒定温度下，相对湿度与水分含量的关系曲线称为水分的吸湿等温线。表一为松烟墨在不同相对湿度下对应的质量，根据表一作图可以得到墨的吸湿等温线（图一）。

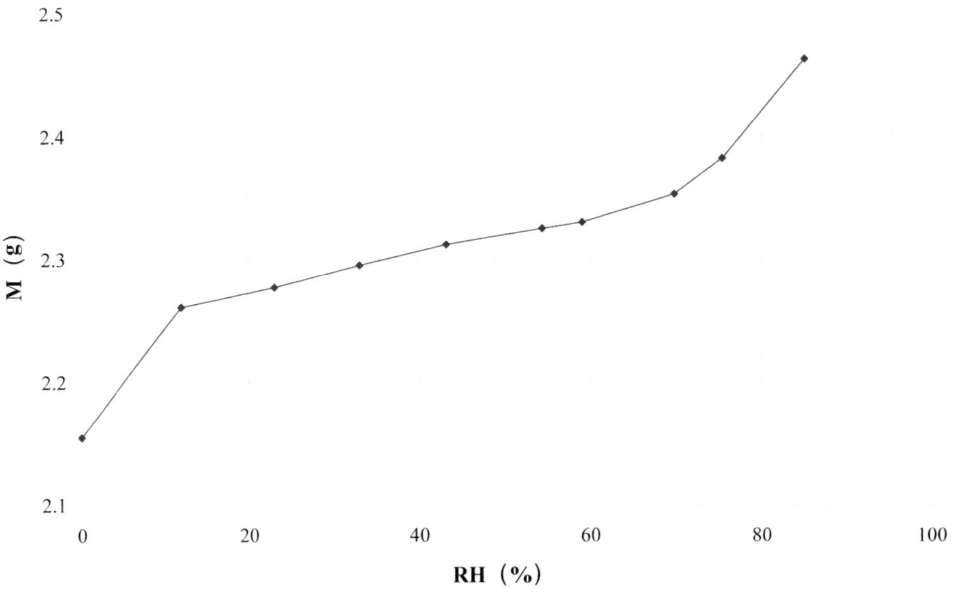

图一　松烟墨的吸湿等温线

表一　松烟墨在不同相对湿度下对应的质量

墨的保存环境	RH（%）	M（g）
墨被完全烘干	0.0	2.155
在 LiCl 饱和溶液的氛围中	12.0	2.261
在 KAc 饱和溶液的氛围中	23.1	2.277
在 $MgCl_2$ 饱和溶液的氛围中	33.1	2.295
在 K_2CO_3 饱和溶液的氛围中	43.2	2.312
在 $Mg(NO_3)_2$ 饱和溶液的氛围中	54.4	2.325
在 NaBr 饱和溶液的氛围中	59.1	2.330
在 KI 饱和溶液的氛围中	69.9	2.353
在 NaCl 饱和溶液的氛围中	75.5	2.382
在 KCl 饱和溶液的氛围中	85.1	2.463

根据表一中的数据计算出图一中每一段线段的斜率 K，数值如下：

$K_{LiCl} = 0.883$

$K_{KAc} = 0.144$

$K_{MgCl_2} = 0.180$

$K_{K_2CO_3} = 0.168$

$K_{Mg(NO_3)_2} = 0.116$

$K_{NaBr} = 0.106$

$K_{KI} = 0.213$

$K_{NaCl} = 0.519$

$K_{KCl} = 0.844$

通过比较不同线段的K值可以发现，$K_{Mg(NO_3)_2}$和K_{NaBr}的值明显小于其他线段的K值，分别为0.116和0.106，与之相对应的两条线段的相对湿度范围分别是43.2%～54.4%和54.4%～59.1%，也就是说，在43.2%～59.1%的范围内，墨的吸湿率是最低的；在12.0%～43.2%之间，墨的吸湿率是比较小的；在59.1%～69.9%的范围内，墨的吸湿率已经有增大的趋势；超过70%后，墨的吸湿率更是明显增大。可见在70%以上时，墨的稳定性大大下降。

本实验的结果表明：在不同的相对湿度环境中，相对湿度发生同样幅度的波动，所造成的墨的吸湿量是有很大差别的。当相对湿度在55%附近波动时，墨的吸湿量或放湿量是很小的，而在70%附近波动时，墨的吸湿量或放湿量要大得多。

5. 墨在不同相对湿度环境中的保存状况

笔者在研究中发现，墨在相对湿度为12%环境中的保存状况很差，放置大约2个月后墨锭甚至完全断裂。相对湿度为33%的环境要好于12%，通过3年多的观察，没有发现完全断裂的情况，但是仍然有比较明显的裂纹出现，而且裂纹有逐渐发展、变宽的趋势，虽然变化速度没有早期时候快，但也不排除今后完全断裂的可能。而在相对湿度54%的情况下，墨锭基本没有变化，有些细微的裂纹（肉眼不可见的）甚至被修复。当相对湿度达到70%时，墨锭放置几个月后，就会出现有肉眼不可见的细微裂纹，而且墨的表面比以前要粗糙[1]，但是经过3年以上的观察，还没发现有任何开裂和生霉的现象。

微生物学家的研究证明：大多数霉菌（青霉等）适宜生存的湿度条件为相对湿度80%～87%，大多数嗜盐细菌和产生真菌毒素的曲霉适宜生存的相对湿度为75%～80%，嗜旱霉菌活跃的相对湿度为65%～75%，而刺孢曲霉和二孢红曲霉等少数霉菌只需要60%～65%的相对湿度即可生长。当相对湿度低于60%时，各种微生物均不能生长[2]。因此，相对湿度的上限应控制在60%～65%左右。当相对湿度在43%～60%之间时，没有发现墨的表面出现任何裂纹，所以，43%～60%的区间对于墨的保存应该是比较适宜的。

---

1 王方：《试论温湿度对古墨保存的影响》，《文物保护研究新论（三）》，文物出版社，2012年。

2 王淼、吕晓玲主编：《食品生物化学》，第13～14页，中国轻工业出版社，2009年。

6. 故宫博物院藏墨库房的环境调查

经调查，1999年以前，故宫博物院所收藏的所有藏墨都保存在北五所的两个地上库房内，库房不具备24小时恒温恒湿的条件，有些墨甚至由于古建筑的漏雨，受损比较严重。另外，在从地上库房向地下库房转移的过程中，由于环境的突然变化，也有可能对墨造成不利的影响。

地库建成后，从1999年底至2002年，藏墨才陆续转移到地下库房。地库中环境的温度和相对湿度长年保持基本稳定。2008年4～7月，笔者对保存墨的地下3号库房以及库房藏品柜内的温湿度进行了监测（图二、图三），结果如下：库房内相对湿度的波动范围为55.3%～68.8%，平均值为60.8%，温度的波动范围为12.2～14.9℃，平均值为13.4℃；藏品柜内相对湿度的变化范围为55.8%～59.1%（因2008年6月4日10:10～10:20曾经打开过柜门，因此有两个数据点瞬时升高，故舍去），平均值为

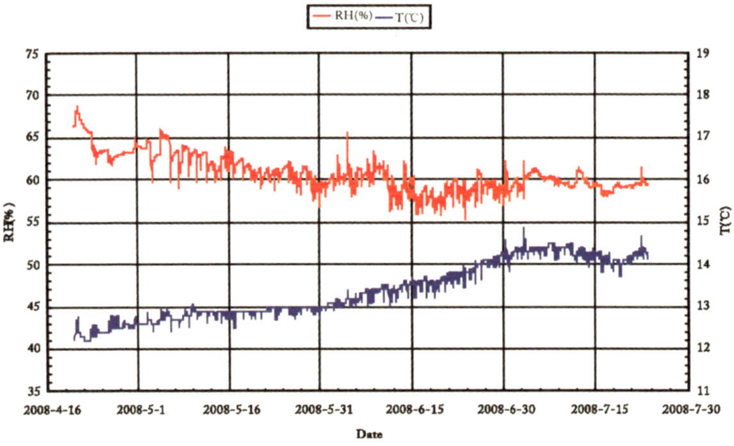

图二　墨库房内的温湿度

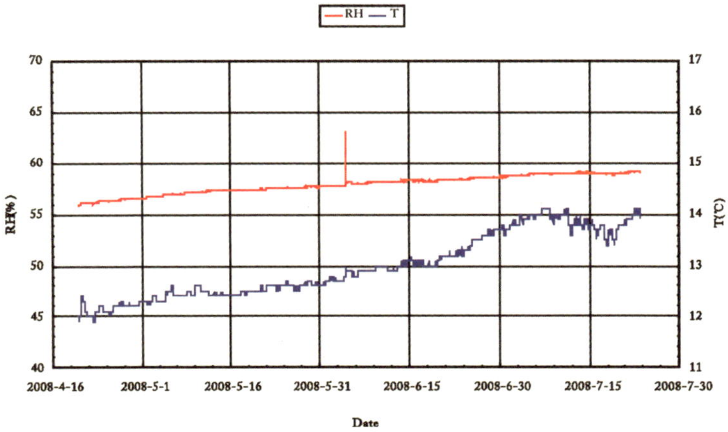

图三　墨库房藏品柜内温湿度

57.9%；温度的变化范围为 11.9 ～ 14.1℃，平均值为 13.0℃。从统计结果可以看出，在 3 个多月的时间里，库房内的相对湿度波动幅度为 13.5%，温度的波动幅度为 2.7℃；藏品柜内相对湿度波动幅度为 3.3%，温度的波动幅度为 2.2℃。库房内的相对湿度随着空调的开启和关闭会有较大的波动，而藏品柜内波动却要小得多。这说明一个相对密闭的环境对维持相对湿度的稳定是有明显效果的。如果将文物装入囊匣或包装盒后再放入藏品柜内保存，就能获得更加稳定的环境。实践证明，有包装或囊匣墨的开裂的概率，比没有的要小得多。经过长期观察，古墨在地库环境下的状态很稳定，基本没有发生可察觉的变化，其外形、尺寸、形态都基本保持原状，所以说这种长期稳定的环境对于墨的保存是必需的。

2009 年 3 ～ 6 月故宫博物院曾有一套墨到新加坡展览，返回后保管人员发现其中一锭墨的裂纹有可察觉的变化（原有一些细微裂纹），故决定今后重点观察有无变化。一年半以后再次观察，墨上的细微裂纹有变得更加明显的趋势。与此对应的是，我们选择了一批库房中的墨，定期跟踪观察，历经 3 年以上，并未发现有可察觉的变化。由此可以看出，墨处于温湿度相对恒定的库房中，其状态是稳定的，发生的变化是很小的。而出库赴外展出的墨，其保存环境发生了非常大的变化。文物从 1 月底即从库房中提出，进行点交、登记、包装等准备工作，1 ～ 3 月的北京，温湿度都很低，而 3 ～ 6 月的新加坡是高温高湿，加之运输途中环境的剧烈变化，必然会对文物造成不利的影响。

（三）墨的结构与形貌分析

1. 墨的显微结构观察

为了解墨的微观结构和形貌，利用美国 FEI 公司的 Quanta 600 型大样品室环境扫描电子显微镜对样品进行观察。样品需要做表面喷金的预处理，并在高真空模式下进行观察。

从断面结构看，主要有两种形态分布，即基质和非基质两部分。基质部分无明显形态，成分以碳为主。非基质部分又呈现出两种形态，一种是颗粒物质（图四），主要以碳颗粒为主，呈致密颗粒状，部分带有棱角；另一种呈多孔状或网格状结构（图五），数量比碳颗粒少。网格的长度在 100 ～ 300 微米之间，孔径在 10 微米左右。

观察发现（图六），在断面上分布有宽窄不一的细微裂纹，多数是在碳颗粒与基质的交界处产生的，并沿着碳颗粒的边缘相互贯通，裂纹宽度大约在 12 ～ 33 微米之间。

烟灰颗粒的平均粒径为 100 纳米左右。通常将直径小于 100 纳米的颗粒定义为纳米颗粒，因此，烟灰颗粒已经在一定程度上具备了纳米颗粒的特性。当颗粒细化到纳米量级后，其表面往往会积累大量的正电荷或负电荷，颗粒形状的不规则会造成表面

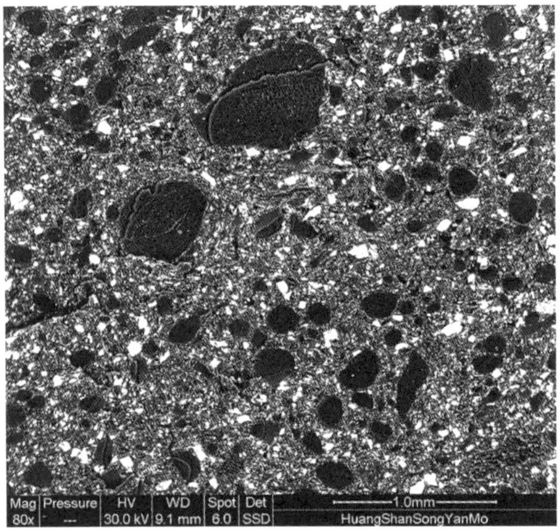

图四　墨断面处碳颗粒的 SEM 照片（80X）

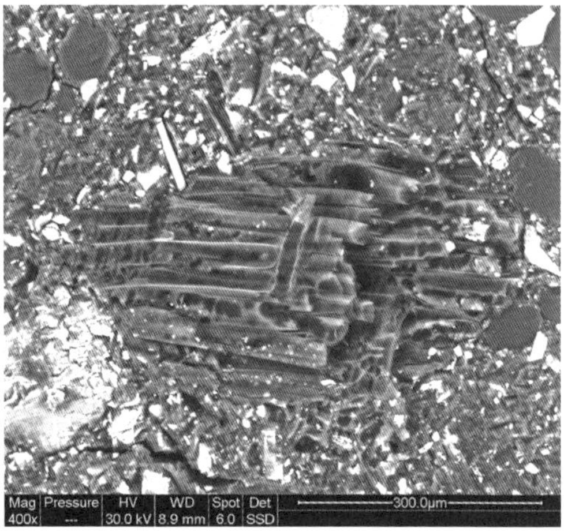

图五　墨断面处网格状结构的 SEM 照片（400X）

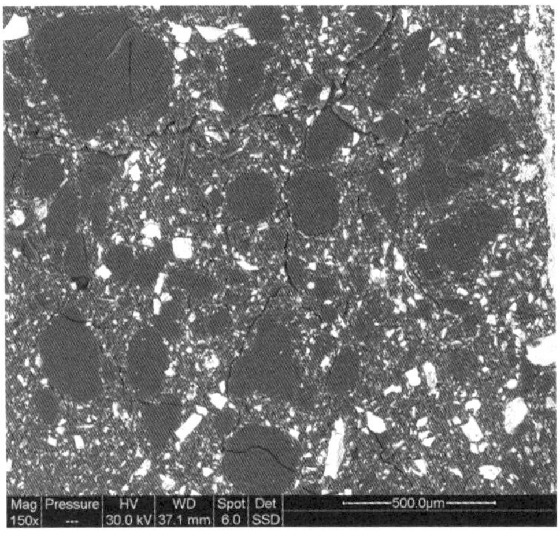

图六　墨断面处细微裂纹的 SEM 照片（150X）

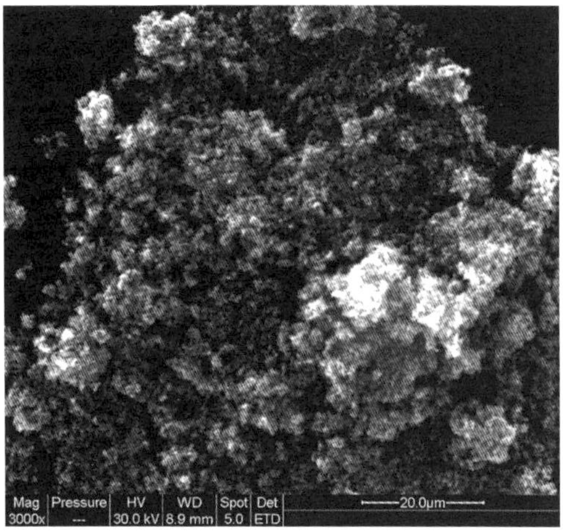

图七　烟灰颗粒的 SEM 照片（3000X）

电荷的聚集。同时纳米颗粒与一般粉体材料相比，具有极高的表面积和表面能，处于能量的不稳定状态，很容易发生聚集从而达到稳定状态（图七）[1]。

纳米颗粒极容易发生粒子之间的团聚，团聚后粒子粒径增大几十倍，并失去纳米颗粒的特性。

从图七中可以看到，烟灰的整体结构呈絮状，由于发生了团聚现象，颗粒之间彼此不易分离，烟灰相互吸附后形成比原本大得多的碳颗粒，包裹在明胶的表面，使得烟灰与明胶的分布很不均匀，从而影响墨的质量。

1　Subero J,Ning Z,Ghadiri M,et al.Effect of Interface Energy on the Impact Strength of Agglomerates.*Powder Technology*,1999,(105):66.

2. 墨内部受损情况的无损检测

图八　墨表面的两条细微裂纹

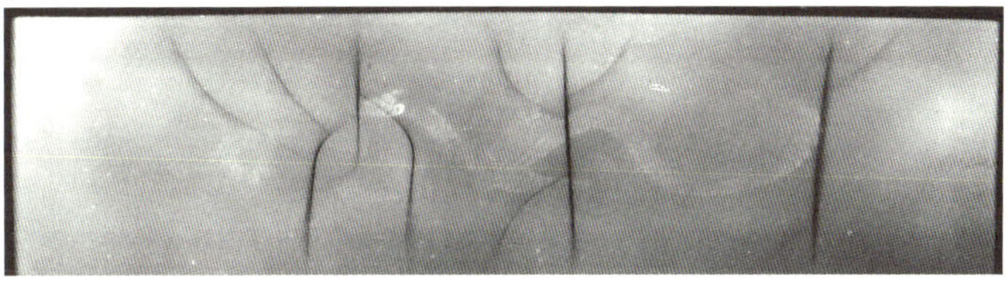

图九　墨内部裂纹的 X 射线透视图（30KV，3mA，120s）

在相对湿度 33% 的环境中保存一两个月后，用肉眼可以观察到墨的表面出现了两道横向的细小的裂纹（图八），且正反面皆有。正反两面裂纹的位置和走向也基本吻合。为了探究墨内部的受损情况，采用软 X 射线对其进行无损照射，发现除以上两处裂纹外，还有一些裂纹（图九），即使借助扫描电镜等高分辨率仪器也无法发现。由于这些裂纹产生在墨的内部，因此，在表面是无论如何也看不到的。裂纹的宽度呈现出中间宽、两边窄的特点。

墨内部的结构并不均匀，从而造成应力传递的不平衡，某些局部会成为应力集中区。同时，墨内部的缺陷处还存在许多微小的裂纹。当环境发生变化时，在力的持续作用下，裂纹会不断地延长并变宽，随着时间的推移，逐渐由内向外、由中央向边缘发展。由于产生裂纹的部分不能再传递内部的应力，致使传递应力的区域越来越小，直至剩余部分不能承受足够的应力时，墨就会完全断裂。

与此同时，笔者对于保存在 43%、54%、59%、70% 相对湿度环境下的墨也进行了 X 射线无损检测，结果未发现内部产生裂纹。这说明：保持一个合理的相对湿度对于防止墨的开裂是有效的，同时也是必要的。

二　墨受损的原因分析

（一）墨中的明胶有强烈的吸湿性

造成墨开裂的内在因素是由墨自身材质所决定的。墨的吸湿主要与明胶有关，它会随着相对湿度的变化不断地吸湿、放湿，从而引起变形或滋生霉菌。从化学结构上看，氨基酸分子中具有极性的羧基和氨基都属于亲水基，容易吸收空气中的水分。相关实验也证明：在潮湿空气中，烟灰放置较长的时间后，不仅没有观察到增重现象，而且其 ESR 线宽也基本保持不变。但是将烟灰与明胶混后的墨坯放置一定时间后，不仅发生明显增重，而且其 ESR 线宽也有所增宽[1]。

（二）温湿度的大幅波动使墨不断地吸收和放出水分

由于墨所处环境的变化，常常是因为相对湿度过低而且变化剧烈，造成了墨的开裂。一锭墨从制坯成型到最后完成，其内部的含水量是逐渐减少的。当完全晾干后，墨中的含水量就降到一个适当的水平，即墨与其所处环境的相对湿度达到了基本的平衡。对于不同的相对湿度环境，墨达到平衡时的状态也是不同的。如果将墨从一个较高的相对湿度环境放入一个较低的相对湿度环境中，为了达到新的平衡，墨中的水分就会自表面不断地蒸发。为了补充表面减少的水分，墨内部的水分就会向表面移动。由于表面与内部之间出现了水分梯度，因而形成了不同的干燥应力。水分梯度使内部水分向表面进行扩散和移动。当墨内部相对湿度与环境的差值达到一定程度时，就会导致内部水分扩散得过快，墨的体积收缩速度也同时加快，从而造成开裂。墨内部相对湿度与环境的差值越大，蒸发速度越快，发生开裂的概率也越高，造成的开裂现象也愈发严重。

（三）烟灰和明胶的分布不均增加了墨的吸湿率

复旦大学的实验研究表明：锤打 100 次的墨坯放置 2 周后，吸湿增重达 9.3%，ESR 线宽增加 22%；而锤打 2000 次的墨坯在同样的环境中放置 2 周后，吸湿增重 7.7%，ESR 线宽增加 13%[2]。

墨坯的锤打次数对墨的质量影响很大，烟料和胶料的混合均匀度越高，越不易开裂、变形。如果烟灰和明胶的混合不均匀，就会形成局部膨胀和收缩程度的不同：明胶含量高的区域吸湿率高，体积变化大，明胶含量低的区域吸湿率低，体积变化小。当环境的相对湿度发生变化时，在墨的内部就会形成不同区域应力的分布和传递不平衡，当这些应力的大小超过了墨本身的强度极限时，就会造成墨的开裂或变形。如果烟灰和明胶的分布均匀，其膨胀或收缩应力很小，就会降低开裂或变形的概率。

（四）故宫博物院藏“再和墨”、大型墨的受损原因分析

故宫博物院藏墨中乾隆朝制作的墨所占比例最大，受损也较为严重。乾隆时期曾

1　张炜等：《古墨的制作工艺及保存问题的探讨》，《文物保护与考古科学》1995 年第 1 期。

2　前揭《古墨的制作工艺及保存问题的探讨》。

经对宫廷藏墨进行过较为全面的整理，把年代久远失去胶性、破烂不堪的墨粉碎，重新进行和胶制作，这种墨就叫“再和墨”。

由于再和墨是用碎墨重制，所以即便将碎墨杵捣得再细致，抑或是用水重新溶解，都会或多或少地有一些较大的颗粒或杂质，不可能达到纯净烟灰的精细程度（上等烟灰颗粒的直径仅有 30 纳米左右）。同时，再和墨中原有的胶已经在一定程度上发生了老化，墨中的添加剂多少也会产生一些干扰，它们与新加入的胶和添加剂能否很好地融为一体是个问题。

乾隆御墨中还有很多大型墨，院藏的乾隆朝制作的大墨，其质量通常都在 1 斤以上。因为制作大墨用料多，和胶、制坯较难，工艺稍有不当，制出的墨就欠佳，成型后很容易开裂，这就给日后的保存增加了难度。按照《涉园墨萃》所载，如果 1 两（16 两制）的墨需要在阴凉、避风处阴干 3 个月，那么 2 两的墨则需要阴干 6 个月，而 4 两的墨最少要阴干 1 年。如果是 1 斤以上的大墨，恐怕需要几年时间才行，由此可见大墨制作的要求之高。

结论

通过实验研究和对墨的保存现状的调研，可以得出以下结论：

第一，墨对相对湿度的变化很敏感，实验发现，当相对湿度处于 43% ~ 60% 之间时，墨的吸湿率和形变是最小的，对于墨的保存应该是适宜的。同时，保持相对湿度和温度的长期稳定也非常重要。

第二，烟灰颗粒由于尺寸达到了纳米量级，极容易产生粒子之间的团聚，团聚现象使颗粒之间相互吸附，影响烟料和胶料的混合，从而造成墨内部缺陷的产生。

第三，一些墨的开裂最初起于内部的细微裂纹或缺陷，随后逐步由内向外、由中央向边缘发展，直至最后断裂。

第四，乾隆时期集中制作了大量的再和墨、仿造墨，这些墨从原料、工艺等方面来说并不一定是最佳的，而且有一部分墨的质量过大，这些因素对于墨的长久保存都是不利的。

附记：感谢故宫博物院器物部的吴春燕女士、张丽女士等在藏墨保存现状调查时给予的热心支持和配合，感谢文保科技部王春蕾女士在三维视频显微分析方面提供的帮助，感谢李媛女士利用扫描电镜所作的样品分析工作。

原载《故宫博物院院刊》2014 年第 1 期

清代羽毛纱纤维材质研究

王允丽　陈 杨　房宏俊　殷安妮

内容提要：故宫博物院的藏品中有一种纺织面料被称为“羽毛纱”，也叫“羽纱”，关于羽毛纱纤维的材料质地，从清代以来一直就存有疑问和争议。本项研究采用自然科学的手段，选取了具有代表性的羽毛纱样品，利用现代仪器检测分析，通过显微镜观察鉴别法、燃烧法、化学试剂溶解法、扫描电镜法和红外分光光度法等多种具有可靠性的实验方法，对羽毛纱的材质进行分析，得出科学的结论——羽毛纱是100%羊毛织物或桑蚕丝与羊毛的交织物。

关键词：羽毛纱　纤维　羽毛　羽枝　显微镜观察鉴别法　扫描电子显微镜法　红外分光光度法　燃烧法　溶解法　织物

“羽毛纱”也称“羽纱”，是一种纺织面料。在我国古代和现代都有这种织物。现代的羽毛纱是以丝为经、棉纱为纬交织而成的斜纹织物[1]。《汉语大词典》[2]中解释为用棉与毛或丝等混合组成。故宫博物院库房中现藏有近200件羽毛纱质地的服饰、成衣、冠杂和典章类等器物，时代从清康熙到光绪，文物级别有二级、三级、无级，此外还有作为研究资料的大量成匹羽毛纱面料。羽毛纱的颜色有红、黄、黑、蓝、灰、棕、玄青、石青、酱色等，均为单色调。从文物的种类和数量上看，康熙时期只有一件雨服，嘉庆年间的羽毛纱质地文物最多。从这些文物的保存现状来看，大部分有虫蛀现象。

从表面上看这批被称为羽毛纱的织物，并没有羽毛的华丽色泽，看似与现代的纺织物类似，但手感粗糙。关于羽毛纱纤维的材料质地，从清代以来一直就存有疑问和争议。主要有四种观点：第一种观点认为，羽毛纱是用鸟的羽毛捻成的线编织而成，

第一作者：文保科技部，研究馆员。

1 《辞海》，第1939页，上海辞书出版社，1999年。

2 《汉语大词典》第九册，第688页，汉语大词典出版社，2006年。

鸟的羽毛不沾水，因而多用来做雨具[1]；第二种观点认为，羽纱由丝、棉混编织成，现在多用做衣服里衬，此观点在一些常用工具书中常见；第三种观点认为，羽毛纱既不是羽毛编的纱，也不是丝棉混织，其质地另有出处[2]……后两种观点认为不可能有那么多的鸟毛织成大量的布料。而在故宫的文物底账上，羽毛纱的材质标注为“丝”，对此我们也提出了异议。这四种观点哪一个是正确的？羽毛纱究竟是何种材质？我们研究的目的是揭示此历史谜团。

一　羽毛纱的史料研究

查阅清代以前的大量历史文献资料及记载纺织品、服装的史书，如《舆服志》、《事物纪原》、《天水冰山录》等，以及古代中外交通史方面的书籍，如《咸宾录》、《岛夷志略校释》、《诸蕃志校译》、《明史·外国传》、《西洋番国志》及《郑和航海图》等，都没有找到“羽毛纱”和“羽纱”这两个词汇，也没有找到用“羽毛纱”实物或记载。在明代的《西洋朝贡典录校注东西洋考》中，有关于当时海外纺织品的名称，如“天鹅绒、琐服、兜罗锦、驼毛褥面、花锦、西洋布等”，但是“羽毛纱”“羽纱”之类的词汇也没有出现过。这些词最早的记载是在清代。是清以前没有这种织物？还是有这种织物却不叫这个名称？而恰恰在清代，可以从宫中档案、笔记、小说中都能查到大量“羽毛纱”和其同类的织物“羽毛缎”的记载。

（一）清代羽毛纱的来源

在故宫博物院的旧藏中除羽毛纱外，还有一部分与羽毛纱相似的面料——羽毛缎（羽缎）。在清代文献记载中，对于羽缎的记载要早于羽纱，如：清代档案记载之《钦定大清会典事例》[3]卷三百九十三，有关外国朝贡的记载为：“康熙二十五年，荷兰入贡方物，哆罗绒十匹，鸟羽缎四匹……”“又荷兰使臣进贡方物……荷兰花缎、哆罗呢、羽缎各一匹……”“雍正三年，西洋伊达里亚国教化王伯纳第多使奉表，庆贺登基，进贡方物……大红羽缎、周天球、鼻烟，凡六十种”；雍正五年（1727年），西洋傅尔都噶尔国王若望贡物中有“大红羽缎”；卷三百九十四中有“乾隆五十八年，英吉利

1 （清）王士祯《香祖笔记》卷一云：“羽纱、羽缎，出海外荷兰、暹罗诸国。康熙初入贡止一二匹。今闽广多有之，盖缉百鸟鹬毛织成。”《紫禁城》总30期，1985年第2期；杨惠兰《清代的红羽纱雨服》：“羽毛有防水作用，有羽毛纱制成雨服，防水性能好，又较轻。”

2 “羽纱……应是一种较薄的毛织物，似缎似纱因而得名。”于波：《〈红楼梦〉中的织物考辨》，《红楼梦学刊》2005年第二辑。

3 《钦定大清会典事例》“礼部”（嘉庆朝），《近代中国史料丛刊》三编第六十七辑，第7791、7793、7800、7801、7803、7851、7852、7854页，文海出版社。

国王遣使臣玛嘎尔尼等，进贡方物……各色哆罗呢、羽纱凡二十九种”。以上几项在清人梁廷枏的著作《海国四说》中也有同样记载[1]。

在1656年，荷兰东印度公司第一次派使者出使中国，觐见了顺治皇帝。使团成员约翰·尼霍夫为此著《荷使初访中国记》。此书记载了最早的“羽缎”出现在顺治十三年（1656年）荷兰使团的礼品中，有织金缎、羽缎、倭缎、洋布、织金毯、哔叽缎等物。关于此事件的清宫进贡档案，现存于中国第一历史档案馆，属于未整理、未开放部分，因此无法核实。

另在《宫中朱批奏折》[2]中也有记载：乾隆二十二年（1757年）二月二十五日，“河东河道总都奴才白钟山，谨奏为公谢天恩事。本年二月十五赍折，标弁马庆年恭捧御赐羽缎二端，前来……”乾隆二十二年（1757年）二月二十六日，“河东河道总督臣张师载，谨奏为恭谢天恩事。二月十六日臣在韩庄闸查看绛道据进折，外委焦养禄跪捧恩赐羽毛缎二端到臣……恩赐羽毛缎二端织毳，自遐方识万国梯航之盛，制珍东内府佩……”由此两道奏折可见：第一，羽缎的来源是“万国梯航”；第二，羽毛缎和羽缎是同一种面料，羽缎只是简化了称呼，此观点在《清稗类钞》十二册“物品类”中亦有记载：“羽缎，亦称羽毛缎，或曰哔叽，质厚，如缎，故名。”[3]以上这些记载，说明了羽毛纱、缎最初是作为贡品，由海外进贡给大清皇帝的。

羽毛纱、缎除作为贡品外，还有一个来源就是商品。《清代前期流通格局的变化》一文讲道：“广州是南部沿海最大的港口，明代即为对外贸易的重要口岸。乾隆二十二年，清政府的‘独口通商’政策将与西方各国的贸易集中于粤海关，更赋予其特殊优越地位。清代前期中国出口货物以茶叶、湖丝、绸缎等为大宗；洋船进口货物则以哔叽、羽毛纱缎、棉花、檀香、胡椒、黑铅等项为大宗，其中绝大部分也是从广州经陆路、海路转销中国各地。”[4]清宫所藏广州十三行档案记载[5]：乾隆四十九年（1784年），美国的“中国皇后号”商船抵达广州，这是中美直接贸易的开始。船上的40多吨货物，有胡椒、棉花、羽纱等，被抢购一空。可见在清代，羽毛纱、缎作为贸易商品，是由国外进口的。

羽毛纱、缎无论是作为商品还是贡品均来自于海外。在一些清代的笔记史料中也有一些关于羽毛纱、缎的记载。如清王士祯《皇华纪闻》卷三云：“西洋有羽缎、羽纱，以鸟羽织成，每一匹定价至六七十金，着雨不湿，荷兰上贡止一二匹。”刘廷玑《在

1 （清）梁廷枏：《海国四说》，中华书局，1993年。第209页：康熙二十五年，国王耀汉连氏、甘勃氏，遣陪臣宾先巴芝表贡方物：哆罗绒十匹、乌羽缎四匹……。第225页：雍正三年，西洋意达里亚国（意大利）教化王伯纳第多贡物中有“大红羽缎四”。第227页：雍正五年，其国贡物中又有“大红羽毛缎”。第227页：傅尔都噶尔（葡萄牙）国国王若望在雍正五年的贡物中有“大红羽毛缎二”。

2 中国第一历史档案馆：《宫中朱批奏折》档案号04-01-12-0084-059、04-01-12-0084-070。

3 黄启臣：《清代前期海外贸易的发展》，《黄启臣文集》，中国评论学术出版社，2007年。

4 许檀：《清代前期流通格局的变化》，《清史研究》1999年第3期。

5 《中国档案报》2006年5月19日第260期。

园杂志》卷一载："近由东洋入中国者，更有羽缎、羽纱、哔叽、哆罗呢，据云可为雨具，试之终逊泊衣，其价甚昂，亦前代所未闻者。"[1] 可见在清代，关于羽毛纱、缎的来历是清楚的，对于它的材质认定为鸟的羽毛所织。

（二）清代羽毛纱的产地

讨论羽毛纱的产地，主要参考依据是清末魏源的《海国图志》。这是一本介绍西方技术、宗教、文化、教育、政治制度等资料的权威性著作，是中国近代史上最早的一部由国人自己编写的有关世界各国情况介绍的巨著，其内容翔实可靠。书中在介绍布路亚国（葡萄牙）[2]、大吕宋国（西班牙）[3]、荷兰[4]、佛兰西国（法国）[5]、普鲁社国（德国）[6]、英吉利国（英国）[7]、□□、英吉利所属斯葛兰（岛）（苏格兰）[8]、英吉利所属爱伦国（爱尔兰）[9]、弥利坚国（美国）[10]、弥利坚国因底阿土番四部[11] 等国物产时，都有关于羽毛、羽毛纱、羽纱、呢羽的记载。

通过这些记载可以看出，除明确的词汇"羽纱、羽毛纱"外，还提到了"羽毛""呢羽"。如：《弥利坚国因底阿土番四部》中清楚地记述："牧羊取毛，为织羽毛之用。"

---

1 （清）刘廷玑：《在园杂志》，第 17 页，中华书局，2005 年。

2 （清）魏源：《海国图志》卷三十八《布路亚国总记》，第 1126 页，岳麓书社，1998 年。"产羽毛、布匹、鱼、盐、煤、金、哔叽、鼻烟。"

3 前揭魏源：《海国图志》卷三十九《大吕宋国沿革》，第 1149 页。"《海录》：……土产金、银、铜、铁、多罗绒、羽纱、哔叽、蒲桃酒、琉璃、番硷、钟表。"

4 前揭魏源：《海国图志》卷四十《荷兰及弥尔尼壬两国总记——荷兰国沿革》，第 1170 页。"《海录》：荷……土产金、银、铜、铁、(琉) [玻] 璃、哆罗绒、羽纱、哔叽、番□酒、钟表、羽纱，(而琉) [玻] 璃尤甲于诸国。"

5 前揭魏源：《海国图志》卷四十一《佛兰西国总记（上）》，第 1190 页。"土产羽毛、纱、钟表、纱呢、绒毡、夏布、棉布、糖、棉花葡萄酒、盐、蚕、铁、锡、银、铅、铜、白矾、煤、火石、水晶、玻璃、陶器。

6 前揭魏源：《海国图志》卷五十七《普鲁社国沿革》，第 1579、1580 页。"西南多山，最丰盛，出谷、斗等物，绵羊毛最细，可造好呢羽……其呢羽由俄国运进中国，每年不下十万匹，今俄国自织呢矣。……国民精造织，毛布之杼二十九万，以织呢羽等货。每年用羊毛二千五百万斤，银七百五十万圆。"

7 前揭魏源：《海国图志》卷五十《英吉利国总述》，第 1386 页。"土产金、银、铜、铁、锡、铅、白铁、藤、哆罗绒、羽纱、哔叽等。"

8 前揭魏源：《海国图志》卷五十《英吉利所属斯葛兰附记》，第 1390 页。"领小部落十有二，其首领有那纳炮台。产布纱、羽毛纱。"

9 前揭魏源：《海国图志》卷五十《英吉利所属爱伦国附记》，第 1394 页。"领小部落七。产夏布、羽毛纱。"

10 前揭魏源：《海国图志》卷六十《弥利坚国总记》，第 1670 页。"土产金、银、铜、铁、铅、锡、白铁、玻璃、沙藤、洋参、鼻烟、牙兰米洋酒、哆罗绒、羽纱、哔叽。"

11 前揭魏源：《海国图志》卷六十三《弥利坚国因底阿土番四部》，第 1725 页。"地土肥瘠不等，肥者产五谷蔬菜，牧羊取毛，为织羽毛之用。"

《普鲁社国沿革》中也提到："绵羊毛最细，可造好呢羽……其呢羽由俄国运进中国。"可见这里的"羽毛"并不是指通常人们概念中的禽鸟类的羽毛。羽毛、呢羽的原材料应该是羊毛。那么，我们研究的"羽纱""羽毛纱"又是什么呢？

二　自然科学方法鉴定羽毛纱的材质

清代羽毛纱的材质在历史上留有很多争议，作为纺织品文物的纤维质地鉴定，除历史档案的记载和专家的经验鉴定方法外，随着文物保护事业的发展，利用现代仪器对文物样品进行检测分析，得出科学结论，将自然科学理论方法引入文物鉴定学，已成为是文物科技发展的大趋势。本文拟采用自然科学的手段，利用现代仪器检测分析，得出"羽毛纱"材质的确切结论。

（一）选定羽毛纱样品

在故宫博物院库存的羽毛纱中有一批作为研究使用的资料（非文物）保存至今。这些面料存放于地上库房的箱子中，有整匹的和零头的，整匹的最外面一层已经出现了褪色现象，很多面料被虫蛀出小洞，有些面料还贴有标签（图一）。图一的标签上注明羽毛纱的颜色、零头块数、米数及整理这批面料的时间（1973 年 11 月 5 日）。这批面料无论是档案上还是材料标签上，所标注的名称均为"羽毛纱"。

在故宫博物院的藏品文物中，还有一部分档案名称为羽毛纱的服饰、成衣、冠杂和典章类文物。这批面料与羽毛纱类文物的面料组织结构相同，均属素织平纹组织，经线、纬线一上一下交织而成（图二），属于"纱"的组织结构。在这批资料中，我们选取了七种不同颜色的羽毛纱面料作为研究检测对象（图三至图九），编号分别为 1 号、2 号、3 号、4 号、5 号、6 号、7 号样品。这七个样品存在两种手感，3 号、4 号、5 号、6 号、

图一　标签

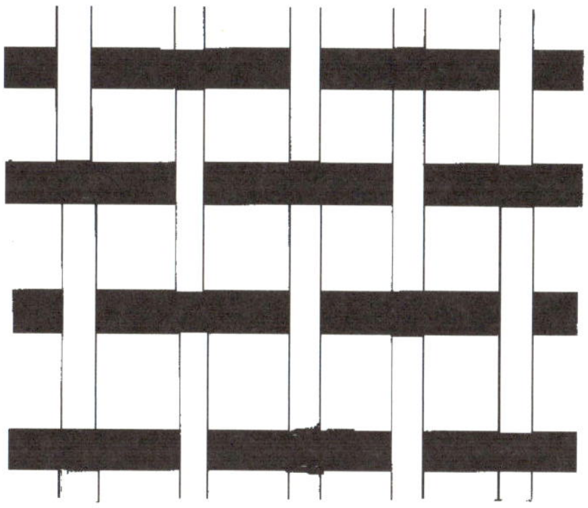

图二　平纹组织

图三　1 号样品

图四　2 号样品

图五　3 号样品

图六　4 号样品

图七　5 号样品

图八　6 号样品

图九　7号样品

7号样品手感均有毛扎感，这与库存羽毛纱文物中的服饰成衣、冠杂、雨伞的绝大部分手感相同；1号、2号样品手感光滑、柔和一些，此种手感的羽毛纱质地的文物很少。但为了取样全面，把这两种手感的面料都作为研究对象。

（二）纤维鉴别方法介绍

国家标准的纺织纤维鉴别方法很多，主要分为两大类：一类是物理方法（主要以仪器分析为主），如密度法、熔点法、热分析法、电子显微镜法、紫外可见分光光度法、红外分光光度法、色谱法、显微镜观察鉴别法、感官手感外观判定法等；另一类是化学方法，如燃烧法、溶解法、显色法、热失重分析鉴别法等。在纺织纤维的鉴别检测中，最常使用的是显微镜观察法、燃烧法和化学试剂溶解法。到目前为止我们所接触过的纺织品文物的面料完全是天然纤维面料，对于天然纤维的鉴别，主要采用显微镜观察法进行判别。不同种类的天然纤维其横、纵截面外观形态是不同的，根据它们不同的外观特征就可以很容易判别出来。燃烧法所依据的是不同类别的纤维在燃烧时显现出的不同特征（火焰、气味、燃烬物）。化学试剂溶解法是根据不同纤维在化学试剂中溶解性的不同，从而判别出是哪种纤维。后两种方法用在天然纤维的鉴别上只能判别天然纤维的类别，即纤维素纤维类或蛋白质纤维类，也就是我们通常说的植物类纤维和动物类纤维。

（三）显微镜观察法

鉴别常见的桑蚕丝、棉、羊毛、苎麻（古代常用）等天然纤维时，采用显微镜观察鉴别法，可根据《中国纺织标准汇编》的标准图谱（图一〇至图一七）中，对纤维横、纵截面结构特征的描述（见表一）判断，但特殊的纤维，如疑为织造羽毛纱的鸟类羽

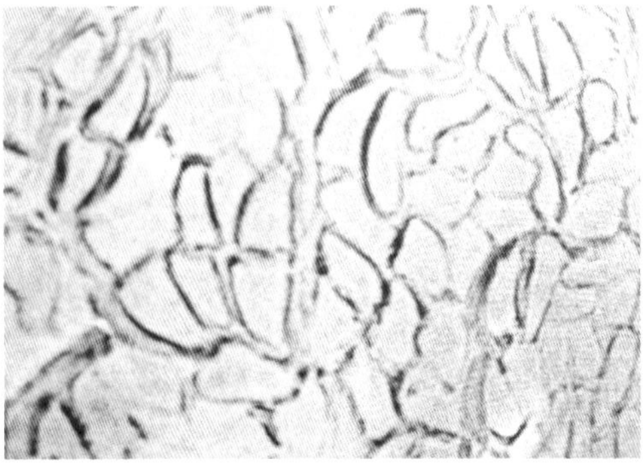
图一〇　桑蚕丝的横截面标准图谱

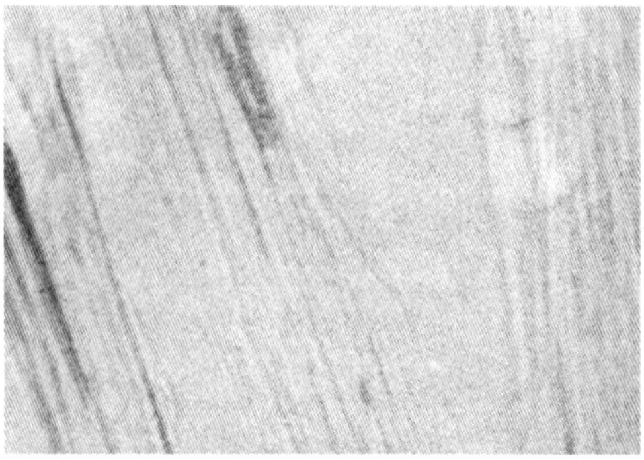
图一一　桑蚕丝的纵面标准图谱

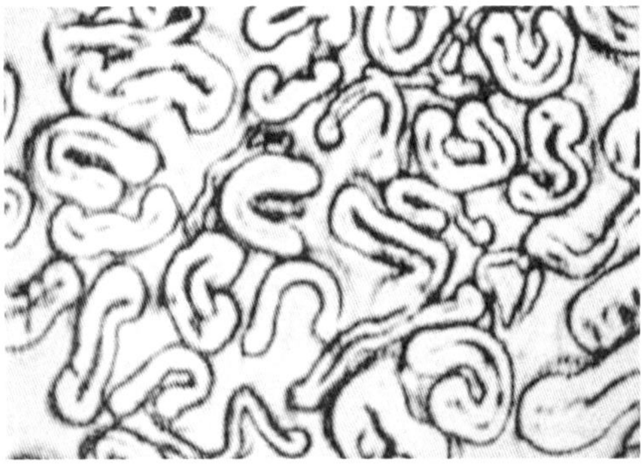
图一二　普通棉的横截面标准图谱

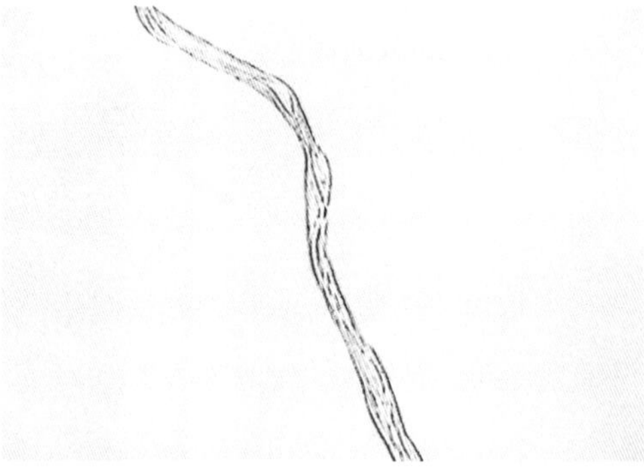
图一三　普通棉的纵面标准图谱

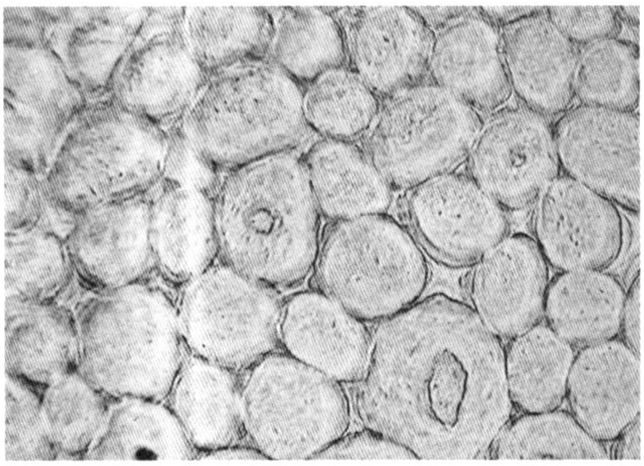
图一四　羊毛的横截面标准图谱

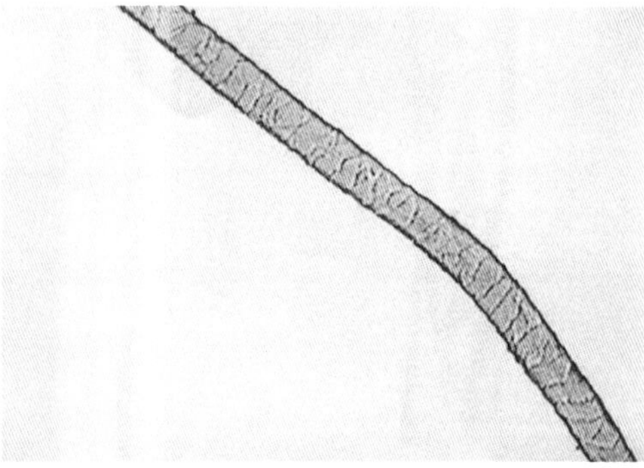
图一五　羊毛的纵面标准图谱

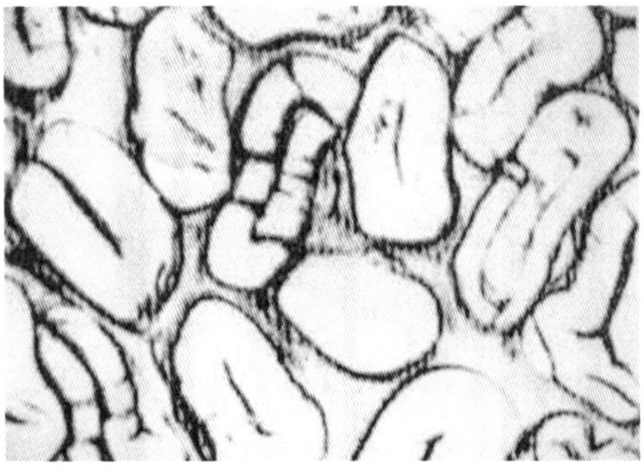
图一六　苎麻的横截面标准图谱

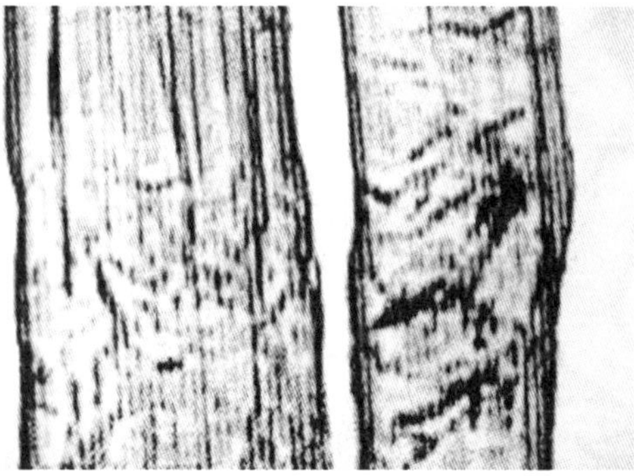
图一七　苎麻的纵面标准图谱

毛纤维，不属于现代纺织纤维，则不在检测范围内。在国家标准纺织纤维鉴别方法中，也没有它的标准谱图。

表一　部分天然纤维纵横界面形态特征

纤维种类	横截面形态特征	纵向形态特征
桑蚕丝	三角形（角是圆的）	透明，光滑，纵向有条纹
棉	不平等腰圆形，有中腔	扁平带状，稍有天然扭曲
羊毛	圆形或近似圆形（或椭圆形）	表面粗糙，有鳞片
苎麻	多角形或腰圆形，有中腔	长形条纹，带有竹状横节

1. 纤维纵面观察

按照 FZ/T01057.3-1999《纺织纤维鉴别试验方法》中的"显微镜观察方法"的国家标准试验方法，先从七块羽毛纱样品上分别拆下经、纬线，并将捻合的纤维尽量放捻，分别放置于载玻片上，加上一滴透明的甘油，再压上盖玻片，然后放到显微镜下，观察其形态并与标准图谱相比较。图一八至图三一为三维视频所拍的纵面彩色照片。

图一八　1号样品经线纵面（700倍）

图一九　1号样品纬线纵面（350倍）

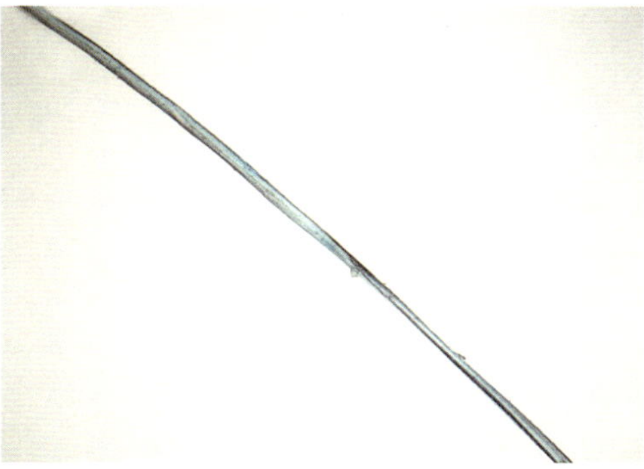

图二〇　2号样品经线纵面（1050倍）

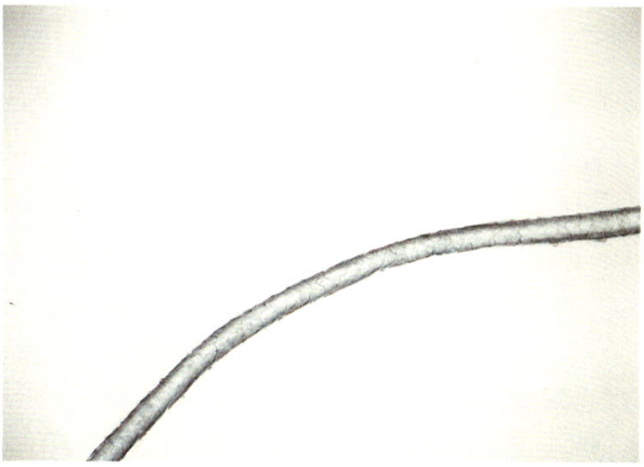

图二一　2号样品纬线纵面（350倍）

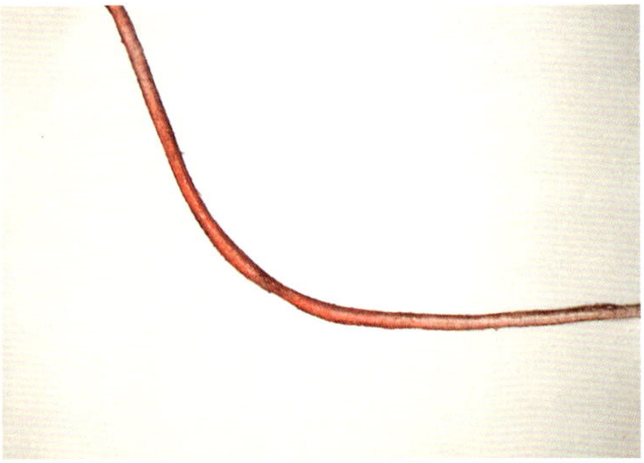

图二二　3 号样品经线纵面（350 倍）

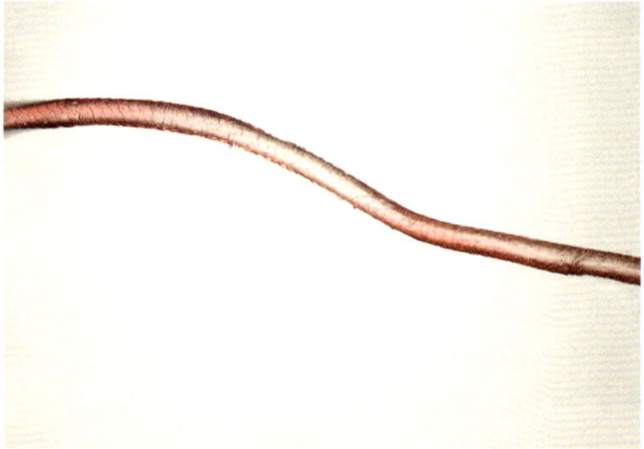

图二三　3 号样品纬线纵面（350 倍）

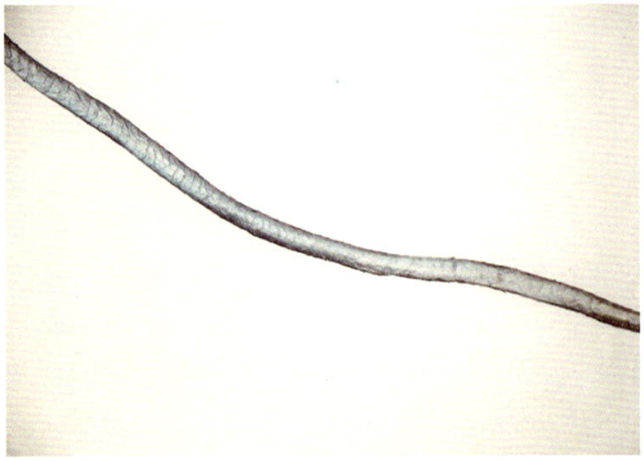

图二四　4 号样品经线纵面（350 倍）

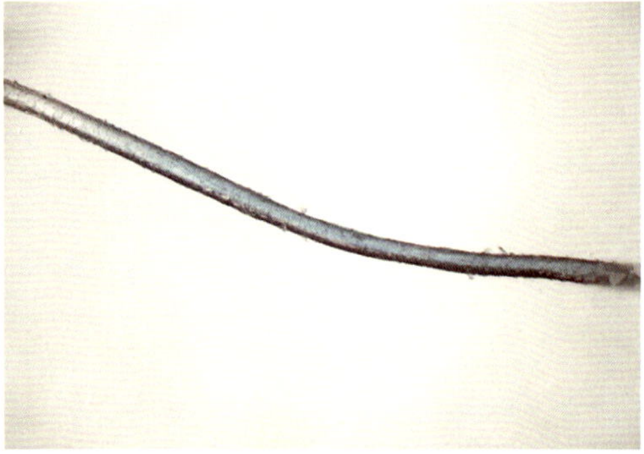

图二五　4 号样品纬线纵面（350 倍）

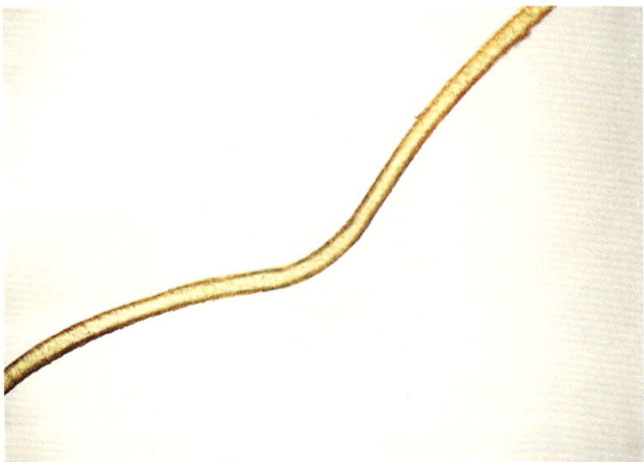

图二六　5 号样品经线纵面（350 倍）

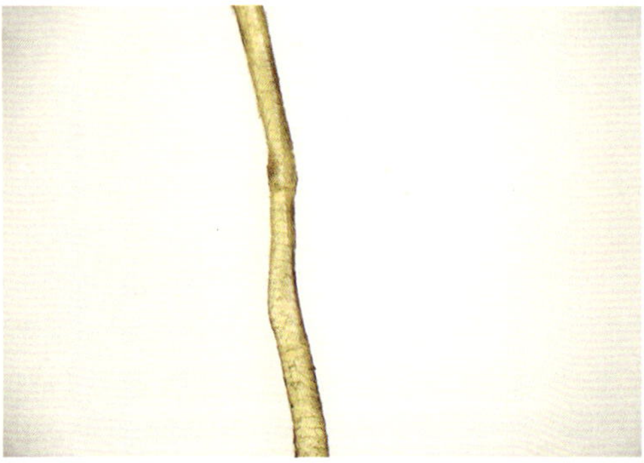

图二七　5 号样品纬线纵面（350 倍）

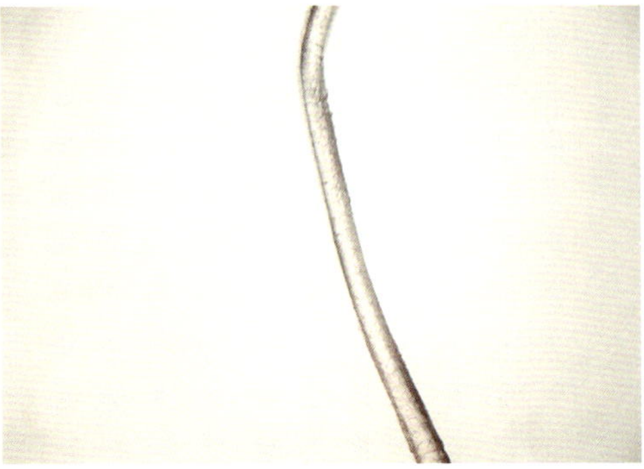

图二八　6 号样品经线纵面（350 倍）

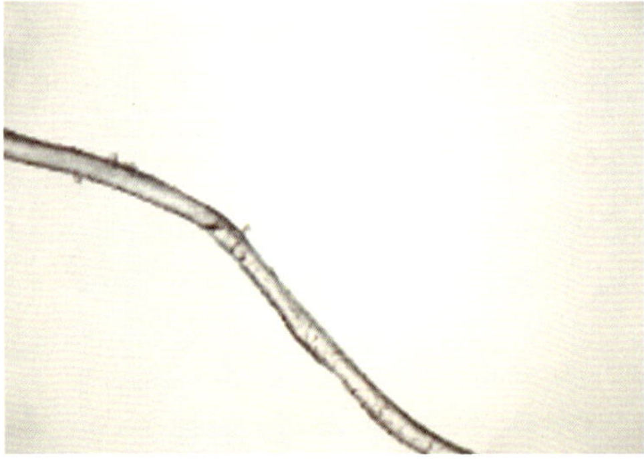

图二九　6 号样品纬线纵面（350 倍）

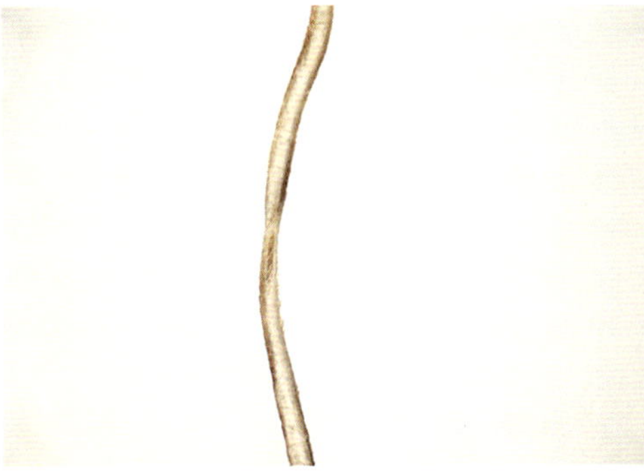

图三〇 7号样品经线纵面（350倍）

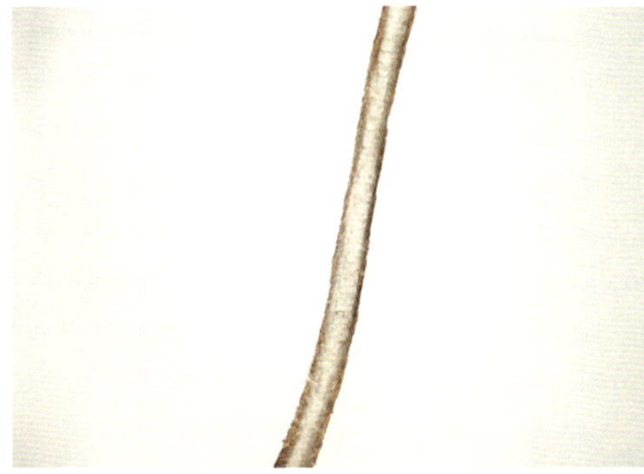

图三一 7号样品纬线纵面（350倍）

2. 纤维横截面观察

将纤维束裹在羊毛纤维里，梳理整齐后，使用哈氏切片刀，点上火棉胶，切出厚度为10～30um的切片，放在载玻片上，加上一滴透明的甘油，盖玻片（注意不要有气泡），放在显微镜的载物台上，观察其横截面形态，与标准图谱相比较。图三二至图四五为三维视频所拍的横截面彩色照片。

图三二 1号样品经线横面（2450倍）

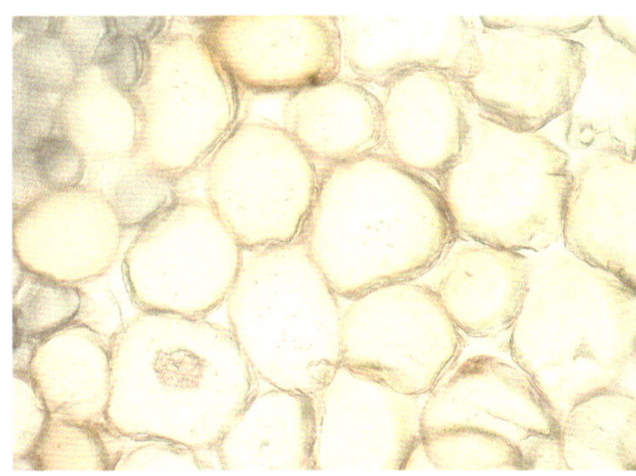

图三三 1号样品纬线横面（1400倍）

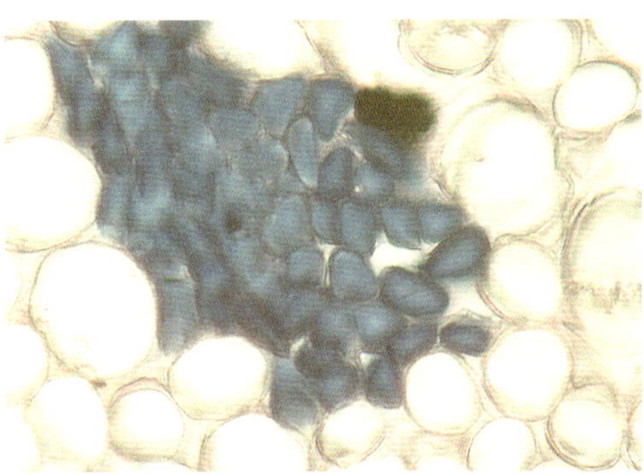

图三四 2号样品经线横面（2100倍）

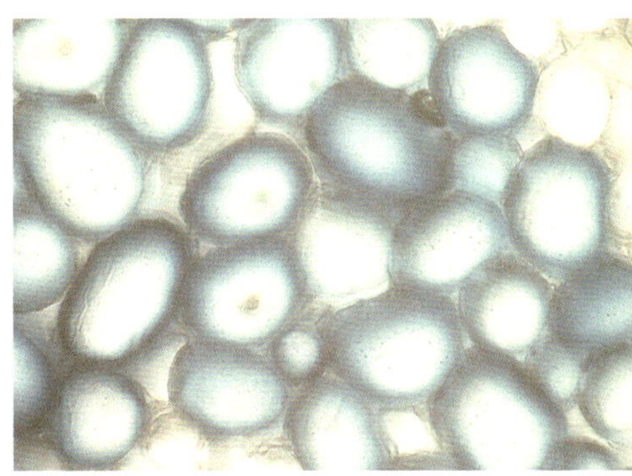

图三五 2号样品纬线横面（1050倍）

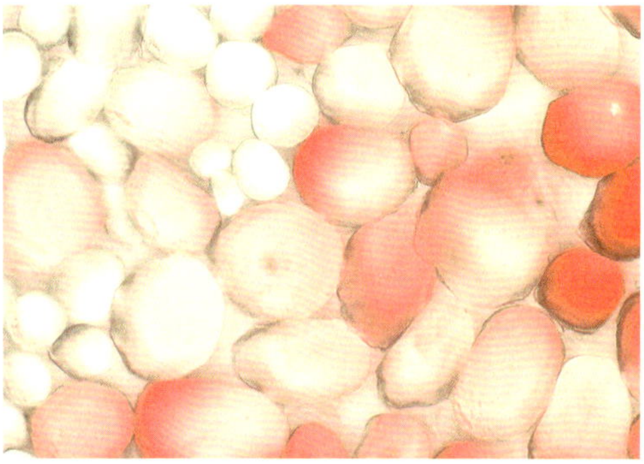
图三六　3 号样品经线横面（1400 倍）

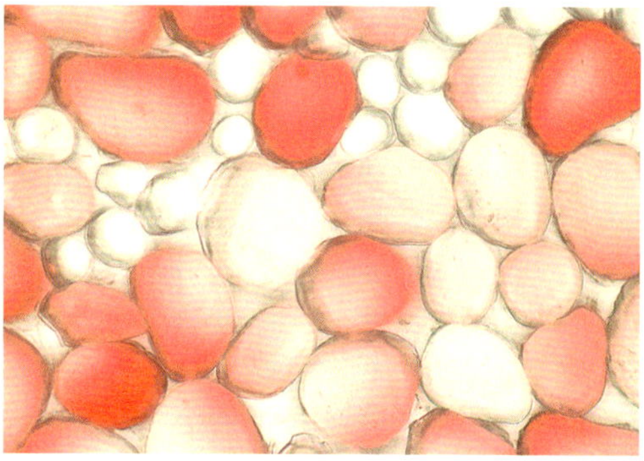
图三七　3 号样品纬线横面（1400 倍）

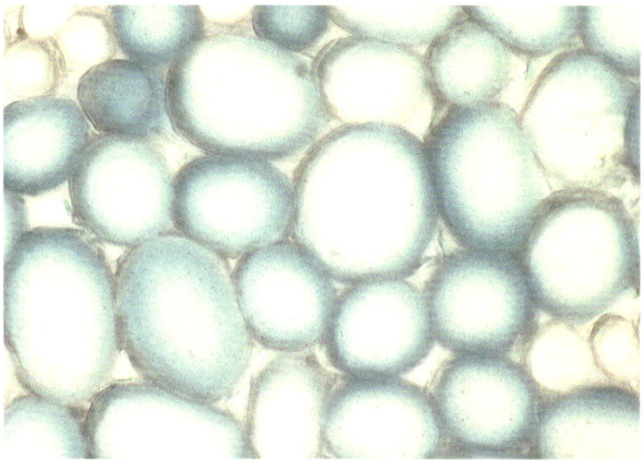
图三八　4 号样品经线横面（1400 倍）

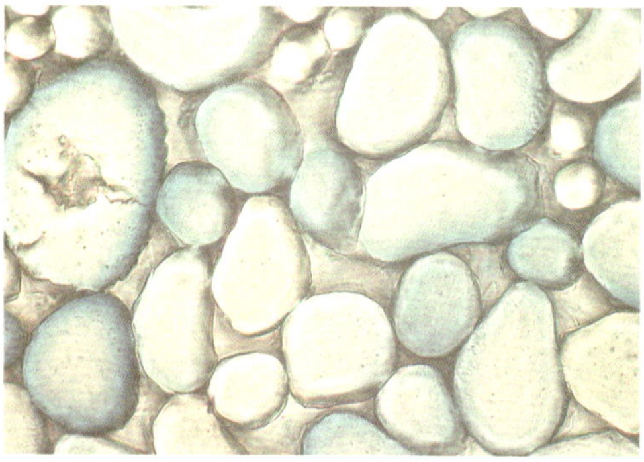
图三九　4 号样品纬线横面（1400 倍）

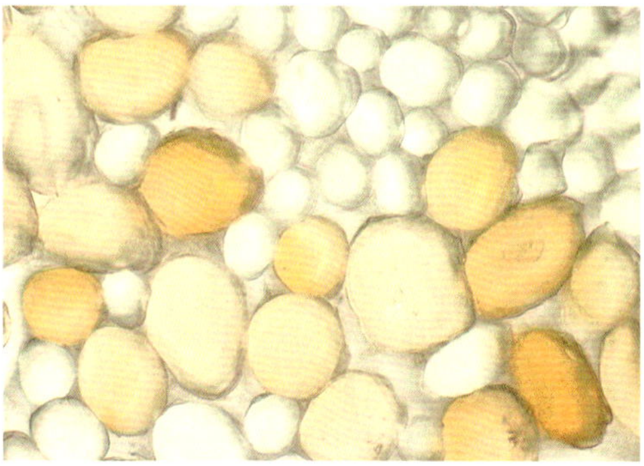
图四〇　5 号样品经线横面（1400 倍）

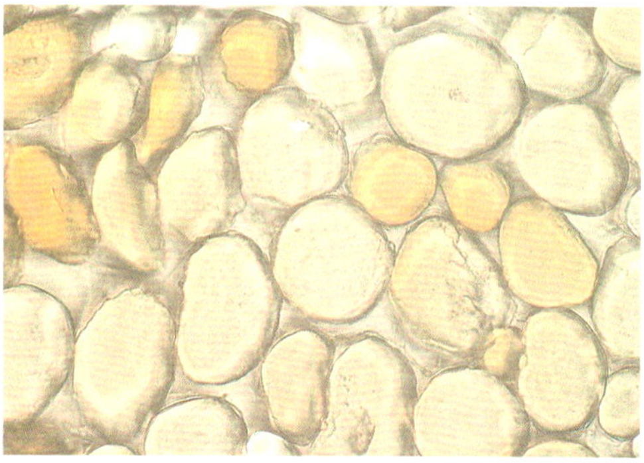
图四一　5 号样品纬线横面（1400 倍）

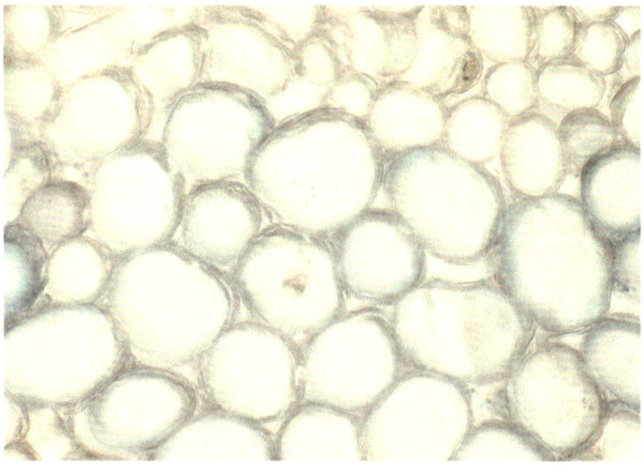
图四二　6 号样品经线横面（1400 倍）

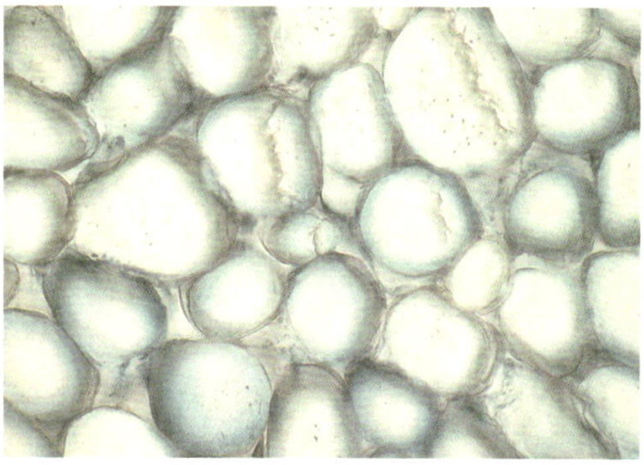
图四三　6 号样品纬线横面（1400 倍）

图四四　7 号样品经线横面（1400 倍）

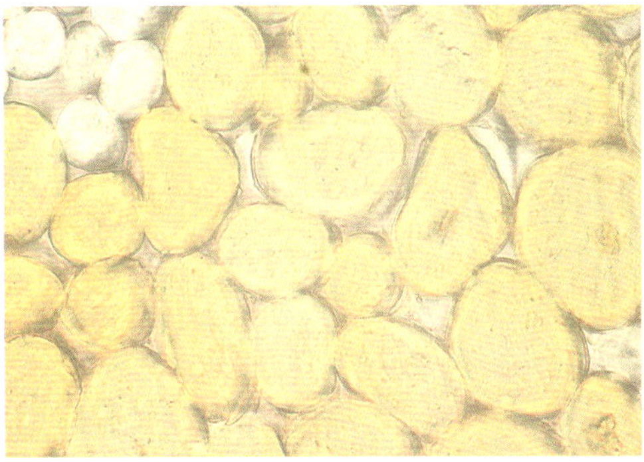
图四五　7 号样品纬线横面（1400 倍）

3. 结果分析

将七个样品的纵、横截面的图像与标准图谱相对比，1 号、2 号样品的经线纵向特征光滑、透明，横向截面呈三角形（角是圆的），与桑蚕丝的纵、横向截面特征相吻合。从图像上看，1 号、2 号样品的纬线和 3 号、4 号、5 号、6 号、7 号的经、纬线结构特征是相同的，横向圆形或近似圆形（或椭圆形），纵向表面粗糙，有鳞片，与羊毛的显微结构相符。《纺织纤维鉴别试验方法》中的“显微镜观察方法”检测的结果如下（表二）：

表二　检测结果

样品 项目	1 号茶色	2 号蓝	3 号红	4 号青蓝	5 号黄	6 号青蓝	7 号浅黄
经线	桑蚕丝	桑蚕丝	羊毛	羊毛	羊毛	羊毛	羊毛
纬线	羊毛	羊毛	羊毛	羊毛	羊毛	羊毛	羊毛

以上检验结果中，1 号、2 号样品均为羊毛和桑蚕丝交织产品；3 号、4 号、5 号、6 号、7 号样品均为 100% 羊毛产品。这一结论得出了羽毛纱的材质是羊毛或羊毛与桑蚕丝交织的面料，否定了从清代以来就有的所谓用鸟的羽毛捻成线编织而成的说法，也否定了故宫博物院库存羽毛纱在文物底账上“丝”的记录等。

（四）其他检测方法验证检测结果的正确性

采用国家标准 FZ/T01057.3-1999《纺织纤维鉴别试验方法》中的“显微镜观察方法”对羽毛纱进行了检测，同时采用其他检测方法对检测结果进一步论证。

1. 扫描电子显微镜法

（1）观察羽毛纱样品

扫描电子显微镜与普通显微镜鉴别纺织纤维的原理是相同的，都是根据观察到的纤维表面特征来判别纤维种类。与普通显微镜相比，扫描电子显微镜具有高清晰、高分辨率、高精度的变焦聚光系统，能够更加清晰、准确地捕捉纤维的形貌特征。从桑蚕丝、羊毛的纵截面扫描电镜图谱（图四六、图四七）可见羊毛的角质鳞片更加清晰，桑蚕丝纵面光滑、透明的感觉更加明显。

我们对七块羽毛纱样品做扫描电镜观察：在 500 ～ 3300 倍的镜头下，3 ～ 7 号羽毛纱样品的纤维纵、横截面均符合标准的羊毛图谱（图四八至图五一）。羽毛纱样品

图四六　桑蚕丝纵截面

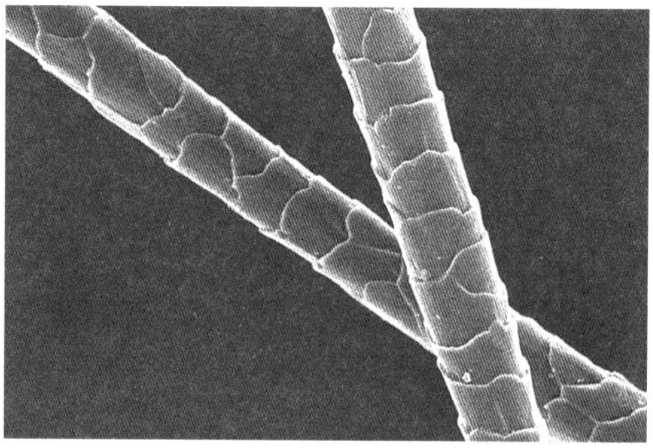

图四七　羊毛纵截面

图四八　3 号经线横面（500 倍）

图四九　3 号纬线横面（500 倍）

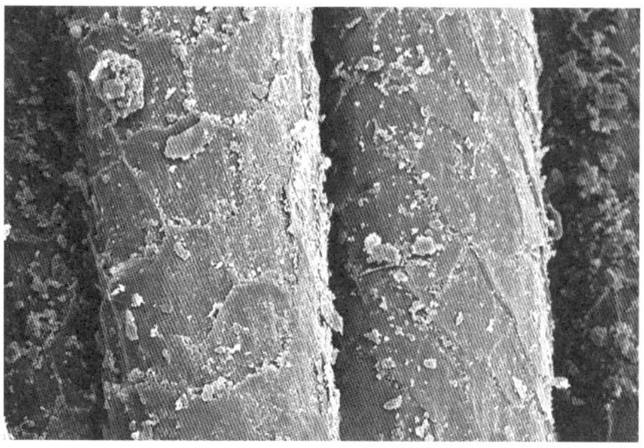

图五〇　3 号经线纵面（1000 倍）

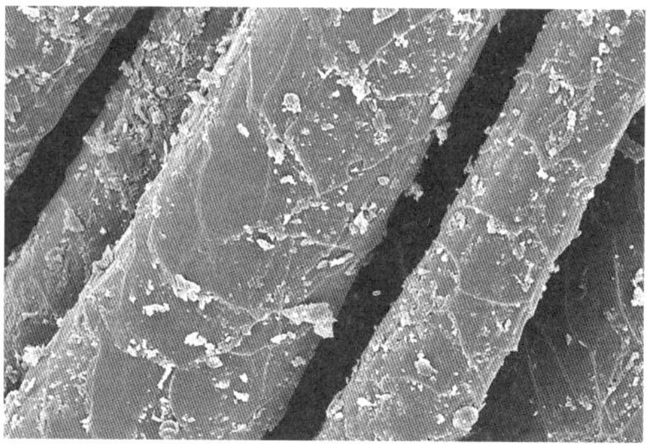

图五一　3 号纬线纵面（1400 倍）

图五二 1 号经线纵面（3000 倍）

图五三 1 号经线横面（2000 倍）

的羊毛纤维纵面呈鳞片状覆盖的圆柱体；其横截面近似圆形或椭圆形。1 号、2 号羽毛纱样品经线的纤维，纵、横截面均符合标准的桑蚕丝纤维图谱（图五二、图五三），纵向光滑平直，有条纹；横截面为不规则三角形。扫描电镜的观察结果与显微镜观察方法检测结果完全相同。七块羽毛纱样品为：1 号、2 号样品为丝毛交织物，3 ～ 7 号样品为纯羊毛织物。

（2）观察羽毛的结构

查阅禽类羽毛作为纺织材料的历史资料可知，历史上用于制衣的羽毛有鹤、鸡、鹅、鸭、孔雀等禽类羽毛。我们在北京动物园寻找到了白鹇长尾雉、黄腹角雉、白颈长尾雉、红腹角雉、环颈雉、大凤冠雉、绿尾红雉、白马鸡、白冠鹤、大鸨、丹顶鹤、黑颈鹤、红腹锦鸡、蓝鹤、肉垂鹤、鹦鹉、孔雀以及其他鸡、鸭、鹅等十八种禽类的羽毛及现存的翠鸟毛，做了扫描电镜观察。在扫描电镜下分别观察了这些羽毛横、纵向截面的切片，并做了平面显微结构的记录。羽毛按其形态、功能可分为正羽、绒羽和纤羽三种。正羽一般由羽轴和羽片构成，羽片为一系列斜行排列的羽枝构成。正羽是覆盖禽体大部分的羽毛，形成了禽体的基本外形，正羽有飞翔、护体、保温等作用；绒羽被正羽覆盖，羽轴短，羽枝细短而柔软蓬松，呈放射状，形如棉绒，不形成羽片，有保温、护体等作用；纤羽比绒羽细小，形如毛发状，故又称毛（状）羽，其只有一羽干，从其顶端发出少而短的羽枝。纤羽分布于禽体全身各部，长短不一，拔去正羽和绒羽后方可见到，且羽轴较硬，保暖性能差。虽然各种禽类的羽毛细微部各有差异，但总体平面结构是相同的。以正羽为例，正羽包括两部分，一部分是羽片结构，羽片是由一系列斜行排列的羽枝构成（图五四）。这些互相平行、彼此相邻的羽枝上，斜生着许多小羽枝。紧邻的小羽枝具有凸缘，远邻的小羽枝上具有羽小钩，相邻的小羽枝借助这些羽小钩相互勾连，从而形成严密的羽片（图五五）。另一部分结构是绒羽结构，羽枝沿羽轴向两侧伸出分散的绒羽小羽枝，小羽枝可划分为叶片状的基部和线条状的端部，基部是扁平宽大的叶片，而线条状的端部是由叶片状的基部逐渐变细、变长，

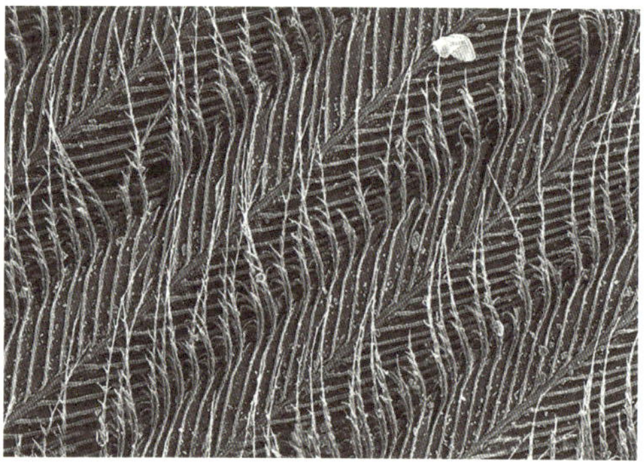

图五四　白马鸡羽枝（120倍）

图五五　丹顶鹤羽片（90倍）

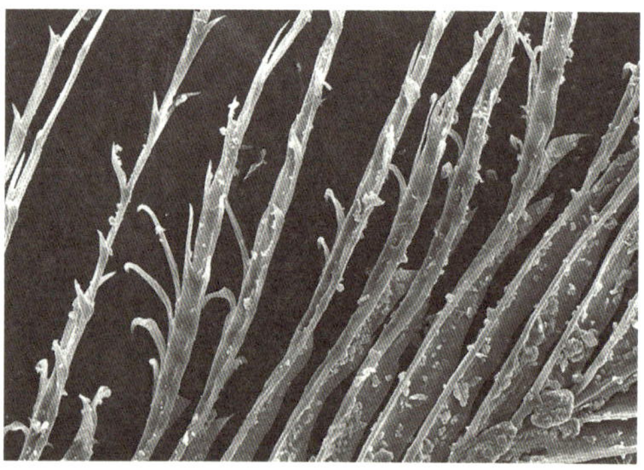

图五六　白马鸡羽枝末端（500倍）

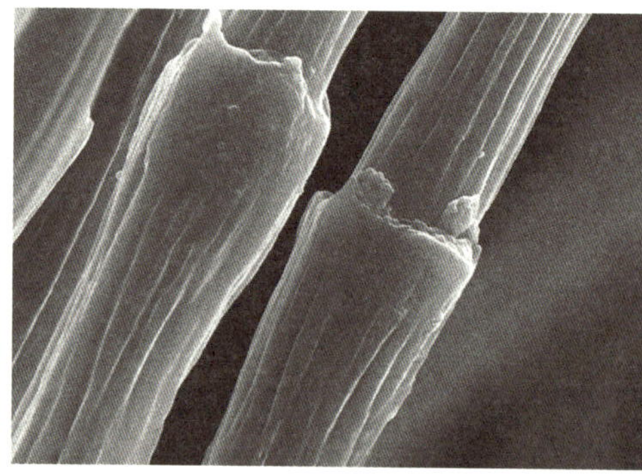

图五七　小羽枝结间（5500倍）

图五八　翠鸟毛（50倍）

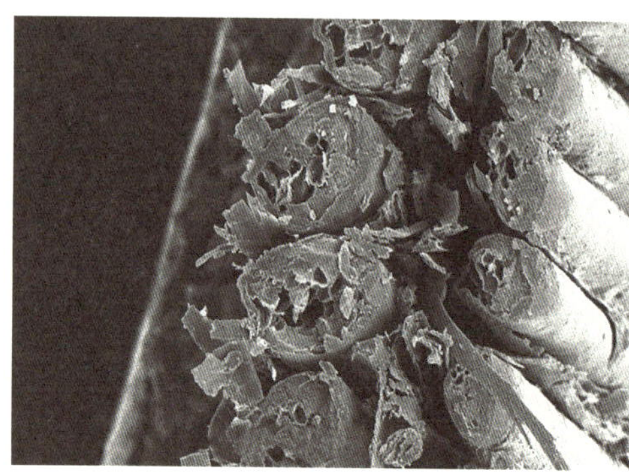

图五九　翠鸟毛横截面（500倍）

末端变尖（图五六），沿小羽枝可见特定区域出现膨大的区称为结节，膨大的区间称为结间（图五七）。扫描电镜下观察小羽枝纵向结构，虽然不同禽类的小羽枝结构有区别，但各种禽类的小羽枝显微结构大体上是类似的。如禽类小羽枝的横截面有一个共同特点就是髓腔结构（参见图五九），这一特征也是绒羽、纤羽截面的共同特征。因此无论从何种角度观察羽毛的结构都与羊毛结构有着本质区别。羽毛纱纤维的微观结构与羊毛相同，与禽类羽毛完全不是一种材料。

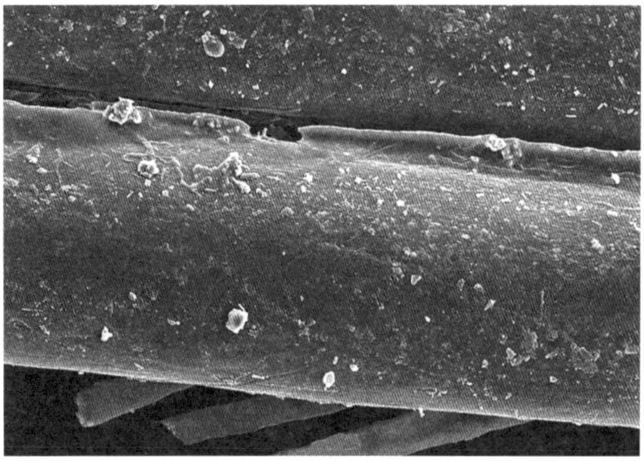

图六〇　翠鸟毛纵面（1000 倍）

按照宋朝赵汝适原著、杨博文校释的《诸蕃志校释》记载，“袆州右江亦产一种茸翠，其背毛悉是翠茸，穷侈者多以捻织，如毛段然”。这里提到的“翠茸”即翠鸟的羽毛。在中国古代有一种传统工艺叫做“点翠”，即将翠鸟的羽毛巧妙地粘贴在金银制成的金属底托上，由于翠鸟的羽毛色泽艳丽，再配上金边，使制成的首饰和工艺摆设显得高贵华丽。故宫博物院现存的许多文物中，都能看到“点翠”工艺的存在，我们找到了几根翠鸟毛（图五八）样品，进行扫描电镜分析，其横截面为髓腔结构（图五九），纵面也无鳞片状覆盖是羽毛的显微结构（图六〇），这就更进一步说明羽毛纱不是翠鸟羽毛捻成线编织而成的。

虽然在国家标准纺织纤维鉴别方法中并没有羽毛的标准图谱，但把史料记载的各类羽毛通过扫描电镜分析，观察其微观结构并与羽毛纱样品作比较，能够看出羽毛的羽小枝纵面有节、勾结构且无鳞片状覆盖，横截面都是有髓腔的。而羽毛纱的纵面有明显的鳞片覆盖，横截面近似圆形或椭圆形。通过对比可以得出肯定的结论——羽毛纱不是由鸟类羽毛编织的。

2. 红外分光光度法

红外分光光度法也叫红外吸收光谱法，使用的仪器为红外分光光度计。红外吸收光图谱是电磁光谱的一部分，是一种选择吸收性光谱，波长为 0.78 ～ 1000μm。当一定波长的红外光照射分子时，如果分子中某个基团的震动频率和它一样，光的能量通过分子偶极矩的变化传递给分子，这个基团就吸收了一定频率的红外光，用红外分光光度计可记录所得到的吸收谱带。除了单原子和同核分子外，几乎所有的有机化合物在红外区均有吸收，红外吸收的波长位置与吸收谱带的强度，可以用来鉴定未知物结构或确定其化学基团。各种组成纤维的化学基团不同，在红外吸收光谱中会出现这种纤维的特征吸收谱带，对纤维鉴别最有用的光谱是 2.5 ～ 15.4μm（波数 4000 ～ $650cm^{-1}$）。棉的标准红外吸收光谱图在 $1060cm^{-1}$ 两侧有五个连续的小吸收峰，这是它的特征吸收谱带（图六一）；羊毛红外标准图谱在 3350cm^{-1}、1640cm^{-1} 和 1510cm^{-1} 处有酰胺基引起的吸收峰（图六二）；桑蚕丝的红外标准图谱基本上与羊毛相似。但在 1222cm^{-1} 有个单一的不对称的吸收峰（图六三）。

我们对羽毛纱七个样品和黑颈鹤、白鹳及家鸡的尾羽，用红外吸收光谱法 FTIR（傅立叶变换红外吸收光谱仪 NiecoletImpact400D）作了红外吸收光谱分析。由检测结果可以看出，1 号和 2 号羽毛纱样品的经线图谱（图六四）与桑蚕丝的标准谱图相似；1 号、2 号的纬线及 3 号、4 号、5 号、6 号、7 号羽毛纱样品的经、纬线图谱（图六五）与羊毛的标准谱图相似。黑颈鹤羽毛的图谱（图六六）与桑蚕丝、羊毛的红外吸收光谱图（图六七）之间是存在差异的，可以清楚地看出，位于 3080cm^{-1} 和 1172cm^{-1} 处的谱带，丝明显强于羊毛和羽毛的谱带强度；而位于 1392cm^{-1} 处的谱带，羊毛明显强于丝和羽毛的谱带强度；位于 1693cm^{-1} 的谱带，羊毛表现出较为明显的肩峰，而羽毛却不明显。因此，可以根据上述三处谱带特征区分丝、羊毛和羽毛。由上可知，羽毛纱样品的红外吸收光谱结论与显微镜观察方法检测的结果是一致的。

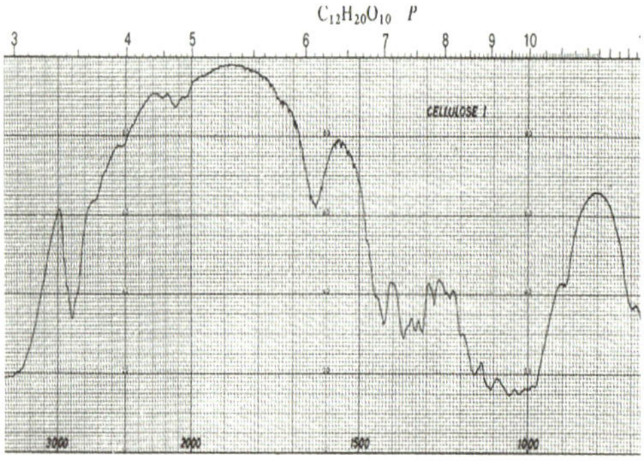

图六一　棉的标准红外吸收光谱图

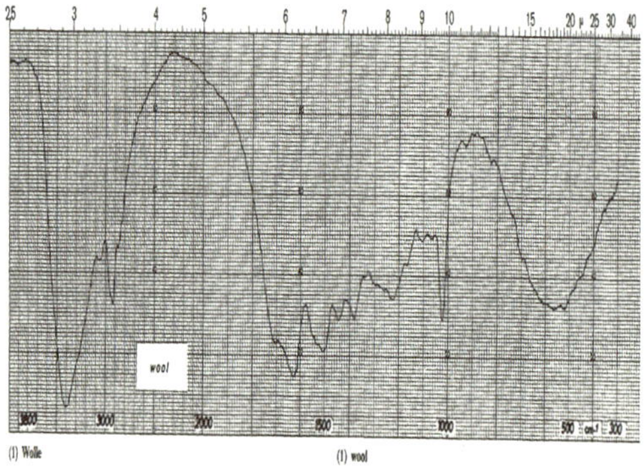

图六二　标准图谱集中羊毛的红外吸收光谱图

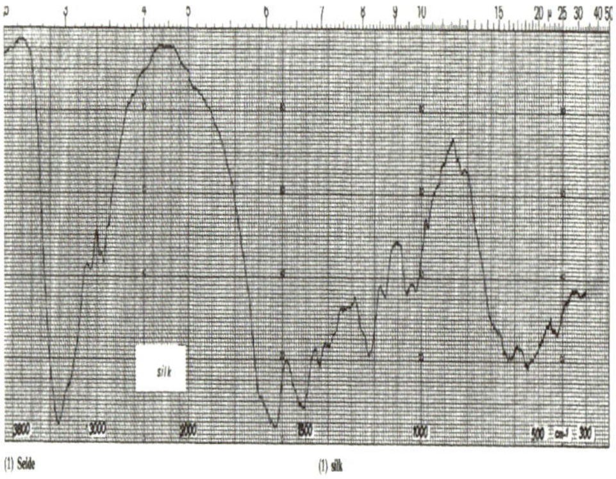

图六三　标准图谱集中丝的红外吸收光谱图

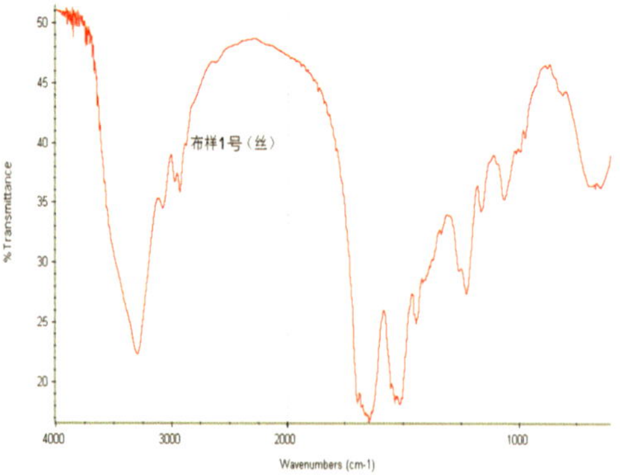

图六四　1 号经线丝红外吸收光谱图

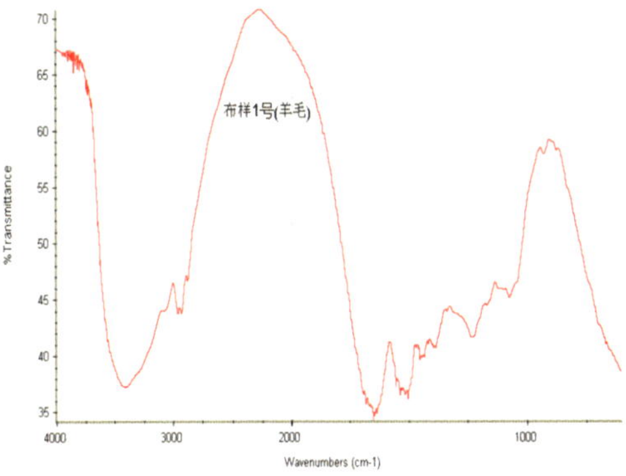

图六五　1 号纬线羊毛红外吸收光谱

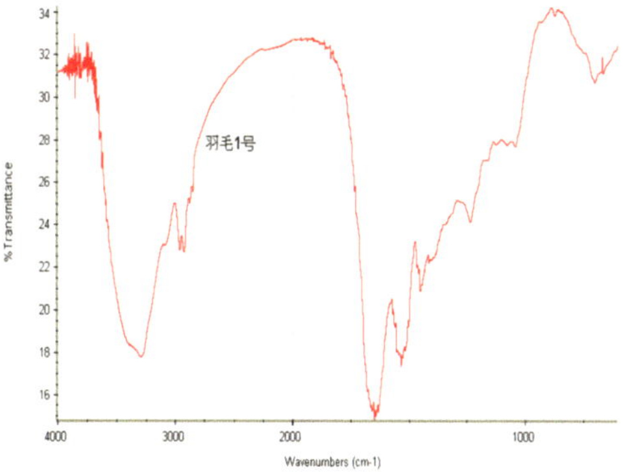

图六六　黑颈鹤羽毛红外吸收光谱图

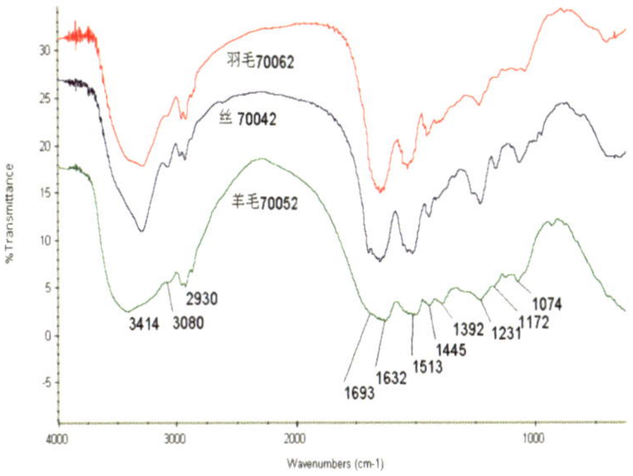

图六七　丝、羊毛、羽毛红外吸收光谱图

3. 燃烧法

FZ/T01057.2-1999《纺织纤维鉴别试验方法》中的“燃烧试验方法”是鉴别纤维的常用方法。纺织纤维的成分不同，燃烧过程中产生不同的现象，根据各种纤维距离火焰的远近不同，产生的不同现象（如燃烧的难易、速度）及燃烧时所产生的气味，燃烧后的残留物形态来辨别纤维类别，适用于鉴别各种纺织纤维的大类（表三、表四）。

表三　纤维的燃烧特征（标准）

项目 纤维	燃烧状态			燃烧气味	残留物特征
	靠近火焰时	接触火焰时	离开火焰时		
丝	熔并卷曲	卷曲、熔化、燃烧	略带闪光燃烧有时自灭	毛发燃味	呈松而脆的黑色颗粒
羊毛	熔并卷曲	卷曲、熔化、燃烧	燃烧缓慢有时自灭	毛发燃味	呈松而脆的黑色焦炭状
棉	不熔不缩	立即燃烧	迅速燃烧	纸燃味	呈细而柔的灰黑絮状
麻	不熔不缩	立即燃烧	迅速燃烧	纸燃味	呈细而柔的灰白絮状

表四　羽毛纱样品的燃烧特征

纤维＼项目		燃烧状态			燃烧气味	残留物特征	实验结果
		靠近火焰时	接触火焰时	离开火焰时			
1号	经线	熔并卷曲	卷曲、熔化、燃烧	略带闪光燃烧有时自灭	毛发燃味	呈松而脆的黑色颗粒	同桑蚕丝
	纬线	熔并卷曲	卷曲、熔化、燃烧	燃烧缓慢有时自灭	毛发燃味	呈松而脆的黑色焦炭状	同羊毛
2号	经线	熔并卷曲	卷曲、熔化、燃烧	略带闪光燃烧有时自灭	毛发燃味	呈松而脆的黑色颗粒	同桑蚕丝
	纬线	熔并卷曲	卷曲、熔化、燃烧	燃烧缓慢有时自灭	毛发燃味	呈松而脆的黑色	同羊毛
3号	经线	熔并卷曲	卷曲、熔化、燃烧	燃烧缓慢有时自灭	毛发燃味	呈松而脆的黑色焦炭状	同羊毛
	纬线	熔并卷曲	卷曲、熔化、燃烧	燃烧缓慢有时自灭	毛发燃味	呈松而脆的黑色焦炭状	同羊毛
4号	经线	熔并卷曲	卷曲、熔化、燃烧	燃烧缓慢有时自灭	毛发燃味	呈松而脆的黑色焦炭状	同羊毛
	纬线	熔并卷曲	卷曲、熔化、燃烧	燃烧缓慢有时自灭	毛发燃味	呈松而脆的黑色焦炭状	同羊毛
5号	经线	熔并卷曲	卷曲、熔化、燃烧	燃烧缓慢有时自灭	毛发燃味	呈松而脆的黑色焦炭状	同羊毛
	纬线	熔并卷曲	卷曲、熔化、燃烧	燃烧缓慢有时自灭	毛发燃味	呈松而脆的黑色焦炭状	同羊毛
6号	经线	熔并卷曲	卷曲、熔化、燃烧	燃烧缓慢有时自灭	毛发燃味	呈松而脆的黑色焦炭状	同羊毛
	纬线	熔并卷曲	卷曲、熔化、燃烧	燃烧缓慢有时自灭	毛发燃味	呈松而脆的黑色焦炭状	同羊毛
7号	经线	熔并卷曲	卷曲、熔化、燃烧	燃烧缓慢有时自灭	毛发燃味	呈松而脆的黑色焦炭状	同羊毛
	纬线	熔并卷曲	卷曲、熔化、燃烧	燃烧缓慢有时自灭	毛发燃味	呈松而脆的黑色焦炭状	同羊毛
羽毛		熔并卷曲	卷曲、熔化、燃烧	略带闪光燃烧有时自灭	毛发燃味	呈松而脆的黑色颗粒	同桑蚕丝

因桑蚕丝与羊毛的燃烧表象特征差别不大，结论是只能根据羽毛纱、羽毛在燃烧时的特征表象可判断其属蛋白质类纤维，非棉、麻织物。

4．溶解法

FZ/T01057.4-1999《纺织纤维鉴别试验方法》中的“溶解性试验方法”的原理是各种不同的纤维结构，在不同的化学溶剂中、不同的温度下溶解性是不同的。利用此原理可以确定各种纤维的品种（表五）。氢氧化钠（NaOH）是区分植物类纤维和蛋白质类纤维的试剂；不同浓度的盐酸（HCL）、硫酸（H_2SO_4）是区分丝与羊毛的试剂。方法是将100mg纤维试样置于烧杯中，注入10mL溶剂，在常温（24～30℃）下用玻璃棒搅拌5分钟，观察溶剂对纤维的溶解状况。分别拆下羽毛纱样品的经、纬线试验其溶解性（表六）。

表五 纤维溶解性能表（标准）

溶液 / 纤维	HCL 20%（室温）	HCL 36%（室温）	H_2SO_4 75%（室温）	H_2SO_4 98%（室温）	NaOH 5%
丝	微溶	溶解	溶解	不溶	溶解
羊毛	不溶	不溶	不溶	不溶	溶解

在使用《纺织纤维鉴别试验方法》中的“燃烧试验方法”的基础上，依照《纺织纤维鉴别试验方法》中的“溶解性试验方法”对羽毛纱样品进行了检测，实验结果支持显微镜观察法的检测结果。

表六 羽毛纱溶解性能表

溶液 / 纤维		HCL 20%（室温）	HCL 36%（室温）	H_2SO_4 75%（室温）	H_2SO_4 98%（室温）	NaOH 5%	实验结果
1号	经线	微溶	溶解	溶解	不溶	溶解	同桑蚕丝
	纬线	不溶	不溶	不溶	不溶	溶解	同羊毛
2号	经线	微溶	溶解	溶解	不溶	溶解	同桑蚕丝
	纬线	不溶	不溶	不溶	不溶	溶解	同羊毛
3号	经线	不溶	不溶	不溶	不溶	溶解	同羊毛
	纬线	不溶	不溶	不溶	不溶	溶解	同羊毛
4号	经线	不溶	不溶	不溶	不溶	溶解	同羊毛
	纬线	不溶	不溶	不溶	不溶	溶解	同羊毛
5号	经线	不溶	不溶	不溶	不溶	溶解	同羊毛
	纬线	不溶	不溶	不溶	不溶	溶解	同羊毛
6号	经线	不溶	不溶	不溶	不溶	溶解	同羊毛
	纬线	不溶	不溶	不溶	不溶	溶解	同羊毛
7号	经线	不溶	不溶	不溶	不溶	溶解	同羊毛
	纬线	不溶	不溶	不溶	不溶	溶解	同羊毛

对于七块羽毛纱样品的检测，除首选的显微镜观察法外，还采用了扫描电镜法、红外吸收光谱法、燃烧法、溶解法，所得结论相同。对于羽毛纱的纤维材质可以有一个定性结论：一种是100%羊毛产品；另一种经线为100%桑蚕丝与纬线100%羊毛的交织物。同时还利用扫描电镜及红外吸收光谱法，把史料记载的各类羽毛与羽毛纱样品作比较，发现羽毛与羽毛纱之间存在明显区别，此论据也否定了羽毛纱是禽类羽毛编织的说法。

总结

羽毛纱作为故宫博物院的一种纺织面料藏品，其来源、产地均有历史资料可资考证。但其材质自清代以来一直存有的疑问和争议且悬而未决。本项研究首先调查了羽毛纱现状，了解了故宫博物院现藏羽毛纱材质文物、资料的种类和数量，并选取了有代表性的羽毛纱样品。对于这些样品的研究采用自然科学的方法，利用多种现代仪器对样品材质进行检测分析，除首选的《国家纺织标准检测方法》中的显微镜观察法外，还采用了扫描电镜法、红外吸收光谱法、燃烧法、溶解法等多项实验方法，均得出相同的结论：羽毛纱是100%羊毛纤维织物或羊毛纤维与桑蚕丝纤维的交织物。为了验证检测结果的正确性，研究中还使用了扫描电镜和红外吸收光谱仪等现代分析仪器，对“羽毛”和羽毛纱纤维进行对比试验，发现羽毛与羽毛纱之间存在明显区别，此论据否定了羽毛纱是鸟类羽毛编织的说法。

此项研究结论不仅初步解决了历史上的悬疑问题，也为文物的保存、修复提供了重要的科学依据，同时，使我们重新认识了“羽毛纱”的价值。作为欧洲近代的纺织面料，在今天欧洲的博物馆中也存量很少，故宫博物院的这批羽毛纱面料是研究当时欧洲的纺织工艺和染料的珍贵资料。在故宫博物院藏品中原本定为桑蚕丝的文物，其中有一部分是羊毛织物，这一研究结果，增加了故宫博物院羊毛纺织品文物的数量。

本项研究将自然科学理论和研究方法引进文物鉴定学，与传统鉴定相结合，探索利用自然科学方法成功解决了历史悬疑问题，符合文物科技发展的大趋势。

附记：本文选自故宫博物院科研课题2005—9《羽毛纱材质分析研究》。课题研究过程中得到故宫博物院文保科技部宫廷部领导和同事们的大力支持，特此表示感谢！同时感谢陆寿麟老师、徐妮老师的指导和张恩权老师的帮助。

原载《故宫学刊》总第七辑，紫禁城出版社，2011年

故宫神武门琉璃瓦年代和产地的初步研究*

康葆强　王时伟　段鸿莺　陈铁梅　苗建民

内容提要： 故宫博物院是明清两代的皇宫，又称紫禁城，是世界上保存最完好的宫殿建筑群之一，保留了大量明清的建筑材料。区分明代和清代的建筑材料，是故宫古建筑研究与保护的重要内容。本文以故宫神武门大修中拆卸下的上层檐琉璃瓦件为研究对象，利用热释光测年技术对瓦件的年代进行测定，发现该类瓦件的热释光年代明显早于故宫清代瓦件；并通过X射线荧光法、X射线衍射法对神武门瓦件以及故宫清代琉璃瓦件的胎体元素组成、物相组成进行分析和比较，对神武门瓦件的年代进行了辅助判断。根据明代文献中北京宫殿用琉璃瓦件来自安徽太平府的记载，比较了神武门瓦件和安徽当涂琉璃窑出土的明代琉璃瓦件、南京明代报恩寺琉璃瓦件的胎体元素组成和物相组成，说明其胎土产地不是安徽当涂。根据神武门瓦件胎体中物相组成与故宫清代瓦件总体上相近的情况来看，其胎土可能产自北京门头沟。

关键词： 神武门　琉璃瓦　明代　年代　产地　门头沟

紫禁城始建于明永乐年间，历经正统到万历朝的大规模营建，又经清顺治、康熙、雍正、乾隆等朝的修缮、添建和改建，形成目前的规模。故宫博物院大修自2002年启动以来，武英殿、太和殿、神武门等一批古建筑陆续得到修缮。从揭下的琉璃瓦件当中，发现一批琉璃瓦件落有清代年款，如“雍正八年琉璃窑造斋戒宫用”“乾隆年制”“乾隆三十年春季造”“嘉庆十一年官窑敬造宣统年官琉璃窑造”[1]。有的瓦件上的款识为

第一作者：文保科技部，副研究馆员。

* 本项研究得到国家“十一五”重点科技支撑项目资助（课题编号2006BAK31B02）以及国家文物局课题资助（课题编号：20080217）。

1　古代琉璃构件保护与研究课题组：《清代剥釉琉璃瓦件施釉重烧的再研究》，《故宫博物院院刊》2008年第6期。

满文和汉文两种文字，也可由此判定为清代瓦件。但遗憾的是，至今仍未发现带有明代年款的琉璃瓦。

一　问题的提出

20 世纪 80 年代，古建筑专家考察紫禁城内的西南角楼、西华门、南薰殿几座明代建筑，发现了一些特殊形制的琉璃构件[1]，为判定明代琉璃瓦件奠定了基础。另外据考证，长春宫、储秀宫、钟粹宫以及神武门等古建筑，明清两代仅经过维修，并未改变明代初建时的构架形制[2]。神武门于 2006 年揭瓦修缮，使得本项工作得以开展。

神武门是紫禁城的北门，明永乐十八年（1420 年）建成[3]。神武门为重檐庑殿黄琉璃瓦顶。观察神武门大修中拆卸下的琉璃瓦件，发现上层檐为三样瓦，下层檐为四样瓦[4]。下层檐的瓦件，根据形制特征应为清代瓦件，本文暂不做研究。上层檐的勾头、滴水上的龙纹，与明代瓷器上的龙纹特征相似，而筒瓦和勾头瓦的熊头[5]部位有凸起的楞，被认为是明代瓦的特征[6]。神武门上层檐琉璃瓦件（以下简称神武门瓦件）是否为明代瓦件，是本文讨论的第一个问题。

本文利用热释光测年技术，对神武门瓦件以及故宫清代琉璃瓦件进行热释光测年。通过 X 射线荧光法、X 射线衍射法对神武门瓦件以及故宫清代琉璃瓦件的胎体元素组成、物相组成进行分析和比较，对神武门瓦件的年代进行辅助判断。

另外，关于北京明代宫殿所用琉璃瓦件的来源问题仍存在争议。据《天工开物》记载，“若皇家宫殿所用……其土必取于太平府，舟运三千里方达京师”[7]。该段资料表明，北京宫殿用琉璃需取自太平府（府治位于安徽省当涂县）[8]。是制瓦原料运送到北京，还是烧制好的成品运京，并不清楚。成书时间相近的《宛署杂记》记载：“对子槐山，在县西五十里。山产坩子土，堪烧琉璃。本朝设有琉璃厂，内官一员主之。”[9]“在县西五十里”指明代宛平县西五十里，现属于北京门头沟地区。目前门头沟琉璃渠村以西仍有“对子槐山”这个地名，该地还留有古矿洞遗

1　李全庆：《明代琉璃瓦、兽件分析》，《古建园林技术》1990 年第 1 期。

2　郑连章：《紫禁城钟粹宫建造年代考实》，《故宫博物院院刊》1984 年第 4 期。

3　孟凡人：《明代宫廷建筑史》，紫禁城出版社，2010 年。

4　按照琉璃瓦件大小分为十样，清代只有二样至九样。三样筒瓦的尺寸：长 36.8 厘米，宽 19.2 厘米，高 9.6 厘米；四样筒瓦的尺寸：长 35.2 厘米，宽 17.6 厘米，高 8.8 厘米。

5　熊头为筒瓦一端的榫头，与上面的另一块筒瓦相搭接。

6　前揭：《明代琉璃瓦、兽件分析》。

7　（明）宋应星著，潘吉星译注：《天工开物》，第 189 页，上海古籍出版社，2008 年。

8　郭红、靳润成：《中国行政区划通史 · 明代卷》，第 45 页，复旦大学出版社，2007 年。

9　（明）沈榜编著：《宛署杂记》，第 28 页，北京古籍出版社，1980 年。

址[1]。从古代文献记载来看，北京明代宫殿的琉璃瓦原料有“南方说”（安徽当涂）和“本地说”（北京门头沟）两种。“南方说”如果成立，琉璃瓦的成本必然很高。特别是在北京本地有烧造琉璃用原料的前提下，“南方说”就更让人费解。但是学术界仍不否定北京明代宫殿的琉璃瓦件可能来自南方[2]。

针对胎土原料的产地，通过比较神武门瓦件与安徽当涂琉璃窑出土的明代琉璃瓦件、南京明代报恩寺塔琉璃瓦件的胎体元素组成和物相组成，验证历史文献记载。

图一　神武门上层檐西山北侧勾头和滴水

图二　神武门上层檐黄釉筒瓦

二　研究样品

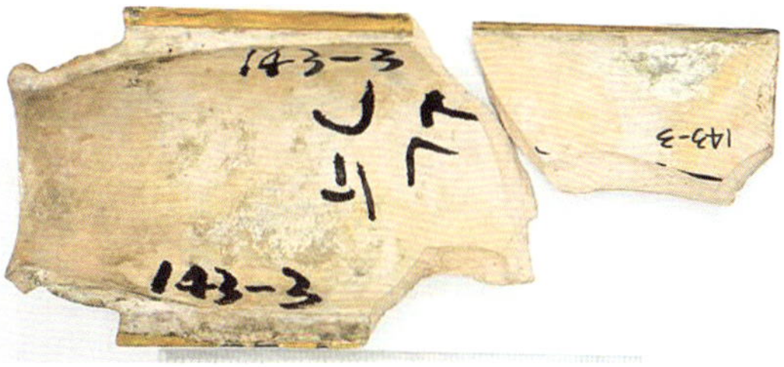

图三　神武门上层檐黄釉筒瓦露胎处

神武门上层檐琉璃瓦件的规格比较一致，瓦件内部露胎处未发现文字款识。胎呈粉红色，胎质细腻，未见到明显的颗粒物。釉色黄中发红，开片细密。勾头和滴水上的龙纹比例匀称，雕刻精美（图一、图二、图三）。

从神武门古建修缮过程中上层檐揭下的琉璃瓦件中，选取了5块筒瓦进行分析测试。为了对比，对故宫大修过程拆卸下的带有雍正、乾隆、嘉庆、宣统年款以及带有满文款识的瓦件进行了测试。

1　2007年9月，古代建筑琉璃构件保护与研究课题组在对子槐山南坡和北坡进行考察并采集了坩子土样品。

2　王光尧：《明代宫廷陶瓷史》，第313页，紫禁城出版社，2010年；胡汉生：《明十三陵》，第72、73页，中国青年出版社，1998年。

三　分析方法

（一）热释光测年

采用热释光前剂量饱和指数法测定样品的古剂量。测量仪器为：丹麦 Risø 国立实验室生产的型号为 Risø TL/OSL-DA-15 的全自动释光测定年代系统。每个样品都进行了年剂量的测定，方法为：^{40}K 测量用美国热电公司生产的 QuanX 型能量色散 X 荧光分析仪（EDXRF 分析），U、Th 含量是用英国 Littlemore 公司生产的 7286 型 α 计数仪。考虑了样品含水量对样品年代测定的影响，样品的含水率采用上海天平分析仪器厂生产的 DTG160 分析天平测得。因所测的大部分琉璃瓦样品处于重点古建文物保护的环境中，故无法测定其环境剂量。热释光年代由上海博物馆夏君定研究员测定。

（二）波长色散 X 荧光光谱法和 X 射线衍射法

采用波长色散 X 射线荧光法测试琉璃瓦胎体，方法的准确度和精确度见参考文献[1]。多元统计软件为 SPSS15.0，分析类型为主成分分析。

利用 X 射线衍射法对神武门琉璃瓦件、清代瓦件胎体和北京门头沟对子槐坩子土进行物相分析，实验条件见参考文献[2]。

四　分析结果

（一）热释光测年结果

表一为清代年款瓦件和神武门瓦件胎体的热释光结果。神武门上层檐的 5 块筒瓦因外观比较一致，因此只对一块筒瓦进行了测试。

根据历史年表，雍正八年（1730 年）瓦件（编号 1-1）的制作年代约为 1730 年，距今 277 年，其热释光年代为距今 220 年左右。乾隆年瓦件（编号 3-3）的制作年代应在 1736 ～ 1795 年，距今 271 ～ 212 年，热释光年代为 285 年。嘉庆三年（1798 年）瓦件（编号 11-2）的制作年代约为 1789 年，距今 218 年，热释光年代距今约 235 年。宣统年瓦件（编号 19-3）的制作年代约为 1909 ～ 1911 年，距今 98 ～ 96 年，热释光

1　《'09 古陶瓷科学技术 7：国际讨论会论文集》，第 119 ～ 124 页，上海科学技术文献出版社，2009 年。

2　康葆强、段鸿莺、丁银忠、李合、苗建民、赵长明、富品莹：《黄瓦窑琉璃构件胎釉原料及烧制工艺研究》，《南方文物》2009 年第 3 期。

年代为距今 95 年。铺户白守福款琉璃瓦件 (编号 37-2)，虽然没有清代年款，但满文和汉文两种文字的落款表明其年代为清代，热释光年代为距今 270 年。上述清代瓦件的制作年代和热释光年代总体上都比较相近，说明热释光前剂量饱和指数法能够得到合理的测年数据。而且可以看到，宣统年瓦件比雍正、乾隆、嘉庆年款的瓦件热释光年代晚一百多年，表明热释光技术能够区分清代早期和晚期的瓦件。但受到环境剂量测量等因素的影响，雍正、乾隆和嘉庆年瓦的测年结果相互重叠。神武门瓦件（编号 143-3）的热释光年代为距今 645 年，明显早于清代瓦件。

表一　神武门瓦件和清代琉璃瓦的热释光测年结果及相关年代信息

样品编号	款识	款识反映的朝代	款识反映的公元纪年	热释光年代	热释光年代对应的朝代
1–1	雍正八年琉璃窑造斋戒宫用	清代	1730 年（距今 277 年）	距今约 220 年	清代
3–3	乾隆年制	清代	1736 ~ 1795 年（距今 271 ~ 212 年）	距今约 285 年	清代
11–2	嘉庆三年	清代	1789 年（距今 218 年）	距今约 235 年	清代
19–3	宣统年官琉璃窑造	清代	1909 ~ 1911 年（距今 98 ~ 96 年）	距今约 95 年	清代
37–2	铺户白守福配色匠张台（满汉文）	清代	1644 ~ 1911 年（距今 363 ~ 96 年）	距今约 270 年	清代
143–3	无	可能为明代	可能为 1368 ~ 1644 年（距今 639 ~ 363 年）	距今约 645 年	元至明

（二）胎体的元素组成及多元数理统计

表二　神武门瓦件和故宫清代瓦件胎体的元素组成

（单位：wt%）

样品编号	年款	Na_2O	MgO	Al_2O_3	SiO_2	P_2O_5	K_2O	CaO	TiO_2	MnO	Fe_2O_3	LOI
143–11	无	2.18	0.48	28.62	60.62	0.07	2.88	0.82	1.22	0.02	1.39	1.52
143–3	无	2.14	0.50	28.31	60.80	0.07	2.88	0.85	1.19	0.02	1.43	1.61
143–5	无	2.12	0.45	28.52	60.86	0.06	2.96	0.70	1.21	0.02	1.36	1.54
143–6	无	1.91	0.56	28.08	60.82	0.07	3.21	0.86	1.21	0.02	1.48	1.58
143–9	无	2.11	0.51	28.23	60.69	0.07	3.06	0.93	1.20	0.02	1.41	1.57

样品编号	年款	Na_2O	MgO	Al_2O_3	SiO_2	P_2O_5	K_2O	CaO	TiO_2	MnO	Fe_2O_3	LOI
1–1	雍正	0.88	0.35	30.85	59.32	0.06	2.71	0.31	1.34	0.02	2.51	1.44
1–3	雍正	0.88	0.35	30.83	59.47	0.06	2.64	0.34	1.35	0.02	2.52	1.35
1–4	雍正	1.18	0.43	33.24	55.11	0.06	2.77	0.45	1.27	0.03	3.56	1.68
1–5	雍正	1.04	0.40	32.48	56.82	0.07	2.63	0.41	1.28	0.03	2.97	1.67
1–6	雍正	1.24	0.42	34.48	54.20	0.06	2.93	0.42	1.19	0.03	3.31	1.51
1–7	雍正	0.91	0.35	31.37	58.41	0.05	2.72	0.35	1.35	0.02	2.69	1.58
3–3	乾隆	1.25	0.44	31.08	58.32	0.05	3.24	0.66	1.22	0.02	1.89	1.62
3–10	乾隆	1.25	0.87	28.42	58.88	0.12	2.72	0.81	1.18	0.02	4.02	1.52
3–11	乾隆	1.30	0.44	31.13	58.03	0.05	3.29	0.79	1.20	0.02	1.94	1.64
3–13	乾隆	1.32	0.44	31.42	57.93	0.05	3.32	0.75	1.21	0.01	2.01	1.35
3–14	乾隆	1.02	0.50	29.04	60.07	0.06	3.98	0.34	1.42	0.03	1.93	1.40
172–1	乾隆	1.63	0.32	23.27	68.3	0.04	2.84	0.22	1.10	0	0.99	1.10
180–1	乾隆	1.49	0.48	23.61	66.58	0.06	2.98	0.40	1.07	0.01	1.72	1.39
11–1	嘉庆	1.22	0.30	23.92	67.92	0.05	2.98	0.18	1.08	0.01	0.88	1.24
11–2	嘉庆	1.24	0.35	23.84	67.86	0.06	2.93	0.27	1.09	0.01	0.88	1.27
11–3	嘉庆	1.28	0.39	24.05	67.36	0.05	3.02	0.22	1.08	0.01	0.83	1.51
15–1	嘉庆	1.69	0.28	24.63	66.69	0.05	2.93	0.23	1.13	0.01	1.10	1.04
18–1	嘉庆	1.67	0.29	24.80	66.35	0.08	2.92	0.27	1.12	0.01	1.14	1.15
18–3	嘉庆	1.75	0.30	24.73	66.51	0.05	2.88	0.23	1.13	0.01	1.12	1.09
19–2	宣统	1.03	0.29	20.97	70.69	0.05	2.77	0.23	1.09	0.02	1.67	0.98
19–3	宣统	1.03	0.29	20.97	70.73	0.05	2.81	0.23	1.10	0.01	1.65	0.92

注：LOI 代表样品的烧失量

从表二可以看出，神武门上层檐瓦件和清代瓦件胎体的主要成分都为 Al_2O_3、SiO_2，含一定量的 K_2O、Na_2O、CaO、MgO、Fe_2O_3、TiO_2。助熔成分中 K_2O、Na_2O 含量较高，CaO、MgO 含量较低。

根据表二的数据，清代瓦件按胎体中 Al_2O_3、SiO_2 含量可分为两类。第一类为雍正和部分乾隆年瓦件（称为乾隆Ⅰ型），Al_2O_3 含量 28% ～ 35%，SiO_2 含量 54% ～ 60%。第二类为另一部分乾隆年瓦件（称为乾隆Ⅱ型）及嘉庆、宣统年瓦件，Al_2O_3 含量 20% ～ 25%，SiO_2 含量 66% ～ 71%。神武门瓦件胎体 Al_2O_3 含量均值为 28.35%，SiO_2 均值为 60.76%，与清代第一类瓦件相近。

在助熔成分方面，神武门瓦件 Na_2O 的均值为 2.09%，CaO 的均值为 0.83%，MgO

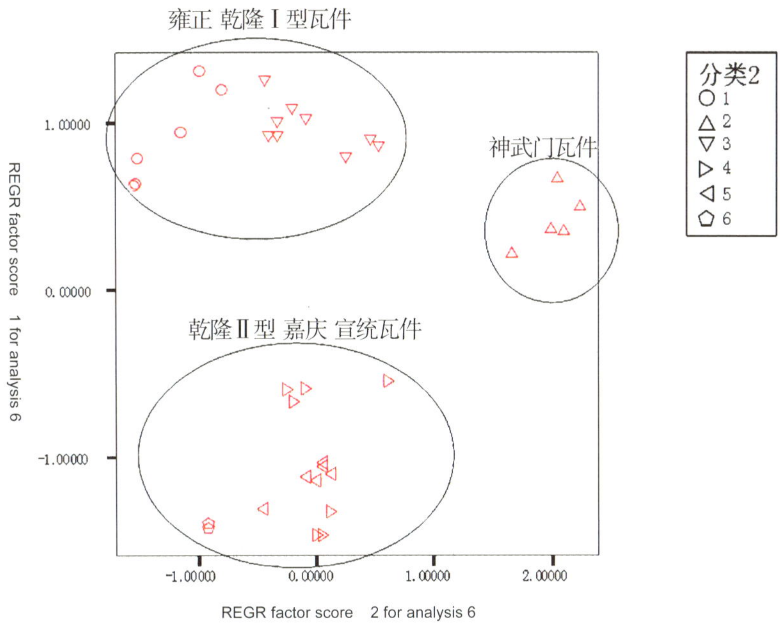

图四　神武门瓦件与故宫清代瓦件的主成分分析

（1 雍正；2 神武门瓦件；3 乾隆Ⅰ型；4 乾隆Ⅱ型；5 嘉庆；6 宣统）

的均值为 0.50%，K_2O 的均值为 3.00%。清代瓦件 Na_2O 的均值为 1.25%，CaO 的均值为 0.39%，MgO 的均值为 0.39%，K_2O 的均值为 2.95%。神武门瓦件的 Na_2O、CaO 含量均明显高于清代瓦件，MgO 含量略高于清代瓦件，K_2O 含量与清代瓦件相近。

为了全面地比较神武门瓦件与清代瓦件的胎体成分，利用多元数理统计对胎体成分进行了主成分分析（图四）。第一和第二主成分占总贡献的 77.63%，KMO 值为 0.22，分析的元素种类有 Na、Mg、Al、Si、K、Ca、Ti、Fe 共计 8 种元素。对第一主成分贡献较大的是 Si、Al、Ti。对第二主成分贡献较大的是 Na、Ca、Mg。从图四可以看出，故宫清代瓦件可以分为两类，雍正与乾隆Ⅰ型瓦件聚为一类，乾隆Ⅱ型瓦件与嘉庆、宣统年瓦件聚为另一类。神武门瓦件与两类清代瓦件分布在不同区域，在第一主成分和第二主成分与清代瓦件都有区别。

（三）胎体物相组成

样品 143-11、143-3 和 143-9 胎体的物相组成为石英、莫来石、金红石、钠长石和非晶相（表三）。样品 143-5 和 143-6 还有未完全分解的脱水叶蜡石和伊利石。脱水叶蜡石是叶蜡石 500 ～ 800℃受热形成的产物，在 1150℃分解消失[1]。样品中存在伊利石表明，其烧成温度应低于 1000℃[2]。

神武门瓦件胎体的物相组成总体上与故宫清代琉璃瓦胎体[3]一致。不同的是，在神武门瓦件中都发现钠长石，与胎体中 Na_2O 含量较高的特征一致。钠长石的熔融温度范围[4]在 1120 ～ 1250℃。从神武门瓦件胎体中都含有较多的钠长石来看，其烧成温度应低于这一温度范围。

表三　神武门瓦件胎体物相结果

样品编号	物相结果
143−11	石英、莫来石、金红石、钠长石、非晶相
143−3	石英、莫来石、金红石、钠长石、非晶相
143−5	石英、莫来石、金红石、钠长石、脱水叶蜡石、伊利石、非晶相
143−6	石英、莫来石、金红石、钠长石、脱水叶蜡石、伊利石、非晶相
143−9	石英、莫来石、金红石、钠长石、非晶相

五　讨论

神武门瓦件和清代瓦件的热释光测年结果、胎体成分和胎体物相分析结果表明，两类瓦件的热释光年代、胎体元素组成、胎体物相组成都有区别。再结合神武门木结构保持了较好的明代建筑形制，初步判断上层檐琉璃瓦件的年代可能为明代。第二个问题是，神武门瓦件的胎土原料是南方所产吗？

尽管对《天工开物》记载的太平府白土还没有分析测试，无法直接与神武门瓦件胎体的测试数据比较。但是，根据科技检测工作[5]，南京明代报恩寺琉璃构件和安徽明代当涂琉璃窑出土的瓦件为太平府白土所制。表四为安徽当涂、南京报恩寺塔以及北京故宫神武门琉璃瓦件胎体元素的分析结果。

1　张振禹、汪灵：《叶蜡石加热相变特征的 X 射线粉晶衍射分析》，《硅酸盐学报》vol.26，No.5，1998.

2　Prundence M. Rice, *Pottery Analysis*, The University of Chicago Press, 1987, p92.

3　段鸿莺、康葆强、丁银忠、窦一村、苗建民：《北京清代官式琉璃构件胎体的工艺研究》，《建筑材料学报》2012 年第 3 期。

4　李家驹：《陶瓷工艺学》，第 59 页，中国轻工业出版社，2009 年。

5　丁银忠、段鸿莺、康葆强、吴军明、苗建民：《南京报恩寺塔琉璃构件胎体原料来源的科技研究》，《中国陶瓷》2011 年第 1 期。

表四　安徽、南京、故宫神武门琉璃瓦件胎体元素平均值

（单位：wt%）

样品来源	样品个数	Na_2O	MgO	Al_2O_3	SiO_2	P_2O_5	K_2O	CaO	TiO_2	MnO	Fe_2O_3	LOI
安徽当涂	6	0.34	0.80	20.52	69.60	0.06	3.89	0.24	0.94	0.02	1.86	1.50
南京报恩寺塔	5	0.35	0.71	19.66	70.71	0.05	4.08	0.21	0.92	0.02	1.84	1.23
故宫神武门	5	2.09	0.50	28.35	60.76	0.07	3.00	0.83	1.21	0.02	1.41	1.56

从表四可以看出，安徽当涂琉璃窑出土的琉璃构件与南京报恩寺琉璃的胎体成分一致，主要成分是约为 70% 的 SiO_2、20% 的 Al_2O_3、4% 的 K_2O 和 1.8% 的 Fe_2O_3。神武门瓦件与安徽、南京样品相比，Al_2O_3 含量高 8% 左右，SiO_2 含量低 10%，Na_2O 含量也较高。从胎体元素组成来看，神武门瓦件与安徽、南京明代琉璃瓦件有较大差别。

从物相组成上，安徽和南京琉璃瓦胎体含石英、莫来石、金红石、伊利石等[1]，未检出脱水叶蜡石和钠长石。而在神武门瓦件胎体中均检出钠长石，个别样品还发现脱水叶蜡石。脱水叶蜡石的存在说明神武门瓦件的胎体制作原料中含叶蜡石。叶蜡石在中国古代制瓷原料中并不常见。从发表的数据来看，仅在东北地区辽三彩的化妆土中有发现[2]。在故宫清代琉璃瓦胎体[3]中发现脱水叶蜡石。因此，在神武门瓦件胎体中发现脱水叶蜡石表明，其胎土原料可能与故宫清代琉璃瓦一样，也产自北京门头沟[4]，而不是安徽当涂。为了验证这一判断，我们从明代《宛署杂记》记载的对子槐山（现位于北京门头沟琉璃渠村西）采集了几种坩子土样品，进行 X 射线衍射分析，发现一些坩子土样品中含有叶蜡石（图五）。图五中坩子土样品的主要物相为石英、白云母、叶蜡石、金红石和少量高岭石。

综上，故宫神武门瓦件胎体元素组成与安徽当涂、南京报恩寺塔的琉璃胎体相差较大。在物相组成上，除了含有与安徽、南京样品相同的石英、莫来石和金红石，还有钠长石和脱水叶蜡石。从元素组成和物相组成上看，神武门瓦件胎体原料不是安徽当涂所产。另一方面，神武门瓦件中含有脱水叶蜡石表明，其胎体制作原料含叶蜡石。这一特征与故宫清代琉璃瓦一致。因此，神武门瓦件的胎体原料可能为北京门头沟地区的坩子土。

1　前揭《南京报恩寺塔琉璃构件胎体原料来源的科技研究》。

2　辽宁省硅酸盐研究所：《中国古代陶瓷科学技术国际研讨会论文集》，1985 年。

3　前揭《北京清代官式琉璃构件胎体的工艺研究》，第 431 页，图 1。

4　张吉午纂修，阎崇年校注：《康熙顺天府志》，第 42 页，中华书局，2009 年。“货类：……琉璃出宛平县。”

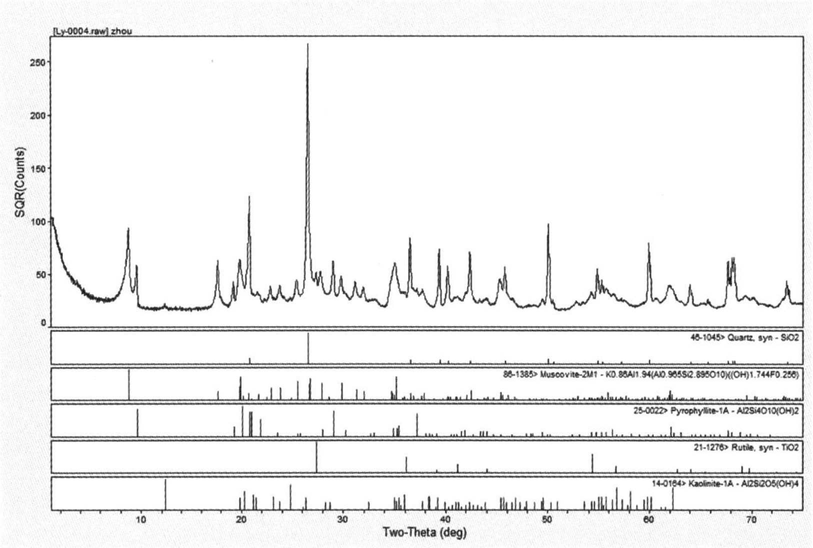

图五　门头沟对子槐坩子土物相结果

六　结论及将来的工作

通过比较神武门瓦件与故宫清代瓦件胎体的热释光测年结果、胎体元素和物相组成，初步判定神武门上层檐瓦件为明代瓦件，主要依据如下：

第一，神武门瓦件胎体的热释光年代明显早于清雍正、乾隆和嘉庆年瓦件。

第二，胎体成分的多元统计分析结果中，神武门瓦件与清代雍正、乾隆、嘉庆和宣统年瓦件相比，单独聚为一类。神武门瓦件胎体 Na_2O、CaO 含量明显高于清代瓦件，且物相组成中均含有钠长石，可与清代瓦件区分。

针对明代文献中北京宫殿用琉璃瓦件来自安徽太平府的记载，比较了神武门瓦件胎体与安徽当涂明代琉璃窑出土的琉璃瓦件、南京明报恩寺琉璃的胎体元素组成和物相组成，发现有较大差异，不支持神武门瓦件的胎土原料来自安徽当涂。在神武门瓦件胎体中发现脱水叶蜡石表明，其胎土原料的产地可能为北京门头沟。

因热释光测年技术存在一定的测量误差，明代样品的热释光数据仅有一个，神武门瓦件的年代判定仍需要其他证据，包括比较琉璃勾头和滴水上的纹饰风格等。我们在英国牛津大学 Pitt Rivers 博物馆发现了一块黄釉龙纹勾头，与神武门琉璃勾头上的龙纹造型一致。经该馆工作人员确认，该件勾头来自北京明代墓葬，是英国人类学家 James Edge Partington 于 1912 年捐赠给该馆的。该件明代龙纹勾头为故宫神武门瓦件的年代提供了另外一个证据。

将来的工作还包括：进一步调查该类型瓦件在故宫、明十三陵以及京郊寺庙的分布情况，考证瓦件与建筑的关系，进一步探明该类瓦件的年代，比如是明代早期，还是明代晚期。如果为明代早期，它与南京明故宫的瓦件在纹饰造型上的继承关系等。另外，北京地区明代琉璃窑的面貌还有待进一步揭示。

附记：特别感谢故宫博物院古建部黄占均提供神武门大修的相关背景信息，英国威斯敏斯特大学陶瓷学教授Nigel Wood帮助确认英国牛津大学Pitt Rivers博物馆明代琉璃勾头的来源。

原载《故宫学刊》总第十辑，故宫出版社，2013年

古代钧台窑钧釉“蚯蚓走泥纹”的成因探析*

李　媛　苗建民　孙新民　冯小琦　贾　翠

内容提要：通过对河南省禹县钧台窑出土钧瓷残片上“蚯蚓走泥纹”的显微结构、元素组成及烧成温度研究，探究了“蚯蚓走泥纹”的形成原因和组成特征。研究表明：钧台窑出土的宋代官钧瓷片上“蚯蚓走泥纹”不同于青瓷与琉璃构件釉面的开片和裂纹，后者是器物冷却时因胎釉膨胀系数不同而导致的，前者形成于釉料干燥或预热阶段，是釉层水分蒸发使釉料收缩过大而出现初始裂纹，然后烧制过程中由釉料中的最易熔组分的填充而成。随着烧成温度升高，保温时间加长，“蚯蚓走泥纹”由深变浅，呈现逐渐淡化消失的趋势；“蚯蚓走泥纹”部位的CaO及着色元素Fe_2O_3含量均高于周围釉质，从而使“蚯蚓走泥纹”在元素组成和外观上有异于釉面其他区域。

关键词：钧瓷　蚯蚓走泥纹　元素分析　烧制工艺

引言

钧瓷是我国古代著名的瓷器品种之一。目前在故宫博物院的藏品中有一部分陈设类钧瓷，包括出戟尊、鼓钉洗、各式花盆与盆托，等等，主要是当时用于陈设及种植花草并在底部刻印有一至十的数目字的钧瓷[1]。这类钧瓷制作精致，形制规范有序，其所特有的多彩釉色及神秘的窑变常为人们所津津乐道和喜爱。其窑址在今河南省禹县境内，因临近夏代禹王会盟诸侯的钧台，故又称“钧台窑”。1974年河南省博物馆对其进行了发掘[2]，出土了大量瓷器和瓷片标本，传统上称其为宋代官钧。

第一作者：文保科技部，副研究馆员。

* 本项研究得到了国家文物局文物保护科学和技术研究重点课题（课题编号：20120218）《窑变成因与钧瓷窑变釉的形成机理》的资助。

1 冯先铭、冯小琦：《宋官窑瓷器及其仿品》，《收藏家》1997年第1期。

2 赵青云：《河南禹县钧台窑的发掘》，《文物》1975年第6期。

无论是收藏于国内外各大博物馆的陈设类钧窑完整器物，还是禹县考古发掘出土的大量陈设类瓷片标本，在其釉面上常可见到一些不规则呈流动状的线段，其形似蚯蚓在雨后泥土地上走过的痕迹，因而亦被称作“蚯蚓走泥纹”。而在宋元时期民窑的日用类钧瓷以及后期明清仿钧的釉面上很少见到“蚯蚓走泥纹”的现象，因此，这个特征也常被古陶瓷专家作为鉴定古代官钧的重要特征之一[1]。

以往人们多是通过工艺实践来认识和了解“蚯蚓走泥纹”[2、3]，即通过改变釉料配方、釉料粒度、釉层厚度、施釉方法、烧成方法来人为地刻意仿制“蚯蚓走泥纹”。此外，在现有的文献中，尚缺乏对古代陈设类钧瓷样品“蚯蚓走泥纹”的微观结构、元素组成以及形成原因的科技分析。

本文利用光学显微镜（OM）、扫描电子显微镜及能谱（SEM-EDS）、X 射线能量色散谱仪（EDXRF）和热分析（DTA），对河南禹县钧台窑出土的陈设类钧瓷釉面上“蚯蚓走泥纹”元素组成、显微结构以及烧成温度进行分析，总结“蚯蚓走泥纹”的元素组成和显微结构特点，探讨形成“蚯蚓走泥纹”工艺方面的影响因素。

一　样品和实验仪器

（一）两片钧瓷样品的外观

本文所测试钧瓷样品取自河南省禹县宋代钧台窑遗址，由河南省文物考古研究所提供，共 2 件，样品标号为 JS-29# 和 JS-30#。在这 2 件残片上，可明显观察到分布在釉层表面的“蚯蚓走泥纹”。

（1）JS-29# 样品。器物口沿残片，里外壁釉均为天蓝色釉，釉面光亮润泽，乳浊感强，里外壁釉层厚均约为 1 毫米，胎体致密有光泽，呈浅灰色，夹杂有少量的小气孔，胎体厚度约为 7 毫米。在大小约为 5 厘米 ×4 厘米的瓷片标本釉面上分布着 8 条长短不一的“蚯蚓走泥纹”，最长者贯穿整个瓷片标本，约为 5 厘米，这些条纹多为自器物口沿开始向器物底足方向延伸，彼此之间多平行分布，其条纹颜色明显较周围颜色更深更蓝（图一：JS-29#）。该样品内外壁釉面上均分布有“蚯蚓走泥纹”。

（2）JS-30# 样品。鼓钉洗口沿残片，鼓钉洗是宋代钧窑代表性器型之一。除口沿、鼓钉处釉层稀薄、釉色泛黄外，其余外壁釉为玫瑰紫色，是宋代钧窑钧红釉中最具代表性的釉色，釉面光亮润泽，乳浊感强，外壁釉层厚度约为 1 毫米，胎体致密有光泽，

1　吕成龙：《雍正朝仿宋钧窑瓷器鉴定要领》，《收藏家》1996 年第 10 期。

2　苗长强、苗锡锦：《论钧釉中的蚯蚓走泥纹》，《中国古陶瓷研究》2005 年第 11 期。

3　李铧：《宋代钧窑釉中“蚯蚓走泥纹”的成因探讨》，《中国古陶瓷研究》2001 年第 7 期。

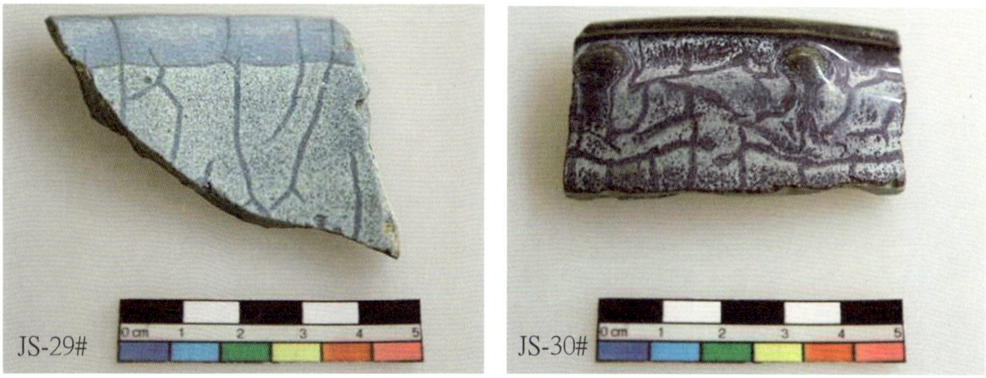

图一　河南禹县钧台窑出土钧窑样品标本

呈浅灰白色，夹杂有扁长形的小气孔，厚度约为 4 毫米。在其 6 厘米 ×3 厘米的表面上分布十余条长短不一的“蚯蚓走泥纹”。与 JS-29# 不同的是，此样品的“蚯蚓走泥纹”彼此间交错分布，既包括自口沿向底足方向的条纹，也包括与口沿平行的条纹，且最长条纹也仅为 3 厘米，其条纹颜色也明显较周围釉色更深更红（图一：JS-30#）。该样品仅在外壁釉面上分布有“蚯蚓走泥纹”。

此外，本文还选取了浙江杭州老虎洞窑址出土的南宋官窑青釉瓷片和紫禁城清代建筑琉璃构件标本作为比较。

（二）测试仪器及方法

采用德国 Leica 公司 MZ16A 型实体显微镜，观察样品瓷釉“蚯蚓走泥纹”及其周围釉层的显微结构特征。

采用美国 FEI 公司 Quanta600 大样品室环境扫描电子显微镜（SEM）及所配美国 EDAX 公司的 General 型 X 射线能谱仪，测试样品“蚯蚓走泥纹”部位和其周围釉层以及胎釉中间层的显微结构和微区元素组成。

采用德国耐驰公司的 DIL-402C 型热膨胀分析仪，样品尺寸 25 毫米 ×5 毫米 ×5 毫米，在空气气氛中以 5℃ / 分的升温速率升温，测量胎体的热膨胀曲线，由此确定样品的烧成温度。

采用美国 EDAX 公司的 Eagle Ⅲ大样品室 X 射线能谱仪，测试样品“蚯蚓走泥纹”部位和其周围釉层中着色元素 CuO 含量。

1 南宋老虎洞官窑青瓷釉面裂纹表面

2 南宋老虎洞官窑青瓷釉面裂纹断面

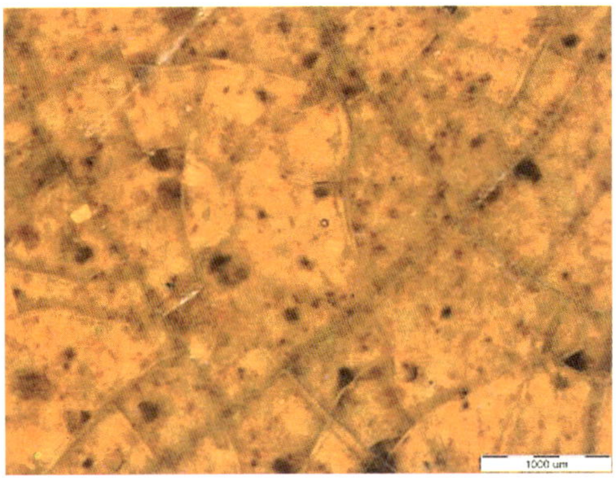

3 紫禁城清代建筑琉璃构件釉面裂纹表面

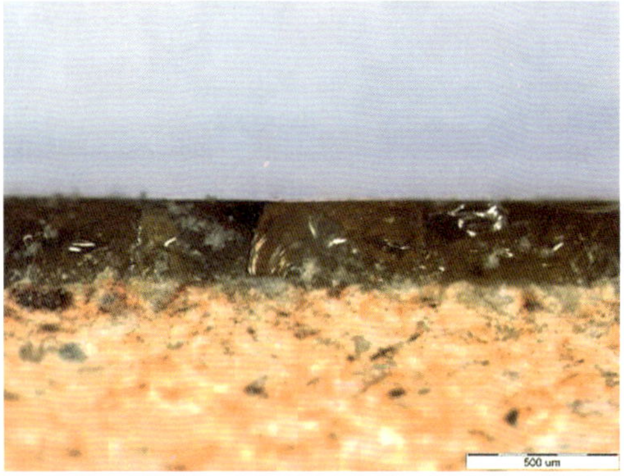

4 紫禁城清代建筑琉璃构件釉面裂纹断面

图二 一般陶瓷器釉面裂纹显微结构（OM），×30

二 结果与讨论

（一）“蚯蚓走泥纹”光学显微结构分析

为了与一般陶瓷器釉面上的开片与裂纹作比较，我们首先通过光学显微镜对老虎洞窑址出土的南宋官窑青釉瓷片和紫禁城清代建筑琉璃构件标本进行了观察（图二）。官窑青瓷和清代建筑琉璃构件的裂纹贯穿整个釉层，裂纹宽度小，断面光滑，裂纹内除少量因保存环境所引起的或后期人为添加的附着物[1]以外，不存在其他物质，而且一般情况下，裂纹与周围釉层不存在明显的颜色差异。

图三是 JS-29# 和 JS-30# 样品的表面光学显微照片。从中可清晰地看到，这两个样品表面“蚯蚓走泥纹”颜色较其周围釉色均略深一些，且玻璃感强。同时还可观察到在“蚯蚓走泥纹”周围的釉内分布有较多白色的形似棉絮状物质。对比两个样品中“蚯

1 张福康：《中国古陶瓷的科学》，第 65、66 页，上海人民美术出版社，2000 年。

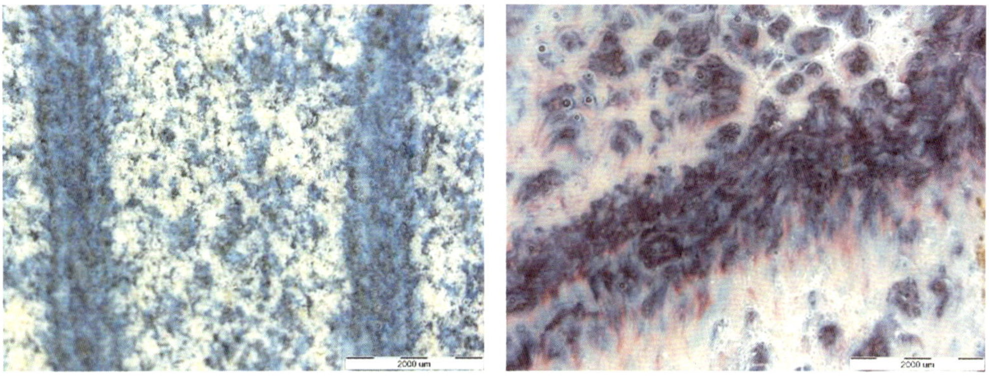

图三　"蚯蚓走泥纹"表面显微结构（OM），×20

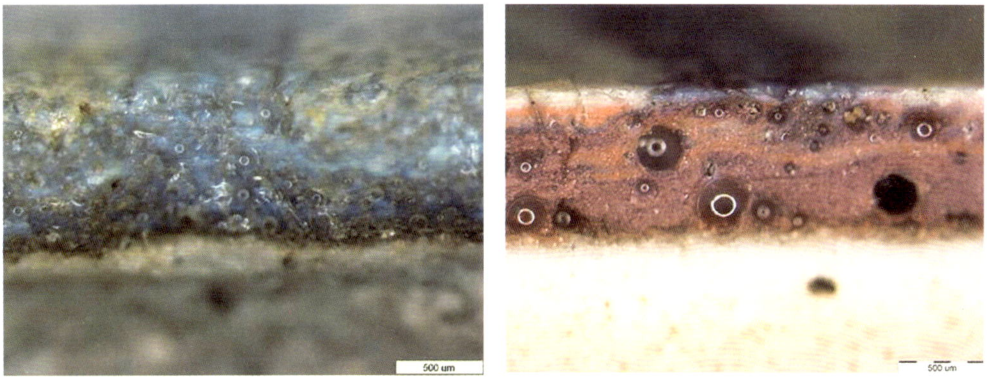

图四　"蚯蚓走泥纹"的断面显微结构（小角度倾斜拍摄，瓷片的上表面隐约可见）（OM），×50

蚓走泥纹"与周围釉质的边缘界线，JS-29# 样品的界线较为笔直，而 JS-30# 样品的界线则呈波动性。

图四是 JS-29# 和 JS-30# 样品的断面光学显微照片。从中可知 JS-29# 样品"蚯蚓走泥纹"与周围釉质的分界线贯穿整个釉层，其较强的玻璃质感呈现出更深的蓝色，与周围的乳浊感釉质形成鲜明对比。与 JS-29# 颇为不同的是，JS-30# 样品的"蚯蚓走泥纹"则仅存在于釉表层的部位，而未贯穿整个釉层。在薄层的"蚯蚓走泥纹"以下的整体釉层结构则较为均匀一致，此外还可观察到大量大小不等的气泡分布在釉中。

在陶瓷生产过程中，釉面裂纹是陶瓷制品最常见、最主要的缺陷之一[1]。绝大部分情况下裂纹形成于陶瓷烧制的冷却阶段，以及在器物出窑后的几天、几周甚至几月。此类裂纹之所以被称为开片，是由于陶瓷胎体与釉层两者间热膨胀系数的差别所

1　李家驹：《陶瓷工艺学》，第 498 页，中国轻工业出版社，2009 年。

致[1]。南宋官窑青瓷和清代建筑琉璃构件的釉面裂纹即属于此类[2、3]，所产生裂纹的特征是：裂口锋利，断面光滑；而钧瓷的“蚯蚓走泥纹”却起于釉料干燥阶段或未达到最高烧成温度范围之前的预热阶段，此时，由于釉料中的水分被胎体吸收和不断蒸发，釉料收缩过大而形成一定宽度的初始裂纹，在升温阶段的后期熔融的釉料填充到初始裂纹中，这类裂纹特征是：裂口边缘圆滑，裂缝中可能有流釉[4]。上述光学显微的观察显示，钧釉“蚯蚓走泥纹”显微结构完全不同于上述官窑青瓷和建筑琉璃构件的裂纹特征。

（二）“蚯蚓走泥纹”及其周围釉层微区 SEM-EDS 分析

利用扫描电子显微镜对釉层表面的“蚯蚓走泥纹”及其周围釉层进行了电子背散射观察（图五），可见两个样品“蚯蚓走泥纹”区域较其周围釉质更为明亮，由于背散射电子图像的明度与样品平均原子序数正相关，即平均原子序数大则亮度高，反之则亮度低，因此可知“蚯蚓走泥纹”区域平均原子序数要大于其周围釉质。

利用扫描电镜所配能谱仪对“蚯蚓走泥纹”部位及其周围釉质进行了主次量元素组成测试，并利用 X 射线能量色散能谱仪对“蚯蚓走泥纹”部位及其周围釉质中着色元素 CuO 含量进行了测试，测试结果均列于表一中。

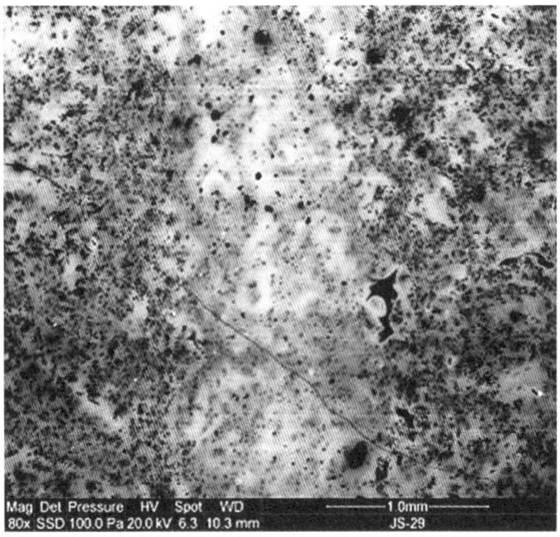

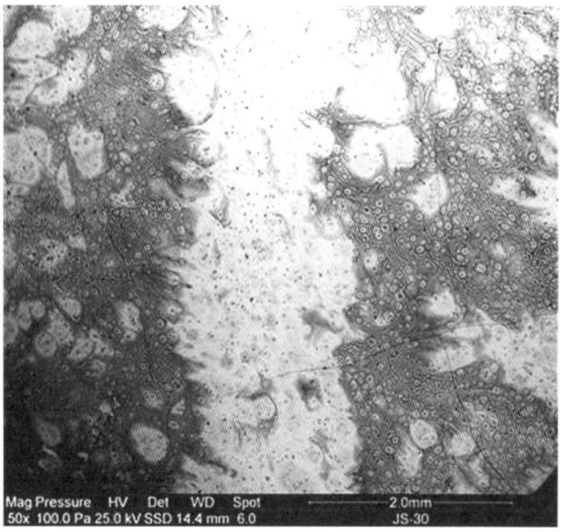

图五 “蚯蚓走泥纹”表面电子背散射图像（JS-29#：×80；JS-30#：×50）

---

1 前揭《陶瓷工艺学》，第 206 页。

2 李家治：《简论官哥二窑》，第 75 页，科学出版社，2007 年。

3 苗建民、王时伟等：《古代建筑琉璃构件剥釉机理内在因素研究》，《故宫博物院院刊》2008 年第 5 期。

4 前揭《陶瓷工艺学》，第 513 页。

表一 "蚯蚓走泥纹"及其周围釉料平均化学组成

（单位：wt%）

样品编号	测试部位	Na_2O	MgO	Al_2O_3	SiO_2	K_2O	CaO	TiO_2	Fe_2O_3	CuO
JS-29#	"蚯蚓走泥纹"	0.58	1.01	10.45	72.29	4.64	7.55	0.55	2.93	0.01
	"蚯蚓走泥纹"周围釉质	0.60	0.80	10.51	74.99	4.85	5.90	0.31	2.05	0.01
JS-30#	"蚯蚓走泥纹"	0.30	1.16	10.25	68.92	4.11	9.49	0.30	5.46	0.15
	"蚯蚓走泥纹"周围釉质	1.57	1.73	11.57	71.56	4.43	6.19	0.30	2.67	0.15

从以上 EDS 数据可知，两个样品"蚯蚓走泥纹"与周围釉质元素组成中，除 CaO、Fe_2O_3 和 SiO_2 的含量差别较大外，其余元素含量相差不显著。由于在陶瓷釉料中，CaO、Fe_2O_3 均为助熔剂，可以降低釉料的高温黏度[1、2]，由此可知"蚯蚓走泥纹"区域实际上是高温时，黏度较小的釉料组分流入初始裂纹中而留下的痕迹。这就导致了"蚯蚓走泥纹"处比周围釉面更高的 Fe、Ca 和较低的 Si，因此平均原子序数较高，并在外观上形成了颜色更深和玻璃质感更强的效果。但 JS-30# 样品"蚯蚓走泥纹"较周围釉质颜色偏红的原因，还将有待进一步研究。

陶瓷胎釉的显微结构与原料、制作工艺、热历史有着极为密切的关系。对"蚯蚓走泥纹"周围釉质进行了进一步观察和 EDS 分析（图六）。其中，JS-29# 样品"蚯蚓走泥纹"周围釉质中分布着大量微小的针状晶体，因其尺寸微小，电镜能谱尚不能准

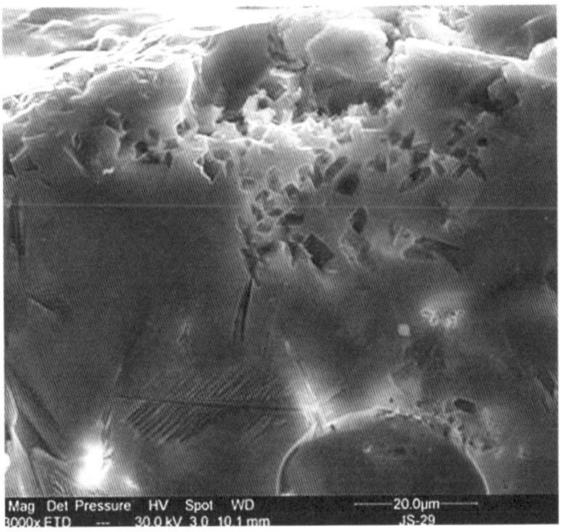

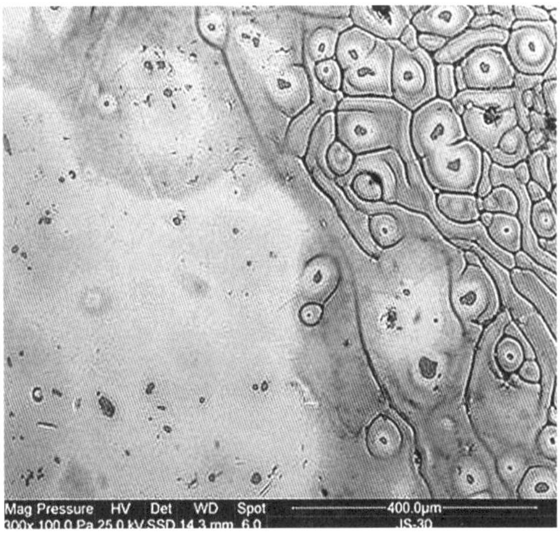

图六 "蚯蚓走泥纹"周围釉层的电子背散射图像（JS－29＃：×3000；JS－30＃：×300）

1 赵彦钊：《玻璃工艺学》，第 26 页，化学工业出版社，2006 年。

2 王琦：《无机非金属材料工艺学》，第 34 页，中国建材工业出版社，2005 年。

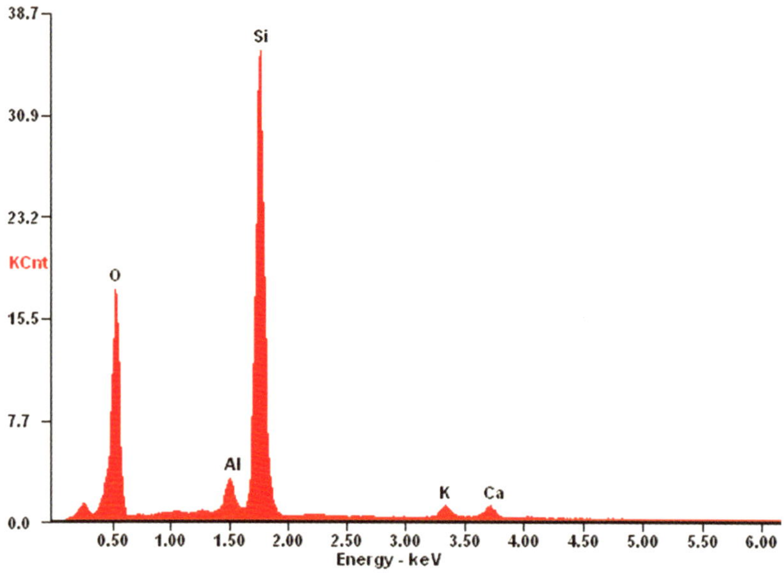

图七　JS–30#“蚯蚓走泥纹”周围釉质残余颗粒化学元素能谱

确确定是什么晶体；而在JS-30#样品“蚯蚓走泥纹”周围釉质中则分布着大量的残余石英（图七），因而，通过光学显微镜可观察到“蚯蚓走泥纹”周围呈现出强烈的乳浊不透明感。

对样品釉面多条“蚯蚓走泥纹”的宽度、深度以及釉层的厚度和胎体烧成温度进行了测量，如表二所示。从表二可知，JS-29#和JS-30#样品胎体的烧成温度相差不大，但二者釉面“蚯蚓走泥纹”平均深度差别比较大，分别为850μm和65μm，我们推测“蚯蚓走泥纹”的深度大小可能与保温时间的长短有关，JS-29#样品的保温时间要短于JS-30#样品。

表二　样品釉厚与“蚯蚓走泥纹”宽度和厚度及烧成温度

样品	釉色	平均釉厚／μm	“蚯蚓走泥纹”平均宽度／mm	“蚯蚓走泥纹”平均深度／μm	烧成温度／℃
JS–29#	蓝色	920	1.0	850	1290±20
JS–30#	紫红色	850	1.6	65	1310±20

通过扫描电镜观察样品胎釉中间层的背散射照片（图八）可知，JS-29#和JS-30#样品胎釉反应层中均有晶体形成，不同的是，JS-30#样品胎釉中间层所形成的晶体的长度远大于JS-29#样品胎釉中间层中的晶体。一般而言，中间层是陶瓷坯釉反应的产

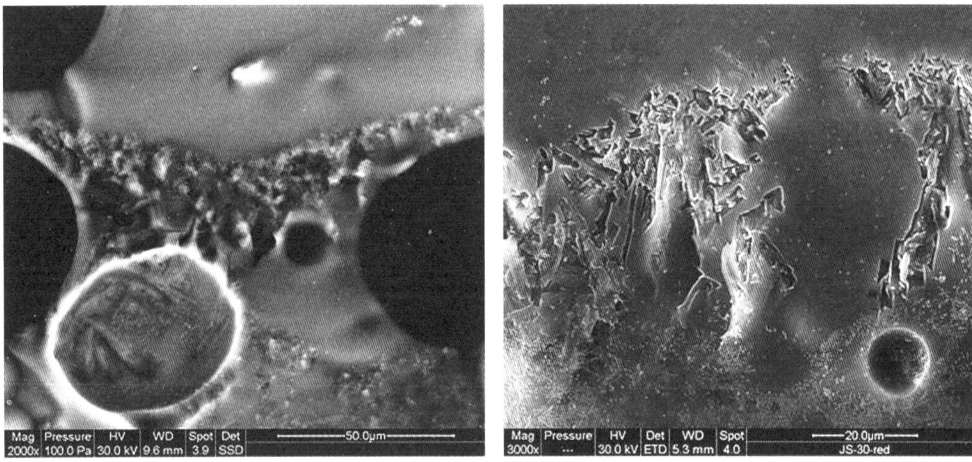

图八　胎釉中间层背散射图像

物，主要受到坯釉化学组成和烧成制度的影响[1]。在胎釉化学组成和烧成温度接近的情况下，烧成时间愈长，则胎釉反应愈充分，中间层晶体发育更好，由此我们推测 JS-30# 样品保温时间可能要长于 JS-29# 样品，这与上述从"蚯蚓走泥纹"的深度推测保温时间的结论也是相一致的，因此，流入初始裂纹中黏度较小的釉料组分，经过长时间的高温烧制，与初始裂纹周围的釉质发生不同程度的融合，从而导致 JS-30# 样品裂纹仅存于表面，而 JS-29# 则贯穿整个釉层。

结论

第一，钧釉"蚯蚓走泥纹"不同于官窑青瓷和建筑琉璃构件器物冷却时因膨胀系数不同而导致的裂纹，前者形成于釉料干燥阶段或未达到最高烧成温度范围之前的预热阶段，是在施釉后的水分蒸发过程中，由于釉料收缩过大而出现的初始裂纹，然后在烧制的一定阶段由釉料中的最易熔组分的填充而成。

第二，"蚯蚓走泥纹"中 CaO、Fe_2O_3 含量较周围釉质高，由此导致"蚯蚓走泥纹"在外观上与周围釉质不同，呈现出颜色更深和玻璃质感更强的效果。

第三，"蚯蚓走泥纹"与釉层厚度、烧成温度、保温时间等工艺参数存在一定的关系，我们推测在烧成温度接近的情况下，保温时间愈长，"蚯蚓走泥纹"就愈浅。

原载《故宫学刊》总第十辑，故宫出版社，2013 年

1　前揭《陶瓷工艺学》，第 209 页。

倦勤斋双面绣隔扇芯的清洗保护

王春蕾

内容提要：倦勤斋里有许多不同规格、尺寸的双面绣片镶贴在隔扇、横楣等硬木雕花镂空的部位。经过二百多年以后，双面绣片芯破损脆弱，脏污严重。因其特殊材质，在现有条件下进行清洗保护难度较大。经过多次试验、比较，最终确定使用蒙茨牌博物馆专用吸尘器、超细纤维布、软毛刷、医用脱脂棉、消毒棉签等工具进行清洗。实践最终证实，上述方法是行之有效的。

关键词：倦勤斋　双面绣隔扇芯　清洗保护

倦勤斋位于故宫博物院乾隆花园的最北端，清乾隆三十七年（1772年）仿照建福宫花园中的敬胜斋而建，是乾隆为自己1795年退位后使用而预建的，是故宫里工艺最精美、用材最珍贵、装潢最豪华的建筑，代表了当时中国登峰造极的内装饰艺术。

倦勤斋取“耄期倦于勤”之意，显示这里是太上皇的憩息之所。倦勤斋面积二百多平方米，通过回廊形成东五间与西四间的格局。在倦勤斋的西四间，不但有供乾隆看戏的双戏台，还有由欧洲传教士画家郎世宁借鉴欧洲教堂中的天顶画和全景画的形式绘制的最为精美的通景画。东五间的装饰工艺以竹黄和双面绣为最。

倦勤斋是保留至今的中国古代室内装潢最奢华的一处代表性建筑。自从末代皇帝溥仪1924年迁出故宫以后，乾隆花园一直封闭，从未开放过。为了继承和保护好这一世界文化遗产，2003年，世界文化遗产基金会对倦勤斋提出了修复计划。

倦勤斋里有许多不同规格、尺寸的双面绣片镶贴在隔扇、横眉等硬木雕花镂空的部位。经过二百多年后，双面绣片不但破损脆弱，而且脏污严重，但精美的图案、精细的工艺仍然让人叫绝。基金会决定保留部分保存相对完好的双面绣用于倦勤斋的修复，我们的工作就是对这些双面绣进行清洗处理。

作者：文保科技部，研究馆员。

一　倦勤斋双面绣隔扇芯的保存现状

隔扇是中国古代建筑的重要组成部分，指在房屋内部起着隔断空间和装饰作用的一扇一扇的木板墙，上部一般做成窗棂，糊纸或装玻璃。倦勤斋中的隔扇木质部分为红木或紫檀木，表面有嵌玉，窗棂上裱糊着精美的双面绣。双面绣是苏绣的杰出代表，是在一块底料上，一针同时绣出正反两面一样图案的一种绣法。由于乾隆皇帝曾数次下江南，因此对这种充满江南气息的工艺情有独钟。倦勤斋双面绣底布为丝绢，上面用五彩丝线绣着花草等图案。二百多年的岁月侵蚀，使这些双面绣底布变得十分糟朽，大小裂缝很多，稍加外力，就会使原有裂缝增大或产生新的裂缝。部分双面绣还存在虫蛀洞以及大小不一的缺损、污斑等。五彩丝线绣成的花草纹饰中积聚了大量灰尘，使绣线失去了原有的光泽。丝绢底布也被灰尘污染，所有这些都给清洗工作带来了很多麻烦。

二　倦勤斋双面绣隔扇芯清洗方法的选择

倦勤斋双面绣属于宫廷传世品，传世品的清洗与出土纺织品不同，目前常用的方法有水洗法和干洗法及介于两者之间的改良超声清洗法。水洗法，清洗效果比较好，但易引起丝织品缩水、掉色。因此，倦勤斋双面绣的清洗不能采用水洗法。改良超声清洗法，要求被清洗，物要有一定的机械强度，并且要有微量水作介质，倦勤斋双面绣已糟朽，因而也不能采用改良超声清洗法来清洗。干洗法，包括使用有机溶剂的化学清洗法和不使用化学清洗剂的物理清洗法，化学清洗法多用在文物的重度油污类清洗方面，这次倦勤斋双面绣主要是除尘问题，物理清洗法在文物除尘方面是安全和可靠的，所以决定采用物理清洗法。

物理清洗法可使用的工具很多，如传统使用的面团、软毛刷、吸尘器等，还有仿木浆海绵、超细纤维布等新材料。我们用双面绣残片进行试验，用以确定使用的工具。传统除尘使用的面团对于大面积的除尘操作比较好，但是倦勤斋双面绣是裱糊在隔扇的窗棂上，双面绣被分割成一小块一小块的，操作起来很不方便，容易产生新的裂纹，使用效果大打折扣，因此面团不能使用。

试验中，我们使用了德国生产的蒙茨牌博物馆专用吸尘器，该吸尘器配有柔软的刷头，可以根据文物材质的机械强度大小调节吸风功率，除去文物表面大部分灰尘，清洗效果较好，而且省时省力。但一些边角部分清洗不够干净，可与软毛刷和棉签配合使用。

新型材料仿木浆海绵的可塑性极强，不易撕裂、易拉伸、手感柔软，它的多空性能够把灰尘吸附到孔内，与灰尘的结合度强。但其孔隙度大，有一定的摩擦力，容易在擦拭过程中产生一条条的擦拭痕迹，造成表面划伤，使底布颜色产生差异。所以，这次双面绣的清洗没有使用仿木浆海绵。

超细纤维属聚酯类，只有头发丝的1/100，是普通纤维的1/20。用普通纤维布擦拭灰尘时，由于纤维直径粗，一些细小的灰尘不能够被普通纤维清除，而超细纤维能够把灰尘吸附到纤维缝隙中，细小的灰尘颗粒也可被清除。此种材料质地柔软，除尘效果非常好，也不会划伤双面绣文物表面。

通过反复的试验、比较，最终确定使用蒙茨牌博物馆专用吸尘器、超细纤维布、软毛刷、医用脱脂棉、消毒棉签等工具来清洗倦勤斋双面绣。

三　倦勤斋双面绣隔扇芯清洗保护过程

倦勤斋双面绣隔扇在双面绣除尘前已进行了木质部分的除尘和打蜡等工作，我们只负责双面绣的除尘工作。

首先，用吸尘器将双面绣正反两面的灰尘吸去，特别注意花纹图案部分的操作，动作要轻柔，根据双面绣的糟朽程度随时调整吸尘器的功率，避免对文物材质造成影响（图一）。

其次，用超细纤维布擦拭双面绣正反两面，重点擦拭五彩丝线绣成的花草等图案部分。使用时，及时更换沾染了灰尘的超细纤维布，以防纤维缝隙中的灰尘颗粒划伤文物表面。沾染了灰尘的超细纤维布经清洗晾干后依然很柔软，可重复使用（图二）。

最后，用软毛刷、医用脱脂棉和棉签等对一些边角部位进行清洗（图三、图四）。

经过上述清洗过程，双面绣恢复了往日的风采，尤其是图案部分，原本灰暗的颜色变得亮丽起来，丝线显现出以往的光泽（图五至图八）。从图中可以清楚地看出，清洗后的双面绣无论是底布还是花草纹饰都比清洗前干净了许多，丝线特有的光泽也显现出来。这些经过清洗处理的双面绣已用在倦勤斋的修复中。

图一　工作人员用吸尘器吸去双面绣正反两面的灰尘

图二　工作人员用超细纤维布擦拭双面绣正反两面

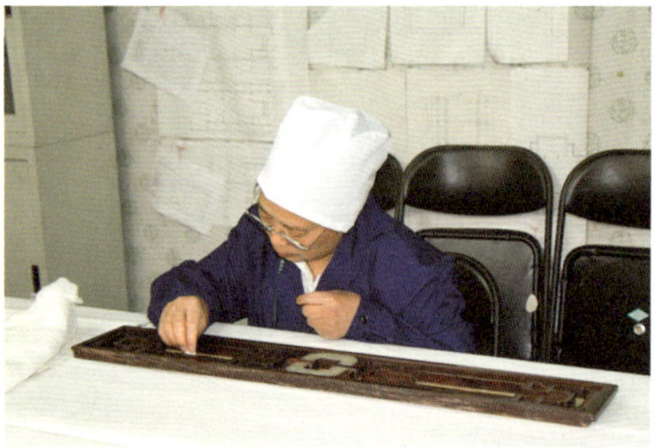

图三　用医用脱脂棉清洗双面绣边角部位

图四　用棉签清洗双面绣边角部位

图五　图中右半部分为清洗前的双面绣，左半部分为只用吸尘器清洗后的双面绣

图六　图中左半部分为清洗前的双面绣，右半部分为只用吸尘器清洗后的双面绣

图七　清洗前的双面绣

图八　经过吸尘器、超细纤维、棉签等工具清洗后的双面绣

参考文献：

王允丽：《介绍三种物理除尘的新材料》，《中国文物报》2006 年 1 月 27 日。

原载《倦勤斋研究与保护》，紫禁城出版社，2010 年

倦勤斋通景画的修复

——海藻胶、化纤纸在书画修复中的应用

杨泽华

内容提要：中国书画有着悠久的历史，书画的修复技术也随着历史的发展而不断改进、完善。随着科技的发展，现在很多新技术已应用到书画修复中。在此次修复倦勤斋通景画的修复过程中，针对其画幅巨大、色彩不稳定的特点，通过实验，我们采用了将海藻胶与化纤纸配合使用加固绢本画的方法，取得了初步成功。

关键词：倦勤斋通景画　海藻胶　化纤纸

中国书画有着悠久的历史，书画的修复技术也随着历史的发展而不断改进、完善。过去由于受到材料的限制及技术上的认识等方面的影响，其中存在的问题也在科技高速发展的今天渐渐暴露出来。比如在绢本书画的修复中，我们一直沿用传统的工艺，即在画心揭取时采用水油纸来固定画面，这种方法就存在着一些不完善的地方。首先，水油纸是用原书纸刷桐油所制，其制作工艺复杂。而书画修复工艺对水油纸质量要求较高，目前使用的水油纸在强度等方面均不理想，并有很大的异味，在施胶矾时也容易被刷破，损耗较大，所以在实际工作中的使用率并不高。其次，在实际操作中，水油纸要用糨糊刷在画面上使之固定，以避免绢丝经纬的移动。这样在揭取、补托完后就需要把残留在画面上的糨糊用手搓掉，在这道工序中，即使工作者仔细小心，也同样存在着把绢丝搓坏或把画面颜色搓掉等隐患。最后，桐油因其油性吸附力很强，所以水油纸在用完揭掉时极易把画面上的颜色粘带下来，这一点尤其是在修复重彩画如佛教题材的水陆画时表现地更为明显。而且桐油不易完全干燥，有可能渗印到画面上，造成二次污染与损伤。

随着科技的发展，现在很多新技术已应用到书画修复中。在修复倦勤斋通景画工作中，针对其画幅巨大、颜色不稳定的特点，我们试验并采用了化纤纸（化学纤维纸，英文为 rayon，是一种人造纸）固定画面的方法，其原理是用海藻胶把化纤纸刷在画面

作者：文保科技部，副研究馆员。

上以起到固定作用。其优点在于：化纤纸为人造纸，有不同的规格、厚度可供选择，其强度在使用中很理想；海藻胶是由海藻植物熬制而成，它的胶性要比面制糨糊小，用后不必用手搓浆。纤维纸有较强的拉力，海藻胶的水溶性又很好，二者结合使用，既可以使化纤纸牢固地与画面相黏合，又减少了对画面颜色的损伤。

一　倦勤斋通景画的特点

对修复对象采用什么处理方法，前提是要对作品的情况有一个充分的认识。倦勤斋通景画由乾隆时期郎世宁的学生王幼学等人绘制，从绘画的技法上看，通景画采用中国传统的工笔重彩双勾填色画法与西洋明暗凹凸画法相结合，藤萝花描绘得极为细腻，每片叶子、每个花朵以及每根竹竿都极富立体感，甚至画出高光以增强物体的立体感，从而使得整个画面具有极强的真实感（图一）。倦勤斋通景画使用中国传统的国画颜色着色，画中采用了大量的天然矿物质颜色，主要为石青、石绿。设色艳丽厚重，但在上色时又借鉴了西洋画色彩关系的表现手法，对所绘的物体按结构和受光面来分染，从而较传统的中国画渲染又有了更强的立体感。例如：藤叶，用石绿平涂，再用重绿色分染叶片的明暗转折，用白粉在叶片受光处提高光，再用重绿色按结构走向勾出叶筋，使每一片叶子都具有很强的立体感和延伸感；藤花，用白加紫调成淡紫色平染，再用深紫色分染暗面（表现背光面），用白粉提亮分染（表现受光面），使每一串花

图一　通景画（局部）

束都十分丰盈饱满。通景画上所绘的建筑，结构严谨，内檐、柱子、窗格等物体在着色时，先染好基本色调，用相应的重色分染暗部，用相应的浅色表现物体受光处，在高光处用白粉提亮，极好地表现了建筑物的结构空间和立体感。倦勤斋通景画强调了透视关系，强调了光感和物体的质感，使得整个画面颜色鲜艳、厚重。画面上花朵饱满，枝叶繁盛；建筑结构严谨，强调真实感、空间感和层次感；人物、动物强调动态与神态，堪称中西画法结合的典范。

因为通景画的颜色厚重，年久胶性变弱，颜料变得极不稳定，所以在清洗时我们采用了“干洗”法，即用面团来清洗。面团湿润、柔软，既可以深入到绢丝深处将尘土粘带下来，又不会损伤绢面。在固色时，我们用 1% 和 2% 的黄明胶来固色，这是确保修复成功的第一步。接下来就是用海藻胶、化纤纸来固定画面，这是顺利揭取的关键。

二　对海藻胶的初次测试、试验

试验的作用是为修复提供准确的数据，为完美的修复提供保证。在海藻胶的试验中我们遵循两点原则：一是要取材方便，能很方便地买到；二是它的特性一定要适合使用。

在超市购买袋装的山东产石花菜和化工商店的海藻胶。这种海藻胶应该掺有一定的化学成分；石花菜（图二）未经细加工，色泽偏白。由于它取自天然，因此含有大量盐分。这也是我们所担心的，所以先进行了脱盐方法及盐分含量测定的试验。

图二　未脱盐的石花菜

（一）试验方法

（1）取石花菜 1g，放入小烧杯中，加入 100ml 蒸馏水，搅拌后放置 5 分钟，取出此溶液作为 1 号溶液，供测试使用。

（2）测试后，倒掉溶液，分别用 100ml 蒸馏水搅拌冲洗 3 次，之后再加入 100ml 蒸馏水，搅拌后放置 5 分钟，取出该溶液作为 2 号溶液，供测试使用。

（3）重复 2 步骤，溶液编号为 3 号。

（4）重复 2 步骤，溶液编号为 4 号。

（5）重复 2 步骤，溶液编号为 5 号。

（6）对于 1 ～ 5 号溶液，分别采取 3 种方法进行盐分含量测定：先用 $AgNO_3$ 试剂法定性测试 Cl^- 含量，再用 DDS-11AT 数字电导率仪测定溶液电导率，最后采用离子浓度笔进行离子浓度的测定。

（二）试验结果

（1）$AgNO_3$ 试剂测试。1 ～ 5 号溶液分别加入酸化硝酸根，通过观察白色沉淀的生成量来定性检测 Cl^- 浓度，同时对蒸馏水和自来水作对照试验，作为检测冲洗浸泡效果的标准（表一）。

表一　$AgNO_3$ 试剂测试结果

试剂	蒸馏水	自来水	1	2	3	4	5
沉淀量	无白色沉淀	大量白色沉淀	大量白色沉淀（比自来水多）	少量白色沉淀（比自来水少）	极少量白色沉淀	无白色沉淀	无白色沉淀

（2）电导率测定。用电导率仪分别对蒸馏水和 1 ～ 5 号溶液进行电导率测定（表二）。

表二　电导率测定结果

试剂	蒸馏水	1	2	3	4	5
电导率（$\mu s \cdot cm^{-1}$）	5.47	4480	52	16	9.16	9.17

（3）离子浓度测定。用离子浓度笔分别对蒸馏水和 1 ～ 5 号溶液进行离子浓度测定（表三）。

表三　离子浓度测定结果

试剂	蒸馏水	1	2	3	4	5
离子浓度（ppm）	2	397	35	9	4	4

通过以上三种方法的定性、定量检测，我们看到 1 ～ 3 号溶液不论 Cl^- 浓度、溶液电导率还是溶液离子浓度均逐渐减小，但与蒸馏水相比数值还是较大，而 4 号和 5 号溶液检测结果则基本接近蒸馏水。也就是说，1g 石花菜经过累计 20 分钟浸泡，前后 9 次冲洗，内部盐分已所剩无几，可以安全熬制胶液。但是应给予注意的是，石花菜的浸泡和冲洗最好使用蒸馏水，而不应使用自来水，因为自来水中含有大量的 Cl^-，会对所裱字画产生一定危害。

我们按照上述的提示，先对石花菜进行脱盐处理，后进行约 4 个小时的熬制，制成 4% 浓度的黏液，准备用于试验。在纸料选择上，选择日本化纤纸和市场上购得类似的日本和纸（纸中有暗花，一般用做包装和装饰用纸）、中国棉纸（托料纸），对它们进行综合试验。这次试验的主要目的是测试它们之间的黏结情况和出光现象。

试验的具体步骤是：取四种纸，即中国棉纸、日本和纸（厚）、日本和纸（薄）、日本化纤纸各两块，分两组，在熟绢上进行黏度和出光试验。

一组用 4% 的石花菜胶进行渗透和黏合试验，一组用 2% 的海藻胶进行同样的试验。在试验过程中观察，中国棉纸和日本化纤纸渗透性较好，日本和纸（厚）渗透性较差，需要反复在上面用笔涂抹，而日本和纸（薄）的渗透力最强。经过一天晾干，得出以下结果：除了日本和纸（薄）揭离稍难些外，其他纸种均很顺利，而且黏结情况也差不多。出光情况是：石花菜胶几乎没有什么光，海藻胶有较明显的光泽（图三）。通过分析认为，石花菜基本上是纯天然的物质，在熬制过程中没有经过特殊加工和掺入任何添加剂，而经过提炼的海藻胶在形成胶的过程中添加了某些化学成分并作了工艺上的处理，故而二者存在差别。这样一比较，我们认为使用石花菜胶加固画面的可靠程度和效果大大好于海藻胶。

在取得以上相关试验数据后，我们进行了局部试用。同时，根据胶液的热融性，将其加温至 50 ～ 60℃，这个温度对化纤纸的渗透和加固效果更好。从纸的选择上，我们认为日本化纤纸更为理想，一是它的韧性和横向拉力要优于其他纸种；二是与中国棉纸相比，其表面光滑，在揭离的过程中不易起毛，也不易把颜色和绢纤维粘下来。

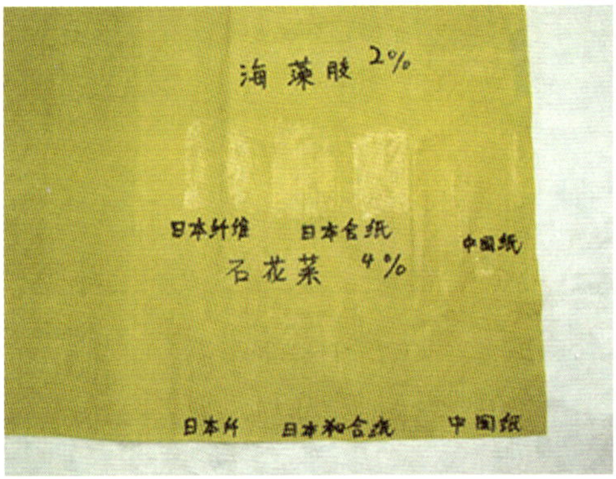

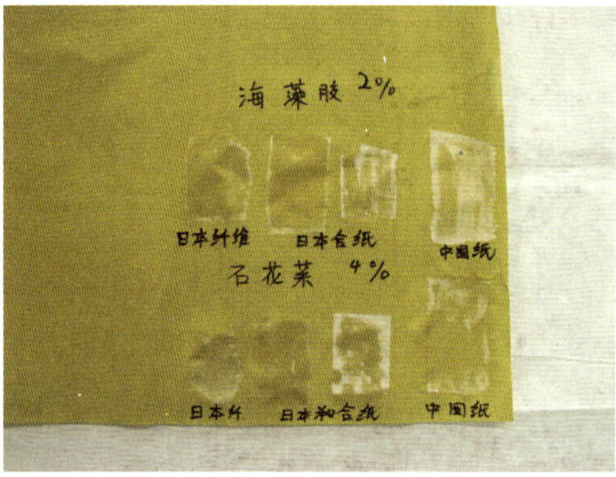

图三　不同胶质的出光情况

在用胶过程中又适当降低了用胶比例，将 4% 降为 3.5% ～ 3.8%。为了更有效地实施这一技术，在对画面加固的每一环节都注重了它们之间的连接关系和操作方法的准确性。比如说，对每一幅画在加固之前，先将后面潮水润湿，使其自然胀开，或用塑料布闷上 1 小时左右，让画面平整。在正面上化纤纸时也要考虑到因画面较厚，张力不平均，有凸凹不平之处。这样，我们先用 35cm 见方的小块化纤纸（薄 10g/m²）排列上纸刷胶，使不平之处被刷平排实，达到画面完全平整。由于每幅通景画一般都在 350cm × 220cm 左右，一层化纤纸因拉力不够，不足以解决加固问题，所以又另加一层化纤纸。在上第二层化纤纸时，换为较厚的一种（14g/m²），整块上胶刷实，考虑化纤纸的拉力方向问题，两层的纤维走向应该错开，使整体拉力趋于平衡。为了保证这道工序的质量，其前提是胶水的比例和热度应该一致，胶水的布施应该均匀，而且还要掌握好刷的力度。上完化纤纸，我们又在上面覆上一层中国宣纸，这层宣纸的作用就是上连化纤纸，下贴案面，起到关键性的胶合作用。宣纸与案面的吸着力要强于化纤纸，而化纤纸与宣纸之间也有很好的黏合力，从而使它们有机地结合在一起。最后，宣纸上刷一层薄浆水，翻过来刷实在案字上。这是石花菜海藻胶与化纤纸比较具体的配合使用情况。

为确定化纤纸的强度，同样也作了强度测定（表四）。

表四　纤维纸抗张力强度（牛顿）测试数据

分类	1	2	3	4	5	平均
薄纸纵向	7.8	7.6	8.1	8.1	8.4	8.0
薄纸横向	1.6	1.5	1.5	1.5	1.5	1.5
厚纸纵向	16.9	16.9	16.8	17.6	17.2	17.1
厚纸横向	4.1	3.9	4.1	4.0	4.0	4.0

在试验中，我们也发现石花菜海藻胶在与画面黏合的稳定性上还存在一些缺陷，比如，反复潮水容易出现空的现象，胶液的颗粒还比较大，对干燥的环境不适应，而且脱盐也比较麻烦。于是，我们又有了改造海藻胶的想法。

首次试验并不理想，但任何试验都是从失败中取得经验，再经完善而达到成功的。它的重要性在于为以后的再试验及试验思路提供了参考数据。

三 新海藻胶的试验和选用

基于上述原因，我们收集了若干种海藻样品，并选择有代表性的海藻进行测试，它们分别是广东石花菜、赤菜、胶白菜、蚝菜、壳菜、琼脂、日本石花菜以及我们初次用的胶东石花菜（图四）。

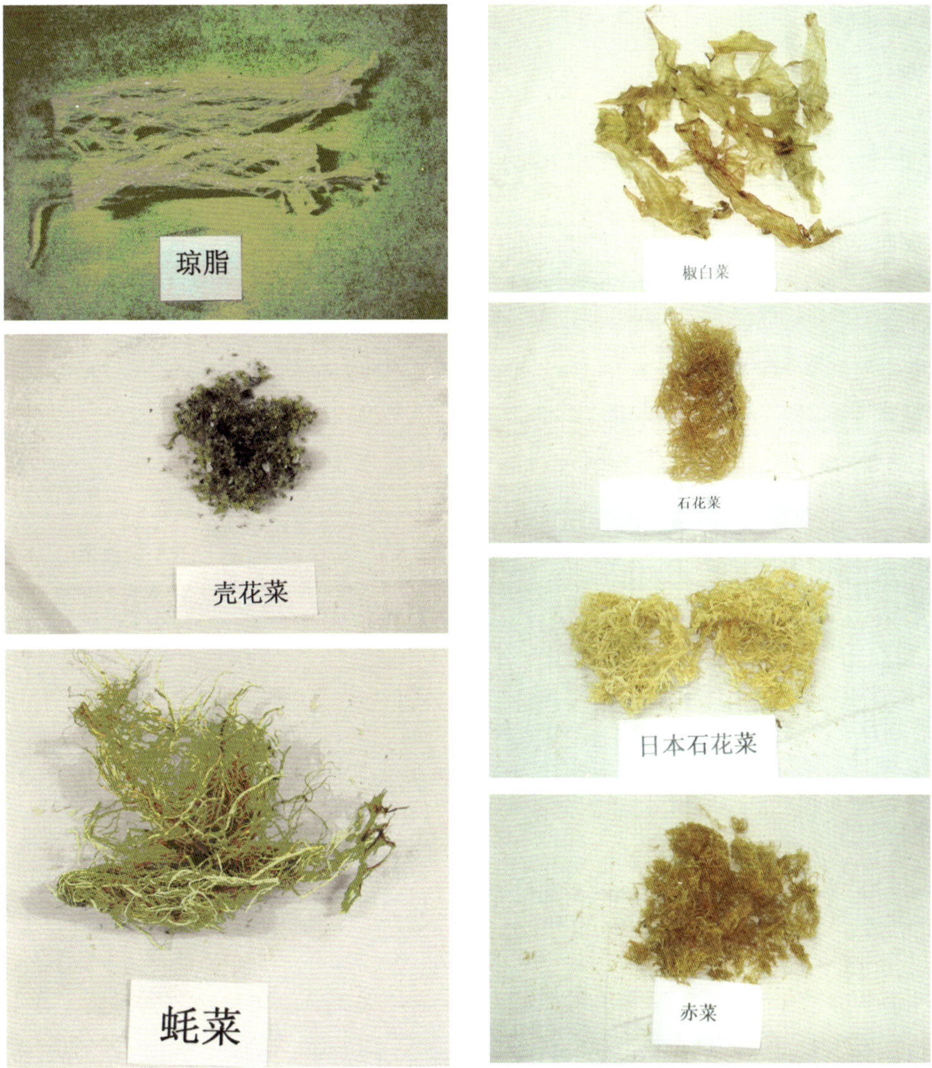

图四 提取海藻胶的各种海藻材料

提炼过程是：每种以7.5g兑清水500ml，浸泡24小时后，测试每种海藻的吸水量及湿量。具体情况见（表五）。

表五　各种海藻的吸水量及湿重

海藻名称	剩余水量（毫升）	湿重（克）
胶东石花菜	480	20.3
广东石花菜	430	76
壳花菜	475	38.9
赤菜	401	81.6
蚝菜	460	45.5
椒白菜	450	61.5
日本石花菜	425	85.2
琼脂	475	45.6

为了防止熬制过程中胶水起糊，我们将盛入海藻和水的玻璃杯放在不锈钢水盆中，置于电磁炉上熬制大约3个小时后取出，同时在熬制过程中还将海藻残渣碾碎并过滤，8个品种无一例外。我们分60℃和50℃两种温度，使用NDJ-1型手动旋转黏度仪进行测试，测试结果如表六（供参考）。

表六　各种海藻在两种温度下的测值

海藻名称	60°C的三个测值			50°C的三个测值		
胶东石花菜	2.5	2.1	2.5	2.5	2.3	2.7
广东石花菜	7.5	7.5	7.5	7	7.5	7.5
壳花菜	6	5.5	6.5	7	7.5	7.5
赤菜	53	53.5	55.5	65	65.5	65.5
蚝菜	5.3	5.4	4.5	6.7	6.5	6.2
胶白菜	23	23.5	27	27	28.5	30
日本石花菜	74	73	73.5	92.5	90	87.5
琼脂	5.5	6	6.5	6.6	6.7	7.0

海藻胶的加固试验方法是：取画绢一张，分成两条，一条涂上不加胶的头青，另一条涂上不加胶的二绿，两种颜色均为矿物粉。经加水研磨细润，然后将每条又划为

16 个小格，按照日常的施工程序，对干后的矿物色上一遍 2g 兑 100ml 水比例的黄明胶，温度为 50℃，干后，复上一遍，最后，将每种海藻胶分别按 1.5g ：100ml 水和 1g ：100ml 水比例的胶水垫上化纤纸，让胶水渗入化纤纸并刷实在颜色上。经完全干透后，不仅可以检验每种胶液的黏结效果，同时还可以观察其在揭去纤维纸时能否将颜色粘带下来，并且还可以看到在揭掉化纤纸后是否残留有胶光。检验结果为，8 种海藻胶中胶着力比较大的依次为：赤菜、日本石花菜、广东石花菜、胶白菜、琼脂等，润湿揭开化纤纸后，除了琼脂残留明显的胶光外，其他品种未见明显胶光。从 32 个试验色框来看，固色情况良好，只有几块化纤纸带下轻微的颜色。在试验中，我们还发现吸水性越强的海藻，其黏性就越强；溶解颗粒越小的海藻，其黏度就越大。

纵观以上 8 个海藻品种，琼脂是从海藻中精炼出来的，已失去植物内含的元素特征，而且又出光，故不适用于文物保护；我国胶东产石花菜未经大的加工，但在使用之前一定要排除其中的氯化钠（盐分）方可提炼，其他品种的海藻都经过一定程度的加工，这些从海藻提炼出来的胶液大部分都可以利用。在综合对比的基础上，我们认为比较理想的是广东产石花菜，比较合适的比例为 2.8% 左右。这样就弥补了原来的缺陷，加固效果也大大提高，为顺利揭托画心创造了良好的条件。

四　海藻胶与化纤纸配合使用的条件和原则

经过实践，我们逐步摸索出一套操作程序并取得一些经验，同时也归纳出进行此种工序的条件和原则。第一，要有针对性地选用海藻胶，要适用于修复对象，根据不同的情况调整用胶比例，在正式使用之前，要做比较充分的试验。第二，配用胶液和实施此项技术时，温度的适合与否起了关键作用。温度过低，胶液易凝固，使其不易下渗，达不到加固目的；温度过高，可能有损绢丝的细小纤维。所以，我们在使用过程中使胶液一般保持在 50℃左右。第三，在进行这项工作中，室内环境非常重要，湿度过小，画面长时间贴在案子上，容易出现开裂现象；湿度过大，室内空气不流通，画面趴案时间过长，容易出现起霉现象，这都是值得警惕的。所以，室内的工作环境湿度应保持在 60% ～ 70% 之间，温度应在 20℃上下，这是最理想的措施。

五　具体的操作使用方法

经过试验，得出海藻胶较适合的比例结果应该是海藻胶适量的浓度值在 2.8% 左右。在用纸上，我们第一层用薄纤维纸，并把大张裁成每块约 40cm × 50cm 的小张纵向使用，这样便于把纤维纸上得更实些（容易赶走气泡），同时胶液也可以下渗得更充分一些。第二层用厚纤维纸横向刷实于上，整张使用，这样可以使上下两层在纤维拉力上互为支持，形成拉力均衡的态势。最后是宣纸层。

此改进的方案运用在编号为第四的画幅上。编号四的画幅位于倦勤斋顶部北边，面积 320cm×230cm，底色蓝而发亮，画意鲜艳且更饱满一些，色质平滑，个别地方有明显的脱胶现象。固色完毕后，在上纤维纸前，用细水花喷潮画心背面使之慢慢涨开，同时正面铺上高丽纸并在上面喷洒水花，最后用塑料布盖在上面，里面的水分可以充分发挥作用，促使画面完全展平，大约 1 小时以后打开塑料布，画心已基本完全涨平。之后，按计划上纤维纸和宣纸，石花菜胶的比例为 2.8%，石花菜胶的温度控制在 50℃左右。靠紧画心的部分用的是薄的纤维纸，纤维纸的光面朝下，胶水上在纤维纸上，透过纤维纸渗到画心上，与画心粘牢。第一层应该先是竖用纤维纸，第一层纤维纸裁成尺寸在 50cm 左右的小张，然后再用一层厚的化纤纸固定（图五），这层厚纤维纸的纤维方向为横用，两层化纤纸横竖交叉使用，这是因为化纤纸的横竖的拉力不一样。

图五　海藻胶与化纤纸的配合对画心表面进行保护

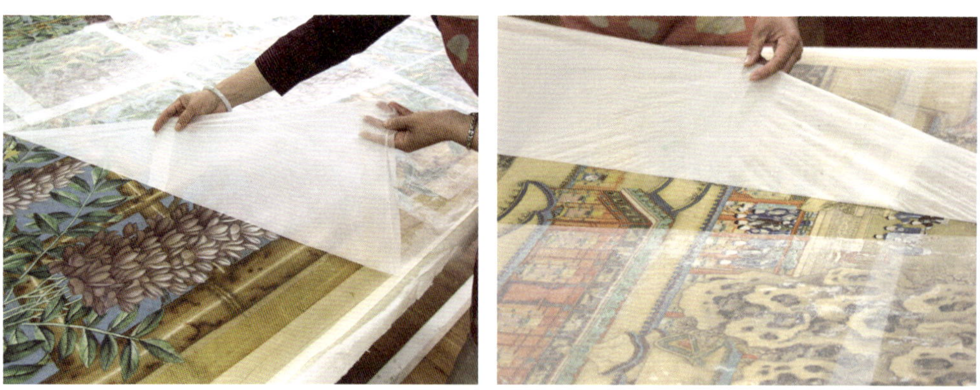

图六　最后将化纤纸潮水后轻轻地把它从画面上揭取下来

两层纤维纸后又加了一层宣纸，为的是使画心翻过来时方便。翻好三层加固层，在第三层的宣纸层上用排笔刷上浆水，然后把画翻过来，宣纸面朝下，在案台上放平，用鬃刷刷平、刷牢。刷牢后马上揭去画心背面的乾隆高丽纸和麻布层，然后再用鬃刷排牢，排去画心与纤维纸间的空气，使其画心与纤维纸、与案子间都粘牢。

揭取与画心联结的纤维纸是在干后。在纤维纸上用板刷刷上清水，纤维纸上是潮湿的，但画心上的颜色并没有潮透，只是颜色的表面是潮湿的时，就马上揭取纤维纸，揭取下的纤维纸上一点颜色都没有被粘下来。颜色固定情况良好，基本无掉色现象（图六）。当然海藻胶会有一些残余的胶液留在画面上，在揭掉化纤纸后，马上用棉纸垫在画面上，潮湿后进行排刷，重复几次就基本上把残留的胶液粘掉了。以后我们又按此法揭托几张，效果非常好。纤维纸、海藻胶加固绢本画的方法在倦勤斋通景画的修复中取得了初步的成功。

六 用这种方法修复《万国来朝图》

在修复倦勤斋通景画的过程中，实践证明这种方法对于重彩绢本画的修复是非常有效的，但倦勤斋通景画属于重彩西式画法，和一般的重彩绢本画又有所不同，那么这种方法是否能运用于其他的绢本画呢？我们在后来修复故宫藏《万国来朝图》（清代，重彩画）时运用了同样的方法，实践证明，这种方法同样适用于一般的绢本重彩画（图七）。

图七 《万国朝圣图》

七　适合的才是最好的

不论什么方法，我们都不能轻易地说好或不好，一切结论都应是出在试验的末尾而不是在它的前头。所以，任何一种方法我们都应本着对文物负责的态度，试验、试用，对试验数据及操作性进行论证，再试验直至使用。当然，我们也说没有哪一种方法对于书画的修复是绝对好，绝对不掉颜色，那么什么才是最好的呢？我们说适合的才是最好的。在这次倦勤斋通景画修复中，针对画面所用颜色（矿物质颜料）易掉色而且颜色层很厚这种情况，通过试验、试用和最后的使用，我们觉得海藻胶、化纤纸在书画修复中的作用是明显的，也说明这种方法是成功的，较之水油纸修复绢本重彩画有着很多优势之处。

我们的目的也是希望这种方法能够在其他绢本画的修复中得到运用，使这种方法有一个操作规范和标准。我们在对待其他所要修复的绢本书画时，还要具体地对所要修复书画的质地、颜色等情况作进一步的研究和测试，找到合适的用胶比例，以确保修复作品的安全，进而找到适用于多种修复绢本画的数据，使这种方法更为完善地得到推广使用。

原载《倦勤斋研究与保护》，紫禁城出版社，2010年

国之重器

——"司母辛"大方鼎修复纪实

霍海峻

内容提要："司母辛"方鼎是殷墟妇好墓出土的重器，极其珍贵。因诸多因素影响，经修复复原的M5:809"司母辛"方鼎开裂。经X射线探伤检测后，决定施锔钉和银锭扣加固恢复原状，并结合现代修复理念进行表面处理。

关键词：殷墟　司母辛方鼎　X射线探伤　锔钉　银锭扣　做旧

前言

"司母辛"大方鼎是国之重器。笔者有幸于2013年亲手从事修复工作，也曾赴安阳小屯实地考察。1976年在安阳发掘了殷代墓葬十余座，其中5号墓最重要，虽然规模不大，但保存非常完整。出土了一大批极为珍贵重要的商代文化遗物，其中很多器物都有"妇好"的铭文。根据随葬品的形制特征、墓葬的层位关系，特别是出土铭"司母辛"的一批青铜重器，结合甲骨卜辞中有关记载，推断此墓属于殷墟文化四期中的第二期，墓主人应是殷王武丁的配偶妇好，因死于武丁在世时，庙号称"辛"，即武丁三个法定配偶之一的"妣辛"。因为此墓能准确断定墓主人与墓葬年代，故引起考古文物界的极大关注，尤其是出土器物组合非常完整丰富，不仅有精美的玉器，更有气势恢宏带铭文的青铜重器，其中"司母辛"大方鼎是新中国成立后出土的最大最重的铜鼎，对研究商代历史，特别是武丁时期政治、经济、手工业、文化艺术等诸多社会问题意义重大，同时对进行商代铜器断代以及探讨殷墟布局、与方国或族的关系等学术问题都有极重要价值。

作者：原文保科技部，副研究馆员。

一　“司母辛”方鼎出土状况与保存现状

鼎是烹煮肉食、宴享的锅，但到商周时代的青铜鼎，大多数不是直接的烹煮器了，而成为祭祀的礼器，是“名尊卑，别上下”，即标志统治者身份等级和权力大小的标志，一般中、小型陪葬墓一二件铜鼎，而妇好墓仅从铜鼎看，有方鼎 2 件、扁足方鼎 2 件、大小不同的圆鼎 32 件，可见墓主身份高贵。经专家考证，“司母辛”大方鼎是武丁子辈为祭祀其母“妇好”所做祭器。

“司母辛”方鼎出土于 5 号墓中，为一对，其中编号为 M5∶809 的“司母辛”方鼎位于墓室西北角（图一）。出土时口沿有残，经修复复原。鼎通高 80 厘米，口呈长方形，长 64 厘米，宽 47.6 厘米，方唇折沿。现口沿中间开裂，并有变形。两耳直立于宽边口沿上，耳高 15.3 厘米，口沿下四面中部及四角各有一短扉棱，扉棱两侧饰以两两相对称的夔文，又以扉棱为鼻梁组成一兽面纹图案，主纹高浮雕于地纹之上，地纹为精细的雷纹衬地，在兽面纹带下形成繁缛的三层花纹，腹部四立面的左右两侧及下边分别饰有排列整齐的乳钉纹各三行，腹中部为长方形空白，腹下部略收小于口，成斗形，平底。口沿裂纹自口部始，斜穿腹部到底部，以致一足活动。下承四根粗壮圆柱形空心足，足高 31 厘米，孔深 28 厘米，足上端外饰兽面纹，其下又饰三周凸弦纹。口下长边一面的内壁中部有铭文“司母辛”三字。从外底长方形铸缝，及四角与四足内侧铸缝明显，为铸造成形。重 117.5 千克，壁厚 0.8 厘米。限于当时条件以及诸多因素，焊锡开裂。

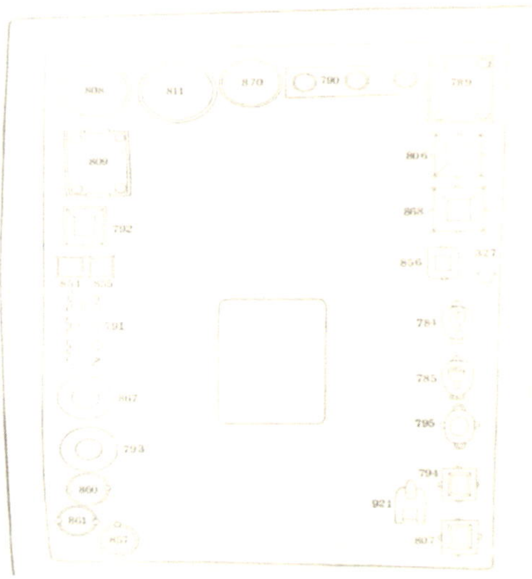

图一　殷墟 5 号墓平面图

二　检测分析

由于此鼎曾被修复过，为了对其材质与曾修复过的部位有全面了解，检测分析十分必要，有了科学认知，可准确地指导制订修复方案，采用针对性很强的施工工艺。

（一）成分分析

考古所化验室对 M5:809 司母辛大方鼎检测情况如下表所示：

成分 部位	铜 %	锡 %	铅 %	锌 %	其他杂质
口沿	86.06	11.62	1.19	0.13	余量
腹部	85.77	11.76	1.29	0.16	余量
足部	85.41	12.89	0.51	0.16	余量
平均值	约 85.76	12.09	1	0.15	余量

关于表中的锌。锌一种较难提炼的金属之一，在商殷时期还没有提炼锌的科技环境，因它的沸点是 906℃，而还原温度是 904℃。彼此极为接近，还原后的锌是气态，如不能快速冷凝至 500℃左右，气态锌会逆转为氧化锌（此处只作简单表述）。直至宋元之际，才利用炉甘石冶炼倭铅，即不太纯的锌。因此，表中微量的锌是混入的杂质中所含的金属之一，并非人为有意加入的。

关于表中的锡。锡青铜中起主要因素的是锡，其机械性能与含锡量有极大关系，现代科技数据表明含锡量在 5% ～ 14% 范围内的实用锡青铜既有较高的强度（约 30kg/mm²）和硬度（布氏硬度 100 左右），又有较好的延展性。“司母辛”大方鼎含锡量平均值为 12.09%，可以说各方面性能均处良好状态。从色泽看，在殷王武丁时期就能铸出如此光彩夺目闪闪发光的青黄色的锡青铜，这是非常难得的。可以说这种配比极适宜铸造大型传国重器或歌功颂德类的礼器。据载，安阳武官村出土的“司母戊”大方鼎，含铜量 84.77%，锡为 11.64%，铅 2.79%。由此可知，通过长期的劳动实践，殷商铸造工匠们已经有了经验配方，正是这些“攻金之工”的经验累积为后世的归纳总结提供了条件：“金有六齐：六分其金，而锡居其一，谓之钟鼎之齐，五分其金，而锡居其一，谓之斧斤之齐；”根据《考工记》记载，钟鼎之齐，锡及其他杂质占约 14.30%。因此我们可以看出含锡量在 12.09% 的“司母辛”大方鼎的配比，与《考工记》六齐说基本相符合。“六齐”说作为当时铜含量经验配比，不但具有重要的历史价值，其科学价值也应给予肯定。

关于表中的铅。平均值为 1%。在锡青铜中加入铅，会使铜合金的流动性更好，充实性强，更便于铸造大型器物，可以使纤细纹饰如“司母辛”大鼎繁缛的雷纹地更加清晰精美，四个柱形足上高浮雕兽面纹轮廓更加生动威严。同时也减少了铜的用量，降低成本，增强韧性。从表中我们还可以看到“司母辛”鼎口沿含铜量 86.06% 和含铅量1.19%与鼎足含铜量12.89%和含铅量0.51%相比有逐渐减少的倾向，而含锡量口沿11.62%，足部12.89%，有明显增加。这是由于铜合金内部组织的枝晶偏析和比重偏析所致。究其原因，由于器形大，冷却慢，容易形成这种偏析现象。

通过对“司母辛”方鼎成分分析可知，殷商铸铜工匠在长期实践中，已经有了合乎科学的青铜冶炼经验，尤其是在铜合金配比方面有了丰富的经验，为后世战国时期齐国总结《考工记》提供了可靠的实践基础。

（二）X光探伤

随着时代的发展，传统青铜器修复技术也在不断发展。像中医一样，不再停留在望闻问切把脉看病，也需要化验，拍X光作诊断依据，传统修复也不光靠经验，也需要现代科技手段支持，对青铜器成分、结构、制作工艺、腐蚀程度给予科学认定，为青铜器保护修复提供坚实的科学依据，以制定科学的保护方法，实施更加符合实际的技术措施。用X光探伤就是利用X光射线的穿透力，不同材质成分不同，吸收能量也不同，将透视形象反映在胶片上或利用计算机转换成特定信息，利用软件将图像在显示器上显示出来。由于“司母辛”方鼎在20世纪70年代曾采用传统青铜器修复工艺，表面做旧，有很好的展出效果，采用X射线探伤可使我们用裸眼清晰地看出“司母辛”方鼎锈蚀下的裂痕，表面做旧掩盖下的焊锡部位也可一目了然（图二），这种无损探伤既可保证文物的安全，又减少了修复中的盲目性，同时为我们修复“司母辛”方鼎提供了裸眼无法看到的内部结构、损伤状况等多方面信息量，为制定科学合理的修复方案提供了有力的科学依据。

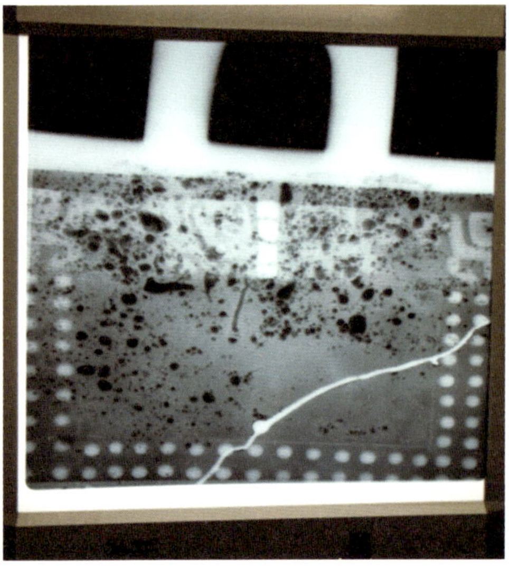

图二　方鼎侧面X射线探伤片

三　修前记录与建档

（一）修前影像记录

使用Nikon D80相机对大方鼎进行多角度拍摄，并对局部裂缝作特写摄像记录，以最大限度保留原始信息资料。留此存照一方面可以监督检查“医生是否开错刀”，另一方面也为大方鼎定期“体检”提供依据（图三、图四）。

这项工作是现代科学修复不可缺少的，是对传统青铜器修复的完善。它翔

图三　修复前照片

图四　器内内壁修前照片

实地记录下修复前的现状，以备存档，日后可随时调档查阅。

（二）病害图

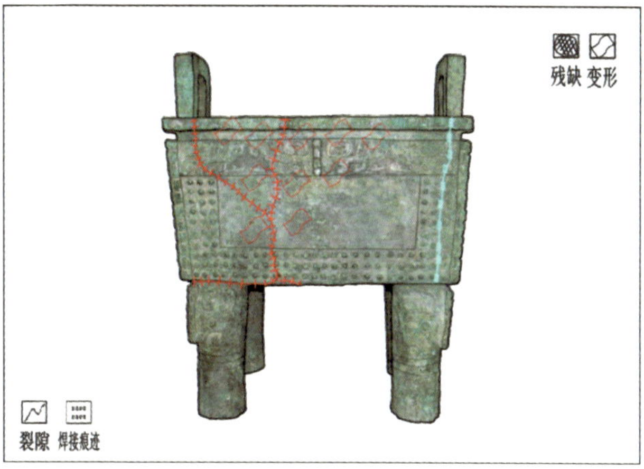

图五　病害图

青铜器在长期使用、流传、保存过程中，由于受环境变化、自然侵蚀、人为破坏诸多因素影响，容易材质劣化、结构变形，以致面目全非。为了便于对病害加以评估，制作修复保护档案，绘制病害图是十分必要的（图五）。

（三）目测现状描述

几十年来由于受到自然环境、人为因素以及工艺条件等诸多因素影响，“司母辛”方鼎旧病复发。经目测及使用简单设备观察，在有铭文的一面方鼎上口有数处修复痕迹，中间两处出现裂痕，外侧左上角锡焊裸露约 5 厘米，裂痕向下延伸被做旧。从器内壁看在铭文左侧从口沿直至底部有一曲折的破裂痕直冲到底，左上角焊接处自口沿斜穿纹饰带至腹中部，与前缝汇合，呈三角形拼对。在裂缝底部有一近似方形孔洞缺损，其裂缝拐向右侧柱状足，致使鼎足活动不牢。从断口处观察色泽青黄有耀眼的金属光泽，铜质很好。口沿部位因原始的自由浇注原因有明显的砂眼。由于本体的铸造应力未释放，再加上器壁厚重又难以焊透，连接强度不够，在外力作用下造成方鼎开裂。

（四）建立修复保护档案

根据“中华人民共和国馆藏金属文物保护修复档案记录规范”模式填写中国社会科学院考古研究所文化遗产保护中心制定的“文物保护修复信息记录表”，将器物名称、编号、时代、质地、等级、文物来源、提取日期、提取经办人、修复保护人、修复方案等一一填写清楚。这个档案非常重要，犹如一个人的病历或体检表，一旦某件文物出现病害，进入“文物医院”（即文保中心），可使“文物医生”（保护修复工作者）一目了然作出判断，是旧病复发，还是又添新病，可依据档案资料制定保护修复方案。现大方鼎出现裂缝，而当年如何修复、使用什么材料、采用何种工艺、保存环境如何等一概不清楚，面对开裂的大方鼎只能凭借“文物医生”的经验，来推测以前的修复和保存情况，缺乏科学的资料依据。

四　保护修复原则

《中华人民共和国文物保护法》第四十六条规定“修复馆藏文物，不得改变馆藏文物的原状”。就“不改变”而言我们理解应有两方面内容：一方面是“保存”文物现状而不改变原状，如一车马坑墓葬不管是在原地还是整体移到博物馆内原状展出，应是保存原状；另一方面是“恢复”原状而不改变原状，由于自然因素和人为因素难免造成文物损伤，如材质的劣化、结构的损伤等，这些都需要加以保护修复，恢复文物本来的形态。我们现时的任务是要恢复大鼎原有形态，既不是破裂的现状，也不是出土时破碎的原状，而是要对大鼎强筋壮骨延缓其生命。当然“原状”也不能机械理解为刚铸造出来金光灿灿的原始面貌。“司母辛”方鼎在埋葬前的使用和在地下埋葬几千年的自然力影响下，表面形成了一层斑驳的红斑绿锈，这层锈蚀是历史的见证，是时代的象征，是恢复原状的依据，我们深知，恢复保存大方鼎的原状越多，它的历史、艺术和科研价值就越大。针对大鼎破裂现状及大鼎的历史状态和修复史，要在前辈修复的基础上修残补缺，恢复原有造型，最大限度保持其初始形态（如铸缝）、历史形态（如锈蚀的色泽），就必须结合现代修复理念，采用传统青铜器修复技艺，按下述原则制定保护修复方案。

（一）原真性

为了确保“司母辛”方鼎原有的历史风貌，我们认真查看相关的历史资料，了解原出土的状况，认真分析当年修复部位、保存环境及造成开裂的原因，并且从铸造披缝探讨古代铸造工艺，从而通过这一时间隧道探古寻幽感受历史，真实完整地体现大方鼎的原有形态和风貌，把这一珍贵文化遗产传留给后人。

（二）可再处理性

为了充分展示大方鼎的历史、艺术、科研价值，把这一珍贵国宝传给后人，在修复保护全过程中，要注意保护原始造型工艺，尽力矫正变形部位，以恢复原始结构型制。在修复过程中所采用的修复工艺材料应便于分解，并作详细记录供后人参考，可对修复部位再处理。

（三）最小干预性

在修复全过程中注意保护保留大方鼎原有的历史痕迹，特别是铭文部位一定要保全，所用修复工艺材料尽量接近原工艺、原材质。在所采用的工艺技术中，保护措施应是修复的最低需求，以便做到最小干预，保护文物原始历史形态。

（四）可识别性

在 20 世纪三四十年代，我国传统的修复工艺技术为了市场的需求，往往把破碎器物修复得天衣无缝，难辨真伪，给后人带来不便。现在如修补部位全裸露，又会影响展览陈列效果，为此我们拟对修补部位表面处理，采用传统做色工艺使其色泽与周边锈色近似，既令色泽反差不易过大，远看浑然一体，以满足展陈需求，细看又略有区别，甚至有的部位内外有别，表面做旧色泽形态与锈色形态相仿，里面粗放做色以便于识别修复部位。

（五）安全性

由于大方鼎厚重，本体内在应力较大，又常常赴外展出，这就既要保证其整体结构规整，又要使修复部位所采用工艺合理，材料经久耐用，安全可靠。必要时做一些可行性实验，以确保大方鼎安全。

五　保护修复技术路线

由于鼎的金属性能良好，决定采用传统青铜修复工艺。此鼎关键点是要矫正变形和增强焊接强度，通过前人修复效果来看，尽管采用了一些措施，焊接强度仍嫌不够，应对口部、腹部、底部支点加强连接强度，在解体过程中矫正变形，并对该鼎先清除裂缝焊锡，拆开后整形，以银锭扣接头形式加强连接强度，再焊接修正，最后做色，以适应展陈需求。

六　保护修复过程

（一）清除焊锡

从表面看病害只是一道裂缝，仔细观察裂缝另一侧焊缝，由于裂缝处的摆动使残片另一侧焊口也出现细小裂隙，必须重新加固处理。依据X光探伤结果和我们的经验，将做旧用的颜料腻子清除，使焊口裸露出来。因“司母辛”方鼎器壁较厚，使用500瓦电烙铁去除原焊接残留的焊锡，将近似三角形的残片取下（见图六外侧、图七器内三角残片）。

（二）整形

病害状况为大方鼎有铭文一面向内凸突出，造成器口不平，器壁能否整平是恢复原状的关键一环。方鼎铜质较好，有一定的强度，便于利用本体强度作支撑。依据方鼎器内尺寸，我们选用型号OE122的千斤顶来支撑，两头垫好木板后，将千斤顶摇起，缓缓地将木板顶起，此时不仅要看变形一面器壁，同时更要关注当做底托的另一面器壁承受有何变化。在支撑的过程中不可一次到位，需时紧时停时松，再紧再停再松，数次调整支撑力，紧紧停停使其稳定一段时间，停一停松一松以消除金属疲劳，否则一劲支撑极易因金属内应力过强造成断裂。同时，时松时紧，也便于观察矫正力度（图八）。矫正平整了之后，还需再略摇紧使其外凸一点儿，再松下来器壁回弹一点儿正好，即矫枉过正。器腹的矫正是全器的关键，但其他部位也不可偏废，为了保证整体的完美和焊口的平整严密，分别在器口与器底、器口与鼎足卡两个长卡子，不断拧紧丝杠紧固住，视焊口平整为准，以便焊接（图九）。

图六　方鼎外侧

图七　方鼎内侧

图八　千斤顶整形

图九　矫正器腹

图一〇　锉银锭扣接头

图一一　器口锔钉和下芯孔

（三）焊接

做银锭扣。由于"司母辛"大方鼎壁厚 8 毫米，且有良好的金属性能，我们在修复的时候需在前人修复经验基础上加以改进。为加强裂缝的抗拉强度，决定用最小代价保全大鼎免遭二次损害，采用传统的银锭扣⋈接头，强化裂缝连接能力。其具体方法为在裂缝处画出银锭扣图形，然后在裂缝两侧分别锉出燕尾槽（两个燕尾槽拼对一起即一个银锭扣），其位置一要选拉力大处，二要躲避纹饰，以减少修复后工作量，保留最大历史信息。在器壁和器底表面无纹饰处制银锭扣（图一〇）。大面器壁 2 个银锭扣，小面器底外角一个银锭扣。然后分别在每个银锭扣形上拓纸样，将纸样粘贴在与器壁厚度相应的铜板上，锯锉成⋈形，分别在各自位置吻合即可，将银锭扣镶焊其中。

做锔钉。为了确保三角形残片与主体连接强度，除在器壁做银锭扣外，还需在口沿处再下销钉和锔钉。口沿宽厚分别在三角形残片口沿和主体口沿对应处，于相应位置钻直径 4 毫米孔，孔深约 15 毫米，选适宜铜棍配制其中，下芯连接强化剪切力（图一一）。为防止口沿扭动，在口沿上裂缝口两侧分别钻孔，孔径 3 毫米，深约 10 毫米，且将上层剔除约 3 毫米以埋锔钉。锔钉为⌐型铜丝，其大小尺寸视口沿裂缝钻孔间距而定（图一二）。锔钉卧于孔中不仅要紧紧扣住两侧断面，而且不得高出口沿表面。焊后口沿锔钉处表面平整未高出器表。

焊接。焊前先将原有的焊锡以及锈蚀、油污全部清除干净，锉出铜茬漏出金属光泽以备焊接。由于断面较厚，需要先在断茬表面挂一层焊锡，以便合缝拼对焊接时使焊锡迅速浸润焊缝中，增强焊接强度。由于器型大且厚重，需要的热能多，传统焊接使用大火烙铁，其热度高，可迅速传导到焊缝两侧。因用火不便，采用最大功率500瓦电烙铁，因室温较低热量散发快，又用热风枪辅佐预热（图一三）。尽管500瓦电烙铁有较大的持久的热能，但由于大方鼎焊缝长，耗能多，需焊一段略停一下，使电烙铁升温到最佳状态再行焊接。由于焊缝不严密，较宽，需内外配合两面焊。焊后将高出器表多余的焊锡锉去，有焊不严的地方再补焊一下以使焊缝结合牢固。全部焊完后，将被焊接面浸入特制的水槽中，用纯净水刷洗焊口以清除氯化锌残液，然后更换新水浸泡20小时，以进一步使氯离子散发出来。

（四）修整及灌注黏结剂

因500瓦的烙铁头较粗大，部分焊缝焊不到，另外鼎足高浮雕兽面纹需修整造型，以恢复原有造型。对焊不到的细小裂缝采用机械方法，用小刀等自制工具清除裂缝锈蚀，以便灌注环氧树脂。我们选用流动性相对较好，黏度较低的AAA黏结剂，按比例调匀后，略加一点儿绿色颜料追求与方鼎地子色泽接近以便与后期做旧相协调，为了使黏结剂浸润到缝隙深处，用热风枪烘烤裂缝至60℃左右，用竹签将黏结剂抹到缝隙处，第一遍涂抹的黏结剂不加任何填料，以更好地涂抹到断茬表面，增强黏接力。第二遍、第三遍涂抹的黏结剂为加绿色填料的（图一四）。无论焊接还是黏接，修复面都力求最小最窄。因对方鼎预热就加速了黏结剂的固化时间，因此再灌注第二遍。第三遍视其渗透状况，随渗随抹，直至抹平。等树脂全部固定以后，再次锉磨修整使器表齐平。

图一二　焊后口沿锔钉

图一三　用500瓦电烙铁焊底部焊口

图一四　灌注环氧树脂

（五）着色做旧

表面着色处理直接关系到修复后的观感，也是最能体现中国传统修复特色之处，过去做旧为市场服务，现在我们做旧是要恢复大鼎的原有历史风貌，有着本质的区别。我们认真观察分析大鼎的地子和锈色，然后以硝基磁漆做地子，以虫胶漆加颜料做锈色，首先在焊口涂抹一层较稀的硝基清漆，以增强与瓷器黏合。再调白、绿、黑硝基磁漆，与墨绿地子相近似，用毛笔以渲染的技法涂抹着色。涂抹过程中不断调整浓淡程度，与修补处两侧地子色泽相协调。等彻底干后，调虫胶清漆加多种矿物颜料做旧（即做锈蚀）。根据原件锈色形态，有的用毛笔蘸点儿稀色汁，做点儿薄锈；有的用小刀调点儿稠漆腻子，堆些高锈；有的用牙刷蘸点儿色汁，喷弹点锈片露出点儿子底色（假地子），并不时用布按漆泥，以消除笔触痕迹使其更自然。通过不断调整变化色漆及多种技法的应用，不仅使色泽与原锈色相似，也使形态与原锈形态相协调，以期达到尽善尽美艺术感观。

在做旧观念上，我们采取的具体方法是内外有别，即外侧表面着色（做旧）处理尽力与原锈色浑然一体，以展现大鼎古老的韵味，同时也显示我们传统修复的魅力。器内色泽略差一筹，远看色差不大，近看可识别修补痕迹，从而达到既保持大鼎原有的历史风貌，又可使人们以目测形式分辨出修复痕迹，以便科研寻根。

图一五　方鼎外侧

七　修后资料整理

经修复后，再行照相（图一五）并将相关的 X 光片、病害图、修中与修后照片等资料编码整理，存档。

结论

通过对“司母辛”方鼎的保护修复，我们严格地遵守“不改变文物原状”的原则，充分保留了其历史价值、艺术价值和科研价值。在修复的全过程中严肃认真地对待每一环节。

修前的科学分析，充分反映出大鼎的保存现状、前人的修复状况以及大鼎的制作工艺，为我们制定合理的修复方案提供了真实可靠的科学依据。

以科学态度尊重前人修复。在大鼎口沿打锔钉是前人的修复手法，在当时是行之有效的处理方式，我们延承了这一工艺，这样不仅尊重前人修复技法，同时也可客观地保存历次修复的真实性。

从某种意义上看，在大鼎上“开刀”是一种损失，但为了使大鼎延年益寿，保持其完整性，从而采取这种措施是合理的。犹如一严重骨折的患者，为了挽救其生命只能开刀钻骨打锔钉。制银锭扣锔子是最有效的加固补强措施，它可紧紧扣住裂缝两侧，抵抗外力作用。

做旧是最能展现中国传统青铜器修复高超技能的技法之一，但再高超的技法也能被独具慧眼的专家识别，更阻挡不住现代仪器的检测，可以说假锈即使做得再好，在一定条件下都会显露无遗。当然，为了彰显古代文物的艺术美，我们既要继承传统给观众以美的享受，同时也不能排斥西方保护理念，而是要借鉴西方保护理念，结合我国的历史状况、人们的鉴赏习惯，形成有中国特色的现代保护修复观念。我们采用整形、焊接、灌注环氧树脂、做旧等传统工艺，不仅使断裂的大鼎恢复了原状，增强了连接强度，而且保证了展陈效果，最大限度地保存了大鼎自身的科学信息。

国之重器应倍加关爱。"国之大事，在祀在戎"。从"司母辛"大方鼎的型制可以推测，该鼎是当年参与祭祀的重器。对于这样的国宝，不管是库藏还是展陈，都应给予优厚的保护环境，特别是搬移、运输途中一定要倍加谨慎。

"司母辛"大方鼎具有极高的历史、艺术、科学价值，任何损伤都会造成无法挽回的损失。特别是作为长久保存的文物库房，应做好防火、防盗、防潮、防虫、防尘、防震、防紫外线、防空气污染各项措施，尽管青铜器对环境温度要求不严，但室温的变化，也会引起湿度的变化。如果湿度增大极易造成铜器腐蚀，因此库房内相对稳定的温湿度是防腐的重要因素。据测试，相对湿度控制在40%以下为宜。

空气污染对青铜器也有很大影响，空气中含有众多极细小的尘埃，能吸附空气中的二氧化硫、硫化氢、二氧化氮、氯气以及各种滋生霉菌的微生物，因此需经常通风改善室内空气质量。近来北京地区常遭雾霾污染，传统的自然通风可能造成二次污染，应采用管道式通风方式，在通风系统进风口相应部位设置三级过滤器，减少进入库房内的尘埃杂质，以保证保存环境所需气流，面对无情的自然破坏，我们应竭尽所能应用各种方法做好预防性保护。尽管自然腐蚀在所难免，只要经常查看，发现问题及时处理，不使其扩散发展，就不至于造成更大破坏，就可使大鼎"子子孙孙永宝用"。

附记： 非常感谢北京大学文博学院胡东波教授和杨宪伟老师认真仔细地拍摄X射线探伤照相；感谢中国社会科学院考古研究所王浩天老师亲临指导，张红艳女士在百忙之中挤时间协助测试；感谢李其良、刘军等同志在修复大鼎过程中的密切配合；修前、修中、修后诸多照片得益于岳超红同志大力支持。还有诸多同志为我们出谋划策，提供信息给予协助，限于篇长虽不能一一列举，但你们的情谊铭刻在心，在此一并给予衷心感谢。

参考文献：

[1] 中国社会科学院考古研究所：《殷墟妇好墓》，文物出版社，1980年。

[2] 赵根茂：《青铜器的修复技术》，紫禁城出版社，1988年。

[3] 周雍鑫、周俊等编：《胶接剂·粘接技术实用问答》，机械工业出版社，1998年。

[4] 布兰迪著，田时纲、詹长法译：《文物修复理论》，意大利非洲与东方研究院，2006年。

[5] 中国社会科学院考古研究所：《考古工作手册》，文物出版社，1982年。

未刊稿

《明人仿李龙眠绢本人物卷》修复工艺探索

周海宽

内容提要：《明人仿李龙眠绢本人物卷》是国内一家博物馆收藏的中国古代书画作品，由于原件破损较重，画心残裂绢质酥脆并且遭到虫蛀，该画因卷舒失宜，保存不善，致使画面全面受损，修复难点包括清洗、揭褙、拼对与复原、全色等各个方面。通过逐一揭出原破洞重新补配，对折条断裂逐一加固，精细全色，原磨损模糊失神的画意已清晰可见，也充分体现了现代科学原理和传统工艺的有机结合。

关键词：绢本　人物画　修复

引言

笔者曾修复过的《明人仿李龙眠绢本人物卷》，绢本，国内一家博物馆收藏，明代，尾拔 35 厘米 ×98 厘米，画心 35 厘米 ×1193 厘米，引首、画心、提跋合起较长。经过对画卷现状分析发现，由于受到污渍、生霉、卷折、碎裂、颜色返铅、磨损等多重损害，此卷尾拔纸本有油渍，画心有多处旧伤外，划痕断裂，画面绢丝破碎严重，折伤甚多，质地老化酥脆，原裱件画面人物墨色已脱落，断裂处边口翘起，画心折处有缺绢等现象，此卷人物众多，墨线细且缩质脆朽。针对此卷《明人仿李龙眠绢本人物卷》的破损状况，以及造成画意损伤的原因进行分析、研究，来制定详细的修复计划。以前的重裱已对该画造成极大破坏，故对此幅书画修复需更加慎重。如修复不当，可能会使画面脱落，甚至画意完全消失，造成二次损伤。最后，决定采取修复古旧书画的传统技术，并根据该画破损程度，选用适当的方法对其进行重新修复。

作者：文保科技部，副研究馆员。

一　修复方案设计

修复该画主要是通过清洗画心，揭去旧有褙纸，补全残缺后重新装潢。“修旧如旧，不改变原状”，应以修复处理时的状况为指针，把各时期的信息均予以保留及保护。掩盖修补后在画心、画意中留下的修复痕迹，以达到从外观上满足视觉整体的完美，同时原有的艺术效果也在最大限度上得以再现。修复中遇到的问题是，绢质画心的修复，最忌绢丝继毁，由于该画绢质全面糟朽，折破相交，湿水之后糟得几乎拿不起来，不仅传统揭背中的成块撕拉无法采用，就连糊重粘牢部分的搓、捻也没有可能。揭旧过程处处临渊，寸寸履冰，其中破损集中、部位接近、又在画意之间的破损难揭部分，只能依横就竖，靠针挑、镊夹才能略见寸功。修复几乎每根重要绢丝都是经过难以计数的梳理、翻转才恢复到位，达到理想的整复结果。

二　修复的过程

此卷要经过去污、揭褙、补残、全色等主要工序，其画面磨损严重，全色有其特殊性，有别于普通修复，磨损书画的全色则相反，由于没有绝对的轮廓可以把握，又没有明确的边际足以控制，就使颜色的对应协调没有规范可寻，属于既没有理想的起笔部位，又没有理想的收笔部位的作品，因此，磨损书画的全色有三大难度：一是隐补部分的全色不能单一控制，除了破损本身的全色，还需与周围的颜色的深浅取得一致。二是磨损部分全色的深浅，必须与原画的色调浑一，不能有后补的痕迹。三是除了补口与周边的协调，还要与全画的风貌呼应。三者的这种一致，只有心悟笔随，才能交融贯通。

（一）调查，除尘，清洗

调查，即在修复前通过文字和图像的方式对作品的年代，质地损伤情况进行记录，为修复工作提供相应的资料。除尘，由于原作保存条件较差，作品表面粘有大量的污物和灰尘，针对这一情况，使用软毛刷轻轻将画面上的灰尘刷去，减少画面上粘有的固态污渍。清洗，是对古旧书画进行去污的一种传统做法，此作品经过长时间的保存，画面吸附了一些有色污染物，同时霉菌在画面的滋生也使作品被霉菌的分泌物所污染，因此需要对其进行清洗(图一)。

此卷画心为两经两纬双丝绢，通体折裂，绢面破损，并且遭到虫蛀，露白较多，已伤及画意。年久墨色失胶其揭命纸、翻油纸在托心时容易掉墨，为解决此难题，笔者经过反复试验，按照胶 3、矾 1 和 15 倍水的比例配成特制的胶矾水，用毛笔将胶矾水轻轻刷在画心的正面落墨处 2 ～ 3 遍，将墨色牢牢固定。再用温水刷在隔水和画心

图一　明人仿李龙眠绢本人物卷（修前局部）

接口处，使其充分润湿，从后面把背纸揭掉，使其分离。

清洗的难点在清霉、去污、治铅的过程。霉与污都是书画的大敌。前者可以令书画败坏，后者无论是哪种污染，只要沾上即难尽除。对于霉迹的处理，现在普遍采用高锰酸钾（$KMnO_4$）和乙二酸（$GOOH_2$）等药剂。高锰酸钾有极强的氧化分解作用，在酸性溶液中被还原为二价锰离子。乙二酸又称草酸，是一种重要的还原剂。但两种药剂在使用过程中需精密监控，并以试纸检测反应结果。由于上述药剂在使用以后，都需要用清水把残留的药剂冲洗干净，因此，无论药水去霉还是清水治污，实际上都离不开水的反复清洗。书画的清洗一般是采用活水去污法，操作时将洗案斜置。由画的上方施水，用排笔揿压画面，通过水的流动带走污渍，直至洁净。洗画时，去除污迹和霉迹不能用开水淋洗，只能用温水清洗画面。宋周密《思陵书画记》直接指出："古画装褫不许重洗，恐失人物精神，花木浓艳。"[1]指明了重新装裱的负面影响，故不使用沸水浸洗。经验是，古旧书画清洗时选用60℃左右的温水淋洗画面，在对画面进行清洗的过程中，通过调节水温和清洗次数控制清洗的程度。温水淋洗到画心表面后，水会变成黄褐色的液体，这是由于温水溶解了画心上作为污染物存在的有色基团，当黄褐色的液体变浅后，清洗工作基本结束。由于此件作品残损折裂较重，为了防止破绢跑位，绢丝飞解而扩大原画的损伤，对《明人仿李龙眠绢本人物卷》采用的是空淋、吸附方案。水排笔不沾画心，悬空淋水，净巾将画心中的水分吸走。虽然操作比较费时麻烦，但安全性相对较高，可以减少清洗对

1　王以坤：《书画装潢沿革考》，第53页，紫禁城出版社，1993年。

书画造成的损坏，有利于保护画心的完整。既能达到理想的去污目的，又能避免矫枉过正，不夺原画神貌。

（二）揭褙

清洗画面后，接下来就是揭取画面背后的托纸和褙纸了。因为此画为绢本而且是稀薄绢，为防止在揭去托纸、褙纸时造成绢丝扭曲、错位，从而使画面变形，本次修复仍采用了传统的“水油纸吸附法”，我们在揭取褙纸、托纸之前对画面进行加固。首先用淀粉糨糊做黏合剂，加入适当比例的水，调成黏稠度适当的浆水，用排笔均匀地刷在水油纸上，并用棕刷将之刷在画面上，这样水油纸与绢面就粘贴在一起了。用浆时强调厚薄得宜，浆性要看画心吸水程度和厚薄而定，浆水过厚，会在揭掉水油纸后出浆不利；过薄，则画心上丝缕容易走动，起不到加固画心的作用。另外，天气的干湿程度也影响着浆水调制的比例。为避免水油纸在画心翻身时粘在案台上，在水油纸上刷一层薄浆水，加贴一层宣纸作为加固层。然后，将画心连同水油纸一起抬起翻身，画面朝下，纸面朝上。这时再用棕刷将背面刷平，即在揭去命纸之前，先用较薄类的水油纸贴于画心正面，以棕刷轻排紧密，再于水油纸上加附宣纸作为保护层，这样既可固定画面，有利于画面翻身，又可降低出现意外的概率。最后，慢慢地揭去旧的褙纸和托纸。

揭褙画心工作是关键一环，揭褙是指去掉画心后面的旧褙纸和托心纸，其中以托心纸对书画的影响最大，因其直接关系书画命运，故又称命纸。揭褙是书画修复中的一道极为关键的工序，《装潢志》曾对此有精辟概括：“书画性命，全关于揭。”“纸有易揭者，有纸质薄、糊厚难揭者，糊有白芨者尤难。须仗良工苦心，施迎刃之能，逐渐耐烦，致力于毫芒微渺间，有临渊履冰之危。一旦成功，便胜淝水之捷。”[1] 如果方法把握不住，稍有疏忽，就会使画面厚薄不均，损伤画面。此卷绢本画心由于用浆的稀稠不一样，浆稠的部位不好揭。笔者采用的方法是将毛巾盖在上面多闷一会儿。将浆闷透再进行揭，这样就保证不伤画心。其个别地方揭时比较困难，笔者就用手指在托纸上摩擦，将托纸搓成极小的细条。搓时要用眼力观察，用手指的触觉掌握力度。该类书画的揭褙，既要做到揭得干干净净，又不能使画心受到丝毫损伤，不仅需要丰富的工作经验，还需具备相应的专业知识和较高的技术水平。

（三）拼对与修复

揭去托纸后直至画心的那一层，露出破洞的轮廓。修补绢本画心的破洞细补法为

1　杜子熊：《书画装潢学》，第 176 页，书画出版社，1986 年。

现行常用的修补法。其方法是顺着破损的原有洞口大小，用锋利的小马蹄刀在四周刮出斜坡，用毛笔蘸浆涂在刮好的洞口上，然后觅来相似补料，剪成比洞口稍大一些的小片，对准心子的经纬粘贴，上面再涂一层薄浆加固。

本工作的方法是用相似的绢对残破的地方进行修补。补绢的经纬要与原画一致，用颜色水加染补绢，宁浅勿深。原画意、印章在补绢上，原补条不能更换，加大了揭补的难度，鉴于此，只能用小羊毛笔沾水潮在补条上，揭开一边上好糨糊，再潮另一边上浆，以免补条和补洞处的画意移动。古书画的修复，无论纸质画心还是绢质画心，糟裂的地方都需通过加贴折条予以加固，否则重新装裱的书画虽经覆背研装，依然会折痕累累、断纹如故。绢质画心的纸托法中，“折条”由两层构成，不仅要求茬口的拼对严整合缝，折条也需分两次贴补。托裱画心前以绢质折条加固，所贴绢条除绢丝的粗细必须与画心一致外，纹理也必须相当。该书画在20倍放大镜下观察其画心用绢种类以及经纬、纹路，该绢应属稀薄绢，为大多早期古书画所用的生绢或生捶绢。该绢丝为双经双纬“双丝绢”。据记载“双丝绢”常见于宋、元两个时期，并且清以前古画都用生绢。此绢为热汤烫之，半熟入粉捶似银板，未用胶凡。画心的托覆，命纸的颜色决定画心的命运，笔者的经验是，染命纸要比原件画心颜色浅两色。在托心时上浆要注意糨糊的厚薄程度。厚了，画心易发硬，薄了，则粘连不结实。托好画心后，将水油纸去掉，将画心前后排实，使水分充分渗透到水油纸内，这样就可以按顺序一张张揭掉。画心托好后，在半干时除去画心上翻水油纸的浆，叫做“出浆”，还可以利用出浆粘掉画心的污迹。为了保证折口的坚固，绢质折条贴完后，还需在托完画心后从托心纸的后面用纸折条对折口进行第二次加固（图二）。

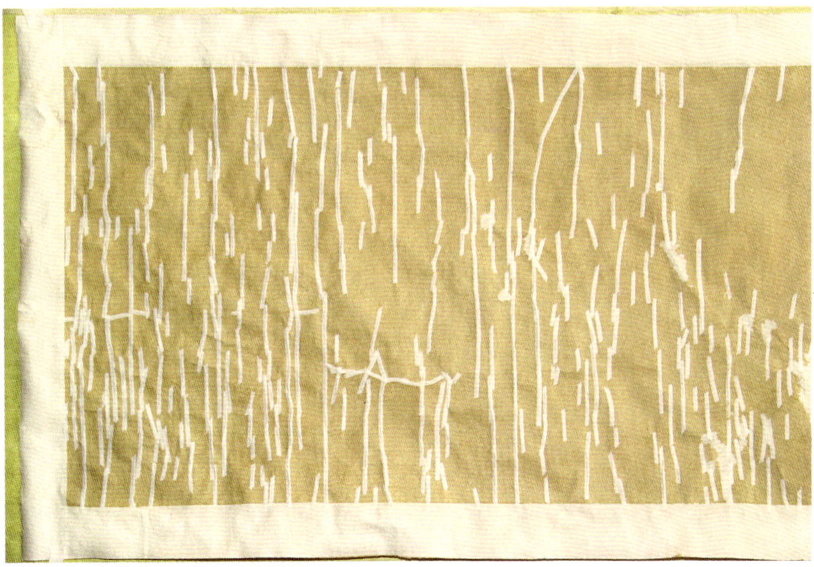
图二　明人仿李龙眠绢本人物卷(修复中背面局部)

（四）打胶矾，接笔，全色

对画意缺失处接笔可说是修复画心的点睛之作了，能否让此画恢复原貌，不仅需要具备丰富的书画知识，还要掌握用笔运墨的笔法技巧。参照其作品所体现的风格、气韵、用笔作为接笔的依据，画中的人物线条流畅，掌握了画家运笔风格后，在反复练习做到胸有成竹后，再进行接笔全色。上胶矾是为全色打基础的一道工序。难度大的是画心的全色，胶矾由白矾和明胶加水勾兑而成，刷于画心纸的后面。残损书画的修复，揭去旧裱后，残损处必须经过隐补、全色等工序，由于补口和托心纸一般都是生纸，无论接笔还是全色，容易将墨色或颜色晕开，因此，需要在画心背面刷制胶矾水，否则不但触笔即洇，还会由于笔尖处的颜色下沉形成深点儿，破坏接笔效果或使全色部位无法形成均匀控制。另外，胶矾水的配制也很有讲究。胶与矾各有功用，矾有阻洇止散之力，胶有固色防花之功，但二者的勾兑比例需严格掌握。胶多发滑，矾多泛白，太稠则涩，太稀渗漏。因此，胶矾水的调制比例是否合适，不仅决定补口接笔、全色的成败，而且直接影响书画本身的修复质量，故有“因画”“因时”“因人”之论。因画，是指每件书画作品所用材料性质不同，吸收渗透的程度也有异；因时，是指胶矾水的调制受季节影响很大，因而有“矾法，春秋胶矾停，夏月胶多矾少，冬天矾多胶少”的经验之言；因人，是指操作者的经验而论，清沈宗骞《芥舟学画编》曾重点强调过经验的重要：“矾如数而胶不足，则墨痕水溢如暴；纸胶如数而矾不足，则墨痕上覆之便脱。胶不足者易以风而量加之，矾不足者难以辨。”[1] 因而，对胶矾水的掌握是否老道，于全色质量有至关重要的影响。有些修后的书画伴有片状霜花就是矾水控制不好造成的，胶矾水掌握得宜，加上好的全色技术，可达到所谓“四面光”[2] 的上乘质量，即全完色后，无论从补口的上、下、左、右任一方向观看，都与原画无异，从而实现出神入化的效果。调胶矾水一般是胶 1 克加热水 60 毫升调匀，矾 1 克加冷水 7 毫升，等胶水冷却后，两种溶液调和，即可成为比例适中的胶矾水。上过胶矾水后，再用棕刷衬水油纸轻轻刷排，使溶剂充分渗透进画面，待贴平凉干后，即可“全色”“接笔”了。

此卷质地为绢本；使用颜料是赭石、藤黄、砚墨，全色仍采用不同部位不同全色的方案，以保持画面局部和整体的统一。全颜色即通过着色的方法对补口做旧，“全”的含义是使补口与原画品貌一致。要达到这一点，一在深浅新旧程度的把握，二在色调明暗的协调，三在软硬平均的控制。全色，笔者采用“干笔”和“湿笔”相结合的技法，“点染法”施于裂缝处，“以点找面、点面结合”需全补几次，坚持宁浅勿深的原则，层压烘染，每一笔着色都先在备用纸上经反复试涂，力求下笔有据，循序渐进，心悟笔随，防止出现突显的痕迹，避免形成脱离整体的孤立区域，达到“远观一致，近视可变”的程度，与原件风貌浑然一体。

---

1 杜秉庄、杜子熊：《书画装裱技艺辑释》，第 360 ～ 361 页，书画出版社，1993 年。

2 康建国：《古书画修复的全色探索》，《中国文物修复通讯》1999 年第 17 期。

图三　明人仿李龙眠绢本人物卷（修后局部）

图四　明人仿李龙眠绢本人物卷（修后局部）

三　修复结果和讨论

宋赵希鹄《洞天清录》云："古画绢脱，以手指点之皆能破损，一坏不可复救。"[1]笔者在修复《明人仿李龙眠绢本人物卷》的整个过程中，参考了大量史料文献记载。同时，根据此幅书画具体伤损状况，制定了周密、谨慎的计划。通过遂一揭出原破洞重新补配，对折条断裂遂一加固，精细全色，使这幅传世的古画恢复了原有画貌，原模糊失神的画意已清晰可见，再配上古朴雅致的装潢，使此画又重现了昔日的风采（图三、图四）。

通过修复《明人仿李龙眠绢本人物卷》，不但积累了修复明代绢本书画的宝贵经验，而且还在技术上有所突破。在此次修复工作中，也充分体现了现代科学原理和传统工艺的有机结合。在中国古代书画修复的具体工作中，通过探索、研究和实践，认真总结在中国古代书画修复工艺、技术上的经验，这样可更有效地提高中国古代书画的修复装裱水平。

原载《文物保护与考古科学》2011 年第 1 期

1　前揭《书画装潢沿革考》，第 51 页。

临摹清人画《乾隆主位喜容像》、唐寅《事茗图》、赵雍《挟弹游骑图》

余昭华

内容提要：《乾隆主位喜容像》、《事茗图》、《挟弹游骑图》是故宫收藏的古典名画。故宫在修复这3幅画时，根据其材质、画幅、用料及其绘画风格，采用具有故宫古画修复特色的技艺，使古画修复如初。

关键词：古画修复　浅墨勾线　色彩渲染

一　临摹清人画《乾隆主位喜容像》

清人画《乾隆主位喜容像》，立轴，绢本，设色。长171.5厘米，宽75.4厘米，描写女主人倚门扇，默默无言愁思状。人物神态刻画精细入微，衣纹体态平缓自然。人物面部、门扇的描绘吸收西洋技法，立体感较强，明暗变化显著。具有典型的清代宫廷画风格。

清代宫廷画家意大利人郎世宁，参考西法，注意透视和明暗，注重写生，刻画细微而不止于形似，摸索出适合皇帝欣赏习惯的油画风格的纸绢画。此后，人物、山水、走兽在笔墨技法上突破传统，在表现自然景物的阴晴晦明变化方面，较前人前进了一大步，其画法在当时和后世都有很多追随者。如焦秉贞、冷枚等参合西法的画法；王致诚、艾启蒙等西法中用，进一步形成中西合璧的新体画风，成为清代皇家画院的特色。从清人画《乾隆主位喜容像》画法上可以看出画家受了清代院体画风的影响，但具有自己独特的渗透中西画法的风格，格调鲜明。

因原画幅面较大，为了文物安全，减少打开保护盒的次数，临摹分步进行。

第一步，渲染门扇。由于门扇在绘画技法上采用中西结合画法，在整幅画作中，较之人物肖像更为繁难，所以第一步先集中全力把门扇画好。

作者：文保科技部，副研究馆员。

在渲染门扇的仿绘上，画家描绘门扇采用焦点透视法。因此，在绢面上先用墨线勾好门扇的界画，以不同的线形、深浅不同的墨线勾描出木纹的变化，然后罩色。

罩色用赭、红、黄色，一定要注意浓淡、层次的变化，使物体较富明暗感或立体感。门框用赭、红、黄色，门扇面用石青、淡赭、白粉，彩色对比映衬，使色调产生节奏变化，避免了一味平淡，表现出门扇体形的色相和质感。

第二步，渲染衣服。白色为主，石青蓝色点花蕊。正画面白粉色较薄，为了加强浑厚感，在正面背后托色上渲染厚粉，衣纹勾线用淡墨，染色分明暗，以淡赭、淡花青色染暗面，然后罩色用薄粉色，呈现薄中见厚的色彩效果。

第三步，渲染脸面。开脸在整幅画中亦较难。这种融合中西画法的用色，与中国传统画法不同，脸面虽然没有厚粉打扮，但肤色的立体感表现突出。临摹中用面部背后托色加厚白粉，正面用淡墨勾勒面部轮廓、眉毛、眼睛，用淡赭勾鼻梁、嘴唇，面颊的红润根据肤色深浅，用浅红黄色一层一层地染，不是从浅加深，而是从深加至最浅，染一层浅色，擦掉再染一遍，这样再染再擦，渐渐增加肤色的立体感，然后罩一层薄粉。特别要注意描绘眉宇、眼窝、鼻翼、口角等能够反映人物性格表情的部位。

发髻先用浅墨勾线打底子，然后用浅墨渲染，渐次加深，发髻的浓淡根据它的厚薄疏密而定，浓发要多次渲染，受光部分墨色可留浅一些。头发在接近脸面处不可有明显的色墨界限。接下来便是勾线。先勾浅墨线，到贴近肌肤处渐渐细弱消失，然后以中墨勾第二次线，部位离发根要稍高，最后以浓墨线勾，离发根更高。这样勾出的发髻，自然深浅得宜，生动秀润（图一）。

图一　《乾隆主位喜容像》（复制品）

二　临摹明代唐寅《事茗图》

明代唐寅《事茗图》，手卷，纸本，设色。长 31.1 厘米，宽 105.8 厘米。画面描画一位陈姓文人闲居山林以茶事自赏的情形。图中四面环山，飞瀑流泉，长松修长，茅屋数间，主人公坐草堂中伏案观书品茶。屋旁板桥一座，来访者扶策行桥上，有一童携琴跟随，后屋一人正在摇扇炊茶。卷末唐寅行书自题五绝一首："日长何所事，茗碗自赍持。料得南窗下，清风满鬓丝。"引首有文徵明录书题"事茗"二字，后幅陆粲行书"事茗辩"。

唐寅因科场案受累而被革黜，长期生活在苏州靠卖画为生。他赋性疏朗，任逸不羁，自称"江南第一风流才子"。他才气横溢，诗、词、曲、赋、书、画无所不工，尤以绘画最为著名。绘画师周臣，并取法宋、元诸名家，特别是学南宋李唐、刘松年的画法，造诣尤深，能作南宗山水，更善于将南北二法融为一体，既具备北派坚挺淋漓的长处，又有南派文秀丰厚的气韵，形成自家的独特画风。他的画题材广泛，山水、人物、花卉、竹石等均极精妙。画法沉郁，风骨奇峭，行笔秀润、缜密而神韵具足，艺术成就突出，超过了老师周臣，是明代中期画坛上最具有影响的画家之一，与沈周、文徵明、仇英并称为"吴门四家"。

《事茗图》是唐寅山水人物画中的精品，此图意境清幽，结构严谨，笔法工稳、流畅，设色淡雅，风格秀润。但此画是纸本设色，其地子远比绢本的颜色浅淡得多，经过多年的自然老化，显出浅淡的旧色。摹本成功与否，关键在于做好旧纸色，但做旧纸又必须使纸"变性"，使"纸性"半生半熟才便于落墨。做旧的方法是：先调好淡红黄混合色（即以旧色汤根据需要添加赭石、藤黄、花青等），再加入新鲜的生豆浆和适量的胶水。将纸平铺在案子上，用排笔饱蘸旧色汤刷涂，刷完第一张纸后，第二张纸盖在第一张纸上刷，刷完后上挂，待干后即成半生半熟的旧色纸。临摹时容易掌握落墨着色的适当，能得心应手，达到原画纸效果。至于各种颜料及豆浆的配料比例则要根据原画颜色深浅，适当、耐心调配方可以假乱真。

观唐寅山石画法，明显取法于南宋李唐、刘松年等人，但画家改变了李唐那种以侧锋挥扫的作风，变为以中锋（兼用侧锋）作曲线弧皴的清劲皴法。皴笔流畅娟秀，柔里含刚。在皴的基础上，以水墨晕染，使山峰于风骨奇峭中包孕着秀爽清润的雅逸之气。临摹时多熟悉画家所运用的皴法用笔规律和特点，首先要按其规律大胆皴擦，然后，趁墨迹未干时，及时添补不足之处，用细砂纸擦掉多的墨迹。

画面摹绘完毕，无论深浅墨色都需多次刷水，多用生宣纸吸几遍。这样，不仅能把画面上暴墨吃掉，而且会增强墨色深浅间的融合和线条的笔感（图二）。

图二　《事茗图》（复制品）

三　临摹元代赵雍《挟弹游骑图》

元代赵雍《挟弹游骑图》，立轴，纸本，设色。长 109 厘米，宽 46.3 厘米。画面描绘一位乌帽朱衣人，骑黑花马，游骑猎鸟的情景。他手持弹弓，悠闲地回首观看高树，寻找着自己的猎物。马儿舒缓前行，树间不见飞鸟，且难觅其迹。这种画面处理显示了画家运思的高明，十足地表现了游骑人搜寻的神态和心理。全画工整精致，有唐人遗风，继承了赵孟頫的画法风格。从此幅画中可以看出赵雍画马，显然与赵孟頫之《秋郊饮马图》有别，赵孟頫突出线条，而赵雍则注重渲染。

原画残损较重，摹本复制必须兼顾其偏重渲染的特点，又要保留残损的原貌，此画右有设色大树两棵，双勾叶树在前，点叶树在后。双勾叶树残损较重，勾稿时用磨尖很细的铅笔双勾，注意准确，否则形神俱失。摹到残破、磨损的笔迹处，要特别注意笔意的贯通，给人们以原画一样断续或残损的感觉，否则不仅影响效果，同时笔意也变了，会神气尽失。此画因年久磨损较重，墨色已模糊，不清晰。要取得这样的效果，应使用先染浅墨、再在浅墨上适当补充浓墨的方法。具体做法是：第一遍用最淡的墨色勾线条，第二遍用深的墨色在第一遍画好的线条上落墨，下笔要准确，根据原画磨损情况留出浅色部位，最后在磨损部位用细砂纸轻轻摩擦，使浓淡墨色之间形成自然磨损之态，显现出磨损的旧墨效果。这种工序做法较麻烦，需要耐心、细心。画叶，要认真一点一点地画，特别注意用笔，不能浮躁。

此幅画面的地子呈淡赭黄、淡红黄等色，比唐寅《事茗图》的颜色深得多，赵雍以深浅颜色染出背景，显得空间辽阔，人马突出。渲染地子的方法是从浅加深，用调好的旧色汤来刷染，刷染次数要多遍，遍数越多，效果越润，越浑厚耐看。

一次刷染旧色汤后用生宣纸吸掉水分，染上的颜色会随着水分被吸减淡，一次不成，要做多次，直至和原地子无二色。局部降浅，可用湿棉花轻擦，旧色效果更明显（图三）。

图三 《挟弹游骑图》(复制品)

原载《故宫博物院文物保护修复实录》，紫禁城出版社，2007年

老北京的古铜修复业起源与发展

贾文超

内容提要：老北京古铜修复业历经几代人的发展，传承至今。这一行业的创始人相传为外号叫“歪嘴于”的清宫造办处的太监，之后他又先后收了几个徒弟，其中一个名叫张泰恩，也是最小的徒弟，老北京古玩行人称“古铜张”，主要是他将于师傅的古铜修复手艺在实干中进行了传承和创新。张泰恩此后又收徒，其中一个是他的侄子，后来人称“小古铜张”；另一个徒弟王德山，这两个人又各自收了7名徒弟，这些人在新中国成立后有的进了博物馆，有的进了美术公司，正是这些人成为了新中国古代青铜器修复的第一批主要力量。本文结合修复实例，阐述了老北京古铜修复业传承和发展的脉络。

关键词：老北京古铜修复　传承“古铜张”派青铜器修复

说到中国古代青铜器，谁也不会陌生，青铜重器司母戊鼎、四羊方尊、虢季子白盘、毛公鼎、马踏飞燕等这些青铜器早已名扬中外。在这些青铜器的背后，还有许多许多的传闻和故事。

其实，青铜器传承几千年的历史，有传世的但更多是出土的。所有出土的文物，出土后并不全都完整，有不少是破碎或残缺。破碎或残缺的青铜器也是我国的珍宝。但要收藏、陈列时，就会遇到很多的问题，既不美观又有碍观赏，而且还得不到观众的喜欢。为使它完整如初，既有收藏价值，又能赢得观众的认可，必须将它修复起来。青铜器的修复，有着很深奥的问题，它包含着很多的学科知识。

故宫博物院和国家博物馆的青铜器修复，首屈一指，国内外闻名。如前面提到这些有名的青铜器，便是由这些单位技术人员修复后展陈的。如著名的青铜重器司母戊鼎、四羊方尊、虢季子白盘等是由中国历史博物馆（现称国家博物馆）的青铜修复专家高英，和北京市美术公司的古铜修复专家王德山、贾玉波等人修复的。西周斑簋、马踏飞燕，

作者：原文保科技部，副研究馆员。

就是由著名的故宫博物院青铜修复专家赵振茂修复的。在展览时，很多的中外观众看后都赞叹不已。

如今全国文博单位中从事青铜文物修复工作的同志大部分是老北京“古铜张”派的传人。说起老北京青铜器修复行业创始人，是位清宫造办处太监，因此人姓于人称外号“歪嘴于”，真实姓名没有传下来。清宫造办处内有多种手艺人，清朝末年这些手艺人中有8个巧匠，手艺高超，人称“八大怪”，其中修古铜器的一怪就是“歪嘴于”。“歪嘴于”出于清宫的说法，是我的父辈的师爷们说的。后来有人曾查阅了清宫内务府的有关档案，但没有查到有关其人的资料。

一　古铜修复业的起源与发展

“歪嘴于”出宫后在前门内前府胡同的一座破庙内（今人民大会堂附近）开了个“万龙合”修古铜器作坊，这是清末光绪年间的事情。于师傅先后收了7个徒弟，其中一个姓张叫张泰恩（1880年农历十月初七生于河北冀县良心庄），是于师傅最小的徒弟。

张泰恩13岁（1892年）来到北京，在前门内前府胡同庙内拜清宫太监“歪嘴于”为师，张泰恩在家中排行老七，在于师傅门下也排行老七，故人称“张七”。大约辛亥革命前于师傅去世，张泰恩为其发丧，并继承了师傅的衣钵，把“万龙合”改名为“万隆和古铜局”，仍在前府胡同庙内继承师业，主要为琉璃厂古玩商修复青铜器。大约在1916年与同院一吴姓家大女儿结婚。这一时期正是帝国主义列强对中国大肆侵略，中国历史文物大量被掠夺盗卖时代，青铜器修复行业随着古玩商人的“金石路子”和“洋庄生意”的兴起而发展起来。1919年五四运动前后，“万隆和古铜店”迁至崇文门外东晓市大街路北第四家店铺营业，并将家从前府胡同庙内搬出，住在崇文门外法华寺南营房东四条13号，妻子吴氏1920年在此院内生一长子名张宝珍，号子明，后以画山水为生（1973年去世，终年53）。吴氏1926年病故。张泰恩于1930年又娶北京朝外一张姓女子，1933年生二子张宝玉（张宝玉后在北京市第二机床厂当钳工，后退休），1936年生三子张宝善（后在石家庄8507厂当电工），1939年生一女张淑玲（在北京177中学当数学教师，后退休）。

张泰恩把“万隆和”迁到东晓市后生意兴隆，大批古玩商前来修理青铜器。由于业务繁忙，张泰恩开始收徒弟，大约30年间“万隆和”共收了11位徒弟，从而开创了“北京古铜张派”古铜器修复业。其中7位徒弟在修复行业中起到了不小的作用，如张泰恩的亲侄子张文普（号济卿），人称“小古铜张”，1901年生，13岁学徒，由于心细手巧，学成后为琉璃厂古玩铺修铜器，并带了7名徒弟，新中国成立前曾为大古玩商岳彬等人修复过大批商周时代的铜器。张文普1965年去世，终年64。

张泰恩的另一位徒弟王德山，1911年生于河北衡水县小巨鹿，13岁学徒，学成后自立，带了7名徒弟，与张济卿手艺不相上下，在琉璃厂曾为大古玩商黄伯川等人修复过大批商周铜器。在民国时期，外国人对中国的古玩很感兴趣，所以造假之风盛行，铜器修复技术急需改进，王德山在这种形势下研究发明了做假地子和假锈的新技法和化学做锈等，改进了修复技术。

“漆地磨光”首先用酒精浸泡漆片，现在称之为“虫胶”，再用虫胶调和多种不同的颜料做成铜器的地子等。这种方法是受修古家具的“榆木擦漆”的启发而改进的。

“点土喷锈”方法，即在修补的铜器部位做好的地子的部位，点上水调泥土用牙刷拨喷，待土干后，再用牙刷往上拨各种锈色，待锈牢固后，用水刷洗，使泥土掉落，只剩下做上的锈。这种“点土喷锈”的方法，使残破铜器的修补处，既有假地子，又有假锈的部分，做出的效果非常逼真。如今，这两种修补作伪的方法仍在青铜器的修复中使用。

故宫博物院收藏有一件商代的青铜尊，器物内底部有一铭文“□”，故称为“□”尊。看似是一件很普通的铜器，但它还有一段令人难以忘怀的往事。

“□”尊，通高23.1厘米，最大直径23.7厘米，重3.25公斤。尊体呈圆形，侈口，束颈，硕腹，圈足微侈。颈部饰两道弦纹，肩部浮雕等距凸出3个牺首（兽头）。牺首之间饰以夔纹，亦称草龙。器腹部饰3组饕餮纹，凸起的眼睛，重重的眼眉，鼻子微鼓，这也是常说的兽面纹。尊的下部圈足，也饰有3组兽面纹。

记得那还是上世纪80年代初的一天，笔者正在查看“□”尊的锈蚀。这时，我国著名的青铜器鉴定专家、全国文物鉴定委员会的委员、故宫博物院的研究员王文昶先生见状，指着“□”尊口沿的部位说，你看看那儿是修复过的。我仔细地看了半天，也没看出修复的痕迹。先生便指着一个部位说，这块是后补上的，是由你的师爷老北京琉璃厂的艺人王德山修复的。虽然经过了几十年，做的地子和锈还是那样的真实，不知情的人根本看不出是经过修复的。

为了使修复的铜器达到更逼真的效果，从30年代起，王德山还研究了用化学做锈的方法修补铜器。经过了几十年的岁月，当年修补的铜器现仍保持原来做出的效果。这件“□”尊就是很好的实物。

商代“□”尊的口沿部位原残缺一块，1940年间王德山曾修补复原做旧，后在修补的部位随成了“黑漆古”地子。如今已60多年了，“黑漆古”地子仍未变颜色。商承祚先生曾经见到过补后的“□”尊，认为补做技巧娴熟，称得上是“天衣无缝”。

中国历史博物馆收藏的一件四羊方尊的仿制品，也是王德山先生新中国成立前伪做“黑漆古”的佳品。

新中国成立后公私合营，王德山带众徒弟归北京特艺公司文物修复部，后归北京文物商店，1958年归北京市文化局北京市美术公司，这是新中国成立后最强的一批修复力量，曾参与了中国历史博物馆通史陈列文物、中国社科院考古所重大考古出土文物、出国文物展览文物、北京地区文物修复工作。美术公司从60年代开始复制文物，以青铜器为主，曾为各大博物馆、文博单位、外贸出口、外事部门复制过大批文物，是新中国成立后中国第一家文物修复、复制工厂，1960～1980年代间其质量、数量均为全国第一。国内很多文博单位的复制技术有些是从这里学去的。王德山1989年去世，终年80。

张泰恩的徒弟有贡茂林、张子英、张书林、赵同仁、刘俊声、张文普、王德山，是为第二代“古铜张”派传人。

贡茂林、王德山、张文普在30年代初出师自立，他们各自收了若干名徒弟，是为第三代“古铜张派”传人。其中有孟海泉、王存计、李会生、赵振茂、高英、张兰会、贡聚会、刘增坤、杨政填、王喜瑞、贾玉波、王荣达、王长青等人。这些人学成后出师先后在琉璃厂为古玩商修复文物，新中国成立后大部分进入了北京市文化局美术公司、故宫博物院、中国历史博物馆及上海博物馆、河南省博物馆、辽宁省博物馆、河北省博物馆等文博单位。

二　文博界的铜器修复人员简述

简单介绍一下新中国成立后在文博界几位发挥重大作用的老前辈的一些情况。

我的老师赵振茂，1916年1月出生于河北深县赵家庄。1931年经本乡木工陈某介绍来到张文普门下学徒。1938年，师兄们先后自立门户，古铜铺的一些事务便由老师和其他师兄来做。后来，张文普不务正业，生意越来越差，赵老师与师弟李会生为此也出了门户，在前门北孝顺胡同8号为古玩商修古玩。后来同乡赵同仁也加入了，便成立了以“三合公”为字号的古玩铺。第二年搬到崇文门外河伯厂三条19号，后来又搬到崇外阎王庙后街1号。在这段时间内曾收了个徒弟。因新中国成立前夕生意不好，回到原籍老家。1950年返回北京，在崇外后章大院重操旧业，后搬到崇外东晓市大街50号。1952年经李会生介绍，到故宫博物院保管部修整组修理铜器。后来故宫修复厂成立，在铜器组任组长。故宫博物院的青铜器修复，可谓首屈一指，国内外闻名。传世珍品西周的班簋，是北京地区发现的具有极高史学和艺术价值的一件珍贵文物。这件堪称国宝的班簋（图一）曾历尽沧桑，70年下落不明，险些进了铸造厂的化铜炉。北京市文物管理处著名的青铜器鉴定专家、国家文物鉴定委员会委员程长新将班簋幸存的残片送到故宫，经过赵老师的精心整形、补配、焊接、做旧等工序，使这件独具风采的班簋重放光彩，后来曾多次公开展览，供人们鉴赏。我国著名考古、古文字学家郭沫若先生见到了这件班簋后兴奋不已，并写了《班簋再发现》一文，论述其价值。后来，还被拍成纪录片《莫让瑰宝再沉沦》，片中展示了赵老的修复技艺。

青铜珍品“马踏飞燕”，1969年出土于甘肃省武威县雷台汉墓。它通高34厘米，身长44.5厘米。马的造型别致，三足腾空，一足着地，庞大的身躯踏在一只正在飞奔

图一　班簋

的小燕子的背上，小燕子则吃惊地回过头来观望。不过这件名扬中外的艺术珍品在出土时却是残缺不全的，于是被有关部门送到故宫，交赵老师修复。面对古人的大胆设计和精湛的工艺技艺，老师赞叹不已。他在经过几番仔细查看后，决心尽最大努力，让这件伤痕累累的文物珍品再现其历史原貌。

上世纪 80 年代后期，赵老师被评为故宫博物院的研究员，1987 年受聘国家文物鉴定委员会委员。1991 年中国文物学会修复委员会成立时被聘为学会的顾问。1992 年享受国务院颁发的政府津贴。他的事业心很强，为了我国的文物修复事业后继有人，他热心指导培养了中青年专业人员多名，并为我国各省、市文博单位培养了数十名技术人员，这些人已成了技术骨干。我就是这其中的一员。几十年来，他经手修复的文物数以千计，并在多年的工作实践中积累了丰富的经验，不仅精通全面技术，还具有青铜辨伪的本事，受到了文物界的赞叹。赵老在晚年亲自撰写出了《青铜器修复技术》一书，全面系统地总结了青铜器传统的修复技术，为后人留下了宝贵的技术资料。

我的师大爷高英，1916 年 3 月出生于北京的朝阳门外。他的父亲在同益恒古玩铺张彬卿家当厨子。1930 年张彬卿等人便介绍高英到前门外草场二条张文普处学徒，张因看他读过八年私塾，人有又聪明能干，得到张文普的赏识。后让他管账、接活。后来见到张文普不务正业，生意也不好，于 1938 年便出师自立了。新中国成立前在同益恒古玩铺、上海禹贡古玩铺修理铜器。新中国成立后，1951 年 3 月经故宫博物院著名的文物专家王世襄和国家文物局局长郑振铎介绍到中国科学院考古研究所修理铜器。1961 年 3 月调到中国历史博物馆从事专业。1976 ~ 1982 年，他先后在北京钢铁学院、河南省博物馆、湖北省博物馆举办文物修复培训班，讲授古代青铜器的修复技术。1986 年被聘为国家文物鉴定委员会委员。1992 年开始享受国务院政府特殊津贴。

多年来，他修复珍贵文物千余件，主持和参加了河南辉县、安阳、洛阳，河北唐山，湖南长沙等多处的重大考古发掘项目，有商周、春秋、战国、汉代等的遗址。他将多年的工作经验进行了总结，发表了多篇修复论著。早在1956年间，就将他在考古所举办见习员训练班讲授的青铜修复技术的材料进行了整理，并于1958年出版的《考古学基础》一书内刊登了“铜器修理”一章，系统地论述了古铜传统的修复工艺技术。后又在中国历史博物馆的馆刊上专门发表了铜器修复中的焊接、整形、做旧等技术的论述。他不仅长于传统技术，还刻苦钻研，接受新事物。他首创了在青铜器上雕刻精美纹饰的专用錾子，研究恢复了鎏银的传统工艺，采用化学方法去锈等。他也为文博单位培养了许多的技术骨干。

90年代后期，我在修复故宫院藏一级文物二祀𠨘其卣（图二）时，发现这也是“古铜张派”的老一代人修复过的珍品。原故宫博物院研究员、著名青铜器鉴定专家王文昶先生在“铜器辨伪”中讲到：“二祀𠨘其卣，一九四零年于河南安阳出土，为残品，后运京归陈鉴塘，陈将此卣交张兰会修配后，又交张沛霖转手卖予苏体仁。新中国成立后，此卣归章乃器所有，之后捐献给故宫博物院，陈列于历代艺术馆。”二祀𠨘其卣，通高38.4厘米，器体较大，饰三道花纹，盖上与颈部饰象头纹，梁、圈足饰夔纹，盖顶爪瓣圆形纽，提梁扁形两端环状。此卣梁断残，所缺一段是后修配的，盖及圈足都已破碎并经修正，颈部正面兽头是真，背面兽头是后配的，颈以下至圈足以上腹部都是修配的。铭文共51字，族徽“亚貘父丁”4字在盖内，器底内对铭，长铭文43字在器底外。盖与器底处均完整无缺。

王老文中提到了交给张兰会修配。张兰会，老一辈的文物修复专家，是本人的老师，故宫博物院研究员、著名青铜器修复专家赵振茂的师兄。他们都是老北京铜器修复业

图二　二祀𠨘其卣

“古铜张”派的传人。新中国成立后，张兰会到中国历史博物馆专搞青铜器的修复工作。赵振茂到故宫博物院从事青铜器修复工作。这件铜卣是新中国成立前由张兰会修复的，通过这次对铜卣断梁的修复，再加上王老的介绍，真正看到了老一辈艺人的高超技艺。

家父贾玉波，1938 年从河北老家来到王德山门下学徒。40 年代出师后，一直为琉璃厂的古玩铺修复古铜器。1947 年参加革命，在琉璃厂以修理古玩为名，为北平南城地下党做情报工作。北平解放后进军管会工作。1959 年到北京市美术公司重操旧业，做起了文物修复工作。参加了中国历史博物馆的通史陈列的青铜器修复工作，同时还为外省、市送京文物的修复做了大量的工作，并培训了山西、陕西、湖北、江苏、安徽、山东等省多名文物修复工作者。后来又参加了中国社会科学院考古研究所的河北满城汉墓的文物修复工作。80 年代退休后，为中国人民革命军事博物馆、中国农业博物馆、大堡台西汉墓博物馆等单位修复了大量的文物并为这些单位培养了数名修复人员。我和几个兄弟都继续了父业，我在故宫博物院文保科技部从事文物修复工作，现为副研究馆员，二弟贾文熙在西安市文物局考古研究所做青铜器的修复工作，现为副研究员，四弟贾文忠在中国农业博物馆做文物修复工作，现为副研究员等。

我曾于 1991 年到了郑州，在河南省博物馆见到了王长青的儿子，他继承了父业。后我见到了王老，他正在家搞复制品，谈了退休后的一些情况。2003 年初我到了沈阳，在省博物馆只见到王存计先生的女儿，先生已去世。后来又到了石家庄，在省考古所内见到了刘增坤的徒弟，技术学得不错，自己一人在所里搞修复工作，但刘老已退休回老家了。上海博物馆的王荣达后来到了河南新乡，在市博物馆培养了几个徒弟。我见到了一些资料和图片，是介绍青铜器的复制品，发现复制的还真的不错。

我的师大爷王喜瑞，去年还通过电话，如今已 80 多岁了，据说身体还健康。如今，父辈的一代人只有他一人了。

“古铜张”派的创始人张泰恩由于徒弟们学成后出师自立，王德山、张文普等人手艺又超过了师傅，“万隆和”逐步萧条，1936 年停业，靠变卖家产维持生活，一直到新中国成立。新中国成立后因年事已高，张泰恩在东晓市摆地摊卖料器、煤油灯为生，1956 年公私合营，到崇文区百货公司看门，1958 年生病回家，1960 年 5 月去世，终年 80。

张泰恩于新中国成立后虽没有从事文物修复工作，“古铜张”派传人却在逐渐发展，形成了一整套传统文物修复技术，并将青铜器修复技术原理应用于陶、铁、石、木、瓷等领域。“古铜张”派的技术是与几代人的倾心钻研分不开的，尤其是第三代传人将这些技术传遍全国，使之在全国百花齐放，并与现代技术相结合，在新中国文物事业中起到了重要作用，他们的名字不应被后人忘记。

原载《青铜文化研究》第五辑，黄山书社，2007

历史

故宫里的龙文化

张亚男　邢顺岭

内容提要：本文围绕龙及龙文化，从龙的开创期到唐宋、明清时期的逐渐演变，从作为民间的图腾到发展延伸为皇家的御用专属，在简述龙文化发展演变的同时，着重讲述了龙作为皇权的代表，与明清皇宫政治、生活的密切关系。

关键词：故宫　龙　文化

在祖国大地上，龙，是中华民族上下四方、古往今来的一种文化特征。它不是生物学上所说的恐龙、翼龙等动物，而是先人经过千百年的实践创造出来的一种文化形象。中国龙，随着历史长河的发展变迁，各个时代都有不同的形象特征。有的成为民族的图腾，被千百万人民所敬仰，例如龙的图案是夏民族的图腾即是一例。

根据各个时代龙文化的特点，简述如下。

一　龙的开创期

早在原始社会后期的新石器时代，人们创造了陶器，用以盛水或粮食，便利了人们的定居生活。其中仰韶文化的彩陶、龙山文化和红山文化的玉器等已有了龙的雏形图案。器物不仅实用，而且美观。在殷商时代，甲骨文中已经有了“龙”字。在商代青铜器和秦砖上，龙纹已有了“角”和“须”。从器物上可以观察出这是由爬行动物的“龙”向前迈了一大步。到了汉朝，龙的形体已经定型。在此问题上也有两种观点。有些学者认为到了宋朝时龙形才定型，但著名作家、学者沈从文先生在他的《龙凤艺术》一书中说：到了汉朝，龙的形象“基本上还像一条蛇”。随着考古学的发展，龙的形象也有了不小的变化。这从出土于马王堆汉墓帛画上的龙形象中可以见证，而且这时

作者：张亚南，原群众工作部，副研究馆员；邢顺岭，原图书馆，副研究馆员。

龙与帝王也结合起来了。据神话传说：汉高祖刘邦之母交于神龙而生刘邦。此事记载于《史记》中。可见当时人们对龙的崇拜，使得龙形日臻完善。

二　唐宋的龙文化

早在秦汉以前的春秋战国时期，文化上出现了百家争鸣的态势，此时，青铜器上的龙都显得活泼秀丽。到了唐宋时期，国家统一，生产得到空前的发展。文化繁荣，龙形变化多端。从著名的敦煌壁画和出土的铜镜中可以看出，龙的形象被刻画得细微而气势雄伟。1988年，故宫博物院曾举办过关于龙的艺术展览，展览精选了故宫珍藏的一百五十余件历代具有代表性的龙纹艺术品参展，其中有彩陶、漆器、玉器、书画、织绣、青铜器等珍贵文物。除马王堆出土的神龙帛画外，还有晋顾恺之的《洛神赋图》、五代阮郜的《阆苑女仙图》，等等，上面都有秀丽的龙纹。展览结合文献与文物，使观众对远古神龙之谜、龙的象征意义以及龙的形象演变有了更多的了解。到了宋代，经济得到进一步发展。中国的“四大发明”都出现在宋朝，对世界的科学、文化都有着巨大贡献。由于科学文化空前繁荣，能人辈出。在绘画上出现了一位专门画龙的著名画家，名叫陈容，他所画的“墨龙”与明清时期的龙很接近，画面上的龙，在风云变幻中腾跃而起，栩栩如生。所以，有些专家认为龙形象的定型时期当在宋代。

三　明清皇宫内的龙文化

故宫博物院的院址，是明清皇宫，也称“紫禁城”，始建于明永乐时期。现存的明朝建筑，除保和殿、钦安殿及西华门内断魂桥石雕行龙栏杆等几处，其他数量众多的宫殿，都是清代重修或新建的。

当我们走进故宫，除了金碧辉煌、庄严雄伟的宫殿外，给人们印象最深的莫过于变化多姿的各种龙了。前面说过，各种龙是长期以来人们从传说和想象中创造出来的一种神奇动物，龙与麒麟、凤凰、乌龟合称“四灵”。古人把开天辟地的伏羲氏和炼石补天的女娲氏画成人首龙身，把人和龙融为一体。到明朝时期，李时珍在《本草纲目》中引王符言龙形有九：“头似驼、角似鹿、眼似兔、耳似牛、项似蛇、腹似蜃、鳞似鲤、爪似鹰、掌似虎是也。”上述九条与明清和现代的龙的形象是一致的。龙的“九似”基本上总结了历代画龙的方法。

关于龙的传说和本领，在世间广为流传。干旱时求龙挽救，洪涝时也求龙施法免灾。龙，可以上天，行云降雨；也可以下海潜伏，静观世界。《周易》乾卦“初九，潜龙勿用”何谓也？孔子说：“龙德而隐者也。”“初九”为爻名，或称爻题，其中“九”表示阳爻，“潜龙勿用”为爻辞。意思是说在机会尚未成熟时龙潜伏在水底，韬光养晦，不能贸然行动，因为时机尚未成熟。龙在深渊里，或跃动或静观，进退有据，人间就不会有灾难。

《周易》：“九五，飞龙在天，利见大人。”“九五”即龙得到天时、地利，飞上天空，有利于看到德才兼备的人，这也是飞龙在天，可以为人降福的意思。

在民间，人们视龙为神。每逢佳节庆典，都要赛“龙舟”、跳“龙舞”，欢乐异常。有的地方还有“龙王庙”，村民时常行礼膜拜。所以，龙代表了中华民族全体华人的英明和意志。全体中华民族，都是龙的传人。

故宫中有着多姿多彩的各种迷人的龙。从宫殿建筑到室内家具陈设、服饰、车舆、礼乐鼓吹，凡是帝后的衣、食、住、行，都要用龙做装饰。因为龙历来代表了一种权威和势力，因此历代帝王，尤其是元、明、清时期的皇帝，都把龙作为自己的化身，并与天联系在一起，认为自己是“真龙天子”。所以，元、明、清各代，龙的图形已成为皇帝专用的装饰，在龙的形态上显得尊贵，龙形丰富，富丽堂皇。皇帝所居宫殿、宫门等都在石青、石绿的彩画中，描绘出飞舞的金龙，两两相对，金碧辉煌，光华跃目。也有的龙凤相对，有着龙凤呈祥和君后和谐的含义。太和殿的天花板上绘画着双龙戏珠，屋顶正中的木雕金龙藻井，更是金光灿然。大殿中高大的金漆雕龙宝座与殿内四根贴金的蟠龙巨柱交相辉映，不仅表达出古代匠师们高超的技艺，也体现了皇帝至高无上的尊严。

明清时期，皇帝特别推崇九五之数。九五表示数字多到极点的意思。故宫三大殿前后丹墀御路石雕的龙、宁寿门前的琉璃九龙壁全部都是用九条龙来表示的。这些雕龙佳作，采用了高浮雕的手法，在翻滚的海浪中，塑造出矫健奋飞的九条巨龙。九龙壁在北京共有两处。除此之外，在皇帝的御苑——北海北侧也雕制了一个。北海九龙壁做工粗壮有力，故宫这个做工精巧，玲珑剔透，振臂欲飞。此外，有些御路石雕如养心殿、养性殿前，在一方不很大的汉白玉石上雕有两条巨龙，一条在滚动的海水中向上升腾，谓之“升龙”，另一条在向下俯冲游动，谓之“降龙”，用以表示龙能升能降，构图既不空旷，也不繁缛，恰到好处。特别值得指出的是保和殿后一块完整的御路石雕，这是故宫中最大的艾叶青石雕，是明代遗物，重三百吨，是从房山开采的。当时民夫们在严冬时节，沿路挖井取水泼成冰道，用旱船拉运。光骡马就用了一千多匹，运到皇宫后开雕。现在看到的这件九龙石雕是乾隆时重新雕刻的，净重二百四十多吨，上面九龙游动，下面是海水江崖。

另外，在故宫乾清宫东庑，曾陈列过清代典章文物。展品中有帝、后穿的龙袍与朝服。龙袍定制色用明黄，领与袖俱用石青、片金绿。在五色云中绣金龙九条，衣领前后绣正龙各一，两袖端也是绣正龙各一，衣襟处行龙各一。而朝服，除行龙、正龙外，还把龙组成圆形图案，谓之“团龙”，皇帝衮服则主要饰以团龙图案。

此外，皇帝典礼时用的卤簿仪仗，如辂、辇、舆、轿、旌、旗、伞、盖都装饰以金龙。

就连皇帝日常使用的金、玉、漆、瓷等用具也用龙做装饰。

故宫的龙，形象细巧活泼，其艺术水平达到空前的高度。

皇宫内雕龙绘凤，只能围绕皇帝和皇后来应用，其他人和住所绝对不能用龙做装饰，即使是中央权威机构如军机处及军机大臣、亲王等均不得用龙做装饰。就连赫赫有名的摄政王多尔衮，虽然已死，由于有人告发，说他棺中有八卦黄龙袍而被削去王爵。

结语

中国封建社会实行的都是皇帝专制制度，皇帝认为自己是龙的化身，又认为自己是天的儿子，称为“真龙天子”，以此来统治全国人民，因此故宫博物院中到处都有龙。这些龙文化，一方面由劳动人民所创造，体现了劳动人民的天才智慧，体现了所有中外华人都是龙的传人，我们为此欢呼和骄傲——我是中国人。但从另一方面也可以看到，故宫的龙，表现了皇帝的尊贵与威严，是为了便于其封建统治的。

此文没有涉及古建筑和其他文物。故宫的建筑和其他一百多万件（套）珍贵的文物藏品，是中国几千年来古老文化的象征。故宫博物院可称为人类科学和文化的宝库。随着我国国民经济和文化的繁荣，到故宫博物院参观的国内外观众逐年增多。特别是近年来，故宫博物院的宫殿和文物得到全面维修，使这座劳动人民用智慧创造的中国人民的宝贵遗产，更加绚烂夺目。

参考文献：

[1]《周易》。

[2]（汉）司马迁：《史记》，中华书局，2013年。

[3] 沈从文：《龙凤艺术》，北京十月文艺出版社，2010年。

[4]《故宫典章文物展览》，《人民政协报》1988年1月8日。

未刊稿

孟庙修建中皇权与社会的互动

——兼及孟子地位的变迁

孙召华

内容摘要：孟庙是为奉祀孟子而建的，与孟子及理学的命运息息相关。通过深入考察孟庙修建的历程，分析历代皇帝在与各级官吏、地方士绅、孟氏族人、一般民众等不同社会等级一道修庙中扮演的角色、对孟子思想认知及其演变，探讨宋以降孟子的真实地位的变迁历程，并揭示孟子造神运动中至上皇权是如何与其他社会力量互动的。孟庙从无到有、曲折中上升的命运折射出孟子的地位自宋以后经历了一个曲折中上升的历程，其权威地位初步形成于宋，正式确立于元，至明清方彻底巩固下来；他们修庙的动机和对孟子思想的认知各有不同，在共时互动中向前滚动、演变，共同塑造了孟庙和孟子的神圣地位。

关键词：孟庙　孟子　皇帝

关于明清宫廷史的研究内容和方法，学术界有一个较为普遍的主张，即宫廷事件发生在宫廷内但也会波及社会底层和帝国边陲，需突破以前局限于紫禁城内的狭隘眼光，将宫廷史的研究纳入整体历史之中全方位探讨。笔者对此深表赞同，也认为要有清晰的问题意识，要有宏观的视野，即时间上“前瞻后顾”，向上追溯前代宫廷史、向下延伸后代宫廷史，在历史的长河中考察渊源流变；空间上“左顾右盼”，在社会的广阔舞台中进行考察和定位。

孟庙的修建，虽远在山东邹县，但既关乎孟子及理学、关乎朝廷的统治思想和文化政策，更与宫廷史的研究难以分开了。孟庙是为尊奉、祭祀孟子而建的，自然与孟子的命运息息相关；孟子的命运又与理学息息相关，因为理学的兴起、发展是与宋代诸子对《孟子》的重视和阐释分不开的，理学家的吹捧抬升了孟子的地位[1]。因此，通

作者：宫廷部，副研究馆员。

1　参见董洪利《孟子研究》，第194～203页，江苏古籍出版社，1997年。

过深入考察孟庙历代历次的修建情况——主事者、资金来源、营建规模、动机及对孟子思想的认知等并展开前后比较，分析历代皇帝和朝廷在修庙中扮演的角色、对孟子思想认知及其演变，可以探讨宋以降孟子及理学的真实地位的变迁历程，更可从孟子造神运动中发现至上皇权是如何与其他社会力量互动的。

关于孟子地位的历史变迁，前贤时哲已展开了较为深入的研究，可谓成就斐然[1]。周予同先生最早提出"孟子升格运动"并为学界认同、发扬，一般认为唐以前孟子其人其书地位不高，处于一种不著不察状态，唐宋间出现了一个"孟子升格运动"：滥觞于中唐，初兴于北宋庆历前后，神宗熙、丰年间达到高峰，宋室南渡后接近尾声，南宋末年完成并巩固下来。然而，这个结论是主要就思想学术领域而言的，若考虑到孟子的真实地位尤其孟子对基层官吏和下层民众的影响，就会发现元以来的孟子地位绝不仅仅是"锦上添花之类的事"了。关于孟庙历代营建兴废的史实以及庙制升格的历程，以刘培桂为代表的地方学者已进行了较为细致的考述[2]。本文将带着上述问题意识，对孟庙的营建过程重新进行梳理和解读，得出新的结论。

一

古代土木建筑易于损坏而需勤加修缮，在长达八百多年的时间里，孟庙修建的次数相当多且频繁。为简明起见，根据《三迁志》和《重纂三迁志》所记载的历次修庙情况和孟庙现存修庙碑记，整理、列表如下[3]。事实胜于雄辩，列表是下文展开讨论的基础和起点。

朝代	时间	主事者	资金及来源	营建规模	补注
北宋	景祐四年（1037）	知兖州军军州事孔子四十五代孙孔道辅	自谋之	始创建，七间	道辅派人多方查访，方寻获孟子墓

1　杨志玖：《王安石与孟子》，《社会科学战线》1979 年第 3 期；夏长朴：《尊孟与非孟》，《中国哲学》第 20 辑；徐洪兴：《唐宋间孟子的升格运动》，《中国社会科学》1993 年第 5 期；杨泽波：《孟子评传》，第 460 ～ 474 页，南京大学出版社，1999 年；李传印：《孟子在唐宋时期社会和文化地位的变化》，《中国文化研究》2001 年秋之卷（总第 33 期）；徐国荣：《名士精神与汉魏之际孟子地位的沉浮》，《孔子研究》2002 年第 5 期；孙召华：《自孟庙修建看孟子地位的变迁》，《管子学刊》2006 年第 3 期；周淑平：《宋代孟子升格运动中的四种关键力量》，《史学理论研究》2006 年第 4 期；周淑平：《宋代孟子升格运动与宋代理学转型》，《史学月刊》2007 年第 8 期。

2　刘培桂：《孔道辅和孟子祭祀之始》，《孔子研究》1994 年第 1 期；《孟庙建制沿革考》，存氏著《孟子与孟子故里》，中国文史出版社，2001 年。

3　孟庙坐落在邹县境内，明以来隶山东行省兖州府，除特别指出外，巡抚指山东巡抚，知府指兖州知府，县令指邹县知县。"博士"系孟氏宗子世职"世袭翰林院五经博士"简称。

朝代	时间	主事者	资金及来源	营建规模	补注
北宋	元丰七年(1084)	权发遣兖州军州事李梃	朝廷准予修文宣庙余资内支钱三百贯	迁庙于东郭，十四间	六年封孟子为邹国公。七年始配享孔庙
	政和四年(1114)	提举京东西路学事程振	赐钱三百万	新之，列一品戈于门	
	宣和三年(1121)	县令朱缶、邑士徐韨	徐韨私钱二百万，又乡人集资数十万	总四十二楹……重门夹庑，壮丽宏伟	因“庙濒水亟坏”，迁建城南门外道左
金代	泰和八年(1208)	县令王瑀	乡人富者相与出其资	增其宏丽，又东北别立其室，以尊考妣	贞祐二年(1214)，毁于战火，仅存门垣
元代	至元九年(1272)	族人德昌、邑士刘廷	前儒学教授邵景、族人惟允四处劝募	复建正殿	
	元贞元年(1295)	县尹司居敬、达鲁花赤木忽难	建学余资	崇两庑与堂称凡十四间，新其阶庭级道	
	泰定四年(1327)	诏监县贴哥、县尹杨钦、族长惟恭、邑人毛冀	出赡庙之资与民，不期年而收子钞七千余贯	扩建邾国公祠堂至五间，规格宏伟	延祐三年(1316)，封孟子父为邾国公，母为邾国宣献夫人
	至顺二年(1331)	五十二代孙惟恭、乡先生李俨、马亨	钱二千五百缗，邑大夫、乡之善士捐资	增建致严堂，包括燕堂三间、斋室五间	泰定五年拨赐祭田三十顷。至顺元年加封孟子邹国亚圣公
	至元二年(1336)	县尹张铨	庙帑羡资三千三百缗有奇	重修两庑等二十余间，为棂星门起宇以遮雨，立石通衢	
明代	洪武元年(1368)	县令桂孟、僚属	捐俸	仅成正殿，未完而离任而去	元末战争频仍，孟庙毁颓芜荒
	洪武十年(1377)	县丞胡景升、僚属	捐俸	重建致严堂	
	洪武二十三年(1390)	县令马骢、僚属	捐俸	重修庙垣	霖雨频降，庙垣墙什毁八九，坊门亦摧蔽
	洪武二十七年(1394)	县令赵允升	捐俸	重修庙垣	
	永乐元年(1403)	县令朱琦	僚属及就校庠生各捐己资	两庑、寝殿及倒毁的墙垣	

朝代	时间	主事者	资金及来源	营建规模	补注
明代	洪熙元年（1425）	县令房嵒、僚属	捐俸	重修正殿、两庑、致严堂	
	正统七年（1442）	县令房嵒、僚属	捐俸	饰旧增新，两庑、仪门悉为宏建	
	成化四年（1468）	巡按御史吴达、知府宋玺、县丞傅弼	官府拨钱	重修两庑、仪门	景泰三年（1452）授五十六代宗子希文为世袭翰林院五经博士，拨田六顷。六年，赐庙田五十顷。成化元年、十八年，拨孟庙洒扫户、庙户三十二户
	弘治十年（1497）	巡抚熊翀、知府龚弘、同知余浚	诏下有司修之	正殿、两庑从五间扩为七间，祭田仓由三间扩为五间，新创牌楼二、致敬门等十二间、别庙后殿三间	
	嘉靖四十一年（1562）	县令章时鸾	开荒所获、公廪余羡	重加整修，“焕然改观”	
	万历九年（1581）	县令许守恩、族人	县令出俸金不足者族人补足	历三年，“焕然一新”	
	万历二十四年（1596）	巡按姚思仁、县令王一桢	官钱	丰丽歙绝，霞骄云霨，巍然肖阙里之宫焉	
	万历三十七年（1609）	巡按黄克缵、县令胡继先	六百余金	修损补残	
	天启三年（1623）	巡抚赵彦、僚属知府孙朝肃、县令毛芬等	各捐己俸，并于府属二十七州县劝募，不三旬而得三千金	一切焕然旧观，并将郕国公前后殿由三间扩为五间	天启二年（1622），遭白莲闻香教匪之乱，“煌煌庙貌，鞠为茂草”
	崇祯六年（1633）	巡抚王道纯、兖东道赵建极等	捐赀重修	小规模整修	元年，县令黄应祥置祭田一顷一十五亩
清代	康熙十二年（1673）	巡抚刘芳躅、学使杨毓兰、博士贞仁等	刘杨二人各捐百金，又于省内六府劝募，得二百四十金	正殿两庑肖焉，与阙里之堂遥相辉映	明末清初数遭兵燹，康熙七年又遭大地震，倾圮滋甚

朝代	时间	主事者	资金及来源	营建规模	补注
清代	康熙二十四年（1685）	巡抚张鹏翮	诏发帑金	规制闳丽，峻宇苞基，丹楹碧瓦，阙里而外，罕有媲美	二十六年（1761），康熙亲书《御制孟子庙碑文》，遣官立碑庙中
	康熙五十八年（1719）	县令娄一均、僚属、博士尚桂	知府金一凤捐百金，各僚属共相捐助	重修正殿、寝殿、两庑，“大殿焕然矣”	先是，娄一均捐养廉银，修建启圣殿等
	乾隆元年（1736）	巡抚及下属府县官	特发帑金九千三百七十两有奇	历两年又四个月，“聿新庙貌，规制宏丽，度越千古”	雍正三年（1725），皇帝御书孟庙、孟府匾额
	乾隆二十六年（1761）	县令庞元澄	族众莫不欣然乐输	凡十阅月告竣，完旧益新，增建乾隆碑亭	乾隆十五年（1750），诏颁亚圣庙祭器。二十二年（1757）乾隆帝亲谒孟庙，御书大殿联额
	乾隆四十八年（1783）	知府王禄朋、县令张彬、邑士徐九贡	请于大吏，发项重修，计二千九百两有奇	三月而整饬一新	
	嘉庆元年（1796）	布政使康基田、知府陈韵涛	分廉俸	不数月而工成	
	嘉庆十年（1805）	巡抚铁保、博士传梿	铁保捐银四千三百两，募捐三千两，博士自出二千八百两	阅五年工峻，整饬一新	
	道光十六年（1836）	东河总督栗毓美等	捐廉银近五千两	修损补残	
	同治十二年（1873）	巡抚丁宝桢等、邑绅董炳等	一万七千余两	依制重建，增建天震井、焚帛池等	咸丰间，教捻股匪扰乱东境，毁坏严重

二

作为奉祀孟子、传承孟学的最佳载体，孟庙的命运自然可折射出孟子地位的沉浮升降。本节旨在对上表通过纵观孟庙的营建历程，考察历代皇帝在修庙中扮演的角色及其演变，进而探讨孟子地位的变迁。

孟庙的最初创建，是孔道辅出于报恩，自主多方查访方寻获孟子墓之后，于墓旁而建的墓祭建筑。尽管还十分简陋，却是漫漫千余年来从无到有的巨变。孔道辅这一实际的尊孟之举，在尊孟的“庆历思潮”初兴的背景下相当重要。元丰六年（1083 年）神宗《封孟子为邹国公诏》中就说“厥惟旧邦，实有祠宇”[1]。近五十年后神宗朝以来，

1 孟广均撰，孙葆田续撰：《重纂三迁志》，卷七《艺文志二·诏令》，光绪十三年刻本。

孟庙的修建进入第一个高峰期：短短四十年内，三次增建、两次搬迁，而且两次由朝廷赐钱；庙制急剧升格，由最初简陋的7间，变为壮丽宏伟的42间。与之同时，孟庙正式为朝廷承认，诏以乐正子配享，公孙丑以下从祀[1]。其背景是神宗朝“孟子升格运动”的迅猛发展，《孟子》成为“兼经”而立于官学，成为科举考试的科目，孟子随之获封邹国公并配享文庙。早已为世人和朝廷遗忘的孟子墓，重新被发现，重新为朝廷和皇帝所青睐，显然是孟子地位的一个巨大的转变。

金灭北宋，孟庙沦入金辖区内。在有金一朝长达一个多世纪的时期内，孟庙仅在晚期的金章宗朝得到一次修建，而且仅有的这次也只是乡人集资、县令主持的自主修缮而已。显然，孟庙已长期失修，并且实际上为朝廷和官府所冷落，因为金的统治早已稳定下来，社会经济得以恢复发展，并非有心无力。由此可知，北宋的“孟子升格运动”并未真正深入社会；南宋上自皇帝、下至朱熹等学者轰轰烈烈的尊孟运动，对北方中国影响不大。边疆民族入主中原，为适应内地的社会发展水平，注定要采取原有的社会经济制度和尊孔重儒的教化传统。然而，认识及此需要一个过程。金朝廷和贵族内一直存在着墨守旧制的保守派和主张采取汉制、重用汉人的改革派的纷争。这一过程始于熙宗，中经反复，章宗时才真正巩固下来。金朝教育的大发展是在世宗、章宗朝，科举制的完备也是在章宗朝，史称“世宗、章宗之世，儒风丕变，庠序日盛，士繇科第位宰辅者接踵”[2]。也只有在这种环境下，才可能出现修建孟庙之举。

这次修建后仅六年即毁于金元更替的战火，八十余年后方得恢复，显然又长期失修；而元仁宗以来，短短十年内扩建三次，庙制基本完备，规格明显升高，并得朝廷赐祭田三十顷，可谓否极泰来。孟庙和孟子地位的突然抬升也绝非偶然。同样是游牧民族建立的蒙元政权，有着比金更激烈的守旧派与改革派的纷争和治国方略的转变。蒙古军队初征中原，大肆杀掠，儒生亦在被屠杀奴役之列。元太宗一度采取尊孔、传播理学、选拔儒生从政等措施，但人死政灭，元世祖即位稍恢复，至元仁宗朝方发生根本转折。仁宗为皇子时既已体悟到“所重乎儒者，为其握持纲常，如此其固也”[3]，即位改元的第二年（1313年）便行科举诏颁布天下，以朱熹《四书集注》为据，正式恢复科举制度，将周程张邵等理学家从祀孔庙，理学由此正式取得官学地位。元文宗更以崇儒出名，于至顺元年（1330年）加封孔子父齐国公叔梁纥为启圣王、母鲁国太夫人颜氏为启圣王夫人，颜子为兖国复圣公、曾子为 国宗圣公、子思为沂国述圣公、孟子为邹国亚圣公、河南伯程颢为豫国公、伊阳伯程颐为洛国公[4]，将封号提高到空前高度。孟子和程朱理

1 《宋史》卷一〇五《礼志八》，第2551页，中华书局点校本，1985年。

2 《金史》卷一二五《文艺传上》，第2713页，中华书局点校本，1975年。

3 《元史》卷一七五《李孟传》，第4085页，中华书局点校本，1976年。

4 参见前揭《元史》，卷七六《祭祀志五》，第1893页。

学自此站稳脚跟，并借助国家权威的强大力量向社会渗透。

明代，孟庙修建也有一个戏剧性转折点。以成化四年（1468年）为界，此前主事者多为县令及僚属，自掏腰包，规模很小，多是前后相继的部分重建和简单修葺；此后则巡抚之类代表中央朝廷的要员和地方大员成为发起者和指挥者，更有一次皇帝下诏重修，官府出钱占多数且数额很大，营建规模大得多且庙制又有升格，尤以弘治十年（1497年）那次正殿和两庑升格为7间并新建数十间为最。同时，孟氏后裔的待遇也有明显转折。至景泰朝，祭田得以恢复，并新增26顷；宗子希文被授为世袭翰林院五经博士，始拥有世职；皇帝幸太学释奠时钦取孟氏子孙入京配祀观礼、赏赐有加也成为定例[1]。嘉靖九年（1530年），“奉孟子为亚圣孟子，罢公爵”，所以取消公爵、直称亚圣，乃是因为“人以圣人为至，圣人以孔子为至”[2]，加爵号于圣人之上对圣贤不尊重。由此，孟子更为尊崇甚至神化了。当然，这一转折并非全由孟子地位的变化引起。毕竟随科举制度的日益深入，孟子在思想、政治和社会中的影响已不易动摇。原因出于开国皇帝朱元璋身上。他一切以强化君主专制为旨归，无法容忍主张“汤武放伐”“民贵君轻”等限制君权的孟子学说，一度下诏罢孟子配享并以大不敬罪阻止臣下劝谏，更命刘三吾作《孟子节文》，节删《孟子》八十八篇，占原书的三分之一还多[3]。这种恨不得杀孟子而后快、公然删改圣贤书的态度和做法，不但如蚍蜉撼树无法真正动摇孟子的地位，而且结果适得其反，只能证明孟子的权威。但作为重家法传世的开国之君，他的影响亦不容低估，直接结果就是明前期修庙中朝廷和地方大员的缺席，以及基层官吏修庙的频繁和艰辛。

入清朝，明后期修庙的格局被沿袭下来，而且规格更有提高。巡抚等地方大员仍发挥主导作用，并有两次皇帝主动下诏发帑金、遣要员前去修庙，孟庙更加齐备壮观，形成今日七进院落的宏伟规制。象征性赏赐更加频繁、更为尊崇：皇帝亲自御制孟子庙文，勒石庙中；御书孟庙、孟府联额，摹写悬挂；乾隆帝更亲谒孟庙，亲自拈香，以至上天子身份对孟子行一跪三叩大礼[4]。所有这些均前所未有，无以复加。与前代相比，孟子的偶像地位更为神圣。

三

由前表可见，皇帝、巡抚、基层官吏、地方士绅、孟氏族人乃至一般民众，不同社会等级的人们都积极投身于孟庙的修建中。本节旨在通过深入分析他们的动机及其

1 吕元善撰，吕兆祥、吕逢时续撰：《三迁志》，卷三上《恩赉》，天启七年刻本。

2 前揭《重纂三迁志》，卷四《爵享》。

3 参见秦燕《〈孟子节文〉与朱元璋的专制思想》，《陕西师范大学学报》1995年第2期。

4 参见前揭《重纂三迁志》，卷四《爵享》。

互动关系，探讨孟子的真实地位，尤其是在基层官吏和普通民众中的影响。

皇帝修庙自是为了树立孟子权威，稳固统治。而皇帝下诏的修庙行为，既受社会尊孟修庙的影响，更因天下至尊地位而对社会有着莫大的示范和推动力量，对各级官吏致力于修庙尤其显著。在不同历史阶段，皇帝的动机又各有特殊，与社会的互动情形也不完全一样。北宋，“孟子升格运动”初兴，孟子地位尚不稳定，先有了仁宗朝尊孟的“庆历思潮”和孔道辅私自兴建孟庙的行为，才有了神宗加封孟子爵号、两次敕建并正式承认孟庙等。而神宗的这些举措，应看做是皇权针对同步兴盛的非孟思潮做出的姿态。入金元，游牧民族的皇帝们最初根本无视孟庙的存在，不为族众乡民和县令自主修庙的艰辛所动。但一旦体悟到孔孟儒学的精妙功用，他们就非常真诚地尊奉孔孟和理学，于是才有了县令顺承皇权意志接连扩建孟庙的行为。再入明清，在孟子和理学的权威已树立起来的背景下，多了层自觉利用之以笼络人心、夺取天下的功利性意味。明、清之初的皇帝和谋臣们尊孔崇儒的急切心情和姿态，让人觉得颇为滑稽[1]。清初，同是经济和社会形态落后的北方民族的满族统治者，却与金、元截然相反，采取了尊崇儒学、笼络士心的政策。所有明朝赐予孟庙和孟氏后裔的权益悉加承认，皇帝一再直接关注孟庙的修建并务求壮观宏丽，无非亦是为此。因之，皇权对引导社会力量修建孟庙的影响就不言自明了。

自封疆大吏至基层官吏的动机，相对复杂，然概言之不外三种：一是思想感情上真正信仰、尊崇孟子；二是行政一方，负有修颓起废、推行教化的职责；三是顺承皇帝旨意，捞取升官资本和流芳百世等个人私利，也可以说是皇权的直接延伸。这三种成分事实上往往交汇在一起，难以完全分开，但会因时代和个人的不同而各有侧重。宋元时期官吏们修庙主要出于第二、第三种动机，看不出对孟子的深厚感情。元丰七年（1084年）修庙是因原庙“制度极陋，栋宇已坏，仅存其名”[2]，已难称邹国公的尊号。宣和间修庙和金代那次修庙也是因庙宇破落不堪，不得不整修。而元后期三次县官主持扩建，更明显属于第三种动机，在皇帝尊孟重道的诱导下修庙以换得升官资本。转入明清，第一种动机明显上升而成为主要动机。尤其明初，朱元璋仇恨和大肆贬低孟子，但前后数任县令及僚属仍捐出自己并不丰厚的俸禄，甚至冒着丢官的危险，一腔热血投身孟庙的复建中。若非出于对孟子由衷的敬仰和感激，显然不会出现这种感人局面。初受教就诵读《孟子》、“文章事业”俱从《孟子》中出的基层官吏，同专制皇权意志之间的不一致性，于此表露无遗。明清碑记中洋溢着对孟子的真挚感情，许多县令为能到孟子故里做官感到莫大荣幸，下车伊始就是敬谒孟庙。如永乐时县令朱琏：“自临政之日谒庙曰，‘吾在闽中仰圣贤道德之光，慕圣贤所居之地，况欲亲炙其余风不

1 参见赵荣光《明清两代的曲阜衍圣公府》，《齐鲁学刊》1990年第2期。

2 李梃：《增修孟庙疏》，前揭《三迁志》，卷四上《祠庙》。

可得也。今幸守滋邑，敢不竭心力以就前人之功乎？’”[1]万历时县令胡继先自述道：“居常读其书，想见其为人。而后乃今入庙，而喜可知也。”[2]胡继先得选邹县令另有佳话：“余乡人广汉胡君继先，以进士上铨曹。梦儿坐盂中，愚谓之曰：‘儿，子也；盂，皿也。子在皿上，卜此当与孟氏遇。’越次日，果选得邹令。异哉，非精神意气有默感召者乎？”[3]而这些情真意切的话语在宋元碑记中是很少见到的。这反映出孟子学说渗透到普通士人心中、孟子地位在社会中真正稳固下来经历了一个长期的过程，这一过程直到元明之际才完成。

在历代修庙中，邹县士民或主动出资或谋划或献技或出力，发挥着重要作用。皇帝和朝廷不断抬升孟子，激发了他们尊崇孟子、修建孟庙的热情。他们把故里圣贤孟子视为地方文化资源，并力图加以巩固和提升。宣和三年（1121 年）修庙，邑士徐韨主动请缨，捐出私财二百万，乡人又集资数十万，“己自备材木工办，迁建庙宇于宽平显明之地，比旧增修三倍”[4]，壮丽宏伟，规模远迈旧庙。后代若要表示尊孟，只能恢复或在此基础上扩建。金代那次也是“不待劝率而富者相与出其赀，巧者相与献其技，辩者以言，壮者以力，咸乐经营”[5]。元代至元和泰定年间两次修庙和扩建致严堂，亦主要出于邹县士绅之手。而元代孟庙三十顷祭田之设，则得力于同乡士人、时任大司农司都事郭毅的主动上疏[6]。他们从中得以展示自己的风采，获得现实社会中的个人权威和流芳百世的历史美名，宋代徐韨就是典型。孟庙之形成今日七进院落的宏伟格局，故里士民贡献很大，并以此反作用于后代的皇帝和官吏。

当朝廷和官吏忽视孟庙或朝廷虽有心却无力之时，劝募就不可避免了。至元间修庙，“俾前邹县儒学教授邵景，同孟氏族人惟允周游四方，乃得资以具材命匠”[7]，结果仅复建正殿，则劝募所得资金有限。明代天启间闻香教乱后重建孟庙，因朝廷公帑告竭，于是“郡属州邑二十有七，乃各置劝募一册，使相告勉捐助。自邑长吏、台使者、监司、守相，迨乡士大夫与凡民之好义者，竞相乐输，不逾三月，鸠钱三百万”[8]。清康熙十二年（1673年）修建，“又置募簿，分传六郡”，在全省劝募了。从劝募范围的扩大和捐钱人们的多等级性，尤其是一般民众积极参与可以看出，孟子的影响已经渗透到下层民众中了。

1　乐恽：《重修两庑之记》，孟庙刻石拓片，存邹城博物馆。

2　胡继先：《重修孟墓置田记》，前揭《重纂三迁志》，卷八《艺文志三·碑记》。

3　戴章甫：《重修孟庙记》，前揭《重纂三迁志》，卷八《艺文志三·碑记》。

4　徐韨：《乞诸人不许居占奏状》，前揭《三迁志》，卷四上《林庙》。

5　赵伯成：《重修孟子庙记》，前揭《重纂三迁志》，卷七《艺文志二·碑记》。

6　前揭《三迁志》，卷三上《恩赉》。

7　司居敬：《邹孟子庙碑阴记》，前揭《三迁志》，卷四上《林庙》。

8　文震孟：《重修孟夫子庙碑记》，前揭《重纂三迁志》，卷八《艺文志三·碑记》。

四

修庙立碑自然会表露对孟子思想和形象的认知和评价，或有意提倡的认知。深入解读碑记并加以前后比较可知，皇帝、各级官吏等对孟子思想的认知有着明显的历时性变迁和不同阶层间共时性互动，孟子的神圣权威是由不同侧面的合力共同塑造起来的。而对孟子的认知又最终决定着孟子地位的升降。

孟子思想博大精深，然而却被埋没上千年之久，其“微言大义”只有到宋代诸子那里才被发掘出来。孟子不仅继承孔子、捍卫儒学，更重要的是对儒学的阐释和发挥，尤其是他的心性学说：性善论、“养浩然之气”“大丈夫”人格等。然而长期以来，人们所看重的只是孟子的辟杨墨异端，韩愈“功不在禹下”一语也因之长期传颂。这一点后世深得理学精义的学者在碑记中言之凿凿。元代孔颜孟三氏学教授张需批评道：“读墓旁之庙记，举辟杨墨之一事；南门庙记，举称尧舜之大纲。顾皆有孟子之一体，而未能得其具体者。孟子学足以继往圣之正传，才足以立百王之大法。岂惟千余载之后莫能知之，虽当时及门者已未能窥其奥……时君昏庸，谓迂阔于事情，宜矣！后世英明之主，亦指君臣一二语以为言，岂能探其学、观其志而知其才哉？”[1]而张需，从金华王柏受业得朱熹三传之学，“自六经、语、孟传注，以及周、程、张氏之微言，朱子所尝论定者，靡不潜心玩索，究极根柢。用功既专，久而不懈，所学益弘深微密，南北之士，鲜能及之。……中州士大夫欲私淑子弟以朱子四书者，皆遣从需游，或辟私塾迎之。其在维扬，来学者尤众，远近翕然，尊为硕师，不敢字呼，而称曰导江先生。大臣荐诸朝，特命为孔、颜、孟三氏学教授”[2]。明文渊阁大学士、内阁首辅刘健则说：“历千有余年知子者尚鲜，在汉仅有扬雄氏，在唐仅有韩愈氏。二子之言曰‘古者杨墨塞路，孟子辞而辟之，扩如也’，曰‘孟子之功不在禹下’。其言亦可谓明也，然但语其事功而未尽其蕴奥，故闻之者或未即喻，而犹有异论矣。至宋大儒程朱二子者出，推其性善之称、王霸之辨、知言养气之论，以为扩前圣所未发，有功于圣门；以为见道极分明，得孔子之心，由是孟子之道大明于天下，而其书遂与孔门之言并列为四，垂之万世而复异论也。”[3]明代学者朱彝尊也说：“其气塞天地之间而毋馁。于滕世子道以性善，于齐王先攻其邪心，于梁去利而先仁义。《春秋》，弟子不能赞而孟子发其微；性与天道，弟子不得闻，而孟子畅其旨。”[4]他们的言论揭示了两点：第一，孟子思想的真正价值经由宋代理学家的阐发才得以大白于天下；第二，精通理学的学者更看重的是思想家孟子而不是卫道士孟子，是孟子对儒学的发挥而不是对儒学的捍卫。

1 张需：《重修孟子庙记》，前揭《重纂三迁志》，卷七《艺文志二·碑记》。

2 《元史》卷一八九《儒学传一》，第4315页，中华书局点校本，1976年。

3 刘健：《敕修孟庙记》，前揭《重纂三迁志》，卷八《艺文志三·碑记》。

4 朱彝尊：《邹县重修亚圣孟子庙碑》，前揭《重纂三迁志》，卷八《艺文志三·碑记》。

事实正如他们所言。宋初孔道辅之所以查寻孟子墓、创建孟庙，是因他“常谓诸儒有大功于圣门者，无先于孟子。……孟子可谓能御大灾，能捍大患者也”。著名的宋初三先生之一的“泰山先生”孙复也只是赞同韩愈“孟子之功不在禹下”的观点并加以阐释：“泽水横流，大禹不作则天下之民鱼鳖矣；杨墨暴行，孟子不作则天下之民禽兽也。”[1]显然，孔、孙二人所以尊奉孟子是出于孟子对孔子儒学的捍卫。在随后宋、金、元的历次修庙碑记中，除张需《重修孟子庙记》外，也都以不同的言语沿袭这一说法，片面突出孟子儒学卫道士的面貌，对其思想没有深刻领会。随程朱理学官学地位的巩固，明清碑记中的孟子当然更像理学家塑造的孟子，此外也充斥着排斥异端的道统观念和对孟子权威的高度服膺。碑记大多为邹县及邻近府县的士人、致仕官员和邹县县令等基层官吏所撰写，反映的是一般儒生眼中的孟子形象。与上面的学者相比，他们更多一层崇拜的意味。

作为至上皇权体现者的皇帝，自然也随程朱理学的发展和地位变动而对孟子学说的认识有一个深化和转变过程。宋神宗朝尊孟形成高潮，但理学方兴未艾，尚未立于官学，神宗评价孟子：“自孔子没，先王之道不明，发挥微言以绍三圣，功归孟氏，万世所宗。”[2]神宗同样只是突出继承先圣。元文宗则说：“观夫七篇之书，惓惓乎致君泽民之心，懔懔乎拔本塞源之论。黜霸功而行王道，距诐行而放淫辞，可谓有功圣门，追配神禹者矣。”[3]他已将孟子对儒学的发挥置于对儒学的卫道之上，可谓已登堂，但尚未入室。再到明清，皇帝们则已完全为理学所化而深得孟子思想的精髓：“（孟子）阐性善养气之精，扩圣人之所未发；述唐虞三代之治，为奕世之所由。卫正学而辟异端，功岂在禹下；尊王纲而贱霸术，教实秉于孔门。”[4]乾隆帝这一段话可谓后代皇帝眼中孟子思想肖像的典型。而孟子“民贵君轻”的民本主义，尤其是“大丈夫”理想人格则一直没有被提及，显然被他们故意回避、掩盖了。奉行专制的皇帝们需要的是忠心耿耿的臣子，而不是高扬个性人格、批判专制皇权的民主斗士。

在孟氏族众眼中，孟子除了是儒学圣人外，更是恩泽深厚的祖先。他们在尊孟的社会环境中得到了实际的利益和荣誉，对先祖感恩戴德，更想将孟庙修得壮丽以邀取更大的尊崇。他们感激孟子，力图神化孟子：“孟子生时，母梦神人乘云自泰山来，将止于峄，母凝视久之，忽片云坠而寤。时闾巷皆见五色云覆孟氏之居焉。”[5]这个关于孟子出生的神话虽记载很早，但它的最初传开、在孟子故土一直广泛流传至今，孟氏后裔肯定与有力焉。就连庙中一口井的形成，也要加以神秘色彩而名之曰“天震井”：

1 孙复：《新建孟子庙记》，前揭《重纂三迁志》，卷七《艺文志二·碑记》。

2 宋神宗：《封孟子为邹国公诏》，前揭《三迁志》，卷六《艺文志·诏令》。

3 元文宗：《加赠孟子为邹国亚圣公制》，前揭《三迁志》，卷六《艺文志·诏令》。

4 乾隆二十三年《御祭孟子庙文》，前揭《重纂三迁志》，卷六《艺文志·祭文》。

5 前揭《重纂三迁志》，卷十《杂志》。

“康熙十一年春日中，忽有声如雷，闻者皆惊愕，不知所起。移时，见庙中阶前地陷，有瓮圈痕，探之乃古井也。”[1] 因之民间又形成了一个神奇的传说。

邹县及临近诸县的普通民众，虽参与了修庙但未能留下文字记载。不过从邹县“孟子卒于冬至之日，邹人因哭孟子而废贺冬之礼，遂以成俗”[2] 这一独特风俗和“孟母三迁”“断机教子”“孟子休妻”[3] 等广泛流传的传说中可知，尽管他们对孟子深邃的思想所知甚少，但他们非常敬仰孟子，更主要的是将孟母和孟子作为道德楷模来看待。这些为民众所共享的传说，却没有为士人学者所认同。我们很少能从士人的著述中碰到孟子降生的神话，就连《重纂三迁志》的编者、孟子第七十五代嫡孙孟广均也说“不知何据”，对此存怀疑态度；更直接否定“孟子休妻”的传说，认为“此盖后人之所附会，必非孟子之事”。孟子形象在士人和普通民众眼中之不同，由此可见一斑。

结论

综上，皇帝和朝廷与封疆大吏、基层官吏、地方士绅、孟氏族人乃至一般民众等不同社会等级成员一道参与到孟庙的修建之中，他们修庙的动机和对孟子思想的认知各有不同，在共时互动中向前滚动，共同塑造了孟庙和孟子的神圣地位。孟庙从无到有，时荣时枯，屡败屡修，规格不断升高，最终形成七进院落、宏伟壮丽仅次于孔庙的格局，经历了一个曲折中上升的过程。孟庙的命运折射出孟子的地位也经历了一个曲折中上升的历程。其权威地位初步形成于宋，正式确立于元，至明清方彻底巩固下来。皇帝和朝廷的修庙尊孟，既受社会尤其理学家崇孟的影响，又反过来以皇权的至上权威对社会形成莫大的推动力，在孟子成为全民所尊的神圣中扮演着主要角色。与之同时，孟子思想肖像也有着历时性流变，理学兴盛之前片面突出孟子为儒学卫道，元代以来更看重孟子对儒学的阐发。

原载《明清宫廷史学术研讨会论文集》，紫禁城出版社，2011 年

1 前揭《重纂三迁志》，卷十《杂志》。

2 前揭《重纂三迁志》，卷十《杂志》。

3 大意：孟子妻独居而踞，孟子入户视之，以之无礼，请休去，孟母反以“将入门，问孰存；将上堂，声必扬；将入户，视必下，不掩人不备也。今汝往燕私之处，入户不有声，令人踞而视之，是汝无礼也”批评孟子，于是孟子自责，不敢去妇。参见前揭《重纂三迁志》，卷十《杂志》。

略谈“兰亭论辨”的经过及其价值与意义 *

王　素

内容提要：1965 年 6 月，由郭沫若发起的“兰亭论辨”，是新中国政治史和文化史上的一件大事。关于这场“兰亭论辨”的起因和经过，学术界已经进行过很多分析和探讨，但言人人殊，迄无定说。本文认为：“兰亭论辨”的起因与当时的政治需要密切相关，也正因如此，自始至终都充满了荒唐和可笑。然而，尽管存在政治干预，当时参加“兰亭论辨”的各方，在搜集材料方面仍下过很大功夫，只要有一部《兰亭论辨》在手，就可了解自古迄今围绕《兰亭》争论的大部分问题，就可掌握我国中古时期与《兰亭》书法有关的大部分墨迹，就此而言，“兰亭论辨”还是有一定的价值与意义的。

关键词：郭沫若　兰亭论辨　政治干预　价值与意义

王羲之的《兰亭集序》号称“天下第一行书”，其真伪之争也称得上是“天下第一公案”。《兰亭》真伪之争，大约最早始于南宋，如王铚、姜夔均曾置疑，以致桑世昌、俞松要分别整理《兰亭考》（12 卷）和《兰亭续考》（2 卷），作为应对争论的考辨材料。自此以降，直至近年，不仅旧的争论未曾消歇，新的争论似乎还在继续产生。其中，最著名的《兰亭》真伪之争，还是 20 世纪六七十年代发生的“兰亭论辨”。关于这场“兰亭论辨”，如何评价，现在基本已有定论，大致是否定者居多，肯定者甚少。我觉得这样过于绝对。因为从某个方面看，它还是有一定的价值与意义的。这种价值与意义，与《兰亭论辨》一书有关。

作者：原研究室，研究馆员。

* 本文原载《紫禁城》2011 年第 9 期“兰亭”专号（第 120 ~ 125 页）。关于《兰亭》书法的渊源与影响，另参笔者《略谈〈兰亭集序〉书法的渊源与影响》，原为故宫兰亭国际学术研讨会论文，2011 年 10 月 30 ~ 31 日，刊于《中国书法》2012 年第 1 期，第 28 ~ 39 页。

图一 《兰亭论辨》内部发行本书影

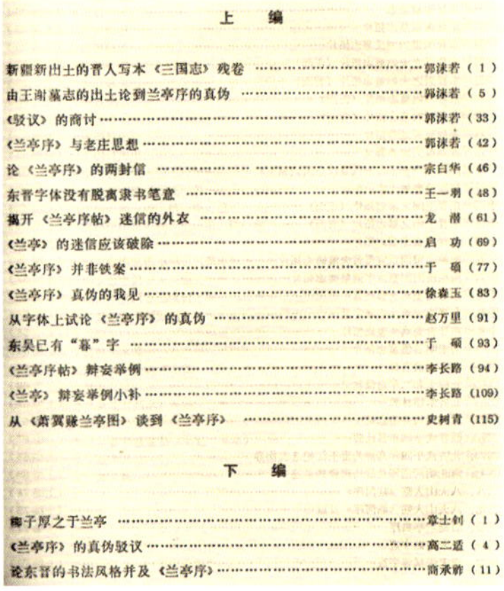

图二 《兰亭论辨》文章目录

一 从《兰亭论辨》说起

1973～1977年，文物出版社奉命配合郭沫若给“兰亭论辨”盖棺论定，编辑、出版了一部《兰亭论辨》[1]。这部《兰亭论辨》的“出版说明”系1973年3月写成，全书最初仅在内部发行（图一），1977年10月正式出版，前后费时四五年，到底有什么玄机，现在虽然已经很难考究，但与当时的政治气候存在某种关系，应是毫无疑问的。

《兰亭论辨》分为上、下两编。据“出版说明”介绍：“上编收有郭沫若同志以及与之观点一致的文章，下编收有与郭沫若等同志观点相对立的具有代表性的文章。”给人一种公平两分的印象。但实际并非如此。上编收有15篇文章，其中，郭沫若亲自署名的有4篇，以于硕（郭夫人于立群笔名）署名的有2篇，占了五分之二；此外，仅李长路有2篇，宗白华、王一羽、龙潜、启功、徐森玉、赵万里、史树青各1篇；共有119页。下编仅收有3篇文章，章士钊、高二适、商承祚各1篇，只有25页。孰重孰轻一眼可见（图二）。

当时参加“兰亭论辨”的自然不止这区区12人[2]。因此，《兰亭论辨》对于作者和文章的取舍应该动过脑筋。绝大多数作者都是重量级的人物，堪称一时之选，文章是否也是重量级，倒显得无关紧要。《兰亭论辨》对于作者和文章的编排也动过脑筋。郭沫若的谢幕之作《新疆新出土的晋人写本〈三国志〉残卷》被列为第一篇，启幕之作《由王谢墓志的出土论到兰亭序的真伪》反而被列为第二篇，反映了这两篇文章在郭沫若心中的位置。以于硕署名的2篇，与郭沫若和李长路的署名文章各自集中不同，

1 文物出版社编：《兰亭论辨》，文物出版社，1977年。

2 《兰亭论辨》未收的作者和文章，后来都收进了“《兰亭序》国际学术研讨会”（苏州，1999年6月16日～19日）的会议论文集——华人德、白谦慎主编：《兰亭论集》上编，苏州大学出版社，2000年。

分别插在启功和赵万里的文章的后面，反映了编者想鱼目混珠的心理。

此外，《兰亭论辨》还有"图版目录"1页和"插图目录"2页，收有图版18页（每页少则1幅图，多则5幅图），插图65幅，将当时所能见到的可以与《兰亭》书法进行比较的传世墨迹和新出土墨迹，包括简牍、碑志、文书、写经、法帖、绘画及各种文物铭文等，几乎一网打尽，可以说很不容易。因此，从学术史的角度而言，从作者的阵容和资料的完备而言，说《兰亭论辨》没有价值和意义，恐怕是说不过去的。但人们对此熟视无睹，主要是因为"兰亭论辨"。

二 "兰亭论辨"的启幕

"兰亭论辨"这场闹剧，始于1965年6月，是由郭沫若的《由王谢墓志的出土论到兰亭序的真伪》一文开启序幕的。这篇两万多字的图文并茂的宏文，几乎同时在6月7日《光明日报》和《文物》第6期发表，引起了学术界的震动。

本文分为三部分：第一部分是"正文"，3月31日完成；第二部分是"书后"，5月13日完成；第三部分是"再书后"，5月22日完成。前后用了至少三四个月时间，看得出来，再三斟酌，反复琢磨，态度不能说不认真。但可惜的是，结果出乎郭沫若的意料之外。

本文主要受清末李文田的"启发"，相信李文田提出的种种质疑，尤其是李文田所说："故世无右军之书则已，苟或有之，必其与《爨宝子》（图三）、《爨龙颜》（图四）相近而后可。以东晋前书，与汉魏隶书相似。时代为之，不得作梁陈以后体也。"

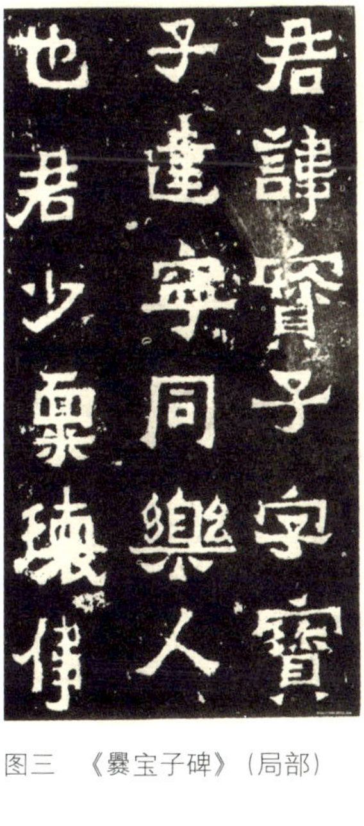

图三 《爨宝子碑》（局部）

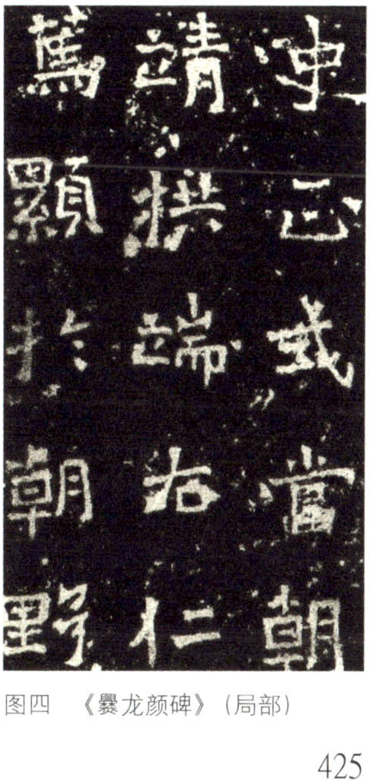

图四 《爨龙颜碑》（局部）

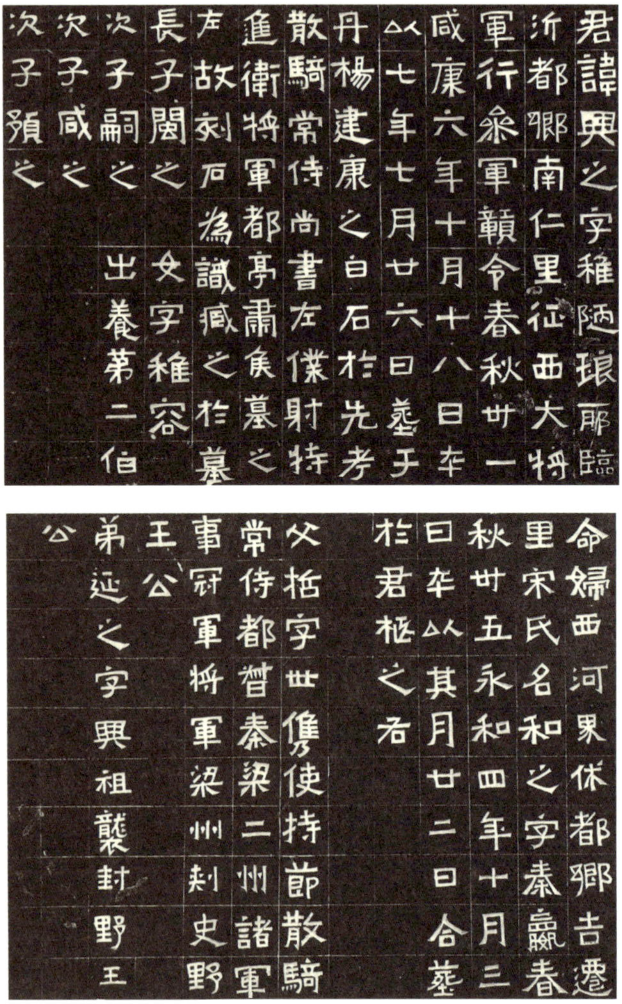

图五 《王兴之夫妇墓志》（上：正面；下：背面）

图六 《谢鲲墓志》

以及李文田的“文尚难信，何有于字”八字结论。于是根据 1965 年 1 月 19 日南京新民门外人台山出土的东晋《王兴之夫妇墓志》（图五）和 1964 年 9 月 10 日南京中华门外戚家山出土的东晋《谢鲲墓志》（图六），还有在此之前出土的东晋《颜谦妻刘氏墓志》和东晋《刘尅墓志》等，书法与《兰亭序》不同，对《兰亭序》的真伪全面提出质疑[1]。

但由于本文自身至少存在三个问题：第一，质疑的问题，实际上前人早就提出来过，并无太多新意。第二，提出的证据，也大多不能成立，尤其书法的碑志体与书札体没

1 参阅王连起《关于〈兰亭序〉的若干问题》第六节《关于兰亭论辨》，《故宫学术讲谈录》第 1 辑，第 16 ～ 22 页，紫禁城出版社，2010 年。

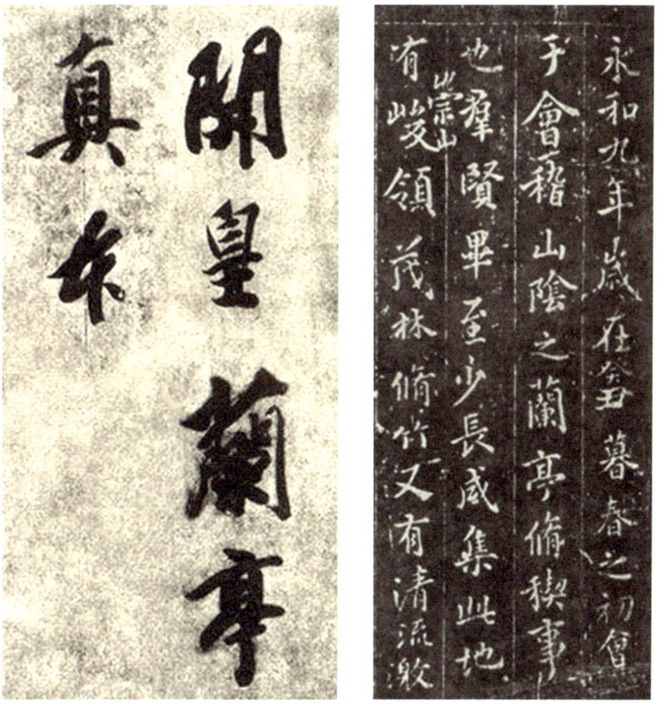

图七　宋拓隋开皇本《兰亭序》（局部，故宫博物院藏）

有可比性，应该属于常识。第三，断定《兰亭序》的文章和墨迹直至唐初才出现，都是隋僧智永所依托，也匪夷所思。姑且不论现藏故宫博物院的宋拓隋开皇本《兰亭序》（图七）是真是伪[1]，《兰亭序》是否在隋代前期就已经出现，智永虽也工书，但作为王羲之七世孙，既不可能有如此高的水平伪造先祖的文章和墨迹，也不可能做出这种欺师灭祖大逆不道的事情。自然引起舆论哗然：郭沫若究竟想干什么[2]？

三　高二适的“批逆鳞”

应该说，当时的知识分子，经过几年前的“反右”运动，对于讨论什么问题，批评什么文章，都是心有余悸的，特别是主动“批逆鲜”。当然也有例外，这就是江苏省南京市文史研究馆馆员高二适，他是第一个站出来反驳郭沫若的。

1　参阅郭丹《〈兰亭序〉开皇本流传考及相关问题》，吉林大学硕士学位论文，2008 年。

2　当时，民主人士陈叔通曾写信给书法家沈尹默等，鼓励他们参加“兰亭论辨”，沈于 7 月 16 日回信云：“郭文自相矛盾之处颇多。”又云：“公谓南京出土之王谢墓志，自别是一事，与兰亭无涉，的是如此。郭公对此忽尔兴发，写此弘文，实不可解也。”参见穆欣《办〈光明日报〉十年自述（1957—1967）》，第 151 页，中央党史出版社，1994 年。

高二适的文章名为《〈兰亭序〉的真伪驳议》，他对郭沫若似乎不太客气，先说郭的文章竟然"提出了这样的问题，倒真是使人们能够'惊心动魄'的"，然后明批李文田，暗讽郭沫若，颇有"皮之不存，毛将焉附"的味道。不仅如此，还多处提到帮助郭沫若仔细探索并收集材料的中共中央书记处书记康生，并对康生的看法提出异议。这样的文章，哪家报刊敢发表呢？

果然，高二适将文章写好后，先寄给报社，报社当然不敢用，退了稿。他很执着，又通过老师章士钊，请毛泽东出面帮忙。毛泽东说："笔墨官司，有比无好。"此文遂得以享受与郭沫若同等待遇，同时在7月23日《光明日报》和《文物》第7期（《文物》是缩印手稿）发表（图八），也引起了学术界的震动。

郭沫若看了高二适的文章，自然非常不快。尤其高文说："窃以太宗之玄鉴，欧阳信本（询）之精模。当时尚复有何《兰亭》真伪之可言。"又说："总之，《兰亭》而有真赝，绝不能逃唐文皇之睿赏矣。"郭沫若可能认为这是在拿唐太宗压自己，自己书法虽然不错，但比起唐太宗及欧阳询等，还是有些距离的，他们鉴定是真的，你凭什么说是伪的？因此，必须进行还击。

不久，郭沫若写了一篇《〈驳议〉的商讨》，先在8月21日《光明日报》发表，然后又在《文物》第9期发表。其中谈到："我们也是赞扬唐太宗的，但这样无条件的信仰，却不能不踌躇了。毛主席《沁园春·雪》里的名句：'唐宗宋祖，稍逊风骚'，不是脍炙人口的吗？"[1]这是在拿毛泽东来压高二适，顺便吓唬一些想批评自己的人。而据透露，毛泽东也确实是支持郭沫若对唐太宗不要过分崇拜的[2]。于是，大家都不敢随便赞扬唐太宗了。

1 其实，毛泽东的这首词，用的是比兴体，属于一种表现手法，为了宣泄一种情绪，并不是真的认为如此。这一点，以郭沫若之工诗词，应该是很清楚的。譬如前两句"秦皇汉武，略输文采"，焚书坑儒的秦始皇可以不论，关于汉武帝，《汉书·艺文志》著录"上（武帝）所自造赋二篇"，《隋书·经籍志四》著录《汉武帝集》一卷，他的文采是一点也不输的。后两句"唐宗宋祖，稍逊风骚"，武将出身的宋太祖可以不论，关于唐太宗，他本身就是大书法家，《全唐诗》卷一收太宗五言诗多达八十余首，《旧唐书·经籍志下》著录太宗撰《序志》一卷、《帝范》四卷、《太宗文皇帝集》三十卷，《新唐书·艺文志四》著录《太宗集》作四十卷，又著录太宗撰《凌烟阁功臣赞》一卷，他的风骚也是一点也不逊的。

2 郭沫若8月17日曾将《〈驳议〉的商讨》和另一篇《〈兰亭序〉与老庄思想》的清样送给毛泽东审阅。毛泽东8月20日给郭沫若回信说："文章极好。特别是找出赵之谦骂皇帝一段有力。看来，过分崇拜帝王将相者在现代还不乏其人，有所批评，即成为'非圣无法'，是要准备对付的。"参见前揭《办〈光明日报〉十年自述（1957—1967）》，第147～148页。

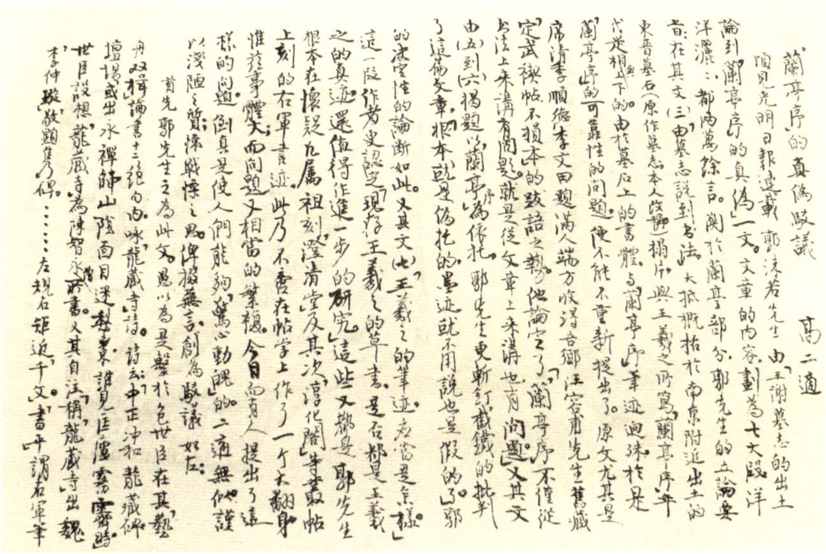
高二適

「蘭亭序」的真偽駁議

頃見光明日報連載郭沫若先生「由王謝墓志的出土論到蘭亭序的真偽」一文。文章的內容，劃為七大段，洋洋灑灑，都凡萬餘言。關於蘭亭部分，郭先生的立論要旨，在其文（三）由墓志說到書法，大抵概括於南京附近出土的東晉墓石（原作墓志本人按語）揭示與王羲之所寫「蘭亭序」年代相近，而於墓石上的書體與蘭亭序筆迹迥殊，於是蘭亭序的可靠性的問題，便不能不重新提出了。原文尤其是席清李文田題端方收藏吾鄉汪容甫先生舊藏「定武禊帖不損本」的跋語之勢。他論定了「蘭亭序不僅從書法上來講有問題，就是從文章上來講也有問題。」又其文由（五）到（六）揭題：「蘭亭序」為依托。郭先生更斬釘截鐵的批判了這篇文章，把本就是偽托的墨迹，就不用說也是假的了。」郭的決定性的論斷如此。又其文（七）「王羲之的筆迹，應當是怎樣」這一段作者認定「現存王羲之的草書，是否都是王羲之的真迹，還值得作進一步的研究」，這些又都是郭先生根本在懷疑九屬祖刻澄清堂及其次淳化閣等叢帖上刻的右軍書迹。此乃不啻在帖學上作了一個大翻身。惟茲事體大，而問題又相當的繁複。今日而有人提出了這樣的問題，倒真是使人們能夠驚心動魄的。二適無他，謹以淺陋之質，慄慄危懼之思，俾擬無言，創為駁議如左：

首先，郭先生之為此文，是以為是繫於包世臣在其藝舟雙楫論書之二絕句內，詠「龍藏寺詩」。詩云：「中正沖和龍藏碑，壇場或出永禪師。山陰面目迷梨棗，誰見匡廬霧霽時。」世臣設想龍藏寺為陳智永所書。又其自注稱：「龍藏寺出魏李仲璇、敬顯儁二碑……左規右矩，近千文。書中謂右軍草

图八　高二适手稿（第一页）

四　主动支持与被动应付

高二适的文章发表后，外地特别是上海，天高皇帝远，支持者不少[1]。北京乃天子脚下，相对谨慎，主动站出来支持郭沫若的，大概只有时任中国革命博物馆副馆长的龙潜。这位龙潜，就是当年使陈寅恪“生命磨难的第一折终于启幕”的那位中山大学副校长、党委书记的龙潜[2]。他依然故我，喜欢斗争。

龙潜的文章名为《揭开〈兰亭序帖〉迷信的外衣》。仅从题目看，就带有火药味。及看内容，更让人吓一跳。如云：“有人把《神龙本》捧上了天。其实，只要细细揣摩，对结构、笔意，稍加分析，不难看出某些笔意，正是韩愈所说的‘俗书’，不是书法绝美，而是姿态偏媚。最能继承他的是变节分子赵孟頫、地主恶霸董其昌等人。”这种文章，虽然能出一时之气，但面目过于狰狞，有影响“百花齐放，百家争鸣”之嫌。于是，康生亲自出马，另外组织文章。

康生先在北京组织文章，找到赵万里，赵不想写，凑了一篇名为《从字体上试论〈兰亭序〉的真伪》的短文应付。康生不满意，再派人去上海找徐森玉，徐也不想写，请汪庆正捉刀，凑了一篇名为《〈兰亭序〉真伪的我见》的弯弯绕的文章交差。老记者郑重记录了采访经过和事情始末，令人啼笑皆非，兹抄全文如下：

1　如：唐风：《关于〈兰亭序〉的真伪问题》，《文汇报》1965年8月19日；严北溟：《从东晋书法艺术的发展看〈兰亭序〉真伪》，《学术月刊》1965年第8期。

2　按：龙潜1954年9月至1956年4月先后任中山大学副校长、党委书记。关于他与陈寅恪的纠葛，详见陆键东《陈寅恪的最后二十年》，第144～152页，生活·读书·新知三联书店，1995年。

> 最近，我在上海博物馆采访，与副馆长汪庆正闲谈养生之道，忽忆起他年轻时就是一头白发，我问他：是何事使你白了少年头？他说：替徐森老（原注：对徐森玉的尊称）写代笔文章。汪庆正告知我，高二适的《驳议》一出，康生即授意组织写文章，支持郭老。北京虽然写了几篇，都不满意，特别是对赵万里的文章有意见，说他只写了巴掌大的文章。于是又派人来上海，请徐森玉写文章。此时的徐森玉为国务院古籍整理三人领导小组成员、上海博物馆馆长，古文物鉴定大权威。当时徐森玉、谢稚柳和汪庆正三人在一个办公室办公，三人讨论认为支持郭老容易，驳倒高二适难。最后由汪庆正为徐森玉代笔写一篇绕圈子的文章，既支持郭老又避开和高二适的辩论。汪庆正说："写这种文章何其难也，才一夜白了少年头。"[1]

此事将来不入"今古奇观"，亦可入"儒林外史"。但最富戏剧性的还要算启功本人了。

五　启功被"拉壮丁"

启功作为著名学者、一代书法大家，像"兰亭论辨"这样与书法相关的事情，他自然是躲不过去的。但启功以他"吃一堑，长一智"（启功曾被打成"右派"）换来的处世圆通，且深知"抬轿子"绝没有好下场[2]，自会想出较好的应对之策。年轻记者纪红曾就"兰亭论辨"采访过启功，撰写的文章中有一节标题名为"启功被'拉壮丁'"（启功时当壮年），记录了启功被郭沫若逼写支持文章的经过[3]。接受采访时启功还有顾虑，说得很简单，且有不少保留。后来，启功在《启功口述历史》中的"学术著作"一节，对自己被迫参加"兰亭论辨"的经过，则有更为详细的述说[4]。这里摘录几段如下：

> 我曾写过一篇《兰亭帖考》的文章，认为《兰亭序》是真的。……郭老就让钱杏邨（原注：阿英）找我谈话。……钱先生把我叫到他家去，……对我说："……你这次必须听我的，事关重大。"我……知道事情的严重性，就赶紧问："您这说了半天，到底是什么事？"他才说："你现在必须再写一篇关于《兰亭序》的文章，这回你必须说《兰亭序》是假的，才能过关。"

1　郑重：《回眸"兰亭论辨"》，《文汇报》1998 年 11 月 26 日。

2　启功曾这样总结自己："我这一生经历坎坷，哪一步也没走到点儿上，到现在也就什么都无所谓了。项羽打天下，杀人放火，一味浑干。干到最后，眼见不成，一刀把自己干了，倒也干脆。韩信、彭越这些人，给刘邦抬轿子，最后让刘邦抹了脖子，他们还叫冤。其实你是抬轿子的，就得想到有一天轿子里伸出刀来把你杀了。封建社会里，这本是很自然的事。要不你学张良，跑了，也逍遥。"参见陆昕编著《笔走龙蛇笑古今——启功先生印象记》，学苑出版社，1995 年；增订版改名《静谧的河流——启功》，山东画报出版社，1997 年。

3　纪红：《"兰亭论辨"是怎样的"笔墨官司"》，《书屋》2001 年第 1 期。

4　启功口述，赵仁珪、章景怀整理：《启功口述历史》，第 211 ～ 216 页，北京师范大学出版社，2004 年。

我听了暗暗叫苦不迭：……这可怎么转变啊？……我仔细研究了郭老的文章，终于找到一个可以转身腾挪的棱缝。郭老的文章中有一个明显的漏洞：他认为王羲之的《兰亭》应是方笔的，否则是假的，但……在日本发现的《丧乱帖》……也是那种柔美的笔法，这该怎么解释呢？郭老只好说《丧乱帖》和北碑体的“二爨”碑……“有一脉相通之处”。……但这明明是不符合事实的，……无异于瞪着眼睛说瞎话。好，我索性就在这上面做文章，让明眼人一看就知道我是在言不由衷。

我于是写道：“及至读了郭沫若同志的文章，说《丧乱帖》和《宝子》、《杨阳》等碑有一脉相通之处，使我的理解活泼多了。”抓住这一点，我的思路果然“活泼”多了，四千多字的考辨文章当天写好了，题为《〈兰亭〉的迷信应该破除》。……郭老一看大为高兴，第二天（原注：星期六）一大早就把稿子交给《光明日报》社，第二天（原注：星期天）就见报了，可见它是一篇特稿。

过了几天郭老去找陈校长（垣），……一见陈校长就高兴地说：“你的学生启功真好，他说《兰亭》是假的，很好，很好。”陈校长本来是主张《兰亭》为真的一派，有的人向他请教应临什么帖的时候，他常向人推荐《兰亭序》，现在也只好微笑着捋着胡须跟着搭讪道：“那是，他是专家嘛！”郭老乘机说道：“你不也写一篇？”陈校长应付道：“我老了，眼睛不行了，写不了了，等恢复恢复再说吧。”算是搪塞了过去。

从此，启功说的“我的理解活泼多了”，也成为朋友间笑谈的话把儿。真是“满纸荒唐言，一把辛酸泪”！实际上，启功敢于笑谈当年事，是很不容易的[1]（图九）。

1　纪红在采访启功之前，曾向翻译家杨宪益咨询，杨劝他说：“启功有旗人的特点，跟老舍一样是怕事的人。性格上就是怕事。……所以让启功今天对‘兰亭论辨’再表态，很不容易。……他不像高二适那么倔，脾气完全不同。他绝不会承认他是投机的。”事实上也是如此。可以举两个例子：第一个例子是关于兰亭，启功后来写过三次诗词：第一次写于 1976 年，一首词，名为《南乡子·题友人临兰亭卷》，当时“兰亭论辨”尚未完全结束，故未涉及时事。第二次写于 1987 年，十首五绝，名为《兰亭集会后至西湖小住》，当时“兰亭论辨”的公案已经基本翻过来了，但也仅第一首提到兰亭：“逸少兰亭会，兴怀放笔时。那知千载下，有讼却无诗。”没有褒贬（这两首诗词见启功《启功丛稿·诗词卷》，第 73、145 页，中华书局，1999 年；启功著、赵仁珪注：《启功韵语集：注释本》，第 73、155 页，北京师范大学出版社，2004 年。第三次写于 2002 年第五届中国书法史论研讨会召开之际，一首七绝，仍云“岱岳巍峨孰比高，山阴笔法自南朝”（参见《第五届中国书法史论国际研讨会论文集》扉页，文物出版社，2002 年）。第二个例子是关于《〈兰亭〉的迷信应该破除》一文，纪红 1998 年采访启功，问：“这篇文章后来没有收进《启功丛稿》，是不是因为您的观点后来有所改变呢？”启功答：“倒不是。我觉得当时就是那么随手写的，……很仓促写的。论点也不够，插图也不够。从前有科举考试，可是谁也不会把考试的卷子刻在集子里呀。”而 2004 年出版的《启功口述历史》则说：因为上述种种原因，“我在编辑我的文集时坚决删去了这篇文章”。启功 2005 年去世，人在去世前常有预感，这时真的什么也都无所谓了。

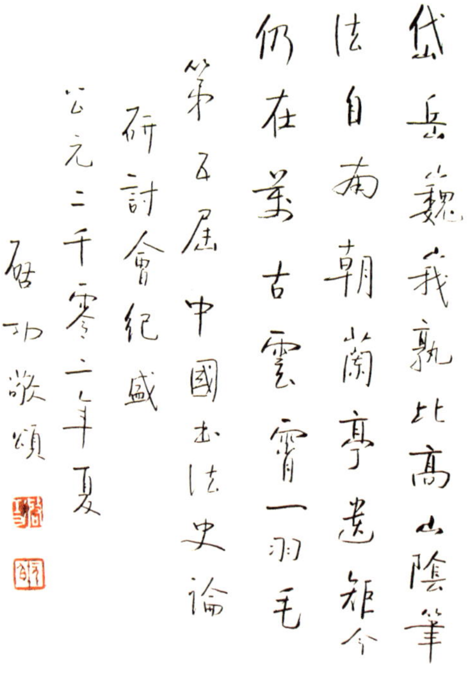

图九　启功兰亭诗手迹

六　幕后的幕后

谈起“兰亭论辨”的幕后，大家很容易想到康生。这一点应该不是秘密。郭沫若《由王谢墓志的出土论到兰亭序的真伪》已经说了，“关于这个问题，康生同志就文献中作了仔细的探索”，并收集了五条材料提供给郭沫若的这篇文章使用。纪红就此事采访黄苗子，黄给纪红写信也说：“《兰亭》论辨，据我所闻，是康生幕后指使郭老主演的一幕胎死腹中的怪剧。”又说：“关于《兰亭》案，当时的历史博物馆副馆长龙 ××（指龙潜）十分起劲，写的文章发表在当时的报上，杀气腾腾，后来听阿英先生说：这是代表康生的论调。”

现在，根据前揭《启功口述历史》，幕后还有一个陈伯达。启功说：

> 一次陈伯达得到一本中华书局影印的定武本的《兰亭序》，后有清代李文田的跋。……陈伯达把这样一本《兰亭序》及跋送给郭老，目的很明显，就是让郭老带头从这方面做文章，看是否能钓上大鱼来。郭老接到这样的“圣旨”，自然

也明白其中的用意，便做起文章。[1]

当时陈伯达是《红旗》杂志总编辑，并代管文化部的工作，与康生一样，也主管意识形态。但康生、陈伯达策划“兰亭论辨”，究竟想钓什么大鱼，达到什么目的，谁也说不上来。因为，康生、陈伯达还只是第一层幕后，还有第二层幕后——幕后的幕后，这就是毛泽东。毛泽东对于“兰亭论辨”有着极为浓厚的兴趣，这种兴趣并不是来自书法爱好，而是来自政治斗争。

启功继续口述历史：

60年代，鉴于庐山会议批判彭德怀右倾路线，彭德怀提出要学海瑞罢官后，上边又要搞一次大的政治活动，又需要找一个切入点或突破口。经历过这段历史的人都知道，最后是选择了批吴晗的《海瑞罢官》，以致掀起“文化大革命”。但在最初没最终确定目标前，曾多次在其他题目上试探过，其中之一就是1965年发动的对王羲之《兰亭序》真伪的辩论上。在一般人看来，一个小小的《兰亭序》和政治斗争有什么关系？确实没任何关系，架不住在掌握意识形态大权人的手里，它就可以上纲为唯物史观和唯心史观的大是大非的路线问题。

启功虽然没有点毛泽东的名，但他说的“唯物史观和唯心史观”，却是有所指的。

《建国以来毛泽东文稿》第11册收录了毛泽东就“兰亭论辨”问题先后写给章士钊、郭沫若、康生的三封信[2]，就很值得玩味。

给章士钊的信写于7月18日：各信及指要下部，都已收到，已经读过一遍，还想读一遍。上部也还想再读一遍。另有友人也想读。大问题是唯物史观问题，即主要是阶级斗争问题。”其中“指要”指章士钊的新著《柳文指要》。该著分上、下二部，毛泽东读过一遍的是下部，而章士钊反对郭沫若观点的《柳子厚之于兰亭》也正在下部，可以认为，毛泽东所说“大问题是唯物史观问题，即主要是阶级斗争问题”，含有针对《柳子厚之于兰亭》的意思。

给郭沫若的信写于同日，先说“我覆章先生信亦先寄你一阅”，即将前面给章士钊的信先给郭沫若阅看，让郭沫若领会“大问题是唯物史观问题，即主要是阶级斗争问题”的含义，然后接称：“笔墨官司，有比无好。”让郭沫若允许大家说话，似乎又

1　关于郭沫若是否知情，也有不同说法。纪红就认为：“从现有材料看来，起初郭沫若对自己写‘兰亭’文章的动机看得也是相当单纯的。”并搜集了一些证据。参阅前揭《“兰亭论辨”是怎样的“笔墨官司”》。

2　中共中央文献研究室：《建国以来毛泽东文稿》第11册（1964.1～1965.12），第402页（郭沫若）、404（章士钊）、430页（康生），中央文献出版社，1996年。

有点想搞“引蛇出洞”或启功所说的“钓鱼”的味道[1]。

给康生的信写于8月5日，主要是谈章士钊的《柳文指要》，中称：“作者不懂唯物史观，于文、史、哲诸方面仍止于以作者观点解柳，他日可能引起历史学家用唯物史观对此书作批判。如有此举，亦是好事。”显然，在毛泽东眼里，“兰亭论辨”并非简单的“笔墨官司”问题，而是关乎“唯物史观”的问题，甚至主要是“阶级斗争”的问题。

实际上，毛泽东早就想发动“文化大革命”，只是如启功所说，苦于找不到突破口。“兰亭论辨”初看似乎是个突破口，但发展得并不理想，时代太早，同现实也扯不上关系，如同隔靴搔痒，搔不到痒处。最后，毛泽东只得放弃“兰亭论辨”，另找新的突破口。几个月后，精心策划的姚文元的《评新编历史剧〈海瑞罢官〉》一文，同年11月10日在《文汇报》发表，终于拉开了“文化大革命”的序幕。这就是前揭黄苗子所说“兰亭论辩”为什么会“胎死腹中”的原因。

但实际上，“兰亭论辨”并未就此完结，还缺最后的一项——谢幕。

七　“兰亭论辨”的谢幕

老记者郑重曾说：“‘兰亭论辨’是一次无结论的学术讨论。”这话并不全对。别人也许不想作结论，但作为主要当事人的郭沫若，是很想给它盖棺论定的。

1972年，郭沫若又写了一篇作为谢幕之作的《新疆新出土的晋人写本〈三国志〉残卷》，在《文物》第8期发表，其中旧事重提：

> 看到两种晋人写本《三国志》残卷，自然而然地又联想到相传为王羲之所写的《兰亭序帖》的真伪问题。这个问题，七八年前曾经热烈地辩论过，在我看来，是已经解决了。不仅帖是伪造，连序文也是掺了假的。看到这两种《三国志》的晋抄本，又为帖的伪造添了两项铁证。字体太相悬隔了，真是“不怕不识货，只怕货比货”，两相对比，一目了然，可以无容多话。

1　此外，穆欣还谈到：“高二适的文章在报纸上发表后，毛泽东一直关注这场讨论。8月17日，毛泽东……在北京人大会堂接见出席一次会议的部队干部时，曾向参加接见的康生问起‘郭老的《兰亭序》官司怎样了，能不能打赢？’当天，康生写信告诉郭沫若说：‘今天在接见部队干部时，主席问我：郭老的《兰亭序》官司怎样了，能不能打赢？看来主席对此问题颇有兴趣。我回答说，可以打赢。当然这些头脑顽固的人要改变他们的宗教迷信是难的。然后我又将您的两篇文章的大意简要地告诉他，又将找到的孙星衍的材料也告了他。他说如果确实，倒是有用的。最后我说等郭老文章改好，可以送给主席看看。看样子他是愿意看的。’”见前揭《办〈光明日报〉十年自述（1957—1967）》，第147页。

这时的郭沫若是有资格给“兰亭论辨”盖棺论定的。因为他的对手或者已经作古，或者被关进了“牛棚”，再也没有人敢与他继续打“笔墨官司”了。

《兰亭论辨》为配合郭沫若给“兰亭论辨”盖棺论定，写了一篇“出版说明”，虽然不长，但分量很重，给这场论辩正式定性。这里摘录几段如下：

> 《兰亭序帖》被唐太宗李世民断定为东晋书法家王羲之的真迹后，经过历代帝王重臣的竭力推崇和封建士大夫们的大肆宣扬，视作不可侵犯的“神物”。……虽有少数清代学者如李文田提出异议，但没有充分发挥。……
>
> 1965年，郭沫若同志在《文物》第6期上发表了《由王谢墓志的出土论到兰亭序的真伪》一文，进一步否定了王羲之书《兰亭序》的可能性，指出不仅书法是依托，连序文也经后人篡改。郭沫若同志的看法在学术界引起了热烈讨论，报刊上发表了不少文章，多数文章赞成郭沫若同志的意见，支持他以辩证唯物主义的批判态度推翻历代帝王重臣的评定。……
>
> 应当指出，这种争论反映了唯物史观同唯心史观的斗争。……本书的出版，……对于……在对待历史文化遗产的广袤领域中，如何坚持辩证唯物主义和历史唯物主义的科学态度，将会有所启发。

显然，这种定性，联系前揭毛泽东的三封信，无疑来自毛泽东。前面说的再也没有人敢与郭沫若继续打“笔墨官司”，应当也是一个重要原因。

然而，“兰亭论辨”虽已谢幕，关于它的讨论却一直没有结束。

八　“兰亭论辨”的价值与意义

综观上述“兰亭论辨”的经过，可以看出，自始至终都充满了荒唐和可笑。但需要着重指出的是，“兰亭论辨”虽然存在政治介入或为政治所利用等很多问题，但其本身所具有的价值与意义，还是不应轻易否定的。关于这一点，本文在第一小节就已经说过。值得高兴的是，已经有人在做这方面的工作了。

王玉池从纯学术的角度，认为李文田、郭沫若的说法有其合理性，只是被大家误会了[1]。陈雅飞从学术史的角度，说：“中国大陆学界开始进行比较严肃的学术争论，史称‘兰亭论辨’。这场论辨继承了明末清初兴起的实学思想和清代乾嘉学派的传统，围绕隶书笔意、文字出入、文章风格、智永依托《兰亭序》等焦点问题，取得突破性

1　王玉池：《“兰亭论辨”中的误会及其他》，原载《中国书法》1988年第3期，收入《中国书法全集》第18卷《三国两晋南北朝编·王羲之王献之卷》，第35～40页，荣宝斋，1991年。

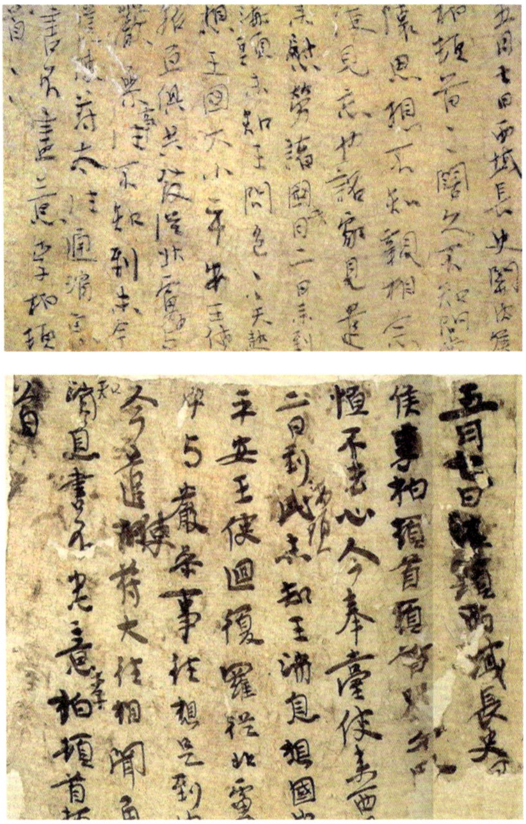

图一〇　前凉李柏致焉耆王书稿

进展。”[1] 虽有过誉成分，但从某个方面看，基本还是客观的。

我觉得还有一些工作可做。譬如《兰亭论辨》所收文章，即使是敷衍应付，也绝非全是空话和废话，而多是拿实际材料来说话的。这从前面介绍《兰亭论辨》所收图版和插图之多，就可以清楚地看出。这里再举二例，加以说明。

一是郭沫若《由王谢墓志的出土论到兰亭序的真伪》提到了楼兰附近出土的《前凉李柏致焉耆王书稿》（《兰亭论辨》图版 12 也收了《李柏书稿》的图版）[2]。他说：“其实存世晋陆机《平复帖》墨迹与前凉李柏的《书疏稿》，都是行草书；一南一北，极相类似。”赵万里《从字体上试论〈兰亭序〉的真伪》也提到了该《书稿》，他说：“五十多年前新疆维吾尔自治区罗布泊北废墟出土的前凉长史李柏书稿，是用章草写的。”我们知道：《李柏书稿》主要有两件（图一〇），都是 20 世纪初日本大谷探险队在楼兰附近获得的，虽然释文和图版很早就已公布[3]，但国内知道的人还并不太多。这说明，当时参加“兰亭论辨”的各方，在搜集材料方面都是下过很大的功夫的。

二是郭沫若《由王谢墓志的出土论到兰亭序的真伪》提到了敦煌藏经洞出土的《唐

1　陈雅飞：《中国大陆〈兰亭序〉真伪论辨回顾》，《浙江大学学报》（人文社会科学版）2004 年第 3 期。按：陈雅飞时为香港中文大学艺术系博士研究生，故称“中国大陆”。

2　按：前揭纪红文章记载：黄苗子 1998 年给纪红写信说：“记得有一次见面曾向他（指郭沫若）提起：日本人大谷光瑞在新疆弄到的东晋人李柏所写的信札（即《李柏书稿》），是行书，和王羲之风格相近。郭第二天即派秘书（原注：王？）到我家查大谷光瑞那本《图录》（原注：具体书名忘了），我告诉他社科院图书馆有，他就去借了。以后情况不清楚，我现在想起，这种对他观点不利的材料，他不会引用的。”这是对郭沫若的冤枉，这里特别予以澄清。

3　释文原载罗振玉、王国维著《流沙坠简》附录，上虞罗氏宸翰楼影印本，1914 年。再刊：中华书局重印本，第 277 ～ 282 页，1993 年；图版原载香川默识：《西域考古图谱》卷下，国华社，1915 年。再刊：学苑出版社重印本，第 191 ～ 197 页，1999 年。

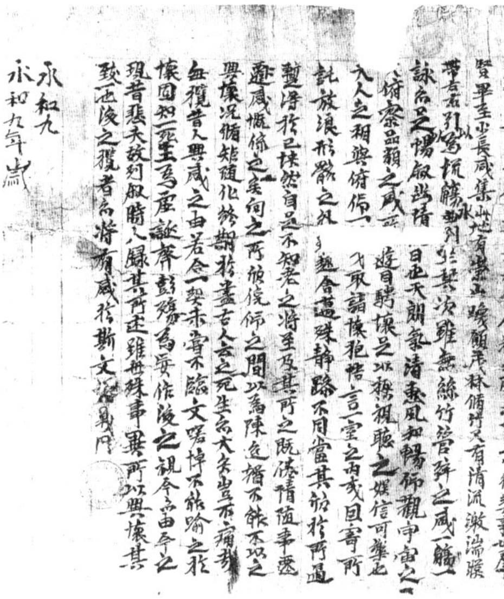

图一一　唐《兰亭序》习字（P.2544）

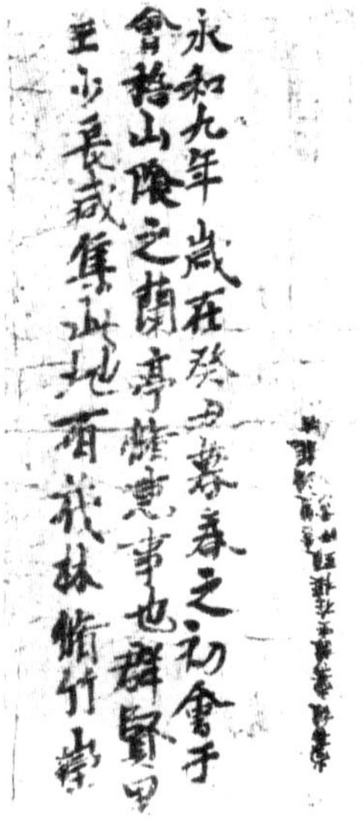

图一二　唐《兰亭序》习字（P.2622 背）

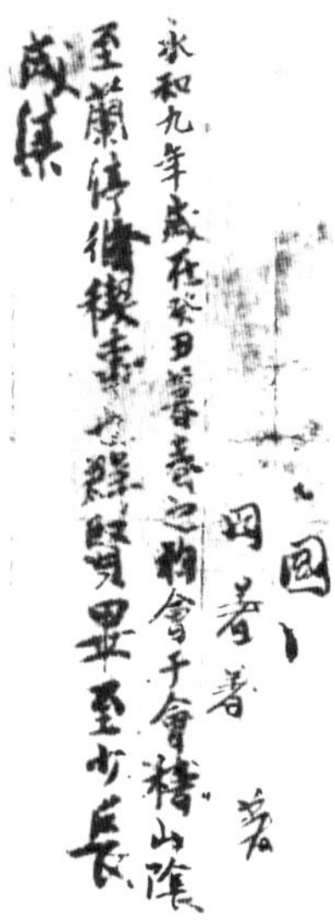

图一三　唐《兰亭序》习字（P.3194 背）

〈兰亭序〉习字》。他说："敦煌也曾发现过《兰亭序》的民间写本（原注：现藏巴黎），虽然字迹拙劣，不知道是何人所书，但系唐代写本是无可怀疑的。"我们知道：巴黎法国国家图书馆所藏中国西域文书都是 20 世纪初法国人伯希和在敦煌藏经洞获得的，其中有三件《唐〈兰亭序〉习字》（图一一至图一三），编号分别为 P.2544、P.2622 背、P.3194 背，当时还没有正式公布，国内很少人知道。这说明郭沫若作为"兰亭论辨"发起人，在搜集材料方面较一般人下的功夫更大。

因此，具体而言，只要有一部《兰亭论辨》在手，就可了解自古迄今围绕《兰亭》争论的大部分问题，就可掌握我国中古时期与《兰亭》书法有关的大部分墨迹。这应该就是"兰亭论辨"的价值与意义之所在。此外，从现在"兰亭论辨"的公案已经完全翻过来了看，学术问题还是应该在学术范围内讨论解决，任何政治干预都只可能得逞于一时，而不可能得逞于永远。这或许可以算作"兰亭论辨"的另一种价值与意义。

原载《紫禁城》2011 年第 9 期

从《药师佛净土图》到《药师佛佛会图》

——药师经变的不同解析

孟嗣徽

内容提要：药师佛又称药师琉璃光如来，是救济世间疾苦的大医王和东方净琉璃世界的教主。药师经变则是根据药师经典的内容创作出的绘画作品。通过对药师经变内容与图像的分析，可反映出药师信仰的传播和某个时代某个地域信仰的诸多问题。

在画史资料中，关于早期药师信仰图像的记载是从唐代开始的。唐张彦远《历代名画记》、宋黄休复《益州名画录》都记载了“净土变”“药师变”。“净土变”指以阿弥陀经或观无量寿经为内容的“西方净土变”；“药师变”指以药师经为内容的经变画。在敦煌壁画中，从隋代到西夏时期，以药师经为内容的“东方净土变”和“西方净土变”相配，成为佛教经变画的主要组成部分。据敦煌研究院的官方统计，仅在莫高窟，有关药师佛经变内容的壁画就有97铺之多。

在海外所藏的几铺大型的原山西广胜寺元明两代壁画中，我们看到了“药师经变”与“炽盛光佛经变”相配的案例。而在敦煌诸多的“药师经变”中，没有找到这位“东方净琉璃世界”的教主与“炽盛光佛”相配的案例。药师佛的图像缘何进入广胜寺与作为密教图像的炽盛光佛佛会的图像相配呢？

本文讨论药师经变的内容主要分三个部分：①药师经变的来源与经变配置的演化；②药师经变的密教色彩以及它的密教成分的来源；③通过对历史背景的研究和对壁画图像的分析，解释广胜寺元明两代壁画中药师经变如何与炽盛光佛经变相配。

关键词：药师经变　西方净土经变　密教　炽盛光佛经变　国家祭祀活动

药师佛又称药师琉璃光如来，是救济世间疾苦的大医王和东方净琉璃世界的教主。药师经变则是根据药师经典的内容创作出的绘画作品。

在画史资料中，关于早期药师信仰图像的记载是从唐代开始的。唐张彦远《历代名画记》卷三“东都寺观壁画”条记录了洛阳昭成寺内的香炉两头有唐代画家程逊所

作者：原展览部，研究馆员。

画的“净土变、药师变”；宋黄休复《益州名画录》卷上记载大圣慈寺药师院堂内有晚唐画家赵公佑所画的“四天王并十二神”；大圣兴寺有晚唐画家范琼所画“药师”与“十二神”等像；至五代，大圣慈寺内仍有后蜀画家赵忠义所绘“药师经变相”等。“净土变”指以阿弥陀经或观无量寿经为内容的“西方净土变”；“药师变”，顾名思义，指以药师经为内容的经变画；“十二神”或称“十二神王”，即药师佛的十二神将。

在敦煌壁画中，药师经变是佛教经变画的主要组成部分。从隋代出现一直延续到西夏时期，长达六百余年，是研究药师信仰的重要图像资料。据敦煌研究院的官方统计，仅在莫高窟，有关药师佛经变内容的壁画就有 97 铺之多[1]；而在敦煌写经中，有关药师信仰的经典则多达 296 部[2]。可见药师信仰在敦煌地区曾十分流行。

早在 60 年前，松本荣一在《燉煌畫の研究》一书中，有一个章节专门讨论药师经变相。近年来，永井信一、百桥明穗、李玉珉、罗华庆、王惠民和严智宏等学者先后发表了论文，专门讨论有关敦煌药师经变的问题。今天再行讨论药师经变，主要谈两个问题：药师经变的配置和药师经变的密教色彩。

一　药师经变的配置

在隋代敦煌壁画中共有四铺药师经变图。鉴于画史中没有记载到隋代以前的药师经变，敦煌壁画中这四铺药师经变是目前所知的最早的药师经变。它们分别存于莫高窟第 394 窟、417 窟、433 窟和 436 窟。

第 394 窟的药师经变位于东壁门楣上方。由药师佛、日曜菩萨、月净菩萨和十二神王组成。中央药师佛结禅定印，结跏趺坐于莲花座上，身后长幡飞扬。日曜、月净两菩萨双手合十，侍立左右。两侧双树下各有六身神王捧灯胡跪，面向主尊。诸神下方有彩云飘飞。

第 417 窟的药师经变位于窟顶后部平顶的下段。上段绘弥勒经变，下段绘药师经变。药师经变由药师佛、八大菩萨和十二神王组成。中央药师佛结跏趺坐于莲花座上，作说法状。八大菩萨侍立左右。下方为一六层轮状灯树，十二神王分两组跪在下方的灯树两侧（图一）。

第 433 窟的药师经变位于窟顶前部的人字披之东披，与之对应的西披绘说法图一铺。后部为弥勒经变和维摩诘经变。药师经变由药师佛、日曜菩萨、月净菩萨和十二神王组成。药师佛居中，结跏趺坐于莲花座上，作说法状。日曜、月净二菩萨侍立左右。两侧各有六身神王，单腿胡跪，捧灯向佛。神王与日曜、月净两菩萨之间各有九层轮状灯树一座，灯树顶部各系一五色长幡（图二）。

1　《敦煌学大辞典》“药师经变”条，第 125 页，上海辞书出版社，1998 年。

2　李玉珉：《敦煌药师经变》，《故宫学术季刊》第七卷，第三期，第 1 ～ 39 页，台北故宫博物院，1990 年。

图一　敦煌莫高窟第 417 窟《药师经变》

图二　敦煌莫高窟第 433 窟《药师经变》

第 436 窟的药师经变位于人字披之东披，对应的西披为弥勒经变。药师经变由药师佛、二弟子、日曜与月净二菩萨、十二神王组成。药师佛结跏趺坐于莲花座上，作说法状。十二神王左右各六身，单腿胡跪，捧灯向佛。

在敦煌隋代的四铺药师经变中，其主要成员有药师佛、日曜菩萨、月净菩萨、十二神王和八大菩萨，主要图像有轮状灯树、灯和五色长幡等组成。

药师经的最早典籍之一、东晋帛尸梨蜜多译《佛说灌顶拔除过罪生死得度经》卷十二，现收在《大正藏·密教部》里。以上这些图像均可在此经中找到出处。

日曜、月净二菩萨："此药师琉璃光如来国土清净，无五浊无爱欲无意垢，以白银琉璃为地，宫殿楼阁悉用七宝，亦如西方无量寿国无有异也。有二菩萨一名日曜，二名月净。”在后来的药师经中，他们也被称作“日光遍照”“月光遍照”。其地位居众菩萨之首。

十二神王：“座中诸鬼神有十二神王，从座而起往到佛所，胡跪合掌白佛言：我等十二鬼神在所作护。”“十二神王”也称为“十二神将”。他们的出现，后来被认为与药师佛的十二大誓愿有关。

八大菩萨：“愿欲往生西方阿弥陀佛国者，忆念昼夜，若一日二日三日四日五日六日七日。或复中悔闻我说是药师琉璃光佛本愿功德，尽其寿命欲终之日，有八菩萨，其名曰：文殊师利菩萨、观世音菩萨、得大势菩萨、无尽意菩萨、宝坛华菩萨、药王菩萨、药上菩萨、弥勒菩萨。是八菩萨皆当飞往迎其精神，不经八难生莲华中，自然音乐而相娱乐。”“八大菩萨”原是前往西方净土世界的引导者。敦煌隋代的四铺“药师经变”中只有第417窟有八大菩萨。

灯树、五色神幡：“若族姓男女其有尫羸，着床痛恼无救护者，我今当劝请众僧，七日七夜斋戒一心，受持八禁六时行道，四十九遍读是经典，劝然七层之灯，亦劝悬五色续命神幡。”[1]“灯树”，由于每层呈现出轮状，故也称为“灯轮”，多层相叠，形成灯树。经中所示“灯树”和“五色神幡”的出现与续命有关。

隋代敦煌药师信仰与弥勒信仰的关系比较密切，在四铺药师经变的对应或相关的位置上，皆绘有“弥勒上生变相”。药师信仰与弥勒信仰的关系也见于《灌顶经》：“欲升兜率天见弥勒者，亦礼敬琉璃光佛。”[2]兜率天一般被认为是弥勒净土。敦煌早期的弥勒信仰的色彩十分浓重，在早期的洞窟中，有关弥勒菩萨的造像比比皆是。敦煌隋代四铺药师经变在对应或相关的位置上，皆绘“弥勒上生变相”，显然与上升兜率天宫见弥勒有关。而在隋末达摩笈多译的《佛说药师如来本愿经》中，往生弥勒“兜率天宫”的内容消失了。可见，隋代敦煌的药师经变是以《灌顶经》为依据而描绘的。

学者们根据隋代的四铺药师经变的图像学意义揭示出：其一，在隋代四铺药师经变的对应或相关的位置上，皆绘弥勒上生变相，说明隋代的药师信仰与弥勒信仰有着密切的关系[3]。其二，隋代净土往生还没有成为药师信仰的真正目的。这一特点一直延续至唐宋，唐宋药师经变主要集中在对药师天国的描绘，而不特别表示八大菩萨来迎的情节[4]。其三，十二神王的全体出现提示我们，隋代可能流行着对守护神——药师十二神将的信仰[5]。其四，隋代的药师经变主要描绘的是供养“仪式”。举行供养药师“仪

1 （东晋）帛尸梨蜜多译：《佛说灌顶拔除生死过罪生死得度经》，《大正新修大藏经》（以下简称《大正藏》）第21册，台湾新文丰出版公司，1983年。

2 前揭帛尸梨蜜多译《佛说灌顶拔除生死过罪生死得度经》。

3 前揭李玉珉《敦煌药师经变》。

4 王惠民：《敦煌隋至唐前期药师图像考察》，《艺术史研究》第二辑，第301页，中山大学出版社，2000年。

5 前揭王惠民《敦煌隋至唐前期药师图像考察》。

式”的目的，不仅是要祈求药师的保佑，更主要的目的是通过礼拜药师而往生弥勒的“兜率天宫”或无量寿佛的“西方净土”[1]。

到了唐代敦煌，药师经变出现了新的样式。

在盛唐117窟窟顶的四面披上，出现了由药师、释迦、阿弥陀、弥勒组成的“四方佛”。根据王惠民的分析，四佛所在的方位为，东披：药师说法图；西披：阿弥陀说法图；南披：释迦说法图；北披：弥勒说法图[2]。

四位佛尊组成的“四方佛”也见于日本法隆寺金堂和兴福寺五重塔。在法隆寺金堂中供养的塑像有释迦、药师、阿弥陀的“横三世”组合。而绘于7世纪晚期的法隆寺金堂壁画，由四组说法图组成。据小林太市郎的研究，其中东壁：药师说法图；西壁：阿弥陀说法图；北壁西侧：释迦说法图；北壁东侧：弥勒说法图[3]。

在兴福寺的五重塔上：塔东药师净土，塔南释迦净土，塔西阿弥陀净土，塔北弥勒净土。这种配置与敦煌莫高窟第117窟窟顶的配置相同。

在以上三例中，虽然释迦与弥勒的方位有所不同，但药师与阿弥陀的方位是一致的，分别处于东方和西方。佛典认为药师佛土在东方，阿弥陀佛土在西方。至于释迦为南方佛土的教主、弥勒为北方佛土的教主，可能为佛教徒的比定与附会。有学者认为，南北朝时期由于阿弥陀信仰渐渐兴起，从而取代了过去的佛迦叶佛，出现了由释迦、阿弥陀、弥勒组成的“新三佛”造像，而法隆寺壁画中的“四方佛”与“新三佛”的出现有关[4]。法隆寺壁画与同时期的中国初唐佛教艺术相一致，显然是受中国佛教艺术的影响。敦煌著名的初唐220窟，在南北对峙的显要位置上，描绘的两铺净土变即西方净土阿弥陀变和东方净土药师变[5]。这与法隆寺金堂和敦煌117窟所出现的“四方佛”并行不悖。这种对应关系的位置安排，一直延续到西夏时期。笔者认为，药师对应阿弥陀、释迦对应弥勒的“四方佛”的出现，首先与建筑结构有关。在法隆寺金堂中原本供奉着释迦、药师、阿弥陀的塑像，即“横三世”的组合。在今天，许多寺院的主殿——大雄宝殿的显要位置上，仍然供奉着代表中、东、西三方不同世界的三位佛尊，即所谓的“横三世”，或称“三方佛”。其中，中央是释迦牟尼佛；释迦佛的左边（东边）是东方净琉璃世界的教主药师佛；释迦佛的右边（西边）是西方极乐世界的教主阿弥陀佛。而在“横三世”之外，弥勒佛的出席，不仅来自自隋代以来弥勒信仰与药

---

1 宁强：《佛经与图像——敦煌第二二〇窟北壁壁画新解》，《故宫学术季刊》第十五卷，第三期，第75～92页，台北故宫博物院，1998年。

2 前揭王惠民《敦煌隋至唐前期药师图像考察》，《艺术史研究》第二辑，第309页。

3 ［日］小林太市郎：《法隆寺金堂壁画的研究》，《小林太市郎著作集》第7卷“佛教艺术的研究”，第347～357页，日本淡交社，1974年。

4 前揭王惠民《敦煌隋至唐前期药师图像考察》，《艺术史研究》第二辑，第311页。

5 敦煌莫高窟门面东，以寺庙的门朝南的规律，将窟内的方位对应：一般以南面代表西方，北面代表东方。

师信仰对应关系的传统，也填充了中式方形建筑的四个面。

“四方佛”的配置提示我们，药师信仰和阿弥陀信仰以及他们的经变在寺庙和石窟中“东方”与“西方”的位置在唐代已经相对稳定了。事实上，在唐代敦煌大部分“药师经变”的相对位置上，都绘制了“阿弥陀经变”或“观无量寿经变”。如前揭莫高窟220窟，其南北两壁对峙着“药师经变”和“阿弥陀经变”；另如《历代名画记》中所记，洛阳昭成寺内的香炉两头唐代画家程逊所画的“净土变”和“药师变”，与唐代敦煌的配置也是一致的。

莫高窟220窟是翟氏家族的家庙。根据220窟北壁“药师经变”下方的题记，可知此铺经变画为大云寺律师道宏于贞观十六年（642年）所造。此铺经变画面中央药师七佛分别站立在以红蓝两色琉璃铺成的琉璃宝台的七座莲台上。正中佛尊的两侧各立一位菩萨，为日曜和月净两菩萨；七佛之间穿插立侍着八位菩萨，应为八大菩萨。佛和菩萨之间伫立着几根长杆，杆顶悬挂着长长的五色神幡，随风飘扬。琉璃宝台前边有水池，水池中碧波荡漾，莲花盛开。宝台两侧是十二神将和圣众，十二神将身着甲胄，头戴宝冠，宝冠上饰以动物肖像，现在可辨的有蛇、兔、虎等动物对应。在两侧十二神将的上方和下方是裸体呈忿怒相的四大天王。七佛的上空飞天翱翔，神幡飘扬。与宝台相对的是一个舞台，舞台两边各安置了巨大的灯树，树旁有人添油上灯；正中还有一座灯楼，楼上华灯闪烁，金碧辉煌。灯树之间有四名舞者旋转于圆毯之上，左右两部是由汉人和胡人组成的乐师和歌人。整个场面华彩而神圣，显现出一派绮丽欢乐的“东方净土”（图三）。

图三　敦煌莫高窟第220窟《七佛药师变》

220窟壁画所表现的内容是空前的。除了药师、八大菩萨、十二神将、灯树等，还出现了许多隋代药师经变中所没有的图像：

四大天王：达摩笈多译的《佛说药师如来本愿经》中，在信众诵经并“持种种花种种香涂香华鬘宝幢幡盖”供养药师佛时，“四大天王，与其眷属并余百千俱胝那由他诸天皆诣其所”。

七佛上方的飞舞的彩幡，应该是除病解难的五色神幡；七佛所立莲台下的琉璃宝台是象征着药师净土的琉璃地；而宝台前莲池中盛开的数朵莲花则象征着亡者在药师净土里化生的所在。

此外还有鼓乐歌赞、歌舞升平等图像。

在220窟的药师经变中，出现了一个值得注意的新图像——“药师七佛”。“七佛”的内容首先见于达摩笈多所译《佛说药师如来本愿经》，经中通过“救脱菩萨”的口告诉阿难在为患重病者除病续命的供养仪式中：“当为此人七日七夜受八分斋。当以饮食及种种众具随力所办供养。比丘僧昼夜六时礼拜供养彼世尊药师琉璃光如来。四十九遍读诵此经。然四十九灯。应造七躯彼如来像。一一像前各置七灯。一一灯量大如车轮。或复乃至四十九日光明不绝。当造五色彩幡长四十九尺。”[1]

密教认为“七佛”乃药师如来一体之分身。七佛的名号在之后唐义净所译的《药师琉璃光七佛本愿功德经》中出现，其一称“吉祥王如来”，所住世界名曰无胜，有八大愿；其二“宝月智严光音自在王如来”，所住世界名曰妙法，有八大愿；其三“金色宝光行成就如来”，所住世界名曰圆满香积，有四大愿；其四“无忧最胜吉祥如来”，所住世界名曰无忧，有四大愿；其五“法海雷音如来”，所住世界名曰法幢，有四大愿；其六“法海胜慧游戏神通如来”，所住世界名曰善住宝海，有四大愿；其七“药师琉璃光如来”，所住世界名曰净琉璃，有十二大愿。据《药师琉璃光七佛本愿功德经》卷下载，若有人有所祈愿，应当造此七佛形像，供养香华、悬缯、幡盖、饮食及伎乐，在佛像前端坐诵咒，于七日中持八戒斋，诵满一千八遍。此人可为诸如来所护，消诸业障，消灾延寿，所求如愿[2]。

220窟的药师经变除了表现供养药师佛的仪式之外，主要反映了药师净土的思想。

二　药师经变的密教色彩

在美国纽约大都会艺术博物馆中国厅（赛克勒厅）中，陈列着那铺著名的元代壁画《药师佛佛会图》（图四）。它原出自山西洪洞广胜寺下寺大雄宝殿西壁。1964年，壁画在赛克勒展厅展出时，时任亚洲部研究员的利珀（Aschwin Lippe）辨认出其

1 （隋）达摩笈多译：《佛说药师如来本愿经》，《大正藏》第14册，台湾新文丰出版社公司，1983年。

2 （唐）义净译：《药师琉璃光如来本愿功德经》，前揭《大正藏》第14册。

图四　山西洪洞广胜寺下寺大雄宝殿元代壁画《药师佛佛会图》

主尊佛的胁侍是文殊和普贤菩萨，他们原本是护持释迦牟尼佛的两大菩萨。在“佛三尊”之上有六尊小佛，利珀认为他们是先于释迦入灭的过去六佛。据此利珀将主尊佛定为释迦牟尼。在利珀的文章中，这铺壁画被称为《释迦牟尼佛会图》（Assembly of Sakyamuni）[1]。

1991 年，景安宁（Anning Jing）向利珀的观点发出了挑战，他认为壁画中的主尊佛应为治病救人的药师佛。景安宁令人信服地辨识出壁画中的人物有：日光遍照菩萨和月光遍照菩萨，他们是药师佛的两大胁侍菩萨，位于主尊佛的后侧，手中分别举着日轮和月轮；药王菩萨和药上菩萨，是帮助药师佛行医的两位菩萨，立于主尊的前侧，手中分别持有药师佛的锡杖和药钵。而“佛三尊”之上的六尊小佛则是药师七佛中的其他六位佛尊。此外景安宁还认为，壁画中药师佛两侧的菩萨应该是圣观音和如意轮观音。而药师佛的两大菩萨——日光遍照与月光遍照在壁画中降至次要位置。此图的另一个重要特征是十二神将，他们象征着药师佛的十二大愿。十二神将分别立于画面的两侧。显然，以上这些人物与药师佛有着密切的关系。因而，大都会藏壁画应为《药师佛净土图》（The Paradise of Bhaisajyaguru）[2]。此后，美国学术界大都接受了景氏的观点。事实上，这铺壁画也并非《药师佛净土图》，而是描绘带有密教色彩的药师大法会的《药师佛佛会图》。

在广胜寺下寺大雄宝殿的东壁，与《药师佛佛会图》相对的位置上，是现藏于美

1　Aschwin Lippe: “Buddha and the Holy Multitude”, *The Metropolitan Museum of Art Bulletin*,pp.325-336,May,1965.

2　Anning Jing: “The Yuan Buddhist Mural of Paradise of Bhaisajyaguru”, *Metropolitan Museum Journal*, Vol.26,pp.147-165,1991.

国堪萨斯城纳尔逊—阿特金斯艺术博物馆的元代壁画《炽盛光佛佛会图》（图五）；无独有偶，在广胜寺下寺前殿，也有一铺明代壁画《药师佛佛会图》（图六），与之相配的另一铺壁画也是《炽盛光佛佛会图》（图七）[1]。在敦煌诸多的“药师经变”中，我们并没有见到这位“东方净琉璃世界”的教主与“炽盛光佛”相配。药师佛的图像缘何进入广胜寺并与作为密教图像的炽盛光佛佛会的图像相配呢？

印顺法师在《净土新论》中阐明，“药师佛”的产生与密教有密切的关系。最早进入中国的药师经之一《灌顶神咒经》先见于密教部，后来译出的“药师经”也属于早期的杂密。药师信仰在初期的大乘经典中是没有地位的。而当药师经传入中国后，

图五　山西洪洞广胜寺下寺大雄宝殿元代壁画《炽盛光佛佛会图》

图六　山西洪洞广胜寺下寺前殿明代壁画《药师佛佛会图》

1　孟嗣徽：《〈炽盛光佛佛会图〉与〈药师佛佛会图〉——广胜寺密教壁画的个案研究》，《艺术与科学》卷九，第 84 ~ 99 页，清华大学出版社，2009 年。

图七　山西洪洞广胜寺下寺前殿明代壁画《炽盛光佛佛会图》

药师佛的东方净琉璃世界教主的地位，使得中国人产生出一种特殊的意识，即“东方”是象征“生长的地方”，代表生机勃勃。这样，东方药师佛便成了现实生活中有“消灾延寿”功能的佛尊[1]。由此而知，消灾延寿是药师信仰在我国流行的主要因素之一。

事实上，药师信仰在印度本不流行，或者说并未受到重视。有学者认为，药师信仰可能源自印度的西北边境或者中亚[2]。而当药师经在中国译出后，药师信仰遂在中国发展起来，并日趋蓬勃壮大。同时，乘早期中日、中韩佛教文化交往密切关系的快车，药师信仰在日韩两国也逐渐兴盛起来，并同密教有了密切的关系。

在日本比睿山，台密所重视的四个大法为安镇法、炽盛光法、七佛药师法、普贤延命法四者。此等法因皆需开立大坛、护摩坛、十二天坛、圣天坛等四坛以修之，故称之为大法[3]。“七佛药师法”又作“七佛药师御修法”“七坛御修法”。日本天台宗大师慈觉曾于嘉祥三年（850年）为息灾而修此法，天历十年（956年）良源大师再修此法。此举可视为日本修行“七佛药师法”的滥觞。此后，台密即以此作为“四大秘法”之一。“七佛药师法”以药师七佛本愿经、药师本愿经为依据经典。台密认为“七佛药师法”是以药师七佛为本尊，为息灾增益所修之秘法。系用于祈求灭五无间罪，祛病延命，生产安稳，或遇日月蚀等天变、风雨之灾，及时节不顺时所修持之法。

大英博物馆收藏的一幅9世纪敦煌绢画，其内容反映出是一幅药师经变图。这幅药师经变的右侧描绘的是十二大愿的内容；左侧描绘的是九横死的内容。这幅药师经变比较特殊的部分是右上角有一尊千手千眼观音；左上角有一尊千臂千钵文殊菩萨；

1　前揭李玉珉《敦煌药师经变》。

2　前揭李玉珉《敦煌药师经变》。

3　《佛光大辞典》，第1827页，书目文献出版社，1989年。

右下角有一尊如意轮观音；左下角有一尊不空罥索观音菩萨。这些密教图像的出现，显示出中唐的药师信仰已有了一些密教色彩。

在对美国大都会博物馆所藏原广胜寺下寺大雄宝殿元代壁画《药师佛佛会图》所作的分析中，景安宁忽视了两个重要的图像，其一，八大菩萨的存在。八大菩萨的名号，在东晋帛尸梨蜜多译《佛说灌顶拔除过罪生死得度经》中为“文殊师利菩萨、观世音菩萨、得大势菩萨、无尽意菩萨、宝坛华菩萨、药王菩萨、药上菩萨、弥勒菩萨”。加上日光和月光两位菩萨，药师佛的侍从共有十位菩萨。我注意到在这铺壁画中，刚好有十位菩萨。其主尊药师佛两侧的大菩萨应为文殊菩萨和观音菩萨。除去景安宁辨认出的“日光”“月光”“药王”和“药上”菩萨外，其余的四尊应为“得大势”“无尽意”“宝坛华”和“弥勒”菩萨。由于缺少个性的图像学特征，他们的身份有待逐一考订。文殊菩萨和观音菩萨通常应该是分别侍从释迦佛和阿弥陀佛的大菩萨。在佛教图像中，信众们对它们的认知程度远远大于日光菩萨和月光菩萨，尽管后两位菩萨才是胁侍药师佛的大菩萨。所以壁画的创作者将文殊菩萨、观音菩萨与日光菩萨和月光菩萨调换了位置。而在广胜寺下寺前殿的明代壁画《药师佛佛会图》中，日光菩萨和月光菩萨俨然胁侍在药师佛的两侧，与药师佛组成了“佛三尊”，回到正确的位置上了。

其二，值得注意的是，除以上这些与药师佛有紧密关系的人物之外，与纳尔逊-阿特金斯艺术博物馆所藏壁画《炽盛光佛佛会图》（图八）一样，在大都会艺术博物馆所藏《药师佛佛会图》下方供养的圆光笼罩的盆花两侧，共同出现了数位供养人和供养童子手持供品供养的场面（图九）。这些图像提示我们这是一个正在举行供养仪式的场面。

药师佛信仰与炽盛光佛信仰有许多共通之处。如前揭，在台密重视的“四个大法”中，“七佛药师法”和“炽盛光法”同列其中。药师信仰的主要经典《药师琉璃光如来消灾除难念诵仪轨》中开宗明义地宣称这是一部“秘密除灾法”，是为“顺众生界、及说除灾难”的秘密大法。此法可使信众“速出离生死、疾证大菩提”。经中进一步记述如果念颂药师琉璃光真言，即“能满一切愿、除一切不祥、生一切福德、灭一切罪障”。而此经的修撰者正是精通炽盛光禳灾

图八　广胜寺下寺元代壁画《炽盛光佛佛会图》中的供养人

图九　广胜寺下寺元代壁画《药师佛佛会图》中的供养场面

大法的密宗僧人一行[1]。

隋达摩笈多译《药师如来本愿功德经》，也被认为是一部“致福消灾之要法”。有“病士求救，应死更生”之功能、“王者禳灾，转祸为福”之妙术[2]。在《药师如来本愿功德经》的另一个版本——由唐玄奘奉诏译出的《药师琉璃光如来本愿功德经》中，药师佛被认为是位救苦救难的佛尊。他在行菩萨道时发誓要在成佛后行十二大愿，另诸有情所求皆得。

《药师琉璃光如来本愿功德经》继续解释：在遇到人为和自然的七种灾难，即“所谓人众疾疫难、他国侵逼难、自界叛逆难、星宿变怪难、日月薄蚀难、非时风雨难、过时不雨难”时，“应于一切有情起慈悲心赦诸系闭依前所说供养之法供养彼世尊药师琉璃光如来。由此善根及彼如来本愿力故，令其国界即得安稳，风雨顺时谷稼成熟，一切有情无病欢乐。于其国中，无有暴虐药叉等神恼有情者，一切恶相皆即隐没”。只要如法供养药师琉璃光如来法，便可消除以上“七难”。

此外，如遇到非命的九种横死，即“得病虽轻然无医药及看病者，设复遇医授以非药，实不应死而便横死……愚痴迷惑信邪倒见。遂令横死入于地狱无有出期，是名初横。二者横被王法之所诛戮。三者畋猎嬉戏，耽淫嗜酒放逸无度，横为非人夺其精气。四者横为火焚。五者横为水溺。六者横为种种恶兽所啖。七者横堕山崖。八者横为毒药厌祷咒咀起尸鬼等之所中害。九者饥渴所困不得饮食而便横死”[3]。凡“无救、无归、无医、无药、无亲、无家”者，只要供养药师如来本尊，就可一切如愿，逢凶化吉，去灾增寿延命。

此外，在这部经典中还特别举出药师佛的两位主要胁侍菩萨为“日光遍照”和“月光遍照”，他们位居药师佛法会中听法的众菩萨之首。而十二神将的集结出现，为的是保护药师佛实现他所行的十二大誓愿。

在一行修撰的《药师琉璃光如来消灾除难念诵仪轨》中，详细记述了如何建置道场以供养药师琉璃光如来本尊的方法和供奉时所需念诵的真言。其中包括：建置道场时，首先要供奉药师琉璃光本尊像、写药师经六时行道、设七层灯树并燃灯、挂五色神幡

1　（唐）一行撰：《药师琉璃光如来消灾除难念诵仪轨》，《大正藏》第19册。

2　前揭达摩笈多译《药师如来本愿功德经》序。

3　（唐）玄奘译：《药师琉璃光如来本愿功德经》卷下，前揭《大正藏》第14册。

四十九尺、日转经四十九遍、放水陆生命四十九头，并以鲜花时鲜果子等殷勤供养等程序[1]。经中的描述自然使我们联想到广胜寺下寺几铺壁画下面的供养场面。

在中国，炽盛光佛的信仰是从唐代开始流行起来的。它通过做密宗的法式和献祭来试图排除或至少削弱来自星宿界的有害影响。炽盛光佛在形成的过程中经历了陀罗尼、佛顶和如来三个阶段。炽盛光佛顶，为释迦牟尼佛的教令轮身[2]。依佛经仪轨而知，此佛由毛孔流出炽盛光焰，故有此称。炽盛光佛首冠如五佛相，二手如释迦，其力可教令折伏日、月、星宿等诸天神祇，是天变地异之际的修法本尊。如前揭，与“七佛药师法”一样，“炽盛光法”为台密中所持重的四个大法之一，指依炽盛光佛顶如来之本誓，为禳灾祈福所修的秘密大法。通常于日蚀、月蚀、天变地异、风雨灾难时得以修此法。

盛唐以来，由于密宗的发展，作为一种修行的方法，对炽盛光佛及诸曜诸宿的崇拜渐渐成熟并盛行起来。作为“开元三大士”之一的原北天竺密宗僧人不空，和精通天文历算的密宗大德一行等人的译经活动，推动了炽盛光佛信仰的传播。有关炽盛光佛及诸曜诸宿内容的佛经较多，主要有不空译《佛说炽盛光大威德消灾吉祥陀罗尼经》、《文殊师利及诸仙所说吉凶日善恶宿曜经》、《七曜星辰别行法》、《大圣妙吉祥菩萨说除灾教令法轮》，金俱咤译《七曜禳灾诀》以及根据一行思想而编撰的《梵天火罗九曜》等[3]。这些佛经的内容主要是以设坛、念咒符等形式来达到禳灾祈福的目的，试图排斥或削弱来自天界的有害影响[4]。

综上可以看出，与炽盛光信仰相似，药师信仰同样具有除灾救难、保佑信众免遭不幸的功力。两位佛尊因此有了密切的关联。

药师佛与炽盛光佛的这种关系，最早见于现藏于俄罗斯艾尔米塔什博物馆的一铺来自克孜尔石窟的药师佛誓愿图与黄道十二宫相配的壁画中（图一〇）。在别列佐夫斯基兄弟

图一〇　俄藏克孜尔壁画《黄道十二宫和药师佛誓愿图》

1　前揭一行撰《药师琉璃光如来消灾除难念诵仪轨》。

2　密教佛尊之三身之一。其三身为自性轮身、正法轮身、教令轮身。前揭《佛光大辞典》，第 6257 页。

3　以上六种佛经详见《大正藏·密教部》。

4　孟嗣徽：《炽盛光佛变相图图像研究》，《敦煌吐鲁番研究》第二卷，第 101 ～ 148 页，北京大学出版社，1997 年。

1905～1906年库车探险收集品中，其中编号为KY-821的壁画，由三块壁画组成。画面分为两部分，在上部的两层菱格山水之间，绘有黄道十二宫，自左至右依次为牡羊宫、金牛宫、双子宫……狮子宫、室女宫等。双子宫绘有一对男女，与狮子宫之间的部位残缺，缺失了巨蟹宫；室女为戴宝冠的菩萨装。在以黄道十二宫为主体内容的菱格山水的下部，对应地绘有一排立佛，现存七身。按位置计算，应有十二身。立佛被画在不同底色的方格内，均着橙黄色袒右袈裟，巨大的身光像贝壳一样包裹着佛的全身。每个方格内都绘有一身礼佛的人物，或躬身侧立于佛尊身旁，或跪于佛尊足下。这些立佛是正在实行药师十二大誓愿的药师佛。

在唐玄奘奉诏译出的《药师琉璃光如来本愿功德经》中，药师佛被认为是位救苦救难的佛尊。他在行菩萨道时发誓要在成佛后行十二大愿，另诸有情所求皆得：

第一大愿：愿我来世得阿耨多罗三藐三菩提时，自身光明炽然，照耀无量无数无边世界。以三十二大丈夫相八十随好庄严其身，令一切有情如我无异。

第二大愿：愿我来世得菩提时，身如琉璃内外明彻净无瑕秽，光明广大功德巍巍，身善安住焰网庄严过于日月。幽冥众生悉蒙开晓，随意所趣作诸事业。

第三大愿：愿我来世得菩提时，以无量无边智慧方便，令诸有情皆得无尽。所受用物，莫令众生有所乏少。

第四大愿：愿我来世得菩提时，若诸有情行邪道者，悉令安住菩提道中。若行声闻独觉乘者，皆以大乘而安立之。

第五大愿：愿我来世得菩提时，若有无量无边有情，于我法中修行梵行，一切皆令得不缺戒具三聚戒。设有毁犯闻我名已，还得清净不堕恶趣。

第六大愿：愿我来世得菩提时，若诸有情，其身下劣诸根不具，丑陋顽愚盲聋 瘂挛 背偻白癞癫狂种种病苦，闻我名已一切皆得端正黠慧。诸根完具无诸疾苦。

第七大愿：愿我来世得菩提时，若诸有情众病逼切无救无归无医无药无亲无家贫穷多苦，我之名号一经其耳，众病悉得除身心安乐，家属资具悉皆丰足。乃至证得无上菩提。

第八大愿：愿我来世得菩提时，若有女人为女百恶之所逼恼，极生厌离愿舍女身，闻我名已一切皆得转女成男具丈夫相。乃至证得无上菩提。

第九大愿：愿我来世得菩提时，令诸有情出魔罥网，解脱一切外道缠缚。若堕种种恶见稠林，皆当引摄置于正见。渐令修习诸菩萨行速证无上正等菩提。

第十大愿：愿我来世得菩提时，若诸有情王法所录，缧缚鞭挞系闭牢狱或当刑戮，及余无量灾难凌辱悲愁煎迫，身心受苦，若闻我名，以我福德威神力故，皆得解脱一切忧苦。

第十一大愿：愿我来世得菩提时，若诸有情饥渴所恼，为求食故造诸恶业，得闻我名专念受持，我当先以上妙饮食饱足其身。后以法味，毕竟安乐而建立之。

第十二大愿：愿我来世得菩提时，若诸有情贫无衣服，蚊虻寒热昼夜逼恼，若闻我名专念受持，如其所好即得种种上妙衣服。亦得一切宝庄严具华鬘涂香鼓乐众伎，随心所玩皆令满足。[1]

根据药师十二大愿的内容画出的变相图称为“誓愿图”。这种描绘正在实行药师佛十二大愿的“誓愿图”在吐鲁番伯孜克里克石窟壁画中比较普遍。药师佛通常为半侧面站立的姿势，一手施与愿印，在佛尊的下方都绘有一位祈愿的信士（图一一）。

黄道十二宫起源于古巴比伦。黄道十二宫的概念是在公历纪元左右由希腊传入印度，隋代随佛经的翻译而传入中国，之后在唐代翻译的密教经典中大量出现。黄道十二宫的图形最早出现在新疆吐鲁番出土的初唐写本中。这个写本的内容是星占图，现残留二十八宿中的七宿和黄道十二宫中的三宫[2]；而在现藏于日本大阪美术馆的梁令瓒《五星及廿八宿神形图》中所绘的二十八宿神中的某些神祇中已出现了与之相对应

图一一　俄藏伯孜克里克石窟壁画《药师佛誓愿图》

1　前揭玄奘译《药师琉璃光如来本愿功德经》。

2　前揭孟嗣徽《炽盛光佛变相图图像研究》。

的黄道十二宫的影子。之后，黄道十二宫和诸曜诸宿都成为炽盛光佛所统领的部属之一[1]。在俄藏克孜尔石窟壁画中，黄道十二宫图像的顺序与不空译《文殊师利菩萨及诸仙所说吉凶时日善恶宿曜经》中的顺序是一致的。由于壁面不完整，我们无法推测壁画之外是否还有炽盛光佛和诸曜诸宿的图像，而壁画中黄道十二宫的图像与药师佛十二大誓愿的图像一同出现不是偶然的现象，两者有着意味深长的关联。

三　广胜寺下寺壁画的组合关系与国家祭祀活动

与以往的药师净土变相图相比，广胜寺下寺元明两代的两铺描绘药师佛佛会的壁画中，并没有出现有关经文中所描述的“琉璃铺地，鼓乐歌赞”等药师佛净土变相的图像学特征，应该不属于净土变相画之列。况且，两铺壁画同与之相配的《炽盛光佛佛会图》一样，在画面下侧出现数位供养人或供养童子，这些供养人手持果盘、酒坛、鲜花和各种供器，均为祈福禳灾献祭时所需供奉的物品，显然是与密教行法事、做道场有紧密关联。与同时期的晋南地区其他寺庙宫观的壁画相比较，如芮城永乐宫三清殿元代壁画《朝元图》、现藏于故宫博物院的稷山兴化寺中殿元代壁画《过去七佛说法图》、现藏于加拿大多伦多皇家安大略博物馆的兴化寺后殿壁画《弥勒佛说法图》；以及现藏于加拿大皇家安大略博物馆的原平阳府某寺观的两铺壁画《朝元图》等。由于年代、形制以及风格上的相近，以上这几铺壁画与广胜寺下寺大雄宝殿的两铺壁画——《药师佛佛会图》与《炽盛光佛佛会图》一起在海外被称为“晋南寺观壁画群”（The Southern Shanxi Monastery Wall Painting Group）[2]。尽管这些壁画的创作班底很可能是同一班人马，或有紧密的传承关系，而除广胜寺下寺两殿的元明两组壁画外，其他壁画的下方都没有出现这种由供养人和供养童子以及各色供品所组成的供养场面。

作为密教图像的《炽盛光佛佛会图》与《药师佛佛会图》在广胜寺相配，这样一种图像程序有什么特定的意义呢？需要了解一下元代广胜寺下寺壁画完成前所发生的重大历史事件。

广胜寺在元大德年间遭遇了大地震的灾难。据碑碣史志资料显示，此次地震的震级为 8 级，裂度为 11 度。震中就在广胜寺所在地赵城（今洪洞县境内）。这次地震中，在北至平遥附近、南至曲沃一带的极震区内，元大德以前的木构建筑大都毁损不存。由于地处极震区，广胜寺在这次地震中几乎全部毁灭。就广胜寺现存的碑刻题记来看，其建筑全部是大地震后重建的。据《元史》记载，大德七年（1303 年）的地震不仅使“村堡移徙，地裂成渠，人民压死不可胜计”，而且“宫观摧圮者千四百余区，道士死伤

1　孟嗣徽：《〈五星及廿八宿神形图〉图像考辨》，前揭《艺术史研究》第二辑，第 517 ～ 556 页。

2　孟嗣徽：《兴化寺与晋南寺观壁画群的几个问题》，《故宫学刊》第 3 辑。

者千余人”[1]。

与广胜寺下寺只有一墙之隔的水神庙现存有一块元延祐六年（1319）《重修明应王殿之碑》，碑文记载了这次地震的情况：“大德七年八月初六日夜地震，河东本县尤重。靡有孑遗。书云：火焰昆冈，玉石俱焚，奚当有二哉。上下渠陷坏，水不得通流。”[2]明应王殿的建筑在大地震后于大德九年之后开始重建，至延祐六年才得以竣工[3]。

《元史》和遗存碑记的记载还反映出元大德七年平阳大地震后，严重的余震持续了六年之久。大德八年、大德九年平阳、太原地区又相继发生了较大的余震，致使已修好的民居复又倒塌[4]。由于地震不止，至大德九年五月，元廷将太原、平阳两路改为“冀宁路”和“晋宁路”[5]。但此举仍然未能阻止地震继续发生。《元史》记载，至大德十年“晋宁、冀宁”两路的地震仍然不止[6]。

关于大地震以及余震造成的民居倒塌、人员伤亡以及天灾的情况，大宁县大德十一年《河伯将军为记》题记木牌记：“大德七年八月初六戌时地震，平阳路倒塌房舍七分，死人四十七万五千八百。大德七年八月初六日地不住的动，至大德十一年，震不住，不知已（以）后如何。自动过，天旱三年不收。”襄汾县康熙三十四年（1695年）《重建三圣楼记》碑记：“考元之大德七年八月初六地震，本路一境房屋尽皆塌坏，压死人口二十七万有余。地震频频不止，直至十一年乃定。”[7]

从以上《元史》和碑记所反映的情况可以想见，大德七年的地震以及之后长达六年的余震不仅使晋南的寺庙、民居遭到灭顶之灾，也使得晋南百姓乃至朝廷的元气大伤。长达六年的余震使修好的房屋又不断的毁塌，造成晋南百万百姓流离失所，无家可归；大震之后遭遇的连年大旱，使百姓的生活雪上加霜。在水深火热中百姓乃至朝廷只好寄希望于上天，请求神灵的佑护。而炽盛光佛与药师佛所具有的消除天灾人祸、保佑众生免遭不幸的功力，恰恰符合当时朝廷和百姓的要求。

尽管炽盛光佛和药师佛两位佛尊都具有除灾救难、保佑信众免遭不幸的功力。然而，两位佛尊却有不同的分工。美国学者索珀（Alexander C.Soper）认为，炽盛光佛的

---

1 《元史·成宗纪》四，第454、459页，中华书局，1976年。

2 详见水神庙现存元延祐六年《重修明应王殿之碑》碑文；柴泽俊、任毅敏：《中国古代建筑——洪洞广胜寺》，第372～373页，文物出版社，2006年。

3 《重修明应王殿之碑》碑文：“至大德九年秋，本路方僧都宣差祀香省会渠长史珪，并本县官将殿即便重盖。……至延祐六年，渠长高仲信募工殿内砌口造沙完备。南霍渠长王显、许亨同心津助，及山之僧妙潜添力赞成其事焕然为之一新。”

4 前揭《元史·成宗纪》四，第457、463页。

5 前揭《元史·成宗纪》四，第464页：“以地震，改平阳为晋宁，太原为冀宁。”

6 前揭《元史·成宗纪》四，第468页。

7 孟繁兴、临洪文：《略谈利用古建筑及附属物研究山西历史上两次大地震的一些问题》，《文物》1972年第4期。

主要功能是“以神奇的功力控制自然失常和天体导致的灾患”[1]。而药师佛的主要功能则如佛经所示，是帮助人们抵御各种人间的不幸，除灾致福，增寿延命。另一位后学鲍德温（Michelle Baldwin）在她的论文中指出：药师佛与炽盛光佛在皇室中均有信徒。药师佛会的眷属中包括“帝后、妃子、储君、王子、婇女”，如若他们信奉药师佛经，便可以“速出离生死、疾证大菩提”。她还根据《佛说炽盛光大威德消灾吉祥陀罗尼经》指出，炽盛光佛的佛经描述其仪式是为“国王、大臣及诸眷属”而举行的[2]。

事实上，广胜寺与宫廷的关系历来十分密切。不仅其寺名为唐代宗皇帝所赐，寺中还藏有元世祖忽必烈的御容、佛舍利以及皇帝所赐的藏经。据水神庙元延祐六年《重修明应王殿之碑》记载：“（霍）泉之北，古建大刹精兰，揭名曰广胜，不虚誉耳。视其佳丽绝秀，非大雄能栖此乎。殿廊斋舍仅可百楹，僧行称是，世祖薛皇帝御容、佛之舍利、恩赐藏经在焉。乃为皇帝祝寿之所。”[3]

图一二　山西洪洞广胜寺上寺炽盛光佛像

由于朝廷所赐的御容、佛舍利、藏经这三件宝物被妥善保管在寺中，使得广胜寺成为皇家祝寿之所，大大提高了寺院的地位。此外，由于广胜寺与霍泉毗邻，朝廷每年都有在霍山举行祭拜活动以求“状国阜民”“兴云泄雨”“邦家立太平”[4]的习俗，也使得寺院与朝廷的来往自然比较频繁。

在广胜寺上寺的毗卢殿中央有三尊大佛，居中的那位佛尊因头戴毗卢帽现在被称为毗卢佛，此殿也由此而得名。而在此佛的火焰形背光上明显嵌有“拾□光，降九曜”六个大字。他的足下有两位童子，与下寺几铺壁画的下方中出现的供养童子的形象十

1　原文：“...a magical control against natural aberrations and catastrophes of celestial origin.” 参见 Alexander C.Soper: “Hisang-Kuo-ssu, An Imperial Temple of Northern Sung” ,*Journal of the American Oriental Society* 68(1948),p.42,note96.

2　Michelle Baldwin: “Monumemtal Wall Paintings of the Buddha from Shanxi Province: Historiography, Iconography,Three Styles,and a New Chronology” , *Artbus Asiae*,LIV 3/4 (1994),p.261.

3　详见前揭《重修明应王殿之碑》碑文。

4　详见前揭《重修明应王殿之碑》碑文。

分接近（图一二）。在佛首头冠的上方立着一只大鹏金翅鸟——迦楼罗；在迦楼罗的足下是由九位手持武器的人物簇拥着的一架牛车，牛车配有带着华盖的华丽车篷，车篷中央却没有人物。笔者认为这簇拥着牛车的九个人物——左侧五位、右侧四位（现已损坏缺失一位），应该就是炽盛光佛所统率的九曜星神，而牛车恰恰是炽盛光佛的坐骑。在早期流行的炽盛光佛信仰的画作中，多为中央炽盛光佛乘坐在牛车上，周围有九曜或十一曜星神簇拥的“行象”[1]。以上这些图像学的特征表明，上寺所谓的“毗卢殿”中央的主尊大佛就是炽盛光佛，这里曾经是举行炽盛光佛禳灾祈福法事活动的场所。

事实上，在大德年间大地震后的一段时间内由朝廷出面的祭祀活动非常频繁。在洪洞县义旺村中镇庙现存的大德七年与至大元年（1308 年）的两块碑记，就记载了两次由朝廷出面的致祭活动：在大德七年地震的当年十月，皇帝因“郡国同时地震，河东为甚”，特派近臣备“御香宫酒异锦幡合内币银锭”等物，专程前往平阳府霍山中镇庙致祭；元至大二年（1309）十二月，皇太子又因“晋宁路地震不止”，下令旨派官员再次专程“降香”致祭霍山[2]。显然这两次由朝廷出面在霍山举行的献祭活动，其禳灾驱难的主要目的有二：其一是为了“状国阜民”，祈愿安国邦家立太平；其二是“兴云泄雨”，以求从此风调雨顺，粮食丰收。

由于资料有限，我们现在很难考订这些献祭活动的具体内容。但从广胜寺下寺壁画《炽盛光佛佛会图》与《药师佛佛会图》的配置情况、两组壁画下方出现的禳灾祈福的供养场面，以及广胜寺上寺毗卢殿内供奉的主尊佛炽盛光佛降九曜像的情况来推测，当年元廷在霍山的祭拜内容应当包括炽盛光佛顶禳灾大法和七佛药师驱难大法。

广胜寺下寺的壁画将炽盛光佛与药师佛相配，其主要原因就是借助炽盛光佛作为消灾除难的上天统治者的功能，和利用药师佛作为人间除灾致福的支配者的功能。当寺院在大地震后的 1309 年重建时，首先考虑的是防止类似的破坏力，无论是来自自然界还是来自社会。当《炽盛光佛佛会图》与《药师佛佛会图》相匹配时，人们期待着炽盛光佛能抵御来自自然界尤其是来自天界的灾难；而药师佛则被请来为善男善女们提供最强大的保护，以及免受疾病和其他的伤害。

原载《敦煌文献·考古·艺术综合研究——纪念向达先生诞辰 110 周年国际学术研讨会论文集》，中华书局，2011 年

1 参见前揭孟嗣徽《炽盛光佛变相图图像研究》。

2 前揭孟繁兴、临洪文《略谈利用古建筑及附属物研究山西历史上两次大地震的一些问题》图版一、图版四。

高拱《病榻遗言》性质新探
——以隆庆六年六月“庚午政变”为线索

任　昉

内容提要：明朝嘉（靖）、隆（庆）名相高拱，因隆庆六年六月“庚午政变”被逐，留下一部号称“政治回忆录”的《病榻遗言》。这部著作没有序跋，内容“真假混杂，虚虚实实”，关于其性质颇多争议。本文认为：本书是高拱在病榻上口述，家人记录并整理，未经高拱本人最终审定认可的一部著作，其中既有高拱神志清醒时的口述内容，也有其昏迷半昏迷时的胡言乱语，还有家人整理时核对增补的文字和思想。由于主要内容还是出自高拱口述，本书仍有较高价值，只是在引用时需要特别慎重。

关键词：高拱　病榻遗言　庚午政变　口述与整理

高拱（1513～1578年），字肃卿，新郑人。嘉靖二十年（1541年）进士。初选庶吉士，逾年授编修。穆宗封裕王，侍讲九年，备受信任。嘉靖四十五年（1566年）三月，以首辅徐阶荐，拜文渊阁大学士。穆宗即位，拱以旧恩，蓄意与阶相抗，颇为言官所纠。隆庆元年（1567年）五月，拱不自安，告病还乡。不久，阶亦请归。三年（1569年）十二月，拱被召回朝，以大学士兼掌吏部事，为首辅。六年（1572年）五月，穆宗病重，与张居正、高仪同受顾命。穆宗驾崩，神宗十岁即位，司礼监太监冯保擅权。拱一向与保有隙，居正却与保交好。拱以皇帝幼冲，须惩太监专政为名，奏请诎司礼监职权，还之内阁。六月庚午（十六日）清晨，保以旨召内阁五府六部官员，宣两宫及皇帝圣旨，数拱罪而逐之。此即所谓“庚午政变”。拱狼狈出宫，次日晨，即僦骡车回归乡里。万历元年（1573年）正月，又因接下来的“王大臣案”大病一场。六年（1578年）七月，郁郁而终，享年六十六。万历三十年（1602年）四月，高拱获得平反[1]。此后，嗣子务观重刻高拱著作，新增《病榻遗言》四卷，造成极为深远的影响。

作者：研究室，研究馆员。

1　1992年在新郑发现为高拱平反，追赠太师、谥文襄的诰命，时间为“万历三十年四月初六日”，可与史载印证。见赵丙焕《新郑县发现明神宗赐给高拱的诰命》，《文物》1994年第11期。

高拱作为嘉（靖）、隆（庆）名相，虽因“练习政体，负经济才”，建立不少功业，赢得不少声望，但也因“才略自许，负气凌人”，得罪不少同僚，受到不少非议。尤其与前任名相徐阶、后任名相张居正的凶终隙末，导致在政坛上两次重大蹶蹶。前一次蹶蹶是自动请辞，犹有东山再起的机会；后一次蹶蹶是被政变驱逐，成为天子罪臣，再也没有出头之日。英雄末路，令人唏嘘！也许正因如此，才激发了学者对于高拱研究的热情。明清姑且不论，近代以来，这种热情有增无减。2008 年 8 月 1 日至 5 日，在高拱故里新郑召开了“明史暨高拱国际学术研讨会”，将这种热情推向了高潮[1]。据不完全统计，迄今为止，已出版专著近 10 部，发表论文近 80 篇（包括硕士论文）。但毋庸讳言，成绩虽然不少[2]，问题恐怕亦多[3]。其中，关于《病榻遗言》性质的研究也是如此。

《病榻遗言》共 4 卷，分为三个部分：第一部分为《顾命纪事》（1 卷），从隆庆元年正月下旬穆宗有疾写起，到同年五月二十七日张居正帮助冯保伪造遗诏为止；第二部分为《矛盾原由》（上下 2 卷），从高拱早年对张居正如何爱重写起，到六月十六日“庚午政变”后张居正上疏请予高拱驰驿回乡为止；第三部分为《毒害深谋》（1 卷），从万历元年正月十九日王大臣冒充内使入宫写起，到同年二月二十一日三法司会审将王大臣处斩为止。夹叙夹议，自成体系。其中，对于张居正和宦官冯保诋毁太过，导致某些记述出现严重失实。因此，关于《病榻遗言》是否实录，清代就颇多争议。永瑢等在《四库全书总目》卷一四三中最早指出“是编备述与张居正先后构隙之端……以史考之，亦不尽实录”[4]。夏燮《明通鉴》卷六五附《考异》继而指出本书的史实“不足据”[5]。虽然都已说中本书内容的要害，但由于言辞过于笼统，没有引起学者特别的重视。

近年，黄仁宇先生《万历十五年》第一章《万历皇帝》认为：“张居正已经死后倒台，但皇帝还没有下绝情辣手，这时高拱的遗著《病榻遗言》就及时地刊刻问世。”而本书的出版“在朝野都产生了极大的影响，成为最后处理张居正一案的强烈催化剂”[6]。赵毅先生《〈病榻遗言〉与高新郑政治权谋》大概受此启发，认为：本书是高拱“回籍闲住期间所撰写的政治回忆录”，内容“真假混杂，虚虚实实”，是高拱为了身后报复政敌而设计的“政治权谋”。其中列举本书“不实之词”，特别提出“冯保‘粗

1　岳天雷：《明史暨高拱国际学术研讨会综述》，原载《河南工程学院学报（社会科学版）》2009 年第 1 期，收入《高拱研究文集》，第 481 ～ 496 页，中州古籍出版社，2011 年。

2　岳天雷：《高拱研究的回顾与展望》，原载《河南大学学报（社会科学版）》2010 年第 1 期，收入《高拱研究文集》，第 497 ～ 522 页，中州古籍出版社，2011 年。

3　许敏：《关于高拱研究的几个问题》，《中国史研究》2010 年第 4 期。

4　（清）永瑢等撰：《四库全书总目》下册，第 1221 页下栏，中华书局重印本，1987 年。

5　（清）夏燮著、王日根等校点：《明通鉴》中册，第 1841 页，岳麓书社，1999 年。

6　黄仁宇：《万历十五年》，第 35、37 页，三联书店，1997 年。

识三二字'说质疑"，认为本书《顾命纪事》说冯保"粗识三二字，言不能成文"不是事实，王世贞《弇山堂别集》称冯保嘉靖十五年（1536年）曾"入内中馆（即内书堂）读书"，《明史》亦称冯保"善琴能书"，均可作为冯保有文化之例证[1]。岳金西先生《高拱〈病榻遗言〉考论》针对赵毅先生之说，认为：①本书属于高拱的回忆录，绝不是胡编乱造的产物；②本书确系高拱手笔，撰写于万历元年（1573年）初患病稍愈后不久；③本书内容的真实性不容置疑，因为其主要内容和情节在《明穆宗实录》和《明神宗实录》中都有明确记载。同时，岳金西先生对赵文列举的"不实之词"逐条进行了反驳，仅对赵文"冯保'粗识三二字'说质疑"未置一词，似在该问题上还较为认可赵说[2]。关于冯保是否有文化，下文还将涉及，这里不多说。

应该指出：关于《病榻遗言》的性质，除了黄仁宇先生曾对是否出自高拱手笔表示怀疑外[3]，赵毅、岳金西二先生的见解实际没有太大的出入，大致都认为是高拱亲自撰写的"政治回忆录"，只是在解释其中具体的"不实之词"时产生了纷争。笔者认为：关于《病榻遗言》的性质，黄仁宇先生的见解值得重视。因为如果认定本书是高拱亲自撰写的"政治回忆录"，很多"不实之词"（另见后文）将无法解释：说是为了诋毁政敌有意捏造，显得高拱政治品质过于低下；说是后来追述出现记忆失真，又显得高拱典制知识过于贫乏。因此，笔者认为：关于《病榻遗言》的性质，还需要重新进行探讨。

一　从"庚午政变"相关记载说起

现存关于隆庆六年六月"庚午政变"最早、最原始的记录，一般认为就是《病榻遗言》中《矛盾原由》的相关记载。这里就以此为线索，先将《矛盾原由》关于"庚午政变"前后三日的相关记载摘要转录如下：

> 隆庆六年六月（十五）日，又有十三道御史刘良弼等公本劾（冯）保。……保见人情如此，恐百官面奏，卒难收拾，令徐爵于荆人（指张居正）问计。荆人曰："勿惧，便好将计就计为之。"而侍郎魏学曾即诣荆人言事，荆人方假病不出，使人语曰："有言第写帖来。"于是魏即写一帖云："外人皆言公与阉协谋，每事相通，遗诏亦出公手，今日之事公宜防之，不宜卫护，此阉恐激成大事，不利于公也。"此盖忠言，而荆人……回魏札云："此事仆亦差人密访，外间并无此说，今公为此

1　赵毅：《〈病榻遗言〉与高新郑政治权谋》，《古代文明》2009年第1期。

2　岳金西：《高拱〈病榻遗言〉考论——与赵毅教授商榷》，原载《古代文明》2009年第3期，收入《高拱研究文集》，第432～452页，中州古籍出版社，2011年。

3　黄仁宇认为："《病榻遗言》是否出自他（指高拱）的手笔还大可研究。"见前揭《万历十五年》，第36页。

言，不过欲仆去耳。便当上疏辞归，敬闻命矣。”……且语人曰：“高老之祸，魏子激之也。”……是夜开东华门，徐爵、姚旷凡三四往来定计，遂捏写旨意，封付徐爵持入令行之。

十六日早，拱在阁，荆人称病不出。有旨召内阁五府六部，众皆至，荆人独迟。使者旁午于道，既乃假病状，扶曳而入。……于是太监王蓁捧圣旨出，各官皆跪。蓁曰：“张老先生接旨。”意荆人接受展阅，则内开云：“皇后懿旨、皇贵妃令旨、皇帝圣旨：说与内阁五府六部等衙门官员……今有大学士高拱专权擅政，把朝廷威福都强夺自专，通不许皇帝主管，不知他要何为？我母子三人惊惧不宁。高拱便著回籍闲住，不许停留。你每大臣受国家厚恩，当思竭忠报主，如何只阿附权臣，蔑视幼主，姑且不究。今后都要洗心涤虑，用心办事，如再有这等的，处以典刑。”皇上既在幼，而（冯）保又文理不通，此旨词语通顺无滞，是谁为之也？一览自可知矣。……

（十七日）荆人欲掩饰其事，乃自上疏：“大学士张居正等乞慎举措，鉴忠直，以全国体，以成君德事。……居正方自天寿山覆视陵地回还，途中触帽（冒）盛暑，呕泄泻，已注门籍调理。忽闻传宣，力疾扶掖，趋至会极门，钦奉前谕，臣不胜战惧，不胜忧惶。臣等看得高拱历事三朝三十余年，小心端慎，未尝有过，虽其议论侃直，外貌威严，而中实过于谨畏，临事兢慎，如恐弗胜。……且拱系顾命大臣，未有显过，遽被罢斥，传之四方，殊骇观听，亦非先帝所以付托之意也。伏望皇上思践祚之初，举措当慎，念国家之重，老成可惜，特命高拱仍旧供职，俾其益纾忠悫，光赞新政。不惟国家待大臣之体，亦足见皇上知人之明。……”[1]

这段记录，存在一些问题。譬如说冯保“文理不通”，联系前面提到的同书《顾命纪事》说冯保“粗识三二字，言不能成文”，可知也不是事实。我们知道，其实，在前揭赵毅先生质疑之前，王春瑜、杜婉言二先生在《明朝宦官》中就已经指出：“冯保号双林，有很高的文化素养。他在司礼监刻了很多书，如《启蒙集》、四书、五经、《通鉴直解》、《帝鉴图说》等，直到明末还在宫中流传。他的书法颇佳，通乐理，善弹琴，并造了不少琴，‘世人咸宝爱之’。”[2]为了更能说明问题，这里再举二例：第一例是冯保曾著《经书音释》2卷，后附保隆庆辛未（五年，1571年）自撰跋文，时间正在“庚午政变”之前不久，永瑢等《四库全书总目》卷三四虽然对此书评价不高，甚至诋为“灾梨”

1 高拱：《病榻遗言》，第62～69页，丛书集成初编本，商务印书馆，1937年。另参岳金西、岳天雷编校《高拱全集》上册，第649～651页，中州古籍出版社，2006年。

2 王春瑜、杜婉言：《明朝宦官》，第184页，紫禁城出版社，1989年。按：末句“世人咸宝爱之”为引文，附注谓见“刘若愚《酌中志》卷五”（同书第188页）。

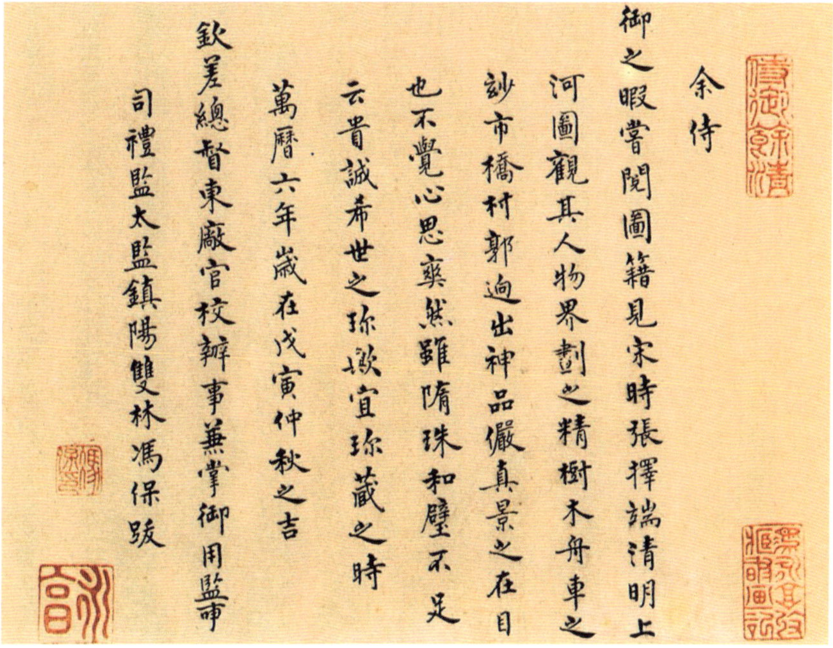
余侍
御之暇嘗閱圖籍見宋時張擇端清明上
河圖觀其人物界劃之精樹木舟車之
妙市橋村郭迥出神品儼真景之在目
也不覺心思爽然雖隋珠和璧不足
云貴誠希世之珍歟宜珍藏之時
萬曆六年歲在戊寅仲秋之吉
欽差總督東廠官校辦事兼掌御用監事
司禮監太監鎮陽雙林馮保跋

图一　《清明上河图》冯保题跋

之作[1]，但就冯保而言，敢于涉足博大精深的“经学”，没有相当的文化素养是很难想象的。第二例是故宫博物院藏《清明上河图》上有万历六年（1578年）冯保的题跋（图一），全文为：“余侍御之暇，尝阅图籍，见宋时张择端《清明上河图》，观其人物界画之精，树木舟车之妙，市桥村郭，迥出神品，俨真景之在目也，不觉心思爽然，虽隋珠和璧，不足云贵，诚希世之珍欤！宜珍藏之。时万历六年岁在戊寅中秋之吉，钦差总督东厂官校办事兼掌御用监事司礼监太监镇阳双林冯保跋。”书法娟秀，文字典雅，显示了冯保的书法造诣与文字功力。我们知道，高拱诋毁冯保没有文化，是为了说明圣旨都是张居正帮助伪造。但冯保文化素养很高，此乃当时尽人皆知之事，高拱不可能不知道。这种弄巧成拙的事，以高拱之精明练达，是不可能做的。仅此一点，说本书为高拱亲笔，就值得怀疑。

这段记录存在的问题，自然不止这一条。譬如：多处指责张居正“假病”“假病状”，与内引张居正上疏所说“方自天寿山覆视陵地回还，途中触冒盛暑，呕泄泻”相矛盾。张居正既“已注门籍调理”，又几次“假病不出”和“称病不出”，与积极参与频繁的政变密谋也相矛盾。此外，内引张居正上疏所说“趋至会极门，钦奉前谕”，与明代宫廷典制不合，因为明代经常性的早朝或临时性的宣谕，都在“奉天门”而不在“会极门”。这些都不可不辨。

1　前揭《四库全书总目》上册，第 282 页下栏。

二　张居正是真病还是假病

按照《病榻遗言》的说法，高拱与冯保和张居正的矛盾由来已久，“庚午政变”的密谋也非一朝一夕。这样就产生一个问题：冯保固然有时间、有精力参与政变密谋，而张居正是否有时间、有精力参与政变密谋呢？特别是政变之前最为紧锣密鼓的五天。这里分两个问题进行探讨。

（一）政变之前五天张居正不在京城

政变之前张居正正在“天寿山覆视陵地”已见前揭《病榻遗言》内引张居正上疏。据《明神宗实录》卷二隆庆六年六月庚申（六日）条：“传谕山陵事宜遣大学士张居正同司礼太监曹宪于即位礼成后复往视。”又据同月己巳（十五日）条：“大学士张居正等还自天寿山。”[1]神宗是甲子日（十日）即位。可知张居正是六月十日神宗即位礼毕即离开京城，直到十五日才从穆宗陵地所在的天寿山赶回京城。也就是说，政变之前五天，张居正确实不在京城。穆宗的昭陵位于今北京昌平大峪山东麓，距明代的京城约有五十多公里。张居正如果是十五日清晨从天寿山返程，那么回到京城应该已到傍晚，距离十六日清晨政变不过几个时辰，这时再去参与政变密谋，是不是太迟了呢？

（二）政变前后几天张居正确实患病

政变之前张居正在从天寿山覆视陵地回还途中已“触冒盛暑，呕泄泻”并“已注门籍调理”，亦见前揭《病榻遗言》内引张居正上疏。据《张太岳文集》卷三七《谢召见疏》：“先该臣以祇役山陵回还，中暑致病，具奏请假调理。本月十九日辰刻，忽闻中使传奉圣旨，宣召臣入。皇上御平台，命臣至宝座前，亲涣玉音云：‘先生为父皇陵寝，辛苦受热。’又以国家事重，命臣只在阁调理，不必给假。臣叩头承旨讫……”又据同书卷四七《太师张文忠公行实》：“太师（卜视大行皇帝陵寝）当烦暑，以身暴烈日中，历险乘危，上下山谷，与二三堪舆，遐瞩元讨，得大峪岭吉。识者以为乾坤奠隅，风雨呵灵，足绵皇家万年无疆之绪矣。途归触暑且病，将请休沐。而上亟欲访落太师，亟召见平台，慰劳恳至。……”[2]可知张居正确实是十五日从天寿山返程途中中暑患病的。张居正在政变之前一天，既然已经患病，那么，他是否还有精力参与劳心劳力的政变密谋呢？

1　《明神宗实录》第一册，第12、34页，台北“中央研究院”历史语言研究所校勘本，上海书店影印，1984年。

2　（明）张居正：《张太岳文集》第十三，第1页；第十六册，第9页，万历壬子（四十年，1612年）刻本。另参张舜徽主编《张居正集》第一，第51页；第四册，第415页，荆楚书社，1987年。

更有甚者，据前揭《谢召见疏》和《太师张文忠公行实》披露，张居正自十五日回到京城家中，直到十九日神宗传旨宣召，就没有见过神宗。因此，朱东润先生《张居正大传》第七章《大政变》正文和附注中说：

> 六月十六日庚午，天还未明，神宗召集大臣到会极门。高拱去了，满心以为这一次就是驱逐冯保的机会。居正还在假中，没有去。高拱向上一看，少年皇帝的身边，正立着自己的敌人冯保。这一刹那的注视，高拱知道已经失败了。
>
> 《明史纪事本末》言“促居正至”。《明史·高拱列传》言“拱伏地不能起，居正掖之出”，似居正是日曾至会极门。以周圣楷《张居正传》考之，则言居正卜视陵寝，“比归而拱已去位矣”，又似居正是日尚在大峪岭未回。周《传》作于崇祯间，应可信。再考居正奏疏二《谢召见疏》则言“祗役山陵回还，中暑致病，具奏请假调理。本月十九日辰刻，忽闻中使传奉圣旨，宣召臣入”，是十六日居正实已还京，尚在假中。[1]

这显得较为合情合理。因为，如果十六日清晨张居正去过政变现场，那就是在十五日到十九日之间，张居正曾经见过神宗。但除了朱东润先生的《张居正大传》外，没有任何记载能够证明此次宣旨神宗曾经亲临。如果此次宣旨神宗未曾亲临，那么，张居正是否去过政变现场，就可以重新讨论了。此外，还需要澄清一点，即周圣楷的《张居正传》见所著《楚宝》卷三《大臣传》，原文作：“神宗嗣位，诏公卜视大行皇帝陵寝，比归，而首辅拱已去位矣。”[2] 实际并不可信。因为我们知道，张居正回到京城时，政变尚未发生，高拱也尚未去位。

三　宣旨地点是奉天门还是会极门

按前揭《病榻遗言》的正文并没有说此次宣旨是在会极门，仅内引张居正上疏提到“趋至会极门，钦奉前谕”，由于《明神宗实录》和作为正史的清代官修《明史》都没有提到会极门，《病榻遗言》内引张居正上疏就成为此次宣旨是在会极门的最早出处。谈迁《国榷》卷六八是年六月条说：“庚午，罢大学士高拱。拱在直，张居正引疾，

1　朱东润：《张居正大传》，《朱东润传记作品全集》第一卷，第 157 页，东方出版中心，1999 年。按：近年郦波在央视“百家讲坛”讲《风雨张居正》，大致以朱东润《张居正大传》为底本，故相关情节完全相同。参阅郦波《风雨张居正》，中国民主法制出版社，2009 年。

2　（明）周圣楷：《楚宝》，《续修四库全书》第 548 册，第 441 页下栏，上海古籍出版社、北京线装书局，2002 年。

俄召诸大臣于会极门。”[1]谷应泰《明史纪事本末》卷六一江陵柄政是年条说：“六月既望，庚午昧爽，拱在直，居正引疾。召诸大臣于会极门。”[2]相信都是原出《病榻遗言》内引张居正上疏。自此之后，此次宣旨是在会极门就成为了定论。譬如：朱东润先生《张居正大传》第七章《大政变》说“六月十六日庚午，天还未明，神宗召集大臣到会极门”已见前述。王春瑜、杜婉言二先生《明朝宦官》说：“六月十五（六）日，天刚蒙蒙亮，大臣们被召到会极门。”[3]樊树志先生《万历传》、《万历皇帝传》说：“高（拱）、张（居正）一行来到会极门时，太监王蓁已捧圣旨出，文武百官下跪接旨。”[4]岳天雷先生《高拱大事年谱》说：“（六月）十六日，罢大学士高拱。是日早，拱在阁，张居正称病不出。俄召诸大臣于会极门。”[5]此类记述甚多，无须赘举。看得出来，根据的也都是《病榻遗言》内引张居正上疏以及后来的《国榷》和《明史纪事本末》的纪事。唯有黄仁宇先生较为谨慎，他撰写的《剑桥中国明代史》第九章中，仅含糊地称为“宫门”，没有明确说是会极门[6]。可以认为，黄仁宇先生的谨慎是有道理的。因为有三个问题值得推敲：

（一）张居正上疏内容大部分未见记载

《病榻遗言》内引张居正上疏，张居正自己的文集没有收录；《明神宗实录》卷二隆庆六年六月条虽然收录，但很简略，全文为：“明日（十七日），次辅张居正上疏，言拱历事三朝，小心端慎，虽议论侃直，外貌威严，中实过于谨畏。且拱系顾命大臣，未有显过，遽被斥黜，亦非先帝所以付托之意。”[7]这与《病榻遗言》内引张居正上疏内容大部分难以印证，特别是缺少前面“趋至会极门，钦奉前谕”一段。如此，令人不得不对《病榻遗言》内引张居正上疏的真实性产生怀疑。

（二）会极门按宫廷典制应是午朝之门

会极门原名左顺门，外为文华殿，是皇帝常御之便殿，因而成为午朝之门。《大

---

1 （明）谈迁：《国榷》第五册，第4191页，中华书局重印本，1988年。

2 （清）谷应泰：《明史纪事本末》第三册，第938页，中华书局，1977年。

3 王春瑜、杜婉言：《明朝宦官》，第182页，紫禁城出版社，1989年。

4 樊树志：《万历传》，第34页，人民出版社，1995年。樊树志：《万历皇帝传》，第20页，凤凰出版传媒集团、凤凰出版社，2010年。

5 岳天雷：《高拱大事年谱》，《高拱全集》下册附录三，第1881页，中州古籍出版社，2006年。

6 [英]崔瑞德、[美]牟复礼原著，张书生等译：《剑桥中国明代史》（1368～1644年）上卷，第565页，中国社会科学出版社，1992年。按：此章为黄仁宇执笔。

7 前揭《明神宗实录》第一册，第34～35页。

明会典》卷四四《礼部仪礼清吏司朝仪》午朝仪条说:“景泰初定,凡午朝,上御左顺门。”[1]《明史·礼志七·嘉礼一》常朝仪条说:“景泰初,定午朝仪。凡午朝,御左顺门。”同书卷一九二《王思列传》载思正德九年上疏所云:“祖宗故事,正朝之外,日奏事左顺门。”也是指午朝。嘉靖四十一年(1562年),改左顺门为会极门。午朝功能仍旧。清顺治三年(1646年),改会极门为协和门,才与午朝没有关系了。此次宣旨是在清晨,并非午时前后,选择会极门,也令人不得不对该记载产生怀疑。

(三)奉天门按宫廷典制才是早朝之门

奉天门系沿用旧名[2],后为奉天殿,是常朝正殿,因而属于早朝之门,同时也是宣读圣谕之门。《大明会典》卷四四《礼部·仪礼清吏司·朝仪》常朝御门仪条说:“洪武初定,凡早朝,文官自左掖门入,武官自右掖门入,如奉天门朝。”又百官朝见仪条说:“(洪武)二十九年令:凡有圣谕,大小百官于丹陛前或奉天门,各照品级序立,候上御座跪听。”[3]《明史·舆服志四·宫室制度》洪武八年(1375年)条云:“午门内曰奉天门,门内奉天殿,尝御以受朝贺者也。”又永乐十五年(1417年)条云:“丹墀东曰文楼,西曰武楼,南曰奉天门,常朝所御也。”也都包括早朝。嘉靖三十七年(1558年),重建奉天门,改名为大朝门;四十一年(1562年),改奉天殿为皇极殿,又改大朝门为皇极门。早朝功能仍旧。清顺治二年(1645年),改皇极殿为太和殿,改皇极门为太和门,仍是早朝之所。此次宣旨是在清晨,正是早朝时候,没有提到奉天门、大朝门、皇极门,也令人不得不对该记载产生怀疑。

按王世贞《嘉靖以来首辅传》卷六《高拱传》记,此次政变经过为:

> 次日(六月十六日)召群臣入听宣诏,拱犹谓此必逐冯保也,使使约居正入朝。居正前已知之,而称腹疾,故徐徐进。至奉天门,中官出三宫诏,皆启而授鸿胪使宣,则逐拱,拱面色如死灰,汗陡下如雨,伏不能起。居正傍掖之起,使两吏扶携出,以明晨僦骡车出宣武门,道傍人皆揶揄之,有詈者。居正乃与高仪疏请留拱,不许,请给驿,许之。[4]

---

1 《大明会典》,《续修四库全书》第790册,第18页上栏,上海古籍出版社、北京线装书局,2002年。

2 2007年3月,在南京明故宫中轴线上,曾发掘出奉天门遗址。参阅薛林《明故宫挖出奉天门遗址》,《现代快报》2007年3月9日B8版。

3 前揭《大明会典》,《续修四库全书》第790册,第15页下栏、第22页下栏。

4 (明)王世贞:《嘉靖以来首辅传》,《景印文渊阁四库全书》第452册,第501页上栏,台湾商务印书馆,1982～1986年。

以此与《病榻遗言》记载相对照，可以发现很多不同。岳天雷先生认为王世贞之《高拱传》对高拱颇多丑诋厚诬[1]。这个问题与本文无关，这里可以不作讨论。值得注意和重视的是，王世贞明确记载此次宣旨是在奉天门，而不是在会极门。王世贞是明代著名文史学者，精通明代典章制度，辈分虽较高拱稍晚，但与张居正都是嘉靖二十六年（1547年）进士，仍然属于同一时代的人，他关于此次宣旨是在奉天门的记载应该更为可信。王世贞于万历二十一年（1593年）卒，其时《病榻遗言》尚未刊行。因此，可以认为，王世贞之《高拱传》才是现存关于隆庆六年六月“庚午政变”最早、最原始的记录。

四　高拱《病榻遗言》性质新探

高拱被逐，回归乡里，潜心撰述，著作甚多[2]。但最有名和最流行的著作，仍是《本语》、《问辨录》、《春秋正旨》和《日进直讲》四书。这是因为，前三书《四库全书》曾经收录，全部四书中华书局曾合为一编整理出版[3]。《日进直讲》是当年给裕王（穆宗）讲课的讲义，可以不论。另三书虽然均为经学著作，但也涉及古今人事。如永瑢等《四库丛书总目》卷一一七评《本语》云：“开卷即以否泰两卦、君子小人消长为言。其中论裴度、论刘晏，皆阴以自比；论李林甫、论哈吗尔，皆以阴比徐阶；论卢怀慎，则阴比殷士儋辈。亦发愤而著书者也。”同书卷三六评《问辨录》云：“此编取朱子《四书章句集注》疑义逐条辨驳。”同书卷二八评《春秋正旨》云：“是编之作，盖以宋以来说《春秋》者穿凿附会，欲尊圣人而不知所以尊，欲明书法而不知所以明，乃推原经意以订其谬。”[4]可见《本语》多借古讽今之论。而《问辨录》与《春秋正旨》，虽以批判程（颢、颐）、朱（熹）理学为主，但实际上，对陆（九渊）、王（守仁）心学也是否定居多。

张岱年先生于1935年撰写的《中国哲学大纲》，将宋至清的哲学思想概括为三个主要潮流：一是程、朱的唯理潮流，二是陆、王的主观唯心潮流，三是张载、王廷相、

1　岳天雷：《王世贞与高拱的恩怨》，《博览群书》2011年第1期；岳天雷：《王世贞〈首辅传〉若干史实考述——以〈高拱传〉为代表》，《商丘师范学院学报》2011年第2期；岳天雷：《丑诋与厚诬：高拱“报复”问题辨析——以王世贞〈嘉靖以来首辅传·高拱传〉为中心》，《哈尔滨师范大学社会科学学报》2011年第3期。按：同作者在网络上还有《私心著史，丑诋厚诬——论王世贞丑诋高拱之缘由》（http://www.guoxue.com/?p=3161）等文，内容大同小异，不俱引。

2　参阅岳天雷《高拱著作考述》，《河南教育学院学报（哲学社会科学版）》2008年第6期；岳天雷：《高拱著作版本考辨》，原载《古籍整理研究学刊》2005年第1期，收入前揭《高拱研究文集》，第418～431页。

3　（明）高拱著、流水点校：《高拱论著四种》，中华书局，1993年。另参前揭《〈高拱论著四种〉点校举疑》，原载《古籍整理出版情况简报》1998年第10期，收入前揭《高拱研究文集》，第453～458页。

4　前揭《四库全书总目》上册，第1012页下栏、302页中栏、231页中下栏。

王夫之以及颜元、戴震的唯气亦即唯物的潮流[1]。冯友兰先生承袭这一见解，在所著《中国哲学史新编》中，将宋明哲学分为道学、心学、气学三个学派[2]。我们知道，徐阶、张居正均属陆、王心学一派，而高拱则属张（载）、王（廷相）气学一派[3]，学派之间本有纷争。加上高拱姜桂之性，老而弥笃，人事之争与学派之争往往交叉进行，论人事则难免兼及学派，论学派也难免兼及人事。其中，对于张居正尤其如此。因为按照刑侦推理：谁是最大的受益者，谁就是最大的嫌疑人。张居正在“庚午政变”之后，马上由次辅升为首辅，是最大的受益者，当然也就是最大的嫌疑人[4]。因此，高拱将自己的冤屈和仇怨，几乎全都发泄到张居正身上。这样一来，人们对《病榻遗言》中的“不实之词”，大都解释为对政敌与学敌的厚诬与丑诋[5]，而对本书的真正性质反而忽略了。

我们知道，《病榻遗言》没有序跋，原委和性质都不清楚。这与前揭《本语》、《问辨录》、《春秋正旨》和《日进直讲》四书都有高拱自序，原委和性质都有交代，显示了很大的不同。为什么没有序跋？原因虽然难以考究，但有一点值得注意，这就是书名实际上已经透露了相关的信息。首先，要紧扣“病榻”二字。据此可知，系本书撰写时间于回籍闲住期间，或者患病稍愈后不久，都与“病榻”无关。其次，要紧扣“遗言”二字。据此可知，本书不是遗文、遗稿，不可能亲自撰写。综合这些信息，可作如下推测：万历元年正月，王大臣闯宫案发，高拱受到牵连，自杀未成，大病一场。高拱唯恐将死，冤屈不为人知，便在病榻之上，招来家人，口述与张居正和宦官冯保交恶经过，让家人记录下来，以便死后昭示天下。但如前揭岳金西先生《高拱〈病榻遗言〉考论》所说，“高拱将死，卧于病榻，处于昏迷半昏迷状态”，因此，他口述交恶经过，神志清醒时自然条理清楚，昏迷半昏迷时难免胡言乱语，家人照实记录，就成为一部“真假混杂，虚虚实实”的记录稿。高拱病愈之后，想到来日方长，自己可以亲自撰写，这部记录稿就成了废品，束之高阁，弃置不用。因此，不久之后，高拱亲自主持刊刻自己的著作，其中没有《病榻遗言》。高拱没有想到的是，自己突然病逝，再也没有了亲自撰写的机会。万历三十年四月，高拱获得平反，此后，嗣子务观重刻高拱著作，找到记录稿，整理成书，就成为我们现在见到的《病榻遗言》了。

还有一点需要注意，我们现在见到的《病榻遗言》，其中还应包括整理者的文字

---

1 张岱年：《中国哲学大纲·序论》，第 24 页，江苏教育出版社，2005 年。

2 冯有兰：《中国哲学史新编》下卷，人民出版社重印本，2001 年。

3 林怡伶称高拱为气本论一派，意思相同。见《高拱理学思想之研究》第 7 ~ 8 页，台湾中国文化大学中国文学研究所硕士论文，2001 年。

4 按：郦波在央视“百家讲坛”讲《风雨张居正》，也有类似见解。参阅前揭《风雨张居正》。

5 嵇文甫称高拱是张居正的“学侣与政敌”。见《张居正的学侣与政敌——高拱的学术》，原载《河南民报》1946 年 10 月 25 日 ~ 11 月 1 日（连载），收入《嵇文甫文集》中册，第 420 ~ 434 页，河南人民出版社，1990 年。但站在高拱被逐之后的立场，未必如此。

和思想。笔者就经常从事这类“口述历史”的整理工作，对此可谓深有体会。譬如：我主编的《故宫治学之道》，有些老先生身体不好，甚至也是在“病榻”之上，不能写作，我们都是自带录音设备，去他们家，请他们口述，然后自己整理。由于口述者引经据典常见残章赘句，谈人说事常见断语溢辞，我们在整理过程中，需要做一些核对增补等工作。我执行主编的《陶铸古今》，根据研讨会录音整理文稿，也不乏类似情况。但不管怎样核对增补，文稿整理出来后，都还必须请口述者或当事人最终审定认可。正式发表，作者署名，一般也都是：某某口述，某某整理[1]。这样，性质自然就清楚了。而《病榻遗言》直书“高拱撰”，影响了学者对其性质的判断。实际上，所谓《病榻遗言》，是高拱在病榻上口述，家人记录并整理，未经高拱本人审定认可的一部著作，其中既有高拱神志清醒时的口述内容，也有其昏迷半昏迷时的胡言乱语，还有家人整理时核对增补的文字和思想。尽管“真假混杂，虚虚实实”，由于主要内容还是出自高拱口述，本书仍有较高价值，只是在引用时需要特别慎重。

最后再举两个例证作为本文结尾：

一个例证是，古今以“病榻”为书名，并不多见，除了《病榻遗言》，还有就是汪辉祖审定的《病榻梦痕录》。据汪辉祖嘉庆元年七月一日自序云：

> 去冬婴末疾，转更沈剧，自分必死，恐无以见先人地下，循省旧事，不已于怀，向之所忘，今乃历历在心目矣。会感梦中案冥事，益信一言一行，如有临鉴。入春以来，病体稍闲，口授培、壕两儿，依年撮记，至今夏而止。六月，坊儿试礼部还，命其重加排比，析为二卷，题为《病榻梦痕录》。[2]

知本书是汪辉祖在“病榻”上口授，三子分别记录、整理的一部个人年谱[3]。说明既称“病榻”，那就必然是卧病在榻；而卧病在榻，是不可能亲自撰写文稿的。

另一个例证是，古今以“遗言”为书名，也不多见，除了《病榻遗言》，还有就是苏籀记录的《栾城遗言》。“栾城”为眉山苏氏祖籍，“三苏”之中唯苏辙以“栾城”为别集名，有《栾城集》、《栾城后集》、《栾城三集》，故此处“栾城”指苏辙。据永瑢等《四库全书总目》卷一二一评介云：

> 宋苏籀撰。籀字仲滋，眉州人，辙之孙、迟之子也。南渡后居婺州，官至监丞。

1 参阅任昉主编《故宫治学之道》（上下二册），紫禁城出版社，2010 年；任昉主编：《陶铸古今——饶宗颐学术艺术展暨研讨会纪实》，故宫出版社，2012 年。

2 （清）汪辉祖：《病榻梦痕录》，前揭《续修四库全书》第 555 册，第 607 页下栏。

3 因而又名《清汪辉祖先生自定年谱》（原注：一名《病榻梦痕录》），《新编中国名人年谱集成》第八辑，台湾商务印书馆，1980 年。

籀年十余岁时，侍辙于颍昌，首尾九载，未尝去侧，因录其所闻可追记者若干语，以示子孙，故曰"遗言"。中间辨论文章流别、古今人是非得失，最为详晰，颇能见辙作文宗旨，其精言奥义，亦多足以启发来学。惟籀私于其祖，每阴寓抑轼尊辙之意，似非辙之本心。又谓吕惠卿、王安石之隙起于《字说》及"三经义"，核之史传，亦非事实。至谓辙母梦蛟龙伸臂而生辙，引孔子生时二龙附征在之房为比，又杂载辙崇宁丙戌梦见王介甫事，尤为失之诞妄。特籀亲承祖训，耳濡目染，其可信者亦多，究非影响比也。[1]

开头称本书为"宋苏籀撰"，大误，原书署名为"宋苏籀记"[2]，方与本书性质吻合。据此可知，所谓"遗言"，也必然是指口述，不可能是指亲自撰写。此外，根据口述整理出来的文稿，也必然会包括整理者的文字和思想，如果未经口述者最终审定认可，很可能会走样甚至变味。

原载《历史文献研究》第32辑，华东师范大学出版社，2013年

1 前揭《四库全书总目》上册，第1043页中栏。

2 （宋）苏籀：《栾城遗言》，前揭《景印文渊阁四库全书》第864册，第172页。

试述明代宫廷史的分期与特点

赵中男

内容提要：明代宫廷史是明代历史的重要组成部分，也是故宫学研究的重要内容之一。本文以宫廷中各种势力间的相互关系，帝王本人的执政方式，宦官、内阁与皇帝的关系，宫廷文化的发展变化，国家与宫廷的财政关系及其变化等内容为依据，将明代宫廷史划分为三个阶段，分别为洪武至宣德朝、正统至正德朝、嘉靖至崇祯朝。每一阶段都有各自不同的特点，这些特点的背后则是错综复杂的宫廷史内容。

关键词：明代　宫廷史　分期　特点

明代宫廷史是明代历史的重要组成部分，一向较为缺乏研究，本文尝试从明代宫廷史的阶段划分入手，对明代宫廷史的发展特点进行探讨。明代宫廷史的主要内容如皇位继承权的争夺、内廷宦官与外朝官员的合作方式、国家财政和宫廷财政的关系、后妃的地位和参与决策的程度、帝王本人的执政方式以及宫廷文化的发展等方面，在不同时期都有不同的变化，这些变化在明代宫廷史的发展过程中显示出某些阶段性的特点。本文依据这些变化，试图将明代宫廷史划分为三个阶段，并概述各个阶段的不同特点。不当之处，恳请各位专家予以指正。

一　明代宫廷史的划分依据及分期

（一）明代宫廷史的主要内容

明代宫廷史基本上是宫廷内部多种势力的活动史，主体是以皇帝为首的宫廷各色人物，包括宦官、后妃、宫女、皇族成员以及参与宫廷活动的一些术士、边帅等人物

作者：研究室，编审。

的复杂活动，这些人物的活动涉及政治、财政、文化诸方面，也涉及外廷朝臣。因此，宫廷史不仅限于宫中人物，还与外朝有关人员有着复杂的联系，如皇帝、太子和宦官们的讲官与宫廷各种势力和政治活动的关系等，大体上也都是宫廷史的内容。因此，明代宫廷史的主要内容基本包括：

（1）皇帝与太子、亲王、后妃、外戚、宦官及有关朝臣的活动关系；

（2）皇位继承权的争夺活动及其复杂影响；

（3）后妃包括外戚的宫中活动，尤其是受到皇帝宠爱的后妃们的活动；

（4）宦官集团的活动，包括处理宫中相关事务、专权干政、同外廷朝臣联合辅政等活动及其影响；

（5）宫中财政经济活动，包括皇帝本人及其直系家庭成员的消费活动、宦官机构的有关收支活动等；

（6）参与宫廷活动较多的朝臣尤其是内阁成员的相关活动及其在宫廷活动中的影响和作用；

（7）宫廷文化活动，包括不同门类宫廷艺术的发展及其与不同国家、地域、民族之间的文化交流等。

总之，宫廷之中各类人物的活动及其相互关系，宫廷活动与外朝的关系，宫廷活动对朝野上下的影响，基本上是明代宫廷史的主要内容。

由于宫廷史是整个社会历史不可分割的组成部分，因此宫廷史在许多方面都与整个社会历史的发展变化有着较为密切的联系，上述宫廷史的主要内容也仅仅是个大概的估计和划分。需要说明的是，宫廷史应与皇家史在内容和范围上有所区别，其中皇家史的基本内容往往超出宫廷史的范围，如明代各地藩王的许多活动同宫廷史关系不大，基本上就藩之前的活动属于宫廷史范围，就藩之后则大体上属于皇家史的范围了。因此，宫廷史的内容和范围虽然与皇家史有所交叉，但又不尽相同。

（二）明代宫廷史分期的划分依据及分期

明代宫廷史内容的变化即为不同阶段的划分依据，具体说来大致包括：

（1）宫中宦官势力的发展及其与外廷关系的变化，尤其是司礼监与内阁关系的变化；

（2）国家财政与宫廷财政关系的变化，包括国家财政与宫廷财政相剥离的倾向，以及宫廷对国家财政收入的侵夺不断加重的趋势；

（3）后妃地位及活动内容的变化，其参与宫中政治决策的程度；

（4）朝臣尤其是阁臣与皇帝及宫中势力关系的变化；

（5）皇帝与太子及亲王之间关系的变化，包括监国辅政、皇位继承权的争夺等活动对前者的影响；

(6) 皇帝个人执政方式的变化，包括事必躬亲和垂拱而治，对宫廷活动乃至整个社会产生的不同影响；

(7) 宫廷文化的发展变化，不同门类宫廷艺术的发达、衰落，不同地域、民族、国家的文化与宫廷文化的交流，等等。

除上述七点之外，还可举出一些划分宫廷史变化阶段的其他依据，如宫廷消费重点的变化、宫廷宗教的变化、宫廷内外人员流动的变化、宫廷手工业的发展变化等，但同前述七点相比，后者或多或少地包含于前者之中，并且不带有普遍性，作为划分宫廷史变化阶段的依据不是很充分。依据上述七点变化，明代宫廷史可大致划分为三个不同阶段：第一个阶段为洪武至宣德朝；第二个阶段为正统至正德朝；第三个阶段为嘉靖至崇祯朝。需要说明的是，明末崇祯朝和南明时期的宫廷史内容与此前三段有所不同，应为明代宫廷史的两个特殊时期。其中崇祯朝宫廷史的主要特点为：

(1) 国家财政和皇家财政由于军事的需要而具有合一的倾向，并且实物财政的比重较大；

(2) 宦官的势力虽然得到控制，但部分宦官的军权较前朝大为增加；

(3) 宫廷文化中西方文化的成分较前期增多。

南明时期则主要表现为：几乎同时存在的几个南明政权之争；弘光、永历、隆武等南明政权内部的宫廷斗争；几个政权的宫廷财政来源与提供这种来源的地方势力之间的关系；几大军阀势力同各自支持的南明政权宫廷内部势力的矛盾关系等。崇祯和南明时期的许多问题有待于进一步研究，只好暂且列入第三阶段中。

二　明代宫廷史第一阶段特点概述

这一阶段的开端自然是洪武朝，而结束则是宣德朝。这一时期，整个局势从战争转向和平，适应这种变化，宫中的消费重点由宫廷营建转为宫廷消费，财政方面也由国家和宫廷财政大体合一转为二者有所分离，同时也显示出货币化的倾向；多项政治制度大体上由草创转为调整和完善，皇帝和太子的分工较为明确，因此太子拥有较大的权力并与皇帝产生分歧和矛盾，就成为在所难免之事；随着专制皇权的不断加强，作为皇权延伸部分的宦官权势有所增长，权力的范围不断扩大；藩王的实力由增强到下降，这个过程中皇位的争夺以武力为主；后妃们逐渐参与了宫中权势的争夺，皇帝往往成为她们的工具；宫廷文化呈现出走向高峰的倾向，宣德一朝是这一阶段宫廷文化的高峰。

作为第一阶段的结束，宣德一朝是“仁宣之治”的完成阶段，是明代前期向中期的过渡和转折，将其归入宫廷史的第一阶段，是因为除太子权力较大并与皇帝产生矛盾之外，其余的宫廷史特点几乎都在宣德一朝有所表现，有些还较为突出。其中包括国家财政与宫廷财政由大体合一而转为有所分离，宫中奢华享乐所反映的宫廷消费重点的变化，尤其是“高煦之叛”的失败，显示出藩王实力的下降，后妃参与宫中权势的争夺，宫廷文化出现高峰，皇帝执政方式的变化带来的宦官知识化以及宦官权势的增长，无一不是第一阶段主要特点在宣德一朝的突出表现。因此本文才将宣德朝列入明代宫廷史第一阶段内。

需要说明的是，尽管宣德朝出现了一些与第二阶段特点相似的现象，但并未发展为第二阶段的突出现象，比如宣德朝的后妃们虽然争权夺势，但极少参与政治决策；国家和宫廷财政有所分离，但未形成收支方面的局部定制；宦官权势增强，但未出现权倾朝野的权阉；武力夺位为皇权争夺的主要方式，但宫廷政变的现象较少；参与决策的主要是朝中重臣，几乎没有其他人员；重新处理宫中旧案较少，并且尚未以诏书的法律形式固定下来，等等。从上述情况看，宣德一朝只能归入明代宫廷史的第一阶段，而不能归入第二阶段。

洪武至宣德时期宫廷史特点为：

（1）与宫廷消费重点的变化相适应，皇家和国家财政从大体合一逐渐转向有所分离，同时实物财政体制也有自下而上地转向货币财政体制的倾向。洪武、建文、永乐、洪熙、宣德五朝，明代从战争时期走向和平时期，绝大部分创建活动都在这一时期完成，皇家的活动在很大程度上是代表国家进行多项建设活动。洪武朝的战争和南京的营建，永乐朝的南北战事和营建北京、远洋贸易等活动，基本上都是皇家和国家共同完成的，因此在财政上显示出国家和皇家财政大体合一的特点，只是由于宣德朝宫廷开始的奢靡生活，才使得皇家财政具有从国家财政分离出来的倾向。在这一过程中，宫廷消费的重点已从洪武、永乐时期的营建转向宫中享乐，其中营建工程主要是南、北两京和陵墓的修建，大体上是国家和皇家共同需要的，因而财政收支可以合一进行；而宫中享乐消费如玩鸟放鹰、搞灯展、斗蟋蟀等，则大体上仅为皇家需要，财政收支由皇家单独进行，自然与国家财政收支途径、渠道相分离。宣德时期宫中享乐活动的规模、数量远远大于前几朝，而两京营建活动几乎停止，因此皇家与国家的财政收支活动相分离就成为这一时期的必然趋势。同时，实物财政体制在这一时期占主导地位，但已逐渐开始自下而上地向货币财政体系转变，表现为国家和皇家征收的许多物资、原料，百姓除交纳实物外，还要“相率敛钞”去出产地和市场采买。

（2）这一时期太子的权力较大，几乎是皇帝之外的朝廷主要负责人。除宣德朝太子年纪太小、洪熙朝时间太短之外，洪武和永乐两朝太子（包括皇太孙）的权力之大，几乎是后代太子无法相比的。其中洪武初期朱元璋曾明确宣布“抚军监国”是太子朱标的本职所在，等于赋予了皇太子在军事和行政上的法定权力。从洪武五年（1372 年）到二十五年（1392 年）的二十年间，朱元璋多次下令日常政务“皆先启皇太子处分”；洪武二十四年（1391 年）太子朱标巡抚陕西时，更是率领“京城军马各处公侯尽数在这里”，显示出朱标仅次于皇帝的政治地位。太子朱标死后，皇太孙朱允炆也曾参与处理一些日常政务。而永乐时期朱棣几次出巡和北征期间，一律由太子朱高炽监国，处理朝中日常政务。晚年的朱棣“以疾多不视朝，中外事悉启太子处分”。同时，朱棣离开营建中的北京出击蒙古时，皇太孙朱瞻基则奉命与辅臣夏原吉等留守北京，同样拥有一定的权力；朱棣北征病逝时，皇太孙朱瞻基还曾以代理统帅的身份奉命出京，率领北征大军回守京师。虽然“留守”的权力小于“监国”，但这种权力和地位远超于后来无实权、无实际地位的皇太子们。即使是为期不足一年的洪熙朝，皇太子朱瞻基同样奉命前往南京监国，配合父皇朱高炽处理政务，并准备还都南京。由此可见，这一时期（洪武至宣德朝）皇太子普遍拥有相当一部分军政权力。

（3）由于这一时期皇太子权力较大，或多或少都会与当朝皇帝产生一定的矛盾冲突，并与相关矛盾交织在一起。用吴晗的话说，由于受到的教育不同，成长的环境不同，朱标和朱元璋在为政方针及处理事物的具体做法上都存在分歧，朱元璋尚猛而朱标尚宽，这种情况在朱棣和朱高炽父子身上同样有所体现。其中朱棣父子间的矛盾冲突，还与明王朝开拓与守成问题以及皇位继承权之争交织在一起，尤其是朱棣离京期间，太子朱高炽监国，明廷自然出现了两个权力中心，加上朱棣次子朱高煦、三子朱高燧为争夺皇位继承权而倾陷太子，因此皇帝与太子间的矛盾冲突就不可避免了。并且这种矛盾冲突成为后来“仁宣之治”的重要因素，也是宫廷斗争影响社会发展的重大实例之一。即使是在不足一年的洪熙朝，仁宗朱高炽的个别举措也未能完全得到太子朱瞻基的理解和支持，其中李时勉因反对派遣太子朱瞻基居守南京而被仁宗打伤下狱，宣宗登基弄清情况后，立即将其官复原职，无罪释放；由仁宗开始施行的“仁宣之治”的部分内容，宣宗上台后大都加以调整或有所改变，可见朱高炽、朱瞻基父子在治国方面也存在一定的矛盾。因此，洪武至宣德时期皇帝与太子的矛盾冲突具有普遍性，而其中以永乐一朝最为突出。

（4）这个阶段宦官势力的活动以内廷为主，但已有向外廷扩展并与皇权冲突的倾向。永乐朝宦官势力在皇帝的扶持下有了很大发展，出使、监军、分镇以至于提督东厂，侦察、司法、警卫等权力在很大程度上归于宦官之手，郑和下西洋即为宦官出使的典型事例。仁宣时期，又设置了守备太监和内监镇守之职，监视和牵制各地武官，宦官的职权范围进一步扩大了。宣德四年（1429 年）设内书堂，选大学士陈山教习小宦官学文化，从此内廷宦官开始知识化，为日后参政打下了基础；宣德六年（1431 年），宣宗更赐司礼监太监金英、范弘等人免死诏，“无异勋臣之免死铁券”，宦官的政治地位得到了实质性的提高。这种情况的背后，是宣德朝帝王的执政方式较从前有所改变，从前帝王与大臣面议朝政，到宣德时期逐渐变为帝王通过批答章奏来处理朝政，帝王与朝臣之间的部分联系渠道也就逐渐为宦官所垄断，从而形成了内阁和司礼监联合辅政的双轨制政治体制。在这种体制中，宦官与阁臣的关系不可能是简单平等的合作关系，宦官往往代表皇帝来实施决策，其结果不仅使司礼监宦官的地位大为提高，也使整个宦官集团势力随之增强。这一点还表现在宣德时期大批宦官奉命前往各地为皇家采办各种用品，并必然凌驾于地方官之上。虽然其中一些贪暴扰民的宦官被宣宗下令处死和抄家，但值得注意的是，这些人中有的是“矫旨”外出敛财，造成激变民众的恶果；有的是私自收藏和使用皇家的专用器物，并将其分赠同伙，属于犯上的大不敬罪；还有的是“擅遣内官内侍，以采办为名，虐取官民财物”。可以说这些人的行为是因与皇权发生了冲突，才受到杀头或抄家的处罚，否则不会如此。宣德朝的高级太监杨庆曾收受工部尚书吴中的木材贿赂，结果吴中受到处罚，杨庆却平安无事，便是明证。因此，宦官势力的发展只要不与皇权相冲突，便不会受到皇家的限制。可以说，在洪武至宣德时期，宦官势力逐步完成了进一步参与外廷政务的准备活动。

（5）后妃等人逐渐参与了皇位与权势的争夺活动，而皇帝往往成为这些人的工具。除太祖的马皇后地位稳固和成祖的徐皇后早死之外，仁宗的张皇后、宣宗的孙皇后都曾参与过皇位与权势的争夺活动。其中张皇后在仁宗病死、宣宗自南京北归尚未即位之时，曾密令老臣杨士奇等人辅佐襄王临时监国，以防汉王朱高煦的夺位活动；孙皇后则在宣宗和宫中有关人员的支持、配合下，利用自己先生皇子而原皇后胡氏无子的有利条件，挤掉了胡氏的皇后地位，自己当上了皇后。孙氏的成功固然与宣宗本人放纵的宫廷生活作风有关，但洪武、永乐以来宫中嫔妃们为争夺权势地位而相互倾轧，由于皇帝的参与而屡次酿成宫中血案，则是孙氏敢于与皇后争位的原因之一。孙氏虽然获胜，但张太后仍然时常庇护胡氏，许多宫中活动都安排胡氏位于孙氏之上，搞得孙氏怏怏不乐却无可奈何。胡、孙二人的背后，又隐隐约约存在着皇帝与太后的间接矛盾。可以说，孙氏与胡氏的皇后地位之争，某种程度上是前朝、后宫权力地位之争的延续。虽然在皇帝生理功能严重衰退的情况下，少数宫女企图另辟蹊径来打破皇帝对她们的“垄断”，因而遭到皇帝的严惩，但这种现象并不普遍；而宫中嫔妃们相互倾轧时，双方都在借皇帝之手以除掉对方，则是这一时期较为普遍的现象。

（6）皇位的争夺以武力为主，但成功的可能性大为下降，反映出藩王实力受到严重削弱的趋势；同时，在宫廷政治血案中，对涉案皇族人物的处理有尚宽的倾向。永乐四年（1406年）的皇位争夺战已打得较为艰难，最后成功的原因一定程度上是明廷的指挥失误；而宣德初年汉王朱高煦的夺位行动，几乎是为明军兵不血刃平定的。可见朝中最有实力的藩王已逐渐无力同强大的中央皇权相抗衡，夺位成功的可能性几乎是越来越小。到了宣德末年，拥有完整护卫的藩王为数极少，朝廷对藩王的限制也大为增加，藩王们几乎成为一个无所作为的社会集团。洪武朝一面加强藩王的实力，一面剪除武臣集团，但这种做法的“后遗症”是藩王的实力逐渐壮大并威胁中央皇权。因此永乐、宣德朝不得不着手削弱藩王们的实力，同时恢复了洪武时期武将守边的做法，基本上解除了对皇权的威胁。宣宗更是进一步推行了成祖的做法，几乎完全禁止藩王来朝，大大减少了这类宫廷活动，节省了一部分开销，这就等于切断了这些人与朝廷的往来，藩王的政治特权大为削弱。随着藩王实力的下降，明廷对参与皇权争夺活动的有关藩王的处理逐渐相对放宽，宣宗对汉、赵二王的处理已与成祖对建文帝家人的处理有所不同。这种不同当然与夺位成功者和平叛成功者的不同处境有关，此外是否与当年朱元璋对宫廷血案中涉案皇族人员的处理有关，或是另有宫廷法律及祖训为依据，尚待进一步深究，但逐渐尚宽的倾向是存在的。

（7）随着明初国策由开拓转为守成，宫廷生活也随之由俭转奢，一定程度上逐渐促成了明代宫廷文化的第一个高峰。从洪武到宣德，是明代前期由开拓转向守成的时期，“仁宣之治”即为调整国策转入守成的产物。这一过程中，由于和平环境下社会财富和文化的积累，使明代的宫廷生活由洪、永时期的较为俭朴转变为宣德时期的较为丰富奢华，宫廷文化得到了很大的发展，形成了明前期宫廷文化的高峰。其标志为宣德时期宫廷艺术家（画家、书法家、诗人、工匠等）及其作品逐渐增多，艺术成就较为突出，艺术门类涉及范围较广（包括工艺、绘画、雕塑等），其中具有文化色彩的玩鸟放鹰、斗蟋蟀、展花灯等享乐活动，都大大超过了前几朝，而宣宗本人则是宫廷文化的代表人物，他的诗文书画都取得了一定的艺术成就。虽然这一时期宫廷文化的内容和形式与后来有所不同，其中各类艺术的发展并不均衡，但宫廷文化总体上呈现出蓬勃发展的趋势。

三　明代宫廷史第二阶段特点概述

这一阶段的开端是正统朝，结束则是正德朝。在此期间，以金花银的设立为标志，国家财政和宫廷财政已有一定的分离倾向，宫廷消费重点变为营建工程和宫中消费并重；后妃的政治地位有所提高，部分后妃还曾参与决策政务活动；皇位继承权的争夺表现为宫廷政变和武力夺位相结合；宦官的实力大为增强，出现了权阉；权阉与锦衣卫的矛盾加剧；前朝的宫廷旧案在新一朝中往往得到重新处理，并且形成了惯例；由皇帝宠幸的边帅、术士等人参与了政治决策活动，成为宫中的一种势力；传统和新兴门类的宫廷文化大为发展，帝王的喜好往往成为宫廷文化发展的推动因素。

从正统到正德，上述几个特点几乎贯穿始终。其中正统朝设立了金花银，除武臣俸禄及一些边饷之外，主要是专供宫廷消费的；北京及帝王私人的营建工程接连不断，宫廷消费规模大大超过前朝；孙太后参与了景帝监国、继位及“夺门之变”；朝中出现了明史上第一个权倾朝野的大宦官——王振；宦官与锦衣卫的矛盾加剧，曹吉祥发动政变时杀掉了锦衣卫头子逯杲……从上述情况看，正统朝的宫廷活动大体符合第二阶段的特点，因此本文将其列为第二阶段的开端。

正德一朝的“豹房”政治极具特色，有自己相对独立的收支活动，姑且称为“豹房”

财政；有参与决策的边帅江彬等人，他们与宦官、佞臣构成了“豹房”的三种政治势力；出现了“立地皇帝”刘瑾，与外廷朝臣既有密切合作，又有残酷斗争，还与同行张永等人大打出手，水火不容；“宸濠之变”的原因是宁王的夺位野心和武宗的荒唐行为导致的统治危机交织在一起，因而获得了朝野部分人士的支持；武宗在登极诏书及刘瑾和宁王败后的诏书中，均开列了一些重新处理前朝和本朝宫廷旧案的规定，大体延续了前朝的这一惯例；由于武宗本人的宗教爱好，伊斯兰文化在正德朝的宫廷文化中占有重要的地位……这些情况足以表明，正德朝的宫廷活动大体上符合第二阶段的主要特点，因此正德朝才作为第二阶段的末尾。

值得指出的是，正德一朝虽然也具有一些第三阶段的特点，但尚未发展到第三阶段的那种程度，比如内廷与外朝的合作虽然紧密，但内阁作为皇帝私人顾问和秘书的性质并不明显；“豹房”收入虽多，但并未在“金花银”之外大肆侵夺国库收入；武宗巡幸活动虽多，但并未像世宗、神宗那样长期隐居深宫，而是有如儿戏般地尝试宫外生活，甚至亲身上阵杀敌；宠信宦官刘瑾，但决不允许其行为“出轨”威胁到皇权；宫廷文化虽有发展，但也未出现嘉靖时期那种不同门类的宫廷艺术（如文学和绘画）迅速发达或衰落的现象；皇位继承权的争夺虽有部分朝野势力的参与，但远不如第三阶段那样成为多种矛盾的焦点；后妃们的权势之争也不如第三阶段那样激烈、复杂，因为正德皇帝宠幸的主要异性来自宫外，与宫内后妃联系极少，并且由于武宗无子，后妃们自然未参与皇位继承权的争夺活动……由此可见，正德一朝的宫廷活动与第三阶段的特点不甚相符，因此只能归入第二阶段。

正统至正德时期宫廷史特点为：

（1）皇家财政和国家财政逐渐剥离，尤其是在货币财政方面，外戚、宦官、佞臣等宫中势力同皇家一道侵夺国家财政收入的局势大为加重。正统初年内库和太仓的设立，标志着皇家财政和国家财政正式开始剥离，内库收贮金花银，作为皇家私库的性质颇为明显。这一变化是明代前几朝所没有的，它改变了原有的明代财政体制，此后的明代财政活动就沿着国家和皇家财政相对分离的体制发展下去。在外戚、宦官、佞臣等宫中势力同皇家一道不断地侵夺国家财政收入的同时，宫廷消费的重点已由前一期的偏重营建工程或宫中生活消费，转变为二者并重，几乎每一朝都是大兴土木，宫中消费大增。如武宗的“豹房”挥霍和宪宗的珠宝花费都很有名，加上宫中生活用品的大量加派，因此，皇家侵夺国家财政权收入的情况已有加重的趋势。就是说，在全部财政支出中，皇家项目所占的比重大为增加。首都北迁后，南京成为留都，虽无皇亲但仍有内府，是征收、加工、制作和供应宫廷消费品的一大基地，同样参与了对国家收入的侵夺。

（2）后妃的政治地位有所提高，除参与一些决策活动外，还出现了类似权阉一类的权妃；同时，后妃及其家人之间的利益冲突不断升级。其中正统、景泰时期的孙太后曾决策景帝先监国、后即位，后来则参与决策改换皇帝的“夺门之变”；正德时期的张太后则在武宗行将就木前后，参与主持了皇位继承人的选择活动，二人都为明帝国皇权统治的延续和稳定作出过贡献。而成化时期年长宪宗18岁的万贵妃，更由于皇帝的特殊宠爱而成为宫中地位颇高的权妃。与此同时，由于后妃们政治地位的提高，加上不同辈分的皇后们同朝相处，因此她们之间不可不避免地会产生矛盾冲突，并且这种冲突往往以家族为单位，多种利益为目标。其中最为典型的事例发生在弘治朝，皇后、皇太后、太皇太后三家人相互冲突，三家的家奴竟为争田而大打出手，外围的党羽相争更是常事。皇帝的媳妇、母亲和祖母之间的冲突升级，一定程度上是皇权的延伸和派生物，同时也是皇权被分割、被滥用的结果。

(3)宦官的势力大大增强，不仅形成了与外廷内阁联合辅政的双轨制，形成了内廷、外廷职能部门全面合作的局势，并且还出现了威胁皇权的权阉。这一特点表现在以下几个方面：①司礼监太监取得了一部分代替皇帝批答奏折的“批红权”，等于得到了一部分决策权，与外廷内阁成员联合辅政，成为皇帝决策、外廷执行过程中不可逾越的关键环节。王振等人尤其是刘瑾，几乎完全是因为取得了这一权力而权倾朝野甚至威胁皇权的；②宦官出朝任职是在这一时期形成定制的，标志着宦官政治地位的提高已有制度化倾向；③外廷部分朝臣教育内廷宦官学习文化的制度，不仅培养了一大批知识化的宦官，也加强了二者之间的沟通和联系，同时为宦官的全面参政提供了方便条件；④由于宦官权势的提高，尤其是在决策过程中占有重要地位，使朝臣之中分化出一批依附于权阉的官员，形成了以权阉为核心、与外朝士大夫官僚集团相对立的政治集团；⑤随着宦官权势的提高，权力范围同时扩大，宦官集团内部的矛盾不断加剧，成化时期的东、西厂之间，不同的监局之间等冲突不断。这种矛盾冲突中，有权力、地位之争，有财富之争，有家奴与鹰犬之争，还有正义与邪恶之争，诸多斗争错综复杂地交织在一起。其中不乏守法正直的宦官利用自己的权势和地位，干预并制止权阉乃至皇帝的错误之举，虽然这种现象多为权阉的恶名所掩盖，但在明代中期各朝还是较为普遍的；⑥内廷和外廷的有关职能部门开始全面合作，如工部与内廷的有关监局，即形成了互为表里又相互牵制的关系，皇家和国家的许多具体事务都要由二者来共同完成。

(4) 皇位争夺的方式为宫廷政变与武力夺取相结合，并且与政治投机、统治危机等复杂因素交织在一起。其中景泰末年的“夺门之变”，实际上是石亨、徐有贞等一批政治上的失意者在太后的支持下，为改变自己的政治地位而进行的一场赌博式的宫廷政变。宦官曹吉祥的夺位原因除政治野心外，还与锦衣卫首脑逯杲的特务活动招致各方积怨有关；而正德时期两次藩王夺位之举的原因更为复杂，其中宁夏的安化王朱寘鐇起兵夺位，兼有反对刘瑾专权乱政的性质；宁王朱宸濠武装叛乱，则在一定程度上是武宗朝的统治危机所致。就是说，宫廷内部的矛盾和危机导致了多起武力政变，并且发动者和参与者已不仅是藩王，还有其他朝野势力。值得说明的是，朱宸濠的夺位活动曾经得到过朝野上下相当一部分人的支持和配合，很大程度上是因为武宗无子和荒唐行为导致统治危机，使武宗周围的一些人对他几乎失去了信心，因而才对宁王朱宸濠的夺位活动予以配合和支持。这些活动具有一定的政治投机和押宝的性质。

（5）由于宫廷活动内容的增加和皇帝的宠幸，大量的宫外人员进入宫中，从事各种服务活动。成化时期的“传奉官”现象极为突出，即是外廷人员充斥内廷的反映。此后的佞幸有边帅、术士等，这些人还曾参与宫中决策活动，并在许多问题上起了相当的作用。这一点应和皇帝本人日渐脱离对日常政务的处理、沉溺于享乐有关，这样做至少导致两个后果：一个是皇帝所信任的宦官要代替皇帝理政；另一个就是陪同皇帝游乐的人员接近权力中心，自然会参与决策活动。成化时宪宗信佛，术士李孜省由此官运亨通，参与决策；弘治时佞幸李广受到重用；正德时武宗好武事、巡游，内调边帅江彬等人不仅参与部分决策活动，还成为武宗身边的一股政治势力，王琼等朝臣都要与他们相结纳，这些人在武宗出游巡幸（下江南、征西北）等一系列问题上都起到了相当的作用，成为宫廷活动中举足轻重的势力之一。佞幸们参与决策活动，不仅使宫中的政治格局和权力结构有所改变，宫廷内外形势更为复杂多变，也使宫中的风气有所变化，其中成化、正德两朝的宫中风气具有一定的开放性。

（6）前朝的宫廷案件尤其是错案，几乎都在下一朝中得到重新处理，带有拨乱反正的意义，这一惯例的形成与外廷相同，应为明代宫廷史的一大进步。实际上前一时期的洪熙朝中，仁宗一即位便有类似之举，包括追封永乐朝首次北征中被迫赴死的几位将领，以及为他保住皇位继承权而被迫害致死的东宫官属，释放因触怒朱棣而被关押的朝臣和绝大部分在押的建文家属，明确宣布方孝孺是忠臣，等等，只是仁宗的做法在明代前期并不普遍，更未形成惯例。而在这一时期因政治统治的需要，仁宗即位时重新处理前朝遗案的做法被继承下来，并形成惯例。在新皇帝的登基诏和其他一些诏书中，调整前朝统治政策的内容即包括对许多宫廷旧案的重新处理；同时每位皇帝几乎都能在朝中重臣的辅佐下，根据新的客观形势和统治需要，大体上较为公正地处理前朝的宫廷旧案。在这一过程中，两次登极、当过战俘和囚徒的英宗朱祁镇功不可没，经过非凡的历练和磨难，晚年的朱祁镇似乎成熟了许多，在大臣们的辅佐下，宽待建文帝后人，正视先辈明宣宗的错误，废除了不人道的殉葬之制，实在是了不起的仁德之举。接下来的宪宗、孝宗和武宗也以他为榜样，较为公正地处理了许多前朝的宫廷案件。由于诏书本身是当时的社会舆论、祖训及统治需要的综合产物，代表了当权者和其他社会成员的某些共同利益，并且又具有一定的法律效力，因此诏书往往比一般的舆论、制度对皇权的限制更为有效。某种程度上可以说，以发布诏书的形式重新处理宫廷旧案，其进步意义不仅在于提高了明廷统治的合理与开明程度，同时还在于变相地限制了明代的专制权力。

（7）由于皇帝个人的喜好与推动，明代的宫廷生活更加腐朽奢靡，宫廷文化随之出现了更为绚丽多彩的特色。前一时期，明代的宫廷文化在宣德一朝出现高峰，这一时期与此不同，虽未出现类似宣德朝的宫廷文化高峰，但历朝的宫廷文化都极富特色，这一变化与宫中的腐朽生活紧密相连。景帝、宪宗、孝宗、武宗诸帝无不佞佛迷佛，这些活动大大促进了这一时期宫廷宗教文化的发展。宫廷绘画艺术也有很大的发展，并且有些宫廷画家因故回乡后，将其艺术成就传播于地方，促进了新画派的形成。书法、陶瓷、漆器、织绣等多种宫廷艺术都得到了进一步的发展，享乐的内容也大为丰富起来。“景泰蓝”只是其中的代表作品之一，而正德时期的许多宫廷艺术品则带有伊斯兰文化的某些特色。当时几位帝王受到的皇家艺术教育，丰富的皇家财政条件，加上宫廷艺术本身的积累和进步，使这一时期的宫廷文化呈现出绚丽多彩的局面。

四　明代宫廷史第三阶段特点概述

这一阶段的开端是嘉靖朝，结尾是崇祯朝及南明。在此期间，皇家侵夺国家收入的现象达到前所未有的高峰，不仅营建工程耗资巨大，并且万历皇帝还派遣大批矿税监，几乎是从百姓的腰包里翻钱；宦官的权力达到了明代历史上的高峰，并形成了以权阉为核心的阉党；后妃们的争权活动更为激烈，并且同其他矛盾交织在一起，她们受专制皇权迫害的程度有所加深；皇位继承权的争夺往往成为各派势力斗争的焦点，并对外廷产生深刻的影响；内阁成员同皇帝和内廷的联系日益加强，这些人作为皇帝私人秘书和顾问的性质日益明显；几位皇帝尽管长期不上朝，但从未放弃对权力的控制，即使受到限制也较为有限；宫廷文化有实质性的发展变化，传统的艺术门类有些大为发达，如宫廷文学，有些则相对衰落，如宫廷绘画。

崇祯朝及南明的情况较为特殊，绝大部分时间处于战争状态，因此明代宫廷史第三阶段的特点主要贯穿于嘉、隆、万、天四朝。作为这一时期开端的嘉靖朝，其宫廷活动的内容与第二阶段的特点差别较大，却与第三阶段的特点大体相符。具体来说，财政方面，嘉靖一朝是明代宫廷建筑的高峰，因此皇家对国家收入的侵夺也是空前的，宫殿陵墓、庙宇坛观、行宫别墅等的修建，四十年间几乎花掉了上亿两白银；后妃的活动中，很少有第二阶段中参与决策的内容，而是争权夺势更为激烈，同时受专制皇权迫害的程度也大为加深，世宗的三位皇后之死及宫女们的激烈反抗，都是第二阶段少有的；在皇位继承权的争夺活动中，几乎没有前一阶段的武力夺位和宫廷政变，但皇帝、后妃、大臣更多地参与皇子之间的皇位争夺，则是这一阶段的普遍现象；嘉、隆、万初年，内阁权力一度有所膨胀，曾与皇权发生冲突，但随着杨廷和、张居正的消失，内阁的地位大为下降，作为皇帝私人秘书和顾问的性质更为明显，这一点与前一阶段的内阁地位差别较大；世宗本人已不像第二阶段英宗、宪宗、孝宗那样上朝理政，而是长期隐居西苑，参玄修道，但牢牢地控制权力，行政地点的变化并未影响专制权力的实施；宫廷文化不像第二阶段那样，各个门类的艺术都有相对均衡的发展，而是发展极不均衡，有些门类出现了相对发达或急剧衰落的现象，如宫廷文学和宫廷绘画……由此可见，除宦官问题较为特殊外，嘉靖一朝的宫廷活动大体上与第三阶段的特点较相符合，而与第二阶段的特点相差较大，因此本文将其归入第三阶段。

嘉靖至崇祯时期宫廷史特点为：

（1）皇家侵夺国家财政收入达到高峰，成为国家财政危机的重要因素。同时整个财政体制已转变为货币财政体制，但宫廷财政收支仍保留了大量的实物部分。嘉靖一朝是明代营建活动的高峰，常常是二三十处营建工程同时并举，一年的白银消耗量高达二三百万两，其中建筑项目如庙宇道观、宫殿陵墓、行宫别墅等，绝大部分是供皇家之用。在这种情况下，原来定额定时征收的物资和原料，已不可能满足皇家消费的需求，因此这一时期的额外临时性征收大为增加，并有并入定时定额征收的趋势。隆庆时期，皇帝多次下令提取太仓国库收入以供皇家之用。万历时期更是皇家侵夺国家收入甚至社会财富的高峰，除了营建工程、亲王大婚之国、御用器物织品等项目，耗费惊人的国家财政收入之外，神宗还下令宫中太监们充当矿监税使，对富裕地区进行竭泽而渔式的征税和搜刮，许多矿监税使伙同其爪牙几乎是从当地百姓的腰包里翻钱，然后与皇帝分赃。嘉、万时期皇家对国家财政收入的超级侵夺，不仅导致了国家的财政危机，也造成了专制统治的危机。值得说明的是，虽然这一时期的财政体制早已转为货币财政体制，但皇家系统征收和侵夺国家收入的部分仍有大量的实物，其原因至少有实物对财政具有稳定作用，避免市场物价的波动，以及利于宦官们私吞受益等几方面，但其根本原因还在于专制政体下的宫廷财政体制，不可能完全彻底地转变为货币财政体制，而必须保留相当部分的实物，以供宫廷随时随地支出与挥霍。

（2）宦官的权力达到了明代历史上的高峰，但仍有一个极限，即皇权的许可范围。宦官权力的膨胀，使这一集团内外矛盾空前复杂激烈，宦官与外廷尤其是与内阁的合作更为密切。天启时期的魏忠贤及其阉党，可以残酷地将东林党人一网打尽，并使宫中嫔妃、皇亲多人遭难，但一听说熹宗“独于夫妇、兄弟间不薄”，便不敢对皇后和亲王们贸然下手。而崇祯帝上台后击垮魏忠贤集团，事实上也未曾多费吹力气。可见，明末的皇权仍有控制和驾驭宦官的力量，在整个皇权系统中，这种机制从未有过本质性的失灵。掌权宦官仅仅通过“中旨”即摆脱正常的决策程序来控制朝政，因此宦官专权本质上仍是专制皇权的延伸和放大。随着宦官权力的膨胀，与宦官集团有关的各种矛盾空前激烈复杂，万历时期张居正和冯保分别为权臣和权阉，与神宗身边的部分宦官矛盾很深；嘉靖、隆庆初年，权臣杨廷和、徐阶同宦官们的矛盾，天启时魏忠贤同另一些宦官王安等人的矛盾，崇祯时期监军宦官们与军队将领的矛盾等，无不反映出这一时期宦官集团各种矛盾的特殊性。而外廷朝臣与内廷宦官的政治合作，也在这一时期达到空前密切、成功的程度，有所作为的内阁权臣几乎都要与内廷有关宦官密切配合，这种倾向在这一时期越来越明显。

(3) 宫中后妃的争权活动更为激烈，并与其他矛盾搅在一起，同时，这些人深受专制皇权“垄断”控制的本质地位并未改变，反而有加重的趋势。两个看似矛盾的现象统一集中于后妃阶层，原因是专制皇权（包括由此派生出来的宦官之权）为达到自己的目的，既可以对其支持和纵容，又可以对其打击和迫害。郑贵妃、李选侍、客氏这些受到皇帝支持和宠幸的后妃内侍们，都曾联合其他宫中势力或化敌为友来为自己争夺权势，其中郑贵妃和李选侍在天启初年的暂时结盟即属此例。而熹宗的乳母客氏与其情夫魏忠贤联手，利用东林党人过分排斥异己、非东林党人纷纷投靠阉党以求自保的机会，全面控制了朝中大权，更是前所未有之事。另一方面，这一时期的后妃们受到专制皇权的打击与迫害，同样是前所未有的。嘉靖时期，世宗的三个皇后都因小事而被世宗害死；天启时期，熹宗的许多嫔妃遭到魏忠贤的迫害；更有甚者，世宗崇道时秘炼阴阳之举，使一些宫女们受到非人的折磨，这些人终于忍无可忍，被迫铤而走险试图绞杀皇帝。由此可见，这些人虽然“贵”为宫中女性，但深受专制皇权“垄断”控制的命运并未改变，遭受的打击和迫害较前朝有加重的趋势。

(4) 皇位继承权的争夺方式发生变化，这种争夺又往往成为各派势力实现各自目的的前提，争夺活动对外廷乃至社会的影响也较前一时期大为增加。正统以前的皇位争夺方式为武力夺位；正统以后则是武力与宫廷政变相结合，针对的目标在一定程度上是即将空出的皇位（因为景帝和武宗无子）；而嘉靖以后的皇位争夺方式虽非武力与政变，但仍充满了各种阴谋，皇子之间争夺皇位继承权，各派势力都向皇帝施压，从而使皇帝与宫廷内外多种势力间的矛盾日趋激烈复杂。嘉靖、万历两朝皇位继承权的争夺活动最为激烈，万历朝最为复杂，“争国本”的活动涉及的各种势力之多、时间之长、规模之大、对内外廷影响之深，都是空前的。世宗为乞求长生而不立太子，甚至不见儿子；神宗因长子是地位低下的“都人”所生，便一百个看不上，想改立次子。二人的做法与其说是过分虚荣，还不如说是权力使人变态更为合适。宫廷内外多种势力都卷入了皇位继承权之争，“卫国本”和“梃击案”还成为万历后期东林党和浙党的党争焦点，甚至还成为皇帝与朝臣、太子与亲王、阁臣与部臣之争的焦点。皇位继承之争所引起的连锁反应，已非任何势力所能控制。但多种势力尤其是外廷朝臣参与皇位继承权之争的结果，是“立嫡以长”的皇位继承制度得到了巩固和加强，企图改太子的宫中势力陷于孤立。

(5) 外廷官员尤其是阁臣的活动与宫廷事务紧密纠缠在一起，这些人综合处理国事宫事的职责和能力，显示出内阁作为皇帝私人秘书和顾问的性质，这一点在明代后期越来越明显。内阁成员不仅要处理国事，还要协助皇帝处理家事，甚至努力使自己成为某一方面的专家、能手，参与皇帝从事和关注的宫廷活动项目，借以争取和巩固皇帝对自己的支持和信任，从而实现政治抱负。随着明代后期皇帝临朝以外活动的增加，宫廷事务与国事日益紧密地纠缠在一起，内阁作为皇帝（包括宦官）与外廷相沟通相协调的关键机构，不得不更多地卷入宫廷事务之中，阁臣们也就不断地提高自身处理国事与皇帝家事的能力，甚至需要适应皇帝本人的特殊需要。嘉靖时期，“大礼议”获胜后的世宗参玄修道，阁臣们大都是“青词”高手，徐阶更是网罗了建筑方面的人才，以应付世宗关注的建筑项目；万历后期的叶向高较为妥善地处理了福王与太子相争之事，才在朝中站稳脚跟。阁臣们拿出相当一部分精力来处理宫廷事务，显示了内阁作为皇帝私人秘书和顾问的性质，并且这种性质在明后期有加重的倾向。

（6）皇帝的主要活动虽然向参玄修道等方面转移，但并未与执政活动相脱离，由于部分皇权转移到了宦官和朝臣手中，因此皇帝有限的“弃权”行为对国事影响并不大。同嘉靖以前的皇帝相比，嘉靖及其以后的皇帝们尽管其主要活动并非临朝理政，但手中的专制皇权从未丧失。嘉靖时期，世宗的活动曾一度以参玄修道为主；万历时期，神宗二十几年不上朝；天启时期，熹宗当起了“木匠皇帝”。不过这种脱离是有限的，除熹宗有些懦弱之外，神宗、世宗是从不甘心大权旁落的，世宗的果于诛戮是有名的，而神宗的“留中”则是当时皇帝与大臣一种特殊的合作方式，也是神宗消极对抗大臣的一种方式。处理外朝与皇家利益冲突不大的政务时，皇帝往往听从或赞同朝臣的意见，但这绝不是皇权受到限制的标志，相反当处理那些与皇家利益冲突较大的政务时，皇帝甚至每一次都不惜甘冒天下大乱之险，采取高压的专制手段，最终得以牢固地维护皇家利益，可见皇权并未受到有效的限制。万历中期矿监税使横行全国，几乎无法得到有效的制止，便是突出的例证。有人认为如果熹宗亲自过问朝中大事，就不会有魏忠贤专权祸国，但实际上明代废相后的体制中限制宦官专权的功能被大大削弱了，皇帝亲掌大权仍会有权阉出现，原因在于只要皇帝宠信和支持某些宦官，这些人就可以利用皇权干政乱政，魏忠贤、刘瑾、汪直、王振无不如此。所以说，当部分皇权转移到宦官手中时，尤其是当宦官可以代表皇帝进行决策时，皇帝本人掌权或是“弃权”的行为对国事都不会产生太大的影响，仅仅是权阉的影响相对增大。

（7）宫廷文化有实质性的发展变化，不仅宗教、礼制、建筑、游乐等文化有了相当大的发展，并且还吸收了许多民间文化的成分和内容，同时中外文化的交流成为这一时期宫廷文化的一大特色。万历、嘉靖两朝作为明代宫廷建筑的高峰，陵墓、宫殿、庙宇、坛观的修建都进一步发展了明代的宫廷建筑文化；嘉靖时期世宗尊崇的道教，显然是吸收了许多兴邸旧地的宗教文化，而那里（湖北钟祥）当时是道教文化的重要发祥地之一；嘉靖时期“大礼议”的后果之一，即是改变了朝中的礼制祭祀之规，并且这种改变还对地方产生了较大的影响；天启时期熹宗本人的游乐活动相当丰富，几乎向人们展示了一部门类齐全的宫中游全景。此外，这一时期颇有特色的文化当属中外文化交流的新内容，科技成果的翻译、传播和应用，与中国传统科技相结合，宗教文化的传播及其后果既在一定程度上填补了中国科技的空白，也丰富和发展了明代的宫廷文化。与此同时，随着帝王个人受教育方式的不同，宫廷消费重点的某些变化，使不同门类的宫廷文化出现了相对衰落或发达的局面。其中原来由帝王本人扶持的传统宫廷绘画，无论是体制还是成就都比明代中期相对衰落，而宫廷文学则比明代中期相对发达，无论是作为宫廷宗教文学的“青词”，还是议论抒情相结合的散文式奏疏，都取得了超过以往的成就。

余论

从上述情况可见，明代宫廷史的主要内容在有明一代的二百多年中，发生了许多复杂的变化，经历了曲折的过程。其中皇位争夺方式的变化，经历了一个从武力夺位为主到武力夺位与宫廷政变相结合，再到朝中多种势力参与而无武力因素的过程；宫廷财政的发展过程，以宫廷财政与国家财政的关系为主线，从二者大体合一到二者逐渐分离，再发展到宫廷财政大肆侵夺国家收入、造成国家财政危机；宦官集团的发展过程，是从宫中服务领域发展到逐渐参与外廷活动，进而形成相对独立、垄断朝政的阉党；内阁同宫中活动的关系历程，大体上是从协助皇帝处理朝政的机构，发展成为沟通内廷和外朝的桥梁、较深卷入宫中事务的机构，甚至几乎完全成为皇帝的私人秘书和顾问；皇帝的执政方式由与大臣面议朝政，逐渐变为以批答章奏为主，并且虽然由于游乐和修道活动的增加，宦官和部分佞幸参与了决策，但专制皇权始终为帝王所牢牢控制；后妃们的宫中活动由相互争宠逐渐发展为参与宫中重大政治活动如皇位争夺等，但受专制皇权控制和迫害的处境并未改变，反而有所加深；宫廷文化的发展历程更为曲折，从不同门类的宫廷艺术全面发展、形成高峰，到它们之间的发展状态极不平衡，同宫廷财政状况尤其是宫廷消费取向的变化紧密相连……这些内容的变化在明代前、中、后期三个阶段各有不同，但又大致相对集中于各个阶段中，显示出一些阶段性的特点。

明代宫廷史各个阶段几乎都充满了权势和财富的争夺，后妃之间、亲王与太子之间、帝王与太子之间、宦官与朝臣之间的权力之争，国家与皇家宫廷之间的财富之争，就连宫廷文化也在很大程度上是宫廷权力和财富支持的产物……这种争夺本身是明代宫廷史的一大内容，也是其主要特点。但宫中多种势力之争并非宫廷史的全部内容，也非宫中势力和机构所能发挥全部作用。明代的内廷和外朝都是帝王实行专制统治的主要工具，都在执行各自的社会职能，二者构成一种当时条件下的专制政体。在这一体制中，宫廷的机构和势力逐渐形成了一个相对独立的系统，具有相对特殊的权力和地位，在与外朝的权势和财富的争夺活动中，内廷明显地占有优势。皇帝是内廷和外朝的权力中心，凡是接近这一中心的人物和势力，自然会有条件分享和利用这种权力——

皇权，宦官、后妃、佞幸及阁臣参与决策，势力增强，实际上都是皇权的一种延伸。皇帝及其周围的掌权者构成了最上层的统治集团，这些人利用内廷和外朝的机构和制度，来实施政治统治，执行社会职能。在这一过程中，形成了明代宫廷史的若干特点，至于这一过程中的运行机制及其结果如何，则有待于将来进一步探讨。

附记：本文撰写过程中，曾得到高寿仙、赵轶峰、方志远等师友以及中国社会科学院历史所万明诸位专家的大力帮助，特致谢意！

原载《故宫博物院院刊》2007年第4期

玄极宝殿新证

王子林

内容提要：本文通过梳理史料，发现明嘉靖时宫中存在着两座玄极宝殿，一座位于宫内坎位，供奉道教玄天上帝神像，由钦安殿更名而来；另一座位于宫右乾隅，供奉儒家皇天上帝和睿宗神主。两座宫殿同名，但不同地点，其功能也不相同。嘉靖四十五年对宫右乾隅的玄极宝殿进行了一次改建。本文通过对火灾后天启七年重建玄极宝殿和清康乾时期建筑的进一步恢复的论证，认为现存中正殿一区的平面结构正是明嘉靖时改建玄极宝殿时所形成的明堂"十"字型平面结构的遗存。

关键词：玄极宝殿　宫右乾隅　明堂

一　位于宫内坎位的玄极宝殿

钦安殿建于明永乐时期（图一），供奉道教神像玄天上帝即真武大帝（图二），《明世宗实录》记载：

> （嘉靖十四年十月丙午）初，上又以文祖建钦安殿祀真武之神，诏持（按：广本、阁本和抱本"持"作"特"）增燎垣、作天一门及大内左右诸宫益加修饬，至是皆告成。上亲制祀（按：三本"祀"作"祝"）文告，列圣于内殿，仍具皮弁服祭真武之神于钦安殿。[1]

在此之前即嘉靖十年（1531年）、十一年（1532年），嘉靖帝于钦安殿举办了两次祈子斋醮活动，十五年（1536年）十二月十九日，皇子降生，于是嘉靖帝将钦安殿

作者：宫廷部，研究馆员。

1《明世宗实录》卷一八〇，台北"中研院"历史语言研究所校印，1966年。

图一　钦安殿

图二　钦安殿内所供玄天上帝铜像

更名为玄极宝殿，《明世宗实录》记载：

（嘉靖十五年十二月十九日）庚子以皇子诞生，命真人官道于玄极宝殿修建祗答洪庥金箓大醮七昼夜。礼部尚书夏言请上香，监礼迎词导引等使如前钦安殿祈嗣事例。上依拟仍命百官各加恭敬毋生毁恶。玄极宝殿即钦安殿更名也。[1]

钦安殿更名为玄极宝殿还见于万历时进士朱国祯《明皇大政记》的记载，称嘉靖十四年（1535年）十月“钦安殿工完（文皇祀真武所建，燎垣前作天一门，寻改为玄极宝殿）”[2]。

上述两则史料，《明实录》说得很清楚，玄极宝殿（钦安殿）前有天一门，故位置在坤宁宫北即宫内坎位，坎在八卦中属水，位居北方。《明世宗实录》记，嘉靖十七年（1538年）二月丙午日为圣母生日，嘉靖帝上谕辅臣曰：“朕惟臣子之于君亲，愿寿为最亲父母之谓也。今圣母寿旦，朕取今夕中夜于玄极宝殿设坛，为母祈寿于上帝。”[3]实录中所言“上帝”，非儒家礼拜的皇天上帝，因为这时嘉靖帝还没有下令请儒家皇天上帝神位供于宫右乾隅的玄极宝殿中，故可知祭告的是道教的玄天上帝，地点是在宫内坎位的玄极宝殿（钦安殿）。那么，去年即十六（1537年）年八月甲戌皇第六子降生两天后，嘉靖帝亲行至玄极宝殿奏告上帝，

1　前揭《明世宗实录》卷一九四。

2　（明）朱国祯：《明皇大政记》卷二八，《四库全书存目丛书》，齐鲁书社，1996年。

3　前揭《明世宗实录》卷二〇九。

按惯例也指的是宫内坎位的玄极宝殿（钦安殿）。《明世宗实录》记:“甲戌皇第六子生，越二日，上亲奏告玄极宝殿、皇祖庙、皇考庙，命侯勋公溶大学士言伯锪，尚书鼎臣、嵩代告七庙。”[1]

因有钦安殿更名为玄极宝殿这事，故嘉靖帝死后，他的儿子朱载垕即位后，才有隆庆帝将玄极宝殿改回钦安殿的记载：

《春明梦余录》记：“十七年，改昊天上帝称皇天上帝。是年欲仿明堂之制，宗祀皇考，以配上帝。诏举大享礼于元（玄）极宝殿，奉睿宗献皇帝配。元（玄）极宝殿者，大内钦安殿也，殿在乾清宫垣后。隆庆元年罢大享祈谷礼，元（玄）极（宝）殿仍改为钦安殿。”[2]

《明史》记：“隆庆元年，礼臣言：‘我朝大享之礼，自皇考举行，追崇睿宗，以昭严父配天之孝。自皇上视之，则睿宗为皇祖，非周人宗祀文王于明堂之义。’于是帝从其请，罢大享礼，命玄极宝殿仍改钦安殿。”[3]

《明会要》记：“隆庆元年，礼臣言：‘我朝大享之礼，自皇考举行，追崇睿宗以昭严父配天之孝。自皇上视之，则睿宗为皇祖，非周人宗祀文王于明堂之义。’于是帝从其请，罢大享礼，命元（玄）极宝殿仍改钦安殿。”[4]

从上述记载看，钦安殿更名为玄极宝殿是事实，也就是说嘉靖十五年（1536 年）时钦安殿已换成“玄极宝殿”匾了。

二　位于宫右乾隅的另一座玄极宝殿

（一）大享礼于宫右乾隅的玄极宝殿举行

《明世宗实录》记：

> （嘉靖十七年九月）癸未，上谕内阁：大享神御位、配帝位二圣，内殿神位俱不宜过期，须十一日戌刻。南宫制造。十五日，先奉安神御位、配帝位于玄极宝殿。[5]

到了嘉靖十七年（1538 年）九月癸未（13 日）这一天，情况发行了变化，嘉靖帝

1　前揭《明世宗实录》卷二〇三。

2　（清）孙承泽:《春明梦余录》卷一四，《钦定四库全书·子部·杂家类》，台湾商务印书馆影印，1986 年。

3　（清）张廷玉等撰 :《明史 · 志第二四 · 礼志二》卷四八，中华书局，1971 年。

4　（清）龙文彬 :《明会要》卷八，第 113 页，中华书局，1965 年。

5　前揭《明世宗实录》卷二一六。

下了一道谕旨，要求玄极宝殿供奉儒家皇天上帝神位（即神主）和他父亲睿宗的神位，于15日安供神位，辛卯日（21日）举行大享礼，《明世宗实录》记："辛卯，大享上帝于玄极宝殿，奉睿宗献皇帝配，礼成。诏示天下。"[1]

但是在十一月嘉靖帝所下的另一道上谕中则明确说明于九月二十一日举行大享礼的地点是位于宫右乾隅的玄极宝殿，《明世宗实录》记：

> （嘉靖十七年十一月）初以秋季（按：季秋）大享之典所关，为民谢福，王者大事，式循经义之正，时举宗祀之章。况我皇考玄德升闻，辉前启后，宜荐宗祢，即此之十一日恭上尊号为睿宗知天守道洪德渊宽穆纯圣恭俭敬文献皇帝。是月二十一日（按：九月二十一日）祇大享上帝礼于官右乾寓（按：三本诏制"官"作"宫"，广本、阁本诏制"禺"写作"隅"）之玄极宝殿，奉皇考配帝。[2]

显然，这里提到的玄极宝殿不是钦安殿更名后的玄极宝殿，因为它位于宫右乾隅，在八卦方位中，乾位于西北，在宫右。这则记载，让我们目瞪口呆，怎么会在同一本实录中，竟出现了同名不同地点的两座建筑，即位于宫内坎位的玄极宝殿（钦安殿）和位于宫右乾隅的玄极宝殿。这难道是实录抄错了。从上文钦安殿更名玄极宝殿后所举办的几次活动看，钦安殿确实已更换为玄极宝殿匾了。而从"大享上帝礼于宫内乾寓之玄极宝殿"这段记载看，也是事实，不可能是抄写的错误。

笔者意外地发现，嘉靖帝永陵的卜定者廖文政[3]，曾到皇宫堪定风水，《兴邑衣锦三僚廖氏族谱》所辑《文政公行程实录记》记：嘉靖十七年（1538年）四月二十六日，廖文政为皇宫建造新门看了风水。那天世宗站在乾清宫前的丹墀内，问："要砌墙一条，两边开门可好？"廖回答："华盖殿高雄。砌了墙，丹墀窄了。两边开门，龙恐三门冲。"君臣又经宝京门出，转回咸熙宫、毓德宫、螽斯宫。世宗问："要开门往南行可否？"廖文政回答："犹恐穿破天心。"又经玄极殿、极宝殿、会灵门、会兵门至启祥门首，世宗问："此处开门如何？"廖文政说："此处正宜开门。经曰：疏通煞路，万寿无疆。"世宗龙颜大悦，马上命令匠官郭孟阳丈量门地。

廖文政于十七年（1538年）四月二十六日经过的"玄极殿"即玄极宝殿与咸熙宫、螽斯宫、启祥门（启祥宫大门）等邻近，位于宫右乾隅，说明宫右乾隅的玄极宝殿在九月十五日放置上帝、睿宗神主之前已经存在。

又据《明史》记："帝既排正议，崇私亲，心念太宗永无配享，无以谢廷臣，乃定

---

1 前揭《明世宗实录》卷二一六。

2 前揭《明世宗实录》卷二一八。这则史料由罗文华先生发现，并示之于我，在此表示感谢。

3 《明世宗实录》卷一九七，记："钦天监冠带阴阳人廖文政等比例求马灵台博士，礼部议请先与试职，待陵工完日实授，上不允，但月给米一石而已。"

献皇配帝称宗，而改称太宗号曰成祖。时未建明堂，迫季秋，遂大享上帝于玄极宝殿，奉睿宗献皇帝配。”[1]这则史料告诉我们，由于迫于季秋大享礼日期的临近，要新建一座明堂已经来不及了，故临时把玄极宝殿当做明堂以祭祀上帝和睿宗神主。说明此玄极宝殿指的是宫右乾隅的玄极宝殿，但它并非新建，原本就存在。

这样，本文就可确定当时宫中存在着两座玄极宝殿，一座位于坤宁宫后即宫内坎位，另一座位于宫右乾隅。嘉靖帝于十五年（1536 年）将钦安殿更名为玄极宝殿后，“宫右乾隅”的玄极宝殿并没有进行更名，其原因不得而知。因此，当时宫中存在着两座玄极宝殿，故特地说明“宫右乾隅”的玄极宝殿为供奉儒家皇天上帝、睿宗神主和举行大享礼的专用宫殿。

结合上述《明实录》嘉靖十五年（1536 年）钦安殿更名为玄极宝殿和嘉靖十七年（1538 年）大享礼于宫右乾隅玄极宝殿举行的这两条史料，我们可以得出结论：明崇祯时编纂的《太常续考》[2]和清初编纂的《明史》[3]都认为钦安殿建于宫右乾隅，嘉靖时由于要举行大享礼，才改为玄极宝殿。明末清初人孙承泽《春明梦余录》[4]则认为钦安殿在乾清宫后，嘉靖时于此举行大享礼，故改名为玄极宝殿。这些记载，都是因为受了《明实录》的影响，但又都与《明实录》记载不符，显然《太常续考》、《明史》和《春明梦余录》的记载有误。

（二）宫右乾隅的玄极宝殿的具体位置

宫右乾隅的玄极宝殿的具体位置（图三），万历时人刘若愚已经告诉我们了，他称：“其两幡杆插云向南而建者，隆德殿也。旧名玄极宝殿。隆庆元年夏更曰隆德殿，供安玄教三清上帝诸尊神。……（崇祯）六年四月十五日，更名曰中正殿。”[5]位于宫右乾隅的玄极宝殿就是现在的中正殿一区。下面所引的几条史料，亦证明刘若愚所言俱实。《大明会典》记：“嘉靖中，定玄极宝殿拜天仪，今罢。前期一日，太常寺博士捧祝版于文华殿或精一堂，或临时于玄极门内。上亲填御名。太常寺办祭品。晡时，同供事官入殿内陈设。夜二鼓，太常寺官入候行礼。三鼓初，上具服乘舆，至凌霄门外，降舆，

1　前揭《明史·志第二四·礼志二》卷四八。

2　《太常续考》卷一：“玄极宝殿者，大内钦安殿也，殿建于宫右。”卷八：“玄极宝殿，殿建于宫右乾隅，即旧钦安殿也，嘉靖中行大享祈谷礼其中，改名玄极宝殿。隆庆元年大享祈谷礼罢，仍名钦安殿。”《钦定四库全书·史部·职官类》，台湾商务印书馆影印，1986 年。

3　前揭《明史·志第二四》卷四八：“时未建明堂，迫季秋，遂大享上帝于玄极宝殿，奉睿宗献皇帝配。殿在宫右乾隅，旧名钦安殿。”

4　前揭《春明梦余录》卷一四：“元极宝殿者，大内钦安殿也，殿在乾清宫垣后。隆庆元年罢大享祈谷礼，元极（宝）殿仍改为钦安殿。”

5　《明宫史》，第 14 页，北京出版社，1963 年。

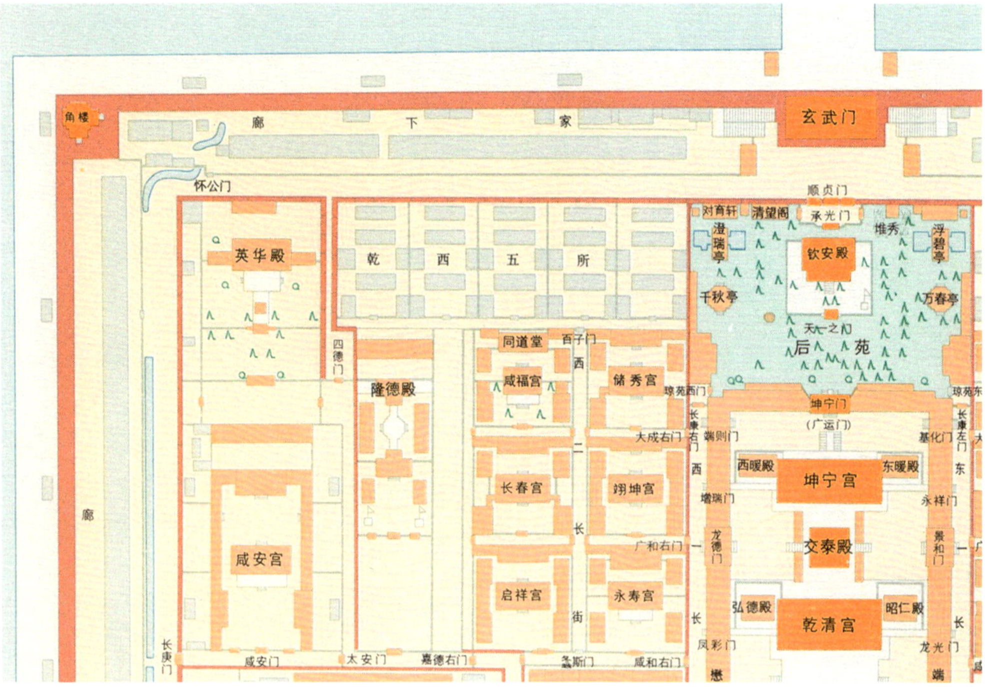

图三　位于宫右乾隅的玄极宝殿（隆德殿）

入门内。太常寺卿跪奏神御位奉安讫。导引官导上至玄极门内，由集真门入，至左升。内赞对引官导上由左门入，就位。”[1]嘉靖帝亲自填御名于文华殿或精一堂或玄极门内，然后在太常寺官的陪同下到玄极宝殿行拜天礼，所经之门有凌霄门、玄极门和集真门，集真门是最后一道进入玄极宝殿的大门，显然这三座门都不在宫内坎位即坤宁宫北。而在《太常续考》里太常寺官到玄极宝殿摆祭品的路线则记载得更为详细：“嘉靖中，每正旦、万寿圣节日，上用脯醢酒果拜天于玄极宝殿。……一前期一日早，博士捧祝版于文华殿，候上亲填御名，或临时于精一堂或于玄极门内填。本寺办祭品。午后，官员执事厨役人等进祭品，由午门、右顺、思善、精一、会极、顺德、咸和右门、通玄、凌霄、集真门入，至玄极宝殿内西侧安设。演礼毕，由长庚门出，于阙右支待房守宿。二更时分，由右掖、右顺、思善、长庚、二南、四德、陟虚、集真门入，本寺卿奉安神御位。本寺官铺排陈设祭品、祭器等项。”[2]陈设祭品时太常寺官所走的路线是：穿会极门（左顺门，今协和门），过午门，穿右顺门（归极门，今熙和门），进入武英殿左侧后的思善门（今无存），往北穿过隆宗门，进入西六宫，穿过月华门北的顺德右门（今近光右门），右转进入咸和右门，从启祥宫前经过，过通玄、凌霄，最后由

1　《大明会典·郊祀四·节拜》卷八四。

2　这则史料由罗文华先生发现，并示之于我，在此表示感谢。见前揭《钦定四库全书·史部·职官类》，《太常续考》卷八。

集真门入，至玄极宝殿，于殿内西侧安设祭品。演礼毕，出玄极宝殿，过几道门后往西，最后从长庚门（清寿安门西）出。从这条路线看，玄极宝殿确实位于西六宫西即宫右乾隅的中正殿处。

为什么这条路线要绕道西六宫经过启祥宫，显然这与其父诞生于此有关，以表示对父王的尊敬。

另一则史料也印证了宫右乾隅的玄极宝就是现在的中正殿一区，《明世宗实录》记："丙申修玄极宝殿，命成国公朱希忠告迁上帝、睿宗神位于威福宫（按：广本威福宫作咸福宫，阁本作咸宁）。"[1]嘉靖四十五年（1566年）七月初七日（丙申）重修玄极宝殿时，将供在殿里的上帝和睿宗神主暂时请出，移供于旁边的咸福宫。为什么我们知道丙申所重修的玄极宝殿不是宫内坎位（坤宁宫北）的玄极宝殿？因为到八月时，嘉靖帝下了一道谕旨，称："以玄极宝殿前地隘不便陪侍，命拆除咸熙宫，改建大享门。"[2]而宫内坎位的玄极宝殿（即钦安殿）前为天一门，没有咸熙宫。

（三）宫右乾隅的玄极宝殿的历史使命

嘉靖十八年(1539年)后，每年于宫右乾隅的玄极宝殿举行大享祈谷礼成为定制，《明穆宗实录》记："祈谷之礼，谨考祖宗朝，原无祈谷之礼，惟郊外耤田有先农坛。国初，每岁仲春上戊日，圣驾亲祭先农，遂耕耤田。永乐后，惟遇列圣登极之始，仅一举行。其他岁遣顺天府官代。嘉靖九年始以孟春上辛日行祈谷礼于大祀殿。十年以启蛰日改行于圜丘。十八年又改行于禁内之玄极宝殿，遂为定例。"[3]《明史》亦记："十一年惊蛰节，帝疾，不能亲，乃命武定侯郭勋代。给事中叶洪言：'祈谷、大报，祀名不同，郊天一也。祖宗无不亲郊。成化、弘治间，或有故，宁展至三月。盖以郊祀礼重，不宜摄以人臣，请俟圣躬痊，改卜吉日行礼。'不从。十八年改行于大内之玄极宝殿，不奉配，遂为定制。"[4]嘉靖帝崩后，隆庆元年（1567年），礼部遵诏会议嘉靖诸礼，称："大享之礼，谨考祖宗朝，原无大享之礼。嘉靖十七年，我皇考举明堂大典，以季秋享上帝奉睿宗献皇帝配，寻乃撤大祀殿，改建大享殿。然每岁惟于禁内之玄极宝殿遣官行礼为常，亦未尝于郊坛亲祭也。臣等谨议，明堂大享虽称古制，而制度之详亦不可考。见皇考肇举此祀，无非追崇睿宗以昭严父配天之孝。但自皇考视睿宗则睿宗为严父，自皇上视睿宗则睿宗为皇祖。若以今日仍奉睿宗配帝，似于周人宗祀文王于明堂之义不甚相协，恐非所以妥睿宗之灵而安皇考之心也。故臣等以为大享之礼可罢。"嘉靖时定于宫右乾隅的

1 前揭《明世宗实录》卷五六〇。

2 前揭《明世宗实录》卷五六一。

3 《明穆宗实录》卷二〇，隆庆元年正月上，台北"中研院"历史语言研究所校印，1966年。

4 前揭《明史·志第二四·礼志二》卷四八。

玄极宝殿举行的大享礼走到了尽头，隆庆帝听取了礼部的意见，说："允当，如议行之。"遂被废除（见文后附表）。

三　嘉靖四十五年改建宫右乾隅的玄极宝殿

玄极宝殿供奉上帝和睿宗牌位，与嘉靖时发生的"大礼仪"之争有关，《钦安殿与玄极宝殿考》[1]一文已论及，此不赘言。

明初无明堂之制。想出把睿宗神主配享上帝之法的是致仕扬州府同知丰坊的一则上疏，他称："孝莫大于严父，严父莫大于配天。请复古礼，建明堂。加尊皇考献皇帝庙号称宗，以配上帝。"[2]时间是嘉靖十七年（1538年）六月，嘉靖帝看后下令发礼部讨论，尚书严嵩表示反对，称："人君之位，天位也，以天位相承谓之统……继统之严，不容或紊。……夫既已称宗则未有帝宗而不济附于太庙者，窃恐我皇考在天之灵，亦有所不安者矣。"嘉靖帝降旨说："明堂秋报大礼，于奉天殿行其配帝，务求画一之说。皇考称宗，何为不可？再会议以闻。"但是户部左侍郎唐胄抗疏称："丰坊明堂之议，虽未可从，而明堂之礼，则不可废。"激怒嘉靖帝，下唐胄诏狱。经过多次反复会议，最后迫于嘉靖帝的压力，尊献皇帝为宗以配享上帝。虽然睿宗配享上帝的方案通过了，但由于大享礼日期的临近，又因为永乐时未建明堂，现在要建一座明堂，时间上已不允许，故只能临时找一座建筑来替代，时间是十七年（1538年）九月癸未日，谕旨宫右乾隅的玄极宝殿供奉上帝和睿宗神位。

宫右乾隅的玄极宝殿虽然供奉了上帝和睿宗神主，但它并不是一座明堂建筑，到嘉靖四十五年（1556年）时，嘉靖帝才想起来要把玄极宝殿改建成明堂形式，七月初七日下令修玄极宝殿，命成国公朱希忠将上帝、睿宗神位移请至旁边的咸福宫[3]。八月，嘉靖帝为玄极宝殿前地方狭小，不便陪侍，下命拆除咸熙宫，改建为大享门[4]。大享门之名，早已有之，原是天坛祭天大殿大享殿的大门，是大享殿竣工的前一年即二十一年（1542年）时嘉靖帝御定的门名。明初，天地合祭，祭祀的地方叫大祀殿，殿为方形，嘉靖九年（1530年）时，改为天地分祀，在天坛建圜丘坛，专用来祭天，另在北郊建方泽坛祭地。嘉靖二十二年（1543年）十月大享殿落成："己卯，建大享神御殿，其制六楹，四团栏杆白石，其上青瓦如呈穹宇色，大享殿前两庑，庑各十楹，前为大享门。"[5]嘉靖帝将原大祀殿改为大享殿，顶改为重檐圆顶以象征天。故可知此次修玄极宝殿实

1　李军、王子林：《钦安殿与玄极宝殿考》，《故宫博物院院刊》2011年第6期。

2　前揭《明史·志第二四》卷四八。

3　前揭《明世宗实录》卷五六〇。

4　前揭《明世宗实录》卷五六一。

5　前揭《明世宗实录》卷二七九。

将改建为明堂形式，并将大门命名为大享门。九月初八日玄极宝殿建成："乙未，修玄极宝殿成，奉安上帝、睿宗皇帝神位，成国公朱希忠行礼。"[1]

从时间上看，七月到九月，只有短短两个月时间，明堂玄极宝殿不可能是新建，只能是改建，改建后的玄极宝殿由五组建筑组成，前面还新建了大享门，以期与祭天建筑规制相同。

四　玄极宝殿的明堂结构

嘉靖四十五年（1566年）改建的玄极宝殿是否为明堂形制，下面作进一步的论证：

明堂相传是黄帝时期所流传下来的一种国家祭祀场合，夏代称"世室"，商代称"重屋"，周代才称"明堂"，它主要有两种功能，一是政治功能，如《礼记·明堂位第十四》所记天子面南而立，三公、侯爵等则面北或面东、面西而立，它是发布政令，确立尊卑秩序，朝见四方诸侯的大殿；二是国家祭祀功能，如《孝经》所言"周公郊祀后稷以配天，宗祀文王于明堂，以配上帝"，自商周以后，明堂的职能渐渐发生分化，主要是天子祭天祀祖的地方。

明堂的结构如何？由于儒家经典对明堂的建筑模式没有明确记载，所以后代聚讼纷纭。据《前汉书》[2]记载，汉武帝封禅泰山后，想仿照古代传统修建明堂，却无人能说清其具体样式。于是方士公玉带献上了一张黄帝时期的明堂图。图中有一宫殿，四面无壁，以茅草为盖，四周环水。汉武帝就照这张图，修建了汉家明堂。但据后人考证，这张黄帝明堂图是公玉带伪造的。东汉人高诱根据《吕氏春秋》[3]的记载，对明堂结构所作的解释，成为后世修建明堂所遵循的法则：孟春之月，天子居青阳、左个，高诱注曰："青阳者，明堂也。中方外圜，通达四出，各有左右房，谓之个，犹隔也。东出谓之青阳，南出谓之明堂，西出谓之总章，北出谓之玄堂，是月天子朝日告朔行令于左个之房。东向堂，北头室也。"仲春，天子居青阳、太庙，高诱注曰："青阳东向堂。太庙，中央室也。"季春，天子居青阳右个，高诱注曰："右个，南头室也。"孟夏，天子居明堂、左个，高诱注曰："明堂南向堂。左个，东头室也。"仲夏，天子居明堂、太庙，高诱注曰："明堂，南向堂也。太庙，中央室也。"季夏，天子居明堂、右个，高诱注曰："明堂南向堂。右个，西头室也。"孟秋，天子居总章、左个，高诱注曰："总章西向堂也，西方总成万物章明之也，故曰总章。左个，南头室也。"仲秋，天子居总章、太庙，高诱注曰："总章西向堂。太庙，中央室也。"季秋，天子居总章右个，高诱注曰："右个，北头室也。"孟冬，天子居玄堂、左个，高诱注曰："玄堂北向堂也。左个，西头室也。"

1　前揭《明世宗实录》卷五六二。

2　《前汉书·郊祀志》卷二五下，前揭《钦定四库全书·史部·正史类》。

3　（秦）吕不韦著，（汉）高诱注：《吕氏春秋》卷一至卷十二，前揭《钦定四库全书·子部·杂家类》。

仲冬，天子居玄堂、太庙，高诱注曰："太庙，中央室也。"季冬，天子居玄堂、右个，高诱注曰："玄堂北向堂。右个，东头室也。"

明堂的结构是南边的配殿开间为三间，中间名明堂，东间名左个，西间名右个；西边的配殿开间为三间，中间名总章，北间名右个，南间名左个；北边的配殿开间为三间，中间名玄堂，西间名左个，东间名右个；东边的配殿开间为三间，中间名青阳，北间名左个，南间名右个；东南西北四座配殿开间均为三间共计十二间，中央的重檐圆顶建筑名太庙或太室，上圆下方，象征天圆地方。由中央重檐圆顶建筑向东南西北四方各出甬道与四方的配殿相连，通达四方，这样的"十"字型建筑组合，统称为明堂（图四）。

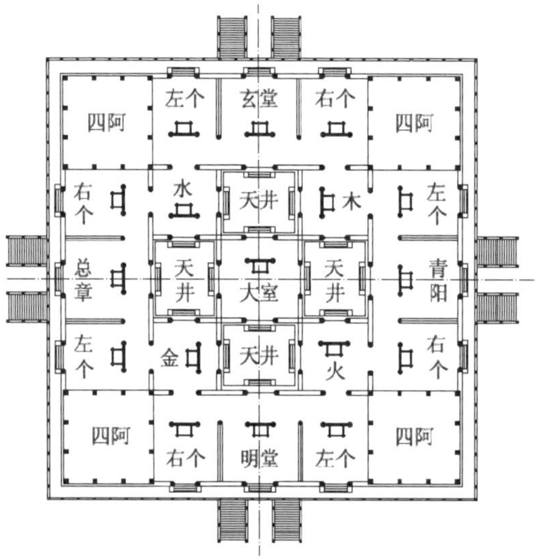

图四　明堂图（采自王晓明《吕氏春秋通诠》）

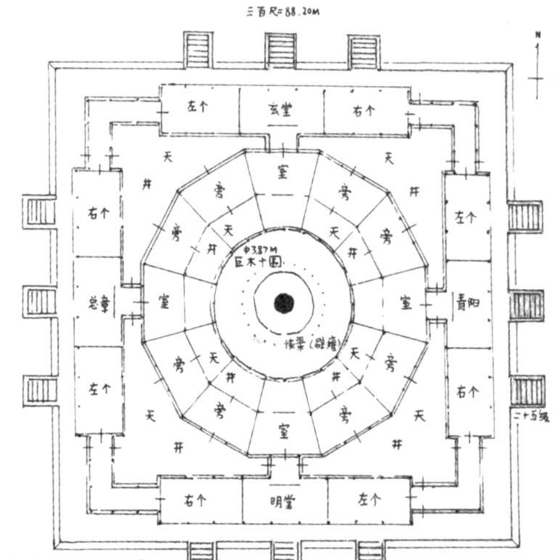

图五　河南洛阳武则天明堂遗址复原平面图

唐垂拱四年（689年）春二月，武则天下令拆毁乾元殿，就其地建造明堂，"高二百九十四尺，东西南北各广三百尺。凡有三层，下层象四时，各随方色；中层法十二辰，圆盖，盖盘九龙捧之；上层法二十四气，亦圆盖。亭中有巨木，十围，上下通贯"[1]。武则天所建明堂，据考古发掘，是由中央的重檐圆顶建筑和四方的配殿组成（图五），与《吕氏春秋》所记明堂结构是一样的。清人任起运《宫室考》[2]对明堂作了一个总结，称"辟雍、太庙、明堂同制，汉蔡氏邕常言之宗宫。考宫他书不见。岂考宫即辟雍、宗宫即明堂？以宗祀则谓之宗宫，以布政则谓之明堂，二而一欤"，"明堂上圆下方，为庙者五，为室者九，为堂者十二，堂三为一：南明堂、北玄堂、东青阳、西总章、中太庙太室，四阿

1 《旧唐书·礼仪二》卷二二，前揭《钦定四库全书·史部·正史类》。

2 （清）任起运：《宫室考》卷下，前揭《钦定四库全书·经部·礼类》。

入达重屋”。

《明穆宗实录》记：“（隆庆元年）八月戊申，修理隆德殿、英华殿、慈灵（宁）宫并各宫殿完工。”[1] 隆德殿即玄极宝殿，隆庆帝借修理之名，一则撤其上帝和睿宗神主，废大享礼，改供道教三清神像，二则更名曰隆德殿，其建筑面貌并没有改变。真正发生变化的是万历四十四年（1616年）十一月初二日深夜的一场火灾，建筑被全部烧毁[2]。到天启七年（1627年）二月，因厂臣魏忠贤捐资，天启帝下旨要重建隆德殿，《明熹宗实录》记：“请修隆德殿。得旨：览奏乾方旧有隆德殿，用备祝厘，兼护宫壶，委宜修复。内称厂臣先年廊下长连被灾空处已经捐赀修建外，今复呕心渐次经营，殚力期襄究荑，其体国忠猷，朕所鉴悉尔。经始谋终，都烦规画，具见同心。着礼部转行钦天监，上（按：“上”应为“赶”）紧择吉兴工，其工料不敷，并着部里通融接济，以克复旧制。”[3] 三月己巳兴工，四月癸丑完工。重建的时间只有一个月，而且是厂臣捐资兴建，天启帝在谕旨中还特别注明，工料不敷，着部里通融接济。显然这次重建，由于材料捉襟见肘，并没有全部按遗址恢复旧貌，而是建了一部分。所以，刘若愚看到的只有三座建筑即中正殿和东、西配殿[4]，没有中央的重檐圆顶建筑和南边的建筑，当然大享门也没有得到恢复。

虽然天启七年（1627年）重建玄极宝殿时只恢复了三座建筑，但“十”字型的基础结构并没破坏。到了清代，自皇太极始崇信藏传佛教，康熙时，中正殿区已开辟为佛堂，前殿得到了恢复，据乾隆初年的档案记载，康熙二十九年（1690年）时，中正殿前殿已供奉有法物[5]。鉴于此区域佛堂已成气候和有利于与崇信藏传佛教的蒙古人保持密切关系，清康熙三十六年（1697年）下旨：中正殿供奉佛像，著喇嘛念经，交与札萨克达喇嘛管理[6]。其札萨克达喇嘛，按清代喇嘛制度规定：驻京喇嘛大者曰掌印札萨克达喇嘛，位居于胡图克图、呼毕勒罕、国师名之下。由札萨克达喇嘛管理宫廷佛事，可见中正殿佛堂地位之高。中正殿在沉寂了很长一段时间后，因为清王朝欲借藏传佛教安抚蒙古的时机又兴盛了起来。雍正元年（1723年）成立中正殿念经处，成为管理宫内佛造像和喇嘛念经的最高行政机构，预示着宫廷藏传佛教繁兴即将到来。乾隆时宫廷佛堂大规模开始兴建，中正殿一区成为宫廷乃至整个北京藏传佛教的中心，乾隆说：

---

1 前揭《明穆宗实录》卷一一。

2 前揭《明神宗实录》卷五五一：“（万历四十四年十一月）己巳夜，隆德殿灾，殿距宸居不远，上心惊恐，终夜不宁，阁臣上疏恭慰，答之，勉以入阁视事。”

3 《明熹宗实录》卷八一，台北“中研院”历史语言研究所校印，1966年。

4 前揭《明宫史》第14页，刘若愚记：“旧名玄极宝殿，隆庆元年夏更名曰隆德殿……（崇祯）六年四月十五日，更名中正殿。东配殿曰春仁，西配殿曰秋义。”

5 中正殿火场残档：《中正殿现供前殿正殿东配殿西配殿后殿佛档》，故宫博物院藏。

6 《钦定大清会典事例·内务府·官制》卷1173，第18791页，光绪二十五年刻本，台湾新文丰出版公司，1977年。

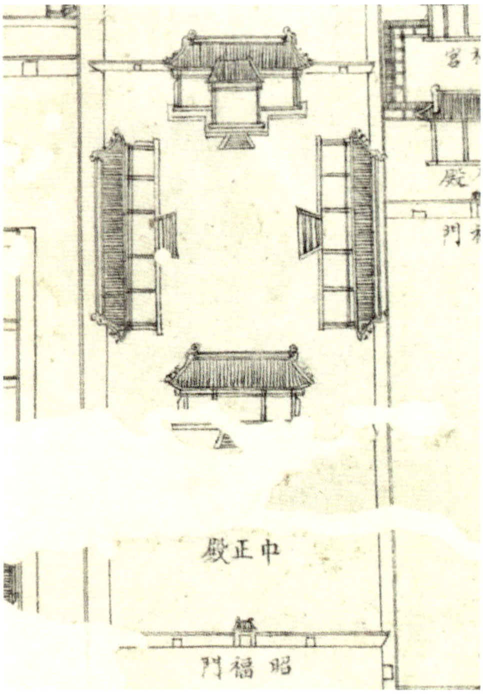

图六　清乾隆清内务府藏《京城全图》之中正殿区图

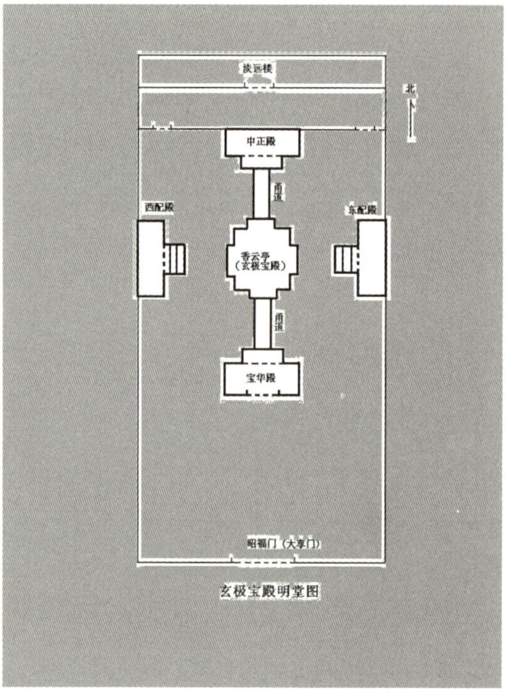

图七　中正殿区“十”字型平面图

“凡是西藏有的，这里无所不有。”[1] 中正殿作为核心地带，未重建的地方肯定不会让它再荒芜下去。据《中正殿经目录档案灯档》的记载：“香云亭四面云板上挂莲花灯二对（乾隆十三年十月二十九日司库白世秀奉旨请来），殿外崖下挂竖匾一面（满汉铜字）（乾隆十三年八月十八日内务府总管三合奉旨请来）。”另据《奏销档》记载：“中正殿四面抱厦重檐亭一座，前殿后檐添建抱厦一间，并油饰、彩画、找墁地面、甬路、散水。内里诚塑椴木镌胎佛像一百四十四尊，莲座一百三十份，执事车辇丰带俱使漆做，上五彩庄颜，椴木雕做悬山云兜五彩贴金云龙欢门罩四座，使添戳扫红黄飞金等项工程，除临清砖块琉丽瓦料，银硃苧布铜锡纸张外，按例实查办买物料给发匠夫工价运价等项，遂细销算通共银七千六百三十六两七钱八分四厘。乾隆十三年十月十五日具奏奉旨：知道了，钦此。”[2] 十月十五日内务府将添建四面抱厦重檐亭一座即香云亭，前殿即宝华殿后檐添建抱厦一间及各活计包括塑像等所需银两上报。中央重檐圆顶的建筑得到

1　《章嘉国师若必多吉传》第 222 页所记：“天神大皇帝为了增盛佛教和众生的幸福，历年不断地修建了不可思议的众多佛殿和身语意三依所（经、像、塔），……凡是西藏有的，这里无所不有。”

2　《奏案 05—0096—027》，《总管内务府大臣三和奏为销算恭建中正殿抱厦成塑佛像用过银两并找领银两事》

图八　俯瞰中正殿区（明堂结构）

了恢复，“香云亭”满汉铜字竖匾正式悬挂在屋檐下[1]（图六）。乾隆十四（1749年）年十月初一日前殿正式命名为“宝华殿”，并悬挂满汉文“宝华殿”匾[2]。至此，中央的重檐圆顶建筑香云亭和南边的建筑宝华殿在康熙、乾隆两朝都得到了恢复。一个完整的明堂结构“十”字型平面就呈现在我们面前（图七）：以重檐圆顶的香云亭为中心，四出台阶，向北为中正殿，向东为东配殿，向西为西配殿，向南为宝华殿，不过南北的台阶是高出地面的甬道即丹陛，把中正殿、香云亭和宝华殿连在一条线上，建筑等级非常高，如乾清宫和天坛祈年殿前的甬道（图八）。宝华殿南边广阔的空场即原举行大享礼时百官行礼和仪仗队站立的地方，也填满了各式佛堂建筑如梵宗楼、雨花阁和雨花阁东西配殿等。

结论

通过上述考证，我们可以得出如下结论：

第一，嘉靖时，宫中存在着两座玄极宝殿，一座位于宫右乾隅，一座位于宫内坎位。

1　中正殿火场残档：《香云亭雨花阁现供佛轴像供器总档》，故宫博物院藏。据乾隆十年至十五年绘制的《京城全图》显示乾隆十年前中正殿与前殿之间没有香云亭。虽然《京城全图》十五年告峻，但香云亭却一直没有在图中补上。

2　中正殿火场残档：《中正殿现供库贮佛经供器总档》，故宫博物院藏。

宫内坎位的玄极宝殿为钦安殿更名。

第二，睿宗配享上帝及大享礼是在宫右乾隅的玄极宝殿举行。

第三，嘉靖四十五年（1566 年）七月对宫右乾隅的玄极宝殿进行了改建，并增建了大享门。

第四，改建后的玄极宝殿为明堂形制。以重檐圆顶的建筑为中心，四出台阶，于东南西北四方各建有一座宫殿，南北辟有高出地面的甬道。中央重檐圆顶的建筑是供奉上帝和睿宗神主的地方。

第五，天启七年（1627 年）重建玄极宝殿时，由于资金和材料方面的原因，并没按旧貌恢复，只恢复了三座建筑。清康乾时期，由于国家政治中心已转移到西北边疆，清政府决定以繁兴佛教的方法来安抚蒙古各部，维护国家统一，历史的重任便落在了中正殿上，中正殿充当了繁兴佛教的中心。这一区域未恢复的建筑不仅得到了恢复，还兴建了众多的佛堂宫殿。正是这一局势，促成了玄极宝殿明堂形制的再现。

附表　玄极宝殿活动项目一览表（据《明实录》制作）

时间		事项	地点	备注
嘉靖十五年	十二月庚子	因皇子降生，举办祇答洪庥金箓大醮七昼夜。改钦安殿为玄极宝殿	钦安殿	供奉道教尊神玄天上帝。更名为玄极宝殿
嘉靖十六年	八月甲戌	皇第六子降生，嘉靖帝亲行祭告	玄极宝殿（钦安殿）	按例皇子降生的祭告活动在钦安殿举行
嘉靖十七年	二月丙午	因圣母寿旦，嘉靖帝令今夕中夜于玄极宝殿设坛为母祈寿于上帝	玄极宝殿（钦安殿）	这时玄极宝殿里还未供奉儒家皇天上帝和睿宗神位，此“上帝”应为道教玄天上帝，故为钦安殿
	三月辛巳	福建都御史李元阳进甘露九□，诏留宫中，礼官请荐庙称贺，上曰：“宝露之降实拜天庥，朕躬谢于玄极宝殿。”	玄极宝殿（钦安殿）	
	九月癸未	上谕内阁：大享神御位、配帝位二圣，内殿神位俱不宜过期，须十一日戌刻。南宫制造。十五日，先奉安神御位、配帝位于玄极宝殿	玄极宝殿	根据十七年十一月冬至日的记载：“大享上帝礼于官（宫）右乾寓（隅）之玄极宝殿。”故凡举行儒家之礼，均在宫右乾隅之玄极宝殿
	九月乙酉	奉安大享神御位、配帝位于玄极宝殿	玄极宝殿	为儒家之礼，故为宫右乾隅之玄极宝殿
	九月丁亥	命举大享礼于玄极（宝）殿，先是上谕内阁，大享预告睿宗配帝，俱于玄极宝殿	玄极宝殿	为儒家之礼，故为宫右乾隅之玄极宝殿

时间		事项	地点	备注
嘉靖十七年	九月戊子	傍有五色云见。太常寺言玄极宝殿大享备用祈谷殿乐器而钟磬鼓架瑟琴皆长，大陛上不能陈设，请用春祈秋报乐器。有旨：二配二坛暂设于台上，爵盘玉行内监取用，乐器列殿左右四间，乐舞在陛上	玄极宝殿	为儒家之礼，故为宫右乾隅之玄极宝殿
	九月辛卯	大享上帝于玄极宝殿，奉睿宗献皇帝配，礼成。诏示天下	玄极宝殿	为儒家之礼，故为宫右乾隅之玄极宝殿
	十月丁巳	将举大享有云祥，谕内阁：以二十四日，躬叩玄极宝殿，谢天垂景云	玄极宝殿	为儒家之礼，故为宫右乾隅之玄极宝殿
	十一月冬至	是月二十一日，祇大享上帝礼于官（宫）右乾寓（隅）之玄极宝殿，奉皇考配帝	玄极宝殿	此条记载，特别说明儒家之礼大享礼在宫右乾隅的玄极宝殿举行。故不是钦安殿
	十二月乙丑	上谕大学士言元旦，玄极殿拜天，仍具祭服，陛下望拜。及先期一日，合变服否。于是礼部更请正旦日，上拜天受朝	玄极宝殿	为儒家之礼，故为宫右乾隅之玄极宝殿
嘉靖十八年	正月丙申	皇考显陵昔者建造狭隘，虽尝增修，犹多未称兹。朕恭诣陵下，与诸左右大臣周阅山川，更卜吉兆，重建玄宫，以安皇考皇妣神灵于无穷，以昌厥后永绵胤祚于百世。朕亲择于二月十五日子时发京，前期五日，朕亲奏告皇天于玄极宝殿	玄极宝殿	为儒家之礼，故为宫右乾隅之玄极宝殿
	二月壬寅	大学士夏言等疏贺卿云，上曰："卿云瑞象，诚宗社无疆之祯，朕以祇感礼宜昭谢，听司其择日具仪以闻。"于是礼部尚书严嵩等具仪，请诏以初九日，奏谢上帝于玄极宝殿	玄极宝殿	
	二月启蛰节	启蛰节改行祈谷礼于玄极宝殿。先是祈谷之礼举于圜丘，以太祖高皇帝配，至是乃祈于玄极宝殿，礼部尚书严嵩因请以皇考配，上难之，自此遂不奉配	玄极宝殿	为儒家之礼，故为宫右乾隅之玄极宝殿
	二月庚戌	以南狩告皇天上帝于玄极宝殿	玄极宝殿	为儒家之礼，故为宫右乾隅之玄极宝殿
	四月辛酉	以南狩回銮奏谢皇天于玄极宝	玄极宝殿	为儒家之礼，故为宫右乾隅之玄极宝殿

时间		事项	地点	备注
嘉靖十八年	五月己卯	礼部以前月庚戌星变，迄今旬日尚未销（消）减，请消日躬祷于玄极宝殿	玄极宝殿	
	六月乙卯	以修省祭告于玄极宝殿	玄极宝殿	为儒家之礼，故为宫右乾隅之玄极宝殿
	闰七月戊寅	以皇子生行祭告礼于玄极宝殿	玄极宝殿（钦安殿）	按例皇子降生的祭告活动在钦安殿举行
	八月甲戌	万寿圣节上行告天礼于玄极宝殿	玄极宝殿	为儒家之礼，故为宫右乾隅之玄极宝殿
	八月壬午	行大享礼于玄极宝殿	玄极宝殿	为儒家之礼，故为宫右乾隅之玄极宝殿
嘉靖十九年	正月壬寅	上御朝，先是有旨，玄极之拜可于九日取阳九之数。礼部尚部严嵩等言："是日皇上既展事天之诚，臣下当尽见君之礼，请候玄极殿。"	玄极宝殿	
	正月壬子	启蛰，行祈谷礼于玄极殿	玄极宝殿	为儒家之礼，故为宫右乾隅之玄极宝殿
	九月甲午	大享上帝于玄极宝殿，奉睿宗献皇帝配	玄极宝殿	为儒家之礼，故为宫右乾隅之玄极宝殿
嘉靖二十年	正月戊子	上以疾，不御殿，命翊国公郭勋摄，行拜天礼于玄极宝殿	玄极宝殿	为儒家之礼，故为宫右乾隅之玄极宝殿
	正月丙申	上拜天于玄极宝殿	玄极宝殿	为儒家之礼，故为宫右乾隅之玄极宝殿
	正月辛亥	礼部以玄极宝殿祈谷，请令朝觐，官陪祀。诏俟郊殿成后听朝觐，官陪祈谷。着为令	玄极宝殿	为儒家之礼，故为宫右乾隅之玄极宝殿
	二月戊午	启蛰，行祈谷礼于玄极宝	玄极宝殿	为儒家之礼，故为宫右乾隅之玄极宝殿
	四月丙寅	上亲奏谢北郊敕暂止大享殿工，曰："兹者皇天仁爱，宗庙示灾，朕承洪眷敢不思省厥咎，改图自新。念今财匮力疲，除一切不急工程停止外，大享殿乃明堂重典，固未可已。窃虑工役繁巨，且今恭行于玄极宝殿，仰荷上帝顾歆，其暂停大工，庶蓄财力，用图庙建，所司奉行如敕。"	玄极宝殿	为儒家之礼，故为宫右乾隅之玄极宝殿
	八月癸亥	万寿圣节，上告祭天于玄极宝殿	玄极宝殿	为儒家之礼，故为宫右乾隅之玄极宝殿
	九月甲午	行大享礼于玄极宝殿，朱希忠代祭	玄极宝殿	为儒家之礼，故为宫右乾隅之玄极宝殿

时间		事项	地点	备注
嘉靖二十一年	四月丙辰	敕谕礼部，曰：“朕惟三代之礼，至周大备。后世治不古，若乃因陋就简焉。朕究览古，初斟酌百代，惟文武是宪是式，故郊正分祀庙□持享。宋儒朱熹所谓大事者，朕崇重之，惟是季秋大享于明堂，此周礼重典，与郊祀并者也，数以享地未定，特举祭于玄极宝殿。”	玄极宝殿	为儒家之礼，故为宫右乾隅之玄极宝殿
	七月己酉	日食，嘉靖帝下诏于明日为始修省三日至五日，并亲行祭告于玄极宝殿	玄极宝殿	
	八月丁亥	万寿圣节，上行拜天礼于玄极宝殿	玄极宝殿	为儒家之礼，故为宫右乾隅之玄极宝殿
	九月戊申朔	行大享礼于玄极宝殿，朱希忠代祭	玄极宝殿	为儒家之礼，故为宫右乾隅之玄极宝殿
嘉靖二十二年	正月戊辰	启蛰，行祈谷礼于玄极宝殿，命成国公朱希忠代	玄极宝殿	为儒家之拜天礼，故为宫右乾隅之玄极宝殿
	八月丙子	山东泰安州知州马逢伯奏献瑞麦嘉禾，上曰：“禾麦之祥，民食所关，天地洪恩，不可不敬，其择吉奏请玄极宝殿，献于祖庙。”	玄极宝殿	
	八月壬午	万寿圣节，命成国公朱希忠摄，行拜天礼于玄极宝殿	玄极宝殿	为儒家之礼，故为宫右乾隅之玄极宝殿
	八月甲午	以得瑞麦嘉禾，遣英国公张溶摄奏玄极宝殿	玄极宝殿	
	九月壬寅朔	以行大享礼请告睿宗献皇帝，祭帝于玄极宝殿，命英国公张溶代	玄极宝殿	为儒家之礼，故为宫右乾隅之玄极宝殿
	九月丙午	行大享礼于玄极宝殿，命英国公张溶代	玄极宝殿	为儒家之礼，故为宫右乾隅之玄极宝殿
	十一月乙丑	以兴建太庙，遣成国公朱希忠奏告上帝于玄极宝殿	玄极宝殿	为儒家之礼，故为宫右乾隅之玄极宝殿
嘉靖二十三年	正月庚子朔	上不视朝，命成国公朱希忠代行拜天礼于玄极宝殿	玄极宝殿	为儒家之礼，故为宫右乾隅之玄极宝殿
	二月癸酉	行祈谷礼于玄极宝殿，命成国公朱希忠代	玄极宝殿	为儒家之拜天礼，故为宫右乾隅之玄极宝殿
	九月乙卯	行大享礼于玄极宝殿	玄极宝殿	为儒家之礼，故为宫右乾隅之玄极宝殿

时间		事项	地点	备注
嘉靖二十四年	闰正月己卯	起蛰，行祈谷礼于玄极宝殿	玄极宝殿	为儒家之礼，故为宫右乾隅之玄极宝殿
	八月庚子	万寿圣节，行祀天礼于玄极宝殿，命成国公朱希忠代告祖考于奉先殿	玄极宝殿	为儒家之礼，故为宫右乾隅之玄极宝殿
	八月辛丑	礼部复请，告祭南北郊、社稷、太庙，奉安神版各日期，诏奏告奉安俱暂止。寻奉圣谕，大享之例，岁举者，岂但今一奉行，且待来秋祗祭，是秋暂于玄极宝殿行礼	玄极宝殿	为儒家之礼，故为宫右乾隅之玄极宝殿
	八月乙卯	行大享礼于玄极宝殿，先期请皇考配帝，遣成国公朱希忠代	玄极宝殿	为儒家之礼，故为宫右乾隅之玄极宝殿
嘉靖二十五年	正月己未朔	上亲行拜天礼于玄极宝殿	玄极宝殿	为儒家之礼，故为宫右乾隅之玄极宝殿
	正月甲申	启蛰，行谷礼于玄极宝殿，命成国公朱希忠代	玄极宝殿	为儒家之礼，故为宫右乾隅之玄极宝殿。
	八月甲午	万寿圣节，行拜天礼于玄极宝殿，命成国公朱希忠代	玄极宝殿	为儒家之礼，故为宫右乾隅之玄极宝殿
	九月戊子	行大享礼于玄极宝殿，命成国公朱希忠代	玄极宝殿	为儒家之礼，故为宫右乾隅之玄极宝殿
嘉靖二十六年	正月甲寅朔	命成国公朱希忠摄，行拜天礼于玄极宝殿	玄极宝殿	为儒家之礼，故为宫右乾隅之玄极宝殿
	二月己丑	启蛰，行祈谷礼于玄极宝殿，命成国公朱希忠代祭	玄极宝殿	为儒家之礼，故为宫右乾隅之玄极宝殿
	八月戊子	万寿圣节，上不御殿，命成国公朱希忠代告天于玄极宝殿	玄极宝殿	为儒家之礼，故为宫右乾隅之玄极宝殿
	九月癸亥	行大享礼于玄极宝殿	玄极宝殿	为儒家之礼，故为宫右乾隅之玄极宝殿
嘉靖二十七年	正月甲午	启蛰，行祈谷礼于玄极宝殿，命成国公朱希忠代	玄极宝殿	为儒家之礼，故为宫右乾隅之玄极宝殿
	正月甲午	启蛰，行祈谷礼于玄极宝殿，命成国公朱希忠代	玄极宝殿	为儒家之礼，故为宫右乾隅之玄极宝殿
	八月壬子	万寿圣节，上不御殿，命成国公朱希忠代告天于玄极宝殿	玄极宝殿	为儒家之礼，故为宫右乾隅之玄极宝殿
	九月己卯	大享上帝于玄极宝殿，奉睿宗献皇帝配神，命成国公朱希忠代	玄极宝殿	为儒家之礼，故为宫右乾隅之玄极宝殿
嘉靖二十八年	正月壬申朔	命成国公朱希忠代，行拜天礼于玄极宝殿	玄极宝殿	为儒家之礼，故为宫右乾隅之玄极宝殿
	正月庚子	启蛰，行祈谷礼于玄极宝殿。先期视牲，命英国公张溶代。至日行礼，命成国公朱希忠代	玄极宝殿	为儒家之礼，故为宫右乾隅之玄极宝殿

时间		事项	地点	备注
嘉靖二十八年	八月丁未	万寿圣节，命成国公朱希忠告祀玄极宝殿	玄极宝殿	为儒家之礼，故为宫右乾隅之玄极宝殿
	九月丁卯朔	礼部进来年大报等祀日册，命成国公朱希忠献瑞谷于玄极宝殿	玄极宝殿	
	九月壬午	是夜望月食，行大享礼于玄极宝殿。先期视牲，告请皇考睿宗献皇帝配帝。及是日行礼，俱命成国公朱希忠代	玄极宝殿	为儒家之礼，故为宫右乾隅之玄极宝殿
嘉靖二十九年	正月丙寅朔	上不御殿，命成国公朱希忠代，拜天于玄极宝殿	玄极宝殿	为儒家之礼，故为宫右乾隅之玄极宝殿
	二月乙巳	行祈谷礼于玄极宝殿，命成国公朱希忠代	玄极宝殿	为儒家之礼，故为宫右乾隅之玄极宝殿
	八月辛未	万寿圣节，命成国公朱希忠代，拜天于玄极宝殿	玄极宝殿	为儒家之礼，故为宫右乾隅之玄极宝殿
	九月辛卯朔	命驸马都尉邬景和，请睿宗皇帝配帝于玄极宝殿	玄极宝殿	为儒家之礼，故为宫右乾隅之玄极宝殿
嘉靖三十年	正月己丑朔	命成国公朱希忠代行拜天礼于玄极宝殿	玄极宝殿	为儒家之拜天礼，故为宫右乾隅之玄极宝殿
	正月庚戌	祈谷于玄极宝殿。先期视牲，遣咸宁侯仇鸾代。至日行礼，遣成国公朱希忠代	玄极宝殿	为儒家之礼，故为宫右乾隅之玄极宝殿
	八月乙丑	万寿圣节，遣成国公朱希忠代行祭告礼于玄极宝殿	玄极宝殿	为儒家之礼，故为宫右乾隅之玄极宝殿
	九月丙午	大享礼于玄极宝殿，先期视牲，请皇考配帝	玄极宝殿	为儒家之礼，故为宫右乾隅之玄极宝殿
嘉靖三十一年	春正月甲申朔	上不御殿，命成国公朱希忠代，行拜天礼于玄极宝殿	玄极宝殿	为儒家之礼，故为宫右乾隅之玄极宝殿
	二月乙卯	启蛰，行祈谷礼于玄极宝殿，命成国公朱希忠代	玄极宝殿	为儒家之礼，故为宫右乾隅之玄极宝殿
	八月庚申	万寿圣节，命成国公朱希忠代，拜天于玄极宝殿	玄极宝殿	为儒家之礼，故为宫右乾隅之玄极宝殿
嘉靖三十二年	正月戊寅朔	命成国公朱希忠代，行拜天于玄极宝殿	玄极宝殿	为儒家之礼，故为宫右乾隅之玄极宝殿
	二月辛酉	启蛰，行祈谷礼于玄极宝殿，先期视牲，命英国公张溶代。是日行礼，命成国公朱希忠代	玄极宝殿	为儒家之礼，故为宫右乾隅之玄极宝殿
	八月甲申	万寿圣节，告祀大于玄极宝殿，命成国公朱希忠代	玄极宝殿	为儒家之礼，故为宫右乾隅之玄极宝殿
	九月戊午	行大享礼于玄极宝殿。先期视牲，告请皇考配帝。及是日行礼，俱命成国公朱希忠代	玄极宝殿	为儒家之礼，故为宫右乾隅之玄极宝殿

时间		事项	地点	备注
嘉靖三十三年	正月壬寅朔	上不御殿，命成国公朱希忠代，拜天于玄极宝殿	玄极宝殿	为儒家之礼，故为宫右乾隅之玄极宝殿
	正月丙寅	启蛰，行祈谷礼于玄极宝殿，命成国公朱希忠代	玄极宝殿	为儒家之礼，故为宫右乾隅之玄极宝殿
	八月戊寅	万寿圣节，命驸马都尉邬景和代，拜天于玄极宝殿	玄极宝殿	为儒家之礼，故为宫右乾隅之玄极宝殿
	九月丙午	大享上帝于玄极宝殿，先期请睿宗皇帝配。及是日行礼，俱遣驸马都尉邬景和代	玄极宝殿	为儒家之礼，故为宫右乾隅之玄极宝殿
嘉靖三十四年	正月丁酉朔	遣成国公代，行拜天礼于玄极宝殿	玄极宝殿	为儒家之礼，故为宫右乾隅之玄极宝殿
	二月辛未	启蛰，祈谷于玄极宝殿。先期视牲，命英国公张溶代。至日行礼，命成国公朱希忠代	玄极宝殿	为儒家之礼，故为宫右乾隅之玄极宝殿
	八月壬申	万寿圣节，上不御殿，命成国公朱希忠代，告天于玄极宝殿	玄极宝殿	为儒家之礼，故为宫右乾隅之玄极宝殿
	九月庚戌	行大享礼于玄极宝殿。先期视牲，命英国公张溶代，请皇考睿宗献皇帝配帝。及是日行礼，俱命成国公朱希忠代	玄极宝殿	为儒家之礼，故为宫右乾隅之玄极宝殿
	十月壬戌朔	裕王第一子生，礼部请告于郊庙社稷，诏告天下，令文武群臣称贺。上曰："此所具仪太孙之礼也，岂可不俟君命第，遣官奏告玄极 殿及奉先殿，群臣不必称贺，颁诏无谓已之。寻命成国公朱希忠告玄极宝殿，驸马都尉谢诏告奉先殿。"	玄极宝殿	
嘉靖三十五年	正月辛酉朔	命成国公朱希忠代，拜天于玄极宝殿	玄极宝殿	为儒家之礼，故为宫右乾隅之玄极宝殿
	九月戊午	大享上帝于玄极宝殿，先期请皇考配。及是日行礼，俱命成国公朱希忠代	玄极宝殿	为儒家之礼，故为宫右乾隅之玄极宝殿
嘉靖三十六年	正月乙卯朔	遣成国公朱希忠行拜天礼于玄极宝殿	玄极宝殿	为儒家之礼，故为宫右乾隅之玄极宝殿
	四月甲午	先是三日以火星逆行二舍，敕诸司修省，至是遣英国公张溶等祈禳于洪应雷殿，成国公朱希忠、驸马都尉谢诏等，奏告于玄极宝殿	玄极宝殿	
	八月庚寅	万寿圣节，行祀天礼于玄极宝殿，遣成国公朱希忠代	玄极宝殿	为儒家之礼，故为宫右乾隅之玄极宝殿

时间		事项	地点	备注
嘉靖三十六年	九月辛酉	行大享礼于玄极宝殿。先期视牲，遣英国公张溶代，请皇考配帝。及是日行礼，俱命成国公朱希忠代	玄极宝殿	为儒家之礼，故为宫右乾隅之玄极宝殿
	十月丁未	以重建大朝门兴工，上亲告太高玄殿，遣成国公朱希忠告玄极宝殿	玄极宝殿	为儒家之礼，故为宫右乾隅之玄极宝殿
嘉靖三十七年	正月庚戌朔	命成国公朱希忠代，拜天于玄极宝殿	玄极宝殿	为儒家之礼，故为宫右乾隅之玄极宝殿
	二月丁亥	启蛰，行祈谷礼于玄极宝殿，遣成国公朱希忠代	玄极宝殿	为儒家之礼，故为宫右乾隅之玄极宝殿
	闰七月癸巳	总督浙直福建右都御史胡宗宪再获白鹿于齐云山，献之，上谓一岁中，天降二瑞，恩眷非常，命成国公朱希忠告谢于玄极宝殿	玄极宝殿	
	八月癸丑	以明日孝慈高皇后忌辰，奉先殿行祭礼，万寿圣节。命成国公朱希忠代，拜天于玄极宝殿	玄极宝殿	为儒家之礼，故为宫右乾隅之玄极宝殿
	九月甲戌朔	行大享礼于玄极宝殿，命成国公朱希忠代	玄极宝殿	为儒家之礼，故为宫右乾隅之玄极宝殿
嘉靖三十八年	正月癸酉朔	命成国公朱希忠行拜天礼于玄极宝殿	玄极宝殿	为儒家之礼，故为宫右乾隅之玄极宝殿
	正月壬辰	启蛰。行祈谷礼于玄极宝殿。命成国公朱希忠代	玄极宝殿	为儒家之礼，故为宫右乾隅之玄极宝殿
	八月己酉	万寿圣节，告祀天于玄极宝殿，命成国公朱希忠代	玄极宝殿	为儒家之礼，故为宫右乾隅之玄极宝殿
	九月甲申	行大享礼于玄极宝殿，命成国公朱希忠代	玄极宝殿	为儒家之礼，故为宫右乾隅之玄极宝殿
嘉靖三十九年	正月丁卯朔	命成国公朱希忠代，拜天于玄极宝殿	玄极宝殿	为儒家之礼，故为宫右乾隅之玄极宝殿
	二月丁酉朔	启蛰，行祈谷礼于玄极宝殿，命成国公朱希忠代	玄极宝殿	为儒家之礼，故为宫右乾隅之玄极宝殿
	八月癸卯	万寿圣节，命成国公朱希忠代，拜天于玄极宝殿	玄极宝殿	为儒家之礼，故为宫右乾隅之玄极宝殿
	九月壬午	大享上帝于玄极宝殿。先期请睿宗献皇帝配。及是日行礼，俱命成国公朱希忠代	玄极宝殿	为儒家之礼，故为宫右乾隅之玄极宝殿
	十二月丁酉	上以雪未应祈，遣成国公朱希忠、驸马都尉谢诏、英国公张溶、镇远侯顾寰祭告玄极宝殿	玄极宝殿	

时间		事项	地点	备注
嘉靖四十年	正月壬戌朔	命成国公朱希忠行拜天礼于玄极宝殿	玄极宝殿	为儒家之礼，故为宫右乾隅之玄极宝殿
	正月癸酉	遣成国公朱希忠以陕西巡抚官程轨等所进白鹿仙芝，奏告玄极宝殿	玄极宝殿	为儒家之礼，故为宫右乾隅之玄极宝殿
	二月癸卯	启蛰，祈谷于玄极宝殿，命成国公朱希忠代	玄极宝殿	为儒家之礼，故为宫右乾隅之玄极宝殿
	八月丁卯	万寿圣节，上不御殿，命成国公朱希忠代，祀天于玄极宝殿	玄极宝殿	为儒家之礼，故为宫右乾隅之玄极宝殿
	九月丙申	行大享礼于玄极宝殿，命成国公朱希忠代	玄极宝殿	为儒家之礼，故为宫右乾隅之玄极宝殿
	十二月己卯	以重建万寿宫，遣成国公朱希忠奏告玄极宝殿	玄极宝殿	
嘉靖四十一年	正月丙戌朔	上不御朝，命成国公朱希忠代，拜天于玄极宝殿	玄极宝殿	为儒家之礼，故为宫右乾隅之玄极宝殿
	正月戊申	行祈谷礼于玄极宝殿，命成国公朱希忠代	玄极宝殿	为儒家之礼，故为宫右乾隅之玄极宝殿
	八月壬戌	万寿圣节，命成国公朱希忠代，拜天于玄极宝殿	玄极宝殿	为儒家之礼，故为宫右乾隅之玄极宝殿
嘉靖四十二年	正月庚辰朔	命成国公朱希忠行拜天礼于玄极宝殿	玄极宝殿	为儒家之礼，故为宫右乾隅之玄极宝殿
	二月癸丑	行祈谷礼于玄极宝殿，命成国公朱希忠代	玄极宝殿	为儒家之礼，故为宫右乾隅之玄极宝殿
	八月丙辰	万寿圣节，遣成国公朱希忠祀天于玄极宝殿	玄极宝殿	为儒家之礼，故为宫右乾隅之玄极宝殿
	九月丁亥	行大享礼于玄极宝殿，命成国公朱希忠代	玄极宝殿	为儒家之礼，故为宫右乾隅之玄极宝殿
	十一月甲申	以火星逆行二舍，建禳典于内坛，遣成国公朱希忠奏告于玄极宝殿	玄极宝殿	
	十二月乙卯	以冬深雪少，上亲祈于禁中，命成国公朱希忠拜于玄极宝殿	玄极宝殿	
嘉靖四十三年	正月乙亥朔	命成国公朱希忠代，拜天于玄极宝殿	玄极宝殿	为儒家之礼，故为宫右乾隅之玄极宝殿
	二月戊午	启蛰，祈谷礼于玄极宝殿。先期请皇考配。及是日行礼，俱命成国公朱希忠代	玄极宝殿	为儒家之礼，故为宫右乾隅之玄极宝殿
	八月丁丑	以明日孝慈高皇后忌辰，奉先殿行祭礼，万寿圣节，命成国公朱希忠代，拜天于玄极宝殿	玄极宝殿	为儒家之礼，故为宫右乾隅之玄极宝殿

时间		事项	地点	备注
嘉靖四十三年	九月乙巳	大享上帝于玄极宝殿。先期请皇考配。及是日行礼，俱命成国公朱希忠代。	玄极宝殿	为儒家之礼，故为宫右乾隅之玄极宝殿。
嘉靖四十四年	正月己亥朔	命成国公朱希忠行拜天礼于玄极宝殿	玄极宝殿	为儒家之礼，故为宫右乾隅之玄极宝殿
	正月甲子	启蛰，行祈谷礼于玄极宝殿，命成国公朱希忠代	玄极宝殿	为儒家之礼，故为宫右乾隅之玄极宝殿
	三月己酉	复名新宫曰万寿，奏告玄极宝殿，遣成国公朱希忠行礼	玄极宝殿	
	六月甲戌	睿宗原庙前殿东柱产金色芝一本，上大悦，命奏谢玄极宝殿	玄极宝殿	
	八月甲戌	万寿圣节，告祀天于玄极宝殿，命成国公朱希忠代	玄极宝殿	为儒家之礼，故为宫右乾隅之玄极宝殿
	九月戊申	行大享礼于玄极宝殿，命成国公朱希忠代	玄极宝殿	为儒家之礼，故为宫右乾隅之玄极宝殿
	十月乙丑	以瑞鹿奏谢于玄极宝殿，告于太庙，遣公朱希忠行礼	玄极宝殿	
	十二月丙子	以冬旱祷雪于雷轩，命成国公朱希忠行礼，尚书郭朴等祭告于玄极宝殿	玄极宝殿	为儒家之礼，故为宫右乾隅之玄极宝殿
嘉靖四十五年	正月癸巳朔	命成国公朱希忠代，拜天于玄极宝殿	玄极宝殿	为儒家之礼，故为宫右乾隅之玄极宝殿
	二月己巳	祭帝、社稷并行祈谷礼于玄极宝殿，俱命成国公朱希忠代	玄极宝殿	为儒家之礼，故为宫右乾隅之玄极宝殿
	六月丁卯	太医院李乹献白兔，命成国公朱希忠告献于玄极宝殿	玄极宝殿	
	七月丙申	修玄极宝殿，命成国公朱希忠告迁上帝、睿宗神位于咸福宫	玄极宝殿	为宫右乾隅之玄极宝殿
	八月秋分	以玄极殿前地隘不便陪侍，命撤去咸熙宫，改建大享门	玄极宝殿	为宫右乾隅之玄极宝殿
	九月乙未	修玄极宝殿成，奉安上帝、睿宗皇帝神位，遣成国公朱希忠代行礼	玄极宝殿	为宫右乾隅之玄极宝殿
	九月丙午	大享上帝于玄极宝殿。先期请皇考配。及是曰行礼，俱命成国公朱希忠代	玄极宝殿	为宫右乾隅之玄极宝殿
	闰十月甲午	命成国公朱希忠以紫宸宫成，告谢于玄极宝殿	玄极宝殿	为宫右乾隅之玄极宝殿

时间		事项	地点	备注
隆庆元年	正月	礼部遵诏会议郊社诸典礼，十八年祈谷礼改行于禁内之玄极宝殿。遂为定例。嘉靖十七年我皇考举明堂大典以季秋享上帝奉睿宗献皇帝配，寻乃撤大祀殿，改建大享殿，然每岁惟于禁内之玄极宝殿遣官行礼为常，亦未尝于郊坛亲祭也。臣等谨议，大享之礼可罢	玄极宝殿	为宫右乾隅之玄极宝殿

原载《故宫学刊》第十辑，故宫出版社，2013年

明代西海蒙古首领卜儿孩事迹考辨

李文君

内容提要：卜儿孩是早期西海蒙古的著名首领，他本是野乜克力部亦思马因的儿子，达延汗的同母异父弟弟。因在蒙古本部受到排挤，被迫率部迁徙到西海驻牧。在西海，他役使“番族”，并向明朝求贡，但没有成功。卜儿孩最后被西征的蒙古本部所征服。《秦边纪略》一书对卜儿孩子孙的记载是错误的，梁份混淆了卜儿孩与固始汗这两个人。

关键词：卜儿孩　西海　秦边纪略

西海蒙古史是蒙古史、明史、青海地方史的重要组成部分。研究西海蒙古史，可以搞清自明朝正德年间开始的蒙古右翼向西海地区逐渐迁徙这一历史过程，以及由此而引发的这一地区民族构成的变迁，对研究此后的蒙古族历史、西藏历史、藏传佛教历史乃至清朝多民族国家的统一史都有极其重要的意义。西海蒙古，是蒙古史学界对自明正德年间开始陆续从蒙古草原迁徙到青海湖周围的蒙古各部的总称，因青海湖在明代被称作“西海”而得名，明朝人则因其在西海周围游牧而直呼其为“海部”“海寇”“海虏”。西海蒙古的出现，一方面是明中期以来明朝逐渐放弃了对蒙古主动出击的积极防御策略，采取逐渐收缩边防线、大量修筑长城的消极防御政策的结果，一方面也是蒙古各部在明先后放弃长城边外的大宁、开平、东胜、哈密等卫后，乘势纷纷从漠北南下的结果。西海因其草场肥美及驻牧的“番人”势力分散容易被各个击破而成为继漠南之后蒙古南下的又一重要目的地。最早进入西海的蒙古部落，是以永谢布领主亦不剌太师和鄂尔多斯领主满都赉阿哈剌忽为首的右翼部落，他们在反抗达延汗的兼并战争中失利后，被迫率残部从河套地区向西南方向移牧，在甘（今张掖）、凉（今武威）边外辗转数年后，最后在西海驻牧下来。继他们之后从蒙古草原本部迁居西海的著名蒙古部落首领，便是本文要论述的卜儿孩，他在西海活动三十余年，是西海蒙古史上

作者：故宫学研究所，副研究馆员。

在亦不剌与俺答汗之间承前启后的关键人物，对蒙古开辟西海这一活动新领域起到了不可替代的作用。但目前蒙古学界对这位重要人物还没有进行过专门的研究，本文拟对这一问题提出一些自己的粗浅看法，以求就教于方家。

一 卜儿孩西迁及其在西海的活动

先来谈谈卜儿孩西迁西海前的情况。卜儿孩是野乜克力部大名鼎鼎的亦思马因太师的儿子。亦思马因在取代其族兄乩加思兰成为汗廷太师后，权倾朝野，显赫一时。他早年掳掠了达延汗的生母、博勒呼济农的夫人锡吉尔太后为妻。后来达延汗出兵讨伐亦思马因时，郭尔罗斯的勇士托郭齐少师“按着环刀，（把锡吉尔太后）拖上马，驮了回来，并将（锡吉尔太后）所生的巴布岱（Babutai）、布尔海（Burkhai）二子也带回来了”[1]。这里被带回达延汗汗廷的布尔海（Burkhai）即卜儿孩，他应该是达延汗的同母异父的弟弟，亦思马因太师与锡吉尔太后所生的儿子。据各种记载来推断，这次攻打亦思马因的战争可能发生在成化十九年（1483年）前后。《明宪宗实录》成化十九年五月壬寅条载：“虏酋亦思马因为迤北小王子败走，所遗幼稚，朵颜三卫携往海西易军器”，成化二十二年（1486年）七月壬申条载，镇守甘肃总兵官焦俊奏称：“哈密都督罕慎遣人来报，虏酋克舍并亦思马因已死，两部人马散处塞下。”成化十九年，亦思马因吃败仗后留下的老弱部众，被跟随达延汗联军作战的朵颜三卫所获并被转卖到海西女真部，而三年后，亦思马因的主力部众已经向西返回野乜克力部的故地哈密北山，与瓦剌首领克舍的部下一起活动。和田清先生据此认为：成化十九年前后在辽东边外打了败仗的亦思马因，在逃归哈密北山的故土后死去了，此说有一定道理[2]。

卜儿孩跟随母亲锡吉尔太后被达延汗“迎请”回来以后，就一直在蒙古本部驻牧。后来，他的母亲锡吉尔太后在锡拉木伦河色尔莫格尔（今内蒙古四子王旗境内）去世[3]，卜儿孩本人则在不断受到达延汗子孙排挤的情况下，被迫西走西海。明人记载其事说：“初，达虏卜儿孩，乃小王子部落。先年，因小十王据其女子，戮其党众，构兵仇杀，力不能支，乃远窜西海，盘踞有年。”[4]卜儿孩是达延汗的弟弟，当然是小王子的部落，但他是亦思马因的儿子，不是黄金家族的成员，难免会受到其他正宗黄金家族成员的排挤。母亲锡吉尔太后在世时还多少能得到达延汗诸子孙的尊重，锡吉尔太后去世后情况就大不相同了，黄金家族各部开始逐渐排挤卜儿孩及其部众。小十王是鄂尔多斯部吉囊的属下，他与卜儿孩发生争执，可知卜儿孩的牧地应离鄂尔多斯部的

1 朱风、贾敬颜译注：《汉译〈蒙古黄金史纲〉》，第90页，内蒙古人民出版社，1985年。

2 ［日］和田清著，潘世宪译：《明代蒙古史论集》，第351页，商务印书馆，1984年。

3 札奇斯钦：《〈蒙古黄金史〉译注》，第272页，台湾联经出版事业公司，1979年。

4 沈越、沈朝阳：《皇明嘉隆两朝闻见记》，第341页，台湾学生书局影印本，1969年。

牧地不会太远，当在右翼蒙古领地境内。前述锡吉尔太后在今四子王旗境内去世，根据蒙古幼子守家的习俗，作为幼子的卜儿孩应该与其母亲锡吉尔太后在一起驻牧，因此卜儿孩的牧地也极有可能在今四子王旗境内。四子王旗属蒙古右翼牧地，也可知卜儿孩在蒙古右翼驻牧，而并非随哥哥达延汗在左翼驻牧。卜儿孩是亦思马因的儿子，被达延汗征服时他还领有其父的一些部众，因此在蒙古本部受到排挤后赴西海与同属野乜克力部而已进驻其地的亦不剌一起驻牧也是情理之中的事。

对于卜儿孩进入西海的时间，蒙文史料没有记载，据《明实录》的记载来推断，应在正德晚期。《明世宗实录》嘉靖十二年（1533年）二月癸卯条载："先是，小王子部落卜儿孩因内变逃据西海，为庄、宁边患且二十年，已，惧小王子仇己，请纳款于我。"从嘉靖十二年（1533年）上推近二十年，应是正德十年（1515年）左右，可以看做是卜儿孩进入西海的时间，这也正是亦不剌刚刚在西海立足下来的时间[1]。

卜儿孩率领部众长途跋涉到西海后，人马疲敝，牲畜倒毙很多，日用生活品补给出现了困难。为解决部属生计问题，他曾数次派人向明朝边将进献金牌、马匹，求通贡市，与明朝互通有无，以换取布匹绢帛等日用品。但卜儿孩的遭遇与同期求贡的亦不剌一样，都被明朝方面以种种借口加以回绝。嘉靖十一年（1532年）卜儿孩派遣已臣服于他的罕东左卫头目帖木哥为使，向明朝"纳款"，但明朝方面迟迟不给答复。恰逢吉囊西征，袭破卜儿孩，卜儿孩远遁，纳款之事便不了了之[2]。嘉靖二十年（1541年），因吉囊等撤兵而返回（西）海上的卜儿孩再次"遣人献金牌、马匹，叩塞纳款"。明朝方面又以未"遣子入侍、遣酋长入觐"为由加以拒绝[3]。此后，卜儿孩由于受到右翼蒙古的一系列进攻，被迫迁往青海湖以西的海西草原，远离明朝边镇，以后再没发生过纳款之事。既然明朝方面坚决"拒贡"，求贡不成的卜儿孩部不得不另辟蹊径，解决日用生活品匮乏问题。途径之一是通过控制番人的纳贡凭证——金牌，来换取明朝的粮食、布帛等物品。《皇明象胥录》载：嘉靖十九年（1540年），（西番）金牌为海虏所掠，并散失二十年，海虏卜儿孩献金牌马匹，纳款。兵部尚书张瓒等请命本镇侦察情实，兼令巡抚茶御使核金牌所自[4]。《殊域周咨录》卷十四提到罕东卫时说："（右卫都指挥一员）始祖绰尔加原在西海迤东住牧，（正德七年正月）被亦不剌等达贼将本卫指挥板丹等部落贼杀，其余所管剌咂等族遂奔南山一带，掳去敕诰、金牌、铜印，止有原授敕谕六道见存。"[5]可见亦不剌、卜儿孩等人从土著"番人"手里夺取了不少

1 李文君：《明代中期亦不剌迁居青海述略》，中央民族大学历史系主办《民族史研究》第5辑，民族出版社，2004年。

2 《明世宗实录》嘉靖十一年正月丁卯；十二年二月癸卯，台北"中央研究院"校勘本，1962年。

3 前揭《明世宗实录》嘉靖二十年正月丙午。

4 茅瑞徵：《皇明象胥录》录八《西番》，国立北平图书馆善本丛刊第一集本。

5 严从简：《殊域周咨录》卷十四，第478页，中华书局点校本，1993年。

纳贡的金牌。虽然此时明朝与西番间的官方金牌茶马交易几乎已被民间的茶马贸易所取代，夺取金牌也不再有任何经济上的意义，但不能排除卜儿孩等人依附于“番族”，以“番族”的名义用马匹换取明朝日用品的可能性。另一条途径是定期直接向被征服的“番族”征收一定的实物，来补充自己日用的不足。“番族”对蒙古“私馈皮币曰手信，岁时加送曰添巴”[1]。手信是为了讨好蒙古避免其干扰，临时自愿送上的，添巴则成为“番族”长期的一项固定实物负担。添巴的征敛范围比较广泛，“若豆麦青稞，若牛羊驼子，但十分取一，不及者不取也，岁一取之，谓之添巴”[2]。这种政策，使西海蒙古诸部对西番“年复一年，剥削日甚，以麦豆青稞口食取之蕃也；褐匹、毛布轻暖取之蕃也”[3]。通过附番贸易与向“番族”收取实物这两条途径，卜儿孩部基本解决了刚入西海时的生计困难问题，在西海扎下根来。

西迁的卜儿孩等人的求贡基本上是单独进行的，宗派上的矛盾和政治上的分歧使他们没有与右翼蒙古首领俺答等人的求贡活动联合起来。求贡的目的有两个，一是在西海求“空闲地居住”，以躲避来自蒙古本部的袭击，获得在明朝边境外“合法”居住的权利；一是求通贡市，获取游牧生活所必需而自身又不能生产的物品。在如何对待西海蒙古卜儿孩等人的屡次求贡的问题上，明朝内部一度有过争议。兵部尚书金献民极力主张仿照安定四卫旧例，将亦不剌等人“就便安插，设为卫所，许其以时通贡，量加赏赍，以结其心。仍择其雄杰一二人，授以职事，立为头目，使令钤束部落，遇有紧急声息，量调人马，为我策应，有功一体犒赏”。但这一建议遭到了三边总制杨一清等人的反对，他们认为这样做是鼓励蒙古各部自由进入西海，也违背了明朝隔绝番虏，防止其联合共同对抗朝廷的既定政策，通贡互市势必会加重西北边患[4]。两派协商的结果是对求贡的卜儿孩等人采取了不痛不痒的措施：厚赏其来使，但对其通贡要求却以种种借口横加拒绝。究其深层原因，一是“因其败弱而弃之”[5]，认为卜儿孩等是“远遁残寇”，不会对朝廷边防形成太大威胁；一是担心互市大开后西迁的蒙古部落长久驻牧于（西）海上，其他蒙古部落也必将为求互市之利大批涌入西海，这样势必会惊扰已臣属于明朝的“番族”，有碍茶马互市之利。同时，这也是正德、嘉靖间明朝坚决拒贡大背景下的产物，强大的蒙古本部在此问题上都连连“碰壁”，何况逃亡一隅的卜儿孩等人呢？

卜儿孩率部进入西海后，曾经排挤他的蒙古本部并未因他远徙而就此罢休，而是对他奉行了继续追击的政策。右翼蒙古首领吉囊与俺答为此曾先后几次亲自率众西征

1　前揭《皇明象胥录》录八《西番》。

2　梁份著，赵盛世等校注本：《秦边纪略》《西宁卫》卷一，青海人民出版社，1987年。

3　郑洛：《收复番族疏》，王昱主编：《青海方志资料类编》，第592页，青海人民出版社，1987年。

4　杨一清：《杨一清集》，第684页，中华书局，2001年。

5　王鸣鹤：《北虏九边图》叙卷二《甘肃镇》，明嘉靖刻本。

青海。在本部凌厉的攻势面前，亦不剌与卜儿孩的部属损失惨重。亦不剌去世后，卜儿孩被后进入西海的蒙古贵族整克、大同等人推为西海蒙古的新首领。《万历武功录·俺答列传上》说："（嘉靖）二十一年，其五月，是时，小王子、把巴台吉方号召海虏。于是，整克、大同义罕打罕乃使阿都赤请受事于卜儿孩。"新任西海蒙古首领的卜儿孩在俺答等人咄咄逼人的攻势面前，没能挽回野乜克力部在西海的被动局面，此后不久，他们就被西征的俺答收服。《阿勒坦汗传》记载说："其兄墨尔根济农已归天，无所依赖的阿勒坦汗坚强地经星胡拉越山远征，降服仇敌博喇海太师于合鲁勒哈雅之林，将其赐予侄儿岱青诺延之情如此这般。"[1] 合鲁勒哈雅林在今青海海晏县三角城一带，这里是卜儿孩所部进入西海后的活动中心。博喇海太师就是卜儿孩，岱青诺延是俺答的侄子永邵卜大成台吉。俺答征服了卜儿孩后，因卜儿孩属下多为其父亦思马因统领的永谢布旧部，故将卜儿孩的这些部属赏赐给了永谢布的新任领主大成台吉。卜儿孩被俺答征服后，西海蒙古非黄金家族的野乜克力部的时代便结束了，以后西海蒙古的历史进入了以黄金家族后代达延汗的子孙为主体的时代。

二　《秦边纪略》对卜儿孩子孙的错误记载

卜儿孩被俺答征服后，终明一代，在汉文、蒙文及藏文的相关史籍就再也没有发现关于他及其后人的记载。但一百几十年后，在康熙初年成书的《秦边纪略》里却出现了对卜儿孩子孙的相关记录，原文如下："亦不剌据青海二十余年，为吉囊所袭，惟卜儿孩独全，遂称卜失兔罕，盘踞四卫。今之达赖黄台吉，卜儿孩之子；麦力干、达尔加黄台吉，皆卜儿孩之孙也。青海，今夷人达赖黄台吉住牧。"[2] 从卜儿孩被征服到《秦边纪略》所记之事中间已有一百几十年的时间，其间在《明实录》等书中留下了许多关于其他西海蒙古首领们活动情况的记载，但唯独没有提到卜儿孩及其子孙的情况，应该不是漏记所致。卜儿孩的子孙在这么多年里销声匿迹，到康熙初年又突然冒出来，让人颇感突兀。还要强调的是两者的活动时间上也有问题，在一百几十年的时间，卜儿孩的子孙也不可能仅仅繁衍了两代，活动在康熙年间的蒙古首领达赖黄台吉竟然是活动在一百几十年前明朝嘉靖年间的卜儿孩的"儿子"，让人不可思议。再说，达赖黄台吉、达尔加黄台吉等的"黄台吉"称号也与他们的身份不符。"黄台吉"是黄金家族子孙的专有称号，卜儿孩乃亦思马因之子，野乜克力部人，并非黄金家族成员，他的"子孙"何以有资格称高贵的"黄台吉"？其实，《秦边纪略》的作者梁份是把明末进驻青海的卫拉特蒙古和硕特部固始汗的子孙误记为卜儿孩的子孙，混淆了固始汗与卜儿孩二人。下面对此分别予以纠正。

1　珠荣嘎译注：《阿勒坦汗传》，第 43 页，内蒙古人民出版社，1990 年。

2　前揭《秦边纪略》，第 74 页。

关于达赖黄台吉，《秦边纪略》记载道："达赖黄台吉，信佛，喜行善，卜儿孩失兔之幼子也。生长青海上，日与黄衣僧讲经。父死，袭黄台吉，分部引弓之士甫三千……初，滇黔事变（指三藩之乱），三秦方汹汹，其从子达尔加攻河州。阅月，麦力干取黄城儿，达赖力持不可，使者交驰南北，乃各罢去。达赖年五十，发多白，悉并绝妇人，一意学清净，及逾八十，发乃黑，颜如童稚云。"[1] 这里说达赖黄台吉是在其父亲死后才袭为"黄台吉"的，照此推断，他的父亲就应该是"黄台吉"，假如他真是卜儿孩的儿子，那么卜儿孩就应该是"黄台吉"无疑，但前面已经说过，卜儿孩不是黄金家族成员，没有资格称"黄台吉"，史料里也没有发现称卜儿孩为"黄台吉"的记载，看来达赖黄台吉并非卜儿孩的儿子。其实，达赖黄台吉就是和硕特部固始汗的幼子达什巴图尔，固始汗是成吉思汗二弟哈萨尔的嫡系后裔，他的儿子当然有资格称"黄台吉"。在青藏高原建立和硕特汗廷的固始汗共有十个儿子，长子达延汗一系留在西藏主持拉萨汗廷，第八子衮布察珲绝嗣，其余八子都被作为汗廷的后援留在青海游牧，被通称为"青海和硕特八台吉"。八台吉及其属部被分成左右两翼，推举一人为总领，称为"黄台吉"，遇到涉及各台吉的内外大事，就由黄台吉主持，进行会盟，对内协商决策，对外统一行动。固始汗第六子多尔济达赖台吉、第十子达什巴图尔及其子罗卜藏丹津等先后担任过盟主"黄台吉"。达什巴图尔在固始汗的十个儿子中寿数最高，在兄长们相继谢世后被选为青海和硕特八台吉之首。在率青海和硕特蒙古各部归附清朝后，达什巴图尔又被康熙皇帝晋封为亲王，到康熙五十八年（1719年）才去世，与上文的记载"年逾八十"相吻合。他去世后，"黄台吉"一职由其子罗卜藏丹津担任，一直到雍正年间罗卜藏丹津叛离清朝为止。

关于麦力干，梁份记载道："麦力干黄台吉，其祖卜儿孩，继亦不剌据青海，有众万人。麦力干与诸父诸兄三分其军，皆为黄台吉。麦力干分地在青海北，与西宁、庄浪、凉州特接壤……其从兄达尔加黄台吉，从兄弟怀阿尔赖辈，咸倚之为重。"[2] 其实麦力干黄台吉并不是卜儿孩的孙子，而是固始汗次子鄂木布之子，又译作"墨尔根台吉"，他本人曾继其父成为青海和硕特左翼之部长[3]。他的封地在今大通河流域，政治中心在今海北州海晏县三角城一带。他曾招人"于此开地伐木、陶瓦、大营宫室"，并让其长子南扎力"招集流亡，种麦斗、畜牛马，竟如内地矣"[4]，对开发当地资源，发展当地经济起到了不小的作用。他的后裔后来发展成为和硕特南左翼末旗、北右翼末旗、西右翼前旗三个旗的领主。

关于达尔加黄台吉，梁份记载道："青海四卫间，惟卜儿孩一部落为独盛。久之，

1　前揭《秦边纪略》，第404页。

2　前揭《秦边纪略》，第402页。

3　前揭《青海通史》，第319页。

4　前揭《秦边纪略》，第81页。

使其子居河曲，今驻牧河曲之达尔加黄台吉，乃卜儿孩之孙云。”并且说他“驻牧捏工川及南岔滩，部落三千有奇”[1]。事实上，达尔加黄台吉并非卜儿孩之孙，乃是固始汗第五子伊勒都齐的次子达尔吉博硕克图济农，大名鼎鼎的察罕丹津亲王之父。他的封地在捏工川一带，中心在今甘肃夏河县甘家滩。他的哥哥罕都占据康区后，由格鲁派改信了噶举派，遭到了青海诸台吉的讨伐，结果罕都被杀，领地交由其弟达尔加黄台吉统治[2]。这就使达尔加黄台吉成为和硕特右翼中的实力派，他还从其父那里继承了右翼济农的称号，著名的拉卜楞寺就是由他出资兴建的。应该指出的是，达尔加黄台吉的领地，正是以前西海蒙古另一著名领袖多罗土蛮部火落赤的领地。若松宽在《明末内蒙古土默特人向青海地区的扩张》[3]一文中引《书海》第一部第578页说：“达尔占（加）博硕克图居住在青海的后方，曾参加过土默特的火落赤对黄河以南诺尔盖草原的征服活动的一些台吉们带来美味的羔羊，献给喜宴。（台吉们）献上部落和住地，述说没有肥沃的土地和众多的部落。于是，他们获得了泽巴地区。后来，土默特部被消灭了。”看来是固始汗占领青海后，多罗土蛮火落赤的子孙迫于压力，主动将牧地和部落献给了和硕特人，向达尔加黄台吉归顺。《书海》第一部第579页接着说：“土默特向达尔占（加）屈服，达尔占（加）诺颜遂占领了卓尼以上的隆区全境，直至上下捏工、阿坝惹多、松州（今四川松潘县）。”达尔加占据了多罗土蛮火落赤的牧地后，使河南蒙古势力盛极一时，达尔加部署的后裔演变为今天青海河南蒙古族自治县的蒙古族。

此外，《秦边纪略》所记的卜儿孩之孙怀阿尔赖、滚卜、刀儿吉三人，实为固始汗三子达兰泰之子，亦与卜儿孩无关。《秦边纪略》第401页说：“怀阿尔赖，达兰太子也，世牧青海上。初，卜儿孩称汗，既死，部落分，稍弱，达兰太始盛。已而卜儿孩子孙盛，达兰太且死，怀阿尔赖与其弟衮卜、弟刀儿吉无分地，视卜儿孩子孙为最贫。及洪水开市，兄弟独色喜，驱马数千，移穹庐于甘州白石崖口外之野马川。引弓之民，已满三千，乃分为三部……”达兰太为固始汗第三子，与卜儿孩没有丝毫关系，牧地在青海和硕特右翼地面，衮卜为达兰太之子伊齐巴图尔衮布，他因归顺清朝较早而受封为多罗贝勒，康熙四十四年（1705年）去世。

总的说来，《秦边纪略》混淆了卜儿孩与固始汗两人，把固始汗的子孙记为卜儿孩的子孙，引起了不必要的误会，也给后人带来一些麻烦。芈一之主编，青海人民出版社1993年10月出版的《青海蒙古族历史简编》一书第100页至103页，以及奥登的《辉特部野乜克力史事概述》一文（载《卫拉特史论文集》第91至95页，《新疆师范大学学报》专号，1987年），均用《秦边纪略》的材料来说明卜儿孩后嗣之事，实是受了梁份《秦边纪略》记载的误导。

1 前揭《秦边纪略》，第34页、40页。

2 阿旺罗桑嘉措著，陈庆英等译：《五世达赖喇嘛传》，第485页，中国藏学出版社，1997年。

3 [日]若松宽：《明末内蒙古土默特人向青海地区的扩张》，《蒙古学资料与情报》1989年第1期。

总之，卜儿孩是非黄金家族的野乜克力部亦思马因太师的儿子，达延汗的异父弟弟，他在蒙古本土受到达延汗嫡系的排挤后，被迫进入西海。在西海，卜儿孩率部役属“番族”，向他们收取实物赋税。他还向明朝求贡，但遭到拒绝。卜儿孩还一再受到来自蒙古本部的征讨，最终被蒙古本部击破并收服。《秦边纪略》一书把和硕特部固始汗的子孙误记为卜儿孩的子孙，给后人造成了不必要的误会。尽管卜儿孩在西海的活动因被征服而终止了，却拉开了蒙古本部大批向西海移民的帷幕。

原载《内蒙古社会科学》2005 年第 2 期，后被《人大报刊复印资料 · 明清史》分册 2005 年第 3 期全文转载

明代苏杭织造太监孙隆考略

许冰彬

内容提要：孙隆，嘉靖年间生人，万历初为司礼监太监，曾两度受命提督苏杭织造，后又兼任苏、松、常、镇四府税监。江南地区是明王朝的经济重心，赋税的主要来源地，孙隆能担任如此重要的职务，可见他受到万历皇帝的高度信任。孙隆长期驻在苏、杭，关注民生，捐钱赈灾，并采取了一些促进丝织业发展，培植稳定税源的措施，但是他纵容属下横征暴敛，搜刮百姓，最终官民矛盾激化，导致了苏州民变。孙隆也是一位文化艺术修养很高的太监，他对西湖及周边景观的建设也具有一定的贡献。考察孙隆在苏杭的功过，有助于我们了解明代宫廷与江南的互动关系，以及织造太监对江南经济和文化的影响。

关键词：明代　苏杭织造　太监　孙隆

一　生卒年考证

孙隆出生于何年，史料中没有明确记载，但是搜检同时代文献资料，还是有一些线索可寻。

明末太监刘若愚在《酌中志》说："万历年间，惟孙太监隆，先监之同年也。"[1]这里提到的先监，即刘若愚的太监师傅陈矩。《酌中志》又载："先监陈公讳矩，字万化，号麟冈，北直安肃县人。生于嘉靖己亥（嘉靖九年，1530年），至丁未冬（嘉靖二十六年，1547年）选入。"[2]陈矩入宫时为18岁，孙隆与之同年，年岁应当相仿。而且，孙隆"号东瀛，直隶三河人"[3]，与陈矩为同乡，他们很可能是同时从直隶选入宫中的。

作者：资料信息部，副研究馆员。

1 （明）刘若愚：《酌中志》卷十六《内府衙门职掌》，第100页，北京古籍出版社，1994年。

2 前揭《酌中志》卷七《先监遗事纪》，第37页。

3 （清）孙治初辑，徐增重修：《灵隐寺志》卷五上，第76页，杭州出版社，2006年。

王在晋曾写过一篇《贺织造东瀛孙公七十序》，文中提到："今岁拜新命，兼督江南榷事，而公适于是年为七袠。"[1]据《明神宗实录》，万历二十七年（1599年）二月十七日，孙隆兼任税监，带征苏、松等府税课[2]，那么由此可以推断，孙隆的确出生于嘉靖九年（1530年）。

还有一条线索也非常重要。冯梦祯在孙隆60、70岁整寿时，也曾分别撰写过《寿大司礼三河东瀛孙公六十序》和《寿敕使东瀛孙公荣寿七袠序》两篇序文，虽然文中极尽阿谀祝颂之词，但是也透露出孙隆生年的相关信息。《寿大司礼三河东瀛孙公六十序》中提到："今年五月之某日，为公六十悬弧之辰，大方伯吴公、傅公、按察使蔡公欲举一觞祝公。"[3]查《明代职官年表》，万历十六年（1588年）七月二十二日，吴自新迁浙江左布政使；十二月二十二日，傅作雨由山西右布政使改任浙江右布政使，次年五月二十三日迁山东左布政使；万历十七年（1589年）正月二十八日，蔡廷臣由浙江布政使左参政迁按察使，次年九月二十三日迁山西右布政使[4]。综合这三个人的履历变迁来看，"今年五月之某日"只能是万历十七年（1589年）的五月某日，那么可据此推论，孙隆的出生年月可以确定为嘉靖九年（1530年）的五月。

关于孙隆的卒年，在《明神宗实录》万历三十七年（1609年）九月里有一条记载："丙午，赐太监孙隆祭葬，并享堂、碑亭、祠额。"[5]丙午即九月二十八日，由此推断孙隆去世的年月应当在万历三十七年九月左右，享年80。

二 初任苏杭织造

孙隆自嘉靖年间入宫，勤奋好学，颇得上司赏识，升迁也较快。王在晋文中写道："（孙隆）当世宗朝盛受知遇，宠秩洊加。先皇帝器重之，恩礼异数。公位益高，名益重，心益慎毖。万历初元，天子方在冲年，国疑主少，主上之侧左图右箴，非法言不敢道，中外莫不倚公为重轻。"[6]据冯梦祯的记载，孙隆入宫之后曾在潜邸裕王府侍奉朱翊钧，

1 （明）王在晋：《兰江集》卷十一，《四库禁毁书丛刊补编》第66册，第308页，北京出版社，2005年。

2 《明神宗实录》卷三百三十一，第6125～6126页，万历二十七年二月丁卯，"遣内监杨荣开矿云南、陈奉征荆州店税、陈增征山东林步等处店税及马匹土产、孙隆带征苏松等府税课、鲁坤带征河南、孙朝征税山西。是时诸弁冯纲等望风言利，皆朝奏夕可，其所遣税监皆其所荐也。"台北"中研院"史语所校印，1962年。

3 （明）冯梦祯：《快雪堂集》卷六，第129页，《四库全书存目丛书》集部第164册，齐鲁书社，1997年。

4 张德信：《明代职官年表》第四册，第3487、3756页，《承宣布政使年表》、《提刑按察使年表》，黄山书社，2009年。

5 前揭《明神宗实录》卷四百六十二，第8727页，万历三十七年丙午。

6 前揭《兰江集》卷十一，第308页。

朱翊钧登极之后，孙隆晋升司礼监，极为受宠，“称第一人”[1]。明末汪如谦在《西湖韵事》中说：“往神庙遣文书房东瀛老内监董理东南织造，斋心事古，先生而又能捐上赐金钱，装点湖山名胜。”[2]文书房“职掌通政使司每日封进本章，并会极门京官所上封本及在内各衙门本、天下各藩府本……其在外之阁票，在内之搭票，一应旨意、圣谕、御札，俱由文书房落底簿发行。所以，如今凡掌司升转文书房者，概削去司礼监衔，都借列内官监衔”[3]。由此可见，万历初年孙隆已在司礼监，后又升转文书房。据《明神宗实录》记载，万历四年（1576 年）正月二十六日，“上遣司礼监太监孙隆赍手敕及酒馔，诣辅臣居正第”[4]。新年正月里，万历帝派孙隆携手敕及酒馔看望首辅张居正，从另一方面也可看出，孙隆很受皇帝的宠信。

半年之后，即万历四年（1576 年）六月十六日，万历帝又“命太监孙隆苏杭织造”[5]，孙隆时年 47。刘若愚曾说：“苏杭织造太监一员，亦有敕谕关防，秩视秉笔，而安逸尊富过之。”[6]苏杭是天下富庶之地，经济发达，苏杭织造的地位可比司礼监秉笔太监，但闲适安逸、尊贵富足却远远过之，可见这是名副其实的肥差。

孙隆赴苏杭织造任上之后，恰逢江南水患严重。万历五年（1577 年）十二月二十日，神宗因皇太后念及民生困苦，欲停免江南织造，谕令孙隆核查已派及手应织者，织完回京，其余尽行停免[7]。

虽有停免谕令，但此事实际上已搁置下来，孙隆一直拖到万历七年（1579 年）仍未回京，引起了朝臣的不满，礼科左给事中顾九思、工科都给事中王道成等上疏请罢苏松及应天织造，要求取回京差内臣。七月二十一日，正值万历皇帝御文华殿讲读，张居正等持工部疏并拟票上奏，苏松等处水灾重大，百姓困苦流离，前年已令孙隆回京，至今尚未完报，请皇上敬天恤民。然而万历皇帝心中其实并不愿召回孙隆，推说织造不久当完，最迟来年春天即可完成。张居正等又坚请，万历帝不得已，只好道出实情。原来，万历帝大婚赏赐之用及供奉太后岁币皆不足，只能先记之在册，以待东南织造

1 前揭《快雪堂集》卷六《寿大司礼三河东瀛孙公六十序》，第 129 页，“公藉先帝旧劳，侍今上潜邸，比龙飞，以高资晋司礼，贵在日月之际，旦夕柄用，称第一人。”

2 （清）汪汝谦：《西湖韵事》“重修水仙王庙记”，《武林掌故丛编》第一册第一集，第 1 页，广陵书社影印，2008 年。

3 前揭《酌中志》卷十六，第 95 页，《内府衙门职掌》。

4 前揭《明神宗实录》卷四十六，第 1052 页，万历四年正月庚申。

5 前揭《明神宗实录》卷五十一，第 1188 页，万历四年六月丁丑。

6 前揭《酌中志》卷十六《内府衙门职掌》，第 100 页。

7 前揭《明神宗实录》卷七十，第 1514 页，万历五年十二月壬寅，“上又言：‘顷者星变，占云应在吴地。圣母因念吴地数被水灾，小民困苦，欲将织造停免。况宫中袍服不能尽御，徒久贮笥中，珠可惜耳。’居正从旁力赞之，即谕户工二部：朕念东南民力困敝，苏杭织造病民，前差太监孙隆查已派及手应织者，织完回京，其未派并应措处钱粮，尽行停免。地方官仰体朕敬天恤民之意，加意节爱，不许借称上用横征苛扰。”

以时供给。万历皇帝刚私下发去一批花样银五千两，等孙隆约用尽时再请，并不加派扰民，而外朝百官并不知情。在张居正等人的奏请下，万历帝最终同意只等这批织完便召孙隆回京，其余都停罢[1]。这次谕令发出后，张居正又亲自回信向孙隆解释停罢织造的缘由，将事情都推到皇太后和万历皇帝身上，言辞谨慎卑切，一再称自己只是奉命行事，而且不久将辞归葬父，并将圣谕疏稿等附后呈览[2]。

孙隆接到万历皇帝的圣旨和张居正的书信后，很快就回到了宫中。当时，因太医院御医赵世美在圣济殿御药房传取随驾夫马银两，刚回京的孙隆便同魏秀等人私设公堂，宣读其罪状。争辩之中，孙隆拳打脚踢，殴打了赵世美。八月二十四日，礼部题请处置，万历帝下令将孙隆、魏秀着司礼监挐问[3]。在这件事上，万历帝是明显偏袒孙隆的，所谓“挐问”，实际上就是挐而不问。一个月后，即九月十二日，万历皇帝因用大婚龙袍，再次命太监孙隆提督苏杭等府织造[4]。

1　前揭《明神宗实录》卷八十九，第 1843 ～ 1845 页，万历七年七月乙丑，“有顷居正等持工部疏并拟票入至御前奏云：‘近日苏松等处水灾重大，百姓困苦流离，有群聚劫夺者，地方钱粮实难措处，且自前年星变时，亲奉明旨停止织造，着孙隆回京，至今尚未完报。是诏令不信而德泽不宣也。臣等谓宜从该部所请以彰皇上敬天恤民至意。’上曰：‘朕未尝不爱惜百姓，但彼处织造不久当完，远不过来春耳。’居正言：‘皇上德意，臣民无不欣仰，即孙隆在彼亦能仰体圣心，安静行事，但地方多一事，则有一事之扰，宽一分则受一分之赐，彼中织完十未四五，物料钱粮尚未尽征完者，灾地疲民不堪催督，愿皇上且取回孙隆，其应天被灾稍轻许坤，仍旧可也。’上乃许之曰：‘近降去花样银两，皆御前发出，并不加派扰民，候此件织造回京，余悉停罢。’居正等顿首曰：‘幸甚。’是时宫中自大婚以来，应受赐者皆籍记以待，又当供奉慈宁岁币，益不足尽仰东南织造。上心亦难之，乃从中发银五千两，畀孙隆约用尽更请，一不以烦百姓，外廷莫得知也。故上指此为言。居正又奏云：‘兹事尝奉圣母慈谕，今当奏闻。’上曰：‘已奏过。’……次日上批部疏云：‘苏松地方灾伤重大，孙隆着查近降花样御前发去银两应织袍服上，紧凑织完，日即便回京，其以前织完的照数解进，未完的都着停止物料等项，准作岁造段匹支用，各抚按官还查数明白，具奏许坤，且着照旧。”

2　（明）张居正：《张太岳集》卷三十《答织造太监孙东瀛》，第 366 ～ 367 页，“近有旨停罢织造，实出圣母、皇上轸念小民至恩，孤面奉圣谕行之者也。承示，在今年已派上既完解，则上供不致匮乏，民困亦可少苏，慰甚。先君葬期在四月十六，孤拟候大礼告成即疏请归葬矣。顷承翰贶，深荷雅情人旋，草草附谢，别具疏稿一册。有近奉圣谕谨奉一览。”上海古籍出版社，1984 年。

3　前揭《明神宗实录》卷九十，第 1857 ～ 1858 页，万历七年八月丁酉，“礼部题太医院御医赵世美，因圣济殿御药房传取随驾夫马银两，近侍孙隆、内使魏秀带积棍十余人，扛抬红牌二面，安置公堂，宣读系礼部及太监刘阳，议处近侍随驾夫马银两事。读毕，争辩间，孙隆随将世美拳蹴，即悬牌，未奉有明旨，且凌虐职官，票内上犯御名，略无顾忌，体统甚亵，法纪奚存？乞将原牌取回，另候圣明裁定。得旨：‘孙隆、魏秀着司礼监挐问，牌面取回。’”。

4　前揭《明神宗实录》卷九十一，第 1868 页，万历七年九月乙卯，“上用大婚龙袍，命太监孙隆提督苏杭等府织造，谕以悯念民力。于是隆上言天雨频仍，地气蒸溽，请乞袍段之雨湿麈黰者，照例解进，免以退换，累及小民。从之。”

三　再任苏杭织造

前文提到，万历七年（1579年）九月十二日，万历皇帝再次委以孙隆重任，提督苏杭等府织造，当然也要谕示“悯念民力”一番。时年50岁的孙隆恳请对因雨湿变色的袍段免于退换，以缓解民力，获得万历皇帝同意。其时，江南又遭水灾，工科都给事中王道成等请酌减织造段匹，张居正等题：“今岁南直隶浙江一带水灾顷蒙，特恩蠲赈，又取回织造太监，罢民稍得安生，乃又重复加派，非圣慈所以爱养元元，培植邦本意也。”[1]万历皇帝下旨，段匹准减半，织造支费银两，着户、工二部措处，毋得加派小民。但对于重复加派孙隆织造一事，不置可否。

万历九年（1581年）九月十七日，万历皇帝御文华殿讲读，织染局御马监太监张钺奏请钦定织造，内称：上用袍服、两宫圣母、中宫等宫、册封九嫔及潞王公主婚礼应用段匹共计一十二万。工科给事中李廷仪据理反驳，应优先考虑大婚袍服，前已明令屡次减半，再加上苏杭灾情严重，御马监不能再有额外之请。万历皇帝道：“诸项皆供用急需，既东南财匮民穷，其陆续从容织进。”[2]可见，他还是认可太监张钺所奏织造数目。这个态度也是孙隆能够长期在苏杭织造任职的保证。万历十年（1582年）端午节，正值首辅张居正的生日，孙隆恰好也在京，于是他再次受命前往张居正府第“赐银一百两、蟒纻四表里银福寿字四十两、食物有差”[3]。同年八月，皇长子朱常洛出生，特许推恩内阁司礼监，孙隆、张鲸荫指挥佥事，这在明代历史上也是很少见的[4]。

孙隆在苏杭织造的任上也着实做了一些好事。万历十四年（1586年）二月二十七日，孙隆奏请将内帑袍服归并五府织染局，四千匹数内的通令食粮额匠织造，不再招募民匠，每年可省数千两的工费。万历皇帝下旨同意：“内帑银织造袍服，每运三百匹准并大运，四千匹内派织解进。”[5]这样的举措对缓解民力和财力都起到了积极的作用。十一月二十七日，孙隆又上奏：“今年自春入夏，霪雨不时，在机见织经纬历黦变色，箱贮验中听解者亦多变色，遇有织法不堪，一经退换，辄便鬻男卖女，乞鉴时艰，悯怜贫匠，照例将历黦段匹并准解进。上命择堪用者解进。”[6]这是孙隆第二次在奏章中如实讲述了织造段匹变色的原因，以及强令退换对生民的重大影响，进而取得了皇帝的同情与谅解，从而有效地减轻了民间的负担。

1　前揭《明神宗实录》卷九十三，第1897～1898页，万历七年十一月丁巳。

2　前揭《明神宗实录》卷一百十六，第2191～2192页，万历九年九月戊寅。

3　前揭《明神宗实录》卷一百二十四，第2307页，万历十年五月壬戌。

4　（明）王世贞：《弇山堂别集》卷十二，第220页，“万历十年，皇第一子生，恭妃王氏出也，下诏赦天下……又司礼监冯保荫弟侄都督佥事，张宏荫指挥使，孙隆、张鲸荫指挥佥事，何进、李佑、张朝荫正千户，俱锦衣卫。按：皇子生，例不推恩。徽号推恩，止皇亲而已。此异典也。”中华书局，1985年。

5　前揭《明神宗实录》卷一百七十一，第3114页，万历十四年二月壬辰。

6　前揭《明神宗实录》卷一百八十，第3368页，万历十四年十一月丁巳。

四 兼任税监

万历二十七年（1599年）二月十七日，万历皇帝又令70高龄的孙隆兼任税监，带征苏、松等府税课[1]，具体来说，孙隆此时的职务应是“钦差苏杭等处提督织造兼理苏、松、常、镇税务司礼监太监”[2]。江南富庶之乡一直是朝廷赋税的主要来源地，这是一份比苏杭织造更重要的肥缺，此时的孙隆也达到了他一生权势的顶峰。十月初五日，孙隆又受命会同浙江抚按严查隐匿钱粮，具奏解进[3]。万历二十九年（1601年）五月上旬，孙隆从杭州来到苏州核查征收五关之税，在他们的横征暴敛下，官民矛盾激化，最终酿成了上万人参与的苏州民变，打死税吏，围攻衙署，孙隆跳墙逃跑，藏于民舍才没有被发现，最后狼狈逃往杭州[4]。关于苏州民变的起因以及经过，学界已有很多研究，本文不再详述。

值得注意的是，孙隆最初上任税监时也曾采取了一些积极的措施，保护丝织业的发展，培植稳定的税源。巡抚应天右佥都御史曹时聘曾在向神宗皇帝报告苏州民变详情的奏疏中说：“往者税务初兴，民咸罢市，孙隆在吴日久，习知民情，分别九则，设立五关，止榷行商，不征坐贾，一时民心始定，然榷纲之设，密如秋荼，原奏参随本地光棍以榷征为奇货，吴中之转贩日稀，织户之机张日减，加以大水无麦，穷民之以织为生者岌岌乎无生路矣。”[5]孙隆长期任职苏杭织造，非常熟悉这里的民情，分别九则，设立五关，只对行商征税，而不征坐贾，一时民心安定。可是仅在税监任上两年，孙隆的征税策略就发生了重大转变。明末文秉在《定陵注略》说：“时苏杭织造太监孙隆监管税务，无赖尽入其幕，奉扎委称税官。”[6]参随黄建节与本地的流氓无赖勾结，把征税当做发财的手段，无货不征，从而激起民变。个中原因，一方面因为万历皇帝贪财好货，不断向包括孙隆在内的矿税使伸手；另一方面，孙隆等税吏在征税敛财的过程中自然也少不了贪污纳贿、中饱私囊的现象，必然会加紧对百姓的搜刮。曾任万历朝内阁首辅的王锡爵在《孙东瀛织造》一文中说：“东南民力竭矣，门下之力亦竭矣，间者生等亦尝揭，恳冀仰分万一之忧，而宽诏未传，乃□疏嘘唏惨怛，

1　前揭《明神宗实录》卷三百三十一，第6125～6126页，万历二十七年二月丁卯。

2　（明）释大壑：《南屏净慈寺志》卷六，第152页，杭州出版社，2006年。

3　前揭《明神宗实录》卷三百四十，第6307页，万历二十七年十月辛巳，“济阳卫千户何其贤奏：万历二十五年原任御史萧重望请查天下郡邑岁额会银，解部益饷，至今未见题覆，乞敕内官同臣等首将浙江、江西、湖广省属库藏，见贮无碍钱粮清查解进，虽数十万两犹不可量。上责该部玩视前旨，不行题复，命各处内监孙隆等会同抚按严查具奏，有隐匿支吾，指名参治。”

4　（清）孙佩：《苏州织造局志》卷十二《杂记》，苏州图书馆藏古籍善本。

5　前揭《明神宗实录》卷三百六十一，第6741～6743页，万历二十九年七月丁未。

6　（明）文秉：《定陵注略》卷五《六月苏州民变》，《中国野史集成续编》第19册，第698页，巴蜀书社，2000年。

究尽商民之疾苦，此真感天动圣之一机耳。生向者但知民苦，不知商苦，今辗转相累，势且奈何？”[1]孙隆但知民苦，不知商苦，或许正是其税务政策失败的一个重要原因。据王春瑜、杜婉言先生综合各种史料编制的“万历二十六年至三十四年江南矿税使内库进奉事例表”[2]，孙隆进税银和物资的数量是相当可观的，仅据不完全统计，他们在江南数年搜刮的矿税财富，已占全国年总收入的十分之一，给当地民众带来沉重的社会负担。

这次苏州民变，身为苏杭税监的孙隆有不可推卸的责任，万历皇帝也承认是税吏横征暴敛引起公愤，民众起事当属情有可原。但是，他对孙隆的处理却显得轻描淡写，只是在十一月二十八日免去他的税监身份，以刘成代之[3]。可见，万历皇帝仍然信任孙隆，命其继续留任苏杭织造。

五　最后的织造生涯

孙隆被免去税监职务之后，行为收敛了很多。万历三十年（1602 年）四月十七日，因苏杭水灾，应孙隆之请，“将婚礼袍服未织三运，分作六运，每年二运织解”[4]，从而在一定程度上纾解了民力。

万历三十一年（1603 年）五月二十日，“浙江巡抚尹应元以岁造段匹改与两淮内官鲁保兼管杭城，机户闻风逃窜，倘此项应归内监，则内官孙隆、刘忠见驻杭城，俱小心安静，乞选委一员，就近兼管，不烦鲁保遥制，其羡余银两，即当会议曲处，依数解进以济国用。揭至，辅臣以此议可，从上请，不报”[5]。可见，孙隆的织造地位已受到原两淮内官鲁保的威胁，但是浙江巡抚尹应元对孙隆的评价是“小心安静”，他们之间的关系应当较为融洽，因而这才上疏为孙隆请命，但万历皇帝并未答复。

万历三十三年（1605 年）五月十五日，文华殿中书董敬奉命至苏、松、浙江等处征催拖欠绫纱纸札，办事不力，降级调外任用，以上事宜仍归并经验丰富的织造太监孙隆督解[6]。

1　（明）王锡爵:《王文肃公文集》卷二十六《孙东瀛织造》,《四库禁毁书丛刊》集部第 7 册，第 574 页，北京出版社，1995 年。

2　王春瑜、杜婉言编著:《明代宦官与经济史料初探》，第 427 ～ 438 页，中国社会科学出版社，1986 年。

3　前揭《明神宗实录》卷三百六十五，第 6839 页，万历二十九年十一月壬戌，“是月，更苏常四府税监孙隆，以刘成代之。”

4　前揭《明神宗实录》卷三百七十一，第 6961 页，万历三十年四月戊申。

5　前揭《明神宗实录》卷三百八十四，第 7229 ～ 7230 页，万历三十一年五月乙亥。

6　前揭《明神宗实录》卷四百九，第 7627 ～ 7628 页，万历三十三年五月戊子，“降文华殿中书董敬职一级调外任用，以苏松浙江等处拖欠绫纱纸札，归并织造太监孙隆督解。先是，以拖欠数多，命敬到彼守催，屡旨切责，并无起解。至是因以灾荒为辞，司礼监奏其扶同说谎，故有是命。”

万历三十四年（1606年）八月初六日，“苏杭太监孙隆进税银一万二千六百两、纻彩三千三百四十六匹”[1]。这大概是孙隆在苏杭织造任上最后的工作记录，三年后他便与世长辞了。

孙隆在织造太监任上的成绩还是比较突出的，以至于地方士民、朝廷官员都会经常怀念他。苏州人刘凤曾在《督造司礼监东瀛孙公去思碑》一文中写道：“无不仰恋追慕，瞻怀思企，积不能忘，众遂相率谒余，为述所以爱戴之意。余惟书叙隆古之治，其在前后左右者，罔非正人；以旦夕承事，出入起居，罔有不钦……勒之金石垂于后系，与人之思无斁。”[2]天启三年（1623年）正月初十日，时任工部尚书姚思仁反驳织造太监李实的奏疏中曾说：“至于李实引孙隆之例，欲以属礼责之有司，孙隆待府县正官，皆以宾礼。惟织造通判，始行属礼，然犹周旋委曲，不敢妄自尊大，以故孙隆之自处愈谦愈抑，而有司之相待愈谨愈恭，内外协和，官民悦服。”[3]从这里也可以看出孙隆的为人之道，对地方官员以礼相待，周旋委曲，不妄自尊大，谦抑谨恭，和谐相处，因而后世仍为人称道。

六　西湖功德主

孙隆在江南期间，主要驻地为杭州[4]。他十分喜爱西湖的山川秀色，曾花费大量钱财在西湖周边修复兴建了许多重要的景观，给人们游览西湖创造了便利的条件。同时代的著名文人袁宏道曾评价说：“此公（孙隆）大是西湖功德主。”又说：“余谓白、苏二公，西湖开山古佛，此公（孙隆）异日伽蓝也。”[5]袁宏道将他与白居易、苏东坡相提并论，可见孙隆对西湖的贡献之大。但是，由于太监的身份以及史书的偏见等因素，现在很少有人知道孙隆在西湖风景建设中的重要作用，本文将简略梳理一下孙隆为西湖所作的贡献。

1　前揭《明神宗实录》卷四百二十四，第8008页，万历三十四年八月壬寅。

2　（明）刘凤：《刘子威集》卷四十四《督造司礼监东瀛孙公去思碑》，《四库全书存目丛书》集部第120册，第496～497页，齐鲁书社，1997年。

3　《明熹宗实录》卷三十，第1505～1506页，天启三年正月辛丑，台北“中研院”史语所校印，1962年。

4　（清）朱彝尊：《明诗综》卷八十六，“隆，字东瀛，三河人，万历中以太监督织造，驻杭州。”《影印文渊阁四库全书》集部第399册总集类，总第1460册，第792页，台湾商务印书馆，1986年。

5　（明）张岱撰，马兴荣点校：《西湖梦寻》卷三《十锦塘》，第162页，“袁宏道《断桥望湖亭小记》”，中华书局，2007年。

孙隆对西湖景观修缮略表

年代	年龄	景观	来源
万历丙戌年（1586）	57岁	最胜法门[1]	《南屏净慈寺志》
万历丁亥年（1587）	58岁	净慈寺钟楼[2]	《南屏净慈寺志》
万历十七年（1589）	60岁	昭庆寺、十锦塘[3]	《西湖梦寻》
万历壬辰年（1592）	63岁	湖南佛国、震旦灵山两座坊门[4]、龙井[5]	《南屏净慈寺志》、《西湖梦寻》
万历二十一年（1593）	64岁	三茅观[6]	《西湖梦寻》
万历甲午年（1594）	65岁	净慈寺万工池、法华台亭[7]	《南屏净慈寺志》
万历二十八年（1600）	71岁	玉泉寺大士楼、灵隐寺、湖心亭[8]	《西湖梦寻》

从上表可以看出，孙隆在杭期间对净慈寺的修缮非常多，这是因为他与净慈寺住持性莲和尚关系很好，《南屏净慈寺志》称："先是司礼孙公隆，乐施有名，偶与师（性莲）语，笑谑投机，竟忘贵倨，每称莲，禅六宗洞达人也，因许新寺。"[9]孙隆在营缮西湖周边佛寺的同时，还利用自己的特殊身份，为净慈寺、灵隐寺等争取来了皇家恩赐的宝物。如万历十七年（1589年）皇太后恩赐灵隐寺、净慈寺观音大士像[10]，以及万历二十八年（1600年）万历皇帝御赐净慈寺新印的《大藏经》[11]。这些寺庙能获得

1 前揭《南屏净慈寺志》卷二《坊门》，第59页。

2 前揭《南屏净慈寺志》卷二《钟楼》，第56页。

3 前揭《西湖梦寻》卷一《昭庆寺》，第127页；卷三《十锦塘》，第161页。

4 《南屏净慈寺志》卷二《坊门》，第59页。另见《西湖梦寻》卷四《净慈寺》，第190页，"万历二十年（1592年），司礼监孙隆重修，铸铁鼎，葺钟楼，构井亭，架棹楔。"

5 前揭《西湖梦寻》卷四《龙井》，第204页。

6 前揭《西湖梦寻》卷五《三茅观》，第231页。

7 前揭《南屏净慈寺志》卷十《丛谈附》，第315页；卷一《法华台》，第26页。

8 前揭《西湖梦寻》卷二《玉泉寺》，第141页；卷二《灵隐寺》，第146页；卷三《湖心亭》，第179页。

9 前揭《南屏净慈寺志》卷四《性莲》，第91页。

10 前揭《灵隐寺志》卷五上，第76页，"神宗皇帝万历十七年，赐观音瑞莲圣像一轴。司礼监孙隆，奉慈宁宫太后御赐观音圣像，内有上御制赞云：'惟我圣母，慈仁格天。感斯嘉兆，阙产瑞莲。加大士像，图写流传。延国福民，霄壤同坚。'上用'慈圣宣文明肃皇太后之宝'。御宝在轴。"另见《南屏净慈寺志》卷六，第152页，"万历己丑十七年司礼太监孙隆奉旨赍赐圣母慈圣宣文明肃皇太后瑞莲观音大士像一轴。"

11 前揭《南屏净慈寺志》卷六，第152页，"庚子二十八年（1600年）九月初三日，内监孙隆以净慈为五山首刹，奏请佛大藏经典，奉旨颁赐在寺安供，仍赐护藏敕一道，并御制经首两叙，以加护焉。藏经护敕曰：'敕谕杭州府净慈寺住持性莲及僧众人等：朕发心印造佛大藏经典，颁施在京及天下名山寺院供奉经首，护敕已谕其由，尔住持及僧众人等，务要虔洁供安，朝夕礼诵，保安眇躬，康泰宫壶，肃清口口，往衍尤祈，无疆寿福，民安国泰，天下太平。俾四海八方，同归清静善教，朕成恭己无为之治道焉。今准钦差苏杭等处提督织造兼理苏松、常镇税务司礼监太监孙隆奏请，前去彼处供安，各宜仰体钦哉。故谕。'"

皇家的赏赐和荣耀，孙隆功不可没。

在孙隆修复的西湖景观中，影响较大的为十锦塘和湖心亭。十锦塘原是著名的白堤，经孙隆修整后，华丽远胜苏堤，以至于时人称之为“孙堤”，以表达对孙隆的敬意。袁宏道在他的游记中说：“望湖亭即断桥一带，堤甚工致，比苏堤犹美。夹道种绯桃、垂柳、芙蓉、山茶之属二十余种。堤边白石砌如玉，布地皆软沙如茵。杭人曰：‘此内使孙公所修饰也。’”[1]文中流露出对孙隆的极力赞美之情。张岱则说：“苏堤离城远，为清波孔道，行旅甚希。孙堤直达西泠，车马游人，往来如织，兼以西湖光艳，十里荷香如入山阴道上，使人应接不暇。湖船小者，可入里湖；大者缘堤倚徙。繇锦带桥循至望湖亭。亭在十锦塘之尽，渐近孤山，湖面宽厂（敞）。孙东瀛修葺华丽，增筑露台，可风可月，兼可肆筵设席。笙歌剧戏，无日无之。”[2]他具体比较了苏堤和孙堤的景致功用，表达了对孙隆新堤的喜爱。湖心亭是位于西湖中央的一个小岛，岛上原有一亭，张岱说：“司礼监孙东瀛改为清喜阁，金碧辉煌，规模壮丽。游人望之如海市蜃楼，烟云吞吐，恐滕王阁、岳阳楼俱无甚伟观也。春时，山景、睺罗、书画、骨董，盈砌盈阶，喧阗扰嚷，声息不辨。夜月登此，阒寂凄凉，如入鲛宫海藏。月光晶沁，水气滃之，人稀地僻，不可久留。”[3]他认为孙隆整修过的湖心亭的景致比天下闻名的滕王阁、岳阳楼还要壮观，可见非同一般的华丽。

表中只列出了有明确年代的修建记录，其他出资兴修的西湖景观项目还有很多，如涌金门外的问水亭[4]、一片云后的片云亭[5]、岳坟及岳坟铁像[6]、烟霞寺[7]等，不可胜记。

孙隆不仅仅是修缮西湖景点，他也热心一些民生工程，比如开渠清河，以通水利，可惜当道所阻，未能实现。而对于某些监税宦官私集翠裘以媚上，孙隆将其重

1 前揭《西湖梦寻》卷三《十锦塘》，第 162 页。

2 前揭《西湖梦寻》卷三《十锦塘》，第 162 页。

3 前揭《西湖梦寻》卷三《湖心亭》，第 179 ～ 180 页。

4 前揭《西湖梦寻》卷四《柳洲亭》，第 184 页，“孙东瀛建问水亭，高柳长堤，楼船画舫会合亭前，雁次相缀。”

5 前揭《西湖梦寻》卷四《一片云》，第 205 页，“石后有片云亭，司礼孙公所构，设石棋枰于前，上镌‘兴来临水敲残月，谈罢吟风倚片云’之句。游人倚徙，不忍遽去。”

6 前揭《西湖梦寻》卷一《岳王坟》，第 138 页，“张景元《岳坟小记》：岳少保坟祠，祠南向，旧在阛阓。孙中贵为买民居，开道临湖，殊惬大观。祠右衣冠葬焉。石门华表，形制不巨，雅有古色。”另见（清）赵翼《陔馀丛考》卷四十一《岳坟铁像》，第 915 页，“《西湖便览》记岳坟铁像，明正德八年都指挥李隆铸铜为之，乃秦桧、王氏、万俟卨像，反接跪暮前，久被游人挞碎。万历中，按察副范涞更铸以铁，而添张俊一像，惜乎今没王氏、张俊矣。《张待制集》又谓：万历中，司礼中贵孙隆添铸张俊而为四。”商务印书馆，1957 年。

7 前揭《西湖梦寻》卷四《烟霞寺》，第 196 页，“烟霞寺在山上，亦荒落，系中贵孙隆易创，颇新整。殿后开宕取土，石骨尽出，巉峭可观。由殿右稍上两三盘，经象鼻峰东折数十武，为烟霞洞。洞外小亭踞之，望钱塘如带。”

责，罚银三千，令其重建湖心亭，也算是为当地做了好事[1]。尤其值得一提的是，“万历戊子十六年（1588年），杭州大荒，米价涌贵，树无完肤，殍死者以泽量矣。内监孙公隆捐镪贸粟赈之，乃命净慈住持，及好善而有力者数十人，就寺炊香积大釜，作粥，夜贮大瓮中。明旦，饥民麇至，由左翼门入，环列两墀行。粥用二人舁，一人执杓，以注器中。食毕，以此由右翼门出。日施粥米可十石。始六月，讫八月，饥民半借以存活云。”[2]孙隆捐钱在净慈寺施舍粥米，救活了半数的饥民，这一点应当充分肯定。

由于孙隆对西湖的重大贡献，当然更可能是他的钦差身份和炙手可热的权势，当地士民在孤山上为他建了一所生祠。据《西湖手镜》记载：“孙公祠：士民创建，以祀司礼监东瀛孙公隆。万历间，公以织监驻杭州，先后几二十年。修筑堤桥，增布花柳。城内、城外、南北山间，荒祠废殿，到处鼎新。可谓湖山之功臣，熙朝所仅见者。”[3]这在整个明代也是非常罕见的。可惜，入清之后，孙公祠就改成了佛庵，孙隆的塑像也置于佛龛之后，再也不能一见西湖的湖光山色，以至于张岱也要为这个功劳不在苏东坡之下的太监叹惋不已[4]。

七 艺术修养

孙隆并非普通的宦官，他善于学习，具有很高的文化艺术修养，万历皇帝曾御赐他《劝学诗》一章，以示激励，孙隆感激涕零，将其刻石吴中[5]。

---

1 （明）张大复著，阿英点校：《梅花草堂笔谈·书田孙二监事》，第13页，“宦者孙隆，以织造久住杭州，梵宇天宫多所修建，的是西湖大功德主。筑长堤横亘湖中，与苏公堤相映带，人称之曰‘孙堤’，世或笑之，然其人故不可废，非特阉尹中之好事者已也。杭城故无水，自李长源、白乐天、沈文通、陈述古、苏子瞻递造六井以通水利，杭人至今赖之耳，孙尹欲尽出其羡余，开渠清河，为城中永永无穷之利，竟为当道所格，可怪也。今年夏士琰从西湖归，为予言如此。士琰又言：杭有监税宦者某进集翠裘一以媚上，田司礼抑之，不以进御，封送孙尹，且盛言此事不可开端。孙立访织者，主名重责之，又罚银三千，使重建湖心亭，宏伟特甚，世称阉尹之祸如毒药猛兽，未有不裂肝碎首者也，田孙所立卓卓如是，讵谓今世无吕疆张承业哉？”上海杂志公司，1935年。

2 前揭《南屏净慈寺志》卷十《丛谈附》，第315页。

3 （明）季婴：《西湖手镜》，“湖堤孤山叙胜”，《丛书集成新编》第95册，第347页，台湾新文丰出版公司，1985年。

4 前揭《西湖梦寻》卷三《十锦塘》，第162页，“再去，则孙太监生祠，背山面湖，颇极壮丽，近为卢太监舍以供佛，改名卢舍庵，而以孙东瀛像置之佛龛之后。孙太监以数十万金钱装塑西湖，其功不在苏学士之下，乃使其遗像不得一见湖光山色，幽囚面壁，见之大为鲠闷。”

5 （清）钱谦益：《列朝诗集小传》乾集上《神宗显皇帝》，第5页，“上天藻飞翔，留心翰墨，携大令《鸭头丸》帖、虞世南《临乐毅论》、米芾《文赋》以自随。《劝学诗》一章，御书赐太监孙隆，刻石吴中者也。”上海古籍出版社，1983年。

孙隆在诗书绘画方面也有一定的造诣。他鉴藏过不少名画，如宋代崔白的《双喜图》，上面就有“三河孙东瀛珍藏”的印鉴，现藏于台北故宫博物院。孙隆也写过不少诗，其中有一首保存了下来，即《题慧因寺》：“笙歌日日娱西子，为爱幽闲到玉岑。旧有高人井田宅，沿流且向寺门寻。”[1] 诗中流露出一种恬淡闲适的韵味。

孙隆对文物鉴赏也有一定的研究。在江南期间，四处为神宗皇帝搜罗奇珍异宝。其中有一件盘螭白玉碗，孙隆不惜以五百金购入，万历帝爱不释手，每晚必以之饮。此碗在李自成攻入京师后流落民间，不知所终[2]。孙隆还好奇石，莲花洞的洞石玲珑若生，巧逾雕镂，非常有特点，孙隆曾为紫阳宫搜罗很多[3]。

而最为后人称道的是孙隆的制墨技术。刘若愚曾评价他说：“（孙隆）多学善书，曾刻《通鉴总类》、《中鉴录》等书，所造清谨堂墨，款制精巧，犹方于鲁、程君房，而剂料精细，为殊胜焉。神庙最重之，今不易得也。”[4] 方于鲁、程君房都是享有盛誉的制墨名家，而孙隆的“清谨堂墨”竟然能做到剂料精细，更胜一筹，连万历皇帝也最为看重，可见其制墨技艺十分高超。后世文人亦多有赞誉，如沈德符评道：“孙司礼隆在江南所造清谨堂颇精，以出内臣手，不为银泓所贵，然入用自佳。”[5] 姜绍书说：“神宗游情翰藻，及罗氏墨，中涓重资争购，等于圭璧焉。厥后织造内臣孙隆‘清谨堂墨’款式精巧，剂料极一时之选，曾进上方，神宗爱重之。”[6] 至今故宫博物院还珍藏有署名“清谨堂”的墨品，如一款墨作美人形，通体作漆衣，背倚太湖石，抱阮作弹拨状，构思精巧，做工精细雅致，应当是孙隆进贡宫中取悦皇帝的精品[7]。

---

1 前揭《明诗综》卷八十六，第 792 ～ 793 页。

2 （清）朱彝尊：《曝书亭集》卷六十七《白玉碗记》：“客有述《定陵遗事》者云：吴中有贵公子周姓，逸其名，家有美玉，俾工治作杯，玉色粹白，旁有赤文，九工琢之为盘螭。既成，装以重锦，盛之椟，将自郊关以入。周氏子虑城阉砖石之或坠也，絙布于木，由女墙升降。张燕会宾客，或进曰：人不目子为周九痴乎？今玉工乃刻盘螭九，是以子为戏也。周氏子大恚，太监孙隆闻而购以五百金，进之御显皇帝，爱玩焉，每夕必举以饮，及李自成陷京师，杯流传人间，今失其处矣。”《影印文渊阁四库全书》集部第 256 册别集类，总第 1318 册，第 405 页，台湾商务印书馆，1986 年。

3 前揭《西湖梦寻》卷四《净慈寺》，第 190 ～ 191 页，“袁宏道《莲花洞小记》：又紫阳宫石，为孙内使搜出者甚多。”

4 前揭《酌中志》卷十六《内府衙门职掌》，第 100 页。

5 （明）沈德符：《万历野获编》卷二十六《玩具·新安制墨》，第 661 页，中华书局，1989 年。

6 （清）姜绍书：《韵石斋笔谈》卷下《墨考》，《影印文渊阁四库全书》子部第 178 册杂家类，总第 872 册，第 116 页，台湾商务印书馆，1986 年。

7 傅秉全：《明内监孙隆“清谨堂墨”》，《故宫博物院院刊》1986 年第 2 期。

结语

太监孙隆18岁左右入宫，好学善书，长期随侍朱翊钧，升任司礼监太监、文书房太监，深受神宗皇帝宠爱，两次奉命钦差苏杭等府提督织造并兼任苏、松、常、镇四府税监，权势炙手可热。

孙隆在苏杭织造的任上将四千匹数内的通令食粮额匠织造，不再招募民匠，对缓解民力和财力都起到了积极的作用。他对织造段匹因雨变色的原因如实上奏，取得了皇帝的同情与谅解，从而有效地减轻了灾区民间的负担。

孙隆初任税监时也曾采取了一些积极的措施，保护丝织业的发展，培植稳定的税源。如分别九则，设立五关，只征行商，不征坐贾，一时民心安定。可是仅在税监任上两年，孙隆的征税策略就发生了重大转变，手下税吏横征暴敛，官民矛盾激化，最终激发了苏州民变。事后，孙隆被免去税监职务，仍留驻杭州督理织造事宜。

孙隆在杭期间，低调处事，与地方官员关系融洽，和谐相处，捐钱赈灾，施舍粥米，并出巨资对西湖及周边景观进行修复和改造，在西湖的文化建设方面作出了重要的贡献。

孙隆具有很高的文化艺术修养，刊刻书籍，鉴藏名画，并有诗作传世。他的“清谨堂墨”达到明代制墨技术的又一个高峰，对后世有重要的影响。

孙隆80岁时去世，神宗皇帝御赐祭葬，并享堂、碑亭、祠额，以表彰其功绩。刘若愚评价道：“(孙)隆在苏杭日久，又以暇日重修西湖苏堤，从容儒雅，盖事办而民不扰，大得东南民心，至今思之未艾也。”[1] 纵观太监孙隆的一生，有功有过，但总的来看，孙隆在明代宦官中是值得肯定的，尤其是他对明代江南经济、文化的发展，在一定程度上都起到了积极的作用，这是不应忽视的。

附表　织造太监孙隆大事年表

时间	年龄	事件	史料来源
嘉靖九年（1530）	1岁	出生	《酌中志》
嘉靖二十六年（1547）	18岁	入宫	《酌中志》
万历元年（1573）	44岁	升任司礼监太监、文书房太监	《西湖韵事》
万历四年（1576）	47岁	任苏杭织造	《明神宗实录》
万历七年（1579）	50岁	回京，私设公堂审问御医赵世美。再次提督苏杭等府织造	《明神宗实录》
万历十年（1582）	53岁	皇长子朱常洛出生推恩司礼监，荫指挥佥事何进	《明神宗实录》

1　前揭《酌中志》卷十六《内府衙门职掌》，第100页。

时间	年龄	事件	史料来源
万历十四年（1586）	57岁	奏请将内帑袍服归并五府织染局，四千匹数内的通令食粮额匠织造，不再招募民匠。修缮净慈寺最胜法门	《明神宗实录》、《南屏净慈寺志》
万历十五年（1587）	58岁	修缮净慈寺钟楼	《南屏净慈寺志》
万历十六年（1588）	59岁	杭州大荒，捐钱赈灾，在净慈寺施舍粥米，救活半数饥民	《南屏净慈寺志》
万历十七年（1589）	60岁	修缮昭庆寺、十锦塘	《西湖梦寻》
万历二十年（1592）	63岁	修缮净慈寺湖南佛国、震旦灵山两座坊门及龙井	《南屏净慈寺志》、《西湖梦寻》
万历二十一年（1593）	64岁	修缮三茅观	《西湖梦寻》
万历二十二年（1594）	65岁	修缮净慈寺万工池、法华台亭	《南屏净慈寺志》
万历二十七年（1599）	70岁	任钦差苏杭等处提督织造兼理苏、松、常、镇税务司礼监太监	《南屏净慈寺志》
万历二十八年（1600）	71岁	修缮玉泉寺大士楼、灵隐寺、湖心亭	《西湖梦寻》
万历二十九年（1601）	72岁	苏州民变，逃往杭州，苏常四府税监一职由刘成接任	《苏州织造局志》、《明神宗实录》
万历三十年（1602）	73岁	将婚礼袍服未织三运，分作六运，每年二运织解，纾解民力	《明神宗实录》
万历三十一年（1603）	74岁	两淮内官鲁保兼管杭城与岁造段匹，浙江巡抚尹应元上疏为孙隆请命，不报	《明神宗实录》
万历三十三年（1605）	76岁	命织造太监孙隆督解苏、松、浙等处征催拖欠绫纱纸札	《明神宗实录》
万历三十四年（1606）	77岁	苏杭太监孙隆进税银一万二千六百两、纻彩三千三百四十六匹	《明神宗实录》
万历三十七年（1609）	80岁	去世，神宗皇帝御赐祭葬，并享堂、碑亭、祠额	《明神宗实录》

附记：感谢高寿仙老师对本文的指导。

原载《湖南科技学院学报》2013年第1期

明代吴王沟长城题刻考

——兼述天聪八年后金与明的战事

王　浩

内容提要： 在明朝末年，后金对明内地的五次军事进攻，激化了明朝的各种矛盾，加速了明王朝的灭亡。河北省阜平县吴王沟内保存的一处长城题刻，反映的是天聪八年（1634 年）后金对明内地第二次进攻中的一个局部。本文对该处题刻的位置、内容进行了考释，并对天聪八年后金与明战事的起因、经过加以梳理，结合整个战事，明确了题刻内容所涉及的地域与战事阶段等。

关键词： 茨沟　竹帛口　孔闻诗　天聪八年　后金与明战事

在河北省阜平县吴王口镇东的吴王沟内，有一座明代空心敌台，至今仍矗立在大沙河的支流——下关河的岸边。该敌台依山傍川而建，能够有效控扼山谷间的道路（图一）。此敌台距吴王口 1000 米，石基砖砌，小回廊结构。南、北面墙各开有四个箭窗，

图一　茨字拾陆号台

作者：科研处，副研究馆员。

西面三个箭窗，东面一门，居两箭窗之中，门额上嵌有石匾，刻“茨字拾陆号台”六个字（图二）。在茨字拾陆号台东南面的条石部位有两处文字题刻：第一处题字是从右至左横刻的楷书“小蓬莱”，“莱”字左侧落款“孔闻诗题”；第二处位于“小蓬莱”题刻左侧，靠近敌台拐角处，共六列64字（图三），录文如下（图四）。

明崇祯甲戌奴酋内犯寇茨沟我兵奋勇歼奴殆尽奴拼死夺竹帛口而出诚哉我陵我泉我池矣仲秋九日井陉兵备道阙里孔闻诗识吴王口管总杨天□造。

这两处题刻的书法、刻工俱佳，后者所记涉及明末史事，是明长城沿线一处有历史研究价值的珍贵遗迹。

皇太极时期，后金对明朝内地的进攻一共有五次：第一次是天聪三年（1629年），皇太极亲率大军突破蓟镇长城防线，围攻北京城；第二次是天聪八年（1634年），皇太极亲统大军进攻宣府、大同一带；第三次是崇德元年（1636年），由阿济格率军再次进攻京畿地区；第四次是崇德三年（1638年），由多尔衮等率军攻入，攻击范围包含了直隶大部以及山东西部；第五次是崇德七年（1642年），由阿巴泰率军攻入，直隶、山东地区又一次遭受重大打击。吴王沟长城题刻中第二处的内容反映的正是天聪八年

图二 “茨字拾陆号台”石匾

图三 两处雕刻的位置

图四 题刻全文

(1634 年)后金第二次对明朝内地的进攻,这次进攻在后金对明朝内地的五次进攻中历时最短,也是唯一一次对宣府、大同地区的进攻。题刻的内容明确标示了战事所达到的地域和战斗发生的地点,从中可以了解到这次进攻的细节,有助于丰富我们对后金第二次进攻明朝内地的认识。因此,本文在实地考察基础上,结合历史文献,拟对第二处题刻及题刻内容涉及的天聪八年后金与明朝之战事进行考述。

一　吴王沟长城题刻的考释

(一)题刻所在敌台的位置及修建年代

茨字拾陆号敌台在整个明长城防御体系中隶属内三关中的倒马关管辖(图五)。明朝建立以后,十分重视长城的建设,并把长城沿线划分为九个防区,计有辽东、宣府、大同、延绥、宁夏、甘肃、蓟州、山西、固原,合称“九镇”[1],这是抵御北方民族侵扰的主要防线。除此之外,为了保证内地,特别是京畿地区的安全,还有一道“次边”。《明史·兵志·边防》载:“老营堡转南而东,历宁武、雁门、北楼至平型关尽境,约八百里。又转南而东,为保定界,历龙泉、倒马、紫荆、吴王口、插箭岭、浮图峪至沿河口,约一千七十余里。又东北为顺天界,历高崖、白羊,抵居庸关,约一百八十余里。皆峻岭层冈,险在内者,所谓次边也。”这道“次边”与大同镇、宣府镇、蓟镇连接在

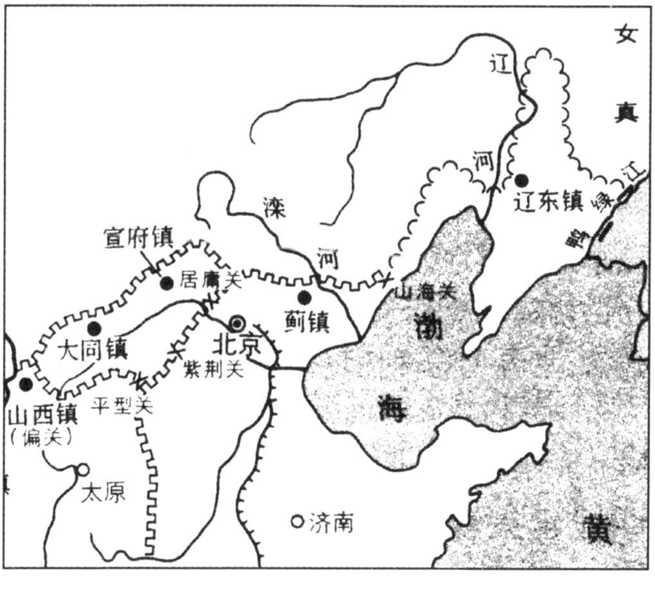

图五　明长城图(采自《中国大百科全书·中国历史Ⅱ》)

1 “……终明之世,边防甚重,东起鸭绿,西抵嘉峪,绵亘万里,分地守御。初设辽东、宣府、大同、延绥四镇,继设宁夏、甘肃、蓟州三镇,而太原总兵治偏头,三边制府驻固原,亦称二镇,是为九边。”《明史》卷九一《志第六十七·兵三》,第 2235 页,中华书局,1974 年。

一起，形成了保卫京师的严密防御体系。在次边上分布着的内、外三关：内三关是居庸关、紫荆关、倒马关；外三关是偏头关、宁武关、雁门关。这六个重要关口是明王朝守卫京师的重要险隘，而内三关更可说是保卫京城的最后一道防线。内三关中居庸关属顺天府界，紫荆关和倒马关则在保定府和真定府界。紫荆关和倒马关管辖的这段长城当时被称作“易州镇”“真保镇”或“保定镇”长城。

茨沟营、吴王口、插箭岭、狼牙口即为倒马关所辖[1]。调查表明，在山西灵丘县狼牙口有两座敌台，楼匾尚存，分别是茨字壹号台、茨字贰号台，两座敌台互成犄角之势。由此向东长城止于狼牙山，以山险未筑墙，至灵丘县大头山才有石砌城墙，敌楼编号以插字为序，最西一座为插字伍拾号台[2]。以此分界，向东的插字号敌台统归插箭岭城堡守将管辖[3]；向西南的自狼牙口茨字壹号台起，包括位于吴王口内的茨字拾陆号台在内的茨字号敌台归属茨沟营管辖。

文献和碑刻材料的对照分析表明，茨沟营辖区内的长城空心敌台修建于明万历初年。万历元年，“兵部尚书谭纶请增设紫荆等处一带边关敌台。从之”[4]。同年，阅视蓟、辽、保定边务，侍郎汪道昆题议修紫荆等关敌台，并得到了专项拨款[5]。现存的部分长城碑刻印证了敌台的建设时间：阜平县邓家庄西南茨字拾肆号敌台内保存的石碑碑文（图六）记录该台的修建时间是万历二年（1574年）；同样是茨字号敌台，位于阜平县段庄乡七里沟村南的陆号台里保存有一块完整的石碑，碑文记录的时间是“万历四年春”。这些证据充分表明倒马关辖下的茨字号敌台的建造年代当在万历初的三四年间。

图六　茨字 14 敌台内石碑

1 “本关（倒马关）总下插箭岭吴王口狼牙口茨沟营军月支粮一石……”，（明）张学颜等：《万历会计录》卷二二，第 787 页，《北京图书馆古籍珍本丛刊》53，北京图书馆古籍出版编辑组编，书目文献出版社。

2 “插字号敌楼最西为插字五十号台，在灵丘县荞麦茬村东南。”华夏子：《明长城考实》，第 212 ～ 213 页，档案出版社，1988 年。

3 孙钢、赵春明：《涞源明长城调查报告》，《文物春秋》1999 年第 3 期。

4 李国祥、杨昶主编：《明实录类纂·河北天津卷》，第 1350 页，武汉出版社，1995 年。

5 “万历元年侍郎汪道昆题议修紫荆等关敌台乞发合用工费银两本部覆修边银两本部与兵部三七分发今查本部应出银肆万玖佰五拾两先发银壹万五千两余陆续解发。”前揭《万历会计录》卷二二，《北京图书馆古籍珍本丛刊》53，第 719 页。

（二）题刻内容考释

吴王沟茨字拾陆号敌台的题刻反映的是清太宗（皇太极）天聪八年（1634年）后金与明战事中的一个片段。虽然只有64个字，但是时间、地点、人物、情节叙述得明白清楚，所包含的职官、地理信息十分丰富。

1. 题刻的作者与职官

题刻文字的作者"井陉兵备道阙里孔闻诗"是山东曲阜人，孔子的第62代孙，字四可，明天启二年（1622年）壬戌科进士，授中书科中书舍人[1]。"阙里"泛指山东曲阜孔子的故里，凡孔氏子孙外出，提及籍贯时往往冠以"阙里"二字以表明孔子后人的身份。依据现存文献可以大致勾勒出孔闻诗从中进士到去世这段时间的经历：孔闻诗从天启二年（1622年）中进士到天启五年（1625年）一直担任中书舍人[2]；到崇祯二年（1629年）时，他已经是吏科给事中了[3]。孔闻诗职位的变动发生在天启五年（1625年）到崇祯二年（1629年）之间，很有可能是发生在崇祯初年[4]；崇祯二年（1629年）以后以"丁母忧归服阕"，再次任职时却因"当事者忌其憨直，外转真定井陉兵备副使"[5]，孔闻诗任此职的时间是从崇祯五年到崇祯九年（1632～1636年）[6]，在奏疏中还保留有他履行兵备副使职责的记载[7]；此后，因与镇守内臣意见不合被降调河南大梁督粮道参议，孔闻诗没有接受这个任职，而是乞归乡里，于崇祯十六年（1643年）在家中去世[8]。

1　参阅国家图书馆藏清乾隆年间编修的《曲阜县志》卷八四《言语》，第11页。

2　"（天启）五年春三月，召衍圣公孔衍植入京陪祀，予孔氏观礼……时中书孔闻诗亦奏请观礼……"，参阅《曲阜县志》卷三〇《通编》，起穆宗隆庆元年尽庄烈帝崇祯十六年，第15页。

3　崇祯二年曲阜知县孔闻简奉旨去任，在"崇祯二年题复曲阜世职新例疏""吏部尚书臣王永光等疏（崇祯二年五月初七日）"中对继任曲阜知县的人进行了选择，疏中有"该吏部给事中孔闻诗为县令不可久缺……恳乞圣明轸念，圣裔以光……"等语。参阅《曲阜县志》卷五《艺文志·奏疏》，第15～17页。

4　孔闻诗于崇祯元年条上八事，涉及吏治、边防等，崇祯皇帝"嘉纳之"。参阅《曲阜县志》卷八四《言语》，第11～14页。

5　前揭《曲阜县志》卷八四《言语》，第14页。

6　孔闻诗担任井陉兵备副使的时间始于崇祯五年的依据是明代丁忧者需要守丧三年，在此期间，官员必须离职守制；离任时间据《曲阜县志》卷八四《言语》第14页的记载，"（崇祯）九年七月，大清兵入昌平，下近畿州县，闻诗应援守御甚著劳绩。八月，大清兵出口，闻诗方随巡按阅视三关，而镇守内臣崔某又檄调闻诗修固关。闻诗以固关非敌兵所经，宜先其急者，赴调稍迟，内臣衔之，谮于帝，降调河南大梁督粮道参议"，应该是在崇祯九年八、九月间。

7　在崇祯九年四月初七日的"兵部尚书张凤翼等为议处需索克扣银两之道将周炳芳事题行稿"中有"本年（崇祯八年）十二月十七日据井陉道兵备副使孔闻诗呈详问得一名周炳芳年三十八岁……"的语句，中国第一历史档案馆、辽宁省档案馆：《中国明朝档案总汇》二二，第3页，广西师范大学出版社，2001年。

8　前揭《曲阜县志》卷八四《列传》，第14页。

井陉兵备道，全称是“钦差整饬井陉等处兵备兼理马政驿传”[1]，驻劄获鹿县，其管辖范围包括倒马关、龙泉关、故关及各关所辖隘口。整饬兵备一职往往由按察司官员充任，或称副使，或称佥事[2]。其主要职责是督理所辖区域内的军务、监督武官等。明中期以后，兵备道直接参与军事行动逐渐增多。崇祯年间，在长城沿线的兵备道还曾督率将士修理城垣、边墙、墩台，督造大炮、出边烧荒，等等[3]。

在后金第二次进攻明朝内地之前，孔闻诗已经担任井陉兵备副使两年左右，职责所在，他肯定到过茨字拾陆号敌台，并有感于当地的山水，题写了“小蓬莱”三字。天聪八年（1634 年）后金兵进攻宣大地区，虽然不是井陉兵备道孔闻诗的辖区，但作为京畿屏蔽的倒马关一线压力骤增，必定要加强边备，为可能的战事作准备。后金兵进攻茨沟以及在竹帛口激战等都发生在孔闻诗的辖区内。

2. 题刻中的地名

题刻所载茨沟、吴王口和竹帛口均在井陉兵备道的管理范围内。茨沟在明代是阜平县重要的关隘，同治年间编修的《阜平县志》载：“畿辅西南锁钥实在于此（阜平县），而其关隘最要者有二：曰龙泉，曰茨沟。”茨沟营地方防御体系经历了一个逐渐完备的过程，到明代中后期其地位日渐突出，管理体制日益加强。《西关志》载：“由关（龙泉关）东北一百里则茨沟营也，距县治一百二十里，旧日茨沟村西北与繁峙、灵丘接界，为燕南屏蔽。嘉靖二十五年设巡司一员；三十六年裁巡司设守备一员、管墩官一员；隆庆元年，宣府、大同屡警，添设参将一员，马战守兵一千二百名，辖龙泉、固关，弹压诸口。”[4]现茨沟村口“碧霞祠”（图七）正殿前有一块保存基本完整的“东岳泰山庙碑记”（图八），此碑刻立于万历九年（1581 年）夏，落款是“钦差分守北直隶真定等处地方副总兵兼管茨沟龙固二关参将事务都指挥何勋”和“钦差分守北直隶真定等处地方兼管茨沟龙固二关参将署都指挥佥事尹志莘”。此碑文也佐证了龙固二关与茨沟是一个完整的防御体系。

茨字拾陆号台所在的吴王口是明代内长城的一处重要军事防御关口，也是通往山西的重要孔道，隶属于茨沟管辖[5]。《西关志》中载：“……又其南则落路、吴王二口，均当要害，而吴王口尤甚……”[6]“吴王口汛县西北八十里至营（茨沟营）四十里……

1 《大明会典》，第 1828 页，江苏广陵古籍刻印社，1989 年。

2 前揭《大明会典》，第 1827 页。

3 何珍如：《明代的道》，《中国历史博物馆馆刊》1991 年总第 15、16 期。

4 故宫博物院：《故宫珍本丛刊〈河北府州县志·将弁志〉》第七册，第 348 页，海南出版社，2001 年。

5 “茨沟下隘口二十二：吴王口……牛帮口、竹帛口。”《四镇三关志》卷二，第 00104 ~ 00105 页。

6 《倒马关图论》，（明）王士翘：《西关志》，第 413 页，北京古籍出版社，1990 年。

图七　碧霞祠（左上的敌台即茨沟营城制高点处的敌台，中间是碧霞祠正殿，右侧石碑即东岳泰山庙碑记）　图八　东岳泰山庙碑记

迤东为吴王峡，通山西灵邑、宣府、张家口等处”[1]，在明代历史上，一旦宣、大、张家口一线的边墙被突破，北骑往往南下进攻紫荆关、倒马关一线的内长城，以达到掠地山西进而扫荡畿南的目的。吴王口地通山西，道光年间编修的《繁峙县志》“舆地志”里记载：“宣府镇摘兵三千在平刑关驻扎，专应援吴王口……”说明了吴王口的重要军事价值。与此同时，吴王口也是民间商旅往来的重要途径，“（吴王口）商贩往来，曾无宁息，践踏积久，遂成坦道。利之所在，民日争趋，亦不能尽禁”[2]。而这种频繁的商旅往来和交通的便利，虽使吴王口十分热闹，但客观上也加重了吴王口军事防御的负担，通过上面的文字可以明显看到官方对这种情况的担忧和无奈。

竹帛口是位于茨沟营城西北的一处关口，“竹帛口汛县西北一百四十里，通山西太原、大同、杀虎口……”[3]，在今天的地图中见不到这个地名。《四镇三关志》中记载竹帛口是嘉靖三十三年（1554年）始建，经过实地考察，在山西繁峙县韩庄到钟儿寺之间约5000米的范围内发现有长城遗迹。依据《山西省文物地图集》所载“繁峙县文物图”及对韩庄敌台遗址的描述，这段长城共有砖砌空心敌台九座，其中四座匾额尚存，其编号由北向南依次是“茨字贰拾陆号台”“茨字贰拾伍号台”“茨字贰拾肆号台”“茨字贰拾叁号台”，这说明韩庄到钟儿寺之间的茨字号敌台与牛帮口、茨沟营、狼牙口等地的茨字号敌台是一个系统，均归属茨沟营统一管辖。经询问村民得知，地图上虽然没有“竹帛口”，但是当地仍把韩庄到钟儿寺的这段穿越山谷的地带叫竹帛口。再检阅国家图书馆藏清同治年间编修《阜平县志》之“县境图”（图九），发现该图

1　故宫博物院编：《故宫珍本丛刊〈河北府州县志·关隘志〉》第七册，第349页，海南出版社，2001年。

2　前揭《倒马关图论》，《西关志》。

3　同治《阜平县志》卷四《政典上·兵防》，第45页。

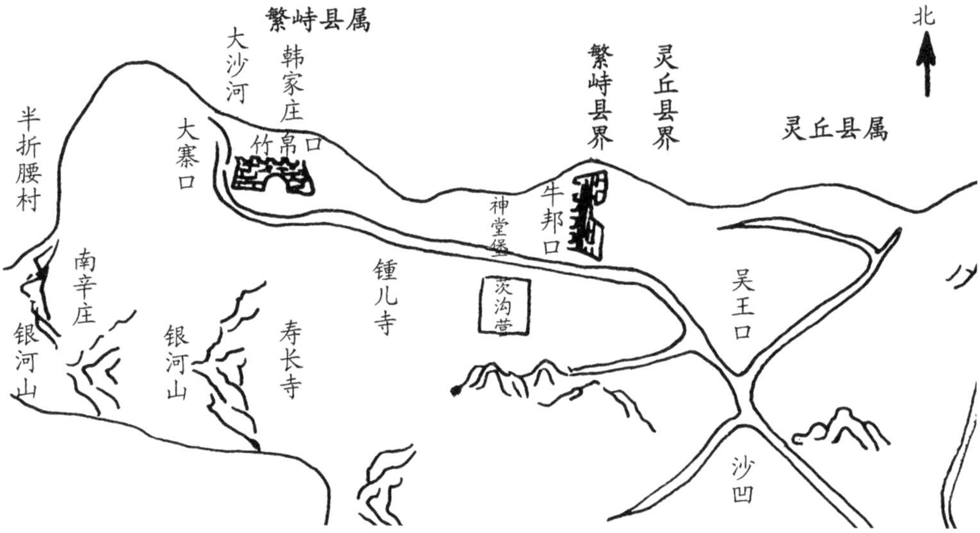

图九　《阜平县志》之“县境图”

清楚地标明了竹帛口位于大沙河东侧、韩家庄和钟儿寺之间，由此，竹帛口的位置可以确定在韩庄和钟儿寺之间。

二　天聪八年后金与明战事始末

（一）战事背景

天聪八年（1634 年）后金与明战事的发生有其特定的历史背景，涉及后金、明朝两方各自的形势以及后金与察哈尔蒙古之间的关系。

此战之前，后金已占领整个辽东，并取得了关外东北战场的主动。天聪三年（1629 年）冬，后金突破蓟镇长城防线，从龙井关和大安口攻入，直抵北京城下，威胁京师。后金在取得对明战争军事胜利的同时，也意识到明朝不是在短时间内可以被彻底打败的，明朝虽然屡战屡败，但它可以集中全国的力量，源源不断地将兵员、钱粮以及武器装备投入到战场上。为图自存，后金只有不断发动对明朝的进攻，不给明朝反攻的机会，以战促和。而每一次与明的战争，对于物资相对匮乏的后金来说也是一次掠夺财物、积累财富的过程，这也是这一时期后金与明之间战争的主要目的之一。

明朝此时则是内外交困的局面。崇祯皇帝即位后，来自后金的外部压力日益加重，崇祯二年（1629 年）更发展到兵临北京城下的地步；对内他又要面对汹涌而起的农民军。内部的农民军与外部的后金，使明朝政府腹背受敌，陷入了“安内”与“攘外”的困扰中。

就在天聪八年（1634 年）后金与明战事爆发半年前的崇祯六年（1633 年）冬，发生了著名的“渑池渡”事件[1]，从此造反武装由合而分，明军很难进行围剿。但崇祯七年（1634 年）八月，明朝政府再次错误地进行招抚，将本已无路可走的造反武装轻易放入关中地区，这就是“车箱峡受降”事件。从时间上看，天聪八年（1634 年）后金攻明之时，明朝政府正集中力量剿杀农民军。

在明朝与后金的斗争中，蒙古察哈尔部是双方争取的对象。察哈尔部首领林丹汗每年接受明朝抚赏，同时也威胁到依附于后金的其他蒙古诸部的安全。因此，征讨和招抚察哈尔部就成为皇太极迫切需要解决的问题。为此皇太极先后三次征讨察哈尔部[2]，而天聪八年的后金与明战事就发生在第二次征察哈尔部后的第二年。从皇太极即位到天聪八年的后金与明战事爆发，后金攻明的时间和路径是随着后金对察哈尔蒙古的进攻而不断变化的。天聪二年（1628 年）九月皇太极第一次征察哈尔部，迫使察哈尔部西迁到今宣、大以北地区；次年十月皇太极又亲率大军突破蓟镇长城防线，攻入明境，进逼北京；天聪六年（1632 年）四月第二次进攻察哈尔部，察哈尔部一味西窜；天聪八年（1634 年）七月皇太极率军攻入宣、大长城。由此可见，随着察哈尔部的节节败退，后金掌握了越来越广阔的原为察哈尔蒙古所有的土地，进攻明朝可选择的路线也不断增多。对察哈尔部进攻之后必然伴随着一次征明路线新的尝试，原本主要发生在辽东镇的后金与明战事逐渐扩大到了蓟镇、宣府镇和大同镇，明朝内地受到了后金的直接进攻和军事威胁。天聪八年（1634 年）后金与明战事的发生虽距第二次征察哈尔部已有两年，其发端却在天聪六年（1632 年）第二次征察哈尔部之时。当时皇太极面对察哈尔不能抵御，一味西窜，而后金兵马疲惫穷追无益的局面，决定征明。皇太极遣使赍书与大同、宣府、阳和等处明朝官员，一为议和，一为索赏察哈尔财物，寻找借口，伺机攻明。在后金军事压力下，宣府等处明朝官员不仅将原赏察哈尔的财物送给了后金，宣府巡抚沈启时还与后金订立了盟约：“明与后金二国共图和好，谨以白马乌牛，誓告天地……两国若遵守誓言，交好勿替，天地眷佑，世世子孙，长享太平。”[3]这一次，后金既获得了实际经济利益，又第一次正式与明朝地方政府订立了盟约。

1　造反武装于崇祯六年十一月二十四日到达山西垣曲与河南济源之间的黄河河身最狭窄处的关阳、长泉一带，强渡黄河，突破包围圈，并顺利攻克黄河南岸渑池县的马蹄窝、野猪鼻。樊树志：《晚明史》，第 933 页，复旦大学出版社，1995 年 6 月。

2　第一次是在天聪二年九月，皇太极亲率大军，会同蒙古诸部兵征讨察哈尔部，迫使察哈尔部西迁到今宣、大以北地区；第二次是天聪六年四月皇太极率军大举进攻察哈尔部，这一次察哈尔部根本无心应战，一味西窜，部众离散，已呈现分崩离析之势，不久，林丹汗本人病死在青海；第三次是天聪九年二月，皇太极命多尔衮、岳托、萨哈璘、豪格三征察哈尔，这一次后金成功地招抚了林丹汗之子额哲和苏泰太后等，并获得了历代传国玉玺，至此，蒙古察哈尔部彻底被后金征服。

3　齐木德道尔吉、巴根那编：《清朝太祖太宗世祖朝实录蒙古史史料抄——乾隆本康熙本比较》，第 211 页，内蒙古大学出版社，2001 年。

在后金撤退后，明朝内部对这次议和议论纷纷，崇祯皇帝不得不把沈启时革职以平息舆论[1]，议和也不了了之。第二次进攻察哈尔部之后的天聪八年（1634 年）五月丙申，后金再议征明，而天聪六年（1632 年）议和没有得到明中央政府的回应是再次征明的口实之一。在进攻路线上，皇太极没有采纳从山海关大路进兵的意见，而是认为大军应直抵宣大，希望能沿途招抚留居故地的察哈尔诸部并进一步巩固对察哈尔部的军事胜利。这一点皇太极说得很明白："蒙古察哈尔国先为我兵所败，心胆俱裂，举国骚然，彼贝勒大臣将来归我。我往必遇诸途，尔众贝勒可多备衣服，以赏彼贝勒大臣之来降者。我师一则往征明大同，一则收纳察哈尔来归贝勒官民，计莫有善于此者。"

（二）战事过程

天聪八年（1634 年）的后金与明战事，大致可以分为三个阶段[2]：第一阶段，四路兵马依照议定于七月初八日从独石口方向、龙门口方向、上方堡方向和得胜堡方向同时发起突破长城的进攻[3]，并约定在朔州会师。但随着战争进程的变化，仅有得胜堡方向攻入的一路进至朔州，其余三路均未按预定计划到达合兵地点，而是在应州汇合；第二阶段，后金调整部署，先后派出三路出略之兵，多尔衮、多铎、豪格往略朔州城东，萨哈璘、硕托往略代州城西，阿巴泰、阿济格、扬古利率兵往取灵邱县王家庄；第三阶段，皇太极率兵自应州北行，围困大同城近 10 天。此后，且行且战，攻克万全左卫城，最终于闰八月初七日班师出塞。总共历时 59 天。

第一阶段是从七月初八日至七月二十八日。四路兵分别是皇太极亲率阿巴泰、豪格和扬古利等领正黄旗、镶黄旗及蒙古科尔沁部，另有孔有德、耿仲明、尚可喜所部从上方堡攻入；阿济格、戴青、多尔衮、多铎率正白旗、镶白旗及蒙古翁牛特、新附察哈尔诸部兵，入龙门口，计划与皇太极"会兵于宣府"[4]；东路德格类率正蓝旗、镶蓝旗、左翼兵[5]及蒙古巴林、扎鲁特、土默特诸部兵，进独石口；西路代善、萨哈璘和硕托率正红旗、镶红旗、右翼兵及蒙古敖汉、奈曼、阿禄、三吴喇忒、喀喇沁诸部兵，

1 参阅姜守鹏《辽西对峙时期的明清议和》，《东北师范大学学报》1986 年第 6 期。

2 天聪八年后金与明战事的过程，除已注明出处的外，其他的均依据中国第一历史档案馆、辽宁省档案馆《中国明朝档案总汇》十六、十七两册的相关内容整理所得。广西师范大学出版社，2001 年。

3 "定议四路兵，俱于七月初八日入边。"前揭《清朝太祖太宗世祖朝实录蒙古史史料抄——乾隆本康熙本比较》，第 286 页。

4 前揭《清朝太祖太宗世祖朝实录蒙古史史料抄——乾隆本康熙本比较》，第 286 页。

5 （天聪八年五月初五日），"天聪汗曰：'……旧蒙古右旗为右翼兵，左旗为左翼兵，旧汉兵为兀真超哈，元帅（孔有德）兵为天佑兵，尚总兵官官兵为天助兵。'"中国第一历史档案馆编：《清初内国史院满文档案译编》上，第 80 页，光明日报出版社，1989 年。

入得胜堡地方。约定“四路并进，限半月会兵（于）朔州”[1]。四路兵马于天聪八年（1634年）秋七月初八日分别攻入明边后，由皇太极亲率的一路于进攻当日就到达了宣府城；阿济格所率两白旗一路在攻入龙门口后未攻下龙门城的情况下，于初九日即与在宣府城东南驻营的皇太极会合，二十二日，皇太极率兵到达并围困应州城。这期间阿济格、戴青、多尔衮、多铎于十一日受命率“两白旗全军及两黄旗骑兵每牛录甲士五人并包衣牛录人自宣府分兵进保安州”；十三日，阿济格等攻陷旧保安，杀守备徐同泰；二十六日，在掠取沿途村堡后，“会上于应州城”。东路由德格类率领的兵马于七月初八日从君子堡东至独石大路一带进边，十二日，兵锋至延庆州、永宁等地；十三日，镶蓝旗攻陷长安岭堡，杀守备江腾龙等；二十八日，到达应州与皇太极会合。至此，四路大军中的三路已合兵一处。西路由代善、萨哈璘、硕托率领的兵马在七月初八日进边后，先后攻陷得胜堡、镇羌堡；围攻井坪城，不克，乃驻营朔州；二十三日，奉命在马邑县驻扎，这也是四路大军中唯一在规定时间内到达预定合兵地点的（图一〇）。

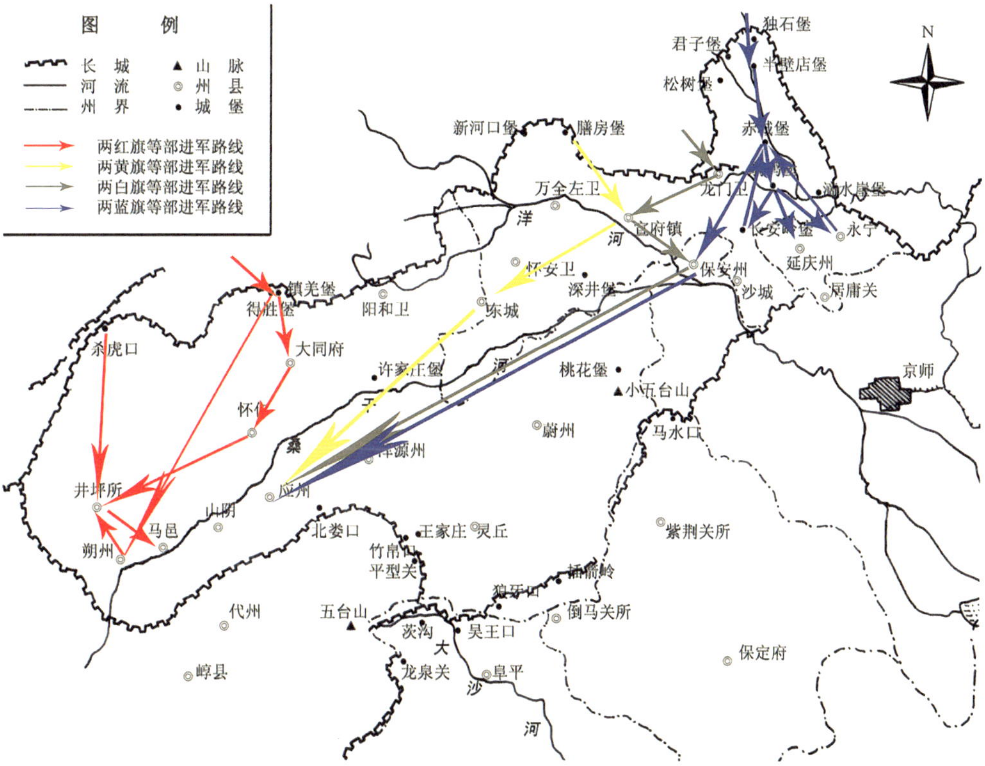

图一〇　第一阶段战事示意图

1　前揭《清朝太祖太宗世祖朝实录蒙古史史料抄——乾隆本康熙本比较》，第293页。

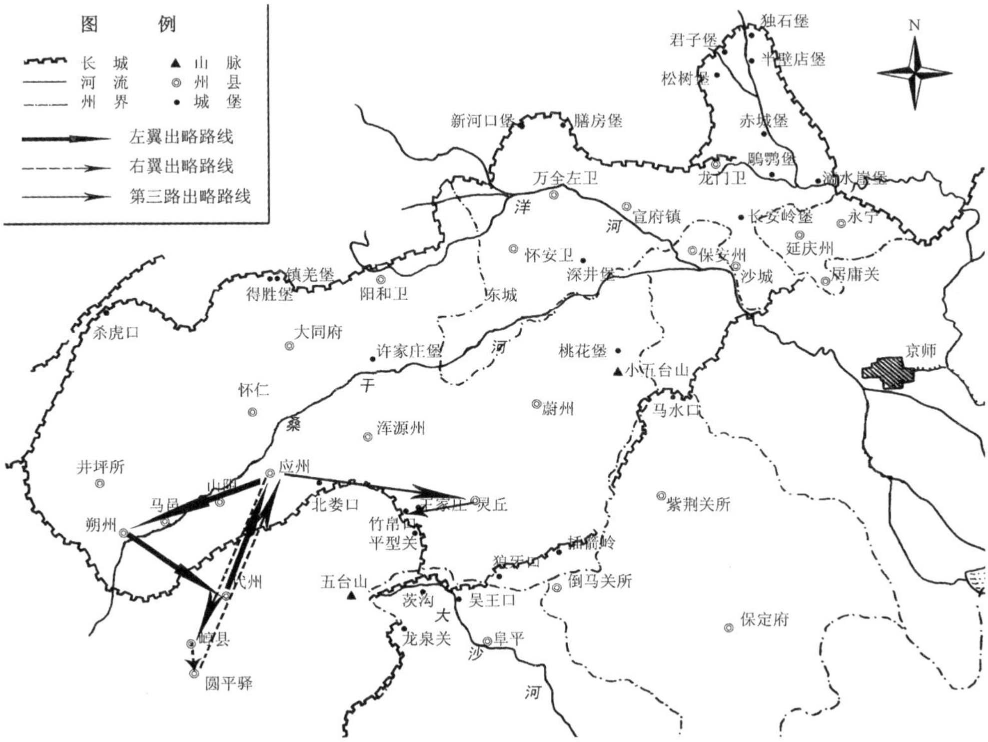

图一一　第二阶段战事示意图

第二阶段是从七月二十九日至八月十二日。自七月二十八日，三路军马在应州汇合后，仅过了两天，后金就调整了部署，打破了初入边时的编制，于八月初二日先后派遣了三路出略之兵。左翼由多尔衮、多铎、豪格率领往略朔州城东，至五台山而还；右翼由萨哈璘、硕托率领往略代州城西，萨哈璘于初二日夜攻拔崞县，占领王敦堡、板镇堡，硕托于初三日攻入园平驿城。这两路兵马均于初三日还至原营；第三路是八月十一日遣阿巴泰、阿济格、扬古利率两黄旗、两白旗兵往取灵丘县、王家庄（图一一）。

题刻材料所述“明崇祯甲戌奴酋内犯寇茨沟……”中有“寇茨沟”，而这时阿巴泰、阿济格、扬古利等率领进攻灵丘县的两黄旗和两白旗后金兵，其在地理位置上最接近茨沟营的辖区。这支后金兵于八月十一日出兵，八月十五日，阿巴泰等人遣使奏报攻陷灵丘县，杀知县、守备各一员；二十一日，再次奏报攻陷王家庄；二十二日，阿巴泰、阿济格、扬古利等人与在大同附近驻营的大军会合。这支后金兵与明朝守军的战斗是很激烈的，在进攻王家庄的战斗中连斩城中守备及其子，而皇太极的旧臣、礼部承政巴都礼也在战斗中战死[1]。题刻中关于“我兵奋勇歼奴殆尽奴拚死夺竹帛口而出”的描

1　《清实录》第二册《太宗文皇帝实录》，第 257 页，中华书局，1985 年。

述明确标示了发生战斗的地点，同时也印证了天聪八年后金征明到达了倒马关的辖境。后金兵“拼死夺竹帛口而出”，不仅说明茨沟营所辖防区遭到了进攻，而且后金兵已经突破了茨沟营的长城防线。双方在竹帛口的战斗均是拼死一搏，明朝一方奋勇歼敌，当然也付出了代价，史籍称“清兵攻竹帛口杀千总张修身”[1]；后金一方的真实情况是当阿巴泰等人率兵“寇茨沟”时，其他的后金兵马已合兵于大同，只有这一支兵马还远离大军，阿巴泰等人在达到预定目标和俘掠目的后，开始北返向大军靠拢。可以说，竹帛口的战斗是关系到后金兵能否顺利北返的关键，也很可能是后金与明在倒马关防区内的最后一战。

第三阶段是从八月十三日至闰八月初七日。皇太极在派出两黄旗、两白旗兵往取灵丘县、王家庄后，于八月十三日率大军自应州启行；十五日，皇太极率戴青、多尔衮、多铎、豪格等往视大同城，挑战大同城外的明骑兵；十九日，代善、萨哈璘、硕托率兵来会；二十二日，阿巴泰等人率兵回营；二十六日，大军至阳和驻营；二十八日，大军至天城北驻营；二十九日，大军至怀远驻营；三十日，大军至左卫城南驻营；闰八月初一日，大军至左卫城东驻营；初三日，大军渡左卫河驻营，当晚开始进攻左

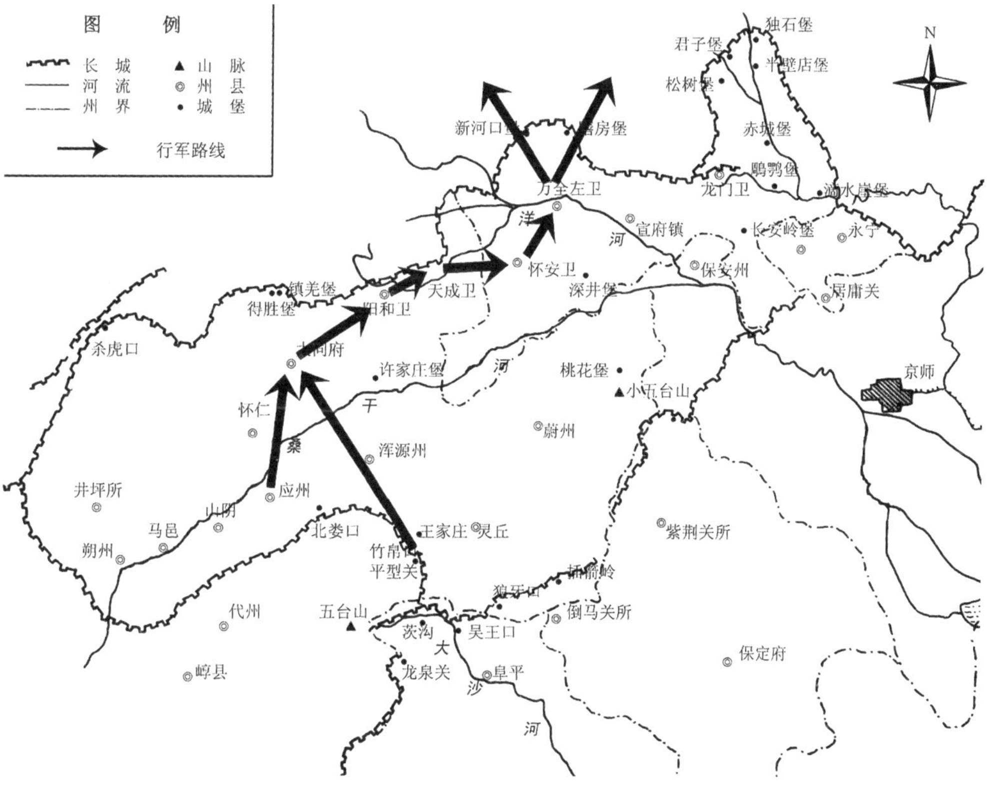

图一二　第三阶段战事示意图

1 《崇祯实录》卷七，台湾“中央研究院”历史语言研究所校印本《明实录》附录之二，第0213页。

卫城；初四日，八旗合力攻陷万全左卫城，杀守备常汝忠，入城搜剿明兵近千人；初七日，皇太极由膳房堡、新河口堡地方旋师出塞。至此，除少数担任断后任务的兵马，后金大部分兵马均已出塞（图一二）。

余论

在这次后金与明的战事中，后金的进攻达到了突袭的效果。后金一方总共有 10 万左右的兵力，包括满洲八旗、蒙古左翼兵和右翼兵及诸部兵和汉人降将统率的部队等，其中满洲八旗与蒙古左、右翼兵等所谓“精骑达子”有 6 万～ 8 万人。明朝在宣府镇、大同镇的兵力也应在 9 万左右，其中有明确数字的精兵就有 6 万。在双方兵力对比大致相当的情况下，明朝守御官员的玩忽职守导致了明军的仓促应战。早在五月底，明朝就获悉后金兵马西行，兵部也行文要求各边戒严，但到了七月初一日“钦差监视宣镇粮饷兵马边墙抚赏等事御马监太监”王坤在题本中居然还说派人远出侦察了 40 多天“未见奴踪”[1]。可见边镇在战争准备中的不足和敷衍了事。明朝在得知宣府镇、大同镇遭到突袭后，调遣各地援兵前往救援。宁远总兵吴襄于七月十二日接到率兵赴援的命令，随即督兵星驰援宣。据文献材料统计，直接到宣府的援兵共有 23000 人，包括吴襄率领的宁远、锦州兵 1 万；尤世威率领的山海关、永宁兵 1 万；密云镇标兵 3000 人。此外还有 7000 人的兵力增援紫荆关、倒马关一线。援兵的增援以及宣、大守军的固守和追堵在一定程度上起到了阻止后金进一步对内地的攻击，但面对后金的进攻，明军战斗力弱，战斗意志不强，畏敌避战的现象也暴露无遗，如“山西崞县贼只二十骑，掠子女千余人，过代州，望城上亲戚相向悲啼，城上不发一矢任其饱掠而去”[2]，等等，此种记载不绝于史书。

天聪八年（1634 年）的后金与明战事是皇太极最后一次亲自率兵进攻明朝内地，这段题刻为人们提供了关于这次后金与明战事的重要信息，而这段题刻于路边位置、明显带有辱满特征的文字能够在清朝二百余年的统治时间里得以保存，就显得更加珍贵了！

原载《故宫博物院院刊》2008 年第 6 期

---

1 “监视宣镇御马监太监王坤为遵查独石张家二口未有西虏求乞贸易事题本”，中国第一历史档案馆、辽宁省档案馆编：《中国明朝档案总汇》十六，第 359 页，广西师范大学出版社，2001 年。

2 《崇祯实录》卷七，台湾“中央研究院”历史语言研究所校印本《明实录》附录之二，第 0216 ～ 0217 页。

清前史研究的现状与展望

朱诚如

内容提要：本文对清前期历史研究状况作了总结，梳理了成绩，也指出了薄弱之处，并对清前期历史研究应该努力的方向提出了建设性意见。

关键词：清前期历史　研究动态　研究方向

金秋九月，海内外专家济济一堂，聚会沈阳，共祝沈阳故宫博物院清前史研究中心成立，纪念盛京定名 360 周年，共襄清前史研究大计。我受中国国家清史编纂委员会主任戴逸教授委托，代表国家清史编纂委员会，代表与会的马大正副主任向大会表示热烈的祝贺，向与会的嘉宾和海内外专家表示诚挚的敬意，向为这次大会付出辛劳的沈阳故宫博物院的同志们表示诚挚的谢意。

东北是清王朝的祖宗肇兴之地，盛京是清王朝的发祥地。清前史实际上就是清王朝的先祖满族以盛京为中心兴起、发展、奋斗的历史。清朝前史又与明朝中后期的历史相交错，所以也是明朝衰落以及明清（后金）争战史。清王朝的中央中枢机构和国家雏形都是在清前期奠定和确立的。所以不深入研究清前史，整个清史研究就会无本无源。沈阳故宫博物院和故宫博物院是清王朝入关前后的两个统治中心、决策中心、施政中心。地分两处，命脉一根。入关对于清王朝来说只是统治中心的转移，对于中国来说是清朝取代了明朝。所以沈阳故宫博物院和故宫博物院作为入关前后的统治中心，既是清朝历史的衔接，也是中国历史的传承。我们非常高兴地看到故宫博物院单霁翔院长百忙中仍前来沈阳故宫，我想其意义亦在其中。一会儿他要给大家作精彩的报告，因此，我认为沈阳故宫博物院清前史研究中心应运而生，是一件有重要意义的事情，必将进一步推动清前史的研究。

1644 年是明清两朝的分水岭，也是一个风云变幻、动荡沉浮的年头。这一年，李

作者：原故宫博物院副院长，教授。

自成农民起义的大顺军攻陷北京，大明王朝的崇祯皇帝被逼自缢煤山，明山海关守将吴三桂献关降清，李自成临危称帝武英殿，摄政王多尔衮率清军占领京城，在这个决定命运的关键时刻，机遇都是平等的，谁是胜者，背后有着诸多的因素。

大家都知道，从明万历十一年（1583年）努尔哈赤兴起到崇祯十七年（1644年）清入关，迁都北京，取代明朝，前后60多年。王朝更替，改朝换代，在中国历史上司空见惯。问题在于一个刚从深山老林中走出的落后的少数民族何以能在60多年时间内不断成长壮大，并最终打败了老牌的封建专制主义中央集权的大明王朝，取而代之。并且在入关统一全国之后，又统治了268年，创造了康雍乾盛世这个夕阳下的辉煌，这两个奇迹的发生并非历史的偶然。

首先，明中叶以降，延续了几千年的中国农、牧文化冲突引发了北方的民族矛盾。九边烽火绵延，蒙古残余势力以及新兴的女真族（即后来的满族）不断地扩大势力，不断地蚕食明王朝统治的周边地区。特别是明万历十一年（1583年），努尔哈赤以遗甲13副起兵，采取“恩威并行，顺者以德服，逆者以兵临”的方针，只用10年时间就统一了建州各部，又经过20多年的兼并战争，女真各部基本上统一在努尔哈赤的麾下。努尔哈赤从起兵开始，即逐渐成为明王朝的一大隐患。满族的兴起既有历史的机遇，又有自身的必然。明王朝的软弱，边关的废弛，使女真人得以不断丰满自己的羽翼，从最初边关寻衅发展到横行边关，势力不断壮大，一旦定居辽东山区，立即成为明朝的大患。满族不断内移，以至占领辽沈，统治整个辽东，并以此为根据地向全国范围拓展。应该说，满族及其先人女真人确实是一个善于学习、勇于创新、充满锐气的民族，他们从小到大，从弱到强，不断发展，在不长的时间内就迅速扩大了自己的力量，并从辽阳而沈阳，短短几十年间，建立了巩固的辽东根据地，壮大成为与明王朝争夺天下的主要力量。

我认为满族的迅速崛起，有多种因素。从努尔哈赤和皇太极所推行的政治、军事政策和策略中，不难看出他们的雄心和能力。前有萨尔浒之战，后有松锦大捷，以少胜多，以弱胜强。数度入关，横扫千里，速战速决，出奇制胜。他们平时不露锋芒，一旦时机成熟，便毫无迟疑，迅速出击。当初努尔哈赤势弱之时俯首称臣，屡屡接受明朝封赠，不露声色。一旦努尔哈赤以“七大恨”起兵，立即使明王朝“举朝震骇”，措手不及。当皇太极“邦家未固”之时，明智地采取“上疏称臣”和与明朝议和的策略，以积累力量。一旦有了一些实力，兵刃相向，分庭抗礼。他们懂得策略，笼络蒙古，使其成为侧翼力量，联手对付明王朝；拉拢汉人，强调满汉一体，“恩养”其中坚，重用汉人知识分子为其出谋划策。以至于入关之时，满、蒙、汉数十万不同民族、不同地区的人聚集辽河上下，入关取明而代之，成为其共同奋斗目标。此外，满族的八旗制度具有先天的优越性，其组织之严密，战斗力之强，是当时其他军政制度难以比拟的。既有杰出领袖，又有严密的军政机制，加之善于骑射的习俗和剽悍的特性，使满族人得以在不长的时间内就迅速扩大了自己的力量，并从辽阳而沈阳，大清大旗一旦打出，就势不可挡地成为与明王朝争夺天下的主要力量，并最终取明王朝而代之。

研究清入关前史，在这里我想特别强调要注意研究我们以前重视不够的不同民族之间的互相渗透、互相融合的历史作用问题。清入关前史和清入关后268年历史都证明，满汉民族之间，大而言之汉满蒙回藏民族的相互渗透、相互融合问题是清王朝能够统治长久的一个关键。中国古代民族问题一直存在，但正如著名历史学家范文澜先生所指出的，中华民族的形成就像滚雪球，一次次民族战争，使雪球越滚越大，不论战争谁胜谁败，其结果都促进了不同民族之间的交往和渗透，最终形成五十六个民族共存的中华民族。历史上有几次少数民族成为统治民族，统治中原大地，但最终都成为中华民族的一部分，他们的所作所为与历史上汉民族统治者一样，为中华民族的国家统一起到了促进作用。这种民族之间的互相渗透、相互融合是不以人的意志为转移的，无论是自然的，还是强制的，殊途同归，最终都是你中有我，我中有你。任何野蛮的征服者总是被那些他们所征服的较高文明所征服，这是一条永恒的历史规律。人类历史不会倒退，社会物质文化和精神文化也不会倒退，先进必然战胜落后，没有最终的胜利者，先进物质文化和精神文化是相互渗透、相互交流、相互融合的结果。在相互提升中，共同推进中华民族国家历史的进程。

入关前的满族是落后的，但又是一个善于学习、勇于创新的民族。善于学习，就是善于向先进民族的先进文化学习，勇于创新就是在继承民族特点的基础上，吸收先进文化中的长处，推陈出新。努尔哈赤从小混迹于汉区，不管他曾为辽东总兵李成梁的义子一事是真是伪，但是他不断来往于汉区的结果，使他见多识广，使他了解和熟悉辽东汉区的先进文化。史料记载说他熟悉汉语，为他日后起兵打下了基础。所以在他起兵前后，身边已经有不少汉人，包括较高文化水平的汉族知识分子。史料记载他身边顾问级人物浙江绍兴人龚正六，文书级人物歪乃、董大海、刘海等都是汉族知识分子。这些人中，不少人本来是掳掠来为奴的，但努尔哈赤意识到这些汉人知识分子对他的重要作用，提排除民族偏见起用这些汉人。这就是努尔哈赤的远见卓识，他不仅不排斥汉人，反而重用汉族知识分子，利用汉族知识来提升自己。他把汉人视为“奇货而潜招之”，还专门为招来的汉人构筑了一个名为“蛮子城”居住地，被努尔哈赤所俘的朝鲜人李民奂也看出努尔哈赤对汉人实行“笼络之术”。已故著名清史专家孟森先生说“建州早习华风，所用名词，多为汉语”。习汉语的结果，增加了与辽东汉族人民的沟通，使得连做饭的铁锅甚至缝衣服的针都没有的满族先人，最终向汉人学会了制造铁箭头等兵器武备。努尔哈赤之所以强调“满汉一体”，这是他在长期民族之间互相交流的实践中悟出来的，他本人与建州女真是最早的受惠者。当然，汉民族在与满族及其先人的交往中也学到了游牧方面的技术和经验。民族之间的交流是互相的，取长补短，相互提升，最终促进了整个民族的物质文化水平的历史进程。

到了皇太极时期，进一步发展了努尔哈赤的“满汉一体”政策，除招徕汉人，对于归降的汉族官吏和知识分子更是采取笼络手段，甚至不惜高官重金。孔有德、耿仲明携红衣大炮降清，皇太极亲自以满族最隆重的抱见礼郊迎，赐以重赏，即日授以招讨官印。掳洪承畴后，更是待之厚礼。汉人谋士范文程，归降后深得皇太极尊宠，委以大学士重任。范文程为清军入关出谋划策起了很大作用。清入关前的内三院等中央机构的设置大都出自范文程等人之手。此间，先后有汉官刚林、希福、鲍承先、洪承畴、祁充格、宁完我等人出任大学士。1629 年皇太极在沈阳开科，一次就录取 200 多个本来为奴的汉人生员。皇太极本人通汉语，为了控制汉人，皇太极在强调母语的同时，要求满族官员学汉语。沈阳故宫的设计更体现了满汉民族之间的建筑技术的交流和渗透，崇政殿和大政殿体现了满族统治者的远见卓识。皇太极利用汉官和汉族知识分子对中原地区典章制度的熟谙，创建了清前期的国家架构，为入关统一走出了关键性的一步，是非常明智的举措。

综上所述，满族从关外一个落后的少数民族，凭借其善于学习汉民族的先进文化，在相互交往和贸易中，提升自己民族的经济和文化水平。一旦入居辽东，在对辽东汉区的统治中既不丧失自己善于骑射的民族特性，又敢于吸纳汉族的文物典章，甚至农业生产技术。大胆吸纳汉文化的成果，使其民族的文化得到迅速的提升。满族能够创造入关取代明朝的奇迹，很重要的就是入关前满汉文化的交融已为其入关取代明朝创造了先决条件。如果满族只是固守其满语骑射，完全依靠军事的长处，一旦面临汉区先进文化的汪洋大海，其结果是可想而知的。历史上任何一个少数民族一旦陷入汉族文化的汪洋大海之中，最终必然走向相融合的道路。满族在关外首先把自己纳入中华文化之中，所以满族入关之时，辽河上下，关内关外几十万满、汉、蒙不同民族已经相互渗透，中华文化已经成为其共同纽带，“满汉一家”已经逐渐成为共识，于是能创造入关代明的奇迹。当然，在那个时代，民族压迫是贯穿始终的，也充满了血腥和暴力。强制有时也是历史的催化剂，不同民族之间的相互渗透、相互融合是历史的必由之路。我特别赞同北大徐凯教授关于不同民族之间融合渗透中“和而不同”的观点。

清朝取代明朝，一个以少数民族满族为统治民族的清政权要想真正成为中原的统治者，并不是一件容易的事情。问题在于当时的满族是奴隶制特性尚未完全褪尽，只占据东北一隅之地的落后的少数民族，由它来统治一个已有近 2000 年历史的封建的中原大国，实在是勉为其难了。然而历史就是这样，这一历史重担还是落在了满族统治者的肩上。尽管满族是一个善于学习、勇于创新的民族，尽管明王朝十分腐朽，不堪一击，尽管农民起义有许多局限性，可是这一历史重任仍然是满族统治者不堪重负的。令人惊叹的是，满族统治者就在入关不长的时间内，又创造了一个奇迹，在病入膏肓的封建制已经穷途末路的时候，竟然创造出一个康乾盛世，尽管只是夕阳下的辉煌，垂死的封建制的回光返照，但毕竟使古老的中华文明为之一振，让整个世界为之惊叹。

所以，我今天这个主旨演讲，强调清入关前史研究要特别重视不同民族之间互相渗透、互相融合的历史作用。

下面我还想说两点个人意见：

第一，清前史研究中心的命名我是比较赞成的，有的学者认为叫清入关前史研究中心比较好，从时空、地域一刀切开很明确；有的学者认为叫清朝开国史研究中心好。我以为清入关，清代明，从关外转入关内，时空和地域虽然转换了，但历史人物的活动舞台以及活跃在历史舞台上的主角没有变。入关统一天下的大政方针还在延续并进一步推进。至于时间界限可以讨论，有人认为到南明小朝廷倒台，我以为也没有什么不可。历史研究的时空和地域的界限，有时可以做理论上的切割，但历史本身很难一刀切，否则一切就不成为历史了。清入关和清初的统一战争也不能完全切割，所以，我同意清前史研究不可能只到1644年就戛然而止，要有头有尾，有始有终，要有结果，就是登极和统一。

第二，关于清入关前史的研究状况问题。清前史研究自孟森以来，经过海内外几辈学者的共同努力，取得了诸多研究成果。但从总体上看，研究力量还是比较薄弱。我清楚地记得28年前的1986年7月召开的大陆首届国际清史学术讨论会，当时我是大会执行主席，当时我刚40出头，海内外10多个国家和地区的170多名学者与会。日本著名学者神田信夫、松村润、高桥父子率青年学者与会，台湾李学智先生等人，大陆学者白寿彝、王钟翰、李洵等老一辈学者都与会，现在回过头看，当时与会的许多著名研究清前史的学者都先后过世了。当时日本出席会议的细谷良夫也挺年轻，是副教授，现在成了日本研究清前史的领军人物。这次会议台北故宫博物院庄吉发先生来，他已经80多岁，算是健在的老一辈学者了，又懂满文，很有学问，是我们这次会议的荣幸，我说这些，想说的是现在清前史研究队伍与研究清代中后历史的研究队伍相比，显得人丁不旺。此外，几十年来清前史的研究成果应该说是很多的，但突破性的不多，翻烧饼的东西不少。总之，清前史研究总体上看需要进一步加强，沈阳故宫博物院清前史研究中心的成立正逢其时。

此外，在清前史研究领域中还有许多问题需要进一步深入研究，努力改变一些模糊状态：

（1）建州女真的源流和谱系，特别是从万历十一年（1583年）到天命元年（1616年）这30多年中，其内部经济、文化的历史进程及对其他各部的统一的历史研究深入不够。

（2）进入辽东以后，在汉区实行统治的政策及其收效，特别是许多强制性政策措施过去论者研究不够。

（3）与朝鲜和蒙古的关系是清前史研究中的大课题，应该得到重视。

（4）对降清汉官的评价，如洪承畴等人，要从理论上定位清楚，形成一个明确的评价体系。

（5）明清战争的一些节点，如努尔哈赤死因等需要深化研究。

（6）除《明实录》、《清实录》、《李朝实录》、《明代辽东残档》、《满文老档》等官书文献之外的资料搜集和利用也应得到充分重视。特别是《满文老档》，辽宁大学的早期版本是根据日本的版本，中华书局版是根据乾隆手抄本，还有再早的台湾版，从目前来看，大家都不是很满意。希望在座的满文专家庄吉发先生、关嘉禄先生、佟永功先生等能牵个头，做出一个好一点的译本出来，造福后人，传之后世。

国家清史工程启动十二年来，国家清史编纂委员会非常重视清前史的研究，相关方面的专家也都参与了这一重大的国家文化工程。我们非常感谢海内外专家学者的支持。我们这一辈学者大都古稀之年，我们寄希望于年轻的各位才俊，把清史研究、清前史研究提高到新的水平。

未刊稿

清前期中俄外交文书浅析

王和平

内容提要：清初顺、康、雍三朝是中俄关系形成与发展的重要时期。纵观这段历史，又可以《尼布楚条约》及《恰克图条约》的签订为界大体分为三个阶段。而作为两国交往重要媒介的“外交文书”是了解和评价这段历史的重要依据，其内容、语气、称谓、格式等方面的差异可比较清晰地折射出这三个阶段的发展与变化。

两国交往之初，中国自持“天朝至尊”的传统观念，将俄国视为藩属朝贡之国，而沙俄亦明确地在给来华使节的训令中要其说服中国皇帝臣服于俄国，这种双方间的茫然无知直到《尼布楚条约》签订前经过军事对峙与较量后才开始有所改变，两国往来文书随着双方关系的发展也出现相应变化。本文将主要依据清档及有关文献提供的史料，试对清初中俄外交文书及相关问题进行简述与分析。

关键词：中俄关系　国书　训令　咨文　文书制度

引言

近年来出版公布的有关中俄关系的著述及档案资料卷帙浩繁，我国相关文字资料的收藏亦丰，其中不乏中俄双方外交往来文书。目前，有关中俄外交文书档案及相关资料的保存与收藏，在中国，主要保存在北京中国第一历史档案馆[1]，与外交相关的档案多收藏在《内阁全宗》及《军机处全宗》以及东北黑吉辽三省档案馆的有关中俄关系的档册中，时间从顺治十二年（1655年）至咸丰十一年（1861年）。存于内阁档册的中俄外交文件分别为俄文档及满文档，俄文档大部分是俄方发给清方的俄文和拉丁文原件，满文档多为当年蒙古房承担外交文书翻译工作时保留的满文译本和中方发给

作者：原研究室，研究馆员。

1　参见［日］柳泽明《从档案史料窥见清代中俄关系——以十八世纪为主》，早稻田大学文学学术院“第二届清代档案国际学术讨论会”论文。

俄方的满文底稿副本。《军机处全宗》的文档格式与内容与内阁文档基本相类，以俄文译本和满文底稿为主。除此外，在《宫中档案全宗》及《理藩部》、《黑龙江将军衙门档案》、《珲春副都统衙门》等档册中也有部分与中俄关系相关的档案[1]。台北故宫博物院以及台北“中央研究院”历史语言研究所（简称史语所）所藏清代档案中的宫中档案及军机处档案中也有部分与中俄关系有关的外交文书[2]。

俄国有关中俄关系的档案主要藏于国家档案馆及俄罗斯帝国外交档案馆，从《彼得大帝时期的俄中关系史》一书中的描述可知，仅 1689 ～ 1730 年的 40 年间，涉及对华关系的外交部档案就至少有 2 万～ 2.5 万页手稿，可见其数目之巨大[3]。而这只不过是中俄关系档案中的一部分。

现国内已出版的外文相关著述和文件的中译本主要有（俄）尼古拉·班蒂什－卡缅斯基编著的《俄中两国外交文献汇编（1619—1792）》（商务印书馆，1982 年）、（法）加斯东·加恩编著的《彼得大帝时期的俄中关系史》（商务印书馆，1980 年）、（荷）伊兹勃兰特·伊台斯、（德）亚当·勃兰特撰写的《俄国使团使华笔记（1692—1695）》（商务印书馆，1980 年）、苏联科学院远东研究所等编著的《十七世纪俄中关系》及《十八世纪俄中关系》（商务印书馆，1978 ～ 1990 年）、（英）约·弗·巴德利撰写的《俄国·蒙古·中国》（商务印书馆，1981 年），等等。

中国文献对史实的记载多精略简要，且有所侧重。而俄国的记述相对较详，可与中国文献相互参照使用，是研究清初中俄关系的重要参考依据。

一　中俄外交文书的种类及格式

1. 国书

国书是国家君主发给别国的最高级别的外交文书。清代皇帝给俄国沙皇的国书成为敕书，实际上是按照敕、谕的形式写的。光绪朝《清会典》对敕谕的定义为：“谕告外藩，及外任官坐名敕、传敕曰敕谕。”皇帝对某一地区的臣民发布命令用敕谕，致书他国亦用敕谕。其文书形式本身具有一种君对臣属居高临下的姿态。在与俄国接触之前，中国与外国之间的关系，均属藩属贡国的关系。因此，在中俄交往之初，清廷自然把俄国同样看做是前来朝贡的藩属国。康熙九年（1670 年）及康熙二十四年（1685 年）三月先后向俄国沙皇发出一封国书、一封敕书，而这两封文书的开始所用文字皆为“大清国皇帝敕谕俄罗斯察罕汗”，同样的例子还能举出很多。因此，在清初中俄外交文书中“国书”和“敕书”实质上是同一种文书。

1　参见中国第一历史档案馆网页《中国第一历史档案馆馆藏外交档案介绍》。

2　参见前揭《从档案史料窥见清代中俄关系——以 18 世纪为主》。

3　[法] 加斯东·加恩：《彼得大帝时期的俄中关系史》，第 2 页，商务印书馆，1980 年。

国书即敕书的用纸一般有三等，金龙香笺表里四层黄纸为一等；画龙笺表里三层黄纸为二等；印边龙笺表里二层黄纸为三等。敕书由内阁撰拟，待皇帝阅准后，誊写、用宝颁发。敕稿存于内阁。其书写文种为骈体文。格式开始为："大清国皇帝敕谕某国……""皇帝敕谕某某……"等，最后书"特谕"。国书上要加盖"降敕御宝"，最后封装于饰有龙纹图案的筒子中。如国书兼有拉丁文本，拉丁文本要外夹木板面，然后在外面裹黄绫。如：

(1) 顺治十二年（1655年）年致沙皇敕书：大清国皇帝敕谕俄罗斯国察罕汗：……今尔诚心向化，遣使进贡方物，朕甚嘉之。特颁恩赉……特谕[1]。（用金龙香笺黄纸缮写满蒙文，盖降敕御宝两颗）

(2) 康熙九年（1670年）至沙皇国书：皇帝敕谕俄罗斯察罕汗……特谕[2]。（该敕书用四层画云龙香笺纸，兼写满蒙文，盖降敕御宝两颗）

(3) 康熙二十四年（1685年）三月给沙皇国书，起首语为：大清国皇帝敕谕俄罗斯察罕汗……结尾语为：特谕[3]。

(4) 康熙二十五年（1686年）十月内阁关于俄使文纽科夫接受清廷敕书的记事[4]：敕谕书于金龙香笺纸上，满蒙文，盖敕命之宝两颗。盖印时，将内用图书之印色交高士奇，由二大学士验同盖印。传南怀仁译拉丁于西洋纸上，未用御宝。敕书装于龙案筒子，拉丁文本另夹木板面裹黄绫。最后由理藩院官员侍郎赍至午门令俄使文纽科夫跪接。

(5) 康熙六十年（1721年）伊兹马伊洛夫带给俄皇的回书：开始为：敕谕俄国使臣伊兹马伊洛夫。结尾语为：特此敕谕，康熙六十年二月十一日。当年，理藩院官员向伊提出，在俄皇给清帝的国书中，要先写清帝的称号，后写俄皇的称号，否则不予接受，实际上是与藩属国所上表文格式的要求是一致的[5]。

俄国国书的用纸一般为西洋大张绘图纸。四周绘有金色的花边，起首为俄方君主的全衔称号，然后是清帝的全衔。俄皇的称号全部用金字书写，而清帝的称号仅"至尊的博格德汗"几字为金字书写，其他用墨水书写。俄皇称号的字数不等，少则数十，多则可达二三百甚至更多字。国书加盖国家大印，附有拉丁文和满文文本。外面加蜡封。裹以保护纸，外面再包上金色绸缎[6]。如：

---

1 中国第一历史档案馆编：《清代中俄关系档案史料选编》第一编（上），第18页，中华书局，1981年。

2 前揭《清代中俄关系档案史料选编》第一编（上），第21～22页。

3 前揭《清代中俄关系档案史料选编》第一编（上），第52页。

4 前揭《清代中俄关系档案史料选编》第一编（上），第78页。

5 前揭《清代中俄关系档案史料选编》第一编（上）。

6 [俄]尼古拉·班蒂什－卡缅斯基编：《俄中两国外交文献汇编（1619—1792）》，第430页，商务印书馆，1982年。

（1）1675年斯帕法理来中国所携带的国书抬头：君主称号200多字。国书的四周绘有金色花边。俄方君主称号为金字书写，中方皇帝称号除"至尊的博格德汗"几字是金字外，用墨水书写。附拉丁文、鞑靼文（满文）本，大张绘图纸，两国君主名字为金字，但没有花边。所有文本盖有国家大印。印盖在红腊上，上覆带花纹保护纸。外包织金波纹绸。

（2）1685年国书用大张绘图纸书。国书的四周绘有金色花边。金边以内的文字行与行之间衬以银地。开头君主和博格德汗的称号为金字，信的内容为墨水书写。行文中称博格德汗为殿下，并附有拉丁文副本。此国书为俄宫廷讨论后确定的致中国国书的范本。由专使赍送[1]。

（3）1728年俄国使臣萨瓦进宫觐见雍正帝时，把国书装在用金线锦缎制成的极其华丽的袋子里[2]。

2．咨文

在清文书制度中，咨文用于地位相等但并不相属的高级衙门之间。清初咨文有折式和状式两种，后仅用折式。在清前期，尤其是《恰克图条约》后，咨文渐成为两国外交文书往来的主要形式。

中方咨文的起首一般直书某某机构某人咨行或致某机构某人。最后为"为此咨行……"或"特咨行告知""特此咨行"等类似语。然后加盖发文机关印章。现存康熙年理藩院给西伯利亚总督加加林的公函皆盖有理藩院的印章。

咨文开始时并不规范，有时清廷的部级机关写给俄沙皇的信函亦选用咨文形式。如：康熙二十五年七月二十七日兵部咨行俄罗斯察罕汗……及七月三十兵部致俄罗斯察罕汗咨文。但大部分为中俄双方大臣及相关衙署的往来文函。如：康熙三十年十二月，"圣主之领侍卫内大臣索额图、都统郎坦、都统班达尔善等，咨行俄罗斯察罕汗尼布楚城长官……"；康熙三十六年，"圣主议政大臣兼领侍卫内大臣索额图咨行俄罗斯尼布楚城长官……"；康熙四十一年，理藩院咨行俄罗斯尼布楚城长官……；康熙四十二年，理藩院咨行俄罗斯尼布楚城长官……，等等[3]。1689年《尼布楚条约》签订后，有关中俄两国之间的往来事务多由清帝的近臣以及理藩院出面与俄国交涉。

俄方的咨文与中国相仿，但多在开始加上一句问候语。

《恰克图条约》规定了理藩院与枢密院为中俄双方处理外交事务的专门机构[4]。此后，中俄双方的外交事务基本由清廷的理藩院和沙俄的枢密院进行统理。雍正十一年，

1 前揭《俄中两国外交文献汇编（1619—1792）》，第431页。

2 前揭《俄中两国外交文献汇编（1619—1792）》，第153页。

3 前揭《清代中俄关系档案史料选编》第一编（上）。

4 前揭《俄中两国外交文献汇编（1619—1792）》，第182页。

出现理藩院因俄文件签发机构不是枢密院而退回俄国的事件后，俄国重新抄写了退回的信函，并决定致中国理藩院的抬头永远写为："致统辖大亚细亚各国皇帝、至高无上的专制君主、中国的博格德汗陛下的最高大臣与理藩院国务大臣"。1733年12月31日枢密院致理藩院的复函就是这样写的，从此成为定式。

3．函

函是对信函类公文的泛称。在文书级别及正式程度上较咨文要低。清代文书中并没有哪一类公文单独被称作"函"。以中国第一历史档案馆出版的《清代中俄关系档案史料选编》第一编中所收史料为例，很多函件是与咨文并行或是基本相同的文书形式，大多为俄国发给中国官员个人的信函。其中有些俄方文书被译作"函"，但也有译作"咨"的，这很可能是由于俄国文书的行文从文字到格式均无法等同于中国文书，因此在翻译过程中便由译者根据文中的内容自行拟定了。

4．呈文

呈文是一种上行文书，是下级机关或身份较低的一方呈与较高级别一方或机关的文书，口气较咨文谦恭。这种文书在中俄外交信函往来中数量相对较少。如：康熙三十六年（1697年）俄尼布楚长官为请准许商人等来华贸易事致索额图为呈文。再有，1670年俄派米罗凡诺夫进京，将所携文书的格式通过翻译改成了呈文格式，并向清廷的官员隐去了不恭的内容[1]。

根据清文书制度，呈文格式应以"某某官署为呈送事"起首，结尾语为"为此备文具呈，伏乞照呈施行"。在中国第一历史档案馆所收俄国文书中，尼布楚长官致理藩院以及致黑龙江将军的文书多被译为呈文格式。

5．训令

在中俄外交文书中还有一类为出使训令。严格说，这类文书似乎应称作外交文件，是本国政府给所派使臣规定的职责、任务及注意事项等。

俄国训令多授权外交部门向赴华使者下达。每次训令的长短视出使任务的繁简而定。在清初三朝，俄国给来华使臣所发布的训令主要有1653年给巴伊科夫使团训令[2]、1670年给米罗万洛夫使团的训令[3]、1675年给斯帕法理使团的训令[4]、1685年给维纽科夫和法沃洛夫的训令、1689年《尼布楚条约》签订前先后两次给俄国谈判全权大使戈

1　李齐芳：《中俄关系史》，第44页，台湾联经出版事业公司，2000年。

2　前揭《俄中两国外交文献汇编（1619—1792）》，第23页。

3　前揭《俄中两国外交文献汇编（1619—1792）》，第33页。

4　前揭《俄中两国外交文献汇编（1619—1792）》，第41页。

罗文的训令[1]、1692 年给伊兹勃兰特使团的训令[2]、1719 年给伊兹马伊洛夫使团的训令[3]以及 1725 年《恰克图条约》签订前给俄国谈判全权大使萨瓦的训令[4]，等等。中国清廷给负责俄国外交事务官员下达的训令主要有 1688 年在《尼布楚条约》签订前康熙给清廷谈判全权大臣索额图的训令（内容为谈判方针）[5]和雍正九年（1731 年）清廷给出使俄国及前往土尔扈特大臣德新与班第等人的训令[6]。从两国训令中内容的偏重可明显看出两国外交政策的取向，俄国注重全面了解中国，而中国则侧重于礼仪和带有某次特定行为的目的性。

6. 文书所用文字的规定与种类

最初，双方主要选用本国文字。后来为了便于双方认读，中俄双方均增加了文书文字的种类。1657 年，俄国外务衙门给前往中国使臣携带的国书已备有俄文和鞑靼文（满文）两种文本[7]。1675 年，由俄使斯帕法理呈递的国书增加为俄文、拉丁、鞑靼（满文）三种文字。在南怀仁给斯帕法理的信中提到，以后中国给俄国的书信一律只用拉丁文和满文，不再用俄文，俄国送来的公文，也须有这两种文字的译文……[8]但实际上，也没有完全按照此办法实行。如 1686 年 9 月康熙给沙皇的两封信，一封是用中文、拉丁文和俄文写成，另一封为满文、拉丁文和俄文。后于康熙二十五年（1686 年）十月康熙帝降旨理藩院，令以后发给俄国君主的奏书，应兼写蒙文，即在原满文、拉丁文的基础上再增加蒙文。至康熙四十二年（1703 年）八月，对所用文字经奏请康熙帝允准后再次作了以下规定：行文俄罗斯皇帝，兼拟满、俄、拉丁三种文字；若行文尼布楚，则不用满文、拉丁文缮拟文书，仅给送蒙文、俄罗斯文文书……[9]

从以上数例可大致看出，在外交文书中，除使用本国文字外，双方曾用拉丁文和蒙文作为中间文字。

二　清前期外交文书的送往呈达

根据清代文书制度，中俄外交事务由中央下属机构理藩院负责。双方往来文书由

---

1 前揭《俄中两国外交文献汇编（1619—1792）》，第 69、73 页。

2 前揭《俄中两国外交文献汇编（1619—1792）》，第 88 页。

3 前揭《俄中两国外交文献汇编（1619—1792）》，第 107 页。

4 前揭《俄中两国外交文献汇编（1619—1792）》，第 136 页。

5 《清圣祖实录》卷一三四，第 3 页；卷一三五，第 15 页，转引自前揭《中俄关系史》，第 49 页。

6 中国第一历史档案馆编：《清代中俄关系档案史料选编》第一编（下），第 549 ～ 554 页，中华书局，1981 年。

7 参见苏联科学院远东研究所等编著《17 世纪俄中关系》一卷二册，第 328 页，商务印书馆，1978 年。

8 ［英］约·弗·巴德利：《俄国·蒙古·中国》上卷，第 490 ～ 491 页，商务印书馆，1981 年。

9 前揭《清代中俄关系档案史料选编》第一编（上），第 215 页。

理藩院下设文秘档案机构负责上报及发送。上报及要发送俄国的文书，由内阁文书机构收纳办理。若是俄方来文，收纳后即交掌管翻译事务的蒙古房[1]负责翻译，凡俄文文书召翰林院俄罗斯官员至蒙古房翻译，西文文书召西洋馆官员翻译。译后缮清，交回内阁审阅，然后再呈送御览，批回后，尊谕旨处理。原件收存内阁。如是发往俄国的文书，理藩院交内阁拟文并审定后呈送御览，然后尊谕旨处理。最后送至理藩院用印交发。

发文如：康熙四十二年（1703年）八月二十九日理藩院拟发俄国文书，奏请皇帝允准后，拟用印文书呈送内阁，侍读学士尹扎纳，主事华善、柏寿等收受后，即行缮拟，拟后送大学士马齐，内阁学士色特里、满丕等阅定。然后与本一并送行在。由大学士席哈纳、内阁学士常绶等交传奏治仪正宗柱、蓝翎侍卫赖保转奏圣上，皇帝批复：知道了。接下来发回内阁，交三等侍卫罗多浑译成俄文，兼译蒙文，最后将俄文本、蒙文本及呈览之满文件，一并交理藩院员外郎常寿。一般发往俄国的文书都要遵循这样的程序办理。

收文如：康熙五十九年（1720年），伊兹麦洛夫在觐见时奏呈俄文书与拉丁文书各一件，奉旨交内阁。内阁主事桑格、班第等收下，呈送大学士马齐、嵩祝等阅看后，即传俄罗斯通事库西玛、雅稿等将其译成满文。传西洋传教士戴进贤前来将拉丁文译为满文。桑格、班第收下译文呈送大学士马齐、嵩祝，内阁学士阿克敏、德音、格尔布、登德依等阅看后，缮拟题本。然后由大学士马齐、嵩祝将其交乾清门一等侍卫拉锡转奏皇帝。奉旨，将誊抄两份满文稿，交理藩院员外郎亨德。

如遇到内阁需要签署意见时，收到的俄文本文件要经过掌管校阅文本并撰写票签的票签处，大学士根据情况发堂谕[2]，然后根据所发堂谕对来文进行进一步处理，再呈递御览。

在清前期中国发往俄国的外交文书没有固定的传递方式，其主要送达方式可概括为以下几种：

第一种，通过俄国来使带回。如1655年及1687年康熙皇帝给俄国沙皇的国书均由俄国专使带回[3]。

第二种，通过中国官员与俄方来使一同往送。如1670年康熙帝致沙皇的国书交与郎中玛喇等，与俄方来使一同送往俄国[4]。

1　蒙古房：亦称蒙古堂。设有蒙古侍读学士、侍读、中书等官员。负责翻译蒙、回、藏等各部文字以及外国来文。参见中国第一历史档案馆编著《清代文书档案图鉴》，第13页，香港三联书店，2004年。

2　堂谕：一般为本机构的主管衙署下达给内部各衙署的谕令通知，如内务府堂内阁等。文字简练，不具日期（只署年月），有签押而不用印。参见前揭《清代中俄关系档案史料选编》第一编（上），第188页。

3　前揭《清代中俄关系档案史料选编》第一编（上），第18页。

4　参见前揭《清代中俄关系档案史料选编》第一编（上），第22页。

第三种，交由招降收养之俄国人经克尔克递送。如康熙二十四年（1685年）三月及四月康熙帝致沙皇国书交由收养之俄国人从克尔克地方往送[1]。

第四种，通过被俘的俘虏带回。如1685年11月，被俘的两名俄国人从北京放回，并带回康熙帝和官员写给俄国沙皇及尼布楚长官的六封文书[2]。

第五种，交荷兰使臣转达。如康熙二十五年七月（1686年9月）给俄皇的信交由荷兰大使递交[3]。

第六种，交西洋传教士递送。如康熙二十五年八月（1686年10月）康熙帝给俄皇的信交由从中国前往罗马的耶稣会士送转[4]。

第七种，交理藩院发送。如康熙三十年（1691年）十二月初一，理藩院盖印文书交郎中拉西往送[5]；康熙三十三年（1694年），黑龙江将军萨布素致俄国尼布楚长官咨文译成俄罗斯文、拉丁文书后，交理藩院笔帖式珂赛发送。

三 从中俄外交文书看清前期中俄关系

（一）清初中俄关系发展的三个阶段

中俄关系是17、18世纪中国对外关系的一个特例。这种特殊的关系是由当时中俄两国所处的特定历史环境所决定的。明末至有清一代，中俄两国交往长达近300年，而清初顺、康、雍三朝近百年的时间是中俄关系确立与发展的重要时期。这期间，以《尼布楚条约》和《恰克图条约》的签订为界，又可大致分作三个阶段。这三个阶段分别代表了中俄双方的初识、相识和确立相对正常的外交关系等三个时期。

（1）第一阶段：顺治朝至康熙二十八年（1689年）《尼布楚条约》签订。

在双方最初的交往中，由于缺乏对俄国的了解，中国将俄国视为北方的少数民族，而俄国人也曾企图让中国臣服于沙皇[6]。这一点，可从这一时期的外交文书中清晰地反映出来。其一是往来文书的称谓，中国发往俄国的国书，清廷一律称之为“敕书”，而“敕书”是下行文书，是君主发给藩属国或臣僚的。同样，俄国在发给清帝的国书中称中国皇帝为“殿下”而没有使用对国君的称谓“陛下”。显然双方皆把对方看做是自己的臣子而非身份平等的两国之帝王。其二是相互在文书的行文当中，都采用了明显的

---

1 前揭《俄中两国外交文献汇编（1619—1792）》，第59页。

2 前揭《俄中两国外交文献汇编（1619—1792）》，第58页。

3 前揭《俄中两国外交文献汇编（1619—1792）》，第62页。

4 前揭《俄中两国外交文献汇编（1619—1792）》，第63页。

5 前揭《清代中俄关系档案史料选编》第一编（上），第142页。

6 前揭《俄中两国外交文献汇编（1619—1792）》，第33页。

居高临下用语及措辞。如顺治十二年（1655 年）清廷在给沙皇的敕谕中写道：大清国皇帝敕谕俄罗斯国察罕汗……今尔诚心向化，遣使进贡方物，朕甚嘉之。特颁恩赉……”[1]显然是君主颁给藩属国的口吻。《清史稿》中记载，顺治“十三年，俄国察罕汗遣使入贡，以不谙朝仪，却其贡，遣之归。明年复表贡，途径三载，表文仍不合体制”[2]。“不合体制”的说法，是指俄国当时的外交文书不合乎中国上行文书规定格式，即朝贡国所应使用的“表文”[3]格式。马克思也曾评论：俄国只有算作中华帝国的一个朝贡藩属才得以侧身于天朝的朝廷[4]。可见，在清初中俄关系中，中国给俄国的定位就是众多朝贡国之一。而在俄国方面，1653 年（顺治十年）在尼布楚长官奉俄皇之命颁给俄使巴伊科夫的训令中亦写有清帝宜求得沙皇陛下恩泽，归依于俄沙皇陛下最高统治之下……向我大君主纳贡等内容[5]。双方所表现出的大国意识以及想让对方臣服自己的思想是十分清楚的。中国对待俄国的态度随着对俄关系的深入，尤其是通过康熙十四年（1675 年）斯帕法理来华和俄国礼仪的碰撞开始有些转变，清廷开始意识到对外国国书除敕谕形式外还有其他写法，而世界上似乎并非只有中国一个大国。清政府要想更好地维护自身的利益，就需要调整本身固有的做法，要想解决双方所面临的问题，靠单方面的敕谕或命令是行不通的。

面对沙俄的不断挑衅，康熙帝果断采取了军事行动，康熙二十四至二十七年（1685 ~ 1688 年）的雅克萨之战有效打击了侵略者的嚣张气焰，遏制了沙俄对我国东北地区的侵略与扩张，为中方在两国关系上赢得主动，致使双方最终以基本平等的方式坐到谈判桌旁，划定了中俄两国在东北地区的边界，为东北地区赢得了较长时期的和平与稳定。

（2）第二阶段：《尼布楚条约》签订至《恰克图条约》签订前。

《尼布楚条约》的签订，说明中国对俄国乃至世界的认识有了一定的改变，开始寻求用外交手段来解决国与国之间的争端。从军事对峙转向外交谈判，这在两国关系史上是一大进步。

尽管此时清廷在两国关系上依然把俄国看做是朝贡国，但在某些做法上已开始有了一些变通。其主要体现一是中国大臣对两国所行国书方式的变通建议，提出以后遇事办理可由俄皇的近臣与大清皇帝的近臣互致书信[6]，以避免中国在国书礼仪上与俄国再起冲突。这种变通的做法可以看做是清廷不再强调自己的宗主国身份。二是康熙

1 前揭《清代中俄关系档案史料选编》第一编（上），第 18 页。

2 赵尔巽等撰：《清史稿》卷九一，第 2676 页，中华书局，1977 年。

3 表为上行文书，是文武百官及朝贡国向皇帝祝贺时的专用文书，清代，藩属国依期入贡，亦用表文。

4 转引自李云泉《朝贡制度史论》，第 239 页，新华出版社，2004 年。

5 前揭《清代中俄关系档案史料选编》第一编（上），第 22 页。

6 前揭《俄中两国外交文献汇编（1619—1792）》，第 93 页。

三十一年（1692年），在《尼布楚条约》签订后的第三年，俄使伊兹勃兰特来华时，中国大臣在回答俄使所提要求的备忘录中说道：以后俄国入华进行贸易“在路自备马驼盘费……到京安置俄罗斯馆，不支廪给”[1]。这与清廷早期为俄国来华商队提供车马膳宿的态度相比已经有了明显的不同。

但是这种转变相对来说毕竟是有限的，在这次俄使伊兹勃兰特来华期间，双方再次因国书格式的尊卑发生激烈冲突，并在当年回复俄使伊兹勃兰特的文书第二条内容中提出“俄国国书不合中国体制，今后俄国派来使臣所携奏文应先令黑龙江将军审阅，合则入奏，否则不供车马，不准进京”[2]。这种做法与顺治元年所规定的外国朝贡制度[3]是没有本质区别的。再如，康熙三十三年（1694年），理藩院因俄人将逃人送回中国而行文表示嘉奖，随后俄国又遣使来华朝贡，康熙帝在阅览俄使的来文时对大学士说了“外藩朝贡，虽属盛事……”等语。从上所列种种不难看出，在《尼布楚条约》签订后，虽然两国在划定东北边界及通商等问题上达成一定协议，在做法上也有了一定改变，但在观念上清廷依然将俄国看做是前来朝贡的藩国。

这一阶段后期，为了解决两国间蓄积日久的关于划界、贸易、逃人等问题，康熙五十八年（1719年），中俄双方再次进行重要接触。这次双方均表示出较以往更高的友好姿态和相互尊重。俄皇在1719年（康熙五十八年）令俄使伊兹马伊洛夫所带国书中首次在起首处写上中国皇帝的称号，并称其为“陛下”以代替从前所用的“殿下”，同时不写沙皇自己的全称，仅在国书的末尾由沙皇亲自签名，加盖国玺，并为国书准备了副本。明显表现出向中国示好的谦恭态度。而在康熙三十二年（1693年）伊兹勃兰特来华时，是没有国书副本的[4]。而清康熙帝亦不顾中国传统礼仪中有关国书呈递的规定，亲手接受了俄使呈递的国书，表现出前所未有的姿态。南怀仁曾对俄使说过，中国皇帝是从不接受别国来使呈递的国书的，因为那是表示皇帝的至高无上的地位。康熙帝如此做，显然已经承认俄国与其他朝贡国是不同的。

（3）第三阶段：雍正五年（1727年）《恰克图条约》的签订至乾隆初期。

这一阶段，中俄外交渐渐走上用外交手段解决双方争端的正常轨道。中国不仅在做法上，甚至在观念上也有了一定的进步和提高。

与《尼布楚条约》相较，《恰克图条约》的内容有所扩大，不仅包含了对有关两国间已经发生的边界、逃人等问题的制约条款，同时对以后商业往来中的种种问题也作了相应的规定，使其外交性能更加明显。如对俄国商队来华提出具体要求，规定商队

---

1 张绥：《东正教和东正教在中国》，第184页，转引自前揭《中俄关系史》，第72页。

2 前揭《中俄关系史》，第72页。

3 《清会典事例》卷503《礼部·朝贡·贡物一》有关入贡国的规定：“外国朝贡，以表文及方物为凭。该督抚查验的实，方准具题入贡。”

4 前揭《俄中两国外交文献汇编（1619—1792）》，第106页。

费用自理；明确了两国外交渠道与俄人入华行走路线；规定："有关国家事务，由俄国枢密院与中国理藩院或由边境军政长官与土谢图汗互通公函；专差则应携带通行文牒经由恰克图行走。"[1] 这些规定使双方外交联系途径渐趋规范，国书很少再用。在俄使萨瓦来京并受到清帝的召见后，雍正帝未再见过其他俄使，一切事务均有理藩院和枢密院出面交涉和互通信函，同时行文格式以及称谓等问题也作了相应规定。

另外，这一时期清廷最大的进步是在看待中俄关系的观念上有了突破性改变。虽然在康熙时已经有了平等对待俄国来使的事例，到了雍正时期，这种情形更加明显。雍正帝在理藩院写给俄国枢密院的公函中批到，清廷派往俄国的使臣是奉命前去祝贺彼得二世登基的，而不是去宣读谕旨的。因为两大国自古就是邻邦，写谕旨是不应该的[2]。这与以前发给俄国外交文书中的居高临下的语气已大不相同，也是中国致俄外交文书表现平等意识最突出的例证[3]。

从清廷派官员出使俄国的行为以及公函中对发敕谕、写谕旨行为的否定可以了解到，中国正在从国与国之间仅有宗藩关系的传统观念中醒转过来。雍正朝先后两次派使臣到俄国去，并表示希望能够派遣使团经由俄国前往土耳其国[4]。显然，清廷已在某种程度上认识到发展与别国的关系，并不只有坐等来朝一种方式，可以主动和那些自己认为有必要来往的国家进行联系，有了主动外交的意识，并逐渐认识到外交在国家关系中的重要性，这种主动外交意识扩大了清帝的外交视野与活动半径，尽管这种观念的转变是有条件和有限度的。

纵观中俄关系发展的三个阶段，不难看出中国对待俄国的态度先后发生了明显的变化，从清初的时代背景及清廷的具体情势来看，其变化原因有三：

一是世界形势的变化。自15世纪后半期西欧资本主义生产关系逐渐发展起来，地圆说的肯定和新航路的开辟，促使世界市场逐渐形成。欧洲资本主义国家显示出了旺盛的生命力，推动了整个社会向前发展的进程。大环境的变化对自诩为泱泱大国的中华帝国所奉行的"溥天之下，莫非王土；率土之滨，莫非王臣"的思想带来了强烈的冲击，使得中国不管是否情愿，一个与外界相交、相识的新局面及一场东西方文明的

---

1 前揭《俄中两国外交文献汇编（1619—1792）》，第182页。

2 前揭《俄中两国外交文献汇编（1619—1792）》，第205页。

3 《清廷给出使俄国及前往土尔扈特大臣德新与班第的训令》雍正九年六月："拜见俄罗斯察罕汗一事至关重大……俄罗斯若不提及拜见察罕汗一事，则我使臣亦无须提及拜见察罕汗一事。一俟事毕，即行索复返回。设俄罗斯察罕汗来告知欲会见我使臣，则可告知：……贵汗欲以会见，本使臣并非不愿拜见，惟我中国使臣无论出使于何国，从无叩拜之例，故此于拜见贵汗之仪有所为难等语。设察罕汗差人来称务必会见，该使臣则可告以：按本国之礼，除叩拜我皇上之外，其次可拜见王爷等。我两国自相和好已有多年，实不与他国相比，贵汗既然务必会见，则本使臣可按拜见王爷之礼拜见贵汗等语。"见前揭《清代中俄关系档案史料选编》第一编（下），第549～554页。

4 前揭《俄中两国外交文献汇编（1619—1792）》，第219页。

碰撞已经在所难免。

二是皇帝自身修养、文化素质、性格与自身的环境的影响。顺治帝是清入主中原后的第一代皇帝，对周围世界的了解极其有限。可以说进入宫廷的西方传教士几乎是帝王了解外部世界的唯一途径。顺治帝本人信仰佛教，身边虽有德国籍耶稣会士汤若望，但他与汤若望的交往更多局限于私人关系上，谈话的内容也多以解释天主教义居多。年轻的顺治帝对毗邻中国的沙俄帝国几乎一无所知。当时，在封建帝国君主的心目中，中国与他国交往的关系除了宗主国与藩属国的关系外，尚无其他。因此，中国朝廷把俄国使节及商队来华看做是藩属国朝贡是很自然的事。康熙时，随着中俄两国之间的不断接触与了解，尤其是通过西方传教士，使康熙帝的眼界与知识面从中国扩大到欧洲乃至世界。另外，在几十年与俄国的不断接触中，他积极向来华的俄使了解欧洲的社会状况及发展水平，对俄国疆域及国力有了一定的认识，对国与国关系有了新的理解，产生了隐约的平等意识。这一点，在康熙二十八年《尼布楚条约》的签订过程中已有所反映。至康熙五十八年（1719年），俄使伊兹马伊洛夫为解决康熙五十七年（1718年）中国停止俄商进京贸易等问题来华期间，这种隐约的平等意识从康熙皇帝亲自接受伊氏呈递的国书以及在宫内接见俄使团时允许其按欧洲礼仪行事的做法上可以看得更加清晰。雍正皇帝则更向前了一步，出现了主动向他国派遣使臣的意识。这和雍正帝自身的政治涵养及其果断从事的个人风格不无关系。

三是中俄两国所面临的客观历史条件。17世纪中期，清王朝入关定鼎中原，顺治朝最为看中的是主权完整与边境的安宁。当时在北疆面对的主要有三个民族。其中对中国威胁较大的是厄鲁特人。为避免俄国人与厄鲁特人联盟，使中国陷入面对强强联合的危机，选择为继续保持中国在中亚的政治利益和宗主国地位，与俄国和平共处应该是清政府最明智的做法。从另一方面来看，在中国与俄国发生接触之前，中国与他国的关系基本上都是单方面的，而之所以是单方面的，是因为这种交往的主动权完全在中国方面，中国与前来朝贡之国并无必需的利害关系。而与俄国在诸多方面都关系到双方的具体利益，换言之，中国之于俄国或俄国之于中国是互有所求，其利害关系是交织在一起的。因此，为了各自的需要，双方的接触和交往是不可避免的。同时为了达到自己的目的，必须互有退让，这种客观现实不是中国朝廷主观上可以左右的。

（二）中俄双方在交往中的差异

1. 相互了解程度

纵观清前期俄国数次遣使入华，一直是俄国主动派使臣前来，尽管所派人员衔命不同，但无一例外地在出使训令中均被要求对中国国内所经之地的政治、经济、军事、国防、地理、地貌、物产等方面作尽可能详尽的调查与了解，俄使写了大量出使笔记和出使报告。如俄使斯帕法理根据出使时在中国的见闻与从深得清帝信任的南怀仁处所了解的中国朝廷的情况，回国后写了《出使报告》和《中华帝国志》两本书，为俄国认识中国和制定、调整对华政策提供了基础资料。再如，《尼布楚条约》签订三年后的康熙三十一年（1692 年），俄国在给即将出使中国的伊兹博兰特的训令中对该使节出使中国的任务作了清楚的布置和约定。要其了解中国订约后的反映及对未定边界的划界标准。后在 1719 年（康熙五十八年）给伊兹马伊洛夫长达 13 条的出使训令中依然要求他了解中国城市的位置，其间的距离、驻军、物产等情况，探明中国的统治方式、军队数量等等情况，并要求作好记录。除外交部的训令外，商务委员会还就在中国经商等具体问题提出 16 条训令。可以说，俄要求达到的对中国的了解是全方位的，对俄使下达的了解中国的命令不厌其详。这一点，为俄在中国最大限度获取利益提供了翔实的资料保证[1]。

而中国一向以天朝大国自居，思想趋于保守，遇事习惯按历史成规、成文办理。可以说，在中俄交往之初的七八十年时间内，中国对俄国的了解始终是模糊的。尤其是在《尼布楚条约》和《恰克图条约》两次谈判前后对俄方都缺乏直接透彻的了解。对此，南怀仁曾对俄使说，中国人绝没有想到俄国国土如此辽阔，且紧靠中国的边界。在这种情况下，清廷自然无法对俄国觊觎中国领土的动机及积极主张对华贸易的真正目的作出客观的分析和准确的判断并使其制定出更加切实有效的对策[2]。

以《恰克图条约》的签订为例，俄国全权代表萨瓦在前往中国谈判前作了充分准备，并特别召开专门会议，在会上还发放了 1719 年（康熙五十八年）俄使伊兹马伊洛夫出使中国的报告及俄国驻华商务代表兰格与中国大臣交涉的记录，使与会者充分了解中国内情。在俄国政府给萨瓦训令中与测界有关的竟有 9 条之多，另外还有专门给界务官的训令。为了精确掌握东北边境的地理地貌，精确划定几千公里的边境线，还要掌握西伯利亚的地质结构（矿藏、土地的价值等）、地形学和人种志方面的详细记录，至 1726 年 3 月俄方已绘制了 4 份地图。但萨瓦依然不满意，并再次命绘制组绘制带有度数的地图，并随附一个小册子，注明所绘地区的天然地理、人种等情报[3]。因白令的第一次探险正与俄使萨瓦出使中国同时，萨瓦为此特与白令进行联系，以便获得最精准的边界地图[4]。而当时的中国官员对双边疆域及地理等方面所掌握的情况远远不如俄国方面。

---

1 前揭《俄中两国外交文献汇编（1619—1792）》，第 108 ~ 109 页。

2 这种状态甚至一直持续到晚清。咸丰朝学者何秋涛（1824 ~ 1862 年）所作《朔方备乘》，其中把北疆的地理地貌、行政区划、城镇乡村以及关隘边防等作了详细的探查考订，方结束了长期以来对北疆地理不清、混沌模糊的状态，为清廷处理边疆事务、有效抵御沙俄入侵提供了有力可靠的实据。

3 前揭《彼得大帝时期的俄中关系史》，第 205 页。

4 前揭《彼得大帝时期的俄中关系史》，第 215 页。

另外，随着欧洲《战争与和平法》（1625 年）的发布以及《威斯特伐利牙和约》（1648 年）的订立，欧洲各国已经在按照通行的国与国之间交往的法规进行外交活动，用谈判的形式解决国与国之间的争端与问题。而对于清初的中国而言，对欧洲所施行的对外交往谈判规则、方式的了解以及技巧的运用上远不如其对手，在谈判过程中过早暴露出自己的谈判意图与条件底线，在谈判中自然处于劣势。

对外部世界认知的欠缺，可以说是直接影响中国在谈判中最大限度地为中国谋取利益的重要因素之一。

2. 对待商业利益的态度

从中国获得商业利益是俄中外交的主要目的。现存中国第一历史档案馆由王之相先生翻译的从《尼布楚条约》至《恰克图条约》签订之间这段重要时间俄国来文共计 18 件，其中有 9 件是有关通商事宜的。在《清代中俄关系档案史料选编》第一编中，共辑录俄方文书 140 件左右，而与商务有关的也有 60 余件，足见俄国对在华贸易的重视。自《尼布楚条约》签订后，沙俄多次派商队进京贸易，从中获得了巨大的利益。以 1691 年（康熙三十年）普洛特尼科夫为首的俄国商队为例，售出货物总值 7562 卢布，带回去的中国货物总值达 23591 卢布。后来莫洛多伊为首的商队，也以价值 5592 卢布的货物换回了价值 12745 卢布的中国货物[1]。1697 年（康熙三十六年）俄国对华输出货物总值为 24 万卢布，超过了俄国对中亚贸易的总值[2]。而康熙四十七年（1708 年）胡继科夫所率商队一次竟获利 27 万卢布之巨[3]。并且，他们不遵守清廷对俄商队人员每次不得超过 200 人、三年来京一次的规定，从“1698 ～ 1708 年来京即达 10 次，每次均超 200 人，最多时竟达一千多人”[4]。可以说，俄国是极尽可能想从中国获得更多的商业利益。与俄国在中国所获巨额利润相比，清廷在中俄贸易中不但无利可言，且如中国官员所示：为俄国商人来华经商中国“所费不赀”。中方的“所费不赀”与俄国的“巨额利润”形成了极大的反差，而造成这一反差的重要原因之一是中俄两国对待商业利益的态度及观念的不同。当时中国不少官员对俄国把商业利益看得那么重很是不以为然。康熙五十八年在伊兹马伊洛夫来华时，中国官员曾提出“俄商长途跋涉来京贸易，对俄商本身是一种沉重的负担。贸易乃无关紧要的小事，对两国均无任何利益可言”的看法[5]。一些官员还说：“吾人不需要俄国货物，吾国之经营商业者仅为

1 ［苏］卡希克：《十七世纪至十八世纪初东西伯利亚的商业》，《西伯利亚和远东历史问题论文集》，转引自《中国通史第十卷·第十章·第五节俄商来华与〈布连斯特条约〉及〈恰克图条约〉》。

2 《中国通史第十卷·第十章·第五节俄商来华与〈布连斯特条约〉及〈恰克图条约〉》。

3 刘选民：《沙俄侵华史》，第 243 页，转引自前揭《中俄关系史》，第 77 页。

4 前揭《中俄关系史》，第 77 页。

5 前揭《俄中两国外交文献汇编（1619—1792）》，第 116 ～ 117 页。

乞儿仆役之流……”[1] 显然，中国传统观念中“轻商”的思想在清代初期依然占有主要地位。康熙三十三年（1694 年）在领侍卫内大臣索额图给俄使的咨文中，对俄国要求中国派遣大商人往俄国经商一事也以“清典仅有外国向我国奏书、纳贡、遣使、贸易之例，并无中国向外国遣使贸易之处”为由予以回绝。不言而喻，清廷在观念上的保守，客观上放任了俄国单方面在中国长期经商并获利的现象。造成商业利益反差的原因之二是中国把中俄贸易同样归于外国“向化”和“朝贡贸易”的范畴之内，缺乏对俄真正目的的警醒与认识，客观上满足了清帝的世界中心观念的需要。对来华商旅，贸易不取税金，并提供粮草食宿。康熙三十八年（1699 年），索额图在给俄方的咨文中写道：“我圣主念尔恭信，准按定例，派员至本国索伦地方，护送来京。抵达后，又拨派栈院，足给食物，喂养马驼，并准其自由贸易。其返回时，资助盘费，并派妥员，护送出境。为此咨行知照。”这完全是对待朝贡使团的做法，俄商在华贸易享受着与朝贡国同等的待遇。不同的是，俄国贸易远远超出了一般贡国贸易的规模、时间和范畴。应该说这种传统的“厚往薄来”对待贡国贸易的做法和观念，为俄国在华获得巨额利润起到了保护作用并使其变得顺理成章。当然，中国认识到在华经商权可以成为调节控制中俄关系的杠杆，并以此作为控制和制约对方的有效手段当不属此意。

3. 对语言文字的重视程度

就双方而言，在对语言的重视上大致表现出两点不同。其一，在签订《尼布楚条约》时，用蒙文作为通用语文遭到拒绝后，确定用拉丁语作为两国的谈判语言，对中国而言有失公允，使中国在开局时便先失语言之利。对于在双方外交及文书往来中的文字，开始并没有硬性规定，一般以便于对方理解为准。如顺治十四年（1657 年），俄国外务衙门给前往中国使臣携带的国书已备有俄文和鞑靼文（满文）两种文本[2]。康熙二十五年（1686 年）十月康熙帝降旨理藩院，令以后发给俄国君主的奏书，应兼写蒙文，即在原满文、拉丁文的基础上再增加蒙文。至康熙四十二年（1703 年）八月，对所用文字经奏请康熙帝允准后再次作了以下规定，即：行文俄罗斯皇帝，兼拟满、俄、拉丁三种文字；若行文尼布楚，则不用满文、拉丁文缮拟文书，仅给送蒙文、俄罗斯文文书[3]。说明当时在俄国蒙文也是使用文字之一。因此，在谈判中，除去俄文和满文，能够作为中介语言的应有蒙文和拉丁文两种选择，但俄国人没有同意用双方较熟悉的蒙文作为中介语言而选择了中国人完全陌生的拉丁文作为谈判语言。而中国也表示接受，却没有意识到选择一种对方熟悉而自己不通的语言作为两国的通用语言于

1 王之相译：《故宫俄文史料》，第 10 页，国立北平故宫博物院文献馆，1936 年。

2 前揭《17 世纪俄中关系》第一卷第二册，第 328 页。

3 前揭《清代中俄关系档案史料选编》第一编（上），第 215 页。

自己有什么不妥和不利之处。俄方谈判全权代表戈罗文因能够娴熟地掌握拉丁文，在谈判过程中可与清廷派去的传教士随意交谈，而中国大臣只能依靠传教士的翻译间接了解俄人的意图。这一点，使中俄谈判尚未开始便已经出现对中国的不利因素。而中国对这一不利因素却没有表现出应有的警觉和认识。其二，中国把语言仅简单地看做对外交往的手段，而俄国则看做是深入了解对方国情的工具。在两国交往过程中，双方虽都表现出对学习对方语言文字的重视，但重视的程度和做法却不尽相同。相比之下，俄国的做法更加积极，也更加有效。康熙年间，俄国常常遣人来华学习中国经典，并派人入国子监学习满汉语言文字[1]。《恰克图条约》签订后，清帝出资在京建立东正教教堂，允许俄罗斯子弟进京学习汉语，给俄国提供了一个培训俄国中国学家的基地。在此训练出来的翻译可替代传教士的位置，使俄国可以不再通过任何中介直接与中国进行通讯往来，并可以通过中国的书籍及与中国人的直接交谈深入了解中国。雍正年间，甚至出现了俄国留学生利用在理藩院做翻译的机会窃取中国的情报的事。而清廷只是利用“招降收养”的“俄罗斯佐领”中部分人员充当俄文翻译，虽然康熙四十七年（1708年）在京师成立俄罗斯文馆，并在满、蒙八旗和汉军招收愿意学习俄罗斯文者进馆学习[2]，但主要是为了解决与俄国的语言交流问题，而对语言在认识外界中的重要作用却认识不足，更没有派人进入对方国内深入了解其各方面情况的想法和行为。

4.《尼布楚条约》和《恰克图条约》的签订，俄国较中国获得更多利益

《尼布楚条约》与《恰克图条约》分别签订于康熙二十八年（1689年）和雍正五年（1727年）。比较这两个条约签订的初衷，中俄两国各有侧重，所签条约亦互有得失。但相对而言，俄国较中国获得了更大、更多的利益。

从政治方面看，《尼布楚条约》的签订，中国获得了北疆东部的安宁，化解了清朝当局无暇北顾之忧。而俄国除了同样享有边境的和平之外，对西伯利亚占有也合法化了。从此，贝加尔湖以东原属中国的尼布楚及东西伯利亚大片领土为俄国所有。在《恰克图条约》中，中国方面的主要成果是划定了原来悬而未决的中段边界以及获得俄国关于逃人问题的承诺，而这段边界只是俄方在“原来并不属于它的一大片领土之外，划定一条使其不能继续扩展领土的中俄中段边界线，而清政府的让步则是实质性的”[3]。条约签订后，俄国再次获得原来并不属于它的大片领土。俄文献记载了俄国边疆的居民在订约后，发现自己的边界扩大了一天甚至几天的路程后欢呼雀跃的情景；签订《恰克图条约》的俄方全权大使也对中国在领土上的慷慨而大喜过望。

1　前揭《清史稿》卷一五三，第4483～4484页，《邦交一》：“康熙间，尝遣人至中国学喇嘛经典，并遣子弟入国子监，习满、汉语言文字，居旧会同馆，以满、汉助教各一教习之。”

2　马祖毅：《中国翻译简史》，第325页，中国对外翻译出版公司，1984年。

3　宿丰林：《从尼布楚条约到恰克图条约》，《中俄关系的历史与现状》，河南大学出版社，2004年。

在经济利益上俄国获得了与中国通商的权利，从而使其梦寐以求开辟中国市场并从中谋取商业利润的目的得以实现。俄国不仅得到了同时在北京和边境地区开展贸易的许可，而且还获准向中国派遣常驻商务代表。相反对中国而言，在与俄国的贸易中，不但无利可图，加之由于商队在北京的不断滋扰，给清政府带来了极大的麻烦。清廷甚至还要为俄商垫付货款[1]。

在文化方面，俄国更是获得了由中国出资在中国建筑教堂并派驻神职人员和留学生的权利。这一条款的实施，为俄国深入广泛了解中国国情、研究中国状况提供了便利和保证。由于《恰克图条约》的签订为俄国争得了巨大利益，作为俄国派遣《恰克图条约》谈判的全权大使，萨瓦回国后得到沙皇的褒奖，不仅授予他亚历山大勋章，而且任命为俄国最高咨询机构枢密院顾问。

结语

通过对中俄外交文书的比对及不同之处的探讨，发人深省，引人思考。其产生如此差异的原因，主要是两国观念以及国情差异所造成的。当时的俄国，尤其是自17世纪下半期彼得大帝登基后，仿照西欧实行了一系列政治、经济的改革，使俄国经济飞速发展，国力大大增强。其观念始终是积极的、开放的，这一特点，不但表现在对世界先进国家制度及先进科学技术的追求与仿效，同时也表现在对外领土扩张及利益的争取上。由于国内行政改革和在西方的历次战争，俄国国库资金匮乏，因此便急于同中国联系，渴望从中国获得可观的商业利润。正如加恩在《彼得大帝时期的俄中关系史》一书中所说："彼得大帝时期的中俄关系史，实际就是俄国在远东的商业史。"[2]俄国派使臣来华与中国建立关系的目的，就是想最大限度地从中国获得商业利润。可以说，在中俄关系上，俄国的态度在主观上是积极主动的。与俄国相较，中国作为东亚文明古国，历史上形成了一种在物质上自给自足的经济链，在"世界中心论"思想的影响下，怀有一种盲目的优越感和自负感，对外部世界缺乏主动了解的精神。所持观念趋于静止和保守，思想也相对封闭和固化。因此，对于俄国在完成对西伯利亚西部的征服后开始觊觎中国的财富与领土的动机与目的毫无察觉。对于中俄关系仍然抱着中国与外国的关系只有一种，即"藩属国""朝贡"的"外交"理念。而俄国正是在清帝自诩为所谓"诚心向化"的前提下大行"通商贸易"之实。当时促使中国接待俄国使臣并与之相来往并非源自中国的主观愿望，而是出于当时中国国情的需要。在中俄关系中，虽然清廷后来在政策与做法上均有了很大变通，但这种改变和认识，还不足以使之摆

1 前揭《中俄关系史》，第78页。

2 前揭《彼得大帝时期的俄中关系史》，第7页。

脱几千年的传统意识和认知水平以及祖制的束缚而产生一种全新的近代中外交往方式并使之制度化。也正是在这种无形的思想观念的影响和束缚下，致使中国于外交上往往在处于主动的情形下造成“失”与“得”的失衡。而这种失衡在很大程度上与东西方历史发展进程及其文明差异有关。

本文第三部分原载《历史档案》2008年第3期

从南怀仁到马国贤：康熙宫廷西洋版画之演变

刘 潞

内容提要：本文讨论的是康熙朝西洋版画的内容及西洋式绘法与制法。此时宫廷西洋版画，在数量上虽逊于乾隆时期，但内容相当丰富，尤其是它第一次经历了从木版画到铜版画的制作过程，无论是版画的内容还是绘制的技巧，都颇具开创意义。比利时传教士南怀仁是康熙宫廷西洋版画的创始人。可以说，没有这个过程，乾隆宫廷大量制作西洋铜版画的历史或许还要推迟。

关键词：康熙宫廷　南怀仁　西洋版画　耕织图　马国贤　铜版画

本文所讨论的康熙朝西洋版画，是指版画的西洋绘法与制法。这一时期宫廷中的西洋版画，数量虽逊于乾隆宫廷的西洋版画，但内容相当丰富，特别是它第一次经历了从木版画到铜版画的制作过程。可以说，没有这个过程，乾隆宫廷大量制作西洋铜版画的历史可能还会推迟。这一过程是如何出现的，西洋人在其中扮演了什么角色，为什么会出现西洋版画从木版到铜版的变化，等等，是本文要讨论的问题。

一　南怀仁是康熙宫廷西洋版画的创始人

比利时传教士南怀仁（Ferdinand Verbiest）于康熙八年（1669 年）进入宫廷并担任钦天监官员的历史，在学界广为人知，本文不赘述，仅讨论他所制作的版画。

南怀仁制作的版画，根据时间前后和题材，可分为三期。第一期时间当在康熙十年到十一年（1671 ~ 1672 年），为现藏于法国国家书馆的二幅工程图，其一是康熙十年（1671 年）所绘制的“卢沟桥运孝陵石料图”（图一）。孝陵是顺治帝之陵，自康熙元年（1662 年）开始兴建；史料显示，至康熙十年（1671 年）还在营造中：“工

作者：原研究室，研究馆员。

图一　南怀仁绘木版卢沟桥运孝陵石料图

图二　南怀仁绘木版测量万泉庄河道图

部为请旨事。孝陵大石牌坊需用柱子六根，坊子等石十二件……内有重十余万斤者，犹恐震压伤桥，部拟用木料护之，估计约费万金。奉旨：着用西法滑车数具运之，每架用十余人，共出数百斤之力，俄顷过桥，甚为轻便，并无损伤，且省护桥之费云。康熙十年十一月十四日。”此旨中明确提到用南怀仁“西法”运石料：“过此石料之法系南怀仁知道，仍带他去。”[1]南怀仁由此绘制了大石料过卢沟桥的木版画。

此图可视为康熙朝第一幅西洋木版画。所谓“西洋”，除了绘制者为西人外，更主要的是绘法，由于用了西洋绘画中使用的焦点透视法，使此图的立体感颇强，但尚未使用光与影之绘法。

第二幅工程图是“测量万泉庄河道图”（图二）。京西万泉庄水流丰沛，是专为明清宫廷种御稻的稻田厂。但既为河道，就有治理的问题。康熙十一年（1672年）内务府传旨：“将万泉庄河道交与南怀仁看视，酌量开浚，自东向西引水灌溉稻田。”[2]北京是西高东低的地势，要完成引东水向西的水往高处流工程，并非易事。南怀仁经过勘测后，上奏：“按开河之法，以定河底高下为紧要，河流愈远，河底愈下行，有一定之尺寸……今将每方地面至河底应挑尺寸一并绘图，以便以式开浚。”[3]并绘制了这幅用多架水平仪测量万泉河所经地势高低的版画。此图仍是以焦点透视法所绘。

南怀仁绘制的第二期版画，是康熙十三年（1674年）所制之图。共两批，第一批

1　韩琦、吴旻校：《熙朝崇政集·熙朝定案》，第85页，中华书局，2006年。

2　前揭韩琦、吴旻校：《熙朝崇政集·熙朝定案》，第102页。

3　前揭韩琦、吴旻校《熙朝崇政集·熙朝定案》，第85页。

是在《新灵台仪象志》一书中所附之图，计有117幅[1]。此书是对他制作完成并安置在观象台的赤道经纬仪、黄道经纬仪、地平经仪、地平纬仪（象限仪）、纪限仪和天体仪等6架天文仪器的制作和安装原理及使用方法的解说，书中卷十五、十六为图。这些图大体上可分为六类：第一类是京东南角之观象台及6架新仪之总图和分图；第二类是6架仪器的底座示意图；第三类是常用西洋计算仪器如伽利略比例规、水平仪、计算尺、放大尺等的使用示意图，以及车刨打磨仪器零件的示意图；第四类是6架仪器所需之各种圆环、球体的制作图，其中打磨圆环的圆周度、厚度等图，十分精彩（图三）；第五类为仪器各部件及石座组装图；第六类是用西洋计算仪器测山之高度、出海之船的距离、大气温湿度、炮弹所射抛物线等示意图。

何以在一部书中要绘制如此众多之图，原因当然是为讲解观象台新安置的仪器，但直接的原因还是由于仪器过于复杂。南怀仁在《灵台仪器志》的弁言中讲得很清楚："诸仪有作之法，有用之法，有安之法，并有所为坚固与其轻重之理，为数甚繁。"如此浩繁的部件和方法，用文字是极难表述的，南怀仁称其文字"有若河汉而无极"，更何况仪器源自西方，用文字书写"虽累牍莫尽也"。同时，由于是南怀仁将它们首次在中国复制，制法与部件几乎没有对应的中文词汇，"故非绘图以明之。而又从而推广之，则何以得其解邪？今诸仪既各详其说矣，乃复绘之以图，而附编于末"。这样，施工人员就可以按图索骥了："盖欲令见之论说者，无不可索于形似而证之也。"更何况还存在"说之所未及者，而图无不及之"[2]。然而，仅仅绘出图纸，还解决不了施工的问题。因为如此复杂的工程，少数施工人员肯定是不够用的，若参与人员多，则所

图三　南怀仁绘木版打磨圆环圆周度及厚度图

1 《古今图书集成·历象汇编·历法典》第九十三卷，清内府刻本。

2 前揭《古今图书集成》第九十三卷。

需图纸就要多。如果靠手绘解决众人所需图纸，工程进度会遥遥无期。南怀仁在上疏中提出要刻版印图："使非版行，势难尽人而给，且无以遗久。仰祈敕部，镂版一副，交臣印刷，以资给发官生。则守是业者，皆手习一编，而无阙如之憾矣。"[1]这样，绘图并刻版印刷的意义就凸显出来了。

这是目前所知南怀仁最早也是最明确提出绘制版画的要求。礼部在接到奏疏后，于康熙十三年（1674 年）二月二十二日请旨并提出部议："既称使非版行，势难尽人而给，且无以遗久等语。相应仍交与南怀仁酌量刊刷，散给官生可也。"[2]这一令南怀仁"酌量刊刷"的决定，于是年三月十二日转至钦天监，117 幅工程图才开始刊刷。

这批木刻版工程图，虽然还称不上是美术史中的"版画"，但它们的确又是西洋版画，而且较最初的二幅工程图在绘制技法上有所提升。这批图仍然使用了远小近大的西洋焦点透视法，如滑轮助天球上天台图（图四），在现实比例中，近处的天球要小于远处拉车的马，但画面上却是远处的马比近处的天球小，这显然是以焦点透视法绘出的。同时，他加上了光与影的处理。如支撑仪器图（图五），从画面上可以看出，阳光是从图的右上方打过来的，所以图中平面呈白色，而立面特别是左立面则为体现光线照射不到的阴面，同时木架的影子也出现在地面上，给人以相当强的立体感；另外，在内容表现上，增加了西洋元素，如图中打磨仪器部分曲度，打磨者并不出现在画面

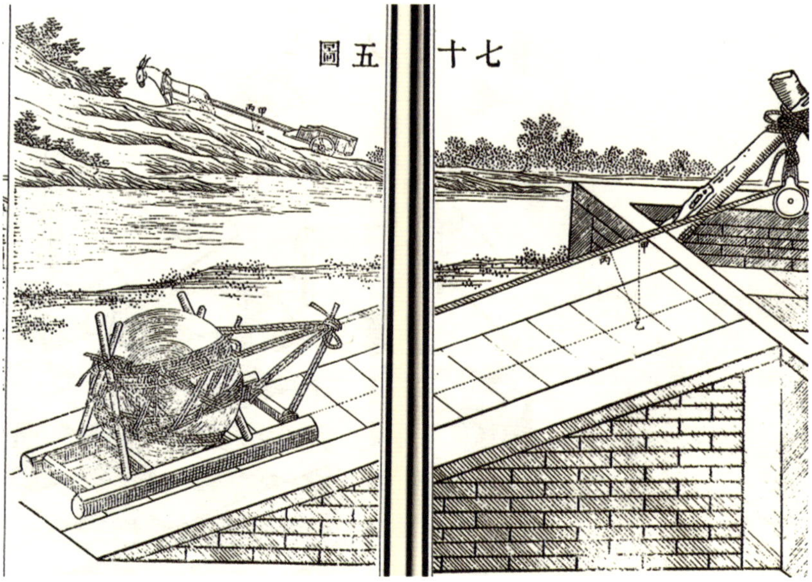

图四　南怀仁绘木版滑轮助天球上天台图

1　前揭韩琦、吴旻校《熙朝崇政集·熙朝定案》，第 110 页，第五十二"太子太保文华殿大学士管吏部尚书事对为恭际钦造之仪象告成事一疏"。

2　前揭韩琦、吴旻校《熙朝崇政集·熙朝定案》，第 110 页。

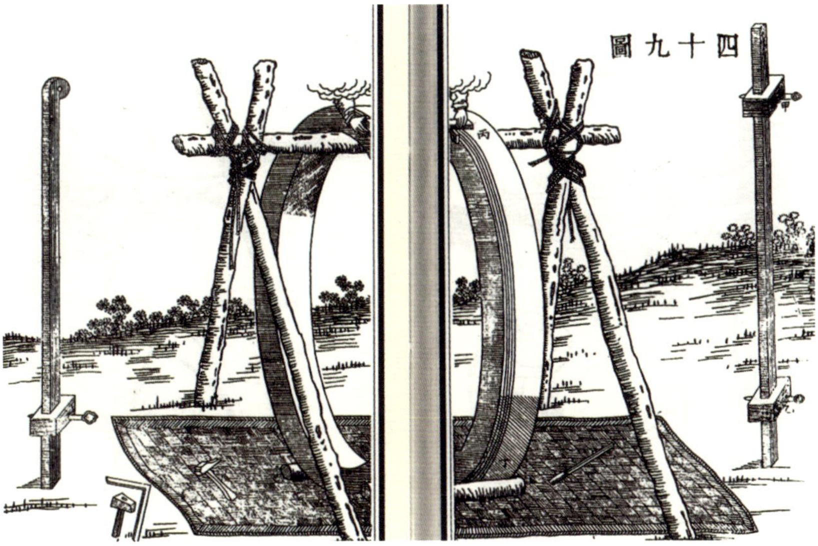

图五　南怀仁绘木版支撑仪器图

中，而是以云朵中伸出的手来表现。这种省略打磨者的绘法，在中国画中是首次出现，它源自西方的表现手法[1]。

第二期版画中的第二批，是围绕世界地理而制作的。康熙十三年（1674 年），南怀仁绘制了尺幅巨大的《坤舆全图》，此图是以东西两半球形式反映全球地理概貌的世界地图，图四周不但有用文字讲述风雨云等天文现象的概说，还绘有世界各地不同类型的帆船及数十种海陆珍奇动物。为解说此图，同年他又刊刻了《坤舆图说》。此书共绘制版画 32 幅，可分为两部分。第一部分是产于五大洲的奇异鱼类、昆虫、鸟类、爬行动物与哺乳动物，第二部分为世界几大奇迹等人工建筑：一是巴比伦城，二是地中海罗得岛的太阳神铜像，三是埃及的金字塔，四是土耳其国王摩索拉斯陵，五是土耳其月亮神阿泰密斯女神庙，六是希腊奥林匹克宙斯像，七是埃及法洛斯灯塔，八是罗马斗兽场（图六）。

这批版画除罗马斗兽场外，在绘制方法上远不如《新灵台仪象志》之图，主要是透视比例不准，也缺少光影的效果。这可能有两个原因，其一是南怀仁虽来自欧洲，但世界几大奇迹对他也是久远的传说，未曾亲眼目睹，或难以画出天文仪器图那般效果，而斗兽场一图较好，则与他至少听过目睹者汤若望的描述有关；其二是这些图或为南怀仁的学生所绘。无论如何，在南怀仁首次向中国介绍的世界奇观这点上，都是极为难得的。或许正因是“奇观”而不受国人重视。康熙朝对此无人评论，乾隆朝纪昀在《四库全书提要》中将南怀仁所绘之图与东方朔的《神异经》类比，以为荒诞，说：“东方

1　何思柏：《新制灵台仪象志图》，插图来源及其与南怀仁制造的天文仪器的关系，《中国科技史杂志》2010 年第 4 期。

图六　南怀仁绘木版罗马斗兽场图

朔《神异经》曰，东南大荒之中有朴父焉，夫妇并高千里……自黄河清当复使其夫妇导获百川云云。此书（指南著）所载铜人跨海而立，巨舶往来出其胯下，似影附此语而作。”[1]

南怀仁绘制的第三期版画，是康熙二十一年（1682年）绘制的造炮图。由于三藩之乱，康熙帝命南怀仁制造火炮。康熙二十年（1681年）完成，于卢沟桥试放成功。第二年，南怀仁完成讲解火炮制作与使用之法的《神威图说》，进呈康熙帝。此书“备理论二十六，图解四十四”。他的目的很明确：“以昭睿创之精工，以志治平之奇速事。”康熙在接到奏折仅隔一天便下旨：“南怀仁制造炮位，精坚可嘉，着议叙具奏……图法留览。”[2]此书在国内未曾发现，韩琦先生在罗马耶稣会档案馆中发现其中二图。其绘法仍为焦点透视与光影法，与第二期所绘图之法无异。

二　焦秉贞是南怀仁版画的传承者

众所周知，焦秉贞是康熙宫廷颇有名望的画家。关于他的绘画，聂崇正先生多年前就有过深入的研究。聂先生指出：“焦秉贞的生平，画史上记载的十分简略，除去任钦天监五官正外，仅仅知道他于康熙二十八年绘《池上篇图》，康熙三十五年绘《耕织图》四十六幅，康熙四十年绘《人物故事图》轴……康熙皇帝评价焦秉贞‘深明测算，会悟有得，取西法而变通之’。”对于焦秉贞西法绘画的来源，聂先生认为：“焦秉贞在钦天监任职，与欧洲人颇多交往，能够看到他们携来的欧洲美术作品，其中大量的

1 《四库全书》史部十一，地理类十，“坤舆图说提要”，上海古籍出版社，2007年。

2 前揭韩琦、吴旻校《熙朝崇政集·熙朝定案》，第146页。

应当是有插图的书籍和版画。焦秉贞从这些图画中受到启发，并运用到自己的绘画创作中。”[1] 焦秉贞在钦天监与欧洲人在绘画方面的关系到底是怎样呢？南怀仁的奏疏透露了一些情况。康熙九年（1670年）他在关于需为钦天监培养学生的奏疏中说：“（天文历法）种种所以然之理，最难推究，苟非使其余裕从容，即恬心力学之士，虽讨论亦莫得其精。臣自受事以来，召致官生开局讲肆，按期考试，务使理数兼通。”[2] 这表明，南怀仁于康熙八年（1669年）重返钦天监后，身份发生了很大的变化，不仅仅是身为监副的技术官僚，还负有培养学生的使命。朝廷任命的他所培养的学生，必须能够“安置星座，测对仪象，缮绘图书”[3]。由此而知，“缮绘图书”是当时钦天监学生的一项必备技能。在他的学生中，就有后来很受康熙欣赏的焦秉贞：“博士焦秉贞……此七员监造诸器，按式校对，规制得宜，懋著勤劳。”[4] 从这一奏疏中可知，博士焦秉贞至晚于康熙九年（1670年）就正式接受南怀仁的培养。他所受的几何学（西画中必不可少的透视学当然包括其中）、天文学、光学的教育，尚不能确知是否始于南怀仁，但学习绘制西式版画，于九年始当不应有误。焦秉贞作为南怀仁的优秀学生——初为从九品的“博士”，后升为从六品的“五官正”——参与南怀仁后来绘制版画工作的可能性是极大的。焦秉贞在绘制版画上，可谓南怀仁的嫡传弟子。

焦秉贞为康熙画了很多画，版画却唯有三十五年（1696年）的《耕织图》。这套版画的成功绘制，与南怀仁早年绘制版画及焦秉贞师承南怀仁的经历关系密切。而康熙选择焦秉贞绘制此图，又必定依他自己的取舍标准。

康熙治国重农桑，欲绘《耕织图》颁行天下，完全可以命宫廷画师绘制一套风格有如南宋楼琫所绘《耕织图》一类的图。但康熙却偏偏选中了以前并未以绘画闻名的钦天监五官正焦秉贞，这绝不是偶然的，它传递了一个重要信息，即康熙绘制《耕织图》的要求和目的。

首先是康熙对于绘画的要求。他基本上不将它们视为艺术品，认为其功能在于“世图写功，用示褒异，则又人物之肖像，灿然著见于史册者矣。嗣是工绘事者日众，自天文地舆、鸟兽草木，以及宫室器用与一切登临游览之胜，皆假图画以传世”。进而更是明确提出：“夫图绘，艺事也，而近于道；诗之一类也，而通于治。”[5] 这种以政治指导思想为衡量标准的准则，对绘画的要求就不会是传统文人画要所表达的“意境萧远”“气韵生动”一类；相反，真实与否，成为取舍的标准。中西绘画相比，哪一个在技术上更能达到“真实”的要求呢？雍正末年张庚所著《国朝画征录》中在论述焦

1 聂崇正：《宫廷艺术的光辉》，第63页，台北东大图书公司，1986年。

2 前揭韩琦、吴旻校《熙朝崇政集·熙朝定案》，第88页。

3 前揭韩琦、吴旻校《熙朝崇政集·熙朝定案》，第111页。

4 前揭韩琦、吴旻校《熙朝崇政集·熙朝定案》，第111页。

5 （清）玄烨：《御定历代题画诗类》，《国朝宫史》卷三三，北京古籍出版社，1987年。

图七　焦秉贞绘木版《耕织图》之“浸种”

秉贞之画时说：“焦秉贞，济宁人，钦天监五官正。工人物，其位置之自近而远，由大及小，不爽毫毛，盖西洋法也。康熙中祗候内廷。圣祖御制耕织图四十六幅，秉贞奉召所作，村落风景，田家作苦，曲尽其致，深契圣衷，锡赉甚厚。旋镂版印赐臣工。”[1] 嘉庆年间奉敕编纂《国朝院画录》的胡敬，对西画的特点一概括为：“海西法善于绘影，剖析分寸，以量度阴阳向背、斜正长短，就其影之所著而设色，分浓淡明暗焉。故远视则人畜花木屋宇皆植立而形圆，以至照有天光，蒸为云气，穷深极远，粲布于寸缣尺楮之中。”[2] 显然，西画更接近于真实。据长期供奉宫廷的高士奇记载，皇帝曾对他说过:“西洋人写像，得顾虎头神妙。因云有二贵嫔像，写得逼真。”[3]“神妙”“逼真”是康熙对西洋绘画的肯定性意见，表达了他对西洋画所凸显的真实感的欣赏。在对《耕织图》的内容要求上，并非是诗情画意的田园诗，而是从播种到收获，从养蚕到织布46道生产程序的细节再现（图七）。这样的内容，其真实性肯定是第一位的。谁能来胜此重任呢?

南怀仁死后至三十五年（1696年）前，康熙身边的西洋人有张诚和白晋，钦天监的西洋人也只有徐日昇、安多和闵明我，他们均不长于绘画。于是，康熙把目光投到若干年前显露过绘画才能的钦天监五官正焦秉贞身上。焦秉贞于二十八年（1689年）时曾绘《池上篇图》一幅，得到过皇帝赞赏的题词：“康熙己巳春，偶临董其昌《池上篇》，命钦天监五官正焦秉贞取其诗中画意。古人赏赞画者曰落笔成绳，曰寸人豆马，曰画家四圣，曰虎头三绝，往往不已。焦秉贞素按七政之躔度，五形之远近，所以危峰叠嶂中，分咫尺之万里，岂止于手握双笔！故书而记之。”[4] 显然，康熙欣赏焦秉贞的绘画，并非

1　《中国书画全书》第10册，第435页，上海书画出版社，1996年。

2　（清）胡敬：《国朝院画录》，《画史丛书》第9册，上海人民美术出版社，1963年。

3　（清）高士奇：《蓬山密记》，《丛书集成续编·史部》，上海书店出版社，1994年。

4　前揭《中国书画全书》第10册，第435页。

在于古人所称赞的“落笔成绳”“寸人豆马”，而是“按七政之躔度，五形之远近”作画。而这些，正是康熙对绘画技术上的要求。还是胡敬深知其意：“秉贞职守灵台，深明测算，会悟有得，取西法而变通之。圣祖奖其丹青，正以奖其数理也。”[1] 焦秉贞在钦天监师从南怀仁学习天文、几何，使绘画达到“咫尺之万里”的效果，符合康熙的要求。

其次是康熙制作版画《耕织图》的目的。尽管康熙称得上的是位农学家，但他要求绘制此图，绝不是自我欣赏，而是作为皇帝训谕颁发臣民。显然，仅绘制一套是不行的，必须要提供数十上百套才能颁行天下。在当时，只有版画可以实现这一目的。这一点，想必自二十多年前南怀仁绘制《灵台仪象志》百余幅工程图时，就给康熙留下深刻印象。当康熙需要用图画向众人传递他的思想时，版画的这一特质便会发挥作用。他在《耕织图》诗序中明确指出这一点：“自始事迄终事，农人胼手胝足之劳，蚕女茧丝机杼之瘁，咸备极其情状。复命镂版流传，用以示子孙臣庶，俾知粒食维艰，授衣匪易。”[2] 试想，若非版画，《耕织图》岂能“流传”，“以示子孙臣庶”耶！

焦秉贞《耕织图》木版画，有类南怀仁《灵台仪象志》木版画，均是以写实手法，表达技术细节，颁发众人或实施或参考。从这个意义上讲，将焦秉贞视为南怀仁西洋版画的传承者并不为过，木版《耕织图》成为后来马国贤制作铜版《避暑山庄三十六景》图的一个“中介”。

三　马国贤完成了康熙宫廷版画从木版到铜版的转变

康熙宫廷的版画，自焦秉贞于三十五年（1696 年）绘制木版《耕织图》后，就再无人制作。16 年后，才出现沈嵛绘制《热河三十六景图》，第二年又有马国贤首次成功制作了铜版《热河三十六景图》（以下称“马图”）。关于马图的产生过程已有多篇文章论及，这里不再赘述。笔者关注的是，这套铜版画的产生与木版《耕织图》（以下称“焦图”）之间有无关系？又是什么原因能使马国贤制出这套铜版画？

表面看起来，“马图”与“焦图”两者之间毫无关系：作者不同、创作年代不同、作品内容不同、制作工艺不同；那么，背后是否有关系呢？答案是肯定的，即它们均具备版画这一共同点。正是这一共同之处，可以找到它们之间其他的一些关系。

前文已述，康熙以木版制作《耕织图》的目的，是出于向臣民推行其治国与教化理念。但《热河三十六景图》为纯粹的风景画，会否也蕴含此意？这须从此画的主题入手分析。

此图的主题是避暑山庄，选此主题作画题诗，应与山庄之于康熙的意义直接相关：其一是将山庄作为怀柔蒙古以戍边陲的一个工具或手段，其二是将山庄作为自己治国理念的一个精神象征或寄托。这一点，在康熙的《热河三十六景诗》中写得很清楚，如《烟

1　前揭《中国书画全书》第 10 册，第 435 页。

2　《清圣祖御制文二集》，清内府刻本。

波致爽》中："古人戍武备，今卒断鸣笳。生理农商事，聚民至万家。"又如《芝径云堤》中："避暑漠北土脉肥，访问村老寻石碣。众云蒙古牧马场，并乏人家无枯骨……司农莫动帑金费，宁拙舍巧洽群黎。边垣利刃岂可恃，荒淫无道有青史。知警知戒勉在兹，方能示众抚遐迩。"[1] 由此可以看出，《三十六景图》并非单纯养心怡情的园林风景画。

避暑山庄的景区建设，曾经历过四十七年（1708年）建成16景与五十年（1711年）建成36景两个阶段[2]。《热河三十六景诗》即写于全部景点完成后的五十年（1711年），第二年，又命沈嵛绘《三十六景图》："五十一年八月初二日武英殿总监造和素等奏为刊刻热河三十六景折：七月二十四日，张常住咨称，奉旨：热河三十六景，每景各画详图二张，一张于绢版刊刻[3]，另一张交报带去，于木版刊刻可也。"[4] 既题诗又绘图，足见康熙对避暑山庄的重视与喜爱。但问题在于同一套图，何以还要用绢版和木版两种形式刊行？这其中，除了反映康熙对此图的珍视外，还应有其他原因。一般来说，绢画仅能供个人欣赏，而木版画则能够重复刷印多套。对此，相信数十年前南怀仁的木版《灵台仪象志》与焦秉贞的《耕织图》已给康熙留下深刻印象。重复刷印的目的只有一个解释，便是分赐臣下，传递皇帝对避暑山庄的情感和理念。

大量史实证明，康熙对避暑山庄情有独钟，除建成后年年巡幸驻跸外，也包括以绘画手段来抒发情感。就在刊印《三十六景图》的前后，康熙还命焦秉贞的学生冷枚绘制了巨轴全景《避暑山庄图》（以下简称"冷图"）。与《三十六景图》（以下简称"沈图"，图八）相比，两者间除了有总图和分景图的不同外，在技法与内容上也有不小的差别。

首先是技法。"冷图"尽管整体而言仍属中国传统风景画，但身为焦秉贞的学生，冷枚在绘制此画时还是将西方透视法运用其中，最明显的便是画中建筑，从南至北，逐渐变小，增添了此图的深邃感。就这一点而言，南怀仁传授给焦秉贞的西洋透视绘法，已有了再传弟子。但"沈图"则不然，仍属纯粹的中国传统山水画。

其次是内容。整体来说，两图均是山水风景画，但"冷图"在"万壑松风"一景中，画了苍松与白鹤（图九），在万树园中画了跳跃的白鹿；而"沈图"中则仅仅画的是山水草木和屋宇。正是这些差别，传递出一些有助于进一步认识铜版《三十六景图》产生的信息。

笔者以为，"冷图"与"沈图"技法上的差别，或表明康熙对西洋透视法的欣赏，抑或表明他对"沈图"缺少深邃感的遗憾。毕竟，全景图（"冷图"）与分景图（"沈图"）带给欣赏者的感受是完全不同的。但是，康熙还是坚持要将"沈图"制成木版以刷印，

1 《清圣祖御制诗三集》，清内府刻本。

2 参见杨伯达《冷枚及其〈避暑山庄图〉》，《故宫博物院院刊》1997年第1期。

3 因绢画是用笔绘而不可能用刀刻，故"刊刻"疑为"刊行"之译误。——笔者注

4 中国第一历史档案馆编：《康熙朝满文朱批奏折全译》，第813页，中国社会科学出版社，1996年版。

图八 沈嵛绘木版《热河三十六景》之"烟波致爽"

图九 冷枚绘《避暑山庄》之"万壑松风"的苍松与白鹤（局部）

这就与"冷图"中之所以绘有白鹤、白鹿等带长寿意蕴的动物相关了。"冷图"与"沈图"产生的第二年即康熙五十二年（1713 年），正是皇帝六旬万寿之年，这是清入关后第一位过六旬万寿的皇帝，朝中上下都在为这"普天胥庆，率土同欢之日"作准备。不但满、蒙、汉八旗二千六百余老人来到京中祝寿，各直省还来了四千余老人。康熙身为仁慈之君，当然要有表示："谕大学士等：今岁天下老人，为朕六旬万寿，皆从数千里匍匐而来，如何令其空归？欲赐伊等筵宴，然后遣回。"[1]满朝文武自然也不会少了敬献，对此，康熙必也会向臣工回赐礼品。为康熙所珍视并赋有其治国理念的《避暑山庄图》可以是个不错的选择。但"冷图"是无法复制的，"沈图"却可以通过木版刷印分赐臣下。

礼品的问题解决了，然"沈图"缺乏深邃感的问题依旧存在。康熙或会想到此前曾奉命制作过铜版地图的意大利传教士马国贤。据马国贤讲，中国版画缺少光影之感："中国的手工刻工来雕刻印版，他是忠实地根据画家的设计，把线条大致地转刻到版子上了。可是他没有理解光和影的和谐，因此图画从他的版子上揭下来的时候，外观效果非常糟糕。"[2]——由此也可以理解康熙命马国贤刻铜版《三十六景图》，至少是希望能够弥补传统山水画光影不足的遗憾。马国贤回忆，"陛下看见我最近一版制出的一些版本后，说它们都是宝贝。他当场命令我刻印《热河四十景图》[3]准备把它们和一些诗文合为一册，作为赠送给满族亲王和贝勒们的礼物"[4]。

马国贤在这里明确记下，刊印"三十六景图"，乃是用于礼品。这与当年刊印《耕织图》完全是异曲同工，前文所谓的《耕织图》乃《三十六景图》"中介"之意，也即于此。

1 《清圣祖实录》卷二五七。

2 ［意］马国贤：《清廷十三年——马国贤在华回忆录》第十三章，外语教学与研究出版社，2008 年。

3 此时热河行宫并无四十景，疑为《热河三十六景图》之误。——笔者注

4 前揭［意］马国贤《清廷十三年——马国贤在华回忆录》第十五章。

可以说，正是康熙要向臣下传递其理念并颁赐礼物的需要，以及铜版画可以重复刷印的特点，才发生了康熙六旬万寿之年，由马国贤首次制出铜版画这一清代美术史上的重要事件。

余论

综合上述，我们可以看出，康熙宫廷西洋版画从木版到铜版发展演变的关键因素有四，其一是版画具有可以多次刷印分发的功能；其二是西洋透视绘法提升了画面内容的真实感；其三是康熙皇帝重视西学且欣赏西洋版画的真实感；其四是康熙对西洋版画有实际的需求。正是这些因素，导致了康熙宫廷的版画，从最初南怀仁的非美术史意义上的木版工程图，历经四十年，终于发展到真正美术史意义上的铜版画了。但若将“马图”与“沈图”作一对比，可以看出，这套被康熙称为“宝贝”的铜版画，实际上还存在很多缺憾。由于此图是在“沈图”基础上所刻而非马国贤亲绘，尽管他在制版时用了处理光和影的手法，但光的来源不清，山石与殿宇的光线错位，山峦也层次不明，至使画面仍缺少深邃的透视感。这在“澹泊敬诚”与“芝径云堤”（图一〇）中表现得十分明显。此图的艺术感染力既不如“沈图”清雅（图一一），也不如南怀仁所制施工图逼真，艺术价值平平。这或许与马国贤的学生

图一〇　沈嵛绘木版《热河三十六景》之“芝径云堤”

图一一　马国贤绘制铜版《热河三十六景》之“芝径云堤”

参与绘制有关（据在大英博物馆目睹过全部“马图”的中国科学院自然史研究所韩琦教授告知，其中有的画面上刻有中国人的名字）。但是，从清廷西洋版画发展来看，“马图”作为清廷第一部铜版画，既是木版画向铜版画的转折，也是数十年后乾隆朝出现铜版画高峰的一个起点，其在艺术史上的价值不容忽视。

原载《故宫学刊》总第九辑，故宫出版社，2013 年

吴三桂政权铸钱初探

刘舜强

内容提要：吴三桂于康熙初年在云南铸行地方性货币——利用通宝铜钱解决军需和财政问题。“利用”钱文有“利民用”的意思。吴三桂反清后铸造的“利用通宝”是吴三桂政权的货币。康熙十七年，吴三桂称帝，改元“昭武”，铸“昭武通宝”年号钱。吴三桂死后，其世孙吴世璠即位于云南，改元“洪化”，铸行“洪化通宝”铜钱。吴三桂铸钱，最初沿用折银钱制，形成“兴朝—利用”货币体系，其反清后的铸币更多地受到了明朝铸币的影响。吴三桂铸钱与云贵地区拥有丰富的铜矿资源和先进的翻砂铸钱技术密不可分。受吴三桂影响下，耿精忠铸行“裕民通宝”折银铜钱。康熙平定三藩，吴三桂政权的铸币活动亦告停止。

关键词：吴三桂　铸钱　利用通宝　折银钱

吴三桂（1612 ~ 1678 年），字长伯，辽东中后所人，祖籍江苏高邮。清初的降清明将之一，曾为清王朝定鼎中原立下汗马功劳。顺治十六年（1659 年），吴三桂率军进入云南昆明，南明永历帝奔永昌，复奔缅甸。在吴三桂的军事威胁下，缅甸王执南明永历帝献清军。康熙元年（1662 年），吴三桂杀南明永历帝朱由榔于昆明。清廷晋封吴三桂为平西亲王，并命贵州省亦属管辖，吴三桂遂久镇云贵。

康熙十二年（1673 年），吴三桂因康熙撤藩而反于云南，建号“大周”，康熙十三年（1674 年）三月，耿精忠响应吴三桂，反于福建。康熙十七年（1678 年），吴三桂在衡州称帝，改元昭武，改衡州为定天府。吴三桂在称帝不及一年便病死。自吴三桂死后，吴军已明显呈现溃败之势。郭壮图挟“太孙”吴世璠于康熙十七年（1678 年）即位于云南，檄“伪诏”于各处，康熙十八年（1679 年）改元“洪化”，都贵阳，但此时的吴氏政权已经大势已去，出现了众叛亲离的局面。

作者：科研处，副研究馆员。

康熙二十年（1681 年）十月二十八日，清军进入云南昆明。世璠自杀，传首北京。康熙平定三藩。

有迹象表明，吴三桂在进入云南后便开始铸行钱币，吴三桂反清后在康熙十七年（1678 年）改元“昭武”，铸行“昭武通宝”铜钱，其孙世璠改元“洪化”后铸行“洪化通宝”铜钱。康熙平定三藩之乱后，吴三桂及其政权的铸币活动随着政权的消亡亦告停止。

一　吴三桂及其政权的铸币时间与铸币性质

（一）吴三桂于康熙初年铸行“利用通宝”铜钱

按《钱币学纲要》所载，“吴三桂初封平西王，镇守滇南，他利用当地的铜材，铸造‘利用通宝’（图一），有小平（图二）、折二、折五、折十四等。小平素背外，

图一　利用通宝（正面）

图二　利用通宝光背

图三　利用通宝（背面）

图四　利用通宝背“贵”

图五　利用通宝背“雲”

图六　利用通宝背“二厘”

图七　利用通宝背竖"五厘"

图八　利用通宝背"五厘"

图九　利用通宝背竖"一分"

图一〇　利用通宝"一分"

图一一　利用通宝竖背"壹分"

图一二　利用通宝"壹分"

还有背文作‘厘’（图三）、‘贵’（图四）、‘雲’（图五）等字，折二背‘二厘’（图六），折五背‘五厘’字（图七、图八），折十有背‘一分’（图九、图一〇）、‘壹分’字（图一一、图一二）”[1]。文中指出，吴三桂初封“平西王”，在康熙年间利用云南的铜矿资源铸行了自己的货币“利用通宝”。

但是，目前对于利用通宝的铸行时间，各家著作众说不一。民国时期，著名钱币学家丁福保曾经编撰《古钱大辞典》一书，其中记录了当时各家泉书对利用通宝钱的记述。

《古钱大辞典》（中华书局影印本）下编二四六[2]：

利用通宝

《国史·吴三桂列传》：康熙十三年（1674年），三桂以滇铜铸钱，伪文曰“利用”。

1　史松霖：《钱币学纲要》，第112页，上海人民出版社，1995年。

2　丁福保：《古钱大辞典》（中华书局影印本）下册，第1665～1666页，中华书局，1982年。

《金荣精华录笺注》惠栋曰："康熙癸丑(1673年)十二月，吴逆以移藩据滇南反叛，号大周，称帝于衡州，改元'昭武'，制钱曰'利用通宝'，事详《平定三逆方略》。"(培按：此条引惠栋语，而《精华录训纂》无之，盖其后芟定本。培者，翁树培也)

董含《莼乡赘笔》："三桂以移藩据滇南反叛，号大周，于甲寅(1674年)正月称帝于衡州，起建宫殿，改元'昭武'，制钱曰'利用通宝'。"

张端木曰："吴三桂初封平西王，镇滇南，即山铸钱，文曰'利用通宝'。"

另外，其他的钱币书籍也有相关记录。开封关百益所著《泉影》中，利用通宝条下："吴三桂初封平西王，据滇南，据山铸此钱。"[1]《王荫嘉品泉续录》有："吴三桂引清军入关，受封平西王，镇守滇南，铸利用通宝。"[2]

从以上文献可以看出，目前对于吴三桂铸行利用通宝的时间有"康熙十二年以前说"和"康熙十三年说"两种。现在有学者[3]主张遵从"康熙十三年说"，认为利用通宝是吴三桂叛清以后铸行的货币。大部分持此说者的依据为《清史稿·吴三桂列传》中的内容。《清史稿·吴三桂列传》中有："(康熙十三年正月)三桂僭称周王元年……是时云南、贵州、湖南地皆入三桂。通藩市，以茶易马……采铜铸钱，文曰利用。"[4]这段文字指出了吴三桂在康熙十三年(1674年)反清后铸行了利用钱，但这并不一定是利用通宝的始铸年代。

《清史稿·吴三桂列传》有一条反证指出吴三桂在叛清之前即已开始了铸钱。《吴传》中有："康熙五年，三桂复请云南督抚受节制。移总督驻贵阳，提督驻大理……假浚渠筑城为名，重榷关市，垄盐井金铜矿山之利，厚自封殖……货财充溢，贷诸富贾，谓之'藩本'。权子母，斥其羡以饵士大夫之无藉者。"[5]从这段文字中可以看出，至迟在康熙五年(1666年)，吴三桂就已经在云南开始铸钱了。按《国语·周语下》载："古者，天灾降戾，于是乎量资币，权轻重，以振救民。民患轻，则为作重币以行之，于是乎有母权子而行，民皆得焉。若不堪重，则多作轻而行之，亦不废重，于是乎有子权母而行，小大利之。"[6]谓国家铸钱，以重币为母，轻币为子，权其轻重而使行，有利于民。后也称以资本经营或借贷生息为"权子母"。但是，"权子母"的本义源自"子

---

1 《中国古钱币图谱考释丛编》，第1939～1940页，书目文献出版社，1992年。

2 邹志谅编，陈浩校：《王荫嘉品泉续录》，第157页，上海古籍出版社，1998年。

3 何林：《钱币学词汇浅释》，第167页，"利用通宝"条，大众文艺出版社，1991年；丁进军：《清初三藩及其所铸钱币》，《紫禁城》1997年第4期。

4 《清史稿·吴三桂列传》，《二十五史》卷12，第1462～1465页，上海古籍出版社、上海书店，1986年。

5 前揭《清史稿·吴三桂列传》，《二十五史》卷12，第1462～1465页。

6 《国语》卷三，周语下。

母相权”，即铸造大、小两种货币，两种货币同时流通，可以用一种为标准确定对另一种的交换率。《魏书·高崇列传》:“夫以西京之盛，钱犹屡改，并行大小，子母相权；况今寇难未除，州郡沦败，民物凋零，军国用少，别铸小钱，可以富益，何损于政，何妨于人也？”[1]《元史·世祖纪十一》:“以至元宝钞一贯文当中统交钞五贯文，子母相权，要在新者无冗，旧者无废。”[2]《明史·范济列传》:“元造元统交钞，后又造中统钞。久而物重钞轻，公私俱敝，乃造至元钞与中统钞兼行，子母相权，新陈通用。”[3]天启《滇志》卷二三云南巡抚闵洪学《条答钱法疏》中有“陕西巡抚业已设局而致行矣，他省不可仿而效乎？处处开局，处处行钱，而行自官，先之禄俸，廪饩等搭配兼支，而解余羡于京，以助火工”，又有“该臣看得滇中铸钱，不患无子而患无母，不患无铜而患无匠……”[4]这里的“子”“母”指的就是“子母相权”，而“解余羡于京，以助火工”指的则是将铸钱的利润补贴成本。因此，可以看出，《清史稿·吴三桂列传》中的“权子母”很有可能指的是吴三桂铸行的大小钱，即“利用通宝”中的“五厘”“壹分”等权银钱。在魏源所著的《圣武记》中也有吴三桂入滇铸钱的一些线索。吴三桂入滇后，“假浚渠筑城为名，广征关市，榷盐井，开矿鼓铸，潜积硝、磺诸禁物，重敛土司之金币，厚自封殖”[5]。“鼓铸”一词指的是熔炼铜铁铸造货币。《辞源》“鼓铸”条有：“鼓扇炽火，冶炼铜铁以铸钱。”[6]

有学者指出，吴三桂入滇之后，为解决粮饷问题，“招徕商旅，恣以藩本，使广通贸易，殖货财以给军需”，同时，为了进一步控制云南经济，吴三桂利用云南的铜矿资源，开始铸造“西钱”，而且“仅一年的时间里，西钱便成为云南商品流通的主要交换单位”[7]；也有学者指出，吴三桂利用云南铜矿资源铸造“西钱”，套购国内物资[8]；还有学者认为吴三桂在入滇后“用铜铅铸钱，如在蒙自设炉，制成金属钱币，专发售给交趾（越南），换取银两。蒙自以南二百里，即交江的蛮耗，特设一关口，至水路二百里，有一坝，在此设市卖钱。交趾人愿得此钱，买卖十分兴隆。三桂通过这种违禁的交易，从中获利”[9]。

从以上几点可以看出，吴三桂入滇后为了解决粮饷，增加地方收入，确实铸造了钱币，前文中的“藩本”“西钱”和卖给交趾的钱很有可能是一种货币，但这种货币指

1 《魏书·高崇列传》，前揭《二十五史》卷 3，第 199 页。

2 《元史·世祖纪十一》前揭《二十五史》卷 9，第 41 页。

3 《明史·范济列传》前揭《二十五史》卷 11，第 464 页。

4 天启《滇志》，《云南史料丛刊》卷四，第 675 页，云南大学出版社，2001 年。

5 魏源《圣武记》卷 2，《康熙戡定三藩记上》，第 62 页，中华书局，1984 年。

6 《辞源》修订本 1 ～ 4 合订本，第 1956 页，商务印书馆，1997 年。

7 刘凤云：《清代三藩研究》，第 141 ～ 142 页，中国人民大学出版社，1994 年。

8 袁平：《吴三桂起兵反清始末述评》，《云南学术探索》1998 年第 5 期。

9 李治亭：《吴三桂大传》卷中，清初藩王，第 319 页，江苏教育出版社，2005 年。

的会是顺治或康熙的年号钱吗？不是。

清代在云南开局铸钱是顺治十七年（1660年）。《大清会典》："凡设官监铸。顺治十七年，复设各省炉作，云南亦令开铸。"[1] 这时的云南开始铸行"顺治通宝"钱。但是，此令虽下，旋即禁铸。《大清会典》："凡设官监铸。康熙元年，令停各处铸钱，止留宝泉局、江宁局。又提准收买厘字旧钱。"[2] 因此可以看出，顺治朝在滇的铸钱计划未及一年便罢。现在的顺治钱中，有面文"顺治通宝"背"雲・一厘"者，当为顺治十七年（1660年）的产品。但是这种钱在顺治十八年（1661年）就不再铸行，康熙元年（1662年）就停止使用，因此它不可能是"藩本""西钱"，也不可能专门进行铸造后被卖到交趾。

吴三桂入滇之初，也曾向中央政府提出过鼓铸"康熙通宝"钱的请求，但似乎未被政府所采纳。吴三桂"疏言：滇省初定，请开鼓铸，应颁给康熙钱式"[3]。《庭闻录》中也有以下记载："初入滇，请开局鼓铸，疏曰：云南市肆所信惟钱，一日无钱，即称不便，今蒙颁新制样钱到滇，方兴鼓铸，旋行停止。在滇省所铸无多。宝泉、江宁之钱无能转达而至，不足以供人民日用之需，是以该司有恳请鼓铸之议也。以臣愚见，滇省悬处天末，钱法通滞自与别省无关。况今省中汉土乐行新钱，此于交易所涉尚浅，而声教远被所关甚大，鼓铸诚不宜缺。何无将云南省城与大理下关现炉十八座减去八座，量存十座，于省城设七座，下关设三座，鼓铸新钱，给散使行，俾人民有交易之便，遐荒仰国宝之尊，似于钱法有裨也。"[4] 吴三桂此疏中已经明确地指出，康熙初年，云南市面上使用铜钱已经非常普及，但是由新制康熙样钱到达云南后刚刚铸行就被禁止，而宝泉局、江宁局的铸钱不能解决云南用钱的需要，所以请求铸钱。同时他还指出，铸造康熙新钱的重要意义在于"声教远被"，让地方百姓"遐荒仰国宝之尊"。吴三桂着眼于云南地区的经济需求，更注重中央政府的政治影响，本是恢复地方经济的良策，但是清政府迟迟不在云南设局铸钱，而是以宝泉、江宁所铸铜钱供给云南，严格控制云南地方的经济发展。

直到康熙六年（1667年），清政府才又允许各省铸钱，但是吴三桂控制的地盘内，似乎已经是"政令不行"了。《大清会典》："凡设官监铸，康熙六年，复开各省炉座，并添设苏州、巩昌等处铸局，照式铸字。苏州'苏'字、湖南'南'字、广东'广'字、广西'桂'字、四川'川'字、贵州'贵'字……"[5] 这里明确记载了中央政府于康熙六年（1667年）重新在各省铸钱，又新设湖南、广东、广西、四川、贵州等省局，但

1　康熙朝《大清会典》卷之三十一，户部，钱法。

2　康熙朝《大清会典》卷之三十一，户部，钱法。

3　《清圣祖实录》康熙二年五月乙酉。

4　刘健：《庭闻录》卷六，杂录备遗，第1页，上海书店，1985年。

5　康熙朝《大清会典》卷之三十一，户部，钱法。

事实上似乎并非如此。根据各家泉谱所在及各博物馆收藏，康熙背后满汉文的省局钱中尚未发现《大清会典》中所提到的四川“川”字、贵州“贵”字的康熙通宝钱。这说明在当时吴三桂势力范围涉及的川、贵二省的省局根本未曾铸币，康熙的政令在当地成为一纸空文，云南亦当如此。康熙九年（1670 年），四川巡抚张德地以币制紊乱陈请停止各省铸币，各省遂不再自行铸币[1]。康熙通宝中有背满汉文“雲”字者，一小部分可能是康熙十二年（1673 年）前所铸，大部分应当是三藩平定、康熙二十三年（1684 年）后清政府在云南重开炉座的产品。现在各家泉谱中所见康熙通宝背满汉文“雲”字者，重量多在 3.7 克，约为一钱。按《古钱大辞典》“康熙通宝”条所载：“康熙二十三年，户部以鼓铸制钱每文重一钱四分（约 5.2 克）工本过重，议准每文改重一钱，行文铸钱各省俱照新式鼓铸。”[2] 这里提及的“改重一钱”钱就是康熙通宝背满汉文“雲”字的减重钱。

康熙通宝有背满汉文“西”字者，所见极罕。马定祥在批注《历代古钱图说》中指出：康熙通宝背西字者，吴三桂奉康熙正朔时所铸[3]。这种观点目前看来存在一定问题。康熙通宝确有背满汉文“西”字者，但是这种钱已经被证明是山西荣河局所铸[4]，而且都是后铸品[5]，而并非“吴三桂奉康熙正朔时所铸”。

也有学者认为，吴三桂铸行的“西钱”，其实就是康熙元年至康熙九年（1662 ~ 1670 年）间云南铸行的康熙通宝满汉文“雲”字钱[6]，根据前文的分析可以看出，此说值得商榷。

吴三桂在康熙元年（1662 年）以后到其叛清的十余年间，铸行的货币应当是利用通宝折银大小钱。按张端木在《钱录》中所说，吴三桂初封平西王，即山铸钱，文曰利用通宝，较为可信。张端木本字昆乔，上海人。乾隆壬戌进士，官至诸暨县知县，对古钱研究颇深，其《钱录》成书距清初不过百余年，离三藩之乱亦未远[7]，应当较为可信。

另外，根据钱币研究中的版别类型判断，利用通宝背“厘”字钱，其形制与顺治通宝“厘”字钱相似，面文为钱币文，直读，背厘在穿孔一侧，折银一厘；背竖“五厘”“壹分”者形制、大小、重量与孙可望盘踞云南时期所铸造的兴朝通宝竖“五厘”“壹分”，永历通宝竖“五厘”“壹分”在钱型、文字、大小等方面极为相似，应当是在短时期内

1 前揭刘凤云：《清代三藩研究》，第 142 页。

2 前揭丁福保：《古钱大辞典》（中华书局影印本）下册，第 1873 ~ 1875 页。

3 马定祥批注：《历代古钱图说》，第 167 页，上海人民出版社，1993 年。

4 国家文物局编：《中国古钱谱》，第 383 页，文物出版社 1989 年。

5 史松霖：《钱币学纲要》，第 119 页，上海古籍出版社，1995 年。

6 云南省钱币学会编：《云南货币简史》，第 144 页，云南民族出版社，2002 年。

7 王贵忱：《利用通宝上限期探讨》，《中国钱币》1985 年第 1 期。

在折银钱体制下产生的有继承关系的两种货币。

吴三桂在进入云贵之初，需要大批资金解决军费、恢复地方经济。顺治十七年（1678年）六月十二日，户部曾遵旨条奏称云南“需用粮饷甚多，以致各省辀输，困苦至极。合天下之正赋，止八百七十五万两，而云南一省需银九百余万两，竭天下之正赋，不足供一省之用”，而且“该省米价每石至二十余两，兵民交弊，所系非小”[1]。可以看出，清政府一边称吴三桂花的银子多，一方面又不给钱，很是让平西王为难。而此时刚刚入滇的平西王，一边着手擒杀永历帝，一边平定诸土司，军费开支相当巨大。宝泉、江宁的钱供给不上，中央又不给吴三桂铸造制钱的权力。为了解决军费开支，发展地方经济，吴三桂在疏请铸钱未果而“宝泉、江宁之钱无能转达而至”的情况下，开始利用辖区内的铜矿资源及孙可望与永历政权在当地旧有的钱座、设备及工匠铸行“利用通宝”铜钱。

对于“利用通宝”铜钱的钱文为“利用”，很多学者对其含义提出猜测。其中占主导地位的是“年号说”，认为康熙十三年（1674年）伊始，三桂正式称“周王”，废弃康熙年号，称周王元年，改元“利用”，同时废康熙制钱，自铸货币，名曰“利用通宝”[2]。但是，吴三桂叛清后并未建元，吴三桂使用的第一个年号是称帝后的“昭武”。吴三桂于康熙十二年（1673年）十一月叛清，自称“天下都招讨兵马大元帅”，第二年（1674年）正月以“周”为纪年，僭称“周元年”[3]。此后的四年分别为周二年、周三年、周四年、周五年。在湖南长沙市曾经发现过一些铁炮，属于周纪元的器物，如炮身铸有“周元年十一月造，重壹千斤”“周二年正月造，重五百三十斤”“周三年六月日造，重五百五十斤”“周四年八月日造，重五百五十斤”“周五年二月日造，重三百五十斤”等[4]。另外，广西发现吴周土官印“田州土知府印”印钮左侧刻有“周元年七月日礼曹造”[5]。这说明，吴三桂反清的最初五年并没有定年号，而是以“周”纪元，“利用”不是吴周政权的年号。王贵忱先生曾在《利用通宝上限期探讨》中指出：“……历代制定年号，多取吉祥语寓冀国运绵延用祚，而‘利用’非吉语，疑为吴三桂在清初兴兵西南地区便宜行事制定的面文。”[6]《尚书·大禹谟》中有“正德、利用、厚生惟和”，认为治理国家要正德以率下，利用以阜财，厚生以养民，三者和谐，就是善政。这是中国历史上主张物尽其用以富裕民生的经济思想。吴三桂希望通过发行钱币解决云南出现的经济问题，钱文取“利用”可能已经包含了这层含义。在《大清会典》

1 《清世祖实录》卷一三六，第4、72页。

2 前揭李治亭：《吴三桂大传》卷下，独树一帜，第417页。

3 魏源：《圣武记》卷2《康熙戡定三藩记上》，第63页，中华书局，1984年。

4 孙太初：《伪周纪元正误》，《云南文物》1979年第8期。

5 蒋廷瑜：《广西所见“三藩”土官印》，《故宫博物院院刊》2003年第3期。

6 前揭王贵忱：《利用通宝上限期探讨》。

中有“国家开局铸钱颁行天下，所以重王制，利民用也”[1]。明代宋应星在其所著《天工开物·冶铸第八卷·钱》中第一句话就是：“凡铸铜为钱，以利民用。”[2]从以上可以看出铸钱是“利民用”“利军国”的大事。

吴三桂作为平西王镇守云贵时期，利用当地的矿产资源，大量铸造“利用通宝”铜钱，使得当地经济有了较快的发展。在有足够的财政保障条件下，他开始大力发展边境和地区贸易。吴三桂曾“遣王长安行盐苏州”[3]，又通使达赖互市北胜州，与西藏等地进行茶马贸易，其经济之活跃在当地历史上少有。早在顺治十八年（1661年）三月，西藏达赖喇嘛就派人向清政府请求于云南北胜州互市茶马，清政府问策于吴三桂，吴三桂指出：“北胜不通江道，远省商贾必不愿来至，本省普洱地方产茶不多，别省采买则肩挑背负跋涉万山为数有限，难以比照西宁，亦不能告领户部茶引。或令商人于云南驿盐道领票往普洱或川、湖产茶地方采买，赴北胜互市，官为盘验，听与番人交易，每两税课银三分，如贸易亏损番人者，许互市官调处，若夹带私茶及私买马匹者，国有成宪。”[4]清政府对此方案“俞允准行”，于是，“西番、蒙古之马，由西藏入滇者岁千万匹”[5]。另外，吴三桂在有充足的货币资金保证下，还加强商业活动，“辽东参，四川黄连、附子，就其地采运，官为之鬻，收其值”[6]。吴三桂经商范围之广，规模之大，足以使其获得巨额利润，这也和他铸行货币有着密切的关系。此时吴三桂的铸币，性质上只是特殊区域内流通的地方性货币，与明代直至清初全国通行铜钱的情况下，云南使用海贝[7]性质是相似的。

（二）吴三桂起兵后继续铸造利用通宝铜钱

由于吴三桂在自己的辖区内享有军政、财政上的高度自治，俨然有国中之国的架势。吴三桂与尚可喜、耿精忠形成的“三藩”势成割据，严重威胁着清朝的统治。康熙十二年（1673年）十一月，吴三桂抗拒撤藩而反，佯称拥立明崇祯帝三太子，兴明讨清，致书平南、靖南二藩及各地故旧将吏，并移会台湾郑经，邀约响应。三藩之乱由此开始。吴三桂兵出云贵，进据湖南，清军云集荆州，但不敢渡江撄其锋。孙延龄叛于广西，罗森、郑蛟麟、吴之茂叛于四川，耿精忠叛于福建，台湾郑经渡海进兵福

---

1 康熙朝《大清会典》卷之三十一，户部，钱法。

2 宋应星：《天工开物》，第207页，岳麓书社，2002年。

3 孙旭：《平吴录》，《辛巳丛编》，转引自前揭刘凤云《清代三藩研究》，第141页。

4 前揭刘健：《庭闻录》卷三，收滇入缅，第16页。

5 前揭魏源：《圣武记》卷2《康熙戡定三藩记上》，第62页。

6 前揭《清史稿·吴三桂列传》，《二十五史》卷12，第1462～1465页。

7 彭信威：《中国货币史》，第445页，上海人民出版社，1958年。

建漳州、泉州和广东潮州，提督王辅臣又叛于宁羌，击杀清陕西经略莫洛。四方震动，人心动摇。此时吴三桂尚未称帝，使用的货币虽然仍是“利用通宝”铜钱，但其性质已经成为独立政权发行的货币。

（三）吴三桂称帝衡州，铸行“昭武通宝”年号钱

自康熙十二年（1673年）十一月至十五年（1676年）四月，三藩战乱不断扩大，吴三桂兵出云贵，进据湖南澧州、常德、岳州、长沙；耿精忠叛于福建，与之呼应。清军东征西讨，顾此失彼。

但是自康熙十五年（1676年）五月至十七年（1678年）七月，以王辅臣败降平凉为转机，形势向有利于清军方面发展。随后，因郑经部争据福建漳、泉、兴、汀等地，耿精忠腹背受敌，仓促撤兵请降。尚之信也相继投降。孙延龄又被吴世琮杀于桂林。于是，清军集中兵力进逼长沙、岳州，吴三桂聚众固守。两军在江西吉、袁二州，广东韶关、永兴和广西梧、浔二州及桂林等湖南外围要地反复争夺。清军将帅每多观望，旷日糜饷，在军事上仍处于相持阶段。

康熙十七年（1678年），年已七十四岁的吴三桂在衡州称帝，改元“昭武”，改衡州为定天府。此时，吴三桂铸行“昭武通宝”年号钱。“昭武通宝”钱有两个系统，一个系统是篆书“昭武通宝”，面文直读，有大小两种，大者（图一三）背篆书“壹分”二字，分置穿孔左右；小者面文与大者同，但背后无文字（图一四）。另一个系统是楷书“昭武通宝”，楷书“昭武通宝”铜钱只有小平钱一种，分光背（图一五）（背后无文字）和背穿下“工”字者（图一六），又有“工”字刮去者。

图一三　昭武通宝之篆书昭武

图一四　昭武通宝之篆书昭武

图一五　昭武通宝之楷书昭武

图一六　昭武通宝之楷书昭武

《古钱大辞典》下编第298页对“昭武通宝”钱有记载，“培（翁树培）按，此钱多小钱，径六分强，重一钱，有篆、楷二种。篆书钱不多见，轮廓甚细。楷书钱轮廓较润，与利用小钱同。昭从‘ク’，武字点在横划下，有宝从‘人’者，有通从‘辶’宝从‘人’（大）者，.有武字点在上者，亦有赤铜者。又有径七分者通从‘◊’从‘辶’武字点在上，廓大，背轮廓或不正，赤铜为之”，又“陈孝莱曰：昭武钱有正篆大小各种及背穿下户、工等字”。昭武通宝钱带背文者目前只发现篆书背“壹分”大钱和背穿下“工”字小平钱，未见有“背穿下户”字者，此说恐有误。关于昭武通宝背下“工”，“培按：此钱楷书，如利用小钱。工字甚扁小，他钱之工字，有似经削去尚依稀可辨者。其迹尚存。有似二字者，非二字也”。“昭武通宝”背工字者，与张献忠及孙可望铸行的“大顺通宝”背“工”、孙可望称东平王后铸行的“兴朝通宝”背“工”及“永历通宝”背下“工”者形制相仿[1]，应当受到这几种钱币的影响。“昭武通宝”背“工”字者，当指吴三桂称帝衡州，建六部后的工部。可以看出，当时吴氏政权的工部掌有货币铸造权。实测昭武通宝小平钱直径较利用通宝小平钱略小，约在2.2～2.5厘米左右，重3～4克不等。折十篆书大钱直径略小于利用通宝折十钱，为3.5厘米，重9～15克。昭武通宝各钱相对于吴三桂最初铸行的利用通宝各钱有明显的减重现象，吴三桂称帝并改元昭武，似乎已非人心所向。人们在当时已经将昭武钱文赋予谶纬的含义。当时有人针对钱文上的“昭武”年号传言：“横也是二年，竖也是二年”，指的是“武”字横竖都只有二画，喻吴氏政权至灭亡之日只有两年[2]。

（四）吴三桂世孙吴世璠即位后铸行“洪化通宝”铜钱

吴三桂称帝不及一年便病死，自吴三桂死后，吴军已明显呈现溃败之势。郭壮图挟“太孙”吴世璠于康熙十七年（1678年）即位于云南，檄“伪诏”于各处，康熙十八年（1679年）改元“洪化”，都贵阳，铸行“洪化通宝”铜钱（图一七）。

图一七　洪化通宝

1　前揭丁福保：《古钱大辞典》（中华书局影印本）下册，第1767～1768页。

2　谭志勇：《吴三桂和“昭武通宝”钱币》，《金融经济》2005年第12期。

张端木《钱录》："吴三桂孙世璠袭伪号，改元洪化，铸'洪化通宝'。"

《钱币考》："其孙世璠至贵阳僭号，伪铸洪化通宝，重一钱三分。"

陈孝莱曰："洪化钱有大小二种，背穿右有户、工等字。"培（翁树培）按："此钱亦微有大小二种，小者径五分强至六分者，约重一钱七分，文字与利用、昭武小钱同，稍大者青铜钱，字亦稍大。通字有从**コ**从**マ**二种，并径六分强重一钱三分，有赤铜者，背廓亦细小。"培按："有背户、工字者，钱亦稍大，青铜为之。背户字有从（点）户从（横）户二种。幕工字有稍长者。"又按："此钱背户字、工字，有原模已经剔去，而其痕尚依稀可辨者。"[1]

今所见"洪化通宝"背"工""户"者（图一八、图一九）铸行时间相对较早，工、户当指吴氏政权下属的工部和户部。洪化通宝各钱中背工、户者及部分光背者铸造较精，文字规整，钱径在2.5厘米左右，重3.8克。又有粗劣小钱，光背（又见有背星文者），面文及轮廓都不很工整，大者径不足2.5厘米，小者径不过2厘米，重3～3.5克。洪化通宝只有小平钱一种，没有大钱，也不对银作价。洪化通宝是吴氏政权后期的铸币，整体铸造水平逊于利用、昭武等钱。

康熙十八年（1679年），清政府已经收复被吴氏政权占领的湖南、广西、四川的大部分地区，洪化政权已呈苟延残喘之势。康熙十九年（1680年）十月二十一日，清军攻克贵阳城，吴世璠率众夜遁云南，文武百官二百余人并贵州总管李本琛降。康熙二十年（1681年）二月，清政府湖广、广西两路大军会师云南曲靖，合兵西进，抵省城昆明。十月二十八日，吴军诸将线域、吴国柱等谋擒吴世璠、郭壮图乞降，吴世璠闻变自杀，郭壮图及其子亦自刎死。二十九日，线域等率众出城降，清军尽收云贵，三藩荡平。清政府对三藩历时八年的战争最终以胜利结束。吴三桂及其政权的铸币活动遂告停止。

与康熙十二年（1673年）后吴三桂铸行的"利用通宝"钱一样，"昭武通宝"和"洪化通宝"都是吴周政权独立发行的货币。

图一八　洪化通宝之背"工"

图一九　洪化通宝之背"户"

1　参见前揭丁福葆《古钱大辞典》（中华书局影印本）下册，第1756页。

二 吴三桂及其政权铸钱与滇铜及明末清初云南铸钱业的关系

吴三桂及其政权之所以能够如此大量铸行货币，与云贵等地发达的钱币铸造业密切相关，其中云南最为重要。

云南是中国金属矿藏非常丰富的地方，铜的开采冶炼有两千年以上的历史。据《汉书·地理志》“益州郡”载，“俞元（今澄江、江川一代）……怀山出铜”，早在元代，云南铜课已在全国占到了极为重要的份额。到了明代，云南的铜矿开采日趋兴盛，谢肇淛《滇略》卷三“产略”中有“铜矿十九所”[1]，虽不甚详，但也反映了云南铜业（滇铜）在中国矿业、铸造中的重要位置。从明代开始，云南丰富的铜矿资源引起国家的重视，滇铜作为政府的铸币材料开始登上历史舞台。

明初通行钞法，铸钱不多。后来，钞法变坏，铜钱的需要量逐渐增大。弘治十六年（1503 年），京师和各省开始铸钱。嘉靖时期大量鼓铸，滇铜作为铸币材料开始受到重视。

嘉靖三十四年（1555 年）四月，兵科给事中殷正茂言：“两京铜价大高，铸钱得不偿费。宜采云南铜，运至岳州鼓铸，费工本银三十九万，可得钱六万五千万文，直银九十三万馀两，足以少佐国家之急。”户部覆言：“云南地僻事简，即山鼓铸为便。”乃敕巡抚以盐课银二万两为工本。未几，巡抚王昺言费多入少，乞罢铸。帝以小费不当惜，仍命行之。越数年，巡按王诤复言宜罢铸。部议：“钱法壅滞者，由宣课司收税以七文当一分。奸民乘机阻挠，钱多则恶滥相欺，钱少则增直罔利，故禁愈繁而钱愈滞。自今准折听民便，不必定文数，而课税及官俸且俱用银”[2]，乃罢云南铸钱，而从户部议。从嘉靖朝开始，滇铜已经成为国家铸币材料，云南也第一次成为国家的钱币铸造发行地。但是由于云南当地不接受铜钱，而以海贝巴为货币，所以导致当地“钱法壅滞，公私交病弊”的局面[3]。嘉靖四十四年（1565 年），云南停铸铜钱。但是由于云南得天独厚的滇铜资源，使得其在天启年间又重新开局铸钱。“万历四年命户工二部，准嘉靖钱式铸‘万历通宝’金背及火漆钱，一文重一钱二分五厘，又铸镟边钱，一文重一钱三分，颁行天下，俸粮皆银钱兼给。云南巡按郭庭梧言：‘国初京师有宝源局，各省有宝泉局，自嘉靖间省局停废，民用告匮。滇中产铜，不行鼓铸，而反以重价购海，非利也。’遂开局铸钱。寻命十三布政司皆开局。采工部言，以五铢钱为准，用四火黄铜铸金背，二火黄铜铸火漆，粗恶者罪之”，但八年（1580 年）又宣告停止[4]。云南在全国通行铜钱的情况下，作为铜钱的铸行地却拒绝铜钱流通，这种特殊的经济体系，在天启年间，

1 谢肇淛《滇略》卷三“产略”，《四库全书珍本》三集，台湾商务印书馆，1972 年，第 21 ～ 22 页。

2 《明史·食货五》，前揭《二十五史》卷 10，第 217 页。

3 《明世宗实录》卷五四六，嘉靖四十四年五月。

4 详见《明史·食货五》，前揭《二十五史》卷 10，第 217 页。

贝巴价狂跌，海贝作为货币濒临崩溃的情况下开始松动。天启五年（1625 年），云南重开钱局，次年夏铸成七十余万枚，在省城通用[1]。孙可望到云南后，先铸造大顺通宝，后自称“东平王”，改铸兴朝通宝，永明王到云南后，铸造了永历通宝，吴三桂镇滇后加大铜矿开采力度，“占据冶场，专利入己，害民无已”，“青白龙、金钗坡各坑产铜尤多，三桂令民夫运送楚、粤行销”[2]。在有充足的滇铜作铜源保证的条件下，吴三桂就可以利用明朝及孙可望永历政权留下的铸币设备和工匠铸造铜钱利用通宝，这时海贝开始正式在云南退出了货币流通。

三　吴三桂及其政权的铸币体系

（一）在权银钱体系下产生的“利用通宝”

在明末清初的货币体系中，最值得注意的是权银钱的出现。“权银钱”也称“折银钱”，是指规定对银比值的铜钱。这一类钱币出现在明末清初的一百余年里，一度成为清朝全国范围内的新制钱，俨然成了对银两明码标价的辅币。权银钱的出现与贵金属白银在我国大量流通并很快发展成为普遍货币有关。权银钱的出现对三藩铸币产生了深远的影响。

中国在金元时期白银用量增多，明代推行宝钞，正统年间“弛用银之禁”，于是“朝野率皆用银，其小者乃用钱”，而“钞壅不行”[3]。万历九年（1581 年），“一条鞭法”实行，租税全用白银折纳，形成中国以白银为主，铜钱为辅，银钱并行的货币流通制度，为权银钱的产生创造了条件。万历以前的明钱，背后铸有“一钱”“一钱二分”“二钱”“三钱”“五钱”“一两”等字，是计重标记，并不是折银值。“万历通宝”有小平钱背铸“厘”字，孙仲汇、胡薇在《古钱币图解》中认定其折银一厘[4]，这就已经强行规定了铜钱和银两的比值。

云贵地区权银钱的出现，是明末清初中国银荒时期的产物。明朝末年内乱外患频繁而至，“辽饷”“剿饷”“练饷”的加派，使物价上涨，银价随之上昂，在短时间内大幅度提高对白银的需求，白银所受压力骤然增大，价格从而上升。到崇祯皇帝即位后，银荒出现了。另一方面，清初，清政府实行海禁，使白银输入剧减，这也导致银价的上升。

钱币界公认的权银钱出现是在明亡以后。孙可望在云南建立政权后，于 1648 年（或 1849 年）在云南省城及下关设炉十八座炼铜，铸“兴朝通宝”铜钱。兴朝通宝铜钱有小平、当五和折十共三大类。小平钱面文正书直读，径 2.4 ～ 2.8 厘米，重 3 ～ 4.6 克上下；

1　闵学洪：《条答钱法疏》，前揭天启《滇志》卷二三，《云南史料丛刊》卷四，第 675 页。

2　倪蜕：《滇云历年传》卷十一，第 4 页，1914 年。

3　《明史·食货五》，前揭《二十五史》卷 10，第 217 页。

4　孙仲汇、胡薇：《古钱币图解》，第 69 页，上海书店，1989 年。

当五型和折十钱背铸面值，是典型的权银钱。当五型钱径 3 ～ 3.6 厘米，重 8 ～ 11 克，面文楷书直读“兴朝通宝”，背穿上下铸“五厘”二字，表示折银五厘。折十钱径 4.6 ～ 5 厘米，重 18 ～ 35 克，面文同小平及当五钱，背文穿上下铸“壹分”二字，表示折银一分。兴朝通宝钱的铸造，在西南地区开创了兴朝—利用钱币体系，在铜钱背后铸币值，直接与银两作价成为清初中国西南地区铸币的一大特色。顺治六年（1649 年），大西军与南明永历王朝联合抗清后，孙可望奉永历正朔，并照兴朝通宝样式铸行永历通宝权银钱。这件事在史书中没有明确的记载，但是在道光《遵义府志》中有“顺治八年伪秦王孙可望遣裨将田子禄至遵（义），开厂设局”，文后按语中则有“子禄设钱局处，居民尤能道之，掘土往往犹得永历钱”等文字，这时，孙可望铸行的永历通宝以及顺治十三年（1656 年）后李定国在云南铸行的永历通宝，继承了兴朝通宝的传统风格，主要是背文“五厘”和“壹分”的权银钱[1]。

孙可望建立政权后，需要增加财政收入。兴朝、永历权银钱的铸行，在一定程度上增加了农民军及永历朝廷的财政收入，缓解了军费负担。这种做法亦被清朝政府所采用。顺治十年（1653 年），户部题准铸行的背有一厘加局名的顺治通宝钱，就是最典型的权银钱。

顺治十年(1653年),户部题准顺治通宝钱背面添铸“一厘”二字,与钱局名左右并列。计有户、工、同、雲、蓟、东、河、原、宣、阳、宁、福、浙、临、陕、江、昌等局。“一厘钱”是一种权银钱，当时，铜钱千文合白银一两[2]。

吴三桂从入滇之初到康熙十七年（1678 年）称帝改铸“昭武通宝”为止，发行的货币“利用通宝”除小平钱光背和背“雲”、背“贵”字者外，其余都是权银钱，计有：小平钱背左“厘”、小平钱背右“厘”、折二钱背“二厘”(穿左右)、折五钱背“五厘”(穿左右）、折五钱背“五厘”（穿上下）、当十钱背“壹分”（穿左右）、当十钱背“壹分”（穿上下）、当十钱背“一分”（穿左右）和当十钱背“一分”（穿上下）。

查中国历代古钱中，小平钱背铸“厘”（或“一厘”）字者，只有明代“万历通宝”背穿右“厘”字者、顺治十年（1653 年）铸行的“一厘”加局名的“顺治通宝”钱及“利用通宝”背“厘”字钱；背铸“二厘”的钱币，是折二钱，历史上出现过的只有南明“永历通宝”背“二兀·”和“利用通宝”背“二厘”；背铸五厘的钱币有顺治六年（1649 年）孙可望铸行的“兴朝通宝”背“五厘”，顺治十三年（1656 年）李定国铸行的“永历通宝”背“五厘”及吴三桂铸行的“利用通宝”背“五厘”钱；背铸“壹分”或“一分”的钱只有“兴朝通宝”背“壹分”“永历通宝”背“壹分”“利用通宝”背“壹分”及“一分”，耿精忠于康熙十三年到康熙十五年（1674 ～ 1676 年）间铸行的“裕民通宝”背“一分”

1　以上参见薛玉树《“永历通宝”背五厘壹分考》,《陕西金融·明代钱币研究专辑》1992 年 12 月；孟国华：《永历通宝背“二兀·”和利用通宝背“二厘”是两种特殊的“权银钱”》,《陕西金融》2000 年第 2 期。

2　前揭彭信威：《中国货币史》，第 522 页。

及吴三桂政权在后来铸行的篆书“昭武通宝”背“壹分”。另外，耿精忠还铸行过“壹钱”的权银钱。因此可以判断，权银钱在历史上出现的顺序应当是：（万历通宝—）兴朝通宝—顺治通宝与永历通宝—利用通宝—裕民通宝与昭武通宝。

“利用通宝”钱其中一部分背文竖写“五厘”和“壹分”的权银钱，与兴朝、永历背文“五厘”和“壹分”权银钱在文字和形制上如出一辙，可以看出有明显的继承关系。

利用通宝背“五厘”“壹分”及“一分”者，本质上是延续古代的虚值大钱的做法，降低铜钱实际重量，提高铜钱的面值。背“五厘”者重量多不足 8 克，仅与 2 枚背“厘”字钱重量相当，在交换过程中却当做 5 枚“厘”字钱行使；背“壹分”者重在 15 ～ 22 克左右，远小于 10 枚“厘”字钱的重量，背“一分”者更轻，重量仅在 11 ～ 18 克。这是沿用了孙可望政权和南明永历政权的做法，通过铸造大钱来增加钱币发行者的收入。另一方面，铜钱折银，对于发放军饷、缴纳赋税、借贷收息也都十分方便。因此，清朝的折银钱在康熙二年（1663 年）开始全面禁用之时，吴三桂却开始利用本地铜源铸行“利用通宝”折银大小钱，在云贵继续保存了折银钱的制度，并一用就是十余年。利用通宝折银钱的出现，完成了中国古代折银钱制度，中国西南地区出现了独特的兴朝—利用折银钱体系，对中国清初西南地区币值产生了深远的影响。

（二）“昭武通宝”是折银钱向明代货币体系过渡的钱币

由于折银大钱从本质上看是虚值货币，在流通过程中会发生贬值的现象。吴三桂似乎看到了折银钱的弊端，吴氏政权后期的铸币，如吴三桂楷书“昭武通宝”（小平钱）及吴世璠铸行的“洪化通宝”不再折银，已经摆脱了折银钱的影响。

吴三桂于康熙十七年（1678 年）在衡州称帝，改元“昭武”，铸“昭武通宝”铜钱。前文已经说过，现在能够见到的“昭武通宝”钱有两个系统，一个系统是篆书“昭武通宝”，面文直读，有大小两种，大者背篆书“壹分”二字，分置穿孔左右；小者面文与大者同，但背后无文字。楷书“昭武通宝”铜钱只有小平钱一种，分光背（背后无文字）和背穿下“工”字者，又有“工”字刮去者。从形制上看，篆书大昭武钱直径 3.5 厘米左右，重 8 ～ 15 克[1]，大小轻重与明初的大中通宝、洪武通宝中的折五钱，明末崇祯通宝折五钱，及李自成铸行的永昌通宝折五钱相当，但背铸“壹分”，表示折银壹分，成为了当十的大钱。这是明显的减重现象。“昭武通宝”背“壹分”大钱仍然是明末清初折银钱的一种，但此钱一出，中国古代折银钱的历史即告终止。篆书大小“昭武通宝”钱，铜色大多暗红，铸造工艺不甚精良。此二钱多出于甘肃平凉至陕西宁强一线，其

1　谷巧二：《元、明、清朝叛徒の通货分类谱》，第 62 ～ 67 页，2001 年。

他地方发现较少，云贵地区基本上见不到[1]。按《清史稿》所载，平凉为王辅臣部所据，但在康熙十五年（1676年），王辅臣已经受降清政府，所以如果他铸行了“昭武通宝”，那么应当是作为祝贺吴三桂称帝的预制货币。

“昭武通宝”钱，除篆书大小钱外，其余皆为楷书小平钱，昭武通宝小平钱沿袭了明朝的钱制，即“一面刊国号通宝四字，工部分司主之”[2]。查“昭武通宝”小平钱，面文皆直读，上下“昭武”为年号，左右为“通宝”，与明制相符，又其中一部分钱背铸“工”字，当为“工部分司主之”。此时的“昭武通宝”背“工”字者，工字皆在穿下，这与明朝“天启通宝”背下“工”“崇祯通宝”背下“工”、大西政权的“大顺通宝”背下“工”、孙可望的“兴朝通宝”背下“工”、南明永历政权的“永历通宝”背下“工”钱制相仿，有着一定的传承关系。

（三）“洪化通宝”钱是受明代货币体系和清代铸币共同影响产生的

吴三桂死后，其孙世璠即位，改元洪化，铸“洪化通宝”铜钱。“洪化通宝”钱已经没有折二、折五及当十大钱，只有小平钱一种，分光背、背“工”字和背“户”字者。钱币形制基本整齐。“洪化通宝”只有小钱，应当是洪化政权认识到大钱的危害所作的决定。明代“凡钱通利者，以十文抵银一分值，其大钱，当五、当十，其弊便于私铸，反以害民，故中外行而辄不行”[3]。宋应星指出了明代大钱的危害，洪化政权对此也心知肚明，因此作出了只铸小平钱的决定，这也是对明朝货币制度的发展，另一方面也吸收了康熙制钱的一些特点。

总之，吴三桂及其政权最初铸行权银钱是当时西南地区有了使用权银钱基础的货币体制下产生的，同时“利用通宝”权银钱的出现对当地的权银钱体系加以完善，吴三桂称帝后铸制的货币“昭武通宝”钱逐渐摆脱权银钱系统，开始效仿明代钱制，其孙世璠铸行的“洪化通宝”钱则是对“昭武”钱制和明代货币体系的发展。

（四）关于吴三桂及其政权铸币工艺的讨论

云南地区在明代及清初的采铜、铸钱活动，使得当地拥有较为先进的钱币铸造技术。吴三桂及其政权的铸币，基本上沿袭了明代“翻砂铸钱”的方法。

中国古代的钱币铸造，在唐以前使用范铸法，一钱一范，较为麻烦，从宋代以后，

1　甘肃省钱币学会主编《甘肃历史货币》收录此二钱，汤国彦主编《云南历史货币》无此二钱；又承原陕西省钱币学会秘书长袁林先生告。

2　前揭宋应星：《天工开物》，第207页。

3　前揭宋应星：《天工开物》，第207页。

图二〇　利用通宝

中国的钱币铸造开始使用“翻砂铸钱”的方式，这项技术在明代已经相当成熟。

明代的铸钱方法，在宋应星的《天工开物》中有明确的记载。《天工开物·冶铸八》记载了铸钱的方法：……凡铸钱模以木四条为空匡。土炭末筛令极细，填实匡中，微洒杉木炭灰或柳木炭灰于其面上，或熏模则用松香与清油，然后以母钱百文或字或背布置其上，又用一匡填实，合上后匡，如是转覆，只合十余匡，然后以绳捆定。其木匡上弦原留入铜眼孔，铸工用鹰嘴钳，洪炉提出熔罐，一人以别钳扶抬罐底相助，逐一倾入孔中。冷定解绳开匡，则磊落百文，如花果附枝。模中原印空梗，走铜如树枝样，挟出逐一摘断，以待磨锉成钱。凡钱先错边沿，以竹木条直贯数百文受锉，后锉平面，逐一为之[1]。《天工开物》成书于崇祯十年（1637年），距吴三桂及其政权的铸币活动仅三十年左右，吴氏政权的铸币技术与《天工开物》中记载的方法不会有太大出入。从目前所见吴三桂及其政权的铸币看，钱面经常可见砂眼，这是翻砂铸造的一个证据。另外，吴三桂及其政权铸造的钱币边缘通常可见较细而浅的平行凹线，这应当是磋磨钱边留下的印记。吴三桂及其政权所铸钱币的钱面和钱背有多条竖向的凹痕，这些凹痕深而粗，明显是用利器打磨的痕迹，这种钱面经磋磨产生的痕迹，在西南地区货币中的大顺通宝、兴朝通宝、永历通宝等钱上经常可以看到，这是西南地区货币的一个特点。“利用通宝”有背“厘”字刮去者（图二〇），“昭武通宝”有背“工”刮去者，“洪化通宝”有背“工”“户”刮去者[2]。这应当是以原有背字钱作为母钱，将字刮去后翻铸子钱的重要标志。可以看出三藩钱使用的是典型的母钱翻铸法铸造钱币的，这是明代典型的铸钱方法，其程序是：母钱—子钱（母钱或加工后形成的母钱）—子钱，这种方法铸造钱币速度快，版式划一，可以在短时间内生产出大量的钱币。这也是吴三桂及其政权盘踞云贵二十年所铸钱币广行中国南方的一个重要原因。

四　吴三桂对“靖南王”铸钱的影响

耿精忠反清后铸行货币，解决军需，在一定程度上受到了吴三桂铸行的影响。

1　前揭宋应星：《天工开物》，第207页。

2　前揭谷巧二：《元、明清朝叛徒の通货分类谱》，第51页、第66页、第72页、第74页。

图二一　裕民通宝小平钱

图二二　裕民通宝背“一分”

图二三　裕民通宝背“壹钱”

图二四　裕民通宝背“浙一钱”

耿精忠（生年不详），先世辽东人。祖父耿仲明原为明将，后降清，编入汉军正黄旗，封靖南王，镇守广东。仲明死，子耿继茂袭爵，于清顺治十七年（1660年）移镇福建。康熙十年（1671年），继茂死，精忠袭爵。康熙十二年（1673年），吴三桂因康熙撤藩而反于云南，建号“大周”，康熙十三年（1674年）三月，耿精忠响应吴三桂，反于福建，自称总统兵马大将军，蓄发，易衣冠，私铸“裕民通宝”钱[1]。

江日昇《台湾外纪》载：康熙十四年乙卯（附称永历二十九年，1675年）正月，耿精忠“又以户曹主事林亦善兼管钱法司，铸‘裕民钱’，有一文一分者、一文一钱、一文一两者、数两者，且有十两者，以充兵用，不遵用者斩。亦善执法媚权，启其侄捷抗违，立斩示众”[2]。“裕民通宝”钱，张端木《钱录》有详载。初尚龄《吉金所见录》引《茶岩逸考》：“靖南王耿仲明孙精忠叛据闽中，僭号裕民，铸‘裕民通宝’钱。今裕民钱有背右一分二字者，又有大钱背右浙字、左一钱字者，背壹字、左钱字者。”[3]

耿精忠所铸“裕民通宝”钱文对读，“裕民”二字并非年号，含义或出自《尚书·康诰》中“汝亦罔不克敬典。乃由裕民”。清代经学家孙星衍《疏》中释：“言汝亦无不能敬法，乃以道导民。”《方言》第三：“裕，猷，道也。”引申为导引。今所见“裕民通宝”铜钱，有小平光背（图二一）、背一分（穿右）（图二二）、背壹钱（图二三）、背浙一钱（图二四）三等。小平光背者直径2.6厘米，重4～4.5克。背一分者钱径略大，背面

1　《逆臣传》卷二，《耿精忠列传》卷二，第19页。

2　江日昇：《台湾外纪》卷十八，页249，（台湾）文化图书公司，1983年。

3　前揭丁福葆：《古钱大辞典》（中华书局影印本）下册，第2025页。

穿右铸“一分”二字，上下排列。钱重5.5克上下，权银一分。此二种皆为黄铜质。“裕民通宝”大钱有背“壹钱”者，径3.6～3.8厘米，重14.5～17.2克，黄铜或青铜质，“壹钱”二字分置穿孔的右侧和左侧。至于所谓“一文一两者、数两者，且有十两者”，迄今未见真品。传世有一种背“工壹两”大钱，丁福保在《古钱大辞典》上编第346页已经明确指出“此品伪”。《台湾外纪》成书于康熙四十三年（1704年），作者自谓“诚闽人说闽事，以应纂修国史者采择焉”，“口传耳授，不敢一字影捏”。如果《台湾外纪》所载无误，那么一两以上的大钱可能确有铸造的计划，但随着耿氏政权的迅速瓦解而没有真正实施。“裕民通宝”钱当十型者有背文“浙一钱”者，面文直读，背穿右“浙”、穿左“一钱”（上下排列），“浙”字当指浙江，“一钱”指折银一钱，是典型的折银钱。由于“裕民通宝”钱从康熙十四年（1675年）开始铸造到康熙十五年（1676年）耿氏叛乱被平定，为时不过两年，因而所铸数量不多，各种钱版别也较少。其中“裕民通宝·浙一钱”存世甚少，据不完全统计，1989年和1994年在慈溪和嵊县先后出土过“裕民通宝·浙一钱”一枚和二枚，此后，宁波也有出土品[1]。裕民通宝背“壹钱”者，为靖南王耿精忠据闽中叛清时所铸，据《福州地方志》记载，当时因军饷匮乏，耿精忠下令于福州靖南王府（今福州耿王庄一带）内设炉铸“裕民通宝”钱，由此可知其铸地为福建。“裕民通宝·浙一钱”则有可能是耿精忠为进军浙江所铸，并一度通行于浙江。关于此钱的铸造地点，尚有两种观点：一说福州，一说浙江。后者的依据主要是耿精忠进军浙江有两年左右的时间，有铸钱的可能[2]。裕民通宝背“浙一钱”的铸地，据何林著《钱币学词汇简释》中称：“耿氏于同年（康熙十三年）五月至八月据浙东一带所铸。”据《黄岩县志》记载：“康熙十三年二月，靖南王耿精忠反于闽，遣左军提督曾养性攻温台，八月二日，由乐清逼黄岩，屯兵于南门外羽山……十四年七月，固山贝子遣满帅穆都统等率大兵于二十八日由仙居至黄岩，经凉棚、宁溪、乌岩追贼之后，贼闻讯大恐，遂于八月初七夜拔营往温州，过黄岩，经宿即行，其半从海门驾逸去，乱始平。”[3]从县志记载可知曾养性部在黄岩驻军达一年之久，完全有可能铸行铜钱解决军需。

康熙十五年（1676年）八月清军平定耿藩叛乱，“裕民通宝”钱停止铸造。裕民钱铸造时间前后不到两年，铸造数量不多，再加之被清廷视作“逆钱”（伪号钱），大量查禁销毁，流传至今的实物已不多见了。

值得一提的是，福建不产铜，虽然福建在宋代就已经设立了钱监，但铸钱的铜源主要依靠外地采买和从胆水中提炼，直到清代，铸钱用铜仍需从外采买[4]。耿精忠叛

1 刘敬扬：《闽中清代货币举隅》，《福建钱币》第六期，福建省钱币学会，2009年。

2 杭州钱币学会：《浙江钱币》，第167页，杭州出版社，1999年。

3 参见王棻、王咏霓《黄岩县志》40卷（光绪三年版）。

4 福建省钱币学会：《福建货币史略》，第26页、第62页，中华书局，2001年。

清后，为了解决军饷问题，需要发行货币，因此铸行了“裕民通宝”大小钱。但是，耿精忠得不到充足的铜源保证铸造足够多的足值货币，于是便参照吴三桂的折银钱，在钱币的面值上做文章。他铸行的“裕民通宝”背“一分”折银一分，应当为当十钱；“裕民通宝”背“壹钱”和背“浙一钱”折银一钱，应当是当百钱，但是，背“一分”者略大于“裕民通宝”光背平钱，而背“壹钱”和背“浙一钱”的“裕民通宝”直径略大于“利用通宝”背“五厘”者而小于背“壹分”者。很显然，“裕民通宝”背“一分”和背“壹钱”及背“浙一钱”都是虚值大钱。这也是耿精忠铸钱缺乏铜材的一个表现。

五　清政府对吴三桂铸币的查禁

康熙平定三藩，吴三桂及其政权的铸币活动随着政权的消亡亦告停止。但是由于吴三桂及其政权的铸币在云贵及江南流通十余年，存世数量巨大，直到清末也没有真正退出货币流通领域。

三藩平定后，吴三桂及其政权的铸币成了清政府的一个头痛问题。三桂盘踞云贵十余年，其间铸行了大量货币；吴三桂反清后，经过八年的动荡，湖南、湖北、江西、四川、云南、贵州、广西、广东等地民间都积存了大量的吴氏政权铸钱以及在吴氏政权铸钱影响下产生的耿精忠铸钱——裕民通宝，清政府虽然控制了吴三桂、耿精忠、尚可喜原控制地区的政治、军事，但是在货币制度上一时不能消除吴氏政权在铸钱上的影响。

首先，清政府对耿精忠控制的福建地区的铸币情况进行整顿。《大清会典》：“康熙十九年，议准令满、汉科道官各一员，稽察钱局，一年轮差，又覆准漳州府设炉鼓铸，背铸‘漳’字。”[1] 为了进一步清除耿精忠铸币的影响，清政府在消灭吴氏政权后开始加强钱币铸造的管理。

惠栋《精华录训纂》：“康熙二十年冬，大将军贝子章泰，绥远将军总督蔡毓荣等率师进攻云南，城中食尽，三桂孙世璠自杀，云南平。时十月二十九日也。”又有“户部议覆郎中塞愣额疏言，福建设炉二十座铸钱，将明代旧钱悉行销毁，应如所请。”[2]

清政府在新设钱局铸造制钱的同时，对吴氏政权铸钱及前代旧钱进行严厉查禁。《大清会典》中又有：“康熙十九年，议准掺和废钱、旧钱行使者，系民责四十板，枷号一个月；系旗下人鞭一百，枷号一个月，废钱、旧钱入官，制钱给举首之人，户部再赏银十两。”[3]

这项政策的出台，可以看出清政府对查禁三藩钱所下的决心，但是，吴氏政权

1　康熙朝《大清会典》卷之三十一，户部，钱法。

2　前揭丁福保：《古钱大辞典》（中华书局影印本）下册，第 1667 页。

3　康熙朝《大清会典》卷之三十一，户部，钱法。

铸钱及耿精忠铸钱由于在中国东南、西南地区通行日久，骤然废止也是不现实的。于是，清政府决定采取相对温和的政策，“听其从容销去”。惠栋《精华录训纂》载：“上谕，大学士等曰旧钱流布不止福建一省，他省亦皆有之，止可听其从容销去，骤为禁止，恐不肖之徒借端生事，贻害平民，亦可未定。所奏不准行。康熙二十四年正月庚申朔奉。”

到了康熙二十五年（1686年），清政府已经在吴三桂及其政权控制的湖北、湖南、广东、云南等地发行货币。《清会典》：“凡设官监铸，康熙二十五年，覆准湖北、湖南、肇庆、云南鼓铸，年终造册一次具题。”但是清政府的铸币行动，并没有将吴三桂及其政权的铸钱赶出当地的货币流通体系。直到乾隆年间，三藩钱仍在市面自由流通，这种情况引起了部分地方官员的重视。张嗣衍《广州府志》：今广省市肆钱文，不特唐宋元明历代年号，具（俱）与制钱并用，更吴逆所铸利用、洪化、昭武三种伪钱，亦搀出入。乾隆二十三年，署总督将军李侍尧特疏，奏请禁用，而又以民间日用相沿已久，未能一时禁绝，请宽限半年，官为收换销毁，归鼓铸，使之次第禁革，以宽民力。奉旨准行，并通行各省一体严禁，用昭法守[1]。针对李侍尧的上疏，清政府作出了通过兑换方式回收“伪钱”的决定：“上谕，据李侍尧奏，广东行使制钱内有搀和古钱，并有吴逆之利用、昭武、洪化等伪号钱文。请亟为查禁等语。前代废钱流传至今，已属无几，该省搀和行使，相沿已久，若尽行查禁，转使吏役得以借端滋扰。如唐宋元明之旧钱，不妨仍听民便，至伪号钱文，则当严行禁革。但办理不善，恐小民无知，以现有钱文，官为收禁，日用无出，情有不愿。著该督抚等出示晓谕，所有利用等伪号钱文，准民间捡出，官为收换。如系小钱则以两文换制钱一文，小民自当踊跃从事。所换伪钱即供鼓铸之用。其废兑铺户则应严禁，不得收兑。其如何办理妥协之处，著该督抚等定议具奏。他省若有似此者，一体传谕知之。钦此。乾隆二十二年十月二十一日。”[2]

此令一出，流通在江南地区的吴氏政权铸钱才逐渐被兑换、销毁。但在民间，吴三桂及其政权的铸币似乎仍然可以自由流通，直到清末也未被禁绝。如湖北仙桃市曾多次出土清代窖藏钱币，其中夹杂有利用、昭武、洪化各式小平钱[3]，另外在甘肃也有三藩钱混于清代钱币中的报道[4]。这说明，一方面吴三桂及其政权铸行的货币量极大，在短时间内难以消除由它带来的影响，另一方面也可以看出，吴三桂及其政权的铸币因大小轻重适中，适宜市场流通，所以在民间还是可以被普遍接受的。

1　以上参见前揭丁福保《古钱大辞典》（中华书局影印本）下册，第1667页。

2　以上参见前揭丁福保《古钱大辞典》（中华书局影印本）下册，第1667页。

3　陈东光：《湖北仙桃市出土窖藏明代钱币》，龚想林：《出土明代钱》，均见《陕西金融·钱币专辑18》，陕西省钱币学会，1992年。

4　何翔、于祖培：《甘肃省宁远县窖藏中的明钱》，《陕西金融·钱币专辑18》，陕西省钱币学会，1992年。

结论

吴三桂在其属地内利用当地的铜矿资源和先进的铸钱技术铸造了自己的货币“利用通宝”铜钱，铸钱时间是在康熙初年，铸钱的主要目的是增加地方收入，解决军需。

康熙十二年（1673年）十一月吴三桂反清，在其控制的区域里继续铸造“利用通宝”，此时的“利用通宝”已经成为吴三桂独立政权发行的货币，钱币的铸造范围也扩大到了湖南和广西。“利用通宝”有光背小平钱，背“雲”“贵”的纪地钱，还有背“厘”“二厘”“五厘”“壹分”“一分”的多种折银钱，各种钱的版式也非常多。

康熙十七年（1678年），吴三桂在衡州称帝，改元“昭武”，改衡州为定天府，铸行“昭武通宝”年号钱。昭武通宝各钱相对于吴三桂最初铸行的利用通宝各钱有明显的减重现象，是吴三桂政权实力下降的表现。

吴三桂称帝不及一年便病死，其世孙吴世璠于康熙十七年（1678年）即位于云南，康熙十八年（1679年）改元“洪化”，都贵阳，铸行“洪化通宝”铜钱。

吴三桂铸钱，最初沿用明末清初折银钱体系，形成“兴朝—利用”货币体系，吴三桂反清后继续铸造和发行货币，此时的铸币逐渐摆脱折银钱的影响，更多地受到了明朝铸币的影响。

吴三桂及其政权盘踞云贵、控制江南期间，发行的货币量极大，版别多样，形制复杂。这与吴三桂所处的云贵地区拥有丰富的铜矿资源和先进的翻砂铸钱技术密不可分。

耿精忠反清后铸行货币“裕民通宝”折银钱，解决军需，在一定程度上受到了吴三桂铸钱的影响。

康熙平定三藩，吴三桂及其政权的铸币活动随着政权的消亡亦告停止。但是由于吴三桂及其政权的铸币在云贵及江南流通十余年，存世数量巨大，直到清末也没有真正退出货币流通领域。

附记：本文是以作者在中国人民大学求学期间的硕士论文为基础修改完成的。论文由恩师高王凌教授指导，故宫博物院李文儒副院长对全文进行审阅并提出宝贵的修改意见。谨此一并致谢！

原载《故宫学刊》总第五辑，紫禁城出版社，2009年

乾隆时期连台本大戏演剧的宫廷化特色

梁宪华

内容提要：连台本大戏多是由钦命词臣根据元、明著名剧作家创作的杂剧和传奇改编的，如《劝善金科》、《升平宝筏》、《忠义璇图》、《昭代箫韶》等剧。该大戏取材于“目连救母”“西游记”“水浒”“三国”“杨家将”等故事。剧本大多要十本二百四十出。每部连台本大戏大约要演出 10 天之久。清宫连台本大戏充分表现了皇家气派宫廷化特色，主要表现在编撰的篇幅浩繁、为演出大戏所建造的三层大戏台、演出极尽追求尽善尽美之能事上。

关键词：连台本大戏　皇家气派

清宫连台本大戏多是由钦命词臣根据元、明著名剧作家创作的杂剧和传奇改编的，如《劝善金科》、《升平宝筏》、《忠义璇图》、《昭代箫韶》等剧。该大戏取材于“目连救母”“西游记”“水浒”“三国”“杨家将”等故事。剧本大多要十本二百四十出。清宫大戏往往抄袭元、明以来民间流行的戏本，同时吸收了宋、元、明时期的长篇历史演义和神话故事题材，编撰卷帙浩大、场次冗长，所谓“一旬演出《西游记》，完了《升平宝筏》筵”[1]。正是由于这种“抄袭”，才使某些已经失传的民间戏曲，还能在宫廷大戏中找到若干片断。如《鼎峙春秋》第八本《赴单刀鲁肃消魂》之《单刀会》。而《升平宝筏》则延续了元末杨讷《西游记》的路子，宫廷词臣更多的是依明代吴承恩小说进行改编，充分利用清宫畅音阁等三层大戏台的机械设备，丰富了舞台演出效果，将写三国、水浒、杨家将故事的《鼎峙春秋》、《忠义璇图》这些原本并不连贯的剧目，完整地呈现在人们面前，尤其是三国戏更为突出。清宫连台本大戏充分表现了皇家气派和宫廷特色，主要表现在编撰的篇幅浩繁、为演出大戏所建造的三层大戏台、演出效果追求尽善尽美等方面。

作者：图书馆，副研究馆员。

1 ［朝鲜］柳得恭：《滦阳集》。

一　清宫大戏戏本的编撰

编撰宫中演出大戏剧本，始于清朝康熙年间。在懋勤殿旧藏的“圣祖谕旨”[1]中，有如下记载：“《西游记》，原有两三本，甚是俗气。近日海清觅人收拾，已有八本，皆系各旧本内套的曲子，也不甚好。尔都改去，共成十本，赶九月内全进呈。”康熙年间，宫廷内已备有昆山、弋阳两腔的戏，而且对《西游记》改俗为雅，可谓昆山腔“梨园之美何如也”。《西游记》的改编本到了乾隆年间以后，又有所改动，并取名为《升平宝筏》。乾隆皇帝对于宫廷戏剧的要求，多效法康熙，但规模更大。由于社会的稳定和经济的发展，戏剧空前繁荣，达到了满人入关后第一个鼎盛时期。清代宗室昭梿的《啸亭续录》卷一“大戏节戏”条有较详细的记述：

> 乾隆初，纯皇帝以海内升平，命张文敏制诸院本进呈，以备乐部演习，凡各节令皆奏演。其时典故如屈子竞渡、子安题阁诸事，无不谱入，谓之《月令承应》。其于内廷诸喜庆事，奏演祥征瑞应者，谓之《法宫雅奏》。其于万寿令节前后，奏演群仙神道添筹锡禧，以及黄童白叟含哺鼓腹者，谓之《九九大庆》。又演目犍连尊者救母事，析为十本，谓之《劝善金科》，于岁暮奏之，以其鬼魅杂出，以代古人傩祓之意；演唐玄奘西域取经事，谓之《升平宝筏》，于上元前后日奏之。曲文皆文敏亲制，辞藻富丽，引用内典经卷，大为超妙。其后又命庄恪亲王谱蜀汉三国志典故，谓之《鼎峙春秋》；又谱宋政和间梁山诸盗及宋金交兵、徽钦北狩诸事，谓之《忠义璇图》。其词皆出日华游客之手，惟能敷衍成章，又抄袭元明《水浒》、《义侠》、《西川图》诸院本，远不逮文敏多矣。

张文敏，名照，文敏为其死后谥号。系清朝大臣、戏曲作家、书画家，字得天、长卿，号泾南、天瓶居士等，华亭（今属上海）人。康熙四十八年（1709年）进士，乾隆七年（1742年）迁刑部尚书，兼管宫廷乐部机构。经张照确定的宫廷大戏有《劝善金科》、《升平宝筏》两部。允禄是康熙皇帝第十六子，雍正元年（1723年）袭封博果铎爵位庄亲王，恪为死后谥号。受命主持编写《鼎峙春秋》、《忠义璇图》两部大戏。而真正的执笔者是“日华游客”周祥钰等人，但文采“远不逮文敏多矣”。

清朝至乾隆时期，逢“海内升平”“太平盛世”，清宫大戏的编演达到了前所未有的高潮，乾隆皇帝利用戏曲为自己歌功颂德、粉饰太平，而宫廷词臣为维护封建统治，并达到取悦于皇帝为目的。乾隆时期，乾隆皇帝为了清朝的统治世代延续，大力提倡“阐明风教，培植彝伦”，用儒家的纲常明教、伦理道德统一人们的思想，使臣民心甘情

1　朱家溍、丁汝芹：《清代内廷演剧始末考》，第7页，中国书店，2007年。

愿地做朝廷的“忠臣”“顺民”。清廷在统一人们思想的同时，在文化上采取了两手政策，一方面讲文治，推行文教，以维系世风人心；另一方面则镇压、取缔不利于统治的言论和行为，并大兴文字狱，查缴、禁毁不利于清统治的书籍。清连台本大戏就是在这样的历史条件下编撰的。清宫大戏编撰上往往抄袭元、明以来民间流行的戏本，并对其连缀修补，用“辞藻富丽”的语言加以改编。另外，还采用宋、元、明时期的长篇历史演义和神话故事题材，化俗为雅，改简为繁，并且扩大取材范围，促进了戏剧的发展。宫廷大戏是大型连台本戏，编撰卷帙浩大、场次冗长。据清人赵翼《檐曝杂记》、朝鲜燕行使朴趾源《燕岩集》、英使马戛尔尼《乾隆英使觐见记》等相关记载，演出连台本大戏大约要 7 天至 10 天时间。

连台本大戏《劝善金科》、《升平宝筏》、《忠义璇图》、《昭代箫韶》等剧，所宣扬的就是儒家的纲常名教、伦理道德。清统治者就是利用它，使广大臣民心甘情愿地为朝廷做“忠臣”“顺民”。而宫廷词臣也为皇帝歌功颂德、粉饰太平以取悦于最高统治者。如大戏《昭代箫韶》卷首凡例：“其源出自北宋传之演义书。考通鉴正史，其中惟杨业陈家谷尽忠一节，为实事耳，其余皆后人慕杨业之忠勇，故与其后昆而敷演成传……为表彰其贤能，用以诛佞、屏奸、褒忠、奖孝耳。不可议其存殁而拘泥。今依北宋传为注脚，略增正史为纲领，创成新剧，借此感发人心。善者，使之入圣超凡，彰忠良之善果；恶者，使之冥诛显戮，惩奸佞之恶。报令观者知有警戒。”而《劝善金科》卷首凡例：“其源出于目连记……义在谈忠说孝。”在《劝善金科》第一本卷上第一出里，乐春台开宗明义：“使天下的愚夫愚妇看了这本传奇，人人晓得忠君王、孝父母、敬尊长、去贪淫，戒之在心，守之在志。”

二　为演出大戏所建造的三层大戏台

清宫专门为演出连台本大戏而修建了三层大戏台。

第一座，圆明园福海东同乐园的清音阁大戏台。圆明园始建于康熙二十六年，同乐园建于乾隆十九年。同乐园内共有三层大戏台、看戏楼、扮戏楼、东西转角庑房等。同乐园清音阁大戏台现已无存。第二座，热河行宫避暑山庄德汇门内福寿园的清音阁大戏台。避暑山庄始建于康熙四十二年。清音阁大戏台于乾隆四十五年建成，现仅存遗址。第三座，紫禁城宁寿宫畅音阁的阅是楼大戏台，建于乾隆四十一年。畅音阁大戏台前部是演出用的舞台，后部为扮戏楼。

畅音阁戏台总高 20 米，基座高 1.2 米，总面积 680 多平方米。进深与面阔为三间，总共三层。从南府抄本、刻本“大戏”剧本中可以看出，戏台分三层，最上层是“福台”，中层是“禄台”，下层是“寿台”。最下层的寿台台面由 12 根柱子支撑，是演戏用得最多的，它有天井，并布满了滑轮，大绞车有 9 个工作位，升降可以让演员乘云板上下。

“禄台”后台是升降云板通过时上下演员和装卸切末的地方。“寿台”的前后和仙楼与后台由格子门隔开，有些门是可以开的，这就是寿台和仙台的上场门和下场门。寿台是演出的基本表演区，寿台上下还有天井地井，供演员上下台等使用。在《昭代箫韶》卷首凡例载：“剧中有上帝、神祇、仙佛及人民、鬼魅，其出入上下应分福台、禄台、寿台及仙楼、天井、地井。或当从某台某门出入者，今悉斟酌分别注明。”[1]三层大戏台的“福台”后台是设备层。寿台又分上下两层，上层叫“仙楼”，是一游廊，在寿台天花顶四端，设有四座天井，地板下设有五口地井[2]。宫廷大戏就是适应三层大戏台的演出而编写，因此充分利用三层大戏台的活动空间和机械装置，来完成场面安排和舞台的调度，制造出大戏所能呈现的气氛，为剧情增加刺激性和渲染人物中的神秘色彩，提供了便利条件。福、禄、寿三层大戏台演出的情况，在清宫大戏剧本中几乎都有说明，如《鼎峙春秋》第一本卷上第一出《五色云降书呈瑞》：“众扮灵官从福台、禄台、寿台，跳舞科，下。众扮十八天竺罗汉云使上，龙从云兜下，虎从地井上，合舞科。寿台场上仙楼前挂大西洋番像佛菩萨、揭谛、天王等像帐幔一分。众扮八部天龙从福台上。众扮菩萨、阿难、迦叶、佛从禄台上。众扮比丘尼、四大菩萨、童子从仙楼上。众扮天王从寿台上。”[3]

三　演出追求尽善尽美

1. 演员的精挑细选

据载：“高宗即位，始就旧有习艺太监，增其人数，倍其练习，又别制新戏，用备有事奏演，其剧本则简词臣为之。”[4]“内学悉用太监，其入署也，盖当宫廷挑选之际，由清帝择其俊秀者，令来习艺，谓之赏下太监。太监入宫者，约分两种，一为礼部咨选，一为自行投充，俱由掌仪司及会计司办理。在嘉庆时下谕，谓太监在近御当差，应拣选年幼之人承充，以便挑选，须在二十以下……太监入署后，当令档案房注其年岁籍贯于册，以便发给俸银，并视其才质，可学戏者学戏，即入内学。”而“新进太监于入署后，由总管首领等，视其才质可习某种角色，即令往拜年长而艺成者之某种角色为师，随其师住在于一房间之内”。经数年学成后“乃敢书此戏名于上呈单上，谓之安单，即用备承应”[5]。外学学生为民籍伶人和挑选的旗籍学生。旗籍学生是从内务府三旗即正黄、镶黄、正白子弟中挑选。而民籍伶人是康熙、乾隆南巡由苏州织造挑选

1　（清）王廷章、范文贤撰：《昭代箫韶》，清嘉庆十八年刻，武英殿朱墨套印本。

2　周华斌、朱联群主编：《中国剧场论》下卷，北京广播学院出版社，2003年。

3　（清）周祥钰等撰：《鼎峙春秋》，清内府朱墨抄本。

4　王芷章：《清升平署志略》第四章第二节，第52页，商务印书馆，1935年。

5　前揭《清升平署志略》第四章第二节，第55页。

供奉而来。康熙时期圣祖南巡，“江苏织造以寒香、妙观诸部承应行宫，甚见嘉奖。每部中各选二三人，供奉内廷，命其教习上林法部，陈（明智，为当时昆曲戏班寒香部大净）特充首选”[1]。顾禄《清嘉录》卷七青龙戏载：苏州“老郎庙，梨园总局也，凡隶乐籍，必先署名于老郎庙。庙属织造府所辖，以南府供奉需人，必由织造府选取故也”。乾隆皇帝曾六次南巡江南。苏州织造组织江南昆曲名班，沿途搭台献戏。乾隆“自南巡以还，因善苏优之技，遂命苏州织造挑选该籍伶工，进京承差”[2]。这些优伶进京一方面演戏，另一方面在内廷担任教习，给太监说戏，以提高宫廷太监的演技和水平。优伶供奉对宫廷戏剧的繁荣起了很重要的作用。据统计，乾隆时期至嘉庆四年前，内外学人数已达一千四五百人之多。但到嘉庆十八年（1813 年）天理教起义后，至道光初年统计只有 573 人。道光七年恩赏旨意承应档：“二月初六，奉旨将南府民籍学生全数退出，仍回原籍。钦此。”裁退之人大多为外学学生，其中旗籍学生为最多。民籍学生送回原籍，旗籍学生交内务府。

2. 切末力求辉煌，行头力求艳丽

升平署演戏所用戏具，一般分四项，即衣、靠、盔、杂，衣箱、靠箱、盔箱所存的叫行头，杂箱什件统称切末。

切末：清代宫廷戏曲切末，多得让人眼花缭乱。在《昭代箫韶》第八本第八出中，有一场神鬼斗法的表演，舞台说明是：“巨灵神拥人扮山石切末，从两场门上，作攒成大山一座，护营门科哪吒从上场门暗上，作隐山后……天井放火彩，下阴阳镜，地井出金莲花灯切末。”“天井收镜，地井收金莲花灯切末。”[3]这是宫廷的灯彩，是渲染演出气氛的。

清宫中还有一种既能动又能变化的切末，在《升平宝筏》戊本第五出“红孩儿合掌归山”中观音收红孩儿时，“莲座内现天罡刀”[4]，这里天罡刀可以变成莲花座，待红孩儿坐上，又变成了天罡刀。

第三种是大型写实性很强的切末。《鼎峙春秋》第八本第一出“赴单刀鲁肃消(销)魂”即《单刀赴会》舞台说明是：“杂扮水云，拥大船上，周仓上船科，众将下。”结尾处为：“大船关平、关兴小船上。”[5]用了写实化的大船、小船。写实性切末之中还有实物切末，如董含《莼乡日记》记载：“康熙二十二年癸亥，上以海宇荡平，宜与臣民共为宴乐，

---

1 （清）焦循：《剧说》卷六引《菊庄新话》。

2 前揭《清升平署志略》第二章第一节，第 8 页。

3 前揭《昭代箫韶》。

4 （清）张照：《升平宝筏》，清内府朱墨抄本。

5 前揭《鼎峙春秋》。

特发帑金一千两，在后宰门架高台，命梨园演出目连传奇，用活虎、活象、真马。”[1]

乾隆五十八年，英国派遣马戛尔尼特使，为大清皇帝祝寿来到中国，乾隆皇帝在热河行宫接见了英国使团。英使记录了看戏的情形："开场时，乾宅坤宅各夸其富，先由大地氏出所藏宝物示众，其中有龙、有象、有虎、有鹰、有鸵鸟，均属动物；有橡树、有松树以及一切奇花异草，均属植物。大地氏夸富未已，海洋氏已出尽其宝藏，除船只、岩石、介蛤、珊瑚等常见之物外，有鲸鱼、有海豚、有海狗、有鳄鱼以及无数奇形之海怪，均系优伶所扮，举动神情，颇能酷肖。两氏所藏宝物即尽暴于戏场之中。乃就左右两面各自绕场三匝，俄而金股大作，两方宝物混而为一，同至戏场之前方盘旋有时，后分为左右两部，而以鲸鱼为其统带官员立于中央，向皇帝行礼。行礼时口中喷水，有数吨之多。以戏场地板建造合法，水一至地即由板隙流去，不至涌积。”[2] 以上演出中出场的龙、虎、鹰等都是由演员扮的，以及剧中喷水等都属于切末。

行头：清代宫廷传世品——衣类：蟒、开敞、褶子、帔、宫衣、箭衣、八仙衣、道姑衣、太监衣、福禄寿仙衣、法衣、富贵衣、英雄衣、卒衣、罪衣、罪裤、斗篷、裙、袈裟、僧衣等。靠类：黄缎平金云蝠绣花男靠、红缎平金万字软靠等。其衣靠颜色也很鲜艳，纹样富丽，织造精致。清赵翼《檐曝杂记》卷一《大戏》记载："内府戏班，子弟最多，袍笏甲胄及诸装具，皆世所未有，余尝于热河行宫见之。"

《昭代箫韶》剧中角色	**穿戴服饰**
陈琳	戴太监帽穿大贴里衣
皇子德昭	戴素王帽穿红蟒束玉带
韩连	戴纱帽穿红蟒束带
谢庭芳	戴盔穿红蟒束带
张齐贤、傅鼎臣	戴纱帽穿红蟒束带
呼延赞	戴黑貂穿红蟒束带
吕蒙正	戴纱帽穿红蟒束带
寇准、卢多逊、潘仁美、赵普	戴相貂穿红蟒束带
宋太宗	戴金王帽穿黄蟒束黄鞓带
八院子	戴罗帽穿各色道袍
杨继业	戴金貂穿蟒束带
佘太君	戴凤冠穿蟒束带
杨排风	穿杂色衫背心系汗巾

1　前揭《清代内廷演剧始末考》，第 7 页。

2　［英］濮兰德、白克好司：《英使乾隆觐见记》，世纪出版集团上海书店，2005 年。

杨泰、杨徵、杨高、杨贵、杨春、杨景	戴盔
王魁英、耿金花、董月娥、韩月英、马赛英 柴媚春、呼延赤金、杜玉娥、杨八姐、杨九妹	各穿氅
杨宗孝、杨宗保、杨宗显	各戴武生巾穿各色绣花道袍
耶律休格、耶律博郭济、萧达兰、耶律学古、 萧绰里特、萧特里、萧天佐、萧天佑	各戴外国帽狐尾雉翎扎靠
辽兵	戴额勒特帽穿外番衣
耶律沙、耶律色珍、韩德让、刘继文	各戴外国帽狐尾雉翎扎靠
女辽兵	扎额戴狐尾雉翎穿甲
萧太后	戴蒙古帽练圣扎靠龙蟒束带
耶律琼娥	戴翠钿穿蟒袍
军士	戴马夫巾穿箭袖卒褂
将官	戴马夫巾扎额穿打仗甲

清宫行头的用料织造工艺要求极高，清宫戏衣的衣料来源和成衣过程，民间戏班是无法比拟的。据《大清会典》记载，江宁、苏州和杭州织造局等机构负责宫廷丝绸品的织造和采办。织造局、两淮盐政经济实力雄厚，其根据内廷的需要制作戏衣，特别是造价昂贵、艺难度大的服装，皆交由织造和两淮盐政承办。“乾隆四十六年二月二十五日，太监总管王成交各色男女花神衣十三对……各色靠七十九身……传旨与两淮盐政伊龄阿，照发出各色袈裟、花神衣、衣靠等项样式、件数、色目，照式妥帖成做送来”[1]。另外，清衣上都在衬里加盖印铭或墨书文字。如：墨印有“大戏记用”“如意”“同春”“重华宫大戏”“目连”“昭代”等，目连、昭代均是乾隆朝所演的。昭代即《昭代箫韶》，钤此铭记，为了标明每出戏中角色所穿用的服饰，也有专戏专用之意。

3. 舞台效果力求奢华，场面力求煊赫

清宫大戏的演出，在乾隆时期达到鼎盛。演清宫大戏有据可查的是清赵翼《檐曝杂记》卷一《大戏》生动描绘在避暑山庄清音阁看戏的情形：“中秋前二日为万寿圣节，

1 张淑贤：《清宫演戏情况与相关文物》，《清宫戏曲文物》，商务印书馆，2008 年。

是以月之六日即演大戏，至十五日止。所演戏率用《西游记》、《封神传》等小说中神仙鬼怪之类，取其幻不经，无所触忌，且可凭空点缀，排引多人，离奇变诡作大观也。戏台阔九筵，凡三层。所扮妖魅，有自上而下者，自下突出者，甚至两厢楼亦作化人居，而跨驼舞马，则庭中亦满焉。有时神鬼毕集，面具千百，无一相肖者。神仙将出，先有道童十二三岁者作队出场，继有十五六岁、十七八岁者。每队各数十人，长短一律，无分寸参差。举此则其他可知也。又按六十甲子扮寿星六十人，后增至一百二十人。又有八仙来庆贺，携带道童不计其数。至唐玄奘僧雷音寺取经之日，如来上殿，迦叶、罗汉、辟支、声闻，高下分九层。列坐几千人，而台仍绰有余地。”以上记载，将出场演员的众多，场面的宏大，切末的多样，一一记录了下来。

结语

乾隆时期，一方面镇压、取缔不利于统治的言论和行为，并大兴文字狱，查缴、禁毁不利于清统治的书籍；另一方面则提倡“阐明风教，培植彝伦”，使臣民心甘情愿地做朝廷的“忠臣”“顺民”，以维系世风人心。而编写连台本大戏正是“假当场傀儡，喝破愚蒙，就眼前道理，感发忠孝。不惜万几之暇，玉成千秋之鉴，删增旧史，点石成金，使忠义之士须常在，令佞谀之徒肝膈攸彰。然此诸奸虽未遭显戮于当时，必使受冥诛于后世……寓维持风化之意”[1]。用以作为教化百姓的工具。

同时，这一时期已发展到清朝的鼎盛，经济充裕、海内升平，政局稳定，加上乾隆皇帝对戏剧的大力提倡，因此，演出连台本大戏的物质条件极为优越，其舞台规模之大，服装道具之考究，演出场面之浩大，可称全国之最，更是民间戏曲无法比拟的。就其服装而言，据道光二年（1822年）南府总管李禄喜等人点查宫内和圆明园内行头切末，并开列了清单。其中，服装总数多达四万余件，而宫内演出的行头尽备。此外，清统治者对戏曲的要求极高，从戏剧本身来看，清宫所编撰的连台本大戏推动了戏曲表演的规范化、体系化。为了排演，先要供皇帝和皇后御览“安殿本”，皇帝则对戏曲提出要求，每出戏都要一丝不苟地表演。这一切都促成了乾隆时期连台本大戏演出的辉煌。

原载《清史论丛》(2013年号)，中国广播电视出版社，2013年

1　前揭《昭代箫韶》第一本卷上，第一出，万国春台兆庶。

清季内务府与北京银号借贷关系浅探 *

——以恒利银号为考察对象

滕德永

内容提要：咸丰以降，清王朝的经济日趋艰难。作为“首善之地”的京城，其经济亦遭受严重考验。在此期间，作为旧金融机构的钱铺对北京经济的稳定与发展发挥了重要作用。而此时的内务府深陷入不敷出之境地，财政极为困难。为了筹措经费，内务府与北京银号发生了联系，二者之间形成了借贷关系。这一借贷关系存在了相当一段时间，它对内务府及北京银号都有深刻的影响。

关键词：清季　内务府　北京　银号　借贷

银号、钱庄是中国传统经济的产物，它对传统经济的发展发挥了重要作用。相关研究成果已经很多。但清季战事连绵，举国经济限于困境，清政府的财政遭遇严重挑战。此时的内务府亦难置身事外，入不敷出成为一种常态。在此情况之下，内务府积极寻求解决之道——向银号借贷即为其一。对于老北京银号与内务府的关系问题，学界尚无专文，拙文即对这一关系进行梳理，以求有助于对近代北京经济发展演变的认识及深化对清季内务府经济问题的了解。

对于银号的称谓，史书记载并不一致，有的称之为钱铺，有的称之为银号。杨瑞六认为：“私人设立的钱庄，俗称钱铺，又称钱店，在华北华南叫做银号，也有把规模大的叫做银号而把规模小的叫做钱庄的。”[1] 为行文方便，拙文中钱铺与银号概念等同。

一　清季京城银号之艰难发展

北京是明、清两朝的国都，是“首善之地”，商业非常发达。因此，钱铺、银号

作者：宫廷部，副研究馆员。

* 本文是故宫博物院科研课题《清代内务府财政收入研究》成果之一，课题编号：KT2012-2。

1　杨瑞六：《清代货币金融史稿》，第 146 页，三联书店，1962 年。

出现很早。据研究，至少在雍正之前，北京已有钱铺存在。

钱铺、银号的出现对于京城经济的发展发挥了一定的作用，但以清政府观之，这些金融机构贪图厚利，操纵钱价，对社会经济的稳定有极大的负作用。为此，清政府非常注重对钱铺、银号的管理。雍正九年，雍正皇帝即以当时京城钱价过昂，乃因官方未曾参与，其银钱兑换为私人钱铺、银号所掌控之缘故，为此谕令户部制定章程，改善局面[1]。乾隆九年，内阁大学士鄂尔泰因京师钱价腾贵，奏上条陈八条，其中之一即为加强对钱市经纪的管理，“应令经济等聚集一处，每日上市，召集买卖铺户商人，遵照官定价格，公平交易，以杜私买私卖之弊”[2]。嘉庆时期，清政府要求“开张钱铺者，必令五家互出保结”[3]。这一制度为以后诸帝所继承，并成为有清一代京城钱铺、银号管理的重要措施。

钱铺虽多，但一般规模较小，资金不多。“钱店、香蜡铺之资本大者，率在京松秤（据研究，此处的‘京松秤银’实为‘京秤松银’，是京平松江色银的简称）千两左右，小者仅一二百两”[4]，但为了追求利润，它们大肆发放钱票，这为它们的生存带来极大风险。咸丰三年，副都御史和淳等奏京中钱铺情形，“现今京城内外家存现钱至百千者极少”[5]。当时，银贵钱贱，京钱4000方合银一两，以此计算，存至百千之钱铺实际存银亦不过银25两。当然，此说未免有所夸大，但由此可窥京中钱铺实力之一斑。所以，当清政府发行宝钞引起商民恐慌之时，京中金融体系几近崩溃。“近闻各商多有装载银两盈千累万纷纷出都之事，以致银价骤昂。”[6]在此情况之下，京中诸多钱铺纷纷倒闭。“十余日来钱铺已关闭三十余处，昨日内外城一昼夜间突然关闭者，又不下二百处之多。即素日资本富厚，最著名之铺，亦皆关闭。”[7]

此后，京城经济持续动荡，钱铺经营艰难。同治元年，京师自上年清理官票之后，钱价渐平，不久即旧态复萌，“骤涨骤落”，以致“各钱铺取钱之人纷纷拥挤”[8]。光绪九年，都察院左副都御史怀塔布奏：京城钱铺，纷纷关闭，渔利取巧，请饬惩办。嗣后令取切实保结，倘有关闭，惟保铺是问。御史恩霖亦奏：钱铺设骗害民，请饬惩办，并勒令该商将应发钱数缴足[9]。清政府亦严令步军统领衙门、顺天府、五城御史等详加

1 《清世宗实录》卷二，第426～427页，中华书局，1985年。

2 《清高宗实录》卷三，第923～926页，中华书局，1985年。

3 《清仁宗实录》卷四，第23页，中华书局，1986年。

4 徐珂编撰：《清稗类钞》，第2293页，中华书局，2003年。

5 中国人民银行总行参事室金融史料组编：《中国近代货币史资料（第一辑）》，第468页，中华书局，1964年。

6 前揭《中国近代货币史资料（第一辑）》，第339页。

7 前揭《中国近代货币史资料（第一辑）》，第341页。

8 （清）刘锦藻撰：《清朝续文献通考》，第7709页，浙江古籍出版社，1988年。

9 《清德宗实录》卷三，第325页，中华书局，1987年。

酌度，妥为办理。

每逢经济动荡，诸多中小规模的钱铺难逃倒闭的命运，但一些规模较大、实力较强者则依然发挥着重要作用。这其中即有四大恒银号。四大恒即“恒利、恒和、恒兴、恒源”四家联号，开设于东四牌楼，其创办人及内部人员大多是浙江宁波、绍兴人。自开设以后，经过不懈努力，四大恒银号取得了极大成功，在京城赢得了极好口碑，京中人士以持有四大恒银票为荣。据时人记载，某人与友人外出观戏，因账房所予银票非四大恒者，非常气愤，后令仆人赴银号易“崭新之四恒票，始欢欣而出”。不仅一般市民喜用四大恒银票，而且一些朝臣亦喜。据记载，某枢臣好积存四恒银票，“百金一纸，万金为一束，叠放平整”，常取之于等下观看，但因不戒于火，全部付之一炬[1]。《清稗类钞》亦有记四大恒之财力：“光绪庚子联军入京，车载其银去，三日乃尽。”[2]

四大恒的经济实力亦引起了清政府的重视。咸丰年间，为了便利宝钞、官票和大钱的流通，先后在京城开设官银号九座。其中，乾字官号四所，宇字官号五所，皆交由商人办理。乾字四所官银号开办之时，采用了五户联保之制，而为其联保者主要有恒利、恒和、恒源、鸿仪、广淦、广利等号商人[3]。这之中四大恒即占三家，这是户部对它们经济实力的认可。至咸丰末年，由于奸商操纵，京城银价跌落。清政府忧虑民间钱铺利用钱价涨落谋利，为此，御史何桂芬奏请严令京城之四恒等主要钱铺“按时平价，以便民用”[4]。

清季，举国经济困难重重，但四恒银号在京城的地位不但未有下降，反而益加巩固。光绪二十六年五月，由于官方银号炉房被焚，以致实银无从周转，钱店纷纷停业。尤其是四恒之一的恒和亦暂停营业，对此清政府非常谨慎。为了将影响降至最小，清政府要求步军统领衙门等与“各商酌中定价，设法流通”，并特别强调步军统领衙门要“传集四恒等号商人，剀切晓谕，应令速筹，照常开设”[5]。至六月，为了维持商业运转，清政府发布谕旨，指出“四恒银号，关系京师市面，现因库款支绌，商情疲滞，无力周转”，要求顺天府“亟应设法维持，以利民用”。为此，清政府决定“发给内帑银五十万两，并由户部发给内库银五十万两”[6]，交顺天府府尹等按照相关章程，督饬该商等分别办理。此时，四大恒等银号充分显示了其对京城经济的杠杆调控作用。

除四恒银号外，泰源银号亦是较为成功者之一。泰源银号创办者，一为山西人，一为山东人，二人合伙经营。该银号诚信经营，在业界获得良好口碑。据载：某年一

1 （清）夏仁虎：《旧京琐记》，第 97 页，北京古籍出版社，1986 年。

2 前揭《清稗类钞》，第 2294 页。

3 中国第一历史档案馆：《军机处上谕档》，咸丰十一年六月二十一日上谕。

4 前揭《中国近代货币史资料（第一辑）》，第 481 页。

5 前揭《清德宗实录》卷三，第 78 页。

6 中国第一历史档案馆：《军机处上谕档》，光绪二十六年六月初九日上谕。

旗人存银10万两，若干年后取现时发现所取之银即是其原来所存之银，分毫未动[1]。这使得其业务有凌驾于四恒之上的趋势，当时亦有“四恒不如泰源”之说[2]。

在举国经济遭遇严重危机之时，清季京城有实力的银号经受住了考验，对京城经济产生了更为重要的影响。与此相反的是，清季内务府的经济却遭受到严重的挫折，其财政限于入不敷出的境地，极为艰难。为了筹措经费，内务府与京城银号产生了联系。

二　清季内务府借贷北京银号之缘起

咸丰以前，内务府进项颇丰。据统计，乾隆初广储司入银约为50万两，至乾隆晚期达到250万两以上[3]。道光十八年（1838年），内务府进款223万余两。道光二十四年，内务府进款129万余两[4]。府库充盈而宫中用度有限，这必然会有大量节余。对此，内务府则提前奏请清帝将多余银两予以封存。至道光十八年，仅内库封存银两即达到300万两[5]。由于封存银两过多，内务府奏请道光皇帝将其拨交户部。

这种状况一直延续到咸丰时期。咸丰初年，内务府每年仍可入银百余万两[6]。除去宫中用度，每年尚可节余二三十万两。不过，自咸丰三年（1853年）开始，内务府银库充盈的局面逐渐消失。

太平天国运动是内务府这种优势消失的直接动因。咸丰元年（1851年），太平天国运动爆发，并迅速形成燎原之势，短短三年间即席卷了南方大部分地区。持续的战争使得内务府的收入受到毁灭性的打击。在内务府的进项中，两淮与粤海关是其主要来源，它们交纳的银两约占到内务府总收入的70%强。更为重要的是，战争的进行导致清政府军费的开支急剧增加，清王朝的国家财政严重不足。为解决前方军队经费不足问题，咸丰皇帝曾一次即发内帑银100万两外，甚至还熔化宫中的一些金银器皿以为经费。

战争的持续进行中断了内务府的财政来源，这令内务府财政深陷入不敷出的境地。“自军兴以来，需用浩繁，各省应解内务府款项，或拨往军营，或因道路梗塞，不能

1　席长庚等编：《北京金融史料：典当、钱庄、票号、证券篇》，第408页，中国人民银行北京市分行金融研究所出版，1993年。

2　前揭《北京金融史料：典当、钱庄、票号、证券篇》，第120页。

3　朱庆薇：《内务府广储司六库月折档》，《近代中国史研究通讯》2002年9月。

4　中国第一历史档案馆：《奏销档748-071：同治十二年二月二十三日奏为进款用款不敷请饬户部会议事折》。

5　中国第一历史档案馆：《奏销档601-007：道光十八年七月初十日奏为广储司封贮银两拨交户部内库存贮等事折》。

6　中国第一历史档案馆：《奏案05-0797-013：咸丰八年七月二十三日奏为请由户部银库拨借银十万两以济急需事》。

解到。现在广储司银库除九月份发放月例并自鸣钟讨领银两外，仅存数千两。通盘核计，截至年终需用银四十余万两，所有应收地租及长芦年例应解各款银两，即使全数交齐，尚不及应发各项之半，而一切放项均系历经撙节酌核，势不能再议裁减。”[1]

面对经济困境，内务府亦积极寻求解决之道。他们举办捐输，加强当铺的经营管理，实行参斤摊派交进银制度（咸丰五年，内务府无参可以交付各关差售变，但为筹集经费，仍要求其各按份额交纳银两）等，但这些皆非良策。由于举国经济的困窘，民间财力有限，所以内务府能够增加的收益非常有限。事实也正是如此。因为收益无多，内务府自办捐输基本处于停顿状态；当铺投入虽有增加，但其经营未有丝毫起色；而参斤摊派交进银制度则由于经济困难，各地时常拖欠。

在此情形之下，内务府的开支不但未有缩减，反而有所增加。咸丰八年，内务府奏称每年经费需银40余万两。同治四年，内务府则奏称自咸丰三、四年以来，虽经“实力撙节，亦需银八九十两”[2]。10年之间，内务府经费增加了一倍。更为严重的是，这种上升趋势并未得到缓解。至光绪十五年，内务府“一年用款约在一百四五十万两之谱”[3]。而每逢皇帝大婚、皇太后万寿、宫中大修等，内务府经费更是大幅增长。但此时其收入主要包括粤海关公用银30万两、天津长芦等进款20万～30万两、户部拨款60万两，合计约为110万～120万余两。而且这些进项由于诸种原因，经常不能按时交付。同治十一年，内务府银库入银50余万两[4]。同治十一年，内务府各项放款则为140万余两[5]。尤其是各省关欠解问题严重，有鉴于此，入不敷出成为了一种常态。

为了解决这一难题，他们请求户部借拨款项，以为接济。对于内务府的借拨要求，由于初期数量较少，户部尚能应对，但内务府需索无度，不仅要求借拨的频次不断增加，其数额也不断扩大。咸丰七年，内务府开始向户部借拨银两，该年所借为白银8万两，票银5万两[6]。在同治七年，内务府借户部银140万两，此外，尚有户部添拨银60万两。据户部统计，自咸丰七年起至光绪九年，户部共拨给内务府经费银1138万余两，钱票175万串，此外，户部借拨内务府银948万余两，筹拨银115万余两，交进银74万两，而自同治四年至光绪八年，户部共添拨银990万两。共计约银3265万余两，钱175万串。对于所借银两，内务府归还者甚少。在上述银钱中，至户部上奏之时，内务府只

1 中国第一历史档案馆：《奏案05-0772-026：咸丰三年九月初五日奏为内务府实缺人员准其加捐职衔事》。

2 国家图书馆藏历史档案文献丛刊：《清内务府档案文献汇编》，第232～233页，全国图书馆文献缩微复制中心，2004年。

3 中国第一历史档案馆：《奏案05-0971-046：光绪十五年十二月十八日奏为经费支绌借拨部库银三十万两事》。

4 中国第一历史档案馆：《奏销档748-071：同治十二年二月二十三日奏为进款用款不敷请饬户部会议事折》。

5 中国第一历史档案馆：《奏案05-0866-090：同治十一年十二月呈衙门欠发各款数目清单》。

6 前揭《清内务府档案文献汇编》，第241～242页。

归还了1/3，尚有2120余万白银及175万串钱未曾归还[1]。

咸同年间内务府借拨户部银钱一览表[2]

朝年	添拨	借银	朝年	添拨	借银
咸丰七年	无	银8万，票银5万	同治四年	无	银33万
咸丰八年	无	银19.5万，钱票25万	同治五年	30万	银30万
咸丰九年	无	银18万，钱票100万	同治六年	30万	银120万
咸丰十年	无	钱票50万	同治七年	60万	银140万
咸丰十一年	无	无	同治八年	60万	银90万
同治元年	无	无	同治九年	60万	银105万
同治二年	无	银5万	同治十年	60万	银110万
同治三年	无	银45万	同治十一年	60万	银73万

内务府的需索无度引起了户部的抗议。在清代，其财政有国家财政与内廷财政两套体系。其中，国家财政统归户部，由其“综核天下之钱粮”，而内廷财政则归属内务府管理，负责“内廷传用及紫禁城值班兵丁钱粮等项出款”。一般而言，二者相对独立，互不干涉。问题在于，在封建社会帝王的利益高于一切，所以在内府财政遭遇困难之际，户部财政将不得不拨款以为帮助。上文所述亦充分说明了此点。但内务府的需索严重影响了户部财政的运行，迫于无奈，户部以“内府、外库定制攸分，各宜量入为出，不可牵混”为由，请求内务府“不得纷纷咨部筹拨，以重库储”[3]。户部的初衷是以此减少内务府的借拨款项，从而为国家财政的良性运行创造条件，但举国经济的困难决定了内务府的财政问题无从解决。因此，奏拨问题依然悬而未决。

对于户部请求，清朝帝后虽未从根本予以支持，但他们也不得否认户部此举的正当性。所以，如何减少户部借拨款项，以减小户部的财政压力是他们必须面对、必须解决的问题。作为直接的执行人，内务府一面力求减少开支，一面寻求新的财源。最终，银号借贷成为其解决经济困难的重要手段之一。

三　清季内务府借贷银号之概况

对内务府而言，向银号借贷是一件非常尴尬的事情。内务府身份特殊，掌握有大量资源，从来都是商人向往的服务对象。在王朝盛世，内务府府库充盈，除将部分银两拨交户部外，还将大量资金借贷于商人生息。如今形势变化，内务府不得不屈尊降贵，

1　前揭《清内务府档案文献汇编》，第398～399页。

2　前揭《清内务府档案文献汇编》，第241～242页。

3　前揭《清内务府档案文献汇编》，第223、228页。

借贷于商人。

由于资料散失，我们不能确定内务府借贷银号之确切年份。笔者所见有关之资料，最早涉及借贷银号问题者为光绪十二年之内务府档案。因该年用银不敷，内务府奏请户部拨款。为了获取皇帝支持，内务府强调筹措款项之难，其中特意提及“若向号商挪借，又恐筹措无多”[1]。文中号商即是指银号商人，这与以后内务府归还借贷之款时的称谓一致。从奏案述及借贷之时的语气之简单自然，我们可以确信内务府当时已经向银号有所借贷，而同治七年未借之因由在于借贷之数量太少，不能解决其财政困难。因此，我们有理由认为在此以前——至迟不晚于光绪十二年，内务府已经有向银号借贷之行为。

其实，在直接向银号借贷之前，内务府应该还存在一种垫款形式——向商人赊欠。同治十三年，内廷应修殿宇多处，因所需经费甚巨，内务府只能择要修葺，即使如此，这些经费也是商人垫办[2]。这里的垫办主要是材料，但归根结底还是银两。其实，这种垫办早已有之。同治六年，内务府即有号商垫办情事，以致年终筹有款项，即刻奏请先行归还[3]。

内务府借贷银号逐步演变为经常性行为。光绪十五年，内务府本欲再向银号借贷，但银号“各号商又因积欠未清，无力再为借垫”[4]。文中所言积欠未清，数目多少，不得而知，但在此后档案中有所揭示。光绪十七年，内务府曾叙及借贷银号情形：“统计（一年）进款不及百万之数，此内仍须分年代还陈欠号商本利银二十五万余两，去岁发放要款续向号商借银二十二万余两，亦须由本年进款内归还。”总体来看，这一时期内务府借贷银号尚不频繁，且为数亦不太多。光绪十八年、十九年，内务府亦未有新的借贷，而只是归还旧欠。但较比于户部，银号也有其优势，即筹款时间短，可以在短时间内将之交付内务府，以济急需。因此，银号借贷为内务府日趋重视。尤其是光绪二十年，恰值慈禧太后六旬万寿，内务府需款甚多，不得不向银号大量借贷。据资料显示，仅此一年内务府即借贷银号银 100 余万两[5]。而亦由此为开端，内务府借贷银号不仅日趋频繁——几乎每年都有借贷，而且款项数额居高不下。至光绪二十三年，内务府借款更是达到了 170 余万两，而该年内务府的总支出为 190 余万两[6]。这也就是说，内务府

1 中国第一历史档案馆：《奏销档 808-035：光绪十二年二月初九日奏为皇太后前往东陵用款尚未解到请暂拨借事折》。

2 中国第一历史档案馆：《奏销档 753-149：同治十三年四月二十四日奏为内廷工程需款甚巨请暂停传办等事折》。

3 中国第一历史档案馆：《奏案 05-0843-088：同治七年三月十九日奏请由户部拨银三十万两以应急需事》。

4 中国第一历史档案馆：《奏案 05-0971-046：光绪十五年十二月十八日奏为经费支绌借拨部库银三十万两事》。

5 中国第一历史档案馆：《奏案 05-1001-028：光绪二十一年二月十二日奏为光绪十九年十二年月分旧管银课等数目事》。

6 中国第一历史档案馆：《奏案 05-1012-059：光绪二十三年二月二十九日呈为去年十二月分旧管经费清单》。

约 90% 的经费来源来自借贷。由此可见，内务府对银号的依赖性之强。

银号是一种营利性经营金融机构，它向内务府借贷的直接目的也是为了获取利息。由于笔者未曾见到内务府借贷的具体条款，我们只能从相关档案中探寻蛛丝马迹。宣统二年，内务府的一份统计资料或许能给我们以答案。自光绪三十一年至宣统元年，除新借外，内务府尚欠恒利银号银 349121 两。前四年，内务府每年归还该银号银 7.5 万两，最后一年，还余剩银 49121 两并利息银 25878 两[1]。由此推算，内务府的借贷年利率应约为 0.026。

对于所借款项，内务府不能采用对待户部借款的方式而拖欠不还，这样不仅导致欠项愈来愈多，更重要的则是要承担巨额的利息。为此，内务府积极偿还此种借款。从档案中得知，内务府每年都有还款项目，且数目较多，最多一年还款达 160 余万两。但总体来看，所还之款仍少于所借之款，这就导致积欠不断增加，以致内务府的还贷压力持续加增，所以，内务府积极寻求机会改变这一财政不利局面。光绪二十六年七月，八国联军侵入北京，慈禧太后挟光绪皇帝西逃。至光绪二十七年八月二十四日，两宫从西安启驾回銮，于是年十一月底到京，共 1 年 4 个月。在此期间，为了满足两宫需要，各地调拨大量钱粮。据记载，至光绪二十七年二月底，各地解往行在的钱粮“已有五百万之多”[2]。而在回銮途中，各地官员又纷纷报效。所以，此时的内务府用项颇丰，不需再向银号借贷。况且，由于遭遇战乱，恒利等银号损失惨重，也无力承担此项贷款。借此机会，内务府要求终止借贷银号款项，但由于无处筹款，旋又恢复。恢复之后，内务府将先前所借与后来新借作了区分，其还款亦根据所作区分各归各款，以利于利息之区分。至宣统三年十一月，内务府尚欠恒利与泰源银号款项银 60 余万两未予结清[3]。

清季内务府借贷银号情况一览表[4]

朝年	内务府收入	内务府支出	恒利银号		泰源银号	
			借贷数目（单位 两）	还款数目（单位 两）	借贷数目（单位 两）	还款数目（单位 两）
光绪二十年	1002689	1257293	885015[5]	630919	154723	149317
光绪二十一年	1341838	1127738	729194	942850	97604	102232
光绪二十二年	1597209	1846919	112599	848770	182726	174846
光绪二十三年	1741417	1904680	1370918	1229516	373464	381602
光绪二十六年			599121		151450	
光绪二十七年				250000		65000

1 中国第一历史档案馆：《奏案 05-1063-076：宣统二年六月初二日呈借还号商银两数目清单》。

2 中国历史研究社编：《庚子国变记》，第 188 页，神州国光社，1946 年。

3 中国第一历史档案馆：《奏案 05-1071-007：宣统三年十一月二十六日呈广储司银库交进及发放收存金银两钱文数目清单》。

4 数据来源于中国第一历史档案馆藏光宣年间《内务府奏案》和《内务府奏销档》。

5 数据精确到个位。

朝年	内务府收入	内务府支出	恒利银号		泰源银号	
			借贷数目（单位 两）	还款数目（单位 两）	借贷数目（单位 两）	还款数目（单位 两）
光绪三十年			210000			7497
光绪三十一年	1498398	1498694	910715	880417		9600
光绪三十二年	1576363	1602690	973417	901709		
光绪三十四年			1103592	1145107		
宣统元年			1197490	1089057		

宣统时期，内务府借贷银号偶有回光返照，但已经风光不再。其原因在于银行业的兴起。自1897年盛宣怀于上海创办中国第一家银行——中国通商银行后，清政府又于1905年在北京创办了户部银行。1908年，度支部改户部银行为大清银行。而且，当时资本主义国家也在中国开设有大量银行。相对于银号，银行的借贷更有优势。内务府也逐渐转变了借贷对象，从原来的借贷于银号，开始转向了银行。宣统三年，内务府已经借贷于大清银行。而进入民国之后，内务府经费紧张的局面仍然未得缓解，内务府不仅向中国银行借贷，而且借贷于外国银行。

无论是借贷于银号，还是借贷于银行，其根本原因在于内务府的入不敷出，但这种借贷并不能从根本上解决其财政难题，且只会使其深陷借贷的泥潭。

四　清季内务府借贷银号之评析

内务府最终走上借贷银号之路，户部接济不能及时是其直接原因，而举国经济困难的结果则是其根本原因。而内务府能够不惜自降身份，向民间银号借贷，这与当时的政治环境也有重要关系。

自鸦片战争以来，清政府的财政即遭遇重重困难，地方政府为筹集军需用款，即开始向商人借贷。据资料显示，早在第一次鸦片战争期间，广东地方即有举借内债，“自道光二十二年办理夷务以后……藩库度支每绌……向（山）西商贷用”[1]。此时，地方政府举借内债尚为偶然之为，至咸丰时期，这种内债已是日趋频繁，尤其是票商参与了清政府的财政汇兑，并且在国家或地方财政困难之际，负责汇兑的票商还为其垫汇、垫借。而商人胡光墉所开设之阜康银号更是“国库支绌，有时常通有无，颇恃以为缓急之计”[2]。

清政府这种举借内债的行为必将对内务府产生极为重要的影响。有清一代，虽然内务府专门负责皇室事务，相对独立，但内务府的诸多管理措施都与清政府的相关制

1　《东粤藩储考》卷一二，引自张国辉《晚清钱庄和票号研究》，第92页，社会科学文献出版社，2007年。

2　中国人民银行上海分行编：《上海钱庄史料》，第47～48页，上海人民出版社，1987年。

度有着千丝万缕的联系。且其内务府总管大臣之中多有朝中重臣，他们在处理内务府问题之时亦会借鉴朝中之办法。因此，面对内务府严重的经济困境，内务府亦将触角伸向了民间的金融机构——银号。

由此，内务府的经费筹措方式发生了变化，即从原来的从由户部借拨款项变为了向银号借贷，但其还款方式未变，仍是国家财政为其代付。而这一切之所以能够成行，其根源在于封建王朝的“皇权至上”，这是时代的局限，是无法避免的。这实际上是清代户部与内务府两套财政体系互不干涉原则的破产。

内务府借贷于银号，暂时地解决了其财政困难，满足了其开支需要，但是另一方面则要为此支付大量的借贷利息，这些经费最终仍然要由户部归还。这是饮鸩止渴之举。其结果即是积欠愈来愈多，内务府还不胜还，并由此形成了借贷——还贷——再借贷的恶性循环，直至清王朝灭亡。

另一方面，通过借贷给内务府，银号收益颇丰，这有利于其业务的持续开展。根据档案，内务府对于借贷银号的贷款尚能积极还贷，且至清王朝灭亡之际，内务府所欠银号无多，而不是记载中的300万两[1]。更为关键的是，对于此种欠款，清亡之后内务府是否继续偿还，尚不清楚。因此，不能简单地以此将恒利银号之衰败归结于内务府之借贷。更为重要的是，通过与内务府的业务往来，不仅扩大了收益，而且四恒银号进一步扩大了其影响，它们受到了清代最高统治者的重视。前文所述京城陷入金融危机之时，清帝谕令清政府拨款以为扶助，即为其明证。而正是失去了内务府的贷款，以及清政府的垮台，中断了四恒银号旧有的款项来源，而与此同时，他们并未开拓新的业务，其前景可以预见。

清季内务府借贷银号的事实也显示出京城银号的发展态势，但这种态势仅仅是中国旧金融机构在清季的回光返照，随着资本主义列强的不断侵略扩张，大清王朝被动融入世界的步伐逐步加快，封建自给自足的小农经济逐渐破产，商品经济逐步兴起，这要求必须有相应的金融体系予以支撑，从而促进其良性发展。尤其是当时资本主义银行已经进入中国，而清王朝亦艰难作出改变，开设了银行。在这种情况之下，作为中国传统金融机构代表的银号，必须作出改变，以顺应历史发展的趋势。否则，只有被时代所淘汰。民国期间，内务府的借贷对象已经不再是银号，而是转变为银行。这既是银行兴起的结果，也是银号渐趋末路的真实写照。

原载《北京社会科学》2013年第5期

1　四大恒 - 百度百科：http://baike.baidu.com/view/480315.htm

清代皇家雅曼达噶神坛丛考

王家鹏

内容提要：“雅曼达噶”即大威德金刚，是藏传佛教重要的护法神。本文考证了乾隆时期所建的七处皇家“雅曼达噶坛”，分析了神坛的建筑特点与文物陈设状况，厘清了这种重要的佛堂模式的特点。同时探讨了清宫神坛与西藏寺庙的渊源及乾隆与藏传佛教的关系。藏传佛教中神灵众多，有一个庞大的神系，乾隆皇帝建七处雅曼达噶坛，说明了清宫廷对保护神大威德的特别崇拜，这种做法来自藏传佛教格鲁派的直接影响。由此种神坛之模式可见藏传佛教曾对清代宫廷的文化环境产生过深刻的影响。

关键词：雅曼达噶坛　梵宗楼　永安寺善因殿　穹顶式坛城画　文殊菩萨　兽皮幡兵器　服饰　盔甲　战神　关公　西北方位　风水理论

藏传佛教曾对清代宫廷的文化环境产生过很大的影响，在宫殿、坛庙等建筑的修建方面表现得尤为显著。清宫廷接受了藏传佛教格鲁派（黄教）的影响，按照其教义理念在紫禁城内及北京、承德的皇家园林中修建了大量的藏传佛教殿堂，其中许多佛殿是按照同一模式建造的。如乾隆时期的“六品佛楼”就是一典型模式，在紫禁城和北京、承德的皇家园林寺庙中，共建了八座六品佛楼[1]。笔者在研究清宫佛堂建筑及其内部佛像配置时，又发现多处“雅曼达噶坛”，这是又一种重要的模式，值得我们作深入的研究。

“雅曼达噶”是藏传佛教的神名，即“大威德怖畏金刚”，梵文名为 Yamataka，一般译写为“阎曼德迦、雅曼达噶”，清代宫廷文献中译写为“雅曼达噶、威罗瓦金刚”（以下简称大威德）。大威德既是密宗无上瑜伽部父续主尊，又是藏传佛教格鲁派

作者：原宫廷部，研究馆员。

1　这八座六品佛楼是：故宫博物院建福宫花园中的慧曜楼、淡远楼，慈宁宫花园中的宝相楼，宁寿宫区的梵华楼。紫禁城外有：长春园含经堂梵香楼，承德普陀宗乘庙、须弥福寿庙群楼西部六品佛楼，避暑山庄珠源寺六品佛楼。详见王家鹏《故宫六品佛楼梵华楼考——清代宫廷佛堂典型模式》，《明清论丛》第一辑，紫禁城出版社，1999 年；罗文华：《清宫六品佛楼模式的形成》，《故宫博物院院刊》2000 年第 4 期。

的护法神[1]。雅曼达噶坛是专门祭祀护法神大威德的坛场。

据档案记载统计发现，清代皇家宫廷、园林中雅曼达噶坛共有以下七处：①紫禁城内梵宗楼；②北海永安寺善因殿；③雍和宫雅曼达噶楼；④圆明园清净地雅曼达噶坛；⑤圆明园舍卫城普福宫；⑥承德安远庙雅曼达噶坛；⑦承德普陀宗乘之庙雅曼达噶坛。最初引起笔者注意的是下面一段重要档案：

（乾隆）四十二年四月初一日员外郎四德五德将做得镶铜镀金刚洞四对持进交太监如意呈览，奉旨：交中正殿梵宗楼、永安寺、热河、舍卫城，雅曼达噶坛内各供一对。钦此。[2]

由此得知清代宫廷建有多处“雅曼达噶坛”，后在档案中又发现雍和宫一处、圆明园两处、承德两处。因所见档案有限，很可能不止以上七处。本文仅就这七处雅曼达噶坛的建筑及其内部陈设的文物略作考述。

一　紫禁城梵宗楼

梵宗楼是紫禁城西部中正殿区域的一座小佛楼。位于雨花阁西北，昭福门西侧，依雨花阁院内西墙而建。坐西朝东，面阔三间，进深一间。二层楼，二楼北东南三面有一圈外廊，对面是延庆殿外院西门，没有对称的建筑，孤立于雨花阁西北一隅。这在以对称布局为特色的紫禁城建筑群中是少见的（图一、图二）。此殿的建筑情况据乾隆三十四年(1769 年)《内务府奏销档》[3]记载：

中正殿门外西墙对东边随墙门中盖造楼三间（即梵宗楼）等项活计，需工料银五千七百二十六两四钱五分五厘。……西边添建楼一座，计三间。中间面宽九尺，次间各面宽八尺，进深一丈二尺，柱高九尺五寸。上檐明间面宽九尺，次间各面

1　大威德是藏传佛教格鲁派主修的三大本尊之一，其余两尊为密集金刚、上乐金刚。此三大本尊与吉祥喜金刚及时轮金刚共同构成藏密无上瑜伽部之五大本尊体系，广受西藏佛教各派尊奉。护法神则属于下三部瑜伽类，称为大威德明王。此神为文殊菩萨化身，面相威猛恐怖，有降伏恶魔之威，护善安良之德，喻义修习佛法要以威猛之势驱除烦恼业障，破除无明。大威德的形象有 3 面 6 臂 6 足，有 9 面 3 眼 34 臂 16 足，有双身、独勇、五尊、十三尊等分别，因传承不同，本尊头、手及眷属数目亦不同，派别很多。其修法并一切经续在 11 世纪时已由印度传入西藏，大威德修法的传承分为红续法、黑续法两部。参见索南才让《西藏密教史》，第 65 页“阎摩德迦本尊法”，中国社会科学出版社，1998 年；钦则旺布著，刘立千译注：《卫藏道场胜迹志》注释 89，民族出版社，2002 年。

2　中国第一历史档案馆藏：《旨意底档造办处活计库》3731 号。

3　中国第一历史档案馆藏：乾隆三十四年《内务府奏销档》。

图一　梵宗楼

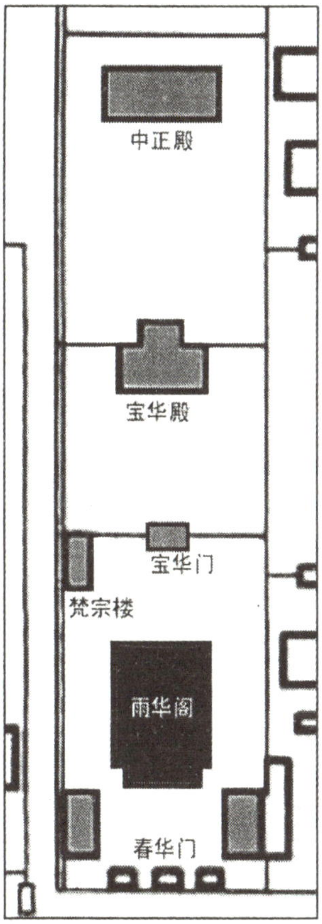

图二　梵宗楼位置图

宽五尺，进深一丈二尺。外三面廊各深三尺，柱高八尺五寸，径八寸。斗口单昂升科六檩卷棚歇山。成造头停瓦黄边，中心绿色琉璃脊瓦料。……梵宗楼内添做软天花、供柜、幡头佛座背光、紫檀夔龙罩并楼梯铺设棕毯，移请佛像等项，共报销银六千四百二十二两五钱七分八厘。于乾隆三十四年二月十二日具奏。

据此可知梵宗楼建成于乾隆三十三年（1768 年），在中正殿一组佛堂中建筑时间最晚，建筑体量也较小。此楼供奉主神两尊，一楼为文殊菩萨，二楼为大威德。一楼正间供文殊菩萨青铜坐像，高 108 厘米，座宽 70 厘米，木雕金漆舟形背光。文殊面相庄严悲悯，身材比例准确，身侧两枝莲花茎条弯曲自然，花叶、花蕾生动秀美。佛冠、项链、璎珞刻画精湛，此像独特的造型与卓越的艺术在明清藏传文殊菩萨铜像中颇为罕见，是宫廷藏传佛教造像中重要的一尊（图三）。像前有供案，摆放八宝、珊瑚树、小木坛城。南北墙有木架供小铜佛多尊。

图三　梵宗楼一楼文殊像

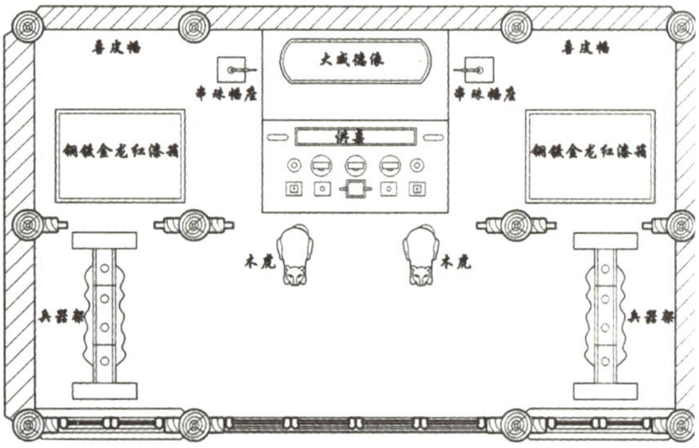

图四　梵宗楼二楼陈设图

图五　梵宗楼二楼大威德像

二楼正间为雅曼达噶坛（图四），正中树立一尊大威德铜像，高 175 厘米，座宽 140 厘米，工艺精湛。此像是清宫最高大的大威德铜像。这样大体量的大威德铜像精品堪称佛像瑰宝。此像 9 首、34 臂、16 足，胸前没有拥抱佛母，为独雄大威德金刚（图五）。其身躯伟硕，主面为牛首，左右各三面，顶上两面，除最上面文殊菩萨面相慈祥，余皆怒目獠牙，狰狞可怖。诸臂于身后如扇形展开，手中执法器。其复杂的造型为藏传佛教造像象征主义的典型作品[1]。梵宗楼光绪二年 (1876 年)《陈设档》记录大威德前的陈设：

1　大威德 9 头表九部契经：主首为牛面，代表降伏阎王；上生双角表佛法之真俗二谛；最上一面慈和，为文殊本相，余首猛相，表镇伏诸魔；赤发上竖表般若涅 果位。34 臂，手中各持法器，亦均有宗教象征意义，如左右第一对手高扬握象皮，喻无明已除；第二对手右持钺刀，左捧盛血颅器，示无上法喜等，而 34 臂加上身、口、意三者，则共同表示 37 道品，即八正道、四精进等 37 种成佛之道。16 足，象征 16 空胜，右 8 腿屈，足下踏男人形、水牛、黄牛、鹿、蛇、狗、绵羊和狐狸，总示八成就；左 8 腿伸展，足下踏鹫、枭、鸦、鹦鹉、鹰、鸭、鸡和雁，表示八自在清净。在 8 兽与 8 禽之下还有梵天帝释等诸天神衹，分别象征善静、发展、威势、镇伏等四业成就。参见《中国藏密宝典》2 册《金刚怖畏初级道起分》卷三，民族出版社，2001 年；《李安宅藏学论文选》，第 123 页，中国藏学出版社，1992 年。

（二楼）背板上挂妆缎壁衣三块，狼皮扁幡两首，貂皮扁幡两首，豹皮扁幡两首，虎皮扁幡两首，黄狐狸皮扁幡两首，猞猁皮扁幡两首……（大威德像前）左供铜镀金龙红漆箱，内供上用天鹅绒绵台冠一项，黄绒绣五彩金龙绵袍一件，石青宁绸绣五彩四团龙绵褂一件，鱼白春绸绵袄一件，金累丝嵌青金石、松石、珊瑚敖七里瓦珵带一副，嵌碎松石葫芦式大荷包一对，小荷包二个，珊瑚豆小荷包一个，玻璃豆小荷包一个，蓝绸褟金银线火镰一把，鋄金鞘花羊角把小刀一把，牙签盘一件，青绸飘带一副。右供镀金龙红漆箱，内供银累丝盔顶一件，银累丝盔顶梁，遮眉西番字，金累丝耳镜，铁鋄金钉皮盔顶，护肩两块，绣月白缎甲一副。左右供五彩描金架二个，腰刀二把，钺斧二柄，枪二支，撒袋二份，弓二张。案左右安供油画虎二只，铜镶刚洞一对。盔甲箱内收供绣黄缎金龙绵袍一件。洋铜什件把紫天鹅绒鞘腰刀一把，彩漆木壳线枪一杆，随嵌米珠花穿金丝带一条，洋铜药葫芦一个，嵌米珠穿金丝九龙袋一个。[1]

其中的四件文物是六世班禅敬献的：

（《活计档》乾隆四十五年十月二十六日）太监鄂鲁里交彩漆木壳线枪一杆（随米珠花穿金丝带一条，俱有损坏），洋铜药葫芦一个，嵌米珠穿金丝九龙袋一个，洋铜什件鞔紫天鹅绒鞘腰刀一把，俱班禅额尔德尼进。……于十一月二十六日，将鸟枪一杆收拾好，配得四样字白皮签，腰刀一把。另鞔得天鹅绒鞘，换得金线带提绊，随换下旧金线带一条。嵌米珠穿金丝九龙袋一副，铜药葫芦一个，配得楠木匣呈览。奉旨：俱交中正殿呀吗达噶坛安供，将楠木匣配香几，旧金线带熔化。钦此。[2]

值得注意的是班禅所献四件器物全部是武器，这是由雅曼达噶的护法神性质决定的，班禅亲献，意义更为重大。六世班禅所献腰刀（图六），腰刀栓的皮签上书：“乾隆四十五年十月二十七日，宁寿宫班禅额尔德尼恭进西竺腰刀一把。”六世班禅所献嵌米珠穿金丝九龙袋、铜药葫芦（图七），外装木匣刻字：“乾隆四十五年十月二十七日班禅额尔德呢于宁寿宫恭进西竺盛贮铅弹火药嵌珠锦囊鱼式烘药器一分。”

据《章嘉国师若必多吉传》记载，班禅多次献火枪等武器：

（乾隆四十五年十月二十六日）班禅大师给章嘉国师赠送了印度的宝剑和火枪等物，这显然有特殊的用意。此后班禅大师和章嘉国师一同去雍和宫为文殊大皇帝讲经说法……班禅大师也进献哈达、依怙护法天女三尊像、印度火枪两支、宝

1 中国第一历史档案馆藏：《陈设档》陈 7730。

2 中国第一历史档案馆藏：乾隆四十五年《活计档》。

图六　六世班禅所献腰刀

图七　六世班禅所献嵌米珠穿金丝九龙袋、铜药葫芦

剑等物。……向大皇帝奉献武器，这无疑是预示后来野蛮的廓尔喀人侵掠扎什伦布寺，转大力法轮的文殊大皇帝派兵消灭那些强盗之事。[1]

这段记载说明了在格鲁派修法观念中，雅曼达噶具有战神的作用，所以雅曼达噶坛内必须供设兵器。梵宗楼现存文物与陈设档记录基本一致，大威德像前置供案一个，

1　土观·洛桑却吉尼玛著，陈庆英、马连龙译：《章嘉国师若必多吉传》，第350页，民族出版社，1988年。

其上摆放七珍八宝、五供、铜镶刚洞等法器、供器。案前蹲木虎 2 只。案左右放铜镀金龙红漆箱 2 个，盔甲箱 2 个，兵器架一对，兵器、服装、佩饰另存他处，兽皮扁幡因年久腐烂不存。

二　永安寺善因殿

北海永安寺始建于顺治八年 (1651 年)，初建时寺内建筑有正觉殿、普安殿、圣果殿、宗镜殿、转角房、顺山房和白塔。正觉殿为山门。乾隆六年 (1741 年)，改称永安寺，乾隆八年 (1743 年) 对永安寺进行扩建，增建法轮殿、钟楼、鼓楼和永安寺山门。乾隆十六年 (1751 年) 又增建善因殿及引胜、涤霭二亭。善因殿位于白塔前，有城台和殿宇两层，下层为方形城台，中有南北向券门，两侧是石阶，城台与台阶装有汉白玉石栏板，望柱。善因殿是仿木琉璃结构的小方殿，双重檐，上檐圆亭式顶，铜质筒瓦鎏金宝顶，下檐为绿琉璃筒瓦，黄剪边方形顶。外墙满壁镶嵌琉璃佛像 455 尊，额枋、垫板、斗拱、椽子、望板均为琉璃制作。隔扇铜门四扇。殿内有石须弥座，上供大威德铜像 (现已无存)[1]。善因殿整体建筑就是一座大威德立体坛城（图八）。《日下旧闻考》、《国

图八　善因殿

1　北海景山公园管理处编 :《北海景山公园志》第一章 : 殿堂、游廊，中国林业出版社，2000 年。

朝宫史》对此殿的记述简略："普安殿前东为宗镜殿，西为圣果殿，殿后石磴层跻为善因殿，善因殿内供梵铜佛像，殿后即白塔也。"[1] 内部陈设、联匾文字等都未记载。"梵铜佛像"究竟是什么神，此殿的宗教意义是什么，都不清楚。善因殿是白塔的前景建筑，似乎是白塔整体的一部分，但实际上与白塔不是同时建造的。

据《顺治八年建塔诸臣恭记碑文》："有西域喇嘛者，欲以佛教阴赞皇猷，请立塔建寺，寿国佑民，奉旨：果有益于国家生民，朕何靳此数万金钱为？故赐号为'脑木汗'，建塔于西苑之高阜处，庀材鸠工，不日告成，因命臣等而为之记。"雍正十一年（1733年）《白塔重修碑文》曰："白塔在皇城西北隅，创自顺治八年辛卯，世祖章皇帝从喇嘛恼木汗所请而俾之驻锡结香，讽呗祝厘者也。"[2]"恼木汗"即"诺门汗"，意为"法王"，是清朝规定的喇嘛职衔，这位诺门汗喇嘛是何人呢？《安多政教史》在讲青海民和县的巴州寺时说：

> 巴州寺（ba—jovi—dgon）丹巴达吉林（stan—pa—dar—rgyas—gling），由佛陀事业者车臣曲杰（se—chen—chos—rje）金巴嘉措（sbyin—pa—rgya—mtsho）修建。他生于尼唐寺（nyi—tang—dgon）附近。当时，按照四世班禅洛桑却吉坚赞和五世达赖喇嘛提出的满洲（jur—chi）的皇帝的势力日益强大，去看看他能不能做我们的施主的指示，他于第十一饶迥的铁龙年（1640）前去穆克顿（mug—tun）。一到该地，立刻瑞相纷呈，他被皇帝尊为应供喇嘛。木猴年（1644）年底，东方皇帝的京城发生了时变，流贼夺取了大明崇祯皇帝的皇位，但是未能保持住，又丢失于满洲之手。他预言了顺治皇帝前去登上众敬王的皇位的日期时辰，并和皇帝一同到了北京。皇帝登上御座之后，为了使社稷稳固，他在皇城里的僧山的顶上修建了一座佛塔，塔前立有吉祥天女和狮面佛母两尊所依止的三根牛毛幢。这三根幢，现在的人们不知其来历，改成了三根汉式的长旗杆。在皇城外的后面，为了保佑社稷，修建了黄寺和佛经、佛像、佛塔。[3]

20世纪初青海塔尔寺的色多活佛罗桑崔臣嘉措著有《塔尔寺志》一书，讲到塔尔寺密宗扎仓的历任堪布时记载了一位巴州活佛金巴嘉措的事迹，与《安多政教史》所

---

1 （清）鄂尔泰、张廷玉等编纂：《国朝宫史》，第353～354页，北京古籍出版社，1987年。

2 前揭《北海景山公园志》，第204页。

3 智观巴·贡却乎丹巴饶吉：《安多政教史》，第180～181页，甘肃民族出版社，1982年藏文版。吴均等汉译本，第175～176页，甘肃民族出版社，1989年。转引自陈庆英《西藏首次遣使清朝史实探讨》，王尧主编：《贤者新宴》，北京出版社，1999年。文中指出顺治八年（1651年）时五世达赖喇嘛已经决定在1652年进京，清朝建北海白塔和东黄寺，很可能是作为朝廷接待五世达赖修建的系列工程的一部分，并不一定是专门为金巴嘉措所建。

记大致相同[1]。上述藏文材料说明倡导修建白塔者是安多喇嘛金巴嘉措，为研究北海白塔的历史以及清朝初年藏传佛教在清宫廷的影响提供了重要参考。由白塔的修建可知顺治时期清宫廷已开始举行藏传佛教活动。《金鳌退食笔记》卷上记："每岁十月二十五日，自山下燃灯至塔顶，灯光罗列，恍如星斗，诸喇嘛执经梵呗，吹大法螺，余者左持有柄圆鼓，右执弯槌，齐击之，缓急疏密，各有节奏，更余方休，以祈福也。"这是为纪念宗喀巴忌辰举行的佛事。其后，白塔在康熙和雍正时期两次遭受震毁。一次是康熙十八年(1679年)，地震把白塔震塌，于康熙二十年(1681年)二月内兴建，至二十一年(1682年)七月工程告竣。康熙二十四年(1685年)五月黄册《白塔销算细数清册》记录修复白塔时塔内装藏：

> 册开塔内装藏铸嘛哈噶藏佛一尊，高一尺，铜铸镀金。赤金一两五钱，酸梅二十五斤，白矾十斤，水银九两，盐五斤，白灰一百五十斤，木柴七十五斤，铜丝四两，铁丝一斤四两，黄铜七十五斤，香油五斤，化铜罐十个，红铜七十五斤，黄蜡十七斤八两，松香七斤八两，麻二斤八两，头号蘑菇钉三十个，黑炭二百七十五斤，煤渣一百五十斤，秫秸二十捆，土坯一百个，银满达一个，重十两，盛贮舍利子银盒一个，重一两，应照册准给。

此外还装藏有旱船三架以及佛龛、供桌、各色茶叶、各色净果品饽饽、金银、珍珠宝石、药材、各色杂粮等物[2]。康熙年修复白塔装藏，是否把顺治年塔内原藏放回还是新装，不得而知，但塔内供"铜嘛哈噶(拉)藏佛"是关键所在，说明顺治、康熙时白塔主供的保护神是嘛哈噶拉而非雅曼达噶。乾隆时期在北海修建了众多佛教建筑，如乾隆十一年(1746年)就太素殿旧址建阐福寺，乾隆三十二年(1767年)为孝圣皇太后祝寿建万佛楼，自乾隆三十三年(1768年)始建，乾隆三十五年(1770年)建成极乐世界殿。这些建筑全为喇嘛主持的藏传佛教殿堂。乾隆三十五年(1770年)奏案中记载：

> 新建极乐世界并万佛楼工程业已完竣开光，所有每日应用香灯供献等项理合奏明请交中正殿照例办理，其殿内佛像、供器、陈设等项交阐福寺达喇嘛、噶喇嘛并格礼、敬谨、法净看管外，至外围地面、河道门座看守打扫等项请交奉宸院照例办理，为此谨奏。[3]

1 色多·罗桑崔臣嘉措著，郭和卿译：《塔尔寺志》，第226页，青海人民出版社，1986年。

2 前揭《北海景山公园志》，第66页。

3 前揭《北海景山公园志》，第119页。

乾隆十六年(1751年)添建善因殿以作雅曼达噶坛是这一系列建造之一。乾隆十六年（1751年）正月初十日奏案：

永安寺白塔前新建呀们达噶殿(善因殿)一座，上檐铸造铜镀金宝顶、瓦片，前檐铸造铜镀金隔扇四扇，券内添饰并安设供案佛台。

乾隆十六年（1751年）十一月初九日奏案：

永安寺善因殿新供呀们达噶佛像开光吉期，令钦天监选择得本月十五日戊寅，宜用辰时，二十二日乙酉宜用辰时开光，为此谨奏，钦定一日，俟御下之日，奴才将佛前供献等项随工备办，其开光吉祥道场交中正殿办理一永日，为此谨奏。[1]

永安寺《陈设档》记录善因殿内供设：

同治十三年。善因殿内供雅满达嘎佛一尊，铜胎；朱油供桌一张，上设银供托五件(共重二百五十两，叶子不全)、烧古铜五供一分(随铜苓芝一对，破坏)、铜檀香炉一件(楠木座)、楠木香碟一对；东西两边挂皮幡十二首(内俱虫蛀)：貂皮幡二首、舒伦幡二首、大狐皮幡二首、豹皮幡二首、虎皮幡二首、狼皮幡二首、画皮幡二十二首(俱破烂)；东边架上挂撒袋一副(随弓一张、箭十枝)、腰刀一把、月刀一把、方天戟一杆；西边架上挂撒袋一副(随弓一张、箭十枝)、腰刀一把、大刀一把、枪一杆；供桌前设木胎画虎四只；地下铺青毡一块、红毡一块(俱破烂)、红白拜毡二块、黄缎拜垫一块(随黄布挖单一块)；殿内瓮券内安铜香炉一件，石座。……善因殿不安摆陈设现收存圣果殿内：银镀金七珍一分；银包镶扛董一对(上嵌珊瑚、青金、松石，共重三十四两，镶嵌不全)；银镀金包镶扛董一对；黄地红花毡二块。[2]

有关善因殿供设年代较早的记载：

（《活计档》乾隆二十四年十月）旨：永安寺呀吗达嘎殿内现供小老虎四个，著取来交如意馆王致诚开减眼目，其小虎口大，亦著收什。再照样放大成做虎二件，其头要与供桌一般高，钦此。

（《活计档》乾隆二十九年）掌稿笔帖式福宁持来奉宸苑汉字印文一件，内

1　前揭《北海景山公园志》，第67页。

2　中国第一历史档案馆藏：《陈设档》陈7414。

开为收什木胎皮老虎事，本苑官员等呈据称永安寺苑丞穆腾额等呈递内开据喇嘛首领薛吉明呈称，善因殿内安供木胎皮老虎六只具由造办处送来，现今俱已虫蛀难以安供。[1]

图九　北海善因殿大威德坛城穹顶画

笔者最近调查了善因殿，其室内现状是正中立大威德铜像，左右壁挂兽皮幡12条，每壁6条，幡前摆兵器架2个，架上挂撒袋、刀、枪。大威德铜像前立供案，供案前摆4只小老虎，全是复制品。这些物品显然是按《陈设档》记录恢复的。

图一〇　清宫廷大威德坛城唐卡

殿顶穹窿形锅底券彩绘大威德坛城图保存了清代的原貌，虽有多处颜色脱落，但整体保存尚好，穹顶直径约3米多[2]，此种大形穹顶式坛城画可能是国内现存的唯一的作品，弥足珍贵（图九）。殿顶四个方角绘法轮。凸起的穹顶坛城画最底边是多道同心圆圈，由外向内依次是：①彩绘八宝；②五彩祥云；③蓝底金线缠枝莲；④金色圆圈。以上四道是外部装饰圈。再里面是坛城的主体，绘四道内容不同的圆圈，由外而内依次是：①八大寒林，即八大苦寒地狱；②火焰墙；③金刚墙；④莲花墙。四道圆圈内是方城，四面开门，绘金刚杵头、法轮、宝瓶，瓶中插伞盖、宝树，左右二菩萨。方城四角绘莲花座托盛血颅骨碗。方城中心圆内绘独雄大威德金刚。清宫廷大威德坛城唐卡（图一〇），布本设色，纵53厘米，横51厘米，除去画中心绘九宫格画大威德金刚主尊及八位从神与前图不同外，画面内容与画法、配色基本一致[3]，可见都是乾隆时期宫廷喇嘛画师的作品。

白塔山地势高峻，居高临下，俯瞰紫禁城，乾隆帝在此位置添建善因殿作雅曼达噶坛是有所考虑的，无疑是祈望大威德的神力震慑邪恶，护佑家国平安。此坛位于紫禁城的西北方，与中国古代的风水学可能也有关系，按照风水理论，相宅之法注重建

1　中国第一历史档案馆藏：乾隆二十四年、二十九年《活计档》。

2　善因殿为方形，4.40米见方。前揭《北海景山公园志》，第67页。

3　王家鹏主编：《故宫博物院藏文物珍品全集·藏传佛教唐卡》图216，商务印书馆（香港）有限公司，2003年。

筑的定点、方位、地理环境，根据八卦九宫阴阳五行的宇宙图示分析其相生相克的关系，选择最佳的建筑位置。按八卦的配属，西北方为乾卦，乾卦配属自然中“天”、人体部位“首”、五行“金”等[1]，在此风水方位立大威德神坛，甚为吉利。巧合的是，梵宗楼在雨花阁的西北方，雍和宫雅曼达噶楼同样位于法轮殿的西北方，可能在设计雅曼达噶坛位置时有风水理论与藏传佛教教理相结合的综合考虑。

三　雍和宫雅曼达噶楼

雍和宫是雍正帝的潜邸，乾隆九年(1744年)开始兴工改建雍和宫为皇家藏传佛教寺院。

乾隆十三年(1748年)至乾隆十五年(1750年)，乾隆皇帝谕令拆除原雍和宫法轮殿后菩萨殿(又称观音阁)，将七世达赖喇嘛进献的白檀巨木雕成弥勒菩萨立像，并修造三重檐歇山顶万福阁供奉弥勒大像。阁东西建重檐歇山顶永康阁、延绥阁。新建雅曼达噶楼，护法关帝庙。翻修依照佛楼及楼内香楠木雕龙佛龛，修缮绥成殿与东西顺山楼。这一工程于乾隆十五年（1750年）十月完竣[2]。

以法轮殿、万福阁为主殿组成雍和宫最北的两进院落，两座主殿与四周配殿的位置多与五行方位相关，即九宫八卦之位。法轮殿居中，永佑殿、万福阁、戒台楼、班禅楼居四正之位，法轮殿前东西配殿，延绥阁、永康阁又居四维之位，坛城之势显而易见。雅曼达噶楼位于法轮殿的西北方[3]，说明雅曼达噶坛常见方位可能即在西北（图一一）。

雅曼达噶楼，重楼硬山前出廊，面阔七间，楼上下两层结构，计有十四间，一层中间为穿堂门，西出可达关帝庙（图一二）。关帝庙是雍和宫西路建筑，关公成为藏传佛教的护法神，关帝庙紧邻雅曼达噶坛，大有深意。雅曼达噶坛设在二楼。《活计档》记载：

> （乾隆十五年，杂活作）员外郎白世秀来说太监胡世杰传旨将新做假虎送往雍和宫。四个在雅曼达噶坛安设。再新杀虎皮有几张俱向该处要来楦做。钦此。[4]

此坛的清代陈设档尚未见到。金梁在《雍和宫志略》[5]中介绍了坛的情况：

1　参见宋昆、易林《阳宅相法简析》、王复昆《风水理论的传统哲学框架》，王其亨主编：《风水理论研究》，天津大学出版社，1992年。

2　牛颂主编：《雍和宫》，第272页，当代中国出版社，2002年。

3　前揭《雍和宫》，第224页。

4　中国第一历史档案馆藏：乾隆十五年《活计档》。

5　金梁编纂，陈家琎校订：《雍和宫志略》，第301页，中国藏学出版社，1994年。

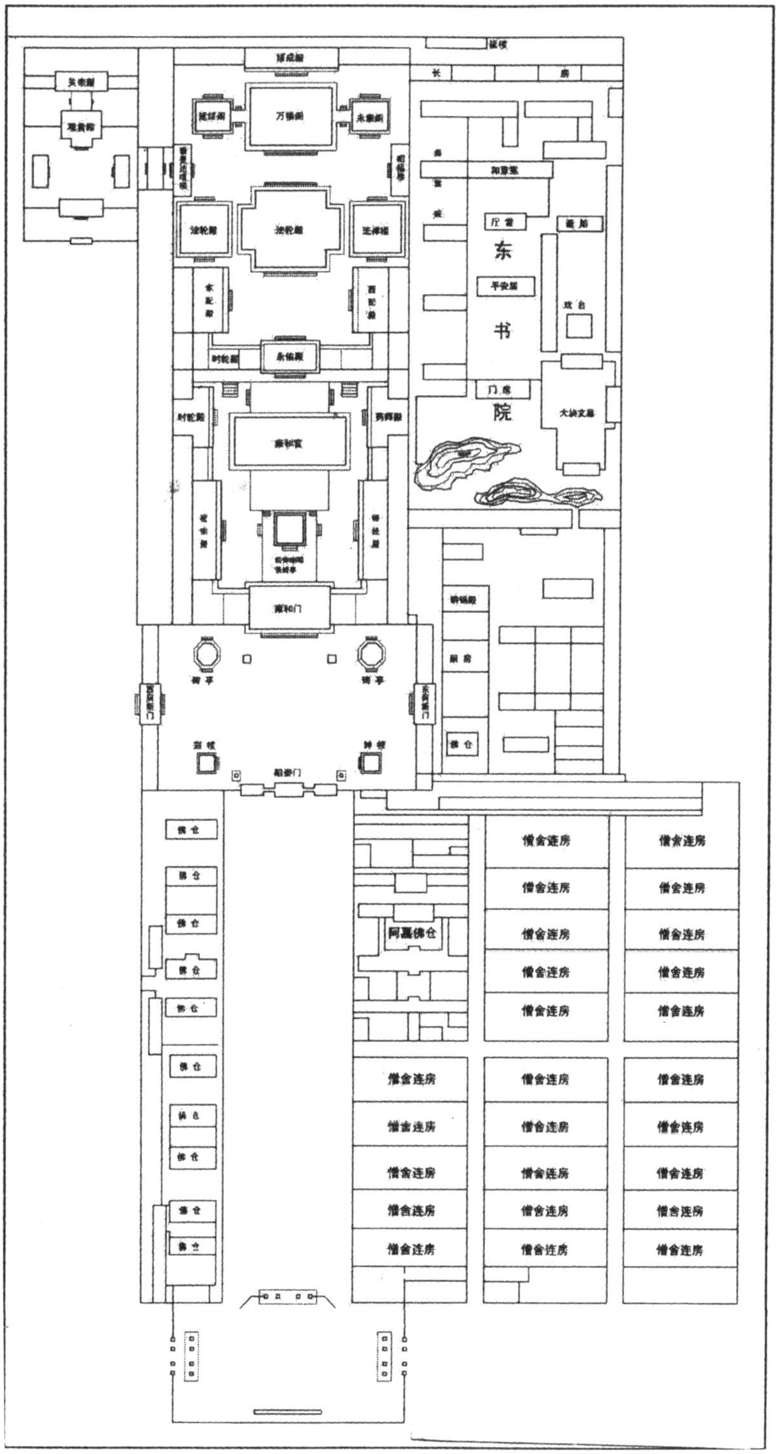

图一一 乾隆时雍和宫总平面图

（引自方晓风清华大学工学博士论文《清代北京宫廷宗教建筑研究》图 44，2002 年）

图一二　雍和宫雅曼达嘎楼

雅木德克楼就是万福阁的西配楼，又名叫“雅木德克坛”，这楼内所供的著名佛像只有一个……天竺语叫“雅嘛达嘎”或“间曼德迦”……清帝派员祭祀这个佛像的时候，在满语的祭文中把天竺的“雅嘛达嘎”译成“雅木德克”，故此这座楼名叫“雅木德克”，楼内的佛堂叫“雅木德克坛”。这个佛像在西藏密宗的传说中说他是个司战之神，能退强敌。故此在清代乾隆、嘉庆、道光、咸丰四朝，每有战事，必派人祭祀这个佛像，并且每天由多少名的喇嘛在楼内念经。

在清代，凡是大战以后，班师的时候，必把掳来的特别军器陈列在雍和宫“雅木德克坛”上，及祭祀完毕，乃又把掳来的特别军器收藏在中南海紫光阁内的武城殿内，唯独西藏所贡进的军器则永远供在雍和宫雅木德克坛。旧时在雅木德克坛所陈列的西藏著名军器共有三件：一件是西藏拉萨布达拉宫内镇宫之宝，镶嵌珠宝青碧色纯钢宝剑一口，蒙古语尊之名叫“色勒穆”；一件是镶嵌钻石的“架枪”，蒙古语尊之名叫“济达”。这两件特别军器都是乾隆十年（公元一七四五）十月十五日，西藏第七世达赖喇嘛噶桑嘉措所呈进的。另一件是双眼鸟枪。……乃是乾隆十二年（公元一七四七）十二月初十日，西藏郡王珠米那穆扎尔所呈进的。

《雍和宫导观所刊物》第一期介绍的古物确有这三件兵器：“剑：蒙名色勒木，乾隆十年十月十五日，西藏达赖喇嘛所进，奉旨供奉雍和宫雅木得克坛；双眼鸟枪：蒙名嘎勒布，乾隆十二年二月初十日，西藏郡王朱米那木扎而所进，奉旨供奉雍和宫雅木得克坛；架枪：蒙名济达，镶嵌钻石架枪系乾隆十年十月十五日，西藏达赖喇嘛所进，奉旨供奉雍和宫雅木得克坛。”此外还有“罡洞，镶银人下腿骨制，诵护法经时乐器；皮幡，蒙名阿拉孙齐默克，共十二张，熊、虎、豹、狐、狼、猞猁各二，均诵护法经时悬挂”。这里未说明原陈设地点，但显然是雅曼达噶坛供物。据雍和宫文物科同仁见告，现存剑长 100 厘米，架枪长 162 厘米，双眼鸟枪不存。雅曼达噶楼内现供独雄大威德木像高 231 厘米，雍和宫老僧人说此像是旧物，原供在二楼。

四　圆明园清净地雅曼达噶坛

圆明园月地云居又名清净地，是园内一处主要的佛教建筑，位于安佑宫南。据张恩荫先生辑《圆明园兴建年表》记载：乾隆二年（1737 年）二月，做御笔“清净地”各处匾额 7 面，乾隆九年（1744 年）将“大觉真源”额易为“月地云居”，可知月地云居一景于乾隆二年（1737 年）前已建成[1]。方晓风博士根据国家图书馆藏的样式雷档案所作的复原研究，清净地情况如下：“进山门，左右是二层钟鼓楼。没有天王殿，正前方是都罡殿，重檐攒尖顶，出高窗。殿内不是藏传寺庙大经堂形式，未留僧人集会念经的空间。殿中央立台，台上布置亭式佛龛。龛后又是供台，主供释迦牟尼佛。殿后左右各有一重檐八角亭式殿，殿内供藏传佛教神像。立在八角形的台座上，佛像尺度高过一丈。八角亭殿后是莲花法藏殿，五开间，内供三世佛、罗汉。莲花法藏殿与后佛楼之间有穿堂相连，穿堂中间又起一八角殿，殿内起台，台上供旃檀佛。后佛楼为七开间硬山二层楼，殿中三间供无量寿佛，东西次间为藏经格，后佛楼两侧各有耳房三间，东耳房设置转轮藏，西耳房设开花献佛。”[2]（图一三）样式雷档案中未注明哪个殿堂是雅曼达噶坛，只在八角亭处注“神坛”。关于清净地与普福宫雅曼达噶坛的情况，档案记载：

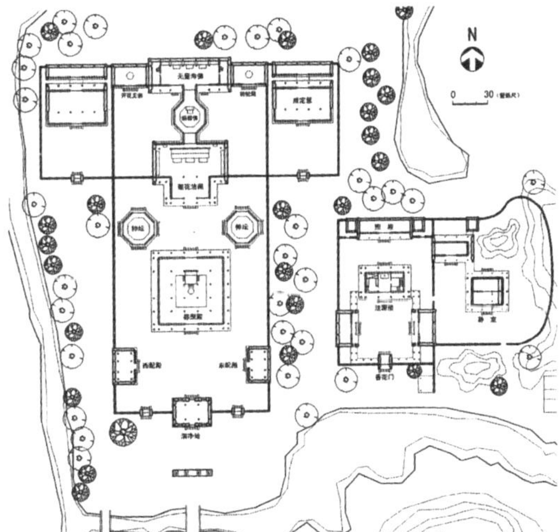

图一三　清净地平面图

1　张恩荫辑：《圆明园兴建年表》，《圆明沧桑》编委会编：《圆明沧桑》，第 143 页，文化艺术出版社，1991 年。

2　方晓风清华大学工学博士论文：《清代北京宫廷宗教建筑研究》，第 133 页，2002 年。

(乾隆三十年六月二十八日，皮裁作)催长四德、笔帖式五德来说，总管李裕传旨：舍卫城呀吗达嘎坛现设虎、豹、狼、熊各一对，清净地呀吗达嘎坛现设虎一对，具虫蛀，俟驾幸热河后持出粘补收拾。钦此。[1]

(乾隆二十四年十一月十八日，铜鋄作)接得圆明园工程档案房郎中长海知会一件内开，本月初九日，总管内务府大臣倭将烫得圆明园内舍卫城普福宫两梢间扇面墙挂画假皮幡十首，西山墙挂画像幡五首，兵器架二架，挂撒袋二分，腰刀二口，刀枪戟斧各一对，烫样一座，呈览。奉旨：照样准做。清净地系何处办造，仍交各该处办造。钦此钦遵。查得乾隆十年四月内清净地安供兵器等项，系奉旨交造办处成做供奉在案，今普福宫应做兵器等项，应知会造办处钦遵谕旨成做可也。等因。于十八日回明内务府大臣吉。随奉大人谕，此来文传做活计并现做盔盒、甲箱等甚实紧要，著严交各该作精细赶办，务要年内做得，断不可误。特此。[2]

从以上档案中“乾隆十年四月内清净地安供兵器等项”文字分析，清净地雅曼达噶坛是在乾隆十年(1745年)设立的，其位置就在都罡殿后的八角亭式殿内，样式雷档案所注“神坛”所供神即大威德金刚。

五　圆明园舍卫城普福宫

舍卫城是圆明园中规模最大的一组重要的佛教建筑，当圆明园建园时，总体规划中就有舍卫城，属于四十景之一的坐石临流。其位于圆明园中心偏北，坐北面南，是一座南北长的矩形平面建筑，外部四面为夯土城墙，墙外有护城河，布局规整，宏伟壮观（图一四）。《钦定日下旧闻考》记舍卫城：“趣院风荷之北为同乐园，前后楼各五楹，南向。其前为清音阁，北向。东为永日堂，中有南北长街。街西为抱朴草堂。街北度双桥为舍卫城，前树坊楔三，城南面为多宝阁，内为山门，正殿为寿国寿民，后为仁寿殿，又后为普福宫，城北为最胜阁。”[3]据刘敦桢先生所引金勋藏图绘制的舍卫城平面图，舍卫城四面城墙环绕，东西宽90米，南北长140米。城内建筑分为三路，入城门则见主殿寿国寿民殿，该殿在整个城池的几何中心上，殿前有东西配殿，形成舍卫城中最大的一进院落。殿后为仁慈殿，北面出抱厦。仁慈殿后是普福宫，七开间，南面出抱厦，北面有檐廊，为中路最后一座建筑[4]。《钦定日下旧闻考》记载：“永日堂、寿国寿民、仁寿殿、普福宫诸额皆世宗御笔。……多宝阁祀关帝，额曰至神大勇，寿

1　中国第一历史档案馆编：《圆明园清代档案史料》595号，第1441页，上海古籍出版社，1991年。

2　前揭《圆明园清代档案史料》480号，第1384页。

3　(清)于敏中等编纂：《钦定日下旧闻考》卷八二，第1377页，北京古籍出版社，1983年。

4　张驭寰：《圆明园里的舍卫城》，中国圆明园学会主编：《圆明园学术论文集》第5集。

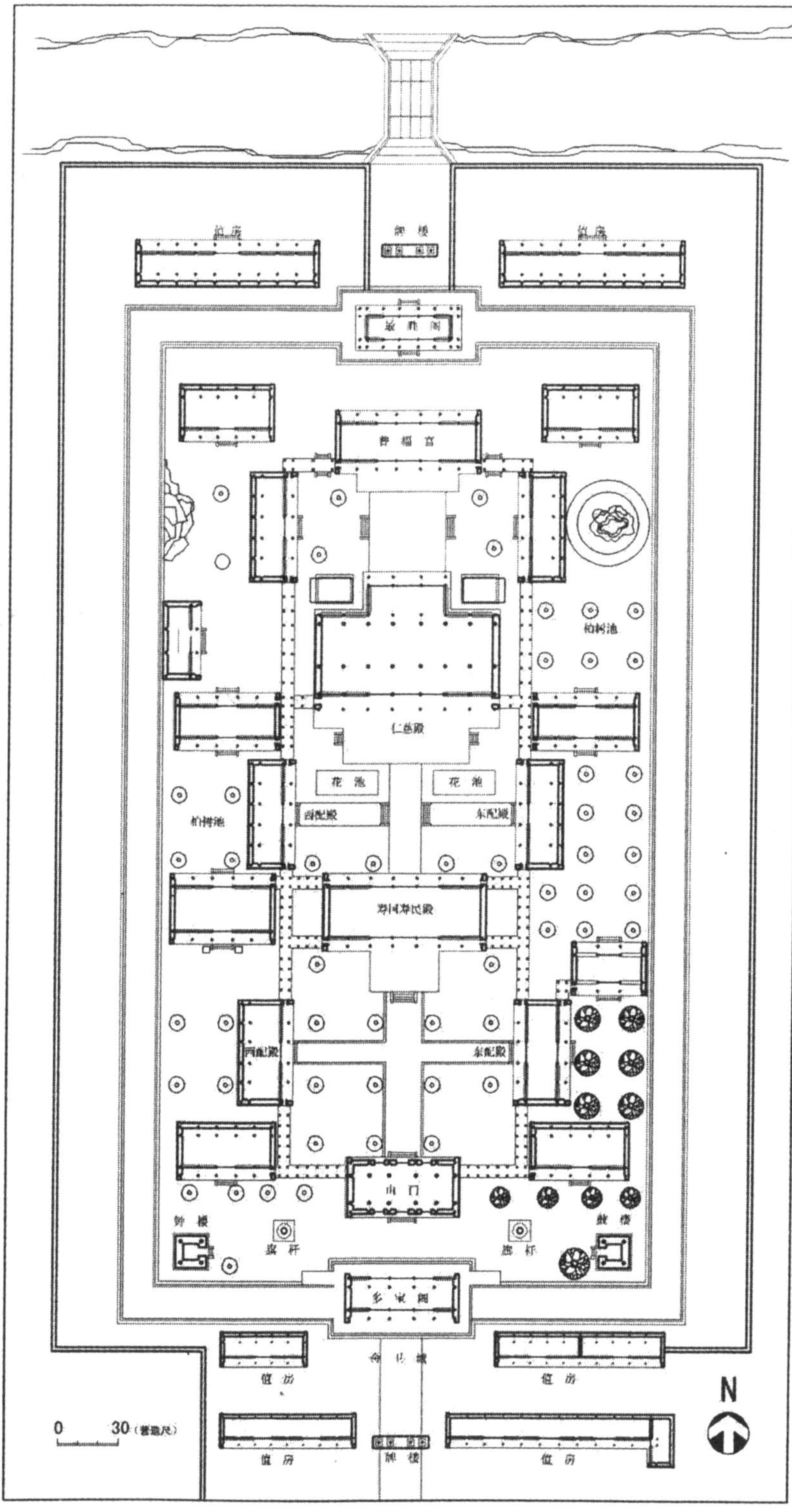

图一四　舍卫城平面图

国寿民殿额曰心月妙相，仁慈殿额曰具足圆成，普福殿额曰瑞应优昙，最胜阁坊额曰乾达持轮，曰祇林垂鬘，皆御书。”可见舍卫城在雍正年间已建成。乾隆时期又作修缮、添建。根据前引档案所记乾隆二十四年(1759年)普福宫设为雅曼达噶坛，“两梢间扇面墙挂画假皮幡十首，西山墙挂画像幡五首，兵器架二架，挂撒袋二分，腰刀二口，刀枪戟斧各一对”，估计明间供奉大威德金刚像。像前安供虎、豹、狼熊各一对。《活计档》记载：

(乾隆二十五年)太监胡世杰传旨，雅曼达噶坛内……先传做虎二对，熊二对，著各做一对，再添做狼一对，豹一对，钦此。为鞔普福宫熊一对，行文吉林将军拣选宽大熊皮八张送来应用。……于二十七年五月初三催长保光将做得熊、虎、狼、豹等持赴原处安供。[1]

舍卫城是佛城，但在入口的南城门楼供的是关公，雅曼达噶坛则设在最北的殿普福宫，关公与雅曼达噶南北相对，这与雍和宫雅曼达噶楼紧邻关帝庙有异曲同工之妙。关公早就是汉地佛教、道教的护法神，后来又被尊奉为藏传佛教护法神，雅曼达噶与关公二神在一地共享奉祀，颇能说明清代藏汉佛教文化的交流。

六 安远庙雅曼达噶坛

乾隆二十四年（1759年），准噶尔达什达瓦部迁至热河。乾隆谕旨仿伊犁固尔扎庙建安远庙，始建于乾隆二十九年（1764年），建成于三十年(1765年)。安远庙中心建筑为普度殿，面阔进深均为七间，共三层，外部形体正方，下面两层为城楼基座形式，高度不足建筑总高的三分之一，厚墙上开藏式狭长窗，上层全部为楼阁形式，双重檐的高大屋顶，黑琉璃瓦黄剪边。大殿正中三间为空井，三层上下贯通，四周是回廊式殿堂，吸收了藏传寺庙的“都刚法式”。一层主供木雕金漆绿度母，高4.09米。二层东面供三世佛，左右六菩萨。北面、南面对称供六品佛54尊。三层东廊正中为雅曼达噶坛，主供木雕独雄大威德金刚，高1.66米，此像移请自雍和宫雅曼达噶楼(见下文)[2]。其陈设据嘉庆十三年(1808年)十二月《安远庙佛像供器等项清档》记录：

上层供雅曼达噶佛一尊……花盖幡一件；供柜一张、铜镀金珐琅五供一分、铜雅曼达噶佛一尊(随珊瑚数珠一盘)、漆木八宝一分；左右设绘画熊虎二只；后背板挂梭罗树一张；左右设红朱漆锡里木箱二个……；熊虎皮二张；执事架四座、

1 中国第一历史档案馆藏：乾隆二十五年《活计档》。

2 安远庙详情，参见李建宏《安远庙探微》，《第二届西藏考古与艺术国际学术讨论会论文提要》，2004年。

大刀二把、月斧二把、戟两杆、枪两杆、弓二张、洋锦撒袋二副（每副箭九支，系旧）、腰刀二把（系旧）、马鞍一盘（随黄鞍笼一件）、撒袋一副（箭九支）、弓一张、腰刀一把、香牛皮撒袋二副（每副箭十支）、弓二张、腰刀二把；盔一顶（随蓝纺丝绵罩帽套一件、黄潞绸挖单一件）、盔盒一份、盔缨顶子一件（内染貂皮二十四件条随盔缨筒子一个，钉不全）；甲一副、绣黄缎金龙绵袍一件、梅楞图二件、挖铲二件……黄丝线软带一条、套裤二件……衬甲褂一件……领子一件……勒里前后身三件……袖子二件……甲身一件……裙子二扇……小挖铲二件……大小荷包二个、护心镜一个……围脖一件……总包黄潞绸大夹挖单一件；嵌锭铜龙盔甲箱一个……画飞禽走兽幡三首、狼皮幡二首、狐狸皮幡二首、豹皮幡二首、虎皮幡二首、猞猁狲皮幡二首、貂皮幡二首、黄缎拜垫一份。[1]

以上衣冠、盔甲、兵器等皆为乾隆御用之物，现已不存。有关安远庙雅曼达噶坛的文物在档案中记载：

乾隆三十一年四月普度殿三层楼上雅曼达噶佛一尊，莲座一份，供柜一张，吉祥一份，五供一份，金灵芝、龙蜡各一对，系由雍和宫西配楼（后西配楼大威德坛）移请供奉。

四十二年二月十六日，刘大人交来旨意帖一件，内开四十年十月十八日太监胡世杰传旨：热河安远庙雅曼达噶佛两旁所供熊虎各一只，原系用熊虎皮鞔做，未免皮毛易于朽脱。着英寄信与刘，将此熊虎二件之皮拆去，将其胎骨另行妥做地仗，预备俟明岁朕至热河时令王幼学绘画皮毛以便供用，钦此。[2]

安远庙雅曼达噶坛现存文物有木雕大威德像，通高 2.2 米（图一五）。木虎、木熊各一只（图一六、图一七）[3]，这二兽

图一五　木雕大威德像

1　中国第一历史档案馆藏：《陈设档》陈 5115。

2　中国第一历史档案馆藏：《奏销档》286 ~ 290 册胶片 90。

3　照片为李建宏同志提供，特此致谢。

图一六　木虎

图一七　木熊

来历不凡，木胎外蒙的是真兽皮，为乾隆亲自猎获。档案记录：

（乾隆三十一年五月十四日）催长四德、笔帖式五德将做得熊一只、虎一只持进安在养心殿呈览，奉旨著福查去年哨内系何日某处所得，查明办写四样字皮签子，钦此。

查得乾隆三十年八月二十日永安蟒喀围上射熊一只，九月初七日，莫尔根旗奇尼围上射虎一只，缮写摺片并白皮签子二个持进交大太监胡世杰呈览。奉旨添回子字写五样字皮签子，钦此。

（乾隆三十三年七月初一日）催长赫申将做得虎一只、熊一只持赴热河安远庙安讫。[1]

20世纪30年代日人拍的《热河》图册有安远庙三层照片（图一八、图一九），从中仍可见雅曼达噶坛遗迹，大威德木像在三层东廊正中，三层上部内壁板有残存的神像壁画，为大威德坛城八大寒林中的护方神形象。可看清的有二神：其一为南方护方神阎王，蓝色，骑水牛，右下手执骷髅杖；另一神为北方护方神鸦嘎刹，黄色，骑一人，右下手持吐宝黄鼬[2]。

七　普陀宗乘之庙雅曼达噶坛

承德普陀宗乘之庙始建于乾隆三十二年(1767年)三月，至三十六年(1771年)八月完工，形制模仿西藏布达拉宫，所以又称布达拉庙。其占地22万平方米，是承德外八庙中规模最宏大的一处。普庙的主体建筑是气势宏伟的大红台，下部基础为实心花岗岩条石垒砌的高17米的白台。白台西南角建千佛阁，东南角为文殊圣境殿，面阔五

1　中国第一历史档案馆藏：《活计档》3540，转引自前揭《安远庙探统文》，第122页。

2　参见前揭《中国藏密宝典》2册《金刚怖畏初级道起分》卷三。

图一八　安远庙三层旧照

图一九　安远庙三层旧照

楹，进深三间。雅曼达噶坛就设于其内。《陈设档》记载室内文物：

（嘉庆十三年十二月）文殊圣境殿一座，内西梢间面北供铜镀金文殊菩萨一尊，哈达一件。……明间面南供铜镀金雅曼达噶佛一尊，哈达一件，铜座；小铜雅曼达噶佛一尊；朱漆供案一张，上中设洋漆嵌玉龛座内玉佛一尊，左设紫檀西洋式龛一座内玉佛一尊，右设紫檀嵌玉五塔龛一座内玉佛一尊；木胎贴金八宝一分；中设铜塔一座，紫檀座；左设铜镀金镶嵌松石奔靶壶一件，紫檀座，外漆壶套，楠木座；右设催生石钵一件；镶嵌银螺蛳一对；铜珐琅五供一分；左设红漆描金盒一件，内盛天鹅绒冠一顶；红漆描金箱一个……内盛黄宁绸绣金龙绵袍一件，石青缎绣金龙绵褂一件，鱼白春绸绵袄一件，珊瑚朝珠一盘……瓦珵带一副……春绸飘带一副……蓝缎堆花金钱葫芦大荷包一对……小荷包二个……铜镀金嵌珐琅片火镰一把，绿子皮金片鞘花羊角鞘小刀一把，绿子皮金片牙签盒一件，黄绸挖单四件；左设绿沙鱼皮珊瑚鞍 锦毡一分，回子锦鞍笼一件，青布鞍罩一件，黄毡鞍笼一件；右设红漆描金盒一个，内盔冠一顶；红漆描金箱一个……内盛甲挂裙十件，青缎鸾膀褂一件，黄绫绵甲衬大小十件，黄缎面绸里夹挖单三件，单绸子小挖单二件，黄缎绣金龙绵袍一件；右设弓架一座，上挂撒带一副，桃皮镶嵌腰刀一口；左右设熊虎皮各二张，虫蛀，上缝皮签四件，四样字，随玻璃熊虎眼珠八支，朱漆架；妙德圆成匾一面。[1]

现在的文殊圣境殿，其内文物已不存。

八　清代皇家雅曼达噶坛之特点

清代皇家所建七处雅曼达噶坛，按建造年代先后排列：①圆明园清净地，乾隆十年（1745 年）；②雍和宫雅曼达噶楼，乾隆十四年（1749 年）前后；③永安寺善因殿，乾隆十六年（1751 年）；④圆明园舍卫城普福宫，乾隆二十四年（1759 年）；⑤安远庙，乾隆三十年（1765 年）；⑥普陀宗乘之庙，乾隆三十二年（1767 年）；⑦梵宗楼，乾隆三十三年（1768 年）。

今天圆明园两坛建筑已不存。雍和宫、善因寺、安远庙与普陀宗乘之庙建筑仍在，还有残存的少量文物，但雅曼达噶坛已不存在。只有梵宗楼还基本保存着雅曼达噶坛建筑与文物的完整原貌，弥足珍视。总结以上七座雅曼达噶坛建筑与文物的情况，可知其为独立建筑，或于群楼建筑内部单辟一处。从建筑形式观察，只有善因殿是一座形式独特的立体坛城式建筑，其余各处与一般宫殿建筑没有区别。

在建筑方位上，梵宗楼、善因殿、雍和宫的雅曼达噶楼均在主体建筑的西北，即八卦中的乾卦，极可能有风水方位的设计。如雍正年间北京永乐大钟的安放，就有明确的风水选择。

（《奏销档》雍正十一年）和硕庄亲王等谨奏为移安万寿寺钟事。据员外郎管志宁、主事洪文澜看得觉生寺在京城之乾方，在圆明园之己方，钟之本体属金，若移安觉生寺后甚为合宜。若在京城之东南安设，位属贪狼木星，有金木之克未为合宜，看觉生寺殿宇五层，后阁属土，若在阁后另建一层安设此钟取金土相生之意，甚属妥协，如蒙皇上俞允，臣等会同苏和讷将阁后悬钟一层另绘图呈览谨奏奉旨，依议，钦此。[2]

雅曼达噶坛方位多在西北，但并非绝对条件，除上述在西北三坛外，其余各坛方位各异。当然，这里还有以何处为主体定位的问题。雅曼达噶坛的方位可能有风水理论与佛教义理的综合考虑。

所谓的雅曼达噶坛的主要标志在于其内部佛像、供器的一致。雅曼达噶坛供奉的

1　中国第一历史档案馆藏：嘉庆十三年十二月《普陀宗乘之庙佛像供器陈设等项清档》陈 2487。

2　中国第一历史档案馆藏：雍正十一年《奏销档》。

规矩：①主供独雄大威德金刚；②除供桌、供器外，特别要挂供兽皮幡十二首，狼皮、狐狸皮、豹皮、虎皮、猞猁狲皮、貂皮各二首，或供虎熊皮，或在墙上画假皮幡；③大威德金刚前供木雕的虎、熊、豹、狼；④供盛放皇帝的衣服、饰物、盔甲的箱子；⑤立兵器架摆放刀枪弓箭；⑥有皇帝的马鞍。

此外还有一个特点是雅曼达噶坛与文殊菩萨供于一处。如梵宗楼下供文殊菩萨，普陀宗乘之庙文殊圣境殿内西梢间面北供铜镀金文殊菩萨，明间是雅曼达噶坛。从教义上讲大威德是文殊的化身，此种设置是顺理成章严遵教义的。

此种雅曼达噶坛形式无疑与西藏佛教中护法神崇拜有直接关系。奥地利藏学家内贝斯基在《西藏的神灵和鬼怪》一书中对护法神崇拜有专章论述：

> 崇拜护法神是在一处称作“贡康”的护法神殿举行，此殿在大多数情况下被认为是一座寺院中最神秘的地方。护法神殿的入口处经常有剥制填充成标本模样的野牦牛、豹等动物把守，即所谓的“供兽”，它们经常充当护法神的使者或卫士。护法神殿内通常是一间很黑的屋子，仅在神像面前点燃很少的几盏油灯，这些神像代表不同的主护法神和本寺特定的护法神，这些护法神的身上披挂了很多的哈达以致看不见神像的面目。护法神殿的墙上挂有描绘护法神及其伴属的卷轴画唐卡，这些唐卡平常都用一块布盖住，只是在护法神殿举行仪式的时候才揭开。在神像面前还摆放着各色供品，如朵玛、装有食物和饮料的供碗、花朵等。神殿的柱子上还装饰着代表各类护法神的怒相面具，神殿的屋角堆放着成堆的古代兵器，这些兵器曾长时间的使用，并可用放置兵器的方式把兵器所有的神力贡献给护法神殿，兵器也被认为是该殿护法神最有效的武器。[1]

内贝斯基的论述使我们明了了清宫雅曼达噶坛陈设木雕的虎、熊、豹、狼及各种兵器、兽皮幡的宗教意义。西藏、青海、甘肃等藏传佛教寺庙大经堂内大都建有护法堂，单独供奉各种护法神，塑像狰狞恐怖，多见在屋顶、梁柱上安放古老的刀枪、弓箭、盾牌、兽皮、面具等器物。这些器物代表着护法神的武器、法器、坐骑，显示其巨大的神力。如《塔尔寺志》记载寺内护法神殿中供奉“五世班禅所赐旧时代火枪和锤子(神的武器)……钺刀……火枪和腰刀”[2]。格鲁派寺庙多供大威德金刚，如西藏拉萨色拉寺措钦大殿前部是大经堂，后部三室供佛，中室供弥勒、八大菩萨，右室奉释迦牟尼佛、十六罗汉，左室即供奉大威德护法堂[3]。

1 [奥地利] 勒内·德·内贝斯基·沃杰科维茨著，谢继胜译：《西藏的神灵和鬼怪》，第476页，西藏人民出版社，1993年。

2 前揭《塔尔寺志》，第239页。

3 宿白：《藏传佛教寺院考古》，第34页，文物出版社，1996年。

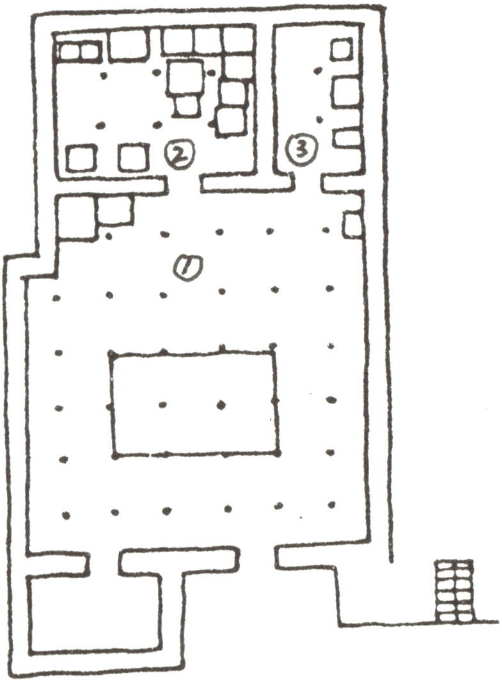

图二〇 甘丹寺阳拔健底层之护法堂平面图
（①经堂 ②佛堂 ③大威德护法堂）

图二一 乾隆甲胄

甘丹寺是黄教的祖寺，主殿拉基大殿为康熙末年所扩建，拉基大殿左侧的阳拔健是甘丹寺专修密法的殿堂，明永乐丁酉（十五年，1417年）建成。一层前部是阔七间、深七间的经堂，经堂后部是两室，右室是佛堂，主供三世佛和其他佛像、佛塔多座。左室是供奉大威德的护法堂（图二〇）[1]，此护法堂内的文物就与乾隆所建雅曼达噶坛有关。据宿白先生《藏传佛教寺院考古》记录：甘丹寺阳拔健底层之护法堂内藏甲胄多件，其一嵌饰金珠，华丽异常，此甲保存完好（图二一）[2]，胄附皮签一，签上墨书藏、满、汉、蒙四体文字，汉文内容为：

乾隆□（二）十二年七月□□□□广慧大国师□嘉耐□□赴西藏瞻礼，命赍御用宝胄绣甲一张，供奉佛座之右。

据此，知此甲胄是乾隆二十二年（1757年）乾隆遣三世章嘉若必多吉（1717～1786

1 引自前揭《藏传佛教寺院考古》，第28页，图1-21。

2 引自上海博物馆编《雪域藏珍——西藏文物精华》图5鎏金铁盔甲，上海书画出版社，2001年。

年）入藏寻访确认七世达赖的转世灵童（即八世达赖降贝嘉措）时携来者，此事见录于土观·洛桑却吉尼玛《章嘉国师若必多吉传》：

（乾隆二十二年）十二月，（章嘉）抵达拉萨……此后……（去甘丹寺）瞻仰了各佛殿内外的佛像，来到阎魔护法神塑像前……将文殊大皇帝寄献的一套珍奇铠甲奉献给护法神，请求护佑。[1]

清宫档案保留有记录：

（乾隆二十二年）带往藏里供奉盔甲一副着配皮签子，写四样字，钦此。……奉旨着用棉花塞垫黑毡马皮包裹，交章嘉喇嘛带往藏里供奉，其皮签子钉在外套箱上，打拉扯，钦此。于本月二十九日，副催总方刚持去交章嘉喇嘛发报讫。

本月二十四日催总六达子将掐丝珐琅满达坛城一座配得软硬套交章嘉胡图克图带往藏里去讫。[2]

显然，此雅曼达噶坛的供奉形式来自西藏佛教，但又有乾隆本人的想法。除供奉兽皮、武器外，乾隆还把自己全套的衣冠、饰物、盔甲、马鞍等供奉佛前，甚至不远万里将盔甲送至西藏甘丹寺，祈求大威德护佑。

藏传佛教中神灵众多，有一个庞大的神系，乾隆皇帝建七处雅曼达噶坛，说明了清宫廷对保护神大威德的特别崇拜。这种做法来自藏传佛教格鲁派的直接影响。清代在西藏居于统治地位的格鲁派特别重视此神。《章嘉国师若必多吉传》记载：

北方厄鲁特蒙古准噶尔部汗王达瓦齐与阿睦尔撒纳不和，大皇帝准备发兵征讨，遵照大皇帝诏命，章嘉国师、噶勒丹锡埒图、济隆活佛等广做法事。有一次出现了阿睦尔撒纳的军旗等九件物品，又遵照“要做威猛烧施法事”的谕令，三位上师举行了吉祥大威德金刚威猛烧施法事。不久达瓦齐被擒获，阿睦尔撒纳势穷远遁。准噶尔和回回两部的地方都归于大皇帝的统治之下。[3]

这里大威德是能破敌制胜的战神，雅曼达噶坛则必不可少地要供奉兵器、盔甲。前引金梁谈雍和宫雅曼达噶楼说大威德是“司战之神，能退强敌。故此在清代乾隆、

1　前揭《藏传佛教寺院考古》，第 29 页；前揭《章嘉国师若必多吉传》，第 254 页。

2　中国第一历史档案馆藏：乾隆二十二年《活计档》3487、3494。

3　前揭《章嘉国师若必多吉传》，第 227 页。

嘉庆、道光、咸丰四朝，每有战事，必派人祭祀这个佛像……在清代，凡是大战以后，班师的时候，必把掳来的特别军器陈列在雍和宫‘雅木德克坛’上，及祭祀完毕，乃又把掳来的特别军器收藏在中南海紫光阁内的武城殿内”，应是可信的。这表明乾隆设此坛的目的之一是把大威德作为战神奉祀，当然这绝非唯一的目的。

原载《故宫博物院院刊》2006年第4期

和珅发迹与清中期政治

陈连营

内容提要：在皇权高度集中的清代社会政治背景下，和珅如何能够在官场上急速崛起，一度集政治、军事、财政、文化、外交等国家权力、富可敌国的超级财富于一身？本文认为，乾隆中期以后，伴随封建国家政治权力的高度集中，而统治疆域的不断扩大，人口的急速增长，统治阶层内部矛盾、统治阶级与被统治阶级矛盾的不断加剧，国家行政事务不断增加，皇帝及其军机处承受的行政压力必然加重。与此同时，作为这一核心集团核心人物的乾隆皇帝此时已经是六十多岁的老人，开始沉醉于享乐生活，将大部分烦琐的行政事务交由军机处来循例办理，而年富力强、眼光敏锐、处事干练决断的满族子弟和珅，巧遇到已经倦勤的乾隆皇帝寻找代理人的历史机遇，自然成为乾隆皇帝晚年最信任、最满意的得力助手和代理人。

关键词：和珅　权臣　清中期　政治

和珅是清代历史乃至中国历史上的第一贪官，也是因“贪鄙成性，怙势营私，僭妄专擅”被处死的最高职位官员，号称清代第一惩贪大案，民间素有“和珅跌倒，嘉庆吃饱”一说。而在皇权高度集中的清代社会政治背景下，和珅能够一度集政治、军事、财政、文化、外交等国家权力、富可敌国的超级富豪于一身，无疑是绝无仅有的。正因为如此，自嘉庆初年和珅被赐令自尽后，有关和珅的逸闻趣事，便随着大众兴趣的日渐强烈而不断演绎着。前些年，一些严肃的历史学者曾对和珅问题进行过认真的梳理，也提出过不少有益的见解[1]。可惜的是，伴随着近年来大众文化需求的迅猛发展，一些大众文人为迎合这股潮流，炮制了大量戏说性质的影视作品和传奇故事，使得和珅问

作者：出版部，编审。

1　郭成康、成崇德：《乾隆皇帝全传》，学苑出版社，1998 年；冯佐哲：《贪污之王和珅秘史》、《和珅评传》，中国青年出版社，1998 年；冯佐哲、杨乃济：《有关和珅出身、旗籍问题的考察》，《清史论丛》第四辑；冯佐哲：《略谈和珅出身、旗籍问题》，《故宫博物院院刊》1985 年第 2 期，等等。

题变得更加扑朔迷离，黑白不明，很有必要作一清理。

个人认为，和珅的发迹并不是偶然的，而是与清中期政治体制高度集权化与乾纲独断的乾隆皇帝“倦勤”密切相关，换句话说，当时的政治现实决定了，即使没有“和珅”的出现，也必然有类似和珅的人或事出现。而和珅个人的突出才干，使他“出人意料”地成为了老皇帝乾隆的最佳“代言人”。现仅就个人所知，对和珅现象与清前期政治发展之间的关系略作探讨，就正于学界朋友。

一　清中期政治的高度集权化

从体制上看，清中期政治高度集权化主要体现在三个方面：一是“皇帝—军机处”体制的建立，各级政权组织机构的完备和固定化，一系列行政法规的制定，保证了国家权力集中于皇帝一人手中，切实实现了皇权“乾纲独断”的政治理想；二是雍正皇帝等对臣僚实行严密的非理性政治控制，表现为奏折制度的广泛推行，成为皇帝了解下情、控制臣僚最主要工具，君主独裁成为清朝“家法”，具有不可侵犯的权威，皇帝愈来愈多地将属于臣僚职责范围的事务改由自己操办，逐渐成为事必躬亲的专制家长；三是通过对官僚士大夫阶层政治意识的打击和钳制，实现封建专制皇权在政治思想上的高度统一。

早在康熙初年，亲政后的康熙帝，鉴于清初议政王大臣会议体制、顺治初年摄政王多尔衮的专权、康熙初年辅政大臣鳌拜等人专权对皇权的危害，特别重视对用人权和刑赏之权的垄断。康熙帝认为：“用人之权，岂人臣所得专擅？”[1]为此他还针对当时举荐用人方式澄清说：“官之优劣，若不问，何由而知？大臣虽有荐举，用舍皆出于朕。间用一二人，亦朕所知而用者。若但因大臣荐举而用之，朕所理者又何事耶？虽有问九卿举出之人，亦得者半而不得者半，此皆幸遇耳。”[2]而对于“邦之利器也，在君则制臣，在臣则制君”“不可以示人”[3]的赏罚权，康熙帝更为敏感。康熙三十六年（1697年），礼科给事中郑昱建议以平定噶尔丹的名义颁布大赦天下诏书，这本是收拾民心的良好建议，康熙帝却以“凡颁赦诏，皆人主之事，非人臣所宜言”为理由，传令大学士申饬之[4]。为确立“天下大事皆朕一人独任”[5]的专制体制，康熙帝进行了不懈的努力，在打击八旗旗主势力的同时，极力削弱议政王大臣会议在政治生活中的影响，从低级官员中抽调人员，组建了自己的秘书班子——南书房。

1 《康熙圣训》卷45，《饬臣工二》。

2 《清圣祖实录》卷133，康熙二十七年二月丙寅，中华书局，1985年。

3 《韩非子·喻老篇》。

4 《康熙圣训》卷24，《广言路》。

5 前揭《清圣祖实录》卷144，康熙二十九年正月己亥。

雍正初年，为应对西北地区用兵、军机事务繁忙的现实需要，雍正皇帝设置了临时性的兼具顾问和秘书性质的办事机构军机房。经过漫长的探索，清朝帝王终于找到了一种最便于"事皆朝廷总之"，或者说，最便于乾纲独揽的国家中枢组织形式和政治运行机制。这一探索过程，如果从清太宗皇太极时期算起的话，已经历了整整一百年；如果以康熙帝创行密折为军机处的最初源头的话，也有半个多世纪。雍正帝以他非凡的政治魄力，草创并大体规划出军机处的最初规模，而乾隆帝即位后经过一段时间的审慎考虑，决定将办理军机处作为定制。在乾隆帝主政的63年间，军机处的规制日渐规范和完备，成为国家中枢，标志着君主专制已发展到了巅峰。

与此同时，中央与地方政权机构日益完备和固定化。突出表现在雍正、乾隆时期对《大清会典》两次修撰，对清朝政权机构、职掌、建置、制度等主要方面，根据形势需要作了系统而完备的规定。成书于乾隆五十四年（1789年）的《历代职官表》，更是"将本朝文武内外官职、阶级与历代沿袭异同之处，详稽正史，博参群籍，分析序说，简明精审，毋冗毋遗，其议政大臣、领侍卫内大臣、八旗都统、护军统领、健锐火器营、内务府，并驻防将军及新疆增置各官，亦一体详晰考证，分门别类，纂成《历代职官表》"[1]。各职能部门的规章制度、行为规范也逐渐完善起来，如《大清会典事例》、《工部则例》、《工部续增则例》、《吏部则例》、《户部则例》、《兵部处分则例》、《内务府则例》等系列行政法规，都是这个时期完成的，某种程度上也完成了国家官僚机构运转的规范化和程式化。

政治高度集权化的另一主要体现则是思想领域的控制。清帝对于历代危害皇权稳定的朋党问题早有认识，康熙帝就曾明确指出："人臣服官，惟当靖共匪懈，一意奉公。如或分门立户，私植党与，始而蠹国害政，终必祸及身家。历观前代，莫不皆然。在结纳植党者，形迹诡秘，人亦难于指摘。然背公营私，人必知之。凡论人议事之间，必以异同为是非，爱憎为毁誉，公论难容，国法难宥。百尔臣工，理宜痛戒。"[2]但康熙时期的朋党问题却因与储位之争纠缠在一起，成为日益严重的政治问题。故雍正帝于雍正二年（1724年）完成《御制朋党论》，并开宗明义地指出："朕惟天尊地卑，而君臣之分定。为人臣者，义当惟知有君。惟知有君，则其情固结不可解，而能与君同好恶，夫是之谓一心一德而上下交。"[3]把臣节的最高标准定为与君主同好恶、与君主同是非。在此意识支配下，雍正帝对封疆大吏的看法是，"有猷、有为、有守，三者并重。但恃其操守颇廉，以为可以博取名誉而悠悠忽忽，于地方事务不能整饬经理，苟且塞责，姑息养奸，此等之人，贻害甚大，……但洁己而不奉公之清官巧宦，其害事较操守平常之人为更甚"，因而"操守颇廉"的查弼纳、杨名时、张楷、魏廷珍等

1 纪昀等：《历代职官表》卷首，《上谕》，上海古籍出版社，1989年。

2 《康熙起居注》第1册，第319页，康熙十六年七月二十九日甲辰，中华书局，1984年。

3 《清世宗实录》卷22。

督抚都曾受到尖锐指责，勇于迎合皇上的李卫、朱纲之流则被雍正称说心肠好、实心任事，是“大能人”[1]。

臣下追求令名的思想也受到打击。雍正帝担心官僚沽名钓誉，不能实心实意为自己效力，所以公开反对官僚好名。他曾训诫臣下说：“为臣不惟不可好利，亦不可好名。名之与利，虽清浊不同，总是私心。”又说：“从来私家之风气，内外大臣当竭力除此大病。公则无不诚，诚则自然明。即廉之一字，何尝不佳。若为一己之利害名誉，而清亦属是病。何况颠倒是非，违理不法，欺天诳上之私乎？”[2]雍正五年（1727年），他教训苏州巡抚陈时夏说：“只要不务虚名，勉力实政，你乃朝中大人物。若一涉假，则国家之蛊毒也。朕必不姑容，勉之，慎之。”[3]

应该说，讲究朋友之义，珍重父兄之情，追求功名富贵，乃中国士大夫之传统，为历代统治者所认同和提倡，在一般黎民士庶看来，是为士者理所当然的人生追求，是不可剥夺的基本权利，而雍正帝偏要在这些涉及人们深层情感的问题上，不顾众怒，向官僚们提出苛刻要求，足见其专制独裁心态之强烈。他实际上就是要大小官僚们去掉所有个人杂念，成为自己行使独裁权力的忠实工具。

乾隆帝对臣僚好名习气的防范超过雍正帝，可谓青胜于蓝。在他看来，臣僚好名既有碍于朝廷吏治，也不利于维护专制权威，故对习染者每每严词训诫，甚至不惜大开杀戒。乾隆十九年（1754年），他警告陕西巡抚陈宏谋说：“嗣后倘不思痛改前非，遇事苟且掩饰，仍蹈沽名钓誉之恶习，必不能逃朕洞鉴，思再邀宽典也。”[4]然而，好名作为士大夫的一种历史传统，源远流长，很难在短期内整饬见效。像雍正时严厉禁止的“德政碑”等，在乾隆中后期又重新出现：“各省地方无论大小文武各官，现有去思德政等碑，俱著查明扑毁，该督抚务须实力查办，毋得视为具文，致蹈阳奉阴违之咎，并著每年年终奏闻。”于是广东有1049座去思德政等碑被巡抚孙士毅扑毁，制造衣伞、脱靴等也被一切禁止[5]。因为他有一重要观点，就是盛世无“名臣”。理由是“名臣之称，必其勋业能安社稷，方为无愧，然社稷待名臣而安之，已非国家之福”。为此谆谆告诫后世子孙说：“乾纲在上，不致朝廷有名臣奸臣，亦社稷之福耳。”[6]雍正时期的名臣尹会一的儿子尹嘉铨，就因为要替老子争祀典，受到乾隆帝的鄙视和打击，即“尹嘉铨案”就是在此意识形态下爆发的。

---

1 参见刘凤云《政治冲突与文化隔阂：杨名时案透视》，《清史研究》2002年第4期；刘凤云：《从康雍乾三帝对督抚的简用谈清代的专制皇权》，《清史研究》2001年第4期。

2 《雍正朝汉文朱批奏折汇编》第6册第196页、第8册第77页，江苏古籍出版社，1988年。

3 前揭《雍正朝汉文朱批奏折汇编》第8册，第843页。

4 《宫中档乾隆朝奏折》10辑，第387页，台北故宫博物院，1986年。

5 前揭《宫中档乾隆朝奏折》73辑，第602页。

6 《清高宗实录》卷1129。

通过一系列对官僚士大夫阶层政治意识的打击和钳制措施，最终实现了封建专制皇权在政治思想上的高度统一。

不仅如此，清代帝王对臣僚的政治控制也日益严密，甚至是非理性发展。

其一是奏折制度的广泛推行。雍正初年，激烈的权力斗争使雍正帝将奏折人空前扩大，奏折成为皇帝了解下情、控制臣僚最主要的工具。不但督抚藩臬等高级官僚能密折言事，即使如知府、游击等低级官员也可以通过奏折密报地方情形，这一做法无疑使大小臣僚变成了皇帝的特务。如雍正三年（1725年）六月，浙江布政使佟吉图、按察使甘国奎先后参奏巡抚法海“轻忽主恩，恣行无忌”[1]后不久，福建巡抚毛文铨即奉旨密奏二人操守：“佟吉图办理地方事务闻亦平常，又性情傲慢，待上无礼，是以事多壅滞。各属节礼查未收受，钱粮平头，以及署印谢仪都是要的。”“至于甘国奎，臣访得日日做坐功，遇有大案，委属员代审者多，上司属官都不相合，官民多怨。”[2]这种让臣僚不分等级、不分地区相互纠察的做法，有效防止了臣下串通一气对抗皇权现象的出现，同时也加深了他们之间相互防范、相互猜忌的矛盾。

其二是经常使用特务的做法，来强化对臣僚的控制。乾隆时人赵翼就记载说：“雍正中，王云锦殿撰元日早朝后归邸舍，与数友作叶子戏。已数局矣，忽失一叶，局不成，遂罢而饮。偶一日入朝，上问以元日何事，具以实对。上嘉其无隐，出袖中一叶与之，曰：俾尔终局。则前所失也。当时逻察如此。”[3]昭梿也记载说：“雍正初，上因允禩辈蓄逆谋，倾危社稷，故设缇骑，逻察之人四处侦伺。凡闾阎细故，无不上达。有引见人买新冠者，路逢人问之，告其故。次日入朝，免冠谢恩，上笑曰：‘慎勿污汝新帽也。’”“王制府士俊出都，张文和公（张廷玉）荐一健仆，供役甚谨。后王将陛见，其仆预辞去，王问何故，仆曰：‘汝数年无大咎，吾亦入京面圣，以为汝先容地。’始知为侍卫某，上遣以侦王劣迹也。故人怀畏惧，罔敢肆意为也。”[4]可见其控制之密。

其三是君主独裁成为清朝“家法”，具有不可侵犯的权威。乾隆帝就公开宣称：“乾纲独断，乃本朝家法，自皇祖皇考以来，一切用人听言，大权从未旁假。即左右亲信大臣，亦未有能荣辱人、生死人者。盖与其权移于下，而作威作福，肆行无忌，何若操之自上，而当宽而宽，当严而严。此朕恪守前规，不敢稍懈者。”[5]

在此思想指导下，皇权出现恶性膨胀，皇帝愈来愈多地将本属于臣僚职责范围的事务改由自己操办，逐渐成为事必躬亲的专制家长。如雍正元年（1723年），即位不久的雍正皇帝就开始代行大学士事务，在他看来：“国家政治，皆皇考所遗，朕年尚壮，

1　前揭《雍正朝汉文朱批奏折汇编》第5册，第350页。

2　前揭《雍正朝汉文朱批奏折汇编》第6册，第277～278页。

3　赵翼：《檐曝杂记》卷2，《王云锦》，中华书局，1982年。

4　昭梿：《啸亭杂录》卷1，《察下情》，中华书局，1980年。

5　王先谦：《乾隆朝东华录》卷28。

尔等大学士所应为之事，尚可勉力代理，尔等安乐怡养，心力无耗，得以延年益寿，是亦朕之惠也。”[1] 雍正五年（1727 年）六月，雍正皇帝又以各部对交办事件不予回复为由，欲代行部院事务：“倘不能办理，应将事件呈送朕前，朕代诸臣办理。况朕竟日坐勤政殿，又不殚暑热，欲办理事务，竟无事办。诸大臣如此因循，迟延不奏，其意将谁诿乎？”[2] 雍正帝甚至提出代管大臣妻奴的建议，雍正三年（1725 年）三月的一道上谕就说：“凡大臣之家人，如有嫁娶筵席，延请亲友等事，令各禀明家主。倘有私成党羽，结为兄弟，彼此会饮，恳求事件者，即行拿获具奏，朕必从重治罪。”“大臣中，现有为伊妻所制，凡事依允者，甚属可耻，大臣等宜加防范。”“诸大臣各宜加意将妻奴严管，苟有畏惧掣肘，不得已之处，令密奏朕，朕代诸大臣处分。朕虽日理万机，而于大臣之家事，尚能办理。”[3] 专制独裁心理可谓溢于言表，昭然若揭！

而皇权的过度集中，自然导致如下后果：大多数臣僚缺乏行政积极性和创造性，官场贪污腐败、因循推诿风气盛行[4]，官僚机构行政效率下降，大量一般性行政工作被转移至政治核心机构（皇帝—军机处）办理。如有关河南考城县修建城池问题，清廷就有关问题、相关责任人及其处罚，分别于乾隆五十四年（1789 年）十二月二十七日、二十九日，乾隆五十五年（1790 年）正月十三日、二十一日、二十三日，三月十三日、十四日、二十六日，先后下发至少八道上谕[5]。这些不厌其烦的上谕内容，必然需要军机处人员负责草拟下发。皇帝不能不日益依赖少数亲信协办政务，受皇帝控制的南书房、军机处职能不断强化，权臣侵犯皇权现象成为可能。

实际上，即使在军机处设立不久后的乾隆初年，就有鄂尔泰、张廷玉之间的党争，此后经处事谨慎的傅恒和“不蹈积习”“有古大臣风”的刘统勋主持军机处后，于敏中接为首席，“士大夫之浮薄者，纷纷趋其门下，权势赫奕，炙手可热”。清人称之为“君子小人消长之渐”“国家治乱之分”[6]。因而，嘉道以后的思想家们在思考吏治腐败问题时，都无不把清代的专制体制作为最重要的根源予以批判。如魏源就曾批判说：“国家承明制，矫明弊，以内政归六部，外政归十七省总督巡抚，而天子亲揽万几，一切取裁于上，百执事拱手受成，上无权臣方镇之擅命，下无刺史守令之专制，虽蒐琐中材，皆得容身养拙于其间。渐摩既久，以推诿为明哲，以因袭为老成，以奉行虚文故事为

1　中国第一历史档案馆藏：《上谕内阁》，雍正元年十一月初八日。

2　前揭《雍正起居注》，雍正五年六月初四日。

3　前揭《雍正起居注》，雍正三年三月二十八日。

4　参见拙作《关于清中期吏治腐败问题》，《清史论丛》2000 年号。

5　《乾隆朝上谕档》第 15 册，第 389、395 ～ 396、415 ～ 416、425、450 ～ 454、530 ～ 531、533、557 页，档案出版社，1991 年。

6　李岳瑞：《春冰室野乘》卷上，近代中国史料丛刊本；高翔：《近代的初曙：18 世纪中国观念变迁与社会发展》第四章《政治观念的变革》第一节，社会科学文献出版社，2000 年；高翔：《康雍乾三帝统治思想研究》，中国人民大学出版社，1995 年。

得体。”[1] 管同曾比较明清两代的情况后说：“大臣无权而率以畏惧，台谏不争而习为缄默，门户之祸不作于时，而天下遂不言学问，清议之持无闻于下，而务科第营货财，节义经纶之事漠然无与。”[2] 可谓切中要害。

但物极必反，政治体制的发展同自然规律一样，也有其必然性。权力过于集中，势必影响到国家机器的正常运转。正如明代初年废除宰相制度，由皇帝独揽大权后，又导致内阁机构出现一样，国家之大，事务之繁，确非一人所能独理。清代前期集中国家权力的努力，确实达到了“乾纲独断”的目的，但也出现一定问题。可以说，清代军机处的出现既是皇权高度集中的体现，更是皇权高度集中的手段和工具。随着国家权力的不断集中，国家事务的不断增多，其职责也自然地不断强化。

二 军机处职能的日益强化

一般说来，清代军机处主要有三大功能：其一是“承旨书谕”或称“恭拟上谕”，这是其首要的职掌。二是奉旨议大政、谳大狱。所谓“大政”，多为涉及机密而皇帝难于决断的事件。所谓“大狱”，则多为不便交由法司公开审理的重大案件，如邪教大案、督抚等贪污大案以及反清叛乱、起事首领被俘解京审办等案件。三是特简文武大臣、官员时，遵旨开列应补应升人员名单呈进，以供皇帝选定。由皇帝特简的大臣官员包括文职大学士以下至京堂，武职御前大臣以下至步军前锋、护军统领，外任则将军、总督、巡抚、布政使、按察使。其他如会试总裁、顺天乡试主考及各省学政等。此外，军机处还经常奉旨前往各省查办事件，遇战事有旨询问山川道里及兵马钱粮之数，或绘图，或缮单，即时呈递。战事结束后，则奉旨纂辑成书以纪其始末，即《方略》或《纪略》[3]。

即使是日常情况下，军机处的事务也相当紧张。根据曾任职军机处的梁章钜的《枢垣记略》和赵翼的《檐曝杂记》等文献记载，军机处一般办事程序是：每日寅时（4～5点），军机大臣及章京先后到岗，内奏事处太监发下经皇帝批阅过的奏折，军机章京分送军机大臣翻阅，如无特旨，汉大臣只看汉字折，满大臣只看满字折，此即“接折”。卯刻（6～7点），乾隆帝晨起进膳，膳后批阅部院本章及各督抚折子，大约辰刻（8～9点）时分，开始召见大臣，日必四五起。军机章京需要事先将奉“另有旨”“即有旨”的奏折另贮一黄匣，待“叫起”时交军机大臣捧入请旨，此即“见面”。军机大臣见面后退出，即召军机章京面授旨意，并分令诸章京撰草，人各一通。如有字数过长、急需缮递者，则数人分纸速写，共成一通。旨稿缮毕，即交达拉密核校后贮于黄匣，送军机大臣详酌无误后始交内监递进，此即“述旨”。往往述旨未竟，内监先已络绎

1 《魏源集》上册，第328页。

2 管同：《因寄轩文初集》卷4，《拟言风俗书》。

3 前揭《枢垣记略》卷13，《规制一》；卷14，《规制二》。

来催；而军机大臣或又奉召见面，复有谕改，日至于再三。

经朱笔更改的谕旨，例应另纸誊写清楚，唯廷寄谕旨即以朱发。谕旨属明发者，交内阁抄发；廷寄有马递者，交兵部；另有交各部院速议速办者，即专交各该部院。皆使领者注明画押于簿中，此即“交发”。交发毕，即抄录奏折副本以备存档。凡密行陈奏及用寄信传谕之原折，或有朱批应慎密者，皆章京自抄正副两本，互相读校，即于录副之折的折面注明某人所奏某事，及月、日与交、不交字样，此即“开面”。开面后，值日章京即将本日所接各省原折各归原函，缴入内奏事处，此即“交折”。最后，需将各类档案分别整理装订，收入柜中，值日者亲手题封，谓之“封柜”[1]。至此，班务方告结束。

军机处每日程课如此紧张，所以长期充任军机章京的管世铭说：每日“率以日晡为常，或继烛留门而后出。其派出专办非信宿所能得当者，虽例许沐休之日，亦襆被在公，不敢归私寓问家事焉”[2]。而班务结束，军机处人员以次散直后，为应付紧急折件，章京还需轮流值日兼值夜。赵翼当西陲用兵时曾为军机章京，自述“有军报至，（乾隆）虽夜半必亲览，趣召军机大臣指示机宜，动千百言。余时撰拟，自起草至作楷进呈或需一二时，上犹披衣待也。”即逢元旦、万寿节等大节日，军机处也随时处于待命状态。即使巡幸在外，军机处乃以“行在军机处”随驾，紧张程度甚至超过在宫在园之时。乾隆帝常于马上降旨，军机大臣面奉后，即令军机章京歇马撰缮，驰至顿宿之行营进奏。两营之间尚有一尖营，以备乾隆帝中途小憩，清语谓之“乌墩”，司员或仓猝缮就，急飞驰至乌墩进奏，名曰“赶乌墩”[3]。

在这里需要提出的是，学界在讨论清代中期政治问题时，注意到了皇权极端集中对当时社会政治的影响，而没有注意或提到另外两个因素对中枢机构军机处日常工作的影响，这就是，与内外衙门权力向中枢机构转移的同时，还面临两个新的现实问题：国家行政事务的自然增加，年老的乾隆皇帝开始热衷于享乐生活，而将大部分日常政务处理权交由军机处人员循例办理。这些都必然加重军机处的工作量。

国家行政事务的自然增加至少有三方面的因素：伴随新疆、西藏等地区完全归入中央政府的管辖版图，封建国家统治疆域不断扩大，国家行政事务必然增加；乾隆时期是中国历史上人口增长速度最快的时期，一般的看法是先后突破三亿、四亿大关，急速增长的人口，也必然带来国家行政事务的增加；随着封建王朝的盛极而衰，统治阶层内部矛盾、统治阶级与被统治阶级之间的矛盾不断加剧，处理日益增多的刑事案件，应对不时的动乱，也必然带来国家行政事务急速增加，所有这些工作都需要军机处来承受并能迅速作出反应。所以当时任军机章京的王昶感慨道：“内而六部、卿寺，暨九门提督、内务府太监之敬事房，外而十五省，东北至奉天、吉林、黑龙江将军所

1　前揭《枢垣记略》卷 22，《诗文三》，第 272 页。

2　管世铭：《鹤半巢诗集序》，前揭《枢垣记略》卷 22，《诗文三》，第 276 页。

3　前揭《枢垣记略》卷 27，《杂记一》，第 327 页。

属，西北至伊犁、叶尔羌将军办事大臣所属，迄于四裔诸属国，有事无不综汇。且内阁、翰林院撰拟有弗当，又下军机处审定。故所任最为严密繁巨。”[1]以侍读学士在内阁协办批本事务的程晋芳更说过：“乾隆之初，岁批奏二千余道，迄今三十余年，四方章奏之事，辄以折代本，达之军机，直由内阁者少矣。而一岁之中，部本几六千余道，三倍于初年，”仅部本每日由内阁票拟者即有二十道上下，且“其事如茧丝牛毛，非一端所能尽”。[2]作为权力中心和政务中心的军机处的繁忙状况就更可想而知了。

与此同时，作为这一核心集团的核心人物乾隆皇帝此时已统治帝国40年，而且已经是六十多岁的老人，不论其政治意愿如何，倦勤是其必然现象，将大部分行政决策权向政治核心机构军机处，特别是首席军机大臣转移也成为必然趋势。这就是乾隆三十八年（1773年）前后，伴随着处事谨慎的傅恒和“不蹈积习”“有古大臣风”的刘统勋等首席军机大臣的先后谢世，乾隆皇帝开始不断抽调满族贵族子弟如福隆安、庆桂、索琳、丰昇额、福康安、明亮等充实军机处的原因。其主要目的就是通过此举发现具有敏锐政治眼光、精力充沛、处事干练决断而且完全忠于自己的人才，来代理大部分皇朝决策权。

三　乾隆四十年前后的军机大臣

从前面的分析可以看出，乾隆中期以后，伴随封建国家政治权力的高度集中，统治疆域不断扩大，人口急速增长，统治阶层内部矛盾、统治阶级与被统治阶级之间矛盾亦不断加剧，国家行政事务不断增加，皇帝及其军机处承受的行政压力必然加重。与此同时，作为这一核心集团的核心人物乾隆皇帝此时已经是六十多岁的老人，开始沉醉于享乐生活，而将大部分烦琐的行政事务交由军机处来循例办理，这就需要军机处人员具有愈来愈高的身体素质和非常强的政治决断能力。

从乾隆四十年（1775年）前后的军机处在职人员构成来看，远不能满足这种时代需要。为便于分析，现将乾隆三十八年（1773年）至嘉庆四年（1799年）军机大臣列表如下：

年代	人员	备注
乾隆三十八年（1773）	刘统勋、刘纶、于敏中、福隆安、庆桂、索琳、舒赫德、袁守侗、梁国治	闰三月初一庆桂出赴云南，四月二十二日索琳入；六月二十五日刘纶去世，七月初七舒赫德入；九月二十日袁守侗入，十月出赴浙江；十一月十三日索琳往归化城，十六日刘统勋去世，十七日梁国治由湖南入值

1　《军机处题名记》，前揭《枢垣记略》卷22，《诗文三》。

2　《清经世文编》卷14，《章奏批答举要序》。

年代	人员	备注
三十九年（1774）	于敏中、舒赫德、福隆安、袁守侗、梁国治、阿思哈	七月二十三日阿思哈入值
四十年（1775）	于敏中、舒赫德、福隆安、阿思哈、袁守侗、梁国治	
四十一年（1776）	于敏中、舒赫德、福隆安、阿思哈、袁守侗、梁国治、和珅、阿桂、丰昇额、福康安、明亮	三月二十九日和珅入值，四月初十日阿桂入值，丰昇额、福康安也先后入值，二十三日阿思哈转任漕运总督。十二月初九日明亮入觐，命留京日入值
四十二年（1777）	于敏中、舒赫德、阿桂、福隆安、丰昇额、袁守侗、梁国治、和珅、福康安	四月二十二日舒赫德去世，六月福康安改任吉林将军，十月初六日丰昇额去世
四十三年（1778）	于敏中、阿桂、福隆安、袁守侗、梁国治、和珅	
四十四年（1779）	于敏中、阿桂、福隆安、袁守侗、梁国治、和珅、董诰	四月二十四日袁守侗出为东河总督，十二月初四日董诰入值，初七日于敏中去世
四十五年（1780）	阿桂、福隆安、梁国治、和珅、董诰、福长安	正月二十七日福长安入值
四十六年（1781）	阿桂、福隆安、梁国治、和珅、董诰、福长安	
四十七年（1782）	阿桂、福隆安、梁国治、和珅、董诰、福长安	
四十八年（1783）	阿桂、福隆安、梁国治、和珅、董诰、福长安、福康安	四月二十一日福康安入
四十九年（1784）	阿桂、梁国治、福隆安、和珅、福康安、福长安、董诰、庆桂	闰三月初一福隆安死，五月初三庆桂入，二十六日福康安改陕甘总督
五十年（1785）	阿桂、梁国治、和珅、庆桂、福长安、董诰	庆桂九月初三出署陕甘总督
五十一年（1786）	阿桂、梁国治、和珅、福长安、董诰、王杰	梁国治十二月十三日死，王杰同日入
五十二年（1787）	阿桂、和珅、庆桂、福长安、王杰、董诰	庆桂十月十三日回京复入
五十三年（1788）	阿桂、和珅、王杰、庆桂、董诰、福长安	
五十四年（1789）	阿桂、和珅、王杰、庆桂、董诰、福长安、孙士毅	孙士毅六月十六日入值，十一月十一日出署川督
五十五年（1790）	阿桂、和珅、王杰、庆桂、董诰、福长安	
五十六年（1791）	阿桂、和珅、王杰、庆桂、董诰、福长安	
五十七年（1792）	阿桂、和珅、王杰、庆桂、董诰、福长安	
五十八年（1793）	阿桂、和珅、王杰、福长安、庆桂、董诰、松筠	松筠四月二十八日入值，次日庆桂出为荆州将军

年代	人员	备注
五十九年（1794）	阿桂、和珅、王杰、福长安、董诰、松筠	松筠七月十九日出外
六十年（1795）	阿桂、和珅、王杰、福长安、董诰、台布	台布九月十二日入值
嘉庆元年（1796）	阿桂、和珅、王杰（十月初七罢）、福长安、董诰、台布、沈初	王杰十月初七罢值，同日沈初入值
嘉庆二年（1797）	阿桂、和珅、董诰、福长安、沈初、台布、傅森、戴衢亨、吴熊光	台布正月初五改署江西、广西巡抚，董诰三月二十三日免值，闰六月二十四日傅森、戴衢亨、吴熊光同日入值，八月二十三日阿桂去世，十二月二十七日吴熊光改直隶布政使
嘉庆三年（1798）	和珅、福长安、沈初、傅森、戴衢亨、那彦成	傅森二月二十一日罢值，同日那彦成入值
嘉庆四年（1799）	和珅、福长安、沈初、戴衢亨、那彦成（八月二十三日出督陕西军务）、永瑆、董诰、庆桂（均正月初八复入）、傅森（十月二十二日，代永瑆入）	正月初八日和珅、福长安革职，沈初罢值，戴衢亨、那彦成、永瑆、董诰、庆桂入值；八月二十三日那彦成出督陕西军务，十月二十二日永瑆罢值，代以傅森

（据钱实甫《清代职官年表·军机大臣年表》，第 141 ～ 144 页，中华书局，1980 年。入值时间以学习入值为始）

从上表可知，乾隆三十八年（1773 年），熟悉军机处事务的汉人军机大臣刘纶、刘统勋先后去世，乾隆帝在调补袁守侗、梁国治的同时，特调曾入值军机处的名将舒赫德再入军机处，并于三十九年（1774 年）调入阿思哈，四十一年（1776 年）三、四月份更先后调和珅、阿桂、丰昇额、福康安四人入值军机处，同年十二月初九日明亮入觐，命留京日入值。可以说，这是军机处人员变动最大的一个年份。四十四年（1779 年）四月二十四日袁守侗出为东河总督，十二月初七日于敏中去世，先后代以董诰、福长安入值，此后的数年，军机处基本由阿桂、福隆安（四十九年死后代以庆桂）、和珅、梁国治（五十一年死后代以王杰）、董诰、福长安等人组成。

从年龄阶段分析来看，汉人军机大臣年龄偏长，而此时期补充了一批年富力强的满族官员。如乾隆三十八年（1773 年）在值汉人军机大臣年龄：刘统勋 75 岁、刘纶 63 岁、于敏中 60 岁、袁守侗 51 岁、梁国治 51 岁，而满族军机大臣中除舒赫德 64 岁，阿桂 60 岁，阿思哈、丰昇额、索琳年龄不清楚外，已知福隆安约 40 岁左右、庆桂 39 岁、和珅 24 岁、福康安约 20 岁、明亮 38 岁。从满族贵族掌握实权的清代政治现实来考虑，乾隆皇帝是有意培养一批年轻、精力充沛、具有敏锐政治眼光、处事干练决断，而且完全忠于自己的人才。这些新贵有一个共同特点，就是年轻，而且出身贵族。

清代入选军机大臣的人员至少具有两个特点：第一，处事谨慎，不好与人交际。

据曾任军机章京的赵翼《檐曝杂记》记载：军机大臣罕有与督抚外吏相接者。张廷玉被称为“门无竿牍，馈礼有过百金者辄却之”。讷亲“虽苛刻而门庭峻绝，无有能干以私者”。傅恒虽“颇和易近情”，“然外吏莫能登其门”，汪由敦“凡书牍多为作答”，“馈节不过葛纱而已”。军机章京“即在京，部院官亦少往还”[1]。乾隆戊辰状元梁国治也是“醇谨持躬，不敢滥为交结”[2]。嵇璜则“遇事端谨，颇有识见”[3]。

第二，博闻强记，反应灵敏。由于当面奉旨需要准确记下皇帝的指示，就需要有很好的记忆力，而皇帝燕闲时“或作诗，或作画，而诗为常课，日必数首，皆用朱笔作草，令内监持出付军机大臣之有文学者，用折纸楷书之，谓之诗片。遇有引用故事而御笔令注之者，则诸大臣归，遍翻书籍，或数日始得，有终不得者”。赵翼扈从木兰时，读《御制雨猎》诗，有“著制”二字，一时不知所出，后始悟出于《左传》齐陈咸子帅师救郑篇“依制，杖戈”，注：“制，雨衣也。”又用兵时寄信有奉谕旨朱笔增出“埋根首进”四字，亦不解所谓，后阅《后汉书·马融列传》始得之，谓决计进兵也。因此赵翼感叹说：“圣学渊博如此，岂文学诸臣所能仰副万一哉？”[4]于敏中能长期担任军机大臣，原因就是“才颇敏捷，非人之所能及”。当时“御制诗文，皆无烦定稿本，上朗诵后，公为之起草，而无一字之误”[5]。

第三，忠诚于皇帝，值得皇帝信赖。

以此来看，与和珅情况近似者相依，和珅的条件无疑是突出的。

索琳，完颜氏，满洲正蓝旗人，父亲那苏泰官至热河副都统，索琳因此成为荫生，于乾隆元年（1736年）任兵部主事，乾隆三年（1738年）考取翻译举人，乾隆十七年（1752年）由兵部员外郎入为军机章京，乾隆三十三年（1768年）十一月、三十六年（1771年）三月，两度任军机大臣，官至理藩院尚书[6]。没有见到史书记载他有什么建言或大的作为，可见才能一般。

庆桂，字树斋，章佳氏，满洲镶黄旗人，大学士尹继善子。以荫生授户部员外郎，乾隆二十年（1755年）由户部员外郎为军机章京[7]，超擢内阁学士。乾隆三十二年（1767年），充库伦办事大臣，迁理藩院侍郎。三十六年（1771年）授军机大臣，两年后出为伊犁参赞大臣，塔尔巴哈台参赞大臣。四十九年（1784年）授工部尚书，仍直军机，一年后任黑龙江将军，署陕甘总督，授塔尔巴哈台参赞大臣。五十一年（1786年）授

1 前揭《枢垣记略》卷27，《杂记一》，第329页，中华书局，1984年。

2 前揭《啸亭杂录》卷7，《梁瑶峰》，中华书局，1980年。

3 前揭《啸亭杂录》卷7，《嵇文恭公》。

4 前揭《枢垣记略》卷27，《杂记一》，第327～328页。

5 前揭《啸亭杂录》卷7，《于文襄之敏》。

6 《国朝耆献类征初编》卷94，《索琳国史列传》；前揭《枢垣记略》卷16，《题名二·满洲军机章京》。

7 前揭《枢垣记略》卷16，《题名二·满洲军机章京》。

兵部尚书，历署盛京、吉林、乌里雅苏台将军。曾以平廓尔喀议叙，图形紫光阁[1]。才能一般，仅因是名臣尹继善的儿子而受到皇帝的重用。

丰昇额，阿里衮的儿子，乾隆二十五年（1760年）由拜唐阿改三等侍卫，三十四年（1769年）袭封阿里衮一等公，擢领侍卫内大臣，署兵部尚书、镶蓝旗蒙古都统。三十五年（1770年）八月任职军机处，次年即因金川再用兵授参赞大臣。四十一年（1776年）还京，图形紫光阁。次年（1777年）十月病死[2]。只在军功方面有所建树，政治上乏善可陈。

福隆安，大学士傅恒二子，和嘉公主额驸，御前侍卫出身。因此早在乾隆三十三年（1768年）即出任兵部尚书、军机处行走。三十五年（1770年）袭一等忠勇公。金川平定后，曾画像紫光阁。四十九年（1784年）病死，谥勤恪[3]。乾隆皇帝对他的评价是："醇良谨饬，勤慎小心。"[4]

福康安，大学士傅恒三子，以云骑尉世职授三等侍卫起家，先后迁头等侍卫、户部侍郎、镶黄旗满洲副都统。后以领队大臣从征金川，以参赞大臣从将军阿桂镇压甘肃回民起义，官至陕甘总督，封嘉勇侯。再任户、吏部尚书，协办大学士。乾隆五十二年（1787年）台湾林爽文起义爆发，福康安为将军前往镇压，再图形紫光阁，授闽浙总督。五十四年（1789年），任两广总督，主持征安南事宜。五十六年（1791年），廓尔喀侵后藏，福康安再为将军，督师讨之，第三次图形紫光阁。六十年（1795年），贵州苗民起义爆发，福康安奉命前往镇压，当年五月，染瘴病死于军中，获赠郡王爵位[5]。福康安主要以家庭出身高贵起家，一生又以军功显，他进入军机处更多的是一种荣誉。《随园诗话补遗》卷一〇曾记载："福康安则膏粱纨绔，一无所用之童呆。所作诗文，皆孙士毅代笔，福康安并不多识字也。"[6]如此文字基础，又如何担当军机大臣之职责呢？

福长安，大学士傅恒四子。乾隆四十年（1775年）十月为蓝翎侍卫，八月为三等侍卫，四十一年（1776年）为头等侍卫，累迁至正红旗满洲副都统、武备院卿、总管内务府大臣。乾隆四十五年（1780年）开始在军机处学习行走。五十三年（1788年）台湾平，五十七年（1792年）廓尔喀平，福长安皆得画像紫光阁。嘉庆三年（1798年）俘获白莲教首领王三槐，福长安以直军机处得侯爵。次年因与和珅交结下狱夺爵，籍其家。旋遣往裕陵充供茶拜唐阿，后任员外郎、盛京披甲、骁骑校、围场总管、马兰镇总兵、

1 《清史稿》卷341，《庆桂列传》，中华书局，1998年。

2 《国朝耆献类征初编》卷95，《丰昇额国史列传》；前揭《清史稿》卷313，《阿里衮列传附丰昇额》。

3 前揭《清史稿》卷301，《傅恒列传附福隆安》。

4 《国朝耆献类征初编》卷93，《福隆安国史列传》。

5 前揭《清史稿》卷330，《福康安列传》。

6 袁枚：《随园诗话补遗》卷一〇，人民文学出版社，1960年。

古北口提督。二十一年（1816年）授正黄旗满洲副都统，次年病死[1]。从目前所知，福长安基本上是靠出身、与权臣和珅交结走上政治舞台的，也没有什么特殊的建树。

明亮，富察氏，满洲镶黄旗人，都统广成子，亦孝贤高皇后侄子。以诸生娶履亲王允祹女为多罗额驸，历任整仪尉、銮仪使、伊犁领队大臣、宁古塔副都统。后从征缅甸、两金川，命封一等襄勇伯，赐双眼花翎，留任成都将军，再任四川提督、乌鲁木齐都统、伊犁将军、镶红旗蒙古都统、刑部尚书、黑龙江将军、伊犁将军、正红旗汉军都统等职。参加镇压苗民起义、川、楚、陕三省白莲教起义。嘉庆九年（1804年）后，再任都统、兵部尚书、大学士等职。道光二年（1822年），年87卒[2]。明亮同样以家庭出身高贵起家，一生又以军功显，他进入军机处更多的也是一种荣誉。

阿思哈，萨克达氏，满洲正黄旗人。由官学生考授内阁中书，累迁刑部郎中，充军机处章京。乾隆十年（1745年）后，历任甘肃布政使、江西巡抚、山西巡抚、内阁学士、广东巡抚、河南巡抚、云贵总督等职。征缅甸战役中被解任，以副都统衔在领队大臣上行走。旋为吏部侍郎，再戍伊犁。三十九年（1774年）充军机章京，又以镇压王伦起义不力夺官留任。四十一年（1776年）署吏部尚书，旋授漕运总督，死于任上[3]。从其经历来看，仕途起起落落，过失不断，很难获得乾隆皇帝的欣赏。

相比较而言，和珅虽没有庆桂、丰昇额以及福隆安、福康安、福长安兄弟等人的显赫家庭背景，却有很多优点。

其一，机灵，有学问。《随园诗话补遗》卷一〇就说："和珅聪明绝顶，口才便利，……虽是小人，却有本领。"我们常引用和珅发迹的事例：无论是陈康祺《郎潜纪闻》记载和珅能够理解乾隆帝所说《论语》"虎兕出于柙"一语，或是薛福成《庸庵笔记》所记和珅一句"典守者不得辞其责"，还是陈焯《归云室见闻杂记》所记载和珅背诵自己的科举文章，都说明和珅很机灵，有一定的学问。

第二，不结朋党。尽管有不少巴结他的大小官僚，但他对这一清代政治的最大忌讳很敏感，决不与同僚等交朋友，起码在任首席军机大臣前是如此。嘉庆四年（1799年）和珅死后不久，嘉庆帝曾问曾直军机的直隶布政使吴熊光："人言和珅有异志，有诸？"熊光断然否认："凡怀不轨者，必收人心，和珅则满、汉几无归附者，即使中怀不轨，谁肯从之？"[4]这说明和珅得意时不乏巴结他的势利小人，却没有政治上的利益同盟。

第三，无官场迂腐、推诿陋习，敢于做事，也认真做事。当时官场的现象是：或贪污捞钱，或一味追求安逸生活，习惯因循、推诿。"诸臣全身保位者多，为国除弊者少，苟且塞责者多，直言陈事者少，甚至问一事则推诿于属员，自言堂官不如司官，

1　前揭《清史稿》卷301，《傅恒列传附福长安》。

2　前揭《清史稿》卷330，《明亮列传》。

3　前揭《清史稿》卷337，《阿思哈列传》。

4　前揭《清史稿》卷319，《和珅列传》。

司官不如书吏，实不能除弊去害。”[1]而和珅的表现则恰恰相反，敢于做事，也认真做事。如在处理李侍尧一案过程中，不仅毅然领命并恰到好处地处理了此案，还特别关注当地吏治民生状况，提出积极建议，自然深受乾隆皇帝的赏识。

第四，做事圆通灵活。如在处理李侍尧一案时，能很好地理解乾隆皇帝的矛盾心态，既要处置李侍尧的贪污行为，又要对这个进献大户网开一面，所以他坚持斩监候的处理意见，并得到乾隆皇帝的认可。在乾隆五十八年（1793年）接待马戛尔尼使团过程中，和珅有理有节的表现也体现了这一点。

第五，漂亮的外表。长相本是封建社会选拔官员的一个条件，而乾隆皇帝非常重视这一点。在军机处军机大臣中，王杰、于敏中、董诰、梁国治、福长安等据说都是美男子。和珅更是有名的美男子，他性格机敏，头脑清楚，27岁即官至军机大臣，掌管国家内政外交，赢得乾隆皇帝的绝对宠信，成为大清王朝的实权人物。据当年来华的英国马戛尔尼使团使臣的《乾隆英使觐见记》所记：马戛尔尼看到的和珅“相貌白皙而英俊，举止潇洒，谈笑风生，樽俎之间，交接从容自若，事无巨细，一言而办，真具有大国宰相风度”。

这一点也可以与刘墉、纪昀等人的情况比较得知。刘墉、纪昀两人虽有才学，却因是汉人，且迂腐、貌丑等不受重用（刘墉驼背、纪昀貌寝短视）。故邓之诚先生说：“于是大臣向用，颇以貌取，文达貌寝短视，且江北人，故不为纯皇（乾隆）所喜，一时若翁覃溪（方纲）、朱竹君（筠）、王兰泉（昶）、邹一桂皆不得朊仕，际遇颇相似，纯帝所许为明敏之才，率外擢督抚。若于文襄、梁文定、董文恭皆以弄臣蓄之。”[2]尽管立论有些武断，但也有一定道理。

第六，好学。为迎合乾隆皇帝对文化条件的要求，他苦练书法，请名师指导学习做诗等，都是很好的事例。《清人说荟》就说，和珅“既贵，延吴白华省兰诸公于家，日与讲论古今，故于诗文亦粗解。有所作，私倩彭文勤元瑞、纪文达昀为之润色，二公虑被龉龁，恒为捉刀，独刘文清墉时与抗”。据说，汲县人林溥，考中会试后又参加复试，复试诗句中有“从心应莫逾”一句，不为阅卷大臣所赏识，贴批语说：“逾字入七虞，从无仄用。”意思是有用典错误的毛病，不宜进呈。不料和珅恰好看到此卷，遂将批条揭去，仍把他归入前十卷进呈御览。大家都不知其中的缘故，以为和珅一定是受了林溥的好处，查问林溥，也茫然不知所以然。后得知乾隆皇帝御制诗中即有“从心不逾矩”之句，已作仄声用了，和珅记得此诗为证，所以对阅卷大臣的批语不以为然。由于记性特好，又好用心学习，“故于诗文亦粗解”。当时许多八旗子弟既不当兵，也不生产，过着饱食终日、无所事事的生活。他们或醉生梦死，骄奢淫逸，或嬉戏、养鸟、赌博、听戏、斗蟋蟀、逛妓院，无所不为。而在此背景下，和珅的勤奋好学尤其显得难能可贵！

1 《东华续录》卷43，嘉庆四年六月戊辰。

2 邓之诚：《骨董琐记》卷3，《乾隆时侍从之臣》。

第七，出身相对卑微，更值得乾隆信任，而和珅的表现也最为忠诚。乾隆皇帝有所好，他都会投其所好。如极力搜罗钱财满足乾隆皇帝的奢侈生活，搜罗大批古玩、珍宝供其把玩，更在生活中给予乾隆皇帝无微不至的照顾。朝鲜使者就有记载："京城内有佛铺子，互相买卖。朝臣有此作为贡献，皇帝亦以赏赐贵臣。千秋节晨朝，有进贡覆黄帕架子，盛以金佛一座，长可数尺许，舁入阙中，闻是户部尚书和珅所献。"[1]"和珅、福长安辈数人，俱以大臣常在御前，言不称臣，必曰奴才，随旨使令，殆同皂隶。"[2]"皇帝若有咳唾之时，和珅以溺器进之。"[3]这种忠诚和体贴，对内心孤独、老年落寞的乾隆皇帝来说，自然是非常受用。

具有敏锐政治眼光、精力充沛、处事干练决断的和珅，拥有这么多优点，又能够对乾隆皇帝表现得如此忠心耿耿，照顾得如此细致入微，怎么会不得到乾隆皇帝的宠信呢？而一旦获得皇帝的绝对信任，拥有最高权力和地位，哪怕是代理皇帝权力的"二皇帝"，其专断跋扈、极力聚敛财富的人类本能也就自然而然地出现了。

同样的道理，既然权力、地位、财富来自最高权力的所有者封建皇帝，一旦皇帝需要收回权力，权臣被杀或死后被追究的命运也同样是必然结局。纵观历朝历代的官僚政治，当时很多权臣们不都是这样走完自己的人生历程的吗！

概括而言，在皇权高度集中的清代社会政治背景下，和珅能够一度集政治、军事、财政、文化、外交等国家权力、富可敌国的超级财富于一身，应该说确实是一个奇迹。但也可以说是当时特殊的时代背景所造就：皇权极端专制体制下，国家事务繁杂，而老年皇帝已经不胜其烦，日益倦勤，急需政务代理人，而和珅恰恰具备相关条件，最终成为国家最高权力的实际执行者，享有无上的权力和地位，甚至财富。而这恰恰触犯了封建专制政治的最大禁忌——皇权不可侵犯，所以当乾隆皇帝病死、嘉庆皇帝开始亲政后，要刷新政治、树立新主人的绝对权威，就需要最高权力迅速回归皇帝手中，把持最高权力的和珅自然也就逃不过前代权臣们的最终宿命，被迅速清理出政治舞台，这不仅仅是他们的肉体，更包括他们曾经留下的政治痕迹及其影响。于是，曾经在大清帝国政治舞台上呼风唤雨近二十年的和珅，便在历史的记忆中迅速消失了，代之以贪婪、跋扈、钻营的政治小丑形象，他的发迹原因也成了人们津津乐道的历史之谜！触犯了封建专制政治最大禁忌，才是和珅临终所发"怀才误此身"[4]的真正原因吧！

原载《明清论丛》第九辑，紫禁城出版社，2009 年

---

1 《朝鲜李朝实录中的中国史料》第 11 册，第 4769 ～ 4700 页，正宗四年（乾隆四十五年）十一月。

2 《朝鲜李朝实录中的中国史料》第 11 册，第 4762 页，正宗九年（乾隆五十年）三月。

3 《朝鲜李朝实录中的中国史料》第 11 册，第 4840 页，正宗十六年（乾隆五十七年）三月。

4 和珅：《嘉乐堂诗集》己未《上元夜狱中对月二首》，嘉庆十六年刻本。

清廷危机与清帝退位

任万平

内容提要：武昌起义爆发，各省闻风响应。为挽救危机，清廷在各方面采取了一系列措施，从宣慰到军事对抗，但终抵不住民众对共和制度的强烈呼声，走上退位之路。本文通过打开宫禁的大门，进入清廷内部，考察官僚机构在运转失灵的情况下，内廷财政到达何等崩溃的局面，御前会议如何枉开无果，以及在这种危局下，大清皇帝退位的历史演进过程。

关键词：内阁　内帑　御前会议

宣统三年八月十九日（1911 年 10 月 10 日），武昌起义爆发，各省闻风响应。为挽救危机，清廷在各方面采取了一系列措施，但均无济于事。国祚延续 268 年的帝国大厦终于轰然崩塌，至十二月二十五日（1912 年 2 月 12 日）清帝宣布退位。

爆发武昌起义当日，至 1912 年 2 月 12 日清帝退位的 156 天里，大清王朝的决策中枢不断挣扎，从官僚机构调整到调集军队，从拿出内帑抚兵到赈灾，从诏发罪己到屡开御前会议，步步维艰，终至退位。

多年来，研究清帝退位，多从禁城之外论辛亥革命之轰轰烈烈与势不可挡，对禁城之内却少有直接关注。在此，我们着重观察紫禁城内的种种表现，分析一下清帝被迫退位的内在因素。

一　官僚机构运转失灵

封建帝王通过有效指挥其官僚机构，对社会产生作用力。如果官僚怠政导致机构失灵，那么帝王赖以存在的统治基础就会崩溃，他就真正成了孤家寡人，其统治权必将易主。

作者：器物部，研究馆员。

清末以来，官僚机构运转不灵的情况已见端倪，因而清廷进行官制改革、推行新政，但对于经年累月形成的王朝积弊，想通过这些治表之策实难以奏效，这就像主干枯死的大树，就算有一点儿萌发的新枝，也无法抗拒狂风骤雨的袭击，终将扑倒。

为了欺诳民众进行立宪改革，早在宣统三年四月初十日（1911 年 5 月 8 日）就成立了新的内阁，也就是后人所称的“皇族内阁”，以奕劻为内阁总理大臣，那桐、徐世昌为协理大臣，另有梁敦彦任外务大臣、善耆为民政大臣、载泽为度支大臣、唐景崇为学务大臣、荫昌为陆军大臣、载洵为海军大臣、绍昌为司法大臣、溥伦为农工商大臣、盛宣怀为邮传大臣、寿耆为理藩大臣。面对国内高涨的要求召开国会、实行宪政的呼声，并且各省咨议局关于“皇族内阁不合君主立宪公例，失臣民立宪之希望，请另行组织”的意见，老谋深算的奕劻等人深感政治压力之大，为了进退有据，均提出辞呈，“奕劻、那桐、徐世昌的原奏，均在政治官报上发表。”[1]但在次日即四月十一日，“上谕庆亲王奕劻、那桐、徐世昌各奏，恳请收回成命等折，朕已览悉。现在时事多艰，又当创设内阁试办之初，一切事宜均关紧要，端赖老成重臣竭力赞襄，用资辅弼。所请著毋庸议，即遵昨旨到阁办事”[2]。这样一个先天不足、受人诟病的中枢机构内阁，成立不到 5 个月，武昌起义爆发。到了当年九月十一日（1911 年 10 月 31 日），皇族内阁被罢免，任命袁世凯为责任内阁总理大臣：“内阁奉上谕，庆亲王奕劻等奏奉职无状，请立予罢斥；载泽等奏，国务重要，请另简贤能以符宪政而资治理；邹嘉来等奏，时局艰危，政务重要，请准辞职，以定国是而正人心各一折。所奏甚是，均著照所请。庆亲王奕劻开去内阁总理大臣，大学士那桐、徐世昌开去协理大臣，镇国公载泽等、邹嘉来等均各开去国务大臣。袁世凯著授为内阁总理大臣。该大臣现已前赴湖北督师，著将应办各事略为布置，即行来京组织完全内阁，迅即筹划改良政治一切事宜。袁世凯未到京以前此数日间，仍著庆亲王奕劻等照旧任事，内阁组织未成前，并仍著载泽等邹嘉来等照常办事，均不得稍有诿卸。”[3]皇族内阁存在了仅仅 5 个月而已。但按该上谕，在袁世凯内阁组成之前，仍要继续办事，又维持了两周，直到九月二十五日才完全卸任。

九月二十六日袁世凯内阁成立，任命了各国务大臣。袁内阁甫一成立，在各项制度尚未制订之时，就先在十月初六日（1911 年 11 月 26 日）出台了一项《奏事入对暂行停止事项》，其内容包括：“总理大臣不必每日入对，遇有事件奉召入对，并得随时自请入对……所有从前应行请旨事件，均咨行内阁核办；其必应具奏者，暂由阁代奏；凡无须必请上裁事件，均以阁令行之；其关于皇室事务……统由内务府大臣承旨署名，具奏后仍即时知照内阁，但所奏以不涉及国务为限；各部例行及属于大臣专行事件，

1　载涛：《载沣与袁世凯的矛盾》，《晚清宫廷生活见闻》，第 81 页，文史资料出版社，1982 年。

2　中国第一历史档案馆：《光绪宣统两朝上谕档》第三十七册，第 92 页，广西师范大学出版社，1996 年。

3　前揭《光绪宣统两朝上谕档》第三十七册，第 285 页。

毋须上奏。”[1]此中的规定皆属弹性规定，没有明确界定具体内容，对于什么属于“无须必请上裁事件”“属于大臣专行事件”，只有袁内阁可以“因事制宜”了。由此，袁世凯攫取了一切国务与内政大权，皇帝、摄政王以及皇太后均已成为傀儡，帝王的权力徒有举行祭祀与典礼的虚尊。

袁内阁发布的《奏事入对暂行停止事项》，直接剥夺了摄政王载沣的权力。载沣与袁世凯早已结怨，在其摄政之初，即首先罢黜袁世凯军机大臣，令其开缺回籍养疴。在武昌起义爆发后，载沣本不愿意请袁世凯出山从而威胁自己的政治生命。但在此仓皇之时，皇族内阁的总理大臣奕劻与协理大臣那桐、徐世昌等极力主张启用袁世凯。载沣“素性懦弱，没有独做主张的能力，亦没有对抗他们的勇气，只有听任摆布，忍泪屈从”[2]。现在既然把袁世凯请了回来，而且又大权在握，载沣感到即使在朝也无计可施，无权可用。于是，在袁内阁组成10天后，即十月十六日，载沣向隆裕皇太后“泣请辞退监国摄政王之位。不再干预政事”。隆裕皇太后平素为人性格软弱，遇事没有任何主见，只得“准退监国摄政王之位。所钤监国摄政王章，著即缴销。仍以醇亲王退归藩邸，不再预政。著赏给岁俸银五万两，由皇室经费项下支出。嗣后用人行政，均责成内阁总理大臣、各国务大臣担负责任”。对于仅仅剩下的典礼事宜，隆裕皇太后决定由她率领小皇帝将事。该上谕之末尾，由内阁总理大臣袁世凯、署理外务大臣胡惟德、民政大臣赵秉钧、署理度支大臣绍英、学务大臣唐景崇、陆军大臣王士珍、署理海军大臣谭学衡、司法大臣沈家本、署理农工商大臣熙彦、邮传大臣杨士琦、理藩大臣达寿共同具名[3]。从此，摄政王的退出，内廷核心就只剩下了孤儿寡妇——6岁的小儿皇帝溥仪与毫无主见的太后隆裕。

对于摄政王的辞职，吉林巡抚陈昭常率吉林各职官在次日即致内阁请代以电奏，认为“若庙堂之上先事纷更”，就会被已经发动革命的地区指为“政权不一”的口实。并且认为，“皇上正在冲龄，皇太后亦向未预闻政事。即使聪明天纵，而深宫端拱，经验所得，未必即较摄政王为多。”恳请收回成命，并威胁不如此，吉省的危局则难以负责[4]。但受到隆裕皇太后的懿旨批驳[5]。同时，御史欧家廉也言辞激烈地上疏，抨击袁世凯内阁，认为不可辞退摄政王，论如“以组织内阁，停止奏事入对撤销直日，人心愈疑以为实权既去，空文亦亡，朝廷自此替矣。今又并监国摄政王去之，徒使我皇上以一孺子，茕然独处于内，诸臣累然屏迹于外，内外隔绝，上下不通。安宁知复取

1 《宣统政纪》卷六五，第1203页，中华书局，1987年。

2 前揭《载沣与袁世凯的矛盾》,《晚清宫廷生活见闻》，第81～82页。

3 前揭《光绪宣统两朝上谕档》第三十七册，第330页。

4 中国史学会:《辛亥革命》第八册,第146页,《宣统三年十月十七日吉林巡抚陈昭常等致内阁请代奏电》,上海人民出版社，1957年。

5 前揭《光绪宣统两朝上谕档》第三十七册，第337～338页。

我君父置于何地？杞人忧天而悲，嫠妇恤周而泣，此不能不惑者也。方今海宇分崩，叛逆四起，存亡危急，即在目前，乱臣贼子，布满肘腋而适有此举动嫌疑之中。又嫌疑焉，愚者固忧司马昭之心，贤者亦疑伊尹之志”。并提出了上中下三策，上策为可去监国之号，仍以醇亲王暂行摄政；中策为请隆裕皇太后临朝训政；下策为“增入各项大礼、请添派近支亲王为太保、请议定太保应行事宜，著为令典，颁示天下”[1]。但此疏留中未发。陈昭常与欧家廉固然顽固，所论皆为维护封建皇权，但也看出袁内阁的大权在握，已出现皇帝被孤立、“朝廷自此替矣”的危局。

既然内阁的权力完全置于皇权之上，摄政王也已退位，那么皇帝与太后能够直接掌握的就只有为皇家服务的内务府了，内务府大臣的效忠与否也是隆裕皇太后的一个心理安慰与支持。当时的内务府大臣为世续、奎俊、增崇、景丰 4 人。

尚在九月初九日（1911 年 10 月 30 日），时为资政院总裁的大学士世续奏假期已满，病犹未痊，恳请开缺，得到的谕旨是允准[2]，但到九月二十日，将其补授为总管内务府大臣，则上谕其即行销假供职，不许固辞[3]。十二月十一日，总管内务府大臣奎俊称病乞解职。降旨著再赏假一个月。安心调理，毋庸开去差缺[4]。十二月二十三日，内务府大臣增崇又称病乞解职，再次降旨赏假一个月，毋庸开缺[5]。

进入十二月以后，清廷局势更加岌岌可危，隆裕皇太后不断地召开御前会议，每每困于难解危局之状。但四个内务府大臣中竟有两人称病，并且要求“解职”，实则是在撂挑子，是大管家甩手不干了。虽然我们不能排除他们确实罹疾，但是，在此危难时刻，不能同舟共济，实同釜底抽薪。本来，在批准摄政王载沣退位的上谕中，还特别强调“皇帝尚在冲龄，保卫圣躬应有专责，世续、徐世昌著授为太保，尽心卫护”。他不仅有负于卫护皇帝的期望，而且世续还充当了迫使皇帝逊位的先导力量，即《清史稿》在其本传中说“及议逊位，世续首赞之，太后令磋商优待条件”[6]。

二　内廷财政拮据

清末以来历次屈辱条约的签订，都包含大量的赔款，这使得原本经济下滑的清王朝国库更加空虚。1911 年 10 月 24 日（九月初三），英国《泰晤士报》驻华记者莫理循说：“财政恐慌就要在北京发生了，国库储备的白银不足一百万两……目前户部正

1　前揭《宣统政纪》卷六七，第 1237 页。

2　前揭《光绪宣统两朝上谕档》第三十七册，第 281 页。

3　前揭《光绪宣统两朝上谕档》第三十七册，第 295 页。

4　前揭《宣统政纪》卷六九，第 1275 页。

5　前揭《宣统政纪》卷七十，第 1292 页。

6　《清史稿》卷四七二，列传第二五九，第 12818 页，中华书局，1977 年。

努力从四国银行得到一千二百万两为期一年的贷款……如果政府得不到这笔钱，它将处于可以想象的最严重的困境。四国银行考虑借款申请的唯一条件是，赋予袁世凯同革命党人议和的全权，并进行革命党人所要求的不论多大程度的改革。”[1]四国银行是指法国东方汇理银行、德华银行、美国财团、汇丰银行。堂堂一个拥有三四亿人口的大清王朝，国库储备居然不足白银100万两！这是一个令人不寒而栗的数字。而1200百万的数字，则是呼应袁世凯最初要求清廷亲贵们集资支撑他半年的战费。

国家财政到了如此窘困境地，皇家私产累积的内帑成为补充国库的经费来源之一。武昌起义后，为了弭靖地方，首先在八月二十九日（1911年10月20日）开始动用慈禧皇太后遗留下的内帑："现将孝钦显皇后所遗宫中内帑内拨银二十万两，由内务府发交袁世凯，派委妥员在湖北一带核实赈济以惠灾民。”[2]九月初三日，隆裕皇太后为赈济直隶、吉林、江苏、安徽、山东、浙江、湖南、广东各省水灾，为每省再出内帑3万两[3]。九月初五日，再向慈善救济会赏赐宫中内帑3万以助救济[4]。

一次拨款最多的当属九月初五日，此次向湖北军发拨了100万两作为军饷："现在湖北用兵，军饷浩繁，著拨出宫中内帑银一百万两，由内务府发度支部专作军中兵饷之用。”[5]

九月十三日，隆裕皇太后再拿出慈禧皇太后所遗内帑银10万两，由内务府发交岑春煊抚恤四川[6]；十月十日"湖北著赏给内帑银六万两，交冯国璋、张勋分放前敌各军，以资腾饱而作士气"[7]。

十月初一日，隆裕皇太后再下懿旨，用内帑赏给所有禁卫军、左右翼、巡警、武卫左军各项兵丁，每名银1两。根据《光绪宣统两朝上谕档》，禁卫军咨报全军人数为10097名；步军统领衙门咨报营翼兵丁数目为：左翼2726名、右翼2796名、五营共兵丁4785名；民政部咨报内外厅巡警数目为；内城总厅巡官长警总数5368名、外城总厅巡官长警总数3034名、内外厅消防队队长队兵总数510；武卫左军咨报全军人数共14334名[8]。总计人数为43650，那么赏银即为43650两。

以上共拨出内帑银达167万两之多。

---

1 莫理循：《清末民初政情内幕》上，北京知识出版社，1986年。转引自邓亦武《刍议列强对袁世凯上台的支持》，《唐山师范学院学报》2002年第4期。

2 前揭《光绪宣统两朝上谕档》第三十七册，第258页。

3 前揭《宣统政纪》卷六十二，第1129页。

4 前揭《光绪宣统两朝上谕档》第三十七册，第266页。

5 前揭《光绪宣统两朝上谕档》第三十七册，第271页。

6 前揭《光绪宣统两朝上谕档》第三十七册，第288页。

7 《国家图书馆藏历史档案文献丛刊·宣统年交旨档》第一册，第6页，全国图书馆文献缩微复制中心，2004年。

8 前揭《光绪宣统两朝上谕档》第三十七册，第310、314、315页。

又有宣统三年十二月十八日，“钦奉谕旨，现在天气严寒，实录馆人员朝夕恭纂书籍，著加恩于十一月十二月正月每月赏给柴炭银五十两，在广储司支领。”[1] 按《清德宗实录》前面所列纂修官，共计 160 人，此项总计由广储司拨出银 2.4 万两。

本来由户部银库支出的宫内殿座修缮经费，因库藏空虚未予拨付，内务府大臣只好上折，先借内帑发放，即宣统三年九月初二日《内务府大臣奎俊等奏为讨借内帑银发放长春宫等处工程用事折》中，奏请为长春宫等处工程借用内帑银 20 万两。该折上还开列了部库亏欠多个殿座修缮工程施工银两 1399589 两 3 钱 3 分 4 厘[2]。仅是这个数目，就相当于晚清时期户部一年拨交给内库的额度，即 140 万两[3]。

一方面，超过户部拨交给内务府一年额度以上的内帑用作兵饷或赈灾等，另一方面又有户部亏欠的一年额度的拨款，纵使内务府有一定积蓄也难以支撑，况且晚清内廷生活更加奢靡，挥霍无度，也难有过多的积蓄。尽管内务府的经济来源不止户部拨款，按常规还有皇庄、榷关、盐业、变卖人参等收入。但在晚清，皇庄经营陷于瘫痪，人参停止采挖，这两项的收入甚微，而榷关与盐业的收入，也已随着皇权的衰微、偿还外债的压力等而难以达到乾嘉时期的水平。

而早在九月初十日，奕劻、那桐、徐世昌与载泽等奉到谕旨，同意了度支部续借洋款以济要需的奏折。但各国政府出于对清朝时局的种种考虑，均未能给予贷款。借外债不成，转而考虑采用借内债的办法，十月二十四内阁奏定了募集爱国公债办法，咨行各衙门遵照办理[4]。但购买者寥寥无几。

部库、内库均告空虚，举借外债无望，募集公债无期，万般无奈之下，清廷想到了变卖祖宗老本的办法。十一月十一日，内阁总理与署度支部大臣片奏：“盛京大内及热河行宫旧存上等瓷器多件，均属稀世奇珍，全球罕见……万不得已，拟请伏念时艰，将此项瓷器赏准发出变价充饷。”[5] 该奏随即得到批复“著照所请”。如果尚有一定内帑可以支应，断不至于到了变卖家产的地步！

至十一月十五日，隆裕皇太后批复“姜桂题等电奏请敕各亲贵大臣将所存款项分别提回接济军需……著宗人府传知各王公等，将存放私有财产尽力购置国债……各王公等分属懿亲，与国家同休戚，所当懔多藏厚亡之戒，效毁家纾难之忠，想该王公等具有天良，深明大义，定能竭诚报效，不待予之谆谆告诫也”。开始动员皇族懿亲购买国债[6]。东三省总督赵尔巽等合词上奏“经费紧蹙，罗掘俱穷。而日使调查各亲贵，

1 前揭《国家图书馆藏历史档案文献丛刊·宣统年交旨档》第一册，第 56 页。

2 中国第一历史档案馆：《奏销档》909-005 号。

3 申学锋：《晚清户部与内务府财政关系探微》，《清史研究》2003 年第 3 期。

4 前揭《宣统政纪》卷六六，第 1131 页。

5 前揭《光绪宣统两朝上谕档》第三十七册，第 364 页。

6 前揭《光绪宣统两朝上谕档》第三十七册，第 367 页。

存储外国银行之银共三千余万两，并指出某人于某银行顿赀若干”。以下陈词激愤[1]。于是，各亲贵感到惧怕，争相上奏财产簿，但都是哭穷隐匿家资，而《清稗琐缀》竟记载“奕劻卖马，那桐卖宅，故作寒酸，求免担负。实则诸亲贵私财，寄顿外国银行者，据内阁调查报告，现银达六千余万”[2]。

当内阁与度支部惊呼“现在时局危迫，库款告罄……倘不速筹的款，则哗变即在日前”[3]，在十一月十四日（1912 年 1 月 2 日），也就是南京政府成立的第二天，在袁世凯逼迫下，隆裕皇太后最后拿出内帑黄金 8 万两，作为兵饷[4]，以与南方重新开战，对抗孙中山成立的新政府。如果按清末金银比价 1 ： 40 来算，这个数目折合成白银已经相当于 300 多万两。但若按御前会议上溥伟抨击袁世凯“勒捐亲贵大臣和内帑黄金八万两，款近千万”[5]，这个数目已是内廷倾其所有。唐绍仪与伍廷芳的会谈中，原本伍廷芳说内帑甚足，而唐绍仪说“八万黄金，已尽提出矣”[6]。可以说是白银用尽，再将这 8 万两黄金倾尽提出，再次可证明内帑财政真正彻底破产，大清王朝内外，已无任何经费可以支撑残局！

三　御前会议枉开无果

面对革命形势熊熊逼迫，民军坚持要求改建民主政治，否则不与北方议和，与此同时，内廷也即将成为断炊之势，摄政王载沣已于十月十六日去职，进入十一二月，只得由主持内政的隆裕皇太后召集御前会议，寄希望与王公亲贵共商决策。关于御前会议，以尚秉和之《辛壬春秋》，叙述颇详，可视为正史。《三水梁燕孙先生年谱》上说：“尚秉和所著《辛壬春秋》，其中《南京政府》、《清室禅政》、《北京政府》三篇颇多可资参考者。虽立言不无偏袒，然事实亦多赖纪存也。”[7]

十月二十八日（1911 年 12 月 18 日），唐绍仪与伍廷芳作为北南两方代表在上海议和，南方代表伍廷芳坚持只有清廷同意共和，才能开议。为此，唐绍仪电奏朝廷请旨。于是，隆裕皇太后召集近支王公御前会议，并谕袁世凯“君主民主，余与皇帝无所容心！汝可以此意电令唐绍仪转告伍廷芳，召集国民会议决之”[8]。按《辛壬春秋》

1　四库未收书辑刊编纂委员会编：《四库未收书辑刊》伍辑第六册，第 536 页，《辛壬春秋》卷二六，北京出版社，1997 年

2　（清）佚名：《清稗琐缀》。

3　王开玺：《武昌起义后清政府财政的彻底崩溃》，《历史档案》1993 年第 4 期。

4　前揭《四库未收书辑刊》伍辑第六册，第 536 页。

5　前揭《四库未收书辑刊》伍辑第六册，第 539 页。

6　前揭《辛亥革命》第八册，第 93 页，观渡庐：《南北议和史料》。

7　岑学吕：《三水梁燕孙（士诒）先生年谱》，第 111 页，台湾文海出版社，1972 年。

8　前揭《辛亥革命》第八册，第 103 页，钱基博：《辛亥南北议和别纪》。

所载，在十一月初七（1911年12月26日）国务大臣奏请按唐绍仪所奏召开御前会议，那么此次会议当在初八或初九日召开，是为隆裕皇太后召集的第一次御前会议，参会人员除了王公大臣外，还有国务委员。在这次会议上，袁世凯首先向皇太后耍了以退为进的手腕，说："奉职无状，罪万死。"皇太后则安慰说："卿勿尔！国家大事，既相托付，当勉为其难。即使挽回无术，吾决不咎卿也。将来皇帝成立，吾且以卿之忠尽艰难困苦情形告之。"这样，任凭袁世凯以后不论如何处置，皇太后也不会怪罪。最后，皇太后只得抱着小皇帝哭泣，诸大臣亦涕不可抑[1]。但是大臣们如何讨论，史籍记载阙如。但此议遭到不少皇族亲贵和蒙古王公反对，"终因有在京蒙古王公中数人多不谓然，未能定议"[2]但在十一月初九日袁世凯内阁所奉的谕旨上却是这样拟写："惟我国今日于君主立宪共和立宪二者以何为宜，此为对内对外实际利害问题，固非一部分人民所得而私，亦非朝廷一方面所能专决。自应召集临时国会，付之公决。兹据国务大臣等奏请召集近支王公会议，面加询问皆无异词。"[3]袁内阁竟以隆裕皇太后的口吻，说近支王公对共和均无异词。

此次会议之后，袁世凯等经过20余天的谋划。其中，十一月十五日（1912年1月3日），他与梁士诒等策动驻俄公使陆征祥联合各驻外公使，致电请清帝退位[4]。到十一月二十八日（1912年1月16日），袁世凯又以国务大臣的名义合词上奏，首论军事形势之紧迫，再论采取民主犹如尧舜之禅让，如若接受民主共和"迥非历代亡国之可比"，等于众口一词诱劝清帝退位。其中最为对皇室产生影响的，则是以法兰西革命作为恫吓："读法兰斯革命之史，如能早顺舆情，何至于路易之子孙靡有孑遗也！"并说："总理大臣受朝廷之委任，握全国之枢机，治乱所在，去就因之。独至帝位去留，邦家存否，则非总理大臣职任所能擅断，其国务大臣亦职能负其行政一部之责任。"又摆出是否退位与内阁无关的架势，但同时又逼迫皇太后再次召集皇族，单独召开会议密议。于是，在二十九日召开了第二次御前会议。这次会议的确是只有皇族参加，这也是便于会上讨论退位与否的问题。此次会上，贝子溥伦首先发言，其主旨为由满族继续统治中国已经绝望，即使国民会议召开也不会有好的结果，明确提出自动退位，并且皇族还要力劝袁世凯接替孙中山做总统的主张。奕劻甚以溥伦主张为然，但恭亲王溥伟、载泽等人驳斥反对[5]。

十二月初一日（1912年1月19日），召开第三次御前会议。此次会议，在溥伟的《让

---

1 前揭《四库未收书辑刊》伍辑第六册，第536页。

2 马大正：《清末土尔扈特蒙古郡王帕勒塔》，《庆祝王钟翰先生八十寿辰学术论文集》，辽宁大学出版社，1993年。

3 前揭《光绪宣统两朝上谕档》第三十七册，第361页。

4 前揭《三水梁燕孙（士诒）先生年谱》，第105页。

5 前揭《四库未收书辑刊》伍辑第六册，第538页。

国前御前会议日记》中记载颇详。会议在辰刻即已开始，隆裕皇太后在养心殿召对诸亲贵，小皇帝未出席，被召者有醇王（载沣）、伟（溥伟）、睿王（魁斌）、肃王（善耆）、庄王（载功）、润贝勒（载润）、涛贝勒（载涛）、朗贝勒（毓朗）、泽公（载泽）、那王（蒙古亲王那彦图）、贡王（蒙古郡王贡桑诺尔布）、帕王（蒙古郡王帕勒塔）、宾图王（蒙古郡王棍楚克苏隆）、博公（辅国公博迪苏）。太后问曰："你们看是君主好，还是共和好？"皆对曰："臣等皆力主君主，无主张共和之理，求太后圣断坚持，勿为所惑。"太后谕曰："我何尝要共和，都是奕劻同袁世凯说，革命党太厉害，我们没枪炮、没军饷，万不能打仗。我说可否求外国人帮助，他说等奴才同外国人说看。过两天，奕劻说：外国人再三不肯，经奴才尽力说，他们始谓：革命党本是好百姓，因为改良政治，才用兵，如要我们帮忙，必使摄政王退位。你们问载沣，是否这样说。"醇王对答是。溥伟奏曰："既是奕劻这样说，现在载沣已然退政，外国何以仍不帮忙，显系奕劻欺罔。"那彦图奏曰："既是太后知道如此，求嗣后不要再信他言。"溥伟又奏曰："乱党实不足惧，昨日冯国璋对载泽说，求发饷三月，他情愿破贼，问载泽有这事否？"载泽对曰："是有。冯国璋已然打有胜仗，军气颇壮，求发饷派他去打仗。"太后谕曰："现在内帑已竭，前次所发之三万现金，是皇帝内库的，我真没有。"溥伟碰头奏曰："库帑空虚，焉敢迫求？惟军饷紧要，饷足，则兵气坚，否则气馁兵溃，贻患甚大。从前日俄之战，日本帝后解簪饰以赏军，现在人心浮动，必须振作。既是冯国璋肯报效出力，请太后将宫中金银器皿，赏出几件，暂充战费，虽不足数，然而军人感激，必能效死，如获一胜仗，则人心大定。恩以御众，胜则主威。请太后圣明三思。"善耆奏曰："恭亲王所说甚是，求太后圣断立行。"太后谕曰："胜了固然好，要是败了，连优待条件都没有，岂不是要亡国么？"溥伟奏曰："优待条件是欺人之谈，不过与迎闯贼不纳粮的话一样。彼是欺民，此是欺君。就请用贤斩佞，激励兵心，足可转危为安。若一议和，则兵心散乱，财用又空，奸邪得志，后事真不堪言。况大权既去，逆臣乱民倘有篡逆之举，又有何法制之？彼时向谁索优待条件？"又奏曰："即使优待条件可恃，夫以朝廷之尊，而受臣民优待，岂不贻笑列邦，贻笑千古？太后、皇上，欲求今日之尊崇，不可得也。臣忝列宗支，实不忍见此等事！"太后谕曰："就是打仗，也只冯国璋一人，焉能有功？"善耆奏曰："除去乱党几人，中外诸臣，不无忠勇之士，太后不必忧虑！"溥伟奏曰："臣大胆，敢请太后、皇上赏兵，情愿杀贼报国！"太后顾视载涛曰："载涛你管陆军，知道我们的兵力怎么样？"载涛对曰："奴才没有打过仗，不知道。"太后默然，良久谕曰："你们先下去罢。"善耆奏曰："少时国务大臣进见，请太后慎重降旨。"太后叹曰："我怕见他们。"乃顾视溥伟曰："少刻他们又是主和，我应说什么？"溥伟对曰："请太后仍是主持前次谕旨，着他们要国会解决。若设临时政府，或迁就革命党，断不可行。如彼等有意外要求，请太后断不可行。"太后曰："我知道了。"溥伟又叩首奏曰："革命党徒无非是些年少无知的人，本不足惧，臣最忧者，是乱臣借革命党势力，恫吓朝廷，又复甘言诈骗，以揖让为美德，以优待为欺饰，请太后明鉴。南方为党人占据，民不聊生，北方因为两宫照临，所以地方安静，此正明效大验。太后爱惜百姓，如杀贼安民，百姓自然享福；若是议和罢战，共和告成，不但亡国，此后中国之百姓便永不能平安。中国虽弱，究属中华大国，为各国观瞻所系。若中国政体改变，臣恐影响所及，从此兵连祸结，全球时有大战，非数十年所能定。是太后爱百姓，倒是害了百姓。”太后颔之。载泽奏曰：“今日臣等所奏之言，请太后还后宫，千万不可对御前太监说，因为事关重大，请太后格外谨慎。”[1]

在会上，“清太后伏案啜泣，满座无声，忽有一个列席的蒙古王公，慨然起而反对，和奕劻争论。”而在赵尔巽全宗档案中也记述了这次御前会议上的“退位之争”，“嗣因蒙古王公反对甚力，未得解决”[2]。会后两天，醇王载沣提醒溥伟说这次御前会议他说话太激烈，隆裕皇太后不愿意听。并且隆裕认为时事还不至于此，恭亲王、肃亲王、那彦图三个人爱说冒失话。请载沣告知他们，以后不准再如此[3]。这次被召参加御前会议的共 14 人，主要就是溥伟、载泽、善耆、那彦图 4 个人发言，余皆缄口，这恐怕是每次御前会议的缩影。发言者夸夸其谈，只图言语痛快，并且又对革命形势估计判断不足，实无解决危机良方。而且，从上述记载可见，皇太后更不愿意有形势危急至极的说辞入耳，只是采取鸵鸟政策，即使有敢言者，也只好缄默其口。但有一点，载泽提醒皇太后不要跟御前太监言及此事是必要的，因为当时的御前太监张兰德不时地帮助袁世凯诱劝恫吓皇太后。

十二月初四日（1912 年 1 月 22 日），又开了第四次御前会议。这次，奕劻托病根本就不出席会议了，载沣走到厚载门（地安门）时听说奕 没去，也掉头回府罢会。这次溥伟似乎更加有底气，谏言皇太后：“勿惑流言，勿堕奸计。止君主立宪尚可求生，若一旦逊位，则万事瓦解。臣等宁决死殉国，不服共和！”隆裕说：“吾亦以逊位事大，尔等既不欲，吾敢擅专！”于是大哭。见此之状，亲贵们又参劾起奕劻多年以来罪大误国，载泽也揭露袁世凯居心叵测[4]。

到了十二月初八日（1912 年 1 月 26 日），袁世凯、梁士诒策划鼓动了其心腹段祺瑞联合前线北洋将领 46 人联名电奏清廷[5]，指斥溥伟、载泽等阻挠共和，要求立定共和政体，并威胁说，南北决裂、北方溃败后，“宗社随倾，彼时皇室尊荣、宗藩生计必均难求满志”[6]，以正在磋商的皇室优待条件相威胁。当日革命党人彭家珍又炸伤坚

1 前揭《辛亥革命》第八册，第 112 ～ 114 页，溥伟：《让国前御前会议日记》。

2 前揭《清末土尔扈特蒙古郡王帕勒塔》，《庆祝王钟翰先生八十寿辰学术论文集》。

3 前揭《辛亥革命》第八册，第 112 ～ 114 页，溥伟：《让国前御前会议日记》。

4 前揭《四库未收书辑刊》伍辑第六册，第 538 页。。

5 前揭《三水梁燕孙（士诒）先生年谱》，第 105 页。

6 前揭《四库未收书辑刊》伍辑第六册，第 540 页。

拒共和的顽固派良弼。十一日（1912 年 1 月 29 日），袁世凯因上述两事入奏。太后于是又召集亲贵开第五次御前会议，商议国体问题，亲贵们既无任何主见，有人只好自欺欺人地说恐怕这封电报是假的。这次会议，奕劻与载沣又均未到会。末了隆裕说等次日再与他们两人商量。实际上，王公们接到这封电报，“人人自危，无敢有异词者”，连最坚决反对共和的良弼也不得不承认“现在除共和无别出路”[1]。

当良弼被炸后，国务大臣梁士诒等入朝行礼，隆裕皇太后摄于被炸事件而掩面泣云：“梁士诒啊！赵秉钧啊！胡惟德啊！我母子二人的性命都在你们三人手中，你们回去后好好跟袁世凯说，务要保全我们母子二人性命！”赵秉钧大哭，誓言保驾，梁士诒也泫然[2]。这时，隆裕皇太后已然被吓破了胆，在她看来，帝位诚可贵，性命价更高！

在御前会议的间隙，被袁世凯笼络的隆裕皇太后的亲信太监张兰德，也不断诱劝哄骗皇太后退位：“劝隆裕共和，谓共和仅是去掉摄政王之职权，太后之尊严与享受依然如故。隆裕信之，遂有逊位之举。”[3]张兰德还恫吓隆裕“若不答应民党的要求，则革命军队杀到北京，您的生命难保；倘能依从让位，则优待条件如何如何，仍可安居宫闱，常享尊荣富贵”等[4]。对于毫无主见的隆裕皇太后，身边又没有什么可以商量计策之人，自己的亲信太监的话，就成了她作最后决定的重要参考。

十二月十二日（1912 年 1 月 30 日），隆裕皇太后再次召集王公第六次御前会议。这次会议奕劻与载沣应均到场，但王公们仍唯诺无决词。太后说：“尔等反复推求，迁延不定，疑义丛生，将来必演出同室操戈、涂炭生灵之惨剧。此后兹事，由我一人担承耳。”[5]辞色甚厉，罢会。召袁内阁撰拟宣布共和诏旨尊藏，俟优待条件磋议迄颁布内阁，令近支王公署名诏纸尾也。正是这次会议，隆裕皇太后终于下定了颁布共和的决心。

十二月十六日（1912 年 2 月 3 日），皇太后授予袁世凯以全权，迅与民军商酌优礼皇室、皇族、宗庙、陵寝、八旗生计、蒙古回藏待遇各条款[6]。

此后，又有一日，具体时间不详，是退位诏书马上颁布前，隆裕皇太后率小皇帝召集近支王公大臣、内阁总理大臣、国务大臣召开了第七次御前会议。在这次会议上，既然共和已定，隆裕皇太后呜咽哭泣，王公大臣亦皆失声痛哭。皇太后交代给小皇帝：“尔之所以得有今日者，皆袁大臣之力。”是让小皇帝成人后要对袁世凯感恩戴德，

---

1 张国淦：《辛亥革命史料》，程为坤：《清帝退位记》，《紫禁城》1987 年第 6 期。

2 前揭《三水梁燕孙（士诒）先生年谱》，第 111 页。

3 前揭《载沣与袁世凯的矛盾》，《晚清宫廷生活见闻》，第 81 ～ 82 页。

4 前揭《载沣与袁世凯的矛盾》，《晚清宫廷生活见闻》，第 83 页。

5 前揭《四库未收书辑刊》伍辑第六册，第 540 页。

6 前揭《宣统政纪》卷七十。

并敕命小皇帝降御座致谢[1]。这次会议，无疑是召集王公大臣们一起向大清王朝哀别吊丧，是对优待条件的认可。

宣统三年十二月二十五日（1912年2月12日），隆裕皇太后颁诏退位，统治中国268年的大清王朝终于退出历史舞台。从武昌起义消息奏入内廷开始，直到清帝退位，是清廷崩溃前最关键的时刻，清廷既已失去统治的人力基础，又没有财力支撑，会商又无计可施，拱手让权就是历史的必然了。

原载《明清论丛》第十一辑，故宫出版社，2011年

1 前揭《四库未收书辑刊》伍辑第六册，第541页。

利益集团：古代朋党与近代政党的中间形态

——以交通系为例的历史研究

于庆祥

内容提要：交通系是清末民初的二级政治派系，以经济利益为追逐目标，并且凭借经济实力谋求政治地位，介于古代朋党与近代政党之间的过渡形态。本人通过对其“利益集团”的判定过程，将古代朋党、交通系及近代政党进行比较分析，确定了以交通系为代表的晚清利益集团在国家政治生活中表现形式、政治作用等方方面面。

关键词：交通系　政治派系　利益集团

在中国封建社会历史上，朋党势力一直是瓜分专制主义中央集权的政治派系。至晚清时节，朋党势力出现了式微迹象。那么，在清末民初的社会转型过程中，社会参与的派系形态从古代朋党到近代政党，中间经过了怎样的过渡形态？笔者多年来一直致力于晚清交通系的研究，初步认为：在清末民初政治舞台上，类似交通系这样的派系势力在社会政治生活中发挥了重要作用。这种带有古代朋党痕迹，以经济利益为追逐目标，以经济实力谋求政治地位，介于古代朋党与近代政党之间过渡形态的派系，可以判定为“利益集团”。本文拟将古代朋党、交通系及近代政党进行比较分析，并对交通系的“利益集团”属性展开阐述，以期明定以交通系为代表的晚清利益集团在国家政治生活中的表现形式、政治作用等方方面面，并关注、研究今天我们社会生活中的利益集团现象。错讹之处，还请方家指正。

一　古代朋党、交通系与近代政党的比较分析

为廓清古代朋党、交通系、近代政党的异同，有必要对三者进行细致的历史比较。

作者：研究室，编审。

1. 起源问题

朋党是中国封建社会政治生活中长期存在的一种政治势力。许多学者研究考证，“朋”是中国古代的货币单位，上古时期以贝壳为货币，五贝为一串，两串为一朋。“朋”字由此演绎出串联、聚集，以类相从的同门、同道之意。“党”是周朝的一个基层单位，《周礼·地官·大司徒》里说：“五族为党。”由于乡党经常连用，引申出乡邻之意[1]。大抵在春秋时期，“朋”“党”合成一个词汇，被越来越多地广泛使用。

先秦时期，由于实行以血缘为核心的世卿世禄制，权力再分配很少进行，因此严格意义的朋党尚未形成。到秦灭六国统一全国之后，封建专制主义中央集权逐渐加强，分封制与郡县制并行。血缘相连的皇族分封制不再是唯一的统治地方的形式，君臣关系演变为一种雇佣关系。“溥天之下，莫非王土；率土之滨，莫非王臣。”君主掌控天下的一切，拥有生杀予夺的决策权，而臣子则只有贯彻君主意志的执行权。可以说，朋党的凝聚初始是为对抗君主予取予夺的权威，是臣子联袂而起，为维系自身安全的一种松散的团体。如西汉之初的淮阴侯韩信被杀、淮南王英布被平事件，以及稍晚的“七国之乱”，是中央政权与地方强豪分割权力失衡的最终结果。在两汉、东晋时期，往往是一支庞大的朋党集团占据了朝政的主导权，表现出一枝独秀的当权状态。如，西汉吕后家族、霍光家族、王莽家族，东汉的窦宪家族、邓骘家族、梁冀家族，西晋的杨骏家族，都一派遮天，鲜有旗鼓相当的对手与其争锋。东晋时期，南迁的世家大族与江右大姓势均力敌，形成合纵连横、把持朝政的朋党局面。王、谢、桓、顾、陆、庾等家族实际上支撑了司马氏东晋政权[2]。隋唐之后，在专制主义中央集权不断强化的大趋势下，朋党之间开始转向分割政治的执行权，扰攘不休，且逐渐成为朋党政治生活的主流形式。如唐玄宗时期的牛僧孺、李德裕党争，北宋神宗时期的王安石、司马光之争，明代东林党与阉党之争，清前期的索额图、明珠党争，晚期的帝后党争，均呈现出对立而争的态势，没有再出现一个朋党独揽朝政的局面。

交通系发轫于晚清洋务事业勃兴之际，是由交通四政及其周边产业的壮大而兴起的利益集团。晚清时节，由于中央权威的逐渐衰落，主持交通事业发展的部门、人员在长期的管理、经营过程中，逐渐聚拢了派系力量，形成对交通事业开发、建设、管理、分润的全面控制。晚清时期的财政状况日渐恶化，传统意义的田赋没有扩张的余地，盐课、关税因为抵押为战争赔款之借款，被外国人主持的管理机构控制，清廷挪用起来非常不便。而铁路借款及其收益能够为困窘无状的晚清财政提供临时性的应急财政“输血”。

具备了如此雄厚的财政实力背景，盛宣怀、梁士诒、曹汝霖等一脉传承，维系了交通系的发展、壮大，并在清末民初的政治舞台上呼风唤雨，充任了重要角色，成为一支不可忽视的政坛力量。

1 朱子彦、陈生民：《朋党政治研究》，华东师范大学出版社，1992 年。

2 田余庆：《东晋门阀政治》，北京大学出版社，1989 年。

由经济实力壮大而勃兴，并逐渐影响政坛的政治走势，这是交通系派系缘起的最突出的特点。古代朋党不具有这种特性。

近代政党起源于古代政治结社。依据章立凡先生的研究成果[1]：古代结社可以划分为知识分子结社和民间结社，至明末清初时两者结社以“反清复明”为指向，开始趋同融合，表现出先进思想与守旧意识杂糅、严谨组织形式与松散纪律观念并处的雏形状态。

晚清以降，西学东渐之风日盛。近代中国的开化意识由器物层逐渐过渡到思想层，借鉴西方君主立宪制度的合理元素，推动封建政治体制的改良，催生了戊戌变法运动。“百日维新”失败后，思想上的救亡图存从来没有停息，立宪与革命双线推动，活跃了晚清中国社会政局。各种思潮、团体春笋般地萌发。

同盟会被认为是中国历史上第一个具备政党形式的团体。但党心的凝聚，党纪的维系，全部依靠孙中山个人的巨大威望。立宪潮流涌动后，清廷开放结社禁令，使各种类似政党的团体迅猛增长。到 1911 年清朝覆亡前夕，已经有同盟会、预备立宪公会、宪友会以及各省普遍设立的咨议局，初步奠定了民国初年政党林立的基础。

2. 联系纽带

古代朋党联系的纽带主要是血缘、地缘、学缘。

首先看血缘。封建社会里，血缘家族被认定为最密切的社会联系。“一人得道，鸡犬升天。”血缘家族中一人登堂高官重位，家族的其他成员往往乘势腾达。同样道理，“一人获罪，诛灭九族”的法律戒条得到普遍遵行，也表明血缘关系在人们的心目中确实胜于其他社会关系。

血缘关系又表现为宗族、裙带两个方面。晚清辛酉政变时，恭亲王奕䜣、惇亲王奕譞是皇族，他们与留京大臣文祥、承德的慈禧太后等结成政治同盟，整肃了把持朝政的肃顺集团。其后，两王先后主持朝政数十年，影响了晚清政局的走向。裙带关系在晚清也有一丝影子，中法战争之际，慈禧太后借整顿军机处之机，令恭亲王奕䜣开缺养病，委派自己的妹婿惇亲王奕譞主理朝政。奕譞的理政能力次于奕䜣，但之所以能够取奕䜣而代之，主要是由于奕譞的裙带关系以及唯唯诺诺的秉性所致。

其次看地缘。封建社会里，官吏的精神寄托在乡梓里党。官吏无论在京城声誉朝野，还是在外地独任封疆，甚或不论大半生漂泊乡外，乡规乡音已经模糊暗淡，都无一例外地以贴近乡情、感悟乡统为念。官员在任时以造福乡里、提掖乡契为荣；年迈还乡，则以荣耀乡邻、争光乡党为傲。这种地缘心结造成了官吏对本地域内的同年有一种深深的认同感。清代历史上，江浙地区人文兴盛，许多能臣干员入值中央朝廷。在辅佐朝政中，相互提携，彼此照应，形成一种地域氛围的势力。

1 参见章立凡《会党与政党》，《博览群书》2004 年第 8 期。

再次看学缘。伴随着君主专制集权的加深，血缘、地缘的朋党势力因过于外露而遭到专制君主的无情打击。尤其是有清一代的皇权专制达到了极盛时期。严格规定：亲王不得统领军机处，严禁宦官干政，聚拢皇权于帝王一人身上。在这种情况下，随着科举简拔制度的深入实行，书院教育逐渐形成规模，官吏的门户、师承关系逐步被放大，学缘关系逐步成为联系官吏的重要纽带。科考之年，登榜考生都要拜见考官，尊其为“座主”，自谦称“门生”，依侍“座主”为奥援、交游官场。而“座主”也因引见考生入室而壮大自己的派系力量。同榜及第的考生互称“同年”，因门第相对，“座”师同门，关系极其容易密切。

与朋党对比，交通系也具有上述三种联系纽带。

血缘方面，盛春颐、盛文颐是盛宣怀的儿子，在开发、管理汉阳铁厂方面出力犹多。梁士诒的弟弟梁士讦是广三铁路督办，在家乡地界算得上重量级的人物。“两广盐运使区濂、粤汉铁路督办欧赓祥，造币厂厂长黎某，皆梁之戚也。”[1]叶道绳是叶恭绰的族兄，就任津浦铁路局长。关冕钧与梁士诒是同庚的进士，同入翰林，关的儿子关祖章迎娶梁士诒长女梁好音，结成儿女亲家。关冕钧的另一个儿子关祖光与叶恭绰之妹结婚，于是梁士诒、关冕钧、叶恭绰三人进入一个共同的姻亲之圈，关系非同一般。盐务署长张弧和京汉铁路局长丁士源是亲戚，与安福系头目王揖唐是亲家。叶恭绰与张弧、徐树铮是患难之交，一同遭受过“三次长案”的打击，成为通家之好，家属来往频繁。曹汝霖与张弧是内亲，张弧与徐世昌的弟弟徐世章是连襟（张弧的妻妹嫁给徐世章）[2]。最为引人注目的是，施肇基、施肇祥、施肇曾三兄弟同时就职交通业界，都是独当一面的干员。

地缘方面，旧交通系人员中广东籍占居多数，遍及广东的香山、三水、番禺、广州、南海、顺德、高要、焦岭、博罗，据现有的资料统计，77 名旧交通系成员中广东籍的 22 人，即不到四人就有一人是广东人，尤其是旧交通系的领袖人物，如唐绍仪、梁士诒、叶恭绰、郑洪年、关赓麟、龙建章都是广东人，周自齐虽然不是出生在广东，但从幼年起就生长在广东，算是半个广东人。江苏、浙江合计为 24 人，同样值得注目。新交通系中，江浙籍人士居多，在 35 名成员之中江浙籍人士 14 人，将近占 50%，其次是福建籍人士 7 人。其他区域分布为安徽、直隶以及两湖。派系成员地域性的高度集中，表明了地缘依然是维系交通系的纽带。

学缘方面，盛宣怀的前交通系均是科举功名出身，表明他们深染传统的教育背景。旧交通系在拥有教育背景的成员中，19 人接受过传统的儒学授业，拥有举人以上的功名；25 人漂洋留学，接受过西方科学技术熏染，超过了接受传统举业之人；而其中留美 19 人、留日 5 人、留法 1 人，预示了旧交通系亲近英美的外交倾向。新交通系中，

1　潘敬：《我心目中之梁士诒》，陈奋主编：《梁士诒史料集》，第 126 页，中国文史出版社，1991 年。

2　张同礼：《张弧的一生》，《天津文史资料》第 23 期。

拥有传统功名的人员继续下降，仅为6人，而具备留学背景的成员为16人，是前者的近3倍。其中留学日本的成员为12人，其余4人为留学美国、英国、法国、比利时。依据这一背景，曹汝霖主持交通系时期，外交政策亲日倾向就非常容易理解了。虽然留洋教育不及科举教育那样直接显露出对派系魁首表现忠诚，但相同的教育历练使这些人的意识思维容易找到共鸣点，并在维系交通系的势力中发挥作用。

与封建专制时代的朋党相比较，血缘、地缘、学缘的纽带总体上呈现一种弱化的趋势。因此，维系交通系的纽带滋生出一种新的方式：业缘。

业缘是古代朋党稀缺的纽带，是近代新经济因素成长起来，伴随着行业利益的萌发而产生的联系方式。据不完全统计，在交通系成员之中，直接从事交通四政的人员为101人，占记入统计成员总数120人的84%，如果记入交通四政发展渗透的相关银行、财政等部门，那么直接、间接从事交通事业的成员就将达到113人，占比为94%。只有前交通系的经营汉阳铁厂的李维格、创办南洋公学的唐文治和新交通系的章宗祥等极少数人从未从事过交通四政及周边事业。这是令人非常惊诧的比例，没有任何古代朋党拥有如此巨大的经济共同点，这是交通系区别于朋党最为显著的特征之一。

我们再来考察政党的纽带：志缘。

近代政党的崛起是社会迈入政治近代化的一种新兴事物，完全摆脱了古代朋党的血缘联系，表现了政治团体的一种进步。但初兴之际的近代政党，仍有一些地缘纽带的残留。同盟会初期主要成员多来自广东、江浙地区革命团体，致公堂多来自海外洪门成员的加入，因而有一定的地域性。不过，这种地缘特征非常弱化，而且业缘方面也表现得不太显性。因此，近代政党与古代朋党、交通系所依靠的血缘、地缘、学缘及业缘联系纽带不同，更多的是从团体信仰方面体现自己的联系纽带即志缘。孙中山领导的同盟会是近代中国社会资本主义力量发展到一定程度之后，以谋求推翻封建王朝、建立三民主义社会为宗旨的近代政党，代表了资产阶级中要求以革命的激烈手段进行社会变革的人们的呼声，其“驱除鞑虏，恢复中华，创立民国，平均地权”的宗旨始终得到成员的认可。依靠这一信仰，同盟会把资产阶级革命派凝结在自己的周围，成为联络各革命团体的坚韧的志缘纽带。预备立宪公会是在清廷启动立宪程序，拉开预备立宪帷幕之后，地处江浙的资产阶级立宪派响应而起成立的。张謇、郑孝胥等人发其端，并发起了三次规模较大的请愿运动。可以说，立宪团体是围绕着预备立宪运动的深入开展，聚拢热心立宪制度的人士而形成的。对立宪制度的高度信仰和满腔热情是凝聚团体的主导因素。这种志缘纽带特征与朋党的血缘、地缘、学缘以及交通系的业缘相比，具有本质性的差别，更趋向于一种社会责任。

3. 组织方式

朋党依靠血缘、地缘、学缘凝结，因而组织方式也表现为封建家长制，党之总魁依资历、声望、权势而定，党从依党魁之意志而动。如果把朋党的结构视为小政府，它就俨然微型的小朝廷。党魁弄权甚者，可实现类似封建时代的“党天下”。因主导纽带的不同，朋党的结构也可以再细拆分为几种类型。

以血缘为主导纽带的朋党，结构比较简单，一般是某一年长者领班统巢，余者附之。唐朝玄宗时期，杨玉环晋封为贵妃，其父蒙恩追封，其母、叔、兄或受封诰，或受封晋，甚至她的姊妹也蒙受恩诰。其中贵妃之兄杨国忠几年间就从市井无赖爬到位极人臣的宰相，其下有二公主、三郡主、三夫人、五驸马，一门权势，倾覆“开元之治”。

以地缘为主导纽带的朋党，一般来说可以分出两层：里层是以党魁为首的核心层，外层是该派系的外围成员。明朝洪武初年，淮西集团以左、右丞相李善长、徐达为魁首形成朋党势力，权倾朝政，开国晋封的11位公爵中10人拥有淮西籍；58位侯爵中38位是淮西人，地缘朋党势力极其庞大，从李善长到胡惟庸延续了近20年[1]。

以学缘为纽带的朋党，结构更复杂一些，三年一次的科举考试，造就了一批又一批的进入官场的士人。这些士人在加入朋党的队伍时，会心照不宣地依先后年齿确定自己的位置。上推到师傅、师爷、祖师，下延及门生、徒孙，依辈分划层次。随着时日的推移，会有某些学问渊雅、权势猛涨的后起之秀越层进入朋党核心人物行列，擎起派系的大旗。不过，总体上说来，层次繁多是学缘朋党的特征之一。

再看交通系。

交通系的组织结构呈现三重同心圆特征．位于核心的是梁士诒、叶恭绰、朱启钤、周自齐和曹汝霖、陆宗舆、章宗祥等派系领袖人物；居于中层的是派系骨干力量，主要有交通部各司司长、参事、科长，下属各铁路局局长、工程建设督办、会办、帮办，交通银行、中国银行、金城银行、盐业银行的部分投资人、总行管理者以及部分政府部门的中层人物；散在外围的是与交通、金融、财政甚至外交领域来往密切的一些人物。

核心领袖人物是交通系的大旗，是聚拢派系人心的精神力量。交通系几番政治起伏，都能东山再起，领袖的凝聚力始终不散是一个重要原因。梁士诒的半世政坛生涯是在维系派系生存的信念下度过的，宦海沉浮，三度遭贬，却都能跌倒爬起，重新撑起派系大本营，成为许多成员倾心向往的精神力量。梁、叶、朱、周等人与当局联系密切。民初时节，梁士诒长期担任总统府秘书长，是袁世凯的后台总管，有“二总统”之称；徐世昌时期，梁、朱、周三人配合默契，出面替徐搅散了直系曹锟的副总统美梦，抵制段祺瑞的武力统一政策，倡导南北和谈，梁士诒甚至当了30天的内阁总理。从这种意义上说，核心领袖是派系聚散的标志。

居于中层的骨干力量是派系生存延续的基础。这些人物数量庞大，分散在国家要害部门，充分体现出交通系的规模力量优势，展示出交通系以交通部、交通银行为核心，

1　杨帆：《略论中国封建社会朋党政治的起源及其影响》，《中山大学学报论丛》1997年第6期。

旁及财政、金融、外交、税务等其他部门的超强实力。由于拥有中层骨干的强势根基，核心人物在政海争斗“落马”时，总是能够重整旗鼓，再树旗帜。与核心较容易受政局变化影响相比，中层骨干更具有稳定性，较少受到政局变迁的影响。论个人能力，中层骨干的政治意识、政治能量无法与领袖人物相比。即便是旧系中的赵庆华、关冕钧、龙建章、关赓麟、郑洪年这些久有历练的大员，也不能不仰仗领袖人物的余荫开展活动。新系中除曹、陆、章三人外，陆梦熊、权量、凌鸿勋算是中层骨干，但政治影响力有限。需要强调的是，分散的中层骨干凝结成一个整体，就升级为维持派系生存的基本力量。由于中层骨干星罗棋布般地分布在民国政坛的经济要害部门，把持了一些部门的运转，把部分国家利益转变为派系利益。特别是在交通四政的铁路、航运、邮政、电报已经普遍地被中层骨干人物所充实，外界很难插手进去。依靠中层骨干强劲的行业垄断，即使领袖人物政坛失手，暂时离开政治旋涡，仍然能够遥控中层，掌握派系。社会学理论认为，社会的稳定在于拥有一个庞大而稳定的中产阶层。同样，一个集团能否稳定，要看其中层骨干的能量与稳定性。翻检清末民初20余年的邮传部（交通部）名册，就会发现，交通系之外的人物任职部曹寥寥无几，挤进来的人物或挂个名，不理部务；或进退维谷，左右掣肘，最后只能挂冠而去。

散在外围的是铁路协会、中国银行、交行分行及零散的个别人物。吴鼎昌、胡笔江、钱永铭、谈荔孙、周作民等人是居于外围的典型人物，与交通系保持着不即不离的关系，形成交通系的外围组织。这些人与中枢核心、中层骨干公务往来并不密切，但是个人私交相当不错，个人私交重于事业利益。他们经办的事业往往是交通系领袖人物的个人分润，在交通系势头强劲之时，外围人员趋向派系，显示出较强的向心力；而在交通系受到阻碍时，离心倾向就趋向严重，甚至公开同派系领袖叫板，显示出外围人物的不稳定性。

相对而言，近代政党的组织结构就比较严谨、规范，不仅有选举产生的党魁擎起大旗，而且有一套规范的组织部门管理政党的日常运作，制定党章约束党员的言论行动，定期召开核心层的领导会议，讨论应对局势变化的对策，决策政党宣传、行动的决议。有明文的章程规范各级党组织和党员个人的权利、义务，以及行事的程式、秩序。同盟会成立之初就明确孙中山为总理，下设执行、评议、司法三部，以黄兴、汪兆铭（汪精卫）、邓家彦为三部部长；决定编辑发行《民报》为机关报；以东京为总部，陆续到中国内地、南洋建立分会，发展成员。

同盟会组织严密，纪律严明，是松散的古代朋党、交通系无法比拟的。

二　交通系的“利益集团”属性

上述比较分析可以看出：交通系既不是古代朋党，也不属于近代政党，而是在清末民初中国社会转型过程中，介于古代朋党和近代政党之间过渡状态的“利益集团”。

依据政治学原理，当“社会成员之间以及社会成员与社会之间的利益关系的一定模式”——利益结构发生变动时，就会产生利益集团[1]。利益集团作为社会经济生活和政治生活的桥接团体，以利益驱动为根本动力，影响国家、社会的政治生活。而交通系的历史行为与历史轨迹恰与利益集团的属性相吻合。

首先看交通系控制的经济领域。

一是交通四政。即铁路、轮船、邮政、电报，这些实业是晚清社会最为活跃的新兴产业，是交通系赖以维持派系运转的经济基石，是交通系最为强大的经济领域。据宓汝成先生估算，1907年全国铁路里程为6060公里，截止到1911年清朝覆亡，中国拥有营运铁路为9292公里[2]。

二是近代银行。交通银行成立前，中国铁路借款均由外国银行经理，不仅损失巨额的手续费收入，而且在办理业务时受到外国银行的刁难。1907年梁士诒促使邮传部尚书陈璧上奏，请设交通银行，以便专门代理铁路借款。1908年2月交通银行开业。辛亥革命后，梁士诒以总统府秘书长的身份兼任交通银行总经理。为挽救大量不良贷款引起的银根吃紧，梁士诒运动袁世凯允许交通银行比附中国银行，展开经营。1913年1月袁世凯签署命令：“交通银行迭经整理，信用昭著。在《纸币则例》未经详定以前，所有交通银行发行之兑换券，应按《中国银行兑换券章程》一律办理，以资辅助，而利推行。”[3]1915年10月31日袁世凯正式颁发申令：“中国、交通两银行具有国家银行性质，信用夙著，历年经理公库，流通钞币，成效昭彰。着责成该两银行按照前此办法，切实推行，以为币制公债进行之辅助。该两银行应共负责，协力图功，以副国家调护金融、更新财政之至意。”[4]从而以法律形式正式确认了交通银行的国家银行地位。此外，交通系还通过投资入股、派遣高层管理人员等手法，影响了金城银行、中国银行的经营活动。周自齐在任职财政总长期间，把周作民、吴鼎昌、陈威等人安排到财政部的要害岗位任职，并使吴鼎昌监督中国银行，陈威派驻中国银行任职副总裁，实行对中国银行的控制，最后到1916年周自齐亲自兼任中国银行的总裁，完成了对中国银行的控制。

三是财政税收。交通系对于金融领域的控制是以财政部、盐务署、税务局、公债局等职能部门为中心，旁及其他小型的金融机构为支脉而实施的。

常税方面，由于地方势力无视中央政府的权威，擅自截留中央财政的赋税，致使中央财政收入项目一再萎缩。据杨荫溥分析，田赋、货物税两项预算收入达到1.2亿元，

1 李景鹏：《中国政治发展的理论研究纲要》，第135页，黑龙江人民出版社，2000年。

2 宓汝成：《帝国主义与中国铁路（1847—1949）》，第670页，上海人民出版社，1980年。

3 《东方杂志》第9卷第8号。

4 韩宏泰：《北洋军阀时期的交通银行》，前揭《梁士诒史料集》。

是一笔相当可观的收入，但“除在纸面上扩充各省代付国家支出项目外，全数被地方截留。中央无法分润。换句话，中央在应付自己的支出方面，对田赋和货物税，不能派任何用场”[1]。

北洋政府若干年度田赋和货物税预算状况

（单位：百万元）

年份	公债及借款除外的岁入总额	田赋		货物税	
		数额	占岁入的百分比	数额	占岁入的百分比
1913	333．9	82．4	25	32．7	10
1914	357．4	79．2	22	34．2	10
1915	432．3	95．9	22	42．7	10
1916	439．5	90．5	21	39．3	9
1925	461．6	90．1	20	45．7	10

（资料来源：杨荫溥：《民国财政史》第5页，中国财政经济出版社）

清末民初，财政收入中的相当部分来自盐税项下，特别是“善后大借款”以后，成立了列强主导的盐务稽核所。法国人丁恩任盐务稽核。盐税收入从此被列强控制起来，首要用于归还外债。其还债的剩余——盐余，进项稳定，被许多派系目为“肥肉”。张弧出掌盐务署就使盐务部门纳入了交通系的势力范围。每当交通系经济拮据，资金周转困难之时，张弧控制的盐务署都会倾囊相助。

北洋政府盐税及盐余统计表

（单位：百万元）

年份	盐税实收数	各省截留		盐余	
		数 额	占实收数百分比	数 额	占实收数百分比
1918	89．8	—	—	52．8	59
1919	90．2	10．8	12	43．3	48
1920	89．2	13．4	15	36．1	40
1921	94．3	11．8	13	29．5	31
1922	96．8	20．1	21	31．9	33
1923	94．6	26．5	28	41．5	44
1924	81．4	29．4	36	31．3	38
1925	73．6		—	33．9	46
1926	64．3	37．4	58	8．9	14
合计	774．3	149．4	19	309．2	40

（资料来源：杨荫溥：《民国财政史》第8页，中国财政经济出版社）

1 杨荫溥：《民国财政史》，第5页，中国财政经济出版社，1985年。

从此表可以看出，自1919年起，各省开始擅自截留中央政府的盐税收入，从最初所占实收数百分比10%左右，到10年之后达到将近60%，而中央政府的盐余收入则从59%下降到14%。但3亿元的盐余收入可供中央政府临时救急，帮助化解各种逼债危机。所以，张弧控制盐务署对于交通系来说，也具有相当重要的意义。

其次，我们来分析交通系谋求政治地位的实况。

影响清末民初政局变动的主导派系力量无疑是军事集团。但军事行动需要较为充足的财政支持，在清末民初政治派系、地方势力割据称雄的情况下，经济利益也予以重新分割。传统的田赋、解款、中央专款都被地方势力蚕食，税收方面遭受外国强权势力的盘剥之后余沥无多，中央政府的财政状况一直处于朝不保夕的状态中。武昌起义时，朝廷财政枯竭，隆裕太后曾经面对极力主张武力讨伐的满族“宗社党”青年，叹息自己已经没有金钱驱使军队为王朝效命。进入民国之后，财政拮据一直是历届内阁颇为头痛的首要问题。袁世凯依靠“善后大借款”筹措的巨额资金，打败了南方的“二次革命”。但军事行动用款庞大，袁世凯依然感到经费紧张，遂向梁士诒说明：“财政窘迫如此，交通部总要帮忙才好。”梁士诒马上答应：“只须大总统吩咐，吩咐多少，就是多少！”立即允诺每月提供50万元[1]。梁士诒在1913年5月发表的《救济目前财政办法及告国人书》中历数了民元之初的财政窘境。他说：“财政之弊，已极于晚清末年。宣统三年预算册，出入不敷者已达7000余万元。革命以后，元气凋残，金融停滞，各项收入，即照旧征收，尚难如额，况各省动议减免，而所收益为短绌。至裁遣兵队，收回纸币，种种需要，所增又不止巨万。收入则有减无增，而支出则有增无减……”他接着具体交代民国初年财政的状况：“至民国二年度预算案，岁入岁出，总额均为64635万元。然其实在不敷者为15376万元，不得已以新税公债为弥补之策。”[2]“自临时政府成立以来，协解之款，十有九虚，临时告急，罕有应者，即或一二省允为协助，微论款项无多，非若前清协解之旧额，且大率于最短期间，协助一二次，而逾时即停解矣。在地方似已尽拥护之诚，在中央实乏可用之款，而各省请饷告急之电，纷至沓来。”[3]这更凸显了交通系掌控经济命脉对时局的重大影响性。财政总长周学熙因筹借“善后大借款”，受到各界责难，被迫辞职，梁士诒遂以总统府秘书长的身份兼财政次长，代理部务，在税收方面分设国税厅与地税厅，纳盈利的项目于国税系统之中，一举实现了税收的流向大转移。洪宪帝制铺开之后，梁士诒就任税务督办，鉴于对外举借外债日见困难，袁世凯命令梁士诒“……每晨七时入府商议，夜深始出”[4]，昼夜商议对策。在梁士诒的建议下，袁世凯决定设立内国公债局，梁出任总理，交通系人物陈威任副

1 黄远庸：《远生遗著》第四卷，第26页，中华书局。

2 前揭《梁士诒史料集》，第231页。

3 前揭《梁士诒史料集》，第232页。

4 《时报》1914年8月8日。

总理，发行国内6厘公债1600万元，以京汉铁路余沥担保。梁士诒亲自到参政院作报告，说明募集公债的原委，发动属下鼓动宣传，果然公债募集势头非常好，两月之间，公债已经全部发行完毕。袁世凯随后陆续颁布嘉奖令，奖励此次发行公债付出巨大努力的部门和个人。1915年1月9日的嘉奖令奖励交通系成员，时任中国银行总裁萨福懋、副总裁陈威二等嘉禾章[1]。17日再次颁布嘉奖令，奖励交通银行劝募内债成绩最优，承售债票633万元，募集数目居各承办机关之首，超过全部公债发行额的四分之一，因此通令嘉奖交通银行全体职员"督率经营，实心任事，信用丕著，成绩昭然"[2]。对于出力尤多的盐务署长张弧、交通次长叶恭绰、交通银行协理任凤苞等交通系成员，由周自齐亲草报告，征得袁世凯亲书"利用厚生"的匾额，以示特别奖宠[3]。据当时的报纸报道，几乎所有交通银行的职员都受到从五等到八等不同的嘉禾章奖励，梁士讦、詹天佑、郑洪年、方仁元等人受到通令嘉奖。大批交通系人员受到嘉奖，足以说明交通系的经济能量和政治影响。

交通系能够筹集大量资金，帮助袁世凯度过经济危机；也能够抽走资金，困窘内阁，置对手于进退维谷的境地。1920年直皖战争之后，靳云鹏任国务总理，财政总长周自齐、交通总长叶恭绰进入内阁，与倾向直系的张志潭成为内阁的重心。身为总理的靳云鹏在直系奉系之间走"钢丝"，分外窘迫，无法施展政治抱负。此时中央财政拮据，吴佩孚以直系战胜的余威昼夜向靳云鹏内阁索要钱饷。靳云鹏谋划甩掉交通系重新组建财政部门。"靳总理主张改组内阁之蓄意，纯为旧交通系把持财权，诸事掣肘，不得已具有排斥交通系之决心。"[4]但"交长之难于解决，实因叶恭绰不肯退职，曾宣言无论如何，决不自行辞职。向例阁员局部补充，须前者先行辞职，方能另提新者以补充之。乃叶一味奋斗，遂致迁延不决"[5]。周自齐自动辞职，而叶恭绰不为所动，拒绝辞职。靳云鹏只好实行内阁总辞职，然后重新再组织内阁，从而把叶恭绰排除内阁之外。交通系被排挤出内阁后，开始谋划京津地区停兑，以困倒靳云鹏内阁。首先借大总统徐世昌与靳云鹏在任用烟酒事务署督办张寿龄问题上的龃龉，取得府方的同意，在京津地区实行停兑。报界揭露说："此次金融风潮一般尽知为外人所鼓动。然据各方面调查结果，则外人背后尚大有人在也。缘自靳阁三次改组后，某系被摒下野，于心不甘，因而屡谋报复，冀泄私愤……乃乘此财政困难声中逞其扰乱金融之计，该系首领某大财神与某外人同在公债局办事，彼此素相接近，遂利用某外人在所属权职之下，排斥

1 《时报》1915年1月11日。

2 《时报》1915年1月20日。

3 《时报》1915年1月20日。

4 《阁潮将告一段落》，《京报》1921年5月10日。

5 《中华民国史资料外编》六，第357页。

中交钞票，以达目的。于是营口、天津各海关先后发生不收钞票之事。”[1]靳云鹏得知总统府的密谋之后，促动直系悍将直隶省长曹锐召集天津的中国、交通两个银行的总理，追问银行库存状况。中国银行的行长报告资金充足，完全可以应付兑现，交通银行的行长闪烁其词。曹锐遂派遣人员盘查天津交通银行的库存，发现库存远远超过钞票的发行量，遂认定有人恶意策划停兑，扰乱国家金融秩序，通电要求京师警察厅、步军统领加紧防范，开始监视交通系人员的活动。叶恭绰连夜出关，赶赴奉天，游说张作霖：允诺如能帮助赶走靳云鹏，压服直系的气焰，可由梁士诒组织内阁，而张作霖担任大总统。张遂率领奉军入关，压服直系曹锟，赶走靳云鹏。靳云鹏内阁终于被交通系排挤下政治舞台。

交通系之所以能够在民初政坛上呼风唤雨，关键在于它掌管的经济命脉，并不是交通系所管辖的行业都能够盈利，而是在经办交通四政以及银行往来有巨额的流动资金可供财政窘困的政府挪用，政府运转需要交通系的经济转圜。一份报道透露说：

> 交通部在各部中以阔部著闻于时，顾外间所指目者，如借款回扣，购买材料，种种事项多矣。独于路局存款一层，未曾发露。盖与交通银行订立一种契约，各路局存款于交通银行在20万元以内，则有利息12万元，以外一概不算息。……除京奉铁路账项为外国人管理不能履行此种特别契约外，津浦、京汉、京绥各路通盘计算，存款之数殆有40倍50倍于12万元者。若一概算息，其数目殆极可观……不料，此中秘密一旦为津浦路局长徐世章所披露。盖徐局长到差将近一月时，总局会计处忽送一笔钱来，谓是路局存款算息以外之息款，请局长收纳云云。徐搁置许久，竟而昨呈交通部将此款充公，因是始知此项息款并非不算，实为各路会计处长与局长之陋规，而即为交通部历任总次长路政司长之例外收入也。[2]

交通系在清末民初的社会活动表明：经过半个世纪的洋务运动、清末新政的不懈努力，处于社会转型期（从封建专制到民主共和）的中国社会崛起了一种新的政治力量——利益集团（交通系）。这种利益集团以掌控的国家经济事业，增强自身的经济实力，进而谋求政治生活中的地位与权力，对清末民初的社会政治生活运作及其走势施加了重大的影响。这种政治掌控不同于古代朋党的皇权分享，也不同于近代政党的政治采信，是一种以经济强势分润当权者政治权威的新型模式。它所掌控的政治形势也就可以称为“利益集团模式”。

---

1 《末次档案》十册，第126页。

2 《交通部化私充公之一端》，《末次档案》七九册，第70页。

三 “利益集团”的历史镜鉴

交通系的联系纽带带有一些传统社会因素，例如同契、同乡、部属，但毕竟不同于古代的朋党，在社会进步到世纪之交，封建君主制度已经走到尽头，旧的社会因子丧失了存在的社会基础。在向民主共和体制过渡的过程中，社会派系也会发生相应的转变。特别是交通系经营的都是近代化的产业，铁路、邮政、电报、银行这些都是在晚清新兴的产业部门，需要用近代化的管理方式去运转经营。同时，交通系参与国家政治生活，在内务、外交、交通、金融等各个方面全面卷入。晚清的政治格局已经朝着近代化的方向迈进，交通系在参与国家政治生活中，不能不采用近代化的管理思想融入社会生活，因而也就受到近代化的约束与洗礼。在这种潜移默化的进程中，交通系带有了古代朋党不可能有的近代化色彩。然而，交通系又不同于近现代的政党。政党是意识形态领域的活跃因子，首先具有个性鲜明的政治纲领，营造社会的高度信仰；其次具有较为规范的组织体系、严格的组织纪律；最后还要有较为正常的组织生活、固定的活动场所。而这些政党本应具有的基本特征在交通系身上体现得不充分。它没有建设国家营造社会的大政方针，虽然发表过“交通救国”的言论，却显得零碎琐碎，没有力度，况且都是对于某一方面的具体意见，尚未达到治理国家的高明之识；也没有高人一筹的组织信仰，某些具体的政策意见也不能称为信仰。他们信奉经济利益、组织荣誉，因而政治表现即为追随政治强权，而不问政治强权是否顺逆社会潮流；交通系也没有严整的组织系统，成员之间的联络完全表现为私人之间的业务、情感联系，甚至没有固定的活动场所。梁士诒的私宅是成员经常聚首的地方，但每次聚会都属于探望梁氏的意味，聊天、搓麻将是成员交际的主要方式，显得极为松散涣散。因此，交通系的纪律约束性很差，外围人员总是处于游离状态，离心倾向比较浓厚。当时的社会舆论也注意到此点，《顺天时报》曾经做过分析：“由来交通系非政派非团体，仅与同利害者相呼应而遂成为一种系统，以资活动。但该系统甚属淡漠，若有若无，其真实形状，殆难捕捉。盖交通系多任个人之行动，不出团体之行动，故有此种险象也。”“不过，系中之个人与个人意思缺乏疏通，又因今次个中人物为系内有力之首领，甚惹世人注意。如交通系中曹润田氏比梁燕孙氏，阅历未必不深，惟梁氏见曹氏如门生，而曹氏则以为两次履任总长，各种之企划亦甚不少，故对于梁氏不甘具后进之礼让。故梁氏心兹不悦耳。叶誉虎氏虽与曹氏有旧交，今为交通次长，未必属曹氏之腹心。于是梁氏入都后，专依其援助，办理部务一切，往往有不遵循曹氏之意见，两者交情日形睽隔。……如总统选举亦必不出如此行动。大抵交通系由个人随意行动，以不取团体行动为特色，故偶有内讧，其运动之事实仍不外同一目的。”[1] 这一评论道出了交通

1 《顺天时报》1918年7月2日，《末次档案》六，第191页。

系以利益为核心的“利益集团”性质的真谛。

历史研究的意义除了弄清史实之外，更重大的现实意义在于提供历史镜鉴。改革开放之初，在国家政策的鼓励下，一些行业出现了民营实业。经过 20 年来的发展，已经有部分经营有方的实业巨子积累了深厚的经济能量。部分人士依靠强大的经济实力组织各种协会、商会，甚或进入国家议政（如各级政协）、社团议政（如各民族党派和工商联）层面，代表日益强大的中产阶层，表达参与国家政治生活的诉求。一份《解读中国利益集团》[1] 的评论透露：中组部曾经调查认定，中国现有的利益集团大多还没有完备的组织形态，也没有固定的组织架构，只是松散地、自发地、临时性地“结伙”行动，表达特定的利益诉求。实际上，许多利益集团寄生在合法的组织之中，已经影响到某些基层社会的政治生活运作。因而，研究交通系的“利益集团”性质具有极其重要的现实意义。

原载《故宫博物院八十华诞暨国际清史学术研讨会论文集》，紫禁城出版社，2006 年

1　于津涛、王吉陆：《解读中国利益集团》，《瞭望东方》2004 年第 6 期。

清宫摄影史话

林　京

内容提要：摄影术自19世纪初被发明以来，在西方迅速流传开来。但其进入清代宫的过程并非一帆风顺。虽然当时的一些王公大臣已经较早地接受了摄影术，但是由于慈禧太后的反对，摄影术迟迟未被公开引入清宫中，直到20世纪初，慈禧太后改变观念，摄影术才逐渐流行于宫中。此后慈禧太后拍照甚多，溥仪亦对摄影情有独钟。

关键词：清宫　摄影　慈禧太后　溥仪

在摄影术发明以前，人类为保留有意义的人和事物以至重大事件的记忆，不得不借助画师的仔细观察和手中的笔来描述其形象；然而，即使是最擅长观察和最逼真的画作，也难以完全记录下发生的过往。

19世纪初照相术发明后，迅速在西方流行开来。当时欧美国家的摄影技术已臻成熟。第二次鸦片战争之后，一些外国摄影师及爱好者先后把此术悄悄带进了中国。

对这一新奇事物，清室王公大臣由最初的惊异逐渐转为赞美。兵部侍郎崇厚在《脱影奇观》序中称之为："开数千年不传之秘……"刑部尚书崇实也赋诗称绝：光学须从化学详，西人格物有奇方。但持一柄通明镜，大地山河无谓藏！

咸丰、同治年间(1851 ～ 1874年)，清宫中学会照相和留过影的人寥寥无几。人们熟悉、向往的依然是传统的肖像画。当时清统治阶层一度把它视为异端邪术，排斥于紫禁城外。他们认为，用镜箱对着皇帝、后妃取影，乃是冒犯龙颜、有失体统的逆举，会"被摄走了'魂'"。这种观念一直延续至20世纪初。

19世纪的北京驻有不少欧洲外交官。他们在和清廷上层人物即王公贵族、朝中大臣等来往过程中传布和交流摄影术。虽然宫内一直未流行照相，但王爷们却早已冲破了这种愚昧意识，悄悄地爱上了这种"奇技淫巧"。照片"神情酷肖，便捷真切，更

作者：出版部，副编审。

足取信”的绝对优势被当朝王公大臣们逐渐认同，他们纷纷跟风，争先效尤。中国的摄影首先出现在朝廷大员和皇亲国戚的家中，并逐渐推广代替了传统肖像画。

光绪年间新设立海军事务衙门，奕譞出任总理大臣；由于负责洋务活动，与洋人过往较多，他接触到了照片这一神奇之物，并开始迷恋上摄影这一西洋时尚。醇王府所雇的专职摄影师广东人梁时泰经常跟随在醇王左右，随时为奕譞摄影留念。因此，奕譞身后留下了不少传神的老照片。

末代皇帝溥仪在宫内居住时，从醇王府将其祖父、父亲等许多照片，作为家珍移进宫内保存起来。其中一幅拍摄于同治二年（1863 年）奕譞管理神机营时的北京南苑军营。摄影术诞生于鸦片战争爆发前夕的 1839 年，距今已有近二百年的历史，奕譞的这张影像是在照相术发明 24 年后拍下的。由此可见，中国人接受西方文明的速度并不滞后，其他接受拍照的群体或个人肯定还要更早。其时尚为醇郡王的奕譞，在朝廷担任都统、御前大臣、领侍卫内大臣，管理神机营。照片拍摄于奕譞管理神机营，他时年 23，这是迄今保存的奕譞年轻时代唯一的一张影像（图一）。照片上的他身挂大腰刀，神采奕奕，风度翩翩，是典型的清代武官派头，其左右是两个贴身侍卫，分别肩扛火铳，手握长枪铁矛。这些细节，真实地反映了 19 世纪 60 年代清朝禁卫军的风貌。它也是宫廷藏照中保存至今最早的一幅，为研究我国军事史、摄影史提供了可靠形象的资料，弥足珍贵。

早在同治七年（1868 年），办理洋务的道光皇帝第六子恭亲王奕䜣就曾请英国的

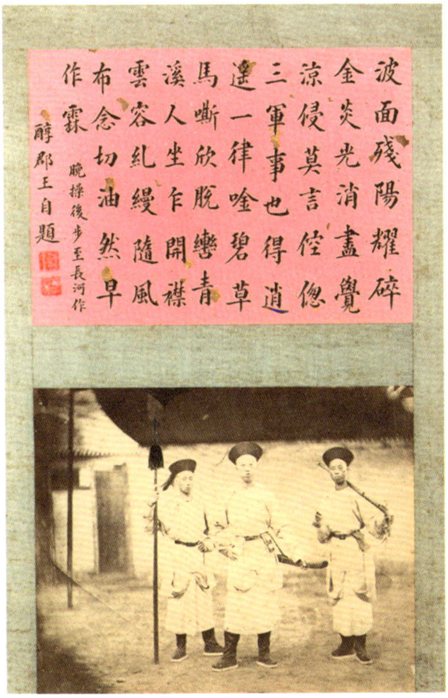

图一　奕譞与侍卫合影

图二　恭亲王奕䜣

约翰汤姆森为自己拍摄过照片。光绪十一年（1885年），醇亲王奕譞受命总理海军事务，于是年四月赴天津巡阅海防。巡阅期间，奕譞让摄影师为其拍了一批照片，并亲自进呈光绪皇帝御览（图二）。自此，照片便首次流入宫中。

紫禁城内的清代皇帝和后妃们开始主动接受摄影术，始于1903年，即慈禧太后在颐和园照相之时。但最初将摄影引入清宫的，不是慈禧，而是珍妃。

珍妃13岁入选进宫，她聪明貌美、性情淳厚、能书擅画，与光绪意趣颇为相投。当时，摄影术传入中国虽已有数十载，但在宫中仍属严禁之列。光绪二十年（1894年），珍妃暗中从宫外购进一套摄影器材。每天给慈禧太后请完安后，她便一头扎到自己的寝居景仁宫潜心研习拍照技术。据当年光绪大婚充任喜婆，后跟随珍妃左右的宫女刘氏回忆，珍妃不仅自己喜好摄影，也给光绪皇帝照相，还教太监用照相匣子。珍妃拍照时任意装束，姿势各异，不拘礼法。

好景不长，慈禧闻之，命人用板笞责打珍妃，并将她身边两名太监发配黑龙江充军。是时珍妃正值豆蔻芳龄，她不畏强暴，又自解私囊，嗜使身边姓戴的太监出宫，在东华门外开设了一家照相馆。不久，此事也未能隐瞒，光绪皇后静芬将其密告慈禧太后。珍妃的举措激起了慈禧对她多年的怨愤，她当即将戴太监传来严讯，酷刑之下，太监隐瞒不过，全盘招出后，随即被乱棒活活打死。珍妃也遭到囚禁。

由于珍妃"屡次犯上"，"违背祖制，大逆不道"，庚子年八国联军入侵，皇室外逃之前，她被慈禧下令推入井中溺死。宫中珍妃留下的摄影作品也遭到摧毁。

今天，故宫博物院仅存一张珍妃的肖像照片（图三），光绪皇帝的影像则踪影全无。目前社会上流传有一些珍妃的旧照，其真伪仍有极大争议。尽管如此，执着进取、勇于开拓的珍妃作为清宫摄影的第一人，则被永远记在了史册上。

图三　珍妃像

至今，在故宫博物院保存着七百八十余幅慈禧太后的照片，这使我们震惊；令我们更为震惊的是，在万余张故宫藏照中，竟然找不到一张光绪皇帝真正意义上的影像。历史资料告诉我们，光绪并非没有接触过照相，更不是抵触照相，仅珍妃一人就给他拍摄过不少照片。这与我们看到的事实相矛盾。那么，是谁能够将贵为天子的皇帝影像作清空性处理呢？毫无疑问，伸出这只黑手的人只有一个——慈禧。光绪的悲剧是数十年帝后之间矛盾冲突最终的结局。

尽管慈禧以铁腕手段残酷扼杀了清宫的

早期摄影活动，但步入晚年后，她却突然心血来潮，又开始对照相眷念不已。

光绪二十七年（1901 年），清政府全权代表庆亲王奕劻和李鸿章与 11 个国家的代表签订《辛丑条约》后，慈禧太后和光绪皇帝从避难的西安返回紫禁城，并发懿旨要与各国“讲信修睦，乐敦联欢”，以换取各国列强对太后的好感和支持。外务部还奉懿旨：“令各使馆内眷进谒宫廷，随同游宴。”从此，慈禧太后即常于御苑内召见各国公使夫人，这亦是庚子以后慈禧新的政治手腕之一。1902 年，两宫回銮，火车由西安返京。慈禧在正阳门瓮城内西北角的观音庙上香，稍作停留。站在城门上的好奇的外国人无不以一睹当朝太后真容而惊异。其中一位举起相机，照下了慈禧太后挥舞着手帕向他们致意的珍贵镜头。当然，这只是抓拍。真正令慈禧太后改弦更张，接受照相技术的契机之一，则是一幅俄国沙皇尼古拉二世赠送的沙皇全家合影。

俄国沙皇尼古拉二世和皇后将一幅八英寸着色全家照命驻华公使赠送给清光绪皇帝。照片镶在紫檀木镜框内，上面嵌有纯金制的东正教标志和其他装饰物，并配有用天然水晶磨制的玻璃，庄严华贵。照片的赠送仪式在光绪二十八年（1902 年）八月，由慈禧太后特选的一个吉日举行。是日，太后身着镶金边黄缎绣袍，上面绣着彩凤寿字，并披着由 3500 颗专供帝后御用的东珠串织的披肩，与光绪皇帝、皇后一同在颐和园仁寿殿召见了俄国公使夫人渤兰康太太。夫人向慈禧太后和光绪帝行礼后，即将尼古拉二世帝后全家照呈上（图四）。慈禧太后和光绪帝、后看罢非常感慨，大加赞赏，光绪皇帝就此向公使夫人询问了许多俄国沙皇、皇后的情况，且让其转谢沙皇的盛意。慈禧太后特意将一块传世翡翠赏赐给了公使夫人。

招待公使夫人的佳肴是满汉全席，此外，为不令渤兰康夫人因不会使用筷子而感到尴尬，太后令人专为其摆放了成套刀叉。

自得到俄国沙皇、皇后的照片后，慈禧太后原来认为摄影术冒犯龙颜、有失体统的观念开始转变，她跃跃欲试的心情日益强烈，对照相的好奇感日益增强。

摄影在当时主要还是采用玻璃版底片或干片，它的成像程序复杂，全部照相材料均需进口，成本昂贵。

光绪癸卯年（1903 年），慈禧最终决定特召曾在西方研习过摄影术的勋龄奉旨进宫，携带刚运回国的全套照相器材，作为御用摄影师，专门为自己拍照。勋龄的妹妹容龄曾任慈禧御前女官，她对此这样回忆：“有一回，慈禧问我姐妹俩会不会照相，她想在画像之前先照几张相，从外边找人来照相不很方便。我母亲说：‘她们两人不会照相，奴才勋龄会照相。’慈禧说：‘那很好，明天就让他进来给我照相，照出像来好让柯姑娘照着画。’”勋龄曾自述：“光绪年间，勋龄及两妹追随先母，同侍宫闱，凡慈禧太后之御照，莫不由仆一人所摄。”

为了照相，慈禧特传御旨在其寝宫乐寿堂前搭席，用布景屏风为衬，并按殿内样布置豪华的陈设。西方人的摄影构图总是力求脱离直线或垂直线，而慈禧则讲求画面平衡对称，人物面部不能有阴影。这种习惯深受中国传统帝王画像形式的影响，反映了不同国家的艺术风格和审美趣味。

当时颐和园内虽已有电灯，但不具备用于摄影的照明器材，为了突出主体人物的立体形象，又不触犯慈禧所忌讳的阴阳脸，提高成像的清晰度，勋龄恰到好处地运用了柔和协调的自然散射光，拍出的照片效果竟类似国画。通过使用对称手法来表现人物，巧妙构图，慈禧照片的画面意境深邃，影像丰富清晰，立体感、质感均佳（图五）。

慈禧在照相之前，要先亲自翻阅历书，选定吉日良辰。拍照时常命勋龄为其连续拍上几张不同姿态的宫装像，并迫不及待地命令将每张放大数幅，还要速将尚未上光的带水样片呈奉御览。如今故宫博物院内还珍藏着许多当年所摄的玻璃底片和照片，其中仅慈禧一人晚年所摄三十余种装饰、神态各异的照片就有七百余张，大多系光绪二十九年(1903年）和光绪三十一年（1905年）的留影。

保存在中国第一历史档案馆的《宫中档簿·圣容账》中，光绪二十九年七月对慈禧所拍照片有专门立册，并附以详细的记载：

图四　沙皇尼古拉二世全家着色照

图五　慈禧太后

戴冠穿花卉大圣容十六件，带匣子。

梳头穿花卉大圣容十九件。

梳头穿花卉半身大圣容一件。

梳小头穿花卉拿团扇乘轿圣容五十九件。

梳小头穿花卉拿团扇圣容五十七件。

梳头穿花卉拿折扇圣容六十件。

梳小头穿花卉拿折扇圣容四十七件。

戴冠穿花卉圣容七十七件。

梳小头穿花卉圣容四十七件。

戴钿子穿龙袍圣容六十三件。

梳头穿净面衣服拿团扇圣容一百零三件。

梳小头穿花卉拿折，岛圣容七十一件（站）。

梳头穿花卉戴璎珞拿折扇圣容四十一件（站）。

梳头穿花卉戴璎珞圣容十二件（横）。

梳头穿花卉戴璎珞圣容四十八件。

梳头穿花卉戴璎珞带格格等圣容十三件。

戴五佛冠圣容十件。

梳头穿花卉中圣容一件。

梳头穿花卉戴璎珞带康格之妻等圣容三件。

梳头穿花卉戴璎珞带裕庚之妻等圣容三件。

戴冠穿龙袍圣容一件。

梳头穿花卉圣容三件。

梳头净面衣服圣容二件。

乘船圣容三件。

梳头穿花卉大圣容二件。颐和园乐寿堂明间挂。

梳小头穿花卉圣容一件（站）。颐和园乐寿堂西进间挂。

梳头穿花卉圣容一件。宁寿宫乐寿堂西寝宫挂。

戴冠小圣容一件。海宴堂现挂。

梳小头拿扇子小圣容一件。海宴堂现挂。

以上慈禧照片共计约三十种，其中放置最多的一种放大了百余幅，这和故宫博物院旧藏慈禧照片的种数相吻合。这批照片均为慈禧七旬大寿之前所拍，系特为其寿辰时悬于宫中或赏赐他人之用。目前，除故宫博物院外，国内外其他各大博物馆及社会上私人所收藏的慈禧原照，已凤毛麟角。

慈禧所拍相片大致可分为四类。

第一类是慈禧起驾与乘舆前往仁寿殿的照片。这也是慈禧太后第一次照相。慈禧提出自己的首张照片要拍下坐轿受朝的场面。起初，她以为照相类似画画儿，询问要坐多久才能照好。当获悉只需几秒钟的时候，她显得很是惊愕。慈禧又询问何时可以看到成像的实物。勋龄告诉她：如果早晨拍照，那么傍晚就可以看到。太后听罢更加兴奋，禁不住表示希望亲自看看勋龄冲洗照片的过程。

为满足太后尽早看到照片的希求，第二天一早勋龄就带着照相器械赶赴颐和园。慈禧把玩着相机，向勋龄咨询照相的技法。勋龄向她简要介绍之后，她即命一个太监站到前面，自己则从镜头后观望。当他看到镜头中的人像都是头朝下的时候，慈禧惊呼不解。于是，勋龄等人又向她解释了一番成像的原理，表示照好的相片不会颠倒。慈禧这才放下心来，健步走入轿中，令轿夫将自己抬起前行，勋龄随即按下了快门（图六）。

照片上一群太监及后妃、宫女们前呼后拥，大总管李莲英、二总管崔玉贵在前开路。后人可从这一场面中看到清代的銮舆、仪仗和殿前为避暑用所搭的天棚。慈禧平日喜欢赏戏、逗小狗，就连与后妃、太监们合影时，也不忘带上自己豢宠的黑长绒毛狮子狗“海獭”，以此来丰富摄影画面的意境。照片上的慈禧腕戴玉镯，手指上戴长长指甲套，真可谓金玉满身，珠翠盈头，靡费惊人。

第二类是慈禧的单人特写照。它们均摄于颐和园乐寿堂前一个宽大的御座旁，或站或坐。这时慈禧虽已是 69 岁的老妪，却面貌姣好，目光炯炯有神，可以窥见她保养有方。每幅照片中，慈禧的装束、头饰和周围的陈设皆不相同。

慈禧特下御旨将其中几张神态仪表各异、角度不同的得意之作放成罕见的巨照，并命如意馆画师着上艳丽而协调的色彩。每幅都在长 75 厘米、宽 60 厘米之间，非常精细平整地托裱在硬纸板上，装帧极为考究，并镶在长 107 厘米、宽 85.5 厘米的特制雕花金漆大镜框内，以增强艺术观赏效果；又专门配制了长 128 厘米、宽 100 厘米、厚 20 厘米的紫檀木匣盒，外加御用明黄色丝绣棉袱，极其豪华。当时，这些照片大都悬挂于寝宫中，挂钩是行龙圆头银制的，

图六　慈禧等在颐和园乐寿堂前

因镜框太重，下面均配有一对底托钩。可以想见，在20世纪初的技术条件下，把照片放成如此之大，甚为不易。且这些照片影像清晰，色彩雅丽，采光极为柔和协调，构图十分讲究，画面意境深邃，人物传神，立体感、质感均佳。这样的照片不仅在当时罕见，即使用现代标准来衡量，也堪称人物摄影的佳作，足以体现出勋龄于摄影术纯熟的技法和高超的艺术水准（图七）。

据《清宫琐记》载："勋龄给慈禧照相，他在对光的时候要跪着，但跪着又够不着相机。李莲英便给他搬来一把凳子，让他跪在凳子上照。慈禧说：'就让他在照相的时候免跪吧。'勋龄是大近视眼，在慈禧面前是不准戴眼镜的，勋龄不戴眼镜便无法对光，他只好告诉李莲英。李莲英禀明慈禧，特许他戴着眼镜对光。"慈禧太后在拍这类个人特写照时，每拍一张都要更换一身袍褂装饰。她所穿的衣服包括各色绸缎绣龙袍、龙褂、绣蟒袍、绣百蝶袍、绣牡丹袍、绣凤和寿字袍，各色缂丝、绣不同式样的寿字图案敞衣、马褂、金丝串珠丝绣礼服、绣花串珠褂等，有的袍褂还镶有金边。衣服上都密缀了许多上等明珠，乌黑的两把头上则插着金银凤簪、玉蝴蝶、珠宝或翠花等各种不同的头饰，并佩戴各式名贵的耳环，璀璨耀目。有几幅照片头饰左边还悬着八串珠珞，手上则带有几副玉钏、翠戒、扳指，在右手的中指和小指上戴着三寸长的金指甲套，左手两个指头戴有同样长的玉指甲套。各种首饰都与袍褂相配称，在珠宝之间，还夹有几朵鲜花，白茉莉是慈禧最喜欢的一种（图八）。

值得一提的是，慈禧虽然珠宝无数，每次拍照时的装束及首饰也不尽相同，但潜

图七　慈禧太后

图八　慈禧太后

心观察就会发现，慈禧所有的照片中皆戴有两副耳环，其中一副不太显眼的小宝珠耳环从来不曾摘过，而只是频繁地更换另一副。原来，慈禧初进宫时正值妙龄，风姿俊俏，为嫔时就灵巧过人，能背诵五经，通达满文，大略浏览过二十四史，通晓古今治乱大事，又能察言观色迎合上意，遂得咸丰帝独宠一时，特赏给她宝珠耳环一副，慈禧因之常戴，以示炫耀（图九）。

照片中御座周围的陈设也随时更换，其中有鹤灯九桃檀香熏炉、盛满水果的七宝锦鸡牡丹大瓷盒、插着盛开的荷花的龙凤大胆瓶，另有兰花、青松、钟表等。御座周围地下铺着华丽精美的提花地毯，座后是孔雀牡丹围屏，上悬“大清国当今圣母皇太后万岁万岁万万岁”横匾，御座两旁竖着一对孔雀翎掌扇。或换成松柏玉兰屏风，后边以布帏挡住，布帏上绘山石丛竹图案，屏风上悬挂有一幅横匾，上写：“大清国当今慈禧端佑康颐昭豫庄诚寿恭钦献崇熙圣母皇太后”26 字，并镌“慈禧皇太后之宝”和“大雅斋”御玺，书“光绪癸卯年”（1903 年）款。这 26 字中有 16 字是徽号，每上一次徽号为两个字，慈禧即是第一次上的徽号。所谓徽号，系帝后尊号之上再加的褒美之词。清代帝王徽号，每次大多是两个字，凡遇庆典，都可以增加。按制，一个皇太后一生最多能上 10 次徽号。慈禧一生共上了 8 次，即横匾上的这 16 字徽号。五年后即 1908 年，慈禧驾崩了，逝世以后即以徽号为谥。慈禧一生所上的徽号，在有清一代的皇太后中仅次于太宗皇太极的妃子、顺治帝福临的母亲孝庄文皇后。孝庄一生共上徽号 10 次即 20 字，死后又没有以徽号为谥，雍正、乾隆等共为累加谥，其谥为

图九　慈禧太后

图一〇　慈禧太后

图一一　慈禧饰观音，李莲英（右）饰善财童子

另外16字（图一〇）。因此，慈禧一生出尽风头，也是其他皇太后鲜能比拟的。

故宫保存的这批慈禧影像，已经发表的都属修版照片，慈禧太后面部的皱纹和眼袋被小心翼翼地去除，因而较之国外公开的未经修版的原片，故宫藏照中的慈禧显得年轻许多。

第三类是慈禧的化装照（图一一）。德龄在《清宫二年记》中曾经描述：在一个阴雨连绵的日子，慈禧等人从颐和园乘船来到西苑。看到湖中盛开的荷花，慈禧说道："我们在这里至少住三天。我希望这几天天气好，因为我想在船里拍几张照。还有一个好主意，我想扮作观音来拍一张，叫两个太监扮我的侍者。必需的服装我早就准备好了，有时候要穿的。碰到气恼的事情，我就扮成观音的样子，似乎就觉得平静起来，好像自己就是观音了。这事情很有好处，因为这样一扮，我就想着我必须有一副慈悲的样子。有了这样一张照片，我就可以常常看看，常常记得自己应该怎样。"

于是，在七旬大寿前的盛夏季节，慈禧自比为"大慈大悲救苦救难"的菩萨，打扮成观音模样拍下了一组照片。她身穿团花纹清装或团形寿字纹袍，头戴毗卢帽，外加五佛冠，左手捧净水瓶或搁在膝上，右手执一串念珠或柳枝。李莲英扮善财童子或守护神韦驮站其身右，左边则有扮龙女者。据清代内务府档案载：七月十六日海里照相，乘平船，不要篷。四格格扮善财，穿莲花衣，着下屋绷。莲英扮韦驮，想着带韦驮盔、行头。三姑娘、五姑娘扮撑船仙女，带渔家罩，穿素白蛇衣服，想着带行头，红绿亦可。船上桨要两个，着花园预备。带竹叶之竹杆十数根，着三顺预备。于初八日要齐。呈览。

档案所述"海里"泛指西苑三海。七月十六日即中元节的第二天，此前宫中当举行过相关的法事活动。慈禧太后经过精心策划、周密安排才决定于十六日正式拍照，迫不及待的她在初八日便要求将一切预备周全，呈览候检。

从事前准备之精细，可以想见场面之大。从留存下来的几幅慈禧扮观音的照片上看，其成像清晰，布局自然，人物神态各异。在盛开的荷花丛中，背后是彩绘山石竹林的布景，丛竹上悬一云头状牌，牌上楷书"普陀山观音大士"7字。此外，几幅慈禧与侍从们乘坐无篷平底船游湖的照片也拍摄于同一时期。

太后游湖时，外至护军、内至敬事房都要悉心筹备。官苑外围护军沿围墙严密巡逻，闲杂人等必须离开半里之远。寿膳房须精心准备随船供应的膳食。太监们负责保障太后的安全，同时还要确保船上的物品一尘不染。

《清宫遗闻》有诗云：垂帘余暇参禅寂，妙相庄严入画图。一自善财承殿宠，都将老佛当嵩呼。并注解说："孝钦后政暇尝作观音妆，以内监李莲英为善财，李妹为龙女，用西法照一极大像悬于寝殿宫中，均呼孝钦为老佛爷。"在中海化装乘坐无篷平底船游湖，随侍慈禧一同照相的有隆裕皇后、瑾妃、庆亲王奕劻的女儿三格格和四格格、德龄、德龄母亲、容龄、袁大奶奶、总管太监李莲英及女官等。慈禧独坐船中，皇亲格格女官们围立左右，穿清朝服装的美国女画家卡尔也在其中，几名太监则在两边撑船侍候。蔡东藩在《西太后演义》中写道："且有一张渔家装束，亦与后妃人等并拍，烟蓑雨笠，孤棹扁舟，颇脱尽宫闱习气，乃是在颐和园昆明湖中照的，西太后很是欣慰，晒印了好几页，随处悬挂。后来流传京外，各直省都仰慈容。"（图一二）

第四类为慈禧与后妃、格格、女官及外国公使夫人等的合影（图一三）。西太后晚年经常在颐和园内的乐寿堂、仁寿殿、排云殿招待外国公使夫人。故宫保存有一张慈禧与美国公使康格夫人等的合影，照片中的慈禧七旬高龄，身穿绣满寿字和各色大朵牡丹并镶有金边的袍褂，又饰以许多美玉与珍珠璎珞；冠冕上挂满珠宝，有玉制的凤、蝴蝶及珠花、金簪等；绣袍外的披肩形似渔网，是由3500颗专供帝后御用的东珠穿织

图一二　慈禧等人在中海乘船观荷

图一三　慈禧在颐和园乐寿堂与外国公使夫人合影

图一四　皇后隆裕（静芬）

而成，璀璨夺目；手上戴有几副珠、金、玉镯及宝石戒指，脚蹬饰缀着串珠的绣花高足盆底鞋，打扮得雍容华贵，端坐于御座上，左右站立着外国公使夫人等。这张照片，实为晚清时期中外关系史上不可多得的见证。

从现存的慈禧照片中，可窥见当国太后晚年生活的面貌。它们富有独特纪实的效果，不仅留下了慈禧晚年的真实形象，在客观上也起到了介绍、传播、推广摄影技术的作用。此后，宫廷上下，朝野内外，无不争先效尤，此风久久不衰。而照片中的人物、銮舆、仪仗、衣冠、服饰等真实形象的史料，对研究清末的政治、经济、外交、典章制度及宫廷生活来说，无疑是极为难得和珍贵的。

如果说慈禧照相时讲究浓妆淡抹，极尽富丽豪华，那么后妃的摄影则力求构图上的立意出新，并充分运用黑、白、灰调的不同和风格的多样化来烘托人物主体。光绪皇后静芬和瑾妃两人形象均不甚美，她们照相时则采用高调摄影手法来弥补自身不足，以强烈的反差及线条突出人物身影。这样拍摄处理后，画面给人一种明快、刚健的感觉，又带有明净清新、淡雅恬适的内在神韵（图一四）。

隆裕太后的宫内生活照片，有一张她与太监摄于假山上的石桌旁，隆裕坐中，太监们在旁。紫禁城内花园假山上设置石桌石墩的共有两处，一在御花园的西侧养性斋门前的假山上，一在建福宫花园（俗称西花园）东侧的假山上。从照片来看，这应是在建福宫花园摄下的。该照片摄于溥仪登极之后，隆裕太后已是40岁出头的人，身着薄棉旗袍，外罩马甲坎肩，脚蹬花盆底鞋，是她在宫内日常生活的穿戴。值得注意的是，照片上的隆裕总是神情忧郁，没有笑容。

瑾妃留下的大多数照片，则是在隆裕死后，她被尊为端康太妃的晚年拍摄的（图一五）。

溥仪逊位之后，仍寝居宫中内廷部分，维持小朝廷的生活达13年之久。可以说，在故宫的日子里，溥仪的生活大多是闲适而悠暇的。禁城朱黄四方天地，久住难免发腻。成年后的他开始迷恋西洋事物，不仅爱穿西装，用西洋装饰、餐具，玩钢琴、网球、汽车等西洋物品，还尤其喜照相。溥仪曾照过一张“分身像”。当时较为通行的是照两张，然后合成一幅或采用两次遮挡曝光的手法完成。这张“分身像”看上去达到了乱真的地步，足以证明摄影师现场拍照及暗房加工工艺的高超娴熟技巧和创作水平（图一六）。

为了自寻乐趣，溥仪时常手持德国蔡斯相机，于紫禁城中拍摄小照，寻找有趣的

图一五　瑾妃（端康）与太监们

图一六　溥仪"分身"着色像

图一七　溥仪在故宫宫殿黄瓦上

生活片段猎取镜头。其中尤属溥仪和皇后婉容照片最多，数量均在百张以上。溥仪着朝服、便服、西装革履像，上房骑马、浇花打拳的生活小照以及与相貌凶悍的德国纯种大狼狗"泰戈"的合影，花样繁多，皆不相同（图一七）。

溥仪拍照为出新意，独出心裁，穿上特派太监出宫给他置办的民国将领的军服，佩宽皮腰带及军刀，足蹬马靴，端坐于寝宫前一把西式皮榻转椅上照了一幅戎装像，显得很是威风神气。此事传到端康皇太贵妃（瑾妃）耳中，使其大为震惊。端康当即将溥仪传去盘问，训话之际，竟发现皇帝还穿着太监从宫外买来的洋袜子。端康认为这是极有失体统的大事，立即命人把当事太监李长安、李延年二人传唤至永和宫，按宫法每人重责二百大板，发落到宫内打扫处去充当苦役，同时对溥仪严加申饬了一顿。她训斥道："大清皇帝穿民国的衣裳，还穿洋袜子，这还像话吗？"溥仪听罢，只得乖乖地摘下洋刀，脱去马靴洋袜，让太监收起那还没穿热的军服，换上褂褂和绣着龙纹的布袜（图一八）。

图一八　溥仪戎装坐像

图一九　婉容手拿团扇着色坐像

与溥仪相比，婉容在镜头前则更显得活泼可人。婉容在紫禁城的“皇后”生活不及两年。在照片中可以看到她的朝服像、宫妆照，也有即兴小闹剧似的生活照，如戴西洋眼镜、吹箫持扇、登高爬树、骑脚踏车及用太监的帽子做道具所拍的相片，姿态各异，皆饶有情趣。这个时期，婉容在宫廷的生活比较得意、轻松。婉容生性活泼，受过近代学堂教育，喜欢养小动物，尤喜摄影，还喜欢到“红墙黄瓦黑阴沟”以外的地方去游玩（图一九）。

婉容、文绣都很清秀，她们各自的朝服大妆全照以低调摄影表现其宁静肃穆、端庄深沉、柔顺细腻的特点，其意境带着几分神秘，其手法均极度简练，又不失交代表现出特定的环境。从视觉上说，较暗的背景衬托出较亮的人物主体，造成了主次分明的艺术效果。照片显得干净利落，韵味独特（图二〇、图二一）。

溥仪给婉容、文绣拍下了不少照片，它们大多不拘一格，随心所欲，幽默新颖，动静和谐，毫无矫揉造作之感。加上不同角度的运用所烘托的欢乐明快的气氛，更使观之者颇受感染。其中文绣手不释卷的照片有多幅，可见她照相时还忘不了书。宫中的生活十分淡泊，书籍成了文绣重要的陪伴。从故宫博物院旧藏婉容的很多照片来看，婉容长得确实亭亭玉立，楚楚动人，身材适中，瓜子脸，弯弯的双眉，有神的双眸，皮肤细白，又有大家闺秀的风度。婉容的照片大多是身体微微前倾、头微垂，双手交叉扶在膝间，显得雍容高贵，温存典雅，颇有教养，是典型的“中国古典美人”，而表

图二〇　皇后婉容穿朝服立像

图二一　文绣大婚时朝服像

图二二　溥仪之妻皇后婉容及淑妃文绣

现她活泼伶俐、富有青年女子装点的照片却并不多见。这里看到婉容在故宫内的照片，展现了她初婚时期的精神状态（图二二）。

在现存影像中，留有多帧反映溥仪与爱犬嬉戏的照片。如溥仪与“国舅”润麒在养心殿前的一幅合影中，就有一只狼狗蹲坐在一侧，样子十分凶悍。这位喜欢搞恶作剧的“皇帝”很爱看狗打架，有时心血来潮，还放狗扑咬太监取乐。当时，小朝廷中的其他人也都以养狗为乐。“皇后”婉容、“淑妃”文绣和端康太妃等，都有与小狗合影的照片存世。一些地位较高的太监、宫女，也大都豢养自己的宠物。有个掌案太监还花了五百块大洋买来一只西藏狗，专门由一名太监负责喂养。这只狗大得像一头小驴，全身都是虎皮花纹，头上有一“王”字。溥仪发现后很是喜欢，太监只好把它献给了皇上（图二三）。

图二三　溥仪、润麒与狼狗在养心殿廊下

溥仪也非常喜欢骑自行车，他的第一辆车子是其大婚时伴读溥佳所送的礼物。逊清时期的宫廷照片不再带有清末摄影那份拘禁和做作，影像画面中的人物性格更加突出，表情更加丰富。它们大多构图新颖，意境清新，影调丰富。这些摄影作品的风格是朴实生动的，题材是简洁明快的，浸透着浓厚的生活气息和情趣（图二四）。

图二四　溥仪、润麒、溥杰与庄士敦在御花园

随着摄影术流入清宫，使许多人和事物形象地留在照片上，它们虽然是只鳞片爪的形象，但蕴藏着实在、

图二五　溥仪在御花园

图二六　婉容在御花园

逼真、具体的生活内容，让后人能跨越时空看到已消逝了的历史情景，并去体味、去思索（图二五、图二六）。

尽管经过百余年的历史沧桑巨变，这批遗留下来的老照片仍定格于百多年前的历史瞬间，为研究中国近代史、晚清宫廷史、文化史、摄影史，提供了鲜活、真实的形象资料，具有无可替代的研究价值，更成为弥足珍贵的近代文化遗产，受到学术界的异常重视。

节选自《皇朝落日》，人民文学出版社，2013年

故宫藏"艳榜"照片考察

左远波

内容提要：故宫博物院收藏有几幅标注"状元""榜眼"字样的年轻女子照片，她们都是清末上海《游戏报》选出的名妓。这些照片能够进入宫中，并最终成为故宫藏品，给人们留下了不少想象空间。它们虽属只鳞片爪，却在一定程度上透视出晚清的世态风俗。那么，何为艳榜？它与科举是否存在关联？故宫收藏的照片又出自何处？本文通过对现有史料进行必要梳理，力求对这些问题作出相应的考察与解读。

关键词：妓女　花榜　游戏报　故宫　老照片

在故宫博物院收藏的大量人物照片中，发现有5幅标注"庚子夏榜状元""戊戌榜眼"等字样的年轻女子照片。若按现在的审美标准，她们虽然不一定都能称作美人，却也相貌端庄，衣着时尚，颇有几分明星的"范儿"。早在1993年，笔者在编辑出版《故宫珍藏人物照片荟萃》时，就已注意到这些既非格格、宫女，也不像宦家闺秀的人物，当时虽因难以辨识身份而没有在书中收录，心里却留下了一个待解的疑团，对相关线索自然也就多了几分关注。

偶读《文史精华》编辑部的《近代中国娼妓史料》，看到一段"开花榜的由来"的文字：

> 旧上海有些"洋场才子""花丛雅士"，写花史、开花榜、选什么"状元""金刚"的，对于妓女极尽捧场的能事。远在1896年，李伯元创办的《游戏报》上，提倡开花榜。1897年选出"四大金刚"，1898年又有"花榜""艺榜"之分。艺榜以唱戏得名，花榜以姿色超群。李伯元死后，各小报亦一再举行，公开贿赂，几如市场。除"四大金刚"外，有所谓"花国总统""香国大总统""花榜状元"等名称。当时有花史翔实的记载。[1]

作者：研究室，编审。

1　平襟亚：《旧上海的娼妓》，《中国近代娼妓史料》下卷，第16页，河北人民出版社，1997年。

看来所谓“状元”“榜眼”，都是荣登“花榜”的名妓。那么，具体怎样开花榜？故宫收藏的那几幅照片又是否与之存在关联？其后笔者又带着这些问题，查阅了《清稗类钞》、《中国娼妓史》等材料，虽然有所收获，却都因记述简略而不得其详。直到发现老报人陈无我《老上海三十年见闻录》一书，并看到部分残存的《游戏报》资料，才开始释疑解惑，了解到有关花榜的原委经过。

笔者对于近代妓女问题尚无系统研究，本文仅对现有史料进行必要的梳理，在此基础上对故宫收藏的妓女照片作出相应的考察与解读[1]。

一 妓女与科举

始自隋朝大业三年（607年）的科举制度，在中国前后存在1300多年。而妓女与科举，这两个看似毫不相关的话题，也始终存在着某种不解之缘。她们与士大夫的关系更是千丝万缕，因此为历代文人所美化。在古代文学作品中，才子佳人作为一个经久不衰的主题，留下了数不清的风流故事。

从唐代开始，参加科举考试成了读书人求取功名的主要途径。士子一旦高中进士，便开启了锦绣前程，需要一定排场进行庆祝，向钟情的妓女写诗炫耀才华被视为雅事；对于科考失意的士子而言，美酒佳人也是抚慰他们落榜失意的一剂“良方”，正可谓“黄金白璧买歌笑，一醉累月轻王侯”！于是妓家自然把进士作为首选的顾客，并按其审美品位塑造妓女，最大限度地迎合这种社会需求。唐代妓家大体分为两类：一是民间的“平康”“北里”之“乐户”，主要面向社会，服务于一般官吏、士人等群体；二是官办的“教坊”之“伎女”，主要服务于宫廷、官府，有时也赴朝官、士子在酒楼或家中的宴会。狎妓冶游已是唐代士人生活的重要组成部分，妓家俨然成为文化人的休闲娱乐场所。妓女时髦的装束，轻盈的舞姿，动人的歌喉，不俗的谈吐，都对士子们有着难以抗拒的诱惑力[2]。

到了明代，南京的妓院甚至与贡院对门而居。清人余怀《板桥杂记》：

> 旧院与贡院遥对，仅隔一河，原为才子佳人而设。逢秋风桂子之年，四方应试者毕集。结驷连骑，选色征歌。转车子之喉，按阳阿之舞；院本之笙歌合奏，回舟之一水皆香。或邀旬日之欢，或订百年之约。蒲桃架下，戏掷金钱；芍药栏边，闲抛玉马。此平康之盛事，乃文战之外篇。若夫士也色荒，女兮情倦，忽裘敝而金尽，

1 参阅王学钧《李伯元的“艳榜三科”——佚文与传记》，《明清小说研究》1998年第1期；蔡佩芬：《晚清浮世绘：〈游戏报〉与晚清上海文人的文化想象》，台湾暨南国际大学硕士学位论文，2009年。

2 参见（五代）王仁裕《开元天宝遗事》，第25页，中华书局，2006年；（唐）孙棨：《北里志》，上海古籍出版社，2000年。

遂欢寡而愁殷。虽设阱者之恒情，实冶游者所深戒也。青楼薄幸，彼何人哉！[1]

需要说明的是，古代“妓女”这一称谓，概念要比今天宽泛得多。她们并非专指从事皮肉生意的女性群体，其他歌伎舞女、侑酒陪席，只出卖色艺而不卖身者，也通称为妓女[2]。高级妓女一般都有较高的文化素质，如明末柳如是、董小宛等“秦淮八艳”，都色艺双绝，出污泥而不染[3]。她们大多出身名门，或因家道中落、或因官府陷狱而沦落风尘。“八艳”中清一色都是“清绾人”，即卖艺不卖身，因此人们多以歌妓、舞妓、诗妓、画妓等称之，而无一人被直呼为“妓女”。所谓文人狎妓，也是中国古代特有的文化现象，其目的亦非（或不仅仅是）肉欲，而是结交红颜知己，满足精神层面的需求。

清代咸丰以后，海禁大开，传统的士妓关系在商品经济的冲击下，逐渐开始世俗化。但晚清江南地区的高等妓女，仍然延续着古代娼优一体——“女乐”的传统，提供有妓女酬应的娱乐，诸如歌舞弹唱、设宴侑酒、打茶围之类，“送客留髡”倒在其次[4]。这一时期最为世人乐道者，莫过于光绪年间状元洪钧娶苏妓郑彩云（即后来的赛金花）为妾，彩云又以公使夫人的身份随夫出使欧洲，并在洪状元死后演绎了许多传奇。更有落第士子、“花丛雅士”，写花史、开花榜，乐此不疲地游走于名花之间。

所谓“花榜”，就是在妓女中进行选美。花榜由来已久，早在宋代即已出现妓女间的评选活动。但将状元、榜眼、探花等科举名次移植于花榜，用以称呼胜选的妓女，则似乎始于明代中晚期：

花榜之事，似始于明嘉靖、隆庆间（世宗、穆宗年号）金坛曹大章创莲台仙会，集吴伯高、梁辰龙诸名流，品藻诸姬，一时称盛。是为“花榜”萌芽。嗣后万历中冰笔梅史以燕都妓女四十人配叶以代觥筹，曹大章复作《秦淮士女表》，判别诸姬才情色艺，分列品目。有女状元、榜眼、探花、解元及女学士、太史之称，至晚明而其风日炽。[5]

清代正式花榜活动的举办，则始于顺治年间：

顺治丙申（十三年）秋，云间沈休文纵狭邪之游，薄松郡无名姝，游于苏往来

1 （清）余怀：《板桥杂记》，第 14 页，上海古籍出版社，2000 年。

2 古代“倡”“娼”“妓”等字，按正常解释均有“歌女”“舞女”之类的含义。

3 “秦淮八艳”按排名依次是：柳如是、陈圆圆、董小宛、李香君、顾横波、卞玉京、寇白门、马湘兰。

4 张文钧：《北京清吟小班的形形色色》，前揭《中国近代娼妓史料》上卷，第 330 页。

5 王书奴：《中国娼妓史》，第 223 页，三联书店上海分店影印版，1988 年。

平康无虚日，品其色技作花案，选虎邱梅花楼为花场，品定高下，以朱云为状元，钱瑞为榜眼，余华为探花，某某等二十八宿。择日迎状元，一郡如狂……是为清代“花榜”之始。[1]

延至晚清，花榜选美之风日盛。同治年间一名自称“刚斋主人”者，在上海评选李巧玲为花榜状元，引起轰动；光绪七年（1881年）开出二次花榜，由“长毛状元”王韬主持。此后，上海几乎每年都举行此类活动。其中规模较大的有：光绪八年（1882年），主持评选的多为社会名流，其中包括自称“身历花丛凡四十年”的王韬、“风流教主”郑似周、“二爱仙人”李芋仙、“雾里看花客”钱徵等；光绪十三年（1887年）书仙花榜，评出28人；光绪十四年（1888年）夏季花榜，评出16人[2]。

这些花榜都由文人出面谋划，评选结果也只在“文化圈”内流传。直到光绪二十三年（1897年），《游戏报》主笔李伯元首度将其公开化、体制化，陆续在报纸上推出“艳榜三科”，才成为影响广泛的沪上盛事：

从前沪上小报时有花榜之作，搜采芳馨，品题红翠，极文人之好事，播香国之美谈。光绪中李君伯元创办《游戏报》，首以开淞滨花榜为号召，总持风月，裙摭羲娥，韵事流传，至今勿替。花榜之外，兼开武榜、叶榜，尤为别开生面。同时诸小报闻风踵举，盛极一时。然慎重将事，舆论翕然，允推李君各榜为首。此亦申江一大掌故也。[3]

二 《游戏报》的艳榜三绝

李伯元（1867～1906年），名宝嘉，字伯元，别号南亭亭长、游戏主人等，江苏常州人，生于世宦之家，祖父、父亲及伯父均出身科第。他本人虽少年时就考取秀才，名列第一，但始终未中举人。伯元多才多艺，擅制艺、诗赋，工绘画、篆刻，懂金石、考据，有《庚子国变弹词》、《官场现形记》、《海上繁华梦》、《南亭笔记》、《南亭四话》、《醒世缘弹词》等十多种著述。其中以《官场现形记》最为著名，堪称晚清谴责小说的代表之作（图一）。

光绪二十二年（1896年），年仅29岁的李伯元从家乡常州来到上海，受聘于外商，创办并主编《指南报》，揭露时弊，劝善惩恶。次年五月二十六日（1897年6月25

1 前揭《中国娼妓史》，第311页。

2 徐珂：《清稗类钞》第11册，第5149～5152页，中华书局，1984年。

3 陈无我：《老上海三十年见闻录》下册，第1页，大东书局，1928年。

日），他又自力创办中国近代第一份文艺小报——《游戏报》，宗旨是“假游戏之说，以隐寓劝惩”。但与当时的主流报纸不同，其风格更贴近普通民众。该报创办伊始，就十分重视有关青楼的讨论和报道，并采用“香国谈新”“柔乡杂记”“花香软语”“沪滨艳谈”“花丛琐谈”等标题，讨论内容日趋集中，俨然成为上海花界的专业报纸。其中最引起轰动的一项举措，就是采取中国科举考试与西方民主程序相结合的形式，利用报纸在社会上公开进行花榜选举，李伯元本人也因此获得“风月总持”“骚坛盟主”“花界提调”等雅号。

图一　李伯元

《游戏报》自创办到宣统二年（1910年）停刊，14年间各种名目的花选，次数尚难统计，其中以首次举办的丁酉(1897年)夏季花榜材料最详，从中可以勾勒出大致面貌。

（一）花榜选举经过

《游戏报》创刊后，即以开花榜为首事，在报上刊登《游戏主人告白》：

> 本报每年出花榜四次，本年夏季准在六月出榜。诸君选色征歌，如有所遇，投函保荐，将生平事实、姓氏里居，详细开明，以便秉公选取。游戏主人谨启。[1]

具体评选规则是“仿泰西保荐民主之例，以投函多寡为定。甲第之高下、名次之前后，皆视此为衡，本主人不参一毫私意焉”[2]。也就是仿照西方民主选举的办法，以“荐函”多寡——选票数量决定选举结果。民主制度进入中国，竟开始于妓女选美，无疑是对当道者的莫大嘲讽和晚清政治的悲哀。不过这个办法却很奏效，花榜很快成为人们关注的热点，报纸销量随之大增。主办者的最初构想是每年开4次花榜，但事实上次数并没有那么频繁，根据现有资料推测，其后各种名目的花选每年至多不会超过2次。

1　前揭《老上海三十年见闻录》下册，第1页。

2　前揭《老上海三十年见闻录》下册，第27页。

评选大致可分三个步骤：征求荐函、选票统计和公布结果。

荐函即对应选妓女的推荐信，主要内容包括被举荐者的姓名、住址，对其身材、容貌、品行和应对举止的描述，以及推荐理由等。举荐人不再局限于文人墨客和社会名流，而是扩展到一般的冶游客，即便是市井小民也一律平等，不会因为身份不同而影响结果。荐函形式选录如下：

> 游戏主人执事：香莲风定，暑雨凉生；际炎夏之舒长，条新秋兮瞬届。谂知执事具阅世之通才，创品花之宝鉴。听歌喉于北里，周公瑾儒雅千秋；访粉黛于南朝，冒巢民风流独步。不忍卿卿沦落，尽入网罗，倘交一一品题，自分清浊。爰严花榜之条，广申函荐之旨，特捐资格。多情之苏小群推，雅重丰裁，却聘之香君有几，从此机优云劣，江南花柳生春。伫看王后卢前，蕊榜姓名长馥，师师不没，幸传五国之文，盼盼长存，共赏十年之节。执事立论居心，讵随流俗，征声选色，必妙权衡。鄙人海上停踪，吴娃广识，楼头访艳，越女初逢，非缘啮臂之盟，敢作扪心之论。爰有校书王雅卿者，姿容清润，情性柔和，水秀秋纹，花娇莲瓣，诗城不筑，遍探音律之精，酒国长临，终贻喉舌之累，而乃旨趣不同，趋向独异，桃花虽薄，不随东逝之波，宝筏长虚，惟颂西来之佛，是殆营香巢未久，杜牧虽逢，果能遭杰士于当前，卫公定识。即此一节堪嘉，许为群芳生色。非凭月旦之真，孰定风尘之品？量来玉尺，珠搜北海之滨，宴尔琼林，名显孙山之上，不亚诗吟荐士，抒思贤若渴之怀，请看典重抡才，亦异曲同工之致。敢陈管见，用达芜词，敬候鸿裁，即希雅鉴。计开：王校书雅卿，年十九岁，住新清和里，锡山人也，秀外慧中，娴词工曲，性豪迈，兼嗜饮，虽操卖笑生涯，不屑与庸奴伍。绮春居士谨启。[1]

读此奇文，可知这位“绮春居士”不愧花界老手。其他荐函也与之类似，称赞自己属意的妓女都极尽肉麻之能，喻物非花即月，比人则非苏小即王嫱。

评选过程完全透明，收到的荐函均以“来书照录”的形式，原封不动地在报上陆续刊载。《游戏报》每日都吸引着读者的眼球，其间各类小的插曲时有发生，就连一位自称“美国人雅脱”者也致函报馆，指责评选不公：

> 游戏主人鉴：阅贵报后幅所载各校书芳名，丑者多列前茅，美者反置后列，甚不公允。何以颠倒如此？故致书阁下，祈秉公更改，重刊为盼。仆美国人，寄迹申江，并无行业。如蒙赐覆，祈交工部书信局转交可也。雅脱启。

1　前揭《老上海三十年见闻录》下册，第11页。

于是，李伯元赶紧登载声明：

本报后幅所载各校书芳名，但凭荐信随时登记，优劣既未定评，先后自无成见。阅报者佥谓花榜已出，不免谣诼纷纭。且各姓氏之前标明"将出花榜"字样，愿诸君取"将"字之义寻绎之，自不至于误会也……[1]

当时的上海可谓繁荣"娼"盛，妓女因来历、籍贯、身份的不同，分为许多的种类和等级，归纳起来，大致有书寓、长三、幺二，以及最下层的台基、野鸡、花烟间、钉棚、咸水妹、淌白、拆白党，等等。《游戏报》花榜的对象，就属于"书寓""长三"等的高级妓女。她们虽不以皮肉生涯为业，但也时常闹出一些"姘戏子、马夫"之类的风闻，使得同辈中的自视清高者不齿与为伍。丁酉花榜评选时，就有一名叫金宝仙的妓女要求删掉自己的名字，《游戏报》还为此登载了一段题为《金宝仙不愿登榜》的文字：

本报将出花榜，各校书业已俱知，日内嘱托客人具函举荐者，不一而足。独鼎丰里金宝仙词史幽闲贞静，举止大方，色艺虽亦犹人，而敦节尚品，则共推为沪江第一。日昨特托人关说，求将姓氏删去，免予登榜，羞与姘戏子、马夫者为伍。噫！沪上淫风，至今日亟矣。北里、平康，尤不堪闻问。今忽有介然独出者卓立其间，本报职司采访，方当代为阐扬，以作中流之砥柱。而乃甘于韬晦，不求人知，其秉性之贞，用心之苦，实有高出寻常万万者。总之，此次花榜，色艺自不容偏尚，品节亦当与表彰。届时秉笔者自有权衡，自有位置，决不负若人之苦衷。其他挟嫌之见、无稽之言，亦不能逃鉴察也。[2]

"色艺虽亦犹人"，虽然容貌、水平与别人没用什么差别；"而敦节尚品"，品行却出类拔萃。所以，此人值得表彰。为了尽量统一选美标准，报上又登载《纠花侍者之花榜格》：

纠花侍者贻书云：日读贵报，知主人有大开花榜之举，平章风月，管领烟花，传韵事于申江，播美谈于歇浦，欣羡奚如。惟是荐牍纷披，反致胸无把握，爰不揣僭越，窃代订花榜格三条，庶几拔取真才，克孚众望，未始非高深之一助也。纠花侍者拜手。计开花榜格三条：

（1）尚品：不随俗，不傲物。

（2）征色：修短得中，秾纤合度。

1 前揭《老上海三十年见闻录》下册，第 14 页。

2 前揭《老上海三十年见闻录》下册，第 13 页。

（3）角艺：通翰墨，善酬应，妙诙谐，晓音律，解词曲，能饮酒。[1]

此外，尚有“四不妍、五忌、六不取”三条，定例极为谨严。游戏主人考虑“人才难得”，不能过于苛求，故此删去不用。

（二）花榜开榜

花榜持续受到关注，其间虽频生枝节，但一切都在有序进行。或许是报纸有意为之，原定于六月的开榜日期，被延至七月初七“女儿节”。为此报上提前发布《花榜揭晓预布》：

书披鹗荐，怪夏榜之迟开；宴启鹿鸣，喜秋风之早届。环肥燕瘦，较量本自需时；卢前王后，位置惟虞失当。兹者针穿乞巧，记织登科，鹊桥暗渡于良宵，虎榜即悬于此日。值双星之佳会，看千佛之名经，泥金报而姓氏皆香，淡墨书而声价顿倍。敢诩红红翠翠，尽坐春风；免致燕燕莺莺，望穿秋水。爰修小启，俾众周知。游戏主人启。[2]

七月初七日，正式发布《春江丁酉夏季花榜》[3]。首为“仓山旧主”序：

抡才取士，务在公而无私，乃足服人心而昭定论。抡花亦何莫不然？惟抡才之时，可取与试之卷而尽阅之，以免遗珠之憾；抡花之际，不能遍游花国，取千红万紫而尽入目中。苟仅就所寓目者而加以品骘，余皆付诸不见不闻，其抱憾遗珠也，不滋甚耶？游戏主人有鉴乎此，独出心裁，于今届拟开花榜之先，四出招人荐函。积日累月，荐牍纷投。姓名之下，必有考语，或系诗词，或赠联句，即例诸同考之房批，仍凭其荐函之多寡，以定名次之高下，并不另加评骘，示不敢居座主之席焉。三甲以外之姓名，一概附录后幅。其序文、诗词、联句之冗长者，限于篇幅，随后续录。噫！纸上提名，尽属好好娟娟之彦；花开及第，莫非莺莺燕燕之俦。是为序。仓山旧主识。

次为“凡例六条”：

（1）统申江而论，隶乐籍者凡三千余人。万紫千红，讵能遍阅？此次花榜，

1　前揭《老上海三十年见闻录》下册，第 5 ~ 6 页。

2　前揭《老上海三十年见闻录》下册，第 15 页。

3　前揭《老上海三十年见闻录》下册，第 15 ~ 24 页。

悉凭荐书多寡为定，益复参以舆论，以昭平允。

(2) 定一甲三人、二甲三十人，其余悉置三甲。沧海遗珠，知不能免，挂一漏十，阅者惊焉。

(3) 如曹梦兰、陆兰芬、花翠琴、花玉田、谢湘娥等，或久饮香名，或早树艳帜，或华年已去，或身份自高，似不必再与群芳争胜，故不录入。

(4) 近年北里中以歌胜者，颇不乏人，如王秀兰、金小卿、王秀林、小如意辈，均此中之佼佼。拟仿京师之文武榜例，另开武榜，拔取数十人，筮期揭晓。

(5) 榜上所取各校书名下考语，悉照荐书择要摘录，本主人不赞一词。

(6) 此次特开花榜，承四方同志惠贻序跋、诗词、联语甚夥。因限于篇幅，容后按日排录报中。

游戏主人定。

再次为仓山旧主“花榜题词”：

浪迹花丛五十年，此中风月洵无边。
输君一管生花笔，能把佳人次第传。
色艺由来宜美偏，性情尤必近温柔。
最难万卉丛中取，压倒群芳一状头。
师师盼盼宜成列，好好娟娟合作俦。
博得寻花人一笑，按图从此易探求。
批沙费尽心兼目，一一编排美且妍。
自问寸私无着处，冰克足可对婵娟。

“仓山旧主”即袁祖志，大诗人袁枚之孙，时任《新闻报》主笔。凡例提到的曹梦兰，则是后来大名鼎鼎的赛金花。

接下来便是具体榜文，推出一甲张四宝等3人(即状元、榜眼、探花)、二甲蔡新宝等30人、三甲金丽卿等107人，共140人。姓名后均附有住址、评语：

第一甲

状元　张四宝，年十六岁，姑苏人，住西荟芳里。

荐评九函，录五：

蕤蕤者葩，娟娟其韵；波写明而花写媚，神取洁而情取幽。《淮南子》云：“曼容浩齿，不待脂粉芳泽而佳者，西施、阳文也。”吾于词史亦云。

端庄沉静，柔媚可亲；张墅愚园，踪迹罕到；举止娴雅，有大家风；秀丽天然，风神娴雅；姗姗仙骨，矫矫不群。

天仙化人，自然丰韵；翩然入座，鹤立鸡群。昔人谓美人之光可以养目，睹此益信。

榜眼　金小宝，年十九岁，姑苏人，住大兴里。

荐评七函，录四：

色练练而欲夺，光炎炎而若神；非气象之可譬，焉影响而能陈？

容光焕发，流露自然。

由来称独步，本是号倾城。

丰肌秀骨，妩媚中饶卓落气。

探花　祝如椿，年十七岁，姑苏人，住同安里。

荐评七函，录四：

珠辉玉映，蝶腻莺痴，秀外慧中，宜风宜雅。

锦心绣口，聪慧绝伦，善病工愁，温存如玉。

细骨轻盈，蛮腰素口，临风独秀，与月争妍。

才色品艺，四美俱臻，洵为花丛领袖。

第二甲

传胪　蔡新宝，同安里。

蛾眉若双翠，明眸发清扬，丹唇翳皓齿，秀色若圭璋。

良玉在璞，奇花初胎，腻理靡容，实少其偶……

接下来的“二甲”第二名，便是前面提到的那位“羞与妍戏子、马夫者为伍”的金宝仙。从籍贯上看，名列前茅的状元、榜眼、探花全部被“姑苏人”所包揽。

最后为游戏主人“跋”：

游戏主人序花榜既毕，而自跋其后曰：夫以申江之大，人才之众，而所取录者，仅此区区百数十人，不特无以餍众望，且并无以服人心，然以沪上往来通衢，文人墨客以及贵介富商，讵无一二明眼人，预为精察而鉴别之，故有怀瑾握瑜之才，而抱憾于湮没不彰者卒鲜。兹榜所录，始凭荐书，继采舆论，所谓出乎其类、拔乎其萃者。虽不能全，窃幸十得七八焉。惟是挂一漏十，所不能免，即所取录，亦岂无滥竽者厕乎其中？是则由于见闻之隘与鉴别之疏，沧海遗珠，抱憾奚极，阅者原其心而谅之，此则余之所深望也。丁酉七夕，游戏主人序于海上三昧斋。

（三）花榜后续

这次花榜，状元张四宝仅得9票（荐函），榜眼金小宝、探花祝如椿则各得7票，可见还是看热闹的多，投票者少。

高中花榜者虽然不能做官，也没什么奖品，但好处还是显而易见的。因为发榜之时每个人的名字后面，都注明了住所和评语，冶游者可"按图索骥"，名次靠前者此后自然也就生意兴隆了。因此，妓女皆将花榜视为要事，一则《状元误报》笑话，即反映出她们对"金榜题名"的渴求：

> 本月七日，群芳□□之日，各校书如听榜士子，中心忐忑，坐立不安，密遣急足奔走探问，闻新定状元名曰"四宝"，于是先报至普庆里王四宝家，后报至尚仁里金四宝家，又报至百花里底洪四宝家，及清河里之左四宝家。之四人者，骤闻此信，皆吐气扬眉，自鸣得意。正在仓皇之际，忽报纸飞至，状头第一人乃西荟芳张四宝也。王四宝不及看姓，误听张、王叠韵，犹执以为是。金、洪二人亦疑信参半，左四宝家之狎客垂头丧气而来，曰"左矣，左矣"！可知应试者往往同名，并有素慕其名藉图鱼目相混如四宝者，亦可以小观大矣。[1]

花榜评选引发妓女、妓院的竞争风潮，因此必然有人对评选结果表示不满。如金小宝屈居榜眼，就有人为之鸣不平，认为她应该评为状元。于是花榜揭晓次日，游戏主人便发表《论花榜金小宝不取状元之故》：

> 游戏主人出花榜之日，即得听经仙侣、挹芗馆主、云水洗眼人叠赐华简。开缄展诵，词虽异而大旨相同，略谓：花榜之举，色艺为先。张四宝秀骨珊珊，清气扑人眉宇，而视金小宝之容光四射，焕发自然，觉彼之耐人寻味者，究不敌此之易于夺目。且小宝善词曲，弋腔、秦声并皆佳妙，似又四宝所不及。若谓感于物议，谓小宝行止未粹，故抑置之，姑不论其事之有无，但今日所开者花榜，与旌表贞节之事不同，且主人曾有干卿甚事一议，业早为若辈开脱，一旦反其所为，窃所不解。况曹梦兰、陆兰芬辈，均付诸不录之列，使置小宝与若辈为伍，旁人固无从置辞。既不出此，而乃吝此一状头，靳而不与，窃不解主人是何用心也？三函所言，大率相类。
>
> 游戏主人读既毕，不禁喟然曰：呜呼！斯言也，其知我者欤，其罪我者欤？若

1 《游戏报》第五十五号（1897年8月17日）。

以为罪我，则此番位置，不特无以服小宝之心，且并无以自解；若以为知我，则不特释诸君之疑，而所以成全小宝者正不少也。溯自余创行特开花榜之议，所得荐函不下二百余通。其间褒美者固多，而谤毁者亦复不少。出榜前一夕，尚有人来书力诋小宝者，余皆付诸不论、不议之列。诚如初二日报登懊侬所言：歌舞之地，非士行之坊表；声伎之微，非世风之维系也。特是小宝自去岁由苏来申，艳帜高张，声名鼎盛，昵之者由是而众，而忌之者亦由是而多。推原其故，皆由小宝为人志高气傲，遇所欢则娓娓谈不倦，见生客则默无一言。不知者辄嫌其盛气凌人，恃才傲物。由是誉之者一，毁之者百，谣诼繁兴，而声名遂从此大减矣。余友有昵之者，尝谓嗣今以往，小宝非适人即返苏，否则申江虽大，几无斯人容足之地。呜呼！斯言也，其殆深知小宝者欤？此次编次花榜抑置之，正所以保全之。否则位置过高，则摧折者益众。天惟不愿海上失此名花，故荐书不逮四宝，正以抑置之者保全之，此其间殆有数存焉。至其色艺过人，久为有目共赏，允称沪江领袖，余亦不作违心之论也。[1]

为应对部分人对花榜的不满，李伯元又准备模仿科举中的殿试，将此次榜上有名者集中起来，举行“遴芳会议”，并在报上发表《拟举行遴芳会告白》：

本届所定花榜，名次前后，悉凭荐书多寡为定，本主人毫无成见。兹拟举行遴芳会，将群花依次校阅，即于一百四十人中遴选数十人，另编名次，犹之进士甲第虽分，其得庶常与否，必俟朝考后方定，并不系乎甲第之高下也。至此会如何举行，届时再行布告，特白。[2]

至于如何进一步“遴芳”，因资料所限就不得而知了。总之，李伯元总能不断制造热点，使得报纸销量大增。在花榜揭晓之日，《游戏报》仅上海一地，“初出五千纸，日未午即售罄，而购阅者尚纷至沓来，不得已重付手民排印，又出三千余纸，计共八千有奇”[3]。而当时上海资格最老的《申报》，发行也不过7000份左右。而且揭榜后相关出版物也几乎随时跟进，如选辑于花榜序言、题咏、诗跋和小传而成的《淞滨群芳录》、《春江花史》等，再次让主办者赚得盆满钵满。

至于上榜的妓女，除了生意从此更加红火外，有的也因此有了比较完美的归宿。如状元张四宝在揭榜不久就嫁给了一位道员，榜眼金小宝后来则与留学东瀛的名士陆达权结婚。

1　前揭《老上海三十年见闻录》下册，第25～27页。

2　前揭《老上海三十年见闻录》下册，第28页。

3　前揭《老上海三十年见闻录》下册，第27页。

（四）武榜与叶榜

《游戏报》所开花榜，相当于科举考试中的"文榜"。此后不久，又套用武科举之名，开设"武榜"。武榜又称"艺榜"，并非比试武功、武艺，而是"仿京梨园之囊例"，在艺妓中评选技艺出色者。为此，游戏主人在《丁酉夏季春江武榜·弁言》中写道：

游戏主人既有沪滨花榜之选，又于北里中得善歌者都若干人，厘定甲乙，仿京师梨园之例，另为武榜，录诸报端，而自序其首曰：物之善移我情者，其惟声音之道乎？情动于中而形于言，言之不足，故嗟叹之。嗟叹之不足，故咏歌之。古人以丝竹陶情，亦有闻乐而感者。无他，情动于中，不自觉其流露也。昔年勾栏竞尚小曲，靡靡动听，令人有郑卫之思。近则秦声、弋调，嚣然并奏，颇极顿挫郁沉之致，动人虽不逮小曲，然一时风会所趋，而又有不能偏废焉。余生平好音乐，每花筵月夕，非闻歌则不欢。阅时既久，共得若干人，复就若辈所推重者，次第而甄录之。虽不能珊网无遗，或亦稍免赀议焉耳……[1]

武榜仍沿文榜之例，分为三甲。丁酉武榜计选定一甲3人：状元王秀兰、榜眼金小卿、探花小如意，二甲王秀林等17人，三甲王蔼卿等18人[2]。

到了光绪二十五年（己亥，1899年）四月，《游戏报》更是别出心裁，推出以高级妓女之侍女为评选对象的叶榜。意思是说妓女为花，侍女是叶，好花还须绿叶陪。叶榜俗称"大姐花榜"，这年评出一甲3人：状元，同庆里姚宝云阿三；榜眼，普庆里谢新卿妹妹；探花，兆贵里金秀英阿毛。此外，还有二甲兆贵里胡玉卿薛宝钗等35人、三甲百花里洪雪香阿宝等100人[3]。

除此之外，尚有"花选"之说，详见下文。

需要说明的是，本文开篇引述"开花榜的由来"中，有所谓选"四大金刚"之说。"四大金刚"分别是陆兰芬、林黛玉、金小宝和张书玉。她们虽然确有其人，也都是《游戏报》捧出的上海名妓，但并非专门选出，其称呼另有来源：

清光绪季年，张味莼园安垲地洋房设作茗寮，每至斜日将西，游人纷至，俱以此为消遣地，而青楼中之姊妹花，亦呼姨挈妹而来，其日必一至者，当时为名妓陆兰芬、林黛玉、金小宝、张书玉四人，南亭亭长李伯元之《游戏报》上，因戏锡以四金刚之名。曰四金刚者，缘四人既至之后，每于进门之圆桌上瀹茗，每

1　前揭《老上海三十年见闻录》下册，第22页。

2　前揭《老上海三十年见闻录》下册，第33～36页。

3　前揭《老上海三十年见闻录》下册，第38～51页。

人分占一席，若佛氏之有四金刚守镇山门，观瞻特壮也。[1]

总之，《游戏报》可谓做足了妓女的文章。

三　故宫收藏的五幅艳榜照片

故宫博物院收藏的5幅妓女照片，下面的标注文字分别是："戊戌春榜状元林绛雪""戊戌榜眼李媛媛""庚子夏榜状元小顾兰荪""庚子曲榜状元小林宝珠"和沈丽娟、"劫余花榜状元花兰芳"。通过前文介绍，这些人物无疑属于不同年份的艳榜名妓。

那么，她们是否也是《游戏报》所选出？下面就依据现有史料线索，分别对其进行简要考察。

（一）"戊戌春榜状元"林绛雪

在现存《游戏报》资料中，有关林绛雪的记述相对较多。她是光绪二十四年（戊戌，1898年）秋季花榜的状元，也是次年春季花选的第二名"牡丹"（图二）。

1. 戊戌花榜状元

丁酉花榜开榜后，仅仅一年之内，很多登榜妓女便已名花有主，开始纷纷适人。于是，《游戏报》又于戊戌七月第二次开花榜，名列前茅者为：状元林绛雪、榜眼花丽娟、探花沈二宝、传胪谢倩云。

图二　"戊戌春榜状元"林绛雪

从照片上看，林绛雪长得并不算美，目光也略显呆滞，她为什么会拔得头筹？次年《游戏报》开"叶榜"后，曾登载一则《榜后闲谈》，将她与那位状元作过一番比较："本馆创开叶榜，已于昨日揭晓，状元为姚宝云家阿三，取其平正通达，与戊戌年花榜状头拔取林绛雪同一命意。"[2]据此可知，花榜、叶榜均非完全以色为先，而是需要对包括个人品格在内的其他因素进行相对全面的综合考量。

1　孙玉声：《退醒庐笔记》，第148页，山西古籍出版社，1996年。

2　前揭《老上海三十年见闻录》下册，第51页。

从戊戌花榜开始，报馆还随报附送名花照片，成了花榜的又一亮点。此次开榜后一个月，《游戏报》先期刊登这样一则“告白”：

本馆本年所定花榜，自从上月揭晓后风行，纸芳誉久驰四方，阅报诸君争思一观其颜色，兹待耀华照相号□人，代将本馆本年所定花榜前列名花小影，每人拍印一万张，约于中秋日起粘诸本报，每日附送。[1]

五天后，因报纸过多，照片粘贴不及，再次刊登告白，请读者向售报人索购名花照片：

本报准十五日附出花榜状元林绛雪小照，十八日附出榜眼花丽娟小照，二十一日附出探花沈二宝小照，二十四日附出传胪谢倩云小照。本报定期附出名花小影，原拟粘贴报端底，以本馆出报过多，连夜粘贴不及，特交售报人手，每报一张取价七文，如欲此照加钱二十三文。[2]

八月十五中秋节，为附送照片首日，这天的报纸果然开了“天窗”：首版右侧为一长方形花边框，框内上部原为照片粘贴处，此时印有“小照有遗漏者，望持此报到本馆购补”字样。下半部系游戏主人《题林绛雪小影》一首：

迎人笑靥惯相撩，第一声华让阿娇。
镜影钗光浑不辨，吴儿魂薄那禁销。
绝世容颜浅淡装，愈流利处愈端庄。
是谁偷得徐黄笔，为写名花冠群芳。

花边框左侧，登载《本报附出名花小影告白》：

（1）今日附出状元林绛雪小影。

（2）今日本报仍取大钱七文不欲小照者，如欲此照加钱二十三文，概不赊账。

（3）向看本报之各主笔，除已通知派报人先付照，由本报将照粘贴报端分送外，其余未经通知者如欲此照，望持今日本报，找钱二十三文至本馆补给，代为粘贴报上。

1 《游戏报》第四五二号（1898年9月25日）。

2 《游戏报》第四五五号（1898年10月1日）。

(4) 本馆托耀华拍印此照贴本甚□本属一时戏举，原冀有日共赏然□购阅本报之人，此照概不外售。

(5) 本月十八、廿一、廿四等日，附送榜眼、探花、传胪等照，有欲预定者仍望从速。本馆挂号填给凭单付给本日有照报一张，其余按期持单来取。

每张售价七文，照片随报纸出售，读者如欲加购，则需另外支付二十三文。

此外，又刊登《纪今日本报附出名花小影》，介绍这次活动的由来：

古有画图而无照相，然画图技有高下，竭终日之力绘图一纸，得形似已难，矧曰神似，所谓颊上添毫者几人哉？自泰西照相法行，曾不须臾而按图可索，靡不神采宛合，栩栩如生，不可谓非神工也。昔人诗云"当时枉杀毛延寿"，汉代有人擅此技则延寿不至死。海上业此者无虑数十家，而耀华声名为尤著。游戏主人向例于乞巧日有大开花榜之举，合海上群芳品评而甲乙之，媵以诗歌，著之报纸，品题所及，声价顿高，芳誉流传，无间远迩。本年踵行此举，匝月以来，凡本报所至之处，西逮欧墨，东被蓬瀛，莫不争相函告。有谓宜仿西报画图之例，将各名花小影刊诸简短者，有谓宜摹绘成图，石印附送者，统计所得来函，不下百数十通，既裁答之难周，益摹印之匪易。适耀华主人过我，愿以拍印之法襄成此举，乃托其每照先印一万纸，随报附出，取值从廉，较之该号定例每洋一元，取照三张者，不逮十分之一。主人之意但冀一纸风行，万目共赏，虽工本甚巨，在所不惜，不可谓非豪举也。今日为附出花榜状头林绛雪小影之第一日，丰容盛鬋，神采宛然，该号照相之精，自为有目共睹，无藉本报之代为揄扬。而阅报诸君之得睹是照者，宛然与彼美相觌面，其有不为之嘉许哉！[1]

林绛雪的万幅小照，次日中午便已售卖一空，为此"特嘱耀华照相号仍照前式小照，连夜又拍印数千张"，并叮嘱售报人"不得私行加价"[2]。这一独特售卖方式，不仅使报纸销量大增，而且增加了一笔可观的照片收入。同时，《游戏报》与耀华照相号的合作，也开启了一种共赢的商业模式：报馆节省了拍印成本，照相馆则在报纸上作了一次成功的广告，而名妓照片的大量复制，也使她们被视为社会明星而受到追捧。

故宫收藏的这幅林绛雪照片，或许就是当时拍印的小照之一。只是戊戌花榜开榜于当年七月，而照片下面的标注文字却是"戊戌春榜状元"。这里的"春榜"，似为"夏榜"之误。

1 《游戏报》第四五七号（1898年9月30日）。

2 《游戏报》第四五九号（1898年10月2日）。

2. 己亥花选“牡丹”

《游戏报》除花榜、武榜之外，还从戊戌年（1898年）四月八日开始，举办花选活动。所谓“花选”，就是按十二月令选出12名妓女（遇闰月多取1人），再结合每人的姿态、性格，每月令各司一花。其中，以梅花为魁，牡丹次之。评选过程与花榜相似，也是先在报上刊登告白并征求荐函。从次年（己亥，1899年）开始，花选又固定于每年阴历二月十二日举行，名曰“蕊宫花选”。因为这一天为传统的花朝节，俗称“花神节”“百花生日”或“花神生日”。

己亥蕊宫花选的评选结果是：梅花林宝珠、牡丹林绛雪、兰花谢倩云、梨花金如玉、榴花范彩霞、荷花花云兰、海棠沈韵珊、桂花李媛媛、菊花郑菊香、芙蓉洪漱芳、山茶林萼梅、水仙高巧云。每位入选名花都附有题词，如“梅花”林宝珠：

霜质冰肌炼玉砂，罗浮仙子佩寒霞。
知他孤岭风光好，移作沪江第一花。[1]

“牡丹”林绛雪：

锦绣芳尘濯水红，洛阳城郭醉春风。
群芳管领清华甚，留取娇歌漫舞中。

林绛雪连续两年拔得花榜状元和花选牡丹，也算《游戏报》开花榜后的一段佳话。

（二）“戊戌榜眼”李媛媛

图三　“戊戌榜眼”李媛媛

已如上文所述，己亥蕊宫花选中林绛雪为“牡丹”，李媛媛则为“桂花”。除此之外，笔者尚未发现其他材料记述其人其事。照片标注她为“戊戌榜眼”（图三），但戊戌花榜的一甲三人却是林绛雪、花丽娟和沈二宝。若非标注有误，推测此人很可能是戊戌（1898年）武榜的榜眼，而这年的武榜状元则是林宝珠。笔者在清末明信片中，发现一幅她的《白水滩》剧照，亦可作为此人曾

1　《游戏报》第六二三号（1899年3月23日）。

图四　清末名妓明信片

登“武榜”的旁证（图四）。

（三）“庚子夏榜状元”小顾兰荪

光绪庚子（1900年），《游戏报》曾在上海、杭州开过两次花榜，但其过程、人物不详。这张照片标注“庚子夏榜状元小顾兰荪”，推测此人可能为其中一次的头魁（图五）。

此外，庚子年亦曾举办花选，并将相关材料汇集成册，出版了《庚子蕊宫花选》一书。从书中的《选艳丛谈》，可以大略看出此次花选的经过：

> 本年于二月初三即登报布告广征荐书。仍定花朝日揭晓。初三、初四两日迭登蕊宫花选格于《游戏报》，为格十二，各系花名，以便荐者之填注，并定花选格八条：
>
> （1）年十八以内、十三以上者入选。
>
> （2）选色为上，艺次之，酬应必求其工。
>
> （3）去年已列此选者不再录。
>
> （4）现隶髦儿戏籍者毋庸选举。
>
> （5）今年初隶乐籍者注明。
>
> （6）趋向不正，声名平常者不录。
>
> （7）嫁人复出及生有子女者不录。
>
> （8）由雏妓超升者不录。

荐书征至初七截止。初九以后尚有续投者，皆未登报。特于十一日晚假座金谷香，广召群芳，逐加评骘，以定去取。到者甚众。凌钰卿三四年前即识之。曩时犹梳歪髻，今则俨然成人矣。昔见其清癯殊甚，今则纤秾得中。此次花选本拟畀以海棠，迨评骘既定，乃改易首选。卢前王后只争此一刻眼光。使无金谷香一选，钰卿将默默无闻矣。士之怀才有遇有不遇，亦何莫不然。沈桂云天然妩媚，光艳照人，魏紫姚黄，有斯富丽，逊兹秀逸也。其品格当在花魁花王之间，因梅花已为凌钰卿所占，故畀以牡丹……

图五 "庚子夏榜状元"小顾兰荪

庚子蕊宫花选中，小顾兰荪名列第四，夺得"梨花"[1]。

（四）"庚子曲榜状元"小林宝珠

现存的《游戏报》资料，无法找到小林宝珠之名。《清稗类钞·娼妓类》则有《小林宝珠之荣哀》一节，从中可以略见其身世：

小林宝珠，沪妓也。貌不甚扬，以歌胜，客趋之若鹜。侍酒之局，日以百计，每至即歌，歌已即去，时有拈"曲终人不见"之句以赠之者。用是博缠头无算，臂钏累累然，肘为之不曲，衣一日十数易。光绪壬寅夏，染时疫，暴亡。临危，犹高歌《目莲救母》一折。既殇，鸨为之市榇，而客有以楠木所制者赠之。未几，又一客以一具至。及发引，则有"诰封宜人""晋封恭人"等衔牌导之以行。[2]

小林宝珠以歌取胜，当然有机会荣登武榜。照片标注"庚子曲榜状元"，可知武

1 ［日］樽本照雄：《游戏主人〈庚子蕊宫花选〉——花榜と花选》，转引自王学钧《李伯元传记研究的新进展》，《明清小说研究》1996年第4期。

2 前揭《清稗类钞》第11册，第5236页。

图六 "庚子曲榜状元"小林宝珠

图七 沈丽娟（右）、"劫余花榜状元"花兰芳（左）

榜又称"曲榜"。至于说她"貌不甚扬"，从照片上看，评价似不为过（图六）。

（五）沈丽娟、"劫余花榜状元"花兰芳

这是一幅二人合影，右立者为沈丽娟，左坐者则是"劫余花榜状元"花兰芳（图七）。二人或均为名妓，或为名妓与侍女，身份判断应无问题。

那么，何谓"劫余"？《游戏报》第一二六八号刊登了一则《拟订津门劫余花选启》，虽然在残存的报纸中，还无法找到事情的下文，但基本可以肯定，辛丑年（1901年）曾在庚子劫难后的天津举行花选。再根据照片标注推测，花选前后又在该地开过一次"劫余花榜"，选出的状元叫作花兰芳。

通过以上解读，我们可以初步了解这些照片人物的大致状况。而根据相关研究统计，《游戏报》虽然首开花榜，却并非独家，其他报纸也曾参与其事：1897～1900年，《游戏报》主导；1902～1903年，《花天日报》主持；1904～1909年，分别由《花世界报》、《闲情报》等报纸评选[1]。其中，仍以《游戏报》影响最大。

据此可以判断，这几幅照片均源自《游戏报》的"艳榜"。

四 宫藏妓女照片来源分析

《游戏报》通过花榜、武榜、叶榜、花选等系列名目，将传统的妓女选举变换出不同的

1 参见单光鼐《中国娼妓——过去和现在》第152页，法律出版社，1995年。

花样，满足了都市人的娱乐心理，并由此获得了商业利益的最大化。但对于李伯元这位风流才子而言，逐利绝非唯一目的。他是在以其特有的诙谐调侃，借事寓言，进而唤醒痴愚。

将一甲、二甲、三甲这样的进士等第，与状元、榜眼、探花等科举头衔，统统移植于妓女选美，本身就是借助科举的外壳嘲弄科举，是对"神圣"科举制度的强烈反叛。

李伯元还支持戊戌变法，与梁启超等维新党人关系密切，并不时放言无忌，表达自己对于国事的悲愤之情。更有甚者，他的《庚子蕊宫花选序》还直接抨击清朝的最高当权者——慈禧太后：

> 且夫燕支世界，赖撑柱而不倾；驹驰光阴，入歌舞而弥蹙。娥眉一部，人藉以媚升平；鸾钗两行，天纵以毒豪侠。矧今日璇闱煽焰，琼台闷辉；万口不声，众气斯郁；外而虎耽逐逐，朘乾坤而不宽；蚕齿骎骎，缩朝廷而欲小。内而悬刀待谏，东市凄惨以飞霜；韬甲设防，西宫巍峨以压日。悲哉悲哉，无复言矣！仆侧身四海，涉足一区，抚时会悲，蹈世增戚，舍议掷稿，拟抱兔园，忍语衔碑，甘敩蝉噤。职是之故，惟有屏斥正大，摭拾琐碎，品骘靡曼，较量婵娟。间或呼叱烟云，仅令销磨年载。往往妃青俪白，辑章台之剩谈；判白批红，铸教坊之定案。[1]

"东市凄惨以飞霜"，是对谭嗣同等戊戌六君子惨遭屠戮的公开谴责；"西宫巍峨以压日"，则表达了对慈禧太后把持朝政的强烈不满！由此观之，李伯元即便不被视为"乱党"，也属于应受监控的边缘人物。

那么，由他主持评选的艳榜人物的照片，为什么会堂而皇之地流入宫中？对此，我们还无法找到可资参考的史料线索，只能按其时代背景，试作几种可能性的推测：

1. 推测一：关注李伯元其人

李伯元不仅是位游走于政治漩涡边缘的职业报人，而且位居晚清四大小说家之首[2]。尤其是他的谴责小说《官场现形记》，以晚清官场为发难对象，集中描写了官场中的种种腐败与黑暗，堪称清末官僚的百丑图。小说于光绪二十九年（1903年）开始在《世界繁华报》上连载，很快便在社会上闹得沸沸扬扬。李伯元的活动可能也曾引起朝廷关注，并为此搜集他的相关材料，这些照片便由此进入宫中，并被有意或无意中收藏。

1　前揭《游戏主人〈庚子蕊宫花选〉——花榜と花选》。

2　"晚清四大小说家"指李伯元、吴沃尧、刘鄂和曾朴，他们的代表性作品即四大谴责小说：《官场现形记》、《二十年目睹之怪现状》、《老残游记》和《孽海花》。

2. 推测二：妓女引领潮流

上海是开埠最早的城市，也是中西文化的交汇之地。妓女以其独特的身份与经历，容易突破成规束缚，成为新事物的早期接受者和推介者。她们开风气之先，尤其在服饰穿着和行为举止上引领潮流，《游戏报》对此不乏详尽描述。

上海高级妓女的装束打扮，在当时被视为时髦的代表，具有强烈的示范效应，成为寻常妇女模仿之对象。“内地妇女服饰悉视上海为准的，上海妇女之服饰则视北里为准的，花样层出不穷亦随时互易。”[1] 在此背景下，出于欣赏时尚或“整肃风化”，这些照片也进入宫中。

3. 推测三：满足娱乐需求

清末上海堪称东方的娱乐中心，在传统戏剧方面，也居于同北京相抗衡的地位。《游戏报》在大量刊载妓院、妓女消息的同时，对梨园、优伶也不乏报道。从某种意义上来讲，娼、优同属“文艺工作者”，名妓、名伶都具有社会明星的地位。慈禧太后欣赏的谭鑫培、朱素云等演员，都经常赴沪演出，在社会上受到热烈追捧。宫中的主要娱乐活动就是听戏，并收藏有大量京剧、昆剧的剧照。由此推之，同时搜集少量名妓照片，似乎也在情理之中。

当然，在尚未发现确切的史料依据之前，所有推测都只能归于臆测。但无论来源如何，这些妓女照片能够进入宫中，并最终成为故宫博物院的藏品，都给人们留下了不少想象空间。它们虽然只鳞片爪，亦可在一定程度上透视出晚清的世态风俗。

原载《明清论丛》第十四辑，故宫出版社，2012年

1 《游戏报》第一七四四号（1902年5月21日）。

梁章钜大搅福建志局

王木南

内容提要：沈学渊题壁诗《东越修书图》是一组咏事诗，是清嘉庆、道光时期以林则徐、陈寿祺、梁章钜为首的八名进士、三名举人的亲笔墨迹，他们以诗人、学者沈学渊的“东越修书图”为命题，从一个侧面揭示了道光本福建省志的撰写过程，为研究清史、清代文学、清代书法艺术，提供了实物资料，也为解析梁章钜拆毁志局，删除存稿这一大学术公案提供一些线索。

关键词：沈学渊　题壁诗　东越修书图

一

沈学渊（1788～1833年），字涵若，号梦塘、兰卿，江苏宝山人，嘉庆十五年举人，是清嘉庆、道光时期著名的诗人兼学者。学渊家居宝山春雨庄，父燦然工诗，名噪吴越。学渊弱冠补诸生，嘉庆十五年省试同考官潘镕荐之，遂获。继复延修萧县志，仿武功体，人服其精核。在署中三年，与诸名士研究经史，平生著作不下十余种，散体文脱胎于唐刘蜕、孙樵两家，骈体文汪洋恣肆，不屑规复六朝，诗则断以唐人为宗，直逼梅村。林则徐官江苏布政使，延至署中做幕。后应陆我嵩之邀，两作闽中游。又应浙闽总督孙尔准聘修《福建通志》，留闽七年。返故乡时卒，终年64，武进李兆洛撰传，林则徐志墓，入《福建通志·寓贤传》[1]。

道光九年（1829年），受聘孙尔准修省志后，作为诗人、学者的沈学渊，认为此乃平生大事，赋诗二首致陈寿祺、林则徐，表达自己对修志的基本态度和准则，刊于《桂留山房诗集》卷十二：“著书岁月易蹉跎，休把残瓦作镜磨。碧杜红蘅裁郢曲，珠篇画舫梦吴歌。不愁座客食梨少，敢诩吾家征粟多。溪水入城泥没骨，高轩可许递来过。”“借

作者：原研究室，副研究馆员。

1 （清）梁蒲贵：《宝山县志稿·文学》，学海书院刻本，1882年。

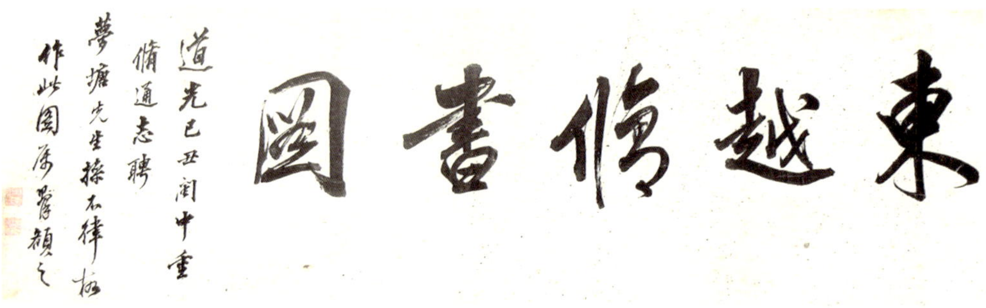

图一　林则徐手迹

瓦赁庑两堪夸，摊饭光阴更斗茶。卢桔黄垂经月雨，佛桑红似去年花。三枚食字输干蠹，八尺跳波笑钝龟。且缚茅斋营懒窟，不须怀古贾长沙。”[1] 以后，又以“东越修书图”为命题，请吴越诸名家和之。林则徐手书题名（图一），李彦彬、李彦章、毕华珍、杨庆琛、梁章钜、姚莹、陈寿祺、景燮、孙尔准书写了和璧诗。道光十三年（1833年），学渊卒，其子沈仲怡又嘱学渊好友毛正坦、王寿康补写诗两首，共计 11 首，书写在 3.2m×0.35m 的条幅上。这些手迹出自嘉道时期 8 名进士、3 名举人，为我们深入研究清代文学、历史，特别是有关福建省志，提供了丰富的实物资料。

林、孙、梁、姚为嘉道时显臣，陈为清代大儒，《清史稿》、《清史列传》均立传，不复赘述。林则徐（1785～1850 年）即在己丑年江苏布政使任上，其间，在陶澍名下治刘家河、白茆河，已有政声。距禁烟事尚有 10 年。孙尔准（1770～1832 年），字平叔，江苏无锡人，广西巡抚永清子，嘉庆十年进士，官至闽浙总督，生平事迹以治理台湾为要。梁章钜（1775～1849 年），字闳中，又作茝林，福建长乐人，嘉庆七年进士，官至江苏巡抚，兼署两江总督。此人一生做官，著述甚丰，是闽中奇才。姚莹（1785～1853年），字石甫，安徽桐城人，嘉庆十三年进士。莹以抗英闻世，以镇压太平天国终其生。师从祖鼐，不好章句，留意经世之学，有《中复堂全集》传世。陈寿祺（1771～1834年），字恭甫，号左海，福建侯官人，嘉庆四年进士，授编修，终身未仕，专讲汉学。阮元延课诂经精舍，主讲清源、鳌峰书院计 20 年，时为省志局总纂。李彦彬（1792～1837年）、李彦章（1794～1836 年）二人为兄弟，彦彬字则雅，号兰屏，福建侯官人，道光三年进士，官刑部主事；彦章字兰卿，道光六年进士，授内阁中书，署山东盐运使，江苏、湖南按察使，光禄寺卿。此三人为则徐友。景燮，字阆仙，号画山，江苏常熟人，嘉庆三年举人，官安徽繁昌知县，后调海澄知县，著《漱霞阁诗文集》[2]。毕华珍，字松心，画家毕宪曾子，少承家学，诗、古文深博绝丽，几过诸父，游京师，声誉大起，中嘉庆十二年举人，为知县。“浙江非其志也，罢官以诗酒自娱。”年 70 卒，有《梅

1 （清）沈学渊：《桂留山房诗集》，中国科学院图书馆藏本。

2 （清）王祖畲：《常熟县志》，民国八年本。

巢杂诗》、《律吕元音》等诗集存世[1]。毛正坦，字循斋，湖北麻城人，由监生考授两淮盐政，历任江苏句容、宝山知县。道光十五年，飓风冲决海塘，正坦捐俸助塘工，疏浚隋塘河，岸民皆利，呼为毛公堤[2]。王寿康（1795 ~ 1859 年），字二如，江苏上海人，诸生，尝刻徐光启《农政全书》，向林则徐上《三吴种植所宜并救荒各策》，鼓吹经世之学。有《自鸣稿》二卷存世[3]。景、毕、毛、王诸人为学渊友。

二

陈寿祺、梁章钜等十余人诗文不见清人各家文集，属于第一次披露的原始资料。梳理这批原始资料，对于研究清代诗歌、清代书法艺术，提供了第一手新鲜史料。其诗文字迹虽清晰可辨，但有些当时习见俗字、异体字今已不用，为了方便读者起见，笔者一律改为今天习见用字，例如“蒐”改为“搜”，“弟”改为“第”；对于专业文史、文物人员，可参考原文原字。兹按时序将上述 11 首诗文判读如下，以飨读者，并乞方家教正。

1. 李彦章

西京地志随计书，南阳风俗初权舆。图经传记各有作，斟酌史例宜何如。吾闽文献谁能语，前有陶夔后林谞。六十年来补旧编，班班大纪思修举。博洽由来属沈侯，固应一榻重南州。诗家正有题襟集，省局还依拱极楼（拱极楼为宋郑太师故居，志局近焉）。大府知人方列荐，此才本合承明选。地理先通二百家，细书抵写三千卷。牙管疏 共盍簪，绿榕城郭又春深。凭将任陆搜罗手，遥接林梁续纂心。百越川原极清异，胜囊半是经行地。已闻心熟坠形篇，况有家传山水记（宋沈立有《山水记》三百卷）。束简何时告汗青，艰难此事我曾经。自惭一屋方堆稿，仍似榕园修志亭（余在粤创辑思恩郡志，郡人为建修志亭于榕园，归来载书自随，今尚未得脱稿）。梦塘尊兄同年属题，即以就正。兰卿弟李彦章（图二）。

2. 李彦彬

郡国书从两汉开，多君论撰出新裁。正资朱赣条风俗，久信东阳擅史才。文献广搜名士传，江山高眺越王台。冶城三月浓花发，画里晴窗点笔来。揽秀枫亭又幔亭，闽山处处辙曾停。自游王俭青油幕，早述江淹赤县经。乌石晴云窥几碧，鳌峰高树入帘青。著书暇日圆前梦，可有诗声广坐听。桂留诗格重三吴，健藻能将大雅扶。罗浚

---

1 （清）王祖畲：《太仓州志》，民国八年本。

2 《宝山县志》卷三十一《人物卷》，上海人民出版社，1992 年。

3 王寿康、杨庆琛、彦章及彦彬小传见柯愈春著《清人诗文集总目提要》，北京古籍出版社，2002 年。

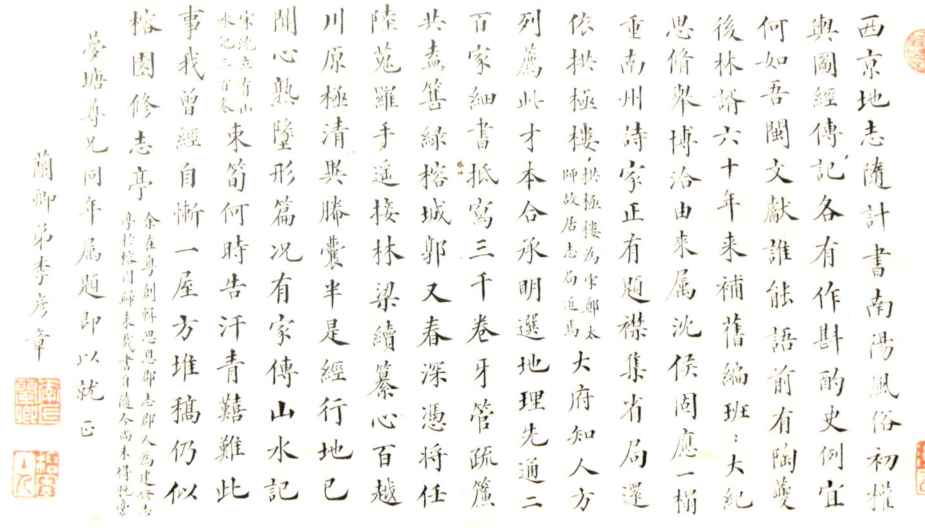

图二　李彦章手迹

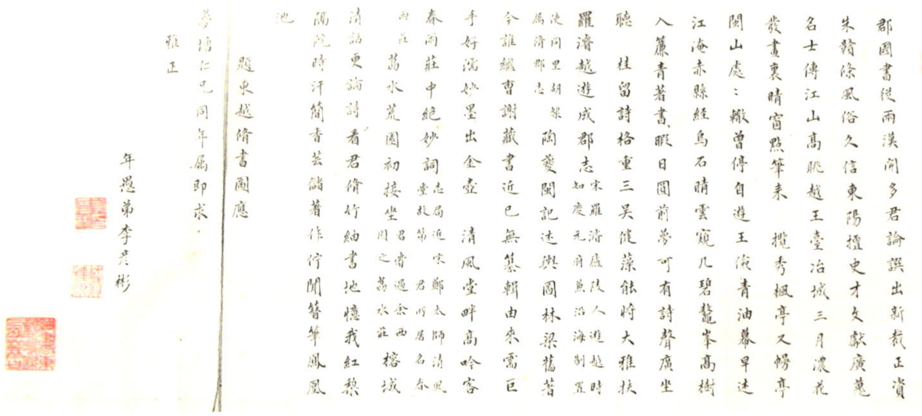

图三　李彦彬手迹

越游成郡志（宋罗浚，卢陵人，游越时知庆元府兼沿海制置使，同里胡榘属修郡志），陶夔闻记述舆图。林梁旧著今谁继，曹谢藏书近已无。纂辑由来需巨手，好濡妙墨出金壶。清风堂畔高吟客，春雨庄中绝妙词（志局近宋郑太师清风堂故第，君所居名春雨庄）。荔水荒园初接坐（君尝过余西园之荔水庄），榕城清话更论诗。看君修竹细书地，忆我红梨隔院时。汗简香芸储著作，伫闻簪笔凤凰池。

题东越修书图，应梦塘仁兄同年属，即求雅正，年愚弟李彦彬（图三）。

3. 毕华珍

嗜古沈麟士，相逢十年初。载书走七闽，翕然盛文誉。昨者出新诗，字字化为珠。擘海戏金翅，倾昆输玉壶。烧烛尽两册，长谣杂歌呼。此邦分星纪，山海古冶都。重

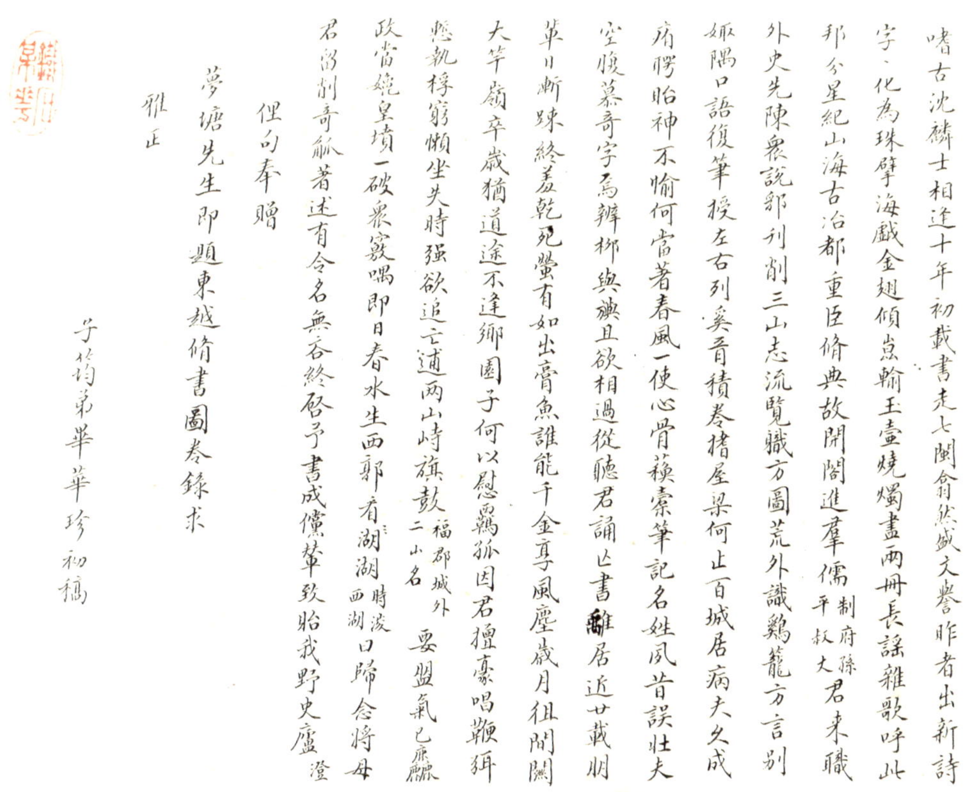
嗜古沈麟士相逢十年初載書走七閩翁然盛文譽昨者出新詩
字字化為珠擘海戲金翅傾崑輸玉壺燒燭盡兩冊長謠雜歌呼此
邦分星紀山海古冶都重臣脩典故開閣進羣儒制府孫平叔丈君來職
外史先陳衆說郛刊削三山志流覽職方圖荒外識鷄籠方言别
娵隅口語復筆授左右列奚音積卷搘屋梁何止百城居病夫久成
痡愕眙神不愉何當著春風一使心骨蘇索筆記名姓夙昔誤壯夫
空腹慕奇字焉辨柳與旗且欲相過從聽君誦亡書離居近廿載朋
輩日漸疏終羞乾死螢有如出膏魚誰能千金享風塵歲月徂閒關
大竿嶺卒歲猶道途不逢鄉園子何以慰羈孤因君擅豪唱鞭弭
慚執桴窮懶坐失時强欲追亡逋兩山峙旗鼓福郡城外二山名要盟氣已粗
正當媲皇墳一破衆竅喁即日春水生西郭有澄湖時浚西湖日歸念將母
君留削奇觚著述有令名無吝終啓予書成儻犂致貽我野史廬澄
俚句奉贈
夢塘先生即題東越脩書圖卷錄求
雅正
子筠弟畢華珍初稿

图四　毕华珍手迹

臣修典故，开阁进群儒（制府孙平叔丈）。君来职外史，先陈众《说郛》。刊削三山志，流览职方图。荒外识鸡笼，方言别娵隅。口语复笔授，左右列奚音。积卷搘屋梁，何止百城居。病夫久成痡，愕眙神不愉。何当著春风，一使心骨苏。索笔记名姓，夙昔误壮大。空腹慕奇字，焉辨柳与旂。且欲相过从，听君诵亡书。离居近廿载，朋辈日渐疏。终羞乾死萤，有如出膏鱼。谁能千金享，风尘岁月徂。间关大竿岭，卒岁犹道途。不逢乡园子，何以慰羁孤。因君擅豪唱，鞭弭惭执桴。穷懒坐失时，强欲追亡逋。两山峙旗鼓（福郡城外二山名），要盟气已粗。正当媲皇坟，一破众窍喁。即日春水生，西郭有澄湖（时浚西湖）。日归念将母，君留削奇觚。著述有令名，无吝终启予。书成傥犂致，贻我野史庐（澄）（图四）。

俚句奉赠梦塘先生，即题东越修书图卷，录求雅正。子筠弟毕华珍初稿。

4. 杨庆琛

仙馆琅嬛特地开，东瓯志乘仗清才。荷花香气修篁韵，都向先生笔底来。江南红杏雨潇潇，小宋才名福最饶。他日青绫修史稿，万枝桦烛玉人箫。

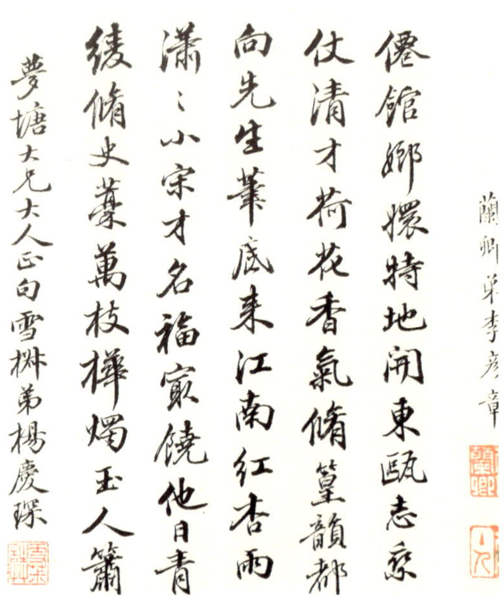

图五　杨庆琛手迹

梦塘大兄大人正句，雪椒弟杨庆琛（图五）。

5. 梁章钜

娄东才子旧知名，海上成连偶寄情。重是冶南文献系，名山随地起峥嵘。什一丛残问谞夔，千秋旧德重淳熙（先之靖公《淳熙三山志》书仅存）。元亭未执钞胥役，惜我归田计已迟。云龛云影雪园秋，仰赖承明著录留（先代有云龛遗稿一卷，《雪园诗集》六卷，皆著录四库，而旧志未载）。此例愿君勤采撷，肯将笔海隘前修。春雨庄中花怒开，桂留诗梦绕岑苔。鸿泥养就渐逵羽，会见簪毫省闼来。

梦塘先生正题，梁章钜呈草（图六）。

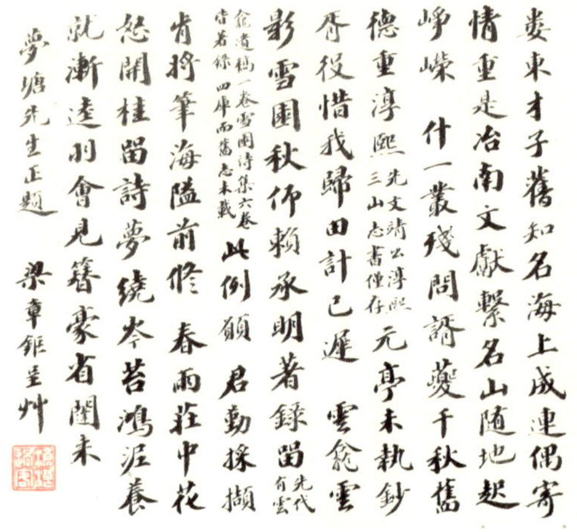

图六　梁章钜手迹

6. 姚莹

故人自昔住吴淞，见说休文绮思重。谁料鸿飞千里合，翻嗟马鬣十年封。志成粤海通殊俗，剑到延津觅化龙。我有桓谭新论在，待君三日语从容。

亡友张阮林□游宝山归，尝称梦塘先生之诗，余未见也。己丑遇于三山，获读全集，君方有修志之役，时阮林殁十有六年矣！君访阮林后人甚悉，怆然题此求正。石甫姚莹（图七）。

7. 陈寿祺

生不作散仙，方外鞭鸾凤。日仰屋梁，著书亦何用？岂如栖迟海上三神山，掷笔天池恣吟弄。南荒开国古无诸，地志山经充栋储。建安旧写琅嬛记，禹穴新紬宛委书。八俊同时才辐辏（志局分纂凡八人），满堂豪翰锵文囿。共请图经订挚虞，终须准望询裴秀（谓孙、韩两大府）。琉璃阙，凤麟洲，七年重作汗漫游，上宾喜过来诸侯。

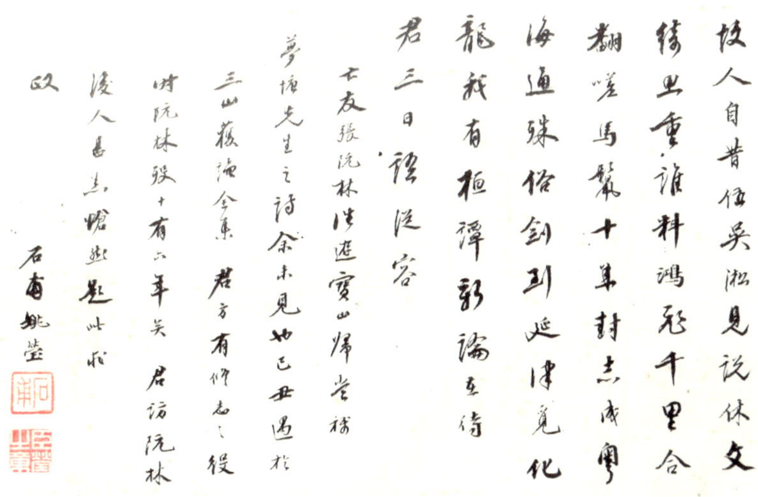

图七　姚莹手迹

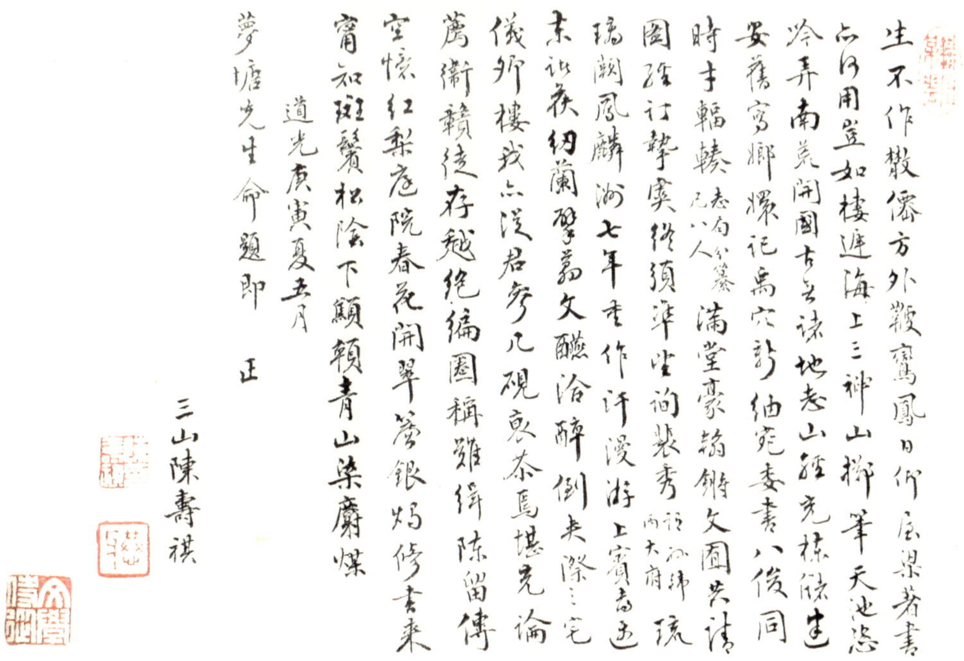

图八　陈寿祺手迹

纽兰擘荔文燕洽，醉倒夹漈之宅仪卿楼。我亦从君参几砚，衰荼焉堪充论荐。卫赣徒存越绝编，圈称难辑陈留传。空忆红梨，庭院春花开，翠帘银烛修书来。宁知斑鬓松阴下，憔悴青山染麝煤。

道光庚寅夏五月，梦塘先生命题即正。三山陈寿祺（图八）。

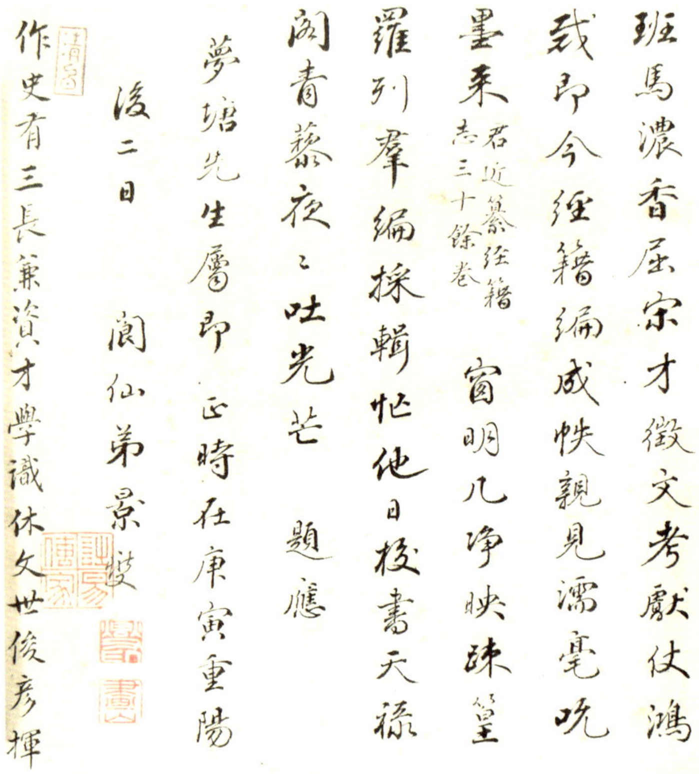

图九　景燮手迹

8. 景燮

班马浓香屈宋才，征文考献仗鸿裁。即今经籍编成帙，亲见濡毫吮墨来（君近纂《经籍志》三十余卷）。窗明几净映疏篁，罗列群编采辑忙。他日校书天禄阁，青藜夜夜吐光芒。

题应梦塘先生属即正，时在庚寅重阳后二日阆仙弟景燮（图九）。

9. 孙尔准

生世不作蒙董仙，便合东观研长编。凤窠仙史尽红粉，两行椽烛燃金莲。却愁作史亦良苦，后来文战纷拘索。退之行行号倔强，尚惕刑祸兼人无。何如名山耽著述，大胜藏室怀丹铅。醴陵畏难莫如志，三长兼擅安容偏。九丘八索既茫昧，山经体例犹堪沿。滥觞乐史好附益，思苞六合罗方圆。三山秦楚一都会，无诸建国开瀛堧。道山亭上一揽结，蓬莱方丈森当前。丹山碧水孕奇秀，魁传杰士如比肩。其间物产更殊绝，绿茗丹荔含风烟。年百以文来献佚，问谁有笔能如椽。修文贤裔有家法，八志直溯当途先。太邱（谓恭甫前辈）道广擅博物，宫商互应声相宣。一时妙选合群力，坐拥油素排长筵。访奇欲遇蜀参赋，自泣略仿山居篇。书成传写竟纸贵，入手何啻珍珠船。昼长文宴亦不废，两湖十顷花婵娟。绿荫疏雨称高卧，归梦不复寻青田。兴来画入行看子，他年胜事争流传。好奇采异性所适，遇合到处皆随缘。漫夸直笔鄙拂助，一笑

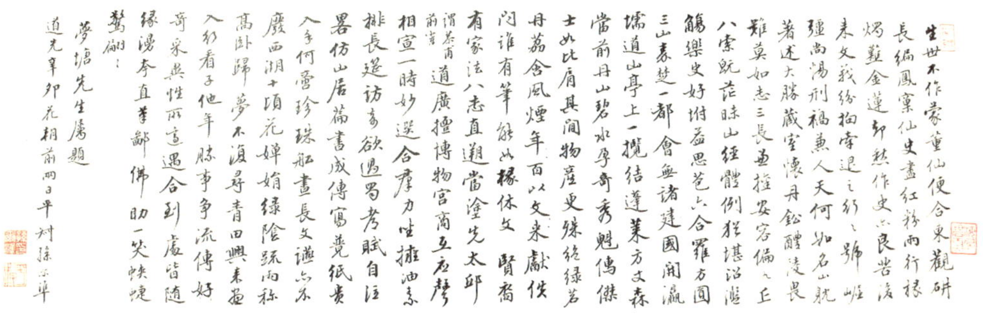

图一〇　孙尔准手迹

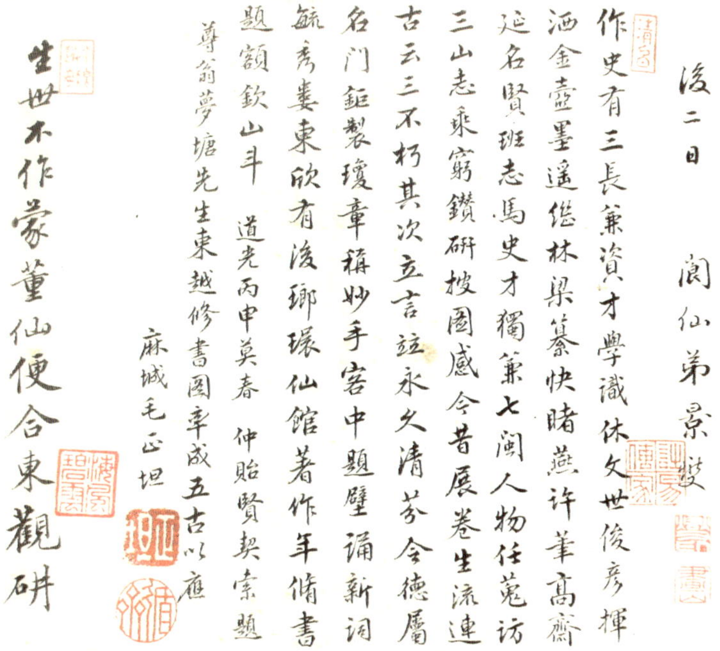

图一一　毛正坦手迹

蛱蝶惊翩翩。

梦塘先生属题，道光辛卯花朝前两日平叔孙尔准（图一〇）。

10. 毛正坦

作史有三长，兼资才学识。修文世俊彦，挥洒金壶墨。遥继林梁纂，快睹燕许笔。高斋延名贤，班志马史才独兼。七闽人物任搜访，三山志乘穷钻研。披图感今昔，展卷生流连。古云三不朽，其次立言并永久。清芬合德属名门，巨制琼章称妙手。客中题壁诵新词，毓秀娄东欣有后。琅嬛仙馆著作年，修书题额钦山斗。

道光丙申暮春，仲贻贤契索题尊翁梦塘先生东越修书图，率成五古以应，麻城毛正坦（图一一）。

11. 王寿康

黄炉渺渺感难支，展画深重宿草悲。似此壮游真快意，那堪陈迹忆当时。临前话雨曾留墨（君尝为先大夫作池塘话雨图），身后传名不独诗（君著述侈富）。清酒百壶梅万树，招魂图里未应迟。峦烟瘴雨尽勾留，遗迹三山取次搜。作史规模推巨手，爱才心事重诸侯（谓孙文靖公）。缥缃喜有佳儿续，梦影惟凭尺幅收。但得声名贮竹素，书生文福已千秋素。

梦塘仁兄为余二十年前旧好，文酒流连，恒作平原之约。迨君就孙平叔制军聘，音问良疏。后君归即逝，不胜山阳之慨！兹哲嗣仲怡世讲奉君东越修书图索题，展卷濡毫，弥深感念，或即以是为楚些之据云尔。丙子（申）秋日二如王寿康并志（图一二）。

该题壁诗卷初为何人所藏，已不可知；但据卷尾佚名题记，兹录如下（图一三）：

道光甲午（1834 年）七月奉严讳自晋旋里，于长新（辛）店逆旅读年丈梦塘先生题壁词《调寄金缕曲》，玩其旨，殆丙戌（1826 年）下第南归时作，和者盈壁，惟让泉、次山二君词最佳，虚衿倾倒，有“江湖沿路访斯人”意焉。丙戌距兹八载，墨迹如新，而先生已萎宿草，渺若山河。十日中哲嗣……

据以上题记，可知是沈学渊的晚辈，但究竟何人，已无迹可考。

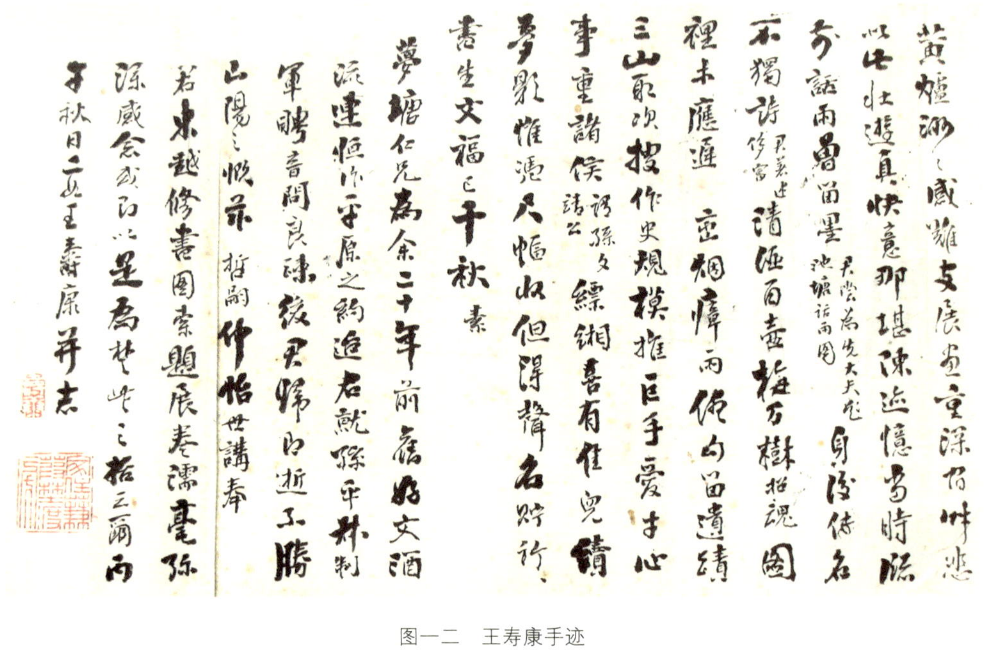

图一二　王寿康手迹

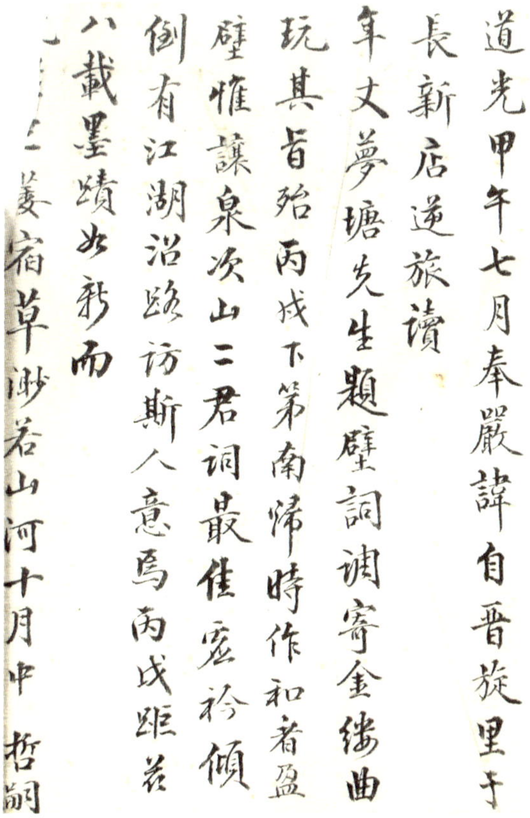
道光甲午七月奉嚴諱自晉旋里于
長新店逆旅讀
年丈夢塘先生題壁詞調寄金縷曲
玩其旨殆丙戌下第南歸時作和者盈
壁惟謙泉次山二君詞最佳感衿傾
倒有江湖沿路訪斯人意焉丙戌距茲
八載墨蹟如新而
…萎宿草渺若山河十月中　哲嗣

图一三　佚名手迹

三

陈寿祺、梁章钜等十余人和璧诗文，在清代文学史上有何意义和作用，可另行撰文进行探讨，兹不赘述。陈寿祺、王寿康诸人因不求仕进，书体奔放，不拘一格，无馆阁体意韵，由此可见一斑；而由进士入仕的诗人却大都无法脱离馆阁体的窠臼，像这样有趣味的议题，亦可不必在此深入探究，可由书法专家评判。但和璧诗文均与福建省志密切相关，我想以诗补史，切入主题，添补有关道光本福建省志撰写过程中的一些遗缺。

陈寿祺任福建志局总纂始于 1829 年，卒于 1834 年。陈逝后高澍然继任，全书纂成后共计 400 卷。此后省局发生重大事变，长乐梁章钜与侯官陈寿祺同居福州黄巷，由于广宅之事相处不睦。陈去世后，高澍然将陈补入通志《儒林志》，对此，梁章钜很是不满，于是联合乡宦，诬告通志：儒林混入，孝义滥收，艺文无志，道学无传，山川太繁。迫使志局解散，原稿删毁。待魏敬中重纂，同治本仅存 278 卷。此事为福建修志史上一大公案[1]。上述诗文所记史料，恰好弥补了一些被泯灭的史实。

1 《闽志谈概》，吉林人民出版社，1985 年。

按道光志原稿中分著部分，从书目中所能见到的，仅有七人七目，即王捷南的《闽中沿革考》、陈善的《福建国朝列传》、高澍然的《福建历朝宦绩》、佚名《闽水纲目》、何治远的《方言考》、冯登府的《闽中金石志》和张绅的《怡亭文集》。而陈寿祺诗云："八俊同时才辐辏，满堂豪翰锵文囿。"并指出"志局分纂凡八人"，毕华珍诗："君来职外史，先陈众《说郛》。刊削三山志，浏览职方图。荒外识鸡笼，方言别娵隅。口语复笔授，左右列奚音，积卷搘屋梁，何止百城居。"云学渊职外史积稿甚多，按景夔"即今经籍编成帙，亲见濡毫吮墨来"。沈学渊纂《经籍志》30卷。由此看来，即在道光庚寅年（1830年），学渊已完成《经籍志》。这与武进李兆洛撰学渊传"故成书几数百卷，精深博浩，为他手所不及"相契合。由此可补证学渊为"八俊"之一，是《经籍志》分纂者。此其一。

福建志局是一个坚强有力、道同志合的写作班底，这首先有赖于闽浙总督孙尔准的热心文教和知人善任。孙尔准任闽督期间重建贡院号舍，"以余资重纂省志，亲裁定之"，"知人明而用之能尽其材"[1]。毕华珍诗云："重臣修典故，开阁进群儒。"陈寿祺："共请图经订挚虞，终须准望询裴秀。"李彦章："大府知人方列荐，此才本合承明选。"此三人说的都是一个意思：疆吏孙尔准慧眼识人，能够网罗陈寿祺、沈学渊、高澍然、冯登府、王捷南等一大批人才，聚集一堂，组成志局。孙本人深知："却愁作史亦良苦，后来文战纷拘索。"他任命陈寿祺为志局总纂，是因为"太邱（谓恭甫前辈）道广擅博物，宫商互应声相宣。一时妙选合群力，坐拥油素排长筵"。起用沈学渊，也是因为"作史规模推巨手，爱才心事重诸侯"。"作史有三长，兼资才学识。"陈、沈、高、冯、王等都是在才、学、识诸方面高人一筹的人物，为道光省志写作打下良好的基础。可惜的是，孙尔准和沈学渊做诗次年即辞世。志局中坚被折，就为梁章钜拆局提供了可能机会。孙尔准所云"后来文战纷拘索"，不幸言中。此其二。

以陈寿祺的学术成就而论，列入《儒林传》是当之无愧的。其《尚书大传笺》、《五经异义疏证》等著作为近代经学大家廖平推举为经学入门必读之作。视陈入儒林为"混杂"，其论近似于诬。从梁章钜和沈学渊诗中，梁、陈抵牾虽不见端倪，但我们仍旧可以嗅出几分梁的傲慢味道。梁章钜祖上是东晋南迁时的望族，他称《三山志》著者梁克家为先公靖公，出自本家牒谱，言之凿凿："什一丛残问谞夔，千秋旧德重淳熙。"这也是事实。按福建史志材料，最早可追溯到晋太元十九年（394年）晋安郡太守陶夔撰写的《闽中记》，以及唐宣宗大中五年（1851年）林谞撰写的《闽中记》。这两部书到道光年，已经十不及一，成为"什一丛残"，人们所能看到的比较完整的宋代方志，仅为梁章钜先公梁克家撰写的《淳熙三山志》。《四库全书总目提要》称其书所述"十国之事，多有史籍所遗者，亦足资考证"。因此，他称先公所作为"千秋旧德"，亦

1 （清）钱仪吉：《碑传集》"孙尔准"条，中华书局，1993年。

属事实。“元亭未执钞胥役，惜我归田计已迟”，这恰是梁的当时心态。梁家为世家大族，千年来亦官亦绅，史不绝书；梁本人也一直向往着归田、著述生活，他曾深有感触地写道：“有家不能归，不得已而近于浪迹。”[1]然而他毕竟做官事多，做学问少，为平生一憾事。他向沈学渊推荐的先代《云龛遗稿》一卷、《雪园诗集》六卷，作为省志材料，就另当别论了。此书虽著录于《四库全书总目提要》，但其价值却远不及其先祖《淳熙三山志》。《云龛遗稿》一卷，梁春晖所撰，其内容仅限考《淳熙三山志》诸胜。《雪园诗集》六卷，为梁桂所撰，其内容更为狭小，仅录灵峰、循陔两地。两诗集也仅以诗家吟咏为宗，其价值一目了然。这样的材料，梁力劝沈学渊“愿君勤采撷”，“肯将笔海隘前修”，岂非可笑？然而当他看到以三山命名的陈寿祺题壁诗，是否有难以名状的怨恨，也就可想而知了。陈原籍泉州府惠安县，三徙占今闽籍[2]。其名气、辈分与梁不能同日而语，依梁推测，无法写好《东越儒林文苑》，这是梁内心中的一股暗流。一旦时机成熟，便咆哮于世，不可收拾，以致酿成福建修志史上一大公案。此其三也。

《东越修书图》按其原来安排，应有志局同仁集体的手绘肖像，即修书图谱，因为梁章钜的搅局，道光福建志局被搅散了，人们不仅看不到道光版的福建通志，也看不到修书图谱；但是人们从这一组清人墨迹中，看到了晚清士林文人相轻的陋习。

原载《紫禁城》2007年第1期

1 （清）梁章钜：《浪迹丛谈》卷一，中华书局，1980年。

2 前揭《碑传集》“陈寿祺”条。

宫廷建筑

明北京的中轴线

李燮平

内容提要：学术界对元、明两座都城的轴线有两种不同看法：一种认为“元大都的中轴线即明代的中轴线，二者相沿未变”；另一种认为：元大都的中轴线正对今“旧鼓楼大街”，现中轴线为明代营建北京时在元大都基础上略向东移。古代都城的建造，中轴线的确定离不开两大要素，一是规划思想，二是客观环境。从城市规划的角度讲，两座都城的轴线是否一致，反映的是规划性质的相同与不同。中轴线相同，说明元大都基础上营建的北京城，虽然发生了不少变化，从根本上讲还是继承了元大都的主体布局；而中轴线东移，则表明北京城诞生于新的指导思想。本文即有关历史及规划关系的探讨。

关键词：中轴线　中心台　明鼓楼　亭子张街　断魂桥　中心线

一　元大都中轴线与明北京中轴线的对比

元大都的规划，侯仁之《历史地理学的理论与实践》指出：大都城的平面设计，是密切结合地方特点来进行的。首先是紧傍北部湖泊——当时叫积水潭的东岸，选定了全城南北中轴线的位置。这条轴线的北端就确定在积水潭的东北岸上，皇帝的宫殿则确定在南部湖泊的东岸，是为宫城（即日后的紫禁城）。宫城平面设计的中心，也就正好落在南北中轴线上。其次在南部湖泊的西岸，又分别兴建了东西两组宫殿。南为皇太子的宫殿，北为皇太后的宫殿。这两组宫殿的四面，也都筑有宫墙，和湖泊东岸的皇帝宫城遥遥相望……三组宫殿的四周又绕以城墙，是为皇城。从此南部湖泊遂被围入皇城之中。按照传统惯例，命名为太液池。皇城之外又兴建了大城。大城设计的几何中心，就定在全城中轴线的北端，在这里筑台立碑，石碑上刻有 4 个大字“中

作者：原古建部，研究馆员。

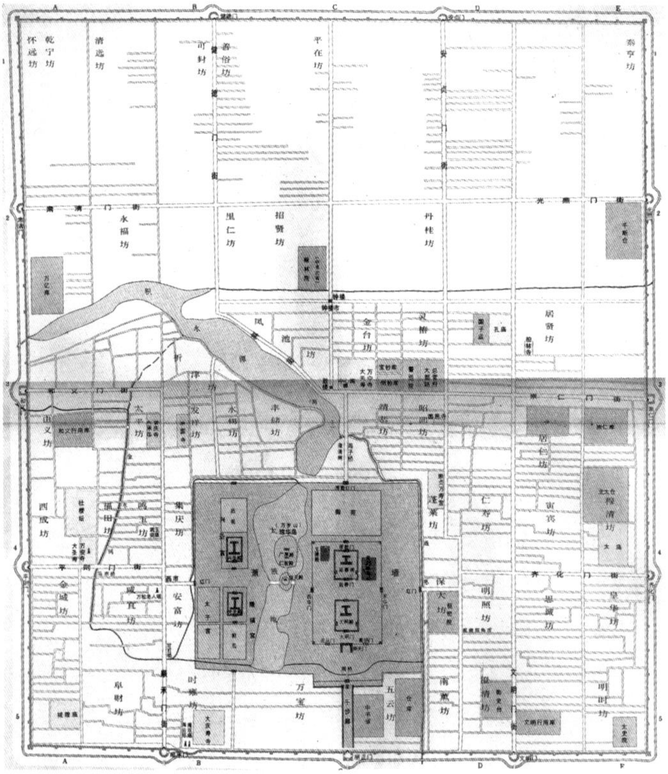

图一　元大都示意图（采自侯仁之主编北京历史地图集组委会编制《北京历史地图集》第27～28页《元大都城》，北京出版社，1988年）

心之台”。这就充分说明，全城的平面设计是经过了精密测量的。从“中心之台”向西直到积水潭的西端，约3.3公里，这就是整个积水潭的宽度。以此宽度作为标准稍向外延，确定了大城西墙的位置。本来应该以同一标准尺度确定大城东墙位置，只是在这一位置上原有一块洼地，不宜筑墙，因此大城东墙的位置，只好稍向内移。从“中心之台”向南选定相去约3.75公里的距离，确定大城南墙的位置，这样就可以把皇城适当地包括在大城之内。然后再以同等的距离，确定大城北墙的位置。结果，四面大城的城墙建成之后略成长方形[1]。文中的“中心之台”即元大都的规划点，也是大都城的城中心（图一）。

在元大都基础上营建的北京城，由于城墙北缩南展，虽然城围比元大都略小，位置小稍向南移，但两座都城有如下共同点：①宫城都建立在中轴线上；②元大都城虽然是以“中心之台”作为全城的中心点来规划城围，但中轴线的起止，是以丽正门至中心台为连线。明北京的中轴线，从永定门到钟鼓楼，虽然长达15华里，但外

1　侯仁之：《北京旧城城市设计的改造——新中国文化建设的一个具体说明》，《城市问题》第6辑。

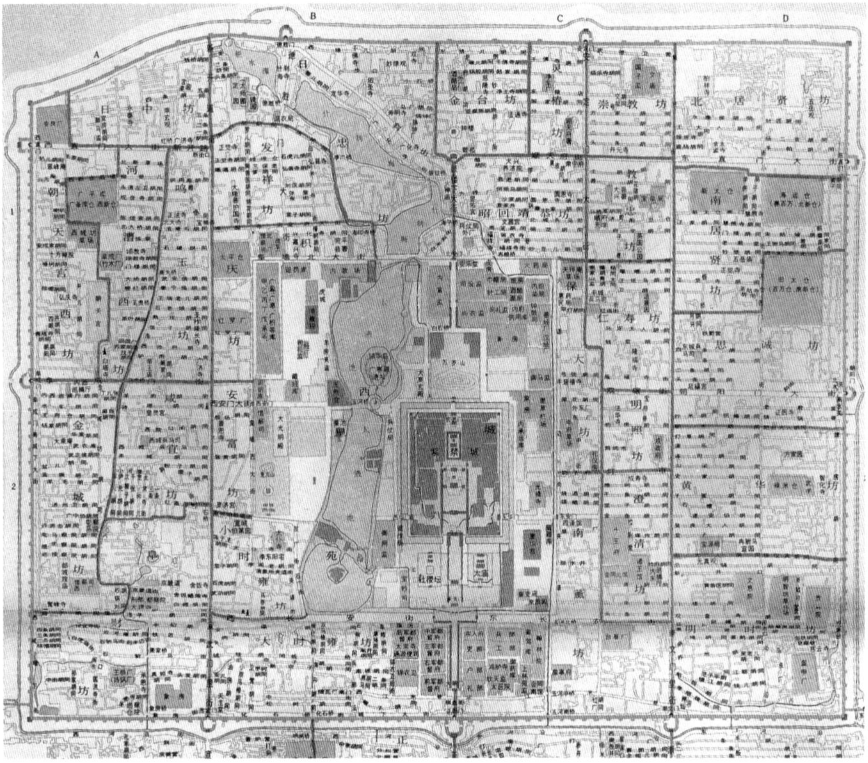

图二　明永朝北京城示意图（采自侯仁之主编北京历史地图集组委会编制《北京历史地图集》第 31 ～ 32 页《明北京城》，北京出版社，1988 年）

城增建于嘉靖朝，因而，永乐初建北京时的中轴线，实际也是从丽正门（正统朝改名正阳门）开始，到钟、鼓楼结束。上述特点说明：明北京城除了沿用部分元代东、西墙外，不仅大内宫殿占据中轴线的规划与元大都一致，中轴线的起止也与元大都取法相当（图二）。

二　元大都的中心台与明北京的钟鼓楼

元、明两都的轴线是否一致，取决于端点的确定。就端点建筑而言：大都城的中轴线正对“中心台”；明北京的中轴线直达“钟、鼓楼”，如果两条轴线的端点建筑在同一直线上，中轴线必然同一，反之则否。因而，元中心台与明鼓楼的位置关系，是轴线是否移动的重要参考。

元中心台与明鼓楼的位置关系虽无明确记载，但《析津志》对中心台的记载是“在中心阁西十五步”。“中心阁”即万宁寺的广寿殿。①万宁寺建于元成宗大德九年（1305

年），即大都城建成的30余年后，与大都城本身的规划并无关系。②按明张爵《京师五城坊巷胡同集》对金台坊的记载：自东而西，分别为倒钞胡同、点铜厂街、万宁寺、钟鼓楼。即万宁寺位于明鼓楼（今鼓楼前身）的东侧。该寺于清乾隆朝修订《日下旧闻考》时明确记载："万宁寺今存。"③该书卷五四引《析津日记》云："天寿万宁寺在鼓楼东偏，元以奉安成宗御像者，今寺之前后皆兵民居之。从湢室而入，有穹碑二，尚存，长各二丈余。西一碑国书，不可读，东一碑，欧阳原功文，张起岩书，姚庆篆额，题曰成宗钦明广孝皇帝作天寿万宁寺神御殿碑。其北列明碑四，一为冯祭酒梦祯文，一为焦太史竑文。"臣等谨按："万宁寺，析津日记所纪四碑，撰文姓名只标其二，此外二碑想无足传，故原书略之。今寺中止存焦竑一碑，余俱无考。"

根据上考，万宁寺的广寿殿（中心阁）在中心台东，万宁寺在明鼓楼（今鼓楼）东。其中万宁寺依旧，只是元代的"中心台"变成了明代的"钟鼓楼"。"中心台"虽已不存，以其至中心阁的距离考察：元制每步五尺，每尺合今0.3078米，"十五步"为23.085米。在这一距离范围内，明代中轴线实际只有向西移动的条件，唯独没有向东移动的余地。否则建于元代的万宁寺，由于明代中轴线的东移，应位于今鼓楼西侧，不应仍在楼东。可见，元、明两座都城的规划，不仅中轴线的起止取法相当，而且轴线的端点建筑位置也相符。

三　元大都中轴线与旧鼓楼大街

在元、明中轴线的考察中，有一种观点认为：今"旧鼓楼大街"即元大都的中轴线，现中轴线为明代所东移。因而，旧鼓楼大街的历史性质，是考察元、明两座都城轴线的另一焦点。

《析津志》对元中心台的记载为："其台方幅一亩，以墙缭绕。正南有石碑，刻曰：中心之台，实都中东、南、西、北四方之中也。在原庙之前。"[1]文中的"原庙"即建于大德九年（1305年）的万宁寺。说明中心阁不仅在中心台东侧，而且偏北。这与《析津日记》"天寿万宁寺在鼓楼东偏"的记载一致。

元鼓楼也称齐政楼。《析津志》称："都城之丽谯也。东，中心阁。大街东去即都府治所；南，海子桥、澄清闸；西，斜街过凤池坊；北，钟楼。此楼正居都城之中。楼下三门。楼之东南转角街市俱是针线铺。楼之左右，俱有果木、饼面、柴炭、器用之属。齐政者，书璇玑玉衡，以齐七政之义。上有壶漏鼓角，俯瞰城堙，宫墙在望，宜有禁。"[2]从"大街东去即都府治所；南，海子桥、澄清闸"的记载看，元鼓

1 《析津志辑佚·古迹》。

2 《析津志辑佚·古迹》。

楼似与今鼓楼位置相当。但值得注意的是《析津志》对钟楼的记载为："京师北省东、鼓楼北，至元中建。阁四阿，檐三重，悬钟于上，声远愈闻之。"并称"钟楼之制，雄敞高明，与鼓楼相望，本朝富庶殷实莫盛于此。楼有四井八隅之号。盖东、西、南、北街道最为宽广"[1]。

《析津志》原书不存。汇集散篇而成的《析津志辑佚》无"中心阁"专门记录。明天顺朝所修《大明一统志》对中心阁的记载为："中心阁在府西，元建，以其适都城中，故名。"[2]可见，除"中心台"之外，东侧的广寿殿之所以名"中心阁"，西侧的齐政楼之所以称"正居都城之中"，是因为这两座建筑与中心台一样，也处在城的中心区域。并非都是全城的中心点，也是《析津志》只在中心台下著称"实东、南、西、北四方之中也"的原因。

在上述建筑关系中：元大都的钟、鼓楼，不仅南北相望，而且"东、西、南、北街道最为宽广"的布局是以钟楼为中心，不是以鼓楼为中心，故"有四井八隅之号"。说明从钟楼向南，至鼓楼构成的南北街道，即今天的"旧鼓楼大街"，也说明街在"中心台"的西侧。这一规划使元大都的布局具有以下特点。

（1）由于中心台之南为皇宫所在地，皇城之外"临海子的斜街，率多歌台酒馆。有望湖亭，昔日皆贵官游赏之地"；与其隔海相望的西宫后北街则"系内家公廨，率是中贵人居止……此地别无他经纪"[3]。实际使元大都的"中心台"不仅是宫城轴线的北部端点，还将元大都城分为南、北个不同的部分，即以中心台为分界，中心台之南，以皇宫为主，皇城之外，皆官贵所踞；中心台迤北，则是元大都的市井地域。

（2）由于中心台是元大都轴线的北部端点，除了中心台迤南的宫城轴线，元大都的北半部，实际是在中心台的西侧形成了一条以钟、鼓楼为纵向的"市井轴线"。这条轴线既不与中心台相对，也不与宫城轴线相接，而是以"钟楼"为中心，构成通向四方的街道。

（3）以钟楼为中心的市井街道，街的十字交叉不仅位于钟楼前，也是其繁盛景象一直延到鼓楼左右，被《析津志》称为"本朝富庶殷实莫盛于此"的原因。

（4）作为上述布局的写证，张宪《登齐政楼》"层楼拱立夹通衢，鼓奏钟鸣壮帝畿"的记述，证明齐政楼作为市井轴线的南部端点，不仅与中心台一样，处于南、北两半部的临界区域，也是由于鼓楼的宏敞高大，"俯瞰城堙，宫墙在望"，被《析津志》称为"宜有禁"的原因。

1 《析津志辑佚·古迹》。

2 《大明一统志》卷一。

3 《析津志辑佚·风俗》。

四　旧鼓楼大街与银锭桥

图三　旧鼓楼大街与银锭桥（采自侯仁之主编北京历史地图集编委会编制《北京历史地图集》第31～32页《明北京城》，北京出版社，1988年）

在旧鼓楼大街即元大都中轴线的研究中，有这样一种推断，即该轴线之所以被什刹海水面阻断，是明代拓展的结果。

以现存环境考察，旧鼓楼大街直南为至今犹存的“银锭桥”。金、元、明、清之际，均有关于“燕京八景”的盛咏。八景之目始自金明昌中，其中“西山积雪”，元代至元时改为“西山晴雪”，明、清相仍。所以如此，是因为其景之佳最为城中所赏，地点就在银锭桥，并因此有“银锭观山”的对称，且明永乐朝内阁重臣杨荣、金幼孜等皆有诗篇存世。杨荣《西山霁雪诗》：“西山日上雪初晴，素壁银屏万叠明。高树迎风霏玉屑，小桥流水涩琴声。恍疑沧海通三岛，绝似昆仑见五城。但使年年足丰稔，桑麻燕雀遂生成。”[1]金幼孜《西山霁雪诗》：“海上云收旭景新，连峰积雪净如银。晴光恍入千门晓，淑气先回上谷春。瑶树生辉寒已散，琼林消冻暖偏匀。玉堂相对题诗好，移席钩帘坐夕曛。”[2]都是相关景色的美好写证（图三）。

以元齐政楼位今旧鼓楼大街考察，虽然直对“海子桥”的是中心台并非齐政楼，由于齐政楼与中心阁一样，处于城的中心区域，《析津志》依齐政楼记述的“南，海子桥……”并不意味着元鼓楼与海子桥必须是绝对直线时才能这样说。这与“万宁寺”其实是在今鼓楼稍东偏北，与后门桥并不直对，元代则称桥为“万宁桥”的道理相同。《大明一统志》对“齐政楼”的记载称“齐政楼在府西海子东岸”[3]，也是因其所述既与齐政楼相对，又与“海子”有关（一为海子东侧岸界，一为海子北部水缘并且形成迤西的斜街），二者各于齐政楼南形成发展，并不因此导致齐政楼是建在海子东侧水缘的认识，乃至因此判定海子桥曾经“正对旧鼓楼大街、现位置为明代改造东移”的结果。故以旧鼓楼大街为元代中轴线的认识有以下不足。

（1）鼓楼大街自元及今，在各历史时期都是重要行政区划线：元代为金台坊与凤池坊分界；明代为金台坊与日忠坊分界；清代为镶黄旗与正黄旗分界；民国为内左三区与内右三区分界；新中国为东城区与西城区分界。由于中心台以南是皇城所在地，元大

1　《日下旧闻考》卷八。

2　《日下旧闻考》卷八。

3　《大明一统志》卷一。

都的市井街道，实际是以钟楼为汇集点并且成为民间最为繁盛的地域。这不仅与《析津志》所称中心台“在原庙前”的记载形成鲜明对照，也证明中心台之南，从丽正门纵贯大内的元代中轴线，虽然正对中心台，并没有一直贯通向北，反而由于正对中心台的缘故而告结束。特别是近年开通的亚运村路，虽然自北向南已与二环路沟通，但至鼓楼的一段仍为旧状，胡同多袭旧名，布局少有改易。尤其是从中心台迤北，至土城遗址，即使在元代也没有开于中部的城门（图四～图七）。

（2）《纪纂渊海》所说的“海子在府西三里”，与老北京人谈到北京城门时常说“门见门三里”一样，均属于概说，并非各门距离真是3里，实皆3里以上。不能据此判定历史上的旧鼓楼大街直南一线不落入水中，而推断现水面是明代拓展变化的结果。相反，以旧鼓楼大街为元代中轴线，直南不仅被海子所阻断，也不可能避开与西山晴雪之景直接相关的银锭桥及其水域。因此，仅据《纪纂渊海》所书文字，即得出该水

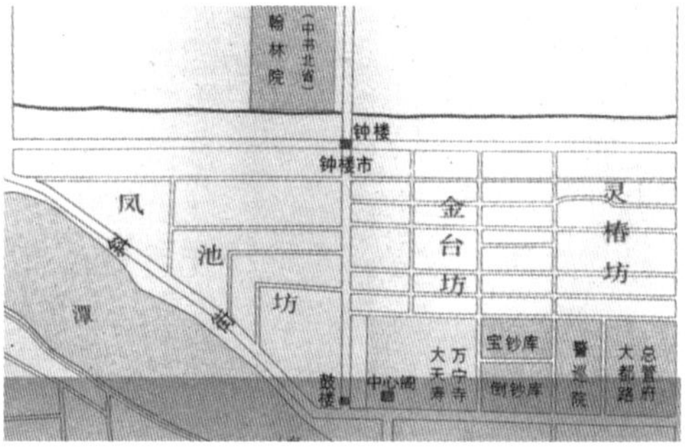

图四　元金台坊与凤池坊分界（采自侯仁之主编北京历史地图集组委会编制《北京历史地图集》第27～28页《元大都城》，北京出版社，1988年；图中所绘中心阁，按笔者考察，应为“中心台”）

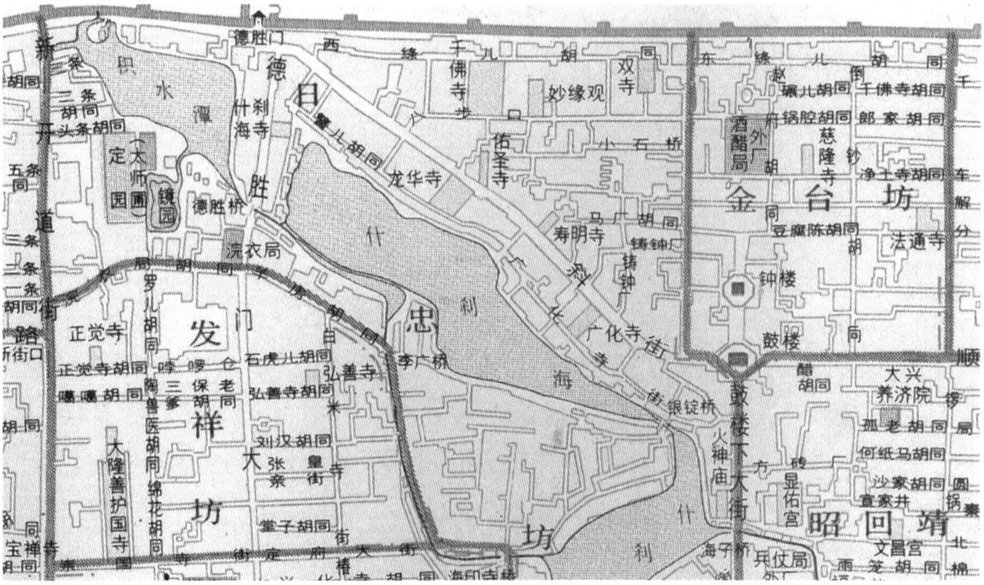

图五　明金台坊与日忠坊分界（采自侯仁之主编北京历史地图集组委会编制《北京历史地图集》第31～32页《明北京城》，北京出版社，1988年）

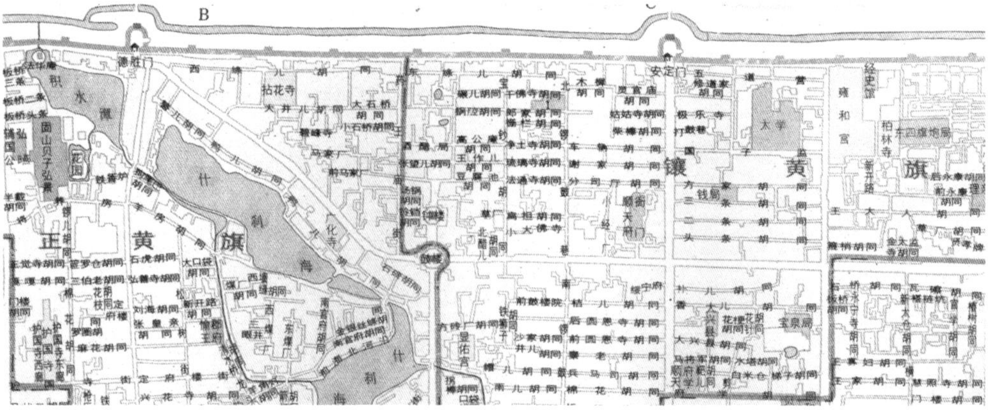

图六　清正黄旗与镶黄旗（采自侯仁之主编北京历史地图集组委会编制《北京历史地图集》第47～48页《清北京城》，北京出版社，1988年）

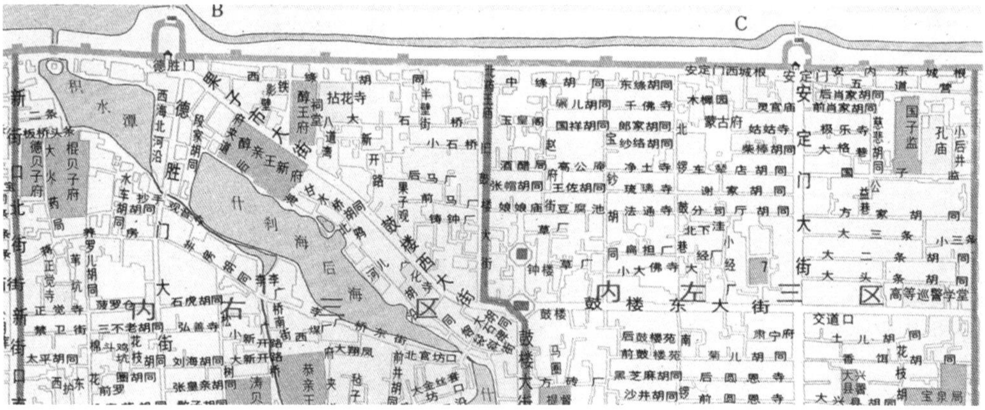

图七　民国内左三区与内右三区（采自侯仁之主编北京历史地图集组委会编制《北京历史地图集》第59～60页《民国北京城》，北京出版社，1988年）

域曾于明代发生改变，现后门桥系明代所东移的推断难以成立。

（3）旧鼓楼大街直南，现社稷坛东南部，有辽代古树数株，正罩于假想中的丽正门内，阻扼元代国门通道。

（4）从假想的元代丽门位置（即与旧鼓楼大街正对的正阳门西侧城墙）往南，没有发现通往元代圜丘的旧官道遗址。

（5）《析津志》记载的“南，海子桥”即今天仍存的后门桥。桥北为明代所建钟、鼓楼，与元中心台的关系相符。桥南即明代北安门，与考古所得元代路址一致。其中北安门元称厚载门，明代袭为俗称，即反映了两门的历史传承，也盘结着永乐十七年（1419年）“拓展南城”（东、西两城垣未动）以后，城门并未改名的原因，说明永乐营建北京时，虽然宫城略向南移，仍承袭了元大都的主体规划（图八～图一〇）。

图八　建于元代的万宁桥（今仍称后门桥）

图九　后门桥西北镇水兽

图一〇　后门桥西南镇水兽

五　旧鼓楼大街的名称与沿革

历史上的旧鼓楼大街有过多次更改名称的过程。王灿炽《元大都钟鼓楼考》考证：旧鼓楼大街在《乾隆京城全图》中名“药王庙街”，乾隆三十九年（1774年）修订《日下旧闻考》时改称“旧鼓楼大街”[1]。按旧鼓楼大街，元名钟楼前街或钟楼街。元代的米市、面市，在“钟楼前十字街西南角”“珠子市在钟楼前街西第一巷”“段子市在钟楼街西南”[2]；“飞宇楼在钟楼街西北”；“太平楼在丽正门外西巷街北，今钟楼街前亦有之”[3]。《京师五城坊巷胡同集》记载明金台坊范围：自东向西的次序为倒钞胡同（今宝钞胡同）；点铜厂街（疑今赵府街）；万宁寺；钟、鼓楼；亭子张街。即东起倒钞胡同，西止亭子张街。其间除点铜厂街为南北街道外，万宁寺与钟、鼓楼都是因为建筑纵深成组而

1　王灿炽：《元钟鼓楼考》，《燕都春秋》，北京燕山出版社，1989年。

2　《析津志辑佚·城池街市》。

3　《析津志辑佚·城池街市》。

序列其间。而亭子张街作为金台坊与日忠坊的分界，归属金台坊。与分司厅顺天府街（今北锣鼓巷）作为灵春坊与金台坊的分界，归属灵春坊相同。证明隶属金台坊并作为金台坊与日忠坊分界的亭子张街，即今天的旧鼓楼大街，也就是药王庙街的前身。

《京师五城坊巷胡同集》为明嘉靖朝就职兵的张爵所著，成书于嘉靖三十九年（1560年），药王庙建于嘉靖二十五年（1546年）。证明该街在张爵著书时尚称亭子张街，至《乾隆京城全图》完成，才注为药王庙街。其后，乾隆三十九年（1774年）至五十二年（1787年）修纂刊行《日下旧闻考》时，又将药王庙街改名旧鼓楼大街。但是，由于药王庙在街的北端，清晚期仍称“北药王庙”，并一直沿至民国，因此，当地的一些老住户，习惯上仍把这条街的北部称药王庙街，只称南部为旧鼓楼大街。这说明旧鼓楼大街名称的产生，并非是在元鼓楼大街前加一“旧”而来，而是从钟楼街变称亭子张街、药王庙街后的再变称。

六　断魂桥与断虹桥

认为旧鼓楼大街是元代中轴线的另一根据，是关于元代周桥的认定。

从旧鼓楼大街向南，穿明清皇宫，与故宫外西路的一座石桥相对。桥在武英殿东墙外、明思善门前（今不存）。桥与门在明代，是由前朝外西路进入内廷的重要通道。由于所处位置的重要，并且关系到宫廷礼制，明清两代都有记载。明代称思善门外桥；清代称武英殿东石桥。故宫人习惯上称断虹桥或断魂桥。说“习惯上”，是因为两种叫法都不见于史载，只是口耳之传。而且后者听起来名称不雅，似乎是因为叫白了音造成的。但在它的背后却因为一项传说而关乎清廷史事（图一一、图一二）。

图一一　断魂桥

图一二 断魂桥第四柱头石狮

清朝末年，跟随西太后的两个近侍唐冠卿和陈平顺，于20世纪30年代聘为故宫博物院顾问，两人均向单士元先生讲过这样一件史事：慈禧太后出西华门去西苑，路经石桥必放“轿帘”，原因是石桥上有一望柱的狮子造型不雅。为什么“不雅”？就是因为元代有一皇子与宫妃淫乱事发，被一脚踢在下腹部，后来把这件事作为警戒，刻成狮子，雕在柱头上。狮子在桥的东侧，由南向北第4柱头。狮子的造型的确奇特，一爪在后脑，一爪在下腹，唐、陈二人称“一手捂瓢，一手捂屦”，故名断魂桥。为了能对此事有所核证，笔者曾寄希望于洪武朝所编《永鉴录》，看看能否找到有关收载。因为朱元璋经常在与大臣论事的时候口伐元人的淫乱，出于鉴戒，命廷臣将有关史事编辑成书，取名《永鉴录》。可惜未能找到原书。但唐、陈二人实称其桥为“断魂桥”。对清朝极为认真的这样一件史事，相对于口碑中的“断虹桥”来说，前者才是口传之源，后者则系因前者呼之不雅而转称（图一三、图一四）。

从以上历史考察，桥的建造虽有元代特征，因元代周桥“断虹”而得名的推断，有以下不足：一是没有记载支持，二是没有河道改造的勘察依据，三是没有该桥所在位置为元代故址（而非迁建于此）的证明；四是推断该桥因元代周桥“断虹”而得名，与断魂桥名称的产生渊源不符。

图一三 断魂桥栏板（采自王璞子《工程做法注释》第436页，中国建筑工业出版社，1993年）

图一四　钦安殿栏板（采自王璞子《工程做法注释》第436页，中国建筑工业出版社，1993年）

七　明北京沿用元大都中轴线的原因

明北京城对元大都中轴线的沿用，与北京宫殿的营建背景关系密切。

永乐朝的迁都，经历了一个较长时间的保密过程。因此，在永乐朝对北京宫殿的营建过程中，由于陈 的“经画有条理”，虽然从工程伊始就是按都城规模加以筹划，但动议本身是借助“以备巡幸”的名义提出的。由于迁都计划的保密，选择元大内旧址营建北京宫殿，不仅能满足都城规划的需要，也为迁都计划的保密提供了良好的客观条件。基于这一原因，在元大内基础上营建北京宫殿，既是当时历史的特殊需要，也是两座都城轴线相同的必然结果要。元代后门桥至今尚存也就极其自然了。

明永乐朝的北京，主要是宫殿及都城必备建筑的营造，不是整座城市的平堪再造。因而，虽然由于宫城南移，导致城垣向南拓展，并未对大都城规划产生根本影响。而中轴线的变更不仅关系城市布局的改变，还关系到通向国门“官道”的更造。

北京城拆于解放后的60年代。城墙拆毁过程中的诸多发现证明，史料对北京东、西城墙的记载没有错误，仍是元代东、西城墙旧址。现城市布局也表明，元大都是一座规划完整的城市，虽经明清两代的演变，坊巷、街道仍保持了元大都的主体格局。永乐拓展南城后，仍把丽正门作为国门，文明门（今东单以南）与顺承门（今西单以南），分别与城内旧有道路相贯，保留当时名称（正统朝改今名）。都反映了永乐朝拓展南城后没有更改门名的原因，也反映了大都城原有布局对明北京城的实际影响。

明北京中轴线是否东移的讨论，以结果言，如果真的有过移动，所移距离并不太大，不过百米之距。表面上看，虽然好像只是“丽正”一门的改动，实际涉及的却是整座城市的变更。这不仅与当时的营建历史不符，反而存在相反迹象。《明英宗实录》

载：正统元年（1436年）六月丁酉“修左、右阙门及左、右长安门。以年深瓴瓦（蓝格抄本为“领甋”——引者）损坏故也”[1]。这一时间距永乐北京宫殿的完成仅15年。上推至南城拓展不过16年多点儿。在如此短暂的时间内，这几处门禁的领甋，就因“年深”而损坏，不仅很难想象，也致人有疑。

古代琉璃砖瓦的正常寿命在几十年至上百年。20世纪70年代，故宫午门雁翅楼进行挑顶工程，清代嘉庆、道光时期的琉璃瓦大量存在。这一方面说明当时烧造常有盈余，可以移时使用；另一方面也说明这些瓦的寿命已经有120余年的历史。今天的故宫，乾隆时期的琉璃瓦仍能找到，时间已200多年。不仅如此，除日常修缮中发现的明代琉璃瓦外，1987年因雷击受损的景阳宫，几乎全部琉璃构件尚为明代旧物，制作之精良、保存之完整，即使在故宫也已不可多得，历史之长自不待言。而且明代琉璃瓦的制作，是古建琉璃发展史上的鼎盛时期，凤阳中都遗址发现的明初琉璃瓦有七色之多，并且发现了质量非常好的瓷瓦。相比之下，所有高于这几座门禁，以及和它高低相仿但不在出入口的建筑（如内、外千步廊等），都没有因为损坏而加修理的记录，唯独这几座禁门同因年深而损坏，显然不是自然因素所能解释的，而应当与它们的过早出现并在极易受损的情况下使用有关。这就提出了左、右阙门与东、西长安门的始建时间，以及在什么情况下被使用的问题（图一五、图一六）。

原长安街路北（今府右街南口偏西），有庆寿寺海云、可庵二师墓塔，该塔于1957年拓宽长安街马路时拆除。“双塔”为金代建筑，元建大都城墙时，“有司定基”正当其冲，世祖命“俾曲其城环而筑之”。这一历史，与考古所得元都南墙位今长安街南的结果一致。即现长安街为元顺城街故址，也是早期的长安街在庆寿寺一带形成弧度的原因（图一七）。

根据有关考察，永乐十五年（1417年）之前，承天门前的金水桥与皇城四门已然建成。

图一五　乾隆三十五年琉璃瓦

图一六　嘉庆三年琉璃瓦

1 《明英宗实录》卷一八，台湾校勘本、南京江苏国学图书馆藏传抄本。

图一七　庆寿寺双塔（采自北京市规划设计院《北京旧城》第 94 页《长安街双塔寺》，1996 年）

左、右阙门与东、西长安门的“年深”损坏，显然从另一方面说明，这四座禁门的建造，与承天门一样，也在永乐十七年拓展南城之前即已完成。这就决定了东、西长安门的确立，实际是狭于当时故元都南垣的丽正门两侧，正好封堵于元代的顺承街上。然而，上述门禁所以同样建造较早，不仅基于明代宫殿的建造是遵循先建外围建筑，再建次要建筑，最后才建主要建筑的兴工次第，还在于两长安门的确立起着切断元代顺城街的东、西通道，把施工中的皇城封闭起来的作用。这样，南面由于有元代丽正门居中当前，完全能满足重大运输的需要；两侧以长安门阻断旧街，不仅使门的设置并不构成道途的不便，反而对施工中的皇城设防非常有利，也是北京宫殿全部竣工以后，两长安门恰好跨于因元代顺城街改造而成的东、西长安街上的原因。这一早期构成不仅与承天门正对旧元都丽正门的关系一致，也是“大内宫殿”基本就绪以后的永乐十七年，必须迅速拓展南城垣以完成大明门和外千步廊建造的原因。

以考古勘测与旧民国北京实测图比较。

考古勘探所得元大都东城墙长度为 7590 米，西城墙长度为 7600 米，中分距离为 7600 ÷ 2=3800 米。按：今鼓楼外围墙的南北距离约 97 米，钟楼外围墙的南北距离约 92 米。两楼外垣的间距约 96 米。以旧民国北京实测图为计量：3685 米 +97 米 +48 米 =3830 米。即从面北的“东、西三十四间”廊房外檐，向北量至今鼓楼南垣门约 3685 米；加鼓楼垣墙的南北距离 97 米，再延至鼓楼北垣与钟楼南垣的距离中点（96÷2）48 米，总计 3830 米。与考古所得大都城墙南北距离的中分值 3800 米存在近 30 米误差。因本文是以民国 5000 比尺图为计量，由于纸张涨缩因素，图的标定比尺与笔者所用比例尺存在约千分之二误差，与另一比例尺的误差为千分之二稍强，故上述结果虽与考古所得大都城墙南北距离的中分值略有出入，仍能得到如下参考：元中心台应该在今鼓楼与钟楼之间。即上述计算与元大都南北距离中分值的比较结果证明，明代鼓楼与钟楼的选址，实际是依元中心台确定的，两楼因台相隔、南北纵对。这就使明代钟、鼓楼的确定，实际不需作任何计量即可轻而易举地坐落在中轴线的北端，也是元、明、清三朝史籍互考，今鼓楼与元中心台所以位置相当的原因（图一八、图一九）。

明鼓楼（今鼓楼前身）位今鼓楼东大街的道路中央。即使在今天，自东向西行驶，仍需从鼓楼前绕行才能折向西去的街道，使今鼓楼之前，形成了一段弧形楼前街。证明由于明鼓楼位于中心台前建在元崇仁街道路中央，不仅改变了自元鼓楼“大街东去即都府治所”的格局，也使止于鼓楼南垣门前的现中轴线，与鼓楼前的弧形街汇成三角交叉带。明鼓楼建成后，元万宁寺虽在后来历史中仍位于明鼓楼（今鼓楼）东侧，与原来和中心台的位置关系相比，距明鼓楼更为偏北。目前所画历史图多将元中心阁画于今鼓楼与钟楼之间位置果此，为万宁寿寺应因明钟楼的建造而消失，不应至清代尚存。按现存路址考察，万宁寺的山门应在今鼓楼东大街的路北侧某线，这不仅与

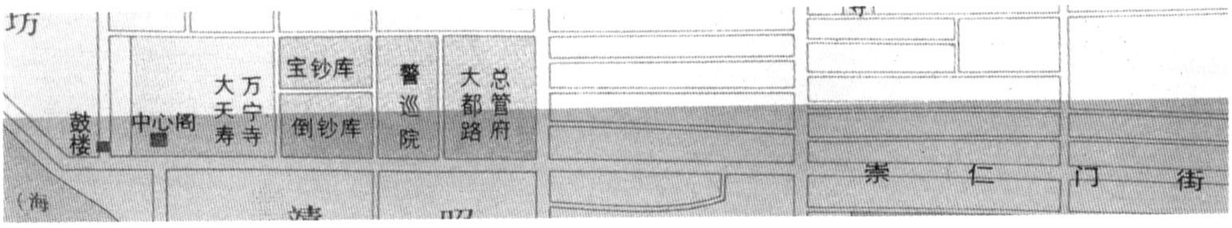

图一八　元鼓楼与崇仁街示意图（采自侯仁之主编北京历史地图集组委会编制《北京历史地图集》第 27 ~ 28 页《元大都城》，北京出版社，1988 年）

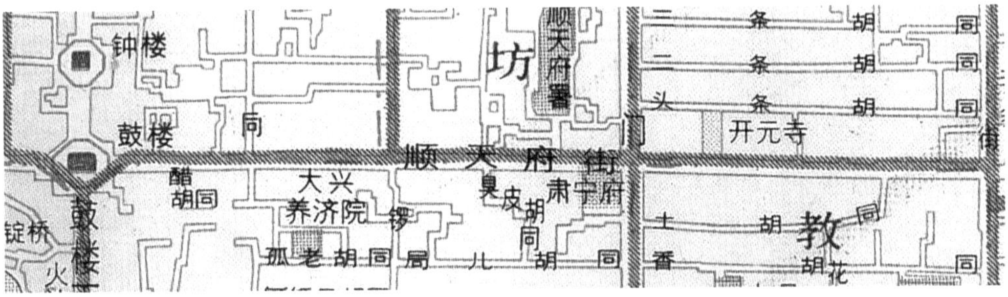

图一九　明鼓楼与今鼓楼东大街示意图（采自侯仁之主编北京历史地图集组委会编制《北京历史地图集》第 31 ~ 32 页《明北京城》，北京出版社，1988 年）

《析津志》所说中心台“在原庙之前”的记载一致，也是万宁寺广寿殿（中心阁）与元代的中心台距离较近，仅为元代步长15步的原因。因此，在元大都旧有轴线基础上规划的明大内，虽然在南北方位上可以有所改变（比元大内略向南移），东西方向却因受旧城布局关系的限制无法移动，成为元、明中轴线一致的重要原因（图二〇、图二一）。

在永乐营建北京过程中，北部城垣接受了徐达所筑城垣位置，没有重新选址，而是反过来向南发展，使大明门至明丽正门（今崇文门）的距离与元崇天门至元丽正门的距离大体相当。另外，永乐朝的北京，除大内宫殿的规划外，以元东华门外垛场为东苑、以元西宫为西宫，监局府库也多因元代旧衙改造。因此，明北京的建设，除因明初徐达筑城而割废北部五里，以及永乐间开挖南海、拓展南城垣、延长市道等有限举措外，都市本身几乎完全保留了大都城的旧有规划，其中尤以中轴线的继承和使用为重要，也因此成为元、明、清三朝都城共用同一中轴线的根本因素。

图二〇　位于中心台前座落于元代崇仁街上的鼓楼鸟瞰（采自萧默主编中国艺术研究院中国建筑艺术编写组编著《中国建筑艺术史》图8-225，文物出版社，1999年）

图二一　鼓楼前的弧形楼前街旧照

脱胎于旧大都城的明、清坊区，虽因各自要求的不同，统辖或有分合，街道坊巷的格局本身几无根本改易，不仅许多坊巷的范围承袭了元大都的旧有规划，包括“坊名”也多从原称，其中尤以对元、明中轴线有重要考察意义的金台坊最足资比证。

清代实行八旗制，金台坊属镶黄旗。旗内其他诸坊，如灵春坊（元灵春坊）、崇教坊（元居贤坊西部）、北居贤坊（元居贤坊东部）、昭回靖恭坊（元昭回坊与靖巷坊合称）、教忠坊（元仁寿坊北部），虽均属镶黄旗管辖，只是王朝更替的统属之异，非坊巷格局的平勘再造。因此，北京古城自元代作为全国的政治统治中心以来，虽续经明清两个封建王朝，具体建筑也发生不少变化，城市本身始终沿袭着元大都的布局框架。尤其是鼓楼与地安门间的后门桥，不仅是北京沿革史上保存至今最富代表意义的石桥，也是元明中轴线一致的重点物证。

元明对比：元大都的钟、鼓楼位于中心台之西，耸立在中轴线一侧，南北相望。明南京的钟鼓楼左右对峙，横列于中轴线的两边；明北京的钟、鼓楼则狭元中心台址而建，矗立在中轴线北端，前后纵对，也是明北京钟、鼓楼虽与元大都钟、鼓楼位置不同，中轴线却完全一致并沿袭至今的原因。

八　元、明郊坛与中轴线的关系

元、明两代各于丽正门外建郊坛。元郊坛在丽正门外东南7里，称祭天台。由于永乐十七年将都城南垣外展2里（实1里有余，详见《明清官修书籍中的都城记载述异》），故明郊坛至丽正门的距离，史称五里。这使明郊坛不必另择坛址，也不必另辟丽正门至南郊的祭天官道，即完成了南郊的规划。说明永乐朝对北京的营建，除城内的街道、坊巷承袭了元大都的旧有规划外，包括城外郊坛的选址也采取了合理利用的原则（图二二、图二三）。

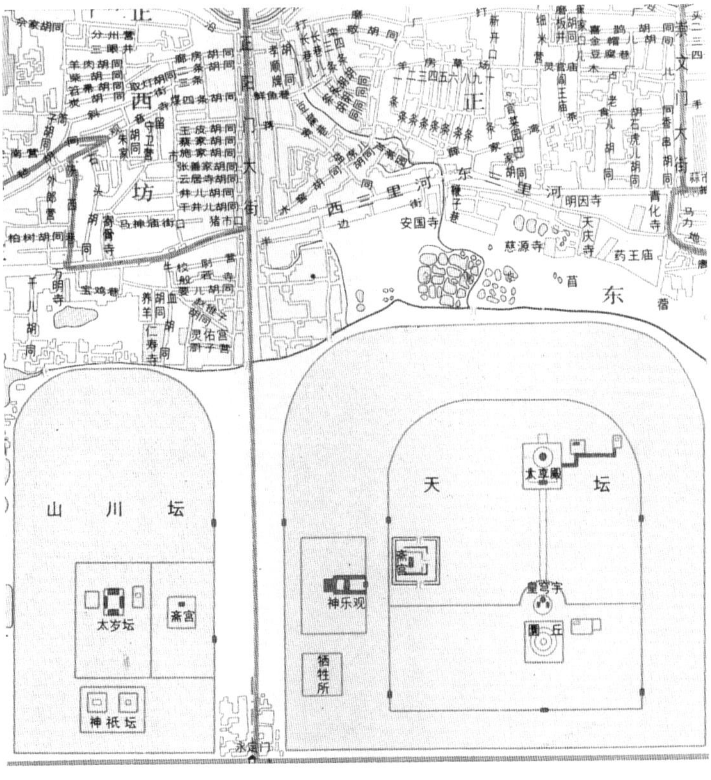

图二二　明代郊坛与祭天官道示意图（采自侯仁之主编北京历史地图集组委会编制《北京历史地图集》第31～32页《明北京城》，北京出版社，1988年）

图二三　天坛轴线与皇城东墙位置关系（采自侯仁之主编北京历史地图集组委会编制《北京历史地图集》第31～32页《明北京城》，北京出版社，1988年）

现天坛中轴线与今正阳门成30度夹角，以正阳门至永定门轴线为定边，东南夹角线交于现祈年殿（明初大祀殿故址），这是明初的最早规划。直至嘉靖朝才发生诸多变化（图二四、图二五）。

明嘉靖朝“分祭四郊”，工程繁复以南郊最盛。永乐初建北京时的斋宫原在大祀殿北，

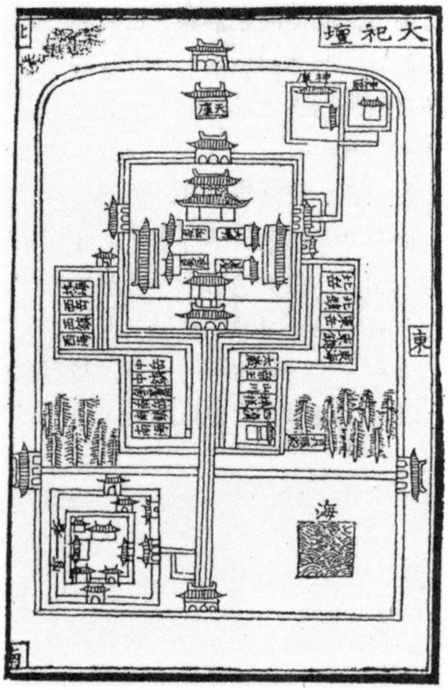

图二四　明初南京大祀坛（采自萧默主编中国艺术研究院中国建筑艺术编写组编著《中国建筑艺术史》第624页，图8–54《明初南京大祀坛》，文物出版社，1999年）

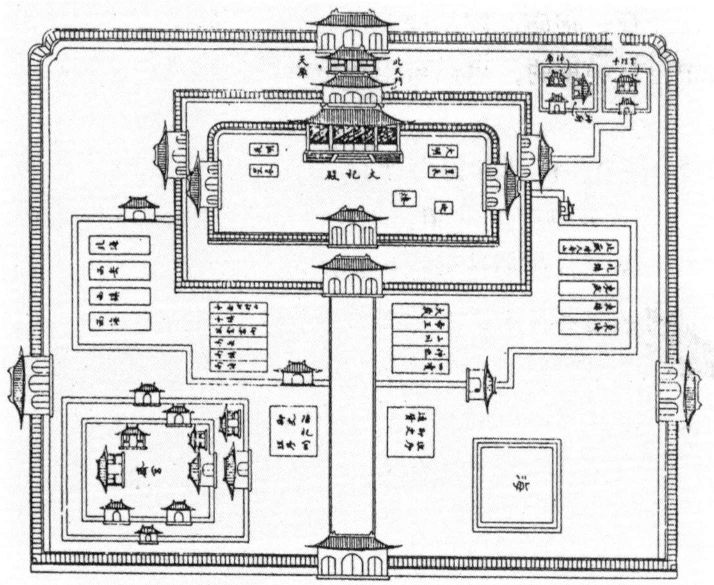

图二五　明初北京大祀坛（采自萧默主编中国艺术研究院中国建筑艺术编写组编著《中国建筑艺术史》第624页，图8–54《明初南京大祀坛》，文物出版社，1999年）

嘉靖朝修建圜丘时，“以旧斋宫在圜丘之北是踞视圜丘也，欲改建于丘之东南”。夏言进言：“更起斋故移之西南稍远。其余如筑圜丘、诏更圜丘名天坛；建祈谷坛、罢祈谷坛；撤大祀殿建祈享殿、寻称大享殿、继称大享神御殿；建神御版殿宫于圜丘之旁，似于古人扫地之义未为允惬”[1]成，初名泰神殿，不久又更作，改名皇穹宇；另建神御版殿“巷曰皇乾”；更建四天门等，先后十数年改作不已。至万历三年（1575年），大学士张居正等揖郊祀新、旧图考进呈，称“旧礼者，太祖所定；新礼者，世宗所定也”[2]，变异之巨已不得不籍图呈奏（图二六至图二八）。

明郊坛自永乐初建至嘉靖朝更作虽然发生不少变化，郊坛的轴线并未改动。今天坛轴线与今王府井大街相对，偏于皇城东垣之外。现皇城东垣虽为宣德朝拓展，以历史关系考察，如果坛的轴线东移，将超越文明门外官道；如果西移，则与永乐时期的皇城东垣成等线（或坐于皇城之内的某对应线上）。可见，明郊坛虽比元郊坛范围广大，但作为都城轴线延伸的“祭天官道”，却是元、明中轴线一致的重要旁证。

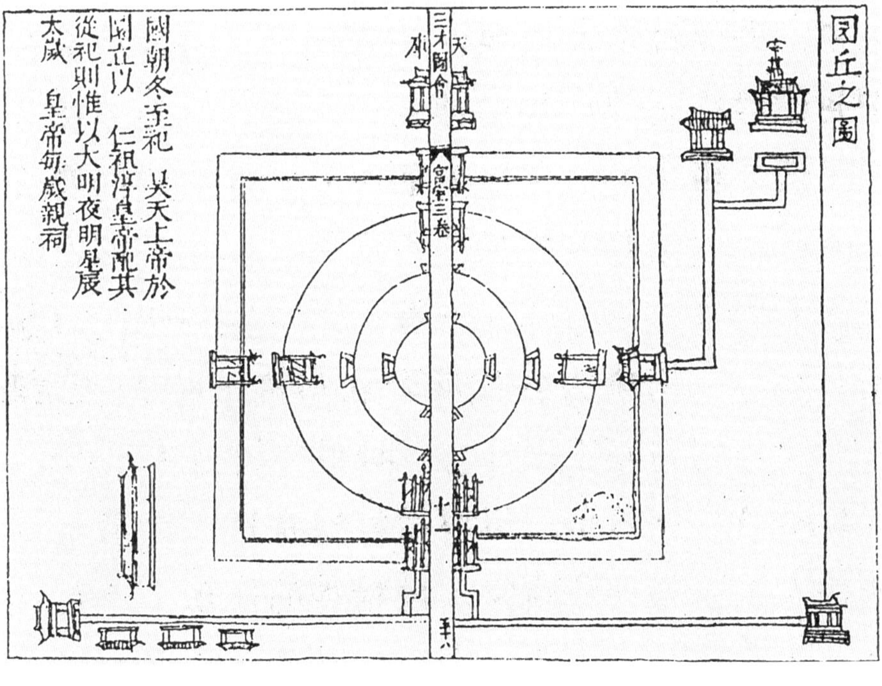

图二六　嘉靖改建郊坛图（采自萧默主编中国艺术研究院中国建筑艺术编写组编著《中国建筑艺术史》第624页，图8—56《明北京圜丘之图》，文物出版社，1999年）

1 《明史》卷四八《郊祀之制》。

2 《明史》卷四八《郊祀之制》。

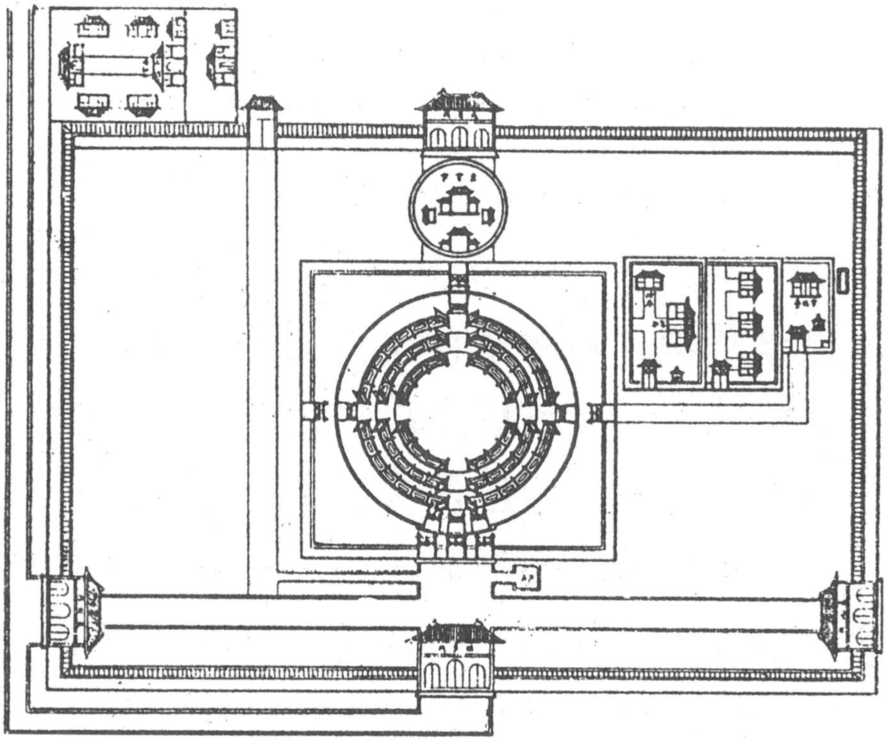

图二七　嘉靖圜丘与斋宫示意图（采自萧默主编中国艺术研究院中国建筑艺术编写组编著《中国建筑艺术史》第 624 页，图 8—56《明嘉靖改建之北京圜丘总图》，文物出版社，1999 年）

图二八　天坛鸟瞰（采自萧默主编中国艺术研究院中国建筑艺术编写组编著《中国建筑艺术史》图 8—60，文物出版社，1999 年）

九　北京城的中轴线与中心线

以一张北京实测图对折，旧鼓楼大街虽然不是北京城的绝对正中，却也非常接近，而宫殿的建筑轴线却略偏于东。因此，现存北京城实际存在两条不同的南北线：一条是数学意义上的几何中线；一条是都城的实际轴线。前者与旧元都中轴线的说法暗符，后者则与东移之说颇契合，也是元、明两座都城的轴线引起诸多推测的原因。

中轴线的东移之说，最早见于《日下旧闻考》。该书卷三三《宫室·明一》按语云："明初燕邸仍西宫之旧，当即元之隆福、兴圣宫遗址，在太液池西。其后改建都城，则燕邸及太液东之元旧内并为西苑地，而宫城则徙而又东。"并引《春明梦余录》："初，燕邸因元故宫，即今之西苑……太宗登极后，即故宫建奉天三殿以备巡幸受朝。至十五年，改建皇城于东，去旧宫可一里许。"又引《涌幢小品》："既迁大内，东华门之外逼近民居，喧嚣之声至彻禁御。至宣德七年，始加恢扩。移东华（安）门[1]于河墙之东。"臣等谨按："明代宫室各门名虽仍元旧，似俱移置东偏，稍加恢扩。"这是东移之说的最早著述。

然燕邸所"因元故宫"，《春明梦余录》云"即今之西苑"；其"改建皇城于东，去旧宫一里许"是指西苑与大内（即今故宫）的位置关系，不是指中轴线的移动。明北京的营建，由于徐达增筑北城垣，虽然使明大内比元大内稍向南移，明西宫也因永乐朝南海的开挖，比元西宫向南拓展，但西宫与大内的位置关系元、明两代并无不同。而中轴线偏东的原因，侯仁之先生指出，元大都的东墙位置"原有一块洼地，不宜筑墙，因此大城东墙的位置，只好稍向内移"。

按旧民国《北平实测图》：正阳门至崇文门约1785米，崇文门至东城墙（外沿）约1440米，合计3225米；正阳门至宣武门约2075米，宣武门至西城墙（外沿）约1450米，合计3525米。两者相较，正阳门至东城墙的距离要比至西城墙的距离短300米左右。按对称规划原则，这一长度即东墙内缩长度。尽管图量不易精确，但上述对比反映一个问题：由于旧元都是以规划基点"中心台"确定的宫城轴线，并在此基础上规划城围，东墙内缩以后，元文明门的位置也相应东移。这一平移虽然使文明门至东城墙的距离仍保持了与顺承门至西城墙对称的长度，却使文明门至丽正门的距离缩短，也因此导致了丽正门至"文明"与"顺承"两门距离的不同（图二九）。

图量：今崇文门至正阳门的距离，比宣武门至正阳门的距离实短290米，证明元文明门的平移距离，比东墙应实际内缩的300米略有收减。该长度均分为二，即中轴线与中心线的偏离距离为145米或150米。而现中轴线纵中点至旧楼大街纵中点的距离为163米，就是说并不是东墙内缩的等分系数。这也是旧鼓楼大街虽然接近城的几

1　明"东安门"亦称"外东华门"。

故宫博物院十年论文选

2005~2014

故宫博物院◎编

2

故宫出版社

大高玄殿建筑群变迁考略*

杨新成

内容提要：大高玄殿始建于明代嘉靖二十一年，殿内供三清等道教诸神，是明世宗建造用于祈祷斋醮的一座皇家道观。清代沿用，仍作为皇帝拈香祈拜之所。乾隆朝，曾对大高玄殿建筑进行局部修整，但宫殿主体格局未变，一直保持至清代末年。民国以后，为了便利交通，拆除了山门外的牌楼和音乐亭，其他宫殿保存至今。这些宫殿建筑类型齐全，大木结构各具特色，反映了明代中期建筑营造的技艺水平；宫殿的平面布局以及遗存的建筑彩画、石质雕刻等具有鲜明的皇家道观特点。这处曾作为皇家宗教活动重要场所的明清宫殿建筑群，无论在宫廷建筑史还是宗教史领域都有较高的研究价值。

关键词：大高玄殿　营建　沿革　现状勘察

大高玄殿建筑群，位于景山前街北侧，东临景山西街，北隔陟山门街与清代御史衙门相对，初建于明代嘉靖二十一年（1542年），是明世宗修玄祈福、崇天礼神的场所，也是明代西苑重要的道教宫殿群。清代避讳改称大高殿[1]，仍大体沿用其功能，地位更加尊崇，与紫禁城内钦安殿[2]、玄穹宝殿[3] 并为清代皇家三大道场。民国时期，大高玄殿归故宫博物院管理。至20世纪50年代，因部队使用，迁延至今。其内建筑长时间未

作者：古建部，高级工程师。

* 大高玄殿辗转回归故宫博物院，笔者有幸加入大高玄殿前期勘察工程的行列，不意此项工作竟意外终止，甚以为憾。特撰小文记宫殿演变始末，以求裨益于宫殿之修缮。文中所引文献和图片，杨文概女士、曹振伟先生皆予以襄助，谨致感谢。

1　清代文献档案中，都称之为大高殿。然有清一代，大高玄殿和大高玄门的额名并未改变，一仍明旧，详见下文。本文中，除了所引文献外，称大高玄殿。

2　钦安殿位于紫禁城御花园内，始建于明永乐朝，嘉靖十四年，添建墙垣后自成格局。殿内供奉玄天上帝，是明清皇帝举办道教活动的场所。

3　玄穹宝殿位于紫禁城内廷东路、东小长街北段钦昊门内，东临东筒子路，西邻景阳宫，是祭祀昊天上帝的殿堂。

能得到妥善维修，保存状况堪忧。如今大高玄殿顺利重归故宫博物院管理[1]，纳入故宫保护总体规划，维修与研究都得以提上日程。

大高玄殿自建成以来，因其特殊的皇家道观身份，鲜为外界所知。明代正史中的记载寥寥，私人著述仅有明人文集中为数不多的文字。入清以后，大高玄殿仍为清帝专用，官方文献中也鲜有记述，幸有清代内阁档案和保存至今的几幅珍贵舆图，可以让我们较清楚地了解清代对明代大高玄殿建筑的改造和使用情况。笔者所见描绘大高玄殿建筑的舆图共有两幅，即《皇城宫殿衙署图》[2]和《京城全图》[3]。前者绘于康熙中叶，基本反映了明末清初大高玄殿的布局；后者绘制于乾隆十五年（1750年），图中详细绘制了大高玄殿建筑的布局和形制，并清楚地标注了主要宫殿名称，是研究大高玄殿一份难得的舆图资料。此外，中国第一历史档案馆藏《大高殿内坍塌情形及补修各殿座图样》[4]一幅，图样绘制于乾隆九年（1744年），当有助于了解乾隆《京城全图》绘制之前大高玄殿的具体情况，也是一份重要的舆图，惜无缘得见。

民国以降，大高玄殿多数时间为军队所占用，先是军阀，后为日寇，欲窥其庐山真面目，实为不易，故相关研究成果仅见张国桢《大高玄殿》[5]、《旧都文物略·坛庙略》[6]和单士元《明北京宫苑图考》诸文。前两篇文章客观记述了民国时期大高玄殿的保存现状，单文则依据《明实录》、《春明梦余录》和《金箓御典文集》等历史文献，对大高玄殿布局作了深入的考证，并绘制了明代大高玄殿平面示意图[7]，可谓大高玄殿研究的开山之作。今人撰有《清代大高殿及其档案史料》[8]和《清代大高殿维修与使用的

1　朱鸿文：《大高玄殿腾退移交故宫博物院始末和意义》，《故宫人》总第307期，2010年7月（内部资料）。

2　《皇城宫殿衙署图》，238厘米×179厘米，台北故宫博物院藏，编号：平图021601.005。据刘敦桢先生考证，该图绘制于康熙中叶。详见刘敦桢《清皇城宫殿衙署图年代考》，《中国营造学社汇刊》第六卷第二期，1935年12月，第106～113页。文中引用简称康熙《衙署图》。

3　《京城全图》，折装册页式本，上下十七排，每排有左、中、右三册组合，共计51册，中国第一历史档案馆藏。据杨乃济《〈乾隆京城全图〉考略》（《故宫博物院院刊》1984年第3期）考证，此图比例约1：650，绘制完成于乾隆十五年五月。另，该馆还藏有另一《京城全图》残本，装裱为卷轴，现存38轴，被认为是完全忠实于《京城全图》的摹本。详见中国第一历史档案馆、故宫博物院主编《清乾隆内府绘制京城全图——说明书》，第11页，紫禁城出版社，2009年。

4　《大高殿内坍塌情形及补修各殿座图样》内务府舆图，乾隆九年绘，中国第一历史档案馆藏。

5　张国桢：《大高玄殿》，国立北平故宫博物院文献馆《文献专刊》，第55～56页，民国三十四年十月。又，朱偰：《明清两代宫苑建置沿革图考》（北京古籍出版社，1990年）中也有大高玄殿的相关记录，然其内容皆转引自《日下旧闻考》等书，并非当时建筑的真实记录，似无助于考证民国时期的大高玄殿的建筑状况。

6　北平市政府秘书处编著：《旧都文物略·坛庙略》，第18页，北平故宫印刷所，民国二十四年十二月。

7　单士元：《明北京宫苑图考》，第54页，《单士元集》第一卷，紫禁城出版社，2007年。按，图中部分宫殿的位置和名称值得商榷，然全文着眼于明代北京宫垣，非仅讨论一区建筑，其研究方法和开创之功都值得学习。另，文中考证大高玄殿内诸宫殿变迁，引用《金箓御典文集》一书内容甚多，惜未查到此书。

8　史官文：《清代大高殿及其档案史料》，《中国紫禁城协会会刊》总第8、9期，2001年。

文献记载》[1]，两文全面地整理了清代大高玄殿的内阁档案，初步分析了宫殿的维修、使用和管理，为深入研究提供了较为完备的文献资料。本文即在上述研究成果的基础上，依据传世的舆图，着重考证大高玄殿内各建筑的变迁——宫殿额名改换、建筑兴废和位置变动等，并结合宫殿现状的勘察，叙述诸宫殿门楼的建筑特征。

一　营建与沿革

（一）明代大高玄殿建筑群的营建与使用概况

明世宗以藩王即皇帝位后，以“制礼作乐”自居，对紫禁城宫室制度进行了诸多变革，如改造清宁宫以建慈庆宫，废仁寿宫而建慈宁宫，建造观德、崇先诸殿等。嘉靖二十一年（1542 年）十月宫婢之变后，世宗移居西苑，朝讲尽废，郊庙不亲，专心于修玄斋醮，祈求长生，西苑则继紫禁城之后成为宫室营建活动的中心，“其间创造不辍，名号已不胜书”。这些宫殿，很多是为斋醮活动服务的，大高玄殿就是在这一时期由世宗钦命建造的一座皇家道观。

《明世宗实录》卷二六〇载：

> 嘉靖二十一年四月庚申，初，上于西苑建大高玄殿奉事上玄，至是工完，将举安神大典。谕礼部曰：朕恭建大高玄殿，本朕祗天礼神、为民求福一念之诚也。今当厥工初成，仰戴洪造下鉴，连沐玄恩，矧值民艰财乏灾变虏侵之日，匪资洪眷，罔尽消弭，所宜敬以承之，岂可轻忽。尔百司有位，务正心修己赞治保民。自今十日始，停刑止屠，百官吉服办事，大臣各斋戒至二十日止。仍命官行香于宫观庙，其敬之哉。[2]

这段文字记录了大高玄殿营建的目的——“祗天礼神，为民求福”，以及工程竣工的时间——嘉靖二十一年（1542 年）四月。而大高玄殿何时开始营建，《明实录》中未见记载。笔者在勘察大高玄殿内乾元阁时，发现建筑木构件上留存有多处题记，似可为此提供一些线索。这些题记墨笔楷书，字迹清晰，多书写于庑座层内柱身上（图一），部分位于

图一　乾元阁庑座层柱身题记

1　高换婷：《清代大高殿维修与使用的文献记载》，《故宫博物院院刊》2003 年第 4 期。

2　《明世宗实录》卷二六〇，嘉靖二十一年四月庚申条。

木板墙上。其中各柱身题记保存较为完整[1]，内容都是“钦定殿后阁左（右）某缝前（后）檐柱　向北（南、东、西）”，即标示各柱所在的方位，且与各柱现状位置完全相符。《明世宗实录》记载：“嘉靖十九年六月，上曰：各财用军匠事宜俱依拟。惟西苑、仁寿宫宜同钦定殿并力速成，余暂停止，钦定殿工程重大，总督文武大臣宜遵照皇穹宇日期督视。”[2]文中“钦定殿”，即指大高玄殿，说明大高玄殿在建成之前，曾暂名钦定殿[3]，无上阁（清代改名乾元阁）则因之称“钦定殿后阁”，即题记中所称者。由此可知，大高玄殿工程应在嘉靖十九年（1540年）六月之前就已动工了，这从现存诸多垣墙砖上“嘉靖十八年”的刻文也可以得到佐证（图二）。

大高玄殿建成后，嘉靖皇帝几乎每年都有名目各异的祀典于其中举办，似从未中辍，且每逢祀典，世宗皆亲历亲为。《万历野获编》载：“每建金箓大醮坛，上必日躬至焉。凡入直撰元（玄）诸佞臣，皆附丽其旁，即阁臣亦昼夜供事，不复至文渊阁。以大高元（玄）为内朝之所，当正朝之文华殿。”[4]阁臣夏言有《雪夜召诣高玄殿诗》云：“迎合门外据雕鞍，玉桥西度石阑。琪树琼林春色静，瑶台银阙夜光寒。炉香缥缈高玄殿，宫烛辉煌太乙坛。白首岂期天上景，朱衣仍得雪中看。”[5]生动地描写了“君臣上下朝真醮斗”的情景。祀典名目仅据《明世宗实录》所载，即有冬至大祀、腊节报丰、祈岁吉典、春祈秋报、启箓返恩、甘雨应祈、万寿节元旦醮典以及迎恩、延生等近二十种之多，嘉靖皇帝之痴迷玄修，

图二　垣墙砖刻文（嘉靖十八年秋）

1　按：今所存明代宫殿中保留完整大木题记的实例并不多见，紫禁城内弘义阁的庑座层内也保存了完整的明代大木题记（杨新成：《故宫弘义阁、体仁阁研究》，《故宫学刊》第三辑，第122～182页，紫禁城出版社，2007年），二者都是带有庑座层的楼阁建筑，因庑座层的独特位置和作用，其内大木不易受到后代修缮扰动，故题记能得以保存至今。

2　《明世宗实录》卷二三八，嘉靖十九年六月丙戌条。

3　按：钦定殿并非专门拟定的殿名，应是大高玄殿建成之前暂定的称谓。这种情况在紫禁城宫殿中较为常见，如梵华楼的柱身题记称“七间楼”，以其建筑为七间之故；乾隆花园之旭辉庭，因建造于假山之上，大木题记则称“半山房”。想是当时多工并举，为了便于识别木料，利于施工，暂为建筑拟定一个名称，工程竣工后，请额悬匾，始有正式名称。钦定殿见于嘉靖十九年明实录记载，嘉靖二十一年大高玄殿建成，钦定殿之名也就不复存在了。

4　（明）沈德符：《万历野获编》卷二“帝社稷”条，第41页，中华书局，1959年。

5　（清）于敏中等编纂：《日下旧闻考》卷四一引《桂洲集》，第639页，北京古籍出版社，1983年。

于此可见。这也从侧面反映了大高玄殿的尊崇地位。嘉靖二十六年（1547年）十一月，大高玄殿遭遇回禄之灾[1]，然从《明实录》中所载大高玄殿的使用记录来看，此次火灾似未对宫殿造成大的损毁而影响使用。

穆宗继位后，鉴于世宗奉玄之失，罢除一切斋醮，并欲撤除包括大高玄殿在内诸多用于斋醮的宫殿，后因礼部官员“惜其材费”而得以保留[2]。然这些宫殿最终未能免于拆除，《万历野获编》载：“自世宗升遐未匝月，先撤各宫殿及门所悬扁额，以次渐拆材木，未历数年，惟存坏垣断础而已。独大高玄殿以有三清像设，至今崇奉尊严，内宫宫婢习道教者，俱于其中演唱科仪。且往岁世宗修玄御容在焉，故亦不废。”[3]至万历朝，神宗奉释教甚虔，于道教亦甚崇奉[4]，故大高玄殿在皇室的地位不减世宗当年。万历二十八至三十五年（1600～1607年）间，神宗曾三次敕命修缮大高玄殿，且都是在国库空虚情况下，甚至暂停修缮灾后紫禁城三殿两宫，执意见新大高玄殿[5]。《先拨志始》记载的一则故事，也反映出大高玄殿在皇室成员心中的重要位置：“万历中，皇三子生，郑贵妃即乞怜于上，欲立为太子。北上西门之西有大高玄殿，以祠真武，贵妃要上诣殿行香设密誓，御书誓词，缄玉合中，存贵妃所。后廷臣敦请建储，慈圣又坚主立长，上始割爱，立皇长子。既立，遣人往贵妃处索玉合，至，封识宛然，内所书已蚀尽，止存四腔素纸而已，上悚然异之，嗣是不复诣大高玄殿。”[6]

以上简要梳理了明代大高玄殿的建造和使用情况，至于宫殿初建时的名称和布局，正史中不见记载，仅能从明人文集的零星记载中窥见主要宫殿门楼的大略。《酌中志》卷一七载：

> 北上西门之西，大高玄殿也。其前门曰始青道境。左右有牌坊二：曰先天明镜，曰太极仙林；曰孔绥皇祚，曰宏（弘）佑天民。又有二阁，左曰炅明阁，右曰灵轩。内曰福静门，曰康生门，曰高元（玄）门，苍精门，黄华门。殿之东北曰无上阁，其下曰龙章凤篆，曰始阳斋，曰象一宫，所供象一帝君，范金为之，高尺许，乃世庙玄修之御容也。[7]

1 （明）杨爵：《杨忠介集》附录卷一，文渊阁四库全书本。亦见《明史·杨爵列传》。

2 《明穆宗实录》卷三“隆庆元年正月戊寅”条：“命撤西苑内大高玄等殿、圆明等阁、玉熙等宫及诸亭台扁额。初议尽毁诸修建斋醮宫殿，礼部惜其材费，请止去扁额，从之。”

3 前揭《万历野获编》卷二“斋宫”条，第48～49页。

4 杨启樵：《明清皇室与方术》，第111～113页，上海书店出版社，2004年。

5 《明神宗实录》卷三四七，万历二十八年五月丁卯；卷三六九，万历三十年闰二月壬寅；卷三七二，万历三十五年五月丙戌。

6 （清）文秉：《先拨志始》卷上，第588页下，续修四库全书本。另，（清）姚之骃《元明事类钞》卷五《君道门二》（文渊阁四库全书本）亦载此事。

7 （明）刘若愚：《酌中志》卷一七《大内规制纪略》，第139页，北京古籍出版社，1994年。

这是所见明代大高玄殿内宫殿门楼最为详细而准确的记载，著者刘若愚身处万历朝，与嘉靖朝相去未远，其所记当能正确反映嘉靖朝大高玄殿的情况。文中所提及的主要宫殿与现存宫殿相比，基本可以一一对应，仅位于中轴线上的大高玄殿后殿（《京城全图》中称为雷坛殿者）失于记载。《春明梦余录》所载“宫殿额名考”罗列了大高玄殿宫殿门楼的额名（附录一），亦不见雷坛殿之名，不知何故。

（二）清代对大高玄殿建筑群的沿用与形制变化

清朝立国之初，无暇肆意营建，对于明代宫殿多承袭沿用，大高玄殿依旧作为清帝求神斋醮的场所。从所见文献档案看，顺、康两朝有关大高玄殿的记录很少，仅《清实录》记载康熙四十七年（1708 年）曾修缮大高玄殿[1]，内容也很简略。经考证绘于康熙中叶的《衙署图》，描绘了这一时期大高玄殿的宫殿布局，此图也是目前所见年代最早的大高玄殿舆图（图三）。图中文字仅标注大高殿，不见其他殿名；图中绘制的各宫殿的位置与开间，与上述明人文献的记载基本相符，应是较为接近明代大高玄殿布局的一份图像资料。雍正帝在位十三年，虽时间不长，但崇尚方术，迷恋道教[2]，曾在大高玄殿频繁地举办各种道场。保存至今的清代内府档案真实地反映了当时的情形（表一），其中雍正七年（1729 年）八月的一份《奏销档》还记载了修缮大高玄殿的具体情况：

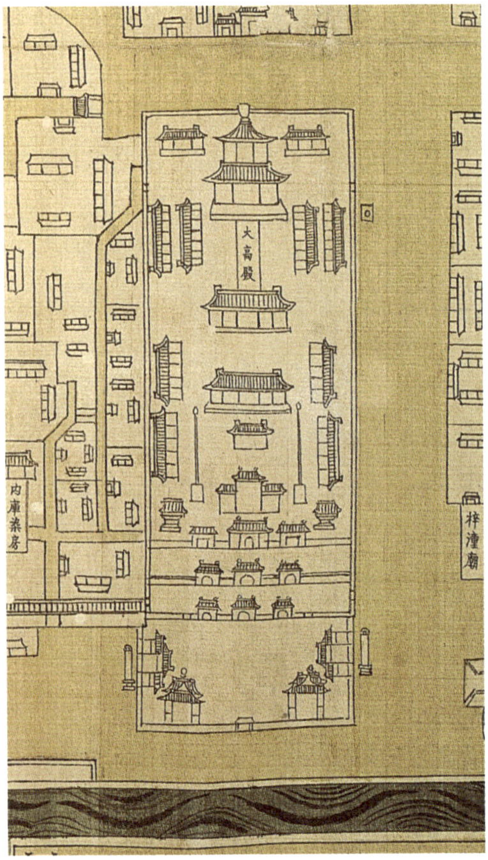

图三　康熙《皇城宫殿衙署图》之大高玄殿（本图由王时伟先生提供，谨致感谢）

总管内务府谨奏：为遵旨修理事，臣详加查勘得：于大高殿南栅栏两侧，增砌看墙，两侧接墙拿梁砌筑，覆琉璃瓦，牌楼加支撑，大高殿、雷坛殿、无上阁、庑殿及其他房屋等处，粘补修理，脱落之石灰找补夹灰，照旧样粘补油画，补墁院砖，两侧大墙，以红砖补墁刷浆。

1　《清圣祖实录》卷二三五，康熙四十七年十月戊子条。

2　杨启樵：《雍正帝及其密折制度研究》，第 281 ～ 284 页，广州人民出版社，1983 年。

俟修理完毕，令道士等办吉祥道场九日。为此谨奏。[1]

此次工程仅是对宫殿进行粘补修理，并未改动宫殿布局。档案中还记载了位于大高玄殿中轴线上的三座宫殿的名称，其中不见于明代文献记载的雷坛殿首次在此出现，其内宫殿名称在乾隆朝之前仍沿用明代的称谓。

表一　雍正朝大高玄殿相关内府档案统计表

编号	档案名称	档案成文时间	备注
《奏销档》177—214	奏为修理大高殿估需工料银两事折	雍正七年八月十八日	修缮工程
《奏销档》177—421	奏为大高殿维修请在天穹宝殿做吉祥道场事折	雍正七年九月二十五日	举办道场
《奏案》05—0001—030	奏报大高殿办五永日吉祥道场事折	雍正九年五月初一日	举办道场
《奏销档》179—356	奏请年节在大高殿等处做吉祥道场折	雍正九年十二月二十四日	举办道场
《奏销档》180—001	奏为玉皇圣诞在大高殿做道场事折	雍正十年正月初四日	举办道场
《奏销档》180—003	奏为上元日在大高殿做吉祥道场事折	雍正十年正月十一日	举办道场
《奏销档》180—070	奏为三月十八日后土皇帝圣诞在大高殿做道场事折	雍正十年三月十二日	举办道场
《奏销档》180—231	奏为五月初五日腊日在大高殿做吉祥道场事折	雍正十年五月初一日	举办道场
《奏销档》181—002	奏为七月初七道德腊日在大高殿做吉祥道场事折	雍正十年七月初二日	举办道场
《奏销档》181—019	奏为七月十五中元日在大高殿做吉祥道场事折	雍正十年七月初九日	举办道场
《奏销档》182—325	奏报修缮大高殿门外两侧牌楼需用银两数目折	雍正十一年六月十五日	修缮工程
《奏销档》183—397	奏报大高殿拜进玉帝锡福正表日期片	雍正十一年十二月十三日	
《奏销档》184—107	奏为万寿节万寿寺大高殿等处做道场所用银两由大臣交付寺庙主持折	雍正十二年五月十五日	举办道场
《奏销档》186—008	奏报上元日在大高殿办吉祥道场片	雍正十三年正月初八日	举办道场

1　中国第一历史档案馆藏：《奏销档》177—214（以下简称“《奏销档》177—214”），奏为修理大高殿估需工料银两事折。

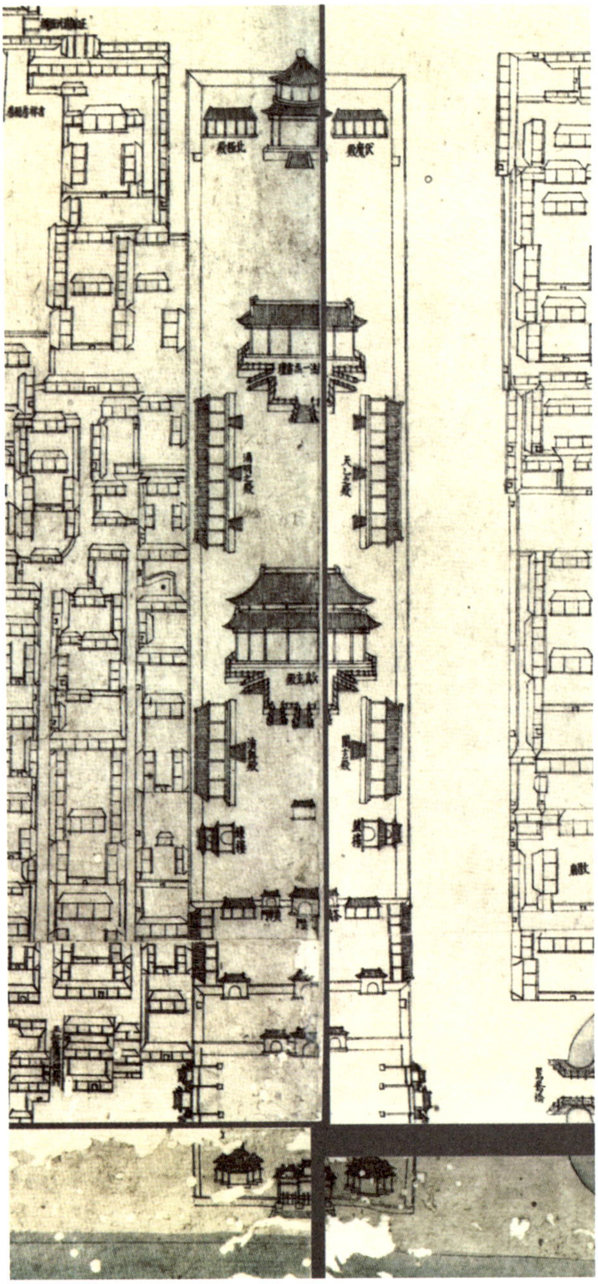

图四　乾隆《京城全图》之大高玄殿（本图由册页版《京城全图》中的四幅拼合而成，边缘相接处存有误差，图中以灰色填充）

乾隆一朝，土木繁兴。明代皇宫内苑遗存的很多宫殿都在这一时期或被拆除或被改造，紫禁城内有重华宫、慈宁宫、西花园等宫殿的营建与改造，西苑则有大高玄等殿的调整。乾隆八年（1743年）五月，在大高玄殿最南端添建了一座牌楼，并御笔题名为“乾元资始”和“大德曰生”；同时，拆除了乾元阁之前的左、右共四座配殿，以及位于雷坛殿和大高玄殿两山的耳房[1]。这些改动都可以从乾隆《京城全图》中得到印证（图四）。与康熙《衙署图》对照，可以清晰地看出大高玄殿布局在此次改造后发生的变化：其一，原山门外南墙居中的随墙门已经改建为牌楼，其形制与原东、西牌楼相同。其二，大高玄殿正殿屋顶由单檐变为重檐。查清内府档案，关于大高玄殿屋顶形式的确切记载，最早见于乾隆十七年（1752年）的档案，其中提及“修理大高殿重檐大殿一座”[2]，正殿此时已经是重檐，此与《京城全图》中所绘正殿的形制相符，然档案只言修理，未言改造，尚不能断定这一变动是否发生在乾隆十七

1　《奏销档》209—006，奏请领取大高殿修缮工程所用银两折。

2　《奏销档》227—103—1，奏报修理大高殿大殿等工估需银两数目片。

年（1752年）[1]，或许另有他因，尚待考证。其三，拆除了乾元阁前东、西配殿，并将雷坛殿、大高玄殿正殿的两山耳房拆除。

乾隆十七年（1752年）三月，大高玄殿再一次被改建[2]。这次工程除了修缮各殿外，主要变动是取消了第三道山门，并将其改为一座歇山顶的大高玄门；同时，拆除了乾元阁左、右两座耳殿。至乾隆三十三年（1768）七月，以“大高殿南面墙高，东西北三面墙甚矮，观瞻未协，应照南面墙身长高，使与南墙一式，以肃观瞻”[3]。在宫殿布局调整之后，宫殿牌楼的名称也改变了：无上阁改为乾元阁，龙章凤篆改为坤贞宇，还有其他殿名，都有了乾隆朝的印迹[4]。总的来看，乾隆朝三次对大高玄殿的改造，主要是拆除了乾元阁的东、西耳殿和其前的四座配殿以及雷坛殿和正殿的耳房，并改第三道山门为大高玄门，似乎都是为了扩大中轴线宫殿的庭院空间而为之。这从《衙署图》和《京城全图》中可以看出改造前后庭院空间的显著变化。

嘉庆朝以降，有关大高玄殿的工程都是粘补修理，直至清末未见其布局变动。然令人扼腕的是，光绪朝时西方列强侵入北京，曾占据大高玄殿，使宫殿受损，其内神像、陈设等全部被洗劫一空[5]。后来光绪帝虽敕令修复了有碍观瞻的宫殿，而于室内众多神像和陈设则因“良工乏人，物力艰难”未能再规复旧制[6]。

（三）民国至今大高玄殿建筑群的拆改和使用概况

民国时期，大高玄殿由故宫博物院管理。张国桢《大高玄殿》一文记述这一时期的大高玄殿甚为详细，现转述如下：

> 大高玄殿，位于神武门外之西路北，明嘉靖二十一年四月殿成。……此殿为明清两代皇帝祈晴雨雪及办道场之地，其规制清袭明代无甚改动。先述殿之外部：东西南三面牌坊各一，东面牌坊东向额曰“孔绥皇祚”，西向额曰“先天明境”，西面东向额曰“太极仙林”，西向额曰“弘佑天民”，南面南向额曰“乾元资始”，北向额曰“大德曰生”，东西额明严嵩书，南面额清乾隆皇帝御笔，门再南东西

1 按：乾隆皇帝曾于乾隆三十二年将慈宁宫正殿屋顶由单檐改为重檐，当时慈宁宫为其生母崇庆皇太后所居，此举显然是为提高宫殿等级，显示其孝心。由此推测，乾隆皇帝将大高玄殿正殿屋顶改为重檐，似不无道理。

2 前揭《奏销档》227—103—1。

3 《奏销档》292—130—1，奏为大高殿等处修缮工程估需工料银两事折。

4 前揭《日下旧闻考》卷四一，第638～639页。按：文中所载“乾隆十一年复修”的记录，不见于《清实录》和内府奏销档案，待考。

5 中国第一历史档案馆：《光绪朝朱批奏折》第104辑，第161～162页，中华书局，1996年。

6 前揭《光绪朝朱批奏折》第104辑，张百熙等奏报估修大高殿工程钱粮数目及开工日期事。

阁各一，东阁曰“阳真阁”，西阁曰“阴灵轩”，此二阁俗呼为音乐亭，其建筑钩檐斗桷，极尽人巧，明中官呼为九梁十八柱，又有七十二脊之称，牌坊外东西有下马碑各一，文曰“王以下官民人等以上至此下车马”，一面刻满汉文字，一面刻回文蒙文西藏字。

次述殿之内部：门额曰大高玄门，东西井各一，门内东为鼓楼，西为钟楼，东西旗杆各一，东西配殿各五楹，正殿额曰“大高玄殿”，殿内供有三清五行牌位，上清灵宝天尊之神位，玉清元始天尊之神位，大清道德天尊之神位，东方木德，南方火德，西方金德，北方水德，中央土德。后殿东西配殿各九楹，正殿额曰“九天应玄雷坛”，殿内正中供有“九天应元雷声普化天尊牌位”“斗母娘娘之神位”。西配殿北间，供有天仙圣母牌位，真武大帝牌位，子孙圣母牌位，灵官牌位，眼光圣母牌位。再后有高阁一，上圆下方，上额曰“乾元阁”，下额曰“坤贞宇”，上阁供玉皇大帝，下供坤贞后土妃娘娘之神位。[1]

虽然殿内原有的工艺精美的神像和祭器全部丢失于清末西方列强占领北京之时，这段文字完整记录了各座宫殿额名以及其内供奉的神灵牌位名称，为进一步考察大高玄殿室内陈设提供了宝贵的资料。民国以后变动最大的是山门外的一组建筑，“民国六年，以南向一坊，倾斜特甚，拆去之。今惟余东西两面。其题额，相传严嵩所书”[2]。至1932年，因扩充道路，将东、西牌楼下台阶拆除。1956年，又将余下两座牌楼和音乐亭全部拆除。从此，大高玄殿山门之前“两亭三牌楼”不复存在，唯余高墙之内的宫殿群幸运保存至今（附录二）。

二　诸宫殿门楼现状

大高玄殿建筑群南临景山前街，东为景山西街，北隔陟山门街与清代御史衙门相对，其内保存古建筑十座，分别是大高玄门、鼓楼、钟楼、大高玄殿及其东西配殿、九天万法雷坛及其东西配殿和乾元阁，周围以高墙，是我国现存唯一的皇家道教建筑群（图五）。2011年6月11日，总参管理保障部服务局与故宫博物院签订《大高玄殿移交协议书》，大高玄殿正式交归故宫博物院管理[3]。笔者有幸参加大高玄殿前期勘察工作，现就所见宫殿现状（表二）介绍并初步分析如下。

1　前揭《大高玄殿》，第55～56页。按：文中“九天应玄雷坛”应为“九天应元雷坛”之误，详见后文。

2　陈宗蕃：《燕都从考》，第447页，北京古籍出版社，1994年。

3　关于大高玄殿移交故宫博物院的具体经过，详见前揭朱鸿文《大高玄殿腾退移交故宫博物院始末和意义》。

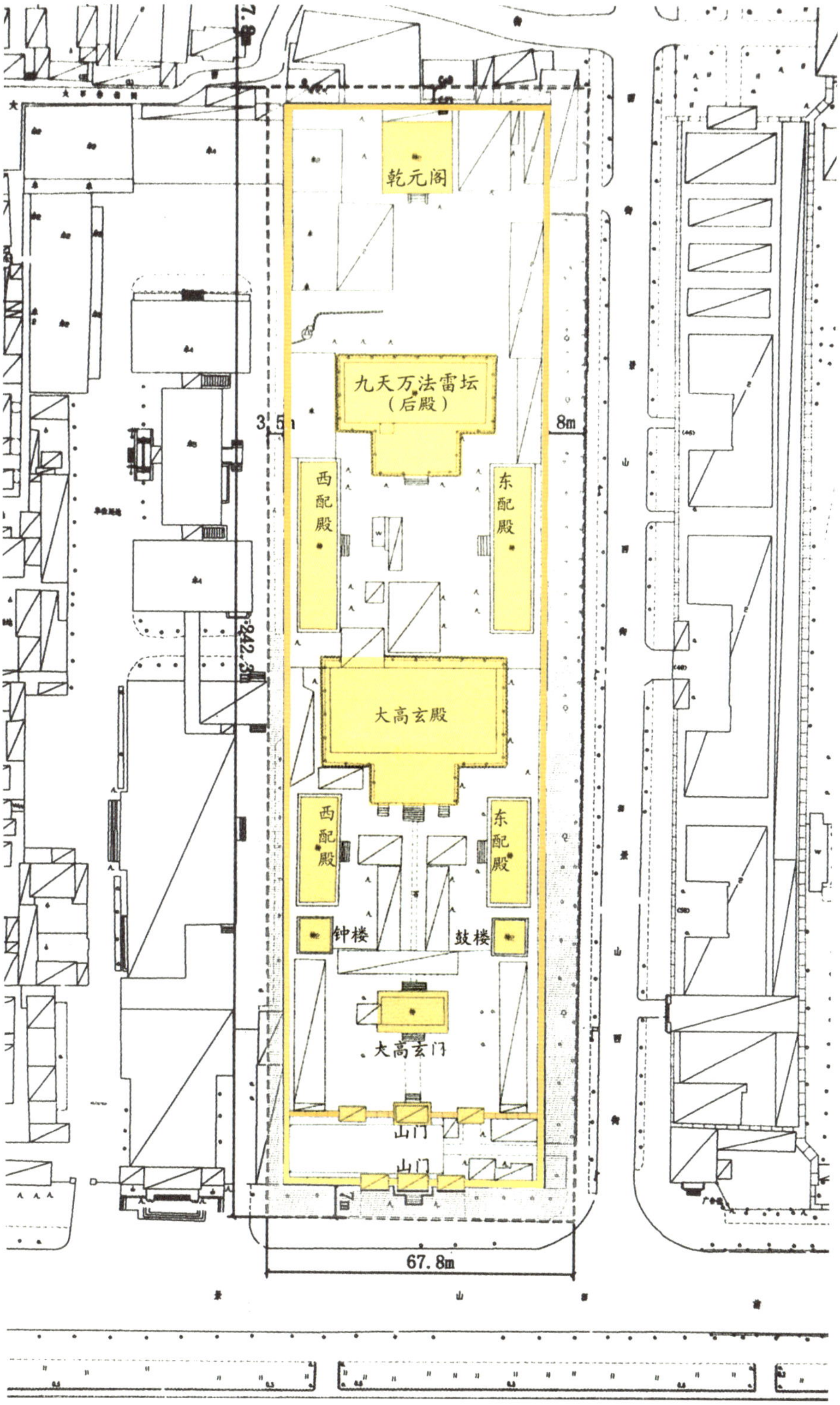

图五　大高玄殿现状实测图

（一）基址范围

据上节分析，明代大高玄殿建筑群在清代虽有所调整，基址范围并未改变，直至清末民初，也是一仍明旧。新中国成立以后，因拆除了山门外的音乐亭和牌楼（见上节），大高玄殿基址始缩小为目前的范围，即外垣墙南北长 231.8 米，东西宽 56.3 米[1]。按 1 清尺合 32 厘米计算，外围垣墙周长约合 180.1 丈，此与清代嘉庆二十三年（1818 年）奏案中所载“周围大墙凑长一百八十二丈三尺”[2]接近相同（忽略墙厚误差），可知现存垣墙仍保持原有范围未变。

表二　大高玄殿建筑变动情况与现状简表

建筑名称		乾隆《京城全图》中的宫殿名称	重要修缮记录	现状	备注
乾元阁（上层）坤贞宇（下层）		有图未注宫殿额名	康熙四十七年修。雍正八年修。嘉庆二十三年，揭瓦，拆修擎檐廊	建筑保存完好，上层局部构件缺失，匾额保存完好	明代至清雍正朝称无上阁，乾隆朝改乾元阁；下层匾额明代为龙章凤篆，乾隆朝改坤贞宇
乾元阁左右耳殿	左耳殿	伏魔殿	乾隆十七年三月拆去	不存	嘉靖朝左、右耳房额名分别为始阳斋和象一宫，见夏言《桂洲集》
	右耳殿	北极殿		不存	
乾元阁前左右配殿	东配殿	无图	乾隆八年五月拆去	不存	
	西配殿	无图		不存	
九天万法雷坛		九天□法一雷坛	雍正七年修	建筑保存完好，匾额不存	民国时匾额照片显示为九天应元雷坛
雷坛殿左右配殿	东配殿	天乙之殿		同上	
	西配殿	涌明之殿			
大高玄殿		大高玄殿		同上	
大高玄殿左右配殿	左配殿	阐玄殿		同上	
	右配殿	演奥殿			
大高玄殿前幡杆			乾隆十七年挪安	不存	
钟鼓楼	左侧	鼓楼		建筑保存完好，匾额不存	
	右侧	钟楼		同上	

1 《故宫保护总体规划大纲（2003—2020）》（内部资料），中国建筑设计院历史研究所、故宫博物院编制，2004 年。

2 奏案 05—0597—026，奏为查验中正殿、大高殿等工程事。按：《奏销档》229—135 中亦载大墙的详细尺寸，详见文后附录。

建筑名称		乾隆《京城全图》中的宫殿名称	重要修缮记录	现状	备注
大高玄门		无图	乾隆十七年改建	同上	
山门	头层	有图，未注额名		同上	
	二层	同上		同上	
	三层	苍精门、黄华门、高玄门	乾隆十七年改建为大高玄门	不存	
山门前牌楼	东牌楼	有图，未注额名	1932年，拆除东、西牌楼下石墁坡道。1956年拆除	不存	前横额：孔绥皇祚；后横额：先天明境
	西牌楼	同上			前横额：弘佑天民；后横额：太极仙林
	南牌楼	同上	乾隆十七年添建。1920年拆除		前横额：乾元资始[1]；后横额：大德曰生
习礼亭	东	同上	1956年因展宽道路而拆除	不存	
	西	同上	光绪二十九年遭火灾，同年重修		
院内井座				未见	疑为后人增建建筑所覆盖，有待调查
院内旗杆				旗杆不存，仅余旗杆石座一处	
随墙门		绘有四处		现有两处，一门已封堵。	
外围墙垣			乾隆三十三年，增高东西北三面大墙，与南墙同高	保存完好	墙砖上有嘉靖十八年、嘉靖十七年等题刻

（二）宫殿现状简述

(1) 牌楼。明代初建大高玄殿时，山门外设东、西两座牌楼，至清康熙朝仍保持此形制，这在康熙《衙署图》中有明确的标示。乾隆八年（1743）五月，在南侧随墙门处添建一座牌楼[2]，形制与原有两座牌楼一致，同为四柱九楼样式，形成东、西、南三

1 乾隆御书“乾元资始”榜书，58 厘米 ×192 厘米，国家图书馆藏拓片，编号：北京 7847。

2 前揭《奏销档》209—006。

图六　民国时期大高玄殿山门前牌楼［上为东牌楼，图片采自爱老照片论坛（bbs.ilzp.com）；下为西牌楼，图片采自《旧都文物略·坛庙略》］

座牌楼的布局，使山门前空间更加完整。民国时期，为便利交通，在山门与两座音乐亭之间铺设公路，并挖平牌楼下台阶以便行走，但原有牌楼仍予以保留[1]（图六）。1956年，迫于增大的交通压力，牌楼被全部移除。现存南面牌楼是据原有形制于2004年复建的。

（2）音乐亭。音乐亭有东、西两座，明代分别称灵轩、灵真阁，清代档案中统称“黄亭”或“音乐亭”（图七），民国以后称为“习礼亭”。清内阁档案载，光绪二十九年（1903年）闰五月，西南黄亭失火，同年重建[2]。故宫博物院藏有“大高殿前音乐亭立样”[3]，未注年代，可能是此次灾后复建时所绘制的建筑图样。

音乐亭坐落于须弥座上，周边绕以石栏，其外形与结构与紫禁城四隅角楼相似，屋顶由多个歇山式复合组成，上覆黄琉璃瓦。面阔进深各三间，四面明间各出抱厦一间，平面呈中点交叉的十字形。1956年，因扩修道路，经测量绘图存档之后与牌楼一起拆除[4]。

（3）山门。现存山门两道，每道山门各设琉璃券洞门三座，头道山门开在南侧高墙上，为三座随墙门，中门高出，前后出丹陛台阶，并围以石栏；第二道山门，包括琉璃门三座，中间以矮墙连接，其屋顶形制皆仿木构屋宇，中间一座稍高，前后设丹陛台阶，周围石栏杆。两道山门之间的东、西高墙上各开随墙门一处，其中西侧墙门

1　1932年“关于修缮大高殿问题”，案卷号：45，故宫博物院档案室藏。

2　《奏销档》879—035，内务府奏为大高殿门外西南角黄亭失火议处有关人员事折；《奏销档》879—049，奏请派员估修大高殿黄亭等处工程折。

3　大高殿前音乐亭立样，清内务府制，清内府色绘纸，编号样00447，故宫博物院图书馆藏。

4　1956年5月15日，“为北京道路工程局拆除习礼亭、北上门等建筑呈请核示由”，故宫博物院档案室藏。

图七　清末大高玄殿山门前音乐亭（上为东音乐亭，图片由曹振伟先生提供；下为西音乐亭，图片采自东京帝室博物馆编《清国北京皇城》，小川一真出版部，明治三十九年）

现已封堵（图八、图九）。

（4）大高玄门。坐落在低矮的须弥座台基之上，四周有汉白玉栏杆，前后檐出台阶五级，并有丹陛道分别通向山门和大高玄殿。建筑面阔三间，进深两间，黄琉璃瓦歇山顶，单翘单昂斗拱。据档案记载，此处原为一道山门，乾隆十七年（1752年）始改建为大高玄门（图一〇、图一一）。

（5）钟楼和鼓楼。两座建筑东西对称，形制相同。建筑平面呈方形，上下两层，中有木楼梯连通上下，黄琉璃瓦歇山顶，上下两层斗拱为一斗三升，室内钟、鼓皆不存。据乾隆《京城全图》，知其东为鼓楼，西为钟楼，此与寺庙内常见的东钟西鼓布局恰好相反，为东鼓西钟的布局。此外，紫禁城午门上钟鼓的布置方位也是如此，明代洪

图八　两道山门和已封堵的西随墙门

图九　东随墙门

图一〇　大高玄门匾额（民国）

图一一　大高玄门外景

武年间敕建的乐都瞿昙寺，其内钟、鼓楼布置也是采用东鼓西钟的布局[1]。这类布局是否可以看作明代皇家宫室制度的特征，尚待进一步考察。

(6) 大高玄殿及其配殿。大高玄殿是整座道观的正殿（图一二），面阔七间，进深三间，重檐庑殿顶，上覆五样黄色琉璃瓦，上檐为单翘重昂七踩斗拱，下檐为重昂五踩斗拱。建筑坐落在须弥座高台上，周围以汉白玉栏杆，前设宽阔的月台，正面台阶三出，中间台阶有御路石，表面雕刻龙、凤、鹤、鸾等图案，前有丹陛石道与大高玄门相连。室内陈设和装修无存，唯天花藻井保留完好（图一三）。殿前东、西配殿各五间，绿琉璃瓦歇山顶。

图一二　大高玄殿外景

图一三　大高玄殿藻井

1　吴葱：《青海乐都瞿昙寺建筑研究》，第 30 ~ 33 页，天津大学硕士论文，1994 年。文章对汉地佛寺的钟鼓楼制度发展作了初步的梳理分析，认为左鼓右钟和左钟右鼓两种相反的布局是钟鼓楼布局发展的合理反映，瞿昙寺作为明初四位皇帝所敕建的佛寺，其左鼓右钟的布局可能与其仿自紫禁城的营造意匠有关。

图一四 “九天应元雷坛”匾额（民国）

图一五 雷坛殿藻井

(7) 雷坛殿及其配殿。明代文献中尚未发现此殿的记载，清代档案中称“后殿”“雷坛”“万法雷坛”“九天雷祖殿”“九天万法雷坛”“九天□法一雷坛（《京城全图》中的名称）”，都是指同一宫殿，民国时期匾额照片则显示为“九天应元雷坛”（图一四），不知是何时所改的名称。建筑位于大高玄殿之后，面阔五间，进深一间，单檐庑殿顶，绿琉璃瓦黄剪边屋面，外檐重昂五踩斗拱。殿前设月台，周以石栏，南面出台阶六级，中有御路石雕，上面雕刻仙鹤祥云图案。室内天花、藻井保存完好，且独具特色（图一五）。东、西配殿两座，各九间，绿琉璃瓦歇山顶。

(8) 乾元阁。明代称无上阁，乾隆朝改今名。建筑位于中轴线最北端，雷坛殿之后，坐落在低矮的须弥座上，是外观两层，实为三层的楼阁（图一六）。下层平面方形，额曰“坤贞宇”，上层平面为圆形，额曰“乾元阁”，中为庑座暗层，是上下方圆平面的结构转换层。上层檐为圆形攒尖式，覆五样蓝色琉璃瓦，重昂五踩斗拱，下层檐对应平面为方形，上覆五样黄色琉璃瓦，单翘单昂五踩斗拱。建筑四周围以汉白玉栏杆，今存东、西、南三面，南面出丹陛台阶五级，御路石雕有龙凤鹤鸾等图案，前有丹陛道与雷坛殿相连。室内陈设现已无存，唯建筑上层保留圆形供龛一座，制作精美（图一七）。左、右两侧曾有耳殿各一座，明代称始阳斋和象一宫，清代改名伏魔殿和北极殿，阁前东、西配殿各两座，乾隆朝改建时将耳殿和配殿全部拆除。

从上节对乾元阁内柱身题记的分析可知，现存乾元阁的大木构架应是嘉靖朝初建时的原貌。作为明代楼阁，其大木结构，尤其是作为上圆下方结构转换的庑座暗层，反映了明代宫殿式楼阁的做法特征，是研究明代大木特点的宝贵例证[1]。其寓意“天圆

1 按：采用此类庑座暗层结构的明代宫殿式楼阁还有紫禁城内的弘义阁，详见拙作《故宫弘义阁、体仁阁研究》，《故宫学刊》第3辑，第122～182页，紫禁城出版社，2006年。

地方”的独特建筑形制，也为国内所仅见。清人在论及古代明堂制度时，曾提及此阁。《五礼通考》卷二十四载：“上圆即九室，下方即十二堂，或疑其制难于营建。乾隆癸酉，予适陪祀，见少司空长白三公名和三精于营造，予问曰：考古明堂之制应如是，可乎？曰：可。并言今大高殿后有一殿，上圆下方，明嘉靖时所建也，古法有之”[1]。可知在清人眼中，“上圆下方”的建筑形式与古代明堂制度相关。汉宝德先生在《中国建筑文化讲座》中也论及古代明堂与圆形建筑的关系，认为“自从汉朝，因道家思想进入，开始有这种上圆下方的明堂观念，这个形象含有道家思想在里头，大概不会是纯粹的中国古典社会的正统的明堂建筑观念”[2]。“上圆下方”的乾元阁出现在大高玄殿的中轴线上，显然与道家思想[3]不无关系。汉宝德先生接着指出：“从明朝开始就有天坛祈年殿这种类似明堂的建筑。明朝的祈年殿盖成圆形的时候，就没有下面盖成方的、上面盖成圆的观念，方跟圆的关系就分开了。”[4]祈年殿（明代称大享殿）建造于嘉靖二十一年（1542年）[5]，与乾元阁建成于同一时期，不过乾元阁为上述观点却提供了一个反面例证——上圆下方的形象并未分开，而是出现在同一座建筑上。可见当时人们对建筑中方圆的理解或非如汉先生所讲，“一个天坛，一个地坛，分开了；把方的盖在地坛那边，圆的盖在天坛那边，方圆就分的很清楚”。这种特殊的建筑形制出现的原因值得进一步探讨。

图一六　乾元阁外景

图一七　乾元阁上层供龛与藻井

1 （清）秦蕙田：《五礼通考》卷二四《明堂》，第249页下，文渊阁四库全书本。

2 汉宝德：《中国建筑文化讲座》，第139页，三联书店，2008年。

3 按：道家思想与道教不是一回事儿，但它们之间有很深的渊源关系。道家思想起源于先秦，在汉代有了新的发展，出现了逐渐宗教化的趋向。详见葛兆光《中国经典十种》，第144页，中华书局，2008年。

4 前揭《中国建筑文化讲座》，第140页。

5 天坛内圆形屋顶三重屋檐的祈年殿，其原型是由明嘉靖皇帝于嘉靖二十一年亲手设计并建造的一座大殿，其最初被称为“大享殿”，这座大享殿的名称一致延续至清初，并以黄、青、绿三种琉璃瓦来分别覆盖这三重屋檐的。直到清乾隆十六年，才将殿名改为了“祈年殿”，并将三种不同颜色的屋瓦，统一改成了青色的琉璃瓦。详见王贵祥《北京天坛》，第58页，清华大学出版社，2009年。

图一八　自上至下分别为大高玄殿、雷坛殿、乾元阁的御路石

（9）井座。清代档案中提及大高玄殿内有井三座[1]，民国时期档案亦载大高玄门前左右有井两座，并提及使用大高玄殿内水井[2]。经实地勘察，并未发现大高玄殿内有水井遗存，或许为今人增建建筑所掩盖，亦未可知。

小结

大高玄殿建于明代中期，清代虽有调整，亦仅涉及局部的拆改，现存院落格局基本反映了明代皇家道观的原貌。从目前调查情况看，除了乾元阁可以依据题记内容判定为明代嘉靖朝遗构，大高玄门据档案记载判定建于乾隆朝初期外，其他宫殿的大木结构虽具明代大木的诸多特征，然其确切建造年代尚需进一步勘察求证[3]。这些宫殿大木结构保存完整，类型齐全，是研究明清宫殿建筑大木特征的重要实例。此外，建筑室内外遗存的各种类型的彩画和图案精美的石雕（图一八），都带有鲜明的宗教特征，为其他宫殿所少见，有很高的艺术价值，是研究皇家宗教文化的第一手材料。

道教宫殿作为明清皇家宗教建筑的重要类型之一，目前保存较完好的，除大高玄殿外，还有位于紫禁城的钦安殿和玄穹宝殿[4]。大高玄殿尽管未如后两者保存有室内原状陈设，但其保存严整的院落格局、类型多样的宫殿建筑以及清晰的演变脉络，是另外两座宫殿所无法媲美的，这也是其重要价值所在。这三组宫殿群，同为皇室举办道教活动的地方，在建筑设计上，都采用了相似的处理手法，如主要宫殿筑于高台之上，且周围以石栏杆，台阶设有雕刻精美的御路，中轴线

1　《奏销档》229—135，奏销修缮大高殿重檐前殿等工用过银两数目片。

2　1932 年“关于修缮大高殿问题”，案卷号：45，故宫博物院档案室藏。

3　按：大高玄殿的修缮始于 2011 年，目前乾元阁的修缮已经在进行之中，因此乾元阁的勘察较为全面，其他宫殿的深入调查还有待修缮工程的进一步展开。

4　清帝曾将皇家道经分贮于此三殿中，并载有道经目录。详见《秘殿珠林》“凡例”及卷二三，钦定四库全书本。

宫殿间以丹陛道相连等。这些设计方法既突出了建筑的重要地位，也烘托了建筑气势。此外，紫禁城奉先殿和太庙、天坛内诸多宫殿采用了类似做法，这是否可以看做是皇家宗教和祭祀类宫殿的共同特征，尚待深入考察研究。

附录一　明大高玄殿各宫殿门楼额名

<table>
<tr><th colspan="3">《春明梦余录》“宫殿额名考”[1]之大高玄殿等处</th><th>《明内廷规制考》“宫殿额名”[2]之大高元（玄）殿等处牌楼门</th><th>《酌中志》所载大高玄殿宫殿额名</th><th>备注</th></tr>
<tr><td rowspan="4">前牌楼名</td><td>先天明镜</td><td></td><td></td><td>先天明镜</td><td></td></tr>
<tr><td>孔绥皇祚</td><td></td><td></td><td>孔绥皇祚</td><td></td></tr>
<tr><td>太极仙林</td><td></td><td></td><td>太极仙林</td><td></td></tr>
<tr><td>弘佑天民</td><td></td><td>宏佑天民</td><td>宏佑天民</td><td>“宏”通“弘”</td></tr>
<tr><td rowspan="2">亭名</td><td>炅真阁</td><td>牌</td><td></td><td>炅明阁</td><td></td></tr>
<tr><td>灵轩</td><td>已上嘉靖二十一年四月初一日添牌</td><td></td><td>灵轩</td><td></td></tr>
<tr><td></td><td>始青道境</td><td>牌</td><td></td><td>始青道境</td><td></td></tr>
<tr><td></td><td>福静门</td><td>扁</td><td></td><td>福静门</td><td></td></tr>
<tr><td></td><td>康生门</td><td>扁</td><td></td><td>康生门</td><td></td></tr>
<tr><td></td><td>高玄门</td><td>牌</td><td>高元门牌</td><td>高元门</td><td>“元”通“玄”</td></tr>
<tr><td></td><td>苍精门</td><td>牌</td><td></td><td>苍精门</td><td></td></tr>
<tr><td></td><td>黄华门</td><td>牌</td><td></td><td>黄华门</td><td></td></tr>
<tr><td></td><td>大高玄殿</td><td>牌</td><td>大高元殿牌</td><td>大高玄殿</td><td></td></tr>
<tr><td></td><td>无上阁</td><td>牌</td><td></td><td>无上阁</td><td></td></tr>
<tr><td></td><td>龙章凤篆</td><td>牌</td><td>无“下”字</td><td>龙章凤篆</td><td></td></tr>
<tr><td></td><td>始阳斋</td><td>牌</td><td></td><td>始阳斋</td><td></td></tr>
<tr><td></td><td>象一宫</td><td>牌</td><td></td><td>象一宫</td><td></td></tr>
<tr><td></td><td>宁安门</td><td>扁</td><td></td><td></td><td rowspan="3">暂不能认定是否为大高玄殿内门楼额名</td></tr>
<tr><td></td><td>寿昌门</td><td>扁</td><td></td><td></td></tr>
<tr><td></td><td>隆道斋</td><td></td><td>隆道扁</td><td></td></tr>
</table>

1　（明）孙承泽：《春明梦余录》卷六《宫阙》，第 53 ～ 65 页，北京古籍出版社，1992 年。

2　（明）佚名：《明内廷规制考》卷一，丛书集初编本。此表格为与《春明梦余录》宫殿额名对照后的差别之处，除了因避讳而改“玄”为“元”外，内容几乎相同，似出自同一版本。

附录二　大高玄殿建筑兴废变迁大事年表

时间	事件	资料出处	备注
嘉靖二十一年四月	庚申初，上于西苑建大高玄殿奉事上玄，至是工完，将举安神大典，谕礼部曰：朕恭建大高玄殿，本朕祇天礼神为民求福一念之诚也	《明世宗实录》卷二六〇	
嘉靖二十一年十月	己卯，举崇报岁成大典于大高玄殿，命停刑禁屠，遣成国公朱希忠行礼，分遣文武大臣、英国公张溶等祭告朝天等宫及各祠庙	《明世宗实录》卷二六七	
嘉靖二十二年三月	癸酉，奉安列圣神位于大高玄配殿	《明世宗实录》卷二七二	
嘉靖二十六年十一月	初五日夜，大高玄殿火	杨爵《杨忠介集》附录卷一	又见夏燮《明通鉴》卷五九
万历二十八年五月	庚申，工科给事中张问达为帑藏已极空虚，营缮宜酌缓急，应先二宫三殿之门内工告成后，徐议外工。且黄极凶星正坐乾房，大高玄殿奠位西北，正触禁忌，不可营造。不报。丁卯，工部题：奉旨见新大高玄殿，该监估计物料应用银二十万两，夫匠工费半之。方今库藏若洗，……停止一切，并力以营三门三殿。又龙舟、桥梁、亭轩等项，俱应暂止，以俟徐图。奉旨：大高玄殿见新，以称朕供养神明之意，不必执奏	《明神宗实录》卷三四七	又见《万历野获编》卷二
康熙四十七年十月	癸卯朔，上喻诸王子、议政大臣、九卿、学士、侍卫等：八阿哥允禩……责御史雍泰，奏朕云，乃为修大高殿事责之	《清圣祖实录》卷二三五	
雍正七年八月十八日	总管内务府谨奏：为遵旨修理事，雍正七年闰七月十一日，臣衙门具奏：大高殿旗杆挂幡年久，变色糟坏，请交该处照旧样成造。等语。奉旨：好。幡着修理。又建大高殿年久，着尔等详加查勘，凡有应粘修油饰之处，皆善加修理。钦此。钦遵。臣详加查勘得：于大高殿南栅栏两侧，增砌看墙，两侧接墙拿梁砌筑，覆琉璃瓦，牌楼加支撑，大高殿、雷坛殿、无上阁、庑殿及其他房屋等处，粘补修理，脱落之石灰找补夹灰，照旧样粘补油画，补墁院砖，两侧大墙，以红土补墁刷浆。工程需用银八千六百五十二两七千四分六厘。殿内供奉玉皇等众神，俱谨上色油画见新，龛、供桌亦油画见新，需用银三千二百八两一钱五分七里；至于修理所用琉璃瓦，除向工部取用外，共计用银一万一千八百六十两九钱三厘，欲向广储司取用，修理悬挂欢门及幡时，交广储司等兴工。俟修理完毕，令道士等办吉祥道场九日。为此谨奏。请旨。奉旨：神像毋庸修新，其余照议谨慎修理，钦此	《奏销档》177—214：内务府大臣查弼纳等奏为修理大高殿估需工料银两事折	

时间	事件	资料出处	备注
雍正八年四月初四日	三月二十六日，大高殿工程地方员外郎额尔金等来文称，给补修大高殿、糊八拜殿（满文音译殿名）窗户、槅扇用二等高丽纸三百张等语。三等高丽纸三百张，库使富勒和送来绫子书后取走	内务府广储司《消费档》（全宗号 5，案卷号 235）：员外郎额尔金等咨文广储司给发补修大高殿等处高丽纸事	
乾隆八年五月初四日	遵旨将大高殿前添建四柱九楼牌楼一座，拆去栅栏门一座，看墙二堵。自大山门内至无上阁前中一路甬路、散水换墁新砖，两边甬路散水即将本工旧砖改砍铺墁。其余海墁俱拆去，铺垫黄土。并将无上阁前东西配房四，连雷坛殿、前大殿两山值房四连俱行拆去	《奏销档》209—006：奏请领取大高殿修缮工程所用银两折	
乾隆十七年三月十五日	遵旨修理大高殿重檐大殿一座，计七间。后大殿一座，计五间。无上阁一座，前后配殿四座，计二十八间。钟鼓楼二座，四出轩亭二座，四柱九楼牌楼三座，砖城门三座，焚帛炉一座。旧有山门三座，改建歇山门一座，计三间。挪安旗杆二座，粘修琉璃门一座，揭盖修琉璃门二座，值房十四间，拆砌大墙一百八十四丈，粘修大墙四十二丈、井台二座，随墙门口六座，板墙四槽，拆墁月台、地伏、栏板、地面、甬路、散水，修理暗沟以及油饰彩画裱糊等项工程。除银朱、苎布、琉璃瓦料、线绢、纸张、铜锡等项，照例向各该处行取应用。并拆前值房二座，计六间，后耳殿二座，计十间。所得旧料拣选抵用外，所有办买木石、砖灰、绳麻、钉铁、杂料，给发各作匠夫工价、运价，通共约估银四万八千三百四十七两二钱七分五厘，除请领过广储司银一万两外，尚需银三万八千三百四十七两二钱七分五厘，仍请向广储司支领。令该监督等详加筹划樽节办理，统俟工竣之日，详细查销，据实奏闻。至粘修佛像供器等项，俟估计确数得时另行具奏	《奏销档》227—103—1：奏报修理大高殿大殿等工估需银两数目片	1. 其时后阁仍称无上阁，未改称乾元阁 2. 文中称粘修佛像供器，似与大高玄殿供道教诸神矛盾，待考
清乾隆十八年五月初一日	二十八日，太监刘成来说，首桂元交御笔白纸原字“无为”本文一张，御笔白纸“烟霭霞明”对一副，传旨：交德保做黑漆金字一块玉匾一面、对一副。钦此。于十八年五月初一日副司库六格将做得黑漆金字匾一面、对一副，持赴大高殿挂讫	中国第一历史档案馆、香港中文大学文物馆：《清宫内务府造办处档案总汇》第 18 册，人民出版社，2005 年	

时间	事件	资料出处	备注
乾隆十九年四月十二日	遵旨敬修大高殿重檐前殿一座，计七间；后殿一座，计五间；乾元阁一座，四面各显三间；前配殿二座，各计五间；后配殿二座，各计九间；钟、鼓楼二座，四面各显三间；重檐四出轩音乐亭二座，四面各显三间；改建歇山门一座，计三间；挪盖值房二座，各计七间；粘修四柱九楼牌楼三座、砖城门三座、中琉璃门一座；挪盖次琉璃门二座；挪安旗杆二座；拆砌院墙三十五丈七尺；粘修院墙三丈四尺六寸，粘修外围大墙二百二丈七尺六寸，随墙门口五座，屏门板墙一槽，牌楼栅栏九堂；拆砌月台二座，井台三座，以及铺墁甬路，海墁散水，油饰彩画见新，并装颜佛像，添做供案、供器等项工程，俱经完竣	《奏销档》229—135：奏销修缮大高殿重檐前殿等工用过银两数目片	提及佛像事
乾隆三十二年七月	大高殿损坏五样黄色琉璃合角剑靶六件；二层殿损坏五样黄色琉璃走兽五件、筒瓦五件；前东配殿损坏六样绿色琉璃筒瓦十件；后西配殿损坏六样绿色琉璃剑靶一件，西琉璃门七样绿色琉璃仙人一件、背兽一件；看墙损坏七样黄色琉璃剑靶二件；东音乐亭八样黄色琉璃正剑靶二件、合角剑靶十件、仙人二件、遮朽瓦十四件；西音乐亭损坏八样黄色琉璃合角剑靶四件、正剑靶一件、背兽四件、勾头三件、滴水二件；正面牌楼损坏九样黄色琉璃仙人六件、三色砖一件、勾头五件、滴水五件、遮朽瓦八件；东牌楼损坏九样黄色琉璃仙人一件、剑靶一件、勾头一件、遮朽瓦七件、明间栅栏一槽；西牌楼损坏九样黄色琉璃仙人二件、方眼螳螂勾头二件、三色砖二件、勾头三件、滴水三件、扣脊瓦二件、遮朽瓦九件；墙顶损坏七样黄色琉璃背兽一件、各处钉帽一百二十个	《奏案》05—0244—096：呈报大高殿、钟鼓楼被风刮坏清单	
乾隆三十三年七月二十八日	三和、英廉、四格谨奏，乾隆三十三年五月初六日奉旨：大高殿南面墙高，东西北三面墙甚矮，观瞻未协，应照南面墙身长高，始属妥协。钦此。钦尊。奴才等亲往查看得：大高殿南面墙高二丈二尺六寸，东西北三面墙高一丈三尺五寸，底厚四尺二寸，顶厚三尺，凑长一百六十丈六尺一寸。内东西大墙里皮臌裂酥碱一段长二丈。西面大墙臌裂酥碱二段各长六丈。今奴才等拟将大墙臌裂酥碱处拆补找砌，并将东、西、北三面琉璃墙头拔檐砖拆下，即在旧墙上长砌墙高九尺一寸，凑长一百六十丈六尺一寸，仍照旧安砌拔檐砖，砌琉璃墙顶，其新砌墙身二面，满抹红灰，并将旧墙找补抹饰，一律提刷红浆，使与南墙一式，以肃观瞻	《奏销档》292—130—1：奏为大高殿等处修缮工程估需工料银两事折	

时间	事件	资料出处	备注
乾隆四十五年三月二十四日	总管内务府谨奏，为奏闻约估工料银两事，据营造司案呈准大高殿值月官员等报称：大高殿西面大墙中间里皮臌裂闪错，间有坍塌，南北长十数丈，请交该处拆砌等因。臣等率领营造司官员等前往大高殿查看得：西面大墙闪错臌裂，实有坍塌，应行拆砌。查其情形，缘院内东西两面有水沟二道，紧贴墙根。臣等率员将沟盖全行揭看，沟内淤塞不通，历年雨水浸泡，沟帮臌裂，地基酥松，硼盖石间有破坏之处，是以墙垣亦因之闪错臌裂。随交营造司将应行拆砌墙垣并应修沟渠一并详细踏勘。去后，今据该司官员等呈称勘估得：大高殿西面大墙南北通长六十九丈，墙身通高二丈二尺五寸，顶高四尺。中间臌裂闪错一段长十三丈，照旧式拆砌。下肩用新细样城砖干摆，上身用旧样城砖灰砌拔檐五层。添补心砖三成，头停苫灰背一层，七样黄色琉璃脊瓦料，其余墙垣下肩砖块酥碱四段，凑长三十五丈二尺五寸，剔补剁磨见新。上身红灰脱落七十四丈，抹饰提浆。除拣选旧料尽数应用，其琉璃脊瓦料向工部行取外，估需银八百八十两八钱七分八厘。有东西水沟二道，各长六十二丈三尺，门外暗沟长四十六丈，俱各淤塞不同，刨挖淤土，拆安压面硼盖石块，沟帮闪错臌裂处拆砌。除拣选旧料尽数应用外，估需银五百四十四两七钱三分五厘	《奏销档》359—028：奏为拆砌大高殿西面大墙约估工料银两事折	
乾隆四十六年十二月十八日	大高殿内大配殿、山门外三面牌楼、音乐亭等处头停上找补添用五样琉璃勾头一件，滴水一件，高六寸剑靶四件，高三寸剑靶二十四件。六样绿色仙人二件，顶帽五十五个，背兽二件。八样黄色仙人十件。龙七件，凤六件，兽角十五对，背兽七件，顶帽一百十五个	内务府来文2013：工部为大高殿等处找补用五样黄色勾头、寿皇殿等处添安六样黄色琉璃等	
嘉庆元年二月初九日	查得大高殿前面菱花窗棂俱有糟朽脱落之处，音乐亭菱花窗棂多有糟朽脱落之处，乾元阁上周围栏杆糟朽闪裂，寔属有碍观瞻。皇上驾幸拈香，甚属紧要。职等查明此三项呈明，伏候堂台批交营造司急（及）时修理	《内务府呈稿》嘉营1：大高殿修理窗棂栏杆等事由	
嘉庆二年九月十九日	大高殿等处头停添安五样黄色仙人十一件，海马十一件，高七寸剑靶四件，高六寸剑靶四件，兽角十三对，钉帽一百五十五个。六样黄色勾头十四件。七样黄色仙人七件，海马五件。高三寸剑靶五件，背兽四件，兽角五对，钉帽五十个。八样黄色仙人八件，海马七件，勾头十五件，高三寸剑靶十四件，兽角十对，钉帽四十个。六样绿色仙人三件，海马三件，高六寸剑靶四件，兽角八对，钉帽五十个。七样绿色仙人七件，海马七件，兽角七对，钉帽六十个	《内务府呈稿》嘉营15：查验大高殿、地坛、斋宫、乾清宫、宁寿宫等项需用琉璃瓦料事由	

时间	事件	资料出处	备注
嘉庆四年二月二十一日	大高殿殿宇房间添安五样黄色仙人六件，勾头四十件，滴水二十七件，高七寸剑靶二件，兽角七对。六样黄色勾头三十五件，滴水二十六件。七样黄色仙人六件，勾头十八件，滴水十二件，高五寸剑靶二件，兽角六对。八样黄色仙人十一件，勾头三十八件，滴水二十七件，高三寸剑靶八件，兽角八对。五样绿色仙人四件，勾头二十六件，滴水二十二件，高六寸剑靶三件，兽角四对。六样绿色仙人四件，勾头二十二件，滴水十八件，高六寸剑靶三件，兽角六对。七样绿色仙人七件，勾头三十一件，滴水十六件，兽角七对。各样钉帽三百九个	《内务府呈稿》嘉营37：为修理午门楼并大高殿等处殿宇房间需用琉璃瓦料事	
嘉庆四年六月十四日	查得修理大高殿前三面牌楼三座、栅栏三道、旗杆二座，二层山门东洞粘补连楹一根。东西角门二座，后角门一座，高玄门，左右角门二座，东西小院随墙门二座，俱照旧粘补油画。前后配殿共计二十八间，俱糊饰窗隔。各殿宇房间十座，计四十二间，琉璃门六座，牌楼三座，周围大墙俱拔除荒草，添安琉璃瓦料	《内务府呈稿》嘉营44：为修理大高殿三面牌楼栅栏墙垣等项找领银两事	
嘉庆四年七月初四日	大高殿殿宇头停添安五样黄色仙人八件，龙四件，凤一件，勾头五十八件，滴水四十九件，高七寸剑靶一件，背兽四件，兽角六对，钉帽一百十个。六样黄色勾头五十六件，滴水四十八件。七样黄色仙人七件，龙四件，凤三件，勾头二十二件，滴水十八件，高五寸剑靶一件，兽角五对，钉帽六十个。八样黄色仙人十六件，龙八件，勾头六十一件，滴水五十一件，高三寸剑靶六件，兽角七对，钉帽八十个。五样绿色仙人三件，龙二件，凤二件，勾头三十四件，滴水二十七件，高六寸剑靶三件，兽角五对，钉帽六十个。六样绿色仙人五件，龙三件，勾头三十二件，滴水二十八件，高六寸剑靶二件，背兽二件，兽角五对，钉帽七十个。七样绿色仙人八件，勾头四十三件，滴水三十件，兽角七对，钉帽五十个	《内务府呈稿》嘉营45：为粘修大高殿殿宇头停并神武门楼等处需用琉璃瓦料事由	
嘉庆四年十二月二十七日	库房呈为九月十四日，堂抄大高殿值月官德元、普宁呈递：大高殿殿宇房间十座，计四十二间。琉璃门六座，牌楼三座。周围大墙凑长八十四丈，墙顶六样黄色琉璃瓦拔草，宽三尺五寸。九天万法雷坛一座，计五间，内明间面阔二丈二尺，四次间各面阔一丈七尺。通进深三丈八尺。钟鼓楼两座，大高玄殿一座，计五间。内明间面阔二丈三尺，四次间各面阔一丈一尺，通进深三丈九尺。东西配殿二座，各计五间。各面阔一丈三尺，通进深二丈二尺。雷坛两边配殿二座，每座计九间，各面阔一丈一尺七寸，通进深二丈三尺。音乐亭二座，四面抱厦面阔四丈	大高殿殿座头停拔草添安瓦料清册（史官文《清代大高殿及其史料》，《中国紫禁城学会会刊》总第八期，第45～46页，2001年）	档案原文记录各座宫殿大木尺寸及琉璃瓦样甚详。今部分摘录，句读略有调整

时间	事件	资料出处	备注
嘉庆七年六月二十日	据大高殿值月官呈明，内开大高殿殿宇房间并瓦料油饰等项活计，经本司回明，奉苏大人交着该司急速修整等谕。业经将前项活计俱各修理完竣，理合请员查验等因回明。奉堂谕，派出员外郎德泰查验呈覆等谕。奉此移付前来，职遵即调取该司报销细册，带领书笔人等亲赴该处，照依册内做法详加查验。得大高殿殿宇房间八座，计四十间；牌楼三座。周围大墙顶俱拔除青草，添安瓦料	《内务府呈稿》嘉营88：查销修理大高殿殿宇房间墙垣等项交回银两事	
嘉庆九年十二月二十四日	大高殿一座，计七间；前东西配殿二座，各计五间；后东西配殿二座，各计九间；雷坛一座，计五间；坤贞宇一座，计三间；俱油饰柱木槛框窗槅。大高殿三面栅栏九座，共拆换 棂十二根，各长六尺五寸，宽二寸五分，厚二寸。添换签头十二个。雷坛内旧有鼓架一座，高四尺五寸，见方三尺，四腿雕净瓶，折叠绦环枨子成造，照旧粘补	《内务府呈稿》嘉营131：为查销修理大高殿各殿座柱木槛框栅栏等项使用银两事	
嘉庆十三年六月初八日	大高殿值月官员文开：今查得三面牌楼、音乐亭各殿座仙人、海马、猫儿头、剑把、丁帽多有脱落，再大殿门槛油什爆裂，西角门门槛油什爆裂，栅栏上闩环一个找补。东大墙内外红灰脱落二段，粘补修理。为此咨行贵司作速踏勘修理。等因前来，随派库掌舒展、司匠准泰等踏勘得：大高殿前三面牌楼、音乐亭并各殿座头停添安琉璃瓦料，东大墙外皮抹什红灰提浆一段，长一丈五尺；里皮抹什红灰提浆一段，长一丈六尺。油什大殿下槛三道并西角门下槛一道。（中间略）又据本库库掌官敏画、匠房司匠准泰等呈称，嘉庆十二年十二月二十五日准，大高殿值月官员文开：今查得前面牌楼上挺钩脱离二根，归安。下面栅栏闪裂，槛框糟朽，相应更换。龙旗架二座，修理油什爆裂。东配殿、钟楼上剑把脱落，粘补。为此咨行贵司作速踏勘修理。等因前来，随派库掌官敏、司匠准泰等踏勘得：南面牌楼栅栏三槽，内拆换油什西边馀腮下槛一根，长二尺五寸、宽七寸、厚五寸。壶瓶牙二块，各长一尺四寸、宽六寸、厚一寸二分	《内务府呈稿》嘉营187：为粘修大高殿牌楼、各殿座头停瓦料等项支领银两事	
嘉庆二十三年十一月二十四日	大高殿头层琉璃门前三面四柱九楼牌楼三座，音乐亭二座，俱拆修头层。随大墙琉璃门三座，夹陇。二层琉璃门三座，揭。大高门一座，三间，前东西值房二座，每座七间，大殿一座，七间，俱揭瓦。前月台一座，粘修。东西配殿二座，每座五间，夹陇。钟鼓楼二座，拆、盖瓦。旗杆二座，粘修。九天万法雷坛一座，五间，夹陇。前月台一座，粘修。东西配殿二座，每座九间，夹陇。乾元阁一座，揭瓦，拆修擎檐廊。周围大墙凑长一百八十二丈三尺，随角门三座，内西	《奏销档》491—241—1：内务府奏为查验修理中正殿、大高殿等处工程事折	今存《大高殿工程做法清册》（王世襄主编《清代匠作则例·伍》，大象出版社，2009年）记录大

时间	事件	资料出处	备注
	面一段长十丈拆砌，其余粘修。西所北值房一座三间，拨正。南值房一座三间，补盖以及拆修、粘修板墙、门口、甬路、海墁，装严佛像，漆饰龛案、供器、匾对以及实用现夫等项，并造办处梅洗镀金宝塔，行龙角脊瓦料，回造镀饰瓦帽钉，暨内里糊饰各项活计，露明处所丈尺做法，均属相符，谨将查验情形恭折覆奏，伏候命下，将查验过清册移咨该工，照例核销。为此谨奏		高玄殿的牌楼做法，据编者考证为嘉庆二十三年维修时所用
光绪二十七年六月	谕军机大臣等：世续等奏，大高殿前后殿、亭座均多伤损，请饬承修一折。大高殿系恭备拈香之处，自应修理整齐，以昭敬慎。着张百熙、景沣、陈夔龙，归并跸路工程，核实估修	《清德宗实录》卷四八四，光绪二十七年六月辛丑条	
光绪二十七年八月二十日	为敬谨详细查勘大高殿工程，筹拟办法，核实估修，恭折奏闻，仰祈圣鉴事。臣等承准军机大臣字寄，六月初七日奉上谕：世续等具奏，大高殿前后殿宇亭座，均多伤损，请饬承修一折。大高殿系恭备拈香之处，自应修理整齐，以昭敬慎。着派张百熙、景沣、陈夔龙归并跸路工程核修。钦此钦遵。寄信前来，臣等谨查。大高殿本在禁城之外，洋兵盘踞最久，其伤损情形亦最为重大。今勘得自大门外牌楼起，直大高殿后檐及东西配殿，均有破碎伤折。第二层九天雷祖殿头停全无，石栏拆毁，仅余大木墙垣。后层乾元阁、坤贞宇及围墙门扇并有损坏。至各处神像及祭器陈设等项，全行佚失。自洋兵交还后，内务府已将各门堵闭，派设看守。免致再有疏虞。 臣等伏思，大高殿为祈祷重地，自应遵旨修理整齐，以昭敬慎。现已饬厂商先将殿宇各工详细拟订做法，核实估计钱粮。所有应行取户、工各衙门，物料均归厂商按市价采买，实用实销，不准丝毫浮冒。据各厂商将估价密封呈递前来。臣等择其估价最廉者，严加删减，共需十成实银陆万壹千陆百伍十两。伏候命下，即由臣等知照户部按二两平照估发给。毋庸再行减成。现由户部拨给银贰万伍千两，俾厂商赶紧备办物料，当照钦天监选择八月十二日敬谨开工。预限两个月，一律修理完竣。 惟从前所供神像多系铜质包金，工艺异常精致。现在铜斤短少，良工乏人，当物力艰难之时，未易规复旧制。查正殿神像之前向本设有玉皇上帝大天尊神牌，今拟于工竣后先行将神牌安设，敬备回銮后恭诣拈香。至祭器陈设等项，向归内务府经理。而装修神像，尤非详谙成式，不敢轻率从事。查世续等原奏，统归臣等制备。窃恐于一切做法未尽合宜，拟请旨饬下内	中国第一历史档案馆：《光绪朝朱批奏折》第104辑，第161～162页，中华书局，1996年	

时间	事件	资料出处	备注
	务府照旧恭备，以昭慎重。所有臣等估修大高殿工程钱粮数目及开工日期，谨恭折具陈，并开具做法清单、绘图贴说，工程御览，伏乞皇太后、皇上圣鉴。谨奏		
光绪二十九年闰五月十五日	总管内务府谨奏为奏闻请旨事。本月十四日申刻，大高殿门外西南角黄亭不戒于火，经世续、庄山、增崇驰往，会同步军统领肃亲王善耆等督饬两翼官兵、各局巡捕及各城水会等赶紧扑救，至酉刻始熄，其余处所并未延及	《奏效档》879—035：内务府奏为大高殿门外西南角黄亭失火议处有关人员事折	
光绪二十九年六月十四日	大高殿山门外迤西黄庭一座，于闰五月十四日不戒于火，经臣等奏明在案。伏思此项工程亟应及时修复，以壮观瞻。又查西面、南面牌楼并三面栅栏亦有应修情形，可否敕下工部查勘兴修之处	《奏销档》879—049：奏请派员估修大高殿黄亭等处工程折	
光绪三十四年二月十六日	交内务府、民政部：本日民政奏变通成例，请估修大高殿牌楼要工一折，奉旨着派奎俊会同估修。钦此。相应传知贵府、贵部。钦遵可也，此交	中国第一历史档案馆：《光绪宣统两朝上谕档》第34册，第35页，广西师范大学出版社，1996年	
1932年	油饰大高殿前东、西牌楼	故宫博物院院藏档案“关于修缮大高殿问题”，案卷号45	
1937年	修缮大高殿牌楼，添修牌坊木栅栏三堂	故宫博物院院藏档案“关于修缮大高殿牌坊问题”，案卷号71	
1944年10月	大高殿、后大殿后坡漏水，后殿西配殿东南脊檐坍落一部，前大殿后坡生有小树以至漏水，前后殿东配殿后檐椽檐瓦坠落一部，皆渗漏，前院西小院西房有渗漏	故宫博物院院藏档案“本院各宫殿房屋渗漏、坍塌情况调查、清查清册”，案卷号131	
1945年2月	北京日本大使馆以军方需用拟将四处房屋征用，其中所列第一处即大高殿	故宫博物院院藏档案“关于修理大高殿问题”，案卷号132	档案内附建筑物位置图一张

时间	事件	资料出处	备注
1950 年	改善大高殿前交通，将东、西牌楼北侧红墙拆除	故宫博物院院藏档案，编号 19500640 工、19500641 工	
1952 年～1954 年	大高殿内旗杆糟朽，且斜戗糟朽严重，东端旗杆的东南斜戗及西端旗杆的西北斜戗将折断，拟修缮	故宫博物院院藏档案“关于该殿前院有两个旗杆的修缮问题”，编号 19530962 工、19530966 工	
1956 年 5 月 15 日	经测绘存档后，拆除两座习礼亭	故宫博物院院藏档案“为北京道路工程局拆除习礼亭、北上门等建筑呈请核示由”	

（表中内容仅摘录档案内与宫殿维修、使用及宫殿额名等有关事项，非全文照录。有些档案虽与大高玄殿有关，但仅载举办道场所用物品和花费者，未录。资料出处除注明外，都引自中国第一历史档案馆典藏档案。另外，大高玄殿西侧原有斋堂一区，是进入大高玄殿前休息和斋戒所在，今其内建筑已拆改，也有相关档案，表中未录）

原载《故宫博物院院刊》2012 年第 2 期

明代皇宫宗教建筑

杨文概

内容提要：明太祖在皇宫中未修宗教建筑，但宫城上建的二亭似乎带有宗教性质。北京明皇宫中没有名玉皇殿的宗教建筑。皇宫中的宗教建筑时兴时废，唯奉真武神的钦安殿长存。明代皇家尊道胜于崇佛，高规格道教建筑在宫城外。皇城内有过紫微殿，而紫禁城中并不供奉北极中天星主紫微大帝。

关键词：明太祖　南京　北京　明皇宫　宗教建筑　道教　紫微大帝　倪岳

人们时常以古讽今，或以今推古，各抒己见，其实能互相启发，最终会揭示事实真相，达成共识。这里仅就所知，表述本人对于明代皇宫宗教建筑的几点看法。

明太祖在皇宫中未修宗教建筑，但宫城上建的二亭似乎带有宗教性质。北京明皇宫中没有名玉皇殿的宗教建筑。皇宫中的宗教建筑时兴时废，唯奉真武神的钦安殿长存。明代皇家尊道胜于崇佛，高规格道教建筑在宫城之外。皇城内有过紫微殿供奉北极中天星主紫微大帝，而紫禁城中却从未有过紫微殿。

一　明太祖所修观心亭、观神亭带有宗教性质

《明太祖实录》记载，洪武十年（1377年）南京明皇宫建了观心亭。宋濂《观心亭记》有较详细的记述："……洪武十年冬十月丙午朔，复敕工曹造观心亭于宫城上。设臂为必洋墉，涂以储泥，中置辅坐，前辟彤户。越七日壬子落成。上亲幸焉……致斋之日，端居亭中，返视却听；上契冲漠，体道凝神，诚一弗二；庶几将事之际，对越在天，洋洋乎临其上。卿为联记之，传示来裔，咸知联志，稗弗懈愈虔。……别有观神亭，与斯亭东西对峙。其制同，其义亦无异云。"[1] 该文未说二亭孰东孰西，也未提及是在

作者：原古建部，副研究馆员。

1 （明）宋濂：《宋学士文集》卷二。

午门，还是在玄武门之东西；也未知是否位于午门或玄武门东西城墙的两端拐角处，或者是在东西城墙某处东西对峙。两亭其制虽同，其义恐有异。

自然，若只为“致斋”也不可能仅建一亭，必然要讲求对称平衡，至少建二亭；其实有可能随后又建二亭，因为工程并不浩繁。观心亭、观神亭 7 天即建成，遥想较为朴素，不是如同后来北京皇宫所建的角楼那般精美。

明太祖青少年时曾当过和尚，称帝之后也多次追述自己当和尚的经历，也修建庙宇，但他投身战争、娶妻生子，称帝后更嗜杀成性，显然并不真正信仰佛教，反倒与道教联系愈渐紧密，先称：道士说他家祖坟风水好，其母妊娠后吃了道士给的药丸；贫病时和战争中得到仙人、道士的帮助。后来寻访、招聘正一教主，称帝之后几乎年年招赏和赐赠教主与道士，大修宫观。

在他的皇宫中却不见有寺观，不见有建筑名与佛道殿常用名相同。是有意避讳，还是的确没有？

明太祖有《释道论》、《三教论》等阐述了其认识和主张。“夫释道者，玄也，自太古至于三皇不闻其说。……三教唯儒者，凡有国家不可无。……二教初显，化时所求必应，飞悟有之，于是乎感动化外蛮夷及中国。假处山羲之愚民，未知国法先知虑生死之罪，以至于善者多而恶者少，暗理王纲，于国有补无亏。……近者以来，凡释道者不闻谈精进般若、虚无实相之论，每有欢妻抚子，暗地思欲，散居尘世，汗甚于民，反累宗门，不如俗者时刻精至也”[1]。“昔梁武帝好佛，遇神僧宝公者，其武帝终不遇佛证果。汉武帝、魏武帝、唐明皇皆好神仙，足世而不霞举。以斯之所求，以斯之所不验，则仙佛无矣。……仲尼之道，祖尧舜，率三王，删诗制典，万世永赖。其佛仙之幽灵，暗助王纲，益世无穷。……三教之立，虽持身荣俭之不同，其所济给之理。然于斯世之愚人，于斯三教有不可缺者。”[2]

“酒肉穿肠过，佛祖心中留”一语常在小说中、影视中出现，而“致斋”的观心亭似乎就是表明“佛祖在朕心中”。在观神亭虽不能与神仙相聚，但希望神仙显灵护佑。正是这二亭，加上明太祖的理论，南京皇宫内于朱元璋时应没有宗教建筑，而所修观心亭、观神亭似乎带有宗教性质。

二　永乐皇帝在皇宫城外建天将庙，后世拓制改名

有文记曰：“内玉皇殿永乐时建。有旨撤像……内殿诸像并毁斥，盖于礼部尚书徐光启之疏。光启奉泰西氏教以辟佛老，而上听之也。继而后知撤像时灵异言于上，上深悔，

1 《明太祖文集·释道论》。

2 《明太祖文集·三教论》。

而宫眷之持斋礼诵较甚于前矣。”[1] 撤像事在崇祯六年（1633 年），而所指“内玉皇殿”是崇祯时俗称，并不是永乐时建，而当为宣德、嘉靖时所建。

永乐初建天将庙，祀灵官，位于紫禁城西。《万历野获编》、《帝京景物略》、康熙《天府广记》、《明会要》等书均有相关记载。“永乐间有周思得者，以王元帅之法显于京师。元帅世称王，天将三十六员居第一位。其神最灵，逆知祸福。文皇数遣人试之，靡爽毫发。至于祛邪孽，除灾痈，随祷辄应。乃命祀神于宫城西。宣德初，灵应愈彰，上因救所司拓其祠宇，上建玉皇阁，尊道之本；左为祖师堂，明法所自。神明之居，巍焉奥焉。署榜曰大德显灵宫。……显灵宫有东西二阁，东阁以奉玉皇像，位崇严真，所称上帝高居绛碧霄也”[2]。“显灵宫在皇城西，永乐时建。成化时更拓其制，又建弥罗阁。宣德中复建昊极通明殿，东辅萨君殿，西弼王帅殿”[3]。“周思得传王灵官法有验，乃建天将庙祀灵官。……宣德中改大德观……成化初改显灵宫”[4]。

三　皇宫中的宗教建筑唯奉真武神的钦安殿长存

明成祖“靖难”夺位，最大功臣是僧人道衍（1335 ~ 1418 年），恢复其俗姓姚，赐名广孝，封官赏冠袍，还要赐第，因姚广孝固辞而改为修庙。朱棣初封燕王即由道衍任师傅，后来朱棣为佛经写序，为僧人作传，给予种种封号，看来他笃信佛教。然而皇宫中却未有礼佛殿宇，因不见有关记载。道教徒为朱棣夺权制造舆论，出谋划策。为证明夺位合理，更为巩固帝位，明成祖对道教真武神的尊崇最为热衷：宫城内建钦安殿供奉真武神，京城艮隅建真武庙；在武当山大建宫观，山顶建有紫金城，金殿供奉真武金像。北方真武神一直受到明代皇帝的顶礼膜拜，甚至宫城内东南隅在明末还有佑国殿奉真武像，但尚不知该殿建于何时。

笔者曾登上钦安殿东北的堆秀山，在山顶特意观察钦安殿晃顶。以往所见的寺观殿宇全为庞殿顶或歇山顶，单层或重檐，因而竟突然有过一闪念：堆山为观景，就需减低钦安殿屋顶高度，眼前近处低数尺，所见景观会开阔不少。钦安殿初建即为盈顶？还是嘉靖、万历时或清代才改做？

明武宗好武事，自封“威武大将军朱寿”，还爱穿僧衣、讲佛法，自称“大庆法王”；修豹房、宫室、寺观，多在皇宫外实施。嘉靖、万历祖孙两朝除在西苑内外大兴土木，皇宫内也多有营建，都为求长生崇道，炼丹拜神。嘉靖皇帝在皇宫元（玄）极宝殿祀昊天上帝，祈谷。隆庆皇帝改名为隆德殿，供三清、元（玄）武。崇祯六年隆德殿“佛

1 《烬宫遗录》卷上。

2 （明）沈德符撰：《万历野获编》卷二，北京燕山出版社，1998 年。

3 （明）孙承泽撰：《天府广记》卷三十八。

4 （清）龙文彬撰：《明会要》卷十一。

像”尽移朝天宫、大隆善寺[1]。这说明曾经供神成了供佛，也可能是口述宦者与当时人们将元（玄）极宝殿（隆德殿）称作内玉皇殿，把神像统称佛像了，或许是曾有所改变，只是无记载？

皇宫中有过炼丹的无梁殿，还有隆道阁等，几乎都是随他们的创立者的逝去而被拆改。

英华殿是座佛殿，太后、太妃们大致都信佛拜佛，这是明朝后妃们在英宗驾崩后才开始有的待遇。

四　明代皇家尊道胜于崇佛，高规格道教建筑只能筑于宫城外

宫内有钦安殿、元（玄）极宝殿，却不能满足皇帝尊道之心。“嘉靖二十一年四月……庚申（初十），初，上于西苑建大高玄殿奉事上玄，至是工完，将举安神大典。谕礼部曰：朕恭建大高玄殿，本朕祗天礼神为民求福一念之诚也。……自今十日始，停刑止屠，百官吉服办事，大臣各斋戒，至二十日止”[2]。当年“十月……己卯（初四）举崇报岁成大典于大高玄殿，命停刑禁屠，遣成国公朱希忠行礼，分遣文武大臣、英国公张溶等祭告朝天等宫及各祠庙”[3]。翌年“三月……癸酉（二十九），奉安列圣神位于大高玄配殿”[4]。

大高玄殿建筑群除正殿、配殿外，还有无上阁，阁东有始阳斋，阁西为象一宫等。规制高场地广，满足皇帝供养众多神明、举办种种发愿祈福活动之需。

数年后，大高玄殿灾。《明通鉴》卷五十九记载：“嘉靖二十六年十一月初五日（1547年12月16日）是夜，大高殿灾。”是赶紧修复，还是搁置迟迟不动工？未见有关档案。

万历二十八年（1600年）“奉旨：大高玄殿见新，以称朕供养神明之意……”[5]这说明之前已复建，建筑布局、形制可能有所改变。清朝继续沿用大高玄殿，同样供奉道教的各种尊者神仙，元旦、万寿、求雨、祈雪……甚至出皇宫、返回宫，都有不同规格的拈香礼神、设坛斋醮活动。

从政治、伦理、宗教仪轨、安全因素考虑，确实在皇宫外做道场更合宜，高规格道教建筑只能筑于皇宫外，就在皇宫、西苑附近。

1 （清）于敏中、英廉等编：《日下旧闻考》卷三十四。

2 《明世宗实录》卷二六

3 《明世宗实录》卷二六七。

4 《明世宗实录》卷二七二。

5 《明神宗实录》卷三四七。

五 皇城内的紫微殿杳无踪迹

常有人问：明清皇宫何时被称作紫禁城？一般都说不出具体年月，但知其名与紫微星垣有关。倪岳（1432～1501年）的《清溪漫稿·正祀典》对寺观供奉的许多佛、神作了解说，其中曰："所谓北极中天星主紫微大帝者，谨按象纬书有曰：北极五星，在紫微垣中，一名天极，一名北辰。其北第五星，名天枢。盖极星之在紫微垣，万神所宗。七耀三垣二十八宿，众星所拱，为天文之正中。又曰：紫微大帝之座，天子之常居也。即今朝廷宫殿所在，乃其象焉。国朝正统初年建紫微殿一所，于大德观之东，设立大帝之像。每遇万寿圣节、正旦、冬至，具遣大臣一员祭告。……祖宗以来，每岁南郊大祀内坛已有星辰坛合祭之礼。今乃像之如人，称之为帝，以极星之正，祠于异端之宫，稽之祀典，诚无所据。"该文写在弘治年倪岳任礼部尚书之时。

到嘉靖帝建了大高玄殿，奉道教种种神仙，从那时起这座紫微殿不需单独存在而被称作紫禁城的明皇宫内从未有供奉紫微大帝的专殿。

以上陈述表达笔者粗浅认识：南京明皇宫中太祖时未修宗教建筑，但宫城上建的二亭似乎带有宗教性质。北京明皇宫中有过供奉玉皇的宗教建筑，但不是永乐时所建所奉。明皇宫中的宗教建筑时兴时废，唯奉真武神的钦安殿长存，清帝也尊崇顶礼。明代皇家尊道胜于崇佛，高规格道教建筑大高玄殿建在宫城外，清帝继续在那里修殿、设坛、拈香、斋醮。皇城内有过紫微殿，而紫禁城中并无专殿供奉北极中天星主紫微大帝。

原载《中国紫禁城学会论文集》第七辑，故宫出版社，2012年

小议清代木结构建筑中的几个技术问题

白丽娟

内容提要：本文重在探讨古建筑“大式”“小式”，建筑物的面阔和进深的比例关系，拱、翘卷刹的几种作图方法的分析，斗拱中的正心枋高度计算，翼角翘起的角梁长度计算等技术问题。

关键词：大式与小式　面阔与进深　正心枋高度计算　角梁长度计算

一　什么是木结构建筑中的“大式”“小式”

流传中清代建筑物有大式、小式之说。在几十年的工作过程中对大式、小式的区分很想弄清楚，说明白。在《清式营造则例》中看到“大木是指建筑物一切骨干木架的总名。大小形制有两种，有斗拱的大式，和没有斗拱的小式”。在屋顶一章也讲到“房顶的瓦作在形制上也可分为两大类——大式和小式。大式瓦作的特点是用筒瓦骑缝；脊上有特殊脊瓦，有吻兽等的装饰。材料可用琉璃瓦或青瓦。小式没有吻兽，多用板瓦，材料只用青瓦”。在辞解中解释大式是“有斗拱或带纪念性之建筑形式”[1]。有的书中说：“官式建筑分为小式、大式、殿式三种。小式一般只有硬山屋顶，只有普通的柱、梁、檩、椽等构件，各部比例按明间面阔决定。例如当面阔为一丈时，檐柱高七尺五寸，径六寸五分，出檐为柱高的三分之一。大式做法比小式多角背、随梁枋和飞椽。殿式做法比大式多斗拱。”[2] 还有的书讲：“大式建筑主要指宫殿、府邸、衙署、皇家园林、官僚阶层……的建筑。”又说：“大式建筑与小式建筑的区别表现在建筑规模、群体组合方式、单体建筑体量、平面繁简、建筑形式的难易以及用材的大小、做工粗细、用砖、用瓦、

作者：原古建部，高级工程师。

1　梁思成：《清式营造则例》、《清式营造辞解》。

2　《中国建筑简史》，中国工业出版社，1962 年。

用石、脊饰、彩画、油漆等各方面，并非仅以有无斗拱作为区分的标准。”[1] 在上述大式、小式的说法中，很难准确区分、具体说清大式、小式是什么概念。

在翻看《营造算例》时，这里分章中就有“斗拱大木大式做法”“大木小式做法”“大式瓦作做法”“小式瓦作做法”之别。从这里看只有大木和瓦作有大、小式之别，同时在“斗拱大木大式做法”中，既有有斗拱的建筑物，也有没有斗拱的建筑物。这就比较清楚了大式大木中不是以有没有斗拱来区分的了。为了弄清楚大式和小式的问题，在清《工程做法》中应是找到根据的地方。

在《工程做法》中有关大木部分讲有斗拱的大木做法的是一至三卷和十四至十六卷；没有斗拱的大木做法是四至十三卷和十七至二十三卷；这里没有说“大式”之说。在二十四至二十七卷是讲小式大木的。就木结构而言，这里只有“小式大木”之说。同样瓦作和石作中有“瓦作做法”和“瓦作小式做法”，有“石作做法”和“石作小式做法”，从这里看木作、瓦作、石作都有各作的做法，同时还存在着各作的小式做法。并没有提出有什么“大式做法”之说。很显然大式是后人所加，是以小式相对应的说法而产生的，将前列各作前加了“大式”。这样一加，便有了上述的混乱说法了。现在看来“大式”是没有文字根据，也就不用“大式”这些词了，更没有“殿式”之说了。对瓦、木、石各作的理解，也就没有混乱之处了。为了以后的文字清晰，在本人的文字叙述中不会用“大式”大木这个词，只用《工程做法》中的原意“大木”和“小式大木”。

二　建筑物的面阔和进深的比例关系

对建筑物的面阔、进深的比例关系：一种说法是以明间的面阔来确定进深的尺寸，一般都是进深大于面阔（这时的进深是不包括前后廊的），它的面阔、进深的比例为1∶1.3、1∶1.7、1∶1.8不等，有斗拱的建筑以斗口来计算。没有斗拱的建筑是依已经确定的面阔来定进深的，通常面阔尺寸为：九尺、一丈、一丈一尺、丈二、丈三、丈四、丈七不等，相应的进深尺寸为：一丈、丈二、丈六、丈八、两丈一尺、两丈九尺、三丈二尺，等等，进深尺寸大的一般都带有前廊或后廊，或是前后廊均有[2]。按照上述尺寸可归结其比例关系有1∶1.1、1∶1.2、1∶1.5、1∶1.8、1∶2，等等。

又一种说法是以确定的通面阔来确定通进深的，即：“（面阔）按斗拱定；明间按空当七份定，次梢间各递减斗拱空当一份。如无斗拱歇山庑殿，明间按柱高六分之七，核五寸止；次梢间递减，各按明间八分之一，核五寸止。或临期看地势酌定。”[3]

“（通进深）按通面阔八分之五。如有斗拱，核正空当，要空当坐中。如无斗拱

1　马炳坚：《中国古建筑木作营造技术》，科学出版社，1992年。

2　参见王璞子著《工程做法注释》，第14页，中国建筑工业出版社，1995年。

3　梁思成编订：《营造算例》，中国营造学社，1932年。

歇山庑殿房核五寸止。其次、梢间，临时核檩数再定。或临时看地势酌定。”[1]八分之五的概念既是如果面阔是五尺，则进深是八尺，其比例关系 8 ： 5，即是 1.6 ： 1 的关系。

现对于上述两种说法与实物对照列表说明，见表一。

表一 以明间面阔定进深

建筑情况	明间面阔	进深	面阔进深比	备注
有斗拱建筑	7×11×2.5 =192.5 寸	192.5×1.3=250 寸 192.5×1.8=346 寸	1 ： 1.3 1 ： 1.8	7 个斗拱当，间距 11 斗口，斗口 2.5 寸计算，比例是确定的数据
无斗拱建筑	12 尺	12×1.3=15.6 尺 12×1.8=21.6 尺	1 ： 1.3 1 ： 1.8	这是确定数据
太和殿	8.44m	11.77+7.46×2 =26.69m	1 ： 3.16	为 1 ： 3.16，舍弃尾数
斋宫	5.56m	4.05+2.4×2=8.85m	1 ： 1.6	为 1 ： 1.5917，接进 1 ： 6
寿皇门	5.99m	3.34×2=6.68m (3.34+1.71)2=10.5m	1 ： 1.1 1 ： 1.7 或 1 ： 1.8	两山有前后廊，走廊进深未计算在内，其比为 1 ： 1.115 如按明间计算，则没有走廊其比为 1 ： 1.7529

由表一可以看出，以明间面阔定进深的做法大多控制在 1 ： 1.2 ～ 1 ： 2 之间，太和殿式特例为 1 ： 3，也与《工程做法注释》所给的比例有较大的差别。

再依上表给出的数据计算建筑的通面阔，通进深（表二）。

表二 以通面阔定通进深

建筑情况	面阔	进深	面阔进深比	备注
有斗拱建筑	7+2(6+5+2)=33 攒斗拱 33×11×2.5 =907.5 寸	907.5×5 ／ 8 =567.1875 寸 =567 寸	1.6 ： 1	以面阔五间带周围廊，斗口二寸半计算
无斗拱建筑	明间 12×7 ／ 6 =14 尺 尺通面阔 14+(12+10)2 =58 尺	58 尺 ×5 ／ 8 =36.25 尺 =36 尺	1.6 ： 1	设柱高 12 尺，面阔五间，次梢间递减 2 尺
太和殿	60.08m	33.33m	1.8 ： 1	
斋宫	28.18m	8.1m	3.5 ： 1	为 3.479 进到 3.5
寿皇门	23.13m	10.1m	2.3 ： 1	为 2.29 进到 2.3

1 前揭梁思成编订《营造算例》。

设：有斗拱的建筑面阔五间，带周围廊，明间斗拱 7 个攒当，次间 6 个，梢间 5 个，廊间 2 个，则通面阔为 7+（6+5+2）2=33 个攒当，攒距按 11 斗口计算，斗口 2.5 寸，计总面阔 33×11×0.25=90.75 尺。总进深尺寸，如按 1 ：1.3 计算为 25 尺，再加前后廊的尺寸，即 25+4×11×0.25=36 尺。这时建筑物的通面阔和通进深之比为 2.52 ：1，可定为 2.5 ：1。如按 1 ：1.8 计算时，进深为 34.6+4×11×0.25=45.6 尺，这时通面阔与通进深之比为 1.99 ：1，可定为 2 ：1。

如果是没有斗拱的建筑，如面阔为五开间时，明间面阔 14 尺，次间 12 尺，梢间 10 尺，通面阔为 14+（12+10）2=58 尺。如果面阔、进深之比为 1.3 ：1 时，则进深为 14×1.3=18.2 尺，这时的通面阔和通进深之比为 3.2 ：1；如果面阔、进深之比为 1.8 ：1 时，则进深为 14×1.8=25.2 尺，这时的通面阔和通进深之比为 2.3 ：1。这样看来，其比例关系不是固定不变的。本人认为应是依据所在地的情况和已有木料尺寸等多方面条件决定的，最后计算所得长方形建筑物的长、宽比例关系都是框在 1.2 ：1 ～ 3.5 ：1 的总体的比例关系之内，使用比较灵活。

再从上列两表看，无论是以明间面阔定进深，还是以通面阔定通进深，都与按通面阔的5／8计算的建筑物长、宽比有别。建筑物的通面阔与通进深之比就固定在1.6 ：1 的关系上，显然与现存的实物有很大的差别。这样看来依明间面阔定进深的办法与实物是相近的，可信的。

三　拱、翘的卷刹作图的分析

拱、翘的两端呈现出分瓣卷曲状，称为卷刹。有“瓜四、万三、厢五”之说。其意思是说瓜拱的卷刹是呈四瓣、万拱的卷刹是三瓣、厢拱的卷刹是五瓣，且各拱上的分瓣长度是相等的，现存的实物亦是如此。关键对于三瓣、四瓣、五瓣的卷刹是怎样做出来的，有不同的说法。

其一，《清式营造则例》图版捌中的瓜拱、万拱、厢拱的分瓣方法是在拱端画一斜线，瓜拱、万拱都是 45° 线，厢拱的斜线是 30° ，都没有起止位置，在斜线上等分三、四、五份，如何确定三、四、五份转折点不清楚，据此是画不出各拱的分瓣图的（图一）。

其二，很多书都采用在拱端的底线和垂直边的延长线相交，呈直角。在两直角边各取一定数值，再分份连线，形成线与线间的交点，则是分瓣的折点。在这里所不同的是底边的取值不同。一是瓜拱底边取 1.2 斗口，万拱底边取 1 斗口，厢拱底边取 1.5 斗口；另一是瓜拱底边取 1 斗口，万拱底边取 1.2 斗口，厢拱底边取 1.3 斗口；还有一类就是各拱的底边都取 1 斗口（图一）。所有的高度都是一样的，定为 1 斗口。在 1 斗口范围内，瓜拱分为三等份，万拱分为四等份，厢拱分为五等份；在拱的底边线上，各取 1 斗口、1.2 斗口或 1.5 斗口，在底边上各按瓜四、万三、厢五分成等份；再分别连线，将连线间的交点作为折点，在这些点间连接，所得的折线长度是不等的。看来与现存实物也有差别。

其三，在《中国古建筑修缮技术》一书中所绘的卷刹图，也是由底边的延长线与垂直边线的交点算起，瓜拱取 1 斗口，万拱取 1 斗口（也有的书是取 1.2 斗口），厢拱取 1.5 斗口。在确定的各点与垂直线上的高 1 斗口的位置连线，在此斜线上各拱分份，瓜拱分四份，万拱分三份，厢拱分五份。再由垂直边所取的 1 斗口处，向下截取 0.4 斗口，通过此点做与上斜线的平行线，与前面各拱的等分线相交，即为四份、三份、五份的线段。万拱将 0.4 的斜线交点，作为拱线的折点，再分别由垂线和水平线与上述交点相连，则形成了万拱的三瓣的折线段。瓜拱、厢拱的折点线是在此 0.4 斜线上、下各做平行线，它们的高取自 0.4 的 0.4 / 4 和 0.4 / 5，沿各点做已有斜线的平行线，与斜线上的分份线相交点连线，则是各拱的卷刹边沿线（见图一）。为什么这样做，姑且不作分析，但从结果看此折线段也是不等线段。

对卷刹应如何准确绘图，仍没有找到依据。但对各拱的卷刹起始长度从测量中得知，在清乾隆时代瓜拱卷刹起点长 1 斗口，翘与瓜拱相同，万拱卷刹起点 1.2 斗口，厢拱卷刹起点 1.5 斗口。

昂的式样和蚂蚱头、六分头、菊花头、麻叶头等其他图样的画法也都有差别，在此不一一列举了。

笔者认为，在翘、昂、拱等的构件式样及其延续下来的制作方法，是没有原则的对与错的问题，只是承传师父的不同而已。在运用时，如是维护工程，则应以现存实物为依据，进行补配；如是仿建，则应依设计者的要求制作。

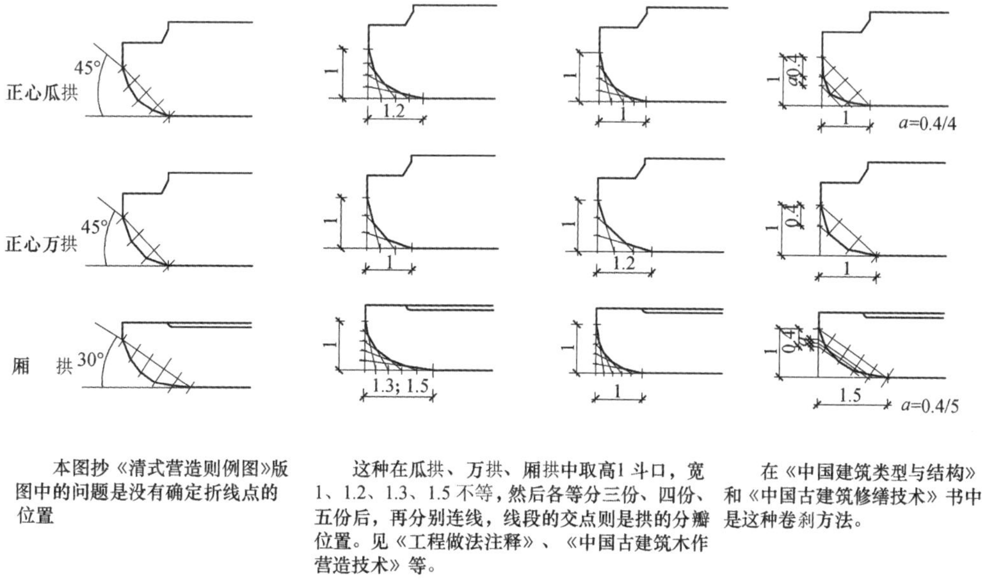

图一　拱的几种起翘绘图法

四　斗拱中的正心枋尺度

在斗拱横轴中线上，安装在正心万拱上的枋，称正心枋，通常高2斗口，宽为1斗口加垫拱板厚。正心枋的层数，取决于斗拱的踩数，如三踩斗拱，只一层正心枋，它的高度不足2斗口；如采用五踩斗拱时，就应有三层枋，而最上一层枋的高也是不足2斗口，同理，七踩、九踩等都会出现最上层的不足2斗口高的正心枋。那么这一层枋应多高，详见斗拱图和计算简图（图二）。

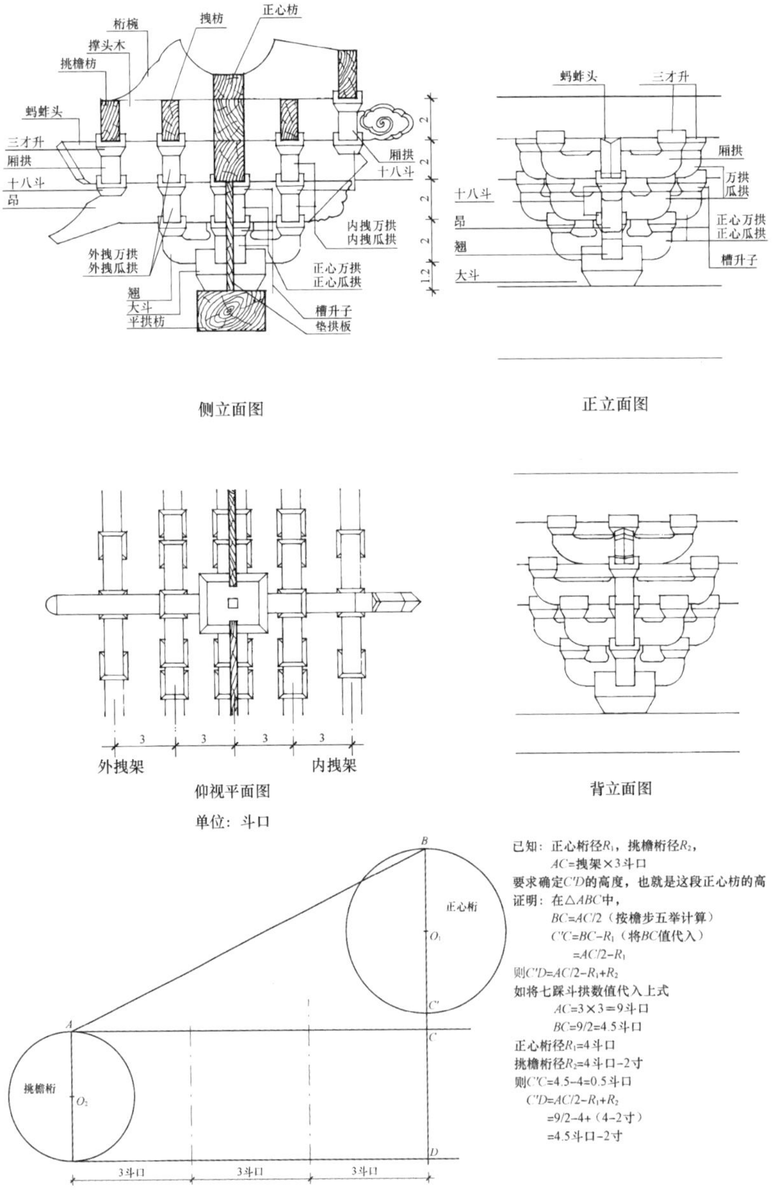

图二　五踩斗拱和正心枋计算图

五　翼角翘起的角梁

歇山顶、庑殿顶、四角攒尖顶等屋顶式样，都是具有四面坡屋面的建筑，又都有四个屋角。我国南方建筑的屋角轻巧灵活，富于浪漫姿态。北方官式建筑屋角处理庄重恰当。从建筑四角的外形轮廓看都是由双曲线构成的（图三），内部的木结构是构成屋角曲线的基础。这里主要叙述北方官式建筑屋角的构成，并以《工程做法》卷一为例，说明翼角部分的构件和尺度的由来（图四）。

老角梁在屋角的转角处，沿45°度方向线有两层角梁，在下面的称“老角梁”，它的后支点是置于交金瓜柱或交金墩上，后尾做三岔头式样。前部支点是在双向的挑檐檩（桁）搭角处。由挑檐檩搭角处向外出挑的部分就是老角梁的悬挑部分，老角梁

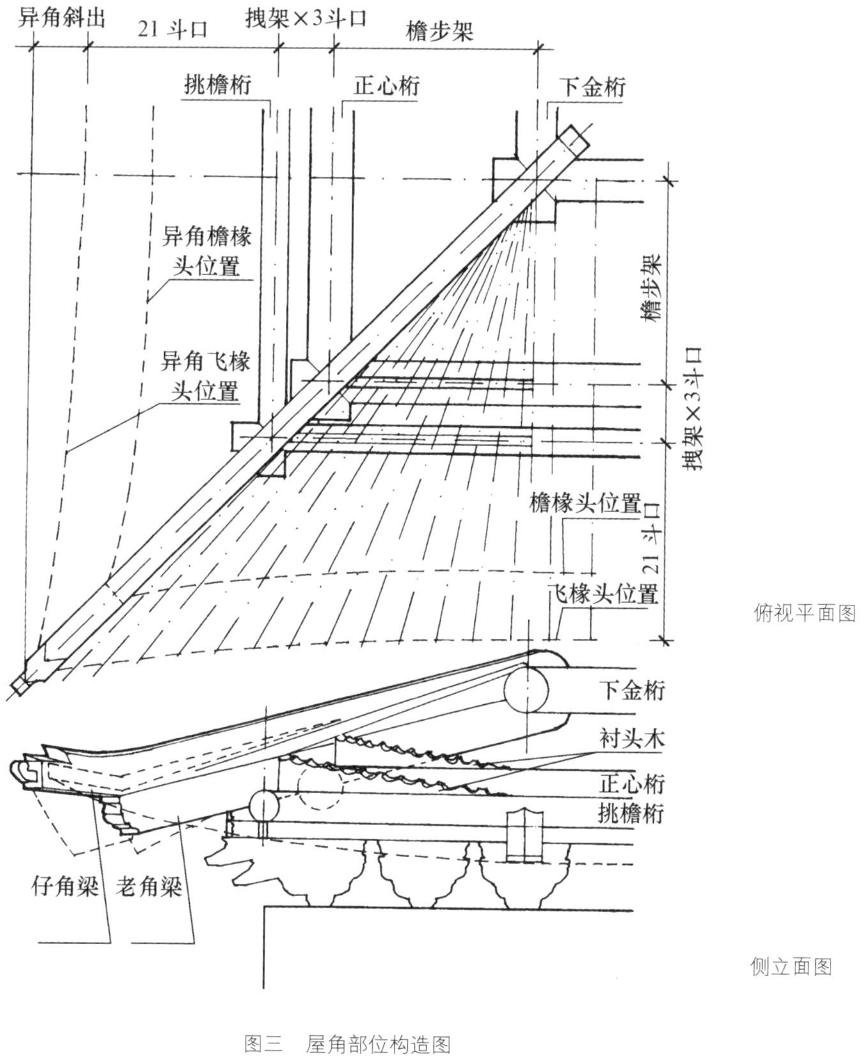

图三　屋角部位构造图

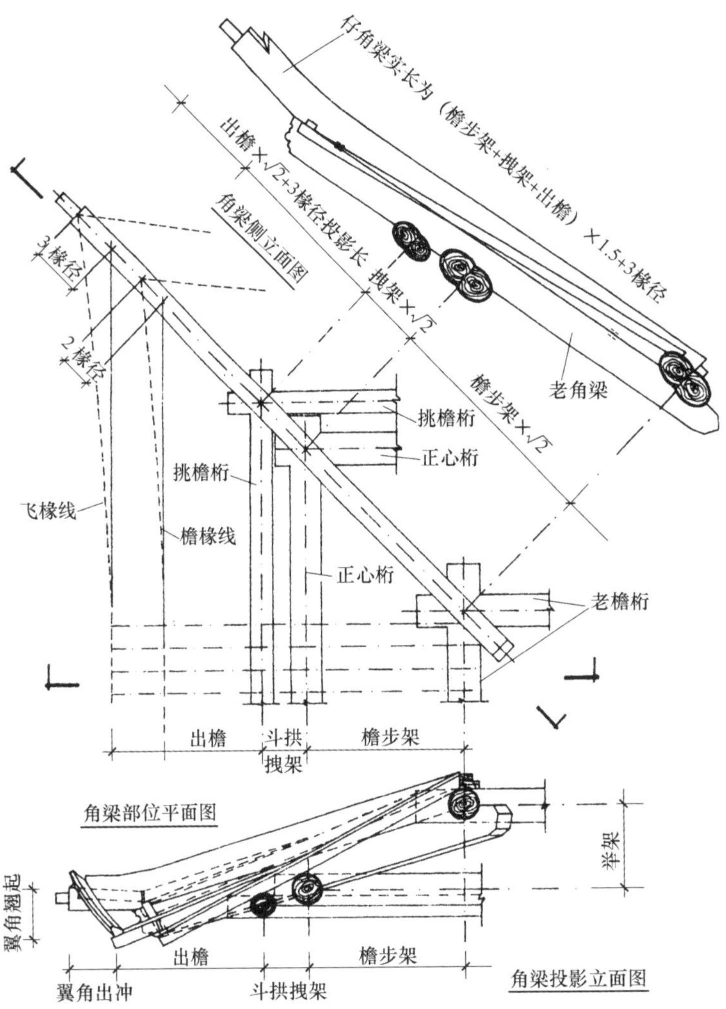

图四　角梁尺度确定图

头雕刻成菊花头式样。角梁头的水平投影长度比正心椽子的水平投影长出二个椽径，老角梁高 4.5 斗口或三份椽径，宽 2.8 斗口或两倍椽径。

仔角梁是平行放置在老角梁上的构件，称为仔角梁（也有写作“梓角梁”的）。仔角梁的后尾置于搭角下金檩（桁）上，仔角梁头比老角梁头又长出一段。其出挑长度按正身飞椽水平投影长又加出三个椽径。依《工程做法》卷一，“凡仔角梁以出廊并出檐各尺寸用方五斜七加举定长。如出廊深五尺五寸，出檐七尺五寸，得长一丈三尺。用方五斜七之法加长，又按一一五加举，共长二丈九寸三分，再加翼角斜出椽径三份。如椽径三寸五分，并得长二丈一尺九寸八分，再加套兽榫照角梁本身厚一份。如角梁厚七寸，套兽榫即长七寸，得仔角梁通长二丈二尺六寸八分。以椽径三份定高，二份定厚”。依此段文字所述，可以列出算式(1)，帮助理解角梁长度的计算[1]。

仔角梁长 = （出廊 + 出檐） × $\sqrt{2}$ ×1.15+ 三椽径 (1)

现在重点要弄清楚“方五斜七”和“按一一五举”的来源：由（图五）角梁部位在檐步架范围内的平面、侧立面和 45° 方向的侧立面做出简要的图形。四边形 *ABCD* 为转角部位的俯视平面图，已知 *AB*=*BC*（都是一个檐步架），所以△ *ABD* 为等腰直角三角形，则 $BD^2=AB^2+AD^2$，这是勾股定理。“方五斜七”就是按勾股定理 $5^2=3^2+4^2$ 计算所得，7 / 5=1.4。只有在“方五斜七”时才取得 1.4 的整数，在数学上一般表示都用 $\sqrt{2}$ 来表达，则 *BD*= $\sqrt{2}$。

“一一五加举”同样也是按勾股定理计算来的。图中△ *BEC* 表示的是檐步架的形态，*CE* 为檐步架，*BE* 为檐步的举架，*BC* 则是△的斜边。

设：檐步架 *CE*=1，举架 *BE*=0.5（檐步按五举计算）

则按勾股定理求得到弦 *BC*。

（*BC*）^{2}=（*CE*）^{2}+（*BE*）^{2}

=12+0.52,

BC=1.118,

如果进为两位小数时，应是 1.12，而木工施工时，一般都将木料计算长一些，且便于记忆，所以将 1.12 改为 1.15，这就是“一一五”的来源。按照这个计算方法檐步架与步架内的斜角梁的关系应是：

檐步架 ×1.4×1.15 = *BD*(即檐檩搭角到金檩搭角的斜长)

设檐步架为 a，则 *BD* = a×1.4×1.15 = 1.61a (G)

按实际计算应是以△ *BED* 来计算，*BE* 应是已确定的举架，*BE*=0.5,*ED* 应是 $\sqrt{2}$ × 檐步架，这时计算所得的弦是：

勾即 *BE*=0.5a，股即 *DE*= $\sqrt{2}$ a，弦 *BD*=X，则用勾股定理得：

*X*2=(0.5a)2+($\sqrt{2}$ a)2

=0.25a 2+2a 2

=2.25a 2

X=1.5a

由此可知计算步架与角梁长的系数为 1.5，与按照《工程做法》计算的 (G) 式结果要小十分之一多一些，显然与下料要长一些的要求是一致的。

实际仔角梁的长（不包括两端榫长）的计算式应为：

仔角梁长 = （出廊 + 出檐） ×1.5+ 三椽径 $\sqrt{2}$ (2)

现在还要讲一下“再加翼角斜出椽径三份”的理解。现在有两种计算方法：一种是

---

1 本计算式中没有套兽榫长。

上列算式(2)，它是在计算角梁长度之后，再加三个椽径的长度，则是角梁的实际长度。

另一种计算方法是在《营造算例》中，对仔角梁的长度计算的解释是："［梓角梁］长按通平出檐，除去平飞头，净若干，加一檐步架，共享五举得高若干，前后除椽径五份，余若干为勾；'另将通平出，并步架，前出翘，按椽径三份，共若干，用一四一四斜，得若干为股；用勾股求弦得弦长，加后尾桁椀，按半个檩径，用一四一四斜'再加套兽榫，按本身厚一份，俱并前弦共凑，即长。"这里不讨论角梁应有的长度，因它是在步架上重复乘$\sqrt{2}$，显然比应有的长度长了许多。重点在对这句中的"另将通平出，并步架，前出翘，按椽径三份，共若干，用一四一四斜，得若干为股，用勾股求弦得弦长"，其意是在飞椽的水平投影长度上加三个椽径长后，乘一四一四得股，再依勾股求得的弦才是角梁真长（不包括两端榫长）。现将这个计算方法列出算式（图五）：

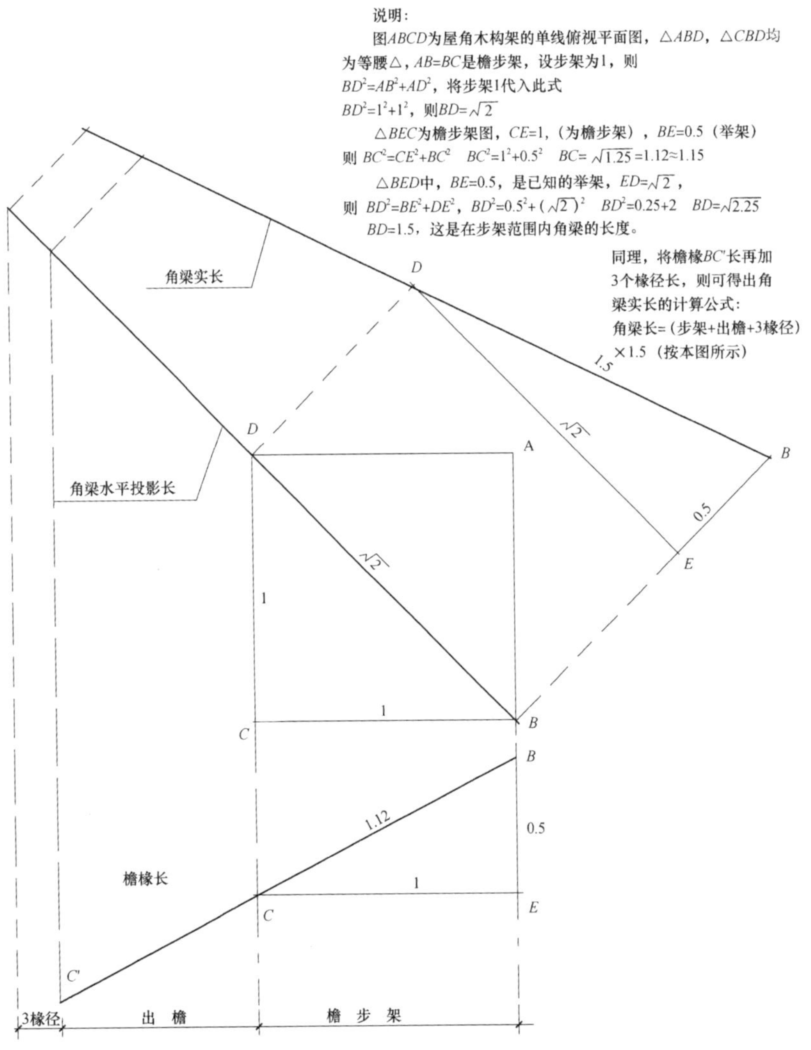

图五　角梁中的一五系数来源图

仔角梁长 =（檐步架 + 拽架 + 出檐 +3 椽径）×1.5 (3)

由上述（2）（3）两式可以看出：差别在于三椽径的长度是由哪里加的问题。在这里也不好说哪个是，哪个非。我个人认为还是不同师父传授的结果。那么应以那个为准呢？在古建筑的保护维修中还是应以现存实物测量为准。在仿古建筑设计中应由设计者确定。

在翼角除角梁外还有翼角翘椽和翘飞椽。翼角翘椽每根尺寸都是不一样的，由挑檐檩以外出挑的长度是逐渐加长的，而椽子后尾又是在逐渐缩短、缩窄，以便安装在角梁上所设定的椽槽内。翘飞椽的长是按正身飞椽的长度用方五斜七之法定长的。这根翘飞椽是靠近角梁的第一根翘飞椽，其余以所定的根数每一根相差五分五厘（营造尺，折合为 17.6mm）。翘飞椽高为正身飞椽高的 1.5 倍，宽与正身飞椽同。

在翼角部位还有一个木构件，即枕头木（衬头木）（见图三），置于正心檩（桁）、挑檐檩（桁）上，为抬高翼角翘椽的安装标高所设置的木构件。枕头木是三角形，底边置于檩上，由翼角翘椽的第一根开始，逐步加高到 2.5 倍的椽径。其中的半个椽径是为掏挖椽椀的。其宽按所在檩径的十分之三确定。

从上述翼角部位的结构看，屋角部位的核心构件是角梁，它是两屋面的交接线，角梁头比正身檐头高出了许多，并且长出了正身的屋檐。在角梁两侧的椽子和飞椽是逐渐减短的，直到与正身屋檐椽子、飞椽挑出的长度相同为止。从平面看翼角的外轮廓就形成了由正身檐头到角梁头的平面投影的一条曲线；在立面上由正身檐头到角梁头是一条逐渐抬高的曲线，这样所构成的翼角双曲线，正是它优美端庄的来源。

本文节选自《古建清代木构造》，中国建材工业出版社，2007 年

太和殿行什相关问题讨论

黄希明

内容提要：太和殿是紫禁城内最重要的建筑，代表了明清宫殿建筑形制的最高等级，其檐角走兽数量超越定制，9个走兽之外又增加了行什，在宫殿建筑中成为特例。本文通过相关档案史料记载结合建筑工程做法推论，太和殿行什出现在康熙三十四年到三十六年，应该与改用二样琉璃瓦件有关，具有掌握雷霆、惩恶扬善的象征意义。

关键词：太和殿　走兽　行什　雷公

一　太和殿行什出现的时间

太和殿原名奉天殿，明永乐十八年（1420年）建成，翌年四月即被火毁，重建工程于正统六年（1441年）完成。嘉靖三十六年（1557年）又遭雷击起火，三十七年（1558年）重建，四十一年（1562年）建成，改称皇极殿。万历二十五年（1597年）因归极门（今熙和门）火灾延及烧毁，四十三年（1615年）重建，天启六年（1626年）建成。清顺治二年（1645年）重建，三年（1646年）完成，改名太和殿。康熙八年（1669年）重修，十八年（1679年）又毁于火，三十四年（1695年）重建，三十六年（1697年）完成。以后虽有修缮，但仍保持康熙重建时形制。

太和殿面阔十一间，进深五间（通面阔60.11米，通进深33.33米），重檐庑殿顶，施用黄色琉璃瓦件，在阳光下熠熠生辉。太和殿正脊（又称大脊）两端屹立着我国现存古建筑中最大的正吻（又称大吻），每只高3.40米、宽2.68米、厚0.32米、重约4.3吨；上、下层屋檐的四个檐角，排列着仙人和走兽，走兽又称小兽，是官式建筑特有的装饰物，民间绝对不能使用。官式建筑使用走兽的数量，视建筑等级高下和体量大小有所不同，按惯例要用单数，一般最多不超过9个，其排列顺序为：龙、凤、狮子、天马、海马、

作者：古建部，研究馆员。

图一 太和殿走兽

狻猊、押鱼、獬豸、斗牛。太和殿于9个走兽之外又加行什，成为特例（图一）。

太和殿行什出现于何时，原因为何，有何功用，一直受到广泛关注，本文就以上问题试作讨论。

文献中对于“行什”的记载，最早见于雍正七年（1729年）编纂的《九卿议定物料价值则例》。当时掌管工部的和硕果亲王允礼奏请，将雍正元年未议定的诸项物料价值重新议定，同时对现行物价条例重新审核造册，至乾隆元年（1736年）始编纂完成，刊布颁行。《九卿议定物料价值则例》中载有走兽“龙、凤、狮子、天马、海马、狻猊、押鱼、獬豸、斗牛、行拾”等名称，当时行什写作行拾[1]。

而乾隆十二年（1747年）始修、二十九年（1764年）完成的《钦定大清会典则例》也记有行什名称，此时行拾改写作行什，以后嘉庆朝和光绪朝《钦定大清会典事例》皆写作行什[2]。

关于太和殿使用10个走兽的文献记载，最早见于清工部营缮清吏司郎中江藻编撰的《太和殿纪事》。《太和殿纪事》成书于康熙三十七年（1698年），记载康熙三十四年至三十六年（1695～1697年）重建太和殿情况。全书10卷，卷首有江藻序言及清代画家禹之鼎绘太和殿图，正文依次为庀材、筹吉、祭告、规制、搭材、木作、

1 《九卿议定物料价值则例》，故宫博物院编：《故宫珍本丛刊》第317册，海南出版社，2000年。

2 《大清五部会典》，中国第一历史档案馆“清代档案文献数据库”。

陶作、石作、彩画、恩赉。其中卷七“陶作”记载，太和殿上层檐四个檐角挑脊用仙人4件、走兽40件，下层四个檐角挑脊用仙人4件、走兽40件[1]。说明当时已经使用十个走兽，其中当然包括有行什。

以上文献的相关记载说明，太和殿行什的出现应不晚于而且可能就是出现在康熙三十四到三十六年（1695 ~ 1697年）。

二　太和殿行什出现的原因

太和殿行什的出现，应该与改用二样琉璃瓦件有关。

琉璃瓦件大小不等，共有10种规格，称为十样。太和殿在明代使用头样瓦件，明代《工部厂库须知》记载："皇极殿吻一只，十三块，高一丈三尺五寸，计一百七十工。吻朝一个，二块，高四尺五寸，计十二工。背兽一个，三工。合角吻四只，二十块，高五尺五寸，每只五块，二十八工，计一百十二工。吻朝四个，每个二工，计八工。背兽四个，四工。”[2]皇极殿即今之太和殿，吻即大吻或正吻。十三块指大吻由13块构件组成，又称十三拼。吻朝即大吻上方之剑把，背兽即大吻背面之兽头，合角吻用于脊部转角、由两只吻呈90度拼接组成。

明天启六年（1626年）最后一次重建太和殿后，崇祯十七年（1644年）李自成农民军兵败山海关，撤退前放火焚烧了太和殿。清顺治二年（1645年）五月在原基础上兴工重建，三年（1646年）十月建成，形制规模依旧。康熙八年（1669年）五月，因年久失修、颇有损漏，又兴工重修，十一月工成。康熙十八年（1679年）太和殿再次失火烧毁，三十四年（1695年）重建，三十六年（1697年）告成。清朝定鼎北京，百废待举，典章制度因袭明旧而创革不多，顺治二年（1645年）重建太和殿极有可能仍然使用头样瓦件；康熙八年（1669年）重修太和殿，属于修缮范畴，亦不至于改变瓦件规格；由此看来，太和殿改用二样瓦件应该在康熙三十四到三十六年（1695 ~ 1697年）重建期间。

《太和殿纪事》卷四“规制”记载，康熙三十四年至三十六年（1695 ~ 1697年）重建太和殿时使用二样琉璃瓦件。二样琉璃瓦件规格尺寸较之头样要小，这就意味着垂脊安放走兽的部位会出现一定的空当。换句话说，安放二样走兽的数量较之头样要多。也就是说，如果同样的长度，头样走兽放置9个的话，二样走兽就可能放置10个。

因为走兽的长度是按筒瓦的长度计算的，所以必须要搞清楚筒瓦的长度，知道了筒瓦的长度就可以计算出走兽的数量。首先我们要弄清头样筒瓦的长度，以便与二样筒瓦进行比较。由于清代不再烧造头样和十样瓦件，所以头样筒瓦长度无从知晓，但

1 （清）江藻：《太和殿纪事》卷七“陶作”。

2 （明）何士晋纂辑：《工部厂库须知》卷五“琉璃窑”，南京中央图书馆影印本，1947年。

是可以从二样至九样筒瓦的长度级差大致推断。

按照清代规定：二样筒瓦长一尺二寸五分，三样长一尺一寸五分，四样长一尺一寸，五样长一尺五分，六样长九寸五分，七样长九寸，八样长八寸五分，九样长八寸[1]。可以看出，二样至九样筒瓦的长度级差为一寸或五分，而头样筒瓦与二样筒瓦的长度差应该是一寸还是五分呢？笔者以为应该是一寸，也就是按上限取值，其原因有两方面：

其一，因为头样与二样瓦件的级差相对较大，这可以从已知头样瓦件数据和二样至九样瓦件数据的排比看出。比如头样吻比二样吻高三尺，而二样至九样的级差最多为一尺八寸；头样剑把比二样剑把高一尺二寸五分，而二样至九样的级差最多为五寸五分；头样合角吻比二样高二尺一寸，而二样至九样的级差最多为九寸；所以，头样筒瓦与二样筒瓦的级差应该取值上限，定为一寸为宜[2]。

其二，按筒瓦级差上限取值，比较符合实际情况。如果将头、二样筒瓦的级差按上限取值，也就是一寸，就可以得出头样筒瓦的长度为一尺三寸五分，9 个走兽，也就是九块筒瓦长一丈二尺一寸五分，按清代营造尺核算为 3.88 米，与实测尺寸基本相符。由此也可以证明，头、二样筒瓦的级差为一寸，头样筒瓦，也就是头样走兽的长度为一尺三寸五分。

如果头样筒瓦长度为一尺三寸五分，9 个走兽相当 9 块筒瓦长度为一丈二尺一寸五分。在改用二样走兽的情况下，也就是按二样筒瓦长度一尺二寸五分计算，10 个走兽的长度为一丈二尺五寸，会出现三寸五分的尺寸差额。为了应对这一实际情况，古代匠师采用灵活处理方式，将太和殿走兽筒瓦的长度定为一尺，10 个走兽合计一丈，如此会出现二尺一寸五分的空当，于是将 10 个走兽均匀排列，将空当化整为零，用“瓦找”补齐。瓦找是在放不下整瓦的位置，将整瓦按需要截短，这种截短的瓦件称为瓦找。

虽然说改用二样瓦件后，为安放 10 个走兽提供了可能，可是为什么要增加这第十个走兽呢？这还要结合所增加的第十个走兽——行什的功用来理解。

三　太和殿行什的功用

与太和殿其他檐角走兽一样，行什除了作为古建筑琉璃装饰构件而具有结构和装饰功能之外，同样作为传统文化的产物，也应该具有趋利避害的象征意义和特殊功用。但是要说明太和殿行什到底有什么具体功用，首先还是要弄清行什的身份是什么。

行什人身猴脸，外形颇似《西游记》中的孙悟空，古建行业内为方便记忆故称之为猴，老匠师教徒弟背诵走兽排列顺序“一龙、二凤、三狮子、四天马、五海马、六狻猊、七鱼、八獬、九吼、十猴”。著名古建专家于倬云先生通过观察发现，该饰件虽然略具猴的轮廓，

1　王璞子主编：《工程做法注释》，第 60 ～ 66 页，中国建筑工业出版社，1995 年。

2　前揭《工部厂库须知》卷三；前揭《工程做法注释》，第 60 ～ 66 页。

图二 太和殿行什

但与孙悟空不同的是，行什背有双翼，手里不拿金箍棒而持金刚杵，宝杵历来就有降魔功能，“破阵刀、降魔杵”是等同排列的古兵器，寺院雕塑中亦有手持降魔杵的形象。行什位于屋顶之上，又身有双翼，很似传说中的雷公或雷震子，传说具有防雷和消灾免祸的功能[1]。行什所反映的形象确实很像雷公，正是由于雷公具有防雷和消灾免祸的超凡功力，成为雷公被选定作为行什的重要因素（图二）。

雷神崇拜在我国源远流长、影响深广。雷公即古代神话中的司雷之神，又称雷师、雷兽、丰隆、江天君。其称谓始见于《楚辞》，“鸾皇为余先戒兮，雷师告余以未具”[2]。又“左雨师使径侍兮，右雷公以为卫”[3]。

《山海经》中描绘的雷公的形象比较具体，“雷泽中有雷神，龙身而人头，鼓其腹则雷也”[4]。雷神又称雷兽，“东海中有流波山，入海七千里。其上有兽，状如牛，苍身而无角，一足，出入水则风雨，其光如日月，其声如雷，其名曰夔。皇帝得之，以其皮为鼓，橛以雷兽之骨，声闻五百里，以威天下”[5]。说明当时的雷神还是龙身人

1 于倬云：《故宫三大殿形制探源》，《中国宫殿建筑论文集》，第 23 页，紫禁城出版社，2002 年。

2 （战国）屈原：《楚辞》卷一“离骚”，《四部丛刊初编》集部。

3 前揭《楚辞》卷五“远游”。

4 袁珂：《山海经校译》，第 241 ～ 244 页，上海古籍出版社，1985 年。

5 前揭《山海经校译》，第 248 ～ 257 页。

首的半人半兽形，不仅可以敲击自己的肚子发出雷声，即使把骨头做鼓槌敲击夔皮鼓，也可以声音远播，威服天下。

东汉王充《论衡》所记雷神形象有所变化，“图画之工，图雷之状，累累如连鼓之形。又图一人，若力士之容，谓之雷公。使之左手引连鼓，右手推椎，若击之状。其意以为雷声隆隆者，连鼓相叩击之意也”[1]。这时雷公已具备完整的人形，不再敲击自己的身体发出雷声，而改为敲鼓。

魏晋南北朝，雷公又变为兽形。《搜神记》载雷公“色如丹，目如镜，毛长三尺，状如六畜，似猕猴”[2]。

唐宋文人笔记中，雷神恢复人形而且更加人性化，不仅娶妻育子，还常常伴随大雷雨从天而降，劈打不孝之子和不法之人，反映出人们对雷神法力的敬畏，以及对其运用自然法力伸张正义、惩恶扬善的期待。至今民间诅咒恶人时，还常用“遭雷劈”“天打五雷轰”的词语。

明清时期，雷神的形象趋于统一，其标准像被描述为：“今俗所塑之雷神，状若力士，裸胸袒腹，背插双翅，额具三目，脸如赤猴，下额长而锐，足如鹰鹯，而爪更厉。左手持楔，右手持槌，作欲击状。自顶至傍，环悬连鼓五个，左足蹑一鼓，称曰雷公江天君。”[3]可以看出，雷神身如力士、袒胸露怀、背插双翅，猴脸和尖嘴是面部形象突出的特点，所以有“雷公脸”“雷公嘴”之称。《西游记》中孙悟空常被人谑称为“雷公脸”“雷公嘴”，高老庄的高太公还将其误当成雷公。至于《封神演义》中的雷震子，也具有雷公的形象。周文王姬昌行至燕山时正遇雷雨，拾得一小儿，收为义子，起名雷震子，并交与终南山云中子学艺。雷震子学成，吃了两枚仙杏，两肋生出一对肉翅，“鼻子高了，面如青靛，发似朱砂，眼睛暴湛，牙齿横生，出于唇外，身躯长有二丈”。飞腾之时，起于半天，脚登天，头望下，二翅招展，空中俱有风雷之声[4]。

正是由于雷公掌控雷霆，可以降雨开晴，又能惩恶扬善，所以被尊为神。道教吸收了民间对雷神的信仰，加以改造，打造成一个完整的类部神系。以九天应元雷声普化天尊为雷部主宰之神，下统三十六员雷神天君，各执雷鼓一面，凡行雷之时，天尊亲击本部雷鼓一下，随即雷神兴发雷声。也有雷神天尊下辖二十四员天君之说，《封神演义》便是。雷部诸神中，以普化天尊与邓、辛、张、陶、庞、刘、苟、毕诸天君元帅较为知名。山西永乐宫元代壁画中绘有雷部诸神形象，十分威武。

雷神信仰影响非常之大，各地多有雷神庙，其中以广东雷州的雷神庙最为著名。雷神庙称雷祖祠，始建于唐代贞观年间。明清宫廷对雷神祭祀也十分重视，明朝嘉靖

1 （东汉）王充：《论衡》卷六“雷虚篇”，《四部丛刊初编》子部。

2 （东晋）干宝：《搜神记》卷一二，重庆出版集团、重庆出版社，2008 年。

3 燕仁：《中国民神 66》，第 179 页，三联书店，1990 年。

4 （明）徐仲琳：《封神演义》，第 76 ～ 77、161 ～ 162 页，齐鲁书社，2006 年。

皇帝曾在大高玄殿建九天应元雷坛，又在太液池东北隅（今北海公园）建雷霆洪应殿，清朝雍正皇帝则建昭显庙于皇城西（今西城区北长街）。

既然雷公能掌控雷霆、惩恶扬善，又被皇室认可，因而选雷公做行什再恰当不过了。

古建筑所用走兽均有来历，各具特异功能，龙、凤、天马、海马，在我国古代神话中，都是吉祥的化身。斗牛是传说中的一种虬龙。狮子是兽中之王，代表勇猛威严。狻猊在古籍记载中是和狮子同类的猛兽。獬豸也是传说中的猛兽，可辨别忠良，以角触不直者。把这些走兽放置在古建筑檐角上，既象征着消灾减祸，又含有主持公道、剪除邪恶的意思。雷公既能防雷，又可惩恶扬善，加入到走兽行列最为合适。

我国古建筑以木结构为主体，最怕失火。据不完全统计，从明永乐十二年（1414 年）紫禁城建设初具规模，到宣统三年（1911 年）清王朝灭亡，497 年间紫禁城共发生火灾 58 起。其中明代 230 年间发生火灾 47 起，平均 5 年一起；清代的 267 年间发生火灾 11 起，平均 25 年一起[1]。在当时条件下，防火、灭火都是重大难题，又以雷火最难预防，紫禁城在明代至少遭受过 14 次雷击火灾。

一旦像太和殿这样作为皇权象征的重要宫殿失火，不但会造成重大经济损失，还会造成严重政治影响，会被认为是统治者行为不端而遭天谴的不祥之兆。为此，皇帝要进行深刻的反思，还要颁布罪己诏作出认真反省和自我批评。这是统治者非常不情愿的事情，所以要尽力避免。康熙皇帝对火灾预防十分重视，堪称我国历史上最慎火的帝君，曾数次发布圣旨，谕令臣民注意防火。康熙三十四年（1695 年）重建太和殿已经对人为火灾进行了充分防范，将两侧斜廊改为叠落卡墙，但如何防范雷火仍是悬而未决的重大问题，自然也应在考虑之列。由此看来，走兽中增加行什不仅仅是技术行为，背后或许还有政治原因和文化需求，其中原因又不便明说，故不直接以雷公命名，而以行什代之。

综上所述，太和殿走兽中的行什应该出现于康熙三十四到三十六年（1695 ~ 1697 年），出现的直接原因是改用二样琉璃瓦件。除技术原因外，行什的真实身份是雷公，具有掌控雷霆、惩恶扬善的象征功用。

原载《故宫博物院院刊》2014 年第 2 期

1 王铭珍：《明清皇宫火灾概述》，《中国紫禁城学会论文集》第五辑（下），第 923 页，紫禁城出版社，2007 年。

从静怡轩的复建谈起
——追述其建筑渊源及复原设计

刘　榕

内容提要：静怡轩是紫禁城建福宫花园中一座建于乾隆七年的建筑，1923年毁于火。作者通过对大量文献、实物资料的研究，结合对建筑基址的考察，阐述了静怡轩的渊源和发展，认为静怡轩仿建于圆明园西峰秀色的含韵斋，圆明园西峰秀色又仿自庐山西峰秀色，而故宫宁寿全宫现存的景福宫则仿自静怡轩。景福宫因此成为复原静怡轩的实物依据。综合对景福宫建筑和静怡轩基址中台基、踏跺、柱础的考察，作者认为静怡轩应是一座：面阔五间，周围廊，三卷棚勾连搭歇山式屋顶，绿琉璃瓦黄剪边，斗升云交麻叶斗拱，官式苏式彩画的建筑。

关键词：静怡轩　景福宫　规制　复建　工程做法

静怡轩是建福宫花园主要建筑之一，在1923年建福宫花园大火中化为灰烬，2004年复建。

一　建福宫花园概况

建于乾隆五年（1740年）的建福宫及其花园位于紫禁城内廷西六宫的西北侧，约占地4000平方米，园内宫、殿、斋、馆、楼、阁、亭、轩、游廊、花木、山石等具有，是紫禁城内一座平面布局灵活紧凑，亭台楼阁、山形树石穿插组合，景色秀丽的皇家花园，主要建筑有静怡轩、敬胜斋、延春阁等，以游廊连接园中各个建筑，形成大小不等的六个院落，两条功能不同的轴线（图一）。一条轴线以建福宫、静怡轩为主，是皇帝办公、生活起居、休憩、拜佛的处所，从南往北分别是建福门、抚辰殿、建福宫、惠风亭、存性门、静怡轩、慧曜楼以及东侧的静室和东值房等。另一条轴线是以花木

作者：原古建部，高级工程师。

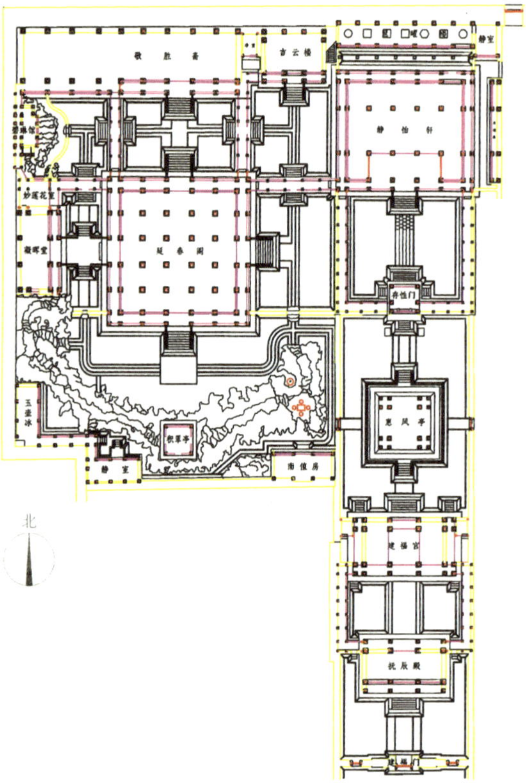

图一　建福宫花园总平面图

山石、亭、阁为主调的花园部分，包括叠翠峰、积翠亭、延春阁、敬胜斋、吉云楼、净房、碧琳馆、妙莲花室、凝晖堂、玉壶冰等建筑。

乾隆皇帝对建福宫及其花园非常喜爱，“图兹境清凉，结宇颇幽邃”（御制建福宫题句），经常来此，赏花观景，“以为几余休憩之地”，做了大量诗赋，抒发情怀。乾隆御制《建福宫赋》曰：“潜邸所御阙名重华，其西有隙地焉，紫禁邃清，宫墙窅窕，乐是爽垲，用葺新宫，清暑宜夏，迎暄宜冬，或疏或奥，秋月春风，嘉卉旖旎，珍木扶疏，对时育物，宸襟孔愉，肇锡嘉名，颜曰建福。”并以此为范本，于乾隆三十七年营建了宁寿宫花园，待予归政后，作为太上皇临御之所。在建福宫花园的各个建筑内，除供有金佛、金塔、各种金制法器和藏文经版以外，还有清代九个皇帝的画像和行乐图，以及乾隆皇帝最珍爱的、价值连城的历代名人字画、古铜、古瓷等稀世珍宝，是清宫存放珍宝最多的地方。乾隆死后，嘉庆下令封存了这些殿堂库房。

静怡轩，乾隆七年（1742 年）建成，与建福宫在同一条轴线上，“静怡轩，建福宫后之寝室也”[1]。宫内夏日唯静怡轩清凉，是舒适理想的避暑宫宇，乾隆《静怡轩作歌》诗中即有“城市人烟庶倍常，宫廷缭绕围红墙。比较园居实觉热，只有静怡犹凉爽”之句。

1923 年 6 月 26 日夜里，一场大火自敬胜斋烧起。“民国十二年敬胜斋不戒于火，静怡轩、延春阁一带焚烧殆尽，历代收藏古物亦遭浩劫”[2]。由于花园中的各个建筑物之间均以游廊连接，大火很快延烧到全园，并殃及花园南边的中正殿一区，一座瑰丽的御苑连同无数珍宝灰飞烟灭，化为灰烬。随着时间的推移，“西火场”渐渐成了建福宫花园的代名词，给人们留下了无尽的遗憾。

1999 年，故宫博物院与香港文物基金会合作，开始了建福宫花园的全面复原工程。本人有幸参加这项工作，并负责其中碧琳馆和静怡轩的复原工程设计。

---

1 （清）于敏中撰：《国朝宫室》，《日下旧闻考》，北京古籍出版社，1987 年。

2 （清）鄂尔泰等撰：《国朝宫史》卷一三，北京古籍出版社，1987 年。

二　一些抽象的观点

什么是文物原状，如何恢复。祁英涛先生曾概括为："对于古建筑原状的理解也是多样的，大体可以分为两种：一种意见认为原状就是最早建筑时代的面貌。例如一座唐代建造的房屋，虽然早已经过明代重建，完全改变了唐代的式样，它的原状仍然认为应该是唐代的，不仅在宣传时称它为唐代建筑物，在进行修缮时也往往提出恢复唐代式样。另一种意见，认为应以现存实物的鉴定年代为准，不论它的历史情况如何。……我个人是同意后一种意见，即：一座建筑物的原状，应该是指一座建筑物原来建造时的原状，不一定是最早历史年代的式样，要以现存实物的鉴定时代为准。"[1]

如何选择恢复原状的方案。1932 年，梁思成先生针对蓟县独乐寺现状，提出："古建筑复原问题，已成建筑考古学中一大争点，在意大利教育部中，至今尚为悬案；而愚见则以保存现状为保存古建筑之最良方法，复原部分，非有绝对把握，不宜轻易施行。"[2] 对梁先生这一观点，后来的文物保护专家是非常赞成的。"恢复原状的工程，必须经过深入的考证，取得充分的科学依据，具有精湛的技术力量和相应的财力、物力才能进行。我们对此要十分谨慎从事。三十年来在这一原则指导下所进行的工程，数量是不多的，而且有的是带有实验性质的。"[3] 复原工程除了要解决许多技术层面的问题，最重要的是具有可靠的依据。

根据上述原则，在参阅有关文献档案资料的基础上，结合对现存基址实物的考察，参考清代丁关鹏所绘界画《太簇始和》图，以及建于乾隆中期的紫禁城宁寿全宫东北隅的景福宫，结合清工部《工程做法》、刘敦桢《工程做法算例》等，进行了静怡轩的复建设计工作。

三　文献、图像中的资料

1. 文献资料

"乾隆五年葺建福宫。宫在抚辰殿后，宫后为惠风亭，又北为静怡轩，建福宫后之寝室也"[4]。

静怡轩内"匾曰：'与物皆春'，联曰：'雨润湘帘，苑外青峦飞秀；风披锦莫，阶前红药翻香。'西室匾曰：'四美具'。其屏间则圣制'视、听、言、动、思'五箴也。

1　祁英涛：《古建筑维修的原则、程序及技术》，《祁英涛古建论文集》，第 171 页，华夏出版社，1992 年。

2　梁思成：《蓟县独乐寺观音阁山门考》，《中国营造学社汇刊》第三卷第二期，《梁思成全集》第一卷，第 221 页，中国建筑工业出版社，2001 年。

3　前揭《中国古代建筑的维修原则和实例》，《祁英涛古建论文集》，第 125 页。

4　章乃炜、王蔼人：《清宫述闻》，第 770 页，紫禁城出版社，1990 年。

室后联曰：‘墨壶琴荐相先后，旧咏新裁自品评。’又联曰：‘兰殿霭晴晖，炉烟结翠；芝宫呈秀采，砌草舒芳。’轩后为慧曜楼”[1]。

乾隆十五年正月二十九日内务府奏案：“……延春阁上下檐周围廊并三面游廊，惠风亭月台周围厢条，静怡轩周围廊前檐抱厦三间，游廊二座……俱铺墁花斑石料。”

内务府《奏销档》提到：“静怡轩后北改砌院墙二道，各长二丈……乾隆二十一年二月初八日覆奏。”“嘉庆七年四月……静怡轩三卷殿一座十五间，头停揭瓦琉璃，除天沟二道系选用旧料，其余满换新料……”

内务府《活计档》载：“同治九年二月十六日……静怡轩殿内前后檐窗户并东西两山成做楠木纱屉窗十一槽，共计四十四扇，其上节屉糊白露纸，下节屉安广片玻璃，糊高丽纸、里外齐口溜缝……”

虽只是只言片语，已可略知静怡轩的建筑形式：三卷殿一座15间，周围廊，前檐抱厦3间，前后檐、东西两山均安槅扇或支摘窗，轩内有仙楼。

《钦定日下旧闻考》有如下记载：

> 皇上御制景福宫五福颂有序：宁寿宫后曰景福宫，我皇祖奉孝惠皇太后所居也。余既豫葺宁寿宫为归政后燕憩之所，而景福宫则仿建福宫中静怡轩之制鼎新之。
>
> 乾隆四十一年御制题景福宫式拟静怡室，是宫仿静怡轩之制为之，名则仍景福之旧，题仍景福楣。
>
> 乾隆四十一年御制符望阁诗层阁延春肖，是阁肖建福宫中延春阁式为之。
>
> 乾隆四十一年御制倦勤斋诗敬胜依前式，此斋依建福宫中敬胜斋为之。

据此可知，位于紫禁城宁寿全宫东北隅的景福宫是仿照建福宫花园中的静怡轩建造的，宁寿宫花园最后一进院的符望阁、倦勤斋，是仿照建福宫花园中的延春阁、敬胜斋而建的。事实上，乾隆三十六年营建的宁寿宫花园的部分建筑，多是以乾隆初年建造的建福宫花园为样板建造的，除了上面提到的景福宫仿静怡轩、符望阁仿延春阁、倦勤斋仿敬胜斋外，尚有玉粹轩仿凝晖堂、竹香馆仿碧琳馆、养和精舍仿玉壶冰、梵华楼仿慧曜楼、佛日楼仿吉云楼、撷芳亭仿积翠亭、景福门仿存性门等。

清朝康熙、雍正、乾隆三位皇帝在位的130多年，被史学家们称为“康乾盛世”。中国古建园林的最高成就是皇家园林，而皇家园林的最高成就就在康乾盛世。乾隆初年正值盛世的中期，政权稳定，国力强盛，府库充盈。有很高文化修养的乾隆皇帝，酷爱艺术，又喜爱游山玩水，对园林艺术有浓厚兴趣。在他执政的60年中，大兴土木修建宫廷、园囿、坛庙，对宫殿、寺庙、园林等都有很大建树。他曾六下江南，在游山玩水，领受秀丽山川大自然风光的同时，十分注意搜集各地园林建筑的特点，看见

1　（清）吴振棫：《养吉斋丛录》卷十七，北京古籍出版社，1983年。

中意的名园胜景，就命随行的画师绘制下来，回京后，在摄取原型神韵的同时，有取舍地进行因地制宜的再创作，巧妙地将玲珑精巧秀丽的江南园林和雄健浑厚淳朴的北方园林融为一体，移植于御苑中，形成南北融合的宫廷特有风格，丰富了皇家园林文化。“皇帝既君临天下，则天下文化对其无所不可纳，而必应纳，从历史发展角度讲，只有皇家园林纳天下文化于一炉，是它那个历史时代文化发展的最高、最全面的标志，因为它是当时的社会政府，是最高统治者。清初皇家园林的文化设计，及历代皇家园林文化之大成，是天下文化之总汇。”[1]

建福宫花园的建筑风格、秀丽景色被称为是清中期宫内营建的佳作，深得乾隆皇帝的喜爱，进而成为30年后其营建归政后的太上皇御苑样板的首选，即为必然。

2. 界画“太簇始和”图中的静怡轩

“界画”一词最早出现在宋代，到了元代开始以“界画”统称，是一种以界尺。为工具描绘建筑物的绘画门类，元以前表现建筑物为主的古画，泛称为“屋木”“宫室”“台阁”等。“界画家类似今日专门绘制透视图的制图人员，界画可比喻为古代的建筑图样。”“界画直接表现出古代木结构建筑的形象，通过它可以帮助我们了解各时代的建筑艺术，在早期实物保存不多的情况下，画中建筑由于写实性强，造型逼真，可视为中国古建筑发展演变的重要例证。”[2]

“丁观鹏，顺天（今北京）人，雍正年间地位不高，在宫中向朗世宁、王致诚学习，乾隆朝擢升为一等画画人，常与其他御用画家合画皇帝指定的节令题材。”这张《太簇始和》图，以工整细腻的写实手法真实再现了乾隆年间宫中的娱乐和生活情景，是研究清代宫廷历史以及皇家建筑的重要资料。

《太簇始和》图（图二）“属于描写岁时的十二张‘禁御图’之一，

图二　丁关鹏《太簇始和》图（台北故宫博物院藏）

1　王铎：《中国古代苑园与文化》，湖北教育出版社，2003年。

2　林莉娜：《宫室楼阁之美——界画特展》，台北故宫博物院，1990年。

所画为正月初七各处悬灯结彩，是以紫禁城外西路建福宫（西花园）为画中主题，描写城内外的新春景象。主殿延春阁前方假山环绕，院中设石雕棋盘石桌凳，阁前有积翠亭，阁后有敬胜斋，东为吉云楼。左下角可见惠风亭、存性门与静怡轩，四周围以墙垣，以廊庑相接。画上方有凸形垛口的紫禁城墙，城外即是景山，左面大街为景山西街，街左为大高玄殿，大高玄殿门外立三间四柱七楼清代官式牌楼”[1]。

丁观鹏的《太簇始和》图将建福宫花园的布局、形制、装修、彩画、园林中的山石植物等风貌，都作了清楚描绘，是一幅写实风格较强的作品，给后人留下了宝贵的形象资料。可惜的是图中所绘建福宫花园中的楼阁多在大火中焚毁，现仅存惠风亭及院中假山、棋盘石桌凳。此图，使我们对当年精湛秀丽的建筑艺术有了更为形象和真切的认识，为今天的复原设计提供了非常有价值的参考依据。

《太簇始和》图中的静怡轩（图三）坐落在汉白玉石须弥座台基上，面阔五间，周围廊，三卷棚勾连搭歇山式屋顶，屋面饰黄琉璃瓦绿剪边，三踩斗拱。明次三间内金里装步步锦四抹隔扇，带帘架；梢间金里槛墙，装步步锦支摘窗，梢间到次间之间以板墙封护；周围廊檐下柱间安装步步锦坐凳楣子，额枋下饰雀替，廊内悬挂宫灯。“梁枋上绘有清代官式‘旋子彩画’，枋心、箍头、盒子彩画以蓝绿色为主，斗拱及垫拱板红绿相间，色彩鲜明。”[2]

图三　《太簇始和》图（局部）

1　前揭《宫室楼阁之美——界画特展》，第111页。

2　前揭《宫室楼阁之美——界画特展》，第111页。

图中的静怡轩西侧有一坐东朝西，黄琉璃瓦绿剪边卷棚歇山屋顶，面阔进深仅一间的建筑，从其所在的位置看，它紧贴静怡轩西山三卷中的中卷，与北边的吉云楼、南边的游廊之间有一段距离，结构上与该两座建筑没有任何联系，倒像是静怡轩西山接出的抱厦。

四　圆明园西峰秀色之含韵斋

乾隆九年，宫廷画师沈源、唐岱所绘绢本设色的《圆明园四十景图》册页中，有一幅题为“西峰秀色”的画。西峰秀色以西山峰峦为底衬，人工叠石摹写庐山瀑布景色。画面中一座三卷殿，即为西峰秀色景区的主要建筑——含韵斋。圆明园西峰秀色“是依照杭州西湖的‘西峰秀色’式样来建造的”[1]。把江南名胜移入御苑，是清朝皇家广为应用的做法。

画中的含韵斋（图四）与《太簇始和》图中的静怡轩极为相似：面阔五间，周围廊，三卷棚勾连搭布瓦屋顶；明次三间内金里装修，明间为五抹步步锦带帘架隔扇，两次间是槛墙，安步步锦支摘窗；两梢间金里装槛墙，安步步锦支摘窗，梢间与次间之间是相同的槛窗；檐廊只有柱子，没有坐凳楣子、倒挂楣子等装修。斋的前后檐各有游廊，

图四　《圆明园四十景图》册页之西峰秀色

1　王威：《圆明园》，北京旅游出版社，1983年。

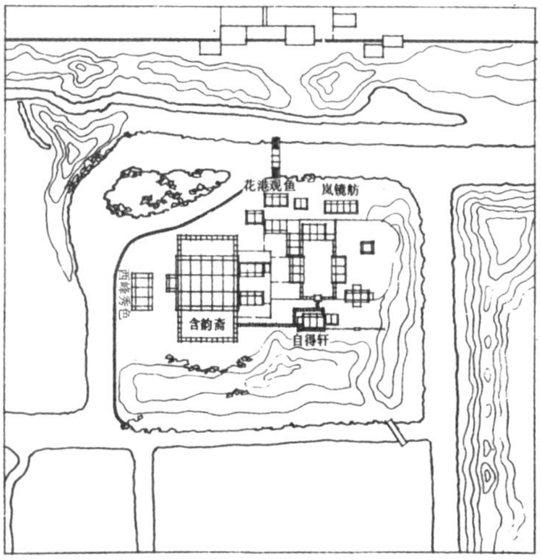

图五　《圆明园四十景图咏》之西峰秀色平面图

围合组成南北两个相对独立的庭院。前院的玉兰与后院及建筑周围的桃树，枝繁叶茂，美不胜收。

含韵斋的建筑形式很独特：从东立面看，是一座三卷棚勾连搭悬山式建筑，干摆到顶的山墙直抵四架梁（中卷的六架梁）梁底皮；斋的西立面显示的却是一座三卷棚勾连搭歇山式屋顶、中卷出抱厦的建筑。抱厦为一卷棚歇山式敞厅，西向，面阔、进深均为一间，三面出廊，紧贴三卷中的中卷。

殿刻本《圆明园四十景图咏》所载“西峰秀色平面图”（图五），清楚地告诉我们，含韵斋是一座三卷十五间，周围廊，西出抱厦，前后带回廊的建筑。“西有敞厅及平台，雍正时逢七夕邀后妃人等，于此设筵乞巧，有彩棚珠盒之盛。”[1]

圆明园是18世纪初在明代废园基础上修建的，原是康熙皇帝第四子雍亲王胤 的赐园。胤禛在位的13年中，在园中进行了大规模增修、扩建工程，添建新景区，改造北、东、西三面水域，圆明园离宫御苑初具规模。西峰秀色即是园中最早建成的苑景之一。

据内务府造办处《活计档》记载：“雍正六年七月初四日（木作）……于十月初八日做得鸡翅木、一块玉、石青字‘含韵斋’匾一面；紫檀木、夔龙边、柏木心、媒炸字‘西峰秀色’匾一面，郎中海望带领领催闻二黑持进，挂在西峰秀色、含韵斋讫。”“雍正六年八月二十五日（木作）本月十八日，做得圆明园内新盖三卷房西峰秀色屋内靠围屏书格合牌烫胎小样二件……”“雍正六年九月十六日（裱作）西峰秀色屋内为安玻璃窗户糊缝，着染古色高丽纸五张。”“雍正六年十一月十三日（裱作）圆明园西峰秀色殿北面安玻璃窗户四扇……记此。”

根据档案记载推测，西峰秀色应工成于雍正五年至雍正六年的上半年，其后几个月仍不间断地在进行装修装饰，并按皇上旨意，“雍正七年闰七月初七日（木作）奉旨：西峰秀色敞厅内着做戏台围屏。钦此”。将敞厅装修成戏台，供皇帝园居时随时观戏之用。

具有很深佛学造诣的雍正，将含韵斋暗喻为东晋高僧惠远在庐山的东林精舍，乾隆更将含韵斋前的六株玉兰比为李白的“竹溪六逸”。乾隆九年御制“西峰秀色”诗文的前序中说：“轩楹洞达，面临翠巘，西山爽气在我襟袖。后宇为含韵斋，周植玉兰十余本，方春花气袭人，宛入众香国里。”诗的末尾两句“但忆趋庭十载前，徊徨无

1　中国圆明园学会：《圆明园四十景图咏》，中国建筑工业出版社，1985年。

语予心恻”，弘历自注：“是地轩爽明敞，户对西山，皇考最爱居此。”显然，含韵斋是雍正和乾隆都喜爱的园林居所之一。

两张界画描绘了两座御苑中几乎一模一样的两座三卷殿建筑，根据建造年代，显而易见，建福宫花园的静怡轩仿于圆明园西峰秀色之含韵斋。

五　乾隆中期同类建筑——景福宫

康熙二十八年（1689 年）在明代外东路裕库、仁寿殿、哕鸾宫旧址上建起了宁寿全宫。乾隆三十五年十一月，总管内务府福隆安奏：“遵旨修建宁寿宫殿宇房屋，节次烫样呈览。”乾隆三十七年开始缮葺添改，至四十一年全部落成。作为太上皇宫殿，宁寿全宫占地规模大，建筑类型齐全，有一套相对独立的、完整的园林建筑体系，是“微缩的紫禁城”，亦有前朝后寝，北半部分为中、东、西三路，东路以游宴、佛事为主，西路为亭阁、园林，全宫中朝政、书房、寝宫、佛楼、戏台、花园等一应俱全，综合了紫禁城中宫殿与御苑建筑的精华。

景福宫位于宁寿全宫东北隅，是东路北部的主体建筑，始建于康熙二十八年（1689 年），为康熙帝奉孝惠皇太后（顺治帝后）所居。乾隆三十七年（1772 年）仿建福宫花园静怡轩重建，高宗纯皇帝在《五福五代堂记》中明确表示“予葺宁寿宫内景福宫，以待归政后宴息娱老”。

景福宫，南向，面阔五间，进深三间，周围廊，三卷棚勾连搭歇山式屋顶，绿琉璃瓦黄剪边，单拱交麻叶斗拱，苏式彩画；前檐内金里装修，明间四扇五抹步步锦隔扇，次间、梢间为槛墙，步步锦支摘窗；后檐金里装修，东梢间开门，四扇五抹步步锦隔扇，其余四间以及东、西两山面皆为槛墙，步步锦支摘窗；檐步，仅有柱子。青白石须弥座台基，台阶上的栏板柱子由地伏、栏板、望柱和抱鼓石组成，望柱头的形式为石榴头；柱础雕刻宫中不多见的仰覆莲花饰。明间内金里悬挂“景福宫”陡匾，室内悬乾隆御笔“五福五代堂”匾额。

当年景福宫“式拟静怡室”，今日要复建静怡轩，景福宫又成为其范本，为我们提供了最为权威的、可靠的复建依据。

景福宫面阔五间，开间尺寸均为 3.54 米（图六），游廊宽 1.34 米，通面阔 20.38。进深三间，明间即三卷的中卷，为了追求宽敞的室内空间，将柱距扩大达 7.15 米，南北两卷柱距为 4.2 米，游廊宽 1.34 米，通进深 18.23 米。

因是勾连搭式建筑，景福宫前后卷的后金柱，包括其上的檩、垫板、枋子等构件，均是与中卷共用的，在此则成为中卷的檐柱、檐檩、檐垫板、檐枋等（图七）。

三卷的举折变化都不大，形成了景福宫屋面自然和缓的曲线。由于三卷屋面之间天沟的存在，亦决定了勾连搭式建筑的举架不能过高过陡，因为陡峻的屋面势必使雨

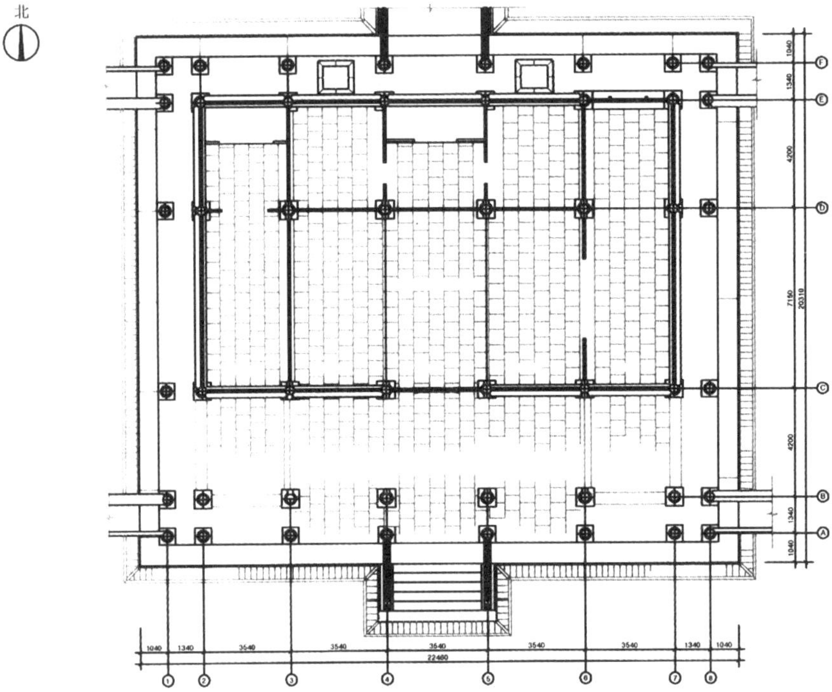

图六　景福宫平面图

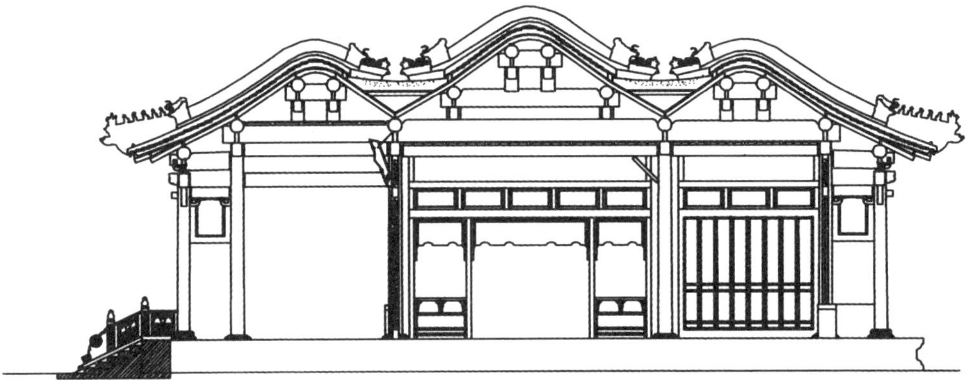

图七　景福宫剖面图

水疾而远，进而造成对天沟及瓦面以至屋面灰背层的破坏，致使屋面渗漏。

景福宫三卷中的南卷是一个通敞的抱厦，配有百花图案的井口天花。地面细墁尺七方砖，两次间与两梢间之间各有一行方砖，明显比其他地面方砖窄且乌，仅宽 22 厘米；在两梢间南、东、西三面也各有一行明显发乌、宽窄尺寸与槛墙相同的痕迹。经查，历史上这里原本是槛墙或板墙，后人在修缮时做了拆改，形成了景福宫今天的建筑格局。

“宫之东楼下，恭悬高宗纯皇帝五福五代堂记”，“北楼上联曰：‘旭日正辉三秀草；光风不动万年枝。’东楼上联曰：‘每闻善事心先喜；或见奇书手自钞。’”[1] 查遍景福宫内外，均不见东楼、北楼的踪迹，也没有仙楼的影子。

乾隆三十七年（1772年）开始改建宁寿宫这一组建筑，历时4年，于四十一年（1776年）完成，嘉庆七年曾作修缮，到光绪十七年（1891年），为迎接慈禧太后六十万寿，对祝寿活动的主要场所宁寿宫再次进行了修葺。《皇太后六旬万寿庆典》专档中对此没有记载，只在清末大臣翁同 的《翁文恭公日记》中提到“光绪十九年筹备慈禧万寿，修饰宁寿宫，提银六十万两”。在慈禧的亲自过问下，光绪十八年（1892年）七月开始兴工，贵为太后的慈禧有时还亲临施工现场查看，对工程提出具体要求，掌管修缮工程的内务府官员大多遵懿旨修理，而身为皇帝的光绪对此类奏折的批复仅仅是“知道了”。这次大修，对宁寿宫这一组建筑的室内外装修进行了大范围的拆改：换安玻璃、拆隔扇、撤楼梯隔断、安床、安落地罩等。养性殿明间添置的多宝格、景福宫两梢间装修的移位、不见了的东楼、北楼等，当为此次大修所为。此后的清政府已是日落西山，随着国力的日渐衰败，财力匮乏，已无能力再对紫禁城进行大规模的维修和改建了。

六　现存基址实物——静怡轩遗址

建筑遗址是做复原设计的主要依据，在论证复原形制之前，我们对静怡轩遗址进行了详尽的调查研究。

劫后焚余的静怡轩留下的仅有：青白石须弥座台基，东、西、南三面高76.5厘米，北面高12厘米，距离慧曜楼的台基仅1.9米。两殿座之间有八个与慧曜楼面阔柱网同轴的方柱础，尺寸为42×42厘米。乾隆二十三年四月初四日内务府奏案中提到：“静怡轩后新建慧曜楼一座计七间，东边改盖耳殿一间，西边添建过桥游廊一间，成做明瓦天棚一座……”从方柱础的位置看，应是“明瓦天棚”的柱础。

静怡轩须弥座台基上枋均缺棱短角，残损严重；台基西侧由于距起火点敬胜斋相对近些，约有13米长一段损坏严重，已无法修补；南侧踏跺东边有一段长4.12米的上枭和2.65米长的束腰，残缺严重；东北角台基一块，长1.01米，残缺严重。台基阶条石宽71厘米。踏跺仅存垂带、象眼、地伏、五步台阶和有断痕的砚窝石，栏板望柱无存。象眼上雕刻的金钱绶带及垂带、台阶正面的西番莲纹饰清晰完整。一封书散水基本完好。

静怡轩遗址的平面柱网分布清楚，没有被扰动的迹象。卷草仰覆莲花重层檐柱础高20厘米，直径60厘米；仰覆莲花金柱础高10厘米，直径64厘米；位于室内的柱础安内檐装修用的卯口清晰完整。24个檐柱础和24个金柱础都有不同程度的损坏。

1 （清）庆桂等：《国朝宫史续编》卷五十九，北京古籍出版社，1994年。

静怡轩遗址地面铺装花斑石与方砖，各有多种规格尺寸。

乾隆十六年闰五月二十二日内务府奏案曰："闻销算用过银两数目事奴才等遵旨延春阁下檐周围廊墁花斑石三百二十六块，三面游廊铺墁花斑石一百八十六块，静怡轩前抱厦三间并周围廊墁花斑石三百七十二块……"经勘察，静怡轩遗址地面，仅周围廊内铺有花斑石，花斑石与方砖以金柱轴线为界，轴线以外是花斑石，轴线以里是尺七方砖，界限非常明显（图八）。图八上所画廊中花斑石分块尺寸是根据现场一块一块实测而来，恰好是三百七十二块。或许，乾隆十六年维修时，由于某种原因，并没有将抱厦三间内的地面砖更换为花斑石。

室内地面细墁尺七方砖，排列形式清晰，大部酥残，五间有五种规格，有趣的是，砖的规格尺寸与开间大小相呼应，明间最大 61×61 厘米，东次间 58×58 厘米，西次间 59×59 厘米，东梢间 56×56 厘米，西梢间 57×57 厘米。室内地面砖的铺装，一般为一个殿座使用一种规格的砖，像静怡轩这种做法却极为罕见。

揭开面层砖，露出下面保存完整的宫中御寒设施——响地。响地，即与火炕具有同等功能的火地，只是一在地上，一在地面之下而已。烟道完好，烧火的灶口设在东、

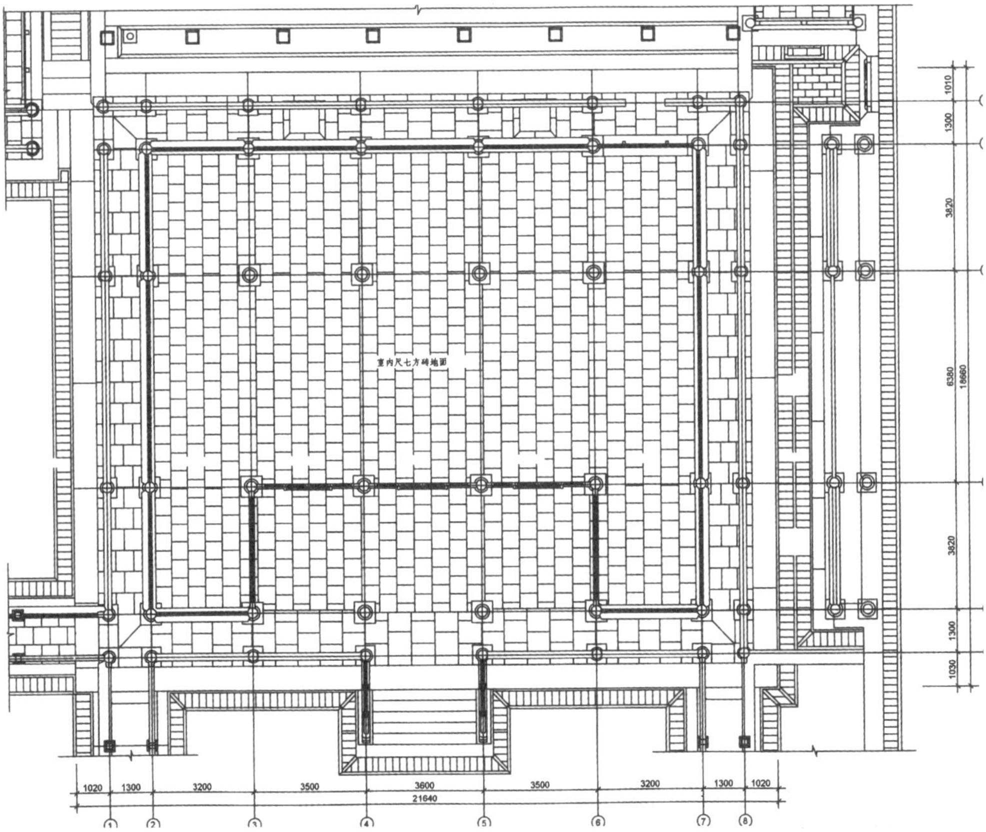

图八　静怡轩平面图

西次间北廊的中间，灶口东西宽 94 厘米，南北深 79 厘米，深 1 米多；灶口石宽 19.5 厘米，个别残损易位；坑里南侧有塔形灶门，下面是灰坑，坑内砖砌体完好，东西两侧有脚窝，可供上下用。

轩西梢间的西山残存有部分厚 42 厘米的槛墙；南、北、东三面槛墙虽无存，但地面有清晰可辨的砌筑痕迹，为确认槛墙的位置、厚度提供了依据。

七 复建后的静怡轩

在充分调查研究、勘察测量的基础上，根据遗址平面柱网，参照景福宫大木构件、琉璃瓦兽件、装修等规格尺寸，按清工部《工程做法》、刘敦桢《工程做法算例》的有关规定，适当调整相关尺度，依据《太簇始和》图中静怡轩的立面形式，顺利完成了静怡轩的复原工程设计。

虽然静怡轩面阔、进深均比景福宫小，须弥座台基也略低些，但柱础的规格尺寸乃至雕刻的纹饰，两宫都一模一样，那么二者在大木结构上亦当一致。据此，确定了静怡轩檐柱、金柱的直径、柱高及其他大木构件的规格尺寸（表一）。

在大木立架之前，将残损的须弥座台基、柱础进行了处理。台基是建筑的重要组成部分，起着承载主体的作用，其状况好坏，直接关系到建筑的安全。对于须弥座台基严重残坏部分，全部以青白石按原式规格尺寸、纹饰、风格予以更换。现存柱础雕刻纹饰保留较好且能承受荷载的予以保留；凡风化、残缺的，将该部分切割掉，以环氧树脂加不锈钢锚固的办法，按原式规格尺寸、纹饰补配；风化、残缺严重的更换。补配栏板望柱、抱鼓石等。室内方砖地面按原状规格尺寸重新铺装整齐，原状原地保留响地。

根据静怡轩平面柱网进深尺寸，按照《则例》的规定，参照景福宫举折规律确定了步架、举架尺寸，两个殿座的柱径尺寸一样，静怡轩大木构件及斗拱除部分作了调整，其余基本参照景福宫各构件的规格尺寸制作（表二）。

表一 静怡轩、景福宫基本情况对照表

	静怡轩	景福宫
地点	紫禁城建福宫花园	紫禁城宁寿宫内廷
建造年代	乾隆七年	乾隆三十七年
建筑形式	单檐三卷勾连搭歇山造	单檐三卷勾连搭歇山造
平面布局	面阔五间，进深三间，周围廊	面阔五间，进深三间，周围廊
通面阔	19.6 米	20.38 米
通进深	16.62 米	18.23 米

	静怡轩	景福宫
面阔尺寸	明 3.6 米、次 3.5 米、梢 3.2 米	明、次、梢间均 3.54 米
进深尺寸	明 6.38 米、次 3.82 米	明 7.15 米、次 4.2 米
廊深尺寸	1.3 米	1.34 米
檐柱柱础	重层卷草仰覆莲 60×60 厘米、高 20 厘米	重层卷草仰覆莲 60×60 厘米、高 20 厘米
金柱柱础	卷草仰覆莲 64×64 厘米、高 10 厘米	卷草仰覆莲 64×64 厘米、高 10 厘米
檐柱高	3.71 米	3.72 米
金柱高	4.52 米	4.5 米
构造形式	勾连搭卷棚歇山	勾连搭卷棚歇山
装修形式	步步锦帘架隔扇门、支摘窗	步步锦帘架隔扇门、支摘窗
斗拱形式	斗升云拱交麻叶斗拱	斗升云拱交麻叶斗拱
檐步装修	卷草雀替、步步锦坐凳楣子	无
台基形式	青白石须弥座	青白石须弥座

表二　静怡轩、景福宫步架、举架对照表

名称	静怡轩	景福宫
前后卷檐步架	1.275 米	1.265 米
前后卷金步架	1.48 米	1.595 米
前后卷顶步架	0.86 米	0.97 米
中卷檐步架	1.38 米	1.545 米
中卷金步架	1.38 米	1.545 米
中卷顶步架	0.86 米	0.97 米
前后卷檐步举高	约五举	约五五举
前后卷脊步举高	约六五举	约六举
中卷檐步举高	约五五举	约四五举
中卷脊步举高	约七举	约六三举

将几座建筑的屋顶勾搭在一起，以天沟解决排水问题，来获取较大的建筑使用平面，这是清代大体量建筑较多使用的方法，如圆明园的含韵斋、故宫的静怡轩、景福宫，再如颐和园的景福阁、雍和宫的法轮殿等，皆是三卷屋顶。天沟最大、最不易解决的问题就是渗漏。静怡轩自乾隆七年建成以后，内务府曾多次报修，如乾隆四十六年七月十七日，“查得宫内等处渗漏，乾隆四十五年修饰过，今又渗漏……静怡轩北天沟渗漏一处……”；乾隆四十七年七月二十二日，“……静怡轩西天沟渗漏一处……”；道光三年八月二十七日，“……静怡轩西廊天沟渗漏两处……”；道光二十七年八月初六日，“静怡轩抱厦天沟渗漏一处……”等，仅道光年间就报了 9 次。此次复建，

静怡轩天沟沿用了传统做法：4∶6掺灰泥背，上铺3厘米厚、100∶5∶10大麻刀青灰背，其上铺铅背一道，搭楂10厘米焊接，面层是厚3厘米、100∶5∶10的大麻刀青灰背。

复建后的静怡轩坐落在青白石须弥座台基上，面阔五间，周围廊，三卷棚勾连搭歇山式屋顶，六样绿琉璃瓦黄剪边，六样黄琉璃垂脊、六样黄琉璃走五小跑，单拱交麻叶斗拱，宫廷枋心式苏式彩画：龙枋心，青地画龙，绿地画夔龙，贯套纹箍头，西番莲盒子，锦纹找头，加蝙蝠和松鹤，意喻“福寿善庆”，沥粉贴金，画面色彩丰富，自然活泼，富于生活气息。南面，明次三间内金里装步步锦四抹隔扇，带帘架，梢间金里槛墙，装步步锦支摘窗，梢间到次间之间以板墙封护；东西两山，金里槛墙，装步步锦支摘窗；北面，东梢间金里装步步锦四抹隔扇，带帘架，其余四间，金里槛墙，装步步锦支摘窗。周围廊，檐下柱间安装步步锦坐凳楣子，额枋下饰雀替(图九、图一〇)。

图九　静怡轩西立面图

图一〇　从延春阁看静怡轩

余论

《太簇始和》图中描绘的静怡轩西山有个抱厦，可是我们眼前的遗址基座是矩形的，并没有凸出的台基，从须弥座立面查看，也没有曾经有过台基的痕迹。

《太簇始和》图为写实的宫殿楼阁组群界画，从建筑结构和形式来看，反映了当时建筑的实际情况，绝非画家凭空想象。作为宫中一等画画人的丁关鹏，既是奉旨作画，绝不敢无中生有，张冠李戴，将圆明园西峰秀色的建筑形式硬套在静怡轩上。假如不是丁关鹏的问题，就只有一种可能，抱厦建好后又被拆了。

看建福宫花园总平面图可知，静怡轩西侧的小院落为矩形，东西宽约 12 米，南北长约 13 米。现根据圆明园西峰秀色含韵斋平面图做个假设图：在静怡轩西山加个面宽与静怡轩中卷相同、进深 3 米、较轩西梢间面宽略小的一个抱厦。从假设图中我们看到，原本面积不大但很规整的院子立刻显得既拥挤又凌乱了（图一一）。也许，静怡轩初建时，是将圆明园西峰秀色含韵斋的建筑形式原样照搬过来的，但因建福宫花园的面积有限，投入使用后，感觉不适用，又进行了拆改，而且可以肯定，是在丁关鹏画完《太簇始和》图之后所为。但具体何时拆改的，尚未在清宫档案中查到。清朝是个专制主义集权极端强化的封建国家，皇权至上，查清朝档案可发现，国家庶政，事无巨细，包括贴门神、

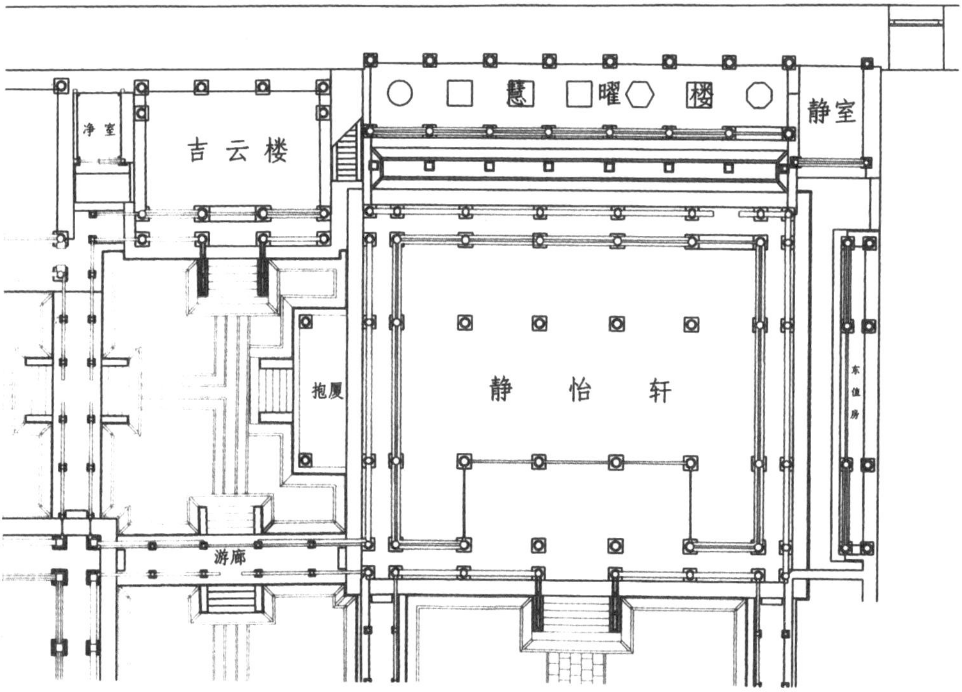

图一一　静怡轩带抱厦假设平面图

糊窗户纸等，都要写奏折上报皇帝知晓，需等皇帝下旨，方可处理。拆改建筑是件大事，尤其是拆改乾隆皇帝喜欢的静怡轩，更不可能没有得到皇帝的旨意就擅自动手了。如果想把此事搞清楚，只有再细查档案，或者探查静怡轩西侧地基，进行考古挖掘，也许能揭开谜底。

根据内务府《活计档》载："乾隆二十二年四月初六日……静怡轩新建楼内，供桌并新做虎爪桌上，俱配做绣缎桌帷，先画样呈览。钦此。""乾隆二十三年正月初三日……静怡轩新盖楼内之巴铃做掐丝珐琅的，八供着做铜。钦此。"《旨意底档》记载："乾隆四十三年一月十七日……传旨，建福宫等处宝座床上寻常铺设迎手靠背坐褥量准尺寸随踏勘得……静怡轩仙楼上宝座一座（衣素褥一件，随葛布套、氆氇套、年节铺绣褥）……"这些都说明，静怡轩初建时，室内尚无仙楼，直到乾隆二十二年，才在室内新添建了仙楼。

此次复建静怡轩，暂未考虑室内装修之事。根据《旨意底档》记载，"乾隆四十三年一月十七日……传旨，建福宫等处宝座床上寻常铺设迎手靠背坐褥量准尺寸随踏勘得……静怡轩仙楼上宝座一座（衣素褥一件，随葛布套、氆氇套、年节铺绣褥）。……"静怡轩室内净高为4.62米，在此空间内加做仙楼，高度不成问题，但确定仙楼和楼梯的位置，无据可查，仿它而建的景福宫的仙楼也渺无踪迹。倘若要按乾隆年间初建时的室内原样做复原，尚需仔细斟酌。

清代"康乾盛世"以来，由于政策、经济及交通条件的改善，为建筑技艺方面的交流提供了最佳平台，在皇帝的倡导下，学习借鉴江南建筑技术、艺术之风气更加普遍。从紫禁城仿圆明园，圆明园又仿江南园林，范本繁衍，反映了皇宫御苑发展、变化、完善的过程。自雍正十二年（1734年）颁布清《工部工程做法》以后，官式建筑逐渐标准化、模式化，到乾隆年间，形制完全相同或相似的宫殿、园林、寺庙屡见不鲜，譬如宁寿全宫的景福宫仿建福宫花园的静怡轩，建福宫花园的静怡轩仿圆明园西峰秀色，圆明园西峰秀色仿庐山西峰秀色；宁寿全宫的乐寿堂仿圆明园淳化轩，淳化轩又仿自江南园林鸳鸯厅；乾隆花园的倦勤斋仿建福宫花园的敬胜斋，建福宫花园的敬胜斋又仿圆明园半亩园，等等，所有类型终究可推出一个原型，反之，一个原型又会衍生成为众多类型，颇具现代建筑定型设计之意。"中国建筑自古即没有排他性，善于吸收借鉴，清代建筑的这种兼容性，更为中国古代建筑的进一步融合创造了有利条件。"[1]

原载《故宫博物院院刊》2005年第5期

1　孙大章：《中国古代建筑史·清代建筑》，第532页，中国建筑工业出版社，2002年。

“大雅斋”匾的所在地点及其使用探析

周苏琴

内容提要：本文从宫廷建筑研究入手，通过对现存相关文物的认识，参照清宫档案和文献，结合晚清后妃宫廷生活中对建筑使用状况变化的分析，对“大雅斋”进行了综合研究，对“大雅斋”出现的时间、所在地点、何人所用等疑点进行了考证，并在此基础上对“大雅斋”“大雅斋”瓷、“天地一家春”之间的关系加以明确阐述。

关键词：平安室　大雅斋　燕喜堂　长春宫　“大雅斋”瓷　“天地一家春”

一　问题的提出

在故宫博物院文物收藏中，带有“大雅斋”款、印的文物，在陶瓷、书画、匾联等文物中都有所见。其中的“大雅斋”匾，净高66厘米，宽135.5厘米，画心高56厘米，宽125.5厘米，木框双灯草线锦边，青蓝洒金纸地，上墨书“大雅斋”三字，“雅”字上方钤有“大雅斋”印，再上钤有“海涵春育”印（图一）。该匾形式在宫中匾联中多见，

图一　“大雅斋”匾及钤有“大雅斋”“海涵春育”两方印文

作者：原古建部，研究馆员。

图二　光绪大雅斋款黄地墨彩花虫纹碗

图三　光绪大雅斋款黄地墨彩花卉纹盘

做法上称“双灯草线锦边壁子”，为绢或纸等材质制成，多挂于建筑物的室内。“大雅斋”匾原应挂于宫中某一殿堂，后因或修或撤，摘下后未再还挂原处而收在了清宫造办处。由此1925年清室善后委员会在点查清宫物品时，在内务府造办处登记有“纸壁、纸匾、对联一堆”，此条记录在1933年出版的《故宫物品点查报告》中。故宫博物院成立后，对此类文物进行分类登记整理时，都未说明该匾挂于何处。

故宫博物院还收藏有“大雅斋”款瓷（图二、图三）和为烧制“大雅斋”瓷而作的画样（图四、图五）。另有钤“大雅斋”款的书画类文物多件，有研究者认为，或为慈禧亲笔，或为代笔所作（图六）。慈禧的闲章中有檀香木和玉石材质的“大雅斋”印章（图七至图九）；数块钤有“大雅斋”印的匾（图一〇），匾的尺寸、形式与“大雅斋”匾相同。

近年来，随着陶瓷研究人员对“大雅斋”款瓷器研究的进一步深入，有关宫中是否有“大雅斋”“大雅斋”出现的时间、“大雅斋”的确切地点等问题，也引起相关学者的关注。有人认为，“大雅斋”为慈禧自署斋名，是慈禧的私人堂款，为慈禧在宫中作画之地，其主要依据是钱塘九钟主人撰写的《清宫词》。九钟主人吴士鉴，浙江钱塘人，官至侍读。自序中称其宫词“或出于官书之记载，或采自私家之纂述，至所见之世，尤皆身历其境，信而有征”。其中记清末为慈禧代笔的女画家缪素筠（？～1918年）曰：“大雅斋中写折枝，丹青勾勒仿筌熙。江南供奉虽承旨，不及滇南女画师。”诗后注云：“内廷如意馆画工皆苏州人，光绪间昆明缪素筠女史嘉蕙工画花卉，承直二十余年。每当拈毫染翰，孝钦皇后并坐指示之，眷遇始终不衰。‘大雅斋’，孝钦自署斋名也。”

有人认为，“大雅斋”款瓷器是同治末年、光绪初年为慈禧订烧的专用瓷器[1]，出

1　张小锐：《清宫档案揭开大雅斋瓷器年代之谜》，《紫禁城》2004年第5期。

图四　光绪大雅斋款粉彩花鸟圆盆奁及画样

图五　光绪大雅斋款画样

图六　钤有“大雅斋”印的《牡丹图》

图七　“大雅斋”及“天地一家春”印章

图八　“大雅斋”石章

图九　檀香木〝大雅斋〞〝天地一家春〞〝澂心正性〞〝乐寿堂〞印章

图一〇　钤〝大雅斋〞印的〝玉华堂〞匾

现的时间为清代同治光绪年间。但因“大雅斋”瓷器钤有“天地一家春”印，“天地一家春”为圆明园中的一处建筑，因此，不清楚宫中“大雅斋”及“大雅斋”瓷与圆明园“天地一家春”是什么关系。

以上说法，反映了“大雅斋”研究中值得关注的问题，就是对“大雅斋”存在年代和地点认识不清。基于此，笔者近年来通过对现存相关文物的了解，对清宫档案和文献记载的查阅，结合晚清后妃宫廷生活中对建筑使用的变化等，对“大雅斋”匾出现的时间和所挂地点、“大雅斋”在使用当中的变化以及“大雅斋”瓷与“大雅斋”是怎样的关系等问题进行了仔细考证，希望对解决上述疑问有所帮助。

二　有关大雅斋问题的考证

从故宫收藏的精美的“大雅斋”瓷器，到“大雅斋”款的书画作品，反映出慈禧与“大雅斋”有着一种特殊的关系。因此对于“大雅斋”的研究，离不开清末政治舞台上的这个重要人物。

（一）“大雅斋”匾写挂的地点与时间

慈禧于咸丰二年（1852年）入宫后一直住在储秀宫，尽管她在咸丰年间仅生活了10年，但从入宫开始，她在众妃嫔中就得到了咸丰皇帝的宠爱。咸丰四年（1854年），19岁的兰贵人在同年入宫的女子中首先晋为懿嫔，咸丰皇帝御笔“风月花堂”匾赐懿嫔，挂在储秀宫后殿内的东间[1]；咸丰六年（1856年），懿嫔生下皇子载淳，当日晋封为懿妃，赐“福寿仁恩”“襄草仪”匾两面，挂在储秀宫后殿内明间和西里间[2]；咸丰七年（1857年），22岁的懿妃晋为懿贵妃，其位仅次于皇后。

在清宫档案所记载的众多匾联中，有一条咸丰五年（1855年）写挂“大雅斋”匾的记载：“……‘大雅斋’，写挂平安室殿内西间东墙上向西匾一面；‘大雅斋’，写挂天地一家春殿内西间罩上向东匾一面。”[3]这条记载为我们提供了重要的信息。根据这条记载可知，“大雅斋”匾为咸丰五年（1855年）所写，且写有两面，分别挂在“平安室”和“天地一家春”殿内。“天地一家春”为圆明园四十景之一，慈禧当年随咸丰皇帝园居之时，曾住天地一家春殿，程演生先生著《圆明园考》对此已有研究，在此且不多论。那么，咸丰五年（1855年）挂在天地一家春的“大雅斋”匾，应是赐予当时还是懿嫔的慈禧。

相同内容的匾额写有两面，分挂两处，是否应属一人？此外，“大雅斋”匾所挂之“平安室”又在何处？我们从咸丰初年写挂的几块匾位置的变化可以分析出平安室所在。

咸丰元年（1851年）有“‘蕙兰居’，写挂养心殿西耳房殿内西间东墙门上匾一面”；咸丰二年（1852年）二月有“同道堂、悦心园、揖山亭、平安室、绥履殿、芝兰室、驻云轩”匾；咸丰四年（1854年）有“‘蕙兰居’，赐云嫔，系平安室殿内请下”的记载[4]。

根据以上记载分析，咸丰四年（1854年），“蕙兰居”匾是从平安室殿内请下，说明咸丰二年（1852年）始称“平安室”的建筑，即是咸丰元年（1851年）时挂“蕙兰居”匾的养心殿西耳房殿。由此可证，咸丰五年（1855年）所挂“大雅斋”匾的

---

1 中国第一历史档案馆：《清宫杂件（旧整）· 匾联》第120包。

2 中国第一历史档案馆：《清宫杂件（旧整）· 匾联》第120包。

3 中国第一历史档案馆：《清宫杂件（旧整）· 匾联》第120包。

4 中国第一历史档案馆：《清宫杂件（旧整）· 匾联》第120包。云嫔（？～1855年），武佳氏，文宗为皇子时，入侍藩邸。奕讠宁即位后，随皇帝住进紫禁城，时住钟粹宫。咸丰初年，赐号云贵人，二年册封为云嫔，移居承乾宫。咸丰五年去世。

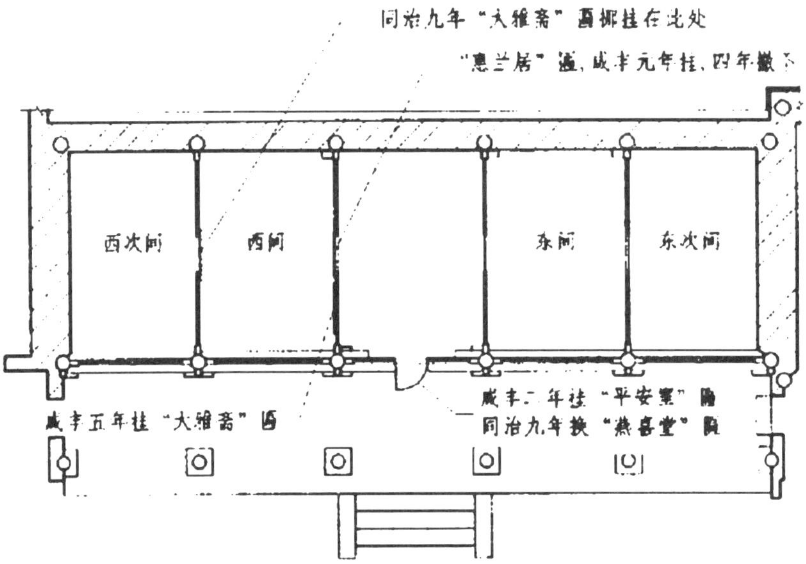

图一一　燕喜堂平面及“大雅斋”匾位置变换示意图

平安室即是养心殿西耳房殿（图一一），即今天的养心殿后殿西耳房——燕喜堂（图一二）。

养心殿一区建筑明代已有，后殿东、西耳房，明代称隆禧馆、臻祥馆。清初该建筑无殿名，有关的记载亦是寥寥无几。康熙年间，养心殿一区曾作为清宫造办处[1]。自雍正以后，皇帝在此居住，处理政务，造办处逐渐搬出。后殿东、西耳房是供后妃嫔等人随侍时的临时住所。清宫《活计档》载，雍正七年（1729年）“八月初五日，太监刘希文传旨：养心殿……后殿西正房五间，内西二间添隔断板墙二槽，炕罩二座，床二张，方窗一个。西次间添地炕一铺”[2]。又，八月二十二日，“养心殿后殿西正房帐子四架……桃红色绸帐子一架，松绿色绸帐子一架，月白色绸帐子一架，香色绸帐子一架”[3]。又，“十月初九日，太监刘希文传旨：养心殿后殿西正房东一间前院内，着将台阶用地平衬平，相接前殿台阶，做平顶毡棚一座”[4]。雍正时养心殿后殿西耳房称“养心殿后殿西正房”（图一三）。

乾隆二十八年（1763年），“奏为修理养心殿院内等处约估银两事，养心殿院内……后殿两边顺山殿拆去板墙，接砌山墙四道，添砌墀头、廊门……”[5]乾隆年养心殿后殿西耳房称顺山殿（图一四）。从图一三和图一四的比较中也可以看出，乾隆年间原来

1　郭福祥：《康熙时期的养心殿》，《故宫博物院院刊》2003年第4期。

2　中国第一历史档案馆：《活计档》第67号3320册。

3　中国第一历史档案馆：《活计档》第67号3321册。

4　中国第一历史档案馆：《活计档》第67号3321册。

5　中国第一历史档案馆：《奏案》210卷1号。

图一二　燕喜堂外景

独立的东西正房已改为与养心殿后殿东西山面相连的顺山房。

嘉庆四年（1799年）八月初十日，“敬事房交出……养心殿西院正房东进间南床因矮换高床，次间南面床花连罩曲尺满去，北面花连罩满去……”[1]在修理养心殿等处工程档中，有嘉庆六年（1801年）四月十二日，养心殿东西顺山殿两边围房拆搭地炕、改安室内装修[2]；嘉庆二十二年（1817年）七月十五日养心殿西耳房地炕二铺走烟修理的记载[3]。嘉庆时养心殿后殿西耳房称顺山殿、西院正房或西耳房。

道光八年（1828年）七月初三日养心殿修理工程记：“……东西耳房、后殿后檐马槽沟三道渗漏。”[4]道光时称养心殿西耳房。

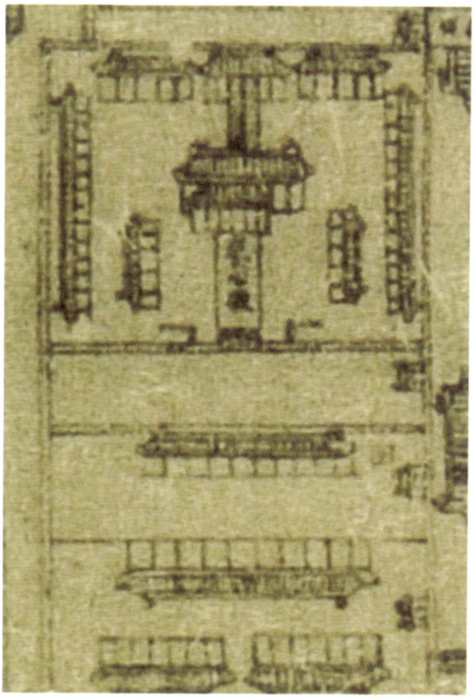

图一三　康熙《皇城宫殿衙署图》中的养心殿（后殿西正房）

1　中国第一历史档案馆：《奏销档》131号454册。

2　中国第一历史档案馆：《奏案》488卷73号。

3　中国第一历史档案馆：《宫中杂件》27号。

4　中国第一历史档案馆：《宫中杂件》27号。

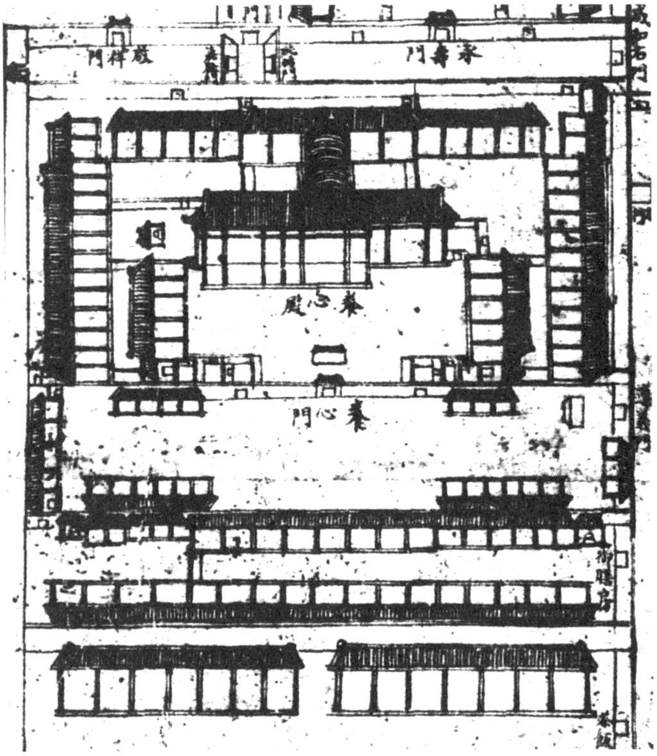

图一四 《乾隆京城图》中的养心殿（后殿顺山殿）

咸丰二年（1852年），养心殿后殿东西耳房始称“绥履殿”“平安室”，仍为后妃嫔等人随侍时的住所。由此可以肯定，咸丰五年（1855年）曾挂“大雅斋”匾的“平安室”，即养心殿后殿西耳房。

（二）“大雅斋”匾为懿嫔（慈禧）所属

慈禧当年随咸丰皇帝园居之时，曾住天地一家春殿，咸丰五年（1855年）挂在天地一家春的“大雅斋”匾，应是赐予当时还是懿嫔的慈禧。那么，相同内容的两面“大雅斋”匾分挂两处，是否应为一人所属呢？我们从咸丰年间平安室使用变化的过程来分析判断。

位于养心殿后殿东西两侧的绥履殿、平安室，因后殿与前殿之间的廊子而被分隔开来，与养心殿东西两侧围房合围成两个独立小院，坐北朝南的这一殿一室亦成为小院中的正房。绥履殿与平安室各面阔五间，进深一间，硬山顶，前出廊，明间开门。平安室内明间与东西次间之间有隔扇相隔，西尽间与西次间亦隔开，为寝室，因在档案中多有西间、西尽间之称（图一五）。

咸丰皇帝继位之时，嫡福晋萨克达氏已于道光二十九年（1849年）逝去，身边只

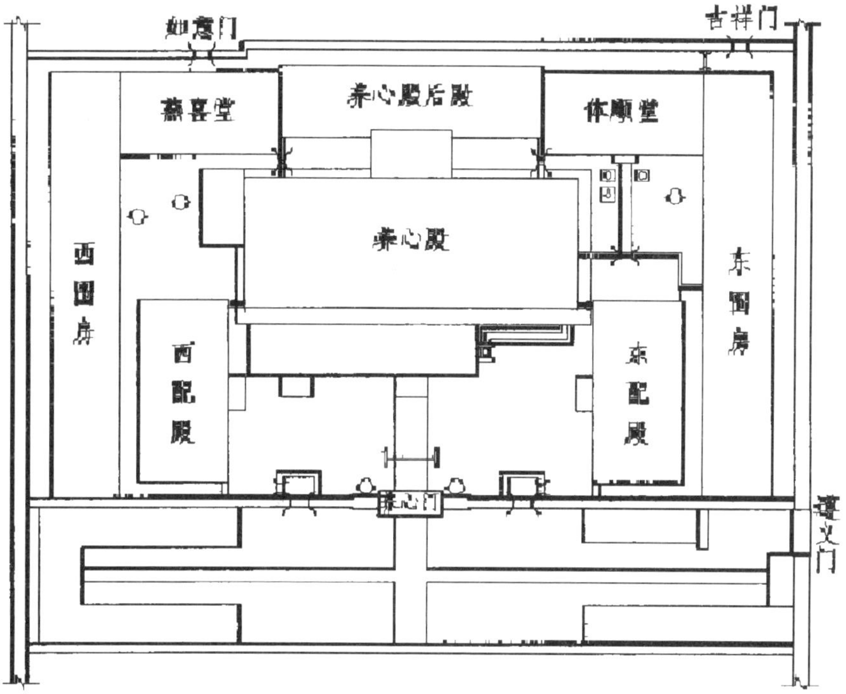

图一五　养心殿总平面现状图示意图

有钮祜禄氏（即后来的慈安皇太后[1]）和武佳氏二人。咸丰元年（1851年），赐武佳氏号云贵人，住钟粹宫。二年（1852年）二月，钮祜禄氏诏封为贞嫔，五月晋为贞贵妃，六月拟为皇后，十月立为皇后，住钟粹宫；二年（1852年），云贵人亦册封为云嫔，移居承乾宫。册封为皇后的钮祜禄氏随侍养心殿时住在绥履殿；云嫔所处地位以及有咸丰四年（1854年）平安室殿内请下西间东墙门上“蕙兰居”匾赐云嫔事，知云嫔随侍应居平安室的西间。咸丰二年（1852年），有敬事房口传圣旨：“贞嫔、英嫔[2]于本年四月二十七日进内，兰贵人、丽贵人著于五月初九日进内，春贵人、婉常在著于五月十二进内。”[3]这些女子之中，除贞嫔（即后来的皇后）、英嫔外，其他人此时位均不及云嫔。咸丰二年（1852年）时，英嫔随侍应住平安室的东间，与云嫔同在平安室随侍。

1　清文宗孝贞显皇后钮祜禄氏（1837 ~ 1881年），即慈安太后，亦称东太后，广西右江道穆扬阿之女。初入侍文宗藩邸。咸丰二年十月立为皇后。载淳继位，尊为母后皇太后。同治元年上徽号慈安。曾在同治、光绪朝两次垂帘听政。光绪七年三月初十日卒，享年45。

2　英嫔（生卒年不详），咸丰初年赐号英贵人，二年册封英嫔。咸丰三年的宫分中记有英嫔住储秀宫，四年又记有英贵人住储秀宫，似由嫔降为贵人，之后不见有记载。

3　中国第一历史档案馆：《奏销档》160号653册。

咸丰四年（1854年），英嫔降为贵人，时兰贵人则晋为懿嫔，其位与云嫔齐，而其他的贵人、常在则在咸丰五年（1855年）以后才相继晋封。咸丰四年（1854年），将“蕙兰居”匾从平安室内请下，说明至迟从咸丰四年（1855年）开始，懿嫔已在平安室随侍，咸丰五年（1855年）平安室所挂“大雅斋”匾，当为懿嫔所属。同年正月云嫔去世。咸丰六年（1856年）懿嫔生下载淳，有“慈阴春长”匾一面，挂平安室殿内西间南托枋上向北[1]。咸丰五年（1855年），平安室东间换挂“翰墨斋”匾，原挂东间的“好春轩”匾被请下，赏了伊常在[2]。时丽贵人晋为丽嫔，平安室殿内东间应为丽嫔所住。咸丰四至五年期间，嫔妃们由于受宠、失宠而发生名分及相应地位、待遇的变化，使得平安室的使用出现了改变。咸丰五年（1855年）以后，平安室的东西两间分别为懿嫔、丽嫔随侍时所住。

（三）平安室易名燕喜堂

咸丰十一年（1861年）七月，咸丰皇帝在热河去世，其唯一的儿子载淳即位，皇后钮祜禄氏晋封为皇太后，称母后皇太后，上徽号慈安；懿贵妃叶赫那拉氏以载淳生母身份晋封为皇太后，称圣母皇太后，上徽号慈禧。

九月，奉皇太后懿旨，内廷主位自热河回宫仍暂住大宫；遗念龛请至钟粹宫供奉；母后皇太后住钟粹宫，圣母皇太后住储秀宫，两宫各备专用膳房[3]。两宫太后回京之前，内务府曾于八月修缮养心殿等处，修缮折内有绥履殿、平安室室内装修挪安替换的记载[4]。十一月，慈安、慈禧两宫太后自热河（今河北承德市）回到宫中，仍住钟粹宫和储秀宫。“祺祥之变”成功后，两宫太后开始垂帘听政，时养心殿绥履殿、平安室成为她们临时住所。不同的是，此时懿贵妃已经是皇太后，因此除重做“绥履殿”“平安室”匾[5]，对两处原来的字画帖落亦进行了更换。在“平安室揭活单”中，有揭下咸丰四年（1854年）御笔“天官赐福”匾和“定生贵子”一张，“西间东墙‘大雅斋’扁的北边门口上揭下徐扬画斗一张”等匾、字十数件[6]。此单虽无朝年，但“天官赐福”为咸丰四年（1854年）所写，“定生贵子”亦已不宜，此单揭下时间应为同治初年。因平安室仍为慈禧太后所用，“大雅斋”匾当属保留，所以不在揭活项内。

1　中国第一历史档案馆：《清宫杂件（旧整）·匾联》第124包。

2　中国第一历史档案馆：《清宫杂件（旧整）·匾联》第120包。

3　中国第一历史档案馆：《奏销档》165号689、690册。

4　中国第一历史档案馆：《奏案》808卷54号，“咸丰十一年八月二十三日呈为养心殿等处工程估需工料银两清单”。

5　中国第一历史档案馆：《清宫杂件（旧整）·匾联》第126包。

6　中国第一历史档案馆：《清宫杂件（旧整）·匾联》第139包。

图一六　燕喜堂匾

同治三年（1864年），同治皇帝载淳进母后皇太后匾“恩晖锡庆”、进圣母皇太后匾“慈荫春长”，分别挂绥履殿、平安室殿内[1]。证实了此时绥履殿、平安室分别为两太后所用。同治四年（1865年）正月初一，慈禧太后在平安室内东间元旦开笔，写“大吉”“大清万年”[2]。

同治九年（1870年），绥履殿、平安室易名。档案记：“十一月初六日，交做同和殿匾一面，得时挂绥履殿，净高二尺二寸，宽四尺四寸，二寸金万字边骚青地铜金字；燕喜堂匾一面，得时挂平安室，净高二尺二寸，宽四尺四寸，二寸四分金万字边骚青地铜金字。”又：“‘燕喜堂’匾派孙家鼐写，照同和殿尺寸做，换平安室。”[3]（图一六）

综上所述，“大雅斋”匾为咸丰五年（1855年）写挂于养心殿后殿平安室西间；慈禧在咸丰年自懿嫔、懿妃到懿贵妃临侍时在此居住；同治年间，慈禧、慈安垂帘听政，慈禧以皇太后身份居此；平安室于同治九年（1870年）改称燕喜堂。光绪年间，慈禧、慈安再次垂帘时，慈禧仍以皇太后身份居燕喜堂。

（四）“大雅斋”匾移出燕喜堂

我们虽然清楚了“大雅斋”匾写挂的时间、位置，但是从同治、光绪年间燕喜堂的使用变化中，可知“大雅斋”匾在同治十一年（1872年）同治皇帝大婚时已经移出

1　中国第一历史档案馆：《清宫杂件（旧整）·匾联》第128包。

2　中国第一历史档案馆：《清宫杂件（旧整）·匾联》第146包。

3　中国第一历史档案馆：《清宫杂件（旧整）·匾联》第143包。孙家鼐，字燮臣，安徽寿州人。咸丰九年一甲一名进士，授修撰。历侍读，入直上书房。光绪四年，命在毓庆宫行走，与尚书翁同和授皇帝读书。累迁内阁学士，擢工部侍郎。宣统元年卒，年82。赠太傅，谥文正。

了燕喜堂。理由有三：

第一，养心殿后寝宫及东西耳房、围房为当朝皇帝的后妃使用。

同治初年，因载淳年幼，尚须照料，且未大婚，两宫皇太后在垂帘听政休息得以临时住平安室、绥履殿。同治十一年（1872年）九月，17岁的皇帝载淳大婚。十二年（1873年）二月，两宫太后交出权力，归政于穆宗。此时同和殿、燕喜堂及东西围房为当朝皇帝的后妃使用，两处殿堂及东西围房内有惠如春、鸟栖林、摩兜坚、飞云峭、翠云室、惠迪吉、自在香等新匾写挂。时后妃随侍养心殿，皇后阿鲁特氏住同和殿、惠妃住燕喜堂、珣嫔住燕喜堂西围房的南三间、瑜嫔住燕喜堂西围房的北三间、瑨贵人住同和殿东围房的北三间[1]。作为皇太后及上一代皇帝所属的匾、字对此时亦请出燕喜堂。慈禧太后移出燕喜堂后，当不会将咸丰御赐自己的“大雅斋”匾留在此处。

第二，挂“大雅斋”匾处已换挂新匾。

我们已经知道，咸丰五年（1855年）“大雅斋”匾是挂在平安室殿内西间东墙上向西的位置。到同治年间另有还挂“大雅斋”匾的记载，所谓还挂，按清宫造办处活计说法，就是将所需修补或除土见新的匾摘下，交与相关各作承办，待活计完成后再将匾挂回原位。同治年间的这件“大雅斋”匾还挂时间档案没有记载，推测应为同治九年（1870年）平安室、绥履殿改易燕喜堂时曾摘下，只是除土见新后再回挂平安室时，移在了殿内西间西墙门口上，位正且醒目。又同治年间有“‘万福原’匾挂燕喜堂西间西墙门口上向东”的记载，同档中还记有“同和殿东里间东墙匾底下双喜字百子，画得时改裱软挂，同和殿西里间西墙向东用画条一张，画双喜字百子……裱软挂”[2]等。此条记载为平安室、绥履殿已改称燕喜堂、同和殿后，从匾、条内容看，时间应为同治十一年（1872年）大婚前后。此时平安室殿内西间西墙门口上原“大雅斋”匾的位置已经换挂了“万福原”匾，“大雅斋”匾是在同治大婚时移出了燕喜堂。

第三，养心殿非外人作画之地。

养心殿作为皇帝处理政务及居住之处，后殿周围房间为后妃们临幸时的暂时住所，守卫严密，非外人可以随便进入之地。且同治年间慈禧居住储秀宫、长春宫，燕喜堂只是慈禧作为垂帘听政时的临时休息之处。“大雅斋中写折枝”中所提的“大雅斋”应当不在燕禧堂。缪素筠于光绪十五年（1889年）进宫，此时光绪已举行大婚。燕喜堂已为光绪嫔妃临幸养心殿时所住。慈禧太后也不会请缪素筠在此作画。因此缪素筠陪慈禧作画时的“大雅斋”，应不是养心殿后殿的西耳房，而当另有所处。

1 中国第一历史档案馆：《清宫杂件（旧整）·匾联》第132包。

2 中国第一历史档案馆：《清宫杂件（旧整）·匾联》第122包。

（五）“大雅斋”匾移往长春宫

虽然从同治大婚以后养心殿西耳房先后为同治、光绪两位皇帝的妃嫔所用，其中匾联亦见频频添换，却不见“大雅斋”匾移出或移挂别处的记载。那么如何断定“大雅斋”匾移往长春宫呢？有三点可证：

首先，“大雅斋”匾上钤有“海涵春育”印，而“海涵春育”为长春宫匾额之一。长春宫是内廷西六宫之一，明永乐十八年（1420年）建成，初名长春宫，嘉靖十四年（1535年）改称永宁宫，万历四十三年（1615年）复称长春宫。清康熙二十二年（1683年）重修，后又多次修整，为后妃所居。据记载，乾隆皇帝的孝贤皇后曾居住长春宫，死后在此停放灵棺。后至咸丰年间，长春宫一直无人居住。咸丰九年（1859年）有改建长春宫工程，当时拆除了长春宫门，改长春宫前的启祥宫后殿为穿堂殿，将长春宫、启祥宫两座宫院连通[1]。时咸丰皇帝为长春宫及所属院落建筑题匾甚多，如咸丰八年（1858年）匾有“海涵春育”“性静情逸”“澹泊恬静”“销窗春暖”“占春轩”；咸丰九年（1859年）新题或重写匾有“长春门”“体元殿”“长春宫”“怡情书史”“绥寿殿”“承禧殿”“心正性”“慈云法雨”等[2]。其中“海涵春育”匾挂在长春宫前殿内明间屏风上向南，换下了“德洽六宫”匾（“德洽六宫”原句为乾隆皇帝所撰，现挂匾字为慈禧所书，后重挂长春宫原位）。“大雅斋”匾上钤有“海涵春育”印，是为“大雅斋”匾移挂长春宫后新钤。

其次，同治初年至光绪十年（1884年），慈禧太后居住在长春宫。

同治皇帝大婚后，同治的皇后住在储秀宫，慈禧则在长春宫居住。光绪十年（1884年），慈禧再次回到储秀宫时，并没有放弃长春宫。其间，在长春宫所写字条、字对多钤“大雅斋”“海涵春育”印。档案记光绪七年（1881年），“长春宫首领刘，交佛爷御笔匾二面，‘福禄善庆’‘仁寿堂’；字条一张，‘紫气东来’；字对二副，三言‘呈丽景’‘庆新秋’，四言‘瑶台焕彩’‘桂殿凝华’。匾、字条俱用‘慈禧皇太后御笔之宝’，字对上俱用‘大雅斋’‘慈禧皇太后之宝’‘海涵春育’”[3]。

光绪大婚时，有燕喜堂殿内匾挪挂长春宫的记载：慈禧太后御笔“春晖普庆”挪挂长春宫后殿明间，“致中和”挪挂长春宫后殿西间；同治御笔“惠迪吉”挪挂长春宫西里间，“福禄寿喜”挪挂长春宫后殿西里间，“天地同和”挪挂长春宫后殿西里间[4]。慈禧在长春宫写字作画，以此处匾名作印钤于字画之上，“海涵春育”与“大雅斋”后来亦成为慈禧太后的一枚闲章。

1　周苏琴：《体元殿、长春宫、启祥宫改建及其影响》，《清代宫史求实》，紫禁城出版社，1992年。

2　中国第一历史档案馆：《清宫杂件（旧整）·匾联》第120包。

3　中国第一历史档案馆：《清宫杂件（旧整）·匾联》第123包。

4　中国第一历史档案馆：《清宫杂件（旧整）·匾联》第123包。

而吴士鉴在《清宫词》自序中称其“身历其境，信而有征”，其时已是光绪中叶，当只知“大雅斋”是慈禧写字画画的地方，而不知“大雅斋”是咸丰皇帝所题。诗中所提女画师缪素筠，光绪十五年（1889年）入宫，承值宫中二十余年，专侍慈禧画画。据《清宫遗闻》载：“光绪中叶以后，慈禧忽怡情翰墨，学绘花卉，又学作擘窠大字，常书福寿等字以赐嬖倖大臣等，思得一二之代笔妇人不可得，乃降旨各省督抚觅之。四川有官眷缪氏者，云南人，夫宦蜀死，子亦孝廉。缪氏工花鸟，能弹琴，小楷亦楚楚颇合格，乃驿送至京。慈禧召见，面试之，大喜。置诸左右，朝夕不离。并免其跪拜，月俸二百金，又为其子捐内阁中书。缪氏遂为慈禧清客，世所称缪老太太者是也。间或作应酬笔墨售于厂肆，颇有风韵。自是之后，遍大臣家皆有慈禧所赏花卉扇轴等物，皆缪氏手笔也。”缪氏即缪素筠。胡延《长安宫词》、颜伯秦《汴京宫词》、王国维《颐和园词》皆有记载。吴士鉴《清宫词》云：“二十余年侍圣慈，内廷供奉女筌熙。金笺宝篆红泥印，认得先朝老画师。”称缪素筠为女筌熙，喻其画既有皇家之华丽富贵，又有村野之飘逸写实。《清宫述闻》记载：“光绪珍妃初入宫时，极为慈禧钟爱，知其性喜书画，乃命内廷供奉缪嘉蕙女士教之。”[1] 缪氏在宫内承值，陪慈禧太后写字作画二十余年，是为慈禧赏识和喜爱的代笔作画人之一。慈禧对这位丹青女史始终以礼相待，多次赏赐。缪素筠在光绪十五年（1889年）入宫，此时慈禧已于光绪十年（1884年）移住储秀宫，起居以储秀宫为主，但长春宫仍为慈禧使用。由此推定缪素筠在长春宫的“大雅斋中写折枝”，也是最适合的。

综上所述，“大雅斋”匾写挂于咸丰五年（1855年）。该匾同时写有两块，一块挂在圆明园的“天地一家春”，一块挂在养心殿的平安室。当时平安室为懿嫔（慈禧）临幸养心殿时所居之处，即现在的养心殿后殿西耳房；同治九年（1870年）平安室改称燕喜堂，时“大雅斋”匾尚在；同治大婚后，“大雅斋”匾移挂长春宫；宣统以后，隆裕皇太后住长春宫，这期间“大雅斋”匾应移出长春宫收在宫中造办处。由此，溥仪出宫后，清室善后委员会点查组得以在点查造办处清宫物品时登记有“大雅斋”匾一面。

三　天地一家春“大雅斋”与“大雅斋”瓷

咸丰五年（1855年）写挂在“天地一家春”的“大雅斋”匾又何在？宫中所藏钤有“天地一家春”印的“大雅斋”瓷与“天地一家春”的“大雅斋”又是什么关系？

咸丰五年（1855年）写挂在“天地一家春”的“大雅斋”匾，在第一次鸦片战争中英法联军火烧圆明园时随着“天地一家春”被焚而无存。同治十二年（1873年），

1　章乃炜编：《清宫述闻》初、续编，紫禁城出版社，1990年。

同治皇帝在面临钱粮拮据、大臣反对的情况下，开始重建圆明园。九月十八日谕旨："自本年正月二十六日，朕亲理朝政以来，无日不以感戴慈恩为念。……自御极以来，未奉两宫皇太后在园居住，于心实有未安，日以复回旧制为念。但现当库款支绌之时，若照旧修理，动用部储之款，诚恐不敷。朕再四思维，惟有将安佑宫供奉列圣圣容之所及两宫皇太后所居之殿，并朕驻跸听政之处，择要兴修，其余游观之所概不修复。即著王公以下、京外大小官员量力报效捐修……庶可上娱两宫皇太后之圣心，下可尽朕心之微忱也。特御。"[1] 当时"天地一家春"与"清夏堂"作为慈禧、慈安两宫太后园居之所，以及同治皇后、慧妃、近贵人等居住的思顺堂、同顺堂、承恩堂等均为此次重建工程的重点。重建工程规划周密，紧锣密鼓地进行。其间，主持皇家建筑设计的雷氏家族雷思起、雷廷昌父子曾先后五次被皇帝和皇太后召见。清代档案记载，仅"天地一家春"中室内装修之圆光罩、圆光窗、栏杆罩、落地床罩、宝座床、多宝阁、毗庐帽、碧纱橱以及装修所饰各种花卉等画样呈皇上、皇太后御览，几经修改设计。所用木料，或花梨，或紫檀，或橄榄榆，选料亦极为考究[2]。从故宫博物院收藏的"天地一家春"烫样可以看出，室内装修、家具式样以及摆放位置与文字记载基本相符（图一七至图一九）。重建工程中的装修制作活计交予粤海关承办，并限时一年内陆续完成[3]。同治

图一七　"天地一家春"烫样

1　中国第一历史档案馆编：《圆明园》清代档案史料（上、下编），上海古籍出版社，1991 年。

2　前揭《圆明园》清代档案史料（上、下编）。

3　前揭《圆明园》清代档案史料（上、下编）。

图一八　“天地一家春”室内各式花罩

图一九　“天地一家春”室内家具及摆放位置

十二年（1873年）十月初九日重建圆明园工程开始清理地面，出运渣土；十一月十七日因天寒停工。十三年（1874年）正月十九日开工，后因钱粮拮据、大臣们的极力反对，及有大臣提议停建圆明园工程，改修西苑，圆明园重建工程遂于七月二十九日停工。其间，同治皇帝于三月十二日、四月初二日、五月十一日、六月初三日共四次临幸圆明园看视工程。圆明园停工后转修西苑三海。开工不久，载淳染上天花，于十二月初五日逝世。当时奉两宫皇太后懿旨，所有三海工程即行停止[1]。同治十三年（1874年）三月曾传旨九江关监督烧造的标有“天地一家春”的“大雅斋”瓷器，应为重建后的“天地一家春”所备，虽当年未能按时进呈，然至光绪元年（1875年）、二年（1876年）相继烧造完成[2]，因圆明园重建工程未再实施，“天地一家春”未能建成，“大雅斋”瓷器也就永远地留在了宫中。

通过对大雅斋问题的考证感到，故宫博物院收藏的文物特别是宫廷文物，它们所具有的特殊用途和经历，记载着的某一阶段的事件，构成了鲜活的宫廷历史。从紫禁城中的平安室“大雅斋”到“大雅斋中写折枝”，从圆明园天地一家春“大雅斋”到“大雅斋”瓷，“大雅斋”伴随着慈禧从懿嫔、懿妃、懿贵妃到皇太后，走过了咸、同、光三朝长达半个多世纪的历程，也同样留下了那个时代的众多的痕迹。由此，一方面，这些珍贵的宫廷文物应成为我们研究宫廷历史及宫殿建筑的重要历史资料；另一方面，对宫廷文物的进一步研究和挖掘，又可以从某一个侧面丰富和印证那段历史。

原载《故宫博物院院刊》2008年第2期

1 前揭《圆明园》清代档案史料（上、下编）。

2 前揭《清宫档案揭开大雅斋瓷器年代之谜》。

浅谈故宫藏匾联的形制特色与文物价值

徐超英

内容提要： 匾额是悬挂在宫殿明间檐下的题字，是古代建筑装饰的元素之一。它集文学、书法、雕刻、印章、装饰、建筑等多种艺术于一体，把中国传统文化与建筑艺术巧妙地结合起来，成为中国建筑特有的一种文化形式。故宫博物院收藏有几百件文物匾联，形式多样，质地考究。其内容涵盖面广，或者是安邦治国的大政方计，或者是弘扬儒家思想的经典粹录，集中记载了当时皇宫的政治、思想及文化传承。故宫博物院收藏的这批落架匾联虽已残破旧损，但其文物价值是不可估量的，它们折射出深厚的文化内涵。

关键词： 匾额匾联　形制特色　文化内涵　文物价值　落架收贮　建档管理

从清代起经民国至故宫博物院，紫禁城历年修缮及变更建筑使用功能之后撤下有大批匾额、楹联，经年无序地存放在故宫博物院文物库房中。进入21世纪以来，随着故宫博物院大修工程的启动及文物管理制度的建立健全，按照文物归口管理的方针，这批匾额由宫廷部转交古建部保管。这项工作从2006年3月着手准备接收开始，到2009年6月，历时三年多，先后分23次共接收各类匾额、楹联、贴落、挂屏、春条、衙门表、斗方、木牌等共计706件。其中包括匾额与楹联183件，占总数的25.9%，其中匾额153件，占总数的21.7%，楹联30件，占总数的4.2%。三年间还交接了开放路线在陈的匾、联132件。经查看、腾挪库房、清扫匾联、拍照、存档，现已完成了入库藏品排架，贯号，书写文物收藏卡片，电字账目以及账、卡、物三方核对并库房验收等工作。

故宫开始大修以来，逐年修缮了紫禁城大部分主要宫殿建筑。为贯彻《文物保护法》中规定的“不改变文物原状”的原则，古建部文物库房中保存的这批落架匾额、楹联，

作者：古建部，副研究馆员。

也将按照历史档案的记载逐步恢复到原位，使这几百件落架匾联充分发挥应有的历史作用，尽早再现紫禁城宫殿之庄严、肃穆与辉煌。这将是一项庞大的工程。笔者通过查阅大量历史资料、宫中档案及宫廷历年修缮档案，对撤下之匾、联进行了初步的归纳梳理，以期为今后的修缮工作提供有效的理论依据。

一　故宫博物院藏匾联状况

（一）落架匾额的由来

1. 因变更建筑使用功能落架

故宫所藏之落架匾额，有些是在清朝时期就因种种原因而落架的。特别是在紫禁城后宫，因年代不同、各殿入住的主人不同，宫殿的使用也不尽相同，匾联更换的次数相应增多。据内务府《活计档·匣裱作等为养心殿西耳房西间安挂蕙兰居御笔匾额呈稿》记载：“咸丰元年六月十五日，员外郎乌尔恭布懋勤殿太监张得喜传，养心殿西耳房用一块玉匾壁子，高一尺一寸五分，宽两尺四寸五分，蓝绫边在内，记此。于当日懋勤殿太监张得喜交御笔文本一件‘蕙兰居’，传养心殿西耳房殿内西间东墙门上用匾一面……蓝绫边一块玉壁子托钉挺钩挂，记此。油木作、匣裱作、铜鋄作呈稿。”[1]这份档案记载说明，咸丰元年（1851年）曾御笔“蕙兰居”一块匾，悬于养心殿西耳房。第一历史档案馆《清宫杂件（旧整）·匾联》第一百二十包中又记载有，这块“蕙兰居”匾到咸丰四年（1854年）被请下，咸丰皇帝将此匾赐给了云嫔[2]。查清宫档案，咸丰四年（1854年）云嫔居住在承乾宫，于是“蕙兰居”匾应是随其一同迁入承乾宫，悬挂于该殿内。通过以上二段档案的记载，说明咸丰元年（1851年）由内务府制作了一块“蕙兰居”匾，初始挂于养心殿西耳房（燕喜堂），后又移至承乾宫。因此可见，宫中匾联有时是随着宫殿主人的入住而移挂或更换其位置的。

2. 因宫殿修缮落架

修缮宫殿时，首先要将匾联请下，收存或修饰见新，当宫殿修缮工程竣工后，再挂归原处。据中国第一历史档案馆《清宫杂件（旧整）·匾联》记载：“养心殿东面楼下东墙南边向西请下御书挂屏一件。黄签：工俱完竣传挂。”[3]黄签的标注说明，当养心

1　《内务府活计档》胶片28。

2　云嫔为武佳氏，咸丰为皇子时，入侍藩邸。咸丰即位后，随皇帝入住钟粹宫。咸丰初年，赐号云贵人，二年册封为云嫔，移居承乾宫。

3　中国第一历史档案馆：《清宫杂件（旧整）·匾联》第122包。

殿修葺时，先请下室内御书匾联收藏，修葺后挂归原位。宫中也有修缮后未悬于原位的匾联，这种情况在档案中亦颇多记载。

3. 宫中重要节日匾联的悬挂与撤换

《清宫内务府造办处档案总汇》记载："清乾隆二十六年十一月十一日郎中白世秀员外郎寅着来说，太监胡世杰传旨：慈宁宫大殿现挂匾着摘下，挂在寿康宫大殿。再将殿内现挂壁子匾一面、对一副，另换锦边照样配做匾一面，仍挂殿内。钦此。……"[1]乾隆二十六年（1761年）十一月正是皇太后万寿节，万寿节之主为孝圣宪皇后。这位太后早年在雍亲王府邸做侧福晋，康熙五十年（1711年）八月庚午，生皇四子弘历即乾隆帝。雍正即位后，封为熹妃。地位次于乌喇那拉皇后、年贵妃、齐妃。但后来随着年贵妃、皇后逝世，齐妃之子弘时失帝意，其地位日渐升高。雍正八年（1730年）晋封为熹贵妃，成为雍正朝后期后宫统摄者。乾隆朝，弘历尊生母为崇庆皇太后，移居慈宁宫。档案记载，慈宁宫内匾联移挂至寿康宫，并更新慈宁宫匾联，正是恭逢圣母皇太后七旬大寿，乾隆二十六年（1761年）十一月二十日为皇太后加上徽号，于慈宁宫行礼，并设大宴。

（二）落架匾额的保管和现状

宫中匾联悬挂之后，内务府要定期进行检查，并记录在案，登记造册，称"糙单"。"糙单"详细记录匾额、楹联悬挂的位置、方向、尺寸、形制、材质、边框形式、残损状况，以及虫吃、破烂、破损、霉蚀等，一旦有残损现象便上报，之后便传"起揭活计单""摘撤活计单"，交内务府重新托裱进行翻新，有的在黄签上加标注"还挂原处"等。据史料记载，修复程序一般是："字着南书房翰林写，画如意馆画，写得用宝，交造办处成做，得时仍还原处贴挂。"[2]修饰完成后，还要下传"挂单"，才能挂归原位。

落架的匾额在宫中保管也有严格制度，一般匾额、楹联撤下交造办处，托裱一新后仍归挂原处。御笔匾联一旦变旧，则需要重新制作。凡为皇帝御笔的，不能随便处理，撤下后必须收藏于乾清宫东暖阁西面的龙箱之内，史料称"归乾清宫龙箱尊藏"。如档案中载："八月十四日范传旨：养心殿东佛堂北间北罩两边换，乾隆御笔字对，用字对一件。净长六尺一寸，宽七寸五分。一寸蓝绫边在外，用新宣纸，□底子格共享新宣纸四张，伺候上写，交造办处仍用旧壁子，托钉倒环。将换乾隆御笔字对一件，'瑞相迴超无色界；真铨微示息言律'，奉旨归乾清宫龙箱。"[3]

---

1 中国第一历史档案馆、香港中文大学文物馆：《清宫内务府造办处档案总汇》第26册，人民出版社，2005年。

2 前揭《清宫杂件（旧整）·匾联》第139包。

3 《宫中杂件》卷号2"匾联"124包。

匾联入库收存于造办处，皇帝要亲下谕旨。如“雍正六年三月二十六日，太监安义交来鹅黄缎织五彩龙边对二副，各长七尺五寸，宽一尺；匾二块，各长五尺五寸，宽二尺四寸。大红缎织五彩龙边对二副，各长七尺五寸，宽一尺。匾二块，各长五尺五寸，宽二尺四寸。……系李卫进传旨……今将此匾对交造办处收在一处。钦此”[1]。可知皇帝对匾联收存非常重视。

到清末时期，收存匾联的地方又增有懋勤殿。同治十二年（1873 年）养心殿接活单上：“燕喜堂殿西围房北三间，明间西格扇提装壁子上，向东御笔匾一面，‘惠如春’（玻璃），黄签：着懋勤殿收。”[2] 懋勤殿位于乾清宫西庑，月华门之北，宫中部分匾额楹联就收贮于该殿。

紫禁城内落架的匾联绝大多数再没有重挂的机会，这些匾联清末时被封存于造办处。1925 年清室善后委员会点查清宫物品时，对部分落架匾额、楹联进行过登记造册，但只占现存库房中匾联总数的 7.1%。在 1933 年出版的《故宫物品点查报告》中，登记在册有名称和地点的匾联更是寥寥无几。如编号为“海四五三”的一件文物，在报告中只记载为：“名称：带框张照书挂联，地点：南三所（西所后院）。”[3] 而大部分在报告中仅登记为：“造办处：纸壁、纸匾、对联一堆。”

20 世纪 60 年代中后期，故宫博物院陈列部将原状陈列在殿内的部分匾额、楹联、贴落、挂屏、斗方、春条撤下，收贮于文物库房。当时因社会政治大环境因素，仅以宣扬“封、资、修”的“罪名”就落架了几百件。其中“金屋瑶台”为四块斗方连在一起的匾，在同治十二年（1873 年）的档案中还有它的记载：“燕喜堂西围房南三间，南间东窗户杦枋上向西，御笔‘金屋瑶台’各一件，黄签：不请下。”[4] 该匾即于 20 世纪 60 年代被拆除封存于故宫大库内。当年考虑到开放路线的观瞻问题，保留了中轴线上绝大部分匾联，摘下的主要是养心殿、东西六宫、宁寿宫区域内的匾联。现库房中保存的匾联以养心殿、西六宫、东六宫及宁寿宫为主，少部分为延晖阁、寿康宫、钦安殿、毓庆宫、内阁公署、内务府公署等。

目前，这批落架匾额、楹联大部分残旧破损。为妥善保管这批匾联，古建部对其施行了抢救性保护，如按藏品形制与特殊尺寸，专门设计制作了木制文物柜和钢制文物架。木制文物柜主要收藏室内绵边壁子匾联及体积较小重量较轻的匾联；钢制文物架则贮存体积与重量超大的匾联，如凸雕云龙铜字木匾等。对其残损匾联还进行保护性包装，重新登记保管。

---

1 前揭《清宫内务府造办处档案总汇》第 3 册，第 58 页。

2 前揭《清宫杂件（旧整）· 匾联》第 123 包。

3 清室善后委员会：《故宫物品点查报告》第 8 册，第 414 页，线装书局，2004 年。

4 《宫中杂件》卷号 2“匾联”123 包。

二　故宫藏匾联的形制与分类

故宫博物院中的匾额、楹联形制多样，用料考究。在用料上，除了名贵木材外，还有铜镀金、玉、竹、丝织品、景泰蓝、玻璃等材质。匾额的边框种类亦繁多，有许多艺术雕刻及上等的丝织品边框。

仅从匾额来看，故宫的匾额虽然形式多样，但基本形式分为横匾与竖匾两种。还有一种异形匾，是在长方形匾的基础上，加以变化形成花式各异的匾额，故此统称为异形匾。

1. 横匾（表一）

（1）长方形匾：包括如意横匾、黑漆金字一块玉匾、绵边壁子横匾、浮雕九龙边框匾、金漆云龙浮雕地黑字匾、矩形匾等。

（2）异形匾：包括椭圆形、书卷形、凸字形、三环形、波浪形、扇形、蝴蝶形、多边形等匾。

表一　故宫具有代表性的横匾

	名称	图像	印鉴	匾边框形式与悬挂位置
长方形匾	如意横匾“吉祥门”(图一)		“咸丰御笔”款，满、汉两种文字	四边为如意花纹，悬挂于花园、东六宫、西六宫
	黑漆金字一块玉“古华轩”匾(图二)		无款	简朴大气，主要悬挂于花园、戏楼
	锦边壁子“颐神养寿”匾(图三)		钤“端康皇贵妃御笔之宝”款	常悬挂于室内，为双灯草线锦边壁子匾
	浮雕九龙边框“调和元气”匾(图四)		钤“乾隆御笔之宝”款	庄重华丽，珍贵精致，主要悬于宁寿宫区域

	名称	图像	印鉴	匾边框形式与悬挂位置
	贴金云龙浮雕地黑字“五福五代堂”匾（图五）		嵌“古稀天子之宝”印	木雕金漆云龙地黑字木匾，悬挂于宁寿宫区域景福宫内
异形匾	椭圆形“长春书屋”匾（图六）		印“乾隆御笔”款	造型独特，边框色彩鲜艳，悬挂于养心殿
	三页型手卷册页式“乐道堂”匾（图七）		额上三方“数点梅花天地心”“慈禧皇太后御笔之宝”“和平仁厚与天地同意”印钤	色彩明快淡雅，颇富书卷气，悬挂于体元殿西配殿
	四页手卷册页式“照天耀日”匾（图八）		“慈禧皇太后御笔之宝”“和平仁厚与天地同意”两方宝玺	造型新颖，主要悬挂于西六宫，位于储秀宫东配殿
	凸字形“高云情”匾（图九）		嵌“乾隆御笔”玉玺	边框雕刻精美，悬挂于漱芳斋后殿东侧
	三环形“道德堂”匾（图一〇）		“数点梅花天地心”“慈禧皇太后御笔之宝”“和平仁厚与天地同意”三方印章	边框有花雕刻，悬挂于翊坤宫西配殿
	波浪形“安处善”匾（图一一）		无款	锦边壁子纸匾，档案中载：安挂于燕喜堂西围房北三间北间隔扇门上

室内匾联使用最多的是锦边壁子匾，为室内匾联中最常见的一种。匾用木质格栅

制作，在匾心上装裱皇帝御书，边框为木质，其上装饰两条平行的灯草线，外包一层绫锦。双灯草线锦边是边框髹饰工艺的一种，灯草线以其细小的圆线形似灯草而得名，直径为1毫米左右，均匀笔直，其使用来自于明清家具的技法。此类匾体量轻，悬挂便捷，为宫殿内最简洁、使用最多者之一。清宫《活计档》常记有“双灯草线锦边在内（或在外）”。“在内”指的是匾额尺寸边包括在内，“在外”是说匾额尺寸不包括在内。

还有一种常见的横匾为“一块玉”式匾，即素面无边框匾者（表一：图二）。其特点是简洁明快，质朴大气，不施丹雘。如表“古华轩”匾是以名贵木质为底，上黑漆饰以贴金字或刻字描金。此类匾常用于紫禁城内花园及戏台，如宁寿宫花园的“遂初堂”、畅音阁的“阅是楼”匾，以及漱芳斋“升平叶庆”戏台等，即属此类。

体元殿东、西配殿分别悬有三页型手卷册页式匾额，匾形制作如同舒展开放的一本书，白漆髹饰绿字，色彩明快淡雅，颇富书卷气。此匾工艺方面可谓独具匠心，右首后福巧妙地做成书轴，中间后福做成书卷的波折，左首后福则做成书杆。在长春宫后殿清末时就使用手卷册页式匾额，有关东、西配殿在匾额档内有记载：“长春宫后殿东、西配殿手卷册页式匾，俱高二尺、宽五尺。”[1]这种形式至清晚期一直沿用，多挂于西六宫院落。储秀宫东、西配殿还有四页型手卷册页式匾额。

浮雕九龙边框匾（表一：图四），通常尺寸和重量都较大。浮雕云龙边框匾始于清初，乾隆时期普遍使用。《清宫内务府造办处档案总汇》载：“清乾隆十年正月初六日，绫金作：初五日内大臣海望交，御笔‘调和元气’黄绢本文一张，传旨：着做铜镀金字九龙边扁一面。钦此。将做得铜镀金字九龙边匾一面持赴内阁安挂讫。”[2]该匾心为石青色，内有“调和元气”铜镀金四个大字，匾的中心上方钤有“乾隆御笔之宝”玺，匾内左侧镶嵌一行铜镀金小字“赐内阁”，右侧为“乾隆九年十月初一日”（图四）。边框工艺精致，雕刻精美，龙身在云海中时隐时现。此匾当年悬挂于“太和门东庑，东南隅为内阁公署”[3]。繁缛的吉祥装饰则大兴于同光时期，此类匾额后宫较多，主要为宁寿宫与西六宫区域。

2. 竖匾（表二）

（1）如意云纹斗匾：如太和殿、中和殿、保和殿、乾清宫、坤宁宫、武英殿、文华殿匾等。

（2）云龙浮雕匾：包括九龙斗匾、七龙斗匾、五龙斗匾、四龙斗匾。

①浮雕九龙斗匾：有奉先殿、宁寿门、宁寿宫、皇极殿、养性殿、长春宫、体和殿、玉粹轩、符望阁匾等。

---

1 前揭《清宫杂件（旧整）·匾联》第139包。

2 前揭《清宫内务府造办处档案总汇》第13册。

3 （清）鄂尔泰、张廷玉等编纂：《国朝宫史》卷一一，第189页，北京古籍出版社，1994年。

②浮雕七龙斗匾：有储秀宫、翊坤宫、太极殿、倦勤斋、景祺阁匾等。

③浮雕五龙斗匾：有竹香馆、延趣楼、萃赏楼匾等。

④浮雕四龙斗匾：有养心殿、建福宫、抚辰殿、崇敬殿、重华宫、翠云馆、漱芳斋匾等。

表二　故宫具有代表性的斗匾

	名称	图像	款识	悬挂位置
如意云纹斗匾	如意斗匾（图一三）		无款	悬挂于故宫主要殿宇，如太和殿、文华殿等处
	云纹斗匾（图一四）		无款，满、汉两种文字	悬挂于宫中主要宫殿
云龙浮雕斗匾	浮雕九龙斗匾（图一五）		钤“乾隆御笔”印，满、汉两种文字	悬挂于奉先殿、宁寿宫区重要殿宇、西六宫长春宫及体和殿
	浮雕七龙斗匾（图一六）		印“慈禧皇太后御笔之宝”钤，满、汉两种文字	主要悬挂于西六宫储秀宫、翊坤宫、太极殿与宁寿宫区倦勤斋、景祺阁
	浮雕五龙斗匾（图一七）		钤“乾隆御笔”印，满、汉两种文字	主要悬挂于宁寿宫花园内竹香馆、延趣楼、萃赏楼
	浮雕四龙斗匾（图一八）		钤“乾隆御笔”款，满、汉两种文字	悬挂于养心殿、重华宫、漱芳斋等

竖匾，也称斗子匾或陡匾，在紫禁城内运用最为广泛，几乎每个宫殿前都悬挂此种匾额，亦称为殿匾。斗子匾又叫斗形匾，因其平放时，形状如同称粮食的衡器“斗”，故名。斗的底部为匾心，四帮为匾边，匾边是弯曲、对称、上有纹线的边口。斗匾在古代建筑中占有特殊地位，悬匾在修造宫殿中与上梁、合龙门一样重要，均需请旨恭办，焚香跪拜。《钦定大清会典则例》记载：“顺治十二年，又定：修造宫殿、竖柱、上梁、合龙门，悬匾，均请旨，遣大臣祭告。需用红花，户、工二部支给。”[1]可见清宫对斗匾安装是非常重视的。斗匾因边框工艺不同，又分为如意匾与云龙浮雕匾。如意匾是指匾的四周边框有如意纹或云纹，故宫前三殿与后三宫使用最为普遍。宋代李明仲在《营造法式》中对斗匾的制作称：“造殿堂楼阁门亭等牌（扁）之制，长二尺至八尺。其牌首（牌）横出者、牌带（牌两旁下垂者）、牌舌（牌面下两带之内横施者）……牌面：每长一尺，则广八寸，其下又加一分。”[2]这些规定与现存的匾额基本相似，匾额一般为长方形，斗匾尺寸以殿面大小而定。

云龙浮雕匾是在斗匾的基础上发展而来的，匾的四周髹饰精美，浮雕边框雕以姿态优美的云龙，翻飞于江山海崖之上，栩栩如生。浮雕罩以金漆，边框相对厚重，庄重华丽，珍贵精致。云龙浮雕斗匾于乾隆朝时在宫中已广泛使用。乾隆朝国力强盛，投入大量银两在紫禁城内大兴土木，修建了宁寿宫、建福宫及重华宫，奢华的云龙浮雕斗匾多悬挂于这几个区域。

雍正五年（1727年），弘历成婚后移居乾西二所。弘历登基后，将自己的“潜龙邸”乾西二所提升为宫。乾隆初年，弘历为其藩邸投入大量人力、物力加以修葺，并对其进行了整体改建，建筑规整，布局严谨，形成集宴赏、娱乐和休息为一体的活动区域。其内檐装修奢华，不惜工本。重华宫修葺完工后，乾隆非常重视各殿悬挂的匾额，无论在式样上还是内容上，都一一加以指示。乾隆十年（1745年）七月御笔书重华宫区域的匾额，谕旨：“铜作……重华门、葆中殿、浴德殿着做铜字金线斗子扁，其余（崇敬殿、重华宫、翠云馆）俱做铜字龙边扁。钦此。俱写满汉字。……”[3]令人费解的是，重华宫与漱芳斋的匾额均为四龙匾。按照封建制度，帝王居所一般都以奇数为吉，偶数在宫中很少出现。然而自乾隆朝始，却在皇帝活动最频繁最集中的养心殿、建福宫、重华宫区域，使用的是四条龙的匾额，颇令人费解。有说是自负至极的乾隆皇帝是在借这四龙匾暗喻自己为一条龙，四龙匾加他正身隐含而成五龙匾，这种抽象的寓意，大概可以算作乾隆皇帝的创新吧。

在紫禁城内改造规模最大的，是在乾隆三十六年（1771年）于紫禁城东部改造修建的宁寿宫全宫。这是乾隆皇帝为自己建造的太上皇宫殿，有谕旨“乃朕葺治为归政

---

1 乾隆《钦定大清会典则例》卷一二六。

2 梁思成：《梁思成全集》第七卷，第225页，中国建筑工业出版社，2001年。

3 前揭《清宫内务府造办处档案总汇》第13册。

后所居”[1]。这一区域内主要建筑匾额使用高雅华丽的云龙浮雕斗匾，上方正中心为坐龙，两侧为行龙，底边有坐龙及侧龙。该区域匾额分别为九龙匾、七龙匾、五龙匾。重要殿宇悬浮雕九龙斗匾，如宁寿宫、皇极殿、养性殿等；次之建筑为七龙斗匾，如倦勤斋、景祺阁等；花园内次要殿为五龙匾，如竹香馆、延趣楼、萃赏楼等。这类匾额都有共同的特色：状如斗匾，青色匾心，内镶满、汉两种文字，字有镏金、贴金、铜字等，边框厚重奢华，在匾心上部钤有“乾隆御笔”印玺。

3. 楹联的形式

楹联的形制相对简单，有长形、抱柱形、古琴形、钟表形等（表三）。多数楹联形式都是匾额的翻版，只有为数不多的特殊的古琴形、钟表形较为新颖。宫中有许多匾与联都是配套制作的，上为匾下有联，同时计设，同时制作。匾与联为同种工艺，形式与字体完全相同。

表三　故宫具有代表性的楹联

	名称	图样	内容与印章	悬挂地点
长型联	楠木浮雕云龙金地黑漆木字联（图一九）		“燕翼仰贻谋敛时五福；瓜锦征笃祜至于万年”，印有“古稀天子之宝”，压角章为“乾隆”印玺	悬挂于景福宫殿内（此联与“五福五代堂”匾额图样相同，匾与联配套制作）
	木刻边框八宝云纹印花墨字纸联（图二〇）	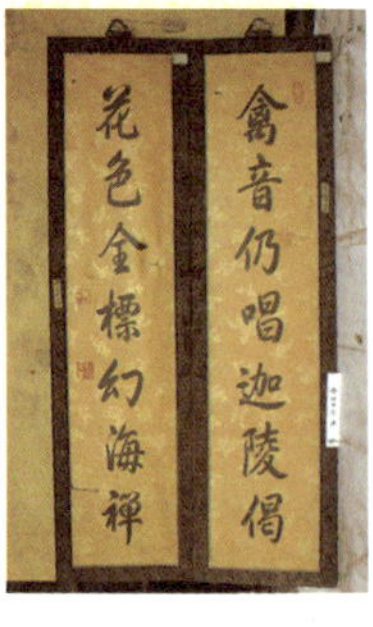	“禽音仍唱迦陵偈；花色金标幻海禅”，引角章“德日新”，压角钤“乾隆御笔”“所宝为贤”印	悬挂于宁寿宫乾隆花园玉粹轩北室

1　刘潞：《乾隆帝人生旅程的缩影——紫禁城建筑与乾隆之三》，《人民日报（海外版）》2006年11月10日第15版。

	名称	图样	内容与印章	悬挂地点
异型联	木框包锦边黄地墨字抱柱联（图二一）		“仁寿握乾符万国车书会极；中和绵鼎篆九天日月齐光”	悬挂于中和殿中隔扇柱子上
异型联	漆地填石绿字古琴形联（图二二）		“自喜轩窗无俗韵；聊将山水寄清音”	悬挂于漱芳斋后殿小戏台
异型联	楠木嵌玉字狭长钟表式联（图二三）		“八表山川征乐寿；重霄日月烛升恒”，钤“慈禧皇太后御笔之宝”印	悬挂于养心殿后殿

4. 匾联的边框形式

匾联除去“一块玉”素面无边框匾之外，大多都有边框。最常见的为锦边壁子匾联，为木质绫绵包边。其他材质匾联的边框花样繁多，古色古香（表四）。

表四　库存楹联、匾额边框种类

	名称及内容	图像	边框形式
楹联边框	台首章“德日新”、角章“所宝惟贤”“乾隆御笔”三款印玺“禽音仍唱迦陵偈；花色金标幻海禅”对联局部（图二四）		木刻凸雕云纹八宝边框
	“云从高处望；琴爱静时弹”金漆雕龙框五言对联（局部）（图二五）		木刻凸雕云龙纹边框
	台首章“德日新”、角章“所宝惟贤”“乾隆御笔”印玺“心田净洗金如水；鼻观清芬讵必莲”木刻万字纹边框粉底印花墨字七言对联（局部）（图二六）		木刻万字纹边框
	“咸丰宸翰”“慎厥修”款“三身具足根尘外；万法齐归愿海中”八宝喜字蝙蝠边框阴刻涂金七言对联（局部）（图二七）		木刻八宝喜字蝙蝠边框
匾额边框	道光三十年十二月十三日“道光上谕”木刻匾（局部）（图二八）		木刻拐子龙纹边框
	“尽善尽美”雕花雕字涂金木匾，嵌有“音伦”款（局部）（图二九）		木刻凸雕群花边框
	乾隆御笔“神枢景福”木刻回纹边框黄地墨字纸匾（局部）（图三〇）		回纹边框
	康熙书“四星容华”木刻草龙边框匾（内容残破）（局部）（图三一）		木刻夔龙边框草龙边框

	名称及内容	图像	边框形式
匾额边框	乾隆御笔“随安室”镂刻绳纹边框黄地墨字纸匾（局部）（图三二）		镂刻绳纹边框
	“邕芳旁布”双灯草线绵边壁子匾，“与日俱新”印玺（局部）（图三三）		双灯草线绵边框

匾额、楹联往往根据建筑物的大小、状貌和格局设定，并与建筑融为一体，成为传统建筑文化中不可或缺的组成部分。边框包含了色彩、雕镂、髹漆等工艺，即在匾心四周边框上进行雕画创作。如四角及下边框正中各为一只蝙蝠，上边框正中为一“寿”字，寓意“五福捧寿”；还有在匾边框上下中部雕一“吉”或“喜”等字，寓意“吉祥喜庆”。宫中的木质长方形匾，数量巨多，边框形式也有多种，常见的有万字不到头边框，即在匾边上饰以连续的“卍”字形装饰花纹，借“卍”四端伸出，连续反复而绘成各种连锁纹式，用其谐音寓意“连绵不断”；在“卍”字边添加圆形或方形的各种吉祥图案，加饰“寿”“喜”字，为“万寿万喜”边框；此外还有万福万寿边、竹寿长春边、竹桃边、竹梅边、蝠桃边、寿桃边、寿字边、回纹边、福禄寿禧纹饰等。匾额与楹联制作工艺精湛，在建筑中起到画龙点睛之效，使本已金碧辉煌的宫殿更显得庄重灵动，光彩夺目。

5. 匾联的制作

匾联制作先由皇上御书匾与联文辞，由内务府的苏州织造与宫中木作承担，另外宫中裱作、如意作、漆作、铜作、雕銮作等也参与合作。由于苏州制作的匾联运至北方常会出现干裂，到清中期之后，基本上由宫中油木作、匣裱作、铜鋄作承办。

有些重要的殿宇在制作匾联之前，首先设计图样。图样有多种，有的是匾额悬挂方位图。如：清工部样式房制墨绘纸本小图，故宫藏“圆明园西路极乐世界、涵远斋、紫碧山房，北路四宜书室、鱼跃鸢飞等匾额小样”（图三四），详细记录各殿匾额方位。还有的图样是匾联制作前，由清如意馆绘制的匾联小样。匾联尺寸，匾心字体、间距、格式都有详细的规定，边框尺寸，雕刻花纹样式、宽细、深浅。使整体画面均衡美观。

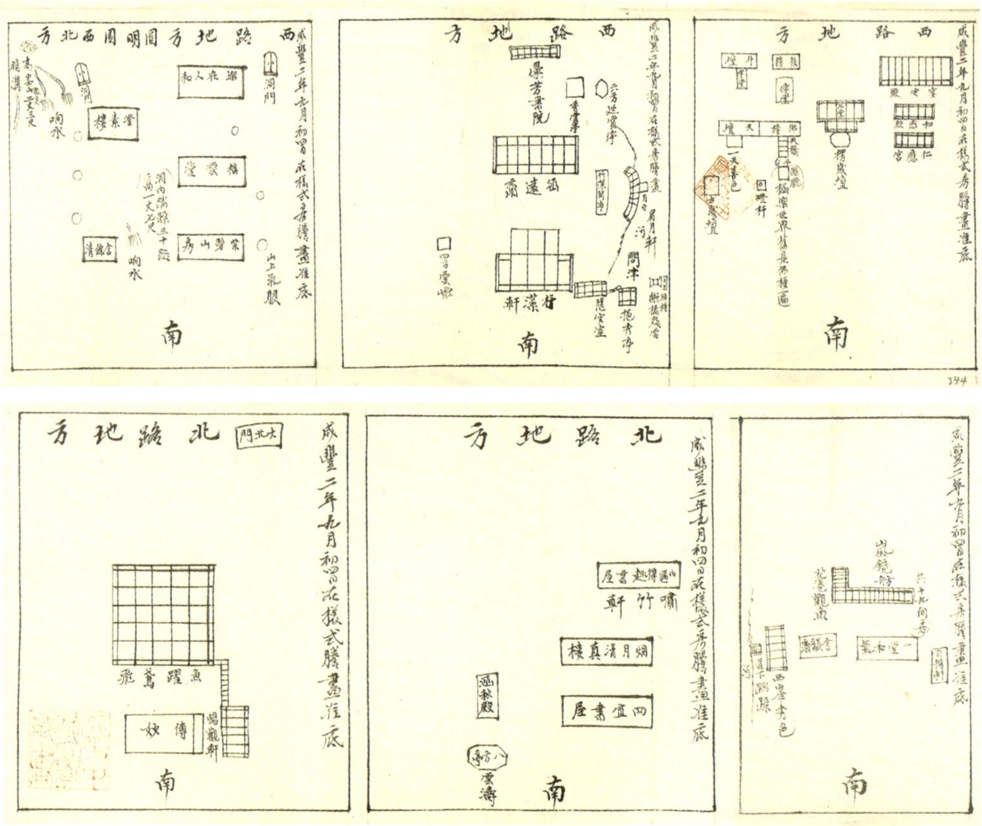

图三四　圆明园西路极乐世界、涵远斋、紫碧山房，北路四宜书室、鱼跃鸢飞等地匾额小样

如故宫博物院图书馆藏“大宫门仪銮殿各座等匾额对联尺寸花样等图样”，图样注释详细，不仅有精美图样，每一张图样都有文字标识[1]（图三五）。如：

仪銮殿匾额一方，宽五尺五寸，高二尺五寸，周围边宽二寸，雕刻百寿万年深细花样。

对联二副，宽一尺五寸，高八尺四寸，周围边宽二寸，雕刻百寿万年深细花样。

东西配殿匾额各一方，宽四尺八寸，高二尺四寸，周围边宽二寸，雕刻百寿万年深细花样。

……

仪銮殿院内各殿宇匾联边框雕刻都不同，其他配殿边框还有石榴、桃、佛手爪等花样。皆由样式雷按比例绘制，图样标明匾额、楹联上各处细节，标注清晰。

1　故宫博物院图书馆藏：雷式图样——仪銮殿。

图三五　大宫门仪銮殿各座等匾额对联尺寸花样等图样

三　清代宫廷匾额的内容与发展

紫禁城的匾额、楹联大都出自皇帝御笔，其中不乏知名臣僚们所题。内容无外乎歌颂性、祝福性、思想性、教育性等文字。

匾联题写大至分为两个高峰期。一为康雍乾时期。这时国力强盛，紫禁城内大修并添建宫殿。康乾时代匾联的撰写主要源自皇帝个人情感的自由发挥。尤其是乾隆皇帝更是喜爱舞文弄墨，将自己的儒家思想及对汉文学的热爱，集中地展现在匾联上。乾隆帝书法师承赵、董，用笔方中带圆，刚中带柔，结字茂密洞达，笔墨流畅。

第二个高峰期为同光时期。这时期的皇帝在才学上赶不上他们的先辈，因而翰林代笔成为主要模式。养心殿、宁寿宫区域的匾联许多出自光绪帝、慈禧太后和翰林大臣之手。光绪帝的书法用墨饱满，用笔稳重，结构工整。慈禧太后爱热闹，喜吉祥，盼长寿，她的题写多有生活气息。还有一些出自大臣之手。潘祖荫书法功底深厚，旷达高古，有魏碑的强劲；其他有张百熙的刚柔相济，陆润庠的清华朗润，袁励准的苍劲雄浑，徐郙的朴拙灵秀。内容上大都是歌功颂德，并没有个人思想的体现，表现的主要还是书法艺术造诣。西六宫钤慈禧太后的匾联书体基本相同，慈禧御笔匾联主要是他人代笔，大多数是缪嘉蕙所作。

钤印篆刻艺术在匾联中的运用增强了帝王尊贵感和权威性，使得匾联在古代建筑中更加醒目，意蕴更加丰富。匾额款识有上款与下款印章。上款最初印玺钤盖在匾额上方正中，后发展为二枚、三枚、四枚。使用三或四枚印章时，印章的大小相同，在意蕴上相互呼应；下款印章一般为一至二枚，称为落款章。楹联款识包括台首章（引首章）与压角章，台首章为一枚，压角章为二枚。台首章以艺术印为主，形式有葫芦形、桃形、椭圆形、长方形等；压角章为两方形或天圆地方形。款识对匾额、楹联的鉴定

图三六　乾隆天圆地方压角章

图三七　光绪天圆地方压角章

图三八　"正谊明道"匾

和解读非常重要，而且随着题款文字的不断增多，其中所包含的内容也越来越丰富。

匾额上部正中嵌钤一枚，如“康熙御笔之宝”“雍正御笔之宝”“乾隆御笔之宝”“嘉庆御笔之宝”等，凡一方宝玺都为清代帝后玺印。在紫禁城中一方印匾额使用最普遍。乾隆首创额章三方并列形式，即“与物皆春”“乾隆御笔”“敛福宜民”，到慈禧时尤为突出扩大到多数匾额。如库房收贮的“鸿庆远畅”匾，上方并列三钤“数点梅花天地心”“慈禧皇太后御笔之宝”“和平仁厚与天地同意”一阳二阴布局。

楹联用印形式多样，右侧联有引首印章，左侧联最为常见的为压脚章，以两方联用布局，上方为阳文圆形，下方为阴文方形，称为天圆地方。乾隆有一方他独创的印章，上方阳文以圆形八卦中的“☰”代表“乾”字，玺边框为龙纹。下方阴文为方形的“隆”字，玺边框为“万”字形，颇具艺术气息（图三六）。同治时期仿其祖辈在钦安殿斗坛上悬“百神永降无疆寿；万古长嘉有庆人”对联，压角印“同”“治”天圆地方组玺。光绪帝在养心殿后殿东次间北墙上，挂一副对联“精一道成千古治；执中业裕万年基”，钤有天圆地方压角章“光”“绪”组印（图三七）。慈禧太后常用的天圆地方压角章，分别为“海涵春育”“知乐仁寿”两方闲章。慈禧皇太后仿效乾隆帝，在形式上发展到所有楹联上钤印玉玺章记，她还首创匾额上方连用四方印玺。原本属于书画的印章篆刻到清代达到鼎盛，其审美意义超过单纯的实用功能而成为一独门艺术。

古建部文物库房中匾额最有特色的是“正谊明道”匾（图三八），此匾应为漱芳斋中悬挂的，在什么时候被请下的已不得而知。《国朝宫史续编》载：“漱芳斋斋中悬高宗纯皇帝御笔扁曰：‘正谊明道’。”[1]这块“正谊明道”乾隆御笔匾，“谊”字上面缺“点”笔，“明”字左边多“横”笔，极具特色。解说各有版本，一说是避讳；一说是乾隆特有的点睛之笔；另有一说此乃书法的一种笔体，类同通假字。

1 （清）庆桂等编纂（左步青校点）：《国朝宫史续编》卷五六，北京古籍出版社，1994年。

结论

匾额是悬挂在宫殿明间檐下的题字，是古代建筑装饰的元素之一。东汉许慎《说文解字》中称："扁，署也，署门户之文也。"[1]就是说在门户上方题字，以作建筑的标记。唐代已有人"匾于小亭"，大概是为了识别建筑。宫、殿、门、亭、台、楼、阁、斋、堂、轩等处门额之上所书大字，均称匾额。

楹联是挂在明间檐柱或金柱等处的对联，据说肇于五代之桃符。宋代张唐英《蜀梼杌》载："蜀未亡前一年，岁除日昶令学士辛寅逊，题桃符板于寝门，以其词工，昶命笔自题云'新年纳余庆；嘉节贺长春'。"[2]这十字联基本可以说明楹联始于后蜀。宋代用匾联已经是一种普遍的风俗，这时文人墨客在居处立上一匾，已不仅是取名、装饰门面，而是要创造一种清新高雅的境界，给人一种"入门见扁已不凡，推窗纵观清可掬"[3]的感觉。明代为匾联兴旺发达时期，开国皇帝朱元璋对楹联更是爱慕有佳，不仅自己喜爱写楹联，而且下谕旨，推广楹联。到了清代楹联应用达到极致，楹联成为皇宫建筑物典雅的装饰品，高度凝聚诗词的品格和韵味，表达作者的思想和感受。

当楹联广泛应用时，匾额与楹联相互配合，形成互依互存、相辅相成的修辞关系。清宫匾额、楹联从内容上看，多以皇帝的思想行为、道德规范等为主体，有选择性地摘录古典文句。这些匾额、楹联都与宫殿的用途和封建帝王治国安邦的思想紧密相连。匾与联不仅有外观上的美感，而且文字精练凝重，内涵雅致深邃，是我国传统建筑中不可多得的艺术珍品。每一件作品都切景切题，极承传达旨趣、升华宫殿意境之作用，具有历史的、人文的和审美的价值，是传统建筑不可缺少的艺术元素，往往可以起到画龙点睛的作用。

故宫匾额、楹联在内容上有的是治国方计，有的则是儒家思想的具体体现。它们集中记载了当时皇宫的政治、思想、文化以及生活现象。深度研究与分析这些匾联，将会有助于更真实、更准确地了解和再现紫禁城文化的博大精深。

原载《故宫博物院院刊》2010年第4期

1 张自中：《匾额——中国传统文化的奇葩》，《文史杂志》2001年第1期。

2 （宋）张唐英：《蜀梼杌》下卷，《钦定四库全书·史部》。

3 （元）张宪：《题竹雪斋》。

乾隆时期地方制作宫廷建筑内檐装修的特点

张淑娴

内容提要：乾隆时期皇宫建筑的内檐装修形式多样、技艺精湛，装饰风格变化鲜明。乾隆一朝，宫廷在地方定制了大量的内檐装修，从广州到苏州及扬州，反映出乾隆时期内檐装修风格的变化。本文通过档案记载和现存装修实物的考察，结合地方装修工艺的特点和乾隆皇帝审美取向的变化，分析了各地为皇宫制作内檐装修的艺术特点。

关键词：内檐装修　档案　乾隆皇帝　粤海关　苏州织造　杭州织造　两淮盐政　审美取向

乾隆时期，各地利用材料优势、技术力量以及中央和地方财政支持，为宫廷提供了大量所需物料，如江西是御用瓷器的供应地，三织造是御用织绣的生产地，粤海关为皇宫提供珐琅、玻璃、家具等器物，苏州、扬州为宫廷制作玉器，扬州还为皇宫制作漆器等。在宫廷建筑内檐装修中，除内务府制作的部分，各地也为宫廷定制部分精美的装修，但由于故宫博物院院外学者不掌握更多的故宫内檐装修的资料，装修本身亦随着时代的变迁在使用功能上发生很多变化，为研究工作增加难度，至今未有学者进行深刻地研究。拙文《扬州匠意：宁寿宫花园建筑内檐装修》[1]，以扬州为宁寿宫花园制作的内檐装修个案为例，试对地方制作的宫廷装修流程进行了研究。本文则试图通过大量的档案资料与现存的实物相对照，对乾隆时期地方制作的内檐装修进行梳理，概括出一般规律，并就其工艺、艺术特色及其反映出的宫廷文化背景作一论述。

一　地方制作宫廷内檐装修之史料整理

清代档案遗存浩繁庞杂，记录宫殿建筑工程的档案主要集中在内务府的各类卷宗

作者：古建部，研究馆员。

1　故宫博物院等：《宫廷与地方：十七至十八世纪的技术交流》，第 123 ~ 168 页，紫禁城出版社，2010 年。

中，为我们研究宫廷建筑提供了大量珍贵资料。从档案查找的情况看，乾隆年间内务府之外各地方承办宫廷装修活计，主要集中在三个地区：粤海关所在地广州；以苏州织造所在地苏州为主、包括江宁和杭州的江南地区；两淮盐政所在地的扬州。

乾隆时期的档案中有关粤海关制作宫廷内檐装修的记载主要有：

> 乾隆十年七月二十一日，司库白世秀来说，太监胡世杰传旨：重华宫仙楼上下隔扇、横楣、栏杆、裙板、绦环，俱着画宋龙样呈览，准时交粤海用紫檀木成做，其堂子交苏州用月白地透缂丝花树鸟花纹。钦此。于本日，司库白世秀将画得宋龙隔扇、横楣、栏杆、裙板、绦环纸样持进，交太监胡世杰呈览。奉旨：隔扇、横楣、栏杆、裙板、绦环，俱照样准两面做，交粤海用紫檀木成做，其堂子用月白地透缂丝花树鸟花纹，照样准交苏州成做。钦此。[1]

> 乾隆十四年正月初八日，司库白世秀来说，太监胡世杰传旨：正宜明道（按：正宜明道即漱芳斋前殿）内着做紫檀木隔扇三槽，其心子要万蝠流云，裙板内雕宋龙，仍用旧绣片，先画样呈览，准时交粤海关成做。钦此。于本月十三日，司库白世秀将画得坐龙隔扇纸样一张、行龙飞罩纸样一张持进，交太监胡世杰呈览。奉旨：照样准做坐龙隔扇。钦此。于十五年四月二十三日，员外郎白世秀、库掌达子，将粤海关送到正宜明道东西北隔扇三槽、飞罩横披一槽持进，交太监胡世杰呈览。奉旨：着照谊情书史斑竹隔扇上铁鋄金鹅项硼坎拔浪面叶等往细致里照样成做。钦此。[2]

> 乾隆十四年正月初八日，司库白世秀来说，太监胡世杰传旨：重华宫东西两边着做紫檀木隔扇二槽，心子要万蝠流云、裙板雕宋龙，其绣片照正宜明道隔扇上绣片一样绣做，要米色地，先画样呈览，准时隔扇交粤海关成做，锈片交南边绣做。钦此。于本月十三日，司库白世秀将画得万蝠流云裙板雕宋龙纸样一张、博古隔扇纸样一张持进，交太监胡世杰呈览。奉旨：照博古隔扇样准做，横楣要三个堂子。钦此。[3]

1 《清宫内务府造办处档案总汇》（以下简称《总汇》）第 13 册，第 723 页，人民出版社，2006 年。

2 前揭《总汇》第 17 册，第 96 ～ 97 页。

3 前揭《总汇》第 17 册，第 97 页。

此外，粤海关还为圆明园清晖阁、奉三无私[1]、西洋水法房[2]，静明园华滋馆[3]等处制作了大量的内檐装修。粤海关为宫廷制作内檐装修的时间基本上集中在乾隆十年至三十年（1745～1775年）之间，其中乾隆二十年（1755年）以后是延续之前为宫廷制作的装修，此后的记录减少，宫廷装修的制作地转向江南地区。不过，乾隆一朝，粤海关一直为宫廷建筑装修服务，乾隆五十二年（1787年）仍向宫廷进贡少量装修[4]。

苏州则一直为宫廷制作匾联和建筑装饰中使用的缂丝、织绣作品等。乾隆十四年（1749年），档案中首次出现江南为清宫制作装修的记载，二月记事录："二十日，司库白世秀来说，太监胡世杰传旨：新做落地罩他萨矮了，着改做与明间下坎一般高。再柏木到底不好，嗣后如做罩隔扇时，交南边用竹穰子做心子、紫檀木边框送来，在京内成做镶嵌石子。钦此。"[5]档案中的"南边"没有指明确切地点，从档案记载习惯上可以认定是苏州、杭州等江南地区。此后苏州制作的装修记载逐渐增加。

> 乾隆二十一年四月行文，二十九日，员外郎白世秀、金辉来说，太监胡世杰交雕竹心漆挂屏一件，传旨：将清晖阁西梢间宝座后方窗尺寸量准，发给安宁（按：安宁时任苏州织造监督）处成做。其边框要照伊所进竹丝格柜门之边框花纹一样，心子要透亮竹丝蒙的蒙上，按交出漆挂屏心内竹式花纹画给，用竹子成做，到时将现安窗户拆下换上。钦此。于五月初三日，员外郎白世秀、金辉，将画得窗户纸样一张持进，交太监胡世杰呈览。奉旨：大边准照竹式花纹成做，其心子内山石竹子要一面成做。钦此。于十一月初七日，郎中公义、穆隆阿，将瑞保送到清晖阁竹窗一件持进，交太监胡世杰呈览。奉旨：着送往清晖阁安装。钦此。[6]
>
> 乾隆二十一年十一月行文，初八日，郎中白世秀、员外郎金辉来说，太监胡世杰传旨：凝辉堂现安方窗一扇，着将尺寸量准画样呈览，准时交安宁照新做来清晖阁铜丝竹窗一样，成做送来。钦此。于本月二十一日，郎中白世秀、员外郎金辉，将画得凝辉堂方窗小纸样一张持进，交太监胡世杰呈览。奉旨：准发于安宁，照样往文雅里放大样成造。钦此。[7]

---

1 中国第一历史档案馆藏：《军机处录副奏折》乾隆二十八年六月初四日庚寅"粤海关监督尤拨世呈为成做圆明园紫檀装修格扇等项事"，缩微号079—1308。

2 前揭《总汇》第18册，第425～426页。

3 前揭《总汇》第21册，第456页；第21册，第457页。

4 前揭《总汇》第50册，第43～44页。

5 前揭《总汇》第17册，第178页。

6 前揭《总汇》第21册，第764页。

7 前揭《总汇》第21册，第769页。

于乾隆二十八年五月十九日，接奉兵部加封办理军机处大人文开：乾隆二十八年五月初七日，经内务府大臣三（按：指三和）等将圆明园内奉三无私、乐安和、怡情书史、清晖阁内檐装修样四座呈览，奉旨：照旧式紫檀成做者，仍交广东成做；湘妃竹成做者，交苏州成做。钦此。本月十二日，将应做湘妃竹装修画样呈览，奉旨：即交该处作速成做。钦此。钦遵。今将应做湘妃竹装修画样十五张，俱开写长短宽厚尺寸并营造尺一杆，一并发往苏州织造校对明白详细，敬谨照样成做，务期八月十五日前送到安装，不可有误。等因到苏。当经前任织造萨载照依来样购办物料，鸠工攒做，今俱完竣。于七月初五日由水路赶解进京，除备文呈送圆明园工程处应用外，相应呈明。为此，具呈。[1]

此外，苏州还承担了一些宫廷零星装修[2]，江南的杭州[3]等地也为宫廷承办少量的装修构件。乾隆三十五年（1770年）后，苏州制作的装修逐渐减少。档案中仅见于乾隆三十六年（1771年）淳化轩西间“现安南来竹子包镶落地罩”[4]。

扬州也是宫廷器物的重要制作地点之一。扬州为宫廷制作装修，乾隆三十四年（1769年）始见，称“两淮送到怡情书史斑竹横楣十扇”[5]。此后扬州成为宫廷装修的主要制作地。乾隆三十七年（1772年）修建宁寿宫，宁寿宫花园建筑的内檐装修基本上都是由扬州承做。

乾隆三十九年四月初四日。奴才李质颖（按：李质颖时任两淮巡盐御史）谨奏：为奏闻事。窃奴才于上年六、七等月，接奉内务府大臣英廉等寄信，奉旨交办景福宫、符望阁、萃赏楼、延趣楼、倦勤斋等五处装修并烫样五座、画样一百三张等因到扬。奴才随即遴派熟谙妥商选购料物，挑雇工匠，择吉开工，上紧成造。奴才不时亲身查视，详慎督办，今已告成。奴才逐件细看，包裹装船，于四月初四日开行，专差家人小心运送进京，除备文并造具清册呈送工程处逐件点收，听候奏请安装外；敬将装修五分镶嵌式样雕镂花纹绘图贴说，先行恭呈御览。谨缮折具奏，伏乞皇上圣鉴。谨奏。

乾隆三十九年八月初一日。奴才李质颖谨奏：为奏闻事。……又于三月二十四日，接奉总管内务府大臣英廉发到遂初堂内檐装修烫样一座、画样五张、

1　中国第一历史档案馆藏：《军机处录副奏折》乾隆二十八年七月初五日庚申“署理苏州织造高恒成为承做圆明园湘妃竹装修物件完竣送京事”，缩微号079—1321。

2　前揭《总汇》第19册，第393页；《总汇》第22册，第611～612页；《总汇》第27册，第459页。

3　前揭《总汇》第22册，第736页。

4　前揭《总汇》第34册，第444页。

5　前揭《总汇》第32册，第358页。

营造尺一杆。寄字内开：奉旨着交两淮盐政李质颖成造。钦此。奴才随即选购料物，挑雇工匠，择吉开工，上紧成造。奴才不时亲身查视，详慎督办，今已告成。奴才逐件细看，包裹装船，于八月初一日开行，专差家人小心运送进京。除备文造册呈送工程处造办处查收，听候奏请安装外，敬将镶嵌式样雕镂花纹分别绘图贴说，先行恭呈御览。谨缮折具奏，伏乞皇上圣鉴。谨奏。[1]

乾隆晚期，两淮盐政征瑞为圆明园定制室内的雕漆隔扇[2]；嘉庆年间，两淮盐政为圆明园竹园和接秀山房装修，承办紫檀和“周制”装修大小四百余件[3]。

通过整理乾隆时期的内檐装修档案，发现一个很有趣的现象，即乾隆时期地方制作宫廷装修因时间而产生的地域性变化非常明显：乾隆十年（1745 年）出现粤海关制作的装修后，至二十年（1755 年），基本上都是广州一地为宫廷制作内檐装修；乾隆二十年（1755 年）以后，虽然粤海关继续为宫廷制作内檐装修，同时出现了江南制作的新式装修，并且数量逐渐增加，直至乾隆三十五年（1770 年）左右，制作地点是以苏州为主，江宁、杭州也承担少量的活计；三十五年（1770 年）以后，宫廷的装修活计又改由扬州承担。

产生这种现象的原因与清中期这些地方木装修技术的发展和工艺特色以及乾隆皇帝的审美取向是分不开的。地方成熟精湛的装修工艺为宫廷装修的制作提供了扎实的技术基础，乾隆皇帝的审美取向决定了对地区工艺的选择并造成了宫廷装修风格的变化。

二　清代中期地方装修的工艺特色

乾隆时期，由于生产和经济的发展，全国各地的建筑业迅速推进到一个新的阶段，各地的建筑及其装饰特征越来越鲜明，内容越来越丰富。广州、苏州、扬州等地的内檐装修技术发展迅速且具有自己独特的风格。

1　李质颖“交办景福宫、符望阁、萃赏楼、延趣楼、倦勤斋等装修事”，《宫中档乾隆朝奏折》第三十五辑，第 179 ~ 180 页，台北故宫博物院印行。“李质颖为奏闻事”，《宫中档乾隆朝奏折》第三十六辑，第 219 页，台北故宫博物院印行。此外，“（两淮盐政）李质颖奏请陛见并交卸盐政印务事”，中国第一历史档案馆藏：《乾隆朝汉文录副奏折》，档号 0133—091。缩微号 009—1937—1938。《活计档》胶片 128，“乾隆三十九年十一月二十二日，记事录”。诸多档案都记录了此次活计的承办。

2　朱家溍：《清代造办处漆器制作考》，《故宫博物院院刊》1989 年第 3 期。征瑞于乾隆五十二年左右任两淮盐运使，这批雕漆装修应该制作于乾隆五十二年左右。

3　（清）钱泳：《履园丛话》卷一二“艺能·周制”，第 322 页，中华书局，1997 年。

图一　广州陈家祠堂屏门

图二　广州梁园隔扇门

（一）广州样

广州是岭南建筑的代表地。由于地域和气候的特点，岭南的传统建筑采用大面积的门窗装修，内部隔断也使用通透的木装修手法，木装修工艺在广东建筑中具有重要地位。

清初的广州，硬木制作刚起步，还没有形成自己的风格，屈从于“苏州样”[1]，但做工已达“穷工极巧”[2]。经过康熙、雍正朝的木器工艺的发展，又加上西洋建筑装饰的影响，到乾隆时期，在广州形成自己的有别于京、苏的“广州样”。

广州是贵重木料的主要集散地，南洋各国的优质木料多经由广州进口，原料充裕。“广州样”在用材上很讲究木质的一致性，一般一件装修都是由一种木料制成，且使用贵重木材，如紫檀木、花梨木等。为了充分显示优质硬木的纹理、质地和光泽之美，广州木器在制作时不油漆里、上面漆，不上灰粉，打磨后直接揩漆，呈现木质的色泽和纹理。

装修中的隔扇，为了采光与透气，隔心用棂条组成各种图案，或施以双面透雕，图案多取自历史故事、民间传说，如渔樵耕读、福寿吉祥等，纹饰细致、繁密，裙板和

1　杨伯达：《从清宫藏十八世纪广东供品管窥广东工艺的特点与地位》，《中国古代艺术文物论丛》，第353页，紫禁城出版社，2002年。

2　（清）李渔：《闲情偶寄》卷四“器玩部·箱笺篋笥”，第165页，延边人民出版社，2003年。

绦环板施以简单的剔地雕刻，主题多为博古花鸟（图一）。落地罩、挂落等装修，通体透雕，海水龙凤、缠枝花卉等连绵不断，并吸收了外来纹饰，创造了花样多变的华丽的装饰纹样，具有巴洛克纹样特点。装修雕刻手法受西洋影响，浮雕、透雕纹理深厚、浑圆。另一方面，由于西方的珐琅、玻璃等产品的引进，广州装修制作上善于综合运用珐琅、玻璃、象牙、镀金、錾铜等技艺，具有绚丽的风格（图二）。

广州装修具有质地厚重、纹饰繁密、雕刻深厚、打磨精细的特点。

（二）苏州样

苏州建筑有悠久的传统，形成以木匠领衔的“香山帮”，并赢得了“江南木工巧匠皆出于香山”的盛誉。在苏州，专门营造门窗、挂落、栏杆等装折的工匠称为“窗格匠”，《营造法原》中提到的“花作”也是指制作装折的师傅。

苏州人特别讲究居住空间的完美，注重室内装修和布置，如明代计成在《园冶》中所谓：“曲折有条，端方非额，如端方中须寻曲折，到曲折处还定端方，相间得宜，错综为妙。”[1]并在“装折”和“栏杆”两部分中，对屏门、仰尘、户隔、风窗、栏杆等进行了描述[2]。明代文震亨在《长物志·室庐》中也记载了门、窗、栏杆、照壁的样式。这些著作反映了苏南地区当时的“流行风尚”，也说明江南地区在明代室内装修已非常盛行。发展到清代，苏州地区的内檐装修种类更加丰富，有落地罩、碧纱橱、飞罩等形式，还有各式门窗等装修。

苏州地区建筑内檐装修，门窗隔罩的隔心用棂条拼接成灯笼框、万字锦以及柳条纹、冰裂纹、梅花纹等图案（图三）；隔扇、落地罩裙板，大多纹饰简单，以植物花鸟为主，雕刻细腻精致、简洁雅致，如苏州狮子林燕誉堂落地罩（图四）。飞罩纹饰采用梅兰竹菊、缠枝花卉等图案，雕刻玲珑剔透，运刀含蓄，风格润厚清逸。

苏州内檐装修采用各类硬木，如黄杨木、红木、紫檀木、花梨木等，不髹漆，保持木质本色。因清代贵重木料缺乏，在苏州制作木器中出现包镶做法，装修骨架使用稍微差一点儿的木质，表面用好木料做成薄板粘贴，或用其他质地的材料拼贴，如用湘妃竹贴面或细竹丝编织图案粘贴，造成意想不到的效果。苏式木器发展到清代中期，包镶技艺已达到炉火纯青的地步。

苏州的建筑装修做工精细，风格柔和、典雅。苏州建筑以文震亨“宁古无时，宁朴无巧，宁简无俗，至于萧疏雅洁”的美学思想和计成“构合适宜，式征清赏”的结构美学结合而成，崇尚“简洁”“高雅”“古朴”的艺术风格。虽然明代自嘉靖、万历以后，随着市民文化的兴起，简约的审美趣味逐渐让位于繁复雕琢的时尚追求，建

1　张家骥：《园冶全释》，第 246 页，山西古籍出版社，2002 年。

2　前揭《园冶全释》，第 206 ～ 274 页。

图三　苏州网师园“看松读书轩”方窗

图四　苏州狮子林燕誉堂落地罩（图片采自《中国江南古建筑装修装饰图典》）

筑装修的风格受到社会风尚的影响，逐渐趋于奢华、繁缛，但根深蒂固的文化传统不会轻易改变，飘逸高远的文化内涵一直是苏南文化的核心，因此苏南形成了古雅与华美并存的文化现象，这种文化的矛盾性一直影响着苏南建筑小木作的表现形态，使之清雅与华丽兼而有之[1]。

（三）扬州样

扬州是江南建筑的后起之秀，其建筑技术自明代中叶以后逐渐发展。清代两淮盐政设立在扬州，盐商巨贾云集，商业繁荣，城市发展，建筑业迅猛发展，钱泳称，“造屋之工，当以扬州为第一”[2]。

扬州的富家宅第和园林建筑，室内装饰极尽奢华，用各种名贵材料甚至西洋玻璃、钟表加以装饰。清李斗《扬州画舫录》曾记载：“江园……怡性堂……栋宇轩豁，金铺玉锁，前敞后荫。右靠山用文楠雕密箐，上筑仙楼，陈设木榻，刻香檀为飞廉、花栏、瓦木阶砌之类。左靠山仿效西洋人制法，前设栏楯，构深屋，望之如数什百千层，一旋一折，目眩足惧，唯闻钟声，令人依声而转，盖室之中设自鸣钟，屋一折则钟一鸣，

1　石红超：《苏南浙南传统建筑小木作匠艺研究》，第 99 页，东南大学硕士学位论文，2005 年。

2　前揭《履园丛话》丛话一二“艺能·营造”，第 326 页。

关捩与折相应。外画山河海屿，海洋道路。对面设影灯，用玻璃镜取屋内所画影。上开天窗盈尺，令天光云影相摩荡，兼以日月之光射之，晶耀绝伦。……翠玲珑馆，小池规月，矮竹引风，屋内结花篱，系用赣州滩河小石子，甃地作连环方胜式。”至于布置巧妙，“丛碧山房……壁间挂梅花道人山水长幅，推之则门也，门中又得屋一间，窗外多风竹声，中有小飞罩，罩中小棹，信手摸之而开，入竹间阁子”[1]。

伴随着建筑业的发展，建筑内檐装修相应得到发展，聚集了谷丽成、潘承烈等[2]一批卓越的装修匠师，装修分工细致，有“工兼雕匠、水磨烫蜡匠、镶嵌匠三作”[3]。装修有落地罩、单地罩[4]、飞罩、碧纱橱、仙楼、栏杆、屏风等种类，形式多样，有月门式、八角式、帐廉式，等等。

扬州漆器、玉雕、珐琅、竹刻等工艺精湛。扬州制作木器装修，善用木质与多种材质相结合的装修工艺，乾隆二十七年（1762年）八月十二日“两淮盐政高恒所进……文木嵌拱璧炕案成对，文木嵌拱璧琴桌成对，文木嵌拱璧炕几成对，文木嵌拱璧绣墩十二个，文木嵌拱璧炕香几成对”，所贡的家具多为楠木嵌玉工艺。《扬州画舫录》中所记载当地的“两屏风，屏上嵌塔石，塔石者，石上有纹如塔，以手摸之，平如镜面”[5]，使用木器与宝石相结合的工艺。

扬州借助各项工艺的优势，将木器与其他材料相结合，形成了扬州内檐装修特有的种类，造就了扬州装修形式多样、色彩丰富、工艺繁多的特点。

三　乾隆皇帝审美取向变化对内檐装修的影响

皇帝的艺术品位决定了宫廷建筑装修的品质。乾隆时期，在对内檐装修制作地的选择上，皇帝的审美取向发挥了决定性作用。从乾隆初期到后期，受到各种因素的影响，皇帝的审美取向不断发生变化，因此导致了为宫廷制作装修的地区变化。

雍正时期，“黑漆描金、描油、描漆与硬木结合制作器物”[6]，出现描金漆装修[7]。乾隆初期对艺术的品鉴承继了雍正时期的风格。乾隆早期的装修风格继承了雍正朝绚丽精致的描金漆装修风格，建福宫的金漆装修以及后来的翠云馆洋漆、仿洋漆的装修

1　(清) 李斗：《扬州画舫录》卷一四，第270、333页，中华书局，2001年。

2　前揭《扬州画舫录》卷一二，第278页。

3　前揭《扬州画舫录》卷一七，第409～410页。

4　前揭《扬州画舫录》卷一，第20页。

5　前揭《扬州画舫录》卷一二，第287页。

6　朱家溍：《清代造办处漆器制作考》，《故宫博物院院刊》1989年第3期。

7　奏销档214—180—1，乾隆十年十二月初九日，“奏报遵旨将雍和宫存剩物品交付圆明园等处片”，其中有“彩漆雕松竹梅罩腿二件随横披一件、彩漆枋六件”，说明雍正时期已经流行金漆装修。

都是这种风格的延续。

随着各地进贡器物的不断涌入，加之乾隆皇帝求奇求新的心理，广州木器凭借着它精细的雕工、华丽的纹饰和创新的形式，逐渐受到乾隆皇帝的赏识。

乾隆元年（1736 年），造办处成立了广木作，由粤海关、广东巡抚遴选优秀木匠组成。这一时期有名的广木匠如罗元、林彩、冯国柱、冯国枢、黎世能、霍五、王常存、冯宗彦等，乾隆朝广木匠合计 33 人[1]，超过了苏州、扬州和北京木工。广木作以制作小型木器、佛龛、箱柜、家具为主，也承担部分装修活计[2]。

虽然在造办处成立了广木作，但乾隆皇帝仍然担心宫内广木匠是否能够如广州地方木匠制作得精细[3]，所以仍不断由广州进贡木器家具。由于对广东木器工艺、风格的认可，“至乾隆十年以后，尤其中期，广东木器进贡激增”[4]。也是从乾隆十年（1745 年）开始粤海关为宫廷制作装修，至乾隆二十年（1755 年）的十年间，宫内交给地方的装修基本都是广州一地制作。

随着社会风尚的变化，艺术品中“新样”“时样”的不断涌现，乾隆皇帝对于“媚俗”的风气却表达出强烈不满，他提倡“仿古”，称：“时样巧嫌俗，古图朴可尊。”[5]在帝王的倡导下，仿古风格渗透到乾隆朝工艺品的造型、装饰、技巧、功用等各个方面。广州木器过于新奇和繁复并日渐俗气，遭到乾隆皇帝的批评：“刘山久（按：系造办处派驻粤海关人员）从前所做活计俗气，至今做的活计尤其俗气，著海望申饬，嗣后再做活计，著仿古式雕做花纹，往朴致里做。”[6]乾隆晚期，乾隆皇帝多次传旨粤海关，不必进贡大项木器[7]，据统计，此期广东贡紫檀木器锐减[8]。

正是在对于广东木器鉴赏的逐渐减退之时，乾隆皇帝人生中一件意义重大的事件——南巡开始了。先后六次的南巡，目的是“观民问俗，关政治之大端”，同时也“眺览山川之佳秀，民物之丰美”，不仅对他的统治思想产生了影响，而且对他的艺术鉴

---

1 杨伯达：《十八世纪清内廷广匠史料纪略》，前揭《中国古代艺术文物论丛》，第 308 页。

2 前揭《总汇》第 10 册，第 225 页；第 16 册，第 114 页等。

3 “乾隆三十年如意馆，六月初九日…奉三无私换下流云百福紫檀罩一分，呈览。请在玉玲珑馆殿内改做安用。奉旨：交如意馆着广木匠照现在准尺寸纸样加意改做，务必配广东成做之紫檀碧纱橱一样细致，改做安装。钦此。”前揭《总汇》第 29 册，第 517 页。

4 杨伯达：《从清宫旧藏十八世纪广东贡品管窥广东工艺的特点与地位》，前揭《中国古代艺术文物论丛》，第 352 页。

5 《咏和阗玉四环尊》，前揭《清高宗御制诗文全集·四集》卷六一。

6 《咏和阗玉四环尊》，前揭《清高宗御制诗文全集·四集》卷六一。

7 前揭《总汇》第 45 册，第 418 页；《总汇》第 45 册，第 421 页；《总汇》第 46 册，第 655 页；《总汇》第 46 册，第 661 页。

8 杨伯达：《从清宫旧藏十八世纪广东贡品管窥广东工艺的特点与地位》，前揭《中国古代艺术文物论丛》，第 352 页。

赏力也产生了一定的影响。秀丽典雅的江南园林以及地方陈设和装修得到皇帝的赏识，直接引入到皇宫，“传旨：着查有应安竹丝罩或应安竹丝隔扇之处，量准尺寸发杭州织造瑞保，照‘小有天园’敞厅内现安竹丝罩之花纹式样成造”[1]。

苏杭的建筑文化中，文人性是其重要的文化特质，比起广州厚重繁复的装修，苏州雅致、简洁的风格令人耳目一新，契合了乾隆皇帝对于文人气质的追求；另一方面，清代苏杭地区竹质工艺与木质工艺相结合等新品种的出现，也迎合了乾隆皇帝求奇的心理需求。

从乾隆十八年（1753年）开始，苏州为宫廷定制的装修逐年增加，相应减少了广州的制作量，转向以苏州为主，并在杭州、南京等地进行装修制作。乾隆二十年至三十年（1755～1765年），已经见不到广州装修一统的情况，而是广州、苏杭交相出现。乾隆二十八年（1763年）再次修改圆明园奉三无私等地的内檐装修时，只将“照旧式紫檀”装修交给粤海关制作，新式装修“湘妃竹成做者，交苏州成做”[2]，并且更多地偏向了苏杭地区，苏杭细腻、文雅、古朴的装修风格在宫廷已代替了广州繁缛、夸张的风格。

苏州所代表的雅言文化艺术，虽然能够表现乾隆皇帝的文人情怀，但文人与皇帝毕竟是两个不同的角色。皇帝是国家政权的最高象征，帝王文化一定要体现出皇家的气派。帝国形象的宫殿必然要表现出富丽堂皇的皇家气派，文人式的游赏布置只是简单模仿和点缀。

经过几次南巡，江南另一座城市——扬州盐商豪华的气派和建筑装修风格受到乾隆皇帝的关注。扬州富商云集，崇尚奢华，他们将多种材料运用到装修中，华丽的同时不失江南风格中的细腻、雅致。再者，乾隆时期，经过几次接驾，扬州行宫的营建，扬州地方逐渐将宫廷模式、宫廷装修技法和装饰种类，融入巨商富贾奢华的风尚之中[3]，扬州这种风格更易于得到皇家的赏识。乾隆皇帝虽然善于表现自己的文人才华，但作为一个统治者，他更愿意体现的是皇家气派和大国风范。扬州的装修风格正迎合了乾隆皇帝的心理。从乾隆三十五年（1770年）以后，扬州制作的装修替代了其他地区，并一直延续到嘉庆时期。

从广州到苏州、再到扬州这一运行轨迹，反映出乾隆皇帝审美意趣的变化过程：由最初的对新奇、外来艺术品的欣赏，到对于文人艺术的青睐，最后回到略带文人特质的帝王审美意趣。

---

1 前揭《总汇》第22册，第736页。

2 中国第一历史档案馆藏：《军机处录副奏折》乾隆二十八年六月初四日庚寅“粤海关监督尤拨世呈为成做圆明园紫檀装修隔扇等项事”，缩微号079—1308；中国第一历史档案馆藏：《军机处录副奏折》乾隆二十八年七月初五日庚申“署理苏州织造高恒成为成做圆明园湘妃竹装修物件完竣送京事”，缩微号079—1321。

3 《扬州画舫录》卷十七“工段营造录”中所载内檐装修做法是摘录内务府《圆明园内工装修作则例》的内容，略有出入。

四　地方制作的宫廷装修风格分析

清代皇宫内现存部分可以与档案对应的地方定制的内檐装修，为我们分析它们的风格提供了可靠的依据。

（一）粤海关装修

翠云馆西次间紫檀木仙楼[1]，楼上隔扇八扇，隔心夹纱折枝花卉，隔扇上安横披，栏板栏杆，楼下炕罩。隔扇、横楣、栏杆、裙板、绦环均浮雕云龙纹，云纹跌宕起伏，连绵不断，龙纹凸起，行云流水，穿梭云间，流畅明快。

重华宫明间紫檀木隔扇，五抹隔扇八扇，其中间两扇为门，隔扇上方安横披三扇，隔扇门上安帘架一扇。隔扇通体使用紫檀木。隔扇心、横披心均透雕蝙蝠流云纹，花纹由几块拼接而成，蝙蝠流云浑然一体，连绵不断，雕工细腻，层次分明，夹纱为大臣所作的绢质书法、绘画作品。绦环板浮雕夔龙纹，裙板贴雕博古纹，先用紫檀木圆雕博古纹——器皿、花卉、瓜果等，然后再雕刻细腻的花纹，将博古纹贴在裙板上，纹饰突出，富有立体感（图五）。

广州装修使用优质的紫檀木，通体使用同一木料，木色、纹理一致，浑然一体；

图五　重华宫紫檀木隔扇

1　前面档案中记载“重华宫仙楼”，但重华宫内并未见有仙楼痕迹，根据纹饰、做工、位置分析应该是重华宫翠云馆西进间的仙楼。

图六　重华宫隔扇绦环裙板

图七　重华宫隔扇隔心

整体结构粗壮、厚重；纹饰细密繁褥，采用云龙、蝙蝠流云、博古等纹饰；木雕工艺手法有透雕、浮雕，受西方雕刻影响，浮雕隆起较高，花纹雕刻较深，纹饰起突明显，立体感强。刀法圆润、深邃，磨工精细，给人厚重坚实而又华丽的感觉（图六、图七）。

（二）苏杭装修

现存紫禁城内没有可以确定的苏州制作的实物对照，现仅就档案记载探讨其工艺特点。

建福宫凝辉堂的方窗。由于建福宫毁于大火，其具体样式不是很清楚。档案记载凝辉堂的方窗是照清晖阁方窗制作的[1]。清晖阁的方窗记载较为详细，即按照“伊所进竹丝格柜门之边框花纹一样”（图八），将竹片剖成非常细的竹丝，拼接图案，镶嵌在木边框上；窗“心子内山石竹子”[2]，再用山石和竹子组成图案，固定在窗心上。竹丝镶嵌工艺在乾隆中晚期的装修中被普遍运用，竹丝相拼成万字锦纹、龟背锦纹等，宫内现存大量实物可以参考。

苏州还为皇宫成做一批湘妃竹工艺装修，是将湘妃竹片成很薄的薄片，再镶嵌在木质的装修上（图九）。从档案中了解到送到苏杭制作的几处装修，多为竹木结合装修工艺。由于南方盛产竹子，且竹子赋予着文人谦虚志坚的气节，受到江南文人的喜爱，南方竹器、竹刻盛行。装修中使用竹制品，体现出文人质朴、典雅、妙造自然的审美情趣，正如乾隆皇帝所说“往文雅里做”[3]。

1　前揭《总汇》第 21 册，第 769 页。

2　前揭《总汇》第 21 册，第 764 页。

3　前揭《总汇》第 21 册，第 769 页。

图八　竹丝镶玻璃小格（清乾隆，故宫博物院藏）

图九　养心殿梅坞方窗

（三）扬州装修

乾隆三十四年（1769年）扬州为怡情书史制作斑竹横楣时，运用的还是江南地区所常用的斑竹镶嵌装修；乾隆三十八年（1773年）扬州为宁寿宫花园建筑制作的装修，则表现出明显的扬州特点。

萃赏楼紫檀木隔扇，用紫檀木制作，五抹隔扇，隔心用紫檀木雕刻回文隔心框，框内用竹拼接回文，花卡子镶嵌用各种螺钿组成的花卉，隔心中间夹玻璃画，绦环板裙板髹黑漆，上面用金漆描绘花卉图案（图一〇）。

符望阁南面东次间开关罩博古图迎风板，采用的是扬州特有的百宝嵌工艺，以点螺为地，用青玉、白玉、玛瑙、瓷器、螺钿、铜器、硬木、树根等各种材质镶嵌博古图案。点螺致密、平滑，宝石突出，立体感强（图一一）。

符望阁紫檀木落地罩，紫檀木制作，隔心、横披心用紫檀木雕刻回文灯笼框，回文内镶嵌玉片。绦环板、裙板用双色竹丝拼接成万字锦地贴在楠木板上，在绦环板、裙板底板上先刻回文槽，再镶嵌楠木条和玉片，玉片上雕刻细腻的云雷纹，由于楠木条和玉片高于万字锦地，形成层次造成立体效果，花牙子为紫檀木回文（图一二）。

倦勤斋仙楼紫檀木隔扇，紫檀木雕回文嵌玉灯笼框，夹纱双面绣，槛窗用紫檀木条和花梨木条拼接成万字锦地贴在槛窗底板上，再用黄杨木、竹黄雕刻百鹿、百鸟图案贴在万字锦地上。远山树木的纹饰，用薄片竹黄雕刻；起伏明显的近景树木则用黄

图一〇　萃赏楼紫檀木隔扇

图一一　符望阁百宝嵌迎风板及其局部

图一二　符望阁落地罩及其局部

图一三　倦勤斋仙楼及其局部

杨木雕刻，以补薄竹黄在厚度和立体感上的不足；竹丝适用于各种线性装饰，山鹿丰满的身体和致密的毛发，则又是采用厚竹黄雕刻[1]。用多种质感的竹黄、黄杨木以及竹丝雕刻、粘贴，呈现出一派山林百鹿、鸟语花香的自然景象（图一三）。

扬州制作装修，多为各种材质、工艺相结合的装修类型。它一方面继承了苏杭装修使用竹木结合的工艺，采用竹丝相拼做法，并加入新的工艺种类，竹刻和竹黄工艺，同时大量使用镶嵌工艺，在装修上镶嵌瓷片、珐琅、玻璃、铜器、宝石、螺钿等，以及扬州擅长的漆工艺如雕漆、百宝嵌、螺钿工艺等运用在装修上，可以说集各种工艺、材料为一体，色彩绚丽，琳琅满目，纹饰典雅，表现出丰富多彩的装修特点。

结语

乾隆时期地方制作的装修从广州到苏州、再到扬州，几乎贯穿了乾隆朝内檐装修风格的变化。从对地方制作的装修工艺特点分析，可以看出各地方为皇宫定制的装修具有明显的地方工艺特点：广州木雕工艺厚重；苏州的竹丝、湘妃竹镶嵌工艺轻盈；扬州的镶嵌工艺、漆器工艺华丽。各地方都将其地方工艺发挥到极致。然而，为皇宫制作的装修与地方的装修还是存在明显的区别，它们是由宫内设计图样、制作烫样，发给地方，地方按照来样加工，大有“内庭恭造式样”，而非“外造之气”，装修的式样、纹饰具有明显的皇家风格。

清宫将装修构件交给地方制作，吸收地方的装修风格和装修技术，丰富了宫廷装修的种类，减轻了内务府造办处的工作压力，节省了内务府的财政开支。同时，体现了乾隆皇帝“普天之下，莫非王土”的皇权思想，利用至高无上的权力使用地方技术，为皇宫服务，集天下工艺于皇宫，“移天缩地在君怀”。但是，统治者的审美情趣与地方工匠完全不同，一方面，宫廷建筑需要隆重和皇家气派，要有厚重的体量和气势；另一方面，统治者的奢侈生活喜欢高贵、华丽和雕琢，使装修显得五彩缤纷、富丽堂皇。虽然是地方制作，它与地方的风格还是存在着一定的区别，无论从纹饰、式样和材质方面都比地方要华丽和贵重，它仅仅是利用地方的精湛技艺，制作出皇家气派的装修。

原载《故宫博物院院刊》2013 年第 6 期

1　竹黄、黄杨木雕刻，见刘畅等《符望阁》，《紫禁城》2009 年第 6 期。

慈宁宫区建筑彩画年代考略*

杨 红 纪立芳

内容提要： 慈宁宫位于紫禁城外西路隆宗门西侧，是明清两代皇太后的御居之所。肇建于明嘉靖十五年，万历年间因灾重建，清沿明制，在清代早、中、晚期均有修建，以乾隆时期为最，乾隆元年、十六年、三十六年进行了三次维修与改扩建，始定今之形制。随着历次修建，这组建筑内外檐保留有不同时期的明清旋子与和玺彩画，是紫禁城内少有的保留了不同年代建筑彩画的区域。本文结合2009年维修工程对慈宁宫彩画实地的勘察，并结合文献史料和旁证，着重探讨了慈宁宫建筑彩画的绘制年代、时代特征以及纹饰、工艺、颜料等，对揭示明清官式彩画的发展演变具有重要参考价值。

关键词： 慈宁宫　旋子彩画　和玺彩画　年代　演变

一　概述

官式彩画是中国古代建筑彩画的精华，它纹饰规范，工艺精良。紫禁城内现存的明清两代官式彩画，是这一历史阶段保存最完整、最典型的彩画遗迹，对不同时期官式彩画风格演变与年代断定具有非常重要的参考价值。目前官式彩画的研究多集中在清末和玺彩画、旋子彩画、苏式彩画等方面，有关清中期以前的彩画从整体把握到个案研究都非常有限。就明清彩画总体发展规律而言，具有代表性的成果有王仲杰先生的《试论元明清三代官式彩画的渊源关系》[1]，文中指出，明代官式彩画的格局基本沿袭元代，在细部纹饰和设色方面有较大发展；清代彩画在明代基础上发展为五种类型，

第一作者：古建部，副研究馆员。

* 文中所引用档案文献由故宫博物院古建部资料室李燮平先生提供，部分照片由齐飞女士、曹振伟先生现场拍摄。谨致谢忱。

1 王仲杰：《试论元明清三代官式彩画的渊源关系》，《紫禁城建筑研究与保护》，第160～166页，紫禁城出版社，1995年。

作者同时分析了这五类彩画的来源与衍生关系。该文是研究官式彩画的开山之作。此外，郑连章先生在《紫禁城建筑上的彩画》[1]一文中，对明清紫禁城官式彩画的类型进行了探讨，深入分析了和玺彩画的演变过程。笔者多年承担故宫博物院油饰彩画修缮工程，通过实践积累了一定的经验，曾撰写过《浅析寿康宫区建筑彩画的历史演变》、《浅析午门彩画的变迁及复原》以及《故宫建福宫区主轴线建筑油饰彩画保护修复设计研究》[2]等文章，就紫禁城内各区域彩画的年代及发展加以考证。本文在前期研究基础上继续对紫禁城内慈宁宫区建筑彩画的年代及特征进行探讨，以期全面把握明清官式彩画的演变规律。

紫禁城内外西路隆宗门西侧原是太后、太妃们生活起居的区域，该区域以慈宁宫为主体，包括寿康宫、寿安宫、英华殿和慈宁花园。其中慈宁宫、寿康宫和寿安宫是太后、太妃居住区，慈宁花园和英华殿是她们日常休憩、礼佛之所。该区域彩画以和玺彩画与旋子彩画为主体，其中慈宁宫与英华殿涵盖了明末清初过渡期以及清代不同时期的官式彩画信息，而寿康宫、寿安宫、慈宁花园建筑彩画以清代为主。

慈宁宫区现存建筑彩画年代跨度大，等级严明（图一）。慈宁宫前后共两进院落，通过东西垂花门相连，整个院落沿中轴线由南向北依次为慈宁门、慈宁宫与后殿（大佛堂），院内东西两侧为廊庑，南接慈宁门，北抵大佛堂之东西耳房。前院东西庑正中各开一门，东为徽音左门，西为徽音右门。该区域彩画主次有别，各门与庑房采用不同级别的旋子彩画，正殿采用级别最高的和玺彩画。其中旋子彩画以旋花为母题，通过整破旋花组合而形成的一种适应性较强的官式彩画，这种彩画在慈宁宫区被普遍采用，保留下来最早的旋子彩画即为明末清初过渡期的无金旋子彩画，此后在清代的早、中、晚不同时期，根据建筑等级、用金量的多寡和工艺的复杂程度，又分为金琢墨、烟琢墨、金线大点金、雅伍墨[3]等近十种不同类型的旋子彩画。和玺彩画在清早期由旋子彩画演变而来，以龙凤纹为主体，庄重华贵，大量用金，寓意着浓郁的皇权思想，是清朝最高等级的官式彩画。

慈宁宫是该区域等级最高的单体建筑，上下层面阔各七间，下层进深七间，上层进深三间，前后出廊，黄琉璃瓦重檐歇山顶，采用了等级最高的和玺彩画，以龙凤图案为主要母题。室内天花以下大木绘素箍头龙凤和玺彩画，上下层外檐梁枋大木绘片

1　郑连章：《紫禁城建筑上的彩画》，《故宫博物院院刊》1993 年第 3 期。

2　杨红：《浅析寿康宫区建筑彩画的历史演变》，《中国文物保护技术协会第五次学术年会论文集》，第 51 ～ 63 页，科学出版社，2008 年；《浅析午门彩画的变迁及复原》，《中国紫禁城学会论文集》第 5 辑（上），第 386 ～ 408 页，紫禁城出版社，2007 年；《故宫建福宫区主轴线建筑油饰彩画保护修复设计研究》，《中国文物保护技术协会第六次学术年会论文集》，第 196 ～ 215 页，科学出版社，2010 年。

3　旋子彩画共分为八大等级，从高到低依次为：浑金、金琢墨石碾玉、烟琢墨石碾玉、金线大点金、墨线大点金、墨线小点金、雅伍墨、雄黄玉旋子彩画。

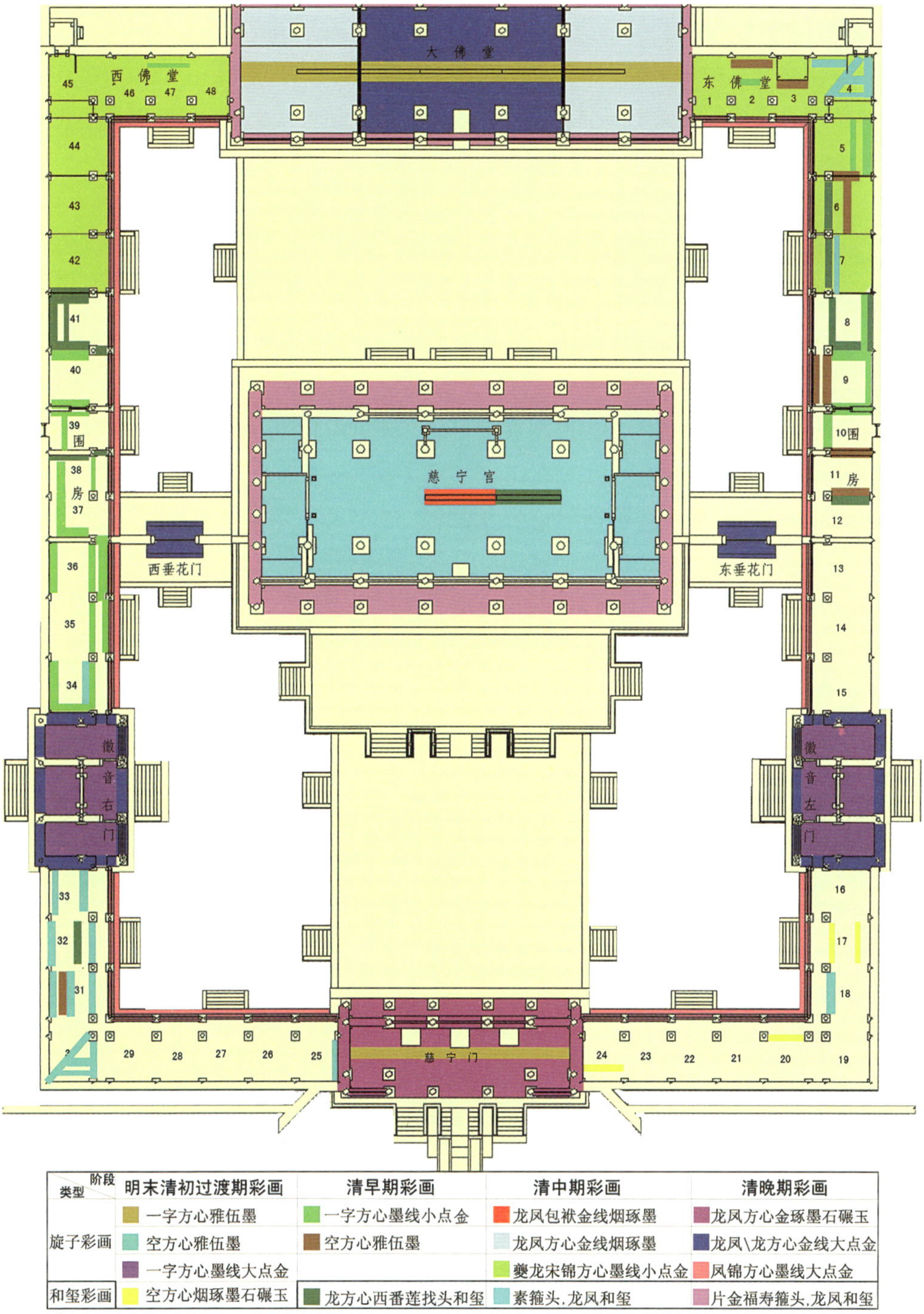

类型 \ 阶段	明末清初过渡期彩画	清早期彩画	清中期彩画	清晚期彩画
旋子彩画	一字方心雅伍墨	一字方心墨线小点金	龙凤包袱金线烟琢墨	龙凤方心金琢墨石碾玉
	空方心雅伍墨	空方心雅伍墨	龙凤方心金线烟琢墨	龙凤\龙方心金线大点金
	一字方心墨线大点金		夔龙宋锦方心墨线小点金	凤锦方心墨线大点金
和玺彩画	空方心烟琢墨石碾玉	龙方心西番莲找头和玺	素箍头，龙凤和玺	片金福寿箍头，龙凤和玺

图一　慈宁宫区建筑内外檐现状彩画分布图

金福寿箍头龙凤和玺彩画，天花以上明间脊步构件脊檩、脊枋、脊垫板绘片金龙凤纹包袱、金线大点金旋子彩画。东一次间脊枋绘龙方心、西番莲找头和玺彩画。

后殿大佛堂是皇太后日常礼佛之所，面阔七间，进深三间，单檐黄琉璃瓦歇山顶。外檐彩画的等级与慈宁宫相同，内檐彩画等级仅次于慈宁宫，外檐上架大木采用片金福寿箍头龙凤和玺彩画。室内天花以下明、次间上架大木绘龙凤方心金线大点金旋子彩画；东西二次间、梢间上架大木绘环套箍头，龙凤方心金线烟琢墨石碾玉旋子彩画。天花以上七间脊檩绘平金开红墨云纹包袱[1]，金线五彩云纹找头彩画；脊枋彩绘一字方心雅伍墨旋子彩画。

慈宁门面阔五间，进深三间，单檐黄琉璃瓦歇山顶。作为慈宁宫的正门，彩画等级低于正殿与后殿，整体上采用旋子彩画，内外檐梁枋大木采用片金福寿箍头、龙凤方心金琢墨石碾玉旋子彩画。天花以上五间脊檩绘平金开红墨云纹包袱，金线五彩祥云纹找头彩画。前院东西庑正中的徽音左右门，各面阔三间，进深两间，单檐黄琉璃瓦歇山顶，旋子彩画等级略低于慈宁门，外檐及明间内檐天花以下梁枋为素箍头、龙凤方心金线大点金旋子彩画。室内上架大木绘一字方心墨线大点金旋子彩画，三间脊檩彩画绘平金开红墨云纹包袱，墨线五彩云纹找头彩画。慈宁宫东西垂花门级别低于慈宁门，内外檐梁枋大木绘白活异兽、片金西番莲盒子，夔龙、真龙方心金线大点金旋子彩画。

慈宁宫东西两侧四面转角庑房共四十八间，外檐梁枋彩画等级低于垂花门，大木绘片金升凤、花卉盒子，凤锦方心墨线大点金旋子彩画。由于历代的修缮和功能的改变，庑房内檐大木保留了五种不同类型的彩画，对于研究庑房建筑历史变迁具有重要的参考价值。大佛堂东西耳房各四间及东西庑房北数各三间，共十四间，原室内设有佛堂，天花板绘佛教题材的六字真言，天花以下上架大木绘整栀花盒子，夔龙、宋锦方心墨线小点金旋子彩画。其余庑房，顶部白樘箅子或板条抹灰以上梁枋大木绘有四种类型的彩画：如意头旋花造型的空方心雅伍墨旋子彩画、空方心烟琢墨石碾玉旋子彩画、龙方心西番莲找头墨线和玺彩画和一字方心墨线点金旋子彩画。

二　历代修缮、改建中慈宁宫彩画的变化

慈宁宫作为皇太后的正宫，历经明清两代多次修建。明代慈宁宫为仁寿宫所在地，并建有存放金银佛像、佛骨、佛牙等物的大善殿。嘉靖四年（1525 年）宫灾，十五年（1536 年）撤大善殿，嘉靖皇帝在该地为其母建慈宁宫，十七年（1538 年）建成。此后，各朝的皇太后均享用此宫。隆庆元年（1567 年）、万历二年（1574 年）曾修缮，万历

1　图案轮廓不沥粉，只贴金，在金箔上用墨线或红线勾勒细部纹饰。

十一年（1583 年）慈宁宫正殿灾，十二年（1584 年）重建。清沿明制，慈宁宫仍为太后宫殿，并在顺治十年（1653 年）、康熙二十八年（1689 年）、乾隆元年（1736 年）、乾隆十六年（1751 年）、乾隆三十二年（1767 年）至乾隆三十六年（1771 年），进行过五次修缮。目前整座建筑群的主体格局形成于清代中期的乾隆三十六年（1771 年）。

慈宁宫鼎盛于清早、中期而衰落于清晚期，清代早期，它曾经是孝庄文太后的居所；清中期，它也曾作为孝圣宪皇太后晚年居住的正宫；清晚期，慈禧太后专政，却不曾在此居住过。慈宁宫在晚清呈现颓败衰落景象，仅光绪朝对它有小小的维修。

因缺乏资料，已不能还原明代慈宁宫彩画情况，笔者只能结合清代不同时期几次大的维修档案记录与油画记录，对慈宁宫彩画变更进行分析梳理。

（一）清早期油画工程

顺治十年（1653 年）三月至六月，清人第一次对慈宁宫进行修建以供孝庄文太后居御。根据《清世祖实录》的记载，此次工程仅四个月就完工[1]。自此次修建后，直至康熙二十六年（1687 年）孝庄文太后薨，她一直在此居住。

据《皇城宫殿衙署图》[2]来看，清早期的慈宁宫应由主宫区（包括宫门、前殿、中殿、斜廊、后殿、围墙）和外宫墙以内的副宫区（主宫区两侧及宫后四组建筑）共同组成（图二）。如此多的建筑仅用四个月恐难完工，且档案中没有明确地记载具体修缮情况，因此推测顺治十年（1653 年）的修建很可能是在明代原有建筑上进行了一次局部维修，大部分建筑构件及彩画还应保留明代原物，但不排除局部彩画重绘的情况。

康熙二十八年（1689 年）慈宁宫再次修缮[3]。此次修缮档案上没有具体记载，据推断应为保养性修缮，详细情况有待进一步考证。

（二）清中期油画工程

清中期共有两次大的油画工程，第一次是乾隆元年（1736 年）十月，乾隆十六年（1751 年）无相关油画档案，第二次是乾隆三十二至三十六年（1767 ~ 1771 年）的再次修缮。

---

1 《清世祖实录》（第 3 册）卷七三，顺治十年三月“丙子，慈宁宫立柱，遣工部尚书星讷祭祀工之神”，第 578 页；“戊子，慈宁宫上梁，遣工部尚书星讷祭祀工之神。”第 578 页；卷七六，顺治十六月庚申“慈宁宫成，遣官祭司工之神”，第 600 页，中华书局影印本，1985 年。

2 台北故宫博物院藏:《皇城宫殿衙署图》，编号:平图 021601.005，据著名建筑史学家刘敦桢先生考证，此图成于清康熙十九年之前，详见刘敦桢《清皇城宫殿衙署图年代考》，《中国营造学社汇刊》1935 年 6 卷 2 期。

3 章乃炜等主编：《清宫述闻》，第 715 页，紫禁城出版社，2009 年。

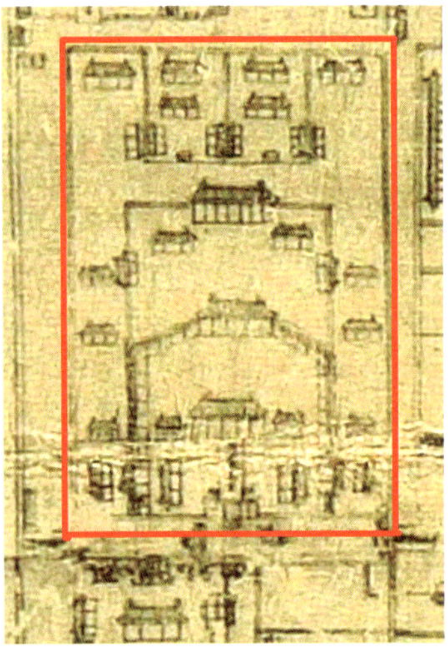

图二　康熙《皇城宫殿衙署图》之慈宁宫总平面布局（台北故宫博物院藏）

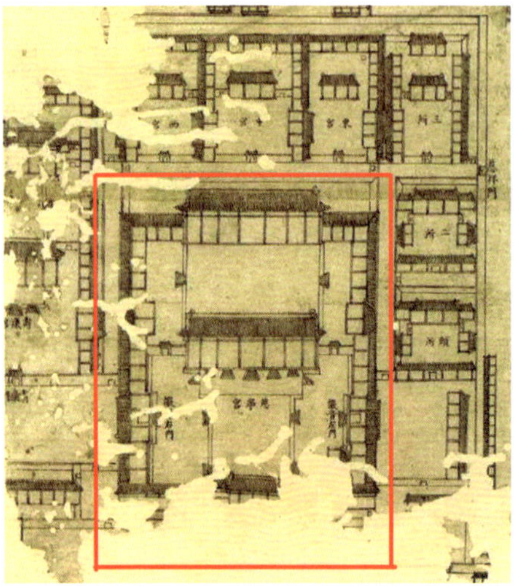

图三　乾隆《乾隆京城图》之慈宁宫总平面布局（中国第一历史档案馆藏）

1. 乾隆元年十月慈宁宫修建及对应的油画工程

乾隆皇帝继位以后，为了给其母孝圣宪皇太后另建寝宫，选定在今慈宁宫西侧建寿康宫，于是将慈宁宫区建筑进行了整体改扩建，相关内容参见常欣《寿康宫沿革略考》[1]。从清康熙中叶的《皇城宫殿衙署图》和成于乾隆十五年（1750 年）的《乾隆京城图》[2]（图三）中可见慈宁宫建筑布局前后的变化，原主宫区之外的副宫区建筑已分别重新划归三个院落，慈宁宫在原明代基础上缩小了面积，只保留了主宫区的建筑。原中殿左右两侧斜廊拆除，改为卡墙，中辟垂花门，原中殿五间改为大殿七间；原前殿及左右朵殿、东西两侧配殿拆除；后殿前东西两侧各三间朵殿拆除。沿围墙添建廊庑和东西两间小门与前院廊庑相连，形成四十六间围房。整个院落形成“日”字形的二进院，较改动前更加规整。除此之外，慈宁宫区主要建筑单体无大的改动，只是修补木构，添换装修。此次修建情况详见《内务府奏销档》[3]和《黄册》[4]的记载。

1　前揭《清宫述闻》，第 715 页。

2　中国第一历史档案馆藏：《乾隆京城图》，详见杨乃济《乾隆京城图考略》，《故宫博物院院刊》1984 年第 3 期。

3　《内务府奏销档》原第 62 号，190—025—1 载：“慈宁宫应拆旧有宫殿房屋八十六间，墙垣一百六十八丈七尺，新添宫殿，大、小房屋二百二十三间，院墙二百三十三丈五尺，地面一千二十丈六尺二寸。”现存中国第一历史档案馆。

4　中国第一历史档案馆藏：《黄册》083 号，载：“慈宁门五间，大殿七间，后殿七间，徽音左、右门六间，东佛堂三间，前后转角围房四十六间，俱找补木植，添换装修。”

史料还记载了此次修缮中油饰彩画的情况。《黄册》首先描述了新添建两座垂花门油饰彩画的情况：

慈宁宫垂花门二座，每座面阔一丈五寸，进深一丈。中柱高一丈四尺二寸，见方九寸。六檩挑山，两卷一斗二升交麻叶头斗科成造。……柱木装修朱红油饰，上架枋梁彩画伍墨大点金，龙锦方心，椽子刷绿，彩画金井万字宝珠。斗科、雀替、帘笼金琢墨彩画，线路贴金。[1]

其次，记载了主体建筑装修粘补地仗、重做油饰的情况：

慈宁门五间，大殿七间，后殿七间，徽音左、右门六间，东佛堂三间，前后转角围房四十六间：……柱木装修粘补灰麻，朱红油饰，上架枋梁、椽望、斗科、天花、龙井，俱照旧式过色见新。后殿内里佛阁、神龛、宝座，磨洗、满扫浑金。幛幔、幡幢、欢门、缨络更换彩画，销金供案、灵芝八宝，照式见新。

又据《内务府奏销档》"修理慈宁宫中一路并花园原有殿宇需用银两数目事折"载：

臣海望谨奏：为续领钱粮事。先经臣奉旨修理慈宁宫新建殿宇，将所需库贮物料移取应用外，其办买物料并匠夫工价，约估银六万九千余两。彩画捶造飞金，需用赤金一百六十余两。奏准向库支领在案。其慈宁宫中一路并花园内原有殿宇房屋粘补修理、油饰彩画，所需物料工价银两，从前未经估计奏请……约需银一万七千六十两。彩画需用赤金四十九两。[2]

该档案记载了修理慈宁宫所需物料、人工费用及彩画贴金量等。修理慈宁宫新建殿宇，除了把库存的物料拿出使用外，其余需要新购的物料及人工费用，估计约用银六万九千余两。慈宁宫中路、慈宁花园原有房屋粘补修理、油饰彩画，前殿室内陈设、后殿佛龛供案灵芝八宝纹所需扫金以及新建垂花门等，共需用银一万七千六十两，总共享银八万六千六十两。

又据《内务府奏销档》"奏请慈宁宫需用赤金向内库支领事折"载：

二十四日内大臣户部尚书兼内务总管，臣海望谨奏：请库金事。臣尊上日修理。……宫殿工程彩画所需飞金，因行市飞金成色不足，且极硗薄，不能经久。

1 前揭《黄册》083号。

2 前揭《内务府奏销档》194—026。

奏明支领库金派员兼看捶造，应用金修理。慈宁宫彩画所用大赤飞金一百四十余块，田赤飞金二百余块，约需赤金一百六十余两，再镀护吻铜索檐钉等项约需金叶二十余两，二共享赤金一百八十余两捶造，工价约需银七百余两，请照。[1]

上面两条档案说明乾隆元年（1736 年）的彩画工程大面积使用金箔，同时也列出了使用两种赤金箔——大赤飞金和田赤飞金以及具体块数。根据雍正十二年（1734 年）《工部工程做法》记载，彩画所使用金箔有红金和黄金两种成色，依据含金量的多寡，红金就相当于含金量 99% 的库金箔，黄金就相当于含金量 74% 的赤金箔，而乾隆元年（1736 年）记载的大赤飞金和田赤飞金，应该都属于含金量较低的赤金箔，大赤飞金相当于含金量 74% 的赤金箔，田赤飞金应该相当于含金量比 74% 略低的金箔。此外，按现在的金箔规格尺寸来看，一块金箔相当于二具包含两千张，慈宁宫所用金箔共约三百四十余块，换算后为六十八万张金箔，如此大的用金量，不难看出此次油饰彩画工程范围之大，几乎大部分的殿座（拆改建的）内外檐都重绘了彩画。但是主要的殿座慈宁门、大殿、后殿、徽音左右门、东佛堂，前后转角围房四十六间内檐梁架大木原有彩画应保持原样。

2. 乾隆三十二至三十六年修建及对应的油画工程

乾隆三十二年（1767 年）十二月至乾隆三十六年（1771 年）十月，为了迎庆孝圣宪皇太后八十寿诞，乾隆皇帝决定改建慈宁宫作为其母寝宫。将慈宁宫大殿原单檐庑殿顶[2]（图四）改为重檐[3]（图五）。此外，还挪盖后殿；在慈宁门添前后廊，挪盖徽音左、右门北移；拆盖围房四十六间，添盖围房两间，共计四十八间；修改垂花门二座。从目前所掌握的档案和文献看，此次维修是继乾隆元年（1736 年）以后最大的一次维修工程。此后，再无大修记录，只是局部维修与油画工程。

此次修建的油画工程据《内务府奏销档》载：

（乾隆三十四年八月）奴才三和、英廉谨奏：……现今大殿、后殿、围房俱已重修新建，殿宇辉煌，而龛案、供器亦应一体油漆彩画见新，以利观瞻。[4]

---

1 前揭《内务府奏销档》193—270。

2 清人《胪欢荟景图》册之《慈宁燕喜图》，故宫博物院藏。

3 前揭《内务府奏销档》193 号，《奏案》，05—0249—054，载："奴才三和、英廉、四格谨奏：为遵旨核减具奏事。奴才等遵为恭查慈宁宫改建重檐大殿，挪盖后殿，拆改宫门前、后廊，及徽音左、右门，垂花门，周围转角围房，以及月台、丹陛、甬路，海墁散水，墙垣等项工程……拆盖围房四十六间；添建两间；并修改垂花门二座……再大殿添建重檐，添展进深，宫门改添前后廊，围房添盖两间……"

4 前揭《内务府奏销档》294—003。

又据《内务府奏销档》载：

（乾隆三十七年十二月）改建慈宁宫宫门、大殿、前后围房；挪盖徽音左、右门座、门罩，垂花门座、值房；拆砌八字墙、丹陛、院内甬路、海墁散水；油画、裱糊等项工程……原估物料工价银十一万五千二百八十三两七钱一分二厘……实净消银十一万二千九百五十两六钱四分二厘。

图四 《慈宁燕喜图》之慈宁宫单檐庑殿顶

图五 改建后的慈宁宫重檐庑殿顶

这次维修工程与乾隆元年（1736年）那次的修缮共用银八万六千余六十两相比较，多出三万余两，可见此次修缮，大部分殿座内外檐及室内佛龛、器物都重做了油饰彩画。

（三）清晚期油画工程

自乾隆三十二年（1767年）改建以后，嘉庆、道光两朝再无大修记录，只是岁修保养。光绪年间，据《内务府奏销档》载：“光绪十六年，户部开放十成银两修理慈宁宫。”[1]但具体修缮情况没有详细记载。结合外东路宁寿宫工程的档案记载看，应是为了筹备慈禧皇太后六十大寿，光绪二十年（1894年）的万寿节，主要对宁寿宫中路及东路建筑、慈宁宫建筑、内西路储秀宫等建筑进行了油饰彩画工程。

1951年，慈宁宫区曾辟为陶瓷馆陈列室，对慈宁宫东西庑房及南庑房进行了室内新做灰顶棚、门窗装修、墙身找补抹灰、粉刷、踢补翻墁方砖等工程。1952年重做慈宁门内外檐彩画，1955年修理正殿天花板。闭馆后，曾经作为保管部办公室使用，至2009年修缮前再无彩画工程。

1 章乃炜等主编：《清宫述闻续编》，第730页，紫禁城出版社，2009年。

三　现存彩画年代考证

由于慈宁宫区现存彩画年代跨度较大，类型较为丰富，下文参照档案文献结合彩画工艺，对旋子彩画与和玺彩画作初步年代考证。

（一）慈宁宫区旋子彩画年代分析

1. 明末清初过渡期旋子彩画

彩画完全依附于木构架表面，木构架的年代决定了彩画的年代上限，根据档案记录并结合大木形制分析，慈宁宫区慈宁门、徽音左右门、大佛堂与个别围房在大木构架及细部做法多处保留着明末清初过渡期的构架特点，如：襻间斗拱的使用，斗拱底部幽的做法呈内凹形，脊瓜柱坐斗上承托麻叶梁头，檐椽后尾做成鹅头形状，檩子使用螳螂榫等都具有明显的时代特征。根据木构架及彩画特征推测这几处明末清初过渡期旋子彩画主要包括慈宁门五间脊檩彩画、后殿大佛堂七间脊枋一字方心雅伍墨旋子彩画（图六）、徽音左右门梁架内大木一字方心墨线大点金旋子彩画（图七）、围房梁架内东北转角四号间、西南转角三十号间的如意头旋花造型的空方心雅伍墨旋子彩画（图八），以及围房若干间空方心烟琢墨石碾玉旋子彩画（图九）。列表一分析如下：

图六　后殿大佛堂西一次间脊檩平金开红墨包袱云纹彩画与脊枋一字方心雅伍墨旋子彩画

图七　徽音左门明间前金檩一字方心墨线大点金旋子彩画

图八　围房东北转角四号间金檩如意头旋花造型空方心雅伍墨旋子彩画

图九　东围房十七号间后金檩空方心烟琢墨石碾玉旋子彩画

表一　明末清初过渡期慈宁宫区旋子彩画年代特征分析

建筑名称 特征分析	东北转角四号间、西南转角三十号间围房，围房若干间		慈宁门	徽音左右门	大佛堂
构件位置	脊枋、金枋	三、四架梁； 脊步、金步构件	各开间脊檩檩出头、柱头	梁架大木构件均有	各开间脊步
彩画类别	空方心 雅伍墨	烟琢墨石碾玉	檩头：雅伍墨； 脊檩：平金开红墨云纹包袱彩画	脊檩：平金开红墨云纹包袱彩画； 脊枋：一字方心墨线大点金	脊檩：平金开红墨云纹包袱彩画； 脊枋：一字方心雅伍墨
方心头造型	内凹弧线型 		宝剑头造型 		
找头旋花造型	 如意头造型	外轮廓近似圆形，中心为旋眼，旋眼外侧根据构件大小环绕一至三层旋瓣，最外层为头路瓣，内绘八至十四个螺旋纹； 旋眼、二路、三路瓣造型皆呈写生花瓣造型，颜色带晕色且内绘有随形黑老			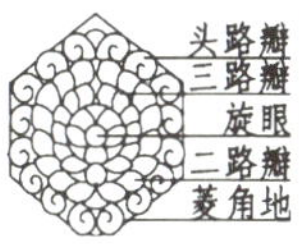
栀花造型	直线型栀花				
箍头做法	无整箍头，仅设副箍头				
地仗做法	无地仗，直接绘于木表				
颜料材质	矿物质颜料，以石青、石绿为主，色相沉稳				

特征分析 \ 建筑名称	东北转角四号间、西南转角三十号间围房，围房若干间	慈宁门	徽音左右门	大佛堂
年代分析	明嘉靖十五年，在明代仁寿宫的故址上，撤除大善殿而建成慈宁宫后所遗留下的部分构件。乾隆元年那次改扩建时，在后殿两侧增加廊庑与前殿两侧廊庑相通，使用了原有明代构件	根据《黄册》[1]记载，乾隆元年的改建，慈宁门、徽音左右门、大佛堂主要建筑并没有大动，只是粘补修理、油饰彩画。乾隆三十二年的改建，慈宁门添前后廊，扩展了进深，挪盖徽音左、右门北移，后殿北移，从现状看，应该还是原封不动地使用了部分原有构件		
旁证案例	故宫神武门东大房、东长房内檐彩画	故宫养心殿区西围房南数四至六间，咸福宫后殿顶棚以上木构彩画		

从表一可以明显地看出，这几处彩画具有明末清初过渡期彩画的共同特征。旋花造型有如意头与圆旋花两种造型，旋瓣已经从明代中期以前有抱瓣的造型向圆旋瓣转变，旋眼仍保持写生花瓣造型，尤其以莲花造型居多。方心头造型也包括内凹与宝剑头两类，符合明代内凹型向清代三段外弧形转变过渡期的特点。构件两端只设副箍头。颜料上使用矿物质无机颜料石青、石绿，色相沉稳。彩画无地仗层，直接绘在木构件表面。有了上述共同点再结合文献资料推断，这五处建筑的旋子彩画保留了明末清初过渡期旋子彩画样式。

2. 清早期旋子彩画

清早期旋子彩画遗迹保留较少，现仅慈宁宫区围房梁架内构件（四架梁、前后檐金檩、抱头梁、穿插枋）上绘有一字方心墨线点金旋子彩画与空方心雅伍墨旋子彩画，且在四十一号间、八号间四架梁、后檐檩处明显分为上下两层叠压关系彩画痕迹，构件上端绘一字方心墨线点金旋子彩画，下端绘龙方心西番莲找头墨线和玺彩画，并且彩画的分界线交圈明显。这恰好说明清早期根据使用功能的需要，在四架梁和前后金檩上端吊装了顶棚，下端重绘一字方心墨线点金旋子彩画。后期，又根据使用需要，顶棚下移，在室内后檐檩中部和四架梁交圈以下构件个别间按大殿东次间脊枋彩画重绘龙方心西番莲找头，墨线和玺彩画（图一〇）。

围房旋子彩画纹饰具有明显的清早期特征：檩枋彩画方心头造型仍还保持宝剑头直线型，但是所有四架梁构件上方心头造型开始向清代三段弧线转变，线型略尖，为清早期莲花瓣造型（图一一）；找头内的一整两破旋花造型已转变为清代的外轮

1 前揭《黄册》083号，载："慈宁门五间，大殿七间，后殿七间，徽音左、右门六间，东佛堂三间，前后转角围房四十六间，俱找补木植，添换装修。粘补修理，油饰彩画。"

图一〇　围房四十一号间后内檐上下双层彩画叠压关系

图一一　东围房北数九号间北缝五架梁东端墨线点金旋子彩画

廓圆型，旋花路数增多；旋眼、二路与三路瓣造型皆呈写生花瓣造型，且内绘有随型黑老；旋眼逐渐缩小比例，贴金量增大，并采用沥粉贴金工艺；箍头内侧的栀花呈直线型。

3. 清中期旋子彩画

根据上文中所提及的大木修缮与彩画工程，清代中期旋子彩画主要分为乾隆元年（1736 年）与乾隆三十二至三十六年（1767 ~ 1771 年）两个阶段。

（1）乾隆元年旋子彩画

根据档案记载，乾隆元年（1736 年）油画工程主要包括“新添建两座垂花门油饰彩画”与“主体建筑粘补地仗、重做了油饰，上架枋梁彩画俱照旧式过色见新”两项。根据现状勘查分析，由于后期大部分彩画进行过重绘，目前仅保留下两座较高级别建筑彩画遗迹，一处位于慈宁宫大殿明间脊部金线烟琢墨石碾玉旋子彩画（图一二），一处位于大佛堂室内东西二次间、梢间内檐檩枋金线烟琢墨石碾玉旋子彩画（图一三）。这两处彩画与明末清初过渡期的旋子彩画相比较，在整体构图与细部特征上又有了新的发展。

图一二　慈宁宫明间脊步龙凤包袱，金线烟琢墨石碾玉旋子彩画

图一三　大佛堂室内东西二次间、梢间内檐金线烟琢墨石碾玉旋子彩画

首先在整体构图方面。慈宁宫大殿明间脊步檩、垫、枋大木三件作为整体进行构图，在构件中央，采用反褡包袱形式，包袱两端的找头绘金线烟琢墨石碾玉旋子彩画。脊步包袱内红地绘片金龙凤万寿纹，正吻合乾隆元年（1736年）绘制的宫廷画《慈宁燕喜图》中所要表达乾隆为其母祝寿之意。而慈宁门、徽音左右门、后殿大佛堂脊步上的明末清初过渡期彩画采用分段式构图，脊檩、垫板彩画绘平金开红墨云纹包袱，金线五彩云纹找头式样；在脊枋部位绘一字方心雅伍墨旋子彩画（见图六）。

其次是梁枋大木细部特征。与明末清初过渡期慈宁宫区旋子彩画相比有四处变化。其一，主题纹饰更加明确。彩画方心由空方心、一字方心演变为龙凤纹，龙凤包袱心，此外盒子内都加入了龙凤纹，更加突出了此区建筑为皇太后居御的使用功能。其二，金箔使用量增大。乾隆时期社会经济繁荣，国力昌盛，金箔大量使用在彩画级别较高的建筑上。从现存实物来看，明末清初过渡期的慈宁门、徽音左右门、后殿大佛堂脊步彩画金箔只是固定使用在脊檩、垫板的中央，工艺上采用平金开红墨做法，其他部位采用各色颜料绘制而成；而慈宁宫明间脊步、大佛堂东西二次、梢间室内彩画，主体轮廓大线、主要龙凤纹饰、找头旋眼皆为沥粉贴金做法，并且还采用了呈黄白色与

图一四　清中期旋子彩画——大佛堂东西两翼围房内檐夔龙方心墨线小点金旋子彩画

红黄色金箔，这与《内务府奏销档》记载乾隆元年（1736年）改建中使用的大赤飞金和田赤飞金相符合。其三，工艺细致化。片金和金琢墨拶退[1]两种工艺相结合。主体轮廓大线、方心、盒子内主要龙凤纹饰、找头内旋眼纹皆为片金工艺做法，方心、盒子内次要纹饰云纹、牡丹花卉是金琢墨拶退工艺做法，画面的层次更加丰富。其四，细部纹饰的变化。这主要体现在方心头造型已由明末清初过渡期的宝剑头直线型、清早期莲花瓣造型转变为标准的清代三段外弧线型。构件两端也除了设副箍头，还在副箍头内侧加有整箍头，构件长的梁枋还再加一条里箍头，里外箍头之间设盒子；箍头内侧的栀花也由直线型演变为清代标准的弧线型。

（2）乾隆三十二年至三十六年旋子彩画

根据上文《内务府奏销档》所记载的乾隆三十二至三十六年（1767～1771年）的油画工程，大部分殿座内外檐及室内佛龛、器物都重做了油饰彩画。根据现状勘查分析，在乾隆三十二年（1767年）修缮工程中，大佛堂东西两翼围房和东南转角围房改为佛堂使用，并吊装了天花，室内重作彩画，龛案、供器也一同油饰见新。但是从现存彩画情况看，只有大佛堂东西两翼围房（东围房一至七号间、西围房四十五至四十八号间）室内的夔龙宋锦方心墨线小点金旋子彩画（图一四）是该时间段的旋子彩画遗迹。

与乾隆元年（1736年）的旋子彩画相比，最主要变化是方心内主题纹饰由龙凤纹降低到夔龙、宋锦纹，盒子内主题纹饰由龙凤纹降低到整栀花纹，这与围房建筑等级较低直接相关。此外，旋花瓣内随型黑老消失，成青绿单色；旋眼缩小比例占额枋高度的三分之一，造型已演变为唧鸟形状；箍头内侧的栀花也演变为清代标准的弧线型；方心内夔龙造型粗细有别，夔龙头极小，与卷草纹身体形成反差，造型生动；方心内宋锦整体框架呈菱形组合，带子之间相交的片金海棠盒内画宝杵纹饰，整锦纹呈绿色，破锦纹呈青色。

1　纹饰轮廓大线采用沥粉贴金做法，纹饰内部青绿退晕，如以青色为例，先刷原青、靠近轮廓线叠刷浅色（三青），在纹饰中部拶墨青，贴金轮廓线以里行白粉。

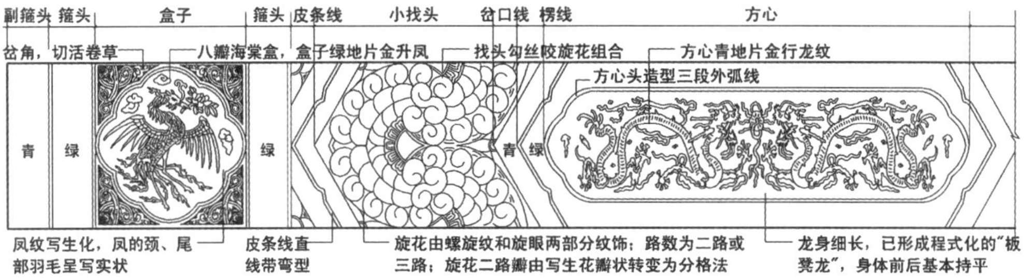

图一五　清晚期旋子彩画——徽音右门明间外檐龙凤方心金线大点金旋子彩画

4. 清晚期旋子彩画

结合故宫外东路宁寿宫工程的档案记载看，光绪年间，为了筹备慈禧皇太后六十大寿的万寿节，除修缮宁寿宫外，还在外西路主要对慈宁宫、寿康宫建筑外檐进行了油饰彩画修缮工程。目前徽音左、右门外檐龙凤方心金线大点金旋子彩画（图一五），围房外檐凤锦方心墨线大点金旋子彩画，垂花门外檐真龙、夔龙方心金线大点金旋子彩画[1]，纹饰时代特征体现的是清晚期做法，与清晚期光绪十六年（1890 年）寿康宫围房外檐旋子彩画属于同一时期绘制。

这一时期的旋子彩画与清中期相比，有了进一步的演变，主要体现在彩画大线转变为直线带弯型，以及旋花二路瓣由写生花瓣状转变为分格法，旋眼缩小比例占构件高度的四分之一，造型已演变为唧鸟形状（表二）。其他细部纹饰变化有：方心、盒子中凤纹造型已由乾隆时期的纹饰图案化演变为写生自然化。龙纹造型由乾隆时期的活泼自然转变为较程序化的“板凳龙”，龙身由清中期的前低后高演变为在一条水平线上，龙身内纹饰由龙鳞纹演变为肚玄纹。方心、盒子内龙凤纹及其附属纹饰云纹、火焰、宝珠、牡丹花皆采用同一种片金工艺做法，用金量加大。盒子内出现了新的绘画题材，白活异兽纹、黑叶子花卉、片金西番莲纹在低等级旋子彩画中使用。方心内宋锦整体框架呈菱形组合，整锦纹绘青色，破锦纹绘绿色，且绿色居中。

1　乾隆二年《黄册》中记载了乾隆元年垂花门彩画式样：“伍墨大点金，龙锦方心。”乾隆三十二年的改建，档案中没有记载垂花门的彩画式样，而乾隆元年的彩画式样与现存真龙、夔龙方心金线大点金旋子彩画实物相对照，方心纹饰不同，龙锦方心转变为夔龙、真龙方心，题材内容升格了。从这点上也可判断现状彩画不是按乾隆元年彩画原迹绘制的，而是清晚期的样式。

表二　明末清初过渡期、清早期、清中期、清晚期慈宁宫区旋子彩画特征比较

特征＼年代		明末清初过渡期	清早期	清中期	清晚期
旋花造型	轮廓	外轮廓如意头造型与接近圆型两种并存	外轮廓接近圆型	外轮廓圆型	
	旋瓣	接近圆形的旋花，中心为旋眼，旋眼外侧根据构件大小环绕一至三层旋瓣，最外层为头路瓣，内绘八至十四个螺旋纹；旋眼、二路、三路瓣造型皆呈写生花瓣造型，颜色带晕色且内绘有随形黑老，清早期旋瓣无晕色		最外层为头路瓣，内绘八至十四个螺旋纹；二路、三路瓣造型皆呈写生花瓣造型，乾隆早期还保留随形黑老，乾隆中期后无黑老	最外层为头路瓣，绘八至十二个螺旋纹；旋花路数为二路或三路；旋花二路瓣由写生花瓣状转变为分格法，无随形黑老，仅为青绿单色
	旋眼	接近圆形的旋花，旋眼比例较大，造型皆呈写生花瓣，以莲花瓣居多		旋眼缩小比例占构件高度的三分之一，造型由写生花瓣状向唧鸟形状过渡	旋眼缩小比例占构件高度的四分之一，造型已演变为唧鸟形状
方心头造型		有内凹弧线型  与宝剑头两种造型 	宝剑头  与莲花瓣造型 	三段外弧线型 	
箍头造型		构件两端无整箍头，仅设副箍头，箍头内无纹饰，青绿晕色素地	构件两端有整、副箍头之分，箍头内无纹饰，青绿素地	构件两端除了设副箍头，还在副箍头内侧加有整箍头，长构件还再加一条里箍头，里外箍头之间设盒子，此外清中期还出现了环套箍头[1]的形式，沿用至清晚期	
栀花造型		直线型或如意型	直线型	箍头内侧的栀花也演变为清代标准的弧线型	
地仗做法		直接绘于木表，没有地仗	从直接绘于木表过渡到单皮灰地仗做法	从单皮灰地仗做法过渡到麻灰地仗做法	麻灰地仗做法
颜料使用		矿物颜料，大色主要是石青、石绿		主要以矿物颜料为主，开始出现进口颜料	进口颜料，大色主要是佛青、洋绿

1 “环套箍头”形成于乾隆早、中期，最初多用于部分宗教建筑的和玺彩画之上，如故宫雨花阁（乾隆十四年）。嘉庆以后环套箍头才用于皇宫重要宫殿和玺彩画和苏式彩画上，如乾清宫（嘉庆三年）以及建福宫、抚辰殿外檐彩画（嘉庆七年）。因此，慈宁宫区大佛堂室内东西二次间、梢间内檐彩画应是在乾隆早期的环套箍头使用在宗教建筑的旋子彩画上的重要实例。

（二）慈宁宫区和玺彩画年代考证

1. 清早期和玺彩画

和玺彩画是最高等级的官式彩画，约在清早期由旋子彩画演变而成。慈宁宫建筑上最早出现的和玺彩画有两处，一是慈宁宫大殿东次间脊枋龙方心西番莲找头，金线和玺彩画（图一六），二是围房内有若干间龙方心西番莲找头，金线或墨线和玺彩画。

慈宁宫大殿东次间脊枋龙方心西番莲找头，金线和玺彩画，体现了由旋子彩画过渡到和玺彩画的雏形期，其最主要特征为：梁枋大木方心头造型还保留着清代旋子彩画的三段弧线型，而找头部位已删去了旋子彩画的旋花图案，演变成在箍头内侧加入圭线光[1]，找头内绘西番莲卷草图案。这种由旋子彩画发展而来的早期和玺彩画，目前还有故宫协和门北山上的和玺彩画（图一七），已被专家鉴定为清早期彩画[2]。从现存实物来看，和玺彩画一直发展到康熙时期大的构图才基本定型，方心头和找头部位的圭线光都形成了统一协调的横 W 造型，但是横 W 造型呈弧线状，如中和殿、保和殿内檐的龙和玺彩画，已被专家鉴定为康熙时期彩画（图一八）。此外，找头出现的西番莲纹饰，其构图采用的是一组西番莲花头、茎、卷草组合的四方连续图案，西番莲花头外围花瓣为银朱色凤翅瓣造型，里面二层花瓣为蓝色写生花瓣状。花心和茎贴金箔，卷草为绿色捞退。整个图案设色工艺和内东路的清早期承乾宫内檐彩画一致，将冷暖色相间；方心内龙纹造型具有早期龙纹粗放、生动、简练的时代特点，龙纹周围环绕着五彩云纹、宝珠；彩画直接画于木构表面。这些均符合清早期和玺彩画的特征，因此，笔者认为慈宁宫东次间脊枋和玺彩画极有可能为清早期遗迹。

围房内有若干间龙方心西番莲找头，金线或墨线和玺彩画，主要分布在西南围房三十二号间脊枋（图一九），西围房四十一号间南北缝五架梁、后檐枋，东围房六、七号间的前檐金檩；八号间前檐金檩、南缝五架梁、后檐檐枋；十一号间东缝五架梁（图二〇），此类彩画和慈宁宫东次间脊枋彩画大线一致，方心内龙纹造型、云纹、宝珠等所体现的时代特点，以及颜色、工艺做法，都与大殿东次间脊枋彩画基本相同。但它与大殿东次间脊枋彩画也有两处差异：一是由于建筑等级的降低，部分彩画等级降为墨线和玺；二是找头内西番莲纹饰造型、设色和贴金位置不同。西番莲分为俯视与侧视角度造型。其中俯视花头分两层，外围为凤翅花瓣，里层为写生花瓣，花心为三个凤翅花瓣旋转组合（见图一九）；侧视花头主要分布在两朵俯视花头的中间分叉的茎上，整体作沥粉贴金。俯视花头的外围凤翅花瓣、叶茎皆为沥粉贴金箔做法，里层的写生花瓣、花心和卷草则为各色金琢墨捞退做法。

根据前面对围房内旋子彩画的年代分析，清早期围房梁架内较多构件绘有一字

1　圭线光指横置的莲花瓣造型，又类似龟背形。

2　前揭《紫禁城建筑上的彩画》。

图一六　慈宁宫大殿东一次间脊枋底面龙方心西番莲找头，金线和玺彩画

图一七　协和门北山外檐额枋清早期龙和玺彩画小样（何宏奎、张德才绘）[1]

图一八　保和殿内檐康熙时期龙和玺彩画

图一九　慈宁宫西南围房三十二号间脊枋底面龙方心西番莲找头，金线和玺彩画

图二〇　慈宁宫东围房十一号间五架梁龙方心西番莲找头，墨线和玺彩画

1　彩画小样实物今藏于故宫古建部资料室库房。

图二一　慈宁宫内檐彩画两层痕迹：找头表层凤纹，底层龙纹

图二二　慈宁宫内檐彩画两层痕迹：方心表层龙纹，底层凤纹、方心轮廓线错位

方心墨线点金旋子彩画，后期则根据使用功能的需要，顶棚下移，在室内后檐檩中部和四架梁交圈以下构件，个别房间按大殿东次间脊枋彩画重绘了龙方心西番莲找头，金线或墨线和玺彩画，因此这部分和玺彩画时代应略晚于慈宁宫大殿东次间脊步彩画。

2. 清中期和玺彩画

慈宁宫区清代中期和玺彩画数量极少，推测仅在慈宁宫大殿内檐存有此类彩画。从现状分析，大殿内檐西山面有两层彩画，底层彩画与表层彩画纹饰等级、类别一样，都是龙凤和玺彩画。但大的构图三停尺寸错位，方心、找头内所画龙凤纹饰图案颠倒，虽然没有发现大面积的底层彩画，但却揭示了这座建筑的历史变迁。从档案记载乾隆三十二至三十六年（1967～1771 年）修缮工程比对乾隆元年（1736 年）宫廷画家所画的《慈宁燕喜图》可见，乾隆皇帝为其母庆八十寿诞，将慈宁宫大殿单檐改为重檐，并扩展进深，室内油漆彩画应统一见新，将大殿内乾隆元年（1736 年）所绘制的旋子彩画升格为龙凤和玺彩画。这些变化在模糊不清的底层和玺彩画上还依稀可见，大的构图框线已基本定型，方心头和找头部位的圭线光都形成了统一协调的六十度直线横 W 造型；所有部位的龙凤纹、圭线光内的西番莲卷草纹皆采用同一种片金工艺做法，用金量逐渐加大。与正殿东次间脊部和玺彩画相比，该时期的内檐彩画在纹饰题材、构图、大线造型、工艺做法上均有所发展。根据这些时代特征分析，慈宁宫大殿底层彩画很可能为乾隆三十二年（1767 年）遗迹（图二一、图二二）。

3. 清晚期和玺彩画

光绪年间，为了筹备慈禧皇太后六十大寿的万寿节，对外西路慈宁宫、寿康宫建

图二三　《清国北京皇城写真帖》中慈宁宫东山面彩画

图二四　现状修缮前慈宁宫东山面彩画

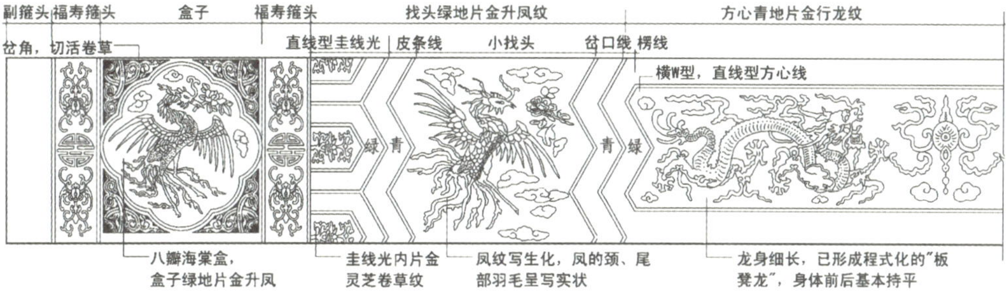

图二五　清晚期和玺彩画——慈宁宫大殿外檐龙凤和玺彩画

筑外檐进行了油饰彩画修缮工程。这次重绘在《清国北京皇城写真帖》[1]（摄于光绪二十六、二十七年，即 1900 ~ 1901 年）一书中得到证实，在一幅慈宁宫东山面照片（图二三）上发现上层檐彩画与现状彩画在纹饰、颜色及构图几乎完全一致，属于同一时期龙凤和玺彩画。由此可以判断，慈宁宫大殿内檐表层、外檐及后殿外檐彩画为 1900 年以前绘制的，根据档案记载推断，应为光绪十六年（1890 年）所绘（图二四、图二五）。从现状分析来看，清晚期重绘的彩画主要有慈宁宫大殿内檐表层、外檐与大佛堂外檐的龙凤和玺彩画。这部分彩画最大的特征是，在梁枋大木的箍头以及椽头上采用了慈禧时期喜用的纹饰——“福寿纹”。从绘制工艺看，慈宁宫大殿内檐表层龙凤和玺彩画与外檐彩画基本一致，但是比外檐彩画纹饰造型简陋，绘制工艺亦显粗糙，推测应是工匠派系不同所致。此情况也出现在大佛堂前后外檐，后外檐较前外檐工艺粗糙。这也从一个侧面反映了清晚期国力衰微，财力有限，施工队伍良莠不齐，工艺差距较大，与清中期之前彩画工艺已无法相提并论（表三）。

1　《清国北京皇城写真帖》为日本东京帝室博物馆于 1906 年编辑的一部关于清末北京皇城宫殿及皇家园林的摄影集，摄影者：小川一真，东京：小川一真出版部，1906 年（明治三十九年）。

表三　清早、中、晚期慈宁宫区和玺彩画特征比较

时期＼特征	箍头	找头	大线造型	盒子、找头、方心内龙凤纹造型	颜料
清早期	素地拉黑老	西番莲卷草	横W造型，莲花瓣状	凤纹造型抽象化，凤的颈、尾部羽毛绘成抽象卷草纹；龙纹造型前低后高，龙身粗壮，龙头束发，龙身有鳞	矿物颜料，大色主要是石青、石绿
清中期	素地拉黑老	龙凤纹	横W造型，呈弧状	凤纹造型写实化，凤的颈、尾部羽毛呈羽毛状，凤身有鳞，翅膀写实；龙纹造型前低后高，较粗壮，龙头散发，龙身有肚玄纹	
清晚期	片金福寿纹	龙凤纹	横W造型，直线型	凤纹造型写生化，凤的颈、尾部羽毛呈写实的羽毛形状；龙身细长，已形成程式化的“板凳龙”，身体前后基本持平，龙身有肚玄纹	进口颜料，大色主要是佛青、洋绿

小结

慈宁宫区内外檐彩画涵盖了明末到清光绪年间大约260多年的彩画遗迹，史料记载较为详尽，通过对彩画的年代考证与特征分析，可见慈宁宫区建筑彩画体现了明末清初过渡期及清代早、中、晚期官式旋子与和玺彩画的演变与发展规律，同时也体现了建筑功能的改变对彩画等级与工艺的影响。特别值得一提的是，该区内有几处彩画在紫禁城彩画中具有重要的历史价值。首先，慈宁宫东次间脊枋清早期龙方心西番莲找头，金线和玺彩画，是由旋子彩画过渡到和玺彩画雏形的重要标志，目前得以见到的此类彩画实例在故宫仅此一处[1]；其次，大佛堂东西二次间、梢间内檐乾隆元年（1736年）的环套箍头，龙凤方心金线烟琢墨石碾玉旋子彩画，绘制工艺精细，保存状况完好，是故宫此种类型彩画的孤本；再次，大佛堂东西两翼佛堂室内大木夔龙宋锦方心墨线小点金旋子彩画和六字真言天花，完整地再现了乾隆三十四年（1769年）室内佛堂装饰原状。总之，慈宁宫区彩画携带了丰富的历史信息，是故宫古建筑彩画中难得地体现了不同时期与不同类型官式彩画的重要实物证据，值得深入研究考证。

原载《故宫博物院院刊》2013年第6期

1　另一处协和门北山外檐清初和玺彩画目前已被覆盖。

毓庆宫沿革略考

常 欣

内容提要：毓庆宫位于紫禁城内廷东路，东邻奉先殿，西邻斋宫，为皇太子所居住之宫，始建于康熙十八年（1679年）。此宫最初是康熙皇帝为其子允礽特建的太子宫，其后历有沿用。初建时平面布局较为简单，是只有祥旭门、正殿惇本殿、后殿毓庆宫的两进院。雍正九年（1731年）奉上谕改为斋宫；乾隆八年（1743年）进行了大规模改建工程；乾隆十年（1745年）对殿内地面进行过油饰；乾隆五十九年（1794年）进行添建工程；嘉庆六年（1801年）继续添建；其后在咸丰十年（1860年）、同治十三年（1874年）以及光绪十六年（1890年）和二十三年（1897年）又进行过不同程度的修缮及保养工程，但建筑格局没有再发生大的改变。

关键词：毓庆宫　惇本殿　皇太子宫　皇太子　皇子　允礽

毓庆宫位于紫禁城内廷东路，东邻奉先殿、西邻斋宫，是皇太子的生活居住区，始建于康熙十八年（1679年）。清入主紫禁城后，初未设太子宫。康熙十四年（1675年）允礽被立为皇太子，确定了其继承皇位的身份。《清史稿》中记载："康熙十四年十二月丙寅，立皇子允礽为皇太子，颁诏中外，加恩肆赦。"[1]允礽是康熙皇帝的第六子，后序为第二子，孝诚仁皇后所生。康熙十八年（1679年）正式下旨建造皇太子宫，其后历有沿用。初建时平面布局较为简单，是只有祥旭门、正殿惇本殿、后殿毓庆宫的两进院；雍正九年（1731年）奉上谕改为斋宫；乾隆八年（1743年）进行了大规模改建工程；乾隆十年（1745年）对殿内地面进行过油饰；乾隆五十九年（1794年）进行添建工程；嘉庆六年（1801年）继续添建；其后在咸丰十年（1860年）、同治十三年（1874年）以及光绪十六年（1890年）、二十三年（1897年）又进行过不同程度的修缮及保养工程，但建筑格局没有再发生大的改变。

作者：原古建部，副研究馆员。

1　赵尔巽等撰：《清史稿》卷六，中华书局，1977年。

一　毓庆宫一区建筑现状

毓庆宫区域（图一）的建筑，南北长约90.5米，东西宽约33.5米，占地面积约3031.75平方米。院落式组合，使用了中国古代建筑“取正型”和“向心型”两种基本平面布局方法，即主殿座均面向正南，采用“取正型”，配殿及围房都面向主殿座，采用“向心型”，周围有红墙环绕，自成一区。其建筑格局基本上是经乾隆、嘉庆年间改建及添建而形成的，由四进院落组成。现有建筑概况：

前星门（图二）：毓庆宫院大门，为随墙琉璃门。南向，宫门两扇，是毓庆宫出入之重要门户。

进入前星门为第一进院：有值房两座，西墙开阳曜门（图三），可通斋宫。

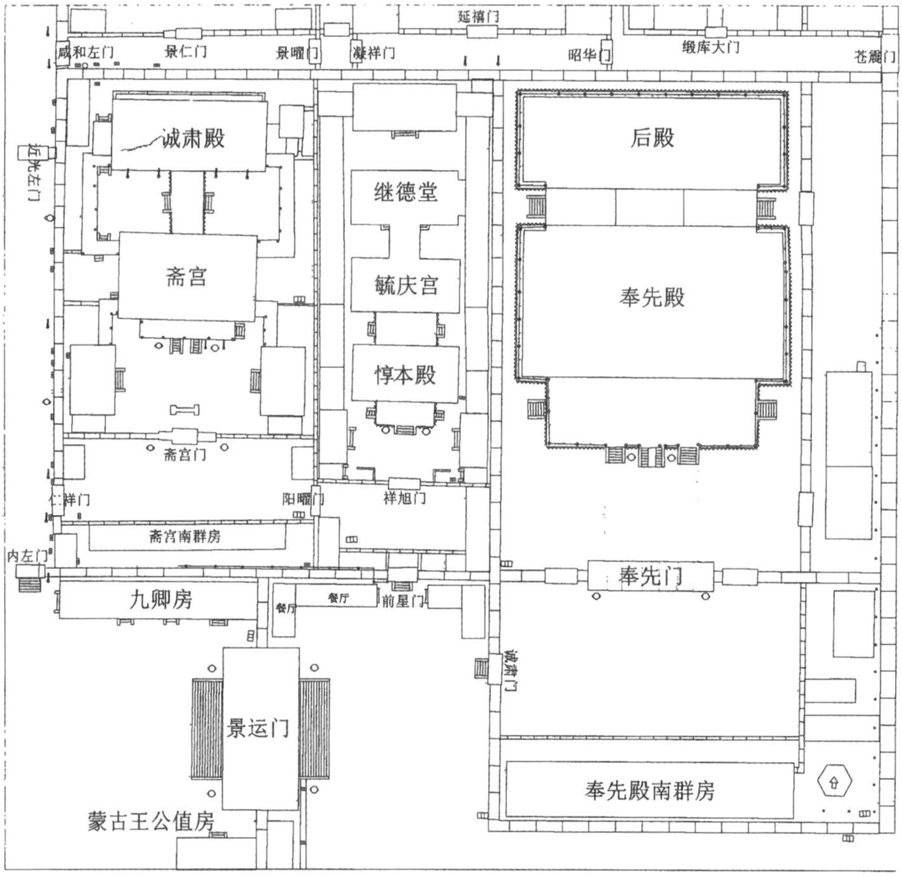

图一　毓庆宫区宫殿现状图

祥旭门（图四）：毓庆宫宫门，为琉璃门，宫门两扇。南向，南与前星门相对。

进入祥旭门为第二进院：内有惇本殿（图五），面阔五间，进深三间，黄琉璃瓦歇山式顶，前出月台。前檐明间、东西次间均为门，各用隔扇门四扇；东西梢间为槛窗，各四扇。后檐明间为门，隔扇门四扇。

东西有配殿（图六），各三间，黄琉璃瓦硬山式顶，均为明间开门，次间为窗，两配殿均有南耳房一间，北耳房三间（明间开门）。

图二　前星门

图三　阳曜门

图四　祥旭门

图五　惇本殿

第三进院内为毓庆宫（图七）：工字殿形式，前殿面阔五间，进深三间，黄琉璃瓦歇山式顶，前檐明间开门，悬匾曰“毓庆宫”，次间、梢间为窗；后檐明间接工字廊与后殿相通；工字廊面阔一间，进深三间，两侧均为槛窗。后殿面阔五间，进深三间，黄琉璃瓦歇山式顶，明间内悬匾曰“继德堂”，前檐明间与工字廊相接，廊檐安小板门，为后殿及工字廊出入口，次间、梢间为槛窗，后檐五间均槛窗；后殿东山接抱厦一间，

图六　惇本殿前东配殿

图七　毓庆宫

图八　毓庆宫后罩房

悬山式顶，南北两面安窗，与东顺山殿相通，也是后殿与东顺山殿过渡之廊房。后殿室内装修极为考究，以隔断辟为小室数间，有小迷宫之称。

第四进院内为毓庆宫后罩房（图八）：面阔五间，进深三间，黄琉璃瓦悬山式顶，金里安装修，明间开门，次间、梢间为窗，东西两侧有耳房，与东西庑房转角相接。

二　毓庆宫的始建、改建、添建及修缮

1. 毓庆宫的始建

康熙十八年（1679 年）开始建造的毓庆宫，建筑格局较为简单。《大清会典》记载："康熙十八年建皇太子宫，正殿曰惇本殿，殿之后曰毓庆宫、前曰祥旭门。"[1] 是一个独立的两进院落。虽然沿袭明代太子宫制，但建筑规模超出明代。《清圣祖实录》记载："康熙十八年兴建毓庆宫、惇本殿，则轶出前朝规模，而迹近踵事增华矣。"[2] 雍正九年（1731 年）二月初二日，内务府总管海望奉上谕："毓庆宫改为斋宫不必将就盖造，另画样呈览过重新盖造。钦此。"[3] 从这条档案的记载及斋宫建造年代（雍正九年，1731 年）、所在位置，可以看出斋宫所在地的前身应是毓庆宫，也就是说康熙十八年（1679 年）

1　《大清会典》康熙朝，第七册，卷 131，台湾文海出版社。

2　朱偰：《明清两代宫苑建置沿革图考》，第 27 页，商务印书馆，1947 年。

3　《清宫内务府造办处档案总汇》第 5 册人民出版社，2005 年。

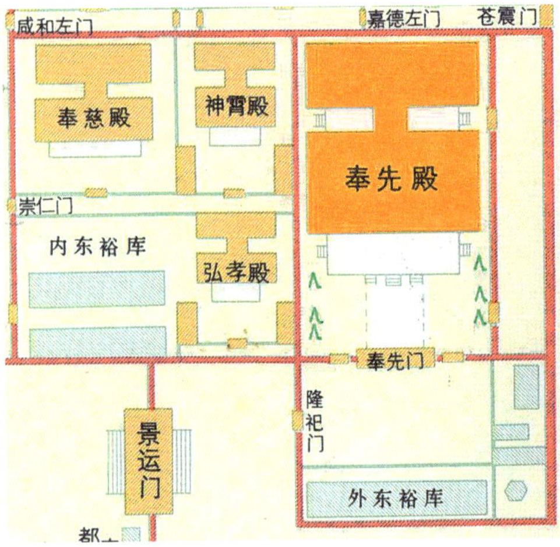

图九　明天启年间奉先殿一区

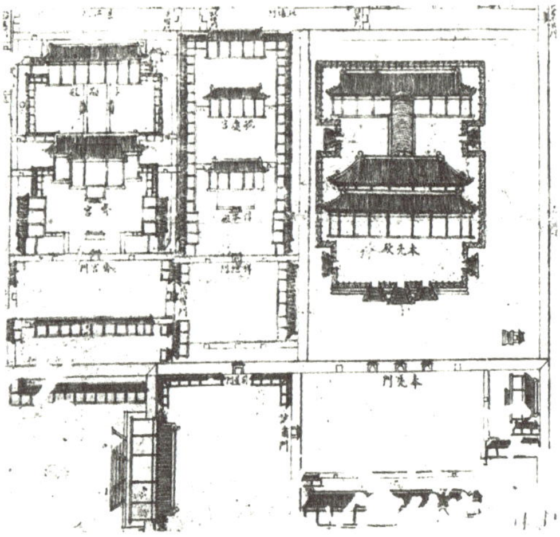
图一〇　清《乾隆京城图》中的奉先殿一区

毓庆宫是在明代奉慈殿一带基址上建造的（图九）。此外，从现在所查阅到的资料中，没有看到雍正十年（1732 年）至乾隆七年（1742 年）这十余年间对毓庆宫的修缮及使用记载。所以毓庆宫改为斋宫后，至乾隆七年（1742 年），宫内是否存在毓庆宫，目前还无法准确判断，尚有待其他可证史料的发现方能确定。但是内务府的有关档案中对乾隆八年（1743 年）毓庆宫工程之事有较为详细的记载。

2. 毓庆宫的改建

乾隆八年（1743 年）十一月，毓庆宫进行了第一次大规模改建，《奏案》中记载修建工程中的诸多事宜，均由内务府大臣海望、三和主持。改建包括两方面，一是建筑规模的改变。照依奏准式样建造大殿五间、后殿五间、照殿五间、前东西配殿六间、琉璃宫门两座、转角露顶围房三十四间、宫门前值房十四间、后院净房一间；成砌宫门、大殿、后殿西边院墙；铺墁甬路、散水、丹墀；海墁地面、其殿宇房座俱照宫殿式样油饰彩画裱糊……[1] 此次工程大，涉及院内所有建筑。耗银多，工料银高达四万八千九百八十余两[2]。二是建筑地点的改变。由于雍正九年（1731 年）将毓庆宫改为斋宫，此次毓庆宫应是在明代神霄、弘孝殿基址上建造的（即现在的位置）。地点的改变，虽然从目前所查阅到的档案中没有发现明确的文字记载，但从乾隆八年（1743 年）的一份奏折中可发现蛛丝马迹："海望、三和谨奏，毓庆宫原约估银五万四千九百七十余两，是因为其南大门原系随墙门座，今因建造毓庆宫门（即祥旭门）若仍照旧式恐难悬挂匾额，是以奴才等照琉璃宫门式样约估的，今遵旨照旧挪盖，

1　《奏案》05-0058-028。

2　《奏销档》210-088。

其过木上添宼琉璃门楣以便悬挂匾额。殿宇房座改用青砂石料，并值房改用布瓦，并搜用本工折下存剩旧料等，共约减去银六千八百八十余两。奴才等伏查宫殿琉璃瓦料成宼殿宇时，需用青白石料方为合式，如仍用青白石料，应增加银八百九十余两，共约用银四万八千九百八十余两。”（后奉旨，照所请用青白石料成宼。）[1] 档案中提到毓庆宫门照旧“挪盖”，说明宫门的地点改变了，那么宫门内的殿座当然也应随之挪盖了。此外，《奏案》中不仅提到“建造”二字，而且较为详细地记载了这次改建工程的规模范围、建筑基本形制及材料做法。从所用的材料及使用数量上看，完全是重新盖造，而非修缮所用的材料用量。从乾隆十五年（1750 年）所绘制的《乾隆京城图》（图一〇）上看，图示范围与乾隆八年（1743 年）《奏案》中对毓庆宫一区建筑格局的记载基本一致。

3. 毓庆宫的添建

乾隆五十九年（1794 年），毓庆宫进行了较大规模的修缮及添建工程。《奏销档》记载：乾隆五十九年（1794 年）二月，和珅、福长安、盛住原本奏报的是查勘修理毓庆宫，其中包括：修理琉璃头停、布瓦头停，油画见新、拆墁月台、海墁散水、拆砌门腿、台帮、墙垣以及裱糊等项事宜。乾隆六十年（1795 年）正月内复遵旨：将毓庆宫殿前添盖大殿一座，其惇本殿并东西配殿、露顶、祥旭门俱往前挪盖，添盖围房、值房、游廊及东山抱厦、改盖顺山殿以及添做檐网、改做画活、琉璃头停并内檐装修、油画、糊饰等项……并择于二月初六日黄道吉日动土，先行拆卸，一俟春融即行修建。后呈报实修得：毓庆宫添盖大殿一座，计五间；继德堂东山添盖抱厦一间；改盖东顺山殿，三间；后殿两边添盖游廊二座，每座三间；挪盖惇本殿一座，计五间，东西配殿二座，每座计三间，配殿南山房二座，每座一间，祥旭门一座；添盖东西围房六间；改盖东西围房六间；祥旭门前院改盖值房两座，每座计三间；成砌月台、丹陛、墙垣；拆墁甬路、海墁散水、挪安青白石灯座、缸座；添锭铜丝檐网、添安铜字匾额及油画裱糊、内里装修等项，除行取物料应用外，实查用过工料银二万一千六百八十八两九钱七分六厘[2]。此次工程既有修缮又有添建，工程结束后，形成了这一区错综复杂的建筑布局。毓庆宫的建筑格局也有了变化，成为前后两进殿，前殿毓庆宫，后殿继德堂。另外，由于惇本殿及其配殿、祥旭门等建筑俱往前挪盖，使得祥旭门与斋宫门的前后距离，由原来的一墙之差，变成了 10 米之差（见图一、图一〇），扩大了毓庆宫区的占地面积。

嘉庆六年（1801 年），毓庆宫后檐至继德堂添建穿堂一座，计三间，内里装修楠木书格。毓庆宫头停后坡，继德堂头停前坡[3]。添建穿堂后，毓庆宫建筑格局又有了变化，成为工字殿形式。工字殿，是古建筑布局组合形式的名称。前后两殿相重，中间以穿

---

1 《奏销档》210-088。

2 《奏销档》449-135-1。

3 《奏案》05-0490-044。

廊相连，构成工字形建筑平面。两座殿联立，在纵向上强调了它的体量。经穿廊来往于前后殿，完全免去室外交通，颇为便利。其后在咸丰、同治、光绪年间虽进行过不同程度的修缮及保养工程，但建筑格局没有再发生大的改变。

4. 历史上对毓庆宫的修缮情况

乾隆十年（1745年），毓庆宫殿内地面进行油饰，用过工料银三十四两八钱三分九厘[1]。

嘉庆二年（1797年），继德堂改按装修、添做床张等项工程[2]。

咸丰十年（1860年），毓庆宫室内添做、改做装修。包括：明间安风门架、添安柏木圈口、楠木夹纱亮窗、床张添做帘架；后殿添安柴木玻璃旋口、挡板等项工程[3]。

同治十三年(1874年)，毓庆宫正殿、东西配殿并各殿宇房间满夹陇捉节、錾坎油饰；院内地面砖满挑换、归安石料以及添砌琉璃花池、树池；改安门窗隔扇；添安屏门、曲尺影壁、药栏、狮子金海石座；工字殿三间改盖平台、添安栏杆、坐凳、山石踏跺；后院改盖东西转角廊子、后院大墙满抹饰淋浆白灰，上画线法等项工程[4]。

光绪十六年(1890年)，惇本殿并东西配殿、毓庆宫、东西围房、后罩房等殿宇房间，因头停渗漏、天沟渗漏、椽望糟朽、瓦片脱落等原因，由户部开放十成银两，进行夹陇捉节、挑换椽望、挑换瓦片等修缮工程[5]。

光绪二十三年（1897年），内务府奏请，饬户部筹拨银两，修理毓庆宫院内各殿宇房间的头停渗漏、瓦片脱落、顶棚崩裂、木植糟朽等项工程[6]。

三　毓庆宫始建、改建及添建的原因

清代第一次册立皇太子时距入关已30多年，此时汉文化已经渐渐被满族人所接受。建太子宫源于康熙皇帝采用汉制，建立公开立储制度。康熙十四年（1675年），年仅2岁的嫡子允礽被公开立为皇太子，并颁诏“布告中外，咸使闻知，受允礽以册宝，立为皇太子，正位东宫，以重万年之统，以系四海之心”[7]。康熙十八年（1679年）允礽6岁，应开始读书，但还没有一个正式的地方，于是在明代奉慈殿一带基址上特建

1 《奏案》05-0074-006。

2 《内务府呈稿》，嘉营14号。

3 《内务府呈稿》，咸营34号。

4 《奏案》05-0875-089。

5 《内务府奏稿》184号。

6 《奏销档》862-045。

7 《清圣祖实录》卷二三四。

太子宫。允礽至35岁（第一次被废前）一直住在这里。康熙皇帝对其倾注了大量心血，然而允礽却以一人之下万人之上的特殊地位骄横跋扈，令康熙皇帝十分伤心，决定将其废除，监禁在东华门内上驷院旁的毡帐内，后被转移到咸安宫。允礽被废黜之后，诸皇子争夺储位的斗争不仅未平息，反而愈演愈烈，这使康熙皇帝很伤心也很伤脑筋，万般无奈之下，于康熙四十八年（1709年）再次授予允礽宝册，复立其为皇太子，复正储君之位。因此，允礽又由咸安宫移住到了毓庆宫。但允礽被复立后，并未吸取教训，谨慎行事，反而穷极奢华、广植党羽、暴虐横施，其种种行为激怒了康熙皇帝。三年之后再次被废。同时也再次从毓庆宫送咸安宫关押，直到雍正二年（1724年）二月禁死在咸安宫。《清史稿》记载："清自康熙五十二年后不复建储。"[1]毓庆宫从这时起暂时结束了作为皇太子宫的使命，用于诸皇子读书、居住。康熙六十一年（1722年）弘历12岁，康熙皇帝将其养入宫中，居毓庆宫读书，17岁娶亲移居重华宫。雍正即位后，鉴于康熙年间公开立皇太子的苦楚，以及诸皇子争夺储位的残酷事实和惨痛教训，雍正皇帝不得不考虑立储的方法。从历史上看，立嫡、立长、立贤、立爱都有成功与失败的例子，因此决定废除于生前册立皇太子的制度，实行秘密建储制，即：将已选定的储君姓名写好，密藏匣内，置于乾清宫"正大光明"匾后，以备不测，保证了皇位继承有序。此创举既阻止了继承人形成权力集团，又有效地避免了诸皇子争夺储位带来的动乱，同时对皇子们又有一种促进作用，要想继承储位者必须德才兼备。这一制度在中国历史上确实是一种创举，对于乾隆、嘉庆、道光、咸丰几朝的皇权过度起到了一定作用，这四位皇帝都是按秘密建储制度继承皇位的。雍正年间未曾明立皇太子，毓庆宫仍作为皇子读书、居住之处，弘历同和亲王（弘昼）命居此宫。乾隆年间，颙琰5岁即恩赐居住此宫，至15岁移居东二所，后移居撷芳殿之中所。

宫殿的使用是宫廷制度中的一项重要内容，宫殿的修建、修缮同样要在宫规之内。乾隆即位后对宫廷制度进一步完善，乾隆七年（1742年）谕令大学士鄂尔泰、张廷玉等人纂修《国朝宫史》，因此乾隆八年（1743年）在确定宫廷制度的同时，大规模改建诸皇子读书、居住的毓庆宫也在情理之中。

乾隆五十九年（1794年），是乾隆皇帝执政近一周甲之际，为了履行六十年前周甲归政、传位于皇太子的诺言，对毓庆宫进行了大规模的添建、改扩建及修缮。工程结束后，于乾隆六十年（1795年）九月三日册立嘉亲王（颙琰）为皇太子，宣谕立储，命自撷芳殿移居毓庆宫，使毓庆宫再次成为太子宫。但时间很短，次年（1796年）元旦，即一月一日，改元嘉庆在这一天。嘉庆即位后，毓庆宫就不再是太子宫了。由于乾隆仍在养心殿训政，所以嘉庆皇帝仍居毓庆宫，直至嘉庆三年（1798年）乾隆去世，次年（1799年）嘉庆皇帝才搬至养心殿。

1　前揭《清史稿》卷一〇五。

乾隆皇帝生前主张秘密建储，即位后在对历朝历代建储制度详加比较后，认定秘密建储最为完善，进一步将秘密建储定为神圣不可更改的家法，告诫子孙要实行秘密建储制度，要皇位继承者废除太子宫。并在宣谕禅位之前，写下《慎建储贰论》，陈述公开建储之弊端："昔我圣祖仁皇帝以嫡立理密亲王为皇太子，并特选正人辅导，如汤斌、徐元梦，皆系公正大臣，非不尽心匡弼，乃竟为宵小诱惑，不能恪共事能，终致废斥，后遂不复册立。"嘉庆移居养心殿后，遵循父皇训诫，毓庆宫不再作为诸皇子读书、居住之处所。为了不给中外揣摩迎合的机会，最终仿其父改西二所为重华宫"潜龙邸"之例，于嘉庆六年（1801年）将毓庆宫再次添建后，留给自己做几暇临幸之地，意在杜邪心，息诐说，非为游览消遣也。使毓庆宫成为紫禁城内第二所"潜龙邸"。

晚清时期，毓庆宫成为年幼皇帝读书的地方。同治病逝后，年仅4岁的光绪即位，皇帝读书之事也就成为摆在慈禧皇太后面前的大事。最终慈禧太后选择了毓庆宫，并下旨光绪皇帝入毓庆宫学习。这次毓庆宫是作为皇帝读书的地方，并不作为太子宫或皇子读书所用。光绪皇帝一直在此居住，毓庆宫实际上成了光绪皇帝处理政务、接见王公大臣及燕寝之所。

宣统3岁即位至6岁退位，一直居住于内廷，正是上学年龄，也在毓庆宫学习。因此，此时毓庆宫成为年幼皇帝的典学之处。

四　毓庆宫一区建筑室内陈设及装修

惇本殿，是太子宫正殿，重大仪式在此举行，皇太子千秋节在此受贺。殿内明间南向悬乾隆御书匾曰："笃祜繁禧"，为乾隆六十年（1795年）嘉庆帝公开立为皇太子时乾隆帝所赐。明间正中设有地屏，上置紫檀嵌玉宝座，金漆三屏风一份，宫扇、玉垂恩香筒、香炉、圆火盆、大镜屏各一对，东西板墙下有紫檀木大案一对。东西两次间为暖阁，辟为佛堂，内供众多佛像、佛龛等。后曾设孝静成皇后（道光后）圣容于此殿。

毓庆宫前殿，曾作为皇太子、皇子读书、居住的地方。明间迎面隔扇门六扇，与穿廊相通。明间东侧，壁板墙中间设隔扇门六扇。东次间、东梢间作为寝宫使用，用壁板墙相隔，中间有门窗，南北各设几腿罩床。明间西侧，壁板墙中间嵌隔扇窗十扇。西次间与西梢间相通，作为书房使用，中间置落地罩，梢间后檐墙嵌钟表一块，西山墙设有坐床。

穿堂是连接毓庆宫前后殿的通道，东西两侧为槛窗，室内光线充足。内里装修是用楠木书槅南北分隔成三个空间。简单的装修，却表现出了潜心读书学习的场所，不需要过多进行装饰的设计思想。

通过穿堂与毓庆宫后殿相接，明间正中，悬挂"继德堂"匾。明间西侧，置落地花罩。西次间用隔断、花罩、花窗分隔空间，设有坐床，此处为藏书室，曾悬有"宛委别藏"匾，嘉庆年间浙江巡抚阮元进《四库全书》未收之书百种，贮于此处。西梢间南北各设几腿罩床，北侧几腿罩床前还置有落地花罩。明间东侧，置隔扇门十扇（图一一）。东次间、梢间内辟有众多小室，仿佛置身于迷宫之中。多处设坐床，为休闲看书场所。“味余书室”“知不足斋”等书斋匾额，曾分别挂在室内。室内用隔扇、栏杆罩、落地罩、几腿罩、各式花罩、炕罩等分隔空间，非常适于读书及休憩使用。分隔巧妙，变化丰富，通过空间的组合、对比，构成空间的过渡和转换，使多个空间既贯通，又自成一体。放置不同家具，可以创造出不同气氛，形成不同的功能空间。做隔断用的各类罩及花窗均为楠木，样式为灯笼框、梅花、海棠花、卡子花，这些纹饰多用于文化、娱乐性建筑；夹纱横披心、隔心是由臣工书画的贴落，清宫内将这类可以更换的画幅，称为“贴落”，即便于贴上、落下之画；绦环板、裙板是花梨木贴雕卷草、夔龙团纹饰，即把所要雕做的花纹用薄板锼制出来，将锼好的图案按层次要求作进一步加工，然后用胶贴在平板上，由于这种雕法可以使用不同种木材，因此可将花纹与底面分色，贴在一起能取得很好的艺术效果，其式样、色彩、材料及做法和谐统一。各种家具也均采用名贵木材。明间前檐与工字廊相接，安装有小板门两座，两门间装饰有通景画（图一二），画面上有山、有水、有建筑。通景画，是西方的透视法与中国传统画法相结合的一种绘画形式。这类绘画的尺寸往往较大，而且与室内的真实景物巧妙衔接，将室内的景物进行了空间的延伸，这样具有写实特点，会使人产生神奇的视觉感受，有一种请你走进去

图一一　毓庆宫后殿隔扇门

图一二　毓庆宫后殿通景画

图一三　毓庆宫后殿东山墙抱厦

的感觉。

后殿东山接有抱厦一间（图一三），内里北侧设有坐床，南侧置栏杆罩，窗前有小坐床。抱厦与东顺山殿间有圆光门相通，顺山殿面阔三间，一明，南北两暗，南北两暗间的西侧有窗用于采光，穿过圆光门便进入顺山殿明间，迎面有三组六层书槅，南北暗间内各有坐床。

毓庆宫一区建筑的室内空间分隔以及层次变化，均具有丰富的艺术情趣，除放置有宝座的惇本殿外，看不到古建筑中常见到的为强调礼仪气氛的严肃刻板、矫揉造作，具有明显的自身风格。同时室内丰富的分隔变换，充分体现出了内檐装修的兴盛与发展。可以看出设计者着眼于室内美观，并为居住者提供了欣赏与享受这一显著特点。内檐装修是指所有小木作的室内装饰，包括：木隔断、隔扇（壁纱橱）、各式花罩等，在宫殿建筑中占有很大比例，其职能主要表现在两方面：一是解决空间的私密性问题；一是满足尺度亲切感的需要，用以完成不同功能空间的界划。中国古建筑的特点之一就是承重结构和围护结构分工明确，以木构架为主要承重结构，墙身和装修部分基本不承重。这样就使室内空间分隔不受承重的限制，非常轻巧并且十分自由，因此建筑空间具有极大的灵活性。房间内部空间的组织分隔有许多方法：有完全隔断的，有隔而不断的，有可断可不断的。各种式样的隔扇可以雕饰、糊纸、夹纱绸并绘画、刺绣。各式花罩通透隐现，虽隔亦连，用于需要隐蔽的地方，适用于生活、休憩空间的分隔。几腿罩、栏杆罩虽然不具有实质性的分隔作用，但却有明显的装饰作用。中国古代木构建筑虽然受结构的制约，使建筑的形式和室内空间具有不可避免的单一性和雷同性，但是古代的建筑匠师们还是想方设法创造出各种不同的艺术形式和环境空间，这些特点在毓庆宫室内装修中均有所体现。

五　毓庆宫一区建筑的使用

康熙年间，皇太子允礽居住在此宫。

雍正年间，皇考（弘历）同和亲王（弘昼）命居此宫[1]。

乾隆六十年（1795年）三月，毓庆宫前惇本殿配殿值房添建神殿等座，毓庆宫神

1　《清宫述闻》，初续合编本，第737页，紫禁城出版社，1990年。

殿应用神锅、钢条、幔帐并一切木铁器具、水缸、瓷器、橱柜、桌案等项什物均须预备齐全[1]。

乾隆六十年（1795年）十月初六日，皇太子千秋节，预期传知各该衙门行庆贺礼。届日，皇太子先诣奉先殿行礼，随诣皇上前行礼，还毓庆宫，御惇本殿受贺。是年册立嘉庆为皇太子，始定此仪节[2]。

乾隆年间，予（颙琰）兄弟及侄辈，自六岁入学，多有居此宫，至成婚时，始赐居邸第，此数十年之定则也[3]。

颙琰五岁即蒙赐居此宫，至十五岁始移居东二所[4]。

嘉庆丙辰内禅以后，仁宗仍居毓庆宫，故即在毓庆宫立杆祀神，并在宫中行祀灶诸礼[5]。

光绪三年（1877年）三月二十四日，是日养心殿搭棚，上在毓庆宫传膳也[6]。

光绪五年（1879年）正月二十日起，上在毓庆宫书房传膳[7]。

光绪十一年（1885年）八月二十七日起，以毓庆宫书房东室为寝宫[8]。

光绪十二年（1886年），慈禧看光绪帝病也，医官请脉亦在毓庆宫[9]。

《钦定总管内务府现行则例》中规定，毓庆宫每年二月初七日，派太监喇嘛唪经[10]。附属人员配置：八品首领二，均侍监。太监十二，专司陈设、洒扫及坐更等事[11]。

结语

毓庆宫一区建筑既曾作过太子宫，也曾作过皇子读书之所，晚清时期还曾作为皇帝读书及处理政务之处所。它的始建、改建、添建及使用，都是随着宫廷制度的完善和确立以及立储制度的变化，在不同时期有不同的改变和用途。这一区建筑是清代形成的布局，与东侧高大的奉先殿和西侧庄严肃穆的斋宫相比，这组建筑采用小体量精致外形，不以高大为目标。为了追求生活舒适，将寝宫、书斋和建为一座建筑，内部

1 《内务府来文建筑工程》2030包。

2 前揭《清宫述闻》，初续合编本，第744页。

3 前揭《清宫述闻》，初续合编本，第737页。

4 前揭《清宫述闻》，初续合编本，第738页。

5 前揭《清宫述闻》，初续合编本，第738页。

6 前揭《清宫述闻》，初续合编本，第739页。

7 前揭《清宫述闻》，初续合编本，第739页。

8 前揭《清宫述闻》，初续合编本，第739页。

9 前揭《清宫述闻》，初续合编本，第739页。

10 前揭《清宫述闻》，初续合编本，第738页。

11 前揭《清宫述闻》，初续合编本，第746页。

相互分隔勾连。室内的匾联、字画，体现了宫廷建筑在礼制基础上尽量增加常人的生活意趣；隔断则为室内空间增添了无穷变换，尤其是毓庆宫后殿堪称内檐装修设计的精品。在紫禁城内，这一组建筑规模不算大，但自建成后，在使用上一直占有比较重要的地位。它是单体建筑的群体组合，布局完整，功能设施较为齐全，各建筑之间主次关系分明，但与总体布局和谐统一。宫廷建筑与装修尽管有着其时代的烙印，但美的存在形态，总是具有客观性的，它能唤起人们的审美情感，使人获得美的享受，并具有无法取代的审美价值。

原载《中国紫禁城学会论文集》第七辑，故宫出版社，2012年

清代斗拱用材标准研究

范　暄

内容提要：清代为我国古代建筑发展的最后一个历史阶段，标准化、定型化设计达到了登峰造极的高度，而斗拱用材，即斗口尺寸，是建筑设计的根本依据，故从某种意义上说，斗拱用材问题是清代建筑研究之关键。本文试图就清代斗拱用材标准的发展演变、影响范围及形成原因等问题进行探讨并加以说明，以此就教于大方之家。

关键词：清代斗拱　用材标准　发展演变　影响范围　形成原因

梁思成先生认为，中国建筑是以木材为主要材料、以构架制为结构原则的独立之结构系统，而斗拱又是结构之关键，并为度量单位。斗拱之组织与比例大小，历代不同，每可借其结构演变之序，以鉴定建筑物之年代，故对于斗拱之认识实为研究中国建筑者所必具之基础知识[1]。

清代为我国古代建筑发展的最后一个历史阶段，标准化、定型化设计达到了登峰造极的高度，而斗拱用材，即斗口尺寸，是建筑设计的根本依据，故从某种意义上说，斗拱用材问题是清代建筑研究之关键。在故宫寿康宫测绘过程中，发现斗拱用材似乎与《工程做法》所载不合，从而引发思考，经查阅相关文献，有了一点心得体会。本文试图就清代斗拱用材标准发展、影响及原因等问题进行探讨并加以说明，以此抛砖引玉，就教于大方之家。

一　寿康宫斗拱用材与《工程做法》规定不合

寿康宫位于故宫外西路慈宁宫西侧，此区域为明清两代皇太后居所。宣德时建西宫——仁寿宫，嘉靖时将仁寿宫改建为慈宁宫，又在外东路建慈庆宫，分别作为皇太

作者：古建部，高级工程师。

1　参见梁思成《中国古代建筑史》，第 11 ~ 15 页，中国建筑工业出版社，2005 年。

后和太皇太后宫殿。万历十一年（1583年）十二月，慈宁宫遭遇火灾，十三年（1585年）二月重建，六月完工。清沿明制，顺治十年（1653年）重修慈宁宫。雍正十三年（1735年）十二月，利用慈宁宫西路殿宇改建寿康宫，乾隆元年（1736年）十月完工。

寿康宫的兴建时间与雍正十二年（1734年）刊行的《工程做法》相去不远，又为一次建成，虽以后有多次修缮，但其基本规制仍保持初建时情况，应该可以视为有明确纪年又与《工程做法》最为吻合的“标准器”。斗口尺寸是建筑设计的根本依据，但在实际测绘中却发现，寿康宫斗口尺寸与《工程做法》规定的斗口尺寸不合，从而引发对清代斗拱用材标准的思考，查阅相关文献档案，试图找出问题的答案。

二　清工部《工程做法》对斗拱用材的规定

《工程做法》卷二十八“斗科各项尺寸做法”中对斗口尺寸有如下规定：“凡算斗科上升、斗、拱、翘等件，长短、高厚尺寸，俱以平身科迎面安翘昂斗口宽尺寸为法核算。斗口有头等才（材），二等才，以至十一等才之分。头等才迎面安翘昂斗口宽六寸，二等才斗口宽五寸五分，自三等才以至十一等才各递减五分，即得斗口尺寸。”[1]

上述规定至少明确说明了三点：

其一，斗拱各名件尺寸，皆以斗口尺寸为法核算；

其二，斗口用材从头等材至十一等材，共计十一个等级；

其三，十一个等级之间的级差为半寸，即五分进制。

《工程做法》卷二十八“斗科各项尺寸做法”为斗拱各名件尺寸定分通则，卷二十九“斗科安装做法”为各类斗拱的组成名件安装次序，卷三十至卷四十为斗口一寸至斗口六寸各类斗拱的名件尺寸。此外，卷四十九“斗科用料”、卷五十七“斗科油作用料”、卷五十九“斗科画作用料”、卷六十二“斗科木作用工”、卷七十一“斗科油作用工”、卷七十三“斗科画作用工”，为各类斗拱自斗口一寸至六寸按十一等级核算的工料定额。

《工程做法》原编七十四卷，清雍正十二年（1734年）由工部刊行，《大清会典》将其列入史部政书类，营造业通称之为“工部律”，足见在当时具有严格规范作用和广泛的影响[2]。《工程做法》的权威性不容怀疑，那么除了《工程做法》的斗口用材规定，还会不会有例外呢？回答是肯定的，刘敦桢先生发表于《营造学社汇刊》第四卷第一期的《牌楼算例》中“木牌楼四柱七楼大木分法”规定：“斗拱，斗口以一寸六分为率。”[3]此外，故宫太和门是有文献明确记载的殿座实例。

1　王璞子主编：《〈工程做法〉注释》，第170页，中国建筑工业出版社，1995年。

2　前揭《〈工程做法〉注释》，第6页。

3　刘敦桢：《牌楼算例》，《刘敦桢文集（一）》，第219页，中国建筑工业出版社，1982年。

三　文献记载太和门的斗口尺寸为三寸二分

太和门建成于明永乐十八年（1420年），初名奉天门。嘉靖三十六年（1557年）遭雷火焚毁，当年重建，次年建成，更名为大朝门，四十一年（1562年）改称皇极门。清顺治二年（1645年）改名太和门，顺治三年（1646年）重修，嘉庆七年（1802年）又修。光绪十四年（1888年），太和门失火焚毁，次年重建，今日所见即为重建后的形制。

清光绪十四年（1888年）十二月十五日夜，太和门等座被火。火起贞度门，向东延烧太和门、昭德门以及各门座间的四栋廊庑，除东南、西南隅两座崇楼幸免以外，大部化为灰烬。

太和门是外朝三大殿的正南门，南直紫禁城之午门，昭德、贞度为其两旁门。门前广廷，东西两庑间各有门以通紫禁城之东、西华门。太和门局势宏敞，建筑壮丽，为大内最高大之门座，地位冲要，且转年正月，即为光绪帝举行婚礼吉期，竟然被火，朝野震惊，而修复工程浩大，一时来不及，只得临期搭起一座彩棚，应付光绪大婚局面，同时也积极准备重修。太和门、昭德门、贞度门暨两边库房等重修工程，自光绪十五年（1889年）六月正式动工，于光绪二十四年（1898年）四月完竣，由内务府陆续验收和接管。其各座建筑规制如下：

太和门一座，十三檩重檐歇山转角、周围廊、下檐斗口重昂、上檐单翘重昂斗科、斗口三寸二分大木做法。房身横广七间，连左右廊通广150.2营造尺，纵深分二间，连前后廊通深64.2尺，建筑面积（柱中至柱中）9642.84平方尺（987.34平方米）。自台基上皮至脊上皮高65.2尺（20.86米），自地面至脊上皮通高76尺（24.32米）。

昭德门、贞度门各一座，都是九檩歇山转角、周围廊、斗口单昂斗科、斗口二寸六分大木做法。房身横广三间，连左右廊通广62.9尺；纵深一间，连前廊通深41.4尺。建筑面积2604.06平方尺（266.66平方米）。自台基上皮至脊上皮高40.45尺（12.94米），自地面至脊上皮通高50.5尺（16.16米）。

庑房四座，内两座各六间，两座各七间，都是七檩单檐、两梢蒙山、后落金廊、一斗三升斗科、斗口二寸五分大木做法。六间的每座通广76.3尺，连后廊通深27尺；七间的每座通广86.1尺，通深同上。自台基上皮至脊上皮高29.75尺（9.52米），自地面至脊上皮通高37.75尺（12.08米）[1]。

由此可见：太和门斗拱用材为三寸二分，昭德门、贞度门斗拱用材为二寸六分，与《工程做法》规定斗拱用材尺寸殊为不合。那么这种情况的出现是临时变通呢，还是一种定制呢？答案应该是后者，我们可以在《内庭（廷）圆明园内工诸作现行则例》中找到相关记载。

1　王璞子：《太和门的被毁和重修》，《紫禁城》1983年第2期。

四　《内庭（廷）圆明园内工诸作现行则例》对斗拱用材的规定

《内庭（廷）圆明园内工诸作现行则例》，开化纸乾隆抄本，是一部当时圆明园建筑及室内装修所用材料、造价、工匠、工艺的成规定例。原书六函三十四册，书首钤“乾隆御赏之宝”，书中缝钤汉、满文“圆明园之条记”朱文长印。内容包括：大木作、装修作、石作、瓦作、搭材作、土作、油作、画作、裱作、内里装修作、漆作、佛作、陈设作、木料价值、杂项价值、物料轻重等项。记述详细完整，具有极高的实用与研究价值[1]。

其中《圆明园内工大木作现行则例》对斗口单昂、斗口重昂、单翘单昂、单翘重昂、重翘重昂、三滴水拱字科斗口四寸至三寸一分、斗口三寸至二寸一分、斗口二寸至一寸一分所用工料额限有明晰规定。

一斗二升交麻叶斗拱开列斗口三寸五分至二寸五分、斗口二寸四分至一寸五分的工料定额。一斗二升带看拱麻叶斗科照斗口单昂例核算。品字科照麻叶科例酌量核算。

对于牌楼斗拱，则开列重翘三昂、重翘重昂、单翘重昂、单翘单昂、斗口单昂斗科斗口三寸至二寸一分、斗口二寸至一寸一分所用工料额限。其四拽架九拱字斗科照殿座重翘重昂斗科例核算，三拽架七拱字斗科照殿座单翘重昂斗科例核算，二拽架五拱字斗科照殿座单翘单昂斗科例核算，一拽架三拱字斗科照殿座斗口单昂斗科例核算。

关于垫拱板、盖斗板，开列斗口四寸至三寸六分、斗口三寸五分至三寸一分、斗口三寸至二寸六分、斗口二寸五分至二寸一分、斗口二寸至一寸六分、斗口一寸五分至一寸一分，以及一寸以下者用工额限[2]。

《圆明园内工装修作则例》列有雷音寺门上斗口重昂并单翘单昂斗科口数六七分工料额限实例[3]。

通过以上我们可以得知，《内庭（廷）圆明园内工诸作现行则例》较之《工程做法》对斗拱用材的规定至少有以下三方面最主要的发展变化：

其一，斗拱用材级差缩小，从《工程做法》规定的半寸（五分）变为一分。

其二，斗拱最小用材突破《工程做法》规定的一寸，出现一寸以下的规定。

其三，斗拱用材等级突破《工程做法》规定的十一等，至少有二十余等之多。

在《内庭（廷）圆明园内工诸作现行则例》的“凡例”中记载：“内外工程，内庭遵宫殿定例核算，外工照工部定例核算，至圆明园工程按现行则例核算，并未刊刻颁行，乾隆六年修理内工，奏明照圆明园则例办理。但各项工作物料条目繁多、概难画一，

1　刘志雄：《内庭（廷）圆明园内工诸作现行则例简介》，王世襄主编：《清代匠作则例》第一卷，第1页，大象出版社，2000年。

2　《内庭（廷）圆明园内工诸作现行则例》，前揭《清代匠作则例》第一卷，第17～29页。

3　《内庭（廷）圆明园内工诸作现行则例》，前揭《清代匠作则例》第一卷，第97～102页。

其园工例未及遍载者，仿照宫殿部司则例核算，至各工无例可稽款项，拟例呈明核算奏销。今将曾经奏销比拟则例缮造成册，计十有六本，庶将来工务取允平引援有据矣。”[1]

那么上述斗拱用材情况是否仅限于圆明园范围之内呢？回答是否定的，让我们看档案文献记载中圆明园以外的建筑实例。

五　档案文献中关于圆明园以外建筑斗拱用材实例的记载

（一）永佑庙二层山门

“二层山门一座计三间，内明间面阔一丈三寸，二次间各面阔九尺二寸，进深一丈三尺五寸，柱高一丈一尺二寸，径一尺；五檩歇山周围檐摆安斗口一寸八分单昂斗科，出飞檐方圆椽、顺望板；装修，明间前檐实榻门外罩板券一槽，后檐六抹菱花隔扇随帘架一槽，次间前檐欢门板券二槽；安砌青白石柱顶、阶条、土衬、埋头、陡板、龟背角柱、腰线等石，前后檐四级踏跺二座；头停苫大式掺灰泥背、青灰背，调大脊、垂脊、角脊、博脊，安吻兽、仙人，瓦八样黄色琉璃中心、绿色剪边脊瓦料成造。”[2]

（二）永佑庙正殿

“正殿一座三间，内明间面阔一丈四尺五寸，二次间各面阔一丈二尺五寸，进深三丈，内前后廊各深五尺，柱高一丈三尺三寸，径一尺四寸；七檩歇山周围檐摆安斗口一寸九分重昂斗科，出飞檐方圆椽、顺望板，内里隔井天花；装修，明间前后檐六抹菱花隔扇随帘架二槽，后金屏门一槽，二次间前檐四抹菱花槛窗二槽，字匾一面；安砌青白石柱顶、阶条、埋头、土衬、陡板、角柱、腰线等石，前檐五级踏跺一座；头停苫大式掺灰泥背、青灰背，调大脊、垂脊、角脊、博脊，安吻兽、仙人，瓦五样黄色琉璃中心、绿色剪边脊瓦料成造。”[3]

（三）永佑庙后殿

“后殿一座计五间，内明间面阔一丈三尺三寸，二次间各面阔一丈二尺，二梢间各面阔九尺四寸，通面阔五丈二尺五寸，两山各显三间，内明间面阔一丈二尺五寸，

---

1 《内庭圆明园内工诸作现行则例》，前揭《清代匠作则例》第一卷，第 3 页。

2 《永佑庙殿座房间墙垣栅栏等工丈尺做法清册》，王世襄主编：《清代匠作则例》第五卷，第 59 页，大象出版社，2009 年。

3 《永佑庙殿座房间墙垣栅栏等工丈尺做法清册》，前揭《清代匠作则例》第五卷，第 72 页。

二次间各面阔四尺，通进深二丈五寸，柱高一丈二尺七寸，径一尺二寸；七檩歇山周围檐摆安斗口一寸七分单昂斗科，出飞檐方圆椽、顺望板，内里隔井天花；装修，明三间前檐六抹菱花隔扇随帘架三槽，二梢间四抹菱花槛窗二槽，陡字横匾一面；安砌青白石柱顶、阶条、埋头、土衬、陡板、龟背角柱、腰线等石；头停苫大式掺灰泥背、青灰背，调大脊、垂脊、角脊、博脊，安吻兽、仙人，瓦七样黄色琉璃中心、绿色剪边脊瓦料成造。”[1]

（四）昭显庙二层山门

“二层山门一座计三间，内明间面阔一丈三寸，二次间各面阔九尺二寸，进深一丈三尺五寸，柱高一丈一尺二寸，径一尺；五檩歇山周围檐摆安斗口一寸八分单昂斗科，出飞檐方圆椽、顺望板；装修，明间前檐实榻门外罩板券一槽，后檐六抹菱花隔扇随帘架一槽，次间前檐欢门板券二槽，安砌青白石柱顶、压面、土衬、埋头、陡板、龟背角柱、腰线等石，前后檐四级踏跺二座；头停苫大式掺灰泥背、青灰背，调大脊、垂脊、角脊、博脊，安吻兽、仙人，瓦八样黄色琉璃中心、绿色剪边脊瓦料成造。”[2]

（五）昭显庙正殿

“正殿一座三间，内明间面阔一丈四尺五寸，二次间各面阔一丈二尺五寸，进深三丈，内前后廊各深五尺，柱高一丈三尺三寸，径一尺四寸；七檩歇山，周围檐摆安斗口一寸九分重昂斗科，出飞檐方圆椽、顺望板，内里隔井天花；装修，明间前后檐六抹菱花隔扇随帘架二槽，后金屏门一槽，二次间前檐四抹菱花槛窗二槽，横字匾一面；安砌青白石柱顶、压面、土衬、埋头、陡板、角柱、腰线等石，前檐五级踏跺一座；头停苫大式掺灰泥背、青灰背，调大脊、垂脊、角脊、博脊，安吻兽、仙人，瓦五样黄色琉璃中心、绿色剪边脊瓦料成造。”[3]

（六）昭显庙后殿

“后殿一座计五间，内明间面阔一丈三尺三寸，二次间各面阔一丈二寸，二梢间各面阔九尺四寸，通面阔五丈二尺五寸，两山各显三间，内明间面阔一丈二尺五寸，

1 《永佑庙殿座房间墙垣栅栏等工丈尺做法清册》，前揭《清代匠作则例》第五卷，第78页。

2 《昭显庙殿座房间墙垣栅栏等工丈尺做法清册》，前揭《清代匠作则例》第五卷，第173页。

3 《昭显庙殿座房间墙垣栅栏等工丈尺做法清册》，前揭《清代匠作则例》第五卷，第179页。

二次间各面阔四尺，通进深二丈五尺，柱高一丈二尺七寸，径一尺二寸；七檩歇山，周围檐摆安斗口一寸七分单昂斗科，出飞檐方圆椽、顺望板；装修，前檐明三间六抹菱花隔扇随帘架三槽，二梢间四抹菱花槛窗二槽，陡字横匾一面；安砌青白石柱顶、压面、土衬、埋头、陡板、龟背角柱、腰线等石，头停苫大式灰泥、青灰背，调大脊、垂脊、角脊、博脊，安吻兽、仙人，瓦七样黄色琉璃中心、绿色剪边成造。”[1]

（七）北上门

“北上门一座计五间，内明间面阔二丈六尺六寸，二次间各面阔一丈八尺二寸，二梢间各面阔一丈七尺五寸，通进深四丈，柱高一丈九尺六寸，径一尺九寸；周围檐摆安斗口三寸三分单昂镏金斗科，方圆椽、顺望板，内里随步架十字荷叶隔架科，脊下一斗三升斗科，前后檐雀替，九檩歇山；装修，脊下大门三槽、余塞板六槽、带子板三槽，二梢间支窗二槽、库门二座，陡字匾一面；安砌青白石柱顶、阶条、过门、槛垫、门枕、角柱、垂带等石；头停苫大式背，调大脊、垂脊、角脊、博脊，安吻兽、狮马，瓦五样黄色琉璃脊瓦料成造。”[2]

（八）西安门

“西安门一座计七间，内明间面阔二丈五寸，二次间各面阔一丈七尺五寸，四梢间各面阔一丈五尺五寸，通进深四丈，柱高一丈九尺一寸，径一尺九寸；周围檐摆安斗口二寸七分单昂斗科，出飞檐方圆椽、顺望板，内里随步架十字荷叶隔架科，脊下一斗三升斗科，前后檐明三间雀替；九檩歇山；装修，脊下大门三槽、余塞板六槽、带子板三槽，四梢间前后檐直棂槛窗八槽、库门四座，陡字匾一面；安砌青白石柱顶、阶条、过门、槛垫、门枕、角柱等石；头停苫大式背，调大脊、垂脊、角脊、博脊，安吻兽、仙人，瓦五样黄色琉璃脊瓦料成造。”[3]

（九）熙和门

“熙和门一座计五间，内明间面阔二丈二尺，四次、梢间各面阔一丈五尺，通进深三丈，柱高一丈七尺，径一尺八寸；周围檐摆安斗口二寸七分单昂斗科，出飞檐方圆椽、顺望板，内里随步架十字荷叶隔架科、脊下一斗三升斗科；七檩歇山；装修，

1 《昭显庙殿座房间墙垣栅栏等工丈尺做法清册》，前揭《清代匠作则例》第五卷，第 187 页。

2 《北上门一座并两旁连房等工丈尺做法清册》，前揭《清代匠作则例》第五卷，第 264 页。

3 《西安门一座工程丈尺做法清册》，前揭《清代匠作则例》第五卷，第 286 页。

明三间脊下大门、带子棋枋板各三槽，余塞板六槽，安雀替、陡字匾，梢间后檐四抹槛窗，随横披二槽、库门二座；安砌青白石柱顶、阶条、过门、槛垫、门枕、角柱等石；头停苫大式背，调大脊、垂脊、角脊、博脊，安吻兽、仙人，瓦五样黄色琉璃脊瓦料成造。”[1]

（十）宣仁庙、凝和庙

“其正殿均使用斗口一寸九分重昂斗科，二层山门使用斗口一寸八分单昂斗科。”[2]

以上证据确凿，难道《工程做法》真的风光不再，对斗拱用材的规定真的失去其权威性了吗？回答是否定的，两种斗拱用材制度是配合使用的。

六　档案文献中关于两种用材规定使用实例的记载

清代在斗拱用材方面似乎实行双轨制，从做法则例到实际应用都是两种情况并存。《工程做法》的权威地位一直无法撼动，先后出现的《内庭（廷）工程做法》、《工部简明做法》、《钦定工部则例》、《钦定工部续增则例》以及《营津大木心法》、《营津全书》等表里互通，为同一体系。《内庭（廷）圆明园内工诸作现行则例》、《圆明园内工则例》、《内庭（廷）万寿山圆明园三处汇同则例》等，则作为《工程做法》的必要补充，相辅而行。《内庭（廷）圆明园内工诸作现行则例》中之《宫殿斗科零星件数用工则例》和《斗科大木零星杂项则例》则是两种用材制度在同一书中并存的例证。

文献中还不乏两者并存的建筑实例。

（一）永佑庙

如前面所引文献，永佑庙二层山门摆安斗口一寸八分单昂斗拱、正殿摆安斗口一寸九分重昂斗拱、后殿摆安斗口一寸七分单昂斗拱，头层山门和钟鼓楼则采用斗口二寸斗拱。

“头层山门一座计三间，内明间面阔一丈一尺三寸，二次间各面阔一丈三寸，通面阔三丈一尺九寸，两山各显二间，各面阔七尺七寸五分，通进深一丈五尺五寸，柱高一丈一尺七寸，径一尺一寸；五檩歇山，周围檐摆安斗口二寸单昂斗科，出飞檐方圆椽、顺望板；装修，明间前后檐实榻门二槽，安砌青白石柱顶、阶条、土衬、埋头、

1　《西华门内库房等工丈尺做法清册》，前揭《清代匠作则例》第五卷，第691页。

2　前揭《清代匠作则例》第五卷，第111～120、140～149页。

陡板、角柱、腰线、拔檐、槛垫、券脸、欢门、菱花窗、镶字匾等石，前后檐马尾礓二座；头停苫大式掺灰泥背、青灰背，调大脊、垂脊、角脊、博脊，安吻兽、仙人，瓦七样黄色琉璃中心、绿色剪边脊瓦料成造。”[1]

“钟鼓楼两座，下檐四面各显三间，内明间面阔一丈一尺二寸，二次间各面阔二尺八寸，柱高八尺五寸，径八寸；上下檐七檩歇山；下檐摆安斗口二寸单昂斗科、上檐一斗二升麻叶斗科，出飞檐方圆椽、顺望板；装修，下檐实榻门一槽，上檐板券四槽；安砌青白石压面、埋头、土衬、陡板、角柱、腰线、槛垫、券联等石，前檐三级踏跺一座；头停苫大式掺灰泥背、青灰背，调大脊、垂脊、角脊、博脊，安吻兽、仙人，瓦八样黄色琉璃中心、绿色剪边成造。”[2]

（二）昭显庙

昭显庙二层山门摆安斗口一寸八分单昂斗拱、正殿摆安一寸九分重昂斗拱、后殿摆安斗口一寸七分单昂斗拱，头层山门和钟鼓楼则采用斗口二寸斗拱。

“头层山门一座计三间，内明间面阔一丈一尺三寸，二次间各面阔一丈三寸，通面阔三丈一尺九寸，两山各显二间，各面阔七尺七寸五分，通进深一丈五尺五寸，柱高一丈一尺七寸，径一尺一寸；五檩歇山，周围檐摆安斗口二寸单昂斗科，出飞檐方圆椽、顺望板；装修，明间前后檐实榻门二槽，安砌青白石柱顶、阶条、土衬、埋头、陡板、角柱、腰线、拔檐、槛垫、券脸、欢门、菱花窗、镶字匾等石，前后檐马尾礓二座；头停苫大式掺灰泥背、青灰背，调大脊、垂脊、角脊、博脊，安吻兽、仙人，瓦七样黄色琉璃中心、绿色剪边脊瓦料成造。”[3]

“钟鼓楼两座，下檐四面各显三间，内明间面阔一丈一尺二寸，二次间各面阔二尺八寸，柱高八尺五寸，径八寸；上下檐七檩歇山；下檐摆安斗口二寸单昂斗科、上檐一斗二升麻叶斗科，出飞檐方圆椽、顺望板；装修，下檐实榻门一槽，上檐板券四槽；安砌青白石压面、埋头、土衬、陡板、角柱、腰线、槛垫、券联等石，前檐三级踏跺一座；头停苫大式掺灰泥背、青灰背，调大脊、垂脊、角脊、博脊，安吻兽、仙人，瓦八样黄色琉璃中心、绿色剪边成造。”[4]

1 《永佑庙殿座房间墙垣栅栏等工丈尺做法清册》，前揭《清代匠作则例》第五卷，第 47 ~ 48 页。

2 《永佑庙殿座房间墙垣栅栏等工丈尺做法清册》，前揭《清代匠作则例》第五卷，第 89 页。

3 《昭显庙殿座房间墙垣栅栏等工丈尺做法清册》，前揭《清代匠作则例》第五卷，第 168 页。

4 《昭显庙殿座房间墙垣栅栏等工丈尺做法清册》，前揭《清代匠作则例》第五卷，第 195 页。

（三）宣仁庙、凝和庙

宣仁庙和凝和庙情况相同，正殿用斗口一寸九分重昂斗拱，头层山门用斗口二寸单昂斗拱，二层山门用斗口一寸八分单昂斗拱，钟鼓楼下檐用斗口二寸单昂斗拱、上檐用一斗二升麻叶斗拱。

因为上述斗口二寸斗拱的建筑实例也在《内庭（廷）圆明园内工诸作现行则例》斗拱用材的范围之内，似乎还不足以说明两种斗拱用材配合使用的情况，可能还需找到更多符合《工程做法》用材规定的建筑实例，这种实例似乎更容易找到。

（四）都城隍庙大殿、神殿

“都城隍庙大殿一座计五间，明间面阔一丈七尺，二次间各面阔一丈三尺，二梢间各面阔一丈一尺，进深二丈二尺五寸，外前后廊各深八尺，明间后落金廊深八尺，柱高一丈六尺五寸，径一尺八寸；七檩；周围檐摆安斗口三寸重昂斗科，内里隔井天花；前接抱厦三间，进深二丈二尺五寸，柱高一丈六尺五寸，五檩借一檩，摆安斗口三寸重昂镏金斗科；头停满铺横、顺望板，调大脊、垂脊、戗脊、博脊，俱瓦五样黑色琉璃剪边中心素白琉璃歇山成造。”[1]

“神殿一座五间，内明间面阔一丈七尺五寸，二次间各面阔一丈七尺，二梢间各面阔一丈四尺，进深二丈四尺，外前后廊深各七尺，柱高一丈二尺五寸，径一尺六寸；七檩；周围檐摆安斗口三寸一斗二升交麻叶斗科；头停满铺顺望板，调大脊、垂脊、角脊、博脊，安兽头、狮马、仙人，瓦五样黄色琉璃，内里彻脊明歇山成造。”[2]

（五）地坛斋宫

“斋宫正殿一座七间，内明间面阔一丈五尺五寸，六次、梢间各面阔一丈三尺五寸，进深二丈四尺，外前后廊各深八尺，柱高一丈三尺，经一尺六寸；连挑檐桁十一檩；周围檐摆安斗口二寸五分单翘单昂斗科；头停满铺顺望板，调大脊、垂脊、角脊、博脊，安吻兽、狮马，瓦五样绿色琉璃脊瓦料；内里木顶格、前金内隔井天花，歇山成造。”[3]

“斋宫配殿二座，每座七间，内明间面阔一丈五尺五寸，六次、梢间各面阔一丈三尺五寸，进深二丈，内后廊深五尺，柱高一丈一尺五寸，径一尺四寸；五檩；前后

1 《都城隍庙工程做法清册》，前揭《清代匠作则例》第五卷，第308页。

2 《都城隍庙工程做法清册》，前揭《清代匠作则例》第五卷，第356页。

3 《斋宫正殿七间粘修月台地面拆修查估丈尺做法清册》，前揭《清代匠作则例》第五卷，第498页，

檐安斗口二寸五分一斗三升斗科；头停满铺顺望板，调大脊、垂脊，安吻兽、狮马，瓦六样绿色琉璃脊瓦料，两挑山各挑出三尺二寸，内里彻脊明成造。”[1]

七 清代斗拱用材标准演变的原因分析

（一）从《内庭（廷）工程做法》到工部《工程做法》

清朝入关以后，明代宫殿修而用之。顺治时期，先修外朝门殿以壮观瞻，再修内廷寝宫以便起居。康熙一朝，政治局势渐次稳定，营造活动随之增加，稳步进入盛世。康熙帝为政宽仁和平、力行德政，贪官污吏则乘虚而入，致使腐败滋生、财政情况恶化。雍正皇帝即位以后励精图治、发展经济，从严整顿吏治、严格制度、加强管理。雍正九年（1731 年）以工程旧例编成《内庭（廷）工程做法》，但因旧例浮多，又嫌简略，于当年开始详拟做法、工料，访察物价，历时三年编成《工程做法》由工部刊行，作为一切房屋营造工程之准绳[2]。

（二）从工部《工程做法》到《内庭（廷）圆明园内工诸作现行则例》

《工程做法》斗拱用材制度基本源于宋代《营造法式》，但将其单材、足材的宽高比微有缩小，化零为整，便于设计计算和现场施工掌握；同时，将《营造法式》规定的从六寸至三寸的八等材扩充为从六寸至一寸的十一等，等级级差仍为《营造法式》规定的半寸，即五分进制，以增加其实用性。而《营造法式》规定小木作有二寸八分、寸五、一寸、六分、五分各种用材，并未引录[3]。但《工程做法》的斗拱用材制度也有其局限性，这主要表现在两个方面：其一，由于明清两代建筑用尺——营造尺的长度不同，造成清代建筑与明代建筑尺寸不合，在折算时出现奇零尾数，给复建、重建和修缮工程的设计施工带来不便[4]。其二，建筑的面阔、进深按斗拱攒数核算，斗口五分进制似嫌过大，底盘布局的设计施工受现有场地限制，多有不便。以上两方面问题的存在无法满足乾隆盛世大兴土木的需要，由此看来改革势在必行，《内庭（廷）圆明园内工诸作现行则例》对斗口用材制度的改变成为顺理成章的了。

---

1 《斋宫配殿十四间值房十四间粘修查估丈尺做法清册》，前揭《清代匠作则例》第五卷，第 531 页。

2 《钦定大清会典事例》卷八六七，第 15820 ~ 15821 页，清光绪二十五刻本影印，台湾新文丰出版公司印行。

3 前揭《〈工程做法〉注释》，第 11 页。

4 张学芹、刘畅：《康熙三十四年建太和殿大木结构研究》，《故宫博物院院刊》2007 年第 4 期。

八　清代斗拱用材制度演变的实践意义

上面所写，无非就是要寻找一种解决问题的新思路。笔者在几年前参加寿康宫一区建筑测绘工作中发现，其斗口尺寸似与清工部《工程做法》规定有所不合，一时又找不到解释，长期耿耿于怀，后经查找文献，发现《内庭（廷）圆明园内工诸作现行则例》与清工部《工程做法》规定的斗拱用材有所不同，又找到一些文献记载的实例，反过来再看寿康宫的情况，悬疑便迎刃而解，问题的答案也显露出来——那就是在清工部《工程做法》之外，还有一套斗拱用材标准或者说是制度存在，也就是《内庭（廷）圆明园内工诸作现行则例》显现出的斗拱用材规定。但这种观点或者说是看法是不是能够成立，还有待专家、学者们的认可。

原载《中国紫禁城学会论文集》第七辑，故宫出版社，2012 年

清宫金砖档案研究

宋玲平

内容提要：本文通过对百余件金砖档案进行全面整理，结合清代有关文献以及现存部分金砖实物，首次对清宫金砖档案进行了系统的、深入的研究，基本廓清了有关清代金砖的用途、使用范围、产地、制作工艺和金砖生产、运输、验收、领用、存贮等管理，以及金砖铺墁、款识等问题。

关键词：清宫　金砖

金砖是清代皇家建筑专用的一种高规格的铺地材料。清宫有关金砖的档案现藏于中国第一历史档案馆、台北故宫博物院、“中央研究院”历史语言研究所，档案材料包括宫中朱批奏折、军机处录副奏折、上谕档及内务府等全宗，共计百余件，时间跨度从顺治至宣统。

20世纪90年代以来，唐益年[1]、徐启宪[2]、朴学林[3]、丁文父[4]等几位专家曾先后撰文对金砖的产地、制作工艺、运输方式、砍墁工艺等问题进行了有益的探讨。本文通过对这百余件金砖档案的全面整理，结合清代有关文献以及现存部分金砖实物，首次对清宫金砖档案进行了系统、深入的研究，基本廓清了有关清代金砖的用途、产地、制作工艺、生产、运输、验收、领用、存贮、铺墁、款识等一系列问题。现将研究心得归纳如下，不妥之处，请各位专家指正。

作者：科研处，研究馆员。

1　唐益年：《也谈“金砖”》，《紫禁城》1990年第5期。

2　徐启宪：《漫谈金砖与苏州御窑》，《紫禁城》1994年第3期。

3　朴学林：《宫廷金砖与青砖的成造及砍墁》，《紫禁城建筑研究与保护》，紫禁城出版社，1995年。

4　丁文父：《金砖识录》，文物出版社，2007年4月。

一　金砖的用途和使用范围

有清一代，金砖属于钦工物料，并非民间之物，普通百姓不得使用，即使残次或废弃金砖也要严格管理，不得流散于民间。随着清朝末代皇帝宣统的退位，清王朝灭亡了。在民国年间，原来存放在生产地的一些残次金砖开始流散于民间，成为江南富商大户附庸风雅、争先收藏的对象，因此如今在江南园林或大户人家的宅院中，还经常能看到金砖被用作茶几桌面。就其用途而言，金砖大都用于皇家建筑群内高规格的建筑铺墁地面。此外，金砖还可作为清朝中央铸币局翻砂托模之用。

关于金砖的使用范围，清代文献和档案都没有专门的规定。但据《钦定大清会典》、《钦定大清会典事例》及清宫金砖档案的相关记载，我们可以爬梳出一个大致的范围和发展脉络，而且从清初至清末，金砖使用范围也在不断发生变化。下面，将清代档案和文献记载中关于金砖的主要用途及其使用场所列举如下，从中可以看出一些有趣的史实。

（一）紫禁城

紫禁城作为清朝皇帝生活居住和处理朝政的宫城，是清代最高等级的官式建筑。金砖虽为钦工物料，但紫禁城内并非所有建筑均可使用金砖铺墁地面。于倬云先生经过对紫禁城建筑的考察和研究，指出“紫禁城主要宫殿的室内都是用金砖墁地”[1]。而且不同等级和规模的宫殿建筑所使用的金砖规格也不尽相同。据清宫金砖档案了解，紫禁城中使用金砖的场所主要包括外朝的宫殿和要门以及内廷的主要建筑。如外朝的乾清宫、太和门[2]、景运门、隆宗门[3]；内廷[4]有养心殿[5]、太极殿、体元殿、长春宫[6]、建福宫内的敬胜斋、静宜轩[7]等；此外，还有宁寿宫[8]。乾隆四年（1739年），乾清宫殿内明三间，铺墁见方二尺二寸金砖六百七十六块[9]。同年，养心殿前后殿及穿堂共用

1　于倬云：《紫禁城宫殿总说》，《中国宫殿建筑论文集》，紫禁城出版社，2002年2月。

2　乾隆十九年《江苏巡抚庄有恭为办运太和门金砖动支耗羡银两事奏折》，中国第一历史档案馆。

3　乾隆五十九年《着工部堂官等查明景运门隆宗门何时更换金砖事上谕》，中国第一历史档案馆。

4　乾隆三十五年《署理江苏巡抚萨载为办解内廷并坛庙等工金砖需用水脚动用耗羡银两事奏折》，中国第一历史档案馆。

5　乾隆四年《总管内务府大臣海望为养心殿铺墁金砖需用钱粮物料事奏折》，《清代造办金砖史料》，《历史档案》2003年第4期。

6　宣统二年《内务府为太极殿等处殿宇金砖损坏应需更换事致民政部片》。

7　乾隆二十九年《三和等为销敬胜斋静宜轩换墁金砖等项工程用过银两数目事奏折》，中国第一历史档案馆。

8　乾隆三十七年《署理江苏巡抚萨载为估办宁寿宫金砖并分两年搭解情形奏折》，中国第一历史档案馆。

9　前揭乾隆四年《总管内务府大臣海望为乾清宫铺墁金砖需用钱粮物料事奏折》，《清代造办金砖史料》。

金砖一千零二十块[1]。据《钦定大清会典事例》（嘉庆朝）记载，乾隆三十七年（1772年）修建宁寿宫殿宇，取用二尺金砖八千余块、一尺七寸金砖多达一万余块[2]。而乾隆三十八年（1773年）《署理江苏巡抚萨载为办解宁寿宫金砖需用水脚动用耗羡银两事奏折》载，宁寿宫工程需用二尺金砖八千六百四十八块，一尺七寸金砖一万一千零八十七块，自癸巳年为始，分作两年办解抵通应用[3]。《钦定大清会典事例》（嘉庆朝）所载此事恰巧可与乾隆三十八年（1773年）档案所记之事相互印证。

（二）坛庙

坛庙建筑属于祭祀天地日月、祖先及众神的重要场所，在清代官式建筑当中，是比较重要的建筑，其建筑和装饰规格也是高等级的，故此坛庙建筑的重要地面或台面通常使用高规格的琉璃砖或金砖。从清代文献和档案可知，使用金砖墁地的坛庙建筑包括天坛、日坛、月坛、先农坛、先蚕坛、太庙、文庙等。

康熙二十二年（1683年）规定，凡大典礼及祭坛庙，皇帝礼服用黄色、秋香色、蓝色[4]。但雍正元年（1723年）重新颁定，皇帝礼服用石青、明黄、大红、月白四色[5]。《钦定大清会典》（乾隆朝）明确说明，皇帝服色南郊用青，北郊用黄，东郊用赤，西郊用玉色，朝会均用黄色[6]。《钦定大清会典》（嘉庆朝）也规定，皇帝朝服色用明黄，唯南郊祈谷、常雩用蓝，朝日用红，夕月用月色[7]。由此可知，自雍正元年（1723年）以来，清代皇帝在日坛祀日时着红色礼服，在月坛祀月时着月白色礼服。此已成定制并相沿至清末。按照清代旧制，朝日坛“坛面用红色琉璃（今改金砖），四出陛，皆白色”，夕月坛“坛面用白色琉璃‘今改金砖’，四出陛，皆白色”[8]。《皇朝礼器图式》记载：乾隆十三年（1748年），钦定祭器：朝日坛用赤璧，爵、盏、登、铏、簠、簋、豆、尊均为红色瓷，笾、篚编竹，髹以红漆；夕月坛用白璧，爵、盏、登、铏、簠、簋、豆、尊均为白色瓷，笾、篚编竹，髹以白漆[9]。由此可以看出，朝日坛坛面用红色琉璃，祭日着红色礼服并使用红色祭器；夕月坛坛面用白色琉璃，祭月着月白色礼服且使用白色祭器，这些完全符合《钦定大清会典》以及《皇朝礼器图式》所规定的祭祀礼仪色彩。

---

1 前揭乾隆四年《总管内务府大臣海望为养心殿铺墁金砖需用钱粮物料事奏折》，《清代造办金砖史料》。

2 《钦定大清会典事例》（嘉庆朝）卷六百七十，台北文海出版社，1992年。

3 前揭乾隆三十七年《署理江苏巡抚萨载为估办宁寿宫金砖并分两年搭解情形奏折》。

4 《大清五朝会典》之《钦定大清会典》（康熙朝）卷四十八，线装书局，2006年。

5 前揭《大清五朝会典》之《钦定大清会典》（雍正朝）卷六十四。

6 前揭《大清五朝会典》之《钦定大清会典》（乾隆朝）卷三十。

7 前揭《大清五朝会典》之《钦定大清会典》（嘉庆朝）卷二十二。

8 前揭《钦定大清会典事例》（嘉庆朝）卷六百六十三，台北文海出版社有限公司，1992年。

9 《皇朝礼器图式》，广陵书社，2004年。

然而通过整理清宫金砖档案，我们发现了两郊坛宇[1]、坛庙宫殿[2]、祈谷坛大享殿[3]、夕月坛台面[4]等使用金砖的实例。《钦定大清会典事例》（嘉庆朝）中涉及工部物材之金砖运价时，有乾隆年间（大约介于乾隆四年至二十四年之间）太庙奉先殿取用金砖的记录[5]，而且使用了一尺七寸、二尺及二尺二寸三种不同规格的金砖。

那么，清代坛庙建筑中有些重要建筑台面何时何故弃用琉璃砖墁地而改用金砖呢？从《钦定大清会典事例》（嘉庆朝）关于坛庙规制的记载可知，乾隆之时，特著天坛祈谷坛之"大享殿（笔者注：即祈年殿）外三层坛面，从前屡经修补，砖色不一，请改用金砖墁砌"[6]，但并未详指此事究竟发生于乾隆何年。乾隆十六年（1751 年）《江苏巡抚王师为办运祈谷坛大享殿金砖动支耗羡银两事奏折》载，"江苏省奉文烧造祈谷坛、大享殿三层台面取用金砖二万六百三块"[7]，由此可推知，大概出于琉璃砖修补之后砖色难以确保完全一致的考虑，天坛祈谷坛大享殿三层台面至少约于乾隆十六年（1751 年）奉旨改墁金砖。

据《钦定大清会典事例》（嘉庆朝）坛庙规制之相关记载，"十九年奉旨，观耕台著改用砖石制造，钦此，遵旨议定，台座用琉璃，仰覆莲式成造，前左右三出陛，砌青白石，栏板用白石，台面铺墁金砖"[8]，但并未确指究竟为乾隆十九年（1754 年）还是嘉庆十九年（1814 年）。然而据乾隆二十三年（1758 年）《调任广东巡抚托恩多为饬令委员起解夕月坛台面金砖动用耗羡银两事奏折》载，"江省奉文办造夕月坛台面需用尺七金砖二千块"[9]，由此可知，乾隆二十三年（1758 年），夕月坛台面已经在用金砖墁砌，所以"十九年奉旨"应当理解为乾隆十九年（1754 年），观耕台台面铺墁金砖也是当年之事。自此遵照圣上旨意，日坛和月坛坛面皆"面甃金砖"，先农坛观耕台台面"面甃金砖，四围黄绿琉璃"，先蚕坛采桑台"台面甃以金砖，围以白石"，祈年殿北坛"面甃金砖，围以石"[10]。由此可知，在乾隆时期，天坛祈谷坛之大享殿外、日坛、月坛、先农坛观耕台、先蚕坛采桑台改用金砖铺墁之事，相继发生于乾隆十六

1　乾隆十六年《江苏巡抚王师为办解金砖运送进京雇用民船水脚事奏折》，中国第一历史档案馆。

2　乾隆三十一年《江苏巡抚明德为办解坛庙宫殿及宝泉宝源二局需用上岸雇夫赁房垫抗押砖夫动用耗羡银两事奏折》和乾隆五十八年《江苏巡抚闵鹗元为办解金砖需用水脚动用耗羡银两事奏折》，中国第一历史档案馆。

3　乾隆十六年《江苏巡抚王师为办运祈谷坛大享殿金砖动支耗羡银两事奏折》，中国第一历史档案馆。

4　乾隆二十三年《调任广东巡抚托恩多为饬令委员起解夕月坛台面金砖动用耗羡银两事奏折》，中国第一历史档案馆。

5　前揭《钦定大清会典事例》（嘉庆朝）卷六百七十二。

6　前揭《钦定大清会典事例》（嘉庆朝）卷六百六十三。

7　乾隆十六年《江苏巡抚王师为办解金砖运送进京雇用民船水脚事奏折》，中国第一历史档案馆。

8　前揭《钦定大清会典事例》（嘉庆朝）卷六百六十三。

9　乾隆二十三年《调任广东巡抚托恩多为饬令委员起解夕月坛台面金砖动用耗羡银两事奏折》，中国第一历史档案馆。

10　前揭《大清五朝会典》之《钦定大清会典》（乾隆朝）卷七十一。

年（1751 年）、十九年（1754 年）。透过此事也说明，《钦定大清会典》在实施过程当中，皇帝会根据实际情况，对其中的有些规定进行相应的修改。

（三）园囿

与宫城、坛庙、陵寝相比，作为皇帝、后妃休闲娱乐的园囿，同样也是皇家建筑的重要组成部分。从清宫档案来看，也有园囿使用金砖的记载。如圆明园[1]、九州清晏[2]、景山寿皇殿[3]、西苑中海仪鸾殿和福昌殿[4]等。

从建筑功能来看，寿皇殿原建于景山东北，乾隆十三年（1748 年）移建景山正中[5]。原供奉康熙“御容”，后作为供奉清朝历代皇帝、皇后“圣容”的处所。仪鸾殿是慈禧太后晚年归政之后在西苑中海颐养天年之处。福昌殿位于仪鸾殿之北。

西苑中海的仪鸾殿、福昌殿始建于光绪十一年（1885 年），于光绪十四年（1888 年）建成，慈禧太后于当年六月正式移住仪鸾殿。八国联军入侵北京后，光绪二十七年（1901 年），仪鸾殿毁于火灾。慈禧回京后，于光绪二十八年（1902 年）在西苑中海另择新址，在紫光阁迤南，重新建造仪鸾殿。而在仪鸾殿旧址建成了海宴堂。据清宫档案记载，光绪二十八年（1902 年），奉宸苑修建仪鸾殿、福昌殿等工程，所以各殿内地面需用二尺见方金砖三千三百八十五块。但工部金砖厂存数量不足，不得不商量先给发一半，计一千六百九十二块。光绪三十年（1904 年）十月，慈禧移居新仪鸾殿。光绪三十四年（1908 年）十月，慈禧太后在仪鸾殿归天。

（四）陵寝

除了宫城、坛庙、园囿之外，陵寝作为皇家万年之地，向来也是清代钦工之重。《钦定大清会典》、《钦定大清会典事例》鲜有陵寝使用金砖的明文规定，但从清宫金砖档案中可以管窥到下列陵寝工程使用金砖概况，如景陵、泰陵、泰东陵、裕陵、昌陵、惠陵、普祥峪、菩陀峪、端顺固伦公主园寝。陵寝使用金砖之处包括隆恩殿、配殿、

---

1 参见乾隆十五年《两江总督黄廷桂为照例动支银两办运圆明园寿皇殿等处金砖事奏折》，中国第一历史档案馆。

2 参见乾隆二十八年《内务府大臣三和奉旨谕：九洲岛清晏已用金砖着将官房地面方砖速运热河》，中国第一历史档案馆。

3 参见乾隆二十八年《内务府大臣三和奉旨谕：九洲岛清晏已用金砖着将官房地面方砖速运热河》，中国第一历史档案馆。

4 光绪二十八年《奉宸苑工程处为咨行江苏巡抚赶办仪鸾殿及普陀峪工程所用金砖事致工部片复》，中国第一历史档案馆。

5 前揭《钦定大清会典事例》（嘉庆朝）卷八百九十一。

月牙城甬路、明楼方城及月台等地。

从清宫金砖档案和《钦定大清会典》、《钦定大清会典事例》可知，清代皇帝、皇后的陵寝使用金砖。如雍正皇后泰东陵、慈安普祥峪万年吉地、慈禧菩陀峪万年吉地。有些年幼早殇的亲王和公主的园寝也使用金砖。如乾隆六年（1741年）修建怀亲王园寝时曾使用二尺金砖。怀亲王名福惠，雍正第八子，康熙六十年（1721年）十月出生，八岁早殇，死后火葬，追封为亲王，乾隆二年（1737年）十一月安葬于西陵太平峪境内的王各庄。道光十六年（1836年）修建端顺固伦公主园寝也曾使用金砖。端顺固伦公主是道光的第三女，生于道光五年（1825年）二月，道光十五年（1835年）十一月早殇，年仅十一，追封为端顺固伦公主，葬于西陵的陈家门园寝。

从清宫金砖档案可以看出，在金砖的配给方面，当朝帝后陵寝工程与前朝帝后陵寝工程所享受的待遇迥然不同。例如，光绪三十二年至三十四年（1906～1908年）期间，康熙景陵隆恩殿等处工程需用二尺二寸金砖一千零一十二块，此事居然拖了两年都无法解决。此时，金砖生产为何会出现了供不应求的困难局面？是否因为需用金砖的工程太多？仔细分析相关档案就会发现，光绪二十八年（1902年）菩陀峪万年吉地工程需要金砖，且光绪三十四年（1908年）菩陀峪万年吉地工程甚至提出需要二尺四寸金砖的要求。菩陀峪作为当时实际执掌朝廷大权的慈禧之万年吉地，其工程需要当然重于其他陵寝工程，当然要优先满足，所以康熙景陵隆恩殿等处工程需用二尺二寸金砖竟然拖了两年，最终甚至不得不采取变通的方式，以二尺金砖折抵敷用。

从有关泰东陵修缮的档案可知，道光二十八年（1848年）经咸丰到同治四年（1865年）期间，屡有“泰东陵明楼前月台金砖碱碎十七块，未经修过”的记载，直至同治六年到十三年（1867～1874年），又四次提到“泰东陵明楼前月台金砖大半碱碎”的状况。大概由于财力所限，此时清廷已无力修缮泰东陵明楼前月台金砖，所以导致在将近三十年的时间内，泰东陵明楼前月台金砖从碱碎十七块直至大半碱碎，却一直得不到修缮。

（五）辟雍殿

国子监是元、明、清三代国家设立的为官府培养人才的最高学府，辟雍则是国子监的中心建筑，建于清乾隆四十九年（1784年），是我国现存唯一的古代“学堂”。乾隆四十八年（1783年），建造辟雍殿座，需用二尺金砖一千三百块，令江苏巡抚敬谨烧造，搭解运抵通州[1]。这与乾隆四十九年（1784年）《江苏巡抚闵鹗元为办解辟雍殿金砖动用耗羡银两事奏折》[2]记载的辟雍殿使用金砖之事完全吻合，二者皆为乾隆五十年（1785年）“临雍讲学”而筹备。由清代文献和档案记载可知，辟雍作为国子

1 前揭《钦定大清会典事例》（嘉庆朝）卷六百七十。

2 乾隆四十九年《江苏巡抚闵鄂元为办解辟雍殿金砖动用耗羡银两事奏折》，中国第一历史档案馆。

监的核心建筑，是清朝皇帝“临雍讲学”的重要场所，当然也可使用金砖铺地。乾隆五十年（1785 年）仲春，乾隆皇帝为纪念自己登基五十周年，在国子监辟雍殿举行了盛大的“临雍讲学”活动，发表御论二篇，全监职官和学生围辟雍四周观听。“临雍”之后，由国子监刊刻讲学内容，颁发在京各衙门官学及各省儒学学习。

（六）皇史宬

皇史宬是明清两代的皇家档案馆，专门负责保管明清两代的实录、圣训、玉牒等皇家史册。据乾隆五十九年（1794 年）《定亲王绵恩等为遵旨查明各处所用金砖数目事奏折》[1] 载，先农坛、文庙月台、皇史宬地面等工，共领用金砖六十五块。这说明皇史宬作为皇家档案馆，也可使用金砖墁地。

（七）摄政王府

从《钦定大清会典》、《钦定大清会典事例》和清宫金砖档案来看，个别年幼过世的亲王和公主所葬园寝有使用金砖的记载，但亲王或公主生前居住的王府或公主府并无使用金砖的先例。唯独光绪末年末月至宣统初年，摄政王府第大兴土木，大量使用金砖，这大概由醇亲王载沣作为宣统皇帝父亲的特殊身份和监国摄政的特殊地位所决定的，纯属特例。需要说明的是，档案中所载大兴土木的摄政王府第也并非对醇亲王的旧府进行改扩建，而是清廷在中海另辟新址为摄政王重新建造一处摄政王府。

光绪三十四年（1908 年）十一月，蔡御史上奏章，建议新建摄政王府。内阁会议讨论并经隆裕太后批准，制定了《摄政王礼节总则》，其中规定在中海西岸集灵囿地区建监国摄政王府[2]。宣统元年（1909 年）正月，摄政王府第工程正式动工，其布局为中路自南而北为宫门、银安殿、神殿和后罩楼，过垂花门有思谦堂和蝠式房；西为大圆宝镜院，再西为十洲尘静院；最西部为西花园，有桥、敞厅、游廊、点景三卷房、莲花池及抱厦房；中路东部为东跨院，有房三十九座、一百二十九间。总计有殿宇、房屋约三百座、一千五百多间。整个工程耗银一百八十七万两。

据清宫档案可知，光绪三十四年（1908 年）十二月，摄政王府第工程需要二尺二寸金砖三千四百六十二块[3]。宣统元年（1909 年）《民政部[4] 为承修摄政王府第工程需用金砖等项致邮传部咨文》[5] 再次表明，监国摄政王府第工程需用金砖。

1 前揭乾隆五十九年《定亲王绵恩等为遵旨查明各处所用金砖数目事奏折》，《清代造办金砖史料》。

2 王梓：《王府》，第 46 页，北京出版社，2005 年。

3 光绪三十四年《邮传部为办理摄政王府第工程金砖架木事致民政部咨文》，中国第一历史档案馆。

4 清光绪三十二年，仿行宪政，改革部制，我国首次设立管理民政事务的民政部。

5 宣统元年《民政部为承修摄政王府第工程需用金砖等项致邮传部咨文》，中国第一历史档案馆。

（八）铸币翻砂托模

金砖除了铺墁地面的主要用途之外，还有一个特殊功用，即用于铸币翻砂托模。清代铸钱分为中央鼓铸和地方各省鼓铸。中央铸钱机构为户部的宝泉局和工部的宝源局，二局各设铸钱炉若干座，连年按卯鼓铸，地方则每省各设钱局鼓铸。使用金砖铸币翻砂托模，也仅限于宝泉、宝源二局。如乾隆十五年（1750年）《两江总督黄廷桂为照例动支银两办运圆明园寿皇殿等处金砖事奏折》记载，上年委员丁士英起解宝源、宝泉二局金砖一千块，副砖一百块[1]。乾隆三十一年（1766年）《江苏巡抚明德为办解坛庙宫殿及宝泉宝源二局需用上岸雇夫赁房垫抗押砖夫动用耗羡银两事奏折》也出现了宝泉、宝源二局需用二尺金砖的记载[2]。乾隆五十九年（1794年）《定亲王绵恩等为遵旨查明各处所用金砖数目事奏折》明确记载，“宝泉宝源二局，历年共用金砖八百三十一块，向系各炉作为翻砂托模之用。”[3]光绪十九年（1893年），宝源局鼓铸钱文曾向工部咨取金砖托砂翻印钱模[4]。

二　金砖产地

据《明清档案（未）：顺治十四年正月江宁巡抚张中元揭帖》[5]载，至解砖之官职，原江宁、池、太、苏、松、常、镇七府[6]各委一官领解金砖。由此可知，顺治时期，江宁、池、太、苏、松、常、镇七府曾委官解运金砖，但七府是否生产金砖，却不得而知。然而《钦定大清会典》（康熙朝、雍正朝）明确记载，细料金砖于苏州窑烧造，且顺治十二年（1655年）重建乾清宫等宫需用铺地金砖时，工部差官前往苏州，说明此时苏州窑已产金砖。

1　参见乾隆十五年《两江总督黄廷桂为照例动支银两办运圆明园寿皇殿等处金砖事奏折》，中国第一历史档案馆。

2　乾隆三十一年《江苏巡抚明德为办解坛庙宫殿及宝泉宝源二局需用上岸雇夫赁房垫抗押砖夫动用耗羡银两事奏折》，中国第一历史档案馆。

3　前揭乾隆五十九年《定亲王绵恩等为遵旨查明各处所用金砖数目事奏折》，《清代造办金砖史料》。

4　光绪十九年《工部为翻印钱模金砖损坏不敷应用应增添事致工部钱法堂咨文》，中国第一历史档案馆。

5　丁文父：《金砖识录》，文物出版社，2007年。

6　江宁、池、太、苏、松、常、镇等府分别指江宁府（顺治二年，改应天府为江宁府。领县八：上元、江宁、句容、溧阳、溧水、江浦、六合、高淳）、池州府（康熙雍正时领县六：贵池、青阳、铜陵、石埭、建德、东流）、太仓州（顺治康熙时期，隶属苏州府。雍正二年，改直隶州，领县四：嘉定、崇明、镇洋、宝山）、苏州府（康熙时领太仓州和吴县、长洲、昆山、常熟、吴江、嘉定、崇明七县。雍正二年，新设元和、新阳、震泽、昭文四县，改嘉定、崇明二县为太仓州管辖）、松江府（康熙时领县四：华亭、娄县、上海、青浦。雍正时领县八：华亭、奉贤、娄县、金山、上海、南汇、青浦、福泉）、常州府（康熙时领县五：武进、无锡、江阴、宜兴、靖江。雍正二年新设阳湖、金匮、荆溪三县）、镇江府（康熙雍正时领县三：丹徒、丹阳、金坛）。

又云顺治十四年（1657年），江苏等七府在烧造二尺和尺七金砖，且江宁、池、太、常、镇等六府烧造的副砖价格还要略高于苏州府所产副砖价格，这说明当时江宁、池、太、常、镇等六府以及苏州府不仅有解运金砖之责，而且也都在生产金砖。

既然江宁、池、太、松、常、镇等六府与苏州府都曾生产金砖，那么为什么一直以来大家都认为金砖产自苏州而不提及其他六府呢？关于这一问题，我们从明代文献中可以找到一些线索。《大明会典》（万历本）载，苏州窑烧造二尺、尺七细料方砖。凡遇营建宫殿，内官监开数，工部题行。应天苏松抚按官均派，应天、池、太、苏、松、常、镇各委佐二官，于苏州府地方立窑募夫，选拔长洲县谙练匠作团造。完日，即委管造官解部[1]。由此可以看出，明代的应天、池、太、苏、松、常、镇均要承担生产细料方砖的摊派任务，但是生产地均设在苏州府管辖地带的村落。

上述顺治十四年（1657年）的档案和《钦定大清会典》（康熙朝、雍正朝）中的有关记载均可证明，至少顺治十四年（1657年），江苏的江宁、太仓、苏州、松江、常州、镇江六府以及安徽的池州府都在生产金砖。由明代细料方砖的生产管理推知，大概顺治时期，江宁、池、太、松、常、镇等六府也沿袭明代的传统做法，即它们虽然分担金砖生产任务，窑场却设在苏州府的地盘之上。其实，之所以江宁、池、太、松、常、镇等六府均选择在苏州府地方烧制金砖，这主要还是取决于苏州当地拥有适合制作金砖的特殊而优良的土质：颗粒细、杂质少、可塑性好、黏性强的易熔黏土[2]。据《钦定大清会典》和清宫金砖档案，清代雍正尤其是乾隆以来直至清末，不见其他地方生产金砖的记载，似乎表明江宁、太仓、松江、常州、镇江以及池州等府不再承担金砖生产任务，只有苏州府不仅继续负责生产金砖，而且成为金砖的唯一产地，这种状况一直持续到宣统末年。

那么，金砖窑场到底设在苏州府的什么地方？据《明清档案（未）：顺治十四年正月江宁巡抚张中元揭帖》可知，苏州府金砖生产地至少包括苏州陆墓、徐庄一带。据研究，自明代起至清代中叶，苏州的砖瓦业生产主要集中在陆墓和徐庄二镇[3]。明、清皇宫正殿所用细料方砖及工部所用官砖，大都在此二地烧造。特别是陆墓镇，所产砖瓦如《姑苏志》载“坚细异他处，工部兴作，多于此烧制”。清代发展更为兴旺，苏州府《吴县志》载，“陆墓窑户如鳞，凿土烧砖，终岁不绝”。

1 《大明会典》（万历本）卷一百九十，江苏广陵古籍出版社，1989年。

2 缪松兰：《大型青砖暨“金砖”的传统制作方法》，《陶瓷研究》第11卷第4期，1996年。

3 李伯重：《工业发展与城市变化：明中叶至清中叶的苏州》（上、中、下），《清史研究》2001年第3期，2002年第1、2期。

三 金砖制作工艺

（一）金砖规格

一般而言，金砖均为见方尺寸，通常有三种标准规格：一尺七寸、二尺和二尺二寸。光绪三十四年（1908 年），菩陀峪万年吉地工程曾经提出需要二尺四寸金砖的要求，但终因前无此例，工艺殊难，地方难以成造而被工部否决。无论从文献、档案记载，还是金砖实物考证，迄今尚未发现规格为二尺四寸的金砖。

另外，除见方尺寸金砖之外，还有长宽尺寸不等、外形近似方形的金砖。《钦定工部续增则例》[1]亦云，如造办金砖有长宽尺寸不同之处，其所需砖价以及厂具稻草蒲包草索银两，将所造砖块折实见方尺寸，比照相仿各项金砖尺寸正副科则折算。

顺治至雍正期间，所造金砖只有一尺七寸和二尺两种规格。那么，二尺二寸金砖何时开始生产？乾隆四年（1739 年）《江苏巡抚张渠为成造金砖维艰请开销副砖价值事奏折》称，奉文敬造钦工金砖，内尚有二尺二寸金砖，砖身愈大，烧造愈难，且事属创始。且《钦定大清会典事例》(嘉庆朝)在言及正副砖数量时亦云，乾隆四年(1739 年)覆准，一尺七寸、二尺及二尺二寸金砖，均照顺治十二年（1655 年）、康熙十八年（1679 年）十正三副例烧造。由此可知，随着金砖烧造工艺的进一步提高，乾隆四年（1739 年）已经在烧制二尺二寸金砖。

而《钦定大清会典事例》（嘉庆朝）在设定金砖的价值之时曾云：乾隆三年（1738 年）覆准，烧造二尺二寸金砖，正砖每块准销银九钱一分。乾隆四年（1739 年）六月，总管内务府大臣海望就乾清宫铺墁金砖需用钱粮物料事呈上奏折[2]，折中称乾清宫殿内明三间，铺墁见方二尺二寸金砖六百七十六块。考虑到金砖生产所需时间至少历时一年，有时甚至是两年，这充分说明，此批二尺二寸金砖应不晚于乾隆三年（1738 年）烧造。据上述清代文献和档案完全可以推断，二尺二寸金砖始烧时间应在乾隆三年或二年（1738 年或 1739 年）。而且，根据现存可靠的署有“二尺二寸金砖”款识的金砖实物，其年款最早者为乾隆二年（1737 年）。根据清代文献、档案和金砖实物相互参见，由此可以断定，二尺二寸金砖始烧时间应为乾隆二年（1737 年）。

（二）金砖标准

合格的金砖需考查颜色、声音、规整程度等几方面的标准。如乾隆四年（1739 年）《江苏巡抚张渠为成造金砖维艰请开销副砖价值事奏折》记载，金砖“必须颜色纯青，

1 故宫博物院编：《钦定工部则例三种》（第二册）之《钦定工部续增则例》卷七，海南出版社，2000 年。

2 前揭乾隆四年《总管内务府大臣海望为养心殿铺墁金砖需用钱粮物料事奏折》，《清代造办金砖史料》。

声音响亮，端正完全，毫无斑驳”[1]。除此之外，为了防止窑户偷工减料，不同规格的金砖还需达到相应的重量标准。

（三）金砖制作工艺及程序

首先，工艺程序及时令要求。

制作金砖需经取土、澄泥、造坯、装烧、出窑等多个环节，每个环节又需经过更为细致的工序。如乾隆四年（1739 年）《江苏巡抚张渠为成造金砖维艰请开销副砖价值事奏折》详称：“取土必先捶晒舂磨，澄泥又必淘晾揉踏，造坯则徐为棚打，入窑则细火熏烧，故凡造砖一窑，必历两年之久，而每造正砖一块，窑户又必多备五六副砖，始足挑选。”[2]

金砖生产不仅工序复杂，对时令要求也非常严格，即不同的工序须在不同季节内完成，而且生产过程耗时甚长。又如，光绪十八年（1892 年）《江苏巡抚奎俊为造办金砖动支正耗银款事奏折》载：“烧造金砖向系春间取土，夏令成坯，俟其干透入窑煨烧已届冬令，若稍有不按时，必多破碎，难以选解。”[3]光绪十三年（1887 年）《江苏巡抚崧骏为造办金砖动支正耗银款事奏折》载：“嗣因烧造金砖向于春间取土，夏令成坯，入秋棚打结实，交冬装窑煨烧，腊月出窑，次年选解。”[4]但也有如乾隆十六年（1751 年）《江苏巡抚王师奏为办解金砖运送进京雇用民船水脚事奏折》所云“金砖拘于火候，正月始得出窑”[5]。

其次，工艺难度。

金砖生产工艺十分复杂而考究，每个环节、每道工序都丝毫不能马虎，生产难度非常大。如入窑烧造过程就非常讲究，据《明清档案（未）：顺治十四年正月江宁巡抚张中元揭帖》所云，入窑发火一月用糠草，再月用片柴，又一月用棵柴，又一月十日而用枝柴，凡四月有奇，始熄火窨水。一有不到，则烧裂黄嫩，前功尽弃。

如果尺寸规格加大，烧造难度则更大。如乾隆四年（1739 年）《江苏巡抚张渠为成造金砖维艰请开销副砖价值事奏折》载：“砖身重大，烧造甚难，做坯必大费人工，出窑更经历岁月，灌水或有未到，火力或有未齐，即质脆色黄，不适于用，其间合适者往往十不得二，并有全窑无一砖可用者。”“内尚有二尺二寸金砖，砖身愈大，烧

1 参见乾隆四年《江苏巡抚张渠为成造金砖维艰请开销副砖价值事奏折》，中国第一历史档案馆。

2 参见乾隆四年《江苏巡抚张渠为成造金砖维艰请开销副砖价值事奏折》，中国第一历史档案馆。

3 光绪十八年《江苏巡抚奎俊为造办金砖动支正耗银款事奏折》，中国第一历史档案馆。

4 光绪十三年《江苏巡抚崧骏为造办金砖冬支正耗银款事奏折》，中国第一历史档案馆。

5 乾隆十六年《江苏巡抚王师为办解金砖运送进京雇用民船水脚事奏折》，中国第一历史档案馆。

造愈难。”[1]乾隆三十七年（1772年）《署理江苏巡抚萨载为估办宁寿宫金砖并分两年搭解事奏折》也云：“金砖一项，必先取土淘浆，踏练细腻，尤须乘三伏炎天加工赶办成坯，庶烧造方能坚结。”[2]

四　金砖生产管理及其费用支出

（一）金砖生产管理

金砖生产事关钦工，非同小可，因此，从需求审批到任务派发，从生产监理到惩罚措施，每个环节的管理都是十分严格的。

《钦定大清会典》规定，工部营缮清吏司负责营造所需物料的采办，金砖烧造也由营缮清吏司负责。顺治十二年（1655年），凡钦工需用金砖，由内官监具题，工部差官前往苏州，会同巡抚进行预算，然后交派地方官动支本省应解工部正杂改折等银制办。由此可知，工部负责对钦工金砖需求进行审批，然后将生产任务派发至苏州府，再由苏州府派发至窑户。苏州府知府及照磨或知事负责具体督办。如嘉庆十八年（1813年）《江苏巡抚朱理为办解坛庙工程金砖动用耗羡银两事奏折》载，苏州府知府周有声、委员苏州府照磨熊祖源督办金砖事宜[3]。不过，光绪三十二年（1906年），因部制改革而成立民政部，故金砖生产的高层管理改由民政部负责，直至宣统末年依然如此。

金砖质量好坏，有时皇帝也要亲自过问。稍有不慎，便会招来严厉批评。例如，淳化轩是位于长春园正中的主体建筑，建成之时适逢《重刻淳化阁帖》竣工，遂将刻板嵌于左右廊的廊壁之上，淳化轩由此得名。据乾隆三十七年（1772年）《江苏巡抚萨载为估办宁寿宫金砖分两年搭解事奏折》载，淳化轩金砖粗糙，曾遭到乾隆皇帝批评，故要求宁寿宫金砖务须坚实细致，不容稍有草率。历次办解金砖俱系苏州府督率委员办理，苏州府还须不时往来窑所，督率委员并窑户须如式练坯，烧造务须坚实细致。

（二）金砖生产费用

金砖的生产费用包括制砖和包装两方面内容，并且随着不同规格金砖的定价、正副砖的定价、正副砖的比例、不同规格金砖的包装价格以及正副砖包装价格等的变化而发生变化。

1　参见乾隆四年《江苏巡抚张渠为成造金砖维艰请开销副砖价值事奏折》，中国第一历史档案馆。

2　乾隆三十七年《署理江苏巡抚萨载为估办宁寿宫金砖并分两年搭解情形奏折》，中国第一历史档案馆。

3　嘉庆十八年《江苏巡抚朱理为办解坛庙工程金砖动用耗羡银两事奏折》，中国第一历史档案馆。

关于金砖的烧造费用，金砖规格不同，其价也不同，而且正砖与副砖的定价也有差别。所谓正砖，是指按照金砖选用标准，严格挑选出来的质量上等的金砖，而副砖则指质量仅次于正砖的金砖，以备正砖不足之时作为备选之用。顺治十四年（1657 年）规定，江苏等七府二尺金砖每块工料银五钱八分八毫，尺七金砖每块工料银四钱八分二厘七毫。江宁、池、太、常、镇等六府二尺副金砖每块工料银四钱三分七厘三毫二丝，尺七副金砖每块工料银三钱一分六厘。苏州府二尺副金砖每块工料银三钱三分三厘八毫八丝，尺七副金砖每块工料银二钱七分七厘，解运每块船车脚价扛垫银六钱七分四厘八毫[1]。

到了乾隆时期，二尺和尺七正副金砖的价格较之以往都有所下调。如乾隆三年（1738 年）规定，烧造二尺二寸金砖，正砖每块销银九钱一分，副砖销六钱三分七厘；二尺正砖每块银四钱九分四厘八毫，副砖三钱三分三厘八毫八丝；一尺七寸正砖每块银四钱八厘三毫，副砖二钱七分七厘[2]。

关于正副砖数量比例的确定，从顺治到乾隆，也不尽相同。据《钦定大清会典》、《钦定大清会典事例》载，顺治十二年（1655 年）题准，旧例二尺金砖烧造一正二副，尺七金砖烧造一正一副，每副砖十块准造三块。顺治十五年（1658 年）覆准，金砖各准一正一副开销。康熙十八年（1679 年）规定，每正砖十块，准造副砖三块。康熙二十七年（1688 年）题准，每正砖十块，烧造副砖一块。虽然《钦定大清会典事例》载，乾隆四年（1739 年）覆准，一尺七寸、二尺及二尺二寸金砖，均照顺治十二年（1655 年）、康熙十八年（1679 年）十正三副例烧造，但在实际处理过程中，十正三副的比例在乾隆时期并未得到真正实施，而是按照十正一副的比例在执行。如乾隆十五年（1750 年）《两江总督黄廷桂为照例动支银两办运圆明园寿皇殿等处金砖事奏折》、乾隆十六年（1751 年）《江苏巡抚王师为办运祈谷坛大享殿金砖动支耗羡银两事奏折》等均按此十正一副的比例进行核算。

金砖的包装材料包括厂具、稻草、蒲包、草索等。关于金砖的包装费用，其核算标准因金砖尺寸规格的不同而异，而且每种规格的正副砖的包装价格也存在差别。《钦定工部续增则例》[3]规定，苏省造办见方二尺二寸金砖，正砖每块核准砖价银九钱一分，厂具稻草蒲包草索银九分六厘；副砖每块核准砖价银六钱三分七厘，厂具稻草蒲包草索银八分四厘。见方二尺金砖，正砖每块核准砖价银四钱九分四厘八毫，厂具稻草蒲包草索银八分六厘；副砖每块核准砖价银三钱三分三厘八毫八丝，厂具稻草蒲包草索银七分四厘。见方一尺七寸金砖，正砖每块核准砖价银四钱八厘七毫，厂具稻草蒲包草索银七分四厘；副砖每块核准砖价银二钱七分七厘，厂具稻草蒲包草索银六分二厘。

1　前揭《大清五朝会典》之《钦定大清会典》（康熙朝）卷一百三十二。

2　前揭《钦定大清会典事例》（嘉庆朝）卷六百七十一。

3　前揭《钦定工部则例三种》（第二册）之《钦定工部续增则例》卷七。

造办金砖如长宽尺寸有不同之处，将所造砖块折实见方尺寸，比照相仿各项金砖尺寸正副科则折算。

由此可见，金砖的生产费用支出标准，经历了顺治、康熙期间的变化，到了乾隆初年，大体形成了统一的核算标准。乾隆以后直至清末，这一核算标准基本未变。

（三）金砖生产费用支出

据《钦定大清会典》、《钦定大清会典事例》载，顺治十二年（1655年），凡钦工需用金砖，动支本省（指江宁省）应解工部正杂改折等银[1]制办。康熙十八年（1679年），令江宁巡抚动支本省正项钱粮烧造金砖。雍正三年（1725年），亦令江宁巡抚动支本省正项钱粮烧造金砖。

乾隆四年（1739年）《江苏巡抚张渠为成造金砖维艰请开销副砖价值事奏折》诉称，此前正砖价值动用地丁钱粮，副砖价值动支摊派工捐。而今耗羡归公，又严禁派捐，故请求工部允许从公项开销副砖，但张渠之申诉遭到工部驳饬。

事实上，在清代，金砖生产费用的支出管道也发生了很大变化。从顺治到雍正，金砖生产费用基本上从江宁省的正项钱粮支出。据乾隆十六年（1751年）《江苏巡抚王师为办运祈谷坛大享殿金砖动支耗羡银两[2]事奏折》可知，至少自乾隆十六年（1751年）起，正、副金砖烧造费用的支出管道不尽相同，正砖之料工银两向例动支上下两江正项给办，而副砖之料工银两则一律从上下两江司库耗羡银内支出。至于金砖包装费用的支出，正砖之厂具包索等银，也是向例动支上下两江正项给办；副砖之厂具包索等银，应于上下两江司库耗羡银内动支办理。但根据清廷规定，须列入无定公费项下造报户部，遇有动用，随时奏明办理。直至清末，这一支出方式基本未变。

五　金砖运输管理及其费用支出

（一）金砖运输

从苏州解运金砖至京，往往走水路。通常搭解江南粮船，沿运河至京师通州，偶

1　正杂改折是主要清代财政收入的简称，即正项钱粮（包括地亩税和丁口税）、杂项钱粮（主要包括茶税、盐税、酒税、矿税、关税等）、漕粮（主要指从南方各省征收米、麦、豆等实物，以供京师和军队之需。若将漕粮折合银两计算，清代每石粮“其价轻自八钱，重至二两而止”。而每石折征一两者特多）。

2　耗羡银两指征收赋税、交纳钱粮时对合理损耗的补贴，允许地方官在征收时每两加征一二分（2%～3%）作为对合理亏损的正常补贴。雍正继位后，采用“耗羡归公”办法，将全国的耗羡统一规定为每两加征五分，列入正常税收，存留藩库。

尔也到天津，沿途由具体官员负责全程解运。如遇工程紧急，才许雇佣民船。特殊情况，甚至可以搭解商船，从海路进京。从通州到京城或圆明园，则需另雇夫上岸并从陆路运输。

对负责解运金砖的官员，清廷制定了严厉的处罚措施。《钦定大清会典》（康熙朝、雍正朝）记载，康熙九年（1670年）奏准，官员起解金砖，不拣择精美，以不堪用者解送，或折损或迟延，俱罚俸一年，巡抚、布政使各罚俸六个月。解运途中，解员的责任尤为重大，不得有任何疏忽、闪失。据《钦定大清会典事例》（嘉庆朝）[1]载，嘉庆七年（1802年）奏准，各工需用金砖，如缺角缺边仅宽一二分以至八九分、惊璺不至通长者，尚属无碍磨砍分位，仍准其收用。可开销工料银两，但其蒲包草索并到通州雇夫垫扛等项运费，均在解员名下赔缴。如边角缺宽在一寸以外，惊璺至通长者，即照破碎砖块之例，将一切工料运费等项银两一律著落解员赔缴。

（二）金砖运输费用支出

关于金砖的运输费用，按照水路和陆路两段路程分别核算。据《钦定大清会典事例》、《钦定工部续增则例》[2]载，凡金砖运输，原系搭解粮船，并无运价。如遇工程紧急，雇觅民船，自苏省运至通州，运送见方二尺金砖，每块运价银三钱七分；自通州运送至京，见方二尺金砖，每块运价银一钱三分九厘五毫三丝四忽；如自通州运至圆明园，计程七十里，照通州运京例计程核给；如遇砖块长宽尺寸不同，将长宽折定见方尺寸，照各本条科则折算。

事实上，据《两江总督黄廷桂为照例动支银两办运圆明园寿皇殿等处金砖事奏折》载，乾隆十五年（1750年），每块金砖照向例给发上岸、雇夫、赁房、垫扛银一钱一分八厘四毫，押砖夫银五厘二毫四丝四忽五微，二共该银一钱二分三厘六毫四丝四忽五微。自从乾隆十五年（1750年）核定上岸雇夫赁房垫抗押砖夫等价之后，直至乾隆三十一年（1766年）《江苏巡抚明德为办解坛庙宫殿及宝泉宝源二局需用上岸雇夫赁房垫抗押砖夫动用耗羡银两事奏折》，此价一直保持在银一钱二分三厘六毫四丝四忽五微。从乾隆三十五年（1770年）《署理江苏巡抚萨载为办解内廷并坛庙等工金砖需用水脚动用耗羡银两事奏折》、乾隆三十八年（1773年）《署理江苏巡抚萨载为办解宁寿宫金砖需用水脚动用耗羡银两事奏折》、乾隆五十八年（1793年）《江苏巡抚闵鹗元为办解金砖需用水脚动用耗羡银两事奏折》可知，在此期间的二十多年里，上岸雇夫赁房垫抗押砖夫等价始终为每块银一钱二分三厘。直至清末，不管社会经济状况好坏与否，此价一直保持不变，这也是清朝官方垄断价格的一个例证。

1 前揭《钦定大清会典事例》（嘉庆朝）卷六百七十。

2 前揭《钦定工部则例三种》（第二册）之《钦定工部续增则例》卷七。

关于金砖运输费用的支出方式，据雍正六年（1728年）《为办解万年吉地木料金砖运价于内库银两支销等项事记注》[1]载，谕旨各省采办物料（楠、杉等木金砖等项）运价著于内库支算，不必动用户部钱粮，而将内库银两给发。乾隆十五年（1750年）《两江总督黄廷桂为照例动支银两办运圆明园寿皇殿等处金砖事奏折》表明，苏省办解金砖运送京通等处，所需水陆运费，例于上下两江司库存公银内支给。乾隆二十三年（1758年）《调任广东巡抚托恩多为饬令委员起解夕月坛台面金砖动用耗羡银两事奏折》亦云，江苏省办解金砖，需用水脚，例于上下两江耗羡存公银内支给。由此可知，自乾隆起，无论正、副金砖，其水陆运费皆从上下两江耗羡存公银内支给办理。

金砖通过海路运输，难免遇到海上风暴。那么，在运输途中，如遇不可抗力自然灾害，金砖受损时，又该如何处置？据同治十二年（1873年）《江苏巡抚张树声为造办补办金砖动支正耗羡银款事奏折》[2]载，聚成顺商船搭运二尺金砖一百零五块，在洋遭风失事下沉，所搭金砖一并沉入水中。根据苏藩司核查例载，起运官物船行，卒遇风浪事出不测而有损失者，所在官司勘实，免罪不赔。故请求免令解员赔缴，而另由司库筹款造解。由此可见，在解运途中，如遇天灾，发生类似的金砖受损事件时，虽然解员可以免赔损失金砖价值，但江苏巡抚仍需筹款补造补解。

六　金砖验收、领用及存储管理

解运金砖抵京之后，先由工部派员进行验收，然后皆存储在通州。领用管理非常严格，凡领用新砖铺墁之后，撤换之后的旧砖必须如数交回。

（一）验收

据《钦定工部则例》[3]载，验收正砖务须选择体质坚厚棱角完好者，其副砖亦需选择纯全堪用者。如有缺边缺角惊璺，查收时需详细开明惊缺处长宽尺寸。如缺宽不及一寸，惊璺不至通长，无碍砍磨分位者准其收用。将蒲包草索雇夫垫扛等项银两在该解员名下赔缴。如缺宽在一寸以上、惊璺至通长者，一切工料运费等项银两概不准其报销，照破碎砖块之例，一律著落该解员名下赔缴。

1　雍正六年《为办解万年吉地木料金砖运价于内库银两支销等项事记注》，中国第一历史档案馆。

2　同治十二年《江苏巡抚张树声为造办补办金砖动支正耗羡银款事奏折》，中国第一历史档案馆。

3　前揭《钦定工部则例三种》（第一册）之《钦定工部则例》卷二十。

（二）领用

《钦定工部则例》[1]规定，内外各工取用金砖，将旧工原系何项砖块、因何需用金砖实在情形详细查核，于奏估折内逐一声明，再行取用。

（三）存储

凡内廷、坛庙、陵寝等各工换下旧砖，均须清点造册，并加以妥善保管。如乾隆五十九年（1794年），定亲王绵恩等遵旨查明各处所用金砖数目，并呈奏折汇报，“泰陵、泰东陵工程取用金砖一千二百五十六块，于竣工时曾经奏明，将余剩整破等砖共二百七十块，交易州工部，以备岁修”[2]。道光元年，著“尺七旧金砖拾陆块俱经尽数运交易州工部存贮以备别工领用”[3]。

有时皇帝还要亲自过问金砖使用管理之事。如乾隆五十九年（1794年）发生了一场“金砖风波”。乾隆皇帝身为一国之君，日理万机，竟然亲自过问起金砖使用管理的细枝末节，而且不追查到底决不罢休。最后，在乾隆皇帝的彻底追查之下，暴露了工部在金砖使用管理方面出现的疏漏。为了防止金砖使用管理出现账目不清、管理混乱的现象，乾隆皇帝不仅要求负责金砖存储管理的有关人员加倍赔偿，而且还对工部负责工程事务管理的金简、伊龄阿等官员进行了严厉的处罚。随后在《钦定大清会典则例》中明确记载，乾隆五十九年（1794年）奏准，各处工程需用金砖，换下旧砖，工竣，详查砖块数目、残缺情形，逐一造册，于奏折内声明，知照工部查数，其中京中坛庙各工，交工部存储；内廷各工，交营造司存储；陵寝工程，令每年查勘岁修工程之工部侍郎查验明确，具折奏明，一面造册送部存查，一面即交石门易州两工部[4]存储，令其就近选用，抵作方条等砖，如实无堪用之砖，再行声明，于厂内给发。而且又奏准，各处工程取用金砖，将旧工系何项砖块、因何需用金砖实在情形，详细查覆，于奏折内声明，再行取用。自此直至清末，金砖的使用、存储管理一直按此规定严格执行。

---

1 前揭《钦定大清会典事例》（嘉庆朝）卷六百七十。

2 乾隆五十九年《定亲王绵恩等为遵旨查明各处所用金砖数目事奏折》，《清代造办金砖史料》，《历史档案》2003年第4期。

3 光绪元年《工部为修缮陵寝事致内务府咨文》，中国第一历史档案馆。

4 指东陵工程竣工之后，所剩金砖交石门工部验收存贮，西陵竣工之后，所剩金砖交易州工部验收存贮。

七　金砖的铺墁

金砖铺墁，包括砍磨分位、粘接挤缝和表面处理等三道工序。

（一）金砖的砍磨

金砖铺墁之前，务须砍磨分位。雍正十二年（1734 年）颁布的《工程做法》[1] 规定，二尺金砖，砍净见方一尺九寸；尺七金砖，砍净见方一尺六寸。关于砍磨金砖用工数量计算，二尺金砖每砍磨三个，用砍砖匠一工；尺七金砖每砍磨四个，用砍砖匠一工。

（二）金砖的铺墁

铺墁金砖，粘接挤缝需用灰、桐油、白面等料。关于每种材料的用量配比，《工程做法》[2] 规定如是：二尺金砖，砍细每个用灰十二斤十二两[3]；尺七金砖，砍细每个用灰九斤四两。二尺金砖墁地，油面挤缝，每个用桐油二两、白面二两；尺七金砖，每个用桐油一两五钱、白面一两五钱。

金砖表面处理，需经过水磨、钻生泼墨、烫蜡等几个步骤。因此，凡铺墁金砖必须水磨铺墁，方能平整，极其干燥，始可烫蜡。金砖烫蜡对气候要求甚严，先行加工磨平，俟八九月间，金砖干燥时，再行烫蜡。如每年九月以后，天气寒冷，金砖不能干燥，难以烫蜡。故俟次年春天金砖干燥时，再行烫蜡。

烫蜡工序则需黄蜡、黑炭、江米、木柴等料。乾隆四年（1739 年），养心殿铺墁金砖核算钱粮时，每块金砖用黄蜡三两、黑炭一斤十四两。养心殿前后殿及穿堂共用金砖一千二十块。共行取黄蜡一百九十一斤四两、黑炭一千九百二十斤、江米一石二斗七升、木柴一千二百斤[4]。

金砖铺墁既是重体力劳动，也是技艺极强的绝活儿。关于铺墁金砖的用工量计算，《工程做法》[5] 规定，二尺金砖，每墁五个，用瓦匠一个、壮夫一名；尺七金砖每墁六个，用瓦匠一工。

乾隆二十九年（1764 年），敬胜斋、静怡轩换墁金砖开销银两时，砍砖匠、瓦匠

1　《工程做法》卷五十三。

2　前揭《工程做法》卷五十三。

3　此处指旧制一斤等于十六两。

4　前揭乾隆四年《总管内务府大臣海望为养心殿铺墁金砖需用钱粮物料事奏折》，《清代造办金砖史料》。

5　前揭《工程做法》卷六十七。

每工银一钱五分四厘，壮夫每名银八分[1]。铺墁金砖所需物料、工价等各项银两从内务府广储司库内支领。

八 金砖款识

为了加强金砖生产管理和监督管理的责任制，清代金砖的一个侧面模印有款识，即物勒工名。从顺治至咸丰时期，金砖款识相对比较固定，其基本结构包括三部分：

第一，记录生产时间和规格大小。如“乾隆二年成造细料二尺二寸金砖”。

第二，记录管造人员职官和姓名。如“江南苏州府知府黄鹤鸣知事丁士英管造”。

第三，记录窑户姓名。如“三甲小甲曹吾于窑户李守章”。

但是到了嘉庆时期，金砖款识中，“金砖”二字前面出现了“见方”字样，即“见方金砖”成为固定搭配，且沿用至宣统时期。同治时期，在金砖款识中记录管造人员职官和姓名的部分，出现了“督造官某某”“监造官某某”。且这种格式一直延续至宣统年间。一般而言，督造官由知府担任，监造官由知事或照磨担任。如“督造官苏州府知府李铭皖”“监造官苏州府照磨余临兆”。

此外，清代金砖款识当中发现有本朝僭用前朝年款甚至明代年款的现象。这一点，在金砖断代时，需要引起特别注意。

例一，“永乐二年成造细料二尺二寸金砖”“江南苏州府知府黄鹤鸣署知事丁士英管造”“二甲小甲陈沈朋窑户陈嘉揆”。

例二，“宣德贰年成造细料二尺见方金砖”“督造官苏州府知府李铭皖”“监造官苏州府照磨余临兆”“大六甲窑户吴馥兴造”。

例三，“顺治十二年成造细料二尺见方金砖”“江南苏州府知府李铭皖督造”“署苏州府知事朱銮监造”“姑苏隆兴徐兆方窑”。

实际上，据《苏州府志》可知，黄鹤鸣于乾隆二年（1737年）至四年出任苏州府知府。而李铭皖从同治元年（1862年）至三年、五年至六年、七年至九年、十年至十二年、十三年至光绪三年（1877年），任苏州知府累计近十五年。所以，例一应为乾隆初年出现的僭年款金砖，例二和例三应为同治至光绪初年出现的僭年款金砖。

纵观清代金砖的发展过程，我们可以看出：乾隆皇帝发挥了至关重要的作用。金砖的用途在乾隆时期开始得以扩大，不仅可以用来铺地，还可用来铸币翻砂托模。金砖用于墁地，其使用范围也是在乾隆时期从皇家的宫城、园囿、坛庙、陵寝建筑延伸至高等学府和皇家档案馆。金砖二尺二寸规格的创新出现在乾隆初年，金砖款识当中的僭年款现象最早也是出现于乾隆时期。而且，金砖的烧造、包装和运输费用的垄断

1 乾隆二十九年《三和等为销敬胜斋静宜轩换墁金砖等项工程用过银两数目事奏折》，中国第一历史档案馆。

价格以及使用存储管理的规定也是在乾隆年间颁布的，并且对后世产生了重要的、长远的影响。

附记：本文所引用档案名称系采用中国第一历史档案馆原拟定的藏档目录名称，与本书档案新核定的名称在文字上略有不同。特此说明。

原载《清宫金砖档案》，紫禁城出版社，2010年

初论传统材料质量与传统工艺的关系

——以古建墙面维修用青砖为例

张克贵

内容提要：近些年，文物建筑维修的数量得到大幅度的提高，但整体维修的质量，要同时得到大幅度的提高，却面临着诸多问题。其中一个主要问题即为维修所用材料问题。而材料问题，几乎囊括了涉及的所有材料和所有环节，需要一一而论。本文暂且拈其一点，也就是文物建筑维修所用青砖之内的一部分，进行初步讨论。文物建筑实施大规模维修工程中，墙体维修是古建筑维修的主要内容之一。在大面积的墙面剔补、择砌和重砌中，所使用的新砖普遍存在着泛碱现象，严重影响着维修后的质量和墙体的强度及寿命，同时，也影响着维修后古建筑的整体形象和风貌。本文针对文物建筑墙体尤其是外墙干摆墙面泛碱现象的研究、分析，力图找出其基本原因，提出基本的解决办法，目的是提高墙体的维修质量，努力使文物建筑整体维修尽善尽美。

关键词：传统工艺　干摆砖墙　泛碱　风化　整体质量

引言

《中华人民共和国文物保护法》规定，“对不可移动文物进行修缮、保养、迁移，必须遵守不改变文物原状的原则”。我们把这一原则通常理解为，在进行文物建筑修缮时，要保持被维修建筑的原形制、原结构、原材料、原工艺。其中的“原材料”，有人建议应表述为“原材质”，不无一定的道理。然而，不管是原材料还是原材质，我们所面临的形势是严峻的，林料已成为影响文物维修整体质量的主要问题之一。

中国文物建筑中的古建筑，种类多样，所用材料繁复。其中的主要材料有青砖、青瓦、木、石、琉璃瓦饰件、白灰、油料、颜料、金箔、麻、纸，等等。但整体而言，中国的古建筑是以砖木结构为主流。因此，青砖，是古建筑的主要用材，其中又以干摆墙

作者：原工程管理处，研究馆员。

为最高等级。本文选择了青砖作为研究的对象，又进一步以干摆砖为例，并只是分析维修后出现的泛碱这一普遍问题，目的不在于研究的对象，而是与对象紧密相连的工艺。青砖的质量，同其原材料的取用、对材料的加工，是否采用了传统工艺，决定着成品的质量。由于传统工艺的不断流失，青砖的质量也在不断下降。古建筑维修后墙体，尤其是干摆外墙砖出现的泛碱现象，已成为影响墙体强度、寿命等的严重隐患，换言之，保持传统工艺制作青砖，青砖的质量就会有基本的保证。古建筑维修还在进行中，今后仍不会终止，解决或尽量解决砖质墙体的质量，是古建筑保护和研究工作的一个重要课题。

我国的古建筑，由青砖、白石、各色墙面、青黄绿瓦，组成了和谐华美的色调。干摆是当中的最高等级墙体做法，又是我们通常所称的“细摆”“磨砖对缝”。其光洁平整的墙面，隐隐而现的砖缝，使欣赏者总能得到美的享受。但如果维修之后，整个墙面白花花的一片，不仅难以再现细摆青砖的本来面貌，也使人难以享受到建造艺术的美感。这种白花花一片，就是现在普遍存在的病患——泛碱。这种病害，又不是只干摆墙存在，所有各形体的砖墙同样存在。

存在泛碱的外墙，应该是三种类型，即外边的城墙、外面的墙、外侧一面的墙。外边的城墙，基本是城池上的墙；外面的墙，基本是院墙、影壁墙、台明墙（或曰泊岸墙）等；外侧一面的墙，一般为山墙、槛墙等外立面。

干摆，是古代墙体最高等级的做法，多用于宫殿、坛城、王府、皇家园林、寺庙等。这些建筑的干摆基本都使用的城砖。所谓城砖，是建筑墙体用砖中规格最大、质量最重的青砖，城砖又基本分为大城砖、大城样、二城样，也有地扒砖、停泥砖等。

干摆做法主要是砖要经过加工，加工的方式主要是对砖进行砍、磨。砍磨成的尺寸，要根据墙体需要的尺寸，做到非常精细准确，表面上要光洁平整，棱角要分明。摆砌时，砖与砖之间不用砖灰，而是采取将里口（后口）垫稳，里口墙体内灌足灰浆。墙面要经过手工操作，用细砂片干磨和水磨。

干摆砌成的整个墙面要无灰缝、光洁平整、淡雅，而如果出现泛碱现象，不但破坏了这一干摆的成果，还会渐渐促使墙面酥脱、残蚀、老化。

一　泛碱与砖风化

砖瓦是最早的人工建筑材料，从现已发掘的资料和实物看，铺地砖和屋面瓦在西周时即已产生，条砖和空心砖则出现在战国时期。砖的运用提高了墙体的抗风雨腐蚀能力，延长了墙体的寿命，同时铺地砖的运用也大大改善了人类在潮湿地表上的生活状况。

在地质学中将风化定义为“使岩石发生破坏和改变的各种物理、化学和生物作用”。延至建筑中则风化表述为“使建筑构建发生破坏的各种物理、化学和生物作用”。

具体到砖石的风化主要包括以下几种现象：第一，物理风化——温度、湿气、冻裂、盐化；第二，化学风化——氧化、水解、碳酸化、水化、溶解；第三，生物风化——植物、动物。

在自然界中，这些风化作用经常是同时发生而又相互作用的，比如氧化水解通常互为促进，在这种情况下独立分析一种风化过程往往有极大的困难，所以我们采取从裸眼可以感知的现象入手，以解决表征为主要目标的研究策略。砖质材料的风化现象主要包括泛碱、锈斑、霉斑、龟裂、胀大、弯曲、崩落等。而本文主要着眼于泛碱这一看似破坏性不大的表面现象，力图揭示其在风化过程中所起的病害引导剂作用。

二　泛碱现象

通常泛碱现象（泛碱又称白华、反碱、泛霜、泛白、析白、起霜）表现为砖砌体在砌筑 1 ～ 3 个月后表面开始产生的白色粉末，粉末成絮团状。通常其厚度为 0.5 ～ 8mm，易溶于水。有关资料显示，不同材料上泛碱的成分不尽相同，而环境因素差异也会使泛碱的成分产生差异。

为了研究故宫墙面泛碱的主要成分，2006 年曾在故宫的砖墙泛碱处取样，经研磨，混匀后采用电子能谱（XPS）方法进行分析。结果表明，砖墙表面泛碱物质的主要成分是硫酸钠（Na_2SO_4），次要成分为硫酸钾（K_2SO_4），二者的重量比约为 8∶1，且占样品总量的 95%以上。钙盐的含量很少，低于 0.1%。而碳酸盐等其他盐含量甚微。

表一　泛白物光电子能谱分析数据

Peak	Centre	SF	Pk Area	FWHM	Tx.Function	Norm Area	[AT] %
Na 1s	1071.50	8.52	247114.203	1.796	9388.9	0.08298	23.305
O 1s	531.60	2.93	184823.859	1.724	6675.2	0.15397	43.243
K 2p	292.75	3.97	20458.709	1.616	5996.0	0.01225	3.440
C 1s	284.80	1.00	21814.178	1.901	5976.2	0.05181	14.552
S 2p	168.50	1.68	39210.145	2.146	5704.0	0.05504	15.460

对比资料上对于泛碱成分的描述主要有以下几种不同（表二）。

表二　冷碱成分文献描述对比表

文献	《清华大学医学院教学楼清水砖墙泛碱的预防》	《建筑物表面起霜的原因及防治措施》	本次实测
描述	石灰膏的主要成分是Ca(OH)，是一种易溶物质，在水化过程中随水 分渗透到砖体中，随着墙体逐渐干燥，携带Ca(OH)的游离水分逐渐蒸发，在砖表面与空气CO作用，生成$CaCO_3$	配制混凝土的水泥含碱量很高，硅酸盐水泥熟CaSO,留在混凝土表面。水泥水化，其中所含的NaO和KO分离出来，成为强碱性 的NaOH和KOH，并与水泥中所含的CaSO等硫酸盐反应，生成Na_2SO_4和K_2SO_4	古建筑中不使用水泥而采用传统白灰、青灰等灰浆，故K_2SO_4和Na_2SO_4非由水泥水解而成。青灰中主要物象是玻璃体，占50%～80%；所含晶体矿物主要有莫来石、α－石英、方解石、钙长石、硅酸钙、赤铁矿和磁铁矿等。白灰主要成分为CaO

从这些描述中可以看出，文献对主要成分的探讨集中在钙盐上，而实测中大量的Na_2SO_4和K_2SO_4虽也有提及，但大多认为是水泥水化的产物。但在古建施工中不允许使用水泥砂浆，故水泥水化之说无法成立。

三　泛碱的危害

现代砖墙和历史老墙都会产生泛碱，很多工程也都受到泛碱的困扰。但现在对于泛碱尚没有较为经济而便利的有效防治措施。而且，在很多工程中泛碱被认为只是破坏了砖墙的美观，但其实泛碱是对砖质墙体进一步产生严重破坏的重要表征。

根据台湾学者李盛沐对砖石风化破坏的分级，泛碱单独分为第二级（表三），仅次于裸眼可感知砖石本质破坏。

表三　砖石水化破坏等级表

级别	0级	1级	2级	3级
风化类型	无异状； 孔隙； 颜色改变	青苔； 地衣	白化	浅层粉化； 深层粉化； 浅层剥落； 深层剥落； 上升潮气

所以，对于泛碱本质的认识和理解就变得尤为重要。泛碱在风化分类中应属于物理风化。

砖材构建在制造过程中常带有来自土壤中的盐类，在湿润的环境中，材料中的盐类溶解并析出表面，湿度较低时在表面结晶，产生絮团状的粉末。当湿度再次升高时，这些可溶于水的盐类通过离子扩散和毛细现象又渗透到砖的孔隙、裂缝。同时，因水分的再次蒸发而再次结晶。结晶后体积膨胀而产生压力，长期的干湿变化使盐类不断往返于砖体内部与表面，从而引起砖体的崩裂和裂缝。长期的后果表现为砖体的脱皮和表面粉化，更甚者将危害砖材的受力结构。通常这种作用发生在砖体内部，而出现在外表的症状即为粉末状结晶——泛碱。

当然，此处所说的泛碱危害并非狭义于墙体表面产生的絮团状盐类结晶，而是指盐类频繁往返所带来的砖材损耗。

在平常生活中，盐类结晶的过程通常在无约束的环境下进行，这时其产生的压力往往被我们忽视，然而对于在细小缝隙中盐类结晶受迫所导致的压力将对砖质材料造成极大的危害。

结晶产生的压力可表述为：

$P=(RgT/Vm)\ln(K/Ko)$

其中 P ＝压力，Rg ＝气体常数，T ＝绝对温度，Vm ＝盐类重量摩尔体积，K/Ko ＝过饱和与饱和的比。

四　伴随泛碱的其他危害

以实测泛碱成分（Na_2SO_4，K_2SO_4）为例，主要可能伴随以下几种化学作用。

（一）水合作用

Na_2SO_4 的水合物有十水盐 ($Na_2SO_4 \cdot 10H_2O$) 和介稳态七水盐 ($Na_2SO_4 \cdot 7H_2O$)。其水合化学方程式可表述为：

$Na_2SO_4+10H_2O=\!=\!=Na_2SO_4 \cdot 10H_2O$

$Na_2SO_4+7H_2O=\!=\!=Na_2SO_4 \cdot 7H_2O$

水合作用使外界的水分进入材质的分子结构中，变成材质的一部分，从而难以通过表面擦拭等方法去除。但同时因水合作用又具有可逆性，在温度升高后，水分蒸发，使 Na_2SO_4 又成为可流动的溶液，加速崩裂的产生。

（二）水解作用

泛碱的主要成分中 Na_2SO_4 和 K_2SO_4 的来源主要产生于矽酸盐矿物的水解。长石是这类矿物的主要代表，同时长石也是地壳中最常见的矿物，比例达到 60%，在火成岩、变质岩、沉积岩中都可出现。长石的化学式：正长石，$KAlSi_3O_8$；钠长石，$NaAlSi_3O_8$；钙长石：$CaAl_2Si_3O_8$。

在砖石成分中长石占有相当大的比例。

以正长石水为例，方式为：

$$2KAlSi_3O_8 + 2H^+ + H_2O = Al_2O_2O_5(OH)_4 + 2K^+ + 4SiO_2$$

$$4KAlSi_3O_8 + 6H_2O = Al_4(Si_4O_{10})(OH)_8 + 8SiO_2 + 4KOH$$

$$2KAlSi_3O_8 + H_2CO_3 + H_2O = Al_2SI_2(OH)_4 + K_2CO_3 + 4SiO_2$$

五　影响泛碱的因素

从以上分析可以得出，影响泛碱的因素有四个：砖质构件本身存在的水溶性盐类物质；砖质构件中有能够使盐类不断发生溶解和析出的水分；砖质构件中存在孔隙或裂缝，使溶解盐类的水分有流动的通道；外界温度和湿度的变化。

（一）原材料

盐类是一切金属无机物的总称，我们平时吃的食盐（NaCl）为盐类的一种。盐类广泛存在于自然界的各个部分。砖材构件存在的水溶性盐类物质主要来源于砖材制造过程中使用的土料。砖材构件本身含盐量的多少是影响泛碱发生的重要因素。北京皇城（包括紫禁城）用砖原产于山东临清县，临清贡砖之所以有名，主要由于临清的水土好。由于黄河的多次冲击，形成临清独特的淤积土，当地人称这种土为“莲花土”：一层红 、一层白、一层黄。这种土细腻无杂质，沙性、黏性适宜，烧成砖后，硬度较佳。同时，临清的水质较好，漳卫河水质清澈，碱性很小，适宜制砖。

随着临清砖窑的关闭，故宫保护维修用砖源大多转向河北。随之而来的后果是泛碱现象的频繁产生。将临清砖、河北砖及苏州砖样例进行对比，其质地、颜色、砖面感观等都有明显的区别。笔者拟在适当的时候，对这三种砖体再进行一次定量检测，以取得更加科学的数据。

（二）加工工艺

在土坯制作及烧制工艺上，明清两代的临清砖窑，有着一整套严格的技术操作规程。制作时“先将原土用大筛子筛一遍，再将筛出的土换小筛子再筛一遍；将筛出的土用水过滤，待滤过水满一池后停止过滤，让其自然沉淀；泥土在池中浆越久越好，然后在滤池中将上层细质泥浆取出；用脚反复踩踏从池中取出的泥浆，达到一定的干湿度和硬度，然后用来制作砖坯（脱坯）；脱坯是制砖工序中最累，也是最难掌握的一道技术工序；首先在砖模里铺上一层湿布，然后从踩好的泥堆中取出的六七十斤重的泥头，用力摔入砖模中，充填实在后，连泥带模一起端走倒出，即成砖坯”[1]。

当时各窑场都设专人检查砖坯质量，合格砖坯要求棱角分明，光滑平整。脱好的砖坯经晾干之后，便可装窑烧制。每窑砖必须烧制半个月，再经过一周时间的洇窑，才可以出窑。最后，烧制好的成品砖，检验后每块都要用黄表纸封裹后装船运到天津或直接通过漕运直至京师，经再次检验合格封好后，方能使用。

新老墙砖之间泛碱情况的不同：在剔补过的墙面上，新砖出现明显泛碱。

（三）砖材质量

砖材质量最主要的衡量标准是它的密实度。质量好的砖，其外层面无沙眼，或沙眼极少、极细小；砖内部无蜂窝，或蜂窝极少、极小，反之越差。而密实度直接表现在砖体的孔隙率和渗透率。

砖的材质的孔隙率指砖材材质的孔隙体积与砖质材料的体积之比。不同种类，不同工艺的砖材有不同孔隙率，孔隙率高的材质易产生裂纹。

砖材材质的渗透率指砖材在浸水后增加的重量与材质原来在空气中的重量之比

孔隙率和渗透率的指标会揭示砖体墙的耐水、耐潮、耐腐蚀、耐冻融的能力。

（四）环境气候

对于古建筑外墙来说，其朝阳面，空气流通，潮气较易被风带走，水分对于泛碱的影响相比背阴面而言较小。而建筑的背阴面及建筑底层的墙体表面，水分不易散发，对砖材泛碱影响较大。同时，若抹面的墙体，阻碍了水分的挥发，水分影响使泛碱现象增强。

温度是物质的冷热程度，是物质中原子或分子运动速度的指标，空气的温度称为

1　李晓光、寻捍东：《山东临清御制贡砖考》，《枣庄学院学报》2006 年第 3 期。

气温。温度越高，物质之中原子或分子的运动速度越快，化学反应越迅速。对于泛碱来说，温度越高，带走砖材中水分的速度就越快。

六　泛碱病害的防治

本文对干摆外墙泛碱的因素分析，归纳起来主要有上述四种。根据病害产生的因素，提出以下一些基本的防治措施。

第一，关于原材料源地。原材料的取材地，是根本解决砖材泛碱的关键之一。文中所述，南方砖材泛碱较少，其原因多种，但主要应为南方土质含盐碱量低，水质呈偏酸性，因而其所产砖材不易出现泛碱现象。北方宫城建造时，砖材大多取自山东临清。有研究记载，此地土质是黄河下流的淤积土层，由多年的冲击而成，其质地包括沙性、黏性都适宜作为烧制砖质的材料，砖材的密度、硬度、重量都能达到使用要求。寻找同样或类似质地的土源，是解决古建筑维修保护用砖问题的长久之计。

水质，同样在砖材制作中有着举足轻重的作用。水与土往往是互相伴随的，解决了土源问题，水源问题一般也会迎刃而解。

第二，关于制砖土的要求。即使是临清这样质地上乘的土，也必须使用隔年土。当前，烧制砖质材料的用土，客观上有用土时间、占地面积、资金周转以及成本控制等问题，但结果是没有一家企业再使用隔年土。而隔年土烧制的砖材，对砖材的质量非常重要。因为隔年土在搁置过程中，经过雨水浇冲、日光滤照、温差冻融，使土质改变性能，其所含盐碱能够充分挥发等。所以，坚持使用隔年土，是保证质量、预防泛碱的第二层技术要求。

第三，关于砖坯的加工工艺。从根本上防止砖砌墙体泛碱，就是使土质材料中的盐碱物质充分脱离。坚持严格的传统工艺，是达到盐碱物质脱离泥土的关键技术手段。砖坯加工，是手工操作，所以没有正式的营造技艺记述和遗传。身教言传是延续砖材烧制的主要渠道。一些文献也记载了砖材的烧制工艺。其工艺精细程度，根据土的质地和砖的建筑功能、使用要求而繁简不一，但以下几项必不可少的工艺是砖材制作的基本要求。

其一，晒土。准备用于砖材制作的土，俗称“生土”，用一年的周期进行充分晾晒，使其性质有所改变，成为所谓的“熟土”。

其二，碾压。将充分晾晒过的土进行碾压，使土和中间所含杂质得以分离。

其三，过筛。将经过碾压的土分多次、多目次过筛，使其将碾压出的杂质从土材中分离出来，以保证土材的黏性及材质。

其四，澄浆过滤。通过澄浆过滤，使土材更充分的脱盐脱碱。同时，使土质更加细腻，更加彻底地清除所含杂质，这样可保证成坯后基本无蜂窝及缝隙。

其五，捣泥。经过上述过程，土材已成泥状。对泥还要反复翻倒，同时采用棍棒等抡砸，土材和水绝对融合，使泥达到最佳黏和度。

其六，成坯。将捣好的泥上模，经摔打积压后脱坯，此坯避免阳光暴晒，尽量阴干成坯。

其七，烧制。砖坯干透后，入窑烧制。

经过上面简单扼要叙述的传统工艺烧制的砖材，在制作过程中，基本可将所含盐碱脱净，使用时极少有泛碱现象。但是，没有按照传统工艺加工的现代做法，其砖材的实际使用结果是：土材和水中所含的盐碱成分几乎留存在砖材内，砖材内缝隙多，蜂窝大，质地疏松。因此，砖材砌成墙体后，很快会出现泛碱现象。

第四，关于砌砖灰浆。砌墙所用的白灰中亦会含有盐碱，尤其是碱的成分。灌浆灰要使用块灰泼制，将泼出的灰面过筛后入池淋灰，成灰膏后和水进行搅拌制成灰浆，便可使灰中的盐碱成分尽量挥发，以根治灰的碱性在墙体中的潜在病害。

第五，关于灰浆中和剂的使用。由于现代白灰制作技术的改变，在无法使用块灰制作灰浆，或为更好地使块灰制作的灰浆减少盐碱成分，可在含碱的灰浆中适量加入中和剂，用以中和灰浆中残存的盐碱性物质。不过，这只是一个补救的办法，不应是主动采取和依赖的手段。

第六，关于环境气温的控制。砖质材料的泛碱，与墙体的位置、环境、温度有着直接关系。在墙体砌筑和砖材使用施工时，要选择适当的施工季节。比如，夏季或者雨季以前施工，有利于水分及潮气的挥发。最好不要在秋凉后施工，温度的降低不利于墙体等砖材的干燥。尤其是背阴处，更应注重施工时间，因为阴面尤其是秋凉后施工的阴面，水分和潮气无法很好地挥发干燥，是泛碱最严重的部位。

综上所述，在古建筑维修中使用砖质材料，令其泛碱现象得到根治，保持砖材的原材料质地和严格秉承传统工艺加工制作是根本的措施，由此可使泛碱病害得到有效的防治，保持和提高砖质材料的整体质量。

原载《建筑文化遗产的保护与利用论文集》，天津大学出版社，2013年

紫禁城城墙现状调查与分析

李德山

内容提要：紫禁城被联合国教科文组织列为世界文化遗产、世界五大宫之一。作为其重要的组成部分的紫金城城墙，如何保护好她成为人们关注的问题。本文采用了多种技术方法，调查了紫禁城城墙的形制构造，分析研究了城墙病害及其成因，并对其保护措施提出了建议。

关键词：紫禁城城墙　形制构造　病害　现状调查　保护措施

一　引言

紫禁城城墙是我国保存最完整的皇宫城墙。但是经过近600年的风雨侵蚀，紫禁城城墙出现了较多病害和险情，给此类文物的保护工作带来很大挑战。

为了避免紫禁城城墙遭受严重的坍塌、沉降、侵蚀、剥落等险情，保护研究工作是摆在我们面前的重要课题。基于上述发现和认识，急需对紫禁城城墙进行全面系统保护研究。本文对紫禁城城墙现状及病害进行调查，并分析研究病害的成因及其影响。为城墙祛除病害、科学保护、合理利用、安全预警提出科学有效的建议，为今后故宫博物院建立紫禁城城墙的全面监测体系提供参考依据。

二　城墙形制构造调查

（一）城墙形制构造

紫禁城城墙的建造遵循了古代礼制。实测城墙南北长963.13m，东西宽752.54m，

作者：基建办，副研究馆员。

地面到顶部高 9.27m。断面呈上窄下宽的梯形，墙脚宽为 8.55m，顶部宽 6.63m，内外两墙面收分约 10%。城墙顶面北高南低，相差近 1.00m；城墙顶部两侧设有 0.38m 宽的宇墙和垛墙，内侧宇墙高约 0.90m，顶覆黄琉璃瓦；外侧垛墙高约 1.43m，垛墙筑有品字形垛口，高约 0.63m，宇墙与垛墙分别向内侧错开 0.06m 砌筑。在城墙中部是夯填土，城墙顶部、内侧、外侧均为包砖。侧墙城砖厚度约为 1.20 ～ 1.30m（图一）。

城墙四个方向开有 4 座城门，城门上建有城台和城楼。午门城台长 127.27m，宽 36.80m；神武门、西华门、东华门三个城门城台规格相同，均长 50.18m，宽 26.46m。城墙四个角楼城台为正方形，长、宽均为 28.54m。

城墙主体结构由城砖砌筑层、人工夯填土层以及城墙基础（老填土）三层构成，城墙顶面以下 10.00m 范围内（含自然地面下 1.00m 深度）未发现地下水，城墙内填土直接在老填土之上夯筑。城墙填土以 6.00m 深度为界，上下部填土明显采用不同施工工艺填筑而成。城墙顶面城砖厚度不完全一致，其中午门至西南角楼段厚度范围在 2.80 ～ 4.80m，且愈靠近西南角楼处城砖愈厚；西南角楼至西华门段顶面城砖厚度范围在 2.80 ～ 4.60m。

城墙顶面墁砖规格为：45.00cm（长）×22.50cm（宽）×12.00cm（厚），且为倒梯形体，砖块的规格由于工艺原因会有细微差别，但长度均为宽度的 2 倍。城墙侧面包砖规格为：46.00cm（长）×23.00cm（宽）×9.70cm（厚），且为近似长方体的倒梯形体，砖块的规格由于工艺原因有细微差别，但长度均为宽度的 2 倍。城墙包砖有明显的收分，不存在阶梯状。

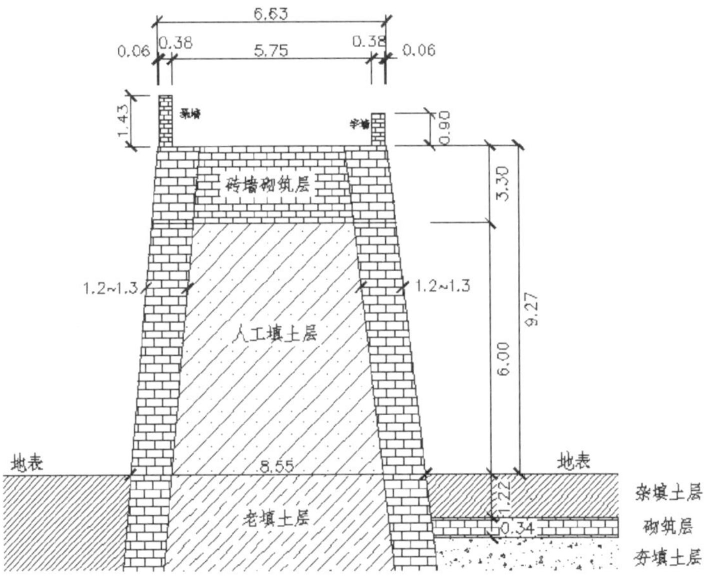

图一　城墙结构断面示意图

（二）城墙夯土性质调查

1. 夯土土层

在城墙顶面下 10.00m 范围内（含自然地面下 1.60m 深度）未发现地下水，按岩性及工程特性将土层划分为两大层。其中第一层为人工填土层；第二层为老填土层。现自上而下分述如下。

（1）人工填土层

人工填土主要分布在城墙高度范围内，为修筑城墙时人工夯填而成。

a．粉质黏土—重粉质黏土素填土①：褐黄色，稍湿～湿，可塑～坚硬。含植物根、灰渣等。本层厚度约 1.30 ～ 2.50m，层底标高 -3.00m，南侧壁薄，北侧壁厚，并被青砖$①_1$层在 -1.30m 处分成上下两层。

b．青砖$①_1$：青灰色，城墙顶面地面为一层此砖，在探井北侧壁 1.30 ～ 1.40m 有一层此砖，在南侧壁 0.25 ～ 0.60m 有 3 层砖，1.30 ～ 2.10m 有 7 层此砖。

c．灰土$①_2$：白～杂色，在南侧壁为古代灰土，含糯米浆液黏合剂，质地坚硬，在北侧壁、西侧壁、东侧壁，为新近回填灰土，灰土分层现象明显，结构较松散。

d．粉质黏土素填土$①_3$：褐黄色，稍湿～湿，硬塑～坚硬，含少量灰渣、有机质土，本层厚度 1.65m，层底标高为 -3.00m。

e．粉质黏土夯填土$①_4$：褐黄色，稍湿～湿，坚硬，夹重粉质黏土，本层厚度 1.85 ～ 3.25m，层底标高为 -8.40m。本层明显可见分层夯实填筑时夯锤的锤印，每分层夯后土层厚度约为 8.00 ～ 12.00cm，夯土密实，坚硬。

f．重粉质黏土夯填土$①_5$：褐黄色，稍湿，坚硬，本层夹于粉质黏土夯填土层① 4 之中，夹粉质黏土，含有机质土，厚度 0.50 ～ 1.90m，层底标高为 -6.60 ～ -8.00m。本层明显可见夯锤锤印，每分层夯后土层厚度约为 8.00 ～ 12.00cm，夯土密实，坚硬。

（2）老填土层

该层主要分布在城墙基础以下，为修筑城墙前的填土地层。

粉质黏土素填土②：褐黄色，稍湿，硬塑～坚硬，含灰渣、有机质土等。夹重粉质黏土。本层揭露厚度 1.60m，层底标高 -10.00m。土层位于城墙底下，无夯锤印记，无分层现象，没有发现任何孔洞。

2. 城墙软弱松散区测定

软弱和严重松散区主要分布于顶面墁砖以下 0.00 ～ 4.50m 之间的土体，在 5.30m 附近有局部软弱现象（表一）。

表一　轻型动力触探试验显示的软弱和严重松散区

轻型动力触探点号	轻型动力触探深度（m）	轻型动力触探平均值	区域划分	备注
1	0.00 ～ 1.10	3.0	严重松散	0.40 ～ 0.90m 为虚土或孔洞
	1.70 ～ 2.30	5.8	软弱	
	4.00 ～ 4.50	5.3	软弱	
2	0.00 ～ 1.20	3.5	严重松散	0.40 ～ 0.80m 为虚土，1.80 ～ 2.70m 为孔洞
	1.60 ～ 4.30	2.9	严重松散	
3	0.00 ～ 0.70	2.3	严重松散	0.20 ～ 0.60m 为虚土或孔洞
	0.70 ～ 1.30	8.0	软弱	
	1.60 ～ 2.70	6.3	软弱	
	3.50 ～ 3.70	7.5	软弱	
	5.30 ～ 5.50	7.5	软弱	

城墙内填土强度差异较大，强度差的区域主要集中在 0.00 ～ 5.50m 深度，强度极差的区域主要集中在 1.80 ～ 2.50m 东面和北面侧壁（表二）。

表二　按压缩模量 Es_{100} 划分的土层软弱区域表

取土深度（m）	探井侧壁方向	Es_{100}（MPa）	土层压缩性类别	备注
0.8 ～ 1.0	东、北	4.39 ～ 7.46	中高压缩性土	强度差
0.8	南、西	7.72 ～ 8.38	中压缩性土	
1.8	西	11.74	中低压缩性土	
1.8	北	6.30 ～ 13.39	中高～中低压缩性土	
1.8 ～ 2.5	东、北	2.64 ～ 3.88	高压缩性土	强度极差
2.5	南、西	5.56 ～ 6.77	中高压缩性土	强度差
2.5	东	7.86	中压缩性土	
3.4	西	6.19	中高压缩性土	强度差
3.4	东、西、南、北	7.69 ～ 9.22	中压缩性土	
5.5	东、西	6.83 ～ 7.13	中高压缩性土	强度差
4.4 ～ 5.5	南、北	7.85 ～ 11.22	中压缩性土	
5.5 ～ 7.8	东、西、南、北	7.68 ～ 16.55	中～低压缩性土	
7.3 ～ 10.0	东、西、南、北	8.46 ～ 16.56	中～低压缩性土	

城墙土体内含有一定数量的孔洞，孔洞产生的原因可分成两类：

a. 城墙土体不均匀沉降及雨水渗流产生；

b. 推测为城墙施工时在墙体中水平放置，垂直城墙走向的圆木以做施工支撑，施工完毕被抽走封口，致使墙内残留孔洞。

3. 夯土渗透试验分析

城墙内部土体的湿陷系数在 0.001 ~ 0.011 之间，小于 0.015，判断为非湿陷性土。土的膨胀性试验显示，土的自由膨胀率均小于 40%，城墙土体无膨胀性（表三）。

表三　土层的渗透系数表

土层名称	渗透系数（cm/s）	土层名称	渗透系数（cm/s）
粉质黏土素填土①	5×10^{-5}	重粉质黏土夯填土①$_5$	2×10^{-6}
粉质黏土素填土①$_3$	2×10^{-5}	粉质黏土素填土②	2×10^{-6}
粉质黏土夯填土①$_4$	2×10^{-6}		

4. 夯土成分测定

土颗粒主要黏结成片状和块状，土颗粒大小主要分布在 0.001 ~ 0.09mm，土颗粒之间的微裂隙宽度约在 0.10 ~ 10.00um 之间，微孔洞和凹陷直径约在 8.00 ~ 100.00um 之间。

土样主要成分元素为氧 O、硅 Si、碳 C、铁 Fe、铝 Al，次要成分元素为钙 Ca、钾 K、镁 Mg、钠 Na、钛 Ti。土样主要组成物质为硅氧化物，其次为铁铝化物，次要成分元素组成的物质含量低，土中不包含对环境产生不良影响的元素或矿物。

三　城墙病害现状调查

通过对紫禁城城墙现状调查，结合城墙的现状、病害形式及其破坏机理，综合认为紫禁城城墙主要存在如下 6 种病害。

（一）城墙顶面不均匀沉降

通过调查，顶面墁砖可见明显的局部沉陷，沉陷分布无明显的规律性，沉陷量最大处约 28.00cm，明显沉降下陷区域共有 3 处，位置主要分布在神武门—东北角楼段、东北角楼—东华门段、午门—西南角楼段（图二、图三）。

图二　排水口现状

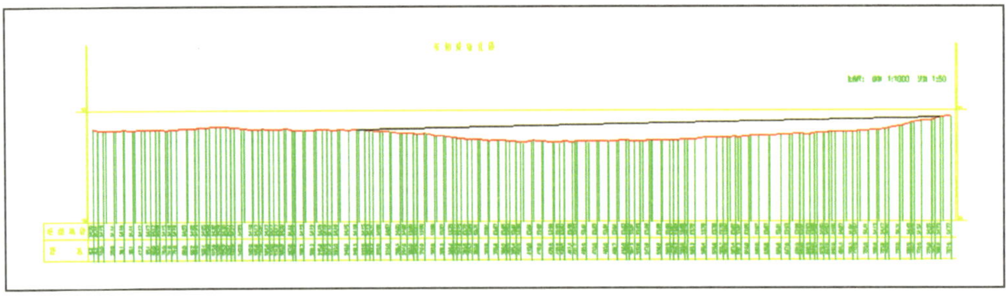

图三　东侧城墙顶面纵断面示意图

（二）城墙鼓胀变形

墙鼓胀变形大于10.00cm的共有23处，其中最大鼓胀变形量为30.00cm（图四）。

（三）城墙裂缝

调查还发现在西侧城墙顶部距西北角楼123.50m处，沿南北方向存在一条贯穿裂缝，裂缝位于城墙中央，长83.90m，宽4.80cm，原因有待进一步探查。除此之外，城墙上还有因植被根系扩张形成的裂缝、横向和竖向的膨胀裂缝等（图五）。

（四）城墙风化与剥落

城墙墙面砖出现风化与剥落现象共有23处，尤其是内侧城墙砖面的风化较为严重，主要表现有墙面砖呈粉状和鳞片状剥蚀，个别砖块风化剥落成孔状，部分墙砖之间灰缝丧失，出现悬砖现象，城墙顶面砖磨损断裂较多（图六）。

图四　城墙顶部变形现状
（西北角楼南端 438.00m 处）

图五　城墙顶部明显裂隙
（西南角楼南侧 123.50m 处）

图六　城墙城砖风化剥落现状

（五）城墙植被的破坏

紫禁城城墙调查范围内植物总共32个科、60个属、79个种。植物种类最多的是菊科，其次是十字花科和豆科，禾本科与萝藦科排第三。生命力旺盛、年生长量较大的乔木类13个种，灌木4个种，木质藤本3个种。生命周期较短、年生长量相对较小的草本47个种。

整个紫禁城城墙上的植物分布极不均匀。总体上，无论是植物的种类还是植物的数量，雉堞内侧最少，城墙外侧次之，城墙顶面最多。在城墙顶面，大部分地段靠近雉堞的两侧植物多，中间少。

城墙顶面大部分地段植物杂合而生，部分地段几个主要植物种类分布较为集中，形成典型分布类型。

通过植物种类调查以及23个样方调查数据，得到城墙顶面植物分布示意图如图七（生物量以样方内植物鲜重计量）。

由调查结果可以看出，紫禁城城墙上植物种类相当丰富。木本植物多为深根性植物，根系发达，正常情况下多年生长后主根可达10m以上，侧根主要分布于20.00～60.00cm土层，对城墙墙体破坏性大。目前墙上已发现木本植物10多种、1000多棵，其中20%左右已经长成大树，其根系加速墙体的破损和水分的下渗，危害不小，必须及时清理。木质藤本植物亦属于深根性植物，主根健壮，水平侧根相当发达，对墙体破坏大。正常环境下灌木主根可达3m以上，侧根主要分布于15.00～40.00cm厘米土层，对墙体破坏大。草本植物根系主要分布于20.00厘米以上土层，根系较浅，但其繁殖能力强、繁殖系数大，容易加速墙面的破损。

（六）城墙夯土异常状况

在城墙范围内的异常区域主要集中在顶面墁砖以下0.50～7.00m处；从雷达断面图像看，紫禁城城墙内部存在有土质松散区域，且规模较大。城墙内土体强度差异较大，土体存在软弱、严重松散区域，局部还有土层下沉及空洞现象，软弱和严重松散现象的范围主要集中在顶面墁砖以下0.00～4.50m。其中城墙海墁层普遍存在松散或脱空区域，特别是靠近宇墙、垛墙的部位比较严重，其深度范围在顶面墁砖以下0.00～3.00m；城墙内部土体的异常区域主要集中在神武门至东北角楼区域、午门至西南角楼区域及西南角楼处，其深度范围在顶面墁砖以下0.00～4.50m。

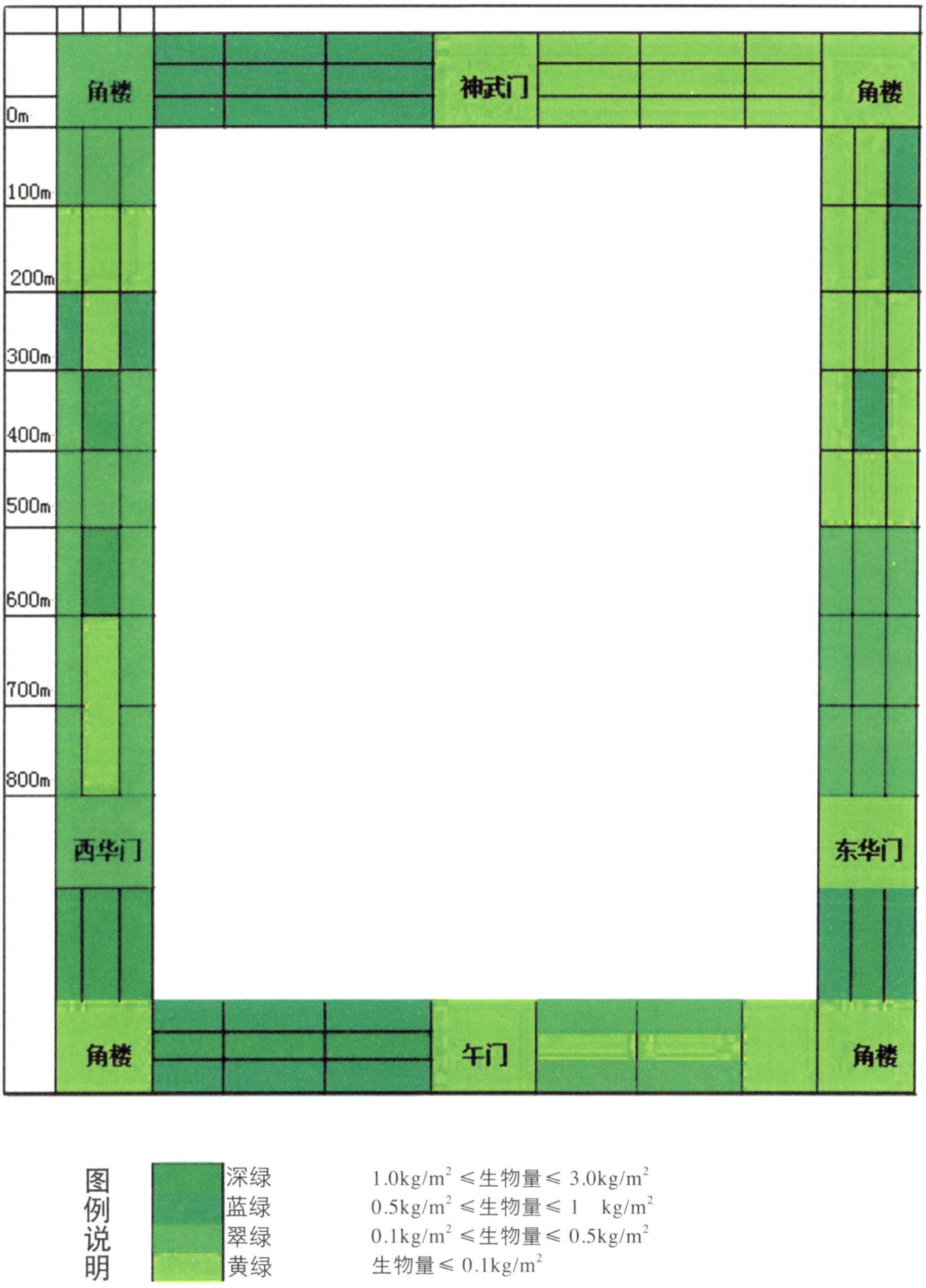

图七　紫禁城城墙上植物分布示意图

四　城墙病害成因分析

（一）概述

紫禁城城墙目前出现的问题其外在表现主要有：局部城墙侧面包砖的鼓胀变形严重、城墙顶面海墁不均匀沉降、表面砖开裂、砖缝渗漏、墙上植被发育、局部有树木生长、包砖风化粉质化、包砖表面返碱、材料劣化等，威胁着城墙的稳定与安全。因此，查清楚城墙病害的成因与影响，分析其对城墙安全的潜在威胁程度，是城墙保护的重要前提条件，是对城墙病害进行有针对性维修方案制定的基础。

（二）自然环境

故宫所在区域的自然环境变化，基本上没有文字记录，我们只能以其所处北京市的相对较大范围去了解各种环境的相关资料，大致分为气候环境、水文地质、地震、微生物、时间进程等方面来了解其中的变化对紫禁城城墙可能产生的影响。

1. 气候环境（风、雨、雪、光照、酸雨、气温、湿度）

北京市的气候环境主要参照北京市气象局所记录的基本参数来考量，气象的基本参数有：气温、风速、降雨量、相对湿度、酸雨度等，根据北京市气象台的历史资料，气候记录最早只能追溯到 1951 年，从 1951 年至今的气象记录如图八至图一四所示。

从变化趋势图中我们可以看到，北京市的年均降水量是不断减少的，而年平均气温则是不断上升的，年日照时数减少，年相对湿度也逐步降低，酸雨浓度逐年抬升。极端温度值的底部逐渐抬高，但温差大致平衡，城墙每年都要经历从 −15℃至 +35℃的冻、溶、炙烤的交替考验，以及越来越严重的酸雨侵蚀，平均气温的抬升可能强化化学反应的危害。

日照作用的直接表现为气温的变化产生的热胀冷缩、强化材料的劣化和加强植被的光合作用，促进植被的发育，间接促进城墙的病害发生。

气温变化的主要影响是热胀冷缩，主要表现为材料性能的劣化并且破坏材料的整体性。

风沙的影响主要体现在机械磨损和植被种子的传播，同时强化了温度的变化幅度。

雨水、冰雪的影响主要体现在冲刷、浸泡侵蚀，同时强化植被的发育和化学侵蚀的过程。雨雪的浸泡降低材料的黏结度，为植被发育提供充足的水分，辅助植物的生长发育。这是一个破坏→逐步强化→破坏的循环过程。

酸雨的影响主要体现在与城墙材料的化学反应侵蚀，损害碱性材料的黏结度、整

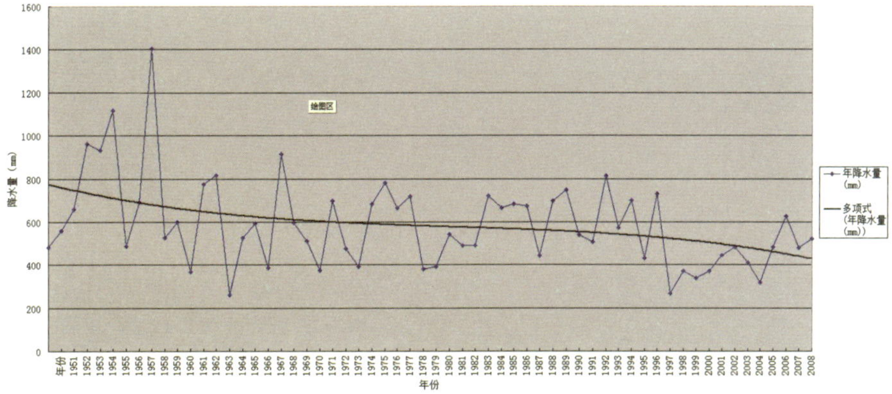

图八　年降水量变化趋势图

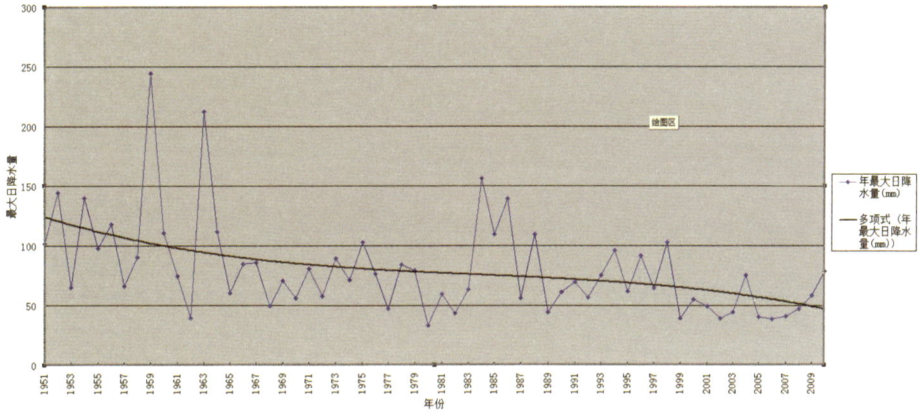

图九　年最大日降水量变化趋势图

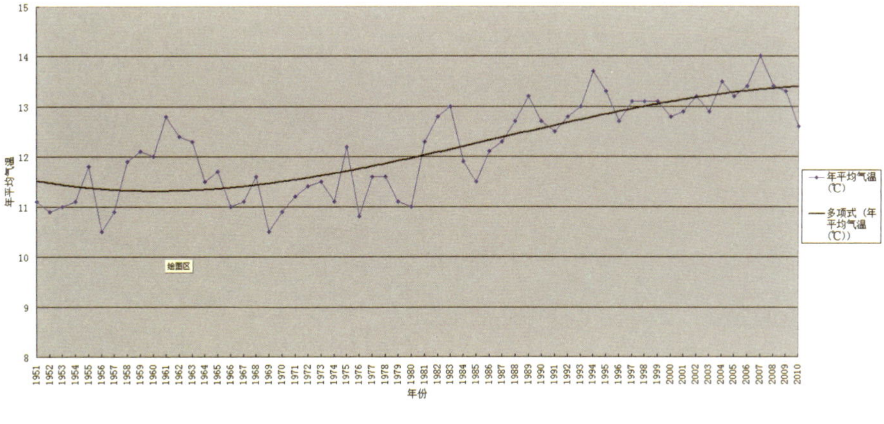

图一〇　年平均气温变化趋势图

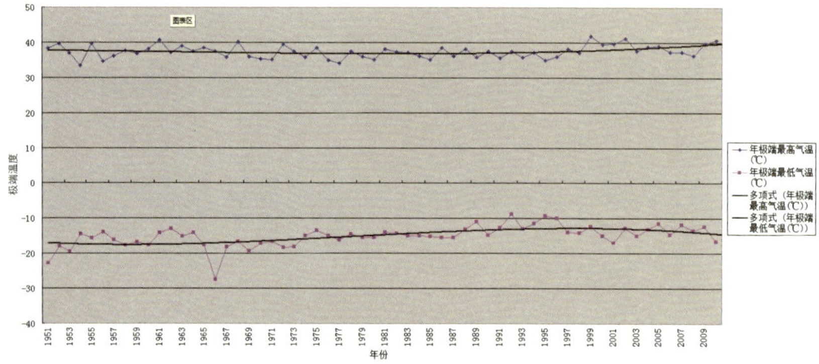

图一一　年极端温度变化趋势图

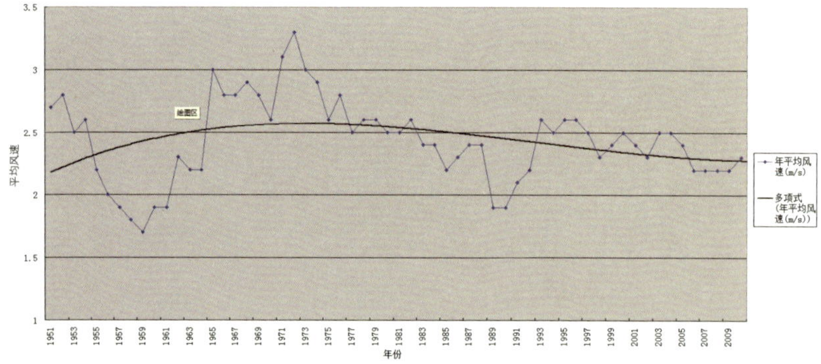

图一二　年平均风速变化趋势图

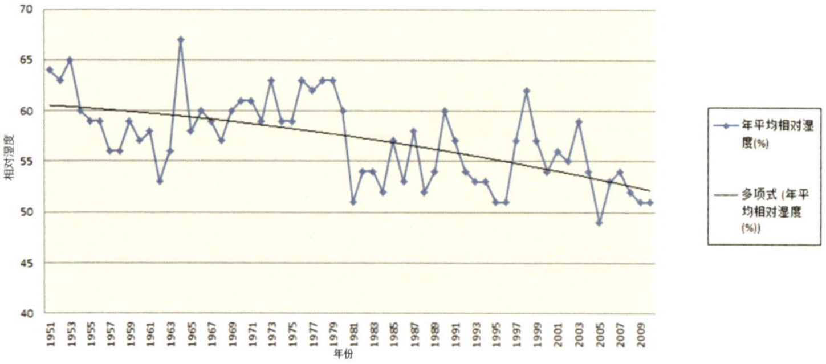

图一三　年平均相对湿度趋势图

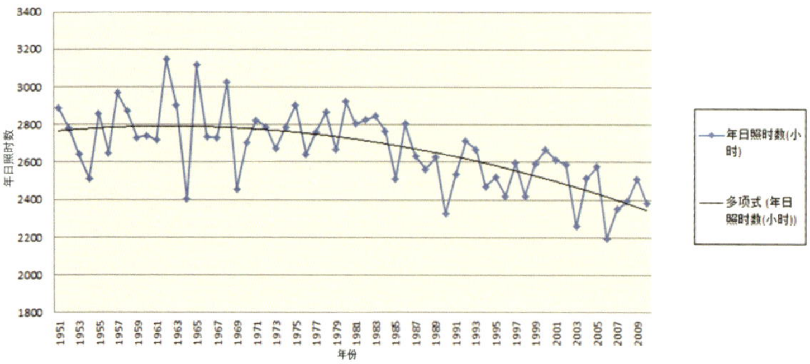

图一四　年日照时数趋势图

体性，强化风化作用过程和速度，降低城墙的防水性能。

总体上来说，紫禁城城墙处于不利于其保持原有风貌的大气环境中，气候环境对城墙的影响过程是一个长期、缓慢变化的过程，由于没有长期的系统性的观测资料，很难作出定量的分析，有待今后长期的观测和测量，才可能建立起定量的分析模型，从而精确研究环境对城墙的影响作用。

对于观测对象而言，除了观测气象的基本参数（气温、风速、降雨量、相对湿度、酸雨度等）外，还应监测各种病害的发展（变形、沉降、风化、植被发育等）。

2. 水文地质环境（地下水、土质、内外地质环境）

根据有关资料显示，2002 年北京市平原地区地下水水位平均深度为 17.48m，比 1980 年下降了 11.03m，2011 年，据推测约为 22.00m，地下水位整体呈加速下降趋势。故宫局部地下水位的变化无观测资料参照，不过从其周边环境看，故宫属地范围内，有北海、中南海、筒子河等水系的维持，地下水水位的变化应该是保持在相对稳定的状态。故宫内部新建建筑物也非常稀少，因此，长期以来故宫属地范围内的水文、地质环境相对比较稳定，暂未发现有威胁紫禁城城墙及其建筑物的因素产生。

3. 地震作用（位移、液化）

地震的作用主要体现为位移、震荡和使地层的液化。地震作用对紫禁城城墙的影响未查到有历史记录资料，因此，对于紫禁城城墙受地震作用的影响的分析只能基于现代岩土工程学的数值分析基础之上，根据紫禁城城墙的结构参数、材料参数以及填土的物理力学性质等参数，模拟地震发生时对城墙产生的水平位移和垂直位移等进行计算，其累积最大竖向位移为 27.50 ～ 34.00mm，得出结论认为，地震对紫禁城城墙确有一定的影响。但是，地震波对城墙本身结构的整体性影响如何，依然没有判断的依据。

4. 时间（材料性能劣化、自然风化）

紫禁城城墙近 600 年的历史及其现状，我们认为其已经进入了它的中老年阶段，按拟人化的说法，其各个系统、器官都进入多病的时期了，所以有必要时常对其进行检查和有针对性的预防性治理。

（三）人文环境

人文环境的影响主要是指故宫博物院在对城墙的管理、旅游开放以及其他一些行为对紫禁城城墙的影响，主要考虑的要素有：日常管理、施工建设、有损式研究、维修周边建设、人工堆物、游人行为等因素。

1. 日常管理

日常管理，是最主要的人文因素之一，在故宫的日常管理中，主要侧重的是宫内建筑物、文物、旅游人群的管理。从城墙植被的普遍程度及发育程度之高，可以推断，长期以来紫禁城城墙没有严格执行城墙的定期巡视制度以及定期、彻底的除草制度。

2. 二次建设施工的影响

由于历史原因，神武门东西两侧城墙内修建有人防工程，防空洞位于城墙底部，与城墙外部人防工程相连，并在城墙顶部都设有人防通风口。防空洞长约40.00m，宽1.50m，高2.00m。这种大规模的开挖和扰动，破坏了城墙内部夯土的整体性，改变了城墙受力条件，必然造成城墙的损伤。此次调查发现，神武门东侧城墙上出现15.00～20.00cm变形鼓胀与之存在一定的联系。城墙上还堆放有城砖等建筑材料，分布各种电缆和管线，一定程度上影响了城墙的排水通畅。未来考虑的影响主要应该放在防空洞本身的建筑材料老化后期抗压性能变化产生的危害，以及防空洞开挖对城墙土芯的整体性造成的扰动和破坏所导致的变化（如变形、潮湿等）。

墙上敷设管线的影响：在城墙四周内侧靠近顶部布设有电缆，顶部敷设有自来水管且每隔一段距离就有一个水龙头、局部有横穿城墙顶砖的电缆敷设。这些管线的存在，破坏顶面砖、包砖的整体结构，为城墙的渗漏多出一个水源补充危害城墙的土体。也可能加剧城墙的电化学腐蚀的过程。

午门城门楼上设有空调风机组柜，空调的冷凝水没有敷设排除装置，因此，水直接排到了城门上的海曼砖上，通过砖缝进入城墙土体。经探测表明，午门城楼内部土体在空调机组附近有冷凝水排出处含水量及松散程度相当大，长期的大湿度浸泡，会加剧城砖的酥松化，劣化其力学性能；午门左右两侧城墙上设有大功率照射灯及其配电箱，午门城楼还属于开放展览区，不时有活动荷载的变化，这些静荷载及动荷载对城墙的垂向压力变化达到一定程度是会造成不均匀沉降，从而损害城墙土体的整体性和防水性能。

3. 有损式研究的影响

由于紫禁城城墙没有建设资料和历代维修的记录资料可供查阅，为了搞清楚紫禁城城墙的结构形式、基础形式、施工工艺、材料物理性能等不可避免地会在对其进行研究时进行钻孔、开挖、震动等勘测及试验，这些有损式研究，除了会损害城墙土体的整体性以外，还可能造成多种隐患。

4. 维修的影响

从探测和调查情况看，城墙的维修施工对紫禁城城墙的损害非常大。其危害主要体现在其抗压性能和防水性能上，据紫禁城城墙维修记录，神武门东段曾于20世纪80年代维修过，现在的该段城墙侧面表现出返碱、潮湿，顶面出现不均匀沉降、海曼砖缝填缝剂严重流失，造成顶面防水性能极差，城墙内部土体严重松散甚至出现空洞，均为施工工艺和材料方面的原因。

5. 周边建设影响

故宫特殊的历史地位，在其内部及附近周边基本没有新增高层建筑、深基坑开挖等状况发生，影响可以忽略。但城墙附近有一定的绿化浇灌活动，绿化树木的根系、地下水管漏水因素可能对城墙产生一定的不良影响。

6. 人工堆物的影响

紫禁城城墙顶部局部有部分堆物存在，但重量不大，其对城墙的影响可以忽略，四个角楼和城门楼可能会有静态或动态荷载存在，其影响是局部的，只要单位面积压强不过大，其影响也很小，当然这有待变形监测数据的证实。相关监测正在进行中。

（四）自身结构

1. 外部结构

紫禁城城墙外观上呈现近似直角梯形的横截面，整个外部有约1.50m厚的包砖，其中外部边接近垂直，内部边从下向上收分，这种结构的几何力学性能比较好，有利于城墙的抗压性能发挥。

城墙顶面总体呈现外高内低地势，有利于及时排出降水，是防水工艺设计的组成部分之一，有利于抵抗间歇性和持续性降水，但对降雪的排出则没有明显作用。

2. 内部结构

除顶部厚度约2.50m的三合土加建筑废料（碎砖块）夯填层以外，最初的城墙内芯完全由原状素土分层夯填组成，每层夯土平均厚度约为10.00cm，层与层之间界面呈现规整的圆弧状凹凸夯槌印迹，上下相互咬合。还随机分布有交错的直径约15.00cm的圆木（推测为加筋作用），这种结构具有非常强的水平方向抗拉推能力，使得整个土芯体形成一个完整的坚如磐石的梯形体，承受着千百年的风吹雨打日晒和战争与天灾的考验而不倒。

城墙顶部的三合土夯填层非常坚硬且难溶于水，因此既是良好的防水层，也是良好的抗垂向压力层，推测也是古代防水工艺之一。可惜的是，紫禁城城墙有相当部分的这层保护层受到了破坏（原因仍未查清），使其防水和抗压性能受到很大损害。

3. 主体材料组成

城墙砖工艺特殊，性能优良，其在抗风化、抗水溶、抗温度变化的性能非常优秀，唯一缺点是抗酸性腐蚀方面很弱，在酸雨不断加剧的今天，可能会加速其酥松化。

城墙内部的原状素土具有非常优良的物理稳定性，优良的施工工艺和长期的高压黏结作用以及在包砖的保护下，未受长期水泡的部分仍然保持为完整的一体化，因此，水的浸泡对其密实性和一体性有致命的损害。

4. 黏结材料

古代的原始黏结材料主要存在于城墙砖的缝隙处和顶层的防水层。根据勘察分析，城墙砖之间的填缝剂成分主要有生石灰、原状土、糯米汁和桐油，不溶于水，坚硬且有一定的柔软性和较强的抗腐蚀性，物理性能及化学性能稳定，不易变化，热胀冷缩系数很小且与砖块具有互补性。

（五）现状病害对城墙的再影响

城墙的现状病害，在某种意义上已经成为一种环境因素。也就是说，病害本身已经成为一种影响城墙损害的原因之一。病害加剧相关联的其他病害的严重程度，甚至可能造成破坏性事故的发生，成为城墙安全的直接威胁。

就病害调查及勘测的结果看，成为城墙病害最主要的因素表现为植被发育和渗漏的加剧。其对城墙的危害最大，应该成为研究防治城墙病害的最迫切的现象。

通过对各种环境因素的分析，病害的最根本成因是水的作用。水的入侵极大加强了其他因素对城墙的影响程度和发展速度，缩短了城墙的寿命。

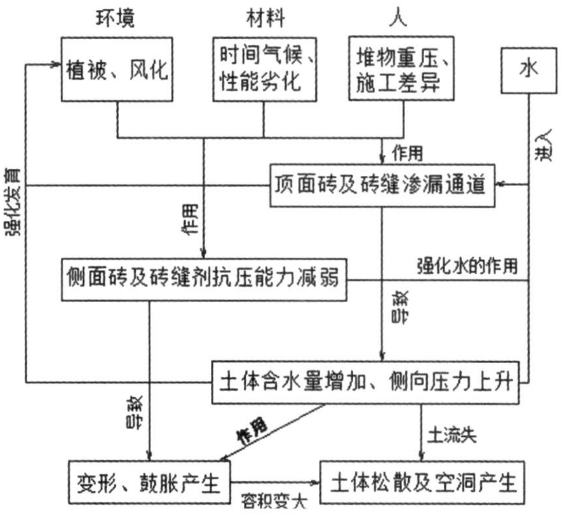

图一五　城墙病害相互关系图

（六）病害影响的过程及相互关系

由外及里的过程以及由里向外的相互作用，外部影响→劣化→变形、损坏→渗漏→内部劣化→土流失、膨胀→加剧变形、劣化→沉降、鼓胀、裂缝→破碎、坍塌。我们可以用下图描述各种环境因素对城墙的影响极其相互之间的关系（图一五）。

五　城墙保护措施与建议

根据《中华人民共和国文物保护法》及《中国文物古迹保护准则》的要求，城墙保护应坚持日常保养维护，维护其原有历史风貌。由于目前对城墙的损伤现象是表观感性认识，所以仅针对出现的损伤和病害，建议采取一些保护措施。

1. 清理树木，减少植被病害

城墙上的有害植被不仅影响了城墙的外观，更重要的是其发达的根系破坏了城墙夯土墙体的结构，造成裂隙的纵横发展，并成为雨水进入夯土内部的通道。因此，清理城墙上的有害植被，控制其根系的发展是保护的关键。每年定期、科学地清除城墙上的杂草、杂树，无疑是对墙体的最好保护。鉴于目前城墙上植物种类已非常丰富，清除必须根据植物特性区别对待，才能取得较好的防治效果。

2. 城墙墙体局部加固维修保护

对于城墙墙体损伤变形比较严重部位，已威胁城墙安全状态，则应采取维修加固方法以消除安全隐患。维修方法应经多方专家论证，保证能取得实际效果又不会对城墙造成新的损伤，制定详细的施工组织方案，对于新型化学材料和手段应进行多次模拟试验研究，确保无误方能实施。

3. 恢复城墙完整的防排水系统

由于多种因素，城墙原来的防水、排水系统受损严重，以致出现了城墙鼓胀变形、不均匀沉降等损伤，因此恢复完整的防排水体系非常必要。对于城墙墁砖，通过清除有害植被，切断直接流入墙体的地表水，重新铺墁地面并辅以必要的防水材料等措施，保证城墙排水通畅，减少渗入城墙内部的水量。

4. 加强城墙保养维护，建立监测体系

在日常管理工作中，加强城墙的保养维护，不仅可以最大程度减少人为因素对城墙的破坏，而且可以将一些自然危害因素消灭在萌芽阶段，例如日常巡视中发现某些城砖风化严重，但并未对结构形成影响，可以采用局部剔凿挖补的方法，既保护了城墙又不需进行大规模维修。

此外，国际世界遗产监测工作已经启动，2007 年 2 月国家文物局出台了《中国世界文化遗产监测巡视管理办法》，初步构建起了我国世界遗产地监测管理的框架，因此，建立紫禁城城墙监测体系显得尤为重要，通过监测，能及时发现城墙变形位置、规模及变形量，不但留存了档案资料，而且便于对其安全性能作出评估。

结语

故宫城墙作为目前我国仅存的皇宫宫殿城墙，蕴含着丰富的科学及历史文化内涵。本文对城墙现状及病害进行了初步调查，并提出一些保护对策和措施。如何科学合理地保护好古城墙，还有待文物保护工作者的进一步探索与研究。

参考文献：

[1] 国家文物局文物保护司、江苏省文物管理委员会办公室、南京市文物局：《中国古城墙保护研究》，文物出版社，2001 年。

[2] 罗哲文：《中国城墙》，江苏教育出版社，2000 年。

[3] 中国科学院中国植物志编辑委员会：《中国植物志》，科学出版社，2004 年。

[4] 中国科学院植物研究所：《中国高等植物图鉴》，科学出版社，2005 年。

[5] 北京师范大学生物系，贺士元、邢其华、尹祖棠、江先甫：《北京植物志》，北京出版社，1984 年。

[6] 北京市气象科技服务中心：《观象台气象资料》，北京市气象科技服务中心，2011 年。

[7] 北京市气象科技服务中心：《北京观象台酸雨观测统计资料》，北京市气象科技服务中心，2011 年。

[8] 机械工业勘察设计研究院：《西安城墙保护经验交流》，机械工业勘察设计研究院，2012 年。

[9] 中兵勘察设计研究院：《故宫北侧城墙东段及保和殿东南角台阶基础空洞探测技术报告书》，中兵勘察设计研究院，2008 年。

[10] 中兵勘察设计研究院：《故宫城墙普查探测报告书》，中兵勘察设计研究院，2009 年。

[11] 中兵勘察设计研究院：《故宫城墙西南段（西华门—午门）详细探查技术报告书》，中兵勘察设计研究院，2012 年。

未刊稿

金石考古

渭河流域在中国文明形成与发展中的地位
——在“中国考古学会第十六次学术年会暨第六届会员代表大会”开幕式上的讲话

张忠培

内容提要：渭河流域孕育出来的半坡—西阴文化，是一支强盏的考古学文化，是中华远古文化的主根；渭河流域发育出来的最初文明，是中华文明形成时期的满天星斗中的一颗亮星；渭河流域诞生的周人建立的西周王国，将王国文明推进到了一个新的发展阶段；渭河流域生长出来的秦人，使中国走出了王国文明，创建了管理统一的帝国国家政治体制；建都长安的西汉和唐朝，推进了帝国国家政治体制的建设。西汉是与罗马并立的强国，唐则成为当时世界经济与文化交流的中心，成为当时世界的超强国家。西汉和唐使以汉族为主体的中华民族和汉文化为主体的中华文化成为中国的历史特色，沉淀成中国的基本国情，奠定了深厚根基。

关键词：渭河流域　半坡—西阴文化　西周王国　秦汉　唐代　帝国体制

中国考古学会第五届理事会之所以将这次会议安排在西安召开，是出于以下两个原因：

一是因为西安是中国考古学会的诞生地。现今距中国考古学人于1979年在西安成立中国考古学会已过去了34年，中国考古学会开始迈入了中年，今次回到故乡聚会，目的之一是看望家乡的父老乡亲，并请父老乡亲检阅我们，评估我们长成了什么模样！

二是因为西安及其所处的渭河流域，在中国历史上占据着很重要的地位。在二里头文化之前，渭河流域孕育成长起了一支长达4000年之久的半坡—西阴谱系文化。在中国与这支谱系文化共时的诸谱系考古学文化中，半坡—西阴这支谱系文化的发展水平，在相当长的历史内一直居于领先地位，并对其他诸谱系文化的发展起着积极的主导作用。同时，中国历史上很重要的王（皇）朝——周秦汉唐，也与渭河流域存在着至为密切的关系。渭河是周、秦的发祥地，居于渭河沿岸的西安与咸阳，分别是西周、

作者：原故宫博物院院长，教授。

秦、西汉及唐皇朝的都城。中国考古学会本次年会设定的“全球视野下的古代中国——以周秦汉唐为中心”这一学术主题，与其说是因为要到西安开这次会才设置这一主题，还不如说是因为设立了这一学术主题，才择定于西安召开这次会议。我们所以以这一学术主题择定于西安召开本次年会，除了使这一学术主题得到较为深入讨论与研究之外，也想为参与会议的人员提供一次朝觐这一文明圣地的机会。

坐落于渭河流域的西安，是我走上考古学道路的起步的地方，渭河流域是我从事考古的故乡。借这次会议的机会，讲讲我学习渭河流域考古的一些收获，和朋友们交流。限于时间，在此只能作点提要说明。

一　渭河流域孕育的远古文化和最初的文明，是中华远古文化的主根，是中华文明形成时期满天星斗中的一颗亮星

中华远古的考古学文化所表述的文化，就其文化谱系来说，都是多元的。从其居于主流地位的几支谱系的考古学文化的形成、发展与分布来看，可将黄河流域、长江流域和西拉木伦河流域视为中华文化的摇篮。如果进而仔细观察，我们就发现不是这些大河、大江的整个流域，也不是这些大河、大江的本体，而是注入这些大江、大河的某一支流，才是某支谱系的考古学文化形成与发展的核心地区。因此，这些大江、大河流域的某些支流，才处于中华文化摇篮的核心位置。可见这些大河、大江不是我们习称的中华文化的母亲河，真正的中华文化的母亲河，是流入这些大河、大江的某一两条支流。

渭河是黄河流域众多支流中最大的一条支流。她孕育了半坡—西阴文化这一谱系的考古学文化。从至今考古学发现与研究来看，这一谱系文化，植根于老官台文化，一脉相承，约至龙山时代，其主体发展成客省庄文化，经历约四千多年。渭河流域成长起来的这支谱系的考古学文化，同其共时的分布于黄河下游、长江流域和西拉木伦河流域诸支谱系的考古学文化相比，是一支最为强势的文化，对其他诸支谱系的考古学文化均产生了积极的影响，为促进中华文化的形成与发展发挥了最为重要的作用。下面，我简要地讲讲我提出的这一认识。

其一，半坡—西阴文化这支谱系的考古学文化，发展到西阴文化时期，将与其同时的其他诸谱系的考古学文化抛在后面，其居民急剧地向四方迁徙扩张，向西扩至青海的湟水，南方进驻了湖北和四川，北抵阴山脚下，东达华北平原。同时，与西阴文化共时的长江流域、黄河流域下游和西拉木伦河流域的薛家岗文化、崧泽文化、大溪文化、刘林期大汶口文化和西阴期红山文化无不受其影响，这些考古学文化的居民输进了他们爱好的或认为是先进的西阴文化的文化因素，融入到自身文化，将自己的文化演进到了一个新的历史阶段。正是西阴文化的发展及其对中国腹地的这些考古学文

化的进步作用，才打破了原先诸考古学文化的均衡态势，呈现出诸考古学文化的大碰撞、大交流、大吸收和大融合的勃勃生机，出现了诸考古学文化大重组的新格局，从而使此时期的史前中国腹地的诸考古学文化居民普遍地迈入了父系氏族制社会阶段，乃至在其晚期包括其自身在内的一些考古学文化居民还踏进了“英雄时代”的门槛。自此，史前中国跃进到了经济大进步、社会组织及社会制度大变革、思想大革新和文化大繁荣的空前盛世。如果将这一时代与后世中国相比，其社会震荡与变革之纵深程度，可比之如战国时代，而就其中的西阴文化在当时中国诸考古学文化中所处的发展态势来看，则西阴文化可同二里岗时期的商文化相匹配。

其二，这支谱系考古学文化至西阴文化之后，分化成不同的考古学文化。这些不同的考古学文化，经历一定时期的发展，至龙山时代，分别形成杏花文化、三里桥文化、客省庄文化、齐家文化和马厂文化等考古学文化。至夏代，这些龙山时代的诸考古学文化，或其后裔，又演化成不同的考古学文化。另外，夏、商文化溯源，虽至今难解，但考虑到这两种考古学文化均形成和发达于半坡—西阴谱系考古学文化分布地域之内，故个人据此斗胆猜测西阴文化很可能是形成夏、商文化的最早源头。同时，这支谱系考古学文化中的西阴文化，特别是由它衍生出来的马家窑文化的居民迁徙于四川和西藏，则为开发或提升广大的西南地区的文化，起了重要的作用，成了汉藏语系藏、彝、羌诸藏缅语族的族源，或是其重要族源之一。此外，马家窑文化后裔马厂文化居民，移民到了新疆的哈密地区，则开创了黄河流域和西域居民经济与文化的直面交流。此等文化与经济交流，除向西域居民输出黄河流域经济与文化成就外，至迟到马厂文化后裔四坝文化之时，黄河流域居民从西域居民那里传入了种植大麦、小麦和驯马的技术。可以认为，马厂文化居民是凿通西域的最早的黄河流域的使者。

其三，这一谱系考古学文化，演进到半坡四期文化之时，与黄河下游、长江流域和西拉木伦河的其他诸同时的考古学文化一起，步入了文明的门槛。至此，在中国文明形成的满天星斗中，渭河流域孕育的最初文明，是这满天星斗中的一颗亮星。不过，各地考古学文化所呈现出来的文明特征，或有些区别。半坡四期文化的文明特征，是军权同崇祖敬天信仰相结合，至迟到后来的客省庄文化早期，则还加上卜骨宗教。说起卜骨宗教，据迄今的考古发现与研究，可知其发源地乃是渭河流域。卜骨宗教在半坡—西阴这一谱系考古学文化生根之后，便向外传播，至龙山时代，便成为除马厂文化分布区之外的黄河、淮河和汉水诸考古学文化的一致信仰。到二里头文化时期以后的三代，卜骨宗教的流行区域进一步扩大而成为包括西拉木伦河和长江在内的我国一种重要的传统文化。卜骨信仰的传播，为中国诸考古学文化居民的思想与文化的共性的形成，起了极为重要的作用。我在以往的论著中，曾将龙山时代出现的卜骨信仰的传播，称为我国最早的一次信仰或思想革命。现在应指出的是，渭河乃是这一信仰或思想革命的策源地。

从以上所说可知，渭河流域孕育出来的半坡—西阴这支谱系的考古学文化，是中华远古文化的主根，和这支谱系的考古学文化于半坡四期文化时期成长起来的最初文明，是中华文明形成时期的满天星斗中的一颗亮星；这支谱系文化于西阴文化时期之后，分化为一些相互区别的子谱系的考古学文化而成为中华民族中的若干成员的族源；这支谱系文化对中国境内与其共时的其他诸谱系的考古学文化所产生的信仰、思想及文化影响的深广，与促进其发展的作用之巨大，于中国与其共时的诸谱系的考古学文化中，无与伦比。即使将其置于与其同时的世界，也找不到可与之比肩的另一谱系的考古学文化。

二　渭河流域诞生了新王国，也孕育出帝国文明，并将帝国文明推进到了新的发展阶段

西安是西周王朝和西汉及唐皇朝的都城，和西安比邻的咸阳，是秦皇朝的国都。渭河流域是周、秦、西汉和唐四代的腹心地带。渭河流域孕育了周人和秦人，是周王国和秦帝国的发祥地，作为西汉和唐京城所在地区，也为这两代皇朝，尤其是为唐代将帝国文明推入到新的发展阶段，承担了最重要的责任，发挥了当时中国其他地区远难以相比的作用。

其一，西周王朝将王国文明推进到了一个新的发展阶段。

武王克商之年代，文献记载模糊，学者认识又存在巨大分歧，由此导致的西周的纪年，难以确定，众说纷纭。依有的学者据古本《竹书纪年》以公元前1027年作为武王克商建立西周王朝之始年，到春秋之始公元前770年，西周王朝则存在257年。这是史家估定的西周最短的纪年。西周王朝之时，埃及文明、两河流域文明、印度河流域文明和南欧克里特岛的爱琴文明已经衰落，而雅利安文明、波斯文明、希腊文明和罗马文明还尚未兴起，处在这两波文明之间。而和西周大致共时并立的当时世界的另一个强国，是位于西亚的第二亚述帝国。公元前1100年前后第二亚述帝国掌握了制铁技术，美国学者斯塔夫里阿诺斯称：第二亚述帝国凭借其铁制武器、训练有素的军队、有效的官僚机构和架置在车轮上的铁制的破城槌，称雄于西亚、北非，但于公元前612年，由诸敌对者结成的联盟摧毁了第二亚述帝国于公元前7世纪建立的首都尼尼微，永远结束了亚述人在历史上所起的作用。此时西周王朝虽早已退出历史舞台，但其继承者春秋诸国却将西周文明延续下来，并创造出新的光辉。

殷商之时，商王朝边境诸考古学文化族群发达起来，形成了对商王朝围堵之势。其中为考古学研究确认的先周时期周人的周文化，已掌握了商人的文字和制铜技术，成为了商王朝敌对者之盟主。周人的文王被尊为西伯。武王克商之后建立的周王朝，一是推进了青铜制造业的纵深发展，即不仅技术上有所进步，而且其封国均掌握了青

铜制作技术。除此之外，于西周晚期又输进了制铁技术。二是将商人主要用于占卜用的甲骨文，变为主要用于纪事铭功的金文，与文字演变的同时，掌握文字的人群和地区较商代广泛。这为“士”的形成和发展，开启了先河。三是经过主要是周王朝境内诸考古学文化或族群的文化交流，至西周晚期，形成了略带地域特色的全国基本相同的文化，与此同时，又出现了以铜鼎和玉佩饰区分贵族等级的用鼎用玉的礼制，呈现出孔子所称赞的“周监于二代，郁郁乎文哉”繁荣的文化格局。以此文化为基石，至东周演变为华夏族群认同的华夏文化。

西周社会的基础是“井”字，肢体是“亲亲”二字，核心是一“王”字。西周的封建制，摒弃了夏商王国推行的排他性的单一考古学文化族群国家的政治体制，采用包容多种考古学文化族群于一国之内进行治理的政治体制。在这种政治体制之下，周王既分封本考古学文化族群的贵族，也分封与自身不同的考古学文化族群的贵族，管理众多不同的封国，对其存有戒心非我考古学文化族群的贵族，实行或明或暗的监管；同时，也据封国内主体族群的区别，采行“因其俗，简其礼”“启以商政，疆以周索”和“启以夏政，疆以戎索”等不同的措施和不同的治理制度，以实现“以藩屏周”。周王不仅分封不同考古学文化族群的贵族，管理其封国，且一些封国乃至王畿地区均容纳不同考古学文化族群的居民。历史文献作如是的记载，至今考古学发现与研究也是呈现出这样的更为清晰的图景。

我曾经说过：中国国家形态经历过神王之国—王国—帝国，辛亥革命之后进入了党国阶段。龙山时代即尧舜时代，很可能已进入王国阶段，夏、商和西周无疑已处于王国历史范畴。这一王国的历史演变，可分为龙山、夏、商和西周三个阶段。龙山时代的诸同一考古学文化居民或族群，被分治于不同的王国，各个王国所能管理的仅及某一考古学文化的部分居民或族群；夏、商王国实行的是排他性的单一考古学文化族群国家的政治体制；西周王国则行政治上以一考古学文化族群为主，即以周族为主，同时容纳众多考古学文化族群于一国之内实行治理的政治体制。夏、商王国将同一考古学文化族群纳入同一政治体制之内进行管理，消除了龙山时代（即尧舜时代）将同一考古学文化族群分属多国管理而形成的政治壁垒，畅通了同一考古学文化族群内不同地域群体的经济、文化交往，有利于促进一体性经济和共同性文化的发展，增进了同一考古学文化族群的凝聚力。西周王国推行的容纳不同考古学文化族群于一国之内实施管理的政治体制，消除了夏、商王国实行的单一考古学文化族群国家所形成的族群之间政治壁垒，在一国之内畅通了诸考古学文化族群之间的经济文化交流，为同国内不同族群的融合开通了新的更为广阔的道路，也为将国外的考古学文化族群纳入王国内管理提供了广大的空间。可见，尧舜时期或龙山时代，夏、商王国和西周王国是不同质的王国，可分别称之为古王国、中王国和新王国。渭河流域孕育的周人创建的新王国，将王国文明推进到了新的发展阶段，为后续的以汉族为主的多民族国家登上历史舞台演出了前奏。

其二，渭河流域孕育出了帝国文明，经历西汉和唐两个皇朝，又将帝国文明推进到了新的发展阶段。

秦、隋是中国历史上两个最短命的统一皇朝，西汉和唐这两大盛世的出现，和秦、隋这两个皇朝的关系，臻于密切。西汉在秦开创的帝国政治体制基础上，完善了帝国政治体制。唐继隋之后，将帝国前期的政治体制推进到了鼎盛时期。当秦、西汉和唐皇朝之世，与秦皇朝大体同时并立的是南亚次大陆的孔雀王朝。张骞凿通西域，使中国成为了亚洲的中国，当时世界的发达地区自西而东并立着罗马、安息、贵霜和汉这四大帝国，而能与西汉帝国匹对的仅是罗马帝国。到唐帝国盛时，版图东至朝鲜半岛，西达中亚咸海，南到越南顺化一带，北抵贝加尔湖。唐皇朝于扩容的非唐人族群居住地区，或设都护府，或立羁縻州管辖，唐太宗被尊为天可汗，其经济、文化和政治对东亚一些邻国均产生了深刻影响，于东亚形成了唐文化圈。唐帝国之时，其西虽存在着阿拉伯和拜占庭这两大强国，且其势力向西推进，被阿拉伯帝国阻于怛罗斯，但由于唐朝经济发达，推行兼容的文化政策，又将基于民本思想的宽松政治付诸实践，故一跃而成为当时世界的政治、经济和文化中心，使中国站稳了亚洲的中国这一地位。

秦朝铁农具普及，农业生产开始向精耕细作发展，西汉广泛使用铸铁脱碳钢农具，奠定了中国精耕细作农业的基础。在废除井田制的基础上，五口之家的小农成为秦和西汉皇朝掌控下的“编户齐民”，和唐朝实行的均田制，使基于一家一户精耕细作的发达的农业经济成为秦、西汉和唐代社会的经济基础。在这一社会经济基础上，手工业得到纵深发展；继秦仍用青铜制作部分兵器之后，汉唐将士则全以钢铁兵器纵横沙场；秦及西汉的漆器已广泛地普及到社会上层人士生活中的诸多领域，并成为朝廷对外颁赐的重要物品；于陶瓷工艺领域，秦汉完善了建筑用陶的生产，并在官府建筑中普遍使用了建筑用陶，唐代则在汉代发明的低温釉陶的基础上，创造了唐三彩，并形成了南北两大系统的成熟的瓷业生产；在丝织品生产领域，至秦代几乎已能生产出所有中国传统的丝织品种，还发明了世界上最早的提花机，马王堆出土的西汉早期的丝绸衣服，显示出来的世界独领风骚的丝绸制作工艺，令人惊叹仰止。到了唐代，又将汉代的织、绣、印、染等丝绸制作工艺提升到了新的水平。除此之外，还有茶的种植和制茶工艺以及造纸技术的发明与发展，等等，均标志着手工业经济自秦、经西汉至唐代繁荣的发展情景。这些手工业制品成为沟通中西经济交流的“丝绸之路”上的璀璨夺目的珍品，成为吸引各国使者和商人来中国的动力，中国成为了当时世界经济交流的中心。

伴随着东周的社会变革，兴起了具有独立人格和自主思想的新士人阶层，春秋战国之际，出现了儒家、道家和墨家三个学派，至战国之时，形成以儒、法、道三家为主的百家争鸣的盛况，开创出中国人思想的新篇章。这为中国人以往的思想演进画了个句号，又为中国人自此而今的思想的传承、吸收、融合、创新提供了原典。这是中国人思想的轴心时代。至佛教的传入，中国仍是无宗教而有思想信仰或具有浓厚发达的意识形态的国家。秦始皇崇法，汉武帝尊儒，掌握国家政权与军权的最高统治者皇帝，虽握有钦定主导国家主流思想的权力，却未掌握创制和发展思想的权柄。中国人的思想是由思想家创制，并由思想家注释、解读而得以发展的。除如秦始皇实行焚书坑儒、以吏为师这样极端的思想专制的措施之外，历史上绝大多数皇朝的各派思想家，都能较自由地为其主张的思想成为国家的主流或主导思想，进行竞逐，即使对已成为国家主流或主导思想的解读，士人与士人之间，士人与臣子之间，臣子与臣子之间，乃至皇帝与臣子或士人之间，也存在着相当自由的讨论空间。这种情况，一直延续到帝国国家体制退出历史舞台之时。西汉晚期传入了佛教，东汉形成和发展出道教，从此，中国成为了有宗教信仰的国家。中国虽成为了有宗教信仰的国家，但包括唐代传入的宗教，除有的被某些民族笃信外，对于汉族来说，一是被社会上层溶解为思想学说，二是被社会下层化解于其敬天崇祖的多神信仰之中。溶解于社会上层的结果，是使中国的主流思想吸收了佛学，从而出现了以儒为主的儒、释、道意识信仰系统，儒、释、道成为了中国的文化传统。这里的儒，基本上是儒表法里的儒。中国何时发展出以儒为主的儒、释、道的文化传统？这个问题，还有待讨论，但我个人认为当不早过唐代，或许就是在唐代。至唐代，由于实行兼容的文化政策，吸纳了境外精神和物质的，以及介于精神、物质之间的文化，伊斯兰教、袄教、景教和摩尼教等，均已传入中国；同时，如李泽厚所言，佛教经历了许多变化后，成为具有鲜明特色的中国佛学禅宗，唐朝成为了世界文化交流与汇融的中心，从而将中国文化推进到了一个新的阶段。

秦始皇于中国历史上有两大最为显赫的功绩：一是统一中国；二是创立帝国国家政治体制以管理这个统一的中国。关于前者，就是他兼并了六国，修驰道、直道，形成以咸阳为中心、联结全国的快速交通网，并且统一了度量衡、货币及文字；关于后者，则是废封建，置郡县，建立以皇权为核心、由文武官僚辅佐的中央集权专制的帝国国家政治体制。毛泽东承袭传统认识，说“百代皆行秦政制”。他讲的“秦政制”，指的就是这个帝国国家政治体制。这个帝国国家政治体制，是由秦始皇创立的，直到孙中山领导的辛亥革命才将它推翻，代之以党国政治体制。汉承秦制，说来简单，其实不易，西汉前期，未能将秦建立的帝国国家政治体制直接继承下来，迂回曲折，搞了约80年的郡国双轨制，直到汉武帝时，秦推行的那套帝国国家政治体制才得以定型。并在这基础上，从制度上增添了两项内容：一是察举、征辟和考试等内容的选官制度；二是在少数民族地区设置属国都尉和持节领护。前者为贤能之士进入官僚体制辟出了渠道，激活了官僚体制的源头；后者使西周开始实行的一国多制成为定制，为将文化与社会结构不同的族群纳入统一国家管理拓宽了道路。唐代推行的科举制度和羁縻州制，完善了上述西汉实行的两项制度性措施，同时，较之秦汉实施的考核与纠察官吏的措施，唐代健全了官吏的铨选、考课、封爵、勋赏、监察和弹劾制度，为集权制度下的官僚体制的健康运转增添了活力，在唐太宗践行民本政治的推动下，出现了史称的“贞观之治”，使帝国国家政治体制的正能量发挥达到空前未见的极致。

这一帝国国家政治体制，较之西周推行的王国国家政治体制，展现出了历史的巨大进步，这种进步主要体现在如下三个方面：一是除皇帝为世袭传承之外，凡官僚均不能世袭，不论出身，凡贤能者均可通过察举或科举，进入官僚群体，参与管理国家，从而扩大了参与治理国家的人群；二是从中央到地方政权机构的设置及其运行机制，配以官吏的铨选、考课、监察及弹劾等制度，畅通了国家与社会、地方与中央的自上而下和从下而上的政治渠道，使国家和社会的联系更加广泛，结果是国家更贴近社会；三是推行的属国都尉、持节领护和羁縻州制，使一国多制成为定制，进一步完善了一国多制。这“一国多制”制度中的“多制”，为将不同文化与社会结构的族群纳入统一的国家管理开通了广阔的道路；这“一国多制”制度中的“一国”，为不同族群经济、文化的交流乃至融合与发展，提供了更为顺畅的条件。正是由于西汉使一国多制成为定制，唐代发展了一国多制，汉族为主体的中华民族和汉文化为主体的中华文化，才奠基于西汉，发展于唐代，并制约着往后的发展只能沿着汉唐形成的道路继续向前。寻根溯源，一国多制才是汉族为主体的中华民族和汉文化为主体的中华文化之所以成为中国的历史特色，沉淀为中国的基本国情的主要原因。有了这三个方面的进步，我国自秦汉起便能以皇权为核心，由文武官僚辅佐的中央集权专制的汉族为主体的多民族国家，屹立于世。正是这一帝国国家政治体制的形成与发展，才出现汉、唐的经济、文化的辉煌，使汉、唐处于当时世界先进地位，成为当时世界的强国。

说到这里，我想渭河流域在中国文化与文明形成与发展中的地位这一问题，和周、秦、西汉和唐在中国历史中的地位与价值的问题，以及周、秦、西汉和唐在其同时的世界人文环境中的地位与价值问题，或许是大致讲清楚了。从以上讲的可以知道：渭河流域孕育出来的半坡—西阴文化这支谱系的考古学文化，在当时中华大地上的诸谱系的考古学文化中，是一支强盛的考古学文化，是中华远古文化的主根；渭河流域发育出来的最初文明，是中华文明形成时期满天星斗中的一颗亮星；渭河流域诞生的周人建立的西周王国，革新了夏、商王国建立的政治体制，将王国文明推进到了一个新的发展阶段；渭河流域生长出来的秦人，使中国走出了王国文明，破天荒地创建了管理统一国家的帝国国家政治体制，建都长安的西汉和唐皇朝，推进了帝国国家政治体制的建设，自秦汉始，中国就以皇权为核心、由文武官僚辅佐的中央集权专制的汉族为主体的多民族国家屹立于世，成就出汉唐盛世，且在唐太宗践行民本政治的推动下，空前极致地发挥出帝国国家政治体制的正能量，使唐成为了当时世界的先进国家。西汉是与罗马并立的强国，唐则成为当时世界的经济与文化交流的中心，成为了当时世界的超强国家。西汉和唐为使汉族为主体的中华民族和汉文化为主体的中华文化成为中国的历史特色，沉淀成中国的基本国情，奠定了深厚根基，建成了基本框架。中国内陆存在着珠江、长江、黄河、西拉木伦河—辽河和松花江及黑龙江诸大水系，这些大河水系又由众多的支流构成。这些大河及其支流均为中华文化与文明的孕育、形成及发展作出了贡献。从上述可知，为中国或中华文化与文明的孕育、形成与发展作出最大、最重要贡献者，乃是渭河流域，可以说，渭河乃是中华文化与文明的第一母亲河。

先后载于《考古与文物》2014年第4期；《北方文物》2014年第3期；《中国国家博物馆馆刊》2014年第11期；《中国考古学会通讯——中国考古学会第十六次年会暨第六届会员代表大会·陕西》2014年

故宫博物院与考古学

李　季

内容提要：一座建立在昔日皇家宫殿建筑与宫廷文物旧藏基础之上的博物馆，为什么要在迎接90华诞时建立起考古学研究机构，它对所在博物馆的学术研究和事业发展究竟有何裨益？或者说，借助故宫这座特殊博物馆提供的平台，故宫博物院考古所对中国考古事业和学科又可能作出如何贡献？本文主要探讨3个问题：第一，一般博物馆与考古学的关系；第二，故宫博物院藏品的特点与考古学研究方法的运用；第三，故宫博物院考古研究的方向与规划。

关键词：故宫博物院　考古学　博物馆　文物藏品

2013年10月，故宫博物院成立研究院，下设考古研究所。历任院长张忠培、郑欣淼、单霁翔出席了成立仪式。这是故宫博物院成立近90年来，第一次内设考古研究机构。该所性质由其章程表述为：故宫考古研究所是故宫博物院建立的设在故宫研究院内的学术机构，以相关考古学领域研究为学术方向，具有国家批准的考古发掘资质和若干名具有考古发掘领队资格的人员，可以独立或者合作申报考古调查发掘项目。该所将坚持以课题为导向，以项目为核心，以规范为依循；逐步建成一所符合考古学研究规律和故宫博物院实际，有利于出成果、出人才，学术民主、体制开放、机制灵活、技术精湛、充满生机的新型科研机构。

一座建立在昔日皇家宫殿建筑与宫廷文物旧藏基础之上的博物馆，为什么要在迎接90华诞时建立起考古学研究机构，它对所在博物馆的学术研究和事业发展究竟有何裨益？或者说，借助故宫这座特殊博物馆提供的平台，故宫考古所对中国考古事业和学科又可能作出如何贡献？

循此思路，本文所欲探讨的问题如下：

作者：原故宫博物院常务副院长，研究馆员。

（1）一般博物馆与考古学的关系；

（2）故宫博物院藏品的特点与考古学研究方法的运用；

（3）故宫博物院考古研究的方向与规划。

一 博物馆与考古学

不只是中国的博物馆、考古学同本土上千百年来的收藏传统和金石学有着无法割断的渊源脉络，西方也是如此，欧洲的王室、教会也拥有悠久的博物收藏兴趣。本文所讨论的是现代意义的博物馆和考古学，并不涉及19世纪前的蒐藏与古物研究。

经历文艺复兴与启蒙运动洗礼的欧洲，是现代博物馆与考古学的发祥地，二者自从降世就亲如孪生，血缘密切。1807年，“保护与收藏丹麦古物皇家委员会”（Royal Commission for the Preservation of Antiquities）成立，尼厄鲁普（Rasmus Nyerup，又译作尼勒普，1759～1829年）担任秘书长，就在同一年，着手组建了哥本哈根的丹麦国家博物馆（当时名为哥本哈根北方古物博物馆，the Museum of Northern Antiquities in Copenhagen），随后的许多考古研究成果就是在对博物馆藏品的研究中产生的。1816年汤姆森（Christian J.Thomsen，1788～1865年）接任了这一职务，同时担任了刚刚成立的丹麦国家博物馆的馆长[1]。汤姆森对博物馆藏品陈列逻辑进行梳理，探索古代工具与武器材质的演进，并尝试把它们划分为石器、青铜器和铁器三组，假设各组代表了依次继承的三个时代。汤姆森1836年在《北方文物陈列指南》[2]（*Ledetraad til Nordisk Oldkyndighed*）一书所提出的三期说，把遗物放进社会历史的框架里进行了科学的解释。其后，三期说被他的学生沃尔森（Jens Jacob Asmussen Worsaae，1821～1885年）应用于欧洲等地田野考古的遗迹分期实践。汤姆森的三期说不仅是考古学形成的一个重要标志，同时也是博物馆藏品管理研究一个划时代的成就。博物馆的藏品经过科学的分类和整理后，开始具备以学术阐释为基础的系统，并且更容易被观众理解和记忆。1903年，瑞典考古学家蒙特留斯（Oscar Montelius，1843～1921年）利用对博物馆藏品的观察与研究，在《先史考古学方法论》[3]（*Die älteren kulturperioden im Orient und in Europa*）中提出了考古学系统的类型学，使这门新兴学科得以进一步完善自身的理论和方法体系。

---

1 Rowley-Conwy, Peter (2007). *From Genesis to Prehistory: The Archaeological Three Age System and its Contested Reception in Denmark, Britain, and Ireland.* Oxford Studies in the History of Archaeology. Oxford, New York: Oxford University Press.

2 该书手稿出版于1836年，1846年与之同名的博物馆指南出版，作者Julius Sorterup，汤姆森的一位助手。

3 *Die älteren kulturperioden im Orient und in Europa* (1903) .Stockholm, Selbstverlag des verfassers. In commission bei A. Asher & c:o, Berlin.

西方的主要博物馆从充实藏品、丰富陈列出发，多有独立的或与其他学术机构合作的考古活动，并由此奠定了其在世界学术界的地位。大英博物馆从19世纪起便组织和参与考古调查发掘，除了在英国本土的考古工地之外，还活跃在世界古代文明的中心埃及、希腊、罗马和两河流域。由于曾将在当地获取的重要文物运回伦敦入为馆藏的做法，至今仍备受声讨。在德皇威廉三世的资助下，柏林博物馆的埃及部门负责人列普修斯（Karl Richard Lepsius，1810 ～ 1884年）于1842 ～ 1846年间，在埃及王陵谷地主持了许多重要的考古发掘工作。

1863年，埃及国家博物馆由法国考古学家马里埃特（Auguste Mariette，1821 ～ 1881年）创建，其主要目的是防止埃及考古发掘文物的流失。马里埃特还担任过法国卢浮宫博物馆的副馆长。

2013年执掌法国卢浮宫博物馆的新任馆长马尔迪内（Jean-Luc Martinez）同样是一位考古学家，主要研究古代希腊文明，曾经参加过雅典法兰西学院在提洛斯岛和德尔菲的考古发掘。

这些西方博物馆开展的考古活动，不仅满足了博物馆对开拓藏品来源需求，通过对已经获得的藏品的权威阐释，显著提升了自身的社会影响和学术地位，同时还收获了相对稳定的，来自王室、政府、社会团体的支持和财务捐助。随着时代变迁，各文明古国对本土文化遗产管理的强度显著提升，控制出土文物和标本出境的规定愈发严格。尽管今日西方的一些博物馆依旧保持了考古机构的设置，但多以学术研究为主，获取藏品的职能已经逐渐式微。

真正意义上的中国现代博物馆的诞生，大体以1905年张謇创办的南通博物苑、1912年在北京国子监成立的国立历史博物馆筹备处、1914年成立的古物陈列所和1925年成立的故宫博物院为主要脉络，文物藏品主要以来自宫廷与民间的传世收藏为主。而中国现代意义上的考古学，若以田野考古发掘科学方法的建立来衡量，其诞生应该是受到来自地质学等自然学科的影响，从时任农商部矿政司顾问的瑞典学者安特生（Johan Gunnar Andersson，1874 ～ 1960年）1921年在河南渑池仰韶村的发掘，中国学者李济1926年在山西夏县西阴村的发掘，到1928年成立的中央研究院历史语言研究所考古组在河南安阳殷墟开始的发掘，代表了当时考古发掘的最高水平和最强实力。

但是一些地方博物馆也进行过自己的考古活动，主要是对已暴露的古代遗址墓葬的清理。例如，北京国立历史博物馆1921年对河北巨鹿宋城遗址、1924年对河南信阳一批汉墓、1926年对湖北枝江古墓群的考古工作，前二者皆发表了发掘纪略[1]。浙江省立西湖博物馆的施昕更1936年发现了浙江余杭良渚文化遗址并进行了考古发掘。成立较早的河南、山西、四川等省立博物馆也都参加过一些本省内的考古发掘和清理。

1　李守义：《民国时期国立历史博物馆藏品概述》，《中国国家博物馆馆刊》2012年第3期。

1933年，在中央研究院院长蔡元培倡议下，教育部指导成立了国立中央博物院筹备处。中央研究院历史语言研究所所长傅斯年兼任筹备处主任，1934年由李济继任筹备处主任，郭宝钧为总干事。他们既参加了博物馆筹建，也参加了中央研究院历史语言研究所的考古发掘活动，如四川彭山汉代崖墓等。博物馆与考古两方面的工作既有区分也有重叠，在当时就被认为难以完全划分界限[1]。

1949年以后，考古工作与博物馆的天下大势也是有分有合、分分合合。例如有在科学院系统的（后来又拆分出社会科学院）——1950年成立的中国科学院的考古研究所和古脊椎动物与古人类研究所是中央政府建立的专业考古机构。后来成立的陕西、新疆等考古所也一度归属科学院（社科院）系统。地下文物资源较多的地方，如北京、河南、河北、山西等省市的考古工作，则在当地政府文物管理委员会体制之下，多被称为文物工作队。在一些主要博物馆，如中国历史博物馆、南京博物院、上海博物馆等机构内设立了考古部门，并一直延续发展至今。

1925年故宫博物院成立后，来自北京大学等机构的学者参与了学术研究的架构创建。后来成为院长的马衡先生虽然是金石学家，但对考古活动一直兴趣盎然，1930年，他主持了河北易县燕下都的考古发掘，傅振伦先生也参加了工作[2]。

1949年后，因为当时还没有综合类的国家博物馆，中央政府的文物管理机构经常把各地一些考古发掘或民间征集所获的出土文物拨交故宫博物院收藏。随着北京大学等考古专业师生与各地考古部门同故宫博物院的交流往来越来越密切，借助考古学方法研究文物藏品的探索也逐渐兴起。多年来，故宫博物院依靠雄厚的文物保护、修复技术和古代文物藏品的研究实力，一直与各地考古机构开展合作，并取得了可观成果。

1950年国立中央博物院更名为国立南京博物院后，考古学家曾昭燏副院长（1956年任院长）曾兼任华东文物工作队队长，主持了南唐二陵等一系列重大考古调查发掘项目。1958年后，上海博物馆组建了考古部，在福泉山、广富林等遗址墓地的发掘研究成果卓著，与其在博物馆建设方面的建树相映生辉。北京国立历史博物馆几经变迁，在1959年建立中国历史博物馆（2003年并入中国国家博物馆）后，其考古部在山西、河南、江苏等地进行的合作考古发掘项目都取得重大收获，特别是承接了国家水下考古和航空遥感考古的创建任务，更成为我国考古史上的重要历程节点。

1980年代以后，随着我国经济社会的发展，大规模基本建设兴起，建设工程中考古任务日趋繁重。在国家文物主管部门的倡导、支持下，一些省市陆续把考古职能从博物馆机构中分离出来，单独成立了考古机构。

综上，可以看出中国的博物馆与考古的特殊关系：

1　南京博物院编：《南京博物院八十年院史》，2013年。

2　沈颂金：《传统金石学向近代考古学的转变——以马衡为中心的考察》，《学习与探索》2000年4期；傅振伦：《燕下都考古系年要录（1921—1987）》，《文物春秋》1990年第10期。

（1）中国悠久、连绵的历史文化决定了各地综合类博物馆中历史陈列的主角地位。从国家博物馆的“中国通史陈列”“古代中国”陈列，到各地的文明史、地方史陈列，以考古成果建立的时空框架和出土文物都是不可替代的支撑。一些艺术类、专题类博物馆，无论陶瓷、纺织品、茶叶、钱币，还是科技史、体育史、戏曲史……虽然不曾直接参与考古发掘，但凡是藏品涉及古代文物，其资料整理、研究方法甚至藏品来源都离不开考古发掘及其研究成果。

（2）几十年来，全国各地不断涌现的重大考古新发现，提供了大量具有极高科学、历史、艺术、文化价值的精彩展品，它们已然成为各大博物馆新的镇馆之宝和明星陈列，囊括这些藏品的展览构思，也打造出一批最受欢迎的出国（境）文物展览选题。

（3）考古机构是内设于博物馆里还是另行设立，有涉于该区域的博物馆和考古工作的历史沿革，博物馆与考古所本身学术研究与事业发展定位、规模容量，人才的结构、储备与配置，以及当地文物保护研究事业发展的规划思路等因素，但是博物馆与考古的特殊关系，始终是无法忽视的客观存在。

（4）文物、考古、博物馆，近年又加上文化遗产，这些概念在中国特有的历史背景和社会语境下既相互区别，又紧密联系而界限模糊，难于截然区分。从名称上看，有称为《文物保护法》的法律条文，有称为文物局的行政机关，管辖范围既包括考古、博物馆，又包括可移动文物、不可移动文物和文化遗产。政府设立的事业单位，既有博物馆（院），也有考古所（院），还有些沿用了文物研究所、文物考古研究所、文物工作队等名称。鉴于我国考古与博物馆机构间无所不至的交互渗透、滋养与支撑关系，这个系统只好使用一个拼接而成的新词“文博”来称谓，如文博事业、文博学院、文博图书、文博职称系列等。业内专业刊物名称和范围也是在考古、文物、博物馆、文博、文化遗产等概念的分合取舍之间，寻找自身的主流定位和存在特征。

（5）在博物馆的专业人员和管理部门中，由于国家和地方早年举办过多期文物考古干部培训班，高校中的考古专业又都相对较早成立，在近年高校兴办博物馆专业、文物保护专业之前，具有考古专业背景的从业人员在业务骨干和管理层中一直是大宗。改革开放以来，一批考古专家走上各地博物馆、考古所、文物行政机关领导岗位。1980 年代后期，考古学家张忠培先生出任故宫博物院院长，俞伟超先生出任中国历史博物馆馆长。二位先生当年引进的一批考古专业毕业生，今日大都成为博物馆内各学科领域的学术带头人。张忠培先生在故宫博物院工作近 30 年，始终在中国考古的前沿耕耘不辍，传道授业，影响深远[1]。例如在他主持和倡导下，《中国陶鬲谱系研究》一书已经由故宫出版社作为故宫考古所学术著作甲种第一号出版[2]。

1 张忠培：《中国古代文明形成的考古学研究》，《故宫博物院院刊》2000 年第 4 期；赵宾福：《学术张忠培——考古人生八十年》，《中国文物报》2014 年 10 月 21 日。

2 杨晶主编：《中国陶鬲谱系研究》，故宫出版社，2014 年。

二 故宫博物院文物藏品的考古学研究

故宫博物院作为博物馆，其馆舍在中国的博物馆里是很特殊的，馆址所在的明清两代皇宫紫禁城建筑，本身也可以视为其最宏大的典藏。

故宫博物院藏品数量180余万件，约85%为清宫旧藏。在非旧藏中，有些是通过捐赠、征集得以入藏的出土文物，有些是政府拨交的考古发掘品，其中甚至有河南白沙宋墓考古发掘后拆迁转移的一整座墓的墓砖。在这些早年的发掘品中，少数有明确的出土地点甚至有纪年，发表了资料，是难得的研究标尺。但很多一直没有整理发表，其学术价值也因此大打折扣，存在着沦为传世文物的危险。

对于以清宫旧藏为主的、数量巨大的、非田野科学考古发掘所得的藏品，用已有的田野科学考古发掘的成果来重新检视研究，有的还得依赖新的考古调查与发掘成果，是故宫文物藏品研究的一条重要途径。其中对古陶瓷的研究，就是比较成功的范例。

故宫拥有32万余件清宫旧藏陶瓷器，加上3万多件由捐赠、收购所得精品进行补充，在数量、质量、体系上，世间难出其右。此外，故宫还曾入藏1949年以后考古发掘出土的若干陶瓷精品，如河北景县封氏墓群出土的北魏青瓷莲花尊、河南濮阳李云墓出土的北齐武平八年（577年）白釉绿彩四系罐、南京汪兴祖墓出土的洪武四年（1371年）哥窑盘等。但故宫陶瓷藏品的主体，毕竟是明清宫廷旧藏，最多的还是清代景德镇御窑厂烧造的产品。从宋元明清到民国，历代对古陶瓷的收藏研究颇有历史传承，其途径，或著书立说，或口耳相传。故宫博物院延聘的孙瀛洲、耿宝昌等古陶瓷鉴定研究名家，就是当代承袭这一丰厚文化传统的佼佼者。他们熟知历代陶瓷的器形、纹饰、款识、材质和工艺技术，有机会对海量的官民收藏密切接触并上手观察揣摩，再加以悉心查阅朝野著录，乃至亲自尝试各种仿烧技艺，解析、反推当年采用的材料和方法，从而丰富、发展了实物目鉴与文献研究相结合的学术研究体系。对大量实物进行归类排比、寻求规律的同时，参照考古发现的新资料，探索出了宋元明清瓷器断代鉴定新的方法，从1950年代开始，孙瀛洲先生先后发表了数十篇鉴定、研究文章[1]，代表了一个时代的最高水平。1980年代以后，耿宝昌先生则出版了《明清瓷器鉴定》[2]一书，至今仍是瓷器鉴定的经典之作与从业必备教材。

同时，故宫博物院的陈万里、冯先铭、李辉柄等先生则借助全国各地窑址调查，采集标本，确定窑口，校阅文献和其他考古发掘资料，特别是有纪年古墓葬出土瓷器，建立窑口与年代标准器系列，开创了一条严谨、系统的科学考古研究之路。

---

1 孙瀛洲先生发表的文章可参阅故宫博物院编《孙瀛洲的陶瓷世界》，紫禁城出版社，2003年。

2 耿宝昌：《明清瓷器鉴定》，香港两木出版社、紫禁城出版社，1993年。该书的上下两册本曾于1985年由中国文物商店印刷发行，作为20世纪80年代国家文物局扬州培训班的教材使用。

陈万里先生从1928年开始就“八去龙泉、七访绍兴”，对浙江的古窑址进行过现场勘查，为中国古代瓷器研究进入田野与窑址之始。根据调查所得资料，陈先生出版了《瓷器与浙江》、《中国青瓷史略》，标志着中国古代瓷器研究进入了一个新的时代。从1950年代起，在陈万里先生的指导下，冯先铭、叶喆民、李辉柄等故宫学者确定了以文献为主线查找窑址所在并到实地求证，进而与传世藏品对比的研究方法，先后对全国17个省、自治区、直辖市的150多处古瓷窑口进行考古调查，陆续发表了10篇窑址调查报告[1]，成为20世纪80年代以前中国古代陶瓷窑址研究的主流。所采集的3万余片瓷片标本，出版了系列本《中国古代窑址标本》集[2]，时代上起东汉，直至明清，以唐宋金元为大观。特别是其中相当一部分窑口早已荡然无存，其资料弥足珍贵。在对窑址把握的基础上，参照大量考古新资料，冯先铭先生主编出版了《中国陶瓷史》[3]和《中国陶瓷》[4]，后者是国家文物局主持编撰的教材之一。同时，还派李知宴等人参加了浙江龙泉东区窑址的考古发掘工作。耿宝昌先生多年来也一直参与对古窑址发掘现场的指导，包括对水下考古所获的瓷器的鉴定研究。尤其是感于外国人盗捞中国领海内的沉船所载瓷器，冯、耿二位先生的努力在我国水下考古学科的创建中具有一定的推动作用。故宫博物院2005年在延禧宫举办的“中国古代窑址标本展览”，可以说是对多年来陶瓷考古调查的系统总结与展示[5]。

更直接的考古研究是参与古窑址科学考古发掘。故宫研究员王光尧因为是考古专业毕业，具有田野考古发掘领队资格，参与了多次与当地考古所合作的古窑址发掘工作，如景德镇明清御窑遗址[6]、景德镇丽阳乡元明瓷窑遗址[7]、景德镇观音阁窑址和浙江省德清县火烧山原始青瓷窑址[8]等。这样，不仅使故宫博物院的古陶瓷研究能够保持对一线最新资料的跟踪[9]，以及加强了对考古学术动态的了解，也促使故宫博物院的研究人员

1　参阅《陈万里陶瓷考古文集》，紫禁城出版社，1997年。单独的调查报告主要发表在《文物》上。

2　故宫博物院编：《中国古代窑址标本（河南卷上、下）》（2005年、2013年）、《中国古代窑址标本（河北卷）》（2011、2013年）、《中国古代窑址标本（山西、甘肃、内蒙古卷）》（2013年）、《中国古代窑址标本（北京、山东、陕西、宁夏、辽宁卷）》（2013年），紫禁城出版社。

3　冯先铭主编：《中国陶瓷史》，文物出版社，1985年。

4　冯先铭主编：《中国陶瓷》，上海古籍出版社，1988年。

5　冯小琦：《中国古代窑址标本展览（1）》，《收藏家》2005年第8期，（2）2005年第12期，（3）2006年第1期。

6　北京大学考古文博学院等：《江西景德镇明清御窑遗址发掘简报》，《文物》2007年第5期。

7　故宫博物院等：《江西景德镇丽阳碓臼山元代窑址发掘简报》、《江西景德镇丽阳瓷器山明代窑址发掘简报》，《文物》2007年第3期。

8　浙江省文物考古研究所等：《德清火烧山原始青瓷窑址发掘报告》，文物出版社，2008年。

9　王光尧：《再论御器厂的建立时间——明代御窑遗址的考古学分期》，《南方文物》，2011年第4期。

开始思考古陶瓷考古的局限性与方法论的建设[1]。

故宫博物院的古陶瓷检测研究中心，通过对各地窑址考古出土瓷片和院藏同类瓷器的检测对比分析，建立和丰富着中国古代陶瓷数据库。尤其是对宋代官窑和明清御窑瓷器的化验分析，与窑址出土标本进行对比研究方面，故宫的陶瓷科技研究有着先天的优势，并取得了丰硕的成果，得以成为国家文物局的古陶瓷检测研究基地[2]。可以说，故宫博物院的古陶瓷研究，由于一直注重传统经验积累与现代考古发掘的结合，得以稳立于学术研究的最前沿。

再例如，故宫博物院收藏玉器3万余件，主要源自清宫收藏的历代古玉和明清宫廷制作、日常观赏使用的玉器。其中有些是起初无法被准确辨识的早期玉器，凭借近年的考古发掘成果已经可以确认分别属于红山文化、良渚文化等。甚至还发现有的良渚文化玉琮被清宫造办处加工改造，镌刻了乾隆题诗。故宫藏品中也有少量考古发掘品，如安徽长丰县战国墓出土玉器的精品。后来入藏的100余件安徽含山县凌家滩出土的玉石器，因为是经过正规考古发掘的出土文物，其学术价值自不待言。故宫博物院的杨伯达先生在玉器研究的著作中除文献考据外，还引征了大量考古发掘资料[3]。杨晶研究馆员也由于具有考古专业背景和考古发掘领队资格而一直从事考古学文化领域的研究，所以无论对于藏品中的玉器还是梳篦等古代饰品的研究，在运用考古类型学方法排比，运用发掘资料中考古层位学判断年代关系，运用考古学文化谱系理论辨识不同脉络的传承交流关系，都能够得心应手，得以在前人成就中另辟蹊径[4]。在张忠培先生倡导下，故宫博物院2011年底与良渚博物院共同举办的“玉魂国魄——凌家滩玉器精品展”，则反映了对新石器时代玉器进行考古学研究的新成果[5]。

故宫博物院器物类藏品中与考古密切相关的还有很多，除大家熟知的青铜器，雕塑类中也有不少出土文物精品，如陶俑4000余件，自战国至明清几无间断，涉及的地域、题材广泛。如1951年出土的河南辉县百泉东汉墓地动物俑、1955年出土的西安东郊韩森寨唐天宝四年（745年）雷府君宋氏墓陶俑群、1950年出土的江苏江宁祖堂山南唐升元七年（943年）李昪钦陵墓陶俑等。河北曲阳修德寺遗址石造像群一

1　王光尧：《关于陶瓷考古的几个问题》，《南方文物》，2008年第1期；《对中国古代输出瓷器的一些认识》，《故宫博物院院刊》2011年第3期。

2　李合、徐巍、李卫东、梁国立、苗建民：《EDXRF对故宫博物院藏宋代官窑瓷器的无损分析》，《故宫博物院院刊》2010年第5期；李合、丁银忠等：《杭州南宋遗址出土官窑类瓷片的科技研究》，《南方文物》2013年第2期。

3　杨伯达：《中国玉器全集》，河北美术出版社，2005年。

4　杨晶：《一件刻纹玉器的辨识》，《故宫博物院院刊》2004年第5期。《中华梳篦六千年》，紫禁城出版社，2007年。

5　杨晶、蒋卫东：《玉魂国魄——中国古代玉器与传统文化学术讨论会文集（五）》，浙江古籍出版社，2012年。

整批藏品更是一直作为考古专题研究对象[1]。藏品中铭刻类的有刻石，包括石鼓、经幢、画像石（砖）、黄肠石、井栏、石棺、墓志、玺印、封泥等。另外还有出土的战国及汉代漆器、玻璃器。可以说，若利用故宫所藏历代考古文物策划一个中国古代工艺品专题展览，想必会是很精彩的。故宫博物院从唐兰先生等前辈[2]到现在的学者杜廼松、刘雨、王素诸先生对于院藏相关文物的研究，也都是充分利用已有考古成果的范例，不再一一赘述[3]。

至于利用考古成果对古代绘画藏品中建筑、家具、器物、服饰等的断代和分析研究，故宫学人也不乏范例。例如余辉研究馆员多年来致力于书画鉴定与研究，特别是利用民族学、文献学、考古学的研究成果尝试建立一套鉴定早期绘画的基本方法并使之理论化，用逻辑推理的手段解析古画中的图像，探知画史真相，在业内一直受到较高评价。傅东光研究馆员也作过这方面的研究探索[4]。2011 年，在故宫博物院以古代书画藏品为主轴策划的“兰亭大展”中，为使观众领略王羲之《兰亭序》中“永和九年”的时代感，特别是对“曲水流觞”中的“觞”有形象、直观的认识，故宫博物院策展人特地借展 1997 年江西南昌火车站东晋墓葬群考古发掘中 M3（雷陔墓）所出土的两件漆耳杯（羽觞），发掘简报显示，在该墓随葬的一件木方上见有“永和八年七月……”墨书纪年[5]。

宗教类，特别是涉及藏传佛教的建筑和藏品，在故宫文物研究中占有重要地位。罗文华等故宫学者多年来与四川、青海、西藏、甘肃等地考古机构合作，对当地的寺庙、壁画、唐卡、摩崖、造像、古道等，采用当前标准的田野考古操作规程和设备进行调查与记录，使宗教文物研究提高到新的水平。此外，在考古调查中还发现，大、小金川的实地场景与故宫博物院藏宫廷绘画《平定两金川战图》册相比对，不仅山形水系高度吻合，并有出土遗物、地方史志相佐证，有助于判断金川战役的进军路线。2013 年，故宫博物院与四川省文物考古院合作的“四川石渠吐蕃时代石刻考古调查”项目，发现 3 处早期吐蕃石刻群遗存，总计石刻 18 幅，填补了青藏高原东部唐蕃古道走向重要环节的资料空白，为研究吐蕃时期佛教史、佛教艺术史、唐和吐蕃关系史、青藏高原早期佛教本土化造像的讨论提供了珍贵资料，被列入当

1 杨伯达：《曲阳修德寺出土纪年造像的艺术风格与特征》，《故宫博物院院刊》1960 年第 6 期。

2 李刚：《唐兰的青铜器及铭文研究》，吉林大学博士论文，2010 年。

3 杜廼松：《古代青铜器》，文物出版社，2005 年；刘雨、卢岩：《近出殷周金文集录》，中华书局，2002 年；王素：《汉唐历史与出土文献》，紫禁城出版社，2011 年。

4 余辉：《〈韩熙载夜宴图〉卷年代考——兼探早期人物画的鉴定方法》，《故宫博物院院刊》1993 年第 4 期；傅东光：《考古学方法、考古出土品与古书画鉴定方法论》，《湖南科技学院学报》2008 年第 9 期。

5 江西省文物考古研究所、南昌市博物馆：《南昌火车站东晋墓葬群发掘简报》，《文物》2001 年第 2 期；故宫博物院：《兰亭展事纪实》，故宫出版社，2012 年。

年全国考古十大发现[1]。

再回到故宫博物院最大的典藏紫禁城本身。古建筑研究既是建筑学的一部分，也是考古学的一部分。一般所说的狭义建筑考古学，主要是针对那些地面建筑已不存的地下建筑基础和出土建筑构件的发掘与研究等。紫禁城是世界上规模最大、保存最完整的古代木构建筑群，学者们自然对地上的紫禁城建筑研究着力最多。但是紫禁城建成近600年来，虽然基本格局没有改变，内部各种宫殿、房屋、院落、围墙、道路、给水排水系统等的局部的废弃、重建、改建、迁移等从未停止。故宫博物院的古建筑专家长期关注这个问题，结合紫禁城内的工程动土，对揭露的房屋基础和设施及时按照建筑与考古的要求测绘、拍照，留取了宝贵的资料并进行了相关研究[2]。近年来，故宫博物院因为要在紫禁城内西河沿区域修建文物保护中心，按规定程序报请事先进行考古发掘。由北京市文物研究所进行的这次发掘是紫禁城内第一次按照现代田野考古要求正式布置探方，结果表明这一区域没有重要建筑遗迹，曾经有过的辅助功能的建筑在清道光时期已经塌毁。个别水井、下水道等保存尚好的遗存，将在建设时进行相关规划，利于长期保护与日后展示[3]。

三 故宫考古所的学术方向

在讨论了博物馆与考古学密不可分，对故宫文物藏品研究中考古学手段是不可或缺的途径后，接下来的问题就是故宫博物院考古机构的学术方向是什么。

近年来，我国的考古事业的发展举世瞩目，据国家文物局网站公布，截止2014年7月，全国具有田野考古发掘资质的考古机构有73家，仅在京的就有8家。故宫博物院考古所作为老院新所、大院小所，如何发挥优势，突出特色，准确定位问题首当其冲。

故宫博物院考古所的学术宗旨可概括为：在研究中国古代文明形成与发展的特点的宏观课题下，致力于与皇权、宫廷相关遗存的考古学研究，包括古陶瓷、青铜器、玉器、宫廷建筑、美术、宗教文物等已经具有一定优势的课题研究。同时，探索在研究院模式下的机制创新，充分利用院内多部门多学科协作、与海内外诸多学术机构交流合作的平台优势，以及与高校协同培养人才的优势。

---

1 《四川石渠县松格嘛呢石经城调查简报》，《文物》2005年第2期；《四川甘孜地区民族与考古综合考察综述》，《故宫学刊》2005年第二辑；《甘肃永登连城鲁土司属寺考察报告》，《故宫博物院院刊》2010年第1期；罗文华、故宫博物院、四川省文物考古研究院：《木雅地区明代藏传佛教经堂碉壁画》，故宫出版社，2012年；《四川石渠县新发现吐蕃石刻群调查简报》，《四川文物》2013年第6期。

2 白丽娟、王景福：《故宫建筑基础的调查研究》，《紫禁城建筑研究与保护——故宫博物院建院70周年回顾》，紫禁城出版社，1995年。

3 北京市文物研究所：《故宫西河沿遗址》，《北京皇家建筑遗址发掘报告》，科学出版社，2009年。

（一）紫禁城考古

关于中国考古学研究对象的年代下限，在各大学考古专业的课程设置中，过去多从旧石器时代考古一直到宋辽金元考古。现在也有延伸一些的，把宋元明考古作为压轴。但是在紫禁城，至少有必要延伸到清末民初。始建于明永乐十八年（1420年）的紫禁城，近600年间，在72万平方米的范围内，虽然基本格局没有改变，但局部的动态变化从来没有停止过。而很多变迁沿革，特别是地下基础、给水排水等系统的详细状况，由于传统文献资料并不注重且不能精确记载，都是研究者、保护者未曾掌握的。另一方面，作为维护世界遗产的日常工作，在最小干预原则下，在紫禁城内给水、排水、供电、供暖、安防等基础设施的维修、抢险、改造工程中，破土施工每年都是不可避免的。依法且可行的做法是：由专业考古机构全程监测、勘察，实施必要的考古发掘，其结论经专家论证后提出保护意见报批，或将遗址原址保存而工程改道施工，或记录资料后允许继续施工。

仅在故宫博物院考古所刚刚成立的2013年，紫禁城内就报批获准了3个配合工程考古发掘项目。所发现的重要遗迹包括：①东城墙墙基，墙内散水、排水系统，以及墙下土、砖相叠的夯土基础。②南大库库房外原始铺砖地面、瓷片堆积坑，以及出土重要遗物的灰坑。③慈宁花园东排水系统、铺砖地面，早期的大型建筑基址，以及基址以下土、砖相叠的夯土基础和衬石枋承托的砖砌基础。其中，南大库遗址出土了大量地层、年代明确的御窑瓷器、玉石器、骨蚌器以及玉石、水晶原料、嘎巴拉碗残片等。在科学发掘与全面记录的基础上，通过对遗址中各类建筑材料的采样、检测，为研究紫禁城建筑群的分期、各时期的建筑布局、建筑工艺传承与制度沿革提供了一手的科学材料；通过对出土文物的初步整理与科技检测，为研究清宫内务府手工业生产情况以及御用瓷器管理制度，提供了重要的实物资料。嘎巴拉碗的发现，不仅在藏传佛教考古研究中具有重要的意义，也为研究宫廷宗教和法器的管理提供了重要的资料[1]。

像慈宁花园以东这类保存比较完整的明代宫殿基址，正在考虑今后的保护与展示方案。就如同大家熟悉的法国卢浮宫，在17世纪路易十四开始大规模兴建的宫殿之下层，观众可以参观经过考古保留的始建于1204年的菲利普·奥古斯特二世城堡遗址。

把紫禁城考古作为大型综合课题，以北京古代都城的城市考古作为宏观背景的参照系统，在逐年院内工程建设中的考古发掘基础上，探索如何建立相应的工作程序、科研路径和保护方案。通过对个别地点发掘、记录、研究的积累，逐步拼缀、完善紫禁城地下文化遗存分布地图，进而解读其格局、结构和关联，为重构紫禁城建筑历史提供不可替代的第一手资料。

---

1 《紫禁城内的考古发现——故宫明清建筑遗址2014年的发掘收获》，《中国文物报》2015年1月9日。

（二）相关皇家遗存考古

紫禁城作为明清两代皇宫并不是孤立存在的，作为当时的政治中心、文化中心，必然辐射到全国很多重要城市。例如大型宫廷建筑遗址，除了京城著名的圆明园等遗址，还有各地的皇家行宫、苑囿、陵寝、作坊等。针对上述建筑遗存不乏大量相关的研究课题和足以互证、互补的资料。又如，紫禁城作为曾经垄断性的官窑瓷器使用者，和景德镇陶瓷研究所合作的明清官窑御窑遗址的考古发掘与研究项目，实质是从官式手工业的生产端到使用端的联系，故其在学术研究中互相启迪、互相阐释的例证更比比皆是。再如，故宫博物院与湖北省考古研究所在丹江口市合作发掘的琉璃窑址，是明永乐年间与北京紫禁城几乎同时营建的皇家武当山道观工程的一部分，对紫禁城始建时期琉璃构件烧造的研究具有很高的参考价值。

（三）与各省份区域合作考古

明清紫禁城代表着中国古代农业和手工业文明发展的最后辉煌，只有寻根溯源，才能真正厘清脉络，理顺传承，解析交流与变革。故宫考古所在自身能力所及和传承工作渊源的基础上，不断参与各地处于中国文明发展不同时段的考古调查与发掘项目。例如，王睿研究馆员参与过与河南省文物考古研究院合作开展的在淇河下游地区考古调查和鹤壁大赉店遗址、王庄墓地的考古发掘，有助于了解从新石器时代晚期到夏商时期这一中国古代文明形成关键时期的一处区域样本。今后还可能向河北省拓展这一课题。徐海峰研究馆员过去在太行山东麓做过长期、大量的田野考古调查、发掘和资料整理，有着良好的工作基础。继续参与完成过去同山东省文物考古研究所、国家博物馆等在胶东秦汉祭祀遗址合作考古调查、发掘、资料整理与出版工作，有助于对中国秦汉直到明清的古代皇家祭祀体制复杂沿袭变革过程的解读[1]。故宫博物院考古所和其他一些省份考古机构的合作也一直在探讨中，包括京畿、黄淮、江淮、内蒙古长城地带以及川、藏、甘、青等方向。即使从故宫考古所自身田野工作队伍成长，特别是从对年轻成员的调查、发掘能力培养，以及保持与不断提高业务素质的角度考虑，适当参与各地不同时代、不同类型遗址的考古合作也是必要的。

1　王睿:《周汉时期“八主”祭祀及历史影响》,《纪念国博百年考古文集》, 科学出版社, 2012 年;徐海峰:《河北商周考古历程》,《文物春秋》2000 年第 12 期。

（四）对外交流合作

文化的传播与交流也是中国古代文明研究不可或缺的方面。在当前广受关注的汉唐时期经由西域的丝绸之路，和宋元明时期兴盛的海上丝绸之路之间，故宫博物院陶瓷考古的特长在后者有更大发挥的可能。故宫有外销瓷研究、进口制瓷原材料研究等的长期积累。在20世纪前半期，韩槐准先生已致力收集海外所见中国瓷器，1950年代韩先生回国入职故宫博物院后，成为海内外研究中国古代外销瓷器的代表人物，并出版了《遗留南洋之中国外销瓷器》[1]。2013年，王光尧等参加的印度西南沿海克拉拉邦奎隆古港遗址和帕特南遗址的考古发掘，出土大量的中国铜钱和瓷片，以及发现中国文化在当地的影响痕迹，都提供了海上丝绸之路的重要研究线索。今后，在“一带一路”国家战略的大背景下，东南亚、南亚乃至中东、东非地区，都可以考虑纳入对外交流合作考古的视野。

（五）故宫博物院文物藏品的考古学研究

继续运用考古学理论、方法和成果对故宫博物院文物藏品进行整理研究也是故宫考古的重点方向。在考古所涉及的古陶瓷、青铜器、玉器、建筑、美术、宗教文物等领域，故宫博物院都不乏专家、藏品、文献资料、学术积累和学术梯队。求精不求多，做细不贪大，故宫考古所将继续选择合适的课题作为突破口，立足长远，循序渐进。

（六）多学科协作研究

故宫考古发展的另一优势，是依托故宫博物院内诸多不同专业雄厚、成熟的力量和资源，尽可能应用各种先进且适用的学术与技术成果。在院内，古建筑、古文献、文物科技保护、修复、检测、拓印、影像拍摄制作乃至信息技术、虚拟现实技术等，各部门都学有所长、术有专攻、成果迭出、人才济济。在院外，一直有规划、建筑、工程、地质、林业、遥感、勘测、地震和北京史地等专业机构参与故宫考古项目合作，未来相信会有海内外更多研究机构和更多领域的专家学者加盟。

总之，由故宫博物院建立的考古学机构和事业，一定是一个开放的平台，创新的平台，会努力探索在博物馆建制中考古发展研究的路径和机制。反过来，故宫考古所取得的成果，也会通过故宫博物院的陈列展览、讲坛讲座、学术研讨会、出版物、多媒体、网络、电讯以及观众教育活动等形式，得到更广泛、更精彩地阐释与传播，让

1　韩槐准：《遗留南洋之中国外销瓷器》，新加坡青年书局，1960年。

更多的人参与和分享。期待再过10年，当故宫博物院建院100周年时，随着故宫博物院年轻一代考古人的成长，故宫考古会呈现出更强更高的生机、活力与价值。

附记：本文撰写中，得到本院、本所各位先生和同仁的指导帮助，吸纳了有关修改补充意见，在此一并感谢。

原载《故宫博物院院刊》2015年第5期

关于王都以外商王的常居地

韦心滢

内容提要：殷墟卜辞中可见商王在𦎫和上𨛜两地，有长时间停留的记录。本文透过对王在𦎫和王在上𨛜卜辞的排谱，观察商王在此类王都外常居地停驻的原因，以及𦎫和上𨛜可能所在的地理位置。

关键词：𦎫　上𨛜　王都外　常居地

殷墟卜辞中发现有一些地点是王经常停留的地方，并且会在这些地点驻歇一段时间，与其他“王逖”某地，为短暂停留一日至数日的例子不同。这些卜辞似乎提供了商王不常在王都的例证，并且指示了一些从政治地理角度看王都以外的重要地点。以下便通过王在𦎫、𨛜两地的卜辞，探讨商王在此类王都外常居之处常驻的原因，以及这些城邑可能所在的地理位置。

一　𦎫

从宾组卜辞可知，武丁经常停留在𦎫地，最明显的一个例子是有逾二旬的时间在𦎫，如：

(1) 癸卯卜，争贞，旬亡𡆥。甲辰……大戛（骤）凤（风），之夕㞢乙巳，……𡍩[羌]五人。五月。才（在）[𦎫]。

（《合集》137 正 +《合集》7990+《合集》16890[1]，宾组一 B 类[2]）

作者：故宫学研究所，副研究馆员。

1　肖良琼：《卜辞文例与卜辞的整理和研究》，《甲骨文与殷商史》第二辑，第 39 ～ 40 页，上海古籍出版社，1986 年。

2　本文的甲骨刻辞分类及所属时期是依据李学勤、彭裕商先生的分组分类法，以下不再赘述出注。李学勤、彭裕商：《殷墟甲骨分期研究》，上海古籍出版社，1996 年。

(2) ……大㝵（骤）凤（风）……□乙巳，□奉[羌五]人。五月。才（在）𩫖。

（《合集》13362 正，宾组一 B 类）

(3) 四日庚申亦有来嬉（艱）自北。子㛤告曰：昔甲辰方𢀛（征）于蚁，俘人[十㞢（又）]五人。五日戊申，方亦征，俘人十㞢（又）六人。六月。才（在）[𩫖]。

（《合集》137 反＋《合集》7990+《合集》16890，宾组一 B 类）

辞 (1) 的地点虽残缺，但辞 (1) 与辞 (2) 是异版同辞，故可确定辞 (1) 的地点为𩫖。辞 (3)“才（在）”后实有一小斜笔，与𩫖字上部笔画同，陈梦家在《殷墟卜辞综述》中引本辞时“才（在）”后亦补作“敦（𩫖）”，故读为“在𩫖”的可能性极大。辞 (1) 至 (3) 为武丁时期极具特色的一组牛胛骨刻辞，其共性为大字、字体端正、特征相同，且多涉及武丁时期北方或西北方敌方来犯的战事卜辞[1]，所记时段应相近。辞 (1) 末署“五月”，辞 (3) 末署“六月”，又在一版之正反两面，很可能是连续两个月间的卜辞。由这三条卜辞来看，王至少从癸卯日开始至癸亥日这 21 天内都在𩫖地指挥战事，听取战报，且来报战事内容多关乎羌方与方方，则𩫖地应位在太行山东侧、王畿外西南方向。

有一条在𩫖地捕捉羌的辞例，如：

(4) 癸亥[卯]卜[2]，争贞，旬亡𡆥。王固曰：有求（咎）。五日丁未，才（在）𩫖，圉羌。

（《合集》139 反，宾组一 A 类）

辞 (4) 依据前后文意，应是商王的卜旬辞，在占卜日的 5 日后丁未那天在𩫖地捕抓羌人。则丁未的前 5 日不应是癸亥，而是癸卯日，可能是误刻。胡厚宣先生认为□（圉）字像人将其两手执于刑具之中，又拘于囚室之内，其与追捕之意同[3]。由内容和卜辞的分期观之，应与上述辞 (1) ～ (3) 相关，都是记载同一个时间段发生的事。则武丁某个时期的五月底至六月初这段时间，商王国的北方、西方不太安宁，频有羌人和方方越境骚扰。辞 (4) 的“圉羌”与辞 (1) 的奉羌、辞 (2) 的□奉羌，也有可能不是羌方之“羌”，而是乙一、丙一类卜辞中的“羌”地之人[4]。乙一、丙一类占卜主体活动范围在沁阳一带，羌地应也在其附近，故羌人偶尔由羌地活动至𩫖，亦非不可能之事。

𩫖地除了具有王在此指挥战事、听取军情的城邑性质外，还可见商王在𩫖举行祭祀的例子，如：

1 朱凤瀚：《武丁时期商王国北部与西北部之边患与政治地理——再读有关边患的武丁大版牛甲骨卜辞》，《中国国家博物馆馆藏文物研究丛书 · 甲骨卷》，第 269 页，上海古籍出版社，2007 年。

2 若从刻辞的文意来看，前为卜旬，则五日丁未，应是在癸卯日占卜，而不会是在癸亥日占卜，癸亥应为误刻。

3 胡厚宣：《甲骨文所见殷代奴隶的反压迫斗争》，《考古学报》1966 年第 1 期。

4 《合集》21532 为非王卜辞，其文曰：“癸亥，子卜，多臣呼田羌。”子呼多臣去羌地田猎，此羌地或为羌人故居地，或因羌人常在此游击而名之。

(5) 乙卯卜，亘贞，今日王至于章，夕酌，子央㞢（侑）于父乙。

（《合集》7954，宾组一B类）

子央是武丁之子，可能尚未分家立族，故商王至章也携子央同往，在王身边参与协助祭祀等活动。傍晚，由子央代商王举行对父乙（即小乙）的侑祭[1]。

(6) 丁巳卜，宾贞，王出于章。

贞，王另出于章。

贞，王今丁巳出。

贞，另惟今丁巳出。

贞，于庚申出于章。

另于庚申出。

（《合集》7942，宾组一B类）

这是一块完整龟甲卜问王是否从章出，由此组卜辞知，丁巳至庚申至少为期4日商王都在章，且丁巳日卜王出，则在丁巳日之前商王必已在章停留。

(7) 辛亥卜，㱿贞……

甲寅卜，……

乙卯卜，㱿贞，今日王往[于章]。

之日大采雨，王不[往][2]。

贞，于甲令。

贞，于乙门令。

贞，于乙门令。

贞，另于乙门令。

贞，另于乙门令。

今日往于章。

贞，犬征其㞢𡆥。

贞，告于大示。

己巳卜，㱿贞，犬征亡呼其𡆥，六月[3]。

1 由于此条是宾组王卜辞，占卜主体是商王（武丁），因此侑祭父乙的说法是站在商王的角度来称呼的，此处的父乙所指应是小乙。

2 大采，董作宾先生谓区分一日之时间，即纪时之法，曰明、曰大采、曰大食、曰中日、曰昃、曰小食、曰小采，一日之间分七段。董作宾：《殷历谱》上，卷一，第4～5页，台湾"中央研究院"历史语言研究所，1982年。宋镇豪先生认为大采相当于朝，见宋镇豪《商代史》卷七《商代社会生活与礼俗》，第98～100页，中国社会科学出版社，2010年。

3 此辞与《合集》12814+13601似为异版同辞，其内容可相互参照，见林宏明《甲骨新缀第四～六例》，先秦史研究室网页，2009年9月20日。与本辞具类似相关内容者尚有《合集》13599遥缀《合集》4632正（《蔡缀》325）+《合集》2192，见王子扬《甲骨缀合第九例》，先秦史研究室网页，2011年1月10日。

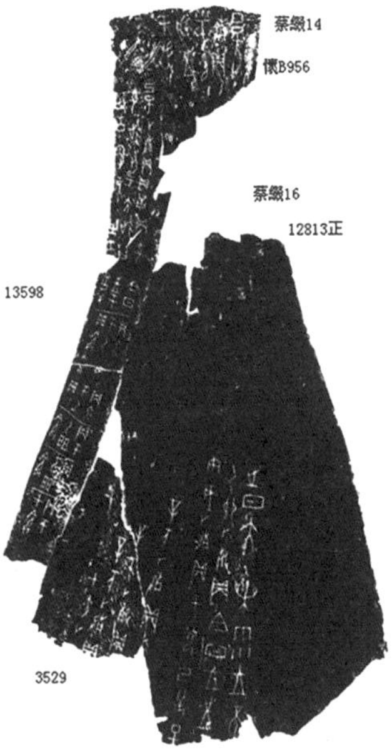

图一　有关𦎫的卜辞

（《合集》12813+3529、13598+《怀特》9564；《蔡缀》14、16；图一）

辞（7）是同版多事占卜[1]，与𦎫相关的卜辞是辛亥、甲寅、乙卯日王连续占卜要前往𦎫地，但乙卯日朝下雨，王不去𦎫。𦎫地与王都必有一定的距离，所以商王若往𦎫，需要反复占卜，且遇雨就取消出行。除此之外，武丁时期尚有许多王“于𦎫”“在𦎫”[2]的例子，并在𦎫地设有牧区、王田。

（8）贞，王弜往省牛，十三月。

丙寅卜，㱿贞，王往省牛于𦎫。

（《合集》11171 正，宾组一 B 类）

（9）……宾贞，呼黍于𦎫，宜受……

（《合集》9537，宾组一 B 类）

（10）乙卯卜，宾贞，𦎫受年。小告。

（《合集》9783 正，宾组一 B 类）

王卜辞中多见“某受年”“黍于某”（某是地名或氏名）等与农业有关的占卜内容，从商王反复贞问关心某地或某氏年成，以及呼令派人于某地从事各种耕作劳动来判断，这些地点中必有王田，如辞（8）、（9）。

然武丁时期𦎫邑同时也是花东卜辞占卜主体之“子”处理政事、举行祭祀的重要场所。在花东卜辞中有许多子在𦎫活动的记录。

（11）庚卜，才（在）𦎫，叀牛妣庚。　　(HD:139)

（12）才（在）𦎫卜，呼皿归。戌 。

才（在）𦎫卜，　呼尸归

叀牛岁妣庚。

妣庚宰，才（在）𦎫。

甲卜，才（在）𦎫……见鬯……

甲卜，才（在）𦎫宁……子……于丁。

甲卜，才（在）𦎫鬯见于丁。　　(HD:249)

辞（11）、（12）显示花东卜辞的占卜主体在𦎫可以对妣庚举行祭祀，呼令皿、尸并进献鬯（即香酒）给丁。由上观之，𦎫在武丁时期是一个地位十分重要的城邑，商王

1　本辞除了占卜出行往𦎫外，尚牵涉到“乙门令”。宋镇豪先生有乙门令即祀门礼之一的说法，见宋镇豪《甲骨文所见殷人的祀门礼》，《甲骨文与文化记忆世界论坛》，台北“中央研究院”历史语言研究所，2010 年。

2　“出于𦎫”见于《合集》7940、7941；“往于𦎫”见于《合集》7945、7946、7955 正、11406、12814 正；“步于𦎫”见于《合集》7957；“在𦎫”见于《合集》2984、24232 及《屯南》2305、4564 等。

既能在𩫖祭祀小乙，又在𩫖设有王室农牧经济区，同时又是花东卜辞占卜主体子的政治、宗教活动中心。

花东子尚有下属𩫖氏，曾见子呼𩫖的例子，如：

(13) 戊卜，叀邵呼匄，不用。

戊申卜，叀虤呼匄。用，才（在）麗。

叀𩫖呼匄。 (HD:467)

𩫖氏直至西周早期在金文中尚可见到其活动记录（且日庚簋，《集成》3991）。𩫖邑可能交由𩫖氏管理，在王卜辞中有“见（献）于𩫖”的记载，如：

(14) 癸亥贞，旬亡囚，见（献）于𩫖。

癸酉贞，旬亡囚。

癸未贞，旬亡囚。

（《合集》33132，历组二 C 类）

由上述花东卜辞占卜主体子及其下属与𩫖地的关系来看，𩫖邑的行政辖属应在花东卜辞占卜主体子的领地范围内，并由𩫖氏直接管理。但由于地理位置、自然环境的重要与优越，使得商王特别重视𩫖地，并在其内设置王专属的王田、牧区、别宫等。𩫖地是武丁时期王都之外商王举行祭祀、处理政事、掌握西北情报的重要城邑。

𩫖地直至康丁时仍是具有军事性质的城邑，如：

(15) …其令戍…羌方于𩫖……，吉。

有商𢦏𩫖……方。

（《合集》27974，无名组一 A 类）

商王令“戍”的军事组织在𩫖防御羌方，可见从武丁直至康丁时期，𩫖地始终是重要的军事重镇。

帝乙、帝辛时期𩫖地成为田猎区内重要地点之一。如：

(16) 戊申，王卜贞，田𩫖，往来亡灾。王曰：吉。

壬子，王卜贞，田㷞，往来亡灾。王曰：吉，获鹿十。

（《合集》37403，黄组；图二）

图二 帝乙、帝辛时期𩫖地为田猎地之卜辞

武丁之后，卜辞中就少见商王常驻𩫖的例子，或许是与经过武丁时期的军事经略，太行山以西、西北各敌对方国对商王朝的侵扰程度降低，大型战事已较少有关。由𩫖邑在武丁时期的政治与军事色彩判断，其地理位置应在晋东南向东翻过太行山进入王畿的交通要道上，但非在前线边缘，如此商王才能常驻坐镇指挥。今日，从河南境内要翻过太行山进入晋东南，有三条通道：一是从济源县西通过轵关陉，可达山西垣曲、曲沃一带；二是从今沁阳穿过太行陉，到达山西晋城，进入上党（今长治）盆地南；三是从辉县西翻过白陉，此为豫北通往晋东南要道[1]。这三条道为太行山地势较低、易走之路，想必商代也是如此，故𦎫当在太行山东，焦作与沁阳之间，温县以东之位置[2]，此正是处于安全系数较高，又能同步掌握军情的最佳地点。

二　⿱鱼酉（或上⿱鱼酉）

商末时，王很重视⿱鱼酉地。以下为黄组卜辞中一组商王廿祀至廿一祀王在⿱鱼酉（或上⿱鱼酉）长时间驻留的辞例。

（1）庚寅王卜，才（在）夆贞，余其𠂤（次）才（在）兹上⿱鱼酉，今秋其𦎫，其呼[illegible]示于商正，余受有佑。王固曰：吉。

（《合集》36522，黄组）

（2）癸巳卜，才（在）反贞，王旬亡𡆥，才（在）五月，王⿺辶必于⿱鱼酉。

癸卯卜，才（在）⿸广林贞，王旬亡𡆥，才（在）六月，王⿺辶必于上⿱鱼酉。

癸丑卜，才（在）⿱宀亯贞，王旬亡𡆥，才（在）六月，王⿺辶必于上⿱鱼酉。

癸亥卜，才（在）向贞，王旬亡𡆥，才（在）六月，王⿺辶必于上⿱鱼酉。

癸酉卜，才（在）上⿱鱼酉贞，王旬亡𡆥，才（在）七月。

（《合集》36537，黄组）

（3）癸酉卜，才（在）上⿱鱼酉贞，王旬亡𡆥，才（在）七月。

癸未卜贞，王旬亡𡆥，才（在）七月。王正（征）毀…商，才（在）爵。

（《通纂》596，黄组）

（4）癸巳卜，才（在）上⿱鱼酉贞，王旬亡𡆥，才（在）七月。

（《合集》36538，黄组）

（5）癸未王卜贞，旬亡𡆥，才（在）九月，才（在）上⿱鱼酉，王廿祀。

癸巳王卜贞，旬亡𡆥，才（在）九月，才（在）⿱鱼酉。

（《合集》37863，黄组）

（6）癸巳卜，才（在）上⿱鱼酉贞，王旬亡𡆥，才（在）九月。

癸卯卜，才（在）上⿱鱼酉贞，王旬亡𡆥，才（在）十月。

癸丑卜，才（在）上⿱鱼酉贞，王旬亡𡆥，才（在）十月。

癸亥卜，才（在）上⿱鱼酉贞，王旬亡𡆥，才（在）十月。

癸酉卜，才（在）上⿱鱼酉贞，王旬亡𡆥，才（在）十月一。

1　李孝聪：《中国区域历史地理——地缘政治、区域经济开发和文化景观》，第 181 页，北京大学出版社，2004 年。

2　李学勤先生认为𦎫是沁西最重要的地点之一。见李学勤《殷代地理简论》，第 20 页，科学出版社，1959 年。

癸未卜，才（在）上𩁹贞，王旬亡𡆥，才（在）十月又一。

癸巳卜，才（在）上𩁹贞，王旬亡𡆥，才（在）十月又一。

（《合集》36846，黄组）

（7）癸卯〔卜〕，才（在）上𩁹贞，王〔旬〕亡〔𡆥〕，才（在）十〔月又二〕。

癸亥卜，〔才（在）〕上𩁹〔贞〕，王旬〔亡𡆥〕，才（在）十〔月〕又〔二〕。

癸未卜，才（在）〔上〕𩁹贞，王旬亡𡆥，才（在）正月。

癸卯卜，才（在）𩁹，永贞，王旬亡𡆥，才（在）二月。

（《合集》36848，黄组）

（8）癸〔巳卜〕，〔才（在）上〕𩁹，〔贞〕王〔旬亡𡆥〕，才（在）〔正〕月。

癸卯卜贞，王旬亡𡆥，才（在）二月。才（在）上𩁹。

癸丑卜，才（在）上𩁹贞，王旬亡𡆥，才（在）二月。

〔癸〕亥卜，才（在）〔上〕𩁹贞，〔王旬〕亡𡆥，〔才（在）二〕月。

（《合集》36584 +《金》627，《合补》12820）

辞（1）是商王前往上𩁹旅途的开始，显示廿祀5月下旬的庚寅日王从𡹙地出发，目的是将军旅驻扎在上𩁹，以便“今秋”之征伐[1]。大盂鼎铭所曰“我闻殷坠命，隹（惟）殷边侯田雩殷正百辟率肆于酉（酒）”（《集成》5.2837）中的“殷正”与本辞的“商正”实属同义，“正”为正长之意，“殷正”即王朝内服百官[2]。王呼令[illegible]告知商王朝官员今秋准备作战的决定[3]。辞（2）显示商王途经反、麋、亶、向等地，历经40天，最后抵达目的地。虽从反至上𩁹貌似需时40日，但中途商王各在这些休息点停留几日并不清楚，故实际距离究竟多少，不能单从辞（2）一条卜辞判断。商王抵达上𩁹后似乎便马不停蹄地征伐𣪕地，并在七月的第二旬驻扎在爵邑，应是爵地离𣪕地较近，攻守补给适宜。𣪕地从武乙开始便成为商王的田猎地之一，地在近畿范围内[4]，此次的征伐有可能是敌人占据了𣪕邑，入侵至近畿离王都不远之处；或是𣪕邑居民叛变，而迫使王亲征。商末西边情势单从卜辞来看，似乎予人较武丁时期安定的错觉，但若综合

1 王国维先生认为𦎫𢦏皆迫也、伐也。郭沫若、唐兰先生亦认为𦎫者有㦰伐、敦伐之意。刘钊先生则认为𦎫同伐有区别，“伐”仅用于殷对方国之征伐，而𦎫则殷与方国皆能称用。见于省吾主编《甲骨文字诂林》，第1937～1940页，中华书局，1996年。

2 陈梦家：《西周铜器断代》，第103页，中华书局，2004年；马承源主编：《商周青铜器铭文选》（三），第39页，文物出版社，1990年。

3 李学勤先生将此辞的“𦎫”读作屯，即停驻之意。王决定停驻在上𩁹直到秋天，命一个名叫[illegible]的人告知留守商都的众臣。见李学勤《论商王廿祀在上𩁹》，《夏商周年代学札记》，第56页，辽宁大学出版社，1999年。

4 𣪕地据陈梦家先生考据应在今河南修武西北一带。陈梦家：《殷虚卜辞综述》，第260～261页，科学出版社，1956年。

文献及近几年新出土简牍资料[1]观察，即发现商王国西疆的情况诡谲多变，除了要应付周人暗藏的翦商野心外，还要处理叛变依附周人的方国势力，故从辞（3）王亲征褺地所透露出的讯息推测，商末的外患情势远非征夷方那么单纯，商王国所面临的或许是东西轮番夹攻的危险局面。虽然战火似乎很快扑灭，因从辞（4）可知，七月下旬商王便回到了上𩁹，之后八月至九月上旬商王在哪不得而知。辞（5）与（6）显示九月中旬商王又再度回到了上𩁹，几乎连续待上了5个月，直至来年（廿一祀）的二月底。

由上知，上𩁹是商末新发展起来一个带有军政性质的城邑，其位处商王国的近畿与边域之间，具有长期驻扎王师的条件，商王对其十分重视。故𩁹邑有时又被称为"王𩁹"，如：

（9）癸亥王卜贞，旬亡𡆥。王固曰：吉，才（在）王𩁹。

癸酉王卜贞，旬亡𡆥。王固曰：吉，才（在）王𩁹。

（《合集》36871，黄组）

（10）癸巳王卜贞，旬亡𡆥。吉，王才（在）𩁹。

癸卯王卜贞，旬亡𡆥。王固曰：吉，才（在）王𩁹。

癸丑卜，才（在）上𩁹贞，王旬亡𡆥。

（《英藏》2530，黄组）

虽然有些学者将"才（在）王𩁹"解释成"王在𩁹"[2]，但𩁹是商末王长待之地则不能否认，且商王在其他地点停留如此长时间的例子几乎没有，当是因特别强调之故而在𩁹前加王，称"王𩁹"。另"上𩁹"和"𩁹"所指应为同一地，𩁹是上𩁹的简称[3]。

有关上𩁹的地望，李学勤先生认为在沭水以东一带[4]，锺柏生先生考证𩁹从五得声，认为此地即《大清一统志》所云"今山东泗水县东南有郚城"之郚城，在今山东泗水县[5]。郑杰祥先生则认为卜辞中的𩁹即后世所称的五鹿，在今河北大名县东20余公里[6]。但笔者认为上𩁹的地望或还有其他可能性，以下有几个与上𩁹相关的地点：

（11）癸亥卜，才（在）向贞，王旬亡𡆥。

癸酉卜，才（在）上𩁹贞，旬亡𡆥。

癸未卜，才（在）灂贞，王旬亡𡆥。（《合集》36851，黄组；图三）

1 上海博物馆藏楚简《容成氏》曰:"于是唐（乎）九邦畔（叛）之:丰、禧（镐）、郍、䢵、于、鹿、耆、宗、𡨦（密）须是（氏）。"上述九邦的地理位置除密须氏在周的西边外,其他邦国位置分居在商王国的西、北、西南三面,显示出商末诸邦叛离的紧张形势。马承源主编：《上海博物馆藏战国楚竹书（二）》，上海古籍出版社，2002年。

2 前揭《论商王廿祀在上𩁹》，《夏商周年代学札记》，第58页。

3 历史上有上蔡、下蔡，上洛、下洛的地名称谓，其方位多是下在北、上在南，当然也不排除上𩁹有可能是𩁹内的一片区域。

4 前揭《论商王廿祀在上𩁹》，《夏商周年代学札记》，第60页。

5 锺柏生：《殷商卜辞地理论丛》，第61～62页，台北艺文印书馆，1989年。

6 郑杰祥：《商代地理概论》，第277～280页，中州古籍出版社，1994年。

向、上䰜、濔三地顺序排列的卜旬辞，在辞（2）、（3）（《合集》36537、《通纂》596）也可得见，辞（11）三地同版，各差一旬时间，说明彼此之间应在一旬之内能够到达的范围内。向地应即《诗·小雅·十月之交》中“皇父孔圣，作都于向”的向，即今河南济源西南[1]。濔应是卜辞中爵地内的水名，虽然爵地地望不详，但辞（3）“征榖，在爵”，可知爵与榖两地很近，榖可能是《水经·沁水注》“又东南出山径郏城西”的郏城，在今河南修武西北[2]。由此可推知上䰜有可能在济源和修武之间。还有一条线索可以探察上䰜的地望，即现藏故宫博物院的四祀𠨘其卣铭文曰：

图三　与上䰜相关地点的卜辞

乙巳，王曰：“障文武帝乙宜才（在）召大𠭯（庭）遘乙，翌日丙，才（在）䰜，丁未，己酉王才（在）梌，𠨘其易（赐）贝才（在）四月，隹（惟）王四祀翌日。

乙巳日王在召，第二天丙午日王便到了䰜，可见召与䰜两地相距一日内的路程，己酉日王已在梌，可知梌距䰜有四天的路程。召可能是《左传》襄公二十三年：“戍郫邵”的邵，在今河南济源市邵原镇[3]。梌或即徐，在今沁阳东[4]。综合辞（11）和四祀𠨘其卣铭，可推测䰜应在向（今河南济源西南）的北边，在召与梌之间，靠近召的地方，有可能位于济源市。

综上所论，𦎫与䰜是商后期初年和末年以政治军事功能为主、渐渐发展而成的重要城邑。𦎫是武丁听取军情、坐镇通往西北和西方的要地；䰜是商末商王师旅驻扎之处，以利机动调度军队，是控制西部疆土稳定的据点。由两组不同时期的卜辞（宾组、黄组），得知商王国政治地理结构中有因时因势所设立之王常驻城邑，其设立原因主要多是战事，其目的为听取军情之快捷、军事指挥之便利。

原载《甲骨文与殷商史（新三辑）》，上海古籍出版社，2013 年

1　林泰辅：《甲骨地名考》，《中山大学语言历史研究所集刊》第 104 期。另郭沫若先生也认同此说，见郭沫若《卜辞通纂》，第 497 页，科学出版社，1983 年。

2　黄然伟：《殷周史料论集》，第 324 页，香港三联书店，1995 年。

3　前揭《卜辞通纂》，第 487 ~ 488 页；前揭《殷代地理简论》，第 32 页。

4　前揭《殷虚卜辞综述》，第 261 页。另郑杰祥先生认为梌当即春秋时期的雍榆城，即今河南浚县西南约 10 公里处，见前揭《商代地理概论》，第 81 页。

殷王卜辞傅说考刍议

林小安

内容提要：《国语》、《孟子》、《墨子》、《荀子》、《庄子》、《韩非子》、《吕氏春秋》等重要先秦典籍及《史记》、《汉书》等正史均提到武丁中兴，举傅阅为相，殷国大治！武丁占卜记事刻辞在《甲骨文合集》十三册中占七册之多，不可能没有与文献中的傅阅相对应的人物。中国社会科学院历史研究所集历史学界、考古学界、甲骨学界、古文字学界专家探寻武丁卜辞中的傅阅，编集出版了《中华傅圣文化研究文集》。该书一致认为武丁卜辞中的“甫”即文献所谓的“傅阅”。本文通过对诸臣在武丁卜辞中的数量、内容进行全面比对，发现“甫”的卜辞，无论数量和内容（所涉及的祭祀、战争、贡纳等）在诸臣中都是偏少的，断不会是宰辅所应有的。本文在比对了武丁所有臣属在卜辞中的数量和内容的重要性后，认为唯有“雀”堪与文献相称。“雀”的数量近 400 条，是武丁诸臣中最多的。“甫”仅不到 50 条。“雀”参加的战争是最多的，参加的祭典规格是最高的，武丁诸臣只有“雀”和“畢”主持了祭祀河与岳的大典，其余诸臣均无主持过祭祀河与岳的大典。“雀”与武丁早期卜辞同版，“畢”则与武丁晚期卜辞同版，故知文献中的“傅阅”非“雀”莫属。有商一代，唯商汤时的开国元勋“伊尹”和武丁中兴宰辅“傅阅”最为显赫，“傅阅”在武丁卜辞中的正确认识，是殷商史研究中重要课题。

关键词：史记·殷本纪　殷王占卜记事刻辞　武丁中兴　傅阅　雀　甫

1899 年安阳小屯殷墟出土的殷王占卜记事刻辞甲骨问世后，殷商史研究遂进入新世纪。王国维的《殷卜辞中所见先公先王考》开辟了新航道，把殷商史研究带入新纪元！原来号称“三代无信史”转变为殷商有信史！随着甲骨学的不断深入，殷商时期的各种人物、事件、礼仪、面貌，一点点一层层地被揭示，人们对殷商史、殷商社会的了

作者：原古器物部，研究馆员。

解越来越多、越来越深入。随着改革开放的逐渐深入，博士硕士培养制度的不断巩固深化完善，研究队伍不断壮大，研究成果层出不穷。以中国社会科学院历史研究所宋镇豪教授主编的《殷商史》11卷700余万言的出版为标志，殷商史的研究进入空前大繁荣时期。

犹如在茫茫大海中航行一样，风浪暗流往往会使航向偏离，被海面下的暗礁撞击，被海面上的海市蜃楼所迷惑，也会使我们难及愿望中的目的地。在殷商史研究的大繁荣大发展中，需要我们不断矫正航向，以保证我们始终不偏离正确航向，以达真正信史的目的地。下面谨就笔者在研究中发现的若干问题陈述于后，以见教于学林方家。

在最近的殷商史研究中有一热门话题：傅说的考证和指认（见《中华傅圣文化研究文集》，文物出版社，2010年）。研契诸家纷纷指认武丁卜辞中的“甫”即史书中所说之傅说。经笔者仔细按诸武丁卜辞中的方方面面，实不敢苟同卜辞中的“甫”即傅说之说。

从字形上说卜辞的“甫”读为“傅”，是完全没问题的。但事隔三千余年，文献又不足征，真正的史实是不能如此简单地比附就能解决的。笔者考察了卜辞中的“甫”在武丁时期所做之事项和在殷王朝所占的地位，实与史书中称道的傅说的作用和地位大相径庭。

《史记·殷本纪》曰：“帝武丁即位，思复兴殷，而未得其佐。三年不言，政事决定于冢宰，以观国风。武丁夜梦得圣人，名说。以梦所见视群臣百吏，皆非也。于是乃使百工求之野，得说于傅险中。是时说为胥靡，筑于傅险。见于武丁，武丁曰是也。得而与之语，果圣人，举以为相，殷国大治。故遂以傅险姓之，号曰傅说。”此乃正史所载，其他《国语·楚语》、《孟子》、《墨子》、《尸子》、《荀子》、《庄子》、《韩非子》、《楚辞》、《吕氏春秋》、《汉书》、《论衡》等均有言及，历代传说更夥，兹不赘举。

以傅说在史籍中的地位看，“举以为相，殷国大治”，武丁重臣中无与傅说相匹者。然而，按诸武丁卜辞，有关甫的卜辞相较而言数量并不多，在卜辞中甫所行之事和其地位也很有限。武丁卜辞中另有重臣所行之事远比甫要多，所处之地位也比甫要高得多。武丁卜辞中所涉及的臣属是整个殷墟卜辞中最多的，数以百计。这些珍贵的史料大大弥补了文献之缺失。在总共13册的《甲骨文合集》中，武丁卜辞占了7册之多（还不包括第13册摹文中的），应该说武丁卜辞虽还远不完整，但也不算少了。武丁朝的重要史料应有相当部分已在所见卜辞之中。

以文献所见傅说在武丁朝之重要地位，在现今所见卜辞中，不应没有反映。既然甫非傅说，就应从其他武丁重臣中去寻觅。笔者探寻这一重要史实的思路，是从武丁卜辞中，寻找武丁各个重臣所行事项的多寡、所行事项的重要性和行事地位的高低来判断。

2010年12月由中国社会科学院出版社出版的韩江苏博士、江林昌博士撰著的《〈殷本纪〉订补与商史人物徵》是对殷商时期各种人物研究的最新成果。该书第六章“甲骨文所见商王朝臣正纪略”中第二节“武丁王朝以降重臣诸将纪略”(见第258～533页)，对武丁时期的重臣有概述。其中在“甫”一节，对卜辞中有关甫的情况作了全面介绍和论述。据该书统计，在武丁卜辞中总共仅有50余条有关甫的辞条，其中还包括武丁朝之外的辞条。在该书中50条的辞条量相比其他诸臣是很少的了，例如有关雀的辞条就有400余条。（按：该书未列所引辞条具体编号，实是包括武丁朝之外的。据笔者所查，仅武丁时期有关雀的辞条就有300余条。后列各辞条也包括武丁卜辞之外。）有关畢的也有400余条。有关沚的300余条。有关师般的200余条。有关望乘的200余条。有关戉的200余条。有关□的100余条。有关井的100余条。有关□的100余条。有关缶的80余条。有关侯告的50余条。有关侯匿的40余条。有关雀侯的30余条。有关宫侯虎的30余条。等等。因为本文讨论的是武丁重臣傅说，故所引不包括子商、子画等子某的，也不包括妇好、妇姘等妇某的。

文献所言，傅说被武丁“举以为相”，武丁中兴靠的是傅说，则傅说既不可能短命，在武丁朝行事也必不可能少。在武丁卜辞中有关傅说的辞条也就相应会很多。上述简单数据即已表明武丁卜辞中的“甫”不可能是傅说。

下面，我们再看看甫及其他重臣所行事项及其重要性，亦可进一步明确卜辞中的甫绝非文献所说的傅说。

首先看看《〈殷本纪〉订补与商史人物徵》所引卜辞中有关甫的辞条的内容：

贞：甫其𦱊𠙵方？	合集 6196
乙酉卜，甫允执沚？	合集 5857
隹甫立？	
口子，甫立？	合集 9526
癸巳，贞：令多尹、称、甫于西？	
乙酉，贞：令称、甫于西？	《书道》1.10.3
壬申卜，㱿贞：甫擒麋？丙子阱，允擒二百又九。一月	合集 10349
辛巳卜，自贞：甫往，兔犬鹿不其［获］？	合集 20715
口巳卜，甫狩……获鹿……虎十。	合集 20752
丁巳卜，……令甫狩……丁丑。	合集 20749
戊寅卜，贞：令甫比二侯迎暨元，王循于之若？	合集 7242
令甫比及余不橐？	合集 4741
丁酉卜，宾贞：令甫取兄伯殳，及？	
贞：令克永保甫？六月	合集 6
辛巳卜，贞：令戾戈、冉、甫、韦、疢族？五月	合集 4415
丁未卜，争贞：令执戈、甫，呼逆、戈执……	合集 5900

贞：甫其有疾？　　合集 13762

令甫复止？　　合集 20221

丁未卜，甫令又　　合集 20234

甫入十　　合集 9369

丙申卜，今夕其征甫？

[今] 夕征甫？

丁酉卜，今夕其征甫？　　合集 20394 𠂤组

上列诸辞基本概况了甫在武丁朝所行之事和武丁关切他的有关事宜，从中丝毫看不出甫主掌过什么王朝大事，无非是武丁关心其受年与否？擒获几何？征战也仅限些小战事。

而武丁卜辞中有关雀和𢀛的辞条就多多了。有关雀和𢀛的辞条各有 300 余条，且涉及事项均重要得多，是远超武丁朝其他臣属的。笔者认为探寻武丁重臣傅说只能从雀和𢀛两者中考查。因𢀛的卜辞与伐𢀛方相关（伐𢀛方为武丁晚期战事），且有出组同版关系（“乙酉 [卜]，出贞：……𢀛……”合集 23665；“丁酉卜，出贞：𢀛擒𢀛方？”合集 24145），武丁早期卜辞𠂤组、子组、午组等无与𢀛同版关系，故知𢀛乃武丁朝中、晚期臣属（参见拙著《殷武丁臣属征伐与行祭考》，《甲骨文与殷商史》第二辑，上海古籍出版社，1986 年）。而傅说乃武丁继位三年后始举为相，断不会在 56 年后仍在祖庚朝执政，故知𢀛不可能是傅说。有关𢀛的情况稍后再论及，暂不讨论。而雀虽大量与宾组同版却未曾参与伐𢀛方之战，更无与出组卜辞同版关系，雀有 30 余版与武丁早期𠂤组、子组、午组的同版关系，明显属武丁朝前、中期之臣，故先着重予以讨论之。

武丁卜辞中雀是颇为引人注目的一位重臣。有关雀的辞条的数量不仅远远超过其他诸臣，而且从卜辞中可见其行事涉及王室诸多重大方面。古人云“国之大事在祀与戎”，武丁卜辞中有多条有关雀参与祭祀大典且占据重要位子的辞条。

著名的 Y127 坑中，有一龟腹甲，经桂琼英、严一萍、蔡哲茂的缀合，在《甲骨文合集》中编号为 672、1403、2462、7176 和 15453 几可复原为一完整的龟腹甲。记录了从“甲午卜，争贞……”开始，经“乙未卜，㱿贞：……”，经“癸卯卜，㱿贞……”至“乙巳卜，㱿贞：……”近 14 天的占卜事项。该版刻辞具体内容如下：

甲午卜，争贞：贮其有祸？

贞：贮亡祸？甲午卜，□贞：于 [河侑] 报？

贞：酒于河报？

贞：酒王亥？

贞：呼雀酒河五十 [牛] ？

勿五十牛于王亥？

五十牛于王亥?

酒河五十牛?

酒河三十牛以我女?

贞：翌乙未酒成?

翌 [乙] 未 [酒] 成□宰用

乙未卜，㱿贞：酒各（格）?

贞：酒各 (格) ?

乙未卜，㱿贞：其有来艰?

贞：亡来艰?

贞：翌丁酉延侑于大丁?

翌丁酉勿侑于大丁?

……翌癸卯帝不令风，夕雾?

贞：翌癸卯帝其令风?

癸卯卜，㱿贞：翌甲辰酒大甲?

贞：甲辰勿酒大甲?

贞：桒年于大甲十宰，祖乙十宰

[桒雨] 于上甲……牛?

桒雨于上甲宰?

……父甲

乙巳卜，㱿贞：勿卒……

侑于王亥母?

翌辛亥侑于王亥四十牛?

翌乙卯子汏酒?

贞：呼子汏祝一牛侑父甲?

翌乙卯酒子索斫?

贞：叀王?

彡夕二羊二豕□?

彡夕一羊一豕?

二羊二豕?

贞：……祀……

贞：子……侑……

贞：……其……自成告?

……□辛祖丁一牛卯羊? 合集 672

侑于成、大丁、大甲、大庚、大戊、中丁、祖乙……

来辛亥燎于王亥三十牛？

侑于河女？

酒五十牛于河？

斫今秋四……

贞：翌乙卯酒了汰？

……飨

三羊三豕　　合集 1403

这一版通篇都是祭祖祭河的，其中武丁令雀祭河用“五十牛”，应该是很大的祭典了！我们发现在武丁朝仅见雀和𠂤有此殊荣，可见此二人在武丁朝之地位非同寻常，除上引之辞外，尚有：

甲午卜，𣪊贞：呼𠂤先禦燎于河？

合集 177 合集、4055 合集、14526（皆卜𠂤祭河）

丁丑卜，争贞：呼雀祀于河？　　合集 14551

己亥卜，丙，翌辛丑呼雀酒河？

翌辛丑呼雀酒河三十牛？　　合集 4141

在武丁卜辞中，我们未见其他诸臣主持过祭河大典，且用牛数至“五十牛”“三十牛”者！可见雀与𠂤的地位是超乎诸臣之上的。上引合集 672 及合集 1403 版卜辞，不仅见呼雀主祭河，同版还祭殷人先公先王，上自王亥、上甲远高祖，及大乙（成）、大丁、大甲、大庚、大戊、中丁、祖乙各直系先王，呼子汰祭父甲。雀不仅主持祭河之大典，武丁卜辞中还见其主持祭岳之大典：

辛丑卜，争贞：翌癸酉呼雀燎于岳？　　合集 4112

在武丁卜辞中未见其他诸臣主祭过岳的。显见雀在武丁朝地位之尊崇无与其相匹者。祭河祭岳，殆只有冢宰方能主持其事？

武丁卜辞中还有大量令雀征伐之辞，足见其在武丁中兴之功。《诗经 · 商颂 · 殷武》曰：“挞彼殷武，奋伐荆楚，深入其阻，裒荆之旅。”卜辞则有：

戊午卜，贞：[illegible]不丧在南土，骨（果）告事？

戊午卜，[illegible]克贝，雀南封方？

庚申卜，贞：雀亡祸，南土骨（果）告事？

辛酉卜，贞：雀亡祸，骨（果）告事？　　合集 20576 自组

令雀比（偕）侯告　　合集 20059 自组

乙未 [卜]，贞：立事于南，右从 [我]，中从舆，左从曾？　　合集 5504

甲午卜，古贞：羌截[illegible]？　　合集 20404 自组

乙巳卜，[贞：] [illegible]暨雀伐羌，祸？　　合集 20399 自组

叀雀伐羌？　　合集 20403 自组

癸亥卜，亘其征雀？□月　合集 20393 自组

癸亥卜，亘弗夕雀？

丁卯卜，雀获亘？　合集 20383 自组

辛亥，贞：雀执亘，受佑？　合集 20384 自组

执亘？

弗执？　合集 20379 自组

□申卜，𣪊贞：亘捍不隹我，雀其终于止？　合集 6944

□□[卜]，争贞：曰雀翌乙酉至于䜌？　合集 6939

壬午卜，𣪊贞：亘允其𢦏鼓？八月

勿呼我人先于䜌？　合集 6945

辛亥卜，争贞：执亘？

壬子卜，𣪊贞：王呼雀复，若[诺]？　合集 6904

[壬寅卜，]𣪊贞：呼雀衔伐亘？

□亥[卜]，𣪊[贞：]我□获衔亘？

贞：雀亡祸？　合集 6949

辛巳卜，𣪊贞：雀弗其得亘、我？　合集 6959

辛丑卜，𣪊贞：戉不其获亘？

乙巳卜，争贞：雀获亘？　合集 6952

贞：犬追亘，有及？　合集 6946

戊午卜，𣪊贞：雀追亘有获？　合集 6947

贞：雀弗其执亘？　合集 6953

贞：令雀敦亘？　合集 6958

伐亘之辞颇多，涉及地方有数个，说明亘对殷之威胁不小。武丁一而再、再而三令雀、呼雀，说明雀是伐亘之主将。其他：

庚寅卜，𣪊贞：呼雀伐猼？　合集 6931

甲戌卜，𣪊贞：雀及子商征基方，克？　合集 6573

壬寅卜，𣪊贞：尊雀叀啚[illegible]基方？　合集 6571

乙酉[卜]，王敦缶，受佑？　合集 20524、合集 20527 自组

辛巳卜，令雀□其敦缶？　合集 20526 自组

丁卯卜，𣪊贞：王敦缶于蜀？　合集 6860

庚寅，贞：敦缶于蜀，𢦏右旅，在□，一月。　怀特 1640

庚申卜，王贞：雀弗其获缶？　合集 6834

雀弗其执缶？　合集 6875

己卯卜，王，咸𢦏先。余曰；雀壮人伐面不？　合集 7010

壬辰卜，㱿贞：雀弗其截祭？　合集 1051

己酉卜，贞：雀往征犬，弗其？十月　合集 6979

丁巳［卜］，贞：毌［弗］截雀？五月　合集 6971

癸巳卜，㱿贞：呼雀伐望□？　合集 6983

□□卜，扶，执戉？　合集 20372 自组

甲午卜，争贞：叀雀呼比（偕）望洋伐戉？　天理 156

贞：雀弗其获征微？　合集 6986

庚□［卜］，雀截陟？　合集 6981

癸丑卜，令雀匕目？　合集 20713 自组

贞：呼雀征目？

丁卯卜，争贞：呼雀，捍艺？九月　合集 6946

勿呼雀伐畀？　合集 6962

辛巳卜，㱿贞：呼雀敦桑？

辛巳卜，㱿贞：呼雀敦壴？

辛巳卜，㱿贞：勿呼雀伐？　合集 6959

甲辰卜，王，雀获侯任？　合集 6963

雀其截？　合集 6980

据统计雀参与了对 20 余方国的征战，且远伐至甘、青的羌，其有功于武丁朝自不待言。从下列武丁卜辞可知雀拥有相当的军队和军营：

戊子卜，令癹往雀师？　合集 8006

于癸未侑，至雀师？

于甲申侑，至雀师？　合集 40864

癸未卜，雀不其来射？　合集 5793

癸酉卜，㱿贞：雀今日？

癸酉卜，㱿贞：雀于翌甲戌？　合集 7768

戊午卜，宾贞：呼雀往于鬱？

甲子卜，争贞：雀弗其呼王族来？　合集 6946

雀能呼王族，可见其拥有显赫之兵权！绝非一般诸臣所能拥有的。

其他尚有不少呼雀和令雀行猎擒获之辞。然以下辞表明与武丁关系之深密：

武丁卜辞中常见的“某入”一辞，也以雀的数量最多、次数最多，最著名的“雀入二百五十”（见《殷墟甲骨刻辞类纂》，第 668、718 ～ 719 页）为入数最多，仅为雀所独有！其他臣属均未见过百！可谓诸臣中独尊！

□辰卜，［贞］：雀鹽朕事于盂？二月　合集 10035

贞：令雀西延龙？

贞：雀𥂴王事？ 合集 10125

《诗经 · 唐风 · 鸨羽》：“王事靡盬，不能艺稷黍。”殆指雀能否了结王事？完成武丁委办之事？下辞表明雀至武丁中晚期已垂垂老矣，故不见雀参与武丁晚期伐𢀛方之大战。

戊申卜，贞：雀骨凡有疾（果犯有疾）？ 合集 13869

[贞]：父乙其壱雀？ 合集 4150

己巳卜，㱿贞：雀其死？ 合集 110

总而言之，有关雀之卜辞，充分说明雀在武丁朝，无论是在主持重大祭典和重大战事中的作用和地位，均无人能比！文献中的傅说，在武丁卜辞中非雀莫属！

仅以甲骨文的“甫”可通“傅”是解决不了文献中的傅说在卜辞中的归属的。《殷本纪》曰：“（说）举以为相，殷国大治。故遂以傅险姓之，号曰傅说。”殷国大治也不会是一蹴而就的，没有 20 年左右的时间怎能取得大治？那么在殷国大治之前，傅说仍应称“说”！《礼记 · 缁衣》引《兑（说）命》，亦未称傅说。而雀与说古音相近，故武丁卜辞中的“雀”即文献中的“说”（傅说）。沈兼士编纂的《广韵声系》（文字改革出版社，1960 年）第 578 页列出相当多雀声字，其形符有从戈、从走、从食、从衣、从水、从虫、从鸟之字。其截字下云：“《广雅云》：‘盛也，断也，或作截。’”笔者按：周祖谟《问学集》(中华书局，1966 年)“诗经韵字表”在 19 月部下“诗经韵字”列“曷、末、辖、黠、月、薛、屑”诸字头，在“薛”字头下列有“说”，在“屑”字头下列有“截”。说明在《诗经》中“截”与“说”音近可通！《广雅》截下云“或作截”，《说文》截字下曰：“断也，从戈，雀声。”截字从雀声，是“雀”可通“说”！

原载《古文字研究》第二十九辑，中华书局，2012 年

师寍钟和姬窦母豆

刘　雨

内容提要：通过师寍钟姬窦母豆铭文对读，揭示宋代以来对姬窦母豆铭文的误读，复原西周曹国公族世系，纠正和补充《史记》曹世家记载的错漏，并以古文字和文献资料尝试对曹国地理、历史沿革作初步探讨。

关键词：师寍钟　姬窦母豆　铭文对读　曹国世系　地理　历史

《文物》1994年2期公布了新发现的师寍钟（图一），据报道该钟1992年9月出土于陕西扶风县召公乡巨浪海家村，现藏扶风县博物馆。钟已残，通高64.7厘米，重35公斤。钟旋上饰窃曲纹，侧旁及正面饰重环纹，篆间饰斜角变形夔纹，右鼓有一鸟纹，形制纹饰有西周晚期特征。

钲间铸铭文40余字（图二），我为其试作释文如下：

师寍自作朕皇祖太公、墉公、封公
鲁、仲臤、宫伯、孝公、朕烈考静□（公）
宝龢钟，用喜侃前□□（文人），□（绾）
绰永命，义孙子……

铭文的后部虽有少数字残失，但主要内容不缺。师寍在铭文中缕叙其先人世系，共记述了七代祖考名号。该钟铭文恰与宋代吕大临所著《考古图》卷5.15（集成4693）收录的姬窦母豆铭文相似[1]，最早发现这一点的是吴镇烽先生，他在所著《商周金文数据通鉴》（电子版）05833姬窦母豆的备注中指出："1992年9月陕西扶风县召公乡巨浪海家村出土的师寍钟，所列诸公与此豆基本相同。"

作者：原古器物部，研究馆员。

1 （宋）吕大临：《考古图》，乾隆十八年黄晟亦政堂修补明代保古堂本。

图一　师盂钟

图二　师盂钟铭

《考古图》称姬奂母豆为“齐豆”（图三），所作释文为（图四）：

姬奂母作太公鄗公□公鲁
中览伯孝公静公豆用蕲
眉寿永命多福永宝用

图三　姬奂母豆

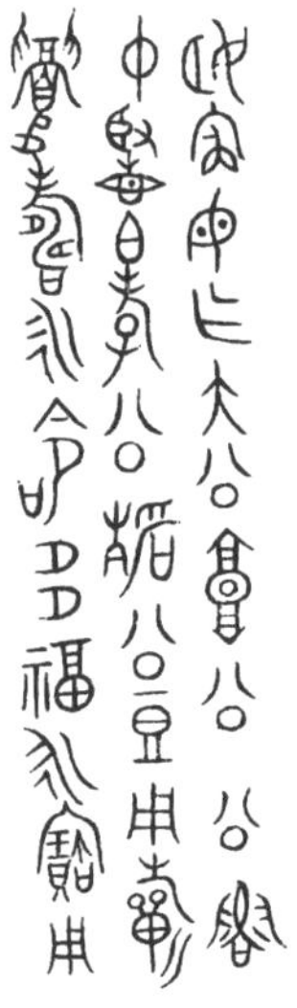

图四　姬奂母豆铭

并记载此豆“熙宁中（宋神宗 1068 ~ 1077 年）得于扶风”，该豆形制不典型，但其高足上的大波浪纹盛行于西周晚期，豆之出土地与师𡨄钟相同。想不到两件铭文内容相近的青铜器，相隔近千年，却在同一地区出土。豆铭与钟铭所记除作器者名和铭文后部嘏辞不同外，所祀七代先祖考名号几乎完全一样。《考古图》考证说：“蔡博士云：按《齐世家》言，太公之卒百有余年，子丁公吕伋始立，如郚公以下三世，至孝公始见于史，自吕伋十四世矣。余文不可考，然知为齐豆无疑。”

宋代薛尚功的《历代钟鼎彝器款识法帖》卷 15.11 也著录了这件器[1]，改称其为“姬寏豆”，并新释出“郭”“祈”两字，释文为：

姬寏母作太公郭公□公鲁
仲览伯孝公静公豆用祈
眉寿永命多福永宝用

对铭文内容，薛氏则引用了《考古图》蔡博士的话，未作新的考证。宋人两书所作释文多数是正确的，我略加修正，并加标点，重作释文如下：

姬寏母作太公、墉公、□公鲁、
仲𠭯、省伯、孝公、静公豆，用祈
眉寿、永命、多福，永宝用。

对于豆铭所列世系，宋代以后再没见到有人作进一步考证。直至 1936 年吴其昌先生著《金文世族谱》，对铭文所述世系才作了新的考证[2]，他将其附会于《史记·陈杞世家》，列入第十篇《妫姓谱》的陈国，所作图表如右（图五）：

金文姬姓女名往往称“姬某母”，如姬莽母（集成 546）、姬趁母（集成 628—629）、姬大母（集成 709）、姬原母（集成 3860）等，女名“姬某母”表示该女为姬姓。如曹公簠“曹公媵孟姬悆母匡簠”（集成 4593），《白虎通·姓名》：“嫡长称伯，庶长称孟。”曹公出嫁女儿，名中“孟”表示她是庶出的长女，“姬”为姓，“悆”为私名，母为彼时对女子的尊称。吴镇烽先生的《商周金文资料通鉴》还记录了一对未见于著录的私人藏器，曹伯盘“曹伯媵齐叔姬盘……”，曹伯匜“曹伯媵齐叔姬匜……”，曹伯姬姓，其女嫁为齐妇，称齐叔姬，其中姬为女姓，叔为排行，齐为夫氏。又比如鲁侯鼎“鲁侯作姬翏媵鼎”，鲁为姬姓，出嫁的女儿称“姬翏”，其中“姬”为姓，“翏”

1 （宋）薛尚功：《历代钟鼎彝器款识法帖》，明崇祯六年朱谋垔翻刻吴江史鉴本，1935 年于省吾据之影印，中华书局据于本再影印，1986 年。

2 吴其昌：《金文世族谱》，台北“中央研究院”历史语言研究所影印本，1991 年。

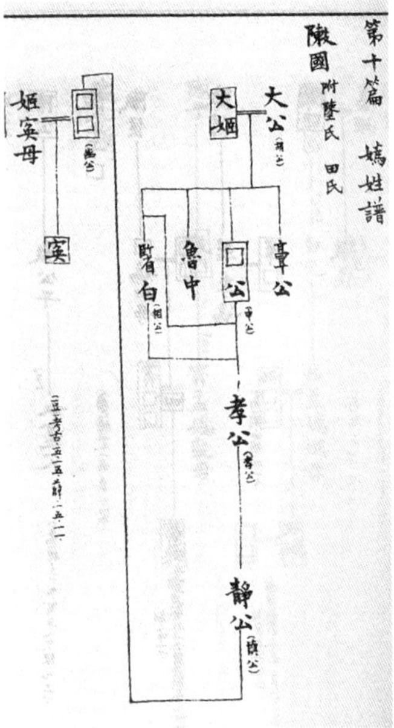

图五 《妫姓谱》之陈国

为该女私名。由此可见，姬窦母豆铭作器者应为一姬姓女子，私名为窦，尊称为母。师㝬钟的作器者师㝬，是一职官为师，名为㝬的男子。铭文中师㝬与姬窦母所崇祀的先祖世系相同，二者应有较密切的关系，且二人父考同为静公，应属同代，不可能是父女或母子的隔代关系，只能是夫妻或兄妹、姊弟关系。

根据周人同姓不婚的原则，姬窦母与师㝬如为夫妻关系，则师㝬必不能为姬姓。姓不同的人，其祖考世系亦必不同，所以师㝬只能与姬窦母同是姬姓，才可以同祀一系祖考，这样，二人是夫妻关系的可能性就应该排除。可以肯定，二人是兄妹或姊弟关系，同为姬姓，分别作器，祭祀同一系祖考。

金文资料表明，西周时女性独自作器祭祀先人是一种并不鲜见的现象。如：

伯姜鼎"……伯姜对扬天子休，用作宝尊彝，用夙夜盟享于邵伯日庚，天子万年，百世孙孙子子受厥纯鲁，伯姜日受天子鲁休"（集成 2791）

溓姬簋"溓姬作父庚尊簋，用作厥后御，孙子其万年永宝"（集成 3978）

虢姜簋盖"虢姜作宝尊簋，用祈追孝于皇考惠仲……"（集成 4182）

在这几件西周青铜器中，伯姜、溓姬、虢姜皆为女性，铭文记录了她们自作青铜礼器祭祀祖考的实况。

不仅如此，西周金文还有为女性"作宗室"和将女性"列于宗室"的记载，如：

尹姞鬲“穆公作尹姞宗室于繇林。唯六月既生霸乙卯，休天君弗忘穆公圣粦明，弼事先王，格于尹姞宗室繇林。君蔑尹姞历，赐玉五品，马四匹，拜稽首，对扬天君休，用作宝齋。” (集成 754)

𤔲伯鼎“邢姬𡚬亦列祖考夌公宗室，有孝祀孝祭，𤔲伯作邢姬用鼎簋。” (集成 2676)

《诗·召南·采蘋》：“于以奠之，宗室牖下。”《传》：“宗室，大宗之庙也。”金文中的“宗室”与文献所指相似，亦指“宗庙”，如：

仲殷父簋

仲殷父铸簋，用朝夕享孝宗室…… (集成 03964)

㝬簋

……肆余以餧士献民，爯盩先王宗室…… (集成 04317)

䞣史𡨦壶

䞣史𡨦作宝壶，用禋祀于兹宗室…… (集成 09718)

晋侯僰马方壶

……晋侯僰马既为宝盂，则作尊壶，用尊于宗室，用享用孝，用祈寿老…… (近出 971)

上述有姞、姬两姓女子分别“作宗室”和“列于宗室”的记载，说明当时女性在宗庙祭祀等宗族活动中，并不完全依附于男性，她们有的地位相对较高，有一定独立性。所以豆铭记载，姬寏母自作铜器祭祀本家姬姓先人，在当时来说，虽属罕见，但也是合乎情理的。

两器铭文的问题是，这一系的祖考是否如《考古图》引用蔡博士的话所说，因为铭文所记祖先有太公、孝公出现，与《齐太公世家》相合，就必是“齐豆无疑”。或如吴其昌先生所说，因为有孝公与铭文相同、相公与铭文相似，遂将其视为妫姓，归入陈世家。

按《史记·齐太公世家》所记：“盖太公之卒百有余年，子丁公吕伋立。丁公卒，子乙公得立。乙公卒，子癸公慈母立。癸公卒，子哀公不辰立。……周烹哀公而立其弟静，是为胡公。胡公徙都薄姑，而当周夷王之时。”其后经献公、武公、厉公、文公、成公、庄公、厘公、襄公、桓公九代始至孝公。按齐国世系，齐孝公为齐桓公太子昭之号，是宋襄公败齐四公子师而拥立之齐君，此时太公至吕伋已有百余年，自吕伋下数，又有十余世，时已进入春秋后近百年。而两件出土青铜器的铭文记载太公以下五世即至孝公，铜器形制所标示的时代是西周晚期，蔡博士的说法所属时代显然偏晚，与器物形制不符。且《齐太公世家》丁公至孝公中间的十余世，与铭文皆无法应合，可见《齐太公世家》之太公、孝公与豆铭之太公、孝公显然不是同一人。再有，姬窦母豆铭文作器者为姬姓，而齐世家为姜姓，神不歆非类，民不祀非族。（《左传》僖公十年）姬姓的后人也不太可能把姜姓的齐国祖先视为自家的世系加以祭祀。因此，蔡博士的话是不可信的。

吴其昌先生所列世系表显然是想用《史记·陈杞世家》来与铭文对应，《陈杞世家》："陈胡公满者，虞帝舜之后也。……姓妫氏。……至于周武王克殷纣，乃复求舜后，得妫满，封之于陈，以奉帝舜祀，是为胡公。胡公卒，子申公犀侯立。申公卒，弟相公皋羊立。相公卒，立申公子突，是为孝公。孝公卒，子慎公圉戎立。慎公当周厉王时。慎公卒，子幽公宁立。幽公十二年，周厉王奔于彘。"吴先生改胡公为太公，□公为申公，省伯为相公，静公为慎公，又把姬窦母配给幽公，整个世系表中，仅一个孝公可以勉强对应，其余都无法应合。况且姬窦母是姬姓，不可能把妫姓的陈国祖先视为自己的先人世系加以祭祀。因此，吴先生将豆铭世系归入陈国的世族谱，也是不能成立的。

笔者以为，若解开铭文所述世系内容的谜团，当从姬姓诸世家中另外排比寻找。《史记·管蔡世家》附记了曹世家的世系："曹叔振铎者，周武王弟也。武王已克殷纣，封叔振铎于曹。叔振铎卒，子太伯脾立。太伯卒，子仲君平立。仲君平卒，子宫伯侯立。宫伯侯卒，子孝伯云立。孝伯云卒，子夷伯喜立。夷伯二十三年，周厉王奔于彘。"《管蔡世家》所附曹国世系之诸伯名与两铜器铭文所述世系中的诸公、伯名基本相同，只是多数爵称有别而已，这恐怕很难用巧合来解释，可以初步断定两个世系乃指同一世系。《管蔡世家》所记西周曹国除仲君之外，如太伯、宫伯、孝伯、夷伯等皆以"伯"称，迟至春秋之后才有公称，如穆公、桓公、庄公、厘公、昭公、共公、文公等。其末代之君称曹伯阳，复回归以"伯"称。

文献中诸侯的爵称，每因资料来源不同而致记载有别，如《管蔡世家》记周宣王时的曹戴伯子为"惠伯"，而同为《史记》的《十二诸侯年表》却称其为"曹惠公"。又如《春秋》记昭公"十有八年春，王三月，曹伯须卒"，《左传》却记"三月，曹平公卒"。杨伯峻先生说"经之曹伯须即曹平公"[1]，《经》称"伯"，而《传》称"公"。金文曹器有曹公簠（集成4593）、曹公盘（集成10144）、曹公子沱戈（集成11120）称曹公，另有曹伯狄残簋盖（集成4019）也称曹伯，皆为春秋时代的器物。曹叔振铎者，周武王弟也，其后人的爵称为公为伯都是可能的，因此可以不必泥于太史公为曹国所定的爵称，其爵称的真实情况，倒是师宝钟和姬窦母豆所记是第一手材料更可靠一些。

1　杨伯峻：《春秋左传注》，第1394页，中华书局，1990年。

《管蔡世家》所记曹国诸伯名与两铜器铭文所述诸公、伯名大体是相对应的，《管蔡世家》叔振铎“子太伯脾”，对应钟铭之“皇祖太公”和豆铭之“太公”，太伯“子仲君平”对应两器铭之“仲臤”，臤与君字形相近，可能《管蔡世家》仲君是仲臤之误。仲君平“子宫伯侯”对应钟铭之“宫伯”，和豆铭之“省伯”，可能宋人著录之豆铭摹写有误，应以《管蔡世家》及钟铭之“宫伯”为正。宫伯侯“子孝伯云”对应两器铭文的“孝公”。孝伯云“子夷伯喜”与两器铭之“静公”世系位置对应，然“夷”与“静”字形相距甚远，不太可能是字形误记，怀疑是《管蔡世家》漏掉了静公一世，夷伯应是静公的下一代。据《史记·三代世表》所记，曹叔振铎与成王同时，太伯与昭王同时，仲君与穆王同时，宫伯与共王同时，孝伯与懿王同时。两器铭文中的“静公”应相当于西周孝王、夷王时代，他的下一代师盉和姬奂母应与夷伯喜同时，与其为兄弟姊妹行，约相当于西周夷王、厉王时代，这样才与《管蔡世家》称“夷伯二十三年，周厉王奔于彘”相合，这与器物所表现的时代也是相符的。更重要的是曹为姬姓，与钟、豆作器者的姓相同，这是断定两器铭所述为曹世系的先决条件。

还有一个问题，较之《管蔡世家》所记，两器铭文中所记曹国世系，在太公以下，多出墉公和封公鲁两世，恰好在《史记·三代世表》中，也有一个反常的记载，西周成王与曹叔振铎同时，昭王与太伯同时，中间康王一世，曹国为空白，而同时的鲁、齐、晋、秦、楚、宋、卫、陈、蔡、燕各国皆有公侯名与康王对应。这可能有两种解释，一是曹叔振铎比召公还长寿，历武、成、康三世，《三代世表》中康王一世的空白，表示叔振铎延至康王末年仍一直在世称曹公。这没有文献根据，似乎不太可能；二是太史公《史记》所依赖的曹国世系数据是断续不全的，他没见过西周康王一世曹国是那个曹公当政，故空置不计，但他可能见过太伯在昭王时代活动的记载，于是就把太伯置于昭王了，这倒是很有可能的。根据两器铭文所述，叔振铎子太伯脾（太公）应主要居于康王世，可能在昭王初年他还在世。召公是历史上有名的寿星，文献不见有叔振铎“寿比召公”的记载，可能他的活动时期，仅限于武王、成王，因此他的儿子太伯脾，应当主要活动于康王昭王两世才对。清马骕《绎史·年表》将振铎子泰伯脾列于康王世，马骕是有见地的[1]。而康王一世据小盂鼎（集成2839）铭文记载至少25年以上，其后的昭王据《古本竹书纪年》记载，在位19年而“南巡不返”，穆王在位是西周诸王中最长的，有40余年与50余年等说法，在这康、昭起码四五十年的时间中，加上部分穆王早期的若干年，还应该再安排曹墉公和曹封公两世，这样才比较合理。至于第五代曹公族之仲臤平，既不称公也不称伯，名中仅有排行“仲”的称谓，则可能他与封公为一世，而是封公的兄弟。《三代世表》把曹国世系与西周王室世系整齐对应的做法，只是便于表格记事而已，实际两套世系相对列，总会有若干错落不齐发生，

1 （清）马骕：《绎史》，文渊阁《四库全书》影印本，上海古籍出版社，1993年。

或两公共事一王，或一公承事两王，皆有可能。两器铭文中的“静公”应相当于西周孝王、夷王时代，他的下一代师寍和姬寏母应与夷伯喜同时，可能与其为兄弟姊妹行，约相当于西周夷王、厉王时代，这样才与《世家》称“夷伯二十三年，周厉王奔于彘”相合，这个时间与器物所表现的时代亦相合。周代是宗法社会，十分重视祭祀中的昭穆次序和宗族谱牒的传承，金文中已发现类似的如史墙盘（集成 10175）、逨盘（文物 2003 年 6 期）等铭文，都十分完整地记录了本家族祖考的谱系，因为两铭所记的微氏家族和单氏家族皆非王族，为了使记载更加确实可靠，还都分别在铭文中将西周王室谱牒作了对应的记载。曹为周王族的一支，无须再赘记对应的王室世系，因而师寍钟和姬寏母豆铭文中就不见对应王室世次的记载。

如果上述分析可以成立的话，那就说明《管蔡世家》在附述曹国世系时有几点缺陷：

第一，错将西周曹国各代爵称一律定为“伯”，实际应如两器铭文所示，西周曹国爵称多数为“公”，个别为“伯”。第二，排列世系有遗漏，据两器铭文及《三代世表》所示，太公以下漏掉了墉公和封公，孝公以下漏掉了静公。第三，个别世系名字错记，如将“仲臤”错记为“仲君”等。《史记索引》解释《史记》列《管蔡世家》而不单列《曹世家》的缘由说：“叔振铎，其后为曹，有系家言，则曹亦合题系家，今附管蔡之末而不出题者，盖以曹微小而少事迹，因附管蔡之末，不别题篇尔。”实际太史公不独立列《曹世家》，自有难言之隐，是因为曹世系流传到汉代已十分模糊，多有缺漏，他难以据此详述所致。

综上所述，经青铜器铭文校正过的西周曹国世系应如下表所示（表一）：

表一　西周曹国世系表

叔振铎 —太公脾 —墉公—┬— 封公鲁
　　　　　　　　　　　└— 仲臤平—宫伯侯—孝公云—静公—夷伯喜

成王——康王——昭王——穆王——恭王——懿王——孝王——夷王——厉王

据《管蔡世家》记载“武王已克殷纣，封叔振铎于曹”。曹地所在，《史记集解》引宋忠说在“济阴定陶县”。曹国的初封地应在山东定陶一带。而记载曹国世系的铜器却两次出在陕西扶风，今岐山扶风一带是西周王室的宗庙所在地，那里始终是西周的政治中心地之一，当时一定曾有一些周王室的宗亲采邑环布四围，两件铜器大概皆出土于曹国的采邑之内。

不仅文献记载的西周曹国史料稀少，青铜器中可定为西周曹国有铭文的青铜器亦不多，到目前为止，仅有的 7 篇曹国铭文，皆出现在东周铜器上。这次师寍钟铭文的出土及其与宋代早年出土的姬寏母豆铭文的对读合证，修正补充了文献的记载，使我们对曹国的西周世系有了更正确的了解。师钟寍和姬寏母豆遂可以确认为西周晚期曹国公室的青铜器，这也是金文中所仅见的西周曹国金文资料。

甲骨文及殷金文中“曹”一律写作“𣇉”，是殷代一方国。“贞，犹伐𣇉，其𢦏。”（合集 6942，一期卜辞）殷金文有天𣇉父乙爵（集成 08864）和天𣇉父癸爵（集成 08956），可能所记族名之𣇉，即卜辞之国族𣇉。𣇉方国的位置，郭沫若以其与“猷（猶）”地相邻推之，认为即今河南滑县南白马城。并引文献证其说：“《左传》闵公二年‘立戴公以庐于曹’者是也。《诗》作漕，《邶风·击鼓》‘土国城漕’。又《泉水》‘思须与漕’，《卫风·载驰》‘言至于漕’，毛传曰：‘卫东邑。’”（卜辞通纂 744）

曹公盘、簠皆 1973 年于河南淮阳县的墓葬出土。《史记·管蔡世家》记载在西周初年，武王克商之后，封其弟叔振于曹，其都城所在地在今山东定陶、曹县一带。《汉书·地理志》济阴郡记有曹国的具体方位：“定陶故曹国，周武王弟叔振铎所封。《禹贡》‘陶丘’在西南，陶丘亭在南。”谭其骧《汉书地理志选释》叙其沿革曰：“故城在今县西北四里，因境内有陶丘，春秋战国时都称为‘陶’。”“秦始称‘定陶’。”“‘定陶’是汉高祖即帝位之地，又是汉初梁孝王以前的梁国国都。”“丘在今县西南七里。丘上又有一丘，形如陶灶，因名陶丘。陶丘是上古时代一个很著名的地方，传说尧尝居于此，故号陶唐氏，‘舜陶河滨’亦指此地，因而为《禹贡》作者所采录。”《左传》定公四年“陶叔授民”，陶叔即指曹叔振铎。《说苑·善说篇》：“赵简子攻陶，有二人先登，死于城上。简子欲得之，陶君不与。承盆疽谓陶君曰：简子将掘君之墓，以与君之百姓市……”此云陶君，即曹君。

曹都山东之定陶原地名为陶，其地与今河南滑县之曹、漕，相距不过百余公里，新地名不排除乃由河南原曹地侨置的可能。

曹桓公三十五年入春秋，曹伯阳十五年灭于宋。然孟子时尚有曹交，有注解称“曹君之弟”。疑曹地即入于宋，宋以封其大夫，如齐封田文为薛公之类。《春秋传说汇纂》曰：“廪不书灭者，晋存其祀而不以灭告也。宋之入曹，或亦当然。孟子时犹有曹交，为曹君之弟；则战国之世，曹尚未亡。盖灭而复存，如陈、蔡、许之类。”以上关于曹国的后世记载，皆为推测之词，可以两存之可也。

北宋太宗太平兴国年间乐史所著《太平寰宇记》卷十三有云：“曹叔振铎……葬定陶县髣山，曹伯廿五世咸葬此。”如这一记载有根据的话，我们就有理由期待考古工作者在定陶一带对曹国公室墓地的发现。

附记：去年底，河南省博物院召开“两周列国文化学术研讨会”，会间台湾“中研院”史语所的陈昭容女士与我讨论了姬寏母豆铭文，她从西周女性社会地位角度看待这篇铭文，指出：“如果姬寏母已婚，尚且作器回原生家庭祭祀祖先，这样的例子是很罕见的。

即使她未婚，也不寻常。”昭容女士曾写过《周代妇女在祭祀中的地位——青铜器铭文中的性别、身份与角色研究之一》[1]，《两周婚姻关系中的“媵”与“媵器”——青铜器铭文中的性别、身份与角色研究之二》等[2]，她一直在关注着金文中的妇女地位问题。近年来也有一些大陆学者在关注这一课题，如曹兆兰的专著《金文与殷周女性文化》等[3]。由女性学者研究古代妇女社会地位变迁历史的繁荣，一时成为金文研究史上一段少见的风景线，她们的研究都以金文为基本资料，冲破中国几千年封建社会贬低妇女地位的重重迷雾，考察女性在古代真实的社会地位和作用，这实质已深入到细致分析当时社会结构形态的领域，是十分有意义的。

过去由于我们没读明白姬寏母豆铭文，所以也无法对其所反映的社会意义引申开来进行分析，今天我们既然弄清了铭文的内容，就应该重视它所透露出的珍贵历史信息。西周是宗法社会，祭祀是社会上的重要的政治活动，祭祀祖先更是诸祭祀活动中核心的一种，该铭记录姬寏母作为一个女性竟然与男性一样可以主持遍祀本家族历代祖考，不论其身份是妇是女，都与我们以前的认识相冲突。我想这不外乎可能作两种解释：一是姬寏母不是一般的贵族女性，她在曹国公室里有异于一般贵族女性的权势和地位，这是当时社会的一个特例，犹如后世封建社会里出现过武则天和慈禧一样，她们虽也是女性，但由于其掌握了国家最高权力，其社会地位当然不可以常理视之；二是我们对两周社会女性地位的了解，还有待深化，也许在西周时代有些贵族女性社会地位比我们通常所理解的要高许多。

说明：本文引用《殷周金文集成》简称为“集成”，引用《近出殷周金文集录》简称为“近出”。

原载《古文字研究》第十六辑，中华书局，2006年

1　见台北《清华学报》第31卷第4期，2001年。

2　见台北《“中央研究院”历史语言研究所集刊》第77本第2分，2006年。

3　曹兆兰：《金文与殷周女性文化》，北京大学出版社，2004年。

论西周金文父祖宗亲辈分称谓

杜廼松

内容提要： 中华民族对祖先的称谓，有着深厚的历史文化积淀，在商周金文和文献中均有一定的反映。近年发现西周长铭铜器中，一些铭文内容为祖先称谓和辈分的研究，提供了新的平台。本文结合甲骨文、典籍等资料，对西周金文中的父祖等辈分称谓进行考证研究，其中尤重“亚祖”“高祖”等的考释和分析。

关键词： 金文　青铜器铭文　宗法制度　考妣　亚祖　高祖　谥法　逨盘

商周青铜时代是我国古代文明的重要阶段，随着生产方式的变化、生产力的进步与提升，在创新多种物质文明的同时，国人的思维也有所发展变化，宗亲制度中的辈分名称和次第排列即是重要内容之一。宗亲制度在我国文明史上是不容忽视的。先秦典籍中虽然也有对辈分世系次第的解释，但一般都是较零散的，值得关注的是，商周金文由于其许多内容都反映了当时礼仪制度和祭祀制度，体现了社会风俗，因而较多地出现有关辈分的称谓，这无疑为宗亲制度的研究提供了可靠的实物文献资料。特别有意义的是，1976 年 12 月陕西扶风庄白一号西周青铜器窖藏出土的长铭铜器史墙盘等器和 2003 年 1 月陕西眉县杨家村出土的逨盘等器[1]，其上长铭除载记有西周王世外，同时也反映了器主家族世系和称谓情况。西周金文祭祖内容，也体现出当时对尊祖敬祖和祖先崇拜意识的加强，以此来维系和加强血缘宗族的关系，巩固贵族国家的统治。对金文内祖先称谓的研究，不但可以获得对先祖称谓的哲理性、次第和制度风俗进一步明确认识，而且对释读铭文含意及对于青铜器的断代等，都有着不可或缺的重要意义。

本文结合甲骨文和文献等有关资料，旨在对金文中父祖及其以上男性祖先的称谓进行探讨。

作者：原研究室，研究馆员。

1　陕西省文物局、中华世纪坛艺术馆等编：《盛世吉金——陕西宝鸡眉县青铜窖藏》，北京出版社，2003 年。

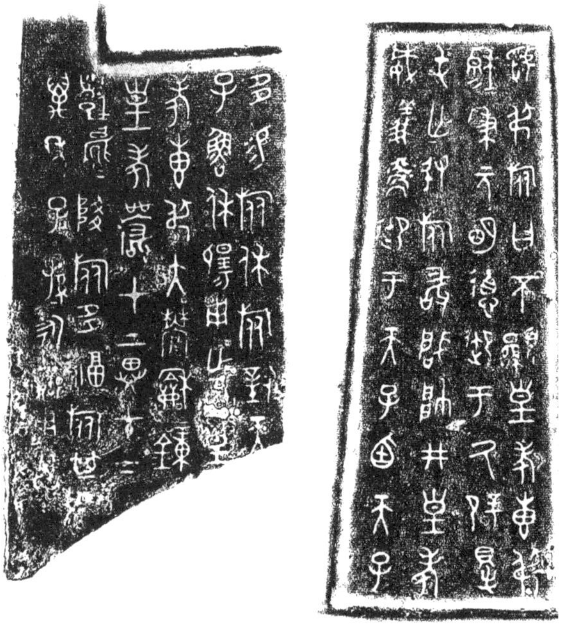

图一　虢叔旅钟铭文

一

《尔雅·释亲》云:“父为考，母为妣。”疏引《礼记》云:“生为父母，死曰考妣。”《说文·老部》记载“考，老也”“老，考也”，“考”“老”互训，说明意义相同，可以相互为用。《说文》对“考”字未涉及辈分上的解释。从《尔雅·释亲》看，直书“父为考，母为妣”。晋郭璞注引《仓颉篇》“考妣延年”，反映了古人对父母生称也作“考妣”。商金文尚未发现有“考”字，西周金文的“考”字，一般作为死去的父亲称谓，如虢叔旅钟铭:“用作朕皇考惠叔大林龢钟”（图一）；仲枏父鬲铭:“用敢享孝于皇祖考”；禽鼎铭：“禽作文考父辛宝鼎”。依铭文内容，虢叔旅钟铭中有“皇考严在上，異（翼）在下”铭，仲枏父鬲铭中有“享孝”铭，禽鼎铭中有“父辛”铭。一般认为日干作为人名，日干为死者之祭日[1]。这些内容显系生者为死去的父亲而作器，对死者称“考”。从西周金文看，《尔雅》对“考”的解释是不完善的，从经典记载推测“考”字最早可能指生父，后演变成父死后称“考”。在西周金文中，父死后称“考”最为典型。《礼记·曲礼下》“生曰父，死曰考”，《公羊传·隐公元年》何休注:“生称父，死称考。”西周金文印证和补充了经典之不足。

金文内“父”字虽然多，但其含义不尽相同，商代金文的“父”字，多为祭祀时的称谓，如“父甲”“父乙”“父丙”等。在商金文祭祀称谓中，尚未发现以“考”代“父”的情况。

1　参见陈梦家《殷墟卜辞综述》，第403～404页，中华书局，1992年。

西周金文中“父”，如“叔硕父作旅甗”“伯墉父作叔姬鬲”等，众多人名中都有“父”字，这里的“父”有着男子之美称“义”。从典籍解释看，商周时代一般对活着的父亲称“父”。商代甲文的有关“父”的称谓辞多见于祭辞，即使非祭辞，其称谓亦多指死者，这表明甲文中对已故的父亲称“父”，与商金文完全一致。可知商人对活着的或死去的父亲称谓均为“父”。由此可推测这时尚未区分对死去的或在世的父亲有不同的称谓。

西周金文“父”作为人名，除有男子之美称之义，也有少数“父”字，是对已故父亲沿袭商人日干的祭祀称谓法而称“父”，如故宫博物院收藏的西周堇临簋铭：“堇临作父乙宝尊彝”，毁尊铭：“毁作父乙宗宝尊彝”，铭文中的“父”，与众多祭祀内容称“考”，其意义都是一致的。因而可知，西周金文对死去的父亲称“考”亦称“父”，而商代仅称“父”不称“考”。

二

从辈分的次序来解释“祖”字，一般指父母以上的先辈，如祖父、祖母、曾祖、曾祖母等。但不论古人抑或今人习俗，都泛指祖先而言。如从文献上看，《诗·大雅·生民》序：“尊祖也。”唐孔达疏云：“祖者，始也。”“祖”实指祖先而言。《说文解字·示部》：“祖，始庙也，从示且声。”宗庙是祭祀祖先的地方，《礼记·中庸》：“宗庙之礼，所以祀乎其先也。”许慎解释“祖”字时，与宗庙联系起来有着更深的意义，正体现“祖”字以宗庙祭祀祖先之义。

关于“祖”字的最早出现，商代甲文和商周金文一般均无“示”旁，而仅仅作“且”，如甲文中的“[illegible]”“[illegible]”“[illegible]”“[illegible]”，分别为“祖甲”“祖乙”“祖丙”“祖丁”等。商代金文“祖”，如作“[illegible]”（历祖已鼎）、“[illegible]”（毓祖丁卣）；西周金文“祖”，如作“[illegible]”（大盂鼎）“[illegible]”（小克鼎）等。这些无“示”旁的“祖”字，可谓是“祖”的雏形。今不少学人认为“且”字是男性生殖器的形状，此说不无道理。在考古工作中，亦常有“石且”实物出土，此亦印证了“且”字成字的渊源，可与祖先崇拜结合起来，而作为祖庙之“祖”，以后又发展成祖先和父祖之“祖”。

商周金文内，尤其是西周金文，在有关祭祀或策命继承等内容里，常提到先辈“祖”，有的并与“考”联在一起，作“祖考”。

金文内容单独提到“祖”的，如：

井叔叔采作朕文祖穆公大钟（井叔钟）

克作朕皇祖釐季宝宗彝（小克鼎）（图二）

今汝盂型乃嗣祖南公（大盂鼎）

毕鲜作皇祖益公尊簋（毕鲜簋）

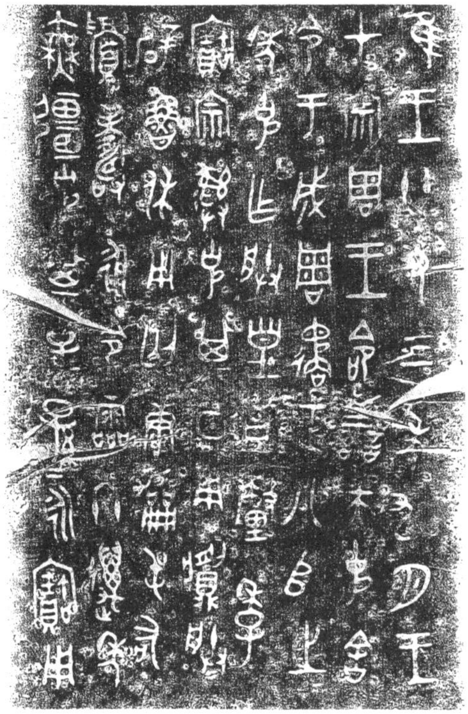

图二　小克鼎铭文

图三　㾓钟铭文

金文内容提到“祖考”的，如：

用抄乃祖考事（豆闭簋）
更乃祖考嗣辅（辅师嫠簋）
用享孝于皇祖考（梁其鼎）

有的金文对“祖”的称谓较复杂，这些较复杂的不同称谓的“祖”，主要出现在西周中晚期的长篇或较长篇金文内。

需要特别指出的是，从辈分排列次序看，“亚祖”在“考”之上，有的金文将“祖父”称“亚祖”，举例如下：“用作朕皇祖南公、亚祖公仲”（南宫乎钟，钟铭不全，此钟是一套编钟之一）。“丕显高祖、亚祖、文考，克明氒心”（图三）（二式㾓钟甲、乙、丙、丁），“……亚祖祖辛䡅育子孙，……文考乙公遽爽，得屯无諫”（史墙盘）；“朕皇亚祖懿中……雩朕皇考龚叔穆穆趩趩”（逑盘）。

金文中将父之父一般称“祖”，同时又称“亚祖”，《说文解字·亚部》载：“亚，……贾侍中说以为次第也。”《左传·襄公十九年》载：“亚宋子而相亲也。”晋杜预注：

“亚，次也。”表明“亚”字在排序上有次一等的意义，这一般应理解为“祖父”要较再其上的“曾祖父”辈低一辈分。我们更注意到，金文中“亚祖”除有“祖父”义外，在有的金文中，同时也涵盖了祖父之上一代或几代祖先的意思。如 1978 年陕西扶风庄白出土的二式𤼈钟（甲）铭文中，其祖先排列为高祖、亚祖、文考，而从史墙盘铭文看，大家共知，史墙为共王时人，从同窖出土的众多𤼈器铭文看，生存在懿、孝时期，因而可推出的“文考”为墙，而二式钟（甲）铭“文考”之上还有“亚祖”“高祖”，𤼈的“亚祖”即史墙的“文考”，𤼈的“高祖”应包括墙的“亚祖、乙祖、剌祖和高祖”，如是的话，𤼈钟铭辈分次序的安排，自曾祖（即史墙的亚祖）以上共四辈即可共同尊为高祖，这与《尔雅·释亲》所云“曾祖”之上一辈为高祖有别。关于“高祖”，后面还要专门探讨。关于“亚祖”称谓，周宣王时期的逨盘铭，逨将“皇考”之父亦是称“亚祖”。一般金文和经典内，除个别长篇或较长篇铭文，如我们所列举的墙盘、𤼈钟和逨盘铭等，并不见“亚祖”称谓。金文中“亚祖”一词的出现可补充文献之不足。

金文“考”“祖”字前面常冠以形容词，有的是一个字作修饰语，如：文考、文祖、皇考、皇祖、烈考、烈祖；有的是几个字作修饰语，如“丕显皇祖考”“丕显皇祖烈考”“皇文烈祖考”等。“祖”“考”前面这些修饰语，都很清楚是赞美“祖”或“考”的，今将几个习见的用语作一阐释，以进一步探讨西周时代父祖称谓中的习惯用语，同时进一步研究古人的谥法起源。

“祖”：可能是指祖父，亦可能指先祖，此处释义将“祖”一律释成先祖。

“文”：《说文·文部》：“文，错画也。象交文。”金文中的“文考”“文祖”，义为有文德的父亲、有文德的先祖。

“皇”：《说文·王部》：“皇，大也。”金文中的“皇考”“皇祖”，义为伟大光辉的父亲、先祖。

“烈”：有“刚烈”之义。“烈考”“烈祖”可释为刚烈的父亲、刚烈的先祖。

“丕显”：《说文·一部》：“丕，大也。”《说文·页部》：“显，头明饰也。”“丕显”金文中习见，多用来称颂、赞美天子和祖先，如颂壶铭：“颂敢对扬天子丕显鲁休。”虎簋盖铭：“丕显朕剌祖考粦明。”“丕显”可释为伟大而彰显的先祖和父亲。

西周金文一些内容有的直接提到“先祖”，如：“肇帅型先文祖，共明德，秉威仪”（叔向父簋），“夙夕敷迪先祖烈德”（师𩛥鼎）。“先祖”，一般应指祖父以上之祖先。金文中还有的直接用当时的简略习语表达被祭祀的对象是“先祖”，例如：“用享孝于前文人”（追簋），“㝬作𩱛彝宝簋，用康惠联皇文剌祖考，其各前文人”（㝬簋），铭文中的“前文人”多指“祖考”以上有文德的祖先。春秋以后的一些器铭较多地提到“先祖”，如：“我以享孝，乐我先祖，以祈眉寿”（邵黛钟）。秦公曰：“我先祖受天命，赏宅受国”（秦公钟）。

从以上所考，知西周金文对父之“考”的称谓一般为“祖”或“亚祖”，从而明确金文“亚祖”称谓的辈分位置。同时也使我们了解到，在祭祀先祖和追颂天子时，如：“丕显文武”（大盂鼎），常常冠以形容词，这些词虽然较为单一，却代表了被祭祀对象生前的“行之迹也”的一种评定，应视为是古人中较早的谥法。

三

西周金文对父、祖以上的历代祖先称谓最典型丰富的内容莫过于共王时期史墙盘和宣王时期的逨盘。先将史墙盘铭文对祖先的称谓中，自“考”以上至“高祖”以下的部分释名如下：

史墙盘：“静幽高祖、微史刺（烈）祖、通惠乙祖、亚祖祖辛、文考乙公”（图四）。

从世系次序可以分析出，史墙盘器主墙的祖先文考、亚祖以上有乙祖、剌祖和高祖，所表述的世系辈分共五世，各世均衔接，并无空缺或一种称谓代表几世的情况。铭文中的“亚祖”是墙的祖父。我们再解释一下“乙祖、烈祖、高祖”。

乙祖：商周金文有关祭祀内容常常标明被祭祀者的辈分和用天干表示被祭祀人的日名，实际上也是某一先世的庙号。有的个别铭文直接加上“日”字，如“用兴厥祖父日乙”。金文中虽然所见“祖乙”一词较多，如“遣作祖乙宝尊彝”，但金文中“乙祖”一词称谓极罕见，我们认为，“乙祖”即“祖乙”的颠倒。有如大家都知道的“楚

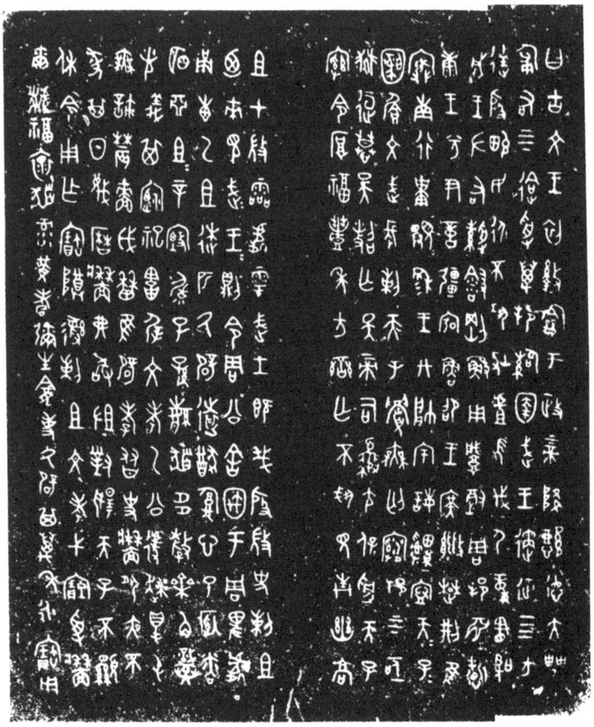

图四　史墙盘铭文

王禽章作曾侯乙宗彝”之曾侯乙。其称谓更具先祖名和庙号的内涵。

剌（烈）祖：“烈”有显烈义，《国语·晋语》：“烈祖康叔。”韦昭注：“烈，显也。”“烈”也有威武之义，《诗·小雅·鱼藻》：“烈之征师”，郑注：“烈烈，威武貌。”由此分析，史墙之烈祖，有其彰显之处，正如铭文所云：“武王既殷，微史剌祖 来见武王”，反映了周武王灭商后墙的烈祖与周王朝的关系，彰显了微史家族的荣耀与功绩。金文中“烈祖”“烈考”的称谓较多，已成当时贵族的习语，如：“用作朕剌（烈）祖召公簋”“用康惠朕皇文剌（烈）祖考”等。

高祖：西周金文提到“高祖”一词的，除史墙盘，逨盘，一式、二式㾓钟外，其余则很少见到。春秋中叶的叔夷钟铭有：“典其先旧，及其高祖”，陈齐因資敦铭：“高祖黄帝”。通观铭文内的“高祖”称谓，均表达为宗族中男性祖先世系辈分中的最高层，即最在上。《广雅·释诂》云：“高，远也。”古籍中的“高”并有“贵”“崇”“尊”“敬”“上”“大”之义。《尔雅·释亲》：“曾祖王父之考曰高祖王父。”表明曾祖之父称“高祖”，是父以上的第四代，依其辈分次第排列为：考、祖（亚祖）、曾祖、高祖。高祖位置在曾祖上，这是文献所针对家族世系的一般规律而言，即使铜器中长铭史墙盘、逨盘所反映的世系辈分次序也有一定变异，这是必须明确的。需要指出，《尔雅》、《仪礼》内虽有曾祖称谓，但金文中尚未见“曾祖”一词。春秋晚期僕儿钟有“曾孙僕儿”铭。曾孙即重孙。分析史墙盘铭祖先称谓次序排列，因盘铭在颂扬穆王后云：“緟宁天子，天子豩缵”，表明器主墙生存在共王时期。上推其“文考”可定位在穆王时期，“亚祖”（祖父）可定位在昭王时期，“乙祖”可推定在“康王”时期，“剌祖”可推定在“成王”，上至“武王”时期，这是因为盘铭在谈到“剌祖”时，“雩武王既𢦏殷，微史剌祖乃来见武王”。表明墙之剌祖已然生存在武王时期了。而盘铭提到“剌祖”之上的“高祖”，铭曰：“静幽高祖在微灵处”，“高祖”应指“剌祖”的上辈，但不能排除在先民思想意识中也包括“剌祖”之上的所有先祖祖先。以上将史墙历代祖先与周王世系次第作了时间关系上的对应，在实际社会生活中不可能这样的整齐划一，墙的历代祖先生活时段与周天子世系间，总有交叉和交错，这是易于理解的。

同窖出土的史墙之子“㾓”所作的钟，铭文反映的世系次第如下：

一式㾓钟铭：“高祖辛公，文祖乙公，皇考丁公。”

二式㾓钟铭：“高祖，亚祖，文考。”[1]

一式㾓钟铭称祖父为“文祖”、二式㾓钟铭称“亚祖”，实则一也。在“文祖”或“亚祖”之上为“高祖”，中间省略了“曾祖”辈，与墙盘铭“亚祖”之上、“高祖”之下还列有“乙祖”“剌祖”不同。很明显，㾓钟铭的“高祖”是从“曾祖”开始算起的。㾓

1　陕西省考古研究所等：《陕西出土商周青铜器（二）》，文物出版社，1980年。

图五　逨盘铭文

的高祖即史墙的“亚祖”，史墙盘铭有“亚祖祖辛”句可证。从一式瘐钟铭“高祖辛公”可推测，二式瘐钟铭在高祖处省略了“辛公”。

众所周知，宣王时期的逨盘铭文（图五）记载了单氏家族八代人辅佐西周王朝文王至宣王的主要事迹。器主“逨”在追颂先辈功绩时，提到的先辈的称谓有一定特色，依铭文前后次序自高祖单公始，排列如下：

高祖单公—高祖公叔—高祖新室仲—高祖惠仲盠父—高祖零伯—亚祖懿仲—皇考龚叔。

以上是逨的前七代，第八代是逨本人。逨盘铭文对男性直系祖先的称谓也有着一定的特点，“考”“亚祖”与当时习俗上常见的称谓名称和次序相同，而自“亚祖”以上的“曾祖”辈开始，上推五代至“高祖单公”，皆称“高祖”，由是知称谓中“高祖”辈分的定位与排列。与史墙盘铭文称谓有别，史墙在“亚祖”和“高祖”之间，列有“乙祖”和“剌祖”。“乙祖”是墙的“曾祖”辈，“剌祖”为“乙祖”之父。逨盘铭如按各先祖称谓次序分析，逨的曾祖辈零伯及其上五辈均已称“高祖”。如按逨盘铭称谓方法，史墙的“乙祖”和“剌祖”也应属“高祖”之列。以上可知两盘铭文在高祖位置排定次序上的一些区别。《尔雅·释亲》云：“父之考为王父，父之妣为王母，王父之考为曾祖王父，王父之妣为曾祖王母，曾祖王父之考为高祖王父，曾祖王妣为高祖王母。”经典表明“曾祖”之上为“高祖”，与逨盘铭文“亚祖”之上辈为“高祖”有别，与墙盘铭文在“亚祖”之上两代后才是“高祖”亦不同。一式㾜钟铭和二式㾜钟铭辈分称谓次序与逨盘铭相同，都是在“亚祖”之上为“高祖”，即“曾祖”辈已称“高祖”了。为清晰起见，将史墙盘铭、逨盘铭、㾜钟铭的有关辈分次序与《尔雅·释亲》中的称谓作一比较，列表说明（表一）。

表一　辈分次序称谓表

器与典籍名称 / 辈分	史墙盘铭（共王时期）	逨盘铭（宣王时期）	钟铭（懿王、孝王时期）		《尔雅·释亲》文
			一式㾜	二式㾜	
自高祖以下辈分排列次第	高祖	高祖	高祖	高祖	高祖
	剌祖	高祖	文祖（亚祖）	亚祖	曾祖
	乙祖	高祖	皇考	文考	祖（亚祖）
	亚祖	高祖			考
	文考	高祖			表述者本人
	史墙	亚祖			
		皇考			
		逨			

新近在湖北襄阳王坡发现的春秋早期的邓公无騠鼎铭，有“其用追孝朕皇高祖”句[1]，器主邓公无騠直言追孝“高祖”，我们分析，这里的“高祖”并非单指某先代之上的“高祖”，而是有如西周中期的追簋铭所云的“前文人”，是指有文德的所有前代祖先。

从以上对金文与文献的“高祖”的考释分析来看，西周金文“高祖”辈分的位置次序可有以下几种情况：①“曾祖”称高祖；②曾祖之父称高祖；③曾祖以上先辈均称高祖；④“曾祖”之祖称“高祖”；⑤“前文人”代表前代祖先，“高祖”自应包括在内。

《尔雅·释亲》注：“高者言最在上”，但《礼记·丧服》云：“高祖”之上还有“始祖”，在“礼不王不禘”的制度规定下，只有天子可以大祭郊天进行禘祭，禘祭中“王者禘其祖之所自出，以其祖配之”，郑注曰：“始祖感天神灵而生，祭天则以祖配之。”“始”，大凡自有初始、开始、开首之义，“始祖”可理解成在高祖之上的最早的祖先。从经典看，当时只有天子可祭祀“始祖”，西周金文中尚未发现有祭“始祖”的情况。在很少的可定为王器的铜器内，也尚无此内容。西周金文内最高辈分只列到“高祖”，这是因为器主身份均属王臣，“名位不同，礼亦异数”，依据礼乐制度规定，自然是没有资格祭“始祖”的。对“始祖”的奉祀，仅仅是天子一人的独有权利。

1　湖北省文物考古研究所：《襄阳王坡东周秦汉墓》，科学出版社，2005年。又原铭释文的“追考”，应为“追孝”。

四

根据对金文考释与论述的男性父祖及以上辈分的称谓，尤其是“亚祖”“高祖”的定位，可指出以下几点主要意义：

第一，可以使今人对离现代三千年左右的商周时代的人们对先辈的称谓有所了解与认识。尤其是辈分称谓的最初意义，各辈分之间的关系，不同金文在称谓上的一些差别，金文与文献在称谓上的相同点与不同点，及其微异等，这对补充和校对古籍、通读金文等都有着重要意义。

第二，西周国家是靠血缘关系，实行宗法制度以维系国家的统治。宗法制度有大宗和小宗，但无论是同姓抑或异姓贵族，其大宗或小宗本质都是为维系家族制度下的宗族利益和国家统治[1]。对西周金文中的男性辈分称谓的研究，有助于对宗法制度的深入理解，以及探讨西周与殷商时代宗法制度上的同异和发展。

第三，金文所反映的用“彝器”对父祖先辈的祭祀，充分反映了当时的“孝行”思想。在西周金文中，常有“作宗彝”“作宝彝”“作尊彝”等名，经典也有“作彝器”等相关内容[2]，晋杜预注：“彝、常也，谓钟鼎为宗庙之常器。”众所周知，“孝”与“德”“礼”等是相辅相成、互为表里的。“国之大事，在祀与戎”，祭祀祖先等诸事，是实现孝道的重要形式与内容，这在商周金文中屡见不鲜。“追孝”“享孝”等有关的具体内容，不但对研究西周历史、礼仪制度、社会风俗等有着重要意义，而且在孝行中单一辈分与几代辈分的排列，对研究“孝”的思想内涵及其发展变化亦具有重要价值。许多金文还反映了在对先祖“孝”的同时不忘各种“德”，如著名的师訇鼎铭文就是这一内容的范例。大量金文资料证明，对父祖先辈的祭祀，也体现了西周社会对德、礼、孝的融合。

第四，金文祭祀祖考等先辈内容，为青铜器断代，确定单件或群体铜器所属王世都提供了可靠依据。前据史墙盘铭文，铭文本身内容表明史墙生活在周共王时期，这样就可以基本上推出他的“考”“亚祖”等生存的时间，大致属西周穆王、昭王时期。对金文内容辈分上的分析与研究，常常对确定某件、某些件铜器分属某王世或相对年代，具有重要价值，为西周时代青铜器可以找出更多的标准器，为断代分期提供了更多准确的基础资料，从而不断推进这一学科的深入研究。

原载《故宫博物院院刊》2010年第3期

1 参阅郭沫若主编《中国史稿》第三章第三节，人民出版社，1976年。

2 《左传·襄公十九年》。

故宫博物院所藏商周青铜簋的分期断代

李米佳

内容提要：故宫博物院收藏的商周青铜簋大多系传世品，其中不乏重要的精品。随着考古发现的增加，青铜器的研究也有了很大的发展。以此为据，结合院藏商周青铜簋的具体情况，吸取考古类型学已有的研究成果，将故宫博物院收藏的传世青铜簋依照器型、纹饰的特征和演变，再参考铭文内容，排出一个前后有序的系列，以期做到科学断代并和出土器相互印证。本文选择其中对比条件较典型的器物进行分期断代示例。

关键词：传世器　出土器　分型分式　簋　垂珥

国内运用考古类型学的方法，对青铜器进行分期断代研究，已有王世民等三位先生所著《西周青铜器分期断代研究》[1]。专门讨论青铜簋的文章，以彭裕商先生的《西周铜簋年代研究》[2]为代表，此外，刘启益、李丰、张懋镕先生以及日本的林巳奈夫先生等也对青铜簋作过不同的分期研究。

故宫博物院藏青铜簋大多系传世品，流传过程较为复杂，部分藏品缺乏有效的整理和研究。宋代和清代的金史学家对其中个别铜器的年代偶有论及，大都依据铭文中的内容与文献记载比附或由历朔推设，缺乏对铜器形制、纹饰和铭文的全面考察。尤其是大量无铭文的藏品，所定年代多不可靠。至于花纹、器形残缺之器，则更缺少断代的依据。运用考古类型学的方法，参考国内外的研究成果，从多学科的角度，对院藏青铜簋进行分期断代研究，不但具备可行性，而且可为院藏其他青铜类传世品的深入研究奠定基础。

作者：器物部，研究馆员。

1　王世民、陈公柔、张长寿：《西周青铜器分期断代研究》，文物出版社，1999年。

2　彭裕商：《西周铜簋年代研究》，《考古学报》2001年第1期。

一　故宫博物院藏青铜簋的基本状况和研究思路

故宫博物院藏青铜簋多为传世品，在世界博物馆同类藏品中独占鳌头。据文物总账统计显示，青铜簋有 304 件，包括新字号、故字号、少量残器和器盖。因大多是传世品，缺乏相关的出土资料，更有些在流传过程中，经过了改制、增刻铭文，情况较为复杂，一直未能系统地加以整理。故宫博物院建院近 90 年来，曾经展出、编录的青铜簋类藏品，大约只占全部同类器的 1/10。其中虽不乏重要的精品，但长期以来不为外人所了解，原因就在于有部分藏品在鉴定中尚存争议或未能定性。尤其是器形残缺、无铭文或无花纹的一些青铜簋，缺乏基本的数据和整理，因此不能充分彰显其学术意义。

故宫博物院藏青铜簋有一些是传世器，更多的是早年出土的。由于长时间的辗转流传，曾经的出土器物已经和传世器等同了，既失去了出土地点的辨认，更无法找到当年的伴出器物和原生环境。因之这些传世器无法确定出土的年代序列，在断代上更多的是依靠传统经验。至于和出土地点密切相关的青铜文化方面的地域性研究，也无从谈起。另外，其中是否混杂有后代仿古器也是需要仔细甄别和鉴定的。

王国维曾说的“二重证据法”是指传世文献与出土文献相互印证[1]。那么我们面临的则是传世器和出土器的问题，这就需要打破传统，推陈出新二重证据法。要解决传世器存在的断代、出土地点等问题，需要借用考古类型学方法，即从考古出土的青铜器中，选择出土地点和时代均明确的标准器，以此为标尺，与旧藏的传世器在形制、纹饰上作对比，寻找共同点和相似性，从而重新找出传世器当初的时空与地点。这就是本文倡导的以传世器和出土器相互印证为内容的新的二重证据法。这种断代鉴定方法已为研究者所熟知和采用，尤其是故宫博物院这样以传世器为主要藏品的博物馆，多进行一些横向比较，尽量找出传世器与出土标准器的共性，对于青铜器藏品的断代、定级、辨伪甚至探讨青铜文化地域性的不同表现及其内在联系，都有着不言而喻的重要性。具体来说，有铭簋，或依据铭文与器型之关系，本身就可解决青铜器断代中的重要问题；或有些则有可能充实与其同铭或同器主的器群（组），有益于完整地了解此类器（组）之组合情况，并进一步深化对断代的认识；或有助于从铭文内容出发去解决重要历史问题。无铭文的器物，其器型与纹饰间也存在有机关系。另有些不常见的器型或残器，也都可以从不同角度、不同层面丰富我们对青铜簋的认识。这种研究方式，不仅仅适用于青铜簋，对故宫博物院所藏大量其他传世铜器的整理、研究工作也是非常有意义。

故宫博物院藏青铜簋的整理、研究虽有上述重要意义，但如何整理与研究，研究水平之高低，都会影响这批重要资料的科学利用。故宫博物院青铜簋多传世器，单靠

1　王国维：《古史新证——王国维最后的讲义》，第 2 ～ 3 页，清华大学出版社，1994 年。

自身资料难以建立器型发展的构架，虽然可以参考目前已有的青铜器类型学方面的研究成果，对院藏青铜簋进行型、式的划分，以明确科学谱系，但还无法全面展开。因为，现在对青铜器所做的形式学研究成果中，依据研究者各自采用的不同的分型（分式）标准而有不同的结果与模式，所设标准科学性也有差异，且因考古出土资料缺乏，在各自形式序列中也有缺环。再有就是，西周有铭器物依靠铭文（历日资料）确定时代与形式学序列的联系，也还有更细致的工作要做。所以，对故宫博物院藏青铜簋的整理，已有形式学的研究成果未必能满足借鉴之要求，这就需要研究者结合院藏青铜簋的具体情况，在吸取已有成果的同时，先选取断代对比条件较典型的器物进行分期、断代示例，为以后更深入的研究打下基础。

二　分期断代示例

院藏簋形铜器的数量很多，经过初步排比分析，选取其中形制变化明显的23件进行分型（分式）断代示例。其中商器8件，西周器15件。按其器型可分为三型，即圈足簋、方座簋、三足簋。这比《夏商周断代工程报告集》中关于西周簋的分型要少了两型，即没有四足簋和高圈足簋，但在圈足簋中多了一式三耳簋。

Ⅰ型　圈足簋　19件

圈足簋是簋的最初式样（Ⅰ型），出现在商代早期，即二里岗文化期。它也是所有簋的基本形式，其他簋都是由此演变派生出来的。考古出土物中，圈足簋分式较多，如口部或敛或侈、腹部或深或浅、腹壁或直或斜、有耳或无耳、双耳或四耳等。故宫博物院藏器式样虽相对简单，但圈足簋的数量在簋类器中占有多数，这与上述《报告集》中Ⅰ型圈足簋所占的比例是一致的。

1式　无耳圈足簋。侈口，深腹，圈足。

（1）专簋（图一）。高12.8厘米、口径20.6厘米。颈饰三周弦纹，足饰两周弦纹。器内底有一字铭文“专”（《集成》2918）。章乃器旧藏。属商代后期。

（2）弜簋（图二）。高18.9厘米、口径24.9厘米。方口沿，颈饰一周圆涡纹和鸟纹，有三个兽头凸饰间隔，腹饰方格乳丁纹，圈足上饰一周鸟纹。器内底有一字铭文“弜”（《三代》6.1.2、《缀遗》6.3、《续殷》上32.7、《善斋》8.1、《小校》7.3.1、《集成》2916）。刘体智旧藏。商后期器。陕西长安张家坡M106西周墓出土有方格乳丁圆涡纹夔纹簋，无铭[1]，与之比较，大小几乎相同；但张家坡出土器上的乳丁更长，颈部纹饰上也有鸟纹与夔纹之别。陕西长安张家坡沣毛M1早周墓出土的另一件方格乳丁夔纹簋，无铭，形制特征也很相似[2]。从器型分类来看，这件故宫博物院藏器的

1　赵永福：《1961—62沣西发掘简报》，《考古》1984年第9期。

2　中国社会科学院考古研究所沣西队：《1987、1991年陕西长安张家坡的发掘》，《考古》1994年第10期。

图一　专簋

图二　㢭簋

图三　[illegible]癸簋

图四　耶簋

时代似乎更接近西周早期，但是圈足上的长尾凤鸟纹和较为平坦的乳丁则具有明显的商后期特点。

（3）[illegible]癸簋（图三）。高 12.7 厘米、口径 12.8 厘米。通体以雷纹为地，口下饰蕉叶纹，对称间饰两个凸兽首，腹、圈足饰兽面纹。器内底有二字铭文“[illegible]癸”（《集成》3089）。1960 年北京市文化局调拨，传河南安阳出土。形制近于英国伦敦戴迪野行收藏的旅簋（商后期器）[1]、德国科伦东亚艺术博物馆收藏的妇嫙簋（商后期器），当为同一时期物。

2 式　双耳圈足簋，为圈足簋中最常见的形式。

（1）耶簋（图四）。高 14.2 厘米、宽 25.5 厘米。颈饰夔纹一周，间饰两个凸兽首，足饰夔纹组成的兽面纹。器内底有 3 行 20 字铭文：“辛巳，王饮多亚。……”（《三代》6.49.1、《贞松》4.47、《续殷》上 48.4、《小校》7.43.3、《集成》3975）铭文记述在

1　李学勤、艾兰：《欧洲所藏中国青铜器遗珠》，第 315 页，文物出版社，1995 年。

图五　古亚簋

图六　兽面纹簋

辛巳这一天商王宴请众官员及赏赐等事，并以此纪念太子丁。本器曾被称为逦簋、京簋，从铭文内容看显然是不合适的。章乃器旧藏。商后期器。

（2）古亚簋（图五）。通高22.4厘米、宽26厘米。形制同上器。有盖，盖中有圆握，握两侧各有一系，盖边饰夔纹。器内底有3行16字铭文："己亥，王赐贝，在阑。……"（《邺三》上26、《录遗》147.1-2、《集成》3861）铭文记述在己亥这一天商王赏赐贝等事，并以此为父己作祭器。传河南洛阳出土，章乃器旧藏。商后期器。

以上两簋形制与铭文内容在时代特征上可互为印证，显示了铭文与器型的内在联系，是一组不用比较，通过自身特征即可解决断代问题的铜器。

（3）兽面纹簋（图六）。高14.1厘米、宽25.6厘米。口下饰一周三角雷纹，颈部饰一周夔纹，两面有凸兽首，腹饰连体兽面纹，兽面中央有扉棱。圈足较高，不折边，饰一周夔纹。双耳上端有耸角兽头，下有钩形垂珥。1946年入藏，原定时代为商后期。与上两器不同，无铭文，无法通过形制与铭文互证判断时代。但是其形制特征，除钩形垂珥外，余皆与北京琉璃河M253西周墓出土的兽面纹簋相同[1]。而小钩形垂珥特点，又与陕西宝鸡竹园沟M7西周墓出土的乍宝彝簋之耳同[2]。通过比较可以发现，故宫博物院这件藏器的时代应为西周早期，而非商后期。

（4）枚父辛簋（图七）。高18厘米、宽25.1厘米。颈饰夔纹，中间前后有凸起的兽首，腹饰兽面纹，圈足饰夔纹。器外底饰凸起的蟠龙纹。器内底有1行3字铭文"枚父辛"（《三代》6.16.7、《西甲》6.18、《集成》3202）。清宫旧藏，没有出土地点，但纹饰和铭文内容都是典型的商代后期风格。

（5）䣄亚父丁簋（图八）。通高23.3厘米、宽30厘米。小环耳，敛口，盖、肩及口下均饰阴刻的涡纹，间饰四瓣花纹，足饰两道弦纹，器外底有一凸起的四瓣花纹。

1　北京市文物研究所：《琉璃河西周燕国墓地》，文物出版社，1995年。

2　宝鸡市博物馆、渭滨区文化馆：《宝鸡竹园沟等地西周墓》，《考古》1978年第5期。

图七　枚父辛簋

图八　酗亚父丁簋

图九　易旁簋

图一〇　堇临簋

器内底有 1 行 4 字铭文："酗亚父丁"（《小校》7.58、《集成》3310）。1961 年国家文物局调拨。形制不典型，与上述诸器均不同。但其铸铭"亚"则可归入与其同铭或同器主的器群横向比较。故宫博物院藏同铭器中，除此件簋外，还有鼎、罍、卣、尊、斝等器型。20 世纪 70 年代在山东益都苏埠屯出土了几件带有亚铭文的青铜器，从挖掘的墓穴来看，规模都不小，其中一座还是有四个墓道的大墓。加上众多的带有亚铭记的器物，说明它们所代表的可能是一个大族。此外，早年间苏埠屯还曾出土过一些"亚器"，也有学者就此推测苏埠屯是亚族的墓葬区。商代后期器。

（6）易旁簋（图九）。高 14.3 厘米、宽 29.2 厘米。颈饰垂冠回首夔纹，中间前后饰凸起的兽首，圈足饰长体夔纹。器内底有 3 行 24 字铭文："易旁曰：遣叔休于小臣贝三朋、臣三家……"（《三代》6.51.1、《捃古》2.3.27.2、《从古》12.5.1、《敬吾》下 39.2、《周金》3.107.2、《小校》7.46.1、《集成》4042）铭文记述易旁为答谢遣叔赐给他三串贝和三家奴仆的事，并纪念父丁。郭止亭、方莲卿、刘鹗旧藏。该器著录甚广，流传也经多人之手，一直被认为是西周早期器。经与上海博物馆藏的段簋比较，除圈足上的纹饰不同外，余皆极为相似[1]。段簋因铭文内容中有一定的时间指向，故可

1　图见前揭《西周青铜器分期断代研究》，第 63 页。

图一一　团龙纹簋

图一二　伯作簋

细定为西周中期前段器。似可作为故宫博物院藏易旁簋的时代参照。

(7) 堇临簋（图一〇）。通高16.7厘米、宽33.5厘米。颈、足饰相间的夔纹和涡纹，中有凸起的兽首，腹满饰兽面纹。器内底有2行8字铭文："堇临作父乙宝尊彝。"(《三代》6.40.5、《西甲》6.32、《续殷》上22.11) 清宫旧藏。该铭记述了堇临为祭祀父乙做此簋。1966年陕西岐山贺家西周墓出土史簋，由铭文可知或为西周早期康王时器。二器比较，仅耳部有所不同[1]。

(8) 团龙纹簋（图一一）。通高15.8厘米、宽27.3厘米。腹饰两相对的蜗形夔纹，中有扉棱相隔。圈足较高，上饰一周蛇纹，有四条短扉分割。双耳上端有兽头凸起，双角高出器口，下有长方形珥。无铭。清宫旧藏。该器所有形制特点与陕西宝鸡竹园沟M4西周墓出土的蜗夔纹簋一致。

以上二器通体满饰花纹。由出土器物可知，这种满花装饰年代最晚者，大体在西周中期的穆王时期，此后不再见圈足簋有满花装饰。故此二器时代当在穆王以前。

(9) 伯作簋（图一二）。通高14.9厘米、宽29.2厘米。通身以云雷纹为地，满饰凤鸟纹。器内底有1行3字铭文"伯作簋"（《集成》3293）。清宫旧藏，没有出土地点。1975年陕西扶风庄白西周墓出土簋[2]，为西周中期穆王前后器。美国纽约萨克勒艺术博物馆藏有一件静簋，其铭文内容与陕西的簋有时间上的关联，也为西周中期穆王前后器[3]。故宫博物院藏伯作簋在形制风格上与二者无异，其年代当与之相近。

(10) 㪤簋（图一三）。通高17.8厘米、宽29.2厘米。敛口，有盖，器腹向外倾垂甚扁，圈足外撇。体侧有半环耳一对。器、盖均饰横向瓦棱纹。盖器同铭："唯八月初吉丁亥……用从。永扬公休"（《冠斝》上24、《录遗》160.1-2、《集成》

1　长水：《岐山贺家村出土的西周青铜器》，《文物》1972年第6期。

2　陕西省文化局等：《陕西省宝鸡市出土文物展览》专刊，1975年10月。

3　图见前揭《西周青铜器分期断代研究》，第62页。

图一三　敷簋

图一四　乳丁三耳簋

4099）。荣厚旧藏。与上海博物馆藏品贤簋[1]（传河南出土，西周中期偏早时器）比较，二者仅在耳部略有差异，当为同时期器。另外从二簋的形制可见双耳圈足簋与下一式环耳圈足簋的关系。

3式　三耳圈足簋。

乳丁三耳簋（图一四）。高19.1厘米、宽33厘米。深腹，高圈足外撇，腹外等距饰三兽耳。口下饰目形纹，腹部在菱形格地上饰乳丁纹。清宫旧物，原藏颐和园。三耳圈足簋非常罕见，以致《夏商周断代工程报告集》簋形器中未有列出。但所饰较为平坦的乳丁纹、兽面纹及目形纹都体现了商代无耳簋的造型与纹饰特征，与上述Ⅰ型1式第2器相近，不同的是多了三个兽形耳。法国巴黎色努施奇博物馆也藏有一件三耳簋（史簋），较本器略小，唯垂珥有异[2]。皆为商代后期器。

4式　四耳圈足簋。器前后左右对称各饰一耳。

荣簋（图一五）。通高14.8厘米、宽28.8厘米。浅腹，四兽耳高出器口，有长方形垂珥。腹饰圆涡纹和夔纹，高圈足饰兽面纹。器内底有5行30字铭文："唯正月甲申，荣格……"（《三代》6.49.5、《西甲》6.42、《集成》4121）清宫旧藏。除耳部外，器型、纹饰与1954年江苏丹徒烟墩山西周墓出土的矢簋[3]（西周早期武王、成王时器）极为接近。耳部与现藏美国弗利尔美术馆的大保簋[4]相似（传山东出土，西周早期成王时器），故本器亦应为西周早期器。

5式　环耳圈足簋。此式均有盖，盖、器通饰横向瓦棱纹，兽头耳衔环。

豆闭簋（图一六）。高15.1厘米、宽32.5厘米。侈口，腹侧有兽耳衔环。满饰平

1　图见前揭《西周青铜器分期断代研究》，第65页。

2　图见前揭李学勤、艾兰《欧洲所藏中国青铜器遗珠》，第316页。

3　《江苏省五年来出土文物展览会》专刊，第1～3页，江苏省博物馆筹备处主办，1955年。

4　图见前揭《西周青铜器分期断代研究》，第59页。

图一五　荣簋

图一六　豆闭簋

行的瓦棱纹。器内底有9行92字铭文："唯王二月既生霸辰在戊寅，王格于师戏于大室。井伯入佑豆闭……"（《三代》9.18.2、《窸斋》10.10、《奇觚》4.15、《周金》3.26、《大系》60、《小校》8.65.2、《冠斝》上25、《集成》4276）传西安出土，辗转流传于潘祖荫、盛昱、多智友、荣厚等多人。该器断代在铭文和器形上有迹可寻。铭文中井伯作为右者的内容还在多器上出现过，如藏于上海博物馆的师虎簋[1]（懿王前后器）、《西清续鉴甲编》中的走簋（恭王前后器）及师毛父簋、利鼎等。器形与1959年陕西蓝田寺坡村出土的询簋[2]（恭懿时器）、1974年陕西扶风强家村青铜器窖藏出土的即簋[3]（恭懿时器）、藏于中国国家博物馆的乖伯簋（懿王前后器）等器相同，应是同时或年代相近之器。故该器断代可由原来笼统的西周中期，详考至恭懿时期。

6式　附耳圈足簋。双附耳，器形似盂。

（1）𤔲簋（图一七）。通高19.2厘米、宽24.5厘米。盖与器有子母口相合，器腹两侧有附耳一对。盖、器通饰横向瓦棱纹。盖、器对铭，各5行44字："唯十又二月既生霸丁亥，王使荣蔑历令封邦……"（《三代》8.49.1-2、《两罍》6.24、《从古》6.23、《清仪》1.37、《捃古》3.1.22、《窸斋》11.14、《小校》8.45.2、《集成》4192）吴云、张廷济旧藏。器型同于上述3式簋而作附耳，亦属西周中期器。

（2）太师虘簋（图一八）。通高20.7厘米、宽30.2厘米。盖、腹饰直列瓦棱纹，双耳作兽头状。盖、器同铭，各7行70字："正月既望甲午，王在周师量宫……"（《集成》4251）国家文物局调拨，传1941年陕西西安出土，一对，另一件现藏上海博物馆。形制与以上诸器均不同，《夏商周断代工程报告集》中将此器列在附耳圈足簋一式，

1　图见前揭《西周青铜器分期断代研究》，第67页。

2　段绍嘉：《陕西蓝田县出土弥叔等彝器简介》，《文物》1960年第2期。

3　吴镇烽、雒忠如：《陕西省扶风县强家村出土的西周铜器》，《文物》1975年第8期。

图一七　𮅕簋

图一八　太师虘簋

考证为西周中期约当孝王前后器[1]。今从，不再赘述。

（3）不寿簋（图一九）。高15.8厘米、宽33厘米。侈口，腹壁略直，双附耳。颈饰以云雷纹为地的窃曲纹。器内底有铭文4行24字：“唯九月初吉戊辰，王在大宫。王姜赐不寿裘。对扬王休，用作宝。”（《集成》1794）清宫旧藏。因铭文中有王姜出现，论者常把其定为西周早期昭王时器。但以所饰窃曲纹论[2]，宜为西周中期器。

Ⅱ型　方座簋　2件

方座簋是簋形铜器的第二种型别（Ⅱ型）。所谓方座簋，就是将簋体和方座连铸在一起，最早出现在西周初期，其演变发展直至战国以后。西周方座簋可按耳的多少和样式分为几式，但故宫博物院藏器仅双耳方座簋一式。

1式　双耳方座簋。方座簋的主要形式：有盖或无盖。

（1）作宝彝簋（图二〇）。通高25.5厘米、宽30.7厘米。侈口方唇，鼓腹，圈足下有方座。兽耳高出器口，垂珥较低。腹和方座饰凸起的大兽面纹。器内底有1行3字铭文“作宝彝”（《集成》3266）。清宫旧物，原藏颐和园。1976年3月陕西临潼零口公社西段大队发现一处西周青铜器窖藏，出土有利簋，据其铭文可定为武王时期器[3]。作宝彝簋与其形制无异，铭文字体相近，故也可定为西周早期武王时期器。

（2）格伯簋（图二一）。通高23.5厘米、宽30.8厘米。颈饰夔纹和圆涡纹，前后中间铸凸起兽头。兽耳下端似象鼻卷曲。腹饰直棱纹，方座饰直棱纹并围以圆涡纹和窃曲纹。器内底有8行83字铭文：“唯正月初吉癸巳……”（《三代》9.15.1、《十六》2.1.1、《怀米》下28、《捃古》3.1.82.2、《愙斋》9.16.1、《敬吾》下8、《周金》3.30.1、《大系》66.2、《小校》8.64.2、《集成》4263）1958年收购，钱坫、曹秋舫旧藏。铭文内容记

1　图见前揭王世民、陈公柔、张长寿《西周青铜器分期断代研究》，第70页。

2　《吕氏春秋·适威》：“周鼎有窃曲（一作穷曲），状甚长，上下皆曲，以见极之败也。”盛行于西周中晚期。

3　《文物》特刊34，文物出版社，1977年。

图一九　不寿簋

图二〇　作宝彝簋

图二一　格伯簋

图二二　师酉簋

录了以物易田的交易。此类铭文内容，多见于西周中期恭王前后器。格伯簋现存世三件，另两件在上海博物馆和中国国家博物馆，可互为印证。

2式　附耳方座簋。《夏商周断代工程报告集》中关于方座簋的分式有此一式，故宫博物院此类藏器极少，形制变化不成体系，故本文暂不涉及。

Ⅲ型　三足簋　2件

簋的第三种型别是三足簋（Ⅲ型）。特点是在圈足簋的下面再加三足。西周初期，与三足簋并行的还有四足簋，但发展历史较短。《夏商周断代工程报告集》中虽有四足簋的分型，但可作比对的资料不多，故本文暂不涉及。

1式　三足簋中最常见的形式。圆形鼓腹，双兽头耳，圈足下有三兽形短足。盖、腹饰瓦纹，盖边、口下及圈足上多饰窃曲纹或重环纹。

师酉簋（图二二）。通高23.5厘米、宽30.8厘米。盖、腹饰瓦纹，盖边、口下及圈足上饰重环纹。盖、器同铭，有11行106字："唯王元年正月，王在吴，格吴大庙……"（《三代》9.21.2、《积古》盖6.23.1、《据古》器3.2.28.2、《两罍》盖6.15.1/器6.17.1、

图二三　扬簋

《愙斋》9.12.1、《奇觚》盖 4.22.1-2/ 器 4.24.2、《古文审》7.11、《周金》3.20.2、《大系》76.1-77.2、《小校》8.69.2-70.2、《集成》4288）阮元、吴云、金香圃旧藏。此类形制、纹饰器物在中国国家博物馆、上海博物馆、湖北省博物馆等均有收藏。1975 年陕西岐山董家村青铜器窖藏也可见类似出土[1]。均为西周晚期器。

故宫博物院藏器中属于此式的还有著名的颂簋、仲枏父簋等，不同的是它们的盖边、口下均饰窃曲纹，同属西周晚期器。

2 式　环耳三足簋。基本是在 I 型 5 式环耳圈足簋下加三足而成。

扬簋（图二三）。高 18.7 厘米、宽 21.6 厘米。腹饰瓦纹，口下及圈足上饰窃曲纹。足尖上卷似象鼻。器内底有 10 行 107 字铭文："唯王九月既生霸庚寅，王在周康宫……"（《三代》9.25.1、《愙斋》11.16、《周金》3.24.1、《大系》102.1、《小校》8.72.2、《集成》4295）1957 年收购于上海。除上扬的卷足外，器形、纹饰与 1977 年陕西澄城出土的王臣簋[2]（西周中期孝王前后器）相近。1961 年陕西长安张家坡青铜器窖藏出土的五年师簋[3]（西周中期夷王前后器）之足与扬簋之足一致，故扬簋年代应与二器相近，同属西周中期器。

小结

商周青铜簋发现日多，大都可以根据出土的地坑、形制、组合确定其年代的早晚，有的甚至根据铭文还可推断其所属的王世。因此故宫博物院藏传世簋的年代可以据此排定。本文从故宫藏商周簋中选取 23 件进行分型分式，共分为 3 型 9 式。用考古类型

1　陕西省考古研究所等：《陕西出土商周青铜器（三）》，文物出版社，1980 年。

2　图见前揭《西周青铜器分期断代研究》，第 98 页。

3　中国社会科学院考古研究所：《长安张家坡西周青铜器群》，文物出版社，1965 年。

学的方法，与出土器和其他博物馆藏器进行横向比对，力求寻找故宫博物院藏传世簋的出土地域风格，并表现其发展和演变过程。从中可以看出，圈足簋（商早期至西周中期）、方座簋（西周早期至西周中期）和三足簋（西周中期至西周晚期）大体是一个顺序演变的过程，每一期都具有各自的特点，但在器型上又都继承了上一期的传统，纹饰装饰也是如此。具体情况如下：

殷商前期簋形似碗，无耳或有二耳。

殷商后期，第一阶段一般仍无耳。第二阶段，带有圆细双耳的簋开始增多，有些还附有珥[1]，并出现了个别的三耳簋。

西周前期，簋多垂腹，兽耳常高出器口。出现双耳或四耳的方座簋，前者如利簋，后者如宜侯夨簋等。

西周后期，垂腹双耳簋仍可见，但宽身矮体，多有盖，弇口，兽耳衔环，圈足下附三足的簋是这一时期最流行的样式[2]。

另有一些故宫博物院藏器也是递嬗特点清晰、风格鲜明的，如簋（西周中期前段器）、追簋（西周中期器）、颂簋（西周晚期器）、谏簋（西周中期孝王前后器）、仲柟父簋（西周晚期器）等。它们或是形制与示例器物类似，或是在《夏商周断代工程报告集》之《西周青铜器分期断代研究》中已有采用，本文不再赘述。

附录：文中引用金文著录简称对照表

简称	全名及相关信息
十六	（清）钱坫《十六长乐堂古器款识考》4 卷，嘉庆元年
三代	罗振玉《三代吉金文存》20 卷，1937 年
大系	郭沫若《两周金文辞大系图录考释》8 册，科学出版社，1957 年
小校	刘体智《小校经阁金文拓本》18 卷，1935 年
从古	（清）徐同柏《从古堂款识学》16 卷，光绪十二年。本文用光绪三十二年学报馆石印本
古文审	（清）刘心源《古文审》8 卷，光绪十七年
贞松	罗振玉《贞松堂集古遗文》16 卷，1930 年
西清	（清）王杰《西清续鉴甲编》20 卷，乾隆五十八年，本文采用宣统二年涵芬楼石印宁寿宫写本
怀米	（清）曹载奎《怀米山房吉金图》2 卷，道光十九年自刻本
两罍	（清）吴云《两罍轩彝器图释》12 卷，同治十一年自刻本
邺三	黄濬《邺中片羽三集》2 册，1942 年

1　大耳下的小附耳，以长方形或勾形为多。

2　参阅杜廼松《青铜器的分期与断代》，《吉金文字与青铜文化论集》，紫禁城出版社，2003 年。

简称	全名及相关信息
周金	邹安《周金文存》6 卷，1916 年
奇觚	（清）刘心源《奇觚室吉金文述》20 卷，光绪二十八年石印本
冠斝	荣厚《冠斝楼吉金图》4 册，1947 年
录遗	于省吾《商周金文录遗》，1957 年
积古	（清）阮元《积古斋钟鼎彝器款识》10 卷，嘉庆九年自刻本
捃古	（清）吴式芬《捃古录金文》3 卷，光绪二十一年吴氏家刻本
清仪	（清）张廷济《清仪阁所藏古器物文》10 卷，1925 年涵芬楼石印本
续殷	王辰《续殷文存》2 卷，1935 年
缀遗	（清）方浚益《缀遗斋彝器款识考释》30 卷，1935 年涵芬楼石印本
集成	中国社会科学院考古研究所《殷周金文集成》，中华书局，1990 年
善斋	刘体智《善斋吉金录》28 册，1934 年
敬吾	（清）朱善旗《敬吾心室彝器款识》2 册，光绪三十四年朱之溱石印本
窸斋	（清）吴大澂《窸斋集古录》26 册，1919 年涵芬楼初版石印本

原载《故宫博物院院刊》2013 年第 4 期

从商代买车提梁卣的修复谈铭文鉴赏

恽小钢

内容提要：卣为古代重要的盛酒器，古代文献与铜器铭文中常有“秬鬯一卣”之说，可见卣是专门用来盛“秬鬯”这一祭祀用的香酒，主要流行于商和西周。买车提梁卣为商代时期器物，现收藏于故宫博物院，由于提梁处出现断裂需要进行修复。笔者在进行修复过程中通对买车提梁卣铭文“买车”的学习与了解，从而对青铜器铭文有了更深刻的认识。

关键词：商代　买车　提梁卣　铭文

一　买车提梁卣的基本特征

买车提梁卣（图一），商代，梁断，无盖，通高22厘米，直径17.5厘米，卣高15厘米。此卣为椭圆腹提梁卣，提梁为三股绳编铜提梁。卣中上部饰有一圈回纹，在器物中央位置有一瑞兽头，卣底上部饰有两道弦纹，该器内底铸铭文“买车”两字。

买车提梁卣提梁处为自然断裂，经过仔细观察，发现断裂处有以前修复焊接时残留的焊锡，故断定此卣为以前修复过，断裂处为焊点开焊造成的新的断裂。

图一　买车提梁卣

二　修理恢复原貌的过程

1. 建立修复资料档案

首先，详细记录器物原始资料，拍摄修复前后

作者：文保科技部，副研究馆员。

图二 修复前

照片（图二、图三），并对整个修复过程进行详细记录，建立修复资料档案。其目的是便于后人查找和研究，为同行及后人提供详细修复资料。

2. 焊接

由于买车提梁卣是文物，应遵守以最少干预，尽量保护文物原貌为总原则。焊接又有铜焊、银焊、锡焊等多种方法。如采取铜焊的方法，由于温度太高，虽然焊接点结实，但仍会对文物造成损伤。所以从文物保护的角度出发，本次修复采取低熔点的锡焊方法。为使其更加牢固、结实、安全，修复准备采取锡焊加铜芯子的方法。

图三 修复完成的提梁

3. 锉口

由于此断口为曾经进行过修复，为此，首先对其断口进行锉口打磨，去除以前修复时残留的焊锡，露出新的铜质，为焊接作好准备。

4. 加工铜芯和机械打孔

手工锉出新的铜质后，需要打孔下芯子。由于买车提梁卣断裂处铜质不是很好，不能用电钻直接打孔，因为电钻震动太大，对文物有破坏性损伤。为使文物尽量不受到损伤，打孔时采取马力较小的电动打磨机，在断梁的两端分别打出直径0.5厘米、深约1厘米的小孔。打的孔要与断梁两侧保持在一条直线上，不能错位，否则断梁在焊接时就会错位，造成不必要的麻烦。铜芯两端锉成方形，这就避免了下芯子时在小孔里打转，使其更加牢固结实。

5. 铜芯子的加工制作

选用直径0.3厘米、长约2厘米的黄铜棍，两头锉成方形，使之插入断梁所打小孔中能严丝合缝。由于提梁的断裂处在拐弯处，所以要掌握好铜棍弯度，经过仔细调整后进入焊接程序。

在焊接前，需把作为铜芯的铜棍一头先用胶粘接固定，然后合上提梁看两边对接点是否严丝合缝。其中，两边的碴口必须对齐后，方可焊接。此法的作用在于避免铜芯在焊接时因未固定到位而移动，使两边碴口因错位而无法对齐，最终导致焊接缝隙过大的现象。

6. 焊接

将焊锡放在提梁断口处和铜棍上，经过加热进行焊接。然后在焊接处进行做色，使之恢复原貌。

7. 做旧复原

做旧也可以认为是整体协调，从质地、色彩、纹饰、锈等各方面最后做总体协调。一笔一笔、一点一点用传统的手工描绘技法使修复处与原器物一样，使之产生仿真的、历尽千年的陈列效果。在做旧的过程中选用矿物颜料进行做色十分重要，矿物颜料色彩鲜明，沉着，色相稳定，覆盖率强，特别是不易发生化学变化，而使色彩保持稳定不变。

三　铭文鉴赏

我国古代青铜器及其铭文内容丰富深刻，是传统文化的重要组成部分，自古以来就受到人们的重视，对其收藏和研究不断延伸，尤其是近年来，在人文和自然科学研究中起到了重要作用。铭文往往记载了古代政治、军事、经济、文化各方面的情况，为研究历史提供了重要资料，并为音乐史、古文字学等提供了重要的研究资料。

青铜器铭文又称金文、钟鼎文，与甲骨文同样为中国的一种古老文字，是华夏文明的瑰宝。它不单单是判断青铜器年代的重要标准，更是器物形制及纹饰方面的标准。青铜器铭文在商周时期已经是一种很成熟的书法艺术，为历代研究书法的人们所重视。从史料学的角度来看，青铜器的铭文因为具有极其丰富而确凿可信的史料价值，显得十分珍贵。古人往往将国家或宗族的大事铭刻其上，并且表现形式多样化。

商代金文呈现两种艺术风貌：一种近似契刻甲骨文的瘦细劲韧风格，笔力瘦劲、字体清爽、刀味浓烈、布局疏朗。一种笔势雄健奇伟，结字阔大开张，尖起尖收，相交处铸痕很重，如“司母戊鼎”。司母戊鼎为中国商代后期（约公元前 16 世纪至公元前 11 世纪）王室祭祀用的青铜方鼎，1939 年 3 月 19 日在河南省安阳市一片农地中出土，因其鼎铸有“司母戊”（图四）三字而得名，是商代青铜器的代表作，现收藏于中国国家博物馆。“司母戊”三字，布白朴拙、神趣精合，方寸之间有不尽气象。笔者修复的买车提梁卣中的“买车”两字（图五）也充分体现了商代铭文的典型特征。

周代是金文的黄金时期，出土的铭文最多，文化史上“殷甲骨”“周金文”并称。西周社会非常重视礼仪，祭器相对较少，礼器、乐器因之大兴，为新的经济关系和宗法制度而歌功颂德，铜器上的铭文也明显增多，纹饰相对减少。西周金文，按其嬗递变化轨迹，可分为早、中、晚三个时期。早期的铭文主要是承殷商金文遗风利簋用笔数竖直纯熟，结体严谨。大盂鼎是西周早期青铜礼器中的重器，因做器者是康王时大臣名盂者而得名，是西周周康王时期著名的青铜器。鼎内壁有铭文 291 字，内容为周

图四　司母戊鼎铭文

图五　“买车”铭文拓片

王告盂，殷代因酗酒而亡国，周代忌酒面与，要盂一定要很好地辅助他，敬承文王武王的德政。同时记载给盂的赏赐。这件周康王时的大盂鼎，是现存西周青铜器中的大型器。造型端庄稳重、浑厚雄伟、典丽堂皇，为世间瑰宝。西周早期的金文有瑰异凝重、雄奇恣放、质朴平宝等数类。大盂鼎属于瑰异凝重这一类，铭文大字，字体庄严凝重而美观，故在成、康时代金文中，以书法的成就而言，当以大盂鼎居首位。中期铭文秀逸柔和、雍容稳妥、平和规矩、充满活力。史墙盘是恭王时之精品，铭18行284字（图六）。铭文分两段，前段称颂西周六世先王之业绩，后段述史墙家史。其书结体均衡，起止皆藏锋，笔画圆润遒美，特别注重书写技巧。晚期毛公鼎为西周晚期青铜器物，道光末年出土于陕西省宝鸡市岐山县。由做器人毛公（厂音）得名。铭文32行499字，乃现存最长的铭文（图七）：完整的册命。共五段：其一，此时局势不宁；其二，宣王命毛公治理邦家内外；其三，给毛公予宣示王命之专权，着重申明未经毛公同意之命令，毛公可预示臣工不予奉行；其四，告诫勉励之词；其五，赏赐与对扬。铭文用笔圆隽精严，结体端庄雍容，布白依器形施曲势，气势磅礴，深得自然之妙，被视为金文中之瑰宝，是研究西周晚年政治史的重要史料。

春秋战国的文字比起西周来更加丰富多彩，各国力量鼎盛，均发展其地域性的文化，文字也流于藻饰秀丽，如以鸟形作为附加装饰的“鸟书”、形似蝌蚪的“蝌蚪文”体等。铭文的特征文字图案化，装饰代替了书史性质，如楚王酓□盘铭文拓片。战国金文还出现了刻凿的工艺，与传统的范畴不同，其艺术情趣又增一色，铭文字体修长优美，极富装饰意味。到战国晚期，青铜器崇尚素面，铭文开始衰落。

青铜器的历史价值主要由铭文来体现。我国青铜铭文的书体或粗犷或瘦劲、或工细或秀美，本身具有很高的书法欣赏价值，同时也是我们研究青铜器的历史及为其断

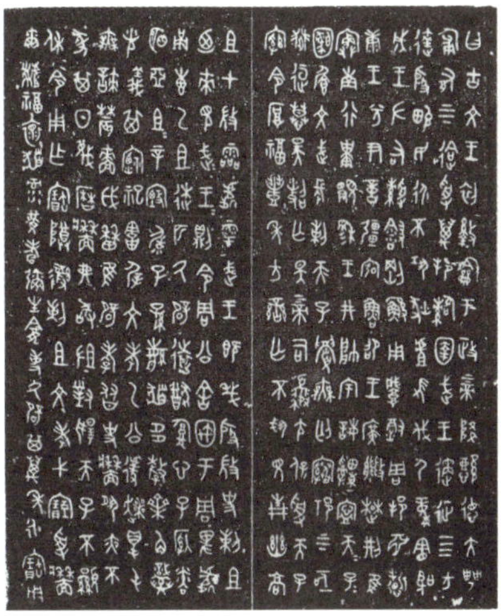

图六　史墙盘铭文

图七　毛公鼎铭文

代与鉴别的重要依据。在做好文物修复与保护工作的同时，也应注重对青铜纹饰、铭文、器形的学习与研究。

原载《艺术市场》2012年第8期

《重修七帝寺碑记》释解

冯贺军

内容提要：七帝寺为定州著名寺院，它与皇室、高官富绅有着千丝万缕的联系。《重修七帝寺碑记》不仅反映了这一历史史实，同时也为研究寺院僧俗组织结构提供了例证。北魏至隋的定州，胡汉并居，信仰杂糅。作为粟特商人的何永康，出资赎寺，成为俗寺主，透露出宗教信仰的复杂性。

关键词：定州　七帝寺　维那　邑义　寺主　祆教　粟特

《重修七帝寺碑记》，也称《惠郁造像记》，原石民国初年在河北定县料敌塔南出土，藏于众春园中，不久即被盗窃，现已下落不明。国家图书馆与故宫博物院均藏有拓本。其最初著录于1934年何其章主持编纂的《定县志》卷一八，王仲荦《北周六典》[1]、荣新江《北朝隋唐胡人聚落的宗教信仰与祆祠的社会功能》[2]等论著对其中“前萨甫下司录商人何永康”所涉及的粟特聚落及祆教信仰等问题进行了论述，详尽的考释当为施安昌《隋刻〈重修定州七帝寺记〉》[3]。本文拟在前贤研究的基础上，对碑记中涉及的七帝寺、维那与寺主、粟特商人何永康信佛的历史背景等问题进行梳理与考释，并求教于方家。

隋开皇五年（585年）《重修七帝寺碑记》：

大隋开皇五年岁次乙巳八月乙酉朔十五日己亥，前定州沙门都故魏七帝旧寺主惠郁、像主玄凝等，以先师僧晕去太和十六年敬造三丈八弥勒金像。至后周建

作者：器物部，研究馆员。

1　王仲荦：《北周六典》，第163页，中华书局，1979年。

2　荣新江：《北朝隋唐胡人聚落的宗教信仰与祆祠的社会功能》，荣新江主编：《唐代宗教信仰与社会》，第385～412页，上海辞书出版社，2003年。

3　施安昌：《善本碑帖论集·隋刻〈重修定州七帝寺记〉》，第155～158页，紫禁城出版社，2002年。

德六年岁次丁酉，破灭大象，僧尼还俗，至七年六月周帝宇文邕因灭三宝，见受迦摩罗之患。权挟天元承帝，改为宣政。至二年，以父坏法破僧，愿造大像，即改为大像元年。但周将灭末，即禅位，大隋国帝主杨坚，建元开皇。自圣君驭宇，俗易风移，国太民宁，八方调顺，护持三宝，率遣兴修，前诏后敕，佛法为首。惠郁共弟子玄凝等，愿欲修理本寺，须复前缘。旧处属他，悲号无及，黍离之咏，泣诵心口。赖摩诃檀越前定州赞治、并州总管府户曹参军博陵人崔子石，前萨甫下司录商人何永康二人，同赎得七帝寺院。价等布金，贵余祇树，一发檀那，双心具施，并为俗寺主。从开皇元年造像头、手，并铸大钟，至五年素起身趺，兼修宝殿。计七匣桂像用布一万七千五百斤，用漆十二斛，黄金八万七千，薄料像及殿合用钱五千七百贯，忽蒙敕旨，大县别听立僧尼两寺。安喜令裴世元、王、刘二尉等以七帝旧所，像殿具兴，遂申州表省，置为县寺，兼导引群僚，劝率二长，详崇结义，尊事伽蓝。并十二州左开府其元兵、右开府和元志、副仪同宇文义，演说军人，契心归善。胡汉士女邑义一千五百人，三邑并心，四方并助。前刺史昌平公元岩、后刺史南陈公豆庐通，并首尾匡究，慰喻经纪，像成殿就，并赖二公。但周帝灭像，患报非轻，劝今世后世，持须尊重。像趺之下，不安宝物，虑有奸盗，破毁须财，敬之敬之，铭示千载。

寺僧昙识：僧道乘、僧宝观、僧修静、僧道泽、僧昺、僧洪顾、僧明儒、僧弁明、僧昙珵合寺一千三百僧。

都维那郭仲渊、王贵洛、刘僧敬、董景宾、卫煞鬼、牛洪、段晕伯、王胡子、许神庆、董叔仁、宋遵、杨零宾、王纯陁、李波利、杨伽。

素像匠邢洪演、赵文远、苏奉仁，漆匠刘松柏、路元和，大殿木匠王胡、李孝威、益君英，铭文王良预，书手刘雅。

铭石匠杨静岩、郭登、郭悦，都当维那东方景仲、刘洪遵。

一　七帝寺

1. 七帝寺沿革

七帝寺之名，最早见于七宝瓶铭，其铭云：

太和十六年，道人僧晕为七帝建三丈八弥勒像、二菩萨，□□文造素。至景明二年铸镌讫竟。正始二年岁次乙酉二月壬寅朔四日，铭旨三州教化。大像用赤金卅六万六千四百斤，黄金二千一百斤；二菩萨用赤金四万六千斤，黄金一千一百斤。大魏今上皇帝陛下，忠慕□追，孝诚通敏，班旨三州，率宣功就，略表始末，铭之后代耳。七宝瓶。前定州刺史彭城王元勰、定州刺史城阳王元鸾。[1]

其后，丰乐、七帝邑义等造龙树思惟残像与正解寺残碑中也有与七帝寺相关的内容。丰乐、七帝邑义等造龙树思惟残像发愿文云：

大魏武定五年岁次乙（丁）卯二月戊辰朔八日，丰乐、七帝二寺邑义人等，慨悼浮俗，生灭难遣，众行缺然，知何目连。故仰为皇帝陛下、师僧父母、边地众生，敬造白玉龙树思惟像一区，详崇供养。[2]

正解寺残碑共四段，残碑内容有：

七帝寺者……所居，因以为名。造弥勒大像一（躯）……（三）丈八尺。高僧硕德，一千三百……兼赞治崔子石……此寺比丘……玄凝，鉴明独悟，志拔风尘，神照挺（生）……上开府仪同三司、定州诸军事、定……史昌平公元岩秉清持白，崇约……使持节……南陈公豆卢通，清明温雅，正直在……（一则）皇孙外翁，二则帝之内戚，……（十）六年，应名胜地，遂诏改为……寺。……（开皇十）六年岁次丙辰四月癸未朔八……刊记。[3]

由是我们大致可以描述出北魏太和（477～499年）时期至隋朝七帝寺的基本概况。七帝寺建于北魏太和十六年（492年）之前，太和十六年，僧晕为七帝寺造三丈八弥勒金像及二胁侍菩萨。弥勒大像至景明二年（501年）始成。此时的七帝寺为定州著名寺院[4]。东魏时期，七帝寺所属邑义仍造像不止。北周建德六年（577年），

1 《定县志》卷一八，第3～4页，民国二十三年（1934年）刊行。但其释文有误，参阅北京图书馆金石组《北京图书馆藏中国历代石刻拓本汇编·北魏卷一》，中州古籍出版社，1989年。国家图书馆尚藏有太和十九年（495年）《七帝寺碑记》，《碑记》云："大魏太和十九年岁次乙亥八月乙酉朔十五日，前定州沙门都故汉、七帝寺主惠郁、玄凝等，以先师僧晕去敕佛法为首，赞治并州总管府户曹参军博陵人军民人等，愿欲修理本寺院，敬造王像敬之，铭永千载。寺僧口识共弟子一千五百僧。"但此碑记为后人伪造，学者已有撰述。参阅史睿《金石学与粟特研究》，见荣新江、张志清主编《从撒马尔干到长安——粟特人在中国的文化遗迹》，第37～39页，北京图书馆出版社，2004年。

2 前揭《定县志》卷一八，第7页。该造像拓本分上下两段，上段即所引用之文，下段为造像僧人名录。此石原在定县众春园，后为岳彬所藏，1957年后由国家文物局拨交故宫博物院。故宫博物院所藏丰乐、七帝邑义等造龙树思惟像，长39厘米、宽17厘米、通高19.5厘米、座高10.7厘米。像已残，无下段。大理石质，基座正面中间为一化生童子，向外两侧依次为狮子、供养人。

3 赵生泉：《〈正解寺残碑〉缀补》，《文物春秋》2003年第4期。

4 唐道宣：《续高僧传》卷二八："乘禅师者……生而能言，自陈宿世不愿处俗。其父任北肆州刺史，随任便往中山七帝寺。"也见于《法苑珠林》卷二六。

受周武帝毁佛事件冲击，七帝寺被毁，寺院被俗人所占。隋开皇五年（585 年），惠郁并弟子玄凝等在前定州赞治、并州总管府户曹参军博陵人崔子石、前萨甫下司录商人何永康二人帮助下，赎回七帝寺院，重造大像及宝殿。此时的七帝寺共有僧人 1300 人，成为县寺。开皇十六年（596 年），七帝寺更名正解寺。此次更名，缘于七帝寺旧名本为元魏帝王祈福，开皇初年，甫复佛法，一切尚未进入正轨，恢复旧制，是其必须。而至开皇十六年（596 年），旧有的名称显然已不适应新的要求，更改寺名，为其必然。何以取名正解，则不得而知。正解寺到唐朝改名开元寺。“七帝寺旧志不载，而七宝瓶铭即在料敌塔南出土，知石之所在，即寺所在矣。……开元寺据《康熙志》云在州治南，开元寺中是塔所在亦即开元寺之故地，与七帝寺同居一隅，决也。其或先名七帝，后改开元，抑或并峙相邻，均无可征。以臆度之，似改七帝为开元，其说较长。”[1]

2. 与七帝寺相关的一些史实

从太和十六年（492 年）到开皇十五年（595 年），七帝寺跨越北魏、东魏、北齐、隋四个朝代。此一时期，定州佛教蓬勃发展，出现了道安、法果、昙曜等在中国佛教史上有重要影响力的人物。道安生在常山扶柳，并在恒山创立寺院，宣讲佛法，成为河北早期佛教精神领袖。法果来自赵郡，因受帝王赏识而被任命为统管全国僧务的道人统。昙曜虽为凉州僧人，但法难之始，便避难中山。复法以后，亲蒙帝诏，赴命京师，升任沙门统。三人的佛教主张相同，都要通过皇帝来推进佛教事业的发展。道安曾言：“不依国主，则法事难立，又教化之体，宜令广布。”[2] 法果将其发展到拜皇帝即是拜如来，将帝王与佛等同视之[3]。昙曜更是不惜花费巨资，在大同云冈开凿大窟，为皇帝祈福[4]。

僧晕造寺，名为七帝，显然是受道安等三人的影响，以给北魏帝王祈福为号召，在定州推广、扩大佛教的影响。所谓七帝，系指北魏开国以来的太祖道武帝、太宗明元帝、世祖太武帝、恭宗景穆帝、高宗文成帝、显祖献文帝、高祖孝文帝。这一做法

1 前揭《定县志》卷二，第 22 页。

2 （南朝梁）释慧皎撰（汤用彤校注）：《高僧传》卷五，第 178 页，中华书局，1992 年。

3 “初，皇始中，赵郡有沙门法果，诫行精至，开演法籍。太祖闻其名，诏以礼征赴京师。后以为道人统，绾摄僧徒。……初，法果每言，太祖明睿好道，即是当今如来，沙门宜应尽礼，遂常致拜。谓人曰：‘能鸿道者人主也，我非拜天子，乃是礼佛耳。’”（北齐）魏收撰：《魏书》卷一一四，第 3030 ~ 3031 页，中华书局，1974 年。

4 “和平初，师贤卒。昙曜代之，更名沙门统。初，昙曜以复佛法之明年，自中山被命赴京，值帝出，见于路，御马前衔曜衣，时以为马识善人。帝后奉以师礼。昙曜白帝，于京城西武州塞，凿山石壁，开窟五所，镌建佛像各一。高者七十尺，次六十尺，雕饰奇伟，冠于一世。”前揭《魏书》卷一一四，第 3037 页。

是仿效平城五级大寺内铜释迦立像及云冈石窟之“昙曜五窟”而来。《魏书·释老志》：“是年，诏有司为石像，令如帝身。既成，颜上、足下，各有黑石，冥同帝体上下黑子。论者以为纯诚所感。兴光元年秋，敕有司于五级大寺内，为太祖已下五帝，铸释迦立像五，各长一丈六尺，都用赤金二十五万斤。”[1] 此处的五位帝王是指太祖道武帝、太宗明元帝、世祖太武帝、恭宗景穆帝、高宗文成帝。“昙曜五窟”中的主尊也是这五位帝王的象征。七帝寺建成之时，又增加了显祖献文帝、高祖孝文帝两位皇帝，故以七帝名之。为帝王造像积累功德，历代不乏其人，而为七位帝王建寺造像，也不仅见于中山七帝寺。宝唱《比丘尼传》卷三《福建寺智胜尼传》：“永明中，……（智）胜舍衣钵为宋齐七帝造摄山寺石像。”[2] 而七帝之数与帝王太庙昭穆之数也恰好相符。“按七帝寺之建，不见于史，而太和十五年魏之太庙始成，迁七庙神主于新庙，当时或以中山重镇，仿建七庙若陪都……既立七庙，刺史元鸾遂造像为七帝祈福。”[3]

定州佛教与皇帝关系密切，帝王与皇亲政要对定州佛教也大力扶持，从北魏至隋初一直未变。

> 太祖平中山，经略燕赵，所经郡国佛寺，见诸沙门、道士，皆致精敬，禁军旅无有所犯。[4]

河北定县出土的太和五年（481 年）石函刻铭云：

> 唯大代太和五年岁在辛酉春二月，舆驾东巡，狩次于中山，御新城宫。……帝后爰发德音而诏群臣曰：夫佛法幽深，应召理玄，非夫触遇斯困，在所致兴，将何以要福冥期，取证来果。遂命有司以官财顾工，于州东之门，显敞之地，造此五级佛图，夏五月廿八日基口始建。二圣亲发至愿，缘此兴造之功，愿国祚延苌，永享无穷，妙法熙隆，灾患不起，时和年丰，百姓安逸，出因入果，常与佛会，与一切臣民、六宫眷属，十方世界，六趣众生，咸同斯福，剋成佛果。[5]

参与七宝瓶铸造的前定州刺史彭城王元勰，“字彦和。少而岐嶷，姿性不群。太

---

1 前揭《魏书》卷一一四，第 3036 页。

2 转引自宿白《中国石窟寺研究·南朝龛像遗迹初探》，第 179 页，文物出版社，1996 年。

3 前揭《定县志》卷一八，第 4 页。

4 前揭《魏书》卷一一四，第 3030 页。

5 河北省文化局文物工作队：《河北定县出土北魏石函》第 253 页，《考古》1966 年第 5 期。另：北魏孝文帝元宏，其生母李氏，为中山安喜人（《魏书》卷一三，第 331 页），其在中山兴建浮图，是否与此有关，则不得而知。

和九年，封始平王，加侍中、征西大将军。……高祖革创，解侍中、将军，拜光禄大夫。复除侍中，长直禁内，参决军国大政，万机之事，无不预焉。及车驾南伐，以勰行抚军将军，领宗子军，宿卫左右。开建五等，食邑二千户，转中书令，侍中如故，改封彭城王。……车驾还京，会百僚于宣极堂，行饮至策勋之礼。命舍人宣旨：'勰翼弼六师，纂戎荆楚，沔北之勋，每毗庙算，从讨新野，有克城之谋；受命邓城，致大捷之效。功为群将之最也。别当授赏，不替厥庸。'"[1] 寻以勰为司徒、太子太傅，侍中如故。世宗即位，以勰为宰辅，勰累表请辞，"世宗难违遗敕，遂其雅情，犹逼以外任，乃以勰为使持节、侍中、都督冀定幽瀛营安平七州诸军事、骠骑大将军、开府、定州刺史。勰仍陈让，又面申前意，世宗固执不许，乃述职"[2]。永平元年（508 年），因馋见害，时人冤之。由《魏书》等记载可知，元勰出任定州刺史的时间是在太和末至景明初。元勰为北魏孝文帝元宏六弟，生前位极人臣，无出其右者。其虽无佞佛之信征，但从本传可知，其为人忠孝，有清名重望。"景明、报德寺僧鸣钟欲饭，忽闻勰薨，二寺一千余人皆嗟痛，为之不食，但饮水而斋。"[3]

与元勰一同参与七宝瓶铸造的刺史元鸾，字宣明，城阳王长寿次子，以武功著称。

> 高祖时，拜外都大官，又出为持节、都督河西诸军事、征西大将军、领护西戎校尉、凉州镇都大将。改镇立州，以鸾为凉州刺史，姑臧镇都大将，余如故。后朝于京师。会车驾南讨，领镇军将军。定都洛阳，高祖幸邺，诏鸾留守。及开建五等，食邑一千户。除使持节，征南大将军，都督豫荆郢三州、河内山阳东郡诸军事。……世宗初，除平东将军、青州刺史。后转安北将军、定州刺史。鸾爱乐佛道，修持五戒，不饮酒食肉，积岁长斋。缮起佛寺，劝率百姓，共为土木之劳，公私费扰，颇为民患。……正始二年薨，时年三十八。[4]

史载元鸾信佛超出常规，致使百姓怨声载道，世宗为此专门下诏云：

> 鸾亲唯宗懿，作牧大州，民物殷繁，绥宁所属，宜克己厉诚，崇清树惠，而乃骤相征发，专为烦扰，编户嗷嗷，家怀嗟怨。北州土广，奸乱是由，准法寻愆，应加肃黜。以鸾戚属，情有未忍，可遣使者，以义督责，夺禄一周，微示威罚也。[5]

1 前揭《魏书》卷二一，第 571 ～ 575 页。

2 前揭《魏书》卷二一，第 577 ～ 578 页。

3 （唐）李延寿撰：《北史》卷一九，第 707 页，中华书局，1974 年。

4 前揭《魏书》卷一九，第 509 ～ 510 页。

5 前揭《魏书》卷一九，第 510 页。

积极支持恢复七帝寺旧貌的隋朝定州刺史元岩，字君山，河南洛阳人。好读书，刚鲠有器局，以名节自许。仕周，释褐宣威将军、武贲给事、内史中大夫、昌国县伯。隋文帝杨坚受禅，拜兵部尚书，进爵平昌郡公，邑二千户。开皇十三年（593年），卒官。《隋书》元岩传中并没有提到其任定州刺史事[1]。元岩的继任者豆卢通为定州刺史，至迟在开皇初年（581年）四月，可知元岩为定州刺史的时间很短。另《隋书》中称元岩为平昌郡公，而碑记与正解寺残碑中则为昌平郡公，不知孰是孰非。

继元岩出任定州刺史的豆卢通，其先人本姓慕容，归北魏后改姓豆卢，祖、父皆有名于时。其人“弘厚有器局。在周，少以父功，赐爵临贞县侯，邑千户。寻授大都督，俄迁仪同三司。大宰冢宇文护引之令督亲信兵，改封沃野县公，邑四千七百户。后加开府，历武贲中大夫、北徐州刺史。……开皇初，进爵南陈郡公。寻征入朝，以本官典宿卫。岁余，出拜定州刺史。后转相州刺史。尚高祖妹昌乐长公主，自是恩礼渐隆。迁夏州总管、洪州总管。所在之职，并称宽惠。十七年，卒官，年五十九”[2]。

豆卢通的伯父豆卢宁，“人伦水镜，当世杞梓，而泛爱居心，回向为业，造罗汉、会宁二寺，铸像写经相继不断”[3]。豆卢通本人也热衷于佛教。山西平定开河寺石窟摩崖像左侧菩萨下崖面刻有：“大隋开皇元年四月八日，禅师静内、师智袭、师僧丰于琅山之所，遂营□益□□人、王众敬、卫崇俊、李永仁、张清、王神和、许洪俊、张洪、卫崇俊、张转胜等，敬造镇国王像双丈八并四菩萨、阿难、迦叶，上为皇帝，臣僚百官，边地有形，一时成佛。大施主使持节定州诸军事南陈郡开国公定州刺史豆卢通，世子僧奴。……”[4]

由是可知，豆卢通任定州刺史时间，是在开皇元年四月以前，开皇九年（589年）“冬十一月壬辰，考使定州刺史豆卢通等上表，请封禅，上不许”[5]。重修七帝寺时，豆卢通正在定州任职。

定州在北魏中后期直至隋朝，一直为战略要地，任定州刺史者或为皇亲国戚，或为朝廷重臣，且多信奉佛教。北魏普泰二年（532年），高欢“废节闵及中兴主而立孝武。孝武既即位，授神武大丞相、天柱大将军、太师、世袭定州刺史，增封并前十五万户”[6]。任大魏使持节都督定州诸军事、骠骑大将军、定州刺史、当州大都督高归彦，为高欢的族弟，深得高欢的赏识与信任，同时，他也是佛教信仰者，其所造之像，发现于七

1 （唐）魏徵等撰：《隋书》卷六二，第1475～1476页，中华书局，1973年。

2 前揭《隋书》卷三九，第1158～1159页。

3 （唐）法琳：《辩正论》卷四。转引自山西省古建保护研究所、北京大学考古学系石窟调查组《山西平定开河寺石窟》，《文物》1999年第1期。

4 山西省古建保护研究所、北京大学考古学系石窟调查组：《山西平定开河寺石窟》，《文物》1999年第1期。

5 前揭《隋书》卷二，第34页。

6 （唐）李百药撰：《北齐书》卷一，第9页，中华书局，1972年。

帝寺旧址，应与七帝寺相关[1]。天保二年（551 年）为定州刺史、加抚军将军、六州大都督的高睿，为高欢之侄，聪慧淳厚，崇佛至孝。“居丧尽礼，持佛像长斋，至于骨立，杖而后起。”[2] 高睿在灵寿县幽居寺为高欢、高澄及父母己身造释迦、无量寿、阿閦佛三尊[3]。幽居寺与曲阳相邻，也为定州所属之地。隋初，隋文帝恢复佛法，七帝寺又在前、后任定州刺史的支持下，重现旧时风貌。

二　维那与寺主

在《重修七帝寺碑记》中，除上述与七帝寺相关的人事外，还涉及寺院的组织结构，下面拟就维那与寺主两个问题，扼要论述如下。

（一）维那

维那（唯那）有“悦众”等多种称谓，为梵文的意译。“寺内但以最老上座而为尊主，不论其德。诸有门钥，每宵封印，将付上座，更无别置寺主、维那。但造寺之人，名为寺主，梵云毗诃罗莎弭。若作番直，典掌寺门，及和僧白事者，名毗诃罗波罗，译为护寺。若鸣犍稚及监食者，名为羯磨陀那，译为授事，言维那者略也。”[4] 义净在《南海寄归内法传》中对此解释道：“授事者，梵云羯磨陁那。陁那是授，羯磨是事，意道以众杂事指授于人。旧云维那者非也。维是周语，意道纲维。那是梵音，略去羯磨陁字也。”[5]

在中国，维那含义有三：其一，为管理僧众事物的官职；其二，为寺院“三纲”之一，负责寺院具体事务；其三，为民间邑义组织的管理者。

1. 僧官

中国最早的僧官制度，要推北魏道武帝皇始年间（396～398 年）命赵郡沙门法果

1　前揭《定县志》卷一八，第 6 页，高归彦造像记：“盖闻般若无源，慈悲有感，众生启寤，孰不尊崇。大魏使持节都督定州诸军事、骠骑大将军、定州刺史、当州大都督、弟子高归彦，不识过去，幸睹现世，凭缘希果，兼修将来。寂相渊微，理非可测，遂乃发此至心，割彼资业，广采名匠，琢饰妙形。粤以武定元年岁次癸亥四月庚申朔八日丁卯，敬造白玉释迦像一区，所愿法幢常建，香津普流，帝道升平，淄素同盛，大丞相勃海王明德弥融，庆流苗裔，家门大小，皆蒙福护，百禄盈朝，七宝曜室，男喆女贤，光显内外，与诸品类，共沾梵泽。”

2　前揭《北齐书》卷一三，第 170 页。

3　刘建华：《北齐赵郡王高睿造像及相关文物遗存》，《文物》1999 年第 8 期。

4　（唐）义净（王邦维校注）：《大唐西域求法高僧传校注》，第 113 页，中华书局，1988 年。

5　（唐）义净（王邦维校注）：《南海寄归内法传校注》，第 172 页，中华书局，1995 年。

为道人统（后改称沙门统），立监福曹管理僧务。姚秦弘始初年（399 年），僧䂮招法师被任命为国内僧主，僧迁为悦众，法钦、慧斌共掌僧录[1]。与此同时，南方也开始实行以僧主为首的僧官制度。宋孝武帝（454 ~ 464 年在位）时，中兴寺僧璩任“僧正，悦众”[2]，慧璩则为“京邑都维那”[3]。此时的维那（都维那）是最高僧官的副贰，协助最高僧官管理全国的佛教事务。在中央和京邑僧官制度逐渐完备后，这一体系又在州、镇、郡、县中实施。“延兴二年夏四月，诏曰：‘比丘不在寺舍，游涉村落，交通奸猾，经历年岁。令民间五五相保，不得容止。无籍之僧，精加隐括，有者送付州镇，其在畿郡，送付本曹。若为三宝巡民教化者，在外赍州镇维那文移，在台者赍都维那等印牒，然后听行。’”[4]永平二年，沙门统惠深上言，“僧尼浩旷，清浊混流，不遵禁典，精粗莫别。辄与经律法师群议立制：诸州、镇、郡维那、上坐、寺主，各令戒律自修，咸依内禁，若不解律者，退其本次”[5]。熙平二年（517 年）春，灵太后令曰：“年常度僧，依限大州应百人者，州郡于前十日解送三百人，其中州二百人，小州一百人。州统、维那与官及精练简取充数。若无精行，不得滥采。若取非人，刺史为首，以违旨论，太守、县令、纲僚节级连坐，统及维那移五百里外异州为僧。”[6]“庄帝初，承丧乱之后，仓廪虚罄，遂班入粟之制。……诸沙门有输粟四千石入京仓者，授本州统，若无本州者，授大州都；若不入京仓，入外州郡仓者，三千石，几郡都统，依州格；若输五百石入京仓者，授本郡维那，其无本郡者，授以外郡；粟入外州郡仓七百石者，京仓三百石者，授县维那。”[7]

2. 寺院“三纲”之一

寺院“三纲”是指上座、寺主、维那[8]。这与古代印度维那为统摄僧众、负责寺院日常事物的值事者之原意基本相同。《百丈清规》卷四：“维那众僧，曲尽调摄。堂僧挂搭，辨度牒真伪，众有争竞遗失，为辨析和会，戒腊资次，床历图帐，凡僧事内外，无不掌之。”[9]中国寺院中的维那也充任这些杂事。“时一僧饮酒，废夕烧香，（法）遇止罚而不遣，安公遥闻之，以竹筒盛一荆子，手自缄封，以寄遇，遇开封见杖，即

---

1 （南朝梁）释慧皎撰（汤用彤校注）：《高僧传》卷六，第 240 页，中华书局，1992 年。

2 前揭《高僧传》卷一一，第 431 页。

3 前揭《高僧传》卷一三，第 512 页。

4 前揭《魏书》卷一一四，第 3038 页。

5 前揭《魏书》卷一一四，第 3040 页。

6 前揭《魏书》卷一一四，第 3042 ~ 3043 页。

7 前揭《魏书》卷一一〇，第 2861 页。

8 “三纲”在魏晋南北朝与唐朝次序并不一样，魏晋南北朝时期为维那、上座、寺主；唐朝为上座、寺主、维那。

9 转引自任继愈主编《宗教词典》，第 988 页，上海辞书出版社，1981 年。

曰：'此由饮酒僧也，我训领不勤，远贻尤赐。'即命维那鸣槌集众，以杖筒置香橙上，行香毕，遇乃起，出众前向筒致敬。于是伏地，命维那行杖三下，内杖筒中，垂泪自责。"[1]"郡守琅琊王荟于邑西起嘉祥寺，以（竺道）壹之风德高远，请居僧首。壹乃抽六物遗于寺，造金牒千像。壹既博通内外，又律行清严，故四远僧尼，咸依附谘禀，时人号曰'九州都维那'。"[2]太和十年（486年），有司奏曰："所检僧尼，寺主、维那当寺隐审。其有道行精勤者，听仍在道；为行凡粗者，有籍无籍，悉罢归齐民。"[3]此一制度在唐朝得以严格确立[4]。"凡天下寺有定数，每寺立三纲，以行业高者充。诸州寺总五千三百五十八所，三千二百三十五所僧，二千一百二十二所尼。每寺上座一人，寺主一人，都维那一人。"[5]

3. 民间邑义组织的管理者

维那的此种含义由于正史文献记载很少，学者们常常将其忽略[6]，而众多造像记中则留下了丰富的材料。邑义是指由在家信徒组成的、以造像活动为主要目的的民间组织。这些邑义一般以一村一姓或者一个家族为单位，地域范畴较小，虽有跨州郡的，但数量较少。除称维那外，还有都维那、大都维那、大维那、副维那、维那头、维那主、行维那、当维那等别称。担任维那职务的，以下述几种情况居多：第一，曾在社会上担任过一定职务并享有一定声望者。瑞士瑞特保格博物馆藏北齐天保八年（557年）《比丘法阴造像碑》："大齐天保八年岁次丁丑四月乙巳朔八日，弟子比丘僧法阴，都维那前龙骧将军……比丘僧法林，都维那前广武郡中正曲梁县令颜买德。"[7]上海博物馆藏北齐武平三年（572年）《马士悦造佛像碑》："都维那辅国将军□□太守上蔡县开国公□□都督中梁二川防坟马方进……"[8]甘肃正宁罗川聂家店村出土的北周保定元年（561年）释迦立像，正面发愿文有："南面唯那骠骑将军都督地连昌，都香火主车骑将军师都督纥奚慎，都唯那都督启宁县平州刺史贾延……"[9]此类事例在造像发愿文中屡见不鲜。第二，家族成员中的族长或地位较高者。河北藁城北贾同村出土的佛造像，便是

1 前揭《高僧传》卷五，第201页。

2 前揭《高僧传》卷五，第207页。

3 前揭《魏书》卷一一四，第3039页。

4 [日]池田温：《中国古代写本识语集录》，《东洋文化研究所丛刊》第11辑，1990年。此书中收录许多唐代僧人任寺院中维那之文献，可资佐证。

5 （后晋）刘昫等撰：《旧唐书》卷四三，第1831页，中华书局，1975年。

6 据笔者所知，仅有郝春文：《东晋南北朝佛社首领考略》，提出"作为僧官的维那与作为佛社首领的维那，不可将二者混为一谈"。但该文没有对此一问题加以详细论述。详见《北京师范大学学报》1991年第3期。

7 台北故宫博物院：《海外遗珍·佛像》，第38页，图34，台北故宫博物院印行，1986年。

8 上海博物馆：《上海博物馆·中国古代雕塑馆》，上海古籍出版社，1996年。

9 张宝玺：《甘肃佛教石刻造像》，第216页，甘肃人民美术出版社，2000年。

以贾氏家族为主的邑义共同组织发起雕造的。其中的俗寺主贾乾德，还兼任维那一职，在总共8尊具铭造像中，他参与了3尊造像，我们推测他在贾氏家族具有较高的地位，故而可以在乡村寺院中充任俗寺主与维那[1]。第三，出资相对较多者。邑义是一种临时性的组织，往往是依据需要组成，特别是与集资造像密不可分。将谁的姓名排在前面，谁是某某造像的像主，除了造像者的社会地位外，主要取决于出资的多少，维那无疑是出资较多者。

还有一种由妇女组成的邑义，其组织结构与普通邑义没有区别，也有维那之称，只是在性别上不同。如国家图书馆所藏西魏大统十三年（547年）《陈神姜等造石像记》，碑阴有"邑师尼普达、比丘尼惠首、比丘尼惠晕、比丘尼普胜、邑主陈神姜、维那冯媚女、维那郭女林、维那陈□□、维那□□□、维那尹男绫、维那张善素、维那郭□容、维那裴小女、维那刘德女、维那马昙花、维那魏先姬、维那郭赐姜、维那郭□光、邑子向阿容……"，碑侧有"维那邵暎姜、维那郑锦绫、维那李阿明、维那郭织女、邑子□小女……"[2]。天保四年（553年）《苏亘朱等造思惟菩萨像发愿文》："大齐天保四年二月廿日，□□村母人合卅二人等，敬造白玉像一区，生者愿在佛□，在往过者妙乐□，□时成佛。维那苏亘朱侍佛、维那刘阿姿侍佛、维那郑明姬侍佛、维那孙僧姜侍佛、维那范金容侍佛、维那路房兰侍佛、维那□雀敬侍佛、李阿容侍佛时、张敬女侍佛时……"[3]天保十年（559年）《文海珍妻周双仁等造像碑》："比丘僧道儒、宁远将军前吏部令史文海珍妻唯那周双仁、鲁伏生妻唯那文花胜、文□标妻唯那□周□□、骠骑将军文束妥妻唯那宋丑女、唯那文徽悦、文安邵妻邑子贾阿戊、文敬显妻邑子周要好……大齐天保十年□□己卯七月丙辰朔四日戊午，佛弟子文海珍妻周双仁□为亡夫敬造石象一区，力小独资，劝率召得邑仪七十一人，共同所愿，象身得成……"[4]

邑义中的维那仿照寺院"三纲"中之维那，但又不完全相同。首先在数量上，邑义中的维那明显要多于寺院中的维那。前引西魏大统十三年《陈神姜等造石像记》之碑阴与碑侧共铭记146人，其中邑师尼1人，比丘尼10人，邑主1人，维那20人，邑子114人。如果抛开出家的比丘尼，其在邑子中所占比例为1/6左右。山东博兴赵楼村大业四年（608年）残碑，背面镌刻造像主姓名，在残存的60余人中，有维那者50多人[5]。《北齐道润等造像记》有维那数十人，直接书写姓名者数十人[6]。其次是名称较多。

---

1 程纪中：《河北藁城县发现一批北齐石造像》，《考古》1980年第3期。

2 北京图书馆金石组：《北京图书馆藏历代石刻拓本汇编》第六册，第11～14页，中州古籍出版社，1989年。

3 （清）端方：《陶斋藏石记》卷一一，藏品现存故宫博物院。

4 前揭《陶斋藏石记》卷一一。

5 山东博兴县文物管理所：《山东博兴华龙寺遗址调查简报》，《考古》1986年第9期。

6 前揭《北京图书馆藏历代石刻拓本汇编》第7册，第81页。

如前面列举的都维那、大都维那、大维那、副维那、维那头、维那主、行维那、当维那等别称，不见于寺院“三纲”中的维那，这些别称反映出邑义组织结构在不同时间、不同区域有细微的区别。其三是不固定性。寺院“三纲”中的维那是按照佛教法规确定的，具有相对的固定性。邑义中的维那往往取决于社会地位和钱财的多少。维那仅仅限于某次造像，随着造像活动的结束，维那的使命也就结束了。下次造像又要依据新的邑义组成，重新排定序次。这也造成同为一人，有时为维那，有时又为邑子、邑正甚至寺主的情况经常出现。

《七帝寺碑记》中出现的都维那，属于维那中的第三种情况，即邑义中的管理与参与者。

（二）寺主

寺主同维那相比，内涵比较单一。由政府僧官直接任命德高望重的僧尼担任寺主者，是我们通常意义上的寺主。《七帝寺碑记》中的“寺主惠郁”便属于这种情况。“周隋之际以至唐初，某些皇家大寺的寺主、上座，由皇帝任命，地位极高。周武帝命昙崇为‘周国三藏’‘陟岵寺主’。以释门领袖兼做皇寺之主，是要借助昙崇的名望，使‘僧尼有序’。周宣帝命高僧法藏继任陟岵寺主；隋炀帝命法藏‘充太平宫寺上座’。隋炀帝为亡母建禅定寺，命昙迁为寺主。”[1] 这些寺主皆为出家修行的僧尼，具有较高的声望，且经过正式的任命。由于僧尼本身没有资产，故寺院的修建除了政府出资建设外，常常是由在家居士出资修建。这些出资的在家居士便被称为俗寺主，借以区别僧尼寺主。在古代印度，最早的寺院便是由世俗人员施舍的。《七帝寺碑记》所云“价等布金，贵余祇树”，便是指印度给孤独长者用大量黄金购置舍卫城祇陀太子园林，建筑精舍，专为释迦说法居住之事。所以义净说：“但造寺之人，名为寺主。”在中国历史上舍宅为寺的记载屡屡可见。这些舍宅为寺之人，通称俗寺主。《七帝寺碑记》中所铭“前定州赞治、并州总管府户曹参军博陵人崔子石，前萨甫下司录商人何永康二人，同赎得七帝寺院”，并称为俗寺主，就属于这种情况。此类事例还见于河北藁城北贾同村出土的河清三年（564年）建忠寺比丘尼贠度等造双弥勒像，其像有“施地造建忠寺主贾乾德”[2] 题记，贾乾德无疑就是俗寺主。这些俗寺主在寺院特别是乡村一级的小型寺院建设与管理中，起着不可忽视的作用。

三　粟特商人何永康信佛的历史背景

《七帝寺碑记》中有“前萨甫下司录商人何永康”一语，“萨甫”究竟为管理粟特聚

1　张弓：《汉唐佛寺文化史》，第365页，中国社会科学出版社，1997年。

2　前揭程纪中《河北藁城县发现一批北齐石造像》。

落之首领，还是负责祆教事物的官吏，学术界有不同的认识[1]。但何永康为粟特商人，并没有疑义[2]。这里，笔者只就粟特商人何永康出资赎寺的历史背景作一探讨，以求较为准确地理解其出现的客观原因。

第一，粟特和相近西域诸国虽信奉祆教，但并不排斥佛教，有时是二者兼信。

西域势力较大的康国，"米国、史国、曹国、何国、安国、小安国、那色波国、乌那曷国、穆国皆归附之。有胡律，置于祆祠，将决罚，则取而断之。……奉佛，为胡书"[3]。三国时在东吴传教的康僧会，其先人也为康国人[4]。于阗国"喜事祆神、浮图法"[5]。"其国出美玉。俗多机巧，好事祆神，崇佛教"[6]。"俗重佛法，寺塔僧尼甚众，王尤信尚，每设斋日，必亲自洒扫馈食焉"[7]。《法显传》云："其国（于阗）丰乐，人民殷盛，尽皆奉法，以法乐相娱。众僧乃数万人，多大乘学，皆有众食。彼国人民星居，家家门前，皆起小塔，最小者可高二丈许。……其国中有十四大僧伽蓝，不数小者。从四月一日，城里便扫洒道路，庄严巷陌。其城门上，张大帏幕，事事严饰，王及夫人采女皆住其中。瞿摩帝僧是大乘学，王所敬重，最先行像。离城三四里，作四轮像车，高三丈余，状如行殿，七宝庄校，悬缯幡盖，像立车中，二菩萨侍，作诸天侍从，皆金银雕莹，悬于虚空。像去门百步，王脱天冠，易著新衣，徒跣持华香，翼从出城迎像，头面礼足，散华烧香。像入城时，门楼上夫人采女，遥散众华，纷纷而下。如是庄严供具，车车各异。一僧伽蓝则一日行像，自月一日为始，至十四日行像乃讫。行像讫，王及夫人乃还宫耳。"[8]高昌国"俗事天神，兼信佛法"[9]。焉耆国"俗事天神，并崇信佛法。尤重二月八日、四月八日。是日也，其国咸依释教，斋戒行道焉"[10]。十六国后赵羯胡石勒、石虎在笃信祆教的同时[11]，也笃信奉佛教。王度上书请求限制佛教，石虎

1 荣新江：《北朝隋唐胡人聚落的宗教信仰与祆祠的社会功能》，荣新江主编：《唐代宗教信仰与社会》，上海辞书出版社，2003 年；姜伯勤：《萨宝府制度源流论略》，《华学》第 3 辑，紫禁城出版社，1998 年；罗丰：《萨宝：一个唐朝唯一外来官职的再考察》，《唐研究》第 4 卷，北京大学出版社，1998 年。

2 荣新江：《中古中国与外来文明·北朝隋唐粟特人之迁徙及其聚落》，第 103 ~ 104 页，三联书店，2001 年。

3 前揭《魏书》卷一〇二，第 2281 页。《新唐书》也有康国"尚浮图法，祠祆神，出机巧技"之记载，见（宋）欧阳修、宋祁等撰：《新唐书》卷二二一，第 6244 页，中华书局，1975 年。

4 前揭《高僧传》卷一，第 14 页。

5 前揭《新唐书》卷二二一，第 6235 页。

6 前揭《旧唐书》卷一九八，第 5305 页。

7 前揭《魏书》卷一〇二，第 2262 页。

8 （东晋）法显撰：《法显传》，第 2 ~ 4 页，文学古籍刊行社，1955 年。

9 前揭《魏书》卷一〇一，第 2243 页。

10 前揭《魏书》卷一〇二，第 2265 页。

11 《晋书》卷一〇七有"龙骧孙伏都、刘铢等结羯士三千，伏于胡天"之记载。唐长孺依据此确认石赵所奉之"胡天"，便是祆教之神。见唐长孺《魏晋南北朝史论丛·魏晋杂胡考》，三联书店，1955 年。

下书云："度议云：佛是外国之神，非天子诸华所可宜奉。朕生自边壤，忝当期运，君临诸夏，至于享祀，应兼从本俗，佛是戎神，正所应奉。夫制由上行，永世作则，苟事无亏，何拘前代。其夷赵百蛮，有舍其淫祀，乐事佛者，悉听为道。"[1]其入主中原，要兼从本俗，而佛是戎神，正所应奉。为了信佛，甚至连淫祀都可以舍弃。这种改变反映出其传统文化中兼信佛教的一面。

第二，在粟特遗存中常常含有佛教内容，而佛教遗存中也伴有祆教内容。

故宫博物院所藏粟特盛骨瓮，正面两侧各有一龛，背后四龛，每龛中坐一神像，无肉髻，面部表情模糊。俄罗斯艾米塔什博物馆中亚考古学家马尔沙克认为神龛中的形象为像佛[2]。这种判断是正确的。其实压模或贴塑佛像在三国魏晋南北朝谷仓罐（也有人认为是魂瓶）上是非常普遍的一种装饰手法[3]，此盛骨瓮则是这种装饰手法的延续。盛骨瓮侧面所刻莲花则是佛教最具象征意义的题材。

粟特遗存中有佛教内容，佛教造像中也有粟特艺术的内涵。青州佛像"5世纪80年代即北魏孝文帝中后期以来，此类见于石窟和散存的薄衣（指受粟特等艺术影响的一种造像风格——引者注）造像，在内地逐步为褒衣博带服饰的造像所取代。值得注意的是，此后半个世纪后的6世纪中叶，薄衣佛像却又以多种样式较普遍地再现于东方。看来，此次高齐佛像的新趋势，大约不是简单的前此出现的薄衣形象的恢复，而与6世纪天竺佛像一再直接东传、高齐重视中亚诸胡伎艺和天竺僧众以及高齐对汉化的某种抵制等皆有关联"[4]。

上述情况表明，信奉祆教的粟特人有信奉佛教的传统，在来华从事商业贸易并保持原信仰的同时，也从事佛事活动。这种佛事活动与汉地佛教的进一步发展相同步，并融合到这一潮流中。《重修七帝寺碑记》所云"胡汉士女邑义一千五百人，三邑并心，四方并助"可作为这一现象的注解。前萨甫下司录商人何永康与前定州赞治、并州总管府户曹参军博陵人崔子石二人同赎七帝寺院，胡、汉两族的代表性人物并为俗寺主，也就成了历史必然。

七帝寺所在的定州作为北魏、东魏、北齐、隋政治、经济、军事中心地区之一，其重要性不言而喻。《重修七帝寺碑记》虽是记载民间出资修建佛寺的碑记，但其追述了七帝寺的历史，从中我们可以得知七帝寺与当时皇室、高官富绅之密切关系。一方面，作为少数民族的统治者，将佛教视为国教，自是借佛教戎神，以强化自身的统治。另一方面，佛教高举为皇帝祈福大旗，借助政治势力，推行自己的宗教信仰。七帝寺及其造像无疑可视为平城五级大寺内铜释迦立像及云冈石窟"昙曜五窟"在定州的翻版。

1 前揭《高僧传》卷九，第352页。

2 施安昌：《善本碑帖论集·北齐粟特贵族墓石刻考》，第371～382页，紫禁城出版社，2002年。

3 贺云翱等：《佛教初传南方之路文物图录》，文物出版社，1993年。

4 宿白：《青州龙兴寺窖藏所出佛像的几个问题——青州城与龙兴寺之三》，《文物》1999年第10期。

此一时期的定州，胡汉并居，信仰杂糅，作为粟特商人的何永康，出资赎寺，成为俗寺主，透露出这种信仰的复杂性。

附记：本文在写作过程中，曾得到施安昌先生的帮助，在此表示感谢。

原载《故宫博物院院刊》2005年第2期

玉器、玉文化及民间藏玉

王亚民

内容提要：玉器是中华文明的见证者，在中国历史上长时间地占据很重要的地位。中国玉器史的发展经历了原玉期、神玉期、王玉期和民玉期四个阶段。本文按照时代顺序，简述了玉器的发展历史。从上古到清朝中国的玉文化有过四个高峰期，新石器时代的神玉期、商周时代的礼玉期、战汉时代的鼎盛期，以及清代的乾隆喜玉期。中国人爱玉，自古有收藏玉的传统，新中国成立后玉器收藏的队伍逐步壮大，并且朝着专业化的方向发展，这将有利于文物的珍藏和文化理念的创新。

关键词：玉器　玉文化　民间藏玉

玉的历史，也就是玉开采和使用的历史，远远超过中华民族5000年文明史。在中国，细数诸多文物艺术，能超过并伴随中华文明，见证华夏民族演进、发展历程者，既非绘画、青铜器、陶瓷，亦非其他文物艺术，而是时间老人的见证者——玉器。玉器，在中国历史上长时间地占据很重要的地位，这是西方文化所没有或少见的。我们有必要把对玉器的研究作为切入点，把考古学的研究与中国传统文化和精神文明的研究结合起来。这是著名社会学家费孝通先生研究玉器后得出的结论。在中国历史上，诸多文物艺术大多是人类发展到一定阶段的产物，譬如青铜器发生在夏、商、周，纸质绘画出现于造纸术发明之后，唐三彩是唐代特有的雕塑艺术，瓷器到唐代趋于成熟、宋代以后才达到高峰，唯有玉器这条实物主线，才能较为形象直观地演绎中华民族的历史进程。

一

中国玉器，即华美温润的玉石从自然界中被开采并经雕琢后，成为人类生产、生

作者：故宫博物院常务副院长，研究馆员。

活必不可少的器具和饰品。这个时间可以上溯到河姆渡文化甚至更远至北京山顶洞人时期。玉器史的发展大致经历了四个阶段，即原玉期、神玉期、王玉期和民玉期。原玉期是从玉器的起源开始，直到新石器时代中期。这个时期先民把玉与石区分，以美石来界定玉，玉的质地、色彩被早期人类所关注，形成了原始质朴的美感。这一时期的玉器制作，从最初仿造石器的钻孔、磨制，逐渐形成独立的琢玉技术。

原玉时期，每一件玉器的产生，首先考虑它的实用性，然后才是它的观赏性。器形主要与早期人类生存有关，大体分为生产、狩猎等实用工具和生活装饰两大类，前者有铲、斧、锛、刀、钺、凿等，后者有钏、环、珠、镯、簪、璜等。也有一些璧、琮等，它们可能是用来祭祀的。形成这种现象之缘由，一是远古时期利用石器进行生产、狩猎或打仗，从石器中分离出来的玉器，较石器更为坚韧、锐利，一件玉兵器、玉工具较同器形石器打造的同类型器具，使用寿命要长得多，效率也高得多。所以，当时拥有一件玉工具、玉兵器，就如同当代拥有新式农机具、武器一样，效率要比一般石制器高出几倍甚至更多。二是早期人类的任务，除了维持生存以外，就是种族的繁衍。这样，男女之间为了吸引异性的注意，本能地要装饰自己。试想当时，在一个鲜花盛开的春日，和风轻拂杨柳，青年男子把那些色泽晶莹的“美石”，经过耐心细致地打磨后钻上小孔，穿上用心捻就的小绳，系在自己爱慕的女子胸前，女子脸庞顿时泛出羞涩的红晕，那是一幅多么动人的场景。那么这块“美石”是什么？这块“美石”就是玉。人类在长期制造工具的过程中，发现玉不同于其他石头，它以细腻的质感、美丽的颜色、温润的光泽为人们所喜爱。北京山顶洞人遗址出土了一些大小一致的白色小石珠和黄绿色穿孔的卵形美石，这是到目前为止发现最早使用玉（泛义玉）的记录。这说明，早在18000年前，早期先民已经发现玉的独特美，并作为装饰品开始使用，以引起异性的关注。这是人类社会的原玉时期。

二

从新石器时代中期始，一直到形成国家的夏朝，人类社会进入神玉期。新石器时代中期，人的意识和思维相比原始状态有了很大提高，开始思考人与自然、物质与精神、生与死的关系问题，但是这种思考还是不成熟的。譬如，当时认为梦中的景象不是人身体的作用，而是独立于身体之外灵魂的活动。人活着的时候，灵魂寄居于人体之内，人死之后，灵魂依然存在。灵魂不死的观念，长期以来为人们所认同。在古人看来，鬼神的威力远大于人，人在世间许多无法解决的自身问题，诸如生死、疾病等，都可以企求冥冥之中的鬼神。同时，石器时代生产力极其低下，人们认识自然、适应自然的能力较弱，对电闪雷鸣、刮风下雨、地震海啸等自然现象无法作出合理的解释，因此认为宇宙万物皆有神灵存在，不论宇宙自然还是人类社会，都由神灵主宰。人们为了生存和更好的生活，要不断地在祭祀中与神灵沟通，在祈求得到神灵启示、眷顾的仪式中，渐渐形成了专业“巫师”队伍。

在长期祭祀活动中，巫师发现了玉不同于当时其他材料的特点，即玉除了坚韧、色美之特性外，还随着季节的变化、时间的推移，表面越发光洁润泽。同时，玉之洁净细腻如果肉、光泽油润似脂肪，容易使人想象为食物。史前社会以及整个古代社会，吃饭穿衣是人类第一需要，农耕、狩猎、采摘等都是为了满足人们饮食生存的第一需求。人们所进行的祭祀活动，主要目的就是祈求神灵保佑，四季风调雨顺，人们获得充足的食物。巫师在祭祀中，将像美食般的玉摆陈出来，以玉事神。《山海经》就这样记载：人需要以谷物、肉类和果实为食物，黄帝以“玉膏”为食物，神灵以“玉”为食物。其实，玉供神食用仅是玉众多功能之一。

玉的诸多物理特性，使玉具有巨大的想象空间。巫为玉注入了神性，玉便成为巫与神沟通的媒介。巫不是神灵，但可以通过玉了解神灵的旨意，并逐渐成为利用玉与神灵沟通、管理氏族部落的精英。巫为了维护其统治，掌管各种祭祀活动，专门制造神器，垄断了玉的使用和解释的权力。随着母系社会向父系社会的转变，利用玉掌管部落和祭祀的巫，成为在经济上占有绝对优势的巫觋贵族。由于对资源的不断需求和垄断的渴望，不同部落之间经常进行战争，许多部落通过战争这种手段，兼并了弱小部落，形成了社会规模更大的酋邦。作为酋邦首领的巫觋出于统治的需要，大规模发展玉器制作技术，使得史前玉器空前繁荣。

传说中的黄帝、炎帝、颛顼、帝昊，以及西王母等神话人物，并不是古人凭空捏造的，他们应该是远古社会集政治、宗教、军事于一体的酋邦首领（巫觋）。他们既是政治领袖，又是宗教领袖，并且所掌管的宗教权力，远远超过他们的政治影响力和军事统摄力，这样的看法，可以从近几十年来的考古成果中找到例证。在红山文化、良渚文化遗址中，发现了大型祭坛等宗教性建筑遗迹以及大量玉神器。玉神器包括巫事用的法器、装饰以及祭祀不同神灵的器物，如红山文化中的勾云形器、龙首玦、发箍、丫形器，以及神人、龙、龟等；良渚文化的琮、璧、璜、钺以及山形器等，而琮、璜、钺、山形器等器物上的神人兽面图案，应是良渚文化部落的最高神祇。

神玉期，玉的特征就是神性，器形以神器为主。玉器制作不求形似，重在神韵，玉器朴拙而神秘，是远古时期通神的重要工具。

三

新石器时代晚期，出现了一个人口急剧增长的阶段。当生产力没有取得长足发展的情形下，人口增长的直接后果就是资源的紧缺，为了争夺有限资源、拓展生存空间，部落与部落、酋邦与酋邦之间频繁地发生战争。有关上古文献记载了这一时期一些大的战争，诸如黄帝与炎帝的战争、黄帝与蚩尤的战争、颛顼与共工的战争、共工与高辛氏的战争、尧与三苗的战争、舜与三苗的战争、禹与三苗的战争等。由于频繁的战争征服，强大的黄帝族首领与其他部落酋长形成权力逆向运动，带来了酋邦之间的不平等关系，酋长制逐渐演化成为君主专制制度，第一个国家——夏朝建立了。国家的形成是通过战争、暴力的手段，征服其他部落来完成的。这时，存在着一个重要问题：夏朝的建立，以及夏朝与周边小国政治共同体的形成，扩张速度之快、统治区域之广，严重超越了当时政治管理所能达到的范围。夏王为了维持国家以及共同体的稳定、发展，必然会挖掘各种传统资源，然后重新进行政治整合，最为重要的传统资源——原始宗教巫术，自然被拿来改造成为国家意识形态。同时，原始宗教中为神服务的玉，自然成为为王服务的玉。王玉时代开始了。

在早期文字中，商代的甲骨文、钟鼎文就有“玉”字出现。“玉”是象形字，“像三玉之连，其贯也”，就是说“玉”字像三块玉石，穿在了一根绳子上。三玉之连，代表着天、地、人三通，正如汉代学者董仲舒所言：“古之造文者，三画而连其中，谓之王。三者，天地人也。而三通之者，王也。”“玉”字在使用之初，与“王”字相通，《说文解字》中，玉被认为是“天下所归往也”，寓指“帝王”。后来，人们为了便于区别“玉”与“王”字，才在“王”字右侧加点。帝王是国家建立的产物，国家则是建立在暴力基础之上，通过血腥战争完成的，手持玉戈，率领部落，在激烈厮杀的战争中不断打败其他部落，并不断取得胜利的人被称为王。《史记·殷本纪》就这样记载：“汤自把钺，以伐昆吾，遂伐桀。”商汤攻打夏桀，手持玉钺，号令三军。商朝末年，周武王率诸侯之师，同样手持黄玉钺，历数商纣王的罪行后，牧野一仗把商纣王打败。由于玉是巫术操作的重要法器，玉器也就成为赢得天命认定、赢得神灵支持的象征，成为王权合法性的基础。这样便可以理解历史上一件玉璧竟然价值连城，秦王愿意以15座城池来交换的故事了。

夏，以及夏以后的商、周，都是强势的宗主国，周围还有数量众多的臣服小国。夏、商、周与周围小国是宗主国与盟国的关系，其大小国王的关系不是主从关系，而是战略伙伴关系。大国与小国之间，形成了巨大的利益共同体，宗主国对小国宗教祭祀、礼仪制度的影响，远远大于政治、军事上的影响。夏、商、周三代，社会散发着浓郁的巫术气息，连空气中也弥漫着神秘的意味。三代立国之初，都在利用烦琐的巫术仪式来确立政治上的合法性，如启建夏朝之初，有“钧台之享”，商汤灭夏时有“景亳之命”，西周肇始，武王于孟津大会诸侯，夏、商、周三大宗主国之帝王，其目的除了军事宣威外，更重要的是通过这些活动，借助烦琐的巫术仪式的神意，确立自己政治上的合法地位。《大诰》云：非圣贤不足以知天命。天命的掌握必须通过占卜、通过法器来完成。周公认为，“文王遗我大宝龟”，因为周朝拥有最权威的占卜法器——“大宝龟”，所以周天子理所当然成为了解神意、通达天命的使者。

占卜使用的法器，玉是重要材质之一。因此玉的使用被编入国家法典，通过玉器的使用，以区别和稳定统治阶级内部的等级关系。周天子曾号令诸侯定时朝觐。春天朝见为朝，秋天朝见为觐，含有朝拜的意思。为表示身份等级的高低，周天子赐予每人一件玉圭或玉璧。《周礼·春官·大宗伯》云："王执镇圭、公执桓圭、侯执信圭、伯执躬圭、子执谷璧、男执蒲璧。"将王、公、侯、伯、子、男所执之玉作了等级上的划分，而谷以养人，蒲以安卧，分别又作为璧的纹饰。

玉之器形最能代表权力的则是帝王玺印，譬如秦国的传国玺，上面镌刻"受命于天，既寿永昌"八字，它是天命的象征，谁得到了它，谁才是真命天子，才能获得天下的承认。《汉书》记载：初，高祖入咸阳，得秦玺，乃即天子位，"因御服其玺，世世传受，号曰汉传国玺"。虽然这枚传国玉玺后因战乱而失传，但具有征信作用的玉玺一直代表国家和皇权，是最高权力的标志。

四

中国从夏、商时期进入青铜时代。这时，由于青铜器的广泛使用，玉的开采和加工技术有了长足进步，象征权力的玉器，其内涵与外延都有了很大拓展。从现在出土的夏、商玉器看，大略为礼器、仪仗器、实用工具以及装饰品等，其中出土的玉礼器门类较全、数量较多，这样为西周及以后国家礼制的完善提供了基础。

《周礼》一书详备记述了用于礼的玉器，使礼玉的内涵、形式符合礼制的需要。"以玉作六器，以礼天地四方，以苍璧礼天，以黄琮礼地，以青圭礼东方，以赤璋礼南方，以白琥礼西方，以玄璜礼北方。"琮、璜、圭、璧、琥、璋就是六种礼器，也称"六器"。祭祀不同方位的神祇，所用玉的器形是不同的。同时，在重要场合，不同身份、等级的人，所持玉器的规格、形状、大小也是不一样的，玉圭的不同形制突出体现了这一点。

玉圭器形中还有琬圭、琰圭、谷圭之分，它们都是国王赐予使节行使命令的信物：琬圭用于国王结好诸侯，赞扬他们的美德善行；琰圭用于国王征伐诸侯，惩罚他们的违逆恶行；谷圭用于国王议和或下聘。这样，玉成为王命的象征，人们望着被国王奉为神性的玉器，就像在仰望辉煌的权力。一件玉器成为代表君王意志的信物，赋予其笼络天地万物的美好愿望，这便是玉作为礼器时所凸现的主要内容，是以礼为核心形成的玉文化。

周礼还规定了天子、诸侯的不同服饰，建立了严格的等级制度，如帝王冕冠前后备有"十二旒"，用白玉 288 颗。同时，还规定"天子佩白玉而玄组绶，公侯佩山玄玉而朱组绶，大夫佩水苍玉而缁组绶，世子佩瑜玉而綦组绶，士佩瓀玟而缊组绶。古之君子必佩玉"。至此，玉礼器成为这一时代玉文化的主要特征。

东周之初，诸侯之间混战始起，西周初期制定的礼玉制度受到严重冲击。但是，这一时期玉器盛行，从帝王将相到布衣百姓无不以玉为贵，国家用玉还是主流，功能主要用于朝觐、盟誓、婚聘以及殓葬等，如春秋战国时的玉圭，其重要用途之一，就是诸侯之间的盟誓活动。这一时期大小诸侯间战事频仍、征伐不断，在这样的形势下，苏秦、张仪等纵横家登上历史舞台。他们为了游说诸侯，并且要订立盟约，盟辞多书写在玉圭之上，山西侯马和河南温县的晋国盟誓遗址中，就出土了这种玉圭。

两汉时期，统一的中国时代开始，采用玉石原料更为便利，新疆和田玉大量进入中原地区。“驰命走驿，不绝于时月；商胡贩客，日款于塞下。”这是《后汉书·西域传》记述玉石之路上的情景：带着玉符、手持信节、背负着使命的汉使络绎不绝，风餐露宿，西出玉门关，驰骋于一座座驿站之间；那些西去的丝绸客商，东来的玉石驼队，在日落前聚集关塞之下，袅袅的炊烟与悠扬的胡笛，驱散了商旅的几多离绪、几多乡愁。

汉武帝“罢黜百家，独尊儒术”，以礼器、装饰件为主的儒家用玉体系受到帝王的扶持。但是，玉器的礼仪性质已经弱化，“六器”中除了璧、圭等礼器还有一定的礼仪功能外，其他如璜、琥仅具有装饰功能，琮、璋则很难见到了。这时，较其他朝代不同的是一种新的用玉方式——玉衣、玉塞、玉琀和玉握等葬玉的出现。同时，这时玉器的装饰意味增强，且占有相当比例，纯装饰意义和具有实用性的玉佩大量出现，前者如组佩、串饰、龙形佩、虎形佩，以及璜佩等；后者如带钩、发簪等。最具观赏价值、艺术价值的则是动物摆件、人物摆件，以及玉马车、玉编钟、玉灯、玉熏、角杯、兽尊、瓶、鼎、奁等器皿。这些作品玉质精良，雕琢工细，造型新颖，以其雄浑豪放、清逸洒脱的风格，在中国玉器史上，达到后人难以企及的高度。

魏晋南北朝时期，承袭战国、两汉风格，但无论工艺，还是神韵已不能与战国、两汉相比并，唯有玉雕造像与同时代石造像一样，造型精美，具有极高的艺术价值。但是，这一时期已是王玉时代的余绪了。

五

隋唐社会是中国古代社会最为成熟、最为辉煌的时代。随着物质文化的高度发达，人们的审美情趣也悄然变化。受西域文化的影响，人们崇尚的是更加华美的器物，金银器、唐三彩成为这一时期的新宠。玉器含蓄、内敛的特征与隋唐社会的审美有了很大距离，人们不再觉得玉器有多么神秘，体现神权、王权的意识已不复存在，玉器基本上成为人们珍藏、佩饰的物品。唐代的玉装饰品多为玉步摇、发簪；唐代出土的玉带板较多，带板是官服上的礼仪腰带，唐时规定只有三品以上的官员才能使用。由于职位高低不同，官员、亲王、皇帝佩带的数量、质量都有一些差别，等级愈高，数量愈多，质量也愈好。隋唐时，玉雕在传统工艺基础上，融合了同时代金银细工、绘画雕塑的表现手法，并吸收东亚、西亚等地艺术形式，形成独特的艺术风格。唐代玉器开始具有世俗化意味，一般百姓接受的花卉图案大量出现，写实性强，具有浓郁的生活气息。至此，延续中国近 3000 年的王玉期结束，玉开始走向民间，玉的民俗化时代拉开了序幕。

宋代是一个文人的社会，是一个追求艺术趣味、讲究生活品位的时代。玉器的精致内敛，以及所具有的文化内涵，让多少文人喜爱。宋代的许多皇帝酷爱艺术，由于朝廷的推动和倡导，文人书画兴盛，文房用具如笔筒、笔架、砚台、镇纸便成了玉人精心雕琢的对象。宋代崇古之风盛行，社会形成了一股崇尚古玉质朴、典雅的风气。明代学者高濂盛赞“宋工制玉，发古之巧，行后之拙，无奈宋人焉”。同时，由于宋代商业发展、城镇繁荣，使得市民阶层不断扩大。许多商人富裕之后，也要效仿文人、附庸风雅，这样大量的玉器飞入寻常百姓家。最为典型的题材为“持荷童子”，莲花和童子合在一起，表示连连得子，喜庆、祥和的玉器吉祥图案，得到上至皇亲国戚下到布衣百姓的喜爱。玉器的形制、纹饰讲究对称均衡，图案讲求吉祥，达到了艺术和生活的和谐统一。

介于宋明之间的辽、金、元三个朝代，都是少数民族政权，受宋代制玉之风影响，在融入本民族的风俗、习惯和审美的基础上，产生了具有个性的玉器作品，如这一时期出土的龟莲题材的玉雕作品，图案为龟立于莲叶之上，龟有吉祥之意，也是一种重要的祥瑞之物。辽、金时期的“春水”“秋山”图，也是当时比较普遍的题材，风格粗犷，线条遒劲，气象阔大。

明代玉器更是广为普及，到了明代中后期，从文人墨客到富商巨贾，从王公贵族到黎民百姓，玩玉、把玉成为一种时尚。茶余饭后，朋友几人不约而同拿出自己的玉件，供大家欣赏和品评。赏玉也有形表、义涵、传神的传统欣赏观念。其中，语言文字在玉器中艺术化的运用，表现为借鉴语言文字的内涵，在玉雕作品中充分表现玉雕艺术的感染力。如玉雕品中的“三阳开泰”：《易经》中，正月为泰卦，三阳生于下，卦象表示阴消阳长、冬去春来，古人以为有吉祥亨通之象。阳、羊谐音，以三只羊寓对三阳爻。羊即为形表特征，转义为吉祥，即为义涵。在此形意基础之上，以三羊不同形态、动态及三羊所处的生态环境作背景，构成一幅幅万象更新的场景，具象和抽象巧妙结合，表现出传统文化与玉雕品艺术的魅力。

明代仿生玉器较多，器形大小不等。器形大的作为陈设玉，放置书房案头，室内顿时增加几分清雅之气；器形小的充当佩饰或把件，供文人随时玩赏。玉带在明代与唐代一样重要，是官服不可或缺的组成部分，其结构与唐大同小异，带数、纹饰的不同表示身份的差异。文武官员只有位居一品，才有资格佩带。当然，皇帝、皇后、嫔妃、太子佩带是自然的事情，皇亲国戚中亲王、郡王、公、侯、伯以及驸马也是可以佩带的。明代的玉器雕琢，从风格上追求“图必有意，意必吉祥”，佩饰、把件、陈设器等，图案多为“年年有余”“平安如意”“连生贵子”“马上封侯”“太师少师”等，名目繁多，举不胜举。

清代玉器是继战国、两汉玉器之后的又一高峰，其标志是乾隆玉器的出现。乾隆时期，中国的版图辽阔，新疆成为中国领土的一部分。这时，玉料充足，技艺成熟，出现了前所未有的“大禹治水”山子，重达千斤以上。这些山子以圆雕山水为主，其间点缀人物、房屋等。清代的玉雕除了大型山子外，更多的是佩饰件、装饰件，从头饰中的簪、钗到身上的挂件、串饰、腕饰，以至于金、银、铜、竹、漆、木器上的镶嵌件；还有一类仿生题材的作品，多为龙、凤、辟邪、狮子、鹿、犬等，造型生动喜人，在捕捉动物瞬间神态上做足了文章；仿植物造型在清中期以后也较为流行，文房用具、生活器皿如笔筒、笔架、砚台、镇纸，以及碗、盘、杯等，多雕琢兰花、梅花、松柏等图案，造型准确，线条流畅。清代的玉器还有一个特点，就是在一些作品中喜欢点缀福、禄、寿、喜、吉祥等文字。如常见的福禄寿玉雕品中，寿星是具象，蝙蝠的蝠字与福谐音，鹿与禄谐音，蝙蝠、鹿为转义具象，三者合一，而图案构成则由具象转化为抽象概念。民间玉雕品形式和内容具有传统性，是以玉这一特殊材质记录社会文明，与其他空间、造型艺术门类一样，符合物质、精神两个层面的欣赏价值。

客观地讲，魏晋南北朝的几百年，是中国玉文化的转折点。从唐代起，玉器开始走下神坛，成为代表美好人生的最好材质，于是人情味逐渐代替了神秘感，表现素材也迅速由意象、抽象转化为具象、形象，新的文化理念通俗地融入其中。时至今日，民俗吉祥成分依然是玉文化的主流，中国玉器经过一万多年的传承，民族的血液里已经融入玉的因子，这在时光嬗递中自然形成了“集体无意识”，这也是至今中国人都想拥有一块自己喜欢的玉而说不出理由之所在。

中国的玉文化从上古时期到清朝，走过了漫长的历史长河，有过四个高峰期，即新石器时代的神玉期、商周时代的礼玉期、战汉时代的鼎盛时期，以及清代的乾隆喜玉期。在玉文化的四个高峰期，战国、两汉玉器的辉煌灿烂，是后来乾隆玉器所难以达到的。因为，战汉用玉是国家行为，玉体现着神性、象征着权力、代表着财富，而乾隆时期的玉器，仅仅是乾隆皇帝个人的喜好而已，乾隆以后的历代皇帝已不那么热衷艺术了，玉器制作逐渐趋向衰落。

六

从西周起，玉的作用除了玉等邦国外，又被赋予道德特性，从德行方面规范人们行为，更好地维持统治秩序。这是王玉期玉的最主要特征之一。人所熟知，德是中国古代社会美好的政治理想和行为规范，《诗经》里就有“言念君子，温其如玉”之诵，把玉比喻为君子之美德；孔子曾说：“夫昔者，君子比德于玉焉。”说明早在孔子之前，君子已经以玉来形容自己的美德了。将玉德学说系统化则自春秋晚期孔子“十一德说”始，间有春秋管仲的“九德说”、西汉刘安的“六德说”，迄东汉许慎“五德说”的六七百年间，玉德学说不断完善，成为社会精英所遵循的金科玉律，起到了规范社会的作用。这里，影响最大的是孔子的“十一德说”和许慎的“五德说”。

孔子所处的时代，是东周奴隶制社会制度日渐瓦解、礼乐制度日渐崩溃的时代。孔子是崇尚周代礼制的，因此，生于春秋时代的孔子看到各诸侯僭越周代制度、礼制规矩遭到破坏时不无感慨地说：“礼云礼云，玉帛云乎哉。”语出《论语·阳货》，意思是说，周代制度不就剩下玉和帛的礼仪形式了吗？玉、帛是周礼中所使用的礼器，玉是贵族身份的标志，由玉帛而引发的感叹反映出孔子对周礼衰败的无奈和眷恋。孔子看到玉器对社会的影响，呼吁重建礼制，将玉器人格化，认为“温润而泽，仁也；缜密以栗，知也；廉而不刿，义也；垂之如坠，礼也；叩之其声，清越以长，其终诎然，乐也；瑕不掩瑜，瑜不掩瑕，忠也；孚尹旁达，信也；气如白虹，天也；精神见于山川，地也；圭璋特达，德也；天下莫不贵者，道也”。玉温泽滋润而有恩德，象征仁；坚固致密而有威严，象征智；锐利而不伤人，象征义；雕琢精美的玉佩整齐佩带于身，象征礼；叩击玉器声音清扬而合于礼，象征乐；玉之斑点不能掩盖其美质，玉之美质也不会遮掩斑点，象征忠；光泽四溢而不隐藏，象征信；气势如虹横贯苍穹，象征天；精神如山川江河，象征地；执圭璋行礼仪，象征德；世间没有不重视玉的，因此它象征着道德。孔子从仁、知、义、礼、乐、忠、信、天、地、德、道等，对玉道德的内涵作出详尽描述。

到了东汉，许慎在《说文解字》里将玉高度概括为“五德”与君子应该具备的“仁、义、智、勇、洁”相对应，对后世的影响很大。“玉，石之美者，有五德者。润泽以温，仁之方也；鳃理自外，可以知中，义之方也；其声舒扬，专以远闻，智之方也；不挠而折，勇之方也；锐廉而不忮，挈（洁）之方也”。不论孔子还是许慎，都把玉的温润放在第一位，因为那是“仁”的象征。台湾学者汉宝德先生的《玉与中国文化》中云：“玉之为物，材质纯净，浑厚中不失灵性。爱玉之人追求玉之透，这种透仅有光亮而已，使玉的美质呈现出来，且光彩内蕴，有深度、有内涵，给人广阔的想象空间。如果玉太过于透明，玉的重要特质——温润感就失去了。古代中国，文雅君子的形象，就像和田美玉，有丰富的内涵、有丰富的学养，但不急于展现、不急于表白，只是为人处世的圆融和谦和，这就是光彩内蕴。作为一个君子、一个读书人，不是咄咄逼人的、不是愤世嫉俗的，也不是光芒四射令人不敢仰视的，而是平和的，容易让人接近的。古人所言的温润代表仁，应该这样去理解。”那时的玉，已经赋予了很多的道德内涵，君子是有道德的人，佩带玉是作为君子的明显标记。《礼记·玉藻》中云：“古之君子必佩玉。”这里所言“古之君子”，指周代的贵族阶层，不包括一般平民。

君子佩玉之后，进退揖让间会发出声响。行走间，由于玉佩只有在不快不慢、富有节奏的步伐下，才能发出有韵律的、悦耳动听的声音。这种动听的声音不仅集中君子的注意力，同时告诉周围之人，君子来去坦荡、光明正大，从不偷听偷看他人的言论和举动，这正是“君子坦荡荡，小人常戚戚”的由来。所以，《礼记·玉藻》云：“古之君子必佩玉，右徵角，左宫羽，趋以采齐，行以肆夏，周还中规，折还中矩，进则揖之，退则扬之，然后玉锵鸣也。故君子在车则闻鸾和之声，行则鸣佩玉，是以非辟之心，无自入也。”

玉人格化后，它所具有的仁、义、智、勇、洁等品德，自古以来就是文人君子道德和行为追求的标准。古之君子必佩玉，“君子无故，玉不去身”。这种社会道德观，千百年来一直影响着中国人。

七

回溯华夏历史长河，玉已经深深融入了中国传统文化与礼俗当中。远古时期，玉是王公贵族的专利，是宗教祭祀以及权力的象征。到了明清，很多玉已经为寻常百姓所拥有。由于玉器便于保存，各代均有大量实物留世。如良渚文化中，一个遗址就有500余件古玉出土；红山文化的中心内蒙古赤峰敖汉旗一带，近年来已经发现墓穴500余处，这些墓穴大多被盗，大量红山古器散落民间；商代600余年历史，仅妇好墓遗址就出土750余件古玉，其他被盗商墓的古玉不知所终。明清两代，玉器收藏已经普及，不仅王公贵族爱玉，就是一般百姓也都有玉器收藏，所以玉器存量很大。

收藏于民间的古玉，有没有精品？如果有精品，那又精美到什么程度呢？有的学者曾广泛接触民间收藏家，并考察包括港澳在内的文物市场，与数百位人士共同鉴赏探讨，发现有的藏家收藏红山、良渚、齐家，以及商周、春秋战国、两汉等各时期古玉成百上千件，存在不多见的稀世珍宝。古代玉器历史悠久，绝非我们在一些博物馆所见的小璧、小璜所能代表。在历史上，玉器的许多器形，无论从创意、纹饰、尺寸、工艺，都达到不能想象的高度。《晋书·索綝传》云：“三秦人尹桓、解武等数千家盗发汉霸、杜二陵，多获珍宝。帝问綝曰：‘汉陵中物何乃多邪？’綝对曰：‘汉天子即位一年而为陵，天下贡赋三分之，一供宗庙，一供宾客，一充山陵。汉武帝飨年久长，比崩而茂陵不复容物，其树皆已可拱。赤眉取陵中物不能减半，于今犹有朽帛委积，珠玉未尽，此二陵是俭者耳。’”霸陵是西汉初年文帝的陵寝，正好是文景之时“休养生息”的前期；杜陵则是汉宣帝的陵寝，是汉武帝之后的第二个皇帝，属于昭宣中兴“与民休息”的后期。虽然，霸陵、杜陵论规模、论殉葬品，远不能与汉武帝茂陵相比，但从茂陵在新莽时期被盗，到了西晋时期还有丰富的殉葬品，就可知盗墓贼从西汉帝陵“多获珍宝”的情况。到了东汉，帝陵的随葬品，包括玉器都精美绝伦。《后汉书·礼仪志下·大丧》云：“大敛于两楹之间，三公升至祚阶，安梓宫内珪、璋诸物。”可见当时的“多获珍宝”，应该是以大型的玉器为主，且都是绝美的珍宝。众所周知，90%以上的古墓在历史上不同时期被盗，而国家发掘不足古墓总数5%，加上抢救性发掘也不足总数的10%。就以商代为例，有商一代600余年历史，完整发掘的只有安阳妇好墓，妇好只不过是商王的一个嫔妃，而真正商王、王后的墓没有发掘记录，有人推测这些王墓大多也被盗，那么这些墓出土的玉器不可能人间蒸发，它们除少数被国家查扣外，大多流落民间或国外。

民间收藏长期以来不被重视，普遍认为精美的藏品大多收藏在博物馆或国家收藏机构，这是件非常遗憾的事情。其实，目前博物馆收藏玉器，大多是抢救性发掘品，精品甚少，不能代表古玉器的发展水平。如果我们的学术研究仅以此为根据，采用器物类型学来进行比较，不仅论据不充分，且研究不可能深入，有可能把人们引入歧途。我们认为，中国玉文化博大精深，古代玉器美轮美奂，不是现存博物馆玉器所能代表。所以，故宫博物院所属的紫禁城出版社编辑出版《民间藏中国古玉全集》，不仅是对博物馆收藏玉器的有效补充，更是对我国古代玉器的集中展示。通过这套全集，可以为学者提供研究中华传统文化的实物资料，为欣赏者呈现古代中国不同时期的精美玉器，为广大读者提供一套好教材，增加民族自豪感和爱国主义热情。

故宫博物院作为传统文化的研究机构，拥有众多著名的专家，这些专家不仅在学术上造诣很深，而且在鉴定方面也具有得天独厚的优势。此次以故宫博物院专家牵头的鉴定班子，作为全集出版的学术支持，具有一定的权威性。此次出版民间古玉精品，目的是为读者展示中国玉文化的精品，玉器的产生、发展和演变，为研究中国政治、经济、宗教信仰、思想道德，甚至衣食住行等传统文化提供了有力的实证。

我们知道，在这套民间藏玉全集中，有的藏品在判真伪、断年代上会引起一些争论，这是好事。无论如何，这套全集的出版，给读者提供了一部充分认识古玉全貌，了解古玉文化乃至中国文化的范本。

原载《紫禁城》2010年第5期

中国史前玉神器探微

杨伯达

内容提要：中国原始宗教经历了以祝舞事神到以玉事神的长期过程，大约在距今八千年时进入到了以玉事神阶段，距今四千年时，我国的玉巫教已发展至顶峰，大量的玉神器出土于这一时期的遗址。巫以通神为业，早期可能不脱离生产，后来成为通神的专业人士。一般认为，史前社会的巫觋多是智者和圣人，当然也有不同看法，其历史贡献之一就是促进了文字的出现和发展。历史上，各个古国、方国之中所信仰的玉巫教的标志不同，具体表现为玉神器属性与功能的不同。

关键词：玉巫教　巫觋　玉神器　原始宗教学

中国史前玉巫教是在特定地区一定时间段内出现并得到巨大发展的巫以玉事神的原始宗教信仰和崇拜形式。从迄今已掌握的资料来看，在距今一万年至四千年前这一历史时期内，我国东部地区，即当今的东北三省、内蒙古东部、河北、山东、江苏、安徽、浙江以至福建、台湾、广东等沿海省份内，曾经在原始宗教的土壤上形成了高度发达的“以玉事神”的区域性巫教。举凡各族群的原始宗教，都有其信仰理念和崇拜活动，都依靠供品和舞蹈取悦神灵，使神灵赐福于群体。不仅世界性的萨满教如此，就连诞生在我国先民中的巫教也是如此。巫教起先是以供品和舞蹈事神，所以东汉许慎纂《说文解字》释“巫”字时说：“巫，祝也，女能事无形，以舞降神者也。”[1] 巫包括“祝”和以舞降神的女“巫”。《说文解字》释“祝”字时说，祝在巫事神时担当的职责，乃是“祭主赞词者”[2]，即是在祭神时诵赞词的巫。这种巫祝事神是与玉无关的，只是我国巫教早期极其普遍的一般性事神活动，与周口店山顶洞遗存和仰韶文化半坡遗址墓葬出土的彩陶殉葬情况是一致的，后者是巫以舞事神状态有限度的再现。上述

作者：原故宫博物院副院长，研究馆员。

1　（东汉）许慎：《说文解字》五上“工部”条，第 11 页，中华书局影印本。

2　前揭《说文解字》一上“示部”条，第 3 页。

两处遗址出土器物中并没有玉器，至迟到了半坡时期，在事神活动中仍未见玉器出现。由此可见，许慎对“巫”字的释文与上述墓葬的出土器物是吻合的。《说文解字》释“靈”（靈、灵）字为“巫以玉事神”，此“靈”与“靈”相通，简体字为“灵”。东汉王逸在所著《楚辞章句》中将《九歌·东皇太一篇》“灵偃蹇兮姣服”句、《云中君篇》“灵连蜷兮既留”句、《东君篇》“思灵保兮贤姱”句内的“灵”“灵保”皆解释为“巫”。“保”字金文作“㻄”，也就是在“保”字上加“玉”，释为“事神之巫”。《楚辞》称巫为“灵保”，这是楚国的方言，也就是“巫”的地方称谓。上述许慎与王逸对“巫”“灵”“灵保”的训诂，意思相近又不尽相同。“巫”是指我国原始宗教中事神的人，主要有祝与舞两种分工，与玉无关。这是就巫教的整体情况而言，不仅适于我国原始宗教，也适于亚寒带、寒带的萨满教，尤其与我国境内的金代至清代晚近的国家萨满教和氏族萨满教的事神活动是一致的，也就是不以玉事神，而是以祝、舞、偶像、巫术甚至魔术事神。如此看来，许慎对“巫”字的训释是正确、可信的。许慎释“靈”字时并未注明何地称巫为“灵”，因《楚辞》、《国语·楚语》中多出此字并多与巫相关，故推断“灵”是楚地的方言，其义即为巫。至于楚人称“巫”为“灵”起于何时，未见有人考证，但徐旭生先生在其专著《中国古史的传说时代》中曾引用《尚书·吕刑篇》“苗民弗用灵”，想必其源头已在远古了。许慎与王逸对“灵”字的训诂是我们了解我国玉巫教的主要文字根据，在此基础上，我们再看近六十年来出土玉器的情况能否与许慎与王逸对“灵”字的训诂相对应。内蒙古敖汉旗兴隆洼遗址居室墓出土了玉玦形珥，辽宁阜新查海遗址出土了玉玦形珥和玉匕形器，这两种玉器都是巫事神的玉神器。晚于查海文化的红山文化墓葬出土了玉勾云形器、猪灵云神器、玉鸮和圆孔边刃器；大体同时，安徽凌家滩文化墓葬出土了玉龟壳、玉方片、玉龟形器、玉签和玉觋像；浙江良渚文化反山墓地出土了玉琮王及其傩舞事神图徽、玉柱形器、玉璧、玉钺和玉指挥器等重要玉器，所有这些玉器都是巫觋事神的玉神器。新石器时代晚期，共有八个玉文化亚板块（古方国）先后分布于我国中部和四面八方，其中石家河文化遗址出土了大量玉器，大多是事神的玉神器，此古玉文化亚板块即为后来的楚人核心地盘，莫非楚人“灵保”即源于此地？这批出土玉器的功能正是巫以玉事神的有力注脚。如此看来，文字资料与出土玉器两者完全可以对应印证，证实我国原始宗教经历过以祝舞事神到以玉事神的长期过程。在学术界，我国原始宗教起于何时并未取得一致见解，上述周口店山顶洞遗存是我国发现的最古老的原始宗教遗存，这一点已形成大多数学者的共识，但仍不能将山顶洞人时代视为我国原始宗教的起点。我国原始宗教的发展经历由距今两万年前至距今一万年前，从以祝舞事神到以玉事神的阶段，当然，在以玉事神的阶段并未废除祝舞，而是在更高层次的祝舞基础上将玉器供上祭坛，使事神活动更加完备。我国的原始巫教大约在距今八千年时进入以玉事神的阶段，我们迄今已发现的最古老的玉神器便出于相关的遗址。在距今四千年前时，我国的玉巫教已攀登至巅峰，大量的玉神器出土于这一时期的遗址，此时的“玉”不仅是巫的“崇拜物媒”和“灵物”[1]，很可能还是众信徒的崇拜对象。至迟在良渚文化，反山M12出土的玉琮王可能具有上述双重属性，既是崇拜物媒，又是崇拜对象。

一　巫的身份和地位

关于巫，我国文字学家、金石学家、宗教学家多有评述，拙文[2]亦多有涉及，兹不赘述。通过上引《说文》两条，可以了解巫是以通神为职业的，早期可能不脱离生产，随着部族群体膨胀、领土扩大和原始宗教的发展，巫遂成为通神的专业人士，并兼卜筮、医疗等职。关于巫的品德，楚人评述说：“民之精爽不携贰者，而又能齐肃衷正，其智能上下比义，其圣能光远宣朗，其明能光照之，其聪能听彻之，如是则明神降之，在男曰觋，在女曰巫。”[3]在楚人心目中，巫是无所不能的智者、圣人，受到人们的敬重。随着族群的扩大，巫由“家为巫史”的氏族智者，逐渐衍变为部落、酋邦甚至古国事神的圣哲，并干预或掌握政权、军权、产权以及分配权等诸多权力。《山海经》记载的名巫计有：巫彭、巫抵、巫阳、巫履、巫凡、巫相（《海内西经》）、巫咸、巫即、巫朌、巫姑、巫真、巫礼、巫谢、巫罗（《大荒西经》）等14人。这些名巫可能都像楚人所评的巫中圣贤那样，都是有着巨大贡献的圣哲。兴隆洼文化、红山文化、凌家滩文化以及良渚文化墓葬所出的巫觋生前事神所用的玉神器，也可以证实这些墓主生前都是备受崇敬的名医、大觋，绝非奢侈的贵族，更非等闲之辈，他们是玉巫教的参与者或主宰者，是有着通神的独特技艺和特殊职能的圣哲，不是一般性的普通群体成员。笔者曾经判定兴隆洼居室墓中玉玦形珥的主人生前是一名以玉玦形珥助其“聪能听彻之”的“圣巫”，也就是能光远宣朗的“圣人”，由此可知史前社会的巫觋大多是民众之中的耳聪目明的智者和圣人，甚至被人们推崇为神明。当然，巫觋发展为一个特殊的社会阶层，人数众多，也难免会出现少数专门玩弄巫术的坑人之徒，但楚人却不这样看，楚人评定巫觋的智慧、品德及视听能力都是超群的，所以“明神降之”。反之，若是玩弄巫术的骗子，事神不灵，神明也不会庇佑他的。

众所周知，我国最早的文字是殷代甲骨文，也就是卜定凶吉的记录，亦称卜文、甲文，而占卜的人应是巫觋，有时王亦亲卜，王可能又是大觋。总之，占卜是由巫觋来完成，巫觋掌握了文字，说明他是文化人而不是文盲，或者说既然占卜要由巫觋来完成，他必须掌握文字，我们发现玉勾云形器的云纹与“云”字相似，即使不是全文字，也是部分文字，它是由巫觋所发明并加以使用，至少甲骨上的卜文应是巫觋文字。

1　于锦绣：《漫谈“巫—玉—神”——中国五帝时代玉文化的原始宗教学研究》“（四）巫、玉、神三者的一般关系”，杨伯达主编：《中国玉文化玉学论丛（三编・上）》，第167～168页，紫禁城出版社，2005年。

2　杨伯达：《巫—玉—神泛论》，杨伯达：《巫玉之光》，第228～245页，上海古籍出版社，2005年。

3　《国语》卷一八《楚语下》，《景印文渊阁四库全书》406册，第158页上栏，台湾商务印书馆，2008年。

二 我国北方巫玉和俄罗斯环贝加尔湖巫玉的差异

学术界承认我国史前宗教的存在，但不见其定名，有非宗教学者将原始宗教定名为“巫教”。而笔者所谓的“玉巫教”是以玉神器事神为主要标志的新型巫教。根据我国族群分布及其发展历程，在巫教流行地区之北，似有萨满教族群，在其南还有东越和苗蛮等族群的原始宗教。所以，在我国东北和东部的古夷族群，在长江下游及东南沿海地区的东越族群以及长江中游支流地区的苗蛮族群，都有自己的原始宗教，其教名可定为巫教、傩教（傩巫教）以及灵教（灵巫教），也就是古夷的玉巫教、古越的玉傩教和古蛮的玉灵教，古夷之北就是玉萨满教。

从玉巫教角度来看，萨满教的信奉主体是阿尔泰语系的满—通古斯语支的满族、锡伯族、赫哲族、鄂温克族、鄂伦春族，在俄罗斯境内尚有埃文基族、涅吉达尔族、乌里奇族、奥罗奇族、乌德盖族以及鄂温克族和索伦族（今称那乃族）。上述这些民族在史前时期是否也具有发达的玉文化并以玉事神呢？根据苏联学者的研究，答案是肯定的，俄罗斯西伯利亚考古研究所谢尔盖·阿·科米萨罗夫在《俄属东北亚古代玉器》文中说：“距今两万多年前，在西伯利亚东部，人类已开始用玉，因此那里被视为用玉的发源地。新石器时期青铜器早期的环贝加尔湖地区，用软玉制造工具及饰物的工艺技术已有很大发展，软玉制品的工艺技术从贝加尔湖两岸传播至几千公里外的地方。当本地游牧民族掌握玉料应用技术后，亦开始开发当地的玉矿资源。”[1] 参照谢尔盖氏文章所附线图62、6、11、14绘制的小圆孔圜形器（原称平玉）和大孔圜形器（原称环玉），将其所出玉器与我国东北三省出土的新石器时代中晚期圆孔边刃器、玉镯相比，在形制上是有差别的，说明当地游牧民族与我国东三省原住民属不同族群，创造了不同的玉文化，也分属不同的原始宗教。如果说我国东三省出土的新石器时代中晚期玉器是巫教玉器的话，那么上述“平玉”和“环玉”则并非巫教玉器，而是萨满教的事神玉器。这类平玉和玉镯仅在黑龙江乌裕尔大桥遗址和依兰倭肯哈达洞穴遗址有出土，但数量很少[2]，这可能与民族迁徙有关。日本学者加藤晋平也指出，类似贝加尔湖周边出土的“平玉”“环玉”也见于中国新石器时代遗址，如黑龙江省肇源县望海屯遗址出土“环玉”1件，依安县乌裕尔大桥遗址出土“环玉”2件、“平玉”1件，依兰倭肯哈达洞穴遗址出土“环玉”4件。由此可以判断，上述黑龙江省出土的玉器，其玉料可能是来自贝加尔湖的软玉，而蒙古共和国尚未发现此类玉器。但日本新潟大学白石典之教授根据他掌握的少量材料，认为蒙古共和国东部地区出土玉器装饰品于七千年以

1 ［俄］谢尔盖·阿·科米萨罗夫：《俄属东北亚古代玉器》，《东亚玉器》第2册，第250～279页，香港中文大学中国考古艺术研究中心，1998年。

2 参见前揭《俄属东北亚古代玉器》，第280～290页。

前已开始使用，应属于西伯利亚新石器文化体系。距今约六千至四千年前，戈壁地区受到仰韶文化的影响，今后在蒙古南部这一时期的遗址中亦有可能出土中国系玉器[1]。

从上述出土资料可知在环贝加尔湖古遗址出土玉器的情况，因其与中国黑、吉地区所出玉器属于不同类型，也并非黑、吉地区所出古玉的源头，两者亦无互为影响、交流的关系，故环贝加尔湖玉器不应纳入巫教玉器体系，有很大可能应是萨满教用玉的一种典型资料。进而可以认为，凡是出土的“平玉”“环玉”，即可将其视为与萨满教有联系之物。史前萨满教主要流布于环贝加尔湖地区，与其南部的蒙古高原的关系迄今仍不明晰。

下面我们探讨一下玉巫教的传布区域。玉巫教的传布区域极广，其北部起自黑龙江流域和内蒙古呼伦贝尔地区，笔者曾撰文言及这一情况：“从玉文化板块的角度界定研究，黑龙江省为古极北夷地区，应定名为‘极北夷玉文化板块’。向北可延伸到今俄罗斯西伯利亚，向东可达今俄罗斯黑龙江出口处，南部以今黑、吉两省为板块南界线。当然，有所参差亦在所难免。”[2]今俄罗斯称黑龙江为“阿穆尔河”，河北岸的俄罗斯属地亦称阿穆尔地区，关于该地的考古发掘情况所知甚少，仅看到俄罗斯考古学者科米萨罗夫撰写的一篇论文，介绍了俄罗斯远东西伯利亚出土玉器的情况[3]。文中介绍了 14 件大小不等的白玉环，尺寸由 1.5 到 7.2 厘米，其中 4 个大玉环的年代定为公元前 1000 年，小玉环定为公元前 4000 年，属 Pol’ste 文化，出土地点在哈巴罗夫斯科，靠近阿穆尔 Sanatorium 附近。该文所附的黑白图片显示，玉环表面呈上弧状，边沿较薄似刃状，与我国内蒙古东北部和黑、吉、辽三省出土的圆孔边刃器相似，可判断这些玉环与圆孔边刃器同属古夷族的玉巫教系统，与环贝加尔湖地区萨满教的“平玉”“环玉”有所区别。环贝加尔湖地区与黑龙江南北两岸地区有外兴安岭穿插其间，可能是周边不同族群相互交流的难以逾越的障碍。在其西的阿尔泰地区，“是突厥—蒙古—通古斯民族的故乡”[4]，也就是萨满教的发源地。向东推进到贝加尔湖周边地区之南的色楞格河流域，居住在这里的通古斯—满语支族群也信奉萨满教，他们被外兴安岭阻挡，驻足很长时间之后向东大迁移，进发到达黑龙江流域可能已经很晚了，大约在公元初年。笔者在 2008 年厘定的极北和极东两个玉文化板块，均系玉巫教的板块，并非萨满教玉文化板块，当然也不排除个别的萨满教文化族群的渗透。

1　参见前揭《俄属东北亚古代玉器》，第 291 ～ 296 页。

2　杨伯达：《浅说“极北夷玉文化板块”》，《巫玉之光续集 · 下》，第 461 页，紫禁城出版社，2011 年。

3　［俄］谢尔盖 · 阿 · 科米萨罗夫：《先史时代贝加尔周边的软玉使用》，前揭《东亚玉器》第 2 册，第 250 ～ 279 页。

4　富育光：《萨满教与神话》，第 190 页引文 1，辽宁大学出版社，1990 年。

三　玉巫教古国、方国玉神器的异同

从距今八千年前的东北夷古国至距今三千年前的东越古国，在这四五千年的史前时期，随着生产发展、民众生活的改善、神灵信仰的改变、神权与俗权的争斗和整合，出现了东北夷、昊夷、徐夷、淮夷、东越以及巫蛮等古国，这些古国玉巫教十分发达，掌握神权的大巫觋成为古国的最高领导者和掌权者。有的巫觋虽未能缔造神权古国，也可与俗权邦君平起平坐，左右群体的社会生活及古国命运。这些古国巫教玉神器的标志性、典型性、代表性的形制或隐或显，代代承传，以至彻底消逝。至距今四千五百年至三千八百年前，各方国由于扩张、掠夺的需要，军权主导的世俗权力膨胀，神权衰微，玉巫教势力逐渐式微，遂有岱夷、嵎夷、华夏、鬼、氐羌、吴越、荆蛮以及岛夷等方国。

玉巫教的标志就是玉器进入祭祀场所，由巫觋事神时供奉使用。玉神器之中的一类是助听和助视用的，具有实用价值，也兼有美化功能；第二类是灵物，即信仰的物神和崇拜对象；第三类是用于头、胸和腕、指以及衣服上的装饰品；第四类是为神鬼食飨的供品。著名原始宗教学者于锦绣先生认为：玉（灵物）、巫（灵人）都是神（超自然力、崇拜对象）的崇拜物媒[1]。也就是巫觋由用祝舞的单一崇拜物媒的崇拜方式，再增添玉神器，衍生为巫用祝舞和玉神器的双项“崇拜物媒”，其直接目的则是提高“降神”的效率，使神降下的速度更快，满足愿望的灵验度更高，赐予众生的福祉更大。玉神器的出现，使得巫觋的事神活动更加完美，信徒们对巫觋的信任度和支持度都有所提高。

对上述古国、方国巫觋手中的玉神器的属性、功能及其占有者的判断和厘定，主要依靠文献记载和出土玉器两种资料。文献资料都是先秦时的文人根据口头传说编纂的，由于年代久远，这些本来就很贫乏的资料逐渐失散，流传至今的只剩下零星的、断续的只鳞片爪。对这些资料须作理性的分析、判断，不可轻信盲从，利用难度相当大。出土的史前玉巫教标志性玉神器中，属于古夷族群的计有玉玦形珥、玉圆孔边刃器、玉勾云形器、玉斜口筒形器、玉龟壳、玉长方形片、玉璜、玉佩、玉镯、玉锥形器等。古夷族群分布于北起黑龙江，南至长江下游的广大地域，上述玉器都出土于这个区域内。出土的史前玉巫教标志性玉神器中，属于古越族群的有玉琮、玉柱形器、玉璧和玉钺等，古越族群分布于长江南岸直达古粤地。玉琮、玉柱形器、玉璧是供神灵食飨的玉供品，较糈、牛、羊等俗世精美食物要高贵，或许只供原始至上神食用。玉钺不同于一般的武器或世俗性权力标志，而是用于神冥境界的教权标志，是教主神权权力的象征，既可劈杀妖魔鬼怪，保障事神活动的顺畅进行，还可保护神冥世界的安宁。古越与古夷

1　前揭于锦绣《漫谈“巫—玉—神”——中国五帝时代玉文化的原始宗教学研究》图表三。

两大巫教势力之间的碰撞和交流大致以长江为界，互有进出退让。从出土玉神器的地域看，似乎东越巫教势力较为强劲，有的已到达射阳河流域，还有的已进入沭河附近，东越移民与原住民共处共存。古夷的一支渡过长江，成为江南夷，生活、繁衍于长江南岸地区。长江中游是夷、蛮两大古族群活动的地带，也就是皖夷与巫蛮两族群文化碰撞交流的地区。向南即今之两湖，出现荆蛮玉文化亚板块，其玉巫教高度发达，一直延续到春秋战国时期的楚国。楚国王室贵族由周地迁入两湖地区，其原住民有濮、越、巴、蛮等，尚处于原始氏族部落群体阶段，并未建立国家政权，也未进入奴隶社会，其俗“信巫鬼，重淫祀”[1]。“‘信巫鬼’之‘巫’在楚地称为‘灵’，所以‘灵’在《楚辞》中或即指巫，或指神”[2]。再将时代退回到史前，《尚书·吕刑篇》记“苗民弗用灵……”，徐旭生先生在其专著《中国古史的传说时代》中点评了这段记载：“大约当时（帝颛顼‘绝地天通’前后）在苗蛮集团里面也有一种原始的巫教，同东夷集团中的九黎族的原始巫教，形式虽不能全同，可是它们的进化阶段却是相同的，所以它们的形式也必有若干相类似的地方。”那么，苗蛮集团的原始巫教也可以说是“灵”教，灵教地区相当于湖北中部至湖南北部，即石家河文化分布区，也就是荆蛮方国。从地缘关系上看，其前身是屈家岭文化，其原始宗教尚未达到玉巫教的阶段。在大体同一地盘，又出现一新的考古学文化，即石家河文化，至此方进入玉巫教阶段，也就是玉灵教时期。如此说来，在石器时代，长江中游南北地区的苗蛮群体也通行着与巫教信仰崇拜类似的一种原始宗教——灵教，其巫称为灵或灵保，其神祇亦泛称为“灵”，如《九歌》中的主神“东皇太一”，其次诸神有“云中君”等，祭地祇神有“湘君”“湘夫人”“河伯”“山鬼”等。在我国史前社会，形成了古夷巫教、东越傩教和苗蛮灵教三大原始宗教，如果算上亚寒带和寒带的通古斯的萨满教，就有四支玉巫教，近六十年来出土的大量玉神器可作物证，证实这四支玉巫教的存在。

进入距今四千五百年至三千八百年前这一时期，八支玉巫教继续发展，不过其发展趋势并非完全一致，其主流倾向是创新型与继承型的两大玉巫教支系流派。属于创新型的有岱夷、嵎夷、华夏和鬼国等四方国的玉巫教，它们都各有新型玉神器作为信仰与崇拜的崭新标志，并相互有所区别，如岱夷的玉圭、玉冠形器、玉璋；嵎夷的玉圆孔边刃器；华夏的玉步摇；鬼国的黑玉牙璋、玉戈。虽有新型的玉神器出现，但数量比较少，工艺也不甚精致，似已有衰微的迹象。属于继承型的有：西羌的玉琮、玉璧；吴越的玉高身琮、玉璧；荆蛮的玉魌头、玉虎面、玉团凤、玉夔龙饰、玉夔凤饰、玉鹰、玉蝉以及岛夷的玉玦形珥等。这些巫灵事神时所用的新型玉神器在沿袭中有变化，都是玉巫教、玉灵教的信仰标志器。

---

1 （东汉）班固：《汉书·地理志》卷二八下，第1666页，中华书局，1962年。

2 过常宝：《楚辞与原始宗教》，第108页，东方出版社，1997年。

上述八支方国玉巫教、玉灵教分布于我国中原及其东西南北的四方，也包括沿海岛屿，玉巫教盛期的东北夷和淮夷等古国至此业已消逝得不留踪影，但从西周、东周的王与贵族墓葬所出土的史前玉神器中，仍可捕捉到史前玉巫教在各个古国所历经的足迹。

结语

总之，近六十年来，我国的考古工作者发掘了大量的新石器时代遗址和墓葬，出土了数千件珍贵玉器，开阔了我们的眼界，同时也引人深思：这批珍贵玉器在史前社会的社会功能是什么？它们的占有者是谁？根据《说文解字》对“靈”字的“巫以玉事神”的诠释，不难看出这批珍贵的出土玉器与“巫以玉事神”的关联，可以初步判定，它们与原始宗教的信仰、崇拜有着密切联系，其流传脉络连绵不绝。以所见古玉的时代而论，从距今八千二百年前至距今三千八百年前，长达四千余年，它们分布于北起黑龙江流域和贝加尔湖周边，南至两粤及其岛屿，延至黄河、长江的中游到下游的广大区域。在这广大地域生活繁衍的族群有夷、越、蛮三大古族，向后延续，这三大族群继续发展，由于人口膨胀、生存压力增大，为了扩大生存空间，战争频仍，争取武装斗争的胜利成了各族群的首要任务。操纵并指挥武装斗争的神俗人物，在领导集团中掌握了军事斗争的指挥权力，成为决定部族命运的关键人物，同时成为部族的首领。这些首领有的原本就是大巫觋，便将神权、世俗权力集于一身。而在其长达六千年的发展史中，玉神器则成为我国土生土长原始宗教的典型器物。

原载《故宫博物院院刊》2013年第6期

中国史前玉器的考古学探索

杨　晶

内容提要：本文节选自《中国史前玉器的考古学探索》一书。该书是一部关于史前玉器的考古学研究专著，作为国家社会科学基金后期资助项目，于2010年完成，2011年社会科学文献出版社出版。全书由“基本问题试论”“系统文化考略”“典型器物解析”“史前玉器综述”四部分构成。本文系第四部分“史前玉器综述”的内容。这一部分着重对史前时代玉文化的格局以及玉器的源流进行了讨论，通过不同区域的系统性探索、玉器组合的综合性探索、玉文化成因的专门性探索，从各个不同的视角，层层深入地搭建起中国史前玉器发展演进的时空框架，力求从玉器形态的演变及与人群、时间、空间的关系爬梳中，探寻长达8000余年的中国史前玉文化发展轨迹。

笔者主要运用层位学、类型学以及文化谱系分析等考古学的方法和手段，同时借鉴社会学的研究方法，将玉器作为一种文化因素，不仅注重形制、纹样的演变，更注重组合关系和使用方式的变化，努力将玉器的研究，从外表提升到内涵，从物质切入到精神，始终将研究的宗旨定位在探索玉器背后所彰显的中国传统文化之特质这一高层次目标上。

关键词：玉器　玉文化　史前　源流

一　玉器的格局

苏秉琦先生曾20世纪80年代初，将中国新石器文化划分为六大地区：以燕山南北长城地带为重心的北方地区；以山东为中心的东方地区；以关中（陕西）、晋南、豫西为中心的中原地区；以环太湖为中心的东南部地区；以洞庭湖与四川盆地为中心的西南部地区；以鄱阳湖——珠江三角洲一线为中轴的南方地区。这

作者：研究室，研究馆员。

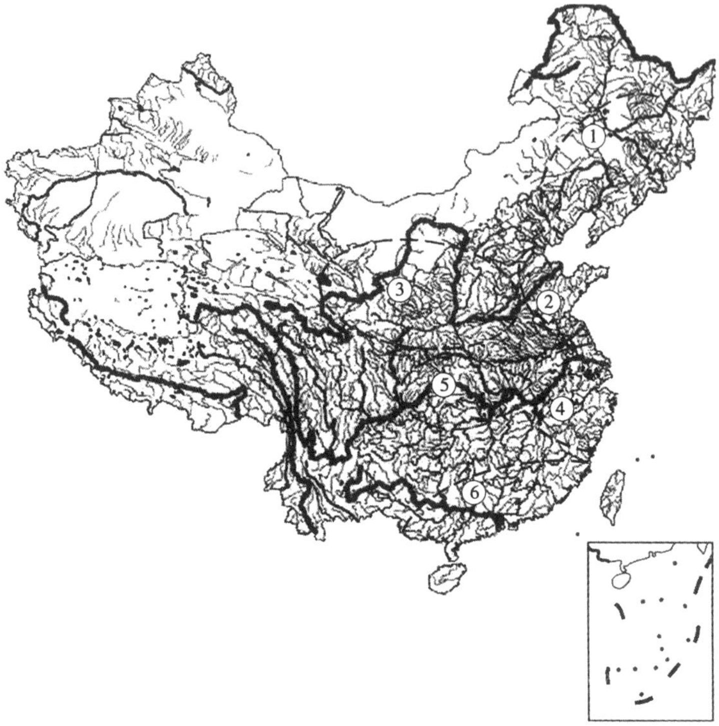

图一　中国史前玉器主要分布区域示意图
1. 东北地区　2. 黄河下游地区　3. 黄河中上游地区
4. 长江下游地区　5. 长江中游地区　6. 东南地区

六大区域的划分，并非简单的地理划分，而是着眼于其间各自的文化渊源、特征和发展的道路。

根据目前的考古发现，我国史前玉器的分布主要集中于东北地区、黄河下游地区、黄河中上游地区、长江下地区、长江中游地区和东南地区，这与苏秉琦先生所划分的六大考古文化区域大体上是一致的（图一）。

这些考古学文化区往往与我国古史传说中的各部落集团的活动区域，有一定的联系。据古史传说，位于黄河中游的中原地区曾是华夏部落集团活动的地域，位于黄河下游的东方地区曾是东夷部落集团活动的地域，位于长江中游的西南部地区曾是三苗部落活动的地域，位于长江下游的东南部地区曾是古吴越文化的地域。实际上这些不同的考古学文化区域，应是古代民族文化区的一种萌芽，也是我们认识中华民族多元一体格局的出发点。

东北地区，年代最早的玉器发现于西辽河流域的兴隆洼文化遗址，大约距今 8000 年左右。距今 7000 年前左右，在辽西一带的赵宝沟文化遗址、辽中一带的新乐文化和松花江流域的农安左家山文化遗址发现了玉器。与此同时，在蒙古高原向华北平原过渡地带的河北易县北福地、天津牛道口等遗址中也发现了玉器。距今6000～4000年前的辽西山地、松辽平原、松嫩平原、三江平原以及辽东半岛等地史前考古学文化遗存中普遍都发现了玉器。这一地区的玉器以西辽河流域的出土数量最多，西辽河流域的玉器，大体经历了由兴隆洼文化、赵宝沟文化经红山文化到小河沿文化这样一个自成体系的发展过程，并形成了颇具特色的文化传统。红山文化的玉器特征鲜明，在这一地区最具代表性（图二）。

黄河中上游地区，最早的玉器发现于关中一带的老关台文化遗址，年代大体距今7000年左右。稍后，在半坡文化、庙底沟文化和秦王寨文化等仰韶文化时期的遗存中也都发现了玉器，但数量相对较少且形制比较简单，年代大约距今6000～5000年之间。然而，在山西襄汾陶寺、陕西延安芦山峁、神木石峁等地龙山文化时期或稍晚的遗存中，却发现了数量众多而且形制复杂的玉器，年代主要集中在距今约4500～4000年前左右。从仰韶文化向龙山文化过渡的时期，这一地区的玉器，无论是在工艺传统上还是在形态风格上，尚存在明显的缺环。这里出土的琮、齿形璧等

图二　东北地区主要玉器出土地点示意图

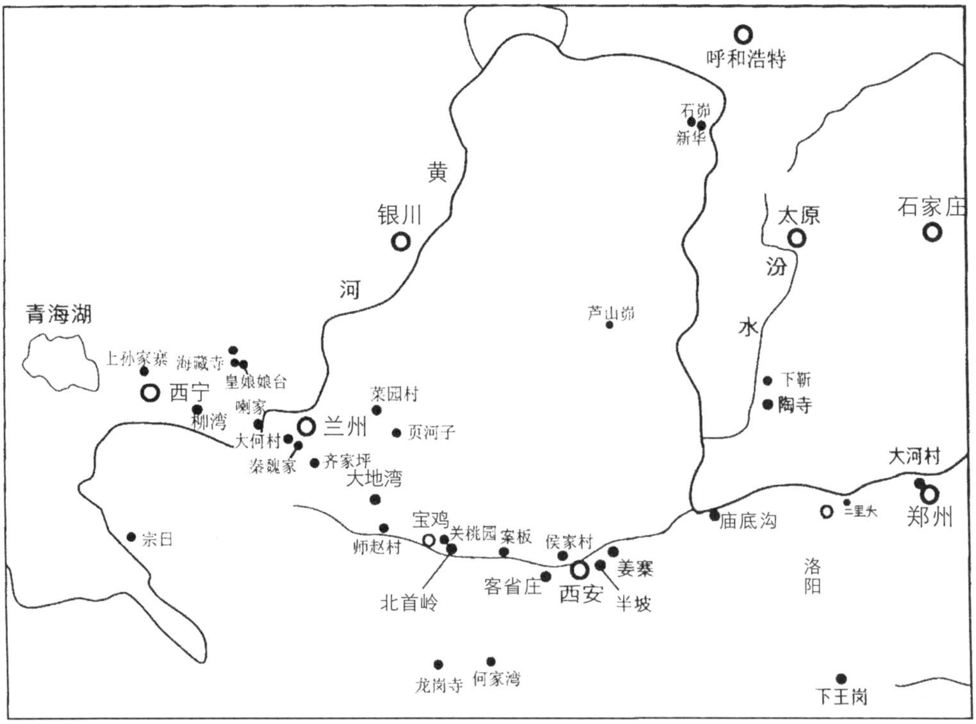

图三　黄河中上游地区主要玉器出土地点示意图

玉器，最初可能分别来自长江下游和黄淮下游地区的影响。诚然，这一地区并非只是一味地吸收外来因素，素面无间隔的方身玉琮和组合式分体玉环应是本地创新的产物，带有浓郁的地方特色（图三）。

黄河下游地区，年代较早的玉器大都发现于同长江下游地区毗连的黄淮一带，相当于大汶口文化早期，年代大约在距今6500年前左右。大汶口文化中期以后，这一地区的玉器主要集中发现于泰沂周边一带。到了龙山时期，玉器的分布地域更加广泛，山东胶县三里河、临朐朱封和日照两城镇等地出土了鸟形饰、齿形璧、冠饰、簪、钺、圭等一批富有特色的玉器。这一地区的玉器，在大汶口文化的早期曾受到长江下游地区马家浜文化的影响，大汶口文化的中期又受到北方地区红山文化的影响，到了大汶口文化的晚期，本地区的琢玉技术日臻成熟，并逐渐发展成为一个独立的玉文化系统（图四）。

长江下游地区，至迟距今7000年前左右，在宁绍平原、三角洲平原、苏皖平原普遍出现玉器，而且一直风行。这一地区玉器的分布以环太湖流域的三角洲平原最为密集，苏皖平原其次，宁绍平原相对较少。环太湖流域的玉器，由马家浜文化经崧泽文化至良渚文化，从简到繁，由粗至精，整个发展脉络十分清晰。尤其是良渚文化的玉器，不仅种类众多、造型多样，还一扫朴实无华的传统，运用浮雕、镂孔、阴线细刻等多种手段，雕琢出神面纹、云雷纹、鸟纹等各种图案纹样，其娴熟的雕琢技艺达到

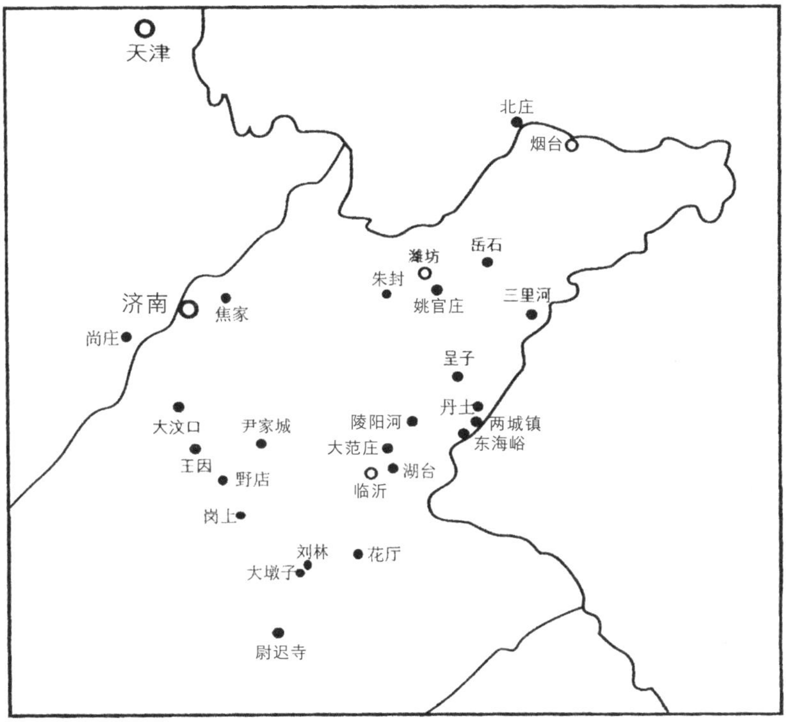

图四　黄河下游地区主要玉器出土地点示意图

了史前时期治玉的顶峰。到了距今 4500 ~ 4300 年前左右，良渚文化的玉器日趋衰落。与此同时，宁绍平原的好川文化逐渐兴起，不过好川文化的玉器，只是承袭了良渚文化的锥形器，还吸收大汶口文化——龙山文化的镶嵌玉饰，并没有使本地区的玉文化再度辉煌（图五、图六）。

长江中游地区，较早的玉器见于大溪文化遗存之中，年代距今 6900 ~ 5100 年左右。大溪文化的玉器以玦、璜和各种坠饰为主。同样的玉器种类在其后继者屈家岭文化中亦有发现，但数量不多。在稍晚时期的石家河文化遗存中除了前一时期流行的璜（璜形饰）、环以外，还出土了一批人头形和兽头形玉器，造型非常奇特。这一地区大溪文化的玦、璜源于长江下游地区；石家河文化的玉器，无论种类还是造型都比较复杂，其发展轨迹目前还说不清楚，但至少可以肯定地说，其来源应是多方面的（图七）。

东南地区，在珠江流域、雷州半岛以及台湾岛等地都发现了玉器，但出现的年代一般较晚，主要集中在距今 5500 ~ 4000 年前这一时段，有些甚至更晚。石峡文化的玉器，以丰富的种类在本地区独领风骚，其中玦、璜、镯、琮、璧、钺、锥形器等多种玉器，都与长江下游地区的关系甚密，有的似乎应属于同一系统。不过，这一地区出土的外缘带有“C”字形装饰的玉石玦，显然具有浓郁的地方特色，只是其年代较晚，个别的出土地点有可能晚至夏商之际（图八）。

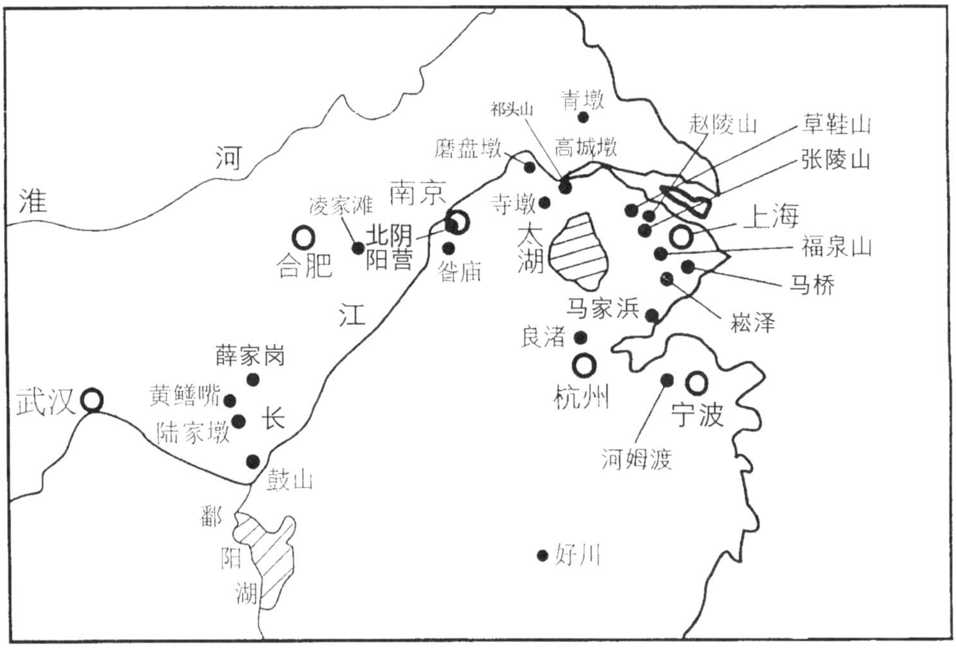

图五　长江下游地区主要玉器出土地点示意图

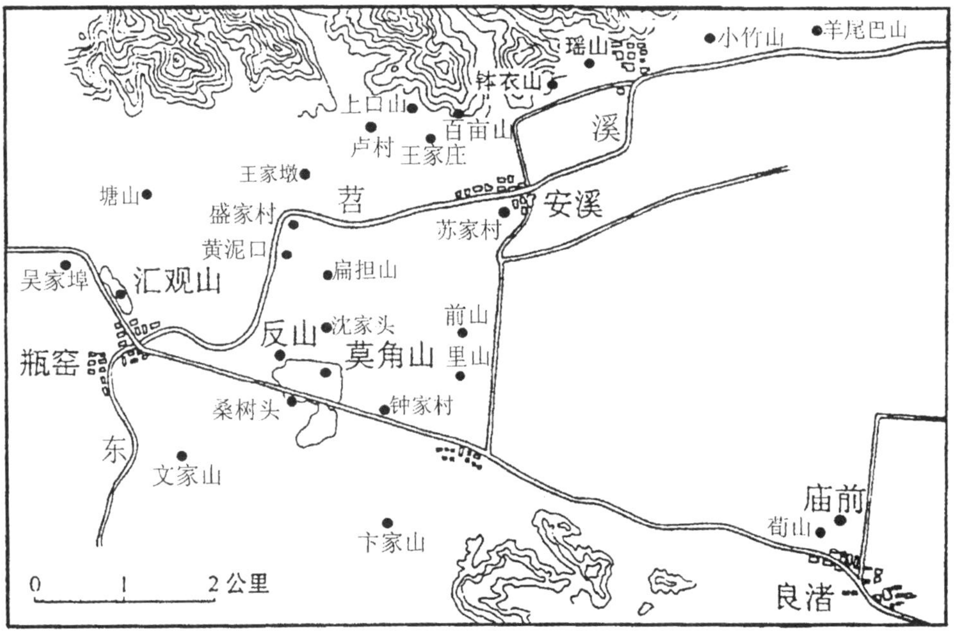

图六　余杭良渚遗址群玉器出土地点示意图

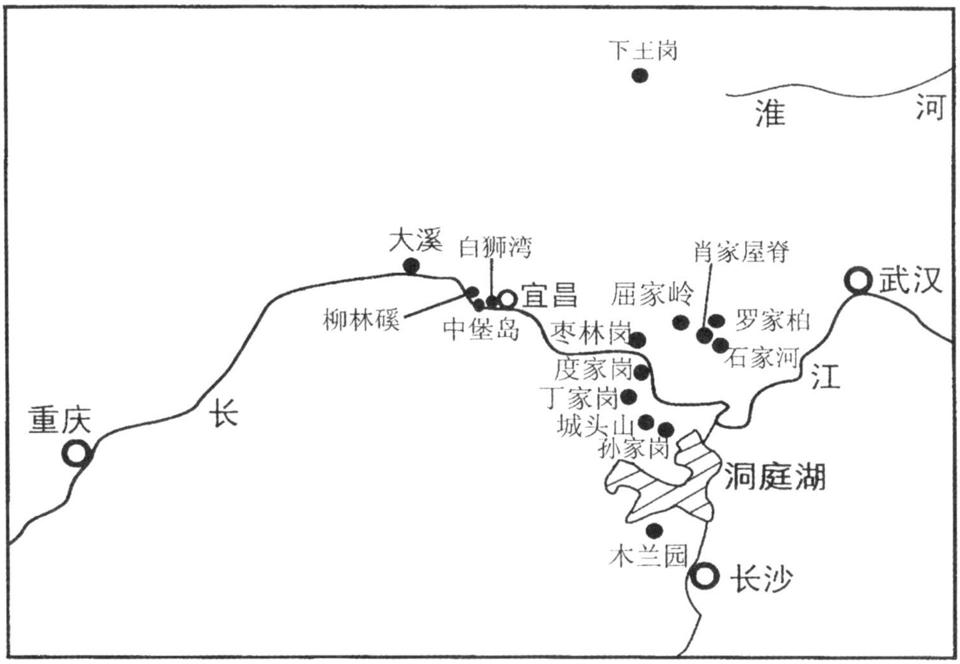

图七　长江中游地区主要玉器出土地点示意图

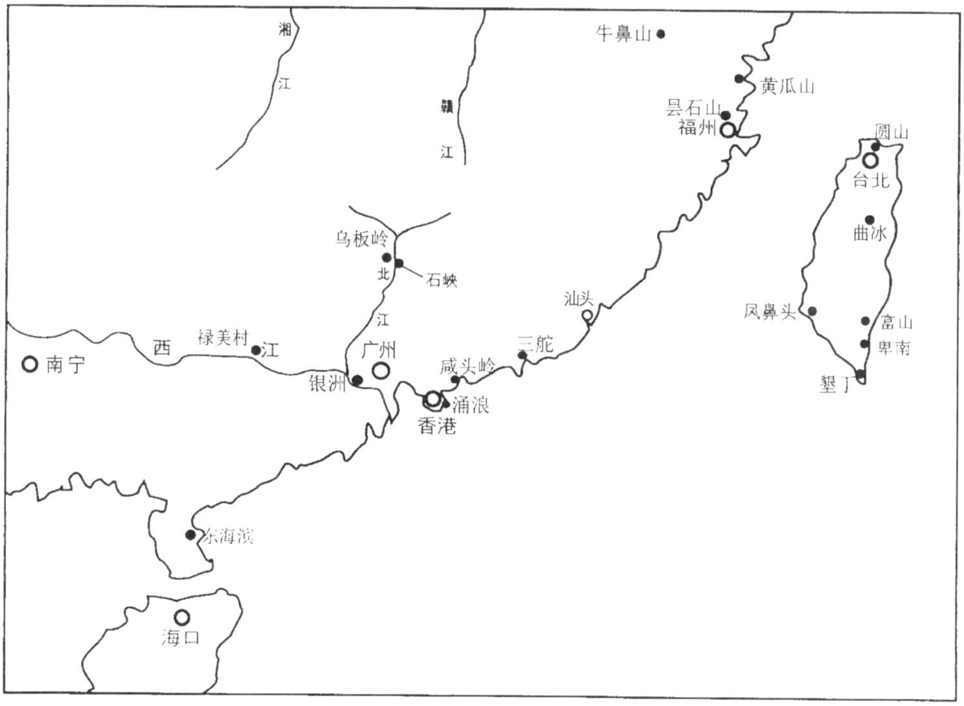

图八　东南地区主要玉器出土地点示意图

很显然，上述各地区的玉器业已形成了不同的文化系统。大约距今 8000 ～ 7000 年前左右，兴隆洼文化以玉玦、玉匕形饰等玉器，在东北地区最先登场；河姆渡文化和马家浜文化以玦、璜等玉器，在长江下游地区崭露头角。大约距今 5500 ～ 5000 左右，红山文化以璧、环、管、珠、坠、梳背饰、筒形器、兽面玦形饰、兽面饰、勾云形佩、像生形饰等玉器群，在东北地区独树一帜；与此同时，崧泽文化以璜、玦、钺、系璧、小环等成组玉器，凌家滩文化以璜、玦、钺、系璧、小环、梳背饰、像生形饰等玉器群，在长江下游地区形成并驾齐驱之势，随后良渚文化脱颖而出，以琮、璧、环、系璧、小环、钺（包括钺柄饰）、璜、镯、梳背饰、三叉形饰、半圆形饰（半月形饰）、牌饰、柱形器、柄形器、像生形饰等玉器群，很快在长江下游地区跃居于主导地位。到了距今 4500 ～ 4000 年前左右，黄河下游地区大汶口——龙山文化逐渐发展成为继红山文化、良渚文化之后的又一琢玉中心；黄河中上游地区的庙底沟二期文化、陶寺文化、齐家文化等龙山时期的一些文化以及长江中游地区的石家河文化亦相继异军突起，整个史前时期的玉器此起彼伏，一浪高过一浪。诚然，在这种多元的格局中，各地区文化之间的交流也是十分明显的。例如，东北地区红山文化的联璧（环）形玉器曾一度向南渗入黄河下游乃至长江下游地区的苏皖平原；长江下游地区的良渚文化玉琮、玉璧亦通过各种途径向周邻的黄河下游、南方地区以及更遥远的黄河中上游地区施加着深远的影响；而黄河中上游地区龙山文化时期的诸文化更汇集了来自长江下游地区的玉琮以及来自黄河下游地区的玉圭、齿形玉璧和来自长江中游地区的像生形饰。实际上当时各族集团间通过不同区域内、外诸考古学文化的交汇、撞击、融合，相互影响与相互作用，并最终实现殊途同归的。

中国史前玉器的发展轨迹，不是一味地单边上扬的直线态势，而是此起彼伏的曲线态势，其间虽有主有次，但主次的地位并非是一成不变的，而是因时因地不断地发生着相应的变化。也就是说，整个中国史前玉文化的体系应是在一种丰富多彩的背景下形成的。

二　玉器的源流

旧石器考古的研究成果表明，早在旧石器时代的晚期阶段，用于制造小型石器的材料，已经集中于石英、玛瑙、燧石等这些质地优良、便于成型的材料上。大约在距今 3 万～ 1 万年前，西伯利亚、中国的华北、日本等地都出现了穿孔的石饰。一般认为，距今 1 万年前左右玉器就已经萌芽了。然而以琢磨成型为特征的玉器，在东亚地区较为普遍地出现则是在距今 8000 ～ 7000 年前左右，中国的情况是这样，日本和西伯利亚的情况也是这样。这期间二三千年时间上的缺环，是很难用考古发现的偶然性来解释的。那么，究竟是什么原因促使玉器在距今 8000 ～ 7000 年前这一时段上迅速地发展起来的呢?

关于史前玉器发生、发展的过程，一直成为人们关注的焦点。根据目前的考古发现，东北地区和长江下游地区是中国史前时代一直风行用玉的地区。东北地区的玉器，最早见于大约距今 8000 年前的兴隆洼文化；长江下游地区的玉器，最早见于大约距今 7000 年前的马家浜文化和河姆渡文化。20 世纪 70 ～ 80 年代，稻作农业起源的讨论，使人们将目光集中于长江中、下游一带，以采集、种植为主的农业经济被视为长江下游地区马家浜文化和河姆渡文化的物质基础。20 世纪 90 年代中期以来，渔猎文明起源的探索，又将人们的目光引向了东北地区，以采集、狩猎为主的渔猎经济被视为东北地区兴隆洼文化的物质基础。尽管南北各地区史前文化的经济基础虽有所不同，却以同样的方式表达了人们对于“石之美者”的炽烈情感。不论是南方的马家浜文化、河姆渡文化，还是北方的兴隆洼文化，都发现了一种属于人体装饰品的玦形耳饰，而这种玉玦在日本和西伯利亚等地也有一定的发现。同一种玉饰品，在不同地区的同时呈现，固然有文化传播、交流的影响，但更多地却反映了同一发展阶段上人们审美意识的普遍性与文化认同的倾向性。

在原始社会里，美的创造和美的欣赏，很少有个人随心所欲的余地，通常为群体审美意识的约定俗成。以人体的装饰而言，在氏族部落内部用于标示其成员的性别、年龄、婚姻状况及社会地位，在氏族部落之间又用于标识族别。这样看来，史前时代那些精美的玉饰品，不仅承担着愉悦感官、美化人体的功能，还承担着维系血缘关系纽带、加强社会组织向心力的重要功能。这完全是由于玉器被赋予了超出其自然属性之外的社会属性——人类社会所独有的审美观念和象征含义，从而玉器诉诸当时原始人群的便不只是感官的愉悦，其中早已储存了特定的观念含义了。从这种意义上讲，玉器是人类精神生产、意识形态的一种产物，那么佩戴玉饰品可谓一种有意味的行为，原始先民正是通过这些有意味的行为来传递着各种信息，从而创造了灿烂的玉文化。

萌芽于旧石器时代晚期的磨制技术，为人们认识和加工玉器准备了必要的条件。然而，玉器是社会分工导致社会分化的一种反映，玉文化的起源与形成不但与制作技术的进步密不可分，更与社会形态的发展息息相关。近年来，在北京东胡林遗址发现了早于兴隆洼文化的新石器时代遗存[1]，在辽西一带还识别出了一种以素面陶为特征的考古学文化，其年代有可能与兴隆洼文化处于同一时期[2]；在浙江的嵊州小黄山、浦江上山等地也发现了早于马家浜文化、河姆渡文化的新石器时代遗存[3]。然而，在距今

1　赵朝洪等:《北京东胡林遗址 2005 年发掘又获重要成果》，《2005 年中国重要考古发现》，文物出版社，2006 年。

2　徐光冀、朱延平:《辽西区古文化（新石器至青铜时代）综论》,《苏秉琦与当代中国考古学》,科学出版社，2001 年。

3　王海明等 :《浙江嵊州小黄山遗址发掘》，《2005 年中国重要考古发现》，文物出版社，2006 年。

10000～7000年前的这一时段里，东北地区以兴隆洼文化的遗址规模最大、分布范围亦最广，长江下游地区的情况也是如此，马家浜文化和河姆渡文化的遗址规模、分布范围在这一时段的考古学文化中均名列前茅。正如苏秉琦先生所推测的那样："七八千年前的阜新查海和赤峰地区兴隆洼的原始文化所反映的社会发展已到了氏族向国家进化的转折点"[1]。在当时的社会发展进程中，辽西一带和太湖一带的步伐明显快于其他区域。那么，中国史前时代的玉文化最先从这两个地区的考古学文化中脱颖而出，应为当时社会形态发展的一种必然结果。正是在这一时代，玉被赋予社会属性，被人格化了。

西辽河流域的玉器在东北地区最具代表性，这一区域的玉器从兴隆洼文化经赵宝沟文化至红山文化，经历一个由成长到繁荣的发展过程；环太湖流域的玉器在长江下游地区最具代表性，这一区域的玉文化从马家浜文化经崧泽文化至良渚文化，也经历一个由茁壮到繁盛的发展过程。大约距今5500～5000年左右，西辽河流域和环太湖流域，分别形成了北南两大玉文化中心，中国史前玉器迎来了前所未有的辉煌时期。这两大玉文化系统虽各有渊源、各具特色、各有自己的发展道路，但在发展的序列上竟然有着非常相似的阶段性，结合红山文化的坛、庙、冢以及良渚文化的古城、高土台冢等这类高等级聚落的出现，不难发现南北两地彼此在社会组织与意识形态方面存在着相近的演进轨迹。这种同步性的出现，很可能是文化交汇的结果，而史前时代区系间的文化交汇，被视为中华文明起源的主要推动力。在区系间的文化交汇中，玉器可以说是最活跃的因素。今天看来那些似乎其貌不扬的玉器，在遥远的史前时代却曾经石破天惊，在中华文明起源与形成的进程中扮演过相当重要的角色。

中国史前社会的结束约在距今4000年前，继之而起的是大禹所建立的夏王朝。先秦典籍中早已有关于夏代历史和夏王朝世系的记载，半个多世纪的考古发现终于使夏代的历史从神话传说的迷雾中走了出来。1959年在河南偃师发现的二里头文化，其分布的地域和存在的年代与古文献记载的华夏族的活动范围和夏王朝存在的年代基本一致，因此考古学界一般将二里头文化视为夏文化。

二里头文化的玉器，种类已相当复杂，计有戈、戚、钺、矛、镞、刀形端刃器等武器或仪仗用器；圭、璋、琮等礼器；柄形饰、方柱形饰、锥形饰、臂环等装饰品，以及用途和名称均不明的玉器。尤以圭、璋、戈、戚、钺、刀形端刃器和柄形饰较为常见。其造型扁薄而颀长，器身两侧往往装饰有细密的扉牙，雕刻手法十分细腻。由品类和形制方面不难看出，二里头文化的玉器不仅承袭了黄河中上游地区诸龙山文化的玉雕传统，同时也接受了黄河下游地区和长江下游地区史前玉雕的影响。

继夏而兴起的是商。商人立国约五六百年之久，玉雕的工艺及风格亦经历了长足

1　苏秉琦：《迎接中国考古学的新世纪》，《东南文化》1993年第1期。

的发展。商王室的玉器，以安阳殷墟妇好墓的玉器为代表。该墓共出土玉器755件。这批玉器不仅为数众多，而且造型多样，品种齐全。按其用途大致可分为仪仗（武器）、礼器、工具、生活用具、装饰品和杂器等类别。以戈、璧环、璜、柄形饰和各种动物形饰的数量最多。其造型之优美，纹饰之繁缛，线条之流畅，无一不反映出当时治玉技艺的精湛水准。关于殷墟玉器的来源，除了继承了二里头文化的玉器传统之外，还较多地继承了良渚文化、山东龙山文化以及石家河文化的玉器品种和工艺作风。

除中原王朝的玉雕外，夏商时期周边地区和方国的玉器也颇具特色。如四川广汉三星堆的玉器、江西新干大洋洲的玉器、内蒙古赤峰大甸子夏家店下层文化的玉器，以及湖南、广东和香港等地的玉器，既有中原王朝玉雕的影响，同时也具有自身的特点。

史载“夏有万邦”“禹会诸侯于涂山，执玉帛者万国”。《禹贡》将这时的地域称为“九州”，大体包括了黄河中下游和长江下游地区。《诗经·商颂》称“邦畿千里，维民所止，肇域彼四海”。商代的疆域主要包括今河南、山东、河北、辽宁、山西、陕西、湖北、安徽和江苏、浙江的一部分，以及江西、湖南与内蒙古的某些地方。夏商时期中原地区的政治经济地位突出，其物质文化也因之丰富多彩。在当时各地区间的交往中，中原地区已经显示出强大的枢纽作用或凝聚力，这种凝聚力在以后的发展中愈来愈强烈，从而奠定了日益壮大的华夏族的核心。

武王克商至幽王灭亡，西周历时近260年。西周的玉器，主要有仪仗用器（武器）、佩饰和葬玉（专门为下葬而制作的玉器）三大类。其中戈、戚、钺等仪仗用器呈现日趋减少的态势，而璜、玦和各种象生形佩饰则愈来愈流行。葬玉中多见仿面形及五官形状而作的玉瞑目。在西周的中、晚期，大型的多璜组佩饰应是贵族间区别贵贱、身份高低的标志。西周早期的玉器或多或少地保留了商代晚期玉器的特点，而西周中期以后基本上摆脱了图案化的传统，出现了较完写实的崭新风格，使中国上古玉雕登上了一个新的高峰。

周人的始祖发迹于邰（今陕西武功一带），最初的活动在泾渭流域。周人灭商后，实行同姓分封，给这些分封的诸侯国输入了大量的周文化，从而将周文化扩张到陕西以外的其他地区。北京、山东、山西、河南等地西周诸侯国墓葬出土地玉器，其器类、形制、纹饰与陕西周原的玉器基本相同。这些现象大致反映了历史事实。

从周平王东迁洛邑，到秦统一中国，中国社会经历了一次巨大的变革。东周的玉器，无论在雕工还是在风格方面，都与西周玉器有所不同。东周玉器的种类，大致可分为礼器、仪仗用器、佩饰、生活用具和葬玉等。礼器中以玉璧为大宗，其上多有纹饰；佩饰中以玉璜为核心组玉佩非常盛行，且形式多样；葬玉中出现了以片块状玉兽及玉禽鸟组成的瞑目。东周玉器上常见龙纹、涡纹、谷纹、蒲纹等纹样，流行浅浮雕之作法，所以纹饰往往具有很强的立体感。而这一时期盛行的组玉佩，乃是滥觞于史前时期，凌家滩文化和良渚文化的多件玉璜佩饰，开启了我国古代用以“明贵贱”的组璜玉佩之先河，奠定了两周时代以玉璜为主体的组玉佩之基础。

东周时期，王室衰微，诸侯兴起。政治上的长期对立，导致了文化艺术地域性差异的出现。这一状况在玉器风格上亦有所反映。据研究，东周的玉雕除了为中原式外，还可分秦式、楚式、吴越式和夷式、燕式等不同国别或地区的玉器。各国或各地区的玉器于大同中具小异。所谓大同，指玉器的种类基本相同。所谓小异，指形制和纹饰不尽相同。如吴越式玉器的璜两端分别雕成龙首形，与中原地区一端作成兽首而另一端作成兽尾的璜有明显区别；秦式玉器的纹饰皆为阴线细刻，不见或罕见浮雕，因而缺乏立体感。因此，荀子所讲的“居楚而楚，居越而越，居夏而夏”，不是没有道理的。毋庸置疑的是，东周时期各地人口的流动，民族文化的交流，业已突破了原来六大区系的分野，为秦的最终统一做好了准备。

秦始皇结束了地方割据的局面，从此一统的格局成为历史的主流。汉王朝境内，玉雕几乎清一色为汉式。

中国古代玉器的发展历程来看，史前时期的玉器主要作为沟通天地神灵的特殊器具——法器而存在的，夏商时期的玉器主要作为象征权威神力的武器（仪仗用具）而存在的，两周时期的玉器主要作为标志身份高低贵贱的佩饰而存在的。玉器在中华民族多元一体格局的形成过程中的重要作用不容忽视。

原载《中国史前玉器的考古学探索》，社会科学文献出版社，2011年

玉人的启示

——故宫博物院藏红山玉人像考辨

徐　琳

内容提要：本文对故宫博物院院藏的两件早期玉器进行考察，通过对玉料、造型、纹饰及制作工艺的综合考察，认为这两件玉器均为史前东北地区红山文化的重要玉器，经考证，其中一件坐姿人像与牛河梁十六地点4号墓出土的裸体玉人均为巫的形象。另一件玉人兽复合神像则是目前发现等级最高的红山玉器。它们是对红山玉器研究乃至史前玉器研究的重要补充。

关键词：故宫博物院　红山文化　玉坐人像　玉人兽复合神像

红山文化是史前北方燕辽地区一个重要的考古文化区，主要分布于内蒙古东南部、辽宁西部及河北北部，距今约6500～4800年，红山文化玉器主要出现于红山文化晚期，距今约5500～4800年。

2002年，辽宁朝阳牛河梁遗址第十六地点4号墓人骨骼的左侧骨盆外侧出土了一件玉人[1]，玉人高18.6厘米，黄绿色玉质，裸身，身材短小清瘦，五官清晰，双目微闭，眉头紧锁，嘴半张，双手抚于胸前，五指分开（图一）[2]。这一玉人形象，似一副神灵附体的巫之形象，所以常被学者们解释为巫人，墓主人也被推测为红山文化晚期一位通神独占的大巫或者“一人独尊”的萨满。

2007年笔者看到这件玉人时，忽然联想到本院所藏的两件玉人形器。这两件玉器因非考古出土品，对其时代归属一直存在争议，长期被打入冷宫不被重视。牛河梁第十六地点4号墓出土的玉人，是红山文化考古发现的第一个全身形象的玉人像，证明红山时期完全可能雕琢全身形象之玉人。受其启发，笔者回院再次拿出两物，细细审看，

作者：器物部，研究馆员。

1　朱达、王来柱：《牛河梁红山文化遗址群》，《2003年中国重要考古发现》，文物出版社，2004年。

2　中华玉文化中心、中华玉文化工作委员会编：《玉魂国魄——红山文化玉器精品展》，第64、65页图，浙江古籍出版社，2009年。

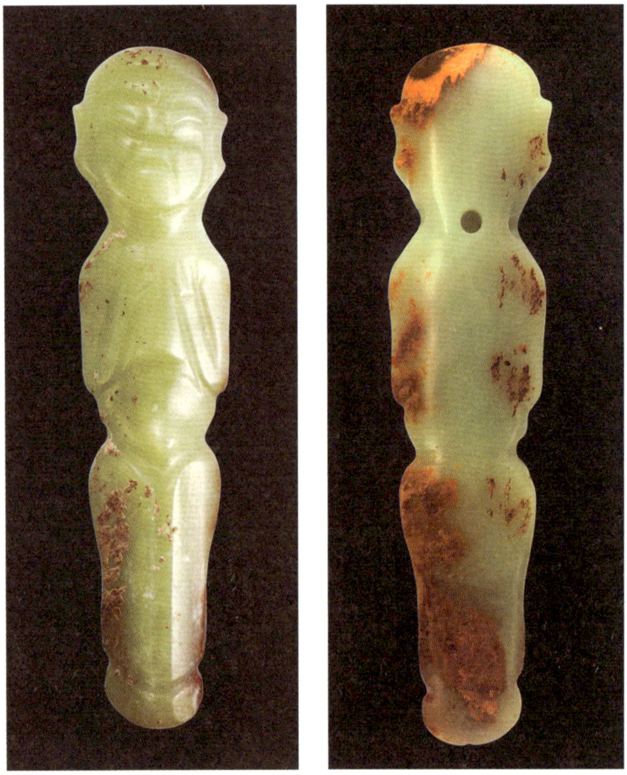

图一　玉人（正面及背面，牛河梁第十六地点出土）

越发感觉这两件玉器不仅是真正的红山文化玉器，而且是一种特定身份的标志，其持有者是当时红山社会中等级极高的人物，有着十分重要的社会地位，玉器的造型和文化意义也有着更为深层的内涵。所以，笔者深深感到有必要将这两件玉器重新提出并作介绍研究。

一　玉坐人像

玉坐人像（图二），高 14.6 厘米，宽 6 厘米，厚 4.7 厘米。黄绿色玉料，身上有大面积的铁褐色沁斑。器形为一戴动物冠的坐姿人像。人首尖下颚，蛋形面，窄而前凸，头上戴一动物首形冠，冠上两圆凸似为动物眼睛，有两个竖直的长角，双耳镂空。头首前额处有非常浅的菱形网格纹。人形裸身，细腰，上肢弯曲抚于腿上，坐姿，腿部有凹凸肌肉感。身体的比例与人体比例相似。颈背部有大的对穿孔，可以悬挂佩带。

从治玉工艺上看，这件玉坐人身上有许多线切割的痕迹，底部还有片切割痕迹，切割工艺较为原始；人首背颈部的对穿孔，外大里小，并有较粗糙的螺旋纹，是原始的钻孔技术；镂空为连续的多次桯钻钻孔，这些细部带有明显的史前玉器工艺特征。

图二　玉坐人像（正面、侧面、侧后面及背面）

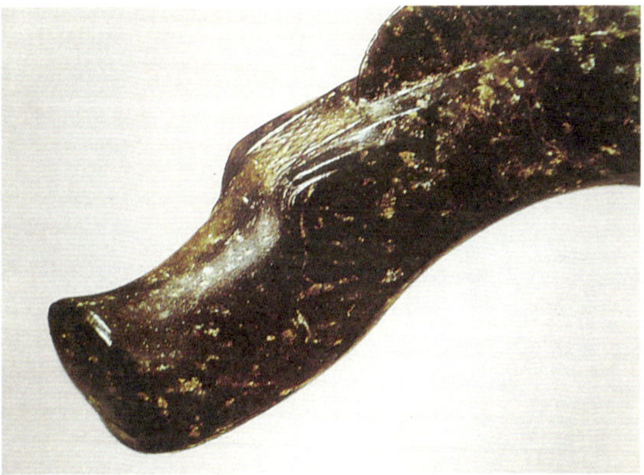

图三　玉龙额上之网格纹

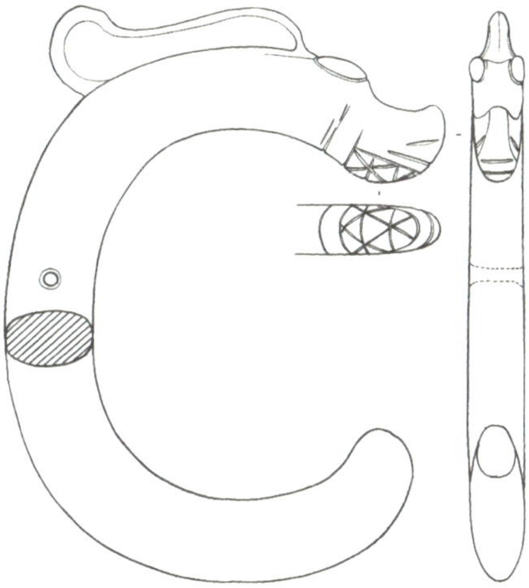

图四　C 形龙之线图（翁牛特旗博物馆藏）

之所以认定其为红山文化玉器，还因为它身上具有很多红山文化玉器的特征：如所用的玉料为红山玉器常用的岫岩闪石玉料，与牛河梁十六地点出土的玉人用料相似，并且玉中沁色也极为相似，都是铁褐色的沁斑。坐人首前额中间有浅浅的菱形网格纹，如不仔细查看很难辨认出来，这与内蒙古赛沁塔拉发现的 C 形玉雕龙额上及翁牛特旗山嘴子乡新地村征集之玉 C 龙颚底网格纹相似（图三[1]、图四[2]）。而这只在史前红山文化玉器上有此特征。

另外，从故宫博物院文物账册上可以查出，这件玉器是 1983 年初进入故宫的。当时内蒙古几位牧民携此玉来，仅以 500 元的价格卖给了故宫。故宫博物院的几位专家

1　张明华：《中国古玉发现与研究 100 年》，第 346 页图，上海书店出版社，2004 年。

2　于建设主编：《红山玉器》，第 98 页图，远方出版社，2004 年。

多认为是商以前之物，也有认为稍晚，最后将其放在了辽金玉器中。

在此之前，虽然1973年夏在阜新县胡头沟和1979年在凌源县三官甸子城子山遗址（现编为牛河梁第十六地点）曾发现过几座红山文化石棺墓，出土并收集了一批红山文化玉器，但因资料发表滞后，70年代学术界及社会各界并未对红山玉器引起足够的重视。80年代初，辽宁凌源与建平两县交界处的牛河梁发现了规模宏大的红山文化中心性祭祀遗址。1983年7月下旬，辽宁朝阳召开了“燕山南北长城地带考古座谈会”，这次会议对辽西地区文明起源研究有极大的推动。但是，直到1984年牛河梁第二地点一号冢4号墓玉雕龙、马蹄形箍形器的正式出土，才对最终确立红山文化玉器起到了“一锤定音”的作用[1]。这些，已是在这件玉坐人像出现并进入故宫以后的事了，可以说，此前或者当时，除了少数的专家和考古学者外，外人对红山文化并没有什么概念，更不要说认识红山玉器了。

真正让广大世人认识到红山文化玉器，可能是1986年8月《人民画报》第8期发表了1971年在翁牛特旗赛沁塔拉发现的C形玉雕龙的大幅照之时，这件玉雕龙虽非考古正式发掘，但立即引起了人们的注意，轰动一时。此后，红山文化玉器开始逐渐为人们所熟悉。而红山玉器大规模的造假则是在20世纪90年代以后。所以从时间上看，基本能排除这件玉坐人像造假的可能性。

这件玉坐人像还未在考古出土品中发现，原来也一直认为是玉坐兽[2]。但笔者仔细观察，可以看出蛋形的面部隐约有推磨凸出的眼睛，眼外有浅阴刻线构成的杏仁形眼眶，嘴部亦有一道浅浅的阴线。所以，这应为人面，上部的两个大圆凸眼并非人眼，而是人所带兽冠的眼睛或是其兽头的一部分。其所戴冠似跳巫舞时带的动物冠面，夸张而令人敬畏。

英国剑桥大学菲兹威廉姆博物馆（Fitzwilliam Museum）的林政升先生曾给笔者看过其博物馆收藏的中国古代玉器照片，其中有一件是中国早年流散出去、1951年入藏其馆的玉雕坐人像（图五）。神像高12.2厘米，玉质为黄绿色岫岩闪石玉，与故宫所藏玉坐人及牛河梁第十六地点出土的玉人玉质类似，铁褐色的沁色也一致。这种沁色也是红山文化玉器中常见的沁色。其坐姿造型与故宫所藏玉坐人像相似，但姿势稍有不同，故宫玉坐人为完全屈膝而坐，臀部与脚在同一平面上，剑桥玉坐人为垂足屈膝而坐，臀部似乎是坐于某物之上。玉人脸型为尖下颚，五官较为清晰，弯眉，长眼，三角形鼻，类似牛河梁玉人之面，但没有紧蹙眉头。人物裸身而坐，但头上戴有兽首，

1　郭大顺：《龙出辽河源》，第101页，百花文艺出版社，2001年。

2　此物最初正式在图录中发表时定名为“玉立雕神人”，见周南泉主编《故宫文物珍品全集——玉器（上）》，图40，生活·读书·新知三联书店，商务印书馆（香港）有限公司，1996年。后再版时定名为“玉坐兽”，见张广文主编《故宫博物院藏文物珍品大系——玉器（上）》，图17，上海世纪出版股份有限公司，上海科学技术出版社，2008年。

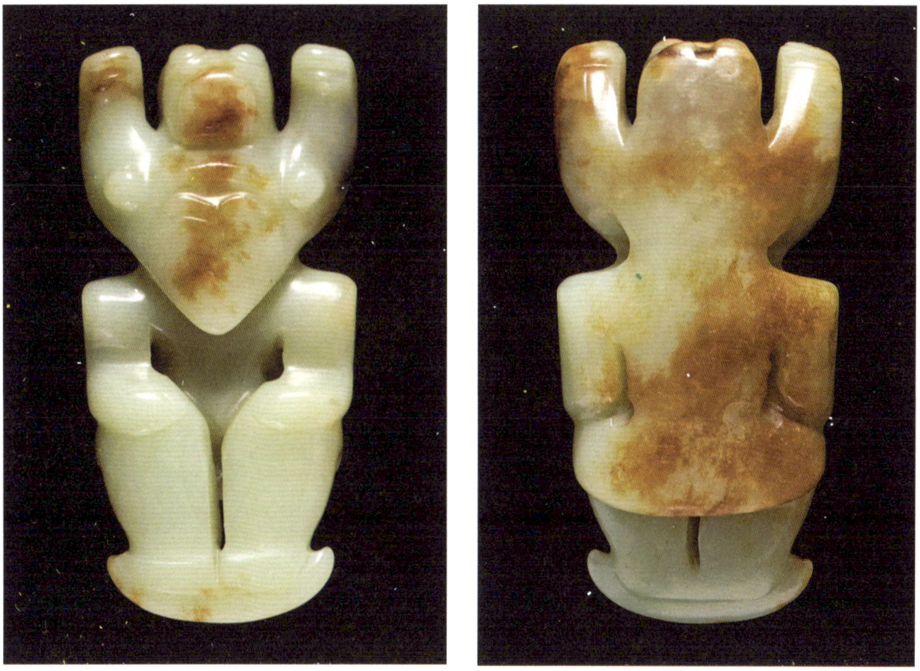

图五　玉雕坐人像正面及背面（剑桥大学博物馆藏）

正面看似帽，从背后看则是整张兽皮披下来，一直到腰际。从器物上面看，则是一高举前肢的兽的上半身（图六）[1]。

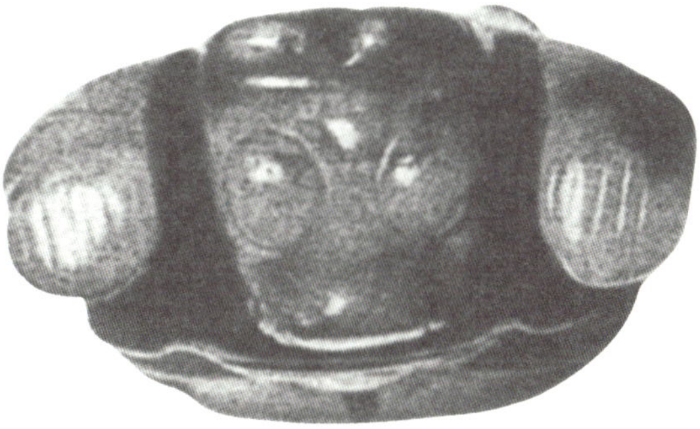

图六　玉雕坐人像头顶部（剑桥大学博物馆藏）

对于这一兽首，孙守道和邓淑苹先生均认为是熊。邓淑苹先生称其为“玉雕带熊冠女神像”[2]。孙守道先生认为是“玉熊人”，并进一步认为在上的熊首和在下的人首，已上下结合在一起，是人熊合一的造型，应称为“玉熊母神”[3]。

目前，越来越多的学者认为熊在红山社会中占有十分重要的地位。原来一些玉兽面玦形龙被称为玉猪龙，以后多数学者从图腾崇拜等视角认为应为玉熊龙，兽面非猪面而为熊面。熊崇拜本是东北渔猎民族特有的习俗，红山文化以熊为主要崇拜对象，

1　玉人完整照片为林政升先生所赐，头顶上部照片为邓淑苹先生所赠，在此表示感谢。

2　邓淑苹：《试论新石器时代至汉代古玉的发展与演变》，《群玉别藏续集》，第 14 页，台北故宫博物院出版，1999 年。

3　孙守道：《红山文化“玉熊神”考》，《中国文物世界》1997 年总第 140 期。

也与出土玉器的地域特征十分吻合[1]。笔者十分赞同这些看法。红山文化第二号和第四号地点积石冢墓地中都曾出土过熊的下颚骨，说明崇熊习俗由来已久。

但是，对剑桥大学博物馆藏的这件玉坐人头戴之物，笔者认为并不只是熊冠，而是披了一张带有熊头的熊皮。将熊头制为冠帽状，熊首和人首也并没有合为一体，在玉人正面面部可以清晰地看出人面和熊帽的分界线。从背面看，则是熊头与身上的衣服连在一起，腰间还有带状物束缚，上背部还有衣褶纹。只有整张熊皮披在人身上才会有此装束，所以，这件玉器仍是以人为主体，而非人熊不分，合为一体，人只是借助熊皮作为外衣[2]。从正面看人物本身，依然与故宫所藏及牛河梁第十六地点出土者一样为裸身的玉人像。

至于故宫所藏那件玉坐人头戴的动物冠帽，从人背部形象看，没有披着长兽皮，只是将某种动物头制成冠戴在头上，长长的角，圆凸的眼睛，头面似乎也较窄，如果不能认定这是对熊首描绘的一种夸张表现的话，很难将其与熊联系起来。

在敖汉旗小山遗址和南台地遗址出土的陶器上曾发现有写实性极强的刻划纹鹿首形象（图七）[3]，有学者曾提出赛沁塔拉玉雕C形龙的兽首可能与鹿首有关。而鹿在当时红山社会中应也是常见的山林之物，从形状上看，笔者认为故宫玉坐人头上所戴的

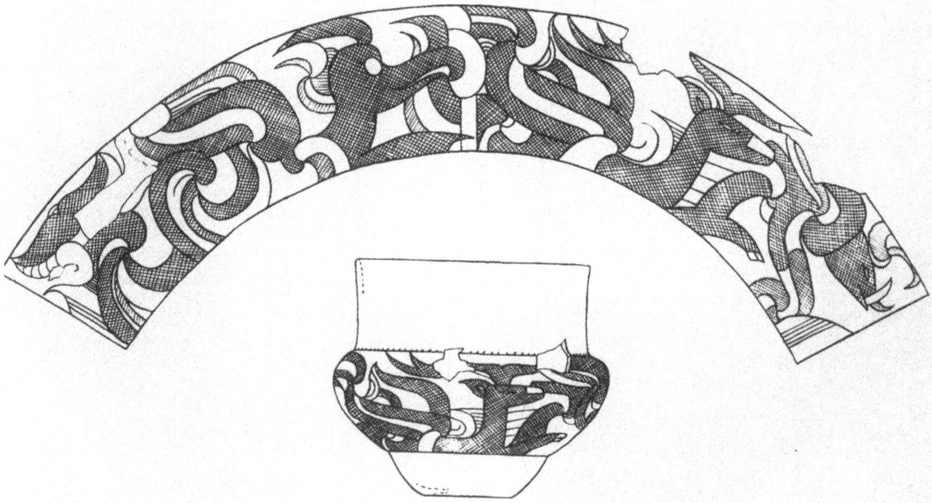

图七　陶尊上的鹿纹

1　前揭《龙出辽河源》。

2　郭大顺先生2011年去英国时亲眼看到了这件玉人，并拍了清晰的背后照片，更加证实了本人的观点。现采用郭先生的玉人背部照片，在此表示感谢。

3　邵国田主编：《敖汉文物精华》，第24页图，内蒙古文化出版社，2004年。

兽冠更似为鹿首，但此说还有待进一步研究证实。

为什么会有这样一种玉雕人物出现在红山文化玉器中？笔者最初看到本院所藏的玉坐人像时一直有这样的疑问，剑桥大学所藏玉人也是这样一个造型，它们表达了怎样的内涵？如果将牛河梁出土玉人与这两件传世玉人像来比较的话，不难发现它们其实表现的是同一类人。这三件人像均为裸身，所用玉料相同，可能埋藏条件也基本相同，所以沁色相同，唯一不同的是一站二坐，一个全身赤裸，一个仅戴兽首做冠，一个身披兽首兽皮。

有学者认为牛河梁出土的玉人代表了一种巫人，玉人的主人是主持各种祭祀活动的专职祭司，是巫师[1]，也有人称之为"红山萨满"[2]。巫师或萨满在行巫术的过程中，则会经历：静坐——神灵附体（昏迷状态）——作法（游动昏迷状态，神灵代言人）——平静（逐渐恢复正常）状态。如果认定牛河梁出土的那件玉人是巫进入了神灵附体的痴迷状态或已进入行法的状态的话，则这两个坐人似乎是巫师在行巫术过程中的另一个状态，总体来说是一种较为平静的状态。同样赤裸着身子，但已戴上或披上了兽冠、兽皮，在这一时刻，兽冠和兽皮似乎是他们身穿的一个道具，如举行大傩时要戴的"傩面"一样。

这里还要注意一个细节，剑桥大学那件玉坐人赤脚踩在一个半弧圈状物上，这一半弧圈状物很难解释是何种东西，但在这里出现应不是随便而为，当有其特定的意义。笔者认为这可能象征巫师本人升天借助的一种法物，正如牛郎借用老牛之角挑着一双儿女飞上天空追赶织女的方式一样，这一半弧圈状的法物可以解释为动物之角，例如前文所提到的神鹿之角，也可以解释为牛角[3]。那么，这件玉坐人就可以解释为巫师踩着牛角（或鹿角），披着熊首冠衣，在进入神灵附体前刚刚入定的状态。而故宫所藏的那件玉坐人，虽没有踩牛角，但戴着鹿首冠，似乎可以借鹿之奔跑飞跃之力进入升天状态，这可能也是一种神灵附体前的入定状态。牛河梁之玉人则可能是巫在神灵附体后，作法之时去掉了道具，专心与神对话，从而行法之态。

由此，这三件玉人表现的是同一类人，即红山时代巫的形象，是巫在作法时不同状态下的表现，裸身是为了与天地、神灵更好地沟通，剑桥玉坐人和故宫玉坐人为作法入定时的状态，牛河梁玉人则是神灵附体后的作法状态。他们都代表了特定场合下

---

1 刘国祥：《牛河梁玉器的初步研究》，《文物》2000 年第 6 期。

2 古方：《萨满教特点对红山文化玉器研究的一些启示》，赤峰学院红山文化国际研究中心编：《红山文化研究——2004 年红山文化国际学术研讨会论文集》，文物出版社，2006 年。

3 兴隆洼文化到红山文化中都曾发现过牛骨，在赵宝沟文化小山遗址出土陶尊刻划的纹饰中，除鹿、鸟、野猪以外，日本佐川正敏先生发现还有牛这一动物形象（本文图一二的最左边有明显的牛角形象），说明当时牛也是被人重视的动物。见佐川正敏《第四种动物的探索——中国内蒙古地区赵宝沟文化尊形器动物纹饰再考》，前揭《红山文化研究——2004 年红山文化国际学术研讨会论文集》。

图八　第十六地点中心大墓

的一种巫的形象。

从牛河梁玉人出土的墓葬规模看，为第十六地点的中心大墓，其营造费工费时，是牛河梁已知墓葬中较大者（图八）。目前学者多认为墓主人是一位通神独占的大巫。如此论成立，则故宫这件玉坐人与剑桥大学玉坐人的文化归属及当时拥有者的身份等级当与此同，均应为身份地位极高的大巫。这两件传世玉巫人像的出现也为红山文化玉器乃至对史前红山文化的研究提供了一个十分重要、不可忽视的线索。

二　玉人兽神像

玉人兽神像（图九），高 27.7 厘米，最宽 11.7 厘米，厚度在 1.5 ～ 3 厘米之间。青绿色玉质，背面有土斑胶着于玉器上。体近似长方形，中部厚，正面非平，而是略呈微弧凸状，边缘较薄，并有一定的钝刃感。整器由一人和一兽复合而成，镂雕，人首及身体两侧围绕着类似勾云形之物。人物五官鲜明，三角形鼻凸出，身穿有服饰，在臂膊及后背上饰有网格纹。双手合于胸前，并持一长棒类物，脚踏一弧形半圈，下有一兽，兽似熊，似投降状伏卧，双前足前伸。背面则是正面纹饰的反面，饰有网格纹和瓦沟状勾云纹。

20 世纪 60 年代初，一位东北人带着这件玉器来到了天津，天津文物界的人士认为

图九　玉人兽神像（正面及背面）

是件宝玉，但拿不准年代，遂建议这位东北人到北京找专家鉴定。北京市文物商店收下了此玉[1]，并于1963年以3000元价格卖给了故宫博物院。入宫之前，傅大卣先生曾见到此玉，并亲手做了黑白和彩色拓片，在拓片旁题有“此玉黄色，且是新中国成立后出土者，出自东北沈阳，详细地址不明”。孙守道先生80年代初见到过这件玉佩的拓片，就此曾和傅大卣先生进行过多次探讨。孙先生在回忆记录中认为其出土时间可能在20世纪50年代，至少不晚于60年代初，出土于东北而非内蒙古是肯定的，出土后被持有者先拿到沈阳贩卖，或由沈阳人所得，后持至京津，经傅大卣先生鉴定为古玉珍品，傅先生恐此物由天津流失海外，遂多方联系，几经辗转后入藏故宫[2]。此玉入院后专家意见并不统一，当时将其放于辽代，名“青玉武人片”。1996年《故宫文物珍品全集·玉器》卷曾将其收入，定为红山文化玉器[3]，但随即受到一些专家的反对，故再版时删掉，此后未再有过任何宣传。

从《玉器》卷出版的图录上看，这件玉器确实给人的感觉太过时尚、超前了些，

1　张广文：《玉人·玉兽》，《紫禁城》1989年第1期。

2　孙守道：《红山文化玉祖神考》，《中国文物世界》1998年第11期。

3　前揭《故宫文物珍品全集——玉器（上）》，图十。

似乎与出土的红山文化玉器十分不同。笔者初入故宫时，也曾满怀好奇之心上手细细观摩这件玉器，但是真正抚之于手，它所有传递出来的所有信息都在告诉我，这确实是一件史前人类的杰作，是一件真正的史前文化玉器。

辽宁省考古文物研究所原所长、红山文化的研究学者孙守道先生从1982年就接触到这件玉器的拓片，后又曾多次到故宫观摩过此玉，对其进行过客观详细的研究，1998年发表了《红山文化玉祖神考》一文[1]，详细论证了其为红山文化玉器的特点，并公布了傅大卣先生早年手拓这件玉器的拓片（图一〇）。笔者十分赞同孙先生对这件玉人为红山文化玉器特征极其发现意义的论述。同时，受2002年牛河梁第十六地点出土玉人的启发，结合玉人拓片和实物，在此再谈一些自己对它的看法，以求给这件玉器一个公正的名分。

这件玉器采用岫岩常用的闪石玉料，青绿色的色调与牛河梁第二地点一号冢27号墓出土的带齿动物面纹饰玉料相同(图一一)，只是质地更为紧密细润，大小也基本相似，略短并稍宽一点儿。玉器背面胶着的泥土状态，则与牛河梁所出玉人身上胶着的泥土状态相似，这种现象在出土的红山玉器中属常见。

图一〇　玉人兽神像正面拓片及背面拓片

1　前揭《红山文化玉祖神考》。

从玉器的加工工艺看，虽然纹饰看似复杂，但细看治玉工艺却十分原始。器物多处镂空，方式十分古朴，基本是连续打钻法而成。器身也有原始的线切割痕迹。玉雕网格纹的刻划以及人身周围勾云纹使用的推磨瓦勾纹的方式与出土红山玉器十分相似，而兽爪阴刻线的琢治之法也与牛河梁第五地点一号冢1号墓出土的玉龟的爪趾阴刻线的刻法相似（图一二）。

玉人面部特征十分明显，高而宽阔的额头，长长的弯眉，杏仁形双目，鼻梁窄而细长，宽直的鼻翼呈三角形，尤其是倒三角形且尖尖的下颚独具特色（图一三）。这些特点在红山文化出土的玉人面中均有所见，如内蒙古巴林右旗博物馆所藏的两件玉人面饰的鼻形与下颚均为此形。一件青绿色，脸型为圆脸尖下颌，三角形眼和三角形的鼻子，鼻下有一横线，横线下有相交的斜网格纹。背面光素无纹，有一对钻斜孔可供穿系（图一四）。另一件1987年巴林右旗巴彦塔拉苏木苏达勒遗址出土的那件玉人面像，宽阔的额头、杏仁形双目以及隆起的三角形鼻翼则与此更为相似（图一五）[1]。所以，红山

图一一　带齿动物面纹饰（牛河梁出土，《牛河梁遗址》第43页图）

图一二　玉龟（牛河梁出土）

图一三　玉人面部拓片

1　前揭《红山玉器》，第37、38页图。

图一四　玉人面（巴林右旗博物馆藏）

图一五　玉人面（巴彦塔拉苏木苏达勒遗址出土）

玉人面都具有北方蒙古人种的特色，他们也与前文提到的玉坐人的脸型十分相似，这种三角形下颚在红山玉鸮、玉鹰上也可见到（图一六）。

玉人身穿华丽的服饰，头戴勾云形高冠，脑后披巾，方圆领，窄袖长衫至膝，跣足。脑后巾及服饰上雕琢菱形网格花纹，这些网格纹有着东北地区史前文化玉器的特征。

另外，这件玉雕人像周围一个很明显的特征就是环绕的勾云形飘带状物（图一七）。

这种勾云形飘带状物与出土红山玉器中的勾云形佩十分相似（图一八），而且也推磨出类似的瓦沟纹。其整体的板片状造型也与红山常见的大勾云佩相似。可以说，这是红山玉雕者十分擅长的一种造型结构设计。勾云的边缘都较薄成钝刃状，环绕在人体周围，似乎是云彩，既代表了天，也表示引人升天，说明玉人有与天沟通的能力。

红山玉器中常见的这种勾云形器，出土时一般位于人骨架的胸部，造型呈多勾形，无兽面眼型和成组牙齿。笔者认为它与另一类带齿动物面纹饰相似，但玉雕主题的侧重点不同，不属于同一种玉器。虽然学者们对这种勾云形佩的造型、功能以及象征意义有过多种解释，如认为表达的是鸟兽纹，本形是动物的颌、鬃、躯体[1]；是鹿角、猪獠牙等实物形态的艺术化再现，主要功能是用作沟通祭司和上天、祭司和祖灵的中间媒介[2]；是花的象征，为“玉雕玫瑰”[3]，等等。但是从这件玉人身旁缭绕的这些勾云形状物看，勾云形佩有着十分明确的象征意义，那就是对天空中云的模拟，它们在红山人眼中就象征着云，云能带来雨，这也正是北方农牧业在干旱气候中十分需要的。在无任何科学知识解释的时代下，云带给红山人的遐想是最多的，也是最神秘的。勾云形佩的大量出现应该是对云的膜拜，对雨的祈求，对天的敬畏。

在这件玉雕人物的造型设计中，云的造型明显有引人升天或是使玉人具有神性的意义。

由此，笔者联想到红山文化中另一种类似勾云佩的大玉佩，有学者称其为“带齿

1　杜金鹏：《红山文化“勾云形”类玉器探讨》，《考古》1998 年第 5 期。

2　刘国祥：《红山文化勾云形玉器研究》，《考古》1998 年第 5 期。

3　郭大顺：《千禧年说万年龙——从龙的起源谈起》，（台湾）《故宫文物月刊》总第 2004 期（2000 年）。

图一六　玉鸮（巴林右旗巴彦汉苏木那日斯台出土）

图一七　玉人身周围的勾云纹拓片正反两面

图一八　玉勾云形佩（牛河梁第十六地点2号墓出土）

动物面纹玉饰”[1]。牛河梁第二地点一号冢27号墓出土的那件带齿动物面纹大玉佩，长28.6厘米（见图一一）[2]，出土时竖置，反面向上，位于人头骨旁边。其大小和摆放位置十分类似新石器时代其他文化地区中斧钺的摆放，有学者考证其作为权杖使用。牛河梁第二地点一号冢9号墓出土的一件三齿简化小动物面纹饰，则与石钺叠放在一起置于人体腹部，也说明这种带齿动物面纹饰有一定的祭祀礼仪作用。

对于这类玉饰所代表的形象，有多种解释。有些认为是抽象的饕餮纹，有些认为是鹰面或鸟面，还有认为是猪面或兽面。其实，动物面纹玉饰在史前各文化区中多有发现，如良渚文化、凌家滩文化等，有的具象，可以看出所示之物，但大多是一种非特定动物的造型，它们应该是先民们从自己身边最常见或最害怕的一种动物或几种动物集合抽象而来的具有神话性质的动物，因神秘而敬畏，并神话为本族的保护神，将其雕刻成器，作为奉神之礼，或佩挂于身作为保护之神，这一切当在情理之中。而此时，动物本身为何物已不再重要，有象征动物的眼睛和象征威力的牙齿已经足矣，何必一定要断定其为猪还是熊还是其他等物呢?

最重要的是，不管这类器物代表何种动物，其两侧都有勾云相伴，这就像故宫大玉人身边缭绕的云纹一样，勾云在这里成为它们升天的指示，是天空的象征，动物有云的环绕，也有了升入天空的神性，所以，云与动物或人物的组合，明显都有助于他们升天，都是他们升天的一种借力和象征性的道具。

红山人对天可谓是顶礼膜拜，这一崇拜就是通过在重要的玉器上加刻云纹表现的。

这里还要重点提到玉人头部有勾云组成高高的云冠中间的那个圆形的东西。无论从正面还是背面看，都似一个太阳（图一九）。笔者认为这是太阳的象征，太阳和四周的云纹相配，更体现了玉人身上的通天神性。

牟永抗先生曾对史前社会的太阳崇拜进行过研究，认为太阳是古代原始信仰中多神崇拜的对象之一，处于由自然崇拜向祖先崇拜的过渡阶段。古代东方普遍存在着太阳崇拜，这种崇拜在中华大地上许多考古文化区中都有存在，如太湖及其以南地区的良渚文化和河姆渡文化；长江中游地区、泰山周围及黄河下游地区诸史前文化等[3]。而这件云冠中太阳形象的出现，说明在北方的红山文化中也存在着太阳崇拜。

玉人还有一个非常值得注意的姿势，从玉人双腿略向外弯曲及背后有勾云形弧圈的现象看，玉人似为倚坐之姿。不仅如此，玉人还是双手合于胸前，持杖倚坐。双足五趾明显，赤脚踩踏在一个半圈状的物体上，杖亦杵在这个半圈上（图二〇、图二一）。

1　邓淑苹：《带齿动物面纹玉饰》，（台北）《故宫文物月刊》总第119期（1993年）。

2　辽宁省文物考古研究所编：《牛河梁红山文化遗址与玉器精粹》，图46，文物出版社，1997年。

3　牟永抗：《东方史前时期太阳崇拜的考古学观察》，《牟永抗考古学文集》，第413～436页，科学出版社，2009年。

图一九　玉人戴云形高冠拓片

图二〇　玉人脚下踩踏的半圈状物

图二一　玉人手持的杵形器

孙守道先生认为玉人踩踏的半圈状物非下面兽之双角，笔者十分赞同。这件半圈状物虽然两头有尖角，但与下面的兽面并不相关，兽面本身有双耳，从图像中分析，这件半圈状物并非长在兽面之上，而是独立之物，非兽之双角。但孙先生将半圈状物与玉人手持杖放在一起分析，所以对于半圈的用途，有些难以解释。笔者则认为两者是分开的两个道具。

无独有偶，玉人手持之长棒形物在红山文化考古发现中能找到类似实例：阜新胡头沟 1 号墓、克什克腾旗好鲁库红山文化墓葬及牛河梁第十六地点 1 号墓都出土过玉棒形器（图二二）[1]，这些玉棒形器出土时大多残断，从 14.8 厘米到 30.9 厘米不等，牛河梁出土的两件，位置在墓主腰部左侧，一端平，另一端呈尖锥状，尖部朝下。胡头沟出土者则体更长，端部磨出斜面。它们的功能虽还无法确定，但从中可以明确当时红山社会有制造并使用这种棒杖形的器物。这种棒杖形器的出土位置可推测与随身带或手握有关，从这件玉人手持情况看，它们似乎类似后世之权杖。这一文化现象在史前其他文化中还无发现。

而人物赤脚踩踏的半圈形物，形似动物之角，但与下面兽首并无关系。其踩踏之状态倒是与剑桥大学博物馆所藏的那件玉坐人脚下踩踏之物类似。前文已经提到，这可能是鹿角或牛角，为人物升天的一个道具。

由此，笔者想到了故宫所藏的另外一件玉角形器（图二三）。该角形器高 20.2 厘米，宽 12.5 厘米，厚 0.7 厘米。黄绿色玉，有微红褐色沁。玉身上靠中线有一道随形圆弧形的脊线，浅浅磨出。整器中间略厚，四边较薄呈刃状，两侧有花叶边形弧。下部有一个插榫形的出脊，侧边打有两孔，正中一大孔，上面有清代后刻的极细阴刻线花纹，角两头上卷并钻孔，所有打孔都是两面对钻的实心钻斜孔。

这件玉器为清宫旧藏，估计清代曾被改制并加刻花纹，同时配了紫檀木座，木座之上还镶嵌一块明代的玉螭龙形佩（图二四）。

此玉从玉质及玉中间所磨出的脊线看，具有红山玉器的风格。而从其造型看，又似头上所戴的角形冠一类的东西。联系故宫所藏玉坐人头上所带的角形器，以及这件

图二二　玉棒形器（胡头沟 1 号墓出土）

图二三　玉角形器（故宫博物院藏）

1　前揭《玉魂国魄——红山文化玉器精品展》，第 7 页图。

图二四　玉角形器及嵌玉紫檀座（故宫博物院藏）

玉人及剑桥大学玉人脚下所踩踏的角状物，笔者认为这可能是红山文化的一个具有象征性的图像符号，其造型来源于动物之角，例如牛角一类的东西，可能是红山大巫或首领借助升天的脚力象征。

果真如此的话，这件玉雕描绘的人物不仅有一定的权力（权杖的出现），还有一定的神性，可升天通神。

再看人物下方的那个兽（图二五），从图中可以明显看出，这是一个动物趴伏在人身下的一种状态，也可以说是玉人以倚坐之姿骑乘在兽背上。孙守道先生曾认为这个兽是猪龙。但猪应该是蹄而非爪，从它的双耳、眼睛以及分明的四爪趾来看，笔者认为它更像是一头熊。这件兽的造型也类似剑桥大学那件玉人头顶所带的熊冠，尤其是爪的刻划。前文已提到过，红山社会有崇熊习俗，所以将熊变成神人升天的坐骑并不为过，中国古代神话中神仙多以兽为骑更应是渊源已久，不足为奇。我们耳熟能详的《西游记》，天上各路神仙，许多都以兽为脚力，上天入地。

在至今发现的史前文化中，也不乏人兽合体形象，尤其是人在上，兽在下图像的玉器。张光直先生曾认为，古代美术中的人兽关系就是巫蹻关系，人像是巫师的形象，兽便是蹻的形象。在美术母题中人兽放在一起，便表示巫蹻之间密切和相互依赖的关系，是巫师利用蹻为脚力，上天入地，与鬼神来往[1]。其实这种图像在史前乃至以后的美术图像中大量出现，而史前，典型者如良渚文化玉器上刻划的被誉为神徽的“神人兽面纹”（图二六），故宫博物院所藏一件石家河文化的人兽复合玉雕，亦为人在上、兽在下的关系（图二七）。

所以，对于这种人兽复合造型的玉雕形象出现在红山文化中并不应感到奇怪，也不应该因为目前红山文化考古发掘品中不见而否定此玉。相反，以上论述完全可以证明故宫这件人兽形玉雕是一件稀有的红山玉器。神在上位，熊在下位，主从明确，他们是一种坐乘的关系，有如后世流传的那种“乘蹻”。

1　张光直：《濮阳三蹻与中国古代美术上的人兽问题》，《文物》1988 年第 11 期。

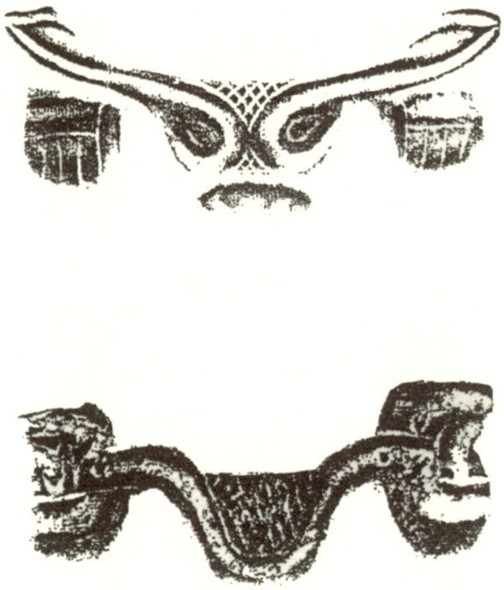

图二五　玉人像下部的兽首形象正、背面拓片

图二六　良渚文化玉器上的神徽形象

图二七　石家河文化玉人兽像（故宫博物院藏）

这件玉人兽雕像的造型纹饰比牛河梁第十六地点出土玉人及故宫、剑桥大学玉坐人均复杂，也是目前所见红山玉器中最复杂的一件。人物表现的等级地位似乎也是最高的。那么，这一玉人的属性到底是什么呢？

从这件大玉雕的构图看，不仅体现出对太阳的崇拜，也有通天所必需的勾云的环绕，更有神兽脚力、神力的借助，加之人像庄严的神态，显示出这是史前红山社会的一个大巫，有着绝地通天的神通。但是，玉人身穿华丽的服饰，手持权杖之态，又显示出其不同于一般大巫的特点。他还有别的身份吗？

目前发掘的红山文化晚期的墓葬，牛河梁遗址位于红山文化分布区内四通八达的中心部位，在辽宁建平县和凌源市交界处东西约10000米、南北约5000米连绵起伏的山冈上，有规律地分布着女神庙、祭坛和积石冢群，具有红山文化圣地的位置和政治中心的规格，学者们普遍认为，红山文化已是复杂社会，进入“古国”阶段[1]。

出土玉人的牛河梁第十六地点4号墓，凿山为石穴，长3.9米，宽3.1米，深近5米，单人直肢葬，墓主头下还枕一玉凤，右腕套玉镯1，胸部置玉箍1，还有绿松石饰品2件[2]。虽然它是这一地点的中心大墓，但其墓葬规模却不及牛河梁第二地点二号积石冢的中心大墓。出土的6件玉器，在红山高等级积石冢“惟玉为葬”的习俗中也远不是最多的。再看牛河梁第二地点二号积石冢的中心大墓（1号墓），墓口砌出大方台，墓壁起三层台阶，方台每边长3.6米，冢壁每边长约16米，头部正对祭坛，其规格是已发现的牛河梁墓葬中规格最高的（图二八、图二九）。二号积石冢和三号祭坛既是第二地点这个冢群的中心，也是红山文化坛、庙、冢中最大坛、冢的所在地（图三〇）。只可惜二号冢的中心大墓早期被盗。

这个规格最高墓葬的被盗使人遗憾，同时也给我们带来了许

图二八　牛河梁第二地点2号冢中心大墓

图二九　1号墓远景

图三〇　第二地点远景

1　朝阳市文化局、辽宁省文物考古研究所：《牛河梁遗址》，第3页，学苑出版社，2004年。

2　前揭《牛河梁遗址》，第66页。

多遐想，它的墓主人是谁？在红山社会这样一个远古古国中处于什么样的地位？所随葬的玉器又该是什么？

如果说第十六地点红山玉人的出土昭示了一位红山大巫的出现，那么故宫所藏的这件大型玉人兽神像又代表什么呢？目前，这个史前之谜很难用实证来解开，只能尽可能地作一些合理的推断。笔者虽不敢断定它就是二号冢1号大墓墓主的所有物，但凭着自古以来中华民族对玉的珍视程度，即使这个墓的玉器被盗，不管是早期还是近现代，人们都不会轻易将之销毁，1号墓出土的玉器应该还在世间。这件玉人兽神像的出现至少能说明比第十六地点玉人像等级地位更高的红山玉雕存世。

这件玉人兽雕像，被孙守道先生誉为红山玉祖神，这一赞誉并不过分。这是目前所见红山玉器中设计最为复杂、制作最为精美的一件玉雕，虽然它的使用功能还有待进一步探讨，但从玉雕造型设计本身来看，它展示给我们的是一种极高的等级。而其华丽的服饰及手持权杖的姿态，又使人无法将其等同于一般的巫人，它表现的可能不仅仅是一位大巫，还应是一位握有行政与军事权力的王者，是古国的王，是部落的王。他不仅有巫绝地通天的能力，也有实实在在的军政地位，是一位大部族的领导者。展示在我们眼前的就是这么一种等级，一种巫风王气的力量，不可逾越。

故宫博物院所藏的这两件红山文化玉器虽非清宫旧藏，但均是早期入藏，从治玉工艺及风格上看不存在作假问题。另外，需要说明的是，笔者将两者归为红山文化玉器只是目前的研究结果，这两件玉器的造型还未得到科学考古发掘品的证明，带有网格纹的东北史前玉器虽然也有发现，但目前来说基本是征集品或传世品，在牛河梁遗址发掘品中还未发现。所以，这一类玉器是否一定归属于红山文化玉器还是靠近红山的其他文化类型玉器？或是与红山文化玉器有时间上的早晚？属于红山系或泛红山玉器？还有待探讨。这一切，均需要考古发掘的进一步深入及综合研究来解决。

无论如何，它们作为东北史前玉器之重器是毋庸置疑的，它们是对红山玉器研究乃至史前玉器研究的重要补充，也是有识之士研究史前文化的一个重要参考。

本文为2009年浙江余杭中华玉文化中心第二届年会的大会发言稿，后收入《玉魂国魄——中国古代玉器与传统文化学术讨论会文集》（四），浙江古籍出版社，2010年

元明清时期的玉器着色

张广文

内容提要： 着色是古代玉器制造的重要技术，其目的是使玉器表面颜色产生变化，满足人们的审美需要，掩饰玉材的颜色不足。汉以前玉器制造中已出现着色工艺。元明清时期玉器着色技术已很成熟，并用于玉器的仿古做旧中。各个时期玉器着色的方法不同，所着颜色特点不同。熟悉、研究其颜色特点，是研究、熟悉元明清玉器所必要的。

关键词： 着色　土花　水银色　染褐色　着黑色　琥珀色　铁屑拌

古代玉器上带有多种颜色，有玉材的本色、玉材的风化色、玉埋藏形成的沁色，此外还有人工染色、人工盘色，不同时代的玉器，表面颜色少有相同，所附颜色多有时代特征，是玉器上面的时代标志。

一　明代以前玉器着色

玉着色在新石器时代就已出现，许多新石器时代遗址出土玉器上有盘摸、火烧色，但是，这些可能不是刻意的颜色追求，随着玉器制造的发展，玉着色工艺也不断发展，玉着色的目的很多，掩饰瑕疵，增加玉的美感是主要的。宋代以后，仿古玉器兴起，着色是仿古做旧的主要手段。

（一）元代藏家对玉器颜色的认识

宋元时期人们对玉器颜色非常重视，尤其对旧玉器的颜色非常重视。

作者：原古器物部，研究馆员。

元人朱德润《古玉图》中，记录了多种玉器的颜色，其中有关玉器颜色的记录，经分析，大致为下列几种颜色：

1. 土黄色

“指南车饰”图，绘一马头，上立一小人，右臂指于前，附有图说，其中有下列语：“琢玉为人形，手常指南，足底通圆窍，作施转轴”，“延祐中获现于姚牧奄承处玉色微黄，赤绀，古色包转间亦有土花亏饰处。”由此可知玉人微呈黄色，其上有腐蚀后产生的色变，图说中对色变的具体色相讲述的较含糊，称之为“土花亏饰”，认为是土中埋藏所致，同后人所讲的土沁相仿。

2. 枣皮红色

“黄玉鹿卢环”图，绘双连方形环，附图说述其色：“色如蒸栗，古色如红枣。”“色如蒸栗”是讲玉质之色，也就是玉之符，汉代人提出“玉之符”黄玉以“色如蒸栗”为标准，宋人也沿用了这一标准，这一标准对后世品玉也产生了很大的影响。“古色如红枣”则是讲玉的颜色变化，目前考古发现的玉器中，很难见到古色如红枣的，因而这件玉环上的颜色，可能是人工染色。

3. 水银沁

“玉辟邪”图，绘卧式辟邪，图说曰：“色微白而红，古斑斓间有水银色处，传是太康墓中物，陕西耕夫锄得之，延祐中赵子昂承旨购得之，以为书镇。”所绘辟邪头大而披发，为汉代之后的作品，“玉说”中提到：水银色，我们现在尚不知确切的颜色，推断这一提法可能同其后所言水银沁相仿。

4. 红粉色古色

“璊玉马”图，绘一人一马相连，“玉说”谓其马“玉色微青，古色红粉，斑斓如桃花”，“双螭璏”，绘制璏图说“玉色苍黄而古色红润”，所谓“古色”应不是玉质本色，而是在流传过程中附上的旧色。“斑斓”指斑片状。

5. 黑色古色

见“三螭”图，绘兽面纹铺首，剑格各一具图说“玉色白而古斑黑，玉色微青而古斑红黑”。对于玉器上后产生的黑色，现今的一些鉴定者认为即是古人所讲的水银沁。

6. 晕红

见于“晕红玉璏”图，所谓“晕红”，似为古玉表面产生了一层较均匀的红色，使不露原有玉色，所谓红，可能是红褐之色。

（二）考古发现的元代着色玉器

考古发现的元代玉器上，往往带有很重的颜色。

1956 年安徽安庆元代范文虎墓，1978 年陕西省户县张良寨村北元代贺氏墓，均出土了大批文物，其中有多件着色玉器。

（1）玉刻双鸳鸯纹粉盒（上海博物馆《中国隋唐至清代玉器学术研讨会论文集》图版三一上）。直径 2.9 厘米，厚 1.2 厘米，青玉，圆形盒盖及盒底利用玉皮色刻两只鸳鸯，一只飞于空中，一只立于地，玉皮较厚，暗黄色，有白斑。

（2）染褐色玉带钩（上海博物馆《中国隋唐至清代玉器学术研讨会论文集》图版三一下）。长 5.8 厘米，带钩债而厚，素身圆纽，钩头呈片状，较薄，阴刻如意纹，钩头弯回距离较大，可与钩环相配，青白玉，遍身牛毛裂，裂纹中满布暗褐色，颜色分布均匀，应为人工所染。

（3）青玉螭纹带钩（上海博物馆《中国隋唐至清代玉器学术研讨会论文集》图版二九下）。长 11.5 厘米，宽 3.1 厘米，圆纽，琵琶型，钩身扁而宽，钩头近似龙首，旋型尖耳双角，长发披于钩颈两侧，带钩腹部凸雕一螭，口衔灵芝，一枝三芝，螭细颈高肩，肩有螺旋纹，三灵芝及带钩下侧有微裂并呈暗黄色，似为人工所致。

（4）范文虎墓出土虎纽玉押（《中国玉器全集》第 5 卷，162、163）。方形片状，边宽 3.5 厘米，纽为卧虎型，虎头与虎背平，皆成土黄色。

上述玉器的局部，或保留玉料原有风化色（玉皮色），或有烧古染色。

（三）传世元代着色玉器典型

传世玉器中有许多带有着色的元代玉器，着色以黑褐色、暗黄色、黑色为多。

1. 着暗黄色玉器

玉龙首带钩（《故宫博物院文物珍品全集·中》145）。扁宽型，钩带环，钩腹雕荷叶、荷花、水波，表面呈暗黄色，色为斑片状，钩头、钩环局部也有黄色斑。

2. 着黄褐色玉器

玉婴戏小山子（《故宫博物院文物珍品全集·中》153）。高 6.3 厘米，宽 4.9 厘米，雕山石树木前二童子玩耍，作品山石树木有黄褐色，色如玉皮，但剔挖处亦有。

3. 着淡黑色玉器

玉牧马人（《故宫博物院文物珍品全集·中》148）。长11.6厘米，高5.6厘米，青玉，雕卧马，马旁坐一胡人，局部及柳缝淡黑色及淡黄色。

玉鸳鸯形杯（《故宫博物院文物珍品全集·中》105）。青玉，局部浅褐色及淡黑色，多沿柳缝弥漫，此玉杯玉料多绺，着色的目的为了美化作品。

4. 着黑色玉器

玉虎纹带饰（《故宫博物院藏文物珍品大系·玉器》249）。长5.8厘米，宽3.9厘米，长方形，浮雕柞树下一立虎，树及虎皮局部呈黑色或黑亮，或为较淡的斑块，同类玉器故宫博物院尚有收藏。

5. 着黑褐色玉器

玉虎纹饰件（《古玉精英》146）。长12厘米，高3.25厘米，窄长片状，以山石纹为地，浅浮雕大叶柞树，丛中一虎，凸雕部分表面多有黑褐色。

6. 烧牛毛纹染黑色玉器

烧黑色玉马（《古玉精英》137）。长5.6厘米，高3.9厘米，雕卧马，身有细牛毛裂纹，马身局部及裂纹有烧黑色。

二　明代玉器的着色

（一）文献记载的明代玉器着色

宋、元时期，对古玉的颜色的研究、识别、仿制已经开始，明代则进一步发展，收藏家研究古玉器的颜色，以助收藏，仿古玉器者借以做旧，明初洪武时期，曹昭根据自己收藏古物的经验，写了一本指导人们进行古物收藏与识别的书籍，取名《格古要论》，讲到了古玉的沁色，主要是关于血沁及土沁方面的内容。“有红如血者谓之血玉，古人又谓之尸古，最佳。”也就是说曾经入葬，又同尸体相关，在埋藏过程中受到尸血浸蚀而产生颜色变化的古玉中，“红如血”者最佳，但“红如血”是不确切的概念，血在刚淌出时呈大红色，其间所含铁质在空气中氧化后，血便是暗红色，于后日久又呈铁褐色。现在看到的带有颜色变化的玉器中，玉上的红色、暗红色皆为后染色，而出土玉器中带有褐色沁色的器物很多，《格古要论》所谓的“血玉”“尸玉”

可能和这种铁锈沁有关系，而且带有这种沁色的旧玉历来都是十分珍贵的。

《格古要论》还曰："见菜玉连环上俨然黄土一重，并洗不去，此土古也。"所谓"菜玉"是指"非青非绿如菜叶"的玉，上面的沁色如黄土，有一定厚度，洗不掉，与此相近的玉色。常见到的有三种：一种是埋玉器于土中产生的色变，即所谓的"土古"；第二种是一些玉璞表面带有黄褐色玉皮，所谓"边皮糙玉"，在制造玉器时，有意将硬度皮保留下来冒充古旧玉色；第三种是人工所制的人工着色。另外，《格古要论》中提到了"黑漆古""渠古""甄古"等，也都是指旧玉上的颜色变化。

明高濂著《遵生八笺·燕闲清赏笺》对古玉玉器有专门的记述，其中谈到玉器的沁色："至若古玉，传世者少，出土者多土锈，尸浸，似难伪造，凡在玉上有血浸，色红如血，有黑锈如漆，做法典雅，摩弄圆滑，谓之'尸古'，如上蔽黄土，笼罩浮翳，坚不可破，谓之'土古'。"还讲到了铜沁："旧见一玉，半裹青绿，此必墓中与铜器相杂，染铜色乃尔。"高濂所记，涉及明人关于血浸、尸古、土古、杂铜色的看法。

明屠龙著《文房肆考》(文房器具笺)中也有关于玉器的土锈、血浸、玳瑁斑的记述："有三代玉方池，内外土锈，血浸四裹，不知何用……""有玉蟾蜍，其背斑点如洒墨，同玳瑁无黄晕……"从以上情况可看出，明代人在收藏旧玉器时也很注意玉器上的颜色变化，尤其对于"土锈""血浸""尸古""铜色""黑漆古""甄古"等色，有了较为固定的通行说法，这种情况的出现也就为玉器的仿古做旧创造了宽松的环境。

（二）考古发现的明代玉器着色作品

1. 着红褐色玉器

玉蝉形佩（《中国出土玉器全集》第9卷，205）。长6.1厘米，宽2.4厘米，原说明为"青白玉，有红褐斑"，作品大面积呈黑褐色。

2. 着黑色玉器

玉山子（《中国出土玉器全集》第9卷，222）。高17.8厘米，宽17.8厘米，厚片状，两面镂雕图案，一面雕山石、树、人牵马，一面雕山石、流云、人物，两面局部皆呈黑色。

3. 着赭红色玉器

双螭耳玉杯（《南京出土部分元明玉器评述》）。高4.5厘米，口径6.5厘米，两侧螭耳，"通体布满星星点点的赭红色沁斑，同墓还出土一件夔龙纹金链玉提梁卣，受沁特征与此器如出一辙"。

4. 着赭黄色玉器

金托玉执壶。高26.5厘米，定陵出土，壶略扁，宽腹高颈，壶身有绺裂，绺裂处着黄褐色，明显可看出颜色为美化绺裂而设。

（三）传世明代玉器着色作品典型

1. 着暗黄色玉器

玉双兽耳条纹炉（《中国玉器全集》第6卷，238）。高7.9厘米，口径8.8厘米，圆形，双兽吞耳，腹部有条纹，青玉，有白斑，白斑处染暗黄色。

2. 着黄褐色玉器

玉夔纹寿字长方炉（《故宫博物院文物珍品全集·中》181）。高9厘米，长方形，人形双耳，炉腹饰凸起的寿字，两旁各一夔龙，表皮染暗黄色。

3. 着暗红色玉器

玉鹤鹿同春饰（《故宫博物院文物珍品全集·中》120）。长8.5厘米，宽7.2厘米，青玉，镂雕，松树下，鹤、鹿、芝、龟，松皮、鹿身、流云表面着暗红色。

4. 着黑褐色玉器

青玉卧狗（《中国玉器全集》第5卷，246）。长14厘米，高6厘米，青玉整体近似方柱状，头、身两侧皆较平，头、额、肩呈阶状，表面有暗紫色及黑褐色，皆人工染色。

5. 着黑色玉器

青玉龙首龟（《中国玉器全集》第5卷，249）。长5.7厘米，宽3.7厘米，龟龙首，四肢有鳞，爬行状，四肢及头尾部染黑色。

青玉黑斑斗形杯（《故宫博物院文物珍品全集·中》202）。口宽13厘米，高6.8厘米，青白玉，方斗形，玉中带有黑斑，黑斑表面又加斑坑，斗杯局部有染黑色。

6. 着色绿玉带板

20块，一副。多数玉带板局部土黄色。

三　清代玉器的着色

（一）有关清代玉器着色的情况

清前期人氏孔尚任在《享金簿》中谈及古玉颜色："汉玉羌笛，色甘黄如柳花……为汉器无疑，全体光莹，不沾汗浆，亦无土花。"提出了"汗浆""土花"之说，又有"包浆"之议："雷纹汉玉环，经二寸，肉好相等，包浆熟润若凝酥也。"这里所言"汗浆""土花""包浆"是指玉经盘磨表皮所产生的颜色变化。前述《格古要论》所言"甄古"，孔尚任在《享金簿》中释"甄古"："剑瑜……碧玉被毁者谓之甄古……遍体栗纹，纵横有法。"就是说，甄古是似碧玉的玉，但还能看出原本的玉色，玉的表面有原色纹理，分布均匀，实际上，古玉经土埋而裂纹中浸入原色是存在的。但裂纹不甚均匀，分布均匀者多为用玉烧出纹理，染色后又经土埋，使原有烧痕形成旧色，这类色相，非甄古，实仿古也。

清中期，陈性著《玉纪》对古玉及沁色进行了更细致的研究，将玉色分为"九色""十三彩"。"九色"是指玉本身之颜色，为玄、蓝、青、绿、黄、赤、紫、黑、白9种，9种玉色又各有标准，分别为："玄如澄水，蓝如靛未，青如鲜苔，绿如翠羽，黄如蒸栗，赤如丹砂，紫如凝血，黑如墨光，白如割肪。""十三彩"是指玉的沁色，具体分类为："受黄土沁者色黄，名曰甜黄"，"受靛青沁者其色蓝，名曰甜青"，"受石灰沁者其色红，名曰孩儿面"，"受水银沁者其色黑，名曰纯漆黑"，"受血沁者其色红，名曰枣皮红"，"受苦铜沁者其色绿，名曰鹦哥绿"。还有朱砂红、鸡血红、粽毛紫、茄皮紫、松花绿、白果绿、秋葵黄、老西黄、鱼肚白、糙米白、虾子青、鼻涕青及雨过天晴等玉色。

《玉纪》对古玉所以能受沁变色的条件进行了探索，以为同土壤中所含水银的作用有关，后来的李凤公在《玉纪正误》中对此提出了不同看法，清代武进人氏刘心瑶写了《玉纪补》，对玉纪所涉及的玉色、沁色、染色的问题作了补充，他把玉色上的差别分得更细，"红有宝石红、鸡血红、朱砂红、樱桃红、洒金红、膏药红"，"绿有鹦哥绿、葱绿、松花绿、白果绿"，此外还对黄、白、青、紫、黑等玉色也进行了细致的分类。

玉器染色作为传统工艺有悠久的历史，成书于战国时期的《山海经》记述了"血玉"的某些方法，其注认为血玉可能是指染玉，可见其年代的久远。陕西咸阳地区出土的一组汉代玉兽，包括鹰、熊、辟邪等，一些作品上带有黄褐色，这些颜色中可能有人工染色。最初的染玉，目的只是为了使玉器增加美感，后来发展为玉器做旧仿古的一项工艺，染玉工艺最初作为一种技术在工匠中流传，随着古玉收藏和鉴定的兴起，人们对玉器制造中的染玉做旧逐步重视，把它作为鉴定古玉的一个部分来研究。目前，清代文献中有关玉染色的记载不乏，《玉纪》、《玉纪补》、《古玉辨》等书籍都有所记述。

《玉纪》记有染色之法三种：老提油，新提油，灰提法。老提油之法为“宋宣和政和间，玉贾赝造，将新玉琢成器皿，以虹光草汁之，其色深透，红似鸡血色，时人谓这得古法。鉴赏家偶失于辨，或因之获重价焉，此等今也颇少，识家呼为老提油者是也”。从这里可知，老提油是染成红色的玉器，这同前面所言宋代染红色玉是一致的。新提油之法为“比来玉工每以极壤夹石之玉染造，欲黑则入乌木屑中煨之，其石性处即黑，谓之新提油”。即是说用带有石性的次玉造假，尤其是玉中夹石处着色，将其作为人工染色的重点部位。灰提法染色的做法为“用栗炭、木贼入银硝少许合装大瓦罐内，将玉悬空挂于其中，用柔炭火煮之，水浅随添，以提出玉中水银灰土为度”。此法亦应为水煮之法。文学家纪昀在《阅微草堂笔记》中记一玉片：“有红斑四点，皆大如指顶，非血浸，非油炼，非琥珀烫。”又记一玉簪：“上中纯白，下半莹澈如琥珀……余终疑为药炼也。”

《玉纪补》记有民间传说的染玉之说，主要有称为“羊玉”“狗玉”“梅玉”“凤玉”“铁屑拌”“提油法”等，一些不足取。

清代玉器着色，大体有三类：一是掩饰玉质的瑕疵，增加美感；一是做旧玉器，染旧色；一是旧玉器再染色。

1. 着琥珀色玉器

琥珀色是清代玉器着色中最常见的，颜色近似铁锈色，微透明，清代文献之中多有琥珀烫的记述，乾隆撰《玉杯记》记：“乃取金刚钻如钟乳者，密施如蜂虿，而以琥珀滋涂而渍之。”此记应较准确，另徐寿基《玉谱类编》记：“有名琥珀烫，则用车轮旋转之法，使玉与琥珀相揉擦如火热，琥珀之液自流入玉理。”此说较难理解，但说明琥珀烫在当时的流行。

（1）用琥珀色掩饰玉瑕疵的作品

青玉白菜，清宫遗存玉白菜，多件，唯此件上刻有乾隆御题诗句，可见乾隆对其很喜爱，作品做出斑坑，以示被虫蚀，几个菜叶的边缘进行琥珀色染色，表示菜已老而失嫩，且掩饰了着色处的瑕疵。

（2）用琥珀色做玉器旧色

嘉庆御赏款仿古风字形砚，清代作品，局部大量琥珀色。

白玉双螭墨床（《故宫博物院文物珍品全集》42、175）。长 8 厘米，宽 4.5 厘米，长方形，两端下卷，两端各伏一螭，表面染琥珀色，染色目的在于装饰。

2. 着橘黄色玉器

用染橘黄色掩饰玉料瑕疵。

白玉嵌彩石喜鹊盒（《故宫博物院文物珍品全集·中》183）。高 8.2 厘米，一对，白玉，喜鹊型，身内空，下身为盒，上身为盖，玉中含白色絮状物，表面染橘黄色将其掩盖。

青玉几式墨床（《故宫博物院文物珍品全集·中》176）。长2.7厘米，宽3.3厘米，青白玉，几式，玉中含白絮状物，表面染橘黄色掩饰。

3. 着褐色玉器

玉条纹墨床（《故宫博物院文物珍品全集·中》174）。长9.3厘米，宽4.4厘米，高2.2厘米，黄玉，两端下卷成几式，表面横条纹，局部有黑褐斑，一端含较多的白絮，表面染褐色。

玉螭凤纹砚（《故宫博物院文物珍品全集·中》180）。长13.3厘米，宽9.7厘米，高2.7厘米，青玉片状，边缘隆起，饰螭凤纹，端部白絮较多，染褐色，有绺裂，亦染褐色。

4. 着黑色玉器

清代玉器着黑色主要用于染色做旧，清代将黑色沁色称为水银沁，染黑色多见于做假水银沁。《玉谱类编》："水银沁之真者，黑白分界处明晰如刀截，若提油用乌木屑煨黑者则模糊矣。"玉染黑在宋、明时非常流行，清代多见于仿古。

墨玉加色辘轳环（《故宫博物院文物珍品全集·玉器·下》90）。通长7.4厘米，黑色，表面有着黑色，圆形，双环相套，饰穀纹，琢"雍正年制"款。

青玉仿古鸡心佩（《故宫博物院文物珍品全集·玉器·下》95）。长8厘米，宽6厘米，片状，仿汉代鸡心佩，饰双螭凤鸟纹，表面有大面积染黑褐色。

5. 着红色玉器

着红色玉器，宋、明时期已出现，清代作品的数量很少，主要用于玉器仿古做旧。《玉谱类编》："红之伪者有名老提油，先用文火煨玉数昼夜，用瑙沙、蟾酥、虹光草汁染罩，复用火逼使入玉理。"实物见于玉仿古虙俿玉尺，两件，一面皆阴刻"虙俿玉尺建初"，一面刻"乾隆年制"和"岁次庚寅"，作品表面染暗红色。

（二）清代的旧玉器再着色

玉器在传世过程中，颜色会发生变化，从土里挖出来的作品被称为"生坑"，传世一段时间，多数变为"熟坑"，主要表现为颜色的变化，而颜色的变化主要有两种，一为盘色，一为染色。

所谓盘色，是指玉器与人的身体摩擦所产生的色变，明清时，藏玉器者极重视盘玉，陈性《玉纪》："凡三年以上旧玉，初出土时质地松软，不可骤盘，只可在手中抚摩，或藏于贴身，常得人气，养之年余，玉气稍酥，谓之腊肉骨，又养一二年玉稍复明，谓之腊肉皮，养之年久地涨自然透出层厚一层，渐渐复硬，再挂再养，色浆徐徐铺满，还原十足，酷似宝石，此之谓文工，非十余年不能成也。”此所谓十年盘成腊肉红，玉器经盘色，变化万千，尤其旧玉器，经盘色后，会出现许多意想不到的变化。

徐寿基《玉谱类编》对盘后玉色进行过概括：“红有宝石红、鸡血红、朱砂红、樱桃红、洒金红、枣皮红、膏药红，绿有鹦哥绿、松花绿……识别必须见闻既广、阅历的多，方能于未盘好前知其既盘之后作何颜色……”

由于人们对旧玉的沁色、盘色的重视、喜爱，就出现了对传世旧玉器的染色，清代宫廷造办处多有这类记载。

《古玉精粹》第 11 卷所录商代玉鸟，器物表面带有斑斑点点的褐色斑点，这种斑点又被人们称为洒金沁，它同铁锈沁的颜色是相同的。故宫博物院藏有数件宫廷收藏的良渚文化玉琮，一些玉琮上带有乾隆题诗，说明这些作品是清宫收藏的重器，其中一些玉琮上带有较重的赤褐色，这种颜色同考古发掘品的沁色完全不同，说明它是一种人为的、非自然埋藏所产生的玉颜色。

通过对宫廷造玉及传世旧玉的观察可以看出，染制类似铁锈或土沁的黄褐色是清代最流行的染玉方法。它不仅用于玉器的仿古做旧，就是一些很明确的古玉器，也被再次染色，据古玩界老先生口传，带有黄褐色色斑的白玉小器，在清代是抢手货，被称为“金裹银”，在古玩市场上价格异常昂贵。

玉璧（《故宫博物院藏文物珍品大系·玉器·上》25）。新石器时代，径 31.8 厘米，素璧，外缘不甚圆，短线联成，厚度不均，应为新石器时代作品，表面刻乾隆题诗，布满细裂纹，染暗红色。

玉蝉纹器（《故宫博物院藏文物珍品大系·玉器·上》83）。西周，高 6.2 厘米，青白玉，三菱柱形，中有通孔，表面饰横弦纹及蝉纹，染琥珀色。

原载《玉文化论丛》（4），众志美术出版社，2011 年

古器物纹饰传拓中的“看”与“做”*

郭玉海

内容提要：在现代文物展览、文物类图书出版中，对古器物纹饰部分进行拓片制作日益受到重视。本文是作者在多年的文物传拓实践中，对如何用传拓的手段来表现器物纹饰美感的理论认识。本文的观点是：传拓古器物纹饰，必须深入把握古器物的纹饰内容和雕（铸）造层次，并通过对墨色浓淡变化的自觉控制，达到“传神”地再现古器物纹饰神韵的目的。

关键词：传拓　拓片　纹饰　古器物　手工艺

古器物纹饰传拓，是指专门应用于古代器物纹饰部分的拓片制作过程。它既不同于平面金石铭刻文字拓片制作，也不同于晚清出现并于民国兴盛的古器物立体拓片制作，它是一种建立在新对象上的具有新的审美视角的拓片制作过程。

在现代文物研究中，传拓在很多地方都受到严格的管理限制，如对历代刻石的传拓等，已较多地让位于照相技术；但是另一方面，传拓所应用的对象又比以往更加宽泛，即在文物展览、文物类图书出版中，为了对器物的质感与刻画层次有更完全的展示，对古器物的纹饰部分进行拓片制作较以往更加普遍。在此特别指出的是，古器物纹饰拓片制作在今天不仅应用于青铜器上，更应用于竹、木、牙、角、玉、石、陶、漆，乃至玻璃、紫砂等各种材质的古代艺术品上。

笔者通过多年的文物传拓工作实践，对如何更好地用传拓的手段来表现器物纹饰美感积累了一点经验。本文所讲的“看”与“做”是指在对古器物纹饰进行传拓中，从主观发现纹饰美感到通过使用浓淡变化的墨色对之加以展示，即对纹饰的解读与表

作者：器物部，研究馆员。

* 本文所提及的古器物纹饰，专指雕刻（铸造）于各类古代器物上的带有高低、深浅、凹凸变化的纹饰，各种绘画性的平面图案因不适宜使用传拓来加以表现，故不在本文的讨论范围内。

现的全过程。在此，本文将就古器物纹饰拓片所遵循的一般原则、各类古器物纹饰的特殊性等问题作一系统的总结和阐述。

一　古器物纹饰传拓所遵循的一般原则

古器物纹饰拓片因为面对的对象不同，所以在用墨上也与以往的金石铭刻拓片、立体拓片有着明显的不同。不同器物的纹饰各有特色，因此传拓前的“审器”工作十分重要，只有准确地理解和把握纹饰的内容和雕（铸）造装饰手法，进而根据不同情况处理墨色的浓淡变化，才能收到较好的效果。

（一）古器物纹饰拓片与金石铭刻拓片、立体拓片的区别

古器物纹饰的突出特点是有着其在制作过程中所形成的雕刻（铸造）“层次”，这使得它既有别于平面文字的单一线条，也有别于立体器物的空间视觉。在对古器物纹饰拓片的制作过程中，尤其需要传拓者对具体文物的纹饰艺术有所了解和感悟，或者说是需要有一个用心体会的过程，即首先要清楚文物纹饰所要表达的内容，其次还要准确把握纹饰中线条与层次之间的关系。一言以蔽之，就是要有与平面金石铭刻文字拓片和古器物立体拓片完全不同的视角。

首先，古器物纹饰拓片不同于平面的金石铭刻文字拓片。作为传统金石学载体的金石铭刻文字拓片，追求的目标是要准确地再现金石铭刻上的文字，从墨色上讲，是要匀净一致，虽有墨色浓重的乌金拓与墨色浅淡的蝉翼拓之间的区别，但是在同一张拓片或同一套碑帖墨本中，仍然以墨色如一为至高境界。在这个过程中，尽管有传拓者个人对于拓片作品完美的工艺追求，但总的说来，是不能超出平面文字或线条局限的。

古器物纹饰传拓与对金石铭刻文字传拓，最大的不同在于前者要求具有墨色的浓淡变化。古器物纹饰有着它在制作时所固有的高低、深浅错落变化的“层次”，如三代青铜器的“三层花”、竹木牙角漆器的浅浮雕、印章的薄意等。传拓平面的金石铭刻文字的要点在于对平面线条的单一墨色的准确再现，而在制作古器物纹饰的拓片时，仅仅单纯地反映文物纹饰线条是远远不够的，而是应该着重于通过墨色的变化，突出对文物纹饰的“层次”的展示。

其次，古器物纹饰拓片与立体器物拓片也有着质的区别。立体拓片是嘉庆、道光年间出现的一种使用墨拓的方法，对青铜器的三维空间形象进行展示的艺术形式。最初达受等人采用的是先对器物的各个局部分别传拓，再将这些局部拓片剪切后经过托裱拼接在一起的方法，后来又进一步发展为先用浅线勾图，通过多次移动上纸，分区域将器物（铜器）的不同部位拓在同一张整纸上。民国时期，周康元、马子云等在继

承传统的同时，借鉴使用西方素描的透视方法，所传拓出的立体拓片在构图和用墨明暗变化上已与素描、摄影十分接近了。

古器物纹饰拓片与立体拓片的区别重点表现在传拓者对器物传拓用墨时的视点的不同。立体拓片在制作时也十分讲究墨色的浓淡变化，不过其目的是为了表现光线在器物不同部位上的变化，是一种近乎西方绘画中素描的用墨方式，所反映的是基于一点观察的器物三维空间视觉变化。而纹饰拓片的墨色变化所反映的则是纹饰本身的纵深层次变化，它所采用的是一种多点的垂直视角，也就是说，无论纹饰在器物上怎样旋转扭曲，传拓者的视角都始终跟随纹饰的线条走向而移动，始终保持着对纹饰的垂直映像，如对盘绕于圆形器物上的纹饰用多次上纸上墨的方法将其平铺展示于宣纸上。

古器物纹饰拓片相对于传统的平面金石铭刻拓片而言，它的图像内容讲求具有鲜明的层次变化，而相对于立体器形而言，它又是对纹饰的平面展示。古器物纹饰的传拓过程，是一个需要传拓者通过对古器物纹饰的观察体悟和在传拓中对墨色的自觉控制，将器物纹饰中的富于深浅变化的点、线、面，使用黑、白、灰以及相间的无限层次的墨色表现在平面宣纸上的过程。

（二）古器物纹饰的内容与装饰手法分析

古代器物的形制、用途在今天看来虽千差万别，但究其功用却可以划分为两大类：一为奉献给神（如上天、逝去的祖先等）或与之交通的“礼器”，二为普通人在日常生活中使用的“用器”[1]。

礼器所代表的是一种宗教文化，充满了神圣和神秘的气息。其既有先秦青铜器上饕餮、夔龙、蟠螭、凤鸟等，这些纹饰带给人们的是一种庄严、凝重、肃穆，有时甚至是狞厉的感受；也有战国后期至两汉充满羽化成仙愿望的仙人、仙山、瑞兽、瑞草形象，这些形象则带给人们以轻灵曼妙、充满动感的线条。后世的仿古器物基本上延续了这种装饰手法。

用器所代表的是一种世俗文化，往往与人们的日常生活息息相关。其题材广泛多样，汉以前传统的减地平雕瑞兽、瑞草图案在隋唐以后被改用浅浮雕的手法重新塑造，形象更为丰满圆润。多子多福、金榜题名以及儒释道的寓言故事是这类器物上的最为普遍的装饰题材，并在长期的历史进程中被固化为高度程式化的吉祥图案，构成了传统装饰纹样的主流。这些图案直至今天仍为人们所习见[2]。

古器物的纹饰具有深刻的传统文化内涵，内容纷繁多样，在装饰手法上更多地使用多层次的表现，而极少使用单一的线刻纹饰。由于古器物无论时代、器形、用途等

1　参见巫鸿著，郑岩等译《礼仪中的美术——巫鸿中国古代美术史文编》，三联书店，2005 年。

2　参见张慈生、邢捷《文物图注》，天津杨柳青画社，1990 年；月生编，王仲涛译：《中国祥瑞象征图说》，人民美术出版社，2004 年。

情况如何，其纹饰部分最终都是通过凹凸层次的变化来体现的，如平雕、浅浮雕、薄意等，或将不同的装饰手法在同一器物上交叉使用。因此，对纹饰层次的把握和表现，在古器物纹饰的传拓中至关重要。

本文标题中所谓的“看”，是指传拓者在传拓前，对器物纹饰的主观认识和把握，是主观“发现美”的过程。古器物纹饰是古人在制作器物时所要传达的独特体验和美感，它凝结了制作者的时代审美情趣和宗教情感（如铸造于三代礼器上的纹饰）。每个时代的艺术都有其独特之处，文物传拓者应该对不同时期文物的艺术特点有一个总体的把握，并在工作中抓住具体文物的纹饰特点来加以表现，这样才能够在传拓过程中做到突出重点，凸显出古人雕（铸）造文物纹饰时的匠心。

（三）古器物纹饰拓片的用墨法则

对古器物纹饰的传拓，其特点突出表现在用墨的浓淡变化和多点垂直视角上。传拓古器物纹饰用墨时所遵循的原则，是要通过墨色浓淡的变化来表现出纹饰高低凸凹的丰富艺术手法，不仅表现纹饰的线条，更要表现出纹饰的远近折转变化；在视角上，无论纹饰是位于器物的某一个平面，还是旋转盘绕遍布通体器身，都要随纹饰线条走向保持垂直视角，要将随器物造型走向而转折的纹饰重新还原为富有纵深层次的平面图案。传拓古器物纹饰的重点在于不仅要“有形”，而且要“传神”。

本文标题中所谓的“做”，是指传拓者在拓片制作中通过用墨表现器物纹饰，将个人对纹饰的感悟传达给他人的“表现美”的过程。一般而言，大多数古器物的纹饰图案都是事先绘制好墨稿，然后进行雕刻加工的。因此，传拓这类文物应该是一个将深浅凹凸的雕刻作品还原为具有远近浓淡画意的墨本的过程。

在古器物上，雕刻家用深浅、起伏、凹凸来表现远近和主次，在拓片制作过程中传拓者则要通过用墨的浓淡变化，在平面的宣纸上表现其丰富多样的层次关系。在传拓用墨时，为了突出纹饰构图的整体性，不仅要遵循“高者浓黑、低者浅淡”的一般用墨原则，而且还必须注意纹饰高低之间的渐变部分，要使用流畅的、毫无迟滞的平滑过渡色调。传拓用墨的“高者浓黑、低者浅淡”的处理方法与摄影中高处明亮、低处暗黑的特点恰恰相反。一幅好的纹饰拓片作品，如果使用电脑进行反相处理，有时甚至可以还原出近乎黑白摄影的效果。

因为要表现出纹饰的“画意”，所以纹饰拓片的用墨与绘画有相通的地方。在绘画理论中，讲究“意匠经营”，强调构图与笔墨的呼应协调，北宋郭若虚说：“王献之能为一笔书，陆探微能为一笔画，无适一篇之文，一物之像而能一笔可就也。乃自始及终，笔有朝揖，连绵相属，气脉不断。”[1] 纹饰传拓的用墨也应如此，不仅墨色的浓

---

1 （宋）郭若虚：《图画见闻志》，中华书局，1985 年。

与淡之间要过渡自然，而且还要相互呼应，贯通一气。

在对古器物纹饰传拓的用墨过程中，所有墨色的浓淡变化，虽然较多地取决于传拓者本人对纹饰的理解，有着较多的创作空间，但也受到十分严格的限制，即文物本身的限制。古器物纹饰拓片是对文物的一种诠释，所谓“传神”，说到底，是一种高层次的忠实于原作。

二　各类古器物纹饰的特点与传拓用墨实例分析

古器物纹饰传拓的重点，首先是要对它们的“层次”进行分析，然后才是因“层”施“墨”。层次是古器物纹饰的共性，而具体到每一件器物，其表现形式又带有各自的特殊性，在传拓用墨时必须区别对待。

从传拓的角度看，古器物纹饰尽管在做法上有铸造花纹和雕刻花纹的分别，但表现形式却不外乎平雕、浅浮雕、薄意三种。

（一）平雕

三代青铜器、画像砖、战国和两汉铜镜、仿古玉器等属于此类。

平雕纹饰又称减地花纹，是一种在平面上以减地或平面凸起的手法雕（铸）造的，其特点是层次分明，没有中间的圆转 过渡。如青铜器的三层花就是最为典型的一种。这类花纹在传拓中最为容易把握，其难点在于对一些层次之间高低差过小的纹饰的分辨上。在传拓前只要区分好文物纹饰的层次，如二层、三层（一般很少有四层以上的情况），然后按照主题纹饰突出的原则加以展现，就可以收到较好的效果。

由于此类纹饰的特点是层次分明，且各层图案均各为一个平面，因此用墨宜均匀而浓重，以突出青铜纹饰的凝重感。最上层的纹饰用墨最重（黑），地纹最浅（淡），中间层次居中。各层之间墨色的差别不宜太大，只要有所区别即可。此外，地纹的墨色不宜过浅，否则就会缺乏厚重感，难以表现青铜（或砖、石）质地的雄浑气息。

需要特别强调的是，由于平雕纹饰各层次之间没有圆转过渡，所以每一层纹饰的边线都应是棱角分明的硬线，以表现其纹饰造型中的垂直凸起或凹陷。

示例：

（1）西周　青铜方彝侧面夔纹、兽面纹拓片（图一）

三层花青铜器纹饰。第一层以突起的夔纹、兽面纹为主题纹饰；第二层是云雷地纹；夔纹、兽面纹上的阴线构成第三层。带有阴线的边缘亦凸起，与兽面纹等属于同一个层次。用墨依照此三层进行，云雷地纹墨色仍须有相当的浓黑，以表现青铜的质感。

图一　西周青铜方彝及侧面夔纹、兽面纹拓片

图二　西周青铜壶及动物纹饰拓片

（2）西周　青铜壶动物纹饰拓片（图二）

二层花青铜器纹饰。主题纹饰为变形的动物纹饰，云雷纹地纹。上墨时先以均匀浓重的黑色将主题纹饰拓出，然后再用浅一级的墨色表现云雷地纹。此纹饰位于青铜壶的肩部，旋转半周，上纸时要保持纸的平展，这种做法虽然使拓片在揭取后与在器物上的空间转折有视角的变化，但所有的动物和地纹图案依然能够忠实于原作。

(3)清　青玉蟠螭蚕纹璧拓片(图三)

减地纹饰。蟠螭、边缘及相间的蚕纹均在一个平面上。先以均匀的黑色突出蟠螭和宽平的边缘，然后再用略浅的墨色将蚕纹拓出，最后在素地上施以近灰的底色。蟠螭和边缘是立面凸起，所以边界要硬而分明；蚕纹是弧形旋转凸起的，所以边际处就应是颜色略淡且微虚的，尤不可拓成一个个小墨滴的感觉。内区蚕纹间的素地采用纯白处理，一是由于蚕纹的间距过小，施底色容易显得琐碎，二则也是为了与外区有所差别，以强化、凸显内外两区的不同的视觉效果。

（4）战国　连弧螭凤纹铜镜拓片（图四）

二层花纹饰。主题纹饰为蟠螭、凤鸟，云雷纹地纹，柿叶纹钮座，十二内向素连弧纹缘。蟠螭、凤鸟、柿叶纹钮座、连弧纹缘为同一个层次，云雷纹地纹为一个层次。用墨时两个层次均以匀净的墨色拓出，唯云雷纹地纹是以若干个方

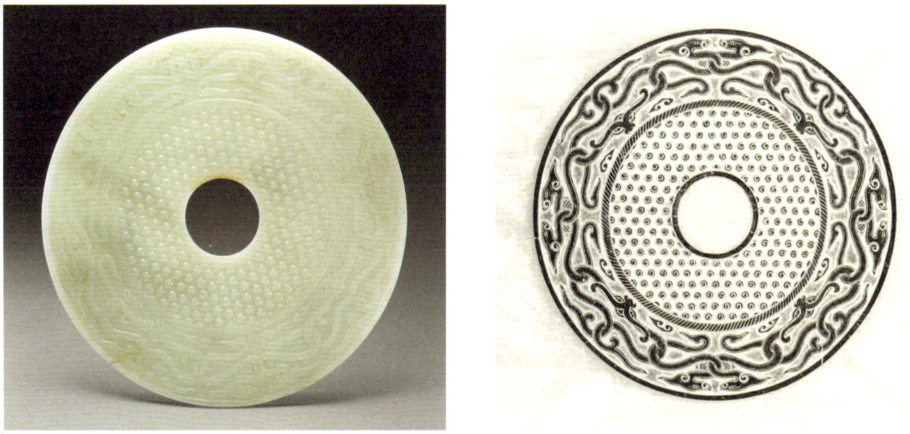

图三　清青玉蟠螭蚕纹璧及拓片

图四　战国连弧螭凤纹铜镜及拓片

形单元组成，因此要用稍重的墨色表现出每一单元的边界。由于战国铜镜造型轻薄，故整体墨色不宜过于浓重。

（二）浅浮雕

大多数的竹木牙角石雕刻工艺品、砚、墨、漆器、套色玻璃、隋唐铜镜等属于此类。

浅浮雕纹饰的立体感较强，凸起的纹饰一般都有圆转的弧形过渡，即它的主题纹饰与背景纹饰之间通常不是立面的垂直凸起，而是渐次高起，因此，如何区分和处理好这中间的过渡是传拓这类纹饰的关键。

大多数的浅浮雕有着较为明确的层次区分，也就是说它的过渡比较“硬”，如亭台楼阁、人物图案等，这一点同平雕纹饰有着相近的地方。对于这样的文物，只要准确地掌握好它的前景、背景（或地纹）以及主题纹饰即可。

浅浮雕中较为难以掌握层次的器物纹饰，是那种各层次纹饰之间过渡很平滑，而且每一层纹饰本身也有着平滑的起伏的纹饰，如人物衣服的褶皱、动物身上的肌肉、远近山峦的折转、流动水波的浮光、花枝叶片的明暗，等等，所有这些，雕刻者都是以高低的起伏来表现的。一个优秀的传拓工作者应该通过自己的观察，用心体会纹饰雕刻者于高低起伏间所表现的艺术内涵。

对于那些过渡平滑、每层纹饰本身都有平滑起伏的图案，除应掌握好主题纹饰两侧边线的圆转渐变外，还应注意到通过用墨的浓淡变化来反映同一层纹饰内部的起伏。如人或动物的五官、髋骨、肩肘以及肌肉的隆起部位，均应使用重墨强调突出，对于腹、背等低平处则使用较淡的墨色过渡，从而凸显立体感。对于浮雕中所刻画的山水，亦当依照国画中的皴法和线条加以表现，务必通过用墨，展现出山水图案峰回路转的曲折变化。

与平雕纹饰不同，浅浮雕纹饰由于其凸起的主题纹饰与背景纹饰之间一般都有圆转的弧形过渡，是渐次高起的，因此在传拓施墨时应当充分留意到这一点，于高起处墨色最重，两侧圆转处墨色渐次减淡，其边际应当是渐虚渐淡，而非纯色的黑墨硬线。

示例：

（1）清　白套红玻璃荷花纹缸拓片（图五）

套红料荷花蜂蝶纹饰。纹饰的层次十分容易掌握，凡是在器物上红色的凸起部分

图五　清白套红玻璃荷花纹缸及拓片

都是在拓片上需要表现的。

由于器物上粗下细，变形很大，所以将全部图案分三组拓出。上墨的要点在对纹饰起伏变化的把握上，要表现出由于花叶卷曲而带来的光线的明暗变化。需要特别指出的是，在这里，高光的地方是用浓黑的墨色来表现的，阴暗处反而要使用较淡的墨色处理。这一点与摄影恰恰相反。

（2）清　白套红玻璃桃树纹瓶拓片（图六）

桃树纹饰呈通体盘绕分布，由于纹饰随器物造型走向转折而过度变形，故以树干为起点，分段传拓，随拓随揭，经过二十余次移动上纸、施墨，始将纹饰完全展示。

这是一个较为典型的应用多点观察视角，将遍布器身的纹饰通过传拓重新还原为平面图案的例子。

（3）元　剔红人物亭阁竹石纹盒拓片（图七）

整体纹饰初看似为凸起的主题纹饰和地纹两层，但仔细观察就会发现在主题纹饰中，人物、山石、建筑以及花、竹本身均有起伏变化，这些都需要在用墨时加以着意表现，不仅要表现出单一纹饰的变化，而且要表现出画面的景深变化。地纹虽都在同一个平面上，但也有天纹、地纹的区别，这种细微的差别，在审器时尤需注意。

在这件拓片作品中，施墨的重点在山石、人物和建筑的梁架结构上面。对于建筑，尤需注意采用近处黑远处淡的墨色来表现由近而远的景深效果。对于图案的细部，如

图六　清白套红玻璃桃树纹瓶及拓片

图七　元剔红人物亭阁竹石纹盒及拓片

人物的五官、衣服褶皱，建筑的窗格、天地锦纹以及桌面陈设物品，尽管有些细如毫发（如鼎的三足等），仍须有准确到位的留白与墨色体现。

（4）清　乾隆内府造人物庭院纹紫砂壶拓片（图八）

松石庭院人物图案。庭院建筑空间需以浓淡相间的墨色表现远近层次，树木以黑墨强调，还要将器物上几乎看不到的廊间的竹叶等以略黑的墨色拓出，同时须照顾到诸如人物的五官、烹茶的器具等细部的表现。要尽量做到纤毫毕现。

（5）清　水岸亭树纹紫砂花盆拓片（图九）

水岸亭树图案。左侧以较浓墨色突出河岸树木近景，右侧以淡墨处理竹桥背后虚空的远景，浓与淡之间采用自然过渡，以表现光的变化。树、亭以及天空中的太阳是用墨的重点，但也应有浓淡的区别。

（6）清　山水人物纹竹雕笔筒拓片（图一〇）

原刻款题为“深山观泉”，表现的是两个人（一老者席地坐，身后一仆从侍立）于山谷间欣赏泉水溪流的情景。传拓时用浓墨表现高山耸立、荫翳蔽日的空间环境，

图八　清乾隆内府造人物庭院纹紫砂壶及拓片

图九　清水岸亭树纹紫砂花盆及拓片

然后再以随地纹起伏变化的淡墨表现出水波的流动。此图以黑色为主色调，但是在山谷深处和水岸的平缓坡起处仍以较软的由浅而深的墨色过渡，以传达其画面的纵深感。

注意在笔筒下端纯素无纹饰的地方亦不能忽略，仍须用有层次的浓墨表现出平滑凸起的竹节部分。

表现纵深以及表现器物上一切起伏的变化，应该是纹饰拓片制作时追求的境界。

（7）明　剔红山茶花枝叶纹盒拓片（图一一）

这是一件典型的永乐时期雕漆作品。盒盖平面纹饰山茶花，花、叶呈通体分布，只有间隙，没有地纹。纹饰在器物上是采用一个平面来刻画的，花叶本身缺乏圆转的过渡，而过于纤弱的花朵边线在宽大的枝叶相衬之下，主次纹饰几乎没有任何差别，缺乏突出的主题，这给传拓表现带来很大困难。

在传拓用墨过程中，需着意加重叶脉及花朵卷曲部分的墨色，另外在叶子的边缘部分也应采用稍重的墨色加以表现，以突出纹饰应有的光影在花叶上的流动变化，从

图一〇　清山水人物纹竹雕笔筒拓片

图一一　明剔红山茶花枝叶纹盒及拓片

而求得其立体感。在这件拓片作品上，虽然面对的纹饰几乎完全是平面的，但是墨色仍要有从浓黑到近乎纯白的浅灰的柔和过渡，这样才能真实地再现出光线照在器物纹饰上的视觉效果。

（8）唐　双鹊狮子纹铜镜拓片（图一二）

此镜图案以狮子和双鹊为主题纹饰。在用墨时均应以重墨加以突出，同时由于狮子与双鹊在画面上的位置不同，狮子位于画面的下方，因此在用墨上着意偏重于狮子，以强调整体的垂重感；在背景处理上，因其全素无纹饰，故使用浅淡近灰的匀净底色来表现。对于高起的边缘处使用浓重的黑色，以突出其作为画面边界的作用。需要强调指出的是，即使是狮子这一单一纹饰，也不可令其成为死黑一团，狮子的胸、臂、髋部肌肉和眉骨尾梢等要与腹部和鬃毛处在墨色上有所区别，要表现出细部的层次变化，这样看起来才会更加富有质感。

（9）日本　人物松树纹铜镜拓片（图一三）

此镜原铸纹饰严重磨损，粗看上去黑黝黝一团，颇难分辨。该铜镜铸造时应该是

图一二　唐双鹊狮子纹铜镜及拓片

图一三　日本人物松树纹铜镜及拓片

两个层次，即凸起的人物草树和平素的背景（地）。在传拓上墨时，根据其人物在一条平直的图案线上的特点，将墨色按三个层次处理，即酷似舞台面及布景的锦地、蕉叶、树石为一个层次，人物为一个层次，平素的地为一个层次。

由于人的五官等细部磨失殆尽，因此在用墨时应将其处理为近乎剪影的形式，并加重底色的处理，以衬托其如皮影戏般的效果和类似舞台剧照的特点。

（三）薄意

薄意是指高度小于1毫米的雕刻纹饰。一说是指专门应用于寿山、田黄石上的雕刻，一说则是指所有竹木牙角玉石等材质上的极浅浮雕纹饰。薄意的最大特点是用雕刻的形式表现出中国画的独有韵味。薄意的图案内容十分广泛，包括山水、人物、楼阁、鱼鸟、花叶等，或简单，或复杂，或工细，或写意，均在浅浅的凹凸或细小的线刻中加以表现[1]。

对于薄意的传拓，最重要的是要先仔细观察，区分好图案的远近层次以及雕刻者所要表现的主题纹饰。薄意拓法在用墨中与过渡平滑的浅浮雕拓法近似，但是因为薄意的起伏更小，更不易察觉，有些起伏甚至只有通过触摸才能感觉得到，所以务必格外留意。

传拓薄意用墨前应先打好腹稿，对如何用墨有所设计，或先试拓出一张拓片，仔细揣摩确定其层次，然后再拓出最后的定本。

示例：

（1）清　内府"建中于民"印章薄意拓片（图一四）

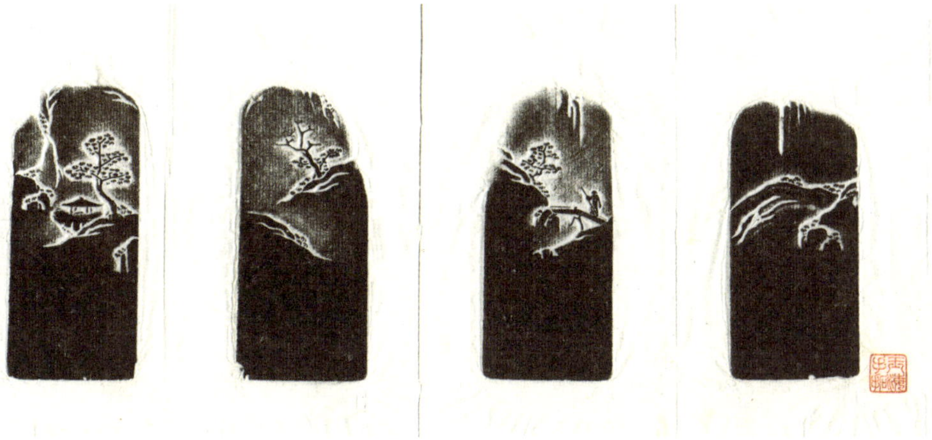

图一四　清内府"建中于民"印章薄意拓片

1　近代雕刻大师林清卿的作品堪称个中翘楚，参见刘爱珠《薄意大师林清卿》，福建美术出版社，2004年。

薄意只施于印章的上半部，故下部以均匀的浓黑墨色拓实。前三图上部山谷处以“S”形走向淡墨处理高光背景，用明暗的反差突出远近景物的层次；第四图用全部的黑色表现悬崖绝壁扑面而来的压抑感，这是一个比较特殊的用法。

(2) 清　内府“嘉庆宸翰”印章薄意拓片（图一五）

雕刻家在制作薄意时利用石料的皮色自然形成两个层次。传拓时以浓墨施于前景，尤其突出水岸、亭树、太湖石等，对远景则采取淡墨处理，以表现其虚空的部分。

(3) 清　七言诗田黄印章薄意拓片（图一六）

图一五　清内府“嘉庆宸翰”印章薄意拓片

图一六　清七言诗田黄印章及薄意拓片

图一七　近代青田石印章薄意拓片

这是一组多层次的薄意作品。第一图以渐浓的墨色处理由平缓而陡峭的山石、树木部分，于山谷转折处用淡墨和高光加以表现；第二图以浓墨处理左右两侧的树、竹及山石，山谷中重点突出人物，然后以变化的淡墨处理多层次的虚空部分；第四图按照山色重、水色浅的原则处理，突出左实右虚的画面布局。画面四周自然地过渡为略浓的墨色，以表现印章石面的边界。

（4）近代　青田石印章薄意拓片（图一七）

山水树屋薄意，画面充满四角。以浓实的墨色强调山梁的皴皱，树木、房屋亦用重墨表现；山谷转折处填以淡墨。要点在于山梁与山谷间的墨色变化需要自然过渡，要表现出一种渐变的、无限的层次。

结语

笔者在本文中强调的对器物纹饰层次、神韵的深入把握以及传拓时的墨色变化，所追求的是对雕刻（铸造）纹饰墨稿的“还原”，是一种对墨色的自觉的控制，即意在手先，手随心动。其目的是要将富有中国画韵味的古代器物纹饰，通过浓淡墨色的变化，以近乎水墨画的形式重新展示出来。

由于几乎所有的古器物纹饰的墨稿都不可能保存到今天，因此，本文所说的“还原”、高层次地忠实于原作，主要反映的还是传拓者对文物纹饰的主观视角。因为没有可以还原的“本”，所以必须努力提高传拓者自身的文物知识素养和艺术欣赏水平，力求站在古人制作器物时的立场和角度对文物纹饰进行理解、揣度，进而加以表现。这是一个基于传拓者对文物纹饰深刻认识的再创作的表现过程。

原载《故宫博物院院刊》2007年第3期

故宫旧藏“云产石”释疑

赵桂玲

内容提要：“云产石”是清代相关档案和文献中的旧称，在清宫旧藏的文物中，有些器物所附的黄条上也有同样字眼。仔细观察这部分藏品的特点，并通过档案调查、产地分析，进行无损拉曼光谱检测，与源于数据库的翡翠光谱曲线进行对比后，得出结论：“云产石”当属翡翠无疑。现将这部分器物进行系统归类、对比和分析，以期找出与其他玉器之间的共性与不同。

关键词：云产石　苍蝇翅　拉曼光谱

在故宫博物院清宫旧藏的文物中，有一类玉器质地明显不同，这就是清代时期用翡翠制作的各种精美的艺术品，分类上仍归属玉器一类，是为玉器的一个分支，旧称“云产石”。这在清代的相关档案和文献中都有详细记载。这一类器物在清代后宫使用中不难见到，但由于数量少等原因一直不被人们所关注。事实上仔细观察这部分藏品，尤其是在与相关玉器进行类比分析后，便能得知它们的重要性。笔者在长期的研究和保管中有这样一个条件和机会，将这部分“玉器”进行系统的归类、对比和分析，以期找出与其他玉器之间的共性与不同，本文将从以下几个方面加以论证：

一　“云产石”之说

（一）文献档案中关于“云产石”的记载

“云产石”一词常见于清宫造办处活计清档，如：

作者：器物部，副研究馆员。

常保萨木哈持来：云产石数珠四十盘。[1]

圆明园来帖内称，司库常保首领太监萨木哈持来：念佛装严绿色云产石数珠一盘。[2]

雍正在位的十三年里，几乎每年的造办处活计清档里，都能看到关于云产石的记载。同样，乾隆年造办处活计档也有许多类似的记载。

那么云产石到底指的是哪一类矿物呢？说法不一。有专家认为云产石是一种绿色的石头，有专家说是翡翠，也有人认为是次翠等。其实从档案上来看，云产石不单表现为绿色，还有其他许多种颜色，如：

圆明园来帖内称，太监高玉交：各色云产石数珠四十盘。[3]

圆明园来帖内称，司库常保首领太监萨木哈来说，太监高玉、王常贵交：碧玉一块，绿色云产石数珠十盘，红色云产石数珠十盘，白色云产石数珠十盘，淡红色云产石数珠十盘。[4]

首领程文武交：……紫云产石朝珠一盘……[5]

除上述外，另外还有黄色、米色等云产石。据不完全统计，档案中记载的云产石色多达七种以上。仅从色彩上分析，云产石确实反映了翡翠的各种颜色，包括次翠甚至翠根的颜色。但是，清宫造办处档案中还另有翡翠的明确记录：

翡翠石三斤十两、翡翠石数珠一串。[6]

翠雀五个。[7]

这不免使人心生疑惑，假如云产石就是翡翠的话，为什么同一时期的同一种档案中，对同一种材质却有着不同的称谓呢？要解决这个问题，只有和实物进行对比，如果能查到哪件文物的名称中有云产石字样，而材质又是翡翠的话，问题就会迎刃而解。但是在对比研究中发现，目前古器物文物名称中，只有少数几件名称中有云玉字样。如“云

1 前揭《红山文化玉祖神考》。

2 《雍正十一年各作成做活计清档 · 四月二十二日》。

3 《雍正十一年各作成做活计清档 · 十月十四日》。

4 《雍正十二年各作成做活计清档 · 十月十八日》。

5 《乾隆十八年各作成做活计清档 · 正月初九日》。

6 《雍正十一年养心殿造办处收贮物件清册 · 下存》。

7 《雍正十一年养心殿造办处收贮物件清册 · 下存》。

玉光素烟壶”，附黄条一面记：“咸丰五年十一月初八日收金环交”，另一面记：“云玉鼻烟壶一个红宝石盖。”根本没有云产石的字样。包括旧账中也只出现过“云玉”一词，如“云玉洗”“云玉插屏”等，而非云产石。

进一步扩大查找范围，却意外在宫廷织绣类文物中发现了三件文物与此相关。

一是“青玉朝珠”（图一）。经实物观察甄别，所附黄条残断，一面记：“光绪元年三月”（图二），另一面记：“云产石朝”（图三）。为浅绿色珠串成，表面光强，有“苍蝇翅”；材质的透明度一般，但“苍蝇翅”却说明具有明显的翠性。“翠性是指翡翠中有闪光的较大矿物颗粒，对光观察容易发现。虽然有翠性不好者，但可以证

图一　青玉朝珠

图二　青玉朝珠黄条一面

图三　青玉朝珠黄条另一面

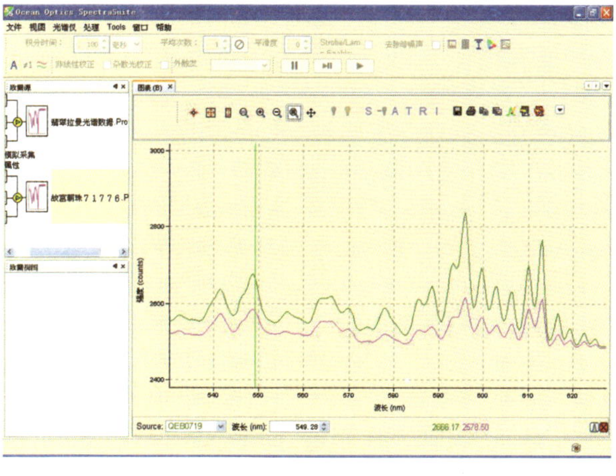

图四　云产石朝珠、翡翠拉曼光谱对比图（绿线为云产石朝珠的拉曼光谱曲线，粉线为源于数据库的翡翠拉曼光谱曲线）

明它是翡翠而不是其他玉料，因为只有翡翠才出现闪光的翠性，亦称翠花。”[1] 为了更加准确地判断其是否具有翡翠的物理性质，笔者和相关技术人员又进行了无损的拉曼光谱检测，分析其谱图曲线在各个区间的峰值，与源于数据库的翡翠光谱曲线进行对比，同样得出结论当属翡翠无疑（图四）。

二是“玛瑙云产石朝珠”。朝珠由 100 粒深橘红色珠组成，颜色均匀，似乎未见“苍蝇翅”。材质的透明度比较低，所附黄条，一面记：“乾隆四十五年九月二十一日收热河带来”（图五），另一面记：“云产石朝珠一盘，少佛头二个”（图六）。旧名“玛瑙云产石”，那么到底是玛瑙还是云产石？玛瑙怎么会和云产石混淆在一起称呼同一件器物呢？起初怀疑仍为云产石，定名不过是与其色泽有关罢了。但是经过拉曼检测谱图分析，“玛瑙云产石”的拉曼光谱特征明显有别于翡翠的拉曼光谱特征，而与玛瑙的谱图曲线一致（图七）。

图五　玛瑙云产石朝珠及黄条

图六　玛瑙云产石朝珠黄条另一面

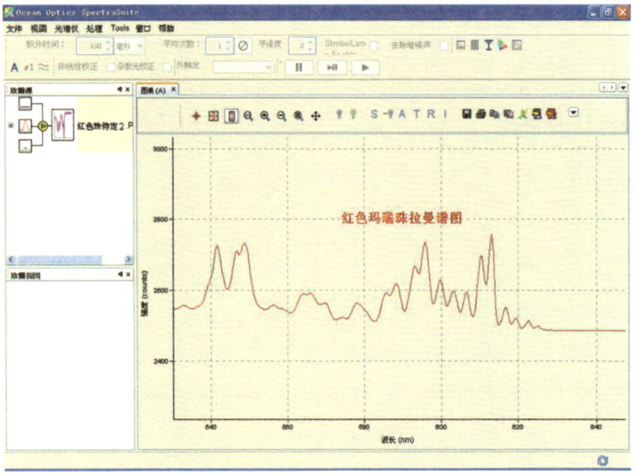

图七　玛瑙云产石朝珠拉曼检测光谱图

1　栾秉璈：《中国宝石和玉石》，表 17/4、5，新疆人民出版社，1993 年。

图八　产石朝珠

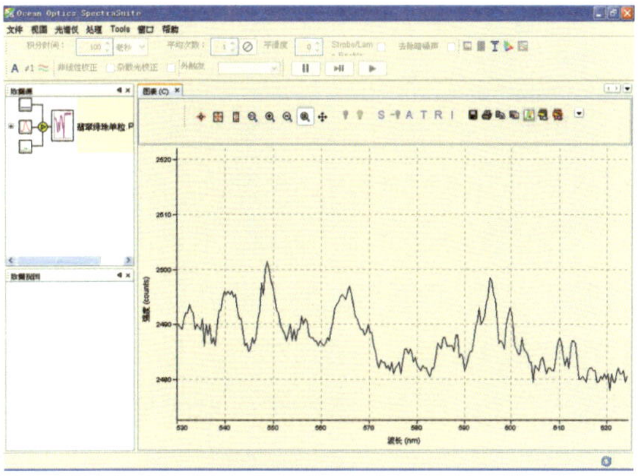

图九　产石朝珠拉曼检测光谱图

三是“产石朝珠”（图八）。朝珠由一串颜色浅淡略呈绿色的珠子组成，目测似级别较低的次翠。经过拉曼光谱检测，其谱图曲线与翠一致（图九）。这样看来，“产石”似乎是“云产石”的略称。

虽然在档案中没有找到这三件文物的相应记载，但实物均属清宫旧藏，应该可以说明问题。云产石其实就是云南产的石头，多指翡翠，包括那种级别较低的次翠和翠根。至于云南产的玛瑙只能算是特例，不然也不会在云产石前特意加上玛瑙二字了。在档案中有翡翠和云产石不同的称谓，也许是为了区别质地的高低。另一条档案记录也从侧面说明了这个问题：“常保萨木哈持来：云产石数珠四十盘。于九年七月初四日将（其中）翡翠色数珠十盘、米色数珠十盘……赏。”[1]

（二）云产石的产地

翡翠是一种比和田玉还要硬的矿物质，其硬度大致在 7.5 左右，其特点除了硬度高以外，颜色也十分漂亮。翡翠这种矿物质主要产于缅甸等国家，中国并不是产翠区。但是云产石的名称又说明产自云南，档案中关于云产石的来源也说明了这一点：

> 圆明园来帖内称，太监王常贵交：各色云产石数珠四十盘。系广西云贵巡抚尹继善进。[2]
>
> 圆明园来帖内称，司库常保首领太监萨木哈来说，太监高玉、王常贵交：碧玉一块，绿色云产石数珠十盘，红色云产石数珠十盘，白色云产石数珠十盘，淡

1 《雍正九年各作成做活计清档 · 十月十四日》。

2 《雍正十一年各作成做活计清档 · 十月十七日》。

红色云产石数珠十盘。系云南总督××（原文如此）善进。[1]

云产石由云南的官员进贡到宫中，说明翡翠是通过云南从缅甸进入中国内地的。但是说云产石产自云南，就很让人费解了。翡翠产于缅甸密支那以北东经96°3、北纬25°8的帕敢地区雾露河流域。我国东汉时期曾在腾冲设置永昌郡，管辖地域就远达密支那以北的帕敢地区。明朝时设腾越府，《滇黔游记》上有"腾越出碧玉"的记载。所谓"玉出云南"（玉出勐卯，玉出腾越）指的就是出产地密支那北部的龙肯和帕敢地区。历史上缅甸北部的许多地区属中国管辖，雾露河一带在明万历年间归云南永昌府管辖，永昌府位于现在的德宏州。清代时这里还属于中国的版图，属云南的管辖地。看来云产石之名也非妄言。

光绪二十年一月二十四日（1894年3月1日），薛福成与英国外相劳思伯利签订了中英《续议滇缅界务商务条款》。这个条约对中缅北段界务作出了如下规定："今议定北纬25°35之北一段边界，俟将来查明该处情形稍详，两国再定界线。"[2]这是中缅北段未定界第一次见诸条约之规定。这里所说北纬25°35，尚在产翠的帕敢地区雾露河流域。1900年1月，英军及仆从由密支那向东北侵入北纬25°35以北地区。1905年，中、英两国会勘北段边界，此期关于中缅北段边界会勘与交涉的范围，已不再是1894年薛福成所说"拟与英人分界的野人山地"，英国殖民者不仅吞并了北纬25°35以北的瓯脱地，而且图谋侵占高黎贡山以西由中国治理并为当地土司、土官世守的领地[3]。英国侵占缅甸后，将珠宝翡翠产区勐养、勐密、勐拱、坎底、帕敢等地区划入缅甸，从此，翡翠产于缅甸。

二　器型分类

档案中关于云产石的记载不可谓不丰富，那么清宫旧藏实物中，云产石（也就是翡翠）的情况又是怎样呢？清代使用翡翠在我国历史上是最普遍的，但独立艺术品的数量不是很多，远比不上玉器的数量。器形多表现为小型的陈设器和生活实用件饰。大致划分有如下几种：

1. 陈设类

包括活环盖瓶、活环磬、山子、花盆、花插、插屏、如意、翠球、子母凫、鹦鹉、犀牛、卧牛、立象、卧螭、子母狮、刘海戏蟾等。另有一些写实翠雕，如葡萄形、桃形、葫芦形、云形、墩子形等。陈设类的翠雕，以各种造型的山子、花插、如意为多。

---

1 《雍正十二年各作成做活计清档 · 十月十八日》。

2 龙云、卢汉、周钟岳等：《新纂云南通志》卷166，第9页，民国三十八年。

3 冯建勇：《近代云南西部疆域变迁述论》，《昆明理工大学学报》（社会科学版）第7卷第4期，2007年。

2. 帝后玺册

数量极少，多集中在乾、嘉时期。如龙纽玺“空潭写春”、龙纽玺“玉壶冰”“御制作福作威论”册、乾隆款“含德斋双文”册等。

3. 文房用器

砚滴、水丞、笔筒、砚台、洗、山形镇纸等。文房用具的种类和总体数量都没有想象中的多，纹饰除光素外，一般多采用花果造型。

4. 仿古类

翠玉圭、仿古铜纹海棠式花觚、异兽活环觥、象耳活环蕉叶双凤纹扁瓶、兽耳活环兽面纹盖瓶、龙耳薰炉、夔龙勾云冠架、螭耳夔龙纹八角式盖炉等。受仿古玉雕的影响，翠雕在器形和纹饰上也有仿古，但数量极少，风格与同时代的仿古玉器大同小异。

5. 生活实用器

花薰、烟壶、烟嘴、太平车、耳挖勺、杯、碗、盘、碟、盒、勺、如意等。生活实用器中以各种烟嘴、碗等为更多。其中多数器形是从唐代开始大量使用的，此后在形制上各代没有太大的变化，唯制作日趋精湛而已。

6. 服饰类

主要是朝珠、手串、翎管、带板、佩、花囊、坠、头簪、耳环、镯、扁方、戒指、扳指及各种样式的袖扣。这一类在清宫旧藏翠雕中数量最多，种类也最丰富。一般多选用质地精良的翡翠为材质。因用料好，故多碾琢得玲珑剔透，极尽工巧，有些甚至达到了令人匪夷所思的程度。

7. 镶嵌类

清宫的翡翠嵌件一般多与金银结合，如金镶翠袖扣、银镶翠簪等。另外在后宫的一些木质藏品上，也可以见到少量的有形或随形的大小翡翠嵌件。其实镶嵌类的翠雕，在器形划分上往往是属于跨多品种的，不过由于工艺的特殊性才单独成类。使用的材质趋向两极，其中与金银等贵金属结合镶嵌的，往往是最好的翠；而在木器上作嵌件的，以次翠为多。

总之，比较来看，质地精美、颜色漂亮的翡翠，多用来制作戒面、佩饰、扁方、手串、簪子、扳指等小型的装饰品。其他质地稍次的材料则做成较大一些的器物，如瓶、炉、山子、插屏等。另外以次翠、翠根为材质的作品也屡见不鲜，如翠根雕花盖碗、翠根烟嘴、翠根双龙捧寿连环磬等，涉及陈设、文房、仿古、生活等各个类别。可见当时进入内地的云产石，成色好、能称得上是翠的并不多，所以翠根也被用作制造的材料。

三　题材寓意

清代是我国古代玉器制造史上最后一个繁荣期，它的发展过程有些类似明代，也是不平衡的。所不同的是，它的兴盛阶段是中期，而不像明代那样在晚期。清中期的玉器制造，大约可限定在雍正朝至嘉庆朝（1723～1820年）。这期间由于文化、经济繁荣，玉材来源丰富，手工业高度发达，因之玉雕工艺也走向了新的高峰期。从档案记载来看，宫中造办处关于云产石的制作高峰，也恰好是在这个时期，主要表现为精品多、器形多、纹饰多。其中纹饰方面与同时期的玉器一样，不但继承了明代寓意的特点，而且有所发展，但因为玉器纹饰过于强调细腻的表现，构图异常复杂，所以也有学者把清代称为中国玉器史上的倒退期，并归罪于烦琐的纹饰，认为文化品位不高。但是从此时的翠雕来看，纹饰却异常的精细，风格清新脱俗，这也许与翡翠的硬度有关。无论如何，就翠雕工艺来说，清代无疑是中国玉器史上成就最高的。因为在硬度极高的翠质上，相对复杂的纹饰，毕竟反映了玉器制造中综合技术的利用与成熟。

在清代活计档中记录了翡翠与玉器完全一致的琢制理念，包括阴刻、阳刻、深浅浮雕和镂雕等，在少数器物上还采用了填金和俏色等工艺，以利用材料上的天然色彩和自然纹路。从宫中旧藏的翠雕来看，个别器物甚至还配上精美的黑漆描金小盒、雕刻精美的木座、锦袱等，形成一个整体的艺术效果。纹饰题材，多选用八卦、云龙、夔龙、层峦耸翠、瓜蝶绵绵、三多、松鼠葡萄、松鹤延年、福在眼前、连年有余、岁岁平安等，虽然是清代最常见的题材，但作品样式之精，相翠水平之高，琢刻工艺之精湛，都达到了空前的水平。总之，这一时期宫廷翠雕与玉雕在题材内容上相同，但在风格上还是有一些区别的，其特点可用严谨、精致来概括。

四　辨款谈识

对玉器来说，“款”可以说是施刻的印。清代皇帝往往喜欢让造办处玉作在器物上镌刻“××年制”“××御用”“××御赏”等字。宫廷常见的玉器款有三种。一为年号款，如“乾隆年制”；二为仿古款，多见于乾隆年，如“大清乾隆仿古”等；三为“御用”“御赏”类款，如“嘉庆御赏”等。但宫中翡翠器上有皇帝款的极少，这一点与玉器明显不同。只有个别的碗、砚等器物的外底部有皇帝款，如“乾隆年制”“嘉庆年制”“嘉庆御赏”等。仿古款则不见。其中“乾隆年制”款无边框，采用单线条的阴刻篆书，刀口痕迹似刀刻，字体规矩。嘉庆款也为四字款，无边框，采用阴刻刀法，不同的是书体多采用隶书。

“识”指的是对作品进行再一步的解释，甚至可以赋诗写词，玉器上常见的通篇御制诗就属于这一种。但除玉器类文物外，目前在清宫旧藏的翠雕上，只发现少数几件翠插屏上携有题名，如隶书填金“葛岭朝暾”等。其余则未见有印款之外的其他字样，故而旧藏翠雕基本是有款无识的。

总之，从研究的情况看，云产石多指翡翠，只不过把其中较绿的单独称为翡翠石[1]或翡翠色云产石[2]，而次翠、翠根等统称为云产石。另外一个有意思的情况是，从造办处档案记载来看，雍正时期档案中，云产石字样出现的频率，明显比翡翠要高；而乾隆时期，翡翠作为词组的出现就越来越频繁了，大约与云产石不相上下，这似乎说明进入到宫中的云产石，与雍正时期相比成色越来越好了。虽然翠雕的总量一直比玉器要少很多，但是在设计加工、题材纹饰和造型等方面都与玉器完全一致，是清代宫廷艺术品中重要的组成部分。

原载《故宫博物院院刊》2010年第4期

1 《雍正十一年养心殿造办处收贮物件清册 · 下存》。

2 《雍正九年各作成做活计清档 · 十月十四日》。

书画碑帖

宋代的郡斋刻帖

施安昌

内容提要：郡斋指各地郡守的府邸、官衙。自北宋初朝廷推出《淳化阁帖》以后，丛帖盛行社会。郡斋帖适在其中。开始是对阁帖的回应，后则艺文竞胜；开始是推崇古代书家作品，后则发扬时人新作。本文以《汝帖》和《姑孰帖》为例具体说明之。

关键词：刻帖　淳化阁帖　郡斋　汝帖　姑孰帖

刻帖分单帖和丛帖，刻帖都有主事者或称刻帖人。刻帖的主事者有官家与私家之分。

郡斋指郡守的府邸。隋唐之后，州郡互称。宋晁公武著有《郡斋读书志》。唐韦应物《答崔都水》诗："郡斋有佳月，园林含清泉。同心不在宴，樽酒徒盈前。"[1]韩翃《送李中丞赴商州》："五马渭桥东，连嘶逐晓风。当年紫髯将，他日黑头公。不异金吾宠，兼齐玉帐雄。闭营春雪下，吹角暮山空。香麝松阴里，寒猿黛色中。郡斋多赏事，好与故人同。"[2]宋张九成《题郡斋壁》："吏散兵休文案静，数竿修竹隔疏帘。嗟予老矣欲归去，肯对江山叹滞淹。"[3]郡斋刻帖指当时刻在郡斋里的法帖。本文将先举有文献明确记载但未见宋本传世的郡斋刻帖，再举北宋《汝帖》与南宋《姑孰帖》为例探讨这一题目。

一　长沙帖和武陵帖

据宋曹士冕《法帖谱系》上著录：

作者：原研究室，研究馆员。

1 《全唐诗》第六册，第1950页，中华书局，1960年。

2 前揭《全唐诗》第八册，第2756页。

3 《宋诗钞》第四册，第3414页，中华书局，1986年。

庆历长沙帖[1]，丞相刘公沆帅潭日，以淳化官帖命慧照大师希白模刻于石寘之郡斋。增入霜寒、十七日、王濛、颜真卿等诸帖而字行颇高，与淳化阁本差不同。逐卷各有岁月，第一卷题云庆历五年季夏慧照大师希白模勒，第二卷庆历八年仲冬月慧照大师希白重模，第三卷则五年六月，第四卷八年仲冬月，第五卷戊子岁孟冬，第六卷五年季夏，第七卷五年仲秋月，第八卷五年季夏月模勒上石，第九卷八年仲冬月，第十卷五年仲秋月。每卷各有庆历及慧照大师希白重模字不复赘录。[2]

又据宋曾宏父《石刻铺叙》卷下著录：

武陵帖，二十二卷，绍兴十一年辛酉十月郡守张斛集秘阁法帖合潭、绛、临江、汝、海诸帖，参校有无，补其遗阙以成。此书后列郡官名衔，以本朝太宗御书冠于首卷二卷至四则。古帝王书增隋炀帝绛阁之所无者。五卷又苍颉夏禹书暨古钟鼎款识。六卷以后则历代名臣帖。十卷之末既二王书亘十七卷之首而止。二十卷则颜鲁公帖居半，张长史草书亦系横刊，视阁、绛名贤帖多五之一。末卷亦祖绛帖殿以李建中字，较之诸帖为详。然止木本，世称旧有石碑，前未之见。且跋语亦不叙及。偿有旧刻安能入阁之续帖晋武消息，书唐明皇鹡鸰颂等帖。[3]

上述长沙、武陵二帖均已不见宋本流传。长沙帖摹刻阁帖之外添加个别法帖。武陵帖是“集秘阁法帖合潭、绛、临江、汝、海诸帖，参校有无，补其遗阙以成”，可见都是刘公沆和张斛对于太宗皇帝刻《淳化阁帖》的积极回应。究其动机有政治色彩，后来渐渐褪色。结果是借政府力量让肇始于宋初的丛帖摹刻迅速推向四方。

二　汝帖

《汝帖》十二卷，并附目录于帖前。该帖收录历代各家法书兼及铜器铭文，自《苍颉戊己帖》始，止于五代郭忠恕《尧舜帖》。其卷目如下：卷一，三代金石文；卷二，秦汉三国刻书；卷三，晋宋齐梁陈五朝帝王书；卷四，魏晋九人书；卷五，晋渡江三家十七帖；卷六，二王帖并洛神赋；卷七，南朝十臣书；卷八，北朝胡晋十二人书；卷九，唐三朝帝后四人书；卷十，唐欧、虞、褚、薛四家书；卷十一，唐六臣书；卷十二，唐讫五代诸国七人书。据目录和帖文合计书家八十二人，无名氏书十五种。

1　按：长沙帖又称谭帖。

2　据《影印文渊阁四库全书》，第682册，第65页，台湾商务印书馆，1983年。

3　前揭《影印文渊阁四库全书》，第682册，第51页。

此帖为王寀刻于北宋大观三年（1109年），王寀于帖后自跋云：

> 寀来汝逾年，吏民习其疏拙，不甚诿以事。闭阁萧然，奉亲之外，独念弃日偶得三代而下讫于五季字书百家，冠以仓颉奇古，篆籀隶草真行之法略具，用十二石刻寘坐啸堂壁。其论世正名于治乱之际，君子小人之分，每致意焉。识者谓之笔史，盖使小学家流因以博古知义，不特区区近笔研而已。大观三年八月上丁，敷阳王寀记。[1]

时寀知汝州，于府邸刻帖十二石，以示博古知义。这部帖收入籀书七种，小篆书六种，隶书十三种，有意呈现文字演变的脉络而与其他丛帖不同（图一至图四）。

寀父韶为北宋武将，赠金紫光禄大夫。寀为幼子，字道辅，工辞章。兄弟十三人。崇宁二年（1103年）二十六岁，登进士第，入馆为秘书省著作左郎。崇宁五年（1106年）二十九岁，罢秘书省著作左郎，值秘阁。大观三年（1109年）三十二岁，知汝州，刻《汝帖》。后孝满，移守陕州。政和二年（1112年）三十五岁，坐不觉察盗铸钱，罢知陕川。政和三年（1113年）三十六岁，勒停，后知襄州。政和五年（1115年）三十八岁，除

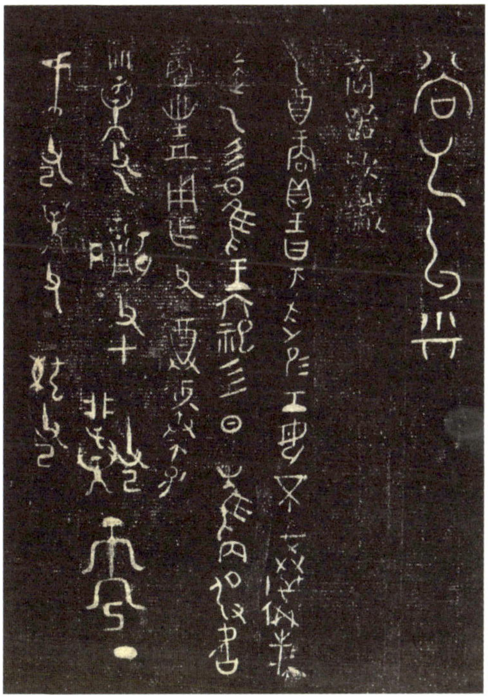

图一　《汝帖》中商器款识

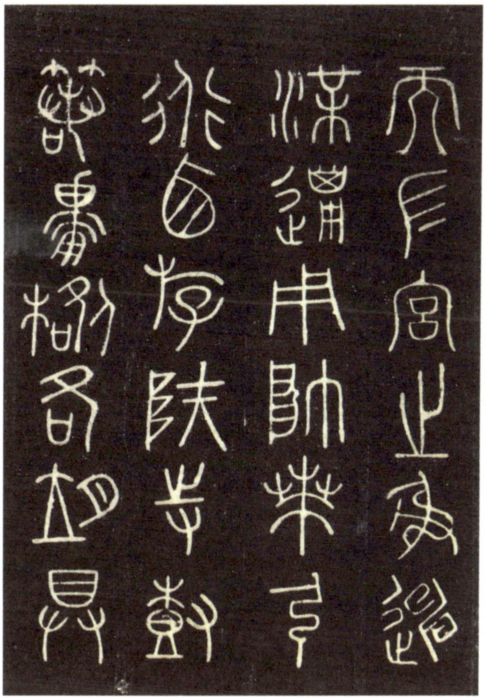

图二　《汝帖》中石鼓文

1　原跋不见于帖后，录自宋陈思《宝刻丛编》卷五。

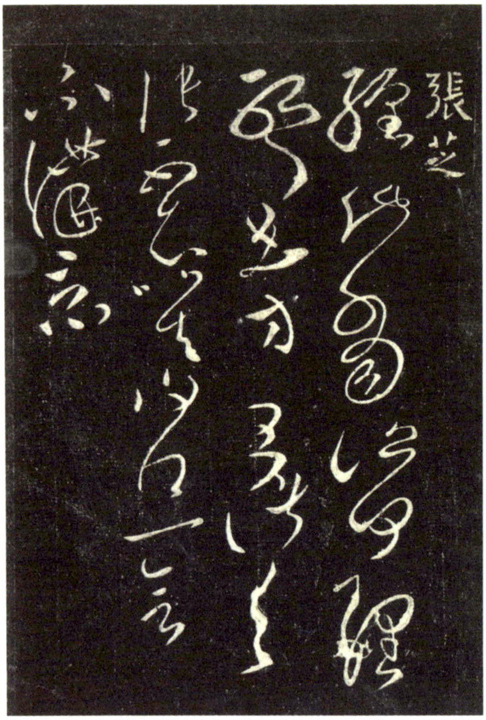

图三　《汝帖》中张芝《何理帖》

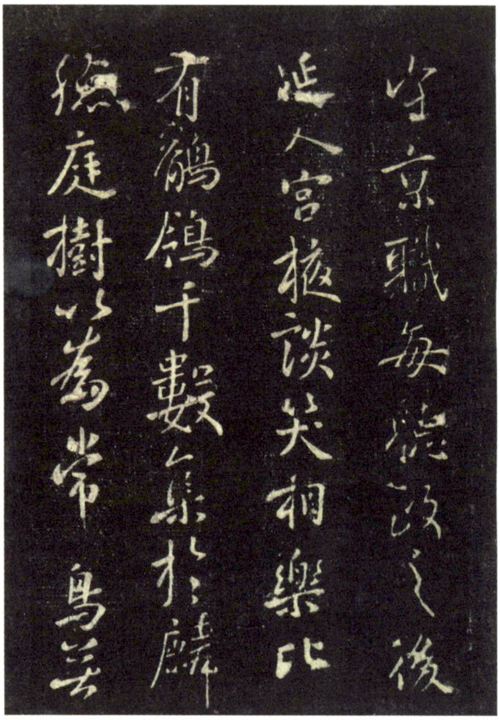

图四　《汝帖》中唐玄宗《鹡鸰颂》

名勒停。政和六年（1116 年）三十九岁，任翰林学士、兵部侍郎，游山西紫团山。政和八年（1118 年）四十一岁，坐降天神事伏诛。至高宗绍兴二年（1132 年）方予平反，诏王寀追复朝奉大夫[1]。

三　汝帖沿革

关于《汝帖》，后代文献续有记载，兹选录于下：

第一，据明王雄序本《汝州志》：

《汝帖》十二石改置公廨后圃望嵩楼壁，见元尚野（兴文署丞）《望嵩楼记》："……公廨后圃，以望嵩名其楼……今既颓毁几尽，而石刻尚可考。"[2]

第二，明正德元年（1506 年）

王雄序本《汝州志》："汝帖碑，计十二刻，皆历代名人所书，见在儒学。"[3]

第三，明万历四十年（1612 年）

1　脱脱等撰：《宋史》卷三二八，列传第八七，第 10584 页，中华书局点校本，1977 年。

2　王雄（序）本《汝州志》，《天一阁藏明代方志选刊》卷八，第 8 页，上海古籍出版社，1963 年。

3　前揭《天一阁藏明代方志选刊》卷四第 6 页。

李日华《六砚斋二笔》："神庙壬子（按：明神宗万历四十年，1612年），余谪倅汝，及见此帖，凡十二石，横陈于礼房。石皆紫色含润，一石计丈许，厚五六寸。所刻帖东西倒行，亦有零帖，就四隅凑缀者。以拓多，石有裂纹，字皆磨泐。余拊其石极爱之，戏谓汝守刘叔熙曰：帖无藉于如是厚，诚得吴中巧工，解其半以斫砚，盖无上材也，而可得百余研。叔熙笑以为然。而莫名其为何石，意伊洛瀍涧中所潏荡而出，固嵩高之结璘乎。王元美评诸处帖，以汝居上中。余谓必出宋人，非近代所为也。余从汝携二十余本回，无如此本裂少而完多者。其先余而拓，又不知几何岁矣。"[1]

第四，清顺治七年（1650年）

乾隆《河南通志》："汝帖碑，在州治内，凡十二刻，寇乱残破，顺治七年，巡道范承祖修整并诗跋十四刻，移置道署宾馆。"[2]

第五，白明义重刻《汝帖》跋文："顺治间观察范承祖掇拾残碣，以诗跋增二石，修辑为十四刻，移置署左寅宾馆壁。"[3]

第六，道光六年（1826年）

白明义重刻汝帖跋文："剥落日久，殆无遗迹。道光六年，州牧董大醇择略可辨者四石，从寅宾馆复移署西室壁，颜曰'存古'，以名轩焉。"[4]

第七，道光十八至二十二年（1838～1841年）

白明义跋："《格古要论》云：'《汝帖》十二卷，摘诸帖字，合而为之。'《金石录》云：'《汝帖》十二石，并无改摹者。'旧藏汝之望嵩楼，明季频遭兵燹，杂瓦砾中。国朝顺治间，观察范承祖掇拾残碣，益以诗跋，增二石，修辑为十四刻，移置署左寅宾馆壁。剥落日久，殆无遗迹。道光六年，州牧董大醇择略可辨识者四石，从寅宾馆复移署西室壁，颜曰'存古'，以名轩焉。岁戊戌，予来牧是邦，公余搜古，见壁所存者，又漫漶不复识。惟范君附刻诗跋目录，字稍完整，辄感慨系之。嗣购古雒故家藏本，依旧十二刻。其为范君修辑前原拓无疑也。予方纂乘事竣，适有工石刻者，嘱依原本字画存缺，钩摹勒石，两载告成，就'存古轩'左构室藏之。前朝故物不终湮没，文字之劫不终堕一二，考古之士不终患留遗者之寖无考见，亦数也。予固不敢居是功云。道光壬寅孟秋三韩白明义谨志。"[5]

自20世纪50年代，县文化馆馆长张久益先生等人多方查找散失的《汝帖》帖石，终于从不同地方征集到白刻本十六石，另外所缺四石重新摹刻补齐，于1997年一起陈

1 李日华：《六砚斋二笔》卷三。

2 乾隆：《河南通志》卷五十二。

3 据故宫博物院藏《汝帖》道光重刻本。

4 据故宫博物院藏《汝帖》道光重刻本。

5 据故宫博物院藏《汝帖》道光重刻本。

列于文庙（时亦称文化馆）大成殿，后又挪至西配殿。2008年笔者曾访帖于此地[1]。

由上可知，《汝帖》曾经历了郡斋坐啸堂——公廨后圃望嵩楼——儒学——道署寅宾馆——文庙的屡次迁移，清代中叶原石已亡，重摹新石代之而起，承前光后。

四　姑孰帖

《姑孰帖》是一部丛帖，南宋淳熙年间（1174～1189年）杨倓、洪迈等刻于当涂郡斋。当涂，太平州治所。帖石早已毁佚，留下残石至晚清也不知去向，关于全帖的目录、分卷至今不明，但有多种残帖拓本传世。

所见故宫博物院、首都图书馆和中国科学院图书馆各藏一种存帖最多的残帖，包括了三家十五帖：苏轼书《黄州谢表》《与柳子玉宝觉师五古》《送寿圣聪长老偈》《示慈云老师五古》《归去来并引》；苏舜钦书《和永叔琅琊山庶子泉阳冰石篆诗》；陆游书《玉京行》《醉歌》《得张季长书追怀南郑幕府》《读刘伯伦传》《南窗》《春晓》《初夏》《鹊仙桥·一竿风月》和《纸阁》。这里按故宫藏张伯英旧藏本的帖序列出[2]。

该拓本上还保存了卷次标题和帖石编号。苏轼《黄州谢表》前有“姑孰帖卷第三”的标题，帖后还有帖石编号“丙乙”，丙指第三卷，乙指第二块帖石。在《示慈云老师五古》末还有“戊三”，指第五卷的第三帖石。苏轼的十帖（残帖中只有五帖）应在卷三、四、五之中，那么镌刻时间更早的苏舜钦诗理应在第一、第二卷中了。陆游《玉京行》前有“姑孰帖卷第八，放翁先生帖三”，其《得张季长书追怀南郑幕府》前有“姑孰帖卷九，放翁先生帖四”，由此可知陆游的帖收入第八、第九卷以及前面或后面的卷中。故张伯英跋云：“按石之记号，坡书为第三、第五卷，放翁为第八、第九卷，子美则不知何卷。”[3]

苏舜钦（1008～1048年），字子美，一字倩仲，号沧浪翁。梓州铜山（今四川中江）人，后迁居开封。为苏易简孙，苏耆子。景祐元年（1034年）进士，后迁大理评事。范仲淹荐其才，召试集贤校理，监进奏院。但因坐事而被免职，流居苏州，买水石作沧浪亭。后复得湖州长史，未赴任则卒，仅四十一岁。其人有逸才，词气俊伟，书法劲健[4]。

残帖留下两段刻跋，分别为杨倓、洪迈题刻。在苏舜钦《和永叔琅琊山庶子泉阳冰石篆诗》（按：诗仅存最后三十九字）后，杨倓跋云：“子美天下士也，文章字画百

1　详见拙文《宋刻汝帖与故宫博物院藏宋拓本（翁方纲旧藏）》，汝州市政协编：《汝帖》，文物出版社，2008年。

2　启功、王靖宪：《中国法帖合集》第十二卷，湖北美术出版社，2002年。

3　《张伯英碑帖论稿》第三册，第47页，河北教育出版社，2006年。

4　前揭《宋史》卷四四三，列传第二〇一。

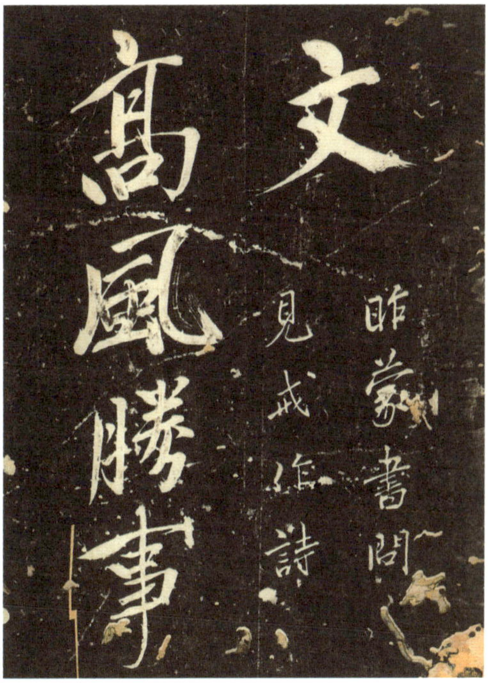

图五 《姑孰帖》中苏舜钦诗和杨倓刻跋

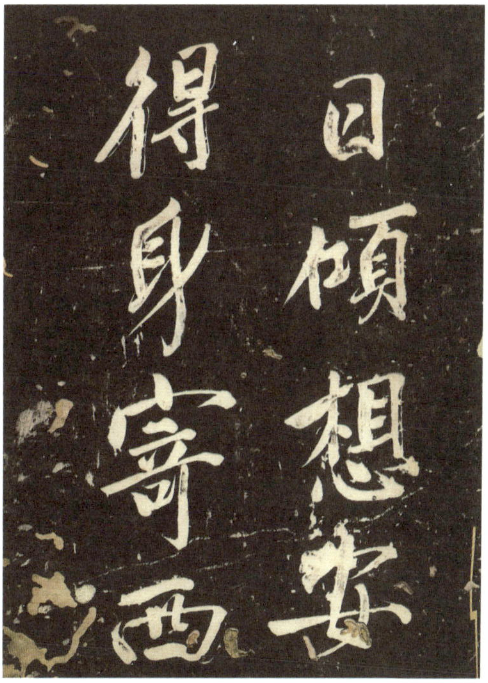

图六 《姑孰帖》中苏舜钦诗和杨倓刻跋

世不朽。予来当涂于莲蓬州处见此诗，把玩不能去手，因摹刻郡斋，与好事者共之。淳熙戊戌（按：1178 年）仲秋日，代郡杨倓题。”（图五至图七）杨倓（？～1181 年），字子靖，代州崞县（今山西原平）人。绍兴二十四年（1154 年）进士，历都郎中，除签书枢密院事，知荆南府[1]。

图七 《姑孰帖》中苏舜钦诗和杨倓刻跋

在苏轼《归去来并引》后是洪迈跋（图八、图九），云：“右东坡先生所书诗文十篇，潘阳洪迈得之。淳熙十六年刻石当涂郡斋，十二月十一日识。”跋边上还有刻工款“池阳王才刊”。据跋，洪迈刻入《姑孰帖》的苏轼诗文应是十篇，自清朝以来记载的只剩五篇了。洪迈（1123～1202 年），字景卢，号容斋，

1 水赉佑：《姑孰帖考》第 136 页，《宋代刻帖研究》，上海人民美术出版社，2001 年。

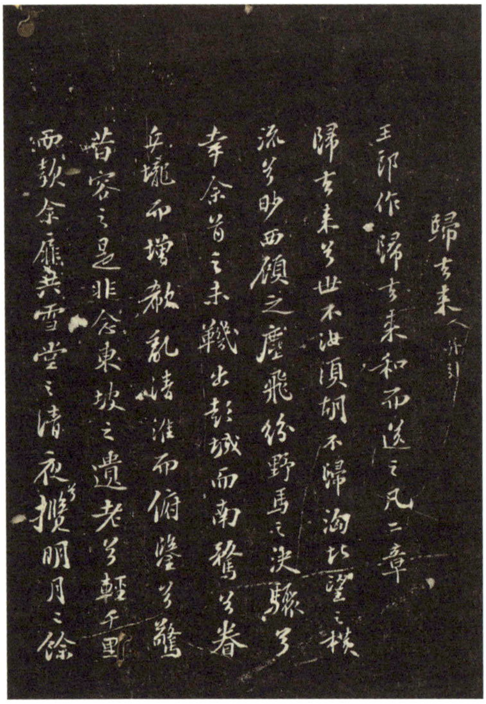

图八　《姑孰帖》中苏轼《归去来并引》

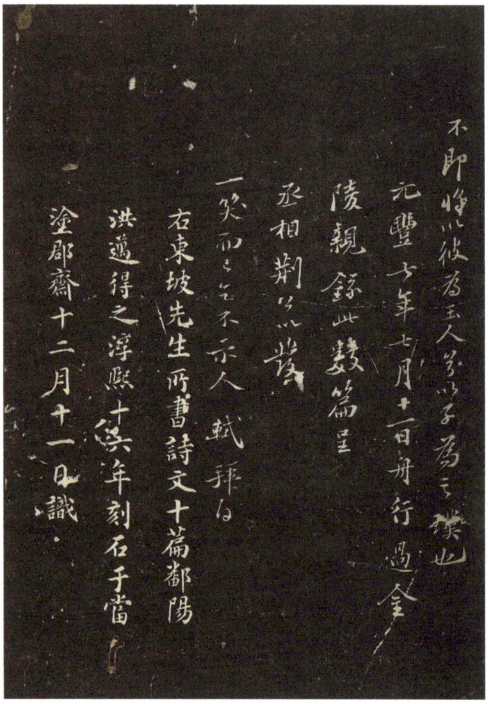

图九　《姑孰帖》中洪迈刻跋

别号野处。饶州鄱阳（今属江西）人。绍兴十五年修国史。出使金国还，知赣州，徙知婺州。淳熙十三年（1186 年）为翰林学士，嘉泰元年（1201 年）以端明殿学士致仕，二年（1202 年）卒。洪学识博洽，著《容斋随笔》《夷坚志》等[1]。由两段刻跋可知，杨刻苏舜钦诗早于洪刻东坡帖十一年，故苏舜钦诗当居第一卷或第二卷。同一首诗不会分在两卷。那么还剩一卷不知其内容。

当初《姑孰帖》的情形大致是这样的：杨倓与郡守友善，雅好法书，乞其割爱，钩摹名迹，鸠工刻石郡斋，取名《姑孰帖》。后来的人（包括洪迈在内）又循前例，再三添刻，续加卷帙，益增其华。多年之后，不幸降临，全帖遭毁，仅留下残石而已。

五　苏舜钦诗缘起

庆历五年（1045）八月，因朝内党争牵连，欧阳修从河北都转运按察使被放黜滁州（今安徽滁州）任知州。六年（1046 年），曾作《石篆诗》。前有序，录文如下：

石篆诗并序

1　前揭《宋史》列传一三二“张绍　洪浩传”。

某启，近蒙朝恩守此州。州之西南有琅琊山，唐李幼卿(按：系李阳冰)庶子泉者。某在馆阁时，方国家诏天下，求古碑石之文集于阁下，因得见李阳冰篆《庶子泉铭》。学篆者云："阳冰之迹多矣，无如此铭者。"常欲求其本而不得，于今十年矣。及此来已获焉，而铭石之侧，又阳冰别篆十余字，尤奇于铭文，世罕传焉。山僧惠觉，指以示余，余徘徊其下，久之不能去。山之奇迹，古今记述详矣，而独遗此字，余甚惜之。欲有所述，而患文字之不称。思予尝爱其文而不及者梅圣俞、苏子美也，因为诗一首，并封题墨本，以寄二君，乞诗刻于石。

寒岩飞流（按：一作"洒"）落青苔，旁斫石篆何奇哉。其人已死骨已朽，此字不灭留山隈。山中老僧忧石泐，印之以纸磨松煤。欲令留传在人世，持以赠客比琼瑰。我疑此字非笔画，又疑人力非能为。始从天地胚浑判，元气结此高崔嵬。当时野鸟踏山石，万古遗迹于苍崖。山祇不欲人屡见，每吐云雾深藏埋。群仙飞空欲下读，常借海月清光来。嗟我岂能识字法，见之但觉心眼开。辞悭语鄙不足记，封题远寄苏与梅。[1]

之后，苏舜钦作《和永叔琅琊山庶子泉阳冰石篆诗》，梅圣俞作《和永叔琅琊山六咏·庶子泉》。

下面再录苏舜钦诗：

和永叔琅琊山庶子泉阳冰石篆诗

一气破散万事起，独有篆籀含其真。周鼓秦山坏已久，下至唐室始有人。宗臣转注得天法，质虽浑厚气乃振。人间所存十数处，丰疏异体世共珍。其中琅琊石泉记，比之他法殊不伦。铁锁关连玉钩壮，曲处力可挂万钧。复疑蛟虬植爪角，隐入翠壁蟠未伸。近来俗眼苦不赏，惟有风月时相亲。紫薇仙人谪此守，此地胜绝旧喜闻。公余往观领宾从，猎猎昼隼摇青春。远休车骑步泉侧，酌泉爱篆移朝昏。挥弄潺湲玩点画，情通恍惚疑前身。作诗缄本远相寄，邀我共赋意甚勤。昨承见教久阁笔，压以大句尤难文。（自注：昨蒙书问，见戒作诗）高风胜事日倾想，安得身寄西飞云。[2]

梅尧臣　和永叔琅琊山六咏（其四）　庶子泉

沙穴石窦无限泉，此泉缘底名不灭。庶子去来多少年，依旧清心共泉洁。

欧阳修后来将《石篆诗》和苏、梅三诗均予刻石。岁月迁移，可惜的是欧、梅诗

1 前揭《宋诗钞》。

2 《苏学士文集》卷四。

篇未传下拓本来，唯苏诗只留下结尾三十九字。唐李阳冰《庶子泉铭》未见著录和传世拓本。

以上所述为《汝帖》和《姑孰帖》。

北宋初，太祖召诸镇节度使会于京师，赐第留之，而分命朝廷文臣出守列郡，号“知州军事”。地方长官遂得重用文臣。从此地方官吏又得均由中央任命，至此，唐、五代节度使把持的地方政权之弊得以革除。又宋朝科举制度规模之大、制度之严远过于前代。三百余年间，宰执大臣绝大多数出自具科举背景者，科举出身的文官士大夫成为官员队伍的主体，形成文治时代的特征。

宋时书学盛行，刻帖随焉，文士托兴于此。太宗酷爱书法，募求善书者置御书院，为储前代墨迹造秘阁，诏天下求古碑石文，敕王著编刻《淳化阁帖》，等等。朝廷如此推动，州郡长官求书刻帖自在情理之中，当不以个别计。像文献上出现过的许多以地望取名的帖，其中还会有与郡斋刻帖相涉者。

“郡斋多赏事，好与故人同。”园林清泉，青石翰香，书者笔飞，观者眉舞。郡斋刻帖乃北宋时出现于各地的清雅景观。其始也，对于朝廷阁帖的响应，或翻刻，或增减，使分卷丛帖推而广之。继而逸出阁帖，随长官意愿，披沙拣金，别具只眼。还有的摆脱专人编纂，随时添刻，为诗文翰墨及时公之于众开一渠道。这中间包含了两个转变：其一，从政治反应到艺苑掇英；其二，从推崇古典作品到发扬时人新作。这些都影响到以后的刻帖，值得了解帖史者所注意。

原载《北山汲古：碑帖铭刻拓片》，香港中文大学出版，2015 年

张择端《清明上河图》的创作意图和政治环境

余　辉

内容提要：本文根据张择端选择生活素材的标准来分析、判断他绘制《清明上河图》卷的政治动机和内心世界。他深受儒家入世思想的影响，通过展示图中的一系列社会弊病来曲谏失政的徽宗赵佶。张择端的勇气来自徽宗登基之初的求谏诏书。在当时，以文学、杂剧等文谏形式讽谏朝政是比较普遍的现象，在此前后的朝臣亦曾就城市防卫、礼冠风俗、商贸侵街、桥梁安全、春季禁猎、官宦出行、官储粮食、消防和重税等一系列问题纷纷上疏，体现了北宋文人的忧患意识。宋徽宗为《清明上河图》卷书写题签，表明他肯定了该卷的艺术技巧，但他并没有收藏此图，显然他无视画中的曲谏。

关键词：创作意图　政治环境　社会弊病　远离娱乐　忧患意识　曲谏

张择端绘制《清明上河图》卷（以下简称《清》卷）的动机一直为学者所关注，时代决定动机，动机反映时代，创作动机还与画家的身份和地位密切相关。反言之，对绘画动机的判定是否合理，也可以反证对该画创作时代的判定是否准确。问题在于我们首先必须了解张择端是以什么样的标准选择生活素材，这是他创作意图的具体表现，接下来就是徽宗如何看待《清》卷的问题。

一　张择端选择生活素材的特性

张择端自幼受到儒家思想的浸润，后在汴京游学开阔了视野，深谙社会底层的各种生活，经历了科举考试的坎坷，最后放弃仕途，考入翰林图画院，成为宫廷画家。从他的经历来看，是一个有儒家进取思想和对社会有着深度认识的画家，这是他具备“别成家数”[1]的根本原因。张择端在《清》卷里描绘出庞大的社会场面和丰富的生活细节，

作者：研究室，研究馆员。

1 （金）张著在《清》卷后的跋文。

需要半辈子的生活阅历才能够在大半年的时间里完成该图，这不可能是遣兴之作，完成徽宗的旨意是其首要职责，然而，这就给今人留下了一个疑问：张择端借此机会要表达他的什么思想？要达到什么目的？

张择端没有留下任何只言片语，无法直接了解他的内心世界，他不可能一一画出汴京城内外在清明节期间出现的诸多事物，必定会有所筛选。必须注意的是，张择端是如何选取他在生活中的所见所识，他所遗漏的事物绝不是偶然的，必定是他忽视甚至是排斥的事物，他所表现的特别是反复表现的事物必定是他强调的问题，画中充满了他对周边事物的好恶和期待。根据他画什么、删什么，可洞悉到画家埋在灵魂深处的政治态度、思想特性、宗教心理和创作原则等，倾听到900年前一个无言者的心声，从中探知到一个活生生的张择端。

（一）深怀关注国家安危的政治态度

画家在图中隐藏着对城防和军心的担忧，如“望火楼”形同虚设，“洊火兵”的营房改为饭铺，河道无人巡航，宋代早中期防范甚严的防火举措到此彻底消弭；满船的私粮在京师囤积，督粮官却无影无踪；又如城门无人防守，士兵精神懈怠，防务涣散殆尽，以至于异国驼队贯城而出。在《清》卷里面，绘有810多人[1]，涉及各行各业，画中绘有数十兵卒和马弁，其中竟然没有一个像样的兵！能使禁军提起精神的竟是押送军酒的差事，或者为官老爷开道吆喝，与递铺门口懒散的走卒形成了鲜明的对比，重重地鞭挞了懒惰的宋军。其绝妙的讽刺性构思体现出画家颇为狡黠和具有黑色幽默的个性，饱含了画家对当时社会的公正评定和深刻批判。

（二）内藏崇儒远佛道的宗教心理

《清》卷的绘画内容体现了一个信奉儒家思想的宫廷画家的担当精神。北宋汴京的人物画家不遗余力地为宗教服务，如赵光辅、高益、武宗元等纷纷涉猎寺观壁画。张择端却远离宗教，在画中，他对佛教特别是对徽宗笃信的道教没有表现出什么热情，许多著名的寺观如东京最大的佛寺大相国寺和最大的道观玉清昭应宫及其在周围形成的大型庙会，这些在画中全然回避了。画家除了描绘了街头的几个道士、行脚僧之外，没有道教所宣扬的神仙气息，更没有一座道观，只在城外一角画了一座寺院的外大门，

1　通常统计为550余人，日本黑田日出男在《解读绘画史料的〈清明上河图〉》（《〈清明上河图〉新论》，第305页，紫禁城出版社，2011年）中统计为773人，笔者统计为810余人，考虑到画中多处的遮挡原因，数字略有模糊，差之甚大，不知何故。2007年《清》卷在香港艺术博物馆展出时，被清点出814人，见《国之重宝——故宫博物院藏晋唐宋元书画展》，第270页，香港艺术馆，2007年。

十分冷寂，可见画家对宗教采取的冷漠态度。相反，张择端对民间诸神教却给予了相当的关注，如画中出现祭祖、祭道祖和水神的场面，适当出现与清明节相关的冥器，点出了清明节的季节特性，这符合画家自幼受儒家思想浸润的特性。

（三）具有远离娱乐的思想特性

《清》卷虽是一帧风俗画，画中有多少是描绘清明节的娱乐活动，值得探讨，从中可以发现张择端异常独特的思想特性。笔者根据相关的历史文献，将北宋开封城在清明节里所呈现出的各类事物列表于下。

张择端清明期间所见与所绘事物对照表

汴京可见事物	《清》卷选绘事物	史料出处
纸马铺开张	有	《东京梦华录》
轿顶插杂花	有	同上
市场卖糕饼	有	同上
开新火	有	《宋朝事实类苑》卷三二
拜扫新坟	?	同上
关扑（赌博）	无	同上
诸军禁卫，各成队伍，跨马作乐	无	同上
芳树苑囿间杯盏互酬	无	同上
歌儿舞女	无	同上
宗室朝陵	无	同上
插柳	无	同上
蹴鞠	无	同上、《宋史·礼志》
荡秋千	无	《东京梦华录》
观看赛龙舟	无	同上
射箭	无	同上
吊柳会	无	《独醒杂志》

根据《东京梦华录》卷七《清明节》的记载，在汴京的清明节里，朝野有许多不同类型的活动，大致可概括为悲情性的活动和娱乐性的项目两类。张择端有选择地描绘了一些清明节特有的活动，如图中踏青人群，间接地表现了祭扫活动，还绘有与清明节祭扫有关的纸马店铺，点到为止。画家更没有表现杂剧、戏剧、武术、荡秋千、

放风筝、蹴鞠、歌舞、斗鸡、射箭、牵钩（拔河）、相扑、角抵戏、吊柳会[1]等民间娱乐活动，更没有孟元老所描绘的欢快景象："都城歌儿歌女，遍满园亭，抵暮而归。……"[2]在开封城里可以看到禁军跨马作乐于四处，在此期间，东京城里的皇家宫观集禧宫、太宫等皆向市民开放，供众人祭拜。若在平时，在街肆里还可以看到勾栏瓦子、妓馆、赌场等，当时，在瓦子里常年演出杂剧，傀儡戏有杖头傀儡和悬丝傀儡、小儿相扑、皮影戏等，这些均不在张择端的表现之列。潘楼街是开封最繁华的街道，这些富有开封特色的地段，长期生活在汴京的张择端不可能看不到，在《清》卷中更是无处可寻。画家对瓦子里的娱乐活动如民间口头文学也给予了一定的关注，只在路边表现了一个说书的场面，但他绝不津津乐道于描绘当时盛行的妓馆、赌场里的噱头等。如果画家据实描绘街肆中的各类娱乐场景，则会冲淡他所关注的社会问题，改变了《清》卷的绘画主题。

（四）深怀悲天悯人的忧患意识和现实主义的创作态度

画家在描绘徽宗朝初年商业繁荣的明线背后，交织着另一条看似热闹却令人心悸的暗线：他通过生动地表现惊马闯郊市作为伏笔，层层铺垫出全卷矛盾的视觉中心，即船与桥的险情和桥上文武官员争道交织成矛盾的高潮，随后出现的军力懈怠、消防缺失、城防涣散、国门洞开、商贸侵街、商贾囤粮、党祸渎文、酒患成灾等诸多场景，画中时时处处表现出同情为生计而奔波的世俗百姓，关于描绘他们的细节，处处见详，他们艰辛无比、苦难尤多。

从张择端撷取的社会生活和大量删去的娱乐场景，可以发掘出他暗含着对社会底层民众生活的关注，特别是深含着他对城防消防等安全问题、水陆交通等诸多社会问题的忧虑。画家以积极入世的精神和客观求实的态度，判断现实事物的是非，乃至严肃地批判和辛辣地讽刺，以无言之声和善意之心奏请徽宗关注诸多国计民生和涉及国家危亡的问题，将这种忧患意识感染皇上，以求正视，就是他的创作目的。张择端为何有这样的政治勇气和思想认识去面对当时的社会弊端？

二　张择端作画的政治环境

建中靖国元年（1101 年），宋徽宗登基第一年就要器重旧党，属于新党的起居郎邓洵武离间了徽宗与旧党的关系，使徽宗决定于次年改元崇宁，表达他转而罢黜旧党、

1　北宋词人柳永（约 987 ～约 1053 年）去世后，文人、妓女们在清明节携带酒食到柳永墓前凭吊，故称吊柳会。

2　（宋）孟元老：《东京梦华录》卷七《清明节》，第 67 页，山东友谊出版社，2001 年。

崇尚熙宁新法的意愿。徽宗在崇宁年间（1102 ~ 1106 年）基本上奠定了他的统治方略，首先，他任用蔡京为相，接受蔡京提出的靡费国库、坐享天下之计；在崇宁元年（1102 年），又命太监童贯在苏、杭设制造局，为内廷监制高档工艺品。不久，物价开始高涨，三年，蔡京铸“当十钱”（大钱），四年，敕朱勔在苏州设应奉局，向朝廷漕运花石纲……这一切，在《清》卷中直接或间接地反映了那个时代留下的深刻烙印，成为绘制于那个时代的确凿证据。画家敢于揭示导致国家存亡的社会危机、同情底层百姓、批判社会弊病，这种政治勇气来自于北宋特殊的政治背景即台谏制度。当时与创作《清》卷相关的政治背景包括两个方面，其一是北宋较为开放的谏言环境，画中所表现的社会问题与北宋朝官的谏言以及皇帝诏令的内容基本形成了对应关系；其二是北宋后期的谏言流行着暗讽和黑色幽默，对《清》卷的构思形成了一定的影响。

（一）北宋台谏制度的确立

北宋朝政从立国之始对谏者采取比较宽容的态度，这来自于宋太祖“文德致治”的基本国策。960 年，后周归德军节度使赵匡胤以陈桥兵变、黄袍加身获得帝位，是为宋太祖；建隆三年（962 年），他又以“杯酒释兵权”建立了中央集权制。宋太祖的两次不流血的政治成功，更加坚信了他以“儒家教化”“重文抑武”“以文制武”“文德致治”的治国理念，后世诸帝对周边少数民族铁骑的袭扰大多采取怀柔和赎买的策略，这在客观上创造了一个“与民休息”的短期社会环境，国家处在暂时稳定的状态，社会经济特别是手工业和商业贸易得到了持续性的发展，开封、洛阳、临安等商业大都市的繁荣，给文人士夫和各种艺人提供了施展才艺和享受艺术的巨大空间。

宋太祖诏令不得杀戮士大夫及上书言事人，他继承唐代台、殿、察三院制度，建立和完善台谏制度和科举制度，御史和谏官各自为政，御史弹劾百官，谏官谏言皇帝，这是中国历史上形成文官政治的重要标志。宋真宗将御史与谏官合并，职能互渗；宋神宗在元丰改制后，将台、殿、察三院合并，扩大了职能，一直延续到北宋后期。台谏在规谏皇帝、监察执行、参与朝政等方面起到了一定的作用，激励了后世诸朝文人不断上书谏言。仁宗则将这一原则发展为择仕标准，在嘉祐六年（1061 年），他通过考试寻找“直言极谏”的人才，中榜者即苏轼和苏辙。只要谏言中避免谤词和不敬之语，即便不合圣上之意，可免言者不幸。在徽宗朝，文人士大夫对社稷的关注程度尤胜前朝。这来自徽宗一登基就下诏广开言路：

> 朕以眇身，始承大序，任大责重，罔知攸济。永惟四海之远，万几之烦，岂予一人所能遍察？必赖百辟卿士，下及庶民，敷奏以言，辅予不逮。矧太史前告，

天将动威，日有食之，期在正月。变异甚巨，殆不虚生。夙夜以思，未烛厥理，将以弥纶初政，消弭天灾，自非药石之规，孰开朕德？况今周行之内，人有所怀，刍荛之中，言亦可采。凡朕躬之阙失，或左右之忠邪，政令之否臧，风俗之美恶，朝廷之德泽有不下究，闾阎之疾苦有不上闻，咸听直言，毋有忌讳。朕方开谠正之路，消壅蔽之风，其于鲠论嘉谋，惟恐不闻，而行之惟恐不及。其言可用，朕则有赏；言而失中，朕不加罪。朕言惟信，非事空文。尚悉乃心，毋悼后害。应中外臣寮以至民庶，各许实封言事，在京于合属处投进，在外于所在州军附递以闻。布告迩遐，咸知朕意。[1]

徽宗的一番诚恳之言，的确引来一些谏言，这无疑给了张择端借作画言事的勇气。徽宗在执政之初，尚能纳谏，尤其是涉及天人感应之事，始露偏信一方之虞，最终倒向“京师六贼”。如蔡京、童贯等权奸曲意引用《周易》“丰亨，王假之”“有大而能兼必豫”之句，建议徽宗在当今太平盛世之下，应心安理得地尽情享受天地物华，即所谓的“丰亨豫大”，这是徽宗最感兴趣的“谏言”。

（二）谏言内容

自宋真宗起，北宋政治开始偏离了正常的发展轨道，宗教也从佛道并重渐渐蜕变为尊崇妖道，甚至以此作为拯国之术，国家机器被严重扭曲，社会管理失控，民沸四起，军心涣散。北宋朝官在中后期的谏言主要来自两个方面，中期主要是围绕着当时的变法与反变法铺开的，晚期主要是集中于徽宗的靡费与失政展开的，如采运花石纲、重建延福宫、新建艮岳等，这些已经远远超越了社会负荷，北宋民众为社会创造出巨大的经济财富却被北宋中后期的冗官、冗兵和冗费消耗殆尽。中期所出现的社会问题基本没有得到缓解，又增加了晚期的一系列更严重的失政问题，可谓积重难返。值得注意的是，朝臣们上诉的一些社会问题，在《清》卷里几乎都可以找到，如城市防卫、衣冠风俗、商贸侵街、桥梁安全、官宦出行、漕粮问题、消防问题、重税问题、生态保护等问题，特别是前者，当时面临辽代契丹铁骑觊觎之时，江山日益危机，朝野文人心中的忧患之情愤然而生，甚至相继直接谏言徽宗即位的合理性和传位的合法性等问题[2]。

---

1 （宋）杨仲良撰，李之亮校点：《皇宋通鉴长编纪事本末》卷第一百二十三《徽宗皇帝》，黑龙江人民出版社，2006年。

2 元符三年，尚书左仆射惇极力阻挠端王赵佶即位，先建议简王继位，后提及申王继位。次年，即位的赵佶即宋徽宗。当宋徽宗欲传位给其四子赵楷时，受到大臣们的激烈反对，最终是长子赵桓继位，是为钦宗。

图一　洞开的汴京城门，域外驼队随意进出

1. 城市防卫问题

元祐四年（1089年），因朝廷裁减在京禁军，户部尚书王存不忍见到军营沦为废墟，上奏恢复元祐年间被废止的保甲制度，重编京师防卫编制[1]。樊瀫在宣和三年（1121年）奏曰："比年以来，内城颓缺弗备，行人蹴其颠，流潦穿其下，屡阅岁时，未闻有修治之诏，则启闭虽严，岂能周于内外，得不为国轸忧？"[2]这段土墙在《清》卷中几乎快变成了土坡，全城看不到任何防卫系统和像样的军卒（图一）。

2. 衣冠风俗问题

北宋统一了大半个中国，在政令、军令得到统一后，朝臣们最关注的就是要正风俗。司马光在《上仁宗论谨习》中提出"窃以国家之治乱本于礼，而风俗之善恶系于习"[3]，鉴于"有服古衣冠于今之世，则骇于州里矣"[4]的现象，建议规范当朝各类服装。彭汝砺《上神宗论以质厚德礼示人回天下之俗》奏曰："观四方之人，其语言态度，短长巧拙，

1 （宋）赵汝愚编：《宋朝诸臣奏议》卷一百二十四，王存：《上哲宗乞依旧教畿内保甲》，第1376页，《司马文公集》卷二二，上海古籍出版社，1999年。

2 （清）徐松辑：《宋会要辑稿·方域》第一百八十七册，第7328页，中华书局，1957年。

3 前揭《宋朝诸臣奏议》（上）卷二十四，第235页。

4 前揭《宋朝诸臣奏议》（上）卷二十四，第235页。

图二　衣冠不整，随意倒卧的公职人员

必问京师如何，不同，则以为鄙焉；凡京师之物，其衣服器用，浅深阔狭，必问宫中如何，不同，则以为野焉。”[1]苏辙《上哲宗论帝王之治必先正风俗》曰：“帝王之治，必先正风俗，中人以下皆自勉以为善；风俗一败，中人以下皆自弃而为恶。”[2]游酢《上徽宗论士风之坏》、礼部侍郎张叔夜《上徽宗论士气不振节义不立》皆认为“士气不振，节义不立。众志相扇，惧成风俗”，请求徽宗“留神采听，或下诏丁宁以训饬之，或因事奖进以激励之，则士风可革”[3]。因此，画家十分注意在《清》卷中表现各色人等衣冠服饰的规矩问题。由于日益尖锐的贫富差异，画中百姓衣衫褴褛，特别是官宦、走卒军容不整，还有争道的官员和街头的公职人员歪戴襆头、军卒坐卧于地、街肆上男女勾肩搭背……（图二）如此这般，风俗何正？

3. 商贸侵街问题

汴京城的侵街现象是一个严重的历史问题，司马光说，早在五代后周时期的“大梁城中，民侵街衢为舍，通大车者盖寡”[4]。咸平五年（1002年），右侍禁合门祇候谢德权奉诏先撤侵街的贵要、外戚舍第，他们不从，“群议纷然”，宋真宗诏令停止，“德权面请曰：‘今沮事者皆权豪辈，吝屋室僦资耳，非有它也。臣死不敢奉诏。’上不得已，从之”[5]。百姓占不了官街就占桥梁，构成更严重的社会问题。仁宗天圣三年（1025年）正月，巡护惠民河田承说奏：“河桥上多是开铺贩鬻，妨碍会簟及人马车乘往来，兼损坏桥道，望令禁止，违者重寘其罪。”诏：“在京诸河桥上不得令百姓搭盖铺占栏，有妨车马过往。”[6]景祐元年（1034年），仁宗下诏在京师闹市街道立木桩为

1　前揭《宋朝诸臣奏议》（上）卷二十四，第239页。

2　前揭《宋朝诸臣奏议》（上）卷二十四，第240页。

3　前揭《宋朝诸臣奏议》（上）卷二十四，第241页。

4　（宋）司马光：《资治通鉴》卷二九二，第9532页，中华书局，2011年。

5　（宋）李焘：《续资治通鉴长编》卷五十一，第1114页，真宗咸平五年二月戊辰，中华书局，1992年。

6　前揭《宋会要辑稿·方域》第一百九十二册，第7540页。

图三　权贵的宅院变成了高档邸店

界，任何人不得逾越。然而法不责众，侵街者得陇望蜀，最后在景祐年间（1034～1038年）以默认告终。《宋刑统》卷二六《九律·营造舍宅车服违令门》虽然对侵街者重惩到杖七十，侵街事件在短期内受到遏制，但侵街现象持续了整个北宋，且愈演愈烈，贵要、外戚侵街用地建房是为了开设高档邸店（图三），其中的经济利益可想而知，使得朝廷无从下手。

4. 桥梁安全问题

船桥相撞一直是汴京百姓的心头大患，真宗朝兵部郎中杨侃曾曰："三月南河之廛市，何飞梁之新迁，患横舟之触柱。"[1] 内殿承制魏化基建议采用飞虹样式的拱桥："汴水悍激，多因桥柱坏舟，遂献此桥木式，编木为之，钉贯其中。诏化基与八作司营造。"[2] 当时由于造价太高，天禧元年（1017年）正月，"罢修汴河无脚桥"[3]。但为几十年后建造拱桥奠定了论证基础。画家在图中告知，由于社会管理上的问题，即便建起了无脚桥，也不能避免船桥相撞的事故，桥船的安全问题依旧高悬。

5. 春季禁猎问题

早在建隆二年（961年），宋太祖就有关于春季禁猎的诏令："令民二月至九月无得采捕虫鱼，弹射飞鸟，有司岁申明至。"[4] 又："上封者言：'京城杀禽鸟水族以供食馔，其数甚广，有伤生理，望赐条约。'上曰：'如闻内廷及皇亲诸县市此物者尤众，可令入内，内侍省内东门司严加约束，庶乎自内及外，使民知禁也。'"[5] 画中出行踏青的官家队伍，

---

1 （宋）杨侃：《皇畿赋》，（宋）吕祖谦编：《宋文鉴》卷二，《景印文渊阁四库全书》第1350册，第20页，台湾商务印书馆，1986年。

2 前揭《宋会要辑稿·方域》第一百九十二册，第7540页。

3 前揭《宋会要辑稿·方域》第一百九十二册，第7540页。

4 前揭《续资治通鉴长编》卷二，建隆二年二月，第40页。

5 前揭《续资治通鉴长编》卷七十六。

图四　抗旨出猎的官家士卒

图五　在拱桥上争道的文武官员

回城时公然挑着猎物，依然故我（图四）。宋代的禁猎制度十分严格，今在李迪的《雪中归牧图》轴对幅（日本大和文华馆藏）中的隆冬大雪里，才能见到猎雉者。

6. 官宦出行问题

真宗在大中祥符元年（1008 年）诏曰：“自今文武百官，内廷出入，道路相逢，一准仪制；……”[1] 要求文武官员不论是在内廷还是在路上，都要各行其道，路上相遇，各靠左行。拱桥上的官员争道，一方面是仪制崩塌，另一方面是侵街现象更加剧了秩序的混乱（图五）。

7. 官储粮食问题

在北宋，只要朝廷议政到粮食问题时，一直有朝臣为之力谏，将此比之为社稷兴亡之事，朝廷大多纳之。北宋初年，右知客押衙永城陈有信禀报赵光义：“今市中米贵，官乃定价斗钱七十，商贾闻之，以其不获利，无敢载至京师者，虽富人储物，亦隐匿不粜，是以米益贵，而贫民将忧其馁殍也。”[2] 早在景祐二年（1035 年），御史中丞杜衍敏锐地发现“今豪姓蓄贾乘时贱收，而拙业之人旋致罄竭。及穑事不兴，小有水旱，则稽伏不出，须其翔踊以谋厚利，农民贵籴才充口腹，往复受弊，无复穷已”，于是作《上仁宗乞详定常平制度》：“仍先乞指挥有司，将见行常平仓条贯并臣此札子重别详定，具为条件，务令精密经久为例，并立定逐州军合籴额数，画一开坐闻奏，朝廷更为裁酌颁行。……”[3] 宫殿中侍御史里行的钱颛在熙宁元年（1068 年）的奏本为《上神宗

1　前揭《续资治通鉴长编》卷六十八，大中祥符元年庚申，第 1526 页。

2　前揭《续资治通鉴长编》卷十三，开宝五年七月甲申，第 287 页。

3　前揭《宋朝诸臣奏议》卷一百七，《上仁宗乞详定常平制度》，第 1153 页。

乞天下置社仓》："国之所以为国者，以有民也；民之所以为民者，以有谷也。国无九年之储不谓之有备，家无三年之蓄必谓之不给。有国有家者未始不先于储蓄也。……以臣愚欲乞于天下州县，逐乡村各令依旧置社仓……伏乞指挥下诸路转运祥酌施行。"[1] 时为殿中侍御史上官均在元祐五年（1090年）上书哲宗，要求在民居附近设立义仓，其理由是："贼盗之多，常起于凶岁；凶岁不足，常起于无备。备灾恤患，常平、义仓之社最为良法。……臣欲乞兴复义仓之法，令于村镇有巡检廨舍处建立仓廪，以便敛散。……"[2] 画中漕粮和私藏掌握在"豪民富家"手里，而当下的朝廷却毫无作为。

8. 消防问题

火灾是开封最恐怖的事件，王安石曾描述了开封晚上的一次火灾的势头："青烟散入夜云流，赤焰侵寻上瓦沟。门巷便疑能炙手，比邻何苦却焦头。"[3] 城里着火，皇帝都要登高察看，熙宁七年（1074年），曾作过《潇湘八景》的画家宋迪在内廷任三司判官，"迪一日遣使煮药，而遗火延烧计府，自午至申，焚伤待尽。方火炽，神宗御西角楼以观……"次日，宋迪被"夺官勒停"[4]，他的上司三司使元绛被罢官。徽宗采取最主要的消防举措是建造了火德真君殿，常常率众臣跪拜，禁止有辱火德真君的语言和行为，而实际的消防措施，未见一二。宋徽宗疏于消防，所得到的报应是重和元年（1118年）九月，"掖庭大火，自甲夜达晓，大雨如倾，火益炽，凡爇房屋五千余间，后苑广圣宫及宫人所居几尽，焚死者甚众"[5]。可谓宋代内廷最严重的一起火灾。

9. 重税问题

宋代采取的税赋策略是"轻徭重赋"，其税额远远超过前朝。重税在北宋是一个既严重又敏感的问题，亲民官员的内心对此是十分痛苦的，一些文人只能在诗词中对此叹息，如梅尧臣在浙江建德的《田家乐》中说："谁说田家乐，春税秋未足。"大臣们也只有在大灾之年斗胆进言，像枢密副使包拯、工部侍郎胡则和苏轼等那样敢于向皇帝进谏减免税赋的是很少的事情。以胡则为例，当时的衢州、婺州大灾，胡则要求仁宗免除百姓的身丁钱（即人头税），竟然被朝廷接受了。元祐八年（1093年），苏轼向哲宗上《乞免五谷力胜税钱札子》，要求取消力胜钱："法不税五谷，使丰熟之乡，商贾争籴，以起太贱之价；灾伤之地，舟车辐辏，以压太贵之直。自先王以来，未之有改。而近岁法令始有五谷力胜税钱，使商贾不行，农末皆病。"至徽宗朝，税赋空前高涨，

1 前揭《宋朝诸臣奏议》卷一百七，《上神宗乞天下置社仓》，第1155页。

2 前揭《宋朝诸臣奏议》卷一百七，《上哲宗乞复义仓》，第1159～1160页。

3 （宋）王安石：《安石全集·外厨遗火二绝》，前揭《景印文渊阁四库全书》第1105册，第196页。

4 （宋）魏泰：《东轩笔录》卷五，第53页，中华书局，1983年。

5 （元）脱脱撰：《宋史》卷六十三，第1379页，中华书局，1977年。

图六　商税引起了商户的愤怒

北宋灭亡后，在刘豫那里任伪职的冯长宁、许伯通还谈税色变："宋之季世，税法为民大蠹。……至有田产已尽而税籍犹在者，监锢拘囚，至于卖妻鬻子、死徙而后已。"[1] 南宋朱熹总结了宋朝的税制："古者刻剥之法，本朝皆备，所以有靖康之乱。"[2] 可谓一语中的。这在《清》卷中，才有了城门内纺织品纳税者惊恐不已的画面（图六）。

上述诸多问题，前朝没有解决的如侵街、重税、城防等问题，到了徽宗朝则愈演愈烈，以往基本解决了的如消防、储备官粮等问题，则故态复萌。张择端作为宫廷画家，多少会知道一些往年朝臣上奏而未解决的问题，特别是徽宗朝的诸多社会问题。从图中所呈现出的一系列社会问题与朝臣奏文的一致性来看，说明画家的社会关注点与朝臣是一致的，也是相当准确和深刻的。他面对北宋末年社会出现的种种恶俗，作为一个受儒家入世思想熏陶出来的宫廷画家，会借奉敕作画之机以曲谏的手法显现出他对社会的担当精神。可以说，张择端目睹了北宋后期的兴盛与危机，特别是朝政的失政之处，成为他绘制该图的生活素材。

（三）谏言手段

北宋的谏言方式，越往后越激烈，参与者也越来越多，不仅有朝官谏上，而且还有杂剧家、画家等艺术家参与谏言，这就出现了从开始的书面谏言的形式扩展到以文学艺术的形式进谏，即从"文谏"发展为"画谏""艺谏"和"诗谏"等艺术形式。随着北宋后期社会矛盾不断尖锐，文学艺术家更加大胆、直接地参与抨击时政的言论，表达了民怨，其中最大的艺术特性就是增强了暗讽的艺术手段。

1　（宋）李心传:《建炎以来系年要录》卷六五，绍兴三年五月乙巳引《伪齐录》，第1105页，中华书局，1956年。

2　（宋）黎靖德：《朱子语类》卷一一〇，第2708页，中华书局，1986年。

由于宋太祖采取鼓励文人谏言的政治措施，关注社会现实和朝廷政治是宋代画家较为普遍的创作趋向，在北宋神宗朝出现了郑侠借用绘画艺术抗击王安石的变法活动[1]，首开“文谏”与“画谏”相结合之法。宋神宗任用王安石推行新法，引起守旧派的强烈不满。熙宁六年（1073年）七月至第二年三月，天大旱，颗粒无收，而推行新法的地方官继续横征暴敛，很多百姓倾家荡产，以草根、树皮充饥。属于旧党的安上门监守、光州司法参军郑侠差遣画工李荣作《流民图》，奏报给宋神宗，以此来证明王安石变法之弊，要求废止新法。神宗见到《流民图》中百姓的冻饿情景，心中震撼不已，不得不废除了一些新法。后来，新党派吕惠卿、邓绾等人向神宗陈述实情，神宗继续变法，郑侠被贬至英州。

作为画家，是不便于公开卷入朝廷党争，只能在暗中借绘画有所寄寓的，如画家汤子升作《铸鉴图》，《宣和画谱》深感此图的画外寓意：“至理所寓，妙与造化相参，非徒为丹青而已者。”[2]又如哲宗朝（一作英宗朝）驸马都尉张敦礼，他的《陈元达锁谏图》被汤垕称为“其忠义之气突出缣素”[3]，成为被宋代画家们反复表现的忠臣题材。元代汤垕就劝诫类的绘画发出切身感受：“画之为艺虽小，至于使人鉴恶劝善，耸人视听，为补岂可侪于众工哉！”[4]张敦礼还曾作《阮孚腊屐图》[5]等，均被元代汤垕记录在《画鉴》里[6]，他曾在江南见到前者，又在大都（今北京）赏阅后者。

崇宁（1102～1106年）初年，徽宗在全国对老弱孤寡者实行救济措施，宫廷杂剧出现了“艺谏”的形式，剧作家和演员们敢于以上演杂剧的手段当面讽谏徽宗及其宠臣们的“德政”，在表现三教杂剧中就有讽词：“死者人所不免，惟穷民无所归，则择空隙地为漏泽园，无以殓则与之棺，使之埋葬，恩及泉壤，其于死也如此。”说罢，总结道：“只是百姓一般受无量苦。”深刻、辛辣地暗讽了徽宗引以为“德政”的汴京安济坊等养老院院内的种种惨状，徽宗的恩泽只是滋润了坟地，徽宗听了“为之恻然长思，弗以为罪”[7]。又如崇宁三年（1104年），物价初涨，蔡京下令铸三钱重的大钱，

1　有关郑侠呈《流民图》的研究，参见［美］曹星原《同舟共济——〈清明上河图〉与北宋社会的冲突妥协》，第160～170页，台北石头出版股份有限公司，2011年。

2　北宋《宣和画谱》卷七，第74页，《画史丛书（二）》，上海人民美术出版社，1986年。

3　（元）汤垕：《画鉴》，《元代书画论》，第379页，湖南美术出版社，2002年。“陈元达锁谏”典出《晋书·刘聪》：刘聪欲建豪华宫殿，廷尉陈元达谏阻，刘聪欲斩杀陈元达，陈元达把自己锁在树旁将谏言说完，禁军无法驱赶，刘聪听罢从谏。

4　前揭《画鉴》，《元代书画论》，第379页。

5　“阮孚腊屐”典出《世说新语·雅量》：东晋安东将军阮孚（约278～约326年）和祖约都喜欢木屐，祖约是将此作为收藏财富而忙碌，怕被人见。阮孚则将木屐与人生相联系，有客临门，他神闲气定，在给木屐上腊，自曰：“未知一生当著几量屐！”两人的境界大为不同。

6　前揭《画鉴》，《元代书画论》，第379页。

7　（宋）洪迈：《夷坚志》支志乙卷第四《优伶箴戏》，第823页，中华书局，1981年。

即“当十钱”。这使得百姓在市易中常常因无法找零而面临尴尬。在一次宫宴上，艺人们以此为素材为徽宗上演了杂剧《当十钱》，剧中，一顾客喝了小贩的一碗豆浆，付了一枚“当十钱”，等着找回九个钱，小贩十分抱歉：“我刚开张，没有零钱，你多喝几碗吧！”顾客不得不连喝了五六碗，最后鼓腹曰：“我实在喝不下去了，这不过是个‘当十钱’，要是相爷再改成‘当百钱’，这可怎么得了哇！”引得满堂哄笑，迫使徽宗下诏罢铸“当十钱”[1]，改铸小平钱。

在徽宗周围的文人中，也屡屡写出具有讽刺意味的诗文，即“诗谏”。如太学生邓肃呈诗《花石纲诗十一章并序》，诗谏徽宗收罗花石纲建艮岳：“饱食官吏不深思，务求新巧日孳孳；不知均是圃中物，迁远而近盖其私。”[2]又有著作佐郎汪藻面对“教主道君皇帝”宋徽宗崇道求仙的行为，在《桃源行》里讽谏道：“祖龙门外神传壁，方士犹言仙可得。东行欲与羡门亲，咫尺蓬莱沧海隔。那知平地有青云，只属寻常避世人……何事区区汉天子，种桃辛苦求长年！”[3]徽宗的确信守当初的诺言，并不追究这类讽谏者，他偶尔还能听取一点儿谏言，这在客观上鼓励和助长了北宋末的谏风。

张择端客观展现了北宋开封城兴旺发达的社会生活，同时也揭示了一些基本的社会问题，特别是以造型语言讽刺了贪饮、懒惰的官军和文官武将争道的丑态以及卷尾出现专治酒伤的诊所等，曲谏比直谏更为深刻、更具有内力，艺谏比文谏更生动、更具有感染力。《清》卷中的讽谏因素绝不是孤立的，是徽宗朝戏剧和文学通行的表现手法，这是当时较为宽松的政治环境所默认的，从侧面体现了北宋朝政对艺术创作的开放程度。

（四）北宋文人的忧患意识

在北宋，面临着从北方到西南游牧民族的环形袭扰，特别是辽金强敌先后逼近，维护农耕文明特别是民族存亡的问题已远远超出了个人的荣辱，欧阳修、苏轼、王安石等6位政治家、文学家在北宋发起了比唐代规模更大的古文运动，他们越过党派，延续到弟子辈，继承唐代韩愈“文道合一”“文以载道”的文学思想，在思想上和创作题材上深受唐代杜甫的思想影响，关注社会下层，关注社会矛盾，他的一句“国破山河在，城春草木深。感时花溅泪，恨别鸟惊心”让北宋的文人雅士们“见之而泣，闻之而悲，时则可知也”[4]。杜甫老到、凝重、苦涩的诗风，熏染出一代代忧国忧民的诗人。

1 事见（宋）曾敏行《独醒杂志》卷九，前揭《景印文渊阁四库全书》第1039册，第578～579页。

2 （宋）邓肃：《栟榈文集》卷一，前揭《景印文渊阁四库全书》第1133册，第262页。

3 （清）厉鹗：《宋诗纪事》卷三十六，前揭《景印文渊阁四库全书》第1484册，第702页。

4 （宋）司马光：《续诗话》，前揭《景印文渊阁四库全书》第1478册，第101页。

与前朝不同的是，五代士人大多悲戚的是个人的前途和命运，元代文人如赵孟頫、倪瓒等亦是如此。宋人的忧患意识强调的是建立在民族基础上对社会、国运、民众的牵挂和期盼，是“不以物喜，不以己悲”。“唐宋八大家”中北宋文人们的忧患文学极大地影响了朝野，大大削弱了宋初宫中西昆派的影响，杨亿、刘筠等专以华词丽藻歌功颂德的西昆体只流行于内廷，在绘画上，与西昆体艺术格调相类似的是徽宗主持的工笔花鸟画《宣和睿览》册，主要流行于宫内。

因此，针砭社会现实，关注国事民生，成为北宋文学讨论的核心问题，怨诗愤文恰似野藤长蔓，布满朝野。文学史上表现忧患意识的名篇佳句大多出现在宋朝，北宋的大半部文学笼罩在忧患的气氛之中，这是历史的必然。

最著名的是范仲淹（989 ~ 1052 年）作于庆历六年（1046 年）的名篇《岳阳楼记》，其中“先天下之忧而忧，后天下之乐而乐”等名句催发了文人心中的忧患之树。欧阳修继承范公的忧患意识，在《五代史伶官传序》中以后唐庄宗李存勖之兴亡为例，提出“忧劳可以兴国，逸豫可以亡身”的治国思想，在《食糟民》里把“釜无糜粥度冬春”的困民与“日饮官酒诚可乐”的贪官进行了鲜明的对比，激发人们对社会不公的愤懑之情。王安石在《河北民》中哀鸣道：“悲愁白日天地昏，路旁过者无颜色。……”正是因为他目睹了种种社会弊病，才激发了他的变法之志。苏舜钦（1008 ~ 1048 年）的一首《庆州败》，道出了败亡的根本原因是朝廷用人失当和军队腐败，最后发出的哀叹是“地机不见欲侥胜，羞辱中国堪伤悲”！他的诗作《吴越大旱》、《城南感怀呈永叔》等揭示了百姓“当路横尸”的最后命运。特别是梅尧臣以杜甫的情感苦吟出《汝坟贫女》，泣诉了贫女一家的悲惨命运，他的《陶者》对比了当时十分尖锐的贫富悬殊现象：“陶尽门前土，屋上无片瓦。十指不沾泥，鳞鳞居大厦。”苏轼有名句“人生识字忧患始”，多次抨击当时沉重的税赋，他在《策略第一》中要求皇帝不要被当下表面繁华的社会所迷惑：“天下有治平之名，而无治平之实；有可忧之势，而无可忧之形。”他还有大量的诗篇，如《吴中归田叹》、《汤村开运盐河雨中督役》等，均哀叹百姓艰辛无比的生活景象。其弟子张耒在《送秦观从苏杭州为学序》中提出文章应“发大议，定大策，开人之所难惑，内足以正君，外可以训民”。宋代文人忧患意识的高度和深度都达到了历史上的空前，他们将忧国忧民的思想充分体现在谏言和奏本里，使之更具有感染力，杜甫悲情诗歌沉厚、抑郁、愤懑的艺术情怀必然会影响到张择端的创作思绪、思路和思想。

北宋后期的朝野，忧患意识愈加弥漫。文人士大夫目睹着范仲淹的“庆历新政”和王安石变法相继失败、旧党被废黜，而童贯、蔡京、朱勔等“京师六贼”却颇得徽宗的宠爱，贫富对立的现象和亡国危机日益凸现，一种怨愤的情绪蔓延全社会，形成了百姓仇官、清官仇贪的愤懑之情。在浸透了杜甫现实主义思想的北宋文坛中，张择端绝不会熟视无睹。

以张择端简朴清俊的绘画风格为依据，他所受到的影响决非西昆体的审美思想，关注国家社稷的他，其风格路线显然是受到“唐宋八大家”中北宋诸家清俊文风的影响，特别是他们忧患天下的创作氛围，浸润在儒家思想中的张择端必定会受到深深的精神感触和艺术感染，张择端画中对众多百姓的哀怜和对腐败社会的揭露，与杜甫的诗歌相比，可谓有异曲同工之妙。

三　徽宗的态度和《清》卷的缘起

在宋太祖“文治”思想的影响下，北宋相继建立和健全了一整套文化艺术机构，如宋太宗在雍熙元年（984年）设立了翰林图画院，建秘阁藏图文、典籍，北宋政府编纂了一系列大型类书如《太平广记》、《太平御览》、《文苑英华》等，至北宋末的徽宗朝，进一步完善了宫廷艺术机构的设置和管理。

徽宗一方面实行文化专制，另一方面则大力培植文化艺术人才。他在崇宁年间兴办了书、画、算、医四学，时称“四学”，其画学是为培养报考翰林图画院的人才，相当于皇家学校。徽宗直接谕旨翰林图画院的招考事宜，他常以诗句为题招考取士，许多画题与风俗有关，要求学子们曲尽其意、遐想无限，形成了宫廷画家提高文学修养、工于巧思的创作风气，他排斥的是那种平铺直叙、图解式的绘画构思。《清》卷的功力和笔韵恰恰是徽宗肯定的绘画类型：“笔意简全，不模仿古人而尽物之情态形色，俱若自然，意高韵古为上。”[1]《清》卷在构思上还有许多值得徽宗称道的“藏意”，如卷首画送炭驮队，暗示乍暖还寒的气候；又如不直接画上坟祭祀的人物，而画踏青的人群和街上出售的纸马，寓示清明节的到来；画中大量私家粮船的涌入，暗喻官粮危机即将到来（图七）；再如域外骆驼队穿城而过，画家将中间的几只骆驼藏在城门里，显得驼队长而不冗（图八），还有那结尾的“三问”中深藏着的忧患之思[2]……张择端不厌其烦地展现街头巷尾的各种生活细节，徽宗少时就喜好混迹于市，寻找稀罕之物，这在客观上也满足了徽宗的猎奇心理。徽宗为该图书写题签，这在当时是颇为罕见的，可以肯定的是，宋徽宗在“情态形色”和“意韵”等形式方面赏爱《清》卷，张择端的写实技能更符合徽宗的审美规定。

宋徽宗是一个充满了宗教热情的君王，尤其是对道教的崇信程度，将其视为护国之道。但是，张择端在图中没有表现出对宗教的热情，更没有丝毫的道教气息，甚至没有画一座道观，只是客观地描绘了几个和尚和道士以及在边角处一个冷清的寺院，

1　（宋）赵彦卫：《云麓漫抄》卷二，第28页，中华书局，1996年。

2　画家以“三问”结尾，即问诊（赵太丞家诊所内有两妇人求药问药）、问道（诊所旁有乡民进城问道）、问命（解字牌下有众多学子考前算命）均聚合在此，绝非巧合。画家对表面繁华的社会暴露出的诸多弊端，不禁生出前途莫测之感和忧患之思。

图七　满载私粮的漕船纷纷涌进汴京城郊

图八　经过艺术处理的域外驼队

这些是徽宗所不乐见的。以宋徽宗雅好的绘画主题就不难得知他不喜欢《清》卷的缘由，徽宗注重绘画“粉饰大化，文明天下，亦所以观众目，协和气焉”[1]的政治功用，“绘事之妙，多寓兴于此，与诗人相表里焉”[2]。恰如邓椿所云：“诸福之物，可致之祥。”[3]徽宗十分注重画中要有寓意和内涵，在他的御画、御题画里均含有鲜明的祥瑞主题，如他的《瑞鹤图》卷 1（辽宁省博物馆藏）描绘了端门上空出现了 20 只丹顶鹤[4]（图九）、《祥龙石图》卷（故宫博物院藏）表现了龙形湖石上长出的瑞草等诸多吉兆。这些属于祥瑞的绘画集成 15 册、共 1.5 万页的《宣和睿览》册。徽宗对自己的艺术要求和对宫廷画家的引导，必然会影响到他对《清》卷的态度。

在构思、立意方面，《清》卷完全属于徽宗的审美体系，使这位皇帝一眼就能看懂、读透《清》卷的曲谏之意，但他决不会欣赏画中描绘的诸多失政内容，这将妨碍他实现丰亨豫大、坐享天下的理想，图中没有任何祥瑞之物或吉祥寓意，尽是不祥之兆，

1　前揭《宣和画谱》卷十五，第 163 页。

2　前揭《宣和画谱》卷十五，第 163 页。

3　（宋）邓椿：《画继》卷一，第 2 页，人民美术出版社，1963 年。

4　是时，徽宗有皇子二十。

图九 《瑞鹤图》卷（辽宁省博物馆藏）

大触霉头，其笔墨基调缺乏明亮之感，因而他不久就赏赐给了向太后的弟弟向宗回。由于徽宗先有“不加罪”之承诺，故张择端不会受到责难。

不少学者提出一个疑问：两件被《向氏评论图画记》视为“神品”的佳作为何不被《宣和画谱》著录？明代陆完在《清》卷跋文里早就下了结论，认为是张择端因受苏、黄的牵累，被蔡京所忌恨，故剔出了《宣和画谱》。这个说法并不为今人所接受，不过，陆完注意联系当时的历史背景还是可贵的。其实原因很简单：徽宗在编撰《宣和画谱》之前就将《清》卷送出宫外，更重要的主观原因就是《宣和画谱》不满于北宋中后期的界画，据《宣和画谱》所载录的画家来看，很少收录宣和年间的画家，特别是对擅画宫室的画家，要求更高，因为“画学之业，曰佛道，曰人物，曰山水，曰鸟兽，曰花竹，曰屋木”[1]，界画被置于“画学”之末，《宣和画谱》卷八专有《宫室叙论》，感叹图绘宫室之难，在于要在规矩之中表现出神韵：“画者取此而备之形容，岂徒为台榭户牖之壮观者哉，虽一点一笔，必求诸绳矩，比他画为难工……”[2]历数晋代至宋代长于界画者，五代唯有卫贤，宋朝只有郭忠恕，故将他列为“高古者”，“后之如王瓘、燕文贵、王士元等辈，故可以皂隶处，因不载之谱”[3]。因此，《宣和画谱》不可能著录《清》卷，更不会提到张择端，这也许是张择端的声名被埋没的原因之一。

就《清》卷而言，从构思、构图到起稿、定稿，再到最后完成，如果进程顺利的话，仅完成正稿就需要大半年的时间，张择端作为翰林图画院的御用画家，须时刻听候圣旨，不可能有这么多自由支配的绘画时间。有史为证：京师人戴琬在政和至宣和年间（1111～1125年）供奉于翰林图画院时，求其画者甚众，徽宗闻之，“封其臂不令私画，故传世者鲜”[4]。徽宗诏令御用画家按御题作画，文献中多有记载。因此，除了徽宗的

1 前揭《宋史》卷一百五十七《选举三》，第3688页。

2 前揭《宣和画谱》卷八《宫室叙论》，第81页。

3 前揭《宣和画谱》卷八《宫室叙论》，第81页。

4 （元）夏文彦：《图绘宝鉴》卷三，第88页。

诏令之外，尤其是如此耗时费力的长篇巨制《清》卷及其姊妹篇《西湖争标图》卷，更不会受他人之嘱而绘。

当今看《清》卷，觉得很有欣赏价值，那是因为距离产生了艺术的美感，其实画中有许多景象在当时是没有审美特性的。如果当下某位画家按照《清》卷的构思去表现社会上的负面场景，如画一辆汽车因刹车失灵撞到集市里去了，又一辆双层公共汽车即将撞上限高的立交桥，消防车变成了售货车，满街都是占道经营，造成交通堵塞、险象环生的局面，而公职人员却个个擅离职守，国门洞开，粮食安全出现问题……尽管画中的街肆豪华、商贸繁荣，但有谁会欣赏它呢？所以张择端画完《清》卷后呈给宋徽宗，宋徽宗是不可能喜欢画中表现内容的。除了徽宗之外，古代还有一人看破了《清》卷的画意，那就是明代邵宝，其字国贤，号二泉，无锡（今属江苏）人，亦雅好收藏，成化年间（1465 ~ 1487 年）进士，官南京礼部尚书。邵宝经过他反复展阅《清》卷，针对前人的“太平盛时观”，就该图的画意提出了相反的意见，邵氏认为画中的种种情节是“触于目而警于心”，画家“以不言之意而绘为图”。遗憾的是，《清》卷后的邵宝跋文被明末人裁去，以至于他的观点被埋没了。

张择端充满了善意，以作画曲谏的方式向徽宗告诫种种社会危机和国家隐患，以求挽回败政。遗憾的是，徽宗已经深深地陷入了蔡京、童贯给他设计的“丰亨豫大”的物质享受和虚幻的道教生活之中，这位讲求精绘祥瑞和吉兆的皇帝画家对该图的思想内涵是不会感兴趣的，对徽宗来说，反差极大的《清》卷真可谓是一帧“盛世危图”，他不可能从中获得教益，只在卷首题签后将该图赏赐给外戚向宗回。

结语

北宋的台鉴制度特别是徽宗的纳谏诏令继续维系着文官政治，文人们怀着日益深重的忧患意识以文谏、艺谏等形式纷纷陈辞除弊，他们所表述的谏言内容与《清》卷表现的诸多社会弊病多有重叠，这就是产生《清》卷的政治环境和《清》卷缘起的内在原因。张择端关注国家安危的政治态度、崇儒远佛道的宗教心理和远离娱乐的思想特性以及悲天悯人的忧患意识和现实主义的创作态度，交织成创作《清》卷的动力。这件在北宋获得最高称誉的“神品”之作，的确得到徽宗的艺术肯定，但是徽宗不愿意看到画中一个个如同谶语般的告诫，只得转赠外戚，他又错过了历史给予他的一次机会。

本文节选自《隐忧与曲谏——〈清明上河图〉解码录》，北京大学出版社，2015 年

宋代题跋书法研究

张　彬

内容提要：以往的题跋研究较多从题跋书籍和文献入手，本文重点引用宋代存世题跋书迹，并按类（金石类题跋、书法碑帖类题跋、绘画类题跋等）划分，结合宋人题跋类著录书，论证题跋作为一种独特的书法形式在书画中所起的重要作用和应有的艺术地位。从艺术角度看，有些题跋作为珍品存世毫不过分；从史学角度看，有些题跋起到证史补缺作用，是重要的文献资料。所以，宋代题跋书法在中国古代书画的传承与发展上，有不可低估的作用。

关键词：宋代题跋　书法

题跋一般是指在书画、碑帖、金石、钟鼎拓片等前后或上面题记的文字，从题名而来，表述了对前贤或同时人作品的观后感想，也有对自己作品的记述。它在中国艺术史上占有非常重要的地位。在书画领域，题跋可算作一个不可缺失的组成部分，有时它与书画融为一体，起到相互映衬的作用；有时它在书画本身缺失的情况下，又起到重要的补证说明作用。题跋萌芽于六朝时期，至今我们仍可在存世的书法墨迹上见到六朝人的题名。如：藏于辽宁省博物馆的《曹娥碑》后就有六朝人满骞、怀充、曾权的题名。到唐朝，题跋的数量虽增多，但书迹较为简短。如：柳公权跋王献之《送梨帖》也仅是寥寥数字[1]。只有到了宋代题跋才臻于极盛，这与宋人在诗、书、画领域取得的巨大成就不无关联。所以说"题跋一派，惟宋人当家"[2]。清王士祯也说"宋人工于题跋"[3]。可见宋人题跋在历代题跋中的地位，无论从自身的艺术性，还是从

作者：书画部，副研究馆员。

1 《三希堂法帖》卷一王献之《送梨帖》后柳公权跋："因太宗书卷首见此两行十字，遂连此卷末。若珠还合浦、剑入延平。大和二年三月十日司封员外郎柳公权记。"

2 《〈津逮秘书·容斋题跋〉跋》中记明毛晋评语。

3 （清）王士祯：《带经堂诗话》卷十。

证史补缺的角度看，都是非常重要的。因为有些宋人并无书法作品存世，但有题跋，甚至是唯一的题跋，这些题跋若单独起来就是一件书法作品。这些题跋的作者既有书法家、画家，又有金石学家，还有鉴定家、收藏家等；他们的题跋有自跋，也有题跋他人的作品。以往的题跋研究较多从题跋书籍和文献入手，本文重点引用宋代存世题跋书迹，并按类（金石类题跋、书法碑帖类题跋、绘画类题跋等）划分，结合宋人题跋类著录书，论证题跋作为一种独特的书法形式在书画中所起的重要作用和应有的艺术地位。

一 金石类题跋

宋代金石类题跋的代表人物当属欧阳修与赵明诚。欧阳修（1007～1072年），吉州庐陵（今江西吉安）人，字永叔，号醉翁，晚号六一居士。宋仁宗天圣八年（1030年）进士。嘉祐五年（1060年），拜枢密副使。次年任参知政事。以后，又相继任刑部尚书、兵部尚书等职。熙宁四年（1071年）六月，以太子少师的身份辞职，居颍州。卒谥文忠。欧阳修一生博览群书，以文章冠天下。他文史兼通，造诣很深，对宋代文风的改革颇有贡献，名列唐宋古文八大家之一。欧阳修在史学方面也很有成就，编撰《五代史记》（《新五代史》），并与宋祁等修《唐书》（《新唐书》）。欧阳修还是一位金石收藏学的先驱开拓者，据《宋史》等古书记载，欧阳修以公职之便，广泛观览公私所藏的金石遗文，依此编写了《集古录》十卷。这是今存最早的金石学著作。《集古录》收录了上千件金石器物，所收集器物，上自周穆王，下至隋唐五代，内容极为广泛。断简残编，掇拾异同，随得随录，不依时代编次，编辑和整理金石遗文上千卷，并撰写成《集古录跋尾》十卷400多篇，其中金文跋20余篇，其他绝大部分为石刻跋尾。《集古录跋尾》原10卷，现仅存文稿四纸，台北故宫博物院收藏。成于北宋嘉祐八年。纸本，纵27.2厘米，横171.2厘米。凡58行，每行字数不一，共792字。《集古录跋尾》通篇笔势险劲，敦厚中见凌厉，很明显其书风受颜真卿影响较深。诚如东坡赞曰：笔势险劲，字体新丽。欧阳修学书十分勤奋，曾单日学草书，又日学真书。他提出作字要熟的观点，这在《集古录跋尾》中表现出来。此四纸文稿的意义在于证明了《集古录》的曾经存在，《集古录》作为金石学的开篇对当时及后世影响深远，北宋赵明诚《金石录》的体例就是仿照欧阳修的《集古录》而来。

赵明诚（1081～1129年），字德甫（又作德父），密州诸城（今山东诸城）人，宋徽宗崇宁年间宰相赵挺之之第三子。著名金石学家、文物收藏家。赵明诚21岁尚在太学读书时，与李清照结婚。崇宁四年（1105年）十月授鸿胪少卿。大观元年（1107年）三月，赵挺之去世，遭蔡京诬陷，被追夺赠官。宋高宗建炎元年（1127年）起知江宁府。三年（1129年）移知湖州，未赴，病逝于建康。赵明诚致力于金石之学，可谓幼而好之，终生不渝。他曾自谓："余自少小喜从当世学士大夫访问前代金石刻词。"[1] 与李清照结婚后，对金石学志趣更是有增无减，日趋痴迷，有"尽天下古文奇字之志"[2]。从大观二年（1108 年）至宣和三年（1121 年），赵明诚曾四游仰天山，三访灵岩寺，一登泰山顶。或题名，或拓片，获得了大量的碑文资料。经过多年的亲访广集，在李清照帮助下，赵明诚完成了《金石录》的写作。这是一部继欧阳修《集古录》之后，规模更大、更有价值的研究金石之学的专著。著录所藏金石拓本，上起三代，下及隋唐五代，共 2000 种。《金石录》共 30 卷，前 10 卷为目录，按时代顺序编排；后 20 卷就所见钟鼎彝器铭文款识和碑铭墓志石刻文字，加以辨证考据，对两《唐书》多作订正，是研究古代金石碑刻必资之书。

二　书法、碑帖类题跋

在宋人题跋前贤的书法墨迹中，米氏父子留给后人的印象最为深刻，最著名、最有创意者当是米芾的"跋尾书"。米芾与其子米友仁世称"二米"，或"大小米"，为我国宋代著名书画家。米芾在书画方面有着殊人的才华，与苏轼、黄庭坚、蔡襄，书法史称"宋四大家"。米芾（1051 ~ 1107 年），初名黻，41 岁始用芾字，字元章，号襄阳漫士、海岳外史等。曾官礼部员外郎，世称"米南宫"。

米芾生平书法多作行草，苏轼赞曰"风樯阵马，沉着痛快，当与钟、王并行"；黄庭坚赞曰"如快剑斫阵，强弩射潜力……书家笔势，亦穷于此"；楷书甚少见，唯题于家藏真迹之后，不写与人，自称为"跋尾书"。他自赞道：吾书小字行书，有如大字。唯家藏真迹跋尾，间或有之。不以与求书者。心既贮之，随意落笔，皆得自然，备其古雅。米芾"慕褚而学最久"，最欣赏褚的小字行书，在唐代的大家中，褚氏用笔最富变化，结体也极为生动。现在流传的米芾的书法只有《向太后挽词》是小字行书，大概与"跋尾书"相仿。而明摹兰亭拓本后米芾《小行楷书兰亭序跋赞卷》[3] 就是典型的米芾自己命名的"跋尾书"。除此以外，米芾还有行楷书《破羌帖跋赞》卷，这也属于"跋尾书"。王羲之《破羌帖》又名《王略帖》，米芾因得此帖与谢安《八月五日帖》、王献之《十二月割帖》而命其斋曰"宝晋斋"。《破羌帖》今已无存，此跋赞卷幸留人间，卷后王懿荣、端方有详细考证[4]。

米友仁（1086 ~ 1165 年，一作 1074 ~ 1153 年），字元晖，一字尹仁，小名寅哥、鳌鳌儿、虎儿，自称懒拙老人。仕至兵部侍郎、敷文阁直学士。工书擅画，承其父法，

1 （宋）赵明诚：《金石录》序。

2 （宋）李清照：《金石录后序》。

3 此卷现藏于故宫博物院，经《装馀偶记》、《过云楼书画记》著录。

4 此卷清光绪年间为王西泉在北京琉璃厂铺中买到，辗转归袁励准，后被故宫博物院购得。

稍加己意，略有所变。书法长草隶。他和其父米芾均为收藏家、鉴赏家。其山水画常自题“墨戏”二字。现存传世作品有《潇湘奇观图》、《云山得意》、《大姚村图》等。米友仁的题跋既有书跋，也有画跋；有跋别人之作，亦有自跋。我们这里先看看书跋，最著名的书跋就是跋隋人《出师颂》。

《出师颂》作为流传有绪的章草墨迹曾留存有两本，一为此“绍兴本”，一为“宣和本”。现存世《出师颂》为绍兴本，无名款。将其定为隋人书《出师颂》，这与米友仁的题跋有极大关系。后纸宋米友仁跋：“右出师颂，隋贤书，绍兴九年四月七日，臣米友仁审定”。此书属较典型的早期章草书体，“蚕头凤尾”带有隶书遗痕，“银钩虿尾”具草书特征，整体书风规整而不失变化，劲健中见自然飞动之势，古朴又典雅，是六朝以来创立规范章草的传统体貌，与隋智永《真草千字文》中的草体大致相近。所以，米友仁定为“隋贤书”是有根据的。这在徐邦达先生的《古书画过眼要录》中有详细考证。隋人《出师颂》流传情况大致是：唐代经太平公主、李约、王涯先后鉴藏；南宋绍兴年间入内府；明归王世懋；清初由安岐收藏，后入乾隆内府并刻入《三希堂法帖》；民国十一年十一月初九日，溥仪以赏赐溥杰的名义携出宫外，1945 年后散落民间；2003 年由故宫博物院购回。

米友仁的书跋还见有：跋米芾《行书苕溪诗》[1]、跋《文彦博三札卷》。文彦博（1006 ～ 1097 年），字宽夫，北宋汾州介休（今属山西）人。北宋著名政治家，历仕四朝，任将相五十年，为当时重臣。据米友仁跋，知其对书法也“极留心”[2]。这段跋同时也反映出米友仁作为一个鉴赏家的书法审美眼光，我们可以据他的题跋与文彦博存世墨迹相互对照，对文彦博书法特征作出正确判断。颜真卿《楷书竹山堂联句》、杨凝式《行草书神仙起居法》后也有米友仁鉴定恭跋，二帖均藏于故宫博物院。

《文彦博三札卷》米友仁题跋后还有一段重要题跋，即收藏家向水跋《文彦博三札卷》。内容如下：“公之勋德，举天下孰不仰而敬之。公之字法则天下之的未闻。非未之闻也，兵火残烬之余，十真九伪，识者稀有，盖公真迹益艰得而见矣。此三札旧藏许仲谋家，观元晖之跋，在永平时好事者已保而珍之，况今之日耶！然非元晖之明，则曷知公之于草法极留心也哉。尤当啬于袭室而靳诸俗眼，期百世之传云。庆元戊午元日，松林居士向水若冰甫，书于月河别止之冰斋。”向水，字若冰，号水斋，是宋代的一位书画鉴赏、收藏家。他的书法也颇具功力。此段题跋，俨然黄庭坚书法之风貌，是向氏书宗山谷的证明。向氏所藏书画，还有宋李成的《茂林远岫图》（辽宁省博物馆藏）、蔡襄的《自书诗册》（故宫博物院藏）、黄庭坚的《松风阁诗卷》（台北故宫博物院藏）。

---

1 （宋）米芾《行书苕溪诗》藏于故宫博物院，后纸米友仁跋云：“右呈诸友等诗先臣芾真迹。臣米友仁鉴定恭跋”。

2 《文彦博三札卷》藏于故宫博物院，米友仁跋云：“潞公于草法极留心，家中旧亦藏数纸，今不复有。忽观此书，想见其功业之伟搢绅先觉馀韵灿然在目，足可叹赏。米友仁元晖跋。”

向家在宋三世好古，收藏甚富，其家所蓄后为贾似道豪取。

宋人在诗、文、书、画等多方面都有巨大的成就，就书法而言，苏、黄、米、蔡可以为代表。就宋代题跋，以苏、黄的成就最高、影响最大。“凡人物、书画，一经二老题跋，非雷非霆而千载震惊，似乎莫可伯仲”[1]。林逋《行书自书诗卷》[2]后就附有苏轼七言长诗一首，自题“书和靖林逋处士诗后，苏轼”。林逋（967 ~ 1028 年），字君复，北宋杭州钱塘（今浙江杭州）人，隐居于杭州西湖孤山，为宋代著名诗人。《行书自书诗》卷是林逋存世的唯一长篇巨制，有“瘦鹤孤高之趣”。苏轼诗中赞誉了林逋的隐士高风和独有的诗书艺术韵致。黄庭坚《行楷书题王诜诗帖》页[3]，写得中规中矩，几乎不见黄山谷他书中的欹侧、纵横、飞动之势。此 4 行跋文，词句浅显得近乎直白，但字里行间深露出对王诜诗才的钦佩之情。末款“庭坚”略小于正文，似显局促，以致乾隆帝判断不清，将其与苏轼、蔡襄三跋皆定为伪迹。实为苏、黄二跋真，蔡跋伪。提到苏轼就要讲到他的表兄弟文同。文同，字与可，号笑笑居士，四川梓潼人。以学名世，擅诗文书画，尤以墨竹著称，是湖州竹派肇始人。深为文彦博、司马光等人赞许，更为苏轼敬重。宋人晁补之云：“与可画竹时，胸中有成竹。”这就是成语“胸有成竹”的出处。文同有《墨竹图》存世，现藏于台北故宫博物院。书迹仅见范仲淹《楷书道服赞》[4]后一段行书题跋，跋云：“希道比部借示文正词笔观观，若侍其人左右，令人既喜而且凛然也。熙宁壬子孟夏丙寅陵阳守居平云阁题，石室文同与可”。此跋虽短短6行，确是文同存世的唯一书迹，证明了文同除擅画墨竹外，也是能写书法的，对于研究其书法风格有重要意义。

宋人中的碑帖鉴定家有周必大、尤袤等人，尤袤（1124 ~ 1194 年），字延之，南宋常州无锡（今属江苏）人。尤袤擅诗，被称为“南宋四大家”之一，他既是碑帖鉴定家，又是版本目录学家，著有中国最早的版本目录《遂初堂书目》。尤袤《行书兰亭序跋》[5]

---

1 《〈津逮秘书·东坡题跋〉跋》。

2 此卷藏于故宫博物院，诗文如下：“书和靖林逋处士诗后，苏轼。吴侬生长湖山曲，呼吸湖光饮山绿。不论世外隐君子，傭儿贩妇皆由俗。我不识君曾梦见，眸子瞭然光可烛。遗篇妙字处处有，步绕西湖看不足。诗如东野不言寒，书似留台差少肉。平生高节已难继，将死微言犹可录。自言不做封禅书，更肯悲吟白头曲（有小字注，略去）。我笑吴人不好事，好作祠堂傍修竹。不然配食水仙王，一盏寒泉荐秋菊（有小字注，略去）。”

3 该页藏于故宫博物院，文如下：“余旧不多见晋卿诗，不谓琢句精巧，乃能如是。所谓颏唾成珠玉也。庭坚。”

4 此卷藏于故宫博物院。

5 此跋现藏于故宫博物院，内容如下：“兰亭序世以定武石刻为最，然定武自有三本，其佳者则民间李氏本。李氏秘惜之，别刻一本，世之所刻皆其副耳。韩忠献用其本刻之，则官本也。李氏亡，负官钱，宋景文以公帑代偿，取石寘库中。薛道祖刻他石以换之，斫去湍流带右天五字。其后，亦归宣和殿矣。此本石在长安，薛谓之唐古本，观其精彩焕发，实出定武，但不肥耳。遍阅诸本，无有能出其右者。近时所刻虽多，皆未有得其髣髴，诚可贵也。淳熙甲辰十二月辛亥梁溪尤袤题”。

写得颇有古法，且对“定武兰亭”的来龙去脉知之甚详，有评有述，是罕见的名人墨迹。帖前“定武兰亭”拓本已不知下落，现为后配的旧拓一幅。周必大的题跋见于绘画。

宋人王钦若虽为佞人，但他存世的唯一题跋书迹和他从政时的劣行一样足以给人留下深刻印象。杨凝式《草书夏热帖》[1]后有王钦若隶书题跋，跋中评价了杨凝式的书法“字画奇古，笔势飞动”，是指得晋人草法。王钦若的隶书一同宋人，虽章法有矩，但难以跳出唐隶的规整而乏朴茂。因唐隶已弃汉隶古朴自然，而效魏晋隶书的严谨精熟。但王钦若的隶书在宋人隶书中当是颇有成就的，这些足以证明他对书法的理解较为透彻。王钦若（962～1025年），字定国，北宋新喻（今江西新余）人。官历三朝，曾前后三次为相。真宗咸平四年（1001年）为参知政事。景德元年（1004年），契丹大举南下，围瀛州（今河北河间），进逼贝（今河北清河西）、魏（今河北大名东）。他密请真宗往金陵（今江苏南京），为寇准所阻。他指责澶渊之盟为城下之盟，并挑拨皇帝说城下之盟在《春秋》中被认为是可耻之事，澶渊之时，皇帝以万乘之贵而签订城下之盟，这与赌棍在钱快输光时，把所有的剩钱都一下子押上一样，称为孤注。陛下在澶渊所为，不就是寇准的孤注吗！从此皇帝冷落寇准。成语“孤注一掷”由此而来。王钦若为人奸邪险伪，善迎合帝意。与丁谓、林特、陈彭年、刘承珪交结，时人谓之“五鬼”。王钦若虽为“五鬼”之一，但也做过一些好事。他与杨亿等主持修纂的《册府元龟》大部头类书，对宋前史籍的辑佚和校勘工作便很有价值。

宋代帝王题跋书法最著名者当是宋徽宗赵佶（1082～1135年），赵佶不仅有书画传世，还有很多题签与题跋，他的“瘦金书”更有影响，金章宗就学其书体在所藏书画上题签。著名的欧阳询《行楷书张翰帖》（故宫博物院藏）就经赵佶瘦金书题跋，虽无名款，但经专家鉴定，定为赵佶早年书法。李白《上阳台帖》（故宫博物院藏）也有宋徽宗赵佶的题签和题跋。徽宗传世题跋较少，其原因在于他是亡国之君，所以，就连《三希堂法帖》也不收其帖。不仅如此，高宗绍兴内府收的古画上如有徽宗题名，也要拆下不用[2]。徽宗之子南宋高宗赵构（1107～1187）也是一位寄情于书画，在政治上无能的皇帝。他曾说，“……凡五十年间，非大利害相仿，未始一日舍笔墨”[3]，由此可见他于书法一道的痴迷程度。高宗学书初效徽宗，因其父尝学黄庭坚，故其子也亦步亦趋地转学山谷之书。从宋高宗早年所书《佛顶光明塔铭》拓本看，其运笔结体或可称形神兼备。继之，高宗又学米（芾），再学唐代虞（世南）、褚（遂良）诸家，最终以追摹魏晋法度和王羲之、王献之父子为归，而自成一家面貌。他自言：“余自魏晋以来至六朝笔法，无不临摹。或萧散，或枯或

1　此帖藏于故宫博物院，帖虽破敝残损，但字势生动，笔力矫健跃然纸上。

2　（宋）周密《齐东野语》卷六“绍兴御府书画式”记载：“应古画如有宣和御书题名，并行拆下不用。别令曹勋等定验，别行撰名作画目进呈取旨。”

3　（宋）赵构：《翰墨志》。

道劲而不回，或秀异而特立，众体备于笔下，意简犹存于取舍。至若（禊帖）则测之益深，拟之益严。姿态横生，莫造其原，详观点画，以至成诵……”[1]金人攻入汴京，父子被俘北去，高宗即位于建康，后定都临安。赵构书法影响到南宋君臣以至后妃，除存世书法如《真草嵇康养生论书卷》、《徽宗御集序》、《盛秋敕》、《后赤壁赋》外，在一些绘画上可见到他的题跋。

三　绘画类题跋

南宋《会昌九老图卷》(故宫博物院藏)后就有宋高宗赵构的草书“赐从义”题诗,《曹娥碑》（辽宁省博物馆藏）后款“损斋书”题跋笔法老劲圆厚，结体严谨，笔势飞动，饶有法度。赵构不仅是一个善书的皇帝，也是一个懂得鉴藏的皇帝，还是一个有书法感召力的皇帝。在他的带动下，经过“靖康之变”的绍兴内府的书画收藏日益丰富，皇室君臣亦纷纷仿效其书。如南宋佚名《青山白云图》页对幅就是宋高宗吴皇后的行书题诗:“青山晓兮白云飞，青山暮兮白云归，青松茂兮明月辉，了不了兮谁得知。”用笔苍劲，极像高宗。

书史记载宋人篆隶不乏名家，但传世书迹极少。隶书有王钦若跋杨凝式《夏热帖》，篆书仅见章友直在唐阎立本《步辇图》（故宫博物院藏）上的题记。所以，这些题记或题跋在宋人书法中，的确算作凤毛麟角了。虽书法水平较高，但属佞臣而不得与苏、黄、米并称“北宋四大家”的蔡京也有题跋绘画存世，且弥补了其存世法书墨迹极少（仅《雪意》、《墙宇》二帖，均藏于台北故宫博物院）的不足。但宋人题跋中却不乏书画家的自题，如米友仁、扬无咎、陈容都有在自己绘画上的题跋。一些书家如吴说，身为政治家又是南宋四大家之一的范成大，刻书家、碑帖鉴定家如前文提到的周必大，文学家、鉴藏家周密等纷纷在绘画名迹上题跋。著名的藏书家、目录学家陈振孙亦有罕见的题跋墨迹存世。种种迹象表明，题跋之风在宋代达到了鼎盛。

蔡京（1047～1126年），字元长，兴化汕游（今属福建）人。登熙宁三年进士第。徽宗朝，拜尚书左丞、右仆射。大观中，拜太师。二年封鲁国公。历史上有名的权奸。宋徽宗赵佶即位，蔡京被弹劾夺职，闲居杭州。宋徽宗派宦官童贯到杭州访求书画奇巧，蔡京勾结童贯，以书画达于禁中，得以重新起用。崇宁元年（1102年），他乘机排挤掉宰相韩忠彦、曾布，而为右仆射兼门下侍郎（右相），后又官至太师。蔡京善于奉迎，先后4次任相，共达17年之久。他与宦官童贯、杨戬、梁师成、李彦，权臣王黼等，把持朝政，是北宋最腐败昏庸的宰相之一，为“六贼之首”。靖康元年（1126年），宋钦宗即位后，蔡京被贬岭南，途中死于潭州（今湖南长沙）。蔡京工于书法，尤擅行书，

1（宋）赵构：《翰墨志》。

形似米南宫，字势豪健，痛快沉着。蔡絛《铁围山丛谈》所记："字势豪健，痛快沉着。"蔡京的书法同米芾有同样的审美旨趣，都注意结态造势。但其笔法不如米精，所以有的题跋真迹往往让人有摹写之感。如宋徽宗赵佶《听琴图》（故宫博物院藏）笔画的迟滞，老米说他不得笔确实是一语中的。宋徽宗赵佶《雪江归棹图》卷[1]后也有蔡京题跋，跋中尽显其鼓吹之能事，但同时也表露了其高度概括的本领和严谨的句式。王希孟《千里江山图》卷[2]蔡京边跋将王希孟早年出道、受宋徽宗的赏识之事记录下来。王希孟仅此一幅画，仅存世27年，蔡京此跋对于研究王希孟来说，是重要的第一手材料。

米友仁《云山图》、《潇湘奇观图》二卷后都有自己的长跋，两幅画卷均藏于故宫博物院。虽画的都是山川雾霭的景色，但二幅画的所题跋的内涵不同。《云山图》[3]题跋只是描写景色，而《潇湘奇观图》[4]却是借景寓事。米友仁在《潇湘奇观图》跋中讲到其父米芾"海岳"一号的由来，又讲到是用羊毫笔作字，认为此纸本不适合作字，作画更为合适。这幅画和题跋透露出重要信息：其一，展示了图文相配的米家云山风貌，便于我们进一步认识米家云山的风格。其二，对于掌握米友仁书写工具与书画风格之间的关系，提供了有力的研究证据。其三，可以看出米友仁了解墨与纸对创作书画的影响。其四，尤其是直接证明了米芾号"海岳"。

扬无咎（1097～1169年），字补之，号逃禅老人。清江（今江西清江）人。自称为汉代扬雄后裔，故其姓氏从"扌"，而不从"木"。南宋高宗时，不满秦桧专权，累征不起，负高士之誉。工诗词，擅书画。有《逃禅词》存世。扬无咎在《四梅图》卷后自书4段柳梢青词咏四梅，将所画梅花的"未开""欲开""盛开""将残"用诗词表现出来。并自题道："范端伯要予画梅四枝，一未开，一欲开，一盛开，一将残，仍各赋词一首。画可信笔，词难命意。却之不从，勉徇其请。予就有柳梢青十首，亦因梅所作。今再用此声调，盖近时喜唱此曲故也。端伯奕世勋臣之家，了无膏粱气味，而胸次洒落，笔端敏捷。观其好尚如许，不问可知其人也。要须亦作四篇，共夸此画。庶几衰朽之人，托以俱不泯尔。乾道元年（1165年）七夕前一日

---

1 《雪江归棹图》卷藏于故宫博物院，蔡京跋："臣伏观御制雪江归棹，水远无波，天长一色，群山皎洁，行客萧条，鼓棹中流，片帆天际，雪江归棹之意尽矣。天地四时之气不同，万物生天地，闲随气所运，炎凉晦明，生息荣枯，飞走蠢动，变化无方，莫之能穷。皇帝陛下以丹青妙笔，备四时之景色，究万物之情态，于四图之内，盖神智与造化等也。大观庚寅季春朔，太师楚国公致仕臣京谨记"。

2 （宋）王希孟《千里江山图》卷藏于故宫博物院，蔡京跋："政和三年闰四月八日赐。希孟年十八岁，昔在画学为生，徙招入禁方又书库，数以画献，未甚工。上知其性可教，遂诲谕之，亲授其法，不逾半岁，乃以此图进上，嘉之因以赐。臣京谓天下士在作之而已"。

3 《云山图》跋："好山无数接天涯，烟霭阴晴日夕佳，要识先生曾到此，故留笔戏在君家。庚戌岁辟地新昌作。元晖"。

4 《潇湘奇观图》跋："先公居镇江四十年，□□庵子墙之东，□冈上以海岳命名，一时国士皆赋诗，……此纸渗墨，本不可□□……故为戏作。绍兴孟春建康□官舍友仁题，羊毫作字，□如此纸作画耳"。

癸丑，丁丑人扬无咎补之书于预章武宁僧舍”。范端伯是范仲淹的曾孙，面对北宋文学家范仲淹的后人，扬无咎说，“画可信笔，词难命意”，表现得如此谦逊。扬无咎柳梢青词四首与自跋是其存世唯一书迹，字体有欧阳询书风，四首词工丽严谨，词画相配，成为双美。

陈容（1189～1258年），字公储，号所翁，福唐（即福清）人，活动于南宋后期。陈容善画龙，亦擅画竹。陈容的作品传世很少，至今仅发现3幅。作于理宗淳祐四年（1244年）的《九龙图》（长卷，纸本，水墨）为其代表作，现藏美国波士顿美术馆。有评论说，《九龙图》开元代以后诗、书、画三位一体的先河。此图共画9条龙，分置于山石、云雾和急流之中。据文献记载：其才气过人，诗文豪放；长章巨篇，杰壮奇诡。陈容是创造画上题长诗的先驱者。作为一名文人画家，他每画成，辄自题跋，诗画映发，揭示画意。陈容也有题他人之作。唐陆曜（传）《六逸图》卷（故宫博物院藏）后就有陈容题跋：“所翁观六逸图忻然赋诗。（诗文略去）所斋闽客陈容醉中观。肖翁所藏信口高唫，博数千百年后一笑。淳祐四年九九。”

吴说，字傅朋，号练塘，钱塘人。工书，小楷、大字、行、草等卓有成就，创立了“游丝书”。周必大称其“圆美流丽，亦书家之韵胜者也”。小楷跋《定武兰亭》（故宫博物院藏）虽短短数行，又经火烧，但仍可见笔力遒劲，结体工稳，点画精到，字若蝇头而法备态足，是以潇洒之姿、神秀气韵称胜。元虞集评其书：“深稳端润，非近时努张筋脉曲折生柴之态。”在当时“尚意”书风盛行，人们忽视书法的内涵、法度、韵致，加之功力不够、修养不深的情况下，吴说的书法显得难能可贵，尤其小楷更显其笔下功力。

范成大（1126～1193年），字致能，号石湖居士，吴郡（今江苏苏州）人，绍兴二十四年（1154年）考中进士。开始步入仕途。初为徽州司户参军，累迁礼部员外郎。后出知处州，减轻赋税，兴修水利，颇有政绩。范成大在朝，刚直不阿，晚年告休归居苏州石湖，与陆游友谊甚笃。范成大才华横溢，素有文名，有《石湖集》三十四卷等书存世。与陆游、杨万里、尤袤齐名，为“南宋四大家”之一。范成大不仅擅诗，而且善书。其书法清新俊秀，典雅俊润，但为诗名所掩，书名不彰。明陶宗仪《书史会要》谓范成大“字宗黄庭坚、米芾，虽韵胜不逮，而遒劲可观”。范成大的书法曾受他母亲的影响，他的母亲蔡夫人，是“北宋四大家”之一蔡襄的孙女。南宋毗陵（今常州）太守、著名山水画家李结（次山）作《西塞渔社图》卷[1]，并请挚友范成大、周必大等题跋。范成大于淳熙十二年（1185年）大字行书长跋《西塞渔社图》卷，跋中的西塞山为湖州胜景，因中唐诗人张志和写有《渔父》词“西塞山前白鹭飞，桃花流水鳜鱼肥。青箬笠，绿蓑衣，斜风细雨不须归”而闻名于世。范成大除跋《西塞渔社

1 《西塞渔社图》卷藏于美国大都会博物馆，范成大跋曾归张大千所有，今亦藏于美国大都会博物馆。

图》卷为大行书外，其他几乎都是小行草书，如藏于故宫博物院的《中流一壶帖》。此大字行书题跋结体虽欹侧而稳妥、因流走而舒畅，转换自然，疏澹平和，充分体现了范成大的功力，王士贞评其书："出入眉山、豫章间，有米颠笔，圆熟遒丽，生意郁然"相当准确。阎立本（传）《北齐校书图》后也有范成大题跋，跋曰："右北齐校书图世传□□出于阎立本，鲁直画记登载甚详。此轴尚欠对榻七人，当是逸去其半也。诸人皆铅椠文儒，然已著靴坐胡床，风俗之移久矣。石湖居士题"。跋中对《校书图》有所考证，显示出他的鉴赏水平。

周必大（1126～1204年），字子充，一字洪道，自号省斋居士，青原野夫，又号平圆老叟，南宋吉州庐陵（今吉安县永和镇周家村）人。淳熙十一年（1184年）后，周必大任参知政事、右丞相、左丞相，直接参与处理朝廷大事，为安邦兴国作出了贡献。任宰相8年之久，提出要安居思危，强兵、富国、安民、政修的方针。周必大不仅是一位政治家，而且又是一位智识高远、学术精微的大学问家。他一生曾不遗余力地致力雕版印刷和活字印刷术的发展。在周必大所刻图书中，晚年所刻《欧阳文忠公集》和《文苑英华》最为著名，校勘精良、刻写俱工，也最能代表他的刻书风格与刻书成就。除此之外，他亦能鉴定碑帖、书画。《西塞渔社图》卷有其行楷书题跋，是其鲜有的存世墨迹。

陈振孙，字伯玉，号直斋，南宋安吉州（今浙江安吉县）人。南宋时盛行私人藏书和私人编目，陈振孙仿晁公武《郡斋读书志》编成《直斋书录解题》，这是我国古代一部重要的私人藏书目录，在我国目录学史上具有很高价值。流传至今存二十二卷，为乾隆年间修《四库全书》时，从《永乐大典》中辑录而成。南宋《张先十咏图》卷（故宫博物院藏）后，有其唯一小行楷纪实长跋，对研究《十咏图》有帮助。

周密（1232～1298年），字公谨，号草窗，又号萧斋。宋元间文学家。先世居济南。宋室南渡，曾祖随高宗过江。因家吴兴，置业于弁山之阳。周密晚年遂号弁阳老人、弁阳啸翁，居临四水，亦号四水潜夫。父晋，字明叔，号啸斋，为富春县令，富于收藏，工诗词，尤深于文献故实。周密承家学，著书数十种。今存于世者有《武林旧事》、《齐东野语》、《癸辛杂识》、《云烟过眼录》、《志雅堂杂钞》等多种。其中《齐东野语》、《癸辛杂识》、《云烟过眼录》中记载了一些书画家逸事。在宋末词坛上，周密也是一位名家。他青年时代即从杨缵、张枢等酬唱游处；中年以后，入世渐深，国势危急，情词凄切。入元以后，词作绝少。周密的词，继承了周邦彦格律精严、圆融雅艳的词风，造句用意，十分谨慎，声律节度，辨析入微，是宋末格律词派的重要代表。周密的书迹亦不多见，以《跋保姆砖帖》最为著名（故宫博物院藏），除此还有跋赵孟頫《雪赋》（山东省博物馆藏），赵孟坚《水仙图卷》后有他的诗题，字体方正，笔势开张。

四 宋人题跋类专著及影响

宋代题跋书法丰富，题跋者大多是学者、文人，几乎全是名人，他们文学修养深、书画鉴赏水平高。他们的题跋或者心得及时记录下来，有些是被人辑录，出版存留，成为题跋类著录书。据笔者粗略统计，这些宋代名人类题跋著录书有：欧阳修《六一题跋》、苏轼《东坡题跋》、黄庭坚《山谷题跋》、米芾《海岳题跋》和《宝章待访录》、周必大《益公题跋》、魏了翁《鹤山题跋》、刘克庄《后村题跋》、陆游《放翁题跋》、董逌《广川书跋》和《广川画跋》等。有些书虽不单成著录，但书中也有很多涉及题跋之处。如黄伯斯《东观余论》、桑世昌《兰亭考》、俞松《兰亭续考》等。宋代题跋在当时及后来产生了相当大的影响，自宋之后，历代文人纷纷仿效作著。在宋人一些笔记、杂记中掺有大量书画、碑帖题跋，如欧阳修《归田录》、蔡絛《铁围山丛谈》、陆游《老学庵笔记》、叶梦得《石林燕语》、叶少翁《四朝闻见录》、周密《癸辛杂识》、《齐东野语》、《志雅堂杂钞》，等等，不一一而举。这种以笔记形式记录书画在元、明、清亦多见，一直到乾嘉时期的钱大昕《十驾斋养心录》、沈曾植《海日楼札丛》都如此。仅就明何良俊《四友斋丛说》举例而言，书中关于书画就占有3个章节，卷之二十七书，卷之二十八画一，卷之二十九画二。内容论及前贤评述，亦有自发宏论，如："东坡论书云：大字难于结密而无间，小字难于宽绰而有余。"（卷之二十七）"山谷言。尝论近世三家书云：王著如小僧缚律，李建中如讲僧参禅，杨凝式如散僧入圣。"（卷之二十七）"夫书画本同出一源，盖画即柳树之一，所谓象形者是也。虞书所云：彰施物采，即画之滥觞矣。古五经皆有图，余又见有三礼图考一书。盖车舆冠冕章服象服褕狄笄祎之类，皆朝廷典章所系。后世但照书本言语想象为之，岂得尽是。若有图本，则仪式具在，按图制造，可无舛错，则知画之所关，盖甚大矣。"（卷之二十八，画一）有对宋人书画轶事的记载，也有对前人著录的评价。如："……盖至晋而书法大备，晋人书世已罕见，即唐临晋帖，世已称为奇宝矣。故宋黄长睿最好博古，然自以为不能别晋人书，但断自唐以下而已。而米南宫讪笑之，随所至之处，即扁'宝晋斋'，盖为长睿也……"（卷之二十七）"董逌《广川画跋》，盖不甚评画之高下，但论古今之章程仪式，可谓极备。若天子欲议礼制度考文，则此书恐不可缺。"（卷之二十八，画一）由此可见，宋人题跋及题跋类著录书的影响之大，甚至在笔记类丛书中也有长篇累记和专论。

结语

宋代题跋除与宋代的政治历史密切相关外，是与宋代的金石考证、书画鉴藏、诗词吟唱、文人雅集等文人艺事相互推动发展起来的，当然这些活动的盛衰与政局、帝王的喜好和带动密不可分；题跋者不乏政治家、书画家、鉴藏家、诗人、目录学家等，他们同属于文人、学者的范畴，在当时及后世影响力、号召力、知名度颇大，不妨把他们的题跋称为名人题跋；题跋分为自跋和跋他人，内容多样性，有评作者、论书画技法、鉴赏审识、叙事纪实等。有些题跋者并无单独的书迹存世，这些题跋恰恰弥补了人们对他们在书法领域取得成就的认知；从艺术角度看，有些题跋作为珍品存世毫不过分；从史学角度看，有些题跋起到证史补缺作用，是重要的文献资料。所以，宋代题跋书法在中国古代书画的传承与发展上，有不可低估的作用。

原载《第六届中国书法史论国际研讨会论文集》，文物出版社，2007年

沈氏家族艺术的初曙

——沈周先世三代生平及艺术活动述略

娄　玮

内容提要：苏州沈氏家族，从沈良琛于元末迁居相城，经沈澄、沈贞吉、沈恒吉，三代人于艺术着力日深，最终造就了辉耀百代的艺术巨匠——沈周，也使家族声望达到极盛。沈周先世三代作为沈氏家族艺术的初曙，却一直未得到足够的重视。本文全面梳理了其生平经历和艺术活动，依托传世作品和翔实的史料文献，将他们的艺术创作、雅集酬唱、趣闻逸事等，生动地呈献给读者。

关键词：苏州　家族　沈良琛　沈澄　沈贞吉　沈恒吉

有明一代，苏州孕育了无数的文艺名家，尤以书法绘画为盛。这些艺术家中，或以师徒授业，桃李天下，艺风流布，如文徵明及其弟子、传人；或以友人切磋，相互砥砺，各胜擅场，如祝允明、文徵明、唐寅等；更有家族之内，父祖兄弟，家学渊源，传承有自，姻亲戚属，诗酒酬唱，书画赠答，使苏州文艺之勃兴一时无以复加。居于苏州相城的沈周家族，就成为其中的典型。

沈氏家族从沈良琛于元末迁居于相城，经沈澄、沈贞吉、沈恒吉，至沈周中年时，家族声望达到极盛：

> 其族（沈氏家族）之盛不特赀产之富，盖亦有书诗礼乐以为之业。当其燕闲，父子祖孙相聚一堂，商榷古今，情发于诗，有倡有和，仪度文章，雍容详雅，四方贤士大夫闻风踵门，请观其礼，殆无虚日。三吴间士大夫世族咸称相城沈氏为之最焉。[1]

沈周于明代中期以后在艺坛大放异彩，光耀后世，但其绝非横空出世，其曾祖、祖父、

作者：故宫博物院副院长，副研究馆员。

1　陈颀：《沈恒吉墓志铭》，载《吴中小志丛刊》，第 71 页，广陵书社，2004 年。

伯父和父亲三代人在艺术方面的努力，为他的发展提供了重要的养分，成为沈氏家族艺术的初曙。

一　沈良琛

沈周的高祖沈茂乡，高祖母薛氏，原为长洲城中的望族，元末兵乱，财产失散，家族中衰。如吴宽所言："沈氏故为长洲邑中大家，中衰……"[1] 沈氏家族从沈周的曾祖父沈良琛开始，移居苏州相城里。

苏州府长洲县（今江苏省吴县）相城，在苏州城东北五十里，临近阳澄湖，北望常熟虞山，襟带江湖，控接原隰，风光秀美。相传当初伍子胥筹划建苏州城时，"先于此相地尝土而城之，下溼乃止"，这里因此而得名。[2] 从此开始，沈良琛"能辟田復业，其家以大"[3]。

沈良琛，原名良，字良琛，号兰坡，别号帛琢， 生于元代后至元六年庚辰（1340年）正月初四[4]，卒于明永乐七年己丑（1409年）二月初三，享年七十。良琛于元末来到相城，寄住在苏州名裔徐显乡家，后娶徐氏女儿道宁为妻。良琛"资质丰伟，志趣异常，立身端谨，俭而中节，亲友以和，不媚于人，规模正大，善于理家，远近咸器重之，由是名誉隆然甲于乡闾矣"[5]。曾祖母徐氏道宁（1338～1407年），聪慧贞靖，"幼而有志，异乎常女"。自嫁入沈门，虽自己出身望族，但能勤勉俭素，善理家务，扶持良琛共营生计，创立门户，由此，"居宇鼎新，赀产益充，胜前者多"。但她并不恃丰骄人，而每以"人生当守己，端方温厚足矣"训诫其宗族子弟。可见，沈良琛夫妇不仅为沈氏家族的发展奠定了良好的经济基础，也树立了一个良好的家风[6]。

同时，在艺术方面，沈良琛也是沈氏家族的开创者。

据明代吴中著名书画收藏家张丑（1577～1643年）《清河书画舫》记载，沈良琛擅长赏鉴书画，游心艺苑，与"元末四大家"之一的王蒙相友善，王蒙曾专门创作绘

1　吴宽：《隆池阡表》，《家藏集》卷七十，第685页，上海古籍出版社，1991年。

2　同治《苏州府志》第二册，卷三十五，"古迹"，第87页，《中国地方志集成 · 江苏府县志辑8》，江苏古籍出版社，1991年。

3　前揭吴宽《隆池阡表》，《家藏集》卷七十，第685页。

4　明代张宜所撰《故良琛沈公墓志铭》中，将沈良琛的生日记为"元至正庚辰正月初四日"。但至正元年为1341，整个至正年间并无"庚辰"干支，而在元顺帝将年号改为"至正"之前的一年，即至元六年（1340年）恰为庚辰。因此，综合判断，应为张氏误记，良琛应生于至元六年庚辰。

5　张宜：《故良琛沈公墓志铭》，参见林树中《新发现的沈周史料（上、下）》，（日）《国华》第1114、1115号，昭和63年6月1日、7月10日国华社发行。

6　《故沈良琛妻徐氏墓志铭》，参见前揭《新发现的沈周史料（上、下）》。

画赠给他[1]。

沈家挚友吴宽的《家藏集》中也有一首《题王叔明遗沈兰坡画》，诗云："黄鹤山人樵古松，踏月夜访兰坡翁。浴鹅溪边放杯酒，尺素顿发青芙蓉。百年坐卧松雪中，似舅宛有王孙风。谁教彦远作画记，姓名也合收王蒙。清霜不管坡兰丛，兰芽仍茁吴门东。山人倒骑黄鹤去，黄鹤一去青山空。"[2] 此诗形象地描述了王蒙踏月夜访沈良琛以及二人翰墨交往的情况。吴宽是沈氏家族的世交，其对沈氏前辈行谊的记述应该是可信的，这为张丑的记述做了形象的注脚。在此诗的结尾，作者巧妙地利用沈良琛的号——"兰坡"，将其比作"坡兰丛"，而将沈氏后人（主要应是指沈周）比作"兰芽"，意寓沈氏后人将崛起于艺坛，并享出蓝之誉，这也正应和了张丑记载中所说的"石田书画之所从出也"。但王蒙年龄较沈良琛大很多，且为赵孟頫外孙，家世显赫，本人也早得享大名，二人能为忘年之交，说明当时的沈氏家族，不论社会、经济地位，还是文化艺术方面，在当地都已有相当影响。

沈周对此图甚为宝重，曾专门求好友、也是朝中重臣程敏政题跋。程氏赋诗一首：

在昔兰坡翁，结屋断尘鞅。俯听溪阁邃，仰眺岩扉敞。天机久已熟，真趣谁可赏。颇闻黄鹤山，樵斧隔林响。居然驾小舟，来趁夜潮长。相对喜忘言，欲去愁孤往。挥毫意不极，缣素大于掌。高松发天籁，褒壑生夏爽。抚景尚如昨，斯人已黄壤。逆旅开画奁，斜阳落书幌。高风邈难拔，题诗寄遐想。[3]

从程敏政此诗中，我们约略可以了解三个方面的情况：一是沈良琛定居相城之初，当地大约还是相当幽僻之所，俯仰之间，溪阁深邃，岩扉轩敞；二是王蒙与良琛交谊深厚；三是王蒙此图的概况：虽尺幅不大，只在咫尺之间，但所绘应为长松大壑、幽谷溪阁的景色，既符合我们常见的王蒙的创作形式，同时借喻沈良琛的隐士身份也十分恰当。

沈良琛本人可能并不擅长书画，但他能在经营拓展家族产业之余，留心艺术，与王蒙等艺苑名家倾心交往，使得沈氏家族开始步入了一个全新的领域，家族生活圈子和生活方式都发生了根本的变化。此后沈氏家族几代人，既能与朝中重臣保持密切交往，以艺术和识见得到他们的充分尊重和重视，同时又能超然物外，保持自身的名士风轨，都得益于沈良琛时期的良好开端。甚至在具体画风上，都可以看到沈氏后人所受到的王蒙的影响。

1 张丑：《清河书画舫》"皱字号第十二"，《中国书画全书》第四册，第361页，上海书画出版社，1992年。

2 吴宽：《家藏集》卷六，"四库明人文集丛刊"本，第43页，上海古籍出版社，1991年。

3 程敏政：《篁墩文集》卷七十二，前揭"四库明人文集丛刊"本，第二册，第523页。

二 沈澄

在沈氏家族的发展史上，沈澄是一个承上启下的关键人物。他一方面继承了沈良琛对家族产业的经营，更重要的是，在文化艺术方面，他在沈良琛的基础上，使沈氏家族向前迈进了一大步。正所谓“良琛始振起，孟渊克复之”，从此沈氏家族“以诗书礼义为业”[1]。

沈澄（1376～1462年），字孟渊，号介轩，又号觋庵、茧庵。他读书尚义，有诗名于时。永乐年间，朝廷举荐人才，沈澄被征入京师，“试事大府，将授官，以疾乞归。”因此人称“沈征士”[2]。到沈澄时，沈家已经颇富资财，加之其雅善诗文，喜欢鉴赏收藏书画，因此有人得到了书画珍品，常送到他家。如王蒙《听雨楼图》，就是锡山沈诚甫因知道沈澄博雅好古，得到此图后专程送到沈府。沈澄一见大喜，当即收藏，并以厚礼答谢[3]。

沈澄非常好客，尤好结交当代文艺名人，海内知名之士无不登门造访。其居所称为“西庄”，其地有“亭馆花竹之胜，水云烟月之娱”[4]，每遇佳境良辰，沈澄必备下酒宴款待宾客，大家觞酒赋诗，嘲风咏月，以为乐事，当时人都把他比作顾仲英[5]。

顾仲英（1310～1369年），是元末著名隐逸之士，名德辉，昆山人。家世素封（无官爵封邑而拥有资财），轻财结客，豪宕自喜。筑有别业，称玉山佳处，内置古书、名画、鼎彝、秘玩，晨夕与客人置酒赋诗其中，园池亭榭之盛、图史之富并冠绝一时。四方文学之士，如杨维桢、柯九思，方外之士如张雨、成琦等都是他的座上宾。顾仲英本人也是才情妙丽，与诸人相埒。元末朝廷及张士诚据吴时，屡次授之以官，其均坚辞不受，最后竟“断发庐墓，自号金粟山人”[6]。当时吴人将沈澄比作顾德辉，实在是给了沈氏很高的评价，而沈澄自己也颇以顾仲英自诩。

据记载，沈澄曾见到描绘顾仲英“玉山雅集”的图画，遂请同时的吴门画家沈遇为其仿之作画，以追记四十年前在自己“西庄”中的一次雅集活动。据杜琼所补记，与其会者有：

王璲，字汝玉，官至左春坊左赞善兼翰林编修，卒赠太子宾客，赠文靖；

金问，号耻庵，书法出入颜欧，官至太常少卿兼翰林侍讲学士，进南京礼部侍郎；

---

1 前揭陈颀《沈恒吉墓志铭》，《吴中小志丛刊》，第71页。

2 前揭同治《苏州府志》第三册，卷八十五，第256页，“中国地方志集成·江苏府县志辑9”。

3 见《汪氏珊瑚网名画题跋》卷十一，前揭《中国书画全书》第五册，第1092页。

4 杜琼：《西园雅集图记》，《杜东原集》，第90页，“明代艺术家集汇刊”，台湾“中央图书馆”编印，1968年。

5 前揭同治《苏州府志》第三册，卷八十五，第256页，“中国地方志集成·江苏府县志辑9”。

6 《明史》卷二百八十五“顾德辉传”，第7326页，中华书局，1974年。

张肎，字继孟，号梦庵，少从学于宋濂，诗文词曲一一臻妙；

陈继，字嗣初，元末著名文人画家陈惟允之子，诗文与王璲相埒，义理尤胜，授翰林五经博士，进检讨；

金铉，字文鼎，善山水，书宗宋克而稍变其法，封征士郎、中书舍人；

苏復，字性初，为蜀地绵州太守，书法晋人，画学盛懋，兼之得川陕山水之趣，经营更胜；

金永，字维则，诗文清新俊逸；

谢缙，字孔昭，号兰亭生、深翠道人，晚称葵丘翁。以画名世，初师王蒙、赵原，更益以烂漫，作诗有唐人格律；

沈遇（详见下文）[1]。

沈遇之画作于天顺二年戊寅（1458 年），则那次雅集应发生在大约永乐十六年戊戌（1418 年）前后[2]，沈澄约 44 岁左右。

沈遇，字公济，号臞樵。吴县人。祖上在宋咸淳年间有以为人画像闻名者。生于洪武十年丁巳（1377 年），卒年不详，但为沈澄作《西园雅集图》时，已年至八十二。所居称为雅趣堂，多列图史，衣冠古雅，有晋唐风致。沈遇善画山水，晚年工画雪景。永乐末年曾被召见，归乡后声名更著，从学者甚众[3]。

从上述所列参与西庄雅集的名单中，我们可以看出，沈澄所交往者，虽然与顾仲英的座上宾——杨维桢、柯九思、张雨等一众大名士尚有距离，但亦自不凡。其人或为朝廷重臣，如王璲、金问；或为文坛耆宿，如张肎、陈继；或为画苑名家，如谢缙、沈遇……皆为一时闻人，尤以文艺称家。确如杜琼所说："……其不至京者，梦庵、维则二人而已，至若臞樵、葵丘，虽不禄仕，亦皆抱其才艺，出入禁近，遨游公卿间。"[4]与沈良琛时期相比，沈家的社会地位，特别是在文艺圈中的影响，确实得到了进一步的巩固和发展。

参与这次雅集的另一位画家谢缙也曾作过一幅《西庄图》赠给沈澄，从中可以窥见西庄的状貌："……此图白宣纸本，高四尺余，阔一尺五寸。板桥跨涧，两旁护以低栏。山麓筑草堂，中设几榻，一人幅巾立阶下，童子持杖随。后一磐折揖而入。堂前双松离立，点叶夹叶树参差荫覆，屋后丘壑重叠，飞瀑垂注，山窪结茅，亭上高山如障盖。……"[5]

---

1 前揭杜琼《西园雅集图记》，《杜东原集》，第 92 ～ 96 页。

2 张丑：《真迹日录》第三集，前揭《中国书画全书》第四册，第 430 页。

3 参见《苏州府志》卷一百九，（三），第 746 页；姜绍书《无声诗史》卷一，前揭《书画全书》第四册，第 838 页。

4 前揭杜琼《西园雅集图记》，《杜东原集》，第 91 页。

5 "谢葵丘西庄图"，吴升：《大观录》卷十九，《中国书画全书》第八册，第 551 页，上海书画出版社，1998 年。

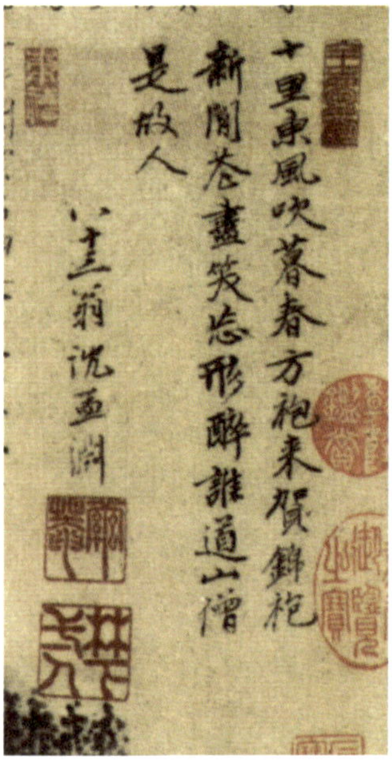

图一 明沈澄题刘珏《清白轩图》

尽管沈澄性格超脱，但他并非完全不问世事。比如，周忱[1]巡抚吴中时，就曾登门拜访，并就时政听取他的意见，其中很多都被采纳施行了。此外，金问曾坐事系狱十年，其衣食之需全靠沈澄周济。金问曾经对人感叹说，没有孟渊，我早就成为瘐死之鬼了[2]。这种与官府中人的交往，已成为沈家的一种传统，同时也为沈氏家族的发展拓宽了道路。

在自身艺术创作方面，沈澄继承了乃父遗风。

刘珏曾题《沈觊庵、同斋父子诗画》云："炉烟僧舍坐迟迟，共羡诗翁出语奇。方外有山栖惠远，人间无处觅钟期。千金旧纸丹青在，一片闲情父子知。为问能言辽海鹤，归来城郭定何如。"[3]另外，《列朝诗集》还记录了时人王肄《题沈孟渊江乡深处》诗二首：

> 村西村北路相连，处处桑麻绿野田。一带好山如画里，几湾流水到门前。渔歌唱过鸥边月，牧笛吹残谷口烟。不独仙源异人境，杏花春雨自江天。
>
> 路入江乡觅隐沦，远随流水度前津。云遮茅屋不知处，舟过柳桥方见人。白鸟下汀芳杜雨，紫鳞吹浪落花春。相逢说罢忘机事，一道香风起绿蘋。[4]

"江乡深处"应为沈澄所作山水画之题，从诗句中可以想象出画面上江南水乡平阔淡远、渔舟唱晚、津口泊舟、落英缤纷的景象。从诗人的优美诗句中可以想见，沈澄在山水画方面应有一定造诣。

王肄，字敏道，明代苏州府长洲县人，其父王穆，字仲远，博学古今，被称为"吴中宿儒"。王肄"受学于陈继，正统中以贤良举为安吉县丞，辞官归，授徒为业"[5]。由于是同时代、同里之人，加之沈氏与陈继家有着世交，因此，王肄所见、所题，应该是可靠的。

但沈澄画作真迹今已不传，所见墨迹只有台北故宫博物院所藏刘珏《清白轩图》上他的题诗（图一）："十里东风吹暮春，方袍来贺锦袍新。闲花尽笑忘形醉，谁道山

1 周忱，字恂如，吉水人。永乐二年进士。宣德五年迁工部右侍郎，巡抚江南诸府，总督税粮。在任期间，江南诸大郡，"小民不知凶荒，两税未尝逋负"。当时言理财者，无出其右。正统间，累官至工部尚书，仍巡抚。景泰四年卒，谥"文襄"。参见前揭《明史》卷一百五十三，第 4211 页。

2 前揭同治《苏州府志》第三册，卷八十五，第 256 页，"中国地方志集成 · 江苏府县志辑 9"。

3 前揭张丑《清河书画舫》"皱字号第十二"，《中国书画全书》第四册，第 361 页。

4 故宫博物院藏清刻本《列朝诗集》乙集第七，第 37 页。

5 前揭同治《苏州府志》第三册，卷八十五，第 261 页，"中国地方志集成 · 江苏府县志辑 9"。

僧是故人。”钤“觊庵”“林下一人”二印，书法赵孟頫，结体宽博舒放，稳健中有清逸之气。杜琼说他“攻书饬行”[1]，信哉。

三　沈贞吉、沈恒吉

在时人眼中，沈澄“厚德雅量，福履最盛”[2]，不仅是因为他自身的财富和修养，更是因为他有两个青出于蓝的儿子。“沈氏自茧庵征君以儒硕肇厥家，二子起而继之，曰陶庵，曰同斋，嫓声丽迹，郁为时英。”[3]二人相较，似乎沈贞吉性格略趋于豪放，而沈恒吉则更为内敛。

从小兄弟二人一同在家塾中学习，老师是翰林检讨陈继（嗣初）先生。在艺术方面，尤其是绘画方面，他们已经不再像其祖父和父亲主要工于鉴赏，而是真正进入了艺术创作实践领域，使沈氏家族的艺术活动又有了进一步的、本质的提高。

（一）沈贞吉

沈贞吉，沈澄之长子，名贞，字贞吉，以字行，别号陶庵。生于明建文二年庚辰（1400年），卒年不详，八十三岁（成化十八年壬寅，1482年）尚有墨迹存世（如天津博物馆藏沈周《祝寿图》上即有贞吉题识）。

关于沈贞吉的生平，史上记载得不多，因此我们也无从具体了解其生平活动。但从有限的资料看，沈贞吉一生大约也如其父一般，日居林下，与父子兄弟、雅士友朋燕集不倦，纵情诗酒，书画赠答，悠游若仙。刘珏曾有二诗赠之，可略见一斑：

沈陶庵赏菊二首

落日南山远送青，篱边觅句和渊明。花如去岁芳姿好，人觉今年老态生。直须鲸吸尽，阑干不用宝粧成。醉归飞梦知何处，五柳庄前月二更。

木落江南玉露秋，锦香亭下得重遊。寒花也解迎人笑，狂客何曾待主留。魏相园池空富贵，陶家篱落自清幽。延年不让仙人杖，采入瑶觞奉白头。[4]

从中可见沈贞吉确是过着“门前学种先生柳，日暮聊为梁父吟”式的隐士生活。

1　前揭杜琼《西园雅集图记》，《杜东原集》，第90页。

2　前揭吴宽《隆池阡表》，《家藏集》卷七十，第686页。

3　文徵明：《相城沈氏保堂记》，《甫田集》，卷十八，“四库明人文集丛刊”本，第125页，上海古籍出版社，1993年。

4　刘珏撰：《完庵集》，明刻本，国家图书馆藏。

图二　明沈贞吉《秋林观瀑图》轴

对于沈贞吉的绘画，张丑评价说：“贞吉乃启南世父，画师董源，可亚刘廷美。”[1]可以帮助我们大体了解其绘画的渊源。从传世作品看，目前可以见到的贞吉画作数量极少，兹以分别创作于早、晚年的二件略作介绍。

《秋林观瀑图》（图二，轴，纸本，设色，143 厘米 ×61 厘米，苏州博物馆藏），本幅自识：“秋林霜重叶痕斑，白发萧萧二老闲。握手相逢无個事，不因论水更论山。洪熙元年（乙巳，1425 年）秋八月望后二日，西庄沈贞吉。”钤“吴门野樵”“沈氏贞吉”二印。此图曾经近代著名书画家、鉴藏家吴湖帆收藏，左下裱边钤有吴氏收藏印“吴氏梅影书屋图书印”，右裱边另有吴氏题跋，称“……（沈贞吉）山水宗法吴仲圭，其姪石田为明代画苑领袖，盖得之家学，自西庄上溯仲圭也”。细审此图，构图紧致中见空灵，笔墨中既有吴镇的深厚苍润，又有王蒙的繁密灵动，气势郁勃。画中人物衣纹流畅，面部刻画及身体姿态均极为精到。沈贞吉时年二十六岁，但画法已经非常成熟，的是名家风范。

《竹炉山房图》（图三，轴，纸本，设色，115.5 厘米 ×35 厘米，辽宁省博物馆藏）。本幅自识：“成化辛卯（七年，1471 年）初夏，余遊毗陵，过竹炉山房，得普照师□酌竹林深处。谈话间出素纸索画。余时薄醉，挑灯戏作此图以供清赏。南斋沈贞吉。”钤“沈贞之印”白方、“沈氏贞吉”朱方及引首章“怡奉堂”朱长方，右下角钤“南斋”朱方印。本幅还有乾隆题七绝一首：“阶下回回淙惠泉，竹炉小叩赵州禅。箇中我亦曾清憩，为缅流风三百年。庚辰仲秋御笔。”钤印二。另有“乾隆御览之宝”“乾隆鉴赏”“石渠宝笈”“三希堂精鉴玺”“宜子孙”五方清内府收藏印。沈贞吉时年七十二。图绘山间水际，竹林丛树，水榭茅堂，高士对谈，童子竹炉烹茶。山石皴法从王蒙来，与《秋林观瀑图》相较，仿佛在有意识地追求一种返璞归真的境界，行笔设色愈发苍秀醇和，平增一种古雅幽淡之气。

1　前揭张丑《清河书画舫》“皱字号第十二”，《中国书画全书》第四册，第 361 页。

从上述作品看，沈贞吉的绘画，未必是直接师自董源，但确是来自董源一脉，较大的可能是从当时较易见到的、承袭董巨遗风的元四家等人得法。

还有一件作品，虽非沈贞吉创作，但与之直接相关，且饶有兴味，那就是《报德英华图》卷。

《报德英华图》卷，由三段组成。第一段杜琼画，第二段沈周画，第三段刘珏画，另引首刘珏书“报德英华”四大字。其中刘画原图已失，现为后人所临仿，余为真迹。

首段杜琼题识：“贺君美之尝德杜元吉能瘉其子之病，将报之币，而元吉辞曰：‘吾与若子解元为联袂，安在其为报乎？苟得西庄沈门父子群从之画足矣。’美之乃拉予及王省斋诣其第而请焉。道经刘佥宪，佥宪为写一图于前，而启南遂作一图于次，以予之作为殿。西庄主人陶庵曰：‘东原之笔固妙矣，然尚欠皴皵与夫峦峰之功，吾当为君足之。’予为之唯唯。陶庵乃大启玄篇，补我不逮。适值闵雨，少出视禾，復命季子文叔以竟事。则是图之妙蔑以加矣。美之跃然曰：‘吾其幸哉，足以报于元吉矣！’成化己丑季秋重阳日杜琼书，时年七十有四。”钤“杜用嘉氏”朱文印。

这段文字详细介绍了此图产生的过程。贺美之要答谢杜元吉治愈其子，但杜元吉不收钱财，而提出希望得到西庄沈氏一门父子兄弟的绘画。大约是由于杜琼与沈氏交情深厚，贺氏遂拉杜琼一起登门求画。途中遇到刘珏，

图三　明沈贞吉《竹炉山房图》轴

刘为作一图，沈周作一图，杜琼自作一图。不料沈贞吉看了杜琼之画后，竟不客气地说，东原的画虽然不错，不过在山石树木的皴染以及构图方面还有所欠缺，我要为你补画。杜琼唯唯称是，任其补之。稍后，由于连日阴雨，沈贞吉要出外检视禾情，又命其三子字文叔者替他补完。至此，这件作品才算最终完成。这件《报德英华图》，除了刘珏、杜琼二人外，还汇集了沈氏一门两代三人的手笔。对补后之图，杜琼认为该图之妙，无以复加了。

成化己丑为成化五年，1469 年，贞吉时年七十，而杜琼也已是年过古稀的老人，贞吉所言，杜琼不以为忤，也可看出二人友情之笃。虽然也可看做老友间的戏谑之语，但贞吉补画，也应是实情。

时至今日，我们已经很难从那段署名杜琼的画作中区分出哪些出自杜琼本人，哪些出自沈贞吉及其季子文叔的手笔。但此事本身，一方面通过杜琼之口，表现出沈贞吉绘画的水准，同时更加生动地反映了沈氏一门的绘画艺术在当时苏州的尊崇地位。

沈贞吉的书法，目前可见传世的独立作品，只有他八十三岁时赠某位名“仁斋”的医者的一首行书七言律诗（图四，纸本，29.1 厘米 ×28.8 厘米，台北故宫博物院藏）。此外还有一些题画诗，如题沈周《幽居图》（65 岁）、《寿陆母八十山水图》（83 岁）及《报德英华图》尾纸题跋（70 岁）等。其楷书圆润平整，端秀婉丽，仍为明初流行的台阁体的格范，而其行书则行笔尖峭，锋棱外露，遒劲爽利而法度严整，与时代相仿的杨荣、于谦等人的书法大为同调。

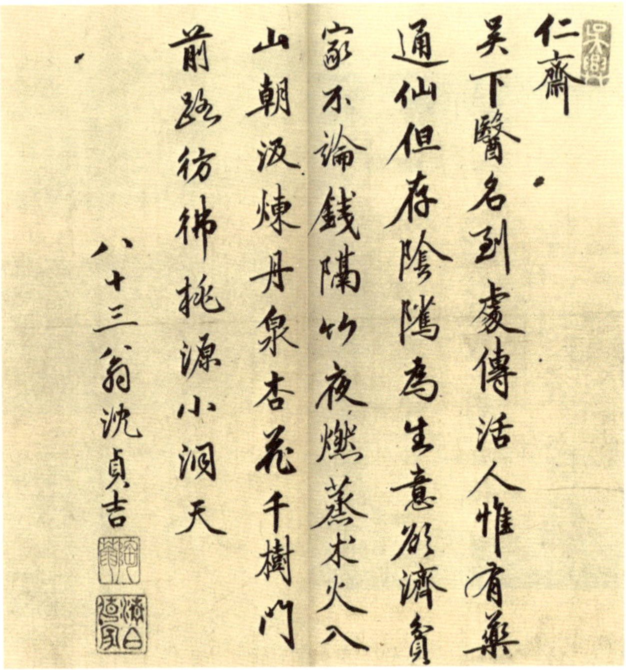

图四　明沈贞吉《七言律诗》页

（二）沈恒吉

沈恒吉，沈澄之次子，名恒，字恒吉，以字行，别号同斋。

沈恒吉生于永乐七年己丑（1409年）九月一日，卒于明成化十三年丁酉（1477年）正月三十日，享年六十有九，次年正月三日葬于吴县城西的隆池。“惟沈氏之先皆葬其里相城，至处士恒吉之卒也，其子周，视先茔卑隘，始择地于吴县西山。行数日不得，他日得隆池焉。葬之。初，其地名龙池，周以其土隆然而起也，更今名。”[1]应其子沈周之请，翰林修撰吴宽为其作《隆池阡表》。

由于其父沈澄非常好客，“一时名流相过从者日常满座”，沈恒吉因此从小尽得与这些前辈们见面、接触，从而“熏其德，渐其艺，以成其名”，人们都恭喜沈澄有这样的儿子。

沈恒吉事父极孝。沈澄年老时，沈恒吉经常让人到市场去寻访各种珍馐美味来孝敬父亲。有一次，一伙强盗半夜闯进沈宅，碰巧沈恒吉有事未住在家中，本来正好躲过灾祸，但沈恒吉念及父母在家中，居然冒险返家，大声呵斥匪徒。强盗们挥刀相向，利刃已碰到了沈恒吉的袖子。躲闪之间，沈恒吉掉到了水中，所幸水不深，才没有淹到。人们都认为沈恒吉能这么做实在不寻常。

沈恒吉相貌敦厚而神思清爽，温然如美玉。其居所总是窗明几净，陈设着古雅的器物，庭院中奇石嘉树相互掩映，俨然图画一般。风日清美之时，沈恒吉经常穿戴古时的衣冠，登楼眺望；有时又乘一叶小舟进城，流连于寺庙僧舍之间，与僧人往还，焚香品茗，流连忘返。沈恒吉为人非常好客，有其父之风，每天备下美酒佳肴款待客人。与客人们畅饮一番，虽大醉，却不会胡闹，而是相互吟诵古诗歌以为乐。

沈恒吉自己视市朝荣利之事漠然如浮云，却关心百姓民生，惠于乡里。

正统间，周文襄公（忱）以工部尚书巡抚当地，沈恒吉被选为粮长[2]。周知道沈恒吉的名声，对他非常礼遇。适逢饥荒，周忱发廪赈贷，第二年春天，官府催还甚急，但民生未复，老百姓尚无力偿还。沈恒吉带头向周申诉，希望到秋天再偿还。开始周不允，沈恒吉遂反复向其陈述利害，周悟出了其中的道理，听从了他的意见。又如老百姓往往无力交足税粮，富豪之家每每施以高利贷，使得这些百姓破产者比比皆是。针对这种情况，沈恒吉则向他们提供“无息贷款”，解决了当地百姓的困难。老百姓多年以后仍然感念其恩惠，念念不忘。至于对待他人不计仇怨，抚恤贫苦，为人排忧解难之事，则数不胜数。因此，吴宽在《隆池阡表》最后感叹道：“盖沈氏自征士（指沈澄）以高洁自持，不乐仕进，子孙以为家法，遂使处士（指沈恒吉）之仁心及于一乡，

1 前揭吴宽《隆池阡表》，《家藏集》卷七十，第685页。

2 “粮长者，太祖时，令田多者为之，督其乡赋税。……景泰中，革粮长，未几又复。”前揭《明史》卷七十八，第1899页。

况又掩于文艺之美，人不尽知之乎。”[1]

明人笔记中还记录了一件沈恒吉的故事。沈恒吉晚年曾养了一条金丝犬，长不过尺，很乖巧，沈恒吉平时宴请宾客时，它就乖乖地卧在桌下。过了三年，沈恒吉病重，此犬就不再进食，又过了几天，沈恒吉不治去世，装殓后，犬盘旋而号，竟夕方罢。停柩一年，犬日夜卧其侧。到了下葬的时候，竟触头而死，随主人而去。时人不禁感叹："物之义如此！"大约主人温良孝义，所豢养的宠物日受熏陶，也特别节义吧[2]。

在艺术方面，沈恒吉擅长作诗，出口成章，体裁清丽，著有《同斋稿》，藏于家，未行于世。此外更擅长绘画，其妙处直逼宋人，却善自矜重，从不轻易落笔。

既是沈家老友，又是姻亲的刘珏曾有《寄沈同斋》诗云："药栏花迳断红尘，坐阅昇平五十春。缇纸有书皆晋体，锦囊无句不唐人。新图写就多酬客，美酒沽来只奉亲。昨夜天涯忆君梦，西风吹过楚江滨。"[3]从中可见沈恒吉书法晋人，诗追唐风，且擅绘画。

沈恒吉的绘画创作师法杜琼。杜琼《南村草堂图》册后董其昌跋云："沈恒吉学画于杜东原，石田先生之画传于恒吉，东原已接陶南村。此吴门画派之岷源也。"（上海博物馆藏）但从杜琼与沈贞吉的交往来看，大约与沈恒吉应在亦师亦友之间。

据画史记载，沈恒吉还曾师事沈遇。《无声诗史》记沈周在自己"临臞樵雪图"后的题识云："……先君同斋处士实尝师之。但先君笔法稍加细润，当时评二家之笔，谓臞樵有岩穴之气，先君得富贵之习。虽各自名家，而实出一钵也。……"[4]从记载中沈遇与沈澄的交往等情况来看，沈遇比沈澄小一岁，二人关系极为密切，因此沈遇算是沈恒吉的父执辈，则沈恒吉师事沈遇应是可靠的，但很可能并非正式拜师，只是日常创作中予以指点。

沈恒吉传世及见于著录的作品非常有限，这也印证了吴宽"自重不苟作"的说法。至明代万历年间的著名鉴藏家张丑时，其作品已不多见，故张丑说："第其遗迹绝少，故不为世所知。余仅观其胜感八景一册……"[5]

沈恒吉的传世画作，目前仅见《查氏丙舍图》卷一件（图五）[6]。

此图本幅描绘江南水乡景色。汀渚坡岸，渔舟水榭，岸边庭院，草堂、湖石、丛树。画面左侧大面积留白，表现水面，小舟一叶，船头一人垂钓，室内、庭院皆空无人迹，境界空阔清寂。款署："查氏丙舍图。长洲沈恒吉敬绘。"钤白文印一。画前引首陈道复

1 前揭吴宽《隆池阡表》，《家藏集》卷七十，第686页。

2 王锜：《寓圃杂记》卷上，第7页，《丛书集成初稿 · 马氏日抄（及其他三种）》，中华书局，1985年。

3 前揭刘珏撰《完庵集》，明刻本。

4 《无声诗史》卷一，前揭《中国书画全书》第四册，第838页。

5 前揭张丑《清河书画舫》"皱字号第十二"，《中国书画全书》第四册，第361页。

6 "后真赏斋"所藏。影印于铃木敬编《中国绘画总合图录2》，S1-020，东京大学出版会，1982年。

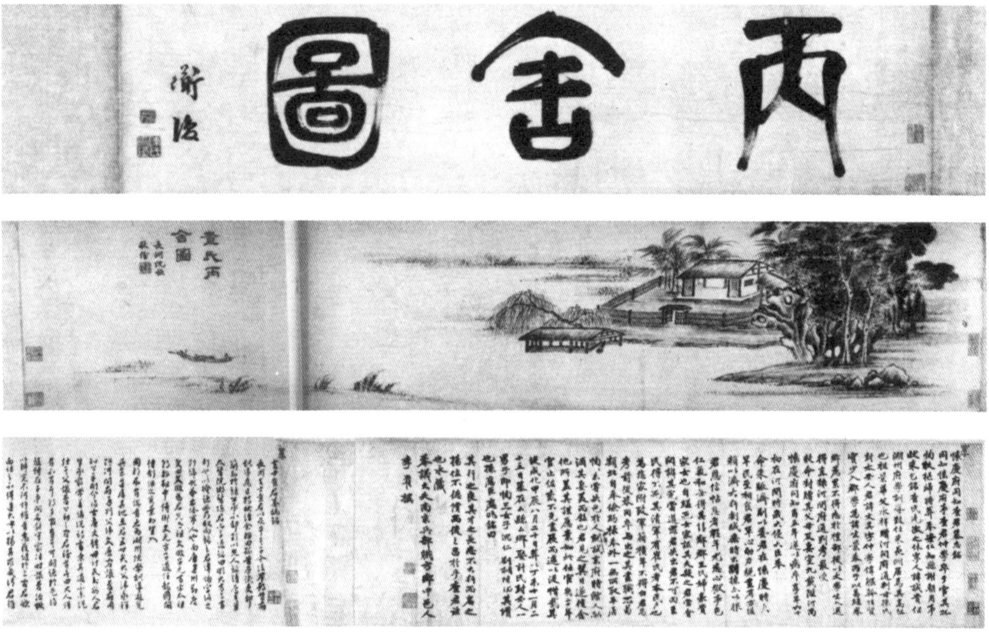

图五　明沈恒吉《查氏丙舍图》卷

隶书“丙舍图”三字，卷后有李应祯为查文（仲学）所作墓志铭、屠[1]为查恂（信之）所作墓志铭、王鏊为查恂所作墓碑铭，以及查恂之子查应兆所书题记。据应兆所题可知，此图是当年沈恒吉为查文选定当地霍山作为自己身后墓地所作。“丙舍”，是指在墓园的房屋，但从画面来看，作者并未强调受画人家族墓园这一主题，其中并无阴郁萧索之象，而更像是吴中文人的隐居之所，山边水际，一派清逸绝俗的韵致。这种构图，在当时的文人绘画中较为常见，如姚绶的《都门别意图》卷、《吴山归老图》卷等均采用了左虚右实的构图方式[2]。

沈恒吉见于著录的作品也极为有限。

他曾创作一件渔父题材的山水画，绘一人鼓棹垂钓，本幅自题：“此老粗疏一钓徒。服也非儒，状也非儒。年来只为酒糊涂，朝也村酤，暮也村酤。胸中文墨半毫无。名

1　成化丙戌进士，官至太子太傅礼部尚书，谥“襄惠”。《列朝诗集小传》丙集，第 291 页，上海古籍出版社，1983 年。

2　按查应兆所记，是“……怀庆公（查文）解组归里后徜徉山水间，一日登霍山，爱其胜，喟然叹曰：我百年后魂魄犹应恋此，因挥杖画其地作生圹。相城沈隐君恒吉写丙舍图记其事。……”但在李应祯为查文所作墓志铭中却说：“同知怀庆府事 君仲学卒于官，其孤恂扶柩归……”李文作于成化二十三年丁未（1487 年），查应兆题记则作于正德六年辛未（1511 年），时隔二十四年，则似以李应祯所记更为准确，但于本图“查氏丙舍”这一主题无碍。

也何图，利也何图。烟波染就白髭须，出也江湖，处也江湖。调一剪梅。时雨方霁，寤寐北窗，展玩古法名笔，聊为作此，赠诚庵老友一笑。恒吉。”图上还有其兄沈贞吉的题词一首：“一竿风月，一蓑烟雨，家傍钓台西住。卖鱼生怕近城门，况肯到红尘深处。潮生解缆，潮平鼓枻，潮落放歌归去。时人错认严光，自是无名渔父。调鹊桥仙。八十三翁沈贞吉题于有竹居。”[1]

在中国古代，渔、樵、耕、读四种生活方式由于其相对幽僻的环境及独立的工作方式，被文人士大夫们充分理想化，并常常被用作文学艺术作品的主题，以表达作者避世遁隐的愿望，其中尤以“渔隐”的素材被使用得最为普遍。这在中国是早有渊源的。如殷商末年的姜太公垂钓渭滨、东汉初年严子陵在严陵濑的渔隐故事、《离骚》中假借“渔父”以传达避居山野的志向等，都是脍炙人口的渔隐故事。

明初，由于朱元璋对于张士诚据吴时苏州文人多依附之怀恨在心，故对苏州采取了经济和文化上的双重高压政策，一时吴中名士几被清洗殆尽。吴宽《家藏集》中所作“先世事略”可以从一个侧面反映当时的这种状况：“先祖讳某，生元末，性醇谨谦厚，口未尝出恶言，里中称为善士。平生畏法，不入府县门，每戒家人，闭门勿预外事。故历洪武之世，乡人多被谪徙，或死于刑，邻里殆空，独能保全无事。……”[2]在这种只有“闭门勿预外事”才能勉强“保全无事”的社会环境下，文人士大夫自然只能遁迹于五湖三泖之间，则盛行于元代的“渔隐”题材也就自然被延续下来。

沈恒吉见于著录的作品还有《娄江胜感接待寺八景》一件。在明代大收藏家张丑的《清河书画表》和《书画见闻表》中，均记有沈恒吉《胜感八景册》一件，在《见闻表》中记之于“目睹”部分，说明张氏曾亲睹此作。虽然二书均只列画目，未及该画的内容、笔法、特点等，不过，明代另一位著名书画收藏家汪砢玉的著录书中记录的一件沈恒吉老师陈继的作品——《陈博士继为娄江胜感接待寺八咏序并诸名公诗记》则可以帮助我们了解恒吉这件绘画的概况。

娄江胜感接待寺，在苏州城东外，距城无百步，主其法席者为释有中，“能乐空寂、淡泊自宜、游心于其道，又能以诗章发其志意”，时之君子“乐与之游”。在他主持下，胜感接待寺“起芜秽为宝胜，澈剥落为轮奂，整树艺为乔郁”，且在原有的玄音堂之外，增建了听闻室、止息斋、含晖楼、挹清阁、松华堂、一掬轩、云深处等七处建筑，合为八景。有中不但自己“遍咏之，又求咏于巨公名士，咏于其徒，咏于其逸人……由是，接待之名称扬于时，而君子乐过之者，诚在此也。”有中乃集众人之作，加以刊刻，并请陈继作序。陈继素与有中交好，遂欣然命笔，于宣德二年（1427年）八月

---

1 见于明代郁逢庆《郁氏书画题跋记·卷十二》“沈恒吉山水”、清代卞永誉《式古堂书画汇考·画卷之二十五》“沈恒吉山水并题”、庞莱臣《虚斋名画录·卷八》“明沈恒吉渔父图轴”。另吴升《大观录·卷十九》著录“沈恒吉秋山方霁图”，有沈恒吉题而无沈贞吉题。

2 前揭吴宽《家藏集》卷五十七，“四库明人文集丛刊”本，第533页。

望日写下了洋洋洒洒、寓八景之名于其中、颇具禅意的序文。文曰："……大凡浮图谓超诣觉路者，未尝外于物，亦未尝囿于物。而物物随物，悟之以融其性。然非得于玄音而达于听闻，以归其止息者，必胶于时，又何知含晖而可以喻中之光明者哉，又何知挹清而可以喻去浊就洁者哉，又何知松华而可以喻历冰雪时至而芬芳者哉，又何知一掬之水其能照今古，一方之云其能迷上下者，为之心所喻哉。"认为有中不外于物、不囿于物，乐空寂、淡泊自宜，堪与名僧支遁相提并论。其后又以八景为题，各赋五言绝句一首，并在宣德四年（1429 年）孟春望日撰《云深处记》一篇。陈氏诗文之后，有王大伦等众多文人题诗[1]。

以陈继对有中之推崇、尊敬，有此诗文在前，则沈恒吉应老师之命或有中之请为之配图或单独作图，应是情理之中的，且应是其精心之作，所绘内容，自然是寺中这八处景观了。

此外，李日华在他的《味水轩日记》中也对此图有所记录："娄江圣感寺《八咏图》册，沈恒吉写图，启南之父也。大都用南宋马、夏、刘、李之法。"并评价为"精刻过多"[2]。由此可见，沈恒吉的绘画是广博兼师且均所擅长的。杜琼曾在一首《赠刘草窗三十韵》的诗中，较为系统地评述了山水画发展史中众多名家风格，从"山水金碧到二李，水墨高古归王维"，一直到元代的赵孟頫、钱选、元四家。虽然结语是"诸公尽衍辋川脉，余子纷纷奚足推"，充分褒扬了后来董其昌所谓的"南宗"系统，但在对北派山水，如南宋四家的论述中，也给予了充分的肯定，如"乃至李唐尤拔萃""马夏铁硬自成体，不下此派相和比"[3]。而沈恒吉与杜琼亦师亦友，他们都有着共同的艺术追求，因此，在以董巨、元四家为主的基础上兼师各家，是非常正常的艺术选择。

这种描写园林小景的作品，上承王维《辋川图》、卢鸿《草堂十志图》等文人画传统，下启后来吴门山水画中典型的园林化倾向和写实性质的作品，成为后来吴门绘画的一个突出特色。

此外，沈恒吉的其他绘画作品，我们就只能从其友人的诗文中窥其端倪了。如吴宽有《沈恒吉小景》一首："扁舟同泛十年前，夜宿西山一坞烟。逝矣斯人犹在目，古村黄叶带清泉。"[4] 陈宽有《题沈恒吉画扇》："红树丹山领去舟，蘋花香老不胜秋。沧江风月谁人管，且向汀前问白鸥。"[5] 从中可见沈恒吉画作清幽淡雅、空明灵动的意境。

沈恒吉的书法，目前可见的，只有刘珏《清白轩图》上的一段楷书题诗："十载天涯作宦游，黄尘飞满紫貂裘。归来不叹长途险，犹写关山万里秋。吴兴沈恒吉。"钤"同

---

1 《汪氏珊瑚网法书题跋》卷十三，前揭《中国书画全书》第五册，第 827 页。

2 李日华：《味水轩日记》卷五，第 344 页，上海远东出版社，1996 年。

3 前揭《列朝诗集》乙集第七，第 31 页。

4 前揭吴宽《家藏集》卷六，"四库明人文集丛刊"本，第 43 页。

5 前揭《列朝诗集》乙集第七，第 38 页。

斋”一印。其书法似乎较乃兄更接近其父沈澄的书法面貌，在台阁体的圆润秀美之中，略具赵孟頫书法风貌。

百年之间，风云流转。沈氏家族这三代人，在逐步稳固家业的基础上，倾心文艺，结交名士，诗文酬酢，书画传家，使沈氏家族从一般江南士绅一跃而为“世游艺苑，继继不绝”[1]的艺术家族，最终造就了辉耀百代的艺术大师——沈周。但到正德年间沈周去世之后，沈氏家族也旋即衰落，终未脱古人所论：“吴中山水清嘉，衣冠所聚，今其子孙往往沦落而无闻……”[2]一代文艺世家虽然难免繁盛衰变的历史规律，但其以一个家族的艺术发展，折射出那个时代的艺术发展轨迹，其家族变迁，自也值得我们回味、研究了。

节选自《石田秋色——沈周家族的兴盛与衰落》，台湾石头出版股份有限公司，2012年

1 前揭吴宽《家藏集》卷四十八，“四库明人文集丛刊”本，第441页。

2 陆友仁《吴中旧事》，前揭《吴中小志丛刊》，第3页。

明代宫廷画家职官状况述略

聂 卉

内容提要：明代宫廷画家的官职、称谓不一，任职混杂，史料记载零散、简略，给宫廷画家身份的辨认造成一定的困难。从宫廷内部管理状况来看，画家的官职多样且分散，涉及多个职官体系，官职中有相当一部分为虚职，在具体管理方面权归内廷太监。本文力图从明代职官体系和内廷隶属等方面切入，区分辨别宫廷画家的官职与称谓，从而进一步认识明代宫廷画家的身份定位，了解明代宫廷绘画创作的运作状况。

关键词：宫廷画家　官职　称谓　内廷　太监　御用监　锦衣卫

"宫廷画家"，从广义来说可以泛指所有在宫廷进行绘画创作的人员。这一大范围里包含了多个复杂的层面，除供职宫廷的画师、画工外，还有善画的词臣官员以及皇帝和其他宫廷成员。如果以其工作职能作为身份辨认的标准的话，"宫廷画家"应该特指在宫廷以绘画为职业并且以绘画技艺效力于宫廷的人员，这些人在历代宫廷中有着不同的称谓或官职。本文的论述以上述概念界定为前提，将宫廷画家与宫廷中其他善画的人员予以区分，将讨论的对象确定为明代宫廷中的职业画家群体。

明代宫廷借鉴宋代"翰林图画院"的建制，征召画家入宫供职，而统观明代的官僚机构，包括外朝和内廷，都没有"画院"或是相似名称的独立部门，可见明代宫廷是没有明确的画院建制的。但是为数不少的传世作品从实物角度证明了明代宫廷进行绘画创作的历史事实，相关的画史文献对画家在宫廷的任职状况和隶属关系也有粗略和零散的记载。实物与史料表明，明代宫廷的画院体制是以"有实无名"的方式客观存在的。而一些诗词等文字中出现的"画院"之称，仅仅是一种概括性的说法，并不是确指某个宫廷机构。由于明代宫廷没有设立独立的绘画机构，所以供职内廷的画家既无独立衙署，也无统一官职，称谓不一，给后人留下了管理混杂的印象。因此梳理

作者：书画部，副研究馆员。

图一 黄济《砺剑图》款署

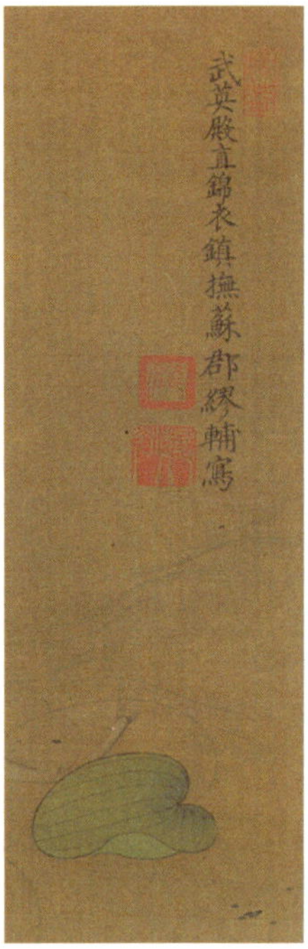

图二 缪辅《鱼藻图》款署

明代宫廷画家的职官状况，区分正式官职与身份称谓，了解内廷对绘画事宜的管理，加深对艺术风格之外的历史背景的认识，对进一步研究明代宫廷绘画是十分必要的。

一 明代宫廷画家官职与称谓的状况分析

考察明代宫廷画家的职官状况，首先是依据传世作品上画家的款署，其次是史料记载中画家的传记。从作品来看，明代宫廷画家的款署格式没有统一标准，总体上有值殿名、官职、籍贯和姓名等几项内容，画家根据个人习惯和喜好书写不一。如“直仁智殿锦衣镇抚三山黄济写”（图一）[1]、“武英殿直锦衣镇抚苏郡缪辅写”（图二）[2]、“直仁智殿文思院副使五云王臣写题”[3]、“直文华殿画士计盛”[4]等；有的署“臣”字款，如“臣王谔写”[5]（图三）；还有的不书官职，而以印章表明宫廷画家的身份，如朱端

1 见黄济《砺剑图》，故宫博物院藏。

2 见缪辅《鱼藻图》，故宫博物院藏。

3 见王臣《双钩竹图》，故宫博物院藏。

4 见计盛《货郎图》，故宫博物院藏。

5 见王谔《踏雪寻梅图》，故宫博物院藏。

图三　王谔《踏雪寻梅图》款署

图四　“日近清光”印

的“辛酉征士”印、孙隆的“金门供御”印[1]，以及多个画家共用的“日近清光”印[2]（图四）和“金门画士”印[3]等。据粗略统计，明代宫廷画家的官职和称谓约有十余种。以《明史·职官志》为基准，正式记录其中的官职有：待诏、中书舍人、文思院副使、营缮所丞、鸿胪寺序班以及锦衣卫各级职衔，此外还有画士、画史等称谓。如此多样化的官职称谓是明代宫廷画家最显著的特点之一。

首先分析官职状况。明代宫廷画家所具有的官职不仅多样，并且表现出相当的分散性。画家们被授予的各种官职分别隶属于不同的职官机构，如下所示。

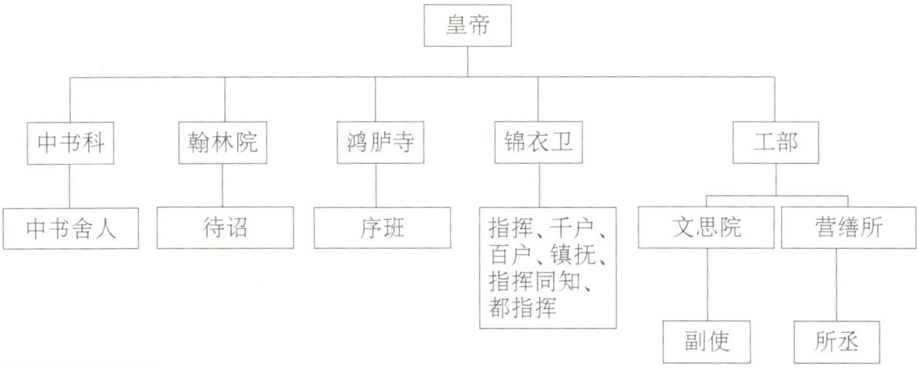

1　见孙隆《芙蓉游鹅图》，故宫博物院藏。

2　见黄济《砺剑图》、缪辅《鱼藻图》，故宫博物院藏；周文靖《古木寒鸦图》，上海博物馆藏。

3　见计盛《货郎图》、李在《山水图》，故宫博物院藏。

这些官职中除锦衣卫为武职外，其余均属文官系统，其中待诏、中书舍人、鸿胪寺序班是中枢直属机构官员，文思院副使、营缮所丞是工部下设机构官员。从职能性质来划分，大体可以分为三类：

第一，翰林供奉或文书类官职，如待诏、中书舍人。

待诏：汉代称各类才艺而无正式官职者为待诏；唐代设立翰林院，为各种艺能之士供职机构，如词学、经学、合炼、僧、道、卜、祝、艺、书、弈等各色人才，称为待诏，随时听候皇帝召见和差遣；宋代画院画家有待诏、祇候、艺学、画学生等若干等级的称呼；明朝翰林院下设待诏一职，从九品，掌缮写校对章疏文史，另有文渊阁待诏、武英殿待诏，负责宫廷绘画事宜。洪武年间有画家陈远任文渊阁待诏，宣德年间有画家边景昭任武英殿待诏，画家李在任仁智殿待诏，弘治年间著名画家吴伟待诏仁智殿，嘉靖中有画家张广待诏内廷[1]。

中书舍人：《明史・职官志》载：中书科，中书舍人20人，从七品。值文华殿东房中书舍人，值武英殿西房中书舍人，内阁诰敕房中书舍人，制敕房中书舍人，并从七品，无定员。其中武英殿舍人职掌奉旨篆写册宝、图书、册页。中书舍人的职责主要是书写工作，个别涉及绘事，记载中有洪武时期的沈希远和万历年间的吴彬以善画入宫，曾任此职。

第二，营缮造办类官职，如文思院副使、营缮所丞。

文思院副使：文思院，工部下设机构，设大使1人，正九品；副使2人，从九品。掌管营缮以及制造金银犀玉工巧之物，金采绘素装钿之饰，以供宫廷所需仪物。曾任文思院副使的画家有成化年间的詹林宁、林时詹、许伯明和弘治时的周辄以及入宫时代不详的王臣等。

营缮所丞：营缮所，工部下设机构，设所正1人，正七品；所副2人，正八品；所丞2人，正九品，以诸匠之精益者为之。负责监造清道御仗、交椅、脚踏坯及乐器头管、龙笛、笛板等。成化年间供职内府的林良，先拜工部营缮所丞，值仁智殿，后来升为锦衣卫百户。

第三，寄禄性质的虚衔官职，如鸿胪寺序班、锦衣卫。

鸿胪寺序班：鸿胪寺为皇帝直属机构，明代置序班50人，从九品，掌朝会、宴享及朝廷各项活动中侍班、齐班、纠仪、传赞等事。曾任此职的有宣德时期的周文靖以及入宫时代不详的刘璋（后升锦衣镇抚、副千户）。

锦衣卫：锦衣卫设立于明洪武十五年（1382年），名义上是直属皇帝的禁卫军和仪仗队。《明史・职官志》对锦衣卫是这样记述的："掌侍卫、缉捕、刑狱之事，恒以勋戚都督领之，恩荫寄禄无常员。凡朝会、巡幸，则具卤簿仪仗……宿卫则分番入直。"锦衣卫没有名额定制，主要由皇帝的勋戚宠信之人充任。宣德朝以后，宫廷画家多被

1　在古文中，"待诏"一词有时作动词使用，如称某画家"待诏仁智殿""待诏内廷"等，表明此人供职宫廷的状态，是否确授"待诏"官职尚需考证。

图五　刘俊《雪夜访普图》款署

授以锦衣卫职衔，官阶有指挥、千户、镇抚、百户等。刘俊官“锦衣都指挥”（图五）[1]，吕文英官“指挥同知”[2]，是级别较高的两位。

以上这些职务都是明廷的正式官职，其中只有待诏一职与宫廷绘画有着明确的关系，其余有的性质相近，有的则相去甚远。因为明代宫廷没有专门的绘画机构，所以画家身为供职内廷的人员只能套用其他机构的职衔，即所谓“寄禄”，就是挂名领取俸禄，只有虚衔没有实职，官职代表的是薪俸的等级，不具有实际职权。其中最具代表性的就是锦衣卫职衔，宫廷画家们的锦衣卫头衔是典型的“寄禄”。甚至中书舍人等职务也在一定程度上带有这样的特性，《春明梦余录》卷二八记述：“其余两房史馆，文华殿则以缮写为职，而武英殿办事及旧有仁智殿办事，则且及于画，即古之书画学，又不特缮写也。至于赀入两殿者，则借以带衔，实无职掌。”也就是说，虽然画家们头顶着这样或那样的官衔，但在宫廷实际从事的工作只是为皇帝画画而已。宫廷画家的官职很大程度上“有名无实”，与明代宫廷画院“有实无名”的状况恰恰相反。这种现象同样体现在为宫廷效力的其他门类的工匠身上，“宪宗初即位，命中官传旨，用工人为文思院副使，自后相继不绝”[3]，武宗朝因对画史、工匠授职过滥还曾经引起朝臣上疏反对[4]。

1　见刘俊《雪夜访普图》款署，故宫博物院藏。

2　（明）顾起元：《嫩真草堂集》，转引自穆益勤《明代院体浙派史料》，上海人民美术出版社，1985年。

3　（清）孙承泽：《春明梦余录》，北京古籍出版社，1992年。

4　《明会要》卷四九，中华书局刊本。

明代宫廷画家的职衔总体而言普遍不高，主要集中在九品至五品之间，有个别达到二品。由于这些官职分属于不同的机构，所以官职的高低无法在统一的体系内作纵向排列，只能按照品级作如下排比。

明代宫廷画家职衔一览表

品　级	官　职
二品、从二品	都指挥、指挥同知
五品	千户
六品	镇抚、百户
从七品	中书舍人
九品、从九品	营缮所丞、待诏、文思院副使、鸿胪寺序班

宋代画院设置各级官职，如袛候、待诏等，画家依次升迁，而明代宫廷画家没有专有机构和专有官职，因此画家官职的晋升看起来似乎缺乏系统性。在同一系统内比较规律的晋升只有锦衣卫职衔的依次递进，如谢环永乐年间入宫，宣德初年赐官锦衣卫千户，又升为指挥，等等。除此之外，就任其他官职的宫廷画家在晋升时多以锦衣卫职替代，少有在原系统内得到升迁的。如林良先任职营缮所丞，之后晋升为锦衣卫百户；刘璋由鸿胪寺序班升为锦衣卫镇抚，后至副千户，等等。《明史·职官志》有这样一段记载："其直文华、武英两殿供御笔札者，初为内官职，继以中书分直，后亦专举能书者。大约舍人有两途，由进士部选者，得迁科道部属，其直两殿、两房舍人，不必由部选，自甲科、监生、生儒、布衣能书者，俱可为之。不由科甲者，初授序班，及试中书舍人，不得迁科道部属，后虽加衔九列，仍带衔办事。"这段文字说明，明朝廷对于非科甲出身而供职的官员，在晋升时是区别对待的。宫廷画家的官职晋升在实际操作过程中也采用了以上管理模式，画家的官职体现了一定的临时性和随意性。文献记载中也有个别人以书画家身份入宫，之后又成为朝廷行政官员的，如成化时沈政值仁智殿后官至顺天府丞[1]；技术士文思院副使李景华升为中书舍人、御用监书办，后至通政司[2]；文华殿书办张骏官至礼部尚书；匠役徐杲以营造官至工部尚书[3]。这些人虽然在仕途上取得了相当的进步，但役匠的低微出身有时仍使他们在官场中遭遇尴尬。

1 （清）张廷玉等撰：《明史·刘健》列传第一百八十一，中华书局，1974年。

2 见《闽书》、《画史会要》、《无声诗史》等书。

3 （明）沈德符：《万历野获编》卷九，中华书局，1997年。

其次再来分析明代宫廷画家的相关称谓。在传世作品的款署和史籍文献中，有一些对宫廷画家的称谓不见于《职官志》的记载，例如画士、画史、画院秘丞等。

画士：计盛《货郎图》款署："值文华殿画士计盛"，钤有"金门画士"印。《酌中志·内府衙门职掌》[1]中提到有"武英殿画士"。《四友斋丛说》载："我朝特设仁职殿以处画士……"[2]此外在明代崇祯年间的道释绘画上也见有"画士徐元吉"的署名。考察《明史·职官志》中各项均不见"画士"或"画士官"的官职，综合看来，"画士"应该是宫廷和民间对画工的一种通行称谓。宫廷里的画工除"画士"的身份外，还有"画士官"这一更高级别的职位，但是有别于朝廷的正式官职。如北京法海寺保存有明代壁画，寺中的《楞严经幢》上记录了部分绘制者的姓名："画士官宛福清、王恕，画士张平、王义、顾行、李原、潘福、徐福林等十五员"[3]。

画史：边景昭《竹鹤图》款署："清华阁画史边景昭制"；李在《山水图》钤有"金门画史之印"。"画史"之名也不见于正式的官职记载，称谓性质大概与"画士"相同，从语意上更接近画家自称的口吻。

画院秘丞：明代卓尔昌著《画髓元诠》载，蒋乾的弟子杭州人沈应山"征为画院秘丞"。这一称谓有很大的不确定性，首先明朝宫廷内并没有明确的画院机构；其次，这一称谓是为个例，不见其他记载。从它的字面含义考察，推测"秘"字源出魏晋以及宋代时的秘阁、秘府，指宫廷收藏书籍和法书绘画的机构；而"丞"在古代官职中一般系佐官。由此推断这一称谓也并非确指官职。

根据画史文献记载，还有很多画家都有供职宫廷的经历，但是多数记述简略，多以"征召入京""供事内廷""供奉内殿"等类似的文字一笔带过。例如清人胡敬《国朝院画录》中对明代宫廷画家的记述："明有文渊阁待诏陈远，武英殿待诏边文进，华盖殿供御马时旸，值仁智殿上官伯达、戴文进、谢廷循、石锐、李在、周文靖、沈政、张乾、林时詹、锺礼、詹林宁、朱端、曾和，供奉翰林文字唐肃，供事内殿顾炳，供事内府盛著、郭纯、张广，内供奉郭文通，值秘殿吕文英，值内殿为序班杨节，文思院副使许伯明，试画品中书锺世昌，锦衣指挥商喜、吕纪，锦衣镇抚周鼎、郑时敏、郑文英、林郊，锦衣千户谢环、王谔、张一奇，锦衣百户赐画状元吴伟，外此被征召承恩宠登画学隶画院而官秩无考及官他秩序者，未备载焉。"在这段文字里除了一些确切官职外，还有一些概念相对模糊的表述，如供奉、供御、供事内殿、供事内府、内供奉、值秘殿等。其中"供奉"一词指在皇帝左右供职者，唐初有侍御史内供奉，清代称南书房行走官员为内廷供奉，也以此称呼进入宫廷的艺人演员等，而明代内廷并无供奉一说。其余的多种表述，修辞不同，含义相近，都是对画家供职宫廷的经历的一种概括。这

1 《廿二史札记·吏役至大官》，前揭《明代院体浙派史料》。

2 （明）刘若愚：《酌中志》，《丛书集成初编》，商务印书馆，1935年。

3 何良俊：《美术丛书》，前揭《明代院体浙派史料》。

样模糊的记载，一方面可能是因为史料的缺失，另一方面也在一定程度上说明有相当一部分画家在供职宫廷的过程中可能没有正式被授予官职，而仅仅是以“画士”之类的身份在明代宫廷中活动过。

二 宫廷画家与内廷的隶属关系及地位

明代宫廷画家没有专署，是以“入直”的形式服务于内廷，在传世作品的款署和相关画家的传记中常见“直 ×× 殿”或“×× 殿供奉”的表述。在明代紫禁城的宫殿之中，宫廷画家供职最为集中的地方主要是武英殿和仁智殿。武英殿位于紫禁城外朝西路，与东路的文华殿相对应。《春明梦余录》卷十一载：“文华殿有直殿中书，择能书者居之；武英殿有待诏，择能画者居之，如宋之书、画学是也。”在明宣宗的绘画作品上也有“武英殿御笔”的字样[1]。仁智殿今已不存，原址约在武英殿之北。据《万历野获编》卷九载：“本朝武英殿后别有仁智殿，为中宫受朝贺及列帝、列后大行发丧之所。武英殿之东北为思善门，即百官及命妇入临处。凡杂流以技艺进者，俱隶仁智殿。”武英殿与仁智殿是明代宫廷进行绘画活动的主要场所。此外，洪武年间画家陈远为文渊阁待诏，弘治年间画家马暄征入华盖殿供御。文渊阁始建于明代太祖朱元璋，位于南京奉天门东，作为藏书、编书之所，有文渊阁大学士、文渊阁待诏等职。永乐迁都后在北京紫禁城也建有文渊阁，后来分别毁于火灾和战火。现在的文渊阁是清乾隆四十年（1775 年）重建的。华盖殿即现在的中和殿，永乐十八年（1420 年）始建，初名华盖殿，清顺治二年（1645 年）改名中和殿。

明代内廷有着一套庞大的运作体系，其内府机构包括司礼监、御用监、内官监、御马监、司设监、值殿监等二十四个部门，通称二十四衙门，主要依靠内官即太监督管运作。根据《明史·职官志》记，司礼监下设“书籍名画等库掌司”；御用监“设掌印太监一员，里外监把总两员，掌司、典簿、写字、监工等无定员。凡御前所用围屏、床榻等木器及紫檀、象牙、乌木、螺钿等玩器，皆由此监选办。又有值仁智殿监工一员，掌管武英殿中书奉旨所写书籍、画册等，奉进御前”。明朝宦官刘若愚的《酌中志》中有关于内府衙门职掌一节，其中记载：“御用监武英殿画士所画锦盆堆，则名花杂果；或货郎担，则百物毕陈；或将三月韶光、富春山、子陵居等词曲选整套者分编题目，画成围屏，按节令安设。”又记，司礼监下设中书房，“专管文华殿中书所写书籍、对联、扇面等件的承旨发写，奉进御前。凡宫中糊饰，如不用外匠，则由监工及学手艺牌子太监糊饰，然后递转此处或御前作”。根据这些记载可知，内府机构中御用监与司礼监及其下设的中书房是与宫廷绘画创作有直接关联的部门，如下所示。

---

1 《现代佛学》1963 年第 4 期。

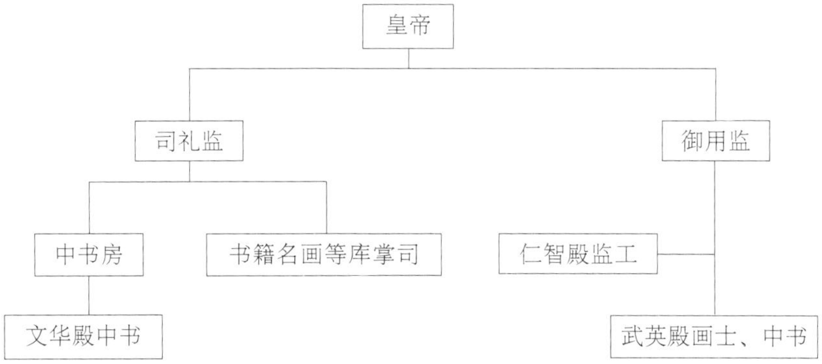

负责掌管这些机构与部门的是太监，当时称有权势的太监为“大珰”，由他们来完成包括旨意下达、监督工作、转递呈交等具体环节，对画家的督管考查也在他们的职权范围之内。有着各种头衔的宫廷画家实际归属这些机构的管理。画家在宫廷中的工作性质与供御笔札的中书舍人等接近。文华殿中书等与都督本殿大珰以师生之礼相见，而画家面对掌事太监时，则需叩头行礼，法度严峻。

宫廷绘画的服务对象是以帝王为核心的宫廷生活，画家们奉旨为皇帝描绘御容，绘制壁画和各类卷轴画装饰宫殿。皇帝是宫廷艺术创作的最高领导者，绘画是否“称旨”，是品评其优劣的最终标准。帝王与宫廷画家之间的关系是君臣的关系，在明代宫廷绘画史中恩威并施的皇权特色体现得颇为明显。明太祖朱元璋对盛著[1]为古画全色的技巧甚是赞赏，进而鼓励他：“尔当笃其志而务斯，他日买者如流之趋下，可衣食终身，毋中道而废嘱焉。”[2]得到夸奖并被寄予如此厚望的盛著之后的结局，据《明画录》记载，“（盛著）后画天界寺壁影，以水母乘龙背，不称旨，弃市”。与他同时的周位[3]也曾在画天下江山壁画的过程中应对从容，得到太祖皇帝欢心，但遭同行嫉妒，死于谗言。宣德皇帝亲临绘画之所，当面督促郭纯作画，甚至“不即执笔，以死怵之”[4]。这样极端的事例当然只是个别现象，不能代表全部，但也说明画家们身在宫中，虽然有“日近清光”的荣耀，更有“伴君如伴虎”的旦夕祸福，高超的绘画技艺也不是仕途的保障，一旦失宠于帝王，失去的不仅是在宫廷中发展的机会，甚至可能是身家性命。

历朝帝王的喜好和欣赏品味各有不同，对宫廷绘画创作的干预程度也不尽相同。永乐皇帝朱棣欣赏郭纯取法元代画家盛懋“布景茂密”的画法，而将宗法南宋马远、

1　盛著，生卒年不详，字叔章，嘉兴人，元画家盛懋之侄，明洪武中供事内府。画山水高洁秀润，能得其法，兼工人物花鸟，能全补图画，运笔设色与古无殊。后画天界寺影壁，以水母乘龙背，不称旨，弃市。

2　《明太祖文集》卷一四，前揭《明代院体浙派史料》。

3　周位，生卒年不详，字元素，镇洋（今江苏太仓）人。明洪武初年征召入宫，专事图绘山水壁画，饮誉朝中，因中同行谗言获罪处死，有《渊明逸致图》册（台北故宫博物院藏）。

4　《张东海集》卷二，前揭《明代院体浙派史料》。

夏圭者斥为“残山剩水”[1]。宣德皇帝朱瞻基则刚好相反，明代宫廷转而崇尚南宋院体风格，这一风尚延续到弘治年间，孝宗皇帝对画风雄健的王谔尤为欣赏，赞誉他为“今之马远”[2]。明代宫廷绘画的风格流变，在一定程度上反映出帝王的审美喜好对宫廷艺术创作具有不容忽略的影响。

从中国古代绘画发展的总体背景来看，明代是文人画风大盛的时代，绘画作为文人士大夫抒情遣怀的一种方式被赋予了更多的精神内涵。而以绘画为营生即使是身为宫廷画家，在文人士大夫们心目中也是不被尊重的。为人役使势必要依附于掌权者，如此一来自然降低了人格和画格。基于这样的标准和逻辑，在当时以及后世的论述中，对宫廷绘画及宫廷画家往往评价较低，体现了文人士大夫主要的人生价值取向。明代官职的滥授和宫廷画家受制于宦官的情形，更进一步使宫廷画家的身份地位遭到文人士大夫的轻视。宣德年以前，中书舍人还是翰墨亲近之臣，而至成化年间“亦各以传旨进秩，地望渐轻……其间供事者皆以艺进，或献诗词于大珰者亦得之，于是科目清流无肯预列”[3]。待诏、中书舍人等以书画供职内廷，本身就被视为役匠之流，而同朝为官，甚至是同为中书科的官员，科甲出身者以“进士中书科”来表明身份，与之相区别。在他们眼中，这些人“初本清要近臣，其后间以任子及杂流居之，近代则阁臣之僚属，内殿之供役，与夫入赀为郎者，亦带此衔，而流品迥然区别矣”[4]。

综上所述可以看出，明代宫廷虽然在文化建设方面沿用了宋代的一些做法，甚至在绘画风格上也有一定程度的承袭，但是在制度和管理等方面都无法与之相比。宋代宫廷设立有正式编制的画院，画家的官职品级在八、九级之间，品级虽低但是管理相对完善，画家有一定的创作自由，使得宋代院体绘画成就突出，统领画坛；明代宫廷画家在等级待遇上略高，但体制不清，创作自由度下降，受到外力因素干预较多，只是在宣德、成化、弘治等几代君主的推动下，明代宫廷绘画才在一段时期内显示出创作的繁荣，与民间画派尚有一定的联系互动。而明代中期以后由于缺乏自上而下的引导推动，虽然陆续有画家在宫廷供职，但鲜有佳作传世，宫廷绘画创作几近停滞。

原载《故宫博物院院刊》2007年第2期

---

1 《画史会要》卷四:“郭纯，字文通，号朴斋，永嘉人，尝为阁门大使。善山水，布景茂密。长陵最爱之。有言其宗马远、夏圭者，上辄斥之曰：是残山剩水，宋僻安之物也。”类似文字还见于《水东日记》、《图绘宝鉴续编》、《无声诗史》等书。

2 《两浙名贤录》卷四九；《画史会要》卷四；《明画录》卷三。

3 前揭《万历野获编》卷九。

4 前揭《万历野获编》卷二一。

董其昌与“松江派”绘画辨异

杨臣彬

内容提要：董其昌是“松江派”精神领袖，是明末清初各主要画派的宗师。他的艺术理论与实践构成了其“南宗北斗”的地位，本文通过对董其昌创作风格的变化，透析出不同于“松江派”画家的创作特色：追求生秀朴拙之趣，不求工似；具有广泛深厚的文化艺术内涵；诗文书画相得益彰；首次提出了绘画的南北分野，褒南贬北，兼容禅宗理念；以书画鉴藏为创作之参照。文章还对董其昌仿款作品作了辨别举要。

关键词：董其昌　松江派　南宗北斗

前辈学者对于董其昌与“松江派”绘画之不同和董氏绘画的代笔与伪作问题多有论述，如启功先生的《董其昌书画代笔人考》、徐邦达先生的《古书画伪讹考辨》、谢稚柳先生的《谈董其昌的代笔》均不乏精辟之见。

松江古称云间、华亭，故“松江派”亦有“云间派”“华亭派”之称。“松江派”泛指明代末年松江地区画风相近而又有各自面目的画家群，既无一定组织形式，又无明确的师生传承关系，他们之间多为画友或艺术旨趣较为接近，笔墨技法相互影响或亦师亦友，其代表人物其说不一，明范允临在《输寥馆集》中将赵左、董其昌、顾元庆列为代表人物；明朱谋垔在《画史会要》中将顾正谊列为“华亭派”；明蓝瑛、谢彬在《图绘宝鉴续纂》中认为赵左“吴下苏松一派乃其首创门庭也”；清周亮工《读画录》中云：赵左“开松江派者，首为屈指”；清姜绍书《无声诗史》将董其昌、沈士充列为“云间画派”；清王时敏《王奉常书画题跋》称：赵左“实开云间风气”。

以上“松江派”的不同名称及代表画家的不同记述，一方面说明“松江派”尚未有固定代表人物，另一方面也说明“松江派”在师承和绘画风格上的差异。但多数倾向于赵左、沈士充应是“松江派”主要代表画家。而沈士充出自宋懋晋师门，兼师赵左，

作者：原古书画部，研究馆员。

故作为董其昌入室弟子的王时敏认为赵左“实开云间风气”是比较符合实际的。而董其昌不仅是“松江派”精神领袖，而且是明末清初各主要画派的宗师。董的艺术理论与实践构成了他“南宗北斗”的地位，虽然他是松江画家，他的绘画却与“松江派”主要画家有着明显的区别。

为了便于说明董其昌与松江派的主要画家画法的区别，进一步探讨董其昌绘画代笔与伪作问题，试就董其昌不同时期绘画作品风格变化及松江派主要画家代表性作品与疑为董氏的代笔及伪作进行比较。

一　董其昌代表性绘画风格特点

董其昌绘画具有广泛的传统基础，董其昌在近六十年的绘画生涯中创作了大量作品，随着各时期对传统画法的领悟和师法重点不同以及对于自然的观察与体验，其艺术风格有所变化，从其存世作品看，大致可分三个时期：

（一）前期——50岁之前

据董氏自云：“余十七岁学书，二十二岁学画。”[1]又云：“予少学子久山水，中复去而为宋人画，今间一仿子久，亦差近之。”[2]概括了他师法传统的历程。但是，他40岁之前的传世真迹原件极为少见。董其昌40岁前存世绘画如万历二十年壬辰（1592年）38岁作《纪游图》册三十六开[3]，约略看出董氏早期师法黄公望等元代四大家下过颇深的功夫，并以黄公望等人的画法去描绘他游历之所见。万历十九年辛卯（1591年）因告假由北京护送田一俊丧车归福建大田，往返所见各地山川景物而创作，各家笔法运用得相当熟练，其笔墨秀润，韵致清婉而富于生气，应是董氏早年精心之作，但自家风格尚不明显。正如他自己所云：“余少喜绘业，皆从元四大家结缘，后入长安，与南北宋、五代以前诸家血战。”[4]从其存世的40多岁后的几件作品中可以了解董氏前期画风的另一层面。如《燕吴八景图》册（上海博物馆藏）、《婉娈草堂图》轴（台北私人藏）、《葑泾访古图》轴（台北故宫藏）等，是董氏在早期师法黄公望等“元四家”基础上，将师法传统的目光投向唐、五代、宋的实际例证。他在北京和江南不遗余力探访观摩或搜求历代名家书画，品评前贤各家短长，从传统中汲取创作源泉。他曾云：

1　（明）董其昌：《容台集·容台别集》卷四。

2　（明）董其昌：《画旨》卷下，引自安澜编《画论丛刊》上，第92页，人民美术出版社，1958年。

3　台北故宫：《董其昌法书特展研究图录》，第130、131页。

4　（明）董其昌：《画禅室随笔·卷二·评旧画》，《题周山人画》，上海远东出版社，1999年。

> 画平远师赵大年，重山叠嶂师江贯道，皴法用董源麻皮皴及《潇湘图》点子皴，树用北苑、子昂二家法，石用大李将军《秋江待渡图》及郭忠恕《雪景》，李成画法，有小幅水墨及着色青绿，俱宜宗之，集其大成，自出机轴，再四五年，文、沈二君不能独步吾吴矣。[1]

从董氏下面几件画作中可以看出他对唐、五代、宋名家传统画法的理解和运用。

《燕吴八景图》册，万历二十四年丙申（1596年）四月，42岁作于北京，画北京与松江两地景致，如《舫斋候月》、《西山暮霭》、《西湖莲社》、《西山秋色》、《西山雪霁》、《九峰招隐》、《城南旧社》、《赤壁云帆》诸图，以赠别在京为官的同乡友杨彦履回松江。此册自题道："右燕吴八景，仿宋人笔意。"从以上诸图可以看出他40岁后对宋人画法的探索和研拟，如各图分别融汇赵伯驹、米芾、赵令穰、董源、范宽、张僧繇、王维等家笔意，体现了他在继承古人传统和师法自然方面的不同侧重和选择。

《婉娈草堂图》轴[2]，万历二十五年丁酉（1597年）十月，43岁作于昆山。是年十月，董氏访同乡好友陈继儒于昆山，绘此图留别陈继儒。此图纸本，水墨画，画面岩松溪瀑，烟云升腾，山间结屋数楹，"婉娈草堂"乃松江一景，"为松江人士祀西晋文学家陆机、陆云兄弟之所"[3]。此幅集唐、五代、宋、元名家画法于一体，是他参同王维、董源、巨然、李成、二米等画法为自然山水传神的典型之作。清安岐称之为"变笔图"。据此便能理解他所提倡的"画家以古人为师已自上乘，进此当以天地为师"[4]。

《葑泾访古图》轴，万历三十年壬寅（1602年）一月，48岁作，自题"壬寅首春，董玄宰写"，又题："时同顾侍御自槜李归，阻雨葑泾，捡古人名迹，兴至则为此。"陈继儒题云："此北苑兼带右丞主宰，开春便弄笔墨，此壬寅第一功课也。叹羡叹羡，继儒。"此图用董源披麻皴，间带王维干笔细皴，树身勾勒，枯荣相间，近处坡陀草榭，对岸春山数叠，通幅简净松秀，幽微淡远，与《婉娈草堂图》等为这一时期典型的代表性风貌。

董其昌在这一时期作了富有成效的艺术探索和实践，但也存有如他自己所感觉到的不足，即"尚未脱尽名家窠臼"[5]。

---

1 前揭《画旨》卷下，第74页。

2 "董其昌世纪大展"图录一，第139页，美国堪萨斯纳尔逊—艾金斯博物馆，1992年。

3 任道斌：《董其昌系年》，第53页，文物出版社，1988年。

4 前揭《画旨》卷下，第73页。

5 裴景福：《壮陶阁书画录》卷十二，己亥三月董其昌为彦京侄作《郊居山水》自识。

（二）中期——50余岁至70余岁

董氏任职或赋闲活动在江南，在这期间，有更多的精力遍游江南山川名胜，探访、搜求古代书画名迹，在绘画创作上广泛吸取唐、五代、宋、元诸名家画法的基础上，取精用宏，结合对自然山水的观察和体验，精研笔墨，探索新路，创作了大量山水画作品。这些作品或朴拙沉厚，或萧散简远，或秀润蕴藉，是其绘画创作的极盛期，其绘画艺术风格渐趋成熟。这时期主要代表作品如：《烟江叠嶂图》卷（上海博物馆藏）、《西岩晓汲图》轴（故宫博物院藏）、《高逸图》轴（故宫博物院藏）、《秋兴八景图》册（上海博物馆藏）、《仿古山水》册（美国堪萨斯纳尔逊—艾金斯博物馆藏）等。

《烟江叠嶂图》，万历三十三年（1605年）51岁作，是董氏结合苏轼题王诜画《烟江叠嶂图》诗意及曾在项元汴家见王诜《瀛山图》"今为想象其意作烟江叠嶂图"（见该图自识），实际上是董氏的自创。此图采取横、直披麻长皴画山石、树丛，笔墨秀劲清润，画面峰峦积翠，烟云变幻，江天空阔，极具幽微淡远之致。

《西岩晓汲图》，万历三十五年（1607年）53岁作，绢本，设色画，采取半壁悬崖构图，崖畔山石间层层丛树，自题三则，就中一则云："以水笔蘸墨成画，亦泼墨之小变。"全画以皴为主，皴染结合，设色明秀清润，这是董其昌对泼墨山水画法的新尝试。

《高逸图》，万历四十五年（1617年）65岁作，纸本，水墨画，画面长松阔水，平林远岫，用干笔勾皴，构图简远，风格苍秀，为仿倪之作，亦是这一时期苍健秀劲风格典型之作。

《秋兴八景图》册，万历四十八年（1620年）66岁作，及《仿古山水》册（或称《山水》高册）天启元年至天启四年（1621～1624年）67岁～70岁作，两本作品是董氏设色兼墨笔山水画杰作，可以看出董其昌在设色方面独特的造诣，他吸收了元代赵孟頫、王蒙等人画法，但又不囿于前人之法，墨与各种颜色的交替皴擦点染，又能色不掩笔，使得画面丰富、鲜丽而又浑厚、雅致，给观者以强烈的艺术感染。

（三）晚期——70余岁至82岁去世之前

董其昌在晚岁的10余年间，71岁赴南京礼部尚书任，72岁时为躲避党祸而过乡居生活，"深自引远"，寄趣笔墨，陶情山水。直至崇祯五年（1632年）正月，78岁的董其昌应召进京参与编修《熹宗实录》，但时有归乡之念。崇祯七年（1634年）夏，80岁的董其昌致仕归里。董其昌最后10余年间，笔耕不辍，大都以荆、关、董、巨、米、高、"元四家"等前贤诸大家画法以及游历所见之自然山水融汇到自己的创作中。画风愈显浑融冲淡、沉静苍秀、高华典雅之气。这一时期代表作品如：《佘山游境图》轴（故宫博物院藏）、《岚容川色图》轴（故宫博物院藏）、《董范合参图》轴（故宫博物院藏）、

《关山雪霁图》卷（故宫博物院藏）、《细琐宋法山水图》卷（上海博物馆藏）等。

《佘山游境图》轴，天启六年（1626年）72岁作，是董氏游历时造访好友陈继儒隐居之所顽仙庐次日，舟行龙华道中所绘，是一幅纪实性的作品。融董、米、赵、倪诸家于一体，笔墨松秀淡逸而温润清雅，既体现了淞沪地区的山光水色，又不受自然实景的局限，这是将传统笔法与自然山水相结合而又高于自然的典型之作。

《岚容川色图》轴，崇祯元年（1628年）74岁作，自题言曾见沈周此图，“追想其大意为此”，细审这幅画的笔墨结构等艺术表现形式与沈周没有多少共同之处，实际上是在借题发挥，在沈周该图的启发下，其本意是表现他胸中丘壑。画面山石树木结构铺陈安排，笔墨的运用，完全是董氏本家路数，横竖长披麻皴、折带皴、落茄点等画法交替使用，正体现了他晚岁对董、巨、米、高、倪、黄等优秀传统掌握运用已达到随心所欲炉火纯青的地步。

《董范合参图》轴，崇祯六年（1633年）79岁作，采取高远构图，画面高山峻岭，层峦叠嶂，重汀复水，董氏在本幅题跋中云：“江以南多元季大家之迹，燕都多北宋大家之迹，余壬申再入春明，所见甚夥，始以董北苑、范华原参合为之，盖似失其故步，然海内必有评定者。”此画山石皴法将董源和黄公望等元人披麻皴以及北宋范宽的点子皴加以合参，并采取重山复岭式高远构图，但表现的仍然是南方山水的秀丽，仍然体现了董氏自家风规。

《关山雪霁图》卷，崇祯八年（1635年）81岁作，《细琐宋法山水图》卷，崇祯九年（1636年）82岁作，是董氏极晚年两卷绘画代表作。

《关山雪霁图》卷，云为仿关仝法，本幅末自题云：

> 关仝《关山雪霁图》在余家一纪馀，未尝展观，今日案头偶有此小侧理，以图中诸景改为小卷，永日无俗子，面目遂成之。乙亥夏五，玄宰。

从此卷中可以看出名为仿关仝，却无临摹痕迹，从章法结构到笔墨气韵乃董氏自家风貌。因此顾大申在后幅题云：“文敏墨妙自成一家，适意将心，不全摹古。此卷仿关仝，纸不盈尺，而有云山浩荡之势，清襟玉映未易到也。”从画面不难看出，他对宋、元各大家山水画法的融汇与贯通。

《细琐宋法山水图》卷是所见董氏存世有年月记载最晚的画作，他在本幅自题道：

> 山水卷不多作，自八十一岁后时复为之，以试眼力，曾观沈启南八十一岁仿梅花道人卷，彼时吾年七十九，恐八十后无复能事，今乃益作细琐宋法与儿祖京收藏，以知吾老去盛衰之候。丙子九月重九前二日，思翁。

他在暮年为试眼力，在前辈大家沈周81岁仿吴镇画卷的启发下，复又画起了细笔山水卷以留给儿子祖京收藏。以图以元人笔意写宋人丘壑，写平林远岫湖山景色，平淡天真，逍遥风雅，笔墨松秀细劲而生拙苍逸之趣如故。

董氏中、晚期传世作品中出现了代笔或伪作。

二　董其昌与“松江派”画风的主要区别、代笔及赝品

“松江派”主要画家赵左、沈士充、吴振、释常莹、吴易、叶有年、赵泂、杨继鹏、陈廉等人均为松江人，与董其昌亦师亦友。董氏早年曾请益顾正谊，而其余诸人均曾或多或少受到董其昌画法或艺术旨趣的影响。有的也曾是董其昌书画代笔人。但他们的绘画风格与董有别，主要是工与拙、生与熟之别。

（一）董其昌与“松江派”画风的主要区别

一是董其昌是一位身任要职的文人画家，而不是以卖画为生的职业画家，因此他可以按照自己的艺术理念和意愿进行艺术创作，不受世俗的拘牵，其作品具有一种文人画家所追求的生秀朴拙之趣，不求工似；而“松江派”主要画家是以卖画为生的职业画家，他们创作的作品从形式到内容必须附和买者的需要，因而必须随俗讨好受画者，即受世俗的拘牵，其作品大都较比工能，在绘画技艺方面下过颇深的功力，且具有一种“行家里手”的“作家气”或甜俗之气。

二是董其昌的绘画具有广泛的传统基础，他从未间断对于历代名家画法的研拟与吸收，反映在他的绘画作品中往往具有广泛、深厚的文化艺术内涵；而“松江派”主要画家多以某一门派或某一两家为师法对象，缺乏广泛的传统基础和深厚的文化艺术内涵。

三是董其昌既是传统工力深厚的大画家，又是一位广采博取独辟蹊径并具有广泛影响的一代书法大家，诗文书画相得益彰；而“松江派”其他画家多善画而诗文，书法平平，画上往往仅有简单的署款，其文化内涵多显得单薄。

四是董其昌是绘画理论家，他有着独特的绘画理论见解，他的“南北宗论”第一次提出了绘画的南北分野，褒南贬北，同时他又是自己绘画理论的实践者，并以佛教禅宗理念入画；而“松江派”其他画家在绘画理论上多无建树。

五是董其昌是一位书画鉴藏家，他广泛搜集历代名家书画，并高屋建瓴地审视前人短长，将其广泛收藏，用于他书画艺术创作的参照；这点更是松江地区其他画家所未曾具备的。

（二）董其昌代笔画作之我见

绘画代笔，由代笔者画成后，被代笔者题款盖章，以应索求者。董其昌的书画代笔人，启功先生《启功丛稿》和徐邦达先生《古书画伪论考辨》根据史料记载，列出赵左、沈士充、吴振、吴易、叶有年、赵泂、杨继鹏、僧堂莹、李流芳、王鉴等人，上述画家除李流芳、王鉴外均属松江籍。但是，现存于世的董款画作中，有相当数量的赝品，其画法工拙、水准高下不一，除确属被误定为董其昌画的极少数作之外，殊难断定某件作品属某人代笔。如宝蕴楼影印的《董玄宰仿宋元名家山水册》即董题《小中见大册》，或称《缩本宋元名家大册》，被启功先生考订既非代笔，又非伪作，而是陈廉所摹，被误定成董其昌[1]。因此，只能从绘画和款题风格、钤印的比较及相关文献记载中加以分辨。试举二例：

其一，董其昌款《仿赵孟頫〈秋山图〉》轴[2]，纸本，青绿设色，画面以高远构图，作长松大岭，飞瀑流云，萧寺村墟，结构复杂，用笔工能精细，墨色轻盈秀丽，一派秋光明媚景色。右上方董氏行楷书自题：“积铁千寻届紫虚，云端鸡犬见村墟。秋光何处堪消日，流水声中把道书。余家有赵子昂巨轴山水，每欲临摹，辄不能肖似，今以画中诸景收为小帧，鉴者能以具眼知我。玄宰。”下押“宗伯学士”“董氏玄宰”，均为白文方印。两下角有“云间韩熙珍藏书画印”“云松馆”等藏印七方。董氏自题及押印均真，按所押“宗伯学士”一印，知此图应作于董氏70岁后的晚期，董题也与他这时期书风相合，但此书与董氏晚期画风殊异，望而知其为行家里手所画。笔者以为此画应出自董氏代笔人之手。在董氏晚年，究竟谁有如此功力而画风又与此相近可任代笔人捉刀代劳？董氏晚年有两位“松江派”画家与此幅画风接近，一位是沈士充，一位是叶有年，笔者以为叶有年更为接近。可拿叶氏所画《花苑春云图》轴[3]进行比较。该图绢本，设色，以高远法构图，画峻岭大壑，山间流云轻岚，桃红柳绿，溪桥馆榭，陂陀村墟，结构复杂，笔法工能精细，皴染秀丽清雅，春意盎然。左上方叶氏楷书自题：“花苑春云，叶有年。”下押“叶有年”“君山”印二方。又董其昌行草书题：“故人家在桃花岸，直到门前溪水流。玄宰。”下押“董其昌”“太史氏”印二方。正因为有董氏的题跋，故此图也曾在20世纪40年代被误定为《明董其昌山水》在琉璃厂画店以求高价[4]。叶氏此图虽无年款，从董氏“太史氏”一印判断，也应作于董氏70余岁后的晚年，与董款仿赵孟頫《秋山图》所画时间相差不会很远。比对二图画法，虽

1　启功：《启功丛稿》，第161～163页，中华书局，1981年。

2　上海博物馆藏，《南宗北斗——董其昌诞生四百五十周年书画特集》上卷《画禅编》，第137页，澳门艺术博物馆，2005年。

3　故宫博物院藏，前揭《南宗北斗》下卷《尚友录》，第436页。

4　前揭《启功丛稿》，第163页。

然质地不同，画面所表现的春、秋的不同季节，但绘画风格包括画面章法结构的安排处理，山石树木勾皴点捽，山间云气、色彩的晕染以及建筑物的描绘，极为相像，因此，笔者以为这两幅画均出自一人手笔。董款仿赵孟頫《秋山图》应是叶有年代笔画。

其二，董其昌款《仿米云山图》轴，无锡市博物馆藏。绢本，设色。画奇峰秀岭，溪桥烟树，云气升腾，木末云端有萧寺隐现。本幅董氏行书两题，右上方题云："太东道中曾见此山，今日追写之，用米虎儿法。庚午二月朔，董玄宰。"下押"董其昌""宗伯学士"二白文方印，左上方题云："写米家山欲得其微茫有无之趣，此因近之，其昌又题。"下押"董氏玄宰"白文方印。董氏两题及押印均真，但画非董氏亲笔。其画法的淹润甜熟，与董氏生拙苍逸、高华典雅之气明显不同。按，庚午为崇祯三年（1630年），董氏76岁。此图与董氏同时期真迹《仿古山水书画》册中《仿米元晖》一开相较，其画法甜熟与生拙立判。此幅董款《仿米山水》轴无疑是"松江派"画家的代笔之作。从画法看，其代笔者疑为沈士充。曾见沈士充真迹《仿宋元山水》册，故宫博物院藏。该册绢本，设色画，中第二开《仿米高云山图》，其山水、树石、烟岚、云气画法与董款《仿米云山图》完全一致，可明显看出二图是出自一人手笔。

三　董其昌赝品绘画举要

传世的董其昌绘画作品中，除别人代笔之外，赝品占相当大的数量，所见大都为松江地区画家所为，还有的属于别人所画而被改添董氏款印（本来就有原作者款印而被误定为董画的当不在此例）。试就笔者所见举其要者如下。

（一）董其昌《仿杨昇没骨山水图》轴

美国堪萨斯纳尔逊—艾金斯博物馆藏，绢本[1]。青绿重设色，以没骨法画远山萧寺，近水陂陀，坡岸丛林掩映茅堂数间，色彩红绿相间，绚丽而淹润。本幅左上方行书自题："余曾见杨昇真迹墨骨山，乃见古人戏笔奇突，云霞灭没，世所罕睹者，此迹拟之。乙卯春，董玄宰识。"下钤"董其昌"朱文方印，又钤"画禅"引首印。乙卯为万历四十三年（1615年），董其昌61岁。两下角有清安岐收藏印三方。查安氏《墨缘汇观》著录的董其昌《仿杨昇没骨山水图》与此图题跋、印章并不完全相符，该条著录记云："上行草书题唐子云'红树秋山飞乱云'，又小行书款'仿杨昇没骨图，董玄宰'，下押'太史氏'白文印，'董其昌'朱文印，'画禅'二字朱文印。"[2]细察此图所钤安氏三方鉴藏印之印文及印形，均与安氏真印有所区别。显而易见，安氏所藏并非此图。从此

1　前揭"董其昌世纪大展"图录一，第180页。

2　（清）安岐：《墨缘汇观》名画卷上明，第32页。

图的绘画及题跋风格看，画法淹润甜熟，书法用笔轻佻油滑，均与董氏60余岁生秀苍逸的书画风格不符，应属于“松江派”学赵左、沈士充一路画法者仿作。此图与董氏真迹《仿古山水书画》合册[1]仿杨昇一开对比，其真伪立见。

（二）董其昌款《仿赵孟頫〈秋江图〉》

故宫博物院藏，绢本，青绿设色，是一幅纵179.7厘米、横100厘米的巨幅中堂[2]。画面以高远构图，重山复水，嘉树村墟，流云叠瀑，结构复杂，笔墨淹润，着色清丽。右上方行书自题：“董玄宰仿赵子昂画。”下押“董其昌”白文方印，引首印“玄赏斋”白文长方印。款书用笔流走轻滑乏董书沉稳苍逸之致，印也不佳，此画画法是“行家”与“利家”画的结合，总的格调与董氏殊异，仍是出自“松江派”学习赵左、沈士充一路画法的高手的仿作。

（三）董其昌款《仿黄公望山水》卷

纸本，墨笔画。纵23.5厘米，横211厘米[3]。本幅后部自识云：

> 此余癸卯岁学画黄公望笔也，向以山头未竟，置书箧中，至癸亥岁从北请南，容台署中颇多幽兴，偶拈得此图，重加皴擦，常儿索去。又十年为癸酉，余复滥叨副总裁之职，往籍修熹庙实录，事峻，引年求退，凡六疏始得遂首丘之愿。蒙恩赐乘传归里，舟次韩庄闸，延孙出此求跋，追忆前事，几五十年矣，可胜惋叹！八十老人有焚砚之想，今不能复游戏其间，汝曹当善藏之。思翁。

前隔水有清嘉庆年间尚志堂老人小楷题，后隔水及后幅杨士聪跋数则均不录。此幅尚有严泽、朱彝尊、张祥凝、顾淡明、邓苍梧等鉴藏印。按：从董款80岁题语“此余癸卯岁学画黄公望笔也”看，此画应作于万历三十一年癸卯（1603年）49岁，却又云“追忆前事几五十年矣”，此画应作于董氏30余岁，但了无董氏30余岁笔墨风格，此画实为仿董之作，学董氏晚年画风，颇具董画生拙之趣，与“松江派”甜熟画风不同，虽有一定水准，但笔法显得有些乱；幅末自题与董氏晚年书法苍逸沉稳之气也有显著区别，且词语庸俗，前后矛盾，有悖于史实，并有多处错字。此画乃明末人无款画后添董其昌伪款题，托董氏大名以传。

---

1 故宫博物院藏，前揭《南宗北斗》上卷《画禅编》，第120页。

2 故宫博物院藏，前揭《南宗北斗》上卷《画禅编》，第136页。

3 香港利氏北山堂原藏，现藏香港中文大学文物馆。

（四）董其昌款《烟江叠嶂图》卷

绢本，墨笔画，《石渠宝笈续编》重华宫著录（以下简称“石渠本”）[1]，与前文所述上海博物馆藏《烟江叠嶂图》卷[2]（以下简称“上博本”）乃双胞案。“石渠本”原大彩色照片与“上博本”原画均于1992年在美国堪萨斯等三城市展出，两相对比可明显看出一真一伪，“上博本”为真迹，而“石渠本”为临摹品。但“石渠本”临摹水准不低，应出自“松江派”高手，若不看题跋，或以为是董氏真迹，因其云气画法未按“上博本”描摹，而采取董氏通常画云突出留白的特点，接近董氏画风。但是“石渠本”自题露出了破绽，“上博本”画前董氏行楷书苏轼题王晋卿《烟江叠嶂图歌》十二行，又跋六行，并在跋的末行下面行书重题两行云：“旧作此卷与跋不曾著款，甲寅内腊月重题，盖十年事矣！其昌。”重题时董氏年60岁，时隔十年其重题书法已与十年前明显不同，但“石渠本”中十年前题跋及十年后的重题明显是一次抄成的。这种一次成形的临摹本，其“硬伤”是无法掩盖的。

（五）董其昌款《临黄公望富春山居图》卷

故宫博物院藏。纸本，设色画。幅末行书款署“癸卯立秋日，董玄宰临”，下押“董其昌印”白文方印。有“绵津山人”“商丘宋荦审定真迹”等鉴藏印。按，此画前面起手处所临尚有黄公望《富春山居图》“火前本”（即《剩山图》）[3]部分，说明此图要早于董其昌。再看此图画法与董氏画殊异，而与沈周同时期的姚绶画法有些接近。原作者可能因为名气不大，后段原款印被截去，添上董其昌伪款印。清初鉴藏家宋荦不审而将此图定为真迹。这是时代早的小名家被改为时代晚的大名家的典型事例。

原载《南宗北斗：董其昌书画学术研讨会论文集》，故宫出版社，2015年

1 故宫博物院旧藏，现藏台北故宫博物院，见前揭“董其昌世纪大展”图录一，第58页局部影印。

2 前揭《南宗北斗》中卷《画禅编》，第208、209页。

3 浙江省博物馆藏，见该馆编《旷世墨宝》，第58、59页，浙江人民美术出版社，2004年。

书法理论家项穆和他的《书法雅言》

杨丽丽

内容提要：在明代书法论坛上，项穆是一位重要的代表性人物。作为“富可敌国”的大收藏家项元汴的长子，项穆始终活跃在当时的书画主流群体当中，他崇尚古雅，倡导“中和”之美的书法和理论反映了一个时代的审美特征。

关键词：项穆　项元汴　书法雅言

在明代书法论坛上，项穆是一位重要的代表性人物。作为“富可敌国”的大收藏家项元汴的长子，项穆始终活跃在当时的书画主流群体当中，他崇尚古雅，倡导“中和”之美的书法和理论反映了一个时代的审美特征。

一　项穆生平

项穆（1554～约1599年），项元汴长子，生活在明代嘉靖、隆庆、万历年间。原名德枝、德纯，后改名项穆，字真玄，号兰台、无称子。有关其生平事迹见于沈思孝、支大纶分别所作《书法雅言序》[1]及王穉登《无称子传》等，其中好友李培《贞玄子诗草序》[2]所记最详。李培，字培之，号云龙，嘉兴人，为李日华族兄[3]，万历二十九年（1601年）贡生，后官至上虞及龙南县令。万历四十七年（1619年）谢政后一直居住在嘉兴。

项穆“少聪颖，美丰神”，深得祖父项铨、伯父项笃寿的喜爱，视之为“吾家千里驹”，对其寄托很大的希望。项笃寿经常将岳父郑晓的治学之道传授给项穆，项穆“以少既开万卷”，为其学识素养打下坚实的基础。少年时期，他与董其昌、李日华、

作者：研究室，副研究馆员。

1 （明）支大纶：《书法雅言·支大纶序》，《中国书画全书》第4册，第70页，上海书画出版社，2009年。

2 收于（明）李培《水西集》，《四库未收书辑刊》6辑第24册，第10页，北京出版社，1997年。

3 封治国：《项元汴家系再考》，《中国画学》，紫禁城出版社，2009年。

李培等是县学的同学。

项穆性情豪爽，才思敏捷。李日华回忆起当时同学的情景时，写道：“每台使者至，则请为都讲，声訇然满堂，人服其豪爽，无贵介纤恇之气。”[1]他的才华和风流同样有目共睹，李培在《诗序》中夸赞他：“读书自六经子史外，旁及百家，天文地理、遁甲奇门、韬钤素问、靡不游览，翼为一遇。贞玄更勇捷，弓能弩强，马能跨烈。”“才十五，进棘闱，乃王。直指放大考，从二万七千人中录百人，贞玄子与余占五名内……”

然而在科举考试上，项穆并非总是一帆风顺，会试屡试不中。李培《诗序》记载道：“贞玄随游两雍，南北司咸深器之，都门大老皆为折节，然终不第。遂弃举子业，留心内典，极力书法。”

项穆放弃仕途后的生活看上去平静而奢华。万历四十年（1612年），李日华偶然拿出自己收藏的唐陆柬之《兰亭诗五首》欣赏，这件书法作品曾经是项穆的收藏。睹物思人，李日华回忆起二十年前在项穆家“豪侈结客”的雅集场面：

> ……忆余初第归里中，墨林长兰台君方豪侈结客。一日，集余辈数人，以碧绡障伎妾。令递奏新声，每一伎终，项君辄掀髯曰：“此秦声、此赵、此楚、此凉州塞外。”以大白浮客，必令极醉。方樽罍未集。对设长案，出法书名画，恣客披览。此卷在焉。以三十金归其弟又新，又新游太学，又以奉冯司承。[2]

这段记载相当生动，项家公子的风流豪爽给人留下深刻的印象。除了喜爱书画鉴藏，项穆对于音律也极有兴趣。然而表面上“豪侈结客”，纵情酒色，隐藏在背后的失意和酸楚或许只有知己李培知晓，故而好友李培解释说：“彼其末年，集植声伎，非宣淫也，亦以消磨雄心，流玩岁月云。”项穆在诗文中也往往会流露出消极失落的心情[3]：

> 《与友人话旧》
> 终年南北嗟长别，今夕相逢与转豪。
> 雨过卷帘看桂影，风来留客听松涛。
> 半生事业徒残卷，万虑消除只浊醪。
> 剑气已占遥应斗，明时何复赋离骚。

> 《柳枝》
> 湿雨沾泥若见怜，穿红绕紫乍争妍。

---

1 （明）李日华：《六砚斋笔记》卷一，《四库全书》第867册，第494页。

2 （明）李日华：《味水轩日记》万历四十年一月二十九日条，《四库全书》第3册，第1160页。

3 （清）沈季友：《槜李诗系》卷十五，《四库全书》第1475册，第364页。

不如落水为萍叶，任着东风处处圆。

万历二十六年（1598年）戊午元旦，项穆赋诗一首：

过去虽云增，将来渐以减。炎凉恒摧新，岁命不再返。
年壮恣轻肥，老大徒悲感。浮生多坎坷，大道何夷坦。
青阳品汇熙，所遇欣仰俛。玄寂保真虚，化机同舒卷。[1]

这首元旦诗有可能是他去世的前一年所作，诗中除了感慨岁月光阴的流逝，也抒发了对于失意人生的释然。

李培、李日华的记载令人误以为项穆是位纵情书画的失意文人，或者是豪侈结客的富家子弟。其实，项穆还有另外一面，他是一名“轻财好施”的乡绅，在嘉兴西丽坊曾经为他立有“孝义坊”[2]。又《嘉兴府地方志》记载道：

尝置义田以资族人、瞻府学及嘉兴、秀水、嘉善三县学之贫士，凡千余亩。[3]

李培在《贞玄子诗草序》中记载：

适墨林谢世，贞玄以所析资偏周贫乏，置义田千余亩，以瞻族人及郡城三学、武塘学贫士，其他若葺寺、若架桥、若舍棺掩骼、助婚助葬……不可枚举。

在《浙江通志》中，还记载了这样一段故事：

族子有以襄毅公墓田售他氏者，捐赀赎之，时宗子俊卿为执金吾，徙都门移书归其直却勿受也，所居毁于火，撤壁发藏金追返其原主。[4]

相类似的故事，也发生在曾祖项纲、祖父项铨身上[5]。看来，项家破壁还钱的事真实存在，并在当时引为美谈。只是后人记载有所偏差，误植于不同人物。尽管如此，我们仍可看出，

1 （明）项穆：《贞玄道人元旦诗帖》，（清）卞永誉：《式古堂书画汇考》书卷之二十七，前揭《中国书画全书》第6册，第632页。

2 项乃斌：《嘉禾项氏清芬录》“祠墓”条，中国国家图书馆藏。

3 （清）许瑶光、吴仰贤纂：《光绪五年嘉兴府志》，第1438页，台湾成文出版社，1970年。

4 出自《浙江通志》卷一百八十七，《人物上·义行八》“项德纯”条，前揭《四库全书》第524册，第185页。

5 项纲曾买郡中陆氏宅，破壁还钱。事见上海图书馆藏《嘉禾项氏宗谱》；项铨事迹见（明）罗炌修、黄承昊（崇祯）《嘉兴县志》卷二十二，第951页。

项氏家族始终维护家族的品格与荣誉。注重德性的修养，对一个大家族能持续地繁荣昌盛无疑也是至关重要的。

项穆去世后，儿女亲家郑心材为他写祭文，郑心材是曾任南京刑部尚书的郑晓之孙，字敬中，别号思泉，有《郑京兆文集》十二卷存世[1]。其文曰：

> 翁富五车，学承歆向。黉序名高，抡魁宗匠。伯仲联飞，翁甘绛帐。门阀日崇，林泉自放。彼曰亢宗，翁曰遗荡。富贵可期，皤图善养。皦皦炎炎，遇翁若忘。潝潝訿訿，自输其诳。缪輵纷纭，片言清旷。深情厚貌，一诚忠谅……[2]

作为项穆最为亲近的朋友与亲家，郑心材所撰写的这段祭文或许是对项穆一生和为人最为真实全面的概括。项穆卒后因子皋谟赠中书舍人。

二　项穆的《书法雅言》

在书法艺术和鉴藏方面，项穆受到天籁阁得天独厚的艺术滋养。项穆自幼耳濡目染。同乡都察院右都御使沈思孝（1542～1611年）与项元汴是好友，他在为《书法雅言》所作序中回忆起少年项穆与长辈学书的情景，用赞赏的口气写道："时长君德纯，每从傍下只语赏刺，居然能书家也。余笑谓子京曰，此郎异日，故当胜尊。及余窜走疆外，十余年始归，德纯辄已自负能书，又未几而，人称德纯能书若一口也。"项穆沉溺于书法，"晋唐诸名家，罔不该会。而心慕手追者逸少，即稍稍降格，亦不减欧（阳询）虞（世南）褚（遂良）李（邕），故其于《兰亭》、《圣教》，必日摹一纸以自程督，虽猛热凉寒不暂休顿"。他的书法在当时的文人中相当有名气，"海内识与不识，莫不知有贞玄子义名，获其书法片楮，宝如拱璧"[3]。项穆的传世作品已很少见。台北故宫博物院藏有《行楷书无言律诗》扇面，其字法二王，典雅端正，有超逸之趣（图一）。此外在嘉兴南湖揽秀园碑刻中留有项穆墨迹，使得我们一睹这位"项家千里驹"的风采。此碑文为知府张似良所撰《嘉兴府学义田记》，应是当时特意请项穆书写的（图二）。

项穆最为重要的成就是他撰写的《书法雅言》。本书是一部自成体系的书法理论著作，包括《书统》、《古今》、《辨体》、《形质》、《品格》、《资学》、《规矩》、《常变》、《正奇》、《中和》、《老少》、《神化》、《心相》、《取舍》、《功序》、《器用》、《知识》等共17篇。

1　据陈麦青先生介绍，此文集收藏于日本尊经阁文库，明刊本。陈麦青：《随兴居谈艺》，第98页，复旦大学出版社，2003年。

2　见郑心材著《祭姻家项贞玄先生文》，《郑京兆文集》卷七，转引自陈麦青著《关于项元汴之家世及其他》。

3　（明）李培：《贞玄子诗草序》，前揭《水西集》。

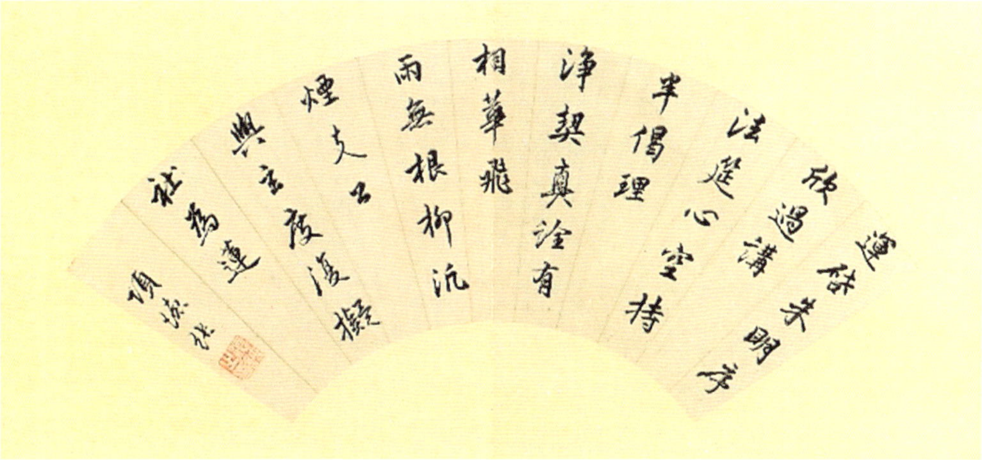

图一　项穆《行楷书五言律诗》扇面

图二　嘉兴揽秀园中由张似良撰，项穆书写的《嘉兴府学义田记》碑文及局部

在开卷的《书统》一篇当中，项穆开宗明义即说："书之作也，帝王之经纶，圣贤之学术，至于玄文内典，百氏九流，诗歌之劝惩，碑铭之训诫，不由斯字，何以纪词。故书之功，同流天地，翼为经教者也。"意思是说书法是为了帝王的统治、圣贤的学术、社会的礼法制度、诗歌的劝诫等功能服务的，因此有着与天地同流的重要地位。由此他从书法的这些功能立论，借用儒家"道统"的观念，意图为书法立"统"，即"书统"。这包含两个方面：

第一，立东晋王羲之为书法正宗。项穆写道："宰我称仲尼（孔子）贤于尧舜，余则谓逸少（王羲之）兼乎锺（繇）张（芝），大统斯垂，万世不易。"将"书圣"与儒家尊崇的"孔圣"并列，这就是说确立了王羲之在书法界的正宗地位。他在《古今》一章中，以王羲之书法作为标杆，对历代书法家作了品评，提出了"五格"，即："一曰正宗，二曰大家，三曰名家，四曰正源，五曰旁流。"这里"正宗"者，从其评语来看，能做到"大成已集，妙入时中，继往开来，永垂模轨"的境界，这只有王羲之一人，就像孔子一样，无人可以与其并列。至于"旁流"，可以说是指"旁门左道"，就如"道统"中异端邪说一样，是他所深恶痛绝的。

第二，提出书法的最高境界，即儒家所崇尚的"中和"之美。项穆在《中和》一章中写道："圆而且方，方而复圆，正能含奇，奇不失正，会乎中和，斯为美善。中也者无过不及是也，和也者无乖无戾是也。然中固不可废和，和亦不可离中，如礼节乐和，本然之体也。"这就是将"致中和"的思想作为了书法美学的终极追求，这也是本书的中心思想。"致中和"是来自儒家的"道统"观念，按《礼记·中庸》中云："天命谓之性，率性谓之道，修道谓之教。""喜怒哀乐之未发谓之中，发而皆中节谓之和。中也者，天下之大本也。和也者，天下之大道也。致中和，天地位焉，万物育焉。"意思是说，人的性情是天生的，要使他不走偏差（发而中节）就需要后天的修养和教育。《中庸》里关于"致中和"的观点是《书法雅言》全书书法美学的理论基础。

提出以上两个观点后，项穆在下面的文章中谈了达到"致中和"的方法和要求。首先，他因循儒家思想，"修道"同样是书法达到"致中和"的方法。项穆说："柳公权曰：心正则笔正。今余则曰：人正则书正。"内心境界与书法形式是统一的。在《辨体》、《形质》、《心相》诸篇中，他大谈由于人的心性和情感的不同，表现在书法上会带有自然的偏狭，为了使之走向正道，唯一的办法就是要加强内心的修养，使之"致中和"，以达到尽善尽美。

项穆在下面的《资学》、《规矩》、《常变》、《正奇》、《老少》、《神化》诸篇当中，进一步将"致中和"的美学思想与书法形式美相联系，具体谈到了学习方法。首先是论述了天资与后学的关系，他说："资贵聪颖，学向浩渊。资过乎学，每失颠狂。学过乎资，犹存规矩。资不可少，学乃居先。古人云：盖有学而不能，未有不学而能者。然学可勉也，资不可强也。"（《资学》）学习书法贵有天资，一旦离开后学就会写得癫狂无章法；后学如果缺少天资，书法会显得过于规矩。天资与后学两者之中，前者不可求，后者更为重。明白这个前提和道理，在后天学习的过程中，他又特别强调要有“规矩”，没有规矩就不能成方圆，这是最基础的。但他也看到，方圆本身就是对立的统一，其中有“常”与“变”、“奇”与“正”、“老”与“少”的变化，通过“致中和”做到“从心所欲不逾矩”，这就达到“神化”的境界。

对于古代传统的学习，项穆在《取舍》、《功序》两章中引示，他认为在对学习前人过程中要“择长而师之，所短而改之”。在学习的顺序上指出：“始也专宗一家，次则博研众体，融天机于自得，会群妙于一心。”“舍其所短，取其所长，始自平整而追秀拔，终自险绝而归中和。”他还就初学者容易犯的错误，提出所谓“三戒”“三要”：“初学分布，戒不均与欹；继知规矩，戒不活与滞；终能纯熟，戒皆狂怪与俗。”“第一要清整，清则点画不混杂，整则形体不偏邪；第二要温润，温则性情不骄怒，润则挫折不枯涩；第三要闲雅，闲则运用不矜持，雅则起伏不恣肆。”

项穆在《器用》一章中谈到书法的材料与工具问题，指出笔、墨、纸、砚都要讲究，“四者不可废一，纸笔尤乃居先”。又说“夫工欲善其事，必先利其器”，这其实也是在提醒书法学习者要有严谨端正的学习态度，精益求精。

在该书的最后一章《知识》中，项穆认为学书者同时也要懂得鉴赏。他提出了“耳鉴”“目鉴”“心鉴”三个概念：“若遇卷初展，邪正得失，何手何代，明如亲睹，不俟终阅，此谓识书之神，心鉴也。若据若贤有若帖，其卷在某处，不恤货财而远购焉，此盈钱之徒收藏以夸耀，耳鉴也。若开卷未玩意法，先查跋语谁贤，纸墨不辨古今，只据印章孰赏，聊指几笔，虚口重赞，此目鉴也。”要达到鉴赏的最高境界“心鉴”，就要修养出孔子那样的“中和”气象，以“中和”的态度去学习，这样才能同时达到“善书善鉴”。至此，项穆再次将他的书法理论“致中和”与儒家的“中和气象”相统一，完成了他整部书的论述。

《书法雅言》杀青以后，首先获得了他的两位好友支大纶和沈思孝的好评。支大纶《序》中说：

> 雅言一篇，扬榷百氏，批窾中綮，服膺逸少（王羲之），而愿为苏（轼）米（芾）忠臣，心画一语，尤轶《书谱》、《书述》而穷其奥，真可羽翼正韵而祗適皇颉者。

沈思孝《叙》中则说：

> （是书）上下千载，品第周赡，进乎技矣！至若放斥苏（轼）米（芾），诋落元稹（倪瓒），更定阵数语，乃顷近书家不敢道者。

但清代书画鉴藏家张丑在《清河书画舫》中则有不同看法。其谈到米芾时说：

南宫（米芾）之书，资学兼到，故能楷法唐，行草入晋。一时名贤李（建中）、蔡（襄）、苏（轼）、黄（庭坚）皆莫能及。乃至诮颜（真卿）、柳（公权），贬旭（张旭）、素（怀素）则过矣。近日项穆德纯纂《书法雅言》，放斥苏（轼）米（芾）极意诋訾之，当是口业报耶？[1]

清《四库全书》的编纂者评价为：

《书法雅言》大体以晋人为宗，而排斥苏轼、米芾为棱角怒张，倪瓒书寒俭。轼、芾加以工力，可至古人，瓒则终不可到。虽持论稍为过高，而终身一艺，研求至深，烟楮之外实多独契，衡以取法乎上之义，未始非书家之圭臬也。[2]

这些评论都很中肯，尤其是以《四库全书》的评价最为全面且允当。特别是指出其“研求至深”“实多独契”，对于明代后期书法著述等抄袭前人之风来说，尤其重要。值得关注的是，项穆在书中批评苏轼、米芾、黄庭坚的地方引起了人们的争论，作为朋友的支大纶、沈思孝是为之辩护的；张丑的态度则以讥诮持否定态度，而《四库全书》则认为其持论稍过。

事实上，项穆批评苏、米，对现实是有针对性的。在书中，他对与之同时或稍前一些的书家十分不满。这不只是他一个人的意见。明代书学总的来说是上承元代的复古主义运动，在观念上表现为对帖学的全面崇尚，其中以元代赵孟頫的影响最为直接。赵孟頫崇尚晋唐、追求“古意”和“法度”，并将王羲之、王献之作为准绳。项穆《书法雅言》正是这一时期的代表性专著。明代中后期则出现反对帖学的思潮，向宋代书法的“尚意”回归，表现在实践上就是促使苏轼、米芾、黄庭坚追求率意的书风笼罩书坛，这就引来项穆、丰坊等尊帖学为正统一派的反对。项穆在《书统》中说：

自祝（允明）、文（徵明）绝世以后，南北王、马乱真，迩年以来，竞仿苏、米，王、马疏浅俗怪，易知其非；苏、米激励矜夸，罕悟其失。斯风一倡，靡不可追，攻乎异端，害则滋甚。

在《规矩》中谈到草书时，他说：

1 （清）张丑：《清河书画舫》“点”字号，前揭《中国书画全书》第4册，第312页。

2 （明）项穆：《书法雅言》，《四库全书》第816册，第243页。

> 后世庸陋无稽之徒，妄作大小不齐之势，或以一字而包络数字，或一旁而攒簇数形。强合钩连，点画混沌，突缩突伸。如杨祕图、张汝弼、马一龙之流。且自美其名曰梅花体。

这里他一连点了四个人的名字。王，可能是指王问；马，即马一龙；杨祕图，即杨珂；张汝弼，即张弼。那么，当时的其他人是怎样认识这几个人的书法呢？在王世贞《艺苑卮言》和近人马宗霍《书林藻鉴》卷十一的记载当中，可知一二[1]。

张弼（1425～1487年），字汝弼，号东海翁，华亭人。成化二年（1466年）进士，授兵部员外郎，出守南安。《明史・文苑传》谓："工草书，怪伟跌宕，震撼一世。"王鏊认为他"草书尤多自得，酒酣兴发，顷刻数十纸，疾如风雨，矫如龙蛇，欹如坠石，瘦如枯藤。狂书醉墨，流落人间，虽海外之国，皆购其迹，世以为张颠覆出也"。祝允明的评价是："张公始者尚近前规，继而幡然飘肆。虽名走海宇，而知音骇叹，今且以一人而重。"

王问（1497～1576年），字子裕，学者称之为仲山先生，无锡人。嘉靖十七年（1538年）进士，官至户部主事。《艺苑卮言》谓："问有高名，作行草及署书无所师承，而风骨遒劲。渴笔纵体，往往与《醉翁亭记》（苏轼书）法同。"又说其："飞白遒逸劲迅，神采飞动。行草则多渴笔，令人思颠旭醉素。"王锡爵评其曰："问书类颠米芾，又类黄涪翁（庭坚）。"

杨珂，字汝鸣，余姚人，诸生。曾从王守仁学，隐居秘图山，自号秘图山人。《艺苑卮言》中谓其："珂初亦习二王，后盖放逸，柔笔疏行，了无风骨，所谓南路体也。"丰道生（丰坊）则说："杨珂书如胠箧偷儿，探头侧面。"

马一龙（1499～1571年），字负图，号孟河，溧阳人。嘉靖二十六年（1547年）进士，为南京国子司业。《艺苑卮言》谓："一龙用笔本流迅，而泛字源，浓淡大小，错综不可识，拆看亦不成章。"丰道生则说："马孟河如盲师批命，不辨点画。"《书史会要》评云："一龙作字，悬腕运肘，落管如飞，顷刻满幅，自谓怀素后一人。然评者谓其奇怪为书法一大变。"

从上面的品论来看，这些被项穆视为异端的人也同时为王世贞、丰坊评为"多自得""无所师承""了无风骨""错综不可识""如盲师批命"。项穆在对这一现象的探本寻源中，认为他们是学习了苏轼、米芾，且为东施效颦之举，不知取舍。由此，他归于罪苏、黄、米诸大家，再上而寻至张旭和怀素，这就毫不奇怪了。今天杨珂和马一龙的书法作品很难寻觅，想是他们因受到社会批评，故不为收藏家重视之故。而王问和张弼的作品，大概如祝允明所说"书以人重"，在一些博物馆里尚有收藏。如

1 马宗霍：《书林藻鉴书林纪事》第174、181、182、183页，文物出版社，1984年。

故宫博物院藏有王问《草书宝界山榻上歌》、张弼《草书梯云楼歌》。

正如好友沈思孝所评论的，项穆的《书法雅言》在书论的体例和思想上，是唐代孙过庭《书谱》的继承。他因循《书谱》中将儒家的伦理道德规范与书法美学相结合，提出了"致中和"的书法美学理论。同时，他又受到时代的影响，延续了元人复古的思想，树立东晋王羲之为书法正宗。在17个篇章中，他将这一美学思想和书法实践展开了充分的论述，体系完整，观点独到，论述详尽，这在明代的书法史论中是较为少见的。同时，《书法雅言》又是项穆在书法创作和实践当中的理论结晶，在这部书的理论论述过程中，对于古代书家不乏精辟细腻的剖析和详解，对于书法学习当中所遇问题的讲解也极为中肯，因此，可以说，《书法雅言》也是一部书法学习的教科书，至今仍旧对于书学爱好者具有现实的指导意义。

节选自《天籁传翰——明代嘉兴项元汴家族的鉴藏与艺术》，台湾石头出版社，2012年

论徐渭的自我观

张小李

内容提要：为了全面认识徐渭，首先就要了解、把握徐渭的自我观。徐渭深受王学“人人皆可成圣”的理念和方便的成圣途径影响；坎坷的人生、精神疾病的折磨和杰出的才华使徐渭自怜、自卑、自强、自尊、自爱、自满、自戕、自大，在日常行为和艺术追求上外化为怪异的、不为时人和世人所理解的举动，并形成了其特征明显的自我观。徐渭的自我观的内涵从其心灵本体到对其社会角色的体认，可分为自我性情与自我个性、自残与自虐、自我才气与自我声誉、自我意识与自我价值。徐渭的人生，可分为上下求索期、生死劫难期和与世沉浮期，其自我观分别表现为真我、羁人和畸人。认识徐渭的自我观，对理解徐渭的书法、绘画、诗歌、散文、戏剧成就有一定的意义。

关键词：徐渭　自我观　艺术成就

在众多的明代文人中，徐渭是一位艺术才能颇为全面的天才，他在诗歌、散文、戏剧、书法、绘画诸方面都取得了杰出的成就，他曾自称曰“余书第一，诗二，文三，画四”[1]，由此可见他所研习的艺术领域之宽广，以及他对其才能之自信。为了全面总结徐渭的艺术成就，首先就要了解、把握徐渭“这个人”，本文的研究重点在徐渭对自我的认识、对自我的定位以及自我要怎样面对社会，亦即研究徐渭的自我观。

一　徐渭自我观的来源

徐渭的自我观是社会思潮和个人际遇综合作用的产物。

在中国古代的皇权社会，皇帝既是国家和政权的象征，也是道德的楷模。但是，在徐渭出生时业已执政十六年的正德皇帝，行为乖张，荒淫无道，他的道德水准对天

作者：图书馆，副研究馆员。

1　陶望龄：《徐文长传》，《徐渭集》，第1341页，中华书局，1983年。

下国家已没有任何表率作用和说服力，皇权开始瓦解，“政教分裂使得权力与道德失去统一的标准与维系人心的力量，并促使士人人格的多元化。首先是从温厚平和转向愤激孤傲。其次，从依附圣贤权威到独立自足”[1]。徐渭同时受到这两种思潮的影响。徐渭的个人际遇使他的人格中有浓厚的愤激孤傲的个性。独立自足的士人人格孕育出了具有重大社会影响的王学。王阳明龙场悟道，“始知圣人之道吾性自足”“心即理”，形成了以自我为价值标准的人生态度，将价值判断的权力收归于自我，“致良知”之学风行天下。而阳明长期居于越地，徐渭身为越中人，他是阳明高足季本、王畿的学生，其对阳明的人格风范颇为神往[2]，对阳明的良知学说及其弟子季本所阐发的“龙惕说”、王畿所阐发的“自然说”都心领神会[3]。无论是愤激孤傲的个性还是良知之学，其所阐发的都是主体人格的高昂，这都是徐渭所具有的。

在哲学文化思潮方面，徐渭还深受道和释的影响。徐渭在监狱中注道家经典《参同契》，为此写了《答人问参同》[4]、《奉答冯宗师书》[5]、《注参同契序》[6]等文章。《参同契》为养生之书，徐渭生死劫难之时，特钻研该书，表明了徐渭对生命的焦虑与眷念。道教对徐渭渡过精神危机起了重要作用。徐渭对道教的阐发，受心学的影响，《论玄门书》认为：

> 今学丹者，不知吾身中有一种日月之火候，即天地日月之火候，吾身之结婴，即天地之生万人万物，而妄谓须取彼家，然后成丹，则是此天之不能生物，而复藉彼天以生之者也，其可乎？[7]

---

1 左东岭：《李贽与晚明文学思想》，第 4 ～ 6 页，天津人民出版社，1997 年。

2 徐渭写了大量与阳明有关的诗文，表达了对阳明的敬仰，如在五绝《阳明洞》（《徐渭集》第 834 页，徐渭以马融比阳明）。在写给阳明后人的《送王新建赴召序》（《徐渭集》第 531 页）里，徐渭以孔子、周公比阳明，盛赞阳明武功。

3 徐渭最重要的心学著作是《读龙惕书》（《徐渭集》第 677 ～ 679 页），徐渭总结，季本提出“惕”，是为了反动王畿之“自然说”：“甚矣道之难言也，昧其本体，而后忧道者指其为自然。其后自然者不能无弊也，而先生复求之以龙之惕。”徐渭本人对“惕”的内涵的理解为：“盖先生尝教人曰：使穷世皆水，指何为水？才有陆地，水始可名。《中庸》言戒惧，唯圣人常戒常惧，无有畔岸，故不见其戒惧。众人唯有放逸，而戒惧始形。然则戒惧者，固天命之性，工夫本体何尝有二？此则见先生之所谓惕矣。”徐渭一方面将季本的“龙惕说”和王畿崇奉的“自然说”统一起来，同时更侧重“龙惕说”：“惕之与自然，非有二也。自然惕也，惕亦自然也，然所要在惕不在于自然也。”徐渭为了谋生，长期与达官显贵周旋，不能不对自我有所约束，即遵循“龙惕说”；但他生命前期追求“真我”，生命后期称自己为“畸人”，生活颓放，更接近“自然说”。

4 前揭《徐渭集》，第 473 页。

5 前揭《徐渭集》，第 470 页。

6 前揭《徐渭集》，第 543 页。

7 前揭《徐渭集》，第 479 页。

徐渭强调吾身中“自有”之火候、结婴，修炼应从内求，而不是外取。这种思想，固然是《参同契》所持有的“炼内丹”思想的反映，但徐渭之所以能接受这样的观点，也与心学“始知圣人之道吾性自足”的思想有密切关系。这两种哲学思想的契合，使徐渭在心学与道教之间游刃有余。

徐渭对佛学也有一定的了解，和一些僧众有频繁的交往。和当时流行的思想一样，徐渭主张三教合流，他认为儒释是互相阐发的，《赠礼师序》云：“大约佛之精，有学佛者所不知，而吾儒知之。吾儒之粗，有吾儒自不能全，而学佛者反全之者。”[1]徐渭在《三教图赞》用“首脊尾”这个形象的比喻说明了儒释道的共生同源关系：“三公伊何，宣尼聃昙，谓其旨趣，辕北舟南。以予观之，如首脊尾，应时设教，圆通不泥。谁为绘此，三公一堂，大海成冰，一滴四方。”[2]徐渭对儒（心学）释道的学习，与心学大师、道士、佛教徒的交往，其主要意义在于建构了徐渭作为一个当世文人的品格和修养，而这样的品格和修养正是他的自我意识的立足点。

社会思潮是塑造士人人格的社会思想文化基础。需要注意的是，徐渭与他同时代的士人基本上处于相同的社会思潮之中，其自我观却独具特色，由此可见徐渭独特的人生际遇在其人格塑造的过程中起着更大的作用。人生际遇把他所受到的社会影响具体化为个人的思维与行为方式，达到历史与个人的统一。徐渭的人生际遇主要包括人生的苦难、杰出的才华和精神疾病的折磨。

徐渭品尝尽了人生的磨难。从出生到青年时代，他的家人逐渐凋零，出生百日父亲徐鏓就撒手人寰，十四岁嫡母苗宜人因病去世，二十多岁仲兄徐潞、长兄徐淮、妻潘氏相继离世。家庭不再是徐渭人生的支柱，他孤立无援。徐渭年轻时在经济上已完全破产。十岁，父亲在世时分给他的奴妇及其儿子四人在夜间逃跑；二十五岁，长兄徐淮死后，“有毛氏迁屋之变，赀悉空”[3]。徐渭终其一生，都挣扎在贫穷之中。徐渭在青年时代也如同一般的士人那样热衷科举考试，但是，他久困场屋，《自为墓志铭》记述了自己的窘态：“故今齿垂四十五矣，藉于学宫者二十有六年，食于二十人中者十有三年，举于乡者八而不一售，人且争笑之。”[4]徐渭的人生也有一些亮色，在徐渭三十七岁那年，他被总督胡宗宪引为文学之士，颇受重用，《明史·徐渭传》云：“（徐渭）为诸生，有盛名。总督胡宗宪招致幕府……宗宪得白鹿，将献诸朝，令渭草表，并他客草寄所善学士，择其尤上之。学士以渭表进，世宗大悦，益宠异宗宪，宗宪以是益重渭。……渭知兵，好奇计，宗宪擒徐海，诱王直，皆预其谋。”[5]胡宗宪的赏识，对

1 前揭《徐渭集》，第532页。

2 前揭《徐渭集》，第583页。

3 据《畸谱》，前揭《徐渭集》第1327页。

4 前揭《徐渭集》，第639页。

5 （清）张廷玉等撰：《明史》卷二百八十八。

于科考屡败的徐渭来说，无疑可以满足其建立事功的愿望。但是，五年以后，胡宗宪因结党赵文华、严嵩而离职丧命，徐渭失掉了依托，重新陷入了灰色的生活。不幸的事情接踵而至，徐渭的精神疾病发作，并因积怨，杀掉了继室张氏。在张元忭等人的救援下，徐渭保全了性命，但因此失去了诸生的资格，科考的大门永远关上了。出狱以后，徐渭东漂西零，在孤苦贫困之中去世。坎坷的人生，使徐渭对自我有真切得发痛的体验。

徐渭才华横溢。他从小就非常聪慧，《畸谱》云："八岁。稍解经义。师陆先生，名如冈，字文望，教为时文。塾中群弟子试朔望，渭文满二三草而后入早饭。师奇之，批文云：'昔人称十岁善属文，子方八岁，校之不尤难乎？噫，是先人之庆也，是徐门之光也！所谓谢家之宝树者，非子也耶？'"[1]《畸谱》还记述了徐渭十岁时文才为山阴知县刘昺所激赏的故事。徐渭的文学才华，受到了时人的公认。徐渭还有很好的书画艺术修养。《书吴子所藏画》记述了徐渭的艺术修养："阅吴子所藏红梅双雀图，当是倪元镇笔，而名姓印章则并王元章，岂当是倪适王所，戏成此而遂用其章耶？近世有人传虞世南草书，大径五六寸，决不类世南，其所书诗又是李白杜甫所作，去世南生时远甚，而其印文十字，乃是华盖殿大学士虞世南书。夫唐时何尝有此殿名，又何尝有此官，又印内文从来何尝有结一书字者，并可大笑也。此盖本朝夏阁老言书耳，夏老固亦号能书，然比于世南，奚翅丑妇效西子颦，若元镇之效元章，则南威偶效西子也；阅书时，适人以夏书来评，并记之。"[2]徐渭杰出的才华，使他充分具备了具有自我主体意识的文人品格。徐渭不仅仅是一个愤世嫉俗的奇人，更是一个天才的艺术家。以前学术界基本上只看到了徐渭愤世嫉俗的一面，研究他的艺术天才也往往立足于愤世嫉俗的角度，但是，徐渭留给后人的，并不是惊天动地的挑战现实的大事，而是他的诗文、戏剧、书画这样的艺术作品，徐渭的精神和价值，留存于艺术之中。

明代才华横溢而人生坎坷的士人比比皆是。徐渭和他们相比，还有一个最大的悲剧性的特色，那就是他长期忍受精神疾病的折磨。徐渭的精神疾病，从内因上说，有生理基础，《奉答少保公书》之一云："渭犬马贱生，夙有心疾。"[3]徐渭在《海上生华氏序》对自己患病的症状作了记述："予有激于时事，病瘐甚，若有鬼神凭之者，走拔壁柱钉可三寸许，贯左耳窍中，颠于地，撞钉没耳窍，而不知痛，逾数旬，疮血迸射。"[4]"予有激于时事"说明了徐渭的精神病发作有外因的诱导。徐渭患病的症状主要是自残，自残的极端形式就是自杀了，徐渭曾多次有过自杀的举动，《感九诗》云："匠氏已斤

1　前揭《徐渭集》，第 1325 ～ 1326 页。

2　前揭《徐渭集》，第 577 页。

3　前揭《徐渭集》，第 458 页。

4　前揭《徐渭集》，第 555 页。

木时已成棺，九死辄九生。”[1]《读馀生子传》有相同的表述：“前年逆有阴变起而九自裁。”[2]徐渭的精神疾病，是他文学艺术风格形成的原因之一。但很多学者研究徐渭时，忽视甚至否认徐渭患有精神疾病，把徐渭的怪异举动和文风都归结为他的愤世嫉俗[3]，这样的观点无疑过于主观。

徐渭自我观的形成，主要来源于其个人际遇诸因素的相互交错影响。如果徐渭的人生一帆风顺，文学艺术史上或许就多了一个歌功颂德、粉饰太平的平庸文人，而少了一个横空出世的诗人。如果徐渭没有杰出的才华，他就只是一个普通的穷人和疯子，他的坎坷人生没有任何美学的意义。如果徐渭没有精神疾病，他有可能成为一个四平八稳的诗人，他的人生和作品就不会让人惊异和震撼。不幸的是，才华横溢的徐渭人生坎坷，又兼受精神折磨。坎坷的人生使徐渭自怜、自卑，并促使其产生自强的渴望，转化为对文学艺术孜孜不倦的追求；杰出的才华使徐渭自尊、自爱、自满，使其对人世的磨难异常敏感，不甘于忍受内在或外在因素对其自我的压抑和压迫；精神病根的影响，让徐渭具有常人没有的自戕、自大的心态，在日常行为和艺术追求上外化为怪异的、不为时人和世人所理解的举动。这些因素的综合，都促使徐渭自我意识的苏醒和膨胀，并最终形成了他的自我观。

二　徐渭自我观的内涵

徐渭的自我观是一个多层次的复合体，其内涵由内向外，可分为自我性情与自我个性、自残与自虐、自我才气与自我声誉、自我意识与自我价值。

（一）自我性情与自我个性

自我性情与自我个性，是徐渭自我观中最接近心灵本体的内核。若论文如其人，徐渭的一切作品（部分代笔作品除外），都应该是徐渭自我性情与自我个性的表现。但是，徐渭作为作者和（其诗文的）表现对象，客观上，往往身不由己、言不由衷；主观上，为了向社会和文人团体“表演”以凸显自己，其创作往往伪饰、夸张。这样的创作，或多或少地偏离了自我性情与自我个性。但我们不能以此否定徐渭作品里自我的存在，当他摆脱矫饰与夸耀的遮盖时，其性情与个性也在众多作品中显露出来。

1　前揭《徐渭集》，第 74 页。

2　前揭《徐渭集》，第 576 页。

3　这种研究方法的代表是王长安的《徐渭三辨》（中国戏剧出版社，1995 年），王长安在《“疯狂”真伪辨》中认为，徐渭没有真正的疯狂，他的怪异举动只是在宣泄自己的痛苦，用任诞的行为求得自由，在佯狂中抒发真性，在痴癫中忘却自我。王长安的说法和徐渭屡次记述自己“病易”（患精神病）矛盾。

徐渭的自我性情与自我个性有多方面的表现，其中有些为文人所普遍拥有，有些是徐渭所独有的或者说在徐渭身上表现得更为突出。

在徐渭的自我性情与自我个性中的文人共性主要有刚健、矜夸、闲适生活等。

徐渭在杀妻入狱之前，具有强烈的进取精神和大丈夫意识。他年轻时作的《送高叟入燕横山》，幽旷慷慨，反映了他刚健勃发的人格：

> 少小幽燕客，重游白发多，人钦旧然诺，客和古悲歌。红叶淮流舫，黄尘沛县骡，向来沽酒处，留得几娇娥。[1]

送“少小离家老大回”的高叟入燕，自然想到了战国时的荆轲和高渐离悲壮的故事，“悲歌”不禁而生，但是，徐渭又用高叟路途所可能有的风花雪月化掉了“悲”，留下的就只有“壮”了，这首诗放映了徐渭刚健而乐观的心态。除此以外，“天生吕生眉尖竖，别却家门守城去，独携大胆出吴关，铁皮双裹青檀树”（《赠吕正宾长篇》）[2]“文章本许江山助，澡翰元抽草木妍”（《南明篇为翰撰诸君》）[3]等诗作都表现了徐渭刚健的个性。

徐渭亦有文人常见的虚荣习性，在现实的政治追求无望的情况下，诗文书画戏剧创作是他展示自己才华的最好机会。《跋书卷尾二首》之二记述了他的书画鉴赏才能：

> 董丈尧章一日持二卷命书，其一沈徵君画，其一祝京兆希哲行书，钳其尾以余试。而祝此书稍谨敛，奔放不折棱，余久乃得之曰：“凡物神者则善变，此祝京兆变也，他人乌能辨？”丈驰其尾，坐客大笑。[4]

董尧章把沈徵君画与祝京兆希哲之书法“钳其尾”，考验徐渭对作者的鉴别能力，虽然祝之书法不同于其平素之风格，但徐渭能从其变追溯其源，正确地说出了其作者。徐渭记述这则故事，反映了文人之间的雅趣；“他人乌能辨？”表现了徐渭洋洋自得的矜夸因素；“丈驰其尾，坐客大笑”，借他人之行为，表达了徐渭对自己才华得到认可后的成就感。

闲适是文人所追求的一种淡雅的心境，徐渭的个性里也有这样的成分。徐渭在胡宗宪幕府时，曾作《酬字堂记》：前简述作《镇海楼记》后，胡宗宪给银二百二十两“为

1　前揭《徐渭集》，第182页。

2　前揭《徐渭集》，第113页。

3　前揭《徐渭集》，第119页。

4　前揭《徐渭集》，第575页。

秀才庐”，自己又筹集了银两“如公数”，接着叙述酬字堂之建筑陈设与生活情趣：

买城南东地十亩，有屋二十有二间，小池二，以鱼以荷。木之类，果花材三种，凡数十株。长篱亘亩，护以枸杞，外有竹数十个，笋进云。客至，网鱼烧笋，佐以落果，醉而咏歌。始屋陈而无次，稍序新之，遂额其堂曰“酬字”。[1]

对地、屋、池、荷、木、长篱的简单描写，把“酬字堂”疏朗而丰富的建筑陈设、自然风貌描写得栩栩如生。这样的居所，以文人的恬淡心境处之，自然会出现“网鱼烧笋，佐以落果，醉而咏歌”的生活情趣。自给自足的清淡佳肴，“醉而咏歌”的文人酬唱，这样的情趣体现了文人闲适的艺术化人生。徐渭的《病起，过访柳君彬仲，因玉公先在座，因招丁君肖甫共斋饭，分韵得行字》[2]、《理葡萄》[3]、《刈圃》[4]等诗都表现了他闲适的心境。

在徐渭的自我性情和自我个性中，为徐渭所特有或者在徐渭身上表现得特别突出的性格特征主要有谲怪、愤激、颓放。

徐渭以“奇”在文学艺术史上留名。他在诗中往往用谲怪的构思和意象表现奇的个性，如五古《丙辰八月十七日，与肖甫侍师季长沙公，阅龛山战地，遂登冈背观潮》：

白日午未倾，野火烧青昊，蝇母识残腥，寒唇聚秋草。海门不可测，练气白于捣，望之远若迟，少焉忽如扫。阴风噫大块，冷艳拦长岛，怪沫一何繁，水与水相澡。玩弄狎鬼神，取来准昏晓，何地无恢奇，焉能尽搜讨？[5]

徐渭的构思非常谲怪：其一，“蝇母”“残腥”“寒唇”“阴风”“冷艳”“怪沫”等谲怪的意象都是一般的雅正的诗里所没有的；其二，徐渭通过“阴风噫大块，冷艳拦长岛”这样的描写方式，夸张了潮水的阴冷，从而颠覆了普通文人面对潮水时所产生的壮观、壮美的审美感受。这样的诗歌，表现了徐渭的奇，同时，我们也能从中见到李贺诗歌的影子。“扬帆三竺涘，弭锡五羊城，黑人初以涉，琉球次所经，波弧十五兆，日矢九千嬴。”（《天竺僧》）[6]“火瘗世曰凶，水封岂佳卜，两徙逾五纪，先魄偃幽瀑。”（《烦吴伯子治墓堂》）[7]这些诗都表现了徐渭谲怪的个性。徐渭的某

1 前揭《徐渭集》，第612页。

2 前揭《徐渭集》，第74页。

3 前揭《徐渭集》，第84页。

4 前揭《徐渭集》，第85页。

5 前揭《徐渭集》，第65页。

6 前揭《徐渭集》，第102页。

7 前揭《徐渭集》，第104页。

些诗题也具有谲怪的特点，如“丁卯六月十六日，梦一宪公更讯予狱，予肯貌乞，且历数古人事，宪公乃取片纸，手画一白犬从雪中猎，作题，且曰，汝赋得十韵即止，予赋得十二句，而宪公逡巡起，予亦觉，半忘矣，今续成之梦中所记者，秦雪觉无据，鹰呼二句亦强，真梦中语也”[1]等。

徐渭一生命运多舛，长期穷困潦倒，这在一定程度上养成了他与社会对立的情绪，形成了他愤激的人格心态。徐渭的许多作品就是这种心态的产物，即使徐渭的某些代笔作品，也有这样的特点，如徐渭五十二岁，作《烈妇姚氏记代》：

因感之而叹曰：“余老矣，垂八十矣，涉事颇不浅。至每见旌妇人，问之，非某贵人之妻，则曰某贵人之母也。虽未必尽然，要之概如是耳。于是受旌者方矜之以为甚难，而评乎旌者且眇之以为甚易。……至如今姚氏举则绝反是，盖受旌者得之为甚易，而评乎旌者重之为甚难，难之者风之也。噫，惜哉！……”[2]

山阴县姚忠女姚氏，嫁本县朱缙，朱缙嗜酒失业，并其妻自鬻于某宦家。姚氏自杀。徐渭以自己之笔、托别人之口云，“至每见旌妇人，问之，非某贵人之妻，则曰某贵人之母也。虽未必尽然，要之概如是耳”，抨击了社会上人贵则人贤的人物评判标准，而这样的标准，并不能服众人之心，虽然“受旌者方矜之以为甚难”，但是“评乎旌者且眇之以为甚易”，而一介平民的姚氏之受旌扬却得到了社会的尊重。徐渭通过贵人之妻母与姚氏的对比，抒发了其胸中所郁结的寒士不平之气。作为代笔作者，徐渭本不该过分地表露自己的观点，而应写中正平和典雅的作品，但是，姚氏之不幸，引起了徐渭的同病相怜之感，愤激的感情喷薄而出，冲破了代笔作品所应有的中和风格。徐渭的愤激之情，在某些诗歌中也淋漓尽致地表现了出来。如替胡宗宪鸣不平的“司马功高旧主人，君真父母匪邦怜。坟头松椟今何似？匣里弓刀暗却尘。由来壮士悲罗雀，我亦因之感死兔”（《寄郦绩溪仲玉，乃钱氏门人》）[3]，等等。

徐渭老年出狱之后，诸生的资格已被褫夺，读书人的行为规范失去了对他的约束力，更为重要的是，徐渭作为一个天才的艺术家，本身就有一些怪癖，这些怪癖是他的自我性情与自我个性中非常特殊的部分，其中包含了颓放的心境。徐渭六十六岁，作七古《至日趁曝洗脚行》，运笔挥洒自如，语意肮脏颓废：

不踏市上尘，千有五百朝，胡为趾垢牛皮高，碧汤红檐浣且搔，一盆湿粉汤堪捞。徐以手摸尻之尾，尻中积垢多于趾，解裈才欲趁余汤，裈裆赤虱多于虮。痒不知

1 前揭《徐渭集》，第 310 页。

2 前揭《徐渭集》，第 610 ～ 611 页。

3 前揭《徐渭集》，第 153 页。

搔半死人，叔夜留与景略扪，豕鬣豕蹄尔视为广庭，比我茅屋一丈之外高几分，况是僦赁年输银。日午割豕才归市，醢以馅麦作冬至，澡罢正与虮虱语，长须唤我拜爷主，往年拜罢号辄已，今年拜罢血如雨，烂两衣袂，枯两瞳子。[1]

所写之内容实在是“自然主义”的典范。老年生活惨淡至极：与世隔绝，“不踏市上尘，千有五百朝”。徐渭不惜笔墨，描写其身上之肮脏不堪，“趾垢牛皮高”“尻中积垢多于趾”“裈裆赤虱多于虮”，人生的惨淡与颓废跃然纸上。对于这样的生活现状，徐渭继续露丑，“豕鬣豕蹄尔视为广庭，比我茅屋一丈之外高几分”，把自己的生活与猪牛作比；“澡罢正与虮虱语，长须唤我拜爷主”，虮虱与自己居然说话施礼；而今年虮虱之表现不同于往年，“往年拜罢号辄已，今年拜罢血如雨”，这是因为，虮虱也看到了徐渭“烂两衣袂，枯两瞳子”，其生活真是越来越惨淡了！此时的徐渭人生已无所求，年轻时的上进之心已死。而天性怪异的他把这样的生活和心境作为诗歌表现的对象，其中饱含了自我调侃和百无聊赖，真真有些化丑为美了。

（二）自残与自虐

由于精神疾病引起心理变态，徐渭的自我观中还有自残与自虐的倾向。

徐渭的自残与自虐，是其自我性情与自我个性在患病期间的特殊反映。由于精神疾病难以彻底治愈，徐渭终其一生都忍受折磨。这样的折磨首先是生理上的痛苦，徐渭因此而自残、自杀。同时，精神疾病又影响到徐渭的精神状态，久而久之，徐渭的思维在一定程度上被扭曲，并表现在日常生活举止和文学艺术创作上。越地民间大量的徐文长猥亵故事，徐渭晚年为人怪异、创作颓放的传说，均为徐渭思维变异的反映。对于徐渭的自残与自虐，明人俞宪《盛明百家诗徐文学集序》云：“山阴徐生渭，字文长，盖以文自戕者也。”[2]“以文自戕”有三方面的含义：第一，徐渭之文脱离了正常的法度，是“病文”；第二，徐渭作践自己，精神状态不正常；第三，徐渭不正常的精神状态突出地反映在文上，或者说，通过创作“病文”，徐渭表达了在心理上的自残和自虐。俞宪用“以文自戕”总结徐渭的创作，其立足点是对徐渭的怜惜、怜悯。四库馆臣谓徐渭“才高识僻，流为魔趣……揆其中声，终为别调……愤激无聊，放言高论，不复问古人法度为何物”[3]。其态度便是批评甚至批判了。徐渭自残与自虐的创作心态和创

1 前揭《徐渭集》，第 145 ～ 146 页。

2 前揭《徐渭集》，第 1355 页。

3 文渊阁《四库总目提要》卷一七八。

作成果，实在让人痛心疾首，但这的确是徐渭自我观中的客观存在。对于徐渭的自残与自虐，下文还将论及。

（三）自我才气与自我声誉

徐渭的自我观，从文人身份角度，则表现为对自我才气与自我声誉的体认。徐渭在二十岁左右所作的《上提学副使张公书》，对自己的才能非常自信、自满：

> 不过期月，则书生之学可以通，假以三年，则道理之堂可造；语文章则跨制两汉，语尽性则驾轶四儒；此亦学者之志愿能事，岂敢夸张虚说以炫耀大人哉！[1]

这真是一个活脱脱的狂生形象。徐渭对自我才气非常自信：自己的学习能力特别强，“不过期月”“假以三年”学问便可以通达，道理便可以掌握；求学领域广，文章可以超越两汉，心性之学可以超过四儒；末尾，徐渭还特别强调，自己不是夸张，其所说只是反映了学者的志愿能事。

徐渭对自我声誉非常看重。名望之士一语延誉，他便终身感念。《畸谱》记述了两则这样的故事：

> 沈光禄炼谓毛海潮曰：“自某某以后若干年矣，不见有此人。关起城门，只有这一个。”[2]
>
> 唐先生顺之之称不容口，无问时古，无不啧啧，甚至有不可举以自鸣者。[3]

沈炼之话颇有认为徐渭“后无来者”之意，这样的评价对于终身都是一介布衣的徐渭来说，无疑是非常非常高的。徐渭一生写下了大量怀念沈炼的诗文，如《哀四子诗·沈参军》[4]、《赠光禄少卿沈公传》[5]等，固然是由于沈炼有符合士人节气标准的人格，但沈炼对徐渭的激赏所引发的知遇之恩也是非常重要的原因。可以说，徐渭对沈炼的赞扬和怀念，夹杂了一些“私心”因素。同理，徐渭对唐顺之的感念固然源于他们在文学上的师友关系，但唐顺之的褒扬无疑也是重要的因素。

---

1 前揭《徐渭集》，第1109页。

2 前揭《徐渭集》，第1334页。

3 前揭《徐渭集》，第1334页。

4 前揭《徐渭集》，第67页。

5 前揭《徐渭集》，第624页。

（四）自我意识与自我价值

自我意识与自我价值，是徐渭的自我观在处理个人与社会关系方面的表现，是徐渭安身立命的基础。自我意识是徐渭对自我的内在体认，自我价值是徐渭对自己在社会上存在的价值大小的判断。自我价值是自我意识的外化。自我意识与自我价值来源于徐渭对自我才华的自信。自我意识与自我价值的实现，表现为徐渭所获得的社会声誉，特别是他在社会上的地位和文人集团对他的评价。

如上文所写，徐渭对延誉过他的沈炼和唐顺之终身感念，而在《畸谱》的“纪恩”“纪知”类里，没有记载给予他重大帮助的李成梁、李如松父子以及吴兑等。严格说来，他们对徐渭的恩惠远远超过了沈炼和唐顺之，但为什么徐渭不感念他们呢？钱谦益在《列朝诗集》丁集中《徐记室渭》小传透露了其中的原因：

> 与宁远诸子游，皆儿子畜之。[1]

“宁远诸子”，即名将李成梁的儿子们，徐渭与他们特别是李如松有密切的交往。“与宁远诸子游，皆儿子畜之”可以有两种理解方式，其一是徐渭“与宁远诸子游，皆儿子畜之”。其二可能是徐渭“与宁远诸子游，宁远诸子对徐渭皆儿子畜之”。哪一种理解方式更符合钱谦益的原意呢？这就涉及对徐渭人格的评价。相当多的研究者把徐渭的人格定义为狂狷[2]。在徐渭的性格中，确实有相当的怪异狂放的因素，徐渭在四十五岁时写的《自为墓志铭》中就把自己的个性归纳为“傲与玩”，但是，徐渭绝不是一个纯粹的蔑视权贵、傲世独立、愤世嫉俗的人。面对达官贵人，徐渭谨小慎微，如徐渭在书信《致小彭先生》里，就请求小彭先生向李如松索要自己的旧作：“知李仰城今为兄寓处官，旧时有长歌（《写竹赠李长公歌》），写竹卷上赠之，颇适意，今失稿，托兄一索寄来也。然仰城旧辱知爱，本欲一通问，亦坐病后懒作书，况又是官人，不可草草。”[3]徐渭请小彭先生代劳，是因为他不想直接给李如松写信，而李如松“又是官人，不可草草”，可见徐渭对与李如松的交往持很审慎的态度。徐渭不是一个生活在真空中的人，贫穷的他需要得到生活资助，也需要如一般文人那样过诗酒生活，这些只有权贵才能给他提供。所以，把钱谦益的话理解为“（徐渭）与宁远诸子游（的时候），

1　（清）钱谦益：《列朝诗集小传》，第 561 页，上海古籍出版社，1983 年。

2　如宋克夫在《论徐渭的狂狷人格》认为，徐渭在狂狷人格的形成是有其时代背景和哲学思想基础的，基于“利人皆圣”的平等意识，形成了徐渭蔑视权贵、傲世独立的人格风范；基于“本体自然”的自由意识，形成了徐渭“疏纵不为儒缚”的人格特点；徐渭的狂狷人格体现在诗文创作中，则突出地表现为愤世嫉俗的反抗精神（《湖北大学学报》（哲学社会科学版）第 30 卷第 2 期）。

3　前揭《徐渭集》，第 1130 页。

（宁远诸子对徐渭）皆儿子畜之”更符合实情。李如松给了徐渭很多帮助，徐渭写给他的书信里有很多相应的表述，如为儿子讨前程：“明春，仆欲以季儿往侍左右，或于尊翁处为一执戟”；借马：“明日拟往西山，敢借十二蹄，不拘长耳短耳”（《致李长公》）[1]。但是因为他对徐渭“儿子畜之”，在人格上不尊重徐渭，所以，当徐渭临死前撰写《畸谱》时，对他们并不是特别地感激。需要注意的是，徐朔方先生认为钱谦益的说法“似夸张失实”[2]，但联系到徐渭对其所受的帮助与感激的实际状况，钱谦益的说法相当可信。

徐渭要实现自我价值，从根本上说，还是要科举及第。但是，徐渭久困场屋，在这样的情况下，追求社会事功和磨砺文学艺术才华便是实现自我价值的重要的途径了。徐渭入胡宗宪幕府，替胡宗宪代笔作文的同时，还出谋划策，成效卓著。徐渭对胡宗宪终生感念，报答胡宗宪的知遇之恩无疑是重要的原因。胡宗宪瘐死，徐渭建立事功的机会瞬间即逝，归根到底，提高文学艺术修养，才是徐渭实现自我价值的最主要途径。

徐渭自我观的内涵是一个逻辑的整体，从其心灵本体到对其社会角色的体认，可以这样分层：最核心的是自我性情与自我个性，自残与自虐是其特殊表现；第二层是自我才气与自我声誉；第三层是自我意识与自我价值。但从认识的角度来说，我们是通过徐渭的作品来认识徐渭，对徐渭自我观的认识过程是从外向内的。自我意识与自我价值、自我才气与自我声誉是从内心外向于社会的，它们承载了徐渭作为一个社会人存在的价值和意义。徐渭没有显赫的家世，没有高官厚爵，没有万贯家财，在贫困潦倒的生活中他还能在一定程度上保持自己的个性，具有自我主体意识，并在此基础上进行艺术创作和艺术探索，对自我价值与自我才气的体认，对自我声誉的维护无疑是重要的原因。自我才气、自我意识与自我价值也有密切的关系：自我才气是自我意识与自我价值的基础和手段，自我意识与自我价值是自我才气的必然结果，如果徐渭没有杰出的才华，或者他虽然有才华，但这种才华并不能从内心深处激发起他对其才华的欣赏，亦即他没有对自我才气的认同，那么他就是芸芸众生的一分子，根本无法激发起强烈的自我意识，自我意识与自我价值是徐渭用其生命历程对自我才气的体认。自我性情与自我个性是徐渭自我观的内在本质，是自我观的最高境界和层次，徐渭的自我意识与自我价值、自我才气与自我声誉都带上了其自我性情与自我个性的烙印，自我性情与自我个性贯注于自我意识与自我价值、自我才气与自我声誉之中。自残与自虐是徐渭的自我性情与自我个性在特殊时期（患精神病期间）的特殊表现，是徐渭作为一位杰出的艺术家所罕有的悲剧根源之一，自残与自虐毁掉了徐渭的生活，却在一定程度上成就了他的艺术。徐渭自我观的几个层次是统一的整体，只不过在不同的人生境遇、不同的人生阶段有不同的重心。

1　前揭《徐渭集》，第 1119 ～ 1120 页。

2　《徐朔方文集》第三卷，第 176 页，浙江古籍出版社，1993 年。

三　徐渭自我观的演变

在徐渭坎坷而又漫长的一生中，最重要的两个关节点是他入胡宗宪幕府和杀妻入狱。胡宗宪幕府给徐渭提供了前所未有的展示才华的人生舞台。徐渭在当时的社会声誉以及后来在文学艺术史上的地位都由此奠基。因杀妻入狱而诸生资格被褫夺，彻底粉碎了徐渭的功名追求，强化了他让人诟病而又让人赞叹不已的颓放的文学艺术风格。徐渭人生的转变引起了艺术风格的转变，自我观的转变无疑是其中的关键环节。徐渭在《书草玄堂稿后》谈到了其人生自我观的转变以及由此而形成的创作风格的变化：

> 始女子之来嫁于婿家也，朱之粉之，倩之鞶之，步不敢越裾，语不敢见齿，不如是，则以为非女子之态也。迨数十年，长子孙而近妪姥，于是黜朱粉，罢倩鞶，横步之所加，莫非问耕织于奴婢，横口之所语，莫非呼鸡豕于圈槽……渭之学为诗也，矜于昔而颓且放于今也，颇有类于是。[1]

“始女子之来嫁于婿家也，朱之粉之，倩之鞶之，步不敢越裾，语不敢见齿，不如是，则以为非女子之态也”，形象地描绘了青壮年时代的徐渭的人生：矜持中带有伪饰，其背后隐藏了积极的人生追求，反映在文学艺术上，则表现为负气、任气；“迨数十年，长子孙而近妪姥，于是黜朱粉，罢倩鞶，横步之所加，莫非问耕织于奴婢，横口之所语，莫非呼鸡豕于圈槽”，则是老年徐渭的写照：年轻时的上进和刚健已烟消云散，随之而来的只有平淡、惨淡、粗陋的生活，其文学艺术创作也如人格一样颓放。

结合徐渭的《书草玄堂稿后》的自述以及徐渭的两个重要的人生关节点，可以把徐渭的人生分为三个阶段。第一阶段是徐渭的上下求索期，时间跨度为从童年到四十二岁。四十二岁这一年胡宗宪被捕，总督府解散，徐渭的黄金时代结束。这一阶段徐渭的自我观主要是英气勃发的真我，其主要内涵为自我价值，文学艺术创作风格刚健、矜持。第二阶段是徐渭的生死劫难期，时间跨度为从四十二岁到五十五岁。徐渭因胡宗宪之事而担惊受怕；因李春方之刁难而心神不定；因杀妻而入狱，面临死刑的威胁，失去诸生资格，五十五岁从监狱正式获释。这一阶段徐渭自我观为身心俱陷囹圄的羁人，主要内涵为自残与自虐，文学艺术创作风格躁动、愤激。第三阶段是与世沉浮期，时间跨度为从五十五岁到七十三岁病逝。老年徐渭除开衣食饮酒，人生已无大的追求。这一阶段徐渭的自我观主要是颓放的畸人，主要内涵为追求自我性情与自我个性，文学艺术创作趋于颓放。

1　前揭《徐渭集》，第579页。

（一）上下求索期的自我观：真我

嘉靖壬子（嘉靖三十一年，1552年）九月，时年徐渭三十二岁，乡试落名，涉江东归时作《涉江赋》。该赋序言讲了此赋写作缘由：晋潘岳失意官场作《秋兴赋》、《闲居赋》，其所反映出来情感为“嗜醇酡而姑言寂寞”，即所言与所求不一致。徐渭落第之后，朋友提示其白发已生，他恐惧“理道无闻而毛发就衰”，于是他“虽才不逮潘岳，而志或异焉，乃作《涉江赋》以自见”。在赋的正文部分，“我”从小大之辨的角度认为大者不大，小者不小，“小大如斯，胡有定界？”说明了进退得失不值一提。而“我”所真正关注的，乃是保持真我。徐渭对真我进行了描绘：

> 爰有一物，无罣无碍，在小匪细，在大匪泥，来不知始，往不知驰，得之者成，失之者败，得亦无携，失亦不脱，在方寸间，周天地所。勿谓觉灵，是为真我，绝有变迁，其体安处？体无不含，觉亦从出，觉固不离，觉亦不即。[1]

真我即一己之心，它是独立的，“无罣无碍”；它具有无限性和超越性，“在小匪细，在大匪泥”，“在方寸间，周天地所”；它是永恒的，“来不知始，往不知驰”；它是生命的整体，“体无不含，觉亦从出，觉固不离，觉亦不即”，是灵与肉的统一[2]。而真我易得易失，这才是自己心忧的根源：

> 立万物基，收古今域，失亦易失，得亦易得。控则马止，纵则马逸，控纵二义，助忘之对。外寇易防，窃发莫支，外寇形呈，窃发暗来，积土渐高，为九仞台，九仞一亏，终为阜丘，予斯之忧，他奚怆怀？[3]

“失亦易失，得亦易得”的真我，需要自我的持守，因为“控则马止，纵则马逸”。“外寇易防，窃发莫支，外寇形呈，窃发暗来”，要保持真我，又是非常的困难：真我的丧失，不像外寇那样“形呈”而“易防”，如果“窃发”长期隐晦地吞噬真我，那么真我就会“九仞一亏，终为阜丘”。《涉江赋》的中心议题就是心忧真我之得失。

徐渭在《涉江赋》里提出真我说，是徐渭的人生和思想逻辑发展的结果。第一，强调“真”是徐渭一贯的主张。徐渭在《赠成翁序》认为：“夫真者，伪之反也。故五味必淡，食斯真矣，五声必希，听斯真矣，五色不华，视斯真矣。凡人能真此三者，

1 前揭《徐渭集》，第36页。

2 此处参阅了陈望衡《徐渭和他的真我说》，《理论月刊》1997年7月。

3 前揭《徐渭集》，第36页。

推而至于他，将未有不真者。”[1]徐渭在戏剧方面著名的观点是本色论，《西厢序》云：“余于此本中贱相色，贵本色。”[2]所谓“本色”，其实也是“真”的观念在戏剧批评上的体现。第二，徐渭的真我说，强调了主体心灵的重要地位，这与心学“吾性自足”“心即理”的理论一脉相承，而徐渭终身受到了心学的滋养。第三，徐渭提出真我说，是就科考落第对社会和其内心的回应，它表明徐渭关注的焦点是内心，而不是功名，外在的得失不足以主导他的生活，这也是他在序言里把潘岳拿来对比的原因。但徐渭刻意强调保持真我而淡化功名的心理动机其实就是他所具有的功名意识，如果没有功名意识，徐渭就应该用淡然的心情来看待其落第的现实，根本不用这样庄重地表白。徐渭的表白，反映了其矛盾而焦灼的心理状态。他不甘心承认和接受科举失败的现实，但又不愿让别人知道他很在意科举考试，也不愿意让落第影响自己的生活，虽然这样的影响已然存在。徐渭的真我观归根到底是他强烈的自我意识的体现，这样的自我意识在人生的逆境，表现为保持自我、不服输的心态，在人生的顺境，则表现为自信、自强。从青年时代到任事于胡宗宪幕府，徐渭基本上都持有真我的信念。综上所述，把徐渭的《涉江赋》里的真我作为徐渭在这个人生阶段的自我观是可靠的。

在命运多舛的一生中，真我说是徐渭安身立命的基础。人的社会价值和自我价值总要通过外在的功名和内在的自我体认来实现。当外在的功名不能获得，那么就只有靠自我体认作为自己生命的支撑点。真我说的提出，是徐渭在人生逆境中的宣言，这样的人格观念如长期得不到弱化和释放（如科考顺利、经济富裕），便会转化为一种偏执的人格模式和思维方式。令人遗憾的是，除开在胡宗宪幕府短暂的辉煌外，徐渭在人生的泥潭里越陷越深，靠自我体认作为生命支撑的人格心理状况不断地被强化。

（二）生死劫难期的自我观：羁人

这一阶段，徐渭的自我观从真我转变为羁人。一连串的打击，使徐渭的心理处于羁绊之中。嘉靖四十一年（1562年）冬天，一个晴天霹雳般的消息传来，徐渭的恩主胡宗宪被捕，《畸谱》云“四十二岁。随幕之崇安，再入武夷，至衢，入烂柯山。冬，枳生，为壬戌十一月四日酉。未几幕被逮”[3]。胡宗宪被逮，使徐渭人生发生转折。张元忭之子张汝霖在《刻徐文长佚书序》作了深入的剖析：

> 顾中郎知文长，似人尽于文；而余素知文长者，谓其人政不尽于其文。文长怀弥正平之奇，负孔北海之高，人尽知之；而其侠烈如豫让，慷慨如渐离，人知

1　前揭《徐渭集》，第908页。

2　前揭《徐渭集》，第1089页。

3　前揭《徐渭集》，第1329页。

之不尽也。正平材不容也，阿瞒巧借江夏，遂成鹦鹉洲千古遗恨；而文长见重与制府少保胡公，乃子美所不能得于严武者。

时上方崇祷事，急青词，柄政者来聘，而文长知与少保有郗，不应。其后少保以缇骑收，文长恐连，遂佯狂，寻乃即真。居常痛少保功而谗死，冤愤不已，而力不能报，往往形之诗篇。狂中画雪压梅竹，而题云："云间老桧与天齐，滕六寒威一手提。折竹折梅因底事？不留一叶与山溪！"其感抗激烈之意，悲于击筑，痛于吞炭，而人徒云虑祸故狂，知之政未尽也。[1]

徐渭有祢衡、孔融、豫让、高渐离诸人之品格，同时又有风云际会的机会，因为他受到胡宗宪的重用，"文长见重与制府少保胡公，乃子美所不能得于严武者"。胡宗宪失势，对徐渭是一个沉重的打击。第一，他失掉了生活的来源；第二，他失掉了建立事功的舞台；第三，他担心受胡宗宪的牵连，精神负担难以承受，造成了严重的后果："文长恐连，遂佯狂，寻乃即真"；第四，为胡宗宪感到冤屈。胡宗宪号梅林，张汝霖所言之雪压梅竹图及诗表现了徐渭为胡宗宪愤愤不平的心情，因为其对胡宗宪心怀感念，故不愿替胡宗宪的对头"柄政者"李春芳写青词，结果，这给他招来了更大的麻烦。《畸谱》对此作了详细的记载：

四十四岁。仲春，辞李氏归。秋，李声怖我复入。尽归其聘，不内以苦之。盖聘之银为两，满六十，出李之门人杭查氏。予始闻怖，持以内查，查不内，故持以此归李，李复不内，故曰苦之。是岁甲子，当科，而以是故夺。后竟废考，上文曰长别者是也。[2]

入李春芳幕，耽误了徐渭最后一次科考机会；李春芳故意为难徐渭，加重了其精神负担。徐渭本来有精神疾病的病根，在多种因素的刺激、重压下，心理的羁绊使精神崩溃，徐渭自残、自虐、自杀甚至杀人。徐渭杀妻之前，写《自为墓志铭》，在这样的心境下，他的妻子稍微有所违逆，他就有可能行凶杀人。《畸谱》云："四十六岁。易复，杀张下狱。隆庆元年丁卯。"[3] 在其杀妻之前，他对其妻已有不满情绪。徐渭在杀妻前一年所作的《陈山人墓表》，极赞陈山人之妻贤，似衬托己妻之劣：

山人之配为胡安人，……故千户胡公女也。公性方严，无子，教其女如子，以故安人贤且才，率能给山人取。……至于宴客无虚夜，调饮食，纫巾服，皆时

1 前揭《徐渭集》，第1348页。

2 前揭《徐渭集》，第1329页。

3 前揭《徐渭集》，第1329页。

时出新巧，安人无不佐之，随事立办。[1]

为陈山人作墓表，其实大可不必扯上陈山人之妻胡氏，徐渭这样写，应该是对其婚姻失望心态的流露。杀妻造成了更为严重的后果，无论从精神还是肉体，徐渭都成了羁人。他的诸生资格被褫夺，身陷牢狱，其精神疾病更为严重，多次自杀未遂。在狱中，虽然有朋友的救助，但仍然相当凄苦。如其五古《寄莫叔明时予尚系，而莫乃府公岑令其入访》所云："十年不得见，一日云就泥。我与鼠争食，尽日长苦饥。因君割囚粟，握把换菽韭。饮水湿枯吻，坐以谈崟崎。绕栅响绳铁，听者知为谁。似言好儒绅，亦解相睨窥。有时端不动，兀哉木所为。都萌求福心，欲作居士题。览此相踯躅，颓焉日以西。安得秦时人，化作大鸟飞？别君锁昏黑，不寐闻天鸡。"[2]在这样的情况下，徐渭对其自我观的转变有了清晰的体认。徐渭在狱中所写《寰中春雪》，明确了其自我观的转变：

春雪浩茫茫，羁人坐欲僵。分明落桃李，只是少芬芳。一片凄寰栅，中宵醉洞房。何心分苦乐，人自异肝肠。[3]

徐渭虽然用"分明落桃李""中宵醉洞房""何心分苦乐，人自异肝肠"这样的句子力图冲淡其身心的悲怜，但这没有改变他的"羁人"身份。随着其自我观从前期的真我转变为此时的羁人，自我观的内涵少了前期的自我才气与自我声誉、自我意识与自我价值，而主要表现为自残与自虐的情绪。

（三）与世沉浮期的自我观：畸人

死里逃生的徐渭出狱以后，已不可能再参加科举考试，支撑其人生的价值追求失落了。徐渭的生活更加贫困，他屡次北上，投靠张元忭、李如松、吴兑等人。但投靠别人不能根本解决其生活难题。徐渭在吴兑幕中曾作《野豕》诗，在这首诗的序言里对该诗的七八句"野人浑绝粒，一丈长青藜"解释为"谓余今谷菜且断矣，况豕辈乎？"[4]徐渭曾给张元忭写答谢信，调侃其处境："仆领赐至矣。晨雪，酒与裘，对证药也。酒无破肚赃，罄当归。羔半臂，非褐夫所常服，寒退拟晒以归。西兴脚子云：'风在戴老家过夏，在我家过冬。'一笑。"（《答张太史当大雪晨，惠羔羊半臂及菽酒》）[5]游

1 前揭《徐渭集》，第 641 ~ 642 页。

2 前揭《徐渭集》，第 77 页。

3 前揭《徐渭集》，第 752 页。

4 前揭《徐渭集》，第 732 页。

5 前揭《徐渭集》，第 1017 页。

历回家后，徐渭屡屡悲老年出游之苦，“发白齿摇矣，犹把一寸毛锥，走数千里道，营营一冷炕上，此与老牯踉跄以耕，拽犁不动，而泪渍肩疮者何异。”（《与马策之》）[1]“在家时，以为到京，必渔猎满船马。及到，似处涸泽，终日不见只蹄寸鳞，言之羞人。”（《与柳生》）[2]在无奈的生活中，徐渭固有的精神疾病继续影响其精神状态和思维方式，同时岁月的增长也在慢慢剥蚀徐渭的羞恶之心。在这几重因素的影响下，徐渭的自我观发生了颠覆性的转变。从外在的言行来看，徐渭成了一个怪人。张汝霖《刻徐文长佚书序》形象地描绘了徐渭之怪：

> 既以狂遭郦炎之狱，先文恭力救得出，出而益自放。间尝入长安，苦耐礼法，遂去走塞上，与射雕者竞逐于虏骑，烟尘所出没处，纵观以归。归则捷户，不肯见一人，绝粒者十年许，挟一犬与居。人谓偃蹇玩世，狂奴故态如此，而不知其自别有得，难以世谛测也。其注《参同契》，逗露意指，而终不谈，若此中有深入焉。不然，椎囊锥耳，宁不死，而十年绝粒，且伟硕如常哉？闻死之日，四大作金黄色，故足怪也。尝私语余：“吾寰中大好，今出而散宕之，乃公误我。”此可窥其微矣。[3]

不仅社会舆论把徐渭看作一个怪人，徐渭更自称为“畸人”，在生命临终之前，撰写了自传《畸谱》。这样的意识，不是他临终之前的突然感悟，而是对自我的长期评价。徐渭七十岁所写的《答嘉则二首次韵（一七十见寿，二沮雨废访）》的第二首云首联云：“桃花大水滨；茅屋老畸人。”[4]其时就已经以畸人自居。任何一个正常的人都不会这样评价自己，徐渭的畸人意识，来源有二，其一是他本来就有精神疾病，大概社会上也有类似的评价，徐渭干脆就把“畸人”这顶帽子主动戴上；其二，徐渭的自我价值已经丧失，杰出的才华和胡宗宪的赏识所带来的荣耀没有办法使其脱离困难，相反却加速了他的颓废。此时，徐渭已无所顾及、无所顾忌，他的自我观，基本上就只有自我性情与自我个性了。

徐渭在不同人生阶段的诗歌、散文、戏剧、书法、绘画诸方面的创作，从各个侧面动态地表现了他的自我观，而了解徐渭的自我观，对理解、研究徐渭的文学艺术创作大有裨益。

原载《故宫学刊》总第五辑，紫禁城出版社，2009 年

1　前揭《徐渭集》，第 483 页。

2　前揭《徐渭集》，第 483 页。

3　前揭《徐渭集》，第 1348 ～ 1349 页。

4　前揭《徐渭集》，第 292 页。

试说郎世宁作品的五类状态

聂崇正

内容提要：本文以存世的郎世宁作品为依据，将其画幅分为五种类型或状态，以此来简约地概括了解郎世宁作品的总体情况，对于其画作之真伪鉴定亦有所帮助。

关键词：郎世宁　臣字款　署款　后门掬（造）

郎世宁（1688 ~ 1766 年）是一位在中国清朝宫廷内供职的欧洲画家，其绘画风格甚为特殊，成为宫廷绘画中的"异类"。郎世宁当初在宫内、宫外绘制的作品数量很大，经胡敬在《国朝院画录》一书中收载著录的郎世宁作品就有 56 件（包括合笔的两件）之多，其中有不少流传至今，此外还有相当数量的郎世宁作品并没有被收入胡敬《国朝院画录》一书，如果以上两项郎世宁画作相加的话，肯定要接近二百件之数。

笔者经过多年摸索郎世宁作品，形成了以下看法：如果按照由郎世宁署款或未署款的作品来加以区分，计有以下五类状态的作品流存于世。一、画幅上面有作者的署款，绘画的风格又完全符合画家郎世宁面貌的作品；二、画幅上面有郎世宁的署款，但是他只画了主要的部分，而其他部分则是由中国画家补绘的作品；三、画幅上面没有作者的署款，但是绘画风格与画家郎世宁完全吻合的作品；四、画幅上署另外画家的姓名，但是画面的某些局部却完全符合画家郎世宁绘画风格的作品；五、画面上虽然署有画家郎世宁的名款，但是绘画的风格完全与郎世宁不相似、是由以后的好事者伪造的作品（即被称为"后门造""后门掬"的伪作或者是新近的伪作），也即郎世宁作品的假画。下面将郎世宁作品的五类状态分别举例简单叙述如后。

第一类，画幅上面有作者的署款，绘画的风格又完全符合画家郎世宁面貌的作品。这类状态郎世宁的作品中，还可以分成两部分，即其署款前冠以"臣"字和署款前没有"臣"字两种[1]。前者是在宫中专门为皇帝而画的作品，后者是在宫外为某些皇亲贵

作者：原研究室，研究馆员。

1　聂崇正：《郎世宁的非"臣字款"画探究》，《故宫博物院院刊》2002 年第 2 期。

族而画的作品。此类状态的作品举例如下：

《嵩献英芝图》轴（图一），此图为绢本设色画，纵242.3厘米，横157.1厘米，故宫博物院藏。画幅上署款“嵩献英芝，雍正二年十月臣郎世宁恭画”。画面由郎世宁一人独立完成，欧洲风味浓厚，画于雍正二年（1724年），是画家来华后早期的作品之一。

《瑞谷图》卷，绢本淡设色画，纵44.5厘米，横65.4厘米，画于雍正三年（1725年），中国第一历史档案馆藏。

《百骏图》卷，绢本设色画，纵94.5厘米，横776.2厘米，台北故宫博物院藏。画幅上署款“雍正六年，岁次戊申仲春，臣郎世宁恭画”。此图为郎世宁在雍正朝宫中的代表作，欧洲风味浓厚。

《羊城夜市图》轴[1]，绢本水墨画，纵260厘米，横155厘米，美国斯坦福大学美术馆藏。署款为“乾隆元年春三月，臣郎世宁恭绘”。如此较大规模的图画，应当是始画于雍正年间，而完成于乾隆元年（1736年）。

图一　郎世宁《嵩献英芝图》轴

《八骏图》轴，绢本设色画，纵139.3厘米，横80.2厘米，台北故宫博物院藏。

《松树羚羊图》轴，绢本设色画，沈阳故宫博物院藏。图中的动物及背景里的树石均为郎世宁一手绘就，没有中国画家参与其事。

《午瑞图》轴（图二），绢本设色画，纵140厘米，横84厘米，故宫博物院藏。这是一幅类似欧洲“静物画”风格的作品，画上除去花瓶及内插的谷类花叶等之外，没有任何背景，画面上署有郎世宁的名款，该图是由画家一人独立完

1　聂崇正：《另类郎世宁》，《中国历史文物》2005年第1期。

成的。相似的作品还有《瓶花图》轴，绢本设色画，纵 113.4 厘米，横 59.5 厘米，台北故宫博物院藏。画面左下角署款“臣郎世宁恭画”，为郎世宁独立完成。《海西知时草图》轴，绢本设色画，纵 136.6 厘米，横 88.6 厘米，台北故宫博物院藏。左下角署款“臣郎世宁恭绘”，为郎世宁独立完成。

图二　郎世宁《午瑞图》轴

《双骏图》卷，绢本设色画，纵 62 厘米，横 115.1 厘米，镇江市博物馆藏。署款“郎世宁谨画”，姓名前无“臣”字，应当是郎世宁在宫廷之外所作，从画面看，此画是郎世宁一个人单独完成的。

《八骏图》横幅，绢本设色画，纵 53 厘米，横 92.5 厘米，江西省博物馆藏。此图只画了八匹马，无任何背景，是郎世宁独立完成的画幅。画幅的左边沿有署款“郎世宁敬画”。这是郎世宁为慎郡王允禧所画[1]。

《阿玉锡持矛荡寇图》卷，绢本设色画，纵 27.1 厘米，横 104.4 厘米，台北故宫博物院藏。相似的作品还有《玛瑺斫阵图》卷，同样为绢本设色画，纵 38.4 厘米，横 285.9 厘米，台北故宫博物院藏。此两卷均为描绘平定西域立功将士冲锋陷阵的英姿，图中只有人物和马匹，背景全无，均是由郎世宁独立完成的。

以上所举郎世宁此类作品，均属于他一个人单独完成的画幅，故而欧洲风味十分浓厚，而且这部分作品几乎都完成于雍正年间，属于郎世宁来华后的早期作品，这样的作品还有若干。在这些画幅上，都有画家郎世宁的署款，虽然署款的字体各异，不像是同一个人的手笔，这都说明郎世宁画上的署款应当都不会是他自己书写的，而是由专门的中国人代为署款。

1　前揭《郎世宁的非“臣字款”画探究》。

图三　郎世宁《哨鹿图》横幅

图四　郎世宁《乾隆围猎聚餐图》轴

第二类，画幅上面有郎世宁的署款，但是他只画了主要的部分，而其他部分则是由中国画家补绘的作品。这类作品的数量甚大，画幅上均有画家郎世宁的署款，但是从作品的风格来讲，主要部分及次要部分显然是不同的，即主要部分有着明显的欧洲绘画痕迹，而次要部分却是很典型的中国传统画风，不过画幅上面只署了郎世宁一个人的名字。此类状态的作品举例如下：

《哨鹿图》横幅（图三），绢本设色画，纵267.5厘米，横319厘米，故宫博物院藏。画上署款虽然只有郎世宁一人，但是画幅背景中的树石，完全是中国画家唐岱所画，实际上应当是中外画家合作完成的。

《乾隆围猎聚餐图》轴（图四），绢本设色画，纵317.5厘米，横190厘米，故宫博物院藏。画面右下角署款“乾隆十四年四月奉宸院卿臣郎世宁恭绘”。这幅大画与上一幅作品是同样的情况，画中的人物肖像，包括乾隆皇帝以及猎获的动物，都是由郎世宁完成的，而背景中的树木山石，应当是中国画家唐岱补画的。

《阅骏图》屏（图五），纸本设色画，纵134.5厘米，横137.5厘米，故宫博物院藏。画幅上署款为“臣郎世宁恭绘”。画中除了乾隆皇帝、三个牵马太监

图五　郎世宁《阅骏图》屏

图六　郎世宁《射猎图》横幅

的肖像以及那匹棕白相间的花马之外，其他所有的山石、树木、建筑物等，即画面的绝大部分，都不是郎世宁的手笔，从绘画风格来看，应当是中国画家金廷标补绘的。其中人物的躯干部分还是由郎世宁绘制的草稿，然后由金廷标用线条勾勒完成的。

《射猎图》横幅（图六），绢本设色画，纵 115.5 厘米，横 181.4 厘米，故宫博物院藏。此图的左下角有署款"臣郎世宁恭绘"，画幅中明显存在着两种不同的绘画风格。其中所有的人物、马匹均为郎世宁所画，而背景部分，包括地面、树木、河流等，则出自中国画家之手。

《哈萨克贡马图》卷，纸本设色画，纵 40.4 厘米，横 262.3 厘米，法国巴黎吉美博物馆藏。画卷末尾署款为"臣郎世宁恭绘"。此图描绘乾隆皇帝在圆明园接受哈萨克部落首领进献的骏马，图中乾隆皇帝及其近旁人物的肖像，无疑均出自郎世宁之手，而背景部分，则应该为中国宫廷画家金廷标所补画，二者风格虽然有异，但是合于一纸中，达到了十分融洽的地步。另外与此图相类的画卷还有《准噶尔贡马图》卷，台北故宫博物院藏。

《马术图》横幅，绢本设色画，纵 223.4 厘米，横 426.2 厘米，故宫博物院藏；《万树园赐宴图》横幅，绢本设色画，纵 221.2 厘米，横 419.6 厘米，故宫博物院藏。两幅画均为描绘乾隆二十九年（1764 年）皇帝在承德避暑山庄内接见来归降的蒙古族部落首领的场景。完成后即张挂于承德避暑山庄卷阿胜境殿的东西墙上[1]。

如此画面上仅署郎世宁一人的名款，实则是由郎世宁与中国宫廷画家共同完成的

1　聂崇正：《郎世宁和他的历史画、油画作品》，《故宫博物院院刊》1979 年第 3 期。

图七 《平安春信图》轴

作品还有不少，这样的画幅大都是在乾隆年间创作的，也即属于郎世宁中晚时期的作品。此类图画几乎都是幅面巨大的作品，用于张贴在宫殿墙上，称为“贴落”[1]。画幅的总体构图当出自郎世宁的规划，而且郎世宁执笔绘制了图中主要人物的肖像，其他部分则是由供奉宫廷的中国画家补绘。

第三类，画幅上面没有作者的署款，但是绘画风格与画家郎世宁完全吻合的作品。此类作品上没有画家署款，是因为当初的一些规定。比如为皇帝绘制肖像，尤其是“朝服像”(也即“标准像”)，画家是不能署名款的；另外为皇后、嫔妃等画肖像，同样也按照此项规定执行，画家不能在画上署写名款。而为皇帝、皇太后、皇后、嫔妃绘制肖像，又是郎世宁一项很重要的工作，所以就有一部分这样的肖像画作品，应当是出自郎世宁的笔下，可是画面上并没有作者的署款。这样的作品举例如下：

《平安春信图》轴（图七），绢本设色画，纵 68.8 厘米，横 40.8 厘米，故宫博物院藏。这幅画上没有作者的署款，却有乾隆皇帝晚年的题诗，诗中有一句“写真世宁擅”，可以确认此画的作者为郎世宁，当然我们从绘画风格上也可以得出同样的结论。至于此图的另一个“双胞胎”兄弟《平安春信图》轴，为纸本设色画，纵 109 厘米，横 59 厘米，现为私人收藏，画面上同样没有作者名款。画中的雍正皇帝与宝亲王（未来的乾隆皇帝）出自郎世宁之手，而背景中的几株梅花，画法颇显幼稚，或许还是宝亲王自己的戏笔呢[2]。

《采芝图》轴（图八），纸本水墨画，纵 204 厘米，横 131 厘米，故宫博物院藏。这是弘历尚为“宝亲王”时身着古装的肖像画，画中的人物头戴斗笠，右手持如意，

1　聂卉：《清宫通景线法画探析》，《故宫博物院院刊》2005 年第 1 期。

2　聂崇正：《谈郎世宁的〈平安春信图〉轴》，《艺术》2005 年第 2 期。

图八 《采芝图》轴

图九 《乾隆朝服像》轴

左手抚梅花鹿背，另有童子拎花篮。全图不施色彩，以水墨画成。人物脸部描绘相当出色，无疑是郎世宁之手笔，其他如衣纹等部分则为中国画家补绘。画面上并无作者的署款。

《乾隆朝服像》轴（图九），绢本设色画，纵217厘米，横142厘米，故宫博物院藏。这幅画描绘的是弘历即位的当年身穿朝服的肖像，作于乾隆元年（1736年），画中刚刚即位的青年君主，充满朝气。皇帝的肖像无疑出自郎世宁之手，皇帝的朝服虽然图案繁复，画家仍然作了仔细的描画；膝盖部分朝服还有凸起的反光；地毯部分也具有深远的透视感。

《乾隆戎装像》轴（图一〇）[1]，绢本设色画，纵322.5厘米，横232厘米，故宫博物院藏。此图描绘乾隆皇帝即位后首次前往京师南郊检阅八旗官兵，时在乾隆四年（1739年）。图中的人物和马匹均朝右向。乾隆皇帝戴头盔，穿铠甲，挂弓箭，骑着一匹棕白色相间的骏马，年轻得意，威风凛凛。细观画上并没有画家的署款，不过从绘画风格及水平来看，可以确定是郎世宁的作品，这已是大家所公认的，而且应当是由郎世宁一个人独立完成的巨画。

《慧贤皇贵妃朝服像》轴，绢本设色画，纵196厘米，横123厘米，故宫博物院藏。

1 聂崇正：《两幅〈乾隆戎装像〉》，《紫禁城》2010年第12期。

图一〇　《乾隆戎装像》轴

这幅作品与前面提及的《乾隆朝服像》轴是同样性质的，而且绘制的时间几乎是同时的，完全可以确定是郎世宁所画，但是画幅上面不见画家只字。

《乾隆及后妃像》卷[1]，绢本设色画，纵53厘米，横688.3厘米，美国克里夫兰美术馆藏。这是一幅画于乾隆元年（1736年）的作品，描绘了刚即位的青年君主与其后宫皇后及诸多嫔妃的肖像。毫无疑问，画卷前面的人物均是由郎世宁绘制的，但是画卷上面没有画家署款。

《是一是二图》轴，纸本淡设色画，纵76.5厘米，横147.2厘米，故宫博物院藏。画面上是身穿古装的乾隆皇帝坐于榻上，而座榻背后的屏风上同时挂着一幅乾隆的肖像画，画上有乾隆自题的诗句，画幅上虽无作者名款，但是乾隆皇帝的两处肖像，无疑均为郎世宁所画，其他部分当为中国宫廷画家姚文瀚在郎世宁所描的底稿上完成的。

除此以外，清朝宫廷还有若干皇帝、后妃的油画半身像存世，这些画幅上也不见画家的署款，一来因为画的是皇帝、后妃，二来这部分油画肖像带有图稿性质。笔者认为，这部分油画半身像应当也出自郎世宁之手[2]。

第四类，除去以上所说的三类状态郎世宁作品外，还有一类郎世宁的作品，不太容易分辨。这就是画幅上面署的是其他画家的姓名，而画面的某些局部却完全符合画家郎世宁绘画风格的作品。我们在编写作品的目录时，只会写上署名画家的姓名，而不会去写郎世宁的姓名。当我们对这些作品仔细观察后就会发现，画中某些部分包含有郎世宁的笔墨及色彩。可是从画幅的署名上却得不到这样的信息。如此的作品亦有实例可寻。

1　陈葆真：《〈心写治平〉——乾隆帝后妃嫔图卷和相关议题的探讨》，《美术史研究集刊》第21期，台湾大学艺术史研究所，2006年。

2　聂崇正：《谈清宫皇帝后妃油画半身像》，《故宫博物院院刊》2008年第1期。

图一一　金廷标《乾隆行乐图》轴

《乾隆行乐图》横幅（图一一），绢本设色画，纵 187.4 厘米，横 320 厘米，故宫博物院藏。这是一件张幅很大的作品，画乾隆皇帝身穿汉装，与嫔妃在山水间游乐的场面。画面上署有作者的名款为“臣金廷标奉敕敬绘”[1]。画中的山石、树木、流水等，从造型风格来看，确实都是金廷标相当典型的面貌。但是再仔细看看画中的人物肖像以及几只鹿，则会发现这些部分完全是欧洲的画法，其作者非郎世宁莫属。那么此画显然是金廷标与郎世宁合作完成的，而且郎世宁画的是其中关键的部分，只不过画上只署了金廷标一个人的名字。至于何以出现如此的情况，可能与乾隆皇帝的审美趣味有关。对于郎世宁的肖像画，乾隆皇帝当然没有什么可说的，“写真世宁擅”，这就是乾隆皇帝对郎世宁这方面技艺的赞许之词。不过对于郎世宁描绘的山水树石，乾隆皇帝从来没有过任何恭维。这大概就是这幅大画上只署了金廷标一个人的名款的原因吧。

《乾隆洗象图》轴，纸本设色画，纵 132.3 厘米，横 62.5 厘米，故宫博物院藏。此画是由宫廷画家丁观鹏署款的。画家丁观鹏在宫中是以绘制佛像等宗教题材绘画而知名，此图即描绘如来佛洗坐骑白象的故事。不过细观端坐的如来佛，分明是乾隆皇帝的相貌，而且还露出了郎世宁笔下的痕迹。故而笔者认为，此处人物的头像是郎世宁所绘的。

私人藏《大阅图》第三卷[2]，该图原有四卷，第一卷目前已然“失群”，只能见到

1　聂崇正：《宫廷画家金廷标卒年及其作品》，《紫禁城》2011 年第 6 期。

2　聂崇正：《失群的〈大阅图〉卷》，《文物天地》2004 年第 11 期；聂崇正：《“列阵”与“阅阵”——故宫内外的两卷乾隆〈大阅图〉》，《紫禁城》2009 年第 8 期。

三卷（即第二卷、第三卷、第四卷，第一卷不知下落）。在第四卷末尾的文字中，提及画卷的作者："臣金昆、臣程志道、臣吴桂、臣程梁、臣姚文瀚、臣卢湛、臣张廷彦、臣金声、臣丁观鹤、臣陈永价奉敕绘图"，其中并无郎世宁。但是我们在观赏其第三卷"阅阵"时，发现图中乾隆皇帝所骑马的局部，显然是由郎世宁绘画的，其风格与周边其他的人物图像不相类似，完全是西洋画法，因此，笔者认为郎世宁实际上参与了此图卷局部的绘制。这一观点仅代表笔者个人的看法。

第五类，画面上虽然署有画家郎世宁的名款，但是绘画的风格完全与郎世宁不相干、是由后来的好事者伪造的作品，多为晚清民国初年的伪作，即所谓"后门造"或"后门掏"[1]，此外也有些晚近的新画作。这两部分绘画都属于郎世宁的伪作。照理说，郎世宁的假画、伪作，似乎不应当在这个题目里与他的真迹放在一起来加以议论，但是现时的研究界和收藏界对此还可能有些模糊的认识，所以不妨再多说上几句，更何况这些画上照样也署着郎世宁的名款。

下面我们从流传在世的署了郎世宁名款的"后门造"作品中，来具体了解一下这些画幅的面貌和特点。据有的学者将所见此类"后门造"原作及印刷品等披露，计有《百骏图》卷、《香妃出游图》卷、《大宛贡马图》卷、《御苑春搜图》卷、《武猎行围图》卷、《扈毕阅鞠图》卷、《木兰获鹿图》卷、《宝月尝荔图》卷、《冰嬉娱亲图》卷、《春燕耀武图》卷等多种[2]。以上这些作品都为高头大卷，装裱极其花哨，唯恐看官见到后，不相信此乃宫廷中的物件，总而言之，各方面都显得过火，与真正宫廷的绘画及装裱一比马上就显出不同来。至于绘画的技术方面，"后门造"的东西，一看就是从来就没有接触和学过"西画"的人所画的，根本不懂人体解剖结构，所以笔下的人物、动物都显得十分生硬。虽然如此，其中有关"香妃"一类题材的画卷，即属"后门造"的伪品，至今仍然纠缠在学术讨论中[3]。反倒是晚近伪造的郎世宁的作品，作伪者都有一定的"西画"基础，尚能做到大体的"形似"，对于后一部分东西似乎更应当加以防范和警惕[4]。当然，这是一个另外需要专门探讨的课题，在此就点到为止，容笔者慢慢另文阐述，因为说好说真容易，皆大欢喜，而揭露伪作，则是需要冒些风险且不太得人心的。

原载《故宫博物院院刊》2013 年第 5 期

1　王彦朝：《民国时期的书画赝品"后门掏"》，《收藏家》1993 年创刊号。

2　蔡星仪：《"后门造"还是"宫里造"》（上、下），《荣宝斋》2007 年第 3、4 期。

3　纪大椿：《"香妃"：乾隆容妃的幻影》，三联书店，2010 年。

4　聂崇正：《一幅名为郎世宁作品之真伪鉴别》，《荣宝斋》2000 年第 2 期。

弘历皇子时期书法学习经历考

王亦旻

内容提要：故宫博物院收藏有比较完整的乾隆皇帝在皇子时期的书法习作，当时称为“仿”。这些习作不仅记录了从康熙六十一年冬到雍正十三年八月期间，弘历每天临摹字帖的情况，而且还保留了大量的授课老师的朱笔批阅。本文在对这些“仿”作进行整理与分期的基础上，对弘历的书法启蒙、父祖影响、选帖安排、纸张使用、老师指导以及个人喜好等几个方面再行考证和研究，以期还原一个相对真实而完整的清代皇子书法学习的情境，从而为更准确地评价弘历的书法艺术提供一些翔实的资料和一个全新的角度。本文的主要结论有：第一，书法学习是清代皇子教育中重要的组成，是每天课业的第一部分。第二，弘历的系统书法教育始于雍正元年，主要学习方法是临摹楷书，其间经历了以摹写颜真卿《多宝塔碑》打基础，以摹写唐诗、《千字文》等学习大楷，以摹写王羲之《乐毅论》学习小楷，以摹写《瑞麦赋》重新学大楷四个阶段。第三，弘历的书法学习与家庭前辈的喜好、老师的指教暨字帖选择和字体练习次序密切相关。最后，雍正皇帝的突然去世，打乱了弘历书法学习的进程，对其书法的进步造成负面影响，使得其书法的风格水平过早定型，难有更高的艺术成就。

关键词：弘历　写仿习作　分期　皇子书法教育

引言

乾隆皇帝是中国历史上留下书法墨迹最多的一位君主，其书法作品为世所习见。虽然从艺术角度看，他个人的书法成就并不是很高，难以在书法史上占有一席之地，但其特殊的帝王身份和对书法极强的兴趣，使他在传世书作的收集、鉴赏、考证、临写与传播诸方面用力尤勤，对后世书法史的研究贡献颇多。一生对书法艺术如此迷恋

作者：书画部，研究馆员。

的人，其自身的书法修养自然受人关注，可是历史上对乾隆书法的评价却不够客观全面。因帝王之尊，能够近距离接触乾隆并了解其书法创作的词臣们对其作品都是极尽赞美之能[1]，难以客观；民间及后世对他的评价，或简单以取法赵孟頫论其书学渊源，或笼统以单调乏味、缺少变化评其笔墨特点，亦失之片面；特别是关于乾隆书法学赵字的观点，与实际情况出入很大[2]。我们知道，书法学习讲究基本功，启蒙阶段的基础打得如何，对以后个人书法水平的高低有重要影响。因此，我们对乾隆书法的评价不仅要重视其成年以后的作品，更应参考他启蒙阶段的墨迹。近年在整理清宫旧藏帝后书法时，发现一批乾隆为皇子时期的书法习作，时间从康熙六十一年（1722 年）冬月开始，一直到雍正十三年（1735 年）八月结束，保存完整，比较全面地反映了弘历从 12 ～ 25 岁做皇子时期的学书经过，这不仅使我们能全面深入地了解乾隆的书法基础是如何形成的，也有助于我们对清宫皇子学习制度的进一步研究。

这批弘历做皇子时期的书法习作与其部分诗文稿一起保存在两只雕漆木箱中，从箱子上面镌刻的“乾隆御稿”字样看，箱子是专门储存其御制诗文稿的，其中也包括他在皇子时期的诗文稿，估计这批书法习作在当时是与其他诗文稿一起收藏的。这些书法习作当时被称为“仿”，是清宫对皇帝、皇子书法习作的统一称呼，目前故宫博物院保存的一些顺治皇帝的书法习作，如其楷书临写的《千字文》页，也被称作“仿”。初步统计，乾隆的写仿习作有满文和汉文两种，其中满文装订成 13 册，是从雍正元年到十三年（1723 ～ 1715 年）期间所写；汉文则分装于 14 包，有的装订成册，有的仍旧是单页保存。本文将就这批汉文“仿”的整理和研究情况进行一个总结。

一　弘历皇子时期书法写仿习作的整理

这些“仿”都是写在白棉纸和荆川太史纸上[3]，这两种纸尺寸不同[4]，书写字体亦不同，其中大楷书于白棉纸，小楷书于荆川太史纸[5]。写仿外面以麻纸包裹，基本一年一包，每包外面有墨书“雍正某年仿”的字样，从书写笔法风格和行文款式看，应是乾隆本人

1　在很多乾隆帝的作品后面，都有当时词臣们奉旨书写的题跋，其中对于乾隆书法水平所谓“契其神妙，集其大成”的评价与推崇，皆是讨皇上欢心的面谀之词，今天看来十分荒唐可笑。

2　参见马宗霍《霎岳楼笔谈》，《书林藻鉴》卷一二，第 194 页，文物出版社，1984 年。

3　这类纸上有的背面印有“源振号定厂荆川太史纸”红色印记，荆川太史纸为一种江西产的竹制熟纸，明清时期多印书使用，如明崇祯四年归安茅氏刊本《唐宋八大家文钞》、清乾隆时写刻本《明诗别裁集》等。此纸因薄而透明，便于影写，当时亦多用于书法描红或描绣像。鲁迅在《从百草园到三味书屋》一文中曾提到这种纸。唯时间久而易变黄变脆，是其缺点。

4　白棉纸一般每张纵 31 厘米、横 45 厘米左右；荆川太史纸每张纵 25 厘米、横 30 厘米左右。

5　康熙六十一年冬至雍正元年的大楷“仿”书于荆川太史纸上，这是个例外。

所写。今天的整理便以每包外面墨笔标注的年代为顺序，从早到晚。其中，有年份混淆的，则根据时间恢复其年代顺序；未标注纪年的，则置于最后。每包之内有月日记录的，按照时间顺序排列其书写内容；未记月日的，亦列于最后。这批汉文“仿”共计1795页。

第一包第一小包，墨书“六十一年冬至元年冬仿”[1]，即1722～1723年，弘历12～13岁。书于荆川太史纸或白棉纸，计262页。临摹内容为：

(1) 正月二十日至二十三日，楷书摹《番君庙碑》中开始部分“汉番君庙碑。饶旧有番君庙，范文正公为守时改作于州治，西北距今盖三百”（图一）。

(2) 正月二十四日，楷书临摹《多宝塔碑》中开始部分“大唐西京……郎中东海”。

(3) 正月二十五日、二十六日，楷书节临《千字文》中一段“盖此身发，四大五常。恭维鞠养，岂敢毁伤。女慕贞洁，男效才良”。每字两遍。此包中仅此二页用白棉纸书写。

(4) 正月二十七日至九月十九日，楷书临摹《多宝塔碑》中开始部分到“姓程广平人”[2]（图二）。

(5) 无日期，楷书五言诗：“圣德配天地，神功施万方。精勤明至理，永俾兆人康。仲夏月书。”[3]二页。每字两遍。

(6) 无日期，楷书临《明皇西岳华山碑铭》中一段：“天有四序，星辰辨其分。地有五方，山岳镇其域。阴阳交畅，则品物形矣。精气相射，则神祇着矣。”一页。

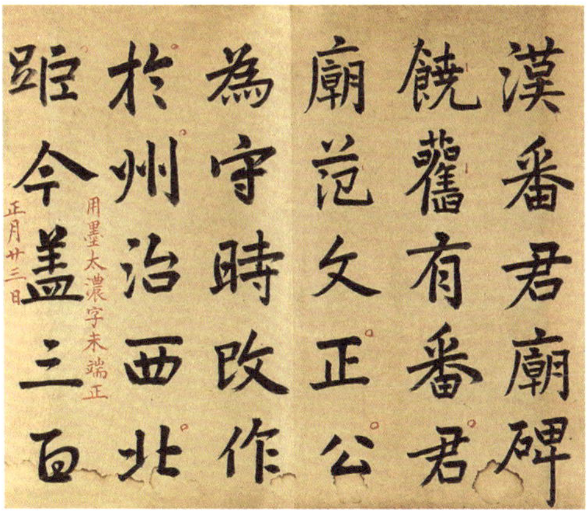

图一　弘历纸本楷书摹《番君庙碑》

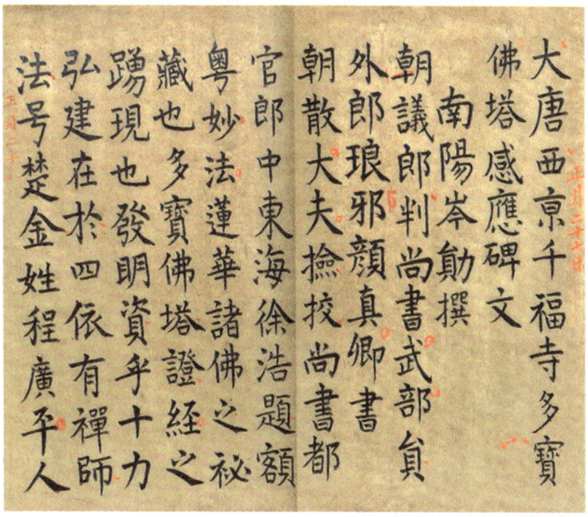

图二　弘历纸本楷书摹《多宝塔碑》页

1　第一包内有两包，第一小包是从康熙六十一年至雍正元年，第二小包是雍正三年仿，现分作两年记录。

2　后面“仿”中重复出现的诗文，均略去内容。

3　此诗不知作者及时代，从内容及弘历之后反复书写这首诗的现象看，似是与颂赞康熙有关。后文中引此诗，均以“五言诗”称之。

（7）无日期，楷书摹《番君庙碑》开始部分一页。第六、七两页的荆川纸较长，不像前述内容的用纸那样，裁成统一尺寸，推想应不是雍正时期正规的习仿作业。

第一包第二小包，墨书“三年正月至十二月仿”，即1725年，弘历15岁。书于白棉纸，计105页，临摹内容为：

（1）正月二十四日至四月初一日，楷书唐李中《早春》诗：“一种和风至，千花欲放妍。草心并柳眼，长是被恩先。唐李中诗。”[1]

（2）四月初二至七月二十一日，楷书唐张仲素《圣明朝》诗：“九陌祥烟合，千春瑞月明。宫花将御柳，先发凤凰城。张仲素诗。”

（3）七月二十二日至九月初九日，楷书唐李中《早春》诗。

（4）九月十一日至十月二十九日，楷书唐苏颋《奉和圣制人日清晖阁宴群臣遇雪应制》诗：“楼观空烟里，初年瑞雪过。苑花齐玉树，池水作银河。七日祥图启，千春御赏多。轻飞传彩胜，天上奏薰歌。”

（5）十一月二十一日至二十九日，楷书五言诗。

（6）十二月初一日至二十一日，楷书唐李中《早春》诗。

第二包，墨书“二年正月至十二月仿”，即1724年，弘历14岁。书于白棉纸，计240页，临摹内容为：

（1）正月十九日至四月初八日，楷书五言诗。每字两遍，一天一页（非特别注明，下同）。

（2）四月初九日至闰四月初八日，楷书唐李中《早春》诗。

（3）闰四月初九日至五月十九日，楷书唐崔日用《奉和人日重宴大明宫恩赐彩缕人胜应制》诗：“新年宴乐正东朝，钟鼓铿锽大乐调。金屋瑶筐开宝胜，花笺彩笔颂春椒。曲池苔色冰前液，上苑梅香雪里飘。宸极此时飞圣藻，微臣窃抃预闻韶。崔日用诗”（图三）。

（4）五月二十三日至二十六日，楷书唐李中《早春》诗。

（5）五月二十七日至九月十四日，楷书五言诗。

（6）九月十六日至十一月十二日，楷书唐苏颋《奉和圣制人日清晖阁宴群臣遇雪应制》诗。

（7）十一月十八日至十二月初一日，楷书五言诗。

1 原诗“千花欲放妍”一句，《佩文斋广群芳谱》作“千花未散妍”，《全唐诗》作“千花未放妍”。

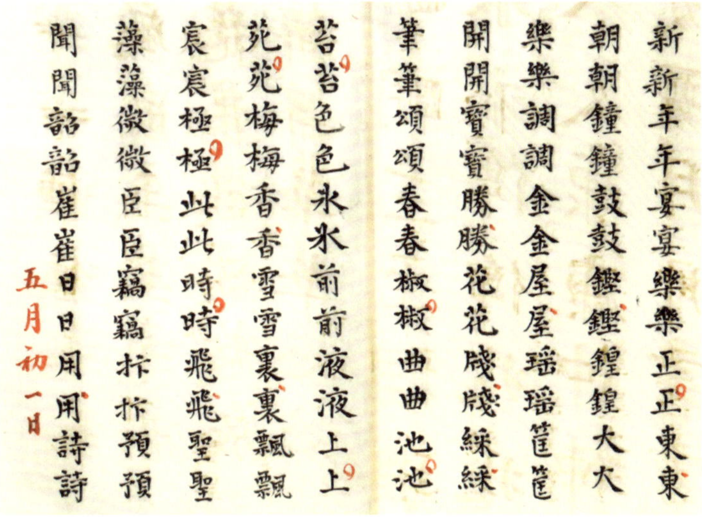

图三　弘历纸本楷书唐崔日用《奉和人日重宴大明宫恩赐彩缕人胜应制》诗页

(8) 十二月初二日至十二月九日，楷书唐司空图《早朝》诗："白日新年好，青春上国多。街平双阙近，尘起五云和。司空图诗。"

(9) 十二月十日，楷书唐张仲素《圣明朝》诗。

(10) 十二月十一日至十二月二十日，楷书五言诗。

第三包，墨书"四年正月至十二月仿"，即1726年，弘历16岁。书于白棉纸，计149页，临摹内容为：

(1) 正月十九日至二十三日，楷书唐苏颋《奉和圣制人日清晖阁宴群臣遇雪应制》诗。

(2) 正月二十四日，楷书宋苏轼《春帖子词》："草木渐知春，萌芽处处新。从今八千岁，合抱是灵椿。春帖子词。"

(3) 正月二十五日至三月十八日，楷书五言诗。

(4) 三月十九日至五月初八日，楷书唐蔡少霞《新宫铭》一段："良常西麓，源泽东溢……仙翁鹄驾，导师冰洁。"每字仅书一遍。

(5) 五月初九日至六月初一日，楷书《千字文》："龙师火帝，鸟官人皇。始制文字，乃服衣裳。推位让国，有虞陶唐。吊民伐罪，周发殷汤。坐朝问道，垂拱平章。"

(6) 六月初二日、初三日，楷书五言诗。

(7) 八月十八日至十一月初五日，楷书唐李中《早春》诗。

(8) 十一月初六日至十二月二十日，楷书明李舜臣《徐锦衣西园》诗："暖日红芳树，晴烟碧小溪。春风二三月，定有好禽啼。甲辰夏日。"

第四包，墨书"五年正月至十二月仿"，即1727年，弘历17岁。书于白棉纸，计234页，临摹内容为：

(1) 正月二十五日至二月十二日，楷书宋苏轼《春帖子词》。

(2) 二月十三日，楷书元张简《和铁崖小临海》诗："偶坐松根石，相看说大还。昆仑云一朵，唤作九华山。元张简诗。"

(3) 二月十四日至十七日，楷书唐李中《早春》诗。

(4) 二月十八日至又三月十八日，楷书宋苏轼《春帖子词》："旸谷宾初日，清台告协风。愿如风雨信，长与日俱中。春帖子词。"

(5) 又三月十九日至四月二十三日，楷书唐蔡少霞《新宫铭》。每字仅书一遍。

(6) 四月二十四日至六月二十四日，楷书《千字文》："景行维贤……渊澄取映。"

(7) 六月二十六日至八月二十二日，楷书《千字文》："坐朝问道……靡恃己长。"

(8) 八月二十二日至九月十二日，楷书唐李中《早春》诗。

(9) 九月十三日至十二月二十日，楷书梁简文帝《咏云》诗："乡云舒五色，玛瑙应霜天。玉叶散秋影，金风飘紫烟。梁简文诗。"[1]

第五包，墨书"雍正六年正月至十二月仿"，即1728年，弘历18岁。书于白棉纸，计208页，临摹内容为：

(1) 正月二十六日至二月十五日，楷书梁简文帝《咏云》诗。

(2) 二月十六日至五月十七日，楷书元张简《和铁崖小临海》诗。

(3) 五月十八日至八月初十日，楷书《千字文》一段："天地玄黄……秋收冬藏。"

(4) 八月十一日至十一月十三日，楷书《千字文》一段："闰馀成岁……玉出昆冈。"

(5) 十一月十五日至十一月二十七日，楷书唐张九龄《龙池圣德颂·灵泉》："倬彼东井，昭章于天。沉精降液，下为甘泉。甘泉有泚，芳洁如醴。泌之洋洋，

1　按康熙御定《佩文斋咏物诗选》卷八录此文作"浮云舒五色"，文渊阁四库全书本。

其深靡底。清德之鉴，柔道之体。洪源浚规，实天所启。”[1]并隋许善心《神雀颂》：“丹乌流火，白雉从风。栖阿德郘，鸣岐祚隆。未若仙雀，近贺王宫。九苞何有，万福来同。化玉翿扆，衔环陛戟。上天之命，神贶攸格。”[2]两天写一页，一页两首，每首一遍。

（6）十一月二十九日至十二月二十日，楷书唐孙逖《正月十五夜应制诗》诗：“洛城三五夜，天子万年春。彩仗移双阙，琼筵会九宾。舞成仓颉字，灯作法王轮。不觉东方白，筵随御柳新。右孙逖元夕应制诗。”[3]并明金善《元夕午门赐观灯》诗：“午夜开阊阖，千官列佩珂。御烟随宝篆，华月送清歌。岁久君恩重，时平乐事多。金吾知不禁，试问夜如何。右金幼孜元夕观灯。”[4]亦两天写一页，一页两首，每首一遍。

第六包，墨书“七年正月至十二月仿”，即1729年，弘历19岁。书于白棉纸，计110页，此包写仿仅到七月十三日。临摹内容为：

（1）正月二十五日至五月初八日，楷书唐孙逖《正月十五夜应制诗》诗和明金善《元夕午门赐观灯》诗。格式同去年。

（2）五月初九日至六月十八日，楷书《千字文》一段：“闰馀成岁……玉出昆冈。”

（3）六月二十四日至七月十三日，楷书《千字文》一段：“天地玄黄……秋收冬藏。”

第七包，墨书“捌年正月至十二月仿”，即1730年，弘历20岁。书于荆川太史纸，计68页，临摹内容为：

（1）正月二十六日至十二月十九日，小楷书临摹《乐毅论》，每遍双行，第二天重复前一天，以后方式同此（图四）。

（2）无月日，小楷书临摹《乐毅论》三遍，内容不全，有缺页，计有十九页。

1 按康熙御定《渊鉴类函》卷三三中的原文与之稍有不同，“章”作“彰”，“甘泉”作“灵泉”，“芳洁如醴。泌之洋洋，其深靡底”作“其深无底，泌之洋洋，其甘如醴”，文渊阁四库全书本。

2 许善心《神雀颂》原文“若”作“如”，“九苞”作“五灵”，“万福来同”作“百福攸同”，“神贶攸格”作“明神所格”，参见（唐）魏徵撰《隋书·许善心列传》卷五八引，中华书局标点本。

3 按康熙御定《佩文斋咏物诗选》卷三五录此文作“不觉东方日，遥垂御藻新”，文渊阁四库全书本。

4 按康熙御定《佩文斋咏物诗选》卷三五录此文，“午夜”作“五夜”，“随宝篆”作“浮宝篆”，文渊阁四库全书本。

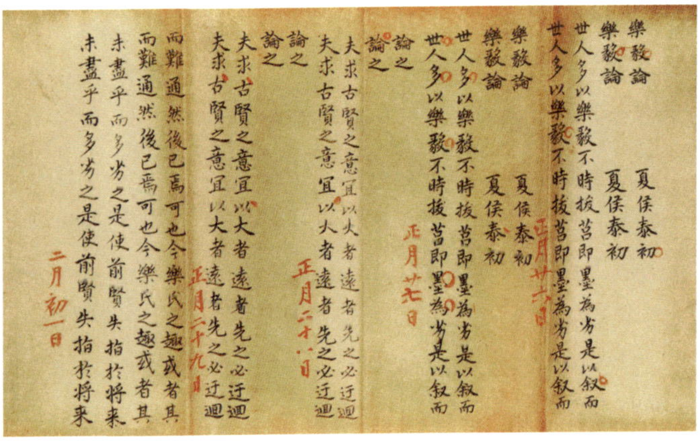

图四　弘历纸本小楷书摹《乐毅论》页

(3) 无月日，小楷书节临赵孟頫《闲邪公传》，内容是“闲邪公李姓讳秉彝”至“立碑以颂遗爱癸未”一段，计六页。

(4) 无月日，楷书《王羲之题卫夫人笔阵图后》：“夫纸者，阵也；笔者，刀鞘也；墨者，鍪甲也；水砚者，城池也；本领者，将军也；心意者，副将也；结构者，谋略也；扬扬笔者，吉凶也；出入也。”[1] 一页。

第八包，墨书“九年仿在内”，即1731年，弘历21岁。书于荆川太史纸，计43页，临摹内容为：

正月二十二日至十二月二十一日，小楷书《乐毅论》。

第九包，墨书“十年正月至十二月所写仿在内，十二月二十日收”，即1732年，弘历22岁。书于荆川太史纸，计59页，临摹内容为：

(1) 正月二十四日至十二月二十日，小楷书《乐毅论》。

(2) 无月日，行草书临董其昌书《淳化阁帖》的部分内容，包括宋儋《接拜帖》两段：“自一接拜情同弟兄……偭俛未已殆将有辰”“今秋尽野外草木变衰……时闻真声迴闲笙鹤此复异。”计三页；僧智果书《梁武帝评各家书》一段：“如扬州王谢家子弟……未成长而体骨甚峭快吴拖。”五页。共计八页。

第十包，墨书“十一年所写仿在内，十二月二十一日收”，即1733年，弘历23岁。书于荆川太史纸，计48页，临摹内容为：

正月二十二日至十二月二十一日，小楷书临摹《乐毅论》。

1　弘历此页中“扬”字重复写一遍。

第十一包，墨书“十二年仿在内”即1734年，弘历24岁。书于荆川太史纸，计18页，临摹内容为：

正月二十一日至五月二十九日，小楷书临摹《乐毅论》。

第十二包，墨书“十二年仿”，即1734年，弘历24岁。书于白棉纸，计71页，临摹内容为：

六月初一至十二月二十一日，楷书节临唐任瑗所作《瑞麦赋》一段：“麦之为瑞，居寒自生，当暑荐美。含实珠净，耀芒锋起，既标咏于诗人，亦称奇于缃史。当其芃芃于野，渐渐其秀，将嗣谷以登年，岂凌霜而不茂。在昔唐叔，嘉禾伊育，昭彼周王，天人斯穆。令惟圣帝，此焉攸淑，涵如春也，及晓而繁荣；就如日也，来牟而纷郁。”[1] 两天写一遍。

第十三包，墨书“十三年仿”，即1735年，弘历25岁。书于白棉纸，计83页，临摹内容为：

正月二十一日至八月二十二日，楷书节临唐任瑗所作《瑞麦赋》（图五）。

第十四包，外包纸上无墨书纪年，里面每页亦无月日，书于荆川太史纸，计97页，临摹内容为：

小楷书临摹《毛诗·唐风》八遍。

以上是弘历汉文书法写仿的全部内容，基本是按照时间顺序由早到晚排列，其中有些内容和对应的年代时间需要调整，下文将详细考证。

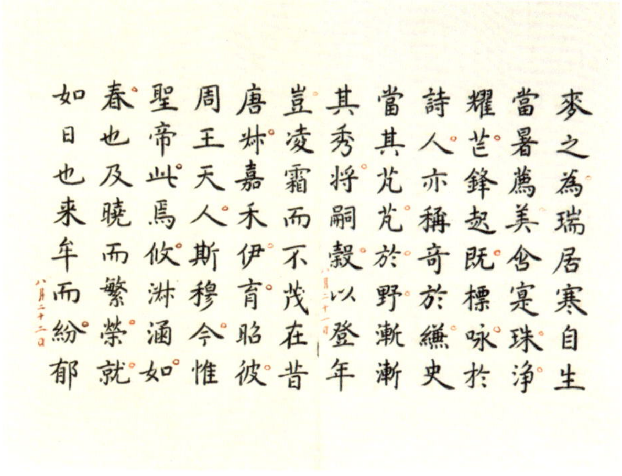

图五　弘历纸本楷书节临唐任瑗《瑞麦赋》页

1 （清）汪灏编康熙《御定佩文斋广群芳谱》收录此赋，原文中“居寒自生”前有“其德至矣”一句，“涵”和“就”下都有“之”字，“晓”字作“昼”字，文渊阁四库全书本。

二　弘历皇子时期书法学习的分期

上述书法写仿的整理，将弘历在皇子时期学习书法的经历大致清楚地展现出来，这其中有如下两点需要说明。

首先，按照写仿作品的纪年，第一包始于康熙六十一年（1722 年）冬，但从每页所记日期看，基本上是雍正元年（1723 年）所书，真正属于康熙六十一年（1722 年）冬的书法习作不太多，因为弘历在这一年春被康熙皇帝养育宫中，随侍左右[1]，故康熙去世之前，一直在宫中学习。

而据《雍正朝实录》所记："康熙六十一年壬寅。十月癸酉，圣祖自畅春园幸南苑行围，遂驻跸南苑。至是月戊子，圣躬不豫，因回驻畅春园。庚寅，以冬至届期，将大祀于南郊，命上恭代行礼。"[2]这年十月康熙病，由雍亲王代行冬至郊祀大礼，同年"十一月壬午朔，甲午，圣祖仁皇帝殡天"[3]。之后便是举行各种大殓仪式，雍正和弘历父子均哀恸至极，故无暇亦无心思练习书法。如弘历所言："其年冬，龙驭上宾，我皇父哀毁过礼，食不甘味，御名（即弘历）同兄弟问安必勉怡颜色，以舒皇父之忧，退而自号哭于庐次，潸然不绝，盖恐伤我皇父之心。而每念我皇祖哀恸思慕，实不能自已也。"[4]

因此，康熙六十一年（1722 年）冬，弘历能安心练习书法的日子仅是十月初那几天，习作可能是那些没记日期的散页，而且所用纸张的大小也不像雍正时期那样统一。特别是临摹《明皇西岳华山碑铭》一页，乃是临自康熙所书《临颜真卿华山碑》[5]，其

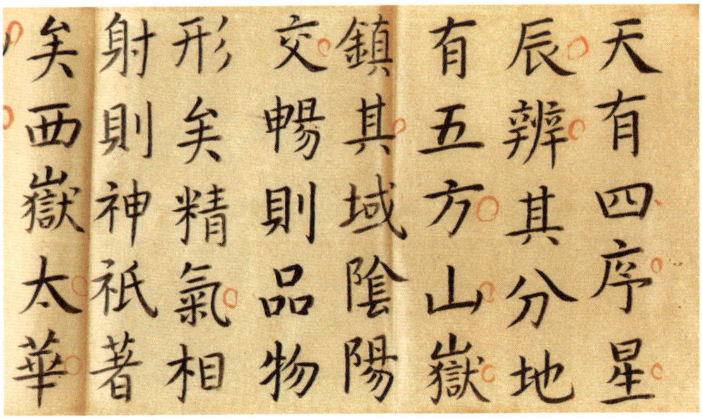

图六　弘历纸本楷书摹《明皇西岳华山碑铭》页

1　弘历在雍正八年所作七言诗云："犹忆壬寅三月春，随銮方始奉恩纶。天颜近接承欢久，日角时临赐喜频。"见（清）王原祁画《避暑山庄三十六景册》弘历"跋"，《石渠宝笈》初编卷二三，上海书店影印本。

2　《清世宗实录》卷一，中华书局影印本，1985 年。

3　前揭《清世宗实录》卷一。

4　《恭跋皇祖圣祖仁皇帝御制避暑山庄三十六景诗》，弘历：《乐善堂全集》卷八，文渊阁四库全书本。

5　参见《渊鉴斋御笔法帖》第六册，故宫博物院藏。

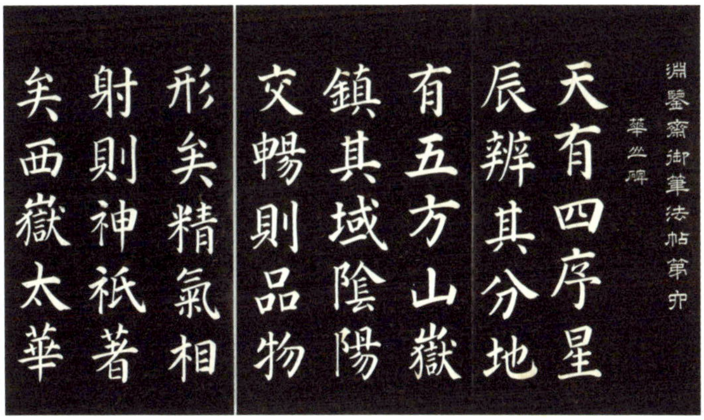

图七 《渊鉴斋御笔法帖》中所收康熙书《华山碑》拓本

笔法结字、行格布局与康熙所书完全一致（图六、图七），最有可能是他随侍康熙的时候临摹的。

其次，第十四包“仿”，小楷临摹《毛诗·唐风》没有记年，应是雍正七年（1729年）后半年所书，因为前面所述十三包“仿”中，除雍正七年（1729年）作品外，都是全年书写记录完整，而雍正七年（1729年）虽在外包纸上标明“正月至十二月仿”，却只有正月至七月的仿，缺八月到十二月的。这包无记年的仿没有使用其他仿所用的麻纸包裹，而是用一张包裹其诗稿的黄纸，而且在箱中依纪年的顺序存放时，与雍正七年（1729年）写仿相连。在弘历的写仿中，大楷与小楷的用纸、大小都不同，且都分开包装，即使同一年所写也是如此，如雍正十二年（1734年）仿，正月至五月一包，为小楷书；六月至十二月为大楷书，另成一包。

同时，雍正七年到八年（1729～1730年）间，也是弘历在皇子学业时期一个重要的时间点。雍正八年（1730年），他奉雍正之命编集自己的第一部诗文集《乐善堂集》，作为自己年满20岁的一个总结。事实上，当时和弘历一起读书的弟弟弘昼，也在雍正八年（1730年）冬他20岁时汇集了自己的第一部诗文集《稽古斋文钞》，兄弟二人还互相为对方的文集作序。这可以看做是皇子教育中对一个重要的年龄节点进行的一次总结。此时不仅要总结自己的诗文成绩，还要对自己的书法学习进行调整，之前的“仿”一直写大楷，雍正八年（1730年）后，基本都是小楷。此外，从弘历所书《毛诗·唐风》的笔墨特点看，他小楷书的用笔和结字还比较生涩，作业亦受到老师批评，与后期的小楷书比较，具有明显的差距，可以断定为刚开始写小楷时的墨迹。据此可以推断，这些未记年月的小楷《毛诗·唐风》“仿”，很可能是他在雍正七年（1729年）下半年所写。

经过调整，可将弘历的书法写仿按照时间先后做如下排序（表一）。

表一　弘历书法写仿内容编年表

时间	内容	用纸和数量
康熙六十一年冬	楷书《番君庙碑》、《明皇西岳华山碑铭》	荆川太史纸 2 页
雍正元年正月至九月	楷书《番君庙碑》、《千字文》、《多宝塔碑》、五言诗	荆川太史纸 259 页，白棉纸 1 页
雍正二年正月至十二月	楷书五言诗、唐李中《早春》、崔日用《奉和人日重宴大明宫恩赐彩缕人胜应制》、苏颋《奉和圣制人口清晖阁宴群臣遇雪应制》、司空图《早朝》、张仲素《圣明朝》	白棉纸 240 页
雍正三年正月至十二月	楷书五言诗、唐李中《早春》、张仲素《圣明朝》、苏颋《奉和圣制人日清晖阁宴群臣遇雪应制》	白棉纸 105 页
雍正四年正月至十二月	楷书《千字文》、五言诗、唐李中《早春》、苏颋《奉和圣制人日清晖阁宴群臣遇雪应制》、蔡少霞《新宫铭》、宋苏轼《春帖子词》、明李舜臣《徐锦衣西园》	白棉纸 149 页
雍正五年正月至十二月	楷书《千字文》两段、梁简文帝《咏云》诗、唐李中《早春》、蔡少霞《新宫铭》、宋苏轼《春帖子词》二首、元张简《和铁崖小临海》	白棉纸 234 页
雍正六年正月至十二月	楷书《千字文》、元张简《和铁崖小临海》、唐孙逖《正月十五夜应制诗》和明金善《元夕午门赐观灯》	白棉纸 208 页
雍正七年正月至十二月	正月至七月，楷书《千字文》、唐孙逖《正月十五夜应制诗》和明金善《元夕午门赐观灯》诗、唐张九龄《龙池圣德颂·灵泉》和隋许善心《神雀颂》	
雍正七年八月至十二月	小楷书《毛诗·唐风》	白棉纸 110 页，荆川太史纸 97 页
雍正八年正月至十二月	小楷书《乐毅论》、赵孟頫《闲邪公传》，楷书《王羲之题卫夫人笔阵图后》	荆川太史纸 68 页
雍正九年正月至十二月	小楷书《乐毅论》	荆川太史纸 43 页
雍正十年正月至十二月	小楷书《乐毅论》，小行书临董其昌书《淳化阁帖》中宋僧《接拜帖》和僧智果《梁武帝评各家书》片段	荆川太史纸 59 页
雍正十一年正月至十二月	小楷书《乐毅论》	荆川太史纸 48 页
雍正十二年正月至十二月	正月至五月，小楷书《乐毅论》	
雍正十二年六月至十二月	楷书唐任瑗《瑞麦赋》	荆川太史纸 18 页，白棉纸 71 页
雍正十三年正月至八月	楷书唐任瑗《瑞麦赋》	白棉纸 83 页

根据不同年份书写的不同书体和内容，我们大致可以把弘历学习书法的过程分为四个阶段，即书法基础学习阶段、大楷书学习阶段、小楷书学习阶段和再回归大楷书

练习阶段。这四个阶段的时间安排是有计划的，书体和内容的选择也是有针对性的，当然有的书体和内容可能也与弘历自己的兴趣有关。

第一阶段为康熙六十一年到雍正元年（1722 ~ 1723 年），是弘历书法基础学习阶段。从开始所书《番君庙碑》和《西岳华山碑铭》仿的水平看，此时的笔法非常笨拙，字体结构也控制不好，但是已经有一定的稳定性，不是刚开始用毛笔的状态，说明这之前已经进行过书法用笔的学习。事实上，弘历从 6 岁便开始跟随雍正给他选的老师福敏学习，他在书自作《怀旧诗册》中追念福敏时说：

> 龙翰福先生，今古既殊宜，其教亦异施。古方教数年，今为出阁时（出阁读书，明季诸臣常争之。我朝家法，皇子皇孙无不 6 岁就外傅读书者）。忆半舞勺岁（六岁时也），皇考抡贤师。即从师授经，讵惟习少仪。[1]

另外，他在《乐善堂集》庚戌年（1730 年）“原序”中又说：

> 余生九年始读书，十有四岁学属文，今年二十矣。其间朝夕从事者，“四书”、“五经”、《性理纲目》、《大学衍义》、《古文渊鉴》等书，讲论至再至三。[2]

这两处所言“六岁就外傅读书”和“九岁始读书”的含义是有所区别的，6 岁开始学的是认字，以及一些细微的与孩子有关的礼仪，属于启蒙教育；9 岁则开始读儒家经典[3]。故朱轼也说：“雍正元年，我皇上绍登大宝，特命朱轼侍皇子读书。时皇四子、皇五子年甫 13 岁，已熟读《诗》、《书》，‘四子’背诵，不遗一字。”[4]

弘历在 13 岁之前的学习虽以诵读经典为主，但也不可避免地进行认字、用毛笔写字的训练。因此，到 12 岁被康熙皇帝养育宫中时，弘历已经具备一定的文化和书法基础，在他随侍康熙的这几个月中，除了前述写仿中推断为康熙六十一年（1722 年）冬的几页外，目前并没有发现其他书法习作。而他在所作《圣祖仁皇帝恩赐御书记》一文中，曾回忆其观看康熙创作书法并受到赏赐的事情，他说：

> 忆自年十二时，随皇祖圣祖仁皇帝往热河避暑，朝夕随侍。皇祖万几之暇，辄流览书史，或亲洒宸翰，御名（即弘历）从旁窃观，心慕而未敢以请也。皇祖

1 弘历行书《怀旧诗册》第一册，故宫博物院藏。

2 前揭《乐善堂全集》。

3 据《清太宗实录》卷十记载，皇太极曾下令：“自今凡子弟十五岁以下八岁以上者俱令读书。”弘历所言 9 岁始读书乃祖制，实际上他开始读书的时间更早。

4 （清）朱轼：《乐善堂集序》，文渊阁四库全书本。

顾御名（即弘历）曰："汝爱吾书乎？"赐长幅一，复赐横幅一、扇一，皆持以告我皇父，宝而藏之。其年冬，龙驭上宾。[1]

弘历这一时期的书法学习，主要是受康熙的熏陶和影响，或观看康熙挥毫作书，或对照其部分御笔书法进行临写，但还不是系统的日课。

弘历真正系统的书法学习始于雍正元年（1723年）。这一年初，雍正为皇子们选了四位老师，分别是徐元梦、朱轼、张廷玉和嵇曾筠，并举行了拜师礼。从此，弘历开始了严格而有规律的读书习字生活。

根据每页"仿"上所记日期，这一年书法学习开始时，先后写过两天《番君庙碑》、一天《多宝塔碑》和两天《千字文》，均是节临一段，这应该是老师有意安排的，目的是看看弘历现有的水平。这三种字帖的选择都是大楷，并代表不同层次：赵孟頫《番君庙碑》是典型的"赵体"楷书，楷中带有行书笔意，为其晚年的代表作，非初学者所能掌握。弘历初学书法，对赵书这种笔法和结字特点显然无法控制，老师对他"用墨太浓，字未端正"的评语是准确的。可能因为弘历在康熙时期对此碑有所尝试，故老师让其先写。以白棉纸摹写《千字文》也是学习大楷的一项基本功，清初顺治、康熙、雍正三位皇帝都曾反复写过这一内容，目前故宫博物院还保存有很多顺治帝楷书《千字文》写仿页和雍正帝楷书《临赵孟頫书千字文卷》；此外，因为白棉纸透过性不如太史纸清楚，初学者摹写难度也更大，适合对楷书笔画掌握较好者用以规范字的结构，而弘历此时还不能很好地控制基本用笔，显然更无暇顾及字的结构，故老师在这两页仿中一些字上或旁边不断以朱笔进行纠正和示范（图八）。

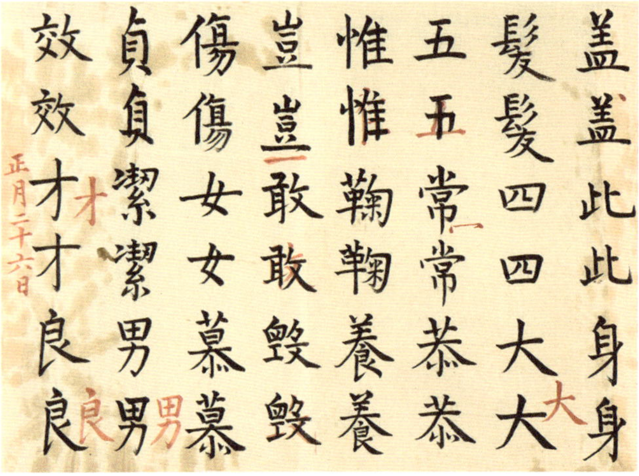

图八　弘历纸本楷书摹《千字文》页

颜真卿《多宝塔碑》是历代公认的初学者最佳的楷书范本，以薄纸影写，可以帮助规范楷书的笔画和字形，非常适合弘历打基础阶段临摹，故其楷书学习还是从摹写《多宝塔碑》开始。从雍正元年（1723年）正月二十七日开始到九月十九日，弘历都是以荆川太史纸摹写《多宝塔碑》，而且只写开始部分。

1　此文为雍正八年所作，载《乐善堂全集》卷八，镌刻于康熙《御书题画诗卷》外面的龙箱上，贮乾清宫，《石渠宝笈》初编卷一上，上海书店影印本。

作为一个十几岁的孩子，每日重复相同的内容确实比较枯燥。弘历从正月到三月期间专心摹写两个月后，开始尝试临写：二月二十二日第一次摆脱原帖进行临写；之后四、五月间，基本上是临一两天，摹一两天。临写显然比摹写的速度快，这也符合弘历的性格，但水准的差距却是明显的。因此，老师在五月初一日弘历临写的作业上朱笔批到“记打三板”，对他这种草率浮躁的表现加以警告（图九），故六月之后直到九月结束，全都只好是规矩地摹写了。经过九个月对《多宝塔碑》的临摹，弘历的进步还是比较明显的，前后比较，可以看出后期的临摹越写越熟，特别是在对楷书笔画特点的掌握方面，能够做到运笔到位，交代清楚。因此，可以转到第二阶段，改用白棉纸影写。

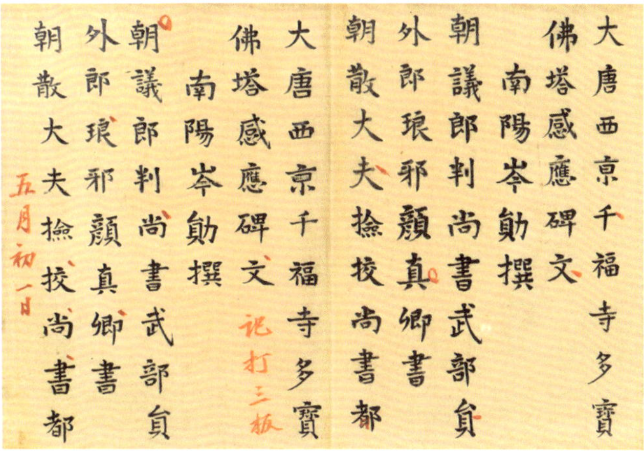

图九　弘历纸本楷书临《多宝塔碑》页

第二阶段为雍正二年到雍正七年（1724～1729年）七月，是弘历大楷书的练习阶段。由于有近八个月对《多宝塔碑》的临摹，弘历对楷书笔画的书写已经形成一定的习惯，再以白棉纸影写时，明显比去年写《千字文》的效果好。因此，这一阶段的书法学习重点是掌握字的间架结构，这不仅需要大量重复临摹，还需要临摹更多内容，以熟悉不同字的结字特点。在这六年半的时间内，弘历反复临摹了《千字文》以及多首唐、宋、元、明的诗词、文赋，由于“仿”中每次所摹的内容相同，所以格式、结字和大小也完全一样，可断定，这些“仿”所参照的范本应是一个固定的母本。虽然在整理弘历写仿时没有发现这类母本，但是在顺治帝的写仿中，还保留了一些类似的楷书母本，都是红字印制而成，加朱栏方格，有的仅是空白朱栏影格，既可做描红使用[1]，亦可作影写之用。据此推想，弘历的这些“仿”也应有这样的母本。

在写仿内容的选择上，亦明显地带有康熙的影响。除了《千字文》外，所选诗文多出自康熙御定的诗文选集，如唐李中《早春诗》收录于《康熙御定佩文斋广群芳谱》中[2]，唐崔日用《奉和人日重宴大明宫恩赐彩缕人胜应制诗》、唐苏颋《奉和圣制人日清晖阁宴群臣遇雪应制诗》、唐张仲素《圣明朝诗》、元张简《和铁崖小临海诗》、明金善《元夕午门赐观灯诗》均收录于《康熙御定佩文斋咏物诗选》中[3]，唐司空图《早

1　故宫博物院藏有顺治帝描红的“仿”和未描的模本，其影写用纸亦是比较薄的白棉纸。

2　康熙年《御定佩文斋广群芳谱》卷二，文渊阁四库全书本。

3　康熙四十五年《御定佩文斋咏物诗选》卷三四、卷一四、卷一二四、卷八、卷三五，文渊阁四库全书本。

朝诗》收录于《康熙御选唐诗》中[1]，明李舜臣《徐锦衣西园诗》收录于《康熙御选明诗》中[2]，元张简《和铁崖小临海》收录于《康熙御选元诗》中[3]，梁简文帝《咏云诗》、唐孙逖《正月十五夜应制诗》、唐张九龄《龙池圣德颂・灵泉》均收录于《康熙御定渊鉴类函》中[4]。将这些仿写内容与文献原文校勘，可以看到临摹用的母本对原文中个别字句作了删改，但文意并没改变，估计是为了习字的需要。

选取如此多的诗文进行临摹，一方面可以熟悉更多字的结字特点，另一方面也可以不断变换临摹内容，以避免总是重复同一个内容而导致厌倦。所以，我们看到这几年弘历大楷书的临摹，总是隔几个月就换一首诗文的母本。其在这段时期的摹写总体上是不断进步的，对字的结构掌握也愈发准确，偶尔有不稳定的时候如运笔轻飘、结构变形，大概是因心浮气躁、应付作业所致。

第三阶段为雍正七年八月到雍正十二年（1729～1734年）五月，是弘历小楷书学习阶段。在大楷书的水平达到一定程度后，弘历转而开始了小楷书的临摹。在小楷学习的开始阶段，弘历同样经历了一次范本选择的过程。雍正七年（1729年）的下半年，临摹的内容为宋高宗小楷《毛诗・唐风》（图一〇），弘历对马和之画《毛诗》图及赵构小楷书《毛诗》这一题材是很喜欢的，继位之初曾对其细心整理，命词臣仿马和之笔意绘图，自己则书写《毛诗》全篇。而这篇《唐风》是他最早接触到的宋高宗小楷书作品，刊于冯铨的《快雪堂帖》中，弘历在皇子时期曾收藏此帖的涿拓本[5]，他在晚年（1791年）所作《宋高宗书马和之画唐风图跋》中说：

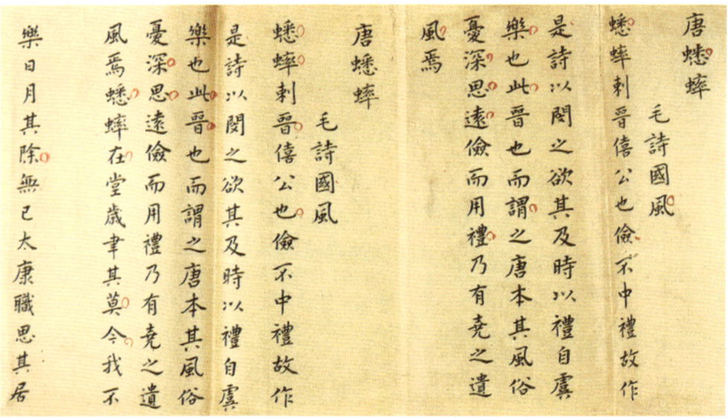
唐蟋蟀
毛詩國風
蟋蟀刺晉僖公也儉不中禮故作
是詩以閔之欲其及時以禮自虞
樂也此晉也而謂之唐本其風俗
憂深思遠儉而用禮乃有堯之遺
風焉

唐蟋蟀
毛詩國風
蟋蟀刺晉僖公也儉不中禮故作
是詩以閔之欲其及時以禮自虞
樂也此晉也而謂之唐本其風俗
憂深思遠儉而用禮乃有堯之遺
風焉蟋蟀在堂歲聿其莫今我不
樂日月其除無已太康職思其居

图一〇　弘历纸本小楷书摹宋赵构书《毛诗・唐风》页

唐风十二篇，高宗书、马和之画俱全，张丑曾载之《清河书画舫》，冯铨摹其书入《快雪堂帖》。予尝再临，且为补《采苓》篇名者也。[6]

《跋》中言及对此帖曾一再临写，且订补所缺内容，说明弘历对此帖的

1　康熙五十二年《御选唐诗》卷二七，文渊阁四库全书本。

2　康熙四十八年《御选宋金元明四朝诗・御选明诗》卷九八，文渊阁四库全书本。

3　康熙四十八年《御选宋金元明四朝诗・御选元诗》卷一一，文渊阁四库全书本。

4　分别载康熙四十九年《御定渊鉴类函》卷五、卷一七、卷三三，文渊阁四库全书本。

5　故宫博物院藏有弘历乐善堂收藏的《快雪堂帖》，紫禁城出版社曾经影印出版。

6　《乾隆御制文集・三集》卷一〇，文渊阁四库全书本。

喜爱。但是，赵构的小楷书浑厚飘逸，兼有章草笔意，同样不是初学小楷者所能掌握的。弘历初次临写，虽然行格大小、每行字数及篇章布局皆按原帖格式，但因功力不深，为追摹其飘逸的特点，反而导致运笔收笔均不到位，结构也显得松垮；此外，所有的字都是只摹写一遍，不像之前大楷每字写两遍，有急于求成之态，因此受到老师的批评："每日有半日之闲，何必草率急遽。"[1] 由于临学赵构的小楷书效果不好，从雍正八年（1730年）开始，弘历开始摹写王羲之小楷《乐毅论》，所据亦是《快雪堂帖》的拓本（图一一、图一二）。

王羲之《乐毅论》，传是王羲之为其子官奴抄写的，直接以小楷书于石上，被视为得意之作，后世评价甚高，隋智永说："《乐毅论》者，正书第一，梁世摹出，天下珍之。"[2] 唐褚遂良在《拓本〈乐毅〉记》中也说：此石后经唐太宗收藏，并令冯承素摹写，赏赐给长孙无忌等六人。褚遂良认为此书即便是冯承素的摹本，亦"笔势精妙，备尽楷则"[3]，因此把此帖列为《右军书目》中正书五卷之第一。《乐毅论》历代翻刻本很多，康熙皇帝也曾临摹过《乐毅论》，但格式与《快雪堂帖》的不同[4]，而弘历所摹与《快雪堂帖》格式一致，显然他摹此帖不是以其祖父的墨迹为范本。

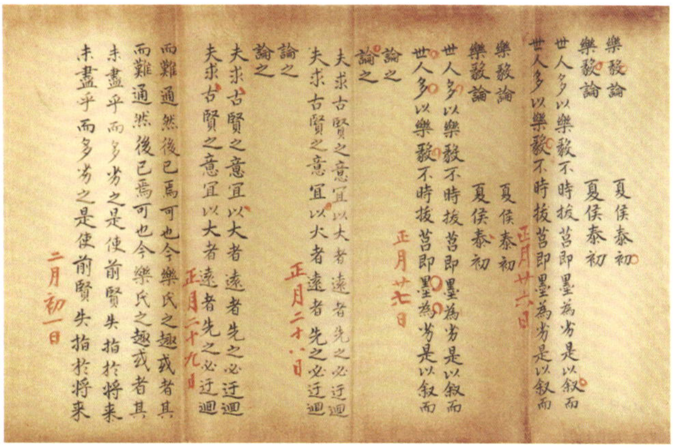

图一一　弘历纸本小楷书摹《乐毅论》页

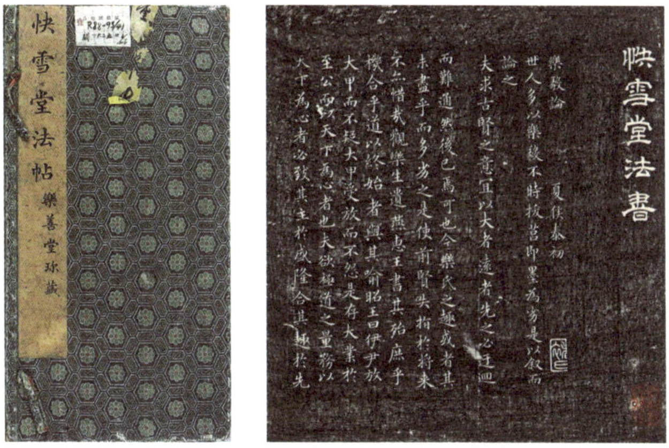

图一二　《快雪堂帖》中所收王羲之《乐毅论》拓本封面及本幅

《快雪堂帖》中的《乐毅论》虽非古拓本，"但笔

1　见这一年写仿第68页上的朱笔批语。

2　见智永《题右军乐毅论后》，张彦远《法书要录》卷二，《中国书画全书》第一册，上海书画出版社，2009年。

3　参见《右军书目》中《拓本〈乐毅〉记》，张彦远《法书要录》卷三。

4　参见《渊鉴斋法帖》第二册，故宫博物院藏。

法能看得清楚，而且结体工稳，笔画舒展，匀称秀逸，便于临写”[1]，非常适合初学小楷者摹写，这也许是弘历选此作范本的原因。他对《乐毅论》的摹写又恢复到之前摹大楷时的规矩，即一字两遍，只是为符合原帖格式，改为每行两遍，纸张也恢复使用荆川太史纸，为的是影写时能够清楚看清下面母本的笔画细节。

在雍正八年（1730 年）之后的五年中，弘历专心摹写《乐毅论》，每天写原帖两行，每行两遍，第二天再重复前一天内容，即两天摹写拓本中两行的内容，每行四遍。第三天临摹原帖新的内容，两行两遍，第四天再重复第三天的内容，以此类推，从头写到尾算一回。按此计算，雍正八年（1730 年）摹了八回；雍正九年（1731 年）摹了五回，第五回未写完；雍正十年（1732 年）摹了六回，第六回未写完；雍正十一年（1733 年）也摹了六回，第六回未写完；雍正十二年（1734 年）前五个月摹了两回。单就摹写的数量而言，弘历对此帖还是下了很大的功夫，从摹写的质量看，用笔结字也都比较稳定，状态也不再如初期那样时有急躁之气，显示出弘历的心境渐趋沉稳。因此老师在批阅仿时，也不再有之前那样的批评了。

在此期间，弘历还摹写了其他书家的一些作品，共三件，均未记日期，可能属于日课要求之外的习作：摹赵孟頫小楷《闲邪公传》6 页，亦以《快雪堂帖》为范本（图一三），按其行格摹写，每行写两遍，但不再重复，未写完一回，但也有老师朱笔圈点批阅的痕迹，保存于雍正八年（1730 年）的写仿包中；这年还有一页大楷书写的《王羲之题卫夫人笔阵图后》，没有完成，也没有朱笔圈点，估计未交给老师。雍正十年（1732 年），弘历还临摹了董其昌书宋儋《接拜帖》（图一四）和僧智果书《梁武帝评各家书》中的部分片段 8 页，这是目前所见弘历最早的具有书法意义的行草书墨迹[2]，虽是不经意的练笔草稿[3]，且章法凌乱，但用笔结字颇有董氏书风的特点和韵味。由于不是要给老师看的作业，又没有摹写的束缚，弘历写起来很放松，虽没有系统练习行草书，但自幼受父祖爱好董书的熏陶和当时书坛风气影响，耳

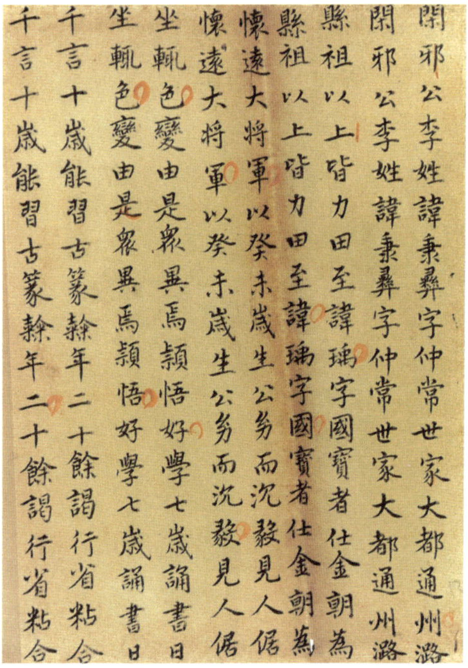

图一二　弘历纸本小楷书摹赵孟頫《闲邪公传》页

1　参见王连起《快雪堂法帖介绍》，《故宫博物院藏涿拓快雪堂帖》，紫禁城出版社，1994 年。

2　故宫博物院所藏其皇子时期的诗文草稿也是行草书，但是不讲究笔法风格，因此不具有书法意义。

3　这 8 页行草书墨迹也没有老师的朱笔圈点。

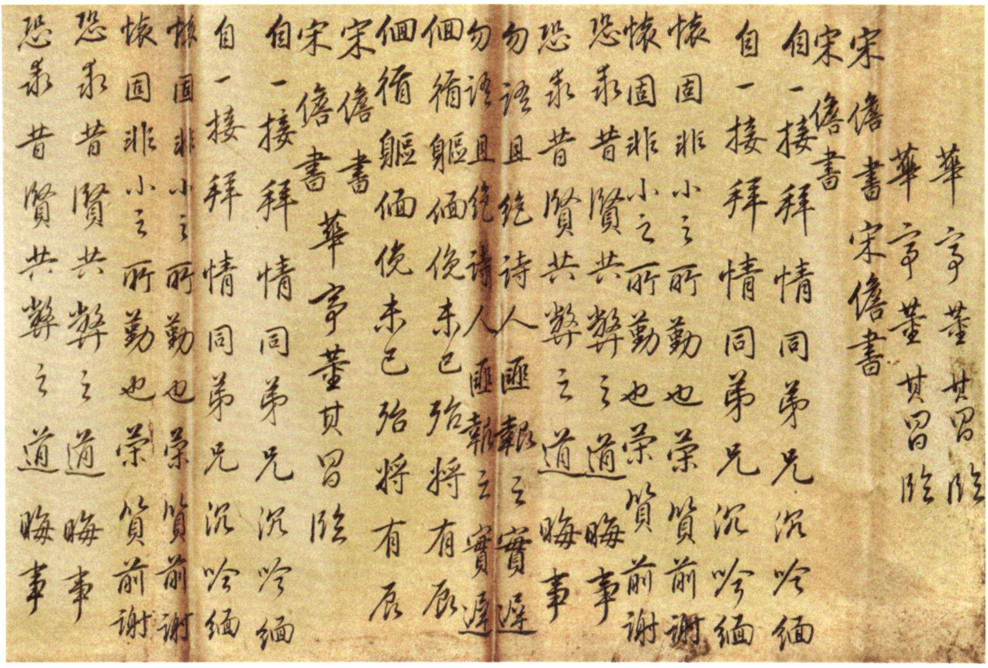

图一四　弘历纸本行书临董其昌书宋儋《接拜帖》页

濡目染，加之临摹楷书多年，具备一定的功底，一旦上手临写，便有些许神似。这也证明了，弘历此时已经开始尝试楷书之外的书体，而董氏书风对他的行草书影响既是最早的，也是最大的。

第四阶段为雍正十二年六月到雍正十三年（1734 ~ 1735 年）八月，是弘历再回归大楷书练习的阶段。弘历之所以中断小楷书的练习，重新进行大楷书的临摹，既是自身书法学习的再调整，又与其书法现实需要有密切关系。这次临摹的内容为唐任瑗所作的《瑞麦赋》片段，亦收录于康熙《御定佩文斋广群芳谱》中，是之前从没有临摹过的新内容，虽仍用白棉纸，且每字只写一遍，但用笔结字较以前的大楷书更加熟练，也更显自然，两相对比，可看出明显的进步。而此时重新练习大楷书，也可能与准备为雍正六十大寿写贺寿作品有关。

故宫博物院所藏绢本乾隆《御书佛说大乘圣无量寿决定光明王如来陀罗尼经》册（图一五），款署："臣弘历斋沐敬书，恭祝皇父万寿万万寿。"册尾的自题中称："雍正乙卯，予小子敬书是经，拟俟皇父六旬万寿，恭进祝禧。岂期不吊昊天，遂虚凤愿，乃以大丧百日，恭荐几筵。"据此可知，这是他于雍正十三年（1735 年）所书，原拟在雍正六十寿辰（1737 年）时作进献之用。此册的字体大小、行格间距与《瑞麦赋》基本相同，《瑞麦赋》的"仿"一直写到雍正帝十三年八月二十二日结束，说明这部佛经的书写与"仿"的书写应该是同步的。如果不是雍正在十三年（1735 年）八月二十三日突然死亡，估计弘历会在之后的时间内反复书写，并从中选一部最满意的呈献给父皇。因此，弘历

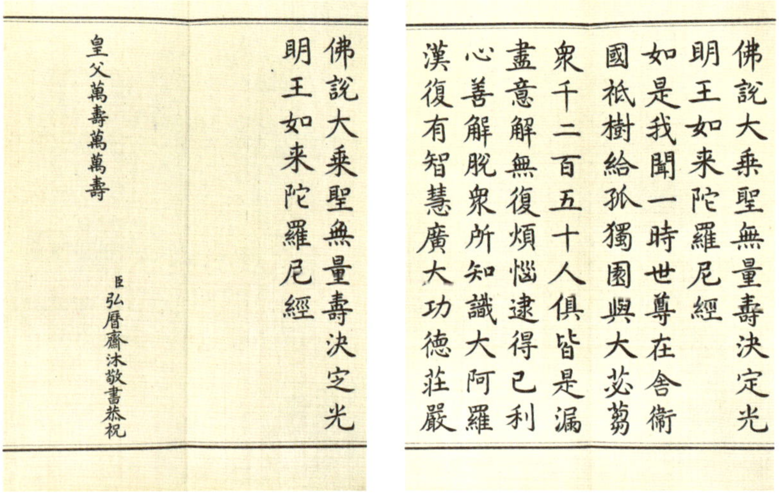

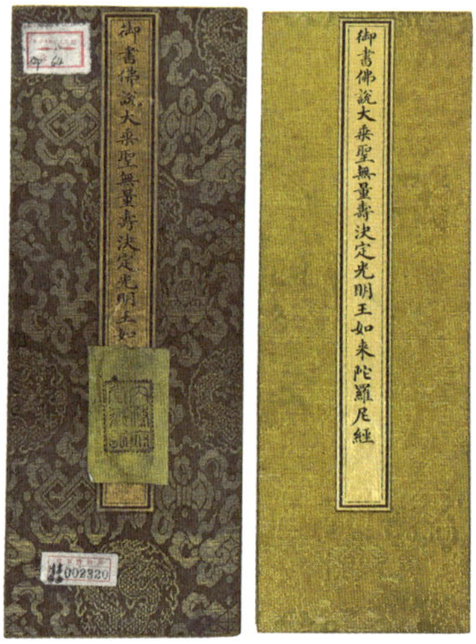

图一五　弘历绢本楷书《佛说大乘圣无量寿决定光明王如来陀罗尼经》册的封面函套及册内首尾页

从十二年（1734 年）下半年改写大楷书，很可能是为了写字体同等大小的佛经作准备。当然，这么大的字对于他在画上写诗、题跋也是比较合适的，本文在此仅是将二者之间的联系作一个推断，结论尚有待更多证据的检验。

三　从弘历的书法学习看当时的皇子教育制度

对弘历书法写仿的整理与研究，为我们探究清代皇子教育制度补充了很多新材料，弥补了以前讨论这一制度时只注重诗文、骑射方面的教育，而忽略了书法教育的缺憾，当然这其中也包括满文书法的教育。这里仅就汉文书法教育的老师和每日写仿的时间安排作一初步探讨。

雍正帝非常重视对皇子的教育，继位之初便为弘历和他的兄弟选择了四位老师。

弘历在怀念朱轼的《怀旧诗》中说：

皇考选朝臣，授业我兄弟。四人胥宿儒，徐（元梦）、朱（轼）及张（廷玉）、嵇（曾筠）。设席懋勤殿，命行拜师礼。[1]

并自注云：

我朝成例，皇子初就学，见师傅，彼此皆长揖。皇考择此四人为余兄弟之师，命在懋勤殿行拜见之礼，示尊重也。

雍正帝不仅遴选当朝硕学大儒做皇子们的老师，还针对康熙时期对皇子师傅种种不尊敬的举措作了修正，对其皇子们拜师及师生关系作了具体规定，雍正元年（1723年）谕：

诸皇子入学之日，与师傅备杌子四张，高桌四张，将书籍、笔砚、表瑞安设桌上。皇子行礼时，尔等力劝其受礼。如不肯受，皇子向座一揖，以师儒之礼相敬。如此，则皇子知隆重师傅，师傅等得尽心教导，此古礼也。至桌张饭菜，尔等照例用心预备。[2]

这样做不仅使老师的尊严和权威在皇子心中得以确立，使皇子们自觉服从老师的管束，同时也勉励老师尽心授业，严格施教。事实上，从弘历写仿作业的批语中可以看出，老师们对皇子的教育是尽职而不留情面的。

关于写仿上朱笔批语的作者，从书法风格看，不是雍正帝本人，应该是弘历的老师。在顺治皇帝的写仿习作上，也有很多朱笔圈点，据仿上顺治帝自己所记日期，基本是书于顺治十四年（1657年）、十五年（1658年），说明皇帝或皇子的老师也是用朱笔批改学生的作业。雍正时期，做过弘历老师的大臣非常多，除前面提到的福敏等五人以外，还有鄂尔泰、蒋廷锡、蔡世远、邵基、胡煦和顾成天等人，从他们为《乐善堂集》所作"序言"中大致可以看出各自入值内廷的时间：

鄂尔泰云："尔泰以封疆之臣入参政事，恭承恩命，获侍讲筵。"[3]

蒋廷锡云："雍正八年夏六月，廷锡蒙恩命得陪侍皇子讲席。"

蔡世远云："雍正元年，世远蒙恩特召入直内廷，随侍皇四子、皇五子读书。"

1　弘历行书《怀旧诗册》第一册，故宫博物院藏，（清）吴振棫《养吉斋丛录》卷四亦有此记载。

2　前揭《养吉斋丛录》引。

3　此文所说"以封疆之臣入参政事"，即雍正十年，鄂尔泰"召拜保和殿大学士，兼兵部尚书，办理军机事务"，参见赵尔巽等撰《清史稿·鄂尔泰列传》卷二八八，中华书局标点本。

邵基云："今（即他雍正九年作序那年）复得侍书皇子。"

胡煦云："煦于雍正八年六月内奉命在皇子书房行走。"

顾成天云："雍正七年十一月，成天蒙恩召至京邸，八年三月得入伴皇子讲读。"

这些人中，从雍正元年（1723年）即做皇子老师的有徐元梦、朱轼、张廷玉、嵇曾筠和蔡世远五人，其中徐元梦、张廷玉和嵇曾筠三人时间并不长。弘历在《怀旧诗》中云：

其三时去来，可亭则恒矣。……如坐春风中，十三年迅耳。

徐（元梦）未久得罪去；张（廷玉）以书写谕旨事繁，旬月中偶一至上书房；嵇（曾筠）则出为河督；惟先生常至书斋，为余兄弟讲授。[1]

只有朱轼于雍正帝在位的十三年中一直做弘历的老师。另一名蔡世远，弘历《怀旧诗》中说他"虽未预懋勤，八载寒暑共"，并自己解释说："先生后至书房，不在徐、朱、张、嵇四人之列。自甲辰至辛亥，从学凡八年，昕夕讲诵，无少辍。"在蔡何时担任皇子老师的问题上，弘历的记述与蔡世远的序文有出入。事实是，雍正元年（1723年），蔡世远正在福州主持鳌峰书院，这年奉诏进京，授为翰林编修，直上书房，而真正开始侍诸皇子读书可能已到次年，故乾隆帝说他任老师是从甲辰（雍正二年）开始的，自然蔡世远就没赶上元年的懋勤殿拜师仪式，故二者并不矛盾。蔡世远从雍正二年到九年（1724～1731年）做了八年皇子的老师，后因失察其子私给船照而被降一级调用离任。从时间上看，朱轼、蔡世远对弘历皇子时期的教育贡献最大，影响也最大。而蔡世远尤为尽职尽责，由于当时兼任保傅（皇子老师）的都是执政大臣，他们政事方殷，无法朝夕在侧，唯有世远侍奉十余年，卯时进宫，酉时出宫，风雨无间，未尝一日旷缺，郡王以下的皇族子弟也都亲自报名接受他的辅导。雍正称赞他讲学用心得体，诸执政大臣也多赞誉："闻之忠信正直，学足以达其言，诚足以致其志，或过于阔疏而无近虑，洵《书》所谓'惟其人'者也。"[2]根据写仿上朱笔所书日期的笔法风格并不一样的现象，可以推断批语不是一位老师所为，应是每天当值的老师记录，而最主要的批阅者也应该是朱轼和蔡世远，这也符合所记日期的字中两种风格最为常见的现象。而其中的朱笔批语，分别出现于雍正元年（1723年，计三条）和雍正七年（1729年，计一条），用笔风格一致，应该不是蔡世远所书，因前文已述，雍正元年（1723年）蔡世远尚未真正指导弘历，且书法与蔡氏书风有所异（图一六）[3]。至于是不是朱轼，或是其他老师，尚待进一步的资料被发现。

---

1 弘历行书《怀旧诗册》第一册，故宫博物院藏。

2 参见《碑传集》卷二二，《雍正朝部院大臣上·蔡世远》第三册，中华书局标点本。

3 蔡世远书法很少见，台北故宫博物院藏有一幅他的大字立轴，而小字书法仅在北京一拍卖会中的张照书法卷后发现过一篇题跋。

关于写仿在每日皇子们上课中的具体时间安排，也有一个新的发现，对清代文献记载是重要的补充。文献中比较著名的是赵翼在《皇子读书》中描述他值内廷时所见皇子读书的情形：

> 本朝家法之严，既皇子读书一事，以炯绝千古。余内值时，届早班之期，率以五鼓入，时部院百官未有至者，惟内府苏喇数人往来。黑暗中残睡未醒，时复依柱假寐，然已隐隐望见有白纱灯一点入隆宗门，则皇子进书房也。吾辈穷措大专恃读书为衣食者，尚不能早起，而天家金玉之体乃日日如是。既入书房，作诗文，每日皆有课程，未刻毕，则又有满洲师傅教国书，习国语、骑射等事，薄暮始休。[1]

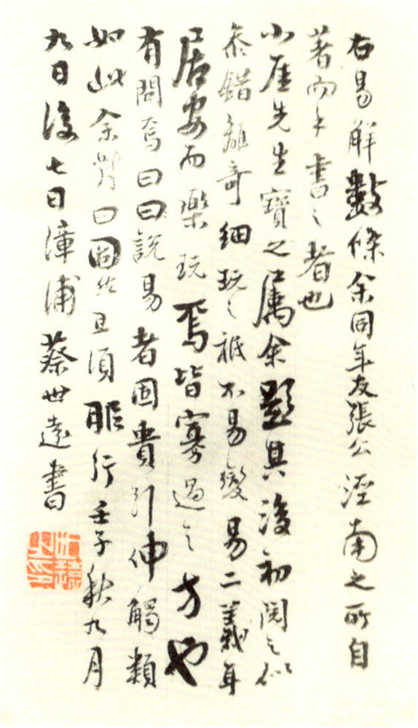

图一六　蔡世远纸本行书跋张照书《易解》卷

此外，吴振棫在《养吉斋丛录》中也说：

> 我朝家法，皇子、皇孙六岁，即就外傅读书。寅刻至书房，先习满洲、蒙古文毕，然后习汉书。师傅入直，率以卯刻。幼稚课简，午前即退直。迟退者，至未正二刻，或至申刻。惟元旦免入直，除夕及前一日巳刻，准散直。[2]

这些记载虽被广泛引用，但并不完整，赵翼没有提及书法学习的时间，吴振棫提到每日到书房先习满、蒙、汉文而后再上课的次序，却不够详细准确。实际上他所说的“习满洲、蒙古文”和“习汉书”应该包括写满、汉“仿”，而且在皇子们每天的课程中，写“仿”的时间是根据季节变化而不断调整的，在弘历留下的《书斋课程》中[3]，保存有比较详细的记录。在雍正十三年（1735年）那一册《书斋课程》第一页的背面，他特意写了一段全年日课的时间安排：

> 十月初一至二月初一，申初散。二月初一至四月初一、八月初一至十月初一，申初二刻散。四月初一至五月初一、七月初一至八月初一，申正散。五月初一至

1　（清）赵翼：《檐曝杂记》卷一，《清代史料笔记丛刊》，中华书局标点本。

2　（清）吴振棫：《养吉斋丛录》卷四，北京古籍出版社，1983年。

3　目前故宫博物院保存有弘历手书《书斋课程》四册，分别是从雍正十年到十三年的每天作息记录，每年一册，原来与这些“仿”保存在同一个箱子内。

七月初一，申正二刻散。到俱以黎明。换季：夏令，仿在早饭前，晚讲书在午饭后；冬令，仿在饭后，书在饭前。此年例也。

这段准确的时间表，订正了文献记载中模糊不清之处，不仅证明皇子每天上课的第一件事情就是写"仿"，之后才进行讲书和写文章，而且强调上课时间随季节调整，即以黎明为开始时间。冬季天亮得晚，写仿在早饭后；夏季天亮得早，写仿在早饭前。

结语

通过对弘历在皇子时期这批书法写仿的整理，我们不仅廓清了他当时学习书法的具体过程，且对文献中有关清代皇子教育状况的记载也有所补充。从书法的角度看，弘历皇子时期的墨迹更真实自然，这时期他的书法学习有以下三个特点：第一是勤奋，十三年间坚持每天练习书法，除节日和特殊情况外极少间断，保留下的1795页的写仿作业，从笔墨生涩到用笔娴熟，体现了他所下的功夫之大。第二是急躁，弘历自幼聪明，比同学的兄弟作业完成快[1]，这也导致孩童浮躁的心态，反映在书法作业上，就是多次因急于求成、用笔草率而被老师批评。第三是基础不牢，弘历做皇子时间不如雍正长，无法系统提高自身的书法修养，正如他在跋其父《御书法帖》时所说的："（雍正）居潜邸时，常以图史翰墨自娱，雅好临池，陶镕晋唐宋元以来名家墨妙，历年所积，充牣琅函。"[2]

弘历原来也想按照这条路学习书法，但雍正帝的突然死亡，使得弘历原有的学习进程被迫终止，其写仿作业就到雍正帝死前一天（即十三年八月二十二日）。此后，作为皇帝再写的字就是"御笔"了，身边的老师、词臣也不可能如以前那样客观评价，更不会指摘其不足，只会一味颂扬吹捧，弘历也不可能再静下心来完成自己的书法基础性的练习，而是按照自己的意愿和喜好尽情尝试各种风格，这导致他基础不扎实、用笔不到家的毛病始终难有改进，加之其对书法艺术的悟性不高，所以，虽然在此后的六十多年里，他博览历代众多名家巨迹，也充满热情地反复临写，却始终无法大幅度地提高自身的书法水平，亦不能演化出境界更高的个人艺术风格。

原载《故宫博物院院刊》2014年第3期

1　弘历在《怀旧诗册》中回忆自己幼年时从福敏上课的情形说："背诵自幼敏，匪曰诩狗齐。日课每速毕，师留为之辞。"并进一步解释说："余幼时日所授书，每易成诵，课常早毕。先生即谓余曰：今日之课虽毕，曷不兼治明日之课，比及明日复然。吾弟和亲王，资性稍钝，日课恒落后，先生则曰：弟在书斋，兄岂可不留以待之。复令余加课，俟其既毕同散。"诗册现藏故宫博物院。

2　弘历：《跋世宗宪皇帝御书法帖》，《御制文初集》卷一三，文渊阁四库全书本。

《平安春信图》新释

张 琼

内容提要：本文对故宫藏两幅《平安春信图》的绘制年代及其内容进行了新的研究，提出了一些新的看法。本文首先对绢本《平安春信图》轴的绘制背景和年代进行了分析，继而探讨了故宫养心殿三希堂西壁的所谓"平安春信图"的绘制背景、年代和创作动机，特别是该图的政治含义。作者认为：两幅《平安春信图》都是有特殊政治含义的画作；在养心殿三希堂"平安春信图"中，绘者假借服饰的变换，已将人物的身份关系从绢本《平安春信图》轴的雍正帝和弘历转换成了"虞舜"和乾隆帝。乾隆帝在他继位30年之际，选择养心殿这一特殊的时间和地理位置，将绢本《平安春信图》轴重新绘制成贴落画，意在以这种独特的方式告慰雍正帝和向世人宣示，他"不负皇祖之恩"和"天下得人"，兼寓其父得位正当之义。

关键词：平安春信图 雍正帝 乾隆帝 传位 政治含义

在雍正帝留下的迷离扑朔的"行乐图"中，出自郎世宁手笔的绢本《平安春信图》是其中重要而特殊的一幅。这幅画中不仅有雍正帝，还有弘历。这样将当朝皇帝和未来皇帝有意安排在同一画面中，在现存历朝的帝王像中是较为罕见的。这样的安排显然别有深意，围绕着这幅画也就产生了种种不同的解释和猜测，主要集中于对画中人物的身份关系、创作背景和成画时间，从而引发了对这幅画的不同解读。关于这幅画的意涵，其实已远远超出了艺术史的范畴，必须从宫廷历史的大背景中去寻求创作的动机，方可接近和理解它。

在各种观点中，最为普遍的看法是认为画中人物无疑就是雍正帝和弘历，并以画中唯一的动作——"梅枝"的传递来象征帝位的"传承"。关于这幅画的创作背景和成画年代，一种看法认为"《平安春信图》不可能在雍正朝出现，而必定是在乾隆继

作者：宫廷部，研究馆员。

位之后授意绘制的"[1]；另一种观点则认为"这幅画是在弘历即位之前，也就是说，作品应当完成于雍正时期"[2]。2003年，中国嘉德春季拍卖会上又一件私人收藏《平安春信图》的现身，使得这一话题再次引起公众舆论的兴趣和关注[3]。而这新一轮的讨论焦点似乎更热衷于对画中人物身份关系的质疑。近年有人认为画中长者和少年为同一人，分别代表乾隆帝的中年和少年时期[4]。其实这看法并不新。甘海乐（Harold L.Kahn）早在40年前就认为长者所表现的是"乾隆未来人生的投影"，这被巫鸿教授称为是一种"更为奇妙"的观点[5]。

与以上两幅《平安春信图》密切相关的还有一幅紫禁城养心殿三希堂的贴落画，画中的人物和姿态与绢本《平安春信图》十分相像，因此在论述《平安春信图》时，研究者也常常提及，认为这是一幅与《平安春信图》同类的作品[6]。但对这幅贴落画绘制的动机、背景及其意蕴，一样还缺乏深入的研究。值得重视的是，养心殿特殊的位置，变化了的创作背景和时间，是否意味着绘画创作的动机也已经发生改变？养心殿三希堂"平安春信图"还是意在"平安"与"春信"吗？如果不然，它想要传达的又是什么？

本文拟在前人研究的基础上，对故宫博物院藏绢本《平安春信图》轴的创作背景和时间作进一步的考订；重点对故宫养心殿三希堂西壁的所谓"平安春信图"加以研讨，分析两者的异同，考察养心殿三希堂"平安春信图"的创作背景、时间和意涵。通过对这两幅帝王肖像画创作背景、时间和人物身份变化的考察研究，辨析两幅绘画之间的关联特别是寓意的重大改变，进而论述雍正、乾隆帝的汉装、异装像的特殊意蕴，分析统治者是如何运用图像手段宣扬其政治理念和文化策略的。

一　绢本《平安春信图》轴的制作年代

巫鸿教授认为《平安春信图》不可能在雍正朝出现，而必定是在乾隆继位之后。

1　[美] 巫鸿：《清帝的假面舞会：雍正和乾隆帝的"变装肖像"》，[美] 巫鸿著，梅枚、肖铁、施杰等译：《时空中的美术》，第359页，三联书店，2009年。

2　聂崇正主编：《平安春信图研究》，第7页，紫禁城出版社，2008年。

3　纸本《平安春信图》被专家鉴定为郎世宁真迹，见前揭聂崇正主编《平安春信图研究》。由于该纸本与绢本《平安春信图》的构图和内容完全一致，只是设色不同，显然是同一幅画的复制，因此，本文对纸本略而不论。

4　扬之水：《"二我图"与〈平安春信图〉》，《北京日报》2008年11月7日，又载《紫禁城》2009年6期；王子林：《〈平安春信图〉中的长者是谁》，《紫禁城》2009年第10期。前文以为"平安春信图"属于"二我图"，实则不然，该图与传世的几幅"二我图"中心人物的形式显然为同一人不同，画中人物一老一少，实非"二我"。至于以为如果画中有雍正，则乾隆钤印属于大逆不道，也是作者的臆测。

5　前揭《清帝的假面舞会：雍正和乾隆帝的"变装肖像"》，第359页。

6　参见前揭《清帝的假面舞会：雍正和乾隆帝的"变装肖像"》和《平安春信图研究》。

其理由是："雍正对皇位继承人进行了严格保密"，"在乾隆登位前并不能被公开讨论，更不用说是绘成图画。""这幅画的目的并不在于'记录'一件实际发生的历史事件。作为一幅政治寓意画，它主要是运用象征性的手法，肯定皇位传递的合法性和乾隆对父皇的忠孝。"[1]

然而，如果《平安春信图》"是在乾隆继位之后授意绘制"，是要以此来"肯定皇位传递的合法性"的理由并不充分，也无此必要。因为弘历的皇位继承根本就是毫无悬念和水到渠成的事，父皇雍正帝从其自身为争夺皇位兄弟间相互残杀的惨痛经历中，早已是未雨绸缪，为弘历的继位扫除了一切可能的障碍，弘历的继承人地位已是无人能与之颉颃，其"合法性"的问题更是没有任何疑义。而"雍正对皇位继承人进行了严格保密"这一众所周知的理由并不完全符合史实。

《高宗纯皇帝实录》记载：

> 雍正元年，癸卯，春正月。次辛祈谷礼成，是为世宗登极后初次大祀之典。召上入养心殿，赐食一脔，意已为他日付托之本，志早先定，仰告昊苍，故俾承福受胙也。秋八月，御乾清宫，密书上名缄固。召谕诸王大臣，俾敬藏世祖章皇帝所书正大光明匾额上，使咸喻慎简元良之本怀。冬至月，届圣祖仁皇帝周忌大祭，命代谒景陵，隐然以主鬯钦承，眷命所钟，勿忘自始。[2]

这一记载表明立弘历为皇太子不仅是"志早先定"，并且在雍正元年（1723年）的春正月，雍正帝登极后的第一次大祀之典时即已作出了"赐食一脔"之举，以"仰告昊苍"。冬至月的圣祖仁皇帝周忌大祭，又命弘历代谒景陵，"隐然以主鬯钦承"。所以，雍正帝的所谓"秘密建储"，事实上在当时也只能算是徒有虚名，是一个公开的秘密而已。雍正帝之所以采取这种半遮半掩的做法完全是为出于证明其自身皇位继承合法性的需要，康熙帝因为喜爱孙子弘历而将皇位传给弘历的父亲胤禛，是雍正帝公开宣传以证明其自身继位合法的理由之一。当然，不可否认，弘历确实也是胤 在众皇子惨烈的皇位争夺战中，为亲近康熙帝而精心打造的一张非常成功的王牌[3]。所以，这幅象征"传位"的《平安春信图》不仅可能绘制于弘历仍为太子的雍正时期，而且很可能就是雍正帝为弘历顺利继承皇位而做的又一件具有实际象征意义的历史纪实画。

如巫鸿教授所言，"雍正所传递给弘历的那支梅花无疑影射着统治中国的皇权"，"雍正给弘历取的号是'长春居士'……'春信'因此明显地意味着乾隆承袭天命，

1 前揭《清帝的假面舞会：雍正和乾隆帝的"变装肖像"》，第364页。

2 《高宗纯皇帝实录》卷一，第4页，雍正十三年八月。中国第一历史档案馆。

3 详见张琼、王扬宗《〈雍正帝观花行乐图〉与雍正继位之谜》，《故宫博物院院刊》2009年第5期。

成为下一个清朝皇帝”[1]。这也是绝大多数学者的观点，《平安春信图》的“春信”应是与弘历的法号“长春居士”有关。这一父皇赐予的“长春”与弘历的一生都有着千丝万缕的联系。从弘历为皇子时期的重华宫，到执政时的养心殿、归政后的养性殿，以及圆明园、清漪园等，在乾隆帝生活居住的几个最重要的地方都建有“长春书屋”，“以寓追慕之意”[2]。不仅如此，这些不同地点的书屋在装饰上还都有一个共同的特点，即都是以梅花为主题装饰，辅以平安竹。“梅花”与“平安竹”同样是绘画《平安春信图》表现的两大主题，它们之间不应是简单的巧合，而是表达着一个共同的主题。

雍正十年（1732 年）十二月，雍正帝在宫中举行了隆重的法会，赐号皇四子弘历长春居士，皇五子弘昼旭日居士[3]。紧接着在雍正十一年（1733 年）二月，又赐封皇四子弘历和硕宝亲王，皇五子弘昼和硕和亲王[4]。雍正帝的这一系列举措分明是在公开明确弘历的继承人身份，为弘历的皇位继承作铺垫，即“册立不名”：

> （雍正）十一年，癸丑，春正月。世宗谕阁臣曰：皇四子素为皇考钟爱，今年岁已二十外，学识增长，朕心嘉悦。其集礼官，撰吉稽典，锡授藩封，钦定为和硕宝亲王。尔时睿虑渊深，册立不名，而为天下得人，贻以大宝，聿彰于此。[5]

图一　绢本《平安春信图》局部

再从本文讨论的绢本《平安春信图》来看，画轴中雍正帝手中象征着皇位的“梅枝”并没有完完全全地传到弘历的手里，还正处于递授的过程之中，“梅枝”与弘历伸出的手之间还保持有一小段但是非常清晰的距离（图一）。这一细节非常重要，正是因为“梅枝”的特殊象征性，这一小段的距离分明是有意义的，它告诉我们画的创作时间应是在皇位将传未传之时，也就是雍正十一年（1733 年）二月赐封弘历为和硕宝亲王之后至雍正十三年（1735 年）八月弘历继位之间的时间段内，二月也正是梅花盛开

1　前揭《清帝的假面舞会：雍正和乾隆帝的“变装肖像”》，第 364 页。

2　（清）吴振棫：《养吉斋丛录》卷一八，第 190 页，北京古籍出版社，1983 年。

3　万依、王树卿、刘潞：《清代宫廷史》，第 576 页，百花文艺出版社，2004 年。

4　《世宗宪皇帝实录》卷一二八，第 3 页，雍正十一年二月。中国第一历史档案馆。

5　《高宗纯皇帝实录》卷一，第 5 页，雍正十三年八月。中国第一历史档案馆。

的春之伊始。

另外，从《实录》的记载来看，在赐封弘历为和硕宝亲王之后的一段时间里，特别是在雍正十三年（1735年），雍正帝加紧了对弘历的培养和历练。

雍正十一年（1733年）：

（二月）上命皇四子宝亲王弘历祭景陵。[1]

（八月）丁卯，上命皇四子宝亲王弘历祭先师孔子。[2]

雍正十二年（1734年）：

（正月）壬午，孟春，享太庙，上命皇四子宝亲王弘历行礼。[3]

（四月）甲寅，夏四月，丙午朔，享太庙，上命皇四子宝亲王弘历行礼。[4]

（四月）乙丑，上御制历代帝王、关圣帝君都城隍庙碑文，建亭告成。上命诚亲王允秘祭历代帝王。皇四子宝亲王弘历祭关圣帝君。皇五子和亲王弘昼祭都城隍庙。[5]

（五月）丙申，夏至，祭地于方泽，上命皇四子宝亲王弘历行礼。[6]

雍正十三年（1735年）：

（正月）乙亥，孟春，享太庙，上亲诣行礼，上命皇四子宝亲王弘历祭太岁之神。[7]

（三月）上命皇四子宝亲王弘历祭景陵。[8]

（四月）乙卯，夏四月，辛丑朔，享太庙，上命皇四子宝亲王弘历行礼。[9]

（五月）辛丑，夏至，祭地于方泽，上命皇四子宝亲王弘历行礼。[10]

（五月）甲子，上命果亲王允礼、皇四子宝亲王弘历、皇五子和亲王弘昼及大学士鄂尔泰、张廷玉，户部尚书公庆复，礼部尚书魏廷珍，刑部尚书宪德、张照、

---

1 《世宗宪皇帝实录》卷一二八，第9页，雍正十一年二月。

2 《世宗宪皇帝实录》卷一三四，第9页，雍正十一年八月。

3 《世宗宪皇帝实录》卷一三九，第4页，雍正十二年正月。

4 《世宗宪皇帝实录》卷一四二，第1页，雍正十二年四月。

5 《世宗宪皇帝实录》卷一四二，第9～10页，雍正十二年四月。

6 《世宗宪皇帝实录》卷一四三，第8页，雍正十二年五月。

7 《世宗宪皇帝实录》卷一五一，第2页，雍正十三年正月。

8 《世宗宪皇帝实录》卷一五三，第6页，雍正十三年三月。

9 《世宗宪皇帝实录》卷一五四，第1页，雍正十三年四月。

10 《世宗宪皇帝实录》卷一五六，第1页，雍正十三年五月。

工部尚书徐本，正红旗汉军都统李禧，正黄旗汉军都统甘国璧，仓场侍郎吕耀曾，俱办理苗疆事务。[1]

（八月）乙卯，八月，丁卯朔，遣和亲王弘昼祭先师孔子。戊辰，祭大社大稷，上命皇四子宝亲王弘历行礼。[2]

这些安排，自然是对弘历的特殊“热身”，同时也使弘历接班人的身份昭然若揭。这就是弘历继位后反复宣传的所谓“圣祖深爱神知，默定于前，世宗垂裕谷诒，周注于后”[3]。

《平安春信图》以“梅枝”象征皇位的传递，正处于递授过程中的“梅枝”表明此画的绘制时间应是在皇位的将传未传之时，也就是雍正帝为弘历的继位做好了一切准备的宝亲王时期，或许这也就是该画看上去尚未来得及全部完成的原因所在[4]。

故宫博物院收藏的绢本设色《平安春信图》轴，题签：“平安春信图”，钤印：“乾隆宸翰”“卍有同春”，裱褙有黄签墨书：“嘉庆四年二月　盘山缋山□□（容）撤下御容挂轴一轴”，可知这幅画最后的陈设地点是在河北蓟县的盘山，于嘉庆四年（1799年）整理先帝遗物时撤回，景山《寿皇殿东库存收书籍等项》著录[5]。

盘山位于北京的东部，景色秀丽，地理位置独特，是清代皇室每年往返景陵祭祀康熙帝的驻跸之地，乾隆九年（1744年）建行宫“静寄山庄”于此。文献记载乾隆四十七年（1782年）三月，乾隆帝曾巡幸盘山[6]，那么画中“壬寅（1782年）暮春”的乾隆帝御笔补题：“写真世宁擅，绘我少年时。皤然入室者，不知此是谁？”当是已届耄耋之年的乾隆帝巡幸盘山行宫时，目睹画中少年，感叹岁月逝去发出的人生感慨！时年乾隆帝72岁。事实上，自乾隆三十七年（1772年），乾隆帝就已经开始了大规模的宁寿宫区修建工作，为自己的归政作准备，至乾隆四十七年（1782年）基本完成。岁月无情，当年的英姿少年也到了必须考虑交接班的人生驿站，此时的乾隆帝已是“皤然”老者，睹物思情，个中滋味当是远非常人所能体会的。

明确了《平安春信图》轴的创作背景和成画年代，对于该画的解读也还没有完成，因为画中人物均身着汉装。在古代中国，服装象征着社会身份等级，不可僭越，而清代又尤多了一层禁忌。画中雍正帝的黄色中衣和垂带是其至高无上的皇权象征，而弘

1 《世宗宪皇帝实录》卷一五六，第15页，雍正十三年五月。

2 《世宗宪皇帝实录》卷一五九，第1页，雍正十三年八月。

3 《高宗纯皇帝实录》卷一，第6页，雍正十三年八月。

4 在画幅的下方中部和左下角分别有一个用虚线勾勒的鼎和矩形，因此被认为是一幅未完成的画。聂崇正推测这幅画没有能画完，“很可能是因为雍正帝的突然去世”。见前揭《平安春信图研究》，第7页。

5 前揭《平安春信图研究》，第7页。

6 前揭《清代宫廷史》，第583页。

历的绿色中衣和垂带传达的是生生不息，表明的是他皇子的身份。但是，少长两者的衣冠乃至鞋履都是典型的汉族传统的儒家服饰，这一点与清代统治者一再强调严厉施行的“言语服饰不改祖制”的基本国策是相违背的。如何解释这一现象？在这样的一幅公认为具有传位象征意义的重大历史画面中，所有的细节都充满了强烈的隐喻和象征性，服饰更是其中极为重要的表意符号，雍正帝和弘历为何不选择合乎清代规制的礼、吉服，反要身着汉族传统的儒家衣冠，这绝非可以一般的“行乐图”等同视之。无论画面中的情景是写实还是虚构，它都是在有意传达着什么。如果不能就这一问题作出合理解释，就不能说已经真正理解雍正帝绘制画像的用意。那么，雍正帝绘制画像的动机和目的又是什么呢？仅仅是就“传位”作如此隆重的宣扬并传之后世吗？还是在“传位”之外另有更深层的含义？从另一幅孪生的、同样被研究者称为“平安春信图”的考察中也许可以帮助我们进一步找到问题的答案。

二 养心殿三希堂的“平安春信图”

在关于《平安春信图》的诸多研究文献中，常与故宫博物院藏绢本《平安春信图》轴作比较研究的是另一幅位于北京故宫养心殿三希堂西壁的所谓“平安春信图”（我们暂且以“平安春信图”名之）。该图之所以得名“平安春信图”，乃是因为它与绢本《平安春信图》轴有着基本相同的人物构图和动作，而且两个人物之一的弘历在这两幅画面中的形象也几乎是完全一样的，所以自然地把那位长者也就认同作了雍正帝，至今无人质疑。然而，如果我们仔细观察就会发现，两幅“平安春信图”在几近相同的人物构图之外，还是存在有诸多细节的不同。这些细节的改变非常关键，它使得画中人物的身份与关系均发生了变化，从而使整幅画的意涵也随之改变。

1. 人物身份的转换

比较两幅“平安春信图”中的人物着装，可以发现在养心殿三希堂“平安春信图”里独具皇权象征的长者的黄色中衣和垂带已被一袭朱红色的“蔽膝”所替代，这一改变非同一般，它标志着画中人物的身份象征已经发生了重大变化，他不再仅仅是雍正帝的化身。

蔽膝，又作市、芾、韨、韍、袚、绂、绋、茀等，根据服用场合和服用者身份的不同而有不同的称呼。《广雅》：“蔽，障也，隐也。”取蔽障之义。蔽膝的形制一般是从胸前带下垂及膝前，起蔽前和蔽障膝盖的作用。在人类发明穿衣蔽体之前，最先意识到的就是“蔽前”，再有蔽后，然后蔽体。蔽膝最后发展成为古代礼仪服饰中的一部分，被认为是对原始“蔽前”习俗的保留，意在不忘古。《易经·系辞下》：“黄帝尧舜，垂衣裳而天下治。”礼仪服饰成为维系社会等级秩序的重要手段。《礼记·明

图二　养心殿"平安春信图"局部

堂位》："有虞氏服韨。"郑注："舜始作之。"就是说是虞舜开始将"韨"用于礼仪服饰。"韨"是服用者身份在大夫以上，又是与冕服相配的"蔽膝"的称谓，冕服是中国古代礼仪服饰中用于祭祀的最高等级的礼服。蔽膝的用色根据身份不同而有所区别。《礼记·玉藻》："君朱。"《说文》："天子朱市。"天子的蔽膝用色为朱色。在养心殿三希堂的这幅画中，正是以一袭朱红色的"蔽膝"使画中长者的身份悄然改变，他不再单纯是父皇雍正帝，而兼寓有圣贤明君"虞舜"的身份。

画中的另一主角青年的形象看上去似乎没有明显变化，但是他身上的一袭象征皇子身份的绿色中衣也已不见了。最重要的是画中唯一核心动作——象征皇位传递的"梅枝"，现在已经是完完全全地握在了青年弘历的双手之中（图二）[1]。如前所述，绢本《平安春信图》轴中的"梅枝"尚处在递授的过程之中，以此象征皇位的传递还没有完成，那么在这幅画里，"梅枝"已经是完完全全地握在了弘历的手中，说明皇位的传递过程已经完成，此时的弘历已不再是宝亲王，而是当朝天子乾隆皇帝。

从雍正帝与弘历到"虞舜"与乾隆帝间的人物身份关系的转换，说明此时画中的人物象征关系已经完全超出了狭义的父子间的皇位传承，也不再仅仅是"平安"与"春信"。它的创作时间和动机均已发生重大改变。

2. 制作时间和动机

一系列的证据表明，养心殿三希堂"平安春信图"的绘制不是一件孤立的事，而是乾隆帝为纪念其登基30周年所精心策划的重要活动之一。

据档案记载，早在乾隆二十八年（1763年），乾隆帝就已经开始了对养心殿院内外的拆改整修。乾隆二十九年（1764年），"养心殿前檐御路石面改做升转龙台，邦上改砌砖墙，凑长十一丈二尺。西暖殿内里地面改墁磁砖"[2]。据傅连仲研究："由勤政

1　前揭《平安春信图研究》，第27页，图一、图二、图三。

2　《奏销档》：272—333，《内务府大臣三和等奏为销算养心殿院内砌墙等工用过银两事片》，中国第一历史档案馆。

亲贤殿通往三希堂走道间西墙的通景画及地面磁砖都是乾隆二十九年王幼学画的。次年乾隆又命：西暖阁三希堂向西画门，着金廷标起稿，郎世宁画脸。金廷标画曲尺门上画。”[1]

乾隆二十九年（1764年）内务府《各作成做活计清档》“如意馆”：

三月初三日，太监胡世杰传旨：着养心殿西暖阁通景画上地面，着王幼学接画磁砖。钦此。[2]

乾隆三十年（1765年）内务府《各作成做活计清档》“如意馆”：

（正月）十二日接得郎中德魁等押帖一件，内开本月初八日太监胡世杰传旨：养心殿西暖阁三希堂向西画门，着金廷标起稿、郎世宁画脸，得时仍着金廷标画人物。[3]

据聂崇正研究[4]，此画为绢本，设色，纵201厘米、横207厘米。“其中一人为弘历（乾隆），手折梅花一枝。人物头像用西法绘成，精细逼真，人物周围为假山树木，人物服饰及背景是中国传统画法。”“此画作于乾隆三十年（1765年），作者是郎世宁和金廷标。郎世宁画肖像，金廷标画衣饰、树石和建筑。”另据翁万戈和杨伯达先生研究[5]，“靠近三希堂入口处右墙上是一幅由郎世宁和清宫画师金廷标（约活跃于1757～1767年）合画的壁画”。从两幅画面的本身也可以清楚地看到，绢本《平安春信图》轴与养心殿“平安春信图”中的人物面部肖像的绘画手法一致，但是衣饰的画法完全不同，绢本画轴很好地表现出了衣饰的质感，皱褶处理自然。金廷标在宫中的供职时间是乾隆二十二年至乾隆三十二年（1757～1767年），郎世宁于乾隆三十一年（1766年）去世，可以确定这幅画的绘制时间应是在乾隆三十年（1765年）前后，至今依然完好地保存在养心殿三希堂的西壁上。

养心殿三希堂“平安春信图”的底本无疑是源自雍正晚期意在“传位”的绢本《平安春信图》轴，那么在继承皇位的30年后，又是什么原因促使乾隆帝重新继续了这样一项具有独特象征性的工作？两幅画之间有着什么样的关联？选择在养心殿三希堂这

1 傅连仲：《清代养心殿室内装修及使用情况》，《故宫博物院院刊》1986年第2期。

2 《清宫内务府造办处档案总汇》第28册，第792页。

3 《各作成做活计清档》（胶片3538），中国第一历史档案馆。

4 聂崇正：《“线法画”小考》，第271页，《宫廷艺术的光辉——清代宫廷绘画论丛》，台北东大图书公司，1996年。

5 转引自前《清帝的假面舞会：雍正和乾隆帝的“变装肖像”》，第360页。

一地理位置有什么特殊的意义？这是我们理解这幅画的关键所在。

养心殿在紫禁城内是一个特殊的地方，自雍正朝开始是清代八位皇帝在皇宫内的唯一寝宫，也是清代宫廷一个重要的政治中心。不仅如此，对于弘历而言养心殿更是一个具有特别纪念意义的地方。在父皇雍正帝登极后的第一次初祀大典，即“召上入养心殿，赐食一脔，意已为他日付托之本”，养心殿可说是雍正帝定弘历为继承人的第一纪念地。无独有偶，在乾隆三十年（1765 年）的前后，在同样与继位有着直接关系的另一处——圆明园牡丹台，乾隆帝也举行了类似的纪念活动。圆明园牡丹台是少年弘历第一次被引荐给祖父康熙帝的地方，也可说是他最后走上帝王人生的一个起始点。在这里弘历第一次见到了皇祖康熙帝，并从此改变了人生轨迹。乾隆三十一年（1766 年），乾隆帝特在此地御题额“纪恩堂”，御制《纪恩堂记》，以纪念皇祖之恩：

> 若今纪恩堂之题额，实因纪皇祖之恩。纪皇祖之恩，必有差所谓不负皇祖之恩者，是不易言也。我皇考迓皇祖承色笑者，每一再举行，至予小子之恭承皇祖恩养育宫中，则在康熙壬寅（1722 年）春，即驾临之日而觐于斯堂之内云……惟时皇考奉皇祖观花，燕喜之次，以予名奏闻，遂蒙眷顾，育之禁廷，日侍慈颜而承教诲。即雍正十三年诏尚以是为言。故予小子自践祚以来，敬惟古帝王所以凛承付托者，不过于其考，或偶于其祖。若予则皇祖、皇考付托所洊重，言念及此，自视常若不足，遑敢驰朝乾夕惕之志？故凡出治临民，罔不尽心筹度，日慎一日，至于今三十年。仰蒙天佑，内恬外辟。政虽未臻上理，而民则可谓粗安。此所谓差不负皇祖之恩者乎！郑重有待者以此。[1]

乾隆帝在这篇文章中说得很明白，他现在所作题额“纪恩堂”之举，是“因纪皇祖之恩”，而之所以选择在他继承皇位 30 年后的今天，是因为所言“纪恩”并不是一件“易言”的事，而“必有差所谓不负皇祖之恩者”。继位 30 年来，“仰蒙天佑，内恬外辟”，现在终于到了可以仰告皇祖“不负皇祖之恩”的时候，“郑重有待者以此”！乾隆帝选择在第一次见到皇祖的牡丹台以“纪皇祖之恩”，当然也少不了对父皇的“纪恩”，“予小子自践祚以来，敬惟古帝王所以凛承付托者，不过于其考，或偶于其祖。若予则皇祖、皇考付托所洊重”。养心殿与牡丹台一样，在某种意义上同为乾隆帝的两处发祥地，当是乾隆帝“纪皇考之恩”的首选之地。而《平安春信图》是父皇雍正帝当年借以公开表达“传位”之意和“平安”祝福的纪念画像，在 30 年后的今天，乾隆帝以此《平安春信图》为底本，在特殊的纪念地养心殿，重新绘制以“纪皇考之恩”，真可谓是一个绝妙的构思，也非常符合清代皇帝一贯的思维方式和行为模式——“法祖”。

1　王道成主编：《圆明园》下卷，第 830 页，北京出版社，1999 年。

圆明园牡丹台“纪恩堂”和紫禁城养心殿“平安春信图”两者主旨的一致和时间的“巧合”绝非偶然，它说明两者是出于同样的动机和目的。乾隆帝自述继位30年来，“尽心筹度，日慎一日，至于今三十年。仰蒙天佑，内恬外辟”，终于到了“差不负皇祖之恩者”！选择在这样的时间、这样的地点同时举行对皇祖、皇考的“纪恩”活动，是“郑重有待者以此”，这就是养心殿“平安春信图”产生的历史背景和动机。

也就在乾隆三十年的正月十六日（1765年2月5日），乾隆帝奉皇太后启跸进行了第四次南巡。所经之处，照例是蠲免地丁银两，于四月二十一日丙寅（1765年6月9日）回銮，这是乾隆帝六次南巡中时间最长的一次，长达125天[1]。这一年的五月二十六日庚子（1765年7月13日）乾隆帝还命将供奉内廷的西洋画家郎世宁等平定准回得胜图（“乾隆战功图”）16幅发往西洋，制作铜版，并各印一百张。16幅图分别名为：平定伊犁受降、格登鄂拉斫营、鄂垒扎拉图之战、和落霍斯之捷、库陇葵之战、乌什酋长献城降、黑水围解、呼尔满大捷、通古思鲁克之战、霍斯库鲁克之战、阿尔楚尔之战、伊西洱库尔淖尔之战、拔达克山汗纳款、平定回部献俘、郊劳回部成功诸将士、凯宴成功诸将士。参与绘画的是四位传教士郎世宁、艾启蒙、王至诚和安得义[2]。

乾隆帝进行的这一系列重大举措，都说明了一个事实：在乾隆三十年（1765年）前后，清朝的统治在政治、军事和经济等诸多方面都取得了不凡的成绩，是到了足以告慰先皇的时候了。养心殿“平安春信图”只是乾隆帝对自己当政30年来进行回顾总结的表现形式之一。

这一创作背景和动机决定了养心殿“平安春信图”的主题必定不再仅仅是“传位”与“平安春信”，而有了更多的发展和内涵。

3. 养心殿“平安春信图”的内涵

绘制于雍正时期的绢本《平安春信图》轴是雍正帝晚年为表明“传位”之意而作的创举，而绘制于乾隆三十年（1765年）的养心殿三希堂西壁的“平安春信图”，则是乾隆帝在父皇雍正帝《平安春信图》底本上的发展和再创造。绘画的环境和动机已经改变，意味着画的主题也就不再是狭义的父子“传位”和“平安”“春信”，而更重在对先皇的告慰，意在表达“不负皇祖之恩”。如何表现这一主题？非常巧妙，乾隆帝通过对画中人物身份关系的转换和背景题材的细节变化，便赋予了这幅养心殿新图以全新的内涵。如前文所述，在养心殿“平安春信图”中，人物的身份关系已从绢本《平安春信图》轴的雍正帝和弘历转换成了“虞舜”和乾隆帝，不仅如此，画中主要背景也不再是“平安竹”而代之以万年长青的松树和果实累累的南天竹。绘画正是通过这些富含隐喻意义的景物的变化，烘托出绘画的主题已从“平安”祝福转为喻示

1　郭成康编：《清史编年》第五卷（乾隆朝）上，第755～756页，中国人民大学出版社，1991年。

2　前揭《清史编年》第五卷（乾隆朝）上，第765页。

大清王朝的江山社稷已是万年长青，硕果累累。只有梅花依旧，以此象征弘历。

乾隆帝将父皇雍正帝比作圣贤“虞舜”，不仅仅是对父皇的推崇和感恩，而是有着更深层的思想和政治意涵。清代自康熙帝始把“治教合一”作为清代统治者的政治理想，以“治统”与“道统”的结合为己任。他说：

> 朕惟天生圣贤作君作师。万世道统之传，即万世治统之所系也。自尧舜禹汤文武之后而有孔子曾子子思孟子……盖有四子而后二帝三王之道传，有四子之书而后五经之道备。[1]

康熙帝将“道统”和“治统”结合成一种相互依存的关系，自己则成为“治统、道统萃于一人”的最高统治者[2]。雍正和乾隆帝继承了康熙帝的这一政治理念，以儒教统治中国传统社会，并继续发扬光大。这样的结果是统治者自然地同时成为了“治统”和“道统”的最高统治者，而“受其益者之尤在君上也”[3]。“治教合一”是儒家的最高政治理想，传说只有在上古黄金时代“尧舜”时代实现过，画中乾隆帝以“虞舜”的形象代表雍正帝，不仅表明了清代统治者的入继正统，更是把康雍二帝比作“小尧舜”。自然地，康乾盛世自然就成为“千载而一时”的圣世再现。

圣贤虞舜，江山万年，硕果累累，画面呈现的分明就是一派圣世气象，这就是乾隆三十年（1765年）乾隆帝在父皇雍正帝《平安春信图》上进行再创作时所赋予绘画的新主题，他以这种独特的方式告慰先皇和世人，“不负皇祖之恩”和“天下得人”！

4. 创作底本与位置环境

养心殿“平安春信图”是以绢本《平安春信图》轴为底本进行的再创作，除了背景中景物的变化，人物身份的转换和“梅枝”的传递状态应是此画再创作时的核心内容。其中，关于年少者弘历没有什么疑问，双手紧握的“梅枝”已充分表明此时弘历的身份已从皇子升格为了当朝皇帝。关键是长者，如前文所述，一袭朱红色的蔽膝意味着长者的身份应与上古圣贤“虞舜”有关，进一步分析人物的具体面貌特征，又可以发现一些更为有趣的契合。

对比养心殿“平安春信图”与绢本《平安春信图》轴，可以发现两幅画中的长者面相非常相像，两者之间的主要区别仅在于头部轮廓。养心殿“平安春信图”中的长者头部轮廓显得饱满异常，与雍正帝的肖像画有着明显区别，如此饱满的形象似乎也非凡人所有，而与传说中的圣贤之相相合，具体而言，也就是“尧舜”之相。就这一传说中

1 康熙《御制文集第一集》卷一九，第3～4页。

2 黄进兴：《优入圣域：权力、信仰与正当性》，第80页，中华书局，2010年。

3 前揭《优入圣域：权力、信仰与正当性》，第93页。

的形象描绘也不是随心所欲，而是有所依凭的。检索清宫所藏《南熏殿帝王像》，上古时期的只保留了伏羲、唐尧、夏禹、商汤和西周武王五帝像，没有“虞舜”。而养心殿“平安春信图”中的长者面貌无疑是本自“帝尧”之像，除去少了胸前的朱红色蔽膝，其他如服饰、纶巾、鞋履可谓是一脉相承。从《南熏殿帝王像》中伏羲氏的衣皮毛，到夏禹王的衮衣冕旒，反映的正是中国古代礼仪服饰的演变过程，这一过程与文献记载的舜始作“韨”正可相互印证（见清宫旧藏《南熏殿帝王像》“唐尧”“夏禹”）。

清宫旧藏《南熏殿帝王像》，原为前明以来内府旧藏之历代帝王像。乾隆十二年（1747 年），乾隆帝检阅库中积储，见其“扃鐍收藏，视同寻常图绘”，且“尘封蛀蚀”，多有残损，乃命工部重新装潢编列，亲自审定规格形式，并“慎重珍藏之处”，以“示崇敬焉”。

乾隆十二年（1747 年）十月：

辛巳。上诣皇太后问安。敕藏历代帝后图像，并明代帝后册宝于南熏殿。谕：朕阅内务府库所藏历代帝后图像，盖沿袭前明以来之旧。扃鐍收藏，视同寻常图绘。未经启视，尘封蛀蚀，不无侵损。朕思胜朝陵寝，即世远年湮，尚为之禁樵苏而虔守护，使松楸勿剪，况缣素未渝，冕旒秀发。其何忍亵越置之。又明时帝后册宝，向贮工部库中，岁久亦不免遗失残毁。朕意欲并藏之南熏殿中，示崇敬焉。其中或有损阙，概令补缀完好。应重装者，即付装潢。其中如何编列甲乙，存录档籍，慎重珍藏之处。[1]

全部装潢大约于乾隆十三年（1748 年）完成。乾隆十四年（1749 年），南薰殿修缮完毕，命将历代帝后图像移藏南熏殿，功臣像仍存内务府库[2]。“茶库，在太和门迤西，隶内务府管理，乾隆十四年，移藏历代帝后图像于南熏殿，其历代功臣像仍弃斯库。”[3]

御制《南薰殿奉藏图像记》：

既竣事，因备纪之，勒石前荣，以示帝统相承，道脉斯在。朕之随在尽其诚敬，不敢苟且亵越有如此。图像自唐、宋以下缺十之二三，溯而上之存者仅矣。时久而易晦，幸其存也，可弗保持，使可及久欤？缺者弗复追补，远无征也，惧失真也，以致慎也。[4]

1 《高宗纯皇帝实录》卷三〇一，第 12 ~ 13 页。

2 （清）鄂尔泰、张廷玉等编纂：《国朝宫史》上册“宫殿”，第 199 页，“乾隆十四年诏以内府所藏历代帝后图像尊藏于此”。

3 （清）庆桂等编纂：《国朝宫史续编》卷九六，第 953 页，北京古籍出版社，1994 年。

4 前揭鄂尔泰、张廷玉等《国朝宫史》上册“宫殿”，第 199 页。

乾隆帝此举的目的是“以示帝统相承，道脉斯在”，而对缺失的帝王画像不再追补，是因为“远无征也，惧失真也，以致慎也”。嘉庆二十年（1815年），嘉庆帝令将南薰殿图像收入《石渠宝笈三编》。受命编纂的胡敬又另编《南薰殿图像考》二卷，对这批画像的流传渊源、收存考订、画中人物进行了详细的考证记述。南薰殿图像历经宋、元、明三代累积而成，凡卷、册、轴一百余件，图像五百八十余帧。上古五帝伏羲、唐尧、夏禹、商汤和西周武王五像位居南薰殿图像之首，是南宋淳祐元年（1241年）理宗至太学作《道统十三赞》后，命当时著名画家马麟绘像，现仅存其中5幅[1]。可知在乾隆十二年至十三年（1747～1748年）对内府藏历代帝王像进行重新整理时，“虞舜”的画像已经缺失，当时没有进行追补，是因为“远无征也，惧失真也”。《南薰殿帝王像》中南宋画家马麟所绘的上古五帝画像，是现在所能见到的距离远古时代最近的帝王画像。从乾隆帝对待帝王像的诚敬谨慎的态度，也可以说明养心殿“平安春信图”的绘制必定是慎重而有所依凭的，即“有所征也”。了解了这些创作的背景，就不难解释养心殿“平安春信图”中的长者形象实乃集帝尧、虞舜和雍正帝的三者合一。经过这样的融合，乾隆帝不仅巧妙地将雍正帝比作圣贤“虞舜”，自然也就赋予绘画以全新内涵。乾隆三十年（1765年）重新创作的养心殿“平安春信图”将不再是狭义的父子“传位”与“平安春信”，而是一幅“圣圣相传图”。

将绘画的地点选择在养心殿，也说明了它的非同寻常。养心殿自雍正朝开始即是紫禁城的一个重要政治中心，“凡办理庶政，召对引见，一如乾清宫”[2]。殿内楣间有雍正帝御笔匾:“中正仁和”，东壁有乾隆帝御笔《养心殿铭》。西暖阁有雍正帝御笔匾:“勤政亲贤”，对联:“惟以一人治天下；岂为天下奉一人”。西室有乾隆帝御笔匾:“三希堂”，对联:“怀抱观古今；深心托毫素”。养心殿“平安春信图”的具体位置一般的记述是在养心殿三希堂，笔者经过实地考察，准确地说应是在“三希堂”的后室，与乾隆帝的“三希堂”为前后相隔的两室，紧邻“勤政亲贤”殿。“勤政亲贤”殿自雍正朝开始即为皇帝日常召见大臣、办理政务的地方，绘有“平安春信图”的西室看上去则更像是单辟的一间专室，至今还保持与画中地面完全一致的青花地砖实景。这间“勤政亲贤”殿西室应是乾隆帝经过特别修缮，专辟以绘制和供奉这幅“圣圣相传图”的，既是以此“仰告皇祖之恩”，又是对大清帝国“外王内圣”“圣世再现”的最好宣扬，是乾隆三十年的一件大事，诚所谓“深心托毫素”也!

1　前揭庆桂等《国朝宫史续编》卷九六，第945页；赖毓芝《文化遗产的再造：乾隆皇帝对于南熏殿图像的整理》，台北故宫博物院第八届会议：《文物收藏、文化遗产与历史解释》。

2　前揭鄂尔泰、张廷玉等《国朝宫史》上册，第249页，北京古籍出版社，1987年。

结语

清代皇帝尤其是在清代初期，面临的是一个外来民族如何统治有着几千年儒家传统文明的汉人的重大而尖锐的问题，“语言服饰”是清代统治者为保持本民族凝聚力制定的重大基本国策之一。在此历史背景下，如何解读与其基本国策相违背的皇帝汉装、异装像问题，是一个很有意味也是一个困扰学术界很久的话题。从绢本《平安春信图》轴到养心殿“平安春信图”，一幅象征父子传位与祝福的帝王肖像画一变而为喻示雍乾盛世的“圣圣相传图”，充分说明帝王画像中的相当部分并不是平常意义的肖像画，尤其是清代帝王的汉装、异装像，绝不可以平常“行乐图”视之，也不是什么化妆游戏，而是具有深刻的政治寓意，是统治者“外王内圣”的政治理念和文化策略的体现和宣扬。如同历代帝王都非常重视《实录》的纂修，其实是《实录》不实，是需经皇帝亲自审定用以传之后世的。这些表现当朝宫廷政治、生活的帝王肖像画同样具有政治的、传世的功能，它们都是在皇帝的亲自授意下，对一些重大历史事件或思想意识的记录或宣传，是一部重在流芳千古的图绘历史。这些写实或寓意的宫廷绘画，传达的是一部纪实或思想的统治历史。我们只有更多地从时代背景、重大历史事件、统治者的政治理念和思想意识深处着眼，才有可能比较接近和理解这些宫廷帝王画像的真正内涵。

最后，如果我们反观绢本《平安春信图》轴，雍正帝在授意创作这幅画像时，难道仅仅就是为表达传位于弘历之意吗？他这样做的理由充分和必要吗？如果不然，那么其中是否有相当的用意是在于表现自己？是借“虞舜禅让”的典故表现自己的不恋皇位。正如其登极之初所公开宣传的那样，康熙帝把皇位传给自己的理由之一是因为看上了皇孙弘历，那么，现在的弘历已经出落得一表人才，该是有所表示的时候了。以雍正帝多疑反复的性格，自己的“得位”问题应该是他心中一个永远的结。那么到了晚年，雍正帝此举是否也是以《平安春信图》来表白自己，借“禅让”故事昭示世人，以此证明他的言之有信？所以才会有三胞胎的出现。如果是这样，那么，乾隆帝再创作时把雍正帝的形象与“虞舜”融为一体，在思想上与雍正帝一脉相承，只是可以表现得更为直接明白，乾隆帝的贴落画“平安春信图”乃是雍正帝《平安春信图》的继承和发展。

原载《美术观察》2014 年第 1 期

《游似藏开皇兰亭诗序》版本探究

王　祎

内容提要：故宫博物院所藏《游似藏开皇兰亭诗序》，是传世宋拓《兰亭》之一。但是，《游似藏开皇兰亭诗序》明显与传世的“开皇兰亭”系统拓本毫无关联；对这件拓本究竟属于何种版本，学术界也一直未有定论。本文通过拓本、题跋、文献之间的相互印证、探讨，围绕《游似藏开皇兰亭诗序》刊刻的时间、地点进行深入分析，从而确定《游似藏开皇兰亭诗序》是宋代婺州地方官刻的一个“定武本”，即“倅厅本”。由于有人在拓本后面游似的题语中添写了“开皇”二字，从而误导了后世学者对这件拓本版本的判断。

关键词：开皇兰亭　游似　定武本　梅花兰亭　倅厅本

故宫博物院所藏《游似藏开皇兰亭诗序》，是传世宋拓《兰亭》之一。此本原为清宫旧藏，《石渠宝笈续编》著录。1922年，清逊帝溥仪以赏赐其弟溥杰的名义，将此本潜移出宫[1]。后为近代著名碑帖收藏家朱翼盦所得，20个世纪50年代入藏故宫博物院[2]。

《游似藏开皇兰亭诗序》，在明以前有关论述刻帖的著录中均未曾提到，直到清初才逐渐为学者认知，多有评论。《式古堂书画汇考》、《大观录》、《墨缘汇观》、《石渠宝笈续编》都对这一拓本进行了著录，有的还作了考证。但是，《游似藏开皇兰亭》拓本明显与传世的“开皇兰亭”毫无关联。本文结合拓本、钤印、题跋及相关的文献，就故宫所藏《游似藏开皇兰亭诗序》的版本问题进行探讨。

作者：书画部，副研究馆员。

1 《游似藏开皇兰亭诗序》，溥仪于“宣统十四年（1922年）十一月初五日赏溥杰”。《故宫已佚书籍书画目录四种》“赏溥杰书画目”，北平故宫博物院，民国二十三年。

2 朱翼盦（1882～1937年），名文钧，字幼平，号翼盦，斋号“欧斋”等，浙江萧山人。朱先生能书善画，博学精鉴，收藏碑帖多精旧拓本。1954年，朱先生夫人张憲袛女士率子朱家济、朱家濂、朱家源、朱家溍，将家藏碑帖700余种无偿捐赠故宫博物院。故宫博物院编：《捐献铭记》，第128页，紫禁城出版社，2005年。

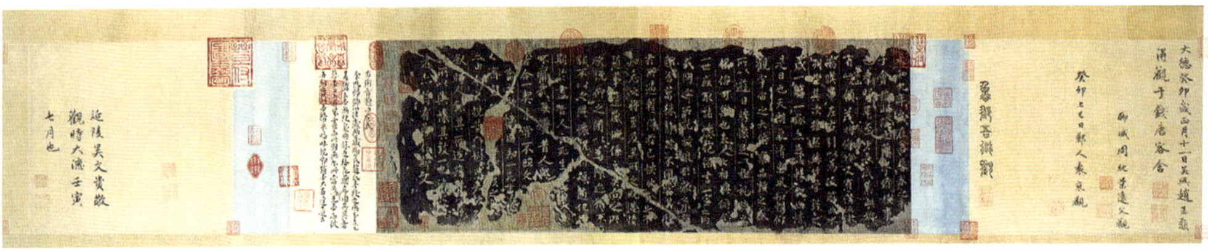

图一　宋拓《游似藏开皇兰亭诗序》（局部）

一　《游似藏开皇兰亭诗序》拓本概述

南宋理宗朝丞相游似[1]收藏有王羲之《兰亭序》拓本百种，后世称之为“游相兰亭”。按天干排序，从甲、乙至壬、癸每干10种。帖前有蓝纸小签，标明天干编号和帖名，如“甲之二御府岭字从山本”“乙之三宣城本”之类。帖后另纸有游似题识，或几字或数行，是非常简略的说明；同时，还钤有游似印记，如“景仁”“克斋”“游似”“游氏图书”“旌德游氏”“游氏旌德堂法书名画”“南充忠公之家”等，或一方或数方不等。

“游相兰亭”虽然搜集于南宋，相关文献却直到清初始见。清代学者孙承泽、胡世安、王澍、翁方纲、钱大昕等人，都有谈及。自20世纪40年代以来，中外学者陆续以所知所见“游相兰亭”著文论述。今天通过文献著录和实物，我们已经了解到的“游相兰亭”多达40余种。

《游似藏开皇兰亭诗序》，浓墨精拓，手卷装。锦包首，外签书：“游似藏开皇刻兰亭诗序”。墨纸：纵26厘米，横74厘米。字中泐损处较多，首行右下角“会”字无，“湍”“带”“右”三字损，“流”字微损，“天”字完好。从拓本观察，帖石泐损较重，上下边大部损泐，13行至末有一斜向上横裂纹，19行至22行有一竖裂纹，23行至25行有一竖斜裂纹（图一）。

引首有元人观款4段：

赵孟頫：“大德癸卯，岁正月十一日。吴兴赵孟頫得观于钱塘客舍。”钤印二：“赵孟頫印”“赵子俊氏”。

周驰：“聊城周驰景远父观”。钤印二：“周驰私印”“周景远氏”。

袁裒：“癸卯上巳日，鄞人袁裒观”。钤印二：“袁裒”，又一印不可辨。

吾丘衍：“鲁郡吾衍观”。钤印一：“子行书印”。

前蓝纸隔水上下钤“珍秘”“翰墨清赏”二印。帖首钤“晋府书画之印”等印。拓本断缺处押“谷阳”“和光同尘”等印。后接缝上钤“澄心堂”印。下角有“冰壶

1　游似，字景仁，号克斋，四川南充人。南宋宁宗嘉定十四年进士，历任大理司直、大理寺丞、秘书丞、提点潼州刑狱兼常平提举、吏部尚书等职。淳祐五年拜右丞相兼枢密使，自南充伯晋爵国公。卒后赠少师，谥清献。

秋月”白文印、“神游八级”二印。

后纸有宋丞相游景仁行楷书题:“右粥者题曰‘定武’。余既归乡,以往岁所藏《邓氏》、《赵氏》本校之,无分毫差。据此三本断缺处,与‘婺’之《梅花兰亭》同。其异者,‘婺’本上下有界画,而此则无尔。此当为‘开皇’元本,而彼再刻也。然此本精采晦昧,视《邓》、《赵》本大有径庭云。”后押“景仁”印。题上押“敬德堂图书印”“子子孙孙永宝用”印。后蓝纸隔水上钤“晋府图书”印,下钤“赵氏孟林”印。

后有元龚理印:“龚理私印”“龚氏子中”,并有元人吴文贵观款“延陵吴文贵静观。时大德壬寅七月也”。钤印二:“吴文贵印”“和之”。

墨纸、前后隔水及接缝上的鉴藏玺印有:

宋游似印:“景仁”。

明晋王府印:“珍秘”“翰墨清赏”“晋府书画之印”“敬德堂图书印”“子子孙孙永宝用”“晋府图书”等。

清卞永誉印:“式古堂书画印”“卞令之鉴定”“式古堂书画”“令之清玩”“卞永誉印”“令之”“仙客”等。

清安岐印:“安仪周家珍藏”“仪周鉴赏”“安氏仪周书画之章”“心赏”等。

清内府诸印:“石渠定鉴”“宝笈重编”“乾隆御览之宝”“乾隆鉴赏”“石渠宝笈”“重华宫鉴藏宝”“三希堂精鉴玺”“宜子孙”“嘉庆御览之宝”“宣统御览之宝”“宣统鉴赏”“无逸斋精鉴玺”等。

尾纸有清孙承泽、曹溶二人跋。

清孙承泽跋:“右宋丞相游景仁所收禊帖,乃‘开皇本’,非‘定武’也。禊帖开皇时已刻石,唐文皇见石刻,始求得真迹,令侍臣分摹,而欧阳率更为胜,刻之禁中。宋人所谓‘定武’也。余以此本与赵子固所得姜白石唐拓本相对,神韵相似。此本剥落,而《赵》本不剥落,故知此刻在唐之前。又与柯九思、陈直卿所藏唐石宋拓本相对,神韵相似。此本‘五字’不损,而《柯》、《陈》本‘五字’剔损,故知此刻在唐之前。景仁为‘开皇’元本,是矣。粥者为‘定武’,其失考也。余求‘开皇本’有年,仅见宋人翻刻,令之先生无意中得之,出以相示,真可宝也。都门八十老人孙承泽题。”钤印二:“孙承泽”“八十翁”(图二)。

清曹溶跋:“昭陵蚕纸,不可复睹。北宋所推,‘神龙’‘定武’而已。至游景仁以宰执大臣,广搜石本,用甲乙排次,自注所出,约百余种。虽肥瘦完损不同,大都发源‘定武’,而‘神龙’中微矣。近忽见此‘开皇’拓本,一时惊诧,亦物贵所罕耳。其实较率更所摹,最能远过也。此乃淳古坚厚,庄庄不露芒角。景仁定为‘开皇’元本,足称神妙。令之先生,是腕有右军鬼者,方于神理间消息之,应笑白石、延之聚讼多事矣。浙西曹溶题”。钤印二:“曹溶”“锄菜翁”。

根据卷上的题跋、印章,并结合相关文献,我们可以得知此本的递藏过程:经游

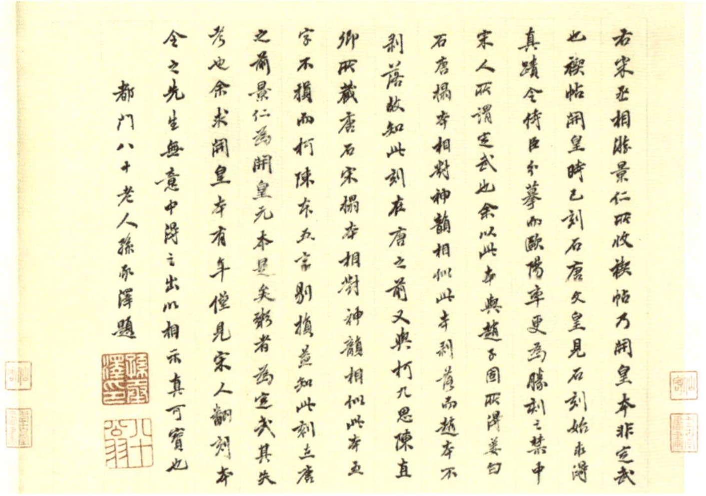

图二 《游似藏开皇兰亭诗序》清孙承泽跋

似收藏后，明代为晋王府收藏。清初卞永誉得到此本，孙承泽、曹溶各为之作一跋，著录于《式古堂书画汇考》[1]。几经辗转，为安岐所得，并著录于《墨缘汇观》[2]。之后入藏清宫，著录于《石渠宝笈续编》[3]。1922 年，被清逊帝溥仪潜移出宫，后为近人朱翼盦得到。20 世纪 50 年代，入藏故宫博物院。

至于墨纸前后，元人赵孟頫、周驰、袁裒、吾丘衍、吴文贵的 5 段观款及龚理的两方印章，皆书于或钤盖在淡黄纸上。此 6 人都见于元代文献之中，书法风格也符合元人面貌。在存世的“游相兰亭”中题有元人跋语的，仅见于这一本。游相所藏的百种《兰亭》，在经游似收藏之后，直到入藏明晋王府之前的这段流传经过，一直不是十分清楚。这主要是由于实物本身没有留下有价值的钤印、题跋等相关信息可供考证、研究，文献中也无迹可寻。

《游似藏开皇兰亭诗序》拓本本身没有问题，可是在引首、前后隔水、钤印等位置存在多处拆、改、拼、接的痕迹。例如，墨纸前后书于淡黄纸上的这 5 段元人观款，都没有明确提及拓本的情况，只是泛泛地谈到某时、某地看到某物，言之无物，这一点十分可疑；并且，此本前后蓝纸隔水中有明显拼接的痕迹，并非完整的一张，接缝处还押有清人卞永誉的印章。此外，此卷帖前没有标明天干编号和帖名的蓝纸小签，

1 （清）卞永誉：《式古堂书画汇考》卷五“开皇兰亭本”，卢辅圣主编：《中国书画全书》第 6 册，第 134 页，上海书画出版社，1993 年。

2 （清）安岐：《墨缘汇观》卷二“古拓开皇兰亭卷”，《丛书集成新编》第 51 册，第 24 页，台湾新文丰出版公司，1985 年。

3 （清）王杰、董诰、彭元瑞等撰：《石渠宝笈续编》三十四册“重华宫藏列朝名人书画四·游似藏开皇刻兰亭诗序”，清乾隆五十八年内府朱格抄本，现藏故宫博物院图书馆。

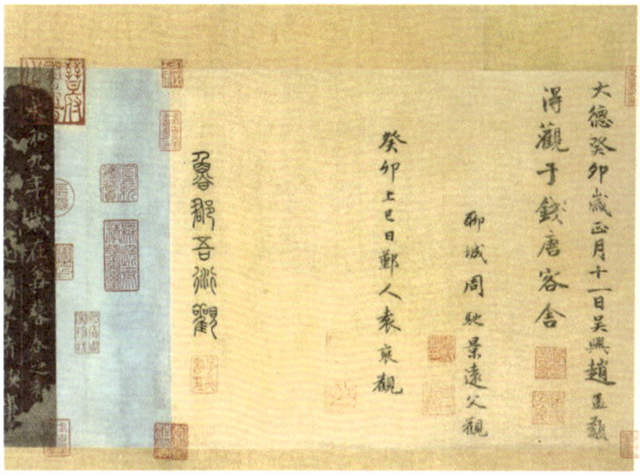

图二　《游似藏开皇兰亭诗序》帖前元人观款

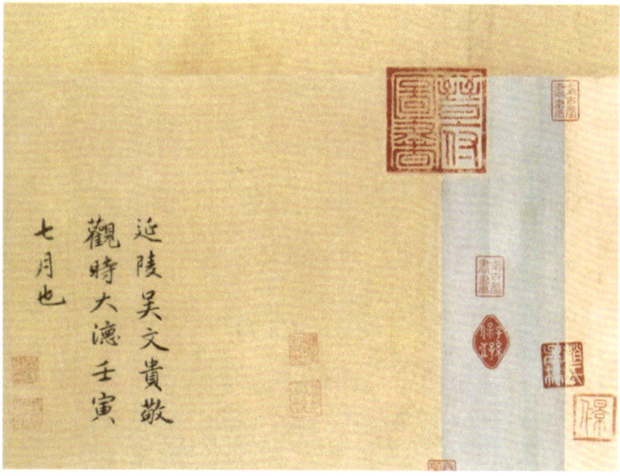

图四　《游似藏开皇兰亭诗序》帖后元人观款

这与其他常见的“游相兰亭”不同。清人安岐就认为，这5段元人观款都不是原有的，而是由清人卞永誉增入、拼接而成的[1]。有关这个手卷中拆、改、拼、接的情况，还存在很多疑问，有待今后进一步研究。本文主要围绕拓本的版本问题进行分析、探讨（图三、图四）。

二　《游似藏开皇兰亭诗序》非“开皇兰亭”

“开皇兰亭”因帖尾镌“开皇”年号，故名。传世刻有“开皇”年款的《兰亭》拓本有两种：一种尾款刻“开皇十八年三月廿日”，另一种尾刻“开皇十三年岁次壬子十月摹勒上石，高颎监刻”19字[2]。“十八年”本较为常见。明清时期，有多本“开皇兰亭”流传于世[3]。其中最为有名的是曾为明董其昌收藏，后入清宫的一本，即现藏辽宁省博物馆的《开皇兰亭》（董其昌本）。

“开皇兰亭”，在南宋直至明代中期有关论述刻帖的著录中均未曾提到，直到明后期才显现于世，逐渐为学者认知，且多有评论。明人王世贞曾提及“开皇石本”[4]，

1　前揭安岐《墨缘汇观》卷二“古拓开皇兰亭卷”，《丛书集成新编》第51册，第24页。

2　（清）朱彝尊：《金石文字跋尾》卷三“开皇兰亭本跋”，前揭《丛书集成续编》第91册，第727页。“十三年本”多见于文献，笔者未见实物。

3　目前明清之际流传的“开皇兰亭”拓本，可知有《董其昌本》、《陈鹏年藏本》、《史贻直藏本》、《清恒藏本》、《陆谨庭藏本》、《汪心农藏本》、《金沙于氏本》、《烂溪潘氏本》、《李光暎藏本》、《吴平斋藏本》、《海宁陈氏本》等。详见郭丹《辽宁省博物馆藏〈开皇兰亭〉（董其昌本）流传考及相关问题》，故宫博物院编：《2011兰亭国际学术研讨会论文集》。

4　（明）王世贞：《弇州四部稿》卷一三四：“余尝见开皇石本、褚河南临本，与此虽小有不同，然皆行笔也。”影印文渊阁四库全书第1281册，第222页上，台湾商务印书馆，1986年。

董其昌则认为“开皇兰亭”为“隋刻”[1]，清人孙承泽进一步定其为“智永之作”[2]。明清之际，“开皇兰亭”为隋代所刻已经成为主流观点。清宫也沿袭了这一观点，将入藏的《开皇兰亭》作为隋代刻帖，列为“列朝旧拓法帖”之首[3]。

笔者认为，“开皇兰亭”为隋代所刻，这一观点并不可信。原因有三：其一，《兰亭》是否始刻于隋代，文献中没有明确记载，也未见实物存世。“开皇兰亭”作为隋刻法帖，仅见于明人的著录中，但在更为接近隋唐时期的宋人文献中却没有任何记载，这不合常理。其二，明代流行的一些《兰亭》版本，明人已经不知其出处，但在宋刻拓本中尚有迹可寻。比如明清时期流行的“颖上本”“领字从山本”，都是源自宋代刻本[4]。其三，桑世昌《兰亭考》中记载有一“赐元嘉本”，署有“开皇十八年三月二十日”年款[5]，与“开皇兰亭”尾款相同；传世的“游相兰亭”中有一“六字双钩本”，虽没有“开皇”年款，但与辽宁省博物馆藏《开皇兰亭》（董其昌本）接近，属于同一系统[6]。“开皇兰亭”是否与这两种拓本存在某种联系？是否也是出自于某种宋代刻本呢？基于上述原因，现存的“开皇兰亭”有可能是后人以别本摹勒而成，据“开皇”年号以充为早期拓本。明清之际的学者们由于

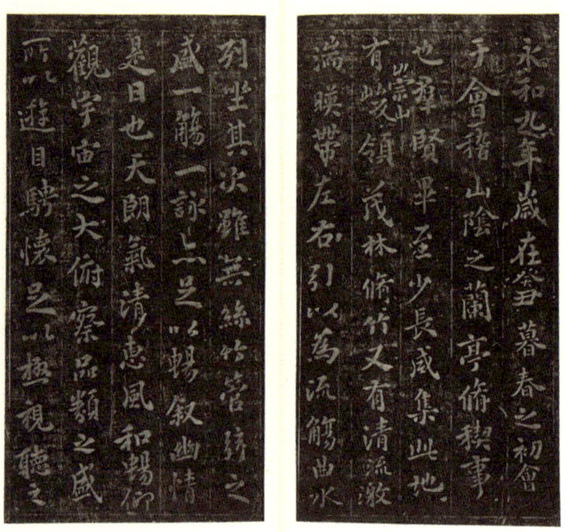

图五　清拓开皇兰亭序之一（故宫博物院藏）

1　（明）董其昌曾收藏一本《开皇兰亭》，并为之作跋。跋中有“禊序虽出于文皇之世，乃隋开皇时已自刻石”语。前揭郭丹《辽宁省博物馆藏〈开皇兰亭〉（董其昌本）流传考及相关问题》。董其昌又称：“《兰亭序》六朝时已有刻石，余《开皇本》，是隋时刻者。”（明）董其昌：《容台别集》卷二，故宫博物院1981年据私人抄本复印。

2　孙承泽在《闲者轩帖考》中考察《兰亭》版本源流时，谓：“隋本《兰亭序》，刻于开皇间，真本在智永处，手模上石，为禊帖石刻之祖，唐太宗为秦王时，见此本，因访求真迹。”不仅认为“开皇兰亭”为隋刻，而且是由智永手摹上石的“禊帖石刻之祖”。（清）孙承泽：《闲者轩帖考》，前揭《丛书集成新编》第51册，第652页。

3　（清）王杰、董诰、彭元瑞等撰：《石渠宝笈续编》第二册“目次·列朝旧拓法帖·隋开皇刻王羲之兰亭诗序”，清乾隆五十八年内府朱格抄本，现藏故宫博物院图书馆。

4　王连起先生认为，明代“领字从山本”，是从南宋绍兴内府所刻的“领字从山本”繁衍变化而来的；而“颖上本”则是根据南宋一种缺29字的“御府本”翻刻而来。王连起：《谈传世领字从山本、颖上本的来历问题》，前揭《2011兰亭国际学术研讨会论文集》。

5　（宋）桑世昌：《兰亭考》卷五，《中国书画全书》第二册，第589页。

6　前揭郭丹《辽宁省博物馆藏〈开皇兰亭〉（董其昌本）流传考及相关问题》。

受当时历史时代的局限以及多种因素的影响，对“开皇兰亭”进行了错误的判定，并影响了后世许多学者（图五、图六、图七）。

那么我们如何看待故宫这本《游似藏开皇兰亭诗序》？从我们今天所能见到的一些“开皇兰亭”拓本观察[1]，并与传世的“定武兰亭”“褚摹兰亭”[2]相比，“开皇兰亭”具有以下几个特征：其一，尾款刻有“开皇”年月纪年；其二，文中涂改处，“因”“向”“之”“痛”“夫”“文”6字，拓本中作双钩；其三，书法风格朴拙浑厚，与“定武兰亭”“褚摹兰亭”都不相同。现根据传世“开皇兰亭”系列的这些特点，与故宫藏《游似藏开皇兰亭诗序》作一个比较。

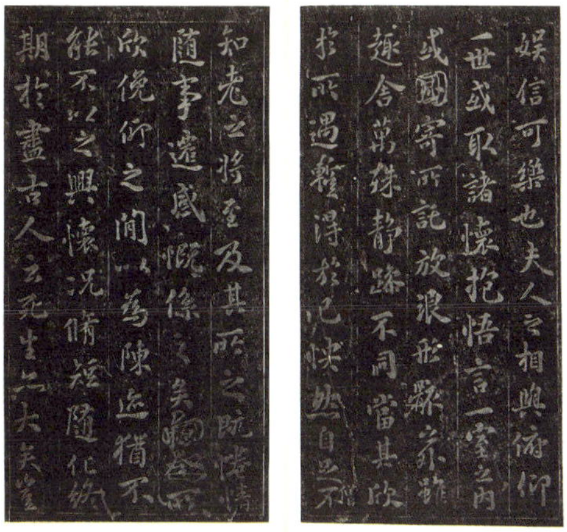

图六 清拓开皇兰亭序之二（故宫博物院藏）

第一，传世的“开皇兰亭”系列，都是由完整的一石拓出，拓本上很少或没有断缺和泐损的痕迹。与“定武本”首行“会”字不存不同，“开皇兰亭”首行“会”字保存完整，而《游似藏开皇兰亭诗序》帖石断缺、损泐严重，首行“会”字不存。

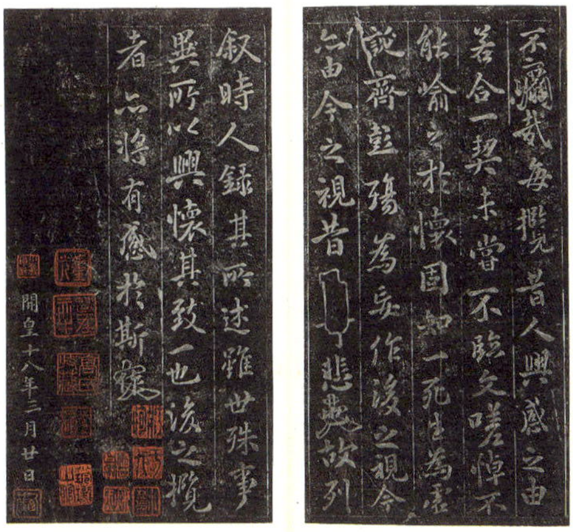

图七 清拓开皇兰亭序之三（故宫博物院藏）

第二，“开皇兰亭”系列，“因”“向”“之”“痛”“夫”“文”6字大都双钩而成，而《游似藏开皇兰亭诗序》中这6字皆为粗笔重书，与“定武本”相同。《游似藏开皇兰亭诗序》字体瘦劲，飘逸灵动，每个字的用笔、结体也与“开皇兰亭”系列明显不同，反而接近“定武”系列。

第三，从传世的“开皇兰亭”拓本观察，一般在末尾都会加刻“开皇”年款，而《游似藏开皇兰亭诗序》却没有刻年款。唯一可作为此本为“开皇本”的证据，是在宋人

1 主要据《董其昌本》、《僧清恒藏本》、《陆谨庭藏本》和故宫所藏《清拓开皇兰亭》（王存善题签本）。前三本，主要参考详见前揭《辽宁省博物馆藏〈开皇兰亭〉（董其昌本）流传考及相关问题》图片。前揭《丛书集成续编》第91册，第727页。这四件拓本均为“十八年本”。

2 宋代后，人们将“定武兰亭”以外的《兰亭》摹临本大都归于褚遂良名下，统称为“褚摹兰亭”。

图八 《游似藏开皇兰亭诗序》游似题中"开皇"二字

游似题中提到的"此当为开皇元本"语[1]。但仔细观察，我们不难发现游似题中的"开皇"二小字，与游似题字完全不同的，明显为后人所添。这一点早已被前辈学者所发现，清人安岐就认为"'开皇'二字系小字旁注，不无疑义"[2]。徐邦达先生更是明确指出，这是后人为提高此本身价，添"开皇"二字，以充为隋刻"古拓"[3]（图八）。

通过上述对比可知，《游似藏开皇兰亭诗序》绝不属于"开皇兰亭"系列。那么，前人为什么会定此本为"开皇本"？

后世之所以如此定名，主要是受到清人孙承泽、曹溶两段跋语的影响。通过孙承泽、曹溶的二人跋语可知，卞永誉在得到这本"游相兰亭"之后，分别请孙、曹二人寓目。孙、曹二人为此本分别撰写了一段跋语。

孙承泽的跋语谈到："……余以此本与赵子固所得姜白石唐拓本相对，神韵相似。此本剥落，而《赵》本不剥落，故知此刻在唐之前。又与柯九思、陈直卿所藏唐石宋拓本相对，神韵相似。此本'五字'不损，而《柯》、《陈》本'五字'剔损，故知此刻在唐之前。……"跋中提到的"赵子固所得姜白石唐拓本"，是一"定武禊帖肥本"，即著名的赵子固《落水兰亭》；"柯九思、陈直卿所藏唐石宋拓本"，是一"定武禊帖瘦本"，曾为元人柯九思收藏。这两件拓本，先后被孙承泽得到[4]。孙氏认为这两本都是定武原石拓本，并评价道："子固本[5]肥，此本[6]瘦。盖纸有厚薄燥湿之不同，实一石也。于是宇内秀气尽在吾。"[7]

根据这段跋语，可知孙承泽曾将此本"游相兰亭"，分别与赵子固《落水兰亭》和柯九思旧藏的"定武禊帖瘦本"校对，发现与这两本"神韵相似"，且此本"湍""流""带""右""天"等5字微损或未损。明清之际，人们普遍认为"定武本"的原石为唐代所刻，拓本中"湍""流""带""右""天"5字是否泐损，

1 这句话《式古堂书画汇考》、《大观录》、《墨缘汇观》录为"此当为开皇元本"，而《石渠宝笈续编》录为"此当为开皇本"。细审此处，"元"字右侧除旁注"开皇"两小字外，另有墨笔三点，意指点去"元"字。本文仍作"开皇元本"。

2 前揭安岐《墨缘汇观》卷二"古拓开皇兰亭卷"，《丛书集成新编》第51册，第24页。

3 徐邦达：《徐邦达论古书画汇集 壹·古书画鉴定概论》，第66页，上海人民美术出版社，2000年。

4 关于这两件拓本的情况，详见（清）孙承泽《庚子销夏记》卷四，前揭影印文渊阁四库全书第846册，第47～49页。

5 指"定武禊帖肥本"。

6 指"定武禊帖瘦本"。

7 前揭影印文渊阁四库全书第846册，第48页。

是判定是否为“定武兰亭”原石拓本的主要标志。因此，孙氏认定此本应刻于唐之前，游似定此本为“开皇本”是非常正确的。孙承泽的这一观点，得到了清代学者的认同。孙承泽是清初著名的碑帖鉴定家，他的鉴定意见在当时有很大的影响力。孙、曹二人题写跋语之后，卞永誉将此本收入《式古堂书画汇考》，并定为“开皇兰亭”。不过这里我们应该注意到，孙氏并没有提及当时流传的“开皇兰亭”，更多的是受到游似题中所添“开皇”两字的误导而作出了判断。

安岐得到此本后，虽然敏锐地发现“开皇”二字为后添，“若必谓为‘开皇’，则未敢轻许也”，但认为此本“纸墨淳古，风神完具，洵非南宋所拓者”，因此也定为“古拓开皇兰亭卷”[1]。清宫得到了《游似藏开皇兰亭诗序》和《开皇兰亭》（董其昌本）之后，将这两件拓本都作为隋代刻帖，同时著录于《石渠宝笈续编》[2]。直至今天，为了更为全面地保留这件拓本中遗存的信息，我们仍然沿用了这一定名。

三　《游似藏开皇兰亭诗序》版本分析

通过前文分析，我们不难断定《游似藏开皇兰亭诗序》不属于“开皇兰亭”系列。之所以前人定此本为“开皇兰亭”，主要是受到清人孙承泽考鉴的影响而产生了误定。但是，这个拓本的纸质、墨色均十分古旧，又经过南宋人游似收藏，定为宋代拓本是没有疑问的。那么，这件拓本究竟是什么刻本呢？

《游似藏开皇兰亭诗序》卷中，只有南宋游似，清孙承泽、曹溶的3段跋语。孙、曹二人的跋语太晚，对拓本版本的考鉴也有误，这在前文已经作了分析。现在我们有必要再仔细品读游似这段题语，从中寻找有价值的信息。

去除后人所添“开皇”二字，游似这段题语大致意思是：卖这件拓本的人，称此本是“定武本”。游似回到家乡后，用之前收藏的《邓氏》本、《赵氏》本与此本校对，发现这三本没有丝毫差别。这三本的断缺处，与婺州的“梅花兰亭”相同。不同之处在于，婺州“梅花本”上下有界画，而此拓本没有。那么，这件拓本应该是原本，而婺州“梅花本”是再刻的。然而这件拓本神采模糊不清，与《邓氏》本、《赵氏》本比较，差距很大（图九）。

浙江金华地区，古称婺州。文中提到的《邓氏》本、《赵氏》本，在存世的“游相兰亭”中未见，文献中也没有记载。从游似文意分析，《邓氏》本和《赵氏》本是游似收藏的两件拓本，与《游似藏开皇兰亭诗序》为同一种版本，拓本的整体状况还

1　前揭安岐《墨缘汇观》卷二“古拓开皇兰亭卷”，《丛书集成新编》第51册，第24页。

2　这两个拓本，分别见前揭《石渠宝笈续编》二十三册“养心殿藏列朝名人书画四·隋开皇刻王羲之兰亭诗序”；三十四册“重华宫藏列朝名人书画四·游似藏开皇刻兰亭诗序”，清乾隆五十八年内府朱格抄本，现藏故宫博物院图书馆。

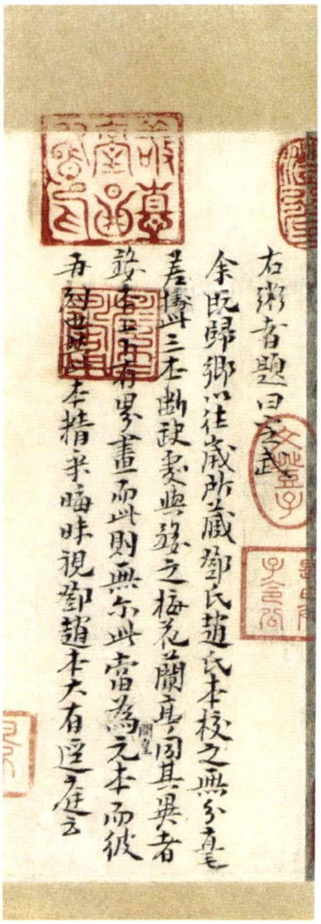

图九 《游似藏开皇兰亭诗序》宋游似题

要优于《游似藏开皇兰亭诗序》。《邓氏》本、《赵氏》本、《游似藏开皇兰亭诗序》三本的断裂情况与婺州“梅花兰亭”本相同，区别只是在于上下有无“界画”。这说明《邓氏》本、《赵氏》本和《游似藏开皇兰亭诗序》都是原石拓本，而婺州“梅花兰亭”是再翻刻的拓本。

有关婺州的“梅花兰亭”，并没有实物流传下来，但在南宋的一些文献中可以发现一些端倪。桑世昌《兰亭考》，对宋代婺州地区刻的《兰亭》有这样一段记载：“一本在倅厅，自第十三行至末横裂而上，又自二十八行后自裂处五行。询之耆老云，其石碎已百年，王自牧家有未经刓缺时本，庶几定武典刑也。……”[1] 南宋人刘克庄（1187～1269年）在为一个“三段石本”撰写的跋语中谈到：“此婺州倅厅本也。前辈有评其‘定武’典刑，石初裂为三，号‘三段石本’，亦名‘梅花本’。后裂为五。余家兼有此二本，石今不存矣。”[2] 倅厅，在宋代指州县副职长官的衙署。通过刘克庄这段跋语，我们不难判断桑世昌《兰亭考》中记载的婺州倅厅所刻“定武本”，就是刘克庄文中提到的“三段石本”。由于“倅厅本”帖石后来断裂，因此“梅花本”是“倅厅本”帖石裂为数段之后的别称。

故宫藏《游似藏开皇兰亭诗序》，字体风格接近“定武兰亭”，而且拓本13行至末有一斜向上的横裂纹，这与桑世昌《兰亭考》中记录“倅厅本”的特征相吻合。刘克庄文中还谈到“倅厅本”的帖石“初裂为三……后裂为五”。从《游似藏开皇兰亭诗序》拓本推断帖石泐损情况，13行至末有一斜向上横裂纹，19行至22行有一竖裂纹，23行至25行有一竖斜裂纹，这几道裂纹说明帖石已经断裂为5块。这与刘克庄文中提到的“三段石本”后来裂为5块的情况，也正好吻合。综合上述文献、实物的对比，故宫藏《游似藏开皇兰亭诗序》，符合婺州“倅厅本”的基本特征（图一〇）。

通过对游似题语的分析，以及拓本和文献的互相印证，说明《游似藏开皇兰亭诗序》、婺州“梅花兰亭”与婺州“倅厅本”三者之间确实存在密切关联。如果《游似藏开皇兰亭诗序》就是婺州“梅花兰亭”的话，我们就有理由得出一个结论：《游似藏开皇兰亭诗序》就是宋代婺州的“倅厅本”。可是，游似在文中是这样讲的：“据此三本断缺处，与‘婺’之《梅花兰亭》同。其异者，‘婺’本上下有界画，而此则无尔。

1 前揭《兰亭考》卷十一“传刻·婺女”，《中国书画全书》第一册，第609页。

2 （宋）刘克庄：《后村题跋》卷四“跋林竹溪三段石本”，前揭《丛书集成新编》第50册，第598页。

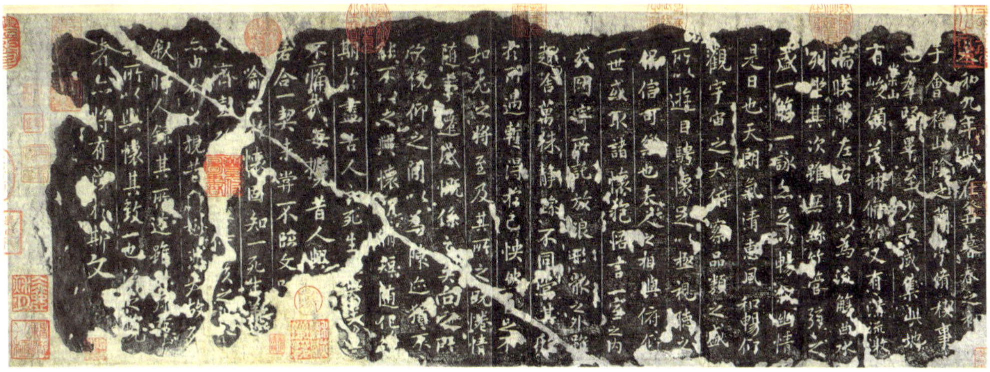

图一〇 《游似藏开皇兰亭诗序》拓本

此当为‘开皇’元本，而彼再刻也。”游似认为《游似藏开皇兰亭诗序》拓本是婺州所刻“梅花兰亭”的原本，而婺州“梅花兰亭”是依据这件拓本翻刻而成的，这就使得这个结论由于缺乏某些环节而无法成立。

由于我们今天所能见到的南宋时期的实物和文献都十分有限，这导致我们现在对游似这段题语的很多细节无法准确理解，因此，我们只能根据已有的结论来对游似的文意进行一个推证：

基于《游似藏开皇兰亭诗序》拓本符合婺州“倅厅本”的基本特征，以及“梅花本”是“倅厅本”帖石裂为数段之后的别称这两个前提，游似这段话的意思就只能有两种解释：一种是，婺州“梅花兰亭”是“倅厅本”，《游似藏开皇兰亭诗序》拓本是婺州“倅厅本”的原本。另一种是，《游似藏开皇兰亭诗序》就是婺州“倅厅本”，而游似提到的“婺之‘梅花兰亭’”则是“倅厅本”的翻刻本。

我们首先来分析前一种解释，即婺州“梅花兰亭”是“倅厅本”。桑世昌《兰亭考》记载：“……询之耆老云，其石碎已百年……”《兰亭考》最晚成书于南宋嘉定年间（1208～1224 年）[1]，如果上推一百年，说明“倅厅本”帖石最晚于北宋徽宗大观年间（1107～1110 年）已经断裂，“倅厅本”刻石的时间还要早于这个时间。那个时期“定武兰亭”也才刚刚出名，“倅厅本”所用的底本极有可能就是一件定武原石拓本。“倅厅本”的帖石也应该是完整的一石，还没有出现断裂。而《游似藏开皇兰亭诗序》帖石已经断裂为数块，且纸张、墨色也远不及北宋，明显不可能是“倅厅本”的原本。因此这一解释不能成立。

我们再来分析后一种解释，即《游似藏开皇兰亭诗序》是婺州“倅厅本”。《游

1 （宋）桑世昌《兰亭考》有南宋嘉定元年十二月高文虎所作的一篇序文，可知《兰亭考》最晚成书于这个时间。前揭桑世昌《兰亭考》“兰亭考序·嘉定元年十二月望日高文虎序”，《中国书画全书》第二册，第 575 页。

似藏开皇兰亭诗序》确实符合“倅厅本”的基本特征，可是“倅厅本”已经被称为“梅花本”，这里就出现了两个“梅花本”。游似提到的“婺之‘梅花兰亭’”会是什么本子？“梅花本”是对石刻断裂数块之后拓本的一种美称。关于兰亭中“梅花本”，南宋理宗内府收藏的《兰亭一百一十七刻》中“乙集一十三刻”内，记载有“旧梅花”“新梅花”二种拓本[1]。游似提到《游似藏开皇兰亭诗序》“断缺处”与“梅花兰亭”相同，区别只是在于上下有无“界画”，这说明两者源自同一底本。刘克庄曾提到“倅厅本”帖石“今不存矣”，说明在南宋时“倅厅本”帖石就已经不存在了。通过这些线索，我们可以作出一个判断：婺州“倅厅本”帖石开裂后的拓本，被称为“梅花本”。后来帖石不存在了，当地又依据这种“梅花本”重新翻刻了一石，这样，原有的帖石拓本被称作“旧梅花”，而再翻刻的拓本则被称作“新梅花”。游似文中提到的“梅花兰亭”实际是指“新梅花”，而《游似藏开皇兰亭诗序》就是“倅厅本”的原石拓本，即“旧梅花”。

经过这个推断，游似的文意只有后一种解释符合逻辑：《游似藏开皇兰亭诗序》的“断缺处”与“梅花兰亭”相同，由于婺州“梅花兰亭”上下有“界画”，而《游似藏开皇兰亭诗序》没有，据此，《游似藏开皇兰亭诗序》是婺州“倅厅本”，而婺州“梅花兰亭”是在帖石不存之后重新翻刻的拓本[2]。至于理宗内府收藏的“旧梅花”“新梅花”是否就是婺州“倅厅本”，因为没有相关的证据，这里仅是一个推测。关于婺州“倅厅本”是否存在翻刻的问题，也缺乏相关的证据，不过在原石不存后，婺州当地依据旧拓本重新翻刻一石的可能性是完全存在的。本文只是合理解释游似题语的原意，进而得以肯定故宫藏《游似藏开皇兰亭诗序》和游似题语中“婺之‘梅花兰亭’”这两种拓本同属于婺州“倅厅本”系列。

结语

综合上述拓本、题跋、文献的互相印证、分析、探讨，笔者认为，《游似藏开皇兰亭诗序》就是宋代婺州地方官刻的一个“定武本”，即婺州“倅厅本”。据“定武本”

---

1 （元）陶宗仪：《南村辍耕录》卷六“兰亭集刻”，第68页，中华书局，1959年。

2 笔者认为游似作出的《游似藏开皇兰亭诗序》是“倅厅本”原本的这一判断存疑，游似提到的婺州“梅花兰亭”才是“倅厅本”的原石拓本，而《游似藏开皇兰亭诗序》实为翻刻本。主要原因有二：(1)《游似藏开皇兰亭诗序》拓本的石花和断缺处不像自然泐损形成的，而似人工凿刻而成，这只有在翻刻本中才会出现。(2)《游似藏开皇兰亭诗序》拓本中行间保留了界线，而上下却没有刻界线，这不合常理。一般而言，为了保留原有帖石的全貌，翻刻时会将原石上的界画一并刊刻；只有翻刻所用的底本是原石上下残损之后的拓本，才会出现这种情况。本文着力解决《游似藏开皇兰亭诗序》属于“倅厅本”这一版本问题，至于这件拓本是原刻本，还是翻刻本不作讨论。

特征校对《游似藏开皇兰亭诗序》，拓本中“亭”“列”“幽”“盛”“游”“古”“不”“群”“殊”9字已损，“五字”中“湍”“流”“带”“右”4字已损或微损，而“天”字完好。按宋人传说，薛绍彭得到“定武本”原石后，斫损石中“湍”“流”“带”“右”“天”5字，因此传世的“定武本”多为“五字”已损的拓本；不过在宋代仍能见到“五字”斫损之前的“定武本”，桑世昌《兰亭考》就记载有一本“天”字全和一本“天”字小损的拓本[1]；前文已析，“倅厅本”大约摹刻于“定武兰亭”闻名于世之际，由此可知，婺州“倅厅本”可能是依据一本较早的“天”字未损“定武兰亭”上石摹刻的。北宋时，“倅厅本”帖石已经断裂，断裂后的拓本被称为“三段石本”，又称“梅花本”；南宋时，帖石碎裂不存，当地又据旧拓本重新翻刻一石。故宫博物院藏《游似藏开皇兰亭诗序》，是“倅厅本”断裂以后的拓本，由于后人在游似题语中添加的“开皇”二字，误导了清代学者们对这件拓本版本的判断。

两宋时期，帖学兴盛。《兰亭序》收藏也已成为当时文人们的一种嗜好，少则数种，多则十余种，甚至百余种、二百种。但这些“兰亭”得以流传至今的，可以说是百不存一。只有未见宋人记载的“游相兰亭”，今天仍时有发现，也就格外引起人们的重视。我们对传世“游相兰亭”的分析、研究，有助于还原两宋时期摹刻、传播、收藏“兰亭”的历史面貌。故宫博物院藏《游似藏开皇兰亭诗序》，就是其中颇为典型的一例。

原载《书法丛刊》2012年第4期

1　前揭《兰亭考》卷十一“传刻·定武”，《中国书画全书》第二册，第608页。

解李白《草书上阳台帖》卷古二篆落墨法

常保立

内容提要：李白，世人皆知其为诗仙，实则书名为诗名所掩。《上阳台帖》为太白传世唯一书作。从这幅法帖来看，定力充满。尽管无直接证据证明李白习过篆籀，但通篇观之，其落墨不见痕迹，执先秦二篆引文于毫素之间。

关键词：二篆笔法　落墨法　承古

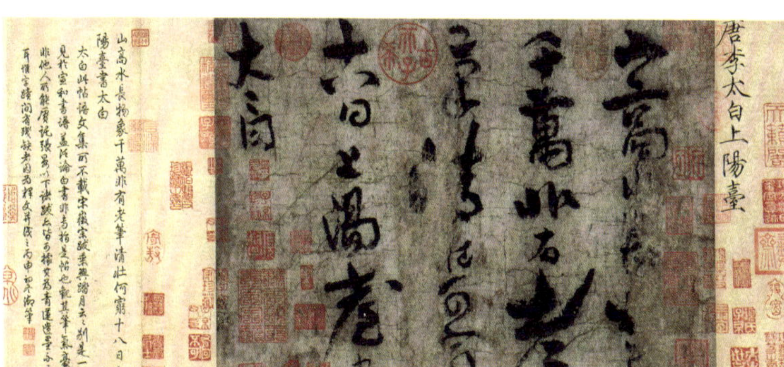

唐李白《草书上阳台帖》卷
（张伯驹先生 1956 年赠毛泽东主席，后由中央人民政府拨交故宫博物院藏）

释文：山高水长，物象千万。非有老笔，清壮何穷！十八日上阳台书，太白。

前隔水，引首为宋徽宗题签："唐李太白上阳台。"

后隔水，宋徽宗跋："太白尝作行书，乘兴踏月，西入酒家，不觉人物两忘，身在世外。一帖字画，飘逸、豪气、雄健，乃知白不特以诗鸣也。"

卷尾跋："谪仙书，传世绝少，尝至欧、虞、褚、陆，真书奴耳。自以，流出

作者：原文保科技部，副研究馆员。

于胸中，非若他人积习可到。观其飘飘然有凌云之态，高出尘寰，得物外之妙。尝遍观晋唐法帖，而忽展此书不觉令人清爽。当时沈香亭待醉，高力士脱靴，宜多时。大德九年，岁在己巳，正月廿五日，集闲学士张晏敬书。”

印章：历代内府图书印玺、私藏印。

余尝观太白《十八日上阳台》法帖，唯定力充满，有若双钩，玄通也，其含毫命素，动必依真，伎幻也。感白也情怀，光喷日道，气歊天维。红云点于太清，紫烟矗于遥海。烜赫宇宙，功侔鬼神。提锋落墨于一画，飞扬恣肆于离披，变数之大矣。白风神运度一炁，高蹈其骨相之上，早已越过笔墨关。阳台开篇，山高二字，落墨于筑锋中，后捻转毛颖，执先秦二篆之引文于毫素间，以全身之力一送之，往复也。定度欲紧，豁然行笔，紧要处，必挫锋一特然。复引二三，至千万，映带左右，两笔搭锋处，有明显二次留痕为结，入也。复再迅起，疾出。中有拐角处，篆法暗过也。阳台下笔，定力之高，必发之于胸中冶文深处。太白以诗文青史第一行世，不特以书法。白此帖中，唯质成文，援笔墨中锋引带，驭锋直冲拔真气，点承暗筑运斤风，沉着痛快处，出者进也时，纵勒驰掣间：煌煌然，若熔金出冶，随地流走，真大德曰生也。昔黄蔴纸漫，捶紧研光，有浮毛阻笔助力，软毫为之。是以“柔毫硬纸，硬毫弱纸”，斯乃万毫齐力“唯毫软则奇怪生焉”。此太白三才人之中处者也。予尝闻，昔黄公望得古纸一帧，兴奋之余以大陀石研之，施以翰墨，公有载文以记，承古法也。日月盈昃，斗转星移，越千秋百岁，往事悠悠，可我们仍能从这幅千古绝唱、模糊毛涩的法帖用笔上，感觉到传承有绪的先秦二篆中脉络引文古法：中锋圆通的定力、落墨水脉的铺张、欲下还上的拨镫执两、紧纸浮毛的阻笔助力及李白胸中冶文至博、取象至约、生生为易、有容德大的诗仙风范。于万世师表中体悟出我东土大唐太白《上阳台》法帖玄朗超迈中之风骨格力，高视千古！

予行走文华武英之间，丹青大内，水墨纷披，于殿本真品散中事，往复也，凡三十七年矣，念想请益入室张伯老门下，得先生、潘师母二老恩泽，没齿不忘。今殿上太白真迹，昔先生过眼烟云，愚晚问心，有感于斯文。

原载《中国艺术时空》2014年第3期

王翚客京师期间之交往与绘画活动的续谈

肖燕翼

内容提要：美国学者武佩圣曾撰有《王翚客京师期间之交往与绘画活动》一文，论及王翚主持绘制康熙皇帝《南巡图》巨制始末，包括鉴阅的名画、结交京师权贵创作的绘画，以及险些卷入一场政治风波等内容。笔者在其讨论的基础上进一步展开论述并指出：《夏麓晴云图》应该与索芬无关，与索芬有关的是《载竹图》与《竹趣图》，王翚先绘制《竹趣图》，然后再据载竹原委绘制了《载竹图》。关于《庐山白云图》，其上款主人应为岳乐第十五子玛尔珲。王翚在京期间，似乎卷入了皇太子允礽被废的政治风波，从而致使他离开京师回归故里。

关键词：王翚　夏麓晴云图　载竹图　竹趣图　庐山白云图　政治风波

美国学者武佩圣曾撰文《王翚客京师期间之交往与绘画活动》(以下简称“武文”)。此文收入1993年上海书画出版社出版的《清初四王画派研究论文集》。该文论及王翚主持绘制康熙皇帝《南巡图》巨制经历始末，包括鉴阅的名画、结交京师权贵创作的绘画，以及险些卷入一场政治风波等内容。因本人在故宫博物院工作，读此文颇有启发，且发现还有一些可作续谈的王翚客京师间的作品，并对险些卷入政治风波的情况作些补充。

一　关于《夏麓晴云图》、《载竹图》

“武文”谈到王翚结交京师权贵的绘画活动，主要涉及《夏麓晴云图》和《载竹图》。《夏麓晴云图》今藏台北故宫博物院，创作于康熙辛未（1691年）二月，即王翚到京师的第二年。图上有画家两则题识：一是创作时间、地点，“仿关仝笔”；二

作者：原故宫博物院副院长，研究馆员。

是说明同年三月十日，清宗室权贵辅国将军博尔都来到画家寓所“谬赏此图，辄以奉赠”。博尔都为清太祖努尔哈赤曾孙，袭封辅国将军，喜汉文化，工诗书，与汉族士人、书画家多有交往，石涛、王原祁等均曾为之作画。“武文”从“夏麓晴云”的图名以及画中对白云的描绘研思，是否真正的受画人名字或许与“云”有关呢？由此引出索芬，索芬有一枚收藏印，印文为“索芬小名格尔芬字素庵号蓼园别号晴云主人”。索芬是索尼的第三子索额图之长子。索尼是康熙皇帝幼年时的四大辅臣之一。索额图年轻时曾助康熙铲除辖制皇帝的鳌拜，又是康熙帝太子允礽的舅公，即康熙帝与孝诚皇后、索额图之兄女所生。索额图曾官至保和殿大学士，索芬可视为相府第一衙内的官二代子弟，在京师自然是炙手可热的人物。

但《夏麓晴云图》果真与别号晴云主人的索芬有关联吗？王翚为索芬所画的《载竹图》、《竹趣图》都分明题写了晴云主人的上款，而此图题识并未涉及索芬。根据“武文”的分析，即表面上赠博尔都，实际上是为索芬所绘。是“转化豪夺之举为雅事”。王翚的《清晖赠言》将各种名人赠与他的诗文结集，从其中显示出所结交的各种人物及其为他们所画的作品看，对于博尔都这样的人物，王翚的绘画当不致难求，博尔都亦不必豪夺。故宫藏王翚《青山白云图》扇面画，纸本，设色。右上款题：“尝见高尚书《夏麓晴云》、赵承旨《潇湘水云》、方羽《奇峰出云》，此《青山白云》，参用三家笔意，而设色兼用释僧繇没骨法，不识得似古人神韵否。岁在乙酉中秋二日，请政颖保盟长先生，虞山弟王翚并识于西爽斋。”该扇图参合元高克恭、赵孟頫、方从义三家画法，锐意表现设色云山。由此可知王翚已知高克恭有《夏麓晴云图》，且时间为康熙八年（1669年），其后对此画题进行再创作，并说明是“仿关仝笔”。对于王翚的绘画表现而言，是最为惯常的做法。倘没有其他证据，认为《夏麓晴云图》有意识地以索芬别号来画“别号图”的说法有些牵强。画家以古人绘画题材、画目融会贯通进行再创作，是常见的。《夏麓晴云图》画好之后先有图名、创作时间、师其家法的题识，及博尔都看到此画，因其喜爱而奉赠的一个寻常过程，应该与索芬并无关系。与索芬有关系的是《载竹图》、《竹趣图》。

关于《载竹图》，据“武文”记原属肥遁遯旧藏，后归香港王南屏氏，曾刊载于《南画大成》卷二十二。图左上王翚自题“岁在戊寅清和廿日为晴云主人写载竹图”。图首有署款“蓼园芬题”的索芬题诗。卷起首处绘阔渚遥帆，下绘一载竹之舟徐来，中后部绘小山林木。间置茅舍数区，似传为唐王维《辋川图》中景物，应是索芬园宅的晴云书屋。据“武文”记，卷后又有索芬、博尔都、岳端、永瑺等人题。从索芬题中可知，其“性最爱竹”“北地苦寒、更无他种”“客有黄君尊古者，与余交十年，识余有此癖，不远千里买舟载方竹、紫竹、湘妃斑竹，以赠种”。这是“载竹”的原委。其后竹生成林，“适石谷在座，因写为卷”。王翚与诸人皆是晴云书屋中的座上客，王以绘画纪之，是其在京师期间的著名画迹之一。

2005年广陵书社再版的《宋元明清名画大观》（下）中刊有一件王翚的《载竹图》，记曰："杨荫北君藏。"该图的结构、画法大体同于《南画大成》中所刊。同时，又有一些不同，比如图起首处，除载竹之舟外，原有的三艘渔艇，改画为山坡掩映的渔帆等。图前有篆书"载竹图"三字，又小楷书题："康熙岁次戊寅四月八日，画于燕台邸舍，虞山王翚。"构图基本相同的类似作品近来又在社会上出现，除图本身外无任何题记，不过在原有的藏印处，又多了"张学良印"等三方藏印。且不论这两图孰是孰非，先看与《载竹图》有关的另一件王翚的《竹趣图》，再一并讨论。

《竹趣图》刊载于《宋元明清名画大观》（下），注为"关冕钧君仓"，今藏故宫博物院，该图纸本墨笔画，是细长条的轴画。上画高山瀑布奔泻而下，沿瀑水两边画山坡、小桥、溪亭，并分画茂竹数丛，以高山流水觅知音的典故，显出"竹趣"的画之主题。据"武文"记，《载竹图》曾落入太子允礽之孙永瑺手中，永瑺书有两段题跋，后跋曰："石谷又有《竹趣图》小长幅，自识戊寅四月八日为晴云作。细考年月盖与此同时所作。乾隆戊寅清和并为余有。笔墨静逸，与此伯仲，何幸余与翰墨有宿缘也。"两件《载竹图》与《竹趣图》在此一并考鉴，也是一件有趣的事情。

按《南画大成》刊本《载竹图》的创作时间为"戊寅清和廿日"，"清和"即农历四月的别称，也即四月二十日作。以篆书题名的另一件《载竹图》为四月八日作，此与《竹趣图》为同日之作。仅从创作时间看，画家怎能同日分画相同的两图？据前述永瑺的第二则题跋"细考年月盖与此同时所作"，应该是说两图为同年同月作，倘真是同日作两图，当属绘画创作中罕见之事了，永瑺必以为奇事而点明。合乎道理的分析是，王翚为索芬家座上客，先是共赏北载而归的南竹，绘为《竹趣图》，逾十日后，再据载竹原委，为之绘制更为复杂、精妙的《载竹图》。因之似不必追究两件《载竹图》及其画法之优劣，也可明了孰是孰非。

按，戊寅为康熙三十七年（1698年），次年九月王翚已离开京师返归故里。《载竹图》、《竹趣图》为其京师之游最后阶段的绘画创作了。此期间前后，正值宫廷政治风波兴起之际，所谓山雨欲来风满楼。自康熙二十九年（1690年）七月七日，康熙帝第一次亲征噶尔丹而身心憔悴，太子允礽接驾时毫无关切之情，已令康熙十分伤心。至康熙三十六年二月第三次亲征，留守京师的太子日益骄纵，使得五月归来的康熙帝立即将太子身边亲近之人置于法，太子从此失宠于父。康熙已萌生废太子之意，只是没有下最后的决心，而给太子、太子党们留下一些余地。康熙四十年（1701年）九月，索额图以老乞休，即可看作康熙剪除太子党的开始。在京师权贵中间活动的王翚对此不会全然不知，更何况他接受过太子的召见、赐书，结果被人视为"其视富贵势力之途泊如也"。不必苛求古人，但也不必相信这些虚誉之辞，因为王翚奔走的势力之家不止索家。

二　关于《庐山白云图》的上款主人

《庐山白云图》是王翚山水画的代表作之一，今藏故宫博物院。该图为纸本设色，图左上端上方有其临书董其昌跋文一段，后自识："关仝《庐山白云图》为海内名迹，村壑位置迥出意匠之外，余三十年前偶于金陵友人斋中展阅数过，卷尾有董文敏（其昌）题识，至今追忆，恍在目前。适古香主人以藏纸属画，聊仿其意，万不及一，不值方家一哂也。董跋并录于右。康熙丁丑暮春望后三日，虞山王翚。"卷后有姜宸英于康熙戊寅三十七年（1698年）八月的一段题跋。该图所绘，其自说是追仿关仝的《庐山白云图》，但据其画面所绘，可用董其昌原跋中文字作注脚："欣游庐山，自天池策杖大林寺至厓头，下视山腰俱为云雾所断，四空濛濛作白毫光，身如在银海中，无复林麓村墟可得。"该图正是刻意描绘了山中云雾景致。按，丁丑为康熙三十六年（1697年），较之王翚《载竹图》早一年，亦是其在京师间的作品。画是为"古香主人"所作，在有关该图的出版说明或研究著述中，多释"古香主人"为岳乐，即清太祖努尔哈赤第七子饶余敏亲王阿巴泰的第四子，先袭封其父郡王爵，后以战功改授安和亲王，曾是康熙朝早期的议政王之一，清宗室中的著名人物。经检索其人、其事，发现该人于康熙二十八年（1689年）二月卒，谥号"和"，显然，这幅画所谓"古香主人以藏纸属画"当然不会是岳乐，而是另有其人。

检《清人室名别称字号索引》，除记载古香主人为岳乐外，岳乐与其子玛尔珲有共同的别号古香阁主人。父子用同一别号，在汉人看来似不大可能，但入关而统治不久的满人也许不那么忌讳。玛尔珲又将古香阁主人省称为古香主人。朱南铣《〈红楼梦〉后四十回作者问题札记》一书，考述了许多康熙年间八旗子弟中擅文学的人物，其中有"岳乐第十五子玛尔珲（1663～1709年），辅政大臣索尼女所生，康熙二十九年袭安郡王，谥懿；岳乐第十八子蕴端（1670～1704年），亦索尼女所生，康熙二十三年十五岁，封勤郡王，二十九年封固山贝子，三十七年缘事革去固山贝子。"又据杨钟羲《雪桥诗话续集》卷三记，其家有东皋别墅，内有古香阁、红兰室，玛尔珲称古香阁主人，其弟蕴端（又称岳端），即是著名的宗室诗人红兰室主人。该书又记他们的妹妹六郡主，称为"古香主人妹六郡主"，如此，可证玛尔珲确称"古香主人"。

此外还有其他文献、画作佐证。检读王翚《清晖赠言》中有称为"古香斋主人"一诗，诗题为"题石谷先生荷锄图并以志别"。这位古香斋主人又是谁呢？这也是本文研究的一个问题。《雪桥诗话续集》又记："安郡王自号谷园、荷锄。"而所谓"古香斋主人"应是"古香阁主人"的原记或刊本之误，无疑就是别号为古香阁主人、古香主人、谷园、荷锄的玛尔珲。王翚为之绘的《荷锄图》，就是元明以来十分盛行的、以某人别号构画的"别号图"。就在临文之际，这件《荷锄图》在2013年嘉德春拍中出现。该图纸本设色画，图绘一人荷锄，月下渡桥归庄的景物，山石、林木、屋宇诸景致不多，要在取陶渊明“带月荷锄归”诗意，突出“荷锄”别号。图左端款书：“戊寅清和既望，为谷园居士写荷锄图。海虞王翚。”其创作时间是康熙三十七年（1698 年）四月十五日前。过了数天，即同年的四月二十日，他又为索芬画了《载竹图》，均是其离京师之前最后阶段的绘画作品，所以玛尔珲才题《荷锄图》“并以志别”。根据“武文”我们知道，《载竹图》后有岳端一题，也就是玛尔珲之弟、别号红兰室主人蕴端（又作岳端）。这也表明了王翚在京师之际的人际圈子，而潜在的危险也正在其中。

三　王翚与康熙年间的一段政治秘辛续谈

“武文”谈到王翚与康熙年间的一段政治秘辛，是因为王翚“入京时，极有可能有意要经过索芬攀结太子”，而在那段时间，太子允礽及其以舅公索额图为首的太子党，引起康熙极大的警惕和不满，欲剪除太子党人，警告太子改邪归正，正受康熙帝宠信的高士奇等人此时从中搬弄是非，落井下石，此所谓“一段政治秘辛”。从以上所述，王翚结交的不只索芬，还有皇亲玛尔珲、岳端兄弟，以及其家的座上客。如《庐山白云图》后的题跋者讲宸英；玛尔珲之侄文昭的老师、官都察院左都御史的王士祯等。按理说，王翚只是一个布衣画家，以画艺结交京师权贵，也不大可能参与“政治秘辛”中来，但他恰好陷入康熙帝密切注意的两种动向中。其一是太子、太子党的言行动向及其周围的各色人等；其二是以诗文、画艺结社所产生的结党营私，形成对皇权不利的社会舆论，并使一些权贵人士不务政事，荒嬉于诗文翰墨中。

太子允礽作为一国储君，被立、被废都是朝廷的政治大事。因其为储君，必有一批希冀从中谋取更大、更远利益的所谓太子党。这对康熙帝的皇权构成了直接的威胁。正如康熙所说“朕悉知真情”，对此始终警惕、防范。被康熙防范的除太子本人外，当属索额图。索额图本是康熙最倚重的朝臣之一，但因政见与明珠争斗等原因，渐失康熙的信任，转而以太子舅公的姻亲关系，成为支持太子的太子党首领，由于其帮助太子“潜谋大事”，康熙对其深恶痛绝，最终不将其囚死，而且处死其子索芬等人，抄没其家。康熙三十六年（1693 年）二月，康熙帝在亲征噶尔丹进军宁夏的征途中，听说太子“昵比匪人，素行遂变”，已开始萌生废除太子之意。王翚当然不可能知道这些密奏，并于次年为索芬绘《载竹图》等，但《清圣祖实录》记康熙自言：“外人窃议皇太子不孝，所行不善，遂自此始。”这一京师传闻，想必王翚不会全然不知，自然会萌生归乡之意。

索额图及其家族、姻亲、党人是康熙帝重要防范目标，由此可论及与之相关的安亲王岳乐一家。岳乐的三继福晋，即第三位正房夫人，是索尼之女、索额图之妹，生玛尔珲、岳端兄弟。这兄弟俩由于是福晋所生，是谓嫡出，故于岳乐生前，岳端先被封勤郡王，岳乐卒后，玛尔珲袭封安郡王。索额图是他们的舅父，较之太子允礽的舅公更亲上一层。此外，岳乐与其生母即三继福晋的外孙女，又嫁给康熙八子允禩为妃，即为岳乐的外孙女婿。在康熙诸子争储的争夺中，允禩以工于心计、广结人脉而被康熙帝所警惕、压制，最后被削爵，其原因之一，就是允禩王妃的索家姻亲关系。据《清圣祖实录》记，康熙帝认为允禩“素受制于妻”，即是说允禩的所作所为都是索额图之妹的外孙女指使的。由此可见康熙对索氏的警惕和痛恨。

没有文献记载玛尔珲兄弟属太子党人物，但有些迹象表明岳乐家族也属被康熙压制、逐渐削爵的对象。早在康熙二十年前后，安亲王岳乐的议政王大臣之职即被解除，在岳乐卒后十一年，即康熙三十九年（1701年），借故追降岳乐为郡王，削夺其谥号，就有当时的政治原因。在此前两年的康熙三十七年（1699年），岳端由已被降爵的固山贝子再次革爵，成为平民。从允禩的姻亲关系被康熙警觉一事看，由索额图之妹所生的岳端，其遭遇背后的原因也是同样的。好在为岳乐之子们保留了一个承袭爵位的人，就是玛尔珲。但至雍正元年，康熙四子胤禛即位后就诏命曰：“曩安郡王岳乐谄附辅政大臣，每触皇考（指康熙帝），荣恩始终宠宥，而其子全不知感，倾轧营求，妄冀封爵，形于辞色。廉亲王允禩又复逞其离间，肆为谗言，安郡王爵不准承袭。”[1] 上述分析可以由雍正诏命中得到一些证实。虽不知岳乐谄附哪位辅政大臣，但岳乐诸子为保已有的封爵，又因与太子允礽、八皇子允禩的姻亲关系，必陷于其间错综复杂的争储之中，而被最后胜出的雍正皇帝一道诏命革除其承袭所有爵位的可能性，较之康熙帝做得更为彻底、决绝。岳乐、玛尔珲、岳端一家如此遭遇，其背后深刻原因，与皇太子允礽被废有关。

这里再引申以王士祯、王掞等，即王翚在京师交往之人的遭遇作为补证。王士祯（1674～1711年）字子真，号阮亭，又号渔洋山人，清初著名诗人。王翚在京师期间，他曾先后官至户部左侍郎、都察院左都御史。故宫藏有王翚《溪堂诗思图》一轴，纸本水墨画，为其山水画中的代表作之一。图右上篆书标题“溪堂诗思”，款署“岁次戊寅三月望仿云西老人笔，海虞石谷子王翚”。其创作时间，比同年四月为玛尔珲绘的《荷锄图》早十余天，也是其离开京师前“志别”作品。款题中未书受画人的上款，但在《清晖赠言》中有记载，即该书所录王士祯“石谷子写溪堂诗思见赠题其上”的一首七言诗，诗曰：“溪流过雨决决鸣，天云环佩来琮琤。溪边山色自太古，岑上白云非世情。疏帘清簟昼无暑，翠竹碧梧时有声。此中幽意少人会，起坐弹琴山月明。”画是赠王士祯的，为什么不书上款？王士祯题诗其上，为什么作品上并无诗题？这是需要另作讨论的问题。至少以“溪堂诗思”的画题为诗人作画是最恰当的，而《清晖赠言》中所记必是可信的。王士祯《居易录》中记载了二人的交往，王翚为其作画也非仅此一件。《清晖赠言》中还记有王翚离京前王士祯的赠诗，凡此种种表明二人在

1 《清史稿·饶余敏郡王阿巴泰列传》。

京师的交往非一面之缘。就在王士祯官至刑部尚书时，也即在王翚离开京师六年之后的康熙四十三年（1704 年），王士祯被罢官。据《清史稿·王士祯列传》记，罢官的原因是因一桩普通的案件，职任刑部尚书的王士祯认为原判有失公允而改判，招致“以瞻徇夺官”。这一结果引人疑惑，因王士祯纵使改判有误，不致被罢。事后，在乾隆朝袭封礼亲王爵、又熟知朝廷内外掌故的昭梿，在其《啸亭杂录》一书中揭示其因，王士祯是“因与理密亲王酬唱，为上（指康熙）所怒，故以他故罢官”。这位理密亲王就是废太子允礽，理密亲王是其卒后追封的爵位。王士祯真正被罢官的原因，就是与允 诗文酬唱走得太近引起康熙帝的反感所致。

又王掞（1645 ~ 1728 年）字藻儒，号颛庵，王士敏第八子，官至文渊阁大学士，因请建储忤旨谪戍。王掞奏请建储事，是在太子再次被废的康熙晚年。围绕着废太子、建储一事，朝廷内外纷争。康熙帝一再表明：“推戴一人，以期后福，朕一息尚存，岂容此辈乎？”[1] 王掞似是不知康熙帝的心事，一再奏请复立允礽为太子，引得康熙大怒，罢其官，发配军前效力，又因其年老，令其子王奕清代行。《清晖赠言》自序中有记：“乃颛庵少麓宰台中允笃念世好，提奖弥殷，而中允家学绳武，挥洒妙天下，力为之延誉卿间。”此即言王掞、王翚间的密切关系，以及王翚在京师期间王掞起到的重要作用。看起来，为官的王掞，反不及布衣画家王翚对宫廷政治斗争的敏感度高，与康熙帝几乎周旋一生，却没有一个清醒的认识。王士祯、王掞的遭遇，当然都是在王翚离开京师后发生的，可见康熙帝在维护皇权一统上，防范任何有觊觎心之人是一以贯之的。如王士祯与太子允礽酬唱过密被罢官，那么王翚与索芬、玛尔珲、岳端诸人的交往，“更荷青家召见，赐坐赐食，得拜睿书之褒，而公卿群艳其事，乐为称道”[2]，又何能掩住康熙帝的耳目？倘由此招祸，当祸及身家性命了。

岳端在康熙三十七年（1799 年）被革爵，是一个明显的信号，一段政治秘辛由隐而显。同年四月，王翚为玛尔珲绘《荷锄图》以志别，表明他感受到了危机将临。此外，还有康熙帝关注结党、结社事。岳端被革爵的背后原因，已被雍正帝指明。康熙帝指责岳端：“各处俱不行走，但与汉人交往饮酒，妄姿乱行。”[3] 是说他不履行公务，多与汉人交往，结诗社饮酒赋诗，表面上看似指责其饮酒误事，根本上还是对结社的关注。《东莞诗录》一书中称广东诗人林桐书（风冈）“与红兰、古香二殿下共结诗社”。又《啸亭杂录》称“康熙间宗室文风以安邸为最盛”，指的就是岳端兄弟，而尤以别号红兰室主人岳端最为著名，最终招致康熙帝的不满。王翚恰恰是这些文艺活动中的重要人物之一。徐珂《清稗类钞》第八册“康熙戊寅京都名人大会”一条记，一是由王原祁、宋骏业、禹之鼎、王翚及其弟子杨晋、顾昉、黄鼎等三十位画家合作《芷仙书屋图》，

1 孟昭庆：《康熙帝》，第 462 页，吉林文史出版社，1997 年。

2 王翚：《清晖赠言》。

3 引自刘小萌《清代北京旗人社会》，中国社科出版社，2008 年。

又有六十人吟诗倡和，其中有姜宸英、博尔都、孔尚任、王掞之子王奕清等；又有珠兼山、阿文昭。所谓珠兼善，可能是别字兼山的岳端；阿文昭可能是岳端之侄文昭，曾拜王士祯为师习诗文。这百十人参加的盛会，必在京师引起反响，众多享有密折专奏的皇帝耳目，必使皇帝风闻，并且不会是皇帝乐见之事。王翚在京师期间，康熙帝面临的头等大事，是蒙古厄鲁特酋长噶尔丹的叛乱。康熙帝曾三次亲征，并于 1697 年取得胜利。同时治理黄、淮两河，康熙帝南巡，视察河工也是主要目的之一。在治理两河时，同时治理京师的浑河，又名桑干河。王翚参加“京都名人大会”时间是戊寅（1698 年）夏，同年七月浑河治理完工，康熙帝赐名永定河。在皇帝亲征时，由太子允礽代理朝政，恰在此期间太子的行为引起康熙帝的极度不满。皇帝勤政，而岳端诸人的“各处俱不行走”，一味地诗文唱和，形成极大的反差。太子的“呢比匪人”，更让康熙帝警惕着与太子交往的诸人。王翚在京师的交往与活动，置于这样的背景下，潜在的危险是显而易见的。早在顺治时，即有禁止立社盟会禁命。《清稗类钞》第八册记：“顺治庚子（十七年，1660 年）正月，禁士子不得妄立社名，纠众盟会，其投刺往来亦不用同社、同盟字样，违者治罪。”康熙帝于四十二年五月十八日颁发的上谕《结党议论国事》，主要是针对索额图一党而发的。由此可见皇帝对结党、结社的政治戒备。岳端的被革爵，对已卒的岳乐追索生前之事而追降为郡王，并削夺谥号，都是当时宫廷政治需要的举措。而这时，王翚已归故里，他留下了《庐山白云图》，让我们追索历史往事。

未刊稿

王翚画仿古与古画中的王翚画

王连起

内容提要：明末清初，绘画摹古仿古风气兴盛，清初“四王”之一的王翚就创作有大量仿古绘画。这些作品并非复制原图，而是借原作的结构、画法进行艺术再创造。王翚二十岁时，受教于王鉴、王时敏两位画坛领袖，得见前代大家的真迹并临摹学仿，荟萃众长，达到集大成的水平和成就。但由于王翚早年的习画经历及其一直以来职业画家的身份，作伪古画也不足为奇。因此，现存相当数量的古代绘画虽托名他人，而实为王翚所作，只因王翚技艺超群，仿古功力深厚而很少被人所发现。本文主要以清宫旧藏为例，介绍若干件名为古代画家，而实为王翚或其传派所作的绘画作品。

关键词：王翚　仿古　粉本　小中见大册

王翚（1632 ~ 1717 年），字石谷，号乌目山人、耕烟散人，与王时敏、王鉴、王原祁合称“四王”，是“虞山画派”的开派之人。就绘画技能本身来论，在清初“四王”之中当属首位，当时有“集大成”“画圣”之谓，其绘画艺术的成就、风格、地位及影响，很多专家学者都有文章论及，我在此只谈本人在学习古书画鉴定过程中见到的王石谷的仿古画、临古画，特别是古画中的石谷画问题。

王石谷绘画仿古，是由两个方面的原因造成的：一是当时的历史环境；二是他个人早年家境和绘画创作经历。

元代赵孟頫曾提出“作画贵有古意，若无古意，虽工无益”。这本是他自己的创作要求，却反映了人们的普遍喜爱。古代书画的名作，无论是收藏欣赏还是研习创作，真迹都不易得。以书法为例，前代的古法帖没有那么多，于是人们就追求“下真迹一等”的摹本，即名家的临本、仿本，甚至到刻石传拓的拓本，来满足学习、欣赏和收藏的需要。绘画同样需要前代名画以作范本，于是也需要摹本和仿本，即当时所谓的“粉本”。

作者：原研究室，研究馆员。

其作用从王时敏“题自仿子久《浮峦暖翠图》”可知，是为了以临仿的名义进行再创作。他说黄子久此图六十年前见过，今藏家虽近在百里，但体衰年迈不能去看，“梦寐抱耿，适家有粉本，遂以其意作此图”。烟客的《王奉常书画题跋》一书中，不止一次地言及“粉本”，如“题宋元名迹缩本”：“余以一生精血，裒集宋元名迹，十有六帧……岁荒赋急，贫不能守……兹幸廉州斫轮妙手，借余所留粉本，神而明之，缩成此册。”[1]由此可知，这些粉本都是较原作进行了缩小的。同书两题陈明卿画，都言及陈廉（董代笔人）“为余摹诸名图，以寻丈巨轴缩为方册”[2]，“为余临宋元诸名迹缩成小本”[3]。从这反复制作粉本的记载可知，当时对古代作品是多么的渴求。这应当是《芥子园画谱》等画谱产生的主要原因。

在明末清初，正是绘画摹古仿古风气非常兴盛的时期。这同董其昌创画分南北宗、倡导文人画有很大关系，同当时的审美观念、欣赏趋向有更直接的关系。这从董其昌倡导、众人临摹《小中见大》册这一现象可以集中体现出来。传世有董其昌题并归在董其昌名下的缩临宋元名家画二十二幅的《小中见大》册，今藏台北故宫博物院。文献记载有王时敏、王鉴、王翚、吴历、陈廉都曾画过《小中见大》。其作用同样是为仿学借鉴的“粉本”，王原祁后来不止一次讲到祖父王时敏将这缩临的宋元山水册让他学习的事情，王石谷的《小中见大》册今藏上海博物馆。这些“粉本”的作用，固然是作为样本来学习，但经比较可知，尤其是山水画粉本，有不少其实是仅存原画的结构位置，并不如响拓即勾摹复制的法帖那样准确地保持原样。因为每人用笔用墨的方法是各有不同的，用这些粉本再临仿，当然就更加不同了。那些需要参考粉本的画家中，大多数没有见过被临的原作，他们的作画目的也不是在复制原图，而是借其结构、画法进行艺术再创造。这一点在认识“四王”们的所谓仿某家、临某家的画作方面尤其重要。这个问题，以王石谷仿临黄公望《富春山居图》（图一）最为典型。从文献和实物可知，石谷一生大概临《富春山居图》有七八件，今以本人曾经寓目的三件看，感觉画得虽好，但同大痴原件“无用师本”仍有相当的差异，有些地方反而更近所谓的“子明本”，因此，也有人认为“子明本”即出于王石谷之手。这里要解释一下清乾隆内府收了两件黄公望的《富春山居图》卷，其中的子明本（图二），乾隆题了又题，共五十六段，非常珍爱，无用师本真迹后入内府，他只好硬着头皮说伪。20世纪30年代第二次美展，徐邦达先生已经分清真伪，又过三十多年，台湾徐复观发表文章认为子明本为真，无用师本伪，台北张光宾先生及傅申都著文反驳。如果得见两个原件，区分并不难。

恽寿平《南田画跋》记当时的《富春山居图》的临本云：“予香山翁（恽向）有摹本，

1　王时敏：《王奉常书画题跋》，《中国书画全书》第七册，第931页，上海书画出版社，1993～1998年。

2　前揭《中国书画全书》第七册，第920页。

3　前揭《中国书画全书》第七册，第921页。

图一　王翚《临黄公望〈富春山居图〉》卷（局部）

图二　传黄公望《富春山居图》卷（子明本，局部）

略得大意，衣白邹先生（之磷）有拓本，半园唐氏（宇昭）有油素本，庶几不失丘壑位置。"[1]又记周颖候在《富春山居图》遭火焚前曾"借临未竟，还之，火后乃从吴氏更索残本足成，恒自夸诩"。"自谓痴翁后身，又自称笔墨有不及痴翁处，有痴翁不及处"。后南田与石谷以石谷摹本与之对看，见周氏摹本"其笔墨真如小儿涂鸦，足发一大笑"[2]。这里讲的两家区别，不应当是经营位置，即像与不像，而是画艺的水平和气韵生动。而对于石谷临本，记云："石谷子凡三临富春图矣。前十余年，曾为半园唐氏摹长卷，时犹为古人法度所束，未得游行自在。最后为笪江上借唐氏本再摹，遂为弹丸脱手之势。娄东王奉常闻而异之，属石谷再摹，予皆得见之。盖其运笔时，精神与古人相洽。借粉本而洗发自己胸中灵气。故信笔所之，不滞于思，不戾于法，适合自然，直可与之并传，追纵先匠，何止下真迹一等。"[3]

从上引南田跋语可知，王石谷临大痴《富春山居图》，根本不是对照原作而临，

1　恽寿平：《南田画跋》，前揭《中国书画全书》第七册，第979页。

2　前揭《中国书画全书》第七册，第979～980页。

3　前揭《中国书画全书》第七册，第979年。

比对王翚临本和原图，更可见它们之间的明显区别。有一个小小的细节很有意思，即富春原图长松下茅亭中一人侧坐，头戴冠巾，而石谷所有摹本都变作了发髻。石谷如果只为临摹，不会有此疏忽。这就是南田所说的，是“借粉本而洗发自己胸中灵气”的艺术再创造。但他特别是烟客，一方面夸赞石谷的仿古何止下真迹一等，已经超越前贤；一方面又说看得到王石谷的临本，就满足了对原图的渴求、渴望。南田甚至说，有了石谷的这些临本，就再也不怕有云起楼主人火烧原件的故事发生了！

但王石谷确实对摹仿古画下了极大的功夫。今存台北故宫博物院的《临范宽〈雪山图〉》（图三）已经是六十七岁之作，对比范宽原作《雪山萧寺图》（图四），位置比例，尤其是近景、树石，可谓惟妙惟肖。如果不看本人款而做旧装潢，确实可以达到乱真的效果。这同王石谷早年生活环境和学画经历又有着直接关系。石谷曾祖伯臣、祖载仕、父蒙龙皆为职业画家，石谷少年时家境贫寒，拜当地画师张珂为师学画，最初的目的也不外乎是从学画仿古来为衣食谋。张珂虽无文字记其作伪，但其子张晞，

图三　王翚《临范宽〈雪山图〉》轴

图四　范宽《雪山萧寺图》轴

即石谷的师兄弟则有文献明白记载是作伪古画的。鱼翼《海虞画苑略》记张晞："善承家学，弱岁宗石田翁，往往作赝本，人莫能辨。"[1]石谷生活在这种环境，作伪就完全有可能了。但石谷二十岁时遇知于王鉴，经王鉴引荐拜识王时敏，则彻底改变了他的人生道路。他不仅得到这两位当时画坛领袖的指授，还可以得见前代大家的真迹并进行临摹学仿。这是张珂等职业画家无法做到的。他虽画学思想上随两位老王服膺董其昌的南北宗论，但他的职业画家的出身、实践却使他并不完全受南北宗观念的束缚，而是遍学诸家，融会贯通，荟萃众长，达到集大成的水平和成就。仿古提高了石谷，改变了他的艺术地位、经济地位、社会地位，从技艺到利益，他怎能不热衷于此呢！

下面介绍古画中的王石谷画作或石谷传派画作若干件，这样的例子很多，本文所涉及的绝大多数是以清宫旧藏为例。计有：

（1）巨然《山水图》册页

（2）许道宁《关山密雪图》轴

（3）江参《摹范宽〈庐山图〉》轴

（4）商琦《嵩阳访真图》轴

（5）赵孟頫《山水三段》卷

（6）曹知白《疏林亭子图》轴

（7）黄公望《山坞远村图》卷

（8）黄公望《层岩曲涧图》轴

（9）王蒙《仙居图》卷

（10）王蒙《秋山萧寺图》轴之一

（11）王蒙《秋山萧寺图》轴之二

（12）倪瓒《水竹居图》轴

（13）倪瓒《柳塘鸂鶒图》轴

（14）唐寅《采莲图》卷

（15）朱叔重《春塘柳色图》轴

（16）范宽《行旅图》轴

在谈这些画真伪之前，首先简单介绍一下王翚绘画本身的一些风格特点。从其传世作品及师承经历可知，石谷画近承吴门，远学元四家，受二王影响，亦向董、巨取法，并旁参李、郭之传派，即他自己讲的："以元人笔墨运宋人丘壑，而泽以唐人气韵。"受烟客影响学元四家，向黄、倪用功，尤其是学黄，但笔性最近于王蒙。仿倪较之烟客相差很多。在学李、郭方面，一是李、郭本来传世作品极少，二是当时鉴藏家受董其昌南北宗影响，不收此传派作品，因此，石谷的所谓学李、郭，面貌已隔甚远。所

1　鱼翼：《海虞画苑略》，前揭《中国书画全书》第十册，第753页。

图五　传巨然《山水图》册页

以，经营位置，丘壑变化，笔墨精能，此石谷之长，简淡虚和，韵在笔外，此石谷所短。这些在我们鉴定石谷的仿造古画和别人伪作石谷画方面，是必须要注意的。而对应作品所列宋元画家每人的艺术特征，则在每件作品的鉴别评论中简要说明。鉴定古书画，根本的一条就是：识真。只有识真，才能辨伪。这个真，包括被作伪者和作伪者的学画师承、风格变化、笔墨画法特点以及本人和传承者的区别，等等。识真，就是对需要鉴定的作品有清晰全面的认识把握。

下面，按时代顺序作一个大概的鉴评。

图六　巨然《层岩丛树图》轴

（一）巨然《山水图》册页

此图（图五）是清内府集《历朝名绘册》第一幅，款署巨然。此图因我只见到图片而未睹原迹，不知款书墨色如何。但从笔墨到构图，完全可以看出它是王石谷仿黄公望画法的作品。与巨然面貌相差甚远。巨然学董源（元），沈括《梦溪笔谈》云:“大体（董）源及巨然，画笔皆宜远观，其用笔甚草草。近视之几不类物象，远观则景物粲然，幽情远思，如睹异境。”[1] 米芾《画史》云：“巨然师董源，今世有多本，岚气清润，布景得天真多。”[2] 传世《层岩丛树图》（图六）、《溪山兰若图》皆可见这些特征。而此图无论远观近视，都是笔墨清晰，无淡墨轻岚之象。构图很好，有咫尺千里之感，但已见师法元人山水的简约和程式化，失去了董、巨的平淡天真。

1　沈括：《梦溪笔谈》，上海书店出版社，2003年。

2　米芾：《画史》，前揭《中国书画全书》第一册，第979页。

图七　许道宁款《关山密雪图》轴

图八　许道宁《渔父图》卷（局部）

（二）许道宁《关山密雪图》轴

许道宁画史记其初以卖药为生，“画山水以聚观者”，“买药者兼送所画树石”。师李成而自成一家。《圣朝名画录》记其：“所长者三：一、林木，二、平远，三、野水，皆造其妙而又命意狂逸。”[1]《图画见闻志》则云：“老年唯以笔墨简快为己任，故峰峦峭拔，林木劲硬，别成一家体。”[2]传世《渔父图》卷藏美国纳尔逊博物馆，林木萧疏寒瘦，野水平远苍茫，水口犬牙交错，山峰峭拔参差。画法确实“简快”“狂逸”。

而《关山密雪图》（图七）之画法与《渔父图》（图八）毫无关系，而与王石谷《小中见大》册中临巨然《雪图》相类。当是石谷四十岁初所谓仿宋人时期的作品。款“许道宁学李咸熙关山密雪图”小字一行，题在画左上方，既不是宋画题款格局，而文句又颇类别人的题签。

（三）江参《摹范宽〈庐山图〉》轴

江参画（图九）是董、巨画派在南宋初的传人，居于霅川，所绘多湖天平远之景，传世作品极少。公认可靠江氏画，清宫旧藏有二：一是《千里江山图》卷，平远部分可见董、巨荒率天真的影响，而山峦则画得颇显琐碎，林木更嫌粗率。特别是山峰石骨的硬笔勾勒，距董、巨画法已渐行渐远。二是《林峦积翠图》卷（图一〇），以平

1　刘道醇：《圣朝名画录》，前揭《中国书画全书》第一册，第453~454页。

2　郭若虚：《图画见闻志》，前揭《中国书画全书》第一册，第482页。

远法画江山林木，峰峦用淡墨披麻皴，林木苔点则施以浓墨攒聚，远山晕染已见淡墨轻岚，颇具董、巨的平淡天真而又有浓郁深厚的笔致墨趣。

此图名《摹范宽〈庐山图〉》，如果认为不类江参画，那是因为摹的是范宽；如果感觉也不类范宽，那是因为江参摹的缘故。这类作品，就是要借助这两个点试图蒙混，但整体画法、时代气息要近得多。尤其与江贯道毫无关系，而同王翚仿范宽《雪山图》有非常相似之处，特别是图中的远部山峰的画法，唯近树有些刻板，水平略逊。是石谷中岁稍早之作，还是师石谷者临石谷，尚待进一步研究。

图九　江参款《摹范宽〈庐山图〉》轴

（四）商琦《嵩阳访真图》轴

商琦画传世作品极少，但如果翻阅元人诗文集者又会发现，题这位商德符学士画的诗很多，而跋文则几乎没有。这是因为，商琦的画多为壁画，从皇家的宫室到达官贵人的厅堂，皆曾有其画作。画史言其师法李成，李成画至米芾时已有“无李论”，原因就是李成画多是壁画，建筑毁坏了便随之无存。这样，

图一〇　江参《林峦积翠图》卷（局部）

商琦的作品传世极少也就不奇怪了。清宫旧藏其画轴，包括这件《嵩阳访真图》（图一一）皆为伪品。故宫藏商琦款《春山图》卷（图一二），水墨加小青绿，林木尚有李、郭传派遗意，但已见元人的省减，峰峦略加皴点，却多晕染，有苍秀之致。款书“曹南商德符”，无论从题为姓字及书写部位和墨色，又让人不能无惑。但即便以无款画论，也晚不过明代前期，何况其有相当的艺术水平。而《嵩阳访真图》轴，从印刷品亦可看出颇具王石谷三四十岁之间的中年风貌。款书部分或有添改之嫌。

图一一　商琦款《嵩阳访真图》轴

（五）　赵孟頫《山水三段册》卷

吴湖帆先生旧藏，今藏上海博物馆（图一三）。赵孟頫山水三段卷题签曰“松林远岫　江岸乔柯　江深草阁”。从吴先生第一跋可知，此三段，前二当作赵孟頫画，后一段当作赵雍画。对二图评价之高，可谓无以复加：“逸韵横溢，迥出天机，足使董、巨低头，倪、黄下拜。笔墨能事，尽于此矣。”此跋中幻想，再有管道升竹子一门眷属凑齐。后隔水又题一行“松雪此画以笔墨论，远超《重江叠嶂卷》之上”。第三幅吴先生定为赵雍画，并考画上藏印龚开半印，论龚与赵氏父子交往，断为赵雍画与龚氏者。后张大千题云，第三幅亦赵孟頫画，赵雍是画不出来的。后吴先生题

图一二　商琦《春山图》卷（局部）

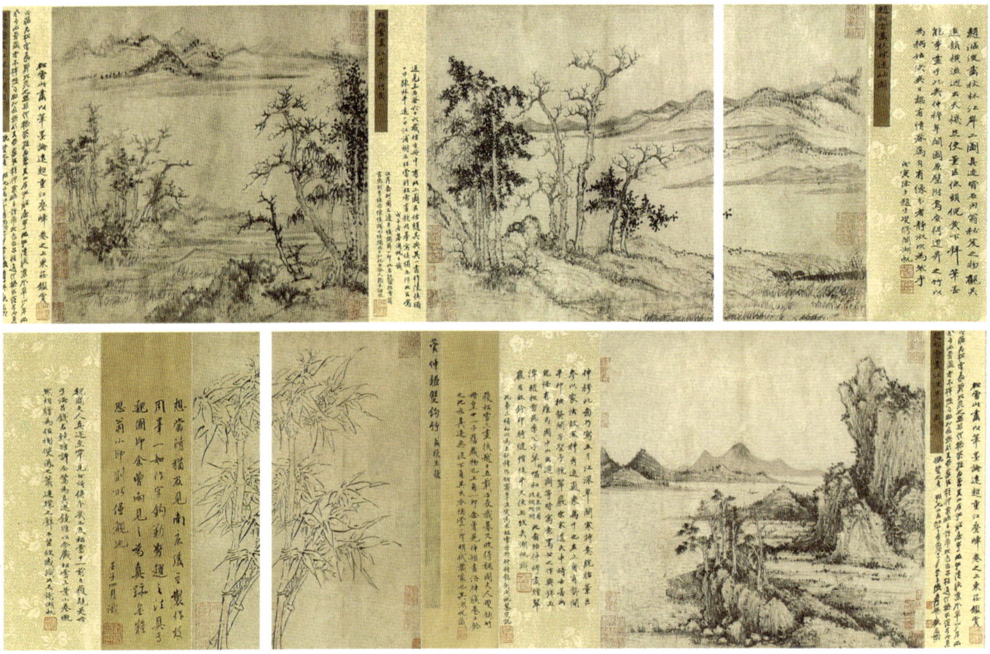

图一三　传赵孟頫《山水三段图》卷

一行，便定为赵孟頫画，推翻了以前所断赵雍画。十五年后，果然得到了一段管夫人双勾竹，并定为“亦真迹无疑”。所谓心想事成者，体现备尽，天下好事，真的幻想成真了！此图云成亲王藏，其具名题签可证签书伪劣，所以可以略而不论。卷后长题当是书在张大千定第三幅亦子昂画之后。凡十七行长跋，言及所见赵书真迹一二十，本画只六七品。山水唯重《重江叠嶂》及《双松平远》二图，《鹊华秋色》犹在存疑中。而他藏的这两幅笔法飞舞，神韵超绝。其在宣讲赵孟頫之余，不忘推崇董其昌，称之为“先后媲美者”。后沈尹默实在看不过去，便在跋中说赵字“虽不能谓之空前，而实无惭于绝后”。为了向吴湖帆申明其义，接着还说：“盖能尽魏晋以来书画之大成者，元明迄今，唯公一人而已。”后叶恭绰跋，亦对吴氏前跋云赵雍画与龚开者提出纠正。但这种纠正吴先生是乐于接受的，因为都认为是赵孟頫画。其他还有冒广生、冯超然等及徐邦达先生三段跋。徐先生拜吴湖帆为师不久，当然要按吴氏的意思跋，而且是小楷工整。后之否定《鹊华秋色图》者，尝被人引之为据。我现在告诉大家，代表徐先生真正最后鉴定意见的是，即将出版的徐先生《过眼录》绘画部分，收有《鹊华秋色图》，而无此三段，先生记《鹊华秋色图》是：“笔墨醇厚浑穆，名曰写景，实略用董元遗法。小楷款题尤精谨无比。”

此三图应当说画得很好，非常好，但与赵孟頫没有任何关系。其山石皴法是学黄公望为主，但又有明显师法王蒙的痕迹。特别是林木，三图画法其简略和程式化虽学

图一四　赵孟頫《双松平远图》卷（局部）

元人而时间要晚得多。以画树论，赵孟頫画树无论学李、郭或董、巨，如《双松平远图》（图一四）、《重江叠嶂图》（图一五），两棵主树和水村的树，《鹊华秋色》相对小些的树，以及《幼舆秋壑》，到《红衣罗汉》、《秋郊饮马》带青绿、画法较古拙而工的树，皆能在笔道中体现其书法用笔，劲健流畅，沉着痛快。赵孟頫所谓“石如飞白木如籀”，“籀”者篆书也。篆书笔画要求的是“尚婉而通”，而这三张画，虽貌似元人但实为作家，迟滞断续，是高明画师而非书家，同赵孟頫画的干净利落也完全不类。图上并无名款，只有赵子昂、龚开、沈周印，不是残，就是缺，慎独斋一印，同陈植真迹之印亦不同，而且陈植有画名而无画作。人们尽可猜测这三段画的作者，但吴先生跋中言及：“近见王石谷六十六岁仿古山水册中有此二图，云仿赵吴兴。其一书作陈慎独，一曰疏林平远，一曰江浦树石。殆当时松雪画竞相摹写，慎独亦从此出焉。”总算透露出一些消息：同王石谷有关！从师承画法、笔墨和时代特征，我认为这三段都是王石谷，而且只有王石谷才能画出来。石谷当时被称为当代赵孟頫、画圣，是有道理的。

图一五　赵孟頫《重江叠嶂图》卷（局部）

图一六　曹知白《寒林图》页

图一七　曹知白款《疏林亭子图》轴

（六）曹知白《疏林亭子图》轴

曹云西与唐子华、朱德润等绘画，人言师李成、郭熙。至晚明董其昌南北宗论出，凡师李、郭者，皆被归为北宗，进而被淘汰出文人画圈子。这种以简单甚至粗陋思维进行分门别派的方法，因为有文人和画匠、顿悟与渐修的优劣站边问题，使得后来很少有人分析辨别其不合理性，从而在绘画的评判上出现简单化和片面性。其实，董其昌奉为文人画标准的董源、巨然是否是文人，我想他自己也不知道。宋元以来，兰竹题材的绘画最体现文人画的审美意识，这位董华亭却一笔不能。他认同元四家是标准的南宗文人画，但对于元四家“提醒品格”的赵孟頫，在他的南北宗中却都没有位置：放在南宗，势必压在他自己头上，使他顿显不足；放在北宗，他还不敢。我讲这些是要提醒研究古代绘画的朋友，在评判古代画家的时候，莫要再拿董其昌作的茧自我束缚，而要实事求是地独立思考分析。曹、唐、朱等人都是文人，他们画的李、郭，是经过赵孟頫改造过的李、郭。他们以松秀的淡墨干皴替代了李、郭传派的乱云皴及反复的水墨渲染。曹云西画的树石（图一六）虽可见李、郭风貌特征，但已经是省减到苍疏写意而自具面目了。《疏林亭子图》（图一七），画树木虽繁复过之却离李、郭距离甚远，学倪瓒的成分要远大于曹知白。而同王翚四十岁左右的仿倪画完全一路。可定为石谷有意的作伪。

图一八　传黄公望《山坞远村图》卷

（七）黄公望《山坞远村图》卷

图一九　黄公望款《层岩曲涧图》轴

黄公望自称“松雪斋里小学生”，虽后人谓其师法董、巨，但他用淡墨简笔干皴改造董、巨而自成家法，又创所谓浅绛山水，而使得其画草木华滋，烟云流润，构图有繁者而用笔亦简，有荒率天真之趣。元承宋绪，画家强调笔墨趣味，而状物象形的能力尚在。黄公望《画山水诀》云：“画一窠一石，当逸墨撇脱，有士人家风。才多，便入画工之流矣。”[1] 这是明清以来没有绘画造型能力而又要标榜自己是文人画的人倾慕而又难以企及的。在董其昌、王时敏师大痴风靡一时影响下，石谷仿黄，确实下了很大功力。但他不受南北宗论约束，学得面广，胸有丘壑，“士人家风”却确有欠缺，使其在仿黄的绘画方面，与黄的笔墨简淡荒率天真上有明显差距。以此《山坞远村图》卷（图一八）为例，坡石林木皆同于石谷自己的《临富春山居图》。但山间的礬头、远山的浓淡墨的渲染，皆有“才多”之嫌而有行家气。此图应为石谷四十岁之前的仿造之作。

（八）黄公望《层岩曲涧图》轴

此图（图一九）学黄子久，颇类，但树石部分又能看出受王烟客画的痕迹，唯远

1　黄公望：《写山水诀》，前揭《中国书画全书》第二册，第 762 页。

图二〇　王蒙款《仙居图》卷（局部）

山似有兀突不协调感。笔墨特征亦是石谷四十岁之前作品，放在清初，似黄的程度相当不错。同黄真迹《天池石壁图》轴比较，则顿觉构图笔墨皆不够洗练。款书尤其容易露出马脚。清乾隆帝画上题云："的是真迹，宜宝。"应当说是代表了大部分人的鉴赏水平。

（九）王蒙《仙居图》卷

王蒙，《图绘宝鉴》言其："画山水师巨然，甚得其用墨法，秀润可喜。"[1] 其画在元人中面貌变化最多，受外祖赵孟頫影响，师董、巨而改造变化。用长笔披麻皴者最近巨然，亦间有细笔干皴、短麻皮皴，甚至略带小斧劈者，较多者为披麻解索皴。笔法自然柔韧，画法多变，构图繁复，深秀沉郁，在元代四家中花样最多。

王石谷笔性在学元四家中最近王蒙，学古功深，胸多丘壑。他师董、巨亦涉及李、郭，仿王蒙往往比较得心应手。此图画短岗长松，学王蒙极见功力。但他学王蒙用笔的转惻多变时，见刻画之习。学王蒙构图繁复深秀时却又繁简互见，局部处往往因妄加而显得杂乱，并流露出学黄甚至学烟客的蛛丝马迹，是石谷自己三十几岁较为典型的风格特征（图二〇）。

（十）王蒙《秋山萧寺图》轴之一

清内府《石渠宝笈初编》著录此图（图二一），款"至正壬寅秋七月，吴兴王蒙，在蓬荜居为复雷炼师画"。下钤一白文"王蒙印"。构图尤其是笔法颇近王蒙传世真迹《夏日山居图》轴（图二二），而同其《小中见大》册中临王蒙的《林泉

1　夏文彦：《图绘宝鉴》，前揭《中国书画全书》第二册，第888页。

图二一　王蒙款《秋山萧寺图》轴

图二二　王蒙《夏日山居图》轴

图二三　王翚《小中见大》册之《临王蒙〈林泉清集图〉》轴

清集图》（图二三）、《丹台春晓》笔墨皴点基本一致。挥洒任意，把王蒙繁茂松秀的笔墨画法掌握得很好。但相对于王蒙的虚实深厚，还显出了石谷自己的刻露和凌乱。款书则水平较低，容易辨认。在存世的王蒙伪画中，当属于很好的作品。图上清乾隆五玺全，又有嘉庆、宣统御览之宝玺印，以及耿信公、程穆倩、安仪周等鉴藏印记。但因为确实是石谷仿造，所以，这些藏印的真伪，便没有必要考校了。

（十一）王蒙《秋山萧寺图》轴之二

此件（图二四）非清宫旧藏作品。构图与上图相同，款书也是“至正壬寅秋七月，吴兴王蒙在蓬荜居为 雷炼师画”。可称之为王蒙画中的一个双胞案。不过这个双胞案不是一真一伪，而是都出于王石谷一人之手。只不过皴点更加肆意零乱，湿笔用的更多。虽然破坏了局部构图的层次感，但大效果似更放任而自然。同其自临的《小中见大》册中的仿王蒙画，笔墨更加相似，完全是石谷的仿造。

（十二）倪瓒《水竹居图》卷

倪瓒画（图二五、图二六），初亦受董、巨影响，后变得逸笔草草，笔墨精炼，构图极为疏简，景物荒率幽寂。一般作品多为近景坡岸杂树数株，枝疏叶落，或点缀茅亭瘦竹，中间水天寥廓，远处空山岫影。景象空旷萧瑟，气氛静谧荒寒。这种绝世

图二四　王蒙款《秋山萧寺图》轴

图二五　传倪瓒《水竹居图》卷（局部）

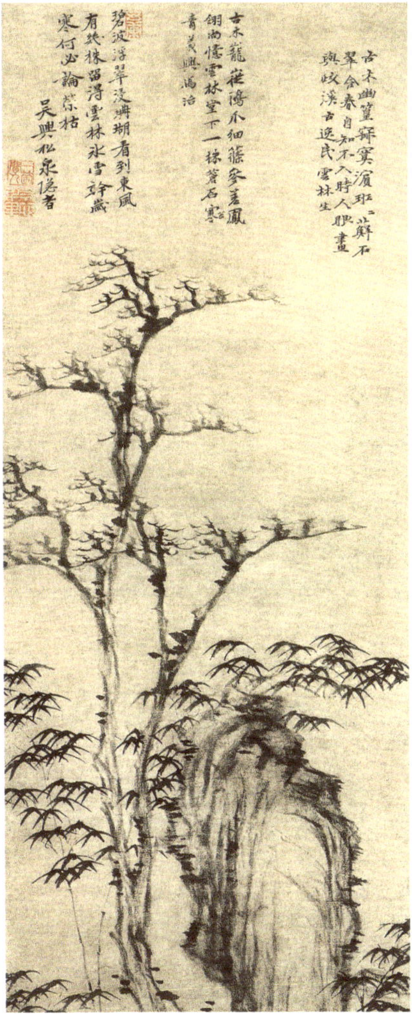

图二六　倪瓒《古木幽篁图》轴

图二七　倪瓒款《柳塘溪鹅图》轴

出尘的冷逸风格，前无古人，后也很难有来者。从构图和技法上讲，正与王蒙相反。如果以武术喻之，王蒙可谓套路繁多，而倪瓒练来练去，几乎就是三拳加两腿，看似就那么几招，却是纯以笔墨意境和韵味取胜，并不占下风，而且透着与世无争的高人情怀。后世很多人学倪却是可望而不可即。

从传世王翚仿学元四家的画作来看，仿王蒙成就最高；仿黄公望用力亦勤，但已隔了一层；仿倪水平最差，这方面与王时敏的仿倪画差距明显，与其说关乎个人的天性，不如说是地位、经历、修养，特别是笔性的区别。

此图在石谷仿倪画中当属不错的作品，尤其是款书，居然摹出乍看有五六分像的水平，无奈笔虚气弱。坡岸树木画法，同前面看到的曹知白《疏林亭子图》的坡石树干画法完全相同，证明确实是仿倪的。皴染也尽量用淡墨干擦。但倪是虚和冷逸，石谷则显得浮、实、躁、乱，虽貌有所似而笔性完全不同。当是石谷四十岁前后的伪作。后有伪俞和行书题，更是画蛇添足。

（十三）倪瓒《柳塘溪鹅图》轴

此图（图二七）画莲塘疏柳，水墨写意。上有张雨行书题、倪瓒自题。此种题材、画法，与倪云林毫无相干之处。倪瓒题有三分相似，张雨题则是凭空乱造的。或因为不受临仿的约束，画的笔墨意趣十分自然而且有相当的艺术水准。只是时代气息绝对到不了明初。

故宫博物院藏有王翚本款的《寒塘瀲鹅图》一轴（图二八），年款壬寅（康熙元年，1662 年），石谷三十一岁时作。笔墨风格完全相同，构图如左右颠倒，便可见其大同小异。因此，徐邦达先生断定所谓倪画，也是王石谷所作的伪画[1]。

图二八　王翚《寒塘瀲鹅图》轴

（十四）唐寅《采莲图》卷

台北故宫博物院的《采莲图》（图二九），将上两幅作品由立轴改为长卷，稍加远山，便署名是唐寅。江兆申言及有人认为是南田画，实际上是看到石谷、南田三十几岁互相影响，而不知此为石谷作伪，石谷伪倪及其三十一本款画可证。后文彭书为真迹，或另有画真跋伪者，或本无图，石谷配图。美术史家说，石谷早年受唐寅影响，根据便是此图。

从上面看过的两件王蒙款《秋山萧寺图》（一件其实只称《山水图》），到倪瓒款、王翚本款的瀲鹅图及唐寅款的《采莲图》，可以明显感到同样一种构图而画出一张以上的现象，目的就是作伪。因为作伪者仿造出一张自己满意的伪作，相对也是不太容易的。因此就出现了一个稿本不同名目的现象。我在讲赵孟頫书画真伪时曾经谈到，贵州省博物馆藏有一件款为“子昂为善夫作”的赵孟頫《人马图》卷，画得很好，但像赵雍，当是晚元高手。中国美术馆藏有今归为元人的《饲马图》轴，画上原来也有赵孟頫款，后被挖去。画中人、马、槽、树、石无一不同，只有马的颜色略改，并略换位置变成了轴。这说明作伪者或不都出于技穷，而是需求者多，已经不用再费功夫，略加改动复制就可以了。

1　徐邦达：《古书画鉴定概论》第四章《作伪与误定的实况》，文物出版社，1982 年。

图二九　唐寅款《采莲图》卷

（十五）朱叔重《春塘柳色图》轴

朱叔重，元末明初人，虞堪《鼓枻稿》有《题朱叔重画山水》卷五律诗一首，首联为："娄东朱叔重；满卷画云烟"，称之为娄东人[1]。《铁网珊瑚》、《式古堂书画汇考》都著录了一卷《元人赠画师朱叔重诗文卷》，那些诗句中有"海岳庵头积翠峰""近代乃有高尚书"等诗句[2]。大概可以说明其画是师米家云山或高派云山的吧。清内府《石渠宝笈初编》御书房著录有其《秋山叠翠图》一轴（图三〇），款"至正乙巳（元顺帝至正二十五年，1365年）岁，春三月五日，叔重写秋山叠翠"。下钤一"朱叔重印"[3]。台北故宫博物院《故宫书画录》影印此画的说明，仅曰"著色画"，而无描述[4]。其画粗笔点染，画高派云山，时代风格正是晚元，与传世张羽张来仪《松轩春霭图》轴画法稍异而风格气息正同，水平则稍逊。《春塘柳色图》轴（图三一），《石渠宝笈续编》宁寿宫著录[5]。台北《故宫书画录》记此画云："设色画平远山水，竹篱茅舍外，高柳蘸溪，平桥通径，一人扶杖将过。款'叔重作'，钤一'念庐'印。"后顺序记乾隆御题、清内府玺印、收传印记和当时的该书按语："谨按《铁网珊瑚》，朱叔重，娄东人，儒者而工画。每赋一诗，得摹写之妙，辄笔绘之。"[6]此书绝大多数作品录自石渠著录（偶有评判真伪好坏者），因此不知当时的编者如何看待这两件作品。

其实，这件作品是开门见山的王石谷画，款字是后加的，墨色有明显区别。这样，此图便不是石谷作伪。画面也不全，或是有人截石谷画中的一段，而添上"叔重作"三字，

1　虞堪：《鼓枻稿》，商务印书局，1952年。

2　朱存理：《铁网珊瑚》，前揭《中国书画全书》第三册，第580页；卞永誉：《式古堂书画汇考》，前揭《中国书画全书》第六册，第512～513页。

3　《秘殿珠林·石渠宝笈合编》，上海书店，1988年。

4　台北故宫博物院《故宫书画录》，（台北）商务印书馆，1965年。

5　前揭《秘殿珠林·石渠宝笈合编》。

6　前揭《秘殿珠林·石渠宝笈合编》。

图三〇　朱叔重《秋山叠翠图》轴

图三一　朱叔重款《春塘柳色图》轴

与朱叔重毫无关系。

以上所谈，只是“古画中王翚画”的一部分，谈得都很简略。除朱叔重条要了解《故宫书画录》当时的编者对其两件作品的重视如何，而引用了该书对图景的描述外，基本上对画面没有再作形容，而是直接谈真伪。我想一定会有人笑我是质而少文，而本人注意的，是唯恐鉴定意见判断得不准确。

（十六）范宽《行旅图》轴

范宽，按时代顺序，当列在前面，但因此图存在的问题较为复杂，尤其是鉴定问题，所以放在最后详加讨论。

今传世的范宽《行旅图》其裱边尚有王时敏、宋骏业二跋。影印此图的台北《故宫书画录》只刊出了画芯。烟客跋（图三二、图三三）挖嵌在左，云：

余家所藏宋元名迹，得之京师者十之四，得之董文敏者十之六，余家宝爱之不啻头目髓脑。岁月如流，人事迁改，向之所藏，仅存一二。今捡旧笥得范华原《行

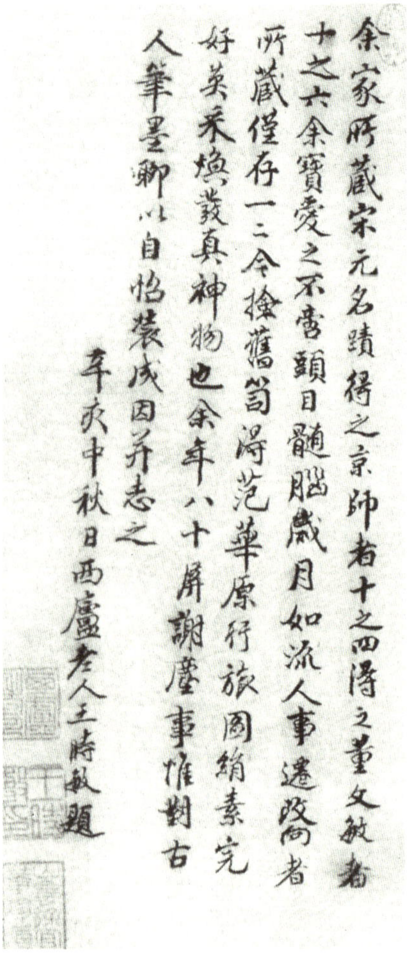
余家所藏宋元名蹟得之京師者十之四得之董文敏者十之六余寶愛之不啻頭目髓腦歲月如流人事遷改向者所藏僅存一二今撿舊篋得范華原行旅圖綃素完好英采煥發真神物也余年八十屏謝塵事惟對古人筆墨聊以自怡裝成因并志之
辛亥中秋日西廬老人王時敏題

图三二　传范宽《行旅图》轴王时敏跋

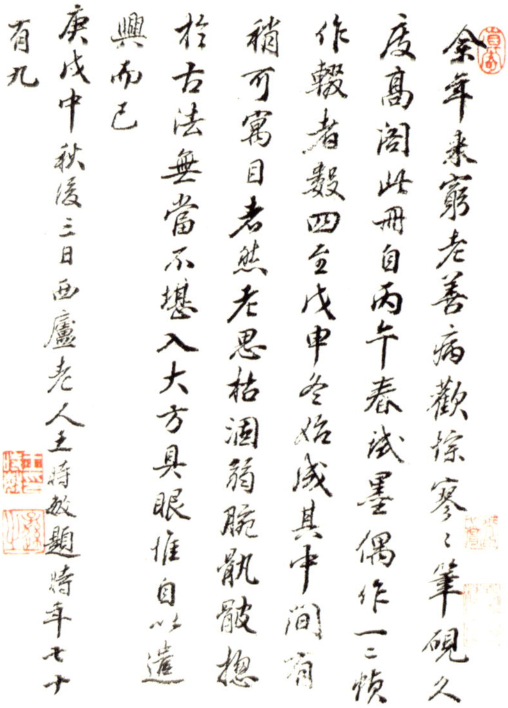
余年來窮老善病歡悰寥寥筆硯久度高閣此冊自丙午春試墨偶作一二幀作輟者數四至戊申冬始成其中間有稍可寓目者然老思枯涸弱腕亂骸揔於古法無當不堪入大方具眼惟自以遣興而已
庚戌中秋後三日西廬老人王時敏題時年七十有九

图三三　王翚《仿古山水图》册自题

旅图》，绢素完好，英彩焕发，真神物也。余年八十，屏谢尘事，惟对古人笔墨，聊以自怡。装成因并志之。辛亥（康熙十年，1671 年）中秋日，西庐老人王时敏题。

宋骏业题（图三四至图三六）在右边裱绫之上。云：

娄水之西田，有纸窗竹屋，烟客先生藏书画之所，案头得观范华原真迹，世所罕见。觉烟云满幅，树木丛密，令人夺目骇心，方知古人用笔不凡，欣仰之致。石谷子是时在座，以竟日摹一缩本，赠余以遣兴怀，亦得华原面目。漫识数语，以志喜云。康熙丙子（康熙三十五年，1696 年）三月既望，后学宋骏业。

这两跋要起的作用是：第一，此图临的同范宽《溪山行旅图》相似到连收藏者王

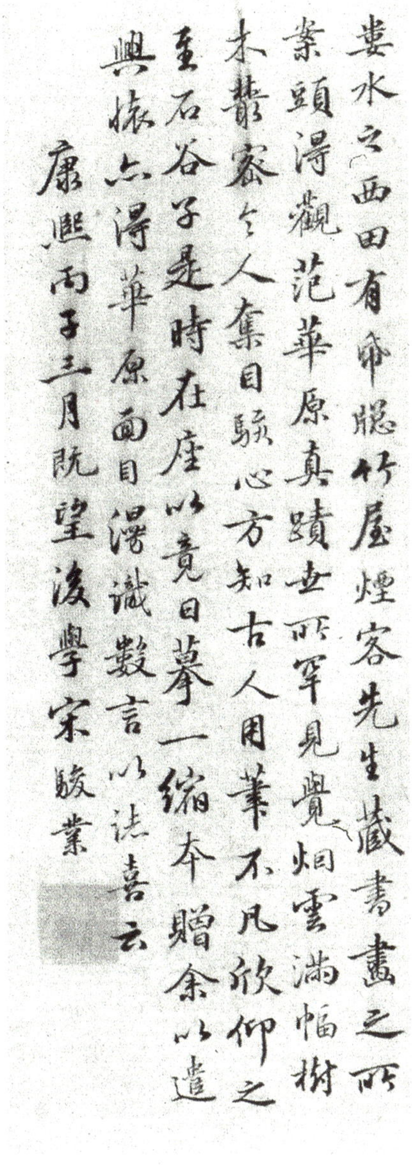

图三四　传范宽《行旅图》轴宋骏业跋

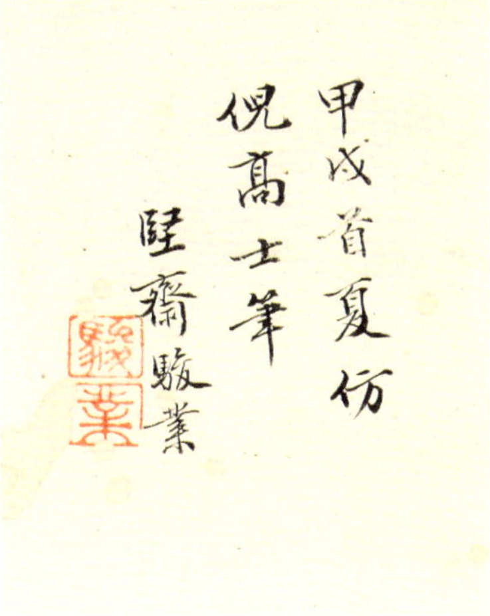

图三五　宋骏业《山水图》页署款

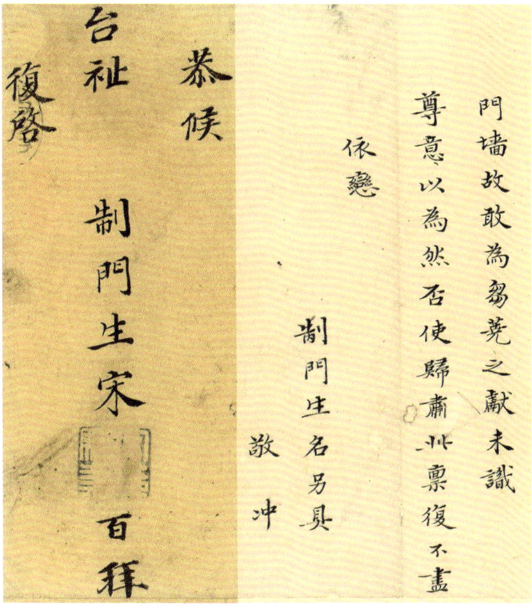

图三六　宋骏业尺牍册页（局部）

时敏都分辨不出，他因为“岁荒赋急，贫不能守”而让出去的名画，忽然发现了还有藏在“旧笥”之中的这件范宽《行旅图》！第二，这不是范宽的原作，是宋骏业在“西田村舍”即烟客的画室书斋中计石谷对照范宽《溪山行旅图》缩临的。美国的两位前辈先生就相信这二跋是王、宋二人所题。不过一位认为王时敏将此图定为真迹是故意的，是鱼目混珠，宋骏业跋是特意点破王时敏的骗人；另一位先生的说法则开脱了王时敏人品的污点，说王时敏将范宽《溪山行旅图》出售前请王翚作一个摹本，他题作范宽《行旅图》，以省略图名来区别原作与摹本，并指出宋骏业跋中的纰漏。这确实有道理。但是，王时敏既然比作如自己的“头目髓脑”的北宋名画，怎么可能记不清了呢？！要知道两图的大小相差很多：《行旅图》（图三七）纵155.3厘米、横74.4厘米，《溪山行旅图》（图三八）纵206.3厘米、横103.3厘米，怎能混而为一呢！何况大山与近景的构图比例，两图有非常明显的不同。此本主峰矮了不少，失去了原作的雄伟气势。烟客是士大夫文人画家，没有自欺欺人劣行的记录，宋骏业作跋的年月“康熙丙子（三十五年，1696年）”烟客已经死了十六年。烟客早已将《溪山行旅图》出售了。宋骏业是进士出身，受过儒家伦理教育，并为中上层官员，骗人的可能性极小。二位先生之所以对图是王石谷、二跋也是真迹深信不疑，是他们在鉴定方面完全相信和依靠王季迁先生造成的。王老先生认为画为石谷，二跋均真。只有恩师徐邦达先生明断此图不够

图三七　传范宽《行旅图》轴

图三八　范宽《溪山行旅图》轴

王翚，跋则为伪。对于画，徐先生认为："风格近于清王翚一路，而不到王翚画的水平，定是出王氏弟子之手，亦无款印，本来没有什么真伪问题，问题在于二跋。"而对王、宋两跋，先生指出："观王跋字体还像，但文句拖沓，实为伪笔。宋骏业跋中称于康熙三十五年丙子（1696 年）观于西田案头。考烟客死于康熙十九年庚申（1680 年），早于丙子十六年。宋氏怎能在丙子还得去见他呢？又此图真迹，早从王氏转梁清标，梁氏卒于康熙三十年辛未（1691 年），则此图必在辛未以前离开王手。凡此种种，宋文之为胡乱赝造，更不待言。"[1] 说得如此明白清楚，确实是"更不待言"了。但先生文中没有以图将二人跋的问题进行对照。2000 年春，我访美期间，一次做客王季迁先生家聊天，他老人家是让我称他师伯的。他主动谈到其与徐先生鉴定的区别。他说："人说我比较宽一些，而邦达太严。比如台北故宫范宽的《行旅图》，我说是王石谷，他非要说还不如石谷，是石谷弟子。我说王时敏、宋骏业跋没问题，他非说是假的。"我当时问老人家，宋骏业的字是什么样子，他说写得极好，但想不起其他什么地方还有了。我说，故宫有。宋骏业的字王老先生没能看到，先生书中也没有附其照片，今天我就给大家看看吧。

这件《行旅图》同原件区别很明显，证明不是临自真迹原件。但它同王石谷《小中见大》册中的《溪山行旅图》确实很像，加上王、宋二跋，便是人们将其归为石谷所作的原因。但此图、石谷《小中见大》册中的《溪山行旅图》，同董其昌名下的《小中见大》中的《溪山行旅图》结构位置却完全一致。《小中见大》作者属于谁，至今没有定论。徐先生认为是王烟客，启功先生认为是陈明卿，甚至还有人推测就是王石谷。今将此图、石谷《小中见大》、董题《小中见大》临本和范宽的《溪山行旅图》原件作一对比，特别图中下部的局部（图三九至图四二）对比，可知所有临本、仿本同原图都不一致，而临、仿本之间则是一致的。尤其相对于主峰的山冈长满树木，原图自然浑莽，缩临的《小中见大》则变成了平台。这种画法，是烟客受黄大痴画构图影响而造成了自己这方面更突出的一个特点。这是董题本《小中见大》明显区别于原作的特征。这样，我的结论是：《小中见大》此图，作者应当是王时敏，这个局部的画法在烟客画中最为常见。石谷的《小中见大》是临仿烟客。而所谓范宽《溪山行旅图》是临自石谷本。

王石谷在其《小中见大》册后有一跋，云：

余辱奉常忘年下交，忆壬子岁，邀过西田结夏，尽发所藏之名迹，相与较论鉴别，两心契合，出此册命图。余逊谢不遑，遂次第对摹真本，殊惭学步。奉常辄叹诧欣赏，谬加出蓝之誉。自问不敢仰承，而前辈品题实切知己之感。迄今三十余年，

1　徐邦达：《古书画伪讹考辨》上卷，江苏古籍出版社，1984 年。

图三九　传范宽《行旅图》轴（局部）

图四〇　王翚《小中见大》册之《仿范宽〈溪山行旅图〉》（局部）

图四一　董其昌款《小中见大》册之《仿范宽〈溪山行旅图〉》（局部）

图四二　范宽《溪山行旅图》轴（局部）

展阅一过，如逢故人，不啻奉常之声欬吾前也，仅致数语以当山阳邻笛。癸未五月廿有四日，海虞王翚。

跋后有一印“耕烟野老时年七十有二”。而跋中言及作《小中见大》册的时间是“壬子岁”即康熙十一年（1671 年），石谷四十一岁。与文中所说“迄今三十余年”之数正合。而烟客则已八十一岁，所藏之名迹已经不在其手。《王奉常书画题跋》（瓯钵罗室刊本）卷下二十页，《题自画赠方艾贤祖公》记云：“自戊、酉间，困于赋调，贫不能守，遂为好事者易去。”[1] 戊为康熙七年戊申，酉为康熙八年己酉（1668 ~ 1669 年）。由此可证，石谷的《小中见大》册，不可能是“对摹真本”的。其中的范宽《溪山行旅图》不同于原作而与董题《小中见大》中的此图完全相同，便是证明。前文言及他临范宽的《雪山图》，画法位置及比例都非常精准，也可佐证他如果是“对摹真本”，是不可能作这种改动的。出于对前人的尊重，而不愿意指摘其故意撒谎，又因为了解石谷生平是二十岁初就已拜识了烟客，文献也记载了他得见烟客藏前代名作倾心临摹事，或认为是石谷晚年误写错干支，而应是二十几岁所作。但此册画艺之成熟，与其四十一岁风格正符，而二十岁时，根本还达不到

图四三　王翚《仿王蒙〈溪山红树图〉》轴

1　前揭《中国书画全书》第七册，第 931 页。

图四四　传王翚《溪山红树图》轴

这种水平。所谓“对摹真本”是石谷的自欺欺人。

周亮工《读画录》记王石谷：“仿临宋元人无微不肖，吴下人多倩其作，装潢为伪，以愚好古者。虽老于鉴别，亦不知为近人笔。”[1]已近于揭露，但表面上还是为之开脱的：“装潢为伪”的是“吴下人”！

但上列诸条，特别是倪瓒的《柳塘鸂鶒图》、唐寅的《采莲图》以及两件王蒙《秋山萧寺图》等作品，明白无误地证明石谷早年是作伪古画的。

王石谷作古人伪画，石谷画中也有别人所作。比如石谷名作《溪山红树图》轴（图四三），有王时敏一跋、恽寿平两跋。烟客、南田皆欲求之而不得。后，南田在一富人处见到此图，再跋，表示了对这位好友的极大不满。这是南田跋中绝无仅有的。我仅指出此图也有摹本（图四四），山西省博就有一件，一般专家定其为晚清人作伪。启元白先生尝私下告知本人：当年金北楼向溥仪的老师陈宝琛借宫中的这件画，让元白师的老师吴镜汀先生临摹，吴先生说他一共摹了三张，两件给了金城，金将其中的一件赠与了陈宝琛。此即吴老先生的三张摹本之一。其时溥仪已经逊位，但是尚居故宫。

至于王石谷画本身的辨伪，则又是一个问题，容后再叙。

原载《文物》2014年第10期

1　周亮工：《读画录》，前揭《中国书画全书》第七册，第952页。

略论王翚《临黄公望富春山居图》卷诸本

单国强

内容提要：王翚摹古作品《临黄公望富春山居图》卷留存至今只有三件，可具体了解王翚在摹同一件作品时不同阶段的变化，以一窥其摹古思路，更深入认识王翚摹临的历程和摹古出新的变化。本文对王翚所临八卷《黄公望富春山居图》按时序作一梳理，再论析三件存世作品的风格递变，以洞悉王翚摹古作品的风格演变。

关键词：王翚　摹古作品　富春山居图　诸本

王翚摹古作品中，《临黄公望富春山居图》卷的数量最多，计有七八件，准确统计应该是八件。而留存至今的只有三件，即41岁为笪重光作，现藏美国佛利尔美术馆；55岁在玉峰池馆作，现藏辽宁省博物馆；71岁在家乡虞山作，现藏故宫博物院。这三件分别作于王翚早、中、晚三个时期，从实物中可具体了解王翚在摹同一件作品时不同阶段的变化，以一窥其摹古思路，因此应该论析这三件作品。然而，其他未见存在、只见著录或记载的五件作品，梳理清它们的来龙云脉，以及与三件存世作品的关系，对更深入认识王翚摹临《黄公望富春山居图》卷所走过的历程和摹古出新的变化，也不无裨益。故对王翚所临八卷《黄公望富春山居图》按时序作一梳理，再论析三件存世作品的风格递变，如小中见大地来洞悉王翚摹古作品的风格演变。

一　王翚八卷《临黄公望富春山居图》概况

1. 第一次临摹

康熙元年壬寅（1662年），王翚首次为唐宇昭摹，时年31。

王翚第一次临摹《富春山居图》，王时敏在王翚41岁为笪重光重摹的《富春山居图》

作者：原古书画部，研究馆员。

（美国弗利尔美术馆藏）长题中已提到："数年前，闻石谷为晋陵唐氏临写一卷，亦未得寓目。"恽寿平在《南田画跋》中也一再提到："石谷子凡三临富春图矣，前十余年曾为半园唐氏摹长卷。"顾文彬《过云楼书画记》卷六录"吴芝真迹题跋"中更具体说到了年月："壬寅长夏避暑拙修楼临。"

唐氏即唐宇昭，字孔明，号半园、云谷、云客，武进（江苏常州）人，明中期著名学者唐顺之的后裔，累代为官，故家富收藏，并精鉴赏，唐宇昭于崇祯九年（1636年）中举人，入清后与苏宇量偕隐，人称"唐氏二难"。王翚与唐宇昭交往甚早，据赵平《王石谷年谱》记，顺治十年（1653年）王时敏携22岁的王翚"游大江南北"、为之引荐各大藏家时，石谷就结识了毗陵（武进）这位著名鉴藏家；顺治十二年（1655年）24岁时为唐摹写了吴镇《关山雪霁图》；25岁时与恽寿平在唐家初次会面，两人即合作为唐氏画了《竹坡树石图》（上海博物馆藏）；31岁正式馆于唐氏家，为唐宇照画了不少画，如《半园结夏图》扇、轴等，而最著名的就是《临黄公望富春山居图》。

王翚首次所临的黄公望粉本，自然不是真迹"无用师本"，而是油素本，恽寿平在《南田画跋》中记："子久富春卷……半园唐氏有油素本，庶几不失丘壑位置。"至于唐氏油素本是哪件黄公望临摹本，傅申先生在《弗利尔藏王翚富春卷的相关问题》一文（见朵云编辑部编《清初四王画派研究论文集》，1993年7月版）中作了详细考辨。他首先肯定此卷是火焚前的全景本，进而假说这是翟式耜、唐宇昭递藏之明末油素本及以后改成"子明本"之说，因为徐邦达先生也认为"子明本"上翟氏三氏似真，唐氏印亦不假。文献未载唐宇昭藏有两本《富春图》火前摹本，而子明本上有"唐氏孔明""半园外史"两方藏印，故"子明本"当即"唐氏油素本"。

王翚首次摹《富春山居图》之作虽已佚失，但从中探索出唐氏油素本与子明本的关系，已显现出它的价值。

2. 第二次临摹

康熙十一年壬子（1672年），王翚第二次为笪重光摹，时年41，作品现藏美国弗利尔美术馆。

此卷无王翚本人题识和印记，而有王时敏13行小行楷，约四百字长题，并有署款、记年和印章，以及画主笪重光的收藏印，这些辅助依据有力佐证了作品的真实性。傅申先生在《佛利尔藏王翚富春卷的相关问题》一文中也有详细论析，考证了王翚作画的时间和地点，分析了王时敏长题的内容和含意，论述了王石谷与笪重光的关系，并与王翚首次摹本相联系来探求"唐氏油素本"与"子明本"的关系。

傅申先生根据王时敏长题，推定王翚此画作于康熙壬子（1672年）冬，而地点不是在润州，而是在毗陵。王时敏题跋中多次提醒王翚亦应为他画一卷《富春图》，傅申先生认为王翚没有落实诺言。谈及笪重光与王石谷关系，指出壬子这年九、十月间，是他们交往最为密切的时期，聚首较长，作品也较多，所临《富春山居图》粉本，借的亦是唐氏油素本，并是为知己笪重光所画的精心力作。

在此需要探讨的是：王翚是否实现了诺言，第三次为王时敏画《临黄公望富春山居图》，答案应该是肯定的，时间大约在两年后的康熙十三年。

3. 第三次临摹

康熙十三年甲寅（1674年），王翚第三次为王时敏作，时年43。

王翚为王时敏再摹《黄公望富春山居图》一事，史籍有明确记载。恽寿平在《南田画跋》中记："石谷子凡三临《富春图》矣，前十余年曾为半园唐氏摹长卷时，尤为古人法度所束，未得游行自在。最后为笪江上借唐氏本再摹，遂为弹丸脱手之势。娄东王奉常闻而异之，属石谷再摹。余皆得见之，盖其运笔时精神与古人相洽，略借粉本而洗发自己胸中之灵气，故信笔所之，不滞于思，不戾于法，适合自然，直可与之并传。"指出王翚31岁为唐氏所作摹本，"为古人法度所束"，41岁为笪重光重摹，"遂为弹丸脱手之势"，而为王时敏的再摹本，已"略借粉本而洗发自己胸中之灵气，故信笔所之"，表明这三件作品是王翚早、中期标志摹古三个不同阶段的代表作，故其中王翚为王时敏再摹之本绝非臆造的空穴来风。另据王翚55岁所临的《黄公望富春山居图》卷（辽宁省博物馆藏）自题中曰："曩从毗陵半园唐氏借摹粉本，后凡再四临仿，始略有所得。丙寅秋在玉峰池馆重摹。"指出丙寅55岁这次重摹前，曾从唐宇昭处借来粉本"再四临仿"，这四次包括31岁为唐宇昭摹、41岁为笪重光摹、约47岁为宜兴潘元白摹，再就是为王时敏摹，因为在《王石谷年谱》中，再没查到55岁前有另外的摹《富春图》本记载。

再从另外一个角度来分析，王时敏请求王翚另摹一本《富春图》的心情是十分迫切的，口气也分外诚挚，他在弗利尔美术馆藏本长题中作了倾情陈述："适石谷再过小斋，并捞孔老、照老二跋见示，益令人怅触艳羡，营魄回皇，不能自已！虽承石谷许以别摹贻赠，然渠应酬纷还，食息不遑，安得有千手眼，以慰余梦寐之求耶！""残年何幸，获此巨观，虽欣羡有心，未敢轻请，乃承石谷慨许舐笔，兼欲索侍御题识见怡，闻之益不胜狂喜。"在本卷所附的王时敏致王翚手札中，又次叮嘱石谷别忘许诺："其所许弟者，侍有千金一诺在，知心不使望眼徒穿也。"后来在致石谷的又一信札中，再次加以提醒："前见吾兄所临富春图长二丈余（为笪重光临）……一峰墨迹，至此神矣、化矣。……幸吾兄桐过，即为我临此长卷，以补缺事。弟虽衰残，气吞牛斗欲时置案间，一日三摩挲，略得其百分之一二也。"王石谷面对恩师的一再恳请，不可能爽约不理。另外，王翚在摹完第二卷《富春图》以后，还常与王时敏见面，并多次书画交酬，如次年康熙十二年（1673年）小春十月，王时敏为王翚所绘《黄鹤传灯图》卷（上海博物馆藏）题跋；康熙十三年（1674年）二月，王翚为王时敏作《仿古册》（翁尤戈藏）；

春仲，王翚和高足杨晋从扬州归，扁舟过访王时敏，杨晋为王时敏绘小影。康熙十四年（1675 年），王翚与王时敏、王鉴合绘《画卷》，寄赠明末四公子之一冒辟疆。这些频繁的接触表明，王翚不会爽约。

王翚为王时敏作《临黄公望富春山居图》卷的时间，据赵平《王石谷年谱》推测，应在康熙十三年（1674 年）王翚 43 岁时，因去年王翚赴润州，后至扬州，恐无暇完成此长卷，来年又到扬州，二月应恽寿平邀又至武进，唯本年在家就较长时间，故当作于此年。

王翚第三次摹本至今已佚，然它的曾经存在反映了他和王时敏深厚和诚挚的师生情谊。

4. 第四次临摹

约康熙十七年戊午（1678 年），王翚第四次为潘元白作，时年 47。

据恽寿平《南田画跋》记："予友阳羡三梧间潘氏将属石谷再临，因此卷本阳羡名迹，欲因王山人复还旧观也。"阳羡即今江苏宜兴，黄公望《富春山居图》卷真迹（无用师本，现藏台北故宫博物院）在崇祯年间曾由董其昌抵押给宜兴吴正志，其子吴问卿在病笃时欲焚以殉之，遂有火前本、火后本之谓，故文中曰："此卷本阳羡名迹。"

至于临摹的具体时间，据赵平《王石谷年谱》，约作于康熙十七年（1678 年）。王翚此前几年往来于扬州、武进、润州、苏州，至本年十月赴苏州，应恽寿平之邀至阳羡相聚，才得以和宜兴潘元白见面，次年即进京出任《南巡图》首席画师。故王翚第四次为宜兴潘元白临《富春图》，当在康熙十七年（1678 年）47 岁时。此图未见著录，今亦不存。

5. 第五次临摹

康熙二十五年丙寅（1686 年），在昆山玉峰池馆第五次临摹，时年 55，作品现藏辽宁省博物馆。

此卷推动首段，卷尾有自题："一峰老人富春长卷，海内流传名迹中称为第一。沈征君、董宗伯后，鉴藏煊赫绘林。曩从毗陵半园唐氏借摹粉，后凡再四临仿，始略有所得。丙寅秋在玉峰池馆重摹，仰钻先匠，拟议神明，犹深望洋之概。王翚。"台题表明，这是第五次重摹，而粉本皆出自唐宇昭油素本，时间是康熙二十五年丙寅（1686 年）秋，地点在玉峰池馆，为谁而摹未写明。

据赵平《王石谷年谱》，丙寅秋，应徐乾学、吴乔之邀，王翚偕同恽寿平、张云章、顾祖禹及无锡学者秦同等赴昆山，一直待到十一月，这是石谷中年一次很重要的雅集和艺事活动。秋日在徐乾学家北园，石谷、恽寿平、张云章三人于晚深时，立池上清话赏月，暗睹梧影，大呼"好墨汁"，王翚遂作《晚梧秋影图》轴（故宫博物院藏），恽寿平题诗。中秋，又于北园赏月看桂，石谷作图，恽寿平题诗。九月三日，石谷、恽寿平、吴乔过朱映千山园，畅饮极欢，石谷遂作《山园畅饮图》（陆时化《吴越所见书画录》著录）。九月十四日夜，王、恽对月玉峰园池，石谷作《玉峰看月图》轴（故宫博物院藏），恽寿平题七律一首。九月十五日，在碧梧馆与恽寿平合作《花卉山水合册》。故王翚在本年秋所摹第五本《富春图》的地点玉峰池馆亦应该在昆山，而且与《玉峰看月图》画于同一处所。

至于此卷摹本是画给谁的，本卷末注明。然《玉峰看月图》轴是有上款的。恽寿平题跋称："并书与汉老，以志一时兴趣，庶无俗韵云。"石谷自题亦曰："丙寅九月，望前一日，同南田玉峰看月，因忆汉瞻先生，南田有诗纪事，余为补图，共博一笑。"悉知此图是石谷为南田赠汉瞻的诗而补的图。汉瞻即与他们同至昆山的张云章，字汉瞻，嘉定学者，与王翚、恽寿平是好友。那么，这卷《富春图》摹本，是否也是赠与张云章的，亦不无可能。

6. 第六次临摹

康熙三十五年丙子（1696 年），第六次为王鸿绪摹，时年 65。

据赵平《王石谷年谱》记载："王鸿绪于康熙中期得《富春山居图》真迹焚余本，在京中有一札给石谷：'中秋前后倘有清暇，望过舍一临富春卷。'石谷第六次临《富春图》，自云'于燕台获观真迹，曾抚粉本'。石谷在绘《南巡图》时，不可能云临这样的大卷，故定在本年。"

王鸿绪曾得到黄公望《富春山居图》卷真迹本（无用师本）。据考，此图火焚后，从吴问卿处转为丹阳张范我所得，不久售给泰兴季寓庸。康熙三十二年（1693 年）前归入平湖高士奇家，后又转到王鸿绪手里。雍正元年（1723 年）王鸿绪死后，其家人出售，归入安岐家。真迹手卷上钤有王鸿绪印，可证真迹确曾入藏王鸿绪家，留存了三十余年。

至于王翚与王鸿绪的交往，由来已久。康熙二十九年（1690 年），59 岁的王翚入京出任《南巡图》首席画师前，特意到松江南向王鸿绪告别，王有《赠石谷先生，时将有北行》诗。康熙三十七年戊寅（1698 年），67 岁的王翚离京南归前，在三月特绘《仿江贯道溪山深秀图》卷给王鸿绪赠别（邵松年《石缘萃录》著录）；六月临别时，禹之鼎绘《骑牛南还图》并是诗为王翚送行，张英、王士祯、王掞、王鸿绪等至友都有题诗，王鸿绪作《题石谷先生南还图》二首。因此，王鸿绪能拿出黄公望《富春图》真迹，王翚又欣然为之摹写，是在情理之中的事。

可以说，王翚以往五次摹临《黄公望富春山居图》，依据的都是摹本，抑或就是唐宇昭的油素本，极可能即"子明本"，而这次是依据真迹。此卷今虽已不存，但此次临摹对尚存世的第八次摹本，影响是明显的，也使第八次摹本迥然不同于以往诸本。

7. 第七次临摹

康熙三十九年庚辰（1700 年），第七次在山园作，时年 69。

据本佐贤《书画鉴别》著录，本年夏，王翚裹足山园，作《仿大痴富春山水》卷，并录黄公望原题，这是第七次临，图已不存，但录有黄公望原题，明显的是受到第六次摹真迹的影响。

8. 第八次临摹

康熙四十一年壬午（1702 年），第八次在家乡摹，时年 71。

此卷临黄公望《富春山居图》卷全本，包括火焚前的一段，并临写了黄公望自题及后纸的沈周、文彭、王穉登、周天球、邹之麟、董其昌题跋或观款。在黄公望题后有自题，署年款“壬午”，即康熙四十一年（1702 年）。最末有晚清顾文彬跋。

本卷画面按照火焚前全貌描绘，依据的当是唐宇昭油素本。然黄公望自题和尾纸诸家题跋，在王翚依据唐氏油素本所摹的诸本中均未出现，而在黄公望真迹（无用师本）中一直保留至今，故临写的这些题跋当源于第六次摹真迹的王鸿绪本。可以说，王翚最后一次的《富春图》摹本是将以往所摹加以综合，并尽量按照最接近原貌的状况来再现，故此卷有不同于他本的特殊处，也是其集大成思路的反映。

二　三件存世作品的艺术特色

1. 美国弗利尔美术馆藏王翚第二次摹本

此卷摹自唐宇昭油素本。从画面丘壑布置看，前段同于“子明本”，末段同于“无用师本”，表明此卷保留了《富春图》火焚前的全貌，由此也佐证了唐氏油素亦属全本画。

傅申先生曾假设唐氏油素本就是被改头换面后的“子明本”，末段有缺失是由于截去了原款、再添款、加伪题所致。但要进一步证明，还须从笔墨技法上加以分析，也就是将“子明本”与王翚的弗利尔美术馆藏摹本进行对照。因为其时 41 岁的王翚，刚从摹古逼真的早期步入集古之大成的中期，基本上保留了油素本的原貌。倘两件作品在笔墨技法上有很多相同之处，则“子明本”即为“油素本”的可能性很大。

比较弗利尔本和子明本，两图在整体布局上完全相同，丘壑的形体结构也基本一致。笔墨技法上，山石的勾皴、丛树的点染、水墨的渲染亦相仿佛。稍有不同的是：山石轮廓线王翚本用笔较重，结构显得复杂，如首段高山（即《剩山图》部分），山顶堆积的小石轮廓线清晰，更见层叠之势，山脚的卵石也重勾密皴，加强了前后层次感；而子明本下笔要轻得多，虽保持了真迹淡而虚的用笔之法，然显得比较平均，少浓淡变化，在结构的复杂性和前后的层次感上不及王翚本乃至真迹本。在题法方面，均以披麻皴为主，但王翚本较有变化，如首段主山，披麻皴有粗细、浓淡、长短方面的变化，还夹杂着交叉线条，类似乱柴皴；而子明本则纯用披麻皴，保持着真迹的本色，但皴线多平列，长短、粗细也少变化，较王翚本和真迹本都见平板。丛树画法方面，取画面中段广阔水域中的几层树丛相比较，子明本纯用近似米点皴的横点，墨色比较平均，类似真迹而浓淡层次感不及；王翚本则变化多样，既有横点，又有斜点和墨点，还有戳点和渲染，墨色也以浓淡分前后，如是，丛树显得疏密有致，前后有序，而且品种多样，在笔墨变化上远胜子明本。

通过比较，是否可以这样认为：王翚本与子明本在笔墨技法上有很多相同之处，可以看作两者有一定联系。但诸多不同表明，王翚第二次摹本已不完全依照粉本，泛学诸家的多种技法已掺入其间，试看同年（壬子，王翚 41 岁）同在笪重光家画的几幅作品，都呈现融诸家、多变化的趋向。如《水行幽居图》卷（苏州博物馆藏），自题“此卷用宋人意”，恽寿平题有“文湖州篔篬偃行遗意”，然画中却兼见元人的披麻皴和点子皴以及拖笔的水渚，在宋人丘壑中加元人笔墨；又如《云溪高逸图》卷（故宫博物院藏），自题“壬子九月在杨氏竹深斋，适广陵李给谏携六如居士风雨归获见示，用其法为江上侍御先生画云溪高逸”。画面主体山峦的体貌确似唐寅，像硬峻的山石，劲健的用笔，类似披麻、乱柴、折带、斧劈的长短、曲直、勾斫的皴法以及皴染结合墨法等，但远处灵动的勾云、一抹的山峰和近处简率的亭宇，又融入元人简逸之笔，同样显现融合趋向。又如《岩栖高士图》轴（故宫博物院藏），山势取宋人的高远、深远布局和坚实硬峻的结构，而皴法却多元人干笔淡墨的折带皴、披麻皴、点子皴，间杂明唐寅的交叉短皴和连染带皴，笔墨变化多端，既苍劲又秀润。可见，王翚 41 岁时已呈现主宗一家、兼用他家的画法趋向，画给笪重光的《富春图》摹本同样也不会逼肖粉本唐宇昭“油素本”，或全同于“子明本”。因此，从王翚本与子明本画风大体相同的情况看，王翚所摹的“油素本”极可能就是“子明本”。况且“子明本”上有唐宇昭鉴藏印，又未见著录书记载唐宇昭收藏过第二本《富春图》摹本，故“油素本”当即“子明本”。

2. 辽宁省博物馆藏王翚第五次摹本

此卷有自题，署年款“丙寅”，即康熙二十五年（1686 年），时年王翚 55。

这第五次临摹，从自题口气分析，与前四次对临不同，应该是背临。作品前段已缺失，少了两个主峰，只剩后两座主峰。从经营位置上与真迹本、子明本相比，王翚第二次摹笪重光本比较，都有些差异，从共存的中间一峰看，山势趋于平绘，起伏也见减少，还简略了一些细节，如山肺已无堆砌卵石，山顶矾头也了了，在用笔、用墨、皴法、树法上差别就更为显著。因此，本卷应该是背临本，然大致格局和形态未变，可见王翚对黄公望《富春图》已熟记在心，较沈周临的《仿黄公望富春山居图》卷（故宫博物院藏），在景致仿佛上更胜一筹。

此卷在笔墨技不法上的差异，主要表现在以下几个方面：一是用笔趋于轻淡而虚灵，山石轮廓线细而淡，有时甚至虚出，以树丛来显现山体，较之笪重光本要虚灵得多。此时，他对黄公望画风的领会，已从表面深入到内在，诚如他自谓“妙在神髓，不徒以形式为能”（王翚《清晖赠言》）。他逐渐领悟到黄公望笔墨的精髓是笔法松秀，线条空灵，墨少而润，轻重、浓淡变化细致，而不是笔笔苍劲、浑厚。故此卷的用笔甚接近子明本乃至真迹本。二是皴法多样，《富春图》主要用披麻皴，通过长短、粗细、勾斫、交错等变化来表现山石体态，王翚此卷摹本的第一座主峰，皴法基本忠于原稿，第二座（即最后一座）主峰，上部山峰在披麻中就夹杂了曲线交叉的角索皴，下部巨岩弯曲交错而伞状开张的皴法，已是明显的荷叶皴，而解索、荷叶皴均属王蒙的皴法，这在真迹本和笪重光本中是找不到的（子明本中此峰已割支）。这种兼取各家的画法正反映了王翚中期集大成的追求。三是树法细致，此卷中的丛树虽然也以横点为主，但墨色层次更多，也更细密，施重墨较少。轻淡中的细微变化，也反映了王翚中期画风繁复精微的特色。

因此，此卷摹本虽已缺失近一半画面（前两座主峰），又是背临本，但仍可窥见王翚力追古人神韵并创集大成画风的中期特色，殊可珍视。

3. 北京故宫博物院藏王翚第八次摹本

此卷应该是王翚对临“无用师”真迹之本。一是王翚自题提到了沈周、董其昌等人题跋，而这些题跋在“油素本”（或改头换面前“子明本”）和前五次摹本中从未提到或见到过，自题曰：“大痴道人真迹流传者绝少，此卷行笔布置皆从董巨风韵中来，荒寒简率，妙得象外之趣。白石翁、董文敏先后标题，奉为艺林墨宝，而文敏研精六法，一生宗尚尤见于此。壬午秋，山窗闲寂，适有佳纸，心慕手追，吮毫殊有所得，因记之。虞山后学王翚。”自题中还透露王鸿绪提供的实是“大痴道人真迹”，故“心慕手追”的定是此“无用师本”。二是临写的诸家题跋，次序完全同于“无用师本”，即沈周、文彭、王穉登、周天球、邹之麟、董其昌（董跋后人将之移至“无用师本”前），而且书法从布局、结体到点画都相仿佛，如沈周一跋，两处写错的“耶”字在旁纠正，都照临不误，这绝非背临所能达到。至于此卷为何仍有“无用师本”所无的首段，这当是他多次摹“油素本”后感悟到的，似乎意识到真迹非全本，而较早的“油素本”是全本，故加以拼合而成此卷。可以说，在王翚八次摹本中，此卷是最全的，不仅图全，题跋也全（还包括黄公望的自题）。更重要的是，画风也和真迹本最为接近。

首先，从丘壑布置上看，首段第一主峰“无用师本”已失，王翚本与真迹《剩山图》（浙江省博物馆藏）相比较，有一定差距，如峰顶垒石的数量、位置、形状不一样，山下巨岩的结构更有差异，因为此段王翚是取自“油素本”，而非《剩山图》。从“无用师本”卷首开始，情况就不一样了，山峦、河渚、树丛、屋宇的位置，故宫本与“无用师本”几乎一致，形态也相仿佛，有些点景细节也一样。如开首河堤两岸有两屋相望，稍前又均现院落、楼阁，隔江有两块孤零零的河石；至第二主峰，山石结构、组合基本一致，连一抹远山亦相仿佛；到第三主峰，连亘山峦的走向是一致的，连前景几株松树的偃直姿态都相仿佛；再前是一片水域、数重坡堤和沙渚丛林，疏密的安排也相似；最后又一座主峰，进深层次安排一致，尤其远处逶迤的山川和一抹远山更见接近。可以说，此卷的丘壑是最接近真迹本的。

其次，从笔墨形式上看，用笔的力度，较弗利尔本轻，较辽博本重，与“无用师本”接近；山石的皴法，也主要依据“无用师本”，用披麻皴，着意于轻重、虚实、长短、粗细的变化，而少解索皴、荷叶皴的形态；丛树画法也以横点为主，只是较“无用师本”疏淡。

可以说，王翚的故宫摹本，主要不源于“油素本”，而是依据“无用师本”，因此在诸摹本中具有特殊价值。

诚然，此摹本也有与真迹本不一样的地方，呈现出王翚晚年定型的自身面貌。主要表现在笔墨上，一是用笔比较平淡，少黄公望虚实相间、刚柔相济的变化，流润有余，苍劲不足，尤其树干的线条，粗细浓淡，顿挫转折，远不及黄公望丰富；二是刻画精细，然有流于繁琐之弊，尤其丛树的点叶，过于细碎，墨色层次多而少反差，显得丛林很零碎，少黄公望墨色富变化又见醇厚、整体具有郁茂之姿的动人意韵。然而，笔墨运用中也显现了王翚集大成的特色，如增添的多而丰富的点苔法，取自明沈周、文征明、董其昌和清王时敏、王鉴；水渚似解索皴的拖线，源自赵孟頫和王蒙；呈三角或丫字形的小石块，受董其昌、王时敏影响；诸多平台的折带皴，又为倪瓒所创。然诸家不同的画法，掺入此摹本中，并不显突兀或拼凑，而能与黄公望的总体画风融为一体，殊属不易。因此，故宫本与真迹本的不同处，既反映了王翚画艺逊于黄公望的一面，也表现出王翚晚年独具的风格特色。

未刊稿

清初“四王”绘画摹古内涵辨析

田艺珉

内容提要：清初“四王”的“摹古”在整饬梳理古人时体现出完整的特性，“四王”以集体的力量，有效地推进了中国山水画的发展。他们建立“惟求宗旨，何论宋元”的画学总纲主要表现在三个方面：重建解析重组的构图法则；以“推而至于别家”的笔法形式完成中国山水画干笔画法；构建“淡中取浓，以笔见墨”的山水画五墨之法，由此成就了集大成、开生面的绘画艺术。

关键词：清初“四王”　摹古　解析重组　渴笔皴擦　以笔见墨

绪论

清初“四王”作为绘画“摹古”的总代表，其以古人为师的艺术追求在五四新文化运动之时成为抨击的主要对象，被责“毫无独创精神”，为中国画“没落”的标志，提出要“革王画的命”。爬梳“四王”大量的存世作品及其相关画论，“摹古”正是成就其绘画艺术的关键所在。在摹仿中，“四王”以集大成的方式整饬梳理前人的绘画技法和画学理论，重建“惟求宗旨，何论宋元”的山水画新精神，运用解析重组的构图法则，推而至于别家的山水画笔法形式，淡中取浓，以笔见墨的山水画五墨之法。

“四王”在“摹古”的整饬中首先确立了“惟求宗旨，何论宋元”的山水画新精神。王原祁在《题仿万壑松风·丹思三十幅之一》中云：

> 万壑松风，百滩流水，意在机先，笔随心止。声光闪烁，宋人之髓，溯流董巨，六法如是。松雪偶题，莫辨朱紫，标识辉煌，千秋有美。须审毫厘，莫别远迩，极深研几，竿头一纵。此图以赵松雪题，董宗伯遂目为赵作，识者驳之，至今为疑。余以为此赏鉴家之言。若论画法，惟求宗旨，何论宋元？兹特取画中之意，写出

作者：书画部，副研究馆员。

示丹思，以见羹墙寤寐云尔。[1]

董、巨之派，百代标程。黄公望云："作山水必以董为师法，如吟诗之学杜也。"董其昌亦和："诗中圣人杜少陵，画中圣人董北苑。"并崇南抑北，云："然黄、倪、吴、王四大家，皆以董、巨起家成名，至今只行海内。至如学李、郭者，朱泽民、唐子华、姚彦卿辈俱为前人蹊径所压，不能自立堂户。"[2]王原祁"若论画法，惟求宗旨，何论宋元"的论调中已有新意，将董氏学李、郭之派不能自立门户的结果作了修正，明示在师古中不分门户，取画中之意，合众家之法。这也是王原祁对家学的继承与发展，其祖父王时敏在《题自画赠吴约叟封翁》中云：

偶忆胜国名家，如承旨、一峰同师北苑，虽径辙各别，仍是一家眷属，遂以意作此图，树石全仿大痴，而山头则以赵吴兴鹊华卷法为之，零星采拾，未知果能钗钏瓶盘熔成一器否也？[3]

王原祁理顺了祖父"一家眷属"之脉络，在《画家总论题画呈八叔》中云：

画家自晋唐以来代有名家，若其理趣兼到，右丞始发其蕴，至宋有董、巨规矩准绳大备矣，沿习既久，传其遗法而各见其能，发其新思而各创其格。如南宋之刘、李、马、夏，非不惊心眩目，有刻画精巧处，与董、巨、老米之元气磅礴则大小不觉径庭矣。元季赵吴兴发藻丽于浑厚之中，高房山示变化于笔墨之表，与董、巨、米家精神为一家眷属。[4]

王原祁不避董氏之嫌，将"刻画精巧"有士气之风的画法大方纳入，并扩大祖父王时敏"径辙各别"的范围，上至唐时下至元朝，以"大小不觉径庭矣"为终。王原祁云："古人南宋北宋各分眷属，然一家眷属内有各用龙脉处，有各用开合起伏处，是其气味得力关头也。"[5]所谓"气味"便是"气韵"。王原祁在《仿黄子久设色·为沛翁殷大司马》题跋中解释道：

画家自右丞以气韵生动为主，遂开南宗法派，北宋董、巨集其大成，元高、

1 （清）王原祁：《麓台题画稿》，《中国书画全书》第十二册，第285页，上海书画出版社，2009年。

2 （明）董其昌：《画禅室随笔》，前揭《中国书画全书》第五册，第144页。

3 （清）王时敏：《王奉常书画题跋》，通州李氏瓯钵罗室刊本，清宣统二年。

4 （清）王原祁：《麓台题画稿》，前揭《中国书画全书》第十二册，第286页。

5 （清）王原祁：《雨窗漫笔》，前揭《中国书画全书》第十二册，第289页。

赵及四家俱宗之，用意则浑朴中有超脱，用笔则刚健中含婀娜，不事粉饰，而神彩出焉；不务矜奇，而精神注焉。此为得本之论也。[1]

“以气韵生动”为本，王翚亦云：

画家六法，以气韵生动为要。人人能言之，人人不能得之。全在用笔用墨时夺取造化生气。惟有烟霞丘壑之癖者，心领神会。不然虽毕生抚古法，终隔数层。[2]

显然，笔端气韵生动不只是王翚一个人难以孛解，其他三王亦难以解决。令人敬佩之处的是，“四王”在求气韵生动的过程中，以“行乎不得不行，止乎不得不止”[3]的理性方式总结出丘壑布局、笔、墨等具体而微的山水画程式，作画中强调理、气、趣兼到，取得集大成而开生面的艺术成就。

一 解析重组的丘壑布局之法

历代画家对山水画的布局高度关注，随着绘画的发展，千岩万壑的自然形象已多有画笔中的成像。在“四王”那里，“画家以古人为师已上乘，进此当以天地为师”中的重点已被前置，解析重组前人山水画中的千岩万壑已为他们主要的丘壑布局之法。虽有“近日画少有丘壑，习得搬前换后法耳”[4]之嫌，但分析起来，“四王”的山水布局不是简单的“搬前换后”，而是解析出前人作品中的丘壑特征，然后将之重组，在重组中突出了两种布局形式：一为单元重复，二为掺杂组合。前者以王时敏为典型。王时敏的丘壑布局首先解析出黄公望作品中的“圆浑山头”，然后参照黄公望的《天池石壁图》（故宫博物院藏）（图一）将其重组。我们可以从其73岁所作《答赠菊作山水图》（南京博物馆藏）（图二）和74岁所作《仙山楼阁图》（故宫博物院藏）这两件代表作中得到印证。王鉴与王翚的山水布局以掺杂组合为主，他们以效法巨然为主，同时参以董源、吴镇的丘壑布局形成自己独特的构图形式。如王鉴67岁的代表作《溪山无尽图》（上海博物馆藏）（图三）掺杂了吴镇《溪山高隐图》[5]（图四）、巨然《山居图》（图五）和江参《千里江山图》（图六）卷[6]的丘壑布局而成。在重组中王鉴强

1 （清）王原祁：《麓台题画稿》，前揭《中国书画全书》第十二册，第287页。

2 周积寅：《中国古代画论发展史实》，第285页，上海人民美术出版社，1997年。

3 （清）王原祁：《麓台题画稿》，参见《中国书画全书》第十二册，第286页。

4 （明）沈颢：《画麈》，参见王原祁等《佩文斋书画谱》第二册，第370页，中国书店，1984年。

5 张万夫：《元四家画集》，第65页，天津人民美术出版社，1993年。

6 中国古代书画鉴定组：《中国绘画全集》第3册，第155页，文物出版社，2001年。

图一　黄公望《天池石壁图》轴

图二　王时敏《答赠菊作山水图》轴

图三　王鉴《溪山无尽图》轴

图四　吴镇《盾山高隐图》轴

图五　巨然《山居图》轴（局部）

图六　江参《千里江山图》轴（局部）

图七　王翚《仿巨然楚山欲雨图》轴

图八　关仝《关山行旅图》轴

化秩序，以重复的节奏形成了自己的画面布局。相形之下，王翚的山水布局集南北于一体。其 49 岁所作《仿巨然楚山欲雨图》（图七）的丘壑布局组合了董源《夏口山景待渡图》（上海博物馆藏）、范宽《溪山行旅图》（台北故宫博物院藏）的丘壑结构，而画面的整体布局却借鉴了关仝的《关山行旅图》（图八）。但王翚已将北宋时期岩壑交错、峰峦峭拔、奇峰突兀之势转化为符合清初审美习惯的体格。而在“解构重组”中传达新意的正是王原祁，他在《题仿大痴巨册 · 为李宪臣作》中云：

余见子久大幅，一为浮峦暖翠，一为夏山图，笔墨位置，尽发其蕴。余向欲采取二轴运以体裁，汇成结构，以腕弱思浅，动而辄止，未能与之鏖战也。[1]

1　（清）王原祁：《麓台题画稿》，前揭《中国书画全书》第 12 册，第 282 页。

其中，“运以体裁，汇成结构”申明了王原祁的山水布局之法。我们可以从王原祁67岁所作《富春山色图》（上海博物馆藏）中得到求证。王原祁将黄公望的山体丘壑层层解构，并将之细化进行反复重组，进一步推进了浑沦蕴藉山水布局。这一法则是王原祁在长期的绘画实践中获取的，他早在40岁时就已作《富春大岭图》（故宫博物院藏），47岁再作《仿大痴富春山图》（浙江省博物馆藏），52岁作《富春山图》轴（故宫博物院藏），62岁作《仿大痴富春山居图》（天津博物馆藏），将作品按时间先后排列，不难理解其发展变化的规律。不仅如此，王原祁在解构重组黄公望作品时，一并提取吴镇、王蒙的丘壑布局或山体形态中的元素，汇成细碎浑沦的山体“结构”，直面董其昌“今人从碎处积为大山，此最是病”的诘责，并将此在理论上发展为“龙脉”之说：“作画但须顾气势轮廓，不必求好景，亦不必拘旧稿，若于开合起伏得法，轮廓气势已合，则脉络顿挫转折处，天然妙景自出。”[1]直言“小块积成大块焉有不臻妙境者乎”，并以图示之。其63岁时作《仿大痴山水》（广东省博物馆藏）并在画上题识，再见其意：

> 董宗伯论画云，古人画大块积成小块，今人画小块积成大块。凡画一幅必先审气势，复定间架，情景俱备，点染皴擦眼光四到，无些子障碍，所谓大块积成小块也，其妙在顺逆之间不脱，玄宰而已。余与钧亭年兄相别甚久，因大儿来豫想及思翁妙□，遂作此图。钧兄见之，必以为余言不谬也。[2]

王原祁丘壑布局的高明之处正如他人称玄宰所谓“妙在顺逆之间不脱”。不仅如此，王原祁还以“理”为重，“述而作之”，强调笔墨之道，重笔重墨，最终成功地梳理和总结了前人的笔墨艺术。

二 “推而至于别家”的新笔法

“四王”在“摹古”中极重笔墨，丘壑布局实为其实现笔墨艺术的一种有效图式。入元之后，山水画到“大痴、黄鹤又一变也”[3]，画家开始以笔墨见长，倪瓒又创笔端逸品；“明四家”在效法倪氏时亦有“启南老，征仲嫩”的喟叹，董其昌在学倪瓒时亦感叹“余迩来苦心揣摩，终未能得其神理，有无清俗之言洵不虚也”。但“四王”有其解决的办法，

---

1 （清）王原祁：《雨窗漫笔》，前揭《中国书画全书》第12册，第289页。

2 聂崇正：《王原祁精品集》图七五，人民美术出版社，2000年。

3 （明）王世贞：《艺苑卮言》，参见俞剑华《中国古代画论类编（修订本）》，第116页，人民美术出版社，1998年。

提出“神逸并臻”“士气作家一格”之论，应用“推而至于别家”的合众家之法，建构“熟后熟”的笔法艺术。

比较分析“四王”存世的作品，其主要笔法为：以董、巨的披麻皴、点子皴复合元四家长短不等、干湿并用、中侧锋皆施的皴擦，最终完成了渴笔皴擦的干笔画法。从其取法的结果来看，黄公望和王蒙的笔法为“四王”这种干笔画法的关键所在，其中又以王蒙为主。因为董其昌早已定义王蒙“若如刻画之功，元季当推第一”，这符合四王“士气作家一格”的艺术取向。但王蒙的笔端形式已被“四王”弱化，直取其苍莽沉郁之气，王时敏因此而得“浑沦苍润”的笔法特征，王鉴成“笔法遒美”之意境，王翚成用笔忌“光”之论，王原祁完成“山水用笔须毛”的笔法体格，这些从实践到理论的升华是“四王”在“摹古”的整饬梳理中完成的。

追踪王时敏由早期到晚期的作品，其笔法形式发展变化平稳，以长、短披麻皴为主。在其绘画风格越趋成熟之时，其皴笔的节奏愈强，一改黄公望状物皴擦的简率，多从董源《寒林重汀图》和《龙宿郊民图》取法。皴笔屈曲扫之，以平行重复的节奏为主。这一特征在其五十七八时岁所作《仿黄公望山水》（上海博物馆藏）、《秋山白云图》（故宫博物院藏）中均有鲜明的体现。愈至晚年，王时敏作品中的皴笔多以重复感极强的短笔皴法为之，以王蒙这一巨擘为津梁，笔端愈趋干渴，运笔灵活松动，苍莽浑厚。即便是仿倪瓒的笔法亦改早年的折带侧笔，以渴笔皴擦为主，我们将其72岁所作仿倪瓒《落木寒泉图》（故宫博物院藏）（图九）与王时敏36岁《仿倪瓒山水图》（故宫博物院藏）（图一〇）、《溪山亭子图》（浙江省博物馆藏）比较，即可轻易得此结论。王时敏有意识地发展了渴笔皴檫之法，成为“四王”的先导。更有意义的是，这一特征被王原祁发展而完善。

图九　王时敏《落木寒泉图》轴

王鉴常常强调“笔法遒美”或“笔法遒媚”。“遒媚”一词为中国书法艺术的美学概念，周汝昌先生解释：“‘遒’即‘遒劲’，‘媚’即‘姿媚’……前者指笔力，后者指姿态……'遒'，是控制、驾驭'气'而达到恰到好处的'火候'的一种境界。"[1]中锋用笔易呈刻画之工，王鉴正是借助"遒媚"的运笔之道破解了刻画之气。庞元济说："四王先生中惟廉州能运笔中锋，其合作处堪与董华亭对垒。"[2]纵观其存世作品，其个性特征有四：一为离不开重复连绵的山体布局；二为遒劲爽朗的勾勒笔法；三为积点为笔的点子皴；四为淡墨渲染之法。《溪山无尽图》尤为代表。此时，王鉴将十五年前所作《四家灵气图》（故宫博物院藏）中长披麻皴改为短披麻皴，更去除了41岁所作《溪山深秀图》（上海博物馆藏）中拙硬的笔腕，笔法细润圆通。其雨点皴值得注意。王鉴的雨点皴训练有素，与王时敏用米氏云点或破、或醒的方法增加笔端意趣之致已完全不同，王鉴雨点皴意在积点为笔，积点成形，在峰峦之处围点而成峦头或远山之林，以破除山脉单一、重复的节奏，最后以擢点醒之，增添画面"风韵纤妍"之态，不仅如此，王鉴会辅以淡渲以破中锋笔端刻板之气，正如其画中自识所言："妙有幽致淡远之致。"

图一〇　王时敏《仿倪瓒山水图》轴

王翚在论述笔法时说："凡作一图，用笔有粗有细，有浓有淡，有干有湿，方为好手，若出一律，则光矣。""又曰：繁不可重，密不可窒，要伸手放脚宽闲自在。又曰：以元人笔墨，运宋人丘壑，而泽以唐人气韵，乃为大成。又曰：皴擦不可多，厚在神气不在多也。"[3]这"皴擦不可多，厚在神气不在多也"，正是解决中锋用笔过多而滞气的有效方法。王翚最终强调正是"厚"，使其中锋勾勒的笔法需以重复排列的方式取胜，为此，王翚撷取了王蒙的笔法，但在摹仿中王翚不会放弃自己精于中锋用笔的笔法特征，亦不能轻易甩掉中锋用笔的局限，其摹仿时必将结合自己的笔法特征弱化王蒙笔法中卷曲、繁复的特征。比较王翚42岁所作《仿王蒙秋山草堂图》（故宫博物院藏）与王蒙的《秋山草堂图》（台北故宫博物院藏），它们之间笔法面貌迥异，王翚"不敢杜撰一笔"的自识似乎洵为虚语。又，王翚59岁所作《仿

1　周汝昌：《说"遒媚"——中国古典书法美学问题之一》，第41、42页，《美术史论丛刊》，人民美术出版社，1982年。

2　（清）庞元济：《虚斋名画录》，前揭《中国书画全书》第十七册，第740页。

3　（清）张庚：《国朝画征录》，前揭《中国书画全书》第十五册，第16页。

图一一　王翚《仿王蒙山水图》轴

王蒙山水图》[1]（图一一）却完全脱化了王蒙的笔法，以自家经典的笔法演绎出独特的艺术特色：笔中有粗有细，有干有湿，有浓有淡，以短笔披麻皴与荷叶皴为主，再辅以细密松灵的雨点皴，参以宋人丘壑，颇具集大成之实。王时敏评价王翚摹仿王蒙时云："惟石谷深得其髓……寓法度于纵放之中，得奇趣于笔墨之外。"虽有过誉之嫌，但实因王翚的艺术成就。不仅如此，王翚亦如其他三王一样，用作品诠释了自己的画论。

张庚认为王原祁的"毛"与王翚的"光"正好相对，他说："自�村桑者曰：麓台云山水用笔须毛。毛字从来论画者未之及，盖毛则气古而味厚。"[2]仔细推究，未必如是。王翚的"光"多求笔端形式的变化，而王原祁的"毛"实为干笔渴皴之道。王原祁在《雨窗漫笔》中详细解释了用笔"忌滑，忌软，忌硬，忌重而滞，忌率而溷，忌明净而腻，忌丛杂而乱"。以笔力为重，对应其"绵里有针""笔端金钢杵"的理论。而"忌重而滞，忌率而溷，忌明净而腻，忌丛杂而乱"，强调的是笔端的气韵之致。王原祁的"毛"笔是在发展祖父王时敏渴笔皴擦的技法之上，以干墨重笔皴擦，"以至其深沉浑穆之趣"[3]，左右了有清一代的用笔之道。蔡星仪先生云："如果说中国山水画的灵魂是笔墨，王原祁正是第一流的笔墨巨匠，他整个艺术成就的精华就在于笔墨。"蔡先生还进一步总结道："概而言之，从黄公望处得'苍'字，从吴镇处得'润'字，从王蒙处得'浑'字，从高克恭处得'厚'字，这就是王原祁。"这一评断是准确的，以笔而言，王原祁以效法王蒙为主，但已迥异于王鉴、王翚所取法的王蒙笔法形式，他以干渴的"毛"笔重复皴擦之道直取王蒙的笔端气韵。

王原祁53岁所作《仿王蒙夏日山居图》[4]（台北故宫博物院藏）中的"皴擦之间，

1　徐邦达、薛永年主编：《王翚精品集》图三三，人民美术出版社，2011年。

2　（清）张庚：《国朝画征录》，前揭《中国书画全书》第十五册，第24页。

3　（清）方熏：《山静居画论》，参见《四铜鼓斋论画集刻：亨》，北京会文斋刻本，宣统元年。

4　台北故宫博物院编辑委员会编：《清王原祁画山水·画轴特展》，第1页，1997年。

欲燥方润，将浓就枯，尽变化之能事，用笔老辣圆成，交替互出，此盖麓台极精之品，不可数数得者也"[1]。与此前王原祁仿王蒙的作品相比，"尽变化之能事"的评价极为中肯。王蒙解索皴、牛毛皴等笔法形式已因王原祁渴笔皴擦而失去其鲜明的形象特征，最终消失在王原祁反复叠加的皴笔之下，并因密实、结体、通幅的丘壑布局呈现出苍苍莽莽的浑沦气象。王原祁 66 岁《仿王蒙笔意》[2]（台北故宫博物院藏）和《仿王蒙山水图》轴[3]（上海博物馆藏）为有力的例证，其后一年的《神完气足图》[4]（图一二）笔法臻熟。发展至此，王原祁已不再如《仿王蒙夏日山居图》一般先是"以淡墨界成轮廓"，画面的山势轮廓已隐退于干墨重笔皴擦之中，趋于整体，浑沦，苍莽。其"熟不甜，生不涩，淡而厚，实而清"[5]的笔端艺术着实过人。这一笔法特征直接引发了"四王""淡中取浓，以笔见墨"的墨法。

图一二　王原祁《神完气足图》轴

三　以笔见墨的山水画五墨之法

黄公望《写山水诀》中言："作画用墨最难，但先用淡墨，积至可观处，然后用焦墨、浓墨，分出畦径远近，故在生纸处有许多滋润处。李成惜墨如金是也。"张丑《清河书画舫》著述黄公望的水墨画特征时云："皴纹甚少，笔墨尤为简远。"童书业先生亦认为："干笔画法到元末，已成熟了。然而，元末的干笔画法，使用'积墨'和晕染法还不够，所以常常有骨胜于肉的弊病。"[6]分析黄公望现存作品（以纸本作品为考察对象），其"先用淡墨"不置可否，但其"积至可观处"却常以疏简、率意的笔意完成，

1　前揭《清王原祁画山水·画轴特展》，第 115 页。

2　前揭《清王原祁画山水·画轴特展》，第 14 页。

3　前揭《王原祁精品集》图四九。

4　前揭《王原祁精品集》图五二。

5　（清）张庚：《国朝画征录》，前揭《中国书画全书》第十五册，第 24 页。

6　童书业：《童书业绘画史论集》下册，第 568 页，中华书局，2008 年。

墨色层次简淡，即便以浓墨、焦墨点醒的方法亦多以渲染为之，以求疏朗逸迈之格。及至明代，以“明四家”为例，其“积墨”之法亦多以淡渲为之，强调整体墨气，积墨的墨色层次不是十分突出。将黄公望的淡墨技法升华至“淡中取浓，以笔见墨”的山水画五墨之法，清初“四王”为其翘楚。首先响应的是王时敏，云：“子久论画凡破墨皆由淡入浓。”[1] 又云：“每见子久破墨多由淡入浓。”[2] 不仅如此，“四王”亦能从解析理论到较好地完成技法实践，以“淡”为宗的山水画墨法在“四王”的整饬下已超越前人，遥应了苏东坡“精能之至，反造疏淡”的意境，遵循了董其昌“诗文书画，少而工，老而淡；淡胜工，不工亦何能淡”[3] 的训诫。从淡墨入，渴笔皴擦，积墨至淡中有浓正是王时敏浑厚苍茫、王鉴笔墨遒美、王翚厚在神气、王原祁浑沦气象的艺术表现，实现了“老而淡”的艺术理想。诚如前文所述，“四王”重笔重墨，讲求笔墨之道互为表里，“淡中取浓，以笔见墨”不离其宗，用笔正是其墨法气韵之根本，用“四王”的话说就是“以笔见墨”。

干笔渴皴尤以王原祁为甚，本文以王原祁为例析述其中扼要。王原祁在六十岁所作《溪山林屋图》（南京博物院藏）中自题：“子久画平淡天真，凡破墨皆由淡入浓，从此为趋向之准，不以铅华取工也，识者鉴之。”并在《雨窗漫笔》中云，“墨须用淡，要取淡中之浓”。“今人不知画理，但取形似，笔肥墨浓者谓之浑厚，笔瘦墨淡者谓之高逸”。“淡中取浓，以笔见墨”的五墨之法于是见诸于笔法。我们从王原祁的作品中可以找到相应的实证。其《仿古山水图》册（图一三、图一四）之六上自题：“此幅呵冻，用墨过重，尚不失梅道人之意，存之。”端详作品，其墨色晕淡有泽，足见王原祁对笔肥墨浓之厌恶。对比其后一页，王原祁自题云：“巨然墨法，略有入门处。”又因“梅道人纯师巨然”，王原祁以前、后册页为之，可见其胸中完备的绘画脉络体系，自遣“呵冻”后又自适“略得之”。从其中的画面特征来看，王原祁总结出

图一三　王原祁《仿古山水图》册之一

1　（清）王原祁：《麓台题画稿》，前揭《中国书画全书》第十二册，第 285 页。

2　前揭《王奉常书画题跋》，见《又题廉州仿子久》。

3　（明）董其昌：《画眼》，参见黄宾虹、邓实《美术丛书初集》第一册，第 127 页，江苏古籍出版社，1986 年。

的原因就是用笔沉滞，偏离了“实而清”的用笔之道，以至墨色过重。愈至其后，王原祁的思考愈发成熟。他在七十一二岁所作的《山水图》册（天津博物馆藏）（图一五），此时王已供奉内廷，王原祁始终不忘画脉之源流，作“北苑墨法”一页，相形上海博物馆藏《仿古山水图》册而言，其艺术风格已臻完备。整册（十二开）以淡墨入，渴笔叠复，笔骨隐而不显，又略施渲淡，墨韵圆融浑润而具气韵之致。又，王原祁在“仿王蒙”一页上钤“苍润”一印。

虽题仿各家，实为借名之举。画面的布局、笔法、墨法同出一手，各家之意完全退避于王原祁的笔下，一统于“要

图一四　王原祁《仿古山水图》册之二

图一五　王原祁《山水图》册之一

图一六　王原祁《仿北宋人山水》轴

之气韵生动，端在是也”[1]。画中的笔、墨、丘壑融为一体，不辨轻重，不分主次。王原祁在七十四岁（即殁之年）所作《仿北宋人山水》[2]（图一六）中自识：“世人论画以笔墨，而用笔用墨必须辨其次第，审其纯驳。从气势而定位置，从位置而加皴染，略一任意，便疥癞满纸矣。每于梅道人有墨猪之诮，精神流逸之故，茫然不解，何以得古人用心处，余急于此指出，得其三昧，即得北宋三昧也。”此时，“四王”“熟后熟”的山水画绘画形式发展到王原祁时已化解了董其昌“一超直入如来地”的禅意，将董其昌“尚率真、崇士气、重笔墨、轻丘壑、黜刻画”[3]中相对立之处一统为合“士气”与“作家”于一格。

“四王”以集体的力量，在摹仿中深参古人之迹，抒发己意，以“图画留与人看”阐述画理，总结云：“可及可到处正不可及不可到处，个中三昧，在深参而自会之。”[4]这正是“四王”“摹古”所得，其中深义，须得三思！

原载《故宫博物院院刊》2013年第3期

1 （清）王原祁：《雨窗漫笔》，前揭《中国书画全书》第十二册，第288页。

2 前揭《清王原祁画山水：画轴特展》，第63页。

3 澳门民政总署、澳门艺术博物馆编：《南宗北斗——董其昌的书画艺术》，第67页，2008年。

4 （清）王原祁：《麓台题画稿》，前揭《中国书画全书》第十二册，第285页。

董邦达《四美具合幅》图的创作、陈设及其意涵

张 震

内容提要：本文以图像、文献和档案为基础，试图借诸种材料的分析，阐述董邦达奉乾隆皇帝之命绘制《四美具合幅》图的缘由，以及作者对绘画主题、题材、风格、构图的选取，通过分析作品从母本到成品的制作过程，力求揭示出皇帝、词臣和画家在创作中的意愿和互动。作者试图借助个案分析，揭示词臣画家在乾隆宫廷内艺术风格的形及其发展过程中的种种复杂性。此外，作者对绘画史研究中“赞助人”概念的引入加以反思。

关键词：四美具合幅图　乾隆　词臣　董邦达　创作　赞助人

《四美具合幅》图（图一、图二）为两个立轴，左幅纵 172 厘米，横 111.6 厘米，右幅纵 171.7 厘米，横 111.8 厘米，现藏于台北故宫博物院，《石渠宝笈·三编》著录为“董邦达画四美具合幅二轴”[1]。作为其母本的山水册页（图三），为清董邦达等《山水花卉册》之第一开，纵 30.5 厘米，横 57 厘米，未经《石渠宝笈》著录，藏于天津艺术博物馆（今属天津博物院）[2]，为了行文的方便，本文中暂称其为“四美具合幅册页”。

以上作品均为词臣画家董邦达在 1746 年奉乾隆皇帝之命所作。根据相关的资料、文献，可以基本呈现《四美具合幅》图“母本——正本——陈设”的过程。绘画是艺

作者：书画部，副研究馆员。

1　图见冯明珠主编《乾隆皇帝的文化大业》，第 89 页，台北故宫博物院，2004 年；台北故宫博物院编：《故宫书画录》卷八，第四册，第 111 页，中华丛书，1956 年；台北故宫博物院编：《故宫书画图录》第十四册，第 121 ～ 122 页，台湾联经出版社，1997 年。以上图录中，两个立轴分别被命名为“清董邦达四美具合幅轴”“清董邦达绘高宗御笔四美具赞轴”。此两个立轴，相关条目见《钦定秘殿珠林石渠宝笈三编》第十四函第三册，第 96 ～ 102 页，故宫博物院抄本。为了行文方便，在分析画面时，两幅立轴分别称为“左幅”和“右幅”，合在一起时称为“合幅”，不再一一注明。

2　见中国古代书画鉴定组编《中国古代书画图录（十）》，第 174 页，文物出版社，1986 年。

图一　《四美具合幅》左幅（采自冯明珠主编《乾隆皇帝的文化大业》第 89 页）

图二　《四美具合幅》右幅（采自台北故宫博物院编《故宫书画图录》第 14 册第 121 页）

图三　《四美具合幅》册页

术家创作的结晶，也是特定历史时空下的产物，当前已有不少研究者将乾隆朝宫廷绘画放到创作背景、使用脉络中加以考察，分析其政治、历史内涵[1]。但还很少有学者使用此种方法对乾隆时期宫廷内历史、政治题材之外的绘画进行研究[2]。《四美具合幅》图的制作涉及乾隆朝宫廷的绘画鉴赏趣味、词臣画家的创作、绘画作品的使用、作品的内涵以及词臣和皇帝的互动等方面。据笔者所知，目前还没有人对这三幅绘画进行系统的研究[3]。笔者将在下文逐项加以论述。

一　缘起——董其昌鉴赏之四名卷重聚

顾从义[4]是晚明时期“海上”有名的收藏家，根据《潇湘卧游图》上董其昌的题跋[5]，传为顾恺之的《女史箴图》和传为李公麟的《潇湘卧游图》、《蜀川概胜图》、《九歌图》[6]即为其藏品。但其收藏四名卷的时间并不长，从《蜀川概胜图》上董其昌和陈子有的题跋[7]可知，仅在1602年到1608年，《潇湘》和《蜀川》两图已数易其主[8]。

1608年，陈子有在失去《潇湘卧游图》后，得到了《蜀川概胜图》，他感慨道：“若

1　如Wu Hung, “Emperor’s Masquerade：‘Costume Portraits’ of Yongzheng and Qianlong”, *Orientations*, XXVI/7（1995）, pp.25 － 41；又见巫鸿（梅玫、肖铁等译）《时空中的美术——巫鸿中国美术史文编二集》，第384 ～ 395页，三联书店，2009年；杨多：《乾隆南巡图研究》，中央美术学院硕士毕业论文，2004年；马雅贞：《中介于地方与中央之间：〈盛世滋生图〉的双重性格》，《美术史研究集刊》第二十四期，第259 ～ 332页，台湾大学艺术史研究所，2008年；姜鹏：《乾隆朝“岁朝行乐图”“万国来朝图”与室内空间的关系及其意涵》，中央美术学院硕士毕业论文，2009年。

2　相关研究参见陈韵如《时间的形状——〈清院画十二月令图〉研究》，《故宫学术季刊》第二十二卷第四期（2005年夏季），第103 ～ 179页，台北故宫博物院。

3　目前仅有文章、书籍提及四美具合幅，如林焕盛《丁观鹏的摹古绘画与乾隆院画新风格》，第24 ～ 25页，台湾大学历史研究所硕士论文，1994年；段勇：《乾隆的“四美”与“三友”》，第82页，紫禁城出版社，2008年。

4　“顾从义……字汝和，上海人，嘉靖中诏选善书者入殿直，应试称旨，授中书舍人，直文华殿。隆庆初以预修国史成，擢大理评事。其楷书行草宗钟王，径尺大字仿颜赵，甚为文徵明、王世贞父子所重。”见（清）纪昀、陆锡熊、孙士毅等《法帖释文考异》提要，《影印文渊阁四库全书》第683册，第357页，台湾商务印书馆，1986年。

5　董其昌题《潇湘卧游图》云：“海上顾中舍所藏名卷有四，谓顾恺之女史箴、李伯时蜀江图、九歌图及此潇湘图耳，女史在 李项家，九歌在余家，潇湘在陈子有参政家，蜀江在阳信王思延将军家，皆其踪也。”见《石渠宝笈·初编》之附“贮翠云馆”“漱芳斋”“静怡轩”“三友轩”卷，第85 ～ 86页，故宫博物院抄本。

6　对以上四图的鉴定研究，参见《乾隆的“四美”与“三友”》，第21页。为了行文的方便，本文暂按照文献中的原名，文中不再一一注出。

7　见前揭《石渠宝笈·初编》附“贮翠云馆”“漱芳斋”“静怡轩”“三友轩”卷，第73 ～ 74页。

8　此四卷流传的详细经历，参见前揭《乾隆的“四美”与“三友”》，第65 ～ 84页。

夫延津之剑，分而复合，此亦理数所或有，予不敢必也。”[1]此时，他可能难以想象130余年后四名卷再次重聚一堂的情景：1746年的夏天，乾隆皇帝看到了《潇湘卧游图》上董其昌的题跋，最终发现四名卷已全部进入宫廷，惊喜之余，当即令词臣董邦达绘制了《四美具合幅》册页。此后，皇帝仿三希堂之例，特将四卷置于紫禁城建福宫花园之静怡轩西室，颜其室曰“四美具”，又命董邦达绘《四美具合幅》轴以志此事。

无疑，在顾从义所收四卷藏品聚散的过程中，一直有着董其昌挥之不去的身影。尽管论者对董其昌的鉴赏能力有过怀疑或批判[2]，但正如高居翰所言：“董其昌以后的收藏家没有一个可以声称在收藏和鉴赏（中国古代）画作时会不受其影响。”[3]

1746年，乾隆皇帝在收藏四名卷、构建四美具的过程中，几乎完全接受了董其昌的意见，而在“四美”上的题跋中又时时以董其昌为超越的对象。清代康熙皇帝对董其昌书法非常喜爱[4]，乾隆身边的重要词臣[5]张照[6]、汪由敦及其青年时期的绘画顾问唐岱[7]等，都是董其昌的推崇者，乾隆应该早就知道董其昌的艺术成就。汪由敦称：“大内所收名迹凡至元以前书画，经公（董其昌）题识者十居其九。”[8]在集中整理宫廷所藏书画、组织编写《石渠宝笈·初编》的过程中，乾隆切实感受到了董其昌的在书画鉴藏方面的影响，乾隆朝词臣由此感慨：“思翁于此道三折肱复，以盛名奔走海内，一经品题身价百倍。”[9]

乾隆在董邦达《四美具合幅》册页中的题记，生动揭示了其内心的情感：“名流贤

1　见前揭《石渠宝笈·初编》附“贮翠云馆”“漱芳斋”“静怡轩”“三友轩”卷，第74页。

2　班宗华：《董其昌对宋画的鉴赏及其历史妥协性之初步研究》，朵云编辑部：《董其昌研究文集》，第632～647页，上海书画出版社，1998年；王连起：《从董其昌的题跋看他的书画鉴定》，《故宫博物院院刊》2006年第2期。

3　James Cahill, “Collecting Paintings in China”, *ARTS MAGAZINE*, April 1963, pp.66–72.

4　傅申：《明末清初的帖学书风》，《书史与书迹——傅申书法论文集（二）》，第320页，台湾“国立”历史博物馆，2004年。

5　冯明珠称乾隆时的词臣为“玉皇案吏王者师”，参见氏著《玉皇案吏王者师——论介乾隆皇帝的文化顾问》，冯明珠主编：《乾隆皇帝的文化大业》，第241～258页，台北故宫博物院，2004年。

6　作为董其昌的同籍，张照是一个典型的崇董者。论者已经注意到，“张照的学书生涯中，以学董为主，张照以同乡先文敏公董其昌为最重要的师法对象……董书贯穿其整个书学系统的始终”。见陆雨润《张照〈天瓶斋书画题跋〉与其书学观研究》，第13页，西南大学硕士论文，2007年。

7　乾隆与唐岱的交往，参见傅申《乾隆皇帝御笔盘山图与唐岱》，《美术史研究集刊》第28期，第83～122页，台湾大学艺术史研究所，2010年。作为“正统派”的重要传人，唐岱极力推崇董其昌，在其所著《绘事发微》的“正派”篇云：“明董思白衍其法派，画之正传于焉未坠。”见唐岱《绘事发微》，《续修四库全书》子部，第1067册，第9页，上海古籍出版社，2002年。

8　（清）汪由敦：《跋手临名画巨观二则》，《松泉集》卷一八，《影印文渊阁四库全书》第1328册，第874页，台湾商务印书馆，1986年。

9　前揭《跋手临名画巨观二则》，《松泉集》卷一八。

士偶尔品题，往往成千载佳话。明顾中舍（从义）鉴藏颇富，董香光以顾恺之女史及李公麟潇湘、蜀江、九歌四卷为之冠，真赏妙契，信不诬也。流传百余年，同时入《石渠宝笈》，香光题跋遂为四卷聚散因缘符契，爰命为此图。”（图四）

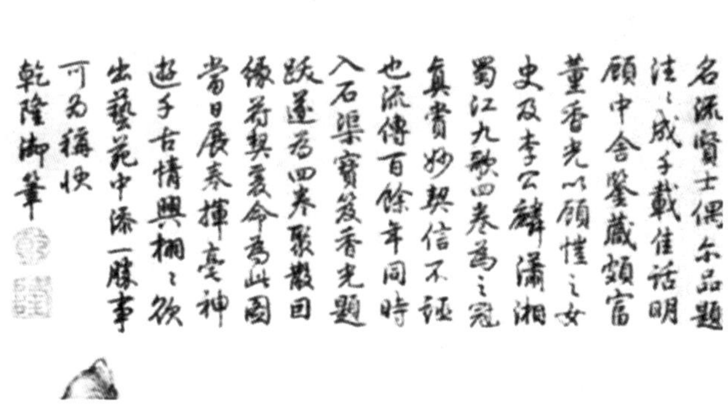

图四　乾隆在《四美具合幅》册页上的题记

二　绘画风格与母题的选择

《四美具合幅》册页和立轴所绘景致基本相同。右侧近景绘溪流自山间蜿蜒而下，小桥边一文士携童子策杖而来，中景为三面环山的几处房屋；左侧为庭院台阁，修竹、嘉木环绕，堂前陂陀巨石，松树挺立；书斋内一文士展卷观画，身边一童子捧画，一童子侍立，里间一童子似乎正持卷轴而来；远景的山峰连绵起伏，雄峻浑厚。画中山石、树木的画法主要师自“正统画派”，山石施以类似王蒙的牛毛皴，用笔细密、劲健，山体用干笔淡墨多次皴擦的画法师自王原祁，树木画法来自王翚，树叶有双勾夹叶、介子点、苔点、横笔点等。画中描绘文人闲居的环境，以界笔刻画建筑亭台，其中庭院、书斋、松竹、小桥、高士、童子、文玩、书桌等，皆为吴门绘画中所常见，画风工细严谨。作品构图亦受到吴门绘画之影响，与文徵明、唐寅的一些绘画有相似之处，比如文徵明《洛原草堂图》卷、唐寅《毅庵图》卷（两图均为乾隆时期清宫藏品，现藏于故宫博物院）。图中人物的画法，与唐寅在山水中的人物近似，尤其是桥上来访的人物和童子，更是与唐寅《事茗图》卷[1]（该图为乾隆时期清宫藏品，图五）十分接近。

那么，董邦达为什么要选择吴门绘画惯用的景致来表现“四美合幅”这一抽象性的事件呢？为什么要选用闲居山水作为故事的背景呢？

在编写《石渠宝笈》前后，董邦达多次奉旨于乾隆皇帝之后在吴门画家的绘画上题诗，他还奉旨仿唐寅和仇英的《赤壁赋图》为乾隆的书法“配图”[2]。在《乾隆摹

1　图见许忠陵主编《故宫博物院藏文物珍品全集·吴门绘画》，第88页，香港商务印书馆，2007年。著录条目见前揭《石渠宝笈·初编》卷五下“贮养心殿”，第29～33页。

2　见《乾隆临文徵明书苏轼赤壁二赋卷》，《钦定秘殿珠林石渠宝笈续编·石渠宝笈》第五十四册，第24～26页，故宫博物院抄本。

图五　唐寅《事茗图》卷（局部）

图六　董邦达《松荫读书图》（局部）

图七　董邦达《三希堂记意图》（局部）

唐寅事茗图卷》尾纸上，也有他和多位词臣题写的与乾隆唱和的诗文[1]。从1744年、1746年董邦达先后奉敕所作的《松荫读书图》（图六）和《三希堂记意图》（图七）[2]（两图均藏于故宫博物院）来看，在《四美具合幅》图创作之前，他对吴门绘画的题材与画风已经相当熟悉。《三希堂记意图》的构图和题材皆仿自吴门绘画。《松荫读书图》

1　见《乾隆仿唐寅事茗图卷》，前揭《钦定秘殿珠林石渠宝笈续编·石渠宝笈》第七十四册，第3～9页。

2　从《三希堂记意图轴》上董邦达的款识“乾隆十有一年臣承命绘三希堂图”和乾隆题记的落款“丙寅春二月朔御笔”来看，此图约作于乾隆十一年二月。见前揭《钦定秘殿珠林石渠宝笈续编》第二十五册，第69页、第73页。而《四美具合幅》册作于该年四月，详见下文。

中，松荫、煮茶的童子以及茶炉直接来源于吴门的绘画[1]。董邦达也偏爱市隐、书斋一类主题。早在1732年，在友人为董邦达所作的一幅读书图中，背景就是溪流柳竹、市郊寒舍[2]。《四美具合幅》图中运用的这些图像元素，都是吴门闲居、书斋图中所常见的。正如论者所言："书斋图是吴派传统中最优美也最具特色的部分，无论是沈周的《东庄图》册，抑或是文徵明的《真赏斋图》卷，皆借助对书斋及其周边景致的生动描写，传达出对书斋主人的道德品行、文化素养的高度评价，由此将图画提纯为某种关乎个人的纪念或表彰。"[3]而"'仿'特定大师的山水画成了一个精微的文化游戏中的一步棋，成为既能辨认各种风格，又能欣赏后来艺术家对这些风格的巧妙处理的有教养者群体中成员资格的标记"[4]。董邦达选择用吴派传统的"书斋图"来表现源自吴地的"四美具"重聚，表达对乾隆帝的颂扬。《四美具合幅》立轴还被用于"四美具"书斋内悬挂（详见以下部分论述），确实十分妥当。

那么，乾隆是否欣赏此类的绘画？是否能准确读出绘画传达出的意涵呢？在宝亲王时代和即位初期，乾隆大量鉴赏了沈周、文徵明、唐寅的绘画[5]，以上提及的文徵明《洛原草堂图》[6]与唐寅的《毅庵图》[7]和《事茗图》，均为乾隆宫廷收藏。乾隆还多次临仿唐寅和文徵明的山水画[8]。早已有学者观察到，在《石渠宝笈》多编中，收入吴门四家的作品要远远大于清代"四王"的作品[9]。乾隆之所以对吴门的山水喜爱有加，除了欣赏吴门的绘画风格外，与吴门绘画的山水所表现的是南方文人雅士的闲居生活有关。与雍正皇帝不同，乾隆不喜欢以隐居者或野逸者的形象出现，在乾隆的"汉装像"中，"他较喜爱呈现身为贵公子，从事汉文士的各种活动"[10]。乾隆在诗文中也经常谈

---

1 比如《文徵明茶具十咏图》轴，许忠陵主编：《故宫博物院藏文物珍品全集·吴门绘画》，第52页，香港商务印书馆，2007年。

2 见《唐千里画董邦达像》轴，图见杨新主编《故宫博物院藏文物珍品全集·明清肖像画》，第77页，香港商务印书馆，2008年。

3 赵力：《春洲逸兴：张崟〈曲江亭图卷〉及其相关问题研究》，《世变·形象·流风：中国近代绘画1796—1949学术研讨会论文集》，第194页，台北鸿禧艺术文教基金会，2008年。

4 [美] 高居翰（杨思梁译，孔令伟校）：《中国山水画的意义和功能》，《新美术》1997年第4期。

5 见陈葆真《雍正与乾隆二帝汉装行乐图的虚实与内涵》，《故宫学术季刊》第二十七卷第三期。

6 著录条目见前揭《钦定秘殿珠林石渠宝笈续编·石渠宝笈》第五十九册，第70～86页。

7 此图《石渠宝笈》著录为"唐寅毅庵小照一卷"，前揭《石渠宝笈·初编》卷五下"贮养心殿"，第18～24页。

8 根据本文的统计，在1746年之前，乾隆至少有《仿唐寅笔意作寒梅小景》、《临唐寅芦汀系舟图轴》、《临唐寅、文徵明兰亭书画合璧》卷、《仿文徵明山水图》轴、《临文徵明松荫高士图》轴、《摹仇英兰亭修禊图》轴等作品。

9 黄小峰：《"隔世繁华"：清初"四王"绘画与晚清北京古书画市场》，《艺术史研究》第九辑，第174页，2007年。

10 前揭《雍正与乾隆二帝汉装行乐图的虚实与内涵》。

到"匪学隐士风，聊慕君子节"[1]。从乾隆对吴门书斋图上的题诗来看，他对此类绘画所传达的内涵也十分了解。乾隆题《唐寅梦筠图即用其韵》云："伏里移来绿满庭，闲闲常见数峰青。稗官仿佛传生日，玉局风流貌寿星。笙筑频敲窗外韵，龙蛇交走月中形。先生隐几非无意，无色声天寄视听。"[2]

"市隐"也是乾隆身边的词臣所欣赏的生活方式，汪由敦有以"市隐"为主题的山水画，同时，张照、励宗万、张若霭等也十分推重吴门文徵明和唐寅的作品。根据本文收集的资料，励宗万和张若霭均收藏了多幅吴门绘画[3]。张照题跋文徵明的《洛原草堂图》卷，称文氏"主风雅四十余年，四方乞诗文书画者接踵于道。外国使者道吴门，望里肃拜，以不获见为恨。人谓四绝不减赵孟頫，其笔墨遍天下"[4]。

为什么在这幅墨笔山水中建筑是用界笔绘画的呢？从康熙时代开始，界画在宫廷山水画中一直占有重要的地位，康熙、乾隆两位帝王即十分赞赏冷枚的界画能力。清代中期的王昶亦认为："以界画法入山水中，既无损于澄空缥缈之观，而益增潇洒出尘之胜。"[5] 1745年，乾隆御笔《盘山图》即是运用界画表现建筑的墨笔山水画[6]。在乾隆宫廷制作的墨笔山水中广泛运用界画的是董邦达，就在绘制《四美具合幅》册页之前，董邦达即创作了《三希堂记意图》轴和《松荫读书图》轴等多幅此类作品。从这几幅作品的题诗[7]和创作背景来看，显然是当时乾隆帝十分重视的作品。此后，在乾隆的宫廷内，董邦达等绘制了大量此类模式的作品。例如董邦达的《盘山十六景图》册[8]、《西

1　见乾隆《莳竹》诗，《御制诗初集》卷三三，《清高宗御制诗文全集》第一册，第836页，中国人民大学出版社，1993年；又见乾隆《翠微室》"匪学隐者流，子舆言已悉"，《御制诗四集》卷三五，《清高宗御制诗文全集》第六册，第833页。

2　《御制诗二集》卷四，《清高宗御制诗文全集》第二册，第233页。

3　笔者据《石渠宝笈》等著录进行了初步统计，励宗万至少收藏了8幅吴门的山水绘画，张若霭至少收藏了7幅吴门画派的绘画。

4　前揭《钦定秘殿珠林石渠宝笈续编》第五十九册，第82～83页。

5　（清）王昶：《国朝画识》序，冯金伯：《国朝画识》，卢辅圣主编：《中国书画全书》第十册，第572页，上海书画出版社，1994年。

6　相关研究参见邵彦《时空转换中的行宫图像——对几件〈盘山图〉的研究》，《故宫博物院院刊》2008年第1期；傅申：《乾隆皇帝御笔盘山图与唐岱》，《美术史研究集刊》第28期。

7　《松荫读书图》轴上的题诗是："世界空华底认真，分明两句辨疏亲。寰中第一尊崇者，却是忧劳第一人。梦中自题小像一绝，甲子夏五所记也，乙丑季夏清晖阁再书。"见故宫博物院编《清代宫廷绘画》，第174页，文物出版社，2001年。乾隆十分重视此首小诗，后分别将其题在《唐宋元名画大观册》第一开附页和《御笔涉笔成趣四册》第一册第一开上。分别见前揭《石渠宝笈·初编》附"贮画禅室"卷，第29页；《石渠宝笈·初编》卷一"贮重华宫"，第75页。

8　《董邦达画盘山十六景册》条"水墨界画盘山十六景"，见前揭《钦定秘殿珠林石渠宝笈续编》第七十二册，第25页。

湖十景图》册[1]等。词臣阮元后来在《石渠随笔》中把董邦达的山水画推为“国朝第一”，赞其“屋子皆整齐界画，无作草草茅庐者”[2]。

那么，合幅为什么选择王蒙、王翚与吴门结合的风格呢？这与当时宫廷推崇“集大成”的绘画创作方法紧密相关。吴门画派的山水、界画法，甚至包括西洋画法[3]，都是乾隆和词臣所包容和欣赏的。根据笔者的考察，在“臣”字款绘画中，董邦达绘画主要是受到了王蒙、王翚一路画风的影响。董邦达较早的一幅绘画是其 32 岁时所作的《秋山对弈图》（陕西师范大学博物馆藏），此图题称“仿元人”，实则参以宋人笔法[4]，从中可见董邦达“集大成”风格之端倪。故《读画辑略》评价云：“以元人笔墨，运宋人丘壑，多书卷气，故其标新领异，变幻莫穷。”[5]这与乾隆宫廷对山水画“集大成”的审美需求相一致。

三　《四美具合幅》册与《四美具合幅》轴的图像变化

从册页的题跋中可以看出，册页的创作时间是紧接着“四美具”画卷的发现。根据《四美具合幅》轴右幅梁诗正等的题跋，四卷重聚是因为乾隆十一年（1746 年）“孟夏万几余闲，得龙眠潇湘图卷。按董题识搜宝笈之藏，而彼三图者适咸在焉”[6]。则董邦达山水册页约作于该年“孟夏”，即乾隆十一年（1746 年）四月；而《四美具合幅》轴的创作，则是命名“四美具”以后的事情，即乾隆十一年（1746 年）五月，再根据两者的相似程度来看，册页应该是立轴的母本。

从画面来看，册页显然要比立轴简单，立轴表现景物更为精细，增添了酒肆的幌子、熟睡的门人等，四个侍童与画卷的对应关系也交代得更为清楚，给人的感觉更真实，富有生活气息。册页是董的常见风格，山体的画法中明显有“正统派”的程式——皴多染少，用笔干淡，山顶点缀以矾头、苔点，这些皆为清初“四王”绘画中所常见。立轴中多了吴门绘画的因素，山体渲染较多，也不再用矾头点缀山顶，且山石、树木由近及远推进，纵深感增强。册页画中近景的院落、树石、人物在靠近底部的位置，而在立轴中则整个上移，

1　《董邦达西湖十景图册》条“水墨界画西湖十景”，见前揭《钦定秘殿珠林石渠宝笈续编》第七十二册，第 25 页。

2　（清）阮元：《石渠随笔》卷七，第 12 页，中华书局，1991 年。

3　林焕盛：《丁观鹏的摹古绘画与乾隆院画新风格》，第 70 ~ 88 页，台湾大学历史研究所硕士论文，1994 年。

4　郝锦绣、张岩：《董邦达与他的〈秋山对弈图〉》，《山东艺术学院学报》2009 年第 1 期。

5　（清）佚名：《读画辑略》，见洪业等辑校《清画传辑佚三种附引得》特刊之八，第 16 页，北平哈佛燕京学社（铅印本），1934 年。

6　前揭《钦定秘殿珠林石渠宝笈三编》第十四函第三册，第 100 页。

位于画面近二分之一处，远山的高度也增加了，构图更为繁密。还有，册页中远来的人物已经上桥，近景四周空旷，处在远山坡凹处；合幅之右幅中桥上的文士位于桥的右侧。册页中左边人物被一株树遮挡，阁前的树木也没有向心的指向；左幅立轴观画人居中，庭前遒劲松树和巨石上的树丛引导观者的视线注意亭阁内观画的文士。

如果说董邦达山水册页是为向董其昌致敬而画，那么，《四美具合幅》的制作仅仅是这一行为的延续吗？两者的图像为何有差异呢？从使用功能来看，合幅是专门为四美具书室而作，而册页主要是供私下玩赏。以士人书斋、园林命名的绘画在明代中期的吴门绘画中十分流行。清初，文人书斋、园林名号图又开始大量出现。雍正皇帝在皇子时期有《朗吟阁图》[7]，对乾隆内府的书画鉴藏有重要影响的词臣张若霭请人制作了《蕴真阁图》[8]。1746年乾隆皇帝命名“三希堂”并令董邦达绘制《三希堂记意图》，这是乾隆第一个书斋名号图。紧接着就是仿“三希堂之例”的“四美具”的命名。根据四美具上的题跋和档案，“三希”与“四美”都是因藏品而命名轩号，如出一辙地是两者都在题记中谈到藏品聚合之事，并且专为作品刻章、制作匣盒等。档案称为四美具制作的印章匣：“传旨：照三喜（希）堂图章匣一样配做五面，俱糊字画片，得时在四美聚（具）安。”[9]在目前存世的残缺活计档中，虽然没有《四美具合幅》当时装裱和悬挂的记载，但根据《三希堂记意图》装裱后挂在三希堂的事实[10]以及两者多方面的类似性，可以推测当时两幅《四美具合幅》轴的悬挂位置是在静怡轩西室——“四美具”。实际上，在后来的陈设档中，《四美具合幅》图就存放在静怡轩[11]。

段勇综合档案和文献，指出“（乾隆时期）四美具的陈设和布置大致如下：室内悬挂乾隆御书匾额‘四美具’，屏间有乾隆御书‘视听言动思’五箴，墙上另有两副对联：‘墨壶琴荐相先后；旧咏新裁自评定’‘兰殿霭晴晖，炉结烟翠；灵宫呈秀采，彻草舒芳’。西墙面东有一宝座床，上置‘衣素褥、背靠、枕头一分，随葛布套、毡

---

7 故宫博物院藏品，聂崇正：《故宫博物院藏文物珍品全集·清代宫廷绘画》，第73页，香港商务印书馆，1996年。

8 （清）汪由敦《题蕴真阁图》称：“蕴真阁者，澄怀园东偏，晴岚张君书室也。”《松泉集》卷一六，景印文渊阁四库全书，第1328册，第861页，台湾商务印书馆，1986年。

9 乾隆十一年，广木作，五月二十二日，中国第一历史档案馆、香港中文大学文物馆合编：《清宫内务府造办处档案总汇》第14册，第619页，人民出版社，2005年。另，括号内“希”和“具”为本文所加，笔者以为，这是谐音通假用法。

10 乾隆十一年，“裱作”，二月“初五日，七品首领萨木哈来说，太监胡世杰传旨三希堂画一张……。于本月初八日，七品首领萨木哈将御题董邦达三希堂记山水画一张，镶得金边小线持进贴讫”。前揭《清宫内务府造办处档案总汇》第14册，第567页。这则记录亦与《三希堂记意图》的创作时间——乾隆十一年二月吻合。

11 “九百三号：董邦达画四美具合幅一轴”，见《清宫陈设档》，《静怡轩挂轴帐》陈273，宣统十二年（1920年）四月立，故宫博物院抄本。现存的画幅上有溥仪的鉴藏印“宣统御览之宝”“宣统鉴赏”“无逸斋精鉴玺”，也证实了记载的可信。

氇套，年节锦绣迎手、靠背、座褥一分’；东墙面西有一宝座床，上置‘衣素褥、背靠、枕头一分，随葛布套、氆氇套，年节锦绣金龙迎手、靠背、座褥一分’”[1]。从室内摆放两个相对应的宝座床来看，四美具很可能也是乾隆会客的一个场所。比较而言，合幅画面的意象更表面化，清晰地表现了四个童子侍奉四幅画——与四美对应，两个立轴合幅——象征四美散而重聚。合幅用笔也更为细密、工谨，合幅中的建筑布局远比册页规整，画面增加了酒幌、午睡门人等细节，更富生活情趣，也易于让一般观者接受。从册页到合幅的变化，应该与预想观看者的审美需要有关[2]。

那么，《四美具合幅》轴究竟挂在什么位置？母本和正本绘画的构图为什么有所不同呢？根据笔者的观察，宫廷内书房悬挂的绘画，多位于宝座床之上[3]。根据段勇的研究，如果推测不误的话，《四美具合幅》轴很可能也悬挂在两个宝座床之上。合幅图两轴画心的高度约为 171 厘米。合幅将册页近景的人物和活动背景上移，如果悬挂在高近一米的宝座床上[4]，画面近景就正对着站立观者的视线。合幅增大了近景在画面中的比例，构图也更为饱满，比较适应远观的需要。总之，从册页到横幅，以上这些构图的调整应该与对作品的欣赏有关。

册页中桥上人物所处的位置非常引人注目，突出了远来的访客。合幅之右幅将文人放在桥边，减弱了观者对“画中访客”的注意，避免其“喧宾夺主”。左幅中观画人居中，庭前树木遒劲的枝干均引导观者的视线注意亭阁内观画的文士，阁前小树也从文士身边移走，凸显观画人在画面中的重要地位。一个册页，分为两个立轴后，主人与访客就能够各据一方，“分庭抗礼”[5]。

1　前揭《乾隆的“四美”与“三友”》，第 142 页。

2　因为没有“四美具”使用的直接资料，笔者无法确定“四美具”中接待的客人是哪些人。但从建福宫、静怡轩的使用功能中，我们可以对《四美具图》轴的观看者进行大致的推测。建福宫、静怡轩是皇帝“载色载笑，奉慈闱而承欢；来游来歌，与良臣而交儆”的场所（见乾隆《建福宫赋》，《御制诗初集》卷二三，《清高宗御制诗文全集》第十册，第 502 ~ 503 页）。建福宫和静怡轩的功用亦可从乾隆以下的两首诗得到证实。其一，《暮春恭奉皇太后建福宫赏花侍膳之作》：“新花回雁报春归，韶景长舒爱日晖。几个绿筠吟凰管，双株红杏舞莱衣。酒斟北斗升玫陛，寿指南山映琐闱。恰喜宫中承色笑，芳辰风物总光辉。”（见《御制诗初集》卷三一，《清高宗御制诗文全集》第一册，第 808 页）其二，《静怡轩晚对雨》：“不辨风城漏，如闻金𣏾琴。楯栏涤暑气，花木沃芳心。延爽试风袂，迷归乱晚禽。词臣已退食，玫陛独清吟。”（见《御制诗初集》卷一〇，《清高宗御制诗文全集》第一册，第 531 页）此外，在档案记载中，静怡轩至迟在嘉庆四年以后是后宫七夕节活动的场所（见前揭《乾隆的“四美”与“三友”》，第 143 页），后宫在静怡轩举行此类活动很可能会早到乾隆时期。

3　参见朱家溍《明清室内陈设》，紫禁城出版社，2004 年。

4　清宫宝座床靠背的高度一般都在 1 米上下，参见朱家溍主编《故宫博物院藏文物珍品大系·明清家具》，上海科学技术出版社、香港商务印书馆，2002 年。

5　林焕盛：《丁观鹏的摹古绘画与乾隆院画新风格》，第 25 页，台湾大学历史研究所硕士论文，1994 年。

因此，画中的人物像不像乾隆本人[1]，似乎并不重要，重要的是乾隆在题跋时，把自己想象为画面的主人，“神游千古”，兴致盎然，等待着与画中另一人物——董其昌作跨时空的对话。

四　绘画上题跋的背后

在《四美具合幅》册页中，乾隆的题记是“名流贤士偶尔品题，往往成千载佳话”，显然其主要强调的是“名流贤士”，即董其昌的跋，而不是“四美”。如果不是和后来的“四美”题跋比较，似乎也看不出这段题跋的特殊之处。乾隆跋《四美具合幅》图左幅云：“顾恺之画，在陆探微、吴道子前，真迹罕见，内府所收女史箴图，宝绘中夏鼎商彝也。李公麟与苏黄同时，并相推许，史称其画为顾恺之、张僧繇之亚，潇湘、蜀江、九歌三图皆其生平杰作。阅董其昌跋，知此四卷，前明隆、万间，为上海顾中舍所藏。今先后俱入内府，因合而贮之，以符董跋，颜其室曰‘四美具’，并为之图而赞之曰：‘虎头三绝，妙极丹青，桓元巧偷，自诧通灵。有宋公麟，名冠士夫，海岳避舍，顾陆为徒。潇湘澹远，蜀江清峻，九歌瑰奇，奕奕神俊。中舍鉴藏，名迹归重，剑合珠还，雅置清供。’乾隆丙寅夏五御笔。”[2]

在此图的右幅中，词臣梁诗正等跋曰：“古昔法书名画，出于贤士大夫，其精神所托，传愈久而愈显长。若有鬼物扔呵，而离者以合，隐者以见，非偶然也。我皇上娱情翰墨，神动天随，曾于昨岁之冬，捡秘府所藏右军快雪、子敬中秋、东亭伯远三帖，特开三希堂贮之。作记绘图，以张其风雅，琅邪妙迹聚在同堂，斯已奇矣。内府储蓄书画富宇内，前代赏鉴家若松雪翁、停云主人、雅宜山人、香光居士，收藏若清河张氏、墨林项氏、北海孙氏，诸所品题珍玩，往往而在。海上顾氏，亦其一也。考香光跋语，知顾氏所收，以晋顾恺之女史箴图、宋李公麟蜀江、九歌、潇湘图四卷为当时之最。顾未几散轶，董仅得其一，余已付之过眼烟云矣。董之去顾未久，且难必其常聚，况更逾百载乎！今年孟夏，万几余闲，得龙眠潇湘图卷，按董题识，搜宝笈之藏，而彼三图者适咸在焉！益深叹赏，亲制跋语，仍聚置一室，颜曰四美具，并绘图以传之。天藻昭回，神采焕发，实与三希互相辉映。而其踪迹之聚而散、散而复聚者，较之三希为更奇。臣等供奉内廷，获睹千古神物，荟萃一时，喜诧交并，既又深惟离合隐见之故，乃知睿情偶寄，菁华辐辏，如剑之合，如珠之还，有相召于不自知者，其人也耶，

1　冯明珠认为，《四美具合幅图》右幅“主人的形貌则有些像壮年时期的乾隆”，见氏著《玉皇案吏王者师——论介乾隆皇帝的文化顾问》，冯明珠主编：《乾隆皇帝的文化大业》，第254页，台北故宫博物院，2004年。

2　见前揭《钦定秘殿珠林石渠宝笈三编》第十四函第三册，第96～98页，故宫博物院抄本。

其天也夫！乾隆丙寅夏五，臣梁诗正、臣汪由敦、臣张若霭拜手恭跋。臣梁诗正敬书。”[1]

那么，这些文字为什么会有这样的差别呢？配合画面的文字又有着怎样的制作程序呢？

乾隆的很多诗文，大体都是这样一个程序：皇帝书写或口授初稿——词臣润色——进呈——皇帝审改、定稿[2]。同样，皇帝题跋内容也是自己或臣下先拟初稿，并反复修改，然后誊写[3]。乾隆对书画上题跋的艺术效果，非常重视。他自称“每作书先量度、笺幅、行款，排次起草，以备涉笔时，旁按比拟规格。此懋勤殿供奉例程也”[4]，正如论者所言：“乾隆作书时，往往由懋勤殿供奉，先依照尺幅大小，安排字的次序，行款的配置，并起好草稿，然后才对照着书写。”[5]乾隆的题跋几乎没有在原文添字、改字的现象。例如乾隆反复题跋的王羲之《快雪时晴帖》[6]、《富春山居图》（子明本）、《盘山图》等。1746年前后，乾隆题跋的特点是喜用乌丝界格[7]，在“四美”上的题跋[8]大多如此。可以想见，乾隆此一时期对题跋的书法效果尤其看重[9]。

《四美具合幅》轴上皇帝的题跋，既是书法作品又是诗文，同时用于悬挂在“四美具”轩阁内。所以，其制作程序很可能包含了以上两项内容的综合：皇帝命董画册页——皇帝题跋——皇帝（本人或与词臣商议，或词臣建议）命名“四美具”——根据新的要求，皇帝、词臣或者作者本人对册页提出修改意见——董依据册页画《四美具合幅》——皇帝草拟或口授新的题跋初稿——词臣润色、增加典故——进呈——皇

1　见前揭《钦定秘殿珠林石渠宝笈三编》第十四函第三册，第98～102页。

2　（清）赵翼《圣学二》：“日加巳，皆（乾隆）燕闲时矣。或作书，或作画，而诗尤为常课，日必数首，皆用朱笔作草，令内监持出，付军机大臣之有文学者，用折纸楷书之，谓之诗片。遇有引用故事，而御笔令注之者。”氏著：《檐曝杂记》卷一，第7页，中华书局，1982年。故宫博物院现在也留存很多经过乾隆朱笔修改的“诗片”，证明记载的可靠。

3　“上命审定名人书画及考订故事，奏片不署名，笔误粘纸于上改之”，“御制题画诗，必书于帧间”。沈初：《西清笔记》卷二，第13页，中华书局，1985年。很多学者对乾隆的代笔问题持批判的态度，但从当时词臣、文士的记载来看，他们颇以此为荣，而且当时这种现象也是公开的秘密。

4　（清）弘历：《偶临怀素草书千字文卷赐尚书于敏中，敏中成纪恩诗二十四韵以进，即用其韵援笔成什，仍命属和》，《御制诗三集》卷九三，前揭《清高宗御制诗文全集》第五册，第752页。

5　何传馨：《乾隆的书法鉴赏》，《故宫学术季刊》第二十一卷第一期。

6　陈葆真：《乾隆皇帝与快雪时晴帖》，《故宫学术季刊》第二十七期。

7　在档案中，亦有此一时期为乌丝加重界线的记载：“（乾隆十一年裱作三月）三十日首领萨木哈来说太监胡世杰交《御笔觉生寺大钟歌》横批一张传旨画松花白描边，其乌丝轻了，得时交懋勤殿将乌丝画重些，钦此。”中国第一历史档案馆、香港中文大学文物馆合编：《清宫内务府造办处档案总汇》第14册，第573页，人民出版社，2005年。

8　前揭《乾隆的“四美”与“三友”》图32～80。

9　乾隆重视题跋的书法效果，在宝亲王时代就有馆阁书体的代表书法家梁诗正为其代笔，参见邱士华《博物馆界的帝王、奇才及其题跋狂——乾隆的收藏癖大解密》，《典藏（古美术）》第208期。

帝审改、定稿——词臣草拟书写字迹的位置、大小、行距——皇帝誊写。

那么，母本为一开册页，后来分为两幅立轴，是因为尺寸大而无法制作吗？还是因为要方便悬挂？一分为二是仅仅为了体现“合幅”的意义吗？

“四美具”经常与“二难并”联用。四美具出自王勃的《滕王阁序》，一般来说，四美指“良辰、美景、赏心、乐事”，二难指“贤主、嘉宾”[1]。那么，乾隆是怎么理解“四美具”和“二难并”的呢？乾隆多次在诗文集中提到“四美”或“二难”[2]，其中还有兼用“四美具”和“二难并”的诗，如《题敞晴斋》：“每至敞晴必畅情，畅情都大为（去声）农耕。愁怀率与徂云净，霁景欣于慰眼呈。白屋由他四美具，碧山是我二难并。千峰落瀑紫烟蔚，兴异青莲亦句成。”[3]可见，乾隆的“四美具”与“二难并”，一般指两个或四个美好的事物或品质因难得的机缘巧合凑在一起，他十分了解两者之间成组联用和相互呼应的意义。

那么，《四美具合幅》中有没有与“二难”相关的其他内涵呢？乾隆在题《董邦达画杜甫诗意歌》卷中就有“杜句佳矣图之难，双美合并岂神助”[4]之句，认为董邦达的绘画可与杜甫诗并称为“双美”之一，这里的“双美”显然和“二难”可以换用。董邦达的绘画不仅受到皇帝的赞赏，还深受翰林、词臣推重。在乾隆和词臣眼里，董邦达创作的两幅《四美具合幅》图立轴，无疑是上等的佳作，合在一起称为“二难并”不无道理。这是在“四美具”合幅中隐含的第一层“二难并”意义。

再看画面，庭院中鉴藏书画的主人和远处而来参与品鉴书画的客人，如果说是志趣相投的“贤主”和“嘉宾”似乎再也合适不过。这就形成了与“四美具”对应的另一种“二难并”的呼应。还有题跋，君主之跋重在赞赏四美及其作者之艺术成就，似乎是轻描淡写地谈及与董跋相符，四美合幅；而词臣则非常强调四美聚散之离奇，重合之不易，图画之由来，皇帝之风雅，天恩之庇护。两者相得益彰，互为映发。君主和臣下的两次题跋，巧妙的互相呼应。左幅题跋者乾隆，与右幅三位帮助乾隆品赏书画的臣下——梁诗正、汪由敦、张若霭，恰恰对应“二难并”——“贤主”和“嘉宾”。这样，在《四美具合幅》图中形成了新的一层“四美具，二难并”的组合。

此外，如果对画幅挂在两个相对的宝座床之上的推论成立，两个宝床座所坐为主宾两方，两个画幅蕴涵的“二难并”又正好与宝座床上的“贤主”与“嘉宾”相呼应。

1　（清）吴楚才、吴调侯选（安平秋点校）：《古文观止》，第305页，中华书局，1987年。

2　如乾隆题《李伯时蜀江图歌》中有“江村詹事亦好古，才于四中得半耳。犹自诩为席上珍，作诗艳论澄心纸（士奇诗中有佳纸细辨澄心堂之句）。乃今四美具一室，赏心乐事无伦比。寓意于物不留意，咄咄是吾乃所以”。《御制诗初集》卷三二，前揭《清高宗御制诗文全集》第一册，第823～824页。

3　《御制诗四集》卷八三，前揭《清高宗御制诗文全集》第七册，第555页。

4　《御制诗初集》卷三三，前揭《清高宗御制诗文全集》第一册，第837～838页。

从册页到合幅，一分为二不仅仅是要体现“合幅”，而是要凸显“四美具”后的“二难并”之意涵。显然，君臣理解的“二难并”即隐含在“四美具”中的“贤主”和“嘉宾”的多重精妙组合中，不仅隐含了对皇帝、题跋词臣、画家的赞扬，也象征了君臣之间的和谐关系，客观上起到了联络君臣上下之情的作用。

余论

“某幅画中的某个题材，某些形式和图像，以及某些风格特征使它能潜在地向观看者传递某些观念或意义，这又使绘画能在特定的社会上下文中具有某种功能，满足某种需要，传达某种信息。”[1] 为了记述“四美”重聚，表达对董其昌的敬意，乾隆制作了《四美具合幅》册页。作为当时乾隆最信任的词臣画家，董邦达成为制作《四美具合幅》图的不二人选。董邦达在绘画册页中，不仅完成了乾隆的预期要求，还巧妙地恭维了皇帝的风雅。从册页到合幅，经过了繁多的环节和步骤，除了皇帝和画家外，还有不少词臣、供奉参与其中。根据乾隆的意旨，可能也有词臣或画家提议，《四美具合幅》轴是为四美具书室所画，并可能悬挂于其中，考虑到了绘画的使用场所和不同观者的审美习惯，画家对母本——册页的风格和构图都作了调整。而绘画上题跋文字的改动，以“四美”的“分而合”为契机，从册页到合幅“聚而散”的制作、题跋，除了表示对古代名迹的珍重和对鉴赏家的敬意，乾隆与词臣、画家也表达了他们之间的相互赞赏，达成了一种深层次的默契，增进了君臣之间的感情。

此前，有不少研究者运用西方赞助人的研究方法，把皇帝视作为宫廷所作之绘画的“赞助人”，强调皇帝对宫廷内绘画创作的主导作用[2]。清代院画的研究者也认为，“虽然翰林画家的社会地位高于画画人……但是他们在为皇帝作画时所受的待遇与院画家一般”[3]，“无论是画画人或翰林画家作画，都需要经过受旨、审稿、审画三个程序，而（乾隆）皇帝便是通过这三个程序支配画家按照他的意图、喜好创作，对院画风格的控制比前几个朝代更加专横而直接”[4]。近年来，研究者注意到，“比起职业画家，（乾隆朝）士流画家显然受到较多的尊重，并享有较宽广的创作空间”[5]。

从《清宫内务府造办处档案总汇》来看，宫中画画人正式绘制作品前大多都要先“画样呈览，准时再画”，然而关于词臣画家的记载，档案中很少见他们创作前须通过审

1 前揭《中国山水画的意义和功能》。

2 见傅立萃《有关绘画赞助的研究》，台湾大学艺术史研究所：《中国美术史研究之省思研讨会论文集》，第 15 页，台湾大学艺术史研究所，1997 年。

3 前揭傅立萃《有关绘画赞助的研究》，第 5 页。

4 前揭傅立萃《有关绘画赞助的研究》，第 6 页。

5 苏庭筠《乾隆宫廷制作之西湖图》，第 92 页，台湾“中央”大学艺术学研究所硕士论文，2009 年。

稿的记录[1]。在几幅《四美具合幅》图的制作中，对每一步骤的意涵，“赞助人”[2]皇帝都与画家意气相通、心领神会。词臣董邦达既是奉命作画的画家又是皇帝的书画鉴赏顾问[3]，在绘画风格、题材等方面选择上，例如运用“正统派”的笔墨、吴门画派的题材等，体现了画家本人的意志。这种“赞助人”和士人画家之间的心神交融、寓意于画外，也正是中国传统士人绘画赞助模式有别于西方的特点之一[4]。在乾隆时期宫廷内绘画制作中，我们不能否认贵为君主的皇帝在其中的重要作用，但词臣绘画的创作有其特殊性，也不能过于强调皇帝在宫廷绘画中压倒一切的权威作用。

在绘画赞助的研究中，“过度强调绘画作为自我表达的媒介、或画派自身内在的发展，固然会使我们忽略了外在因素对绘画的影响，但是过度强调赞助或其他经济社会因素，也容易使我们把绘画当做经济和社会的产物”[5]。在《四美具合幅》图创作中，仅仅从画家董邦达表达自我、画派自身风格发展或社会经济因素出发，没有顾及乾隆时期宫廷绘画制作中皇帝和其他词臣的重要作用，从而难以准确揭示绘画制作、题跋的意涵。作为奉敕绘图的画家，董邦达必须领会皇帝创作此画的意图。不仅如此，画家还要考虑皇帝和其他词臣的绘画审美、鉴赏趣味，比如他们对吴门“市隐”、书斋一类主题的偏好、喜好山水中的界画和集大成的绘画风格等。因此，除了董邦达外，皇帝和其他词臣对绘画主题、构图、题材的选择和题跋文字的变动也起着重要的作用。此外，绘画正本风格的形成还受到了使用场合、词臣以外的预想观者和悬挂位置等因素的影响。

总之，《四美具合幅》图的绘制牵连到从母本到正本不同阶段与相关的人物、场合、功能等（图表）。中国绘画的“赞助人”，明显和西方以金钱资助为主的赞助方式有

1　本文目前所见的详细、完整描述乾隆词臣实地考察、绘制图像经过的资料，是董邦达的《葛洪山八景图》册题跋。董称“出山后臣董邦达绘正图一，小景八景进。呈名仍其旧，上以具名不雅训，命易以令名”。可见，在此次图绘过程中，乾隆也仅更改了一些图册的命名。董邦达《葛洪山八景图》册，现藏上海博物馆；题跋全文另见陈咏修、张惇德撰《唐县志》，第 81 ～ 83 页，光绪四年刊本（影印），台湾成文出版社，1969 年。

2　为了行文方便，本文也暂借用此一概念。近年来有关“赞助人”的相关研究，参见李万康《质疑“中国画家与赞助人”之系列论文》,《美术观察》2004 年第 4 期；张鹏：《美术史研究中的“赞助人”》,《美术研究》2006 年 4 期；陈云海：《画家与赞助人》,《南京艺术学院学报·美术与设计》2010 年第 4 期。

3　Kohara Hironobu（古原宏伸），the Qianlong Emperor's Skill in the Connoisseurship of Chinese Painting, Ju – hsi Chou and Claudia Brown, eds.Chinese Painting Under the Qianlong Emperor：the Symposium Papers in Two Volumes, Phoebus, 6.1（1988）.Arizona State University, pp.56 – 73；冯明珠：《玉皇案吏王者师——论介乾隆皇帝的文化顾问》，冯明珠主编：《乾隆皇帝的文化大业》，第 241 ～ 258 页，台北故宫博物院，2004 年。古原宏伸认为：因为在 1744 ～ 1745 年，参与《石渠宝笈·初编》编写的词臣水平不高，才造成了初编书画鉴定的很多错误。而冯明珠则不认可此观点。无论如何，词臣对年轻的乾隆皇帝在书画鉴藏方面的影响是可以肯定的。

4　关于这种赞助模式，明代著名文士王世贞赞助画家陆治等绘制纪游图即为典型实例，参见薛永年《陆治、钱榖与吴派后期纪游图》，《横看成岭侧成峰》，第 356 ～ 372 页，台湾东大图书公司，1996 年。

5　前揭《有关绘画赞助的研究》，第 15 页。

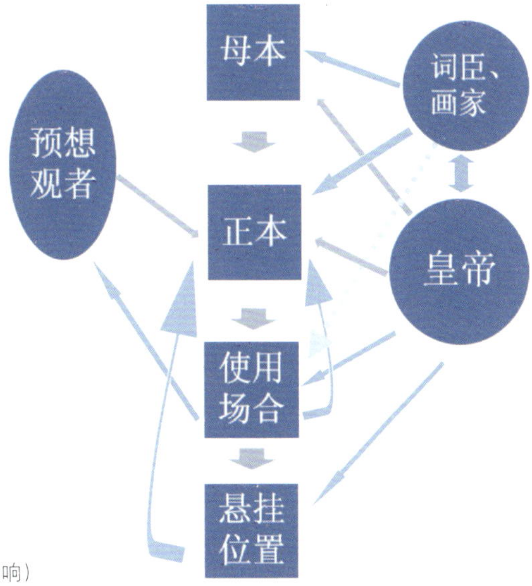

图表 《四美具合幅图》创作及其使用示意简图
（图表中实线表示实际的影响，虚线表示可能的影响）

别[1]。诚如研究者所言："古代赞助人方法的研究，揭示了从出资人要求观看创作取向的思路，但由于文化传统与画家身份的差异，中国收藏家和书画创作者的关系要远比西方间接而又复杂。"[2]

通过构建词臣画家董邦达在乾隆宫廷内创作几幅《四美具合幅》图及其使用的情景，本文尝试从多个角度入手来揭示该图风格形成的原因和制作过程中各个步骤的意涵，从而展现出乾隆时期词臣画家在宫廷内所作绘画的风格形成及其使用的复杂性。那么，此图的风格形成与使用，在乾隆朝宫廷内词臣所作的绘画中是不是具有代表性？此图与宫廷内"画画人"所作以及历史、政治题材绘画的创作及其使用有什么异同？此图的制作模式与宫廷外的收藏家"赞助"士人绘画创作有什么异同？这些问题都需要进一步深入思考和研究。

附记：本文为北京市教委与中央美术学院共建项目"一纸千金：清代北京书画鉴藏研究"课题阶段性成果之一，论文是在导师薛永年教授的悉心指导下完成的。在写作中还得到了聂崇正、段勇先生和邱士华小姐以及黄小峰、姜鹏、郝炎峰等学友的帮助，特此致谢！

原载《故宫博物院院刊》2012 年第 3 期

1 前揭《有关绘画赞助的研究》，第 1 ~ 2 页。

2 薛永年：《论书画鉴藏史研究——〈南画北渡〉代序》，刘金库：《南画北渡——清代书画鉴藏中心研究》，序言第 2 页，河北教育出版社，2008 年。

试述徐渭的绘画思想

赵炳文

内容提要：徐渭，字文长，号天池，晚号青藤道人，浙江山阴（今绍兴）人，为明代杰出的大写意花鸟画家，世人将他开创的绘画形式称为“大写意”画法。徐渭的绘画带有强烈的主观感情色彩，他开启了明清以来水墨写意法的新途径，将水墨大写意花卉画推向顶峰，其创立的画派在画史上被称为“青藤画派”，对清代以至近现代四百余年的写意花鸟画产生了巨大的影响。

关键词：徐渭　大写意　青藤画派

徐渭生于明后期，字文长，号天池，晚号青藤道人，浙江山阴（今绍兴）人，为明代杰出的大写意花鸟画家。其作品用笔简练，挥运超逸，造型高度概括，气概雄放，重在表现意趣性情，不斤斤计较于形似。世人将他开创的绘画形式，称为“大写意”画法。徐渭的一生经历坎坷，际遇悲惨，其独特的性格使他的画风别具一格，带有强烈的主观感情色彩，或嬉笑怒骂式的警世喻人寓意，或愤激不平的内心情愫倾诉；标新立异的形式，纵横驰骋的笔墨，狂放奇峭的风格，使其绘画艺术具有极其鲜明的个性和独创性。他开启了明清以来水墨写意法的新途径，将水墨大写意花卉画推向顶峰，其创立的画派在画史上被称为“青藤画派”，对清代以至近现代四百余年的写意花鸟画产生了巨大的影响。

徐渭出身官宦人家，庶出，其父在其刚满百天时就去世了，由嫡母苗氏抚养长大。他少年聪颖，9 岁能作干禄文，所谓干禄文就是专为科举的八股文，明代称“时文”，而其他各种文章，如辞、赋、表、启、书、论、策、序及碑铭赞跋等，称作“古文”。虽然自幼能作时文，但他内心真正仰慕的还是古文、道、王氏（阳明）心学、禅。出于大智，务博综，故而各种经、史、诸子百家，及至稗史小说、图、谱等无不研读。

作者：书画部，副研究馆员。

由博返约，于是逐渐形成徐渭独特的学术观点和思想特色。徐渭初重习文辞，凡先秦、汉、魏，及唐宋八大家之文，无不研习，后来许多明流达官都由于其出众的文笔请他代笔作文。今存于《徐渭集》中的文章甚多，且诸体形式悉备，概可其知青年时代于文辞所下功夫。十多岁以后，徐渭渐由重文辞转于重道。这既和嘉靖时期道教极受隆崇的时风有关，也受到作为家长的长兄徐淮的直接影响。他在十多岁时即与萧女臣等同学相与研究道家经典《老子》、《庄子》诸书，后又随长兄徐淮拜师名道士蒋鏊等学道。徐渭学道主要有两端：一是对哲学思想的研究，追求对“道”的领悟把握；二是学习研究道家的长生、养生之术。徐渭青年时代，“阳明学”已开始盛行，他 28 岁时拜季本、王畿为师，成为王阳明的再传弟子，潜心学术。王阳明、季本、王畿都是三教合一论的倡导者，而王畿更甚，这对徐渭亦大有影响。在心学的影响下，徐渭遂“又去扣禅”。王畿常作“禅偈”，徐渭亦仿此，进而由于对禅学的兴趣，便经方外友祖玉介绍拜著名玉芝上人为师，学习佛法[1]。

徐渭深通佛道哲学，所以对“法”有极深的领会。他画花卉往往不合古法，也不想遵循古法。在《题画梅》诗中有云：“从来不见梅花谱，信手拈来自有神。”[2]他又称自己的画是“杜撰之画”[3]。所谓杜撰，一是不合古人格法，二是本来没有而另行撰造。他用笔亦不受笔法框框的限制，信手涂抹，起笔、运笔、转折、收笔皆无定式，中锋、侧锋亦不讲究，非常自由，可谓处处无法，而能达到无法而法，“落笔惊风雨，诗成泣鬼神”的艺术境界。

徐渭尤其善于把诗文、书法与绘画相贯通，他将自己对诗文、书法的高度领悟和实践成就运用于绘画，以诗理明画理，以书法通画法，进而形成他独特的审美观点和绘画风格。

徐渭早在少年时即开始学诗学书，而学画较晚，约在中年以后。由于在哲学上深受王阳明心学的影响，徐渭在文艺观上主张以本色为宗，在绘画上以表现心灵为重。他强调“万物贵取影”，“不求形似求生韵”，“根拨皆吾五指栽”[4]。终使文人画的理论和实践从“形神皆备”的主客观兼顾期转向了“意在象外”的重主观、次客观的大写意画发展阶段。这是文人画发展史上一个更高级阶段的标志。

徐渭画花草树石，是把这些物象作为有思想、有灵魂、有个性情感之物来看待，如此，他作品中的形态和神气皆源之于立意而出之于用笔。画物时，心中存有此物的寓意，下笔时即出此物的神韵，因此说，徐渭的画，一笔一墨皆是形象，形象中的神，实乃自己个性、意趣和思想的体现。

---

1 李德仁：《徐渭》，吉林美术出版社，1996 年。

2 （明）陶望龄等辑：《徐文长三集》卷十一，中华书局，1983 年。

3 前揭《徐文长三集》卷十六《答张翰撰阳和》。

4 前揭《徐文长三集》卷六。

徐渭在绘画上的主张虽没有系统的画论流传下来，但从散落在诗文以及书画题跋上的词句中可见端倪。其题画诗："莫把丹青等闲看，无声诗里颂千秋。"强调绘画乃是一种用来抒发作者思想感情的工具，既可以看做是其绘画创作思想的核心，也是其绘画艺术的一个重要特点。而在艺术实践上他博取诸家之长并结合自身体验，着重吸收水墨写意画的成功，力创新体系。

徐渭作画为什么多用水墨不用颜色呢？他在所画水墨牡丹花上曾自题道："五十九年贫贱身，何曾妄念洛阳春？不然岂少胭脂在，富贵花将墨写神。"[1] 从诗中可知，其用意是在表达他持节守朴、不妄求富贵的思想。然而他在另一幅牡丹上题道："墨中游戏老婆禅，长被参人打一拳。涕下胭脂不解染，真无学画牡丹缘。"[2] 这里说明，他的水墨创作，是把作画当做一种"禅"来看待。从禅的观点看来，事物颜色仅仅是一种"相"，而一切所见之"相"都是虚幻的，只有真如本体才是"实相"。而实相是感觉器官所不能感知的，只有"破除诸相"，方能见实相。所以徐渭作画早已突破了事物的外在之相，把相作为一种虚幻来看待，故其水墨淋漓，笔道狼藉，其外在之相亦是体现着虚幻，而其中真实不虚的是作品内在的"自性"。事物的颜色既然没有真实意义，也就没有必要状其颜色了，这样，水墨便成了他表现事物最直接有效的手段。故宫博物院收藏的《四时花卉图》卷，正是体现他"自性"绘画思想的代表作之一。

此图纸本，墨笔，纵 29.9 厘米，横 1081.7 厘米。自识："老夫游戏墨淋漓，花草都将杂四时。莫怪画图差两笔，近来天道够差池。"绘牡丹、葡萄、芭蕉、桂花、松树、竹子、梅花等花卉，全卷水墨淋漓酣畅，风格劲健洒脱。

徐渭画横卷，大多采用分段式构图，每段以一种花卉为主，自成一局，两段之间留出空隙，以题写诗句。该卷没有每段题诗，只在各段之间钤有一小印，虽分段成局，但各段之间衔接自然，若分若连，整卷作品从起首的牡丹到结尾的寒梅，墨气贯通，浑然一体，体现了安详、动荡、激昂、悠扬，其情感意趣有起有伏，观赏者循卷而阅，好像在聆听一部乐章的演奏，使读者的神情自然而然地进入了一种美的意境之中。

起首画墨牡丹。牡丹是徐渭最喜欢画的花卉之一，徐渭的大笔写意泼墨牡丹，无论花头及叶皆大笔点染而成，仅枝颈及叶脉用线条画出。水墨画牡丹，前人偶尔有之，而徐渭用水墨大笔写意为之，淋漓多致，独具匠心，前无古人。徐渭画牡丹舍色而用墨，求其素雅，此段从布局到笔墨，泼辣，豪放，气势逼人，立意鲜明，水墨润泽挥洒，混为一气，极有生意。虽是水墨画成，却有富贵庄严之相，体现了自己独特自洁的个性，表现出了文人本位的观念。

第二段画葡萄。徐渭以葡萄为题的作品较多，徐渭画葡萄往往是有观察体会的，他在五十余岁居于"梅花馆"时，小书斋的窗外西边种有葡萄一架，以遮夏日炎阳，

---

1 《徐渭书画集》"花卉杂画卷"，北京工艺美术出版社，2005 年。

2 前揭《徐渭书画集》"墨花图画卷"。

傍晚日落之时，黄昏之阳光反照，望中葡萄枝叶果实皆为暗影，而枝叶果实形态毕具。此卷的葡萄所用笔墨比牡丹更为放纵，形象也更为概括，画葡萄叶笔行如奔，势如急风骤雨，笔触满纸飞动，墨法中充盈着一种激烈豪放的情感。写葡萄枝干，运笔如连绵大草，屈伸蟠结而扭曲，行笔奔放，具有很强的力量感和运动感。飞白的树干和湿笔的葡萄叶形成强烈的对比，既写出了树干的坚韧，又拉开了叶与干的前后空间，同时又具有音韵的节奏感。葡萄叶的墨法丰富，蘸墨、破墨、积墨、泼墨并用，干、湿、浓、淡、焦五墨共存，形成苍润的质感对比。徐渭画葡萄果实往往取背光法，或勾、或点，取大势，舍细节，只用墨点点出一颗颗圆形的葡萄，并不画出细梗与果实相连，果实似乎是在枝叶间跳动，显得生动活泼。所以他画葡萄大都是一片墨影，因为有实际观察经历的人都知道，在夕阳反射下，那种细梗便全然看不见了，而果实自有一串相连之感。作者这样笔墨处理，即减省又巧妙。

第三段为芭蕉，该段墨的运用达到了奔放的高潮。徐渭在塑造形象方面有自己的方法和特点，中国画在本质上体现着自然客体再现与主体精神表现的统一，徐渭写形，大量舍弃一般的细节，抓住本体对象的主要形象特征和神气，使其形象更加典型，特征更为强烈。宽阔的芭蕉叶在画面上分量很重，也为墨法的运用提供了广阔的天地。徐渭画芭蕉，先以淡墨笔勾柄梗，再以蘸墨法侧锋笔一排排画叶之一边，再画另一边。画叶运笔由内向外，行笔快而见气魄。此卷芭蕉运用泼墨法，画叶先为没骨，所用水墨极侈，有时甚至采用先把水墨倾在纸上，再根据墨迹的自然形态加以收拾的方法。画芭蕉叶中侧锋并用，运墨即是用笔，有时在墨叶上再以破墨法加勾叶脉，有时在淡墨泼就的蕉叶前再用浓墨大片挥洒，达到墨汁淋漓、挥洒自如的效果。浓墨的蕉叶看似水渗化为毛茸茸一片，但实际上笔行却很简略，气极清而不浊。蕉干以淡墨勾写，用笔概括、流畅而笃实，将墨法和笔法有机地结合了起来。在这段芭蕉中，徐渭挥毫之时已不是凭借理性刻意安排，而是进入“不以目视，而以神遇”之境，理性与非理性完全融化，规矩法度对他已不复存在，因此他笔下的芭蕉具有一种超越理性的狂逸韵致和纯真的性情。

第四段画桂花。芭蕉的激烈动荡在此复归安详，桂花叶画法仍为蘸墨法，和卷首牡丹运墨的方法相似但更为严谨，画叶的笔触更讲究和形的结合，花以小细墨点簇而成，花和叶落笔成形，既是物象的形态，又具有自身的笔墨美学内涵，体现着创作主体充沛的情感。树干的转折、穿插都合法合理，将聚散不一的几束花束串贯在一起，形成姿态婀娜的整体，点、线、面的组合富有很强的韵致。如果说上段的芭蕉可以比作是一种文士癫狂情感的发泄，那么这一段的桂花则可以看成是书生静坐书斋平静的吟唱。

第五段为松树。《论语》赞曰：“岁寒然后知松柏之后凋也。”松是中国画中喜闻乐见的题材，松与竹、梅一起，素有“岁寒三友”之称，多象征傲岸高洁，不惧风霜，为文人志士言志之物。此段写苍松老枝，枝干苍辣，松针刚劲。综观此卷，前四段是以墨的挥洒为主题，将墨法的运用发挥到了一种极致，用墨唱出高昂悠远的旋律，而从这段开始，笔的运用则成为了主题，以笔法弹奏铁琵琶，颇具高唱“大江东去”的激昂气势。徐渭以侧锋画松干，中锋写松枝，枝干用笔浓重，落笔萧疏横斜，表现出松树树干的粗厚雄健和松枝的挺劲飞扬。枝干笔势偏方，转折有力，双勾后染以淡墨，配合用笔画出树干和树枝的凹凸感。松枝用中锋勾勒，笔笔有劲，大多为浓墨枯笔，松针密密重重，繁而不乱，笔笔都有交代，细看起来，有微风吹动、松针摇曳的感觉。在构图上只写松树中段树干一节，上端垂下松树枝数根，然气势直冲画外，伴随着松针的扩张笔势，气势营造得宏伟不凡，境界显得十分深远。

第六段画雪竹。画竹之法起于六朝，盛于唐，然早期多用双勾画法，而墨竹画法，宋代始兴，盛于元，明代画墨竹者尤多，而双勾竹法反而采用者较少了。徐渭画竹则采用墨竹和双勾竹法。徐渭画墨竹，发竿、点节、生枝、布叶皆是一笔直接写成，不再勾描。然雪竹则多用双勾。清代郑板桥题徐渭画雪竹有过评议：“徐文长先生画雪竹，纯以瘦笔破笔燥笔为之，绝不类竹；然后以淡墨水勾染而出，枝间叶上，罔非雪积，竹之全体，在隐跃间矣。”[1]用郑板桥此段关于雪竹论述来对照这段雪竹，可谓无言不中的。竹竿、竹枝、竹叶皆粗头乱服，疾笔飞扫，皆为破断燥瘦之气，笔法中渗透着一种激烈豪放的情感，背景用淡墨留雪来衬染，使雪和竹相互映衬，整段雪竹笔态生动，写意盎然。

最后一段画雪梅。五代徐熙画梅用勾勒填色法，传到徐崇嗣，不用勾瓣，直接用颜色点瓣，创出没骨法。宋崔白不用颜色，纯用水墨，更有超然的精神。徐渭画梅，多用水墨画出干枝，以白描简率勾画花瓣，用尖笔蘸重墨剔点花蕊。姿态生动多变，生气活现，充满春意。该段为雪梅，其笔势紧接雪竹而来，树干用蘸墨法大笔绘出，好像草草不经意的用笔却笔笔落在实处，虽然是用湿笔，但写出了寒梅老干的苍劲，这是非常难得的。树干一边留白，枯笔横出几枝疏干，一纵一横，一湿一枯，形成了形态和笔墨上的对比，梅枝好像是漫不经意地剔出，干湿快慢草草勾写，然而正是在这不经意处，就更具逸致。花瓣勾勒就更为精彩了，有的只勾半边，有的略加勾勒，背景以淡墨浑然，留出枝、干、花上的一定空白，突出了压雪寒梅的形态。徐渭曾说：“余本窭人，性与梅竹宜。”[2]画家笔下的雪梅最能体现他孤傲不屈的情感个性。

此卷中，松以前数段皆为物象实、背景虚，而雪竹和雪梅则物象和背景皆实中有虚，虚中有实，然全卷又浑然一体，毫无生硬连接之感，其原因一是全卷的笔势贯通，二是有松树老干大块淡墨的巧妙过渡，其匠心独运，令人叹为观止。

徐渭在中年以后才涉及画坛，主要绘画创作活动是在晚年时期。他虽然没有像其他画家一样去专门拜师学画，但凭借自己的多方面的才学和在绘画实践上的大胆探索而获得成功。徐渭曾学道，既而研究心学，又参禅，因于画道深有所悟，理深气足，

1 （清）郑板桥：《郑板桥集·题画》。

2 （清）庞元济：《虚斋名画录》卷十二，故宫博物院藏。

情真意切。通过对其绘画作品的分析，不难看出徐渭的绘画思想，他的作品完全是将他本人在心学、道学、禅学以及诗歌、书法、戏曲等方面的造诣通过绘画创作形式的自然流露和体现。他的作品完全是随心所欲的感情流露，他是用思想在绘画领域里自由驰骋，而不像职业画家那样一味迎合社会的需要。这种绘画风格与他的生活经历是密不可分的，正是这种自然的流露，才使得他的作品意境深远，耐人寻味。

徐渭曾自称“吾书第一，诗二，文三，画四”，但后人对他的这种自评则有不同的看法。如周亮工说：“青藤自言书第一，画次；文第一，诗次，此欺人耳。吾以为《四声猿》与草草花卉俱无第二。”[1] 推崇其诗者认为其诗一扫近代芜秽之习；推重其戏曲的汤显祖则谓“《四声猿》乃词坛飞将”；推崇其文的唐顺之、茅坤则谓“此文殆吾辈”；郑板桥则推崇他的绘画，甘愿为“青藤门下牛马走”。可见，其文章、诗歌、戏曲、绘画、书法在当时都堪称一流。

从一定意义上说，徐渭是明清大写意画派的开山大师。他的绘画艺术是我国文人画发展到明代的一个新的突破。中国文人画发生在晋代，它是伴随着儒、道、佛三位一体化的玄学兴起和文人诗歌、文人书法艺术发展而兴起的绘画艺术。凡诗、书、画，皆以尚意为高，强调主观心意的重要性，使绘画艺术从重在表现客观物象转向表现主观心灵。

徐渭的水墨大写意画法，对后世影响至深。清代大画家八大山人、石涛、“扬州八怪”都是从此画法脱胎而出。郑板桥对徐渭佩服得五体投地，曾刻了一枚“青藤门下牛马走”的印章，用来钤于画上，并说：“郑所南、陈古白两先生善画兰竹，燮未尝学之；徐文长、高且园（凤翰）两先生不甚画兰竹，而燮时时学之弗辍，盖师其意，不在迹象间也。文长、且园才横而笔毫，而燮亦有倔强不驯之气，所以不谋而合。彼郑、陈二公，仙肌仙骨，藐姑冰雪，燮何足以学之哉！”[2] 近代的吴昌硕题徐渭的书画册亦说：“青藤画中圣，书法逾鲁公（颜真卿）。”齐白石对徐渭更是倾慕备至，他曾说：“青藤、雪个、大涤子之画，能纵横涂抹，余心极服之。恨不生三百年前，为诸君磨墨理纸。诸君不纳，余于门外饿而不去，亦快事也。”又题诗曰：“青藤、雪个远凡胎，缶老（吴昌硕）衰年别有才；我欲九原为走狗，三家门下转轮来。”[3] 可以说，写意画发展到徐渭是一个高潮，这个高潮为清代的八大、石涛、扬州八怪为代表的下一个高潮奠定了坚实的基础，而吴昌硕、齐白石则继承并光大了这一传统的画风。

徐渭所创的水墨大写意画风，开辟了文人画一片新天地，数百年来流绪连绵，传人不绝，并得到不断弘扬，堪称中国花鸟画发展的一个里程碑。

原载《乾坤清气：青藤白杨书画学术研讨会论文集》，澳门艺术博物馆，2010年

---

1 （清）周亮工：《赖古堂书画跋·题徐青藤花卉手卷后》。

2 前揭《郑板桥集·题画》。

3 齐白石：《老萍诗草》。

谈《淳化阁帖》"银锭纹"问题

尹一梅

内容提要：《淳化阁帖》历代翻刻频多，版本繁杂，许多问题千年来争讼未果。本文根据帖版"银锭"的材质和制作工序，同时结合考古发掘资料及实物，指出银锭榫技术在北宋已相当成熟，石板亦可用它加以连接；《阁帖》上的银锭纹，即来源于这种用于联结、加固的银锭榫，但这也不等于说锔银锭榫的帖版就是祖版。传世带银锭纹的《阁帖》有数种之多，而情况各不相同。

关键词：银锭纹　银锭榫　帖版修复　银锭纹作伪

《淳化阁帖》简称《阁帖》，是宋太宗赵光义命翰林侍书王著甄选秘阁所藏历代名人书法而编刻的一部大型丛帖，是现今能够见到的传世最早的一部丛帖，刻于淳化三年（992 年）。是帖所收内容从秦汉到隋唐，体现了我国近千年书法艺术发展的历程。初之择帖，不仅从大量内府收藏中进行甄选，并从民间购募、借摹，从而完成了这部具有历史意义的巨作。

《淳化阁帖》的面世，在较短的时期内开启了官府和私家刻帖之风，掀起了刊刻丛帖的热潮。这种从皇帝到文人学士的喜好，使刻帖的热情一直延续到清代。同时，这种好尚，使研究、评说该帖成为专门的学问，由此形成了中国文化史上独特的帖学。虽然由于王著缺乏甄别书法真伪的能力，《阁帖》中不乏大量后代臆造，但这些仿写、编纂的作品也从另一方面给人启迪，如保留了文本内容，展示了被临仿者之风格。

正是由于《阁帖》重要的作用和影响，商贾为赢利，用赝品充原本。以碑帖的各种作伪方法，或挪接拼凑，或涂墨改款，或根据书籍记载添加银锭纹等，致使《阁帖》拓本珠目混杂，真伪难辨。同时，对于祖刻底本是石是木以及真本特征等问题，一直令学者们困惑。近年来专家们又有许多新的研究成果和见地，令人耳目一新。笔者通

作者：研究室，研究馆员。

过翻查资料及版本的对比，对于《阁帖》银锭纹及相关问题进行考证，借此刊出，敬请方家指正。

一　银锭纹与银锭榫

在一些拓本上有一种称为“银锭纹”的印迹。“银锭纹”是帖版损坏后，经过修复，再椎拓而留于拓本的痕迹。其形状是两头宽，中部收腰，颜色或白或黑，或以阴线刊刻而成，因在视觉上似俯视的银锭，故称。

今日所见不同版本的《阁帖》，有数种带有银锭纹，如上海图书馆藏南宋国子监本[1]、上海博物馆藏安思远本[2]、潘祖纯本[3]，明代潘允谅翻刻本[4]、顾从义翻刻本[5]等。不久以前，笔者还见到了另一种明代拓本的照片，有线刻银锭纹，银锭纹的位置与其他版本皆不相同。

对于《阁帖》底版是石是木，历来争论不休。讨论祖版是木是石，究竟有无银锭，会让我们绕回到一个千年以来争论未果的问题上，想真正断定孰是孰非，得到世人认可，须有新的证据。本文不讨论《阁帖》的版材，而是变换思考角度，去发现和突破其他能够解决的问题。

对于《阁帖》的祖版何时损坏、怎样修理、银锭的材质如何、最初有多少处银锭等问题，历代皆无详细记载。但银锭纹在翻刻本上出现，原因无外乎有二：一是依本刊刻；一是据前人记载而为。在总结了大量文人、学者的结论后，发现其大多是沿用前人的说法，以前人的记载为基础，进行推理、判断，并未进行深入考证，因此得出的结论与实际情况不完全吻合。而当我们从工匠做工和实用的角度分析，就会对出现在《阁帖》拓本上的银锭纹有新的认识。

（一）银锭榫及其用材

刻帖的版材，有石有木。石头和木头作帖版材料，各有优缺点。兹就材料本身分析，

1　汪庆正：《〈淳化阁帖〉存世最善本考》，《上海文博论丛》第五辑，上海辞书出版社，2003年。

2　2003年4月，上海博物馆斥巨资自美国购还四、六、七、八共四卷《阁帖》残本，第六卷末有北宋人题跋，第八卷末有南宋宰相王淮的题跋，明末清初为孙承泽收藏，世称“司空公本”。由于该帖入藏上博前为安思远收藏，因此亦称“安思远本”。

3　上海博物馆藏一套宋拓《阁帖》，原为李宗翰收藏，因帖内有万历丙午（1606年）河阳潘祖纯跋而名。

4　潘允谅本，又称潘氏五石山房本。上海潘允谅刻于万历十年，帖未成潘氏卒，其子继之。帖成其兄允端、子云龙刻跋记之。容庚先生《丛帖目》载跋文。

5　顾从义本，又称顾氏玉泓馆本。顾氏借潘允谅家藏本镌石。按顾氏跋文，历时四年于嘉靖四十五年刻毕。帖后刻顾从义、文彭、王穉登等跋文。

石头保存时间久远。一般墓志、碑刻、刻帖的用途是记事和传播书法，因此大多采用石头镌刻，但木版的优势是刻凿时间短、易搬动、拓制方便。在木帖版的选择上，常用枣木，其质坚硬、细腻。经过处理后的枣木，性质稳定，宋代的印刷雕版，多选它作材料。对于木头的使用寿命，考古学家有"干千年，湿万年，又干又湿只半年"之说。可见，在不同的保存条件下木头寿命不同。拓帖时，帖版时干时湿，保存时间将大大缩短，同时也不可避免地会产生裂纹。

帖版上的"银锭"与俗称的锔子作用近似，锔子两头的钩，可以连合裂缝。20世纪60年代时，在北京还能够见到锔锅锔碗的匠人。在生活尚不富裕的年代里，碗、盆、缸等陶瓷生活用具损裂，锔锅锔碗的师父便将断茬处磨光，黏合，再扣上铁"锔子"把牢，以此延长物件的使用寿命（图一）。

修复木裂的常用方法是黏合与嵌补。木帖版的修复可用专用工具"拿子"扒住两边，绞紧中间的绳子，用水清洁裂缝，稍干灌胶，烘烤或吹风加热。同时不断绞紧绳子，借助拉力、温度使裂缝回缩、黏合。为防止黏合处再度裂开，可在裂缝处凿出一个两头宽中间收腰，梯形短边对接的榫槽（或称笋槽），将一块与榫槽形状相同的木头嵌入，黏牢。这块嵌入的木头叫"银锭榫"，由于此榫两头宽中间窄，刚好卡住木板，使裂缝不能继续扩展。对糟烂的裂缝，可先剔除朽木，嵌补体积相同的木条，黏牢，再扣银锭榫。

《阁帖》祖版的材料是木或是石，并不会影响到我们对锔版材料的认识。修复损坏的木帖版，一般用木头制作银锭榫，且最好选用与原木质相同的材料。原因有三：其一，外界环境变化对于同种材料的影响较小（如干潮、冷热的变化），木头与木头结合，不易开裂和脱落；其二，帖版修复后，还可在木榫上镌刻文字，以补文字缺损之憾；其三，用材质相同的木头修理帖版更为美观。那么，木帖版上的银锭榫能否用铁等金属制作呢？从物理学角度讲，木头和金属热胀冷缩的程度不同，外界湿度、温度的变化，容易造成木头的胀裂和金属榫的脱落。修理木帖版的边缘、侧面及背面可

图一　铁锔子

以使用铁锔子，利用其两边钩子的力量拉住帖版，防止裂缝再度扩大。而帖版有文字的正面部分，不宜以其修复。

修复断裂的石头帖版，可选用金属材料。由于石帖版分量重、材质硬，如选同种材料——石头作榫，榫大会破坏版上文字，榫小力量弱，坚固性差，不能固定裂石。因而采用铁锔子及胶黏、填充缝隙等方法更适用。

（二）其他文物上所见银锭榫

虽然对于银锭榫及其称谓产生的具体年代无从考证，但这种榫不仅在建筑中使用，而且用于其他的联结用途，是有大量实物证明的。1965 年辽宁北票县西官营子发掘出土的十六国时期北燕贵族冯素弗墓的木棺，就采用银锭榫加固。1973 年《文物》第 3 期黎瑶渤《辽宁北票县西官营子北燕冯素弗墓》一文介绍：“棺长约 210 厘米，前宽 90、高 110 厘米；后宽 60、高 65 厘米；壁厚 10 厘米。棺的左右两帮和前后各为七条木枋并成，每枋上下两个并接面分别凿出整条的凸棱和凹槽牝牡相接，接缝处木枋的里处两个侧面又用木制的银锭形小腰嵌接，非常牢固。”[1] 从木棺复原图上可见棺帮的七条木枋用纵向六排、横向五排银锭榫加固联结（图二）。其棺木的用榫情况表明，该技术先于北宋多时而成熟，银锭榫此时已制作得相当完美，技术运用得极为娴熟了。

石板亦可用银锭榫连接。1974 年在修复建于北宋天圣元年（1023 年）的连云港海清寺阿育王塔时，发现一石函，其盖“在出土时已断为三节，后部原有细腰三个”[2]。“细腰”即银锭榫，这可从石函线绘图上清晰地看出（图三）。海清寺阿育王塔天圣元年开始建造，此后时建时停，天圣九年 (1031 年) 才彻底完工。这中间有三次瘗入施舍的公德和迎入佛像。在这个石棺内有铁匣、银棺、佛像、佛骨等。所以石函的盖子可能是再次瘗入时破损，而用银锭榫固定的。从出土报告及图片上看，“细腰”已经损坏，也没有关于其质地的说明，但是“细腰”的作用是连接断裂的函盖，这点毋庸置疑。

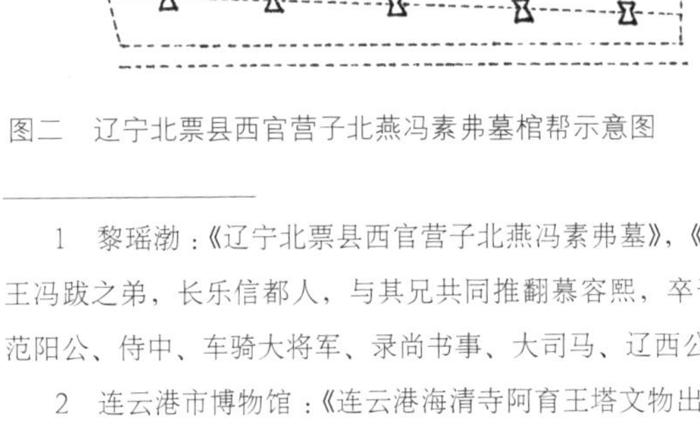

图二　辽宁北票县西官营子北燕冯素弗墓棺帮示意图

随着社会的发展，大量新型的材料和技术被广泛地使用，一些传统的

1　黎瑶渤 :《辽宁北票县西官营子北燕冯素弗墓》，《文物》1973 年第 3 期。冯素弗是十六国时期北燕天王冯跋之弟，长乐信都人，与其兄共同推翻慕容熙，卒于北燕太平七年（415 年，一作太平六年），曾任受范阳公、侍中、车骑大将军、录尚书事、大司马、辽西公等官爵。《晋书·冯跋载记》附其传。

2　连云港市博物馆 :《连云港海清寺阿育王塔文物出土记》，《文物》1981 年第 7 期。

工艺制作被取代，但今天我们仍然能够见到不少起着加固和联结作用的或木或石的银锭榫。木头的银锭榫，如故宫体仁阁护墙板即用此榫（图四）联结。金属银锭榫，可以用于建筑、桥梁、堤坝等的联结。河南龙门石窟卢舍那佛前的石板路，也用了铁制银锭榫（图五）。

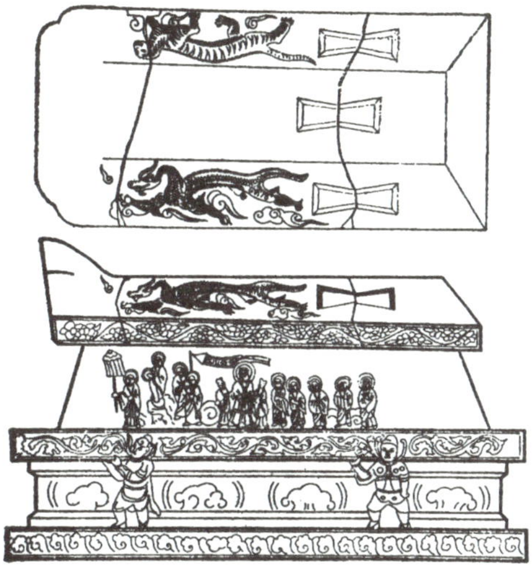

图三　北宋天圣元年连云港海清寺阿育王塔石函线绘图

（三）各种刻字类文物的修复方法

许多经版和印版，以木雕成。由于板材的尺寸不够，常常接版之后再雕刻。《圣祖御书金刚般若波罗蜜经》[1]经版的中间部位横向有一道缝隙，可以清楚地看出，系两块木板拼接而成。为了固定两块木板，在其对接面上，安装了一种两头尖，中间粗的枣核钉。并且在木板两侧接缝处，各扒一个铁锔子，使其牢固。锔子的尺寸，视木板情况而定，一二寸不等，宽窄也有差别（图六）。同样，木印版也可以此法拼接[2]（图七）。

图四　故宫体仁阁护墙板上的银锭榫

对于木刻版上的小面积损坏，或是镌字错误，需要修正时，可以挖除旧版，再镶入同样大小的木块，黏合，重新刻字（图八）。

修复不同类别的石刻，方法亦不同。但遵循不改变文物原状、尽力保护石刻有字一面的完整性，是修复的

图五　龙门石窟石板路上的铁银锭榫

1　清康熙六十一年内府刻版，版纵 29 厘米，横 70 厘米。故宫博物院图书馆藏。

2　笔者 2006 年 10 月在一位收藏家的藏品中，见到了一件晚清雕两面门神画印版，也系拼版。由此看来，这种拼版方法使用较为普遍。

图六　故宫博物院藏《圣祖御书金刚般若波罗蜜经》经版

图七　门神画印版上的铁锔子

图八　故宫博物院藏残经版补字木块

图九　故宫博物院藏唐代残墓志

原则。墓志铭的修整方法，是将碎石拼好后，做一铁箍将石头四周箍紧，再填充缝隙，故宫收藏的唐代残墓志（图九）和高昌砖即以此法修整[1]。

北京孔庙内的两通碑石，即清《赐进士题名碑》（乾隆四十六年四月，辛丑科，1781年，碑身高271.5厘米，宽86厘米，图一〇）和《十三经·礼祀之玉藻篇》（乾

1　据故宫博物院古器物部金石组副研究员方斌介绍，墓志为20世纪30年代修理。

图一〇　北京孔庙内的清《赐进士题名碑》

图一一　北京孔庙内的清《十三经·礼祀之玉藻篇》

隆时期，碑身高241厘米，宽106厘米，图一一）碑身的背面，用铁条进行牵拉，铁锔固定。

西安碑林的碑石，断裂部位的连接，除了使用黏结力较强的环氧树脂黏合外，对于重量较大的大块石刻，还要使用金属夹具和不锈钢或玻璃纤维塑料锚杆等[1]。

见到了用银锭榫联结的实物资料，再分析《阁帖》拓本上的银锭纹，可以肯定这种用于木器联结、加固的银锭榫即世传拓本银锭纹的原身。自宋代以来，只有关于《阁帖》版裂及银锭纹的粗略记载，无详细情况描述。有人将这种用银锭榫修理帖版的方法，误作以银子制作成银锭形的锔子来锔版，是不熟悉工匠的劳作所致。

世传所见翻刻本《阁帖》上的银锭纹，尺寸在一二寸之间。从形体大小看，这种尺寸较小的银锭榫只适合锔木质帖版。可以肯定，只有木头帖版，才能用此榫修复。但是这与历代争讼的祖版是石刻还是木刻的问题并无关系，即不等于说锔银锭榫的帖版就是祖版。因为翻刻的木帖版裂损后，亦可用银锭榫修理，这是一个不可混淆的问题。

1　参见张云《对西安碑林石质文物科学保护问题的思考》，《碑林集刊》（十一），第348页，陕西人民出版社，2005年。

二　不同版本《阁帖》的银锭纹及其作伪方法

对于《阁帖》上的银锭纹，南宋赵希鹄《洞天清禄集》云："用枣木板摹刻十卷于秘阁，故时有银锭。"元代陶宗仪《南邨辍耕录》记："汪逵……著《淳化阁帖辨记》共十卷，极为详备。末云其本乃木刻，计一百八十四版，二千二百八十七行。其逐段以一、二、三、四刻丁旁，或刻人名，或有银铤印痕，则是木裂……其字精明而丰腴，比诸刻为肥。"[1]

传世带银锭纹的《阁帖》有数种之多，但情况不相同：一种是仿刻。仿制者并非刻意隐瞒造假，采用底本即有银锭痕迹，只是依样翻刻，刻帖时即将银锭的形状刻在帖版上，随拓即显其形。如明代顾从义翻刻本（图一二）、潘允谅翻刻本（图一三），拓本后有刻跋明确说明刻帖过程。顾从义跋云："……余既深好，旁求积岁，仅见是本于袁尚之娶家，十卷俱全，而纸墨精良，锭纹宛在，元周以载叙其传授来历，为贾相故物，真祖帖也。方在宝秘，不能卒至，适潘寅叔允谅购得之以示余，既幸再逢，不胜欣幸。乃遂重摹上石，首尾四岁，迄于有成，较之诸本，似觉差胜。"[2]潘云龙云："先君都事府君雅好法书，从吴门袁尚之所购得《淳化阁帖》，仍是宋时装池者，诚稀世之宝，真赏家目为凤毛麟角。昔借顾廷评摹勒上石，传布已久。府君念兹帖相遇，诚非偶然，复勒石于五石山房，与好事者共之。帖甫成，而府君捐馆舍，睹物兴怀，不胜音容之感。今将剥蚀并银锭逐卷开白，使览者考此，知为潘氏之物云尔。"[3]这种翻刻在帖版上的银锭较易辨识，刻者刊出银锭形状，只是表示所依底本的状况，不是故意作伪。

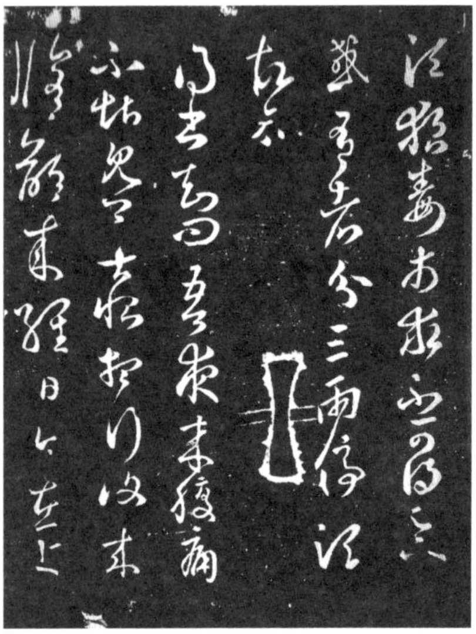

图一二　明代顾从义翻刻《阁帖》

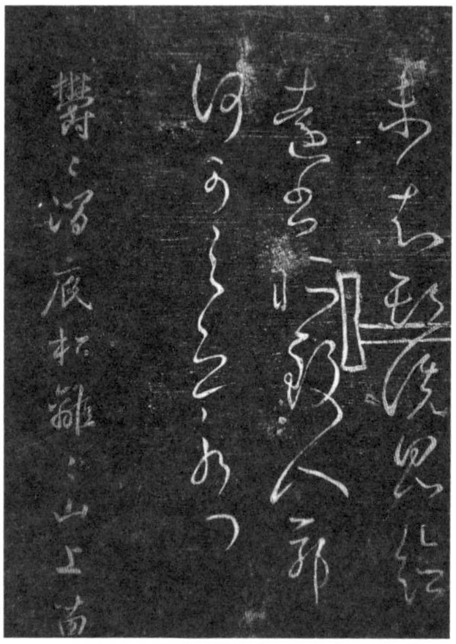

图一三　明代潘允谅翻刻《阁帖》

1　（元）陶宗仪：《南邨辍耕录》卷一五，清刻本，古照轩藏本。

2　见顾从义翻刻本后刻跋。

3　此跋录于《五石山房重摹阁帖记事》，容庚《丛帖目》卷一，中华书局香港分局，1980年。

第二种是添刻银锭纹。在存世几种珍贵的宋拓《阁帖》中，有两套系从同一帖版上拓出者，这就是故宫博物院藏"懋勤殿本"（图一四）和上海博物馆藏"潘祖纯本"（图一五）。二者有难得的相同，又有明显的不同。相同的是，它们的笔画、文句一致和石花相像；不同的是，前者没有银锭纹而后者却有清晰的线刻银锭纹。由拓本而证明，初刊帖版并无银锭，后好事者在帖版上添刻了银锭纹，懋勤殿本拓于添刻银锭之前，潘祖纯本则拓于添刻银锭之后[1]。该《阁帖》版为石刻，现藏位于杭州市的浙江省图书馆善本部院内碑廊（图一六），2006 年 9 月被正式发现为以上两拓本之底版。是版 1933 年孙侯康捐赠予浙江省图书馆，在所存残帖石上，还清晰地保留着后添线刻银锭纹的身影[2]（图一七）。

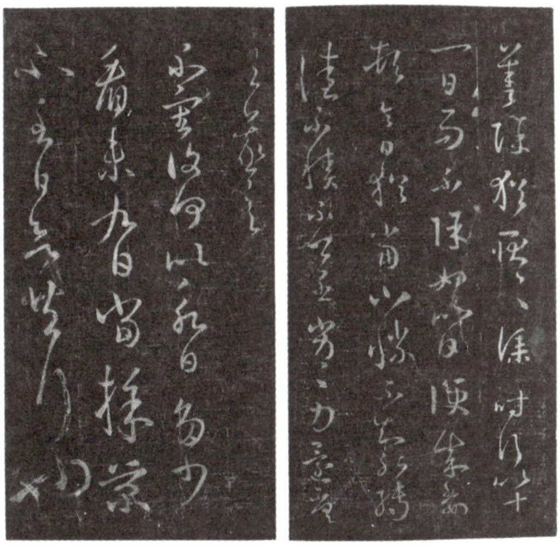

图一四　故宫博物院藏宋拓懋勤殿本《阁帖》

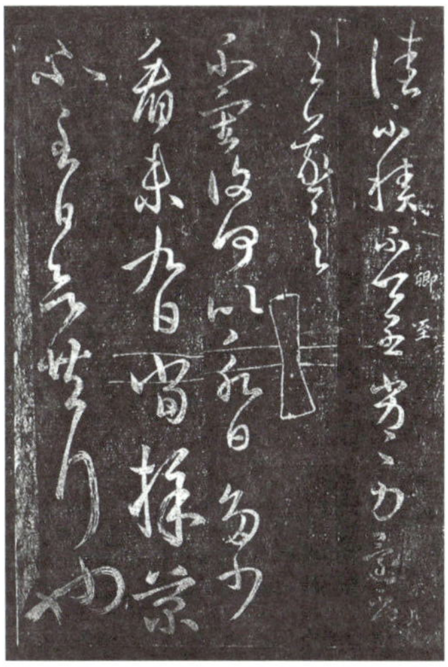

图一五　上海博物馆藏宋拓潘祖纯本《阁帖》

图一六　浙江省图书馆善本部院内碑廊

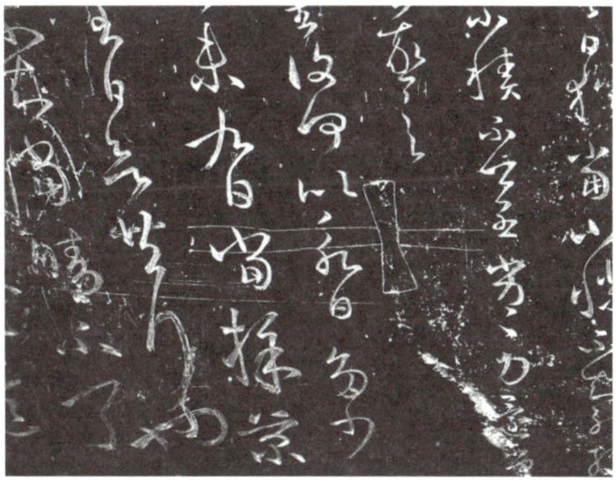

图一七　宋代《阁帖》刻石上添刻的银锭纹

1　尹一梅:《故宫懋勤殿本〈阁帖〉研究》,《秘阁皇风——〈淳化阁帖〉刊刻 1010 年纪念论文集》,第 102 页,香港中文大学,2003 年。

2　2006 年 6 月,故宫博物院施安昌先生在浙江省图书馆看到此石版,感觉帖石刊刻精良,书法神气十足,当日天色已晚,未观详尽。回院后特嘱笔者有时间往浙图,望能弄清该帖石的版本。9 月初,笔者到杭州出差,特访浙江省图书馆，在西湖边的浙图善本部院中观看帖石，并观摩了该帖版的民国时期拓本，将带回的资料仔细核对后，确定为故宫"懋勤殿本"及上海博物馆"潘祖纯本"拓本的底版。

第三种是在拓本上作伪。对于宋拓《阁帖》祖版有银锭纹的记载，使得商贾们看到了赚钱的机会，从而导致作伪的情况时有发生。帖肆常将拓本改头换面，或根据记载、传说在拓片上制作银锭纹冒充早本，版本频多。作假者常在拓本上做手脚，即石版或木版并无损坏，而在椎拓时做出假银锭纹冒充宋代木版拓本。南宋拓国子监本，是近年来专家们发现的一套宋拓《阁帖》。是帖的一至八卷及十卷收藏于美国弗利尔美术馆，其中所缺的第九卷藏于上海图书馆。这套分藏于两地的拓本，镌刻精彩，木气十足。拓本上多处出现银锭纹的印迹，2001 年时笔者曾观摩过藏于上海图书馆的第九卷，发现拓本的补版处（横向白色长条上）隐隐出现字迹笔画，当时曾向该馆的仲威先生提出过疑问。后来仲先生解开了谜底，这是工匠在制作拓片的过程中做了手脚。其过程是：在拓纸上面敷上纸条以充当横裂纹或补版的木条，在拓纸下面垫入银锭型纸片。上墨拓制时，由于覆盖在拓片上的纸条挡住了墨，将其揭掉后出现白色“版裂”；由于拓片下垫入的银锭型纸片高出帖版，拓完后拓片上会呈现比其他地方墨浓的“银锭纹”[1]（图一八）。这种工匠在拓帖时动手脚之事，清代孙承泽《闲者轩帖考》“绍兴国子帖”条下记：“绍兴中以内府所藏《阁帖》刻板置之国子监，首尾与阁本悉同。当时御府拓者多用匮纸，盖打金箔者也，笔画精神极有可观。后碑工往往作蝉翼本，且以厚纸覆板上，隐然为银锭痕以惑人。”[2]

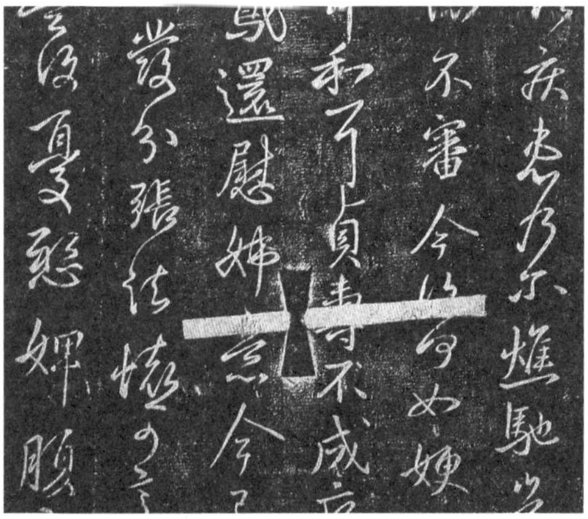

图一八　上海图书藏宋拓国子监本《阁帖》

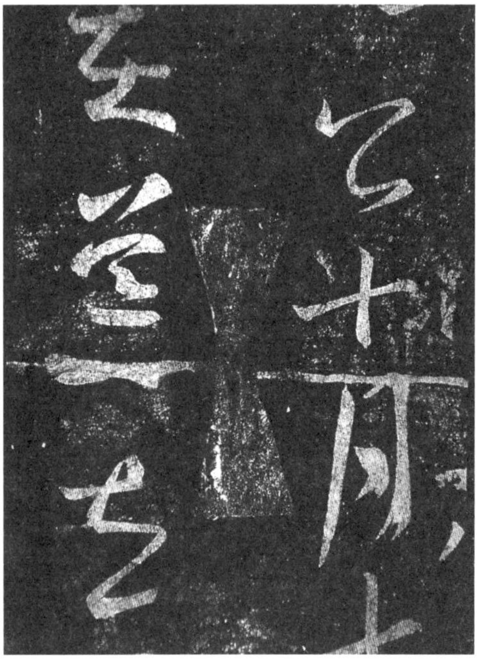

图一九　上海博物馆藏安思远本《阁帖》卷八《伏想清和帖》

上海博物馆藏安思远本《阁帖》四、六、七、八卷，拓本中也有银锭纹，是帖不少专家予以肯定。但此四本帖不是一套，非一次拓成，这点也得到公认。

1　见仲威 2003 年上海博物馆“《淳化阁帖》与‘二王’书法艺术研讨会”大会发言及幻灯演示。

2　（清）孙承泽 ：《闲者轩帖考》，《中国书画全书》第七册，第 811 页，上海书画出版社，1994 年。

笔者认为卷八中的银锭纹不符合拓制规律，《伏想清和帖》（图一九）第二、三行间的银锭纹，墨色较周围的色淡，形状也不自然，并非真正用银锭榫锔版，是加工作伪而成者。

以上介绍过银锭榫的制作方法，在制作过程中，应将榫子与版面找齐，争取使它们处在同一水平线上，拓出的墨色才能基本一致。但往往实际结果与预期效果有差距，这是由于工匠修版时水平高低有别，拓工又有精粗之分，致使拓本榫子部位的墨色或浓重，或浅淡。榫子边缘的墨色也往往过深，这是因为有棱角的地方更易着墨所致。银锭榫墨色淡浅的情况有两种，一是榫低于帖版，拓时着墨少，颜色浅；一是榫子从槽中脱出丢失，榫的部位空缺，不能着墨而色淡。前一种情况的拓片，榫边墨色深，中部墨色与拓本相同，而榫槽四周有明显的白框；后种情况，由于拓帖时需用水将纸闷湿后上纸，以鬃刷敲打纸面，使各处紧贴帖版，字迹和凹陷处更需细致，拓片效果方可清晰。纸湿后韧性增加，无支撑处下凹，因此不易着墨，揭起拓片后凹陷处边缘与刻字一样会产生皱褶。

安思远本《阁帖》卷八《伏想清和帖》的银锭纹，墨色明显淡于拓本。如果榫子损坏或丢失，木版裂缝会扩展，榫槽变形，拓本上银锭纹印迹的形状将不完整，字迹亦会走形。上述榫子处虽然裂缝较大，榫形、字形皆未改变，榫处墨色浮于纸面，系涂墨造假而成。其制作过程是：剪出银锭形状的纸型覆盖在拓纸上，拓制时墨被纸片遮挡住，将其揭掉后，现出白色的银锭纹，作假者再涂淡墨伪装。《长史帖》间的银锭榫似浮置于裂缝处（图二〇），裂缝处的字形并未有丝毫改变。该作伪方法应与上述国子监本相同，系放置纸片充银锭榫。

在拓本上制作假银锭纹并不困难，而鉴别银锭纹的真伪则需细心观察和分析，亲自动手椎拓对鉴定拓本有极大帮助。

迄今为止，我们并未见到一种公认的、有真正银锭纹的宋拓《阁帖》出现。所见《阁帖》的银锭纹均不可靠，应系伪造或仿刻。

除《阁帖》外，《翰香馆法帖》亦有银锭纹。《翰香馆法帖》，刘光旸刻，帖共十卷，清康熙十四年（1675 年）上石，卷末刻"宛陵刘氏翰香馆摹勒上石"款。刘光旸，字雨若，安徽旌德人，精通书法，善镌刻，明末清初著名刻家。清顺治朝被召入宫，奉职期间，他收集名家墨迹，辑成十卷。现见到的拓本，皆为木版刻。故宫博物院藏有拓本三套，

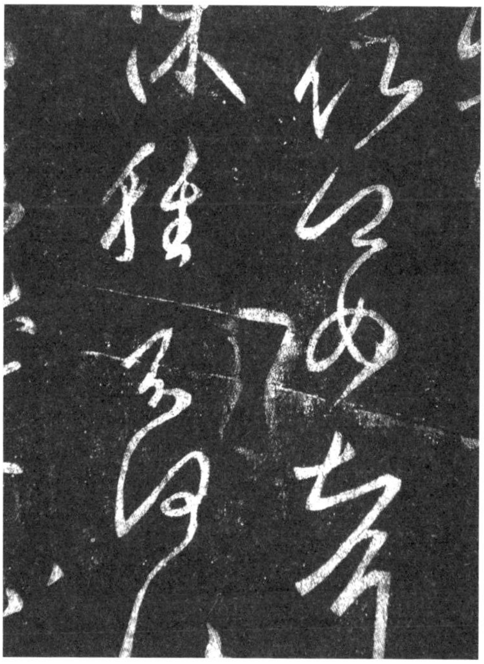

图二〇　上海博物馆藏安思远本《阁帖》卷八《长史帖》

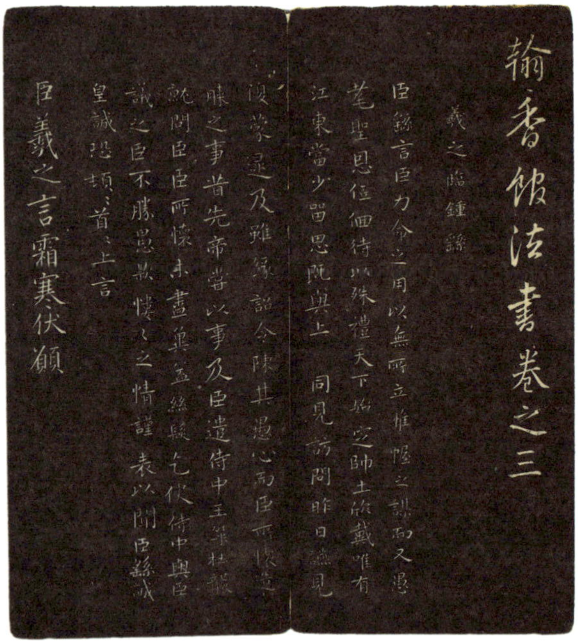

图二一 《翰香馆法帖》初拓本

图二二 晚清拓《翰香馆法帖》

一为初拓，字迹完好，黑墨精拓。原为朱幼平物，后捐献故宫；一为乾嘉间拓本，版裂，已有银锭纹；一为道咸间拓本，第七卷有米书《天中帖》，米万钟、陈继儒跋，又顺治十八年（1661年）集董其昌《奉天承运帖》，此时版裂过甚，每版皆有银锭纹，且字迹磨灭甚多。三本对比，确系同一底版所拓，有银锭者可证明为晚拓本（图二一、图二二）。帖板现藏山西晋祠博物馆，椎拓的墨汁已将银锭榫掩盖，只能从拓本上看出“银锭”痕迹。观拓本，可以清晰地看到纸张沉于榫子和榫槽衔接部位缝隙中的皱褶及椎拓时未被染墨的情况，这正是自然椎拓的效果。同时，晚清拓本的银锭纹大部分出现在帖版的边缘部位，除了这是帖版边缘更容易出现裂纹的地方外，修整帖版时本着尽量不影响字迹的原则，也是原因之一。三种不同时期的拓本，向我们展示了帖版在近200年时间中的变化。

《翰香馆法帖》证实了用银锭榫修理木帖版方法的可行性和真实性。遗憾的是，也正是由于见到该帖拓本上真正的银锭纹，才对比出今日所见宋拓《阁帖》的银锭纹，皆不是真正从银锭榫上拓出者。

自从《阁帖》问世以来，掀起了人们对其临摹、学习的兴趣，翻刻版本极多，对于《阁帖》的研究也成为专门的学问。今天专家们的研究更加深入、细致，通过梳理各个版本之间的关系，纠谬溯源，解决了许多前人无法解决的问题。笔者亦希望本题有关银锭纹的辨析，能对鉴定起到微小的作用。

原载《故宫博物院院刊》2007年第4期

试论清康熙帝书法的渊源、分期与影响

杨丹霞

内容提要：在书法研究中，康熙皇帝玄烨的书法，往往是作为书法史发展的背景被寥寥数语一带而过，而他与同时期的书家相较，其习书历程、创作分期及各种书体的特点，既具一般习书者的共性，也因其特殊的身份，使他的好尚直接影响了清初书风的形成和嬗变。作者认为，客观地梳理和剖析玄烨的书法，不仅可以促进对清代帝王书画家的个案研究，而且对探讨满族贵戚浸淫书画艺术并不断汉化的进程具有积极意义。

关键词：玄烨　董其昌　临仿　沈荃　书体　分期　书坛正统　宗室风尚

康熙皇帝玄烨（1654 ~ 1722 年）作为中国历史上杰出的君主之一，不仅在“文治武功”方面卓有建树，而且其个人的文化艺术修养也有较高的品位，他的书法创作因其特殊的身份和成就，为时人及后世所称道。本文拟就文献记载和所见传世作品，对其学习书法的门径、书体书风的演变、作品的类别，以及他所倡导的“临董”风尚对清初书坛的影响等问题进行探讨。

一　师承渊源

1. 步入门径

前人的记载中，多认为康熙帝的书法老师是对董字造诣颇深的沈荃。实际上，沈荃并非玄烨书法的启蒙老师。

玄烨幼时的汉文化启蒙老师是其身边张姓、林姓两位太监。此二人是前明宫廷内侍，有一定文化并且是“俱及见明时善于书法之人”[1]。他们不仅服侍小皇帝的日常起居，

作者：书画部，研究馆员。

1　清世宗编：《圣祖仁皇帝庭训格言》，第 3 页，清雍正十年内府刊本。

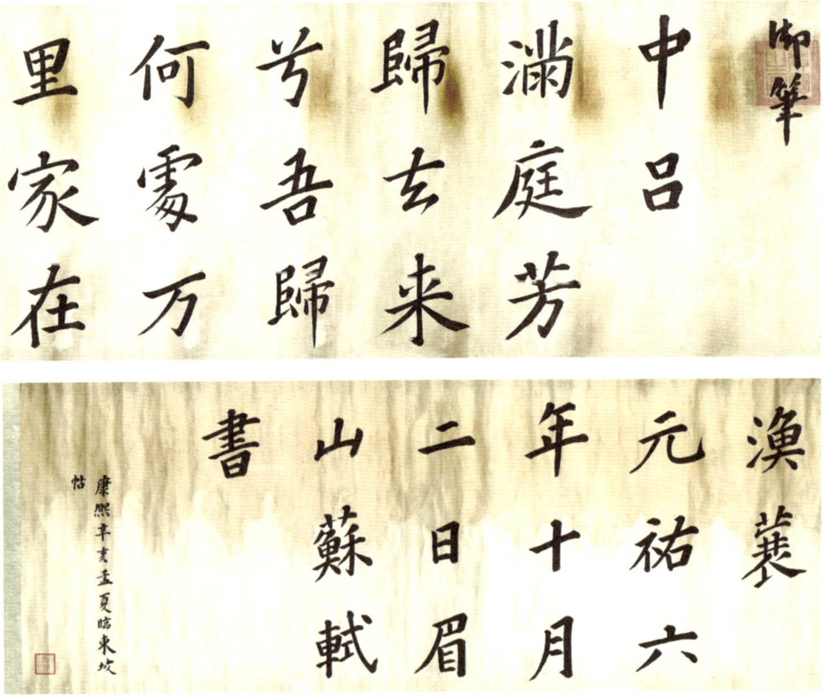

图一　玄烨楷书《临苏轼满庭芳》卷（局部，素绫本，纵 43.5 厘米，横 631.2 厘米）

也给他讲明代的掌故轶闻，并教他读书、写字。玄烨在二人的启发下，自 8 岁登极，即知黾勉学问，了解儒家经典，“日所读书，必使字字成诵”。同时，玄烨也开始书法学习[1]，他走的也是历代学书的“正路”，即从临习唐人楷书入手，进而扩展到古代名家。

老年玄烨曾以自己的学书经历教导儿孙：“学书须临古人法帖，其用笔时轻重疏密，或徐或疾，各有体势。宫中古法帖甚多，朕皆临阅。……临摹虽难，朕不惮劳，必临摹而后已。朕素性好此，久历年所，毫无间断也。”[2]又云：“朕自幼好临池，每日写千余字，从无间断。凡古名人墨迹、石刻，无不用心临摹，积今三十余年，实亦性之所好。即朕清字，亦素敏速，从无错误。”[3]可见康熙帝不仅以临摹古名帖为学书途径，而且为以后的书法创作打下了较好的基础。否则，玄烨在 18 岁所作的楷书《临苏轼满庭芳》卷（图一），就不会如此中规中矩，形全意足。另外，玄烨存世的其他楷书如《畅春园记》、《题顺治帝书“陋室铭”跋》、《避暑山庄记》以及《古文渊鉴序》

1　前揭《圣祖仁皇帝庭训格言》，第 3 页。

2　（清）永瑢编校：《圣祖仁皇帝圣训》卷五，康熙四十一年十月初五日，第 206 页，上海古籍出版社（影印），1987 年。

3　前揭《圣祖仁皇帝圣训》卷五，康熙四十三年七月十七日，第 208 页。

等作，或习柳或习欧，都显现了其习书初期不断临习古代名家巨迹，打下了很好的书法基础。

三十多年后，玄烨仍念念不忘张、林二监的功劳，并特旨将林监之孙霸州诸生林佳荫任命为内官学的汉教习，且特向廷臣解释道："是朕教书林师之孙，其家甚贫也。"[1]

沈荃自康熙九年(1671年)始与康熙帝密切接触[2]。可以肯定，此前即玄烨18岁之前，沈荃并未对他的书法学习发挥什么实质性的影响。

玄烨自云："朕于古人诸法书无不展玩临摹，而于米、赵墨迹尤珍爱，不忍释手。仿成卷轴，动辄盈千。"[3]《养吉斋余录》也记载："康熙四十一年十一月初八日，圣祖御乾清宫，发御书一千四百二十七幅，命大学士张玉书、吏部尚书陈廷敬、工部尚书王鸿绪、副都御史励杜讷、右谕德查昇展阅分类，以备颁赐。盖自魏晋、六朝以逮唐宋元明诸名迹，无不手抚心赏，凡纸尾必署云：临某某书。"[4]仅就玄烨书迹经《石渠宝笈》著录者统计，其书法自署临某家者，除董其昌外，尚有临苏轼、米芾、黄庭坚、蔡襄、宋高宗、赵孟頫、虞集等宋元大家。只是这些临仿之作大多始终藏于深宫内院，不为人所知。而其中年以后数以千计的临仿董其昌的作品，由于频繁地赏赐给各级官员，其面貌更为人所了解和接受，以致形成了一提玄烨书法即唯以董书作论之成见。

2. 以董为尚

在《石渠宝笈》著录的玄烨270件套书法作品中[5]，临仿董其昌书法者多达36件。玄烨对董其昌书法的推重和临仿，原因主要有三方面，即：顺应了明末清初书坛的流行风气，沈荃个人书学魅力及其对玄烨的引导，玄烨个人的好恶。

明末清初，董其昌的书法风格在书坛占据了统治地位。其书风疏朗秀劲，流变妍润，在创作和理论上都代表了帖学大兴时期文人书家所能取得的最高成就。清初的书画家，无论是探花高中的沈荃、布衣入仕的高士奇[6]，还是在野的明代遗民朱耷[7]，无不受到董氏书画风格或理论的影响。玄烨既无法脱离他所处的时代大背景，也不自觉地受到时

1　玄烨二监当中的林师，应是成年后净身入宫的，其孙林佳荫在康熙三十三年奉特旨充内官学的汉教习。事见《郎潜纪闻二笔》卷八。

2　赵尔巽等撰：《清史稿·列传五十三》，康熙九年，沈荃因"特旨召对，命作各体书，称旨，诏以原品内用。十年，授侍讲，直南书房。十一年，转侍读。十二年，充日讲起居注官"。中华书局，1977年。

3　玄烨书《跋赵孟頫墨迹后》，《佩文斋书画谱》卷六七，第3页，中国书店（影印），1984年。

4　（清）吴振棫：《养吉斋余录》卷三，北京古籍出版社，1983年。

5　参见冯华《秘殿珠林石渠宝笈索引》，第282页，紫禁城出版社。

6　高士奇（1645～1704年），字澹人，号江村。杭州人，出身布衣。康熙十六年因写得一手好字被大学士明珠荐入新成立的南书房，在内廷供奉长达15年之久。

7　朱耷（1626～1705年），江西宁献王朱权九世孙，明亡后为僧，擅书画。从其早期书法看，明显学习董其昌风格，如台北故宫博物院藏朱耷34岁画《写生图》册上书法。

风的左右。

自康熙九年以后，沈荃成为玄烨的书法老师。沈荃行书以董其昌为宗，兼师苏、米。他曾经在题董其昌书迹时毫不掩饰对董的崇拜："诸名家书皆尽态极妍，至思翁遂不觉有观止之叹！总缘天骨秀逸，造诣深至，如大士化身，无不具神明之观也。"[1]沈荃在书法创作上不遗余力地临习董书，尤其是董的行书，其《节临天马赋》轴即为此类作品。作品用笔熟练流畅，结体布白有学米、董的特点，但他追求奇险，所以竖笔、收笔过于流滑，钩笔稍嫌造作[2]。沈荃将自己对董其昌的崇尚传给了青年玄烨，使玄烨的书法步入"正途"；同时，他也在教授玄烨书法的过程中，将董书及其个人临仿董书的一些缺点一起带给了玄烨。反映在康熙帝的书作中，诸如行书的字形右肩耸起以及竖笔的流滑，这也是许多临习董字书家的通病。

玄烨本人特别喜欢董其昌的书法，他曾在临董氏墨迹时[3]，称赞董书"天姿迥异，其高秀圆润之致，流行于楮墨间，非诸家所能及也。每于若不经意处，风神独绝。如微云舒卷，清风飘拂，犹得天然之趣。尝观其结构、字体，皆原于晋人，盖其生平多临摹《阁帖》，于《兰亭》、《圣教序》能得其运腕之法，而转笔处古劲藏锋，似拙实巧，书家所谓'古钗脚'殆谓是耶？颜真卿、苏轼、米芾以雄奇、峭拔擅能，而根柢则皆出于晋人。赵孟頫犹规模'二王'，其昌渊源合一，故摹诸子辄得其意，而秀润之气独时见本色。草书亦纵横排宕有古法，朕甚心赏"[4]。可见，玄烨对于董氏书法源脉、特点的论述十分允恰，对董书的领悟可以说达到了相当的水平。正是基于这种理性的剖析和认识，玄烨对董其昌书法的喜爱变成了个人主动的选择。而董在书坛、画坛的崇高地位，董氏书法所体现的文人高旷、闲适的艺术情趣，也与玄烨以万乘之尊怡情翰墨的需求相吻合，故其倡导的临董风尚在各方面都具备了合理性与必然性。

二　书体和分期

（一）书体

从玄烨的存世及著录书法作品分析，他曾作楷书、行楷、行书、行草和草书五种书体。在存世作品中，为数最多的应属《心经》、《金刚经》、《道德宝章》等，多

1　见董其昌《临诸家帖》十开册后沈荃癸丑仲春之朔题记，《石渠宝笈·初编》著录。

2　沈荃行书《节临天马赋》轴，绫本，现藏故宫博物院。

3　玄烨行书《临董其昌书滕王阁叙（序）》卷，现藏故宫博物院。

4　玄烨书《跋董其昌墨迹后》，《佩文斋书画谱》卷六七，第3页，中国书店影印，1984年9月。

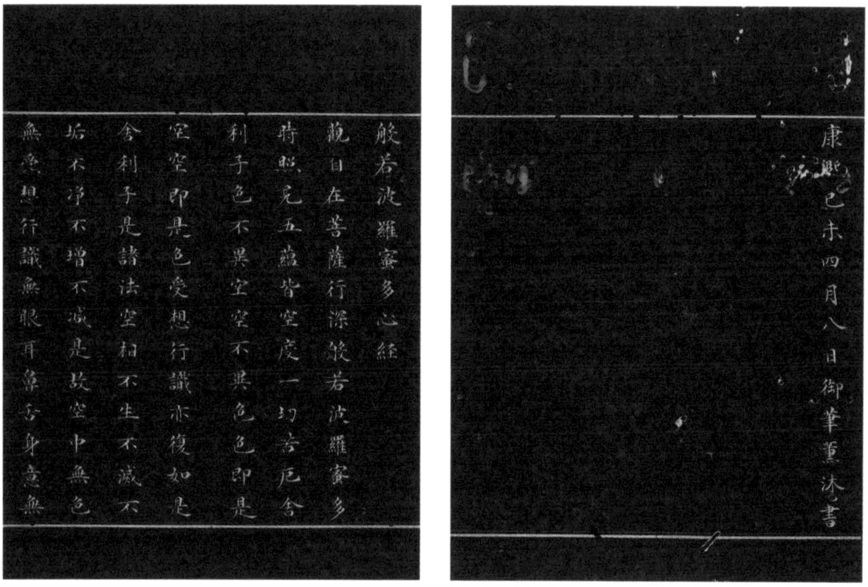

图二　玄烨楷书《心经》册（局部，磁青纸本，每开纵 30.4 厘米，横 22 厘米）

著录于《秘殿珠林·初编》[1]。玄烨信奉佛教，他书写各种宗教经典的作品在《秘殿珠林》中著录了 60 件（套），占被著录书法作品总数的近四成。他写经多用泥金作小楷书。如故宫博物院藏玄烨《心经》册四开（图二），磁青纸地，泥金书，书法端丽，法度严谨，以示虔心向善、“救拔群迷”之诚。弘历曾就这部分书法的缘由作过详细描述：“皇祖圣祖仁皇帝自癸未至壬寅，每遇朔望、万寿节日、浴佛日，并书《心经》一卷。大内宝藏甚多，多按日编次，殆无间缺，有因偶尔违和异日补书者，亦有先期预书者。”[2] 这部分小楷作品书法风格变化不明显，因此暂不列在本文讨论范畴之内，以俟后考。

检讨曾经《石渠宝笈》各编著录的玄烨作品，《初编》著录的书法总数 54 件，其中楷书 19 件，行楷书 14 件，行书 10 件，行草书 3 件，草书 8 件。《续编》著录 1 件，为行楷书。《三编》著录总数 157 件，其中楷书 14 件，行楷书 14 件，行书 119 件，行草书 9 件，草书 1 件。初、续、三编合计 212 件，其中楷书 33 件、行楷 29 件，行书 129 件，行草 12 件，草书 9 件。

如果将玄烨自署年款的书法作品根据书体统计，会发现在总数 70 件作品中，有楷

1　《秘殿珠林初编》册一，第 10 ~ 39 页，这类作品大多数现藏于故宫博物院图书馆，台北故宫博物院，1969 年（影印）。

2　前揭《秘殿珠林初编》册一，第 34 页，见弘历在玄烨署款为“六十一年十一月初一”所作《楷书心经》册后的乾隆九年题跋。

书22件，行楷19件，行书19件，行草6件，草书4件，这个比例不仅基本与上述各体书法的比例吻合，也与其传世作品中的各书体比例相吻合。不难看出，玄烨惯于和擅长的书体是行书，其次是楷书和行楷书。

（二）艺术分期

从存世和著录的玄烨书法作品的风貌看，大致可以分为前、后两个阶段，即临仿唐宋名家的前期和以临仿董其昌行书为主兼取宋元名家的后期。其间，以40岁前后为界，呈现出既同一又各具特色的书风。

根据署有年款的作品可以看出，玄烨40岁之前，其楷书、行楷各为10件，行书7件，行草3件，无草书作品；40岁以后，行书超过了楷书和行楷的数量，为12件，而且出现了4件草书。这说明玄烨后期书法创作的体裁拓宽了，水平也有了提高。现仅就其书写最多，也最能体现其书风的楷、行二体书法的演变，对他各个时期书风和艺术水平作一简要评析。

1. 前期书法

玄烨的书法学习和其他人一样，是从临摹晋唐以来名家书法作品开始的。如《石渠宝笈》中记载的他临米芾有15件，临赵孟頫9件，临苏轼5件，临黄庭坚4件，临虞世南、赵构各1件。虽然玄烨前期书法并非专师董书，但其创作并未脱离董的书法理论和实践。就像前文提及的玄烨在《跋董其昌墨迹后》中所分析的一样，玄烨早年的书法，遵循的就是董其昌所走过的遍临晋唐诸家的路子。而比临习董书更具有深远意义和影响的是，玄烨在努力实践着董其昌的书学经验和理论。

现今所能见到的玄烨前期书法，除前文言及的18岁作楷书《临东坡满庭芳》卷之外，主要的代表作有：25岁作行书《内花园题槐花》[1]、35岁作楷书《畅春园记》[2]、37岁作小楷书《临赵孟頫平泉图记》卷[3]、39岁作行书《临赵孟頫长春道院记》卷[4]等。这些书迹大部分为临各家帖，所临较多的是柳公权、欧阳询、颜真卿的楷书和米芾、赵孟頫的行书。

（1）楷书

玄烨的楷书是以欧体楷书结构为基础，兼师唐代诸家楷法。其早年作品主要有：

1　故宫博物院藏，自署“戊午季夏作”。

2　故宫博物院藏，自署“康熙二十七年岁在戊辰六月望日御制并书”。

3　自署“康熙庚午仲夏日临”。《石渠宝笈·三编》册八，第143页。

4　故宫博物院藏，自署“壬申夏日临”。《石渠宝笈·三编》册八，第145页。

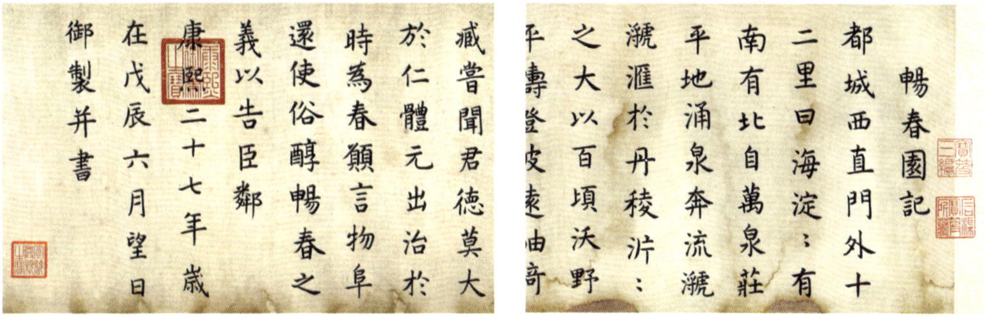

图三　玄烨楷书《畅春园记》卷（局部，纸本，纵 23.8 厘米，横 639.3 厘米）

楷书《临东坡满庭芳》卷，此作虽自署“临东坡帖”[1]，唯取势用东坡法，左疏右紧，但书法的结构则是柳公权楷书俊骨舒展的根底。

《畅春园记》（图三）是玄烨早年并不多见的自创书法作品。此作以欧体为根基，结字端正规矩，用笔峭劲，时出锋芒，颇具欧体楷书的韵致。

小楷书《临赵孟頫平泉图记》卷，虽自署临赵，但并非纯粹规模赵书，只是在行笔上取法赵的秀润流动，间架结构仍不离欧体的影响。

玄烨的楷书也临习过颜真卿，这可从其晚年大量赏赐给廷臣、督抚们的楷书或行楷大字对联、横额[2]（图四）及一些书画题跋[3]中窥见端倪，遗憾的是，并未有可以确认为早年的此类作品传世。

（2）行书

前文曾引玄烨自云：“朕于古人诸法书无不展玩临摹，而于米、赵墨迹尤珍爱，不忍释手。”玄烨喜欢的米、赵二家书，据笔者对其存世书迹的观察，所指应是米、赵的行书，因为在玄烨的各种书法作品中，临仿此二人的与临董其昌的数量几乎持平。董其昌前期行书也曾以米、赵二家法为根本，如《金沙帖》中《小清凉馆》一段[4]等。玄烨的前期行书也是以米、赵为宗。

行书《内花园题槐花诗》轴（图五）书七言绝句，是玄烨以卷、册为主的前期作品中为数不多的大幅作品[5]，也是现存玄烨行书纪年最早的作品。从此作可以发现，青年玄烨的行书字体结构主要受苏轼的影响，创作中基本可以把握单体字的结构，已经

1　故宫博物院藏，幅末自识“康熙辛亥孟夏临东坡帖”。《石渠宝笈·三编》册八，第 136 页。

2　玄烨赐年遐龄“明法直绳”横额，康熙间原装裱手卷，尾纸有年遐龄题记叙述康熙四十二年得到此作及其他赏赐的经过。原藏于北京市文物公司，现为私人收藏。

3　玄烨题蒋廷锡《花鸟写生图》轴、题赫奕《秋山图》轴、题赫奕《烟江渔艇图》轴等，俱见《故宫书画图录》第十册，台北故宫博物院，1992 年。

4　现藏北京市文物店。

5　故宫博物院藏，纸本，纵 136.2 厘米，横 58.2 厘米。

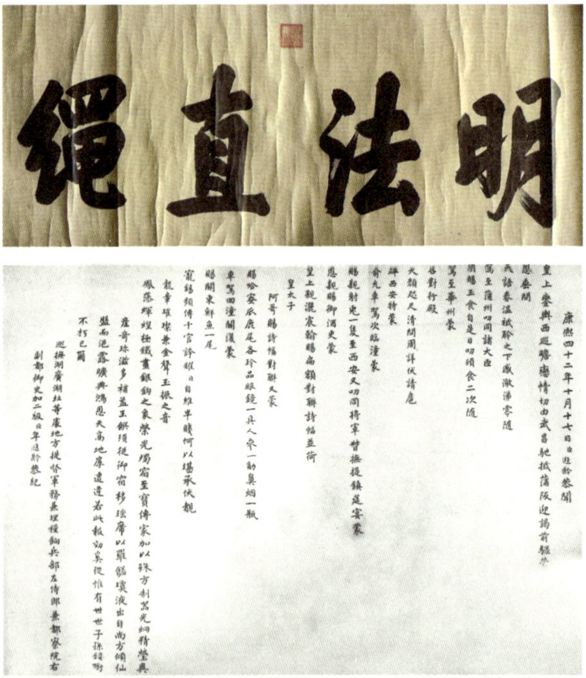

图四　玄烨楷书《赐年遐龄"明法直绳"》横额及年氏题跋
（洒金笺本，纵 70.5 厘米，横 166.5 厘米）

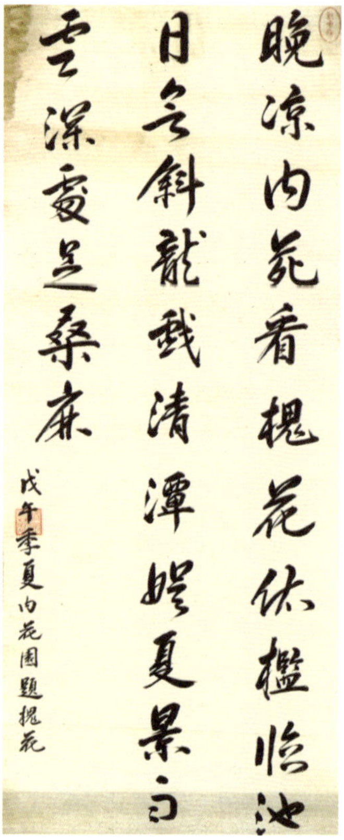

图五　玄烨行书《内花园题槐花诗》轴
（纸本，纵 136.2 厘米，横 58.2 厘米）

具备了临写米、苏二家行书的能力。同时，他的运笔并不能达到圆转自如，而时出侧锋，在一些需要中气贯通的笔画上，如"桑"字的竖笔，因中气不足，竟写成了楷书。说明他尚处在临帖初期，笔法过于单一，不能变化。但这比另一件无年款的行书《临米芾诗二首》卷[1]已经有了不小的进步。

行书《临米芾诗二首》卷（图六），本幅无作者年款，但从其书写水准看，应是玄烨刚开始练习行书时的作品。此时，玄烨对于笔的走势还不能自如地控制，不仅笔画忽粗忽细，而且字的结体和通篇布局也纯粹是依样画葫芦。有些字如"刷羽同摇漾，一举还故乡"等，为了追求与所临原作的一致，行笔犹豫不定，字和字间毫无呼应，单摆浮搁，显得十分幼稚可笑。这时的临写，仅仅能够达到对原作结构和笔画的描摹，正所谓按模脱墼，规规学步，几乎谈不到书法技巧和意蕴的体现。由此可推知，此卷应与《临苏东坡满庭芳》卷一样，属其极早年广泛临仿古代名迹的习作。

1　故宫博物院藏，行书"白水满春塘……一举还故乡。致爽斋漫笔"；"月华临静夜……清光信悠哉。海岳庵书"。

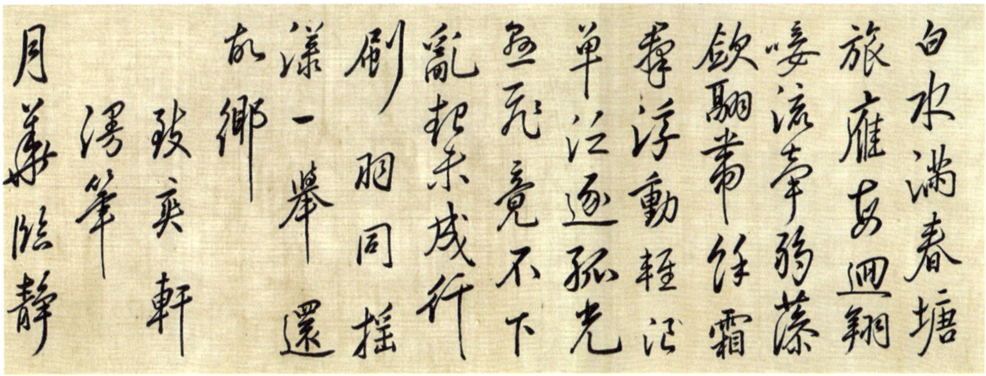

图六　玄烨行书《临米芾诗二首》卷（局部，绢本，纵 24.4 厘米，横 120.3 厘米）

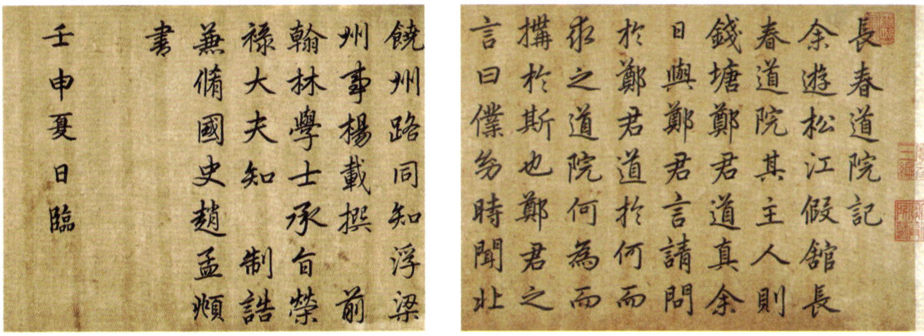

图七　玄烨行书《临赵孟頫长春道院记》卷（局部，纸本，纵 25.6 厘米，横 460 厘米）

行书《临赵孟頫长春道院记》（图七）代表了玄烨早年临习行书的阶段性成果。以临赵为主，兼师米书。其书法结体、用笔已颇得赵的韵味，用笔的使转较以前成熟多了，但仍嫌软弱，字体扁方。

纵观玄烨前期书法，主要用力于临写古帖，且不拘泥一家，博采群彦，很难看出董其昌书法对他的直接影响。虽然《石渠宝笈》也有记载他在康熙二十四年（1685 年）创作了行书《临董其昌书说剑篇》卷[1]，而且这是目前所知他临写董其昌书法年代最早的作品，但该作品并不能算是真正意义上的行书，因为此作中仍然是临仿欧、褚楷书的结字与行笔方法，所以行笔缓滞，笔道软弱迟疑，犹以“剑”“太”“儒”等字格外突出。因此，玄烨前期的书法给人总的感觉是相当稚拙的，且书法中并未出现明显的董书风格。特别在玄烨为人称道的行书创作上，更多地受到米芾、苏轼、赵孟頫等人的影响。由此可见，董其昌行书并非玄烨前期书法的主流和成熟的书风。

2. 后期书法

所谓后期，指的是玄烨 40 岁以后的成熟书风。从传世作品看，玄烨 40 岁之后临

1　故宫博物院藏，《石渠宝笈·三编》册一，第 138 页。玄烨时年 32。

董其昌书法的数量开始增多，仅40岁一年就有两件[1]。其书风在骨法、运笔和笔墨韵味上开始与董其昌书法接近。玄烨后期的书法虽然在结构、运笔上较以往更为沉稳，但总体水平并无太大的突破和飞跃。而年龄变化所产生的影响，则使书法中平添了老成的气度，形成了刚劲清健的风格。

（1）楷书

直到玄烨晚年，其楷书依然遵循着早年的欧体风格。虽然在40岁以后其楷书作品少于前期的数量，但大多已脱离了前期楷书的临古而为自创。其作品内容亦多为宣扬文教、编纂群书的序文，如《御选唐诗序》[2]、《朱子全书序》[3]、《周易折中序》[4]、《性理精义序》[5]等；皇家园囿题记，如《避暑山庄记》[6]；榜书匾额，如《避暑山庄》匾额、国子监《彝伦堂》匾额等；碑文，如《五台碧山寺碑文》、《五台殊像寺碑文》[7]等。从书写内容可以看出，后期楷书较前期大大拓宽了，在艺术表现上能自出机杼，亦是其书法逐渐成熟的标志。

玄烨后期所作的几篇序文，多书于其60～63岁之间。均为册页形式，书写仿欧阳询书风的正楷。书法字体大小匀称，布局合理。初谛视之，觉各册通篇工整有余而流畅不足，仔细观察，遂发现各册所书字下原有淡墨细笔底稿，且书法结字、用笔等皆如出一辙。唯一的不同，就是册中某些字描画得与底稿完全吻合，有的则略有出入，露出了底稿的蛛丝马迹。从书法的创作看，字的结构虽然端整，但个别字体的结构显然并非出自高手。另外，由于经过描摹，这些书法过于板刻，使得本来就易有呆滞之弊的楷书更显不自然，这种情况在职业书家的创作中是不可能出现的。其原因推测有二：一是老年玄烨对于自己的楷书并不十分自信；一是这些册页都是用于镌刻出版图书之用，因而郑重其事。

从玄烨后期的一些匾额、题记上可以看出，他早年临仿唐、宋人楷书的功夫没有白费。《避暑山庄记》仍然带有明显的欧阳询楷书的印记，虽书法结体还和玄烨青年时期那样整齐划一，但用笔则显现出成熟、老到的风范，已毫无疲软不逮之态。而那些大量的碑、匾作品，则承接了前期楷书对颜真卿、赵孟頫等书风的研习，《避暑山庄》匾颜体字的中锋饱满，雄强朴质，去务拘束之病而声势夺人；《彝伦堂》匾能得赵体

1　玄烨行楷书《临董其昌书月临镜湖赋》卷，《石渠宝笈·三编》著录；玄烨行书《临董其昌兰亭帖》轴，《石渠宝笈·三编》著录。

2　自署康熙五十二年夏作。《石渠宝笈·初编》册一，第259页。

3　自署康熙五十二年夏作。《石渠宝笈·初编》册一，第259页。

4　自署康熙五十四年春作。《石渠宝笈·初编》册一，第259页。

5　自署康熙五十六年春作。《石渠宝笈·初编》册一，第259页。

6　自署康熙五十年六月作。《石渠宝笈·初编》册一，第259页。

7　此二作均作于康熙三十九年。《石渠宝笈·初编》册一，第273页。

书的流变遒丽，韵致古雅，尽显端庄肃穆之气。

（2）行书

中年以后，玄烨通过对董其昌行书的不倦临习，逐渐形成了个人书法的风格。其行书在汲取董其昌书法结体的基础上，往往不乏米芾的雄阔刚健、苏轼的温厚丰润、赵孟頫的遒劲姿媚。但总体而言，清劲刚健构成了玄烨行书的典型风貌。这一时期的代表作有：作于47岁的《观千叶莲诗》轴[1]、《冰渡诗》轴、《九日对菊诗》轴、《广宁道中诗》轴以及52岁的《临董其昌滕王阁叙（序）》卷[2]等。

《观千叶莲诗》轴（图八），作于康熙三十九年（1700年），属于玄烨开始频繁、大量地临学董氏行书较早的作品。从作品既临仿赵孟頫又带有些许董氏行书风味的特点，不难看出这时玄烨并未完全掌握董书创作的法门。在运笔上，其作品似赵、董二人丰腴柔弱，行笔中的牵丝时有颤抖断续，也显示出作者对行书书写规律和技巧的不熟练。

《临董其昌书滕王阁叙（序）》卷（图九），作于玄烨52岁，是他在第五次南巡舟中所书。该作是玄烨临习董氏行书达到成熟的作品，为洒金笺本。字体董中带米，秀逸勃发，与董其昌所书《大唐中兴颂》等作颇有暗合之处。通过十余年的磨炼，50岁的玄烨已能自如地掌握董书的风格和特点，他的书法从结体到用笔都极力追摹董的仪态和神韵，布局疏朗，行笔圆劲，自有一种朴拙、大气的韵致。所以，现今可以看到的康熙书法中董书味道浓醇的作品，几乎都是其晚年的。

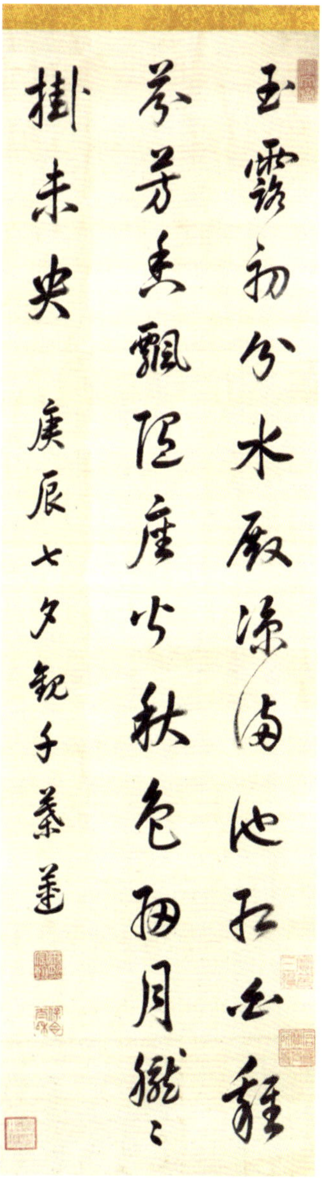

图八　玄烨行书《观千叶莲诗》轴（绢本，纵100.8厘米，横28.7厘米）

《临唐诗》轴[3]，书法师董，布局匀称，行书奇正相映，行笔气势连贯，一气呵成。笔法纤浓得中，筋

1　故宫博物院藏，自署“庚辰七夕观千叶莲”，本幅行书七绝诗一首。《石渠宝笈·初编》册八，第148页。

2　此数件均藏故宫博物院。

3　故宫博物院藏，书录唐代陆龟蒙诗，金笺本，无年款。

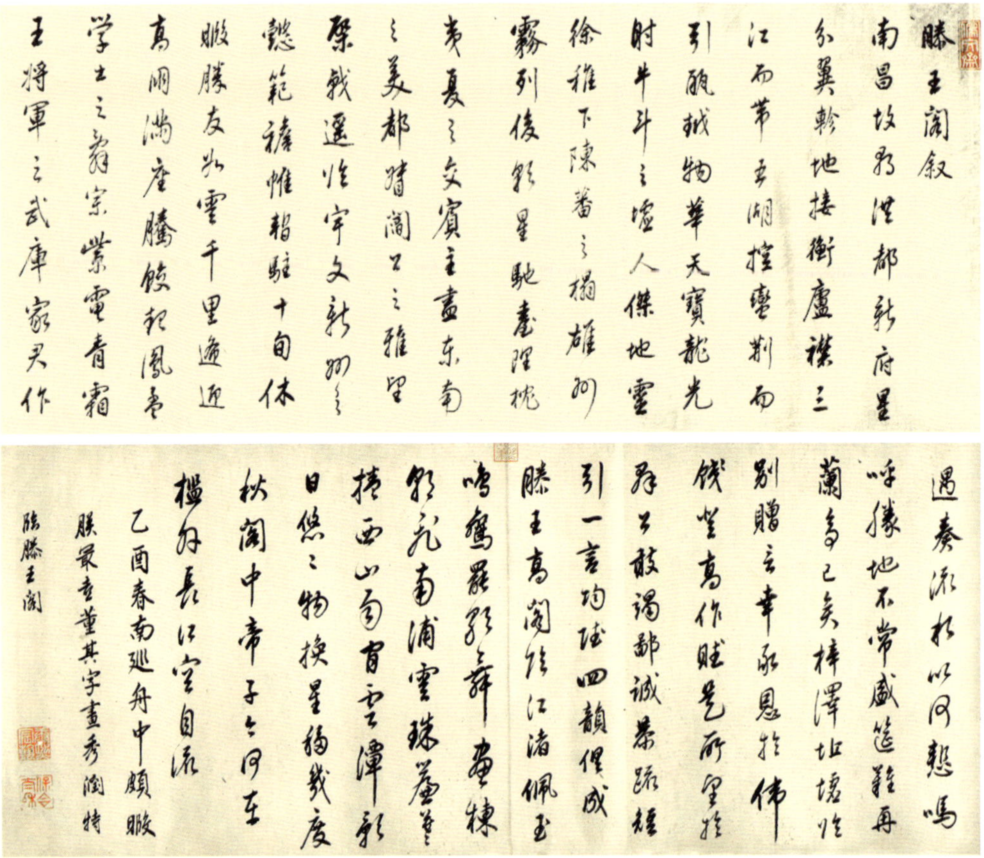

图九　玄烨行书《临董其昌书滕王阁序》卷（局部，洒金笺本，纵 31.7 厘米，横 439.1 厘米）

骨亦胜。《九日对菊诗》轴[1]，则在师法董氏行书的基础上又参合黄庭坚笔法，易刚劲为含蓄秀逸。《赵北口行围诗》轴，兼师董、米，布局紧凑，行笔从容自然，韵致清朗爽劲。这些作品的书写特点及其所显示出的沉稳流畅的风格，说明康熙对董其昌多年不懈的手摹心追已取得了“正果”，代表了他后期行书的标准风貌。

但是，如果从书法艺术的角度看，玄烨的书法不论是结构还是用笔，都大气磅礴，以骨力取胜，达到了相当的水准，唯在运笔功力和内涵韵味上略欠精深与变化。因此，在分析玄烨晚年成熟期的书法时，也应注意到他书法创作的另一特点：个人创作往往逊于临习作品。因为临习的作品在字的结构安排、章法布局上不用自己去设计，但自己创作，就需要在诸多方面考虑周全、自出新意。从书法创作的常理而言，这也是玄烨书法水平不高的证据之一。前述的四册楷书序文虽然是自己的作品而非临仿，但还算匀停妥帖，而行书就差多了，因为行书不像楷书那样结构、布局容易处理，书家尽

1　书自作五绝诗一首，故宫博物院藏。故宫博物院编:《清圣祖御制诗初集》卷八，海南出版社，2000 年。

量把每个字写好就行了，行书不仅要兼顾字与字、行与行之间的关联，而且要求书家具备统筹通篇，分行布白的能力，远比楷书的创作难度大。

三　评价与影响

（一）评价

对于玄烨书法的评价，首先应明确他不是书法家，只是一个书法爱好者，应当在这个基调上分析他的书法创作和对书法史的贡献。

首先，玄烨对古人书法的继承，对前人书法精髓的把握，并不像一般意义上的文人书家那么到位和精准，他的临古，只能努力达到形似而非神似。这种形、神关系的把握在玄烨的小字楷书和行书创作上，相对大字而言处理得要好得多，这也是同样的书体写在一些手卷、册页上较立轴、匾额上水平高的原因。而造成这种情况的深层原因则是临董之弊。董其昌作为帖学大家，他创作的册页、手卷书法作品也比立轴作品在结构和布局上妥当、耐看。对于董的许多立轴书作，评者可以很容易地发现和指摘其布局、行笔的松散、支离之误，原因就是临帖出身的书家较少涉猎碑版，多数人写不好大字，而小幅便于藏拙。正像碑学大家阮元讲王献之拒绝谢安之请，不写太极殿榜书的典故那样[1]。所以，不擅大字的创作，是帖学书法系统内书家的通病，玄烨自不可避免。

其次，玄烨对董其昌书法的临仿，因其研习日久，多少总能窥其堂奥。但是，董书的精髓是并不容易把握的。虽然董其昌强调生拙，务去甜熟，但其“生拙”并非笨拙，而是生拙中蕴含秀巧，尤其是行书的使转，处理得令人称绝。但玄烨并未完全掌握董书的这些真谛。董其昌所谓“盖书家妙在能合，神在能离”[2]就是讲述自己临古的心得。而在玄烨，他的临古，合则合矣，却不能离，不能摆脱成法的桎梏，不能离开对古人的依赖，这正是玄烨书法的缺憾所在。玄烨虽然也投入了大量的精力学习书法，但无论如何，是没法与董其昌的修养和境界相提并论的。另外，二人在书法艺术的天分、悟性和涵养等方面的差距，也不是人力和时间可以弥补的。

（二）影响

第一，虽然玄烨书法有诸多不足，但不能否认他取得的成就和他的学习、创作对当时和后代的影响。因为，他是个皇帝，评价他的书法，不能以审视职业书家的眼光来苛

1 （清）阮元：《揅经室三集》卷一，第597页，中华书局，1993年。

2 （明）董其昌：《容台集》，崇祯三年刻本。

求。作为一位统治了国家61年的君主，其书法的创作水平和成就的高低是次要的，而所学习和提倡的风格才是重要的，他对于董书的崇拜，不仅在于自己不懈地临摹、创作，还影响并左右了当时宫廷内外的书法审美时尚，为清初书坛的“正统”定下了基调。

玄烨对董其昌书法的推崇，使清初书坛呈现出“帖学”兴盛、董体书风大行其道的局面。康熙至乾隆初年，不仅涌现出一大批学董的名家，如“康熙四家”之姜宸英、何焯、汪士鋐、陈邦彦，也导致了董其昌书法沦为文人的求仕捷径——“干禄”正书，其形成和普及又使得其渐趋没落，书坛正统最终为赵孟頫的书风所替代。

第二，玄烨对于书法的见解和创作，直接影响了皇子和其他宗室贵族对书法艺术的好尚与钻研。在玄烨倡领的临董书法的大环境中，贵戚宗亲、皇族子孙都不可避免地受到时风的左右。玄烨的哥哥福全就是一位温和儒雅的诗人，他与玄烨不仅一生都保持了亲密的兄弟情谊，接受了许多玄烨特地为他创作的书法作品，如故宫所藏玄烨行楷书《赐裕亲王札》（图一〇）、天津市博物馆藏玄烨为福全出征噶尔丹所作的《七言诗》横幅[1]等，而且福全中年后淡泊处世，与王士祯等著名文人过从，以诗书画为乐，堪称清初杰出的宗室书画家之一。福全本人的书画作品传世极少，除在《石渠宝笈》中载其一件作品外，笔者只在民间见过一幅《溪山高逸图》轴[2]（图一一），其学董其昌中年山水画风格，用笔秀劲含蓄，显示出作者深湛的书画功底。又如贝子彰泰之子镇国公吞珠，赋才练达，综括群籍，亦工书善画，笔墨秀逸，有书卷气，评者谓其“可与董思翁颉颃”[3]。

皇子中许多人都是擅书的，雍正帝胤禛曾云：“早蒙皇考庭训，仿学御书，常荷嘉

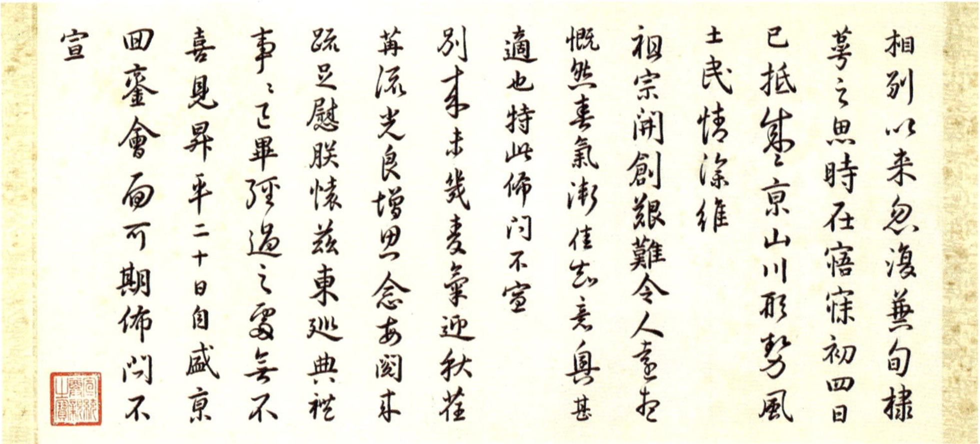

图一〇　玄烨行楷书《赐裕亲王札》卷（纸本，纵23.6厘米，横50.6厘米）

1　天津市博物馆藏清人画《抚远大将军出征图像》轴上诗堂裱有此作。

2　福全《墨笔山水图》轴，素绫本。曾经胤礽之孙永瑆（素菊主人）鉴藏并钤印，现为私人收藏。

3　（清）佚名：《读画辑略》，第2页，哈佛燕京学社辑：《清画传辑佚三种附引得》，1930年。

奖。”[1] 实际上，胤禛不仅可仿康熙的董体书法，而且水平不下于乃父，并常为之代笔。《养吉斋余录》就曾记载：“圣祖最喜世宗宸翰，每命书扇，岁书进百余柄。有旨不令书名，并用闲字图章。”[2] 虽然胤禛仿学玄烨临董字体非常逼真，但分析胤禛的传世书法，可以看出其行书脱胎自苏轼，与玄烨晚年一味临董，时现软弱单调不同，雍正的书法笔墨更加朴厚饱满。又如皇太子胤礽“自六岁学书，至今八载，未尝间断一日。字画端楷，在欧、虞之间，每张俱经上朱笔圈点、改正后判日”[3]。正如汤斌所云，我们观察胤礽的小楷[4]（图一二），发现他的书法完全受父皇对欧阳询小楷临仿的影响，父子的小楷书可说是一脉相承，只是胤礽的更加秀气细劲。此外，皇子中的胤禔、胤祉、胤礼、胤祥、胤祐、胤禵等都以擅书闻名宗室，这些人的书法水平可以说不分伯仲，以致在玄烨去世后选择景陵碑匾书写者的时候，已经继承大统的胤禛为了能将自己的书法成为镌刻碑匾的原型，不得不特向大臣们隐讳地说明：“景陵碑匾事关重大，诚亲王（胤祉）、淳亲王（胤祐）素工书法，朕已令其恭写。翰林中善书者，亦令其恭写。朕早蒙皇考庭训，仿学御书，常荷嘉奖。

图一一　福全《溪山高逸图》轴（绫本，墨笔，纵121.8厘米，横52.5厘米）

1　（清）鄂尔泰等修：《清世宗实录》卷一〇，第8页，雍正元年八月丁巳，中华书局（影印），1986年。

2　前揭《养吉斋余录》，第300页。

3　汤斌家书，（清）钱泰吉：《曝书杂记》中卷，第24页，清同治七年重刻本。

4　胤礽题玄烨楷书《畅春园记》卷后。

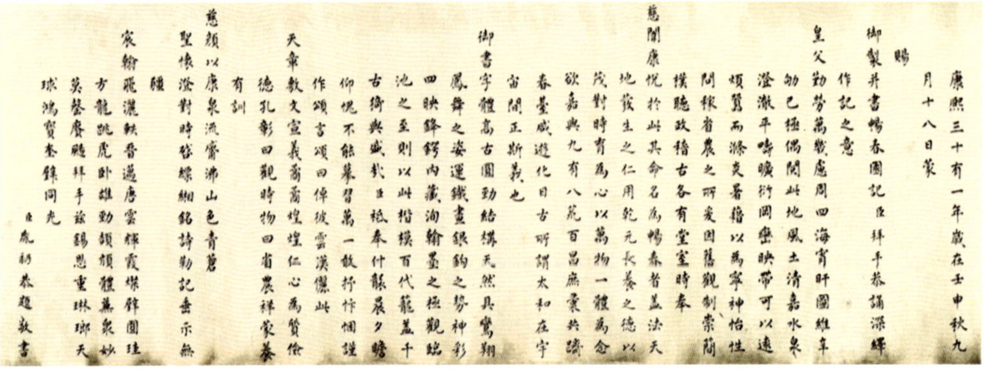
康熙三十有一年歲在壬申秋九
月十八日蒙
賜
御製并書暢春園記臣拜手恭誦淵繹
作記之意
皇父勤勞萬幾處周四海宵旰圖維年
勿已極偶閒此地風土清嘉水泉
澄澈平疇曠衍岡巒映帶可以遠
頫覽而滌炎暑藉以寧神怡性
問稼省農之所爰因舊觀制崇簡
樸聽政稽古各有堂室時奉
慈闈康悅於此其命名為暢春者蓋法天
地發生之仁用乾元長養之德以
茂對時育為心以萬物一體為念
欲嘉與九有八荒百昌庶彙共躋
春臺咸遊化日古所謂太和在宇
宙閒正斯義也
御書字體高古圓勁結構天然具鸞翔
鳳舞之姿運鐵畫銀鉤之勢神彩
四映鋒鍔內藏洵翰墨之極觀蹈
池之至則以此楷模百代蓋千
古希與盛哉臣祗奉什襲晨夕瞻
仰愧不能摹習萬一敬抒忭悃謹
作頌言頌曰倬彼雲漢傑此
天章敷文宣義裔裔煌煌仁心為質儉
德孔彰回觀時物回省農祥蒙養
有訓
慈顏以康泉流膏沸山色青蔥
聖懷澄對時發縹緗銘詩勒記垂示無
疆
宸翰飛灑軼晉邁唐雲輝霞爍辟圓珪
方龍跳虎卧雄勁頓挫體兼衆妙
英藝賡颺拜手謹錫思重琳瑯天
球鴻寶垂鎮同光
臣胤礽恭題敬書

图一二　胤礽题玄烨《畅春园记》卷后

今景陵碑匾，朕亦敬谨书写”，“尔诸臣可公同细看”，“须择书法极好者用之”[1]。当然，皇帝话已至此，大臣们自然要选用他这个“书法极好者”了。还有胤祥，其自身的诗文、书画学养有相当的水平，曾在康熙四十一年（1702 年）在德州行宫奉命当着众大臣面展示其书法功力，“诸臣环立谛视，无不欢跃钦服”[2]。当时胤祥仅 17 岁，他也是清初宗室中致力书画收藏的佼佼者，故宫博物院及海外许多博物馆收藏的古代书画如黄公望《九峰雪霁图》、王蒙《葛稚川移居图》上，都有他的藏印[3]。而他收藏的董其昌《真书阴符经府君碑合卷》很有可能就是他随皇父南巡时，地方大员特地奉献给他的礼物[4]。

除了皇子们，皇孙一辈的乾隆皇帝弘历、怡亲王弘晈、弘历的弟弟弘瞻、叔伯弟弘昨等皆以善书画著名。其中弘历学习董其昌、赵孟頫的书法固然有其社会和文化的背景，但绝不可忽视玄烨对他的影响，弘历毕生对董、赵书画的膜拜，就是沿袭玄烨的足迹。弘历 12 岁时亲眼看到祖父创作书法，并获得了一轴、一卷和一扇的赏赐，始终都念念不忘将这种特殊的恩宠宣示于人。而且，弘历事事处处效仿玄烨，从北狩南巡到书画创作，旨在证明自己在任何方面都不输于祖父。在弘历的行书《麦色诗》轴中[5]，我们既可以看到其数十年对赵孟頫书法的摹仿，又有对祖父喜爱的董其昌行书的临习，这种融合董、赵的做法，本源乃是玄烨。从这点上来看，弘历在书法上的主张和实践并非其独创，而是步祖父后尘。

1　前揭《清世宗实录》卷十，第 8 ～ 9 页。

2　朱栻等修：《清圣祖实录》卷二一〇，第 3 页，中华书局（影印），1985 年。

3　其藏印为“冰玉主人”。另外还藏有惠崇（传）《秋浦双鸳图》、马麟《暗香疏影图》等。

4　（清）佚名：《圣驾五幸江南恭录》，康熙四十四年三月十八日，（清）汪康年辑：《振绮堂丛书》初集，宣统三年刊本。

5　故宫博物院藏，“故宫博物院藏文物珍品大系”之单国强主编：《清代书法》，第 77 页，香港商务印书馆，2001 年。

结语

综上所述，康熙皇帝玄烨的书法学习和创作，以及相关的艺术鉴赏活动，从艺术的层面反射出以最高统治者皇帝为代表的清朝贵族长期在汉文化影响、熏陶下的生活状态。同时，也集中折射出清入主中原后迅速汉化以及清代初期汉、满民族融合的深度和广度，为后人研究康熙时期的文化思想和宫廷艺术提供了宝贵的图像史料。

由于康熙帝在文教、艺术方面的大力弘扬和实践，引导和带动了整个宫廷乃至贵族阶层对诗文、书画创作的积极参与和对古代、当代名家巨迹的搜集、庋藏，明末散落于民间的古代书画名作由于皇帝的好尚而逐渐向宫廷搜集，各类宫廷文化艺术日趋兴盛。毋庸置疑，康熙时期为雍正、乾隆两朝宫廷艺术的空前繁荣奠定了深厚而坚实的思想与文化基础。

原载《故宫博物院院刊》2008 年第 5 期

《石渠宝笈》著录马守贞《画兰图》卷考

李　湜

内容提要：马守真是明代著名的妓女画家，也是被作伪最多的女性画家。本文通过对马守真名“守真”与“守贞”的考证，以及对马守真创作风格、表现题材、款印样式等方面的分析，考证出原清宫旧藏、《石渠宝笈》著录的马守贞款的《画兰图》卷为赝品，从而有助于对马守真作品的鉴藏与认知。

关键词：马守真　马守贞　画兰图卷　兰　蕙　款印

一　《画兰图》卷简介

现存于故宫博物院的马守贞款的《画兰图》卷（图一），是一件清宫旧藏。此卷装在一宽约10厘米、长33.5厘米特制的赭色木盒内。盒盖及盒的右侧顶端均以阴文刻“马守贞墨兰”并填蓝。盒的内侧以明黄纸裱糊，带有宫廷装潢的特点。盒盖背面粘墨栏框白条纸，上书：“马守贞《墨兰》，次等李一，乾隆九年春月臣张照等奉敕编次。”此卷配玉别子一，玉堵头二。包首为“寿”字锦，墨笔题签：“马守贞墨兰。”引首及卷后尾纸均无题。纸本画心，纵30.5厘米，横572.5厘米。墨笔绘蕙数丛，它们横向排列，各具姿态，彼此间缺少呼应与关联。画卷起首处有马守贞款七言诗：“莫讶春光不属侬，一香已足压千红。总令摘向韩娘袖，不作人间脑麝风。丙寅春三月偶写，湘兰马守贞。”下钤“马守贞印”（白文）、“湘兰”（朱文），“丙寅”是明嘉靖四十五年（1566年）。本幅上钤有乾隆皇帝玺印“乾隆御览之宝”（朱文）、“石渠宝笈”（朱文）、“御书房鉴藏宝”（朱文），嘉庆皇帝玺印“嘉庆御览之宝”（朱文），宣统皇帝玺印“宣统御览之宝”（朱文）。卷尾处钤有出自《离骚》的“纫秋兰以为佩”（朱文）闲章。

现存资料中没有可以提供《画兰图》卷入藏皇宫时间的证据。但根据“乾隆九年

作者：书画部，研究馆员。

图一　马守贞款《画兰图》卷

春月臣张照等奉敕编次”推断，它应该在大学士张照等人奉敕编纂《石渠宝笈》之前就入藏了，即入宫的最晚时限应在乾隆九年（1744 年）。

《石渠宝笈》初编作为乾隆皇帝谕令编纂的第一部书画著录书，是在皇家数以万计法书、绘画藏品的基础上编录的，书画合加才千余件（套）。由此可见，《石渠宝笈》在编选作品时有着严格的要求，不仅要求入编的书画为真迹，同时要求是重要画家的名作，或者在画史上具有重要意义的作品。女性画家作为历史上不被社会所重视的创作群，她们的作品更是难以入编皇帝的第一部宝笈中。在张照等人的严格筛选和乾隆皇帝的认可下，最终，历代的女性书法家加上女性画家只有 5 位的 10 余件作品得以入选《石渠宝笈》，除此幅马守贞款的《画兰图》卷外，还有唐代吴彩鸾款的《书唐韵》册、《书唐韵》卷，元代管道升款的《竹溪览胜图》、《碧琅庵图》、《孝经》，明代文俶款的《写生图》轴，清代周淑禧款的《石榴图》轴。

《石渠宝笈》著录的作品中，有一些是被贮藏在乾隆皇帝御书房的。御书房是乾隆皇帝从事文事活动的重要场所之一，曾御题匾额，名“学诗堂”。这里藏有大量的被乾隆皇帝视为珍宝的历代书画精品，其中有不少是中国画史上属于标志性的重要画作，如唐代阎立本的《步辇图》卷、五代黄筌的《写生珍禽图》卷、宋代赵昌的《写生蛱蝶图》卷、元代周朗的《杜秋图》卷、明代文徵明的《古木寒泉图》轴等。而这件《画兰图》卷也曾经和这些著名作品一道贮藏在御书房，这足可以表明乾隆皇帝对于它的重视和喜爱。

但是，有足够的证据说明，这幅被皇室高度认可的马守贞款《画兰图》卷，是一件伪作。

二　“马守真”之名及画作辨伪

《画兰图》卷款名“马守贞”，实为“马守真”之伪款。马守真（1548 ~ 1604 年），秦淮名妓，“姿首如常人，而神情开涤，濯濯如春柳早莺，吐辞流盼，巧伺人意，见之者无不人人自失也”[1]。同时，她具有多方才艺，能诗擅画工歌舞，尤其擅绘兰，以画兰之精专而名扬江南，甚至海外，因此自号“湘兰”。明姜绍书《无声诗史》言：“其画不惟为风雅者所珍，且名闻海外，暹罗国使者亦知购其画扇藏之。”[2]清代作家汪中在《经旧苑吊马守真》文中，对马守真的艺术灵秀、才气亦极其赞赏，言：“余尝览其画迹，丛兰修竹，文弱不胜，秀气灵襟，纷披楮墨之外，未尝不爱其才。”又言：“天生此才，在于女子，百年千里，犹不可期。”

马守真所活动的明代，正是中国书画史上继北宋之后又一个作伪的高峰期，也是女性画家作品被伪作最多的时代。当时一批卓有成就的女性画家，如文俶（1595 ~ 1634 年，字端容，文从简女，文徵明玄孙女）、李因（1610 ~ 1685 年，字今生，号是庵、龛山逸史，文士葛徵奇妾）、顾眉（1619 ~ 1664 年，字眉生，原秦淮名妓，后为龚鼎孳妾，改姓徐，号善财君，时称横波夫人）等人，也都像马守真一样，有被谋利者伪造画作的现象。姜绍书《无声诗史》称，文俶画作，“吴中伪笔，传摹最多，远方之人采声而已”[3]。秦祖永《桐阴论画》记：“（李因）极有名誉，故赝本甚多。所传一种骨格苍老，笔意板木者，赏鉴家须另具法眼，不得随人耳食也。”[4]又，清朱逢泰在《卧游随录》中讲到他曾经走访收藏家费少塘，费氏“出画数幅别真赝”，他看后感言：“陈白阳花草、恽南田山水、项易庵山水、女史顾眉兰花，具是贾人伪作以欺世者。”[5]可见，女性画家的作品在商贾之人的眼中，与著名的男性画家陈白阳（名淳）、恽南田（名格）等人的画作一样，造假是有利可图的。

---

1 （明）钱谦益：《列朝诗集小传》下册·闰集，第 765 页，上海古籍出版社，1983 年。

2 （明）姜绍书：《无声诗史》卷五，第 4 页，清观妙斋重刻印本。

3 前揭《无声诗史》卷五，第 4 页。

4 （清）秦祖永：《桐阴论画》附录，第 24 页，光绪年善成堂藏板印本。

5 （清）朱逢泰：《卧游随录》第 978 页，《中国书画全书》第 10 册，上海书画出版社，1996 年。

面对造假的风行，以文俶、李因为代表的闺阁画家们采取了一些防伪措施。例如，她们画毕往往请家人，特别是其丈夫作诗题跋，从而为自己的画作附加上一个鉴定条件。李因的丈夫葛徵奇在作李因《竹笑轩吟草》的序中即言，李因“每遇林木孤清，云日荡漾，即奋臂振衣，磨墨汁升许，劈笺作花卉数本。余亦各加题跋，以别赝鼎”[1]。又如，钱谦益在为文俶的丈夫赵灵均撰写的《墓志铭》中记：赵灵均待“其妻施丹调粉、写生落墨，画成，手为题署，以别真赝”[2]。

相比之下，以马守真为代表的妓女画家们对待伪作的态度，往往是听之任之。妓家们的这种宽容态度，加上当时文人们往往以拥有妓家画作而自榜风流的心态，致使当时妓家的画作赝品颇为泛滥。清代鉴藏家葛嗣浵曾在所著《爱日吟庐书画续录》中感言：“世所见湘兰女史画皆伪品也！”[3]虽然此言过于绝对，但是，也可见马守真的画作被普遍伪作的程度。

无论是闺阁画家的刻意防伪，还是妓女画家的听之任之，都有一个不辩的事实，即明代女性画家的作品被作伪的现象极为普遍。其造假手段中，摹、临、仿、造、代笔以及对真迹的改头换面等应有尽有，而以“造”更为常见。

“造”，主要是仅闻女性画家的姓名或者略知其常绘的题材而进行仿造，属于捕风捉影式的造假，因此，此类作品难免会在款识、题跋、印章、内容，或者绘画风格上出现纰漏。

此幅《画兰图》卷，便是好事者“造”出的伪作，其最大的纰漏是将马守真的“真”写作了“贞”。

《辞源》释“真”[4]字，有“本原”“本性”“真实”之义；“贞”[5]有“言行一致”“占卜”“正”“当”等意思。

“贞”字可以组成许多与女性相关的，在世人眼中可谓是褒意的词汇，如“贞女”“贞妇”“贞节”“贞操”等，于是，只知马守真名“zhēn”而不知哪个“zhēn”的造假者，凭空猜想马守真作为女性，“真”与“贞”相比，后者更为合适，于是在造假落款时，常常将“真”写作“贞”。

证明马氏名“守真”而非“守贞”的重要文献，见于明代潘之恒《亘史》中的王穉登《马姬传》，该传起首言：“马氏，同母姊妹四人，姬齿居四，故呼四娘，小字玄儿，列行曰守真，又字月娇，以善画兰，号湘兰子。”[6]文中明确记载了马守真的“真”以及她

1 （明）李因：《竹笑轩吟草·序》第5页，辽宁教育出版社，2003年。

2 （明）钱谦益：《钱牧斋全集·牧斋初学集》第三册，第1383页，上海古籍出版社，2003年。

3 （清）葛嗣浵：《爱日吟庐书画续录》卷三，第23页，光绪年沪江刻本。

4 《辞源（修订本）》第三册，第2208页，商务印书馆，1992年。

5 前揭《辞源（修订本）》第四册，第2946页。

6 （明）潘之恒：《亘史》卷一八，第1页，明天启间刻本。

的字号。对于《马姬传》的可信度，当代美术史学者赫俊红女士从两个方面加以论证：其一，《马姬传》实为王穉登所言，因为该文的开头便是“王穉登云……”，而且通篇皆以王氏为第一人称来叙述。该传实是潘之恒对王穉登所云的辑录，而王氏与马姬的关系非同一般。此书完成于1612年之前，此时王穉登尚在世，传中所记内容尤其是对名蜚当时的马姬的名字应当不会有错误。其二，风雅文人潘之恒侨寓金陵，流连曲中，且与马姬同时的名妓朱泰玉等来往密切，因此，可以认定《亘史》中《马姬传》的记载是可靠的[1]。

在明代的其他文献，如姜绍书《无声诗史》、钱谦益《列朝诗集小传》、朱谋垔《画史会要》等书中，也有关于马氏名“守真”的记载。姜绍书《无声诗史》记：“马湘兰，名守真，金陵妓，能写兰竹。”[2]钱谦益《列朝诗集小传》记：“马姬，名守真，小字玄儿，又字月娇，以善画兰，故湘兰之名独著。”[3]朱谋垔《画史会要》记：“马守真，号湘兰，金陵旧院名妓也。善画水墨兰石。”[4]

目前通过马氏现存的画作，均可见其落款或钤印，是“真”而非“贞”。如其23岁（庚午，1570年）绘制的《画兰图》扇（日本万福寺藏），款“湘兰马守真”，印“湘兰”及“守真玄玄子”；25岁（壬申，1572年）绘制的《竹石兰花图》轴（安徽省博物馆藏），款“湘兰子马守真”，印“守真玄玄子”；46岁（癸巳，1593年）绘制的《兰花图》扇（无锡市博物馆藏）、47岁（乙未，1594年）绘制的《兰石图》扇（辽宁省博物馆藏）、56岁（癸卯，1603年）绘制的《兰竹图》卷（图二，故宫博物院藏）、57岁（甲辰，1604年）绘制的《兰竹石图》卷（故宫博物院藏），等等，均款“湘兰马守真”，印“湘兰”及“守真玄玄子”。

需要说明的是，乾隆时期，被清宫收藏的、《石渠宝笈三编》著录的“马守真《画兰图》册”，署名虽为“马守真”，但其实也是件伪品[5]。这意味着，即使款字为“守真”，也并不一定都是真品。但这并不能否定“守真”款是构成马守真作品真品的必要条件之一，即只有“守真”款才有可能为真品；而“守贞”款则构成马守真作品伪作的充分条件，即“守贞”款必伪。

“贞”字款作品的大量出现，造成混淆视听的局面。许多学者尤其是清代的学人在编撰画史，介绍马守真时，也常将“真”写作“贞”。如徐沁《明画录》记：“马守贞，号湘兰，南曲中人，以诗画擅名，其墨兰一派，潇洒恬雅，极有风韵。”[6]彭蕴灿《历

1 赫俊红：《明代女画家马守真画作真伪考鉴》，《收藏家》1998年第2期。

2 前揭《无声诗史》卷五，第4页。

3 前揭《列朝诗集小传》下册·闰集，第765页。

4 （明）朱谋垔：《画史会要》，第579页，《中国书画全书》第4册，上海书画出版社，1992年。

5 前揭《明代女画家马守真画作真伪考鉴》。

6 （明）徐沁：《明画录》卷六，第70页，中华书局，1985年。

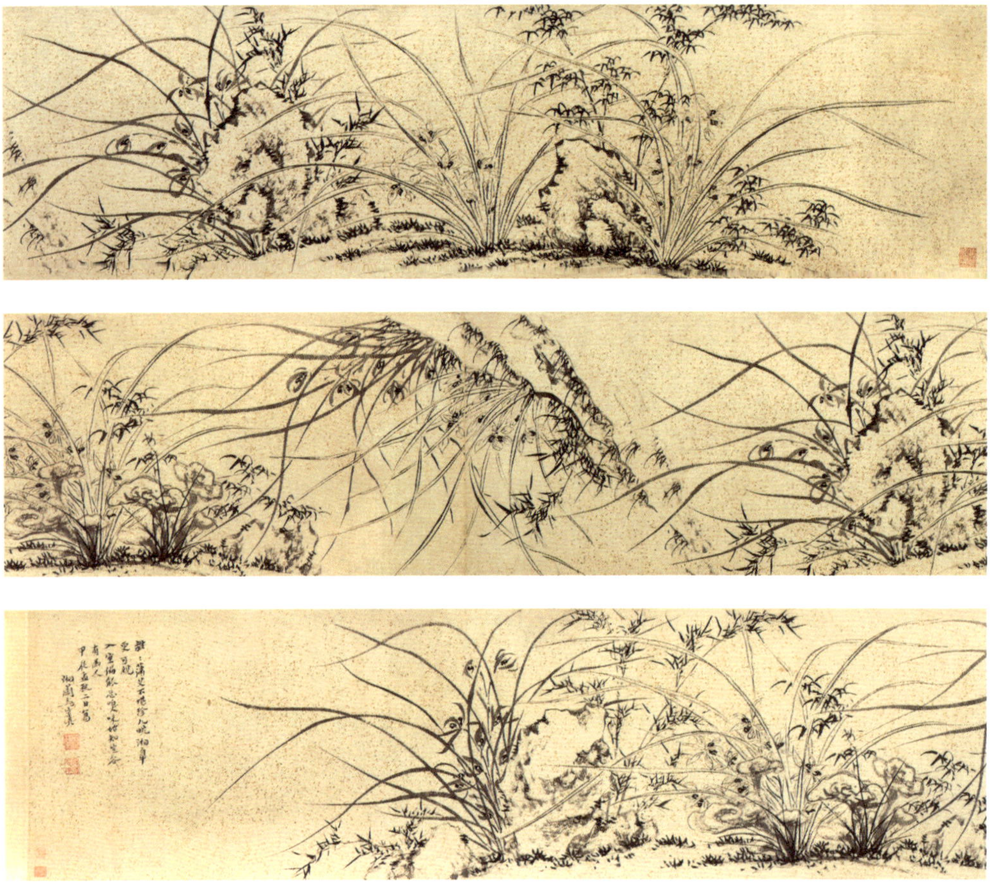

图二　马守真《兰竹图》卷

代画史汇传》记："马守贞，字湘兰，小字元儿，又号月娇，与王伯穀友善。一时烟花非其志也。"[1] 冯津《历代画家姓氏便览》记："马守贞，又名月娇，字湘兰，南京人，风流绝代，工兰竹。"[2] 等等。

同时，许多鉴藏家也常将署"马守贞"款的画作作为真迹加以著录，如安岐《墨缘汇观》著录"女妓马守贞《幽兰图》"[3]；潘正炜在《听帆楼书画记》所著录的《元明山水人物花卉册》中，记其第十幅是"马守贞《兰石》"[4]；朱逢泰在《卧游随录》中著录有"名妓马守贞《兰竹水仙》册"[5]；陆时化在《吴越所见书画录》中著录有"明妓马守贞《白

1　（清）彭蕴灿：《历代画史汇传》卷七〇，第 4 页，上海文瑞楼书局石印，1910 年。

2　（清）冯津：《历代画家姓氏便览》卷六，第 119 页，《中国书画全书》第 11 册，上海书画出版社，1997 年。

3　（清）安岐：《墨缘汇观（名画下卷）》，第 259 页，江苏美术出版社，1992 年。

4　（清）潘正炜：《听帆楼书画记》卷二，第 823 页，前揭《中国书画全书》第 11 册。

5　前揭《卧游随录》，第 975 页。

描大士》立轴”[1]及“马守贞《水墨梅兰》册”[2]；杜瑞联在《古芬阁书画记》中著录有马守贞款《白描兰花》卷[3]。张大镛在《自怡悦斋书画录》中著录有马守贞款《兰竹》[4]，等等。又，佚名《十百斋书画录》著录的《女史马湘兰竹石积赏》[5]，其题款："嘉靖丙午七月朔写于秦淮水阁，湘兰马守贞。”马守真是1548年出生，1604年过世的，此画所标“嘉靖丙午”是1546年，马守真尚未出生。从这件作品看，落款“马守贞”，是伪作无疑。

从马守真所处的时代来看，明代是贞洁观、贞操观浓厚的时代，自1368年朱元璋在南京称帝始，在中央专制集权的控制下，明初的思想文化界一扫元末以来诸子争鸣的风气，呈现唯尚程、朱理学的思想文化特征。针对女性教化，宣扬妇德，为节妇、烈女树碑立传，以达到“诱民衷而树世防”的目的。这是导致明代烈女贞妇冠各代之首的重要原因。《古今图书集成》所记烈女贞妇，唐代51人，宋代267人，明代竟达36000人。马守真作为妓家，已失去封建女性最可珍视的贞操，断不会把自己的“守真”与“守贞”混淆使用。否则在那个时代，将是对她个人不幸境遇的一种嘲讽。

因捕风捉影而将作者名字写错的情况，也曾发生在其他的女性画家身上。如有的造假者知道李因擅绘花鸟墨笔题材画，于是从与花鸟有关的字中找了“鹰”，落款为“李鹰”；又有的造假者根据文俶的女性性别将“俶”作“淑”，落款为“文淑”。

三　《画兰图》卷辨伪

判断马守贞《画兰图》卷为赝品的依据，除“贞”字外，还有重要的一点，即在题材的表现上，赝品描绘的物象是“蕙”，而马守真从来是画“兰”不画“蕙”的。

兰与蕙的区别，宋代罗愿在《尔雅翼》中明确指出："其一干一花而香有余者兰，一干五七花而香不足者蕙。”[6]宋代著名文人黄庭坚曾根据兰与蕙之间花株、香气的不同，将它们分别拟人化地比作“君子”和“士大夫”，于所书《幽芳亭》中称："盖兰似君子，蕙似士大夫。”[7]此说受到了历代文人的追捧并成为共识。

作为女性的马守真，像其他女性一样，受性别的约定，使得她们在“君子”与“士大夫”之间，“兰”与“蕙”之间，避开了男性色彩浓郁的“士大夫”题材“蕙”，而选择了意喻人性品德高洁的“君子”题材“兰”。因此，在中国女性绘画史上，无

1 （清）陆时化：《吴越所见书画录》卷二，第84页，怀烟阁刻本。

2 前揭《吴越所见书画录》卷二，第84页。

3 （清）杜瑞联：《古芬阁书画记》卷一六，第111页，光绪年自刻本排印。

4 （清）张大镛：《自怡悦斋书画录》卷四，第475页，前揭《中国书画全书》第11册。

5 （清）佚名：《十百斋书画录》丙卷，第540页，《中国书画全书》第7册，上海书画出版社，1994年。

6 （宋）罗愿：《尔雅翼·释草二》卷二，第17页，中华书局，1985年。

7 《黄庭坚全集·正集卷》第二册，第705页，四川大学出版社，2001年。

论是妓女画家马守真、薛素素、顾眉、范珏，还是闺阁画家文俶、黄之淑、陈书等，都是只画“兰”而不画“蕙”的。“蕙”已俨然成为了男性专有的表现题材之一。目前，通过马氏现存的画作，如故宫博物院藏《兰石图》扇、《兰竹石图》扇（图三）、《竹兰石图》卷、《竹兰图》扇，安徽省博物馆藏《竹石兰花图》扇，四川省博物馆藏《兰竹石图》扇，广东省博物馆藏《兰竹石图》轴及苏州博物馆藏《兰竹图》卷等，可见，马守真所绘的都是仅“一杆一花”的“兰”而非“一杆五七花”的“蕙”。其自号“湘兰”而非“湘蕙”，当与此有关。

通过题款与所绘物象间不合常理的布局位置，也可辅助说明此图是幅署马氏伪款之作。

根据中国画卷从右至左横向展开的特点，作为画作的文字补充款题，为不伤画意和妨碍绘制，通常书于画卷本幅的结尾处，即画卷的左端，或者是画幅上方的空白处，因此，“左款右画”或“上款下画”成为款题与画作间最常见的样式。这点从马氏自己的作品《兰竹石图》卷、《兰竹图》卷（苏州博物馆藏），以及与马氏生活在同一时代的大批男、女画家的长卷画作品中，可见一斑。

依这件《画兰图》卷位于画幅右端的题款，以及该画卷尾纸过短的现象，或可以推断：该作品应该是幅割去原作者款题的后添款画。原画作者是位小名头，或无名之辈，在画卷的结尾处，紧贴着最后一笔蕙叶的画意，书有题款。作伪者将该题款裁去后，尾纸处已无题写的空间，于是只得将伪作的款题写在了画卷的起首处，即右端，由此而构成违背常规的“款”与“画”布局的现象。

如果从绘画风格以及款字的书法结体上分析，这件《画兰图》卷也与马氏的真迹不相符。

图三　马守真《兰竹石图》扇

绘画风格上，马氏画兰，有白描双勾和没骨法两种，其没骨兰用笔劲利流畅，风格秀雅，承袭的是元人赵子固的笔墨风格。正如姜绍书《无声诗史》所评："兰仿赵子固，竹法管夫人（管道升），俱能袭其余韵。"[1]赵子固（1199～1264年，名孟坚，字子固，号彝斋居士）以人品高逸和所绘水墨兰、竹、梅、石、水仙具冰魂玉姿，超尘绝俗之态，在明代颇受吴门画派文徵明及其学生陈淳(1483～1544年)、王穀祥(1501～1568年)、钱穀(1508～1578年后)、周天球（1514～1595年）等文人的极力推崇。其笔墨样式，曾风靡江南画坛，成为当时最为流行的绘兰风格。

四 马守真绘画风格的形成

马守真凭借自己的聪颖机敏和才情，往来于文人墨客间，构筑了广泛的文化圈，王穉登、陆弼、姚旅、梅鼎祚、何震以及梁辰鱼等人都与之有密切的交往。其中王穉登是与马守真交往最密切的著名文人。王穉登（1535～1612年），字伯穀，原籍江阴，移居苏州。拜文徵明为师，学习诗词书画。他在文徵明逝世后，以诗文声华煊赫，主掌吴门文坛三十余年。他曾将马守真解脱于墨祠郎的追捕和勒索之难，与马氏结下了忘年之交。万历三十二年（1604年），王穉登70大寿之时，马守真已57岁，她不顾年迈，亲自率能歌善舞的名妓十多人，乘楼船从南京赶到王穉登的苏州寓所飞絮园祝寿，歌舞盛况空前，钱谦益于《列朝诗集小传》中称之"为金阊数十年盛事"[2]。马守真病逝后，王穉登亲自为她提笔书传，并赋挽诗十二绝句，对她的人品以及诗文书画之才艺给予了高度的评介。更为重要的是，王穉登作为吴门地区文化圈内的核心人物，同许多画家都保持着密切的关系，如钱穀、王穀祥、周天球及文徵明的次子文嘉（1499～1582年）、侄子文伯仁（1502～1575年）等人，都是他的挚友。钱穀、文嘉、文伯仁都受邀画过其居所"半偈庵"，现今文嘉所绘《王百穀半偈庵图》轴，还被完好地保存在北京故宫博物院内。半偈庵一度成为吴门地区文人聚集地，马守真则是其间常客。在这一环境中习书作画的马守真，其绘画风格上自然与这些文人画家相近。

如果将马守真画作与故宫博物院藏文徵明《兰竹拳石》卷、《兰竹石》卷、《墨兰》扇、《兰石》扇、《竹石》扇，辽宁省博物馆藏文徵明《漪兰竹石图》卷，上海博物馆藏文徵明《兰竹图》扇，以及故宫博物院藏钱穀《兰竹》卷、陈元素《兰花》扇、周天球《兰花图》轴与《丛兰竹石图》卷、朱之蕃《竹石图》卷，四川省博物馆藏文嘉《兰竹石图》扇等人的画作相比较，不难看出在马氏的作品中，有许多与吴门画家相通的笔墨。如，将同是画卷形制的马氏《兰竹石图》卷（图四）与文徵明的《兰竹拳石图》卷（图五）作比较，可见在主体物象兰的处理上，兰叶的笔法皆相同：通过笔的提、

1 前揭《无声诗史》卷五，第4页。

2 前揭《列朝诗集小传》下册·闰集，第765页。

图四　马守真《兰竹石图》轴

按变化，表现出叶片的翻转、舒展与折合；线条在一气呵成的运笔中，形成粗细变化，这种变化是种渐变；作者注重的是通过贴近物态的行笔走线，显现出兰叶飘逸洒脱的风致和自然形态之美。

如果将它们与这件马守贞款的《画兰图》卷中的叶片相比，则可见有所不同。该画中叶片不仅有粗、细、顿、折之分，还有的被故意绘成曲线，或者故意拉长某一叶片，加重某一叶片的墨色。显然，作者已把叶片作为表现笔墨技法的一个载体，强调的是线条的律动感与节奏变化等，更关注于如何艺术地来表现笔墨线条，注重于绘画的个性创作，与吴门画派的笔墨风格有着明显的区别。

此外，在构图上还可见马氏与吴门文氏的相同，以及与马守贞款伪品间的差异。这件伪款《画兰图》卷中绘的蕙，是以折枝花的样式，直接排列为长卷，不加以任何景致的点缀。虽然，这种在画卷中并列描绘物象的方式在宋代就已出现，如有南宋扬无咎所绘《四梅图》（故宫博物院藏）及宋代佚名《百花图》卷（故宫博物院藏）等。到了明代，它已成为很普遍的构图样式，如沈周绘《花果杂品二十种》（上海博物馆藏），陈淳绘《书画图》卷（天津市历史博物馆藏）、《书画》卷（上海博物馆藏），周天球绘《兰蕙图》卷（广东省博物馆藏）、《画兰图》卷（上海博物馆藏），陈括绘《花卉图》卷（故宫博物院藏），周之冕绘《群芳竞秀图》卷（河北省博物馆藏）、《群英吐秀图》卷（南京博物院藏），孙克弘绘《写生花卉蔬果图》卷（首都博物馆藏），等等。但是，马守真没有以这种样式表现过兰，她始终坚持的是赵子固、赵孟頫及文徵明的画风。因此，王穉登评她："画兰最善，得赵吴兴（赵孟頫）、文待诏（文徵明）三味。"[1]

马守真、文徵明等人绘兰，在构图上特别注重意境的构筑。他们在绘兰的同时，

1　（明）王穉登：《马姬传》，第6页，（明）清苕逸史：《品花笺》，飧秀阁刊本。

图五　文徵明《兰竹拳石图》卷（局部）

还将兰所处的生存环境加以描绘，兰或生于环境幽僻的山谷间，与山石荆棘相伴，临风沐雨；或生于寂静清幽的平坡草地上，与青竹坷石相佐，沐浴阳光。从现存的故宫博物院藏马守真《兰竹石图》卷以及各博物馆所藏其画扇、画轴、画卷，以及文徵明的绘兰长卷中，均可证明这一点。

在款题上，马守贞款《画兰图》卷也全然与马氏的真迹墨题不相符。最突出的是“湘”字的写法，观马氏的真迹，“木”与“目”总是左右并置，如下列图表展示（表一）。

表一 《画兰图》卷马守真题款与其他马氏作品题款对比一览表

序号	作品名称	题款	藏地
1	《兰竹图》卷		故宫博物院
2	《兰竹石图》扇		故宫博物院
3	《兰竹图》扇		故宫博物院
4	《兰石图》扇		辽宁省博物馆
5	《芝兰竹石图》扇		四川省博物馆

序号	作品名称	题款	藏地
6	《兰竹石图》扇		四川省博物馆
7	《画兰图》扇	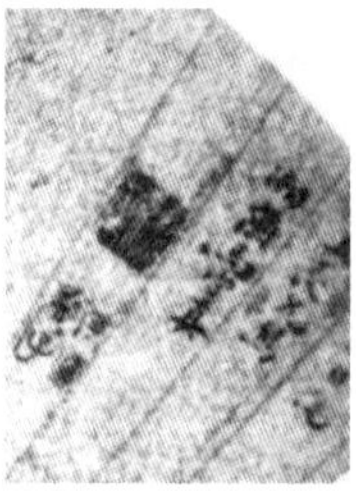	日本万福寺

而《画兰图》卷中的“湘”，则是将“目”直接地写在了“木”撇之上（表一：1）。

通过该图表还可见，马守真款题下钤盖的印章，有一个固定的组合，即“湘兰”（白文）与“守真玄玄子”（朱文）相配，而该《画兰图》卷所钤的“马守贞印”（白文方印）、“湘兰”（朱文方印）不但与马守真的这一印章组合不符，就是在所见的马氏所有的作品中（包括伪作），也是绝无仅有的。

再从款题书体的章法结构上比较，王穉登在万历辛卯年（1591年）为马守真诗集所作的序中，记马氏是“蝇头写怨，而览者心结”[1]；王穉登在万历甲辰年（1604年）为马守真所赋的十二首挽歌词中，言明马氏的书法是“小字蝇头密又斜”[2]；王穉登在《马姬传》中，又言明了马氏书写的字形体态，是“书如游丝弱柳，婀娜媚人”[3]。根据王穉登的点评，并参照图表中马氏画迹上的书写字体，不难看出这件《画兰图》卷中过于疏朗和平稳方正的字体，与马氏书风差异颇大。

原载《故宫博物院院刊》2009年第4期

1 前揭《列朝诗集小传》下册·闰集，页765。

2 （明）钱谦益：《列朝诗集·闰集》卷四，第76页，上海神州国光社据绛云楼原本铅印本，1910年。

3 前揭《马姬传》，第6页。

王翚交游考

于富春

内容提要：本文以王翚游历大江南北、通览宋元书画名迹为脉络，考察了王翚拜师名门、跻身于官宦名流的交游创作经历。王翚早年师从王鉴、王时敏、钱谦益，辗转于常熟、太仓、无锡、苏杭、金陵等地，与江南藏家唐宇昭、遗民画家恽寿平等结为书画盟友，大量临摹古人名作稿本；中年，王翚因书画周旋于官宦商贾之间；晚年，他北上京城主绘《康熙南巡图》卷，结交皇家新贵，与恩师王时敏的儿孙辈再续前缘。在王翚的一生中，交游对于他改善家庭生活、提高社会地位、取得绘画艺术的进步起到至关重要的作用，产生了积极影响。

关键词：王翚　娄东二王　交游　诗画雅集　词臣文人　皇恩　优游隐居

王翚是清初四王中能够“摹古求新”卓有成就的山水画家，他以标立新境的画风创立了虞山画派。他的绘画生涯将近80年，这是中国绘画史上绝无仅有的，其传世作品在国内外各大博物馆收藏丰富，仅故宫博物院就藏有370余幅。由于传世作品数量众多，学界对王翚的研究非常广泛，而且已经取得了丰富的学术成果。其中以艺术研究为多，而对于其交游的研究则相对偏少，笔者仅见赵国英女士的《亘古无双——王翚与恽寿平、唐宇昭、笪重光之间的交游》[1]及武佩圣先生的《王翚在京期间交往绘画活动》，二文分别从不同的角度对王翚特定时期的交友、绘画进行了论述。而笔者在本文中则立足于王翚从师、从友、游历、创作互益互惠谋发展的视角，试图通过王翚在各个时期所受到的影响，充分提炼出交游在其艺术创作中所发挥的积极作用。

作者：原科研处，副研究馆员。

1 《中国书画》2008年第10期。

一　早期得恩师耆宿提携

1632 年，王翚出生于常熟虞山北麓古里镇白茆塘畔的一个风景如画的小山村。传说他出生时满屋飘溢着墨香，三日不散。王翚的家族四世丹青，他自幼受家乡读书、绘画风气的熏陶，年仅六七岁就能用芦荻画壁；青年时，王翚以模仿古人画惟妙惟肖而闻名乡里。同时，他与钱谦益、王鉴、王时敏、吴伟业、恽寿平、唐宇昭等人的交往甚密，并因此得以遍览古人名迹，相互切磋艺术，为他的绘画创作打下了扎实的基础。

1. 观绛云楼书画受熏陶

王翚祖父王载仕时举家迁至常熟虞山，这里民风淳朴，崇尚文化，民人多好书法绘画，兼及治印、抚琴，并以私家藏书之富而闻名天下。虞山最富收藏当属明末清初著名文人钱谦益（1582 ～ 1664 年），他淹通古籍，兼善丹青，崇祯十六年（1643 年）钱谦益建成绛云楼，珍藏鼎彝书画及宋刻书籍数万卷。钱谦益晚年归里，隐居白茆芙蓉庄，正与王石谷家相邻。王翚的祖父与钱谦益早为世交，少年王翚经常为读书看画出入钱谦益的绛云楼。王翚临《宋徽宗江渚秋晴图》卷题："宋徽宗仿南朝陆探微江渚秋晴卷，原为王时敏旧藏，牧斋生日，时敏以画为寿，宗伯宝之，绛云一烬，惜为天公夺。"[1]康熙五年（1666 年）王翚凭记忆绘成此卷，说明他在绛云楼曾观摩过此卷；此外，王翚亦曾观临《洪谷子峭壁飞泉图》卷。康熙二年（1663 年），钱谦益为王翚跋《王子石谷画》卷，赞美石谷"胸中有真山水，以腹笥为粉本，故落笔辄似。……而子久衣钵殆将独归石谷"[2]。石谷每有新作都会请钱谦益鉴赏评析，可知石谷尊奉钱谦益为师。昔日的文坛盟主晚年闭门息侣，过着"落花惜扫行将少，饮酒祛愁日渐稀"[3]的隐居生活，对同里年轻貌俊的王翚经常登门造访甚是欣喜，诗赠石谷："乌目山头问隐沦，阴林席箭喜长贫。画矜王宰留真迹，人说黄公是后身。拂水千岩为粉本，小山一亩作比邻。"[4]不幸的是，顺治七年（1650 年）十月绛云楼遭大火焚毁，使石谷失去一处临摹学习之佳所。

2. 娄东二王提携绘画技艺

娄东太仓距常熟虞山只一晌之遥。顺治八年（1651 年）仲秋，王鉴自太仓来游虞山，时任江西布政使孙朝让于山堂宴请王鉴，王翚托其呈上所作扇面，王鉴握扇注视良久，对在座客人讲："三百年所仅见，不久当享大名。""一座皆惊。令人邀石谷至，以弟

1　（清）王时敏：《王奉常书画题跋》，卢辅圣主编：《中国书画全书》第七册，第 926 页，据康熙五十三年刻本修订，上海书画出版社，1994 年。

2　（清）王翚：《清晖赠言》卷七，前揭《中国书画全书》第七册，第 884 页。

3　陈寅恪：《柳如是别传》下册，第 1125 页，上海古籍出版社，1980 年。

4　前揭《清晖赠言》卷一，第 818 页。

子礼见。王鉴出示董其昌长卷指点，郑重而别”[1]。次年王鉴邀石谷来太仓，教其“十日画一水，五日画一石”[2]，学习古法数月，并出示家藏宋元稿本逐一指教，令石谷画技大长。顺治十年（1653 年），王鉴北上赴任，引荐石谷转拜王时敏门下。

王时敏 (1592 ～ 1680 年)，字逊之，号烟客等，曾官至太常寺少卿，人称王奉常，晚年归里专事笔墨。顺治七年（1650 年），王时敏在西庐别墅中建绿画阁，常与卜隐故里的吴伟业燕集觞咏。王翚与王时敏长子王挺弱冠之年相识，王挺认为王翚学思高深，必是大智慧之人。王时敏在吴门偶见石谷画扇，深为赏识，“延至于家，下榻授馆，间或辞归，则信使尺牍，相望于道”[3]。王时敏家藏宏富，王翚居时敏之拙修堂，尽情观览前人名迹，揣摩古人“骨法树石，皴擦勾染”等绘画要理。“石谷家本寒酸”，出于对人才的爱惜，烟客时资助之约十年[4]。王时敏还将董其昌为他所临摹辋川、洪谷、北苑、米芾、营丘等树石画卷，悉数赠与王翚。

王翚与王鉴、王时敏的师生之谊，使他从徜徉于乡间，靠临摹仿古画聊为生计的职业画家跻身于文人画家之列。王时敏感叹王翚的画艺“迥出天机，超然尘表，绝非寻常畦径可及”[5]，并称：“不图疲暮之年得遇石谷，且亲见其盘礴，如古人忽复现前，讵非大幸？然犹恨相遇之晚，不能不致叹于壮盛之缘悭也。”[6]

王翚与娄东二王结成既师既友的忘年之交。王时敏于 1652 ～ 1662 年约十年间携石谷遨游大江南北，足迹遍布苏杭、毗陵、安徽、江宁等地，领略山川秀色，感悟大自然之高旷幽远、繁茂苍郁，沿途观摹各地藏家的历代名迹，在中国画史上留下了罕见的师生互敬延誉的艺苑佳话，也促成了王翚绘画生涯的重要转折。

3. 与江南诸藏家结书画之盟

在早期的交游中，石谷所结交者多为江南著名的收藏家，他们诗文唱和，观摩藏家的历代名画，为王翚书画技艺的进步帮助很大。康熙元年（1662 年），钱谦益赴太仓王时敏的西田别墅欣赏明神宗（朱翊钧）赐给王文肃公（王时敏祖父王锡爵）的《南宫墨卷》，钱谦益记载了这次艺术活动的盛况：“壬寅三月十六日，太仓太原王瑞士异怿民、虹友、琅琊王惟夏、次谷许九日、顾伊人、吴江朱长儒族孙遵王婿微仲集于小阁，是日敬题烟客奉常所藏文肃公南墨卷，论文即事，欣感交并，为斐然不辞首作。”[7]当

1　前揭《清晖赠言》卷一，第 818 页。

2　（清）王时敏 :《烟客题跋》卷上，第 15 页，上海人民美术出版社，1986 年。

3　（清）陆时化:《吴越所见书画录》卷六,《中国书画全书》第八册,第 1146 页,据康熙五十三年刻本修订，上海书画出版社，1994 年。

4　胡佩衡 :《王石谷画法抉微》第 2 页，上海商务印书馆，1982 年。

5　（清）王时敏 :《王奉常书画题跋》卷上，第 12 页，通州李玉芬瓯钵罗室，宣统元年刻本。

6　前揭《烟客题跋》卷上，第 54 页。

7　（清）钱谦益 :《牧斋有学集》卷四九，下册，第 1598 页，上海古籍出版社，2009 年。

年王翚客居王时敏的西庐别墅，有幸参与这次画苑盛会，并与王时敏之子王揆（次子）、王撰（三子）、王抃（五子）、王摅（七子）相识结为情如兄弟的好友。

王翚与毗陵唐宇昭的相识缘自王时敏的敦请。唐宇昭（1602～1672年），字孔明、云客、雪谷，号半园，是明代抗倭英雄唐顺之的侄子，明亡后与弟唐宇量隐居故里，人称“唐氏二难”。宇昭工诗善画，家富收藏。王翚初游毗陵下榻唐氏半园四屏堂，所见唐宋元明秘本益广。王翚曾为唐临摹吴镇《关山雪霁图》卷[1]，并在唐氏半园与恽寿平不期而遇，彼此一见如故，从此二人结下终生友谊。二人曾合作临摹倪云林《渔庄秋色图》轴，十八年后，恽南田再度题诗：“江城风雨歇，笔砚晚生凉。囊楮未埋没，悲歌何慨慷。秋山翠冉冉，湖水玉汪汪。”[2]感怀往昔。

王翚于康熙元年（1662年）再度客居唐氏四屏堂与其订立笔墨契约，为其临摹家藏历代名迹用以备份永存，他据唐氏藏本初次临摹《富春山居图》卷[3]。时王翚、恽寿平再次相聚唐氏半园，畅饮共叙，谈论笔墨。王时敏也曾提及：“又馆毗陵者累年，于孔明先生所遍观名迹，磨袭浸灌，殚精竭思，窠臼尽脱，而后意动天机，神合自然，犹如禅者彻悟到家，一了百了。”[4]

王翚亦有幸临摹珍藏于唐氏贞和堂的王蒙《夏日山居图》，他借此深刻领会了王蒙笔法。壬寅年（1662年），王翚在唐氏四屏堂为友人仿临多幅作品，有《仿赵大年水村图》轴、《仿曹云西寒山书屋图》轴、《仿古山水图》册十开、《寒塘鸂鶒图》轴、细笔青绿临赵伯驹笔意《江乡初夏图》扇、《文人雅集图》扇、《深山古寺图》扇等（均藏于故宫博物院）和《仿宋元各家山水》册八开（上海博物馆藏）及《溪山雨霁图》轴等（美国大都会博物馆藏）。这一时期，王翚以“天分人功，神悟力学”的毅力临摹古人笔墨之法，“取神去粗，研深入微”，是由摹仿学习向创作成熟期过渡的阶段。

王翚与恽寿平彼此翰墨相赏悦，他在南田题跋石谷画中写道：“与石谷子在毗陵称笔墨之契，惟半园唐先生与南田生耳。半园往矣，忘言倾赏惟南田一人。”[5]二人为谋生计聚少离多，壬子年（1672年）是他们相聚最长的一年，二人屡屡合作，书画珠联璧合，正如时人所说：“凡遇石谷之画，恽寿平必以绝世之姿，辅之以卷轴，信手破墨自有尘外之趣。”[6]南田给王翚信中自诩，先生之珍图，不可无南田生之题跋，敢云合则双美。真可谓锦上添花。

1　前揭《吴越所见书画录》卷六，第1149页。

2　前揭《吴越所见书画录》卷六，第1145页。

3　赵国英：《亘古无双——王翚与恽寿平、唐宇昭、笪重光之间的交游》，石谷初临《富春山居图》卷，现藏美国高居翰处，《中国书画》2008年第10期。

4　前揭《烟客题跋》卷上，第53页。

5　（清）恽寿平：《南田画跋》一册，第45页，光绪四年啸园藏板。

6　（清）恽寿平：《瓯香馆集》附录，第3页，上海神州国光社印。

康熙十一年（1672年）秋，常州人杨兆鲁（名青岩，曾官至福建按察副使）称病归隐，在常州恽厥初东园旧址购地建成近园，王翚应杨兆鲁之邀与弟子杨晋及恽寿平、孙承公（南田表兄）、笪重光等雅聚于近园，游园赏景，宴饮数十日。聚会者兴致勃勃，赋诗作画，杨兆鲁乘兴作《近园记》，王翚欣然挥毫作《近园图》，恽寿平、笪重光为之题跋，曲尽情致。他们追求文人精神上的超越与出尘高蹈。如今，近园遗址已经成为常州宾馆的后花园，昔日景致如梦，依稀还留有当时石谷、南田、笪重光等聚会题诗赋词的遗迹。

王翚40岁与笪重光初次相识，笪为石谷40岁贺寿赠诗："莫叹论交晚，山林喜得朋。每怀张句曲，常遇赵吴兴。"[1]次年，石谷与笪重光、恽寿平、杨晋再聚近园。笪重光（1623～1692年），字在辛，号江上外史等，原籍句容，后迁居京口（今江苏镇江），

图一　王翚《溪山逸趣图》卷

1　前揭《清晖赠言》卷七，第875页。

图二　王翚《岩栖高士图》轴

官刑部侍郎擢监察御史。其所著《画筌》曾经王翚、恽南田评注。笪重光戏临《王翚仿元人小景图》轴，王翚题赞："笔致飘逸，骄然出群，视余图何止十倍胜也。"恽寿平题识："元人粉本不可见，游戏临摹有此图。王郎笔墨高天下，御史风采绝代无。王山人与笪上翁以笔墨称忘形交，观此游戏仿学，真能得元人三味，笔不到处有高韵，正非近日庸史所能梦见。"此中虽有溢美之词，但从言辞中不难看出，王翚与恽寿平、笪重光三人如同岁寒三友之松、竹、梅，彼此相惜，互为相赏。近园雅集期间，王翚为笪创作多幅作品，有《溪山逸趣图》卷（故宫博物院藏）（图一）、《岩栖高士图》轴（图二）、《水竹幽居图》卷等。在《水竹幽居图》卷上（郑州博物馆藏），石谷自识："余过毗陵，江上笪先生亦至，同客杨先生竹深斋，谈讨古今，商量丘壑，用宋人意画水竹幽居，先生见而悦之，因取奉赠。"[1]

壬子年（1672 年），王翚再借唐氏本《富春山居图》卷，为笪重光再临（美国佛利尔美术馆藏）（图三），画卷上恽寿平题："前十余年曾为半园唐氏摹长卷，时尤为古人法度所束，未得游行自在，为笪江上借唐氏本再摹，遂为弹丸脱手之势……盖其运笔时精神与古人相洽，略借粉本而洗发自己胸中灵气。故信笔取之，不滞于思，不失于法，适合自然，直可与之并传。"[2]壬子年王时敏逾 80 高龄，但石谷每有得意新作定拜会恩师请教，癸丑年（1673 年），王翚携为笪临写的富春长卷过娄东请王时敏指教，此时王翚已摆脱古人束缚，驾轻就熟地运用古人笔法，王时敏赞誉弟子"罗古人于尺幅，萃众美于笔下者，五百年来，从未见之，为我石谷一人而已"[3]。此外，藏于故宫博物院的《仿大痴秋山图》扇、《空山茅屋图》轴、《仿古山水图》册十二开、《仿古山水四段图》卷、《仿吴镇清夏层峦图》轴，藏于上海博物馆的《小中观大》册等，都是石谷 1672 年的作品。

1　(清)顾文彬:《过云楼书画记》,《续修四库全书》子部艺术类 1085 册,第 270 ～ 271 页,上海古籍出版社,2003 年。

2　前揭《南田画跋》册一，第 21 页。

3　前揭《烟客题跋》卷上，第 53 页。

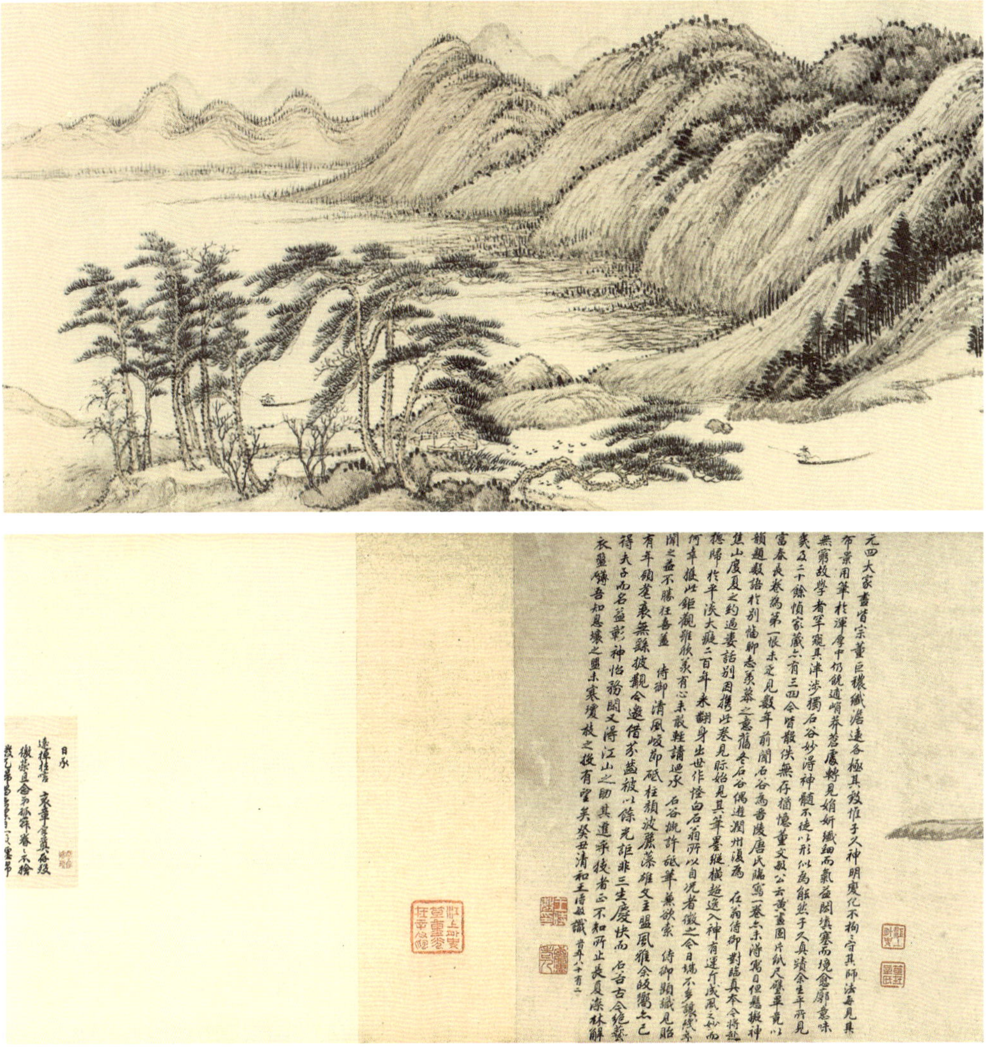

图三　王翚《仿黄公望富春山居图》卷（局部）

总之，王翚 40 岁前的早期画艺受益于娄东二王的言传身教，广泛的交友使其眼界大开，壬子年（1672 年）常州近园的诗画聚会，成为他绘画历程的重要驿站，为他日后的创作补充了充分的艺术能量。

二　中年与画家、文人相交赏

王翚中年以后主要活动于金陵地区。他与金陵画家龚贤、收藏鉴赏家周亮工、扬州画家查士标及官宦文人徐乾学、朱彝尊、宋荦等人的交往，承蒙早年钱谦益、王时敏、恽日初等人的引荐。这一时期，王翚不仅绘画艺术日臻成熟，其作品同时获得达官显贵的追捧，“笔墨价重一时，海内趋之如水赴壑，凡好事家悬金币购勿得”[1]。王翚因此成为当时社会名流及富豪商贾府上的座上宾。

1. 与金陵画家的交往

王翚于康熙八年（1669年）应周亮工之邀赴金陵与各派画家们聚会一堂，参会者有龚贤、袁重其、陈卓、樊圻等，大家开怀畅饮，吟诗作画，可谓金陵数十年来未有之画坛盛事。周亮工（1612～1672年），字元亮，号栎园，祖籍金陵。他博学多才，诗文、书画皆有很深造诣。周亮工精于鉴赏，家有“赖古堂”，收藏书画、图书、铜器、印章等，尤酷藏墨，当时凡能绘画者，无不将自己画作精品送与周亮工鉴藏。王翚与周亮工早年相识，康熙八年（1669年）七月适逢周亮工六十大寿，王翚特别致书信赠画祝贺。此次聚会，王翚为周亮工绘画十余幅，周亮工后来在《读画录》中记载：“（石谷）己酉顾予于白下，时予已谢督糈。石谷寓续灯庵，为予作大小十六幅，老年患难颇借以自遣。石谷苦心于此中二十余年，于予颇有知己之感。”[2]足见周与王翚交情甚笃。

王翚于1669～1686年之间多次往返金陵，每次赴秣陵，“吴下诸名士都有赠行诗，秦淮诸君复为唱和”[3]。这期间王翚与金陵一些遗民画家多有交往。龚贤（1618～1689年），字半千，号半亩、柴丈人等，江苏昆山人。他中年流寓金陵凉山，曾是南京“复社”中的知名人物。龚贤晚年以卖画为生，优游于昆山、南京、苏州，是王翚的忘年之友，在与王翚书信中，他说：“自公韩（柳堉）为弟说，先生墨妙不独为吴门第一，竟为天下第一。今弟神魂飞越，正拟拿一舟来访，忽闻道驾且至，喜可知矣！”[4]龚贤与王翚虽然画风各异，一为正统，一为野逸，但他们的绘画有着共同的师承，且都尊重古人墨法。他们彼此不吝赞美，相赏互益。

康熙二十三年（1684年）盛夏，王石谷客居秣陵吴正治书斋，他不畏炎热，与金陵友人朝夕切磋画艺，满足友人的笔墨应酬。当时交往者有官员张玉书、陈元龙及画家龚贤、王概、查士标等，石谷绘制了《重江叠嶂图》卷，被乾隆睿鉴为“国朝第一卷，王翚第一卷”。

2. 与朝野文人的交往

1686年夏秋迎来了石谷步入中年后又一次重要的艺事活动。石谷、南田、张云章、顾祖禹等同客昆山，恽寿平在《瓯香馆集》中翔实记载了这年夏秋王翚与客人们

---

1 前揭《南田画跋》册二，第27页。

2 （清）周亮工：《读画录》，转引自前揭《清晖赠言》卷七，第889页。

3 前揭《清晖赠言》卷三，第837页。

4 刘海粟主编：《龚贤研究集》上集，第178页，江苏美术出版社，1988年。

在昆山玉峰园的雅集。他们抚琴赏月，诗酒唱和，观览古人墨迹，彼此切磋画艺。王翚即兴创作《晚梧秋影图》轴（图四），恽寿平题记：“丙寅秋日，石谷王子同客玉峰园池。每于晚凉翰墨余暇，与石谷立池上，商论绘事，极赏心之娱。时星汉晶然，清露未下，暗睹梧影，辄大叫曰：好墨叶！好墨叶！因知北苑、巨然、房山、海岳点墨最淋漓处，必浓淡相间，半明半暗，乃造化先有此境，古匠力为模仿……”时同游者有张汉瞻（云章）、景范（顾祖禹）等。张云章（1648～1726年），字汉瞻，号朴村，嘉定县人。康熙二十三年（1684年），云章在京中师事王士祯。云章常为生计奔波，游于达官显贵之门，为其做幕僚、馆师，讲学论道，呈诗献赋。同里顾祖禹(1631～1692年)，字端五、复初，号景范、宛溪，因入赘常熟谭氏家故自称常熟人。顾祖禹曾应聘于昆山徐乾学府上为馆师。

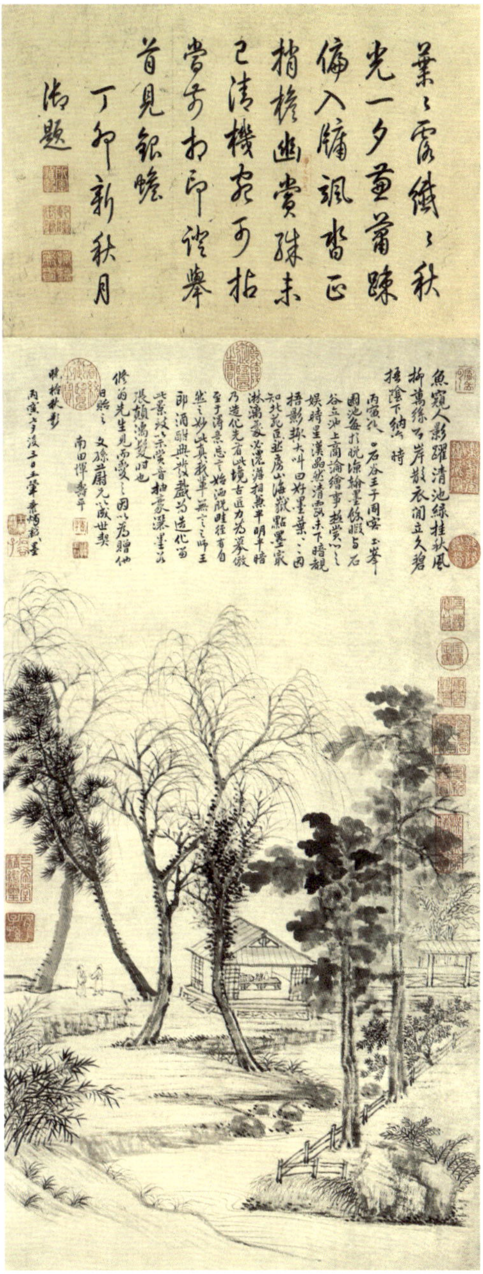

图四　王翚《晚梧秋影图》轴

王翚与当时名流朱彝尊、徐乾学及苏州知府陈鹏年、江苏巡抚宋荦等都有交往，徐乾学（1631～1694年），字原一，号健庵，江苏昆山人，是清代著名学者顾炎武的外甥，曾任内阁学士、刑部尚书、礼部侍郎并授翰林院编修。康熙七年（1668年），王翚赴南京拜访周亮工，徐乾学赠王翚之秣陵诗，王翚作《秣陵秋色图》卷答谢。康熙十八年（1679年）徐乾学回乡为母守孝，石谷作《仿古山水》册相赠，王时敏为之题跋。因徐氏与武英殿大学士明珠之子纳兰性德交好，又为王翚与纳兰结下了一段因缘。纳兰性德雅慕王翚之名，请徐氏遣书致币敦促王翚入都，1685年王翚携弟子杨晋赴京，不曾想纳兰性德已病逝，令王翚悲痛叹息！

王翚于40～60岁之间，身体刚健，年富力强，常年往返秣陵及江浙等地，一为卖画改善家庭生活，二为扩大其绘画影响，特别是那些同里家乡的官宦文人如王掞、吴正治、宋荦、陈元龙等，都为王翚的绘画艺术之路起到了延誉扬名的作用。

三　晚年荣宠于禁廷

如果说王翚早期的交游为他的绘画艺术打下了基础，中年的交游为其跻身上流社会铺平了道路，晚年王翚赴京为康熙皇帝主绘《康熙南巡图》卷，则令他登上艺术和人生辉煌的顶峰。对王翚而言，摆脱布衣出身、改变门庭始终是他的愿望，康熙十六年（1677年），王翚为两个公子参加科举考试特拜请王时敏更名[1]，他心中最大的夙愿是儿子读书向道，有朝一日能够顶戴花翎，仕途顺畅，但终未遂愿。所以康熙三十年（1691年），当他有机会主持绘制《康熙南巡图》时，便欣然赴京。

1. 与王翚、宋骏业再续前缘

王时敏虽于康熙十九年（1680年）去世，但王翚与其子王挺、王掞、王撰、王抃、王摅仍多有联络。同石谷感情最深的，当属第八子王掞（1644～1728年），当年王翚拜入拙修堂随王时敏学画的时候，王掞仅8岁，自康熙五年（1666年）王翚贺王掞秋试中举而作《山窗读书图》轴，数十年来情如兄弟。王掞善画，与王翚两人经常切磋画艺，交情甚笃。在王时敏的子孙中，王掞的仕途也最畅达，他于康熙九年（1670年）中进士，选庶吉士，授编修，旋迁左赞善，充任日讲起居注官。康熙三十年（1691年）特别擢升内阁学士。王掞极力为王翚的仕途铺平道路，希望他能留在京城供职朝廷。王翚为答谢王掞的厚爱，在京期间绘制多幅作品相赠。刚到京城时王翚乐此不疲地周旋于官宦文人之中，希求着在仕途有所发展。王翚年长王掞13岁，但在王掞面前，他始终谦卑恭敬，以示对恩师提携的感激。

康熙三十年（1691年）初，年近花甲的王翚携同弟子杨晋，不畏严寒，远涉千里赶赴京城，主持绘制《康熙南巡图》卷。康熙帝特恩准王翚以布衣供奉南薰殿。王翚能够获此殊荣要感谢弟子宋骏业。时宋骏业官拜兵部左侍郎，他曾拜师王翚门下，所作宋元小品，笔意灵秀，气韵清爽。当宋骏业接受南巡图绘事之命，首先想到自己的老师王翚，即刻南返虞山拜请恩师。师徒二人鼎力协作，圆满完成了中国画史上前所未有的纪实性巨作。

2. 在京城的交游

王翚居京历时八年，由皇家赐居所，皇恩优渥，朝野上下对他的作品趋之若鹜，

1　前揭《清晖赠言》卷一〇，第903页。

"宜乎片楮半缣，天下珍为拱璧"[1]。王翚优游于社会名流之间，结交辅国将军博尔都，文士王士祯、禹之鼎，以及京城大收藏家宋荦、王鸿绪、卞永誉等人。他们所藏宋元名迹，令石谷大开眼界。石谷自言："余向年客都下，于收藏家得见古人卷轴甚多。"[2]当时京城宣武门外的宣南地带是士大夫居所密集之处，王翚与官宦文人"载酒论文，刻烛赋诗"，率以为常。特别是清皇族博尔都，非常仰慕汉族文化，与汉族文人交往过密。康熙三十年（1691年）二月，王翚进京不久就送《夏麓晴云图》轴（台北故宫博物院藏）给博尔都，自题："夏麓晴云图，康熙岁次辛未二月既望仿关仝笔，耕烟散人石谷子王翚，时在燕山邸舍。"后又题："是岁三月十日，问翁老先生枉过寓斋，谬赏此画，辄以奉赠，幸教之。"图中绘松石、楼阁、溪桥，山峰高耸，气势雄峻，参糅了关仝笔意和范宽的青绿画法，充分表现了他成熟的绘画风格。博尔都是清太祖努尔哈赤的曾孙，袭封辅国将军，后坐事追削爵位，1680年又复爵，善于绘画，深受康熙皇帝重用。1689年，他伴驾南巡，结识了许多江南文人。王翚刚到京城，二人就往来密切，说明博尔都在伴驾南巡时就耳闻王翚画名，他对王翚绘制《康熙南巡图》卷起到了重要的影响。

王翚与索额图之子索芬关系甚好。《夏麓晴云图》轴原本是王翚以索芬名号而创作的，但被博尔都先睹并大加赞赏，石谷只能转赠给了博尔都。索芬是开国功臣的后代，酷爱书画，其家藏宋元名画可谓京城第一。王翚得知索芬嗜好种竹，便投其所好，于康熙三十七年（1698年）四月八日画《载竹图》卷（已失传）相赠。索额图父子收藏的历代名画令王翚大饱眼福，他曾经在索额图府邸观摹过董源《夏景山口待渡图》卷。1704年，王翚作《仿董源夏景山口待渡图》，应是凭记忆背临，因为康熙四十二年（1703年）索额图被处死，其家产及藏画均被充入内府。

此外，王翚与朱彝尊也结下深厚的友情。二人相识在康熙二十年（1681年），王翚客居金陵与朱彝尊及弟彝玠同游摄山（今南京栖霞山），王翚作画，朱彝尊以诗记之。而王翚于京城与老友重逢，感情愈深。次年壬申春日朱彝尊去官归里，王翚写山水赠之，朱彝尊也赋诗："王郎七载一相逢，画出云峦别思重。仿佛摄山秋夜月，风窗同听六朝松。"[3]

总之，这一时期王翚画名誉满京城，与弟子们终日忙于绘事应酬，从1691年初到1698年7月，王翚创作了大量书画作品。如康熙三十一年（1692年），王翚为宋骏业四十初度作《泰岳松风图》轴贺寿（上海博物馆藏），为朱彝尊作《唐寅诗意山水图》卷（中国历史博物馆藏）；三十二年（1693年），王翚为芝翁作《仿唐寅秋林激涧图》扇（上海博物馆藏）；王翚与虞沅、吴芷、顾昉、徐玫、杨晋等七人为乾翁（陈元龙）合作《岁寒图》轴（南京博物院藏）；禹之鼎为石翁作《松石图》轴（上海博物馆藏）；

1 前揭《清晖赠言》序，第816页。

2 （清）王翚：《仿巨然燕文贵山水》卷自题。

3 前揭《清晖赠言》卷四，第847页。

三十三年（1694年），王翚贺王掞五十初度作《仿董巨嵩岳图》轴（故宫博物院藏）；王翚为耕岩作《仿巨然山水图》轴（中国国家博物馆藏）；三十四年（1695年），王翚作《仿黄公望山水图》扇，奉赠宋荦之子；王翚师徒八人（王云、宋俊业、虞沅、顾昉、杨晋、吴芷、徐玫）合绘《九秋图》轴（故宫博物院藏）；王翚为若翁作《秋风黄叶图》轴（上海博物馆藏）；三十六年（1697年），王翚仿许道宁《溪山霁雪图》卷，赠诗坛领袖王士祯（南京市博物馆藏）；禹之鼎、王翚合作《听泉图》卷（南京博物院藏）；禹之鼎写照、王翚补景作《李图南听松图像》卷（故宫博物院藏）；三十七年（1698年）阳春三月，王翚与弟子杨晋受大学士陈元龙之属绘《竹屿垂钓图》轴（浙江省博物馆藏）。陈元龙（1652～1736年）海宁人，字广陵，康熙二十四年（1685年）榜眼，曾充日讲起居注官，文渊阁大学士，入直南书房，他擅长楷书，与王翚为故交，在京期间元龙常邀石谷“佳茗烹新泉”。

3. 荣返故里

当王翚看到混迹官场的文人为逐名利相互倾轧，顿悟到官场之荆棘险恶。他毅然决定于康熙三十七年（1698年）七月离京南返虞山。其时，在京名公巨卿、故交好友闻讯纷纷以诗赠别。禹之鼎于农历二月十二日花朝节前一日为王翚画《石谷先生还山图》卷，卷上陈元龙题诗：“出岫无心倦即还，尚湖深处掩柴关。千秋墨妙归天府，七十冰容返故山。八年野服侍金门，便听还山亦主恩。归去若逢樵子问，红尘中事不须论。笑揖公卿不可留，烟霞骨相复何求。旨因能事相羁络，只看陶公画里牛。琴囊画筒足清娱，牛背明朝别九冲。我欲拂衣归未得，惭君茅舍读书图。”刑部尚书王士祯为石谷送行赠诗：“送君归去乌目山，想见昔人清静退。来往骑牛涧谷中，往往神光射牛背。”

王掞曾极力挽留王翚。出都前一日，王抃、王掞兄弟与王翚依依惜别，王掞赠诗：“八载常留此，飘然放棹归。关河依旧雨，云树点苍山。笑我一官拙，羡君三径闲。相看俱白发，珍重别离间。”王抃赠诗：“名动长安客，偏随倦鸟还。重非因古旧，助不及江山。海鹤身逾健，沙鸥心自闲。相逢又相送，梦绕灞桥间。”[1]

此外，好友博尔都、姜宸英、张英、王鸿绪、查升等都赠诗话别。石谷满载皇恩的荣耀和满腹的惆怅回到阔别八年的家乡常熟，依山临水住在虞山东南麓，最终选择了“琴囊画筒足清娱”的悠闲生活。

王翚携弟子杨晋奉睿书“山水清晖”回到虞山，将四字制成匾额悬于门楣，并率子孙面北叩首以谢皇恩。晚年，王翚身边仍然围绕着许多达官显贵，“王侯将相公卿士大夫，靡不愿得尺幅以为吉光片羽”[2]。而此时王翚优游笔墨，超然寄兴于画。

1 前揭《清晖赠言》卷四，第851页。

2 前揭《清晖赠言》卷一，第820页。

结论

纵观王翚在不同阶段的交游活动，我们可以清晰地看到所有交游者对其生活及艺术创作的积极影响。王翚他虽周旋于达官显贵之间，但始终坚持自己立信、立德的做人标准，可称是一个以艺术创作为主要人生追求的单纯的艺术家。同里晚生王应奎在《柳南随笔》中云：“石谷作画，一落笔便思传世，故即其八十以后之作，亦无一懈笔。”[1]因此，他的画名得以广泛传扬。《康熙南巡图》卷的圆满绘制，令王翚为康熙皇帝歌功颂德立下功劳，也使王翚的一生变得平凡而又神奇。平凡在于，他一生学画、交游，孜孜不倦；神奇在于，他仅以一介布衣专志绘事而皇恩优渥。王翚门生众多，他开创的虞山画派影响了有清一代。

原载《故宫博物院院刊》2011年第4期

1 （清）王应奎：《柳南随笔》卷五，第3页，光绪四年申报馆铅印本。

康熙朝洋画家：杰凡尼·热拉蒂尼[1]

——兼论康熙对西洋绘画之态度

刘 辉

内容提要：西方画家在清宫供职，始于康熙朝。意大利画家杰凡尼·热拉蒂尼(Giovanni Gheradini)是有据可考的最早供职于康熙宫廷的洋画家。他受法国耶稣会邀请，派往中国，承担北京天主教北堂的装饰任务，同时为康熙皇帝及其家族绘制肖像，并在宫内教授油画技巧，后返回欧洲。当时清宫具有相对开放的文化环境，康熙皇帝对绘画实用性的需求并对西画的透视学感兴趣，这奠定了西洋绘画在清宫传播的基础。而西洋绘画一进入清宫，就开始了中国化改造，至雍正、乾隆朝，清宫廷绘画形成了中西合璧的热潮。

关键词：杰凡尼·热拉蒂尼　耶稣会　天主教北堂　康熙　班达里沙　焦秉贞　清宫早期油画

一　康熙朝洋画家活动概况

西方绘画在清宫的传播，始于康熙，而盛于雍正、乾隆朝。雍正、乾隆朝活跃于清宫中的洋画家，如郎世宁、王致诚、艾启蒙等，其创作与活动，档案多有记载，且留下了许多作品可供研究，学界已经比较了解。但康熙朝洋画家的艺术活动，仅马国贤因制作《御制避暑山庄诗图》铜版画和撰写《清廷十三年》回忆录[2]而广为人知，其他人学界则较少论述，存在不少空白点。近年来在华传教士活动资料的出版和发掘，以及某些中西交流史著作的问世，间或有这方面的零星记载，再查阅相关西文资料，使我们可以了解康熙朝西方绘画在清宫肇始的一些情况，并简略梳理康熙朝洋画家的活动脉络，在此基础上，分析研究康熙皇帝对西洋绘画之态度。

作者：出版部，编审。

1　Giovanni Gheradini，其中文名为聂云龙，参见林莉娜《班达里沙、蒋廷锡〈画人参花〉——康熙宫廷百草之王》，《故宫文物月刊》第343期，2011年。但作者未述其所出，本文以原名称之。

2　《清廷十三年——马国贤在华回忆录》（英文版），外语教学与研究出版社，2008年。

康熙在位前期，尚无专业西洋画家在宫廷活动，宫廷中涉及西洋绘画的艺术活动，最早由一些懂得透视法技术的耶稣会修士承担，如利类思[1]、南怀仁[2]、闵明我[3]。此外，耶稣会还曾派某些画家来到北京工作，如比纳昔攸斯（Pinnacius）[4]、费约理（Cristoforo Fiori）[5]等，但事迹不详，亦未有作品记录。1693年，康熙派耶稣会士白晋（Joachim Bouvet）携带其赠与法王路易十四的礼物返回法国，希望白晋招徕更多的有各种技艺的传教士到中国服务。1699年白晋乘法国商船“昂菲特利特”号返回中国，带来了两位画家，其一是耶稣会士卫嘉禄（Charles de Belleville），其二是耶稣会聘请的意大利画家杰凡尼·热拉蒂尼（Giovanni Gheradini,1655～1729年）。

卫嘉禄是法国人，耶稣会士，作为版画家和建筑师被耶稣会派往中国。不过，卫嘉禄是否在宫廷里有过艺术活动，有待于进一步研究。据相关论述，康熙皇帝见过卫嘉禄并了解其才能：

> （康熙三十九年）三月十日，至镇江金山。十二日，九位来华的教士陈圣修、利圣学、颜理伯、马若瑟、翟敬臣、南光国、卜纳爵、巴多明、卫嘉禄，由白晋招致，奉命登御舰，与帝共坐一舱，约历二小时半。帝询各人特长，并聆伊等演奏西乐。

1　利类思（Louis Baflio,1605～1682年）是一位博学多才的学者，意大利人。《费书》记载，“利类思以其余暇作汉文书籍，此外并以西方绘画之法教于华人，宫中颇赏其画法。南怀仁神父曾在《欧罗巴天文学》一书中，称其曾以画三帧呈康熙，其画全守透视之法，并绘副本三帧陈列其所居庭园中。各处官吏来京者见此画皆惊赏，彼等皆不明缘何能在一平布上，将一切室廊门户及道路皆能一一绘出。”费赖之：《入华耶稣会士传略与书目提要》，第242～243页，中华书局，1979年（简称《费书》）。

2　南怀仁（Ferdinand Verbiest,1623～1688年）也为西方透视法绘画传入中国作出了贡献。南怀仁曾任钦天监监正，并非专职画师，但其因工作所需，绘制了《卢沟桥运孝陵石料图》、《测量万泉庄河道图》、《新制灵台仪象志》、《坤舆全图》等符合西方透视法的木版画。南怀仁同时在钦天监带学生，要求学生“安置星座，测对仪象，善绘图画”，善于西法绘画的焦秉贞则是南怀仁的学生，钦天监博士之一。相关研究见刘潞《从南怀仁到马国贤：关于康熙朝西洋版画之演变》，“17～18世纪中西文化交流”论文，两岸故宫第三届学术研讨会，2011年11月；韩琦、吴旻校注《熙朝崇政集　熙朝定案》。

3　闵明我（Philippe-Marie Grimaldi，1639～1712年），意大利人。《费书》记载，闵明我“有一次在园囿四壁上绘人面各一，壁高五十尺，面长如之。正面视之，只见山林游猎诸景，第若位在一定地点观之，则风景没有，人面见焉”。杜赫德神父还记载：“所绘一切图画，表面视之，似模糊不明，若在一定地点，用圆锥形、圆柱形或角柱形之镜视之，图画毕见，如是之类，举不胜举。朝中贵人视之者，咸惊羡不已。”前揭《入华耶稣会士传略与书目提要》，第370页。

4　比纳昔攸斯（Pinnacius），意大利人，1690年（康熙二十九年）被推荐为清宫画家。见[法]荣振华等编，耿　译《16～20世纪入华天主教传教士列传》第151页，317条，广西师范大学出版社，2010年。

5　费约理（Fiori,Cristoforo），意大利人，画家，1694年（康熙三十三年）到达北京，1697年在澳门。见前揭《16～20世纪入华天主教传教士列传》，第274页，639a条。

十三日傍晚，帝又命登舰，再听音乐，并提出奇异问题质询。[1]

这说明，卫嘉禄在宫廷供职是很有可能的，但耶稣会资料中，强调卫嘉禄为传教作出的贡献，如修建了北京和广州的住院，主持建筑并绘制建筑图样，1704 年在广州为教堂绘制图画，等等。卫嘉禄于 1707 年返回欧洲[2]。

有许多资料表明，1700 ～ 1704 年间，杰凡尼・热拉蒂尼成为在京法国耶稣会以及康熙宫廷的重要画家。

二 杰凡尼・热拉蒂尼北京事略

杰凡尼・热拉蒂尼出生于意大利的摩德纳（Modena）[3]，曾就读于波隆那（Bologna）一所著名的学习建筑透视法的学校[4]，主要学习在墙壁和天花板上装饰透视画，以造成开放的纵深的空间的错觉，17 世纪意大利语出现了专门指称这一技术的术语 Quadratura[5]。1684 年，热拉蒂尼在法国纳维尔（Nevers）装饰过属于耶稣会的圣皮埃尔教堂（the Cathedral of Saint-Pierre），后来他到巴黎，绘制了耶稣会图书馆的天顶画。和耶稣会的多次合作，让耶稣会了解并认可了热拉蒂尼的才能，1698 年，耶稣会聘请他和白晋一起前往中国，1700 年到达北京，1704 年返回欧洲[6]。

热拉蒂尼接受法国耶稣会的委托来到中国，在北京的首要工作是装饰法国耶稣会教堂——北堂。1699 年，康熙皇帝在皇城内（中南海湖畔蚕池口）划出一块地，资助张诚（Joan Francois Gerbillon）神父建造隶属于法国耶稣会的教堂——北堂，北堂于 1703 年建成[7]。热拉蒂尼带领两个中国人，负责了教堂的全部装饰工作。《耶稣会士中国书简集：25》刊登了在华耶稣会传教士杜德美神父致本会洪若翰神父的信 (1704 年 8 月 20 日于北京)[8]，描述了热拉蒂尼为北堂装饰的天顶画：

---

1 鞠德源等:《清宫廷画家郎世宁年谱——兼在华耶稣会士史事稽年》,《故宫博物院院刊》1988 年第 2 期。

2 前揭《16 ～ 20 世纪入华天主教传教士列传》，第 75 页，96 条。

3 摩德纳，意大利北部城市，艾米利亚—罗马涅大区摩德纳省省会，距波隆那很近。

4 David E. Mungello, The Great Encounter of China and the West, 1500—1800，p.40,Rowman & Littlefield,2009.

5 Quadratura 为意大利语，意思是通过建筑绘画错觉，打开、拓宽墙壁。Quadratura 直接体现了 17 世纪欧洲透视理论和建筑空间的联系。它通过对透视技术的娴熟掌握，综合运用绘画、建筑、雕塑等各种元素，将真实存在的物体与平面上由于透视关系造成的三维空间幻觉交杂在一起，比早期的错视觉天顶画更为震撼。巴洛克教堂壁画和天顶画大量采用 Quadratura 技术，尤其是耶稣会修建的教堂。17 世纪 Quadratura 技术的集大成者，以耶稣会艺术家安德里亚・波佐（Andrea Pozzo）为代表。

6 Michael Sullivan，The Meeting of Eastern and Western Art，p.54, University of California Press, 1989.

7 北堂于 1827 年被拆毁，1860 年重建，后因中南海扩建，1887 年北堂迁址重建，即今天的西什库教堂。

8 法杜赫德编，耿昇译 :《耶稣会士中国书简集・Ⅱ》，大象出版社，2005 年。

天花板全由绘画组成。它分三部分：中间绘有开阔的苍穹，布局绚丽多彩；几根大理石柱子支撑着一排拱廊，拱廊上有精美的栏杆；柱子本身置于另一排构思巧妙的栏杆之间，旁边是摆放得当的花盆；人们可以看到天主高高地端坐于云中，手中握着地球，下面簇拥着一群天使。

我们徒劳地告诉中国人这一切全是画在一个平面上的，但他们无法相信这些看似笔直的柱子其实并非如此。的确，透过拱廊与栏杆柱子间进入的光线被处理得如此巧妙，以致极易让人产生错觉。

这幅画出自热拉蒂尼先生（意大利画家）之手。两侧是两幅椭圆形的充满欢乐令人愉悦的油画。祭坛后部放置的装饰屏上与天花板一样也有绘画；两侧的远景画使教堂更显深远。看中国人走到这里参观被他们称为祭坛后面的教堂这一部分真是一件乐事。到达这里后，他们止住脚步，倒退几步后再走上前来，然后用手摸摸，以便验证这里是否真的既没有升高也不能再往深处走。

热拉蒂尼装饰的教堂绘画在当时引起了极大轰动，惜今日原教堂不存，我们已无缘得见热拉蒂尼的作品。不过，从文献分析，北堂的室内装饰风格，应该主要有两个来源。其一，意大利 Quadratura 大师米开朗琪罗·科隆那（Michelangelo Colonna，1604 ～ 1687 年）和阿格斯蒂诺·米特利（Agostino Mitelli,1609 ～ 1660 年）的风格特征。二人曾在波隆那的 Quadratura 学校任教，培养出众多知名学生。由于学生数量巨大，他们的样式成为 Quadratura 中最流行的一种，作品广泛分布在波隆那、帕尔玛、摩德纳、佛罗伦萨及罗马等地。热拉蒂尼即毕业于二位大师任教的学校，应该会受其影响。其二，著名建筑师、画家、美术理论家、Quadratura 大师、耶稣会士安德里亚·波佐（Andrea Pozzo，1642 ～ 1709 年）。波佐是当时耶稣会最受推崇的艺术家，其作品广泛流传。他的著作《建筑师和画家的透视》（*Perspectiva Pictorum Architectorum Andreae，Roma，1693—1700*）将 Quadratura 技巧普遍推广；他在罗马的圣依纳爵教堂（Church of St.Ignatius）和耶稣会教堂（Church of the Gesu）的装饰，成为耶稣会在世界各地教堂装饰的样板——北堂正是法国耶稣会的教堂，必然会受到波佐的影响。我们可以通过这些艺术家现存的作品，感受热拉蒂尼令人震撼的北堂天顶画。例如，安德里亚·波佐装饰的罗马圣依纳爵教堂（图一、图二），从图中可以看到，真实的建筑构件与平面天顶上描绘的三维空间幻觉交融在一起，使空间有向上无限延伸的感觉。而图中仿佛雕塑的人物以及逼真的圆形拱顶，也是在平面画上去的，很有立体感，可谓以假乱真。

以上画面反映了晚期巴洛克艺术在宗教建筑中最重要的特征：强烈的动态，夸张的透视，戏剧性光线，绘画、建筑、雕塑融为一体，造成具有感染力的幻觉空间，表达了狂热的宗教情感。而其平面上画出的圆穹顶，在某一特定点看上去，与建筑构件

图一　安德里亚·波佐《圣依纳爵的胜利》罗马圣依纳爵教堂天顶画（1685 ~ 1695 年）

图二　安德里亚·波佐，罗马圣依纳爵教堂天顶画（1685 ~ 1695 年）

结合，空间感非常逼真。想必当时的中国人见到这样的景象，应是惊叹不已。耶稣会画家很多人都精通此技术，例如，郎世宁也曾为北京天主教南堂[1]、东堂[2]绘制过此类壁画，令国人惊叹并被记录下来[3]。在郎世宁的帮助下，年希尧翻译了波佐著作《建筑师和画家的透视》的部分内容，并增加中国图例，出版了《视学精蕴》[4]一书。书中画出了类似圣依纳爵教堂圆顶的线图，并解释了如何才能产生这样的视觉效果，从而使本书成为了中国研究西方透视学以及画法几何的第一部专著。雍正年间，西方透视学的理论和实践都已经具备，清宫开始出现了能够在平面上制造三维空间幻觉的线法通景画，并在乾隆朝达到极盛——线法通景画是对西方错视觉绘画（trompe l'oeil）方法与 Quadratura 技术的改造和应用。

除了绘制教堂装饰，为康熙宫廷服务也是耶稣会聘请热拉蒂尼来华的重要使命。康熙四十年（1701 年），张诚在写给巴黎郭弼恩神父的信中谈到北堂的室内装饰时说：

> 我们当然不会忘记对教堂进行彩绘，但康熙皇帝每次出巡都命杰拉尔迪诺（即热拉蒂尼）扈从，不断地占用他的时间。[5]

热拉蒂尼在康熙宫廷的工作，主要是绘制肖像，并教授宫廷画师油画。在前文所述杜德美神父致洪若翰神父的同一封信中，杜德美神父还提到康熙皇帝谈起热拉蒂尼：

1　南堂是北京最早的天主教堂，为利玛窦所建，位于宣武门内。1610 年重建，成为欧式教堂。顺治七年，“上赐汤若望宣武门内天主堂侧隙地一方，以资重建圣堂”，规模进一步扩大。

2　东堂由利类思建于 1721 年。

3　相关描述见姚元之《竹叶亭杂记》卷三，第 66 ~ 67 页，中华书局，1982 年。

4　《视学精蕴》共有 1729 年（雍正七年）、1735 年（雍正十三年）两个版本。

5　[法] 伊夫斯·德·托马斯著，辛岩译：《耶稣会士张诚——路易十四派往中国的五位数学家之一》，第 121 页，大象出版社，2009 年。

陛下接着说道，有一位他十分器重的大喇嘛曾经求他让热拉蒂尼先生给他画一张像，但陛下担心这位基督徒画师会产生反感，因此拒绝了大喇嘛的要求。

从这段表述中能够看出，康熙皇帝对这位画师以及天主教信仰非常尊重，同时透露了一个重要信息：热拉蒂尼很擅长画肖像画，并得到认可和推崇，这才会使某位大喇嘛闻名而至，主动求画。

据《意大利传记词典》的记载，热拉蒂尼曾“在宫中为皇帝及其家族创作了一些肖像”[1]，热拉蒂尼在北京的时间为1700～1703年底，时为康熙三十九年到四十三年之间。联想到高士奇《蓬山密记》所述，康熙四十二年（1703年）四月十八日，皇帝曾对高士奇出示过两幅肖像画，则很有可能是热拉蒂尼的作品：

上曰：“西洋人写像，得顾虎头神妙。因云有二贵嫔像，写得逼真。尔年老久在供奉，看亦无妨。先出一幅，云：此汉人也；次出一幅，云：此满人也。”……十九日，赐士奇西洋画三幅。

除少数行乐图外，皇帝及其妃嫔的肖像是不允许画师署名的，因此我们无法确认故宫博物院现存的康熙及其妃嫔肖像中是否有热拉蒂尼的作品，但从风格、技法和时间上推断，以下几幅作品可能性很大。

故宫博物院现存康熙御容24件套，多为明显的中式画法，但有两幅西法康熙肖像，从容貌看，都是五十岁左右，即康熙四十年（1701年）前后绘制。其一为油画《玄烨半身像》屏（图三）。此图模仿西方微型肖像画[2]的构图方式，将康熙半身像置于椭圆形背景中，且采取西方肖像画常用的四分之三侧面造型，人物的肌肉和皮肤，特别是手指关节和指甲的质感，真实而细腻。但由于没有做很好的技术处理，保存至今，颜料发白变色现象较为严重。风格近似的

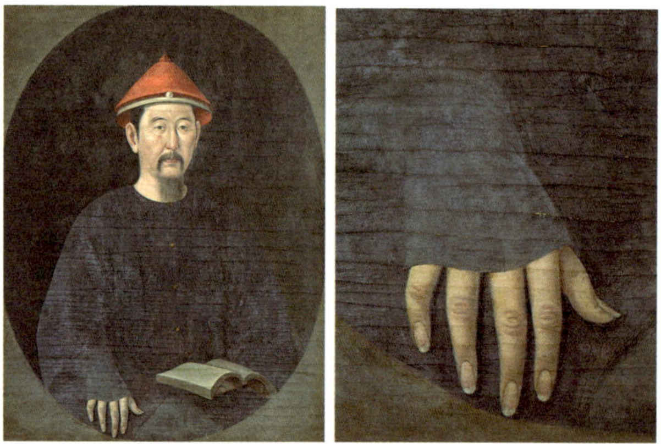

图三　《玄烨半身像》屏（绢本油画，故宫博物院藏）

1　*Dizionario biografico degli Italiani*（《意大利传记词典》）,Rome,1999,vol.53,pp.596-597.

2　微型肖像画（miniature）最初是用于装饰手写本和作为手写本的插图，产生于15世纪。自15世纪60年代开始，手写书本就不得不与印刷书籍展开竞争，微型插图就成为手写本的优势之一。后发展为金属、珐琅等材质的便携的、私人性的人像艺术作品，其构图形式多为椭圆形框中的半身像。

西方作品（图四、图五）。

图四　1696 年耶稣会士李明在巴黎出版的《中国近事报道》中的康熙帝肖像插图（法国集美博物馆藏）

图五　嵌西洋珐琅人物画火镰盒［台北故宫博物院藏，此物为清宫旧藏，研究者认为画珐琅铜片是 17 世纪法国里摩居（Limoges）生产，康熙晚年由广东官员购买进贡。这是西方典型的微型肖像形式］

其二为《康熙帝读书像》轴（图六），此图虽然是用中国颜料画成，但有较为准确的透视，衣服扣子有高光，展示了金属质感，扣子下有明显的阴影造成的立体感；画面上有从左侧而来的光源，因此，不仅康熙背后的书架在墙上有了投影，连康熙的脸部都左边明亮，右边较暗，立体感较强，这种明暗对比的画法，被当时的很多中国人认为是“阴阳脸”，因此不甚接受。整幅画面，基本上是西画的风格，但也尊重了中国人的某些爱好，如采用正面像方式，面部的明暗对比还是有一定程度的减弱等。

其三为油画清人画《和妃半身像》（图七）。画面背后贴有宫中旧黄签，上书“和妃喜容像一屏”。查阅清帝后妃系谱，仅康熙帝和道光帝后妃中有“和妃”之封号，但道光帝和妃御容尚存，与此画像不符，且道光时期，西洋画家已无人供奉内庭，西洋风绘画也已经衰落，因此皇族御容没有油画像。由此判断此画像为康熙帝之和妃。和妃姓瓜尔佳氏，康熙三十九年（1700 年）十七岁入宫即被册封为“和嫔”，深得康熙喜爱[1]；康熙五十七年（1718 年）晋为“和妃”。康熙六十一年（1722 年），弘历入宫抚养，和妃受命照顾，因此得到雍正、乾隆的尊重，两朝间屡加封号至“温惠皇贵太妃”，乾隆三十三年（1768 年）病逝，享年

1　根据清宫后妃制度，后妃册封一般从较低等的封号开始，如答应、常在、贵人等，瓜尔佳氏家族势力平平，入宫即被册封为“嫔”，说明其被康熙喜爱的程度。

图六 《康熙帝读书像》轴（绢本设色，故宫博物院藏）

图七 清人画《和妃半身像》（布面油画，故宫博物院藏）

八十六，是康熙妃子中最长寿的。这幅画像采用了与《玄烨半身像》屏同样的构图形式，亦是置于椭圆型背景中的四分之三侧面像，敷色细腻，技法成熟。画面人物身着香色吉服，头戴五凤钿，双耳各坠三颗珍珠。根据《皇朝通典》卷五十四记载，嫔"袍皆用香色"，"耳饰每具各三"，因此，画面人物应为"嫔"[1]。康熙三十九年至五十七年（1700～1718年）间，和妃的封号正是"和嫔"。画面中的和嫔青春貌美，大约二十岁左右的年纪，应该也是康熙四十年（1701年）前后绘制的。此画疑为康熙向高士奇出示的两"贵嫔"像之一。

这几幅画像，如果拿当时受西法绘画影响中国画师的作品——如焦秉贞等人的作品，或者油画《桐荫仕女屏》作为比较的话，可以看出其"西法"之成熟度，无论透视、明暗、骨骼肌肉的准确塑造能力，还是器物质感的表达，都是同一时期中国画师难以达到的。康熙五十年（1711年）之前，马国贤、郎世宁尚未到中国宫廷，热拉蒂尼最有可能是这几幅御容像的作者。而其创作，部分地尊重了中国人的审美，并尝试使用中国绘画材料，可见西洋绘画中国化的尝试，从康熙朝即开始探索，后来郎世宁风格的形成以及大量中西合璧绘画的出现，是以前人经验为基础的。

在得到康熙皇帝的尊重和喜爱后，热拉蒂尼成为宫廷中非常重要的画家。在耶稣会传教士眼中，热拉蒂尼对于康熙，正如郎世宁对于乾隆皇帝一样重要。在《耶稣会士中国书简集：134：蒋友仁神父的第二封信》中，蒋友仁神父对乾隆皇帝，将热拉蒂尼与郎世宁并提：

1 康熙朝《大清会典》对于嫔的服色规范，仅为"黄色、秋香色不用"，而未言何种可用。但后妃吉服仅有三种服色：黄色（后分出明黄、金黄两色）、秋香色、香色。因此，嫔级别的妃子，仅有香色可用。因此推断，康熙年间嫔的服色与乾隆年间相同。

> 康熙时期由我们带来的并有幸赢得先皇欢心的吉拉尔迪尼（即热拉蒂尼）先生以及深得陛下恩宠的郎世宁修士，都是意大利人。[1]

康熙皇帝对油画很感兴趣，除了让热拉蒂尼亲自画画，还派中国画匠跟随他学习油画。这虽然在中文资料中尚未发现记载，但马国贤的回忆录证明了直至1711年，热拉蒂尼已经离开中国7年，宫中还保留着热拉蒂尼工作的油画房，热拉蒂尼的学生们还在画着油画：

> （马国贤于1711年2月7日进入皇宫）我被领到油画工的房间，这些油画工都是第一个将油画技术传入中国的热拉蒂尼的学生。在对我表示了有礼貌的欢迎后，这些先生们递给我毛笔、颜料和油画布，请我当众作画。他们画油画的时候，不是用画布，而是用高丽纸[2]，用明矾水刷一下，不做更多加工。[3]

虽然南怀仁、利类思曾经传授西画中的透视法技术，并且在木版画中应用，但鉴于二人并非真正的画家，真正的油画技术应该主要是热拉蒂尼向宫廷传授的。马国贤的回忆录证明了这一点。但或者是由于油画所用的亚麻布不易得，或者由于中国画都是画在纸上，受到中式审美和习惯影响，油画材料也发生了改变——高丽纸代替了亚麻布。油画房到乾隆朝依旧存在，承担了许多大型宫廷绘画装饰的任务[4]。

1703年底，热拉蒂尼在北京工作4年后，虽然得到了康熙皇帝的喜爱，却依然坚持回国。由于他不是传教士，教会对他无可奈何。《耶稣会士中国书简集：133：北京传教士蒋友仁神父致某先生的信》中称，乾隆三十八年（1773年），潘廷璋进宫给乾隆皇帝画肖像，乾隆问为何进宫的画家都是传教士，蒋友仁神父以热拉蒂尼离开的例子解释，教会只能派传教士而不是世俗之人到北京宫廷服务：

> 在康熙时代，我们就希望有个画家在这里工作，由于当时修道士中无人能担

---

1 前揭《耶稣会士中国书简集·VI》，第43页。

2 高丽纸，又名韩纸、高丽贡纸，古代高丽国（又称高句丽、朝鲜）所产。色白，质厚，有绵性，很坚韧，有明显的直纹。据北宋文献著录：“高丽纸以棉、茧造成，色白如绫，坚韧如帛，用以书写，发墨可爱。此中国所无，亦奇品也。”此纸多为粗条帘纹，纸纹距大，又厚于白皮纸。

3 前揭《清廷十三年——马国贤在华回忆录》（英文版），第58页。

4 油画房有时也被称为“油画作”，与如意馆、画院处的关系尚不明晰，但在《清宫内务府造办处档案总汇》中多次出现。档案记录表明，油画房多承担大型绘画装饰任务，有油画，也有用中国颜料绘制的作品。王致诚等人也曾在油画房工作。

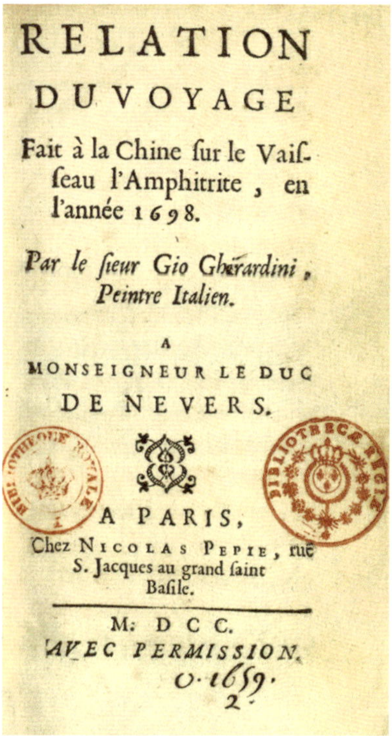
RELATION
DU VOYAGE
Fait à la Chine ſur le Vaiſ-
ſeau l'Amphitrite, en
l'année 1698.
Par le ſieur Gio Gherardini,
Peintre Italien.
A
MONSEIGNEUR LE DUC
DE NEVERS.
A PARIS,
Chez NICOLAS PEPIE, rue
S. Jacques au grand ſaint
Baſile.
M. D C C.
AVEC PERMISSION.

图八 《一六九八年昂菲特利特号的中国旅程记事》书影（法国国家图书馆藏）

当此任，我们便邀请了一位能干的世俗画家，此人[1]在为您先祖效力的几年中的确也有幸获得了您令人敬畏的先祖的欢心。然而尽管先君待他恩宠有加，我们也竭力挽留，但他仍坚决要回家享天伦之乐。由于我们认为他是有教养的人，不可能做出让欧洲人丢脸的事，再加上是我们带他来的，于是让他住进了我们教堂；然而，如果万一他品行不端，我们就无法成功地迫使他就范，也无法令其恪守职责，因为他不是修道士，无论在此地还是在欧洲，都没有对其道德品行进行管辖督查的任何长上。正因为这样，我们只向陛下推荐修道之人。[2]

这说明，热拉蒂尼离开中国后，教会也意识到，世俗之人不能在异乡坚守工作，教会也无法控制，对传教事业非常不利。从此后，各教会再向清宫推荐艺术家，就必须是修道士了。如马国贤受直属于教皇的罗马传信部派遣，郎世宁、艾启蒙、贺清泰、潘廷璋、穆宝禄均受耶稣会派遣，安德义则属于奥古斯丁会。

热拉蒂尼回国时，康熙皇帝送给他 100 盎司白银作为践行之礼[3]。在来中国的旅程中，他将沿途事迹记录下来，1700 年在法国出版了《1698 年昂菲特利特号的中国旅程记事》（图八），内容包括从法国拉罗舍尔港（La Rochelle）到广东的航程，以及初到广东的生活记录，还包括 1699 年致其庇护人纳维儿公爵[4]的一封信，但后人评判此书“内容荒唐无稽，令人难以置信”[5]。他后来主要活动在佛罗伦萨。今天，热拉蒂尼创作的部分油画作品尚存，其中有一幅名为《船厂的日出》，描绘了古堡、帆船、日出的景象，可以看出，作品属于典型的巴洛克风格，擅长用光线和构图制造强烈的戏剧感。

1 文中蒋友仁神父并未指明“此人”的姓名，但进宫服务的非传教士画家只有热拉蒂尼一人，而且蒋友仁神父的叙述，也符合《意大利传记词典》等西文资料对热拉蒂尼的记录，因此判断其所指为热拉蒂尼。

2 前揭《耶稣会士中国书简集 · VI》，第 26 页。

3 David E. Mungello, *The Great Encounter of China and the West*, 1500—1800，p.40,Rowman & Littlefield,2009.

4 法王路易十四执政早期首相尤勒 · 马萨林 (Jules Cardinal Mazarin) 的侄子。

5 Michael Sullivan，*The Meeting of Eastern and Western Art*，p.54.University of California Press, 1989.

三　康熙朝宫廷画家的油画创作

热拉蒂尼带来的西方油画和壁画技术，在康熙朝宫廷就已经较为广泛地应用了，这在资料以及实物中都可以得到证明。高士奇《蓬山密记》记述康熙四十二年（1703年）三月二十一日至畅春园观剧，见“高台宏丽，四周皆楼，设玻璃窗，上指示壁间西洋画，令观”。说明康熙年间，西洋画已经开始装饰宫廷苑囿。

除御容像外，今天还有一些康熙朝油画作品尚存。马国贤所述康熙时期用高丽纸画的油画作品，台北故宫存班达里沙《人参花》一轴（图九）。《石渠宝笈初编》著录此图：

班达里沙《人参花》一轴，贮养心殿，次等宿一。制朝鲜笺本，仿西洋画，未署款。右方上圣祖仁皇帝泥金书题句，并识云：热河产人参，虽不及辽左，枝叶皆同。命画者图绘，因戏作七言截句记之：旧传补气为神草，近日庸医悮（误）地精，五叶五枝含洛数，何斟当用在权衡。下有“康熙”“稽古右文”二玺，前有“中和”一玺。

图九　班达里沙《人参花》（纸本油画，台北故宫博物院藏）

图一〇　蒋廷锡《人参花》（绢本设色，台北故宫博物院藏）

蒋廷锡亦有《人参花》一幅（图一〇）收入《石渠宝笈初编》，贮御书房。从植物形态上比较，两幅画所绘人参花为同一株，构图、题诗也大致相同，只是把“命画者图绘”改成了“命翰林蒋廷锡画图”，把“何斟当用在权衡”改为“当看当用在权衡”，因此班达里沙的油画应与蒋廷锡同题材作品同时完成。因御制诗收入《圣祖仁御制文集》第四集，从前后文章时间推断，此诗创作于康熙五十二年（1713年）夏秋之际[1]。从绘画技法上看，班达里沙明显具备西画风格，如有左上方的光源，瓷盆、花叶有明暗面和质感，地面上有阴影，与蒋廷锡国画设色作品不同。这说明康熙五十二年（1713年），班达里沙已经掌握了较为成熟的油画技术。如此成熟的油画技巧应该是多年练习的结果，而马国贤当时刚进宫一年，又忙于铜版画的研制创作和翻译工作，郎世宁尚未进宫，因此班达里沙最初有可能是马国贤所说的热拉蒂尼的学生之一。雍正元年（1723年）九月十八日《造办处档案》中记载：“班达里沙、八十、孙威凤、王玠、葛曙、永泰等六人仍归在郎石（世）宁处学画。”说明班达里沙曾经跟郎世宁学习过。不过《人参花》作品说明，班达里沙不仅是雍正朝画家，还是康熙朝画家；不仅是郎世宁的学生，还有可能曾跟随热拉蒂尼学习。

故宫博物院内也保存着康熙时期装饰性的油画作品，如《玄烨临董其昌围》屏（图一一），背面有仕女人物油画，一般被称为《桐荫仕女图》（图一二）。康熙临董字四十岁左右开始有其风貌，五十岁左右风格较为成熟[2]，从康熙这幅临董字作品的成熟度看，更可能是五十岁以后的手笔，背面的《桐荫仕女图》应该是同时期作品，即康熙四十年（1701年）之后创作的，为现存清宫最早的油画作品之一。从画面技巧分析，此图虽然用的是油彩，且符合西方透视原理，但人物以及光影处理都较为呆板，人物形体也不符合准确的人体结构，推测是在油画房学习了西方油画技术但尚不能成熟运用的中国宫廷画师的作品[3]。这件屏风将皇帝“御笔”背后安放上一幅西洋风格的油画，即使不是康熙亲命所为，也是手下揣测“上意”而行的，这说明康熙对西洋油画接受的态度。到了康熙朝晚期，马国贤、郎世宁以及油画房的中国画师创作的油画更多起来。康熙六十年（1721年）四月至十二月，康熙帝曾赏关保油画鹰一张、勒什亨油画一张、佛伦油画一张、马尔赛公油画一张、孙查齐油画一张、

1　参见前揭《班达里沙、蒋廷锡〈画人参花〉——康熙宫廷百草之王》，第68～78页。

2　见杨丹霞《清代皇族书画创作与鉴赏》中对康熙书法风格分期的论述，《故宫学术讲谈录·第一辑》，第243～247页，紫禁城出版社，2010年。

3　聂崇正先生从人物形态特征上推测是焦秉贞作品，亦为一说。见氏著《故宫藏清代早期油画》，《美术观察》1997年第9期。不过《石渠宝笈》中收录的焦秉贞作品，如《耕织图》、《历代贤后故事图》等，均有“臣焦秉贞恭绘”之类的落款，此幅无落款，且为宫内装饰图画，并非册页之类文人玩赏之物，因此更有可能是在宫内油画房学习过的、地位低下的宫廷画师的作品。

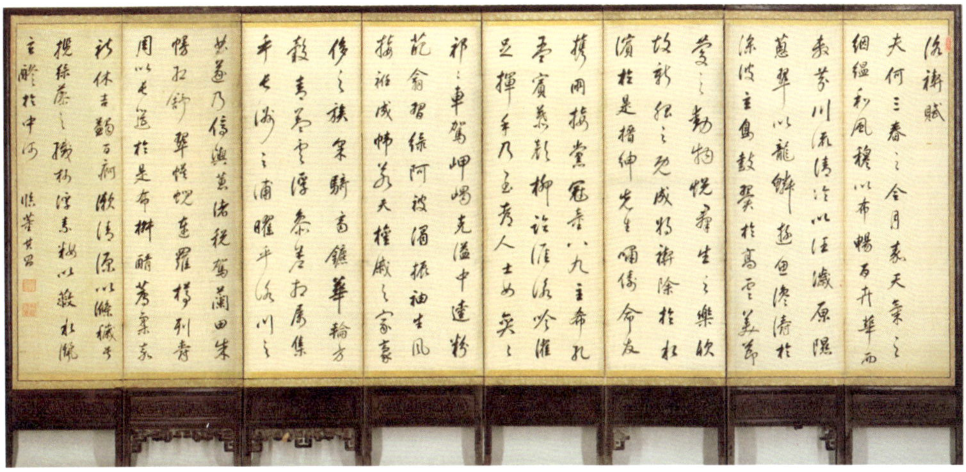

图一一 《玄烨临董其昌》（绢本围屏，故宫博物院藏）

图一二 《桐荫仕女图》（绢本油画，故宫博物院藏）

大学士马齐油画一张，赏阿哥们西洋油画四张[1]。油画作为康熙皇帝爱好并炫耀的“西洋奇技”之一，成为他笼络臣下的手段之一。

四 康熙爱好西洋绘画的原因

康熙对于西洋绘画的兴趣，促使了油画以及中西合璧绘画在清宫的发端，这是很有意思的现象。康熙为什么会接受西洋绘画呢？我们可以从几个方面分析。

首先，我们分析康熙对待“绘画”的态度。在其有限的涉及绘画的诗文中[2]，我们

1 前揭《清宫廷画家郎世宁年谱——兼在华耶稣会士史事稽年》。

2 康熙皇帝所作古近体诗共一千多首，题画诗只有 18 件，这与乾隆皇帝三千多首和书画相关的诗文相比（某些题跋并未计算在内），可以看出他对绘画相对疏淡。

看到康熙有如下表述：

> 世图写功臣，用示褒异，则又人物之肖象，粲然着见于史册者矣。嗣是工绘事者日众，自天文地舆鸟兽草木，以及宫室器用与一切登临游览之胜，皆假图画以传于世。
>
> 夫图绘，艺事也，而近于道；题画，诗之一类也，而通于治。[1]

可见，在绘画领域，康熙帝虽然曾对于王翚、唐岱等代表文人画正统的画家表达过赞美[2]，但在很多时候，生性务实的康熙皇帝亦将绘画作品视为政治教化、历史记录、实用学习的工具，而非单纯的文人雅兴和个人爱好。如果以“政治教化”等作为对绘画功能的主要要求，用以抒发性情、追求意境的文人画很少有这样的现实意义。相反，文人画家轻视的写实能力则成为非常重要的评价标准。以写实能力而论，工匠画胜于文人画，西画又胜于中国画，而康熙帝对于西画的写实能力是非常赞赏的。正如他对高士奇称赞的二位妃嫔画像，虽然开始只能借用“得顾虎头神妙”之类的传统文人画品评词汇，之后对“神妙”的解释，却是赞扬此画“写的逼真”，且能够表现出不同民族的面貌特征（满人、汉人之别），这实际上是在称赞西方人像艺术对骨骼肌肉等物质真实的表现能力。而中国传统画论，“虎头之神妙”指的是“迁想妙得”“以形写神”等“传神论”，可见康熙帝的对绘画的评判，无论语言概念如何表述，实际上并非中国传统文人画理论的意义和内涵。西画的写实性能够满足康熙帝对绘画的社会性和功利性要求，这是康熙皇帝接受西画的重要原因之一。

其次，当时相对开放的文化环境，也是康熙及清宫能够接受西方绘画的因素。对于刚刚以异族入主中原的清初统治者，无论是汉文化还是西学，其实都可以视为新鲜事物。为了获取统治的合法性，满族统治者必须要向汉文化传统靠近，拜祭明陵、大兴儒学、提升孔子地位等，都表达了这样的努力。但对于清初满族统治者而言，汉文化并非根深蒂固的文化基因，亦非一切观念和行为的标准；清初供职于宫廷的汤若望、南怀仁等西方传教士，也大力传播西学知识。顺治帝与汤若望来往甚密，尊之为师，钦天监也采用传教士制定的历法，西学在清宫中也有一定影响力。康熙初年鳌拜等曾不遗余力地排挤汉族贵族，反对各种汉化政策[3]，同时也通过“历法之争”对西方文明大力排斥，这是满洲保守贵族视“汉学”“西学”均为外来异质文化的证明。但康熙皇帝坚持以理性开放的态度去面对汉学、西学两种文化知识系统，潜心学习并各用其所长；而非在任何领域，以汉人之是非为是非，特别是与政权统治关系并不密切的科学艺术

---

1 《御定历代题画诗类·序》。

2 邀请王翚绘制《南巡图》，赐“山水清晖”；称唐岱为“画状元”等。

3 见刘潞《融合：清廷文化的发展轨迹》一书的相关论述。紫禁城出版社，2009 年。

领域，更与传统汉族文人观念存在较大差异。这种相对开放的思想状态，有利于宫廷和上层社会对西方科学文化以及艺术的接受。

第三，从个人爱好和知识层面的积累而言，康熙皇帝不顾中国文人对“奇技淫巧”的蔑视，坚持对西学整体掌握和研究，成为他接受和理解西方绘画的学术基础。文艺复兴后至现代艺术兴起之前，欧洲文化艺术界的主流观点是“绘画即科学”，一幅画必须是实体的精准再现，能够揭示自然界的真实性[1]。艺术家必须掌握透视、解剖、色彩、比例、动态、光影、心理等诸多科学知识，并同时具备建筑设计、机械制造等多种科技才能[2]。当时的文人画家秉承国画写意性传统，对西方科学、文化、历史都很陌生，难以理解和接受西画的科学性和“精准再现”客观世界的追求，但康熙对西学用功颇深，在数学、天文、地理、医学等领域都有相当广泛的知识[3]。在掌握数理、几何、人体解剖、光影等西方绘画基本原理的基础上，理解其以科学为核心的价值观，就变得相对容易了。康熙对西法绘画的态度，充分体现在对焦秉贞作品的评论上。《石渠宝笈初编》记载焦秉贞参用西法绘得《池上篇图》后，康熙帝在画上题跋：

> 康熙己巳春，偶临董其昌池上篇，命钦天监五官焦秉贞取其诗中画意。古人尝赞画者，曰落笔成蝇，曰寸人豆马，曰画家四圣，曰虎头三绝，往往不已。焦秉贞素按七政之躔度，五形之远近，所以危峰迭嶂中，分咫尺之万里，岂止于手握双笔？故书而记之。

康熙的评论，完全不涉及笔墨、意境等传统文人画所重视的绘画因素，而只是针对绘画中透视比例准确造成的立体、纵深的空间效果而言，这种科学的透视，正是不同于古人“寸人豆马”“四圣”“三绝”的西洋新法，是康熙所赞赏的。《国朝院画录》中对此有明确的认识：

1　这是达·芬奇在其著作《论绘画》中的著名论断，后被西方思想文化和艺术界普遍接受。文艺复兴后西画写实技术突飞猛进，其科学基础主要有三点：其一，建立在数学和几何基础上的透视法，解决了在二维平面上反映的三维空间的问题；其二，建立在光影分析上的明暗法，使物体更加具有立体感；其三，建立在解剖学上的人体描绘，使得人体和动态更符合人体构造，更真实可信。

2　文艺复兴之后的画家，如达·芬奇、米开朗基罗等都兼建筑师、工程师、艺术家于一身，而17、18世纪入华画家也拥有艺术和科技的综合才能，例如，郎世宁承担过圆明园的设计建造工作。

3　康熙皇帝对于西学的学习有很多记载，如白晋在《康熙传》中记述，1687年他和张诚等以“国王数学家”身份来华的法国传教士，在几年内曾每天为康熙皇帝讲解数学和几何。康熙五十一年，在畅春园蒙养斋设算学馆，广招传教士以及国内科技人才，如梅珏成、明安图等人，白晋将蒙养斋与法国皇家科学院相提并论。在康熙皇帝的支持下，传教士翻译编撰了大量科技著作，如涵盖天文、数学、乐理的《律历渊源》，地理学的《坤舆图论》及《职方外记》，翻译成满文的《人体解剖学》等。

秉贞职守灵台，深明测算，会司有得，取西法而复通之。圣祖之奖其丹青，正以奖其理数也。

所以，比例准确，透视科学，空间感强，焦秉贞在绘画中表现出了数学、几何原理，这正是康熙皇帝感兴趣的地方，也是其喜爱焦秉贞的原因。因此，康熙对西法绘画的态度，接近文艺复兴后西方绘画最重要的评判标准——绘画是否精准再现了真实的自然，是否符合科学原理。相比之下，缺乏西学知识的传统文人画家对焦秉贞参用西法的绘画方式，不甚认可。这幅被康熙皇帝称赞的《池上篇图》，在《石渠宝笈初编》中仅被列为次等[1]。

对西方科技以及艺术的爱好，使得康熙皇帝在“礼仪之争”事件发生后，依旧欢迎有技艺的传教士入宫。热拉蒂尼之后，康熙五十年（1711年）马国贤入宫，康熙五十四年（1715年）郎世宁入宫，他们都奉命继续在宫内传授西画技巧，同时在皇帝的直接干预下，根据中国人的审美改造绘画技巧、工具、原料，形成了中西合璧的风格。雍正时期，《内务府造办处档案》中，多次提及让画画人做油画或者通景画作为宫殿装饰；乾隆时期，西洋画师和中国画师的油画作品、西洋风绘画作品更大量出现。今天，观赏这些留存至今的中西合璧的绘画作品，我们不能不感念那位率先将油画等西方绘画技巧传到清宫来的意大利画师——杰凡尼·热拉蒂尼，也不能不对康熙皇帝以开放的心态，接受西方科学和艺术，使中国绘画史更加丰富而感到庆幸。

附记：本文撰写得到了故宫博物院书画部傅红展、袁杰、李湜、傅东光、赵炳文、张震等诸位老师、同仁的大力支持与帮助，宫廷部阮卫萍老师对画面人物服饰问题给予指导，在此表示衷心感谢。

原载《故宫博物院院刊》2013年第2期

1 《石渠宝笈初编》的编撰者，为乾隆朝通笔墨、谙绘画的词臣张照、梁诗正、厉宗万、张若霭等人，他们秉承传统文人画观念，对焦秉贞等人的西法绘画作品并不认同。

《胤禛围屏美人图》探秘

杨 新

内容提要：本文从被称为《雍正十二美人图》的画面背景中，发现其署名为米元章、董其昌的法书条幅，不但其诗文内容是题此套美人图的，而且诗亦为胤禛本人所作。更奇怪的是，其书法也是胤禛的亲笔。为什么他要将自己的真名实姓隐去而假借他人名号呢？其中必定有其用意与奥秘。作者从画幅的创作时间、地点、目的及其表现形式和制作规模等入手，进行了研究和探讨，以大量的文献和图像资料分析和对比，得出结论为：第一，其创作时间，正是康熙诸子争夺皇位继承权的康熙五十一年至六十年间（1712～1721年），胤禛采用了韬晦战术使自己处于斗争漩涡的边沿，不即不离，最终得到了皇位；第二，从题诗的内容可以看到胤禛在夺取皇位过程中的心路历程。他是借传统的香草美人的文学手法，表现出他内心的渴望与现实的矛盾；第三，这十二幅美人图，既不是画他的十二个或几个妃子，也不是画家凭空想象出来的抽象美人，而是以他的嫡福晋后即来的皇后那拉氏为模特创作出来的，画的仅只是一个人；第四，这十二幅美人图，其正名应当称“胤禛围屏美人图”。“胤禛”是人名，表明他亲自参与创作构思与制作。而“雍正”是年号，只能说明时代，不完全确切。“围屏”是创作的形式，如此规模很特别。“美人图”是胤禛自己的取名，尊重作者本意。这个名称，既符合历史事实，又具特色。

关键词：雍正十二美人图　雍正　胤禛　破尘居士　雍邸集　圆明园记　寿皇殿　雍正行乐图　雍正耕织图　钮祜禄氏　那拉氏　胤禛围屏美人图

故宫博物院收藏有一套《雍正十二美人图》，原曾题名《雍正十二妃子图》，后又改题为《雍正妃行乐图》。绢本，设色，一幅一像，共十二幅，每幅均纵184厘米，横98厘米，无作者款印。这套作品为清宫旧藏，根据清室善后委员会点查小组为其所

作者：原故宫博物院副院长，研究馆员。

登记文物号码“咸二 68”（名称为《古装后圣容》），可以看出当时收藏在专门供奉帝后御容的寿皇殿（参见《故宫物品点查报告》）。在画法上，每幅作品都精细严谨，设色浓艳绚丽。美人均着汉装，姿态端庄，面容娟秀，背景陈设极尽奢华富丽，使人一看便知非帝王之家莫属（图一～图一二）。从作品题材内容、形式设计，到制作规模，于清代宫廷绘画中都是独具一格的。那么它是单纯用来装饰殿堂、专门提供帝王享乐

1. 照境

2. 观梅

3. 倚门

4. 赏花

5. 品茗

6. 读书

7. 下棋

8. 缝衣

9. 鉴古

10. 持表

11. 观鹊

12. 捻珠

图一 《胤禛围屏美人图》（绢本设色，每幅纵 184 厘米，横 98 厘米，故宫博物院藏）

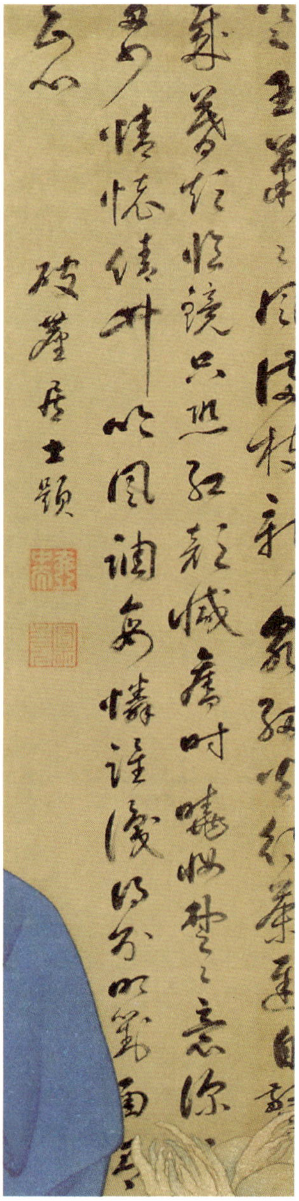

图二 《胤禛围屏美人图》之一（局部）

的吗？表面看来，的确如此。但深入研究，却另藏深意。愚以为，非寻常之作，必有非寻常之用。请看：

其中一幅（图二）美人手持铜镜自赏，其身后露出屏风一角，上有书法作品，可识读出来的文字为：

寒玉萧萧风满枝，新泉细火待茶迟，
自惊岁暮频临镜，只恐红颜减旧时。

晓妆楚楚意深□，□少情怀倩竹吟，
风调每怜谁识得，分明对面有□心。

原来这是两首题画绝句，题的就是本幅，之后款署为“破尘居士”，并钤印两方。“破尘居士”者谁？即是胤禛本人的别号。考乾隆时期搜集编辑的《世宗宪皇帝御制文集》（后简称《文集》）卷二十六中，有《美人把镜图》四首，其录于下：

手摘寒梅槛畔枝，新香细蕊上簪迟。
翠鬟梳就频临镜，只恐红颜减旧时。

晓妆髻扦碧瑶簪，多少情怀倩竹吟。
风调每怜谁解会，分明对面有知心。

竹风飒飒振琅玕，玉骨棱棱耐岁寒。
把镜几回频拂拭，爱他长共月团圞。

晓寒庭院闭苍苔，妆镜无聊倚玉台。
怪底春山螺浅淡，画眉人却未归来。

第一、二两首，即是画中的两首，互相比较，文字略有差异，这是草稿与定稿的区别，从遣词措意来看，显然画面上的是草稿。再进一步考察，这两行多行草体书法，其笔致与其在《胤禛像耕织图册》所书诗完全一致，题款则与其《行书金刚经》相同，可知画中的书字都是他的亲笔。

在时人作品上题诗或书跋，于古代帝王中已是稀有，更何况把自己的题诗当做背景中的一件陈设品，好像被无心地摄入镜头，不要说帝王，就是书画艺术家们也未曾想到过，这应当是胤禛的首创。为追求自然真实，一幅完整的书法作品，边线被切割，部分被遮挡，弄得支离破碎，残缺不全，这只有胤禛本人才能去做，画家是不敢自作主张。但这个创意，必须事先与画师沟通，预留空间，胤禛才好作书。应当说在创作构思和部分制作上，是画师与胤禛合作完成的。

图三　《胤禛围屏美人图》之六（局部）

不要说此举亘古所未有，还有奇者，请看另一幅（图三），美人手持书卷，而眼睛却看他处，低头做沉思状。在她身后挂着一件书画条幅，上半截是展开的山水画，下半截是画出的一片树叶，其上题云：

樱桃口小柳腰肢，斜倚春风半懒时。
一种心情费消遣，缃编欲展又凝思。

其落款“米元章”，钤“米芾元章之印”朱文方印。米芾（1051 ~ 1107 年），字元章，北宋时期著名的书画家、鉴赏收藏家，与苏轼、黄庭坚、蔡襄齐名，号称“四大家”。据我所知，米芾从未写过这类诗句，可以肯定这幅画不是根据诗来创作的。经查胤禛《文集》卷二十六有《美人展书图》二首：

丹唇皓齿瘦腰肢，斜倚筠笼睡起时。
毕竟痴情消不去，缃编欲展又凝思。

小院莺花正感人，东风吹软细腰身。
抛书欲起娇无力，半是怜春半恼春。

很显然，画中的这首诗也是胤禛所作，并亲笔书写，可为什么要署米元章的款和钤印呢？这其中有什么奥妙？再更有令人不可思议者，还有一幅（图四）为美人左手持一西洋怀表，右手扶桌做凝思状，桌上有书画，白瓷瓶内扦着菊花，另室桌上陈设有浑天仪。背景中有条幅，黑底，金书，乍看像是拓片。细读，才知为十二首绝句，兹抄录于下，凡割切遮掩处，皆用方框代替：

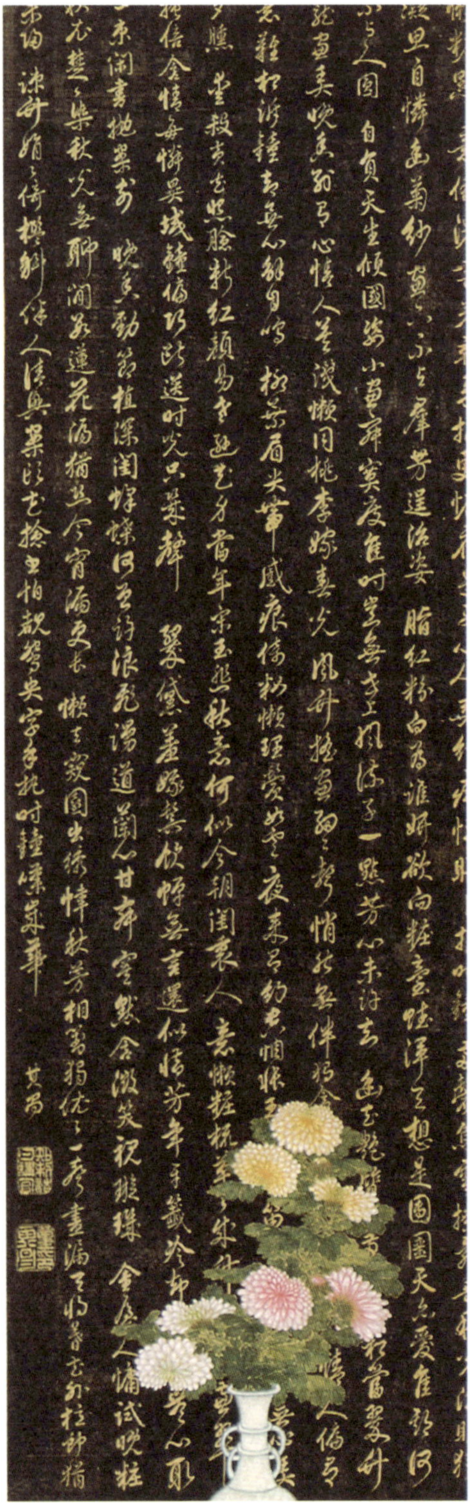

图四　《胤禛围屏美人图》之一〇（局部）

□□□□□□□　□□□□□凝思。
自怜幽菊纱窗下，不与群芳逞冶姿。

脂红粉白为谁妍，欲向妆台赋浑天。
想是团圆天亦爱，佳期何日与人圆。

自负天生倾国姿，小窗寂寞度佳时。
岂无世上风流子，一点芳心未许知。

幽花艳质□相当，翠竹□□弄晚香。
别有心情人莫识，懒同桃李嫁春光。

风竹摇窗细细声，俏然无伴独含情。
人偏有意难相诉，钟却无心解自鸣。

柳叶眉尖带戚痕，倚妆懒理鬓如云。
夜来有约空惆怅，玉笛无心弄夕曛。

爱杀黄花照脸新，红颜易老逊花身。
当年宋玉悲秋意，何似今朝闺里人。

意懒妆梳草草成，竹窗掩翠倍含情。
每怜异域钟偏巧，断送时光只几声。

翠黛差娥鬓饮蝉，无言还似惜芳年。
牙签冷却无心取，□□闲书抛案前。

晚香劲节植深闺，蜂蝶何曾许浪飞。
漫道兰心甘寂寞，默含微笑视璇玑。

金屋人慵试晚妆，秋衣楚楚染秋光。
无聊闲数莲花遍，犹恐今宵更漏长。

懒去窥园出绣帏，秋芳相对独依依。

一声书漏天将暮，花外檀郎犹未归。

疏竹娟娟倚槛斜，伴人清兴案头花。
检书怕睹鸳鸯字，手执时钟叹岁华。

诗末尾款署“其昌”，并摹绘“知制诰日讲官”“董其昌印”两方。董其昌确实有这两方印，图中摹绘得十分相像，不像米芾的印章，是无根据的自造。细味这十二首绝句，都是题“美人”画的，特别明显的是最末一首，题的就是本幅。董其昌生于明嘉靖三十四年（1555 年），卒于崇祯九年（1636 年），是著名的书画家、书画鉴藏家。他的书法受康熙玄烨酷爱，故其作品风行天下而为法。那么是否按董其昌的诗意来创作的呢？回答是否定的，且不说其他，仅就诗中所咏自鸣钟、怀表之类，恐怕终董其昌一生，连做梦都不可能想见到。这十二首绝句，从诗风到文字书写，都应是胤禛一手所为。从印章的摹绘有依有据来看，就在他的书室里，应该有董其昌的作品收藏，故书写时很自然地受到其书风影响。这十二首诗，没有被胤禛《文集》采入，可能是手稿早已遗失。因为《文集》的编辑，要到乾隆三十九年（1774 年）才完成。据此可以纳入胤禛轶诗内。

那么这十二幅“美人图”，是画的胤禛十二个或几个妃子吗？还是画师凭空想象出来的美人呢？它又何以这样受到胤禛的关注，并在其中弄些狡狯呢？要解开这些谜，我们必须先要知道作品的创作时间和地点。

在《美人把镜图》的题诗后，胤禛除了款署“破尘居士”外，又钤了两方印章，其一曰“壶中天”，另曰“圆明主人”。“破尘居士”是他在藩邸时自起的别号，在他登位做皇帝以后就不再使用了，但不知起始何时。但“圆明主人”的自称，则只能在康熙四十八年(1709年)之后了，因为这一年圆明园才建成。据胤禛自撰《圆明园记》云：“圆明园在畅春园之北，朕藩邸所居赐园也。昔在皇考圣祖仁皇帝听政余暇，游憩于丹陵沜之涘，饮泉水而甘，爰就明戚废墅，节缩其址，筑畅春园。熙春盛暑，时临幸焉。朕以扈跸，拜赐一区。林皋清淑，波淀渟泓。因高就深，傍山依水。相度地宜，结构亭榭。取天然之趣，省工役之烦。槛花堤树，不灌溉而滋荣。巢鸟池鱼，乐飞潜而自集。盖以其地形爽垲，土壤丰嘉，百汇易以蕃昌，宅居于兹安吉也。园既成，仰荷慈恩，锡以园额曰：圆明”[1]。在园内“武陵春色”景观里有一石洞，胤禛题其额曰：“壶中天”，是最早被胤禛定为十二景之一的一处，并有诗曰：“峰崚疑无路，云深却有扉。鹤闲时独唳，花静不轻飞。洞里春长驻，壶中月更辉。一潭空似镜，碧色动帘衣。”此外，在园中“万方和安”的景观内，有一座建筑，“建宇池中，形如卍字”。内有胤禛题“山

1 （清）于敏中等：《日下旧闻考》卷八十。

水清音”“涤尘心”等匾额。在《美人图》中我们也看到“有清音”和“居士书”字样。这是对联中下联的下半截。整联应是：“春秋多佳日；山水有清音”，出自陶渊明诗句。“居士”前面应有“破尘”二字。这座建筑设计与佛教有关，后乾隆弘历曾解释说：“水心架构，形作卍字，略彴相通，遥望彼岸，奇花缬若绮绣。每秋高丹夜，沆瀣澄空，圆灵在镜，此百尺地宁非佛胸涌出宝光耶！”[1] 胤禛别号“破尘居士”与此应有关系，看破红尘与“涤尘心”，也应与太子被废有关。

康熙皇帝玄烨晚年，最头痛的是接班人问题。康熙四十七年（1708年）他以“不法祖德，不遵朕训，肆恶虐众，暴戾淫乱”的罪名，将太子允礽废黜，说“朕包容二十年矣！乃其恶愈张。僇辱廷臣，专擅威权，鸠聚党与，窥伺朕躬起居。……朕不知今日被鸩，明日遇害，昼夜戒慎不宁。似此不孝不仁，太祖太宗世祖所缔造、朕躬所治平之天下，断不可付此人”[2]。允礽是“圣祖以太皇太后、皇太后命立为皇太子”的，这一被废黜，立即引起了其他皇子的觊觎之心。玄烨生有四十余个儿子，除去早殇，按年岁顺序排列，有三十五个阿哥。最先跳出来的是大阿哥允禔，他见父王话说得狠，便献计说：“允礽所行，卑污失人心，术士张明德尝相允禩必大贵，如诛允礽，不必出父王手。”奏上，玄烨暴怒，斥其凶顽愚昧。后发现允礽“用喇嘛巴汉格隆魇术厌废太子”，立即将允禔就第监禁并夺爵位。八阿哥允禩谋太子位最力，九阿哥允禟、十阿哥允䄉、十四阿哥允禵，以及朝中一些满汉官员，都附会术士之说，极力推举允禩为太子。康熙最反感的是朝中有人拉帮结派，结党营私，当问清情况之后，即刻谕朝臣们说：“如有人誉允禩，必杀无赦。”又将皇子们召集起来训斥：“有钻营为皇太子者，即国之贼，法所不容。”斥责允禩“党羽相结，谋害允礽”，要锁系交议政处理。此时，允禟告知允禵去营救，玄烨怒不可遏，抽出配刀，要诛允禵。允祺（五阿哥）抱着他的大腿苦苦相劝，其怒气才稍解。最后允禩被削去贝勒爵位，满汉大臣中受牵连者，或被夺爵，或被贬谪，术士张明德被凌迟处死。也许是为了平息皇子之间的攻奸暗斗，也许是真希望允礽能够改过自新，不到一年，玄烨就恢复了允礽的皇太子地位。可是到康熙五十一年（1712年），再次将允礽废黜，禁锢于咸安宫。自此以后，他再也不提立太子之事。这自有他的经验和道理，一是“服御俱用黄色，仪注上几于朕，实开骄纵之门”；另是“太子幼冲，尚保无事。若太子年长，左右群小，结党营私，鲜有能无过者”；他最怕看到的景象是，他死后，尸骨还在乾清宫，而皇子们却在“束甲相争”。可是在朝的一些官员，总觉得国家没有储君是个缺陷，于是不断地上书，劝说早定太子。在这期间，玄烨发现允礽用矾水作书，与朝臣相交通。有个不识时务的朱天保上疏，竟然称赞允礽“圣而益圣，贤而益贤”。玄烨疑心其以“侥幸取大富贵”，并亲自提审，

1 前揭《日下旧闻考》卷八十一。

2 赵尔巽等：《清史稿》卷二二〇“理密亲王允礽”，中华书局，1977年。

将朱天保与其婿戴保问斩。这是康熙五十七年（1718年）二月发生的事[1]。

在此期间，胤禛都在干什么呢？当太子允礽第一次被废，玄烨曾命他和大阿哥允禔一起去当看守。康熙四十八年（1709年）三月，允礽复立为皇太子，十月他被晋封为雍亲王，并恩赐圆明园居住。晚年的玄烨，许多时候都住在畅春园，两园之间仅里许（约500米），他主要是参与迎送。直到康熙六十年（1721年）三月，玄烨隆重举办登位周甲纪念，他被派和十二阿哥允祹等到盛京祭告祖陵。康熙六十一年（1722年）十月，再派与弘昇、延信等同去察视仓廒。十一月玄烨病重，受命代祀圜丘（天坛）。十余天后玄烨病逝，他便登基继承了皇位。

一场闹了十好几年满城风雨的皇位继承人问题，就这样看似平静且轻而易举地解决了。这自然有人嫉恨，有人猜疑，甚至加以演义，便成了历史谜案。如说康熙有传位十四子的遗诏，藏于乾清宫"正大光明"匾后，胤禛派武林高手将遗诏"十"字上加一短横，就变成了"传位于四子"了。这个故事流行于民间，大概与允禵在雍正时挨整有关，但不是事实。胤禛的接班，应该是顺理成章、水到渠成的。此无他，一是他准确把握住了父皇的心脉；二是他有高明的韬晦之术，将自己藏在最安全的地方，先保护好自己再伺机行动。

废掉允礽的太子地位，对玄烨来说，其实是很痛苦的，他话虽说得狠，而心内实有所不忍。当皇子们都说要把太子幽禁起来时，只有胤禛"涕泣不能起，圣祖为之动容"。当玄烨赐给他圆明园时，他立即前往居住。在"九洲清晏"第一层正殿里，悬挂着玄烨所赐书"圆明园"匾额，然后配以自己撰书的对联："每对青山绿水会心处，一丘一壑，总自天恩浩荡；常从霁月光风悦目时，一草一木，莫非帝德高深。"他苦心经营圆明园，除了随时准备接待和感恩父皇外，更重要的表示长期住下，将自己置身在父皇的视线之内，让其了解。

尽管胤禛小心翼翼地侍候着父皇，低调做人处事，正如他在《朱批谕旨序》开头所表白的，"朕向在藩邸，未谙政事，不识一人，毫无阅历闻见"[2]，但还是有人暗中算计他。前述那个请复立允礽为太子的朱天保，在上疏中说有人阴害太子，就包括有费扬古。费扬古，满洲正白旗人，姓栋鄂氏。讨伐吴三桂叛变时，战屡捷，擢领侍卫内大臣，列议政大臣。之后随玄烨出征噶尔丹，授抚远大将军，早在康熙四十年（1701年），就病故在出征的途中[3]。他为何会陷害允礽呢？因为他是胤禛的老丈人！按人情世故推理，老丈人当然希望自己的女婿当皇帝。这一招看似准狠，但在玄烨面前却是绝对失灵。费扬古不但是玄烨军政上的重要依傍，而且他的女儿嫁给胤禛，还是玄烨的指婚。玄烨当面直指朱天保训斥道："尔又称二阿哥（允礽）为费扬古陷害，费扬古乃功臣。病

1 前揭《清史稿》卷二八六"朱天保"。

2 《清世宗宪皇帝御制文集》卷八，文渊阁四库全书本。

3 前揭《清史稿》卷二八一"费扬古"。

笃时朕亲临视，没后遣二阿哥往奠，尔何得妄言。”这一状告得狠毒，朱天保必死无疑，反倒使玄烨注意起这位四阿哥了。

据乾隆皇帝弘历圆明园《纪恩堂记》：“我皇考迓皇祖承色笑者，每一再举行，至予小子之恭承皇祖恩养育宫中，则在康熙壬寅春，即驾临之日而觐于斯堂之内云。”又弘历《镂月开云》诗后自注云：“予十二岁时，皇考以花时恭请皇祖幸是园，于此降旨，许孙臣扈侍左右云。”“壬寅”是康熙六十一年，弘历生于康熙五十年，正好12虚岁。这段故事，被《清史稿》记入“高宗本纪”云：“隆准而身颀，圣祖见而钟爱，令读书宫中。”看到弘历的机敏伶俐，也许对玄烨最后选择胤禛为接班人，起到了促进作用，祀圜丘在冬至日，离玄烨之死尚有十余日，他的头脑应该是清醒的。在圜丘祭拜皇天上帝，是封建帝国最盛大的祭典。到时，文武百官，王公贵胄，都得到场，庄严肃穆，热烈隆重，主祭者为万人瞩目。这无疑等于宣布他的地位已定，是无人能与之争锋的。

从康熙四十八年至六十一年，也就是胤禛32岁至45岁这段人生最好时光，他是在圆明园里度过的。在这期间，允礽的太子地位再次被废，说明他再也提不起来了。胤禛虽然不动声色，但不等于没有想法。玄烨临终前，曾“召允祺、允祉、允祐、允禟、允䄉、允祹、允祥，同受末命”[1]。只要看胤禛登基以后，一步一步处置这些兄弟们，就可知其深谋远虑了。在圆明园的日子，既让他惬意，也使他难熬，怎样打发时光呢？《十二美人图》为我们探索他的心路历程，提供了很好的线索。

探讨十二幅美人图所画何人的问题，有两份资料值得注意：

第一份为内务府档案资料。其全文抄录于下：

> 雍正十年八月二十二日，据圆明园来帖，内称：司库常保持出圆明园深柳读书堂围屏上拆下美人绢画十二张，说太监沧州传旨：着垫纸衬平，各配卷杆。钦此。本日做得三尺三寸杉木卷杆十二根。[2]

资料显示：第一，资料中的“美人绢画十二张”即是现存的这套《十二美人图》。朱家溍先生在回忆为这十二幅画像作编目时说：“这十二幅画是托裱过的。但没有天杆，没有安轴，当然也没有轴头。除画心本幅以外，只是四周有绫边，托裱相当薄软，平整无浆性。每幅画有一根杉木卷杆，比一般画轴要细得多。……尺寸和上述档案完全相符。”从画幅的数量、绘画所用质材、简单装裱形式、卷杆尺寸以及所画的都是女性形象，全部都意义相符，除了依记录作伪，哪里能有这么巧合的？所以朱老的判断是正确的，不容置疑。这十二幅“美人图”，从现今的状态来看，绢面完好无损，颜色鲜艳亮丽，这与及时地从围屏上拆下来保护有关。当拆下来后太监请示如何处理时，

1　前揭《清史稿》卷二二〇“允祺”。

2　朱家溍：《关于雍正时期十二幅美人画的问题》，《故宫退食录》，北京出版社，1992年。

胤禛指示“着垫纸衬平，各配卷杆”，说明他对书画装裱保护很内行，同时对十二幅美人画十分关注。当时的处理情况，据朱家溍先生说，一直原样地保存到20世纪的50年代。第二，这十二幅“美人图”的最先收藏地点是深柳读书堂。此书堂在圆明园“平湖秋月”景区内。整个景区有意模仿杭州西湖。胤禛在园内居住时，曾有咏该堂诗句云：

郁郁千株柳，阴阴覆草堂。
飘丝拂砚石，飞絮点琴床。
莺啭春枝暖，蝉鸣秋叶凉。
夜来窗月影，掩映简编香。[1]

胤禛登基以后，另有《深柳读书堂消夏》、《深柳读书堂避暑》两首七律。可见他对这里非常眷恋。第三，这十二幅“美人图”，原来裱背在围屏上。按现存画心的尺寸再加上裱边来计算，围屏的高度至少超过两米，而总的宽度则应在十四米左右。如此“庞然大物”，无论摆放在哪里，都是招人眼目的，更何况所画的全都是真人般大小的美人呢！第四，这十二幅“美人图”，在当时圆明园内就被称为“美人绢画”，故朱家溍先生据此认为，所画的不是胤禛的妃子，而应视之为雍正时期的十二幅美人画。其实被称为“美人”，是胤禛自己说出来的，因为在他《文集》的题画诗中，就说的是“美人把镜”“美人展书”，这两首诗都收录在《文集》的“雍邸集”中。

再看这十二幅巨幅“美人图”，是画师凭空想象出来专供主人玩赏享乐的吗？果真如此，那么每当胤禛走进深柳读书堂时，不是像掉进美人窝里了吗？哪还有什么心事读书、写字、抚琴、赏画啊！再说画幅那么大，篇章如此多，坐卧其中，像个什么呢？只能是一个骄奢淫逸的好色之徒。难道他就不怕父皇知道？这不符合他小心谨慎的行事性格。更何况他也要考虑到，周围是否还另有眼睛盯视他。对于“美人”他也有自己的看法，他曾在一首《题范蠡载归图》的诗中说：

独有艰危时，方见子臣职。
吴越争雌雄，彼此各努力。
夫差好拒谏，只为红颜惑。
所以范大夫，留之恐倾国。
功成载归湖，斯意无人识。
朗然照青史，去往皆可式。[2]

1 前揭《清世宗宪皇帝御制文集》卷二十六。

2 前揭《清世宗宪皇帝御制文集》卷二十一。

越王破吴以后，范蠡将西施带走，是怕她再祸害勾践，这确是胤禛独到的见解。所以，“一顾倾人城，再顾倾人国”的“美人”，避之犹恐不及，哪能成批地引进书堂？所以，《十二美人图》不能看成是专供装饰用的玩赏品了。

另一份资料为《寿皇殿藏圣容黄册》中的记录：

> 同治二年三月十七日内务府大臣恭亲王等奉
> 旨由宫内请至寿皇殿供奉
> 世宗宪皇帝圣容一尊　御案上供奉
> 世宗宪皇帝圣容三轴　一匣　西大柜尊藏
> 笔墨双妙册页一册　西大柜尊藏
> 册页二张　西大柜尊藏
> 御容十二张　西大柜尊藏[1]

以上五款系由雍和宫后佛楼金塔内请出，其中的“御容十二张　西大柜尊藏”，与清室善后委员会所记录的《十二美人图》收藏于寿皇殿硬木雕龙大木柜完全一致，应该是同一件作品。也就是说，《十二美人图》曾经入藏雍和宫后佛楼金塔，与雍正皇帝的圣容一同接收僧侣们的敬奉和后世帝王的顶礼膜拜。是什么样的女人画像能够享受如此大礼呢？答案是只有雍正的皇后！

让我们进一步从图像上进行比较分析。

很多人第一次见到《十二美人图》时，都会有同样的感觉，这里所画的，一定是某个人或某几个人。朱家溍先生也说，“所绘人物面貌也近似肖像的画法”，所以最

图五　《胤禛围屏美人图》之一一局部与之一二局部头像对比

1 《寿皇殿尊藏圣容黄册》同治二年钞本（陈394），故宫博物院图书馆藏。

先被命名为《雍正十二妃》。后来觉得有的人像似乎反复出现，“十二”之数不合适，才又改成《胤禛妃行乐图》。可我们如果真要较起劲来，其中究竟画了几个人，是两个、三个，还是四个？不同的观者，会有不同的答案。这是把中国古代的肖像画看成是现代的摄影照相了。如此索隐，只会离真实越来越远。“近似肖像的画法”感觉是很重要的，说明这些美人的形象，画得不概念、不空洞、不抽象，是有具体人物作依据或提供写生，才会这么有血有肉，生动传神，于观众以强烈感染力。如果我们不是死较劲地依据照相技术的要求去比对的话，这十二幅美人图，其实画的是一个人。它们之间的差异，是大同中的小异，是画师的技术不能全到位的问题。这也和《雍正行乐图》中的胤禛画像一样，除了那两撇小胡子外，二十九个胤禛画像，也会找出几个不同人来。

用中国传统的线描手法去画肖像是很难的，肖像画必须面对真人写生才能相似，所以画女像尤其是年轻女像更难。这不只是年轻女性的脸面特征不突出，不易把握，更重要的是，在封建社会，男女之间有很大距离，画师不能长时间盯着像主，只能是根据自己的经验，先勾出大概轮廓，然后反复征求家属意见，反复修改直到满意为止。要将十二幅美人统一成一个人这实在太难了。《雍正行乐图》册有两种样式，一种是他穿着汉族文人服装，徜徉于佳山胜水之间。为了使胤禛面像统一，画家巧妙地从四分之三的角度取影，然后翻过来覆过去的使用。但一碰到需要抬头望远的时候，这一招也有些失灵了。另一种胤禛化妆成各种不同类型的人物，动作也特别大，所以人物的面形也就差异更大了。《十二美人图》也采取了四分之三侧面写生，正反两面交叉使用，使之大体能统一，但一到正侧面就难为画师了，好像她被游离出来了（图五）。

尽管这十二幅美人形象各有差异，但其共同的特点是鲜明一致的。一样的鸭蛋形脸，高挑的细眉，丹凤一样的眼睛，悬胆般的鼻子，樱桃小口，瘦削的美人肩，杨柳枝似的腰身，差不多应备的美女要素都有了。这个形象，我们在有胤禛在场的群体画像中都能找到：

第一，《胤禛行乐图》之“胤禛与福晋、格格”。绢本，设色，纵157厘米，横71厘米（图六）。画胤禛端坐在室内，户外廊内与阶下站立四位女子，从布景有梧桐和建筑

图六 《胤禛行乐图》轴（绢本设色，纵157厘米，横71厘米，故宫博物院藏）

来看，似是圆明园中的梧桐院。从胤禛的相貌及有小胡须来看，应是初入圆明园时期所画。户外的四个女子，面貌、身材、胖瘦、高矮各不相同，应当是他的四位妻子的画像，是一幅很标准的群体肖像画。按《清史稿·后妃》，胤禛在藩邸时，有嫡福晋那拉氏、侧福晋年氏、格格钮祜禄氏、格格耿氏，她们在胤禛登极后地位受封较高。首先我们来看站在走廊外侧身穿酱色满服的女子，在四人当中，她的身材较为健壮，从面相上看，她应当就是乾隆帝弘历的生母钮钴禄氏。母以子贵，雍正初她由格格“封熹妃进贵妃”，弘历登基以后被尊为皇太后，由儿子替她升座为“孝圣宪皇后”。她有两幅单独的画像存世，所以我们比较容易识别。其一是身着便服，项挂朝珠的半身像（图七）。其面部完全是用西洋画法来表现的，阴阳凹凸，见棱见角，其特征真实可信。另一幅是穿着皇后朝服的标准画像，亦用西洋画法，造型结实，特征突出，绘画技术较前幅高出许多，应是出自郎世宁手笔（图八）。很可能是弘历为庆贺她周甲生日时特意画的。从面相上看，长方脸，地角方圆，鼻肥、嘴阔、唇厚、耳垂肥大，满脸福相，体态则属健壮类型。将“行乐图”中画像与这两幅独立画像比较，可以看出三幅画像中人物面相基本一致，可以说是有福有寿的福相。所以她活到了86岁。这三幅画像代表了钮钴禄氏的青年、中年和老年三个时期。她生于康熙三十一年（1692年），比胤禛小14岁。在圆明园时期她是17～30岁。“行乐图”中的青年时画像为20岁左右。中年时期，从容貌上来推测，当是四五十岁前后，为乾隆初年所绘，这时她新寡，故穿着打扮都很素净（图九）。

图七　雍正孝圣宪皇后钮钴禄氏半身像

图八　《世宗孝圣宪皇后钮祜禄氏六旬朝服像》轴（绢本设色，纵233.5厘米，横141.5厘米，故宫博物院藏）

与钮钴禄氏健壮体格成鲜明对照，是在她右边被廊柱遮挡了小半身的女子，其身材苗条，显得娇小瘦弱。眉眼口鼻，都可以用一个“小”

图九　世宗孝圣宪皇后钮钴禄氏头像与《胤禛行乐图》中的女性头像比较
（由左至右为：《胤禛行乐图》青年时期、《钮钴禄半身像》中年时期、《钮钴禄氏朝服像》老年六旬）
（钮钴禄氏面部形象特征，均为：①长方脸；②地角方圆；③鼻肥；④嘴阔；⑤唇厚；⑥耳垂肥大）

字来概括，她应当是胤禛的嫡福晋那拉氏，胤禛即位时被册封为皇后。故宫博物院收藏有她的朝服像（图一〇）。从容貌和时间上来判断，年龄约在40余岁。与前面那幅集体画像的她，相隔约15年。尽管“朝服像”有意画得丰满些，以表现她的威严和高贵，同时画手也不同，但两像比起来，仍旧可以认出是同一个人来，这与《围屏美人图》中的美人是同一种类型的人物。

第二，《胤禛行乐图》之“荷塘消夏”。绢本，设色，纵165.5厘米，横95.5厘米。画胤禛坐于室内，左手持书，右手扶案，面向窗外，作沉吟之状。其后回廊中，有四个女子和一侍女（图一一）。按理她们应是胤禛的妻妾，即前幅画像中的嫡福晋那拉氏、侧福晋年氏和格格钮祜禄氏、耿氏。可是由于人物画得较小，面容不像前幅那样特征突出，因此难以区别。但作者巧妙地在服饰上作了文章。四人中三人穿满式长袍，仅一人穿汉服，其容貌发式和“十二美人图”的美人一模一样，也就是嫡福晋那拉氏。十二个美人，都穿同一种样式服装，雍容华贵，又轻盈飘逸。内衣立领有两个精致的花扣。外衫、对襟、领与袖，均有宽边饰带，有龙、凤纹图案及火轮、宝瓶、双鱼等装饰。衣服质料似是丝绸类织品，颜色、图案很少有重复者，这种服装式样，是明代流传下来的，为汉族服装而不能称古装。如果有哪一位时装设计者能原模原样地复制出来表演，一定能轰动世界。

第三，《胤禛行乐图》中的“采花图”。绢本，设色，纵199厘米，横106厘米（图一二）。画胤禛头戴草笠，身披树叶，肩扛花锄，行进于山路间。他回首正关心着后面的女子，她身披茅草，头上簪花，手提花篮，紧紧跟随。在他们的前边，童子引驮着花枝的梅花鹿，正通过石板小桥，后边则童子背负花篓随行。他们好像是一家人，从深山里采摘各种花枝，满载而归。这个手提花篮的女子的体貌特征，我们应该熟悉，

图一〇　雍正孝敬宪皇后那拉氏朝服像（绢本设色，纵 255 厘米，横 117 厘米，故宫博物院藏）

图一一　《胤禛行乐图》之"荷塘消夏"（绢本设色，纵 165.5 厘米，横 96.5 厘米，故宫博物院藏）

图一二　《胤禛行乐图》之"采花图"（绢本设色，纵 199 厘米，横 106 厘米，故宫博物院藏）

她就是十二美人中的美女形象，这是无须多言的。问题是这个唯一能跟随胤禛的女子是谁？除了他的嫡福晋，还有谁能替代她的这个地位？

第四，《胤禛像耕织图》册。绢本，设色，共四十六开，每开纵 39.4 厘米，横 32.7 厘米，故宫博物院藏。每开上部均有胤禛题诗，并钤"雍亲王宝""破尘居士"二印。这套《耕织图》是仿照康熙二十八年（1689 年）所刊发的《御制耕织全图》创作的。所不同的是，他把自己的肖像画入图中，男耕女织，丰衣足食，过着美满幸福的生活，把中国农村描绘得和平宁静，充满着诗情画意。这套画册是他为雍亲王时期居住在圆明园画的。"耕图"部分以胤禛为主，每个画面都是他的画像在显眼位置，唯"二耘"一图中，则突出的是送饭女子，其上诗中有句云："行行忙饷妇，稚子故牵裙"（图一三）。这个送饭的女子，在"织图"中，几乎每一幅都有她的身影。如"祀神"，描绘忙了一年又

图一三 《胤禛像耕织图》之"二耘"（故宫博物院藏）

图一四 《胤禛像耕织图》之"祀神"（故宫博物院藏）

获丰收，表示对蚕神的感谢。胤禛拱手正待要拜。他身旁的女子双手合十，却回看着小儿子要找乳母吃奶，这个细节安排充分表现出人间的温馨（图一四），其上诗题云："堂下趋妻孥，堂上拜主伯"。这个拜神的女子，和行进在田间路上的饷妇是同一个人，面容清秀，身材窈窕，与《十二美人图》的美人是一样的，胤禛说是他的妻子，当然只有嫡福晋那拉氏才能担当得起这个主角位置。在康熙、乾隆所钦定的《耕织图》（台北故宫博物院藏）中，同样的画面，康熙玄烨与乾隆弘历的题诗则完全不一样，可以反证，这个女子即是胤禛的嫡福晋。在"耕图""二耘"上，玄烨的题诗是："曾为耘苗结队行，更忧宿草去还生。陇间馈馌频来往，劳动田家妇子情"（图一五）。弘历题诗是："壶浆馌妇大堤行，最是畦边莠易生。劳苦再耘还再馈，可怜农叟望年情"（图一七）。"织图·祀神"中，玄烨题诗是："劳劳拜蔟祭神桑，喜得丝成愿已偿。自是西陵功德盛，万年衣被泽无疆"（图一六）。弘历题诗是："年年劳苦事耕桑，及早还将租税偿。今日蚕成虔祀谢，西陵功德载无疆"（图一八）。

前面我们已经提到，这位嫡福晋那拉氏是费扬古的女儿，她与胤禛的结合，还是玄烨指定的。把她画进《耕织图》里作为主妇，是理所当然的。问题是他怎么会想起这样做，是为了讨夫人欢心？还是讨父皇赏识？我想都不是，他是为明志，一种自我陶醉。在圆明园的"淡泊宁静"景区内，有多稼轩、观稼轩、稻香亭、贵织山堂、祀蚕神等建筑。《雍邸集》的《园景十二咏》中，也有《耕职轩》、《菜园》等诗。把自己和夫人画入《耕织图》中，就好像在景区内摄影留念一样，表明他生

图一五　冷枚《耕织图》之"二耘"（台北故宫博物院藏）

图一六　冷枚《耕织图》之"祀神"（台北故宫博物院藏）

图一七　陈枚《耕织图》之"二耘"（台北故宫博物院藏）

图一八　陈枚《耕织图》之"祀神"（台北故宫博物院藏）

活在这里，是对“淡泊宁静”志趣的向往与追求，别无其他的奢望。但是在中国传统文化观念中，“耕”与“织”被正式纳入国家礼制中，每年皇帝、皇后要举行“亲耕”“亲蚕”仪式，以表示重农桑、知稼穑、固国本、体民艰。胤禛在《圆明园记》中说：“园中或辟田庐，或营蔬圃，平原朊朊，嘉颖穰穰，偶一眺览，则遐思区夏，普祝有秋。”这当然是做了皇帝的后话，但不能证明，将自己和夫人画入图中时，就一点儿也没有这个想法。

胤禛登基以后，那拉氏由福晋随即变成了皇后。“亲蚕”的仪式是她分内的事。可她的命不算太好，为胤禛生了个儿子，不到8岁就死了，而自己则在雍正九年九月也病故了。“时上（胤禛）病初愈，欲亲临含敛，诸大臣谏止。上谕曰：‘皇后自垂髫之年，奉皇考之命作配朕躬，结缡以来，四十余载，孝顺恭敬，始终一致。朕调理经年，今始痊愈，若亲临丧次，触景生悲，非摄养所宜。但以皇后丧事，国家典仪虽备，而朕礼数未周，权衡轻重，如何使情文兼尽，具议以闻。’大臣议以明会典，皇后丧无亲临祭奠之礼。令皇子朝夕奠，遇祭例可遣官，乞停亲奠，从之。”[1]那拉氏“垂髫”时结婚，康熙三十六年（1697年）生子，“结缡”“四十余载”而殁，综合考察，她死的时候，年纪大约50。深柳读书堂围屏上的《美人图》，在雍正十年（1732年）八月二十二日被拆下来，并请示胤禛如何处理，这也许与她周年祭日将到有关。到此为止，我们可以将以上提及的画像作一个简单的总结性对比，以确定《十二美人图》的原形（图一九）。

当我们确定《十二美人图》里的美人，是以胤禛嫡福晋那拉氏为模特而创作出来的后，再来审视这套围屏画作品，我想有许多看似矛盾的问题，都可以迎刃而解了。例如，有小人打报告说画了好多美人如何如何，他就可以用张敞画眉的故事为自己洗刷。张敞“为妇画眉，长安中传张京兆眉怃。有司以奏敞。上问之，对曰：‘臣闻闺房之内，夫妇之私，有过于画眉者。’上爱其能，弗备责也”[2]。胤禛把自己的嫡福晋画成围屏美人是有恃无恐的，他人何能措其手足。

这套围屏美人画，从选题、构思到制作，都有胤禛的参与，可以说是他和画师合作，共同创造出来的成果。在《雍邸集》里，他把其中的两幅命名为《美人把镜图》和《美人展书图》，很可能原计划每幅都有图名，每幅都有题诗若干首。之后或未来得及完成，或中途改变了主意。为什么他把图名不直呼为“某某肖像”，而却以“美人”概之呢？我想这也和把自己的题诗故意托名米元章、董其昌一样，不是为了好玩，而是要将“真事隐去”！他在“美人执表”图上，一口气题写了十二首绝句，好似不假思索，成竹在胸，一泻而出。其表现出对“美人”的一往情深和热烈是掩饰不住的。借香草美人抒发心中郁闷，是中国文学的一个悠远传统。刘勰在《文心雕龙·辨骚》中说：“昔汉武爱《骚》，

1 前揭《清史稿》卷二一四“世宗孝敬宪皇后”。

2 （汉）班固撰：《汉书》卷七六“张敞”，中华书局，2000年。

图一九　孝敬宪皇后乌拉那拉氏头像对比

（由左至右依次为：《孝敬宪皇后朝服像》局部、《十二美人图》之六局部、《胤禛行乐图》之“荷塘消夏”局部、《胤禛行乐图》之“采花图”图七、《胤禛耕织图》之“二耘”局部“祀神”局部。）

（女子形象特征均为：①鸭蛋脸；②细眉高挑；③丹凤眼；④悬胆鼻；⑤殷桃小口；⑥溜肩；⑦细腰）

而淮南作《传》，以为《国风》好色而不淫，《小雅》怨诽而不乱，若《离骚》者，可谓兼之。”屈原的《离骚》，正是借着香草美人发牢骚、泄怨气的。只不过时世不同，境遇有别，所求各异，怨有浅深，而理则一也。

从胤禛的题美人画十八首诗中，我们可以探知他的心路历程。首先，他要表明的是洁身自爱，远小人，不与时俗同流。如“自怜幽菊纱窗下，不与群芳逞冶姿”“别有心情人莫识，懒同桃李嫁春光”“晚香劲节植深闺，蜂蝶何曾许浪飞”“岂无世上风流子，一点芳心未许知”。表明自己清白，这是最重要的。这与他所说的“向在藩邸，未谙政事，不识一人”的做法是一致的。其次，他有心事，有隐秘，可是无法向人倾诉，更是难以被人理解。如“人偏有意难相诉，钟却无声解自鸣”“夜来有约空惆怅，玉笛无心弄夕曛”“风调每怜谁解会，分明对面有知心”。对面的知心是谁呢？就是镜子中的自我。心事只能自己知道，不敢说也不能说，人还不如“钟”能“自鸣”呢？这些诗句，迁想妙得，恐怕不是一时能想得出来的。再次，心事难吐，便生郁闷，于是有怨气了。“无聊闲数荷花遍，犹恐今宵更漏长。”这与刘禹锡诗“行到中庭数花朵，蜻蜓飞上玉搔头”同样用意，都是写美人不被赏识，孤独而无聊。不过刘禹锡是写在花丛中行经久了，使蜻蜓人花难分而误上玉搔头，而胤禛写的是从白天到晚上。《雍邸集》中有“园景十二咏”，其中就有莲花池、金鱼池等。在《十二美人图》（图一，8）中，有美人在烛灯下缝制衣服，前面摆有金鱼缸，养有荷花。如果是先有诗，画师只好把池里的荷花移到缸内栽培；如果是先有画，则是胤禛联想到刘禹锡的诗才有数荷花的句子，两者均可。又次，耐心等待，时不我待，于是便有美人迟暮之叹。“翠袰梳就频临镜，只恐红颜减旧时。”“检书怕睹鸳鸯字，手执时钟叹岁华。”（图一，10）“每怜异域钟偏巧，断送时光只几声。”“当年宋玉悲秋意，何似今朝闺里人。”宋玉，楚国人，屈原弟子，他在《九辨》中吟道：“悲哉秋之为气也，萧瑟兮草木摇落而变衰。”“悲忧穷戚兮独处廓，有美一人兮不得志。”前人认为，宋玉在政治上不得志，诗辞中流露的抑郁不满情绪显而易见。杜甫诗云“摇落深知宋玉悲”，悲的是什么？是担心“楚宫”的“泯灭”！那么“今朝闺里人”呢？总不会是因一时找不到夫婿而犯愁吧？最后，所以需要耐心等待，寻找机会。“一种心情费消遣，缃编欲展又凝思。”前一句在《雍邸集》里改成“毕竟痴情消不去”，定稿将语气加重了。消磨不去的“痴情”怎么办？“凝思”的又是什么？请看美人翻到的书页即停住的内容就知道了，那是唐代杜秋娘写的《金缕曲》：“劝君莫惜金缕衣，劝君惜取少年时。花开堪折直须折，莫待无花空折枝。”表面看，此诗似教人及时行乐，仔细回味，却是叫人爱惜时光，不虚度年华，抓住时机，果断行事，才不会后悔。我想这幅画的构思立意，绝不是工匠画师所想象得到的。“美人图”中还画有一个浑天仪，用铜鎏金制造，专供玩赏陈设用，只在宫内有。胤禛题诗中说：“脂红粉白为谁妍，欲向妆台赋浑天。想是团圞天亦爱，佳期何日与人圆。”“团圞”，大概是指仪器的构造，是由几个同心圆环交合组成，用以模仿天体运行，故代表了天意喜欢圆满。既然如此，就用不着献媚邀宠，刻意去追求了。后来的事实也证明，不是刻意去追求者，反而倒得到了。

在整个皇太子地位的争夺战中，胤禛聪明地把自己置身在漩涡的边沿，不即不离。他徜徉于圆明园景观中，体验着田园生活的乐趣，有一本他的肖像画册（故宫博物院藏），共计十六开，他将自己装扮成文人学士模样，按四季顺序排列，到处寻诗觅句，吟风弄月，好似飘然于世外（图二〇、图二一）。可另一件十三页的画像册（故宫博物院藏），他将自己装扮成西洋人、阿拉伯人、蒙古人、西藏人或其他地区人（图二二、图二三）。内容的安排特别奇怪，一个文人，坐在竹下弹琴，引来了一只人头怪鸟。一个猎手，正弯弓搭箭，天空中高飞的不是大雁或苍鹰，却是孔雀。渔翁在江边瞌睡，一只狐狸悄悄地来偷他的鱼。雅士在岩前观瀑，抬头看到的是红蝙蝠高飞。有的可能是画庄周《秋水》，有的则写米芾题壁，可他们却带着鹿鹤同游。有的似蒙古王爷，静坐于山丘上，旁边一只小兔却回望着他，不知是人待兔还是兔待人。有的似“番王”，手举桃实，本应是猿猴献果，反成了果献猿猴。其变装，或为行脚头陀，或为入定高僧，或为降龙罗汉，或为刺虎英雄，如此等等，不一而足。其中某些画面，构思奇特，反乎常态，好似故意如此，就像在《围屏美人图》中玩弄托名题诗一样，都应是胤禛的立意，而非画师所能自作主张的。胤禛很欣赏前人两句诗：“不是闲人闲不得，能闲不是等闲人。”余谓他是：“身在漩涡闲不住，看似人闲心不闲。”这段时间他是闲人

图二〇 《胤禛行乐图》册（汉装像十六开）之一（绢本设色，每开纵37.5厘米，横30.5厘米，故宫博物院藏）

图二一 《胤禛行乐图》册（汉装像十六开）之二（绢本设色，每开纵37.5厘米，横30.5厘米，故宫博物院藏）

图二二　《胤禛行乐图》册（化妆像十三开）之一（绢本设色，每开纵 34.9 厘米，横 31 厘米，故宫博物院藏）

图二三　《胤禛行乐图》册（化妆像十三开）之二（绢本设色，每开纵 34.9 厘米，横 31 厘米，故宫博物院藏）

故宫博物院十年论文选

2005～2014

故宫博物院◎编

3

故宫出版社

“十二美人图”为雍亲王福晋像考

林 姝

内容提要： 故宫博物院收藏的“清人画胤禛妃行乐图”，多年来一直被认为是圆明园深柳读书堂拆下的“围屏画”，泛称“十二美人图”。最近，笔者从清宫遗存的陈设档、奏销档等原始档案中发现，有关这十二幅绘画的最早记载系同治年间，发现地点在雍和宫，最终收藏在寿皇殿，因而以此为切入点进行探讨，试从典章制度的视角对该图进行考辨，梳理出祭祀制度、供奉制度、等级制度、建筑功用、王府规制、册宝规制所独具的不可逾越性对文物鉴定所起的重要作用。考辨该图并非圆明园深柳读书堂中的美人围屏图，而是秘藏于雍和宫佛塔中的雍亲王福晋像。

关键词： 寿皇殿　咸二68　绥成殿　供奉制度　王府规制　等级制度

在故宫博物院收藏的清代宫廷绘画中，“清人画胤禛妃行乐图”（十二美人图）颇引人瞩目。该图绢本设色，共12幅，每幅纵184厘米，横98厘米，各绘一汉装女子，柔美清秀，背景陈设精致讲究，画风写实（图一）。以往的学者对于该图的研究与定名主要有三种：1983年，黄苗子先生将之定名为“雍正妃画像”，同时指出所绘“并不是十二个人”[1]；1986年，朱家溍先生撰写了《关于雍正时期十二幅美人画的问题》，根据活计档的记载，指出该图系圆明园深柳读书堂中的围屏画[2]，得到学界普遍认同[3]；2011年，杨新先生“从画幅的创作时间、地点、目的以及其表现形式和制作规模等”方面研究，定名为“胤禛围屏美人图”，并提出“是以他的嫡福晋即后来的皇后那拉氏为模特创作出来的，画的仅只是一个人”[4]。

作者：宫廷部，研究馆员。

1　黄苗子：《雍正妃画像》，《紫禁城》1983年第4期。

2　朱家溍：《关于雍正时期十二幅美人画的问题》，《紫禁城》1986年第3期。

3　参见杨启樵《揭开雍正皇帝隐秘的面纱》，第276～285页，《美人像误作雍正后》，上海书店出版社，2002年；巫鸿：《重屏——中国绘画中的媒材与再现》，第174～195页，上海人民出版社，2009年。

4　杨新：《〈胤禛围屏美人图〉探秘》，《故宫博物院院刊》2011年第2期。

1．持表

2．观鹊

3．捻珠

4．下棋

5．缝衣

6．鉴古

7. 赏花

8. 品茗

9. 读书

10. 照镜

11. 观梅

12. 倚门

图一　《十二美人图》（绢本设色，纵 184 厘米，横 97.8 厘米，故宫博物院藏）

最近，笔者从清宫遗存的陈设档、奏销档等原始档案中发现，有关这十二幅绘画的最早记载系同治年间，发现地点在雍和宫，最终收藏在寿皇殿，因而以此为切入点进行探讨。拟在前贤研究的基础上，试从典章制度的视角对该图进行考辨，梳理出祭祀制度、供奉制度、等级制度、建筑功用、王府规制、册宝规制所独具的不可逾越性对文物鉴定所起的重要作用，考辨该图并非圆明园深柳读书堂中的美人围屏图，而是秘藏于雍和宫佛塔中的雍亲王福晋像。为叙述方便，下文暂且仍称之为“十二美人图”。

一　绘画的收藏地点

1．清末藏于景山寿皇殿

在故宫博物院的文物登记账目上，凡清宫旧藏的文物，除了“故”字编号外，还有一个对应的参考号。参考号是溥仪出宫后，清室善后委员会对清宫遗留的每件物品进行清点的登记号码，采用千字文编号，一字对应一个宫殿，以汉字数码“一”开始编号，依次顺延，凡遇存于柜、格、箱中之物，则于汉字数码之下启用阿拉伯数目编号。“十二美人图”的文物号为“故 6458”，参考号为“咸二 68”。“咸”即为景山寿皇殿的代码。咸字“二”号为硬木雕龙大立柜，“咸二 68”表明该图是贮藏于硬木雕龙大立柜中登记的第 68 件物品。登记名称为“古装后圣容”，“十二张”，却未像“咸二 79”那样记为“孝贤纯皇后圣容”。寿皇殿是收藏清代帝后画像的宫殿，所藏画像通常贴有签条或黄条[1]，书写皇帝的庙号与皇后的谥号，或妃嫔的名号，唯独这十二张绘画没有明确的定名，是否因为其上没有签条？为何没有题名？它们是何时入藏寿皇殿的？这些问题值得认真思考与追究。故宫文物登记账目上“清人画胤禛妃行乐图”的定名，很可能是故宫博物院成立后参照画面上“破尘居士”的署款与“圆明主人”的印章而为。

2．入藏寿皇殿的时间

故宫博物院图书馆藏有两本寿皇殿的陈设档，一是同治二年钞本的《寿皇殿尊藏圣容黄册》，二是光绪年间的《寿皇殿恭悬恭收圣容大建三十日小建二十九日准册》。其中同治二年的陈设档对世宗宪皇帝的画像有着详细记载：

> 世宗宪皇帝圣容一轴　朝冠服　恭悬　西大柜尊藏
>
> ……
>
> 世宗宪皇帝圣容一轴　临雍　一匣

1　通常，御容皆题有签名，或书满汉字，或书汉字。详见和硕庄亲王允禄《奏请呈览所绘列祖列后圣容签式片》，乾隆十五年十二月十五日，奏销档 223-153-1，中国第一历史档案馆藏。

孝敬宪皇后御容一轴　朝冠服　恭悬　西大柜尊藏
孝敬宪皇后御容一轴　朝冠服
孝圣宪皇后御容一轴　朝冠服　恭悬
孝圣宪皇后御容一轴　六旬
孝圣宪皇后御容一轴　七旬
孝圣宪皇后御容一轴　八旬
孝圣宪皇后御容半身像挂屏二面　油画

同治二年三月十七日内务府大臣恭亲王等奉
旨由宫内请至寿皇殿供奉
世宗宪皇帝圣容一尊　御案上供奉
世宗宪皇帝圣容三轴　一匣　西大柜尊藏
笔墨双妙册页一册　西大柜尊藏
册页二张　西大柜尊藏
御容十二张　西大柜尊藏
以上五款系由雍和宫后佛楼金塔内请出[1]

在这本黄册中，登记着帝后画像469件（套），凡皇帝的画像，一律称为“圣容”，皇后的画像则称为“御容”，引文最后一款“御容十二张”无疑即指本文所讨论的这十二张绘画。理由如下：第一，名称相符，“御容”系指后妃，此册中皇后、妃、嫔的画像均称“御容”。第二，数目相合，注明十二张。第三，档册中的其他画像皆冠以清晰准确的尊号、品名及形制，现藏故宫的世宗皇后像与账目一一对应，完全吻合（参见表一）。这十二张画像与点查报告中的“咸二68古装后圣容”相对，正是“故6458，清人画胤禛妃行乐图”，其入藏寿皇殿的时间为同治二年三月十七日（图二）。

表一　清世宗皇后画像简表

序号	同治二年陈设档（陈394）	清室善后委员会点查报告编号及名称	现文物名称	文物参考号	文物号	形制	尺寸（厘米）	备注
1	孝敬宪皇后御容一轴朝冠服恭悬 西大柜尊藏	咸二24 孝敬宪皇后圣容一轴	清人画孝敬宪皇后朝服像轴	咸二24	故6450	画轴	纵255 横117	

1 《寿皇殿尊藏圣容黄册》，同治二年钞本（陈394），故宫博物院图书馆藏。

序号	同治二年陈设档（陈394）	清室善后委员会点查报告编号及名称	现文物名称	文物参考号	文物号	形制	尺寸（厘米）	备注
2	孝敬宪皇后御容一轴朝冠服	咸二3 清人画孝敬后半身像屏	清人画孝敬后半身像屏	咸二3	故6451	屏条		与陈设档不同的是形制为屏
3	孝圣宪皇后御容一轴朝冠服恭悬	咸二15 孝圣宪皇后七旬像一轴	清人画孝圣宪皇后朝服像轴	咸二15	故6455	画轴	纵248.7 横116.8	
4	孝圣宪皇后御容一轴六旬	咸二2 孝圣宪皇后六旬御容	清人画孝圣宪皇后六旬像轴	咸二2	故6452	画轴		
5	孝圣宪皇后御容一轴七旬	咸二42 孝敬宪皇后圣容一轴	清人画孝圣宪皇后朝服像轴	咸二42	故6454	画轴	纵233.5 横141.5	
6	孝圣宪皇后御容一轴八旬	咸二1 孝圣宪皇后八旬御容	清人画孝圣宪后八旬像轴	咸二1	故6453	画轴	纵228.1 横140.5	
7	孝圣宪皇后御容半身像挂屏二面油画	吕六六四 阙八九0	清人画孝圣后半身像屏 清人画孝圣后半身像屏	吕六六四 阙八九0	故6457 故6456			
8	御容十二张 西大柜尊藏	咸二68 古装后圣容十二张	清人画胤禛妃行乐图轴	咸二68	故6458	画轴	纵184 横97.8	分号1/12至12/12

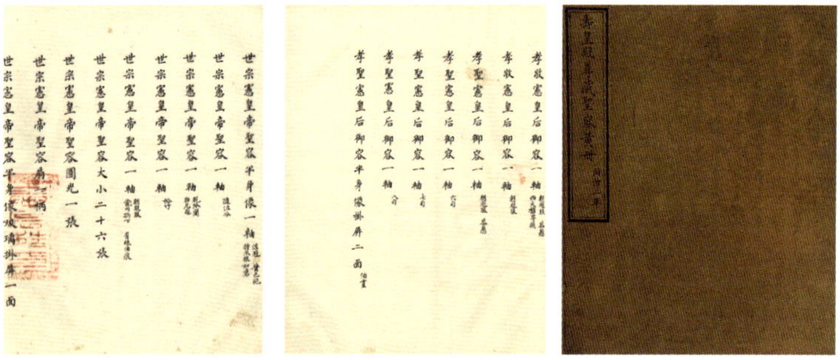
世宗憲皇帝聖容半身像一軸
世宗憲皇帝聖容一軸
世宗憲皇帝聖容一軸
世宗憲皇帝聖容一軸
世宗憲皇帝聖容一軸
世宗憲皇帝聖容大小二十六張
世宗憲皇帝聖容圓光一張
世宗憲皇帝聖容半身像玻璃掛屏一面

孝敬憲皇后御容一軸
孝敬憲皇后御容一軸
孝聖憲皇后御容一軸
孝聖憲皇后御容一軸
孝聖憲皇后御容一軸
孝聖憲皇后御容一軸
孝聖憲皇后御容半身像掛屏二面

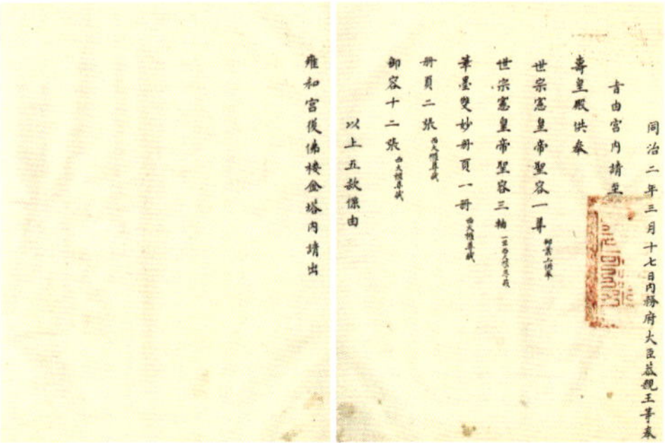
同治二年三月十七日內務府大臣恭親王等奏
旨由宮內請至
壽皇殿供奉
世宗憲皇帝聖容一尊
世宗憲皇帝聖容三軸
華墨雙妙冊頁一冊
冊頁二張
御容十二張
以上五款係由
雍和宮後佛樓金塔內請出

图二　同治二年《寿皇殿尊藏圣容黄册》（其中记载皇帝的画像为圣容，皇后的画像为御容，又记载御容十二张由雍和宫移来，故宫博物院图书馆藏）

3．曾藏雍和宫绥成殿金漆木塔中

《寿皇殿尊藏圣容黄册》明确记载这十二张画像原本不存寿皇殿，于同治二年三月十七日，与世宗宪皇帝圣容一尊[1]等五件（套）物品同时由雍和宫后佛楼金塔中移来，其中必有缘由。经过查找档案，发现与同治元年发生在雍和宫的一起火患有关。

据目前所掌握的史料，有关这十二张绘画最早的文字记载，为同治元年十一月二十二日，奕䜣、宝鋆等上报了一通题为《奏为雍和宫绥成楼上不戒于火，请将该处喇嘛交理藩院严审事》的奏案（图三）。其中记述十一月十九日位于雍和宫中轴线最北端的绥成殿发生火灾，这是一座两层的楼阁，楼上供奉着五座金漆木塔。酉刻（晚六时许），绥成殿看殿的喇嘛发现楼上的窗户冒出了浓烟，当即上楼查看，发现中塔失火，立刻会同步军统领衙门即时扑灭。由塔内起出烧毁的经箱六只，内藏《大般若经》一部。接到报告后，恭亲王奕䜣、宝鋆等立即到现场实地勘察，查看了中塔被焚情形，此时将塔座盖板掀开，发现在盖板之下还藏有经箱 8 只，楠木匣 1 个。打开楠木匣，内藏有“塑像一尊并绘像三轴，前朝宫装画像十二张，册页一匣，又册页二页，画稿二张”，于是“谨将绘塑圣像一并敬谨暂行安供雍和宫正殿”[2]。“同治二年三月十七日内务府大臣恭亲王等奉旨由宫内请至寿皇殿供奉”[3]，随即出现在同治二年《寿皇殿尊藏圣容黄册》中。只不过在奕䜣的奏案中称之为“前朝宫装画像十二张”（应指汉装而言），黄册中称之为“御容十二张”，点查报告称之为“古装后圣容”，故宫文物登记账目中称为“清人画胤禛妃行乐图”，四点重合，称谓虽异，却实为一物。

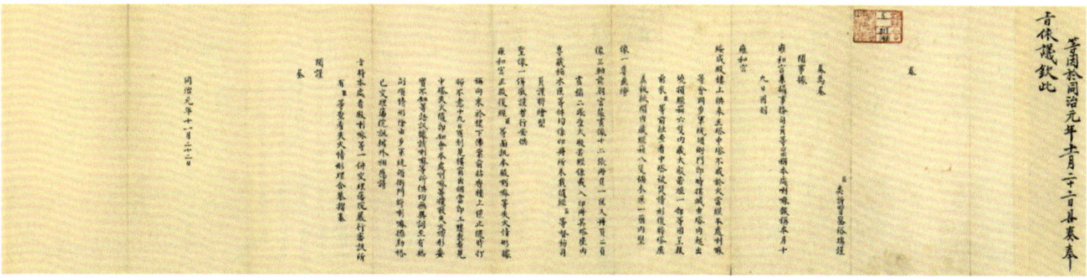

图三　奕䜣等:《奏为雍和宫绥成楼上不戒于火，请将该处喇嘛交理藩院严审事》折（同治元年十一月二十二日，中国第一历史档案馆藏）

1　关于“世宗宪皇帝圣容一尊”，笔者曾专文进行考证，详见《原藏雍和宫金塔内的胤禛塑像》，《紫禁城》2012 年第 6 期。

2　（清）奕䜣、宝鋆等：《奏为雍和宫绥成楼上不戒于火，请将该处喇嘛交理藩院严审事》，同治元年十一月二十二日，奏案 05-0817-043，中国第一历史档案馆藏。

3　前揭《寿皇殿尊藏圣容黄册》，同治二年钞本（陈 394）。

二　寿皇殿的规制与功用

嘉庆朝《大清会典》卷七十四："建寿皇殿，以供圣容。"将寿皇殿的建筑功用定位得十分明确。

1．寿皇殿供奉帝后的神御

从清代祭祖制度上考察，清代皇室对列祖列宗的祭祀主要在太庙（祖庙）、奉先殿（家庙）、寿皇殿以及安佑宫、永佑寺、绥成殿（神御宫）举行，但三者的供奉对象与典礼规制有所区别。

太庙位于紫禁城外，为皇帝祖庙。前殿十一间，为祭祀主殿。中殿九间，同堂异室，供奉努尔哈齐以下列圣列后的神龛及册宝（图四）。后殿制如中殿，供奉努尔哈齐以上四世神龛。清代的祭统分大祀、中祀和群祀三等，祭太庙为最高等级的大祀，皇帝亲诣行礼，王公百官陪祀。

奉先殿位于紫禁城内，为皇帝家庙，顺治十四年建成，以祀列圣列后。"前殿设列圣列后龙凤神宝座、笾豆案、香帛案、祝案、尊案，后殿同殿异室，各设神龛、宝床、宝倚、桦椸，前设供案、镫檠，均如事生之仪。"[1]

太庙和奉先殿的祭祀基本沿袭明制，但寿皇殿的祭祀却极具清代特色（图五），供奉的是列祖列后的神御[2]。寿皇殿供奉神御肇始于雍正元年，从最初供奉圣祖神御，到供奉世宗神御，再到供奉列祖列后神御，其制度确立、完善于乾隆十五年。寿皇殿中皇帝行礼的主要对象不再是神牌，而是神御。皇帝神御每日悬挂，皇后神御岁除合祭时悬挂。殿内分九龛，正中恭悬圣祖仁皇帝御容，左右列次以昭穆。这些画像每日悬供，遇诞辰、忌辰及令节朔望，皇帝诣圣容前上香三次，行三跪九拜礼。十五年，

图四　太庙内景（采自《故宫周刊》）

图五　寿皇殿内景（故宫博物院图书馆藏旧照片）

1　乾隆朝《钦定大清会典》卷八十八，《内务府》。礼仪、祭器"一如太庙之制，惟不设牲俎，不行饮福受胙礼，王公百官不陪祀"。乾隆朝《钦定大清会典》卷八十八。

2　神御又称圣容、御容，即帝后的画像，用于正式祭祀场所的则为帝后朝服像。

将太祖、太宗、世祖圣容从体仁阁移往寿皇殿，“岁除则奉列圣列后以合祭，越日敛而藏焉”[1]，即在“龛前设通连窗槅一层，每岁除日于窗槅外设插屏七座，南向，恭请列圣列后圣容恭悬，于正月初二日恭收尊藏”[2]。合祭时以太祖努尔哈齐居中，左右以昭穆，皇后神御同时悬挂。皇帝亲诣行礼，王公随行礼。

2. 尊藏帝后画像

从清代神御供奉制度上考察，寿皇殿与其他几处供奉神御之地亦不尽同，独具尊藏帝后画像的功用。

清代神御供奉最早在景山寿皇殿，随之畅春园恩佑寺，圆明园安佑宫，避暑山庄永佑寺、绥成殿，盛京皇宫的凤凰楼也先后成为供奉神御之所在。畅春园恩佑寺系雍正年间供奉圣祖御容之地，其余几处均为乾隆年间增设，以便皇帝驻跸园囿时上香行礼。“皇帝驻跸圆明园，恭遇列圣诞辰、忌辰，及令节、朔望、上元日并圣驾谒陵启跸、回銮，皆诣安佑宫上香行礼。”[3]驾幸热河时，于永佑寺“恭请悬供，皇帝上香行礼。回銮，即敬谨收藏”[4]。而避暑山庄的绥成殿则系道光年间从永佑寺迁移。可见他处均与寿皇殿明显不同，神御不是每日悬挂，而是驾临时悬挂，更无法与寿皇殿元旦的大祭相提并论。至于盛京的凤凰楼基本上属于尊藏之所。

寿皇殿中，皇帝上香行礼时面对的祖宗神御是正装的朝服像，除此之外，清代帝后还有大量其他着装、其他场景的画像，这些画像只收藏在地近宫闱的寿皇殿，别无他处。《寿皇殿尊藏圣容黄册》正体现了这一特质，除去龛内以及元旦合祭的帝后神御外，还收藏其他画像433件（套）。其中就有乾隆四年安奉在体仁阁中的世宗祭先农坛图、亲耕图、观耕图、赐茶图、释奠图、临雍图等[5]。据目前搜集到的史料来看，大规模的入藏有两次：

(1) 乾隆十五年奉移太祖、太宗、世祖三朝御容

乾隆十五年之前，太祖、太宗、世祖三朝御容收供在宫内体仁阁中。在重建寿皇殿之后，于十五年元旦恭奉三朝御容于寿皇殿，自此每年元旦瞻拜如例。乾隆五十七年元旦，当乾隆帝回忆起往事时仍旧感慨万千：“体仁阁于乾隆癸卯年（乾隆四十八年）曾经回禄，若三朝御容非于庚午（乾隆十五年）预移则不可问矣。岂非天佑我祖宗神御之明验，而予小子之大幸乎！诚感昊贶，非言可喻。”[6]言语之中表露出由于及时奉移幸免火罹的

1 嘉庆朝《钦定大清会典》卷七十四。

2 《光绪会典图》卷九。

3 嘉庆朝《钦定大清会典》卷七十四。

4 嘉庆朝《钦定大清会典》卷七十四。

5 《体仁阁楼上安奉各皇帝圣容档》，乾隆四年钞本（陈330），故宫博物院图书馆藏。

6 《清高宗御制诗五集》卷六十九，《元旦寿皇殿瞻礼纪事有序》。

欣慰，也正是在奉移三朝御容的乾隆十五年，确立了寿皇殿元旦合祭列圣列后圣容的制度。根据同治二年《寿皇殿尊藏圣容黄册》，太祖高皇帝画像有 7 幅，太宗文皇帝 5 幅、孝庄文皇后 4 幅，世祖章皇帝 7 幅、孝惠章皇后 2 幅、孝康章皇后 4 幅，共计 29 幅。

（2）道光十八年供奉高宗御容

“道光十八年闰四月二十四日，总管内务府大臣奕纪、文庆奉旨，将宁寿宫景祺阁供奉高宗纯皇帝圣容请在寿皇殿东小柜尊藏。”[1] 此次入藏的乾隆帝画像有轴、屏、卷、册等不同形制，多达 116 件（套），其中后妃像 7 幅。此次奉移，道光皇帝钦点奕纪、文庆负责，日期与时辰经过了钦天监的择吉，选在卯时，奉移仪式采用龙亭舁请，整个奉移过程尊崇而敬慎[2]。

另外，“咸丰十一年十二月二十八日，内务府大臣绵森等由乾清宫请至寿皇殿西大柜尊藏：宣宗成皇帝圣容一轴（情殷鉴古）、宣宗成皇帝圣容一轴（策骏清尘）。同治六年正月二十四日，由惇亲王府恭请宣宗成皇帝圣容一轴（西大柜尊藏）”[3]。表明后代子孙一旦在别处发现了先帝的画像，便请至寿皇殿尊藏。

乾隆四十二年，崇庆皇太后去世，乾隆帝特颁谕旨：“列后神御俱尊藏寿皇殿内神厨，将来朕之子孙，遵照安奉，亦足以昭敬慎。将此旨令皇子等一并录写存记，用志毋忘。”[4] 再次强调了寿皇殿收藏帝后画像的功用。

妃嫔的画像同样入藏，如圣祖仁皇帝的慧妃、成妃、和妃、端嫔、安嫔等画像于黄册中一一在列。值得一提的是，寿皇殿旧藏有一幅《弘历妃及颙琰孩提像》（咸一 160，庆恭皇贵妃容及嘉庆御容），这是一幅大贴落画（图六），纵 323 厘米，横 184 厘米，绘庆妃与颙琰儿时形象，在颙琰的身旁，贴有黄条“今上御容嘉庆二十年十二月初一日敬识”，画幅背面标明“思永斋

图六　《弘历妃及颙琰孩提像》（绢本设色，纵 323 厘米，横 184 厘米，故宫博物院藏）

1　前揭《寿皇殿尊藏圣容黄册》，同治二年钞本（陈 394）。

2　总管内务府：《奏为高宗纯皇帝像移至寿皇殿派员照料事折》，道光十八年闰四月十九日，奏销档 600-006，中国第一历史档案馆藏。

3　前揭《寿皇殿尊藏圣容黄册》，同治二年钞本（陈 394）。

4　《清高宗实录》卷一〇二七，乾隆四十二年二月丙辰。

换下”。皇帝儿时的形象也可称为御容。

因而，如果不是后妃的画像是不可能入藏寿皇殿的，这是寿皇殿的功用所决定的。

三　从等级制度上考察

1．皇后、福晋与美人在名分上不可混淆

宫廷中对皇后、皇贵妃、贵妃、妃、嫔等各等级的冠服、仪驾、铺宫、年例、日用、恩赐、嘉礼例用、筵宴例用，以至宫内女子额数都有着极其严格的规定，因而在位号上决不能称错，没有半点儿含糊的余地。即使在造办处一笔一笔的流水账目中也从未混淆。

“美人”作为一种对女性美好形象的泛称，在清代史料中往往以“美人图”的形式出现在活计档与陈设档中，次数之多，不可枚数。在雍正朝各作成做活计清档中有关美人的记载共有 13 处，如：

雍正元年九月三十日，怡亲王谕：着班达里沙画美人画一张。[1]

二年正月初八日，总管太监张起麟交美人绢画二张，传旨：“裱轴子。钦此。”[2]

三年十一月初二日，郎中保德来说，九洲清晏仙楼上楼梯北边贴的美人画一幅，奉旨：“画的款式甚好。尔仍着唐英画美人。其衣纹照先画的衣纹一样。钦此。”[3]

四年正月二十六日，太监杜寿交来美人画一张，传旨：“美人头大了，另改画。其下颏、肩膀俱要衬合着头画。钦此。”于三月初十日，改画得美人画一张。[4]

五年六月二十日，郎中海望传：万字房西一路起窗板前靠北床半出腿玻璃镜插屏后壁上画美人画一张。于七月初一日，画得美人画一张，交裱匠李毅持去贴讫。[5]

六年十月十九日，郎中海望奉旨：“养心殿东二间屋内西板墙对宝座处新安的玻璃镜插屏甚蠢，尔看闲空拆出。将西二间屋内陈设的楠木架玻璃镜亦取出，将玻璃镜拆下，另配硬木边，安在东二间屋内；不必做牙子，背后安档门画片书格。北边做一折迭书格。其拆下玻璃镜木架亦甚文雅，不必改做，或着郎石（世）宁画一美人，或着画画人画何样画贴上，有陈设处陈设。钦此。”[6]

1　中国第一历史档案馆、香港中文大学文物馆合编：《清宫内务府造办处档案总汇》第 1 册，第 187 页，人民出版社，2005 年。

2　前揭《清宫内务府造办处档案总汇》第 1 册，第 382 页。

3　前揭《清宫内务府造办处档案总汇》第 1 册，第 475 ～ 476 页。

4　前揭《清宫内务府造办处档案总汇》第 2 册，第 262 页。

5　前揭《清宫内务府造办处档案总汇》第 2 册，第 720 页。

6　前揭《清宫内务府造办处档案总汇》第 3 册，第 196 ～ 197 页。

八年十月二十七日，内务府总管海望持出玻璃面西洋美人金边吊屏一件，奉旨："换紫檀木边。钦此。"[1]

九年二月二十八日，内务府总管海望传：做深柳读书堂平台内斗尊围屏一架，共十二扇。记此。此围屏系工程处成造，京内造办处裱糊，于本月三十日糊完，司库常保持进，陈设在深柳读书堂讫。其原拆下美人画十二扇，交领催马学迩讫。于十年八月二十四日，司库常保将美人画十二张持进，交太监刘沧洲讫。[2]

十年八月二十二日，据圆明园来帖内称，本日，司库常保、首领萨木哈持出美人绢画十二张，说太监沧洲传旨："着垫纸衬平，各配卷杆。钦此。"本日，做得长三尺三寸杉木卷杆十二根，并原交美人绢画十二张，用连四纸垫平，司库常保、首领萨木哈持去，交太监沧洲收讫。[3]

十年八月二十二日，据圆明园来帖内称，本日，司库常保、首领萨木哈来说，太监仓州传旨："着查郎中保德管理造办处之时，有上交下的围屏美人画托裱的有几幅？未托的有几幅？钦此。"[4]

雍正十一年、十二年、十三年的《养心殿造办处收贮物件清册》中有：……米汉雯赋屏壹架、老人星赋插屏壹架、美人插屏一座、美人围屏壹副……[5]

有关皇后与福晋的记载也同时出现在雍正朝各作成做活计清档中：

六年九月初十日据圆明园来帖内称，本月初八日太监刘希文传旨："顶花做的虽好，但略粗糙些，再往细致里做三四份备用，明年皇后千秋时侍候一份。钦此。"本日郎中海望、员外郎沈嵛着顶花先做一份备用。记此。于七年五月十二日做得顶花一份，交太监沈国用持去，交太监刘希文讫。[6]

六年八月十九日，据圆明园来帖内称，八月十八日为怡亲王福金寿日所用寿意活计等件，太监刘希文、王太平等奏闻，奉旨："准照年例预备。钦此。"

深柳读书堂上的围屏画明确定名为"美人绢画十二张"，就不可能与皇后、福晋发生关联。如果说此条档案记载与这十二张绘画有所关联或具相同特点的话，只局限在数目、尺寸与卷杆形式上，但这三点都不属决定性因素，只不过恰巧在数目与尺寸

---

1 前揭《清宫内务府造办处档案总汇》第 4 册，第 467 ～ 468 页。

2 前揭《清宫内务府造办处档案总汇》第 5 册，第 58 页。

3 前揭《清宫内务府造办处档案总汇》第 5 册，第 374 页。

4 前揭《清宫内务府造办处档案总汇》第 5 册，第 584 页。

5 前揭《清宫内务府造办处档案总汇》第 6 册，第 245、566 ～ 597、763 ～ 797 页。

6 前揭《清宫内务府造办处档案总汇》第 3 册，第 377 ～ 378 页。

上相合罢了。十二张的围屏在雍正时期是较为常见的，仅藩邸就存有“恭临圣祖御笔围屏四架，每架十二张”“有御讳的围屏四架，每架十二张”“临各家字围屏四架，每架十二张”[1]。相同的尺寸可理解为宫殿的营造法式相同，因而围屏的尺寸也大小相仿，至于卷杆不过是保护画心的一种形式而已（参见表二）[2]。换言之，不能单独依据深柳读书堂曾拆下美人绢画十二张就与这十二张绘画画等号。

表二　雍正朝活计档中所见卷杆记载

序号	时间	承办作	制作卷杆数目	卷杆尺寸	完成情况	用途
1	元年八月初十日	木作	椴木卷杆二根	长二尺二寸、粗四分	本日做得	
2	元年九月初七日	木作	杉木卷杆二十根	长二尺五寸	九月初八日做得	
3	元年九月初七日	木作	杉木卷杆五根	长四尺五寸	九月初八日做得	
4	二年三月初五日	木作	杉木卷杆十根	长二尺八寸、见方六分	三月十八日做得	
5	四年十一月初二日	木作	杉木卷杆五十根	长二尺、径六分	十一月初十日做得	
6	五年四月十二日	木作	杉木卷杆二十根	长四尺五寸、径一寸	四月十五日做得	十思疏
7	五年五月二十六日	裱作	糊纸杉木卷杆十四根	长二尺五寸、粗八分	本月二十七日做得	
8	五年十月初十日	木作	杉木卷杆五根	长二尺五寸、径一寸	本日做得	
9	五年十一月初四日	木作	杉木卷杆二十根	长二尺一寸、径六分	十二月初六日做得	福字
10	五年十一月初四日	木作	杉木卷杆二十根	长二尺、径六分	十二月初六日做得	福字
11	五年十二月十二日	木作	杉木卷杆二十根	长二尺、径六分	本月十九日做得	福字
12	五年十二月二十五日	木作	杉木卷杆二十根	长二尺、径六分	本日做得	福字
13	六年正月初五日	木作	糊黄纸杉木卷杆二十根	长二尺、径七分	本月初六日做得	福字

1　《世宗皇帝藩邸赏出字轴扇子并雍和宫收贮册页等字数目》，中国第一历史档案馆、雍和宫管理处合编：《清代雍和宫档案史料》第16册，第179～180页，中国民族摄影艺术出版社，2004年。

2　以杉木做卷杆在雍正时期是极为常见的，在《清宫内务府造办处档案总汇》中比比皆是，时间上从雍正元年即已出现，直到雍正十一年，尺寸上从长二尺到七尺不等，数目上从一次制作一根到一百五十根。

序号	时间	承办作	制作卷杆数目	卷杆尺寸	完成情况	用途
14	六年十一月初二日	木作	糊白纸杉木卷杆一百根	长二尺、径六分	十一月二十三日做得	福字
15	六年十一月初三日	木作	杉木卷杆一百根	照样做	十一月二十七日做得	
16	八年十一月初二日	木作	杉木卷杆二十根	长二尺二寸	十二月初九日做得	福字
17	八年十一月初二日	木作	杉木卷杆一百根	长二尺	十二月初九日做得	福字
18	九年正月初八日	木作	杉木卷杆五根	长二尺五寸、径五分	本月初十日做得	
19	九年正月初八日	木作	杉木卷杆五根	长二尺八寸、径五分	本月初十日做得	
20	九年九月初八日	木作	杉木卷杆一根	长五尺六寸、径九分	本日做得	
21	九年九月三十日	木作	杉木卷杆五根	长五尺、径一寸	本日做得	
22	九年十月二十四日	木作	杉木卷杆一根	长四尺八寸五分、径一寸三分	本月二十五日做得	
23	十年二月二十七日	裱作	杉木卷杆十根			矾得白绫十匹随杉木卷杆十根
24	十年三月二十二日	木作	杉木卷杆一根	长七尺、径一寸二分	本日做得	
25	十年闰五月十五日	木作	杉木卷杆一根	长二尺九寸五分、径二寸	本月十六日做得	
26	十年八月二十二日	木作	杉木卷杆十二根	长三尺三寸	本日做得	美人绢画十二张
27	十年十一月二十九日	木作	杉木卷杆五十根	长二尺、径六分	十二月二十日做得	
28	十年十二月十三日	木作	杉木卷杆二根	长三尺五分、径一寸二分	本月十三日做得	
29	十年十二月十五日	裱作	杉木卷杆八根			矾得白绫八匹配做得杉木卷杆八根
30	十一年正月十四日	木作	杉木卷杆五十根		本月十九日做得	
31	十一年正月十八日	木作	杉木卷杆一百五十根		二月初八日做得	
32	正月十八日	裱作	杉木卷杆		本月二十二日做得	御笔挑山五张、对三副
33	十一年十二月初二日	木作	杉木卷杆一百根		二十一日做得	

雍正朝活计档中还有一则关于绘画“喜容”的记载，所谓“喜容”系指后宫主位的画像，时间是雍正十年闰五月十三日。而皇后那拉氏已于九年九月二十九日逝世，所绘只能是妃嫔像。

> 本日，内大臣海望谕：今日有奉旨交画喜容，着做木正子二个，随画绢二块，并应用颜料，着画画人金玠赴都统莽鹄立处办画。遵此。[1]
>
> 十六日交画作副领催金有玉，据圆明园来帖内称，本日，内大臣海望谕：为画喜容，先传过画绢不足用，交该管处再行画绢二块，并应用颜料，仍着金玠赴都统莽鹄立处办画。遵此。此笔应归入闰五月十三日画作原传一处。[2]

围屏美人画与画“喜容”均发生在雍正十年，且绘画“喜容”在闰五月十三日，围屏画在八月二十二日持出，时间上只相差三个月。如果深柳读书堂围屏上画的是后妃，当时一定会注明，不可能在称谓上疏忽，发生舛误。

一旦发生舛误，相关人员轻则罚俸，重则降级。不要说将名分记错，就是奏折中有关的格式书写不对，都会受到惩处。如雍正五年太常寺奏请修理坛庙，于祈谷坛下接写“蜈蚣夹墙”字样，朝日坛下接写“捌字墙”字样，奉上谕：“太常寺汉堂官只有吴隆元一人，伊于坛庙典礼奏章并不细心检点，任意草率，甚属可恶，著将吴隆元交部严察议奏。”[3]又如乾隆年间在造办处糊饰窗户的奏折中，不慎将养心殿西暖阁窗户上的“霉渍”写为“雨渍”，明察秋毫的皇帝下旨：“养心殿西暖阁有抱厦，如何得有雨渍？查明回奏。”这一字之差使员外郎连城、委署主事二达塞各罚俸六个月，协办大学士兼管理该处大臣英廉罚俸三个月[4]。可见，即使在糊饰窗户的奏折中，“霉渍”都不能错写成“雨渍”，怎么可能将皇后、福晋与美人混为一谈。

2. 雍正帝对位号尊卑非常重视

《国朝宫史》卷三记载，雍正七年五月初六日，雍正帝连续发布了三道上谕，第一道是批复臣下欲在钦安殿为皇后祝寿事。“尔等所奏在钦安殿为皇后建祝寿道场一事，既经奏闻，则必称奉旨为皇后建祝寿道场。朕思以下敬上为礼，若君上与臣下祝寿，成何体统？”“尔等愿为皇后立道场，不拘在何处俱可，如在钦安殿，则于体统有碍。”[5]

---

1 前揭《清宫内务府造办处档案总汇》第5册，第269页。

2 前揭《清宫内务府造办处档案总汇》第5册，第271页。

3 《世宗宪皇帝上谕内阁》卷六十，雍正五年八月初七日庚寅。

4 总管内务府：《奏为疏内霉渍字样错写雨渍应查议等事折》，乾隆四十三年十月初七日，奏销档350-244-1，中国第一历史档案馆藏。

5 （清）鄂尔泰、张廷玉等编纂：《国朝宫史》卷三，第28页，北京古籍出版社，1987年。

第二道询问皇后接受赐赏物品时如何谢恩，第三道谈到皇后宴席规格不可与皇帝相同，明确皇帝与皇后之间的尊卑关系。

无论大事小事，与礼制不符，决不允许，雍正帝是如此在乎等级规制。如果说这十二张绘画是美人图，是不可能堂而皇之地与雍亲王的塑像一同入藏雍和宫金漆木塔中的。

四 绥成殿的功用

同治元年的一次火患，无意间揭开了雍亲王塑像与这十二张绘画的神秘面纱，使世人得以窥见雍亲王的秘密。这几件物品是何时放入雍和宫绥成殿塔中，其由来与雍邸从亲王府升为雍和宫，其后又改建庙宇息息相关，其过程也反映出乾隆年间对帝后御容供奉制度的不断完善。

从奕䜣的奏折中知晓画像于绥成殿楼上中塔底座内发现。画像纵 184 厘米，横 98 厘米，这么宽的尺幅，什么样的塔才能放得下？真的是塔基内入藏的吗？不由得令人生疑。据嘉庆五年雍和宫陈设档的记载，绥成殿楼下“中供减胎白伞盖佛壹尊、左供托沙绿救度佛母壹尊，右供托沙白救度佛母壹尊，随哈哒叁件。印子佛龛陆座，内供印子长寿佛叁百捌尊，印子白救度佛母伍百肆尊……楼上供金漆木塔伍座”[1]。幸运的是，绥成殿今天仍然屹立在雍和宫中轴线的最北端，陈设也仍旧如此。楼上供奉的五座金漆木塔之中，中塔体量最大，高约 6 米，底座宽 2.9 米[2]，安供画像可谓绰绰有余（图七、图八）。因而，厘清绥成殿建于何时，塔又建于何时，画像何时入藏，是解决这十二张画像到底是后妃还是美人的身份问题的关键所在。

1．绥成殿建于雍亲王时期

成书于乾隆三十四年的《国朝宫史》卷十六载：“绥成殿，乾隆元年敬安世宗宪皇帝神御，皇上岁时展礼。洎重建寿皇殿落成，遂移奉焉。”或许早在乾隆初年绥成殿已然建成，金漆木塔即已造成，抑或是雍正年间绥成殿已经如此布局？但追溯绥成殿的历史，却不似《国朝宫史》记载的这般简单。

康熙三十七年，时年 21 岁的皇四子胤禛被册封为多罗贝勒[3]，四十八年，册封为和硕雍亲王[4]。根据《大清会典》中有关王府的定制：

1 《绥成殿等处佛像供器清册》，嘉庆五年十月钞本（陈 628），故宫博物院图书馆藏。

2 承蒙雍和宫管理处苏文涛先生告知现状，协助测量，并提供图片，谨此致谢！

3 《清圣祖实录》卷一八七，康熙三十七年三月丁丑。

4 《清圣祖实录》卷二三九，康熙四十八年十月戊午。

图七　位于雍和宫最北端的绥成殿外景

图八　绥成殿楼上的金漆木塔

顺治九年题准，亲王府基高十尺，外周围墙。正门广五间，启门三。正殿广七间，前墀周卫石阑，左右翼楼各广九间。后殿广五间。寝室二重，各广五间。后楼一重，上下各广七间。自后殿至楼左右，均列广庑。正门、殿寝均绿色琉璃瓦，后楼、翼楼、旁庑均本色甋瓦。正殿上安螭吻压脊，仙人以次凡七种，余屋用五种。[1]

康熙六年建裕亲王府，《乾隆京城全图》中裕亲王府与会典中的王府规制完全吻合（图九）。

1　乾隆朝《钦定大清会典则例》卷一百二十七。

胤禛即位后的雍正三年，“潜邸升为宫殿……上钦命曰雍和宫”[1]。“宫门之内曰安祥殿、文思殿、静宁宫。”[2]“甍宇垩饰，无增于昔，示弗忘也。”[3]胤禛于雍正十三年八月二十三日驾崩，九月十一日奉移梓宫于雍和宫，乾隆二年三月初二日入葬泰陵。“洎山陵礼成，于此（按：指雍和宫）敬安神御，岁时展礼。”[4]入葬泰陵之前，乾隆帝就已考虑在潜邸供奉皇考的圣容。乾隆元年八月初十日海望奉旨：“雍和宫后殿俟明年换瓮黄瓦，供奉圣像，应于何殿供奉之处，尔画样呈览。”海望与洪文澜议得，“雍和宫后殿供奉圣像甚为合宜”[5]。于是乾隆二年八月初二日，后殿换黄瓦竣工，并择吉于八月二十一日供奉圣容。闰九月奏销了修理雍和宫殿宇用过的钱粮数目，奏折在核算了原计划中的中殿、后殿工程所需银两后，出现了“以及绥成殿后檐添安槅扇二槽、踏跺六座”[6]的记录，这是目前掌握的史料中有关绥成殿的最早记载。但供奉圣像的后殿却不是指今天所见的绥成殿，因为奏折中的后殿换了黄瓦，且奏折中绥成殿是排在中殿、后殿的工程之后，属续添工程。今天雍和宫中轴线上分别为雍和宫门殿、雍和宫殿、永佑殿、法轮殿、万佛阁、绥成殿。雍和宫门殿即雍正年间的雍和宫宫门。雍和宫殿相当于雍王府时期的正殿（俗称银安殿），亦即雍正三年命名的安祥殿，在雍正十三年换瓮黄瓦，安奉梓宫[7]。永佑殿、法轮殿的位置相当于雍王府时期的后殿与寝殿，雍正三年命名的文思殿、静宁宫，在乾隆朝档案中称为中殿、后殿，于乾隆二年换瓮黄瓦，乾隆二年至七年在后殿供奉神御。需要特别指出，安奉神御的后殿应当指雍正年间的文思殿，乾隆年间称之为永佑殿，所谓后殿是相对雍和宫殿前殿而言，位于其后，与档案所记的中殿并不矛盾，是一回事，更何况在王府规制中这层殿宇就称为后殿。而绥成殿位于雍和宫的最末端，即王府规制中的“后楼一重，

1 《清世宗实录》卷三三，雍正三年六月己卯。

2 雍正朝《大清会典》卷一百九十七。

3 《清高宗御制文初集》卷十六，《雍和宫碑文》。

4 《清高宗御制文初集》卷十六，《雍和宫碑文》。

5 内务府总管海望：《为修理雍和宫后殿供奉圣像需用钱粮数目等事折》，乾隆元年十二月十七日，前揭《清代雍和宫档案史料》第2册，第112页。

6 内务府总管海望：《为销算修理雍和宫中殿后殿等处用过物料工价银两事折》，乾隆二年闰九月二十五日，前揭《清代雍和宫档案史料》第2册，第188页。

7 《和硕庄亲王为复议大行皇帝梓宫奉移雍和宫事折》（满文），雍正十三年八月二十四日，前揭《清代雍和宫档案史料》第1册，第84页。季永海先生在《雍正皇帝梓宫安奉雍和宫考释——兼谈雍和宫改建庙宇时间》一文中将庄亲王的奏折译为汉文：“臣等会议后，即遣内大臣海望，敬谨看视雍和宫内外周围地方，若暂时停放大行皇帝梓宫，须地方吉祥。今立即将大殿、大门全部换为黄瓦，拆除大门南侧一带房屋……”可为明证，参见《满语研究》2012年第1期。另外，雍正帝于雍正十三年八月二十三日驾崩，到九月十一日奉移梓宫于雍和宫，只有短短的19天，是不可能将雍和宫尽换黄瓦，昭梿《啸亭杂录》续录卷四载：“宪皇帝大丧时，纯皇帝易雍和宫以黄甍，时日匆迫，所余宋槅瓦砾，塞满街衢，不及摒挡，公（海望）令街坊小民分析，未崇朝而尽徙。”

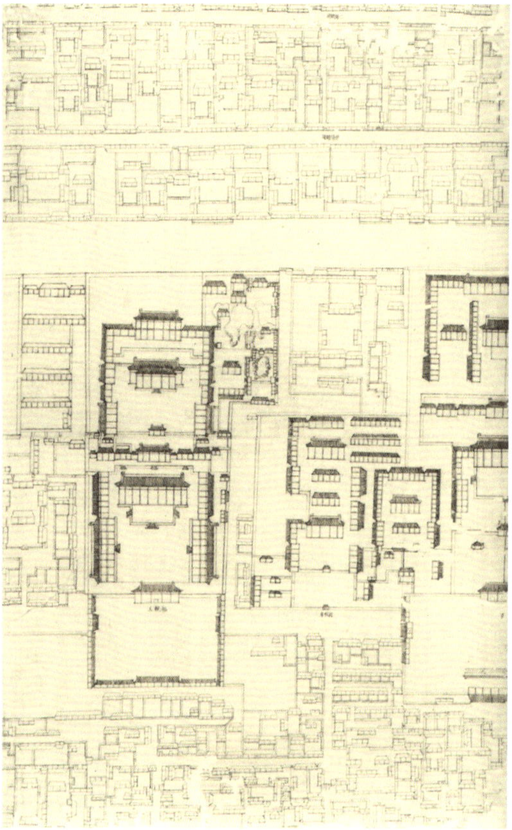

图九　《乾隆京城全图》中的裕亲王府

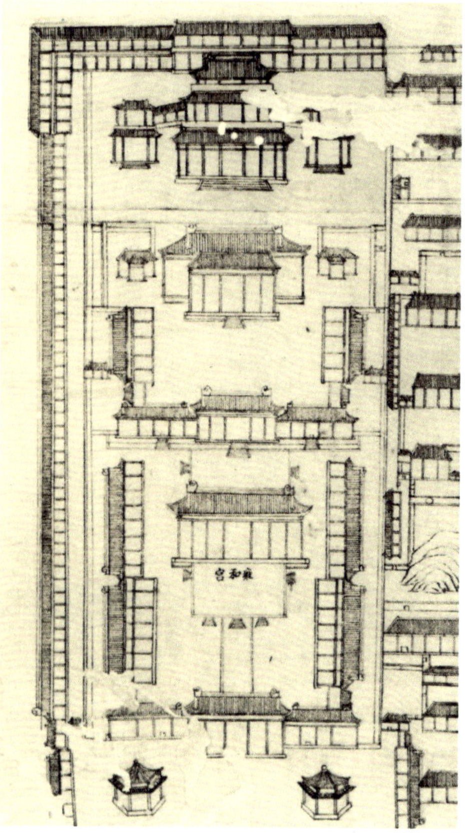

图一〇　《乾隆京城全图》中的雍和宫中路（中轴线上从南至北依次为雍和宫门、雍和宫、永佑殿、法轮殿、万佛阁、绥成殿）

上下各广七间”，至今仍是本色□瓦，屋脊上安螭吻，仙人五种。换言之，绥成殿就是雍亲王府的后楼[1]，当时是否即以此命名不得而知，在乾隆十三年建造万福阁的时候为扩充空间，将绥成楼进行了整体向北的拆挪[2]，与乾隆二年供奉圣容的后殿不是同一个殿宇（图一〇）。

2．金漆木塔的建造与装脏

令人遗憾的是，到目前为止没有在档案史料中发现关于建造金漆木塔与装脏的直接、明确的记载。但是，仍可以在点滴记述中辨别出蛛丝马迹。

1　乾隆元年正月有在雍和宫后楼收存物件清单。显然，后楼在雍正时期已经存在。详见《雍和宫后楼收存物件数目》，乾隆元年正月二十一日，前揭《清代雍和宫档案史料》第 1 册，第 366 页。

2　三和：《奏为建造雍和宫殿宇约估银两数目事》，乾隆十三年六月二十日，其中记载需“拆挪绥成楼一座”，前揭《清代雍和宫档案史料》第 5 册，第 53 ~ 56 页。

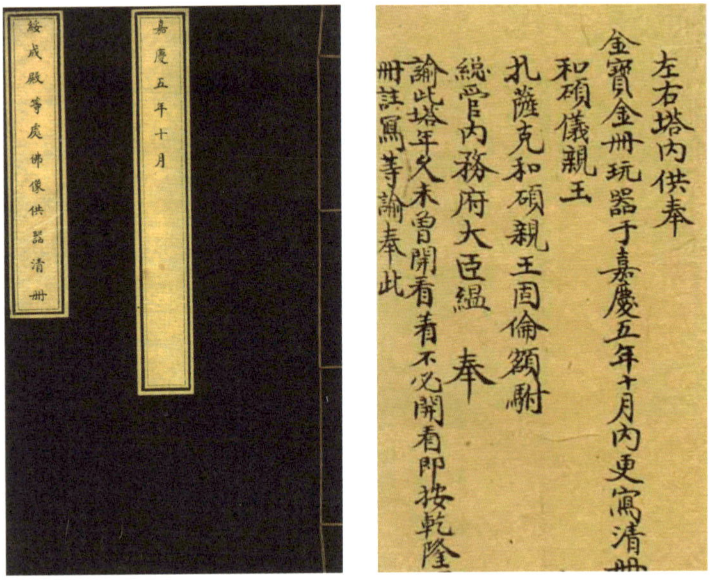

图一一　嘉庆五年十月钞本《绥成殿等处佛像供器清册》（故宫博物院图书馆藏）

奕訢在奏折中陈述，“查《大般若经》系载入印册，其塔座内尊藏楠木匣等件，均印册内所未载”。所谓印册可泛称陈设、库贮、制作物品等账目清册，因为往往在登记账目的两页之间加盖满汉文的“广储司印”骑缝章，故称为印册，此处应特指陈设档，因而即从绥成殿陈设档入手查找。故宫现存绥成殿陈设档有两本，分别为嘉庆五年和道光二十四年，均未登记楠木匣事。在嘉庆五年十月钞本的《绥成殿等处佛像供器清册》（图一一）中这样记载金漆木塔：

> 楼上供金漆木塔伍座　欢门内各供减胎五方佛壹尊
> 中塔内供大般若经壹部
> 左塔内供金宝壹分金册壹分纸册壹分
> 右塔内供玩器拾柒件[1]

下贴黄条，上书：

> 左右塔内供奉金宝、金册、玩器，于嘉庆五年十月内更写清册时，回明和硕仪亲王、扎萨克和硕亲王、固伦额驸总管内务府大臣缊，奉谕：此塔年久未曾开看，着不必开看，即按乾隆四十七年印册注写等谕。奉此。

1　前揭《绥成殿等处佛像供器清册》，嘉庆五年十月钞本（陈628）。

这段档案给人两点提示：第一，嘉庆五年清册是核对物账时所建，塔内之物未经核对，而是照抄乾隆四十七年的清册，表明金漆木塔至迟在乾隆四十七年已经造成，这也是画像入藏的时间下限，上限又在何时呢？第二，左塔内还供有金宝、金册、纸册，这又是什么样的金宝、金册、纸册呢？与画像之间有无关联？

金塔到底建于何时？笔者以奕䜣的奏折为线索，经过细致的考索《清代雍和宫档案史料》，发现乾隆三十年五月十七日发生的地震，使雍和宫的部分供器伤损，在呈报造办处需要粘修见新的物品清单中，有“绥成楼上中塔玻璃门脱离”[1]的记录。这句不起眼的话语是有关绥成殿金塔的最早记载，同时也将建塔以及画像入藏的时间由乾隆四十七年提前到乾隆三十年。

左塔供奉的金宝、金册、纸册，对揭开画像的等级与身份至关重要。依据典制，皇帝没有金册，只有玉质的谥册、谥宝。“皇帝之宝”是传位的重要印信，绝不可能供在塔内。因而左塔内供奉的只能是康熙四十八年册封胤禛为和硕雍亲王时的金宝、金册以及康熙三十七年册封胤禛为多罗贝勒时的纸册。“凡授封亲王、世子，及亲王妃、世子妃、公主，金册。郡王、郡王妃，镀金银册。”“凡授封贝勒、贝子，及贝勒贝子夫人、郡主、县主、郡君，纸册。赭金黄套面，银签。”[2]

清代对金宝、金册的管理相当严格。通常情况下，亲王的金宝、金册在亲王去世以及爵位变更时不仅要缴回，而且需核查是否与册封时制作的册宝分两相符，在完成检验手续后，不是保留，而是熔化。如乾隆三十九年十月十一日，礼部送到諴亲王金宝一颗，金册一份，与该部奏准成色、分两相符。“例应熔化贮库，以备应用”[3]。乾隆四十一年，交来恒恪亲王九成色金宝一颗，重二百六十八两二钱。金册一份计十二页，经检验，内十页系五成色，重一百五十三两三钱四分；二页系三成色，重二十九两三钱六分。三成色的二页经工部查明较原办分两短少九钱五分七厘。虽原办人员已然故去，但短少之数仍“由原奏办之笔帖式傅魁家属名下照数追缴补赔”[4]。乾隆四十九年五月初三日，礼部送到諴亲王五成色金宝一颗，工部送到諴亲王金册并諴亲王福晋金册一份，

1　交造办处清汉字文：《为雍和宫东书院等处供器地震伤损奉旨粘修见新事》，乾隆三十年六月初一日，前揭《清代雍和宫档案史料》第8册，第205～206页。

2　康熙朝《大清会典》卷一百六十。

3　总管内务府：《奏为諴亲王金宝册镕化归类事折》，乾隆三十九年十月十一日，奏销档329-025-1，中国第一历史档案馆藏。諴亲王为康熙皇帝第二十四子允祕，薨于乾隆三十八年十月。

4　总管内务府：《奏为交送金册金宝磨验镕化归类事折》，乾隆四十一年七月十二日，奏销档341-100，中国第一历史档案馆藏。恒恪亲王为康熙第五子允祺次子弘晊，恒亲王允祺于雍正十年闰五月薨，谥曰温。同年九月弘晊袭恒亲王，乾隆四十年六月薨，谥曰恪。

分两相符，“例应熔化贮库，以备应用”[1]。前两例均为亲王死后收回，后一例则属降爵缴回。从中也可看出不同朝年制作的金宝、金册，其分量与成色有所区别，并未统一。

清世宗是清朝第一位由亲王即帝位者，其金宝、金册岂能按照惯例熔化销毁，应当如何供奉，乾隆帝早就有所考虑。乾隆二年雍和宫后殿换瓷黄瓦供奉圣容，册宝也同时在此供奉，直至乾隆七年圆明园安佑宫即将告竣之时，圣容请至宫内供奉，而“册宝仍在后殿安供”[2]。意味着雍亲王的遗物不必送进大内，在潜邸雍和宫安奉更为适宜，同时也说明金塔还没建造，更谈不上装脏。故而金塔建造的上限为乾隆七年之后，下限为乾隆三十年。

乾隆九年，将雍和宫改建为喇嘛庙。乾隆帝《御制雍和宫碑文》指明雍和宫为：

> 龙池肇迹之区，既非我子孙析圭列邸者所当亵处。若旷而置之，日久萧寞，更不足以宏衍庆泽，垂焘于无疆。曩我皇考孝敬昭事我皇祖，凡临御宴处之适且久者多尊为佛地。曰福佑寺，则冲龄育德之所也。曰恩佑寺，则鼎成陟方之次也。永怀成宪，厥有旧章。而稽之往古，修真本唐高龙跃之宫，慈庆乃渭水庆善之宅，宋则祥符锡庆祠，号景灵，咸因在潜之居，实曰神明之隩，后先一揆，今古同符。

这段碑文将改庙缘由阐述得何等明了，既尊成宪，又合古制。而改庙之举也符合雍正帝的意愿，雍正十三年四月十六日，海望奏报了王府改建庙宇需用钱两事，并将王府改庙图样一并恭呈御览，请示“动用何项钱粮”，奉旨：“动用雍和宫银两，其碑亭著用黄琉璃瓦盖造，馀依议。钦此。”[3]建造费用为雍和宫银两，而不许动用国库银两。雍正帝本欲亲撰碑文，但于八月二十三日驾崩，改庙、撰文自然未曾实现。但乾隆帝理解他的父皇，欲将雍亲王的遗物供奉在雍和宫，这是最合理、最适宜，也是最圆满的归宿。自此，从雍亲王肇始，凡由亲王即帝位者，亲王的金册、金宝均供奉在潜邸，成为定制。如乾隆帝宝亲王的册宝供在重华宫、嘉庆皇帝嘉亲王的册宝供在毓庆宫。

> 嘉庆元年二月十七日，礼部奏：恭照乾隆五十四年皇帝肇封嘉亲王，所有金册、金宝并皇后肇封福晋金册，前经制造存贮，相应奏明恭缴。奉敕旨：“知道了。”

---

1 总管内务府：《奏为礼部等送到诚亲王等之金宝册镕化归类事折》，乾隆四十九年五月初三日，奏销档 384-185，中国第一历史档案馆藏。诚亲王指允祕长子弘畅，乾隆四十二年因经理泰东陵工程妥速，加恩晋封诚亲王，四十八年十月因泰东陵工程，“今甫数年，即需补修，皆系从前未能敬谨修理所致。弘畅著削去亲王，降为郡王。”详见《清高宗实录》卷一一九一，乾隆四十八年十月丙戌。

2 和硕和亲王弘昼：《奏为雍和宫圣容遵旨择吉奉请宫内供奉事折》，乾隆七年二月二十五日，前揭《清代雍和宫档案史料》第 3 册，第 93 ～ 96 页。

3 （清）内务府大臣海望：《奏为王府改建庙宇需用钱粮数目事片》，雍正十三年四月十六日，前揭《清代雍和宫档案史料》第 1 册，第 73 页。

寻军机大臣等奉谕旨：著交礼部堂官，将此项册宝敬谨收贮，于朕本月十三日进宫斋戒，次日清晨用彩亭安放，赍送前星门，交总管太监接收，以便照重华宫例式，在毓庆宫供奉。[1]

绥成殿位于雍和宫中路的最末端，绥成的藏文意译为功德圆满，是贮藏雍亲王遗物的最佳地点。乾隆七年将世宗神御请奉宫内，从此，雍和宫“不敢奉神御”[2]。这主要基于乾隆帝对神御供奉制度的不断完善，是供奉制度逐步走向成熟的重要一步。“雍和宫虽系皇考潜邸，未敢频奉神御，虑蹈宋代偏及郡国，祀繁致亵之讥也。”[3]“大内之寿皇殿、御园之安佑宫、热河之永佑寺皆供奉皇祖、皇考神御，以时瞻礼，兹于潜邸不敢复奉神御，恐不符三处之体，且虑贻黩祀之讥也。”[4]乾隆五十七年新正，乾隆帝诣雍和宫瞻礼时，坦然道出了其中的缘由，此时距世宗圣容从雍和宫移出已整整过去了50年。作为皇帝的神御已供奉在寿皇殿、安佑宫、永佑寺，但如何安供雍亲王的塑像、画像及金册、金宝等遗物，随着改庙工程的进行也得到妥善的解决，即秘密安供在绥成殿楼上的金漆木塔中。乾隆帝在雍和宫碑文之颂辞中阐述了雍和宫仍旧具有“神御攸奠”的功能：“鼎成于湖，神御攸奠。陟降在天，圣灵式眷。忾乎斯闻，僾乎斯见。超宋景灵，迈唐庆善。”[5]

绥成殿楼上的金漆木塔没有出现在造办处活计档册中，应系乾隆九年雍和宫改庙时在雍和宫随工建造，而装脏时间却在档案记录中露出了端倪。乾隆九年十二月初十日，和亲王弘昼催促赶快供奉《大般若经》事，“本月十五日雍和宫供奉《大般若经》十四函”[6]，需请彩亭及执龙旗御仗校尉。据前引奕䜣的奏折，同治元年十一月“由塔内起出烧毁经箱六只，内藏大般若经一部”，“臣等前往查看中塔被焚情形，复将塔座盖板掀开，内藏经箱八只”[7]。奕䜣所述亦为十四，且经函系长方形，也可称为经箱。这难道仅仅是偶然的数字巧合吗？通览24册本的《清代雍和宫档案史料》，由和亲王催办的《大般若经》只此一条记录，除此之外再无由和亲王过问的其他佛经事务。而发生时间上又与下面两条档案环环相扣，第一条是造办处活计档中的记载：乾隆九年十二月十二日，“七品首领萨木哈将坤宁宫、毓清宫、雍和宫、弘光寺，据钦

1 （清）庆桂等：《国朝宫史续编》卷九，第84页，北京古籍出版社，1994年。

2 《清高宗御制诗》五集卷七十，《新正雍和宫瞻礼》。

3 《清高宗御制诗》五集卷三十五，《新正雍和宫瞻礼》诗注。此诗作于乾隆五十三年。

4 《清高宗御制诗》五集卷七十，《新正雍和宫瞻礼》诗注。此诗作于乾隆五十七年。

5 《清高宗御制文初集》卷十六，《雍和宫碑文》。

6 员外郎永太传和硕和亲王弘昼等谕：《为赶办供奉般若经十四函所需物件事》（满文），乾隆九年十二月初十日，前揭《清代雍和宫档案史料》第3册，第308页。这则满文档案承蒙中国第一历史档案馆李保文先生译为汉文，谨此致谢。

7 前揭《奏为雍和宫绥成楼上不戒于火，请将该处喇嘛交理藩院严审事》。

天监博士张普谨择得十二月十七日庚申宜用辰时安佛，缮写折片一件持进，交太监胡世杰转奏。奉旨：准供。钦此”[1]。第二条是《清高宗实录》中的记载，乾隆九年十二月十八日，“上奉皇太后诣雍和宫行礼”[2]。故而和亲王弘昼催办的《大般若经》十四函与奕䜣发现的十四箱无疑是一回事，于十二月十五日运至雍和宫，十七日辰时装脏，十八日乾隆帝即“奉皇太后诣雍和宫行礼”[3]。

崇庆皇太后母仪天下，乾隆帝在她面前也要自称“子臣”，需皇太后亲诣行礼的对象只有祖先与世宗皇帝、孝敬皇后。检索《清高宗实录》，仅发现三条皇太后亲诣行礼的记载。分别是乾隆九年十二月辛酉“上奉皇太后诣雍和宫行礼”[4]；乾隆十四年十月己卯“上奉皇太后诣雍和宫行礼”[5]；乾隆十五年十二月丁亥“上诣皇太后宫问安，奉皇太后诣寿皇殿行礼”[6]。诣雍和宫行礼均与绥成殿内的供奉密切相关，第一次为金塔建造与装脏之初，第二次从时间上看，系拆挪绥成殿工竣之后。显然，中塔供奉雍亲王塑像、画像与本文讨论的十二张画像，左塔供奉雍亲王的金宝、金册，雍亲王福晋的金册，以及多罗贝勒的纸册相关。从供奉制度与供奉关系考察，这十二张画像只能是雍亲王福晋的画像，与美人毫无瓜葛。而且，经办人是雍正帝的亲子、乾隆帝的弟弟弘昼，加之崇庆皇太后不仅健且亲诣行礼，根本不可能错将美人像及雍亲王塑像与画像放在一起供奉。退一步说，假如是雍正帝钟爱的美人画，也只能放在右塔的玩器之中。

金漆木塔之中塔的供奉在乾隆九年就是鲜为人知的秘密，在陈设档中隐讳不载，因而一百多年后的同治元年奕䜣发现之时，不知如何称谓，在其奏折中称为“前朝宫装画像十二张”，可见其上没有题名签条。同治二年送至寿皇殿时改称“御容十二张”，或许经过辨认，或许查到了乾隆年间的秘密档案，其中的缘由有待新材料的发现才能定论。简而言之，雍正帝的后世子孙将之奉为清世宗的后妃画像，请进了寿皇殿尊藏。

乾隆九年的装脏，在雍和宫陈设档中也有所体现。前引嘉庆五年十月钞本的《绥成殿等处佛像供器清册》，有“此塔年久未曾开看，著不必开看，即按乾隆四十七年印册注写”之语。追踪乾隆四十七年的印册，又可上溯到乾隆三十五年，甚至于早到立庙之初。四十七年，办理雍和宫事务处“查得雍和宫登记各殿佛像供器一切什物，旧有陈设印册一本，历年既久，甚属糟旧。复经乾隆三十五年、三十九年，因册档不敷添注，续入纸张，以致册本过厚，篇页参差不齐。且现今应入陈设，纸张又不敷用，

1 《清宫内务府造办处档案总汇》第 12 册，第 319 页。

2 前揭《清高宗实录》卷二三一，乾隆九年十二月辛酉。

3 前揭《清高宗实录》卷二三一。

4 前揭《清高宗实录》卷二三一。

5 前揭《清高宗实录》卷三五〇，乾隆十四年十月己卯。

6 前揭《清高宗实录》卷三七九，乾隆十五年十二月丁亥。

职等详酌另造新册一分，按殿座分晰，共为五本。照例借用广储司印信钤盖，敬谨存贮外，其旧册一本仍留本处，以备稽察，相应呈明，伏候批示，以便行文广储司查照办理等因……”[1] 可见雍和宫陈设档原为旧册一本，至迟在乾隆三十五年已经存在，没有分殿登记，是一本总账。至四十七年，始按殿座登记，分为五册。至于“旧有陈设印册一本，历年既久，甚属糟旧”，肯定早于三十五年，经查找发现，当指乾隆十年所立的陈设册。乾隆十年正月初七日，三和下令“雍和宫所供佛像陈设等造册备案并按季报告”[2]，这便是最初的陈设档案，随着历年供器、陈设的陆续增多以及撤换，而不断续入纸张补记，其他朝年的档册都是在此册基础上的补充。由此亦可以肯定，原始陈设档就没有将中塔内之供奉物品登记入账，只言明《大般若经》。而现存雍和宫陈设档册刚好为 5 本，分殿座登记，与四十七年行文相符[3]。

3．绥成殿的功用

绥成殿楼下供大白伞盖佛母、绿度母、白度母以及长寿印子佛，楼上供金漆木塔，看殿喇嘛于楼下佛案前拈香，于楼上随时打扫。每逢世宗宪皇帝十月三十日冥诞，“派喇嘛三十六名，自十月二十六日起至十一月初四日，在绥成楼念药师经九日，供饽饽桌九张，每张二两八钱，用银二十五两二钱。小白手帕三十六个，每个银七分，用银二两五钱二分，共用银二十七两七钱二分”[4]。从这个层面来看，绥成殿又可视为雍和宫内专门为世宗皇帝超度亡灵、祈祝极乐永生的殿宇。

皇太后与皇帝到雍和宫拈香、行礼应当说是在绥成殿，这是绥成殿内的供奉所决定的。并且，“绥成”二字所蕴含的功德圆满之义，以及绥成殿所具有的这种供奉、祭祀功能在清后期得到了延续。热河避暑山庄内的供奉御容之处原在永佑寺的御容楼，建于乾隆十六年。至道光十一年，因永佑寺后舍利塔的塔顶稍向东南歪闪，恐危及距二丈余的御容楼，且原址只五楹，不足供奉，遂将供奉神御之处迁至松鹤斋之后的继德堂，并将继德堂命名为绥成殿[5]。

---

1 办理雍和宫事务处：《为新造陈设册照例借用贵司印信钤盖敬谨存贮等情事致广储司咨》，乾隆四十七年八月十一日，前揭《清代雍和宫档案史料》第 20 册，第 292 ～ 293 页。

2 《总管内务府传大臣三和谕，为雍和宫所供佛像陈设等造册备案并按季报告，致各该处札付》，前揭《清代雍和宫档案史料》第 3 册，第 370 页。

3 雍和宫现存陈设档册分别为：《雍和宫永佑殿等处佛像供器清册》、《法轮殿等处佛像供器清册》、《万福阁等处佛像供器清册》、《绥成殿等处佛像供器清册》、《雍和宫库贮执事法器套头衣服等项清册》，分属嘉庆五年、道光五年、道光十九年、道光二十四年、道光二十九年，故宫博物院图书馆藏。

4 《办理雍和宫事务官员为支领后佛楼香灯银两事咨呈》，前揭《清代雍和宫档案史料》第 9 册，第 295 页。

5 《清宣宗实录》卷二一六，道光十二年七月乙丑。

结论

综上所述，这十二张画像不是雍正十年造办处档案记录的圆明园深柳读书堂撤下的围屏画，更不是“美人图”。假如画的是美人，只属雍正帝的玩物，至多放在绥成殿的右塔之中，绝不会供奉在中塔，也绝不会尊藏在寿皇殿；假如圆明园深柳读书堂的围屏画，画的是胤禛的福晋，就绝不可能在造办处档案中称之为“美人”。

通过对这十二张画像的收藏地点的考辨，证明这十二张画像创作于雍亲王时期。假如定名为“雍正妃”，使人误以为“雍正皇帝妃”；假如定名为“胤禛妃”，时间跨度大，可以指胤禛的一生。因此定名为“雍亲王福晋”较为准确、合理。

对于该图的研究与理解，涉及祭祀制度、供奉制度、等级制度、建筑功用、王府规制、册宝规制，等等，特别是神御供奉制度在其中占有非常重要的地位。乾隆帝将其父不同时期、不同身份的遗物供奉在不同的地点，对我们认识清朝神御供奉制度有着深刻的意义。

至于图中所绘对象是否仅为嫡福晋那拉氏？作者又是谁？创作地点是雍邸，还是圆明园？值得进一步思考与挖掘。

附记：本文在写作期间得到辛冠洁、杨新先生的指点与建议，在此诚致谢意。

原载《紫禁城》2013年第5期

故宫藏顾绣画研究

阮卫萍

内容提要： 顾绣从明代露香园起步至今，已享盛誉达三百余年，在中国织绣史上有着承前启后的作用。故宫博物院收藏明清时期的顾绣作品有几十件，通过分类对比，大致可分为三部分。每部分作品都拥有自己鲜明的特点，结合顾绣发展的历史，我们推断这三部分作品应分别属于明代晚期、清代初期和清代中期的顾绣作品。另外，对顾绣各时期的绣章特点和“顾绣”在不同时期的含义作了一些分析。

关键词： 顾绣　绣画　韩希孟　露香园

故宫博物院收藏明清时期的顾绣作品有几十件，作品题材广泛，装裱形式多样，既有册页、卷轴，也有条屏。绣品既有纯粹的艺术绣，也有为满足市场需求创作的商品绣。这为我们了解顾绣的整个发展过程提供了条件。作者希望通过对它们的分析和研究，对顾绣有更深一步的了解。

首先，我们先来看看院藏顾绣作品的情况。综合作品各方面的因素，我们可以将现有的院藏品分为三部分：

第一部分包括《韩希孟宋元名迹图》册和《顾绣十六应真图》册。这两件作品的共同特点是：绣线纤细，绣技高超，且稿本多以名家书画为底本，装裱采用册页形式，同类作品数量少。

这两件作品堪称顾绣中的精品，所使用的绣线一根需擘成若干丝，每条丝线极为纤细，丝细针小，加之绣者高超的绣技，能使每丝相接之处融成一片。《南吴旧话录》中称顾绣“穷态极妍，而擘丝了无痕迹”[1]，因此，虽千丝万缕，却细、薄、密，形成“于细密中求工致，于纯熟中见功夫”[2]的境界。《韩希孟宋元名迹》册以绣制精细见长，

作者：宫廷部，副研究馆员。

1 （清）李延昰撰：《南吴旧话录》下卷，第192页，上海古籍出版社，1985年。

2 （清）丁佩：《绣谱》“论品第六·精工”。

其中《鹿图》（图一）及《葡萄松鼠图》中鹿和松鼠，表现绒毛生长的丝理一丝不苟，擘丝细如发，针脚缜密无痕，随它们形态的不同，将小鹿与松鼠的动态绣得活灵活现，自然传神，富于真实感，精细至极。

《韩希孟宋元名迹图》册所用针法丰富，以套针、滚针、齐针、接针、平金、冰纹针、戗针、长短针、松针、编针、锦纹针等十余种针法绣成，皆尽所能地使每开册页的绣像，在针丝之间形成平匀、细密、光亮的艺术效果。而《顾绣十六应真图》册（图二）虽然只是简单的刺绣物象的线条，却使用了接针、滚针、松针、钉针、刻鳞针等针法，视所绣物象巧施不同针法，恰到好处地表现出了每位罗汉的不同神态。

在绣和画的结合上非常巧妙，《韩希孟宋元名迹图》册每一开均以淡彩渲染，实为借色补绣，绣与画相辅相成，相得益彰。其中《洗马图》（图三）中人、马绣成后，用笔渲染，达到绘画中晕色的效果，立体感突出。《米画图》（图四）在以深浅墨线绣制远山近景的同时，大面积的墨彩晕染，给烟雨江南平添了几分意趣。《花溪渔隐图》

图一　《韩希孟宋元名迹图》册之《鹿图》

图二　《顾绣十六应真图》册之一

图三　《韩希孟宋元名迹图》册之《洗马图》

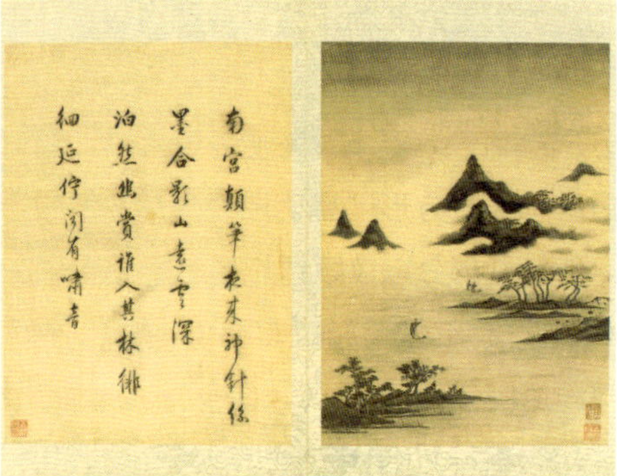

图四　《韩希孟宋元名迹图》册之《米画图》

中堤岸、湖石则完全用笔着色渲染，将绘画恰到好处地运用在刺绣中，既突出了刺绣的柔美，也使绣品更趋绘画化。《顾绣十六应真图》册则以绘画中白描画法的形式，以丝线绣出罗汉及景物的主要轮廓，并略施淡墨晕染，起到借色补绣的作用。

就稿本来看，两件作品应是选用书画名家的作品为稿本。《顾绣十六应真图》册是以明代画家丁云图（即丁云鹏）的画稿为底本的，而《韩希孟宋元名迹图》册是仿宋元名画而作，其中的《米画图》是临摹北宋山水画家米芾、米友仁父子富有抒情诗意和文人情趣的米氏山水而作，《花溪渔隐图》（图五）则是仿王蒙山水而绣，这也正是顾绣不同于其他绣种的独到之处。

《韩希孟宋元名迹图》册、《顾绣十六应真图》册是以册页形式进行装帧。前者全册共十开，前八开，每开绣一画，对页为董其昌诗赞，分别为《洗马图》、《鹿图》、《补衮图》、《鹑鸟图》、《米画图》、《葡萄松鼠图》、《扁豆蜻蜓图》、《花溪渔隐图》，后二开为顾寿潜等题跋。后者共十八开，首末开分别为观音及韦驮，中间十六开为十六罗汉。

《韩希孟宋元名迹图》册绣有朱文方形“韩氏女红”印，《顾绣十六应真图》册绣有朱文方形“皇明顾绣”印。

第二部分以《顾绣相国逍遥图》轴、《顾绣竹林七贤图》轴、《顾绣猎雁图》轴、《顾绣围猎图》轴、《顾绣一鹭芙蓉图》轴、《顾绣觅药图》轴、《顾绣永顺顾记款彩绣人物》轴、《顾绣渔樵耕读图》

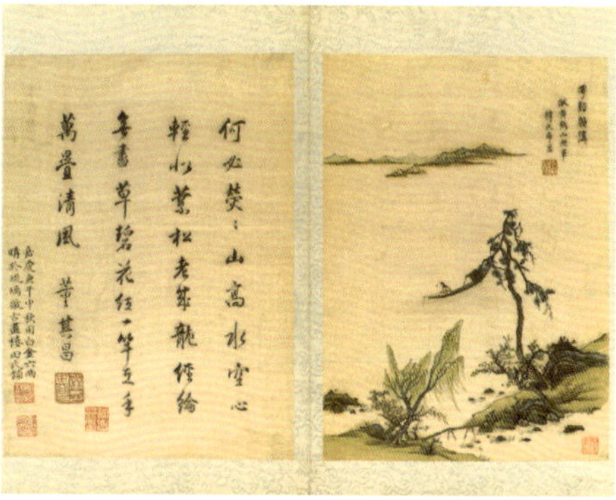

图五　《韩希孟宋元名迹图》册之《花溪云隐图》

图六　《顾绣相国逍遥图》轴

图七　《顾绣围猎图》轴

图八　《顾绣竹林七贤图》轴

轴等为代表的顾绣作品，其特点是：以诗、书、画、印的形式出现，绣画结合。以文人画为稿本，绣线粗，针法简单。装裱采用卷轴的形式。

这批作品多是在绣画的同时，配以诗句或做题，并加以绣章。《顾绣相国逍遥图》轴（图六）表现了相国公在恬静幽雅的环境中，独酌自饮的惬意生活场面。上绣"相国闲来何所乐，竹林深处独逍遥"的诗句，朱绣"露香园"及"虎头"印。《顾绣竹林七贤图》轴表现竹林七贤超脱世俗、隐居田园的景象。画面墨书"千竿修竹尘氛静，七士诗书逸兴赊"的诗句，与画面表现的内容很贴切。

这批作品在绣和画的结合方法上，与第一部分有所不同。《顾绣围猎图》轴（图七）描绘出冬季围猎生活的画面，它先绘后绣，即先用绘画的创作手法画出围猎图，在其上绣出人物、猎物作为画面的主题，而场面景象则以画稿为背景，大面积的图像不施绣工，有的只简单钩绣轮廓，整体观之，针绣似为点睛之笔。《顾绣一鹭芙蓉图》轴以鹭鸶、芙蓉花为主题，它也是在画稿上施以刺绣，同《顾绣围猎图》轴一样，在绣与画的结合上，绣画参半。

这部分作品的稿本多选用民间吉祥图案或是带有典故的文人画为题材，如《顾绣相国逍遥图》轴中垂钓老人、负薪樵夫、农夫、读书人组成了"渔、樵、耕、读"图，寓意士农安居乐业。《顾绣一鹭芙蓉图》轴绣轴以鹭鸶、芙蓉花为主题，组成寓意吉祥的"一路荣华"图。《顾绣竹林七贤图》轴（图八）表现魏晋时期的嵇康、阮籍、山涛、向秀、阮咸、王戎、刘伶，此七人"相与友善，游于竹林，号为七贤"。

另外，这部分作品的绣工不很精细，较之第一部分作品的绣线粗且涩，光泽度差。针法亦简单，因大面积的动笔着色，使每幅作品的针法种类相对减少。

这时期作品的绣章情况为：《顾绣相国逍遥图》轴绣有朱文圆形"露香园"及朱文方形"虎头"印，《顾绣竹林七贤图》轴绣有朱文圆形"露香园"及朱文方形“青碧斋”印，《顾绣猎雁图》轴绣有朱文方形“青碧斋”印，《顾绣围猎图》轴绣有朱文圆形“露香园”及朱文方形“虎头”印，《顾绣一鹭芙蓉图》轴绣有朱文圆形“针仙”及白文方形“虎头”印，《顾绣觅药图》轴绣有朱文圆形“露香园”、朱文方形“虎头”及朱文椭圆形“聚宝斋”印，《顾绣永顺顾记款彩绣人物》轴绣有朱文圆形“露香园”及朱纹方形“永顺顾记”印，《顾绣渔樵耕读图》轴绣有朱文圆形“露香园”、朱文方形“青碧斋”及朱文椭圆形“静观”印。

第三部分以《顾绣五十三参图》册和《顾绣花鸟草虫图》册为代表的作品，其特点是：针法丰富，设色淡雅，精工细作。装裱采用册页形式。多以花鸟和宗教为题材。

这两件作品针法的变化之多、种类之复杂是其主要特征，这时的作品常见针法有齐针（包括斜缠针、直缠针、横缠针）、滚针、套针（包括单套、双套）、平金、网绣、刻鳞针、接针、松针、施针、戗针（包括正戗和反戗）、钉线、打籽针、切针、铺针，等等。《顾绣五十三参图》册（图九）使用套针、钉线、斜缠针、平金、滚针、松针、打籽针、锦纹针、直缠针等针法，视所绣物象巧施不同针法，绣画了《华严经》中善财童子受文殊菩萨教化，南行历访五十三位名师（善知识）过程中拜谒观世音从受教化，最终成佛“行愿”的故事。

《顾绣花鸟草虫图》册（图一〇）共六开，每开一画一诗，色彩多用正色之外的中间色，逼真地再现自然界中花鸟草虫之一隅，虽色彩看似单调，实用十几种色丝绣成，虽无浓重设色，但花朵、鸟嘴、叶脉等处正红色的使用，令诸色增丽，成为册页设色的点睛之笔，使之搭配自然，晕色和谐，自然小景跃然帛上。

这两件作品绣工细密，《顾绣五十三参图》册以套针、钉针、缠针、滚针、盘针、打籽针等针法绣成，绣线匀细，针脚平整细腻。《露香园花鸟图》册相比韩希孟绣品亦是精细入微，绣线匀细光亮，将花鸟草虫的动态刻画得惟妙惟肖，不失一件珍贵的顾绣作品。

《露香园花鸟图》册、《顾绣五十三参图》册的装裱形式为册页，前者共六开，分别为海棠蚱蜢、杏林春燕、石竹蜻蜓、丽春蝴蝶、桃花黄鹂、梅花翠鸟。后者共二十七开，每开绣一童子及善知识。

图九　《顾绣五十三参图》册

图一〇　《顾绣花鸟草虫图》册

另外，在题材上，多以花鸟、宗教题材的作品为稿本。

这时期作品的绣章情况为：《顾绣五十三参图》册绣有朱文椭圆形“露香园”、白文方形“麋公”及朱文方形“墉”印，《露香园花鸟图》册绣有朱文圆形“露香园”及白文方形“虎头”印。

我们再来看一下顾绣发展的历史。顾绣起源于明朝的江南顾家。明朝江南一带的经济、文化发展非常繁荣，使得江南建造园林之风盛行，特别是苏州、上海地区更是流行，人们把对大自然的向往浓缩于小小的园林中，使居住于城市中的人们能够感受到大自然的气息。顾名儒、顾名世兄弟先后于上海地区建造露香园，面积有十亩，是官宦之家的私园，殷实富足的家境使得家中女子都有很好的文化与艺术修养，加之深厚的人文积淀，产生了独具特色的手工艺。因此，顾绣一诞生就有异于刺绣从属于家居、服装等生活用品的地位，而是将刺绣工艺提升到一个艺术领域的新高度——欣赏性艺术绣，也就是绣画艺术，它独成一派，被后人称为顾绣。绣画艺术早在三国时期已有文献记载，而宋人绣画已达到不可逾越的高度，顾绣则是承袭绣画艺术精髓，将绣画艺术推向极致。顾绣最早的创始人据记载为缪氏，上海博物馆收藏有一开《枯木竹石图》册页，上有“缪氏瑞云”朱文绣印，是否为缪氏所作，还有待进一步考证。顾绣真正被世人所珍藏、最能代表顾绣水准的作品，当数顾家第二代顾绣传人韩希孟的作品。

韩希孟为顾名世的孙媳，生卒不详，其夫顾寿潜能诗擅画，当是收藏有不少名人字画，又是明代大书法家董其昌的弟子，因此，使得韩希孟有机会看到前代及同时代的名人字画，眼界大开。而韩希孟本人通晓国画六法，精通绘画，扎实的绘画根基，有别于多数江南农家妇女只为绣而绣的绣娘身份，也不同于有钱人家的妇女们，以刺绣作为她们消遣、养性及精神追求的生活方式，而是将刺绣作为一种艺术去追求，因此多以宋元名人绘画为稿本，刺绣更是精益求精。顾寿潜描写韩希孟刺绣常常是“覃精运巧，寝寐经营”[1]，往往为了绣成一件作品，不惜“穷数年之心力矣”[2]，可见其作品精致之极。这也正是顾绣发展的鼎盛时期。

然而，随着为安享晚年而营造露香园的顾名世的逝亡，顾家逐渐家道中落，不得不靠卖刺绣为生，作为官家私园的露香园也随之消亡，名扬天下的顾绣也一并衰落，由此，真正意义上的顾绣在明末随露香园的消失而衰退。

清代顾绣已不能等同于明代顾绣，除个别绣例外，已不是为欣赏而绣的艺术绣，多数为商品绣，它的传承人为顾兰玉。据载，顾兰玉是清初才女，传说其绣作并不亚于韩希孟，清初的一些精细之作，很有可能是她的手迹。她早年丧夫，后以“针黹营食”并“设幔授徒”[3]，将顾家刺绣大力弘扬，广为传播，使顾绣走向商品化。而此之后，

1 故宫博物院藏：《韩希孟宋元名迹图》册顾寿潜跋。

2 前揭《韩希孟宋元名迹图》册顾寿潜跋。

3 嘉庆《松江府志》卷七十、七十一。

顾绣很难找回昔日精细、细腻的刺绣要领，虽称顾绣，实为商品化的刺绣画。绣工平庸且绣线粗，大面积的动笔着色取代本应绣线所为之事，或在色彩上只施简单的绣针，商业气息浓，与早期的顾绣不可同日而语。

顾家刺绣的由盛而衰，主要原因在于家道中落，缪氏、韩希孟、顾兰玉三人正是顾绣兴起、鼎盛及衰退的见证人。

结合以上两方面的情况，我们是否可以作一些推论：

第一，对故宫藏顾绣作品时代的认识。

首先，故宫馆藏顾绣作品中的第一类作品应是明代晚期的作品。

顾绣作品中有明确纪年的作品不多，《韩希孟宋元名迹图》册有明确的纪年。在以前有关顾绣《韩希孟宋元名迹图》册（图一一）在绣制的年代问题上，一般认为用“数年时间”完成。其实，在其夫顾寿潜为其作的跋中明确记述了韩希孟绣事的经过及时间，记载“甲戌春搜访宋元名迹，摹临八种，一一绣成，汇作方册”[1]，而顾寿潜写跋的时间为“崇祯甲戌仲冬日”。甲戌年为崇祯七年，也就是1634年，那么此册页从春季至冬季历经大约一年的时间，于崇祯七年冬天绣成。也就是说，《韩希孟宋元名迹图》册绣于明代晚期。《顾绣十六应真图》册所用的绣线也极为精细，与《韩希孟宋元名迹图》册具有相同的时代特点，虽然没有明确的纪年款，但是也应属于明代晚期的丝绣作品。

明朝时期的上海，由于经济文化的繁荣，绘画也高度发展起来。明代嘉靖以后，

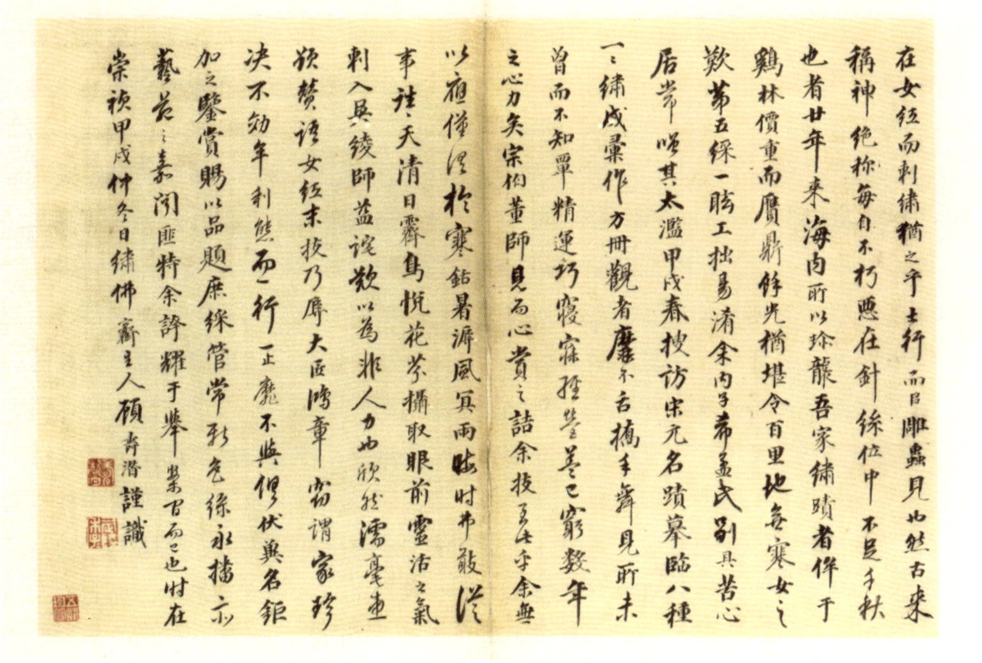

图一一　《韩希孟宋元名迹图》册

1　前揭《韩希孟宋元名迹图》册顾寿潜跋。

在上海画坛，四大山水画派盛行于世，同时，山水画家大都崇尚摹古，特别是追摹宋元名家，而当时顾家女眷擅长绘画，深晓画理，具有深厚的艺术底蕴，同时以“松江画派”为营养源泉，借鉴吸收文人画的风格，形成了以临摹宋元为宗旨、不同于绘画质感的“绣画”刺绣欣赏艺术。

《韩希孟宋元名迹图》册就是受其影响在明代形成顾绣的典范之作，《顾绣十六应真图》册则受宗教及当时环境的影响，以明代画家丁云图（即丁云鹏）的画稿为本而作。

韩希孟改变了刺绣的发展方向，绣制的欣赏性艺术绣将顾绣艺术提升到了难以逾越的高度，也让我们看到了顾绣的本来面貌，可以说，这类作品应是明代晚期的顾绣，也是顾绣鼎盛时期的佳作。

其次，故宫院藏顾绣作品中的第二类作品应是清代初期的作品。

清初是露香园破落、顾绣衰败之转折点，这时的顾兰玉为顾绣的传播起了巨大的推动作用，其间有些精细之作，很可能出自她的手笔。顾绣在清代初年仍沿袭明代晚期顾绣的创造风格，这时期的顾绣主要是指顾兰玉三十余年传授顾家绣技之后的商品绣，民间争相仿制，作品多，凡绣均称露香园顾绣。所以，无论从绣工还是用色，此时的顾绣都不能与明代顾绣相比，其风格已从早期的借色补绣变为绣画参半，甚至画的比例更多，只是主要人物、景物为绣，刺绣却成了点睛之笔。刺绣用线也较之早期绣线粗，风格未变，但精细程度已相去甚远。另外，这批作品在稿本选用上投文人所好，在装裱形式上以卷轴为主，相对于册页，其不仅有艺术欣赏的作用，平时悬挂在居室之中，也多了装饰性和实用价值。可见，这一时期的顾绣已趋向简单化，带有很强的商业气息。

所以我们将带有这些风格的作品，如《顾绣相国逍遥图》轴、《顾绣竹林七贤图》轴、《顾绣猎雁图》轴、《顾绣围猎图》轴、《顾绣一鹭芙蓉图》轴、《顾绣觅药图》轴、《顾绣渔樵耕读图》轴、《顾绣永顺故记款彩绣人物》轴的时代定为清代初期。

最后，故宫院藏顾绣作品中的第三类作品应是清代中期的作品。

清代中期社会繁荣，经济发展，特别是乾隆时期，乾隆皇帝能够结合国计民生的现实，发展生产以利于国家发展和百姓安居乐业，为此，各种手工艺层出不穷，制作精细，品种齐全。刺绣行业在江南一带纷纷设立顾绣庄，顾绣在这时几乎成了丝绣工艺的统称，而顾绣在此也有了较大的改变，与清初的商品绣完全不同，进而转化为绣工精致，色彩淡雅，针法丰富。其作品均精工细做，有些作品有顾绣风格的遗风，但较之明代顾绣少之灵气，与后来的苏绣画接近，很可能是苏州匠人所绣，而此时宫中大量的苏绣画慢慢取代了顾绣，使得顾绣在乾隆以后消失。感观这类作品，既似顾绣又似苏绣，《顾绣花鸟草虫图》册（图一二）就是这样一件绣品，虽然有“露香园”“虎头”绣章，但给人一种似顾绣又似苏绣的感觉，所以将此册页定为清代中期绣品。

《顾绣五十三参图》册也是一件绣工精细之作，册页上绣有“麋公”及“露香园”印章，每一开绣有“佛弟子赵墉拜供”及“墉”朱印。据《女红传征略》载：“德州有刺绣五十三参册，乃乾隆间德州卫之女赵墉所手绣，自七岁至十四岁，功竣坐化，绣册凡五十四页，高四五寸，有道光间东昌举人周鹍题跋，今存建设局中。”[1]也就是说，赵墉为清代乾隆年间德州人，那么，此册页的时代应该定为清代乾隆时期。

第二，对绣章的时代特点的认识。

首先，明代末期绣章的特点。

故宫馆藏明代晚期的顾绣作品在绣章用印上各有不同。《韩希孟宋元名迹图》册绣有朱文方形“韩氏女红”印，因作品有确切纪年，那么“韩氏女红”印则成为韩希孟的代名词，以此绣章为据，凡是绣有“韩氏女红”印的顾绣，均可视为韩希孟所绣，此绣品也当视为明代晚期作品。

《顾绣十六应真图》册绣有朱文方形“皇明顾绣”印，在我们见到的作品中，凡是明代宗教题材的顾绣作品均标绣“皇明顾绣”印，而不用“韩氏女红”绣章。由此可否推断，“皇明顾绣”印是明代顾绣宗教题材的专用绣章，此时既已称顾绣，从时间上当在顾绣已经成名之后。此外，是否还存在另外一种可能，即“韩氏女红”绣章为韩希孟专用，而“皇明顾绣”是其他人使用的绣章。

比较其他作品，在其他时期的作品

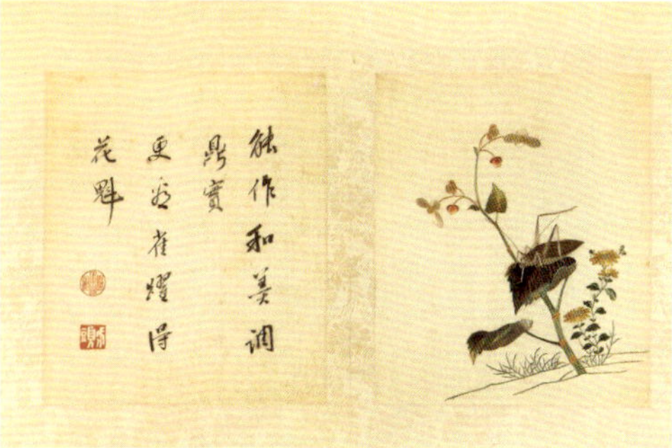

图一二　《顾绣花鸟草虫图》册之一

图一三　《顾绣觅药图》轴

1　前揭《绣谱》“刺绣第二”。

图一四　《顾绣猎雁图》轴

上没有出现过这种“韩氏女红”和“皇明顾绣”印章，它们应是明代顾绣的专用绣章。

其次，清代初期绣章的特点。

故宫院藏《顾绣相国逍遥图》轴、《顾绣围猎图》轴与《顾绣觅药图》轴（图一三）均绣有朱文圆形“露香园”及朱文方形“虎头”印，字体为篆书。这三件作品均属于清初，故其绣章也应是清代初期的。《顾绣觅药图》轴中还绣有朱文椭圆形“聚宝斋”印，很可能是画稿上的收藏印。

《顾绣竹林七贤图》轴、《顾绣渔樵耕读图》轴均绣有朱文圆形“露香园”及朱文方形“青碧斋”印，字体为篆书。两幅作品的“露香园”印的文字排列形式及字形不同。前者“露香园”印的字体为三字并排，后者“露香园”印字体为两行竖排，“露”字为一行，“香”和“园”两字上下排列，三字共两竖行；另外在字形上也稍有不同。“青碧斋”印则基本相同。《顾绣渔樵耕读图》轴中还绣有朱文椭圆形“静观”印。“露香园”及“青碧斋”印同时用在一幅作品中，以及朱文椭圆形“静观”印，在明末和清中期作品中是没有的，均可视为清初顾绣的绣章。

《顾绣永顺故记款彩绣人物》轴绣有朱文圆形“露香园”及朱纹方形“永顺顾记”印，字体为篆书。“露香园”印字体的排列形式与《顾绣渔樵耕读图》轴中三字两竖行“露香园”印的形式相同，只是字形稍有出入，这种形式的绣章，也应是清代初期较常见的形式之一。“永顺顾记”则可能是清代初期绣庄的名称。

《顾绣猎雁图》轴（图一四）绣有朱文方形“青碧斋”印，《顾绣一鹭芙蓉图》轴绣有朱文圆形“针仙”及白文方形“虎头”印，字体均为篆书，这些形式的绣章，是其他两个时期的作品所不曾有过的，均是清初顾绣绣章的特征。

总体来说，“露香园”与“青碧斋”印，是清代才出现在顾绣作品中的绣章，也是这时期特有的绣章形式，“青碧斋”印在清初顾绣作品中变化不大，只是《顾绣猎雁图》轴中的“斋”字稍有不同。而“露香园”绣章虽有字形及排列形式的变化，但风格上基本相同，属于同一个时期的绣章，均具有清代初期的特征。

最后，清代中期绣章的特点。

故宫院藏《顾绣五十三参图》册和《露香园花鸟图》册是清代中期的顾绣作品。《顾绣五十三参图》册绣有朱文椭圆形“露香园”、白文方形“麋公”及朱文方形“墉”印。“麋公”印为明代画家陈继儒的号，他学识广博，诗文、书法、绘画均所擅长，同时又是个收藏家，所藏碑石、法帖、古画、印章等甚丰，是与董其昌齐名的文学家和书画家。应该说，此画稿曾被他收藏过，并加盖“麋公”印，印章为“红底白字”是他印章中较常用的一种形式。“墉”是该件作品的作者赵墉的印，她是清代乾隆年间的人。这种椭圆形“露香园”印在其他时期的顾绣作品中没有出现过，打破了以往“露香园”印均是圆形的特征。那么，椭圆形“露香园”印，很可能是清代中期顾绣的专用绣章。

《露香园花鸟图》册绣有朱文圆形“露香园”及白文方形“虎头”印。清代中期的“露香园”印为圆形，字体却为长方形篆书，这类形制的绣章较之以前出现过的圆形字体“露香园”印有所变化。“虎头”印为红地白文篆书，其形式是首次出现。这两方绣章与清初“露香园”“虎头”印在字体的写法有很大的不同，当是清代中期特有的产物。

从上可知，清代中期的顾绣绣章，在形式及字体的排列上，求新求变，打破了一成不变的绣章格式。椭圆形“露香园”印、字体为长方形篆书的“露香园”印及红地白文篆书的“虎头”印，都是清代中期顾绣的专用绣章。

表一　故宫藏顾绣作品绣章统计表

名称	时代	绣字	绣章			
顾绣十六应真图册	明		皇明顾绣（朱文方印）			
韩希孟宋元名迹册	明崇祯七年		韩氏女红（朱文方印）			
顾绣猎雁图轴	清早期					青碧斋（朱文方印）
顾绣竹林七贤图轴	清早期				露香园（朱文圆印）	青碧斋（朱文方印）
顾绣相国逍遥图轴	清早期			虎头（朱文方印）	露香园（朱文圆印）	
顾绣围猎图轴	清早期	为文博老年台		虎头朱文方印	露香园（朱文圆印）	
顾绣一鹭芙蓉图轴	清早期		针仙（朱文圆印）	虎头（白文方印）		
顾绣觅药图轴	清早期		聚宝斋（朱文方印）	虎头（朱文方印）	露香园（朱文圆印）	
顾绣渔樵耕读图轴	清早期		静观（朱文椭圆印）		露香园（朱文圆印）	青碧斋（朱文方印）

名称	时代	绣字	绣章			
顾绣永顺故记款彩绣人物轴	清早期		永顺顾记（朱文方印）		露香园（朱文圆印）	
顾绣花鸟草虫图册	清中期			虎头（白文方印）	露香园（朱文圆印）	
顾绣五十三参图册	清中期	佛弟子赵墉供拜	墉（白文方印）、麋公（白文方印）		露香园（朱文椭圆印）	

第三，对“顾绣”含义的认识。

以上我们讨论的“顾绣”是明末清初一种纯艺术性的织绣画，而在历史文献和档案中我们还见到另外一些记载，如：《凌忠介公集》是记述明洪武至崇祯年间的事，卷一记载：“会稽宣绣方之上海顾绣，适堪姨姒友人，见贻分丝观音一幅，针锋细贴殆类白描，女工之佳者也，赞之以歌：心准手停不得语，始见吴娘今越女。天人冥接裁半方，晴摇香络风轻举。避风亦复畏日色，待倚绣床徐拂拭。大士幻身藏指尖，一丝飘断一丝黏。小声低咒灵未答，敛容内向愁织织，绿兹一意催成幅，秽不能留香并触。何如静女自收藏，结取慈情照眉绿。”[1] 这是一段用诗的言语描写顾绣的情景，准确地将绣者在运针刺绣时神态、绣像的精致、丝线的纤细以及天气对刺绣的影响都惟妙惟肖地刻画出来了，从这一点上完全可以佐证顾绣在明代主要是以刺绣画为能事。而从另外一个意义上来看，顾绣在当时顾家的影响下，带动了当时上海周边地区的刺绣业，其以顾家刺绣为典范，纷纷仿照顾家刺绣，将手工刺绣上升到了一个新的高度，所以将明代上海地区的刺绣画称为顾绣。

昭梿《啸亭杂录》中有一段“李恭勤公逸事”记载他以廉能称职之事:“……公设厉禁，凡府州县无事不复入成都郡，即以公事来者，不过数日。不得畜音乐，侈宴会，不得饰舆马、衣服，朝珠之香楠、犀碧，蟒服之刻丝、顾绣者，皆有禁。”[2] 这段话，不仅可佑证顾绣在当时是极尽奢侈的贵重礼品，同时也说明，顾绣已不是纯欣赏的艺术绣，而是向多元化发展。

《扬州画舫录》成书于清代乾隆年间，乾隆六十年十二月仪征李斗记。记载戏具之事，“……戏具谓之行头，行头分衣、盔、杂、把四箱。衣箱中有大衣箱、布衣箱之分。大衣箱文扮则富贵衣（即穷衣）、五色蟒服、五色顾绣披风、龙披风、五色顾绣青花五彩绫缎袄褶……”[3] 从这里的记载可以看出，顾绣的含义实为刺绣，已不再是艺术绣的专用代名词。

1 （明）凌义渠：《凌忠介公集》卷一。

2 （清）昭梿：《啸亭杂录》卷四，第 105 页，中华书局，1997 年。

3 （清）李斗：《扬州画舫录》卷五，第 134 页，中华书局，1997 年。

另外，宫中乾隆年间活计档也有对顾绣的记录。乾隆五十五年，乾隆赏安南国王阮光平幞头蟒衣，“御览俟发下后交苏州织造徵瑞织办送京，届期备赏谨奏，拟赏安南国王阮光平物件……缂丝蟒衣二件红地细立水，顾绣蟒衣一件红缎地细立水，透纱蟒衣一件实地红纱细立水……”[1]“乾隆五十五年七月十九日江苏巡抚长麟进贡，内奉旨，驳出顾绣、缂丝龙袍褂二分……本日交伊差人领去讫……”[2]“乾隆五十五年七二十六日山西巡抚冯光熊进，贡内奉旨驳出顾绣缂金龙袍褂二分，顾绣迎手靠垫二分……”[3]宫中活计档的记载，也证实顾绣的含义实为刺绣，当时将刺绣统称为顾绣。

综上所述，明代顾绣是指以顾家刺绣为代表的上海地区的刺绣画，清代顾绣是刺绣的代名词，其含义已扩大化，不再是单纯的上海顾家刺绣，而是当时对刺绣的统称。

原载《顾绣国际学术研讨会论文集》，上海书画出版社，2010 年

---

1 中国第一历史档案馆、香港中文大学文物馆合编：《清宫内务府造办处档案总汇》第 52 册，第 66 页，人民出版社，2005 年。

2 前揭《清宫内务府造办处档案总汇》第 52 册，第 805 页。

3 前揭《清宫内务府造办处档案总汇》第 52 册，第 805 页。

清宫藏传佛教绘画的机构与画师

——以乾隆朝为主

罗文华

内容提要：由于史料的缺乏，清代宫廷藏传佛教艺术活动鲜有论及者。笔者从清代，尤其是乾隆时期宫中内务府的档案资料中梳理出有关藏传佛教绘画活动的机构——中正殿画佛处以及参与其中的著名画佛喇嘛和优秀宫廷画师，试图将乾隆时期宫廷藏传佛教绘画活动的面貌更为清晰地展示出来。

关键词：清宫　藏传佛教绘画　中正殿　画佛处　画佛喇嘛

清宫藏传佛教绘画活动的研究是一个很有神秘感的课题，主要是由于材料的严重缺乏和清代禁宫制度的森严，使得我们在这个领域的研究想要取得任何突破都显得十分困难。笔者长期着意收集这方面的史料，但所获并不多，而且内容十分零散，需要结合其他相关的史料，发挥一定的想象力将其综合起来，才能描绘出一个相对完整的历史真实。

本文所用的资料大部分来源于中国第一历史档案馆所藏的清宫内务府档案资料，主要包括：从雍正到乾隆时期（1722 ~ 1796 年）的《造办处档案总汇》、《奏销档》和《内务府呈稿·中正殿》等，下面就是笔者根据目前研究结果，分别从宫廷绘画的机构和画师两个方面作的初步报告。本研究得到故宫博物院 2001 ~ 2003 年度学术基金的资助，谨表谢忱。

一　中正殿与画佛处

中正殿是清宫对紫禁城外东路往北，启祥门外夹道北面春华门内的一组佛教建筑区的总称，同时也是这一区域内最北部一座主殿的殿名，这一点与雍和宫的情况相似。

作者：宫廷部，研究馆员。

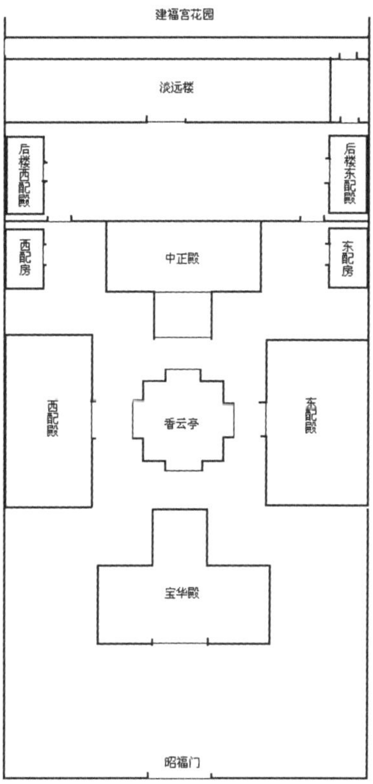

图一　中正殿一区平面布局示意图

明代这里是道教活动区，旧名玄极宝殿、隆德殿，到崇祯六年最终更定为中正殿[1]，一直沿用到清代（图一）。

《大清会典事例》明确记载：康熙三十六年(1697年)，中正殿开始供奉佛像，组织喇嘛念经，并委派扎萨克达喇嘛管理，同时派出内务府的司官两名和驻京呼图克图察罕喇嘛负责办造佛像。康熙六十一年（1722年）以后改由皇族成员中选拔一人（即中正殿管理王大臣）负责中正殿事务，统　主管中正殿念经和办造佛像的活动，表明中正殿地位日益重要。雍正五年(1727年)，将中正殿念经处之下佛事活动与造佛事务分别由僧俗分治的体制作了改进，在王大臣之下，中正殿主要活动统一改由内务府司员管理，即将驻京喇嘛(驻京喇嘛印务处所属高级驻京呼图克图)直接参与中正殿佛事活动管理的权力收归内务府，从而消除了驻京喇嘛印务处所代表的驻京喇嘛集团对于宫中藏传佛教活动直接施加影响的可能。雍正七年(1729年)，正式给中正殿念经处颁发印信，即中正殿念经处图记(印章)，这可能真正标志着中正殿念经处(档案文献中常简称：中正殿)开始正式有了独立的行政权力。而此前中正殿大概只是内务府掌仪司下一个临时的机构而已，尽管它一直发挥着重要的作用。雍正十三年(1735年)，管理中正殿事务的内务府两名司员在内务府的其他职缺取消，专门管理中正殿事务[2]。这表明中正殿开始有了专职的管理人员。

有一个事实是不容否认的，中正殿管理中逐渐排斥喇嘛的参与只是为了强化其严格、独立的宫廷行政管理的结果，宫中藏传佛教宗教活动与佛教艺术活动却不可以也

1　（明）刘若愚：《明宫史》，第16页，北京古籍出版社，1980年。

2　《大清会典事例》第二十四册，第18791页，《内务府·官制·中正殿》第2页，台湾商务印书馆景印本。参见金梁编纂，陈家琎校订《雍和宫志略》(西藏学汉文文献丛书第三辑之二)，第31～32页，中国藏学出版社，1994年。

作者云："清廷在没入北京的时候，他们就利用喇嘛和西藏往来。因此入北京后，把雨华阁和宝华殿、中正殿里面的道教神像移出，改供奉西藏的佛像，只是不准喇嘛进宫念经。因为那时，清顺治帝福临正崇信内地青衣僧(和尚)的佛教。"

不可能完全将驻京喇嘛的影响切断。中正殿为了保证藏传佛教宗教和艺术活动的纯洁性与神圣性，必须加强与喇嘛印务处即驻京喇嘛的合作。中正殿属内务府掌仪司，喇嘛印务处属理藩院，中正殿通过喇嘛印务处获得佛教仪轨、教义和僧人以及法物制作等方面的支持；喇嘛印务处从参与和指导宫廷佛事活动获得相应的经济利益并维持其政治和宗教影响。二者之间形成了一套行之有效的运行模式。清宫藏传佛教的绘画活动也不例外。下面主要就画佛处的职能详细说明之。

对于中正殿画塑活动的管理，《大清会典》作出了明确解释："每遇奉旨装塑佛像，所需玻璃、水晶、白毫、铜、锡、绣缎、布匹、纸张、杉木等并绘画佛像需用金青颜料，拨蜡样佛像需用黄蜡、松香、梣木等及各项匠役，俱据承办喇嘛等呈明数目，行各该处送交应用。其监造官员等量其工程繁简，咨取各司院笔帖式、柏唐阿等应用，工竣撤回。"[1]

上述文字主要有两个内容，第一，宫中铸塑和绘画佛像均是奉皇帝的谕旨而为，接到皇上做佛像和绘画佛像的旨意后，由承办喇嘛负责估算并呈报佛像绘塑所需物料和匠役数目；第二，内务府委派的监造官员根据工程的大小，请求派出一定数量的笔帖式和柏唐阿配合工作，并监视工作的质量和进程，每项工作结束后，将这些人员撤销。这是一套非常成熟的管理模式，但具体的运行方式并没有详细的说明，也缺乏史料，只在清宫档案中有零散的信息可供参考[2]，现大致说明如下。

从现存的资料来看，康熙时期，宫中藏传佛教法物的成造主要是佛像铸塑，目前还没有见到宫中绘制唐卡的记载。雍正时期虽然并没有见到实物的保存，但宫中唐卡绘画的活动已屡见记载，可以肯定，此时中正殿已经成为宫中唐卡绘画的中心，到乾隆时期达到鼎盛。至少在乾隆中期的档案记载中已经提到有一个专门机构承担中正殿的唐卡绘画，这个机构被称为中正殿画佛处[3]。显然这不是一个真正意义上的行政机构，只是职能化的分工名称而已。其具体位置在中正殿后照楼淡远楼内。据记载，淡远楼原来只是一排十一间的平房，主要作为中正殿的后辅殿，用以存贮蒙藏地区进贡的法物以及宫中绘塑的藏传佛教法物[4]，其中三间辟为画佛处。乾隆三十六年（1771 年），淡远楼改造为上下两层，楼下三间仍然保留作为画佛处使用[5]。画佛处的空间并没有因此

---

1 《大清会典》第一册，第 990 ～ 991 页，《内务府》，第 7 ～ 8 页，台湾商务印书馆景印本。

2 这些档案资料包括：中国第一历史档案馆藏：《内务府呈稿·中正殿》、《内务府呈稿补遗·中正殿》、《奏销档》等。

3 中国第一历史档案馆藏：《内务府呈稿补遗》第 21 包，《中正殿念经处》，乾隆四十六年四月初三日；《内务府呈稿补遗》第 12 包，《中正殿念经处》，乾隆三十一年十一月。

4 故宫博物院图书馆现存的乾隆二十一年《中正殿陈设档》充分说明了其功能。

5 万依主编：《故宫辞典》，第 76 页，"淡远楼"条，文汇出版社，1996 年；前揭《内务府呈稿补遗》第 12 包，《中正殿念经处》，乾隆三十一年。

而扩大，可见淡远楼的改造并非因为画佛处的需要而起，主要是因为法物存贮的地方不足。

从康熙开始，将中正殿选为藏传佛教艺术创作的场所，有其重要的原因。首先，中正殿是宫中藏传佛教的中心，也是当时宫中成立最早的专供皇帝使用的佛堂之一，这里长年活跃着驻京高级喇嘛和工匠喇嘛的身影。唐卡和佛造像的画塑活动是具有宗教意义的艺术活动，这是它之所以不能完全并入养心殿造办处由普通工匠完成的原因。在中正殿由喇嘛进行法物创作，既能提高佛教法物的圣洁性，更能方便创作过程中面临的图像学、教义和神圣仪轨等问题的解决。同时，康熙帝和乾隆帝均明确地认识到汉藏两地佛教艺术风格存在着明显差异，这种差异的出现除了有工艺水平高下不一、所用材质不同以及加工工艺技术等方面的不同外，更有文化背景的差异[1]。也就是说，宫中造藏式铜佛像，需要有高级喇嘛以及喇嘛工匠的参与和指导，中正殿当然是人地两宜之所。其次，中正殿长期以来都是藏传佛教法物进贡以后收藏的地点。由蒙藏地区进贡来的佛像和佛经都供奉在中正殿的正殿及其后照殿，这种状况在乾隆时期乃至整个清代都没有很大的变化。这里保存的大量蒙藏不同地区、风格、材质、工艺的古今造像、唐卡，均是工匠喇嘛们最好的教科书、范本，对于提高宫中创作水平有利。

长期在中正殿活动的喇嘛有两种。一种是太监喇嘛，他们是从太监中挑选出来，经过北海永安寺太监喇嘛学校培训之后，安排在宫中各个寺庙当差。宫中如中正殿、慈宁花园等均设有专职的太监喇嘛。各殿所设喇嘛数量不一，一般来说，地位较高的佛堂，喇嘛数量较多，且级别较高。如中正殿，喇嘛数量一般都有 8 名，乾隆晚期曾经到 9 名或 10 名之多。除了普通太监喇嘛之外，还设有首领太监喇嘛、副首领太监喇嘛等统辖管理。其他寺庙或无首领太监喇嘛，只有副首领太监喇嘛，甚至没有首领太监喇嘛，统归其他寺庙领导，他们主要负责中正殿的日常洒扫和上香等工作。由于他们的地位很低，大型的宫中藏传佛教活动都不会让他们参加，只有小规模的唪经场合才会有他们的身影。清代后期太监喇嘛数量裁减，对太监喇嘛参与宫中佛事活动的限制也更加严格，基本上不再让他们参加。另一种是驻京喇嘛印务处所属的宫外喇嘛，包括驻京呼图克图和一般寺庙喇嘛。他们的职责有两个方面，一是奉旨进中正殿或其他皇家寺庙唪经，做各种道场。这些人也被称为念经喇嘛；二是参与画塑活动。这些人根据工种不同分别被称为拨蜡样喇嘛、做巴苓喇嘛、画匠喇嘛、写经喇嘛等，他们

1　康熙曾私下谈到，藏式佛造像以明代宫廷所造为最佳，西藏仿明式造像次之，现世（指他的时代）造像不及其十分之一（故宫博物院掌故部编：《掌故丛编》第 35 页，中华书局，1990 年重印）。乾隆则命章嘉国师率人将宫中历年所积新旧佛像辨认定名，并按其来源，分为番铜旧琍玛、番铜琍玛、梵铜旧琍玛、梵铜琍玛、扎什琍玛、新造等类型，系上黄条，与铜像并存。这些对清宫铜造像的影响非常巨大。参见土观·洛桑却吉尼玛著，陈庆英、马连龙译《章嘉若必多吉传》，第 144 页，民族出版社，1988 年。

才是宫中藏传佛教造像和绘画的主体。

中正殿念经处在接受皇帝的谕旨承办绘画唐卡之后，通过内务府行文京城喇嘛印务处，通知其召集所辖寺庙中精通造像与唐卡绘画的喇嘛，根据宫中活计的要求定期进中正殿做活，白天在宫中做活计，晚上则回到所在寺庙。清宫档案中，负责绘画唐卡、佛经以及其他法物的喇嘛，通常被称为“画佛像喇嘛”“画佛喇嘛”“画匠喇嘛”，或直呼“中正殿画佛像人”。宫中唐卡即是由他们在中正殿起稿，经呈御览，得到皇上的认可，或者乾隆帝提出修改意见改正以后，正式绘制出来的。他们完成的是唐卡画心部分的绘制。

与宫中太监喇嘛不同，他们地位较高，并不驻守中正殿，属于技能喇嘛，白天进中正殿做活，晚上则回各寺。这样，既能让喇嘛成为宫中藏传佛教绘画的主体，同时又不会让他们干涉到宫中内务府的管理。

在对中正殿画佛处画佛像喇嘛的领导和组织中，扮演着相当重要角色的人物是画佛副达喇嘛。

画佛副达喇嘛即主管中正殿绘画佛像喇嘛的首领，他们一方面负责接受和组织画佛像喇嘛完成皇帝谕旨交办的绘画任务，另一方面，负责中正殿画佛处的日常工作。画佛副达喇嘛接受活计后，须很快对这些活计所需的颜料、绘画材料、工具数目银两作出估算，呈报内务府堂备案，由内务府堂知照各相关机构备办采购。由于他们突出的身份和角色，档案中留下了大量有关他们的记载。虽然我们对于他们具体参与绘画的事迹了解并不多，但他们对于中正殿画佛处的影响应当得到肯定。

此职最早见于清代的官方文件是道光年的《理藩院则例》。据记载，此是管理驻京喇嘛印务处的职缺，仅限一员，随该喇嘛所出身的寺庙选定，并不是公缺，所以画佛副达喇嘛只是个别寺庙才有。其在寺庙中的地位颇高，当为寺中专司绘画之职的喇嘛，以绘画唐卡和佛经见长。实际上，此职专为中正殿而设。他是专门负责组织和培养喇嘛画师的首领，其目的只有一个就是为中正殿画佛处服务。对于担任这一职位的喇嘛是如何选拔出来的和如何任免的都是一个未知数，对于他们出身、所属京城寺庙更是一个空白。有关中正殿画佛处主管喇嘛的情况以前从未见论及，我们能找到的只是他们的藏文法号以及参与宫廷绘画的一些零星材料。

笔者从档案资料中将乾隆时期先后担任过该职的喇嘛以及任职时间梳理出来。根据笔者查阅到的档案资料，乾隆时期见于记载的主要有如下几位画佛副达喇嘛：

画佛达喇嘛罗卜藏王曙克 (Blo bsang dbang phyug)，仅见一处记载：乾隆十四年 (1749 年) 十一月二十五日，他可能是乾隆十七年 (1752 年) 以前画佛处的主要负责人，而且根据后来的情况分析，达喇嘛并非画佛处日常事务的主要管理者，所以见于记载不多。

画佛副达喇嘛阿旺嘉穆措 (阿汪嘉穆措，Ngag dbang rgya mtsho)，见到两条记载，乾隆十七年 (1752 年) 担任画佛副达喇嘛，大约在二十三年 (1758 年) 左右升任达喇嘛一职。

也就是说，他一直在罗卜藏王曙克手下工作，实际负责画佛处事务。直到二十三年升为达喇嘛为止。中正殿残留档案中提到二十三年，此人奉旨为来自西藏的一组 28 位大成就者像唐卡配画，大成就者住陀古布匝一幅，合成 29 幅一堂[1]。

画佛副达喇嘛阿旺班觉 (阿旺班珠尔，Ngag dbang dpal 'byor)，补阿旺嘉穆措的职缺，主管画佛处。乾隆三十年 (1765 年)，还见到一次关于他的记载。也就是说二十三年至三十年间 (1758 ～ 1765 年) 应是他主管画佛处。不过，另见记载，义喜 (详见下文"伊史") 在二十七年曾担任过画佛副达喇嘛一职，可能只是临时性的。

画佛副达喇嘛丹金达尔吉 (bstan 'dzin dar-rgyas)，任期比较明确，从乾隆三十一年至三十四年 (1766 ～ 1769 年) 初他升任画佛达喇嘛为止。

画佛副达喇嘛罗卜藏淋亲 (罗卜藏琳钦，Blo bsang rin chen)，三十四年至三十六年 (1769 ～ 1771 年)。

画佛副达喇嘛嘎藏各里克 (bKa' gtsang glegs)，仅见一处记载，即三十七年 (1772 年) 三月三十日。可能是临时担任此职。

画佛副达喇嘛伊史 (伊什)[2]，我们根据其藏文读音推定，此人与前面提到的义喜拼写法完全相同，均为 Ye-shes，如果我们认定二人为同一人，那么，前面他的出现只是临时充任此项职务，自三十七年 (1772 年) 开始，他频繁出现在档案记载中，作为画佛副达喇嘛，任期长达 16 年，直到五十二年 (1787 年) 还见到关于其参与画佛处事务的记载。但其中的资料有所矛盾，即：一条档案记载他在四十五年 (1780 年) 已经升任画佛达喇嘛一职，但是从四十七年到五十二年 (1782 ～ 1787 年) 的档案中又出现了他作为画佛副达喇嘛的记载。这种矛盾目前还没有更多材料加以解释。

但是我们见到明确记载开始担任画佛副达喇嘛一职的是扎巴多尔济 (扎克巴多尔吉，Grags pa rdo rje)，他自称：四十五年九月奉命负责画佛事务。这与上文提到的，伊史于此年升任画佛达喇嘛一职是非常吻合，从时间关系上衔接很好。他的任职一直到五十一年 (1786 年)。其中有一条材料提到他于四十九年 (1784 年) 升任达喇嘛一职，但是随后的档案资料又称他为副达喇嘛。这种矛盾与上面的一样，可能都是一种公文中的笔误。故宫现存唐卡的题记证实至少到五十一年他已经晋升达喇嘛一职，这一年代也许更为合理地解释了其离职的原因。

随后的画佛副达喇嘛是错尔齐穆 (错尔尺穆、错尔陈木、错尔尺木、错尔体穆、醋勒稊穆，tshul khrims)，他从五十二年一直到六十年 (1787 ～ 1795 年) 均见于记载。

1　中正殿火场残档 :《陆续新收底档》，乾隆二十二年。

2　中国第一历史档案馆、香港中文大学文物馆合编 :《清宫内务府造办处档案总汇》第 41 册，第 690 页，人民出版社，2005 年。

图二　中正殿画佛喇嘛绘画供奉金刚亥母唐卡及背面白绫上四体文题记
（布本设色，乾隆五十三年十二月二十四日奉旨，画心纵 34 厘米，横 23 厘米，故宫博物院藏）

在一幅金刚亥母唐卡背面的藏文题记中提到了他的名字（图二）[1]。嘉庆二年（1797 年）时画佛副达喇嘛是策巴加布 (Tshe dpag rgyal po)。可见他卸任时间应是嘉庆元年至二年之间 (1796 ～ 1797 年)。

以上就是乾隆时期中正殿画佛处主管喇嘛的任职情况。虽然资料有矛盾的地方，但是基本线索是清楚的，即中正殿画佛处主要负责人是画佛副达喇嘛，画佛达喇嘛偶尔也能见到记载，但他们基本上是从画佛副达喇嘛升任的，对于画佛处的业务熟悉，有时也会参与其中事务，只是临时性的。这也是副达喇嘛屡见档案记载的原因。对于这些喇嘛的研究尚待深入。

正如上文所提到的，中正殿绘画唐卡只是完成其画面部分，其他如装裱、天地杆、铁环、五色绦子等后期加工部分均是由养心殿造办处各作完成的。这些都是不含有任何宗教意味的纯技术工作，所以由造办处工匠们来承办。当这些工作完成后，重要的唐卡还要回到中正殿由驻京大喇嘛举行庆赞、装脏等神圣加持仪式，以完成其最后的宗教神圣化的一环。

1　对比此唐卡的汉藏文题记，可以发现其中的内容并不相同。汉文作：“乾隆五十三年十二月二十四日钦命中正殿画佛喇嘛绘画供奉利益画像金刚亥母”。并未提及画师之名。藏文题记正好可与之补充：gNam skyong lo nga gsum pa’ i zla tshes la grung dring ten gyi lha ris phū tā bla ma tshul khrims［kyis］l‘gul gus? pa’i phul ba’i mtshon thang rdo rje phag mo byin canl 译为：“乾隆五十三年　月　日中正殿画佛副达喇嘛错尔齐穆恭进具加持力之金刚亥母唐卡”。二者正好可以互相补充，前者缺画师名，后者缺具体年代。无论如何，此题记是清宫唐卡中比较独特的一例。为什么汉藏文内容差距如此之大，令人深思。参见王家鹏主编《故宫博物院藏文物珍品全集·藏传佛教唐卡》，第 174 页，图 161，香港商务印书馆，2003 年。

中正殿画佛处、驻京喇嘛印务处和造办处构成了宫中藏传佛教绘画的整体，而中正殿画佛处在其中起着核心作用。

二　著名的画师与画佛像喇嘛

乾隆朝是一个各民族文化大交融时期，仅就宫廷中藏传佛教绘画而言，并不是北京的画佛喇嘛与造办处工匠单纯的技术合作而成，宫中西洋画师、汉族画师也参与其中，这既丰富了画佛的表现手法，更为宫中唐卡的绘画史平添了一段有趣的佳话。

中正殿所绘唐卡绝大部分是由在此工作的画佛像喇嘛完成，只有小部分是由乾隆帝指定，由章嘉呼图克图等驻京大喇嘛绘画。对于后者的情况，我们有相当多的资料可查，而对于承担了大量唐卡、佛经绘画的普通画佛像喇嘛的来源和族属，在现有的所有材料记载中均付之阙如，对于他们的生平事迹我们几乎是一无所知。正如上文所提到的，清宫内务府档案只留下了一些画佛（副）达喇嘛的名字和他们参与绘画活动的记载，现稍作整理如下。

乾隆二十一年（1756 年）的档案记载，阿旺嘉穆措完成了慧曜楼六品佛楼中的唐卡绘制[1]。慧曜楼是当时宫中六品佛楼的第一座，极受乾隆帝重视，这样重要佛堂的绘画由他完成，说明他是当时宫中最优秀的画佛像喇嘛。

乾隆四十三年（1778 年），中正殿画佛像喇嘛伊什为乾隆帝画御容佛像。绘画中乾隆帝扮文殊菩萨像端坐中心，四周配供其他尊神。这种绘画是乾隆帝非常喜爱的题材之一，宫中反复制作，伊什应是最早为乾隆帝画像的喇嘛之一[2]。

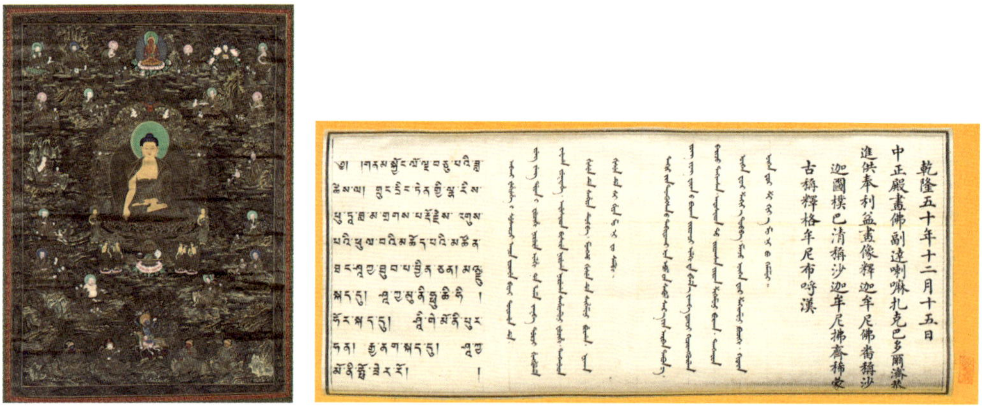

图三　中正殿画佛副达喇嘛扎克巴多尔济进释迦牟尼佛唐卡及背面白绫签上四体文题记
（布本设色，画心纵 67 厘米，横 51 厘米，乾隆五十年十二月十五日进，故宫博物院藏）

1　中国第一历史档案馆藏：《旨意题头底档》3737。

2　前揭《清宫内务府造办处档案总汇》第 41 册，第 690 ～ 691 页。

图四　中正殿画佛达喇嘛扎克巴多尔济进吉祥天母唐卡（布本设色，画心纵 79 厘米，横 61 厘米，乾隆五十一年十二月二十六日进，故宫博物院藏）

扎克巴多尔济（或扎巴多尔济）见于档案记载多次。他的作品有班禅额尔德尼像一张、释迦牟尼佛一张、吉祥天母像一张、宫室勇保护法一张等[1]。故宫现存的两幅唐卡白绫签上均提到此人。这两幅均是黑唐作品，一幅是释迦牟尼佛（图三），乾隆五十年以画佛副达喇嘛的身份进[2]，另一幅是吉祥天母（图四）[3]，乾隆五十一年以画佛达喇嘛的身份进。但比较二者，风格相近，均以黑唐绘画，笔触细腻见长，勾画无微不至，色彩艳丽但并不过分夸张，即使是表现吉祥天母的忿怒神格也不觉其恐怖，与西藏绘画有明显不同，虽曰“恭进”，基本可以肯定就是他的作品，而且很可能就是《活计档》中所提到的那两幅。

对于错尔体穆嘉穆措或错尔臣穆嘉穆措，我们只见到他画过吉祥天母一张和无量寿佛两张的记载[4]。

对于他们生平的更多细节，由于资料缺乏，无法作进一步的讨论。试图根据他们的名称来判断其族属是很轻率的做法。藏传佛教中，无论蒙古还是西藏僧人受戒以后都取藏文法号，在寺庙修行时这些法号成为他的正式名字，伴其一生，他的法号往往比他的真名更广为人知，所以尽管从他们名字的发音基本可以对音出相应的藏文来，但是对于他们的来源还是不能仅从名字上判定。唯一可以推测的是，当时清宫画佛喇嘛绝大部分来自驻京喇嘛中（他们中大部分可能是蒙古族的喇嘛），可能不定期会有西藏来的喇嘛在宫中出现[5]，但时间应不会太长，否则很难解释档案中没有任何蛛丝马迹可寻的现象。

1　前揭《清宫内务府造办处档案总汇》第 45 册，第 624 ～ 625 页，乾隆四十七年（灯裁作）十二月十一日；第 48 册，第 421 ～ 422 页，乾隆五十年（灯裁作）正月初三日；第 48 册，第 450 页，乾隆五十年（灯裁作）十二月十七日；第 49 册，第 538 ～ 539 页，乾隆五十一年（灯裁作）十二月二十日；第 50 册，第 370 ～ 371 页，乾隆五十二年（灯裁作）十二月二十六日；第 50 册，第 806 ～ 807 页，乾隆五十三年（灯裁作）十二月二十四日。

2　唐卡背后白绫签上，汉文题曰：“乾隆五十年十二月十五日中正殿画佛副达喇嘛扎克巴多尔济恭进供奉利益画像释迦牟尼佛”。

3　唐卡背后白绫签上，汉文题曰：“乾隆五十一年十二月二十六日中正殿画佛达喇嘛扎克巴多尔济恭进供奉利益画像吉祥天母”。

4　《清宫内务府造办处档案总汇》第 50 册，第 370 ～ 371 页，乾隆五十二年（灯裁作）十二月二十六日；第 53 册，第 746 ～ 747 页，乾隆五十八年（灯裁作）十二月二十六日。

5　仅见一条记载，在绘画处配懂藏语的通事喇嘛一名，笔者推测有西藏画佛喇嘛在宫内效力。参见前揭《内务府呈稿补遗》第 13 包，《中正殿念经处》，乾隆三十二年十月二十八日。

驻京呼图克图也会参与唐卡绘画的活动，如章嘉呼图克图、阿旺班珠尔呼图克图等。

章嘉呼图克图这一系统从二世阿旺洛桑却丹（康熙时期）就开始驻京，并深受清廷的推崇。康熙四十五年（1706年）受封为国师，成为清代历史上唯一的一位国师。至三世若必多吉（1717～1786年）时，因与乾隆帝有同窗之谊，加之乾隆帝笃信佛教，且章嘉国师学识超人，故深受器重。他对于清宫佛堂建设和法物成造的贡献无人能及。乾隆十四年（1749年）他绘制了360尊佛像，供宫中绘塑佛像使用，后来成为宫中造像绘画的图像学依据和汉文尊神名号翻译的标准，这就是著名的《诸佛菩萨圣像赞》的最初底本。另据其传记记载，他对于唐卡有很强的鉴识能力[1]。乾隆十六年（1751年），章嘉约三十四岁，病目较重，已经是人共知的事情[2]。中年以后，视力更差，他身边有蒙古族医生常存、御医邵正文为他治疗，连出远门都要带上医生随时调治[3]。唐卡绘画线条精细，色彩丰富，对于他而言，直接参与绘画的可能性不太大，他的作用主要是凭借着他丰富的知识和经验，认看宫中唐卡或作技术指导。后期我们所见到的章嘉呼图克图绘画的档案资料可能都是由他的弟子或画匠喇嘛来绘制的，并不是他亲自完成。乾隆三十八年（1773年），他受命照一部佛经的绘画内容缩小再画，显然这样精细的工作不会由他亲自来完成[4]。有一个例子很有代表性：三十三年（1768年），乾隆帝命他照一幅唐卡上的主尊形象为造青金石像画样，5天后，交来画稿的人却是罗布藏隆里[5]。此人极可能就是章嘉手下的画佛喇嘛。总之，尽管我们没有见到由他亲自绘画的唐卡，但是他的贡献是不可忽略的。

与之不同的是，阿旺班珠尔呼图克图是一位亲自参加绘画的驻京呼图克图。正如前文所举，他曾担任画佛副达喇嘛一职，可见此人是精通绘画的。对于此人，我们缺乏系统的资料，只能根据零星的记载，尽量复原一些他的事迹。

阿旺班珠尔呼图克图可能是青海广惠寺的一位活佛。这一系统驻京时间很长，至少从康熙时期就已经开始了，并参加了宫中念经活动，担任热河寺庙的达喇嘛一职。乾隆时，他至少有两辈转世曾经在北京担任过扎萨克喇嘛一职，另外还担任过达喇嘛、

1　前揭《章嘉若必多吉传》，第250页。

2　章嘉若必多吉著，蒲文成译：《七世达赖喇嘛传》，第387页，西藏人民出版社，1989年。书中提到，铁阴羊年（乾隆十六年）西藏赤钦阿旺却丹去世前对七世达赖喇嘛说，他听说章嘉“身患痼疾，眼目不明”，非常挂念。可见，章嘉病目已经很重，此事已传到西藏。

3　中国第一历史档案馆编：《清宫珍藏历世达赖喇嘛档案荟萃》，第119页，《军机大臣傅恒寄信来保著将章嘉呼图克图能否赴藏及前世达赖喇嘛圆寂后如何赏赉之处迅速奏闻》，乾隆二十二年二月二十七日，宗教文化出版社，2002年。

4　前揭《清宫内务府造办处档案总汇》第36册，第480～481页，乾隆三十八年（广木作）二月初八日。

5　前揭《清宫内务府造办处档案总汇》第31册，第435～436页，乾隆三十三年（金玉作）三月初八日。

副掌印扎萨克达喇嘛以及雍和宫的主持[1]。康熙五十四年（1715年）参加了《康熙御制汉历大全藏文译本》一书由汉文译藏文的工作[2]。乾隆三十一年（1766年），奉旨进藏，向班禅大师颁赐封册[3]。这一转世系统可能与甘青驻京大喇嘛一样，同章嘉国师系统之间有师徒之谊。乾隆后期的这一辈阿旺班珠尔应是章嘉国师的弟子[4]。乾隆三十八年（1773年），他还参加了《满文大藏经》的编译工作，可见其佛学造诣还是比较高的。六世班禅进京时，章嘉国师在五台山避暑，他代掌驻京喇嘛印务，后被调往多伦诺尔迎接班禅一行，并参加当时众多的佛事活动[5]。尽管他驻京时间很长，而且一直参与了乾隆时期重大的活动，但是这一传承在驻京喇嘛中地位并不显赫。对于此人进一步的情况，我们还没有掌握足够的材料。

《造办处活计档》中此人见于记载之处甚多，擅长造像和绘画，宫中很多的佛像和唐卡都是由他认看的。

乾隆三十四年(1769年)他为一部《大悲忏》画经头经尾和五十三参画面，他的绘画得到了乾隆帝的赞赏，称赞“佛像画得好”，随后又让他照此画内容放大再画一份[6]。他绘画佛像人物的功底想必得到了乾隆帝的青睐。三十八年（1773年）在为热河的普陀宗乘寺补供唐卡时，其中有两幅祖师像专门指定由他来绘画，并且吩咐“酌量绘画，不必起稿，呈样前来”[7]。

在参与清宫藏传佛教绘画的画工中，不可忽略一些宫廷画师的作用。他们多是汉族人或至少长期受汉文化影响，绘画技术精湛，但是对于藏传佛教图像学不很熟悉，所以很多的绘画都是照旧稿仿画，或是修改一些唐卡，或是与画佛像喇嘛合作绘画。其中著名的画师有丁观鹏、姚文瀚等人。

丁观鹏，顺天(今北京)人，雍正四年(1726年)入宫供职，约卒于乾隆四十四年(1779

1　中国第一历史档案馆编：《康熙朝满文朱批奏折全译》《理藩院奏请取西方丹珠尔经抄留一部折》康熙五十三年十一月十七日，中国社会科学出版社，1996年。

《雍正朝〈大清会典〉中的理藩院资料》，中国社会科学院中国边疆史地研究中心主编：《中国边疆中地资料丛刊·综合卷·清代理藩院资料辑录》，第34页，全国图书馆文献缩微复制中心，1988年。

2　黄明信、陈久金：《藏传时宪历源流述略》，第542～543页，中国西南民族研究学会《藏族学术讨论会论文集》编辑组编：《藏族学术讨论会论文集》，西藏人民出版社，1984年。

3　固始噶居巴·洛桑泽培著，陈庆英、乌力吉译注：《蒙古佛教史》，第97、101页，天津古籍出版社，1991年。

4　前揭《章嘉若必多吉传》，第299页。

5　中国第一历史档案馆、中国藏学出版社合编：《六世班禅朝觐档案选编》，第68页，第85条；第174页，第233条；第179页，第239条；第214页，第290条，中国藏学出版社，1996年。

6　前揭《清宫内务府造办处档案总汇》第32册，第317～319页，乾隆三十四年（匣裱作）六月初三日；第32册，第683～784页，乾隆三十四年（记事录）十一月二十日。

7　前揭《清宫内务府造办处档案总汇》，第36册，第38页，乾隆三十八年（灯裁作）五月二十日。

年）后，擅长画道释像、人物、山水，其仿唐贯休《十六应真像》所绘罗汉作品最为著名，画风工整细致，受到乾隆帝赏识[1]。他曾受命仿画建福宫吉云楼中所藏一套喇嘛画的十六罗汉像，还为一套五色纸佛经找空白处画佛像，其底稿是阿嘉呼图克图所绘。可见他不仅绘画汉地佛像，对于藏式佛像的绘画也颇有经验。热河珠源寺众香楼六品佛楼一幅唐卡撤下来后，也由他“找画齐全”[2]。乾隆二十五年（1760年），他为第一座六品佛楼慧曜楼玻璃塔上画佛像[3]，四十四年（1779年），为热河普陀宗乘寺大红台上的六品佛楼中的珐琅塔上绘画“玻璃画佛像”（摩利支天）[4]。

姚文瀚，顺天（今北京）人，乾隆八年（1743年）正式成为宫廷画师，擅长画人物、释道像及山水[5]，卒于乾隆后期。他在藏传佛教绘画方面的角色与丁观鹏相仿。乾隆三十六年（1771年），为热河普陀宗乘寺依勒尔经图起稿；四十四年（1779年），仿画《白伞盖咒经》经首经尾“番像佛”四开；同年，将“旧画番像无量光佛极乐世界”“不齐全之处着随旧补色”；四十五年（1780年），临时奉命赴热河为新建须弥福寿之庙唐卡改画眉眼。

从这两位宫廷画师的情况来看，他们并不独立创作藏传佛教绘画，基本上都是依照藏式底本而绘，或是对唐卡画面作局部修改、补画，以绘画技术取胜。

另外，宫廷画师也常与画佛像喇嘛合作绘画。乾隆三十六年（1771年），绘画“普陀宗乘寺等图一张八分”，佛殿楼阁部分是由宫廷画师谢遂绘画，其余树石则由喇嘛完成[6]。中正殿画佛像喇嘛画树石的功底绝对不会超过宫廷画师的水平，尤其是在乾隆中后期，但乾隆帝着意如此安排，显然宗教考虑多于艺术的考虑。

参与宫中藏传佛教绘画的并不都是宫廷画家，民间画家进宫后也会临时客串一下唐卡的绘画。其中最著名的例子就是陆灿。

陆灿，号星三，江苏吴县长洲人，工人物花卉，长于写真，称为“吴中写真妙手”。乾隆四十四年（1779年），应召入宫中画文武功臣像和皇帝御容[7]。约从当年

1　故宫博物院编：《故宫博物院藏清代宫廷绘画》，第225页，文物出版社，1992年。

2　前揭《清宫内务府造办处档案总汇》第28册，第833页，乾隆二十九年（如意馆）十二月二十一日；第29册，第751页，乾隆三十年（匣裱作）十一月初七日；第30册，第109～110页，乾隆三十一年（如意馆）八月初四日。

3　前揭《清宫内务府造办处档案总汇》第24册，第222页，乾隆二十四年（大器作）二月十五日。

4　前揭《清宫内务府造办处档案总汇》第32册，第555页，乾隆三十四年（如意馆）十二月十九日。

5　前揭《故宫博物院藏清代宫廷绘画》第256页。

6　前揭《清宫内务府造办处档案总汇》第34册，第497页，乾隆三十六年（如意馆）七月十八日。

谢遂，乾隆后期画师，生平不详，擅长画人物、楼阁、山水。参见前揭《故宫博物院藏清代宫廷绘画》第261页。

7　前揭《故宫博物院藏清代宫廷绘画》，第7页；王子林：《〈六世班禅画像〉唐卡考证》，《故宫博物院院刊》2002年第4期。

图五　陆灿等画六世班禅僧装像唐卡及背面白绫签上四体文题记
（布本设色，乾隆四十五年十二月以后绘完画心纵 124 厘米，横 68 厘米，故宫博物院藏）

十一月中旬开始到京，十一月二十一日开始绘画御容，十二月十四日，奉旨画平定两金川功臣像和平定伊犁功臣像 100 幅。其间，分别画御容两次。可见他的写真技术得到乾隆帝的赞赏。完成功臣像后返回南方。次年，乾隆帝忽发急诏召他务于九月底十月初到京，为六世班禅画像。按照当时行程的安排，班禅于九月初至北京。十月三十日陆灿随造办处事务大臣舒文来到西黄寺为班禅画像。此次见面可能只是画了一个初稿，十一月初二日班禅忽然圆寂，十九日奉旨正式开始为六世班禅画像，十二月初三日终于画完，立即返回南方。此事在六世班禅的传记中也可以见到相应的记载[1]。可以肯定，陆灿只是画完了其中的人物肖像部分，其他配神以及周围的山水背景均为中正殿喇嘛补绘，这些内容并不是陆灿所长，更不是其画风。这种民间工匠进宫参与藏传佛教绘画的事极为少见（图五至图七）。

图六　陆灿等画六世班禅官服像唐卡（布本设色，乾隆四十五年十二月以后绘完，画心纵 125 厘米，横 68 厘米，故宫博物院藏）

唐卡的绘画可以视为宫中藏传佛教活动的一部分，这与当时宫中效力的西洋画师的宗教信仰是格格不入的，但是我们还是找到一些有他们参与唐卡绘画的资料。根据《秘

1　嘉木央・久麦旺波著，许得存、卓永强译，祁顺来、李钟霖校：《六世班禅洛桑巴丹益希传》，第 528 页，西藏人民出版社，1990 年。

图七　陆灿等画六世班禅僧装像唐卡
（布本设色，乾隆四十五年十二月以后绘完，尺寸不明，西藏日喀则扎什伦布寺汉佛殿藏）

殿珠林》的记载，乾清宫收藏了旧洋画罗汉手持念珠立像一幅[1]。“洋画”的概念是否就是指西洋画师呢？这是一个很有意思的问题。但是可以肯定，宫中的西洋画师还是避免直接参与唐卡的绘画，乾隆帝似乎也有意让他们避开这种信仰上的冲突。他们参加唐卡中绘画的内容多是历史人物的绘写，或者间接与佛教法物有关的绘画部分。

法兰西画家王致诚(1702～1768年)，原名 Jean Denis Attiret，乾隆三年（1738年）来到中国。他将所带来的西洋绘画作品献给乾隆帝后大受赏识，进宫效力，成为专职宫廷画家。他擅长绘画人物和走兽，曾奉命前往热河避暑山庄绘制厄鲁特蒙古族首领的肖像[2]。乾隆二十四年（1759年），北海永安寺的呀吗达嘎像前供奉的四只老虎模型就是运到如意馆让他“开减眼目”和“收什”“虎口”的[3]。

波希米亚画家艾启蒙（1708～1780年），原名 Ignatius Sickeltart，乾隆十年（1745年）来华，同年入宫供职，擅长绘画人物、走兽等，参与了《乾隆平定西域战图》的绘制草图工作[4]。

乾隆三十六年(1771年)，土尔扈特部渥巴锡汗率部民十余万离开俄国，长途跋涉，历尽艰辛，回到祖国。乾隆帝隆重欢迎，厚待其部，除发放二十万两白银的物资以安

1　《钦定秘殿珠林续编》第四，《乾清宫藏四·列朝名人书画二》，第371页。

2　前揭《故宫博物院藏清代宫廷绘画》，第8页。

3　前揭《清宫内务府造办处档案总汇》第24册，第183页，乾隆二十四年（油木作）十月二十九日。

4　前揭《故宫博物院藏清代宫廷绘画》，第8页。

图八　艾启蒙等合绘万法归一图屏（绢本设色，画心纵 164.5 厘米，横 114.5 厘米，乾隆三十六年，故宫博物院藏）

其众外，还安置其部众在伊犁河流域游牧。当年秋天，普陀宗乘寺落成，其首领渥巴锡正好来到热河朝见乾隆帝，并随同参加了该庙落成瞻礼。当时内外蒙古、新疆各部均济济一堂，场面宏大。乾隆帝命人绘制这一场面和一些重要历史人物的画像唐卡，这就是有名的《万法归一图》（图八）[1]。此唐卡最为重要的一点是将历史事件与宗教题材充分结合，将人物和场景的写实与唐卡的程式化山水结合，成为清代历史上最重要的历史绘画和唐卡作品。在唐卡作品中，普陀宗乘寺的万法归一殿正中安供高大的释迦牟尼佛，其前供须弥山曼陀罗，乾隆帝坐在大殿右侧，侧身注视殿外作法情景。殿外正中供桌前分别坐章嘉国师和哲布尊丹巴两位佛教大师，二人正在主持盛大的吉祥法事。殿内廊下朝廷大臣、黄衣僧众云集一堂，共襄盛举。这一部分的场景和人物，尤其是乾隆帝形象明显具有写实效果，很显然，这里有西洋画师的参与。寺外的山峦、树木、云彩、天人伎乐均是唐卡的典型画法。

根据档案记载，艾启蒙为喀尔喀蒙古宗教领袖哲布尊丹巴呼图克图绘画肖像一幅，为渥巴锡等土尔扈特领袖绘画肖像十幅共两份。其中一份赐给了渥巴锡等人，另一份收贮宫中。另外，他还与宫廷画师以及画佛像喇嘛共同绘制了两幅哲布尊丹巴的唐卡，其中哲布尊丹巴的肖像是由艾启蒙绘制，其衣纹是姚文瀚起稿，由喇嘛绘画，完成后，裱成两轴供奉[2]。由此推测，《万法归一图》极有可能就是当时在热河由艾启蒙参与绘画的唐卡之一。

通过这种方法，宫中佛教题材绘画既可以结合不同的画风，又能够避免宗教信仰上的分歧和冲突。

1　前揭《故宫博物院藏清代宫廷绘画》，第 234 页，图 141。

2　前揭《清宫内务府造办处档案总汇》第 34 册，第 504 页，乾隆三十六年（如意馆）十月二十日。

此外，从明代末年起，西洋传教士来中国，也带来了西洋绘画的技法，致使一些中国画师受其影响。早期的如明代福建莆田人曾鲸（字波臣）就是最有名的一位，他可能在南京受到利玛窦所带来的西洋绘画作品的影响，开启了新的流派，借鉴西洋技法，以写真见长。清初西洋画学传入渐盛，于是有画师纯以西洋画法写真。如著名的满族画家莽鹄立以及他的弟子如金玠等，都曾作为宫廷画师在宫中效力。另外，清宫如意馆中也有人以西洋画法绘画景观，如焦秉贞、冷枚、唐岱等[1]。

西洋画师的写实手法颇受清帝的喜爱，并着意培养宫中画师学习，其中也有人学成后参加唐卡绘画。据记载，雍正十年（1732 年）时，宫中画二世章嘉像几轴，赐给蒙古王子供奉，其面像即是由金玠所绘，其余配供佛像均由中正殿喇嘛绘画[2]。可见，宫中着意在学习并使用西洋绘画技法，并使之与西藏唐卡绘画结合。

乾隆帝很重视唐卡中历史人物的写实，但对于其宗教的内容也不偏废，所以一些优秀的画师得以与画佛像喇嘛合绘一幅作品，这是当时宫中很独特的现象。

原载《汉藏佛教艺术研究：第二届西藏考古与艺术国际学术研讨会论文集》，中国藏学出版社，2006 年

1 向达：《明清之际中国美术所受西洋之影响》，氏著：《唐代长安与西域文明》，第 505 ~ 511 页，三联书店，1987 年。

2 前揭《清宫内务府造办处档案总汇》第 5 册，第 573 ~ 574 页，雍正十年（记事杂录）二月二十一日。

故宫博物院藏《维摩演教图》的图本样式研究

王中旭

内容提要：本文是针对故宫博物院藏《维摩演教图》图本样式的研究，主要得出以下三点结论：该图是在唐代《维摩变》的基础上演变而来，作品突出维摩不二、天女散花的形象，体现了北宋后期以来文人士大夫的信仰和情感；图中文殊一侧的会众中，除菩萨及青毛狮子外，还有善财童子、佛陀波利、文殊化现老人和于阗王，他们以文殊使者的身份出现在这场法会中；从文殊使者进入与文殊相关题材图像的时机，以及该图与《降灵文殊、普贤像》中部分图像样式的相似上来看，二图创作的时间应接近，因此金维诺、方闻先生认为该图绘制于金是有道理的，二图对《新样文殊》的利用、改造，反映了南宋时代（包括金、西夏）宗教画创作观念的变化。

关键词：维摩演教图　不二法门　文殊使者　降灵文殊　普贤像

引言

《维摩变》是中国宗教美术史上经典题材之一，自东晋顾恺之创作出“清羸示病之容，隐几忘言之状”[1]样式的符合当时士大夫审美情趣的维摩像以来，该题材被广泛绘制，其图本样式也被不断翻新。不同于唐宋敦煌壁画中流行的绘有中原帝王使臣、外族番王使臣问疾图的《维摩变》，故宫博物院藏《维摩演教图》（在宋及以后的卷轴画中，《维摩变》通常名为《维摩演教图》、《维摩不二图》）展示了一种新的图本样式和风格。新的图本样式的创作，不仅反映了图像演进的内在规律，也体现了时代的信仰特点和审美意趣。

《维摩演教图》系纸本白描，画幅纵 34.6 厘米，横 207.5 厘米，表现的是毗耶离城的长者维摩诘与文殊师利菩萨问疾、论辩的情形，文殊、维摩周侧围绕有菩萨、弟子、

作者：书画部，副研究馆员。

1 （唐）张彦远：《历代名画记》卷二，第 28 页，人民美术出版社，1964 年。

天女、天王等相关神祇（图一）。本幅左下钤有三方元人印章，即柯九思“柯氏敬仲”、乔篑成“乔氏篑成”和赵肃“赵肃”印。本幅押缝下方有两方乔篑成的“乔氏私印”，其中“氏”“印”二字因装裱裁切，现仅存头部。此外，本幅、引首、前后隔水等上还钤有大量明清人如王世贞、项元汴、谢淞洲、索额图，以及近世徐宗浩、徐邦达等人的印章，作品曾被清宣统内府收藏。卷尾现存有明沈度、董其昌和王穉登的题跋，永乐四年（1406 年）沈度最早提到该图是“李龙眠《演教图》真迹”，董其昌、王穉登皆沿袭此说，将之归于李公麟（号龙眠居士）名下，王穉登还提到该图的准确名称为《维摩演教图》。清卞永誉《式古堂书画汇考》卷十二、高士奇《江村消夏录》卷三著录该画时均称之为“李龙眠《维摩演教图卷》”。

该图非李公麟真迹已为学界认可，但是关于该图的年代、作者尚有争议。1984 年中国古代书画鉴定组对该画有不同意见，1985 年出版的《中国古代书画目录》将该画定为元人画，同时在其下标注说徐邦达先生认为是宋人画[1]。

中央美术学院金维诺先生 1980 年访美期间，在大都会博物馆看到款为元王振鹏的《维摩不二图》（图二）。该图有王振鹏二跋，称元至大元年（1308 年）画家奉仁宗（时为皇太子）的旨意临内府藏金马云卿的茧纸画《维摩不二图》，马云卿图系张子有进献。故宫博物院现藏《演教图》即为茧纸本，其上也有柯九思等元人印记，金先生据此认

图一　《维摩演教图》（故宫博物院藏）

1　中国古代书画鉴定组编：《中国古代书画目录》第二册，第 20 页，文物出版社，1985 年。

图二　王振鹏《维摩不二图》（元，美国大都会博物馆藏）

为该图系出自元内府收藏。金文认为，依靠临本题记，可以明确原图实为金马云卿所作，并不是宋李公麟的作品。金文还提到，美国普林斯顿大学方闻教授认为大都会博物馆藏《维摩不二图》中王振鹏的题跋“提供了一个解决故宫博物院所藏《维摩演教图》作者的线索”[1]，可见方闻先生也持有相似的意见。金维诺、方闻先生根据在大都会博物馆新发现的材料，对《维摩演教图》的年代、作者提出新的意见，产生了一定的影响，如国家文物局主持编纂的文物博物馆系列教材《中国书画》（杨仁恺主编）中就将该图归于马云卿名下[2]；故宫博物院余辉先生撰写《晋唐两宋绘画·人物风俗》导言中也说，若方闻先生的推论属实，那么“故宫少了一件有争议的李公麟之作，多了一件可知作者的金代作品”[3]。

2004年，故宫博物院许忠陵先生发表《〈维摩演教图〉及其相关问题讨论》[4]，他认为《维摩演教图》“当是师承李公麟的白描人物画，或是《维摩诘图》的摹本、传摹本”，将该图定为宋人画是恰当的。许文还认为，大都会博物馆藏《维摩不二图》尚有诸多

1　金维诺：《〈搜山图〉与〈琉璃堂人物图〉——欧美访问散记之三》，《美术研究》1982年第2期；亦收于氏著《中国美术史论集》中册，第302页，黑龙江美术出版社，2004年。

2　杨仁恺主编：《中国书画》，第275、276页，上海古籍出版社，2001年。

3　余辉主编：《晋唐两宋绘画·人物风俗》，第19页，上海科学技术出版社、香港商务印书馆，2005年。

4　《故宫博物院院刊》2004年第4期。

疑点，故宫博物院藏《维摩演教图》中本幅左下的柯九思、乔篑成二印与他们常见的印章也不同，难以定为真迹，即使为真，也难以证明曾被元内府收藏过，故认为将《维摩演教图》改名为金马云卿《维摩不二图》的理由是不充分的。此外，许文还注意到《秘殿珠林初编》中所著录的李公麟的《维摩不二图》，该图后有金完颜寿（号樗轩）、元商挺题跋，其中商挺跋中提到该画曾被金马云卿父了了居士收藏，后归元尚书张子有家藏。许文考证了商挺跋的可靠性，认为不排除这样的可能，即张子有进献内府的是李公麟的《维摩不二图》，“由于此图本幅无款，后人张冠李戴，或有意改定为曾经收藏此图而又善画的马云卿的作品”。

前贤的讨论促进了我们对《维摩演教图》的认识。笔者注意到，他们的讨论主要是围绕《维摩不二图》中王振鹏题跋的发现、《维摩不二图》的真伪，以及《维摩演教图》中元人印章的真伪等来进行，而对于《维摩演教图》图像样式本身，尚未引起足够的重视。甚至在清人的著录中，部分人物的身份已被遗忘、弄错，如卞永誉《式古堂书画汇考》、高士奇《江村消夏录》著录该画时，均未能辨认出文殊身后比丘、老者的身份，并且都误将尖帽虬髯长者看做是天王。鉴于前贤在题跋、印章上已有深入的讨论，并且尚无肯定的结论，本文拟另辟蹊径，对《维摩演教图》的图本样式进行研究，具体问题包括：图中维摩为何替代文殊示以“不二”的手势，散花天女的形象为何得到突出，文殊身后的童子、比丘、老叟及满脸虬髯的异族长者是谁，他们出现的依据是什么以及他们的出现反映了当时宗教图像创作中怎样的变化。

一　维摩不二、天女散花与文人士大夫的信仰和情感

《维摩演教图》采用了二元对立式的构图。画面右侧，维摩诘背靠凭几自在坐于胡床上，为一老者形象，头披纶巾，双目视前方，口微张，长须，褒衣博带，袒胸，左肘靠凭几上，执羽扇，右手前伸竖起二指，双履整齐地摆放在胡床前的方形台之上。胡床前立一天女，左手托花钵，右手拈花。胡床后部六位弟子或坐或立，其后立有托钵的化菩萨和左手按剑柄、右手托塔的北方天王。画面左侧，文殊菩萨善跏趺坐（或称倚坐）于须弥座上，头束高髻，戴宝冠，着宽松天衣，合掌，双足踏莲台之上。其侧有趴着的狮子、合掌的童子，前有拍打袈裟上粘花的舍利弗，后有五位菩萨和一比丘、一老者，皆合掌、结跏趺坐，最后立一戴尖冠、满脸虬髯的异域长者。据后秦鸠摩罗什译《维摩诘所说经》（简称《维摩经》），毗耶离城的居士维摩诘通晓佛法，辩才无碍，为方便说法现身有疾，国王、大臣、长者、居士、婆罗门及诸王子并余官属皆往问疾。世尊欲派弟子、菩萨前往问疾，但弟子、菩萨皆因畏其辩才而退却，只有文殊菩萨答应前往，菩萨、弟子、天人等跟随。该图所绘即为文殊、维摩辩论佛法之情形。

《维摩演教图》以文殊、维摩论辩为中心，采用二元对立式的构图，是在唐代成

熟的《维摩变》图样基础上改造而来[1]。《维摩演教图》中，维摩被塑造为执羽扇披纶巾、右手竖起二指，自在坐于床榻上的士大夫的形象，文殊则被塑造为一双手合掌、善跏趺坐的菩萨。初、盛唐（合称唐代前期）敦煌壁画中，维摩皆作褒衣博带、身倚凭几、手执麈尾、清羸善辩的士大夫形象，文殊则多为身披天衣、右手执如意、左手竖起二指的菩萨形象，如敦煌莫高窟第 220、332、103 窟等，其中文殊也有双手合掌的，如莫高窟第 335 窟。以体现吴道子风格的 103 窟主室东壁《维摩变》为例[2]，图中维摩头束纶巾，褒衣博带，身微前倾倚凭几，右手执椭圆形头麈尾，左肘置竖起的左膝上。对面文殊身披天衣，饰项圈瓔珞，右手执如意，左手胸前竖起二指，结跏趺坐（图三）。文殊左手竖起二指，表示的是《入不二法门》中称赞维摩“乃至无有文字语言，是真入不二法门”[3]。与 103 窟图相比，《维摩演教图》中的维摩、文殊形象有以下两点变化值得注意：第一，手势。103 窟图中文殊竖起二指称赞维摩真入不二法门，与佛经的记载相符，但在《维摩演教图》中，文殊改为双手合掌，维摩则右手伸于胸前竖起二指。第二，服饰及道具。《维摩演教图》中维摩虽然仍着褒衣博带，但是与之前不同的是，图中维摩作袒胸状，胡床前置双履，着重体现了他放浪形骸之气质，另 103 窟图中维摩手执椭圆头麈尾在该图中也演化为羽扇（图四、图五）。

图三　《维摩变》（盛唐，莫高窟第 103 窟主室东壁）

初、盛唐《维摩变》中，文殊竖起二指表示称赞维摩是真入不二法门，与佛经的表述相符，为何《维摩演教图》中维摩要代替文殊竖起二指，并表现为羽扇纶巾、袒胸、床前置双履的形象呢？

文殊、维摩手势的变化并非是在《维摩演教图》中才出现，从现有的资料来看，

1　有关《维摩变》的研究，可参见金维诺《壁画〈维摩变〉的发展》、《敦煌晚期的〈维摩变〉》，分别载《文物》1959 年第 2、4 期，收于氏著《中国美术史论集》中册，第 193 ～ 211 页；贺世哲：《敦煌壁画中的维摩诘经变》，《敦煌研究文集·敦煌石窟经变篇》，甘肃民族出版社，2000 年，后收入氏著《中国石窟论稿》，第 225 ～ 282 页，甘肃民族出版社，2004 年。

2　103 窟《维摩变》中维摩像的用线圆转流畅，具有莼菜条的笔意，衣纹有如风动，淡彩设色，与文献中记载的吴道子的风格相符。金维诺先生认为，103 窟的维摩诘形象对于了解盛唐吴家样的成就是最具有代表性的，可参见金维诺《唐代的人物画》，收于氏著《中国美术史论集》上册，第 249 页；金维诺：《敦煌石窟艺术在美术史研究上的地位》，收于氏著《中国美术史论集》中册，第 126 页。

3　（姚秦）鸠摩罗什译：《维摩诘所说经》卷中，《大正藏》第一四册，第 551 页下栏。

图四　莫高窟第 103 窟《维摩变》之文殊、维摩像

图五　《维摩演教图》之文殊、维摩像

至少可追溯至中唐时期。吐蕃时期（约 786 ~ 848 年，相当于中唐）莫高窟第 236、237、359、360 等窟《维摩变》中，维摩已经不像初、盛唐时那样身体呈前倾的姿势，而是背倚凭几，身姿端正。与之相应的是手势也发生了变化，初、盛唐维摩多前倾倚靠在凭几上，左手抚左膝上，右手执圆头麈尾，而上述窟图中维摩左手执麈尾置左膝上，右手竖起二指[1]。以上表明大约中唐时期文殊、维摩的手势已经发生变化，进而影响到晚唐、两宋[2]。《维摩变》（包括《维摩演教图》、《维摩不二图》）中文殊竖起二指的手势被维摩取代，表明信众已经不满足于由文殊来称赞维摩真入不二法门，而更乐意看到维摩自己演示不二法门。可以说，在初、盛唐的《维摩变》中，文殊、维摩处于一种交流、互动的模式；而在中、晚唐至两宋的《维摩变》中，着重突出的是维摩演示不二法门的形象，文殊是作为被演示、教化的对象而存在。宋及以后卷轴画中《维摩变》通常名为《维摩演教图》、《维摩不二图》，就形象地反映了这一点。

中、晚唐文殊、维摩手势的变化，与当时文人士大夫的维摩信仰有关。何剑平先生指出，中、晚唐白居易、元稹等士大夫的维摩信仰有两个特点：一是将维摩视为归隐遁世之象征，维摩信仰与传统的隐士文化相结合；二是将经典里的维摩居士日常生活化，维摩问疾等典故成为文士或朋友之间交往的一种问候语，有的是对经典原意的某种曲解甚或疏离[3]。

初、盛唐《维摩变》中，文殊竖起二指称赞维摩真入不二法门，是对佛经原意的合理表达，中、晚唐及以后的图像样式中，维摩竖起二指表示他自己演示不二法门，应该说是对佛经原意的疏离。与此对应的是，中、晚唐与维摩相关的典故开始被文人士大夫在日常生活中随意地使用，他们常用维摩卧疾来比喻自身的疾病、渴求知音等现实处境或心理等，如贾岛《和孟逸人林下道情》："陋巷贫无闷，毗耶疾未调。已栽天末柏，合抱岂非遥。"[4]元稹《酬李甫见赠十首（之一）》："原宪甘贫每自开，子春伤足少人哀。巷南唯有陈居士，时学文殊一问来。"[5]还有的是将自己的生活和维摩相比拟，如白居易《闲坐》："有室同维摩，无室比郑攸。莫论身在日，身后亦无忧。"[6]

1　上述窟尚未有清晰图像发表，笔者曾委托敦煌研究院屈欣燕女士前往洞窟查看，另中央美术学院陈粟裕博士在莫高窟考察期间也帮忙进行了复核，于此谨表谢意。另同时期 231 窟（阴嘉政窟）图中维摩右手前伸，是否竖起二指不清；159 窟图中维摩像虽然右手指残损，但从其姿势来看，应是竖起二指的。伴随着维摩手势的变化，维摩身前的天女、舍利弗亦有竖起二指者，如 159 窟图。

2　敦煌归义军时期（848 ~ 1035 年，相当于晚唐、两宋时期）洞窟中保存下来的大量的《维摩变》可资为证。

3　何剑平：《中国中古维摩诘信仰研究》第八章"唐代中、后期的维摩诘信仰"，第 657 ~ 801 页，四川出版集团巴蜀书社，2009 年。

4　（唐）贾岛：《长江集》卷六，《文渊阁四库全书》第 1078 册，第 417 页。

5　（唐）元稹撰，冀勤点校：《元稹集（修订本）》上册卷一八，第 238 页，中华书局，2010 年。

6　（唐）白居易：《白氏长庆集》卷一九，《文渊阁四库全书》第 1080 册，第 223 页。

《北院》："性拙身多暇，心慵事少缘。还如病居士，唯置一床眠。"[1] 当时也有以不二门作为诗题或在诗中提及不二门者，如白居易《不二门》曰："坐看老病逼，须得医王救。唯有不二门，其间无夭寿。"[2]

宋代不二法门的典故被普遍地运用到文人士大夫的生活中，其中比较典型的是苏轼，如他的《臂痛谒告作三绝句示四君子》云："小阁低窗卧晏温，了然非默亦非言。维摩示病吾真病，谁识东坡不二门。"[3] 其中不二门已是属于苏轼本人。另如宋洪迈《容斋随笔》卷十五"二士共谈"曰：

> 《维摩诘经》言，文殊从佛所将诣维摩丈室问疾，菩萨随之者以万亿计，曰二士共谈，必说妙法。予观杜少陵寄李太白诗云："何时一尊酒，重与细论文。"使二公真践此言，时得洒扫撰杖，屦于其侧，所谓不二法门不传之妙，启聪击蒙，出肤寸之泽以润千里者，可胜道哉！[4]

其中洪迈将想象中杜甫、李白的会面交谈比拟为文殊、维摩共说妙法，并假想自己侍于侧，体验"不二法门不传之妙"。

维摩的隐士、高士化，以及文人士大夫在日常生活中将自身与维摩相比拟，导致中晚唐、两宋维摩题材的图像发生了较大的变化，即宗教性有所减弱，而文人士大夫个人的情感得到突出。可以说，中晚唐，尤其是北宋后期以来，文人士大夫更乐意看到的是演示不二法门、说教的维摩，而不是与文殊论辩、互动的维摩，他们在有关维摩的文学和图像中寄寓了个人的情感和理想。

《维摩演教图》中维摩袒胸、榻前置双履，是维摩高士化、文人化的直接例证。榻前置双履来自创作高僧邈真像的传统，如张氏归义军时期（晚唐）莫高窟第17窟《洪辩影像》，归义军时期（晚唐至宋）476窟《高僧邈真像》，大英博物馆藏敦煌纸本白描Ch.00145《高僧邈真像》，故宫博物院藏传为唐卢楞伽《六尊者像册》第三、十五尊者像等中，高僧像侧都整齐地摆放有双履。故宫博物院藏南唐周文矩《重屏会棋图》（宋摹）背屏中所绘高士榻前、顾闳中《韩熙载夜宴图》（宋摹）中段韩熙载观看乐伎演奏一节中韩熙载椅前、南宋佚名《槐荫消夏图》高士卧榻前都置有双履，表明五代、两宋时期的高士像受到了晚唐以来高僧邈真像的影响（图六）。笔者注意到，《韩熙载夜宴图》、《槐荫消夏图》中主人公皆袒胸，体现了他们放达不羁的情怀和生活状态。《维摩演教图》中维摩的着装方式和床前双履的摆放，与当时高士像的表现方式是一致的，

1 前揭《白氏长庆集》卷二三，《文渊阁四库全书》第1080册，第265页。

2 前揭《白氏长庆集》卷一一，《文渊阁四库全书》第1080册，第115页。

3 （宋）苏轼：《东坡全集》卷一九，《文渊阁四库全书》第1107册，第294页。

4 《文渊阁四库全书》第851册，第391页。

反映了时人对维摩的理解。

《维摩演教图》中维摩、文殊中间绘天女、舍利弗，表现的是天女散花的典故。据《维摩经·观众生品》，维摩室中有天女闻文殊、维摩说法，便现身以天花散诸菩

1. 高僧邈真像（归义军时期，出自敦煌藏经洞，大英博物馆藏）

2. 卢楞伽（传）（六尊者像册之第十五尊者，故宫博物院藏）

3. 周文矩《重屏会棋图》背屏中所绘的高士像（宋摹，故宫博物院藏）

4. 顾闳中《韩熙载夜宴图》中观看乐伎演奏的韩熙载像（宋摹，故宫博物院藏）

5. 佚名《槐荫消夏图》（南宋，故宫博物院藏）

图六 唐宋时期身旁置双履的高僧、高士像

1. 天女散花

2. 天女、舍利弗身互换

图七　莫高窟第 103 窟《维摩变》之天女与舍利弗

萨、大弟子身上，花至菩萨即皆坠落，而至弟子则不坠落，于是天女借机向大弟子舍利弗演说“是华（花）无所分别，仁者自生分别想”的道理。盛唐 103 窟《维摩变》中，天女散花位于文殊前侧。此外，103 窟图中维摩前侧还表现了天女以神通力令舍利弗身和己身互换，以演说一切诸法“无在无不在”。103 窟天女散花的情节中，天女、舍利弗皆挺身而立，并无太多的姿态和动作（图七）。但在《维摩演教图》中，两人却被表现得颇为生动：天女左手托钵，右手拈花，作回首顾盼状，体态婀娜多姿；舍利弗则伸手拍打着袈裟上的天花，显得憨厚淳朴（图八）。此外，台北故宫博物院藏南宋刘松年款《天女献花图》、日本京都国立博物馆藏传李公麟《维摩居士图》等中，散花天女也都得到了生动的表现。

《维摩演教图》中对天女顾盼多情的表现，与宋代以来士大夫对天女的钟情、想象是一致的。宋代诗文中多有提及散花天女者，如苏轼《赠江州景德长老》：“白足高僧解达观，安排春事满幽栏。不须天女来相试，总把空花眼里看。”[1] 黄庭坚《戏题曾处善尉厅二首·不动庵》：“茅茨中安一床寂，天女元非世间色。道人今日入关斋，莫散花来染衣裓。”[2] 惠洪《山谷老人赞》：“情如维摩诘，而欠散花之天女；心如赤头璨，而著折角之幅巾。”[3] 惠洪《跋达道所蓄伶子于文》：“吾以谓子于之室有此婢，如维摩

1　前揭《东坡全集》卷三〇，《文渊阁四库全书》第 1107 册，第 428、429 页。

2　（宋）黄庭坚：《山谷外集》卷四，《文渊阁四库全书》第 1113 册，第 372 页。

3　（宋）释惠洪撰，释觉慈编：《石门文字禅》卷一九，《文渊阁四库全书》第 116 册，第 403 页。

图八　《维摩演教图》之天女散花

图九　化菩萨倒香饭和敬献香饭（武周圣历二年，莫高窟第 332 窟主室北壁）

诘之有天女也。"[1] 甚至还有天女入梦的记载，如惠洪《冷斋夜话》卷二"安世高请福亭庙秦少游宿此梦天女求赞"，记秦少游宿洪州大安寺时，夜梦散花天女持维摩像来求赞，黄休复《茅亭客话》卷四"勾生"记勾生梦益州大圣慈寺维摩堂壁天女与之狎昵缱绻等。

与婀娜多姿、顾盼多情的散花天女相比，《维摩演教图》中的另一位天女菩萨则安静地站立在维摩身后，凭借她手中的钵才能确认其身份——化菩萨。据《维摩经·香积佛品》，日时将至，维摩于会众前化作菩萨（称为化菩萨），飞至香积佛处，用香钵盛满香饭，与彼土九百万菩萨，须臾之间还至维摩舍，钵饭悉饱会众而犹不能尽。唐代《维摩变》中，化菩萨得到精彩而生动的表现，在经变中扮演了重要的角色。如 220 窟《维摩变》中，维摩榻前舍利弗上方绘化菩萨托香饭钵乘云而下，表示化菩萨至香积佛处求得香饭；化菩萨又出现在舍利弗下方，她双手捧钵胡跪于莲台上，表示敬献香饭。武周圣历二年（699 年）完工的莫高窟第 332 窟（李克让窟）《维摩变》中，增加了化菩萨倒香饭的情节（图九）。吐蕃时期莫高窟第 159 窟《维摩变》中，还表现了化菩萨在香积佛处求香饭、香积佛国众菩萨随化菩萨穿过毗耶离城门的情节。《维摩演教图》中，散花天女、化菩萨的突出与消隐，反映的是当时文人士大夫的情感和态度。

二　文殊的使者：善财童子、佛陀波利、文殊化现老人与于阗王

《维摩演教图》中文殊一侧的会众中，除五位结跏趺坐的菩萨和文殊的坐骑青毛

1　前揭《石门文字禅》卷二七，《文渊阁四库全书》第 116 册，第 511 页。

图一〇　《新样文殊》（五代后唐同光三年，莫高窟第 220 窟甬道北壁）

狮子外，还有合掌童子一，结跏趺坐、合掌的比丘、老叟各一，以及站着的、满脸虬髯的异族长者一。上述会众中，童子、比丘、老叟、异族长者均不见于唐代《维摩变》图像中。那么他们是谁？为何会出现在文殊一侧的会众中？

1975 年 10 月，敦煌文物研究所（敦煌研究院前身）在莫高窟第 220 窟甬道北壁剥出文殊像一铺，根据文殊像下发愿文题记，可知该图系五代后唐庄宗同光三年（925 年）翟奉达出资绘制，发愿文明确提到该图名为“新样大圣文殊师利菩萨一躯并侍从”，学界通常简称为“新样文殊”。图中文殊菩萨正面自在坐于青毛狮子上，左手结禅定印，右手胸前执如意。其侧一人头戴尖帽，须髯，相貌有明显的胡人特征，手握缰绳作驭狮状。前方一女童梳双髻，合掌。文殊下方愿文榜题侧各有一供养天。文殊身后周侧放出道道弧形光芒，文殊及侍从下方有祥云承托（图一〇）。其中驭狮者人上方残存有题记曰：

普劝受持供养，大圣感得于阗□国王于□时。

故知此头戴尖帽、胡人相貌状的驭狮者为于阗王。北宋延一撰《广清凉传》卷中“菩萨化身贫女”云：

大孚灵鹫寺者，九区归向，万圣修崇，东汉肇基，后魏开拓。不知自何代之时，每岁首之月，大备斋会，遐迩无间，圣凡混同。七传者，有贫女遇斋赴集，自南而来，凌晨届寺，携抱二子，一犬随之，身余无赀，剪发以施。未遑众食，告主僧曰：“今欲先食，遽就他行。”僧亦许可，命僮与馔，三倍贻之，意令贫女二子俱足。女曰：“犬亦当与。”僧勉强复与。女曰：“我腹有子，更须分食。”僧乃愤然语曰：“汝求僧食无厌，若是在腹未生，曷为须食。”叱之令去。贫女被诃，即时离地，倏然化身，即文殊像，犬为师子，儿即善财童子及于阗王。五色云气，霭然遍空。因留苦偈曰：“苦瓠连根苦，甜瓜彻蒂甜。是吾起（超）三界，却彼（被）可（阿）师嫌。”

菩萨说偈已，遂隐不见。在会缁素，无不惊叹。[1]

其中提到文殊的坐骑狮子、善财童子和于阗王，对照可知220窟《新样文殊》中的捧物童子即善财童子。荣新江先生指出，后唐同光三年所绘的新样文殊，就是根据这个故事或由此产生的画样绘成[2]。

善财童子出现在与文殊有关的传说和图像中，源自于“善财童子五十三参”的典故。据《华严经・入法界品》，受文殊的教导和启发，善财童子前至五十三处参访善知识，其中第五十二参是文殊菩萨，最后一参为普贤菩萨，最终证入无生法界。

比丘、老叟像在220窟甬道《新样文殊》中没有出现，但在法国巴黎国立图书馆藏P.4049《新样文殊》中有出现。该图系纸本白描，线条较为随意，为敦煌画师传摹的画稿。图中文殊正面自在坐于狮背上，双手作说法印。于阗王头戴尖冠，须髯，左手执缰绳，右手握一鞭状物。前方善财童子椎髻赤脚，双手捧碗，回首而望。善财童子右侧有合掌、右肩倚杖的比丘和左手执杖、右手竖起二指的老叟（图一一）。荣新江先生检索出以下两则史料，《广清凉传》卷下“朔州慈勇大师”条：

又于云中，现文殊大圣，处菡萏座，据狻猊之上。及善财前导，于阗为御，波离后从，暨龙母五龙王等，执珪而朝。[3]

《阿婆缚抄》卷九十九：

图一一　p.4049《新样文殊》（归义军时期，敦煌藏经洞出土，法国巴黎国立图书馆藏）

1 （宋）延一编：《广清凉传》，《大正藏》第五一册，第1109页中、下栏。括号内的系荣新江据北平故宫博物院编《选印宛委别藏》所收明天顺刻本（上海商务印书馆，1935年）校正。荣新江：《归义军史研究——唐宋时代敦煌历史考索》，第253～254页，上海古籍出版社，1996年。

2 前揭：《归义军史研究——唐宋时代敦煌历史考索》，第254页。

3 前揭《大正藏》第五一册，第1126页下栏。

佛陀波利、善哉童子、大圣老人、难陀童子、于阗国王，已上文殊使者也。[1]

荣氏指出，P.4049中比丘为佛陀波利无疑，老叟应为大圣老人[2]。佛陀波利成为文殊使者，与他翻译《佛顶尊胜陀罗尼经》有关。据该经序，唐高宗仪凤元年（676年）婆罗门僧佛陀波利来五台山顶礼文殊菩萨，遇一老人对他说，汉地众生多造罪业，出家之辈亦多犯戒律，唯有《佛顶尊胜陀罗尼经》能灭一切罪业。于是佛陀波利返回，永淳二年（683年）将此经梵本带至长安，高宗命人译出。佛陀波利求帝返还梵本，在西明寺和顺贞再次译出后，将梵本带至五台山保存。佛陀波利来五台山遇老人的故事在曹氏归义军时期莫高窟第61窟《五台山图》中即有表现。大圣老人的称呼除在上引《阿婆缚抄》中有提到外，在其他佛经中似并未出现，孙修身认为此老人即佛陀波利所遇文殊化现之老人[3]。P.4049《新样文殊》中，佛陀波利双手合掌，肩依杖，似做问讯状；老人左手执杖，右手竖起二指，似在作答。老人的服饰、动作与莫高窟第61窟《五台山图》中文殊所化现的老人大体相似（图一二），故知此老人的确应为文殊化现之老人，可能后来又被称为大圣老人。P.4049中佛陀波利、文殊化现老人未能面目相对，构成交流，表明画师仅描摹出了两人的形象，而未能注意到两人实际上表现的是一个情节。在画师眼中，两人只是同作为文殊的使者而存在。

对照上述敦煌壁画、绢画《新样文殊》中的图像，可知《维摩演教图》文殊一侧会众中，合掌童子为善财童子，结跏趺坐、合掌的比丘和老叟分别是佛陀波利、文殊化现老人，满脸虬髯的异族老者是于阗王。因此，《维摩演教图》实际上是在传统《维摩变》的基础上，融合了《新样文殊》图本创作而成的。在《维摩演教图》中，佛陀波利、文殊化现老人并排合掌结跏趺坐于众菩萨身后，相互间并不构成交流。于阗王头戴尖冠，着圆领窄袖衫，搭云纹披肩，双手交于胸前，束卷云纹护腰，革带上挂蹀躞七事和海螺，佩长剑，腿部长袍如云纹般卷起，其形象与对面的北方天王比较相似，以至于清卞永誉、高士奇著录时皆将其误认为是天王[4]（图一三）。上述现象说明，画家在创作《维摩演教图》的图本时，有意淡化了佛陀波利问讯文殊化现老人的故事情节和于阗王本来的身份，他们是以文殊使者的身份出现在这场法会中。佛陀波利、文殊化现老人合掌听法，维持了画面的整体和谐，于阗王的护法神化，则是为了与对面北方天王对应的需要。

1 前揭《大正藏》图像部第九卷，第238页下栏。

2 前揭《归义军史研究——唐宋时代敦煌历史考索》，第255页。

3 孙修身：《中国新样文殊与日本文殊三尊五尊像之比较研究》，《敦煌研究》1996年第1期。

4 卞永誉：《式古堂书画汇考》卷四二著录时称有“天王二”；高士奇：《江村消夏录》卷三著录时称，“又天王一人屹立与前带剑者相望”。

图一二　佛陀波利遇文殊化现老人（曹氏归义军时期，莫高窟第 61 窟主室西壁）

图一三　《维摩演教图》之于阗王（左）、北方天王（右）像

三　图本的利用与改造

《维摩演教图》、《新样文殊》属于两种不同的题材，《维摩经》中并没有提到于阗王、佛陀波利、文殊化现老人、善财童子参与了文殊与维摩论辩的法会。《维摩演教图》中表现了上述人物，是由于《新样文殊》的图本和相关传说的流行，他们作为文殊使者的身份被信众所认可和接受。《维摩演教图》在没有佛教义理支撑的情况下，对前代流行的《新样文殊》的图本加以利用、改造，创作出新的图本样式，这种情况在宋以前是没有出现过的。

笔者注意到，于阗王、佛陀波利、文殊化现老人和善财童子也出现在西夏榆林窟第 3 窟文殊、普贤题材的图像中。榆林窟第 3 窟主室西壁北侧，绘文殊手持如意自在坐于青毛狮子的背上，驭狮者即于阗王，周侧围绕有菩萨、佛陀波利、天王及身着衮冕的天子或龙王等，文殊及侍从在汹涌的波涛中前行，画面上方高山耸峙，山间有寺庙，其中右侧山洞后的寺庙门口有一道光射出（图一四）。从寺庙门口射光来看，表现的应是文殊及侍从在五台山化现的情形。西壁北侧绘普贤自在坐于六牙白象背上，周侧围绕的除菩萨、天王、天子或龙王等外，还有文殊化现老人、唐三藏与悟空取经图等，普贤及侍从亦行进在波涛汹涌的大海中，画面上方有高山、寺庙（图一五）。

据《宣和画谱》卷一，徽宗御府藏有南朝宋陆探微“《降灵文殊像》一”，元周密《云烟过眼录》卷一记该图曰：

图一四　《降灵文殊像》（西夏，榆林窟第 3 窟主室西壁北侧）

图一五　《降灵普贤像》（西夏，榆林窟第 3 窟主室西壁南侧）

> 陆探微《降灵文殊》，高宗御题，本兰坡故物，后归乔氏（乔篑成）。大小人物共十八人，飞仙四，皆佳。内亦有番僧手持髑髅盂者，盖西域僧。然此画纤毫无遗恨，真奇物也。[1]

周密提到该图共绘有十八人[2]，其中一番僧手持骷髅盂。榆林窟第 3 窟西壁北侧图中文殊及侍从共有十九身（未包括波涛中小屋内坐着的五人），其中也有持钵番僧，从人物形象及出现位置来看，应该是佛陀波利，故推测榆林窟第 3 窟西壁北侧图应即文献中记载的《降灵文殊像》，对照可知南侧应名为《降灵普贤像》[3]。另据《宣和画谱》，徽宗御府还藏有五代朱繇“《降灵文殊像》一”“《降灵普贤像》一”及宋孙知微“《文殊降灵图》一”。

从敦煌图像样式的演变来看，骑狮文殊、骑象普贤像周侧出现众多侍从是在盛唐，

1　《文渊阁四库全书》第 871 册，第 47 页。

2　于安澜编《画品丛书》录《云火因过眼录》本（据十万卷楼本）记所绘人物为八十人（于安澜编：《画品丛书》，第 331 页，上海美术出版社，1982 年），笔者认为从敦煌现存图像遗存来看，应以十八人为妥。

3　这两图学界一般名为《文殊变》、《普贤变》。

吐蕃、归义军时期形成了稳定的图像样式，即以文殊、普贤为中心，周侧围绕菩萨天女、昆仑奴、帝释梵天、天龙八部等，据839年莫高窟第231窟（阴嘉政窟）图榜题可知应名为《文殊、普贤并侍从图》。榆林窟第3窟《降灵文殊、普贤像》是在之前《文殊、普贤并侍从图》的基础上演变而成，在侍从组合、山水背景上有一定的变化，其中最突出的特点即侍从队列中于阗王、佛陀波利、文殊化现老人、善财童子等相关人物的加入。从图像样式的演变来看，由十八位神祇组成的《降灵文殊像》不可能早至南朝宋，因此其作者不可能是陆探微。

值得注意的是，于阗王、佛陀波利、文殊化现老人及善财童子不仅同以文殊使者的身份出现在《维摩演教图》、《降灵文殊、普贤像》中，而且上述二图中他们的形象也比较相似。

于阗王像。二图中于阗王皆作虬髯长者的形象，眉目细长，鼻微勾，颌下胡须茂密且打卷；帽的边缘均打卷，且饰有小圆珠；其腰部有护腰，革带上皆挂有蹀躞七事（图一六）。此外，俄罗斯艾尔米塔什博物馆藏西夏黑水城出土《新样文殊》绢画中也有于阗王像，头戴边缘打卷的尖冠，腰间束护腰，革带上饰蹀躞七事（图一七），上述特征与《维摩演教图》、《降灵文殊像》中的于阗王像大体相似。当然，三图中的于阗王同时也各具地域特征，如《维摩演教图》中的于阗王像护法神化、汉化的特征比较突出，《降灵文殊像》中的于阗王像胡化的特征比较明显（相对来说最为接近原始

图一六　榆林窟第3窟《降灵文殊像》之于阗王像

图一七　《新样文殊像》之于阗王像（西夏，黑水城出土，俄艾尔米塔什博物馆藏）

的图本），黑水城出土《新样文殊》中于阗王像武士化、西夏民族的特征则相对突出。三图中于阗王冠饰的相似，应体现的是时代特征。

文殊化现老人像。二图中此人皆作长须老者的形象，头戴高桶帽，身着镶边的广袖长袍。此人亦出现在西夏黑水城出土《新样文殊》中。宋胡仔《渔隐丛话》引王直方《诗话》云："盖元祐之初，士大夫效东坡顶短檐高桶帽，谓之子瞻样故云。"[1] 图中文殊化现老人所戴帽应即子瞻样，或称东坡巾。宋哲宗绍圣三年（1096 年）山西高平开化寺大雄宝殿西壁中部表现华色比丘尼化身转轮王抢先拜佛的壁画中，左侧围观人群中即有戴此巾者。该巾在南宋图像中出现得较为频繁，如台北故宫博物院藏刘松年《罗汉图》、辽宁省博物馆藏张激《白莲社图》、美国纳尔逊·艾特金斯艺术博物馆藏马远《西园雅集图》、台北故宫博物院藏马远《山径春行图》页等，其中均有戴此巾者。此外，金代山西繁峙岩山寺南殿西壁佛传故事表现酒楼市井的场景中，也可以清楚地看到一拄杖老人头戴此巾（图一八）。上述文献及图像实例表明，子瞻巾在北宋后期、南宋及金代一直都有流行，流行的阶层不仅仅是在文人士大夫之间，而且也包括民间[2]。

善财童子像。榆林窟第 3 窟《降灵文殊像》中，善财童子双手捧莲花立莲蓬上，头上有两小撮头发，人物面目、动态及手足的表现方式与《维摩演教图》中的都有些许相似之处（图一九）。

此外，笔者注意到，《维摩演教图》中文殊和众菩萨的头冠比较特别，不仅花纹珠饰繁丽精巧，而且头冠顶端随着发髻折向后端，末端或向上或向下翻卷，与发髻的样式相对应，状若飞云。《降灵文殊、普贤像》中文殊、普贤及众菩萨头冠的样式与《维摩演教图》中菩萨头冠的样式十分接近。相似的菩萨头冠也出现在西夏榆林窟中原风格的菩萨像中，如榆林窟第 2 窟主室南北壁、甬道的《说法图》，西壁南、北侧的《水月观音像》，榆林窟第 10 窟窟顶西披的《伎乐天像》等。顶部折向后状若飞云的菩萨头冠，在俄罗斯艾尔米塔什博物馆藏唐敦煌出土《菩萨头像》、五代山西平顺大云院弥陀殿扇面墙《观世音菩萨像》、北宋武宗元《朝元仙仗图》、金山西朔州崇福寺弥陀殿西壁中铺南北侧《胁侍菩萨像》等中皆有出现。这里仅列唐至金、西夏时期有代表性的该样式的菩萨头冠的图像（图二〇）。从中可以清楚地看出其演变的历程，从而可知《维摩演教图》、《降灵文殊、普贤像》中菩萨头冠的年代大约应是在西夏时代。这种菩萨头冠的样式在美国大都会博物馆藏元《维摩不二图》中有一定的变化，表明此二图的创作不应晚至元代。

从文殊使者进入与文殊相关题材图像的时机，以及《维摩演教图》、《降灵文殊、普贤像》中部分图像样式的相似来看，上述二图创作的时间应接近，《降灵文殊、普贤像》

1 （宋）胡仔：《渔隐丛话前集》卷四，《文渊阁四库全书》第 1480 册，第 267 页。

2 余辉先生在《〈韩熙载夜宴图〉卷年代考——兼探早期人物画的鉴定方法》中曾探讨东坡巾的问题，指出南宋文人一味追求苏轼的审美观，东坡巾被许多文人雅士所效仿。见《故宫博物院院刊》1993 年第 4 期。

1.《维摩演教图》之文殊化现老人像

2. 榆林窟第3窟《降灵普贤像》之文殊化现老人像（西夏）

3. 黑水城出土《新样文殊像》之文殊化现老人像（西夏）

4. 山西高平开化寺大雄宝殿西壁中部老人像（北宋绍圣三年）

5. 刘松年《罗汉图》之侍者像（南宋，台北故宫博物院藏）

6. 张激《白莲社图》之高士像（南宋，辽宁省博物馆藏）

7. 马远《西园雅集图》之高士像（南宋，美纳尔逊·艾特金斯艺术博物馆藏）

8. 马远《山径春行图》之高士像（南宋，台北故宫博物院藏）

9. 山西繁峙岩山寺南殿西壁《佛传故事》之老人像（金）

图一八　戴子瞻帽的老人、高士等像

图一九　榆林窟第 3 窟降灵文殊像（左）、《维摩演教图》（右）之善财童子像

1.《维摩演教图》

2. 榆林窟第 3 窟降灵文殊、普贤像（西夏）

3. 榆林窟第 2 窟主室北壁中间说法图之左胁侍菩萨（西夏）

4. 榆林窟第 2 窟主室西壁北侧水月观音像（西夏）

5. 榆林窟第 10 窟窟顶西披伎乐图（西夏）

6. 敦煌出土菩萨头像（唐，俄罗斯艾尔塔米什博物馆藏）

7. 山西平顺大云院弥陀殿扇面墙观世音菩萨像（五代）

8. 山西朔州崇福寺弥陀殿西壁中铺南侧胁侍菩萨像（金）

图二〇　顶端折向后状若飞云的菩萨头冠

学界一般认为绘制于西夏时期[1]，那么《维摩演教图》就应创作于南宋或金，金维诺、

1　关于榆林窟第 3 窟的年代，学界一般认为是西夏晚期。如 1982 年刘玉权先生发表《敦煌莫高窟、安西榆林窟西夏洞窟分期》一文（敦煌文物研究所编：《敦煌研究文集》，第 273 ~ 318 页，甘肃人民出版社，1982 年），将敦煌莫高窟、安西榆林窟中的西夏洞窟分为早、中、晚三期，认为该窟属于第三期，即西夏晚期；1989 年宿白先生发表的《敦煌莫高窟密教遗迹札记（下）》（《文物》1989 年第 10 期），从密教图像样式的角度出发，将该窟定为西夏晚期；1989 年段文杰先生发表的《榆林党项、蒙古政权时期的壁画艺术》（《敦煌研究》1989 年第 4 期），将该窟作为西夏代表性的洞窟之一；1998 年刘玉权发表《敦煌西夏洞窟分期再议》（《敦煌研究》1998 年第 3 期），将敦煌西夏洞窟的分期由之前的早、中、晚三期调整为前、后两期，其中该窟属于后期，即 1140 ~ 1227 年。关于该窟的开凿年代，也有人认为是在元代。1951 年向达发表的《莫高、榆林二窟杂考》（《文物参考资料》第二卷第五期，1951 年；氏著《唐代长安与西域文明》，第 395 页，河北教育出版社，2001 年），认为该窟的风格属于元代（注：向文中榆林窟采用张大千编号，文中第 2 窟即现敦煌研究院编号第 3 窟）。1996 年中国社会科学院黄时鉴先生发表的《中国烧酒的起始与中国蒸馏器》（《文史》第 41 辑，第 143、144 页，中华书局，1996 年）同意向达先生的判断；2005 年敦煌研究院赵声良《敦煌壁画风景研究》第三章第二节“榆林窟第 3 窟山水画”（第 179 ~ 194 页，中华书局，2005 年）从该窟《降灵文殊、普贤像》中背景山水风格的角度，认为该图创作于 13 世纪中叶或以后的可能性比较大。

方闻先生认为该图绘制于金是有道理的。

《维摩演教图》、《降灵文殊、普贤像》在没有佛经依据的情况下，对《新样文殊》的图本加以利用、改造，创作出新的图本样式，体现了该时代宗教绘画创作理念的变化，与当时画稿广泛流传、画工作坊兴起的风气是相符的。德国德累斯顿博物馆、美国克利夫兰博物馆都藏有宋人委托唐吴道子所作的《道子墨宝》，当时这类画稿可能广泛运用于宗教画的创作中，如单国强先生曾指出，《道子墨宝》可能是故宫博物院藏南宋《搜山图》的祖本[1]。日本学者铃木敬、德国学者雷德侯、中国学者何卯平等对海外流传的一批《十王图》的研究指出[2]，南宋在宁波存在着批量制作此类绘画的金处士、陆信忠画坊，这些作品远销日本、高丽，部分作品署有“大宋明州车桥西金处士家画”“庆元府车桥石板巷陆信忠笔”等题款[3]。这些图像的构图大体相似，只是在细节上有所不同，可以看出图本在此类图像的制作中起了重要的作用。《道子墨宝》中也保存有类似构图的《十王图》，表明该画稿是适应当时创作的实际需求而出现的。笔者认为，南宋时代（含金、西夏）宗教绘画领域画稿的广泛流传和使用，以及宗教绘画创作观念的变化，使于阗王、佛陀波利、文殊化现老人和善财童子等进入与文殊相关题材的绘画成为可能。

结语

本文是针对故宫博物院藏《维摩演教图》图本样式的研究，主要得出以下三点结论：第一，该图是在唐代《维摩变》的基础上演变而来，作品突出维摩不二、天女散花的形象，体现了北宋后期以来文人士大夫的信仰和情感；第二，图中文殊周侧的会众中，除菩萨及青毛狮子外，还有善财童子、佛陀波利、文殊化现老人和于阗王，他们以文殊使者的身份出现在这场法会中；第三，从文殊使者进入与文殊相关题材图像的时机，以及该图与《降灵文殊、普贤像》中部分图像样式的相似上来看，二图创作的时间应接近，

1　单国强：《宋人〈搜山图〉卷》，《宋人〈搜山图〉卷》，天津人民美术出版社，1996年；收于氏著《古书画史论集》，第11～18页，紫禁城出版社，2004年。

2　参见〔日〕铃木敬《明代绘画史研究·浙派》第105页以后，木耳社，1968年；[德]雷德侯著，张欣玮译：《〈十王图〉的图像学分析》，洪再新选编：《海外中国画研究文选》，第232～245页，上海人民美术出版社，1992年；[德]雷德侯著，张总等译：《万物——中国艺术中的模件化和规模化生产》第七章“地狱的官府风貌”，第221～247页，三联书店，2006年；周炜：《日本静嘉堂美术馆藏中世纪佛画〈十王图〉考释》，《荣宝斋》2008年第2期；何卯平：《东传日本的宁波佛画〈十王图〉》，《敦煌学辑刊》2011年第3期。

3　据（清）毕沅《续资治通鉴》卷一五三，南宋宁宗庆元元年（1195年）升明州为庆元府（庆元府即今天的宁波），故知这批绘画应创作于南宋。

因此金维诺、方闻先生认为该图绘制于金是有道理的，二图对《新样文殊》的利用、改造，反映了南宋时代（包括金、西夏）宗教画创作观念的变化。

本文引用的材料涉及中原、敦煌等不同地域，并且《维摩演教图》采用了北宋文人画家李公麟白描的画法[1]，与《新样文殊》等画工画不类，因此本文的研究实际上涉及了两个重要环节的衔接：一是中原、敦煌等地区，及宋、金、西夏之间图本样式的传播。本文所列举的《维摩变》、《新样文殊》是在中原出行、流行，再以画稿的形式传播至敦煌等地区的，如其中 P.4049《新样文殊》就仍然保持着画稿的原样。如今这些图像在中原基本已无存，但在敦煌等地区却大量地保存了下来。因此《维摩变》、《新样文殊》的图本，在中原实际上一直是有保存的，并不是说《维摩演教图》的作者依靠的是已传播至敦煌的壁画或画稿。金人入主中原，注重书画名迹的搜访与鉴藏，北宋流行的图本样式在金代应也多有流传。二是文人画、画工画的转换与融合。北宋后期文人画兴起以来，苏轼、李公麟等文人画家所鄙视的是庸俗的画工，他们对画工的代表人物吴道子实际上是颇为服膺的[2]。事实上，在宗教画领域，吴道子等优秀的画工及其所创造的图本样式一直都有着重要的影响，这其中不仅包括画工也包括文人画家。如李公麟就比较多地受到了吴道子的影响，《宣和画谱》记宣和御府藏李公麟“《摹吴道玄〈护法神像〉》二”“《摹吴道玄〈四护法神像〉》四”[3]，可见李公麟对吴道子图本的重视，以至于米芾批评说“李（李公麟）常师吴生（吴道子），终不能去其气”[4]。此外，李公麟还受到吴道子等的启发，将画工为求快捷的方便权宜之法——白画，发展成为具有文人笔墨特点、格调内涵的白描[5]。鉴于对文人身份自视甚高的李公麟都如

1　明沈度、董其昌、王穉登等之所以将该图归于李公麟名下，主要是因为该图采用了白描的表现手法。

2　阮璞指出，苏轼在二十六岁时虽有尊王抑吴的一时兴到之语，但他在此之后，对吴道子的评价越来越高，如四十八岁时在《跋吴道子画〈地狱变相〉》中尊吴道子为“画圣”，五十岁《书吴道子画后》赞他为“盖古今一人而已”等。阮璞：《中国画史论辨》，第 103 ～ 126 页，陕西人民美术出版社，1998 年。

3　安澜编：《画史丛书》第二册，第 78 页，上海人民美术出版社，1982 年。

4　（南宋）邓椿：《画继》卷三，第 20 页，人民美术出版社，2004 年。

5　石守谦先生在《盛唐白画之成立与笔描能力之扩展》一文中对白画、白描的区别作了精辟的阐释，他说：“在唐代的文献里只用‘白画’而不用‘白描’来指称以线描为主的画作。对他们来说，光是‘描’还未足称‘画’。他们所说的白画，范围上要比白描宽得多；其中应当也包含了墨染与淡色的处理。而在白画的观念里也不只将线条视为传达物象轮廓及表面纹路的媒介，还将之与烘染的光影效能结合，视为呈示立体及结构肌理的手段。因此，白画与白描的差别不只在其通行时间的先后，定义的宽窄，也在于其看待线条基本态度上的不同。”（石守谦：《风格与世变——中国绘画十论》，第 21 ～ 22 页，北京大学出版社，2008 年。）罗世平先生在《线描：中国画文脉传承的基石》一文中论及李公麟的白描时说：“（李公麟）传世的《临韦偃牧放图》和《五马图》明显不同于道子白画的意气豪纵而归于含蓄精微，将唐人的白画稿本提升为能传情达意的白描画样式。”（《美术研究》2008 年第 4 期）

此，那么金代有师法李公麟白描技法的画家，利用、改造前代画工的图本《文殊新样》，创造出具有文人画特点的《维摩演教图》，也就不足为奇了。

附记：中央美术学院罗世平教授为本文提出了宝贵的修改意见，谨致谢意。

原载《故宫博物院院刊》2013年第1期

管窥张大千早年画风成因

——以故宫博物院藏品为例

汪　亓

内容提要：20世纪画坛巨擘张大千画风繁复，成因殊多。文内结合故宫博物院藏张大千作品，以“古”为线索，对其早年画风的成因稍作梳理。指出张氏借助临古、仿古，来谙熟绘画技巧，蓄积实力，进而成为引领风骚的时代名家；强调通过鉴古、集古一途，张氏博观百家，广储笔墨，荡涤心境，从而建构气势恢宏的艺术世界；明确其以博古、通古为旨，融汇传统笔墨，别出心裁，积极探求有别先贤的创作方法。总之，临古与仿古、鉴古与集古是外在因素，博古与通古是内在推动。正是内外作用，才使得大千在早年便已超乎同侪，称雄艺林，载誉中外。

关键词：张大千　临古　仿古　鉴古　集古　博古　通古

20世纪之初，风云际会，政局动荡，尤以辛亥鼎革之后，思潮涌动，民声漫溢，虽无百家争鸣之盛，却也不乏新潮拍岸之势。艺术发展自然受到时势影响，绘画便深陷其中，进退维谷。此间既有绘画发展方向的彷徨，也有如何进行中西画法取舍的纠结。

南海康长素（有为）发出中国画改革论调，有“若仍守旧不变，则中国画学应遂灭绝”之言，其改革方法是“以复古为更新”，溯源唐宋，专重写实功力，“以形神为主，而不取写意；以着色界画为正，而以墨笔粗简者为别派”，从而排斥“四王”“二石”余波，尤厌“近世以禅入画”[1]。其振臂一呼，得振聋发聩之效，响应者无计其数。学生徐悲鸿、刘海粟等远赴海外，求得西画写实精要，归国后则投身教育，身体力行并坚持推广令师高论，影响神州数十年之久。

与康长素的激越观点相左，诸多名家依然因循旧轨，追法古人巨迹，借写意气韵自矜，以笔墨旨趣为宗，旧壶新醅，悠然陶然，天地自成。此类画家居北方者众，留南方者亦有声望甚重之士，如曾农髯（熙）、李梅庵（瑞清）。而其高足张大千更是

作者：书画部，副研究馆员。

1　康有为：《万木草堂所藏中国画目》，分见康有为著，姜义华、张荣华编校《广艺舟双楫（外一种）》，第120、105页，中国人民大学出版社，2010年。

沉浸古法，醉心翰墨，未至不惑之年便有“五百年来第一人”的称誉[1]，耳顺以后更是蜚声宇内，扬名海外。由此可知，写实、写意并非衡量艺术尤其是中国绘画水平高下的唯一标准。地不分东南西北，艺不分国油版雕，凡能凭借其中所蕴含的神韵、精神以激发观者潜在的审美意识，生成怡心乐性的视觉与精神享受的作品，即为佳构。

张大千一生的艺术创作不计其数，如稍予梳理，其艺术风格约略可分作三段，当然其间是有所交叉重合的。早年为1941年远赴敦煌之前，画作以临古、仿古为主，往来古人笔墨之间，线条挺秀隽雅，色彩冲淡闲静，面目明逸清艳。中年为1941年至1960年，大千从敦煌壁画取法画艺，由蜀中山水汲取灵感，自海外艺术借鉴光色，重在师法造化，中得心源，将临仿变作“有我”，渐成自家画样。晚年泼彩为画，则粗放不失细腻，磅礴夹杂灵秀，沉着兼具纵逸，大有“具区吞灭三州界，浩浩汤汤纳千派”（苏轼《又次前韵赠贾耘老》）的开阖气象。

张大千画风成因殊多，如遍访名山，挥笔写生，以求师法造化，如饱读古籍，作诗填词，以文气滋养艺事，如此种种，不胜枚举。本文将结合故宫博物院所藏张大千作品，仅从临古与仿古、鉴古与集古、博古与通古等方面，对成就张氏早年画风的因素加以分析，故云“管窥”。

一 临古与仿古

张大千于青年之际，在上海拜其时名家临川李梅庵、衡阳曾农髯为师，从此致力于自己喜爱的书画天地，渐次开辟出一个灿烂多姿的艺术世界。

李、曾两位皆为诗词、书画、金石兼通的饱学宿儒，对张大千影响深远，尤其是李、曾心耽石涛、石溪、八大山人，于是大千对“二石”、八大山人着力最勤，成就颇深。世间传闻其伪作常常能以假乱真，黄宾虹、陈半丁等名家都曾误断真伪[2]，可窥功力之一斑。从流传的诸多画作来看，其临仿对象并未止步于满清“二石”、八大山人、渐江、梅瞿山（清）、华新罗（喦）、费晓楼（丹旭）等画家，而是上溯朱明唐伯虎（寅）、吴小仙（伟）、张大风（风）诸贤，求源蒙元倪云林（瓒）、王叔明（蒙）、黄大痴（公望），远追五代董北苑（元）、巨然，广收博取，以得融会贯通。其自言，“临川、衡阳二师所传，石涛、渐江诸贤之作，上窥董巨，旁猎倪黄，莫不心摹手追，思通冥合”[3]，正是确实的写照。

临仿先贤画迹，体会前代画家状物写形的方法，为创作开启门扉，本是世代相传

1　徐悲鸿：《五百年来第一人》，此文作于1936年夏，张大千时年38。宁夏回族自治区政协文史资料研究委员会编：《张大千生平与艺术》，第1页，中国文史出版社，1988年。

2　事见包立民编著《张大千》（艺术大师之路丛书），第10～11页，湖北美术出版社，2003年。

3　张大千：《〈大风堂名迹〉序》，曹大铁、包立民编：《张大千诗文集编年》，第257页，荣宝斋，1990年。

的艺苑规范。自民国初年之后，国人有将艺术西化之论，“五四”运动以降，近代艺术教育多承续对全部旧事物皆加以批判、打倒之风气，认为临摹古人是作茧自缚，遵循传统是泥古不化，把一切古旧的方法当做需要抛弃的对象而予以扫除涤荡，专重造型、写生，以致强行废弃古人开辟的凭借临摹的形式作为洞开艺术门径之手段。以今视昔，不能不说是时代对艺术的引导偏颇，其影响至今仍具。

青年时期的张大千与推崇西画的康长素及其门人不同，并未步入国画西化的阵营，而是延续着数百年以来的文人画风，经李、曾两位名师引领门径，遍览佳作，潜心修行，苦练画艺，而登堂入室，成为名享当代的画家，用坚实的艺术实践证明着自己立足传统的艺术观念。

张大千论艺文章殊少，而《画说》为其代表，内言：

> 作画要怎样才得精通？总括来讲，首重勾勒，次则写生，其次才是写意。不论花卉、翎毛、山水、人物，总要了解理、情、态三事。先要着手临摹，观审名作，不论古今，眼观手临，切忌偏爱。人各有所长，都应该采取，但每人笔触天生有不同的地方，故不可专学一人，又不可单就自己的笔路去追求，要凭理智聪慧来摄取名作的精神，又要能转变它。[1]

虽然叙述简要，但可见其艺术观念要在临摹的基础上，博采众长，自成面目。细查其实，大千尤重临摹之功，是要通过临摹诸贤的精妙画作，探究他们各自的艺术思想和笔墨语言，沟通、感受前人丰富的内心世界，获取呈现笔端万妙的艺术技巧与创造灵感。纵观大千一生，从临摹古迹中汲取营养，借临仿之作抒写意趣，万千作品皆能窥见其自师法古人之迹进而师法古人之心的艺术追求。

审视大千早期画作，不难看出其临古、仿古的轨迹。山水，先是致力于石涛、石溪，出入其间，自得神韵，有纵笔尺幅、不让前人之功。后旁及渐江、梅瞿山，求疏简清朗布局，取萧寒纵逸气息。花鸟，锐意青藤（徐渭）、白阳（陈淳）、八大山人，下笔急扫，落墨见秀，得逸笔天来之妙。人物，则楷法唐伯虎、张大风，笔简意赅，悠然传神。

《仿董其昌山水图》轴（新00081438）是张大千35岁时临摹的黄君璧所赠华亭真迹，从画面观之，疏林坡渚，江水平缓，谷壑幽深，山色森郁，有秀润华滋之态。山石用中锋细笔勾写轮廓，继以短笔浓点或卧笔长皴表现其阴阳向背。构图平远开阔，意境清幽雅致，呈现出江山无尽的悠远之趣，正是董其昌所提倡的“南宗”从容恬静中蕴含冲淡平和的文人气息。可知，题跋自称“予画与文敏极不相近。偶临此纸，殊不能似”，

1　张大千：《画说》，前揭《张大千生平与艺术》，第360～361页。

不过是谦辞而已。

张善孖、张大千昆仲在北平时曾借住颐和园万寿山听鹂馆，《顾影自怜图》轴（新00092293）便是大千于1934年夏日居停之际所绘。图中仕女背执纨扇，默然静观，游思神外，楚楚可怜。运笔之间既有张大风笔简神完的高度概括，亦有费晓楼细心勾勒的精致表现，兼得二人相异的笔墨气韵，备具殊途同归的包容气象，恰为大千超群脱俗的写照。

大千曾记，因老师李梅庵“酷好八大山人”，遂“效八大为墨荷”，得到赞许，“谓可乱真”[1]。从与前图同一年所作的《仿八大山人墨荷幽禽图》轴（新00081440）即可知晓其师之言非虚。其上荷叶挺立，幽禽悄然，画面清简雅洁，意境萧索荒寒，与故宫博物院藏八大山人《荷花水鸟图》轴有异曲同工的妙韵。其不仅仅为“师古”一类的绘画，更是大千假八大山人之笔挥写胸臆，向世人展现临古、仿古的超绝笔力之佳作。

作于1935年初夏的《仿石涛山水图》轴（新0007139），以高远之法构图，但见远处重峦遥茫，中景危岩高耸，屋舍隐约，林木葱郁，近端松下书斋内书生抱手稳坐，静思冥想。无论布局之繁密，笔墨之精到，气势之磅礴，意境之纵横，皆与石涛相类，如出一辙。无怪当年常有名家将其画作误作石涛真迹，徐邦达先生曾言大千“能摹之为肖，间出狡狯赉世，非具真眼者不能辨之”[2]，的是确论。

《仿石溪山水图》轴（新00072472）绘于同年夏末，张大千昆仲时客吴门，与叶遐庵（恭绰）共居网师园。此图布局繁复重叠，密而不塞，飞瀑流泉，峰峦叠嶂，屋宇茅舍，密林丛树，静中有动，虚实相生，秃笔、渴笔交相运用，画格高逸古拙，苍浑老辣。本幅自题有“石溪上人画苍润茂密，有子久、山樵二家之长”之语，可知大千于石溪画作用功甚勤，笔墨直追石溪，是源于临习过程中能对其画法产生精到剖析与深入体会，方能下笔有如神助。

从以上五幅作品，可管窥张大千早年对于临古、仿古投入的精力，以及所取得的成就。对于通过临古、仿古来完善艺术创作，大千既身体力行，也注重向弟子口传、笔授。其学生俞致贞记得老师作过如下指导：

> 初学画的学生，应先从临摹入手，要取法乎上，学习古代名画，通过对临、背临，对古人的笔墨构图要背熟，然后融合古人所长，渗入自己所得，写出胸中意境，创作出自己的作品，才能超越古人，即师古而不泥古。[3]

在《画说》序文中，大千强调：

---

1 张大千：《四十年回顾展序》，前揭《张大千诗文集编年》，第284页。

2 徐邦达：《张大千诗文集编年序》，前揭《张大千诗文集编年》。

3 陈洙龙编著：《张大千》（中国书画名家画语图解），第57页，中国人民大学出版社，2010年。

讥人临摹古画为依傍门户者，徒见其浅陋。临摹如读书，如习碑，几曾见不读书而能文、不习碑帖而能善书者？[1]

前引两段论述，是大千在亲身经历的前提下对临古、仿古作出的自我判断与深刻阐释。首先，习画之士若无临古、仿古阶段则缺少基础，欲落墨图写便饮水无源，没有笔法临习基础作为创作的首要条件，不免陷于寸步难行的境地。其次，习画之士必须要依仗临古、仿古的实力，达到“师古而不泥古”的境界，做到淹有众长、胸有成竹的地步，方能超迈群英，绝伦艺坛。

将张大千早年画作与其一以贯之的观点相结合，可以知晓，其对临古、仿古的强调与实践，并非基于沉湎于前代名家窠臼，耽玩于笔墨情趣的普通画家的浅见，而是要借助临古、仿古来谙熟以往的绘画技巧，广储古人的艺术风格，蓄积实力，进而冲破藩篱，有所创新，成为引领风骚的时代大家。这便是大千高于常人的明见与雄心。

虽然，早年的张大千尚未有后来的盛名，但其志向与见地为此后的辉煌埋下了伏笔，距离如日中天的时候只是不断实践、不断突破而消耗的时间长短而已。

二　鉴古与集古

在临仿古迹之外，张大千还热衷鉴藏名画，眼力过人，极负盛名。一生所阅历代佳作颇多，在大风堂居停过的巨迹为数不少，令人艳羡。在其去世之后，家人遵其遗志，将所藏法书名画 75 件与文玩纸笔等物捐赠台北故宫博物院，方才为其鉴藏生涯画上圆满的句号[2]。

张大千专意鉴古、集古依然源自李梅庵、曾农髯二位老师。李、曾两人均富书画收藏，使得紧随左右的青年大千饱览名作，笔下创作自然大有进境。此后，随售画愈多而财力趋丰，大千便开始留心访古，搜求佳构，并与鉴藏名家往来交流，品藻丹青，赏玩翰墨，凭借过人的记忆力与从绘画实践而来的艺术感悟，鉴藏之能日渐提升，遂有海内闻名之势。

在画家刘凌沧的记忆里，1934 年前后，在张大千寓居的北平琉璃厂东门桐梓胡同二号总是“坐客常满，大部分是画家，还有古玩铺和画店的商人，如集粹山房的黄子琳、

1　《画说》序文见高岭梅编《张大千画集》香港东方学会，1967 年。此段转引自巴东《传统中国画风之现代发展——集古今书画大成的张大千》，《五百年来一大千——张大千绘画艺术回顾》，第 14 页，文物出版社，2001 年。

2　秦孝仪：《直到古人未到处》，台北故宫博物院编辑委员会编，嵇若昕著：《大风堂遗赠印辑》，台北故宫博物院，1998 年。

玉池山房的马济川、荣宝斋的王仁山等”[1]。由此可以想见，张大千与画商的往来密切，厂肆之间流通的善品佳作，必然较多地汇集到大千面前，为其鉴藏创造了更多、更好的条件。

张大千对古代书画的真伪鉴别，极为自负、自信，这是缘于其见闻博洽，品藻精严，正如其言：

举凡名山大川，幽岩绝壑，南北二京，东西两海，笠屐所至，舟舆所经，又无不接其胜流，睹其名迹。闻见既博，品藻斯严。宝墨偶遭，私意必获。性命托倚，魂梦萦缠。虽负巨逋，不易夙嗜。异萧翼之赚，类海岳之痴，结习难捐，弥自哂也。……世尝推吾画为五百年所无，抑知吾之精鉴，足使墨林推诚，清标却步，仪周敛手，虚斋降心，五百年间，又岂有第二人哉！[2]

大千将自己与项墨林（元汴）、梁蕉林（清标）、安仪周（岐）、庞虚斋（元济）这些明清著名鉴藏家比肩，既能显示出其冲天的豪气，更能见到其自视甚高的傲气。

无论豪气与傲气，皆非凭空而降，实为大千对于鉴古一事有着探微正途的志向，由其《故宫名画读后记》一文即可窥见端倪：

夫鉴赏非易事也。其人于斯事之未深入也，则不知古人甘苦所在，无由识其真。其入之也深，则好尚有所偏至，又无由鉴其全，此其所以难也。盖必习之也周，览之也博，濡之也久。其度弘，其心公，其识精，其气平，其解超，不惑乎前人之说，独探乎斯事之微，犀烛镜悬，庶几其无所遁隐，非易事也。以余简陋，何足以尚论古人。惟事斯艺垂五十年，人间名迹，所见逾十九，而敦煌遗迹，时时萦心目间。所见之博，差足傲古人。惟比目病障，如堕云雾中，鉴观之事，惟有遇以神而不以目；望其气而不泥其迹。暗中摹索，略得其概。

……此辨章学艺之事，非敢轻心以掉之也。以余寡识，远逊文敏，吾岂敢谓所鉴别者皆至精而不谬。然积其目验，参以心得，窃欲揭古人面目之真，以示来学途径之正。斯则区区之心，可质之天下而无怍者耳。[3]

综合《大风堂书画录》、《大风堂名迹》两书，所列书画已有颇多进入海内外博物馆馆藏精品之列，可知大千的确具有对法书名画的极高的品鉴能力。

从1943年梓行于世的《大风堂书画录》来看，张大千早年的收藏主要集中在石涛、

1　刘凌沧：《怀念张大千画师》，包立民编：《张大千的艺术》，第24页，三联书店，1986年。

2　张大千：《〈大风堂名迹〉序》，前揭《张大千诗文集编年》，第257页。

3　张大千：《故宫名画读后记》，两段分见前揭《张大千诗文集编年》，第278、282页。

八大山人之作，旁列赵松雪（孟頫）、黄大痴（公望）、董文敏（其昌）、陈章侯（洪绶）、王麓台（原祁）等元明诸家，显然是受到两位老师好尚的影响。

煌煌四巨册的《大风堂名迹》，所印俱为大千藏品佳作，第一集收录历代名画38件，第二集《清湘老人专辑》收录22件，第三集《八大山人专辑》收录15件，第四集收录历代名画40件。仅就故宫博物院而言，共购藏其中五代董北苑《潇湘图》卷、顾闳中《韩熙载夜宴图》卷，北宋王居正《纺车图》、徽宗《祥龙石图》卷，元方方壶（从义）《武夷放棹图》轴，明张大风《渊明嗅菊图》、吴小仙《武陵春图》卷[1]。以故宫博物院收求文物标准之严格，尚且入藏7件画作，由此便知大千深湛的鉴古之功。

无论各个时代，鉴古能力的培养既要自身面对画迹钻研笔墨风格，也要向师长请教，与友朋切磋，逐渐积累经验与眼力，才会有所增益。除去李、曾二师之外，与青年时期的张大千交往且能谈论艺术的师长、友朋必然不少，无法一一详述，仅从其中推出三位先生稍作绍介。

首先是番禺叶遐庵先生，为近代政治史上颇具影响之士。专擅书法，醉心词学，善鉴法书名画，考识精详，举世共推。1929年，两人初识于教育部筹划的全国第一届美术展览会，1932年起，“共寓吴门网师园，共数晨曦者近四年。……见必评论古人名迹、山水名区，以为笑乐”[2]。能与艺坛耆宿朝夕相见，并终日参详书画，张大千的鉴古眼力当然会大加精进。

其次为姑苏吴倩庵（湖帆），是近代著名画家、书画鉴定家。笔下山水、花鸟、人物兼擅，书法俊逸洒脱，精于鉴赏，富甲收藏。在《丑簃日记》中，吴先生记述其与大千在沪上往来密切，或谈道论画，或臧否艺苑，或互赠书画，不一而足[3]，1937年3月19日两人同在故宫博物院审阅参加全国第二届美术展览会的作品[4]。年纪相近、博通鉴定、声望颉颃的两位画家，常相往还，互为砥砺，以品赏书画相娱，鉴古水平日升千寻，自不待言。

其三为东海徐李庵（邦达）先生，乃当代著名书画鉴定大家。而立之年便以善于鉴定古书画与创作书画名闻上海。1955年进入故宫博物院后，审阅海内外所藏古书画不计其数，注重将考据文献与图像比较有机结合，考鉴唐宋巨迹，辨查明清源流，形成其鉴定体系，有《古书画鉴定概论》、《古书画伪讹考辨》等著述行世。据徐先生为《张大千诗文集编年》所作序言中记载，20世纪30年代初期两人在上海西门路西

1　依次见《大风堂名迹》第一集第4、5、7、8、30图与第四集第27图，台北联经出版事业公司，1978年。《大风堂名迹》1955年在日本东京初印。本文所引为联经出版事业公司影印本。

2　张大千《叶遐庵先生书画集序》，前揭《张大千诗文集编年》，第287页。

3　参见吴湖帆《丑簃日记》，吴元京审订，梁颖编校：《吴湖帆文稿》，第3～276页，中国美术学院出版社，2004年。

4　吴湖帆：《丑簃日记》，前揭《吴湖帆文稿》，第63页。

成里张大千寓所相识，言谈投机，遂与定交。论及大千的书画鉴定，徐先生指出：

> 三四十年来，居士足迹所至，鉴收历代法书名画至夥，又往往随以易人，盖留心于物而不凝滞于物，固豪士之常情。毂毂者何足与齿论？箧中尝有唐摹王右军《行穰帖》、董北苑《潇湘图》、顾闳中《韩熙载夜宴图》，并稀世剧迹，今或入东瀛，或归北京故宫博物院。其他宋元明清书画之曾藏大风堂者，无虑千计，已难缕述矣。[1]

对于大千的收藏观，徐先生称“往往随以易人，盖留心于物而不凝滞于物，固豪士之常情”，明确道出作为画家的鉴藏家，张大千与寻常鉴藏家迥然有别。寻常鉴藏家因多以古物收藏为兴趣，每得巨迹，遂庋藏高阁，秘不示人，终日陶醉清玩，怡乐性情。而大千却是将一己所存供友朋赏阅藻鉴，并以刊行《大风堂书画录》、《大风堂名迹》与举办“大风堂珍藏古书画展览”[2]等形式公之于众。此外，大千常将所蓄名品易人，从而换得更多先贤画作入藏大风堂内。所以说，大千并非传统意义上的鉴藏家，其观念上重乎“留心于物而不凝滞于物”，即专注于书画所呈现出来的前人笔墨技法与苦心构思，而不是子孙永保、家族递藏的狭隘认识。

鉴古、集古，并非大千的目的，仅仅是大千为自己设定的通向艺术巅峰的路径。通过鉴古、集古一途，早年的大千方能博观百家，广阔眼界，积蓄笔墨，荡涤心境。上善之物尽在大千眼底，笔墨之灵自然奔走居士腕下，建构气势恢宏的艺术世界便是水到渠成的事情了。

如果不知晓大千这般的巧思智慧，就无法理解其倾尽时间、挥洒巨资去鉴古与集古的良苦用心。

三　博古与通古

需要言明的是，此处的“博古”含义是博通古法，融汇古意。尽管临古与仿古、鉴古与集古对于画家的精进殊为重要，然而那些不过是从外部环境来创造有利的条件，而把凝固于画迹之上的传统技法与艺术思维，内化为自身的笔墨风格与创作灵感，博古开今，通古鉴今，挥笔纵横开阖，落墨气迈古今，才是画坛巨匠的风范。

张大千早年醉心石涛，受其影响极深，取法清湘老人笔墨、构图的画作也为数颇多，世人皆知。但是大千并未裹足不前，当30岁时论及这位名僧画法时，他便谈到：“石

1　徐邦达：《张大千诗文集编年序》，前揭《张大千诗文集编年》。

2　张大千：《大风堂珍藏古书画展览启事》，前揭《张大千诗文集编年》，第324～325页。

涛之画，不可有法，有法则失之泥；不可无法，无法则失之犷。无法之法，乃石涛画法。”[1] 从“有法”到“无法”，方能进入万千画境，言语简洁，要旨尽显，对石涛理解之深、之透披文可见。

“问渠哪得清如许，为有源头活水来。”（朱晦庵《观书有感》）就张大千的艺术观念而论，其还是源自石涛。在晚年撰写《清湘老人书画编年序言》时，大千言及石涛“我役前人”之论说：

> 余又见石公与其友哲公书云：“此数幅皆写宋元人笔意，不提出则更有趣，此得非英雄欺人哉？然正是宋元人为我役，非我为宋元人役也。”故石公画论云：“好古敏求，则变化出矣。”余尝语门人弟子七分人事三分天。三分天资，人人得而有之，七分人事，人人能之而未必能。今因石公之由渐而得妙果，重申吾意，以告吾后生，亦苦口甘言也。[2]

大千能得石涛三昧，终造佳境，更能苦口婆心，以之告诫后学，便知其受清湘老人影响的深广。1941 年之前，大千不仅专重石涛，更是广益多师，以名作佳构为引导，借画面笔触、敷色、布局而探源古人精髓与画理妙旨，融故吐新，趋臻化境。

《巫峡清秋图》轴描摹的是 36 岁的大千数次往来三峡后对神女峰的记忆与印象，只见山势接天，云烟束腰，深秋雪霁，红叶光艳，悦目爽心，美不胜收。画面一变临仿石涛、八大等水墨面目，以所谓张僧繇的没骨青绿山水，呈现出斑斓多彩、天然烂漫的风格。傅申先生曾指出，大千的绘画品味，兼喜水墨、青绿两类，早在赴敦煌石室之前，便创作过不少富丽有装饰性的重彩画[3]。是幅应为其一。推想，大千晚年的泼彩画法之始，或即此时。

同年重阳所作《柳荫纳凉图》轴，绘高士倚石盘坐，捻须静思，柳丝垂荫，凉意淡淡。人物取张大风简放疏朗的笔意，随意勾染之间神气自生，树石则用华新罗兼具洒脱秀逸、含蓄蕴藉的画法，笔情墨趣悠然纸上。将二家不尽相同的气韵巧妙和谐地融为一处，展示出大千博古自新的艺术功力。

叶浅予先生探讨老友张大千的艺术门径时，将大千博古探源之法用要言不烦的方式表述得非常明白：“师古人为了师造化，师造化还需师古人。穷追古人之迹，穷通古人之法，达到穷探古人之心。换句话说，只读古人之迹，只识古人之心，不能保证用到自己笔上，必须掌握古人之法，才能为自己所用。因为：艺术的成就，主要靠实践，

---

1 前揭《张大千诗文集编年》，第 303 页。

2 前揭《张大千诗文集编年》，第 293 页。

3 傅申：《从四川省博物馆藏品看张大千早期绘画》，《往来成古今——张大千早期风华与大风堂用印》，第 118 页，高雄市立美术馆，2002 年。

造型艺术更要靠手的实践，必须掌握熟练的技术，做到随心所欲，游刃有余。”[1]

学画之初，习者唯恐笔下形象与古人不相类，待有所基础之后，却又担心笔笔皆是古人，无法摆脱束缚而形成个人风格。要突破这一瓶颈，必须以融汇古法、远排“无我”、力主“有我”的意识为先，以天真平淡、浑然天成的笔墨为归，以博古、通古为旨，倾心实践，一以贯之，方可渐趋大观。其实，自前两图就可以感受到，张大千继承传统之际，便是按照这一方向，没有亦步亦趋于古人，安居窠臼于旧法，而是在名家宝绘中浸淫日久，沉心体悟，手追笔摹，心领神会，不断变化古人笔法的组合形式，积极探求有别先贤的创作方法。对于早年的张大千而言，临古、仿古的实践愈长，鉴古、集古的时间愈久，博古、通古的积淀也就愈发沉厚，所得的成绩自然愈发辉煌。

没有自早年起就开始并持之以恒的“博古与通古”意识，张大千便不会站在万众瞩目的艺术巅峰；没有自早年起就开始并持之以恒的“博古与通古”实践，张大千便不会成为人所共仰的画苑巨匠。

结语

对于张大千的艺术成就，论者纷繁，褒贬皆有，莫衷一是。艺术高下本身没有固定的标准，个人自有审美观念，因此不必强求共识。但大千腕底山水、人物、花鸟尽皆超众，工笔、写意无不精绝，书画俱善，诗词并举，长于治印，兼能摄影，这在同时代书画家中极为罕见，甚至可称举世无双。仅此，将张大千称作艺苑宗师、画坛巨擘，是实至名归、毫不夸张的。

前述文字，以“古”为线索，对张大千早年画风的成因稍作梳理。临古与仿古、鉴古与集古是外在因素，博古与通古是内在推动。正是内外作用，才使得大千在早年即超乎同侪，取得骄人成就，为日后称雄艺林、载誉中外铺平了坦荡路径。

耄耋之年的张大千为《大风堂名迹》再版作序，言及：“用是天府遗珍，世家故物，集吾寒斋，雄视宇内。尤以挹彼菁华，助我丹青，将以娱老，足慰平生。”[2]此正是大千临仿溯源前贤，鉴古怡乐平生，博古襄助挥翰的点睛之笔。遂录于上，引为豹尾。

原载《中国画家·近现代卷·张大千》，故宫出版社，2014 年

1　叶浅予：《张大千的艺术道路》，前揭《张大千的艺术》，第 2 页。

2　张大千：《〈大风堂名迹〉序》，前揭《大风堂名迹》。

近、现代书画伪讹简析

潘深亮

内容提要：本文从名录、地域、手法辨伪等方面，简要介绍了近、现代书画作伪与辨伪的基础知识。

关键词：作伪名录　作伪地区　赝品　辨伪

19世纪末至20世纪初以及20世纪八九十年代，书画伪作先后出现了两次高潮，而且一次比一次厉害，其作伪范围之广，作伪手段之高，伪品数量之大，令人咋舌。著名书画家范曾于2009年在中央电视台做节目时讲，假手伪他的作品，全国共有五百万件之多。假手不仅伪古代书画的作品，而且大量伪造近、现代以及当代的名家画作，造成鱼目混珠，真伪糅杂的混乱局面，究其原因，主要有以下5点：

其一，艺术市场供不应求，客观上助长了书画伪作的态势，加之有关法规跟不上，造成了伪品泛滥的混乱局面。

其二，作伪技术发展迅捷，而辨伪技术相对落后，到目前为止，还没有发明一种检测书画真伪的技术。

其三，鉴定近、现代书画依据比鉴定古代书画缺乏，这主要体现在两方面，一是在材质上，近、现代书画笔墨纸砚以及装帧样式，真品和赝品没有什么区别，不能给鉴定者提供帮助和佐证。而在理论研究上，由于近、现代著名的书画家和作品都很多，而艺术市场开发才二三十年，理论界还未来得及深入研究，无所依据。

其四，书画鉴定的学者、专家青黄不接，特别缺乏一言能定终身的权威专家。从当前形势来看，一批有权威的老专家，如启功、王以坤、刘九庵、谢稚柳、杨仁恺等，都相继离世，即使某几位有权威的老专家还健在，由于他们年老体衰，已无力过问近、现代书画鉴定。

作者：原古书画部，研究馆员。

其五，为了钱财，某些名家的门生亲旧参与代笔或作伪。在这些伪品中，有的款、印还是真的，只有画是赝品。

一　近、现代书画伪作与被作伪

近、现代书画伪作，由于时期不同，大致可分成近代和现代两部分，当代的青年书画家，由于他们的伪作少，此文就不赘述了。

近代部分，主要作赵之谦、虚谷、任伯年、吴昌硕、任熊、任薰、江寒汀、王震、蒲华、吴石仙、吴徽、钱慧安、吴湖帆、陆恢、倪田、林纾、陈师曾、金城、姚华、居廉、高剑父、高奇峰等人的伪作，其中吴昌硕、任伯年、虚谷、王震等人的伪作最多。

现代部分，主要作齐白石、徐悲鸿、溥心畬、张大千、傅抱石、潘天寿、李可染、李苦禅、叶浅予、黄宾虹、陈衡恪、陈半丁、刘海粟、钱松嵒、郭味蕖、陆俨少、吴作人、于非闇、谢稚柳、王雪涛、赵望云、黄胄、亚明、程十发、萧俊贤、石鲁、刘文西、冯超然、何海霞、黎雄才、关山月、何香凝、刘奎龄、刘继卣、田世光、马晋、林风眠、吴冠中、宋文治、唐云、丰子恺、杨之光、黄秋园、陆亦非、崔子范、白雪石、张仃、杨善深等人的伪作，尤以齐白石、徐悲鸿、张大千、溥心畬、李可染、傅抱石等人的伪作最多。

书法主要伪吴昌硕、赵之谦、康有为、启功、刘炳森、郑孝胥、于右任、林散之、郭沫若、沈鹏、沈尹默、舒同、欧阳中石、弘一等人的书法作品，其中又以伪启功、于右任、林散之等人的最多。

此外，一些小名头、对路、好销的伪作也有，暂且不属此文研究之列。

关于作伪之人，现在已查清，浮出水面的有陆和九、王庭训、蒙树培、李华菁伪赵之谦、任熊；江寒汀伪虚谷；任霞、倪田伪任颐；马汉三伪吴石仙；何 ××、慕凌飞伪张大千；金道伍、杨淑真伪溥儒；娄 ×× 伪齐白石；王友石伪陈师曾；唐怡伪于非闇；张大千伪石涛、八大山人等。伪徐悲鸿，20 世纪 70 年代四川重庆就有，主要伪徐氏奔马和猫等动物画。到了当代，伪徐悲鸿、齐白石画比比皆是。但要说明的是，近、现代书画作伪，绝不止上述十余人，特别是艺术市场开放以后，作伪之人，不论是京、津、沪、穗等大城市，还是中小城市，大有人在，现只因资料不足和社会原因，一时还不能作更深入的研究。只能暂时放弃。

二　近、现代书画的作伪地区

近、现代书画的作伪地区，如与古代书画的作伪地区比，范围有所扩大，但仍具有明显的地域性。

（1）京津地区。主要伪齐白石、溥儒、张大千、徐悲鸿、王雪涛、于非闇、吴作人、黄胄、陈少梅、田世光、彦伯龙、刘继卣、刘奎龄、范曾、刘凌沧、郭沫若、启功、刘炳森、林散之、沈鹏、赵朴初、欧阳中石、舒同、金城等人的书画。具体的作伪地区，听说“天津有艺术一条街”，北京有潘家园、琉璃厂的一些小窝点。

（2）上海地区。主要伪虚谷、赵之谦、刘海粟、任颐、吴昌硕、吴湖帆、朱屺瞻、张大千、陶冷月、谢稚柳、程十发、唐云、王震、张熊、吴石仙、任熊、沈尹默等十余人作品，具体作伪地区，听说有上海城隍庙等某些窝点。

（3）南京地区。主要伪傅抱石、陆俨少、潘天寿、钱松喦、亚明、王文治、陈大羽、肖平、黄宾虹、宋文治、喻继高、宋玉麟等人作品。

（4）山东地区。主要伪李可染、刘大为、欧阳中石、舒同、林散之、刘墉、范曾等人的作品。山东省近年来由于经济发展迅速，购买书画收藏的人很多，笔者曾多次赴济南、青岛、淄博、东营、烟台、招远、威海、潍坊、聊城等地鉴定，发现有不少的伪品传世，但来自何方，还难定论，很可能来自京津地区。待考。

（5）广州、深圳地区。主要伪高奇峰、居巢、居廉、高剑父、陈树人、张大千、傅抱石、关山月、黎雄才、方楚雄、何香凝、赵少昂等人的作品。

（6）港、台地区。主要伪张大千、齐白石、溥儒、江兆申、刘国松、徐悲鸿等人的作品。

（7）西安地区。主要伪石鲁、赵望云、张大千、何海霞、王成喜、刘文西等人之作。

（8）苏、杭地区。主要伪陆俨少、黄宾虹、傅抱石、钱松喦、潘天寿、吴昌硕之作。

此外，武汉、合肥、重庆、沈阳、郑州、扬州、成都、昆明、厦门、大连、济南等地，也不乏作伪者，此文就不多赘述。

三　近、现代书画作伪方法及辨伪

近、现代书画作伪，除继续采用伪古画的临、摹、仿、造、代的方法外，又利用了高科技、新手段，进行作伪。概括起来，主要有 10 种：

其一，电脑复制（包括用电脑重新拼凑、排列）和高倍电子扫描。这种方法，又名“克隆复制”。其优点是与真迹如出一辙，其弊端是有形无神，在作品神韵上与真迹有较大距离。

其二，照相复制。将真迹按原样大小拍成照片，然后用新技术（激光等）进行复制，作旧。这类伪作，其好处是笔法、构图、赋色可以达到百分之百相同，但仔细观察，会发现它有照片的余光，如用手摸，无真迹的凹凸手感。

其三，幻灯投影。即先把真迹制成幻灯片，再投射在纸上，然后用假手按投影的影像进行细描伪造。

其四，利用出版物作伪。在一般藏者看来，出版物比较严肃，可靠性权威性较高，著名出版社的图录更是应该如此。但是利用出版物作伪，在书画收藏圈子内早已不再是秘密。造假者通常在介绍著名画家的书籍中插入一些伪作，有的是私人自己出资出书，将自己的赝品送交没眼力的拍卖会，借拍卖会图录以行骗，引诱那些按图索骥的收藏者受骗。破解这些伪作方式行骗的方法，是收藏者在购买前最好看出版单位和编著人和及拍卖会的权威性，然后和作者或者家属联系求证确认，再结合专家意见，这样相对比较保真。

其五，伪造收藏经历。这一作伪方法也比较常见，且多数是一些高伪之作。笔者到全国各省份鉴定时，经常会遇到一些不速之客，说他的这幅作品是爷爷的爷爷传下来的，或者说，经过某某名家收藏，流传有序的，以伪造收藏经历来“保真”。有的假手依照领导人，或者大收藏家、大书画家、鉴定家的笔迹，在画中写收藏题跋，以图“保真”“保价”，这也属于伪造收藏经历之列。因此，收藏者应善于从“故事”中跳出来，不要信他们的“神话”。

其六，利用物理、化学的研究成果，对纸、绢作作旧处理，如把烟草、稻草泡成水，然后染纸、染绢以作旧，从而欺骗收藏者。破解之法，自然的纸绢成“小米样”的黄色，古色古香，自然妍美；而作旧的纸、绢污浊刺眼，如用化学品染旧，有的会留下痕迹和气味，有眼力之人不难看出破绽。

其七，集团化作伪。为了避免什么都能伪，什么都伪不好，容易被收藏者和鉴定家看出破绽，现代书画作伪越来越有组织性和专业性。假手分工协作，有的造假，有的售假。造假的人中，有的专门负责刻印，有的专门负责题跋，有的专门负责上色，假手各擅一招，功力不浅，故仿的赝品和真品非常接近，有的达到“以假乱真”的地步，很难辨别。此外，售假者还在购买、销售渠道和方式上下功夫，以欺骗收藏爱好者。

辨认这一类作伪的方法，需要收藏者和鉴定者具备比较全面的文化和美术知识，不仅要挑局部的毛病，还要看整体。毕竟几个人合作的作品和一个人独自创作的感觉不一样，不够和谐统一，缺乏整体的美感。

其八，改头换面，移花接木。即以真迹作样本，将一件作品中的人物、走兽或景物移走、删改、改换或嫁接成其他的内容，以欺骗收藏者。

其九，凭空臆造。完全不以真迹为粉本，无中生有，随意臆造，这也是当前普遍采用的一种作伪方法。

其十，利用照片拼凑作伪。现在，熟悉电脑的人，尤其是熟悉图片处理技术的人都知道，电脑能够将照片加工制作出无穷的效果来，包括合成和改造。利用照片进行书画作伪，常见的有，在电脑上将书画作品和某些著名人士，比如名人、领导、鉴定家，结合在一起，以营造这幅作品是“珍品”“精品”的假象以蒙人。其识别之法，收藏者除向熟悉电脑的人求教外，还应借鉴高科技，从“故事”中跳出来。切记不要盲目崇拜权威。

以上我们分析了五花八门的作伪手段和破识之法，但还不够，还要从每件作品的笔法、构图、设色、款印、师承进行综合研究，用对比分析手法，即真迹与疑伪作品比，真款印与疑伪款印比，从中得出正确的结论。

此外，“观气”，即从整体上研究，也很重要。凡是大家，如吴昌硕、赵之谦、齐白石、张大千、徐悲鸿、傅抱石等，他们的作品都有一股大气，也就是顾恺之说的“气韵”，溢于画面，而伪作不仅运笔呆板、粗俗，而且有一股“匠气”流露于作品中，仔细观察，不难看出破绽。

总之，书画鉴定，比起瓷器、玉器、青铜器等，是都要难得多的学问，鉴定者除要掌握上述原则外，还要多看实物，脑子中要有真迹的“样板”，这样才能在纷繁复杂的真伪作品堆中去伪存真，以弄清庐山真面目。

四　正确认识书画赝品

当前书画临摹品（赝品），特别有意作的伪作，令人们深恶痛绝，大有一拳打翻在地，踏上千万双脚之势，这种情绪或行为是可以理解的，但不全面，首先，事物的发展即由正与负、进与退等相互对立又相互联系的二者所组成，书画的真、善、美与假、恶、丑也是对立统一的两方面，失去一方面，另一方面就不存在。故赝品也有存在的意义。其次，书画鉴定专业是基础的实践的学问，离开了赝品，书画鉴定理论就失去了验证的标准，更得不到深入和发展。再次，“下真迹一等”的临摹品（从鉴定学原则讲，它属于赝品），随着时间的延伸，越来越具有较高的历史的、文化的、科学的和经济的价值。如现在传世的王羲之《兰亭序》、顾恺之《洛神赋图》和《列女图》、展子虔《游春图》、顾闳中《韩熙载夜宴图》、王献之《中秋帖》、周文矩《重屏会棋图》、阎立本《步辇图》、吴道子《释迦降生图》等，经考证，都是唐代或宋代摹本，而现在都成了国宝（国家一级甲文物），非常珍贵，因为这些书画摹本，事实上已替代真迹的空缺。就拿现在的收藏与陈列来说，收藏方也多采取以名作摹本替代原作的方式进行陈列，以保护原作。但要说明一点，对那些以欺骗钱财为目的制造赝品的人，必须加以严厉打击，以保护书画家权益不受侵害，促进艺术市场的正常发展。

原载《第三届世界华人收藏家大会文献之一：大会论文集》，2012 年

承接古今之新画派　融汇东西之大美术

——观袁运甫先生故宫博物院个展有感

蒋　威

内容提要：本文以画派、美术、文化的视角谈对袁运甫故宫画展的感受。

关键词：袁运甫　新画派　东方美术

袁运甫先生是我国著名画家、艺术教育家。今天又一次在故宫博物院神武门展厅观看了袁运甫先生的个人画展，非常激动，感受颇深。

近距离观摩了先生很多作品，尤其是几件代表作并拜读其创作背景和草图，倍感荣幸。欣赏和喜悦之余更是对袁先生的作品和生平产生了无限的感慨和崇敬，作为工艺美院的无名后辈，现将自己观后的灵感与火花及时刻下，希望溶为深刻的烙印鼓舞自己思考与学习。

袁先生艰辛的艺术生涯，经历了新中国的维新思潮，遂形成了自己独立的风格、深厚的功业和博大的艺术境界。这正与20世纪60年代新中国的发展相呼应。据先生所述，早年进入杭州国立艺专，正值国家成立之初百废待兴而自己也单纯懵懂、青春活力之时，先后在杭州和北京受到早期一大批引领风骚的艺术大师的栽培和影响；"文革"期间，先生也是不忘学业，潜沉修炼，粪筐画作一定为大师日后的创作积累了大量珍贵的素材和资料；70年代末，正是先生年富力强、风华正茂之际，厚积而薄发，前期扎实的基础为他奠定了机场壁画和《长江万里图》的盛誉，并引领了当时"公共艺术"的时代潮流。之后，袁先生更是凭其独特的魅力和德高望重品格，育人无数，为国家的艺术教育作出了巨大贡献。

我以为袁运甫先生的绘画是很难分门别类加以定性和总结的，而更多是融会贯通、自成一家的多元综合艺术——既讲究功能性和实用性，又追求艺术修养和时代特征。他擅长西方现代布面油彩，又精通传统纸本水墨，同时涉及公共壁画，可谓兼容并蓄，

作者：研究室，研究馆员。

游刃有余。范围既广且杂，而内涵又有所专精，这在当代中国画坛是非常难能可贵的。

袁先生的绘画风格，博大而统一，兼取敦煌与欧洲古今中外壁画的特点、现代艺术和古典绘画的优势。构图章法，严谨精炼，同时奇险大胆，以中国画的经营位置和民间美术的意趣符号与现代西方设计学点线面的形式感相互借鉴交融；他的笔法涵盖了写意的皴擦点染、工笔的精心描绘渲染和罩染、书法的抑扬顿挫，但又不拘泥于其中，有自己的创新和突破，笔锋运转自如，刚柔并济，挥洒得体；他的用色大胆而慎重，在色彩的明暗冷暖对比与调和中蕴含着中国古朴大气自然的色调；整个画面大的感觉不仅符合自然界的空间和原貌，也有自己的提炼归纳，时而情感触发随意泼洒，放肆涂抹，时而静下心来耐心塑造，仔细刻画。画面虚中有实，繁中带简，营造出一种立体的也是平面的、东方的也是西方的气氛和意境——恢宏大气、深远沉静。这些独特的也无所不在的美学追求真是耐人寻味，令人流连忘返。

中国绘画因时代的变革遭受了怎样的冲击和改革，早年徐悲鸿等大师将西方绘画引进中国并与国画相结合，开创了东西合璧的新的绘画思路，之后就在各家、各门类开始了关于传统与现代、东方与西方、笔墨工艺等形式与内涵等问题继承和舍弃、辨证与统一的不断讨论和实验。这其中，每一位艺术家都作出了巨大贡献，而我觉得袁运甫先生的高明就在于他博采众长，以开创新时代、全人类的“大美术”之境界在同辈中脱颖而出，成为艺术界的中坚，并在不断实践中卓然有成。袁先生所秉承的艺术宗旨及情感立场，根植于民族自尊，发自于灵魂深处，也放眼于世界和未来，这些同样是几代艺术家与国家意识形态相契合的大理想。众所周知，理想与现实的差距之悬殊，在多年的艺术探索与抗争中，许多前辈不免有所限制和偏颇，或是受挫受阻，或是随波逐流，孤立无援壮志难酬。而袁运甫先生却数十载如一日，身体力行，天性宏达，乐观积极，雄心勃勃地坚守着自己崇高的艺术理念并践行出了一番大作为。在这样一个现实的环境中，功利而躁动的年代下，这实属不易，何止是艺术家的能量和精神，更像是时代的英雄和圣者！

展览并不大，但还算周全，既有大型的代表作及其稿件，也有先生平时的小品、习作，画种涵盖了水粉、水彩、水墨和素描速写等。或大或小，或素雅或“艳俗”，各有特色，却又和而不同，不变的是画家一直关注的对象：松柏、荷塘、山川和古迹，都是经典的、生动的让人敬仰也别具个性的物象。不论画幅大小都自有一种张力和气势让人不禁退远瞻仰，走近了细细打量，又会发现大师许多别具匠心的巧妙安排。试着用笔凌空模仿，才知这些线条的变化，悠长而有力，仔细揣测其用色的习惯和背后的意义想法，真是耐人寻味，妙不可言。麻雀虽小，但小中见大，整体画展和具体每幅画、每一个局部都极富观赏和研究价值。

袁先生的写意风景，不同于以往的山水花鸟的云雾缭绕、安逸恬淡。传神之处在于对主体精神的描绘和放大，作者自己和对象的融合统一。

图一　喜马拉雅山（1992 年）

图二　纽约大桥（1981 年）

山石奇险，阳光热烈，老树傲然挺立，铁骨槎枒但不矫揉造作，现代的冰冷的钢架桥在他笔下也多了一分神采和活力。写意画色调阴沉，再附上背景和各种颜色，一改传统国画留白的“无中生有”，而色彩和谐安宁依然不失国画原有的古朴、通透和空灵。尤其几件泼墨荷花，是袁先生最典型的画作，构图大胆，笔触松动，蓝绿色调浓郁深沉的背景，营造出一种忧郁的、冷寂的、淡淡的忧伤，将荷的清高的形象与孤傲纯洁的品性凸现出来。细节处又将荷花的花蕊、经脉都勾勒得细致平静，密与疏、繁与简、动与静均衡到位。这些彩墨，画风既保留了南方文人的韵味，同时还有种北

图三　朱荷碧盖（1994 年）

图四　母女（1961 年）

图五　长江万里图（1972年）

方的浓重和来自男性的力量感以及原始自然的纯粹和狂野。形与势源于自然又高于自然，线条造型概括而精炼，有光影却不写实，有构成而不呆板，黑白的对照对应，有彩色与无彩色的调和，形态的拙朴张扬，很有一种夸张与严肃的强烈对比，一种压抑之后的释放，绝望中现光明。

再看先生平日的写生，功底扎实，生活气息深厚。人物造型另类，虽不是面面俱到的刻画，然而形象生动，肤色果敢，动态鲜活，表情幽默。场景也很有地方特色，一定是袁先生认真关注和留意过的现场记录，让人看到一种童真般的玩味。既尊重客观又主动把握，进行归纳概括，提炼取舍。画面虽小但极其考究，构图严谨，用色妥帖，绝无马虎大意，这是多么严谨的学者风范。比如这件工笔重彩《母女》，是对传统工笔的创新，肤色与背景色相对比，又相互协调，笔触松动，似乎故意叠压或是流露，凸现了墨色在宣纸上晕开的肌理效果。另有工笔重彩玉兰花开，与祝大年先生的同名作有异曲同工之妙，袁先生构图并不对称，而用色更加饱和，写生造型也归纳的更简练。临场写生的草稿和习作，对于后期的创作和艺术修为的完善都是极其重要的，袁先生如此慎重对待哪怕一页“废纸”，这是现代年轻艺术家最最不屑也最最缺失的珍贵品质。这才是对自己负责，也是对艺术、对他人的尊重和理解，是真正的大家风范。

最后膜拜这件藏在柜中的大型创作——《长江万里图》，不禁让人称奇。历史上不乏对于祖国万里山河的长卷描绘，吴道子、王希孟、张择端、赵芾及近代的张大千、吴冠中等，都有时代天才的传世经典之作，面对这样的历史压力和新中国刚刚建成还多有技术和审美等缺憾的不利局势下，袁运甫先生这幅长卷真可谓名不虚传。

首先画面大的势，如同长篇史诗的行文一般，中心明确，结构严谨，气韵流畅，内容充实，起承转合照顾的无微不至，气势咄咄逼人势如破竹。动势灵活多变，对比呼应又不失大体，构图和位置的安排，既对称又有所破，依着万里长江的走势，每一段、每一处都是恰到好处，非常合理。用笔或方挺利落或棉柔圆滑又或精锐细致，既有中国绘画的笔法，又有西方油彩的技艺，将山之巍峨陡峭叠嶂起伏、水之曲转萦回绵延无尽以及庭台广厦大坝钢桥等人情风貌描绘装点的生动得体惟妙惟肖。用色大方典雅，不拘泥于细节和原貌，整体色调清素安详但处处又充满极富人情味的热烈生活场景。对景物，先生着眼大处，无惧纷杂，总揽全局，不乏灵活主观的传移模写，取舍自如。近距离观察更是暗藏看点，惊喜不断：长江沿线的风景名胜，如川藏的水库大坝、天文台，云贵的梯田，洞庭岳阳，徽派建筑，苏州园林，上海的外滩洋楼，还有长江大桥和许多现代工业，点缀穿插其间却又不显突兀，手法纯熟，主次俨然。

总体来说，这件作品可以说是艺术家对这一时期祖国壮美山河最好的描绘和赞美，是最真实的再现和最真挚的眷恋。再看旁边的简介和袁先生积累的素材及草图，非常认真。在那样的年代、那样的条件和现实生活背景中，这样的创作并非易事，堪称前无古人后无来者的创举，真不知袁运甫、吴冠中、黄永玉、祝大年四位大师那一路游历写生是何等的风光有趣，又有怎样的艰难险阻。古人有登斯楼也，把酒临风，此乐何极之慨叹，而我今天看到袁先生这件大作亦是如临奇境，心旷神怡，飘飘然有种陶醉忘我的感觉，真是佩服得五体投地。

最后，再结合中国古代的长卷绘画和当代大师的风格比较分析一下这件作品。袁运甫先生博采众长，大势以写意概括，细节写实刻画，绝非沿途景致的随意堆砌，既有宋代宫廷绘画的精工典丽，也借鉴了明清绘画的奇崛豪放，又不似大千先生全凭记忆的主观营造，也不似吴冠中先生临场写实的自由激情，资肆不羁，画面幽蓝的色调清素典雅，每一处细节又繁而不乱，生动体贴，整个画面浑然一体，可以说是中国山水长卷的一次整合与革新之作。

袁运甫先生承前启后，贯通中西的“大美术”观念对我们今后的艺术创作必然会产生巨大影响。

未刊稿

陶瓷

北宋官窑的思考

王莉英

内容提要：目前，对北宋官窑的研究重点聚集在两个问题上，一是北宋官窑是否存在，二是北宋官窑建在何处。一处名窑的确立应具备三个要素：①文献记载；②传世古物；③窑址遗存。通过对文献记载与考古发掘出土南宋官窑实物的印证及传世藏品的研究，可以确认南宋文献记载的“北宋官窑”是可信且确实存在的。但汝窑不是“官窑”，只能视为“有命则贡，无命则止”的贡窑。对于张公巷窑的创烧年代及窑业性质等问题，还有待考古发掘工作进一步开展再深入探讨。

从自然环境到人文条件看，汝州境内距清凉寺不甚远的地方另立官窑，建官窑当是水到渠成。笔者推论，北宋官窑很可能建在距清凉寺汝窑不很远的地方。深信北宋官窑会被发现。

关键词：北宋官窑　南宋官窑　汝窑　贡窑　张公巷窑

“北宋官窑”是研究中国陶瓷发展史中极为重要的课题，半个世纪以来，学术界从未间断过对北宋官窑的研究。随着陶瓷考古发掘工作新成果陆续公之于众，对北宋官窑的研究更加深入。目前，对北宋官窑的研究重点集中在两个问题上：

第一，北宋官窑是否存在?

第二，北宋官窑建在何处?

长久以来古陶瓷界对这两个问题持有不同的看法，笔者在研究思考中产生了一定的看法或说是观点，写在这里和同仁们交流，以求证指教。

一　北宋官窑存在与否

一处名窑的确立，要具有三个要素：一为文献记载，二为传世古物，三为窑址遗存。

作者：原陈列部，研究馆员。

北宋官窑当然也不会例外。

1. 文献记载

为研究者耳熟能详亦最重要的关于北宋官窑的记载是宋人叶寘的《坦斋笔衡》："本朝以定州白磁器有芒，不堪用，遂命汝州造青窑器，故河北唐、邓、耀州悉有之，汝窑为魁。江南则处州龙泉县窑，质颇粗厚。政和间，京师自置窑烧造，名曰官窑。中兴渡江，有邵成章提举后苑，号邵局。袭故京遗制，置窑于修内司，造青器，名内窑。澄泥为范，极其精致，油色莹澈，为世所珍。后郊坛下别立新窑，比旧窑大不侔矣。"记载中昭示了两类不同性质的窑业，一类是受命承烧的汝窑、邓窑、耀州窑、龙泉窑；另一类是朝廷自置的皇室窑业，这类窑从建制、规模、工匠的选用到制品的原料、种类、式样、装饰等都是奉朝廷旨意而行事，一切以服务于朝廷为己任，它们即政和官窑、修内司官窑、郊坛下官窑。南宋人顾文荐《负暄杂录》记有"宣政间，京师自置窑烧造，名曰官窑"[1]，亦明确提出北宋官窑。以上记载，指明了北宋徽宗政和、宣和年间京师置办了专为皇室烧瓷的官窑。为此在中国陶瓷发展史中，纯粹的官窑问世，古陶瓷界称其为"北宋官窑"。

会有人问，南宋人对北宋官窑的记述，真实可信吗？最有说服力的解答莫过于考古发掘取得的成果。1985～1986年由中国社会科学院考古研究所等组成的南宋临安城考古队，再次对乌龟山郊坛下官窑进行了1000多平方米的发掘，发现窑炉一座、作坊遗址一处（含釉料缸、炼泥池、堆料坑、辘轳坑、素烧炉、素烧坯堆等），出土青瓷片数万，窑具数千件；1998年和1999年，杭州市文物考古所对杭州市上城区凤凰山与九华山之间，距南宋皇城北墙不足百米，俗称老虎洞的山岙平地，进行了两次较大规模的发掘，清理出不同时代的窑炉三座，小型馒头窑四座，有作坊、澄泥池、辘轳坑、釉料缸、采矿坑遗址，发现了瓷片堆积坑、大量的瓷片和窑具。经众多专家考证，认为老虎洞窑的地理位置和出土的青瓷残碎件的特征均与《坦斋笔衡》记述的"袭故京遗制，置窑于修内司，造青器，名内窑。澄泥为范，极其精致，油色莹澈，为世所珍"相吻合。老虎洞窑即是文献记载的南宋修内司官窑。文献所记两处南宋官窑，均被考古发掘所证实，毋庸置疑。"政和间，京师自置窑烧造，名曰官窑"的记载也是可信的、真实的。另有，对邢窑白瓷窑址的探寻与发现，是依据唐人李肇《国史补》所记"内丘白瓷瓯，天下无贵贱通用之"为线索，用了近半个世纪的时间探察了河北省内相关的地县，但无结果。1980年初，临城县二轻局在县城以北的祁村发现了唐代的窑址，捡到了"类银类雪"的白瓷片，遗憾的是"内丘白瓷瓯"的内丘窑址仍未找到。在怀疑灰心之际，1985年夏，在内丘县原县委及商贸街施工

1　文献记"宣政间京师自置窑造青器，名曰官窑"。宣和、政和年间，时值徽宗皇帝执政时期，当为徽宗亲旨建立为皇室烧瓷的官窑。

工地发现了八个堆积坑，出土了一批“盈”字款白瓷标本。“内丘白瓷瓯”的邢窑窑址最终在内丘城关出现。此例，当可佐证古人记载古瓷窑的可信性。通过对文献记载与考古发掘出土南宋官窑实物的印证研究，确认南宋文献记载的“北宋官窑”是可信的，是确实存在的。

2. 传世官窑瓷器

传世官窑瓷器绝大多数收藏于故宫博物院和台北故宫博物院。就故宫博物院藏品而言，在20世纪五六十年代进行院藏品鉴定、划级工作中，经陈万里、孙瀛洲、冯先铭等先生鉴定出官窑瓷器约45件，有37件为清宫旧藏。当时由于南宋修内司窑、北宋官窑均未发现，故将官窑器的年代均定为宋，难以确定出是北宋官窑还是南宋官窑。20世纪70年代冯先铭先生曾对郊坛下官窑发掘品与故宫博物院藏的官窑品进行比较研究，在官窑圆洗中发现了一种广口、直腹壁、浅圈足式样的洗。圈足浅而宽，以垫圈支烧。此支烧方法与南宋郊坛下官窑圆洗的支烧法相同，浅宽圈足露胎处呈铁褐色的特征亦一致。冯先生确定上述圆洗为南宋郊坛下官窑的制品。他又提出藏品中的另一种广口、直腹壁、平底窄圈边的圆洗工艺精致，采用满釉裹足支烧，支痕圆形较小，土灰色，排列整齐。这种支烧方法与汝窑器的满釉裹足支烧法相类，却不见于郊坛下官窑。修内司窑青釉圆洗残件中具有满釉裹足支烧器，但其胎质厚、敞口、腹壁深、平底无窄圈边，圆形支痕大，不规正，露黑胎色，工艺欠精细。故宫博物院与台北故宫博物院收藏的这类满釉裹足支烧圆洗，粉青色釉，釉质光润，细长片纹显露，很美观。平底窄圈边小圆支钉支烧的工艺特征明显，别具一格，不是南宋制品，有可能是北宋官窑制品。故宫博物院陈华莎女士于20年前在圆明园废墟上采集到粉青釉片纹圆洗标本，细观其粉青色釉面细腻滑润，器底满釉支烧具有小圆形支钉痕，与故宫圆洗如出一处。这不大的标本，可佐证在清宫收藏的官窑瓷品中，当有北宋官窑制品。故宫博物院文保科技部采用荧光能谱仪（EDXEF）在无损情况下对故宫博物院藏35件宋代官窑青釉瓷器的化学组成进行了测试，尽管工作是初步的，却取得了重要信息。测试品中的七件小碟，“其瓷釉氧化铝偏低，氧化镁、氧化钛偏高，且氧化铷在54～80PPM之间，氧化锶在324～381PPM之间，这与河南汝官窑、钧窑瓷釉微量元素特征比较符合”[1]。这一测试结论，提示了故宫博物院藏宋官窑瓷品中有北方烧制的，它预示着北宋官窑的存在。上面所谈，是在对现有可知资料分析中，找到北宋官窑的一些蛛丝马迹，但足以令人重视。对北宋官窑瓷器的分辨与认定，还要等待考古发掘出北宋官窑后，以不争的出土实物资料进行比较印证。

---

1 《宋代官窑制度及官窑学术研讨会》，故宫博物院，2010年。

3. 窑址遗存

准确地讲，北宋官窑遗存尚未发现。考古工作者在2000～2002年探察到汝窑烧造地——宝丰清凉寺，并进行发掘。共发现宋代窑炉20座，“不少地方瓦片堆积达20厘米，汝窑瓷器占全部出土瓷片的98%以上”[1]，出土的大量青瓷标本的胎、釉、造型、装烧工艺与故宫博物院、台北故宫博物院收藏的汝窑青瓷特征一致，进而证实了北宋时为朝廷烧造青瓷的汝窑的存在。汝窑是官窑还是民窑？研究界持不同的看法，有人认为是“官窑”，有人认为是“贡窑”。根据发掘窑场的建置格局与废品遗存的堆积现状，结合文献《清波杂志》记有“唯供御拣退方可出售”一语印证，结合汝窑产品有一定的商业流通，只能视为“有命则贡，无命则止”的贡窑，而不是“官窑”。

2000年文物考古工作者在汝州东南部的张公巷发现一处窑址。河南省文物考古研究所于2004年2月对张公巷窑进行发掘，清理出不同时期的房基、水井、灶、灰坑、淘洗池，出土了一大批青瓷标本以及可复原的残器和窑具。青瓷胎质坚实细腻，胎色洁白或灰白，釉色有青绿、淡青，釉面光亮有不规则的冰裂纹、斜绿纹。满釉裹足支烧的青瓷器底上有细小圆形支烧痕，形如小米粒，色洁白，工艺精致略高于汝窑，表现出与汝窑青瓷不同的审美趋向，具有官窑的属性。2004年5月在郑州召开了“汝州张公巷窑、巩义黄冶窑考古新发现学术研讨会”，在20多名发言者中，有80%的人认为张公巷窑是北宋官窑，有少数发言者认为目前资料尚不充分。另有部分与会者认为张公巷窑是金代以后的官窑。鉴于张公巷窑发掘面积小，又未发现窑炉等，出土青瓷残器及标本欠丰厚，所以尚不能全方位地展示该窑内涵与面貌。更值得深思的是张公巷窑烧制的精美青瓷，不存在于清宫旧藏的官窑器中，令人费解。因此，对张公巷窑的创烧年代及窑业性质等问题，还有待考古发掘工作的进一步展开。

二　北宋官窑建在何地

那么，文献记载的北宋官窑建在何方呢？

1982年出版的《中国陶瓷史》中的观点表明“汴京官窑是北宋的官窑，也是一个无法从窑址取证的一个瓷窑”[2]。其理由是，汴京入金以后，黄河几次大泛滥成灾，据考古遗址钻探所得资料，北宋汴京城已深埋在今开封市地下6米深处，开封水位很高，考古发掘难以进行，“几乎是无法取得实证”。如此说，北宋官窑将成为永世不解之谜，研究者只好仰天长叹。

北宋官窑是建在汴京吗？研究者中另有新说。故宫博物院李辉柄先生提出：“从河南全省的古代瓷窑分布情况上看，各个时期瓷窑遗址绝大部分集中在今京广铁路以西，

1　孙新民、郭木森、靳鹭：《北宋汝官窑与汝州张公巷窑珍赏》，长城出版社，2009年。

2　中国硅酸盐学会：《中国陶瓷史》，文物出版社，1982年。

北起太行山麓的鹤壁、焦作，南到伏牛山东麓的平顶山广大地区。而铁路以东几乎没有古瓷窑遗存。古汴京（今开封），地处京广铁路以东，也不能例外。因此，它不具备建窑烧瓷的自然条件。”[1] 上述提法，是以地质地矿资源探察资料作支撑的。20 世纪 80 年代河北邢台祁村发现白瓷窑，召开了学术研讨会，河北省地矿局专家以图表、考察数据阐述了古瓷窑与矿脉的关系及瓷窑分布的特点。考古发掘出的瓷窑遗址证实，瓷窑都建在有瓷土资源、燃料及水的地方，汴京不具备烧瓷必备的自然条件。故此，北宋官窑不建在“汴京”。

北宋官窑建在哪里？考古发掘成果证实，北宋时，为朝廷烧制瓷器的窑在汝州宝丰清凉寺，这里不仅有丰厚的制瓷资源，还拥有一批具有高超制瓷技艺的优秀工匠，且已烧制出优雅精致的天青釉瓷。它具备按照朝廷用瓷理念建立官窑的条件。

再阅《坦斋笔衡》，我们把有关汝州、汝窑、官窑的词语连接起来读，即“本朝以定州白瓷有芒，不堪用，遂命汝州造青窑器……汝窑为魁。……政和间，京师自置窑烧造，名曰官窑”。此语表明皇室用瓷，先选民窑中的佼佼者烧贡瓷，即使“汝窑为魁”，但仍满足不了徽宗皇帝按照恢复礼制的政纲，严格定样烧制祭祀、珍赏、赏赐等用瓷的需要，于是一切遵照徽宗皇帝的理念建立官窑成为必然。从自然环境到人文条件看，汝州境内距清凉寺不甚远的地方有可能另立官窑。由于这里的制瓷原料、优秀工匠、技术经验等条件都具备，建官窑当是水到渠成。文物考古部门不妨在宝丰清凉寺汝址外延地区进行勘察，以探寻官窑遗址。笔者推论，北宋官窑很可能建在距清凉寺汝窑不很远的地方。

原载《故宫博物院八十五华诞宋代官窑及官窑制度国际学术研讨会论文集》，故宫出版社，2012 年

1　李辉柄：《宋代官窑瓷器》，紫禁城出版社，1992 年。

传世宋代官窑瓷器特征

——兼谈北宋官窑

叶佩兰

内容提要：宋代曾先后建立三处官窑，即北宋末“汴京官窑”、南宋“修内司官窑”和“郊坛下官窑”。这三处官窑中，南宋两处窑址已发现，北宋官窑是否存在，在学术界有多种不同的见解。笔者结合文献记载，对传世品进行考证，并对已发现的南宋两处官窑遗址所在的位置及环境进行分析，认为北宋官窑的存在是无法否定的。此外，本文从造型、胎釉以及制作工艺方面，介绍宋官窑传世品的特征，以示传统文化的魅力。

关键词：汴京官窑　修内司官窑　郊坛下官窑　宋官窑特征

今年是故宫博物院建院 85 周年，在这特殊的日子里，故宫博物院古陶瓷研究中心召开宋代官窑瓷器国际学术研讨会，具有重要意义。宋代官窑在中国陶瓷史上为重要瓷窑之一，由官府直接营造，专为宫廷烧造御用品。据文献记载，宋代曾先后建立三处官窑，即北宋末“汴京官窑”、南宋“修内司官窑”和“郊坛下官窑”。这三处官窑中，南宋两处窑址已发现，北宋官窑是否建立过，在学术界有多种不同的见解。本人结合文献记载以及对传世品的考证，阐述一些个人的观点。

一　北宋官窑是否建立过

首先从文献记载考证，在顾文荐著的《负喧杂录》以及叶寘著的《坦斋笔衡》这两部宋人笔记中，都记录了北宋官窑与南宋官窑的建立。经过前人的研究与考察，结合现代考古发掘的新成果，都能与这两部宋人著作相印证，可见这两部宋代著作具有很高的真实性和史料参考性。

在叶寘的《坦斋笔衡》中详细记载到：“本朝以定州白瓷器有芒，不堪用，遂命汝

作者：原保管部，研究馆员。

州造青窑器，故河北、唐、邓、耀州悉有之、汝窑为魁。江南则处州龙泉县窑，质颇粗厚。政和间，京师自置窑烧造，名曰官窑。中兴渡江，有邵成章提举后苑，号邵局。袭故京遗制，置窑于修内司，名内窑。澄泥为范，极其精制，釉色莹润，为世所珍。后郊坛下别立新窑，比旧窑大不侔矣。余如乌泥窑、余姚窑、续窑，皆非官窑比。若谓旧越窑，不复见矣。”此段文字较详细地记载了北宋官窑和南宋官窑建立的过程，以及当时窑业的发展状况。文中清晰记载，北宋曾在京师自置官窑，且南宋官窑是袭故京遗制所设，它的规格制式也被南宋官窑所遵循，所以北宋官窑的存在是无法否定的。

北宋时期经济、文化极其发达。据查有关资料，北宋全盛时期的一般国民生产总值比“康乾盛世”极盛之时还要高出近两倍。北宋都城汴京（今开封市）更是当时的政治、经济、文化中心。在强大的经济、文化发展推动下，宋人对瓷器艺术的追求和喜爱也是空前的。北宋皇室在汴京设立的主管明州（今宁波市）、越州（今绍兴市）、饶州（治所在鄱阳，辖浮梁县昌南镇，景德年间改称景德镇）、定州（今河北定州市）和青州（治益都，今青州市）的皇家瓷器仓库建隆坊，设有专门收藏名窑珍品的瓷器库房[1]。从传世实物看，宋代汝窑、定窑、钧窑、耀州窑、建阳窑、龙泉窑都曾为皇家内廷专门烧造过贡瓷。因此，北宋后期，官府在汴梁设置官窑，为皇室烧造御用瓷器，也是符合当时的社会环境和皇室需求的。同时，宋徽宗本人虽然政治昏庸，却是一位拥有极高文化艺术修养和成就的帝王，他不惜花费人力和财力到江南采运民间的花木竹石，修建御园寿山；在艺术上创造瘦金书体，诗书画全能，好古成癖。因此在都城附近设窑，即汴京官窑，烧造帝王喜欢的瓷器以作宫廷使用或陈设，也是符合情理的。

再从窑址分析，两处南宋官窑遗址均已发现。据朱伯谦先生介绍，南宋郊坛下官窑，是1930年在杭州市闸口乌龟山被发现的，乌龟山是凤凰山南部向东南延伸的一座小山，东北距皇城2公里，西面离郊坛很近，是皇帝祀神农氏的场所，因此这一地区属皇家圣地，禁止一般人等出入。郊坛下官窑也称“乌龟山官窑”。1956年、1985年冬和1986年春，临安考古队三次进行考古发掘，获得大量标本，有些标本还能与传世实物相对证[2]。修内司官窑是1996年9月因山洪冲刷被偶然发现的。具体地点在杭州市上城区凤凰山与九华山间一条狭长的溪沟，长约700米的山岙平地，叫老虎洞的地方，窑址距南宋皇城北墙不足百米，距郊坛下官窑遗址2.5公里，属南宋皇城的保护区范围。在老虎洞窑址内还发现一件刻有“修内司窑”铭的荡箍，进一步确认此窑为修内司窑[3]。从南宋这两处官窑所在位置及环境分析，它们都设在皇城附近，是沿袭汴京官窑

1 熊廖：《中国陶瓷与中国文化》，第381页，浙江美术学院出版社，1990年。

2 朱伯谦：《朱伯谦论文集》，第205页，紫禁城出版社，1990年。

3 杜正贤：《杭州老虎洞窑址瓷器精选·前言》，文物出版社，2002年。

的遗制置窑的。因此，北宋后期京师自置的汴京官窑的窑址也应在开封城附近。但该窑的窑址，经过几代人几十年的考察，至今还未被发现。据《中国陶瓷史》介绍，由于汴京入金之后，曾遭数次大的黄河泛滥，随着黄河泥沙的沉积和近千年来黄河几次大的改道，如今宋汴京城遗址早已掩埋在泥沙之下，据古遗址钻探所得资料，宋汴京遗址深埋在今开封市地下数米深处[1]。这是今日摆在考古发掘工作者面前的实际困难。

二　故宫博物院和台北故宫博物院的藏品中是否有北宋官窑瓷器

首先介绍一下故宫博物院藏品中官窑的状况。故宫博物院目前藏有宋代官、哥窑瓷器共计 108 件，绝大多数为清宫旧藏品。其中官窑 44 件，有 8 件为 1949 年后收购入藏的。哥窑 64 件，其中 12 件为 1949 年以后收购入藏的。这 108 件官、哥窑瓷器是 20 世纪 50 年代至 60 年代时，在老一辈的专家陈万里、孙瀛洲等多位先生的指导下，进行的鉴定和划级工作。是官窑还是哥窑，基本已划清。目前，结合科研工作的不断深入以及考古发掘的新成果，联系故宫藏品，在宋官窑瓷器中还是存在一些值得研究的问题，一个是在宋官窑瓷器中如何划分南宋官和北宋官；另一个问题是，有小部分藏品官、哥不分；还有个问题是 1952 年在上海青浦县发现了元代任氏墓，1970 年在南京发现了明洪武汪兴祖墓，1977 年在安徽安庆发现了元代窖藏，这几座墓葬与窖藏中都出土了类似传世官窑的瓷器（有人称之为“哥窑”）。元代后期兴起了一股仿宋名窑的风气，有“元末新烧”的记载[2]。联系故宫藏品，在故宫的官、哥窑瓷器中是否有元代的制品，这些都是需要很好研究的。

现就故宫的官窑瓷器中有无北宋汴京官窑瓷器谈点个人想法。对于故宫院藏官窑瓷器，近半个世纪以来院内院外老专家结合杭州乌龟山郊坛下窑发掘出大量资料进行研究。乌龟山出土的标本极为丰富，在胎骨、釉质、釉面纹片以及烧制工艺、器物的造型等几个方面的特征，与故宫旧藏宋官窑瓷器相比对，有部分藏品部分相符合，有的完全相符。例如故宫藏的一件宋官窑粉青釉圆洗（图一），底部圈足宽而浅，露里褐色胎体，证实此器用垫圈垫烧而成。在乌龟山郊坛窑址中发现了此类的标本，因此，这件圆洗为南宋郊坛官窑确切无疑。但还有一种圆洗与汝窑相类似，如故宫藏的另一件圆洗（图二），通体满釉，开冰裂纹片，平底，底部有两圈支钉痕，外圈十个，里圈八个，较为细小，不难看出此洗用支钉支烧而成，与汝窑的施釉支烧方法相同。冯先铭先生曾认为此类官窑洗，在烧制工艺上明显是受汝窑的影响，或官窑工匠就来自汝窑。在台北故宫也有此类藏品。《宋官窑特展》一书中，图 80、81、83、94、95 均为各式洗（图

1　冯先铭：《中国陶瓷史》，第 290 页，文物出版社，1982 年。

2　明初人曹昭《格古要论》说：“旧哥之窑……色青，浓淡不一，亦紫口铁足，色好者类董窑，今亦少见。成群队者，是元末新烧，土脉粗糙，色亦不好。”

图一　宋官窑粉青釉圆洗

图二　宋官窑粉青釉圆洗

图三　宋官窑粉青釉圆洗（台北故宫博物院藏）

图四　宋官窑粉青釉圆洗（台北故宫博物院藏）

三至图七），这些官窑洗子都是采用了汝窑的施釉支烧技法烧制的，经朱伯谦先生的鉴定，认为台北故宫的这几件官窑洗子为“非南宋官窑”，说明也不是郊坛官窑。冯、朱两位先生对与汝窑相类的官窑瓷器虽然没有明确指出就是北宋官窑，但是他们实质上是按北宋官窑的理念分析的。我也同意他们的看法。

另外，1996 ~ 2001 年在杭州凤凰山发现的老虎洞修内司窑、2000 ~ 2004 年在河南汝窑发现的张公巷窑，有人称其为北宋官窑。这两个瓷窑取得了大量的实物资料，但从已发表的和展出的标本来看，都没有能与故宫藏品相对证的。从以上情况分析，在两岸故宫的官窑瓷器中，与汝窑施釉烧制方法相同的，又与郊坛下官窑有别的官窑瓷器，除去哥窑及元末新烧者外，是否就是京师自置窑烧造的了？所以，我认为两岸故宫中都有北宋汴京官窑瓷器。

图五　宋官窑粉青釉圆洗
（台北故宫博物院藏）

图六　宋官窑粉青釉牡丹花式洗
（台北故宫博物院藏）

图七　宋官窑粉青釉菊花式洗
（台北故宫博物院藏）

三　传世宋代官窑瓷器的特点

宋代官窑瓷器是传统文化中的瑰宝，如何认识它、掌握它也是个重要问题。最近对故宫博物院宋官窑瓷器重新进行了一次鉴赏，现将旧藏官窑瓷器的特征综合起来介绍给大家。

首先在造型上，有瓶、洗、盘、碗、花盆和盏托。以瓶、洗的式样较丰富。瓶中有穿带弦纹瓶、贯耳瓶、瓜棱直口瓶，洗中有敞口洗、葵瓣口洗、菱花式洗、八方委角洗、圆洗等。这些瓷器都很古朴，庄重典雅。经查找宋代官窑瓷器在原清宫旧藏的地点，有的在皇极殿，有的在慈宁宫，有的在颐和园。台北故宫的贯耳弦纹壶及敞口大圆洗，原收藏地点，在养心殿。簋式炉原收藏在寿皇殿，都是宫中比较重要的殿堂，说明宋官窑瓷器乃至清代仍是皇家的重宝，并备受清帝的赏识，有的官窑瓷器底部甚至还被刻上乾隆御题诗词。

其次在胎釉方面，传世宋官窑瓷器，一般胎体厚重。胎色以黑胎及深灰色胎体为主，胎体上施釉较厚（经朱伯谦先生介绍要上四次釉）。釉色有粉青、灰青（包括深灰和浅灰）及较少的米色釉。无论是哪种釉色，釉面的光泽及釉面的现象都较为复杂，大致可分为两大类。

一类釉面光泽柔和，釉质凝厚莹润，呈玉质感。这类釉正是孙瀛洲先生所述有“宝光内蕴光泽像人脸上的微汗，润泽如酥”的感觉。如侧视观察釉面有皱（似粥皮状）。

图八　宋官窑米色釉葵瓣口盘

图九　宋官窑青灰釉菱花式洗

另有小纵眼及缩釉现象，缩釉有的在口边，有的在器身。釉面还开细碎网状纹片，经仔细观察纹片的纹线呈氧化铁红色，这种纹线的色感器里与器外深浅不一，是值得研究的一个现象（图八、图九）。

另一类釉面光泽非常清澈，光亮，莹润。这类釉面往往开大纹片或冰裂状纹，纵横交错在一起，为变幻莫测的装饰纹样。此种釉面上有米粒大小黑褐色的小斑点及小空气点（有人称作"水印"）。器身釉色往往里外深浅不一。如折沿洗，器身为粉青釉，底部为米色釉，并开冰裂状纹片，加上清澈莹润的光泽，犹如一块典雅敦厚的美玉（图一〇、图一一）。

最后在烧制工艺上，受北宋汝窑的影响，宋官窑瓷器多数采用了支钉支烧的技法烧制，主要表现在盘、洗之类的器物上，通体满釉，底部有支钉痕迹，支钉痕以5个或6个多见，也有8个或10个的，粗细不等。在装烧时由于器口朝上，烧到高温时口部釉汁往下流淌，口边釉层渐薄隐现出胎骨的紫褐色，即所谓"紫口"。

瓶、碗、盏托之类的圈足器，采用垫圈或垫饼的方法烧制。烧之前将足边釉刮掉，足边胎面因经二次氧化变成铁红色，通称为"铁足"，铁红色的足部有柔和的光泽。"紫口铁足"为官窑瓷器的一大特色，但不是每件官窑瓷器都具有"紫口铁足"的特点，主要取决于胎色，如灰白色胎者，口边釉呈青灰色或粉青色。

烧造工艺往往也对器形产生一定的影响从而形成器物的时代特征。如多件洗子由

图一一　宋官窑青灰釉葵瓣口洗

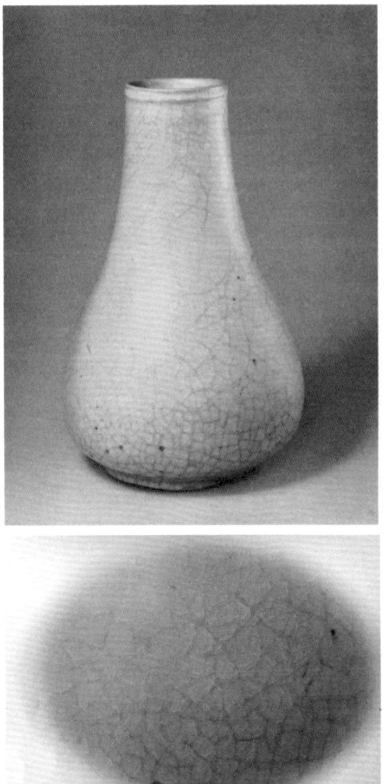

图一〇　宋官窑粉青釉冰花纹大瓶

图一二　宋官窑粉青釉莲瓣盘

图一三　宋官窑粉青釉盏托

于用裹足支烧的技法烧制，洗心往往有微微凸起不平之感。器底虽满釉但薄后不均匀。口边外部又受淌釉影响往往形成一周厚釉感。在圈足器中由于用垫圈支烧，碗、盘的内底有微微下凹之感，同时圈足的足边都不十分规整。圈足器的足墙两面施釉，形成上厚下薄一个自然坡度，很光润，用手捏住足边，难以将器体抬起，显示出宋代工匠高超的施釉技法（图一二、图一三）。

关于气泡问题，官窑的气泡多为密集型，正如孙瀛洲先生过去所述“聚沫攒珠”样，但近 10 年来经过新老器物对比，人们认为气泡是不能断代的。

以上传世宋官窑的特征，是用眼学归纳出来的，还有无法用语言表达而需意会的特征，这就是宋代官窑瓷器的神韵风采、时代的气质、年轮表现，需要个人深深加以体会才能享受到传统文化的魅力。

原载《故宫博物院八十五华诞宋代官窑及官窑制度国际学术研讨会论文集》，故宫出版社，2012 年

宋代官窑瓷器研究思路

李辉柄

内容提要：本文归纳性地提出“官窑瓷器”的十一个基本特征，并就宋代官窑瓷器的时代特色、汝州张公窑的性质进行了剖析，旗帜鲜明地提出宋代官窑瓷器坚定地基本思路，即“要从文献、清宫旧藏、窑址考古三方面综合起来进行研究，才能得出正确的结论”。

关键词：官窑特征　文献　清宫旧藏　窑址考古　张公窑

宋代是我国瓷器大发展的时期，瓷窑星罗棋布，遍布全国南北各地。宋代瓷窑有官窑与民窑之分。北宋和南宋时期，宫廷所需瓷器由官办瓷窑进行生产，这种官办瓷窑，一般简称为“官窑”。

官窑是从烧贡瓷发展而来的。唐代的越窑青瓷与邢窑白瓷，根据文献记载以及考古资料证明，在当时就大量向朝廷进贡。宋代由于宫廷的特殊需要，贡瓷已经不能满足，所以一种专门为宫中需要而生产的官窑就应运而生了。今天我们要讨论的就是这个专门为皇宫特殊需要而建起来的官窑。

一　什么是官窑

官窑是在特殊的时代、特殊的环境下、根据特殊的需要而建立起来的瓷窑，因而它在中国陶瓷发展史上占有特殊的地位。官窑瓷器因宫中需要而有着浓郁的宫廷色彩；民窑则是为了供应城乡民众的需要，具有实用与生活情趣并存的特点，两者迥然有别。正因为官窑所具有的特殊性质，所以对它的研究就必须要从它的特殊性质入手，即要从文献、清宫旧藏、窑址考古三方面综合起来进行研究，才能得出正确的结论。例如山东大学著名教授童书叶先生与他的学生史学通合作出版一书，书中提到故宫博物院

作者：原研究室，研究馆员。

收藏的官窑瓷器，特别是宋代官窑瓷器，由于在大量的考古发掘中不见出土，而认为都是不可靠的赝品。1992 年，笔者为了回答这些问题，适应社会上的需要，出版了拙作《宋代官窑瓷器》。因此，今天在讨论宋代官窑瓷器以前，把什么是官窑弄清楚是非常重要的，这是我们研究与讨论的一个前提。尽管现在我们学术界还没有一个大家所公认的定义，但根据我们近几十年对宋代官窑瓷器研究所取得的成果，对什么是官窑已经作出了回答。现归纳如下：

第一，所谓“官窑”，顾名思义是朝廷皇室直接控制而建立起来的瓷窑。正如《坦斋笔衡》记载的“京师自置窑烧造，名曰官窑”。

第二，瓷器的造型、纹饰、釉色等方面，均按宫廷设计式样进行生产而具有浓郁的宫廷色彩。

第三，采用优质原料进行生产，在工艺上精益求精，在经济上不惜工本。

第四，专供宫廷使用的少量生产，属于非商品生产性质，要时烧，不要时废。

第五，生产规模小，延续烧造的时间短。

第六，产品须经严格挑选，精良者送进宫中，落选者要加以处理，以防流散。

第七，弃窑时，须作现场处理，不留烧窑痕迹，这是考古发掘时窑址不易被发现的原因所在。

第八，瓷器由于不经商业途径而直接送进宫中，故多传世瓷器。但因各种原因，世上偶或见之，亦应皆由宫中流出。

第九，历代帝王均把官窑瓷器视为宫中珍宝，世代相传，不作冥器陪葬，因而在大量考古发掘中不见出土。

第十，对官窑，一般文献记载不详，或几乎不见记载，原因是当时对社会保密，非一般文人所能见到。

第十一，为便于生产的管理及产品的运输，窑址多建立在都城附近。

以上各条是根据文献记载、清宫旧藏以及窑址考古三方面研究成果归纳出来的，也是由官窑的性质所决定的。

二　官窑瓷器的鉴定

宋代官窑有北宋官与南宋官之分，而南宋官又有修内司官窑与郊坛下官窑之别，这样的划分是根据南宋顾文荐的《负暄杂录》与叶寘的《坦斋笔衡》的记载而沿用至今的，两书内容略同。但因两书均逸，现只能从《南村辍耕录》卷二九“窑器”条所载转引《坦斋笔衡》中的一段文字抄录如下：“本朝以定州白瓷器有芒，不堪用，遂命汝州造青窑器。故河北唐、邓、耀州悉有之，汝窑为魁。江南则处州龙泉县窑，质颇粗厚。政和间，京师自置窑烧造，名曰官窑。中兴渡江，有邵成章提举后苑，号邵局，袭故京遗制，置窑于修内司，造青器，名内窑。澄泥为范，极其精制，油色莹澈，为世所珍。后郊坛下别立新窑，比旧窑大不侔矣。余如乌泥窑、余杭窑、续窑，皆非官窑比，若谓旧越窑，不复见矣。”

顾、叶均为南宋人，记的是本朝之事，因此，当是比较可靠的。此段文字言简意赅，内容丰富翔实，把宋代官窑建置的原因、时代、前后沿革及其建窑的地点均作了明确的叙述，文献的重要价值在于其记载的历史真实性已被今天的考古发掘所证实。因而，一直为中外学者所重视，成为研究宋代官窑瓷器难得的珍贵文献资料。宫中收藏的官窑瓷器既是印证文献记载的有力证据，又是用以对照官窑遗址出土物的标准器。

清宫文物的收藏是在历代尤其是宋、元、明三代帝王搜集的基础上形成的。清乾隆曾效法北宋徽宗将宫中收藏著录成《西清古鉴》、《西清续鉴》、《宁寿古鉴》、《石渠宝笈》等书。尽管这些藏品多有散失，但其中毕竟有不少珍宝几经聚散，历尽沧桑而保存至今。明永乐帝迁都北京时，继承了南京宫中的珍宝和北京的金中都、元大都的宫中遗物，而且，经过 26 代帝王在 540 年间搜求，至清末宫内仍留存了大批难能可贵的传世品。在这些流传有绪的传世官窑瓷器的底部有许多刻有乾隆御制诗（图一），诗中把宋代官窑瓷器鉴定为汝窑、钧窑、哥窑、官窑、修内司官窑与郊坛下官窑，凡六种。

1925 年，故宫博物院成立，由清室善后委员会开始对宫中文物进行清点、造册，至 1932 年结束。同年马衡先生接任院长时，奉命又对故宫博物院文物重新进行了点收、造册，至抗日战争爆发后，文物集中整理工作中断。在这两次点查报告中，有关宋代官窑瓷器的定名只有汝窑（图二）、钧窑（图三）、哥窑（图四）、

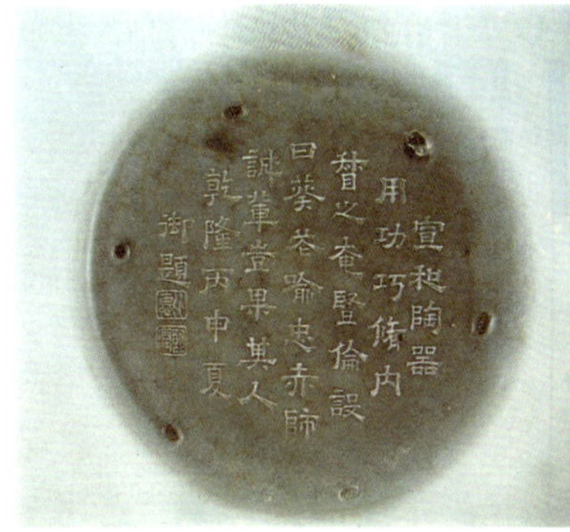

图一　宋官窑葵瓣口盘（底部）

图二　宋汝窑炉

图三　宋钧窑花盆

图四　宋哥窑碗

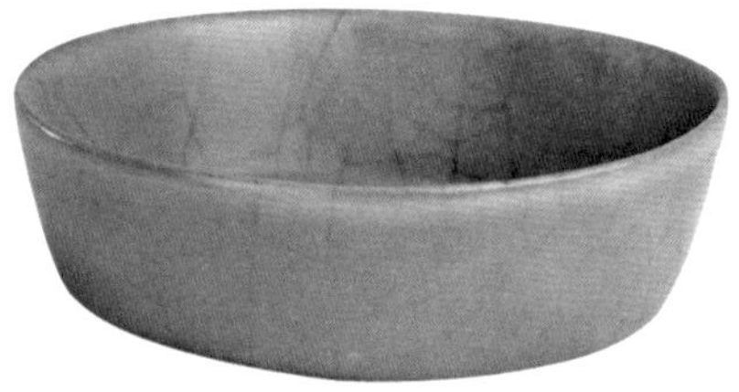
图五　宋官窑洗

官窑（图五），凡四种窑口器物，与乾隆御制诗中的划法少了修内司官窑与郊坛下官窑两种。

1935 年，郭葆昌先生在任故宫博物院的瓷器专门委员期间，曾对乾隆御制诗进行了研究和辑录。据此，他在 1936 年担任伦敦中国艺术国际展览会筹备委员会的瓷器专门委员时，对参展的瓷器进行了挑选与鉴定工作。他把宋代官窑鉴定为钧窑、汝窑、哥窑、官窑、南宋修内司官窑与郊坛下官窑，凡六种。他的鉴定较之清室善后委员会与故宫 1935 年两次鉴定的官窑瓷器的名称，多出南宋修内司官窑与郊坛下官窑两种，与乾隆御制诗的分类法相吻合[1]。

陈万里先生早在 1943 年，针对郭氏对宫中官窑的命名发表了《故宫一部分古陶瓷鉴定之商榷》一文，文章说："此处（指《图说》）所称之南宋官窑，当然是南渡后修内司窑……就文献的记载，说是沿袭旧京的制作，为此究竟南渡后的官窑，跟汴京的官窑，有什么分别，恐怕谁都不容易有一个明白的判断，不晓得郭先生当时根据何种鉴别方法，判断这十六件为南宋官窑，而不说它是南渡以前的官窑？"同时，他又提到："69 图原名哥窑盘，第 70 图原名官窑盘，当时已经搅不清楚了，就照片上看，完全是相似的物，而一名为哥，一名为官，到了郭先生又称之南宋官窑，真是一种好笑的事。"对此，我们可以肯定，在当时缺少窑址印证的情况下，郭先生不仅对什么是北宋官窑、南宋官窑（修内司官窑）模棱两可，而且对什么是哥窑也是含混不清的。正如陈先生所说："我从这一点，就可以推出以前的命名，确实没有绝对的根据。所以说它哥好，说它官好，甚至南宋的官也好，反正是自己也摸不清楚，于是乎其他的人，跟着堕入五里雾中，更是莫名其妙。"[2] 今天我们旧言重温，陈先生之说，不能不引起当今瓷器研究家的深思与关注。

陈万里先生是既重文献史料，更重窑址考古的瓷器研究专家，但他在当时也由于受到考古资料的限制，因修内司窑窑址未能发现而对其持怀疑的态度，如他说："我对于这个窑向来抱着怀疑的态度，而在凤凰山附近所得到的碎片，还不足以解决这个困难问题。"正因为他对修内司官窑持否定的态度，所以对宫中传世的修内司官窑器（传世哥窑），也就不能予以正名。又因哥窑器与修内司窑器的记载大率相同，因此，他同意郭先生把修内司官窑器鉴定为哥窑器的意见。

以上对故宫博物院清宫旧藏的官窑瓷器进行的鉴定，是在没有任何窑址考古资料

1　伦敦中国艺术国际展览会筹备委员会：《参加伦敦中国艺术国际展览会出品图说》，商务印书馆，1935 年。

2　陈万里：《陈万里陶瓷考古文集》，紫禁城出版社，1997 年。

的条件下进行的。应当看到在当时的情况下，能够做到如此的断定，确是慧眼卓识。这是对宫中收藏从文献研究走向实地考古发掘的一大飞跃。它为我们寻觅其窑址提供了标准器，为考古发掘创造了条件，奠定了基础。

三　发掘收获与存在的问题

河南省文物考古研究所与浙江省文物考古研究所，多年来对寻觅与发掘宋代官窑遗址进行了大量工作，发表了多种发掘报告，出版了各种研究文集，为科学鉴定与正确划分宫中旧藏宋代官窑瓷器提供了科学依据。

根据文献与清宫旧藏相印证所提供的汝窑标准器为依据，对宝丰清凉寺遗址的发掘，证明发掘物与宫中清宫旧藏的汝窑器相同，从而有力地证明了宝丰清凉寺遗址就是北宋官汝窑的所在地。这一陶瓷界苦苦寻觅近半个世纪的官汝窑遗址终于被找到并对其进行了发掘。

新发现的汝州张公巷窑属于什么性质？是否为宋代官窑？河南省文物考古研究所编著的《汝窑与张公巷窑出土瓷器》分析道："张公巷窑产品制作讲究，工艺精湛，显然不是一般的民间用瓷，它的性质应属官窑。在2004年5月召开的汝州张公巷窑址考古新发现专家研讨会上，不少中外陶瓷学者认为该窑址就是寻觅已久的北宋官窑。"

根据上述对"官窑"的定义，张公巷窑不属于官窑性质：其一，没有文献记载；其二，清宫旧藏瓷器中没有它的产品；其三，张公巷窑的瓷器不符合宫中的需要，烧结温度高，与清凉寺汝窑相比，釉呈豆绿色者居多。经科学测试，汝窑为微微生烧，釉呈淡天青色，光泽如酥，纹片有层次感（图六）。在烧造方法上，张公巷窑裹足支烧者少，没有官窑的形体古朴端庄、气韵素雅、釉色滋润的风格（图七）。因此，它不是官窑，

图六　宋汝窑青釉器标本（宝丰清凉寺汝窑遗址出土）

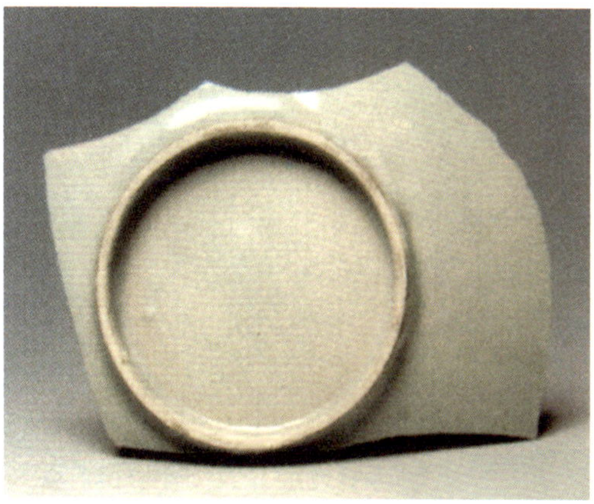

图七　张公巷窑青釉器标本

更不可能是所谓的“北宋官窑”。

北宋官窑，亦称“汴京官窑”，既没有文献记载，又无窑址考古相印证，而实为乌有。长期以来，一些学者以“京师自置窑烧造，名曰：官窑”为据，提出了“北宋官窑”，确认“汴京官窑”的存在。因无文献记载而无法与宫中收藏相对印，更由于窑址考古上的空白，“汴京官窑”便成了中国陶瓷史上的一个无头空案。但很少有人注意，古汴京城（开封）及其周边地区有无建窑烧瓷的自然条件这一实际问题。纵观中国瓷器发展史可知，民窑也罢，官窑也罢，均为因地制宜，就地取材，因为这是建窑烧瓷的必备条件。没有烧瓷的主要原料——瓷土及其所用的燃料（木柴与煤）等自然条件（图八），是无法建窑烧瓷的。这当是一个不可忽略的问题。

考古资料证明，河南是我国唐宋时期古代瓷窑分布最为集中的地区。从河南全省的古代瓷窑的分布情况上看，各个时期瓷窑遗址绝大部分集中在今京广铁路以西：北起太行山麓的鹤壁、焦作，南到伏牛山东麓的平顶山广大地区。而铁路以东几乎没有古瓷窑的遗存（图九）。古汴京（开封）地处京广线以东，也不能例外。因此，它不具备建窑烧瓷的自然条件。

官窑来源于民窑，那么从逻辑上讲，在汴京官窑以前，理应有个民窑的存在，否则，这种“汴京官窑”青瓷，便成为无源之水了。北宋官窑（汴京官窑）的提出，无论从文献记载、清宫旧藏以及窑址考古发掘上看，都是毫无根据的。

钧窑由于在宋代文献中不见记载，所以要研究与讨论的问题很多。其时代就有北宋说、元代说与明代说多种。尽管其窑址发掘物如各式花盆、鼓丁洗、出戟尊等与宫中旧藏的官钧窑器物相同，证明是官钧窑的产地无疑。然而，由于在考古发掘中未能

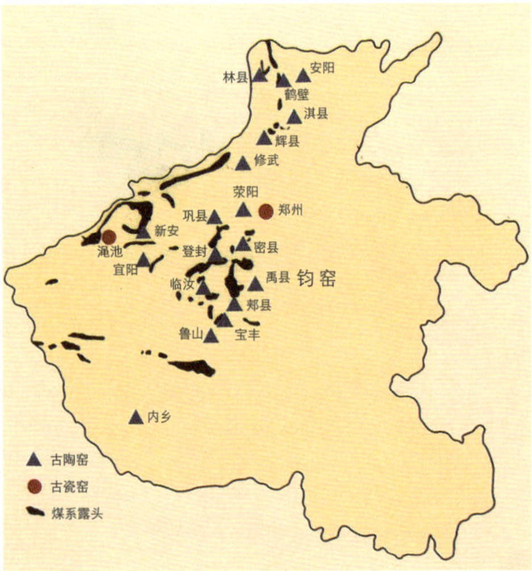

图八　河南省煤系露头图

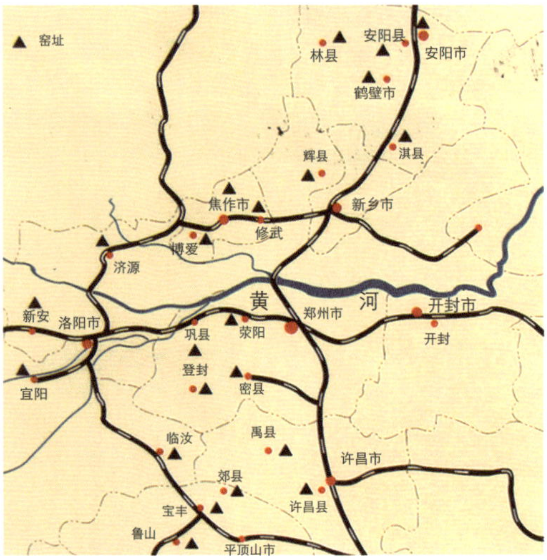

图九　河南省古代窑址分布图

找到证明其时代的确凿年代依据，因而对它的时代及其所属性质，仍存在着诸多质疑。发掘者、河南省文物考古研究所在2008年出版的《禹州钧台窑》中说："在钧窑烧瓷区，我们还意外地发现了用钧瓷料制作的'宣和元宝'钱模，它应是与钧瓷同窑烧制的，更进一步证实了钧窑是宋徽宗时代所设的官窑。"

发掘出土的"宣和元宝"钱模，不仅关系到钧窑的时代，也关系到它的官窑性质。因此，这具钱模的真实性与科学性如何，就引起了学者们的极大关注。据有的学者提出，在"宣和元宝"钱模的背面还模印有"崇宁年制"四字（注：照片不清楚是"崇宁"还是"崇宗"）（图一〇）。"崇宁"为宋徽宗于1102年至1106年间使用的年号，要早于"宣和"（1119～1125年）10余年，这具钱模无疑是伪作。如果是"崇宗"，西夏李乾顺的年号，就值得重视了。对这样一个极其重要的问题，在《禹州钧台窑》中并未能作出明确的回答。

浙江省文物考古研究所对南宋乌龟山窑遗址进行了多次发掘，由于出土遗物与宫中官窑瓷器对照相同，故证明其为南宋官窑的遗址。

哥窑被鉴定为宫中宋代官窑之一。20世纪50年代初，陈万里先生为了搞清宫中收藏哥窑的产地问题，曾建议有关部门对龙泉哥窑遗址进行发掘。1956年，浙江省文管会对哥窑遗址——龙泉大窑（文献上的琉田）等地作了考古调查与重点发掘。然而，发掘结果却与陈先生的预想相违。大窑等地烧制的黑胎青瓷，同文献记载的哥窑瓷器所具备的特征吻合（图一一）。据此，发掘者断定大窑即是文献所记载的哥窑，而名为"哥窑"的宫中传世品则绝非龙泉大窑烧制。通过发掘不仅解决了文献所记载的哥窑是龙泉所烧，而且也证明宫中收藏的"哥窑"实非哥窑——龙泉烧制的[1]。那么，它

图一〇　宣和元宝钱模

图一一　宋龙泉窑黑胎青釉器标本

1　朱伯谦、王世伦：《浙江省龙泉青瓷窑址调查发掘主要收获》，《文物》1963年第1期。

是什么窑呢？是否为（宫中旧藏）修内司官窑器尚未可知，因为修内司窑还没有发现。

修内司官窑遗址由于尚未发现，宫中的传世品（传世哥窑）与烧窑遗址无法印证，因此什么是修内司官窑就无法弄清。近年来由于对新发现的老虎洞窑是否是修内司官窑，曾进行过多次讨论，很多学者认为老虎洞窑就是修内司官窑。笔者据此曾在《文物报》上发表过题为《杭州老虎洞官窑不是修内司窑》的文章，其根据是老虎洞窑的发掘物与文献记载及宫中收藏不符，并提出修内司官窑的窑址还有待将来的发现。

综合上述，对宋代官窑瓷器研究存在的问题有二：一是将官窑误作“三分法”（六种划分法），另一个是修、哥两者之“张冠李戴”（四种划分法）。这两个问题之间又存在一定的纠葛。因为“三分法”涉及北宋官窑（汴京官窑）及修内司官窑，而“张冠李戴”的出现则又源于修、哥不分。这两个问题对我们当今的研究，还存在着很大的影响。

应当讲，根据文献与清宫旧藏以及窑址考古发掘三者相印证，宋代官窑应包括北宋的汝窑、钧窑和南宋的修内司窑、郊坛下官窑四窑。其中汝窑、钧窑及郊坛下官窑遗址已经发现和发掘，修内司官窑窑址尽管尚未找到，但它的存在也应是历史事实。龙泉大窑、溪口等处遗址的发掘，证明了文献中的“哥窑”就是“龙泉哥窑”，宫中的传世品，绝非龙泉所烧。这样，概括起来，对宋代官窑瓷器的研究主要有两个问题：其一，北宋钧窑的时代问题；其二，南宋修内司官窑窑址的寻觅与研究问题。这两个问题成为我们今后研究宋代官瓷器的关键。

四　我的建议

宋代官窑遗址的发掘，故宫博物院应派专家与工作人员参加；凡参加发掘者，都要熟悉文献记载与宫中宋代官窑瓷器收藏。这样的合作，一定会取得丰硕的成果。

原载《故宫博物院八十五华诞宋代官窑及官窑制度国际学术研讨会论文集》，故宫出版社，2012 年

略谈明永乐朝黑、白釉瓷器

耿宝昌

内容提要：明代永乐时期，制瓷工艺大有发展，永乐瓷器造型新颖，品种繁多，以鲜红釉、甜白釉、青花瓷器等为代表。本文首先介绍较为少见的黑釉瓷器，并对其纹饰、窑口等方面进行探讨；其次阐述永乐时期白釉瓷器的制作状况，涉及白釉瓷的造型、纹饰等内容，尤其对于白釉瓷款识及其特点进行了较深入的探讨。

关键词：永乐　黑釉　白釉　款识

2010年9月26日至12月26日，故宫博物院举办了"明永乐宣德文物特展"，以此为议题的"两岸故宫第二届学术研讨会——永宣时代及其影响"也同时在京召开。这次展览及研讨会为两岸故宫学者再次提供了学术交流与沟通的机会与平台，实乃一次文化盛事。笔者作此短文以致庆贺。

永乐时，政局稳定，经济发展，大大推动了制瓷工艺的进步，使其在继承元代工艺的基础上，又不断创新。此时期的鲜红釉、甜白釉、青花瓷器独树一帜，在我国的陶瓷工艺史上占有特殊的地位，是明、清两代制瓷的典型，并广泛影响着后世。永乐瓷器造型新颖，品种繁多，仅从釉面特点来看，一改宋、元时期的釉色单一而变得富于色彩。

关于永乐时期烧制的黑釉瓷器，曾经有人发问："永乐黑釉瓷谁知道？"对此，笔者想就自己所了解的情况给予一些解答。

早在1956年，笔者于北京市公私合营的韵古斋文物商店就曾见到一件明永乐黑釉印花四系扁罐（图一），当时厦门华侨博物院将其征集入藏，90年代初经笔者再次鉴定，确认为国家一级文物。该器造型为唇口、短颈、溜肩、扁腹、广平底，颈肩装饰一圈卷草花纹，肩部分饰四个小系，器身釉面肥厚，漆黑光亮。

1999～2005年，在景德镇御窑厂的考古发掘时，发现了署永乐纪年款的黑褐釉三

作者：原古器物部，研究馆员。

图一　明永乐黑釉印花四系扁罐
（厦门华侨博物馆藏）

图二　明永乐黑褐釉三足炉

图三　明永乐黑褐釉方盒

足炉（图二）及方盒（图三）、碗、高足碗等，但这些器物的釉面均不及上述永乐黑釉四系扁罐精美，或许这就是此批黑釉瓷当年被废弃的原因吧。景德镇御窑厂这类黑釉瓷的产生，应是受到之前南北方诸多生产黑釉瓷窑口的影响。

其实，中国黑釉瓷的烧造历史很悠久，早在春秋、战国时期，原始青瓷上就已开始用铁褐斑对器物进行点缀装饰，因而中国黑釉瓷的产生或许应较现在学术界普遍推论的东汉更为久远。迄今为止，发现的历代黑釉瓷及烧制这一品种的窑口甚多。

两汉时期的黑釉瓷见有湖北随州博物馆收藏的一级品黑釉印纹罐。两晋时期的黑釉瓷，最早烧制应是现今的浙江德清一带。经考古发掘，德清窑出土了数量可观的黑釉瓷鸡首壶和熏等，造型典雅，黑釉发色黑中透紫，工艺已较为成熟。隋代的黑釉瓷见有邢窑的黑釉钵等。唐代的黑釉瓷代表器物有耀州窑黑釉炉、寿州窑黑釉枕、邢窑黑釉罐、鲁山窑黑釉拍鼓等。五代时期的黑釉瓷见有耀州窑黑釉执壶等。

宋代黑釉瓷的烧制已见诸更多窑口，如吉州窑、当阳峪窑、建窑、磁州窑等。其中，较为突出的是定窑黑釉瓷，如山东淄博博物馆收藏的一对宋定窑黑釉碗，胎薄体轻，胎体呈色雪白，衬以光润如漆的黑釉，十分精美。辽代的黑釉瓷见有赤峰窑黑釉印花胡人驯狮纹八方钵等。金代的黑釉瓷主要分布在北方，如磁州窑、榆次窑、浑源窑、怀仁窑、介休窑、定窑等。元代的黑釉瓷烧制基本承袭前朝，装饰工艺多属磁州窑系，窑址分布于晋、冀、豫、鲁等地。

明代除了磁州窑、榆次窑等承袭前朝的窑口继续大量烧造民间日常生活用黑釉瓷外，由于景德镇成为全中国的制瓷中心，传统上的黑釉瓷也发生了质的改变，尤其是景德镇珠山皇家御窑厂烧制的黑釉瓷，与以往不可同日而语，其代表器物有明洪武纪年款黑釉瓷瓦、黑釉仿铜器三立足瓷炉、黑釉方瓷盒、黑釉撇口薄胎瓷碗、黑釉高足碗等。

清代的黑釉瓷则以景德镇康熙乌金釉、雍正黑釉描金器为代表。

以上所列举的黑釉瓷均为中国陶瓷史上较为传统的品种和器物。

相对于明永乐黑釉瓷，永乐朝白釉瓷则传世较多。自20世纪30年代起，笔者接触古陶瓷时，就已在京、津、沪等地经常见到明代各个时期的白釉瓷，尤其以明永宣时期居多。现今海内外散失着多件永乐朝白釉瓷精品，但藏品较为集中的还是故宫博物院与台北故宫博物院，两院收藏的此类珍宝达数百件之多。

永乐的白釉瓷，因其釉质洁白，温润如玉，肥厚如脂，不见棕眼，较宣德白釉更为光净无皴，故被称为“奶白”“甜白”，亦有误书为“填白”的。其实“填白”本是一种工艺手法，即在红、蓝、酱等色釉地上刻留花纹，然后在其中填入白色或其他单色釉彩。永乐时白釉瓷的釉层有厚薄之分，薄釉常施于薄胎器及脱胎圆器上，釉面平整光润，器物的口足边缘及带系的棱角处常显胎骨，足边缘的釉面截削整齐，施釉不淌，有光素和刻印（俗称锥拱）纹样两种装饰风格。厚釉则多施于厚胎器，釉质凝厚，较薄胎器的釉面更加肥腴，以光素器为多，少数器皿暗刻或印有线条流畅的花纹。厚釉白瓷器的釉面有平与不平之分，不平的釉面侧视时如同阴天时密布的云层向下堆积，釉面于白中略呈灰暗之色。永乐白釉瓷的纹饰采用印刻花工艺，其图案多为缠枝莲花、缠枝花托八宝、莲瓣、菊瓣、忍冬、龙、赶珠龙、云龙、双凤、花鸟等。纹饰线条柔和，清晰或隐约，有时需要仔细审视或经光线透视方可发现其花纹或款识。因此真品往往反而不如仿品的纹饰、款识清晰。

不论薄釉厚釉，永乐白釉瓷器都有一个共同的特点，即迎光透视，胎釉呈现肉红色或粉红色，而同样条件下观察清代仿品，则显示透亮的青色。这是明、清两代不同时期使用不同胎料、釉料及工艺所致。清代仿品常见的有康熙的白釉暗款葵口碗、高足碗等，其仿制胎体极薄，水准很高，以致目前有些流散海内外的部分康熙仿品仍被认为是永乐白釉瓷并予收藏而未得到纠正。

永乐白釉瓷还有一个特点，即在器物足边和折角积釉处，常闪烁有灰青色光，釉面显现如同青、灰、白三色交织在一起的极淡的虾青色调，甚为奇妙。

永乐白釉瓷的特点固然突出，但后期正德、嘉靖白釉瓷亦与之颇为类似，极易混淆。白釉瓷本身属于陶瓷器中较难鉴别的品类，故判断时应格外谨慎。

在多年的工作实践中，笔者接触了大量的永乐白釉瓷，其常见器形瓶类有玉壶春瓶、

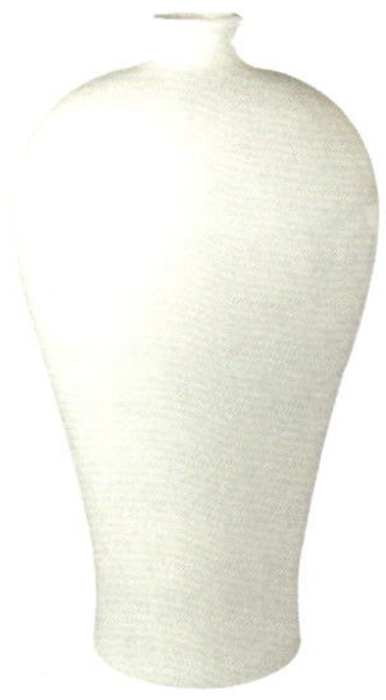

图四　明永乐甜白釉暗花梅瓶

图五　明永乐甜白釉扁罐

图六　明永乐甜白釉四系罐

图七　明永乐甜白釉僧帽壶

图八　明永乐甜白釉暗花梨式执壶

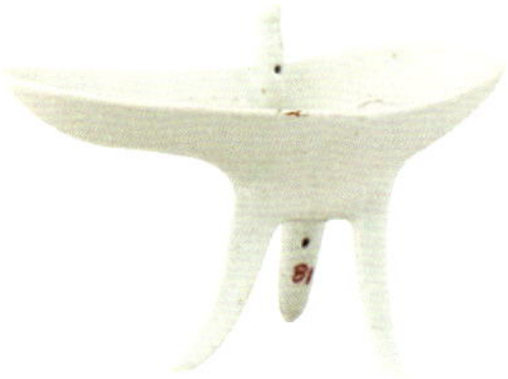

图九　明永乐甜白釉爵

双耳瓶、梅瓶（大、中、小）（图四）、铺首耳大瓶、椭圆瓶等。罐类有荷叶罐、高罐、扁罐（图五）、四系罐（图六）、双系小扁罐等。壶类有执壶（大、小）、僧帽壶（图七）、梨式执壶（图八）、杏圆执壶、藏草壶、竹节壶、军持等。碗类有葵口碗（大、小）、脱胎葵口小碗、小碗、高足碗、笠式碗、墩式碗、厚胎大碗、鸡心碗等。盘类有平底盘、折沿盘、敛口盘（大、小）、撇口盘、浅盘、小盘等。其他较为独特的还有爵（图九）、盏、盂、豆、绶带耳葫芦瓶、葵花式洗、烛台、温器、书灯、花浇、香炉、盖钵、钵缸、鱼篓式罐、三管器等。

永乐时期白釉瓷器造型计有六十余种，白釉瓷的盛烧除却有永乐皇帝的偏好外，也是因为受到了同时期伊斯兰文化的影响。其时，皇室的白瓷除自用外，还有相当部分用于对外的赏赐。

永乐白釉瓷中具有伊斯兰文化影响的白釉瓷造型有：器形缘自西亚铜器的八方形烛台；器形缘自西亚铜器与玻璃器的折沿盆；器形缘自西亚铜器的执壶，其原为伊斯兰文化地区穆斯林礼拜前的净手器，现今阿曼、摩洛哥、突尼斯、土耳其等国的穆斯林仍将其用于礼拜前的净手；器形缘自西亚铜器与玉器的花浇、军持，原用途同于执壶；器形缘自西亚铜器的匜，用于盛物与净手，现今阿曼王室仍在陈设使用；器形缘自西亚铜器的大盘，用于餐饮和盛放水果；器形缘自西亚铜器的器座，用于承托他器，清代乾隆皇帝甚为欣赏，赠其名曰“无档尊”，并作诗赞之；器形缘自西亚古陶制品的书灯（见日本出光美术馆藏品）。另有三管器，造型奇特，器有大小，经考证其造型缘自伊朗古陶器，是用于盛放圣水的器皿。

明代景德镇皇家御窑厂的瓷器于永乐时期首署皇帝年号，俟后，明清两代传袭，青花瓷采用钴料书款，白釉瓷则采用阴阳印刻篆书“永乐年制”暗款（图一〇），亦有将“永乐年制”四字分别开来署于器物颈部四面的方式（图一一），笔意圆滑柔润。永乐皇帝朱棣颇欣赏其时沈度、沈粲兄弟的书法（图一二、图一三），永乐大钟上的楷体二十三万余字即为沈度所书，1993 年景德镇出土的白釉官窑残器上所书“大明宣德年制”六字楷书年号款，亦与沈度的楷书真迹相类。但沈度传世书法有楷、行、草、隶，却尚未见篆书遗存本，因此，当年瓷器上的篆书是否也出自沈度手笔范本仍值得探讨。

另外，白釉瓷也有署以青花楷书“内府”二字之器物（图一四）。

除黑釉和白釉外，永乐时期还有诸如鲜红釉、粉青釉、翠青釉、冬青釉、蓝釉、酱釉与孔雀绿釉、淡绿釉、黄釉等多种单色釉瓷器，其款识特征也可寻得规律。

对永乐年款的研究，先师孙瀛洲先生（1893 ~ 1966 年）早在 20 世纪初即已研究通透，并对其款识作出了极为严谨的论定，留下简单明了、朗朗上口之口诀：

> 永乐篆刻确领先，印刻暗款凸凹全。
> 压杯青篆在内心，不是确知不胡言。

这类官窑篆书款识，在永乐官窑瓷红、白、

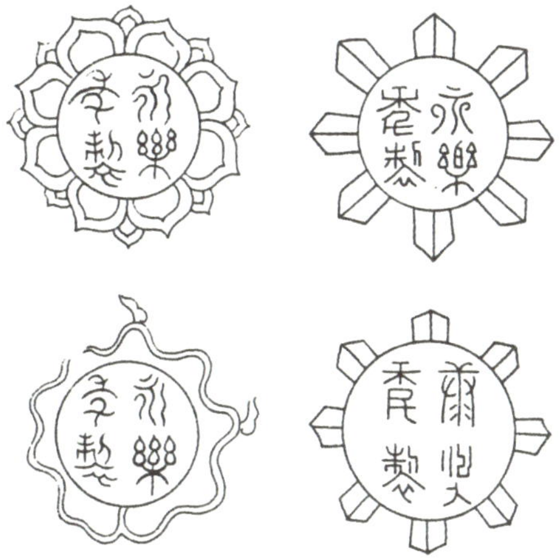

图一〇　明永乐甜白釉瓷器上所署篆体“永乐年制”四字款摹本

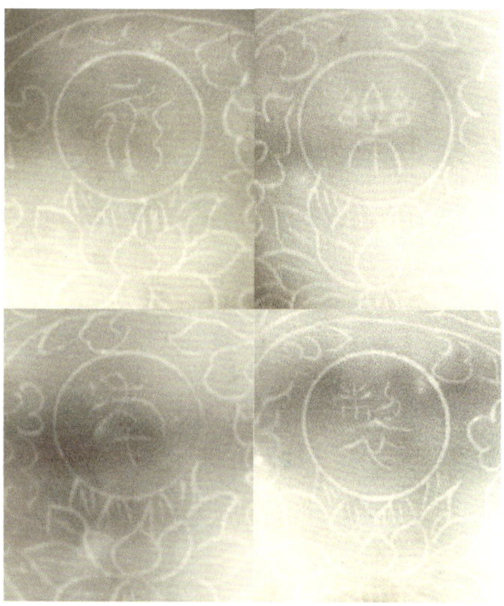

图一一　明永乐甜白釉僧帽壶颈部所署篆体“永乐年制”四字款

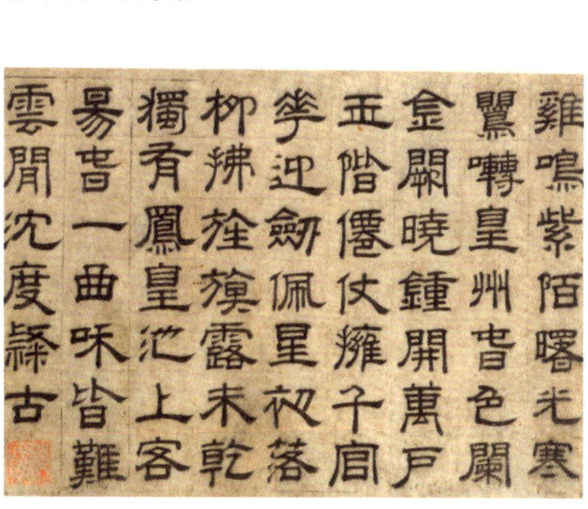

图一二　沈度《隶书七律书》页（故宫博物院藏）

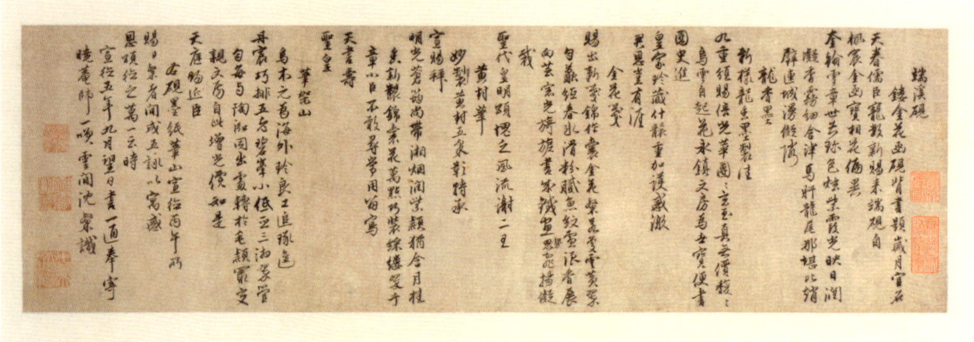

图一三　沈粲《行书致晓庵诗札》卷（故宫博物院藏）

图一四　明永乐甜白釉梅瓶（肩部署有青花楷体“内府”二字）

影青、翠青、冬青、仿龙泉釉等各色釉中都有发现，有的署在器物内底心，有的署在器壁上，款的周边附有圆圈环以莲瓣纹，有的环以火云，当侧视或以灯光透视时可见。孙瀛洲先生对永乐官窑瓷款识的这一精辟总结，原有不明其意的学者对之存疑，但后来景德镇御窑厂永乐白釉及其他单色釉瓷的发掘品给予了有力的实物印证。从此，孙瀛洲先生论永乐官窑瓷款识的这一口诀被研究明代陶瓷的学者们广泛应用于永乐单色釉瓷的鉴别中。

孙瀛洲先生生前常讲，“凡事论点要经得起三问问不倒，经得起三斧砍不倒”，而只有经过认真实践、深入研究后总结出的论断才能经得起时间的考验，正所谓实践得真知。

原载《永宣时代及其影响——两岸故宫第二届学术研讨会论文集》，故宫出版社，2012 年

明永乐、宣德时期景德镇御窑瓷器概述

吕成龙

内容提要：明代永乐、宣德时期是中国陶瓷发展史上一个非常重要的时期。如果说洪武时期的景德镇御窑瓷器尚过多保留元代瓷器体大厚重、装饰繁缛、工艺较为粗糙的遗风，那么，永乐、宣德时期的景德镇御窑瓷器则完全摆脱了元代瓷器的影响，开创了以器物大小适中、胎体厚薄适度、装饰纹样疏朗、文人气息浓郁等为特点的御用瓷器新风貌。这一风格的形成，与擅长丹青、深谙艺术的永乐、宣德皇帝的审美趣味有密切关系。永乐、宣德时期的景德镇御窑厂显示出前所未有的创造力，所烧造的瓷器品种多达30多个，可谓品类丰富、洋洋大观。特别是其中的青花、甜白釉、鲜红釉瓷，被后人誉为“三大名品”，其青花瓷器则被推为明代青花瓷器之冠。明、清景德镇御窑厂所烧造瓷器品种中的绝大多数在此时都已具备。明代晚期，社会上刮起一股收藏和鉴赏古董之风，永乐、宣德御窑瓷器凭借其优良品质和文人品评，备受世人追捧，价格骤增至与宋代官、汝窑瓷器相匹敌，由此亦造成仿制永乐、宣德御窑瓷器之风盛行。此风至今不衰。

关键词：永乐　宣德　御窑瓷器　文献记载　艺术成就　品评　仿制

明代社会为了满足皇室的需求，政府需要设置专门的机构或工场采购、征用或制造各类生活必需品。有些物品是在京城的御用工场制造的，这里聚集有从全国各地征调的技艺精湛的工匠。另外，朝廷还在宫廷以外以相当专业化的方式设置制造御用品的工场，并派宦官前往督造所需物品，然后运至京城。例如，御用的丝绸来自苏州，锦缎来自杭州，纸张来自江西广信府，瓷器来自江西饶州府景德镇、浙江处州府龙泉县等。综观明代工艺美术的发展，人们一致认为以明初永乐、宣德时期取得的成就最大，而其中又以瓷器烧造所取得的成就最为显著。

作者：器物部，研究馆员。

一　永乐、宣德时期的历史背景

元末明初，改朝换代和争夺皇位所进行的战争，给民众带来极大灾难，社会生产力遭受重创。明太祖朱元璋（1328～1398年）的第四子朱棣（1360～1424年）夺取皇位后，为了巩固自己的统治，继续采取与民休养生息的政策，积极发展农业和手工业生产，社会经济得到较快恢复和发展，国力逐渐强盛。据《明史》记载："计是时，宇内富庶，赋入盈羡，米粟自输京师数百万石外，府县仓廪蓄积甚丰，至红腐不可食。"[1]

永乐皇帝推行积极的外交政策，派遣郑和（1371～1433年）六下西洋，中国人以空前规模走向海外，郑和率领规模庞大的船队先后访问了亚、非30多个国家和地区，既显示了大明的国力，亦增进了中国与亚、非各国的友好交往。永乐二十二年（1424年）八月十二日，朱棣在最后一次率兵亲征蒙古的归途中，在多伦以外的榆木川（今内蒙古自治区乌珠穆沁东南）病逝，终年64岁，庙号"成祖"。朱棣有4个儿子、5个女儿，嫡长子朱高炽（1378～1425年）于当年八月继皇帝位，取年号"洪熙"，并定次年为洪熙元年。洪熙元年（1425年）五月二十九日，47岁的朱高炽坐在皇位上不到一年，因病而英年早逝，庙号"仁宗"。其长子朱瞻基（1399～1435年）于六月二十七日即皇帝位，取年号"宣德"，定翌年为宣德元年。朱瞻基为洪熙帝（朱高炽）与张皇后所生，永乐二十二年（1424年）十一月一日被立为皇太子。朱瞻基当了10年皇帝，宣德十年（1435年）正月初三日，38岁的朱瞻基意外死于乾清宫，庙号"宣宗"。

由于洪熙帝和宣德帝在永乐帝所制定国策的基础上，根据变化了的形势适时调整了某些政策，如罢止一切不急之务、紧缩财政开支、精简衙署、裁撤冗官、优选官员、平冤狱、轻刑罚等，加之这期间社会安定，没发生过大的自然灾害和战争，没有严重的外来侵略或内部危机，致使社会经济获得进一步发展。宣德朝（1426～1435年）历时10年，从史料记载看，这期间吏称其职、纲纪修明、仓庾充羡、百姓安居乐业。后来史学家们将仁宗、宣宗统治的这一和平发展时期称为"仁宣之治"，以比之于西汉"文景之治"。也有学者认为明王朝的鼎盛时期应该包括永乐朝，不妨称永、宣时期为"永宣盛世"[2]。笔者认为，永宣时期能否称作"盛世"，尚待商榷。

永乐、宣德时期社会安定，经济繁荣，文化昌盛，为工艺美术的发展奠定了基础。特别是永乐、宣德时期，二位皇帝均深谙艺术，擅长丹青[3]，当时宫廷中笼络了一批职业画家，他们常陪皇帝作画。陈继儒（1558～1639年）撰《妮古录》曰："宣庙妙于绘事，

1　（清）张廷玉等撰：《明史》卷七十八，志第五十四，食货二"赋役"，中华书局，2000年。

2　姜守鹏：《明帝列传——洪熙帝、宣德帝》，吉林文史出版社，1996年。

3　（明）陈子龙等选辑：《明经世文编》卷十六"杨文贞公文集二"之"恭题谢庭循所授御制诗卷后"曰："昔我宣宗皇帝万几之暇，讲论道德之余间，游艺书画。时非厚重端雅之士，不得给事左右。永嘉谢庭循独见爱重，恒侍燕闲。盖庭循清谨有文，每承顾问，必以正对。尤精绘事，每有所进，必荷褒锡。"中华书局，1962年。

其时惟戴文进以不称旨归，边景昭、吴士英、夏昶辈皆待诏，极被赏遇。”[1]良好的艺术氛围，致使包括书画、陶瓷、漆器、珐琅、玉器、佛像等在内的各种工艺美术获得很大发展，取得了颇受后人仰慕的高度成就。以下仅就当时景德镇御窑瓷器烧造方面的几个问题谈些自己的看法。

二　从文献记载看明代永乐、宣德御窑瓷器的生产

正史中有关明代永乐、宣德时期景德镇御窑厂烧造御用瓷器方面的记载很少。在《明实录》、《明史》、《大明会典》、《江西省大志·陶书》等明代文献中，可以查到永乐、宣德时期皇帝喜爱瓷器、命景德镇御窑厂烧造御用瓷器、皇上用御窑瓷器赏赐大臣等方面的零星记载。这些许的记载是研究明代永乐、宣德时期景德镇御窑厂管理制度、烧造数量及用途等的第一手珍贵资料。

1. 用途

明代永乐、宣德时期的御窑瓷器主要用于日常饮食、宫廷祭祀、赏赐等，不许私自买卖。

从传世品及20世纪80年代以来考古工作者对景德镇珠山明代御窑厂遗址发掘情况来看，永乐时期甜白釉瓷器的产量很大，究其原因，当与永乐皇帝的喜好有密切关系。《明太祖实录》载：“（永乐四年冬十月丁未）回回结牙思进玉枕（案：当为字形相近的‘椀’字之误。《明史》卷六，本纪第六“成祖二”记为“碗”），上不受，命礼部赐钞遣归。谓尚书郑赐曰：‘朕朝夕所用中国磁器，洁素莹然，甚适于心，不必此也。况此物今府库亦有之，但朕自不用。虏贪而谲，朕受之，必应厚赉之，将有奇异于此者继踵而至矣！何益国事哉？’”[2]这则史料很重要，它说明永乐皇帝平常喜欢使用“洁素莹然”的国产瓷器，而能称得上“洁素莹然”者，唯有当时景德镇御窑厂大量烧造的甜白釉瓷器。

从文献记载来看，朱瞻基在继皇帝位以后、尚未改元以前就命景德镇御窑厂烧造宫廷祭祀用瓷了。《明宣宗实录》曰：“（洪熙元年九月己酉）命行在工部于江西饶州府造奉先殿太宗皇帝几筵、仁宗皇帝几筵白磁祭器，于磁州造赵王之国各坛祭器。”[3]洪熙帝死于洪熙元年（1425年）五月二十九日，朱瞻基继皇帝位于同年六月二十七日，翌年改元。

宣德二年（1427年）、四年（1429年），宣德皇帝均曾以白瓷赏赐“三杨”之一

1　（明）陈继儒撰：《妮古录》卷一，《筠轩清閟录、妮古录》，中华书局，1985年。

2　《明太祖实录》册七，第878页，台湾“中央研究院”历史语言研究所，1967年。

3　《明宣宗实录》册十六，第231页，台湾“中央研究院”历史语言研究所，1967年。

的杨荣（1371～1440年）。杨荣撰《文敏集》附录《正统元年岁次庚申秋七月甲子中顺大夫、浙江提刑按察司副使、同邑江铁撰〈少师工部尚书兼谨身殿大学士赠特进光禄大夫左柱国太师谥文敏杨公行实〉》载："宣德丁未（二年）二月戊寅，赐范银、图书五。其文曰：'方直刚正，忠孝流芳，关西后裔，建安阳荣，杨氏勉仁，且面致训，以表眷待之隆。'宣宗皇帝尝亲御翰墨，作春山、竹石、牧牛三图，题诗其上，装潢成卷赐公，并赐端砚、御用笔墨及白磁酒器、茶钟、瓶、罐、香炉之类。"又曰："宣德乙酉（四年）九月甲辰朔，赐白金、珍珠、钞币、白瓷器、苏合香丸等物。"[1]

永乐二年（1404年），曾有外国人不顾明代朝廷之禁令，私自来华购买瓷器，被大臣告发，却得到永乐皇帝的宽恕。《明太宗实录》载："（永乐二年五月甲辰）礼部尚书李至刚等奏：'琉球国山东王遣使贡方物，就令赍白金。诣处州市瓷器，法当逮问。'上曰：'远方之人知求利而已，安知禁令？朝廷于远人当怀之，此不足罪。'"[2]这则史料既说明琉球国人喜爱龙泉青瓷，也说明永乐皇帝胸襟宽阔，不计较琐事。

2. 生产制度

有关永乐时期景德镇御窑厂的管理督造情况已不可考。从文献记载看，宣德时期景德镇御窑厂由"营缮所"管理。"营缮所"是个什么机构呢？系工部下设机构之一，属于七品衙门，直接负责管理御窑厂的是营缮所中的九品官员——营缮所丞。

刊刻于明万历二十五年（1597年）的王宗沐纂修、陆万垓增纂的《江西省大志·陶书》"建置"曰："……洪武三十五年始开窑烧造，解京供用。有御厂一所，官窑二十座。宣德中，以营缮所丞专督工匠。正统初，罢。天顺丁丑，仍委中官烧造。嘉靖改元，诏革中官，以饶州府佐贰督之。"[3]清乾隆四十八年《浮梁县志》卷五"陶政"之"陶厂"曰："唐武德四年，里人陶玉献假玉器，由是置务……明洪武初，镇如旧，属饶州府浮梁县。始烧造岁解，有御厂一所，官窑二十座。宣德中以营缮所丞专督工匠。正统初，罢。"[4]宣德二年（1427年）底，宦官张善因在景德镇监造御用瓷器时贪污和虐待工匠而被治以重罪，头被砍下悬挂示众。《明宣宗实录》曰："（宣德二年十二月癸亥）内官张善伏诛。善往饶州监造瓷器，贪黩酷虐，下人不堪。所造御用器多以分馈其同列。事闻，上命斩于都市，枭首以徇。"[5]

查"内官"即"内官监"，是明代专为宦官所设的机构——十二监之一，"掌木、石、瓦、土、搭材、东行、西行、油漆、婚礼、火药十作及米盐库、营造库、皇坛库。

---

1 （明）杨荣撰：《文敏集》，《景印文渊阁四库全书》第1240册，台湾商务印书馆，1983年。

2 《明太宗实录》册六，卷三一，第556页，台北"中央研究院"历史语言研究所，1967年。

3 （明）王宗沐纂修，（明）陆万垓增纂：《江西省大志·陶书》，万历二十五年刊刻，国家图书馆藏。

4 （清）程廷济总修，（清）凌汝绵编纂：《浮梁县志》卷十二，乾隆四十八年刻本，故宫博物院图书馆藏。

5 前揭《明宣宗实录》册三十四，第863页。

凡国家营造宫室、陵墓并铜、锡、妆奁器用暨冰窖诸事”[1]。“枭首”乃旧时的刑罚，系把人头砍下并悬挂起来。“徇”是对众宣示的意思。

张善任什么官职呢？从文献记载看，当属于“少监”。清康熙二十一年（1682年）《浮梁县志·艺文志》录明代嘉靖十九年詹珊《重建敕封万硕师主佑庙碑记》载：“至我朝洪武末始建御器厂，督以中官，洪熙间少监张善始祀佑陶之神，建庙厂内。曰师主者姓赵名慨，字叔明，尝仕晋朝，道通仙秘，法济生灵，故秩封万硕，爵视侯王，以其神异足以显赫今古也。”[2]“少监”是多大的官呢？《明史》载：“（洪武）二十八年重定内官监、司、库、局与诸门官，并东宫六局、王府承奉等官职秩。凡内官监十一：曰神宫监，曰尚宝监，曰孝陵神宫监，曰尚膳监，曰尚衣监，曰司设监，曰内官监，曰司礼监，曰御马监，曰印绶监，曰直殿监，皆设太监一人，正四品，左、右少监各一人，从四品……”[3]由此可见，张善是个从四品官员。

3. 烧造数量

文献记载和考古发掘所获得的资料证明，明代自洪武二年（1369年）开始，为了适应宫廷用瓷的需要，朝廷即在景德镇设御窑厂，专门烧造宫廷用瓷，永乐、宣德时期延续了这一制度。御窑厂初设时有窑20座，后来增至58座[4]。明代实施的匠籍制度使御窑厂内汇集了当时全国最优秀的制瓷工匠，他们选用优质制瓷原料和烧瓷用燃料，不惜工本，烧造了大量至精至美的御用瓷器。这些瓷器经严格挑选后，被源源不断地解运至京城，除去日常使用损耗和不可抗力因素损坏外，仍有大量完整器流传至今。

由于明代嘉靖三十五年（1556年）刊刻的王宗沐纂修《江西省大志·陶书》中已提到嘉靖以前景德镇御窑厂的烧造数量已“案毁不可考”[5]，因此，现在很难统计出永乐、宣德时期景德镇御窑厂的具体烧造数量。特别是有关永乐时期景德镇御窑厂任何烧造数量方面的内容，在文献中都无从查到。宣德时期景德镇御窑厂的烧造数量虽无法全面了解，但从有关文献记载中仍可窥其一斑。上述提到，朱瞻基在继皇帝位以后、尚未改元以前就命景德镇御窑厂开始烧造宫廷祭祀用瓷了。宣德五年（1430年），宣德皇帝因烧造御用瓷器劳民伤财而命御窑厂停止烧造。《明宣宗实录》曰：“（宣德五年九月丁卯）罢饶州烧造瓷器。初，行在工部奏遣官烧造白磁龙凤纹器皿，毕，又请增烧。上以劳民费物，遂命罢之。”[6]

---

1 前揭《明史》卷七十四，志第五十，职官三“宦官”。

2 （清）陈淯纂：《浮梁县志》卷七，康熙二十一年。

3 前揭《明史》卷七十四，志第五十，职官三“宦官”。

4 （明）王宗沐纂修：《江西省大志·陶书》，明嘉靖三十五年刊刻，国家图书馆藏。

5 前揭《江西省大志·陶书》，明嘉靖三十五年刊刻。

6 前揭《明宣宗实录》卷七十，第1654页。

至迟大约三年后，又见御器厂烧造瓷器的记载。明李东阳等撰《大明会典》载："宣德八年尚膳监题准：烧造龙凤磁器，差本部官一员，送出该监式样，往饶州烧造各样磁器四十四万三千五百件。"[1]"尚膳监"是明代专为宦官设置的机构——十二监之一，"掌御膳及宫内食用并筵宴诸事"。

宣德时期的景德镇御窑厂直至宣德十年（1435年）正月因宣宗病逝才停止烧造。《明英宗实录》曰："（宣德十年春正月壬午）上即帝位，颁诏大赦天下。诏曰：我国家膺天明命，统理华夷，奄甸万姓于兹日七十余年，仰惟祖宗肇造之功……各处买办诸色纻丝、纱罗缎匹及一应物件并续造缎匹、抄造纸札、铸造铜钱、烧造饶器、煽炼铜铁、采办梨木板及各处烧造器皿、买办物料等件，悉皆停罢。其差去内、外官员人等，即便回京，违者罪之。"[2]

值得一提的是，依据流传至今的传世品和景德镇珠山明代永乐、宣德御窑厂遗址出土的瓷片标本，我们可以对永乐、宣德时期景德镇御窑厂的烧造数量有一个初步了解。目前仅收藏在台北故宫博物院的"宣德一朝官窑制品，即至二千件左右"[3]，永乐朝御窑瓷器232件[4]。故宫博物院仅收藏永乐、宣德御窑青花瓷器即达700多件[5]。1979～1999年，景德镇市陶瓷考古研究所配合景德镇的市政建设，在珠山周围进行过多次局部考古调查、清理和发掘，先后发现洪武、永乐、宣德、成化、正德官窑遗存，抢救发掘出丰富的遗物。2002～2005年，景德镇市陶瓷考古研究所联合北京大学考古文博学院与江西省文物考古研究所，对明代御窑厂遗址进行了正式考古发掘，清理出明代御窑窑炉及多处落选品埋葬坑。迄今为止，历次考古调查、清理和发掘共获得明代洪武至正德官窑瓷器残片数十吨，黏合复原出的完整器数以千计[6]，其中有不少为传世品中所不见（图一）。这些复原瓷器中的珍品在日本及中国香港、台湾、大陆展出后，受到人们极大关注。1998年在台湾鸿禧美术馆举办的"景德镇出土明宣德官窑瓷器展"共展出宣德官窑瓷器199件、宣德官窑瓷片标本40件[7]。2007年在首都博物馆举办的"景德镇珠山出土永乐官窑瓷器展"共展出永乐官窑瓷器117件[8]。这些出土的瓷器标本，

---

1 （明）李东阳等撰：《大明会典·工部·窑冶》，第2632页，江苏广陵古籍刊印社，2007年。

2 《明英宗实录》卷一，第12页，台湾"中央研究院"历史语言研究所，1967年。

3 廖宝秀：《宣德官窑菁华展导论》，台北故宫博物院编辑委员会：《明代宣德官窑菁华特展图录》，台北故宫博物院，1998年。

4 台北故宫博物院、"中央博物院"理事会合编：《故宫瓷器录》（册上），1964年。

5 冯先铭：《明永乐、宣德青花瓷器与外来影响》，冯先铭主编：《中国古陶瓷研究》第二辑，紫禁城出版社，1988年。

6 刘新园：《明永乐官窑考》，首都博物馆：《景德镇珠山出土永乐官窑瓷器》，文物出版社，2007年。

7 鸿禧美术馆：《景德镇出土明宣德官窑瓷器》，台湾鸿禧艺术文教基金会，1998年。

8 前揭《景德镇珠山出土永乐官窑瓷器》。

图一　明永乐青花海水云龙纹爵盘
（1999 年景德镇珠山出土）

堪称研究永乐、宣德时期景德镇御窑厂生产规模、生产制度、烧造品种等的重要实物资料。

三　永乐、宣德时期景德镇御窑瓷器的艺术成就

从传世品和出土物看，永乐、宣德时期景德镇御窑厂烧造的御用瓷器可谓品类丰富，花色繁多，显示出非凡的创造力。明、清两代景德镇御窑厂所产瓷器品种中的绝大多数在永乐、宣德时都已具备，可谓应有尽有。

从艺术风格方面看，如果说洪武时期的御窑瓷器尚过多留有元代瓷器体大厚重、装饰繁缛、工艺较为粗糙的遗风，永乐时期的御窑瓷器则完全摆脱了元代瓷器的影响，开创了以器物大小适中、胎体厚薄适度、装饰纹样疏朗、文人气息浓郁等为特点的御用瓷器新风貌。这一风格的形成，与擅长丹青、深谙艺术的永乐皇帝的审美观点有着密切关系。

从大量传世和出土的永乐御窑瓷器看，永乐时期的景德镇御窑厂除了继续烧造青花、釉里红、鲜红釉、祭蓝（青）釉、紫金釉、黑釉瓷等传统品种外，还成功创烧出青花釉里红、青花加金彩、黄地绿彩（图二）、红地绿彩、白地绿彩（图三）、白地矾红彩、白地金彩、绿地酱彩瓷以及甜白釉、仿龙泉釉、翠青釉瓷等十多个新品种。特别是永乐时期的青花瓷及鲜红釉、甜白釉瓷，质量精湛，备受后人推崇，对后来景德镇制瓷业产生过极其重要的影响。在器物造型方面，新的器形层出不穷，尤其是模仿伊斯兰国家黄铜、玉器、陶器造型和纹饰大量烧造的甜白釉或青花无当尊（图四、图五）、双系活环背壶、绶带耳葫芦扁壶、如意耳扁壶、方流执壶、绶带耳蒜头口扁壶、花浇、折沿盆（洋帽洗）、委角方瓶、八方烛台、笔盒等，显示出永乐时期景德镇御窑厂善于吸收优秀外来文化，创造崭新陶瓷艺术品的能力。

图二　明永乐黄地绿彩锥拱云龙纹梨式执壶（1983 年景德镇珠山出土）

图三　明永乐白地绿彩灵芝竹叶纹器托（1994 年景德镇珠山出土）

图四　14 世纪伊斯兰国家黄铜质无当尊（故宫博物院藏）

图五　明永乐青花阿拉伯文无当尊（故宫博物院藏）

部分永乐御窑瓷器上署篆体“永乐年制”四字年款的做法，首次将御用瓷器打上了类似皇家商标性质的“烙印”，开启了明、清两代御窑瓷器上署帝王年号款之先河。

永乐时期景德镇御窑厂所烧造的瓷器大都不署年款，少部分署有年款者可分为青花料书写款、锥刻款和模印款三种。款识字体均为篆体，不见有楷体。内容仅见“永乐年制”四字，不见“大明永乐年制”六字，故凡署六字年款者，不管是楷体还是篆体，皆为伪款。

永乐御窑青花瓷器数量不少，但目前仅在传世或出土青花缠枝莲纹压手杯上见有所署青花篆体“永乐年制”四字款。据明末谷泰撰《博物要览》“新旧饶窑”载：“古

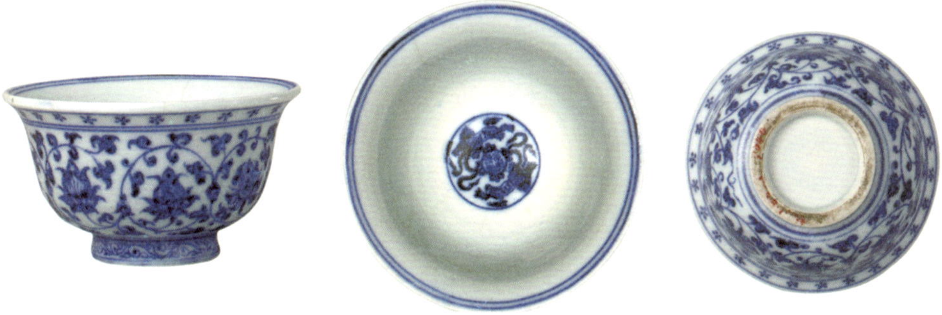

图六　明永乐青花缠枝莲纹压手杯（狮球心，形、心、底，故宫博物院藏）

图七　明永乐青花缠枝莲纹压手杯（残器，形、心，北京出土）

之烧造饶器，进御者……若我永乐年造压手杯，坦口折腰，沙足滑底，中心画有双狮滚球，球内篆书‘大明永乐年制’六字或四字，细若粒米，此为上品；鸳鸯心者次之，花心者又其次也。”[1] 故宫博物院收藏四件此种压手杯，一件杯心绘双狮戏球纹，球内署篆体“永乐年制”四字年款（图六）；另三件杯心画团花纹，五瓣葵花心内署篆体“永乐年制”四字年款。但目前尚未发现“鸳鸯心者”，也未发现谷泰所说署六字篆款者。笔者见有北京市古陶瓷收藏爱好者所藏北京市基本建设工地出土的永乐青花缠枝莲纹压手杯残器，有在杯内底菊花心内署青花篆体四字款者（图七）。

锥刻款和模印款主要见于永乐御窑单色釉瓷器上，位置多在碗、盘、高足碗等器物的内底心或内壁，款字作两行排列，署于葵花心或单圈内。模印款主要见于内外鲜红釉高足碗或甜白釉薄胎印花器上，甜白釉薄胎印花器见有云龙纹盘和高足碗等。锥刻款则主要见于永乐鲜红釉或甜白釉划花器上，如永乐鲜红釉高足碗，此类高足碗有

1　（明）谷泰辑：《博物要览》，《丛书集成新编》第 50 册，第 364 页，台湾新文丰出版公司，1986 年。应引起注意的是，1982 年文物出版社出版、中国硅酸盐学会编：《中国陶瓷史》等书，将《博物要览》一书的作者说成是谷应泰（卒于 1689 年以后），应是将两个相似的名字混淆了。究其根源，当源于李调元（1734 ~ 1803 年）所辑丛书《函海》，其中收入一部题为《博物要览》的著作，他认为是谷应泰之作。其实，《博物要览》的作者是谷泰（字宁宇），晚明时期的学者，曾在李调元的家乡四川任职。谷应泰的文集名《筑益堂集》，其名著为《明史纪事本末》。

两种，一种是内施白釉外施鲜红釉，碗内底单线圈内锥拱一朵五瓣葵花，花心内锥拱篆体四字双行年款，款字清晰；另一种是里外均施鲜红釉，碗内底锥拱的篆体四字年款被鲜红釉覆盖，不甚清晰，但个别在内底模印的篆体四字年款却异常清晰（图八）。传世品中见有永乐甜白釉暗花僧帽壶，颈部锥拱缠枝莲纹，四朵莲花分别托着锥拱的篆体“永”“乐”“年”“制”四字（图九），属于殊为少见的作品。永乐官窑瓷器上的刻、印年款需对光侧视或透视方能看清。

图八　明永乐鲜红釉暗花云龙纹高足碗
（2003 年景德镇珠山出土）

图九　明永乐甜白釉暗花莲花八吉祥纹僧帽壶（形及款，台湾清玩雅集藏）

永乐御窑瓷器上的篆体年款，无论书写还是刻、印，都颇有章法，笔道流畅自然，笔画转折处柔和，字体结构严谨，苍劲浑厚，婉丽飘逸。此款识之蓝本必出自当时功力深厚的书法家之手。有学者将上海博物馆所藏永乐朝翰林学士沈度（1357 ~ 1434 年）的一方端砚底部刻划篆体“永乐乙未秋翰林沈度识”与永乐御窑瓷器上所署年款字体仔细比较后认为，二者风格完全一致，因而认为永乐御窑瓷器上的篆体年款很可能是由当时翰林学士沈度书写后，下交景德镇御窑厂，再由工匠们按墨迹摹写、刻划或做成泥模印在瓷坯上[1]。笔者赞成此种观点。沈度，字民则，号自乐，松江华亭（今上海）人。以擅书而入翰林院。明万历十七年进士第一焦竑（1540 ~ 1620 年）撰《玉堂丛语》“巧艺”曰：“太宗征善书者，试而官之，最喜云间二沈学士，尤重度书，每称曰：‘我朝王羲之。’”又曰：“文皇览沈度书，称善，一时翰林善书如解大绅之真、行、草，胡光大之行、草，滕用亨之篆、八分，王如玉、梁用之真，杨文遇之行，皆知名当世，而度书独为上所爱。凡玉册、金简，用之宗庙朝廷、藏 府、施四裔，刻之贞石，传于后世，一切大制作，必命度书之。书婉丽飘逸，雍容矩度，兼篆八分，八分尤高古，浑然汉意。”[2]可见沈度名重当时。从传世沈度书法作品看，他擅书篆、隶、真、行诸体。既然“一切大制作，必命度书之”，而宫廷御用瓷器的制作毫无疑问属于大制作，那么，永乐皇帝命沈度为御用瓷器书写款识样本应是顺理成章的事。

著名古陶瓷鉴定家孙瀛洲先生（1893 ~ 1966 年）在深入研究永乐御窑瓷器的基础上，曾将永乐御窑瓷器年款编成朗朗上口、便于记忆的歌诀：

永乐篆款确领先，
印刻暗款凸凹全。
压杯青篆在内心，
不是确知不胡言。[3]

第一句“永乐篆款确领先”，是说永乐御窑开创了明、清两代在御窑瓷器上署帝王年号款之先河，而且字体为篆体。

第二句“印刻暗款凸凹全”，是说永乐御窑瓷器上的篆体四字年款既有阴文刻划款，亦有阳文模印款。

第三句“压杯青篆在内心”，是说永乐青花压手杯之内底心署有青花篆体四字年款。

---

1 刘新园：《景德镇明御厂故址出土永乐、宣德官窑瓷器之研究》，《景德镇珠山出土永乐、宣德官窑瓷器展览》，香港市政局，1989 年。

2 （明）焦竑撰：《玉堂丛语》卷七，《续修四库全书》第 1172 册，上海古籍出版社，2002 年。据山东省图书馆藏明万历四十六年徐象枟曼山馆刻本，影印原书。

3 吕成龙：《明代陶瓷》，耿宝昌主编：《孙瀛洲的陶瓷世界》，第 48 页，紫禁城出版社，2005 年。

第四句“不是确知不胡言”，是说永乐御窑瓷器上所署四字年款只有亲眼所见，才有发言权。

宣德一朝虽历时仅有短暂的10年，但由于这期间没有大的天灾人祸，加之宣德皇帝治国有方、深谙艺术，致使这一时期各门类工艺美术几乎都取得了非凡成就。景德镇御窑厂在永乐时期已奠定的良好基础上，获得更大发展。从大量传世和出土的宣德御窑瓷器看，此时景德镇御窑厂除了继续烧造传统的青花、釉里红、青花釉里红、鲜红釉、甜白釉、祭蓝（青）釉、祭蓝釉白花、黑釉、紫金釉、仿龙泉釉、孔雀绿釉、浇黄釉、孔雀绿釉青花、黄地绿彩、白地矾红彩瓷等至少15个品种以外，还成功创烧出洒蓝釉、瓜皮绿釉、淡茄皮紫釉、天青釉、铁红釉、仿汝釉、仿哥釉、仿钧釉、鲜红釉描金、青花五彩、青花加矾红彩、青花加金彩、黄地青花、白地铁红彩、白地黄彩、白地铁钴铜点彩等至少16个新品种。可谓品类丰富、洋洋大观。特别是永乐、宣德时期的青花、甜白釉、鲜红釉瓷，被后人誉为“三大名品”，其青花瓷器则被推为明代青花瓷器之冠。明、清景德镇御窑厂所产瓷器品种中的绝大多数在宣德时都已具备。

宣德御窑瓷器不但产量比永乐时大增，而且造型更加丰富，胎釉愈显精细，纹饰更趋精美。其最突出的成就在于开创了在御窑瓷器上大量署帝王年号款之先河，特别是所署楷体“大明宣德年制”六字双行外围双圈（图一〇）或“宣德年制”四字双行外围双圈（图一一）的款式，属于首创，而且成为后来御窑瓷器上沿用最广且久的款式。宣德御窑瓷器落款位置虽不固定，但由其开创的大量在器物外底署款的做法，却首次将以往人们不太关注的瓷器底足变成了展示具有皇家商标性质的落款和款字书法美的重要位置，景德镇御窑瓷器也自此步入了造型、胎釉、纹饰、款识无一不精的“完美”阶段。

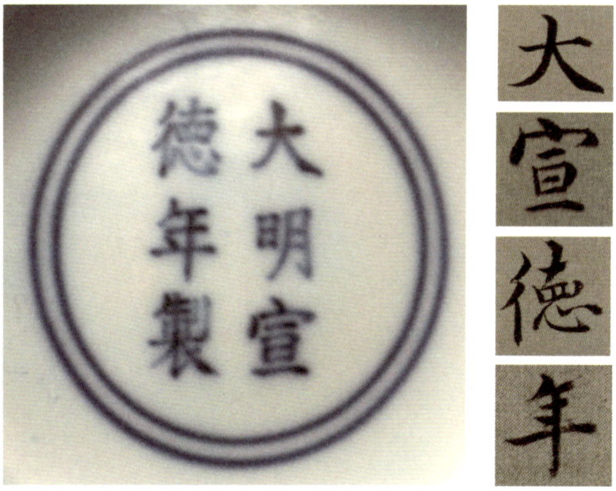

图一〇　明宣德青花吹箫引凤图碗外底所署青花楷体“大明宣德年制”六字款及从故宫博物院所藏沈度书法上辑出的“大”“宣”“德”“年”等字

图一一　明宣德御窑青花瓷器上的青花楷体四字年款　（外围双圈，故宫博物院藏）

图一二　明宣德御窑青花残器上所署青花篆体〝宣德年制〞四字年款（1982 年景德镇珠山出土）

宣德御窑瓷器上的年款在明、清各朝中最为复杂。从字数来看，可分为“大明宣德年制”六字和“宣德年制”四字两种。从书写方式来看，可分为青花料书写款、铁红彩书写款、矾红彩书写款、锥刻款和模印款等。从字体看，既有楷体款，又有篆体款，但篆体仅见有四字款。从落款位置看，除了最常见的在器物外底落款外，还见有在器内底心、器内腰部、外口边、颈部、肩部、外腰部、折沿下、耳部、柄上、流上、内口边和盖内等处落款者。六字款排列方式有一行竖写、六字分两行竖写、六字分三行竖写、一排横写等。款识外多围以双圆圈，另有个别围以单圆圈、双线长方框及双线长方框外复加双线圆圈者，也有无边栏者。再有极个别器物上的年款写于花心或锦纹中心。在宣德御窑瓷器年款中，最为多见的款式是以青料书写或以铁锥锥拱楷体“大明宣德年制”六字双行排列外围双圈。青花楷体“宣德年制”四字年款较少见，所见青花花口蝶耳杯、青花藏文僧帽壶上的四字楷体款均署在外底，分两行排列，外围双圈。青花龙穿花纹高足碗、蓝釉白花鱼藻纹高足碗之外底所署青花楷体四字双行款，外无边栏。白釉“坛”盏上的青花楷体四字双行外围双圈款则署在内底。青花缠枝莲托八吉祥纹平底盘上的青花楷体四字款，自右向左一排横列于外口沿下，无边栏。青花篆体四字年款极其罕见，见有仿汝釉高足碗，内底心落有青花篆体四字双行款，外围青花双圈。景德镇珠山曾出土落有青花篆体宣德四字年款的宣德御窑残器（图一二）。

宣德御窑瓷器上的锥拱楷体“大明宣德年制”六字年款多见于单色釉瓷器上。器物造型见有盘、碗、高足碗等。品种有黄釉、鲜红釉、酱釉、白釉、蓝釉等。盘、碗上的款锥拱于外底，高足碗上的款锥拱于内底，楷体六字分两行排列，外围锥刻双圈。景德镇珠山宣德御窑遗址曾出土一件白釉矾红彩云纹高足碗，其内底心既有锥拱楷体六字暗款，又有在其上以矾红彩书写的楷体六字款，属于极罕见的款识。锥拱篆体四字年款亦极罕见，台北故宫博物院收藏一件青花藏文高足碗，其内底锥拱篆体“宣德年制”四字双行款，外围锥拱双圈，圈外环绕八个锥拱莲瓣。台北故宫博物院收藏的另一件白釉暗花双龙纹高足碗之内壁锥拱篆体“宣德年制”四字双行款，外围锥拱单线圈，圈外环绕八个锥拱莲瓣纹[1]。至于模印款，台北故宫博物院及故宫博物院均收藏有宣德白釉暗花云龙纹或异兽纹高足碗，在碗内腰部印有阳文篆体四字暗款，款外围以模印莲瓣，应属特别稀有之款。

著名古陶瓷鉴定家孙瀛洲先生曾将宣德御窑瓷器上的年款编成四句口诀：

宣德年款遍器身，
楷刻印篆暗阳阴。
横竖花四双单无，
晋唐小楷最出群。[2]

第一句“宣德年款遍器身”，是说落款的位置不固定，除了常见的落款于器物外底，还见有器内底、盖内、器内腰部、器外口边、颈部、口沿下、外腰部、肩部、壶流部等。

第二句“楷刻印篆暗阳阴”，是说宣德御窑瓷器所署年款的形式多种多样，既有青花或釉上彩楷体款，又有锥拱款、模印款、篆体款、暗款、阳文款、阴文款等。

第三句“横竖花四双单无”，是说宣德御窑瓷器所署年款既有六字和四字一排横写款，又有六字一行、六字双行、六字三行、四字双行竖写款。款外有围以花瓣或锁字锦纹者，有围以四重边栏者（即双方框外复加双圆圈）（图一三），有围以双线圆圈者，有围以单线圆圈者，也有无边栏者。

图一三　明宣德御窑青花瓷器上所署青花楷体六字一行年款（外围四重边栏，故宫博物院藏）

第四句“晋唐小楷最出群”，是说宣德御窑瓷器所署年款中，有一种字体非常优美的摹仿晋唐小楷书法风格的六字双行款，其笔法工整、清秀、遒劲，像写在纸上那样自然大方。

这四句口诀对于我们理解宣德御窑瓷器年款的特征大有裨益。实际上，由于宣德御窑瓷器上的年款都是由工人照样摹写的，故很难达到整齐划一、完全一致，每一个字的特征都很难用文字来描述。以“大明宣德年

1　前揭《明代宣德官窑菁华特展图录》，图版106、95。

2　孙瀛洲：《试谈明代永乐、宣德景德镇官窑瓷年款》，《故宫博物院院刊》1960年总第2期。

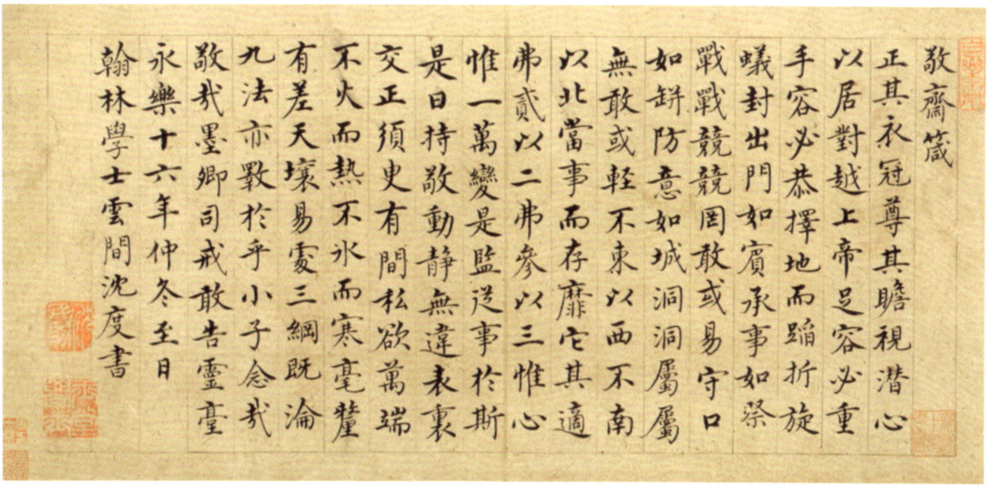

图一四　明沈度敬斋箴册页之一（共十二页，故宫博物院藏）

制”六字来说，孙瀛洲先生曾注意到仅“大”字就有几种不同的写法，其一横被第二笔的一撇分割后，有左边长的，有右边长的，也有左、右相等的，且这一横还有长短之分。“年”字除一般写法外，还有最明显的五种不同的写法，即“𠂉”头“年”、单丰腰“年”、双丰腰“年”、大四横“年”、小四横“年”等。楷体“德”字“心”上无一横，写成“徳”，而篆体“德”字“心”上有一横，写成“德”。

有学者提出，宣德御窑瓷器所署年款之蓝本也应出自当时功力深厚的大书法家沈度之手，笔者同意此种看法。因为经过将宣德御窑瓷器年款与故宫博物院藏沈度书法作品比较后可以发现，二者属于统一风格（图一四）。可以肯定的是，当时景德镇御窑厂按沈度墨迹往瓷器上临摹者绝非一人，因同一个蓝本，只有不同的人临摹，才会在风格上形成细微差别。

四　后世对永乐、宣德御窑瓷器的品评

在中国传统观念中历来是重士、农、工而轻商。大约从16世纪中叶以来，随着商品经济的发展，世风逐渐转变，商业活动进入社会各阶层，有力地冲击着传统的“重农抑商”观念和森严的封建等级制度。在社会上层精英生活中，商业活动不但存在，而且已经强大得足以使历来鄙视商人的偏见受到挑战。在人们心目中，经商不再是卑贱的职业。商人凭借其逐渐积累起来的丰厚的物质财富，从事原本士族阶层才能涉猎的各种各样的文化活动并加以炫耀。他们兴建豪华的私家园林和大型藏书楼，购买宋版珍本图书和唐代书画，收藏三代青铜器，僭越乘轿，模仿士大夫旅游，使用精细家具，等等。从文献记载看，这一风气滥觞于江南吴地文人雅士，徽商则对之推波助澜。

晚明陈继儒在《妮古录》中谈到当时苏州显贵人家收藏之风盛行时曰：

黄五岳云，自顾阿瑛好蓄玩器书画，亦南渡遗风也。至今吴俗权豪家好聚三代铜器、唐宋玉、窑器、书画，至有发掘古墓而求者。若陆完神品画累至千卷，王延喆三代铜器数倍于《宣和博古图》所载。[1]

明沈德符（1578～1642年）《万历野获编》曰：

始于一二雅人，赏识摩挲，滥觞于江南好事缙绅，波靡于新安耳食，诸大估曰千曰百，动辄倾橐相酬，真赝不可复辨。以至沈唐之画，上等荆关；文祝之书，进参苏米。其弊不知何极。[2]

“新安”为古人对歙州、徽州所辖地区的别称，隋大业三年（607年）改歙州为新安郡，至唐乾元元年（758年）屡经废置。明中叶以后，随着商品经济的日趋繁荣，封建特权日益加大，达官、贵人的消费欲望愈来愈膨胀，消费幅度亦惊人增长，对于商品的追求出现高、精、尖的倾向[3]。

晚明袁宏道（1568～1610年，字中郎）曾专论“时尚”谓：

古今好尚不同，薄技小器，皆得著名。铸铜如王吉、养娘子，琢琴如雷文、张越，窑器如哥窑、董窑，漆器如张成、杨茂、彭君宝，经历几世，士大夫宝玩欣赏，与诗画并重。当时文人墨士、名公巨卿，煊赫一时者，不知湮没多少。而诸匠之名，顾得不朽，所谓五谷不熟，不如稊稗者也。近日小技著名者尤多，然皆吴人。瓦瓶如龚春、时大彬，价至二三千钱，龚春尤称难得，黄质而腻，光华若玉。铜炉称胡四，苏、松人有效铸者，皆不能及。扇画称何得之。锡器称赵良璧，一瓶可值千钱，敲之作金石声。一时好事家争购之，如恐不及。其事皆始于吴中，狷子转相售受，以欺富人公子，动得重赀，浸淫至士大夫间，遂以成风。然其器实精良，他工不及，其得名不虚也。千百年后，安知不与王吉诸人并传哉？[4]

由于明代社会对进入上层精英所设立的标准是必须具备良好的教养和学识，如谈吐高雅，擅长赋词吟诗、讨论哲人、鉴赏艺术品等，致使从16世纪中叶以来，为适应社会需求，出现了大量谈论古董收藏和文学鉴赏的作品，数量达到空前。

---

1 前揭《妮古录》卷四。

2 （明）沈德符撰：《万历野获编》，中华书局，1997年。

3 王春瑜：《明清史散论》，东方出版中心，1996年。

4 （明）袁宏道著，钱伯城笺校：《袁宏道集笺校》卷二十，“瓶花斋集之八——杂录”之“时尚”，记万历二十六年至万历二十八年事。上海古籍出版社，1981年。

明代晚期，在人们的精神领域出现一种新的现象，即整个社会沉湎于好古玩物。“好古”不仅仅是喜好明代以前的古董，即使是明代永乐、宣德、成化各朝工艺品也包括在内。究其原因，一方面是由于明代以前的古董稀少难觅，另一方面，明代永乐、宣德、成化各朝之工艺品的确精美绝伦，惹人喜爱。

明沈德符在《万历野获编》中曰：

玩好之物以古为贵，惟本朝则不然。永乐之剔红、宣德之铜、成化之窑，其价遂与古敌。盖北宋以雕漆擅名，今已不可多得，而三代尊彝法物，又日少一日。五代迄宋，所谓柴、汝、官、哥、定诸窑，尤脆薄易损，故以近出者当之。[1]

在古陶瓷收藏、鉴赏方面，当时人们不仅追求宋代汝、官、哥、定窑瓷器，而且对明初永乐、宣德甚至明中期成化时期景德镇御窑瓷器亦倍加推崇，致使这三朝御窑瓷器价格直逼宋代名窑瓷器。如明末清初文人徐树丕撰《识小录》云：

画当重宋，而迩来忽重元人。窑器当重哥、汝，而迩来忽重宣德、成化以至嘉靖，亦价增十倍。[2]

晚明谢肇淛（1567～？年）撰《五杂俎》曰：

今龙泉窑世不复重，惟饶州景德镇所造，遍行天下。每岁内府颁一式，度纪年号于下。然惟宣德款制最精，距迄百五十年，其价几与宋器埒矣！嘉靖次之，成化又次之。世宗末年所造金箓大醮坛用者，又其次也。宣窑不独款式端正、色泽细润，即其字画亦皆精绝。余见御用一茶盏，乃画轻罗小扇扑流萤者，其人物毫发具备，俨然一幅李思训画也。[3]

明王世懋（1536～1588年）撰《窥天外乘》曰：

宋时窑器以汝州为第一，而京师自置官窑次之。我朝则专设于浮梁县之景德镇。永乐、宣德间，内府烧造，迄今为贵，其时以骔眼甜白为常，以苏麻离青为饰，

1 前揭《万历野获编》。

2 （明）徐树丕撰：《识小录》卷一，《笔记小说大观》第40编，第3册，台北新兴书局据台北“中央图书馆”藏佛兰草堂手抄本影印，1990年。

3 （明）谢肇淛撰：《五杂俎》，国学珍本文库，民国二十四年（1935年）。

以鲜红为宝。[1]

明王世贞（1526～1590年）撰《觚不觚录》曰：

画当重宋，而三十年来忽重元人，乃至倪元镇以逮明沈周，价骤增十倍。窑器当重哥、汝，而十五年来忽重宣德，以至永乐、成化价亦骤增十倍。大抵吴人滥觞，而徽人导之，俱可怪也……近闻此好流入宫掖，其势尚未已也。[2]

明王士性（1547～1598年）撰《广志绎》曰：

浮梁景德镇，雄村十里，皆火山发焰，故其下当有陶埴应之。本朝以宣、成二窑为佳，宣窑以青花胜，成窑以五彩。宣窑之青，真苏浡泥青也，成窑时皆用尽，故成不及宣。宣窑五彩堆垛深厚，而成窑用色浅淡，颇成画意，故宣不及成。然二窑皆当时殿中画院人遣画也。[3]

明张应文（？～1595年）撰《清秘藏》“论窑器”曰：

论窑器必曰柴、汝、官、哥、定……我朝宣庙窑器，质料细厚，隐隐橘皮纹起，冰裂鳝血纹者，几与官、汝敌。即暗花者（内烧绝细龙凤暗花，底有“大明宣德年制”暗款六字）、红花者（以西红宝石为末，图画花鸟鱼虫等形，骨内烧出，凸起宝光，鲜红夺目）、青花者（用苏渤泥青，图画龙凤、花鸟、虫鱼等形，深厚堆垛可爱），皆发古未有，为一代绝品，迥出龙泉、均州之上。[4]

晚明董其昌（1555～1636年）撰《骨董十三说》曰：

世称柴、汝、官、哥、定五窑，此其著焉者。更有董窑、象窑、吉州窑……皆有传者，俱不及五窑。本朝宣、成、嘉三窑，直欲上驾前代。[5]

《妮古录》曰：

---

1 （明）王世懋撰：《窥天外乘》，《丛书集成新编》第85册，台湾新文丰出版公司，1986年。

2 （明）王世贞撰：《觚不觚录》，前揭《丛书集成新编》第85册。

3 （明）王士性撰：《广志绎》卷四，“江南诸省”，自序撰于万历丁酉（1597年）中秋日，中华书局，1981年。

4 （明）张应文撰：《清秘藏》卷五，《丛书集成续编》第94册，台湾新文丰出版公司，1991年。

5 （明）董其昌撰：《骨董十三说》，民国刻静园丛书本。

宣庙时瓷器及蟋蟀澄泥盆最为精绝。[1]

《万历野获编》曰：

本朝瓷器，用白地青花，间装五色，为古今之冠。如宣窑品最贵，近日又贵成窑，出宣窑之上。盖两朝天纵，留意曲艺，宜其精工如此。[2]

晚明文震亨（1585～1645年）撰《长物志》“香茗”之“茶壶茶盏”曰：

茶壶以砂者为上……宣庙有尖足茶盏，料精式雅，质厚难冷，洁白如玉，可试茶色，盏中第一。[3]

“器具”之“香木橼盘”曰：

香橼盘有古铜青绿盘，有官、哥、定窑、青冬磁、龙泉大盘，有宣德暗花白盘、苏麻尼青盘、朱砂红盘，以置香橼，皆可。

“器具”之“海论铜玉雕刻窑器”：

三代、秦、汉人制玉……窑器，柴窑最贵……宣窑冰裂、鳝血纹者，与官、哥同，隐纹如橘皮。红花、青花者，俱鲜艳夺目、堆垛可爱……至于永乐细款青花杯、成化五彩葡萄杯及纯白薄如玻璃者，今皆极贵，实不甚雅。

明田艺蘅撰《留留青》曰：

大明永乐窑、宣德窑、成化窑皆纯白，或回青、石青画之，或加彩色。宣德之贵，今与汝敌，而永乐、成化亦以次重矣……今宣窑兴，而与汝窑争价，亦足观也。[4]

明末谷泰撰《博物要览》曰：

---

1 前揭《妮古录》卷一。

2 前揭《万历野获编》卷二十六，“玩具”。

3 （明）文震亨著，陈植校注，杨超伯校订：《长物志》卷一二，江苏科学技术出版社，1984年。

4 （明）田艺蘅撰：《留留青》“宣窑”，《留青日札》下册，第1275页，上海古籍出版社，1985年。

若我永乐年造压手杯，坦口折腰，砂足滑底，中心画有双狮滚球，球内篆书“大明永乐年制”六字或四字，细若粒米，此为上品。鸳鸯心者次之，花心者又其次也。杯外青花深翠，式样精妙，传世可久，价亦甚高。

宣德年造红鱼靶杯，以西红宝石为末，图画鱼形，自骨内烧出，凸起宝光，鲜红夺目……又如竹节靶罩盖卤壶、小壶，此等物古未有。他如妙用种种，惟小巧之物最佳，描画不苟……又有白茶盏，较坛盏少低，而瓮肚釜底线足，光莹如玉，内有绝细龙凤暗花，花底有“大明宣德年制”暗款，隐隐橘皮纹起，虽定瓷何能比方，真一代绝品。[1]

清程哲撰《蓉槎蠡说》曰：

窑器所传柴、禹、官、哥、钧、定可勿论矣。在胜朝则有永、宣、成、弘、正、嘉、隆、万官窑，其品之高下，首成窑，次宣、次永、次嘉，其正、弘、隆、万间亦有佳者……宣窑之祭红杯、盘，有通体红者，有红鱼者、百果者，有西红宝石垩涂烧者，其宝光凸起。紫黑者，火候失也。[2]

清朱彝尊（1629 ～ 1709 年）撰《曝书亭集》“感旧集序”曰：

见新而贵旧者，人之情也……盖尝以月之朔望，观于京师慈仁寺。比日中，天下之货咸集，贵人入市，见陈瓷碗争视之。万历窑一器索白金数两，而宣德、成化款识者，倍蓰焉。[3]

约成书于雍正、乾隆年间的无名氏撰《南窑笔记》曰：

宣窑……又有霁红、霁青、甜白三种，尤为上品……一切釉水，以霁红为难。旧红名鲜红，又名宣烧，盖珍重之也。[4]

民国许之衡（1877 ～ 1935 年）撰《饮流斋说瓷》曰：

1 前揭《博物要览》，《丛书集成新编》第 50 册，第 364 页。

2 （清）程哲撰：《蓉槎蠡说》卷十一，前揭《续修四库全书》第 1137 册。

3 （清）朱彝尊撰：《曝书亭集》卷三十六，前揭《景印文渊阁四库全书》第 1318 册。

4 （清）无名氏撰：《南窑笔记》，邓实等编，黄宾虹续编：《美术丛书》（四集四十辑）第一辑，神州国光社，民国二十五年（1936 年）。

> 宣窑之美为有明一代冠，不但宣红、宣黄彪炳奕叶已也，即青花五彩各器亦发明极多，成为后代所祖。[1]

从以上文人品评来看，自明代晚期以来，永乐、宣德时期的御窑瓷器博得极高评价，其价格已与宋代汝、官、哥、定等名窑瓷器相匹敌。这一方面是因为宋代名窑瓷器在当时已属于稀有之物，很难觅得；另一方面也说明永乐、宣德时期的御窑瓷器确实达到了较高的艺术水准，因而博得文人雅士的青睐。

五　后世对永乐、宣德御窑瓷器的仿制

明代晚期确立窑器重永乐、宣德、成化的鉴藏风气以后，影响深远，直至今日，这三朝官窑瓷器都是鉴赏家竞相搜求的珍品，而且仿造之风极盛。其中尤以明代正德、万历和清代康熙、雍正、乾隆及现代景德镇御窑厂仿作最多，质量亦最精。这些仿品多以原物摹制，不署款识者庶几乱真。传世品和出土物中见有：

明正德仿宣德青花缠枝莲纹盘。

明万历仿永乐青花缠枝莲纹压手杯、仿宣德青花折枝花果纹葵口碗、仿宣德青花阿拉伯花纹馒头心碗、仿宣德青花缠枝牵牛花纹四方角委瓶、仿宣德冬青釉划花缠枝灵芝纹花口碟、仿宣德青花阿拉伯花卧足碗等。

清康熙仿永乐青花鱼篓式尊、仿永乐青花八方烛台、仿永乐青花松竹梅纹碗、仿永乐甜白釉葵瓣口碗、仿永乐影青凉帽式小碗、仿宣德青花折枝花果纹葵口碗、仿宣德青花缠枝花纹水盂、仿宣德青花仕女游园图碗、仿宣德青花玉壶春瓶、仿宣德青花釉里红云龙纹合碗、仿宣德青花矾红彩海水龙纹盘、仿宣德釉里红三鱼纹高足碗、仿宣德鲜红釉僧帽壶、仿宣德鲜红釉盘、仿宣德祭蓝釉暗花云龙纹盘、仿宣德祭蓝釉白鱼莲纹盘、仿宣德豆青釉荷叶式洗等。

清雍正仿永乐青花梅瓶、仿永乐青花锦纹蒜头口双耳扁壶、仿永乐青花折枝茶花纹双耳扁壶、仿永乐青花海水白龙纹天球瓶、仿永乐青花竹石芭蕉纹玉壶春瓶、仿永乐青花缠枝莲纹双系盖罐、仿永乐青花阿拉伯文无当尊、仿永乐青花缠枝花纹折沿盆、仿永乐青花折枝花果纹执壶、仿永乐青花菊瓣纹鸡心碗、仿永乐青花把莲纹盘、仿永乐甜白釉划花梅瓶、仿宣德青花梅瓶、仿宣德青花藏文缠枝莲托八吉祥纹僧帽壶、仿宣德青花牵牛花纹四方委角瓶、仿宣德青花书灯、仿宣德青花阿拉伯花纹绶带耳葫芦式扁瓶、仿宣德鲜红釉盘、仿宣德青花团龙凤纹葵花式洗、仿宣德白釉暗花菊瓣纹鸡心碗等。

1　许之衡撰：《饮流斋说瓷》“说花绘”第五，《中国陶瓷名著汇编》，中国书店，1991 年。

清乾隆仿永乐青花描金缠枝苜蓿花纹碗、仿永乐青花竹石芭蕉纹玉壶春瓶、仿永乐青花折枝花果纹执壶、仿宣德青花绵纹壮罐、仿宣德青花梅瓶、仿宣德仕女游园图盘、仿宣德青花鸟食罐等。

民国仿宣德青花双凤穿花纹罐、仿宣德青花折枝花纹菱花口盘等。

现代景德镇仿永乐、宣德景德镇御窑瓷器品种之全、数量之多超过以往任何时期，常见的有仿永乐青花缠枝莲纹压手杯、仿永乐青花阿拉伯花纹绶带耳葫芦式扁瓶、仿永乐青花梅瓶、仿永乐青花如意耳扁壶、仿永乐青花双耳活环背壶、仿永乐青花如意耳蒜头口扁壶、仿永乐青花海水白龙纹扁壶（图一五）、仿永乐青花海水白龙纹天球瓶、仿永乐青花无当尊、仿永乐青花折沿盆（图一六）、仿永乐青花团花龙凤纹葵瓣洗、仿永乐青花八方烛台、仿永乐青花把莲纹盘、仿永乐青花缠枝花果纹折沿盘、仿永乐青花折枝花纹菱花口盘、仿永乐青花枇杷绶带鸟纹花口折沿盘、仿永乐青花菊瓣纹鸡心碗、仿永乐青花缠枝苜蓿花纹碗、仿宣德青花蓝查体梵文出戟法轮盖罐、仿宣德青花藏文僧帽壶、仿宣德青花蟋蟀罐、仿宣德青花方流执壶（图一七）、仿宣德青花梅瓶、仿宣德青花盖豆、仿宣德青花折枝花果纹碗、仿宣德青花云龙纹盌碗、仿宣德祭蓝釉僧帽壶、仿宣德鲜红釉盘、仿宣德洒蓝釉盌碗、仿宣德孔雀绿釉盘（图一八）等。

上述仿品有的署款，有的不署款。明代正德、万历及清代康熙、雍正、乾隆朝仿宣德御窑瓷器署款者，或仿写“大明宣德年制”款，或署当朝款。现代景德镇仿永乐御窑瓷器或不落款（图一九、图二〇），或画蛇添足落楷体“大明永乐年制”六字或篆体“永乐年制”四字款（图二一）。因目前所见永乐御窑青花瓷器只有压手杯在内底落青花篆体“永乐年制”四字双行款，其他均不落款，故除了仿永乐青花压手杯以外，在其他任何所仿永乐官窑青花瓷器上署永乐年款者，均属“画蛇添足”。现代仿宣德

图一五　新近景德镇仿明永乐青花海水白龙纹扁壶

图一六　新近景德镇仿明永乐青花缠枝花纹折沿盆

御窑瓷器一般都署楷体“大明宣德年制”六字或“宣德年制”四字款。值得注意的是出现不少在臆造的宣德御窑瓷器上署青花楷体“大明宣德年制”款者（图二二）。清代雍正、乾隆时期景德镇御窑厂所仿永乐、宣德御窑瓷器达到很高水平，一些不署款者常使人真赝难辨（图二三至图二六）。鉴别时，主要还是应结合造型、纹饰、胎釉彩、制作工艺、款识等特征仔细观察，寻其破绽，千万不可偏颇其中的一个方面，否则就会上当受骗，这方面的例子不胜枚举。

图一七　新近景德镇仿明宣德青花缠枝牡丹纹方流执壶

图一八　新近景德镇仿明宣德孔雀绿釉盘（形、底）

图一九　明永乐青花缠枝花香瓜纹折沿盘

图二〇　新近景德镇仿明永乐青花缠枝花香瓜纹折沿盘

图二　新近景德镇仿明永乐青花缠枝花纹高足碗（形、底）

图二二　近年臆造的明宣德五彩盖罐（形、款）

图二三　明永乐青花锦纹绶带耳蒜头口扁壶（形、底）

图二四　清雍正仿明永乐青花锦纹绶带耳蒜头口扁壶（形、底）

图二五　明永乐青花锦纹壮罐（形、底）

图二六　清乾隆仿明永乐青花锦纹壮罐（形、底）

原载《永宣时代及其影响——两岸故宫第二届学术研讨会论文集》，故宫出版社，2012 年

清宫旧藏明代龙泉窑青瓷研究

黄卫文

内容提要：北京故宫博物院藏有传承自前朝宫廷的清宫旧藏明代龙泉窑青瓷211件，它们是明初龙泉窑依朝廷定样所制宫廷用瓷的珍贵遗存，其制作工艺和装饰特征既有元代遗风，又与同时期景德镇官窑瓷器相似，反映了明初龙泉窑制瓷与宫廷间的密切关系。而依据清宫档案和《故宫物品点查报告》的原始记载，对藏品在宫中的陈设及存贮情况所进行的整理分析，不仅为研究明初龙泉窑青瓷的历史分期问题提供了原始可信的参考资料，更进一步证明了北京故宫旧藏明龙泉窑青瓷是研究明初龙泉窑生产相关问题最具价值和说服力的传世资料。

关键词：清宫旧藏　明代龙泉窑青瓷　宫廷用瓷　研究

龙泉窑是我国古陶瓷发展史上著名的青瓷窑场之一。文献记载、传世品及近年来对龙泉大窑枫洞岩窑址的考古发掘成果表明，明代早期的龙泉窑不仅是一处制瓷产量巨大的民间窑场，而且它的瓷业生产与宫廷官府间也有着密切的联系。故宫博物院藏属清宫旧藏的明代龙泉窑青瓷即是研究明代龙泉窑与宫廷间关系问题最具价值和说服力的传世资料。本文依据清宫档案和《故宫物品点查报告》的原始记载，对这部分藏品在清宫中的陈设及存贮情况进行了整理分析，并结合文献记载和近年来新的窑址考古发现，试就清宫旧藏明代龙泉窑青瓷的工艺特点、性质、生产窑场及产品分期等问题作一定的研究探讨。

一　清宫旧藏明代龙泉窑青瓷的整理及举要

故宫博物院成立于1925年10月10日，众所周知，其院址是明清两代皇宫“紫禁城”宫殿旧址。在故宫博物院目前收藏的约180余万件[1]珍贵的历史文物中，传承有序的清

作者：器物部，副研究馆员。

1　2010年，历时7年的故宫博物院藏品清理验收工作结束，故宫博物院目前对社会公布的文物藏品数量为180余万件。

宫原藏古物珍宝即“清宫旧藏”文物，不仅是故宫博物院藏品的主要来源，也是最具故宫学研究价值的藏品。“清宫旧藏”文物是指故宫博物院建院之际点查接收的紫禁城皇宫内和1946年后并入故宫收藏的原古物陈列所[1]保存的承德避暑山庄、沈阳奉天故宫等处的清宫原藏文物。经笔者对故宫院藏陶瓷类文物账的整理与统计，故宫博物院现藏北宋至清代不同时期的龙泉窑青瓷藏品共计约1600余件，其中藏品时代目前定为明代的清宫旧藏龙泉窑青瓷有211件[2]。关于旧藏明龙泉窑器的资料，故宫博物院的陶瓷研究者及笔者以前也曾著文有所介绍[3]，而详查清宫历朝《陈设档》和《故宫物品点查报告》中的原始记载，这部分旧藏明龙泉窑青瓷大多能找到它们在皇宫中的原藏地点。以下试以藏品在清宫中的原藏位置为纲，对院旧藏明代龙泉窑青瓷进行整理并撷取其中有代表性的器物介绍如下（以原藏位置和器形分类进行的统计数据详见附表一、附表二）。

（一）坤宁宫

紫禁城后三宫之一，位于中轴线上，建于永乐十八年（1420年）。明代为皇后所居之正宫，清代为宫中祭神和皇帝大婚的洞房。原藏明龙泉窑青釉三足炉[4]和折沿大盘各1件。

青釉凸雕八卦纹三足筒炉（图一，形、底），高29厘米，口径20.5厘米，足距32.6厘米。器敞口，筒形腹，平底，下承三兽蹄足。里外施青绿色釉。外壁釉下划刻花装饰，口下饰划花折枝花和卷枝纹，腹中间剔地凸刻八卦纹，腹下划折枝花纹，纹饰间以四道凸弦纹相隔。里心涩胎，底中间有孔，无釉显棕褐色胎骨。此炉作为明代遗存的祭礼器在道光十五年（1835年）时仍陈设于坤宁宫东暖阁[5]，此后直到清末各朝的《陈设档》中均有记载[6]。

1　段勇：《古物陈列所的兴衰及历史影响》，《故宫博物院院刊》2004年5期。

2　有关北京故宫博物院现藏明代龙泉窑瓷器的数量，故宫学者在以前发表的文章中也有所统计，见叶佩兰：《故宫藏龙泉窑瓷器》，《紫禁城》2007年5期；王光尧：《关于清宫旧藏龙泉窑瓷器的思考》，《龙泉大窑枫洞岩窑址出土瓷器》，文物出版社，2009年。笔者依据对故宫院藏文物总账的详细整理和统计，得出的数字与上述文中的统计数字有所出入。

3　王健华：《故宫博物院藏明代龙泉青瓷掇英》，《故宫博物院院刊》1994年1期；叶佩兰：《故宫藏龙泉窑瓷器》，《紫禁城》2007年5期；王光尧：《关于清宫旧藏龙泉窑瓷器的思考》，《龙泉大窑枫洞岩窑址出土瓷器》，文物出版社，2009年。黄卫文：《清宫旧藏明代龙泉窑青瓷概论》，《东南文化》2010年2期。

4　清室善后委员会：《故宫物品点查报告》第一编，第二册，卷一，1925年刊行。

5　《坤宁宫东暖阁现设档案》道光十五年七月。

6　《坤宁宫东暖阁现设档》光绪二年三月；《坤宁宫东暖阁现设档》宣统二年八月。

形

底

图一　明龙泉窑青釉凸雕八卦纹三足筒炉（故宫博物院藏）

（二）斋宫

紫禁城内廷东六宫之一，后殿曰诚肃殿，为清代皇帝大祀前的斋戒之所。前殿原藏明龙泉窑青釉绶带耳葫芦瓶 1 件[1]（图二），诚肃殿藏青釉壮罐 1 件（图三）[2]。

青釉印花壮罐，高 28.6 厘米，口径 12.7 厘米，足径 10.7 厘米。罐直口，短粗颈，腹长圆灯笼式，胫部弧收，圈足，弧盖带宝珠钮。里外施青绿色釉，外壁阳文印花分层装饰，盖面为折枝莲纹，颈及足墙饰如意云头间朵花纹，腹上下饰缠枝莲纹，中间饰折枝莲纹。底部裹足支烧，中间施釉，外环涩胎支烧痕。此罐嘉庆七年（1802 年）

图二　明龙泉窑青釉绶带耳葫芦瓶（故宫博物院藏）

图三　明龙泉窑青釉印花壮罐（故宫博物院藏）

1　清室善后委员会：《故宫物品点查报告》第二编，第一册，卷一，1925 年刊行。

2　清室善后委员会：《故宫物品点查报告》第二编，第一册，卷二，1925 年刊行。

图四　明龙泉窑青釉缠枝石榴花纹玉壶春瓶（故宫博物院藏）

图五　明龙泉窑青釉缠枝花纹玉壶春瓶（故宫博物院藏）

时陈设于诚肃殿西暖阁[1]，嘉庆十九年（1814年）[2]后直到故宫博物院建立，一直收贮于殿内雕龙木柜中。

（三）茶库

宫中收储内用物品的库房之一，位于东六宫东小长街东侧缎库之后。原藏明龙泉窑青釉玉壶春瓶一对[3]，两瓶造型、尺寸、釉色相似，但纹饰题材略有不同。一器腹饰缠枝石榴花纹（图四），另一件饰缠枝花卉纹（图五）。

（四）古董房

位于内廷东六宫以北的乾东五所之第五所，明初建，清代为专司收贮古玩器皿、图书典籍的处所之一。原藏明龙泉窑青瓷46件[4]，为宫中收贮明龙泉窑器数量最多的库房，其中具代表性的藏品有：

1　《斋宫陈设账》嘉庆七年四月。

2　《斋宫现陈设帐目》嘉庆十九年六月。

3　清室善后委员会：《故宫物品点查报告》第二编，第六册，卷四，1925年刊行。

4　清室善后委员会：《故宫物品点查报告》第二编，第九册，卷五，1925年刊行。

（1）青釉暗花竹石纹梅瓶（图六），高 38.5 厘米，口径 5.9 厘米，足径 11.5 厘米。瓶直口，短颈，溜肩，上腹丰满，胫部收敛，近底处外撇，平底内凹成圈足。瓶里外通体施青绿釉，釉色绿中泛灰。外壁釉下划花装饰，腹饰竹石纹。底施满釉，足墙露胎处呈灰白色。此外，同库还存有造型略异、仅施青釉光素无纹的传世器（图七，形、底）。

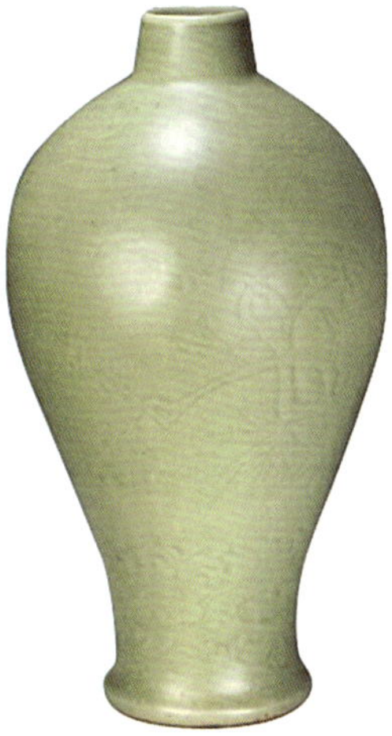

图六　明龙泉窑青釉暗花竹石纹梅瓶（故宫博物院藏）

（2）青釉划花香草纹碟（图八），高 3.7 厘米，口径 14 厘米，足径 6.8 厘米。器撇口，弧壁，腹下内折，圈足。通体施青绿釉，釉色绿中泛黄。里心划刻折枝香草纹，外饰卷枝纹一周，里外壁饰缠枝莲纹，外壁折底处刻变形莲瓣纹。底裹足支烧，有规整的涩胎支烧痕。

（3）青釉印折枝花卉纹菱口折沿盘（图九，形、心、底），高 7 厘米，口径 34 厘米，足径 14 厘米。盘菱花口折沿，弧壁曲折似花瓣形，圈足。里外施青绿釉，盘心釉下印

形

底

图七　明龙泉窑青釉暗花竹石纹梅瓶（故宫博物院藏）

图八　明龙泉窑青釉划花香草纹碟（故宫博物院藏）

形

心　　底

图九　明龙泉窑青釉印折枝花卉纹菱花口折沿盘（故宫博物院藏）

划折枝花一株，纹饰不很清晰，内外壁素面。底裹足支烧，中间施釉，外环涩胎支烧痕。此类口径 30 厘米以上至 60 多厘米的大盘是古董房藏明龙泉窑器中数量最多的，计有 28 件，器式可分敞口、折沿口、菱花式折沿、菊瓣式等几种。

（五）咸福宫

内廷西六宫之一，建于永乐十八年（1420 年），初曰寿安宫，明嘉靖十四年（1535 年）后改称咸福宫，清代仍依旧称。原藏明龙泉窑青瓷 22 件[1]，其中各式大盘 19 件，梅瓶 1 件，凤尾尊 2 件。

青釉划花折沿盘（图一〇，形、心、底），高 8.1 厘米，口径 37 厘米，足径 18.4 厘米。盘敞口折沿，弧壁，圈足。通体施青绿色釉，盘心饰划花折枝花卉纹，口沿饰卷枝纹。底裹足支烧，有涩胎支烧痕。

（六）重华宫

位于内廷西六宫之北，原是明初所建之乾西五所的第二所，为乾隆皇帝做皇子和

1　清室善后委员会：《故宫物品点查报告》第三编，第一册，卷二，1925 年刊行。

形

心

底

图一〇　明龙泉窑青釉划花折沿盘（故宫博物院藏）

结婚后的居所，乾隆登基后升级为宫。原藏明龙泉窑青釉绳耳三足炉、暗花碗、凤尾尊等各 1 件，青釉大盘 4 件。

（1）青釉刻花绳耳三足炉（图一一），高 18.6 厘米，口径 24.4 厘米，足距 13 厘米。炉折口，短颈，鼓腹，平底，底承三柱形足，口上饰双绳耳。附清代后配紫檀木盖，带白玉龙形提钮。通体施青绿釉，外壁釉下刻花装饰，颈部饰回纹，腹饰浅刻折枝花卉纹。炉内有涩圈一周，外底中心无釉。此炉道光十九年（1839 年）[1] 时即陈设于重华宫正殿，至光绪二年（1876 年）[2] 时仍陈设于此，清末改陈至重华宫后院之翠云馆 [3]。

（2）青釉划花牡丹纹碗（图一二，形、底），高 12.8 厘米，口径 27 厘米，足径 12.8 厘米。碗敞口，弧壁，深腹，圈足。附清代配紫檀木座。通体施青绿釉，里外釉下划花装饰，碗心饰折枝花纹，里壁饰折枝牡丹纹四组，口边饰回纹，外口沿饰卷枝纹，外壁饰缠枝牡丹纹。底裹足支烧，中间施一点釉，外环有宽阔的涩胎支烧痕。此碗原

1　《乐善堂重华宫现设陈设档》道光十九年六月。

2　《重华宫现设陈设》光绪二年。

3　故宫博物院：《故宫物品点查报告》第三编，第三册，卷四，1929 年刊行。

图一一　明龙泉窑青釉刻花绳耳三足炉（故宫博物院藏）

形　　　　底

图一二　明龙泉窑青釉划花牡丹纹碗（故宫博物院藏）

陈设于重华宫西配之浴德殿[1]。

（七）寿康宫

位于内廷外西路慈宁宫的西侧，清代各朝皇太后多居此宫。原藏明龙泉窑青釉梅瓶 1 件，大盘 7 件。

青釉划花牡丹纹盘（图一三，形、心、底），高 6.9 厘米，口径 35 厘米，足径 23 厘米。盘敛口，弧壁，圈足。通体施青绿釉，盘心饰划花折枝牡丹花纹，外壁素面。底裹足支烧，

1　故宫博物院：《故宫物品点查报告》第三编，第三册，卷三，1929 年刊行。

形

心

底

图一三　明龙泉窑青釉划花牡丹纹盘（故宫博物院藏）

中间施釉，外环有规整的涩胎支烧痕。

（八）慈宁宫东跨院

内廷外西路慈宁宫东侧的院落，明代慈宁宫是前朝皇贵妃的居所，清沿明制，为皇太后所居之正宫。原藏明龙泉窑青釉大盘和镂空器座[1]各1件。

青釉划花镂空器座（图一四），高18.7厘米，口径26.5厘米，足径17.8厘米。器圆形，折沿菱花口，弧壁，壁上部有三个圆形孔洞，可穿绳挂起，下部饰五个花形镂空。底裹足支烧，内底涩胎。通体施青绿釉，外壁镂空之间浅刻折枝花卉纹。

图一四　明龙泉窑青釉划花镂空器座（故宫博物院藏）

1　故宫博物院：《故宫物品点查报告》第四编，第三册，卷四，1929年刊行。

（九）颐和轩

位于内廷外东路宁寿宫区的中路，乾隆三十七年（1772年）建。原藏明龙泉窑青釉大盘4件[1]，三足炉1件。

青釉印划花缠枝莲纹折沿盘（图一五，形、底），高7.4厘米，口径33.3厘米，足径14.7厘米。盘敞口，折沿，弧壁，圈足。通体施青绿釉，盘心印折枝花卉纹，里外壁饰划花折枝花卉五朵，口沿饰卷枝纹。底裹足支烧，中间施釉，外环有宽阔的涩胎支烧痕。

形　　底

图一五　明龙泉窑青釉印划花缠枝莲纹折沿盘（故宫博物院藏）

图一六　明龙泉窑青釉划花长颈瓶（故宫博物院藏）

（一〇）原古物陈列所藏品

古物陈列所成立于1914年2月，同年10月设于紫禁城外廷西路武英殿内的展室正是对外开放，其展示和保存的文物为清代两处行宫即承德避暑山庄和沈阳奉天故宫的原藏文物。故宫旧藏明龙泉窑青瓷中属原古物陈列所保存的计有50件，器形以各式瓶、尊、三足炉等陈设、祭礼用器为多，如青釉长颈瓶（图一六）、石榴尊（图一七）、出戟花觚（图一八）等都是旧藏明龙泉窑青瓷中比较有代表性的器物。

1　故宫博物院：《故宫物品点查报告》第四编，第五册，卷三，1930年刊行。

（1）青釉玉壶春瓶（图一九，形、底），高 33.5 厘米，口径 9 厘米，足径 11.5 厘米。瓶撇口，束颈，垂腹，圈足。里口施釉，里心无釉，外施青绿色釉，釉面莹润清亮。釉底，足墙刮胎整齐。

（2）青釉弦纹环耳瓶（图二〇，形、底），高 24 厘米，口径 8.5 厘米，足径 7.5 厘米。瓶撇口，长颈，溜肩，鼓腹，圈足。颈部饰与器身黏合的双凤衔环耳。通体施青绿色釉，颈、腹部饰有凸弦纹三道。釉底，足边露胎呈棕褐色，有塌底现象。

（3）青釉执壶（图二一），高 30 厘米，口径 8.4 厘米，足径 9.3 厘米。壶撇口，束颈，

图一七　明龙泉窑青釉石榴尊（故宫博物院藏）

图一八　明龙泉窑青釉出戟花觚（故宫博物院藏）

形

底

图一九　明龙泉窑青釉玉壶春瓶（故宫博物院藏）

溜肩，垂腹，圈足。腹部一侧有长弯流，另一侧饰曲柄，柄端有一小系，流与颈之间有云形横板相连，流口略高于壶身，柄略低。外壁罩青绿釉，素面，内壁壶口部施釉，里腹无釉。

（4）青釉盖罐（图二二，形、底），高 27.5 厘米，口径 11.2 厘米，足径 14.3 厘米。罐直口，短颈，溜肩，肩部以下渐敛，胫部微外撇，圈足。盖为二层台阶式，比较少见，宝珠钮。里外施青绿釉，釉面温润亮泽，素面。平底内凹成圈足，底心内凹呈台阶式，釉底，足端无釉。

（5）青釉暗花几何纹双耳三足炉（图二三），高 18 厘米，口径 14.5 厘米，足距 7 厘米。

形　　底

图二〇　明龙泉窑青釉弦纹环耳瓶（故宫博物院藏）

图二一　明龙泉窑青釉执壶（故宫博物院藏）

形　　底

图二二　明龙泉窑青釉盖罐（故宫博物院藏）

炉直口，深腹，平底，下承三柱形足，口部饰双立耳。通体施淡青色釉。外壁饰几何纹及如意云纹各一周。外底中间涩胎无釉。

(6) 青釉暗花奁式三足炉（图二四，形、底），高 18 厘米，口径 24.5 厘米，足距 17 厘米。炉口部微敞，深腹，平底，下承三蹄足。通体施青绿色釉，釉质温润，外壁饰刻划折枝花卉纹。炉内底凸出，外底内凹中空，为元末明初龙泉窑三足炉底的流行做法。

(7) 青釉里划花外刻莲瓣纹碗（图二五，形、心、底），高 9.7 厘米，口径 21 厘米，足径 7.3 厘米。碗敞口，弧壁，深腹，圈足。通体施青绿釉，釉质润泽。碗心浅划折枝花卉纹，不很清晰，里壁饰划花缠枝叶纹，外口沿饰卷枝纹，外壁划刻两层变形莲瓣纹。底裹足支烧，中间施釉，外环有规整的涩胎支烧痕。

(8) 青釉墩式碗（图二六，形、底），高 10.8 厘米，口径 22 厘米，足径 9.5 厘米。

图二三　明龙泉窑青釉暗花几何纹双耳三足炉（故宫博物院藏）

形

底

图二四　明龙泉窑青釉暗花奁式三足炉（故宫博物院藏）

形

心　　底

图二五　明龙泉窑青釉里划花外刻莲瓣纹碗（故宫博物院藏）

形　　底

图二六　明龙泉窑青釉墩式碗（故宫博物院藏）

碗敞口，弧壁，深腹，圈足。通体施釉，釉面莹润清亮，釉色碧绿。里外素面。底裹足支烧，中间施釉，外环有规整的涩胎支烧痕。

（9）青釉印划花折枝西番莲纹盘（图二七，形、心、底），高2.5厘米，口径19.7厘米，足径11.5厘米。盘口微撇，弧壁，圈足。通体施青绿釉，里外釉下印划花装饰，盘心印折枝西番莲纹，里外壁均饰缠枝西番莲纹，里口沿饰卷枝纹，足墙饰回纹。底裹足支烧，中间施釉，有规整的涩胎支烧痕。此类口径20或30厘米左右的龙泉窑

形

心

底

图二七　明龙泉窑青釉印划花折枝西番莲纹盘（故宫博物院藏）

青瓷盘，明代也常用作放置香橼使用，又称香橼盘，如万历时人屠隆《文房器具笺》中云：“香橼出时山斋，最要一事，得官、哥、定窑大盆，清冬磁，龙泉盘……数种，以大为妙。每盆置橼二十四头或十二、十三头方足香味，满室清芬。”[1]

总之，通过对故宫博物院旧藏明龙泉窑青瓷在宫中原藏位置及所藏器形、数量的统计数据加以整理分析可以发现，传世明龙泉窑青瓷在宫中使用或收藏的地点不仅很多，而且分布广泛，除紫禁城内计有 28 处宫殿处所外，清太庙、避暑山庄和奉天故宫等处也有收藏。从原藏位置看，这些旧藏器物在清代即有仍作宫殿厅堂中的陈设或祭礼器使用的，也有集中存储而未使用过的，如存贮于古董房、咸福宫、寿康宫等处的旧藏明龙泉窑各式大盘等器物，从品相看基本没有用过的痕迹，显然它们应是明代进宫后就一直存储而未使用的。因此笔者认为，清宫旧藏明龙泉窑青瓷是传承有序的明代宫廷原藏之物。

1　（明）屠隆：《文房器具笺》，黄宾虹、邓实辑《美术丛书》，第二集，第九辑，上海神州国光出版社，1928 年。

二 清宫旧藏明代龙泉窑官器的工艺特点和性质

总体看，清宫旧藏明龙泉窑青瓷在造型、胎、釉、纹饰和底足工艺等方面均制作的比较精细，其工艺往往带有元代遗风，反映了明初龙泉窑制瓷工艺正处于从元到明的过渡时期。它们的造型以祭礼器或厅堂陈设的各式瓶、觚、尊、炉、大盘为多，也有少部分碗、碟、小口径的盘、香薰、洗、器座、坐墩等实用器。器形无论大小，均制作规整严谨，胎体普遍厚重坚致，器足露胎处可见浅灰或灰白色胎体。器物普遍施厚釉，釉质莹润，玉质感强，釉色一般为青绿色，但也有微泛黄、显灰或者色调较淡的。装饰方法上，有素面、剔地浅浮雕、刻划、印花和镂空五种。装饰纹样题材丰富，多见各种折枝或缠枝植物纹样。底足处理规矩，盘、碗均采用元代龙泉窑已流行的裹足垫饼支烧法，即底足先施满釉，再刮掉一圈釉便于垫饼支烧，烧成后圈足内有环形涩胎支烧痕，支烧处一般显铁褐色，支烧痕宽窄不一，许多器物的支烧痕十分规整。而瓶、罐、尊类器物则大部分底施满釉，足端露胎显灰白或铁褐色等。

有关龙泉窑制瓷历史的研究表明，龙泉窑不仅是我国青瓷发展史上延续烧造时间最长的一处民间窑场，而且其历代瓷业生产与宫廷官府间也有着密切的联系。一般认为，龙泉窑制瓷始自北宋时期，依宋人所记，自北宋末年开始龙泉窑就与宫廷官府间有了一定的联系。据南宋庄绰《鸡肋编》载："处州龙泉县多佳树，地名豫章，以木而著也……又出青葰器，谓之'秘色'，钱氏所贡，盖取于此。宣和中，禁廷制样须索，益加工巧。"[1]这里所说的秘色瓷虽已证明是越窑产品，但因此文献为宋人记述当代之事，文中所称北宋宣和年间处州龙泉窑已经开始按照官府"制样须索"的要求生产贡瓷，并因此使自身产品质量有所提高的说法，应该是可信的。

南宋时期是龙泉窑生产的第一个高峰，此时龙泉大窑附近的溪口窑等还出产一种黑胎青瓷，在器形釉色及开片装饰等方面与南宋官窑器几乎一模一样，虽然学术界目前有南宋龙泉"仿官"或"龙泉官"等不同看法，但南宋龙泉窑与官府间的关系显然也是不能忽视的。而元代史料中也有龙泉窑为宫廷烧制祭祀用瓷的记载，如《元史》中说："中统以来，杂金、宋祭器而用之。至治初，始造新器于江浙行省，其旧器悉置几阁。"[2]这里所指浙江行省地域内烧造官用新祭器的瓷窑，可以肯定就是当时青瓷产量大且质量最高的龙泉窑。在故宫博物院旧藏龙泉窑器中就有画五爪龙纹的元代青瓷大盘和多件胎釉俱佳的元代香炉，其质量明显高于一般的民间用器，显然，元代龙泉窑已是一处为宫廷官府烧制瓷器的重要民间窑场。

至明代，官方文献对龙泉窑烧制宫廷用瓷的记载则更为明确，如《明会典》载："洪武二十六年定，凡烧造供用器皿等物，须定夺样制，计算人工物料。如果数多，起取

1 （南宋）庄绰：《鸡肋编》卷上，"龙泉佳树与秘色瓷条"，中华书局标点本，1997年。

2 《元史》卷七十二《祭祀志第二十三》"祭祀一"。

人匠赴京，置窑兴工。或数少，行移饶、处等府烧造。”[1] 此外，明成化皇帝的继位诏书中也诏令道：“江西饶州府、浙江处州府，见差内官在彼烧造磁器，诏书到日，除已烧造完者照数起解，未完者悉皆停止。委差官员，即便回京，违者罪之。”[2] 可见至少到天顺时期，宫廷派出的太监还一直在景德镇和龙泉两地督烧。上述官方文献的记载证明，处州龙泉窑在明初一段时间内确实生产过宫廷用瓷，其传世品就是明代宫廷遗存至今的宫中旧藏器物，因此故宫博物院清宫旧藏明龙泉窑青瓷的性质即为明代龙泉窑所产的宫廷用瓷。

三　清宫旧藏明代龙泉窑青瓷的生产窑场及产品分期

关于清宫旧藏明龙泉窑青瓷的生产窑口，一直是故宫陶瓷研究者关注的重点，早在 20 世纪 30 年代陈万里先生就多次到浙江丽水、龙泉等地考察窑址，目的就是为传世龙泉窑器物找到具体产地。此后，故宫学者为寻找清宫旧藏器的生产窑口，曾多次去龙泉调查，并且参加了 1978 年对龙泉窑金村、溪口等地窑址的发掘，但遗憾的是一直未找到烧造类似清宫旧藏明龙泉窑器的窑址[3]。而随着近几年龙泉大窑枫洞岩窑址的考古发掘，使得这一长期未能解决的问题有了初步答案。

2007 年浙江省考古所、北京大学文博考古学院和龙泉县博物馆组织了对龙泉大窑枫洞岩窑址的考古发掘。此次发掘历时 4 个月，清理出了一些重要的窑业遗迹，如“淘洗池、储泥池、辘轳坑、素烧炉、龙窑窑炉、用于存货的房屋等”[4]。最突出的成果就是在窑炉旁边找到了明初洪武、永乐时期烧造的宫廷或官府用瓷的残品堆积，堆积标本中有大量制作工整、厚胎厚釉、釉色滋润、纹样精细、裹足支烧、外底涩圈刮釉规整的器物，其中许多出土器物标本如梅瓶、玉壶春瓶、执壶、镂空器座、三足炉、暗花碗、光素墩式碗[5]，以及各式折沿盘、菱花口盘等可与前文介绍的故宫旧藏明初龙泉窑传世品相对应。此外，在出土品伴随物中还发现了刻“官”字的圆锥形火照[6]和一件垫具上划写“三样三个花；三样三个，内花一个；二样三个光；四样二个光；二样碗五个，花”等文字[7]，这种以“官样”为本，烧造同类器时，可分光素或带釉下暗花的

1　《明会典》卷一九四《工部》“窑冶·陶器”条。

2　刘海年、杨一凡主编：《中国珍稀法律典籍集成》乙编第三册，《皇明诏令》卷之十五《宪宗纯皇帝上》，科学出版社，1994 年。

3　冯小琦：《从故宫到大窑，我们一直在寻找》，《紫禁城》2007 年 5 期。

4　沈岳明：《枫洞岩窑址发掘的主要收获和初步认识》，《龙泉大窑枫洞岩窑址出土瓷器》，文物出版社，2009 年。

5　浙江省考古研究所：《龙泉大窑枫洞岩窑址出土瓷器》，文物出版社，2009 年。

6　前揭《枫洞岩窑址发掘的主要收获和初步认识》。

7　前揭《枫洞岩窑址发掘的主要收获和初步认识》。

装饰特点与故宫旧藏器的装饰特征相符。因此，故宫旧藏明龙泉窑青瓷传世品中，应该有一部分就是该窑场的产品。

发掘者认为，这次窑址考古工作发现了明初龙泉窑烧制“官器”的直接证据[1]。但是，由于在同一地层中同时出土有官、民两类器物，发掘者从较为复杂的出土物情况出发，结合文献记载，认为枫洞岩窑场即为明初奉旨“烧造供用器皿”的处州窑场之一，推断这处窑场应该是当地的著名民间窑场，曾经承接过官府的订货，为明代宫廷生产官方用瓷[2]。但是笔者认为，虽然目前已知的考古材料尚不支持龙泉窑明代窑址中有完全独立烧造宫廷用瓷的窑场，但相关文献中所说“行移饶、处等府烧造”和派有内官督烧的记载是否也表明，明初龙泉地区制作宫廷用瓷的窑场与景德镇官窑应是处于同等地位的，即在龙泉地区是否也应有类似景德镇官窑的明初龙泉“官窑”的问题仍是值得我们进一步进行深入研究和探索的，也期待相关考古工作能有更多的发现。

关于旧藏明龙泉窑青瓷制作的具体时间，一般认为它们的生产时间大致在明初洪武至天顺末年，其中以洪武、永乐、宣德三朝为主，但由于这批旧藏瓷器中没有书写年款的器物，所以对它们具体制作朝代的研究主要是依据与同时期景德镇官窑瓷器在造型、纹饰题材、纹饰布局等工艺特征上的横向对比。如旧藏明龙泉窑青釉玉壶春瓶（见图四、图五）、执壶（见图二一）、菱花口折沿大盘（见图九）、菊瓣式大盘、暗花碗（见图一二）等与故宫博物院清宫旧藏洪武景德镇官窑同类器在造型和纹饰布局等特征上就十分相似，而青釉壮罐（见图三）、青釉里划花外刻莲瓣纹碗（见图二四）等则与故宫博物院旧藏永乐官窑青花同类器近似。其他如青釉绶带耳葫芦瓶（见图二）、出戟花觚（见图一八）及尺寸30多厘米的敞口弧壁盘等与宣德官窑青花同类器亦很相近。除了两窑器物特征的比对之外，依据《故宫物品点查报告》中几处集中存放有明初龙泉窑器物库房内藏品实际保存状况的原始记录，如古董房中存放的多件明龙泉窑青瓷大盘与旧藏景德镇洪武官窑青花、釉里红大盘就放在同一木架上（图二八，封面、内页），而咸福宫、寿康宫两处库房内的龙泉青瓷大盘则与青花把莲盘等多件宣德青花大盘放在一起。笔者认为，这种将龙泉窑青瓷与特征相似的景德镇官窑青花、釉里红器放置在一起，且二者都基本未见使用痕迹的原始保存状况说明，它们应是两地窑场同一时期生产的宫廷用瓷，输入到皇宫内的时间也应比较相近，因此我们可以把这种旧藏明初宫廷用瓷的原始保存状况作为研究明初龙泉窑青瓷产品分期的参考依据之一。

1 前揭《枫洞岩窑址发掘的主要收获和初步认识》。

2 前揭《枫洞岩窑址发掘的主要收获和初步认识》。

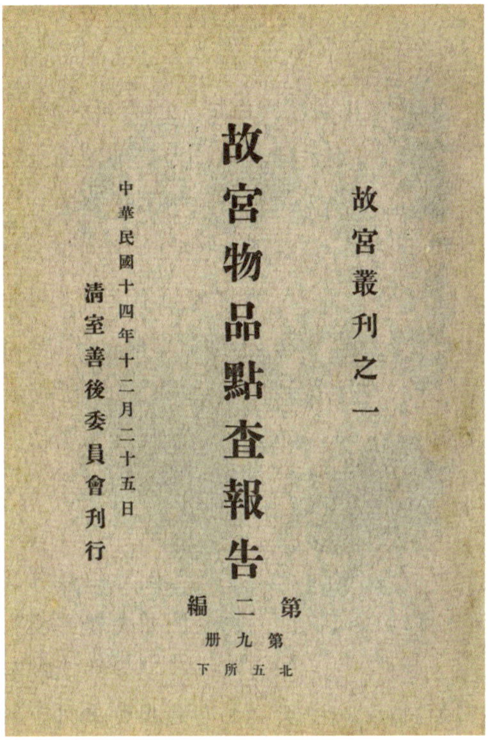

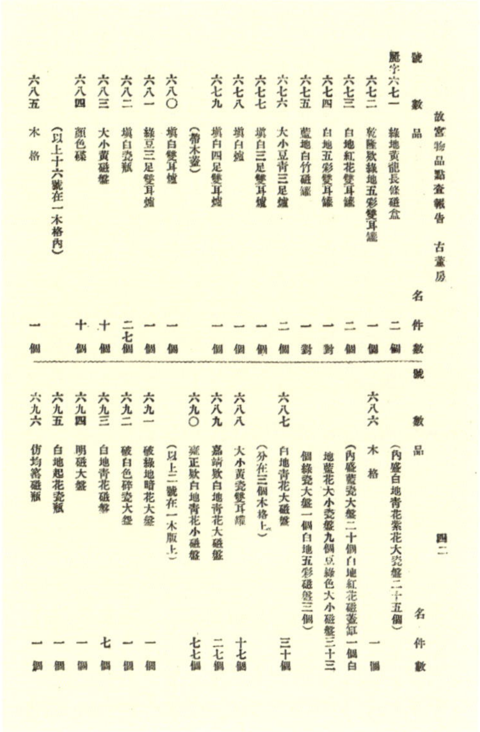

故宮物品點查報告　古董房　四二

號數	品名	件數
麗字六六七一	綠地黃龍長條磁盒	二個
六七二	乾隆欵綠地五彩雙耳罐	一個
六七三	白地紅花雙耳罏	二個
六七四	白地五彩雙耳罏	一對
六七五	藍地白竹磁罏	一對
六七六	大小豆青三足罏	二個
六七七	填白三足雙耳罏	一個
六七八	填白罏	一個
六七九	填白四足雙耳罏	一個
	(帶木蓋)	
六八〇	填白雙耳罏	一個
六八一	綠豆三足雙耳罏	一個
六八二	填白甆瓶	二七個
六八三	大小黃磁盤	十個
六八四	顏色碟	十個
	(以上十六號在一木格內)	
六八五	木格	一個
	(內盛白地青花紫花大甆盤二十五個)	
六八六	木格	一個
	(內盛藍甆大盤二十個白地紅花磁蓋缸一個白地藍花大小甆盤九個豆綠色大小磁盤三十三個綠甆大盤一個白地五彩磁盤三個)	
六八七	白地青花大磁盤	三十個
	(分在三個木格上)	
六八八	大小黃甆雙耳罇	十七個
六八九	嘉靖欵白地青花大磁盤	二七個
六九〇	雍正欵白地青花小磁盤	七七個
	(以上二號在一木版上)	
六九一	破綠地暗花大盤	一個
六九二	破白色碎甆大盤	一個
六九三	白地青花磁盤	七個
六九四	明磁大盤	一個
六九五	白地起花甆瓶	一個
六九六	仿均窰磁瓶	一個

图二八　《故宫物品点查报告》第二编第九册之封面、内页

结语

综上所述，龙泉窑不仅是我国古代烧制青瓷历史最悠久的民间窑场，而且其历代瓷业生产与宫廷官府间也有着密切的联系，尤其是在明代初期，龙泉窑与景德镇窑一样，也依朝廷定样烧制过一定数量的宫廷用瓷。故宫博物院藏属清宫旧藏的明代龙泉窑青瓷就是明初龙泉窑所产宫廷用瓷的遗存。根据最近的窑址考古发现，其中部分传世品应是龙泉大窑枫洞岩窑场的产品。而通过对旧藏明龙泉窑青瓷在清宫中原藏位置的考察分析可以发现，这些前朝遗存的龙泉窑宫廷用瓷产品不仅清代仍普遍作为宫廷陈设或祭礼器使用，而且其中还有部分藏品是明代进宫后就一直与同时期景德镇生产的官窑瓷器存放在一起的。旧藏明代龙泉窑青瓷在宫中的陈设和原始保存情况，不仅证明了明初龙泉窑制瓷确与宫廷间有着密切的联系，而且也为我们研究明初龙泉窑青瓷产品的分期等问题提供了原始可信的参考依据。

原载《龙泉窑研究》，故宫出版社，2011 年

附表一：清宫旧藏明代龙泉窑青瓷原藏位置／器型分类统计表

原藏位置	器型														合计
	各式瓶	各式尊	花觚	执壶	罐	器座	坐墩	佛龛	各式三足炉	洗	香薰	碗	碟	盘	各式大盘	
古董房	4	2			3				1				2	6	28	46
古物所	21	6	2	1	1			1	9	1		4			4	50
茶库	2															2
斋宫	1				1											2
翠云馆															4	4
储秀宫												1				1
寿康宫	1														6	7
养性殿					1											1
皇极殿	1				1											2
怡性轩	1	2														3
慈宁宫东跨院						1									1	2
咸福宫	1	2													19	22
藻堂															1	1
颐和轩									1						4	5
坤宁宫									1						1	2
崇敬殿		1							1			1				3
寿安宫		1													19	20
太庙	1	1					2				1				3	8
景阳宫															3	3
养心殿		1														1
永寿宫	1	3														4
坤宁宫		1														1
永和宫		1														1
敬事房							2									2
宁寿宫	1															1
盆库									1							1
上书房									1							1
乐寿堂				1								1			1	3
南三所															1	1
皇极殿															1	1
未定	3				1					1					5	10
合计	38	21	2	2	8	1	4	1	15	2	1	7	2	6	101	211

附表二：清宫旧藏明代龙泉窑青瓷器型分类统计表

器型＼数量									合计
瓶	梅瓶	玉壶春瓶	长颈瓶	双环耳瓶	盘口瓶	胆式瓶	葫芦瓶	盖瓶	38
	9	4	4	3	1	3	2	1	
	勾莲瓶	花卉纹瓶	八棱瓶	直口瓶	观音瓶	撇口瓶	凤耳瓶		
	1	2	2	1	1	3	1		
尊	凤尾尊	萝卜尊	花卉纹尊	灯笼尊	石榴尊				21
	16	1	2	1	1				
花觚	出脊花觚	花觚							2
	1	1							
执壶	执壶								2
	2								
罐	壮罐	盖罐	罐						8
	2	4	2						
器座	镂空器座								1
	1								
坐墩	坐墩								4
	4								
碗	碗								7
	7								
碟	碟								2
	2								
洗	洗								2
	2								
炉	鬲式炉	八卦纹三足炉	筒式三足炉	鼓钉纹三足炉	绳耳三足炉	双耳三足炉			15
	1	2	1	1	1	9			
盘	敞口盘	折沿盘	菱花口盘	莲瓣式盘					107
	47	47	5	8					
	口径< 30 厘米	口径 30 － 50 厘米	口径 50 － 70 厘米						
	6	92	9						
佛龛	佛龛								1
	1								
香熏	牧童骑牛香熏								1
	1								
总计									211

明永乐、宣德时期瓷器的外来因素

冯小琦

内容提要：在明永乐、宣德瓷器中，有一批造型、纹饰独特的器物，明显受到西亚地区陶器、玻璃器、铜器的造型及纹饰影响，是中西文化交流的历史见证。本文着重介绍这批器物，并力图从西亚地区的器物中找出其仿制的原型，找出两者在造型、纹饰方面的共同点，为今后进一步深入研究积累资料。

关键词：交流　外来　纹饰　造型　瓷器　西亚

一

我国对外文化交流有着悠久的历史，其间经历了几个重要阶段。从陶瓷发展来看，一个是唐宋时期，一个是元末明初时期，一个是明清时期。

唐宋时期是我国瓷器蓬勃发展的时期，各地名窑迅速发展，很多著名瓷窑的产品销往国外，主要是亚洲以及非洲国家和地区，并对朝鲜、韩国、日本、越南、埃及、伊朗、伊拉克、土耳其等国家的陶瓷发展有着深远的影响。与此同时，也吸取着域外文化因素，如使用外国进口的钴料绘画瓷器，外国器物的某些造型、纹饰（如植物和人物形象）也出现在我国的瓷器上。

元末明初时期是景德镇窑迅速崛起的时期，青花瓷器以优良的质地、明亮光润的釉面、白蓝相间的色彩、精美的花纹以及明初皇家官窑的气质令人赏心悦目，对伊斯兰陶瓷产生不小的影响。同时，这一时期历史性地吸取域外文化因素，与中国传统文化相结合，大量采用西亚地区陶器、玻璃器、铜器的造型和纹饰，运用在我国青花、白釉瓷器上，这在陶瓷发展史上也是前所未有的。

明清时期是官窑确立时期，官窑、民窑竞相发展。在明末清初时期，瓷器的外销

作者：器物部，研究馆员。

达到空前的程度。欧洲各国纷纷成立东印度公司经营中国瓷器，据其资料显示，经营的瓷器数量以亿计。景德镇窑、福建德化窑的产品主要销往欧美地区，东南亚也有一些，其他地方的窑器主要销往东南亚地区。

二

明代是伊斯兰教在中国迅速发展的时期。元、明时期统治者对信仰伊斯兰教采取宽松政策，郑和下西洋和陈诚等出使西域在海陆方面都加强了同伊斯兰世界的联系，双方文化交流达到空前盛况。元末明初，中国的青花等瓷器大量输出西亚地区，从目前土耳其、伊朗、叙利亚以及其他阿拉伯国家收藏的这一时期的中国瓷器可以得到证明。

明永乐、宣德时期是我国青花瓷器发展的黄金时代，自洪武时期景德镇创立官窑开始，瓷器以全新的面貌出现，产量、质量都有明显的提高。与元代青花比较，如果元代青花传世数量以百计算，那么永宣青花的存世量当以千计。青花瓷器承继元代和明洪武时期的特点，有了明显的变化。胎釉细腻光润，器形种类更加丰富，纹饰题材以花卉为主，其中缠枝与折枝花卉最为常见，纹饰布局变得疏朗。地釉白中微微泛青，有明显的橘皮纹。青料使用进口的苏麻泥青料，因属高铁低锰青料，烧成后青花呈色浓艳，并有明显的铁结晶斑，有的出现锡光，纹饰有些有明显的晕散现象，这些构成了永乐、宣德时期青花瓷器的独特风格，体现了明初官窑的制作水平，对我国清代历朝及国外瓷器的发展产生重大影响。

在永乐、宣德青花和白釉瓷器中有一批造型独特的器物。在造型、纹饰上留下了非常明显的外来因素的影响。据资料显示，这一时期瓷器在造型上有二十余种器形受到西亚地区黄铜器、陶器、玻璃器等器形的影响，有的与其完全相同，有的略有变化，绝非我国传统造型，具有明显的伊斯兰器物造型的特点。在纹饰方面，则主要为中国传统纹饰，但有些器物是中国传统纹饰与伊斯兰纹饰相结合，也可以看出受到伊斯兰文化的影响。这些带有伊斯兰风格的器物造型、纹饰符合该地区的审美与使用习惯，应当是为西亚地区国家特别烧制的。这些器物主要有执壶、绶带耳瓶、扁平大壶、鱼篓尊、盘座、花浇、折沿盆、藏草壶、壮罐、罐、烛台、三联器、鸡心碗、菊瓣纹碗、卧足碗、钵、大盘、盖豆、天球瓶、四方委角双耳瓶、双耳葫芦形扁瓶、长颈扁瓶、双耳扁瓶、笔盒等。在这段时期也不排除相互交流的成分，不过本文在此只强调带有域外风格的器物。除景德镇窑以外浙江龙泉窑也烧造大盘、壮罐等具有伊斯兰风格的器物。目前这批器物主要收藏在故宫博物院、台北故宫博物院、上海博物馆等国内以及国外一些博物馆中，国外特别是土耳其、伊朗等国家收藏比较丰富。这些带有域外风格的器物所仿制的原型主要来自西亚地区的波斯、伊朗、叙利亚、埃及、巴勒斯坦等阿拉伯国家 12 ~ 15 世纪生产的器物。器物种类有陶器、玻璃器、铜器（嵌金银）等。下文对这批器物与西亚地区相同或相似的器物作一对比研究。

（一）造型

1. 执壶

景德镇明初烧制的这种造型的青花执壶目前在故宫博物院、台北故宫博物院、伊朗阿达比尔寺、印度莫卧儿宫等地均有收藏。景德镇御窑厂出土有相同造型的白釉执壶（图一）。

从这些执壶来看，一般造型比较高大，高度在 36 ~ 38 厘米左右、口径在 7.4 ~ 7.8 厘米左右、足径为 12.5 厘米左右。造型直口长颈，有宝珠钮盖。肩部略饱满，长腹，圈足。一侧有方形流，四方形流口中间为一葫芦形，另一侧为长柄。花纹多为缠枝或折枝花卉。纹饰布局大致为：颈饰缠枝花纹，肩部弧形边饰下为莲瓣纹，颈肩之间一周卷草纹，主题纹饰为八组分格折枝花卉，足部一周卷枝纹（图二）。

另件执壶（图三）高 32.3 厘米、口径 7.4 厘米、足径 11.5 厘米。口绘回纹，颈主要绘缠枝花纹，下有一周忍冬纹。肩绘莲瓣纹，主题纹饰缠枝花卉。花朵、枝蔓缠绕，布满空间，具有浓郁的阿拉伯风情。流两侧饰蓝底留白如意云头纹，流下方为小朵花纹。无款识。

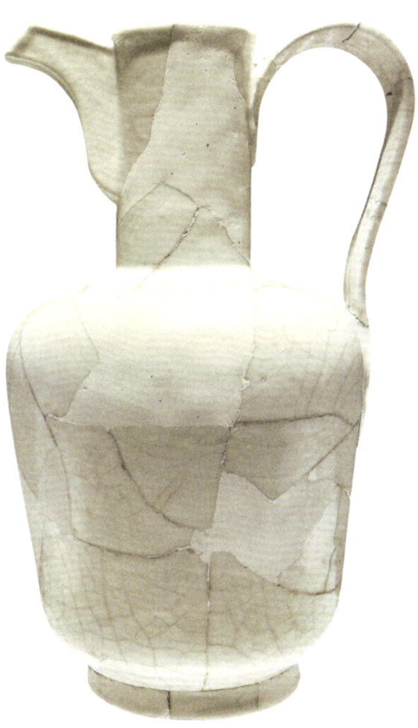

图一　明永乐白釉执壶（景德镇御窑厂出土）

图二　明永乐青花花卉纹执壶（故宫博物院藏）

图三　明青花缠枝花卉纹执壶（故宫博物院藏）

图四　清嘉庆青花缠枝花卉纹执壶（故宫博物院藏）

图五　绿釉陶壶（美国布鲁克林博物馆藏）

图六　陶壶（葡萄牙古本江博物馆藏）

图七　金属执壶（美国大都会博物馆藏）

图八　金属执壶（大英博物馆藏）

清代有仿这种造型的器物，但流部为方形口，不似明代中心呈葫芦形状（图四）。

与这种造型相类似的器物在 12 ～ 14 世纪波斯、伊朗、阿富汗的陶器、铜嵌金银器物中均有制作。如日本冈山东方博物馆收藏的伊朗卡山 12 世纪青釉刻线纹陶执壶、美国布鲁克林博物馆收藏的绿釉陶壶（图五）、葡萄牙古本江博物馆藏陶壶（图六）等。而阿富汗 12 世纪晚期生产的黄铜执壶饰有占星图和阿拉伯文祈福文字。

美国纽约大都会博物馆收藏有类似的 12 ～ 13 世纪金属执壶（图七）。大英博物

图九　明永乐青花缠枝花纹绶带耳扁瓶
（故宫博物院藏）

图一〇　明永乐青花几何纹绶带耳扁瓶
（故宫博物院藏）

馆收藏的伊朗金属执壶（图八），器身为花瓣式，总体造型非常接近永乐青花执壶。从成型技术来看，瓷器造型要做到铜器这种凹凸明显的花瓣形，确实有难度，故而改成圆形，并以竖向构图的方法在视觉上达到铜壶的效果。

2. 绶带耳瓶

永乐青花缠枝花纹绶带耳扁瓶（图九），高 28.9 ～ 27.8 厘米、口径 3.7 厘米、足径 7.7 厘米。

瓶小洗口，束颈，扁圆腹。宽足，足心内深凹，有釉。口肩之间有对称的绶带形耳。腹两侧有圆形凸起。口部折枝花卉，颈部饰缠枝花卉，腹部两面主题纹饰为缠枝花卉，纹饰布满全壶，缠枝花卉上有麦穗样花纹，胫部饰如意云头纹。两侧圆形凸起饰花瓣纹。

另件（图一〇）造型相同，口、足径与之一样，仅高度略矮约 1 厘米。花纹装饰不同，洗口上为如意云头纹，颈部折枝花，腹部两面为几何形锦纹，内有海水、花卉、叶形、菱形纹饰。足部有变形如意纹、小朵花纹各一周。瓶腹两侧为竖向排列的缠枝花卉。烟台博物馆收藏有类似器物。这种造型可见大都会博物馆藏 13 世纪伊朗卡山扁壶和晚些的葡萄牙古本江博物馆收藏的陶青花扁壶（图一一），造型在细部稍有不同，总体风格相似。

3. 扁平大壶

这种器形在故宫博物院、台北故宫博物院、美国弗利尔美术馆均有收藏。器高 30.9 ～ 46 厘米、口径 5.4 ～ 7 厘米、足径 33.7 ～ 35 厘米。

图一一　陶青花扁壶（葡萄牙古本江博物馆藏）

图一二　明永乐青花缠枝莲纹双环耳扁平大壶（故宫博物院藏）

图一三　明永乐青花缠枝莲纹双环耳扁平大壶（故宫博物院藏）

这类造型一般为壶小口有唇，短颈有凸弦一道，车轮形扁圆腹，腹一侧隆起，中心有凸圆，另一面平坦砂底，中心有圆形内凹。肩部有环形双耳。此壶造型独特，仿自阿拉伯铜器式样，有“卧壶”之称。纹饰大致有两种，一种为颈部、壶侧、壶面分别饰缠枝花纹，但缠枝花各不相同，主题纹饰的缠枝花花枝上一侧有麦粒样花纹。壶面中间突起处饰海水等纹（图一二）。另一种颈、壶面外周饰海水纹，壶侧及壶面主图纹饰为缠枝花纹，缠枝花花枝上一侧有麦粒样花纹（图一三）。这类大壶中间突起处饰海水与星角状几何纹饰，造型形体硕大，自然流畅，极富动感，模仿西亚地区铜壶造型烧制而成，是清真寺中的陈设用品。弗利尔美术馆藏有类似形制的 13 世纪中期叙利亚生产的黄铜嵌银壶。

4．鱼篓尊

明永乐青花缠枝花纹鱼篓尊（图一四），故宫博物院收藏，高 8 厘米、口径 11.2 厘米、足径 6 厘米。

此尊直口微敞，扁圆腹，足满釉留涩圈，以其形似鱼篓而得名。其上所饰三组纹饰与我国传统纹饰不同，上下边饰各以两种纹样间隔排列组合，上是椭圆形与菱形间隔排列，

图一四　明永乐青花缠枝花纹鱼篓尊（故宫博物院藏）

图一五　明宣德青花缠枝花纹鱼篓尊罐（故宫博物院藏）

图一六　清康熙青花鱼篓尊（故宫博物院藏）

图一七　陶蓝釉阿拉伯文鱼篓尊（伊斯兰地区）

间以圆圈纹；下面是如意云纹与三瓣花相间排列。中间主题纹饰为缠枝花纹。里心饰折枝菊花纹。

明宣德青花缠枝花纹鱼篓尊罐（图一五），高 13.5 厘米、口径 16.7 厘米、足径 14.9 厘米。

此罐口微撇，短颈，溜肩垂腹，圈足。里口饰圆点纹，腹部饰缠枝花卉，胫部饰花瓣纹。足底青花双圈内书“大明宣德年制”六字双行楷书款。

清康熙有仿此造型的器物（图一六），高 6.5 厘米、口径 10.3 厘米、足径 9.5 厘米。

此尊唇口外撇，短颈，平底无釉。花纹模仿永宣时期常见的缠枝花纹，上下有边饰，里心双圈内绘折枝花纹，肩上书写“大明宣德年制”六字楷书横款。造型、底、花纹、青料与明早期器物有所差别。

伊斯兰地区蓝釉阿拉伯文陶器（图一七）与黄铜制品（图一八）有此造型。大英博物馆收藏 14 世纪中期伊朗设拉子黄铜嵌银矮腹罐相同。英国大维德基金会藏有带盖尊，与 14 世纪设拉子黄铜嵌银尊相似，上面刻有阿拉伯文。

5．盘座

永乐青花阿拉伯文盘座（图一九），高 17.2 厘米、口径 17.2 厘米、足径 16.6 厘米。

图一八　铜鱼篓尊（阿拉伯地区）

图一九　明永乐青花阿拉伯文盘座（故宫博物院藏）

图二〇　黄铜阿拉伯文盘座（伊斯兰地区）

图二一　埃及铜盘座（1300～1350年，大英博物馆藏）

此盘座口沿内外分别饰菊瓣与折枝花卉，主题纹饰为阿拉伯文，中间为花瓣纹，足上饰菊瓣纹。乾隆时期有仿制，乾隆皇帝在御题诗中称之为“无挡尊”。除故宫博物院收藏以外，大马士革私人也有收藏，纹饰与故宫博物院的完全一样。这类造型与黄铜阿拉伯文盘座（图二〇）基本相同，这类铜质盘座兴起于13世纪埃及马穆鲁克王朝时期，14世纪仍盛行制作，从埃及、英国、美国国家博物馆收藏的8件铜质盘座来看，造型基本相似，纹饰丰富，有的上下饰单纯的阿拉伯文，有的饰弦纹，有的阿拉伯文间以团花装饰（图二一）。永乐青花盘座采用团花与阿拉伯文装饰一种，不过阿拉伯文的书写不一定规范。在埃及开罗还流传有陶制盘座。

6．花浇

永乐、宣德时期都有烧制，但造型有所不同。

永乐青花缠枝花纹花浇（图二二），高14.7厘米、口径8厘米、足径4厘米。

此花浇直口颈，圆腹，内凹足。口肩有龙柄。其造型来自西亚地区黄铜制品，只在

图二二　明永乐青花缠枝花纹花浇（故宫博物院藏）

图二三　明永乐白釉花浇（景德镇御窑厂出土）

图二四　明宣德青花缠枝花纹花浇（故宫博物院藏）

图二五　明宣德青花缠枝花纹花浇（故宫博物院藏）

足部有所差别，铜制品为圈足，瓷花浇为内凹足。通体饰青花纹饰，口、肩突起处饰正反花瓣纹，颈部饰海水纹，腹部绘缠枝花卉纹，其中缠枝一侧所饰麦粒样花纹为永乐时期所特有，类似花纹见于永乐青花缠枝花罐、如意耳扁瓶、双系扁平大壶上，多出现于仿西亚地区黄铜制品的器物上，此花纹当与西亚地区铜器纹饰有关。近足处饰变形莲瓣纹，莲瓣内饰如意云头纹。景德镇御窑厂出土有永乐白釉花浇（图二三）。

宣德青花缠枝花纹花浇（图二四），高 13 厘米、口径 7.9 厘米、足径 5.2 厘米。

此花浇直口，直颈，圆腹，一侧有如意形柄，柄中有凸。内凹足无釉。颈部花瓣纹，肩饰回纹，腹部缠枝花纹，底边有一周忍冬纹，肩书“大明宣德年制”六字横书款。颈腹部纹饰具有典型的阿拉伯风格。另件（图二五）高 12.7 厘米、口径 7.5 厘米、足径 4.8 厘米。口沿一周点纹，颈肩饰上仰下覆的菊瓣纹，腹部缠枝花纹，底边一周上仰的菊瓣纹。

图二六　伊朗铜花浇（美国纽约大都会博物馆藏）

图二七　陶青花花浇（美国纽约大都会博物馆藏）

图二八　明永乐青花缠枝花纹折沿盆（故宫博物院藏）

图二九　黄铜折沿盆（美国布鲁克林博物馆藏）

大都会博物馆收藏有 12 世纪末到 13 世纪初伊朗呼啦珊黄铜花浇（图二六）与陶青花花浇（图二七）。

7．折沿盆

永乐青花缠枝花纹折沿盆（图二八），高 13.9 厘米、口径 31.6 厘米、足径 21.5 厘米。

此盆折沿，直壁，平底，底素胎无釉。内口沿绘缠枝花卉，外口绘折枝花卉。腹壁内外绘缠枝花卉，足边绘小朵花。盆内心外周绘回纹，里绘莲瓣纹，中心朵花。还有一种外纹饰同前，仅底边无小朵花装饰。里部内口沿为海水纹，内壁绘折枝花卉。底部绘海水、向心排列的如意云头纹，中间为圆形图案式花卉。美国纽约大都会博物馆、布鲁克林博物馆收藏有阿拉伯地区黄铜折沿盆（图二九）。大英博物馆收藏有 14 世纪开罗或大马士革产嵌金银铜盆。腹部刻阿拉伯文包括苏丹穆罕默德·盖伦的名字、称号及纹章。铭文中间有两个圆形开光，内饰 6 朵方中国式样的莲花纹。大都会博物馆还收藏有 14 世纪叙利亚同样造型的玻璃盆。伊朗阿迪比尔寺收藏有叙利亚烧制的彩绘折沿盆。

图三〇　明永乐青花花卉纹藏草壶（故宫博物院藏）

图三一　明永乐青花锦地花卉纹壮罐（故宫博物院藏）

8．藏草壶

永乐青花缠枝花卉纹藏草壶（图三〇），高 20.5 厘米、口径 6.5 厘米、足径 10 厘米。

此壶造型奇特，撇口，细颈长圆腹，壶体上部形状似玉壶春瓶，一侧有长形直流。下部为高式台座，台座上部略呈球形，下部是覆盘。内口沿有卷草纹边饰，颈腹及流部饰以缠枝花卉，颈及近底部饰两道边饰及小莲瓣纹一周。器座上分别饰有变形回纹、莲瓣纹、朵花圆点纹各一周。这种造型的器物除故宫博物院收藏以外，流散到国外也有。其造型不是我国传统造型，明显受到西亚地区铜器的影响，目前类似这种造型在这些地区仍然很流行。

9．壮罐

永乐青花锦地花卉纹壮罐（图三一），高 28.5 厘米、口径 12.5 厘米、足径 10.8 厘米。

此罐唇口，直颈，窄肩，长腹，圈足。颈肩及近足部分别饰海水、缠枝花（肩与近足处各一组）、变形曲折纹。此类造型因口足相若，故传统称为“壮罐”。这类器物在传统器形中比较少见，纹饰主题纹饰多为锦地花卉纹，花卉以团花为主，辅以海水、花叶等。器物有盖，有的盖为清代后配。除景德镇以外，明代龙泉窑也有此造型的器物。类似这种造型的有大英博物馆收藏 14 世纪伊朗陶药罐，该罐腹部两排开光，内有中国莲花纹，这种莲花纹也常见于伊尔汗国的陶器上。清代康熙时期的外销瓷药罐的器壁上描有拉丁文的药名。这种造型清代乾隆时期有仿制。

10．罐

永乐青花缠枝花纹罐（图三二），高16.5厘米、口径14.3厘米、足径9.1厘米。

此罐的造型与传统的罐略不同，口径较大，足径较小。自颈至足分别饰卷草、海水、缠枝花、如意云头、变形海水纹。其缠枝花纹与传统纹饰也不同，特别是缠枝上所饰的花瓣式纹样在传统图案中少见，应属受到西亚地区器物影响而制作的器物。

11．烛台

烛台传世数件，高38.5～42.5厘米、口径9～19厘米、足径23.5～25厘米。故宫博物院、台北故宫博物院、上海博物馆等均有收藏。

故宫博物院藏永乐青花缠枝莲纹烛台（图三三）呈八方形，由三部分组成：上为束腰形烛插，中间为圆形支柱，下层是八方形束腰式台座，平底中空。上层依次饰叶纹、回纹、莲瓣纹、回纹；中间部分饰锦纹与缠枝花纹；下层分饰缠枝花纹与回纹，台面饰海水与莲瓣纹。景德镇御窑厂出土有白釉烛台（图三四）。故宫博物院另藏有造型与其他不同的烛台，上面又加了一节，是清代做蜡扦使用时后配上去的（图三五）。

图三二　明永乐青花缠枝花纹罐（故宫博物院藏）

图三三　明永乐青花缠枝莲纹烛台（故宫博物院藏）

图三四　明永乐白釉烛台（景德镇御窑厂出土）

图三五　明永乐青花花卉纹烛台（故宫博物院藏）

图三六　铜烛台（美国纽约大都会博物馆藏）

图三七　铜烛台（美国布鲁克林博物馆藏）

图三八　明永乐白釉三联器（景德镇御窑厂出土）

类似的铜烛台在13～14世纪伊朗、埃及、巴勒斯坦、摩苏尔等地均有制作。英国、美国博物馆收藏的13～14世纪伊朗西部、埃及等地制作的刻纹铜嵌银烛台，多为圆形，但三部分与永乐烛台基本相同。有的颈部刻飞凤，上、中、下三部饰反S形回纹装饰；有的刻圆形图案装饰、飞凤以及花瓣样边饰；有的为菱形花瓣纹及动物纹；有的作阿拉伯文镂空装饰（图三六、图三七）。

12．三联器

景德镇御窑厂出土的白釉三联器（图三八），造型独特，非传统器形，是模仿伊朗三足台灯而烧制的。

13．鸡心碗

永乐青花菊瓣纹鸡心碗（图三九），高 5.7 厘米、口径 10.1 厘米、足径 2.9 厘米。

此碗敞口，瘦底，圈足小而高，足心出脐，内底略尖，故有“鸡心碗”之称。碗外饰回纹，腹部菊瓣纹。碗内自口至里心依次装饰回纹、缠枝纹、边饰、团花纹。此件器物从造型到纹饰都受到西亚地区影响。

另件菊瓣纹鸡心碗（图四〇）大小与之近似，高 6.7 厘米、口径 10.3 厘米、足径 3 厘米。纹饰略有差别，碗外口部有半钱纹一周，腹部为双勾菊瓣纹，菊瓣上下有花饰相勾连。碗里自口至里心依次绘卷枝、缠枝、回纹、四瓣花纹。

14．菊瓣纹碗

永乐青花缠枝花菊瓣纹碗（图四一），高 10.2 厘米、口径 21 厘米、足径 7.4 厘米。从造型看为中国传统式样，但碗外所饰菊瓣纹却与鸡心碗相似。这种菊瓣纹装饰在以伊朗为代表的伊斯兰陶器上已经出现（图四二）。

图三九　明永乐青花菊瓣纹鸡心碗（故宫博物院藏）

图四〇　明永乐青花菊瓣纹鸡心碗（故宫博物院藏）

图四一　明永乐青花缠枝花菊瓣纹碗（故宫博物院藏）

图四二　彩陶碗（葡萄牙古本江博物馆藏）

15. 卧足碗

宣德青花卧足碗（图四三），高 4.6 厘米、口径 13.2 厘米、足径 4.2 厘米。

该碗敞口，浅腹，卧足，里心凸起。碗外口边绘缠枝花卉，下面饰莲瓣纹、回纹各一周。里口饰垂叶纹，中心依次有花瓣纹、缠枝花纹、图案式花朵纹，无款识。

另一件（图四四）高 3.8 厘米、口径 13.5 厘米、足径 4.2 厘米。外饰缠枝花、垂叶纹，里饰花瓣纹、缠枝花纹以及图案式花纹，足底有青花双圈“大明宣德年制”六字双行楷书款。这两件碗与我国传统造型有差别，特别是纹饰带有明显的伊斯兰风格。

16. 钵

宣德青花海水龙纹钵（图四五），高 12 厘米、口径 26.5 厘米、足径 12.6 厘米。

此钵直口，弧腹，平底，厚胎。外口饰海水纹，主题纹饰为云龙纹，下饰莲瓣纹。这批仿伊斯兰的器物装饰主要以花卉题材为主，这件龙纹钵当为皇家所用，但在造型上与 15 世纪巴勒斯坦黄铜钵（图四六）的造型相似。其超乎一般器物的厚胎在传统器物中也比较少见。此类器物除青花品种以外，还有洒蓝釉钵。

图四三　明宣德青花缠枝花卧足碗（故宫博物院藏）

图四四　明宣德青花缠枝花纹卧足碗（故宫博物院藏）

图四五　明宣德青花海水龙纹钵（故宫博物院藏）

图四六　黄铜钵（15 世纪末，巴勒斯坦）

17．大盘

永乐青花葡萄纹大盘（图四七），高 7.7 厘米、口径 44 厘米、足径 28.4 厘米。

此盘折沿，细砂底。盘沿饰海水纹，内外壁饰折枝花卉，盘心主题纹饰为永乐时期代表性纹饰葡萄纹。这种大盘在元代以前的历代民窑瓷器中基本不见，自元代、明洪武时期开始烧造，主要应是销往西亚地区的。在伊朗、土耳其等国收藏有元明时期景德镇生产的青花大盘，这种盘对后来的伊斯兰陶器有很大的影响，其烧制了不少同样的器物（图四八）。在该地的一些重要场合，都可见到这种器物（图四九）。

18．盖豆

宣德青花缠枝花纹盖豆（图五〇），高 14 厘米、口径 8 厘米、足径 6.7 厘米。

其器物造型与传统造型不同。口内收，球形圆腹，足外撇高足，配有拱顶宝珠钮式盖子。盖顶为钱形纹饰与莲瓣纹，边沿一周点纹。豆口为一周花瓣纹，主题纹饰缠枝花卉，里心双圈内饰折枝花卉。下部与足部饰菊瓣纹，足边弦纹间饰一周点纹。肩部有“大明宣德年制”六字楷书款。这种造型也是宣德时期的创新之作，与 12 世纪呼罗珊的铜器（图五一）造型相似。

19．天球瓶

宣德青花缠枝花纹天球瓶（图五二），高 46 厘米、口径 8.9 厘米、足径 15.2 厘米。

此瓶直口有唇，长颈，圆球形腹，平底素胎无釉。通体青花纹饰，颈部饰缠枝花，近肩部饰花瓣纹，腹部主题纹饰为缠枝花，大花大叶，是宣德时期常见的画法。肩部有“大明宣德年制”六字横书款。此件器物造型与肩部的花瓣纹具有西亚地区风格，主题纹饰缠枝花是传统纹样，是中西文化结合的典范。

图四七　明永乐青花葡萄纹大盘（故宫博物院藏）

图四八　陶青花盘（葡萄牙古本江博物馆藏）

图四九　反映伊斯兰陶器使用情况的绘画

图五〇　明宣德青花缠枝花纹盖豆（故宫博物院藏）

图五一　铜盖盒（12 世纪，呼罗珊）

图五二　明宣德青花缠枝花纹天球瓶（故宫博物院藏）

宣德青花云龙纹天球瓶（图五三），高 43.1 厘米、口径 9.4 厘米、足径 16.5 厘米。

其造型尺寸细部与上件略有差别，无唇。通体绘青花纹饰，口绘忍冬纹，颈腹绘通体的云龙纹。

这种天球瓶除故宫博物院藏以外，台北故宫博物院、伊朗阿达比尔寺也有收藏，伊朗收藏有两件带有铭文的。类似这种造型，在法国卢浮宫收藏有 13 世纪中期叙利亚大马士革或阿勒颇的铜嵌银压印纹瓶。伊朗阿迪比尔寺庙收藏有叙利亚同式瓶，颈间之间有双耳，纹饰有凤纹、圆形卷枝纹、阿拉伯文、乳丁纹等。

20．四方委角双耳瓶

宣德青花牵牛花纹四方委角双耳瓶（图五四），高 14 厘米、口径 5.5 厘米、足径 7.5 厘米。

此瓶造型小，胎厚。圆唇口，直颈，瓶腹为四方委角式外撇高圈足。足心双圈内有“大明宣德年制”六字楷书双行款。颈部有对称的象耳。颈腹部绘牵牛花纹，象耳涂蓝。此造型的器物以往未见，明晚期及清雍正朝有仿制。类似造型在英国维多利亚阿尔伯特博物馆收藏有 12 世纪铜刻纹嵌银多面瓶，造型在颈部略有差别。此类器物造型应与西亚地区器物造型有关。

21．葫芦形双耳扁瓶

宣德青花宝相花纹葫芦形双耳扁瓶（图五五），高 29.9 厘米、口径 2.7 厘米、足径 7 厘米 ×5.2 厘米。

图五三　明宣德青花云龙纹天球瓶（故宫博物院藏）

图五四　明宣德青花牵牛花纹四方委角双耳瓶（故宫博物院藏）

图五五　明宣德青花宝相花纹葫芦形双耳扁瓶（故宫博物院藏）

图五六　明青花宝相花纹葫芦形扁瓶（故宫博物院藏）

该瓶造型似葫芦形，上部为葫芦形口，下部腹呈圆形，两面鼓出。颈间有绶带形双耳。足呈长方形圈足。瓶上部口沿下有“大明宣德年制”六字楷书横款，下面是缠枝花。下部两面外周各有一周忍冬纹、半钱纹边饰，中心绘宝相花图案，宝相花由八花瓣组成，花瓣间有花叶相连，中间一周花瓣内为太极图案。双耳上绘折枝花卉，画面图案效果较强。

类似器形还有更接近葫芦形的（图五六），高 25.5 厘米、口径 3.4 厘米、足径 6.1 厘米。较前葫芦瓶上部比例加大，下部缩小，圈足长圆。形状更似葫芦。无款。上饰缠枝花纹，下部两面外周饰叶纹（半钱纹），中间为宝相花纹。宝相花两面花纹略不同，都由八瓣花组成，中心一面太极图案，一面四瓣花间四小瓣花。景德镇御窑厂出土有白釉葫芦形扁壶。西亚地区有青花花卉纹扁瓶（见图一一）。英国维多利亚阿尔伯特博物馆收藏有 13 ～ 14 世纪叙利亚陶扁壶。

清代康熙仿宣德青花宝相花纹双耳扁瓶，高 25.7 厘米、口径 3 厘米、足径 6.7 厘米 ×5.8 厘米。造型有细微差别，青料没有晕散和浓重的铁结晶斑，瓶上下部边饰与宝相花纹线条较细，足呈长方形圈足。

清代雍正时期仿永、宣时期双耳扁瓶，高 26.6 厘米、口径 3 厘米、足径 6 厘米 ×5.1 厘米。上部饰缠枝花纹，下部外周两面分别绘忍冬纹与半钱纹，中间两面为宝相花，宝相花细部有所变化，一面八瓣花间莲花，中间为太极图案。一面八瓣与桃式花样相勾连，中心是八瓣团花。底为长方形圈足，比康熙朝仿的足更加规矩。

22. 长颈扁瓶

宣德青花缠枝花纹扁瓶（图五七），高 45.4 厘米、口径 8 厘米、足径 14 厘米 ×10 厘米。此瓶撇口，长颈中内收，扁圆形腹，椭圆形圈足。这种造型源于西亚地区金属器扁瓶，

图五七　明宣德青花缠枝花纹扁瓶
（故宫博物院藏）

图五八　明宣德青花云龙纹扁瓶
（故宫博物院藏）

是伊斯兰教盛装井水的容器。颈、腹部绘两组缠枝花、叶纹，颈部缠枝纹接近伊斯兰纹饰，腹部主题纹饰为缠枝花卉，有山菊花、莲花、茶花等，花纹满布，典雅华丽，具有浓郁的伊斯兰文化风格，是宣德时期吸纳西亚地区艺术风格的创新之作。

同样造型的器物还有宣德云龙纹扁瓶，高 45.8 厘米、口径 8.1 厘米、足径 14.5 厘米 ×10.2 厘米。颈部上、下绘缠枝花叶纹，颈下部的纹样具有明显的伊斯兰风格，腹部主题纹饰绘中国传统的云龙纹。云龙回首屈体，四足伸张，凌空腾飞，气魄宏大。

相同造型还有蓝地龙纹扁瓶（图五八），高 45.4 厘米、口径 7.8 厘米、足径 14.5 厘米 ×10 厘米。口部绘缠枝纹，颈绘缠枝莲花，腹部以蓝色海水为地，留白龙纹。

23．双耳扁瓶

宣德青花折枝茶花纹双耳扁瓶（图五九），高 25.7 厘米、口径 3 厘米、足径 7.3 厘米 ×10 厘米。

该瓶细颈直口，扁圆腹，椭圆形素胎平底。颈肩饰如意形双耳，双耳涂蓝。颈部绘缠枝花，肩饰蕉叶纹，腹部两面为折枝茶花。这种器形在台北故宫博物院、伊斯坦布尔托普卡普赛拉伊博物馆也有收藏。此造型源于阿拉伯器物，美国俄亥俄州托利德美术馆藏 1300 年左右产于大马士革釉彩玻璃扁壶以及大英博物馆藏 1250 ～ 1260 年叙利亚生产的扁壶（图六〇），造型与宣德青花扁瓶相似，是中西文化结合的范例。

24．文具盒

景德镇出土有洪武青花文具盒（图六一），永乐或宣德时期景德镇烧制的青花文具盒（图六二）。大英博物馆收藏有伊朗（1281 年）、叙利亚（1300 ～ 1350 年，图六三）、14 世纪开罗（大马士革）的金属笔盒。

图五九　明宣德青花折枝茶花纹双耳扁瓶（故宫博物院藏）

图六〇　铜扁壶（1250 ~ 1260 年，叙利亚）

图六一　明洪武青花文具盒（景德镇出土）

图六二　明宣德青花文具盒（故宫博物院藏）

图六三　铜笔盒（1300～1350年，叙利亚）

（二）纹饰

这批具有明显外来造型特点的器物，在纹饰方面也受到伊斯兰风格的影响。有的花纹带有明显的伊斯兰风格，有的局部采用伊斯兰的纹饰，有的为中国传统纹饰。另外，在一些传统造型的瓷器上也可见到伊斯兰风格纹饰的画法，如盖罐、大碗、大盘等器物。

1．缠枝花卉纹

缠枝花卉纹是在这批器物中运用最多的纹饰。在元以前我国各地民窑生产的瓷器也使用缠枝花，纹饰多呈带状布局，碗、盘等圆器使用这种装饰较多，其他瓶、罐等琢器一般上下有边饰，主题纹饰为缠枝花纹。永乐、宣德时期的缠枝花纹大量使用，特别是在琢器上，缠枝花构图新颖，花卉枝蔓缠绕布满整个空间（见图九、图五七）。还有竖向布局的，如永乐、宣德时期的执壶（见图二）、烛台（见图三三、图三五），与传统的横向布局不同，采用竖向布局的方法，构图新颖。特别是缠枝花的枝子上一侧有麦穗或小花瓣样的装饰，在洗口双耳扁瓶、卧壶、罐、花浇等器物上均可见到，是该时期较为独特的装饰。缠枝花纹在阿拉伯文化中是一种独特的装饰，称作“阿拉伯式花纹”。永宣时期出现如此大量的缠枝花纹，可能还是为销往该地区而制造的。

2．几何花纹

在中国传统纹饰中，明代以前，以几何形图案作瓷器装饰是比较少见的，永乐、宣德时期青花受西亚地区铜质品的影响，烧制以几何纹作主要装饰纹样的器物，如壮罐、双耳扁瓶、文具盒、瓷砖等（见图一〇、图三一）。这些纹饰与西亚地区某些铜器上的纹饰相似（见图六三）。

3．阿拉伯文

阿拉伯文是西亚地区陶、铜等器物中很常见的装饰。如铜、陶质的鱼篓尊、折沿盆、烛台、执壶、盘座等器物上。永乐时期有青花盘座，纹饰直接模仿铜质盘座（见图一九、图二一），纹饰分上下两组，上下各饰团花，团花之间为阿拉伯文。所不同的是埃及铜质盘座团花数量多，且上下对齐排列，而中国青花盘座团花数量少，且相错排列。其中的阿拉伯文在中国工匠的笔下，远不如西亚地区器物上的阿拉伯文自然流畅。

4．团花纹饰

团花也是西亚地区器物经常见到的装饰纹样，在盘座（见图二一）、折沿盆、花浇、鱼篓尊（见图一七、图一八）、扁壶等器物上经常可见。永乐或宣德时期青花盘座、葫芦形扁壶（见图五五、图五六）采用团花装饰，盘座上的团花直接模仿埃及铜盘座，葫芦形扁壶的团花与叙利亚铜质扁壶上的纹饰相似。

5．四瓣花纹

四瓣花纹在西亚地区巴勒斯坦铜烛台（图六四）、铜钵及伊朗铜花浇、大马士革铜香熏上（图六五）都可见到。宣德时期的青花卧足碗（图六六），碗心所饰的四瓣花与其相似。

图六四　铜烛台（14 世纪，巴勒斯坦）

图六五　铜香熏（15 世纪，大马士革）

图六六　明宣德青花卧足碗碗心（故宫博物院藏）

6．勾连花纹

此纹饰是永宣瓷器上如鸡心碗、卧足碗上的纹饰（图六七、图六八），类似的勾连纹在14世纪叙利亚或埃及铜鱼篓尊（图六九）与15世纪铜质折沿盆（图七〇）上可以见到。

7．如意云头纹

如意云头纹在我国元以后的瓷器上常可见到，可以说是中国瓷器的传统图案，特别是明代中期以后比较常用。明初永宣时期绶带双耳瓶（见图九）、青花罐（见图三二）等器物上也有此装饰。这种纹饰在西亚地区14世纪伊朗制铜嵌银鱼篓尊（图七一）上也可见到。

8．龙纹

龙纹在这批具有域外造型风格的器物中所占比例较小，在钵、长颈扁瓶、天球瓶上装饰（见图四五、图五三、图五八）。这些器物的纹饰除龙纹以外，其边饰及辅助纹饰基本属于传统纹样，各别器物的口部边饰也有伊斯兰器物纹饰风格（见图五八）。

图六七　明永乐青花菊瓣纹鸡心碗碗底
（故宫博物院藏）

图六八　明永乐青花卧足碗碗心
（故宫博物院藏）

图六九　铜鱼篓尊（14世纪，叙利亚或埃及）

图七〇　铜折沿盆（15世纪，叙利亚或埃及）

9. 边饰

叶纹、花瓣纹、点纹、半钱纹等纹饰常作为器物的边饰出现。这些纹饰在西亚地区铜器上都有使用。

如永乐时期青花盘座口沿与足上的类似叶或花瓣样纹饰在14世纪伊朗铜质高足杯（图七二）、14世纪埃及铜嵌银折沿盆（图七三）上可以看到。

花瓣纹，永乐青花盘座（见图一九）中间凸起部分，花瓣对应斜向排列，与此类似的纹样在13世纪摩苏尔香熏（图七四）及烛台、14世纪埃及烛台上也有，只不过纹饰更加精细。

点纹，在宣德青花上装饰于器物口沿（见图一五），盖豆的盖、足边（见图五〇），花浇的口沿（见图二五），这种点纹在西亚地区13世纪摩苏尔香熏（见图七四）上也作为边饰出现。

半钱纹，在永乐、宣德时期的葫芦形扁瓶上作为主题纹饰的边饰（见图五五、图五六），该纹饰在14世纪巴勒斯坦铜烛台的口沿上也有（见图六四）。

网格状花纹，在永乐青花碗（图七五）的外口沿作边饰，同样纹饰在西亚地区13世纪摩苏尔香熏上也可见到。如图七四左边一件镂空熏炉上的网格状纹样。

图七一　铜嵌银鱼篓尊（14世纪，伊朗）

图七二　铜高足杯（14世纪，伊朗）

图七三　铜嵌银折沿盆（14世纪，埃及）

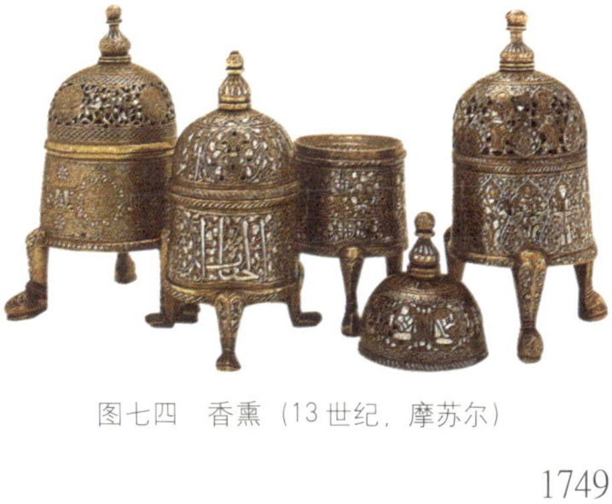

图七四　香熏（13世纪，摩苏尔）

图七五　明永乐青花缠枝花纹碗

图七六　陶盖罐（11世纪，伊斯兰）

正反花瓣纹，在永乐青花花浇口沿、颈部使用（见图二二），类似的纹饰在伊斯兰陶器（见图二七）上也有。

卷枝纹或忍冬纹，也是永乐宣德时期青花瓷器常用的边饰，在执壶、罐、鸡心碗等器物的口沿及足边使用（见图三二、图三九），同样纹饰在伊斯兰陶器（图七六）上也可见到。

这些带有外来因素的器物对我国后代器物的造型、纹饰有很大的影响。如清代康熙至嘉庆等时期的青花、青花釉里红、釉里红、白釉、青釉、钧红釉、汝釉、哥釉、茶叶末釉、色地粉彩、斗彩等品种都有仿明初这类造型或纹饰的器物。

以上主要从造型、纹饰方面将我国明早期青花（白釉）瓷器与西亚地区同样风格的器物作一比较，找出其相同点，为以后深入研究做些准备。对明初这批青花瓷器的研究目前还不够深入，还没机会去西亚地区实地考察，材料掌握还不够充分，这些均有待今后继续深入研究。

参考文献：

[1] 冯先铭：《明永乐宣德青花瓷器与外来影响》，《中国古陶瓷研究》，紫禁城出版社，1988年。

[2] 《托普卡比宫的中国瓷器》，北京燕山出版社，2003年。

[3] 李晓：《明代瓷器造型中的伊斯兰元素》，《艺术市场》2008年第5期。

[4] 倪军：《浅谈伊斯兰陶工艺》，《魅力中国》2009年第35期。

原载《永宣时代及其影响——两岸故宫第二届学术研讨会论文集》，故宫出版社，2012年

东印度公司与明清瓷器外销

万 钧

内容提要： 明清时期中欧海上航线开通后，中国的瓷器、丝绸、茶叶在西方广受欢迎，荷兰、英国等国家组建东印度公司从事与东方的贸易。东印度公司在中国瓷器大量销往海外的过程中发挥着至关重要的作用。这一时期，明清政权交替、西方列强对海上霸权的争夺战争等中外时局变化与重大历史事件对中国瓷器的输出以及中外瓷器贸易的格局产生重大影响。

关键词： 瓷器外销　东印度公司　明代　清代

中国瓷器的外销由来已久。自唐代以来，历经宋元明清，一直是出口的大宗商品。如唐代的长沙窑、越窑瓷器，宋代的龙泉窑、同安窑瓷器，元代的磁州窑、德化窑瓷器，明代的龙泉窑、平和窑、景德镇瓷器以及清代景德镇瓷器和广彩等。陶瓷贸易的主要线路，一是沿着著名的丝绸之路，从陆路销往中亚细亚、波斯乃至地中海沿岸地区。另一条从海路自广州绕马来半岛，经印度洋达波斯湾，远到地中海及非洲的埃及，被称为“海上陶瓷之路”。从考古资料看，从东亚的朝鲜、日本，到东南亚的菲律宾、马来西亚、印度尼西亚，南亚的印度、巴基斯坦、斯里兰卡，中东的伊朗、伊拉克、阿曼，到非洲的埃及等国都曾发现大量晚唐、五代时期的瓷器。宋太祖开宝四年（971年）在广州设立市舶司，后又在杭州、明州（今浙江省宁波市）、泉州相继设立市舶司。宋《诸番志》一书中列举的50多个国家和地区中，有30个国家、地区或地点用瓷器进行贸易，最远的包括非洲的坦桑尼亚等[1]。《萍洲可谈》记述了当时陶瓷出口的盛况：“舶船深阔各数十丈，商人分占贮货，人得数尺许，下以贮物、夜卧其上。货多陶器，大小相套，无少隙地。”[2]可见陶瓷在当时对外贸易中所占的重要地位。明代瓷器的大

作者：出版部，编审。

1 （宋）赵汝适：《诸番志》，中华书局，1985年。

2 （宋）朱彧：《萍洲可谈》，中华书局，1985年。

量输出是在郑和下西洋之后，我们暂且不讨论这种输出是真正的贸易还是政治需要，而真正意义的陶瓷贸易则与资本主义的殖民息息相关。本文将以欧洲国家所建立的东印度公司的发展为线索，简略追踪一下我国明清时期的瓷器外销。

一　东印度公司的建立

世界地理大发现后，在16世纪的欧洲，尽人皆知东方的富庶，其香料、丝绸、瓷器及宝石等的价值大大超过西班牙主宰的西方。1514年，葡萄牙航海家抵达广东沿海，开始了欧洲国家与我国的第一次贸易。1553年，葡萄牙商船借口避风，在澳门停泊，后来得到了在澳门的居住权，在澳门和我国进行贸易。很多葡萄牙商船运載着中国的丝绸、茶叶、瓷器、漆器和东南亚国家的香料往来于葡萄牙里斯本、印度果阿和我国的澳门、广东之间。开启了一条前无古人的致富之路。里斯本很快成为欧洲专门销售东方奇珍的中心。欧洲各国商人蜂拥而至，在里斯本设立办事处，进行批发和商业金融活动。与此同时，西班牙把菲律宾作为和中国贸易的据点，著名的马尼拉港于1571年开放，每年大约有三四十艘中国大帆船来到这里，出售丝绸、瓷器等，西班牙商船再把购买来的货物转运回国或运到里斯本出售。这时，西班牙和葡萄牙几乎垄断了所有欧洲国家和中国的贸易，获得了巨大利润。

在经济利益驱使下，1571年，荷兰的舰队到达马尼拉，开始插手远东地区贸易。1595年，荷兰派遣舰队远征东方，在爪哇等地大肆劫掠；1598年远航印尼，运回大批香料。此后，荷兰商人纷纷组织船队前往印度尼西亚和印度。在17世纪，荷兰的造船业占欧洲首位，商船吨数占欧洲总吨数的3/4，有“海上马车夫”之称。他们在大西洋和印度洋上出其不意地袭击从远东返航的葡萄牙船队，掠夺其运载的中国货物。他们还在位于南洋群岛的马来亚和巽他群岛部署舰队，沿海修筑碉堡，吓唬从广州返航的葡萄牙、西班牙商船，使里斯本和广州之间的贸易急剧下降。

为了盘剥东印度的丰富资源，在富裕的东印度贸易中占有自己的份额，实现经济利益的最大化，欧洲一些国家纷纷组建贸易公司，先后有八个欧洲国家组建了专门从事东方贸易的东印度公司，即英、荷、法、丹麦、奥地利、西班牙、瑞典和葡萄牙，其中荷、英东印度公司最重要，法国东印度公司随之在某些方面也起过重要作用，其他国家的东印度公司因贸易量小不占主要地位，远不能和荷兰、英国、法国之公司相提并论。荷兰东印度公司盛于17世纪，英国东印度公司后发于18世纪，法国等其他国家的东印度公司于18世纪后才开张，一直延续到19世纪中叶才告终止。

从1595年4月至1602年间，荷兰陆续成立了14家以东印度贸易为重点的公司，为了避免过度的商业竞争，这14家公司于1602年3月20日合并，成为一家联合公司，也就是荷兰东印度公司，它是第一个股份有限公司，荷文原文为Vereenigde

Oostindische Compagnie，简称 VOC，中文全文应译为荷兰联合东印度公司。荷兰当时的国家议会授权荷兰东印度公司在东起好望角，西至南美洲南端麦哲伦海峡具有贸易垄断权。它是第一个可以自组佣兵、发行货币的股份有限公司，被获准与其他国家订立正式条约，并拥有对该地实行殖民与统治的权力。虽然英国组织的英属东印度公司成立比荷兰东印度公司早两年，但荷兰的资本为英国的十几倍，英国无法与其争雄。

1605 年，荷兰在安波那岛建立起第一个在东方的据点，1606 年，荷兰舰队在马六甲海峡击败西葡联合舰队，驱逐葡萄牙殖民势力，并且在暹罗、苏拉特设立了商行。1619 年，在爪哇北部建立了巴达维亚城（今雅加达），作为殖民扩张的据点，1641 年夺占马六甲，1656 年把锡兰攫取到手里。荷兰的殖民势力从 17 世纪 40 年代起已经扩展到日本以及中国的台湾。到 17 世纪中叶，又开始伸向印度西海岸，占领了印度的马拉巴尔海岸和科罗曼德尔海岸。至此，葡萄牙在东方的殖民地绝大部分都已被荷兰夺取，荷兰建立起一个以摩鹿加群岛和巽他群岛为中心的荷属领地，并且在印度、印度支那和日本都设立了贸易商站。

英国东印度公司，英文为 British East India Company，简称 BEIC，全名是伦敦商人在东印度贸易的公司。它由一群有创业心和有影响力的商人于 1600 年 12 月组成，是一个股份公司，多次获得英国皇家给予他们的对东印度贸易的专利特许。1612 年，英国人战胜葡萄牙人，并且获得了印度莫卧尔帝国皇帝贾汗吉尔的青睐。1615 年，英国人获得独一无二的在印度定居和建立工厂的权利，他们很快在苏拉特、金奈（1639 年）、孟买（1668 年）和加尔各答建立了大本营。到 1647 年，英国人已经在印度建立了 23 个工厂（即基地）。1670 年查理二世发布了五条法律，授予东印度公司自主占领地盘、铸造钱币、指令要塞和军队、结盟和宣战、签订和平条约以及在被占据地区就民事和刑事诉讼进行审判的权力。东印度公司从一个商业贸易企业变成印度的实际主宰者。17 世纪 80 年代，公司很快就建立了一支自己的武装力量。到 1689 年为止，英国东印度公司可以说拥有了一个“国家”的特性。

二　明晚清初瓷器的输出及其与荷兰东印度公司的关系

修明代，景德镇已成为全国瓷器的烧造中心，数量大，品种多，质量高，销路广。《天工开物》中载：“合并数郡，不敌江西饶州郡产……若夫中华四裔驰名猎取者，皆饶郡浮梁景德镇之产也。”[1] 在明代近 300 年间，以宣德、嘉靖、万历三朝烧瓷的数量最多。嘉靖、万历年间，御器厂的烧造量非常大，有几年每年要烧 10 万件左右，而民窑显示出比官窑较多的优越性。嘉靖时期完全实行了以银代役的“班匠银”制度，一定程度

1 （明）宋应星：《天工开物》（影印本），华通书局，民国十九年。

上减弱了工匠的封建人身依附关系，在完成官方规定的服役任务后可以进行自由经营。万历十年（1582年），又将官匠改为雇佣制，在客观上对手工业工人的积极性与创造性起到了促进作用。一些民营窑场对瓷器的窑炉进行了改革，在消耗燃料相同的情况下，每一窑的产品可达到官窑的三倍以上。

随着资本主义萌芽的出现与发展，景德镇民营窑场激增，制瓷工匠集中，瓷商汇集，在嘉靖二十一年（1542年），景德镇从事瓷业的，包括工场主和雇工的人数已达10万余人。《二酉委谭》中记录了景德镇当时的繁荣景象："万杵之声殷地，火光炸天，夜令人不能寝。戏呼之曰四时雷电镇。"[1]"镇上佣工""每日不下数万人"[2]，而使"饶州七县以及南昌、都昌等地之人，杂聚窑业，雇工为生"[3]。当时制瓷作坊内的分工已经比较细。《天工开物》列举了制瓷生产有舂土、澄泥、造坯、汶水、过利、打圈、字画、喷水、过锈、装匣、满窑、烘烧等多道工序，"共计一坯工力，过手七十二，方克成器"[4]。这些都说明了当时景德镇制瓷业规模的巨大和高度发展。

万历时，景德镇已与苏、松、淮、扬、临清、瓜州等都会并列，成为有名的瓷都了。当时，我国商人资本十分活跃。从全国说，以山西及安徽商人最有实力。承揽景德镇瓷器的贩运者，以邻近的安徽商人为主。景德镇产品不仅销往全国各地，还大量远销海外，畅销亚洲和非洲许多国家，并且开始通过荷兰东印度公司大量销售到欧洲。据《明史》记载：红毛番[5]"所产有金、银、琥珀、玛瑙、玻璃……国土既富，遇中国货物，当意者不惜厚资，故华人乐与为市"。在这些外贸活动中，政府也坐收好处。诸如张燮《东西洋考》记载：万历三年（1575年）规定，西洋海船长一丈六尺，关税为银八十两；二丈为银一百四十两；二丈二尺为银一百七十六两；二丈三尺为银一百九十五两五钱；二丈五尺为银二百三十七两五钱；二丈六尺以上者为银二百六十两等。

在17世纪，欧洲虽有瓷器的烧造，但还是软瓷，高温烧成的真正瓷器还没有成功。欧洲那时所用的好瓷器都还仰给于中国。景德镇外销瓷最早由葡萄牙人装船运往亚、非、欧各地，主要为欧洲。此类瓷器主要是景德镇工匠依据听到的外来信息生产的一种类似内地瓷但又具有独特风格的瓷器，它的基本特点是用若干个连续开光图案来进行装饰，品种主要为青花（图一、图二），也有少量的五彩。因此种开光形似盛开的芙蓉花，日本学者称之为"芙蓉手"，欧洲人称之为"克拉克瓷"。"克拉克瓷"一词来源于1602年荷兰东印度公司在马六甲海峡捕获的一艘葡萄牙商船——克拉克号，船上装有

1 （明）王世懋：《二酉委谭》（刻本重印），清顺治三年。

2 光绪《江西通志》卷四九（影印本），江苏广陵古籍刻印社，1987年。

3 转引自江西省轻工业厅陶瓷研究所《景德镇陶瓷史稿》，三联书店，1959年。

4 前揭《天工开物·陶埏》（影印本）。

5 明代，中国人把荷兰人称为"红毛番"。张燮《东西洋考》中载："红毛番，自称荷兰国，与佛郎机邻壤，自古不通中华。其人深目、长鼻，毛发皆赤，故称红毛番。"

图一　明万历景德镇开光花卉纹盘
（古本江博物馆藏）

图二　明天启至崇祯青花花卉纹盘

10 万件万历时期的青花瓷器，这船瓷器于 1604 年在阿姆斯特丹进行拍卖，轰动整个欧洲。此后，中国瓷器在欧洲风行，人们把这些精美的中国外销青花瓷称为"克拉克瓷"。

"多数荷兰人，也可以说多数其他欧洲人第一次听说瓷器是在 1596 年"，他们非常惊讶瓷器竟会比水晶还要美丽。"在西欧见识到中国瓷器以后，中国瓷器就受到热烈欢迎。因为这是一种不是本地陶器所能比拟的器皿，中国瓷器所特备的优点，它那种不渗透性、洁白、具有实用的美以及比较低廉的价格，都使它很快成为当地人民深深喜爱的物品"[1]。荷兰东印度公司成立后，1610 年 7 月（万历三十八年），荷兰商船 Roode Leeuw met Pijlen 号抵达广州，购回瓷器 9227 件；1612 年，Gelder land 号运荷瓷器达 38641 件；1614 年，运荷瓷器上升到 69057 件。迨至 1636 年，根据巴达维亚 1 月 4 日给荷兰公司的信件知道，有 6 艘船回荷，共运载瓷器 259380 件。1637 年，运荷瓷器 21 万件；1639 年，运荷瓷器 366000 件。荷兰东印度公司的早期，还没有建立它在印度尼西亚的侵略中心巴达维亚，在 1624 年侵占我国台湾之前，主要是在万丹(Bantam)、北大年（Patani）和我国沿海各地采购瓷器。从 1624 年起，瓷器的采购起运中心便移到巴达维亚和台湾的赤嵌（Zeelandia）。1624 年，荷兰东印度公司在台湾设立分部。1638 年台湾的库存瓷器竟达 89 万件。1652 年，荷兰占领台湾，取代葡萄牙人在西太平洋的霸主地位。荷兰人随即成为景德镇瓷器的最大买主。荷兰东印度公司从 1602 年起，至 1657 年郑成功禁止船只去台湾与荷兰人交易为止，前后半个世纪，运荷瓷器总数在 300 万件以上。这个数字仅是根据装船单、发货单得出的，当然没有包括全部运欧瓷器数量，因此著者认为这还是一个保守的数字[2]。

1　T.Volker,Porcelain and the Dutch East India Company (1602 – 1682),E.J.Brill,Leiden,the Netherlands,1954.

2　T.Volker,Porcelain and the Dutch East India Company (1602 – 1682),E.J.Brill,Leiden,the Netherlands,1954.

1605 ～ 1661 年，荷兰东印度公司除了把中国瓷器运往荷兰销售外，还载运了大约500 万件中国瓷器至安南、暹罗、缅甸、锡兰、印度、波斯和阿拉伯等地 (印度尼西亚和马来亚各岛屿的运销不在内)。1636 年 10 月 5 日范登伯格 (Vander Burgh) 从台湾写给巴达维亚的信里有这样一段话：“按照运来桶装的样品为苏拉特、波斯和考罗满达配备的 2 万考其 (40 万件)……以及根据您的指示为波斯定制一万考其的瓷器，都已经与前任签订了合同，中国商人答应在 1637 年的二三月里交货。”[1]1643 年 3 月 16 日从苏拉特开往阿拉伯摩查 (Mocha) 的“尤特该司特”(Uytgust) 船就装有 108693 件细瓷，值 5962 弗罗林。1644 年 7 月 22 日公司驻波斯的代表写信给巴达维亚需要各种瓷器 20 万件。同年 11 月 30 日“弗利特”(Vrede) 从台湾开往苏拉特，载去 159713 件。1645 年“在另外一件给苏拉特公司的主任的说明里 (日期为 10 月 20 日)，我们知道今年已有 24 条船到达摩查，其中包括装有其他物资的 3 条英船在内，计有各式各样的粗、细瓷器 15000 考其”[2]。

至于印度尼西亚各岛屿的贸易，那时完全是由荷兰东印度公司垄断的。在 1636 年的记载里，每月都有瓷器从巴达维亚运往爪哇的万丹、齐里彭、亚拉伯、弟加尔、贝加龙干和柔丹，巴厘岛，安汶岛，苏门答腊的詹卑、英德拉哥里、西里巴、旧港及其西海岸和亚齐，婆罗洲的苏加丹那、马塔甫拉和文那马神。全年运往上述地区的瓷器总数达 379670 件，没有注明的货物还不在内。

荷兰商人还把中国瓷器销往日本，打开了对日本销售的市场。1609 年，荷兰人从平户进入日本，在平户设立商馆（图三），于 1613 年（日本庆长十八年）开始从事中

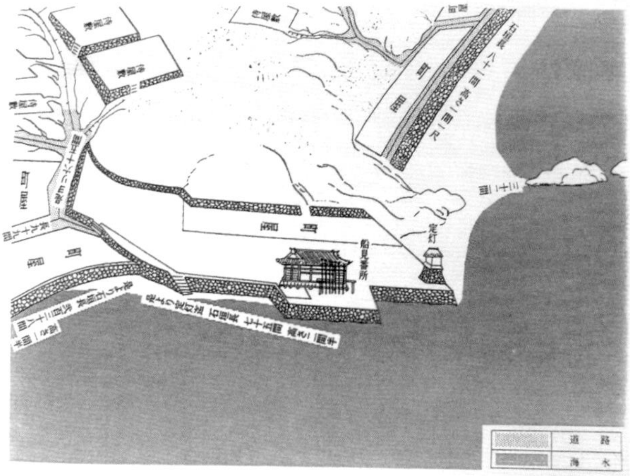

图三　荷兰商馆分布图

1　T.Volker,Porcelain and the Dutch East India Company (1602 – 1682),E.J.Brill,Leiden,the Netherlands,1954.

2　T.Volker,Porcelain and the Dutch East India Company (1602 – 1682),E.J.Brill,Leiden,the Netherlands,1954.

图四　明景德镇青花花卉纹杯标本

图五　明景德镇青花花卉纹盘标本

图六　明景德镇青花鹿纹盘标本

国瓷器的对日贸易。据荷兰方面的文书记录：在1638年（日本宽永十五年）之前数年，荷兰东印度公司几乎每年都将以万计或十万计的瓷器输入日本，如1635年输入135905件，1637年输入39075件[1]。日本有关方面于1989～1992年间对平户荷兰商馆遗址进行三次大规模考古调查与发掘，出土了大量中国明代晚期克拉克瓷标本（图四至图六），印证了荷兰方面的文书记录。

据T. Volker保守估计，1602～1682年间，仅荷兰东印度公司一家就从中国进口约1200万件瓷器[2]。有资料显示，英国东印度公司在17、18世纪间运到英国的中国瓷器，也达300万件[3]。

中国瓷器的大量外销在给荷兰东印度公司带来巨额利润的同时，丰厚的外贸收入也促进了景德镇瓷业的发展。晚明时期在景德镇出现了众多烧造克拉克瓷的窑场。据

1　［日］前山博：《17世纪における日本·中国陶磁の贸易》，《17世纪の景德镇と伊万里》，佐贺县立九州陶磁文化馆，1982年。

2　T.Volker,Porcelain and the Dutch East India Company (1602 – 1682),E.J.Brill,Leiden,the Netherlands,1954.

3　David Howard, “the British East India Company’s Trading to China in Porcelain”, Oriental Art,Vol. xlv,No.1,Spring 99,p.45.

20世纪80年代以来在景德镇老城区的考古调查，南门头窑址、新华瓷厂窑址、人民瓷厂窑址、十八桥窑址、桂花弄窑址都发现过克拉克瓷，后又在景德镇老城区的观音阁窑址、莲花岭窑址、东风瓷厂窑址、电瓷厂窑址、刘家下窑址发现了克拉克瓷。其中观音阁窑址发现一片有纪年款的克拉克瓷片，为“万历年”的青花瓷盘盘底残片。窑址伴随出土的其他青花瓷也多带有年款，如“大明万历年制”“天启年造”“辛酉年制”“辛酉年造”（此辛酉即明天启元年）等。从出土地点看，景德镇克拉克瓷的生产分布于景德镇老城区的很多晚明窑址，因此可以肯定景德镇晚明时期生产克拉克瓷的作坊是普遍存在的。从窑址调查来看，晚明外销的克拉克瓷与为本土生产的瓷器是混在一起烧造的，至今并未发现专门烧造克拉克瓷的窑址和作坊。由于外销的克拉克瓷多为订制，所以获得订制的民窑作坊也可能会在短时间内以生产克拉克瓷为主。因为景德镇民窑坯作与烧窑历来是分开的，也就是说，生产克拉克瓷的作坊必须搭窑户的柴窑烧造，而窑户的柴窑不可能只装烧克拉克瓷一种，根据装烧的数量和窑位的不同，它还会装烧各种各样的瓷器。根据观音阁克拉克瓷的青花颜色、纹饰、造型特征和“万历年”的青花瓷盘盘底残片，同时结合窑址伴随出土的纪年款内销瓷，大致可以框定观音阁克拉克瓷生产的时间为明万历至天启时期，即1573～1627年之间。这段时间正是景德镇克拉克瓷生产的高峰期[1]。1608年沉没于非洲海岸圣·海伦娜岛的荷兰白狮号沉船上打捞出来的大量克拉克瓷与观音阁出土的克拉克瓷非常相似，可以作为其佐证[2]。

明末清初，前后延续40年的战乱，使社会生产遭到严重破坏，全国出现一片凋敝景象。由于江西处于南明抗清的拉锯战地带，战乱一直延续到康熙初年，景德镇的制瓷业因此一度衰落，御窑厂停烧，直到康熙十年（1671年）才有景德镇奉造祭器的记载。康熙十三年（1674年），在吴三桂战乱的影响下，景德镇的窑业基础几乎完全遭到破坏。加之由于康熙二十二年（1683年）以前，福建、广东以及江、浙沿海抗清政权的存在，顺治及康熙初年都实行了严厉的海禁，所以正常的瓷器外销几乎一度中断。由于利益的驱使，民间的瓷器贸易仍然以走私的方式继续进行，与巴达维亚、马六甲、柔佛的交易并未间断。康熙十二年（1673年），在澳门成交的几只走私船就载有“500个中国式酒杯、740个茶盘、一桶精美的小茶壶、两桶精美茶杯和100个茶壶，再有一万个盘、8000个碗及2000个茶盘。还有一船载9桶茶杯、一万个粗杯和50个盘。最后一船，载有11桶精美茶杯、一万个盘、8000个碗和2000个茶盘”[3]。但这种交易是很不规律的，没有时间上和数量上的保障。这时，欧洲人又急需购买大量的景德镇

1　曹建文：《近年来景德镇窑址发现的克拉克瓷器》，《中国古陶瓷研究》第十辑，紫禁城出版社，2004年。

2　C.L.van der Pijl - ketel,the ceramicload of the “witte leeuw” (1613),Rijks Museum Amsterdarm,1982.

3　T.Volker,Porcelain and the Dutch East India Company (1602 - 1682),E.J.Brill,Leiden,the Netherlands,1954.

图七　天启至崇祯景德镇青花寿老图碗

图八　1660～1670年伊万里青花寿老图碗

图九　明崇祯景德镇青花山水图盘

图一〇　1640～1650年伊万里青花山水图盘

瓷器，迫使荷兰东印度公司把目光转向和景德镇瓷器风格接近的日本伊万里瓷器（图七至图一〇），作为景德镇瓷器的替代品，大量订制，销往欧洲。1650年，荷兰东印度公司的记录中首次收购日本瓷器，只有少量的145件，而到1659年荷兰商馆大量订烧日本瓷器，共计56700件。从1652年起，日本从中国进口大量的制瓷原料用于批量生产。从1673到1683年前后达到生产荷兰订货的最盛时期。伊万里瓷器因大量输出而获得了迅速发展，形成外销伊万里的时代[1]。伊万里瓷器在欧洲风靡一时，但售价偏高。约从康熙中后期开始，景德镇瓷器再度繁荣，它们价廉物美，投放市场后给日本伊万里以致命的打击。

1　刘朝晖：《17世纪景德镇瓷器对日本初期伊万里瓷器的影响》，《中国古陶瓷研究》第十四辑，紫禁城出版社，2008年。

三　清代的瓷器输出与荷、英东印度公司的更替

康熙时期采取了一系列恢复和发展生产的措施。匠籍的废除，使匠户在法律上摆脱了以往的人身依附，创作热情有所提高，从而为瓷器制作等工商业的发展创造了有利的条件。此外，平定三藩之乱后，康熙皇帝亲自选派督陶官去景德镇督办窑务，在资金和管理上带动了景德镇陶瓷生产。继明代以来制作的外销瓷，此时也有了新的发展。《景德镇陶录》中载："洋器，专售外洋者，有滑洋器、泥洋器之分。商多粤东人，贩与鬼子互市，式样奇巧，岁无定样。"[1]器形之繁，纹饰之丰，数量之多，为前所未有。

1683 年，康熙统一台湾后，开放海禁。康熙二十四年（1685 年）成立粤海关，康熙二十八（1689 年）年向西方商人开放广州口岸。自此之后，我国的大规模瓷器输出，主要是通过正常的民间贸易进行。清政府和明政府一样也是根据船舶的长度收取关税。我国外销瓷器生产进入第二个高峰期。

（一）欧洲的时尚使瓷器进入按订单加工出口的时代

由于欧洲社会对装饰有精美绘画的中国瓷器的热衷[2]，加之特别器形和纹饰也可以定制（图一一至图一四），因此中国瓷器在欧洲供不应求。在英国伦敦有一种"瓷人"就是专门为私人定制特殊纹样的瓷器商人，这种商人在 1774 年（乾隆三十九年）大约有 52 人。

1729 年开始，中国外销瓷出口进入了按订单加工出口的时代。根据外商提供的瓷器画样、种类和数量进行生产。这表明瓷器贸易的新进展和公众对瓷器品位的变化。英国牛津著名的中国瓷器商人 Peers(1703 ～ 1781 年) 所设计或指定的一些特定式样的

1　（清）蓝浦撰，郑廷桂补辑：《景德镇陶录》卷八，翼经堂本。

2　夏鼐：《瑞典所藏的中国外销瓷》记载："十七世纪晚期及十八世纪时，欧洲的贵族家庭中，常有瓷器室的设置，陈列中国瓷器，包括外销瓷。他们还特别设计木质家具以作大件华瓷的器座，连中等人家也将华瓷的盘、碟定置墙上以为装饰。"（《文物》1981 年第 5 期）至 18 世纪，中国艺术品已成为欧洲宫廷非常流行的收藏品。波兰国王约翰三世在维拉努哈宫侧殿，专门陈设中国青花瓷器。在西班牙皇宫内收藏的中国瓷器约有 3000 多件。当时英国王后玛丽是一位中国瓷器鉴赏家，美国旅行家 Defoe 在 1724 年于纽约出版的《回忆录》中说："玛丽王后的习惯是在宫廷里陈列许多中国瓷器，甚至达到惊人的程度。我们可以看到，在橱柜以及家具的最高顶上也放着架子，架子上陈列着珍贵的中国瓷器。"法国国王路易十四于 1670 年在凡尔赛宫内修建了托里阿诺（Trianon）宫，此宫以陈列路易十四珍藏的中国青花瓷器著名。路易十四和曼德侬夫人还委托商人在中国订制了他们夫妻穿着中式服装的瓷塑像。路易十五的宠姬旁帕多夫人对瓷器纹样有一种特殊爱好，后人因此把她喜欢的瓷器图案称为"旁帕多装饰"。（朱培初：《明清陶瓷和世界文化的交流》，中国轻工业出版社，1984 年）德国宫廷对中国瓷器也表现出极大兴趣，宫殿内摆满了中国瓷器，并用中国瓷器改装成各种装饰品。在奥地利、意大利等国也流行使用中国瓷器，宫内也都有专门的陈列室陈列中国瓷器。

图一一　清乾隆广彩人物碗

图一二　清乾隆广彩人物盘

图一三　清嘉庆广彩虎象盘

图一四　清道光广彩人物小胆瓶

午餐具，于 1731 年由英国商船广东商人号从广州起航驶往印度，再转运到伦敦。如今，英国博物馆中还珍藏着 Peers 先生在 1731 年 12 月 19 日于广州签署的订购中国瓷器发货单[1]。

1736 年后，荷兰买家将瓷器订单交给工厂，下一年交货，变成常规做法。此后荷兰东印度公司发往中国成百上千的瓷器画样，特别是 1750 年以后。在海牙博物馆保存的东印度公司的记录里找到了唯一的画样原件，是 1758 年的，一共 7 页，保存了 33 件瓷器的图样[2]。为了让外商选货方便，广州方面也特制了一批样盘，盘的边框四等份，每 1/4 的地方各施以不同的彩饰、花纹，以供外商选订（图一五）。

关于特别外销瓷的生产，有其特殊的处理程序，“我国商人投其所好，乃于景德镇烧造白器，运至粤垣，另雇工匠，仿照西洋画法，加以彩绘，于珠江南岸之河南，开窑烘染，制成彩瓷，然后售西商”[3]。这就是广彩（图一六）。广彩出现于康熙晚期，

1　前揭《明清陶瓷和世界文化的交流》。

2　C.J.A.Jörg,Porselein als handelswaar,Univ.Leiden,1978.

3　（清）刘子芬：《竹园陶说》，民国十四年。

图一五　清雍正粉彩陶冶图缸

图一六　清乾隆五彩纹章盘

盛行于雍正、乾隆时期。在广州绘彩，便于欧洲商人直接监督和指导，避免和减少了差错（在景德镇经常写错法、英、葡萄牙等国的外文字母和名词，从而遭到欧洲商人的责难）。美国旅行者 William Hickey 于 1769 年（乾隆三十四年）参观广州珠江南岸的广彩加工工场，描述说："在一间长厅里，约二百人正忙着描绘瓷器上的图案，并润饰各种装饰，有老年工人，也有六七岁的童工。"[1] 这种工场当时竟有一百多家，说明外销瓷数量之大。

（二）茶叶的热销带动了中国瓷器的输出

1662 年，葡萄牙国王约翰四世的女儿凯瑟琳公主与英国国王查理二世结婚，把饮茶的习惯带到了英国皇室，迅速成为贵族间流行的一种时尚，饮茶之风席卷英国朝廷。到 18 世纪中，英国上下无论贫富贵贱几乎每人每天都可以喝上一两杯茶。18 世纪 60 年代以前，荷兰人是最大的茶叶经销商。18 世纪最初 10 年，荷兰东印度公司通过前往巴达维亚的中国帆船进行茶叶贸易。1728 ～ 1734 年，荷兰派出 11 艘商船前往广州，共购买茶叶 135 担，价值 1743945 荷兰盾，占全部货值的 73.9%。1734 年以后，荷兰东印度公司茶叶贸易有所起伏，但仍然是对华贸易的最重要商品。18 世纪 20 ～ 90 年代，茶叶占荷兰东印度公司输入中国商品的 70% ～ 80%，有时超过 85%。1765 ～ 1774 年，英国东印度公司购买的茶叶在绝大多数年份都占中国出口货物总值的 50%以上，19 世纪以后，这个比例超过 90%。

康熙四十九年 (1710 年) 一年中到访中国的东印度公司商船达 10 艘之多。从中国进口的茶叶和丝绸的质量都很轻，体积庞大，装船后吃水太浅，极易倾覆，而且船行进的方向也不易控制；再者，茶叶和丝绸都怕遭水浸，不宜放置舱底，因此压舱是船

1　Johu Golasmieh Phillips，China Trade Porcelains，1974.

运时必须考虑的问题。精明的欧洲商人很快就想到用精美的中国瓷器来压舱，一举两得。一条船约装 160 箱、20 万件瓷器。输往欧洲的茶叶和生丝越多，进入欧洲的中国瓷器也就越多。同时瓷器走私严重，1694 年，一位荷兰官员写信给巴达维亚说："私人带来巨大数量的和随之而来更多的走私瓷器，使得瓷器价格大幅下降。况且瓷器也很占船运的空间，阁下你们自己也承认你们无法获得罕见的器物，而没有特别精美的器物，利润空间就会很小。"更早些抱怨的结果是，巴达维亚政府于 1694 年 1 月颁布了一项法令，规定任何人不准在回程船上的私人箱子里携带瓷器，否则将被重罚[1]。18 世纪初，即康熙后期，大量中国瓷器充斥英国乃至欧洲市场，价格低得不可思议。1712 年，216 头的一套中国餐具瓷器在伦敦只卖 5 英镑 10 便士，很难想象欧洲商人是如何和中国瓷器制造商讨价还价的[2]。这从一个侧面说明了作为耐耗品的瓷器此时在欧洲市场已相对饱和，而作为饮品的茶叶的热销又带动了瓷器的销售（图一七）。

图一七　清雍正粉彩盘

1984 年，哈彻尔 (M.Hatcher) 发现的 1752 年荷兰东印度公司的吉尔德马尔森号 (Geldermalsen) 沉船，它是在驶离中国返回欧洲途中沉没，船上价值 80 万荷兰盾的货物，包括 203 箱中 23.9 万件瓷器、68.7 万磅茶叶、147 件金条等，打捞的 15 万件瓷器中茶具约占 1/3。1986 ~ 1996 年打捞的瑞典东印度公司在 1745 年沉没的哥德堡号，载有 370 吨茶叶，100 吨瓷器及丝绸、藤器、玳瑁等，证实了以上文献和观点。

（三）荷、英东印度公司的更替及瓷器的输出

到了 1669 年时，荷兰东印度公司已是世界上最富有的私人公司，拥有超过 150 艘商船、40 艘战舰、5 万名员工与 1 万名佣兵的军队，股息高达 40%。荷兰的这种在经济、贸易和商船方面的发展，受到英、法的挑战。荷兰于 17 世纪后半期先后与英、法之间进行了一系列劳民伤财的战争。英国通过战争耗尽了荷兰的贸易和海军实力，夺取了

1　转引自耶尔格《17 世纪销往荷兰的中国瓷器》，《中国古陶瓷研究》第十四辑，紫禁城出版社，2008 年。

2　Toby & Will Musgrave,An Empire of Plants:People and Plants That Changed the World, Cassell & Co,London,UK. Printed in Hong Kong,p 192.2000.

海上霸主地位。进入 18 世纪，英国通过战争排挤了荷兰和法国的势力，控制了全部印度，成为东印度海域航运集团的霸主。

1715 年，英国东印度公司最早获得在广州开设贸易机构的权利，接着法国在 1728 年，荷兰在 1729 年，丹麦在 1731 年，瑞典在 1732 年也相继设立了贸易站，这都为中国瓷器外销提供了有利条件。18 世纪中叶，英国占有了在欧洲经营中国瓷器的首要地位。

1716 年，英国赛杂纳号装有价值 5.4 万两银的瓷器返回国；1717 年，英国埃塞克斯号装有 30.5 万件瓷器回国；1720 年，英国埃塞克斯号又装载了瓷器 112 箱及 500 包返航；1723 年，英国蒙塔格号装有 485 箱瓷器回国；1735 年，英国格拉富圈号和哈雷林号，分别从广州和厦门返航，共运载了 24 万件中国瓷器。估计在 18 世纪初，英国人把 2500 万件到 3000 万件瓷器运到了欧洲。在 18 世纪 30 年代后，在广州的黄埔港和珠江内停泊的外国商船开始以英国占据首位。1753 年，驶入广州的外国商船约有 27 艘，其中 10 艘是英国的。1755 年，英国在宁波开辟了贸易港，进一步掌握了中国瓷器的贸易大权。到 1790 年，驶入广州的商船为 56 艘，其中英国有 46 艘，占 82%。同时，在广州的对外贸易业务中，各国的商人们也都统一使用了英语。根据清代海关资料，嘉庆二十二年（1817 年），广州对英国的出口贸易额为 9768961 银元，占该年出口贸易总额的 62.8%。同时，其他国家也在购买中国瓷器，包括荷兰、法国和瑞典等[1]。

1986 年冯先铭、耿宝昌先生出访欧洲时，在荷兰的海牙博物馆（图一八）、内瓦尔特博物馆、格罗宁根博物馆（图一九），英国大英博物馆（图二〇），布鲁塞尔皇家博物馆，法国集美博物馆，比利时的布鲁塞尔中国宫（图二一）、大维德基金会、维多利亚和阿尔博特博物馆，葡萄牙古典艺术国家博物馆、古本江博物馆等，以及一些古董店（图二二），过目了大批他们收藏的当时在中国订购的瓷器[2]。

图一八　清青花单柄杯壶

20 世纪 90 年代，越南对沉没在其海域的头顿沉船（Vung Tau wreck）、金瓯沉船进行的考古发掘表明，这两艘中国古船应该是在将瓷器运往雅加达的途中沉没的。从船上打捞出水的货物绝大多数是康熙、雍正年间生产的中国瓷器。这些瓷器的样式、色彩及多种装饰布局不同于中国传统风格，很多种瓷器式样是仿照欧洲人熟悉的金银器或者是玻璃制品制作的，带有巴洛克艺术风格的特征，应该是根据西方客户的订货要求生产的。其中的一套盘子的边沿绘水波纹，中心画有荷兰 Deshima 岛渔村风景（图二三），为东

1　详见冯小琦《欧洲收藏的中国瓷器》，前揭《中国古陶瓷研究》第十四辑。

2　详见冯小琦《欧洲收藏的中国瓷器》，前揭《中国古陶瓷研究》第十四辑。

图一九　清五彩纹章盘

图二〇　清康熙青花花卉纹六棱瓶

图二一　清康熙景德镇青花东西方人物纹杯盖

图二二　清雍正景德镇青花三多纹盘

图二三　清雍正景德镇青花欧洲山水人物纹套盘

西文化结合的产物[1]。

根据海牙博物馆保存的东印度公司的记录，荷兰东印度公司在 1683 ～ 1729 年和 1734 ～ 1757 年间购买的中国货都是在雅加达从中国商人手里购买的，再由荷兰东印度公司的船只转运回欧洲[2]。沉船和记录正好相印证。

四　中国瓷器外销的衰落与荷兰、英国东印度公司的解散

由于长期以来中国的茶叶、生丝、丝绸、瓷器源源不断地输出，使白银源源不断地流入。从 1660 ～ 1720 年的 60 年间，贵金属占东印度公司对亚洲出口总值的 87%，中国成为最大的白银吸收国，因而成为白银“秘窖”。当时英国政府要求东印度公司在其全部出口总值中至少要包含 1/10 的英国出口产品，但是，由于中国自给自足的小农经济很难满足这一并不过分的要求，英国东印度公司不得不削减出口总额。这种中欧之间的贸易不平衡最终导致东印度公司向中国输入大量鸦片。鸦片源源不绝地输入中国，使中英贸易形成了庞大的逆差，尽管中国输出茶叶、瓷器和丝绸，仍未能阻止白银大量流出的状况。1838 年，输入中国的鸦片数量高达 1400 吨，清政府不得不派出钦差大臣林则徐监督禁烟，禁烟与日后的销烟引发了 1840 年鸦片战争，最终使中国割让香港予英国。鸦片战争以后，中国制瓷手工业日趋衰落。

19 世纪上半叶，随着日本外销瓷器的市场竞争和欧洲各国制瓷业的发展，特别是德国和荷兰人已掌握了中国的瓷器生产技术，欧洲本土生产的瓷器较之中国进口瓷器在满足欧洲和北美市场方面具有适销对路和供货快捷、价格便宜两大优势，中国瓷器外销渐渐走向枯竭。

这时，英国东印度公司的船队已成为世界上规模最大、货运量最巨、商船尺度和载重量首屈一指、无与匹敌的远航商船队。而荷兰东印度公司由于国内对于亚洲货品的需求量大减，1771 ～ 1777 年，公司的红利和股息因为业务衰退，从 75%很快地下降到 12%，经济出现危机，遂于 1799 年 12 月宣布解散。由于英国东印度公司拥有直接控制全印度的巨大商贸权力，渐渐引起了英国政府的惊恐，英国政府向公司提出了种种干预，逐步把公司对印度的财政、军政和政治控制权揽入政府手中，公司的商业利益因而大为削弱，1813 年，公司终于失去了它在印度的贸易权。尽管公司的船还在进行海上贸易以与其他国家的船主进行贸易竞争，但利润大为减少。1857 年到 1858 年印度发生反英民族起义，这次起义终结了英国通过东印度公司管理印度的体制，至 1858 年，东印度公司从英国官方的文件中永远消失。

总之，东印度公司大量购销中国瓷器产生了多方面的意义。第一，既增加了中国

1 ［越南］阮庭战：《越南海域沉船出水的中国古陶瓷》，前揭《中国古陶瓷研究》第十四辑。

2 C.J.A.Jörg,Porselein als handelswaar,Univ.Leiden,1978.

政府的关税收入，又使瓷器作坊主获得丰厚的利润，资金充足，进一步推动了瓷器生产的发展；第二，由于瓷器的订销，欧洲艺术对中国瓷器的生产产生了重大影响，欧洲瓷器商人提供的瓷器木样和画样丰富了中国瓷器的造型，宫廷画师们设计的纹章及瓷器商人提供的丰富画稿使瓷器纹饰充满了异域风情。特别是为了适应外销需要出现的广彩，不少作品表现出浓厚的洛可可艺术风格，是中西文化交流的产物。第三，大量白银的流入，在中国东南地区经济领域还产生了深刻的影响。白银逐渐取代铜钱成为流通领域合法的交换手段和支付手段，东南沿海地租形态出现货币化现象。白银还进入赋税领域，成为各种赋役征派统一的预算与收支手段。法国汉学家谢和耐（Jacques Gernet）把白银被广泛作为支付手段视为16世纪以来中国历史变迁“最重要的变化之一”；第四，16世纪中叶澳门开埠后，中葡间经常性的语言接触与交流在广州、澳门等口岸展开，产生了历史语言学家所说的“广东葡语”（Canto Portagus）（罗马梵蒂冈档案馆藏第一部汉－西语词典——《葡中词典》）。18世纪以后英语作为强势语言流行于广州口岸，取代了葡语在中西贸易中通用商业语言的地位，逐渐形成一种英中（粤）混合的“广东英语”（Canton English），包括葡语、英语、法语、荷兰语、丹麦语、瑞典语和广东话。

原载《故宫博物院院刊》2009年第4期

对中国古代输出瓷器的一些认识

王光尧

内容提要：瓷器和丝绸一样是中国古代对外交流的最主要输出品，根据世界各地出土和传世的中国输出瓷器，可以部分地复原不同历史时期中外文化交流的状况，甚者可以根据出土的中国瓷器对东非各地9世纪以来的文化遗址进行历史断代。本文试图以中国古代输出瓷器为研究对象，探讨中国古代瓷器输出的社会历史及其在中外瓷器文化交流史和古代世界瓷器史上的地位和意义。

关键词：输出瓷器　中外交流　世界瓷器文化

2010年上半年，笔者应香港中文大学文物馆馆长林业强教授邀请在该馆作访问研究，主要考察对象是郑德坤先生捐赠的瓷器。郑先生早在20世纪40年代即开始关注邛窑瓷器并力图建立四川地区古代陶瓷发展史纲[1]，为我国现代瓷器研究主要的学科奠基人之一。20世纪50年代以后，郑先生先后执教于英国剑桥大学和香港中文大学，因教学之需，郑先生在伦敦、新加坡、香港等地收购了大量中国古代陶瓷器，为进行比较，还收购一些越南、泰国、柬埔寨、伊朗等国家生产的陶瓷器，并把这些陶瓷器捐赠香港中文大学文物馆，现以郑先生的堂号命名为“木扉瓷器”。

由于木扉堂收藏的中国瓷器均购自海外，在过去的研究中一般称长期保存在中国境外或在中国境外出土的瓷器为“外销瓷器”，所以我们的研究自然以中国古代瓷器输出、中外瓷器文化交流为出发点，从世界瓷器文化史的高度来审视中国古代输出瓷器和香港中文大学文物馆收藏木扉瓷器之个体，并体会其价值[2]，这也是香港中文大学

作者：器物部，研究馆员。

1　本文是作者在香港中文大学文物馆任研究员期间的研究报告。参见Cheng Te-k’un,Studies in Chinese Ceramics,Hong Kong:The Chinese University Press,1984.

2　该研究方向和研究重点是与林业强教授一起观摩实物、交流后所确定的。

文物馆所看重和想让学生了解的知识[1]。

以往对中国输出瓷器的研究，尤其是关于输出瓷器的类别和年谱、输出区域，以及输出瓷器对世界青花瓷器和青花陶器生产所产生的影响，甚至中国输出瓷器产生的文化影响等诸方面的研究，无疑都已取得了丰硕的成果[2]。近年来更有学者把中国明清时期输出的丝绸、瓷器、家具、绘画等所有商品，视作当时中国输出之艺术的载体[3]，使研究走向深入。但是，回顾研究的历程，还有诸多问题尚需探讨。如以“外销瓷器”通称在当代中国行政版图以外出土或传世的中国瓷器是否恰当；中国古代瓷器输出的范围，是否依中国人航海能力发展的进程而逐步扩大，抑或是另外一种情形；除从事生产外，中国人在瓷器输出中还起到了什么重要的作用；中国输出瓷器是否一直以中国文化为主导，还是有阶段性变化；再如，当我们从物质文化交流史的角度重新审视中国古代输出的瓷器时，发现过去的研究重点只是放在输出或输入，而没有视之为古代世界瓷器发展史的内涵，并在通史的范畴内探讨中国输出瓷器的意义。同时，如何从物的层面探讨输出者行为的动机和执行者所带来的变化，并在当时的语境中界定从生产者到消费者之间的文化关系。这些都是本文关注的重点所在。

一　关于研究对象及其概念之厘定

输出瓷器以往被中国学者称为外销瓷器，日本学界称为“贸易瓷器”，西方学者则习用 export porcelain[4] 和 Chinese Trade porcelain[5] 两种说法。但是，这些概念是否准确或者全面，我们可以作如下的分析。

第一，由于古今世界的政区格局不同，中国的疆界也有很大的变化，历史上瓷器输出与内销是以各时代之疆界而论，所以，以当代中国版图为界论定在当代中国境外发现的瓷器并称之为外销瓷器便不确切。如在唐朝以前和明代早期一段时间内，今越南北部是中国的领土，所以上述两个特定历史时期内输往该地的瓷器显然和输往中国各地的瓷器具有同一性质。同样，元代瓷器输出情况也很复杂，蒙古喀喇和林遗址出土大量元代瓷器，和林是蒙古人在漠北时期的王廷，这些瓷器大多是元朝统一中国后

1　作者就该研究项目及相关问题与香港中大中国文化研究所所长苏芳淑教授交流时苏教授所谈想法。

2　中外关于该问题的研究成果较多，此不一一注出。

3　Amanda E.Lange,Chinese Export Art at Historic Deerfield,Deerfield,Massachusette:Historic Deerfield,Inc.,2005.

4　西方学者常用该概念。如，D.F.Lunsingh Scheurleer,Chinese Export Porcelain,London:Faber and Faber Limited,1974. 香港艺术馆分馆茶具文物馆：《中国外销瓷：布鲁塞尔皇家艺术史博物馆藏品展》，1989 年。

5　Michel Beurdeley,Chinese Trade Porcelain,Rutland:Charles E.Tuttle Company of Rutland, 2002.Monique Crick,Chinese Trade Ceramics for South-East Asia:Collection of Ambassador and Mrs.Charles Muller,Geneve:Fondation Baur,,2010.

从内地带到和林，属当年元朝宫殿用器之一部分[1]，现该地虽不隶属中国，但不能因此而否认这些瓷器为元朝宫廷用瓷的属性；当时输往伊儿汗国的瓷器，一直被学术界视为研究中国外销瓷器的重要标本，这其实也是以现代人的国家概念错误地界定古物。新疆伊犁霍城阿力麻里出土有元代青花、龙泉窑、磁州窑、青白釉、钧窑瓷器[2]，阿力麻里是察合台汗国东部汗王廷所在地，所以这批元代瓷器当与察合台汗国有关，于古于今显然都不能称为外销瓷器。同理可推，与其性质相同的、当年从元廷输往伊儿汗国的瓷器也不是外销瓷器。从古今行政版图变化和以上例证可知，以外销瓷器的概念称长期保存或出土于当代中国版图以外的瓷器并不合适。

第二，在古代中国人的概念和记载中，输出瓷器的性质和目的是多样的。纯粹作为外销商品输出的瓷器，当然可以称为外销瓷器，但只是不同性质的输出瓷器中的一种；中国皇帝或中央对外国君臣的赏赐用瓷器，这部分被称为“赏赉瓷器”（其细微差异，下文再予评述）[3]；还有中国政府为获取对方的物产而把瓷器作为交换物之一的以物易物性质下的交换瓷器，这部分瓷器虽然以商业为目的，但具有政府控制下的输出性质，也不能简单地称为外销瓷器。

第三，对比当代中国版图以外与中国内地所见同一历史时期的瓷器，大多数情况下看不到明显的不同。如近在咫尺的菲律宾和远在天际的非洲肯尼亚东海岸所见中国瓷器，包括了从唐代以来至明清的各种名瓷，如越窑、长沙窑、邢窑、定窑、青白瓷、龙泉窑青瓷、元明青花、明清彩瓷等，和内地考古发现的情况完全相同，在器物类型上看不出内销和外销的差别。倘若一定要按行政或地理区域划分或定名，则必然会有与外销瓷器对应的内销瓷器的概念和次一等级的江北瓷器、江南瓷器等以地域命名或以省区命名的多重瓷器概念，这显然没有必要。

第四，由于疆界变化，当代中国的部分地区在历史上只是中央王朝的藩属甚至是敌对政权，流传到这些地区的瓷器对古代中央王朝是输出，但在今天则不能称为输出。在南北对峙时期，瓷器等商品在敌对或友好王朝间的交流也很常见，对这些王朝或王国来说，这种情况和与中国以外地区的交流与输出并无不同，如在北朝区域内发现的南朝青瓷、在辽行政区域内发现的宋瓷、在金行政区域内发现的南宋瓷器和在南宋临安城发现的金代定窑瓷器等，都是当时各政权间交流与输出的结果。这一类瓷器显然和各个政权行政区域内的瓷器流通性质及方式有所不同，也应引起我们的特别关注。

第五，历史上纯粹以商业为目的输出瓷器，可以使用外销瓷器的概念，但其情况也相当复杂。有品种、质量及产地都和内地市场销售的瓷器完全相同的；有广东、广西、

1 Kamei Meitoku,Ceramics from Kharkhorum Site,Mongolia.Fukuoka-shi:Tōka Shobō,2007. 林梅村：《和林访古(上、下)》《紫禁城》2007 年第 7 期、第 8 期。

2 新疆博物馆：《新疆伊犁地区霍城县出土的元代青花瓷器等文物》，《文物》1979 年第 8 期。

3 余城：《明代青花瓷器的发展与艺术之研究》，第 83 页，台北文史出版社，1986 年。

福建等地窑场模仿内地各名窑场生产多用于销往海外市场的，在质量上与内地的产品有明显的差别，但这种差别是商品价格决定的还是由销售地文化决定的，也值得研究。上述的这些外销瓷器与再后来西方商人的订货和中国窑场照来样加工并销往海外的瓷器，性质并不完全相同。

虽有上述的不同，但输出的性质则是共有的。为了能全面地概括中国古代因不同需要输出之瓷器，改变并弥补过去所用的外销瓷器、贸易瓷器等概念的缺陷，本文称在历史上输出到中国行政版图以外地区和国家的中国瓷器为“输出瓷器”。也可能是出于同样的考虑，已有学者在研究 16 ～ 20 世纪东南亚地区所见瓷器时已开始不使用传统的概念，只是注重其生产地和瓷器风格[1]。

二　从中国角度看瓷器输出

虽以中国为本位看各历史时期的输出瓷器，在性质上大致可以把这些瓷器分为以下几类：

（一）政府外交用瓷器

政府外交用瓷即中国文献所说的赏赐瓷器，现称为“赏赉瓷器”。出土于境外最早的瓷器是韩国武宁王陵随葬的南朝青瓷器，有可能是中国南朝皇帝赏赐给武宁王的。但对外赏赐瓷器多发生在元明清时期，正是中国瓷器普遍为外国赏识、认同或渴求的时段。赏赐对象有东亚、东南亚、南亚、中亚、西亚和非洲东海岸各古国，以及后来的欧洲各国。

根据霍布逊的研究，伊朗阿德比尔神殿旧藏和土耳其伊斯坦布尔托普卡比皇宫旧藏明代早中期的官式青花瓷器，是万历以前诸帝赏赐给伊尔汗国或萨发维王朝的，万历皇帝也赏赐瓷器给莫卧儿帝国[2]，而这些赏给伊朗的瓷器在后来又被奥斯曼帝国掠夺为战利品[3]。

1　Barbara Harrisson,Later Ceramics in South-East Asia Sixteenth to Twentieth Centuries, Kuala Lumpur:Oxford University Press,1995.

2　John Alexander Pope,Chinese Porcelains from the Ardebil Shrine,Washington:Smithsonian Institution Freer Gallery of Art,1956.p17.

3　Julian Raby and Unsal Yucel,Chinese Porcelain at the Ottoman Court:Chinese Ceramics in the Topkapi Saray Museum Istanbul,London:Philip Wilson Publishers 1986,pp27-54.

据载，明代得到赏赐瓷器的国家有朝鲜[1]、琉球[2]、占城[3]、真腊[4]、暹罗[5]、撒马儿罕、哈蜜[6]、失剌思[7]、日落国[8]等，清代受赏赐的外国有朝鲜[9]、琉球[10]、暹罗[11]、廓尔喀[12]、俄国[13]、西洋国教王[14]、葡萄牙[15]、英国[16]、荷兰[17]等国。光绪二十四年(1898年)传旨九江关监督烧造“赏用外国国王饭食应用白地五彩西莲”海碗、大碗、中碗、小碗、九寸盘、七寸盘、五寸碟、三寸碟、酒盅共七百二十件[18]；光绪二十五年（1899年）共“预备上传赏用外国国王饭食应用白地五彩西莲”海碗、大碗、中碗、小碗、九寸盘、七寸盘、五寸碟、三寸碟、酒盅共二百六十件[19]；光绪三十一年（1905年）十月二十五日“皇太后致赠日本国皇帝、皇后五彩瓷瓶一对……皇帝致赠日本国皇帝青花白地瓷瓶一对”[20]。从光绪的外事活动可以看出，古代中国皇帝所谓的“赏赐”，也就是外交中的“致赠”。

(二)官府贸易瓷器

官府贸易瓷器，是对外贸易瓷器中的极小部分，主要见于元代和明代早期。元代的官府贸易，是以官府资本为主进行的，用官船和官府资金并派遣官员进行海外贸

1 吴昭辑：《朝鲜李朝实录中的中国史料》，第342页，中华书局，1980年。

2 （清）张廷玉等撰：《明史》卷三二三《外国四·琉球》，中华书局，2000年。

3 前揭《明史》卷三二四《外国五·占城》。

4 前揭《明史》卷三二四《外国五·真腊》。

5 前揭《明史》卷三二四《外国五·暹罗》。

6 刘海年主编：《中国珍稀法律典籍集成》乙编第三册《皇明诏令》卷七“仁宗皇帝·即位诏”，科学出版社，1994年。

7 前揭《明史》卷三三二《西域四·失剌思》。

8 前揭《明史》卷三三二《西域四·日落》。

9 赵尔巽等撰：《清史稿》卷五二六《属国一·朝鲜》，中华书局，1977年。

10 前揭《清史稿》卷五二六《属国一·琉球》。

11 前揭《清史稿》卷五二八《属国三·暹罗》。

12 中国第一历史档案馆等编：《清宫瓷器档案全集》卷四五，第48页，中国画报出版社，2008年。

13 宋伯胤：《从刘源到唐英》，《清瓷萃珍》，第11页，南京博物院、香港中文大学博物馆，1995年。

14 前揭《清宫瓷器档案全集》卷一，第32～34页。

15 前揭《清史稿》卷一六〇《邦交八·葡萄牙》。

16 朱培初：《明清陶瓷和世界文化的交流》，第78页，中国轻工业出版社，1984年。

17 前揭《明清陶瓷和世界文化的交流》，第78页。

18 前揭《清宫瓷器档案全集》卷四五，第172页。

19 前揭《清宫瓷器档案全集》卷四五，第434页。

20 前揭《清宫瓷器档案全集》卷四八，第24页。

易[1]。明早期，对外贸易以中国皇室垄断为特点，外国人来华以朝贡贸易为主。洪武七年（1374年）冬，刑部侍郎李浩以陶器七万、铁器千至琉球买马，得马四十匹。洪武十六年（1383年）赏赐占城、真腊瓷器各一万九千件，数量之巨为历代赏赐所无，恐怕也是以物物交换为目的。洪熙元年（1425年）仁宗皇帝即位诏书载："往迤西撒马儿罕、失剌思等处买马等项，及哈密取马者，悉皆停止。将去给赐缎疋、磁器等件，就于所在官司明白照数入库。"说明到永乐时期以瓷器为交换物从撒马儿罕、失剌思等处换买马匹的做法仍然存在。这种以瓷器和丝绸进行的物物交换，极可能是明代早期官方对外贸易的常态。缘此，就不难理解以郑和为代表的庞大官方贸易使团出现与出海的历史及社会原因。

以郑和船队为代表的官府贸易使团到了东南亚、南亚、中亚、西亚地区，以及非洲东海岸的埃及、索马里、肯尼亚、莫桑比克甚至是南非等地[2]，船队下海前准备的物资中就有瓷器、铁锅等[3]。当时，通过瓷器及其他物品的出口为国家换取了大量的珍贵木材、香料、西洋布等国外产品[4]和马匹[5]，国家也收到了极大的经济效益[6]。

（三）民间对外瓷器贸易：合法与走私双重形态

在不同的历史时期内，因国家政策的变化，民间贸易分为公开的、受政府鼓励的正当贸易和政府禁止的走私贸易两种。

唐代是中国瓷器最早大量输出的时期，在今天的日本、朝鲜、菲律宾、伊拉克、埃及、肯尼亚等地区都出土有唐代瓷器。当时输出的瓷器有越窑青瓷、邢窑白瓷、长沙窑瓷器、巩县窑白瓷、唐青花、巩县窑和邢窑的白釉绿彩、唐三彩器物等。

观察菲律宾[7]和肯尼亚各遗址所见情况，唐代以后中国输出的瓷器有定窑、耀州窑青瓷及仿耀州青瓷、青白瓷及仿青白瓷、龙泉窑青瓷及仿龙泉窑青瓷、元青花、明清青花、明清彩瓷等，说明从唐代开始瓷器输出一直不曾中断。由于在中国的文献记载中，不曾有如此长时间、广泛地赏赐瓷器的可能，再加上唐、五代时期中国与阿拉伯地区的交往比较频繁，且南宋和元代又都实行鼓励自由贸易的政策，所以推定这些输出瓷

1 参见（明）宋濂等撰《元史》卷九四《食货二·市舶》；卷二〇五《铁木迭儿》，第4576页。

2 郑一钧：《郑和下西洋》，第202、210～211页，海洋出版社，2005年。

3 （明）巩珍：《西洋番国志》，《续修四库全书》第七四二册，第373页。

4 可综合参考《明会典》、《明史》等书关于南洋、西洋各国贡物之记载。

5 前揭《明史》卷三三二《西域四·失剌思》："时车驾频岁北征，乏马，遣官多赍彩币、磁器，市之失剌思及撒马儿罕诸国。其酋即遣使贡马。"

6 前揭《郑和下西洋》，第406～409页。

7 菲律宾10世纪以来出土中国瓷器情况，见 Leandro and Cecilia Locsin,Oriental Ceramics Discovered in the Philippines,Tokyo:Charles E.Tuttle Company,1970.

器是以民间自由贸易的形式实现的。

明代海禁时间虽长，但在隆庆元年（1567 年）月港对外贸易合法化[1]后，福建地区的对外贸易得以急剧发展[2]，从月港输入中国的外国产品多达一百余种[3]，大致可以分为名贵木材、香料、药材、装饰用物、粮食和奇异食品，也有钱铜、黄铜、乌铅、皮革等国家军事物资，以及交趾绢、土丝布、粗丝布、西洋布、东京乌布、白琉璃盏、琉璃瓶等外国名品。那么，中国是用什么物资从外国换回如此利润呢？明人的记载是："民间醵金发舣艎，与诸夷相贸易，以我之绮纨、瓷，饵易彼之玳、香椒，射利甚捷，是以人争趋之。"可知当时中国输出的主要是丝织品和瓷器。

该时期走私方式的瓷器贸易虽为中国禁止，但在其他国家看来，走私的性质并不存在。瓷器走私在洪武时期已经开始，政府虽屡有禁令[4]，但走私贸易却有增无减[5]。见于西方文献，1515 年（正德九年）"中国商人亦涉大海湾，载运麝香、大黄、珍珠、锡、磁器、生丝及各种纺织品如花绫、绸缎、绵襕等甚多，至满剌加贸易"[6]，走私活动规模越来越大。同时，有条件来华的外国人也不惜违禁购买瓷器。永乐二年（1404 年）五月，琉球国山南王使臣曾违法至处州购买磁器[7]；正统六年（1441 年）闰十一月，又有琉球国官方走私瓷器往爪哇国的事件[8]，由于琉球并无烧造瓷器的能力，其载往爪哇国的瓷器必然是来自中国的走私品。

三　瓷器文化的交流与普及——看待输出瓷器的新视角

由于我们的研究对象是历史时期发生在不同国家之间的瓷器交流，所以便不可避免地用现代国家的观念来理解这些中国瓷器，对原产国来说就有了输出的概念。但是，当我们把中国输出瓷器放在世界范围内看，不再以中国为中心发言时，就发现输出或外销的概念并不强烈。如果不考虑行政疆域，仅以陶瓷作为一种工艺品的传播形式，

1　（明）张燮：《东西洋考》卷七《饷税考》，第 131 页，中华书局，1981 年。

2　（明）周起元：《东西洋考序》，前揭《东西洋考》，第 17 页。

3　前揭《东西洋考》卷七"饷税考"，第 141 ～ 147 页。

4　参见张增信《明季东南中国的海上活动》，第 13、14 页，台北：私立东吴大学中国学术著作奖助委员会，1988 年。

5　前揭《东西洋考》卷七"饷税考"，第 131 页。

6　张星烺：《中西交通史料汇编》第五册"明中中欧交通之恢复第一百五十一节"引 Henri Cordier,L' Arrivee Portugis,H.Yule,Cathay,Vol.1 p180. 民国十九年五月，北平京在书局，第 385 ～ 386 页。另，张增信：《明季东南中国的海上活动》第 198 ～ 199 页也引有此文，但译释略有不同。

7　《明太祖实录》载永乐二年五月甲辰；《礼部志稿》卷二"怀远人之训"、卷九二"不罪赍金市磁器"诸条；前揭《明史》卷三二三《外国四·琉球》。

8　《英宗睿皇帝实录废帝附》卷八六，正统六年闰十一月己丑条。

又会发现中国瓷器在不同国家或地区的存在如上古同一类型的陶器分布一样，代表了文化的流布及影响所及。所谓的输出，只不过是瓷器使用地域的扩大，是人类陶瓷文化交流的一部分。下面从瓷器输出的时间、空间及交流几个方面加以讨论。

（一）不同历史时期中国瓷器的输出区域

从已知情况看，在南朝时期瓷器已输出到朝鲜半岛。唐代中国瓷器输出空前发展，输出地区也大大增加，在东亚、东南亚、西亚、东非海岸和北非的古代遗址都有中国唐代瓷器出土。但是，直到明代中期西方人开辟新航路并成为海上主导力量以前，中国瓷器输出的地域基本再没有向更大的地域扩展。

新航路开辟之后，随着葡萄牙人、西班牙人和荷兰人相继东来，除了他们在东南亚、东亚各地从事的转口贸易加大和促成了中国瓷器在各该地的影响和广泛使用外，中国瓷器也被他们运到了南非、西非和欧洲、美洲等地区，而这些地区是此前中国瓷器不可能到达的新市场。

（二）中国参与世界陶瓷文化交流的内容

中国参与世界陶瓷器文化交流的努力自古以来就存在，且这种交流并非是单向输出，而是具有双向交流的特点。

据研究，在中国南方各地、东西伯利亚、日本列岛发现的上古制陶技术，大约是在中国江南地区出现以后渐次向周边传播的，而并非各地各有源头[1]，这足以说明中国古代的陶瓷生产技术自创始之日起已处在一个对外交流的进程之中。

和陶瓷器相关的从西亚经印度、中亚地区不断输入中国的有玻璃与玻璃生产技术、琉璃与琉璃生产技术、低温彩釉生产技术等。尤其是经大月氏人、粟特人持续传入中国的低温彩釉技术，更是影响到了中国古代陶瓷发展史的进程，在此基础上先后发展出北朝的白釉绿彩、唐三彩、唐青花等瓷器品种[2]。元代青花瓷器的出现虽不是唐青花直接发展的结果，但如唐青花是受中西亚技术和绘画原理影响而产生一样，元青花也是中国制瓷技术和中东地区的青花陶器技术的结晶[3]、是使用中东所产的钴为绘画颜料[4]的结果。

1 张弛：《中国南方的早期陶器》，《古代文明》第5卷，第16页，文物出版社，2006年。

2 王光尧：《关于青花起源的思考》，《故宫博物院院刊》2003年第5期。

3 （元）许有壬：《至正集》卷九“马合马沙碑文”载：“西域有国，大食故壤，地产异珍，户饶良匠。匠给将作，以实内帑。”

4 《大元塑画记》卷九“御用”条载，大德十一年已开始引进“回回青料”。

在元代，珐琅器已传入中国，明代珐琅器是御用监的主要生产品种之一。在清代康熙、雍正二帝的追求下，又从欧洲引进珐琅彩原料并在瓷器上绘画，这类瓷质的珐琅器被称为“珐琅彩瓷器”。事实上，约在同时或稍早，西方先进的珐琅彩技术也在广东地区落地生根，这或与十三行在广州的生产、销售有关[1]。在清宫的努力下，珐琅彩技术和原料被推广到景德镇地区窑场，产品即文献所说的“洋彩”瓷器，光绪时这种洋彩被称为“粉彩”，最终完成了珐琅彩技术从引进到消化再到本土化的全部进程[2]。

至于中国古代瓷器生产技术向外传播，当晚于瓷器之输出。瓷器输出在客观上也促进了瓷器文化和制瓷技术的传播，所以最早试图学习中国瓷器生产技术的地区也是最早接触到中国瓷器的地区。从唐代开始，越窑青瓷生产技术和三彩生产技术已传播到高丽和日本，在长时间内中国的制瓷技术更是不间断地向朝鲜半岛传播。约在五代时期，伊拉克地区已开始用其传统的锡白釉陶器仿烧中国邢窑的瓷器。明代，龙泉窑青瓷、青花、五彩瓷器生产技术已传至日本、越南、泰国、波斯等地区，越南在明朝早期已能仿烧高水准的青花瓷器，泰国在仿烧龙泉窑瓷器的同时，把磁州窑的白地黑花发展成釉下褐彩。而日本在明朝晚期从中国学得了青花、五彩瓷器的先进工艺，部分地改变了中国瓷器独领风骚的局面。当波斯地区学得青花瓷器的生产技术后，通过产品的传播影响到土耳其、叙利亚地区的瓷器生产，余绪波及欧洲，更使得中国瓷器生产技术和瓷器文化走向世界成为可能。故而，在《帖木儿的餐具》[3]一书中，作者直接把 15、16 世纪波斯地区生产的仿中国青花瓷器称为中国风格，并视之为 18 世纪中国风的源头。

（三）古代中外陶瓷器技术交流的层次

中国瓷器的输出势必会影响到输入地的审美，导致其日用器物受到中国瓷器的影响，进而带动文化变迁。但模仿不等于技术的直接传播，真正的技术传播往往是通过人群的流动，带动原料选择、成型工艺、窑炉形态、装烧方法等方面的技术交流而实现的。中国古代瓷器输出和制瓷技术向外传播，大致可以分为以下三个层次。

第一个层次是单纯的瓷器输出。对输入地来说虽有影响，但这种影响只是停留在表面，作为一种外来物品在最初产生的影响并不大。

第二个层次是制瓷技术的外传和输入地对中国瓷器的模仿。如韩国仿越窑、耀州窑、

1 许晓东：《康熙、雍正时期宫廷与地方画珐琅技术的互动》，《宫廷与地方：十七至十八世纪的技术交流》，第 320 ～ 325 页，紫禁城出版社，2010 年。

2 王光尧：《雍正时期御窑制度的建设》，《雍正其人其事及其时代论文集》，台北故宫博物院，2010 年。

3 Lisa Golombek, Tamerlane's Tableware: A New Approach to the Chinoiserie Ceramics of Fifteenth- And Sixteenth-Century Iran，pp57-60, Mazda Publisher, Costa Mesa,1996.

汝窑青瓷；日本仿唐三彩、龙泉青瓷、青花瓷器、五彩瓷器等；伊拉克在10世纪用锡釉白陶器仿邢窑瓷器；越南仿烧中国的龙泉青瓷、青花、五彩瓷器等；泰国仿烧龙泉青瓷和磁州窑瓷器。但各地的模仿生产应是以当地技术为主体，由中国直接输出的制瓷技术所占比例甚小。

第三个层次是以人为媒介的技术交流，这是技术传播中的最高境界。在西方把瓷器生产技术纳入科学研究之前，世界各地的制瓷技术之交流，只有当人员流动并发现合适的原料后，才能实现真正的异地生产。正如中国古代仿烧波斯、阿拉伯地区的玻璃器一样，虽然也明白波斯、阿拉伯玻璃器的生产原料和工艺，但产品却一直不能像进口玻璃器一样耐高温[1]。制瓷技术的交流也是这样，熟练工匠的流动在技术传播中所起的作用尤其重要。越窑青瓷生产技术传往高丽，据传是占据今济州岛的军阀张宝皋从越州掠取窑工的结果[2]。而日本为获取瓷器甚至不惜对朝鲜发动战争，从朝鲜带回窑工李三平后，日本才有了制瓷业。通过对中日窑炉技术的比较研究，发现万历以后日本从中国学得的瓷器生产技术主要是以横室阶级窑为代表的福建地区民间窑场的技术，这可能同来自中国江南的技术人员直接参与其中有关[3]。民族学材料表明，菲律宾的陶瓷生产技术是由福建窑工直接带到菲律宾的；而在泰国的传说中，嫁到泰国的一位中国公主从磁州窑带来的工人在当地进行生产，开创了泰国的制瓷业[4]。至于制瓷技术向欧洲传播，传教士殷宏绪从景德镇获取生产技术情报是大家熟知的，但从当时传到西方的不同版本的《陶冶图》可知，在18世纪从中国获得制瓷技术的西方人并不只殷宏绪一人，且技术也不只来自景德镇一地。英国东印度公司的约翰·布莱克不仅把中国的高岭土和白瓷土标本寄给韦奇伍德，而且于1770年把中国人黄亚东带到伦敦，由黄亚东直接向韦奇伍德传授瓷器的生产流程和方法[5]。

四　对传播人群的观察

瓷器输出从唐代以来几乎不曾间断，并流布于世界各地。但是当我们观察各历史

1　（宋）赵汝适：《诸番志》卷下：“琉璃出大食诸国，烧炼之法与中国同。其法用铅、硝、石膏烧成，大食则添入南鹏砂，故滋润不烈，最耐寒暑，宿水不坏，以此贵重于中国。”

2　［韩］郑良谟（金英美译）：《高丽青瓷》，第2页，文物出版社，2000年。

3　2008～2009年，作者参加日本国立爱知县陶磁资料馆组织由中日韩三国学者共同参加的“东亚窑业技术交流课题”研究时，在日本调查锅岛藩官窑时得知，为锅岛藩烧造瓷器的最优秀的技术工人金武氏，原本是来自中国江南的武氏人家，因技术优异被赐日本姓。

4　Asian Art Museum of San Francisco, Thai Ceramics the James and Elaine Connell Collection,Kuala Lumpur:Oxford University Press,1995.p16.

5　故宫博物院编：《英国与世界：1714—1830》，第230页，紫禁城出版社，2007年。

时期、各国输入的中国瓷器时，又会发现不仅其输入目的不单一，而且行为的执行者和完成者也是多种多样，有中国人与消费地人民的直接交流，也有借第三方甚至更多方的力量才完成的间接交流。为了解当时传播瓷器的人群的动态，现仅就直接交流和间接交流所导致的不同结果而加以讨论。

（一）直接交流

直接交流是由瓷器产地与消费地之间的人群直接完成的。

瓷器输出在本质上是古代中国人对海外商业市场占有的结果，和航海能力及制海权相关。但就远洋航海能力看，中国人并不占优势：西方人经由红海进入印度洋的时间，远比以中国为代表的东方人进入印度洋的时间要早，东汉时期大秦使臣就经南海北上入华；唐五代时期，往来于中国和中东之间、拥有制海权的主要是阿拉伯人或波斯人；南宋时期，中国人的远洋船队似仍不出南洋的范围，在中国和中东之间往来的主要是阿拉伯人；郑和下西洋前，中国人对外的直接交流、贸易，基本不出东亚和东南亚。新航线开通以后，制海权归西方各国。从航海能力可以看出，东亚、东南亚各国和中国的瓷器交流主要是中国与各国人民直接交流的结果，琉球人甚至亲自到龙泉青瓷产地购买瓷器，明代晚期还有日本人在景德镇订烧瓷器之事。南亚、西亚和东非、北非等地的情况就相对复杂，郑和下西洋时期在当地的活动是中国和这些地区直接交流，波斯人或阿拉伯人从中国运瓷器回本国也属直接贸易。西方人主导世界贸易和航海权后，从中国订货并运回欧洲的瓷器，是中国和欧洲之间的直接贸易表现。

（二）产地与消费地的间接贸易

此处所说的间接贸易，是指经由第三国或更多中介而完成的瓷器产地与消费地之间的供需交流。

唐代和宋元时期，当波斯人、阿拉伯人独专东西海上贸易之利时，他们从中国运出的瓷器除供应其本国外，有相当一部分是转口销往其他国家的。并非中国商船的“黑石号”出水瓷器表明，中东商人在唐代已开始从事中国和东南亚各地间的转口贸易；在肯尼亚MALP遗址同时出土有五代时期邢窑白瓷碗和伊拉克仿烧的同型锡白釉陶碗，或可说明非洲各地出土的明早期以前的中国瓷器，是中东商人转口贸易的结果。

前引《英宗睿皇帝实录废帝附》载正统六年（1441 年）闰十一月琉球国通沈志良等人载瓷器往爪哇国买胡椒、苏木等物，当时琉球并不生产瓷器，其商人所载往南洋的瓷器应是中国产品，这说明在明代早期中国瓷器输入爪哇等东南亚国家至少有一部分是间接贸易的结果。

在欧洲人主导的世界贸易体系内，大量的中国明代晚期青花瓷器又分别被西班牙人输往东南亚、美洲至欧洲；由葡萄牙人、荷兰人输往东南亚、南亚、中西亚、非洲至欧洲。除运回欧洲的瓷器外，由他们销往各地的中国瓷器均属生产地与消费地间的间接贸易。

唐代中国的越窑、长沙窑、邢窑瓷器中已出现在东非沿岸，当时中国显然没有如此的远航能力，这些瓷器被运销往东非地区肯定是借由中间媒介完成的，明以后瓷器的大量出口并销往世界各地更是由西方人主导。就输出区域看，既无法证明瓷器输出是中国人一步步由近及远的推销轨迹，也看不出中国人独自控制瓷器输出的迹象。输出之盛世固然与政府之鼓励有关，但在中国禁止出口时，同样也有大量的瓷器输出。而几次输出势头之衰微都和波斯、阿拉伯人海外经营力下降有关，表明中国古代瓷器输出并非一国或一族人所独控，而是不同国家、民族之间相互协作的结果。另外，根据对海外各遗址出土的中国古代瓷器的断代研究，几次输出高峰时都恰当海上霸权存在之时，这从另一方面说明，远洋运输能力及海上交通安全与否是制约远洋贸易和瓷器输出的关键因素之一。中国人虽然发明和生产了瓷器并且在相当长时期内独霸世界瓷器市场，但是在把瓷器输往世界各消费地的过程中，中国人所起的作用并不明显。

五　瓷器输出过程中文化主导因素之变迁

在相当长的时期内，输出瓷器和国内各遗址出土的同时期的瓷器完全相同。到明代晚期克拉克瓷器出现以后，窑场始按照西方人的要求生产瓷器，及至再后来广彩瓷器是以景德镇生产的白瓷胎为原料，由广州窑工根据西方商人的需求而随时加工。在考古学或社会学的范畴内，可以根据主体文化因素之变迁归纳为文化演进发展的不同阶段。如果以中国为本体看待这个变化，可视之为瓷器输出过程中中国文化从占主导地位到主导地位逐渐丧失的过程。

（一）中国文化主导时期

从六朝时期中国瓷器见于武宁王陵开始，直到明代早中期，在相当长的历史时期内，中国输出的瓷器和国内使用的瓷器完全相同。输出的产品有越窑青瓷、邢窑白瓷和白釉绿彩瓷器、巩县窑白瓷、青花、三彩及白釉绿彩器、长沙窑瓷器、耀州窑瓷器、青白瓷、龙泉青瓷、元明青花、仿耀州青瓷、仿青白釉、仿龙泉青瓷等多种。过去有论者以为唐代长沙窑瓷器和唐青花是专门为中东市场生产的，但通过对黑石号沉船瓷器的总体观察发现，在黑石号所载大量长沙窑瓷器中，带汉字诗文的只有少数几件，在窑场所见的大量有诗文瓷器仍是为认识汉字的消费者生产而并非供应海外市场，可见，长沙窑瓷器不分海内外市场[1]。随着内地各唐代遗址的发现，尤其是上街唐墓出土的唐青花塔式罐[2]，从使用地点和器物的属性均说明唐青花在国内同样有消费市场，从而否定了过去认为的唐青花和长沙窑瓷器是专为外销生产的说法，说明唐代并无专门供应海外市场的瓷器品种。同时，该时期输出的绝大部分瓷器并不因国外与国内市场不同而产生变化，生产这些输出瓷器时仍是由中国各窑场自己的传统文化决定，虽然唐青花、蓝彩三彩器和长沙窑瓷器从生产技术到原料、纹样等方面都有不少外来文化因素，但这些主要是生产者的主动吸纳，并非专门为输出而有的结果。该期是中国文化为主导的瓷器输出时期。

（二）中国文化和消费地文化相互影响时期

中国文化和消费地文化之相互影响，是指输出瓷器在器类、造型、纹样等方面受产地和消费地的双重文化主导。这一过程最迟在元到明早期已经存在，当时销往东南亚各国的福建窑场所产瓷器中的军持、小盖盒等，在体量大小乃至造型上有些改变。由于尚没有发现当时东南亚人要求改变中国输出瓷器造型的记载，所以在这一改变过程中起决定作用的，有可能是中国商人为适应市场，扩大销售的结果。

景德镇观音阁窑址出土瓷器上的“天文年制”日本款[3]，和明代晚期青花瓷器上的欧洲徽章[4]，并没有影响瓷器的整体风格，器物的造型、纹样仍是景德镇窑场习见的内容。克拉克瓷器的最初型，也是以中国传统装饰为特征，只是在图案布局上作了些许调整。

上述现象是生产者为了适应消费市场的要求而作出的调整，该时期输出瓷器是产地传统文化和消费地文化相互作用、彼此影响的结果，可称之为中国文化和消费地文化相互影响时期。这些瓷器上虽已附加有消费地的文化因素，但瓷器之整体生产仍以中国文化为主导。

（三）西方文化主导时期

西方文化为主导时期，即大家熟知和常说的来样加工时期，此时中国输出瓷器的

1　作者在 2009 年 3 月在新加坡观摩黑石号沉船后的认识，此次观摩得到亚洲文明博物馆郭逊勤行生和谢建平先生的大力支持，谨致谢忱。

2　郑州市文物考古研究院：《郑州上街峡窝唐墓发掘简报》，《文物》2009 年第 1 期。

3　北京大学考古文博学院等：《江西景德镇观音阁明代窑址发掘简报》，《文物》2009 年第 12 期。

4　John Carswell,Blue and white:Chinese Porcelain Around the World,London:British Museum Press,2000.p135.

生产已完全受西方文化左右。

接受西方人的订单并进行加工始自16世纪早期葡萄牙与中国的交流，但完全受西方的订单和要求控制，使生产处于来样加工的地位，则始自荷兰人订烧的克拉克瓷器。在典型的克拉克瓷器上，虽保存有少量的中国文化因素，但在器物类别、造型、组合等方面，外来文化已占主导地位，中国的窑场完全沦为西方需求瓷器的加工地，是以西方文化为主导的一种生产模式。在景德镇烧造克拉克瓷器的同时，闽南各窑也烧造同样风格的瓷器供出口，由于无法从生产技术上或产品演进序列上找到景德镇产品影响闽南窑场的证据，所以这极可能是洋人或代理商持样到闽南各窑场订货的结果。在同一时期或稍后，日本、波斯等地区也生产克拉克风格的瓷器，同样不是对中国产品的模仿，而是西方人持样订烧的结果。就克拉克瓷器烧造地点的扩展可以看出，是西洋人的意图与文化需求导致了景德镇和闽南窑场产品风格的趋同，以及中外主要瓷器产地产品风格的趋同，这是西洋文化居主导地位并影响世界瓷器生产的表现。

其后，销往欧洲的瓷器更是出现了中国传统所没有的器物，根据西方的需要在广州加工广彩瓷器，景德镇所产白瓷器只是广州窑场加工广彩的原料，更说明中国已沦为西方市场的瓷器加工厂，千年来中国文化主导输出瓷器生产的现象已成为历史。欧洲生产的瓷器和瓷器生产技术在清代晚期开始引领世界瓷器文化的发展方向，产品大举占领中国市场，世界瓷器文化的中心已不在中国。

六　输出瓷器的用途和文化内涵的转变

观察海外各地区所使用的中国瓷器，除日用器的性质外，其功用和文化内涵亦有转变。就已知情况，既有继续做日用器者，也有被用为装饰品，更有被用为葬具等，甚至赋之以货币的功用或以中国瓷器为贸易媒介。

（一）日用器性质之继续

中国大量输出到世界各地的瓷器以日用器类的碗、盘、瓶等为主，其性质在各地也基本得到保留。对中国瓷器的使用不仅改变了东南亚地区古代民族的生活习俗，当瓷器和制瓷技术输入欧洲并得到普及后，欧洲日常用器面貌也为之一新。

需要特别说明的是，我们把输往东南亚等处的炉瓶类供器、军持类伊斯兰教用器，均视为日常宗教生活的器物而归入日用器的行列，不再单独列为宗教用器。

（二）财富和财富性质之扩展

任何具价之物均可被视作财富。中国输出的瓷器在东南亚各地除被视作传统意义上的财富外，还在此性质上被扩展成为当地人民进行商业贸易的媒介，部分地起到了货币的作用。

据郑和使团成员记载[1]，在南洋和西洋各地习见的青瓷器、青花瓷器、青白花瓷器等，是龙泉窑、景德镇窑和福建等地的窑场的产品。在使用中国瓷器的 26 个国家中，有 24 个国家把中国瓷器作“货用”媒介[2]。锡兰国对中国瓷器的态度是：《星槎胜览》卷三记为“货用”、《西洋番国志》记为“甚爱”、《瀛涯胜览》记为“重”，可见瓷器之所以被作为“货用”之媒介，其根本原因还在于这些瓷器受到当地人的“重”与“甚爱”，首先是被视为极珍贵的财富，在此基础上才产生近似货币的作用。

（三）装饰品

以中国瓷器为装饰品的例证较多，从伊朗阿德比尔陵神殿内装饰的中国瓷器，到欧洲各国王宫内装饰的瓷器，都是把中国的瓷盘镶嵌到墙或天花上，在墨西哥的西班牙殖民者把瓷器装饰到花园内的水池上[3]，纯粹以中国瓷器为装饰品。

在非洲东海岸肯尼亚等地，习见把中国出产的龙泉窑青瓷罐、碗、盘和青花碗、盘镶嵌到柱墓的柱子或丘墓的墓表上，这在表象上虽是装饰，但其深层是否另有含意尚属未知。

对肯尼亚东海岸古代遗址的考古发掘表明，古代当地人民还把破碎的中国瓷片进行加工，使之成为装饰性质的瓷珠，和玻璃珠一起使用。这既可能是对中国瓷器之装饰性质的延伸，也可能是以中国瓷器为财富之延伸的表现。

（四）葬具——通神器

以中国瓷器为葬具的明确记载并不多，《东西洋考》卷四“西洋列国考·文郎马神国”条载，该国风俗“初盛食，以蕉叶为盘。及通中国，乃渐用磁器。又好市华人磁瓮，

---

1 （明）马欢：《瀛涯胜览》，（明）费信：《星槎胜览》，（明）巩珍：《西洋番国志》，均见《续修四库全书》第七四二册。

2 王光尧：《明代宫廷陶瓷史》“表七：郑和下西洋时期使团在各地所见瓷器之情况”，第 205 页，紫禁城出版社，2010 年。

3 Jean McClure Mudge,Chinese Export Porcelain In North America,New York:Riverside Book Company,Inc.1986. p84.

画龙其外，人死贮瓮中以葬”。可知，中国瓷器的传入改变了当地人民的生活方式，首先是以中国瓷器代替传统的以蕉叶为盘盛食的习惯，其次是用中国产“磁瓮”作为葬具。为什么用瓷瓮为葬具并无记载，如果是作为财富来炫耀则不应该葬于地下，而作为人死后归宿之具，是否是通过在这些瓷瓮上画的龙纹并赋予它们神通之灵异，则不可得知。

七　瓷器在中国古代输出商品中的比例和地位

如何正确界定瓷器在中国古代输出商品中的地位，以及景德镇窑场的产品在整个输出瓷器中应有的地位，虽然不是本文讨论的重点，但作为不可忽视的商品输出问题之外延，还是要加以说明的。在中国古代输出商品中，丝绸向来都占最大比例。尽管我们无法统计各历史时期内丝绸、瓷器等商品的绝对比例，但可以选择文献记载详尽、研究成果也相对丰富的明代晚期的情况为例加以说明。

（一）瓷器在输出贸易中所占份额

瓷器在当时输出商品中所占的比例，据前引正德《饶州府志》和嘉靖《漳州府志》的记载，饶州府和漳州府两地当时每年的窑冶课钞总数为3861贯397文。据明代税钞折算标准，饶州景德镇和漳州府生产的瓷器全部用于出口，在国内市场的商品价值也不过值银1320两。明代中晚期对外贸易利润在400%～1000%之间[1]，如果饶州景德镇和漳州府生产的瓷器全部出口，当可以换回白银5280～13200两。初看数量并不算小。

在明代晚期中国向菲律宾输出的商品大致包括各种纺织品、食品、日用品、农产品、家禽畜类、奢侈品和军需用品等多种[2]，瓷器只是其中之一类。据研究，1570～1799年间每年从菲律宾输入中国的白银约在63000～94000公斤（200万到300万比索）之间，再加上同一时期日本、阿姆斯特丹—巴达维亚、果阿—澳门、伦敦—印度等不同线路的贸易，中国通过外贸易每年平均可得白银约250吨、最多时达400吨[3]。每吨白银为32000两，也就是说当时中国对外贸易每年正常的白银收入为800万两，最多时则高达1280万两。通过这种绝对数的比较，可以看出瓷器在当时输出商品中所占份额并不高。

1　2010年4月29日，钱江先生在香港城市大学中国文化研究中心举办的“克拉克瓷器与中国古代外销瓷器研讨会”上的发言。

2　钱江：《1570～1760年中国与吕宋贸易的发展及贸易额的估算》，《中国社会经济史研究》1986年第3期。

3　钱江：《十六至十八世纪国际间的白银流动及其输入中国之考察》，《南洋问题研究》1988年第2期。

（二）景德镇产品在古代输出瓷器中所占的比例

根据菲律宾和肯尼亚各遗址所见情况，从唐代开始中国瓷器在该地的使用几乎不曾中断，唐代以后中国输出的瓷器有定窑、耀州窑青瓷、青白瓷、龙泉窑青瓷、元青花、明清青花、明清时期的彩瓷、福建地区的仿青白瓷和仿龙泉窑青瓷、广东各窑场生产的青釉瓷和褐釉瓷器，两广地区仿烧的耀州窑青瓷和仿青白瓷等。而这些输出瓷器的产地就省区论，有浙江、福建、广东、广西、安徽、江西、河南、河北、陕西等处，窑场则有越窑、邢窑、巩县窑、定窑、耀州窑、龙泉窑、繁昌窑、景德镇窑、福建各窑、两广各地的窑场，景德镇只是产地之一。而就瓷器的输出时代论，景德镇的产品输出也只见于南宋到清。就海外各遗址出土的中国瓷器看，自南宋到明早期，在输出瓷器中居第一位的是龙泉窑青瓷和福建等地的仿龙泉窑瓷器，景德镇的产品在这一时期并不占主要地位。

至于景德镇窑场瓷器的输出最盛时期，可以从官方志书对其输出数量在全国总输出额中所占比例的相关记载加以推测。据正德《饶州府志》记载，该州“土产”之“瓷器，浮梁出”，岁办“窑冶课钞二千二百四十一贯”[1]，而据嘉靖《漳州府志》记载，“本府税课局岁办各色课钞七千一百四十三锭三贯七百五十文，内□□窑冶钞四十锭一贯四百文”，“有闰月□□窑冶钞加三锭一贯七百文，正德、嘉靖志俱”[2]，当时漳州府的税局除本府税课司和龙溪县税课司外，其余均为各县代办，综合嘉靖《漳州府志》及附各县志所载，当时每年平常情况下可征办的窑冶课高达三百二十四锭三百九十七文[3]。嘉靖时期以锭计钱，每五贯为一锭[4]，则漳州府全府平常情况下每年窑冶课钞为1620贯397文，而同一个时期或稍早景德镇岁办“窑冶课钞二千二百四十一贯”[5]，也就是说正德、嘉靖时期景德镇的瓷器生产量只是漳州府各地的瓷器生总产量的1.4倍左右。如果再把泉州和潮州考虑进来，可以推想明代中期以后以海外为市场的瓷器生产在闽南、粤东的普及程度。所以在谈论明代中晚期到清初的外销瓷器的数量时，不能只是片面地强调景德镇的产品，而低估了闽南、粤东地区。

1 （明）陈策：《饶州府志》卷一“土产”“税课”条，第124页，正德辛未年（正德六年）刻本，《天一阁藏明代方志选刊续编（44）》，上海书店。

2 （明）罗青霄：《漳州府志》（万历元年刻本）卷五“赋役志·财赋·税课”，第100～101页，中国史学丛书，台北学生书局，1965年。

3 前揭《明代宫廷陶瓷史》“表九：嘉靖《漳州府志》载瓷器生产及税课情况”，第237页。

4 前揭《明史》卷八一《食货五·钱钞》。

5 前揭《饶州府志》卷一“土产”“税课”条，第124页。

八 瓷器输出对我国产生的影响

瓷器外销对中国的影响也是巨大的。首先是经济上的影响，瓷器外销为国家带来了大量的财政收入，南宋时期在政府的鼓励与推动下，市舶司之入号为“天子南库”，而据元人记载，南宋王朝以瓷器、铁锅、摩合罗等无用之物出口为国家换回利润。元朝学习南宋时期鼓励对外贸易的方法，瓷器得以继续大量出口。明代初年的官方贸易给国家带来巨大收入，即便晚明月港一地之入，也是“公私颇赖之”。其次，瓷器输出给国家带来经济效益的同时，也在瓷器生产格局、生产方式和贸易方式诸方面产生了如下深远的影响。

（一）瓷器输出对我国瓷器生产格局的影响

两广和福建沿海地区并不是中国瓷器的传统生产地，在唐、五代对外贸易相当发达时，输出的瓷器也是产自内地的各名窑场，主要有邢窑、定窑、巩县窑、长沙窑、耀州窑、越窑等，且销往海外的产品和供应内地的产品并无不同。

随着对外贸易量的增加，中国瓷器生产格局发生了变化，两广和福建沿海地区出现了以海外市场为供应对象的窑场，这些窑场以模仿不同历史时期著名窑场的产品为主，随不同历史时期的潮流而变化，模仿的对象先后有耀州窑青瓷、景德镇窑青白瓷、龙泉窑青瓷、景德镇窑场的青花瓷器和五彩瓷器等。

两广、福建沿海地区的窑场虽以生产外销瓷器为目的，但对内地名窑场的模仿，无疑是生产技术在这两地得到普及和发展的表现。内地的瓷器生产技术是如何向两广、福建沿海地区传播的？明代方志的记载或许有提示作用。据嘉靖《安溪县志》载，安溪瓷业“皆为外县人氏作业”；乾隆《德化县志》卷三“疆域志·风俗”条亦云，“百工艺事，多藉外人”。明代早期，瓷器主要从景德镇经闽江运至福州出海，销售景德镇瓷器的过程和行为，促成了在当地开窑自造。极有可能是参与走私外贸的巨户、大室人家从江西请来窑工，从而形成了明中晚期以来闽南、粤东地区出现的仿景德镇的青花瓷器生产区，形成专门的区域化外销瓷器生产基地。因外销影响中国手工艺生产地域格局变化，当无复如斯之大者。

（二）对瓷器生产方式的影响

瓷器大量输出的需求，生产者常以牺牲质量为代价提高产量，从而导致对产品质量的要求不高。为在短期内获得大量的产品，模具化生产成为外销瓷器窑场的生产方式之一，生产各种瓷器的内、外模具在福建各窑场随处可见，而输出的瓷器或窑场保留下来的残次品也可以看到模具成型的痕迹，而这种现象在同一时期供应国内市场的各窑场并不常见。

关于明代晚期以后外商在华订烧瓷器的生产机制问题，据《陶说》记载，“鬼器”是当时对西方市场需要的瓷器的俗称，通常由粤东商人持样到景德镇订货，景德镇的生产者看样生产。洋人只在广东和粤东商人打交道，并不深入到瓷器产区。

那么，在景德镇是由谁和粤东商人打交道、谁来接瓷样和订单呢？受御窑分工流水式生产的影响，明朝中期以后景德镇窑场有窑户、坯户等，生产分工极细，每日所需佣工达数万人[1]，比邻而居者皆为瓷器匠人，甚者夫妇二人分别从事拉坯和画青[2]，各色匠人只是流水作业中的一员，无力独自完成瓷器生产。再考虑到明代瓷器生产税——窑冶课的征收是以窑场为对象并具体到产品[3]，组织生产的也是窑户[4]，且景德镇瓷器销与外来商客向由牙行把持，所以，粤东商人极有可能是经过牙行同窑户联系，最终形成了洋人持样到广东，把瓷样交给粤东商人，粤东商人带样到景德镇，通过牙行和窑户组织或生产所需瓷器的模式。

至于景德镇烧造克拉克瓷器的情况，2007年对景德镇观音阁窑址的发掘[5]表明，该窑场规模很大，但在这里发现的典型克拉克瓷器只有数十片，和该窑场同一时期的瓷器相比，克拉克瓷器绝对不是产品的主流。而历年对景德镇各地窑场的调查得知，当时生产瓷器的各窑场均出土过克拉克瓷器，说明在景德镇并不存专门的克拉克瓷器窑场。这种现象正可以表明，当粤东的商人持样到景德镇后，是在短时期内从众多窑场获取所需要的商品，对生产者来说照样烧造克拉克瓷器只不过是其生产的内容之一。

明末清初中国瓷器出口受到影响时，荷兰等西方商人一方面到日本寻求替代品[6]，另一方面把大量的波斯产青花瓷器运往欧洲冒充中国瓷器，而荷兰和英国商人以波斯青花冒充中国青花的做法甚至到18世纪中期还有发生[7]。这也说明西洋商人订货时并不以景德镇窑场为唯一目标，所以当清初中国瓷器外销停滞时，他们很容易转向日本窑场订货，从而使得日本瓷器迅速占据欧洲市场[8]。

1 光绪《江西通志》卷四九《萧近高参内监疏》。

2 （明）冯梦龙：《一文钱小隙造奇冤》，《醒世恒言》，第449页，岳麓书社，1989年。

3 万历《明会典》卷九《关给须知》条“授职到任须知条目录：十七窑冶”。

4 （明）王宗沐：《江西大志》卷七“陶书·窑制”。

5 前揭《江西景德镇观音阁明代窑址发掘简报》。

6 Yolande Crowe,Persia and China——Safavid Blue and White Ceramics in the Victoria and Albert Museum 1501-1738,London:Thames and Hudson,2002.p23.

7 Yolande Crowe,Persia and China——Safavid Blue and White Ceramics in the Victoria and Albert Museum 1501-1738,London:Thames and Hudson,2002.p21.

8 Oliver Impey,Japanese Export Porcelain,Amsterdam:Hotei Publishing,2002.

（三）中国垄断世界瓷器市场时代的终结

瓷器作为古代中国人创造的人类文明内容之一，在其向外输出的同时也激起了各国人民对瓷器的渴求和仿烧，促成制瓷技术的输出和交流。仿烧的成功，就是中国对这些地区或国家瓷器市场的丧失。

各国成功地仿烧瓷器后，在供应其本国市场的同时也开始向外输出。唐代伊拉克地区仿烧的锡白釉陶器碗已和同形的邢窑碗一起输出到肯尼亚；南宋至元代高丽青瓷也出口日本并输出到中国。明初的海禁和官方垄断的贸易政策使瓷器外销受到限制，这在世界陶瓷贸易史上被称为中国瓷器外销的“明代断档时期”（Ming gap period），在南洋各国对瓷器的需求下，越南、泰国所产劣质瓷器开始在东南亚、中东地区销售并填补空白[1]，市场的需求又促成了这两个国家瓷器质量的提高，越南、泰国瓷器开始在东南亚盛行，缅甸的产品甚至远销到肯尼亚。

葡萄牙商人最初得到中国瓷器时，是以二倍于白银的价格成交的[2]，并被作为极为珍贵的物品销往欧洲和世界各地，从而引发了世界范围内仿烧中国青花瓷器的浪潮。在欧洲各国仿烧的同时，远在新大陆的墨西哥也掌握了青花烧造技术，从而形成世界青花文化[3]。

在欧洲市场被大量的日本和波斯产品替代的同时，波斯青花瓷器和卡曼碟甚至还被荷兰人运到东南亚的锡兰、巴达维亚、孟加拉等传统的中国瓷器市场[4]。至清代晚期，欧洲各国、日本、美国出产的瓷器反而大量销往中国内地，严重冲击了中国本土瓷器的市场并造成了景德镇瓷器生产的进一步衰落。

余论

作为一篇研究报告，本文所述只是自己关于中国古代输出瓷器的一些看法，其准确与否尚需进一步讨论。尽管有些提法为以往研究者所忽略，有的内容涉及对这类瓷

1 该情况可参看菲律宾10世纪以来出土中国瓷器变化情况与明代中国瓷器和越南、泰国瓷器的对比，见 Leandro and Cecilia Locsin,Oriental Ceramics Discovered in the Philippines,Tokyo:Charles E.Tuttle Company,1970. John Stevenson and John Guy,Vietnamese Ceramics:A Separate Tradition,Chicago: Art Media Resources with Avery Press,1997.pp47-60.

2 Nuno de Castro,Chinese Porcelain and the Heraldry of the Empire,Barcelos:Livraria editora Civilizacao,1988. pp XIX.

3 John Carswell,Blue and white:Chinese Porcelain Around the World, London:British Museum Press,2000.

4 Yolande Crowe,Persia and China——Safavid Blue and White Ceramics in the Victoria and Albert Museum 1501-1738,London:Thames and Hudson,2002.pp21-22.

器命名方法的更定，但本文之目的并不是对过去的研究工作和已取得成果的否定，而是想更客观地还原到历史的真实情况来研究中国古代输出的瓷器。

针对中国古代输出瓷器，除了上面已提及的内容外，还有诸多需要注意的问题，如以中国为中心输出瓷器的性质并不同，但各国获取中国瓷器之目的是否存在差别；在瓷器输出过程中，除了中国人的努力，其他各外国人参与其中除商业目的之外是否还有其他原因；又是什么原因造成了输出瓷器功能的转变？而从输出瓷器在世界分布区域看，从唐到明代中期基本没有变化，一直局限在中国古代所认识的东洋、南洋、西洋的范围而没有扩大，瓷器在北非的福斯塔特等地大行其道时为什么欧洲人会视而不见？在蒙古人的势力范围内瓷器空前流行且中国与欧洲已发生了直接交往时，又是什么原因造成瓷器没有进入欧洲市场？同时，东亚、东南亚和西亚各国虽然早就有仿烧中国瓷器的努力且不乏有成功之作，但为什么直到欧洲人获取瓷器后才最终形成真正完整的世界瓷器文化，这里面除了欧洲人加入的科学的成分外，是否还有文化传统的原因？诸如这些内容都是研究输出瓷器时应该想到的。

瓷器之输出与输入都是根据狭义的国族地域观而有的看法，置之于世界人类文明史的大范畴内，则是制瓷技术的传播与以瓷器代表的物质文明的普及等内容在实物方面的表现。所以，我们的研究不管是过去、现在还是将来，都应该在世界人类文明史的大背景下进行，而不应仅仅局限在瓷器或输出瓷器本身。

原载《故宫博物院院刊》2011年第3期

“大雅斋”瓷器及其相关问题

郑　宏

内容提要：本文结合故宫博物院藏品、清宫档案、瓷器画样等第一手资料，针对“大雅斋”瓷器的概念界定、款识判读、御用瓷器生产流程、画样及其解读作了全面的梳理，并提出了新的看法。

关键词：大雅斋　慈禧　画样　御窑厂　御用瓷

一　“大雅斋”瓷器及其界定

官按照清代宫廷制度规定，凡是皇帝大婚、万寿庆典、重大祭祀活动等，内务府会特别传旨景德镇御窑厂，烧造专用瓷器[1]。据记载，晚清时期，每逢慈禧太后万寿庆典均烧造过大批宫廷生活用瓷，供庆典之用，其中包括陈设用瓷、庆典备赏和备宴用瓷等几种。其中影响和规模较大的例子就是同治十三年传烧的一批大雅斋瓷器。此次生产数量巨大，分别于光绪元年和二年由江西景德镇御窑厂烧成解运呈进宫廷，九江关造报清册记载：“光绪元年，景德镇按黄单顺序，完成一至五号、十九至三十一号图样瓷器，共计三千六百六十八件，共装九十四桶，光绪二年，补齐上年未完成的黄单一号至十八号，共计一千二百五十四件，共装二百桶。数量总共为四千九百贰拾贰件，共装二百九十四桶；大雅斋瓷器依照瓷器烧造制度，圆琢瓷器所需泥土、用料、工饭等项，按造法尺寸，所有动用工料银两细数‘九千八百四十七两’，圆器靶器用过银两‘一万五千二百六十四两’。光绪二年用过银两‘三万三千七百十七两’。”[2]大雅斋瓷器共用银两 58827 两。

作者：器物部，副研究馆员。

1　雍正《大清会典事例》卷二〇一《工部五》，台湾新文丰出版公司，1976 年影印本。

2　张小锐：《清宫大雅斋瓷器述略》，中国第一历史档案馆编：《明清档案与历史研究论文集》下，第 1504、1508 页。

这批大雅斋瓷器主要有渣斗、盘、碗、圆盖盒、花盆、盆奁、鱼缸、羹匙等。其中以花盆形制最为多样，除大小型号不等外，还有形状上的差异，如方形花盆、长方形花盆、八角花盆、扇形花盆、梅花形花盆、方胜形花盆、圆花盆、双圆亚腰连体花盆、八角亚腰连体花盆等。大雅斋瓷器主要以黄、绿、蓝、红、紫、藕荷等彩色为地，以粉彩中的蓝、白料彩绘纹饰，再用各种色地加以衬托，有绿地粉彩、黄地粉彩、藕荷地粉彩、白地粉彩、红地粉彩、蓝地粉彩、绿地墨彩、黄地墨彩、白地墨彩、蓝地墨彩、外黄地里绿地墨彩等。其他黄彩鲜明，蓝彩、藕荷地彩浓厚深艳，为晚清宫廷的特色。装饰纹样大部分为新设计的图案，以花鸟画图案见长，如花卉、花鸟、花蝶纹等，其他纹样包括葡萄花鸟纹、藤罗葡萄花纹、牡丹花蝶纹、荷花鹭鸶莲池纹、海棠花鸟纹、牡丹花纹、芙蓉花纹、葵菊花纹、紫藤花、寿桃鹦鹉花纹、喜鹊登梅纹、蜜蜂花卉纹、藤罗蝴蝶纹、桃花纹、牵牛花纹、鹭鸶花草纹、栀子桃花纹、葵花纹、藤罗月季花纹、腊梅茶花纹等。纹饰构图为固定的几种图案，明显有程式化、图案化的特点，纹饰布局满密。花鸟绘画笔触僵硬，纹饰略显呆板，符合晚清时期的整体绘画风貌。

大雅斋瓷器多在器物外壁口沿下或盘、碗内壁自右至左横书“大雅斋”三字楷书，其右为“天地一家春”盘龙篆书印文。凡在器里绘有主题纹饰的盘碗之等器，“大雅斋”三字和“天地一家春”均书于器内口沿下，里白釉外部绘主题纹饰的器物则书于器外口沿下。器底部均为白釉上红彩书“永庆长春”四字楷书款（花盆由于底部中间有孔，无“永庆长春”四字款识）。“天地一家春”款识有两种排列方法，一是双列排法，即“天地一”三字居右，“家春”两字居左排列（图一）；二是顶天立地、中间分列排法。即“天”“地”两字上下分开，中间为“一家春”三字，而“一家”两字又居右，“春”字居左，呈双列排列（图二）。人们正是根据瓷器上的这些款识，才将这类瓷器统称为“大雅斋瓷器”。此外，宫中还藏有两件墨彩花蝶纹圆花盆，上面的款识排列顺序与众不同，“天地一家春”红彩篆书盘龙印在左，“大雅斋”三字在右，字体和款识的排列均是从左

图一 “大雅斋”“天地一家春”款识

图二　“大雅斋”“天地一家春”款识

图三　墨彩栀子桃花纹盆、奁

图四　“永庆长春”底款

到右的排列顺序（图三）。底部同样红彩书“永庆长春”四字（图四）。

总之，大雅斋瓷器作为晚清宫廷御窑瓷器代表之作，其装饰图案描绘生动、自然，胎体厚重均匀，釉料纯净沉厚，器型规整，整体水平相对较高，但用色明艳，线条繁密，构图以满铺花鸟为主，略嫌艳俗。

现在存世的大雅斋瓷器为数不少，主要保存在故宫博物院、南京博物院、颐和园、承德避暑山庄、天津市博物馆、广东省博物馆等，其中以故宫博物院藏品最丰。

近年来，大雅斋瓷器作为晚清官窑瓷器的代表性作品，引起很多研究者与收藏家的兴趣。2008 年，故宫博物院图书馆所藏瓷器画样的发现和发表以及相关档案资料的发掘，再次推动了对晚清“大雅斋”瓷器研究的深入。学者们从“大雅斋”在清宫中的地点，“大雅斋”款瓷器的烧造时间、目的和风格等方面进行了阐述，使“大雅斋”瓷器的面目越来越清晰。与之相反的是，人们对于“大雅斋”瓷器自身的内涵和外延

图五　造办处传办烧造大雅斋瓷器底单

的认识反而变得模糊起来。其中，最为主要的原因是随着越来越多此类瓷器的发现和发表，人们对究竟什么是“大雅斋”瓷器见仁见智，对其概念的使用也各有不同。简言之，有狭义、广义两种概念。狭义观点认为大雅斋瓷器仅指有“大雅斋”款的瓷器，无款的一律被摒除在外。广义的观点从带“大雅斋”款瓷器出发，结合史料和实物特征总结出大雅斋瓷器的两个重要特点：首先，“大雅斋”瓷器应当是指同治十三年下旨烧造、光绪元年至二年间烧成的一批晚清宫廷御用瓷器，其他时段烧造的御用瓷器均不可使用这个概念；其次，从款识上来看，它应包括“大雅斋”“天地一家春”和“永庆长春”等中任一题款，或其中两款或三款的组合形式以及风格相近的无款器物。

笔者认为广义的观点更符合实际。在故宫博物院200余件藏品中，有一些瓶类器物，虽然器面未见“大雅斋”和“天地一家春”款，但在器底书有“永庆长春”四字红彩楷书款，装饰风格与“大雅斋”款瓷器相同。其中几件器物，器身无款识，但胎体特征、装饰风格均与“大雅斋”款瓷器相同。从清宫内务府下传御窑厂烧造瓷器的传办底单（图五）、九江关监督呈报内务府造样烧造瓷器清册（图六、图七）上可以看出它们与署有“大雅斋”款的瓷器在同一张传单上，并且一同编号下令烧造。也就是说，它们是以同样的使用目的、要求和同一时间被下发至景德镇，并且也是在同样的时间烧制完成呈送入宫的。这些瓶类器的画样与“大雅斋”瓷器色彩、釉色和图案设计非常接近（图八、图九），器底书“永庆长春”款识，也见于其他大雅斋瓷器上。足见，有无“大雅斋”款不是判断它属不属于“大雅斋”瓷器的唯一标准，风格和时代因素也同样起着决定性作用。这一点清晰了，有利于下面对这个问题的准确理解和进一步探讨。

图六　光绪元年江西九江关奉黄单烧造瓷器清册

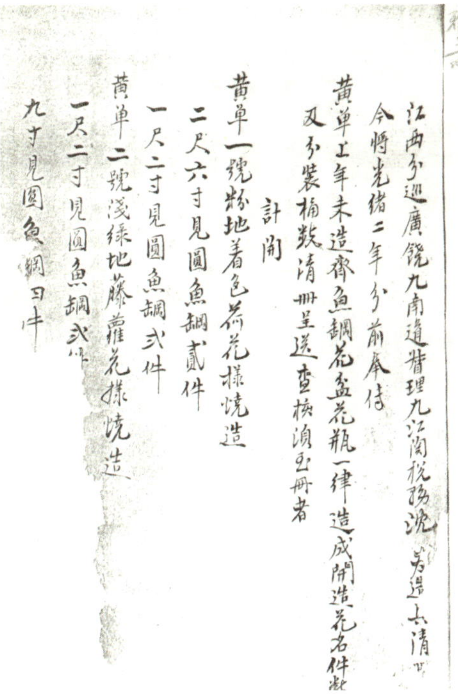

图七　光绪二年江西九江关奉黄单烧造瓷器清册

图八　海棠花纹高足花瓶图样

图九　藕荷地粉彩海棠花纹高足花瓶

二 款识的虚与实

自如上所述，大雅斋瓷器上主要有三种款识，即“大雅斋”“天地一家春”和“永庆长春”。对于这三种款的确切所指及相互关系，学者们作了较为深入的研究。

林业强先生首先考证出“大雅斋”是圆明园九洲清晏内天地一家春中的一处建筑名称，大雅斋位于“天地一家春”的西间[1]。此后，周苏琴对于大雅斋作了极为详备的考证[2]。她指出，“大雅斋”原本是圆明园九洲清晏内“天地一家春”中的一处斋室名称，“天地一家春”为圆明园四十景之一。慈禧进宫初期即居住在此，“天地一家春”对慈禧有着重要的人生意义，时为兰贵人的慈禧在“天地一家春”与咸丰皇帝邂逅，承欢侍宴，从此地位逐渐上升，以至后来二度“垂帘听政”，总揽朝纲，统治中国长达48年之久。1860年英法联军攻入北京，“天地一家春”随着圆明园的劫难毁于战火之中。同治十二年(1873年)八月，同治帝为庆祝慈禧太后40岁生日，斥资重修圆明园，其中万春园(原来叫绮春园)自道光以来即是奉养皇太后、太妃之所，里面的寝宫区是园内最重要也是最大的建筑群，它的主要建筑是集禧堂和后来改名为敷春堂的永春堂。同治十三年(1874年)重修时曾把集禧堂、敷春堂等旧地改为“天地一家春”，供慈禧、慈安两宫太后居住，后因财政经费拮据，大臣极力反对，重建圆明园的工程于同治十三年被迫停止。1900年八国联军入侵北京时，这些建筑再毁于战火[3]。慈禧对“天地一家春”的斋号颇有感情，光绪十二年(1886年)，再次退帘还政后，她不惜挪用海军军费重修颐和园，并在颐和园正殿仁寿殿外铜龙、铜凤的铜座上铸“光绪年制”和“天地一家春”的题款。仁寿殿曾是慈禧和光绪帝万寿庆典的宴会举办地之一，也是她经常处理政务的地方，这里的殿外陈设有“天地一家春”的铸款并不令人意外。这至少说明，“天地一家春”直到慈禧晚年仍在使用，而且很有可能在圆明园被毁之后，“天地一家春”的匾额又挂到仁寿殿某间中。

但是根据史料记载，“大雅斋”匾额有两块，均为咸丰皇帝赐给懿嫔（即后来的慈禧太后），同写于咸丰五年。一块挂于圆明园九州清晏内“天地一家春”中，被焚于1860年第二次鸦片战争英法联军的战火中。另一块最初悬挂于紫禁城西路养心殿平安室，即现在的养心殿后殿西耳房，后跟随慈禧从懿嫔、懿妃、懿贵妃到皇太后曾几经迁移，同治大婚后，最终移至长春宫内，慈禧在此写字作画。在清室善后委员会清点清宫文物时，于内务府的库房中还曾发现过这块匾额。因此，有研究者认为带有“天地一家春”“大雅斋”款瓷器即是同治十三年为重修“天地一家春”时配置陈设烧造

1 林业强：香港中文大学文物馆《三十年入藏文物选粹》，第238页，香港中文大学出版社，2001年。

2 周苏琴：《大雅斋》，《官样御瓷——故宫博物院藏清代制瓷官样与御窑瓷器》，第144页，紫禁城出版社，2007年。

3 张恩荫：《圆明园变迁史探微》，第78～79页，北京体育出版社，1993年。

的瓷器，后因圆明园修复工程停止而留存宫中使用[1]。

至于“永庆长春”款表面上看是常见的吉祥语，但它似乎暗示着“长春宫”这一晚清举足轻重的地方。长春宫位于紫禁城西六宫中，同治元年至同治十年，慈禧与慈安两宫太后“垂帘听政”时，即居住在长春宫。同治十年，慈安太后迁出长春宫，自此长春宫及其北面的储秀宫，便成为慈禧太后一人独有的宫院。西太后在长春宫生活多年，殿内悬挂的匾额题字，均为咸丰皇帝的御笔墨迹，这也是长春宫与其他东西六宫不同的独特之处。慈禧太后选择此处居住，也带有对咸丰帝的缅怀之情。现在，长春宫前殿及配殿门前楹柱上的对联，都是慈禧40岁万寿庆典时，词臣们恭进的祝寿谀词，由内府精心制作，悬挂在楹柱上，直至光绪十年（1884年），慈禧太后才从长春宫迁住储秀宫。在长春宫，慈禧太后渡过了她一生中的关键时期[2]。

不过，笔者认为，将“永庆长春”与长春宫直接联系起来的观点有值得商榷之处。如上所述，“大雅斋”瓷器是为圆明园修复工程所专烧，那么“大雅斋”瓷器应当跟长春宫并没有直接关系，也没有材料能证实这个观点，所以笔者还是倾向于仅仅把“永庆长春”作为吉祥语款看待。

概言之，“大雅斋”瓷器初始是为配置重修万春园内“天地一家春”的“大雅斋”之需而烧造，“天地一家春”总是与“大雅斋”相伴相随，陪伴着慈禧太后度过了漫长的岁月，感情至深。这是在“大雅斋”瓷器上两种款识联署的主要原因。从清宫收藏的画样、内府传办烧造瓷器底单及瓷器装饰风格等方面均说明“大雅斋”瓷器是慈禧太后的专用瓷器。

“天地一家春”代表了她的私密空间，个人居所，大雅斋则是她的书房画室，二者都是她最为喜爱和亲近的地方。

慈禧入宫前并未受过良好的教育，书画应非所长，但她有代笔的书画师，清代吴士鉴《清宫词》中所述昆明女画工缪素筠（嘉蕙）即为慈禧太后供奉的代笔画师，太后作画时她常伴其左右进行指导：“大雅斋中写折枝，丹青钩勒仿筌熙。江南供奉虽承旨，不及滇南女画师。”注云：“内廷如意馆画工，皆苏州人。光绪间，昆明缪素筠女史嘉蕙，工画花卉，承直二十余年。每当拈毫染翰，孝钦并坐指示之，眷遇始终不衰。大雅斋，孝钦自署斋名也。”[3]可见，慈禧太后对“大雅斋”之名情有独钟，慕文人雅士之风，以为斋名。

《清宫造办处档案》中常提到慈禧太后好写“大”“喜”“福”等吉祥字，并喜画牡丹花，时常将其书画作品赏赐给官员。故宫博物院收藏有大量的慈禧太后的书画作品，可以看出慈禧太后书画水平之一斑，这些书画作品上面均同时钤有“大雅斋”

1　赵小春、郭兴宽、胡德生：《禁宫何处大雅斋》，《紫禁城》2005年第1期。

2　刘畅、王实伟：《从现存图样资料看清代晚期长春宫改造工程》，《故宫博物院院刊》2005年第10期。

3　（清）吴士鉴等：《清宫词》，第12页，北京古籍出版社，1986年。

和“天地一家春”印文，也有钤“大雅斋”印文的。同时，还藏有钤“大雅斋”“慈禧皇太后之宝”的书画作品及“大雅斋”的印章[1]。

以上例证均说明，“大雅斋”为慈禧太后的专署斋名并频繁使用，所以这类瓷器一出现，人们自然而然地将它们与慈禧太后联系起来。但笔者认为，“大雅斋”“天地一家春”和“永庆长春”毕竟并非专指一处，或有歧义存在，实际上，并没有材料明确指出，这类的瓷器肯定为某殿、某处所用，也许这只不过是慈禧为她自己专用而打上的标志而已。

三 “大雅斋”瓷器画样与御用瓷生产流程

清代宫廷内务府档案明确记载了瓷器生产过程中，画样、合牌样、木样使用的频繁程度和重要性。令人惋惜的是，这些“样”几乎没有保存下来，而故宫博物院图书馆发现的一批“大雅斋”瓷器画样就显得格外珍贵。将这批画样与故宫博物院所藏实物、内务府档案进行对照研究，其成果自然不同凡响[2]。但是，相关研究仍有缺憾之处，比如，画样与御窑制瓷的流程关系以及画样如何解读这两方面的问题都未做深入研究。下面，笔者就这两个问题试作解答。

众所周知，瓷器、织绣等宫廷御用品均属异地生产，并非在宫中造办处制作。瓷器的生产地在景德镇御窑厂，但清宫对于整个生产的掌控十分严格。首先，由内务府造办处根据皇帝对于瓷器烧制的要求画样，呈交皇帝过目认可(即呈览)后传至江西九江关监督(通常兼管御窑石)，令其定期照样、按数烧造，待完成之后，呈报解运回宫，这时，画样也作为验收的标准。烧制完成的瓷器由江西运抵北京，入库前都要根据画样和当时的谕旨对质量和数量进行严格审核，合格者才能正式入库，供宫廷使用。若呈送的瓷器与下发的画样不同，督陶官则会受到相应制裁。乾隆十三年档案中即有督陶官唐英呈送的瓷器不按新发画样烧造，仍系旧样，被皇帝责令“将这次呈进瓷器钱、粮不准报销，着伊赔补”的案例[3]。

这些瓷器画样既可反映出同一时代官窑瓷器的标准与风格，也可窥见皇帝的审美取向和水平。为了防止官窑画样外泄，被民间所仿照，御窑厂在完成烧造任务后，照例要将所依画样上缴内廷，在造办处绣活处收存。有时，因客观原因未完成烧造任务，画样也要被送回宫中保存。如同治十三年秋，清廷传饬九江关烧造大雅斋瓷器和粉彩仙鹤、梅花鹿等一批御用器，九江关监督沈保靖以工匠流亡，造作法度多失传，且近年底，赶办不及为由，请求俟来年二月春融开工，召集名匠正式烧造，报请江西巡抚

1 《内务府活计档》胶片42，光绪二年十月十一日匣裱作。

2 故宫博物院编：《官样御瓷：故宫博物院藏清代制瓷官样与御窑瓷器》，紫禁城出版社，2007年。

3 《清宫内务府造办处档案总汇》第16册，第176～177页，乾隆十三年江西十一月二十七日。

刘坤一，刘氏也将此事由具报清廷。最后同治帝同意"大雅斋"瓷器延期烧造，而对仙鹤、梅花等纹饰的御用器则同意收回诏命不再烧造，并连同画样一并收回入宫[1]。

从中可以看出，官窑瓷器画样从其绘制、发样、照样烧造、回收入宫等一系列程序是官府垄断的表现，这些画样是烧造御用瓷器的标准依据，御窑厂只能照样烧造，在生产流程中充当着生产者的任务，在形式和内容上不可有任何的发挥和改动。画样将所烧瓷器的器型、纹饰绘画得清晰、明朗，使制瓷者能够依此准确地进行制作。这种近乎于实物的瓷器画样，是沟通皇帝、制样人和御窑厂工匠诸环节的一个重要介质，也是御窑厂能生产出合乎皇室标准瓷器的前提和基础。这些画样与清宫档案和旧藏瓷器相互印证，使得我们切身体会到清代御用瓷器生产的流程，更清楚地了解了皇帝个人审美取向对于御用瓷生产的强烈影响。此前各代御用瓷器生产数量庞大，却没有任何画样保存下来。即使是在清宫也没有严格的画样长期保存规定，很多画样收存或保存在御窑厂，面临着保管不善的问题，经过一段时间以后往往会丢失或损毁，所以能保存下来的数量极少。故宫博物院这批画样的存世极为偶然，弥足珍贵。

故宫博物院现保存下来的官窑瓷器画样共有 109 幅，即为当时发往江西景德镇后又收缴回宫的，画样内容既有原有的图案，也有新设计的纹饰，均完成于清代晚期。画样将所烧瓷器的器型、纹饰描述得清晰、准确，增强了它的可操作性。故宫博物院所收藏的"大雅斋"瓷器画样按内务府传单号 1 ～ 31 号均有保存，有的仅有黑白画样。从这些保存的实例来看，画样内器型一般是以线描的形式勾绘，图案则为彩绘。大器画样相对复杂一些：大缸之属则是以素描绘出器型，在其上绘制纹饰图案的展开图；花盆之属则是器形与展示图分开绘制，上部绘器形图，即器物的立体线描图，下部绘制器物的展示图。画样除了画器型、装饰图案以及填色彩之外，还要贴上红签和黄签，即说明文字。红签是编号，黄签是所要烧造器物的说明文字，内容包括所要烧造瓷器的釉色、尺寸、件数等。这样，我们有可能根据画样上的详细资料与故宫博物院现有的藏品作详细的比较，一一比对出来。

画样完成以后，附在烧造清单后一并发往江西烧造。清单上会详细罗列烧造的时间、件数、尺寸等信息，这种传旨烧造的清单又叫传单。传单多用黄纸抄录，所以又称为黄单。黄单是清宫发出的原始烧造单，为存档的需要，一般要一式两份，一份寄江西，另一份保存在内务府（称为底单）。由于当时景德镇御窑厂事务归江西九江关税务官员兼管，所以又叫"传九江活计底单"。烧造结束以后，九江关税务兼管窑厂事务官员（即所谓督陶官）再将所烧成瓷器花名件数清册（称为"造具清册"）（包括画样）以及装桶运输清单（"装桶清册"）向皇帝呈报，随烧成器物运抵京城，一并递交内务府逐一审核入库。

这些档案保存在中国第一历史档案馆所存内务府档案中，已由张小锐找到，黄单

1 "同治九年内务府抄录：江西巡抚刘坤一为重新烧造同治皇帝大婚瓷器奏折"，前揭《官样御瓷：故宫博物院藏清代制瓷官样与御窑瓷器》，第 42 页。

业经发表。她还非常慷慨地将新发现的造具清册和装桶清册提供笔者使用，不敢掠美，特致谢忱。如此，清宫中的“大雅斋”藏瓷实物与宫廷画样、内府下发的传单（黄单）、九江关呈报的清册四者可以相互印证，自古以来，文献、画样、实物之间完全能够对照的实例极为罕见，“大雅斋”瓷器为其一例，弥足珍贵。

四　清宫“大雅斋”瓷器画样与藏品实物之比较

彩黄单上列有传烧瓷器计 33 号，1 ～ 15 号均为瓷器画样，16 ～ 33 号为合牌样，没有画样。黄单并没有年代，显然是与原档分离了。根据档案记载，江西九江关收到烧造谕旨是在同治十三年，所以我们可以初步判断，这份底单是这一时期发出的。从造具清册和装桶清册可以看出，“大雅斋”瓷器分光绪元年和光绪二年两次烧成。光绪元年包括黄单 1 号至 5 号部分瓷器，黄单 19 号至 31 号全部，共计 3668 件，共装 94 桶。光绪二年补烧了上年黄单 1 号至 5 号未造齐的部分鱼缸、花盆、花瓶及黄单 6 号至 18 号的瓷器，共计 1254 件，共装 200 桶。共计 4922 件，共装 294 桶。比较这两种档案可以发现，黄单上的瓷器只烧到 31 号，此后未见再烧造记录。此外，黄单 5 号上有“照此样靶碟盘碗（一分）”，也未见于烧具和装桶清册中，应未及烧。

下面以传单上第 4 号为例，说明文献、画样与实物三者之间对照研究的价值。

传单上第 4 号（图一〇），左侧红签：肆号，黄签：照此样翡翠地水墨葵花鱼缸二

图一〇　翡翠地水墨葵花鱼缸图样

尺六寸见圆二对，一尺见圆四对，九寸见圆二对。右侧黄签一：照此样把碟盘子碗一分。黄签二：照此样翡翠地水墨葵花海碗二十件，大碗三十件，中碗四十件，怀碗六十件，九寸盘子二十件，七寸盘子三十件，五寸碟四十件，三寸碟四十件，长把羹匙四十件，斗四十件，茶碗四十件，盖碗四十件，一尺见圆盒子四对，五寸见圆盒子四对。显然，右侧黄签一是总的烧造要求，黄签二是细目。

根据两组黄签细目统计，第 4 号共计要求生产瓷器的数量和规格如下表。

器物名		件（对）数	规格	计数
鱼缸		2 对	二尺六寸见圆	4 件
		4 对	一尺见圆	8 件
		2 对	九寸见圆	4 件
碗	海碗	20 件	不详	20 件
	大碗	30 件	不详	30 件
	中碗	40 件	不详	40 件
	怀碗	60 件	不详	60 件
盘		20 件	九寸	20 件
		30 件	七寸	30 件
碟		40 件	五寸	40 件
		40 件	三寸	40 件
长把羹匙		40 件	不详	40 件
斗		40 件	不详	40 件
茶碗		40 件	不详	40 件
盖碗		40 件	不详	40 件
盒子		4 对	一尺见圆	8 件
		4 对	五寸见圆	8 件
连靶碗	海碗	20 件	不详	20 件
	大碗	30 件	不详	30 件
	中碗	40 件	不详	40 件
	怀碗	60 件	不详	60 件
靶盘		20 件	九寸	20 件
		30 件	七寸	30 件
靶碟		40 件	五寸	40 件
		40 件	三寸	40 件
总计				752 件

与此相对应的是，故宫博物院藏品中有绿地墨彩花鸟纹钵缸（图一一）、绿地墨彩花鸟纹盘、绿地墨彩花鸟纹渣斗、绿地墨彩花纹高足盘、绿地粉彩花鸟纹高足碗、绿地墨彩花卉盒、绿地墨彩花鸟纹高足碗、绿地粉彩花鸟纹盖碗与黄单描述相当接近，我们认定此组器物应属黄单 4 号中的作品。

通过实物与画样、档案的比较，我们会发现一些有意思的问题。首先是定名。故宫博物院藏品的定名是 1925 ~ 1929 年于成立之初，由清室善后委员会的工作人员登

图一一　绿地墨彩锦葵纹鱼缸

图一二　绿地墨彩奓斗

图一三　白地粉彩鹭鸶荷花纹碗

记完成的。限于水平与资料，无法遵循清宫原始定名，而是重新定名，致使有时新、旧名称之间差距较大。比如，故宫定名：绿地墨彩花鸟纹钵缸，画样中称“翡翠地水墨葵花鱼缸”，如果仅从名称上看几乎不敢相信这是同一件东西。“翡翠地”与“绿地”显然不同，“墨彩”强调施彩的主色调，而“水墨”则是强调其绘画的基本要素。“花鸟”是一个非常笼统和概括的名词，但不准确，而“葵花”并不是我们通常所说的向日葵，应当是“锦葵”，其花叶形状很接近画样上的形状。“钵缸”是因其敛口以形而取其名，“鱼缸”则是从其功用方面定名。一个器物不同名称的情况，还有其他例子，比如，故宫博物院藏品中的渣斗（图一二），画样中写作“奓斗”，两个名字的内涵存在差异。渣斗是茶具的一种，专盛茶渣；奓斗传统用作痰盂，明清两代用途变广，常作饭食残骨鱼刺等盛器。可见器物定名与其使用功能有关系。像海碗、大碗、中碗、怀碗（图一三），从名称上就一目了然，其尺寸和功能不同。但究竟功能有何不同，现代人并不了解。海碗，现在仍有此称呼，所谓海指其大，大碗相对于海碗小，但较中碗大，怀碗最小，应相当于西藏僧人喝茶的小碗，喝完放入怀里，这是草原民族的习惯。但三者的尺寸差异并无资料可查。清宫的御膳仍继承了满族以碗盛菜的传统，所以我们可以在清宫档案中查到从康熙到慈禧时代，一直有“海碗四品”“大碗二品”“小碗四品”“怀碗四品”的膳单。所以，清宫御膳对碗的需求量比较大[1]。

无疑，对于瓷器的定名，无论是器型还是装饰纹样，有很多值得深入思考的地方。

我们还注意到，黄单中的目录有些器物给出了尺寸，有些则没有给出，其中原因各不相同。比如鱼缸、盒子有尺寸，因为这两种器物都是根据实际需要单独设计的，并无固定尺寸，所以必须给出尺寸才能生产。盘子和碟子有尺寸，是因为同一种器物有不同的型号，所以需要单独标出。其余未标尺寸，说明这些器物的尺寸是固定的，仅从名称上就可以区分开，无须标明。比如海碗、大碗、中碗、怀碗等，虽属碗类，但其尺寸大小早已程式化，无须专门注明。

但是我们知道，清宫造办处设计画样时，采用的尺寸是营造尺，但御窑厂实际生产过程中采用的是行业尺——瓷尺。二者之间的换算关系，对于主管官员都是了然于心的。如同治十三年江西巡抚刘坤一的一份奏折中就明确指出，“瓷尺只合营造尺八折”[2]。也就是说，瓷尺每个单位只相当于营造尺的80%。1营造尺合现标准量度尺32厘米[3]，1瓷尺则合现标准量度尺25.6厘米。我们假设御窑厂烧制时分别采用了营造尺和瓷尺两种标准，依此比例折算，不难算出相应器物的尺寸。为考察实际藏品尺寸与档案中尺寸是否一致，笔者仔细量取了清宫藏品的尺寸，详见下表。

器物名称	画样尺寸	营造尺（厘米）	瓷尺（厘米）	藏品尺寸（厘米）
鱼缸	二尺六寸见圆[4]	2.6×32 = 83.2	2.6×25.6 = 66.56	70（？）
	一尺见圆	1×32=32	1×25.6 = 25.6	
	九寸见圆	0.9×32=28.8	0.9×25.6 = 23.4	
盘	九寸	0.9×32=28.8	0.9×25.6 = 23.4	28
	七寸	0.7×32=22.4	0.7×25.6 = 17.92	22
靶碟	五寸	0.5×32=16.0	0.5×25.6 = 12.8	15.6
	三寸	0.3×32=9.6	0.3×25.6 = 7.68	11
圆盒	一尺见圆	1×32=32	1×25.6 = 25.6	31.5
	五寸见圆	0.5×32=16.0	0.5×25.6 = 12.8	16.2

通过对现存“大雅斋”瓷器的测量数据与画样黄签尺寸的比较，可以看出，除鱼缸器型不全、尺寸差距稍大外，清宫藏品的实际尺寸与营造尺寸基本相符，尤其是盖盒，实际尺寸与营造尺寸极为接近。可以推定，景德镇御窑厂基本上严格执行了画样的标准，也即窑工在制作过程中使用瓷尺，但烧成的瓷器则是折合营造尺寸烧造的，成品

1　郑南：《清宫慈禧太后时代御膳的特点与意义》，《浙江社会科学》2010年第2期。

2　中国第一历史档案馆藏：“同治十三年江西巡抚刘坤一的奏折”，王光尧：《清代御窑厂述略》，《清代御窑瓷器》卷一，上册，第32页，紫禁城出版社，2005年。

3　吴慧：《明清的度量衡》，《新编简明中国度量衡史》第八章，第148～149页，中国计量出版社，2006年。

4　“见圆”相当于今天所说的直径，即鱼缸的口径。

与营造尺寸略有差别，应是烧制过程中胎体收缩率所致，这也是手工制作的一个特征。鉴于瓷器这种手工生产的特殊性，清宫对瓷器的尺寸要求不是很严格，而是更注重对瓷器纹饰的要求。因此，我们并不能以成瓷收缩率来解释本表格中鱼缸和画样尺寸不符的现象。从宋以来，工匠们已经掌握了各种胎泥的收缩率，无论是按照营造尺或瓷尺烧造出完全合乎尺寸要求的瓷器并非难事，所以这种尺寸的差距可能另有原因，目前只能存疑。如果我们能找到更多的“大雅斋”瓷器，收集更多的实测数据作进一步的比较，则对上述表格的解读会更有说服力。

余论

“大雅斋”瓷器是难得一见的研究案例，文献资料、图像资料与实物资料三者均完备，时代相对集中，款识丰富，历史背景清晰，很值得作多方位的考察。当然有一些问题还有待深入，甚至无法解决，本文只是作了一个初步的尝试，希望能起抛砖引玉的作用，吸引更多的学者关注和投入到对“大雅斋”瓷器的研究中。

原载《四川文物》2011年第4期

慎德堂与慎德堂款瓷器

赵聪月

内容提要： 关于慎德堂款瓷器，曾有许多文章作过介绍，但笔者在对故宫库藏清中、晚期瓷器进行重新登记、整理、核实过程中，发现了许多值得深入探讨的问题。诸如，道光皇帝与“慎德堂”究竟是一种什么关系，“慎德”是否代表了道光皇帝的执政理念，慎德堂款瓷器是否为道光皇帝御用瓷器？作者在文中都试图加以探讨。同时，作者梳理了“慎德堂”款瓷器的品种和造型，通过考察“慎德堂”在圆明园中的位置，进一步分析其烧造时间。

关键词： 慎德堂瓷器　圆明园　慎德堂　道光皇帝　慎德堂记　慎德堂款

道光皇帝统治时期，清王朝正处于风雨飘摇之中，特别是道光二十年（1840 年）鸦片战争爆发后，中国社会逐步进入半殖民地时期，加之天灾人祸，社会矛盾日益尖锐，国家日趋贫困。由于国家财政的拮据，使景德镇官窑瓷器的生产每况愈下。在清宫旧藏品中，道光朝的瓷器库藏数量较之乾隆、嘉庆两朝有了大幅减少；在数量不多的道光朝瓷器中，绝大部分又是沿袭前朝的传统品种，并无创新之作。但是在这样一种社会背景下，道光时期的景德镇御窑厂却倾全国之力，生产出了一大批能够代表当时制瓷最高水平的慎德堂款瓷器。

一　故宫藏“慎德堂制”款瓷器

慎德堂款瓷器制作之精致，是同时期其他瓷器所不能比拟的。在目前故宫博物院所藏的传世品中，除当年放置于慎德堂内使用后被焚毁及流失的瓷器外，慎德堂款瓷器共计 357 件，其中宫中旧藏 298 件。以下将从器形、纹饰两方面加以梳理。

作者：器物部，研究馆员。

（一）器类

慎德堂款瓷器品类多样，多为日用器皿，少量为陈设器。主要品种为碗、盖碗、盘、瓶、羹匙、渣斗、鸟食罐、罐、花盆、盆、花插、器物座等。下面分别予以介绍。

碗——碗作为日常用品用途广泛，历朝历代都大量烧造，故宫博物院藏慎德堂款的瓷器中，碗的数量最多，共 184 件，其中宫中旧藏 168 件。其造型基本相同，只是大小尺寸、釉色和装饰图案不同，大多为敞口、弧壁、圈足，极个别的为撇口、深腹。有些碗造型、装饰图案均相同，只是大小不同。如黄地红绿彩干支图碗（图一），就分大、小两种规格。碗内施白釉，有明显的使用痕迹，外壁以黄釉为地，以红绿彩满书三组上下相对的干支纪年图，其中“丙申”二字为红彩书写，这是特别标注的烧造年代。

据查，“丙申”为道光十六年，也就是圆明园中九洲清晏园区内三大殿被大火焚毁的 1836 年。中国传统意义上将蓝、黄、红、白四色作为祭祀天、地、日、月之色彩基调，祭祀时所用的器皿和皇帝穿的祭服各因其色。黄色用以祭土，推测此类器物应是特意为圆明园内三大殿遭火灾后而烧制的祭祀用瓷。经查故宫藏品档案，该碗在清室缮后委员会核查时曾放置于斋宫，斋宫“雍正九年建，凡南北郊及祈古，常雩大祀，皇帝致斋于此”[1]。与此同纹饰的器物还有黄釉盘。

盖碗——盖碗主要用作饮茶器皿。清朝宫廷饮茶之风兴盛，宫廷内专门设有茶库，“茶库在右翼门内配房，并专司收存人参、茶叶、香纸、颜料等项”[2]。据《钦定总管内务府现行则例》记载，“凡贡茶，江南省六安州霍山县每年交六安茶四百袋，每袋重一斤十二两，由光禄寺转交茶库；浙江省每年交黄茶十八篓，每篓八百包，由户部转送茶库。阳羡贡茶，元、明最盛，本朝止岁贡芽茶一百斤”。这说明宫廷对于茶叶的需求量很大。每年皇帝在升殿侍班仪、大燕之礼、名将之礼、大婚之礼、册立皇后

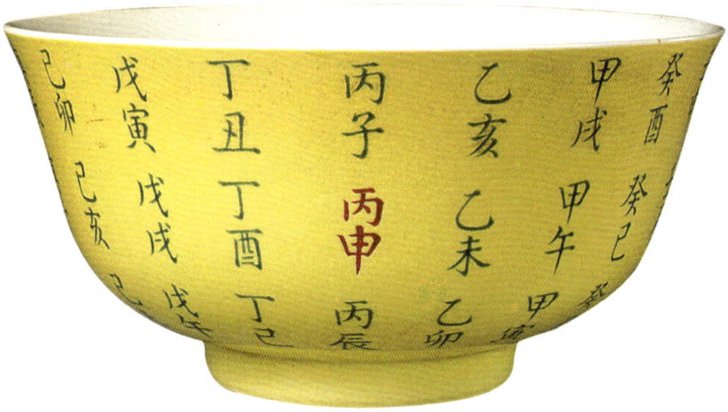

图一　黄地红绿彩干支图碗

1　（清）英廉等编：《日下旧闻考》“国朝宫室”，北京古籍出版社，1987 年。

2　章乃炜：《清宫述闻》，北京古籍出版社，1988 年。

图二　粉彩开光折枝梅花盖碗

图三　花卉粉彩盖碗

图四　粉彩外折枝花卉里五福捧寿盘

之礼等大型活动中，还会赐茶给王公大臣，即所谓“御殿庆贺，例有赐茶之典”[1]。据档案记载，道光时期各式茶碗、茶壶、茶盘、茶托、茶船等用于饮茶的器皿大量出现，但在目前故宫博物院所藏慎德堂款茶具中，仅见茶碗一类，以粉彩居多，共计 20 件，其中宫内旧藏 17 件，另 3 件是新中国成立以后收购来的。

就盖碗形制而论，其造型十分丰富。如一件旧藏粉彩开光折枝梅花盖碗（图二），盖为覆盘式，圈形抓纽，盖大于器身，碗直口、直壁。另一件收购的花卉粉彩盖碗（图三），盖为覆盏式，圈形抓纽，盖小于器身，碗敞口、斜壁，这种形制的茶碗在一些署“大清道光年制”款的器物中较常见。不管茶碗形制如何，在盖底及器物底部均同书一样的款，碗身同盖面均绘同样图案。

由于制作精美，慎德堂款盖碗不仅是道光皇帝的御用之瓷，也为咸丰、同治、光绪、宣统皇帝所珍爱。据清室缮后委员会记录，当年在溥仪出宫之时，养心殿内就曾摆有一对署“慎德堂制”款的粉彩莲瓣纹盖碗，此外在茶库、净事房、承乾宫、斋宫、成肃殿等处也有此类盖碗摆放[2]。

盘——盘大概分为 4 种规格，共计 40 件，宫中旧藏 21 件。其中以大盘为主，口径达 29 厘米，如粉彩外折枝花卉里五福捧寿盘（图四）、粉彩描金篮蝠寿盘、粉彩描金红蝠团寿盘等，均器壁较厚，显得笨重，所绘图案大同小异；形体较小的外壁纹饰

1　《大清会典》，图书集成书局，光绪十九年。

2　刘伟：《道光皇帝与慎德堂款瓷器》，《文物天地》2007 年第 10 期。

图五　黄地八宝勾莲花卉里红幅寿小盘

图六　黄地粉彩鹤纹羹匙

图七　黄地粉彩鹤纹碗

图八　黄地粉彩鹤纹盘

较之大盘更为丰富，有八宝（图五）、暗八宝、开光内绘花卉等，基本上件件可见蝙蝠及各种形式的“寿”字，釉色以黄釉为最多。

羹匙——羹匙作为饮食器中的一种，一般同碗、盘、渣斗配套使用。慎德堂款羹匙只有两种，共9件，均为宫中旧藏。其纹饰一种为红地描金，另一种为黄地粉彩鹤纹（图六）。清人对此也有如下记载：“慎德堂羹匙以画鹤二十四只者为上，一、二、三、四只鹤者次之，一儿捧桃又次之，荷花瓣为下。”[1] 故宫藏品中未见“画鹤二十四只”及“一、二、三、四只鹤者”，黄地粉彩羹匙仅以墨彩画神采各异的飞鹤十只，以红彩点染其顶部，十分醒目，也当属上品之列。与此图案相同的还有碗（图七）、盘（图八）等器。

渣斗——其形制基本相同，只是釉色纹饰不同。档案中曾有明确记载的黄釉白里渣斗（图九），故宫现存有37件。另有16件绿釉白里渣斗，绿釉发色娇嫩，制作精美，底为“慎德堂”三字款。青花白地勾莲渣斗（图一〇），虽未见档案记载，但有5件存世。道光时期署“大清道光年制”六字篆书款的渣斗（图一一），其造型、纹饰及青花发色，与慎德堂款瓷器完全相同。

鸟食罐——鸟食罐的数量很少，仅有2件，为一对，1956年收购而来。罐体呈椭圆形，敞口，直壁，平底，一侧置环形小系。外壁白地上以绿彩饰“万”字锦文，其绿彩呈色娇嫩淡雅。目前传世品中署“慎德堂制”款的鸟食罐，仅见此种。

瓶——“慎德瓶类近极罕见，有之则价值甚昂”[2]，这是清人对慎德堂瓶的评价，说明当时就已十分罕见。故宫藏品中瓶的数量也很少，形制有圆瓶、扁瓶、长方瓶、四方瓶等。纹饰图案较之其他类型器物丰富，有山水、人物、动物、花卉等。如一对

1　陈浏：《陶雅》，北京燕山出版社，1990年。

2　许之衡：《饮流斋说瓷》，北京燕山出版社，1990年。

图九　黄釉白里渣斗及底款

图一〇　青花白地勾莲渣斗及底款

图一一　青花白地勾莲渣斗及底款

图一二　白釉粉彩山水人物瓶

白釉粉彩山水人物纹瓶（图一二），高 26.5 厘米，其腹部用粉彩绘一老者与童子悠闲地漫步于山林叠嶂、鲜花盛开的山间小路上，表现出逍遥自在的生活场景。另一件绿地粉彩兽耳瓶（图一三），其腹部的两组开光画面内所绘的人物取材于历史故事“踏雪寻梅”及“寒江独钓”。虽然描写的景致不同，却表现出同样的恬淡情趣。在一些以花卉、动物为主要题材的瓶上，图案则大多具有某种祈福求祥的意义[1]。如一件粉彩花卉方瓶（图一四），腹部绘吉祥图案中常见的牡丹、梅花、灵芝、蓝天竺、兰花等纹饰，构图疏朗，花卉描绘细腻逼真；另一件粉彩三阳开泰图瓶（图一五），以三只羊与太阳组成画面，描绘了冬去春来、阴消阳长的吉祥之象。

罐——罐共有 4 个品种 6 件，但仅有一件写“寿”字纹罐为宫中旧藏，其他为白釉粉彩罐 3 件，红釉描金罐 2 件。红釉描金在慎德堂瓷器中器形最多，有罐（图一六）、瓶（图一七）、盖碗（图一八）、羹匙（图一九）、器物座（图二〇）等。

1　刘伟：《历代宫廷藏瓷》，紫禁城出版社，2003 年。

图一三　绿地粉彩兽耳瓶

图一四　粉彩花卉方瓶

图一五　粉彩三阳开泰瓶

图一六　红釉描金盖罐

图一七　红釉描金瓶

图一八　红釉描金盖碗

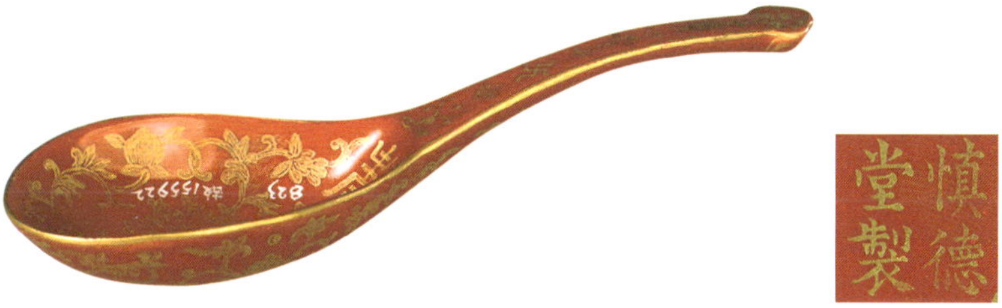

图一九　红釉描金羹匙及底款

图二〇　红釉描金器物座

图二一　霁蓝釉团鹤盆

图二二　黄釉竹节三孔花插

花盆——花盆属于陈设用具。故宫藏品中此类器物较为丰富，有9个品种18件，每种2件，均为宫中旧藏。其釉色除4件青花外，其余均为白地或色地粉彩。形制有圆形、长方形、六方形及花口形。

盆——唇口，深腹，圈足，外以霁蓝釉为地，腹部粉彩绘四组团鹤，目前仅见此1件（图二一）。

花插——宫中旧藏仅有1件，为黄釉竹节式，外壁凸雕粉彩竹、玉兰、牡丹及灵芝纹（图二二）。

器物座——故宫藏品中的器物座为2件红地描金缠枝莲座，均为后收购。

（二）纹饰

慎德堂款瓷器主要是彩瓷和颜色釉瓷。彩瓷有粉彩、斗彩和青花等几个品种。粉彩器的数量较多，有白地粉彩、黄地粉彩、绿地粉彩、紫地粉彩、酱釉粉彩、抹红地粉彩等，其中以白地粉彩和黄地粉彩为最。青花和斗彩仅存少量。颜色釉瓷的品种也极其丰富，有红釉、黄釉、绿釉、酱釉、霁蓝釉等多种釉色。

从整体看，慎德堂款瓷器保持了官窑瓷器工整细致的特点，构图趋于疏朗，用笔纤细，虽然几乎每件器物上都使用了金彩作为装饰，但“其颜色故远逊乾隆，而画法亦小家，不但无康、雍诡寄佚丽，亦不如乾隆之富丽堂皇”[1]。瓶、盘、碗等器物，大多以各种色地粉彩勾莲开光装饰，开光内绘山水人物或吉祥画面，所谓“有图必有意，有意必吉祥”即指此而言，此风气在道光时期以至晚清尤盛。其中一件粉彩绿地开光博古碗（图二三）很有代表性。该碗外壁以绿釉为地釉色淡雅，以金彩绘冰裂纹，裂纹处描绘朵朵梅花，腹部四个金彩开光体，每个开光体内分别绘画了具有象征意义的动植物纹样，有象征平安的如意、瓶、鹌鹑；象征吉祥的龙；象征富贵的牡丹；象征圣洁的玉兰；象征多福的佛手等，它们与柿子相连，意寓“太平有象”“事事平安”等。

故宫藏慎德堂款瓷器使用较多的图案，还有山水人物纹，以耕织图（图二四）、龙舟竞渡图（图二五）、婴戏图（图二六）为最多，此外也有一些动物、花卉纹饰。

耕织图——最初是南宋时期楼俦以连环画形式绘制的，反映农业耕作和桑棉纺织的内容，到清初康熙皇帝命人重新绘制。重新绘制的耕织图以多种形式流传，同时也

图二三　粉彩绿地开光博古碗

图二四　粉彩耕织图盖碗

图二五　粉彩龙舟竞渡图盘

图二六　粉彩婴戏图碗

1　邵蛰民撰，余戟门增补：《增补古今瓷器源流考》，北京燕山出版社，1990年。

出现在瓷器的装饰上，康熙时期瓷器上的耕织图成为其独特的品种，后代均有此类图案出现。

龙舟竞渡图——作为一种传统的水上娱乐项目，龙舟竞渡主要流行于南方地区，后来逐步流行于黄河流域。到明清时期，宫廷也开始仿照此习俗并盛行一时。龙舟竞渡图自清代乾隆时期瓷器上出现后，一直延续至晚清，在道光时期最为盛行，当时不仅瓷器常以此为饰，在木刻、年画上也经常出现。故宫藏慎德堂款瓷器中盘、碗、瓶等器物上均有此图案。

婴戏图——自唐宋时期开始，婴戏图一直是瓷器上的主要装饰题材，在道光慎德堂款瓷器中，同样占有相当大比例。如一件白地粉彩婴戏碗，外壁环绕绘画 14 个小童，在洞石花草间嬉戏。画面中小童神态各异，十分活泼可爱，其手中分别所持的萱草、佛手、寿桃、铜铃、爆竹、铜磬等物，寓意“吉庆有余”“岁岁平安”“荣华富贵”“驱邪祈吉”。

动物纹——主要是各色的蝙蝠及少量的龙、大象、狮子、马、飞鹤、飞鸟、鸳鸯、喜鹊、燕子、蝴蝶、蝈蝈等。一些在前代瓷器中鲜见的猫、狗等动物，此时也常有出现，这也许与道光皇帝的喜好有关系。据档案记载，道光皇帝在慎德堂养正书屋内的南、北墙上，分别悬挂着由供奉内廷的画工沈振麟所画的猫、狗图各一幅[1]。上有所好，下必效之，猫、狗的形象出现在道光皇帝的御用瓷器上也就成为必然了。

植物纹——多为牡丹、莲花、菊花、梅花等，有缠枝花、折枝花等多种形式。

文字图案——以文字图案装饰器物，也是慎德堂款瓷器常用的装饰技法，主要是“万”字和“寿”字两种图案。

（三）慎德堂款瓷器与慎德堂的关系

故宫收藏的这批慎德堂款瓷器，是否为圆明园中慎德堂所用？当年圆明园中慎德堂究竟在何处？

慎德堂是圆明园九洲清晏一组建筑中的一座。九洲清晏是圆明园最早建成的园区之一，属庭园内园（园中园）。朝廷对于进入园区人员有严格规定：“嘉庆八年二月，圆明园总管太监传旨：九洲清晏系属园庭内园禁地，官员、园户、匠役等具不应擅过如意桥、南大桥。嗣后即或遇有修活计，亦须预为奏明先报关防，方准官员、园户、匠役等过桥。著传乌苏楞额。钦此。”[2]九洲清晏坐落在一个巨大的岛上，由三大殿构成其中轴线（图二七），岛与陆地之间由如意桥和南大桥相连。由南向北第一进殿为“圆明园殿”，第二进殿是清帝用于举办宗室宴请的“奉三无私殿”，第三进殿为“九洲清晏殿”。九洲清晏殿内设有东、西暖阁，建有仙楼，是慎德堂建成前康熙、雍正、

1 《清宫内务府活计档》，中国第一历史档案馆，编号 3052。

2 中国第一历史档案馆编：《圆明园·出入园庭禁门》，上海古籍出版社，1991 年。

乾隆皇帝在圆明园居住的主要寝宫。因其是寝宫，经常使用明火，因而存在火灾隐患。其历史上曾发生过几次大的火灾，以1836年最为严重，致三大殿均被火烧毁，次年重建，为此道光皇帝曾写文章《重修圆明园三殿记》。

图二七 《圆明园四十景图咏·九洲清晏图》

慎德堂于道光十一年（1831年）建成（图二八），位于三大殿的西边，是由乾隆皇帝的书房“乐安和”“清晖阁”及“乐安和”北侧的鱼池改建而成的，同时建成的还有其爱妃全贵妃[1]居住的寝宫“湛静斋”（咸丰皇帝出生地）。慎德堂为三卷式建筑，分为前层、中层和后层，殿内设有书屋及寝宫。道光十一年（1831年）三月慎德堂建成之初，道光皇帝曾传旨用大量金银珠宝[2]进行殿内装修，在其槅扇门、窗户及床罩处还张贴有道光皇帝御笔的大、小福字及臣工们画的画条、画披[3]。大殿明间设有宝座，宝座上的诗匾下挂有道光皇帝亲笔御书的“福”字做成的玉璧子。原来曾挂在奉三无私殿的道光皇帝御容画轴及道光皇帝喜欢的两块“公正平和”“安详澹静”匾额，也被移挂在了慎德堂内[4]。殿内的养正书屋为道光皇帝读书、习字之所，其外间东窗户及南边

图二八 慎德堂烫样

1 孝全成皇后，咸丰皇帝生母。于道光初年进宫，赐号全嫔。道光三年晋为全妃，五年晋为全贵妃，十三年晋封为皇贵妃，十四年册立为皇后。

2 《清宫内务府活计档》，中国第一历史档案馆，编号2975。

3 《清宫内务府活计档》，中国第一历史档案馆，编号2976。

4 《清宫内务府活计档》，中国第一历史档案馆，编号2976。

玻璃上同样挂有道光皇帝御书的“福”字和“喜”字。堂前院内摆有白色太湖石[1]及九口木质鱼缸[2]，种着牡丹、芍药、苹果树等花木。咸丰十一年（1861年）八月二十三日慎德堂毁于英法联军的大火中[3]，只留下一片残垣断壁，今天我们只能从前人留下的图画及烫样中，观其建筑，览其壮美。

慎德堂作为皇帝在圆明园行宫中的主要生活场所，必定需要大量陈设及日常用具，景德镇御窑场大量生产的慎德堂款瓷器，就是道光皇帝在圆明园中的御用之瓷。

二　道光皇帝与慎德堂

1831年在慎德堂建成之际，道光皇帝创作了《慎德堂记》（图二九），收录在道光《御制文余集》[4]。在文中，他反复强调了修建慎德堂的目的：“崇俭去奢，慎修思永，孰不知所当然哉？非知之艰，行之惟艰。在士大夫犹患其位，不期骄而骄，禄不期侈而侈，膺天命绍大统者，可不兢兢焉？惴惴焉？”此文还将节俭、修身、图治联系起来，阐述了节俭、修身、图治的关系，表达了他的治政方针。“懔夫皇天无亲，惟德是辅，念夫祖功宗德，创垂不易，后世子孙坐享承平之福，从不尚奢华，无所加增，自问己，觉不安矣。若败度败礼，视富贵为己所膺有，是直不可与言者也。又奚能常保厥位耶？况我大清，龙兴东土，首重朴实，列圣丕承。凡心法，治法，无非以勤俭训后，诚以世变、风移、敝化，放心有不期然而然之势，苟非操之固，审之精，朴素自甘，慎终如始，难与言俭也。”所谓无为而治，俾天下阴受其福，而民不知者是也。“然行俭，责在一人。不以天下自奉，非概从悭悋也，若救饥

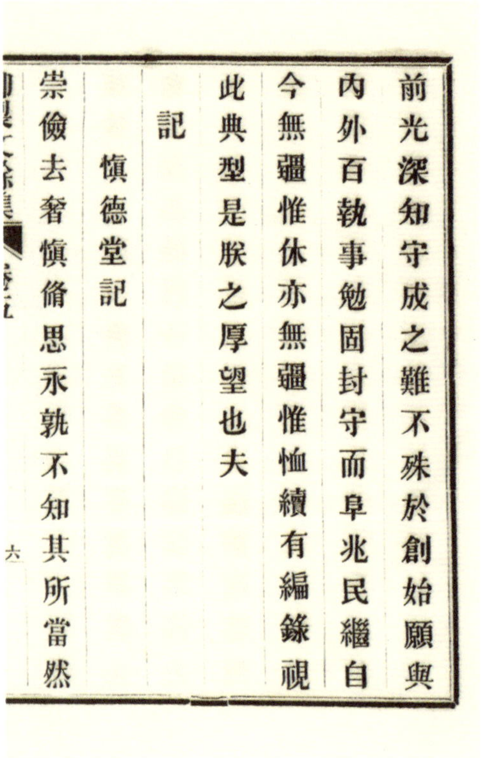
前光深知守成之難不殊於創始願與
內外百執事勉固封守而阜兆民繼自
今無疆惟休亦無疆惟恤續有編錄視
此典型是朕之厚望也夫
記
慎德堂記
崇儉去奢慎脩思永孰不知其所當然

图二九　《慎德堂记》书页

1 《清宫内务府活计档》，中国第一历史档案馆，编号3014。

2 《清宫内务府活计档》，中国第一历史档案馆，编号3016。

3 万依、王树卿、刘潞：《清代宫廷史》，辽宁人民出版社，1990年。

4 故宫博物院编：《清代御制诗文集·清宣宗文宗穆宗德宗诗文》，故宫珍本丛刊第583册，海南出版社，2000年。

拯溺，去暴安良，国用之常经，民生之休戚，正措施之不遑。又何可稍存吝惜于其间也？是以修身务存俭约之心，以期永久图治之道，可不加慎而切记之乎。”这其中也包含了其对子女的教育，他告诫皇子皇孙祖宗创业不易，要做到“至于饮食勿尚珍异。冠裳，勿求华美。耳目，勿为物欲所诱。居处，勿为淫巧所惑。此犹俭德之小者，不作无益害有易，不贵异物贱用物，一丝一粟皆出于民脂民膏，思及此，又岂容逞欲妄为哉？”

以“慎德堂”作为其表达执政方针文章的题目，足以说明道光皇帝对慎德堂的重视程度。其匾额“慎德堂”三字也为道光皇帝亲笔书写，为粉油板蓝字匾，底做金花冰梅地，高 80 厘米，宽 240 厘米[1]。慎德堂自建成之后，就成为道光皇帝在圆明园内的主要居住场所，这从内务府活计档中也可看出。道光十五年（1835 年）后，每年都要对慎德堂内的书屋、寝宫的装饰进行修改，对庭院内使用的器物进行修缮。由于道光皇帝长期居住于此，实际上就等于把办公地点搬到了慎德堂，其作用相当于紫禁城大内的养心殿，一些政令也出于此，就连立奕詝为皇太子这样的大事也是在慎德堂进行的[2]。

表现道光皇帝在圆明园中生活的书画作品大量存世，如北京故宫博物院所藏《道光帝行乐图》（图三〇），就是以圆明园为背景，描写了道光皇帝与其子女在园中行乐的情景。画面中皇四子（咸丰皇帝）和皇六子，坐在悬挂“芳润轩”匾额的亭中读书、习文，经查历史上的“芳润轩”位于今江西南昌，是明代所设书院，到清顺治时改为贡院，将未成年皇子置于此匾下学习，也表达了道光皇帝对皇子们的期望。道光帝端坐于另一亭中，寿安固伦、寿恩固伦两位公主立于亭下，此亭匾额处悬“澄心正性”四字。“澄心正性”额匾曾悬于承德避暑山庄烟波致爽殿东间，为乾隆御题。“澄心”指人思想纯洁清净，不浮躁，“澄心正性”意为澄清思想、理顺情志，表明思想纯正与情志端

图三〇 《道光帝行乐图》卷

1 《清宫内务府活计档》，中国第一历史档案馆，编号 2974。

2 前揭《清代宫廷史》。

正同样重要，只有加强品德修养，追求思想的静净，才能通达治国方略。“澄心正性”这几个字正符合道光皇帝的思想，道光二十七年（1847 年）七月，传旨将“澄心正性”制成一块玉璧挂在慎德堂明殿东墙上[1]。《道光帝行乐图》充分表现了道光皇帝在圆明园内的生活场景，在画的左上角钤“慎德堂宝”篆书红印。道光三十年（1850 年）道光皇帝驾崩于慎德堂内[2]。

三　慎德堂瓷器的官窑性质

慎德堂款瓷器，是道光皇帝在圆明园中的御用之瓷，它应该具有官窑性质，这一点在文献档案中均有详细记载。

（一）清人著录中的慎德堂款瓷器

堂名，一般是指文人士大夫的居室之名，它作为一种文化现象，在清代尤为盛行，这种风气在瓷器上也有所表现。清人许之衡对于堂名款瓷器有如下论述：“瓷款之堂名、斋名者，大抵皆用楷书。制品之人有四类：一为帝王，一为亲贵，一为名士而达官者，一为雅将良工也。有清仁庙、纯庙两代君主好讲理学，故所命堂名多理学语。”对于慎德堂款瓷器，许之衡将其归于王府瓷器之中，其曰：“康熙则有‘静惕堂’‘中和堂’，乾隆则有‘静镜’‘养和’‘敬慎’诸堂。皆内府堂名也。由是亲贵诸王亦趋重理学，成为风气，如‘拙存斋’‘绍闻堂’在康熙朝，‘敬畏堂’‘正谊书屋’在雍乾间，‘宁静’‘宁晋’‘宁远’‘德成’诸斋在乾隆间，‘慎德堂’‘植本堂’‘有恒堂’均在嘉道，大抵多属亲贵诸王之制品。”[3]而民国时人陈浏则认为“慎德堂系道光官窑，而价侔雍乾之高品，亦一时风尚使然”[4]，将其定为官窑制品。

（二）清宫档案中的“慎德堂”瓷器

对于这批慎德堂款的瓷器，从慎德堂所处的位置及瓷器的精美程度看，现在学界都已认定为官窑产品，但一直没有找到相关的档案记载，无法准确确定其烧造地点及烧造后的解京方式。笔者通过查阅道光十三年（1833 年）清宫内务府活计档，足以解

1 《清宫内务府活计档》，中国第一历史档案馆，编号 3042。

2 《清实录》，中华书局，1985 年。

3 前揭《饮流斋说瓷》。

4 前揭《陶雅》。

决以上问题[1]。

八月十九日主事那隆阿太监张得兴来说：太监沈魁交金鱼笮草瓷奓斗样一件，外黄里白暗龙黄瓷盅样一件，青花白地瓷碗样一件。传旨，瓷奓斗一件，着照此样要黄瓷里白烧造六十件，内慎德堂制款三十件，湛静斋制款三十件，俱要楷书字。暗龙黄瓷盅一件，着照此样烧造四十件，要湛静斋制款，俱要楷书。青花白地碗一件，着照此样要里外俱黄色，烧造四十件湛静斋制款，俱要楷书。钦此。

档房

九江　周兴

由此记载可以说明慎德堂款瓷器，最迟于道光十三年（1833年）开始烧制，烧造地点就在清代官窑瓷器烧造地江西景德镇御窑厂，其解京方式是随每年的年贡进京。

（三）道光皇帝亲笔御书慎德堂款瓷器款识

关于“慎德堂”瓷器款识，清人陈浏书中曾记载：“慎德堂瓷器皆抹红楷款，亦有金款者。”[2]从目前故宫所藏器物看，绝大部分器物为红彩侧锋“慎德堂制”四字楷书款，只有2件红地描金缠枝莲器物座及4件红地描金万寿勾莲羹匙上，用金彩书“慎德堂制”四字楷书款。“慎德堂”三字款较少，仅见16件里白外绿釉渣斗（图三一）、2件绿釉鸟食罐（图三二）及1件粉彩鹭莲诗文小碗（图三三）。此碗做工精细，胎体细白，施彩艳丽，画工细腻，极符合《陶雅》中“慎德堂系以三字直款者为贵。慎德堂款之器皿，若彩花之旁有墨彩题句者，其下必有小印‘道光’二字，

图三一　里白外绿釉渣斗及底款

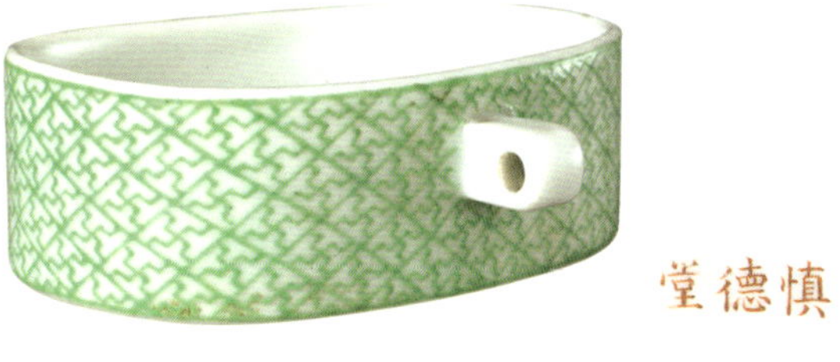

图三二　绿釉彩锦纹鸟食罐及底款

1　《清宫内务府活计档》，中国第一历史档案馆，编号2986。

2　前揭《陶雅》。

图三三　粉彩鹭莲诗文小碗及底款

多作椭圆形”的记载。此碗为清宫旧藏，高 6.2 厘米，口 9.2 厘米，足 3.7 厘米，敞口，深腹，圈足，足内红彩书“慎德堂”三字竖款，外腹部粉彩绘两鸳鸯戏水于莲花旁，另一侧墨彩书“珠盈菡萏圆千琲，梁戢鸳鸯福万年”诗句，下钤红彩“道光”椭圆形篆印。上句“菡萏”为荷花的别称，“琲”是玉串之意，下句“梁戢鸳鸯福万年”则出自《诗经·小雅》“鸳鸯在梁，戢其左翼。君子万年，宜其遐福”之句。

清宫档案对“慎德堂”瓷器的款识，也有如下记载：

> 道光十四年二月二十二日，主事那萨阿首领武进忠来说，太监沈魁传旨，十四年年贡起，九江呈进瓷器款，慎德堂制要红字。钦此。
>
> 档房行文[1]

由以上档案记载可以得知，慎德堂瓷器的款识，之所以都是红彩楷书，是由于道光皇帝的御旨所致。至于金彩款是因为器物内外均以红釉装饰，书写款识时无法使用红彩，只得以金彩代替。

由于道光皇帝对于慎德堂的偏爱，在慎德堂使用的许多日常用品上，均会镌刻由道光皇帝亲笔御书的“慎德堂制”“慎德堂御用”等款识。如道光十一年（1831 年）

1 《清宫内务府活计档》，中国第一历史档案馆，编号 2988。

档案记载：

七月十九日员外郎贻兴太监赵全来说，太监沈魁交御笔文本二件，一件道光辛卯，一件慎德堂制。铜镀金钟盘一件，传旨，照文本在钟盘上镌刻，得时填蓝。钦此。

金玉作呈稿

十一月十五日将钟盘镌刻妥，协交进，随将钟盘交出。传旨，于十九日安设在养心殿黑藤桌上。钦此。[1]

档案还记载，慎德堂中的毛笔、表匣、紫檀木茶盘、匣盒盖、白玉花囊、鸂鶒木盘线灯及道光皇帝晚年喜欢把玩的葫芦等一些日常生活用品上，都镌刻带有“慎德堂制”或“慎德堂御用”字样的款识，且绝大部分为道光皇帝御书。

对于瓷器上的“慎德堂”及“慎德堂制”款识，是否也是由道光皇帝亲自书写，档案中虽无明确记载，但通过道光皇帝以上的行为习惯来推断，此款理应是由他亲自书写，再由景德镇的工匠进行描摹的。笔者曾力图通过档案上有记载的文物款识，来比对瓷器上的款识，只可惜在清宫旧藏品中没有找到一件带有“慎德堂”款识的文物，因此只能在道光皇帝留下的法书中，寻找与其相近的字体来进行比对。在道光皇帝当年为皇子时，曾为其父嘉庆帝书写《御制毓庆宫记》（图三四）一文，文中曾出现“慎”“德”“堂”“制”等字体，书体风格与“慎德堂制”款非常相似。再对

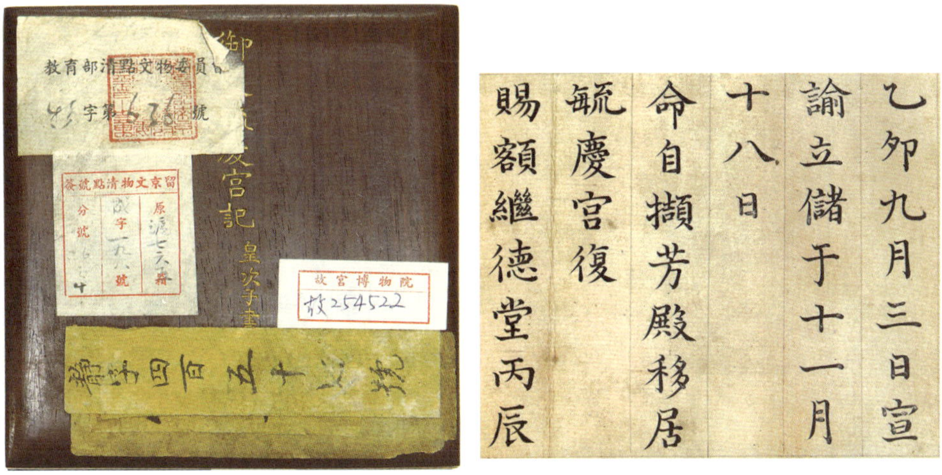

图三四　嘉庆《御制毓庆宫记》

1 《清宫内务府活计档》，中国第一历史档案馆，编号 2976。

图三五　嘉庆《翠盖长青》

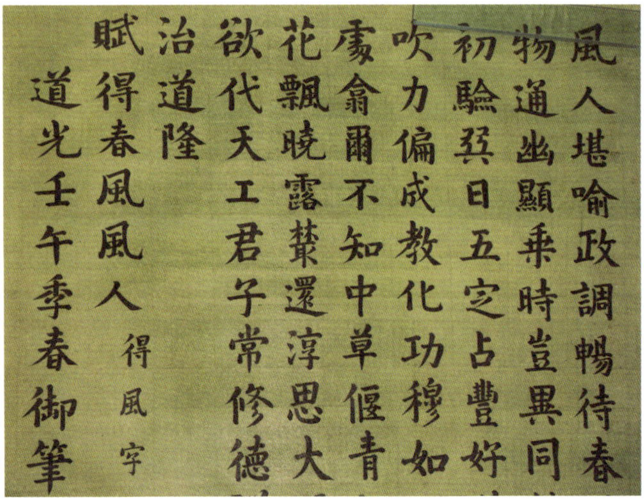

图三六　《春风》诗斗方及其中“德”字

比其为皇子时所书诗句《翠盖长青》（图三五）中的“德”字，以及其为皇帝时书《春风》诗斗方（图三六）一诗中的“德”字，字体风格也很相似。通过以上比对，笔者认为可以确认瓷器上“慎德堂制”款的风格、体例，均与道光皇帝御笔相同，“慎德堂”瓷器款识是道光皇帝亲笔御书，这一点能够得到确定。

四　后世所仿慎德堂款瓷器

由于慎德堂款瓷器在道光一朝占有非常重要的位置，所以市场价值一直居高不下，这也导致了后世仿品频现。

（一）光绪时期仿品

光绪时期仿道光“慎德堂制”款瓷器有瓶（图三七）、尊等器[1]，虽然这些器物在造型、胎釉上仿得神似，但是在款识字体上都不是侧锋书写，且多加红色双方栏。笔者曾在《清代瓷器鉴赏》[2]一书中看到一件粉红地金彩缠枝莲纹水仙盆，底部为“慎德堂制”红彩四字楷书双方框款，书中将其定为道光时期的精品。细看其款识字体风格虽然与故宫藏品明显不同，但与故宫所藏一件光绪仿“慎德堂制”款粉彩三羊撇口瓶却有些近似，笔者认为此盆应是光绪时期的仿品。按目前我们见到的档案及文献记载，“慎德堂”款瓷器皆应为抹红楷书款，且在故宫所有的藏品中也均为楷书款，如果出现篆书款或青花款识，笔者认为均应为后仿品，因为景德镇御窑厂不可能随意改变皇帝的御旨。

图三七　光绪仿慎德堂款洋贯耳瓶及底款

（二）民国时期仿品

民国时期仿器（图三八），其款识虽然有些相近，但“慎德堂制”四字也不是侧锋书写，且笔画中撇捺显得过长，书写过于粗率。笔者曾在西藏博物馆看见

图三八　民国仿天蓝釉八卦双耳瓶及底款

1　耿宝昌：《明清瓷器鉴定》，紫禁城出版社，1993 年。

2　钱振宗：《清代瓷器赏鉴》，中华书局（香港）有限公司，上海科学技术出版社，1994 年。

一件民国仿“慎德堂制”款五彩小瓶，绘洞石蕉叶凤凰图，其胎釉特征、施彩工艺、构图风格及款识，已全无道光时期瓷器的特点。

综上所述，慎德堂虽然仅仅是圆明园中一组普通建筑，但是作为道光皇帝在圆明园内的主要生活场所，其作用相当于紫禁城内的养心殿，一些政令均出于此，特别在其晚年执政过程中，起到过重要作用。景德镇御窑场为慎德堂烧造的这批瓷器，不仅作为官窑产品随每年的年贡进京，同时作为道光皇帝的私人御用瓷器，其款识的字体、颜色均由其钦定，并御笔题书。慎德堂款瓷器不仅代表了道光时期景德镇御窑场制瓷工艺水平，同时也承载了道光皇帝“崇俭去奢，慎修思永”的执政理念。

原载《故宫博物院院刊》2010年第2期

宫廷工艺

漫谈二十世纪末所见几张宋琴

郑珉中

内容提要：自晚唐以来，儒家的学术地位发生变化，仲尼式的琴受到重视，宋元明清的古琴几乎都作仲尼式。本文就两张宋琴的典型特征，分析其流传与识别过程。

关键词：宋琴　仲尼式　流传　识别

自1985年开始，笔者连续发表论唐代古琴的研究文章。到目前为止，已经见到的唐琴只有16张，再没有新的发现。而有唐代年款，并非唐代的制作，却有相当的数量。为了推广用典型器进行比较的识别方法，于是不厌其烦地反复论述，关于唐琴的文章一写再写，就是为了明辨是非，消除"今天下唐琴多矣"的影响。在15年间，发表近二十篇有关唐琴的文章，阐述了新的识别方法，可暂告一段落了。故在1999年初开始把重点转移到宋代古琴方面，发表了《两宋古琴浅析》，其后，根据台北古琴艺术季的需要，将这篇浅析又改为《论两宋的官琴与野斫》，发表在《世纪古琴学术研讨会论文集》中。由于自晚唐以来，儒家的学术地位发生变化，仲尼式的琴受到重视，宋元明清的古琴，几乎都作仲尼式，于是宋琴与非宋琴之间就出现了模糊度。为了明辨是非，宋琴中的典型器就显得很重要了。今本文所述，就是1999年所见的两张北宋的野斫，具有不同的典型特点，而两琴的流传与识别过程，亦富有故事情节，且有助于识别古琴，因不厌烦琐加以叙述。

一　程氏所藏"大唐神龙二年"款清角遗音琴

琴为仲尼式，髹黑漆，通体发蛇腹间牛毛断纹。通长124.5厘米、肩宽20厘米、尾宽14厘米。4徽以上较为圆厚，约为5.4厘米，其下渐薄为4.5厘米，琴面大断纹曾

作者：原研究室，研究馆员。

起剑锋，今皆露鹿角灰胎，边角脱漆处露木胎，为桐木斫，质极朽旧。琴背作长方池沼，未刊名刻，池沼间有修补裂纹痕迹一道，足池装有圆面铜套。岳山、承露、尾托皆为枣心木制，焦尾已改为紫檀作，锉痕犹在，尚欠打磨。腹内池左有墨书寸楷一行为“清角遗音，大唐神龙二年制”。略紧残弦，音松脆响亮而饶有古韵。通体楞角鑿然，并无唐琴的风格特点，其为伪无疑。

这张琴原为名琴家管平湖先生弟子程宽所藏，知程氏除有李伯仁旧藏的“飞泉”琴外，尚有一张神龙款琴，音韵绝佳，程氏尤为珍重。1979年夏，程氏为献“飞泉”琴，携琴来京。到程氏家中看“飞泉”琴时，程氏尚对其子世佐说：捐献了“飞泉”吾家尚有“神龙”琴在，其对“神龙”琴的珍重溢于言表。

（一）神龙款琴的被盗与结案

20世纪90年代初，一次于李璠先生斋中与数琴友相会，谢孝苹先生话及赴山西考察，闻中条山中有琴人，因驱车往访，识老翁程宽，出神龙唐琴极佳妙。程氏自云学诗于山左夏莲居，学琴于管平湖等语。座间琴人杨镜涵先生应声曰已见报端，神龙唐琴已于某日有数人至程氏山居观琴，为看腹款，提出至室外阳光下一看究竟，得程氏允诺携琴而出，谁料竟一去不返，今已报案等语。就此话题，议论琴案必破，盖因琴体长大，不易隐藏，且有具体特征，一经出现即为人知，图财盗琴案出现必破。

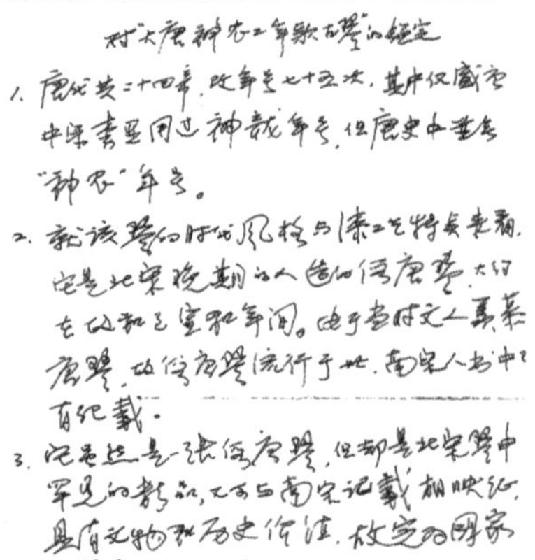

故宫博物院

THE PALACE MUSEUM

对“大唐神龙二年款古琴”的鉴定

1. 唐代共二十四帝，改年号七十五次，其中仅盛唐中宗曾用过神龙年号，但唐史中无有“神农”年号。
2. 就该琴的时代风格与漆工艺特点来看，它是北宋晚期的人造的仿唐琴，大约在政和至宣和年间。由于当时文人喜慕唐琴，故仿唐琴流行于世，南宋人书中已有记载。
3. 它虽然是一张仿唐琴，但却是北宋琴中罕见的精品，又可与南宋记载相映证，具有文物和历史价值，故定为国家一级品。

郑珉中

图一　故宫博物院对大唐神龙二年款古琴的鉴定书

1995年秋，程宽先生哲嗣程世佐，持山西平陆县公安局公函，抱神龙款琴至故宫博物院，要求出具鉴定书以便结案。于是奉命接待，与程世佐相见于神武门外之传达室。因得见程氏之“唐神龙款琴”。琴极旧，音韵亦古，已如前述，并无唐琴的风格特点，实为北宋遗物，因向世佐提出上述看法。世佐不能接受，盖因琴腹中有唐款，且多人皆以唐琴目之，必欲余接受唐琴之说。于是向他提出：神龙二年为初唐高宗年号，传世盛唐制故宫所藏的“九霄环佩”琴，其形制浑厚古朴，远胜此琴，证明神龙年款为伪作。琴名“清角遗音”亦墨书于琴腹之中，与宋人笔记中所载腹中书琴名之说相同，而传世唐琴中从未见有书琴名或铭文于琴腹之中者，此琴形制风格为北宋之作，而琴名又墨书于琴腹之中，是宋人所作之明证。必欲定为唐琴，请送国家文物局鉴定委员会去鉴定，看能不能同意你的要求。经过反复解释，世佐乃接受定为宋琴的意见。虽然琴非唐制，而形制殊有气魄，弦路较宽，音韵淳古，漆色断纹皆具有北宋琴的特点，在传世宋琴中亦当为一级。世佐遂取得宋琴之鉴定书加盖院章而去（图一）。

（二）商海浮沉的神龙款琴

在这段时间内，北京某氏旧藏之琴以 14 万或 18 万元之价相继拍卖，于是程世佐将琴与鉴定书送某拍卖公司求售 50 万元，事被外地某琴家知晓，遂与程氏相约来京看琴。为了察其音韵，丝弦、钢弦次第更换，皆不惬意，觉其音韵尚不及明益王制之落霞琴，败兴而去。琴友沈君兴顺来京之便，与程氏联系欲前往一观，因故未果。这张神龙款琴从此相继出入于北京、山西各拍卖公司，索值百万，并请专家出面，向北京各大博物馆的同仁们进行推荐，虽经多方努力，终因不合需要未能成交，最后只得于《文物报》之上发一消息而沉寂下来，程氏神龙款琴的拍卖热潮暂时告一段落。到 1999 年秋冬之际，这张神龙款琴又被送至天津的拍卖公司，底价为 40 万～ 60 万元，看来经过数年间的出入拍卖公司，程氏已不再坚持原来的定价了，或因家人购房需款而急于求售。其实这张宋琴，不应该低于四五张明琴之所值，天津国拍的底价还是定得稍欠合理的（图二）。

（三）千里琴缘，物各有主

1999 年秋，天津国拍公司派人将琴送至北京，落实是否当年鉴定之琴，送来此次拍卖的物品图像目录与请柬，神龙款琴的图形请柬与目录中皆有，拟于拍卖前招待会上由我用该琴演奏，并加以介绍。适因余有去美国看琴之约，不能前去天津，因建议由天津琴家承担此任。过后联想到当年琴友沈君远道而来，欲一观程氏此琴竟未能如愿，今琴照俱在拍品图录与请柬之上，且深知沈君不愿以高价收购拍卖之琴，因写信一封，附图录、请柬托李君春源代为转交，借以补偿沈君昔日未得一见之憾。数月后，

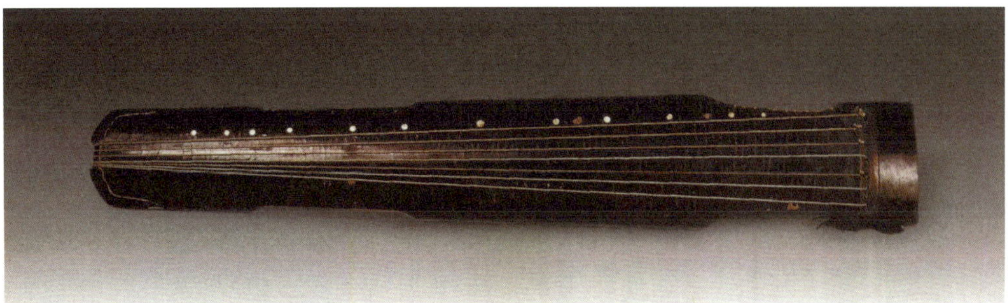

图二　天津国拍拍品图录上的“神龙款”琴照

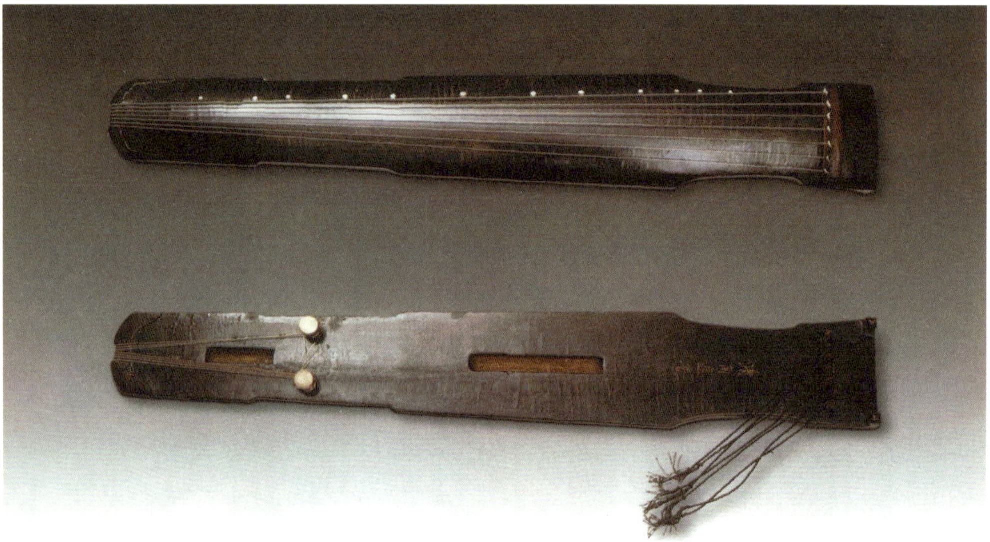

图三　刻名修补后的琴照

忽得沈君来书云：程氏琴已归其所有，不日将由就读于天津大学的龚生送琴来京，以供赏玩，并请为之镌刻琴名等语。及龚生来，方知程氏神龙款琴落拍，沈君得知后乃托龚生出面联系，遂以平价购得，更换钢弦按弹，音韵绝佳，雄宏松透，能于远闻，更饶有古韵，声音十分圆满，远在明代益王所造落霞琴之上。适寒斋案头有四川古琴家曾成伟所制新琴，曾琴虽新斫而音韵极佳。李君祥霆用其所制之琴，独奏于北京音乐厅，而能除去扩音设备，琴音竟响彻全厅，因调此神龙款琴与曾琴相较，音响效果无不相同，而松灵苍古之音为曾琴所不及。如此良琴，殊为罕见，他人失之交臂，而沈君未克谋面竟以平价得之，岂不正像苏东坡在《前赤壁赋》中所说的“天地之间物各有主”？神龙款琴送来寒斋后，一玩数月，不能释手，愈觉当年程世佐抱琴来乞书面鉴定时，将其定为宋琴中罕见的精品，相当国家一级品的观点是正确的。自从拍卖会上出现古琴以来，所拍出的琴，它是年代最古、声音最圆满而售价最低的。应沈君之请，将“清角遗音”4 字由琴腹中移出，镌于龙池之上以归之（图三）。

二　范氏所藏尧夫款琴

1998 年秋，经古琴演奏家余清欣女士介绍，得识现代收藏家范君中光。范君曾负笈东瀛，以善书著称，喜藏书画、碑帖、古琴等文物。听音乐、录音、拍照乃其余事。承送来日本二玄社在故宫博物院绘画馆举办展览的请柬，并一同参加了该展览的开幕式，遂与范君相谂。范君闻余略晓古琴，因以藏有唐琴相告，并邀至其家看琴，遂与老妻偕往。及至，琴首出囊凤舌较丑，而一双护轸向前弯出，方讶其为新作！速退琴囊，

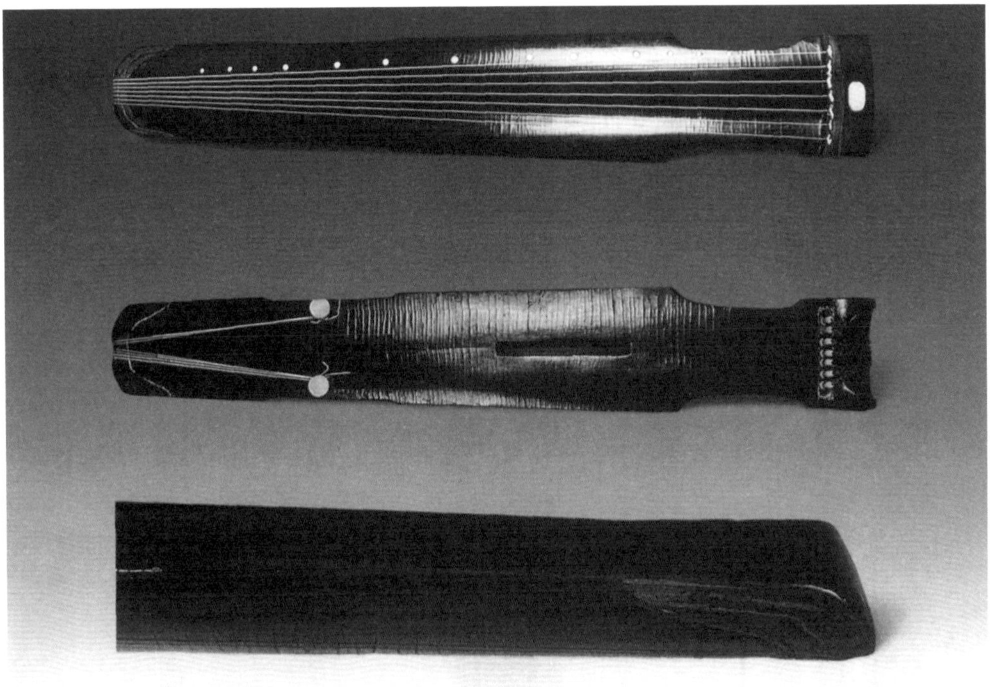

图四　"尧夫制琴"琴照

古琴出现，始悟琴额损伤，经劣工修补如此。乃谓范君速按《中国古琴珍萃》图形，送名工重新修补，以消除古琴之玷（图四）。琴为仲尼式，通身髹黑漆，光洁如新，而通身发蛇腹断纹，微起剑锋，知为重新漆过。琴通长 122.5 厘米、肩宽 19.2 厘米、尾宽 13.7 厘米。琴额饰椭圆形白玉一块，小头、直项、垂肩，造型十分秀美。琴面圆厚，颇有形如筒瓦之势。琴背开长方形龙池凤沼，龙池略微偏上，未刻琴名，琴为桐木斫，池中木色灰暗，未见款字，岳尾俱为棘木原装，周边楞角一致，腹内纳音殊不明显。张以钢弦，音雄宏松古，有钟磬之声。此琴原为山东某旧家所藏，为北京马氏所得，20 世纪之 90 年代，范君又从而得之，因知有唐圆宋扁之说，咸相率以唐琴目之。观察完毕，乃对范君说，此琴并无唐琴特点，唐琴并非皆圆，而宋琴亦非皆扁。此琴琴面圆厚应是北宋前期之作，在传世古琴中亦不可多得者。范君称是而散。

（一）清除尘垢，重现腹款

1999 年，香港古琴大师蔡德允老人弟子、比利时汉学家郭茂基君来京相访，有观看传世古琴之愿，因约范君携所藏宋琴光临寒斋一叙，与郭君共赏古斫之际，指明此琴为北宋野斫，就其制作工艺而论，似应为有腹款之琴，墨书腹款，今漶漫遂成为无款之琴，如细心除去尘垢，款字或可重视，范君询及除尘窥视腹款之法，乃以湿笔扫除，小手电探照方法相告。范君请为之除尘，余适工作未毕，无暇顾及此为歉。

翌日上午范君电话来，以池左出现二寸墨笔楷书“夫”字相告，余谓细心扫除，夫字之上下必有字出。于是出现一字来一电话，末后说池旁出现“元年尧夫制”5字。复为指出元年之上必有年号，虽已接近琴肩，除尘窥视不易，而至关重要，不可忽略。有顷范君电话通报，说看见一大撇之旁出一日字，应是大历的历字了。当即指出既不是五代多之凤历、大历、圣历，也不会是元以后的天历、万历，宜细辨之。范君用电珠焊接电线，使灯深入琴腹，始发现再上一大撇之旁当中出现心字，是庆字无疑，而庆字已进琴肩难看清楚，于是一行墨色大字楷书腹款显露出来，原来是“庆历元年尧夫制”7字。宋太祖建隆元年为公元960年，到钦宗的靖康元年公元1126年，北宋共166年。宋仁宗庆历元年为1041年，由宋太祖元年到仁宗元年恰好81年，正是北宋的前半期，琴果然是北宋前期之作，这与我最初的估计，真是巧合了。

（二）尧夫者何人

范君发现琴的腹款之后，即向其提出就人名词典等书收集尧夫资料，考察尧夫其人。范君手边工具书较为齐全，立即查出如下的尧夫资料：

(1)《古今人物别名索引》陈德芸编，44页“尧夫”。①宋范纯仁，②清陈，③宋邵雍，④宋张汝士。

(2)《中国美术家人名辞典》俞剑华编，字号异名索引197页，第三排“尧夫”。

①邵雍，547页(1011—1077年)卒年67；

②范纯仁，640页(1027—1101年)卒年75；

③张汝士，821页(997—1033年)卒年37。

根据上述资料，说明庆历元年张汝士已经死去9年，范纯仁才14岁，尚不到志学之年，是不可能制琴的，只有邵雍方届而立之年，鼓琴养性自然适宜，因此庆历元年制琴的尧夫，无疑是邵雍了。据文献所载：邵雍，字尧夫，其先范阳人，从父徙共城(今北京密云)，晚迁河南。富弼、司马光、吕公著退居洛阳，恒相从游。为市园宅，雍岁时耕稼，仅给衣食，名其居曰安乐窝，因自号安乐先生。嘉祐中诏求遗逸，称病不赴，终生不仕，年67而卒，元祐中赐谥康节。喜作大字，朱熹极称赏之。工笔札，其迹杂见凤墅续帖中。有《观物篇》、《渔樵问答》、《伊川击壤集》、《先天图》、《皇极经世》等书。事见《宋史列传》、《程颢撰墓志》、《平园集》、《邵氏见闻集》、《书史会要》等书。由此可知造琴的“尧夫”，即古人所称的康节邵先生了。

（三）罕见的历史文物

上述资料表明，这张庆历元年尧夫制的琴，是康节邵先生30岁时在河北共城之作。邵康节先生乃宋代名贤，为历代学者所景仰，他的这张琴，虽不能肯定就是他亲手所斫，但从这张琴的款字特点来看，琴是他亲自监制，款字是他亲笔所书的。因为古琴腹款，没有始自肩头之高，字写得如此之大的，这种有别于常规习惯的气势，自应是康节先生之所为。即使抛开款字，就琴来说，也属于康节先生的手泽。如此名贤法物，在传世古琴中也称得上是凤毛麟角了。

琴上铭刻，可贵在真。本来是一张无款，或尚未发现原来腹款的琴，背上没有刻字，像这张邵琴似的，却将书中名人的琴铭字刻上去，或者把别的名琴上刻字翻刻过来，或者弄一些奇奇古怪的篆字冒充名书家的手迹刻在琴上，企图溢美增价，其实是玷污名器，毁坏文物。伪刻斑烂，乱七八糟，行家里手对此是极为厌恶的。倘如当年这些邵琴的主人，随便弄上一些明人清人的题跋，什么邓石如、何子贞的字刻上去，今天发现是邵康节先生的手泽，岂不哀哉！这张琴上虽然没有刻一个字，却保持了原来的品貌，从而窥见康节先生对待古琴所持的庄敬心态，岂不是更有价值！

三　两张北宋琴的标准器

仲尼式琴，即按照孔子的琴式所作者，所见传世最早的仲尼式琴，为北京曹君桓武旧藏的晚唐“云和”琴，而唐琴中仅此一张。因曾经联想到晚唐韩愈文起八代之衰，并继承了文周孔孟的道统，是儒学恢复的思想表现，所以仲尼式的琴，自晚唐开始后，历经宋元明清几乎居于独尊的情况，看见100张古琴，有90张都是仲尼式。今天恰好邵康节的琴也是仲尼式，对当年的联想又多了一条证据，仲尼式琴的发展与儒学相联系，看来是符合历史情况的。仲尼式的琴多了，因腹款湮灭，给今天鉴别年代造成模糊度，带来困难。上面所谈的两张琴都是仲尼式，都是北宋器，却有各不相同的特点。抛开不同特点来看，两琴有一些唐代遗风，有唐琴所无的特点，有不同于南宋以后的气度。因此，这两张琴是北宋琴中的标准器，从历史、文物乐器角度看，都是极有价值的。闻北京某博物馆藏有刘安世造毛仲翁修的灵官式琴，刘安世为司马温公弟子，遭受佞臣蔡京排斥，亦北宋名士；今北京又发现邵康节先生所制仲尼式琴，名士手泽，堪称双璧，较诸道君皇帝御制之琴，略无逊色。旷世名琴，弥足珍贵。

原载《收藏家》2002年第2期

雍正帝宝玺的相关问题

郭福祥

内容提要：有关雍正帝的宝玺资料主要包括故宫博物院所藏之160方雍正帝宝玺实物、中国第一历史档案馆所藏之雍正年间的活计档案、法国巴黎集美博物馆所藏之雍正《宝玺》、各博物馆和私人收藏的雍正帝御笔书画作品上所存宝玺之印痕。尤其是集美博物馆所藏之雍正《宝玺》，对雍正宝玺的研究极为重要，但一直未受到应有的关注，更未得到充分利用。根据这些材料，可以使雍正宝玺的具体数目、内容、材质、制作者、制作机构、制作程序等诸多细节问题得以解决，有助于对雍正宝玺及其制作情况的全面了解。尤其是其继位之前的藩邸印章，是其私人物品最为集中的遗存。将这些印文进行排比，就会发现其内容与雍正帝即位以前基本的生活状态和心理状态有着密切的关系，其中的一些细节可以补充以往史料的缺失。而其继位以后的御用玺印所蕴含的精神层面的价值同样值得重视，诸如"敬天尊祖""亲贤爱民"为主要内容的施政纲领，"为君难"流露出的忧患意识，"朝乾夕惕""兢兢业业"反映出的其对勤政家法身体力行的实践，等等。如果将其放在整个清朝的大背景下考察，这些方面亦可看作清朝皇帝集体性格的重要体现，具有相当的针对性，显示出雍正帝本人的思想、感情、情趣和心态，不失为考察雍正帝其人的重要资料。

关键词：雍正帝　宝玺　制作数量　藩邸　朝政

雍正皇帝是历史上一位富有传奇性的人物。他在位的13年承上启下，在康乾盛世形成中发挥了相当大的作用。他本人及其时代是研究者们一直关注的热点。此次台北故宫博物院举办雍正大展，同时以"为君难——雍正帝其人、其事及其时代"为题召开两岸故宫第一届学术研讨会，必将进一步促进对雍正帝及其时代的研究。本文仅就雍正帝宝玺的有关问题进行讨论。需要说明的是，关于雍正帝宝玺，笔者10年前曾发

作者：宫廷部，研究馆员。

表过《述雍正宝玺》一文[1]，依据当时所能看到的资料，对雍正宝玺的制作包括制作时间及品种、质地、制作机构、篆者与刻者；雍正宝玺与清早期寿山石雕刻艺术诸如古兽印钮的艺术定位、薄意艺术在宫廷中的初期形态；宝玺中所映射的雍正帝思想如“敬天尊祖”的为政纲领、“为君难”的忧患意识、“兢兢业业”的勤政实践等问题进行了探讨。但当时并不知法国巴黎集美博物馆还藏有雍正之《宝薮》，故未加以利用[2]。2009年夏天，笔者利用与德国马普研究所合作的机会，专门赴巴黎集美博物馆，在该馆曹慧中研究员的协调帮助下，对雍正《宝薮》进行了仔细观摩和研读，颇有收获，不仅可以修正过去论述的不足之处，而且对雍正宝玺亦有些新的认识。本文即在此基础上撰就，在我虽是旧话重提，且所涉多为细枝末节，但自觉仍有值得介绍和进一步探讨的必要。而有的问题仍然无法给出合理的解释，只在这里提出，以求教于方家。

一　现存雍正帝宝玺资料概述

有关雍正帝宝玺的资料相对比较集中，就目前笔者研究所得，主要的有以下几方面:

一是故宫博物院所藏之雍正帝宝玺实物。

故宫博物院是收藏帝后宝玺最多的机构，其中雍正帝宝玺160方。这些宝玺都分装于蓝布面囊匣中，当然这已经不是原包装，原来的包装盒已经不存，只是嵌在原盒上写有宝玺印文的象牙牌还在。根据这些象牙片，可以推知这些宝玺的原包装盒是锦盒，象牙片就嵌在这些锦盒的上盖中心。由于是锦盒，极容易被虫蛀或开裂破损，以致无法使用，后来的管理者就将原匣遗弃，重新制作囊匣，同时将原盒上的象牙片仍然嵌在新匣前面，也就是我们现在所看到的包装。

故宫收藏的160方雍正宝玺中，有玉、石、牙、瓷等质地，其中又以寿山石占绝大多数，这可能与康、雍时寿山石大量开采，寿山石雕刻的兴盛有关。这些宝玺有的制作精细异常，极具欣赏价值；有的却截然相反，或素面无饰，或纹饰极为简单，甚至有24方小玺为双面印，简单实用，朴素无华。但宝玺印文布局皆经过精心安排，篆刻一丝不苟，其篆刻艺术的水平在清代帝后宝玺中堪称翘楚。除了“膺天庆”“建明德子千亿保万年治无极”和“万岁无极”3方外，其余157方在后面将要介绍的法国集美博物馆所藏雍正《宝薮》中均有著录。

2005年，笔者在编纂《清代帝后玺印谱》时，由于当时还没有办法得见集美所藏雍正宝薮，故该书所收雍正帝的印谱就是用故宫博物院所藏的这些雍正帝原玺直接钤

1　郭福祥：《述雍正宝玺》，王人聪、游学华编：《中国古玺印学国际研讨会论文集》，第191～199页，香港中文大学文物馆，2000年。

2　集美博物馆所藏雍正《宝薮》最早于2006年该馆举办的“中国皇朝灿烂的时刻（1662～1796）——清朝宫廷绘画珍品展”中展出，并著录于该展览图录中。

拓后印刷的，是雍正帝宝玺实物发表最全最集中的一次，可以参阅。

二是中国第一历史档案馆所藏之活计档案。

养心殿造办处是专门为宫廷“制造器用”的机构，在编制上隶属于内务府。由于造办处掌造内廷尤其是御用各项活计的特殊职责，故其下设有诸多作坊，汇集了众多技艺精湛的工匠。皇帝宝玺绝大部分就是由造办处各作的工匠完成的。特别是雍正即位后，特别注意御用活计的管理监督工作，各作承办御用活计的记录十分详尽。与雍正宝玺制作关系最为密切的当属内务府造办处“各作成做活计清档”，其中关于雍正宝玺制作的几十条档案就较完整地保存在记事录、刻字作、玉作、裱作、木作、匣作、镶嵌作等作的活计档案中，并且已经整理出版[1]。这些档案对了解雍正帝即位后的宝玺制作情况极为重要。

三是法国集美博物馆所藏之雍正《宝薮》。

集美博物馆所藏此册雍正《宝薮》是迄今为止发现的唯一一册雍正帝《宝薮》，其所著录的雍正宝玺之全之多，在现存各类资料中无有出其右者。

所谓“宝薮”，即皇帝御用玺印的印谱，是将皇帝御用玺印收集钤盖，装订成册，以流传后世。在清代以前并无“宝薮”之名，也未见有将皇帝玺印制作印谱的记载。“宝薮”最早就出现于雍正时期。雍正二年（1724 年）正月造办处裱作《活计档》记载：“初八日，首领太监苏培盛交宝薮一册，上钩图书三十八方，传旨：此宝薮甚蠢，照此样另做一册，做秀气着。钦此。于二月二十九日，做得宝薮一册，上钩图书三十八方，并原样宝薮一册，俱交首领太监苏培盛持去。”[2] 雍正时所做的此册宝薮，上面的印章是用双钩法摹绘上去的，并非用原印直接钤盖。甚至可能根本就没有刻制相应的宝玺，只是把印文摹绘出来而已。这与乾隆及其以后用原印钤盖的宝薮有很大差别。

根据乾隆皇帝所作《御制匣衍记》记载：“匣衍记有三，一以志交泰殿所藏御用国宝，一以志端凝殿所藏御用朝珠，一以志寿皇殿所藏御用诸玺。……复于乾隆四十六年冬，敬将圣祖、世宗常用诸玺，及朕自青宫至御极以来数十年中所用诸玺，制为宝薮匣，并豫装空册，亦订为二十五层，贮于寿皇殿，以备将来依次存贮签用，世为法守。”[3] 据此可知有组织的宝薮编纂制作始于乾隆四十六年（1781 年）。当时制成的宝薮虽然只有康熙、雍正、乾隆三帝的，但乾隆帝却命工匠制作了多个空宝薮册，以备后继者使用。嘉庆以后诸帝都沿袭这一成例，每当新帝即位，都要将大行皇帝的御用玺印收集在一起，统一保存，并制作《宝薮》留存。至清朝灭亡，各个皇帝基本都有《宝薮》存世，成为研究清代帝后宝玺的极为重要的第一手资料。现在故宫博物院收藏有康熙、

1　中国第一历史档案馆、香港中文大学文物馆合编：《清宫内务府造办处档案总汇》，雍正、乾隆朝部分共 55 册，人民出版社，2005 年。

2　前揭《清宫内务府造办处档案总汇》第 1 册，第 382 页，雍正二年正月“裱作”。

3　《清高宗御制文余集》卷一。

图一　雍正《宝薮》（法国集美博物馆藏）

乾隆、嘉庆、道光、咸丰、宣统及慈禧的《宝薮》，法国巴黎集美博物馆则收藏有雍正皇帝的《宝薮》。

法国巴黎集美博物馆藏雍正《宝薮》一册，经摺装，装潢与故宫博物院所藏清代其他各帝《宝薮》基本一样。前后夹板用褐地万字纹锦装裱，前夹板中间留出石青色地长方形牙口，内嵌四条螭龙，螭龙中间嵌“宝薮”二字（图一）。内芯为宣纸装裱成的册页形式，48开。每开依据所钤宝玺的大小钤盖数量不同的御用玺印，大的每开2方、3方，小的每开6方、9方或更多，共有宝玺钤本228方（图二）。这些宝玺钤本明显地以即位为基点，分为前后两个部分，即位前的宝玺钤本144方，即位后的宝玺钤本84方。整个宝薮在钤盖之前显然经过精心筹度，基本按照其重要程度并适当参考大小安排宝玺的前后次序，每开根据预先排定的行数画出细痕，作为钤印的坐标，再依据宝玺的大小在细痕上用锥子扎出小孔，作为钤盖时的上下边界，因此《宝薮》上的印文钤本端正规矩，不偏不斜，只有个别不太清楚的稍作晕染修补。

四是各博物馆、私人收藏之雍正帝御笔书画作品上所钤宝玺。

雍正帝的书法具有相当的功力，他自己对此也颇为自负，因此留下的作品亦复不少。在比较正规的书法作品中，均钤有宝玺，可以使我们了解到雍正帝宝玺组合使用的一些情况。

如故宫博物院收藏的《美人图》绢画十二幅，其中的“把镜图”和“下棋图”画面上均有似乎是雍正帝即位以前手书的书法作品，都钤有其雍亲王时期的印章。前者挂轴中“破尘居士题”款下钤“壶中天”“圆明主人”（图三）；后者为一副对联的下半部分，在可见的“居士书”款下面钤“学书草堂”“疏懒庵”（图四）。仔细研读，这几方印迹都不是画上去的，确实是用雍亲王原印直接钤盖的。而这几方印章现在仍保存在故宫博物院，皆寿山石质地，是其即位前的书画作品上钤用的印章。此外如“胤禛之章”“御赐朗吟阁宝”“和硕雍亲王宝”“破尘居士”“谦斋”等在其继位前也都经常钤用。

又如故宫收藏的雍正御书“竹影横窗知月上；花香入户觉春来”对联以及此次参展的“草书夏日泛舟诗轴”中，迎首章用的是“为君难”玺，压脚章为“朝乾夕惕”“雍正宸翰”玺，这也是雍正即位后的书法作品上最常见的宝玺组合方式。

图二　雍正《宝薮》
（局部，法国集美博物馆藏）

图三　清人画《美人把镜图》
（局部，故宫博物院藏）

图四　清人画《美人下棋图》
（局部，故宫博物院藏）

二　雍正帝宝玺的数量

雍正帝的宝玺到底有多少方？这是观摩雍正宝玺时常为人所关注的问题。

笔者原以为通过法国集美博物馆所藏之雍正《宝薮》即可很容易地解决这一问题。因为乾隆四十六年编纂康熙、雍正和乾隆本人的《宝薮》时，一定做过较为细致的搜集清理工作，即使偶有遗漏，收入《宝薮》的宝玺与实际数量也不会相差太远。及至看到宝薮，并将《宝薮》和雍正时期的《活计档》、故宫所藏实物对比，才发现问题并非这么简单。

按照惯例，大行皇帝薨逝后，对其所属遗物都要进行清理。或分发不同人等以作纪念，或作为御用之物永久妥善保管，或通过其他方式予以处理，对于皇帝的宝玺也不例外。由于宝玺的特殊性，大行皇帝的宝玺都是要统一保存的。造办处《活计档》乾隆元年八月木作档案记载："十七日，首领夏安持来汉字帖一件，内开宫殿监督领侍苏培盛，首领夏安、郑爱贵交世宗宪皇帝宝二十三匣，共八十五方；藩邸宝十六匣，共一百十九方；传：着做楠木箱装盛。记此。于本年九月十一日，首领夏安将画得黑漆地画金龙箱纸样一张持进，交宫殿监督领侍苏培盛呈览，奉旨：照样准做。钦此。于乾隆二年九月十五日，太监赵朝凤将做得黑漆地画金龙箱一件、内盛原交出宝二百四方俱持去讫。"[1] 该条档案记载的就是雍正帝薨逝后对其宝玺搜集、清理、保存的情况。档案中明确讲到乾隆元年对雍正宝玺的清理结果：所有雍正宝玺原分装于 39 只宝匣之中，其中即位前 16 匣 119 方，即位后 23 匣 85 方，总计 204 方。这 39 匣宝玺又被统一收存在一只黑漆地描金龙纹的大宝箱中。

法国集美博物馆所藏雍正《宝薮》共著录雍正御用宝玺钤本 228 方，其中皇子时期的印章钤本 144 方。又根据故宫博物院所藏雍正帝宝玺实物，可知这 144 方钤本中有 24 方为双面印，实际有印章 120 方，即位以后的宝玺 84 方，总计也是 204 方，与前述档案所记乾隆元年收集整理雍正宝玺时的总数正相符合。只不过《宝薮》著录即位前的印章比乾隆元年档案所记多了 1 方，而即位后的宝玺少了 1 方而已。

从乾隆元年的档案和雍正《宝薮》的比较中，可知自乾隆元年将雍正帝宝玺收集起来，制作大宝箱统一保存起，直到乾隆四十六年编纂雍正《宝薮》，几十年间雍正宝玺的数量基本没有什么变化。《宝薮》著录的就是乾隆元年整理的那些宝玺。现在故宫博物院所收藏的 157 方就是其中的一部分。

但是，再看《活计档》，情况就不一样了。雍正即位前的印章制作档案已经无存，具体情况只能依据《宝薮》判定。但是即位后的宝玺，仅将现存《活计档》记录的宝玺和《宝薮》著录的即位后宝玺加以对照，二者就已经存在明显差别。档案和《宝薮》

1　前揭《清宫内务府造办处档案总汇》第 7 册，第 104 页，乾隆元年八月"木作"。

共有的宝玺69方，档案记录但《宝薮》未录者46方，档案未记录但《宝薮》著录者15方。具体情况可以参见本文第四部分的讨论。

通过以上各种资料可以基本厘清雍正宝玺的最终数目。根据乾隆元年档案和《宝薮》，可知雍正藩邸印章120方。即位后的宝玺数量可以活计档的记载为参照进行统计，活计档记载雍正即位后制作的宝玺是115方，集美雍正《宝薮》著录但不见于档案记载的有15方，故宫博物院收藏而不见《宝薮》著录和档案记载者3方，三者相加得到雍正即位以后制作的宝玺大约133方。从而得到雍正宝玺总数量大致为253方。这个数字距离实际的雍正宝玺的数量应该相去不远。

还有一点需要说明，这253方雍正宝玺中，到乾隆元年对其进行整理时就已经只有204方，这也是乾隆四十六年编纂雍正《宝薮》时的数字，更是后来一直保存在寿皇殿中的雍正宝玺的数字。至于那剩下的46方宝玺，恐怕在乾隆初年就已经佚失或改刻，再也难见踪影。

三 雍亲王藩邸印章

雍正帝即位时，已经45岁，是清代皇帝中即位时年龄最大的一位。在整整45年的皇子生涯中，他到底过着怎样的生活，由于留下来的资料太少，想要搞得清楚明白已是非常困难。那么，雍亲王藩邸时期的印章是否能为我们提供一些有价值的线索呢？

通过现存实物，雍正即位以前制作印章多达120方，其中包括24方双面印，共有印文144方。这些印文重复的很多，如“胤禛之章”7方、“皇四子和硕雍亲王宝”2方、“和硕雍亲王宝”9方、“雍亲王宝”2方、“破尘居士”4方、“御赐朗吟阁宝”17方、“朗吟阁”3方、“谦斋”10方、“敬持斋”3方、“圆明园”2方、“狮子园”2方、“大和斋”2方、“五福堂”2方、“恭临皇父御笔”3方、“乐善不倦”2方。其余如“圆明主人”“闲云道人”“尘外散人”“弟子越力”“越力”“迪德·胤禛之章”“帝子”“雯立”“朗吟阁宝”“竹梅烟舍”“学书草堂”“乐山书院”“洗桐山房”“深柳读书村”“煮字亭”“芝兰居”“芝兰室”“花圃”“松柏室”“清磬山馆”“静明斋章”“佛香庐”“观鱼榭”“草圣楼”“乐天园”“醉月轩”“得月台”“妙高堂”“乐善堂”“疏懒庵”“御赐和斋”“林亭”“妙香书屋”“朗吟阁书画船”“阳春召我以烟景”“大块假我以文章”“若木一枝”“博闻约礼”“墨池清兴”“泉石云林”“高山流水”“冰壶秋月”“别有洞天”“朗吟珍赏”“礼耕义耨”“游戏平林”“桃源深处”“放情物外”“天光云景”“壶中天”“娱耕织”“山水趣”“自在禅”“乐琴书”“弄流泉”“惠迪吉”“清可”“禅悦”“啸歌”“任运”“问芳”“得妙”“适兴”“溪云”“临池”“学佛”“巢安”“静观”“淡如”“醉吟”“时敏”“好古”“护封”“收”押等都是1方。这是雍正即位以前私人物品最为集中的遗存。如果将这些印文进行排比，就会发现这些印文的内容与雍正帝即位以前基本的生活状态

图五　雍亲王"闲云道人"玺印文

图六　雍亲王"尘外散人"玺印文

和心理状态有着密切的关系，其中的一些细节可以补充以往史料的缺失。

一是关于雍亲王的别号。

雍正帝名胤禛，他的别号“破尘居士”“圆明主人”是大家都熟知的，在其早年的书法作品中也经常使用。但是，他是不是还有其他的名号则很少有人提到，在有关雍正帝的研究中也付诸阙如。然而，雍亲王印章实物和《宝薮》却为我们提供了这方面的材料。在雍正《宝薮》中，“闲云道人”“尘外散人”等赫然在列（图五、图六），使我们知道，雍正帝在即位之前，除了使用“破尘居士”“圆明主人”等别号外，还使用“闲云道人”“尘外散人”的别号。尽管其使用不像“破尘居士”“圆明主人”那样频繁，但也不是没有。如2007年香港佳士得秋拍中国古代书画专场中的由清宫廷画家唐岱所绘“闲居高行册页”雍亲王的对题中就钤有此二印。

二是关于雍亲王的学佛和法号。

雍正自云少年时代就喜欢阅读佛家典籍，对佛学有一定的领悟。成年之后，更事研讨，与僧侣密相往来，过从较多的是章嘉呼土克图喇嘛、迦陵性音等人。尤其是章嘉呼土克图，“藩邸清闲，时接茶话者十余载”，使其在佛学修行上达到了很高的境界。雍正帝后来在《御选语录》的“后序”中描述了康熙五十一年（1712年）他在章嘉呼土克图指点下经过一年的修行，得蹈“三关”，最终悟得“三身四智合一之理，物我一如本空之道”，而“庆快平生”，被章嘉证实“王得大自在矣”的经过[1]，反映出雍正帝在藩邸时对佛学的研习和实修的真实状况。以他对佛学的优崇来看，他虽身不出家，有替僧代他出家，但在藩邸内修行的程式大概不会减省。在雍正《宝薮》中，有“弟子越力”和“越力”两方印章（图七、图八），最初只看到“越力”一印，还以为是

1 《御选语录》卷一八，“御制后序”。

图七　雍亲王"弟子越力"玺印文

图八　雍亲王"越力"玺印文

普通的吉语印，及至看到"弟子越力"，才知道"越力"原来是胤禛的又一个别号，并以"弟子"冠之，自是相对于师傅而言。至此才意识到"越力"二字有可能是胤禛研习佛法时从师傅那里得到的法号。修法则有法号，亦属正常，但能够让胤禛自称为"弟子"，说明他所师从的人具有极高的佛学造诣，而且是获得了他的高度认可的。那么，在与他往来的高僧之中，能够让他心甘情愿执弟子之礼的又有几人呢？除了章嘉被他尊为"证明恩师"[1]之外，还有谁堪为其师？到底是谁给了他这样一个法号？这些问题如果得到解决，相信对雍正帝与佛教渊源的认识会有所启发。

三是对康熙帝的敬重和刻意迎合。

清人蒋良骐编纂的《东华录》中有这样的记载，说雍正帝"幼耽书史，立就万言。书法遒雅，妙兼众体"[2]。虽不免有浮夸的成分，但也反映出一定的事实。雍正帝的书法造诣在有清一代的皇帝中可为翘楚。康熙皇帝就非常喜欢他的作品，"圣祖最喜世宗宸翰，每命书扇，岁书进百余柄。有旨不令书名，并用闲字图章。"[3]他自己于此也颇为自负，时不时会在言语中流露出来。而他早年雍亲王时期对康熙书法的临摹和学习，并得到康熙帝的赞赏，同样是他引以为傲的一点。"朕早蒙皇考庭训，仿学御书，常荷嘉奖。"[4]对康熙帝书法的临摹和学习可能是他早年书法实践的重要内容之一，这可以从《宝薮》中著录的几方"恭临皇父御笔"印章得到证实（图九）。因为仿学御书得以承欢于父皇面前，获得赏识，对于雍亲王胤禛而言是难得的际遇，因此制作相应的印章，既为自己宣传，同时也用以表明自己对康熙帝书法的推崇。"朗吟阁"位于圆明园中路"天然图画"景区内，原是雍亲王的书房，康熙赐名为"朗吟阁"。《宝薮》中著录的

1　前揭《清宫内务府造办处档案总汇》第7册，第104页，乾隆元年八月"木作"。

2　（清）蒋良骐：《东华录》卷24，第402页，中华书局，1980年。

3　（清）吴振棫：《养吉斋余录》卷三。转引自杨启樵《揭开雍正皇帝隐秘的面纱》，第226页，上海书店出版社，2002年。

4　《清世宗实录》卷十，雍正元年八月丁巳。

图九　雍亲王〝恭临皇父御笔〞玺印文

图一〇　雍亲王〝御赐朗吟阁宝〞玺印文

“御赐朗吟阁宝”竟多达17方（图一〇），大大小小各种尺寸都有，而制作这么多同样的印章，无非是在表明朗吟阁之名的“御赐”性质，借以显示他和父皇之间的亲密关系。从这两方印章所反映出的微小细节中可见藩邸时期的胤禛对康熙帝刻意迎合的情状。

四是雍亲王瓷印与臣字款。

雍亲王藩邸印章中有一套瓷质印章，现藏于故宫博物院，雍正《宝薮》亦有著录。共6方，分别为“皇四子和硕雍亲王宝”“和硕雍亲王宝”“胤禛之章”“御赐朗吟阁宝”方印和“御赐和斋”“乐善堂”椭圆形印。皆青花瓷质，上半部镂雕云龙。玺文四周高，中间低，文字为烧制以前篆写，青花边款“臣胡邦翰敬篆”（图一一）。从这几方印的釉色、胎体考察，也与印文的时代相符，是明显的康熙时期的作品，作品的时代是毫无疑义的[1]。这套瓷印的主人是当时的雍亲王胤禛，自康熙末年完成后一直收存于雍亲王府，后来一直保存在宫内，流传有绪，为雍亲王胤禛之闲章亦无疑义。

但问题就出现在边款上。此套瓷印在印体通常书款的位置有青花“臣胡邦翰敬篆”六字，这就是所谓的“臣字款”。“臣字款”物品一般是在作者姓名前加署一个“臣”字，如此署款的作品，必定是臣民为帝王制作的，称臣的对象一定是皇帝而不是别人。也就是说，“臣字款”物品的最初拥有者一定是皇帝。然而，这套雍亲王瓷印却大不一样。当时的胤禛还只是一个亲王，他有资格拥有“臣字款”的东西吗？

1　康熙时期制作瓷印也有相关材料的佐证，在康熙《宝薮》中著录的6方“康熙御笔之宝”就是瓷质的，宝为正方体，除印面外，其余五面均绘青花龙纹。其中的一方现收藏于法国集美博物馆。

在属于一个亲王自己的私人物品上公然署“臣字款”，这是明显的逾制，甚至是大逆不道，是绝对不允许的。但偏偏在雍亲王胤禛的印章上就出现了。这一现象颇令人费解。

图一一　有臣字款的瓷质“雍亲王宝”（故宫博物院藏）

首先，弄清胡邦翰是何许人对解读这组印章是至关重要的。但检阅相关资料，清代是有一个叫胡邦翰的人，生于康熙五十一年（1712 年），乾隆十七年（1752 年）进士，乾隆二十六年任台湾彰化县令，后兼署淡水同知，任内兴利除弊，颇多建树，官至兴化知府[1]。但此人出生太晚，胤禛为亲王时才刚刚出生，不可能为其烧造瓷印。过去我们也曾推测这个胡邦翰可能为内府御书处的写字人，但写字人一般都不落款，除非是经过特许，因此这个推测也难以令人信服。他和当时的雍亲王胤禛的关系到底怎样，已经无法知晓。

其次是雍亲王的闲章上为什么署上了“臣字款”。这可以见仁见智，但要在礼制的框架下得到合理的解释就不那么容易。当然，在清代也有官员对未继统者称臣的现象，如清初的多尔衮，但那是鉴于摄政王的特殊地位，与此时雍亲王的情况存在本质的差别，据此还不足以得出官员或仆从可以对亲王普遍称臣的结论。因此，在此提出以留待大家讨论。

当然，对雍亲王胤禛时期印章的认识不能脱离当时大的时代背景，那就是康熙晚期皇子间剧烈的储位之争。英明一世的康熙皇帝，在接班人问题的处理上可以说是其一生最大的缺憾。康熙末年，随着皇太子的废而复立，旋即又废，成年皇子间争夺皇位的斗争日趋激烈。胤禛同样参与了这一争夺战。但他的方式却不同于别人，他工于心计，善于表演，看似恬淡逍遥、怡情自适、与世无争的生活背后，紧锣密鼓角逐储位的真实意图往往深藏不露。结果正如他自己所说：“从前储位未定时，朕之兄弟六七人，各怀觊觎之心，彼此戕害，各树私人，以图侥幸。”[2]而他自己却是“安富尊荣，循理守分，不交结一人，不与闻一事，于问安视膳之外，一无沽名妄冀之心”[3]。对待父皇康熙至诚至敬，“朕幼蒙皇考慈爱教育，四十余年以来，朕养志承欢，至诚至敬，屡蒙皇考恩谕。诸昆弟中，独谓朕诚孝”[4]。与自己的兄弟则是“悉恭敬尽礼，并无一

1　“台湾记忆”网站检索条目。网址：http://memory.ncl.edu.tw，检索路径：首页/人与事/台湾人物志/胡邦翰。检索日期：2009 年 8 月 21 日。

2　《大义觉迷录》卷 3，《清史资料》第 4 辑，第 129 页，中华书局，1983 年。

3　前揭《大义觉迷录》卷 1，《清史资料》第 4 辑，第 10 页。

4　前揭《大义觉迷录》卷 1，《清史资料》第 4 辑，第 10 页。

语之争竞，亦无一事之猜嫌”[1]。所有这些，与其早期印章所反映出来的情形可谓异曲同工。从“闲云道人”“尘外散人”的别号中，从“游戏平林”“桃源深处”“放情物外”“天光云景”“巢安”“静观”“淡如”“醉吟”“恭临皇父御笔”“御赐朗吟阁宝”等的闲章中，留给世人活脱脱一个以富贵之身，处繁华之境，不问功名荣辱，与山僧野老为伍，如闲云野鹤，清心寡欲，悠然自得，诚孝父皇，友爱兄弟的皇子形象。所有这些使他成功地蒙蔽了竞争者和决策者的视线，不显山不露水，绵里藏针，最终取得储位争夺的胜利，缵承帝位。

不论实际情况如何，上述印章所反映出的几方面内容都是当时的雍亲王胤禛在激烈的储位争夺战中亟力要向世人允分展示的一面，也可以使我们能够从另　个角度更全面地认识雍亲王胤禛其人。

四　即位后的宝玺与雍正其人其政

和其他皇帝一样，雍正帝即位以后便开始了御用宝玺的制作。活计档记载最早制作的是雍正元年正月十七日交办的“雍正御笔之宝”：

> 正月十七日，懋勤殿首领太监苏培盛交寿山石夔龙钮宝一方，上书朱字雍正御笔之宝。奉旨：篆样呈览过再镌刻。钦此。于正月十九日，翰林张照篆样一张，技艺人滕继祖篆样一张，南匠袁景劭篆样一张，刻字人张魁篆样一张，怡亲王呈览，奉旨：张照篆样文范，但笔划微细，照袁景劭篆书，其笔划另篆。再滕继祖篆样上之字篆法好些，问张照之字篆法有何讲究？钦此。于正月二十二日，翰林张照篆样二张，技艺人滕继祖篆样三张，南匠袁景劭篆样三张，刻字人张魁篆样三张，怡亲王呈览，奉旨：准张照古篆雍正御笔之宝，将之字下横取平，选吉时照样镌刻。钦此。于正月二十九日，照翰林张照篆样，镌刻得寿山石雍正御笔之宝一方，怡亲王呈进。奉旨：将此宝样好生收着。钦此。[2]

这是非常典型的雍正御用宝玺制作的程序。制作的动议出自雍正自己，在制作过程中包括篆字的细节都经过圣裁，甚至还特别强调镌刻时要选择吉时，由此可见雍正帝对宝玺制作的关注。这样的例子还有很多，如：

> 二十六日，怡亲王交斗钮雕锦地夔龙凤寿山石图书二方，合牌锦匣盛，奉旨：

1　前揭《大义觉迷录》卷1，《清史资料》第4辑，第15页。

2　前揭《清宫内务府造办处档案总汇》第1册，第195页，雍正元年正月“刻字作”。

此图书样式、雕刻做法俱好，嗣后若有如此图书，俱照此样式做。钦此。[1]

二十二日，怡亲王交刻花押象牙图书一件，合牌上写朱字花押一件，奉旨：花押刻错了，照合牌上朱字花押另刻。钦此。[2]

二十三日，怡亲王交四喜桥梁钮寿山石图书一方，奉旨：改做夔龙式，镌雍正御览之宝。钦此。[3]

二十三日，怡亲王交红色寿山石双螭玦扁钮长方引首一方……奉旨：双螭玦扁钮长方引首下边砣做腰圆形，镌为君难。……[4]

可以看出雍正帝对御用宝玺制作的要求都非常具体，甚至成为重要的设计者、指导者和最后的验收者。从现存的实物看，雍正帝的宝玺制作十分精致，印文篆法、布局都有可观之处，水平很高，这和雍正帝自己的参与和严格要求不无关系。

这里特将《活计档》中记载的雍正帝即位后制作宝玺的情况制成下表。同时，也将《活计档》记载制作的宝玺在《宝薮》中的著录情况一一标示，以便对比。

《活计档》记载雍正即位后宝玺制作及《宝薮》著录情况

编号	交办时间（年／月／日）	完成时间（年／月／日）	数量	宝玺名称	《总汇》出处（册一页）	备注（未注质地者皆为寿山石）	《宝薮》著录情况（著录者：○）
1	一／一／十七	一／一／二十九	1	雍正御笔之宝	1/195	夔龙钮	○
2	一／一／二十二	一／三／一	1	敬天勤民	1/93、94	白玉双龙钮	○
3	一／一／二十二	一／一／二十五	1	花押	1/195	象牙	○

1　前揭《清宫内务府造办处档案总汇》第 1 册，第 197 页，雍正元年正月“刻字作”。

2　前揭《清宫内务府造办处档案总汇》第 1 册，第 195 页，雍正元年正月“刻字作”。

3　前揭《清宫内务府造办处档案总汇》第 1 册，第 196 页，雍正元年正月“刻字作”。

4　前揭《清宫内务府造办处档案总汇》第 1 册，第 197 页，雍正元年正月“刻字作”。

编号	交办时间（年／月／日）	完成时间（年／月／日）	数量	宝玺名称	《总汇》出处（册一页）	备注（未注质地者皆为寿山石）	《宝薮》著录情况（著录者：〇）
4	一／一／二十三	一／二／二十四	1	雍正敕命之宝	1/195、196	九龙钮夔龙边	〇
5	一／一／二十三	一／四／十九	1	雍正御览之宝	1/196	四喜桥梁钮	〇
6	一／一／二十三	一／二／十四	1	雍正亲贤之宝	1/196	五宋龙钮	〇
7	一／一／二十三	一／四／八	1	雍正御笔之宝	1/94	白玉双龙钮	〇
8	一／一／二十三	一／四／八	1	兢兢业业	1/196	双螭玦钮	〇
9	一／一／二十三	一／四／八	1	敬天尊祖	1/196	鼍龙钮	〇
10	一／一／二十三	一／四／八	1	亲贤爱民	1/196	双兽钮	〇
11	一／一／二十三	一／三／十三	3	为君难、朝乾夕惕、雍正宸翰	1/197	双螭玦扁钮、飞熊钮、苍龙教子钮	〇
12	一／四／二十九	一／五／二	1	花押	1/197	象牙	
13	一／五／十七	一／九／四	43	雍正尊亲之宝2方、致中和3方、敬天勤民3方、雍正敕命之宝3方、雍正御笔之宝3方、雍正亲贤之宝3方、雍正御览之宝3方、兢兢业业3方、为君难4方、朝乾夕惕4方、雍正宸翰4方、敬天尊祖4方、亲贤爱民4方	1/197、198	小素图书	

编号	交办时间（年／月／日）	完成时间（年／月／日）	数量	宝玺名称	《总汇》出处（册一页）	备注（未注质地者皆为寿山石）	《宝薮》著录情况（著录者：○）
14	一／五／二十	一／七／二十五	22	为君难3方、朝乾夕惕3方、雍正宸翰3方、兢兢业业3方、敬天尊祖3方、亲贤爱民3方、阳文押2方、阴文“封”字2方	1/198	各色小图书	○（“兢兢业业”“封”字各1方未著录）
15	一／七／二十九	一／八／十	3	为君难、朝乾夕惕、雍正宸翰一份	1/199		○
16	一／八／十七	一／九／十四	1	雍正尊亲之宝	1/199	太平有象钮	○
17	一／九／十四	一／十／二十二	1	致中和	1/199、200	夔龙钮	○
18	二／七／一	二／七／九	1	雍正御制之宝	1/321	白玉三喜钮	○
19	三／七／十五	三／八／十四	1	雍正御笔之宝	1/605	白玉九螭钮	○
20	三／七／十五	三／八／二十三	1	雍正御笔之宝	1/605	白玉坐龙钮	○
21	六／二／十三	六／六／十八	28	喜起、勤政殿、诚求、四宜堂、养心殿、时中、崇实政、懋勤殿、诚和、勤政亲贤、协和、正大光明、和四时、静观、万物一体、建中于民、天清地宁、嘉乐、九洲清晏、万方安和、四方宁静、宝贤、精一执中、主善为师、松柏室、万国咸宁、用中、诚和万民	2/712、713		○
总计			115				《宝薮》著录69方

由上表可知，《活计档》记载制作的御用宝玺计115方，其中《宝薮》著录的69方，《宝薮》著录但不见于档案记载的有15方，去同存异，可以得到雍正即位后制作的宝玺数是130方，再加上故宫所藏而不为《活计档》和《宝薮》记载的3方，共计133方。

从《活计档》的记载来看，雍正即位后的宝玺制作主要集中在元年和六年。尤其是雍正元年，所有重要的宝玺几乎都是在这一年制作完成的。令人关注的是除了通常必备的“雍正御览之宝”“雍正御笔之宝”“雍正宸翰”等宝玺之外，下面的这些宝玺制作的数量尤多，如“敬天尊祖”8方、“亲贤爱民”8方、“敬天勤民”4方、“为君难”9方、“朝乾夕惕”9方、“兢兢业业”9方，占据了雍正帝即位后所制宝玺相当大的比重，而且频繁地被制作，反映出其地位的重要性。

中国篆刻是具有浓郁人文传统和深厚文化积淀的艺术门类。篆刻作品往往是创作者和使用者遣兴托怀、言情咏志之作，是表达心迹、抒发志趣的载体。由于皇帝特殊的身份和地位，其宝玺的制作绝不是随意而为，尤其是在印文的选取上更是极为慎重，正如乾隆帝所说：“夫天子宸章，择言镌玺，以示自警，正也。”其内容都是有感而发，真实地反映了皇帝们的情趣和喜好，与其当时的处境、思想和行为有着密切联系。基于这一点，上述大量并反复被制作的雍正宝玺可以说是其思想的凝练和升华，对这些宝玺的解读可以使我们更好地理解雍正其人其政。

关于这方面的内容，在拙文《述雍正宝玺》中曾有专节进行讨论，同时也收入拙著《明清帝后玺印》中[1]，此不复赘。这里仅以“为君难”宝为例进行分析。

雍正元年正月“二十二日，怡亲王交御笔‘为君难’匾字一张，长三尺九寸五分，宽一尺六寸六分；‘惟以一人治天下；岂为天下奉一人’对一副，高五尺四寸五分，宽九寸五分。奉旨：匾、对俱做木格眼一块玉，不必镶边。钦此。于正月二十五日，做得‘为君难’匾一面，对一付，怡亲王呈进”[2]。《活计档》记录的匾和对联都是由雍正帝亲笔书写的。其中“为君难”匾悬挂在圆明园勤政殿后楣上，对联则悬挂于紫禁城养心殿西暖阁。此次制作距离雍正帝即位只有短短两个多月的时间。不仅如此，第二天也就是正月二十三日，雍正帝又发出了另一项制作旨意：“怡亲王交红色寿山石双螭玦扁钮长方引首一方、红色寿山石飞熊钮图书一方、红色寿山石苍龙教子钮图书一方，奉旨：双螭玦扁钮长方引首下边砣做腰圆形，镌‘为君难’；飞熊钮图书镌‘朝乾夕惕’；苍龙教子钮图书镌‘雍正宸翰’。钦此。于三月十三日，红色寿山石双螭玦扁钮长方引首一方砣做腰圆形完，镌‘为君难’三字；红色寿山石飞熊钮图书一方镌‘朝乾夕惕’四字；红色寿山石苍龙教子钮图书一方镌‘雍正宸翰’四字，共配做一锦匣盛装，怡亲王呈进。”[3]其中的寿山石双螭玦扁钮长方引首“为君难”腰圆形宝

1　郭福祥：《明清帝后玺印》，第126～142页，国际文化出版公司，2003年。

2　前揭《清宫内务府造办处档案总汇》第1册，第182页，雍正元年正月“裱作”。

3　前揭《清宫内务府造办处档案总汇》第1册，第197页，雍正元年正月“刻字作”。

图一二　寿山石"为君难"玺（故宫博物院藏）

图一三　寿山石"为君难"玺印文

是雍正帝即位后最早制作、最大的一方“为君难”宝（图一二、图一三）。在此后的几个月时间里，雍正帝不断下达旨意，又制作了8方“为君难”宝。在如此短的时间内，既写匾，又多次制作宝玺，说明刚刚即位的雍正帝对为君之难的深切感受，是他当时内心想法的真实反映。

“为君难”典出《论语》。《论语·子路》：“定公问：‘一言而可以兴邦，有诸？’孔子对曰：‘言不可以若是其几也。人之言曰：为君难，为臣不易，如知为君之难也，不几乎一言而兴邦乎？’”孔子的君臣难易论说，给了两千多年后的雍正帝以强烈共鸣，尤其是作为一国之主，对其中的“为君之难”更有深切的体验，从而将“为君难”作为箴言，以警示自己时刻不要忘记作为一位皇帝的职责。

雍正之所以对“为君难”情有独钟，时常提及，与他的经历有着密切的关系。

一方面，由于储位争夺的关系，他在处理家族内部关系方面多有不尽如人意之处。这要追溯到康熙朝。有人这样评介康熙的过失：“圣祖举过无多，不可谓身不修，然诸皇子之狠戾残贼，太子旋废旋立，即立后废，临朝痛哭，不能救正，至晏驾亦有疑义，复开兄弟相杀之端，此亦人伦之变矣。”[1]康熙后期留下来的隐患，雍正继位后便日趋明朗化了。由于有昔日争夺储位的宿怨，他的几个兄弟，尤其是允禩、允禟、允䄉等公然向他的皇位合法性提出挑战，致使雍正不得不痛下杀手，置其政敌于死地，以维护其作为最高统治者的权力和威信。雍正结束了长达四十年之久的储位斗争，使整个官僚集团摆脱了党争局面，但也因此落了个嗜杀成性的恶名，这几乎成为雍正皇帝一生的沉重包袱。既要躲避时不时突然而来的攻击，为自己的行为辩护，同时又要推行自己的改革措施，焉有不难之理！

另一方面，作为一国之君，雍正帝对自己所处的地位和境遇非常清楚，常常对自

1　孟森：《明清史讲义》，第453页，中华书局，1981年。

己的行为反躬自省，并由此体味到做一位好皇帝的苦衷。他不只一次地讲“为君难”。如：“从来人君听言纳谏，原为美德，但言之公者，自应嘉纳，而言之私者，岂可漫为听从。今科道所奏，朕若不加采纳则以朕为不能受谏，若所言谬妄而稍为惩戒，则谓苛待言官，以杜忠谏之路，此为君之所以难也。”[1]“皇考以大位付朕，朕念皇考四十五年顾复深恩，勉承大统，仰荷贻谋之重大，夙夜祇惧。不遑寝食，天下机务无分巨细，务期综理详明。朕非以此博取令名，特以钦承列祖开创洪基，仰体皇考付托至意，为社稷之重，勤劳罔懈耳。古云‘为君难’，若只图一身逸乐，亦复何难？唯欲继美皇考之治，则忧勤惕励，莫难于为君矣。朕既受皇考所付重任，则朕之一身，上关宗庙社稷，不得不为防范。”[2]正因为他深知为君之难，对自己的地位有着清醒的认识，所以处理政务时才能够周密而谨慎，因时因地制定出施政纲领。雍正帝一生勤政，像一架机器一样不停息地运转，与他内心深处那种“为君难”的意识不无关系。

乾隆皇帝对雍正帝的这种内心境况也颇为了解，特作《为君难跋》说：“夫为君难之言，孔子道人之言耳。而吾直以为皇考之言者何？”直截了当点明“为君难”与雍正的关系，并接着发挥道：“且孔子非为君者也。其云难，亦不过思其理而度其势，究未身历其境，而心亲其劳也。皇考禀内圣之姿，行外王之道，质诸心得，验以躬行，故取孔子之言而铭之枏端，所以自警也，所以训予小子也，所以诏世子孙曾常凛此志以迓天庥，而基命宥密，永永无极也。”[3]进一步将其作为警示子孙后代的重要内容。

具体于雍正帝的宝玺而言，其所蕴含的精神层面的价值是值得重视的。满洲入关以后，面对具有深厚文化积淀的汉民族，清代统治者深切地认识到他们所面临的情势。他们能够以一个人口不多的小民族成功地将其统治维持了268年之久，这里面有着相当复杂的因素。其中清帝个人的作用是不容忽视的。他们之间似乎有一种持续的、稳定的意识，使他们成为具有共同性格特点的统治集体，这在清帝的宝玺中也有所反映。雍正帝宝玺中所蕴含的诸如“敬天尊祖”“亲贤爱民”为主要内容的施政纲领，“为君难”流露出的忧患意识，“朝乾夕惕”“兢兢业业”所代表的对勤政家法身体力行的实践，等等，在清代其他皇帝尤其是康熙和乾隆的宝玺中同样有所表露。如果将其放在整个清朝的大背景下考察，这些方面亦可看做是清朝皇帝集体性格的重要体现。从这个角度上说，雍正帝对“为君难”的关注和阐发正是这种清朝统治者集体忧患意识和危机感在个体中的表现。

原载《两岸故宫第一届学术研讨会：雍正其人其事及其时代论文集》，台北故宫博物院，2010年

1 《清世宗实录》，雍正五年十月。

2 《清世宗实录》卷十八，雍正二年四月。

3 《清高宗御制文初集》，卷十三。

论清代宝玺的发展与变化

恽丽梅

内容提要：清初宝玺制度是在明代基础上建立的，乾隆时期对其进行厘定。本文利用档案文献与故宫博物院现藏文物相结合，对清代国家政务宝玺进行探讨。文章从清代宝玺的形成、二十五宝的确立、盛京十宝与留用四宝、关于传国玺等四个方面进行阐述，论述了清代宝玺的发展与变化，对一些宝玺的质地、改镌及留用宝玺等问题进行了考证。

关键词：清代宝玺　康熙二十九宝　乾隆二十五宝　盛京十宝　留用四宝

印章是我国特有的用以作凭信和行使权力的产物。自秦统一六国后，皇帝印章称“玺”或“宝”，凡是皇帝发布诏书或文告时所用印章称“宝玺”。清代皇帝宝玺，其内容有两类：一是代表皇权的国宝，二为皇帝收藏和鉴赏用的宝玺。清代宝玺除一部分由于战乱散失民间或海外，大部分较完整地保存下来，均收藏在故宫博物院。本文利用档案文献与故宫现藏文物相结合，仅对清代国家政务宝玺进行探讨。文章从清代宝玺的形成、二十五宝的确立、盛京十宝与留用四宝、关于传国玺等四个方面进行论述，以期对清代宝玺的发展与变化有一个清晰的认识。

一　清代宝玺的形成

《说文》：“玺，王者印也。”战国时期“玺”一般从金从尔作“鉩”；秦制，天子称玺，用玉，秦官印亦有称玺者，但用金。一般臣以下称章，不得称玺。秦始皇始行“六玺”制度，有：皇帝行玺、皇帝之玺、皇帝信玺、天子行玺、天子信玺、天子之玺，汉代虽遵秦制不变，但进入了玺印的鼎盛时期，朝廷开始设立管理玺印的机构，并以其形制区别来强化等级：皇帝玉玺为虎钮，皇后金玺为虎钮，诸侯王金玺为驼钮，

作者：宫廷部，研究馆员。

皇太子及左右将军金印为龟钮。

隋代增加了“神玺”和“受命玺”二玺，“神玺”为君权神授的象征，以镇中国，藏而不用；“受命玺”以封禅礼神。唐至武后以玺音近死，遂改玺为宝。十一年后，唐中宗即位，将“宝”恢复为“玺”；唐玄宗开元六年，又将“玺”改为“宝”，从此，皇帝御宝一直称宝。北宋增加到十四宝，金代有十五宝。元御宝名称和数量大体沿袭隋唐的八宝制度，元八宝曰：“受命宝、传国玺、天子之宝、皇帝之宝、天子信宝、皇帝行宝、天子行宝、皇帝信宝。”[1]元八宝中今仅见有《集存》著录的“皇帝之宝”一方，此印每边长12.5厘米，是迄今最长的一方八思巴字印。此印用三种文字，左为八思巴文“皇帝”二字，右为汉文“之宝”，中行是梵文，意为吉祥、隆盛[2]。

明代制宝始于洪武二年（1369年）：“造御宝六，白玉三、青玉三。文曰‘天子行宝、天子信宝、天子之宝、皇帝行宝、皇帝信宝、皇帝之宝’。”[3]以后宝的种类陆续增至17种，除上面六宝，还有“‘皇帝奉天之宝’‘制诰之宝’‘敕命之宝’‘广运之宝’‘皇帝尊亲之宝’‘皇帝亲亲之宝’‘敬天勤民之宝’”，“又有‘御前之宝’‘表章经史之宝’‘钦文之玺’‘丹符出验’四方”[4]。据史料文献记载，洪武二十一年五月庚寅，“诏吏部自今诰命单符用‘敕命之宝’”[5]，后面11方印应是洪武二十一年前后制造的，而11方印中“其大者”应是大印，“又有”4方应是小印。洪武二年制造的6方御宝为玉质，而洪武二十一年前后制造的11方御宝应多属金质，“十七宝者，大半范金为之”[6]。但是，在正德九年（1514年），宫内发生火灾，十七宝部分损毁，嘉靖十八年（1539年）又进行了补造，分别为：“奉天承运大明天子宝”“天子信宝”“天子行宝”“皇帝信宝”“皇帝行宝”“大明受命之宝”“巡狩天下之宝”“垂训之宝”“命德之宝”“讨罪安民之宝”“敕正万民之宝”；其中“天子信宝”“天子行宝”“皇帝信宝”“皇帝行宝”[7]，为洪武原定十七宝，其余七宝为新增。明二十四宝成为定制后，经明一朝未曾改变。

清代入关前后随制度的改变，印玺也有变化。努尔哈赤早期用明代赐印“建州左卫之印”[8]，天命年间用六行老满文玺“天命金国汗之宝”[9]。皇太极时除使用“天命金

1 （明）宋濂等撰：《元史·舆服二》卷七十九，崇天卤簿。

2 照那思图：《八思巴字篆书官印辑存》，《文物资料丛书》第一辑，1972年。

3 《明太祖实录》卷四十五，洪武二年九月庚子。

4 （清）张廷玉等撰：《明史·舆服四》卷六十八。

5 《明太祖实录》卷一九〇，洪武二十一年五月庚寅。

6 （明）沈德符：《万历野获编》卷二。

7 《明世宗实录》卷二二一，嘉靖十八年二月甲辰。

8 《朝鲜李朝实录》宣宗卷七十一。

9 李光涛、李学智编著：《明清档案存真选辑》第二辑，第43页，台湾“中央研究院”历史语言研究所专刊三十八之二。

国汗之宝”外，还使用金质“金国汗之印”，当时皇太极的个人绝对权力还未能树立，因而用印尚未称“宝”[1]。清入关定都北京后，官制沿用明代制度，并在此基础上进行了一些改革，对官印的铸造和管理远比历代严格。清代官印统一由礼部铸印局铸造，每铸一印，须先由吏部、兵部具题印文并通告礼部，礼部再据文奏请皇帝批准，之后再由钦天监择日着制印局开炉制造。印铸成后，还须送内阁经复核无误再颁发，每印尺寸、重量以及颁发日期均记录存档。

清入关之初印玺还未发生变化，在顺治继位初年印玺还沿袭皇太极印玺，上谕下发诏书有："皇帝之宝""奉天之宝""敕命之宝""天子之宝"御宝，另外，还有元传国玺“制诰之宝”，共5玺。康熙朝清代印玺制造开始有所变化，出现了二十九宝。康熙二十九宝是对明二十四宝进行了改动和增删，将“大明受命之宝”改为“大清受命之宝”，删去了“奉天承运大明天子宝”，增加了“奉天法祖亲贤爱民”“敕正万邦之宝”和“制驭六师之宝”三宝；重复三种："皇帝之宝""制诰之宝"和“敕命之宝”。

康熙二十九年（1690年）编纂的《大清会典》中关于二十九宝记载：凡宝色，行文工部取用御宝二十九颗，宫内收贮六颗，内库收贮二十三颗。

康熙二十九宝排序是根据用途而定的，康熙帝对二十九宝规定了用途：

（1）皇帝奉天之宝：即传国玺，两郊大祀，及圣节，宫中告天青词用。

（2）大清受命之宝：以章皇序。

（3）皇帝之宝：以布诏赦。

（4）天子之宝：以祀百神。

（5）制诰之宝：凡制用。

（6）敕命之宝：凡敕用。

（7～8）皇帝之宝、皇帝行宝：以颁赉赐。

（9）皇帝信宝：以征戎伍。

（10）天子行宝：以册外蛮。

（11）天子信宝：以调番卒。

（12～14）制诰之宝、敕命之宝、广运之宝：以谕臣僚。

（15）御前之宝：以肃法驾，谨封识。

（16）皇帝尊亲之宝：以荐徽号。

（17）皇帝亲亲之宝：以展宗盟。

（18）敬天勤民之宝：以饬觐吏。

（19）表章经史之宝：以崇古训。

（20）钦文之宝：以重文教。

1 任万平：《清代官印制度综论》，《明清论丛》第一辑，紫禁城出版社，1999年。

（21）丹符出验四方：以识御封、证殊方。

（22）巡狩天下之宝：以从省方。

（23）垂训之宝：以扬国宪。

（24）命德之宝：以奖忠良。

（25）奉天法祖亲贤爱民：御书特书、大政要务布告等事。

（26）讨罪安民之宝：以张征伐。

（27）敕正万邦之宝：以诰外国。

（28）敕正万民之宝：以诰四方。

（29）制驭六师之宝：御驾亲征行营之用。[1]

清代印玺和其他制度都是在明代基础上进行了创建，这和清初的历史背景和历史事件是有很大关联的。康熙朝改明玺也是与当时历史条件分不开的。康熙帝的改动有以下几点：

（一）改一宝与删一宝

关于"大明受命之宝"改为"大清受命之宝"，由于改朝换代，是必然的。但将明代二十四宝中的"奉天承运大明天子宝"删去则有特殊原因。此宝为嘉靖十八年（1539年）新增，新增此宝与著名的"大礼仪"事件有直接关系。嘉靖皇帝生父为成化皇四子祐杬，成化十二年七月生，其母为邵氏，宸妃，后进为贵妃、皇太后，即"寿安皇太后"。祐杬二十三年封兴王，弘治七年（1494年）就藩安陆，正德十四年（1519年）去世，谥号"献王"。两年后，他的儿子被迎立为皇帝，即明世宗。因世宗帝为武宗堂弟、兴献王之子，即位后廷臣议推尊礼，称孝宗皇考，慈寿（张氏）皇太后为圣母。其父为"皇叔父"、生母（蒋氏）为"皇叔母"。嘉靖三年九月定称孝宗为皇伯考，皇太后为皇伯母，献帝为皇考，生母章圣皇太后为圣母。大礼议告一段落。以"大礼仪"为契机嘉靖朝政治发生重大转折，杨廷和等社稷功臣一变为"罪魁祸首"，几遭杀身之祸；张璁等"议礼派"进入内阁，成为帝国的新贵和世宗的心腹。十七年九月加上献皇帝尊谥为"知天守道洪德渊仁宽穆纯圣恭俭敬文献皇帝"，庙号"睿宗"，神主供奉于太庙，位在孝宗之下、武宗之上；又取严父配天意，明堂祭天配享。这年十二月，蒋太后病逝，上尊谥曰"慈孝贞顺仁敬诚一安天诞圣献皇后"。初欲迁献皇帝梓宫合葬于天寿山，几经权衡，厚熜又于次年三月亲自返回安陆相度显陵，最后决定于闰七月奉皇太后梓宫南还合葬，太后神主升祔睿宗庙。厚熜父母已完全等同于先代正式帝后，议礼结束[2]。嘉靖皇帝从一个少年天子一天天长大，他的皇权意识也逐步强化。嘉靖皇

1　康熙《大清会典》卷二，内阁。

2　刘毅：《明清皇室》，第137页，紫禁城出版社，1997年。

帝"大礼仪"之争，与他的出身有直接关系，为使他的身份更加合法化，嘉靖十八年补造了这方"奉天承运大明天子宝"，此印应该是明代嘉靖皇帝历经十八年"大礼仪"事件的产物。

议礼结束后，厚熜也就失去了对政治的兴趣，嘉靖十八年（1539）二月，他册立十五年十月出生的皇次子载壑为皇太子。嘉靖中叶，世宗日事斋醮，不理朝政。晚年，明世宗更是整日在内廷焚修，深居简出，迷信更甚。康熙二十五年所使用的二十九宝已经不改径删，表明了康熙帝对嘉靖帝"大礼仪"事件的否定态度。

（二）增加三宝

增加三方宝为："奉天法祖亲贤爱民""敕正万邦之宝"和"制驭六师之宝"，这表明康熙皇帝较明代用宝增加了新的内容。康熙初年，由于连年战乱，国家财政困难。康熙帝采取了一系列措施，如除权臣鳌拜、整顿朝纲、勤政务实、绥抚蒙古、处理宗藩关系、缓和满汉矛盾，等等。而三宝的增加，正反映出康熙帝在处理政务、战事、外交方面的需要。

"奉天法祖亲贤爱民"宝，用途为"御书特书大政要务布告等事"，我们从康熙一朝的盛事中能够看到：康熙完成了国家统一，建立了相关的典章制度，调整政策，恢复和发展生产，进行治河，康熙十六年设南书房，选品学兼优的翰林院汉官入直，二十三年还下令仿《唐六典》编纂《大清会典》，宣称"满汉一体"。康熙是清代皇帝中系统学习儒家经籍的开创者，他推崇程朱理学，又规定科举考试必须以朱熹注释的《四书》、《五经》为完卷标准。这说明康熙朝所面临如此众多的大政要务，特别需要有关颁发要务的宝玺。

"敕正万邦之宝"，用途为"以诰外国"。康熙时对外交流频繁，1670 ~ 1720 年期间，俄国使者六次觐见康熙皇帝，请求贸易、通商等事宜。签订了《中俄尼布楚条约》，划定了中俄东段边界。随着西方传教士的进入，中西文化交流不断扩大和深入。康熙对天主教的认知和宽容，是因为他认识到传教士所具有的科学技术的重要性，康熙皇帝本人还对西方科学技术进行研习和推广。为了方便教士宫廷供奉，康熙在紫禁城西华门内准许建立教堂。康熙年间，罗马教皇为在华耶稣会士与中国基督徒的礼仪问题，分别于康熙四十六年（1707 年）、康熙五十九年（1720 年）两次遣使来华觐见皇帝，这些在历史上超过了明朝。如此众多和重要的外交事务，使康熙增加了这方宝玺。可见，康熙这方用于外交事务的宝玺是非常重要的。

"制驭六师之宝"，用途为"御驾亲征行营之用"。康熙经过八年平定了三藩之乱，二十二年收复了台湾。康熙二十三年，清政府正式解除海禁，开海贸易。康熙二十四年至二十五年进行了收复中国领土的两次雅克萨之战。康熙三次亲征，平定噶尔丹等，完成了国家的统一。

三宝的增加说明了政务需要，适应形势的发展；体现了康熙帝对形势的洞察及理政能力。在实施这些事务时，会经常使用宝玺，为了规范化，康熙二十九宝中增加了这 3 方宝玺，体现了这三方面事务的加强，此三宝在康熙逐步走向“康乾盛世”中起到了重要作用。

（三）印文重复三宝

康熙二十九宝中有三种为印文重复，即“皇帝之宝”“制诰之宝”和“敕命之宝”。这 3 方宝是向全国颁布诏书、向臣僚颁发上谕时离不开的。我们从印文内容能够看出，这 3 方宝康熙时期使用繁多。康熙皇帝把经常使用的印玺，制作了备份，说明他在执政时期对宝玺的重视。

在二十九宝中，“皇帝之宝”的用途是“以颁赉赐”。“制诰之宝”和“敕命之宝”的用途为“以谕臣僚”。此三宝已各有 1 方，康熙为何还要制造同一印文的印玺呢?一方面二十九宝中前六宝为“宫内收贮”，后二十三宝为“内库收贮”；另一方面康熙皇帝多次南巡北狩，即使在京期间也多经常居住在小汤山、畅春园等离宫别苑，三宝使用率较高，为使用更加方便，增加了以上 3 方宝玺。

二　二十五宝的确立

雍正皇帝对康熙二十九宝未做改动，乾隆初期，又陆续增加了 10 方宝玺。到乾隆十一年（1746 年）收藏在交泰殿的皇帝宝玺已有 39 方，乾隆皇帝认为宝玺的数量和设放地点尚未制度化，用途不规范，玺文篆刻亦不统一。“其质有玉、有金、有栴檀香木，玉之品有白、有青、有碧。钮有交龙、有盘龙、有蹲龙，其文自太宗文皇帝以前，专用国书，既乃兼用古篆。其大小自方六寸至二寸一分不一，尝考《大清会典》载，御宝二十有九，今交泰殿所贮三十有九；《会典》又云，宫内收贮者有六，内库收贮者二十三，今则皆贮交泰殿，数与地皆失”[1]，遂根据“爰取周易大衍天数二十有五之义，定为二十有五之数”[2]。乾隆十一年，从原 39 方印中挑选出 25 方，以为典藏，确定了二十五宝的名称、尺寸、钮式和用途，并对国家御宝的宝文形制、保管、使用等进行了制度上的改定。二十五宝代表和囊括了皇帝行使国家最高权力的各个方面，乾隆十三年，乾隆帝指授儒臣厘定满文篆法，及时将满文篆法应用于御宝上，具体改定如下：

1　乾隆《御制宝谱序》，（清）鄂尔泰、张廷玉等编：《国朝宫史》上，第 212 页，北京古籍出版社，1994 年。

2　乾隆《御制匣衍记》，（清）庆桂等编：《国朝宫史续编》，第 187 页，北京古籍出版社，1994 年。

（一）二十五宝的厘定

乾隆初，特别是七至十三年间建立了一系列宫廷制度，涉及面很广。乾隆七年令内廷大学士鄂尔泰、张廷玉等编纂《国朝宫史》，乾隆八年四月《医宗金鉴》书成，五月，命将历朝《实录》缮写作满汉文各一部，送往盛京尊藏。九年，北京雍和宫改建喇嘛庙，十一年，定廷寄凭匣之制，等等。此外，厘定宫廷制度还有一个重要内容，就是二十五宝制的确立。

乾隆十一年二月初一日开始对二十五宝进行整理："胡世杰传与总管潘凤，将交泰殿宝薮、宝档请去，交与胡世杰伺候上览。十一年二月初一日，首领郑爱贵、文旦传旨：着总管潘凤将交泰殿宝三十九颗，安在养心殿东暖阁伺候上览。于四月十三日上览过，将御前之宝一颗、汉玉，无字宝一颗、碧玉，制诰之宝一颗、白玉，敕命之宝一颗、白檀香，上留用；其余三十五颗着总管王常贵、张云柱，交与交泰殿安二十五颗，随宝薮一册，宝谱一本。又往盛京安奉宝十颗，着胡常保代去安奉，随宝薮一册，宝谱一本。交内阁张廷玉、纳亲接去。钦此。"[1]接着乾隆帝又于四月十三日将三十九宝分为三处收藏，二十五宝存交泰殿、十宝存盛京、四宝留用，仅在两个多月完成了二十五宝的厘定。

乾隆十一年厘定后交泰殿二十五宝一览表

序号	内容	质地及钮式	字体	用途	十三年改镌后的变化
1	大清受命之宝	白玉盘龙钮	满汉	以章皇序	保留汉文篆书满文本字
2	皇帝奉天之宝	碧玉盘龙钮	满汉	以章奉若	同上
3	大清嗣天子宝	金交龙钮	满汉	章继绳以	同上
4	皇帝之宝	青玉交龙钮	满文	以布昭赦	保留满文本字
5	皇帝之宝	檀香木盘龙钮	满汉	以素法驾	改汉文篆书满文本字为汉文篆书满文篆书
6	天子之宝	白玉交龙钮	满汉	祭祀百神	同上
7	皇帝尊亲之宝	白玉盘龙钮	满汉	以荐徽号	同上
8	皇帝亲亲之宝	白玉交龙钮	满汉	以展宗盟	同上
9	皇帝行宝	碧玉蹲龙钮	满汉	以颁赐赉	同上
10	皇帝信宝	青玉交龙钮	满汉	以征戎武	同上
11	天子行宝	碧玉交龙钮	满汉	以册外蠻	同上
12	天子信宝	白玉交龙钮	满汉	以命诸方	同上
13	敬天勤民之宝	白玉交龙钮	满汉	以饬觐吏	同上
14	制诰之宝	青玉交龙钮	满汉	以谕臣僚	同上
15	敕命之宝	碧玉交龙钮	满汉	以钤诰敕	同上

1 《交泰殿日记档》，乾隆元年立，清乾隆元年钞本，故宫博物院图书馆陈设档 644。

序号	内容	质地及钮式	字体	用途	十三年改镌后的变化
16	垂训之宝	碧玉交龙钮	满汉	以扬国宪	同上
17	命德之宝	青玉交龙钮	满汉	以奖忠良	同上
18	钦文之玺	墨玉交龙钮	满汉	以重文教	同上
19	表章经史之宝	碧玉交龙钮	满汉	以崇古训	同上
20	巡狩天下之宝	青玉交龙钮	满汉	以从省方	同上
21	讨罪安民之宝	青玉交龙钮	满汉	以张征伐	同上
22	制驭六师之宝	墨玉交龙钮	满汉	以整戎行	同上
23	敕正万邦之宝	青玉交龙钮	满汉	以诰外国	同上
24	敕正万民之宝	白玉盘龙钮	满汉	以诰四方	同上
25	广运之宝	墨玉交龙钮	满汉	以谨封识	同上

（二）二十五宝的改镌

乾隆十三年，乾隆皇帝指授儒臣，制为清文各篆体书，一律改镌，左清篆，右汉篆，一律用玉筯文[1]。因前四宝“不敢轻易”，改镌二十一宝。“今既定为篆法，当施之宝印，以昭画一。按谱内青玉‘皇帝之宝’，本清字篆文，传自太宗文皇帝时，自是以上四宝，均先代相承，传为世守者，不敢轻易。其檀香‘皇帝之宝’以下二十有一，则朝仪纶綍所常用，宜从新制。因敕所司，一律改镌，与汉篆文相配，并纪之宝谱序后云。乾隆十三年戊辰春日御制。”[2]从档案记载的请出和请进日期看，常用宝玺先改，同一次请出的不一定同时请回，共分七次才完成。在改镌过程中还对有伤缺的印进行了修补。档案记载：“十三年十二月二十六日，内阁送知会来，三和、德保恭请宝旧字磨去，另篆清字文。”[3]在改镌过程中，还将有伤缺的地方进行了修补。“十四年十二月初七日，三和、德保刻宝进呈，‘皇帝信宝’‘帝’字上有二处，补蜡两处。十七年四月二十八日，德保进呈宝三颗，内有“制驭六师之宝”左下有缺一处，补蜡。”[4]自乾隆十三年十二月二十六日到十七年七月十五日，历时四年零七个多月才全部完成二十一宝的改镌。

二十五宝保留汉文篆书满文本字3方，白玉盘龙钮“大清受命之宝”、碧玉盘龙钮“皇帝奉天之宝”、金交龙钮“大清嗣天子宝”；纯满文的本字1方，青玉交龙钮“皇帝之宝”；即二十五宝前四宝。改汉文篆书满文本字为汉文篆书满文篆书，共21方。

1　玉筯文又称玉箸文，为篆书的一种，其笔道圆润温厚，形如箸筷而得名。

2　《〈交泰殿宝谱序〉后》，（清）赵尔巽等撰：《清史稿·舆服三》卷一〇四。

3　前揭《交泰殿日记档》，乾隆元年立。

4　前揭《交泰殿日记档》，乾隆元年立。

二十五宝中二十一宝改镌一览表

宝　名	请出日期	请进日期
皇帝之宝	十三年十二月二十六日	十四年正月十九日
天子之宝	十三年十二月二十六日	十四年五月初一日
皇帝亲亲之宝	十三年十二月二十六日	十四年五月初一日
天子信宝	十四年十二月二十日	十五年八月初八日
皇帝信宝	十四年六月十九日	十四年十月初七日
制诰之宝	十三年十二月二十六日	十四年六月十九日
皇帝尊亲之宝	十四年五月初一日	十四年十月二十日
天子行宝	十四年六月十九日	十五年一月二十五日
皇帝行宝	十四年五月初一日	十四年十二月二十日
敬天勤民之宝	十四年十二月初七日	十五年八月初十日
敕命之宝	十三年十二月二十六日	十四年六月十六日
垂训之宝	十四年十二月十九日	十五年八月初十日
钦文之玺	十五年八月初十日	十六年五月十九日
巡狩天下之宝	十五年八月初十日	十六年五月十七日
制驭六师之宝	十六年五月十七日	十七年四月二十八日
敕正万民之宝	十六年五月十七日	十七年四月二十八日
命德之宝	十五年五月二十五日	十六年五月十七日
表章经史之宝	十五年八月初十日	十六年五月十七日
讨罪安民之宝	十六年五月十七日	十七年四月二十八日
敕正万邦之宝	十六年五月十七日	十七年二月十五日
广运之宝	十六年五月十七日	十七年七月十五日

在以满洲贵族为主体的清代帝国时期，满语和满文成为全国的“国语”和“国书”。谕定凡属重要敕谕、表文、军报、祭词、碑文、殿额等，或全系满文或满文、汉文合璧。在紫禁城宫殿的殿额和门额上，是以满文、汉文书写，早期的还有蒙文和藏文。而在代表皇权的宝玺上均改用满文、汉文合璧，说明乾隆对汉文化的尊崇。

（三）定二十五宝位置

交泰殿是紫禁城内廷后三宫之一，位于乾清、坤宁两宫之间的中轴线上，明嘉靖年间建。乾隆六十有二丁巳仲春月御笔《匣衍记》：“乾隆十一年春，始因交泰殿旧藏国宝，记载流传其数失实……”[1] 说明乾隆初，交泰殿就藏有宝玺。纵观紫禁城的所有建筑，既位于中轴线上，又具有保密性，则只有交泰殿。“国朝受天命，采古制为玺，

1　前揭《御制匣衍记》，《国朝宫续编史》，第 187 页。

掌以内阁，承收以宫殿监正，袭以重盝、承以髹几，设交泰殿中，以次左右列。当用，则内阁请而用之。”[1]乾隆皇帝将“二十五宝”供奉在此，意义非凡。乾隆自二十五宝厘定后对宝谱的安贮、宝箱等配套附件进行了一系列完善工作，乾隆十六年又详定二十五宝位置，并贮交泰殿。交泰殿二十五宝陈设是有序的，以宝座后中间为开始，其次以左右排序。

（1）正一排

四“皇帝之宝”，二“皇帝奉天之宝”，一“大清受命之宝”，三“大清嗣天子宝”，五“皇帝之宝”；

（2）东一排

六“天子之宝”，七“皇帝亲亲之宝”，八“皇帝信宝”，九，“天子信宝”，十“制诰之宝”；

（3）西一排

十一“皇帝尊亲之宝”，十二“皇帝行宝”，十三“天子行宝”十四“敬天勤民之宝”，十五“敕命之宝”。

（4）东二排

十六“垂训之宝”，十八“钦文之玺”，二十“巡狩天下之宝”，二十二“制驭六师之宝”，二十四“敕正万民之宝”。

（5）西二排

十七“命德之宝”，十九“表章经史之宝”，二十一“讨罪安民之宝”，二十三“敕正万邦之宝”，二十五“广运之宝”[2]。

在这里宝名顺序与《清史稿》出现了不一致的情况，而且变动是有规律的。变动情况见下表：

《清史稿》顺序	档案顺序
七为“皇帝尊亲之宝”	排在十一位
八为“皇帝亲亲之宝”	排在七位
九为“皇帝行宝”	排在十二位
十为“皇帝信宝”	排在八位
十一为“天子行宝”	排在十三位
十二为“天子信宝”	排在九位
十三为“敬天勤民之宝”	排在十四位
十四为“制诰之宝”	排在十位

1 乾隆御制《交泰殿宝谱序》，前揭《国朝宫史》上，第212页。

2 《交泰殿》，清钞本，年代不详，陈设档665。

笔者认为，《清史稿》顺序是乾隆十一年厘定二十五宝时规定的，而档案是乾隆十七年改镌二十一宝后按乾隆十六年规定的位置排序的。二十五宝作为皇帝用宝，自乾隆十一年厘定，十三年至十七年改镌以后，到清末从未改变。乾隆六十二年对交泰殿还进行了清点，一直到宣统末年保存完整。

（四）二十五宝的使用

乾隆十三年在《〈交泰殿宝谱序〉后》中说："按谱内青玉'皇帝之宝'，本清字篆文，传自太宗文皇帝时，自是而上四宝，均先代相承，传为世守者，不敢轻易。其檀香'皇帝之宝'以下二十有一，则朝仪纶綍所常用，宜从新制。"[1]乾隆二十五宝前四方基本不用，只是彰显大清皇帝受命于天的正统身份，表明清代统治是奉天命而行和遵照上天的标准而行事的。二十一宝分别用于政治、军事、文教、宗室、外交等八个大的方面。

政务6方：檀香木"皇帝之宝"，"敬天勤民之宝"，"敕正万民之宝"，"制诰之宝"，"敕命之宝"，"垂训之宝"；

军事4方："皇帝信宝"，"命德之宝"，"讨罪安民之宝"，"制驭六师之宝"；

文教3方："皇帝行宝"，"钦文之玺"，"表章经史之宝"；

宗室2方："皇帝尊亲之宝"，"皇帝亲亲之宝"；

外交及少数民族3方："敕正万邦之宝"，"天子行宝"，"天子信宝"；

出巡1方："巡狩天下之宝"；

祭祀1方："天子之宝"；

亲笔题写1方："广运之宝"。

以上21方中用于政务多达6方，军事方面4方，文教、外交及少数民族各3方，宗室2方，出巡、祭祀、亲笔题写各1方。这是乾隆政治统治的需要，乾隆皇帝不忘"满语骑射"，亲自训练兵士、六度南巡，维系了民心；乾隆两征金川、两征准噶尔、统一回部、出兵安南、平定林爽文起义，完成了民族融合和版图确立；班禅朝觐、外国使节来华，促进了中西文化交流；编纂《四库全书》与整理历史文化典籍等，是对封建文化传统的一次全面总结和整理。

清代之官文书，关系国家典制而经内阁出纳者，其目有8："凡大典礼宣示百寮有制辞；大政事布告臣民垂示彝宪有诏，有诰；中外文武各官遇覃恩封赠，五品以上官及世爵承袭罔替者有诰命，六品以下官及世爵承袭次者有敕命，谕告外藩及外任官有坐名敕、传敕，皆曰敕命；中外臣工封章上达，庆贺皇帝、皇太后曰表，皇后曰笺，陈事曰疏。"[2]而属于朝廷方面的有制、诏、诰、敕。官员方面的是题、奏、表、笺。

1 前揭《〈交泰殿宝谱序〉后》。

2 单士魁：《清代档案丛谈》，第43页，紫禁城出版社，1987年。

在清代，凡大政事，大典礼，如“登极”“亲政”“册立皇后”，以及上“尊号”“徽号”等都有诏。乾隆皇帝对政治、军事、文教和少数民族事务是非常重视的。檀香木“皇帝之宝”满汉文篆书，排在二十五宝第五，此宝是钤用最多的国宝。从现档案记载看，皇帝登基、皇后册命、皇帝大婚、发布重要诏书等均用此宝，从“圣旨”中我们可以看到它的使用情况。

青玉“制诰之宝”，敕封五品以上钤此宝；碧玉“敕命之宝”，皇帝对六品以下官员发布敕谕钤此宝；白玉“皇帝尊亲之宝”，皇帝、皇后要有徽号，上徽号诏时钤此宝。

乾隆十六年对用宝情况进行了重新规定：“十一月二十六日，奉旨：嗣后用宝着交泰殿立档案。十七年正月初八，胡世杰要宝谱一本，伺候上览，交与王常贵接去。十七年三月初十日，履亲王重新钉进。”十八年三月二十一日，为保和殿“皇建有极”匾请用“广运之宝”到懋勤殿。四月一日首领郑爱贵奉旨：斋宫“敬天”匾一面，用“广运之宝”。乾隆三十八年四月初五日，永乐大典第一本前写《御制永乐大典序》上用“钦文之玺”1方，在懋勤殿。乾隆六十年二月初九，军机大臣和珅传旨：《永乐大典》书内用“钦文之玺”1颗，在懋勤殿[1]。

乾隆六十年十二月二十八日军机大臣传旨：嘉庆元年正月初一日卯时，和珅将交泰殿设白木之玺“皇帝之宝”1方，请至太和殿，传于嘉庆皇帝。受贺毕，军机大臣阿贵、和珅请回，仍安交泰殿[2]。根据在清代二十五宝印文统计，只有檀香木“皇帝之宝”、青玉“制诰之宝”、碧玉“敕命之宝”、白玉“皇帝尊亲之宝”经常钤用。清代御宝的使用由内阁负责，每遇用宝，先期用宝牌将使用情况奏明请旨。待皇帝批准后，按规定程序请用御宝。

（五）关于“大清嗣天子宝”

在乾隆选定的二十五宝中，有“大清嗣天子宝”，这在康熙二十九宝中未见，说明“康熙时期宫中所藏宝玺并不止二十九种，康熙起码是从三十种宝玺中筛选的二十九宝”[3]。“大清嗣天之宝”在二十五宝中排第三。乾隆十三年，乾隆帝在《〈交泰殿宝谱序〉后》中说：“按谱内青玉‘皇帝之宝’，本清字篆文，传自太宗文皇帝时，自是而上四宝，均先代相承，传为世守者，不敢轻易。”此4宝为白玉盘龙钮“大清受命之宝”、碧玉盘龙钮“皇帝奉天之宝”、金交龙钮“大清嗣天子宝”和青玉交龙钮满文“皇帝之宝”。“实际上这四方御宝均为太宗时期之御宝，是皇太极崇德元年（1636年）称皇帝、改

1　前揭《交泰殿日记档》，乾隆元年立。

2　前揭《交泰殿日记档》，乾隆元年立。

3　叶其峰：《古玺印通论》，第270页，紫禁城出版社，2003年。

国号大清以后所制”[1]。也就是说“大清嗣天子宝”是前代相承印，但根据现存二十五宝前四宝其质地、钮式、印文篆法的不同，并非同时所制。

另外，“大清嗣天子宝”在文献上一直记载均为金质，实际为银镀金宝。这并非乾隆当年未发现，在故宫博物院《交泰殿奉安宝册》档案中，二十五宝名称之“大清嗣天子宝”下面有一黄条：“乾隆三十年五月初九日，呈览过。奉旨：交给付恒等认看，是银镀金宝，重六十四两。奉旨仍供交泰殿。”[2]这说明乾隆也发现了这一问题，还特别请大臣付恒等认看，只不过没有更改，以致我们现在看到的官方文献均写作金质。

三　盛京十宝与留用四宝

（一）盛京十宝的选定

乾隆二十五宝淘汰了康熙原二十九宝中的五宝，即“制诰之宝”“敕命之宝”“御前之宝”“丹符出验四方”“奉天法祖亲贤爱民”，增加了“大清嗣天子宝”。乾隆帝从乾隆初年交泰殿三十九宝中厘定二十五宝后，将剩下的十四宝又选出10方。乾隆在《御制宝谱记》中对盛京十宝移藏作了记述：“其文或复见及国初行用者为数凡十，虽不同于现用诸宝，而未可与古玩并列。因念盛京为国家发祥之地，祖宗神爽实所式凭。”[3]这10方宝文有的与二十五宝文重复，或者是清初诸帝使用过，曾经在历史上发挥了很大作用，所以乾隆帝非常重视，特别选出十宝，送至盛京（今沈阳），藏于盛京皇宫凤凰楼上。

盛京十宝分别为：

(1) 碧玉蹲龙钮“大清受命之宝”，满汉文；

(2) 青玉交龙钮“皇帝之宝”，满汉文；

(3) 碧玉盘龙钮“皇帝之宝”，满汉文；

(4) 檀香木素钮满文“皇帝之宝”，满文；

(5) 金交龙钮“奉天之宝”，满文；

(6) 金交龙钮“天子之宝”，满文；

(7) 碧玉交龙钮“奉天法祖亲贤爱民”，满汉文；

(8) 青玉交龙钮“丹符出验四方”，后来改镌印文“制诰之宝”，汉文；

(9) 青玉交龙钮“敕命之宝”，满汉文；

(10) 金交龙钮“广运之宝”，汉文。

1　前揭《清代官印制度综论》。

2　《交泰殿奉安宝册》，清乾隆二十一年钞本，陈设档 325。

3　《盛京典制备考》卷一。

盛京十宝与二十五宝印文重复 8 方，二十五宝不含 2 方。其中，“大清受命之宝”1 方，“皇帝之宝”3 方，“奉天之宝”1 方，“天子之宝”1 方，“敕命之宝”1 方，“广运之宝”1 方。我们注意到，在十宝中有 8 方为印文重复，其中只有盛京“奉天之宝”与二十五宝“皇帝奉天之宝”相差“皇帝”两字，其他印文完全一样，只是质地不同。

碧玉交龙钮“奉天法祖亲贤爱民”，满汉文。在二十五中没有此印文，但有“皇帝奉天之宝”，康熙时定用于“御书特书、大政要务布告等事”。与二十五宝中的“皇帝之宝”和“敕正万民之宝”，在用途方面基本相同。但此印是康熙时期新增加的三宝之一，在历史上发挥过重要作用，乾隆为取“二十五”之数，不得不将其另定为盛京十宝。

“丹符出验四方”宝文据《明史·舆服志四》记载：明初 17 宝“又有御前之宝表章经史之宝钦文之玺丹符出验四方”句，文中的“四方”是指这 4 方宝文，清人误以为“四方”二字是宝文，于是就创造出“丹符出验四方”这方印章，奉为宝。[1] 乾隆在厘定二十五宝时未选此印，盛京十宝后来也将其换下。

关于“丹符出验四方”是什么时候改镌“制诰之宝”的，档案记载：乾隆二十七年七月十六日奉旨：“总管王常贵交来盛京宝谱一册，宝薮一本。乾隆二十七年八月十七日，掌仪司员外郎常恭交进，盛京请来‘丹符出验四方’青玉一颗，交交泰殿暂收。于本月九月二十九日，交造办处改刻‘制诰之宝’，于二十八年四月十二日造办处刻得，仍交交泰殿暂收。于本年十月十二日，总管王常贵交大学士忠勇公傅恒领去，制诰之宝一颗，内有清汉字识语一册、连箱，盛京宝谱两份、交泰殿宝谱两份、将军印谱一份、并匣，新宝套十个、钥匙并牌，交内阁侍读满岱领去，送往盛京。”[2] 可见，从乾隆二十七年八月十七日到二十八年四月十二日，改镌过程历时七个多月。

在乾隆十一年四月十三日，“盛京去宝十颗，计开：‘大清受命之宝’碧玉，‘皇帝之宝’青玉，‘皇帝之宝’碧玉，‘皇帝之宝’檀香木，‘奉天之宝’金，‘天子之宝’金，‘奉天法祖亲贤爱民’碧玉，‘丹符出验’青玉，‘敕命之宝’碧玉，‘广运之宝’金”[3]。这里的“丹符出验”印文没有“四方”二字。在二十七年八月十七日有关于“丹符出验四方”改镌“制诰之宝”的记载，对此印的记录为“‘丹符出验’宝一颗‘四方’”，“四方”二字写在“一颗”后面，和上面盛京去宝 10 颗，计开印文“丹符出验”印文没有“四方”二字，在档案有 2 处均写为“丹符出验”，只有“从盛京请来‘丹符出验四方’青玉一颗，交交泰殿暂收”1 处写为“丹符出验四方”，是因为其印文是此六字。这说明当时乾隆帝已经发现了这一问题，所以才下令改镌“丹符出验四方”为“制诰之宝”。现盛京十宝只有“制诰之宝”一方印文为乾隆二十八年四月改镌，盛京十宝

1 前揭《古玺印通论》，第 270 页。

2 前揭《交泰殿日记档》，乾隆元年立。

3 前揭《交泰殿日记档》，乾隆元年立。

其他9方均未改动，保留了清初印文及钮式。

晚清盛京十宝的存贮发生了一些变化，清末离开盛京到承德避暑山庄，民国时返回北京。其缘由是：光绪二十六年（1900年）东北地区义和团运动兴起，沙俄军队以"护路、剿匪"为借口，派兵入侵辽东。九月，南路俄军相继攻陷海城、牛庄、辽阳等城，逼迫盛京，盛京告急。盛京将军派人将历代皇帝"圣容"和"十宝"等藏品运出，"十宝"同其他国宝被送往承德避暑山庄，1914年民国时期故宫成立古文物陈列所，又送回北京[1]。现藏于故宫博物院。

（二）留用四宝

乾隆帝厘定二十五宝、确立盛京十宝后，还有四方宝玺。乾隆在《御制宝谱序》中只提到碧玉无字宝和所谓的传国玺也在其中[2]。在三十九宝中，这4方宝印文是什么，又在何处？这个问题一直没有答案。在查档案中，笔者终于发现了线索：乾隆"十一年四月十三日上览过（三十九宝），将御前之宝一颗、汉玉，无字宝一颗、碧玉，制诰之宝一颗、白玉，敕命之宝一颗、白檀香，上留用"[3]。关于碧玉无字宝一颗，档案记载："乾隆三年十二月十九日，总管李英交来，松江提督高起卫进碧玉无字宝一颗，差交泰殿收。"[4]乾隆皇帝在《御制宝谱序》中提到："雍正年故大学士高其位进未刻碧玉宝一，文未刻则未成为宝，而与诸玺同贮，亦未当。"[5]

那么，这4方宝乾隆帝是如何"留用"的呢？造办处《活计档》记载：乾隆十三年五月匣作："二十二日，七品首领萨木哈来说：太监胡世杰交白玉宝一方，随文锦匣一件，楠木匣一件。传旨：着将文锦匣盖贴墨刻签字配包袱，入上等。其楠木匣做材料用。钦此。于乾隆十九年三月二十日配得锦匣、锦袱持进，交太监胡世杰。进讫。"[6]这里说的是应该是白玉"制诰之宝"。十三年五月二十二日，七品首领萨木哈来说："太监胡世杰交碧玉宝一方、汉玉宝一方、檀香木一方，各随文锦匣一件，楠木匣一件。传将楠木匣上糊锦入次等。其文锦匣做材料用。钦此。于乾隆十九年四月初六日员外郎白世秀将宝三方各配得锦匣、锦袱持进，交太监胡世杰。进讫。"这里说的是"碧玉未刻宝"、汉玉"御前之宝"、檀香木"敕命之宝"三宝。因为二十五宝是在乾隆十三年十二月开始改镌的，而此4方宝不用改镌，在改镌二十五宝前将留用四宝，各

1　沈阳故宫博物院：《盛京皇宫》，第380页，紫禁城出版社，1987年。

2　前揭《御制宝谱序》，第212页。

3　前揭《交泰殿日记档》，乾隆元年立。

4　前揭《交泰殿日记档》，乾隆元年立。

5　前揭《御制宝谱序》，第212~214页。

6　中国第一历史档案馆藏：《清宫造办处活计档》第16册，第320页。

配锦匣、锦袱。虽然造办处《活计档》没有写明印文，但太监胡世杰其人正是乾隆厘定二十五宝时具体办事的太监。时间、人员、4方印质地均能对上。从乾隆十三年五月做匣到十九年四月，近六年才完成，完成后收藏在养心殿东暖阁。道光十五年七月此印在养心殿东暖阁档案有记载："入古上等：元'制诰之宝'一方；'八徵耄念之宝五福五代堂'二方……"这说明与"八徵耄念之宝五福五代堂"等宝一起存放[1]，而"入次等"的3方宝没有记载。

白玉宝"制诰之宝"，就是所谓的元代传国玺，被列为上等。元传国玺"制诰之宝"相传元时曾收藏于大内，元顺帝被朱元璋打败，带此印弃都北去，后在应昌府故。两百余年后，一个牧羊人在放羊时发现了这方印。不久，此印由元皇室后裔博硕克图汗取走保存，后来林丹汗击败博硕克图汗，得到此印。天聪九年（1635年）多尔衮西征察哈尔，从苏泰太后福金那里索取了此印。多尔衮将此讯特告皇太极，皇太极大喜，在多尔衮回朝时出行百里之外迎接，并举行了隆重的接宝仪式，并谕曰："此玉玺乃历代皇帝王所用之宝。"[2]现存中国第一历史档案馆的《崇德元年七月初十日封庄妃册文》上钤有"制诰之宝"，或许就是此宝的印文。

四 关于传国玺

相传秦始皇得蓝田美玉，由李斯篆文"受命于天既寿永昌"制为玺，秦亡玺归汉，作为王朝政权的象征，称为"传国玺"。王朝更替，传国玺随之易主，西晋"永嘉之乱"，传国玺散佚，此后传国玺叠出叠没，得者为"正统"。事实上，历代所谓"复得"，差不多全为后代伪造之物。明清两代对于所谓"传国玺"已远不如前代那样奉若神圣。

乾隆在《御制宝谱序》中说："交泰殿有三十九宝，'受命于天既寿永昌'一玺，不知何时附藏殿内，反置之正中。"乾隆初期宫内有两方"受命于天既寿永昌"玺，一方在交泰殿，另一方在"别殿"。档案记载："十一年二月十四日，首领郑爱贵传旨：交泰殿'受命于天既寿永昌'宝请到启祥宫交与郎正培，旧字磨去，另刻新字样'大清受命之宝'。钦此。"[3]此处"受命于天既寿永昌"宝没有说明质地，根据乾隆《御制宝谱序》中"独玉质莹洁如截肪，方得黍尺四寸四分，厚得方之三，以为良玉不易得"，笔者在造办处《活计档》中查到下面这条档案，经过对比正好可以补充说明。"十一年二月十九日，副催总六十七持来司库郎正培、骑都尉巴尔党押帖一件，内开为二月十四日懋勤殿首领郑爱贵持来白玉宝一方。传旨：交司库郎正培，着向造办处传玉匠

1 《入古上等时做次等多宝格式东西暖阁陈设档》，清道光十五年七月钞本，故宫博物院图书馆陈设档017。

2 中国第一历史档案馆编：《清初内国史院满文档案译编》上册，第190页。

3 前揭《交泰殿日记档》，乾隆元年立。

一名进启祥宫，将旧字磨去，着朱彩照本文刻上。钦此。”[1] 这两件档案中所说的均为宝文改镌之事，且时间和人物（郑爱贵）相符。由此可见，“白玉宝一方”说的就是这方“受命于天既寿永昌”改为“大清受命之宝”，其质地为白玉，但此印故宫博物院现无存。

另一方收藏在“别殿”的“受命于天既寿永昌”玺，现收藏于故宫博物院。乾隆皇帝《御制宝谱序》中文中谈到的“乾隆三年，高斌督河时，奏进属员浚宝应河所得玉玺，古泽可爱，文与《辍耕录》载蔡仲平本颇合。朕谓此好事者仿制所为，贮之别殿，视为玩好旧器而已”。此宝通高 6.11 厘米，印方 6.7 厘米，台钮，通体浅刻勾云纹。以前一直视为旧玉，20 世纪 90 年代初，我们在对此文物准备出版照相时发现，宝外釉色在印边角处有脱落，露出里面的紫砂，我们请故宫玉器专家李久芳先生鉴定此宝为紫砂陶制，外烧花色釉。所以，乾隆皇帝认为“所得玉玺，古泽可爱”。虽然乾隆帝将其视为玉玺，但“朕谓此好事者仿制所为，贮之别殿，视为玩好旧器而已”。

结语

乾隆对交泰殿三十九宝的整理，特别是对二十五宝和盛京十宝的厘定，意义重大。总结有以下三点：第一，将政权面临问题与宫廷制度相结合，经过三代在乾隆朝确定下来。第二，二十五宝的内容涉及皇权运用的不同范围，几乎无所不包，但也不是涵盖天下。第三，中国传统文化体现在代表皇权的宝玺上，崇尚自然的玉、木，而金质设而不用。乾隆在当时厘定二十五宝的时候，是以玉、木、金为质地排序标准，而在玉印中，以白玉、青玉、碧玉、墨玉排序标准。古代人崇玉，以玉为最高等级。清代规定：皇帝用玉玺；皇后、亲王用金印。所以二十五宝留用白玉“天子之宝”，将金“天子之宝”列为盛京十宝。而“敕命之宝”，二者其印形完全一样，虽然二十五宝“敕命之宝”为碧玉，但要比盛京十宝的青玉“敕命之宝”整体玉质要好，便于二十五宝的统一和改镌。

总之，乾隆对交泰殿三十九宝的整理，体现了乾隆的历史观和治国安民的思想，表现出乾隆作为一个有作为的皇帝所具备的风度和品格。我们也通过乾隆对交泰殿三十九宝的整理，认知了清代宝玺的发展与变化。

原载《清史论丛》(2011 年号)，中国广播电视出版社，2011 年

1　前揭《清宫造办处活计档》第 14 册，第 368 页。

清代朝珠述论

李芝安

内容提要：朝珠是清朝特有一种的佩饰，是清代服饰制度的重要组成部分。本文结合清代典制和史料，以及故宫博物院藏大量清代朝珠实物，对朝珠的形制、制作、材质、佩戴等方面进行了较全面的梳理，并厘清了既往研究中关于男女佩挂朝珠方式认识的一些错误，进一步充实了对清代服饰制度的深入研究。

关键词：朝珠　数珠　造办处　制作　材质　佩戴

朝珠是清代皇帝、后妃和官员等穿戴礼服、吉服以及常服时佩挂于胸前的重要饰件，是显示身份和地位高低的重要标志，充分体现出清代等级制度的森严。

一　清代朝珠的形制及由来

朝珠是由108颗珠子串缀而成，这108颗主珠的材质、大小、形制、颜色完全一致。在108颗主珠中，每隔27颗穿入一颗与主珠材质、颜色、大小不同的大珠，称作“分珠”，俗称“佛头”。这4颗佛头将通盘朝珠108颗主珠均分成等长的四段。在位于颈后的那颗佛头之下，连缀一颗葫芦形饰件，称为“佛头塔”。佛头塔中空，可穿缀丝绦，丝绦中部有“背云”，绦末端垂一颗坠角。在佛头塔左右两侧穿挂3串小珠，每串有小珠10粒，称为“记念”。佩戴时，这一串“佛头”“佛头塔”“背云”和坠角均从颈后垂于后背，记念则垂在胸前。

佛教信徒使用的数珠也是由108颗珠子组成，它是按照12月、24节气、72候为一年的说法，将总数定为108颗。清朝皇室信奉藏传佛教，大力扶持格鲁派藏传佛教的发展，借以加强对边疆的控制。格鲁派也对清朝皇帝尊奉有加，称满洲为梵文“曼珠”

作者：宫廷部，副研究馆员。

图一 《孝庄文皇后常服像》轴

图二 《康熙帝朝服像》轴

的转音，称清朝皇帝为“曼殊师利”大皇帝。而“曼殊师利”就是文殊菩萨。清廷与佛教的这种特殊而重要的关系，在很大程度上，或表明朝珠的形制设计与佛教的数珠应有着密切的渊源关系，或即来源于数珠。故宫博物院藏的《孝庄文皇后常服像》轴（图一）[1]上，朝珠并未佩戴在胸前，而是在孝庄文皇后的手中，似做数珠状。又如：故宫博物院藏的《康熙帝朝服像》轴（图二）上，皇帝佩戴的不是朝珠，即没有“记念”，而是真正的数珠挂于颈上，垂于胸前。这两幅宫廷绘画，是高度写实性的作品，可信度不可置疑，它们足以证明朝珠与数珠之间的渊源关系。乾隆二十八年（1763年）将朝珠正式列入《大清会典》。而朝珠与数珠所不同的，只是朝珠上另增加了三串记念。记念又称三台。按《五经异议》的解释，天子有三台，即灵台，以观天象；时台，以观四时变化；囿台，以观鸟兽鱼龟。掌握三台，即表明帝王掌控了时空与天下生灵。此外还有一种说法，在汉代“三台”为官称，即尚书为中台，御史为宪台，谒者为外台[2]。

上述关于朝珠的说法，表明只有封建社会的上层统治者方可佩戴。佩戴朝珠，寓意着等级地位的高尚与尊贵。

1 一般著录为《孝庄文皇后便服像》，但其衣袖为箭袖，则可判断为常服而非便服。

2 张淑芝：《清宫朝珠与满族东珠》，《满族研究》，第39页，1995年第2期。

二 清代朝珠的制作与来源

由于朝珠是皇帝、后妃、皇子等穿戴礼服或官服必须佩带的重要饰件，因此在清代宫廷曾经使用和存留的朝珠数量相当可观。如此大量朝珠，是如何制作的呢?

清宫朝珠的制作主要由清宫内务府造办处承担，由清宫造办处的匠师奉旨制作而成。根据造办处档案的记载，朝珠的整个制作过程，从原料的接受、下发，珠子的遴选，打眼前的定位，制作完成到残碎珠子的处理，均有严格的规定。清朝皇帝甚至也不厌其烦、事无巨细地过问朝珠的制作。

因朝珠的原料多为各类珍贵的珠宝，朝珠的制作一般由造办处的金玉作承担。首先，由金玉作匠师对原料进行检查和估算，提出制作方案，送交皇帝审查。如乾隆三十八年档案记载："正月初五日，库掌四德、五德将二十五块内挑得二块料估足做九分见（件）元（圆）佛头四个，二块料估足做八分见（件）元（圆）佛头四个，四块足做八分见（件）元（圆）佛头四个，十四块足做三分七厘珠见（件）六十七个俱画粉道。余剩三块，因颜色平常，难以成做珠见（件）。持进交太监胡世杰呈览。"[1]乾隆皇帝御览后令太监传旨："俱照粉道札做，先将九分见（件）元（圆）佛头札开呈览。其余剩松石三块，俟佛头珠见（件）做得时一并呈览，钦此。"[2]可见，乾隆批准了匠师的方案，又对朝珠精益求精，要先期检查尺寸最大、最惹眼的九分见（件）佛头，监督匠师细心制作。

此外，由于朝珠所用材料的贵重，对原料的大小和重量等方面的查验都有严格的记录。如乾隆五十九年《活计档》记载，"珊瑚扣珠十八两六分"，又"东珠二十半颗，穿珠坠二副，随紫英石坠角四个，共九钱"[3]。

方案批准后，匠师方得开工，而且在制作过程中要及时向皇帝汇报进展情况。如前揭乾隆三十八年档案记载，其第二天，即正月初六日，"库掌四德、五德将做九分见（件）佛头松石二块札开，一片因柳（绺）性甚大又糟，俱已碎小，佛头坯亦有柳（绺）性糟处。持进交太监胡世杰呈览。奉旨：着小心成做，钦此"[4]。匠师在剖开绿松石时，发现绿松石有绺且糟朽，立即向乾隆皇帝汇报情况。乾隆皇帝也作出指示，要匠师小心干活。又如三月初六日的一例："库掌四德、五德将现做未完青金佛头二副、佛塔二个点得粉眼，并余剩大些面残重五两二钱，碎小面残重二两，持进交太监胡世杰呈览。奉旨：佛头塔准照粉点打眼；其大些面残内有大青金一块，重三两一钱，交如意馆做

1 中国第一历史档案馆、香港中文大学文物馆合编：《清宫内务府造办处档案总汇》，乾隆三十八年各作成做活计清档·金玉作，第36册，第284页，人民出版社，2005年。

2 前揭《清宫内务府造办处档案总汇》，乾隆三十八年各作成做活计清档·金玉作，第36册，第285页。

3 前揭《清宫内务府造办处档案总汇》，乾隆五十九年库贮物料清册，第55册，第189页。

4 前揭《清宫内务府造办处档案总汇》，乾隆三十八年各作成做活计清档·金玉作，第36册，第285页。

擦擦佛用；其余剩二两一钱并碎小面残，俱收贮做镶嵌用。钦此。”[1]

朝珠加工完活，匠师还得把成品向皇帝进呈。“本月二十七日，库掌四德、五德将做得松石珠五百四十六个光好打得眼内，挑得一号至四号朝珠身四盘，每盘计珠一百八个；又挑得记念珠三十个，粘补松石珠七十二个，并颜色平常珠十二个，俱持进交太监胡世杰呈览。随交出松石朝珠一盘，随珊瑚佛头塔，蓝宝石背云，正珠记念，正珠小坠角三个，加间正珠七颗，楠木匣。松石朝珠一盘，随珊瑚佛头塔，蓝宝石背云，上嵌正珠八颗，蓝宝石大、小坠角，加间珠子三颗，红宝石记念，楠木匣。”[2]

地方官员将朝珠作为礼品进贡给朝廷，是清宫朝珠的另一个重要来源。如乾隆五十九年的造办处档案记载：“七月十九日，浙闽总督伍拉纳差王正兴把总进贡朝珠三盘，内收珊瑚一盘。”又：“七月十九日，河南巡抚穆和蔺差林元臣千总进贡朝珠三盘，伽楠、珊瑚、碧玺，收珊瑚一盘。”[3]

三　清代朝珠的材质

朝珠的材质多种多样，有珠石、木质和角牙质等，多为贵重材料。如故宫博物院现存有清代朝珠三百余件，除常见的青金石、蜜蜡、珊瑚、绿松石、碧玺外，还有东珠、蓝晶石、翡翠、玛瑙、金珀、琥珀、伽楠香、菩提子、檀香、沉香木、椰子木、扎卜扎雅（西藏所产的一种木质贡品，据说有解毒的功效）、砗磲、象牙、牛角等，多达数十种材质。下面仅拣选重要的五种材质的朝珠加以说明。

东珠朝珠：朝珠中以东珠最为珍贵。所谓东珠，是产自中国东北黑龙江、乌苏里江、鸭绿江等流域的野生河珠，质地圆润巨大，色泽晶莹透彻，堪称珍珠中的极品，尽显王者尊贵。东珠的采集极其艰难，乾隆帝曾在御制诗《采珠行》中描述了这种艰难不易的情景：“圆流育蚌清且沦，元珠素出东海滨。旗丁泅采世其业，授餐支饷居虞村。我来各欲献其技，水寒冻肌非所论。赐酒向火令一试，精神踊跃超常伦。秋江川媚澄见底，方诸月映光生新。威呼汤桨向深处，长绳投石牵船唇。入水取蚌载以至，剖划片片光如银。三色七采亦时有，百难获一称奇珍。命罢旋教行赏赉，不览安识真艰辛。世仆执役非蜑户，元積何关譬海神。”[4]就其润泽度与珍惜度而言，东珠并非为其他王朝奉为至珍，而清朝帝后对其格外珍视并用于制作朝珠，借此表达的是对其龙兴之地及祖先的尊崇，同时也表明是对本民族传统文化的秉承。

故宫博物院藏有一串顺治皇帝御用东珠朝珠（图三），它主体由108颗圆润晶莹的

1　前揭《清宫内务府造办处档案总汇》，乾隆三十八年各作成做活计清档·金玉作，第32册，第766页。

2　前揭《清宫内务府造办处档案总汇》，乾隆三十八年各作成做活计清档·金玉作，第36册，第292页。

3　前揭《清宫内务府造办处档案总汇》，乾隆五十九年贡档，第55册，第105页。

4《高宗御制诗二集》卷五十二，海南出版社，2000年。

图三　顺治皇帝御用东珠朝珠

图四　顺治皇帝御用东珠朝珠之黄签

东珠组成，红珊瑚佛头4，顶端佛头下连接青金石佛头塔1，塔下系珍珠1，以明黄色绦穿系水晶背云，背云上下各缀有珍珠1。朝珠两侧有记念3串，每串由10粒红珊瑚组成，尾端缀青金石坠角。附黄签书："世祖"（图四），表明为顺治皇帝御用。

珊瑚带珠石朝珠（图五）：由108颗深红致密的珊瑚珠穿制而成。绿松石佛头4，顶端佛头下穿系绿松石佛头塔1，塔下用丝绦连接镂空金托嵌蚌壳背云，下有蓝宝石坠角。朝珠两侧松石记念3，每串10粒，尾端坠角分为碧玺、红、蓝、宝石。

青金石朝珠（图六）：由108颗圆润均匀的青金石珠穿制而成，间以上等的粉碧玺佛头4，顶端佛头下有粉碧玺佛头塔1，塔下以明黄色绦连接，勾雷纹圆形金托中心镶嵌粉色碧玺背云，下有粉色银镀金累丝碧玺坠角。红珊瑚组成记念3，每串10粒，末端坠角均为红宝石。

绿松石朝珠（图七）：由108颗饱满匀称的绿松石组成，间以晶莹剔透的红宝石佛头4，顶端佛头两侧以金环相连，下连红宝石佛头塔，塔下以金黄色绦穿系圆形镂空金托嵌碧玺背云，下缀红宝石坠角。碧玺记念3，每串10粒，末端坠角为翡翠。

碧玺朝珠（图八）：由108颗深色碧玺珠组成，间以青金石佛头4，顶端佛头下青金石佛头塔1，塔下用明黄色绦连接珊瑚背云，尾端坠角为红宝石。绿松石组成记念3，每串10粒，末端坠角分别为红、蓝宝石及水晶。

清宫朝珠多选用名贵珠石制作而成，体现出皇家的富贵和奢华。同时，它还含有

图五 珊瑚朝珠

图六 青金石朝珠

图七 绿松石朝珠

图八 碧玺朝珠

深刻寓意。如选用与天色相同的青金石，象征天；选用与土色相同的蜜蜡，象征地。选用与日色相同的红珊瑚，象征日；选用与月色相同的绿松石，象征月。如此，天地日月的四色齐备，充分体现出皇家天人合一之最高境界，这些无不彰显其主人身份地位的尊贵显赫和等级的至高无上。

四 清代佩戴朝珠的方式及场合

朝珠是清朝皇帝和官员着礼服（朝服、衮服）、吉服（龙袍）和常服时佩戴的一种装饰物，挂在颈项垂于胸前，是显示身份和地位高低的重要标志。因而，朝珠的使用有着十分严格的规定，不同等级身份、不同场合所佩戴的朝珠，各不相同。

朝珠在等级上的区分，主要看材质的珍贵程度、珠石颜色和丝绦的颜色。根据《大清会典》规定，东珠朝珠只有皇帝、皇太后、皇后才能佩戴，皇贵妃以下均不得佩戴，皇子也不得佩戴。同时还规定，凡朝珠，王以下，文职五品、武职四品以上及翰林科道官，公主、福晋以下，五品官命妇以上均得用以杂宝及诸香为之[1]。再如，丝绦的颜色也有严格规定，皇帝、皇太后、皇后、皇贵妃用明黄色，贵妃以下妃嫔只能用金黄色。皇子、亲王、郡王用金黄色，贝勒以下至文五品、武四品官，奉恩将军、县君额驸、京堂翰詹科道、侍卫及礼部、国子监、太常寺、光禄寺、鸿胪寺所属官等，皆用石青色绦。皇子福晋、亲王福晋、固伦公主、和硕公主、郡王福晋、郡主、县主可用金黄色绦，贝勒夫人下至五品命妇只能用石青色绦[2]。

在不同场合，所用朝珠的材质、颜色也不一样。如皇帝在朝会及宫中举行大典时，穿明黄色朝袍，佩挂东珠朝珠；在天坛祭天时，穿蓝色朝袍，佩挂青金石朝珠；在地坛祀地时，穿明黄色朝袍，佩挂蜜蜡朝珠；在日坛祭日时，穿红色朝袍，佩挂红珊瑚朝珠；在夕月坛祭月时，穿月白色朝袍，佩挂绿松石朝珠[3]。这些朝珠材质相异的内在含义，在于取其与四色朝服相同或相近的颜色，以与所使用场合相配应。皇帝在祭祀天、地、日、月等坛庙时，所穿着的朝服与佩戴的朝珠，取其与自然的色彩相协一致，表明是对自然的敬畏，是为“敬天”。而在宫中举行大典时，所穿朝服为明黄色，是对中华传统文化的继承；所佩戴东珠朝珠，则是其祖上肇兴之地的圣物，表明是对祖先的敬畏与效法，是为“法祖”。“敬天法祖”是清代统治者进行统治的有效思想武器，通过各种大典的场合，在王公大臣匍匐叩拜与敬谨观礼中，在有形服饰和色彩的直观刺激下，不断地强化这一思想。

按照以往和现今几乎所有清代服饰研究论著的说法，记念在胸前的垂挂法男女有所不同，男者均是 2 串记念垂于左胸前，1 串记念垂于右胸前；女者是 1 串记念垂于左胸前，2 串记念垂于右胸前。如在《中国服饰通史》[4]、《中国服饰史》[5]、《服饰志》[6]

---

1 《乾隆朝大清会典》卷三十，线装书局，2006 年。

2 《大清五朝会典 · 光绪会典图二》第十九册，卷五十九、六二、六八，线装书局，2006 年。

3 前揭《大清五朝会典 · 光绪会典图二》第十九册，卷五七。

4 黄能馥：《中国服饰通史》，第 203 页，中国纺织出版社，2007 年。

5 黄能馥、陈娟娟：《中国服饰史》，第 507 页，上海人民出版社，2004 年。

6 陈娟娟、黄能馥：《服饰志》，第 561 页，上海人民出版社，1998 年。

图九　《慧贤皇贵妃朝服像》轴

图一〇　《乾隆帝朝服像》轴

和《清代的朝珠与数珠》[1]论著及文章中都分别有“一侧缀两串，另一侧缀一串，两串者男在左、女在右”的说法。但实际上这种说法是人云亦云，以讹传讹，不求甚解。我们在故宫博物院现藏清代宫廷肖像画中见到的所有后妃像，她们在穿朝服时挂朝珠均是2串记念在左，1串记念在右，与皇帝完全一样。如孝恭仁皇后（雍正帝生母）朝服像、孝圣宪皇后（乾隆帝生母）朝服像、孝贤纯皇后（乾隆帝的皇后）朝服像、慧贤皇贵妃（乾隆帝的皇贵妃）朝服像（图九）等，无一不是如此[2]。而只有在等级地位低于后妃的命妇（文武品官之妻）佩挂朝珠时，才是1串记念在左，2串记念在右。如安徽省博物馆藏清代一品夫人方母吴大夫人容像、清兵部侍郎朱安沆夫妇容像等[3]。这其实是“以左为贵”的等级观念在朝珠上的一种反映。

皇帝与皇后佩戴朝珠的不同之处在于，皇帝穿朝服（图一〇）和吉服时皆挂1盘朝珠，皇后穿朝服时佩挂3盘朝珠（图一一），穿吉服时佩挂1盘朝珠。如清代皇后穿

1　朴文英：《清代的朝珠与数珠》，《满族研究》，2001年第1期。

2　《故宫藏文物珍品全集·清代宫廷绘画》第14册，第205页，图49；第207页，图51。商务印书馆（香港）有限公司，1996年。

3　石谷风编著：《徽州容像艺术》，第33、38页，安徽美术出版社，2001年。

图一一 《孝贤纯皇后朝服像》轴

图一二 《康熙帝常服像》轴

朝服时，中间佩挂东珠朝珠 1 盘，左右肩斜挎挂珊瑚朝珠各 1 盘（仅从故宫博物院藏《孝诚仁皇后朝服半身像》屏上，可见皇后的 3 盘朝珠均为东珠朝珠）；皇贵妃、贵妃和妃身穿朝服时，中间佩戴蜜蜡朝珠 1 盘，左右肩斜挎挂珊瑚朝珠各 1 盘。

一般以为，朝珠是在穿着朝服与吉服时佩戴，但除此而外，清代的常服也是礼服的一种，穿着常服时多亦佩戴朝珠。因常服穿着的场合较多，较之穿着朝服与吉服更随意，故佩戴的朝珠亦随意。按照清朝典制，每年春秋举行经筵大典，皇帝着常服；先皇帝后丧期内的令节亦着常服。此外，除了必须穿着朝服与吉服的日子外，亦可穿着常服。故宫博物院收藏的一

图一三 《康熙帝戎装像》轴

幅《康熙帝常服像》轴（图一二）上，我们可见康熙帝所穿的是月白色的常服（即无披领而有箭袖），佩戴有1挂朝珠。在另一幅《康熙帝戎装像》轴（图一三）上，右前方的两名侍卫皆着常服，佩戴朝珠，而左前方的两位侍卫着常服但未佩戴朝珠。

五 清代朝珠的其他用途

由于朝珠材质多很珍贵，而且又是穿着礼服时佩戴的装饰，因而还特别被皇帝用来赏赐有功勋的臣子和边疆少数民族首领，以达到笼络人心、怀柔统治的目的。如山东按察使勒尔谨在平息陕西河州王伏林等设立邪教、聚众闹事时，由于亲自出兵，果断处理，生擒教徒五百余名，使事态得以平息。在乾隆四十二年（1777年）十一月赏给其珊瑚朝珠一盘，大荷包一对，小荷包四对[1]。还有赏给边疆少数民族首领者，如乾隆十九年（1754年）七月，朝珠、马匹、时辰表等赏给额鲁特蒙古杜尔伯特部贝勒色布腾[2]。又如，在平定准噶尔战役中，荣获战功的班第、萨喇勒，在乾隆二十五年（1760年）五月被晋封一等公，并赏四团龙补服、金黄绦朝珠等[3]。

皇帝赏赐给臣子的可以是任何的物件，唯有这种可以穿着于外的朝珠以及黄马褂、顶戴花翎等，最能彰显帝王的恩宠，而且朝珠材质珍贵，又出自皇宫内务府特制。而黄马褂体大鲜明，它只是皇帝赏给的可以穿着的资格，需由自己出资置办，其意义不可与真正所赏赐的朝珠相比。所以，臣子们获赏朝珠就愈加得意，皇恩亦愈显隆厚。

朝珠作为清代礼服特有的配套装饰，与礼服一并承载着“敬天法祖”的统治思想，体现着民族文化传统的精髓。作为有形的文化载体，它们也成为今人解读清代服饰文化的工具之一。

原载《中国国家博物馆馆刊》2013年第6期

1 《清高宗实录》卷一〇四五，中华书局，1985年。

2 前揭《清高宗实录》卷四六九。

3 前揭《清高宗实录》卷四八九。

清代宫廷氅衣探析

——兼论清代宫廷服饰的细节变化

殷安妮

内容提要：清代宫廷氅衣，并不是满族的传统服饰，它产生的年代决定了它的款式受清代典章制度的约束较少，这款晚清后妃日常穿在衬衣、便袍外面的便服，是后妃服饰中花纹装饰最为华丽，工艺最为繁复，做工最为精致，穿用最为频繁的便服之一。笔者拟就氅衣源流、清代宫廷氅衣产生的社会历史背景，以及笔者所见清代宫廷氅衣的工艺、特点做一探析。

关键词：氅　鹤氅　清代宫廷氅衣

清代宫廷氅衣，是晚清后妃日常穿在衬衣外面的便服，也是后妃服饰中花纹装饰最为华丽、工艺最为繁复、做工最为精致、穿用最为频繁的服饰之一。但氅衣并不是满族的传统服饰，笔者拟就氅衣源流、清代宫廷氅衣产生的背景以及笔者所见清代宫廷氅衣的工艺、特点作一探析。

一　氅衣源流

氅，据《集韵》所说，就是“鹙鸟”的羽毛[1]。鹙鸟，是一种古籍中记载的水鸟名，亦称为秃鹙、扶老。李时珍在《本草纲目·禽部》中描述其外形：“其状如鹤而大，青苍色，张翼广五六尺，举头高六七尺，长颈赤目，头项皆无毛，其顶皮方二寸许，红色如鹤顶……”[2]可见，鹙鸟是一种似鹤非鹤的大形鸟类。《元史·成宗本纪》记载：“扬州、淮安属县蝗，在地者为鹙啄食，飞者以翅击死。诏禁捕鹙。”[3]也说明它不是

作者：原宫廷部，副研究馆员。

1　（宋）丁度：《集韵》，第859页，中国书店，1983年。

2　（明）李时珍：《本草纲目·禽部》二十三，卷四十七，第四册，第53页，中国书店，1988年。

3　（明）宋濂等撰：《元史·成宗本纪》，第428页，中华书局，1976年。

古代人们想象中的神鸟，而是常见的鸟类。最初的氅衣就是集鹫鸟的羽毛为之，名“鹤氅”。《世说新语·企羡》中说：“尝见王恭乘高舆，被鹤氅裘。”[1]《新五代史·卢程传》：“程戴华阳巾，衣鹤氅，据几决事。”[2]《宋史·仪卫志》：“氅，本缉鸟毛为之，唐有六色、孔雀、大小鹅毛、鸡毛之制。”[3]依此可见，氅是用鸟羽做的、在中原流传了千年的服饰，并不是满族的传统服饰，因为这种“宽袖鹤氅”的款式不符合逐水草而居、常年生活在马背上的民族的生活习惯，也不能满足在寒冷的北方草原上御寒的需要。

作为传统服饰，氅在其流传的过程中，始终没有改变其宽襟博袖的款式和披穿在外面的形式。权德舆《和兵部李尚书东亭》诗：“风流披鹤氅，操割佩龙泉。”[4]《清稗类钞·服饰类》记《舒铁云谢人赠裘诗》：“鹤氅貂褕不趁身，年年短褐走风尘。”[5]说明了鹤氅是一种披或穿在外面的“不趁身”的便服。由此曾有人推见，宋《赵佶听琴图》中赵佶披在外面的，大概就是氅衣类的服饰，这是目前可以见到的完整的穿着氅衣的图像。由图可见宋代的氅衣是对襟博袖的款式，没有过多的装饰，穿着者多显出飘逸和风流倜傥的风格气质。

氅衣的材质也由最初的集鸟羽为之发展为多种质地，比如上面提到的赵佶披在外面的氅衣，从它飘逸的质感上看应该是纺织面料的。在中国古典名著《红楼梦》中，关于氅类服饰的记载是在第四十九回，黛玉“罩了一件大红羽纱面白狐狸皮的鹤氅”，是冬天穿用的，面料为毛质、里为皮质氅衣，“薛宝钗穿一件莲青斗纹锦上添花洋线番羓丝的鹤氅”，是丝质面料的氅衣；而第五十二回写到被宝玉烧出洞的雀金呢做成的“乌云豹的氅衣”，据贾母说“是俄罗斯国拿孔雀毛捻了线织的”[6]，则是毛质面料的氅衣。从以上史料我们还可以知道，那时的氅衣并不拘男女，与清代宫廷氅衣只限于后妃服用有着明显的区别。

二 清代宫廷氅衣产生的历史背景

有清以来，以满族传统服饰为主体的服饰制度，是其政治制度、典章制度的一个重要部分，具体体现在服饰的细节上，是要求服饰形制款式无论礼服、吉服、常服、行服、雨服、还是便服，都其必须非常适合骑马射猎的实际需要。追求装饰简练，穿脱方便，便于骑射，严实保暖，与宽襟博袖的中原民族服饰形成较大反差。这不仅是

1 （南朝·宋）刘庆义：《世说新语·下卷·企羡》下册，第337页，上海古籍出版社，1982年。

2 （宋）欧阳修撰，（宋）徐无党注：《新五代史·卢程传》，第304页，中华书局，1974年。

3 （元）脱脱：《宋史·仪卫志六·卤簿仪服》，第3466页，中华书局，1977年。

4 （唐）权德舆：《全唐诗》三百二十一，第十册，第3615页；《和兵部李尚书东亭》，中华书局，1985年。

5 （清）徐珂：《清稗类钞·服饰》第十三册，第6189页，中华书局，2003年。

6 （清）曹雪芹：《红楼梦》，第678、730页，人民文学出版社，1994年。

处于北方的游牧民族生存的需要，更是其建立和巩固一个以少数民族为统治者的新政权的必要手段。崇德元年（1636年），皇太极称帝后曾经说："先时儒臣巴克什达海、库尔缠屡劝朕改满洲衣冠，朕不从，辄以为朕不纳谏，朕试设为比喻，如我等于此聚集，宽衣大袖，左佩矢，右挟弓，忽遇硕翁科罗巴图鲁劳萨，挺身突入，我等能御之乎？若废骑射，宽衣大袖，待他人割肉而后食，与尚左手之人，何以异耶。朕此言实为子孙万世之计也，在朕身岂有变更之理，恐日后子孙忘旧制，废骑射，以效汉俗，故常切此虑。"[1]又"我国衣冠，尚有定制，殿向欲辩服色正名分"[2]。清太宗皇太极还曾明确训诫："至于诸王贝勒、大臣，如有荒废职业，贪酒色，如逸乐……或朝会不敬，冠服违式……该礼部稽查，若礼部徇情容隐，尔等即应查奏。"[3]崇德二年（1637年），皇太极谕旨："我国家以骑射为业……服制者，立国之经。朕欲尔等时时不忘骑射，勤练士卒，凡出师、田猎许服便服，其余俱令遵照国初之制，仍服朝衣。……使后世子孙遵守，毋变弃祖宗之制耳。"[4]可见，虽然清初服饰制度并不健全，但统治者视服饰制度为国家政治制度的重要部分，将其作为"立国之经"，事关政权存亡，因此非常重视，并且整肃是严厉的。

清入关后，为了巩固新生的政权，顺治皇帝曾下诏训斥："近见汉官人等，冠服体式，以及袖口宽长，多不遵制。……如仍有参差，不合定式者，以违制定罪。"[5]乾隆皇帝更是在乾隆十七年(1752年)三月二十日重申了皇太极的训谕，并刻碑置于大内箭亭："世宗即位，奋图法祖，勤求治理，惟恐子孙，仍效汉俗，预为禁约，屡以无忘祖宗为训。衣服语言，悉遵旧制……"[6]以警示后世子孙。乾隆三十七年（1772年），再次重申："夫万物本乎天，人本乎祖，推原其义实，天远而祖近，设使轻言改服，即已先忘祖宗，将何以上祀天地。"[7]这些都说明了清中期以前，皇帝对于服饰的要求是与江山社稷的安危联系在一起的。严格维护其服饰制度，就是维护其政治制度的稳固。

清中叶以后，随着国家积累了大量的社会财富，国库岁入三四千万两的"富足"，为满洲贵族的生活由俭而奢准备了丰厚的物质条件，他们不仅很快适应了都市生活的安闲，舒适，宫廷生活追求奢华安逸的风气也迅速形成。奢侈之风催动了朝廷政治的日益腐败，统治者不再将继承游牧民族骑射传统作为巩固政权的基础，骑射游牧不再是这个曾经赖以为生的民族生活的主要内容，以军事训练为主要目的的"木兰秋狝"

1 《清太宗实录》卷三二，第404页，中华书局，1986年。

2 前揭《清太宗实录》卷一四，第193页。

3 前揭《清太宗实录》卷二九，第376页。

4 前揭《清太宗实录》卷三五，第446页。

5 《清世祖实录》卷七二，第575页，中华书局，1986年。

6 《清高宗实录》卷四一一，第380页，中华书局，1986年。

7 前揭《清高宗实录》卷九一九，第320页。

活动基本废止，而窄袖束身的袍服非常不方便都市生活的礼节和节奏，关内相对温暖的气候已不需要常年保暖的服饰，因此，借鉴中原民族服饰的特点，宽襟博袖的宫廷服饰应运而生。正如乾隆所说“天下之大，五方风气不齐，各随其土性以成习尚”[1]。虽然，这在服饰制度上有悖于有清一代统治者“我朝服饰，列祖所定，太宗尝诫后世衣冠仪制，永遵勿替……”的训诫和“高宗重申训谕，刻石大内之箭亭，重示久远”[2]的举措，但清中期以后，中原地区民间妇女服饰的各种款式、工艺、装饰风格，通过皇帝的出游、通商的发达、民间的进贡以及选秀女等各种途径，对后宫日常服饰影响日多，晚清更甚。《清稗类钞·服饰》载：乾隆二十四年（1758年）选秀女，应选者有仿汉人装束者，对此乾隆训谕：“在朕前尚尔如此，其在家，恣意服饰，更不待言。嗣后但当以纯朴为贵，断不可任意妆饰。”[3]嘉庆二十一年（1816年），嘉庆皇帝也曾训谕：“我朝列圣垂训，命后嗣无改衣冠，以清语骑射为重……即如朕三年一次阅选秀女，其寒素之家，衣服尚仍俭朴，至大臣官员之女，则衣袖宽广逾度，竟与汉人妇女相似。此风渐不可长！”并强调：“现在宫中衣服，悉依国初旧制，乃旗人风气。日就华靡甚属非是，各王公大臣之家，皆当力敦旧俗，倡挽时趋，不能齐家，焉能治国！”[4]这些，一方面说明皇帝对服饰制度的重视，另一方面反映出清中期时中原服饰已经对满族传统服饰逐渐产生影响，并渐入宫廷。

清中期，为了适应当时政治形势所需，也为了笼络中原汉族贵族，统治者对服饰制度的整肃逐渐松懈，道咸以后，最能代表满族服饰特点的礼服、吉服尺寸逐渐加宽，有的袖端达30厘米甚至40厘米，而宽大的马蹄袖成为满族服饰的装饰，而不再遵循祖制，强调其方便骑射和保暖的功能。

时至晚清，清政权因奢靡加速了腐败，政以贿成，因循懈怠导致政府逐渐失去对社会诸多方面的控制，社会处于变动相对激烈的转型时期。随着西方文化的侵入，各种时尚流行，“乾隆时风尚敦朴，咸同而后渐染苏沪风气，城镇尤甚，男女服饰厌故喜新……”[5]“同光间，男子衣尚宽博……上海繁华甲于全国，一衣一服，莫不衿奇斗巧，日出新裁。其间由朴素而趋于奢侈，固足证世风之日下……”[6]在这种风气的影响下，虽然礼、吉服尚有典章制度不可逾度，宫廷中的后妃便服还是首先时尚起来。因为后妃没有《穿戴档》记载每日的服饰的变化，所以氅衣何时开始在宫中成为可以日

1 《钦定大清会典事例》卷三九九，第10364页，光绪二十五年本。

2 （清）吴振棫：《养吉斋丛录》卷二十二，第233页，北京古籍出版社，1983年。

3 前揭《清稗类钞·服饰》第十三册，第6147页。

4 《清仁宗实录》卷三二四，第277页，中华书局，1986年。

5 《嘉善县志·风俗》光绪十八年本，第430页，《中国地方志集成·浙江府县志辑》⑲江苏古籍出版社，1993年。

6 前揭《清稗类钞·服饰》第十三册，第6149页。

常穿用的便服，无从考证，但是，我们从故宫藏文物中可以看到道光时期的氅衣实物。另外，从《宫中朱批奏折》中可以看到，清中期以后，氅衣的制作数量已经很多，说明了氅衣已经是后妃们必不可少的日常服饰了，如同治十二年（1873年）十月，“传派苏州织造毓秀造办缂丝龙袍褂三套，氅衣三十六件，衬衣五十九件解到银八万五千两”[1]。再如，光绪二十年（1902年）二月八日：“杭州织造英瑞奏为奉传活计，现已一律办成，报解运京交纳，恭折仰祈圣鉴事。窃奴才衙门承准内务府文开：光绪十九年七月五日奉旨，著三处织造织办龙袍褂面、氅衣、衬衣、马褂、紧身等件，个随本色本花样边，赶紧照单织办，限于本年十二月内解京。钦此。……奴才优查前项奉传龙袍褂面、氅衣、衬衣、马褂、紧身共计八十七件，系属要需，遵即照案核估料工，呈请户部指款。一面谘商浙江抚臣转饬迅速筹款，当经藩司先行拨到银两，购料开工，严督匠役攒赶。……”[2]

从以上文字我们可知，到清同治、光绪时期氅衣已然是按内务府的“本色本花样边”“照单织办”的日常服饰。氅衣的用量大，并且“系属要需”，说明穿用场合比较多。因此，我们可以说，氅衣不是清晚期才在清宫出现的，而是中期以后就有了，是从比较简单的镶边装饰逐渐演变成晚清装饰华丽的日常便服。

宫廷便服出现氅衣、衬衣这类女性燕居服饰，从窄袖束身到宽襟博袖的变化，反映出统治者不再坚持清初实行的将整肃服饰制度作为巩固政权手段的政策。例如慈禧当政时期，宽袖的袍服尤为流行，有的礼服、吉服甚至将已按身材织绣好图案的面料加宽腰身、袖子、袖端，再行缝制，明显露出了无花纹的素色底料。礼服、吉服尚且如此，日常穿用的便服可想而知。后妃的服饰日益宽松舒适、考究华丽，出现了氅衣、衬衣这类纯粹的燕居休闲服饰，甚至在皇后大婚的服饰中也出现了这种有悖传统的服饰。其他服饰也融入了些许中原民族服饰的元素，其中，宽襟博袖的变化最明显地昭示了满族生活的改变。而吸取中原民族服饰的一些特点，改变宫廷及内眷服饰，成为都市生活的需要，也成为与各民族融合文化、风俗，从而巩固政权的需要，因此，氅衣逐渐成为上至皇后、皇太后，下至嫔妃宫眷的日常便服。

三　清宫氅衣的特点及满族传统服饰的细节变化

故宫藏清代宫廷氅衣的实物最早可见于道光朝，它改变了中原氅衣对襟博袖的形式，保留腰身和袖子宽大舒适、穿脱方便的特点，将其改造成极具满族传统服饰特点的圆领、捻襟右衽、平袖端的直身式袍服，与满族传统服饰束身箭袖的样式有所区别，并由简约装饰逐渐演变为极为华丽的装饰风格，使穿着者彰显出的雍容华贵的皇家仪

1　中国第一历史档案馆：《宫中朱批奏折》04—01—0076—030。

2　前揭《宫中朱批奏折》04—01—14—0088—012。

态，迎合了道光、咸丰以后的晚清宫廷生活追求豪华铺张、安逸享乐的风尚，很快被宫眷认可，并成为后妃们必不可少的日常服饰之一。

清代宫廷氅衣的形制为：直身，身长至掩足，穿着时只露旗鞋的高底。圆领，捻襟右衽，左右开裾至腋下，并在腋下饰如意云头。双挽阔平袖端，日常穿用时呈折叠状，袖长及肘，也可以拆下钉线穿用。袖口内加饰绣工精美的可替换袖头（挽袖），方便拆换。四季穿用绵、夹、单、纱随所欲。最初的氅衣多为素色或暗花面料，无绣花纹，镶边工艺并不繁复，仅饰一二道细窄的小花绦边，两侧腋下装饰小如意云头。

清晚期宫廷氅衣的特点是：衣边、袖端装饰多重各色华美的绣边、绦边、滚边、狗牙边、蕾丝边等，并且在两侧腋下的开裾顶端盘饰大朵如意云头，左右对称。故宫博物院藏道光朝的氅衣实物的边饰简洁、细窄，到清代同治、光绪以后，这种镶边演变为繁复的装饰并且多达数层，而在这数层镶边中，都有一道较宽饰边，其面料质地、织绣工艺和图案与面料相同，但颜色与华丽的面料反差较大，以深色为多见，既突出了华丽的面料及其精致的织绣工艺，又与之相辅相成。其他边饰为较窄的绦带，这种装饰风格成为晚清氅衣边饰的一种特色。

从故宫旧藏中看清代服饰的细节变化，道光朝以前，无论《大清会典·舆服制》严格规定的冠服，还是常服、便服，都严格遵守旧制，没有宽襟博袖的款式，服装腰身、袖子、下摆都较合身，穿着者无论上朝行礼、飞身上马还是寒暑穿脱都非常利索洒脱。仅就马蹄袖端的宽度而言，一般是 18 厘米左右，放下后恰好盖住手背，易于保温、护手和行礼。清中期以前的传世文物中没有氅衣这类宽袖及肘、平袖端服饰，其他便服也没有宽襟博袖的式样。

另外，传统的满族服饰都是没有领子的，需要时穿上领衣。领衣是一种有领子而无袖、极小的牛舌式坎肩，穿在圆领的袍服里面，将领子翻在袍服外面，为颈部保暖。女式领子则是一条长而窄的绣有各式图案的丝质领巾，一端掖在前襟里面，一端垂在胸前。清中期以后，袍服上可见立领，多使用与衣料颜色不同的石青色素缎另行制作，然后缝在圆领口的，穿着方便实用，挺括利索。氅衣则继承了传统的圆领款式，我们可以见到的晚清慈禧太后着氅衣的画像、照片，就是这样的圆领款式。

氅衣面料的图案也由传统的龙、凤、暗花团龙、暗花团寿等，变得更具个性化，更加华美绚丽。体现在氅衣上，后妃们可以把自己喜欢或需要的纹饰设计在衣服小样上，缂织或者刺绣为绚丽华美的面料，在适合的场合穿着，彰显皇家内眷的端庄、高雅、豪华、艳丽。

四　清代氅衣的工艺

清宫刺绣工艺的氅衣面料有彩绣、纳纱、珠绣和平金银绣等。因为针黹灵活多变、配色自如、工艺细腻的特点，可将面料图案表现得更具个性，更加华美绚丽。传统的套针、缠针、平针、滚针、拉锁子、平金银、打籽、纳纱针法，不仅传达出图案的寓意，也通过展现丝线的质感和光泽，使面料图案灵活多变，图案晕色自然，更具有立体感。手感滑爽，穿着舒适，更能迎合晚清宫廷追求奢华、体现个性的风尚。

清宫织造面料的氅衣中，暗花面料较为传统，实物在氅衣出现之始的道光朝有所见。缂丝面料是工艺中较为繁复的，面料的图案是事先按照穿着者身材尺寸设计好的，量身织造。但是晚清的织造工艺、用色都较前朝缂织的面料大为逊色。常见缂金面料的氅衣，其捻金线的成色比前朝所用的较差，金线捻制不浑圆，缂织后光泽晦暗，手感粗糙，图案设计呆板，缂织技法简单，平庸。虽然自古有“一寸缂丝一寸金”之说，但这时的缂丝（缂金）面料已然大不如刺绣面料更受后妃欢迎，一方面缂丝（缂金）面料本身的光泽就不如绸、缎华丽、光润，另一方面国力的不足，使得纺织原料和工艺无法与前朝相比。

氅衣的边饰是其最突出的特点之一。有些夏日薄质氅衣所用的华美繁复的边饰，甚至比衣服面料本身还要厚重。清初满族服饰就以镶边为美，贵族服饰有装饰皮衣边的风尚。一些贵族用名贵的毛皮剪裁成条，镶于衣襟、袖端内侧，露出毛锋，装饰衣缘，称作“出锋”，不仅皮袍棉袍，一些夹服也如此，以显示身份和尊贵。清中期以后，这种镶边装饰受到汉族妇女服饰影响，变为织绣绦边，并日益繁复，已经不再是满族服饰原有的朴素的皮边饰或简单的一二道绦边，而是追求繁复，以繁为美。一般来说，边饰中较窄的是用机织的绦带或素缎、素绸镶饰，而最宽的一道饰边的质地、工艺和图案与服装面料相同，为手工刺绣或缂丝，但其颜色与鲜丽的面料反差较大，大多深于面料颜色，从而突出了华丽的面料及其精致的织绣工艺。但是，也有个别的镶边为浅色，这是为了迎合穿着者的喜好而做成的。如清代品月色缎绣玉兰蝴蝶纹夹氅衣，是在品月色素缎上绣折枝玉兰和蝴蝶，衣襟与袖端镶饰粉色二龙戏珠纹绦边、粉色缎绣折枝玉兰蝴蝶纹边、宝蓝色万字曲水织金缎边。镶边的颜色与面料反差较大，有悖传统清代服饰镶边色重于服装面料主体色调的风格，用了颜色相对浅一些的粉色，但是配色非常和谐，既突出了面料的华美，面料与镶边又浑然一体，成为完美的组合。值得一提的是后妃的便服上镶饰龙纹饰边，非常鲜见，可以见到的影像中只有慈禧太后穿氅衣坐像中氅衣的边饰有一道二龙戏珠绦，而这件品月色缎绣玉兰蝴蝶纹夹氅衣的图案是慈禧太后喜欢的纹饰“折枝玉兰”，暗喻慈禧的乳名“兰儿”。这件氅衣的绣工非常细腻精美，比同时代的同类服装做工更为规矩讲究，是清同治、光绪时后妃服饰精品之一，因此也不排除这是慈禧太后的御用服饰。

服饰镶边虽是细节，但在清中期以后的后妃便服的变化中显得尤为突出，嘉道以后，用民间称为“鬼子栏杆”的洋花边装饰服装开始流行，《清稗类钞·服饰》载：“咸同间，京师妇女衣服之滚绦，道数甚多，号曰十八镶。”[1]晚清渐入宫中后，这种花色绚丽的绦边用于氅衣的镶边，从一二道直至近十道不等，宽窄不一，质地不一，工艺不一，绚丽华美，很快被后妃们所接受。从现藏实物可见，清晚时，夏季纱、绸、縴丝氅衣的边饰之繁缛，甚至重于服饰面料本身，不仅继承了入关前满洲镶饰贵族以皮边为美的传统，同时更多融入了汉族民间妇女服饰以多重镶边为美的理念。

氅衣里子一般选用素纺丝绸，用色常见有品月色、湖色、月白色、粉色、红色等，明黄色素纺丝绸里子为皇后、皇太后专用，等级低的嫔妃不能使用。

氅衣的扣饰非常讲究，一般为铜镀金錾花扣、光素扣和较晚些有机制的铜镀金币式扣，图案多为团寿字、五福捧寿等，而一些制作精致的币式玉扣则是清中期以前鲜见的，造型有荷叶形、镂空雕团寿字等，为华丽的氅衣又添一道风景。

服饰是社会风尚的物质载体，它的细节变化反映着社会风气变化的趋势。

五　清宫氅衣使用及形制变化的意义

在清王朝浩如烟海的档案中，后妃们服饰没有像皇帝一样有《穿戴档》可以记录每日穿戴的服饰及其场合，但事实上清代氅衣作为后妃便服，它华丽的装饰及其繁复的工艺迎合了后宫的审美追求，穿用的场合是很多的，从故宫博物院藏传世晚清氅衣的数量、质地、花色、制作上和档案记载看，足以说明这一点。

按满族习惯，年长者或寡居者日常穿用的便服，颜色较为深重，多为绛色、元青或深蓝色。以清代绛色缎绣牡丹蝴蝶纹夹氅衣为例，绛色素缎为地，用色厚重端庄，镶有宽窄不同的绣边、绦边四道。虽然绦色不同，但镶边图案与服装主题相呼应折枝牡丹生动写实，蝴蝶婀娜多姿，全身图案对称但不呆板，饱满但不局促。十多种针法灵活变换，细腻娴熟，使得图案晕色自然和谐。针脚工整平齐，做工讲究精致，使之成为清代后妃氅衣中的精品。虽是年长者服用的深色服装，并没给人压抑呆板的感觉。而清代粉红色纱绣海棠花纹单氅衣，则是年轻的后妃夏日穿用的便服。折枝海棠花寓意着“玉堂富贵”，鲜艳的配色使之洋溢着春夏热情活泼的气息。芝麻纱面料的纱孔规矩细密，通透挺括，代表着清代纺织技术的高超水平，也使穿着者凉爽舒适，袖端的装饰绦边和接袖多达六层，把清代后妃服饰的装饰风格充分地表现出来。因为面料轻薄，绣工的精致显得尤为重要，这件氅衣的绣制，擘丝细过发丝，运针灵活娴熟，使得绣出的花卉平齐细薄，手触几乎感觉不到绣线凸浮于纱地表面，但绣线晕色的巧妙，又使得折枝花卉颇具立体感，工艺之精湛可谓妙手天成。

氅衣是后妃常年日常穿着的主要服饰，穿着在衬衣、便袍外面，衬衣和便袍的两

1　前揭《清稗类钞·服饰》第十三册，第6186页。

侧没有开裾，行走时不致露出腿部，因此衬衣、便袍是可以日常单独穿用的，而氅衣的两侧自腋下镶饰如意云头处开裾，直至下幅，穿着时虽大气、飘逸，但行走时易露出腿部，有失端庄仪表，因此，氅衣是不能单独穿用的，必须穿在衬衣、便袍的外面，才显出皇家服饰的华丽端庄。可见，虽然氅衣改变了一些原有的传统形式，成为与满族便袍相类似的右衽、圆领袍服，但终究没有改变穿披在最外面的功用。也正为如此，无论氅衣面料的绣工或是做工都比其他服饰更为讲究，到晚清，慈禧太后尤其喜欢这种穿着舒适宜人、外观华美端庄的服饰，因此追求氅衣的装饰的华美，做工的精细几乎成了后宫的一种风尚。

氅衣，就其宽襟博袖的款式来说，应是传统中原民族的服饰，清道光以后始见于清宫内廷，并逐渐将其改造成为极具满族传统服饰特点的女性专用便服。清代宫廷最初的氅衣装饰相对简单、洗练，实用性较强，后来受民间“十八镶”影响，边饰逐渐繁复起来，形成有越繁越美的时尚，这从一个侧面反映了晚清宫廷生活逐渐悖于祖训，不再将保持游牧民族服饰特点作为立国之本和维护巩固政权的基础。服饰制度在政治制度中重要性的衰微，服装款式的逐步追求舒适、华美的奢侈，是政治制度腐败的必然结果。而另一方面，它也反映了满族服饰的发展与汉族服饰文化的相互融合，清末至民国以后，华美的氅衣与满族服饰特点鲜明的袍服相融合并逐渐演变成旗袍，成为中华民族服饰中的奇葩。

原载《明清论丛》第九辑，紫禁城出版社，2009 年

清代戏剧服饰源流考

——以故宫藏戏剧服饰为例

曹连明

内容提要：戏剧服饰是戏剧艺术重要的组成部分，不可或缺。故宫博物院现保存有大量的清代戏剧服饰，各类角色和行当所用囊括其中，这些做工精美、质地优良的戏剧服饰是清宫高水平戏剧演出的可靠保障之一。就清代戏剧服饰的源流，近世学者进行了广泛的探讨、研究，得出了清代戏剧服饰源于明代戏剧服饰和生活服饰的结论，并达成了广泛的共识。然而由于明代戏剧服饰及相关资料少之又少，这些论述多立足于宏观的考察。本文以清宫戏剧服饰为考察对象，通过一些个案，就清代戏剧服饰的传承及演变方式作一简要探讨，进而佐证上述观点。

关键词：戏剧服饰　贴里　蟒衣　满洲甲

中国古代戏剧历史源远流长，元代时杂剧艺术达到高峰，明代时昆曲呈隆兴之势。入清之后，清初诸帝对戏剧艺术极为重视，在戎马倥偬之余一直密切关注着戏剧艺术的发展和走向。康熙时戏剧艺术得到长足的发展，由于康熙帝的偏爱，昆山腔成为清初戏剧艺术的魁元，独领风骚。

乾隆年间，昆曲一味追求高雅，变得晦涩难懂，在民间逐渐失去群众基础，呈衰落之势，反之，一些根植于民间的地方剧种，由于来源于生活，通俗易懂，备受欢迎和喜爱，充满勃勃生机，“花雅之争”，或曰“昆乱之争”由此兴起。乾隆五十五年（1790年）为庆祝乾隆帝八十寿辰，徽班在徽商和徽籍官员的倡导、帮助下，进京演出，一炮而红，轰动京师。徽剧在自身不断完善的同时，积极吸收其他剧种的优点，取长补短，于道光中晚期，形成了京剧这一全新的艺术形式，清代戏剧得以复兴。同光时期京剧达到全盛阶段，而被誉为“同光十三绝”的13位著名艺人，则是京剧艺术全盛的象征和真实写照。

作者：宫廷部，副研究馆员。

戏剧服饰和戏剧演出息息相关，质地优良、符合人物身份的戏剧服饰能够很好地烘托剧情，为戏剧演出增彩添色，给人以视觉上的美感和心灵的震撼。清代的戏剧服饰主要源于明代的生活服饰和戏剧服饰，特别是明代昆曲的服饰，在此基础上，不断改革创新，最终形成了规模化、程式化、类型化等特点，一套完备的穿戴规制由此诞生，成为了现代戏剧演出穿戴的圭臬。这一点是现代戏剧研究者的共识，只是现存的明代戏剧服饰及相关资料少之又少，传承、演变的过程和个案涉足者尚少。故宫博物院现保存有大量的清代戏剧服饰，各类角色和行当所用囊括其中，其品种、数量、质地都是当时民间戏班无法比拟的。本文以清宫戏剧服饰为考察对象，就清代戏剧服饰的传承及演变方式作一简要探讨。

一　明代戏剧服饰

戏剧是一种亦歌亦舞的艺术形式，国学大师王国维曾说："戏曲者，谓以歌舞演故事也。……虽咏故事，而不被之歌舞，非戏曲也。"[1]戏剧的属性，决定了她是一门视听兼容的艺术，戏剧服饰于观众的视觉至关重要。艺术来源于生活，戏剧服饰亦如之。《史记·滑稽列传》中"优孟衣冠"的故事最为生动，楚相孙叔敖临终之际嘱其子曰，我死之后，你必贫困，可找优孟，他能帮你摆脱困境。数年后，其子已沦落到卖柴为生，随往见优孟。优孟服孙叔敖衣冠，和孙叔敖之子日夕生活在一起，模仿孙叔敖的言谈举止。一年后，往见楚庄王，庄王大惊，以为孙叔敖复生，孙叔敖之子得赐良田，十世不绝[2]。由此，孙叔敖的衣冠成了戏剧服饰的开端。

元代杂剧是中国戏剧史上的第一个高峰，当时的戏剧服饰已初具雏形，并有了"砌末""行头"等表述戏剧道具、服饰的专属名词，《宦门子弟错立身》第四出"（末）云：孩儿与老都管先去，我收拾砌末恰来。（净）不要砌末，只要小唱"。同戏第十二出"（末）云：只怕你提不得杖鼓行头，（生）曰，提行头怕甚的"。"砌末""行头"等戏剧专业术语一直沿用至今。元代戏剧理论家胡祗遹对戏剧演出中人物和服饰的关系作了精辟的总结："危冠而道，圆颅而僧，褒衣而儒，武弁而兵。短袂则骏奔走，鱼笏则贵公卿。"[3]就是说，道士戴高冠，僧人戴毗卢帽，儒者穿宽袍大袖，兵丁穿武服，仆役穿短衣，公卿则执笏佩鱼袋。

明代戏剧服饰在借鉴元代戏剧服饰的基础上，有了突飞猛进的发展，这和明代，特别是明代宫廷如火如荼的戏剧活动不无关系。《明史·职官志》云："钟鼓司，掌印太监一员，佥书、司房、学艺官无定员，掌管出朝钟鼓，及内乐、传奇、过锦、打稻

1　王国维：《宋元戏曲史》，附录《戏曲考源》，第132页，百花文艺出版社，2002年。

2　（汉）司马迁：《史记》卷一二六《滑稽列传》，第3201页，中华书局，1959年。

3　（元）胡祗遹：《紫山大全集·朱氏诗卷序》卷八，四库全书本。

诸杂戏。”[1] 皇帝躬行耕田，是宫廷最重要的礼仪活动，届时，教坊司要安排相应的戏剧表演，“至期，教坊司妆扮优人为风云雷雨地土等神，小伶为村庄男妇，播鼓鼓，唱太平歌。……驾升望耕台御座，公卿以次亲耕，多寡有次。耕毕，顺天府治中、通判、推官五员，各携谷种箱一，遍散地上。老人牵牛复土，为耕种之状。小优百余，衣田家男女服，奉五谷以进”[2]。在皇帝躬耕仪式的戏剧表演中，有优人妆扮风云雷雨土地的场景，虽然装扮的优人穿戴什么服饰、手持什么道具没有详尽记载，但它为清代戏剧服饰、道具的创作提供了借鉴，比如清代的画云衣、流云旗、风旗、雷公锤等。而衣田家男女服的小优，其服饰则直接来自明代的生活服饰。

万历前，明代的宫廷戏剧演出主要以北杂剧为主，这和这一时期帝王的偏爱有直接的关系。李开先《张小山小令后序》记载：“人言宪庙好听杂剧及散词，搜罗海内词本殆尽。又武宗亦好之，有进者即蒙厚赏。如杨循吉、徐霖、陈符，所进不止数千本。”[3] 由于北杂剧在明宫廷中独步天下的地位，戏剧服饰、道具等舞美设施日益完备，呈现出多样化的趋势。明代万历年间藏书家赵琦美收藏的《脉望馆钞校本古今杂剧》242 出剧目中，附有“穿关”（即出场角色穿戴的服饰，手持及摆放的道具等）的即有 102 出，其中，包括衣冠二百多种、假发与髯口三十余种、面具四十多种、刀枪把子和其他道具近一百种，是现存明代戏剧服饰资料中较为完备的记载。更为重要的是，在《脉望馆钞校本古今杂剧》剧本的卷末大多注有录自“内本”或据“内本”校过的题识，可知，这些“穿关”是明代宫廷戏剧演出中演员所着戏剧服饰的实录。以《裴度还带》一剧中角色穿戴为例：

头折：

王员外（一字巾，圆领，绦儿，三髭髯）、旦儿（鬏髻，手帕，比甲袄儿，裙儿，布袜，鞋）、家童（纱包头，青衣褡膊）、正末裴度（散巾，补衲直身，绦儿，三髭髯）。

第二折：

长老（僧帽，僧衣，数珠）、行者（僧陀头，僧衣）、王员外、正末裴度（同前）、赵野鹤（散巾，道袍，绦儿，三髭髯，裙，扇）、韩夫人（塌头，手帕，补衲袄儿，补衲裙，布袜，鞋）、韩琼英（手帕，补衲袄儿，补衲裙，布袜，鞋）、李邦彦（一字巾，补子圆领，带，三髭髯）、张千（攒顶，圆领，项帕，褡膊）、韩琼英又上（同前，提灰罐）。

第三折：

山神（凤翅盔，膝襕曳撒，袍，项帕，直缠，褡膊，带，三髭髯）、韩琼英、正末裴度、韩夫人（同前）。

---

1 （清）张廷玉等撰：《明史》卷七四《职官志三》，第 1820 页，中华书局，1974 年。

2 （明）沈榜：《宛署杂记 · 行幸》，第 116 页，北京出版社，1961 年。

3 （明）李开先：《李开先集 · 张小山小令后序》，第 369 页，中华书局，1959 年。

楔子：

长老、行者、赵野鹤、正末裴度、夫人（同前）。

第四折：

韩太守（一字巾，补子圆领，带，苍白髯）、张千（同前）、媒人（同前旦儿）、山人（方巾，青直身，绦儿）、韩琼英（花箍，补子袄儿，膝襕裙，布袜，鞋）、正末裴度（幞头，襕，偏带，三髭髯，笏）、韩太守又上（同前）、夫人（塌头手帕，补子袄儿，裙儿，布袜，鞋）、赵野鹤、长老、王员外、旦儿、李邦彦（同前）。

从上述记载可以看出，明代杂剧演出中的服饰已呈现出多样化、类型化的趋势，尤其重要的是，这些服饰多直接来自明代的生活服饰，如幞头、补子圆领即明代文官的乌纱帽和官服；袍、裙、布袜、鞋、僧衣、僧帽等则是民间百姓的日常穿戴。膝襕曳撒，本是明代太监的常服，明代后期官员有时也穿曳撒，刘若愚《酌中志》载："曳撒，其制后襟不断，而两旁有摆，前襟两截，而下有马面褶，往两旁起。惟自司礼监写字以至提督止，并各衙门总理、管理，方敢服之。"[1] 王世贞《觚不觚录》云："迩年以来……士大夫宴会必衣曳撒。"[2] 在膝部横向织有云蟒纹的曳撒称为膝襕曳撒。在明代杂剧中，膝襕曳撒则是世俗武将及神将的戎服，《裴度还带》中的山神即如之。

明代嘉靖年间，随着魏良辅对昆曲的改革创新及梁辰鱼《浣纱记》的诞生，昆山腔风靡一时，北杂剧则日渐衰落，《万历野获编》云："自吴人重南曲，皆祖昆山魏良辅，而北词几废，今惟金陵尚存此调。"[3] 万历年间，昆曲进入宫廷，得到皇室的喜爱，最终奠定了其剧坛霸主的地位。昆曲演出中的服饰在杂剧的基础上日益创新，不断完善，为清代戏剧服饰的发展提供了借鉴。

二　清代对明代戏剧服饰的借鉴

有清一代是以满洲贵族为主体建立的封建王朝，入关初期，清廷实行了残酷的民族高压政策，"薙发易服令"即其中之一，规定汉人必须服满族衣冠，并有"十从十不从"之说，其中有"生从死不从，娼从优不从"一条，进而明代戏剧服饰在清代戏剧演出中得以延续，并在演出实践中不断改进、创新。

清初，昆曲继续称霸剧坛，洪升的《长生殿》和孔尚任的《桃花扇》使清初戏剧艺术创作达到顶峰，一时间，洛阳纸贵，二人得到了"南洪北孔"的赞誉，对昆曲的繁荣起到了推波助澜的作用。

就戏剧服饰而言，清代戏剧服饰继承了明代的戏剧服饰乃至生活服饰，只是服饰

1 （明）刘若愚：《酌中志》卷一九，第 166 页，北京古籍出版社，1994 年。

2 （明）王世贞：《觚不觚录》第 1041 册，第 439 页，影印文渊阁四库全书，台湾商务印书馆，1983 年。

3 （明）沈德符：《万历野获编》卷二五，第 646 页，中华书局，1959 年。

的样式、名称略有变通。蟒，是明清昆曲演出中最重要的戏剧服饰之一，剧中，帝王、大臣等均可穿之，只是颜色不同而已。明代昆曲中的蟒，又称蟒衣、蟒一撒、蟒褶、衮蟒，源于明代的一种官服，用于赏赐外蕃和诸臣，非皇帝特许，不准服用。沈德符《万历野获编》载："蟒衣为象龙之服，与至尊所御袍相肖，但减一爪耳。正统初，始以赏虏酋。"[1]《大明会典》载："万历三年，以虏王能约束诸部，五年无警，加赏银三十两、纻丝蟒衣一袭。"[2]由于明代皇帝频赐蟒衣，造成了赏赐蟒衣过滥的情况，明帝不得不颁旨干预，弘治十三年（1500年）谕："公、侯、伯、文武大臣及镇守、守备，违例奏请蟒衣、飞鱼衣服者，科道纠劾，治以重罪。"[3]明代蟒衣有两种形制，即圆领蟒衣和交领蟒衣。圆领蟒衣，周身绣蟒纹，大襟宽袖，衣长及足，身后两侧各一摆。明清两代昆曲中的蟒就是在圆领蟒衣的基础上演变而来，圆领，大襟宽袖，衣长及足，身后两侧各一摆，蟒衣的这些特点和昆曲演出中的蟒完全相同，只是清代戏剧演出中的蟒在袖口加添了白绸水袖，以加强舞蹈时的美观，并将周身绣蟒改成了团蟒、过肩蟒等，下部绣海水江崖的纹饰。昆曲中蟒的这种形制一直沿用下来，今日的戏剧演出亦如之。更为有意思的是，乾隆年间，就蟒衣的赏赐还曾闹出了一则笑话。

安南之战后，安南国王阮光平纳表称贡，准备于乾隆五十五年（1790年）乾隆帝八旬圣寿之时入京朝贡，其侄阮光显作为特使先期至京，归国行至广西时，对负责接待的两广总督福康安言道，"爱内地蟒袍华美，为生平所未见"，现国王"复呈寄式样，请织交龙蟒袍，以为朝谯之服"[4]。福康安随口应允，并上报乾隆帝。乾隆帝误认为安南国王"心慕华风"，欲到热河朝觐时，更换清朝衣冠，"以表其恭敬之意"，故欣然应允。孰料，安南国向沿汉族服制，所求蟒袍实为明式蟒衣。乾隆帝闻之内情后大怒，痛责福康安办事不力，但是答应人家之事，作为天朝上国之君岂能出尔反尔，随命造办处按戏衣中蟒的形制制作后赏给安南国王。清内务府造办处《活计档》载：乾隆五十五年，正月初八日，掌稿笔帖式和宁持来汉字堂抄一件，内开：大学士、总管内务府大臣和珅具奏，遵旨询问成林尺寸式样，拟赏安南国王阮光平幞头、蟒衣，谨将南府行头式样进呈，并开单恭呈御览，俟发下后交苏州织造徵瑞织办送京，届期备赏，谨奏。拟赏安南国王阮光平物件：立绒闹龙幞头一顶，纱闹龙幞头一顶，缂丝蟒衣二件（红地绸立水），顾绣蟒衣一件（红缎地细立水），透纱蟒衣一件（寔地红纱细立水），纳纱蟒衣一件（直漏地红纱细立水）……钦此[5]。

---

1 前揭《万历野获编·补遗》卷二，第830页。

2 《大明会典》卷一一一《给赐一》。

3 前揭《明史》卷六七《舆服志三》，第1638页。

4 《清高宗实录》卷一三四九。

5 中国第一历史档案馆、香港中文大学文物馆合编：《清宫内务府造办处档案总汇》第52册，第66～67页，人民出版社，2005年。

太监是戏剧演出中经常出现的角色，清代戏剧演出中太监的服饰有两种形制，即太监蟒和贴里衣（或称铁勒衣，实为贴里衣的音变）。太监蟒是清代戏剧演出中大太监的服饰，贴里衣是小太监的服饰。故宫藏《穿戴题纲·长生殿·冥追》一折中：杨贵妃，魂帕、舞衣。四卒，马夫巾、箭袖、卒褂。陈元礼，帅盔、苍三、靠、枪。高力士，大太监帽、蟒袍、黄马褂。《长生殿·密誓》一折中：二内侍，太监帽、贴里衣、宫灯[1]。

贴里衣是明代太监生活服饰之一，《酌中志》载："贴里，其制如外廷之綻褶，司礼监掌印、秉笔、随堂、乾清宫管事牌子、各执事近侍，都许穿红贴里缀本等补，凡二十四衙门……俱穿青贴里。自逆贤擅政，改蟒贴里膝襕之下，又加一襕，名曰三襕贴里，最贵近者方蒙钦赏服之。"[2]贴里衣为交领，斜襟右衽。现故宫所藏清代戏剧演出中的贴里衣和明代太监的生活服饰贴里衣几乎相同，有数十件之多，归纳起来，大致有三种形制。其一，红、黄、绿等颜色缀圆补或方补。其二，身绣蟒或团蟒纹，下绣海水江崖。其三，身绣蟒纹，膝部横向蟒纹膝襕一道。三种形制贴里衣的共同之处是均为交领，斜襟右衽，水袖，腰部绣花卉或蟒纹一围。太监蟒为圆领，斜襟右衽，水袖，身绣蟒纹，腰部绣花卉或蟒纹一围，是明代生活服饰蟒衣和贴里衣相结合的产物。

判官作为神话传说中地狱的高级官吏，是清代戏剧中出现非常频繁的角色，他们亦正亦邪，不论是《九莲灯》中急功好义的火判官，还是《普天乐》（亦曰《铡判官》）中贪赃枉法、草菅人命的判官，都给我们留下了极为深刻的印象。清代戏剧中判官一角有专用的戏剧服饰，为红、绿两种颜色，前胸、后背缀春字，或五福捧寿圆补及方补，和戏剧中的官衣相仿。宋代戏剧中判官着绿袍已成定制，"舞判"是宋朝歌舞百戏之一，《东京梦华录·驾登宝津楼诸军呈百戏》载，判官扮相为"假面长髯，展裹绿袍靴简"[3]。明代戏剧中判官的服饰得到进一步发展，更加细化。冯梦龙根据汤显祖的《还魂记》（亦称《牡丹亭》）改编的《风流梦》第十八出《冥判怜情》中注明："净扮判官红袍，杂扮鬼吏、鬼卒捧笔，牛头马面。"至"混江龙"一曲唱毕，判官白曰："与俺更衣者。"此处眉批云："判官绿袍，但新任须加红袍，俟坐后脱却可也。"现故宫所藏判官服饰只有红、绿两种颜色，可见是宋、明戏剧的传承，现代戏剧演出中的判官均穿红袍，着绿袍者早已不见，实谬也。

此外，戏剧中，高僧们穿的袈裟；鬼谷子、诸葛亮一类足智多谋、潇洒飘逸之士穿的鹤氅；文官们穿的补子圆领，明、清两代不仅名称相同，形制相同，穿着的角色也无不相同，清代对明代戏剧服饰的借鉴彰显其间。不仅如此，明代戏剧演出中的一些穿戴规制，清代也加以继承和运用。如为了增加舞台效果，突出婚礼的喜庆气氛，

1　故宫博物院藏：《穿戴题纲》。

2　前揭《酌中志》卷一九，第165页。

3　（宋）孟元老等著：《东京梦华录·驾登宝津楼诸军呈百戏》卷七，第47页，中国商业出版社，1982年。

新婚男女必穿大红色，样式、纹饰完全相同的服饰，明代传奇《诗赋盟》的男女主人新婚之时均穿百花衣。清代对这种穿法的服饰称为对氅、对圆领、对帔。《穿戴题纲·长生殿·密誓》一折：唐明皇，玉禅冠、成对氅；杨贵妃，半冠、成对氅。《穿戴题纲·蝴蝶梦·重婚》一折：王孙公子，红圆领、紫金冠、金花带；田氏，红圆领、金花带、小凤冠[1]。这种新婚男女的成对装束在清代还被发扬光大，沿用到相濡以沫的中老年夫妻身上，故宫藏《清代戏剧图册·法场换子》中，徐策、徐夫人均穿同样的蓝色绣团花帔。现故宫藏有清代各种颜色、各种纹饰的对帔多套。现存清代戏剧档案、戏剧文献、戏剧文物中，清代对明代戏剧服饰的借鉴随处可见，并产生了深远的影响。

三　清代戏剧服饰的创新

明代昆曲演出中的戏剧服饰对清代戏剧服饰的影响最大，但是，随着乱弹的崛起，特别是日后京剧的形成，从演出的形式到内容均发生了巨大变化，昆曲中的一些服饰已不能满足和适应新剧种日益发展的需要。众所周知，昆曲唱腔低回婉转，如泣如诉，十分适合表现爱情和文人故事，武戏不是它的长项，随着乱弹中武打戏的大量涌现，许多新的戏剧服饰相继出现，靠，即其中之一。靠，为圆领、紧袖，由前后两片、靠肚、靠牌（靠腿）、靠领、靠旗等部分组成，是戏剧演出中武将的戎服。明代杂剧中“靠”这一戏剧服饰已经出现，但用的并不普遍，只限于项羽及个别神将穿用，武将们更多的还是穿曳撒。不仅如此，由于缺少图像记载，此时靠的形制如何，和清代的靠有何异同，均不可知。明代传奇及昆曲的演出中未见靠的记载。故宫藏康熙《南巡图》第九卷，在绍兴柯桥镇戏台上《单刀会》一剧的表演中，关羽扎靠袭蟒，周仓扎靠提刀，是目前看到靠较早的图像记载。乾隆年间靠已有五色之分，故宫藏乾隆年制锁金线软靠的形制和清晚期的靠已没有明显的差别。清晚期，靠不再是男性武将的专利，戏剧中的女将扎靠也已十分普遍，并有了神将专用的靠，如猴靠等。靠的产生和形式的不断完善，完全摆脱了明代以来生活服饰的束缚，更具艺术特色，使戏剧演出中武打的场面更加精彩。

清代中晚期，公案小说和侠义小说被大量改编成乱弹剧本，直接催生了短打武生这一行当，一种新的戏剧服饰——英雄衣随之产生，乱弹作家沈小庆对此贡献尤其突出。沈小庆（约1808～1855年），浙江绍兴人，世家子弟，粗通文墨。15岁起，先后在嵩祝、春台、和春等著名戏班搭班唱戏，是道光年间较为著名的武生演员。他根据《施公案》中施世纶办案的传奇故事改编创作了一批剧本，如《洗浮山》、《恶虎村》、《连环套》及表现《施公案》中主要人物黄天霸的8出武戏《拿侯七》、《拿罗四虎》、《拿郎如豹》、《拿

1　前揭《穿戴题纲》。

郝士洪》、《拿殷洪》、《拿黄龙基》、《拿蔡天化》、《拿费德功》，合称“八大拿”。由于沈小庆是武生演员，因此，他编写的剧本非常适合武生演出，他设计的各种武打动作别具特色，精彩纷呈。这些剧目多为短打武生的应功戏，剧中的主要角色如黄天霸、诸彪及《水浒传》中的诸英雄多穿英雄衣。英雄衣，又称打衣、抱衣，交领、斜襟、紧身、紧袖，下部缀双色绸质走水两重，便于翻扑滚打、辗转腾挪，让观众有身临其境之感。

清代生活服饰大量植入戏剧演出之中，是清代戏剧服饰的又一创新。清初曾规定，戏剧演出中不得穿着本朝服饰，乾隆四十六年（1781 年）江西巡抚郝硕奏：“……现在检出之三种内《红门寺》系用本朝服色，《乾坤鞘》系宋金故事，应行禁止。”[1] 随着时间的推移，这条禁令逐渐废弛，咸丰五年（1855 年）谕：“《红门寺》轴子除妇女仍旧装束外，一切男之正杂爵（角）色俱改本朝衣冠，于成龙带红顶，方补，朝珠，便衣，穿马褂，代（带）小帽。知州代（带）亮白顶，方补，朝珠，如有不全者，着酌量穿带。庙内妇女有几个梳两把头的，一把头的。”[2] 同一出戏，不同时期，不同的君王，从政治和戏剧本身的角度考虑，对清代服饰是否植入戏剧，作出了截然不同的决定。咸丰帝谕中的红顶、方补、朝珠、马褂、亮白顶、两把头，都是清代的生活服饰，从此具有满族服饰特色的元素大量地融入了戏剧服饰之中，如旗衣、两把头饰、花盆底鞋，等等。

其实，早在乾隆时期，戏剧服饰中已出现了清代生活服饰的成分，如源自清代吉服的箭衣、源自清代戎服的满洲甲等。清内务府造办处《活计档》载：“乾隆三年四月十一日，司库刘山久、催总白世秀来说，太监毛团交锡泡子一件。传旨：将满洲甲二身，照锡泡样做锡泡子二千八百八十个，着钉勇字，再卒褂二身上亦做锡泡子一千六百二十个。钦此。”[3]

满洲甲、绣“勇”字清丁甲，是清代创制的两种戏剧服饰，现故宫藏乾隆年制作的满洲甲和清帝戎服大阅甲的形制十分相似，均为明黄色，上绣云龙、海水江崖，由上衣、下裳、护肩、护腋、前遮缝等部分组成。故宫藏光绪年制作的清丁甲，形制和满洲甲基本相同，青缎面，周身饰平金帽钉纹，是档案中锡泡子的变体，前胸绣“帅”字，后背绣“勇”字。由此可以看出，满洲甲和绣“勇”字清丁甲均来自清代的生活服饰。

清代创制的众多戏衣中，最具特色的要属为剧中某些特定角色量身定制的戏衣了。故宫所藏的即有：十二月花神衣、八仙衣、观音帔、福星衣、寿星衣、禄星衣、禄童衣、喜神衣、猴靠、哪吒衣、红孩衣、牛郎衣、织女衣、十殿阎君衣、鬼衣、大鹏衣、鹦鹉衣、孔雀衣、虎形衣、龟形衣，等等。这些戏衣质地优良，做工精细，和相关角色关联紧密，

1　乾隆四十六年四月六日，江西巡抚鄂硕奏折，朱家溍、丁汝芹：《清代内廷演剧始末考》，第 267 页，中国书店，2007 年。

2　咸丰五年十一月三十日朱批谕旨，前揭《清代内廷演剧始末考》，第 267 页。

3　前揭《清宫内务府造办处档案总汇》第 8 册，第 522 ～ 523 页。

让人一目了然。如12件花神衣上分别绣制的花卉和现实中每月所开的花卉一一对应；8件八仙衣上分别绣有吕洞宾等8位仙人的肖像；织女衣上绣有牛郎、织女鹊桥相会的图像；10件阎君衣上分别绣有一殿秦广王至十殿转轮王的肖像，如此等等，不一而足。这类戏衣使剧中角色的性格更加鲜明，极大地增强了舞台效果。

结语

清代戏剧服饰在继承和借鉴明代戏剧服饰的基础上，不断改革、创新，随着乱弹的崛起，一批与之表演相适应的戏剧服饰相继产生。戏剧服饰和戏剧内容水乳交融，完美统一，对京剧的兴盛起到了推波助澜的作用，奠定了其“国剧”的地位。

未刊稿

清代十二章纹样出现时间初探

——兼论康熙十二章朝服像断代问题

房宏俊

内容提要：学术界对清代十二章纹样的出现年代众说不一，焦点主要集中在康熙和乾隆两朝。根据故宫博物院院藏清代初期成衣特征和对皇帝画像的分析，笔者认为，清世宗是清代十二章纹样的创建者。

关键词：清代　十二章　朝服像　康熙　雍正　乾隆

服饰章纹具有丰富的文化内涵与悠久的历史传承。它们最初是装饰于古代封建帝王、诸侯及卿大夫冕服上的等级标志。天子十二章、公九章、侯七章，代表着世间万物一切美德与崇高的权力。《尚书·益稷》："予欲观古人之象，日、月、星辰、山、龙、华虫作绘；宗彝、藻、火、粉米、黼、黻絺绣，以五彩彰施于五色，作服。"[1]中国古代冕服制度，归根结底就是祭祀制度。《周礼·春官》介绍司服的职掌："掌王之吉凶衣服，辨其名物与其用事。王之吉服，祀昊天上帝则服大裘而冕，祀五帝亦如之。享先王则衮冕，享先公、飨、射则鷩冕，祀四望山川则毳冕，祭社稷五祀则希冕，祭群小祀则玄冕。"[2]《春秋繁露义证》："天子服有文章，不得以燕公以朝。"[3]《贾谊传》云："古者天子后服，所以庙而不宴者也。"[4]随着历史的发展，历代统治者不断为十二章纹样注入新的内涵，进行新的诠释，最终使其成为朝纲独揽、权力高度集中的外在象征。这一象征在废除衮冕制的清代皇帝服装上得到充分体现。这时的十二章纹样，已经不同于旧有的使用范围，仅限于在祭祀服装上出现。清代皇帝礼服的朝袍、衮服和吉服

作者：宫廷部，副研究馆员。

1 《尚书正义》卷五《益稷》，第 141 页，《十三经注疏》，中华书局，1980 年。

2 《周礼注疏》卷二一《春官宗伯·司服》，第 781 页，《十三经注疏》，中华书局，1980 年。

3 《春秋繁露义证》卷七《服制》，第 224 页，中华书局，1992 年。

4 前揭《春秋繁露义证》卷七《服制》，第 224 页。

的龙袍上都可以见到十二章的身影。与此同时，它们成为皇帝所专用的服章。除天子一人之外，其他人即使爵尊位高，亦不得使用。

一　十二章纹样递次出现概况

长期以来，学术界对清代十二章纹样出现的时间问题众说纷纭，莫衷一是。其中以“康熙说”和“乾隆说”占主导地位。两种观点各抒己见。持“康熙说”的论点，以饰有十二章的清圣祖夏朝服像为依据（图一）；而秉“乾隆说”者，则把清高宗圣谕“朕惟绘绣山、龙垂于虞典”作为其论据。对于这两种观点，笔者均不能同意。特别是对于“康熙说”的依据，有所质疑。

从一定意义上来看，“乾隆说”更具说服力，也是被绝大多数人所认同的观点。这是因为，乾隆朝不但有大量饰有十二章纹样的礼服、吉服传世品支持此说，并有乾隆帝谕旨作为证明。乾隆十三年（1748年）十月，清高宗谕曰：“朕惟绘绣山、龙垂于虞典，鞠衣、揄翟[1]载在《周官》，服色品章，昭一代之典则，朝祭所御，礼法攸关，所系尤重。既已定为成宪，遵守百有余年，尤宜绘成图式，传示法守。自朕之朝冠、朝服、常冠、吉服，以至王公大臣、九品以上官员之朝帽、朝衣，自皇太后、皇后、皇贵妃、妃、嫔等之朝冠、朝服，以至王妃、命妇之朝帽、朝衣，向来如何定制之处，著三和会同汪由敦、旺札勒、阿岱，详细商酌，考定章程，遵照式样，分晰满、汉、蒙古名色，绘图呈览。俟朕酌定，以垂永久。”[2]这段史料，说明了十二章纹样在清代始用的确切年代，同时，也为支持“乾隆说”的论点提供了最有力的证据。

图一　清人绘《玄烨朝服像》轴

毋庸置疑，清乾隆时期，无论是服装的款式、质地，还是颜色、纹样的丰富程度，在整个清代历史上都是空前绝后的。单就高宗纯皇帝的饰章服装论，

1　鞠衣、揄翟：《周礼》记载天子之后有六种礼服，包括袆衣、揄狄、阙狄、鞠衣、展衣、缘衣。狄，也作“翟”。见《周礼注疏》卷八《天官冢宰·内司服》，第691页，前揭《十三经注疏》。

2　《清高宗实录》卷三二七，第403～404页，中华书局，1986年。

图二　乾隆胡石青色缎绢米珠绣四团云龙夹衮服

图三　石青色缎平金银绣四团云龙万福寿衮服

图四　明黄纱绣平金云龙单龙袍

有日、月二章衮服（图二），有日、月、星辰、山四章衮服（图三）；有日、月、黼、黻、华虫、宗彝六章龙袍（图四），有日、月、星辰、黼、黻、华虫、宗彝七章龙袍（图五），又有日、月、星辰、山、龙、火、黼、黻、华虫、宗彝、水藻、粉米十二章齐备的龙袍（图六）和十二章齐备的朝袍（图七）。

在这些服装中，除了六章、七章龙袍外，其他章服一直沿袭至清末而未变。因此，

图五　明黄缂丝云龙夹龙袍

图六　明黄缎绣彩金云龙夹龙袍

乾隆帝对清代冠服形制所作的努力是显而易见的。但是，我们面对如此全面、系统和完整的冠服体系，却总有一种突兀感。这是因为，它没有带给我们像清前期历朝服饰所呈现出的那种从简约到繁复、从淳朴到华丽的清晰可辨的发展脉络过程，所能带给人们的只有“今日不见，明天凸现”的结果。这是完全违背历史发展客观规律的。这种不正常现象，在乾隆十二章纹样问题上表现得尤其突出。

清乾隆时期的十二章纹样，奇迹般地突然出现，其数量之大、种类之全，让人从心理上无法理解。它真的像有人所分析的那样由于乾隆盛世，民富国强，战事渐稀，高宗可以专心致志地彻底理顺冠服制度，潜心设计体现皇权的纹样了吗？学界把清代冠服制度全面奠定的标志放在乾隆二十九年（1764 年）《大清会典》颁布和乾隆三十一年（1766 年）《皇朝礼器图式》的修成。这漫长的三十年岁月，作为一个朝代的服制修订工作，时间不可谓不够，周期不可谓不长。但是即便这样，我们面对这一如此规模的制度化、规范化和系统化的庞大服制体系，还是感到难以相信。而且，我们还要注意一点，乾隆这段“朕惟绘绣山、龙垂于虞典”的表白，发自乾隆十三年（1748 年），而非乾隆三十年（1765 年）。

基于“乾隆说”和“康熙说”，我们对顺、康、雍三朝院藏实物进行了全面梳理。在对顺治和康熙朝的调查过程中，并未发现任何饰章线索。然而，在对雍正朝吉服进行最后排查中，我们却取得了意外收获，发现了清世宗穿用过的包含十二章中七章的龙袍（图八）。

这件雍正明黄色缎彩绣云龙狐皮龙袍，圆领，大襟右衽，马蹄袖，裾四开。袍内

图七　明黄缎绣五彩云金龙男绵朝袍

图八　雍正朝明黄缎缉线绣盘金云龙狐皮袍

镶白狐皮里，袖口镶紫貂皮边，缀银鎏金錾花扣四。领口处系一黄纸签墨书“世（宗）”。袍身长 143 厘米，两袖通长 194 厘米，袖口宽 17.50 厘米，下摆宽 132 厘米，左右开裾长 23 厘米，前后开裾长 40 厘米。袍面大多采取单线条二至三间晕色的装饰方法，运用缉线绣技法，在明黄色缎地上彩绣云龙及海水江崖纹样。设色协调，花纹突出，钉绣十分工整，为缉线绣工艺的大件代表作品。

尤其令人关注的是，我们在这件具有雍正晚期风格的世宗御用皮龙袍上，发现了十二章中的七章纹样，两肩邻领口处各饰左日章右月章，肩下两侧前、后各饰黼章一，腋下两侧前、后各饰黻章一，领口前后各饰五联星辰章一，下摆两侧前、后各饰作分离状宗彝章一[1]，在宗彝章里侧两端前、后各饰华虫章一。袍上的黄条、装饰风格及五联星辰章都表现出雍正朝的典型特征[2]。

十二章纹样一般分为单章、重章。日章、月章为单章，只在衣服两肩处各自独立装饰一次。黼章、黻章、星辰章、华虫章、宗彝章为重章，在衣上多处重复装饰。雍正明黄色缎彩绣云龙狐皮龙袍的装饰方法，是将七章分别饰于二十处，单章与重章混用。

在乾隆《皇朝礼器图式》中，有三种装饰章纹的龙袍，第一种饰有六章，包括日、月、黼、黻、宗彝、华虫章纹；第二种饰有七章，在第一种六章之外增加了星辰章；第三种是十二章齐备，最终以各自独立的单章形式出现。

检索宫中旧藏实物，乾隆时期的饰章龙袍中，黄纱绣平金云单龙袍是六章分别饰

1　宗彝章通常是两个分别装有动物的杯子，纹样通常是不分开的。

2　清代把金木水火土五星同在太阳一侧四十五度角范围以内叫“五星联珠”。清世宗是一个极端笃信祥瑞征兆的皇帝。雍正三年（1725 年）二月初二日，发生了日月同升（“日月合璧”）和五星联珠的自然现象。世宗以为这是难逢幸事，命令史馆记录，并宣告臣民知晓，届时举朝庆贺。因此，在雍正朝吉服袍上，将星辰饰为五星联珠纹样，与这一事件正相吻合。

于十八处（见图四），黄缂丝云龙镶领袖袷袍是七章分别饰于二十处（见图五），均为单章与重章混用。反复比对，这两件实物与雍正明黄色缎彩绣云龙狐皮龙袍的装饰风格、纹样特征以及饰章的具体位置如出一辙。这说明，乾隆朝龙袍中的十二章纹样装饰的源头，至少可以逆时上溯到雍正朝。

特别是乾隆的七章五联星装饰，与上述雍正龙袍装饰纹样完全一样，明显是模仿雍正龙袍无疑。所不同的是，乾隆《皇朝礼器图式》中，没有直接照搬这种装饰，而是将雍正七章龙袍领口前后的五联星辰去掉，成为六章龙袍一式；将五联星辰改为三联星辰，成为七章龙袍另一式。而在乾隆第三款龙袍上，高宗增加了山、龙、火、水藻、粉米各章，从而补齐了十二章纹样。同时，他把五联星辰章改成三联星辰章，把分离的宗彝章合二为一。这样，十二章纹样最终成为我们今天看到的各自独立的单章形式。

另外，笔者在对雍乾两朝龙袍进行普查时，还注意到一个现象，即雍正七章和乾隆六章或七章龙袍的单章与重章混用方式，自乾隆朝以后，不知什么原因，再也没有出现过。

通过雍正帝御用七章龙袍的发现，使人感觉到：高宗自诩“朕惟绘绣山、龙垂于虞典”的说法，似有夸张之嫌。整整过了二十四年，乾隆三十七年（1772 年）十月，清高宗再次旧事重提：“如本朝所定朝祀之服，山、龙、藻、火，灿然具列，悉皆义本礼经。”[1] 从“朕惟绘绣山、龙”的两章，到“山、龙、藻、火，灿然具列”增加到四章，两次文中均未涉及雍正所创七章纹样，他在提醒人们什么？要人们记住什么？他是要人们领悟他完善这些纹样的前后经过，并无邀功之意。从雍正七章龙袍反观乾隆六章、七章及十二章龙袍的繁衍出现，高宗走过了一个“小心沿袭”与“大胆创新”相结合的发展过程。我们并不否认清高宗对十二章的完善所做的工作，但是，他取得的成绩，是与清初诸帝特别是其父世宗的苦心经营和铺垫分不开的。抛开衣服的样式不论，世宗在清代十二章纹样的初创阶段做了最重要的前期工作，是当之无愧的创建者。

二　对题名《玄烨朝服像》的质疑

清代宫廷绘画是我们研究清代冠服制度不可或缺的重要资料之一。它表现出的完整写实的服饰配套效果及场景，是我们分类文物研究所不具备的。正是由于这种写实性的客观反映，使一些悬而未决的问题，在这些珍贵画像的佐证下得到解决。然而，也正是由于题名《玄烨朝服像》（见图一）的客观存在，使我们对清代十二章纹样的研究陷入误区。这正体现出清代宫廷绘画与清代宫廷服饰研究的边缘交叉与互补关系。

首先需要说明的是，故宫博物院现藏传世品清康熙帝朝服像并非止此一件，而这

1　前揭《清高宗实录》卷九一九，第 321 页。

幅被引以为据的饰有十二章的夏朝服像，却是作为孤证存在的。此画绢本，设色。满幅纵423厘米，横240厘米。画心纵274厘米，横143厘米。朝服像上所画玄烨，眉清目秀，颇显书卷气，大约在三十五至四十五岁年龄段。头戴镶东珠夏朝冠，身着明黄色彩云金龙十二章夏朝服，颈项挂东珠朝珠，腰系明黄色四块瓦圆朝带，脚下穿石青缎厚底朝靴，端坐于金漆雕龙宝座之上。

此画既然被认定为康熙像，我们不妨用康熙帝晚年夏朝服像（图九）与之相比较，看二者之间是否具有从中年向老年过渡同一表征的共同点。通过相互比对，我们发现，两画像人物的脸部轮廓、眼睛及须髯等特征确有相似之处。但是，从中年像与老年像服饰的形式、纹样及设色等方面看，前者反映出的年代特征却明显滞后，带有典型的清代中期装饰风格。

第一，前胸正脸龙的造型、浓艳的火珠纹及坐褥上绿色外观等，都与康熙时期沉稳庄重，尚带有明代装饰痕迹的时代风格迥异。康熙朝正龙仍具明代风格，龙脸呈元宝状。

第二，笔者还注意到，在这张备受关注的画像上，康熙帝的朝冠顶座两旁竟加有“梁”，这令人匪夷所思。“梁”为钉缀在清帝朝冠顶座左右两旁，由红色丝线缠绕而成的“n”形装饰。熟悉清代冠服制度的人都知道，“梁”的装饰始于雍正朝，康熙时期还未出现。这种装饰始于清雍正晚期（图一〇），雍正早期尚无“梁”（图一一）。

图九　清人绘《玄烨朝服像》轴

图一〇　清人绘《胤禛朝服像》轴

图一一　清人绘《胤禛朝服像》轴

第三，辅助资料提醒我们注意：尽管雍正晚年朝服像朝冠上有“梁”，但身上并没有十二章纹样。种种迹象都表明了画像时代特征的严重不符。如果这张画像所摹绘的人物确为康熙帝本人，我们只有对清代宫廷绘画的“写实性”原则表示怀疑。尽管这种写实性原则是清代宫廷绘画研究者所坚持的。

接下来我们又对清初三代皇帝所有画像进行了补充调查，结果是，除了这件孤证外，在其他版本的顺、康、雍三朝皇帝像上，同样未发现有关十二章的任何线索。笔者认为，从这幅朝服像的时代风格来看，它成画所反映出的年代特征应在清代中期。至于其带给我们种种错觉的原因，只有两种可能性。

第一种，确实具有“后人补画”或“溢美之笔与非写实性”因素的存在。

第二种，现代人主观人为所造成的“辨识上的误差”——错认了画像中的主人。这种可能性存在的概率更大。

在本文搜集资料期间，笔者联系到公安部痕迹鉴定专家崔海先生，请他就《清圣祖康熙皇帝夏朝服像》作出比对鉴定。他的意见如下：

送检物品：

（1）《康熙帝夏朝服像》扫描图一张（见图一）；

（2）标注有人物年款的清代历朝皇帝朝服像明信片一套。

送检目的：

验证中年康熙帝夏朝服像是否与送检的清历朝皇帝朝像中的老年康熙为同一人。如果不符，他应为其中哪一位皇帝？

鉴定结果：

（1）这张送检画像与此套朝服像中的康熙不是同一人；

（2）经比对画像中人物，与乾隆皇帝画像相近似。

鉴定程序：

（1）面部特征：①五官比例：相近；②五官位置：瞳距、耳位相近；③五官形态：脸型、唇型、鼻型、胡须疏密、生长方向、毛发相近；④五官纹理：人中不很明显，但很长，相近；⑤表情：安详，心笑而面不笑；心笑胜于面笑，相近。

(2) 身体其他部位特征：①手指纤长，但小指较其他手指较短，相近；②喜好留有指甲，相近；③手捏朝珠动作，轻捏而不是轻举，相似；④手捏朝珠位置，捏小不捏大，相似(作者按：捏大，即捏佛头珠。清代皇帝像中的各位皇帝，多右手捏佛头，不捏小珠。只有乾隆像多捏小珠，很少捏佛头，且左右手都用)。

(3) 陈设特征：①龙椅：座基狮的造型，狮脚踏球，相近似；②龙椅上坐垫花纹：四周均有五彩祥云，虽颜色不同，但手法相近；③地毯：均为大图案，且均为多种花卉图案。

(4) 服饰特征：①中段纹理相近似；②帽缨；③左佩香包，右佩鞘刀；④衣服虽不同季节，但其多有祥云。

(5) 差异点：主要表现为衰老表征：①毛发稀，位置定；②“法令纹”出现，但角度基本不变；③耳朵更加贴面，但轮廓相近；④眼袋出现，但脸型基本不变。

鉴于专家“排除康熙，认定乾隆”的结论，为进一步验证这幅送检朝服像的时代特征，笔者对该像原件的装裱及用料进行了分析。此像为原装原裱，装配木质轴头二，轴头纵向呈四层拼接状，明黄色素纺丝绸包首，在包首临天杆处浅驼色题签上，另贴一明黄色纸条，上墨笔楷书：“轻凉冠夹朝服□□”，字迹有残缺。展开画轴可见：裱工用明黄色缠枝菊暗花绫，饰有杏黄色缠枝菊暗花绫惊燕，在画心地裱左下角钤有“教育部点验之章”篆书七字朱文长方印。笔

图一二　郎世宁绘《弘历朝服像》轴

图一三　清人绘《弘历朝服像》轴

者对裱边及惊燕用绫作了织物组织分析，从经纬密度、投影宽度、花纹单位大小及装饰风格等方面看，都能明显判断出它具体的织造年代，这种以小纹样缠枝菊暗花绫构图的装饰方法与风格，是乾隆朝所独有的。

另外，笔者还对故宫博物院藏乾隆帝青年时期冬朝服像（图一二），与经专家认定为同一人的高宗中年像（见图一）及老年像（图一三）进行了共同比对。这张出自郎世宁之手的像为：绢本，设色。纵 242 厘米，横 179 厘米。画像上方钤“八徵耄念之宝”“五福五代堂古稀天子宝”“太上皇帝之宝”篆书朱文玺印三方。

这幅成画于高宗二十五岁甫继位的朝服像，青年乾隆神态镇定自若，头戴貂皮冬朝冠，身穿明黄色缎绣彩云金龙无章皮朝袍，坐于宝座之上。我们将这三幅老、中、青不同时期朝服像放在一起仔细观察发现：无论他们的脸部轮廓、神态、动作、宝座形状（爪抓球）、设色以及坐垫和地毯的纹样形状，正如专家所取视角分析的那样，都能明显感觉到主人公们所持特征的一致性。尤其值得注意的是：这三幅朝服像上的服饰纹样，把清乾隆朝早、中、晚三个阶段服装的不同装饰风格和发展脉络清晰地勾勒出来。特别是这幅尚带有雍正时期服饰风格的青年乾隆像上的“无章”装饰特征，不但在方法论上给予我们新的启示，也为此课题另一个交叉关联提供了新的证据。第一，在藏品断代问题上，对同一朝代不同时期的不同特征的注意和把握。第二，清代皇帝朝袍“饰章”时间要晚于龙袍饰章的年代。

目前，故宫博物院藏乾隆帝朝服像共有十余幅，除一幅乾隆青年像外，其余均为递渐衰老的老年像，其中唯独没有中年像。综上所述，此“康熙”非彼“康熙”，它正是我们寻觅多年的清高宗中年朝服像。

原载《天朝衣冠：故宫博物院藏清代宫廷服饰精品展》，紫禁城出版社，2008 年

清代服饰等级特征述析

严　勇

内容提要：在中国封建等级社会，服饰的重要功用之一是标明身份等级。清代服饰体系分为帝位、爵位、官位三个系列，每个系列包括若干等级，制度森严。清代服饰等级的特征分别在质料、款式、颜色、纹样、饰物等五个方面都有体现。

关键词：清代　服饰　等级　质料　款式　颜色　纹样　饰物

森严的等级制度是中国古代社会的一个基本特征，而服饰则是这种等级制度最直观、最强烈的外在反映。在中国古代，从上古的黄帝、尧、舜“垂衣裳而天下治”[1]开始，服装就在具有御寒蔽体的实用功能的同时，还被赋予了浓厚的政治色彩和礼制意义。正如汉代班固所解释：“圣人所以制衣服何？以为絺綌蔽形，表德劝善，别尊卑也。”[2]进入封建等级社会后，服饰更是成为一个人身份地位的如影随形的外在标志，即所谓“贵贱有级，服位有等……天下见其服而知贵贱，望其章即知其势”[3]。其意在通过服饰这种在社会生活中形式最为外露直观，最易标明一个人身份地位的物质载体，处处体现君臣官民及上下等级之间的严格的尊卑贵贱关系，使人各遵其职，各安其位，以维护统治者专制集权的统治秩序。

清代也不例外，同历代封建王朝一样，清代统治者制定的服饰制度也处处体现着严格的等级内涵。而更胜于前朝的，是清代服饰制度的条律规章之庞杂浩繁和琐细详致。

清代的服饰制度不仅严格区分了统治者与被统治者之间的服饰等差，而且也严格区分了统治者内部之间的服饰等差，它是清代各阶层人员必须遵守的服饰规范。清代

作者：宫廷部，研究馆员。

1 《周易·系辞下》。

2 （汉）班固：《白虎通义》卷下《衣裳》，第 59 页，上海古籍出版社，1992 年。另参见清陈立《白虎通疏证》卷九《衣裳》，第 432 页，中华书局，1994 年。

3 （汉）贾谊：《新书》卷一《服疑》，第 19 ～ 20 页，光绪元年浙江书局二十二子本。

服饰的等级之别十分显著，从高到低可分为三个大的等级：一是帝位级，包括皇帝及后妃。二是爵位级，包括皇子、亲王、郡王、贝勒、贝子、镇国公、辅国公、镇国将军、辅国将军、奉国将军、奉恩将军等皇亲贵族，以及公、侯、伯、子、男等民姓封爵者。三是官位级，包括一至九品的各级官员。而每个等级中又有上下若干等级，每一级人员相应所穿的服饰，都有严格的规定，各级官员都必须严格遵守服饰等级制度的限定，不得擅自僭越。

清代统治者通过这些对服饰等级的规定与限制，确立了自帝王至士庶服饰的外观等差。由此形成上下有别、尊卑有序、贵贱有等的服饰体系，以达到所谓“辨等威、昭名秩”[1]的统治目的。这种带有深刻政治烙印的清代服饰，成为清代等级森严的社会生活的一个重要表征。

清代服饰等级性的体现方式是多种多样的，主要是通过服饰的质料、款式、颜色、纹样和饰物等五大重要组成元素来具体体现的。

一　清代服饰质料体现的等级性

清代宫廷服饰使用的质料追求丰富多样，珍贵奢华，大量使用产自江南的质量上乘的缎、绸、纱、绫、罗和缂丝等精美丝织品，以及产自满族发祥地东北高寒地区的貂皮、海龙皮、狐皮、银鼠皮、猞猁狲皮、水獭皮、鹿皮和狍皮等各类名贵皮料。这些服饰质料除具有柔滑舒适或轻便保暖等优良的实用性外，还以其品质高低和名贵程度等来体现穿用者身份地位的尊卑贵贱。

礼服中的冬朝冠，从皇帝、王公至九品文武官员均戴用，其檐以皮为之，但以皮质的好坏来反映等级的高低，等级越高，皮质越好。皇帝冬朝冠的檐有薰貂皮和黑狐皮；皇子、亲王、亲王世子、郡王、贝勒、皇孙、贝子、固伦额驸、镇国公、和硕额驸、辅国公、民公、侯、伯、文武一品官、镇国将军、郡主额驸、子等的冬朝冠，其檐相同，均为薰貂、青狐两种；文武二品官、辅国将军、县主额驸、男及文三品的冬朝冠，其檐皆为薰貂、貂尾两种；武三品官，奉国将军，郡君额驸，文武四品，奉恩将军，县君额驸，文武五品官，乡君额驸，文武六、七品官和一、二、三等侍卫，文武八、九品官的冬朝冠，其檐皆以薰貂制成[2]。

1　光绪《大清会典事例》卷三二八《礼部·冠服》第 9475 页：“雍正七年谕，百官章服，皆有一定之制，所以辨等威、昭名秩也。”据光绪二十五年原刻本影印，台湾新文丰出版公司，1976 年。

2　清朝封爵始自崇德年间，顺治年间加以充实，到乾隆年间形成完备的制度。乾隆十三年 (1748 年) 钦定爵表，规定宗室爵位十四等：一、亲王，二、世子，三、郡王，四、长子，五、贝勒，六、贝子，七、镇国公，八、辅国公，九、不入八分镇国公，十、不入八分辅国公，十一、镇国将军，十二、辅国将军，十三、奉国将军，十四、奉恩将军。

从这些规定可以看出，从皇帝至九品文武官员均可戴薰貂皮檐的冬朝冠，但皇帝还可戴皮质最为贵重的黑狐皮冬朝冠，其他任何人皆不得使用此种皮料，以下依等级高低可使用皮质略次的青狐和貂尾。

礼服中的冬朝服，皇帝冬朝服有两式，一式为披领及裳俱表以紫貂皮，袖端为薰貂皮，另一式为披领及袖均为石青片金加海龙皮缘；皇子、亲王、郡王、贝勒、贝子、固伦额驸、镇国公、辅国公、和硕额驸、公、侯、伯下至文武四品官、奉恩将军、县君额驸等人的冬朝服所饰皮料与皇帝相同；文武五品官、乡君额驸至文武六、七品官等人的朝服没有冬夏之分，即冬、夏朝服的形制都一样，不能用皮料缘边，只能用片金缘，其中披领及袖用石青色妆花缎；文武八、九品官的朝服等级更低，披领及袖只能用青色倭缎。

礼服之一的端罩，是清代皇帝及王公贵族冬季套在朝袍、吉服袍外面穿的一种裘皮外褂。它的等级主要是通过端罩外表皮质的种类优次来区分，等级越高，皮质越好。按清代服饰典制规定，端罩的质料有黑狐皮、紫貂皮、青狐皮、貂皮、猞猁狲皮、红豹皮和黄狐皮七种。唯皇帝的端罩有黑狐皮和紫貂皮两种皮质，其余王公文武百官皆为一种。在冬季应穿端罩的时间里，皇帝从十一月朔至上元穿用黑狐皮端罩（图一），其余时间穿用紫貂皮端罩。皇帝以下，皇太子用黑狐皮；皇子用紫貂皮；亲王、亲王世子、郡王、贝勒、贝子、固伦额驸用青狐皮；镇国公、辅国公、和硕额驸用紫貂皮；民公以下，文三品武二品以上及辅国将军、县主额驸等用貂皮；一等侍卫用猞猁狲皮间以豹皮；二等侍卫用红豹皮；三等侍卫及蓝翎侍卫用黄狐皮。除上述人员外，其余人均不得享用端罩。

在清初服饰制度逐渐完善并定制的过程中，从顺治帝到乾隆帝，对服饰质料的使用，都有严格的要求和规定。

顺治时，“顺治三年覆准，庶民不得用绣缎等服，满洲家人不得用锦绣蟒缎、妆缎。……顺治九年题准，闲散宗室服，用蟒缎、妆缎、倭缎、金花缎及各种花素缎。

图一　仁宗睿皇帝御用黑狐皮端罩

衣四开裾。……觉罗服，用金花缎、倭缎、各种花素缎”[1]。在清代，皇帝的宗族按血缘的远近亲疏，分为宗室和觉罗，宗室是清太祖努尔哈赤父亲塔克世之直系子孙，觉罗为清太祖努尔哈赤父亲塔克世伯叔兄弟的旁系子孙。宗室的地位高于觉罗，因此，在衣料的使用上，宗室可使用更为高档的蟒缎、妆缎、貂皮和猞猁狲皮，而觉罗则不可。

康熙时，对各级官员及军民人等的使用服饰质料的规定十分细致。康熙元年（1662年），“题准军民等不得用蟒缎、妆缎、金花缎、片金缎、倭缎、貂皮、猞猁狲、狐肷。……十一年题准，五品以下官，朝衣、常服许用蟒缎、妆缎、倭缎为缘。举人、贡生、监生、生员不得用貂皮、猞猁狲、白豹皮、蟒缎、妆缎、金花缎。护军、领催、未入流笔帖式，准用青素缎、绸、绫、纺丝、绢、葛苎、梭布，狼、狐、貉、羊等皮。军民及听差人、书吏，准用绸、绫、纺丝、绵绸、茧绸、屯绢、葛苎、梭布，狼、狐、貉、羊等皮。冠用染骚鼠、狐、貉、沙狐皮。帽上圆月，准用片金，不得用狐肷、沙狐肷、缎、纱。……康熙二十六年题准，凡官民等不得用暗花的四爪、四团、八团龙缎，照品级织造。……康熙四十七年题准，宗室服，许用貂皮、猞猁狲”[2]。

乾隆时，对服饰质料的使用也十分重视。规定：“郡王以下，均不得用织金彩色五爪龙衣服，及五爪暗龙缎，若上赐者许用，仍去一爪。若王等赏所属织金彩色龙者，虽服过，仍去一爪。其余服物，不得使受赏者逾越品级。……五品官以下，不得用蟒缎、妆缎、貂皮、猞猁狲。八品官以下，不得用大花缎纱及白豹、天马等皮。……文四品以下，武三品以下，除有职掌大臣及一等侍卫外，不得用貂缘朝衣。”[3]

二　清代服饰款式体现的等级性

在服装的几大要素中，款式是一种相对较为稳定的要素，在设计成型后一般不易做较大变化。清代官员等级的数量繁多，若以款式的多样变化来反映数量繁多的等级，不但在设计和制作上增加了难度，而且在外观上也显得杂乱而不统一协调。因此，款式在服装的几大要素中是最不适合用来反映等级高低的。

清代服饰款式的作用主要是用于反映男女服装的不同和反映同一个人不同类别服装的不同。在男女服装差异方面，皇帝朝袍与皇后朝袍在款式上的区别，主要是皇后朝袍有中接袖、在朝褂裘肩处加缘而皇帝朝袍无；皇帝龙袍与皇后龙袍的区别，主要是皇后龙袍有中接袖而皇帝龙袍无。在同一个人的不同类别服装方面，皇帝的服装有礼服、吉服、常服、行服和雨服等几大类，它们的款式截然不同。所以，清代服饰中，用款式来表现等级性在服装的几大要素中是最少的，仅有少量的几项。

1　前揭光绪《大清会典事例》卷三二六《礼部·冠服》第 9452 页。

2　前揭光绪《大清会典事例》卷三二八《礼部·冠服》第 9472 页。

3　前揭光绪《大清会典事例》卷三二八《礼部·冠服》第 9452 页。

在男服中，开裾数量的多少，反映了等级的高低，开裾多者等级高。男吉服袍，即圆领、马蹄袖、上衣下裳相连属的右衽窄袖紧身直身袍，凡宗室及其以上皆为前后左右四开裾，而宗室以下则为前后两开裾。

在女服中，同一个人的同一类服装的款式数量的多少，反映了等级的高低，款式数量越多者等级越高。在女朝服中，皇太后、皇后、皇贵妃、贵妃、妃、嫔及各位福晋、公主、夫人、郡主、县主、郡君、县君、乡君以下至三品命妇、奉国将军淑人的朝服，均有冬朝服和夏朝服，二者款式不同。其中皇太后以下至嫔的朝服又分为冬朝服三种，夏朝服二种；皇子福晋以下至奉国将军淑人的朝服，为冬朝服一种，夏朝服一种；四品命妇、奉恩将军淑人以下至七品命妇的朝服，其款式冬、夏都完全一样，而只是有单、夹、棉、皮的厚薄的区分，即冬天厚夏天薄而已。

皇太后、皇后、皇贵妃、贵妃、妃、嫔的夏朝服，均有二种款式。皇子福晋、亲王福晋、亲王世子福晋、郡王福晋、公主、夫人、郡主、县主、郡君、县君、乡君下至三品命妇、奉国将军淑人的夏朝服形制相同，皆为一种。

吉服袍中，皇太后、皇后的吉服袍款式有三种，而皇贵妃以下的吉服袍款式只有一种。

三　清代服饰颜色体现的等级性

服装的颜色在中国古代服饰制度中是一个十分重要的组成元素。但它已不仅仅是一种单纯光照之下形成的自然色调感知，而更多的是一种赋予和承载了诸多思想意识和情感精神等人文内涵的色调媒介。在中国古代传统文化中，色彩的象征意义远远超过了它的视觉形象所产生的审美意义。

在清代服饰中，等级最高的颜色是明黄色，只有皇帝、皇太后、皇后和皇贵妃才可享用，一般臣庶严禁使用。明黄色是凌驾于一切服色之上的神圣而不可侵犯的颜色。即使贵为皇太子，也不能在衣服上使用明黄色，只能在衣服的佩饰如朝带、吉服带及朝珠的绦带等细小不明显的部位使用明黄色。实际上，这种以黄色为尊贵的做法是中国古代传统文化色彩观的一种反映。

早在《周易》中，就有关于黄色为吉利之色的记载，如“黄裳，元吉”[1]。《汉书》也说：“黄色，中之色，君之服也。”[2]

按我国传统的“五行”思想来解释，“五行”中的“金、木、水、火”分别代表“西、东、北、南”四方，“土”居中央，统率四方，而土色为黄。皇帝是中央集权的象征，把黄色用于皇帝衣饰，则象征皇帝贵在有土，有土则有天下的至高无上的权威。因此，

1 《周易·坤第二》。

2 《汉书》卷二一《律历志》，第959页，中华书局，1962年。

中国古代很多朝代都以黄色为贵，黄色是皇帝的御用色。

在清代男服的礼服中，按照典制规定，皇帝在大朝及元旦、冬至、万寿圣节等重大庆典活动中，御太和殿接受文武百官的朝贺时，穿明黄色朝服。此外，在地坛举行祭地仪式时，皇帝也穿明黄色朝服。除明黄色外，清代皇帝朝袍的颜色还有蓝、红和月白色。其中蓝色用于天坛祭天或祈谷求雨，红色用于日坛祭日，月白色用于月坛祭月。

皇帝之下的臣属，朝服的颜色则相对简单得多。皇太子朝服为杏黄色，仅次于明黄；皇子为金黄色；亲王、郡王的朝服为蓝及石青色，若蒙皇帝赏赐金黄色者，亦得以穿用；贝勒、贝子、固伦额驸、镇国公、辅国公、和硕额驸的朝服不许用金黄色，其余颜色随便用；公、侯、伯下至文武四品官、奉恩将军、县君额驸等人的朝服，用蓝及石青色；文武五品至九品，则只能用石青色一种颜色。

属于礼服的端罩，其等级的区分，除了前文所述通过外表皮质的种类来区分外，还以里子的不同颜色来区分。皇帝端罩用明黄色缎里；皇太子用杏黄色缎里；皇子用金黄色；亲王、亲王世子、郡王、贝勒、贝子、固伦额驸、镇国公、辅国公、和硕额驸用月白色；民公以下，文三品武二品以上用蓝缎；一等侍卫用月白色缎；二等侍卫用素红色缎；三等侍卫及蓝翎侍卫用月白色缎。

在男吉服中，皇帝龙袍色用明黄，皇太子龙袍用杏黄，皇子蟒袍用金黄，亲王以下至文武九品官的蟒袍用蓝色及石青色。由于清朝以黄色为贵，皇子可穿用金黄色蟒袍，诸王非恩准赏赐者不能服，赏赐金黄色蟒袍是皇帝的一种隆恩，得赐者极少，所以当朝之人无不以能穿金黄色蟒袍为殊荣。乾隆初，诸王蒙恩得赐金黄色蟒袍者过半，其后越发减少。到乾隆末期，只有定亲王和怡亲王二人蒙恩得赐金黄色蟒袍。嘉庆初年，荣恪郡王亦蒙恩得赐金黄色蟒袍。

在男雨服中，皇帝的雨冠为明黄色；皇子、亲王以下至文武三品官为红色；文武四至六品官为红色加青色缘；文武七至九品官为青色加红色缘。皇帝的雨衣为明黄色；皇子、亲王以下至文武一品官为红色；文武二品官以下至普通军民为青色。

此外，用颜色来区分等级，还体现在服饰中的一些细小环节。如朝带、吉服带、行服带的颜色，皇帝和皇太子为明黄色（图二）；皇子、亲王用金黄色；宗室用黄色；觉罗用红色；其余的民公、侯、伯以下至文武品官用蓝色或石青色。又如穿贯朝珠的丝绦，皇帝用明黄色绦；皇太子用杏黄绦色绦；皇子、亲王和郡王用金黄色绦；贝勒以下至文五品、武四品以上有资格佩用朝珠者均用石青色绦。

在女服中，用颜色来区分等级也十分严格。皇太后、皇后和皇贵妃的朝袍、龙袍颜色用明黄色（图三）；皇太子妃用杏黄色；贵妃、妃用金黄色（图四）；嫔、皇子福晋、亲王福晋、固伦公主、和硕公主、郡王福晋、郡主、县主用香色（图五）；贝勒夫人、贝子夫人、镇国公夫人、辅国公夫人、民公侯伯子男夫人、镇国将军夫人、辅国将军夫人、郡君、县君、乡君、奉国将军淑人、奉恩将军恭人以下至七品命妇，

图二　圣祖仁皇帝御用明黄色吉服带

图三　乾隆朝皇后用明黄缎绣彩云金龙夹龙袍

图四　乾隆朝妃用金黄色彩云金龙妆花缎绵龙袍

图五　乾隆朝嫔用香色缂丝云龙夹龙袍

除前述明黄色、杏黄色、金黄色、香色不可用外，可用蓝色及石青诸色。

女冬朝冠冠后皆有护领，并垂绦两条，垂绦的颜色代表着等级的高低。皇太后、皇后、皇贵妃垂明黄绦两条，末缀宝石；贵妃、妃、嫔垂金黄绦两条，末亦缀宝石；皇子福晋、亲王福晋、亲王世子福晋、郡王福晋、固伦公主、和硕公主、郡主垂金黄绦两条，末缀珊瑚；贝勒夫人、贝子夫人、镇国公夫人、辅国公夫人、县主、郡君、县君、乡君、民公夫人以下至七品命妇的冠后垂石青绦两条，绦末无缀饰。

此外，后妃及命妇穿着朝服时佩于前襟的彩帨，也以颜色来区分等级，如皇太后、皇后、皇贵妃至嫔的彩帨用绿色，绦为明黄色；贵妃、妃和嫔的彩帨用绿色，绦为金黄色；皇子福晋、亲王福晋、固伦公主以下至七品命妇的彩帨用月白色，绦为金黄色。七品命妇以下则不得佩彩帨。

四 清代服饰纹样体现的等级性

除了颜色，服饰上的纹样也是一种十分直观、一目了然的区分服饰等级差异的重要标志。由于服饰的纹样有直观明了和易于改动等特性，在服饰五大组成要素中是最活跃、最富于变化的一种要素。因此，在服饰上用纹样的不同变化来表现等级的高低是最容易做到的，因而也是最为常见的。

体现在皇帝服装上，最显著、最高贵的花纹非龙纹莫属。龙纹是代表皇权至高无上、神圣不可僭越的专用花纹，向为人君至尊的象征。中国历代帝王大都以装饰龙纹的服装为专用服装，虽然各代在形制和龙的图案方面不尽相同，但表达的始终是“普天之下，莫非王土；率土之滨，莫非王臣”的“真龙天子”唯我独尊、至高无上的政治权威意义。

除龙纹外，清代皇帝的朝袍和龙袍还饰有十二章纹样。十二章纹样在清初顺治和康熙两朝皇帝的服装上未见使用，雍正朝出现尚不完备的十二章，乾隆时形成定制，此后直至清末遵行不悖。十二章在朝袍和龙袍的全身分布是：左肩为日，右肩为月，前身上有黼、黻，下有宗彝、藻，后身上有星辰、山、龙、华虫，下有火、粉米。十二章纹样取法自然界的自然现象、珍禽异兽和一些特殊字符，每一章皆寓有含义，据《尚书》及后人的注疏的解释：“日、月、星辰，取其临照也；山，取其镇也；龙，取其变也；华虫（雉鸡）取其文也；宗彝，取其孝也；粉米，取其养也；藻，取其洁也；火，取其明也；黼，若斧形，取其断也；黻，为两己相背，取其辨也。”[1] 概言之，十二章寓意着皇帝政治权威的至高无上和道德智慧的完美无缺。

清代皇帝礼服上装饰的龙纹，据乾隆二十九年（1764 年）修成的乾隆朝《大清会典》和乾隆三十一年（1766 年）修成的《皇朝礼器图式》的定制，属于礼服的皇帝夏朝服及冬朝服中的第二式，全身所饰龙纹为：上衣的两肩、前胸和后背各饰正龙一条，腰帷饰行龙五条，下裳的衽正龙一条，前后身襞积团龙各九条，下摆正龙二条、行龙四条，披领行龙二条，袖端正龙各一条。对照故宫博物院所藏清代皇帝朝袍的实物来看，文献所记的只是露在衣服外表的花纹。实际上，在皇帝朝袍里襟的横向与襞积水平相对应的部位，还饰团龙一条，在里襟的下摆饰行龙一条。这样，皇帝朝服全身总共装饰了龙纹四十三条，几乎布满全身，且正龙、行龙和团龙等各种姿势的龙一应俱全。清代皇帝的朝服作为礼服，是清代所有服装中等级最高的服装，所以装饰的龙纹数量最多（图六）。

皇帝之下，皇子、亲王、郡王的夏朝服及冬朝服中的第二式，所饰龙纹数量较皇帝少了许多，其中上衣的两肩、前胸和后背各饰正龙一条，腰帷行龙四条，裳行龙八条，

1 《书经》，第 18 页，上海古籍出版社，1991 年。

图六　高宗纯皇帝御用明黄色缎绣彩云金龙夹朝袍

图七　乾隆朝皇子用金黄色五彩云蝠金龙妆花缎朝袍

披领行龙二条，袖端正龙各一条（图七）。贝勒、贝子、固伦额驸、镇国公、辅国公、和硕额驸、公、侯、伯下至文武四品官、奉恩将军、县君额驸等人的夏朝服及冬朝服中的第二式，所饰纹样数量与皇子相同，但通身均不得用龙纹，而是用四爪蟒纹。文武五品官、乡君额驸至文武六七品官等人的朝服则没有冬夏之分，即冬夏都一样，所饰纹样通身均为云纹，只在前胸后背的方形补子上饰行蟒各一条。文武八九品官及未入流官的朝服通身无蟒，仅饰云纹。

属于吉服的皇帝龙袍，龙纹装饰从清初至清末基本一致。除领口和袖口所饰龙纹外，全身共饰龙纹九条，分布位置是：前胸、后背及两肩各饰正龙一条，下摆前后升龙各二条，里襟升龙一条，其中里襟一条龙在穿着时被前襟遮掩而不显露在外。由于“九”在中国古代为阳数之最，是礼制等级中最高的一等，因此“九龙”也就成为皇帝的象征。此外，这九条龙在全身的分布十分巧妙，由于肩上的两条龙从前后身均可看到，故穿上龙袍后无论从正面还是从背面看都是五条。这样，龙袍全身实际装饰的龙纹总数为九条，而在前后身的任何一个方向只能看到五条龙，龙纹巧妙地暗含了“九、

图八　高宗纯皇帝御用明黄色纱绣彩云金龙单龙袍

图九　乾隆朝贝勒贝子等用绛色缂丝云蝠夹蟒袍

五”之数，完全符合《周易》中天子为“九五之尊”的说法[1]，以此借指帝王之位或为帝王的代称（图八）。

皇帝以下的各级臣属，其吉服不能称作“龙袍”，而叫“蟒袍”。蟒袍上所饰纹样，皇子、亲王、郡王为五爪蟒九条；贝勒、贝子、固伦额驸下至文武三品官、奉国将军、郡君额驸、一等侍卫等人的蟒袍为四爪蟒九条，其中贝勒以下、民公以上曾蒙皇帝赐五爪蟒者可用五爪蟒（图九）；文武四品官、奉恩将军、二等侍卫下至文武六品官等人的蟒袍为四爪蟒八条；文武七、八、九品官及未入流官的蟒袍为四爪蟒五条。

在清代，袍的外面往往要套穿褂，无论是礼服袍还是吉服袍均是如此。由于褂总是穿着于所有衣服的最外层，褂上的纹样在视觉上最直观明显，一目了然。因此，褂上装饰纹样的不同变化，最能显著地标明一个人的等级身份。清代最能体现尊卑有序、等级森严的服饰等级制的就是这种饰有不同等级纹样的褂式服装。

清代皇帝套穿于朝服或吉服之外的褂称作“衮服”，因为皇帝至尊而不以“褂”称之。它的装饰纹样为胸、背及两肩饰五爪正面金龙四团，左右肩及胸、背分别饰日、月、星辰、

1　九五，《周易》卦爻位名。九，指阳爻；五，指第五爻，即卦象自下而上第五位。《周易·乾》：“九五，飞龙在天，利见大人。”孔颖达疏：“言九五，阳气盛至于天，故云‘飞龙在天’，此自然之象，犹若圣人有龙德，飞腾而居天位。德备天下，为万物所瞻睹，故天下利见此居王位之大人。”《十三经注疏》，《周易正义》卷一，第 14 页，上海古籍出版社，1997 年。

山四章。衮服中的“正龙”“五爪”“四团”和“章纹”代表了纹样的形状、数量等，在清代所有补服中，这是等级最高的纹样，不可逾越。皇帝以下的臣属，纹样依等级逐渐递减。

皇太子、皇子、亲王、亲王世子套穿于朝服或吉服之外的褂，不能称“衮服”，而叫“龙褂”。其中皇太子、皇子的龙褂饰五爪正面金龙四团，两肩及前胸后背各一团；亲王、亲王世子的龙褂饰五爪金龙四团，其中前后为正龙，两肩为行龙。

郡王及其以下官员套穿于朝服、吉服之外的褂称作“补服”或“补褂”。补服或在两肩，或在前胸和后背缝缀一块饰有蟒或飞禽走兽纹样的补子，以此作为区别等级地位高低的标志。清入关之初，于顺治九年（1652 年）定诸王以下文武官员冠服制，对补服纹样做了一次较大的厘定，实际上是几乎全盘承袭了明朝的官服定制，仅个别纹样有所增删。

顺治时，武一、二品用狮子补，三品用虎补，四品用豹补。到康熙时，调整为一品用麒麟补，公、侯、伯、郡主额驸用四爪蟒补。乾隆时，清朝的补服制度最终定型，规定：郡王，补服绣五爪行龙四团，两肩前后各一；贝勒，前后四爪正蟒各一团；贝子、固伦额驸，前后四爪行蟒各一团；镇国公、辅国公、和硕额驸、公、侯、伯，四爪正蟒方补，前后各一。文官一至九品的补子纹样分别是：一品仙鹤（图一〇）、二品锦鸡、三品孔雀、四品雁、五品白鹇、六品鹭鸶（图一一）、七品鸂鶒、八品鹌鹑、九品练雀。

图一〇　道光朝文一品用石青地缂金仙鹤补服

图一一　光绪朝文六品用石青绸缀纳纱鹭鸶补服

武官一至九品的补子纹样分别是：一品麒麟、二品狮、三品豹、四品虎、五品熊、六品彪、七品与八品犀牛、九品海马[1]。

由此可以看出，从名称上，衮服、龙褂、补服按等级依次递减；从补子的形状上，圆形补子的等级高于方形补子；从纹样数量上，团纹越多，等级越高；从纹样内容上，正龙高于行龙，龙高于蟒，五爪蟒高于四爪蟒，蟒高于飞禽和走兽，飞禽和走兽又分别以其珍稀和凶猛程度从高到低排序。

这种补服制度必须严格按品级穿用，不得擅自混用，违者要受到惩处。乾隆四十五年（1780年）乾隆帝召见二品官金简，见金简补服上锦鸡旁又绣一小狮子，问其原因。金简解释说："臣任都统（武二品）兼户部侍郎（文二品），绣此以表兼综文武之尊荣。"但这种自作主张的做法，遭到了乾隆皇帝的严厉申斥，并下令："从前穿补服，按所兼之大职穿用，若文职大即穿文职补服，武职大即穿武职补服，并无兼用之例。嗣后凡兼文武职分大臣等，再不可如此穿用。"[2]

在女服中，也以纹样的尊贵程度、姿势及数量的多寡等体现等级的高低。女礼服中的朝褂中，皇太后、皇后、皇贵妃、贵妃、妃、嫔的朝褂有三式，其中第一式为前后身饰立龙各二，行龙各四，第二式为前后正龙各一，腰帷行龙四，下幅行龙八，第三式为前后立龙各二；皇子福晋、亲王福晋、固伦公主、和硕公主、郡王福晋、郡主、县主的朝褂只有一式，前身饰行龙四，后身饰行龙三；贝勒夫人、贝子夫人以下至乡君的朝褂，前身饰行蟒四，后身饰行蟒三；民公夫人、侯伯夫人以下至七品命妇的朝褂，前身饰行蟒二，后身饰行蟒一。

女礼服中的朝袍中，以夏朝袍为例，皇太后、皇后、皇贵妃、贵妃、妃、嫔的夏朝袍饰金龙九条，其中前后两肩正龙各一，襟行龙五（包括里襟一条）。皇子福晋、亲王福晋、固伦公主、和硕公主、郡王福晋、郡主、县主的夏朝袍饰金龙八条，其中前后正龙各一，两肩行龙各一，较上一等级，龙纹总数少一条，正龙数量少两条。贝勒夫人、贝子夫人、镇国公夫人、辅国公夫人、民公侯伯子男夫人、镇国将军夫人、辅国将军夫人、郡君下至三品命妇、奉国将军淑人的夏朝袍饰四爪蟒八条，较上一等级，纹样数量未减，但龙纹递减为蟒纹。四品命妇、奉恩将军恭人以下至七品命妇的夏朝袍饰行蟒四条，其中前后身各二条，较上一等级，蟒纹数量减少四条。

穿朝服时佩挂的彩帨，也以所饰纹样区分等第。皇太后、皇后、皇贵妃、贵妃、妃的彩帨饰"五谷丰登"纹；妃的彩帨饰"云芝瑞草"纹；嫔、皇子福晋、亲王福晋、固伦公主以下至七品命妇的彩帨则不饰花纹。

女吉服中的吉服褂，皇太后、皇后、皇贵妃、贵妃、妃的吉服褂有八团有水龙褂和八团无水龙褂两种，所饰龙纹均是八团，其中两肩前后正龙各一，襟行龙四；嫔的

1 （清）允禄等编撰：《皇朝礼器图式》卷四至卷五《冠服》，第133～208页，广陵书社，2004年。

2 前揭光绪《大清会典事例》卷三二八《礼部·冠服》，第9479页。

吉服褂只有一种，所饰纹样为两肩前后正龙各一，襟夔龙四；皇子福晋的吉服褂饰五爪正龙四团；亲王福晋、固伦公主、和硕公主、郡主的吉服褂也饰五爪龙四团，但前后为正龙，两肩为行龙；郡王福晋和县主的吉服褂饰五爪行龙四团；贝勒夫人和郡君的吉服褂为前后饰四爪正蟒各一；贝子夫人和县君的吉服褂为前后饰四爪行蟒各一；镇国公夫人、辅国公夫人、乡君以下至七品命妇的吉服褂为饰花卉八团。由于褂是穿在最外层的衣服，所饰纹样一目了然，因此与清代男褂一样，褂所体现的等级划分是最为繁琐而又细密的。

女吉服中的吉服袍，皇太后、皇后、皇贵妃、贵妃、妃、嫔的吉服袍称龙袍，有八团有水龙袍、八团无水龙袍和正行龙式龙袍三种款式，其中正行龙式龙袍饰金龙九条；皇子福晋、亲王福晋、固伦公主、和硕公主、郡王福晋、郡主、县主的吉服袍称蟒袍，只有一种款式，饰五爪蟒九条；贝勒夫人、贝子夫人、郡君以下至三品命妇、奉国将军淑人的蟒袍饰四爪蟒九条；四品命妇、奉恩将军恭人及五六品命妇的蟒袍饰四爪蟒八条；七品命妇的蟒袍饰四爪蟒五条。

此外，受有诰封的命妇，也各有补服，通常穿用于庆典朝会，所用纹样依其夫或子之品级而定。凡武职官员的妻、母，则不用兽纹补，也和文官家属一样，用禽纹补，意思是女子以淑雅为美，不必尚武。

五　清代服饰饰物体现的等级性

服装中的佩饰也能够较直观地表达人的政治身份和等级意义。清代宫廷服饰的饰物十分丰富，普遍佩用各种各样的珠宝，有黄金、珍珠、红宝石、蓝宝石、碧玺、青金石、绿松石、珊瑚、琥珀等。这些饰物一般以其贵重程度、品质高低和数量多少等来体现从皇帝到普通官员的等级差别。

根据光绪朝《大清会典》的定制，男冬朝冠中，由于冠檐均为皮质，所以在冬朝冠的前后不加饰物，只在冠顶加饰物，以别尊卑贵贱。皇帝冬朝冠的冠顶为三层，贯东珠各一颗，皆承以金龙各四条，饰东珠如其数，最顶端衔大珍珠一颗；皇子、亲王的冠顶为金龙二层，饰东珠十颗，最顶端衔红宝石；郡王冬朝冠的形制与皇子相同，所饰东珠减为八颗；贝勒冬朝冠的形制与皇子相同，所饰东珠减为七颗；贝子、固伦额驸冬朝冠的形制与皇子相同，所饰东珠减为六颗，另加戴三眼孔雀花翎；镇国公、和硕额驸冬朝冠的形制与皇子相同，所饰东珠减为五颗，另加戴双眼孔雀花翎；辅国公冬朝冠的形制与皇子相同，所饰东珠减为四颗，另加戴双眼孔雀花翎；民公冬朝冠的冠顶为镂花金座，中饰东珠四颗，最顶端衔红宝石；自侯以下至九品官，冬朝冠的形制均与民公相同，但冠顶所饰珠宝质地不同，依等级递减。侯的冬朝冠所饰东珠减为三颗；伯所饰东珠减为两颗；文武一品官、镇国将军、郡主额驸所饰东珠减为一颗；

文武二品官、辅国将军、县主额驸冬朝冠的饰物不得用东珠，而是中饰小红宝石一颗，最顶端衔珊瑚；文武三品官、奉国将军、郡君额驸冬朝冠中饰小红宝石一颗，最顶端衔蓝宝石；文武四品官、奉恩将军、县君额驸冬朝冠中饰小蓝宝石一颗，最顶端衔青金石；文武五品官、乡君额驸冬朝冠中饰小蓝宝石一颗，最顶端衔水晶；文武六品官冬朝冠中饰小蓝宝石一颗，最顶端衔砗磲；文武七品官冬朝冠中饰小水晶一颗，最顶端衔素金；文武八品官冬朝冠最顶端衔阴文镂花金；文武九品官冬朝冠最顶端衔阳文镂花金。

简言之，男冬朝冠冠顶饰物的等级高低依质地从高到低依次是：东珠、红宝石、珊瑚、蓝宝石、青金石、水晶、砗磲、素金、镂花金。同样都饰东珠者，则以东珠的数量多少来区分等级高低，从皇帝所饰十六颗，到皇子、亲王的十颗，郡王的八颗，贝勒的七颗，一直递减至文武一品官的一颗。

男夏朝冠，从皇帝至文武百官形制相同，皆织玉草或藤丝、竹丝为胎，表以罗，并缘石青片金边，冠表上皆缀朱纬，冠里皆以红色织片金绸或红色纱为衬。区别君臣地位尊卑的标志，则是夏朝冠冠顶和冠前后饰物之质地和数量的不同。夏朝冠冠顶的饰物，从皇帝至文武百官，皆与各自的冬朝冠相同，这一点与冬朝冠一样，足可区别出等级高低。除此之外，从皇帝至等级较高官员的夏朝冠，还在冠的前后部位加饰饰物，更加大了识别等级高低的容易程度。皇帝的夏朝冠前缀金佛，上饰东珠十五，后缀舍林，上饰东珠七；皇子、亲王的夏朝冠前缀舍林，上饰东珠五，后缀金花，上饰东珠四；郡王的夏朝冠前缀舍林，上饰东珠四，后缀金花，上饰东珠三；贝勒的夏朝冠前缀舍林，上饰东珠三，后缀金花，上饰东珠二；贝子、固伦额驸的夏朝冠前缀舍林，上饰东珠二，后缀金花，上饰东珠一，另加戴三眼孔雀花翎；镇国公、和硕额驸、辅国公的夏朝冠前缀舍林，上饰东珠一，后缀金花，上饰绿松石一，另加戴双眼孔雀花翎；民公以下至九品官，其冬夏朝冠的前后均不加饰物。

男吉服冠，与男朝服冠一样，分为冬吉服冠和夏吉服冠两种。每个人所戴的冬吉服冠和夏吉服冠，除质地不同外，形制相同。而皇帝与文武百官的冬夏吉服冠，形制也无区别，仅以冠顶上金玉珠石等不同饰物来区别尊卑。皇帝的吉服冠，为满花金座，上衔大珍珠一颗（图一二）；皇子的吉服冠，顶为红绒结顶；亲王、郡王、贝勒顶用红宝石，曾赐红绒结顶者，亦得用之；贝子顶用红宝石，加戴三眼孔雀花翎；镇国公、辅国公入八分公者顶用红宝石，未入八分公者用珊瑚，俱加戴双眼孔雀花翎；和硕额驸、民公、侯、伯、文武一品官、镇国将军、郡主额驸、子的吉服冠顶用珊瑚；文武二品官、辅国将军、县主额驸、男的冬吉服冠顶用镂花珊瑚；文武三品官员、奉国将军、郡君额驸用蓝宝石；文武四品官员、县君额驸、奉恩将军用青金石；文武五品官、乡君额驸用水晶（图一三）；文武六品官用砗磲（图一四）；文武七品用素金（图一五）；文武八品用镂花阴文金顶；文武九品官员用镂花阳文金顶。

图一二　清皇帝用薰貂皮东珠顶冬吉服冠

图一三　清文武五品官用水晶顶冬吉服冠

图一四　清文武六品官用砗磲顶冬吉服冠

图一五　清文武七品官用素金顶冬吉服冠

清代皇帝及等级较高的官员，在穿朝服和吉服时要佩挂朝珠。朝珠的质料有翡翠、玛瑙、红宝石、蓝宝石、水晶、白玉、绿玉、青金石、珊瑚、绿松石、蜜珀、菩提、碧玺、伽南香、白檀等。朝珠的使用也有严格的等级规定。皇帝朝珠有五种，根据场合不同，所用材质也不一样，朝会用东珠，祭天用青金石，祀地用蜜珀，朝日用珊瑚，夕月用绿松石。朝珠中以东珠最为珍贵，它质地匀圆莹白，光彩晶莹，远胜南方所产珍珠，且产自清代统治者的发祥地东北，理所当然地受到格外珍视，因此只有皇帝、皇太后和皇后才能佩戴。皇子以下，文五品、武四品以上官员的朝珠，除东珠不得使用外，其他材质的朝珠随其所用。

君臣的朝带，是穿朝服时所系的腰带。由于系带人的身份、地位各不相同，其所系的朝带除颜色外，带版及带版上所镶嵌的珠宝等饰物也不相同，以此区别等级高低。皇帝的朝带有二式。一式用于朝会典礼。朝带上有龙纹金圆版四块，饰红蓝宝石或绿松石，每块衔东珠五颗，周围珍珠二十颗。帉的中间有镂金圆结一个，其上镶饰珠宝如金圆版，围珠三十颗。此外，挂环上还挂佩囊（即荷包）、燧（取火工具）、觿（解结工具）、刀、削等物。另一式用于祭祀。朝带上有龙纹金方版四块，其上所镶饰物根据祭祀场合不同而质地相异：祭天用青金石，祀地用黄玉，朝日用珊瑚，夕月用白玉。每块方版衔东珠五颗。除祭天时佩及佩囊上的绦带用纯青色外，其余如圆版朝带之制。帉的中间也有圆结一个，衔东珠四颗。挂环上的佩囊均为纯石青色，左边的挂环佩觿，右边的挂环佩削。

皇子以下至辅国公的朝带，带上均饰金衔玉方版四块，每版饰猫眼石一颗。不同之处即区别尊卑高低之处，除朝带的颜色外，是每块玉方版上所饰东珠数目的多寡。皇子、亲王的朝带每版饰东珠四颗；郡王、贝勒的朝带每版饰东珠两颗；贝子的朝带每版饰东珠一颗；镇国公、辅国公的朝带均不饰东珠；固伦额驸及民公、侯、伯、郡主额驸的朝带，均饰金衔玉圆版四块，区别在于圆版上所饰珠石数目的不同，其中固伦额驸、和硕额驸的朝带每版饰猫眼石一颗，东珠一颗，民公饰猫眼石一颗，侯饰绿松石一颗，伯饰红宝石一颗；文武一品及镇国将军、子的朝带均饰镂金衔玉方版四块，每版饰红宝石一颗；文武二品及辅国将军、县主额驸、男的朝带饰镂金圆版四块，每版饰红宝石一颗；文武三品及奉国将军、郡君额驸为饰镂花金圆版四块，版上不加任何装饰；文武四品及奉恩将军为饰银衔镂花金圆版四块；县君额驸和乡君额驸为饰鋄金方铁版四块；文武五品为饰银衔素金圆版四块；文武六品官为饰银衔玳瑁圆版四块；文武七品为饰素银圆版四块；文武八品为银衔明羊角圆版四块；文武九品及未入流官为银衔乌角圆版四块。

从这些规定可以看出，朝带上的带版依形状方形等级高于圆形，依质地等级从高到低依次是金衔玉、镂金衔玉、镂金、镂花金、银衔镂花金、鋄金方铁、银衔素金、银衔玳瑁、素银、银衔明羊角、银衔乌角。带版上的饰物也依贵重程度区分等级，从高到低依次是东珠加猫眼石、猫眼石、绿松石、红宝石、无珠石，若同等贵重则以所用饰物数量的多少来加以区分。

女朝冠，是指从皇太后、皇后、妃嫔至王公福晋、公主及命妇所戴的朝冠。女朝冠之制，繁琐至极，远胜男朝冠。仅以皇太后和皇后所用朝冠为例：冠顶三层，每层贯东珠各一颗，承金凤各一只。每只金凤上饰东珠各三颗、珍珠各十七颗，其上衔大东珠一颗。在冠顶之下，朱纬之上，缀金凤七只，每只金凤上饰东珠九颗、猫睛石一颗、珍珠二十一颗。冠后有一金翟，其上饰猫睛石一颗、珍珠十六颗。翟尾垂珠，五行二就，即珠分五行，每行为两段；每行大珍珠一颗，共垂珍珠三百零二颗。中间有金衔青金

图一六　清皇后用点翠嵌珠冬朝冠

石结一个，结上饰东珠、珍珠各六颗。末缀珊瑚。冠后皆垂明黄绦两条，末缀宝石（图一六，冠尾垂珠脱缺两行）。

皇太后和皇后以下，还有皇贵妃、贵妃、妃、嫔、皇子福晋、亲王福晋、固伦公主、亲王世子福晋、和硕公主、郡王福晋、郡主、贝勒夫人、县主、贝子夫人、郡君、镇国公夫人、县君、辅国公夫人、乡君、民公夫人、侯夫人、伯夫人、子夫人、男夫人、镇国将军夫人、辅国将军夫人、奉国将军淑人、奉恩将军恭人、一至七品命妇等诸多女眷。而每一等级的女眷都有相应的朝冠之制。与男朝冠一样，区分如此众多女眷的等级，主要也是以金玉珠石等饰物的贵重程度和数量的多少为辨识标准。

此外，女吉服冠和金约、领约、耳饰及朝珠等，也大都以其上所嵌的饰物来区分等级。其规定也十分繁琐，浩瀚庞杂，在此不一一赘述。

凡此种种，清代服饰的等级规定繁复至极，但清代统治者仍不厌其烦、不胜其详地制定出典制，令各级官民严加遵守，可见清代服饰制度之详尽完备和等级森严，为历代所不及。

原载《天朝衣冠：故宫博物院藏清代宫廷服饰精品展》，紫禁城出版社，2008 年

缤纷多彩　壁间锦绣

——谈故宫藏精美的壁毯

苑洪琪

内容提要：在故宫博物院珍藏的文物中，组织致密、柔软结实、色泽浓艳协调、图案多样、编织技法精湛的壁毯鲜为人知。实际上，有着观赏与实用价值并重的壁毯，在清代宫廷中的使用十分广泛，并与皇帝的生活密切相关。大量的文献档案与故宫珍藏的文物资料，互证清宫廷壁毯的历史渊源及皇帝重视壁毯的原因。壁毯属于毯类家族中的一员，又与地毯有明显区别。壁毯是有主题、有方向、有内容的艺术品，虽然没有山水画那么丰富、复杂，但壁毯有驱寒保暖、美化环境的双重功能。宫廷壁毯从形象上、从传神上更有其独到之处。

关键词：壁毯　羊皮　栽绒　绊毛　氆氇　哆罗呢

壁毯，又名墙毯、壁衣，主要在冬季使用，具有保暖与装饰双重功效。唐贞观间释玄应撰《一切经音义》释“壁毯”：“毛席也，施于壁，因以为名。”

在故宫博物院珍藏的文物中，各种质地的壁毯鲜为人知。其实，宫廷壁毯在清代宫廷生活中的使用十分广泛，与皇帝的生活密切相关。在清代宫廷这一特殊的环境中使用，宫廷壁毯因不同的使用还有壁衣、帘幕、窗户挡等多种名称。

一　历史渊源

壁毯的织造与应用，有着悠久的历史。古代游牧民族用兽皮当衣作被，住在四面透风的帐篷里，挂张兽皮遮挡风寒。兽皮上的纹饰具有美化环境的功能，可视为古代壁毯雏形，后世壁毯综合了绘画、书法等各种艺术，但质地与纹饰已经有很大的变化。当游牧民族有了大量充足的羊毛之后，为御寒和对付风沙潮湿，开始了织毯的劳作，

作者：原宫廷部，研究馆员。

逐渐出现羊毛编织、丝线编织及加金锦缎等多种技术。《墨子》中载，商代用锦绣织物覆壁[1]，而咸阳秦皇宫的第一号宫殿遗址中的主要大房间，门道中发现有壁画，室内墙壁素白，房间内又出现有环钉，应是张挂“壁衣”的装置[2]。汉朝，贾谊在《治安策》中云：“白（绉纱）之表薄纨之里，捷（缝衣）以编诸美者绣，是古天子之服，今富人大贾家会召客者以被墙。”[3]古天子所穿的精美绣品，在汉代被富商大贾挂在墙上作为装饰。新疆洛浦县出土的“人首马身”纹饰的毛织挂毯[4]，为西汉末年至东汉初年之物，色彩艳丽，构图充满异域的文化情趣，极富装饰性。唐代壁毯的使用更加普遍，岑参《玉门关盖将军歌》载：“军中无事但娱乐，暖屋绣帘红地炉。织成壁衣花氍毹，灯前侍杯泻玉壶。”[5]中描写了军营中使用壁毯的情景。唐代佛教兴盛，寺院等如雨后春笋般出现，壁毯作为佛教艺术品与建筑、雕塑浑然一体。如敦煌千佛洞中悬挂的观世音大幅绣像，光辉夺目，令人震撼。

辽代以后，壁毯因价格昂贵为少数人垄断，壁毯也成为宫廷皇帝及贵族才能享用的奢侈品。金代，完颜阿骨打当了皇帝后，仍喜欢住毡帐，铺、挂毛毯。元代皇宫“至冬月，大殿则黄猫及壁幛黑雕褥，香阁则银鼠皮壁幛，黑雕暖帐”[6]。在宫内设毡毯院局、织毯工场，精选各地的毯匠为宫廷织栽绒毯、回回剪绒毯（新疆毯）、掠绒剪花毯、鞍笼毯（马鞍毯）、针扎毯等20多个品种，宫廷凡铺设、屏障、庐帐、蒙车、装饰等均用毡毯，其品种达数十种，尺寸小者几百方尺，大者则千方尺以上。明代内廷经管官手工业生产的二十四监局之一的“司设监”是承造各宫箴肇、蒲席、棕荐及各宫进用龙床架顶、帐幌、轿椅铺设、衣包盖袱等宫殿铺陈的机构，其中花毯、地毯、围幕制作的数量非常大[7]。明宫廷根据宫殿的使用功能张挂壁毯，举行朝会或筵宴的大殿里地面、墙壁铺挂祥云、牡丹、金龙纹饰的大地毯。其纹饰精美协调，交错呼应。

清王朝与金、元王朝有着颇多相似的文化背景和生活习惯。努尔哈赤在吸纳中原先进文化的同时，保留本民族的生活习惯，征战时也以毡帐为殿，迁都沈阳后，把大政殿、十王亭殿修成毡帐的样子，宽大的墙面是为张挂壁毯而设的。入关后，紫禁城的太和、中和、保和三大殿内，殿顶与殿墙的结合处也设有挂壁毯的金属滑轮，间隔50厘米安装一件。故宫现存壁毯有钉布袢和钉有金属钩两种，都是方便张挂的设置。

1 （汉）刘向：《说苑》卷一十“反质”。引墨子语：“纣为鹿台糟丘酒池肉林，宫墙文画雕琢刻镂锦绣被堂金玉珍玮……”

2 秦都成阳考古工作站：《秦都成阳第一号宫殿遗址简报》，《文物》1976年第11期。

3 （汉）贾谊：《治安策》，见（汉）司马迁著《史记 · 屈原贾生列传》，中华书局，1962年。

4 新疆维吾尔自治区博物馆：《洛浦县山普拉古墓发掘报告》，新疆文物考古研究所编：《新疆文物考古新收获（1979～1989）》，新疆人民出版社，1995年。

5 （唐）岑参：《玉门关盖将军歌》。

6 （明）萧洵：《故宫遗录序》。

7 （明）何士晋撰：《工部厂库须知》卷十一，玄览堂丛书续集本。

二 品类及使用情况

每到冬季，紫禁城内殿堂、寝宫的墙壁、门口、窗户都要采取保暖措施，乾隆帝诗曰："帘幕重重下，兽炭旋轩燃；犹恐寒侵肌，向火争趋前……"[1] 诗中的"帘幕"，就是指冬天挂在门口、窗户和屋内墙壁上的具有保暖和美化环境功能的"毡毯"，即壁毯、围毯等。这些毯子既可以阻挡外面的寒风吹进室内，也能够防止室内的暖气外流。根据其使用地点不同，壁毯可分为壁毯、窗户毯、围墙毯等。

（一）壁毯

北京城冬季天气寒冷，每年冬季宫中都要张挂壁毯御寒、保暖。清代宫中，如何装挂壁毯都要秉承皇帝旨意。有时皇帝会提前半年甚至更早的时间就下旨"指导"壁毯张挂事宜。相比于壁毯的其他功能，清代皇帝更注重的是其装饰功能。在清代内务府造办处活计档中，就有多处记载这类情况。乾隆二十六年（1761 年）四月初九日，乾隆帝下旨："圆明园新建的西洋建筑大水法十一间楼下北明间二间、南明间二间做壁毯。"这里本来挂的是西洋绘画挂毯，但乾隆帝觉得"先挂西洋毯子不合尺寸"，故命人重新织作[2]。对于壁毯的用料与纹饰，甚至用在什么地方，皇帝也会亲自过问、做出安排。同年，太监胡世杰传旨："将梵香楼现挂三面壁衣摘一件来呈览。"乾隆帝阅看后，下旨："著交安宁照样成做壁衣二件送来，身份、颜色、花纹、款式不可错了。"这两件壁毯制成送来后，乾隆帝命在"含经堂挂"。而对于含经堂换下来的两块，乾隆帝也有安排，"将换下壁衣二块在热河安挂，尺寸不符著改做"[3]。可谓"事无巨细，悉尊圣意"。

现存"红地花卉纹羊皮毯""羊皮画百鸟朝凤壁毯"即是壁毯中的精品。红地花卉纹羊皮毯、羊皮画百鸟朝凤壁毯，是故宫保存完整的两件羊皮壁毯。皮质地轻薄、手感爽滑如绸，至今板质柔软，弹力均匀，韧性十足。将生硬的羊皮用石灰水浸泡，经过脱毛、脱脂、防腐处理后反复鞣制，使羊皮板既有丝绸的效果，又有良好的透气功能。然后再将一件件羊皮用细密的缝线，平展地拼接成纵 5 米多、宽 4 米多的皮毯。两件皮毯毯边的纹饰相同，为三宽四窄七道，两道白地红丁字宽边，中间是黄地五彩祥云与蝙蝠，四道窄边为粉色。红地花卉纹皮毯，以菊花为主，牡丹、灵芝、玉兰及祥云点缀其中；白地百鸟纹皮毯的正中部位，彩绘凤凰、孔雀、绶带鸟等飞禽。两件皮毯纹饰表达出的富贵寿含义，是财富权力至高无上及延年益寿的寓意与象征。

---

1 《乐善堂全集》卷十六。

2 中国第一历史档案馆编：《圆明园》下册，第 1412 页，上海古籍出版社，1991 年。

3 前揭《圆明园》下册，第 1413 页。

宫中档案中还记有大量的栽绒“通景壁毯”，因受毛织物工艺幅宽的限制，需要将多幅拼在一起，才能组成面积较大、完整图案的通景壁毯。如乾隆十五年（1750 年）六月初一日，造办处员外郎白世秀交给太监胡世杰七处宫殿的 15 幅壁毯：“养性斋绒毯一座，计两幅。绛雪轩南稍间面东绒毯一座，计两幅。绛雪轩南稍间面西绒毯一座，计两幅。绛雪轩北稍间西南绒毯一座，计两幅。摛藻堂绒毯一座，计两幅。怀清芬东进间绒毯一座，计三幅。怀清芬西进间绒毯一座，计两幅，各随样子。”[1]

此外，宫中尚有精美的西洋壁毯。富于异域艺术品位的西方壁毯，多是外国使团通过贡品或者礼品的形式送给中国皇帝的。现存档案中，有过多次外国壁毯进入宫廷的记载。乾隆十七年（1752 年），葡萄牙国王遣使的进贡物中即有挂于墙壁供欣赏的“织人物花毡”[2]。乾隆中期，路易十五将由博韦织造的名为《中国色彩》的壁毯，作为礼物送给乾隆帝。乾隆帝为张挂这套西洋壁毯，于乾隆三十四年（1769 年）对圆明园远瀛观内部进行改建。乾隆五十七年（1792 年），英使马戛尔尼等来中国觐见乾隆皇帝，带来的大批礼物，就有欧洲壁毯[3]。

（二）窗户毯

故宫博物院现存壁毯中，还有大量窗户毯，又称“窗户挡”，其作用与壁毯一样有着室内保暖与美化环境的双重功效。清宫内，随季节不同而选用不同质地的窗户帘，春、秋两季用绸帘，夏用竹子编帘，冬用毡毯做帘。嘉庆年间“工部进单”称，“大内用帘两千七百二十架，他园苑隶内务府成造者，不在此数”[4]。冬季，在大殿堂内用羊毛擀制的素白色毡挡窗户，按照窗户的尺寸做成可卷可放的卷帘；帝后所居宫室内，则据皇帝的旨意挂不同纹饰的花毡毯做窗户帘。如乾隆二十四年二月二十四日，太监毛团传旨：“慎修思永窗户五处上钉花毡子。”于五月二十三日，“催总张四带领匠役进内，于慎修思永窗户五处上丁（钉）花毡子讫”[5]。又如乾隆五十九年（1794 年），“库掌四德来说太监常宁传旨：热河延薰山馆明间东次间北窗户上着查西洋花毯安挂，钦此。于九月二十九日库掌四德、五德来说，太监胡世杰交西洋花毯三块。传旨照花毯上花样按热河延薰山馆窗户尺寸画样呈览，准时连花毯一并发往苏州，照样织做”[6]。文中

1 中国第一历史档案馆藏：《宫中杂件》。

2 中国第一历史档案馆编：《中葡关系档案史汇编》（上），中国档案出版社，2000 年。

3 ［法］约翰·怀特海著，杨俊蕾译：《18 世纪法国室内艺术》，第 128 页。另参见童寯《北京长春园西洋建筑》，《圆明园》第一集“圆明园罹劫一百一十周年专号”1981 年 11 月。

4 （清）吴振棫：《养吉斋丛录》，第 217 页。

5 前揭《圆明园》下册，第 1264 页。

6 中国第一历史档案馆编：《清宫热河档案》第二册。

作为窗户毯的“西洋花毯”，就是西方织造的“印花哆罗呢”。这种毯子通常在素色地上印出繁多的花卉图案，有着极好的装饰效果。故宫现存哆罗呢窗户毯多件，有红、蓝、驼等单色的，也有双色印花的。哆罗呢窗户毯都镶有蓝色的布里衬，边上钉着铁挂钩。这些窗户毯或正方或长方，尺码不一，无从考证当年使用于何处。

故宫博物院现存“缂毛人物挂毯”，经笔者对档案与实物反复核实后，确认曾挂在皇帝寝宫养心殿正间窗户上（养心殿寝宫北窗户乾隆、嘉庆时尚存，道光时被封。现在养心殿后夹道仍有当年窗户的遗迹）。这件“缂毛人物挂毯”是在乾隆皇帝的旨意下由苏州制作的第三件成品。其第一、二件都因毯子织得后尺寸不合，或大于窗户沿或不足窗口宽，不得不改作他用。只有这件纵230厘米、宽420厘米、呈长方形的窗户毯，尺寸合适，制作精美，最合乾隆帝的心意[1]。

（三）围墙毯

围墙毯是在宫殿内墙或蒙古包内使用的，毯高在70～290厘米之间，自地面而上悬挂。宫内殿堂高大，冬季的殿内虽然有炭火盆、熏笼等取暖设备，但殿顶高、空间大，难以抵挡寒冷。在殿内设置围墙毯保暖，是当时御寒的有效方式之一。乾隆帝即位之初，曾谕旨，在自己居住的寝宫养心殿后殿及日常处理政务的养心殿西暖阁“著做氆氇围墙”，“窗户上着添做黄毡帘”[2]。氆氇，藏语的音译，氆氇围墙毯为斜纹编织的羊毛织品，质地紧密、厚实耐磨，有久不褪色的特点。

围墙毯在纹饰构图上，依建筑规格、用途不同，设计出边框、内饰等建筑内墙必要的装饰图案。故宫现存“织绒紫地黄云龙墙毯”，在毯高的三分之二处，以龙、海水、江崖为主要纹饰，四周环以“卍不到头”的边框。从这件墙毯的纹饰来看，二龙戏珠的边框及龟背纹与太和殿的内饰相像，但墙毯高度与太和殿又相差甚远。“织绒紫地黄云龙墙毯” 应是用于与太和殿功能相等的、临时搭建的毡帐中的。在临时搭建的建筑内用围毯的例子很多。雍正九年九月二十六日员外郎满毗传：“乾清宫西丹墀板房内旧羊皮帐子一架、白毡毯围墙二份，俱著收拾。”[3]再如，乾隆年间郎世宁等所绘《塞宴四事图》中随营女眷居住的毡帐内，即使用缠枝莲花卉墙毯。

花色围墙毯依照所用环境而定，多为厚实、平整挺括，经久耐磨的氆氇、织绒、漳绒、羊皮毯等多种工艺的围墙毯。现存围墙毯中，红地印黑花、黄地印紫花、黄地印红花、桃红地印青花等都是当用过的，均为印花哆罗呢，也有白毡绣花围墙毯、羊皮绘画围墙毯等。如乾隆四十五年十月十五日，太监鄂鲁西传旨：“含经堂搭盖五盒蒙古包中间

1 《造办处活计档》，行文3566，乾隆一十五年十一月十九日。

2 《造办处活计档毡帘作》，乾隆五年正月。

3 朱家溍：《清代宫廷陈设》，《艺术品》2014年第9期。

前厅新做白底押印红花毡里围墙拆下，在养心殿东暖阁铺地用，将东暖阁现铺黄地红花毡仍在蒙古包内做里围墙用。”[1]

故宫珍藏的“白绒里蒙古包帘罩”（长540厘米、高372厘米），称得上是最大的墙毯，实际是设置在蒙古包内的印花隔断。清代皇室以武备骑射起家，清代皇帝承袭祖制，奉骑射尚武为“满洲根本”。从康熙帝起，每年夏秋季节要木兰狩猎，练习骑射技术。在围场虽暂住蒙古包，但处理政务、起居陈设一如皇宫。

御用蒙古包宽敞舒适，底座为圆形，顶部呈天幕状。包内面积大，用印花毛绒帘罩隔断出不同性质的空间。印花毛绒帘罩仿宫殿隔断式样，背面饰以湖蓝丝绸衬里。帘罩正面开一大、两小3个门口，中间门口用白绸仿木隔扇样，横眉是宫廷画家钱维城的绘画和书法家于敏中书写的乾隆御制诗文。白绸门口两侧分别是宫廷画家方 的绘画，白绸仿制的裙板绘有龙纹图案。

三 质地与编织

故宫藏壁毯多以羊毛、丝、麻混纺为材料，有栽绒、缂毛、哆罗呢、金彩绒、画毡、绣毡、彩绘羊皮等多种质地。现存的“紫地蝴蝶花卉金彩绒大壁毯”“绿地缠枝莲金彩绒大壁毯”“白毡画蝴蝶菊花壁毯”“羊皮画百鸟朝凤壁毯”“羊皮花卉大壁毯”“缂毛人物挂毯”及“万寿山风景挂毯”等，都是清代宫廷各时期使用过的。

按照古老的编席方法编织出有美丽花纹衬托的各种毯类，即组织结构为平纹编织。后来发明了过粗细纬、栽绒组织结构，更加厚密的栽绒即手工打结编织法。

手工绾结栽植编织技法是我国古老的传统工艺，在地经地纬上，彩纬在经线上绕成大“8”字形，相邻的两个结扣又在一组经线上局部重叠而割断，编织的连环扣而形成高出毯底基的绒面的绒毛，簇簇栽植的毛头紧密排列，其特点是毛长、整齐，图案优美，毯面丰满有极好的弹性效果。栽绒壁毯以羊毛、丝为主要原料，毛纱浑厚、丝绒精细，不同的材质表现不同肌理效果的形态、色彩。

故宫保存最好的乾隆年间产于新疆的“盘金银线玉堂富贵大壁毯”，就是以蚕丝线为原料，用栽绒技法编织的。“盘金银线玉堂富贵大壁毯”的纹样构图以自然界中的树木、花卉、果实、昆虫、山石以及园林景色进行组合。壁毯底纹盘金线，即把赤金捶打成极薄的薄膜，再把膜切割成5毫米宽的金线，缠绕到纱线表层。毯面显花处用单色、两晕色、三晕色等彩色毛纱栽出玉兰、海棠、牡丹、灵芝、竹子、太湖石、蝴蝶纹饰，编织出花纹错落有致、自然秀美的图样，并表现出吉祥的寓意，以中国传统的写实手法再现了园林风光。金镶银缠的工艺不仅使簇立的绒毛加强了密度，更凸

1 前揭《圆明园》下册，第1264页。

显了鲜明的壁毯主体图案纹饰。“栽绒盘金银线玉堂富贵大壁毯”是依据乾隆年间宫廷设计的画稿，用新疆维吾尔族传统的栽绒编织方法织成，具有浓郁的新疆风格[1]。

“缂毛人物挂毯” 以白色毛线为经、彩毛线作纬，以齐缂或平缂为主，纬线中加进蚕丝，丝毛相间，粗细反差大，立体感强。壁毯，用羊毛线和亚麻线平纹编织而成。通经断纬的平纹编织工艺是古老的编织毛织物的技法，织出的壁毯一直作为豪华的艺术品，装饰于宫廷或府第。新疆出土的东汉墓葬中，有很多平纹织物。其中特别是挂毯的边饰由深、浅棕色和深、浅黄色拼色线缂织卷叶花卉边，似欧洲油画的画框效果。这种缂织法在风格和表现手法上明显受到欧洲挂毯的影响。

故宫藏多件西洋壁毯中，产于法国 18 世纪的“纳纱洋花壁毯”可称为最。纳纱是一种以细密的麻丝筛绢作地，有规律地按纱眼用各种颜色的绣线手工戳纳花纹的刺绣技法。素纱为绣底，用彩丝绣满纹样，四周留有纱地。针路规律匀整，花纹凸出，用色依花样顺序进行，产生出强烈的织纹感和装饰效果。在欧洲，纳纱刺绣的历史十分悠久，它起源于 18 世纪洛可可时代，是奥地利女皇玛利亚及女性贵族们宠爱的绣种，甚至成为皇族和贵族的象征。精美的纳纱绣，源于它独特的手工技艺。运针时，须以经纬线纵横交叉形成的格目作刺绣的基础，在经纬线交叉处，斜纳一小针称“打点绣”，这就是基本针法，也是奥地利二百余年以来一直沿用的针法。

四　色彩与纹饰

宫廷壁毯因选料精良、编织复杂、纹饰寓意吉祥而受到统治者的偏爱，使清代宫廷用毯较前更为考究丰富。宫廷壁毯的审美价值远超实用功能，已成为宫殿装饰的艺术形态。

宫廷壁毯纹样染色是植物和矿物中提取的颜色，这些植物染色中部分染料是名贵的中草药材，染出的颜色纯洁艳丽，色泽柔和，经久耐用。这种“草木染”源于古人的意外发现，漫山遍野花果的根、茎、叶、皮都可以用温水浸渍来提取染液。反复实践，这一颜色协调、色彩稳定的染料染色的技术终于为我国古代先民所掌握。

成于清代末期的羊毛栽绒“万寿山风景挂毯”，取材于慈禧重修后的颐和园风景，将夏天的昆明湖、万寿山、佛香阁、十七孔桥、廓如亭等按比例协调地汇于一毯，亭榭湖水、铜牛垂柳、石舫舟桥等优美的景色经多色彩的羊毛栽绒编织的渲染，异常精美。非常有意思的是，现存“万寿山风景挂毯” 有两件，其一以万寿山为远景，宽阔的昆明湖水占画面的主要位置；另一件以万寿山为主，昆明湖水为辅。体现出慈禧太后对这一纹饰的喜爱，也同样可以说明壁毯纹饰往往要秉承帝后旨意。从两件挂毯挖去的

1　乾隆朝《造办处活计档》3520 包：“乾隆一十七年正月十四日太监胡世杰传旨：‘圆明园殿内地平着照养心殿地平现铺毯子一样采尺寸交新柱照尺寸样织回子毯一块送来。钦此。’”

缺口看，曾挂在两个不同的环境中。

壁毯图案在色彩的相配中，采用反配法，使其装饰得华丽、清新、雅致，具有浓郁的宫廷韵味，张挂在各宫殿的墙壁上与其内陈设等什物起到了相得益彰的装饰效果。毯面以欧洲写生技法处理，表现中国传统的合家欢聚过新年的情景。画面以56个人物为主，个个皆颇为灵动：儿童们神态各异，有的敲锣，有的放鞭炮，有的吹唢呐，有的观灯，有的持梅，有的端杯，有的捧印，有的秉烛，围在大人们身边讨要“压岁钱”，活泼、可爱。长者坐在圆桌旁，左手持如意右手把酒盏，他眉宇舒展，胡须飘逸，长者旁边的妇人们或站或坐，微笑着看庭中尽情嬉戏的孩童，目光中充满了舐犊之情……整幅画面表现了“一家多富贵，荣华降吉祥”的美好寓意。挂毯以黄为地色，人物头上戴的卧兔帽、风帽、包巾、幞头俱用宝蓝色，与其身上白、粉、红、蓝、绿等色的衣服形成柔和的对比色，淡雅明快，缂织的单色毛纱中还使用了晕色技法，使织物文饰渐次过渡匹配，色彩层次丰富。晕色配线的合股毛纱或用同类降色线，或用两种对比的颜色线拼配，极富立体感和装饰性。“缂毛人物挂毯”挡在窗户上，已是一件完全艺术化的毛织作品，远远超出挂毯自身的实用性。

壁毯纹饰有按照设计好的图案编织栽绒或缂毛的；也有在织成单色毯面上，再进行绘画和印花的；还有不施花纹的为单色毡毯。其中先设计图案再编织的壁毯，其纹样、用色都要按皇帝旨意，由清宫内任职的画家设计、着色。如雍正五年（1727年）八月二十五日，雍正帝下旨：“（圆明园）万字房通景壁前，著画西洋吉祥草毯子呈览。”十月初一日，郎中海望将“画得东一路屋内通景画壁前吉祥草花样毯子两张”呈览。雍正帝认为：“周围的万字景边不好，著另画碎花，其底的颜色不必染黄。”[1]

宫廷壁毯在防寒、保暖的同时，更多的是以精美的画面取悦于人。用织成材料制作的壁毯，需要剪裁或拼接。如漳绒、织绒等，宽约27厘米，匹长20米左右，织造的花纹十分精细。要是做大面积的壁毯，不仅主要图案拼接，还要按照挂毯的位置拼接边饰，工艺相当复杂。如现存“漳绒绿地缠枝莲壁毯”就是经过多幅面料拼接而成的。壁毯中相对简单的，是在单色哆罗呢上加工印花。哆罗呢往往都是单色地，如黄色、红色、绿色、香色等。做壁毯需要套色印花纹，多为单色，也有少量双色花。

色彩艳丽的“纳纱洋花壁毯”毯面纹样以花卉为主，一朵朵、一束束蔷薇花、百合花、玫瑰花、睡莲花组成的花环，环绕着中心百花盛开的大花瓶。花瓶与花环之间撒落着流畅弯曲的枝茎、大大小小的贝壳及棕榈叶、茛菪叶和不知名花卉，构成优雅纤巧的洛可可式图案，极为华丽。这种纹饰盛行于欧洲文艺复兴时期，多出自著名画家之手。画家拉斐尔、鲁本斯等都曾设计壁毯画稿，其中有很多精品。

大量壁毯的使用，与周围环境和谐一体，将皇宫装饰得富丽堂皇。乾隆年间曾亲

1　中国第一历史档案馆编：《清宫热河档案》第二册。

眼目睹御幄内挂壁毯情景的英国人曾感叹道："幄中一切陈设之物，如桌椅及一切木器，既穷极华丽，而壁绒、帐幕、地毯、灯笼、缨遂、窗户之属亦无一非精品，而且颜色之相配，无一不斟酌适宜，置日光间，目下所及，但觉金碧辉煌，五色交错。"[1]19世纪，一位美国人对慈禧居所也有同样的美誉："墙上绘画，康、雍、乾巧夺天工的瓷器，精雕细琢的中式桌子，华丽丝质绣花门帷，看到那些专为皇上、皇太后们织成的精美绝伦的挂毯，我们才有可能体会到慈禧私室的富丽堂皇和优雅尊贵，才能体会到它的美。"[2]

结语

壁毯属于毯类家族中的一员，又与地毯有明显区别。壁挂是有主题性、方向性、有内容的艺术品，虽然没有山水画那么丰富、复杂，但是从形象上、从传神上更有其独到之处。清代宫廷壁毯集中突出了这一特点。

未刊稿

1 [英] 马戛尔尼著，刘半农译：《乾隆英使觐见记》，天津人民出版社，2006年。

2 [美] 赫德兰著，吴自选、李欣译：《一个美国人眼中的晚清宫廷》，百花文艺出版社，2000年。

清代宫廷新疆地毯考

付 超

内容提要：本文主要简述了新疆地毯的传统历史，新疆在对宫廷地毯本身的编织手法、图案纹样所展现的独到之处，受清宫廷政策的影响与其早期、中期、晚期所发生根本性的变化，并在不同时期受中原地区地毯传统纹样影响程度。新疆地毯进入清宫廷后，使宫廷地毯进入了一个高峰期。通过本文论述能了解到清代宫廷中的新疆地毯编织、图案纹样及色彩的基本特征，对于掌握新疆宫廷地毯的重要标志，研究新疆地毯会有一定的认识与了解。

关键词：新疆栽绒毯　栽绒丝毯　盘金银线地毯

中国的地毯以历史悠久著称于世，而新疆地毯以其独特的魅力在地毯领域始终独树一帜。新疆的地毯最醒目、最惹人喜爱的首先是它的图案纹饰。地毯艺术效果主要是通过图案的形式来表现的。地毯出现的纹样，是由不同民族和不同地区人们的不同喜爱而逐步形成的，它往往是一个民族和一个地区文化艺术特征的具体体现。新疆古称西域，在辽阔的牧区中，少数民族世代以畜牧业为生，他们练就了加工牲畜皮毛的本领，更巧于羊毛、驼毛的编织工艺。到清代，地处南疆的喀什、和田、叶尔羌（今莎车）、阿克苏、洛蒲等地，编织地毯红极一时，因而也成为清宫青睐的铺陈用物。本人经过多年与清宫地毯进行接触，对于清代宫廷中所留存下的新疆地毯有了一定的了解，现就笔者所认识到的新疆宫廷地毯的图案工艺的变化作如下论述，以期能够对新疆宫廷地毯有一个初步的探讨。

一　清代新疆地毯纹饰的变化

从历史上看，早在新石器时代，新疆塔里木盆地周围的绿洲地带就居住着从事农

作者：宫廷部，副研究馆员。

耕生产的居民，而在天山以北广阔肥美的草原上也有着许多“逐水草而居”的游牧部族，他们从事着畜牧业生产。新疆境内的这些土著居民用自己辛勤的劳动和智慧曾创造了当时比较发达的文化艺术。在新疆各地出土的一些文物上我们可以清晰地看到装饰着各种三角纹、菱形格纹、波浪纹和涡旋纹，还有不少用动物形象，如虎、羊、鹿等作为装饰纹样来美化自己的生活等。几千年来，这些纹饰是新疆地区普遍流行的装饰纹样，这些既代表农耕定居部族文化的特征，又有反映游牧部族文化的特点。它应用于各个领域，其中就有地毯，并在此基础上继续演变、发展、组合成了各种优美的图案。新疆是丝绸之路的重要通道，它把东、西方文化联结在一起，因此，印度、希腊、罗马、波斯、阿拉伯等地文化，以及佛教、摩尼教、伊斯兰教等艺术也都汇集于此，使新疆地区人们有可能吸收其艺术特点，经过融合，再创造，从而形成自己的独特风格。新疆地毯图案纹样产生与发展的历史过程，是在自己传统的基础上，又大量吸收了外来艺术的优点，才创造出的一种独具一格、富有浓厚民族风格和强烈的地方特点的手工艺品。

这样具有独特的地方风格的用品自然被纳入清代宫廷的贡物之列。新疆贡入宫廷的栽绒毯，根据用料分为栽绒毛毯、栽绒丝毯及盘金银的丝毯，特别是盘金银丝毯成为各毯中的一大亮点。盘金银丝毯是指毯边内局部以银线盘成人字纹，毯心内局部则以金线盘成人字纹，从而形成地毯上特有的银线边、金线地，金银线在毯中相互辉映，极富华丽的装饰效果。由于新疆地区早期受伊斯兰教的影响，所以有些地毯的纹样设计具有浓郁的伊斯兰风格。清宫进贡的地毯在用料、装饰风格上共分为早、中、晚三个时期。它的图案布局表现为各种格律图案的组合，并由大小花边构成多层边框、角隅和中央主题图案相适合的纹样所组成。但是由于中国封建社会长期停滞的历史，使得新疆地毯的编织技艺长期处在一家一户的分散织制状态，地毯图案纹样也因此形成了祖辈相传、世代继承的格式。

（一）清初期

在清初，新疆地毯在图案方面有自己的传统纹饰，它保留着古老的传统图案，仍然是严格遵守着井字或米字格的基本格式，用呈四方连续排列的菱形，几何纹样进行装饰布局，新疆地毯的几种主要图案纹样已经形成。四瓣花纹、变体四瓣花纹等仍是主题纹饰。这个时期除了继续生产传统纹样的地毯外，还吸收了宋代和当时中原地区的织锦图案，采用大量的缠枝花卉、折枝花卉和团花纹样。枝桠、蔓茎、卷叶等有时甚至代替了几何纹饰或与几何纹饰互相穿插。有的还饰以蝙蝠、蝴蝶、夔龙、凤鸟等动物形象，增加了活泼生动的生活气息，丰富了新疆地毯的图案纹样。在清宫中保留下来的地毯中，按清宫的画稿而编织的地毯有栽绒毛毯、栽绒丝毯、盘金银线丝毯，地毯图案以花卉纹为主，毯心内以四方连续的形式布满整毯，表现出纹饰规整简洁、色彩明快的特征。也有少数地毯带有宫廷韵味的图案，同时清宫廷地毯还留有明代的遗风，然而由于年代早，流传的藏品数量有限，又受客观原因的限制，这类栽绒毯的进贡和保存下来的数量有限，所以，很难以翔实地反映这一时期进贡物的装饰特色。

（二）清中期

清中期的新疆栽绒毯业是清代地毯发展的鼎盛时期。它源于乾隆二十四年（1759年），朝廷平定准噶尔及大小和卓的叛乱，使新疆的经济得到进一步的开发，打开了新疆与内地的商贸渠道，并且日益趋于频繁，这些都在客观上大大地促进了新疆栽绒毯的发展。像从新疆进贡地毯，据史料记载，“乾隆五十四年十二月二十六日，阿克苏三品阿布都拉恭祝万寿进金银线毯一块”[1]。“乾隆五十九年十二月十四日，御前行走喀什噶尔三品阿奇木伯克、郡王伊斯堪达尔等十四人，恭进金银绒毯一块、绒毯四块、毛毯一块”[2]。

由于清宫廷对地毯的大量需求，清廷不仅依靠新疆土贡来满足清宫的需求，同时还招募“回子毯匠”进京，而且在北京的彰艺门（广安门）报国寺内设立地毯传习所。从西北请来的老艺人传授织毯技艺，专为宫廷编织地毯。这种具有浓郁的伊斯兰艺术花纹的栽绒毯，从遥远的边陲走进了皇宫，使清宫廷的地毯从数量到质量都有了很大的变化。

清中期的栽绒毛毯、盘金银丝毯、栽绒丝毯，复杂而多样化的纹样，大致分为两种装饰风格。一是以花卉纹为主的构图，毯中图案取材于自然界中生长的棕榈叶、百合花、郁金香、玫瑰、石竹、梅花、石榴花、玉兰、牡丹、葵花、菊花、朵花、小团花、五枝花、巴旦木以及部分花的叶、果、茎、枝蔓。这些花卉纹中，既有写实风格，也有非具象的花草。在构图上，主要以十字为骨架，近似方形、菱形为框架，其内外填充各种花卉、花叶及茎蔓，并进一步组合成花瓣形、菱形，以这样一个花纹单位做四方连续，致使毯面呈现出几何纹与植物纹交叉重叠、对称均衡、规则排列。所饰的花卉纹，有的将植物的外在特征，如弯曲的茎蔓、丰满的花叶编织得线条流畅、灵活多变；也有章法如一的表现形式。特别是盘金银丝毯中的扇形棕榈叶、毯边涡状的花卉纹及近似方形框架内外，主辅花卉对称排列的构图法，与16、17世纪波斯编织的栽绒毯之风格极为接近，而毯边饰二方连续的蔓草纹，又留有伊斯兰中古时期盛行的构图风格。

这一时期，栽绒毯纹饰有多道花边，以单数边为常，其中饰7道花纹边列居首位。多边的花纹中分主花纹与附花纹，主花纹分二方连续的石榴花、四瓣花、梅花、缠枝

1 中国第一历史档案馆藏：乾隆朝《内务府档》2465。

2 中国第一历史档案馆藏：乾隆朝《内务府档》2465。

牡丹花辅助纹样，典型的有连珠纹、回纹、万字纹。新疆地毯在大面积的图案处理方面，多采用层次类推法，即由深入浅或由浅入深，来显示毯面的立体效果，而它的外边缘还要用勾线的手法来达到整体效果的统一，同时它也是新疆绘画技法的特点，我国古代的艺术评论家，早就注意到西域画长于富有凹凸感的渲染法。这种渲染法主要是从物像的结构出发，结合一定的明暗关系，以表现形象的凹凸程度，也就是说通过凹凸晕染有着强烈的立体感。

这种凹凸晕染的方法，画史上叫做“凹凸法”。它的特点是以深色描绘外缘，渐至中间渐浅，最后以白粉点染最明亮（或最突出）的部位。这是我国古代传统所不经常采用的画法，而西域画从早期的作品起，就使用凹凸法[1]。而这种手法同样被运用于编织新疆地毯图案纹样中。新疆地毯的图案采用了对比当中求统一的方法，多用“以暗托明”的对比法，求得浓艳深浅分明的效果，通过勾勒轮廓（或称勾线）的手法，达到谐调统一。所以这是绘画中的“凹凸法”在新疆地毯图案纹样上的应用，如果没有勾线，色彩并置就会显得图案纹样紊乱，没有完整的效果，这是新疆地毯图案处理手法上的一个特点。

像故宫博物院收藏的新疆银线边金线地花卉栽绒地毯（图一），纵 321 厘米，横 163.5 厘米。毯心由新疆传统的花卉图案组成四方连续纹样。地毯花边由四道组成，第一道蓝色素边，第二道串枝花珠纹，第三道花卉纹，第四道串枝花珠纹。底经用木红、黄、茶绿丝线，底纬用木红色棉线。编织方法特殊，毯地以三股加捻的圆金线和两股加捻的圆银线横向编织人字纹，其背面用杏黄丝线横向编点人字纹。栽绒拴扣方法为“8”字扣。每过三道底纬拴扣一排，每平方厘米纵向四织五扣，横向五扣。拴扣起绒用木红、黑、绿、蓝、湖蓝、黄、白、金黄、月白等色丝线，花纹分别用黑、木红、白、蓝色勾边。此毯构图严谨，花纹丰满，配色鲜明，编织细蜜，起绒短而平滑，质地牢固，耐磨力强，

图一　银线边金线地花卉纹栽绒地毯

1　陈兆复：《中国古代少数民族美术》，第 215 页，人民美术出版社，1991 年。

为清代新疆地毯的珍品。

新疆地毯图案布局中最重要的特点，是由大小边框组成的多层边框。边框面积平均约占地毯总面积的五分之一以上。边框的多少根据地毯的规格和图案而定，一般地毯边框至少有 3 层，多的达 5 层以上，甚至还有 10 层的。每条地毯都有一个主要的大边框，其他的小边框只是陪衬，同时在色泽纹样上，也必须与主题边框的纹样及其主题适合纹样相谐调，相呼应，构成一个拘谨的整体。不过，所有的边框并没有固定的程式，有的则是互相变换，交叉使用。例如，象征波涛汹涌的浪花云头纹和作为种族标志的四瓣花，它几乎可以使用到所有类型的地毯图案里来作主边框。至于说万字形、云纹、回纹、古钱纹、三叶、反三叶和一些方、圆、点状纹等，也是经常被互相交叉，并且广泛地利用在一切大、小边框中。新疆地毯的毯面中央常常满铺几何形纹样，而在几何形及所有的一切空间内，都可以加添各种花卉、枝叶、瑞禽、瑞兽及其变体图案等。但是，它要求使其严格地局限在井字格或米字格的基本格式内，就是说从纵横呈 90 度走向，斜线呈 45 度走向。整个图案要求做到左右相称，前后相随，曲直结合，宾主呼应，大小相成，虚实相生，色彩谐调而又具有格律。这些特点，使新疆地毯与我国其他类型地毯的图案迥然相异，所以，新疆地毯完全能够与我国中原地区和亚洲各国的地毯区别开来，不易混淆。像故宫收藏的另一件金线地“玉堂富贵”壁毯（图二），它长 642 厘米，宽 280 厘米，穗长 13 厘米。采用新疆维吾尔族传统的手工编织方法，地部以合股的金线编织成横向人字纹，背面以丝绒线编织（拴扣或称打扣），呈玉兰、海棠、牡丹、灵芝、竹子、山石及蝴蝶等纹样。壁毯的周边为银线地栽绒玫瑰红卍字纹，形成二方连续纹样。壁毯的配色丰富，根据纹样特点，运用了二十五六种各色绒线。配色采用两晕色、三晕色和间晕色的方法，如灵芝配色用驼黄配肉粉，或浅驼，肉粉配玫瑰红。此外还多处应用了合色线，使花色更富于变化。为增强突出其主体花纹的效果，又采用黑线勾边方法。它的图案是依据乾隆时期宫廷画稿设计的，壁毯的图案

图二　栽绒织金银线〞玉堂富贵〞壁毯

设计画面宽阔，构图精美，纹样空间处理得恰到好处。“玉堂富贵”壁毯既是一件富于艺术性的装饰品，又是一件贵重的实用品。

以上两件典型的新疆毯都是清代中期具有代表性的精品之作，它们充分体现了新疆毯的基本特点和工艺编织手法，同时也代表了清中期织毯工艺的高度发展水平和艺术成就。

（三）清晚期

清晚期，在新疆与内地经济的密切往来中，内地的文化、艺术不断传入新疆，尤其在绸缎的交易中，内地的“万福万寿”“江山万代”“蝙蝠”等传统纹样被少数民族广为接受。同时，光绪九年（1883年）新疆改建行省，内地官员不断进入新疆，他们身着的朝袍上的图案，引起当地织毯匠的极大兴趣。这些在客观上为当地的毯匠提供了新的设计思路；另一方面，也受到波斯图案的影响，在中央为一个大圆徽或椭圆徽，装饰着高度程式化和极刚劲挺拔之至的花卉，致使地毯纹样的设计一反往故，出现以月亮形花纹成为主流或者是内地流行的富有寓意的纹样。

另一类则以维吾尔族传统的图案为主，少量融合内地崇尚的纹样，使地毯表现出多元文化的情趣。在毯中心设主题图案，四方连续花卉作辅助纹样。图案中与维吾尔本民族不同的是，出现了内地崇尚的蝙蝠、夔龙或牡丹等花纹。或毯心内为典型的花卉纹，但毯边配饰内地流行的锦纹、牡丹纹。

比如在一件长方形的毯面上，毯心编织数个大圆（即月亮花）的主图，其内分别饰石榴、蝴蝶、朵花、玫瑰花、云纹、羊犄角等，或单独的瓶插石榴花等主纹饰。主图周围又以石榴的果、叶、花，蝴蝶，四瓣花，云纹，菱形格，小团花等组合成辅助纹饰，并在四角隅饰拐子纹。所有花纹在表现上，仍以对称、均衡的规律表现。与之相应的地毯边饰，大量出现海水云纹，并由清中期的多边改为少边装饰。至清末，随着伊斯兰教义的松弛和内地纹饰对新疆艺术装饰的冲击，进贡的栽绒丝、毛毯中，有以明黄为地色，其上编织龙纹、凤纹、虎纹。事实上内地盛行的纹样已在新疆少数民族地区得到普及性的应用。

清宫晚期使用新疆毯的数量、品种已不及清代中期。这是由于宫廷中“回子毯匠”已不复存在，宫内也未设掌握此技术的艺匠。宫内已失去编织新疆毯的技术，更无从言及成品编织物的获得，这使得新疆地毯在宫廷中的数量减少。同时，皇家园囿的兴建已接近尾声，大量征用地毯的客观环境已不具备。尤其是清晚期，新疆地毯的编织水平，随着朝廷的重视程度的下降而下滑，各类毯子的用料、编织术、纹样装饰等已是相形见绌。特别是这一时期，宫内很难见到盘金银栽绒丝毯。事实证明，清晚期种种因素，使新疆毯的制造与朝廷应用，失去了它往日的辉煌。由此在客观上地毯的编织工艺也受到了较大的影响，发生了一定变化。像地毯在用色上凸显单调，特别是19

世纪下半叶，化学染色在地毯上的应用，地毯的色调异常浓艳，其易褪色的弊病，影响了地毯的艺术美感，清晚期由于国力远不如清中期，政局动荡，内忧外患，所能进贡织造的地毯从质量到数量都大大削减。

清代新疆地毯在种类、品质与装饰上不断变化，在这一过程中，朝廷的因素尤为重要。乾隆皇帝的审美中喜用盘金银丝毯，于是清中期盘金银毯大量出现；清宫需要各方面铺陈新疆的毯子，所以这类毯子的品种也就有增无减；朝廷崇尚传统的吉祥花纹，在充满伊斯兰艺术风格的地毯上，也能显现。凡此种种，或在清中期形成高潮、或于清晚期在宫内呈现下降趋势，这些变化取决于朝廷的需要与否。

二　新疆地毯与宫廷地毯工艺的结合

清代新疆维吾尔族编织的栽绒毯，集装饰性与实用性于一体，深受朝廷的青睐。一时皇宫的炕毯、坐毯、壁毯、地毯、地平毯等毯子，多见维吾尔族的编织物，广泛的应用为维吾尔族编织术传入内地提供了良好的契机。清中期宫廷造办处招募“回子毯匠”，以行走的身份为朝廷供职。随之，造办处原有毯匠中也相继掌握其工艺技术。专业人才的配备、技术力量的提高，在很短的时间内即可按清帝旨意编织各种成品，以供不同场合的铺用。“乾隆二十七年五月十四日，郎中白士秀、员外郎寅著来说，太监胡士杰传旨，圆明园殿内地平着照养心殿地平现铺毯子一样，抹尺寸样交新柱，照尺寸样织回子毯一块。”[1]清代宫廷殿宇、寝宫中，需要地毯的铺陈，这是缘于地毯的保温与装饰效果的双重性。在皇家建筑群中征用的地毯中，相当数量来自善于制造地毯的西北产区，其中即有新疆的编织物。

在清宫用毯中，有一定的数量是由清宫造办处指令编织的地毯，关于清廷织造地毯，从相关的史料记载上看，宫内未设独立的编织栽绒毯机构，但它设有染织局，染织局“原隶于工部，康熙三年，改隶内务府。以内务府大臣兼管。员外郎一人，亦为兼管。笔帖式三人，司匠一人，委署司匠一人，司库一人，库使一人，亦于道光二十三年裁撤，以其事附于清漪园”[2]。当时具有丰富的原料储备，拥有擅长染色和高超编织技艺的能工巧匠，这为栽绒毯的花色、质量，提供了人力、物力、技术的保障。像“乾隆二十七年正月十四日，郎中白世秀、员外郎寅著来说，太监胡世杰传旨，圆明园殿内地平着照养心殿地平现铺毯子一样，抹尺寸交新柱，照尺寸样织回子毯一块送来，钦此”。由此可见，他们是根据宫廷所需，承接编织完整的地毯，也承担修改、织补的任务。

再有就是由地方承接织造的地毯。由于宫廷用毯种类多、数量大，因此常根据需要，清帝旨意某地方加工织造，以满足宫廷用毯之需要。凡地方承造宫廷用毯子中，原料、

1　中国第一历史档案藏乾隆朝造办处活计档 3520。

2　曹宗儒：《总管内务府考略》第 19 页，民国二十五年双十节，故宫文献论丛抽印本。

染料由地方承担，但在图案设计、用色、尺寸、样式以及工艺，需严格按宫廷的规定而进行。在织造中各地区均取用优质的原料、以娴熟的技巧精心完成织造任务。因此，各类毯子虽为地方织造物，除留有某些地方工艺特点外，通常体现的却是浓郁的宫廷风格。

（一）清宫廷新疆地毯的编织工艺

新疆地毯图案在与中原内地的结合过程中，接受了毯心中有夔纹、牡丹纹样并在毯心的四角隅有夔龙纹的设计，清代皇宫中的新疆地毯在图案上，由于是清宫造办处出具的纹样，所以带有浓烈的皇家风格。清中期正是国力的鼎盛期，因此在织造地毯时不计成本，同时清政府对边疆少数民族实行“修其教不易其俗，齐其政不易其宜”的政策，采取相应措施加强统治，又保持了各民族的风俗习惯、生活方式和宗教信仰，稳定了疆域，确保了国家经济的繁荣和发展。在这样的背景下，制出了一批上乘的精品地毯，它们具有独特的宫廷风格，同时又保留着新疆地毯的工艺手法。

栽绒毯的编织主要经过挂经线、用毛纱打结（或称为栓扣）、过纬线等若干个程序。栽绒毯编织法是挂经织纬，抽绞过纬，但由于各产地保留特有编织术，故表现出不同的打结、过纬方法。为使毯子体现出艺术性，还涉及地毯的花纹、用色。此类毯完全为手工编织，论其工艺崇尚复杂、讲究。论其用途，往往是他毯所不能替代，因而，历来被视为毯中之尊。清宫的栽绒毯中，依其用料又分为用纯羊毛编织的栽绒毛毯、丝线编织的栽绒丝毯、加饰金银线的盘金银栽绒丝毯三种。

栽绒毯主要由地经、地纬与起绒三部分组成，编织中将毛、丝以形如“8”字的扣节，织于地经、地纬中然后砍断，丝、毛绒直竖，宛如插秧栽植，故名栽绒毯。维吾尔族栽绒毯指编织物具有本民族特有的工艺。其特点主要由用料、起绒、边径、本民族传统的编织手法、盘金银以及花纹、颜色、毯边装饰等诸多方面构成。

栽绒毛毯是指毯栽绒以毛线为主。它以纯羊毛、棉线或丝线为原料，其中羊毛线用于打结；棉线、丝线为经、纬线，少数则为驼毛。编织法是将棉或毛的经线垂直悬挂，再用彩色毛线在经线上拴“8”字扣，以形成起绒，再用棉或毛线的纬线抽绞过纬，使之起绒牢固。毛线由 2、3、4 股不等的毛纱加捻，方法基本上先以“Z”方向捻成，再以“S”方向合并；棉线多为 2、3 或 4 股构成，加捻中仍先以“Z”的方向，再向“S”方向合并。

栽绒丝毯是指毯的栽绒以纯丝线为主。这类毯经纬线为丝线，或经线为棉、纬线为丝。丝线的根数不固定，但捻向通常先是以“Z”的方向，再向“S”方向合并。盘金银线丝毯就是在此基础上，将毯中不显花纹的地色起绒部分省去，以盘金银线取而代之，整毯形成金银线地衬托彩色的起绒花纹。金银线是由丝、棉线做线心，再由一定宽度的金银箔缠绕而成。使用中分别由 4、5 股合为一股，盘于毯上的金银线，以平纹的走向在经线盘绕，以此形成“人”字纹。金、银线的盘绕，有单层与双层之分，后者工艺较前者工艺更复杂。

在打结上，清宫廷的新疆毯打结法是用彩色毛纱、彩色丝线在棉或丝质的经线上拴正“8”字扣，新疆以过三道纬居多，栽绒丝毯由丝线为经、纬线，再以彩色的丝线在经线上拴“8”字扣，以形成栽绒结。也有以棉线作经、纬线，起绒部分为丝线的毯子。在丝毯中用于打结（拴 8 字扣）的丝线，均为未加捻而蓬松的彩色丝线。

新疆栽绒地毯的重要特点是用彩色羊毛纱拴结绒头，并由这些绒头表现图案纹样。所以，在地毯的编织技艺中，最重要的就是拴结绒头，即通常所称的绒头固结法，或拴扣法，或称栽绒。新疆早期的地毯绒头，一般是两股“Z”向加捻，“S”向合股，而捻度又不太大的，质地松软，精细的彩色羊毛纱，直径约三毫米左右。新疆地毯不同于其他地区的栽绒毯，而形成这种格局有其客观原因，这主要是由于我国新疆地区有着织毯的悠久历史、丰富的羊毛原料以及不断地从实践中改进的工艺技术的结果。上述不同质地的栽绒毯，就用料而论，盘金银毯、纯丝线毯为上等；以编织工艺而言，盘金银线毯最复杂，最具毯的艺术价值；若划分做工优劣，则毯子的道数（过纬线）密、同等面积内拴扣多者属质优地毯。

（二）清宫廷中新疆地毯的色彩与纹饰

新疆的栽绒地毯在染色方面，清廷在工部下设染织局，专门督办织染、绣花事宜。染织局选用的植物类染料有诸如“梅子”“槐子”“荆叶子”“黄卢木”“茜草”，也有配好了的颜料如“染青水”“香丸子”；还有作为染色的媒介如“黑白矾绒”等。染匠依这些染料浸染布、毛毡、氆氇、皮张等，如此染色技能，也完全能够在羊毛上染出丰富的色彩。

新疆地毯的色彩是丰富的，由于不同的地区、民族生活方式的差异，使人们对各种色彩有不同的喜好。像新疆的南疆地区为沙漠中的绿洲地带，强烈的阳光使各种颜色的反差强烈。所以人们常喜欢鲜艳的红、绯、金黄、杏黄、宝蓝、绿等浓艳的色彩，显得绚丽多彩。新疆栽绒毯的染色上，在不同时期使用不同的染色制剂，分为植物、矿物与化学染色，颜色极为丰富，据不完全统计，有降红、玫瑰红、桃红、木红、大木红、紫红、宝石蓝、月白、白、鹅黄、姜黄、深姜黄、杏黄、肉色、茶绿、浅绿、水绿、艾绿、草绿、绿、豆绿、粉、浅粉、浅雪灰、棕、驼、黑、古铜、金、银等多达二十余种。这些颜色在运用上，通常采用冷暖色作强烈的对比，如红与绿、红与蓝等。少数采取两晕色，如木红到粉、豆绿到浅绿，甚至采取三晕色，如由红到粉到白。另外，还运用深线勾边的技巧，以增加花纹的清晰度和立体感，同时也运用浅色勾边法，以使局部花纹中过于浓度的两种色彩增加晕色的效果。尤其是五彩的花纹，在银线边、金线地的烘托下，突显富丽堂皇的视觉效果。

新疆为少数民族的聚集地，世代以畜牧业为生存者，练就了加工生畜皮毛的本领，更巧手于羊毛、驮毛的编织与织造，这些带有少数民族风情的地毯，尤以维吾尔族编织的地毯为最佳。因此，从数量到质量都发生了明显的变化。凡出自朝廷编织的栽绒毯，在用料中通常以纯丝线作地毯的经、纬线，调集上等的好羊毛经染色，在经线上打结，以形成起绒部分。这种用料特点，在清中期以后，仅纬线改为棉线外，其余方面仍保持不变。在纹样设计上，均出自清宫的画样，毯心的纹饰以象征皇权、尊贵的云龙、海水江崖、宝珠、火珠、如意、凤系牡丹及缠枝莲等，边饰为卷草、回纹、万字纹。由于花样严格，每一部位一丝不苟，致使编织的龙凤纹充满神韵，整体图案凸现庄重，加之色彩的渲染，体大厚重的地毯，竟与高大宏伟的殿堂浑然一体，有效地起到空间的装饰效果。地毯在色泽上，以木红为地色，上饰深蓝、浅蓝、黄、浅黄、深绿、草绿、妃色、绛红、月白、枣红、浅驼、白、未经浸染尚属本色的褐、黑。这些颜色一直应用于朝廷编织的地毯中。

上述新疆地毯编织、染色、图案纹样的特征，使我们了解到新疆地毯是怎样在长期发展中形成自己特点的历史，同时，也有助于我们掌握新疆地毯的重要标志，对我们认识、鉴别和研究新疆地毯有所帮助。新疆地毯有三大特点：第一，组织致密，起绒短，经久耐用。第二，图案层次分明，结构严谨，在满铺毯面的几何纹内填充各种花卉等装饰纹样，显得生动活泼，又具有规律性。第三，色泽浓艳富丽，对比性强又协调。地毯的图案纹样布局，纹样资料的选择和色彩的配置是图案纹样构成的三大要素，它们互相制约，密切配合，最后达到统一的艺术效果。

清代，由于新疆地毯受到宫廷的青睐，使之声名远扬。宫廷中各产地的贡毯中，新疆毯受宠当得益于雄厚的编织技术与独特的装饰艺术。就发展过程而论，清代新疆地毯在宫廷中占有一席之地，并成为皇家园囿中不可或缺的铺陈物。新疆毯从民间走向宫廷，又由宫廷走向民间，对当时的地毯业起了积极的促进作用。这局面之所以在清代形成，究其根源与清朝廷有着直接的关系。朝廷重视地毯的生产与加工，将织毯技术引入宫廷，向当地定制、或派贡、或接收不同名目的贡品，这从客观上极大地刺激了新疆地毯的生产，并不断影响着传统纹饰的变化、发展以及品种的不断多样化。随着与异地的贸易，地毯作为商品进行买卖，诸如清晚期，新疆地区的毡毯随着其他类商品，经河西走廊分别运到甘肃、宁夏等地。因地毯编织细密、花色喜人，极受当地人的喜爱，以致出现了当地织毯匠仿制新疆毯的现象，致使新疆地毯的技术、装饰艺术等方面形成新的交流期。同时，新疆毯在不同地区出现，对于清代民间栽绒毯的织造，在数量与品种上都起到了积极的推动作用。

原载《满族研究》2011 年第 3 期

清宫与新疆栽绒毯

刘宝建

内容提要：清代乾隆时期，新疆栽绒毯的品种与编织技术得到空前的发展。以不同名义进入宫廷的栽绒毯数量多，品种丰富，装饰独特，工艺精良，受到皇家的青睐。清晚期，新疆栽绒毯在宫内原有的优势已去，继而走向民间，以致某一类编织物成为民间的新宠。之所以呈现出这一转变，皆因清代皇宫铺陈需求以及采取的相应措施等因素，直接影响至清晚期新疆栽绒毯的走向。

关键词：栽绒毯　盘金银线毯　伊斯兰花纹装饰　地毯铺陈　传播

清代宫廷殿宇、寝宫中，需要地毯的铺陈，这源于地毯的保温与装饰效果的双重特点。在皇家建筑群中征用的地毯中，相当数量来自善于制造地毯的西北产区，其中即有新疆的编织物。新疆古称西域，在辽阔的牧区中，少数民族世代以畜牧业为生，他们练就了加工牲畜皮毛的本领，更巧于羊毛、驮毛的编织造。降至清代，地处南疆的喀什、和田、叶尔羌（今莎车）、阿克苏、洛蒲等地，编织地毯盛极一时，因而地毯也成为清宫青睐的铺陈用物。新疆地毯在清代何以得到开发？朝廷的大量征用对新疆毯的发展与普及是否起到推动作用？本文对此作一探讨。

一　清代新疆贡毯的来源与工艺

清代新疆栽绒毯进入朝廷，大致有土贡、万寿贡以及在朝廷编织等几个渠道。土贡是指封建社会“任土作贡”的制度下，大凡地域土特产物，必为贡物而进呈朝廷，以作为向国家缴纳的赋税。新疆栽绒毯即属土贡之列。“喀什噶尔岁贡金丝缎二、毛毯四，贡道由嘉峪关”[1]。万寿贡主要集中在清中期，据清宫《宫中进单》中记载，

作者：原宫廷部，副研究馆员。

1 《清宫内务府现行则例》。

“乾隆五十四年十二月二十六日，阿克苏三品阿布都拉恭祝万寿进金银线毯一块”[1]。“乾隆五十九年十二月十四日，御前行走喀什噶尔三品阿奇木伯克、郡王伊斯堪达尔等十四人，恭进金银绒毯一块、绒毯四块、毛毯一块”[2]。这说明于乾隆万寿节之际，由新疆的维吾尔族的长官——阿奇木伯克为首，少则本人，多则带领十余人，将精美的地毯贡入朝廷。此外，清中期朝廷招募“回子毯匠”入宫，专为宫廷编织地毯。

多种渠道的开辟与宫内备有的新疆编织毯的技术力量，客观上促成新疆毯传统织造术得到进一步的发展。当时供宫廷使用的系列栽绒毯分为栽绒毛毯、栽绒丝毯以及盘金银线毯，它们工艺各不相同，使用效果也各有千秋。

栽绒毯即指将毛、丝织入地经、地纬中，然后砍断，丝、毛绒直竖，宛如栽植。栽绒毛毯以纯羊毛、棉线为原料，其中羊毛线用于在经线上拴“8”字扣，以形成起绒；棉线作纬线，在起绒结的下方先后两至三行交错地过纬线，以固定起绒的扣节。栽绒丝毯有以丝线为经、纬线，再以彩色的丝线在经线上拴“8”字扣，以形成栽绒结，也有以棉线作经、纬线，起绒部分为丝线的毯子。在丝毯中用于打结（拴“8”字扣）的丝线，均为未加捻而蓬松的彩色丝线。

盘金银线毯因将纯丝线毯不显花纹的地色起绒部分省去，以盘金银线代之而得名，整毯形成金银线地上呈现起绒部分构成的彩色花纹。金银线是由丝、棉线做线心，再由一定宽度的金银箔缠绕而成。使用中分别由 2、4、5 股不等合用。盘于毯上的金银线，以平纹的走向盘绕，以此形成“人”字纹。金、银线的盘绕，又有单层与双层之分，后者工艺较前者更为复杂。

在多样的用料、复杂的编织术的基础上，地毯的花纹与色彩又浓重表现出伊斯兰艺术风格。由于新疆地区于 15 世纪前后皈依伊斯兰教，教义严禁偶像崇拜，拒绝造型艺术，反对描绘生命体，因此赋予几何纹、植物纹特殊的艺术生命。在这一特殊背景下，地毯毯心的花纹借鉴了伊斯兰艺术构图法，多以写实的或非具象的花草，通过几何纹与植物纹交叉重叠、对称均衡、规则排列法表现图案。地毯的用色上，染料于植物与矿物中提取，所染的彩色线鲜艳、靓丽，柔和而不褪色，有效地增加了地毯花纹的艺术美感，尤其是盘金银线毯，更烘托出地毯富丽堂皇的品质。

如上所述，清代新疆编织的各种栽绒毯，均具有起绒短、拴扣牢固、重量轻、结实耐用的特点。同时，盘金银毯与其他材质的栽绒毯，以其俏丽的花纹和富丽堂皇的色彩，赋予室内装饰特殊艺术效果，因此新疆地毯很快成为宫廷，尤其是乾隆年间热铺的用物。

1　中国第一历史档案馆藏：乾隆朝《清宫敬事房档》。

2　前揭乾隆朝《清宫敬事房档》。

二 清廷对新疆毯的影响

在清代总体而言，新疆进贡的地毯在数量与品种上有多少之分，质量上有优劣之别，而且这些差异具有明显的时代特征。

清初，新疆进贡的地毯图案以四方连续的形式布满整毯，表现出纹饰规整简洁、色彩明快的特征。也有少数地毯带有宫廷韵味的图案，显然，这是按清宫的画稿而编织的。地毯的种类有栽绒丝毯、盘金银线丝毯及栽绒毛毯，由于受客观条件的限制，各类工艺栽绒毯的进贡数量有限。

清中期，新疆栽绒毯与清初相比，无论数量、质量还是编织的品种，都难以相提并论。促成这一变化的原因有几方面。首先，清中期乾隆二十四年（1759 年），朝廷平定准噶尔及大小和卓的叛乱，使南疆的经济得到进一步的开发，与内地的贸易往来也日趋频繁，这些在客观上促进了栽绒毯业的兴盛。其次，兴建皇家园囿中的殿宇、寝宫等，需要相当数量的栽绒毯铺陈，具有优良性能的新疆地毯，自然被皇家看好，于是相当数量的栽绒毯被应用到宫室之中。再次，乾隆帝对新疆地毯情有独钟，一时间带有浓郁伊斯兰艺术花纹的栽绒毯，不仅铺在地上、炕上，而且还铺在庄严、神圣的宝座上。又次，满族原本是个崇尚用金的民族，入关后依然保留着这一习俗，反映在服饰上，则有织金锦、金色地的花卉织等多样物。再将喜用金这一观念推及地毯上，显然当属盘金银线毯最受欢迎。而新疆传统编织术中，熟于织造盘金银线毯，这对于清统治者可谓正中下怀。最后，为满足宫廷大量征用新疆地毯之需，乾隆至嘉庆时期，曾招募“回子毯匠”数名进京，在圆明园造办处为宫廷编织“回子毯”[1]。并由他们带领汉族毯匠共同为朝廷编织地毯，其间负责传授技术。“上有好者，下必甚焉矣”，以清宫实际用毯为出发点，直接导致清中期新疆地毯编织进入高潮期。

这一时期的盘金银丝毯的数量增多，与栽绒丝毯、毛毯一样，呈现出复杂而多样化的纹样，大致分为两类装饰风格。一类是以花卉纹为主的构图。毯中图案取材于自然界中生长的棕榈叶、百合花、郁金香、玫瑰、石竹、梅花、石榴花、玉兰、牡丹、葵花、菊花、朵花、小团花、五枝花、巴旦木以及部分花的叶、果、茎、枝蔓。这些花卉纹中，既有写实风格，也有非具象的花草。在构图上，主要以十字为骨架，近似方形、菱形为框架，内外填充各种花卉、花叶及茎蔓，并进一步组合成花瓣形、菱形，以这样一个花纹单位做四方连续，致使毯面呈现出几何纹与植物纹交叉重叠、对称均衡、规则排列。所饰的花卉纹，有的将植物的外在特征，如弯曲的茎蔓、丰满的花叶编织得线条流畅、灵活多变；也有章法如一的表现形式。特别是盘金银丝毯中，扇形棕榈叶、毯边涡状的花卉纹以及近似方形框架的内外，主辅花卉对称排列的构图法，与 16、17

1 中国第一历史档案馆藏：乾隆朝《清宫造办处档》。

世纪波斯编织的栽绒毯之风格极为接近，而毯边饰二方连续的蔓草纹，又留有伊斯兰中古时期盛行的构图风格。

另一类则以维吾尔族传统的图案为主，少量融合内地崇尚的纹样，使地毯表现出多元文化的情趣。在毯中心设主题图案，四方连续花卉做辅助纹样。与维吾尔本民族不同的是，图案中出现了内地崇尚的蝙蝠、牡丹及夔龙等花纹，或毯心内为典型的花卉纹，但毯边配饰内地流行的锦纹、牡丹纹。

清中期，宫廷中的新疆地毯在种类上也开始增加。不仅有大量铺于地面的地毯，还有挂于墙壁的壁毯、铺于炕上的炕毯、铺在宝座椅上的宝座毯、搭在马鞍上的马鞍毯、放在座位上的座毯、铺于地上的拜垫等。其中有些毯子，诸如“盘金银玉堂富贵壁毯”，用料上乘，图案美观，色彩瑰丽，编织技艺精湛，堪称清代新疆贡毯中的精品之作。

清初至清中期，新疆栽绒毯的染色、用色上，也有明显的时代分界线。清初、中期，主要以植物、矿物为主，颜色极为丰富。据不完全统计，有降红、玫瑰红、桃红、木红、大木红、紫红、宝石蓝、月白、白、鹅黄、姜黄、深姜黄、杏黄、肉色、茶绿、浅绿、水绿、艾绿、草绿、绿、豆绿、粉、浅粉、浅雪灰、棕、驼、黑、古铜、金、银等色，多达二十余种。这些颜色在运用上，通常采用冷暖色作强烈的对比，如红与绿、红与蓝等。少数采取两晕色，如木红到粉、豆绿到浅绿，甚至采取三晕色，如由红到粉到白。另外，还运用深线勾边的技巧，以增加花纹的清晰度和立体感，同时也运用浅色勾边法，以增加晕色的效果。尤其是五彩的花纹，在银线边、金线地的烘托下，尽显富丽堂皇。

清晚期，宫廷用新疆毯的数量、品种已不及清代中期。这是由于宫廷中“回子毯匠”已不复存在，宫内也未设掌握此技术的艺匠，宫内已失去编织新疆毯的技术，更无从言及成品编织物的获得。同时，皇家园囿的兴建已接近尾声，大量征用地毯的客观环境也不具备了，尤其是清晚期，新疆地毯的编织水平，随着朝廷重视程度的下降而下滑，各类毯子的用料、编织技术、纹样装饰等与此前相比已是相形见绌。另外，这一时期宫内很难见到盘金银栽绒丝毯。事实证明，清晚期种种因素的存在，使新疆毯的制造与朝廷应用，失去了它往日的辉煌。但这并未严重妨碍当地毯匠的日常织造，客观因素等的影响，地毯的织造依然发生着变化。

这一时期，新疆与内地的经济往来密切，内地的文化、艺术不断传入新疆，尤其在绸缎的交易中，内地的“万福万寿”“江山万代”“蝙蝠”等传统纹样被少数民族广为接受。同时，光绪九年（1883 年）新疆改建行省，内地官员不断进入新疆，他们身着朝袍上的图案，引起了当地织毯匠的极大兴趣。这些在客观上为当地的毯匠提供了新的设计思路；另一方面，也受到波斯图案中“在中央为一个大圆徽或椭圆徽，装饰着高度程式化和极刚劲挺拔之至的花卉”[1] 的影响，致使地毯纹样的设计一反旧有的

1 ［法］雷奈·格鲁塞：《近东与中东的文明》，上海人民美术出版社，1981 年。

纹样，毯心出现了以月亮形花纹为主流的，或者是内地流行的富有寓意的纹样。

一件长方形的毯面上，毯心编织数个大圆（即月亮花）的主图，其内分别饰石榴、蝴蝶、朵花、玫瑰花、云纹、羊犄角等，或单独的瓶插石榴花等。主图周围又以石榴的果叶花、蝴蝶、四瓣花、云纹、菱形格、小团花等组合成辅助纹饰，并在四隅饰拐子纹。所有花纹在呈现方式上，仍以规律性的对称、均衡为特征。与之相应的，地毯边饰大量出现海水云纹，并由清中期的多边改为少边装饰，有一定数量的地毯边索性选用海水江崖纹样。

至清末，随着伊斯兰教义的松弛和内地纹饰对新疆艺术装饰的冲击，进贡的栽绒丝、毛毯中，有以明黄为地色，其上编织龙纹、凤纹、虎纹。事实上内地盛行的纹样已在新疆少数民族地区得到普及性的应用。

19 世纪下半叶，化学染色在地毯上的应用，使地毯出现了色调异常浓艳且易褪色的问题，严重影响了地毯的艺术美感。

清代新疆地毯在种类、品质与装饰上不断变化，在这一过程中，朝廷的因素尤为重要。乾隆皇帝喜用盘金银丝毯，于是清中期盘金银毯大量出现；清宫需要各方面铺陈新疆的毯子，所以这类毯的品种也就有增无减；朝廷崇尚传统的吉祥花纹，于是这种图纹在充满伊斯兰艺术风格的地毯上也跃然出现。凡此种种，或在清中期形成高潮，或于清晚期在宫内呈现下降趋势，这些变化皆取决于朝廷的制约。

三　新疆贡毯对清朝地毯业的积极作用

新疆载绒毯历史悠久，编织技术自古就受异域的影响，至迟在汉代，史料中就有金线毯的记载。但由于长期远离中原地区，加之交通不畅、战争频仍等多重阻碍，致使新疆地毯难以在中原地区普及，更无法言及技术的传播，所以在清初，宫内除数量有限的新疆地毯外，凡宫廷编织地毯均采用宁夏的编织技术，宫内在对新疆栽绒毯编织术的掌握上的确是个空白。

清中期乾隆年间，由于宫廷大量征用新疆毯，同时招募“回子毯匠”入宫，使得新疆栽绒毯中各类编织术随之也传入宫廷。此后，在宫廷应用的同时，新疆的编织栽绒毯术又传到民间。清末北京织造的栽绒毯中，其边径与拴扣的技巧、丝毯以及清末至民国时期一度流行的盘金银线毯品种的出现，都是新疆织毯术传播与应用的结果。至今，在探讨北京地区地毯发展史中，不可否认的一个史实，就是清代北京地毯的发展，受到新疆编织术的影响。

清代，新疆地毯由于受到宫廷的青睐而声名大震。于是随着与异地的贸易，地毯作为商品开始进行买卖。诸如清晚期，新疆地区的毡毯随着其他类商品，经河西走廊分别运到甘肃、宁夏等地。因地毯编织细密、花色喜人，极受当地人的喜爱，以致出现了当地织毯匠仿制新疆毯的现象，其技术、装饰艺术等方面再次跨出本地区的大门，传向异域。同时，新疆地毯在不同地区的出现，对于清代民间栽绒毯织造，在数量与品种上都起到了积极的促动作用，尤其是清晚期民间栽绒地毯的面市，使民间地毯的大家族中增加了新成员，可谓功不可没。

如上所述，有清一代讲究铺用各种地毯，其中新疆的各种栽绒毯尤其受到赏识。宫廷中各产地的贡毯中，新疆毯受宠当得益于其超凡的编织技术与独特的装饰艺术。就发展过程而论，新疆毯于清早期和中期在宫廷中占有一席之地，并成为皇家园囿中不可或缺的铺陈物。清晚期，由于多种原因所致，新疆毯从宫廷走向民间，对民间地毯业的发展起着积极的促进作用。这种局面之所以在清代形成，究其根源与朝廷有着直接的关系。朝廷重视地毯的织造，将技术引入宫廷，向当地定制，或派贡或接收不同名目的贡品，客观上极大地刺激了新疆地毯的生产，并不断影响着传统纹饰的变化、发展及品种的不断多样化。在此基础上，新疆编织术得到广泛传播与应用，借助西北地区的贸易渠道，开始走入更广阔的市场，从而使新疆地毯的知名度达到前所未有的高度。

因此可以定论，新疆数千年的地毯编织技术，是其工艺延续和发展的前提基础，而清廷相关政策与重视，是新疆毯业得以向前发展的根本保证。

原载《清代宫史探析》（下），紫禁城出版社，2007年

中国铜镜的起源与发展

丁 孟

内容提要：中国铜镜所影射的不仅是人们的面容，更是千百年来中国社会的发展，它是岁月的记录，记载着文化、美术、科学乃至整个社会的进步。因为历史的原因、文化的原因以及当时的铸造工艺的原因，铜镜的各个时期形成了各具特色的形式，本文主要通过对铜镜在各个时期的特点分析来探讨中国铜镜发展的过程。

关键词：铜镜　宗教　考古学　纹饰　铭文　文化内涵

一

铜镜是中国古代最重要的文物门类之一，也是美术史上的璀璨明珠。中国的铜镜有其自己的渊源和传统，产生早，历史长，制造精美，题材丰富，有着重大的学术意义和美术价值，早为举世所公认。

早在北宋时期，已有发现和研究铜镜的记载。宣和五年旧题王黼所撰的《宣和博古图》[1]就涉及铜镜，不仅有图像、铭文，还详细记出土地点、收藏流传情况以及尺寸、重量等，体例相当完善。以后又有成书于清乾隆年间的《西清古鉴》[2]和《西清续鉴》[3]。铜镜的美术价值，当时已受到充分重视。

中国铜镜以装饰繁缛、制作精美著称于世。这首先是由于中国是文明古国，铜镜的产生很早，源远流长，匠师们在几千年过程中积累了精湛的技艺，形成了独特的传统。中国古代铜镜的工艺、形制、纹饰都有自己的风格，在世界美术史上独树一帜，同时，

作者：器物部，研究馆员。

1 （宋）王黼等：《宣和博古图》三十卷，亦政堂本。

2 （清）王杰等：《西清古鉴》四十卷，乾隆二十五年内府刻本。

3 （清）王杰等：《西清续鉴》甲、乙编共40卷，乾隆五十八年内府刻本。

中国自古以来是多民族的国家，各个古代民族，对铜镜美术各有创造，这又为中国铜镜带来了丰富的多样性。

中国铜镜在什么时候和地区起源，目前学术界已经依据田野考古的发现，得出了结论。

1934 年，安阳殷墟侯家庄第 1005 号墓中出土了 1 面圆形镜，直径 6.7 厘米，厚 0.2 ～ 0.3 厘米，背面饰有线纹，弓形钮。由于是最早发现的战国以前铜镜，当时发掘者将其定名为“圆板具钮器”，并没有用“铜镜”这一称谓[1]。

1975 年，甘肃广河齐家坪属于齐家文化的墓葬中出土了 1 面直径 6 厘米、厚 0.3 厘米的素面镜，附有一拱形环钮[2]。第二年，青海贵南县尕马台的齐家文化墓葬中又出土了一面铜镜，据碳 –14 测定，其年代大约在公元前 2055 ～前 1900 年左右。这面镜呈圆形，直径 9 厘米，厚 0.4 厘米，背面纹饰为七角星纹图案，镜的边缘有两个梨形小孔，两孔之间有一沟槽，应为穿绳之用[3]。

齐家文化属于新石器时代晚期，可以肯定的是，在新石器晚期文化里，已为铜镜的发展准备了种种前提条件。除冶铸技术方面的条件外，铜镜的美术因素都能在新石器时代晚期找出前身。例如两面齐家文化墓葬出土铜镜的形制都是圆形，背面置钮（其中 1 面钮残），这与西亚和埃及[4]、希腊、罗马等文明古国使用的柄镜不同。由此确立了具有中国特色的铜镜体系，并影响了近 4000 年的铜镜发展史。铜镜纹饰也是如此，青海贵南县尕马台的齐家文化墓葬中出土的一面铜镜，镜背有纹饰，奠定了中国铜镜以图案反映思想文化轨迹的特点。

1976 年，河南安阳殷墟 5 号墓出土了 4 面铜镜，2 面为叶脉纹，2 面为弦纹辐射纹[5]。至此，商代存在铜镜的事实，基本上得到了确定。

西周时期至春秋时期的铜镜，目前累计约出土有 20 面。另外，在黄河中下游及渭水流域以外的地区，发现了相当于夏至春秋时期的铜镜 70 面[6]。

依据以上这些发现，我们已可以阐明中国铜镜起源的脉络：中国铜镜最早产生于公元前 2000 年左右黄河上游的甘青地区，上述尕马台铜镜是已发现的中国最古老的铜镜，是一件罕见的艺术品。它的背纹是铸成的以三角纹折转成圆周，中心衬成七角星形，有高超的意匠。就铸造工艺而言，镜原有钮，制作也较复杂。当时铜镜工艺的

1　游学华：《中国早期铜镜资料》，《考古与文物》1982 年 3 期。

2　青海省文物管理处考古队：《青海省文物考古三十年》，《文物考古工作三十年（1949 ～ 1979）》，文物出版社，1979 年。

3　前揭《青海省文物考古三十年》。

4　[日] 樋口隆康：《古镜》，新潮社，1979 年。

5　中国社会科学院考古研究所：《殷墟妇好墓》，文物出版社，1980 年。

6　宋新潮：《中国早期铜镜及其相关问题》，《考古学报》1997 年 2 期。

造诣，于此可见。此后，铜镜的制造中心开始转入中原地区，大体在春秋晚期到战国时期，铜镜随着实用技术的提高、实用性的增强，开始在中原地区和长江流域得以普遍流传。

早期铜镜的用途，目前也是学术界谈论的话题。与古埃及人、古印度人、古玛雅人一样，古代中国人也用镜子来陪葬死者，以守住灵魂，驱逐邪恶。河南安阳殷墟5号墓发现的4面铜镜，1面出于椁室之内，另3面出土于距墓口深5.6米的墓室中部偏南处，可以证明这一点，这些铜镜是重要随葬的物品。中国的圆形铜镜就是太阳的小型模仿品，制作光洁的镜面又能映射太阳，宗教信仰的需要最终刺激了铜镜的产生。

二

齐家文化到西周时期的镜虽有发现，数量很少，铜镜的形态都具有初起阶段的风格，镜体小，镜背有纹饰者，构图疏简而稚朴。这时期，铜镜合金成分中的铜、锡、铅之比的数值还很不稳定，即铜为80%～91%，锡为0～11%，铅为0～2.4%。到了战国时期，铜镜成分波动已很小，最终达到了最佳成分比值，即铜为76.418%，锡为20.878%，铅为2.453%。这种合金成分，一直持续到唐代[1]。

有了以上的合理配料技术，铜镜在战国的兴盛是不言而喻的。更何况战国时期，商周以来青铜器中占主导地位，具有等级象征的礼乐器，逐渐衰落了；而日常生活用器，却得到了普遍发展，特别是铜镜。

现在的河南和湖南是战国时期南、北两个重要的铜镜产地。湖南是楚国领地，它制作的铜镜轻薄，厚度在0.1～0.8厘米之间，直径一般在10～20厘米之间；图案精美，一般都运用了主纹和地纹二层或多层重叠的手法，配置成富于空间透视效果的图案。尽管仍沿用了商周时期的蟠螭纹、虺龙纹、涡纹、云纹等，但由于变样而失去了宗教含意。这正是旧体制崩溃，新体制崛起，从而带来了万象更新局面的实物见证。河南洛阳自周平王东迁以后，一直作为东周的都城。这时虽然处于诸侯争霸、七国称雄的混乱局面，但周王直至战国末年还保持着天下共主的地位，王室所在地洛阳，也仍是“商遍天下”“富冠海内”的名都。这里聚集着众多的手工业奴隶，称为“百工”。周灵王时命“百工献艺”，为王室制作出许多“名器重宝”，其中也包括有精美的铜镜。1928年，在洛阳金村战国墓葬中出土了19面铜镜，即错金银狩猎纹镜、八弧虺龙纹镜、变形羽状纹地三山三兽纹镜、细纹地四叶禽兽纹镜、蟠螭纹涡纹镜、金银错虺龙纹镜、彩绘细纹地四禽纹镜、嵌玉四夔透雕方镜、嵌琉璃玉贝镜等[2]，因属王室及贵族使用之物，故工艺极精，表明战国时代各种新的工艺技术正在迅疾兴起，这就更丰富了铜镜装饰的艺术表现手段和

1 何堂坤：《中国古代铜镜的技术研究》，紫禁城出版社，1999年。

2 洛阳市文物管理委员会：《洛阳出土古镜》，文物出版社，1959年。

图一　战国蟠螭纹镜

色彩效果。从纹饰看，战国铜镜已开始出现写实性的龙飞凤舞、欢快流畅的气氛。金村战国时期周墓出土的狩猎纹铜镜，其背面用错金银工艺制成一全副甲胄的骑士，手执短剑与猛虎相搏。画面充满了生机。

另外，地域的差异，还带来了风格的多样化。从镜的形状上看，有圆、方之分；从钮的类型上看，有弓形钮、半环钮、镂空钮、弦纹钮之分；从镜缘的形态上看，有素卷缘、宽平缘之分；从镜背的处理上看，有单层背、夹层背之分；从镜的装饰工艺看，有彩绘、错金银镶松石和一般纹饰镜之分。

战国铜镜（图一）花纹样式极其丰富多彩，对花纹种类的划分是非常重要的，它可作为区分战国时代不同时期铜镜的重要依据。关于战国铜镜分期，可依据近年来考古学界建立起的分期序列，公元前 5 世纪为战国早期，公元前 4 世纪为战国中期，公元前 3 世纪为战国晚期。就铜镜花纹种类可以区分出铜镜早、中、晚三期的基本特点，但应明确并指出的是，有的花纹种类在战国早期已出现，此后继续存在并有所发展；某些花纹种类则只存在于一个时期内，以后逐渐消失。大体说，早期主要流行素镜，例如长沙龙洞坡出土的 1 面，粗拙朴素，上限为春秋末期，下限为战国初期。蟠螭纹镜，洛阳中州路墓 2719 号出土的 1 面，主题花纹为蟠螭纹，但在钮座边和周缘内侧各饰一周贝纹[1]。四山纹镜，以羽状为地，主纹为四山纹。云纹彩绘铜镜，如河南信阳长台关出土的，云纹为朱彩，纹饰疏散开朗[2]。另外还有龙凤纹和云雷纹多钮镜，等等。

中期的主要有龙纹镜、四山纹镜、蟠螭纹镜，新出现的有菱形纹镜、四叶纹镜和兽纹镜等。菱形纹镜，地纹为羽状纹，用较宽的凹面带作菱形纹，各凹线接合起来似井字形，在各空间内再配以四瓣花纹。四叶纹镜，图案结构是在方座四周或圆座每隔 90° 弧上各出一桃形叶纹，长沙月亮山、沙湖桥出土的这类镜子可作为代表作[3]。兽纹镜的特点是，主题纹饰是用凸线条简单勾勒出一圈似鹿、鼠等各种不同形状的四兽或五兽，长沙斗笠坡曾出土一面涂朱的兽纹镜，是极少见到的[4]。也有的兽纹镜的兽纹图

1　中国科学院考古研究所：《洛阳中州路》，科学出版社，1959 年。

2　高至喜：《论楚镜》，《文物》1991 年第 5 期。

3　湖南博物馆：《长沙楚墓》，《考古学报》1959 年第 1 期。

4　湖南博物馆：《湖南常德德山楚墓发掘报告》，《考古》1963 年第 9 期。

案是分内外两圈进行装饰。

晚期主要有素镜、龙凤纹镜、弦纹镜、四山纹镜、四叶镜、兽纹镜，新出现的铜镜花纹种类主要有连弧纹镜、几何纹镜、狩猎纹镜、五山字镜，等等。湖南长沙沙湖桥出土一面连弧纹镜，在云纹地上再加龙纹[1]。湖南郴州马家坪出土一面几何纹镜，图案是以双线三角形的规矩纹为主，并间以花叶、鸟纹[2]。这时，在四山镜继续流行的同时，也出现了五山纹镜，下限可到秦楚之际，传世品中偶然见到六山镜，其时代也应在战国晚期以后。狩猎纹镜是战国镜中特别引人注意和令人感兴趣的，新中国成立前在河南洛阳金村出土的一面错金银狩猎纹铜镜，图像内容表现了骑马武士手持利剑，正在与凶猛的恶虎搏斗[3]。

战国铜镜在出土地域上，基本情况是，湖南出土的战国铜镜数量和种类较多，而且质量精美，表明了楚国铜镜制造业的发达。北方黄河流域出土的战国铜镜则相对数量较少，但工艺卓绝，花纹繁缛。值得特别注意的是，在一些少数民族地区也发现了风格独特的铜镜。

三

两汉时期包括西汉、新莽、东汉，是中国统一多民族封建国家的强盛时期，经济和文化都达到了前所未有的高度，各个方面都为汉民族文化的形成奠定了基础。当时陶瓷业的进步和漆器的发展，虽然代替了青铜器皿在人们日常生活中的地位，但制铜工业并没有衰退，而是全力转向制造铜镜等方面。因此，两汉时期的铸镜业获得了重大发展，出现了新的高潮。

两汉铜镜已发展成一般化的商品，这时期官方和私营铸镜业都得到了普遍的发展。汉镜铭文中出现的许多“尚方”铭及纪氏铭，充分说明了这一点。

两汉时期的铜镜图案式样丰富，制作精巧，具有很高的艺术性和装饰性。但在不同的时期又有不同的特色。

1. 西汉铜镜

西汉景帝以前，社会经济正处在恢复时期，铜镜工艺无显著发展。其形制和纹饰都还沿用战国作风。如镜面较小，镜壁单薄，弓形小钮。纯地纹多呈“人”字形。当然也不乏双线连弧纹。还多见连续蟠绕的变形蟠螭纹和蟠虺纹中地纹用细密的勾连雷纹间以四叶纹。这些纹饰尽管比较简约粗犷，但也不无有疏朗明快之感。长沙马王堆

1　前揭《长沙楚墓》。

2　湖南博物馆：《湖南郴州市马家坪古墓清理》，《考古》1961 年第 9 期。

3　孔祥星、刘一曼：《铜镜图典》，文物出版社，1992 年。

一号西汉文帝时代墓出土一面涡纹地蟠螭纹镜，出土时盛放在圆形奁盒内，有红绢镜套。镜钮上系有绛色丝带两条，从中可以了解到古人照容时是用手捉拿铜镜与丝带的[1]。河北满城中山靖王刘胜妻窦绾墓内也出土两件蟠螭纹镜，其中一面为博局蟠螭纹镜[2]。说明战国时代流行的这种铜镜，至少在武帝时还在延续。

铜镜在武帝前后除纹饰有新的特色外，出现了若干的时代特征：弓形弦纹小钮已发展成半球形钮，星云纹镜的钮常呈峰峦式。出现了柿蒂形钮座。镜的边缘宽而平，镜身也普遍厚重。特别要指出的是，1983年在广州市象岗山发掘的汉初第二代南越王赵昧墓内，曾发现羽状纹地六山纹镜，在圆钮座上和每个山字的一侧都饰叶形纹，图案设计精巧，花纹细腻。战国时代多四山镜、五山镜，六山镜罕见。本书中的一面六山纹镜是属于战国时代的。南越王墓出土的六山镜可以得到这样的启示，即这种多山字纹的铜镜一直沿袭到西汉时期。

两汉铜镜发展史上使人为之震惊的是，近年在山东淄博大武公社窝托村南古墓5号陪葬坑出土了一件长115.1厘米、宽57.7厘米的长方形大铜镜，形体之大有如现代玻璃制品的穿衣镜。该镜背部有环形弦纹钮5个，以柿蒂形为钮座。其中一钮在镜背中心处，其余四钮在两短边各铸二钮，形成相互对应的格局。背饰卷曲纠结的夔龙图案，边缘饰连弧纹[3]。

淄博发现的长方形大铜镜在铜镜发展史上是空前的，使人叹为观止。《战国策·齐策》中的《邹忌讽齐王纳谏》开头云："邹忌修八尺有余，而形貌昳丽。朝服衣冠，窥镜……"推测邹忌使用的很可能是大型的穿衣镜。西汉武帝前后穿衣镜的被发现，是对文献史料的一个很好的注释。

在信阳长台关曾发现过三面战国时代的彩绘铜镜，两汉时代的彩绘铜镜罕见，可喜的是近年在西安汉长安城遗址曾出土一面彩绘车马人物铜镜，在朱色的地上，彩绘有出行、狩猎等画面[4]，有如画像石、画像砖的图案内容，但在铜镜上出现这些图案内容则独创一格，别具特色。

西汉前期铜镜的最新特征是，在一些镜背上开始铸有铭文，其内容各为三字或四字的吉祥语，常见的有"长相思，毋相忘，常贵富，乐未央""大乐贵富，千秋万岁，宜酒食"。这些吉祥语大体上都是表示男女爱情和富贵如意的内容。汉代铜洗等器物上也常有"富贵"一类的吉祥语。汉代的辞赋多有反映男女爱情的词句，例如武帝刘彻的《秋风辞》就有"兰有秀兮菊有芳，怀佳人兮不能忘"的句子。由此看来，镜铭上常见的一些吉祥语，应是当时社会的一种习俗，是人们思想意识的反映；同时也是

1　湖南省博物馆、中国社会科学院考古研究所：《长沙马王堆一号汉墓》，文物出版社，1973年。

2　中国社会科学院考古研究所、河北省文物管理处：《满城汉墓发掘报告》，文物出版社，1980年。

3　国家文物局：《全国出土文物珍品选（1976～1984）》，文物出版社，1982年。

4　傅嘉仪：《西安市文管处所藏两面汉镜》，《文物》1979年第2期。

制镜手工业作坊以此招徕顾客的一种方法。

武帝前后出现一种外表似天文星象图案的所谓星云镜，旧又称百乳鉴。实际上这种图案是蟠螭纹的演化。星云纹镜镜钮较为独特，其形呈连峰式。从河南、江苏等地一些汉墓出土的星云纹镜材料分析，该型铜镜主要流行在西汉武、昭、宣帝时期[1]。西汉前期铜镜既是先秦铜镜艺术的继承者，又是汉代铜镜艺术的开拓者。

西汉中晚期主要流行"日光镜"和"昭明镜"，镜名是以镜上的铭文内容而定的，常见的日光镜铭如"见日之光,天下大明",昭明镜铭如"内清质以昭明,光辉象夫日月"。从铭文内容不难看出，卖者在自夸铜镜质地精良、熠熠发光的特点，由此可推测出铜镜铸造业的商品生产之发展这一特征。也有的在一面铜镜上将"日光""昭明"铭文内容同时铸出，镜背内圈为"见日之光，长毋相忘"，外圈是"内清质以昭明，光辉象夫日月，心忽扬而愿忠，然雍塞而不泄"[2]。从许多地区出土的日光与昭明镜的镜铭看，常有减字、省字的情况。钮多呈半球形，钮座外常饰连弧纹，又有称这两种铜镜为"日光连弧纹镜"和"昭明连弧纹镜"的。关于这两类铜镜的时代，主要流行在西汉中、后期，王莽时代仍有沿袭。西汉中期至东汉前期，还流行一种四乳四螭纹镜，其特征是在钮座外图形平面上均匀分布的四乳（钉）内各置一螭（又有称虺的），其中也有置鸟兽的，1981年吉林榆树老河深汉代鲜卑墓曾出一面四乳八鸟镜，圆形，半球形钮，圆钮座，宽边缘，四乳钉的每两乳中间饰以相对二鸟，鸟的线条勾勒简捷[3]。特别要指出的是，这时在"日光"与"昭明"镜中有一种被称作"透光镜"的镜子，其主要特征是，当日光或灯光照射镜面时，与镜面相对的墙上能映出镜背纹饰的影像。这种镜的效应实际不是透光而是映像。据上海交通大学铸工教研组认为，铜镜在铸造过程中，镜背花纹凹凸处凝固收缩，产生铸造应力，研磨时又产生一种压力，因而形成了弹性形变。研磨到一定程度时，这些图像叠加地发生作用，使镜面产生与镜背花纹相应而肉眼不易觉察的曲率，因而引起了"透光"效应[4]。

总之，从以上那些富有升腾气势的图案花纹和寓意祝福式的吉祥韵语，可见西汉中晚期铜镜装饰艺术，旨在表现人们对美好生活的追求和憧憬。

2. 新莽铜镜

王莽建立新朝后，推行托古改制，政治、经济制度虽有变异，但表现在思想文化、艺术风貌方面依然与西汉一脉相承。就铜镜装饰工艺而言，仍有所发展。纹饰内容愈益丰富，出现了青龙、白虎、朱雀、玄武"四灵"画像以及犀牛、鹿、羊、玉兔、蟾蜍、

---

1 中国科学院考古研究所洛阳区考古队：《洛阳烧沟汉墓》，科学出版社，1959年。

2 中国科学院考古研究所：《长沙发掘报告》，科学出版社，1957年。

3 张英：《吉林出土铜镜》，文物出版社，1990年。

4 何堂坤：《关于透光镜机理的几个问题》，《中原文物》1982年第4期。

熊罴、瑞鸟等禽兽画像。表现手法比以前细腻工整，构图格局还不外乎用乳珠间隔成等分，但钮座以外出现了方栏，并以同心圆形式环绕多层纹带。如鸟兽纹镜，往往环有七八层纹带，颇富立体层次和节奏感。镜边装饰也复杂化了，在镜背上往往减地平雕五六种纹样。新莽时期博局镜极为盛行[1]。

新莽时期的铜镜铭文，出现了十二地支和较长的七言韵语，如“尚方作镜真大巧，上有仙人不知老。渴饮玉泉饥食枣，寿而金石天之保兮！”又如“青龙白虎掌四方，朱雀玄武顺阴阳”“尚方作镜真大巧，上有仙人不知老。渴饮玉泉饥食枣，浮游天下遨四海”。所有表现的内容不仅同当时阴阳五行、谶纬迷信滥觞的情况相吻合，而且充溢着羽化升仙、祥瑞避邪的思想意念。特别值得一提的是，从王莽时代开始，铜镜上开始有纪年。纪年镜的出现，为铜镜的断代提供了更准确的依据，也为传世铜镜提供了可靠的标准器[2]。

3. 东汉铜镜

东汉时代铜镜的重要铸造地点，最有名的是北方的洛阳和南方的会稽郡（今浙江绍兴）。初期仍制作日光、昭明和博局四神镜，但在原有基础上图案又有所变化，如连弧云雷纹镜和鸟兽带纹镜的出现。东汉中后期，铜镜出现了某些新的时代特征：镜面从平板式变为镜面微凸，半球钮普遍加高加宽，柿蒂纹钮座进一步扩大，近似蝙蝠状。镜的边缘向内倾斜，镜身更加厚重。铜镜在技法上多用减地平雕和高浮雕来表现物象，其效果依稀剪影一般[3]。以线条描绘的龙，头部扩大，生有独角，身躯修长，神态凶猛。尤其以凤纹组成的蝙蝠形的主体纹和人物画像的出现，实属前所未有。东王公、王母画像镜，人物仪态端庄，车马虎豹疾驰。据载西王母居于昆仑之丘，是西戎部族昏荒国的首领，以虎豹为信仰图腾，周穆王曾亲自驾车马到瑶池去拜会她。这一画像就以古拙、奔放的格调描绘了这个人神交融的故事。伍子胥画像镜，勾出四组画面，伍子胥、吴王、越王、范蠡形象各异，似在诉说着忠臣的悲愤、昏君的刚愎、谋划者的得意和佞臣的谄媚，把这一历史悲剧演绎得淋漓尽致[4]。这些画像，虽然不事细节与修饰，也缺少个性和主题抒情，却以粗线条、大轮廓和高度的形体夸张，表现了飞奔驰骋的浩然气势。

东汉铜镜铭文常见有“长宜子孙”“长宜高官”和“位至三公”，一般作竖写或环写。书体多为小篆间杂汉隶，并屡见省笔略画者，其演变规律，越来越接近书写文字。此时，有纪年的铜镜也进一步增多起来。

---

1 前揭《洛阳烧沟汉墓》。

2 前揭《铜镜图典》。

3 洛阳博物馆：《洛阳东汉光和二年王当墓发掘简报》，《文物》1980 年第 6 期。

4 陈佩芬：《上海博物馆藏青铜镜》，上海人民美术出版社，1987 年。

四

三国、两晋、南北朝时期，由于连年战争，社会动荡，加上在政治上分裂割据，南北方在经济发展上很不平衡。因此，铜镜的形制、纹饰和铸造工艺，随着政权的更迭，表现出明显的地区差异。

3世纪时，中国北方的黄河流域为曹魏政权所控制，东汉末年受战乱破坏的铜镜铸造业，基本得到了恢复，曹魏政权尚方工官中，担任铜镜制作的是右尚方。《通典》记载："……汉末分尚方为中左右尚方，魏晋因之。"传世铜镜铭文中有："右尚方师作竟清且明"，可知魏晋的三尚方中，右尚方是掌管铸镜的机构。这时北方的制镜中心是洛阳，制镜工艺，一般说仍沿用汉镜作风，但有一种化繁就简的趋势。晋镜尚有以乳分区的格局，不过乳间勾以圆浑可爱的雏鸡。三兽纹镜和翔鹤镜，处理成钮座与主纹重叠的形式，饶有景深和透视效果。至于夔龙和夔凤纹镜，则是竖写"宜官"或"位至三公"的对称铭文，乍看似汉镜，但纹样变成了夔身龙首和夔身凤首。画像镜也继承下来，内容更趋近世俗化。如泰始八年画像镜上的人物，或趺坐抚琴，或手执麈尾，诚是雅士生活的再现。值得一提的是，这时期北方由于铜料不足，铁镜开始流行。有的铁镜十分华丽，用金银错出花纹。《太平御览》转引"魏武帝上杂物疏"记载，曹操送给汉献帝的物品中就有错金银的铁镜。此时，南方长江、汉水流域比较安定。吴国的铜镜铸造业不断发展。铜镜的铸造中心主要有三个：会稽郡的山阴（今浙江省绍兴）、江夏郡的武昌（今湖北省鄂城）、吴郡（今江苏省苏州）。铸造的铜镜比北方镜花纹纤细、复杂。主要流行神兽镜和画像镜，多采用浮雕手法，形象生动[1]。

4世纪和5世纪，北方经过"八王之乱"和"五胡十六国"的混乱局面，铜镜铸造业遭到了很严重的破坏，几乎陷于停顿状态。此时，北朝流行画像镜，镜面较大，人物形象清风秀骨，刚柔备至；四神兽的形体修长流连，并界格雕以十二生肖，且用花草云水补白，与北魏佛教造像和石棺画像如出一辙。这盖是融合佛教艺术和西方、北方少数民族文化的结果。南方，这时仍流行神兽镜、画像镜、夔凤纹镜，但铸工不精，质量下降，纹饰变得简陋，镜体渐小、变薄。

6世纪，北方铸镜业仍未恢复。南方铜镜铸造也大为衰退，镜体小，质薄，铸工低劣，花纹草率，和吴镜相比，可以说是面目全非。铸镜业的衰退，与铜原料的缺乏有着直接的关系。这种铜荒到了隋唐时期才好转，铜镜业才又重新振兴。

三国两晋南北朝时期，中国在许多方面对日本的铜镜铸造有着重要的影响。文献记载和考古发现都反映了中国的铜镜输送到日本的情况。据《三国志·魏志·倭人传》，景初二年(238年)六月，倭女王遣使来到中国魏朝，曹魏统治者赠送女王卑弥呼的物

1 湖北省博物馆、鄂州市博物馆：《鄂城汉三国六朝铜镜》，文物出版社，1986年。

品中有“铜镜百枚”。这时，南方吴镜也被舶载到日本，日本发现的许多神兽镜和画像镜，其形制、纹饰和吴镜相同，即是证明。另外，日本古坟（主要是4世纪的前期古坟）中出土了大量被日本学者高桥健称为“三角缘神兽镜”的铜镜，此种镜镜缘隆起，尖顶，断面呈三角形的神兽镜。在中国，不论南方和北方，根本不存在三角缘神兽镜，因此，它们的产地不可能在中国。由于它的形制、花纹与中国南方的吴镜相似，所以，中国学者王仲殊断定三角缘神兽镜是东渡日本的吴国工匠在日本制作的[1]。

五

隋唐镜不仅在题材内容、造型装饰、工艺技法上有所突破创新，在技术上也达到了空前的高峰，因而无不显得精致敦厚、雍容华贵、斑斓瑰丽、锃亮如银。这时铜镜成分中锡和铅的比例有所增加，使镜面映影十分清晰。金银平脱、螺钿嵌镶、铅花、银壳更是新辟的工艺品种。造型上玲珑别致，形状不一，打破了圆、方的模式。纹饰图案丰富多彩，自由活泼，无不富有吉祥富贵和向往仙山琼阁的审美观念。

1. 隋代铜镜

隋镜面大，壁厚，最大直径达33厘米。从根本上改变了南北朝以来铜镜粗简、薄小的风格。铜镜造型均为圆形。半圆形钮较唐镜要丰满，皆有钮座，多为连珠纹钮座和柿蒂纹钮座。镜缘高平向外略有斜坡，缘内侧且多饰锯齿纹一周。隋镜纹饰繁缛工整，疏密有致，浑然天成。图案多四方配置，讲求对称，并常设置有界格。隋镜纹饰的类别少，根据文献和考古发掘资料，大致可分三类：

（1）十二生肖纹

实心连珠纹钮座，钮座外有的围以铭文圈，内区为曲折盘绕的变形忍冬纹，外区有斜立双线截成的12格，格内分置十二生肖图像，按序左旋排列：鼠、牛、虎、兔、龙、蛇、鸟、羊、猴、鸡、狗、猪。外围以锯齿纹一周。该镜陕西西安隋炀帝大业四年(608年)李静训墓[2]和河南陕县刘家渠隋文帝开皇三年(583年)刘伟夫妻合葬墓[3]均有出土。

（2）四神十二生肖纹

钮座外青龙、白虎、朱雀、玄武四神四方配置。外区十二环绕的界格内，各置生肖一。外围以锯齿纹一周。据《太平广记·王度》记载，隋汾阴侯临终前赠王度古镜一枚，“曰：‘持此则百邪远人。’度受而宝之，镜横径八尺，鼻作麒麟蹲伏之象，绕鼻列四方，龟龙凤虎，依方陈布，四方外又设八卦，卦外置十二辰位而具畜焉，辰畜之外，又置二十四字，

1　王仲殊：《日本三角缘神兽镜综论》，《考古》1984年第5期。

2　唐金裕：《西安西郊隋李静训墓发掘简报》，《考古》1959年第9期。

3　陕西博物馆：《1956年河南陕县刘家渠汉唐墓发掘简报》，《考古通讯》1957年第4期。

周绕轮廓，文体似隶，点画无缺”。此镜纹饰除有八卦外，正是上述四神十二生肖纹。

（3）四兽纹

以陕西西安隋大业七年(611年)墓出土的铜镜为代表[1]。四瓣花纹钮座外，有双线方格，形态各异的四兽“博局配置”于四方，主纹外以双线高圈与铭文带相隔。隋镜铭文基本上继承了汉六朝镜铭的祯祥风格。但在内容上摆脱了以前对生活中升官发财的露骨追求和对神仙世界强烈的渴望，而更具浪漫情调。镜铭用韵语，书体俊逸清秀，已近唐楷，正是隋代书体特征。常见的铭文有：①“窥庄益态，韵舞鸳鸯，万龄永保，千年长存，能明能鉴，宜子宜孙。”②“灵山孕宝，神使观炉，形圆晓月，光清夜珠，玉台希世，红妆应图，千娇集影，百福来扶。”③“绝照览心，圆辉属面，藏宝匣而光掩，挂玉台而影见，鉴罗绮于后庭，写衣簪于前殿。”④“团团宝镜，皎皎升台，鸾窥自舞，照日花开，临池满月，靓貌娇来。”⑤“玉匣昭开盖，轻灰拭夜尘，光如一片水，影照两边人。”⑥“昭仁赐德，益寿延年，至理贞壹，鉴保长全，窥庄益态，辩皂增妍，开花散影，净月澄圆。”⑦“光正随人，长命宜新。”

2. 唐代铜镜

中国古代制镜工艺到了唐代进入了鼎盛时期。这是因为：由于瓷器的出现，许多生活用品由铜器改为瓷器制作，一般铜器生产渐趋衰落，金属工艺制作技术集中到铜镜上，使铜镜铸制工艺取得了前所未有的成就。唐代不仅继承了汉魏的文化传统，而且吸收了边疆民族的艺术成就，同时对国外(主要是波斯、印度)文化中的优秀部分也兼收并蓄，融汇一体，从而形成了唐镜装饰精美、丰富多彩的独特风格。盛唐更盛行一种以铜镜作为献礼和馈赠的社会风尚，唐玄宗把他的生日八月初五定为“千秋金鉴节”，常在这一天赏赐百官铜镜，民间也常在这天铸镜相赠，铸镜业受到这种风气的推动，发展迅速。

唐镜的造型除传统的方、圆形式外，又创新出了八瓣菱花形、八瓣葵花形、委角方形、亚字形和八棱形。镜钮以半球形钮为主，并有兽形钮，方形钮，树枝形钮。镜缘多呈斜面内倾，并饰花纹。唐初，镜缘装饰有忍冬、卷草纹；唐中晚期，多饰水波纹、重瓣花纹及蜂、蝶、鸟、花枝纹和流云纹。唐镜背面的装饰纹饰，其风格一洗汉镜拘谨板滞之态而作流畅华丽之姿，其取材一变矫揉造作之神化模式而偏重于自由写实或故事，表现手法也由繁乱纷杂而转为清鲜优雅。

唐代铸造铜镜最为著名的地区，要算扬州了。它与并州(今山西省太原南)是当时两大贡镜产地，《新唐书·地理志》记载:“扬州广陵郡，大都督府……土贡金、银、铜器、青铜镜。”《旧唐书·韦坚列传》记载:“若广陵郡船，即于栿背上堆积广陵所出锦、镜、铜器……”《旧唐书·德宗上》记载：唐德宗大历十四年六月己未，曾下令罢“扬州

1　陕西省文物管理委员会：《陕西省出土铜镜》，文物出版社，1959年。

每年贡端午日江心所铸镜”。扬州除了贡奉铜镜外，也是铜镜的重要市场。韦应物《感镜》有“铸镜广陵市，菱花匣中发”。张籍《自头吟》有“扬州青铜作明镜，暗中持照不见影”，这些诗句表明扬州铜镜的使用是很广泛的。从扬州出土唐代铜镜的类型上看，扬州铜镜主要兴盛于唐代第二期，这时期是唐代铜镜最重要的时期，创新品种最多，制作最精，纹饰最为绮丽。因此可以说，扬州在唐镜的发展中，作出了巨大贡献[1]。

纵观唐镜的发展，可以划分为四个阶段：唐初，格局纹饰尚有北朝遗风，但镜面甚大，镜壁厚重。高宗至玄宗阶段，工精富丽，花样翻新，体现出融汇四夷民族文化的特征。螺钿镜、金银平脱镜等都是这个阶段的代表作。“安史之乱”以后，虽说经济遭到破坏，豪门之家尚有实力，制镜工艺仍在发展，出现了金壳、银壳、铅花等小型品种。而到德宗以后，镜质造型及纹样都显然简约，内容骤变，出现了八卦、素面、卍字、月宫海龙、飞天等镜，显然是一种下降趋势，直至五代时期，这种趋势也未能改观。

唐初期，最引人注目的是海兽葡萄纹镜[2]，它以高浮雕葡萄为主题，间饰海兽、雀鸟、蜂蝶和花草，纹饰华丽而繁缛。葡萄镜大致可分两类，即纯葡萄镜和鸾兽葡萄镜。它所以在唐代空前流行，盖因葡萄枝叶蔓延，果实累累，象征着富贵长寿。“海马”和“海狮”与李唐尊奉的道教思想结合则兆示为祥瑞，这便是葡萄镜受人喜爱和推崇乃至发展成特大镜群的所在。“海马”“海狮”究竟属于何种动物？考为“天马”和“狮子”。其所以要冠以海字，则是古代的地域概念所致，即因古人视野狭小，往往把海当作世界或自己国土的边际，故从遥远地方输入或引进的东西就在前面加一海字。

唐中期，铜镜的纹饰，格调新颖，题材广泛，禽鸟、花草占据了主要地位。另外，人物故事题材大量涌现。这时期主要流行花鸟纹、盘龙纹以及人物故事图案。

双鸾镜，一般为连弧边，以双鸾相对口衔绶带为主纹。《急就篇》载：“丝组蜓以高迁。”唐颜师古注：“绶者受也，所以承绶环印也。”因知绶乃印所系，以示为官秩禄，与汉镜“君宜高官”是同一含义。此类镜盛行于玄宗时期。当然尚有双鹊衔绶、双雁衔花的变异形式。

花鸟镜的较早形式作八弧边，外区饰以金银片捶脱成的四只鸾凤，口衔链带展翅翔绕，且以蜂蝶花鸟穿梭其间。此镜流行于天宝年间，而后则演变为包括用各种禽鸟卉草装饰的双凤齐舞、鹊闹枝头、芦稚戏水等图案的铜镜，配饰纹样有亭阁、水池、祥云、飞马、狻猊、麒麟、蜂蝶、花草等。钮式有蛙钮、圆钮、鼻形钮等。造型有连弧边、八角、圆形、菱花形等。此类镜流行时间较长，一直延续至唐末。尤其用薄银片或铅丝打压嵌入镜背的，精巧玲珑，堪为怀袖之宝。

宝相花镜也是盛唐常见的一个品种。其主纹初以六花朵环绕中心的花钮座，以寓意“神仪内莹，宝相外宜”。象征佛祖的“神妙庄严”之相，故宝相花镜乃与佛教艺

1　周欣、周长源：《扬州出土的唐代铜镜》，《文物》1979 年第 7 期。

2　中国科学院考古研究所资料室：《日本高松塚古坟简介》，《考古》1972 年第 5 期。

术有缘。此后则发展为用异花卉草组成的六束团花且枝藤蔓延，间饰飞蝶。这种铜镜做工简朴，生活气息浓郁，显然是民间流行之物。

唐代的人物故事镜为数较多，故事题材广泛，有宴乐、隐士、佛教、道教等，反映了唐代人们的视野开阔，思想活跃。国家博物馆藏的一面螺钿镜，用海螺壳雕刻镶嵌一幅美妙的《高士宴乐图》，描绘出两位雅士举杯欲饮和弹琴奏乐的情景，一种仙道境域油然而生。但它不是神的灵境，而完全是人的乐园。它虽然不是绘画，却可以与唐代的《高逸图》卷媲美。“孔夫子问曰答荣启奇”故事镜，表现的是春秋时代乐天主义的隐士情趣。图中人物动势跃宕洒脱，虽寥寥数笔却把神情气质表现得恰到好处。真子飞霜镜，描绘的是高士抚琴引凤的故事。此镜画面笔法洗练，图简意明。另有月宫镜，嫦娥婀娜多姿，衣带飘逸，大有“吴带当风”之感。中有桂树，下有蟾蜍，以示为月宫。

蟠龙镜，一种以减地线刻技法，用云雷纹组成缠绕无尽的绳纹、蟠虺纹和蟠龙纹。精工细致，迥然不凡，乍看仿佛一件玉璧，诚为稀世佳品。另一种龙体浮雕，龙头右向，咬住镜钮，龙爪雄健有力，伸向四方。龙是帝王象征，龙纹镜也是帝王最爱。白居易《新乐府·百炼镜》有：“背有九五飞天龙，人人呼为天子镜。”与文献相验，一目了然。

唐代后期，铜镜的纹饰趋于简单、粗拙，失去了盛唐铜镜富丽堂皇的风格。这时期，含有宗教色彩的纹饰特别盛行，有道教意味的纹样，以八卦为主纹，配以符录、星象、干支。具有佛教色彩，佛意为吉祥万德之所集的万字标志也被用作纹饰。

唐镜铭文十分规整，没有汉镜铭文缺笔少画的现象。字体多为正楷，字形扩大，字文清晰，笔法谶巧而不苟，十足表现出瑰丽华美之姿态，最富时代特性。唐镜铭文与隋镜有其划时代的一脉作风，几乎是千篇一律的四字或五字骈体文铭。铭文依据辞意可分为两种：一是歌颂赞美铭文，均为韵语，多四言、五言，及少数长短句，文藻华丽清俏。有的采用时人的诗词语句，深蒙文人欣赏；又有回文式铭，其长有达数百字者，极多锦心绣口之作，代表了当时值得注意的作品。骈体铭文中的回文体是全铭以每一字或两字循环诵读，皆能成文，读法有正读、脱卸读、首尾交加读等，如“镜发菱花，净月澄华”。二是宗教铭文，唐末道家八卦五行说流行，镜铭亦有表现，此类镜铭多配山川、日月、干支、十二辰图纹。唐镜总的来说，铭文渐被遗忘，铸镜又重图纹。铭文仅出现在唐初、唐末铜镜的装饰和点缀上。

六

1. 五代十国铜镜

五代十国只有短短的53年，对于宋镜则具有承前启后的作用。这时唐式凸缘素镜、高缘弦纹镜、海兽葡萄纹镜得以继承。新型铜镜的铸造趋向轻薄，工艺趋向粗放，模铸后往往用刀凿加工，镜钮变小，而铜质仍具有唐式质坚光亮的特点，这是与宋镜不同之处。

五代十国铜镜从全国看，出土很少。但在湖南省出土五代铜镜则较多，而且最具有鲜明的地方特色。此时，今长沙等地成了十国楚王马殷的驻地，马氏采取退休兵农的政策，地方铜镜等铸造工艺因此也相应得到发展。下面我们仅就近年五代墓葬中出土的铜镜试举几例：第一，五代永陵王建墓出土一面圆形铜镜，镜背装饰有小格子。钮上下均铭有“大吉”二字。镜背铭有：“炼形神冶，莹质良工；好珠出匣，似月停空。”第二，浙江临安墓21出土一件四灵八卦镜，呈方形委角，半圆形钮，镜背四边饰四灵纹和八卦。同墓的另一面铜镜，葵花形，素面。第三，苏州七子山出土一件委角方镜，圆形，小钮，描金海棠花图案，有“都省铜坊匠人李成”铭。第四，江苏新海连吴大和五年墓出土一面亚字形素镜，背有“千秋万岁”铭[1]。

从上举几例可知，这时期的铜镜造型主要有圆形、葵花形，亦有方形和方形委角。纹样似不多，除上举四灵八卦纹外，湖南地区发现的铜镜上尚有花鸟纹和花朵纹图案。一些铜镜为素面，有的镜上铸有吉祥语或作坊铸工名。

2. 宋代铜镜

宋代的铸镜业主要集中在江南。包括有湖州（今浙江省湖州吴兴）、临安（今浙江省杭州）、饶州（今江苏省南京）、成都（今四川省成都）等。其中以湖州最为著名。从目前考古发掘的资料看，此时湖州铸商号店铺林立，工匠众多。其制品大多专注实用，不尚花纹，产品销路极广，产量也较大。至今巴山蜀水以至漠北草原，均有湖州镜出土。

宋代铜镜的特点可概括为以下几个方面。

第一，宋镜造型仍继承唐代多样化的风格，并创出了一些新式样。此时镜型主要有菱花形、葵花形、长方形、方形、圆形、圆角方形、委角方形、鸡心形、钟形、鼎形、炉形、扇形、亚形及带柄镜等十余种。宋镜钮制变小，钮弓窄而孔显大，钮顶趋平。无钮座和圆钮座、花瓣钮座居多。镜缘主要有两种，一种较宽，里厚向外缓坡。另一种为窄边，比较方正。带柄镜的镜缘与镜柄的凸边连成一气。

第二，宋代铜镜的装饰图案，大致可分为两类：第一类主要是在宋代写生花鸟画的基础上，采用单线白描，用线雕技法处理。表现诸如流莺采枝、双凤穿花、花卉缠枝等，纹饰纤巧、手法精细，图纹几乎充满镜背面的空间，有的花草的叶筋刻画得十分清晰，具有很强的艺术感染力，堪为宋镜之杰作。第二类主要以具有浓厚宗教色彩的神仙故事为题材，采用粗线条、浮雕技法处理，表现诸如仙山楼阁、寻仙问道，使纹饰呈现一幅超尘脱俗的神仙意境。

第三，宋镜大致自北宋政和年间开始出现铭文。铭文绝大多数为商标铭记，它的格式一般都是先标明州名，再标明姓或姓名；有极少数铭文还标明店址，最后冠以“照子”或“照子记”字样，这些铭文的格式是其他朝代所没有的，因此具有明显的时代特征。另外，

1　江苏省文物管理委员会：《五代——吴大和五年墓清理记》，《文物参考资料》1957年第3期。

宋吉祥文字及规箴语句仍很盛行，意义较明，切全镜本身功用，既少晦□诘屈之嫌，亦无浮华堆砌之诟，诗情较淡，道家熟语浸透更广泛，尤以有关八卦、星位、修炼铭最流行。

3. 辽、金代铜镜

辽代铜镜在形制上，主要有圆形、亚字形、葵花形，此外还有八角形。在纹饰上，主要有双鱼纹、八卦纹、童子戏花纹、荷花纹、连钱纹和牡丹龟背纹。荷花纹是均匀地饰四朵荷花，整体幽雅典丽，这种图案与龟背纹有着契丹族本民族的铜镜图案风格。赤峰发现的辽驸马卫国王墓出土的一面四蝶纹镜，也是很独特和富有生趣的。这时还流行素面镜，如 1971 年辽宁建昌龟山一号辽墓出土的一件素面镜，厚重光亮，直径 32.6 厘米，钮内还保留着可用来悬挂的铁条。吉林辽源市出土的一面辽素面镜，镜背有"天庆十年五月记"，"高□"，边侧刻"朔州马邑县验记官"，"□□验记官"，在官下又都有签押。此镜不但有天庆十年(1120 年)款，而且也表明了辽代的铜禁情况，铜镜的铸造受到了严格控制，需要官验，这种情况在金代的铜镜铸造业则更典型。

需要注意的是，辽镜上也见有吉祥语句，不仅有汉字，还有契丹字，汉字的如"连进三元"，契丹字的如 1973 年在内蒙古自治区昭乌达盟发现的一面八角形铜镜，上面的契丹字，经学者考释是"寿长福德"四字。

金代一般不甚注意镜型和周边的处理。其造型已经没有宋代那么多式样，常见的主要有圆形、菱花形和带柄镜等。镜钮、金镜以圆钮为多，钮上部较尖，尖顶为平面。镜缘，此时多外薄里厚，与宋镜特征相仿。但它也有区别于其他时代铜镜的特征，在圆形镜边缘内侧常铸有一个二层台，二层台有宽有窄，宽者上面多饰有花纹或铸有铭文。

金代铜镜图案纹饰线条匀密精细，别致生动。它的装饰图案主要有两类，一类是花鸟鱼兽纹，有很强的民族特色，如双鱼纹、双龙纹、菊花纹、莲花纹、兽纹。另一类为神话人物故事图案，多表现中原地区民间广为流传的神话传说和历史故事，如柳毅传书、吴牛喘月、巢父樊竖，另外还有童子戏花镜，等等。金镜图案还仿照汉唐镜图案，仿汉的有内向连弧纹，再配以星云和禽兽纹；仿唐的多海兽葡萄纹。金镜图案的丰富多彩，也足以使人赞叹。

金代铜镜铭文意义渐乏趣味，偏重实用，唯有特殊作风，则为阴刻边刻地名官名。金时战事不断，铜又是铸币的原料，因此铜镜制造时遭禁止，而且限制铜镜的越境流通，必须经过管理机构的检查和登记，在铜镜边缘刻上县地官匠验记阴文字铭和押记，才准在一定区域里出售，形成了边款铭的时期。在官方和私家铸制的铭文依然存在。镜铭主要有"上京巡院""录事司刘什秤""金城记""在巡院验记官""临潢县""上京宜春县""官""上京巡院正""金成县啓"[1]"承安三年上元日陕西东运司官造监造录事任(画押)提控运使高(画押)"。

1　董学增：《吉林永吉县出土金代双鱼铜镜》，《文物》1979 年第 8 期。

图二　元代蟠龙纹镜

4. 元代铜镜

元镜式样少，除流行的圆形和圆形带柄镜外，早期常见的还有菱花形和葵花形，与金镜不同，它保留着宋镜六分法的形制。

元代带柄镜，基本上也仍是因袭宋代镜制，型体较薄。但镜柄区别较大，元镜柄多光素无边缘。

元代无柄镜缘多为素宽缘，里厚外薄，里直外坡。镜钮多为半圆形钮，较之宋金时期的镜钮要大。钮座主要有方钮座和圆形钮座两种。另外，无钮座铜镜这时仍占有很大比例。

元镜纹饰有浅浮雕和浮雕两种，浅浮雕是继承宋代传统，例如“至正元年龙凤镜”。浮雕纹饰的特点是纹饰凸出，高度几乎与边缘齐平。其无论是题材还是表现手法都显然受到了金镜的影响。这时海水纹刻画十分细致、生动，显得波涛汹涌。特征是，水纹的笔道比较粗，有的还带游涡纹。龙纹这时的主要特征是：发、角向上，两眼平正，以三爪居多，不刚劲有力。龙鳞描述主要有斜方鳞（图二）。凤纹特征是：鸡头、鹰嘴、鳞身、花尾。

元代前期铜镜均无铭文，后期铭文内容也较简单。纪年铭文多绕钮配置，如《岩窟藏镜》[1]著录的“至元四年”双龙镜。也有的铭文置于镜钮一侧的方格内，但仅为一行，不像宋镜铭文都在两行以上，文字也多，这是区别宋、元铭文镜的一个重要标记。元代铭文镜中，还有一部分吉语镜，如陕西西安曲江池西至元三年墓出土一面“寿山福海”铭镜[2]、甘肃漳县元代汪世显家族墓葬出土一面“金玉满堂”铭镜[3]。

1　梁上椿：《岩窟藏镜》，影印本，1940～1942年。

2　陕西文物管理委员会：《陕西省出土铜镜》，文物出版社，1959年。

3　甘肃省博物馆：《甘肃漳县元代汪世显家族墓葬》，《文物》1982年2期。

5. 明代铜镜

在明代隆庆以前铜镜还比较重视纹饰，这以后铜镜主要是素面铸字。明代铜镜铭文与宋镜铭文有明显的区别。

第一，明代铜镜铭文吉语多，且多铸在由重轮镜演变而来的铜镜上。其铭有“长命富贵”“福禄祯祥”“状元及第”“五子登科”“喜生贵子”“百岁团圆”“鸾凤呈祥”“一品当朝”“寿山福海”“福寿康宁”等四字吉语，但在宋镜上不曾见到此类吉语。此外，还有一种与佛教有关的“梵文”镜，此镜内圈为梵文，外圈为汉文，铭文如“准提娑婆诃”。这类铭文镜大多是圆形平顶钮，钮上有铭文，这种钮上铸铭铜镜，为明代所开始出现的。

第二，明代铜镜镜钮上铸铭文有两种情况：一种是在圆钮上铸一“任”字，这种钮据查均为明万历年间南城益王府所铸。另一种则是于圆形平顶钮上铸铭文，一般只冠以姓名，但也有标明产地的，如“湖州薛茂松造”“敬宇自造”“薛怀泉造”“仰溪铸造”。

第三，明代铜镜铭文与宋镜不同的再一个特征是：宋镜铭文后面是冠以“照子”或“照子记”，明镜则冠以“造”或“铸造”，如“李小园造”“谢少塘造”“任小轩造”“张家造”“马店铸造”。还有的镜子后面冠以“记”“置”“制”“办”，如“张绍诚就记”“段置”“吴印泉办”。这表明，明代铜镜可以定做。有的匠人为了取信于顾客，还在镜背上铸有“包换”字样，如“杨铺包换”“马店自造包换”。这时可能还出现了假冒铜镜，因此有的工匠在镜背铸上咒语，如“假充李镜，真仍猪狗”。从以上铭文可以看出，明代的铸镜业较之宋、金、元时期要兴旺发达，同时商业竞争也激烈得多。

6. 清代铜镜

清代，欧洲玻璃镜开始传入中国，这无疑对传统的铜镜铸造业是一个打击。但玻璃镜取代铜镜的过程却是漫长的。现在所知，至少在清光绪年间铜镜的铸造仍在进行。清代铜镜铸造大致经历了两个阶段：清乾隆以前，铜镜还是得到了有限的发展。虽然这时铜镜铸造业没有明代那样繁荣，但是在造型、工艺和装饰上却有了许多创新之作，形成了本朝独特的风格。乾隆以后，随着玻璃镜使用范围的扩大，铜镜逐渐走向了灭落。此时铜镜数量少，铸造也较前一阶段粗糙。

清代铜镜的特点可概括如下：第一，清代铜镜造型较明代要多，除圆形镜和方形镜外，此时还创出了椭圆八出云头形、八出云头形、莲花形、双菱形、双环形、双耳瓶形、炉形、钟形、六角星形。清代的把镜更是独具特色，有的置楠木柄套，上下用染牙装饰；有的置青玉柄套，上装饰碧玉隔，显得十分精美，多为皇家用品。

第二，清代铜镜受欧洲玻璃的影响，多采用镜架支撑，因此无钮镜开始增多。这时的镜架多数用硬木制成。宫中使用的木镜架，上面还雕镂有精美的花纹，工艺十分

图三　清代蟠龙月字镜

考究。有的镜架则较简易，但构思却很巧妙。未打开前为一装铜镜的包锦纸盒；翻开盒盖，铜镜即利用盒盖和盒体的支撑直立起来。

第三，此时，一些厚重、体大的铜镜及仿古的铜镜，还铸有镜钮。半圆钮多见于大型铜镜，另外还有两种钮制：一种为圆柱形钮，较明代镜钮要高，平顶上多铸旋纹和“乾隆年制”款；另一种平顶圆钮，下宽而上窄，顶部常铸寿纹和“仁寿”字样。前者多见于清宫造办处所铸铜镜，后者均是湖州铸镜。

第四，清代铜镜的纹饰规矩细致，构图拘泥、繁缛，并多采用掐丝珐琅、漆面描金、松香涂墨等新工艺装饰镜背，使纹饰趋向浓重炽烈的色调。此时铜镜纹饰中龙纹较多，且龙纹形态不一，既有方头大额正肃苍劲的一类，也有纤柔细身的一类。清初龙的形态雄伟、奔放；晚期的龙纹，神态平淡，尾呈扫帚状。

第五，清代铭文镜中（图三），韵语铭文镜早期多见于圆形镜，晚期则仅限于方形镜，而且镜铭均为四言韵句，字体较大，为隶书，有的湖州造铭文镜还采用了松香涂墨工艺，白字黑底，非常清新爽目。清镜中还有一种用做纹饰点缀的铭文。如龙纹图案中常点缀一“规”字或“日”字，龙凤图案中多点缀“双”字。有的字的空间涂以朱砂。另外，清代铜镜仍延续明代镜钮铸字的风格，镜钮上常铸有“乾隆年制”“仁寿”等字样。

古代铜镜的研究，现在成为中国考古学和美术史的重要内容，本文所提到的，只是数以万计的铜镜中最有代表性的一部分。相信在未来的研究工作里，还会把更多的宝藏揭露出来。

原载《中国古代铜镜》，（韩国）古好出版社，2010 年

古典家具在传统文化中的地位及价值

胡德生

内容提要：传统家具作为社会物质文化的一个组成部分，和人们朝夕相处，伴随人们同生共存。在不同的历史时期内，家具的使用功能还体现着浓厚的民族思想观念、民族道德观念和民族的行为模式等。数千年来，家具始终与社会的政治、文化及人们的风俗、信仰、生活方式等方面保持着极其密切的联系。因此，中国古典家具是承载中国传统文化最丰富的物质载体，在传统文化中占有重要的地位和价值。本文从材质、科学、历史、文化、艺术五个方面作了阐述。

关键词：家具　地位　价值　文化

一　传统家具在传统文化中的地位

我国家具艺术历史悠久，有文字可考和形象可证的已有三千多年。至于有关家具的传说那就更早了。自从有了家具，它就和人们朝夕相处，在人们生活中必不可少，成为社会物质文化生活的一部分。随着人们起居形式的变化和历代匠师们的逐步改进，到明清时期，已发展为具有高度科学性、艺术性及实用性的优秀生活用具，不但为国人所珍视，在世界家具体系中也独树一帜，享有盛名。它象征了一个国家和民族经济、文化的发展，并在一定程度上反映着一个国家、民族的历史特点和文化传统。

家具作为一种器物，不仅仅是单纯的日用品和陈设品，它除了满足人们的起居生活之需求外，还具有丰富的文化内涵。如家具与建筑的关系，家具与人体自然形态的关系，彩绘艺术、雕刻艺术在家具上的体现，表明家具是多项艺术的综合载体。家具的装饰题材，生动形象地反映了人们的审美情趣、思想观念以及思维方式和风俗习惯。在家具的组合与使用方面，几千年来，它始终与严格的传统礼制风俗和尊卑等级观念紧密结合。家具的使用最初主要是祭祀神灵和祖先，后来逐渐向老人和有权势的

作者：原宫廷部，研究馆员。

贵族阶层普及。家具的造型、质地、装饰题材，也有着严格的等级、名分界限。概括起来说，中国古代家具的组合与使用，是与优待老人和区分尊卑贵贱的礼节联系在一起的。古代人们日常生活及家具使用情况，古代家具的种类、造型、纹饰的变化，家具的发展过程、使用习俗，始终同社会的意识形态（如思想观念、伦理道德观念、等级观念、审美观念、宗教信仰以及各种风俗习惯等）紧密联系，并形成系统的中华民族传统文化。这些古代文化传统一直潜移默化地影响着后人，很多已被作为中华民族优秀传统美德而世代相传。

在家具构件表面装饰各类花纹，目的在于使器物既具实用性，又具观赏性，从而提高家具的文化品位，在视觉效果上给人以心情舒畅的感受。人们在这样一个赏心悦目的氛围中，既满足了舒适安逸的生活需要，同时家具上的装饰花纹所表现的出的意蕴还可以给人以思想上和精神上的满足。家具上的装饰花纹如果做工好的，能使人百看不厌，每一幅画面都凝聚着中华民族深厚的文化底蕴，每一幅图画都能说出一个动听的小故事。它既是物质载体，又饱含精神内涵，可以说是物质文明和精神文明的巧妙结合。当你品味一件古典家具时，映入你的视线的首先是家具的造型和纹饰，通过感官直接感受家具的色彩、画面、构图、质地、线条以及结构布局。一件优美的家具，必须具备形式与内容的完美统一，而装饰花纹所表现出的含义则是让人领悟思想文化的情感条件。以形象美和文化思想去引发人们的情感，则是文化内涵在家具上的体现。

中国传统家具的装饰题材丰富多彩，且历史悠久。最初，人们把见到的某种奇异事物比作吉兆，预示自己将会得到幸福和闰满。用图案来表现，即我们今天所说的吉祥图案。历代统治阶级则利用它来为自己歌功颂德，竭力宣称符瑞代表天意，为其蒙上一层神秘的面纱。臣民们长期在这种文化氛围下生活，逐渐形成相信并崇拜天命的心理，形成一种唯心主义的祥瑞文化。撇开统治阶级利用的一面，其与中国古代传统文化密切结合，反映了人们向往太平、祥和、幸福、美满的思想和愿望。如今，适逢太平盛世，国富民丰，广大收藏爱好者苦心追求收藏各类传统艺术品，正是对中国传统文化的继承和发扬，是用中华传统文化激发国人的民族自信心和自豪感，进行爱国主义教育的极好课题。接受教育，传承文化，也是每个公民义不容辞的责任和义务。作为国家各级博物馆，也必须随时扩展文物类别和相关文化知识。家具是承载中国传统文化最丰富的物质载体之一，也是中国传统精神文明同物质文明相结合的最丰富的物质载体之一。改革开放以来，中国传统文化得到了极大的弘扬，传统家具文化始终走在前列，为文化事业的发展起了带头作用。以古典家具为旗帜，弘扬中国传统文化，具有深远的历史意义和现实意义。

二　关于古典家具的价值

一件家具的价值应包括材质价值、科学价值、艺术价值、实用价值，百年以上的古董，则具有历史价值。一般来讲，科学价值是指其结构合理，榫卯精密。艺术价值，指做工及雕刻水平优劣。实用价值，指满足人们生活需要。至于历史价值当然是时间越久越值钱。此外还有雕刻和装饰题材具有浓厚的思想性及文化内涵问题。这些都是评价家具不可缺少的内容。

（一）古典家具的材质价值

就目前情况看，最困扰广大消费者的当属材质问题。因为不同材质的价位差别甚大，直接影响家具的价值。同一种木材，大小不同，长短不同，价值也不同。近些年来，我国从国外进口的大批优质木材，品种繁杂，名称也很混乱。广大消费者又缺乏对各类高档木材的认识，家具制造者和销售者也大多含糊不清，个别唯利是图者利用人们赏识高档木材的心理，以次充好，凡黑色木材无论好坏多冒充紫檀；凡黄色木材则多称为花梨或黄花梨，从而扰乱了正常的价值秩序，损害了消费者的利益。过去还流传有“老紫檀、新紫檀；老花梨、新花梨；老红木、新红木；老鸡翅木、新鸡翅木”的说法。这些提法现在看来都是错误的。紫檀属植物约有十五种，而传统认识中的紫檀只有一种，为印度南部安德拉帮特产，学名“檀香紫檀”。这种檀香紫檀因生态环境不同而具不同特点，有的木色呈现金星状，有的呈现鸡血红状，因而又衍化出金星紫檀和鸡血紫檀等名称。在紫檀属植物中，除檀香紫檀外，其余材种皆归属于“草花梨”种群内。黄檀属植物也有数十种，只有中国海南岛所产为“黄花梨”，学名“降香黄檀”。我国南方多称此木为“香枝”。除此之外，皆属“酸枝”范畴。而“酸枝木”即人们俗称的“红木”。酸枝木分三种，黑酸枝颜色乌黑，木质坚硬，很容易被误认为紫檀。红酸枝纹理顺直，颜色鲜红，不难辨认。白酸枝颜色较浅，很容易和紫檀属的草花梨相混。正确确定材质，在评定家具价值时至关重要（图一至图六）。

按 2012 年底各类高档木材的价格，檀香紫檀（小叶檀），出材率 10% ～ 15%。做椅类等小件家具的短材一般 60 万～ 80 万元一吨。做大条案、长桌及柜类大件家具，长度在 1.5 米以上者，可以卖到 250 万～ 300 万元一吨。而紫檀属的草花梨木，出材率 70%。其价格也低得多。如：缅甸草花梨 1.5 万～ 2.2 万元一立方。老挝花梨与缅甸花梨基本相当。柬埔寨花梨，价位在 1.2 万～ 1.6 万元一立方。黄花梨，海南岛特产，其做椅子等小件家具的短材一般 0.5 千克 1500 元，中等 0.5 千克 8000 元，而做大件的原木 0.5 千克要 1 万～ 2 万元。酸枝木种群中的黑酸枝带咖啡色或浅灰色的在 8 万元左右一吨。深黑色比重大者 15 万～ 30 万元一吨。缅甸、泰国黑酸枝

图一　檀香紫檀

图二　细丝黄花梨

图三　铁梨木

图四　草花梨

图五　黑酸枝

图六　红酸枝

木最好，但现在很难买到。越南红酸枝（市场名称为越南黄花梨）100 万～ 160 万元一立方，超过 1.5 米的长料在 250 万～ 300 万元一立方。缅甸白酸枝 2.5 万～ 4 万元一立方，非洲鸡翅木，1.2 万～ 1.6 万元一立方。缅甸鸡翅木 6000 ～ 7500 元一立方。随着材料的短缺，各类木材的价格逐年上涨，随时了解材质行情，是判断家具价值的重要环节。

（二）古典家具的科学价值

科学价值包括家具的造型设计、榫卯结构几个方面。以明式家具反映得最为突出。明式家具的制造大多从实用角度出发，根据人们日常生活需要而确定它的造型、尺度和结构。在此基础上再进行必要的修饰，达到使用功能和优美造型的完美结合。

在造型艺术方面，明式家具大多带有明显的侧脚收分，以一件明式四出头扶手椅为例（图七），面高 43.5 厘米，两前腿上侧内距为 49 厘米，而下侧内距为 53 厘米，两腿各叉出 2 厘米。侧面两腿上侧内距为 36.5 厘米，而下侧内距为 39 厘米，两腿各叉出 1.75 厘米。后背边柱上距 47.5 厘米，下侧为 49 厘米。再如一件明代小长桌（图八），面长 92 厘米，宽 49.5 厘米，高 79.5 厘米。长边两腿内距为 60 厘米，下端内距 66 厘米，两腿各驻出 3 厘米。侧面两腿上端内距 39.5 厘米，下端内距 42 厘米，两足驻出 2.5 厘米。其他如凳子、柜子等器物也都有这种现象。为什么要这样做呢？这是因为古人为达到稳重、美观的效果。人的双眼看物存在视觉误差，越远则视之越小，人的视线高度在 1.5 米而桌子的高度是 80 厘米，椅面的高度是 50 厘米左右。如果没有侧脚收分，在视觉效果上

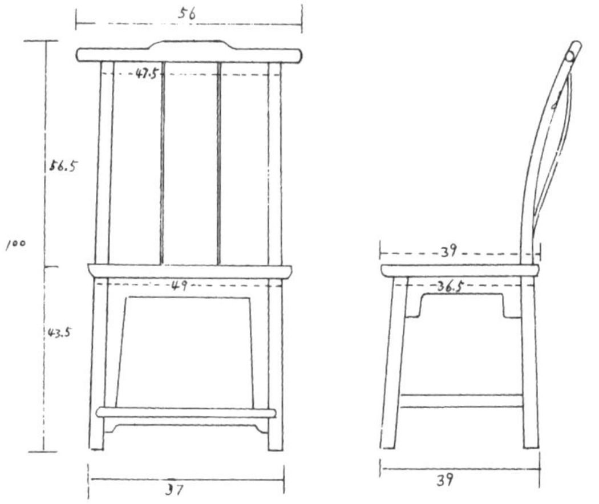

图七　明式靠背椅线图

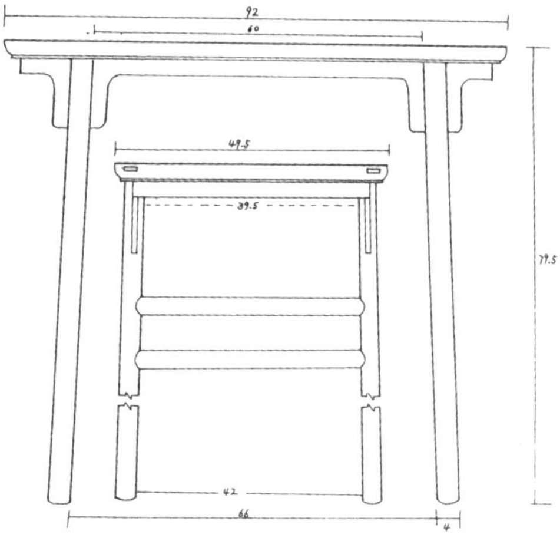

图八　明式小长桌线图

必然是头重脚轻的感觉。如果有了侧脚收分，则不仅视觉效果美观，而且使家具颇具稳定感。

明清家具的造型及尺度还反映了家具与人体各部的比例关系，如椅子和凳子的高度是 50 厘米左右，人的小腿高度是 45 厘米，人坐在椅子上或凳子上，双脚踏在横跗上，煞是好看。椅子的扶手高度约为 23 厘米，人坐在椅子上，小臂平行，自然下垂，正好平放在扶手上。最值得一提的是明代圈椅的后背角度，其背板全部用厚板挖制而成，呈“S”形。它是根据人体脊背的自然曲线的设计的。椅背后边柱上端微向后弯，搭脑正中亦向后弯，使后背形成 100 度至 105 度的背倾角。坐面多用弹性很强的藤席，人坐在上面，藤席受压下垂，与坐面前沿形成 3 度到 5 度的坐倾角，这个角度，按现代人体工程学研究，为人体休息最佳角度。这说明我们的祖先在 500 年前的明代已经把家具的造型和人体各部的关系有机地结合起来。其科学性对后代乃至将来仍有着极其重要的研究和借鉴价值。

明清家具坚固耐用，除了选用优质木材之外，还有一个重要原因是其科学合理的榫卯结构。利用硬木强度高的特点，以较小的断面制作出精密复杂的榫卯。一件家具，都要由若干构件组成，构件与构件之间，都是通过各种形式的榫卯把各个构件巧妙地结合起来。形成一个家具的整体。有的部位，可以接纳来自不同方向的六至七个构件。一件好的古典家具，无论造型艺术，还是结构力学，都已达到炉火纯青的程度，具有重要的科学价值。它既显示了劳动人民的聪明才智和勤劳灵巧，也给后人留下了一笔宝贵的精神财富。

（三）古典家具的历史价值

家具艺术是 20 世纪 80 年代在各项历史文化艺术高度发展的形势下兴起的新学科，是中华历史文化艺术高度发展的产物。我们今天研究、借鉴、总结前人为我们留下的宝贵历史文化遗产，目的在于继承和发扬中华民族家具艺术，总结历史经验，为发展社会主义新型家具服务。这是历史赋予我们的重大使命，也是我们宣传祖国历史文化知识，进行爱国主义教育的极好课题。因此，前辈们留下的宝贵遗产，就有了重要的历史价值。历史价值不仅具有时间概念，而且还具有特定的史料价值。无论何种器物，都是中华民族历史发展无可替代的实物见证，能够从不同的领域反映民族历史的发展。历史文物不仅具有反映历史发展和历史见证的作用，还能起到补充和纠正历史文献错误的作用。这是因为文物是未经歪曲的最可靠的实物史料，它既可以印证历史文字的不足，还可以补充那些无文字记载的历史，供我们去研究。从这一方面讲，历史文物显示出它突出的价值和地位。每一件历史文物，都是多种历史信息的综合载体。每件器物所包含的信息量又存在不同程度的差异，这些差异可以反映出不同档次的价值来。

国家文物局主编的《文物定级图典》把文物的历史价值、艺术价值、科学价值等分别定为“一定、比较重要、重要、特别重要”四级，其实也是价值的体现。这里主要介绍各类家具的历史价值。

每件器物，都有其自身诞生年代。年代越久，历史价值就越高。但这只是相对而言，在同时代的同类器物中，有的具一般水平，有的艺术水平较高，就应用“具有比较重要历史价值”来形容。有的艺术水平很高，能代表当时最高艺术水平，就应用“具有重要历史价值”来形容。还有的不仅艺术价值很高，而且还与当时重大历史事件或重要历史人物有关系，就应用“具有特别重要历史价值”来形容。从另一角度讲，同类器物，时代不同，如果艺术水平相等，当然是时间久的价值高，如果是时间近的水平高，那么它们的价值高低就要讨论一下了。

历史价值要求纪年准确，器物本身要有确凿的年代依据，如款识，款识有年号款，标明此器何朝、何年、何月制；有购置款和纪念款，即某人何年何月从何处购得此器，或某人何年何月在某地定做或制作而留的纪念款。有的还反映出家具生产地点。这些对了解各地方家具特色有很大帮助。有的器物虽无款识，但有史料和其他记载可证实其制作年代以及流传过程，也属于有准确纪年之物。这些有明确纪年的家具可以作为同类器物的标本，对我们研究各时期家具的发展、变化和对其他同类家具断定年代提供了强有力的依据，有着重要的参考价值。

明清家具中还有一类代表各时期最高水平的优秀作品，它反映了各个历史时期的手工艺发展概况。

（四）古典家具的文化价值

传统家具作为社会物质文化的一个组成部分，和人们朝夕相处，伴随人们同生共存。它不仅仅是供人们使用的生活必需品，也不只是匠技艺术的记录和表现，在不同的历史时期内，家具的使用功能还体现着浓厚的民族思想观念、民族道德观念和民族的行为模式等。数千年来，家具始终与社会的政治、文化及人们的风俗、信仰、生活方式等方面保持着极其密切的联系。就其装饰题材而言，中国古典家具充分反映了中国传统的文化思想和审美情趣。

审美观念体现在家具上，是在满足使用功能的前提下，将家具的每个部件施以不同艺术造型，或以各种手法对构件表面装饰各类纹饰，使器物既具实用性，又具观赏性，在视觉效果上给人以心情舒畅的感受。人们在这样一个赏心悦目的氛围中，既满足了舒适安逸的生活需要，同时家具上的装饰花纹所表现出的意蕴还可以给人以思想上和精神上的满足。家具上的装饰花纹如果是做工好的，能使人百看不厌。每一幅画面都凝聚着中华民族深厚的文化底蕴，每一幅图画都能说出一个动听的小故事（图九）。

它既是物质载体，又饱含精神内涵，可以说是物质文明和精神文明的巧妙结合。当你品味和欣赏一件古典家具时，映入你的视线的首先是家具的造型和纹饰，通过感官直接感受家具的色彩、画面、构图、质地、线条以及结构布局，顿时让人耳目一新（图一〇）。一件优美的家具必须具备形式与内容的完美统一，而装饰图案所表现出的含义则是让人领悟思想文化的情感条件。以形象美和文化思想去引发人的情感，是文化价值的显著特点。任何器物如果不被人喜欢的话，那么它的价值也就无从谈起了。至于价值的高低，每个人与每个人的审美标准不尽相同，家具本身的艺术水平也存在差异。在评价一件家具的价值时，要在同类作品中反复比较衡量，确定出它在同类物品中的地位，才能得出恰当的结论。

图九　清五福捧寿纹浮雕

图一〇　清紫檀雕八仙八宝纹顶竖柜

（五）古典家具的艺术价值

艺术价值简单说来就是艺术水平。匠师技术水平的高低，决定器物的艺术水平。艺术水平的差异，用价值来衡量，就叫艺术价值。艺术价值是艺术家创造出来的，而艺术价值的高低则要通过人们的审美情趣来品评，要得到大多数人的承认。各类巧夺天工的艺术珍品，包含着各时期各地艺术家、工艺美术家、艺人的代表作品，具有高超的首创精神和独特的艺术风格，有些珍品还带有浓厚的地方特色和民族风格。这些艺术珍品，既丰富了人们的精神生活，给人以美的享受，又是我们今天文化艺术创作的继承渊源。任何一个国家和民族，只有按照自己的文化艺术传统，创造出民族形式的文化艺术，广大人民群众才乐于接受。我们提倡大胆创新，使作品有新意，但必须是在继承文化传统基础上的创新。笔者曾见过一例雕刻，一个弥勒佛，昂首站立，左手托着金元宝，右手拄着拐棍子，从其雕刻水平来讲可算上中等，但他不了解古代传统文化知识。他从道教财神爷那里移来金元宝，又从寿星那里移来了拐棍子，用移花接木、东拼西凑的方法做了一个不伦不类的东西。尽管他作了大胆的创新，但这类创新却走向反面，成为糟粕。它的价值当然也就无从谈起了。

就家具制作的工艺手法讲，大体分为雕刻、镶嵌、彩绘三种。它们是家具艺术中使用最普遍的艺术手法。

1. 雕刻工艺

雕刻工艺又细分为平雕、浮雕、圆雕、透雕、综合雕、毛雕六种。根据图案要求施以不同艺术手法。

平雕，即所雕花纹都与雕刻品表面保持一定高度或深度。平雕有阴刻、阳刻两种。挖去图案部分，使图案部分低于地子表面，这种做法称为阴刻。挖去全部衬地，使图案部分高于地子表面，这种做法称为阳刻。如柜子门板内浮雕的绦环、插屏座上的余塞板和披水牙等，多使用平雕手法，且多用阳纹。阴纹手法在家具上使用得不多。

浮雕，也称凸雕，分低浮雕、中浮雕、高浮雕几种。无论低浮雕、中浮雕还是高浮雕，它们的图案纹路都有明显的深浅、高低变化。这就是它与平雕的不同之处。

圆雕，是立体的圆形雕刻，也称全雕。如有的桌子腿雕成竹节形，四面一体，即为圆雕。再如盆架柱头上的小狮子，亦为圆雕。

透雕，在明式家具中，透雕是一种最常见的装饰手法。如衣架中间的中牌子、架子床的上眉板、椅背雕花板等。透雕是留出图案纹路，将地子部分镂空挖透，图案本身另施以毛雕手法，使图案呈现出半立体感。透雕有一面做和两面做之别。一面做是在图案的一面施毛雕，将图案形象化。这种做法的器物适合靠墙陈设，并且位置相对固定。两面做是将图案的两面施加毛雕，如衣架中间的中牌子，常见多在绦环板内透雕夔龙或螭虎龙等图案。还有将几种做法集于一身的做法，称“综合雕”，多见于屏风等大件器物。

毛雕，也叫凹雕，是在平板上或图案表面用粗细、深浅不同的曲线或直线来表现各种图案的一种装饰手法。其意在于提高图案的立体效果，使图案更加形象化、生动化。

2. 镶嵌工艺

通常所言镶嵌，是指将金石罗甸等材料嵌入木器或漆器上，组成各种各样的纹饰或图案。镶嵌又名“百宝嵌”，分两种形式，一种平嵌，一种凸嵌。平嵌，即所嵌之物与地子表面齐平，凸嵌即所嵌之物高于地子表面，隐起如浮雕。平嵌法多体现在漆器家具上，其做法是先用杂木做成骨架，然后上生漆一道，趁漆未干，粘贴麻布，用压子压实。干后再上漆灰两遍，第一遍稍粗，第二遍稍细。每次均须打磨平整。再在二遍漆灰上打生漆，趁漆未干，将事先准备好的嵌件依所需纹饰粘好，干后再在地子上上细漆灰。漆灰要与嵌件齐平。这层漆灰干后略有收缩，再根据所需颜色上各色漆。通常要上两到三遍，使漆层高于嵌件表面。干后，经打磨，使嵌件表面完全显露出来。再上一道光漆，即为成器。其他质料也有采用这种做法的。

凸嵌，是在各单色漆地上或各种质料的硬木上，根据纹饰需要，雕刻出相应凹槽，将嵌件粘嵌在器物上。嵌件表面再施以适当的毛雕，使图案显得更加生动。常见这种嵌法的嵌件表面多高于地子表面。由于其起凸的特点，使纹饰显出强烈的立体效果。

这种做法偶尔也有例外，镶嵌手法相同，嵌件表面与器身表面齐平。如桌面四边及面心，就常用这种做法。

图一一　清初紫檀宝座上以周制镶嵌法装饰的龙纹

凸嵌又名“百宝嵌”，为明代周翥首创，又名“周嵌”或“周制”（图一一）。钱泳《履园丛话》载：“周制之法，惟扬州有之，明末有周姓者始创此法，故名周制。其法以金银、宝石、真（珍）珠、珊瑚、碧玉、翡翠、水晶、玛瑙、玳瑁、砗（硨）磲、青金、绿松、螺甸、象牙、密腊、沉香为之，雕成山水、人物、树木、楼台、花卉、翎毛，嵌于檀梨漆器之上。大而屏风、桌倚（椅）、窗槅、书架，小则笔床、茶具、砚匣、书箱，五色陆离，难以形容，真古来未有之奇玩也。乾隆中有王国琛、卢映之辈，精于此技。今映之孙子葵生亦能之。”谢堃《金玉琐碎》说：“周翥以漆制屏、柜、几、案，纯用八宝镶嵌，人物花鸟，亦颇精致。”吴骞《尖阳丛笔》载：“明世宗时，有周翥善镶嵌奁匣之类，精妙绝伦，时称周嵌。”周柱系明嘉靖时人，为严嵩所养。嵩败，器物尽入官府，流入民间绝少。清初流入民间，仿效者颇多。

家具镶嵌材料虽多，其中以螺甸镶嵌占绝大多数。其次为各色珐琅、木雕、各色石材、各色瓷片及金银片等。大体规律是经济价值越高的数量就越少。

嵌螺甸工艺分两种，一种厚螺甸，一种薄螺甸。厚螺甸比较常见，而薄螺甸因存世量少，世间难得见到。薄螺甸又名“五彩螺甸”，系剥取彩色贝壳的内表皮在漆器上贴嵌而成。其薄厚程度只相当于如今使用的新闻纸，极难剥取，加工难度亦高得多。这类器物只在明末清初流行一时，以后随着国运的衰退，再也没有能力制作这种工艺了。

3. 彩绘工艺

这批漆家具大体可分为如下十余个品种。

第一，单色漆家具。单色漆家具又称素漆家具，即以一色漆油饰的家具。常见有黑、红、紫、黄、褐诸色。以黑漆、朱红漆、紫漆最多。黑漆又名玄漆、乌漆。黑色本是漆的本色，故古代有“漆不言色皆谓黑”的说法。因此，纯黑色的漆器是漆工艺中最基本的做法。其他颜色的漆皆是经过调配加工而成的。

第二，雕漆家具。雕漆家具是在素漆家具上反复上漆，少则八九十道，多则一二百道。每次在八成干时漆下一道，油完后，在表面描上画稿，以雕刻手法装饰所需花纹。然后阴干，使漆变硬。雕漆又名剔漆，有红、黄、绿、黑几种。以红色最多，又名剔红。

第三，描金漆家具（图一二）。描金漆家具是在素漆家具上用半透明漆调彩漆描画花纹，然后放入温湿室，待漆干后，在花纹上打金胶（漆工术语曰：金脚），用细棉球着最细的金粉贴在花纹上。这种做法又称“理漆描金”，如果是黑漆地，就叫黑漆理描金，如果是红漆，就叫红漆理描金。黑色漆地或红色漆地与金色的花纹相衬托，形成绚丽华贵的气派。

第四，识文描金家具（图一三）。识文描金是在素漆地上用泥金勾画花纹，其做法是用清漆调金粉或银粉，相对稠一点儿，用笔粘金漆直接在漆地上作画或写字。其

图一二　清黑漆识文描金龙纹套箱

图一三　清黑漆识文描金龙纹套箱上的款识

特点是花纹隐起，有如阳刻浮雕。由于黑漆地的衬托，色彩反差强烈，使图案更显生动活泼。

第五，罩金漆家具。罩金漆家具是在素漆家具上通体贴金，然后在金地上罩一层透明漆。罩金漆，又名“罩金”。

第六，堆灰家具。堆灰又名堆起，是在家具表面用漆灰堆成各式花纹，然后在花纹上加以雕刻，作进一步细加工，再经过髹饰或描金等工序，形成独具特色的家具品种。堆灰家具又称隐起描金或描漆，其特点是花纹隆起，高低错落，有如浮雕。

第七，填漆家具。填漆即填彩漆，是先在做好的素漆家具上用刀尖或针刻出低陷的花纹，然后把所需的彩漆填进花纹。待干固后，再打磨一遍，使纹地分明。这种做法，花纹与漆地齐平。

第八，理沟戗金家具。理沟戗金、戗银的做法大体与填漆相似。先在素漆地上用刀尖或针划出纤细的花纹，然后在低陷的花纹内打金胶，再把金箔或银箔粘着进去，形成金色的花纹。它与填漆的不同之处在于花纹不是与漆地齐平，而是仍保持阴纹划痕。填漆和戗金虽属两种不同的工艺手法，但在实际应用中经常混合使用。以填漆和戗金两种手法结合制作的器物在明清两代备受欢迎，故宫博物院收藏品中这类实物很多。

第八，刻灰家具。刻灰又名大雕填，也叫款彩。一般在漆灰之上油黑漆数遍，干后在漆地上描画画稿，然后把花纹轮廓内的漆地用刀挖去，保留花纹轮廓。刻挖的深度一般至漆灰为止，故名刻灰。然后在低陷的花纹内根据纹饰需要填以不同颜色的油彩或金、银等，形成绚丽多彩的画面。其特点是花纹低于轮廓表面，在感觉上类似木刻板画。在明代和清代前期，这种工艺极为常见，传世实物较多，小至箱匣，大至多达十二扇的围屏。

第十，罗漆家具。波罗漆是将几种不同颜色的漆混合使用，做法是在漆灰之上先油一道色漆，一般油的稍厚一些。待漆到七八成干时，用手指在漆皮上揉动，使漆皮表面形成皱纹。再用另一色漆油下一道，使漆填满前道漆的皱褶。然后再以同样做法用另一色漆油下一道，待干后用细石磨平，露出头层漆的皱褶来。做出的漆面，花纹酷似瘿木或影木，俗称“影木漆”。有的花纹酷似波罗或犀牛皮，因此又称波罗漆和犀皮漆。这类漆器家具传世品极为少见。

第十一，综合工艺家具等。明清两代漆家具除上述一种工艺或两种工艺结合外，还有综合多种工艺于一身的代表作品。在故宫博物院收藏的明代传世实物中，这方面的实例也很多。

未刊稿

错金镂彩　熠熠生辉

——故宫博物院收藏的金属胎珐琅器

陈丽华

内容提要：在明清两代的皇宫基础上建立起来的故宫博物院，现藏存的珐琅类器物近七千件，其时代上起元明，下至清末民初，是一份完整地记录中国金属胎珐琅工艺发展演变历史的实物资料和珍贵的历史文化遗产。本文阐述了中国金属胎珐琅工艺产生的历史背景和发展状况，以故宫丰富的珐琅器为依据，进一步分析归纳了元明清三代珐琅器的烧制情况和技术水准，以及由此形成的风格和特点，阐明了珐琅工艺在中国工艺美术发展史上的重要地位。

关键词：珐琅　掐丝珐琅　画珐琅　錾胎珐琅　透明珐琅　广珐琅

在故宫博物院几十个类别的藏品中，有近七千件金属胎珐琅器，其时代上迄元明，下至清末民初，足以全面反映中国金属胎珐琅工艺的艺术成就。

一　珐琅工艺的起源和发展

珐琅是外来工艺名称的音译。我国古代文献中所见的“佛菻”“佛郎”“拂郎”“发蓝”等词均指珐琅而言，是为同一种工艺。珐琅是以矿物质的硅、铅丹、硼砂、长石、石英等原料按照适当的比例混合，分别加入各种呈色的金属氧化物，经焙烧磨碎制成粉末状的彩料后，再依其珐琅工艺的不同做法，填嵌或绘制于以金属做胎的器体上，经烘烧而成为色彩缤纷、莹润华贵的珐琅制品。按照我国传统工艺的分法，以金属为胎敷涂珐琅的珐琅器，称为珐琅工艺品。也有以玻璃和瓷为胎敷涂珐琅而成的，称为玻璃胎画珐琅和珐琅彩。

以金属为胎的珐琅工艺，实际上是珐琅与金属工艺相结合的复合工艺，依其制作

作者：原故宫博物院副院长，研究馆员。

方法和工艺特点，主要为掐丝珐琅和画珐琅，还有錾胎珐琅和后起的透明珐琅几种做法。

掐丝珐琅：元代叫做“大食窑”或“鬼国嵌”，今人俗称为“景泰蓝”，约于元末从阿拉伯地区传来我国。掐丝珐琅的做法是以细而薄的铜丝掐成各种图案，粘于铜胎之上，再根据图案设计要求填充各色珐琅釉料，入窑烘烧，重复多次，待器表覆盖珐琅釉至适当厚度，再经打磨、镀金而成。

画珐琅，广州也称“洋瓷”，于清初从欧洲传入中国，流行于18世纪以后。其做法是用单色珐琅釉料直接涂画在金属胎上作地，再根据图案设计的色彩，用珐琅釉描绘出花纹图案，再入窑经高温烘烧，出窑后经磨光、镀金即成。实际上就是在铜胎上施绘珐琅画，画多为肖像、人物、风景与历史故事等。

錾胎珐琅，又名“拂郎嵌”，也有“内填珐琅”之称。錾胎珐琅技术起源于欧洲，也是由蒙古大军西征欧洲，将工匠掳至我国传授了此法。《格古要论》中说制法与“大食窑”器（即掐丝珐琅）相似，二者在工艺上技法基本相同，唯器表的纹饰不是焊丝在铜胎上，而是经过雕镌减地使纹样轮廓线起凸，在其下陷处填充珐琅釉料，再经焙烧、磨光、镀金而成。由于錾胎起线粗壮，故装饰花纹显得粗犷豪放，无接缝。如不仔细观察，很难分辨掐丝起线和錾胎起线两种作品在技术上的区别。

透明珐琅，亦称“广珐琅”，清代从欧洲传入我国，其做法是指在经过锤揲隐起或錾刻的金、银、铜胎上涂以透明珐琅釉烘烧而成，有蓝、绿、紫、黄、白等色，亦名“烧蓝”。胎子或锤浮雕，或阴刻纹饰，有的在阴文图案中贴金、银片，透过黄、绿、蓝、紫等单彩珐琅显现出来。这种做法是利用珐琅的半透明或透明性的特点，来表现图案因明暗浓淡而产生的变化。

中国的珐琅工艺，无论掐丝珐琅、画珐琅、錾胎珐琅抑或透明珐琅，都是元代以后先后由西方传入的外来技术，并很快为中国工匠所接受，又融汇了本民族风格，制造成具有我国民族风格特点的珐琅制品，成为明清两代新兴的工艺品种。

中国掐丝珐琅工艺的起源无明确记载，多数中外学者都主张是在13～14世纪（元代）从阿拉伯地区传入我国，其基本依据就是“大食窑”。“大食窑”：“以铜作身，用药烧成五色花者，与佛朗嵌相似，尝见香炉、花瓶、盒儿、盏子之类，但可妇人闺阁之中用，非士大夫文房清玩也，又谓之鬼国窑。”[1]这段记载较具体地交代了“大食窑”的工艺特点、主要品种、使用对象、制作地点以及别名等，其工艺特点与现今铜胎掐丝珐琅相吻合。故“大食窑”已被诸多学者确认为金属胎掐丝珐琅器。“大食”是宋元时期中国对西亚阿拉伯地区的称谓，并与之来往甚密。

13世纪，成吉思汗的铁骑横扫欧亚大陆，1219年蒙古军攻打“大食国”，并占领

1 （明）曹昭：《格古要论》，成书于明洪武二十一年，共三卷，十三论，为现存最早的古物鉴赏类著作。作者曹昭根据家藏和所见古物写成此书。王佐于明景泰七年至天顺三年间增补了《格古要论》，即《新增格古要论》。

巴格达。依照蒙古军队“惟匠得免”的政策，身怀技艺的工匠得以免杀，或“取工匠随军”或“取工匠分于各营”。被俘的阿拉伯地区的工匠中，自然亦应有掐丝珐琅工匠被带回到我国。1253年，忽必烈经云南收服南诏国都大理。因此，历史文献中首先有云南匠人制造“大食窑”的记载，之后，云南匠人至京城谋生，又把珐琅技术带到京城。文献有这样的记载：“今云南人在京多作洒盏，俗呼曰鬼国嵌。”[1]“御用监”是明初设立的专为皇家制器的机构，“内府作者，细润可爱”说明了内府制器的情况[2]。

掐丝珐琅在元代引进以后的生产和使用情况，目前虽无文献可考，也无具款实物发现，但在清宫旧藏的掐丝珐琅器中，有一部分确属烧造技术水平高，珐琅釉色又纯正艳丽，具有半透明质感的情况，被认为是元末明初在阿拉伯工匠的指导下使用进口的珐琅釉料烧造而成的。以此与文献记载相印证，这种认识应该是正确的。曹昭《格古要论》成书时间距元末仅有21年，故诸多内容应来源于元代后期。沈德符在《万历野获编》中也讲道：明初“滇工布满内府，今御用监供应库诸役，皆其子孙也”[3]。

现今所见具有铭款的掐丝珐琅和錾胎珐琅器最早为宣德，其次有景泰、嘉靖、万历三朝的掐丝珐琅器。从这些具款的掐丝珐琅器不难看出，其生产得到了皇家的重视且已形成规模。

清代珐琅制造业在明代基础上稳步向前。康熙时期，不仅内廷继续烧造掐丝珐琅，京都也有着庞大的掐丝珐琅作坊，内廷和民间的掐丝珐琅业的规模与水平相当卓著[4]。与此同时，法国、德国和意大利等欧洲国家流行的金属胎画珐琅和玻璃胎画珐琅作品，通过欧洲使节、传教士和商人被带到中国，得到了康熙皇帝的喜爱，并引起浓厚的兴趣。康熙十九年（1680年）内务府在武英殿设立造办处，开始研制珐琅器。对此，清宫内务府造办处档案多有记载。

康熙二十三(1684年)，沿海口岸开放海禁，西方的新知识、新原料和先进技术大量涌入，画珐琅技术亦因此进入广州，开始在当地研制烧造，而且被作为全新的西洋工艺引进清宫造办处。两广总督选派潘淳、杨士章及江西的宋洁等十几名珐琅匠人赴内廷效劳，康熙皇帝本人也在积极找寻欧洲画珐琅匠人入宫，以提高烧造技术。开放海禁后的第三年，法国传教士白晋、张诚，意大利传教士马国贤、郎世宁[5]等，均作为

1 （明）王佐：《新增格古要论》卷七《论古窑器·大食窑》，《丛书集成初编》册1554，中华书局，1985年。

2 前揭《新增格古要论》卷七《论古窑器·大食窑》。

3 （明）沈德符（1578～1642年），字景倩，又字虎臣，浙江秀水（今嘉兴）人，明万历四十六年中举人，其祖父和父亲均为科举出身，自幼随父辈居住京师。由于特殊的家庭背景，使之多有机会同当时士大夫及故家遗老、朝廷显贵交往，了解时事和朝政典故。万历三十四年到三十五年间，在故里将京城的所见所闻编写成卷，取书名《万历野获编》。是研究明代历史的重要史料。

4 杨伯达：《唐元明清珐琅工艺总叙》上编《中国金银玻璃珐琅器全集》第5卷珐琅器(一)，第7页，2002年。

5 朱家溍：《清代画法琅制造考》，《故宫博物院院刊》1982年第3期。“雍正九年曾命郎世宁画金胎珐琅杯”。郎世宁，康熙五十四年进京，乾隆三十一年病逝。

珐琅技术人被安排在宫中制作画珐琅。康熙五十八年（1719年），还特地聘请了法兰西画珐琅艺人陈忠信入宫，指导烧造画珐琅器。

康熙三十二年（1693年）造办处又在扩大编制，正式设立14处作坊，珐琅作即为其中之一。意大利传教士马国贤在康熙五十五年（1716年）三月写于畅春园的日记中说：康熙皇帝对欧洲的珐琅着了迷，想尽法子将画珐琅的新技术引进宫中作坊来[1]。清宫档案、清朝广东官员的奏折，以及一些传教士的日记信函、教会档案[2]中，都可以找到有关画珐琅技术在康熙年间被引进、试烧的情况。

从雍正朝开始的清宫《养心殿造办处各作成做活计清档》记载可见，雍正时期虽设有"珐琅作"，但对于掐丝珐琅器的制作技术还是无法掌控的，故现存掐丝珐琅器十分少见，传世作品除台北故宫收藏一件"雍正年制"款的掐丝珐琅绿地凤耳豆被认为是唯一雍正掐丝珐琅作品外，民间流传的具雍正款的作品还不能足以令人确信。雍正在位的13年间，对画珐琅一直是情有独钟，在制作技术的引进和研制方面重视有加，并由怡亲王亲自具体负责指导，使画珐琅制作技术此间获得了重大突破，实现了珐琅料与技术人员的本土化，画珐琅制器技艺精绝，品位很高。

乾隆皇帝博学多才，素养很高，本身喜爱文玩，又酷爱珐琅，尤其喜好明代景泰掐丝珐琅。他登基之初即不断地延揽广州珐琅艺匠进宫。乾隆二十七年，将画院处与珐琅作合并，使画院的一些画家在珐琅作从事珐琅的绘画，故对乾隆时期珐琅艺术风格的形成产生了很大的影响，也把珐琅制作工艺推到了历史的巅峰。造办处珐琅作的生产规模满足不了内廷的需求，故粤海关和两淮盐政也接派订单承做宫内活计。

如果说康、雍、乾三代百余年间的社会稳定和经济发展为清代珐琅业迅猛发展提供了前提条件的话，那么，清帝具有的文化素养和对珐琅生产的大力扶植，是助推珐琅工艺迅猛发展的直接原因。由于珐琅制作耗工费铜，至乾隆五十四年"因珐琅处现无活计，分别将珐琅作的官员匠役等人俱归并造办处，画珐琅人归如意馆"[3]，内廷珐琅作一时中止了生产。

乾隆末期，内廷珐琅制作出现衰微，嘉庆无力阻止下滑，至道光衰落加剧。咸丰以后，伴随着中国沦为半殖民地、半封建社会，珐琅业更是江河日下。光绪三十二年，北京农工商部下成立皇家"印铸局勋章制造所""大清工艺局"等官营作坊，其中的珐琅作坊只生产奖杯、奖章之类的外销珐琅制品，主要生产转向了民间。由于珐琅制品受到西方人的青睐，刺激了民间珐琅作坊的生产，北京民间厂肆烧造珐琅的一些私营店堂，诸如老天利、静远堂、志远堂、宝华生记、德成、德兴成等，在清末至民国时期尚维

1　张临生：《试论清宫画珐琅工艺发展史》，《故宫季刊》1983年第3期。

2　许晓东：《康熙雍正时期宫廷与地方画珐琅技术的交流》，故宫博物院、柏林马普学会科学史所编：《宫廷与地方十七至十八世纪的技术交流》，紫禁城出版社，2010年。

3　杨伯达：《景泰款掐丝珐琅的真相》，《故宫博物院院刊》1982年第1期。

持一定的生产，所制掐丝珐琅追仿乾隆时期的风格，虽能找到宫廷掐丝珐琅的痕迹，但民间特色和时代气息鲜明，无法与乾隆时期的宫廷珐琅器相媲美。

二　元明清三代珐琅器的风格与特点

（一）元代珐琅

由于掐丝珐琅在引进后生产和使用情况缺少文献和具款实物的缘故，对于元至明早期掐丝珐琅的认识，是经过了故宫几代专家以清宫旧藏掐丝珐琅器进行类型排比、釉质分析、与同期其他类别文物风格特点进行比较研究，并依据相关的历史文献为佐证，最终确认我国掐丝珐琅最早的实物应该是在元代。这一部分珐琅器明显特点是釉质纯正，色泽明快，墨绿、葡萄紫、绛黄等釉质具有半透明的玻璃质感，这种釉质特征为明代宣德以后的珐琅器所不具备。由此有些专家认为，这种釉质特点的掐丝珐琅制品，是元代后期在阿拉伯工匠的指导下使用进口的珐琅釉料烧制而成的观点是可信的。元代珐琅器的造型和图案风格比较传统，器型以炉、瓶为主，胎体厚重，形制端庄。装饰花纹多在器物主体部位装饰对称的大朵缠枝莲为主，也有缠枝葡萄纹和折枝花卉纹等。构图讲究对称，花朵饱满，花瓣肥厚，花心多呈仰莲托宝珠或托石榴等。叶子多为三层尖椒形，且多用两三种不同的珐琅釉色表现。掐丝比较匀整，镀金较厚，至今仍很光亮。但这一时期珐琅器大多被后人改装，以添耳加足为多，甚至有后加款识。但经过改装拼接的器物，常能看到衔接部位被破坏的痕迹，而且珐琅釉色与原始釉色、花纹均有不同。

（二）明代珐琅

故宫藏明代铜胎珐琅制品有掐丝珐琅和錾胎珐琅两种，署有官方纪年款识的掐丝珐琅器共一百三十余件，分别为宣德、景泰、嘉靖、万历四朝。

明代早期的掐丝珐琅器仍可见元代遗风，风格简朴，器型炉、瓶为多，胎体仍较厚重，釉色和装饰花纹以及构图风格多与元代相同，勾莲纹仍保留花朵饱满、花瓣肥厚等特点，但缠枝叶子收小。宣德时期的掐丝珐琅器遗存数量较多，品种增加，主要以日常生活用器的碗、盘、杯、盒、瓶、罐、盏托、花觚、香炉等为主。器物胎体多显厚重，釉色以浅蓝、鸡血红、宝石蓝、砗磲白、墨绿、草绿、绛紫、娇黄等为主，釉质纯正蕴亮，但艳丽胜过以前。也有一种釉色失透，烧结不够紧密的情况。装饰纹样仍以勾莲为主，出现了龙凤穿花、狮子戏球等装饰内容，掐丝工艺娴熟流畅，水平不亚于以前。

故宫收藏有景泰年款的铜胎掐丝珐琅器较多，历史上有“景泰蓝”之美誉。但经过研究发现许多“景泰年制”款的珐琅器是由元代或明初的旧器经过拼配、补配、改款、加款后，重新加工改作而成。也有部分是后世的慕名仿制器和改款器物。景泰以后的天顺、成化、弘治、正德四朝，由于珐琅生产状况文献和具款实物双重缺失，使这一时期成为了一个空白期。嘉靖时期具年款的掐丝珐琅器在故宫还仅有一件出土之物，此盘是20世纪60年代从私人手中购得。虽然盘上的珐琅釉色和鎏金已被土蚀严重，但可见掐丝细致，釉色明快，纹饰飘逸，与同期其他类别器物比较，云龙飞凤图案具有鲜明的嘉靖时期特点，应为嘉靖御用监所造内廷珐琅。盘底部中心阴刻“大明嘉靖年制”楷书款，可作为此期掐丝珐琅的标准器。民间传世现见也有嘉靖具款的标准器，可见嘉靖时期宫廷烧造掐丝珐琅仍有存在。

万历款识的掐丝珐琅器遗存较多，据此可推测万历一朝宫廷珐琅烧造远胜于嘉靖朝。万历珐琅器特点鲜明独到：器胎多显厚重，形制讲究规矩，品种较前丰富；釉色以宝石蓝、豆绿、白色等偏冷色调的作品增多，色彩鲜丽，对比强烈，珐琅釉质不再具半透明的光泽。装饰图案多有变化，折枝的小花小叶图案明显增多，狮子戏球、海马、瑞兽和寓意吉祥长寿的图案成为突出特点，掐丝稍显潦草。最具特点的是其落款形式，大多在器物底部中心处用彩釉如意云头纹组成方形框栏，内掐丝勾云施深蓝或绿等色釉作地，掐丝填红釉或阴刻双线“万历年造”“大明万历年造”四字、六字年款，款识以“造”易“制”，成为万历掐丝珐琅的款式特征。

明代晚期的掐丝珐琅器多以密集的掐丝勾云纹填补空白，花茎多用双线掐丝，叶子呈小蝌蚪形。珐琅釉色有红、蓝、宝蓝、白、黄、赭、紫、绿等，艳丽醒目，对比强烈。有些装饰纹样和器型具民间气息，应该说，明代晚期内廷、民间均有制作珐琅器。

（三）清代珐琅

1. 康熙时期

康熙时期内廷珐琅烧造的情况，从清宫旧藏可以得出一个清晰的发展脉络——从试烧到成熟阶段。具体表现在康熙早期掐丝珐琅、画珐琅主要依靠本土工匠的技术力量，珐琅料的炼制和烧造技术尚不成熟，釉色干涩无光，器表釉彩堆积较厚，烧制后凸凹不平，缺少光滑，砂眼密集，暴露出烧造技术和釉料配制尚没有完全掌握的缺点。器物以小型居多，掐丝还比较纤细流畅，装饰题材主要以山水人物和折枝花卉为主，有些作品具有中国传统水墨画的韵味。康熙三十九年造办处建成玻璃厂，承担起珐琅料的炼制[1]。康熙中晚期的掐丝珐琅作品，釉质已变得纯正鲜亮，釉面平滑，少有砂眼。装饰图案出现了双线掐丝的做法。

1　夏更起：《玻璃胎画珐琅考析》，《故宫博物院院刊》2003年第3期。

康熙晚年，宫内造办处金属胎、玻璃胎和瓷胎画珐琅被烧制成功，产量和质量都有了突破。珐琅器胎骨较早期轻薄，珐琅釉质细腻，色泽纯正，施釉均匀，气泡显著减少或接近消失。釉色由早期的红、黄、蓝、绿、白、紫、赭等七八种，增加到红、蓝、绿、白、黄、黑、雪青、赭、紫、粉等，达12种之多[1]，改变了依赖进口西洋的9种珐琅料的状况。康熙晚期画珐琅作品多以黄釉作地，豪华富丽，皇家气息浓厚。绘画多以工笔花鸟为主，色彩淡雅柔和，艺术价值很高，深得康熙皇帝的赏识，凡精美器物底部多有“康熙御制”款，还有“大清康熙年制”“康熙年制”等款识几种。档案中多次见到这一期间康熙皇帝利用内府所制画珐琅烟壶、水丞、盖碗等器赏赐大臣及外国使节，表明康熙皇帝对画珐琅情有独钟。

2. 雍正时期

雍正时期掐丝珐琅器的制作目前存世器物还不多见，但画珐琅制作情况在《养心殿造办处各作成做活计清档》多有记载。从釉色来说，已普遍使用这一时期烧制的黑色珐琅釉成为雍正时期典型的釉色特征。常见器物喜用黑色珐琅作地色，来衬托花纹图案，追求退光漆的艺术效果。此间器物仍以小型器物居多，造型工整，小巧别致；装饰图案以花卉、草虫、鸟禽为主，少用工笔写生，雍正后期，还征调宫廷画院画家贺金昆、邹文玉、戴恒、汤振基、谭荣等参加珐琅作的画画，书家戴临等人专事珐琅写字，可见这一时期画珐琅作品绘制细腻，诗、书、画完美结合体现出较高的艺术品位，精致秀雅成为雍正时期的鲜明特点，器物款识多在器底中心署“雍正年制”款。

3. 乾隆时期

乾隆时期的珐琅生产，在康熙、雍正两朝的基础上无论是技术水平还是艺术水准，都达到了历史上的最高水平，其最大的技术突破，是对颇具难度的大型器物的成功烧造，开创了珐琅技术领域的新天地。其艺术成就和风格特点主要体现在以下几个方面。

一是技术精到。常常是将各种制作技巧融合为一体，如掐丝珐琅与画珐琅、掐丝珐琅与錾胎珐琅、掐丝珐琅与錾花工艺、珐琅工艺与镶嵌工艺等的结合，使珐琅工艺臻于极境。而且内廷烧造的珐琅器大量使用锤揲、錾铜、镀金工艺，镀金浑厚，金碧辉煌，体现了帝王家特有的高贵之气。

乾隆时期珐琅工艺的最大成就，莫过于对大型器物的烧造，开创了珐琅技术领域的新天地。这种大型的珐琅制品的烧造，较之小型器物在技术上的要求要高得多，难度大，它不仅需要大型的窑炉，还要对烧造技术的熟练掌握，控制铜胎加热后不会变形，并要严格掌握通体釉料呈色一致。乾隆时期，对于这类技术的掌握和运用，可以说达

1　杨伯达：《康熙款画珐琅初探》，《故宫博物院院刊》1980年第4期。

到了炉火纯青的程度。清宫造办处所造掐丝珐琅大器至今存留的还有故宫乾隆花园的梵华楼和慈宁花园的宝相楼内陈设着的12座高大的掐丝珐琅佛塔，每座高230厘米以上，均由造办处珐琅厂于乾隆三十九年（1774年）和乾隆四十七年（1782年）烧造。12座大塔造型各异，釉色均不相同，图案富于变化，整个塔身结构严谨，结合部位不露痕迹。通体填釉饱满，很少砂眼，充分体现出乾隆时期宫廷制作掐丝珐琅精湛高超的技术和辉煌成就，实为空前绝后。

二是装饰华丽。装饰繁缛华丽、题材丰富。乾隆二十七年（1762年），内廷画院处与珐琅作合并，画院画家参与珐琅的绘画，使之艺术水平得到了极大的提高。这一时期的装饰题材多以传统纹样为主，花卉、人物、山水楼阁为主，仿古兽面纹、几何纹骤然增多，吉祥与寿意内容浓厚，体现出宫廷造办处皇家气息的典型风格。仿西洋式的造型、仿绘西洋妇婴和欧洲式舒卷自如的卷草蕃花以及西式楼阁山水等纹饰的特点，在乾隆时期非常突出，主要以广州地区的珐琅作品十分常见，其风格与“内廷恭造”形式迥然不同，反映出中西文化交汇的特色。此外，习惯用红、蓝等单色渲染山水景致，为前朝所未见，反映出中西文化交汇的特色。

三是器物成型规矩，胎体厚重。这一时期的珐琅铜胎造型规矩，成型优美，掐丝粗细均匀流畅，填釉饱满平整，镀金灿然明丽。乾隆时期的珐琅釉色也见增多，使用量和种类也是历史之最多，且釉色艳丽洁净，有的器物使用的釉色多达十几种，粉红色成为标志性釉色，但多数缺乏透明温润的质感。

四是器型百态千姿。乾隆时期的珐琅器在造型上一改传统器型风格，表现出与以往不同的形制特点，较为突出的是仿古造型和仿生器形。由于乾隆皇帝嗜古，崇古，故常常要求把古代青铜器等的造型仿做成珐琅制品，成为这一时期珐琅制品器型的典型特征。如仿古青铜器的尊、彝、鼎、卣、觚、簋等古代礼器的造型和图案纹样，在这一时期的珐琅器中常可见到。以写生动物造型做成珐琅器在这一时期也骤然增多，使乾隆时期的珐琅器造型百态千姿，颇具新意。像角端、狮子、仙鹤以及龙这些中国传统的造型式样仍然可见，除此之外出现了天鸡、犀牛、凫等瑞鸟、瑞兽等形象。还有刻意仿造西洋式的造型等，在广州地区的珐琅作品中十分常见。

三　珐琅器的功用与地位

金属胎珐琅器有着黄金和宝石般的华贵和瑰丽。因其制作工艺复杂，釉料配制和烧造技术难度大，生产成本高和数量少的缘故，故很长时期内主要为皇室和达官贵胄享用。《天水冰山录》收录了明嘉靖朝从权臣严嵩家抄没的金银珠宝中，掐丝珐琅器皿就有五百余件。由此可见，珐琅器古来就是唯富贵盛德者有之，是权力的象征，地位尊卑的符号。

在中国封建社会，举凡帝王的朝仪、礼乐、起居、冠服等方面的典章制度，无不鲜明地体现“明制度，示等威”的等级观念和皇权至高无上的权威。尤其是清代诸帝在皇权的统治中，将这一典制发展得更加完备，在清宫各种礼仪中，礼器的使用与摆放规定严格，主要体现的是帝王的尊严和神威，是皇权的象征。

从明清两代皇宫遗存可见，珐琅器在皇家御用器中的使用十分广泛。按其功用分类，主要包括典章用器、祭祀用器、陈设用器、生活用器等几个方面。典章用器主要为殿堂陈设的屏风、宝座、香筒、甪端、仙鹤蜡台、熏炉、太平有象等；祭祀用器主要有佛堂陈设的佛塔、坛城、佛龛、佛像、七珍、八宝、五供、玛尼等供具。故宫乾隆花园内的梵华楼、慈宁花园的宝相楼内仍完整保存着的12座高大的掐丝珐琅佛塔，工艺精湛，气势恢宏，可谓乾隆时期掐丝珐琅工艺的空前绝后之作。陈设用器主要有挂屏、插屏、壁瓶，各种摆设器物如瓶、罐类、仿古器物、动物等。生活用器大到桌、椅、凳、墩，小到杯、碗、盘、碟，茶碗、茶具、鼻烟壶。文房用具有笔、镇尺、方圈、水丞、砚盒。娱乐器有棋盘、棋子罐、鸟笼、狗笼等，几乎无处不包、无处不见珐琅器的使用。珐琅器的使用不仅范围广，而且占据着唯我独尊的地位。如乾隆四十四年膳食档案记载，乾隆皇帝在家宴时的御宴桌上，各路碗盘所用皆为器底刻有“子孙永保”名款的掐丝珐琅器皿。宴桌摆放按规定共分八路（排），依次为：二、三路盛装的冷荤食品用掐丝珐琅碗，四路盛干果、蜜饯食品用掐丝珐琅盅，五、六路冷菜和七、八路热菜，俱用掐丝珐琅碗，放在皇帝跟前的小点心，盛装器用掐丝珐琅碟。而陪桌家人的餐具，则是按不同等级使用各色瓷器及银器[1]。另据乾隆四十八年正月十五的《膳底档》记载，皇帝早膳用五福珐琅碗、五谷丰登珐琅碗、珐琅葵花盒及金碗金盘等；午宴用掐丝珐琅碗、盘、碟，陪宴仍用各种瓷器。由此珐琅器在御用器皿中的地位显而易见。这些成套的掐丝珐琅餐具至今完整地保留在故宫博物院。

清朝皇室对于珐琅器需求量很大，除由造办处制造外，还有内廷下单由地方承办宫中活计。广州珐琅工艺品种齐全，除制造行销欧洲的商品外，还要承造用于进贡或为皇家订烧的珐琅器，是清代珐琅工艺的重要基地和最大的产地。仅以乾隆二十年记载为例：“正月初二日员外郎白世秀说，太监胡世杰传旨……将铜胎宝蓝地盘、碗烧造些，于端阳节进，再照从前烧造过细胎珐琅大碗、大缸亦烧造些，赶万寿节进。”“于本年四月二十九日员外郎白世秀、副催总舒文将粤海关烧得珐琅钟、碗、盘、碟等四百七十件……七月二十三日粤海关李永标送到珐琅瓶、罐、鱼缸十件由奏事处呈进讫。”“八月初一日珐琅器皿五百件、洋烟三百瓶于本月初四日交粤海家人德泰送往热河去讫。”[2]乾隆十四年底传旨，凡在广州定做的瓶罐都要刻“大清乾隆年制”款。

1　陆燕贞：《乾清宫皇帝家宴》，《紫禁城》1996年第2期。

2　《造办处各作成做活计注销底档》3465，杨伯达《清代广东贡品》展品33说明，香港中文大学文物馆，1987年。

除广州外，扬州、苏州等地亦为宫内制造珐琅器，由此形成了内廷珐琅作和广州、扬州、苏州珐琅生产中心。故被誉为“广造”和“苏造”，其各有特点。当然，从工艺上看，内廷珐琅作生产的珐琅器的精湛程度是地方作坊无法与之相媲美的。

珐琅工艺传来中国，融合了中国传统艺术的审美观念，迅速趋于民族化。在元明清三代六百余年的发展中，与其他工艺美术一样，在民族的、传统的与外来的多种因素的融合过程中，不断得以发展创新。同时，为满足皇家的需求，不惜工本，精益求精，最终衍成乾隆时代的繁荣昌盛，成为彰显明清宫廷艺术特色不可或缺的一部分，是中国工艺美术发展史上的佼佼者。

原载《金丝莹彩耀宫苑——清代珐琅精品伪满皇宫博物院特展》，吉林出版集团有限责任公司，2014 年

清乾隆款“金胎绿珐琅嵌宝石靶碗”仿器的制作与流传

秦凤京

内容提要：故宫博物院收藏着明清帝王遗存的中国历朝的文物百万余件（套），这其中既展示着“国”势兴旺时物丰奢华的辉煌，也饱含了“家”衰纷乱时物散复归的沧桑。作为祖国传统文化之瑰宝，尽管它们有着各自不同的经历，却承载着同样的文明与磨难，相互间有着永远割舍不断的联系。

关键词：靶碗　活计档　宫廷仿器　流传经历

故宫博物院收藏着明清帝王遗存的中国历朝的文物百万余件（套）。这些汇聚于此的传世艺术精品及各式奇珍异宝与这片宏伟的建筑群一起，不仅展示着“国”势兴旺时物丰奢华的辉煌，也饱含了“家”衰纷乱时物散复归的沧桑。院藏清乾隆款“金胎绿珐琅嵌宝石靶碗”就是其中典型一例。

一　“绿珐琅嵌宝石靶碗”原器的呈进与仿器的配制

靶碗作为佛教供器，多供奉在佛案之上，用于盛装干果或五谷等物。笔者在参与《故宫博物院藏文物珍品全集》之《宫廷珍宝》卷的编辑时，接触到一件华美精致、具有藏式风格的佛教供器——银胎绿珐琅嵌宝石靶碗（图一）。此件器物是清乾隆四十五年（1780年）乾隆帝七十寿辰时，前来朝觐的六世班禅在热河（承德）呈进的贡品。该器通高23.3厘米，口径14.4厘米，碗胎银质，碗底接柱形高足，下配鼓形碗托，托下置圆盘，盘下为喇叭形托座，碗、托可拆合。器物通体遍饰缠枝花纹，花朵以红宝石镶嵌而成，经过锤揲、镶嵌、施珐琅、镀金等多种工艺制作，造型端庄，纹饰精美，用料华贵，技艺超群。乾隆帝对这件贡品珍爱有加，特命内务府造办处对其进行了加工、

作者：原研究室，副研究馆员。

图一　银胎绿珐琅嵌宝石靶碗

仿制。清宫内务府造办处成做活计清档[1]《记事录》中对其基本制作流程有着详细的记载：

乾隆四十五年（1780年）：

十一月初七日，奉旨“将靶碗交珐琅处照样配做金胎珐琅厢（镶）嵌红蓝宝石碗盖一件，得时在宁寿宫养性殿西佛堂楼上摆，其鞔皮画金套着长高。钦此”；

十一月十二日，传旨将选送的小红宝石一百四十九块在“现做珐琅靶碗盖上嵌安。钦此”；

十二月二十七日，将在“珐琅靶碗上照样配做得（的）绿珐琅厢（镶）嵌红宝石碗盖样一件持进交太监常宁呈览”，奉旨“照样准做。钦此”。

乾隆四十六年（1781年）：

正月二十九日，传旨珐琅处将“现做珐琅靶碗盖要来呈览。钦此”。并于当日下旨，“俟靶碗盖得时着照样成做一分（份），碗里中心做一圆光安款。钦此”；

三月二十九日，造办处将做得的“金胎亮绿靶碗盖一件”呈览，乾隆帝阅后传下旨意，“将此碗盖交造办处厢（镶）宝石，着照前旨再成做一分（份）。钦此”；

四月初一日，因配做靶碗盖嵌料不足，造办处申请“又向内库挑得小红宝石七十六块”获准用；

四月初六日，乾隆帝在亲审了配做的“金胎珐琅碗盖”上粘得的花朵样后，传旨“俱准粘做。钦此”；

四月初七日，从宁寿宫养性殿西佛堂楼上“请来”“厢（镶）宝石亮琅银胎靶碗托座”呈览，传旨，“将此银胎亮琅靶碗托座一件并现有银胎亮琅靶碗一件，着配做银胎亮琅靶碗盖一件，成一分（份）。再将现成做之金胎亮琅靶碗盖一件，着配做金胎亮琅靶碗一件，靶碗托座一件，成一分（份）。钦此”；

九月二十八日，造办处将做得的“金胎亮琅靶碗一件、金胎亮琅靶碗托座一件、银胎亮琅靶碗盖一件”呈览，乾隆帝看后下旨，“着交造办处厢（镶）嵌宝石，其金

1 《活计档》为记事档，文中最早日期为奉旨交办时间，办理过程续记于后，最后日期为完成时间。

胎亮琅靶碗并托座再做一分（份），成一对。钦此"；

十一月二十三日，造办处将"银胎珐琅靶碗一分（份）嵌红宝石垫子配得鞔皮画金套呈进。交宁寿宫讫"；

十一月二十四日，造办处奉旨为金胎珐琅靶碗"另挑蓝宝石嵌安"，并"挑得内库蓝宝石六十五块呈览"获准用；

十二月初二日，将"嵌红蓝宝石垫子金胎珐琅靶碗一件"交由太监呈览，随即为其配制"鞔皮画金套（匣）"。

乾隆四十七年（1782年）：

正月二十五日，为现做"金胎珐琅靶碗上应用红蓝宝石垫子，挑得内库五等红宝石一千零三十块，重十两七钱，五等蓝宝石六十五块，重一两三钱"获准用；

三月初二日，将尚未完工的"金胎亮琅靶碗、靶碗盖、碗托座一分（份）"交由太监呈览，乾隆帝看后下旨，"着照样再成造一分（份），其亮琅颜色往浅嫩里烧。钦此"；

四月二十八日，将"金胎珐琅靶碗一件随托座、盖嵌安得红蓝宝石垫子呈览并配鞔皮画金套（匣）"；

九月二十三日，为"金胎珐琅靶碗一分（份）上应用红、蓝宝石垫子，挑得内库五等红宝石九百九十块，重七两八钱，蓝宝石六十五块呈览"，获准用。

乾隆四十八年（1783年）：

十一月二十九日，将"嵌宝石西洋珐琅靶碗三分鞔皮画金套盛装呈进。交盛京、养心殿、养性殿各一件讫"[1]。

综合上述档案资料可以清楚看出：其一，自乾隆四十五年十一月起至乾隆四十八年十一月的三年间，乾隆帝命清宫内务府造办处加工、制作了三件刻有乾隆款的"金胎绿珐琅嵌宝石靶碗"；其二，靶碗原件本无器盖，是由宫中造办处为其添配的；其三，尊乾隆帝旨意，仿制的三件"金胎绿珐琅嵌宝石靶碗"分别收存于北京紫禁城宫中和盛京（沈阳故宫）；其四，六世班禅贡品原器名称在档案中前后有所不同。贡品原器也被置放在一漆皮匣盒里，皮匣上绘"锦地"纹饰，匣盖内裱有白绫一方，上写有汉、藏、满、蒙四体楷书签："乾隆四十五年八月初三日班禅额尔德呢呈进银胎绿珐琅靶碗一件"（图二）。据清宫内务府档案记载，乾隆四十五年（1780年）八月十一日，宫中收到由热河山庄带来的信帖一件，内写："八月初四日，太监鄂鲁里交嵌红绿玻璃松石垫子金累丝厢（镶）海螺奔巴壶一件；嵌红蓝玻璃垫子金胎绿珐琅盖罐一件；嵌红蓝玻璃垫子金胎绿珐琅靶碗一件，随金胎绿珐琅托座一件。"[2] 信帖中提及："着各配鞔皮画金

1　中国第一历史档案馆、香港中文大学文物馆合编：《清宫内务府造办处档案总汇》第44册，第173～178页，北京出版社，2005年。

2　前揭《清宫内务府造办处档案总汇》第44册，第173～174页。

图二　靶碗中汉、藏、满、蒙四体楷书签

套盛装俟。得时交中正殿写八月初三日班禅额尔德呢呈进四样字说语，用白绫签子。钦此。”信帖内容表明，八月初四日并不是六世班禅呈进的时间，而是太监鄂鲁里转交六世班禅贡品的时间，信中传乾隆帝旨为该器配做鞔皮画金套，并注明是八月初三日由班禅额尔德尼呈进。据文献记载，八月初三日，清廷要臣福隆安、和珅遵奉了乾隆帝的旨意，将特制的玉册、玉印赍至须弥福寿之庙（六世班禅在热河居所），转赐予了班禅额尔德尼。当时，六世班禅跪地接过玉册、玉印，“极为欣喜，合掌跪叩圣恩，献如意、哈达、佛尊、念珠等物”[1]。这也是判定六世班禅在接受玉册、玉印后呈进乾隆帝贡品，此器为其中一件的主要依据。

通过档案记述和实物的对比可知，这件六世班禅贡器呈进、入宫的时间和地点，盛装贡器皮匣上所绘纹饰、匣内题签也与档案记载完全吻合。所不同的是，档案中初记的是“金胎绿珐琅靶碗”，而在盛器匣内的题签上则注明为“银胎绿珐琅靶碗”，从清宫造办处成做活计清档《记事录》中能看到它的变化。这件在档案中初记为“金胎绿珐琅靶碗”，在乾隆四十五年（1780 年）十一月初七日配做器盖后，便遵旨“在宁寿宫养性宫西佛堂楼上摆”；乾隆四十六年（1781 年）四月初七日，将其从宁寿宫再“请来”呈览时，档案所记名称已更名为“银胎靶碗”，而此恰与匣盒内题签的内容相符合。因为按照清宫造办处各作成做活计的制作流程惯例，匣盒的制作多是在成做的器物完成后再进行，在靶碗的仿配过程中有可能对原器进行详查鉴定，包括其质地，

1　中国第一历史档案馆、中国藏学研究中心合编：《六世班禅朝觐档案选编》352 军机处满文班禅档，中国藏学出版社，1996 年。

并将最后结论书于匣内的题签之上。六世班禅呈进的这件贡器，因其外壁通体遍施绿色珐琅，间饰缠枝花纹，花叶边缘镀金且金托花蕊，整体金光璀璨，然器底露见银胎，而辨识过程也未详记在案，因此便出现了前后质地不相一致的状况。经配装完毕的"银胎绿珐琅嵌宝石靶碗"，于乾隆四十六年（1781 年）十一月二十三日重新被置放回"宁寿宫"[1]。1924 年溥仪离开故宫后，由成立的"清室善后委员会"对宫中物品进行清点，这件靶碗当时也登记在册，标注物品的存放地点序字为"钜"[2]，依旧是"宁寿宫养性宫西佛堂楼上"（今养性殿），它从另一个侧面表明在近 150 年的时间里，这件六世班禅亲呈的贡物始终被尊奉于供皇帝专用的佛堂内。可见，清朝乾隆及其后的历朝帝王对六世班禅的敬重及对藏传佛教的虔诚。如今它依然完好地存放在故宫博物院这座巨大宝库之中。

二　宫廷仿器的传承经历

按清宫档案所记，造办处仿制的三件"金胎绿珐琅嵌宝石靶碗"，其中有两件存留宫中，一件供于"养心殿"、一件奉于"养性殿"，另一件交付"盛京"。它们是否与贡品原器共依存？或有哪些鲜为人知的经历呢？

第一，故宫博物院珍宝馆（颐和轩）展室内现在陈列着一件"金胎绿珐琅嵌红（蓝）宝石高足盖碗"（图三）。此器通高 29.3 厘米，碗径 14.4 厘米，碗胎金质，由高足碗、碗托座及碗盖三部分组成。通体施绿珐琅，上饰缠枝花纹，嵌红、蓝宝石组成花朵，其形制、大小、工艺与贡品原器十分近似。在碗心处铸有如档案所记的圆光款，圈内有"大清乾隆年制"六字款（图四），各种特征与史料记载十分吻合。然而，除器物之外已无皮匣、题签等配件，在以往的文物介绍中对此也无确切定义，仅注明为"乾隆年制"。它是否出自宫中的三件仿品？笔者在查询中了解到，这件靶碗是 1953 年自文物局由"北京盐业银行"

图三　金胎绿珐琅嵌红（蓝）宝石高足盖碗

1 《清宫内务府造办处档案总汇》第 44 册，第 177 页。

2 清室善后委员会编：《故宫物品点查报告》，线装书局，2004 年。

图四 "大清乾隆年制"六字款

调拨给故宫博物院的，其文物编号非“故”字而是“新”字，这就意味着它并不属于清宫旧藏范畴，是新入藏的。这一点却为我们提供了重要的信息，北京盐业银行曾经与清宫内务府订立过借款合同，并以金器等件存储银行作为其借款抵押，而它的实施造成了清朝由盛渐衰后宫中宝物的大流失。

大清王朝历经 267 年，随着 1911 年辛亥革命宣告了它的终结。失去了以往财政供养的保障，故宫中积存的珍宝贡玩等便成为逊帝溥仪的挥霍之物，大量财宝流入了银商大贾及不法者的私囊。辛亥革命后，根据民国政府所议定的《清室优待条件》第二款规定：“大清皇帝辞位之后，岁用四百万两。俟该铸新币后，改为四百万元，此款由中华民国拨用。”由于逊清王室的任意挥霍，入不敷出，同时，民国政府负担的款项因财政困难无法按期拨给。面对此“捉襟见肘”之局面，为维持生计，逊帝溥仪只好靠借债和拍卖宫中的金银珠宝古玩等贵重财产。从民国元年到民国十三年十一月五日，溥仪被迫迁出紫禁城的 13 年中，“小朝廷”欠银行、号商的钱银已达 100 余万两，借银、抵押 70 余万两[1]。在借款、拍卖仍不能满足溥仪“小朝廷”开销需求的情况下，“朝中大臣”便以清宫库存的珍宝作为债款的抵押品的方式获得钱款，而那些银号商贾们因有宫中宝物的担保，便放心大胆地借贷，其中北京盐业银行在此类交易中独占鳌头。

民国十三年（宣统十六年）二月二日，经宝熙、绍英、耆龄、英源写给盐业银行经理岳乾斋的借款信中说道：“现因清室内务府年关紧迫，用款繁多，拟在贵行商借现洋五万元，以便支配一切。所有借款期限暂拟两个月归还，如到期不能偿还，即以相当押品奉上……”[2]同年五月三十一日，清宫内务府与北京盐业银行订立了借款合同，规定：“押品以金器等件存储银行作为借款抵押，另开清单备查。”在所开列的清单中，即有一件“金胎珐琅靶碗”，并标注“六成金连金托金盖，共重七十八两”[3]。这件“金胎珐琅靶碗”在民国十三年被作为抵押品“典当”出了宫廷，之后一直存封于北京盐业银行。1953 年由文物局调拨了一批文物给故宫博物院，“金胎珐琅靶碗”随其再次

1 见中国第一历史档案馆藏溥仪全宗档案一二一六号。

2 见中国第一历史档案馆藏溥仪全宗档案一二一六号。

3 《故宫丛刊之五》故宫已佚古物目录二种，第 40 页，故宫博物院刊行，1930 年。

进入“宫廷”。因属新入藏的宝物而被冠以“新”字编号，无意间却隐饰了其原本清宫旧物的身份。故此表明，这件“金胎绿珐琅嵌红（蓝）宝石高足盖碗”应该是乾隆四十五至四十八年间，宫中三件“金胎绿珐琅嵌宝石靶碗”仿品中的一件（此件文物也已收录《故宫博物院藏文物珍品全集》之《宫廷珍宝》卷）。

曾想当年，乾隆大帝统治长达 63 年。从雍正十三年九月（1735 年 10 月）弘历登基到做太上皇后的嘉庆四年正月（1799 年 2 月），历经了康熙、雍正两朝的积淀，其政权巩固，经济富足，国泰民安，达到有清以来的鼎盛时期。经济的繁荣使宫廷积累了大量财富，诸如：乾隆九年时“内府所储历书画积至万有余件”；乾隆四十五年（1780 年）乾隆帝七旬庆典，为祝寿先后铸造无量寿佛和贤界千佛达“二万零六百九十九尊”，用工料银“331184 两”[1]，至于其他金、玉、珠宝等奇珍异宝不可胜数；乾隆帝八旬万寿时，仅自西华门至圆明园沿街点景一项耗银“1144290 余两”，盛世之况“一斑”可窥，孰料其子孙竟有如此悲凉之举。

第二，无独有偶，一本出自台北故宫博物院的图录中，笔者见到了一件“内填珐琅嵌宝靶碗”[2]（图五）。这件藏品也由高足碗、碗托座及碗盖三部分组成，器高 18.9 厘米，口径 14.3 厘米，通体施绿色半透明珐琅，并嵌饰红、蓝色宝石，碗胎金质，碗里心处可见“大清乾隆年制”圆光六字款（图六），并且明确器物原存于养心殿，其造型、工艺、纹饰、款印等亦与贡品原器及档案载述非常近似。既然是供奉宫中的宝物，它是如何走出宫门落户台湾呢？1924 年 11 月 5 日，溥仪及其眷属被逐出了紫禁城，11 月 7 日，当时的临时（民国）政府发布命令，组织成立了“清室善后委员会”，负责对清宫物品进行点查。1925 年故宫博物院成立，经初步清点，清宫遗留的文物共计有 117 万余件，此外，还有大量图书典籍、文献档案。1931 年“九一八”事变后东北沦陷，华北告急，为了保护故宫文物不至遭战火毁灭或被侵略者掠夺，故宫博物院决定采取文物避敌南迁之策，并获国民政府政务院批准。1933 年 2 月至 5 月，故宫博物院内重要文物被装入 13000 余只箱，分五批先运

图五　内填珐琅嵌宝靶碗

1　万依、王树卿、刘潞：《清代宫廷史》，第 256 页，辽宁人民出版社，1990 年。

2　蔡玫芬：《皇权与佛法》藏传佛教法器特展图录，第 204 页，台北故宫博物院，1999 年。

图六　“大清乾隆年制”圆光六字款

达上海，后运抵南京暂存，成立了故宫博物院南京分院。1937年卢沟桥事变爆发，抗日战争全面展开，南迁文物再度辗转，经水路、陆路从南、中、北三线向西北迁徙至川、黔等地存放，直到抗日战争胜利。1947年，散存于各处的文物又在重庆集结并东运至宁。经过10余年的颠沛，这批国宝全部再度归聚南京，以备运回北平故宫博物院。因内战及政治局势发生急剧变化，1948年底至1949年初，国民政府从南京“故宫南迁文物”库房中再遴选出2972箱文物运往台湾，后择选台北市士林外双溪建立新馆（即现在的台北故宫博物院）。余下的1万余箱文物，在1949年以后陆续北返回北京，入藏故宫博物院。由此想见，此件靶碗在1933年随南迁文物装箱走出“禁门”，历经了10余载的流离未能回归故里，却漂峡过海踏上了祖国另一片炙热的土地。有趣的是，前述六世班禅亲呈的那件“银胎绿珐琅嵌宝石靶碗”，却随着北返的“文物大军”，重新回到它已居住了150余年的旧府之中。

第三，另一件奉旨远赴盛京的“金胎绿珐琅嵌宝石靶碗”仿器，在档案最后仅记有：“于（乾隆）四十九年七月二十日将金胎珐琅靶碗一分（份）随套交盛京协领乌占图领去讫”。清朝灭亡后，盛京皇宫在1926年被辟为博物馆，原称东三省博物馆。日伪政权时期曾改称奉天故宫博物馆。抗日战争胜利后，成为国立沈阳故宫博物院，1955年，被命名为沈阳故宫博物馆，1986年，定名沈阳故宫博物院。目前对该器确切的实物资料尚在查寻中。

结语

需要强调的是，虽然是同出自乾隆四十五至四十八年的“金胎绿珐琅嵌宝石靶碗”，却因为是宫廷“仿制品”，在器物质地、嵌件、高矮等方面与原器存在着一定的差异。例如：仿品器胎质为金制，原器为银胎；仿品器身上的嵌饰为红、蓝两种宝石，原器却镶嵌的是红宝石和硝石；仿品的高度与原器并不一致，仿器间身度有高有矮，相互也不统一（仅限上述两件）；三件仿器在材质选配、工艺制作上虽然相同，而档案记述的名称却有所差异。但无论是贡品还是仿品，其用料做工均十分考究、精湛，尤其靶碗内胎以黄金相配，使器物品质突显出皇家色彩。它将西藏手工制作技艺融在宫廷的尊贵之中，使藏式的淳朴与皇家的高贵完美结合，成为宫廷手工制品中具有鲜明特色的新“亮点”。现在，六世班禅贡品原器及宫廷仿品一件珍藏在故宫博物院，另一件宫廷仿品则庋存于台北故宫博物院。作为祖国传统文化之瑰宝，尽管它们有着各自不同的经历，分存于不同的地点，却承载着同样的文明与磨难，相互间有着永远割舍不断的联系。

原载《历史档案》2007年第4期

宣德朝官造漆器研究

张　丽

内容提要：有关宣德朝官造漆器，从文献到实物历来都存在着相互矛盾的现象，使得宣德漆器显得尤为复杂和难解，在漆器研究领域中一直存在着争议。笔者依托故宫丰富的藏品，借助国内外博物馆的出版物和社会上流传的实物，对宣德漆器进行了较为深入的研究。最后经过排比鉴别，在剔出各种伪款伪器之后，确认出真款真器，并通过对文献及实物的分析，得出宣德朝漆器制造不仅有着早与晚的分期，而且还是明代宫廷漆器制造的转折期的结论。这一转折既有艺术风格上的变化，也有由盛至衰的变化，这应该就是宣德朝官造漆器的真貌。

关键词：宣德漆器　雕漆　文献　实物　官款

故宫博物院拥有丰富的漆器藏品，是学习和研究中国古代漆器的重地。笔者在这里管理漆器多年，依托着这些珍贵的藏品，同时借助国内外博物馆的出版物和社会上流传的实物，对宣德漆器进行了深入的研究，从而对它有了较为全面的了解和认识，于是撰写此文，希望能够澄清宣德漆器的真相。

明代官造漆器始于洪武，盛于永乐、宣德二朝，之后从正统至正德六朝，实物与文献均不见踪影。嘉靖至万历朝是明官造漆器的第二个兴盛期，之后又衰退。这就是明代官造漆器的概况。

永、宣二朝漆器，以雕漆为主，其次有戗金漆与戗金彩漆。永乐朝于器底左侧针划小字“大明永乐年制”，成为皇家专造专用的标志，开皇家漆器制款之先河。至宣德朝，将铭文改为刀刻大字，再用浓金填之，显得庄严而又气派，使皇家的标识更显耀，并为后来皇家漆器工艺所继承。

永乐漆器之美韵，享誉当时，更为后人所赞赏。然而仅一年之隔的宣德朝漆器，

作者：器物部，研究馆员。

从文献记载到传世实物，均留下诸多相互矛盾又难于理解的问题，因而使宣德漆器显得尤为复杂。为厘清这些问题，在这里从四个方面进行论述。

一 文献、实物中存在的矛盾现象

（1）文献中存在的矛盾现象。有关宣德漆器的文献，现知最早论及的是明嘉靖时人高濂，他在《遵生八笺》中说："宣德时制同永乐，而红则鲜妍过之。器底亦光黑漆，刀刻大明宣德年制六字，以浓金填掩之。"[1]稍后的张应文在其《清秘藏》中也说："我明永乐年果园厂所制及宣庙所制，不独用朱用胎精美之甚，其款文尤胜（底刻大明永乐年制者用针刻而填以黑漆。大明宣德年制者刀刻而填以金屑）。"[2]以上二人所谈显然均是宫廷所造的官款漆器，既讲出了宣德漆器的特点，也肯定了宣德漆器的工艺水平。其后崇祯时人刘侗、于奕正合著的《帝京景物略》，对宣德漆工艺的评价与前者殊异，其中说："宣庙青宫时，剔红等制，原经裁定，立后，厂器终不逮前，工屡被罪，因私购内藏盘盒，款而进之（磨去永乐针划书细款，刀刻宣德大字，浓金填掩之），故宣款皆永器也。间存永乐原款，则希有矣。"[3]这一记载既否定了宣德朝的漆艺，又否定了宣德漆器的存在，与高濂、张应文的观点截然不同。清初大学者高士奇喜考证古物，其在《金鳌退食笔记》中，引用了上述刘侗的这段话，没有增添新的内容和认识[4]，可见他赞同刘侗之说。

（2）实物中存在的矛盾现象。这一矛盾现象更为复杂。故宫博物院的漆器是五十年前鉴定的，当时漆器刚刚集中在一起，还未及进行系统研究，绝大多数是以款识为依据进行断代的，这样定为宣德的作品就达60余件。另外笔者还在国内外博物馆出版的书籍中，以及社会流传的实物中看到40余件宣德款的漆器。由此粗略统计，具有宣德款的漆器当在百件以上。它们当中以雕漆为主，仅有少量的戗金彩漆。

总观这些宣德款漆器可以发现，它们的造型、漆色、装饰纹样、雕刻手法等，变化多端，风格特点很不一致，技艺高低差别也很明显。再看它们的铭文，也是复杂多样的。落款部位分别在器底的左边、右边、上边、中间，个别则在器表纹饰之边缘。其款纹有二字、四字、六字、八字，即"宣德""大明宣德""大明宣德年制""大明宣德××年制"（中间二字为干支）四种。铭文的排列既有单行、双行、三行之分，也有竖排、横排之别。其书体虽均为楷书，但笔体多变，优劣不一。这些风格多变的漆器，初看让人眼花缭乱，莫衷一是。另外还有一类明显是将永乐针划款磨去，再刀刻填金大字"大明宣德年制"，与前述刘侗所说的正相吻合。这就是传世宣德款漆器复杂的现状。

1 （明）高濂：《遵生八笺》笺五《燕闲清赏笺》，第352页，甘肃文化出版社，2005年。

2 （明）张应文：《清秘藏》，影印文渊阁《四库全书》册872，第16页，台湾商务印书馆。

3 （明）刘侗、于奕正：《帝京景物略》，第164页，北京古籍出版社，1980年。

4 （清）高士奇：《金鳌退食笔记》，第145页，北京古籍出版社，1980年。

图一　永乐剔红牡丹花纹圆盒及款识（故宫博物院藏）

二　关于永乐款改刻宣德款的问题

永乐款器被改刻宣德款的事实，早已为人们所共知。一方面有改款实物为证，另一方面又有刘侗的记载和高士奇的考证，似乎这一“公案”已得到解决，然而事实并非如此。

据笔者观察和统计，故宫博物院藏有永乐款改成宣德款的漆器共 23 件，全部是剔红器。另据笔者所见，在国内外各博物馆和社会流传的这种改款器也有 10 多件，总计在 40 件左右。

如此众多的改款器，它们的艺术风格如何？改款方法如何？改款的字体又怎样呢？笔者经过观察，总结出如下几点：第一，它们的艺术特征是一致的，完全是永乐风格。第二，改刻的宣德款的字体是一致的，一律是刀刻填金楷书“大明宣德年制”六字款，字体是明代宫廷常用的“台阁体”，如出一人之手。第三，改款做法有所不同，可细分为三种。

第一种是将针划永乐款磨去，多留下“大”字的上半部和“製”字的下半部，有的还隐约可见“明”字和“年”字，然后在原处又刻上宣德款（图一）。

第二种是将永乐款挖去，补以黑漆，再刻款（图二）。

第三种是将永乐款磨去，在另一处刻款。

三种改款中，以第一种为多，其余两种较少。上述三种改款，无论哪一种做法，都留下了明显的痕迹，并无掩饰之动机，由此可以比较容易地推定，改款是在官方准许的情况下的统一行为，换言之，改刻的正是宣德朝的官款。

如果觉得这样的推论有些牵强，那么日本名古屋的德川美术馆藏有两件此种改款剔红器，就能够有力地支持这一推论。一件是缠枝莲花纹圆盘（图三），另一件是八

图二　永乐剔红芙蓉花纹圆盒及款识（故宫博物院藏）

图三　永乐剔红缠枝莲花纹圆盒及款识（日本德川美术馆藏）

图四　永乐剔红八宝莲花纹盖尊及款识（日本德川美术馆藏）

宝莲花纹盖尊（图四），它们均是将永乐款磨去，在原处改刻宣德六字款[1]，与故宫藏品中第一种改款的情形完全一致。而德川美术馆所藏中国文物，是来自丰臣秀吉及以前的将军幕府。从时间上推断，这两件剔红器应是宣德朝赠给日本国的礼品，这说明它们亦是在中国官方改款后作为国礼被送往日本的，同时也进一步证明，这种改刻的款识确系宣德时宫廷所刻的官款。

改款的原因何在？是否如刘侗所记宣德时“厂器终不逮前，工屡被罪，因私购内藏盘盒，款而进之”，对此，现今研究古漆器的同仁在认识上是有分歧的。台北故宫博物院的索予明先生相信刘侗之说，认为改款行为“正足以说明，其时剔红制作，不但需要量多，而且穷极考究，才使宫廷御用漆工感到难以应付，而不得不出此一策”[2]。

笔者认为，刘侗所说的改款原因很难成立，至少是不准确的，原因有四：

（1）从改刻的宣德款看，字体均是书写的台阁体，又基本相同，仅有工整与不太工整之细微区别，应是统一的行为。如是众工匠购而改刻，字体不可能如此一致。

（2）改款的痕迹明显，不能瞒人眼目，如冒充“新做”进宫，必然败露，谁敢为之。

（3）永乐朝的宫内御用之物，宣德时不可能将其出卖，即使有极少量卖出，也应是损伤无用之器，而我们看到的这些改款器都是精品。

（4）宫中的艺匠饷银很低，而雕漆这种手工艺品，一件器物的制作往往需费时几个月甚至一年，加上漆和朱砂的材料费，价格高昂，工匠根本无力购买。

由上述四个方面可以判定，刘侗记载的改款情况是不可能发生的。

究竟为什么有如此众多的改款，现在还查无实据，但有一点可以肯定，即此举是在皇帝知情并准许的情况下的统一行为，否则无法解释。其改款原因，可以推测。按封建制度，皇帝驾崩，是为国丧，一年之内宫廷内外一切娱乐活动均要停止，而漆器之作，在古代一向有淫巧奢侈的名声，又是大红色彩，因此在国丧期间，应被列为暂时停进之物。当时永乐、洪熙二帝在一年之内相继而逝，所以永乐末年所制的漆器，直至宣德年间才交进宫中，因此很可能是在皇帝的指令下统一改刻的宣德款。

至于刘侗“宣款皆永器”的论断，更是不能成立。因为在宣德款漆器中确有真器（下边详述）。刘侗的记载除了改款的事实得到证明外，其他论断几乎都是错误的。这也不足为奇，试想按刘侗的身世，他是湖北人，崇祯七年（1634 年）进士，几年之后才授吴县知县，死于赴任途中。他在北京候缺，其间并未做过京官或内府官员，况且他当时距宣德朝已有二百年，对宣德时宫廷漆作发生之事更不可能有太多太深的了解。他的有关知识，可能是见过一部分改款器，又看过一些工匠受罚的文献，再加上道听途说，从而把宣德时宫廷工匠受罚和改款联系在一起而得此结论。其实，宫廷匠役受罚是常有之事，有时是因一时的技术问题，有时是因某些失误。因此，刘侗的记载是不可作为依据的。

1　日本德川美术馆：《唐物漆器》，第 34 页，1997 年。

2　索予明：《中国漆工艺研究论集》，第 50 页，台北故宫博物院，1977 年。

三　伪宣德款器辨识

前边述及，宣德款漆器不但数量众多，且风格多样，款文字体多种，有好有坏，差别很大。笔者经过多年观察后认为，其中伪款者占多数。被伪做宣德款识的实物，涵盖了从元代到明末各时期的作品，既有官造的，也有民造的。作伪的方法也各种各样，在此将它们归纳为五种情况分别加以说明并举例。

（一）将其他朝无款器刻上宣德款

此种作伪方法，是将其他朝无款器，原底漆不动，刻上宣德款。这种做法，不损底漆原貌，也最迷惑人。据笔者统计，这种伪款最多，在故宫博物院就有 20 多件。其款字笔体多种多样，如剔彩花鸟纹长方盘（图五），外底黑漆上的断纹如蛇腹，靠上

图五　万历剔彩花鸟纹长方盘及款识（故宫博物院藏）

图六　明中期剔红山水人物图长方盘及款识（故宫博物院藏）

边刻“大明宣德年制”横行款。但从此盘的风格特点看，可以肯定是万历朝宫廷作品无疑。因为这种长方委角盘的造型是万历朝才出现的，而盘心装饰的开光写生花鸟，边饰的串枝小叶花卉和细密的锦纹地子，也都是万历朝雕漆独有的风格特点，在万历漆器中可以找到诸多的佐证。又如故宫博物院藏的两件非常相近的剔红山水人物图长方盘（图六），外底中下部刻“大明宣德年制”竖行六字款，其字大而松散无力，也无填金，刀口呈现锯齿状，一看便知是后刻款。这两件漆盘，漆质较粗糙，雕工也一般，从装饰风格看，应是明中期民间作品，其款文也很像是民间所刻。可能因为它们的断纹密集，又无改款的痕迹，所以过去一直被定为宣德真器。

（二）将其他朝漆器的底部罩漆，再刻宣德款

这种作伪方法是，器底原有的漆层不动，其上再罩一次黑漆，之后再刻宣德款。后涂漆的目的有二，一种是为了遮盖住原有之款，另一种是因为原有漆皮局部脱落，罩漆似有修复的目的。此种后罩漆会显露出不同的色调，在边沿处有接痕。这种后刻款器见有 10 多件，如剔红折枝花卉纹长方委角盘（图七），此盘外底罩漆之后，局部内露黄色，是原漆脱落痕。靠右边刻单竖行“大明宣德年制”六字款，款字工整秀丽，与清代漆器上的乾隆款字体近似，应是清代所刻。该盘漆层较薄，盘心及内外壁装饰相同，均是锦地上刻折枝花卉纹，是一件造型简单、做工较粗糙的作品。漆器上装饰这种锦地折枝花卉，是明晚期才出现的，所以此盘应是明末民间所造。其款文当是这件器物进入清宫后所刻。

图七　明晚期剔红折枝花卉长方委角盘及款识（故宫博物院藏）

（三）将其他朝漆器换底漆，再刻宣德款

做法是将漆器外底原有的漆层去掉，再重新涂黑漆，之后刻宣德款。所以器物原先有无款识，已无法判断。这种后涂之漆，色泽黑亮而无断纹，一看便知是后涂的。这种改款作品，发现的亦有10多件，如剔红闲看儿童捉柳花图圆盘[1]（图八），外底漆新鲜黑亮，靠上边刻“宣德年制”四字，明显为清代字体。此盘堆漆厚重，雕刻圆润，具有元代雕漆的风格和特点。

（四）利用其他朝的款文改成宣德款

做法是将其他朝款文改二字成宣德款，目前发现的共有8件，工艺上既有雕漆，也有戗金彩漆，都是明万历作品。具体是将“大明万历年制”中的“万历”二字刮去，补以黑漆，上面刻“宣德”二字。这种改款很明显，一是所改二字处的漆色与其他处不同，二是字体异于原款。此外这种改款有的还带有干支纪年，如“乙未”“壬辰”等。带干支的年款，在漆器中始于万历朝，所以可以肯定是万历官款作品无疑。如戗金彩漆开光双龙纹四方委角盒（图九），其造型、龙纹均是万历朝特点。台北故宫博物院也同样藏有这种改款器[2]。

图八　元剔红闲看儿童捉柳花图圆盘及款识（故宫博物院藏）

1　该盘原名剔红人物楼阁图盘，根据谢玉珍在《明初官方用器人物纹的意涵》一文中分析，图案明显撷取南宋杨万里“闲居初夏午睡起”的诗意。《故宫学术季刊》第25卷第1期。

2　台北故宫博物院：《和光剔彩》图99，2008年。

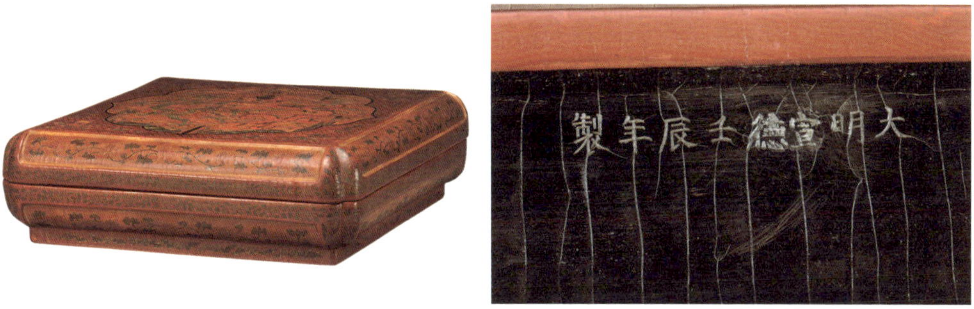

图九　万历戗金彩漆开光双龙纹四方委角盒及款识（故宫博物院藏）

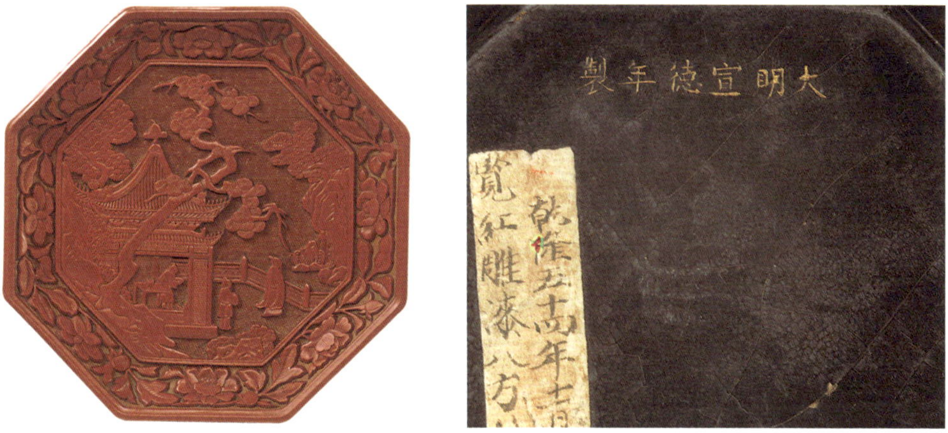

图一〇　元杨茂剔红观瀑图八方盘及款识（故宫博物院藏）

（五）其他朝款文不动，又刻宣德款

这种伪款的作品目前仅见 2 件，均是元代杨茂所造。一件是故宫博物院藏剔红观瀑图八方盘（图一〇），另一件是北京艺术博物馆藏剔红梅花纹圆盘。它们均是在器底“杨茂造”款文的另一处又刻上“大明宣德年制”款。由于底漆断纹密集，“杨茂造”针划小字混于断纹之中，现在用放大镜在适宜的角度下才能依稀认出。

以上五种后刻宣德款器，故宫博物院计有 40 余件。其他博物馆、社会流传的漆器中也有多件。据此分析，社会上有一个时期，可能是明晚期至清代人们就像崇尚宣德铜炉那样崇尚宣德漆器，因而才会出现如此众多的伪宣德款器。然而它与伪造宣德铜炉不同的是，漆器中没有仿造作品，绝大多数是利用旧器刻上宣德款识，仅有极少数是臆造器而刻上宣德款识的。

四 宣德真器及其工艺特点

在故宫博物院所藏的众多宣德款漆器中，经过排比鉴别，剔除出各种伪款之后，笔者认为是真款真器者不到 10 件。款文全是刀刻填金楷书“大明宣德年制”，字体均近似台阁体，与永乐款改刻成宣德款的字体完全一样。笔者还注意到，在国内外各博物馆及私人收藏的漆器中，有宣德款真器 10 余件，这样算来，传世宣德款真器总共只有 20 余件。

在这些真器中，主要品种是雕漆，只有少数是戗金彩漆，它们的面貌怎样呢？戗金彩漆和雕漆之间的情况是不同的。戗金彩漆器物很少，它们仅显示出技术上的差别，有精细和较粗糙之分，艺术风格上难以分别。而雕漆器却不同，不但技术上有着高低之分，且在艺术风格上也有着明显的差别。从造型、漆色、装饰、雕工等多方面分析，共有四种类型，表现出不同的风格特点。

第一种，与永乐风格一致。它们造型简洁大方，多为圆形的盒和盘。漆色红润，髹漆厚重。装饰有龙纹、山水、人物、花卉等图案。雕刻圆熟，藏锋不露，花纹饱满，具有很高的工艺水平，如没有不可怀疑的宣德款为记，是难以将它们与永乐朝的雕漆区分开来的。这种作品有 10 多件。

第二种，是 3 件造型、装饰、雕工相同，但款识不同的作品，即剔红九龙纹大圆盒。3 件作品分藏于三地，即故宫博物院、台北故宫博物院和日本东京的静嘉堂。

九龙盒为扁圆体，在故宫博物院所藏漆器中相似造型的还有多件，是专为盛装皇帝御带而作。它的装饰较繁复，盖顶面中心菱形开光，内锦地龙纹，开光外雕素地大朵勾莲一周。器壁与盖壁各四开光，开光内各雕一龙，相合为九龙之数。故宫博物院藏的这件九龙盒（图一一），盖里刻有乾隆四十三年（1778 年）“宣德雕漆九龙盒”

图一一　宣德剔红九龙纹大圆盒及乾隆御制诗（故宫博物院藏）

的御制诗，外底中心刻“大明宣德年制”单竖行款，为工整秀丽的馆阁体，明显为清代字。靠边沿的黑漆层下，又隐约见有一行“大明宣德年制”款，与台阁体的宣德真款相一致，它应是原作之款。为什么有双款呢？清宫档案证明，正是乾隆帝下令将此盒后漆底，又刻上了宣德款与御制诗。《清宫内务府造办处活计档》中有这样一条行文：“乾隆四十二年十一月初五日，太监鄂鲁里交，红漆雕龙圆盒一件，大明宣德年制款，……传旨，将雕漆盒发往苏州交舒文，将盒里并底足黑漆里从漆见新，其款仍刻旧款。”[1]在清代，苏州设有官办漆作，属苏州织造管辖，宫廷所需雕漆器均由此处制作供应，宫中旧漆器交给苏州修理亦属常事。造办处活计档案和现存实物证明，乾隆年间，弘历曾多次命苏州将宫藏旧漆器修理并刻款，命刻的款识有永乐、宣德、嘉靖、乾隆等。但明确将（红漆雕龙圆盒）宣德款器“仍刻旧款”的，仅有这一次，且文中造型纹饰也与此盒相吻合，其御制诗作于戊戌，即乾隆四十三年，正是修后所作。由此证明，行文中修理并“仍刻旧款”的正是故宫博物院现藏的这件剔红九龙纹大圆盒。

台北故宫博物院藏的那件，外底中心刻有“乾隆年制”款，在《故宫雕漆器选萃》中以款为依据，定为清乾隆。该件漆器在2008年编的漆器图录《和光剔彩》中[2]（图一二），又定为15世纪。笔者从图录上观察，此件是修底后又刻的乾隆款，与故宫博物院藏的那一件一样，极可能是宣德真器。

日本静嘉堂藏的那一件[3]（图一三），它保留着原底，一侧刻有“大明宣德年制”原款，是一件标准的宣德器。其外底中间部位有朱书“大德寺，高桐院”六字，这是该器到日本后收藏者所写，正说明其原藏处和历史。

图一二　宣德剔红九龙纹大圆盒及款识（台北故宫博物院藏）

1　中国第一历史档案馆、香港中文大学文物馆合编：《清宫内务府造办处档案总汇》第40册，第233页，人民出版社，2005年。

2　台北故宫博物院：《故宫雕漆器选萃》图24，1981年；前揭《和光剔彩》图34。

3　德川美术馆、根津美术馆：《雕漆》图178，1984年。

图一三　宣德剔红九龙纹大圆盒及款识（日本静嘉堂藏）

上述三件剔红云龙纹大圆盒，从造型和装饰的大朵莲花看，均是明永乐特点。其龙纹，更是典型的永乐、宣德时期的特征。但它与前述第一种的不同之处也是较为明显的。其一是红漆色，显得有些鲜艳夺目，这正如高濂所说，“宣德时制同永乐，而红则鲜妍过之”。其二是装饰方法，用开光将一器分为多个区域，分别雕以龙纹和花卉，有对称的装饰效果。其三是雕刻手法，追求高浮雕效果，花纹的外缘轮廓线，以立刀下刻，刀锋冷峻，打磨较少。总而言之，它们在漆色、装饰、雕刻技巧三方面有别于第一种，从而有了新意。

第三种，是造型、漆色、雕工均相同，而纹饰有所不同的 3 件剔红荷叶式盘。故宫博物院所藏两件，一雕海水双螭（图一四），一雕荷花梵文（图一五）。还有一件在日本山形县蟹仙洞美术馆[1]，与故宫博物院藏的海水双螭纹盘基本一致。三件的内外壁，均是锦地上雕稀疏的纹饰，一为带状纹云，一为莲托八宝。三盘椭圆足内均髹黑漆，断纹密布如蛇腹状，靠左边刻“大明宣德年制”竖行款，字体与永乐器上改刻的宣德款相似，无后刻的痕迹，可以肯定为原作款。它们的漆色红中略偏紫，显得沉穆少光泽；其漆层盘心与壁的厚度不同，盘心漆厚约 0.3 厘米，盘壁漆厚约 0.2 厘米。而最为突出的是，盘心花纹雕刻得较为精细圆润，而壁上的花纹雕刻得较为粗劣，似是由两个技艺高低不同的工匠所为，但它们的风格特点是一致的。

这 3 件盘的造型以荷叶为原型变化而来，又有梵文入图做装饰，这在漆器制作中属首创，并为此后宫廷漆器所继承。总之，剔红荷叶式盘在装饰上具有宫廷的风格，但在雕刻上也有个人的技艺特点。在总体工艺水平上，与第一种相比显然稍逊一筹。

第四种，是独树一帜的、写实风格的、目前所知世界上传世仅此一件的、故宫博物院所藏的雕彩漆林檎双鹂大捧盒（图一六），其盖面主题图案用写实的方法表现，一株沙果树斜出二枝，花果并茂，两只黄鹂各立一枝，相互顾盼，又有蜻蜓、蝴蝶飞舞其间，自然而有生气。其铭文作在盖面纹图的上部，在锦地上专做出一长方小平台，

1　李经泽：《略谈明漆器宣德款真伪》，《故宫文物月刊》第 22 卷第 1 期。

图一四　宣德剔红海水双螭纹荷叶式盘及款识（故宫博物院藏）

图一五　宣德剔红荷花梵文荷叶式盘及款识（故宫博物院藏）

图一六　宣德剔彩林檎双鹂大捧盒及款识（故宫博物院藏）

上面阴刻“大明宣德年制”，并填金。

该件剔彩[1]器，无论雕刻特点、装饰风格、落款部位都与其他宣德雕漆区别较大。其一，它是目前所知最早的雕彩漆作品。其二，它的色漆层达13道之多，其雕刻采用分层取色与磨显并举的方法，使色彩丰富且自然绚丽，此后再无超越者。其三，装饰采用写实花鸟图案，在明代雕漆器中属首见，也是永乐、宣德二朝唯一的写实作品。其四，将铭文作在主纹的图案中，在漆器中它也是首例。但这种做法在宣德时期的瓷器、珐琅器中则多有之。

以上四种风格的宣德雕漆器，就笔者目前所了解，传世最多者为第一种作品，国内外共有10多件。其他三种作品，目前来看仅有前举几例。这些遗存的宣德器证明，刘侗所谓宣德时“厂器终不逮前”和“宣款皆永乐”之说，根本是错误的。高濂的“宣德时制同永乐，而红则鲜妍过之”也仅部分正确。之所以出现上述错误，想来并不奇怪，因为那时没有博物馆供参观学习，作者又未在宫中供职，时隔又很久远，所以他们仅能偶然见到官造器，根据所见加以推理记事，近似盲人摸象，因此很难达到全面和准确。

当我们把上述四种不同特点的雕漆器按上述顺序排列后，就会看出，宣德雕漆在风格上、质量上有着早与晚不同的变化。第一种与永乐衔接，属于早期。第二、三、四种不仅装饰上大异其趣，应属于晚期[2]，而且数量上也明显减少。由此又可以推断，宣德宫廷漆作的工匠和运作正在起着变化。

宣德朝仅十年，为什么会出现多种风格的作品呢？由于史料缺乏，现时尚难以说得很清楚。但有一条文献为我们提供了重要信息。据康熙十一年修的《嘉兴府志》载：“……张德刚能继其父（即嘉兴著名制漆艺匠张成）业，至京面试，称旨，即授营善所副，复其家，时有包亮与德刚争巧，宣德时亦召为营善所副。”[3]从现存永乐和宣德早期的雕漆器看，确实有张成风格的余韵。包亮技艺如何？作品的风格特点怎样？因无实物可考，不知其详。但他既能与德刚争巧，想必技艺不凡，且有自己的风格和特点。由此推知，宣德朝的漆器作坊可能调入了像包亮那样的其他不同地域或不同流派的制漆艺人，才出现了不同风格的作品。

宣德朝在明代可谓鼎盛时期，漆器的数量为什么会减少呢？按明代制度，御用监制造内廷应用器物的材料，如金、银、铜、朱砂、生漆等，有两个来源。一是由某产地以租税方法缴纳，名为“折色”（米麦为正色），按规定数量每年上交。二是御用监根据制作的需要，由宦官到地方采购。据《明史·食货志》中记载，永宣时“工艺

1　雕漆：髹漆工艺技法之一，根据漆色的不同分为红雕漆、黄雕漆、绿雕漆、雕彩漆等，也可对应地称为剔红、剔黄、剔绿、剔彩等。剔彩和雕彩漆是同一种工艺的不同叫法。

2　夏更起：《元明漆器导言》，《故宫博物院文物珍品全集——元明漆器卷》，第22页，商务印书馆，2006年。将宣德漆器进行早、晚分期，夏先生已在“导言”中进行过阐述，笔者又当面进行了请教。

3　中国科学院图书馆选编：《稀见中国地方志汇刊》，《嘉兴府志》第15册，第697页，1992年。

繁兴，征取稍急，非土所有，民破产购之”[1]。可见此种名为“折色”的税务给人民造成很大负担和灾难。而宦官到地方采购物料，更是借机勒索，以致到了“有司给买办物料价十不偿一，无异空取”。因此在众臣力谏下，“宣德时罢闸办金银……香货、银朱、金箔……朱红戗金龙（舞）凤器物，多所罢减”[2]。这里的“银朱”是调配红漆的呈色物，“朱红戗金龙凤器物”，显然指的是雕漆和戗金漆器。由此可知，正是上述情况，才是造成宣德漆器技艺下降和数量减少的重要原因之一。

结语

为什么传世的伪款宣德漆器如此众多？这可能与明代晚期社会上兴起的赏玩古器之风有关，为满足一部分人的需要，仿古作假之风盛行，并渐传至内廷。民间为牟利，皇室为沽名，争相作伪。如朱碧山银器、陆子刚玉器、宣德铜炉、景泰珐琅、江千里螺钿漆，都曾是被作伪的对象。这些被仿对象，有的名副其实，有的则徒有虚名，如景泰珐琅本无成就可言，却在偶然机会中扬名，因而后世改款赝制的作品颇多。在漆器中之所以有大量伪宣德款器，说明历史上也必有一个人们盲目崇拜和伪造的时期，由此才造成宣德款漆器混乱和复杂的状况。

如前所述，宣德款漆器从文献到实物，存在着诸多相互矛盾的现象，加之宣德之后从正统至正德六朝近百年间，实物、文献均为空白，更使其问题复杂深奥。通过对宣德款漆器的辨伪，对文献的梳理和辩证地分析，在认清了宣德器的真相以后，可以看出古文献是不完全正确的。高濂的“制同永乐”和刘侗的“工不逮前”都只说对了一部分，并不全面。从实物的特点不同、工艺水平下降、数量减少等方面分析，宣德朝漆器制造实则是一个转折期。这一转折既有艺术风格上的变化，也有由盛至衰的变化，这应该是宣德漆器的真相。

附记：本文撰写得到夏更起先生多方面的指导和赐教，在此深表感谢。

原载《故宫学刊》总第七辑，紫禁城出版社，2011年

1 （清）张廷玉等撰：《明史》卷八十二《食货六》，第1992～1993页，中华书局，1974年。转引自前揭《故宫博物院文物珍品全集——元明漆器卷》，第22～23页。

2 前揭《明史》卷八十二《食货六》，第1992～1993页。

乾隆朝苏州织造成做宫廷御用漆器的初步研究

杨 勇

内容提要：笔者在研读《清宫内务府造办处档案总汇》时发现，乾隆朝的宫廷御用漆器并非如以往学者所主张，只有雕漆是在苏州制造，其他漆器品种除了进贡皆由造办处漆作制造。苏州织造实际承担了御用雕漆、脱胎漆、部分填漆及少量彩漆、仿洋漆等器皿的制作或改做任务。乾隆三十年以后，皇帝也经常将部分雕漆器和填漆器发往苏州收拾修补，苏州在一定程度上成为造办处以外最大的宫廷御用漆器生产及维护中心。

关键词：乾隆朝 苏州织造 宫廷御用 漆器

造办处档案是我们研究清代宫廷御用漆器的第一手文献资料。2005年，《清宫内务府造办处档案总汇》[1]（下文简称《总汇》）出版，全面系统地公布了雍正至乾隆时期宫廷御用器物制作、修理和收藏等方面的资料。笔者在研读这批资料时发现，苏州织造实际承担了乾隆御用雕漆、脱胎漆、部分填漆及少量彩漆、仿洋漆等器皿的制造或改做任务。查阅档案还可以发现，乾隆皇帝经常把雕漆和填漆发往苏州收拾。而这些修补漆器的记录，目前尚未引起学术界的足够重视。本文在系统搜集《总汇》中漆器资料的基础上，拟从制作、改做、收拾见新三个方面，对乾隆朝苏州织造成做的宫廷御用漆器活计的情况进行初步探讨。

一 苏州织造制作的漆器

根据工艺品种，皇帝诏令苏州制作的漆器可以分为脱胎漆、雕漆、填漆及其他四大类。

作者：器物部，副研究馆员。

1 中国第一历史档案馆、香港中文大学文物馆合编：《清宫内务府造办处档案总汇》第1～55册，人民出版社，2005年。

（一）脱胎漆器

乾隆朝苏州织造制作的御用脱胎漆器根据装饰风格可以细分为两大类，一类是脱胎漆香色地五彩西番莲纹佛日常明五寸盘和六寸盘（图一），根据档案记载，仅于乾隆元年（1736 年）十二月由造办处做样，交苏州制作过一次，制成后在慈宁宫花园、佛堂等处使用[1]。此乃乾隆朝最早旨令苏州织造成做的漆器品种。另一类是脱胎朱漆菊瓣式盘、盖碗、盒。有学者提出，此类脱胎漆器系清宫造办处制作，但从档案资料看，实际上是由造办处做样，发往苏州成做。

从乾隆三十八年（1773 年）起，皇帝先后多次旨令苏州仿照明永乐菊花盘式样成做脱胎朱漆菊瓣式盘，外底刻“大清乾隆仿古”楷书填金款[2]。在部分盘的盘心刻乾隆三十九年（1774 年）专门创作的御制诗《咏仿永乐朱漆菊花盘》，诗中赞叹：“吴下髹工巧莫比，仿为或比旧还过。脱胎那用木和锡，成器奚劳琢与磨。”[3]（图二）

乾隆四十年（1775 年）二月，皇帝旨令苏州按照青玉盖盅样款大小，照先前做过的朱漆菊瓣盘做法一样成做朱漆菊瓣盖盅一对，照青白玉撇口碗样款大小成做朱漆菊瓣盖碗一对[4]，外俱刻“乾隆年制”篆书填金款。同年十一月又命苏州成做放大

图一　乾隆款脱胎漆香色地五彩西番莲纹佛日常明盘

1　参见前揭《总汇》第 7 册“记事录”，第 207 ～ 208 页。

2　参见前揭《总汇》第 36 册“记事录”，第 615 页；第 36 册“行文”，第 703 页；第 38 册“行文”，第 641 页；第 40 册“行文”，第 182 页。

3　（清）弘历：《咏仿永乐朱漆菊花盘》，《清高宗（乾隆）御制诗文全集》第六册，第 646 页，中国人民大学出版社，1993 年。

4　前揭《总汇》第 38 册“行文”，第 621 ～ 622 页。在这条档案里，皇帝曾要求“盅、碗木胎薄厚务要与先做过菊瓣盘一样”，说明这类漆器应为木胎。但从故宫博物院收藏的朱漆菊瓣盒口边断茬看，显系夹纻胎，前引《咏仿永乐朱漆菊花盘》也认为菊瓣盘是脱胎，是否存在底为薄木胎、壁为夹纻胎的情况还有待进一步研究。笔者暂时将朱漆菊瓣式盘、碗、盅、盒归入脱胎漆一类。

图二　乾隆款脱胎朱漆菊瓣式盘

图三　乾隆款脱胎朱漆菊瓣式盖碗及其御题诗和底款

五分朱漆菊瓣盖盅二对，盅里、盖里圆光黑漆地刻填金字御制诗《题朱漆菊花茶杯》[1]（图三）。

乾隆四十二年（1777 年）初，传旨苏州照朱漆菊瓣盘样款成做朱漆菊瓣盒八件[2]。八月底将菊瓣盒底上应刻诗句[3]圆光本文大小二张（各随年款样）、朱漆菊花盖盅盅里、盖里应刻诗句圆光本文二张发往苏州，“嗣后成做朱漆菊瓣盒、盖盅，俱照发去本文

1　前揭《总汇》第 38 册“行文”，第 666 页。并参见（清）弘历《题朱漆菊花茶杯》，前揭《清高宗（乾隆）御制诗文全集》第七册，第 473 页。

2　前揭《总汇》第 40 册“行文”，第 182 页。

3　（清）弘历：《咏朱漆菊花盒》，前揭《清高宗（乾隆）御制诗文全集》第六册，第 957 页。

图四　乾隆款脱胎朱漆菊瓣式圆盒及其刻诗

刻字填金，其所做盒、盅或大或小俱用此诗句款式收放刻做”[1]（图四）。

除了苏州织造制作以外，乾隆五十九年（1794年）至六十年（1795年）江苏巡抚奇丰额[2]及总督书麟[3]、苏龄阿[4]，漕运总督管干珍[5]进贡过数件脱胎朱漆菊瓣式盘、盒、盖碗。

脱胎菊瓣式器皿当时陈设于乾清宫、镜清斋、宁寿宫、淳化轩等处。有的菊瓣盘会由造办处配架座安设[6]；有的盘内配宋锦，用以盛放白玉桃式盒[7]；有的菊瓣盒陈设于宝座旁[8]。可能由于器壁太薄，脱胎朱漆菊瓣式盘、碗、盒损坏后无法修补，只能变价处理[9]。

（二）雕漆器

雕漆是乾隆朝苏州织造制作数量最多的漆器工艺品种。

从造办处档案看，雍正四年（1726年）三月，皇帝诏令油漆作家内匠役，若做得来，将做法甚好的雕漆荔枝盒照样做几件，将原样擦磨收拾。十四天后油漆作仅将雕

1　参见前揭《总汇》第40册“行文”，第227页。

2　参见前揭《总汇》第55册“贡档”，第136、744页。

3　参见前揭《总汇》第55册“贡档”，第97页。

4　参见前揭《总汇》第55册“贡档”，第764、787、821页。

5　参见前揭《总汇》第55册“贡档”，第766页。

6　参见前揭《总汇》第45册“盘山”，第744页。

7　参见前揭《总汇》第37册“行文”，第444页；第38册“灯裁作”，第228页。

8　参见前揭《总汇》第40册“记事录”，第431页。

9　参见前揭《总汇》第50册“记事录”，第103页。

漆荔枝盒一件收拾好交进[1]。杨伯达先生据此推测，当时的漆作尚不能仿制雕漆[2]。此种状况直到乾隆朝仍未有所改观。但世宗和高宗两位皇帝并未放弃，先后于雍正五年（1727年）[3]、乾隆二年（1737年）[4]诏令牙匠尝试仿制雕漆器，皆取得成功[5]。乾隆四年（1739年）十月甚至命当时的著名牙匠封岐雕刻漆盒[6]，但成功与否，《总汇》没有提及。此后再无旨令造办处牙匠仿制雕漆的记录。上述材料似乎都在暗示：牙匠制作的雕漆并不能令皇帝满意。

乾隆皇帝在旨令牙匠尝试雕刻漆器的同时，于乾隆三年（1738年）四月传旨，令苏州织造海保将红雕漆盘三件、黑雕漆盘七件、红雕漆兽面花瓶一件、黑雕漆方盒一件、红雕漆圆盒一件收拾见新，次年二月部分盘、盒做得送京[7]。笔者推测，可能因皇帝对苏州工匠的雕漆手艺比较满意，遂于四个月后开始命令海保制作各类雕漆器[8]。乾隆十二年（1747年）二月甚至诏令苏州，“南边现做雕漆活计俱要酌量地方刻款”[9]。乾隆五年（1740年）直至乾隆六十年（1795年），除了元明遗留外，宫廷御用的大量雕漆器部分改由造办处发样，交苏州织造制作[10]，还有部分是由各类官员进贡获得[11]。故

1　参见前揭《总汇》第2册“油漆作”，第161页。

2　杨伯达：《清代苏州雕漆始末》，《中国历史博物馆馆刊》1982年第4期，又载氏著《中国古代艺术文物论丛》，第169页，紫禁城出版社，2002年。

3　雍正五年九月诏令牙作工匠仿制一件雕朱漆小圆盒，于六年五月做得呈进（参见前揭《总汇》第2册“牙作”，第685页）。这是目前发现的唯一一条雍正朝造办处成功制作雕漆的材料。

4　乾隆二年十月命油漆作照多宝格内红雕漆圆盒样式做几件，三年十月又传旨：“雕漆盒若漆得时，交牙匠雕刻。”一个月后做得呈进雕漆盒二件。参见前揭《总汇》第7册“油漆作”，第684页。

5　除此以外，乾隆元年二月传令鞍甲作先后成做各式雕漆鞍七副，制作第一副时，油作曾用外雇雕漆匠做过五工。参见前揭《总汇》第7册“鞍甲作”，第122～125页；“买办库票”，第397页。

6　乾隆四年十月，将照多宝格内红雕漆圆盒做得红漆圆盒胎子一对持进呈览，奉旨：“将此胎交与封岐，先画样呈览，准时再雕刻。”参见前揭《总汇》第9册“油作”，第159页。

7　前揭《总汇》第8册“苏州织造”，第272页。

8　前揭《总汇》第9册“苏州织造”，第91页。笔者推测，乾隆五年二月初七日（9册“油作”，第460页）、四月二十六日（9册“刻字作”，第581页）、乾隆六年九月二十七日（9册“刻字作”，第693页）刻名色签的雕漆盘、盒、瓶可能都是乾隆四年传旨后，在苏州陆续制成的。

9　前揭《总汇》第15册“苏州”，第89页。

10　乾隆十九年十月旨令匣作将紫檀木镶嵌箱一件上“镶嵌去了磨平，交余省，或起松竹梅，或起文雅稿呈览，准时做雕漆箱”（参见前揭《总汇》第20册“匣作”，第133页）。改制的紫檀雕漆箱究竟由造办处成做，还是发往苏州成做，甚至最终是否制作成功，《总汇》皆未记载。除此以外，乾隆朝造办处再无制作雕漆的记录。

11　例如乾隆三十四年正月初一日，总管太监王常贵传旨：“尤援世所进太平有象雕漆桌灯一对着伊家人送往圆明园，交总管太监李裕，着于九洲清晏陈设。”参见前揭《总汇》第33册“杂录档”，第159页。

图五　乾隆款剔红海兽纹圆盒及底款

图六　剔彩大吉宝案及底款

图七　剔彩百子晬盘及底款

宫博物院收藏的剔红海兽纹圆盒[1]（图五）、剔彩大吉宝案[2]（图六）、剔彩百子晬盘[3]（图七）等雕漆作品现在已经明确是由苏州成做的，从这些作品观察，海水纹如发丝般纤细，

1　乾隆十八年五月初六日，太监胡世杰交雕漆海兽圆盒一件（棉垫、木座），传旨："着交南边照一模一样做雕漆圆盒二件。"参见前揭《总汇》第 19 册"苏州"，第 421 页。

2　乾隆八年十二月初九日，太监胡世杰交洋漆香几一件，传旨："照此样着做杉木胎香几样一件，腿放高五寸，牙板亦放些。钦此。"于乾隆九年五月初十日七品首领萨木哈将做得杉木胎方盘香几一件持进交太监胡世杰呈览，奉旨："交南边雕做面子，俱雕做五彩，托泥三面要回纹锦，腿子四面要回纹锦，枨子要二面回纹锦。要特等雕做一对，赶年底要得一件，盘底长刻'乾隆年制'，方刻'大吉宝案'款样。钦此。"参见前揭《总汇》第 17 册"木作"，第 437 页。

3　乾隆七年十一月初三日，太监高玉传旨："着海望将 盘或雕漆，或填漆，或龙凤穿花，先画样呈览，准时再寄字与织造处成做。钦此。"于本月二十日司库白世秀将做得木胎画百子 盘样一件持进交太监高玉呈览，奉旨："着交图拉照样做红雕漆 盘五件，其盘上人物船只应用五彩之处雕做五彩。于明年二三月间先赶做一件送来，其余四件陆续做得送来。再，盘底刻'大清乾隆年制'长款，下刻'百子 盘'方字样。钦此。"参见前揭《总汇》第 11 册"苏州"，第 203 页。

构图复杂但不失精致，乃乾隆朝苏州雕漆工艺的显著特点。

乾隆御用的雕漆器以各式盒（匣）、盘、碗、花瓶和香几的数量最多，还有如意、剑架、笔、笔筒、香炉、唾盂、宝座、地平、条案和椅等，涉及日常生活的方方面面。其中，盒（匣）配屉板，用以盛装玉器、册页[1]、九符[2]、手卷[3]、扳指[4]、经卷[5]、数珠[6]、墨[7]等。造办处会为部分盒（匣）、盘、碗、瓶配座[8]，以便于陈设。属“平常之物”[9]者，归入百什件一类[10]。深受皇帝喜爱者则配匣、袱，归入乾清宫古上等、古次等或者时做上等各类[11]。部分乾隆本朝制作的雕漆器除了刻年款外，造办处还会根据纹饰内容镌刻名色

1　例如乾隆二十四年五月十一日，太监胡世杰交红雕漆盒二件（内各盛汉玉璧二件），传旨：“着将盒内配屉，配册页，上层装玉璧，下层装册页。”参见前揭《总汇》第 24 册“匣裱作”，第 446 页。此类事例在《总汇》中数不胜数。

2　例如乾隆十年正月二十一日，司库白世秀将刻得青玉九符二片等持进呈览，奉旨：“装此九符做一雕漆匣，先做样呈览，准时交南边雕做。”参见前揭《总汇》第 13 册“木作”，第 245 页；“苏州”，第 712 页。

3　例如乾隆二十五年正月十一日，太监胡世杰交红雕漆匣二件、御临紫檀木壳面藏经纸册页一册、御临小手卷十五卷，传旨：“将手卷、册页照弘德殿雕漆匣样款一样盛装，如不足装添，装册页、挂轴。”参见前揭《总汇》第 25 册“百什件”，第 94 页。

4　例如乾隆三十七年十月十六日，太监胡世杰交传旨：“将磨去花纹扳指盒送进呈览。钦此。”随将紫檀木盒一件内盛扳指十二件交太监胡世杰呈览，随交出红雕漆圆盒一件，奉旨：“将扳指十二件在红雕漆盒内配屉盛装，先呈样，其换下紫檀木盒磨平交内殿。”参见前揭《总汇》第 35 册“广木作”，第 136 ～ 137 页。

5　例如乾隆十一年八月初六日，太监胡世杰传旨：“御笔藏经纸《楞严经》二套着照雕漆佛经匣样式、花纹配匣盛装，先做样呈览，准时交南边做雕漆。钦此。”于本月十九日司库白世秀、七品首领萨木哈、副催总达子将做得雕漆佛像经匣合牌样一件持进交太监胡世杰呈览，奉旨：“着照样准做，四面佛像顶子面上要四海龙王捧签，云中多配令纵神，下边要江芽海水。钦此。”参见前揭《总汇》第 14 册“苏州”，第 346 页。

6　例如乾隆九年十一月十六日，太监胡世杰交菩提念珠一盘、草子念珠一盘，传旨：“着入清玩阁百什件连珠雕朱漆盒内。”参见《总汇》第 12 册“匣作”，第 592 页。

7　例如乾隆四十三年十二月十九日，太监厄勒里交各式黑墨八分（每分计四十锭），传旨：“将墨交苏州四分，照先做过红雕漆墨匣一样配匣二对盛装，其匣内包袱式提梁不必洒金，满做金漆，得时送来。其余墨四分查匣盛装。”参见前揭《总汇》第 41 册“行文”，第 426 页。

8　例如乾隆四十三年，嘉靖款剔彩开光龙凤纹碗一件配香几座，在景祺阁换摆。参见前揭《总汇》第 39 册“行文”，第 515 页；41 册“记事录”，第 287 ～ 288 页。

9　雍正六年九月二十八日，郎中海望奉旨：“养心殿后殿明间屋内桌上有陈设玉器、古玩，俱是平常之物，尔持出配做百什件用，做漆箱盛装。”参见前揭《总汇》第 3 册“匣作”，第 315 ～ 320 页。

10　例如乾隆九年九月初八日，太监胡世杰交红雕漆琴式盒一件、红雕漆棋罐二件、红雕漆琴式书盒一件，传旨：“俱入百什件，将琴盒内配画一轴，书盒内配书，外边如有书画，即配装上，若无有，向里边讨用。其棋罐内配玻璃棋子，要在棋盘上用得。其棋盒内或册页，或玉器配装。”参见前揭《总汇》第 12 册“匣作”，第 574 页。

11　例如乾隆十一年二月十六日，太监胡世杰交雕漆圆盒一件（木座、纳垫），传旨：“将原有纹锦匣查出盛装，入乾清宫时做上等。”参见前揭《总汇》第 14 册“乾清宫”，第 356 页。

签[1]，这是历代未曾见过的新特色。

（三）填漆器

无论是从造办处档案，还是从北京故宫现存清宫旧藏漆器看，乾隆朝的填漆较之雕漆要少很多。有学者曾经依据雍正档案材料，推断康雍乾三朝的御用填漆器皆由造办处漆作成做。2005 年《总汇》出版后，经笔者仔细爬梳发现，乾隆御用的填漆器除了前代遗留、官员进贡[2]之外，部分由造办处自行制作，部分则由造办处发样，交苏州织造成做。例如：

> 乾隆十三年闰七月初九日，太监胡世杰传旨："生秋亭床上着做炕桌四张，照图拉做的御案一样做填漆的，先画样呈览，准时交南边成做。钦此。"
>
> 于本月十四日司库白世秀将画得炕案纸样一张持进交太监胡世杰呈览，奉旨："照样准做四张。钦此。"
>
> 于十四年七月初二日司库白世秀、达子将苏州织造图拉送到五彩雕填漆如意案四张持进交太监胡世杰呈进讫。[3]
>
> 乾隆三十六年十月二十八日，太监常宁交荷叶式漆盘一件（建福宫妙莲花室），传旨："着交苏州照样成做一件。钦此。"
>
> 于三十七年九月十八日库掌五德将苏州送到荷叶式漆盘一件随原样一件交太监胡世杰呈进讫。[4]
>
> 乾隆三十七年九月初九日，苏州送到……雕填漆荷叶式盘一件（随原奉做样漆盘一件）……持进呈览，二十四日奉旨："……漆盘交佛堂，做样漆盘仍交原处。钦此。"[5]（图八）
>
> 乾隆四十三年七月二十八日，太监厄勒里交填漆云龙纹大碗一件（随填漆托盘一件），传旨："着交苏州织造舒文将碗托用旧胎骨照碗上漆水颜色花纹一样另漆。

1　例如乾隆十八年十二月二十四日太监胡世杰交红雕漆长方春盛盒二件、红雕漆三层圆盒二件，传旨："盒底俱刻名色。于本月二十五日员外郎白世秀、七品首领萨木哈将红雕漆圆盒底一副贴得'彩凤幢盒'，红雕长盒底一对贴得'福寿宝胜'签样，持进交太监胡世杰呈览。"奉旨："俱照样准刻。"参见前揭《总汇》第 19 册"匣作"，第 686 页。

2　例如乾隆三十年十一月十七日，两淮盐政普福进雕填漆唾盂二十个，奉旨："交圆明园总管李裕，转交万寿山查收。"参见《总汇》第 29 册"杂录档"，第 780 页。又如乾隆四十五年二月二十三日奉旨："苏州织造全德所进雕漆汉纹锦地长方盒一对、雕漆云龙水丝盒二对、雕漆四方八角盒二对、雕填漆膳盒二对、雕填漆果盒二对，着伊差人送往京城，交与内务府大臣英廉。"参见前揭《总汇》第 44 册"杂录档"，第 355 页。

3　参见前揭《总汇》第 16 册"苏州"，第 188 页。

4　参见前揭《总汇》第 34 册"行文"，第 261 页。

5　参见前揭《总汇》第 35 册"记事录"，第 533 页。

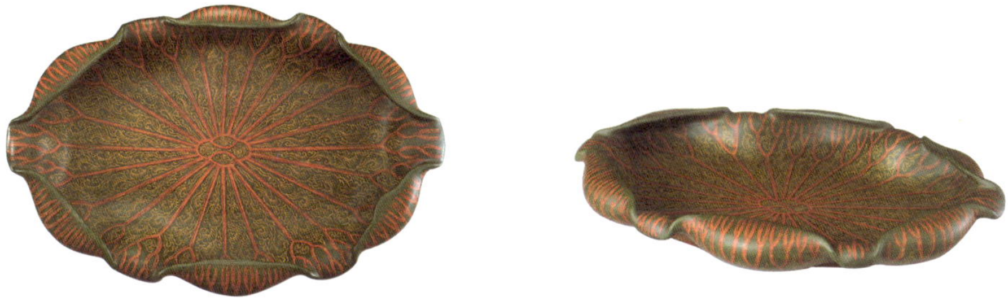

图八　雕填漆荷叶式盘

钦此。”

于四十五年三月初七日全德将填漆碗一件配得填漆托，在圣因寺行宫呈览，奉旨：“着将填漆碗并碗托着全德照样做四分送来。钦此。”

于四十七年正月二十六日将苏州送到填漆碗随碗托四分、原样一分呈进讫。[1]

经笔者考察，造办处制作填漆器始于乾隆八年（1743 年），盛于二十七年（1762 年）以前；苏州始于乾隆十三年（1748 年），二十七年（1762 年）以后逐渐成为填漆制作中心。具体统计情况参见表一。

表一　《总汇》所见乾隆朝造办处与苏州织造成做填漆活计比较简表

	制作（造）	制作（苏）	改做（造）	改做（苏）	收拾（造）	收拾（苏）
乾隆三年			✓	✓		
乾隆四年			✓			
乾隆五年					✓	
乾隆六年			✓		✓	
乾隆七年			✓		✓	
乾隆八年	✓				✓	
乾隆九年	✓		✓		✓	
乾隆十年	✓		✓			
乾隆十三年	✓	✓	✓			
乾隆十四年		✓				

1　参见前揭《总汇》第 41 册“行文”，第 414 页。

	制作（造）	制作（苏）	改做（造）	改做（苏）	收拾（造）	收拾（苏）
乾隆十五年					√	
乾隆十六年			√	√		
乾隆十七年					√	
乾隆十九年	√					
乾隆二十年					√	
乾隆二十一年				√		
乾隆二十二年			√		√	
乾隆二十三年					√	
乾隆二十四年		√	√	√		√
乾隆二十六年	√				√	
乾隆二十七年	√					
乾隆二十九年					√	
乾隆三十年					√	
乾隆三十一年				√		
乾隆三十三年		√			√	√
乾隆三十六年		√				
乾隆三十七年		√				
乾隆三十八年					√	
乾隆三十九年		√				
乾隆四十年					√	
乾隆四十一年		√				√
乾隆四十二年		√				
乾隆四十三年		√		√		
乾隆四十四年				√		
乾隆四十五年		√				
乾隆四十七年					√	√
乾隆四十八年					√	
乾隆五十年				√	√	√

乾隆御用的填漆器主要包括各式盒（匣）、盘、碗、盆、罐、案、香几、剑架、屏风等。同雕漆类似，填漆盒（匣）用以盛装玉[1]、册页、手卷、画[2]、数珠[3]、图章[4]、墨[5]、扇[6]等，部分“平常之物”仍旧归入百什件一类[7]。为方便陈设，盘、碗、盆、罐专门配制架、座[8]。部分乾隆本朝制作的填漆器除了刻年款外，造办处也会根据纹饰内容镌刻名色签[9]。尽管在一定程度上展现了皇帝的喜爱态度，但档案中似乎并未提及有任何填漆器皿归入乾清宫古上等、古次等、时做上等、时做次等，个中缘由值得进一步探讨。

1　例如乾隆十年四月初十日，太监胡世杰交白玉龟鹤方镶嵌一件等，传旨:“着拣选，配装填漆箱内用。”参见前揭《总汇》第 13 册“匣作”，第 637 ~ 642 页。

2　例如乾隆十年三月三十日，司库白世秀将画得册页匣样一件、手卷匣样一件持进交太监胡世杰呈览，奉旨:“准做汉纹番花样，匣子做填漆，在京内漆做。再，有画二轴，俟交出时亦照此匣样做填漆匣。钦此。”于五月二十九日司库白世秀将漆得糙漆手卷匣一件、册页匣一件各随合牌画匣样，并木胎画匣一件持进交太监胡世杰呈览，奉旨：“手卷匣、册页匣着做二样花纹，其画匣上着另画一样呈览，准时再做。钦此。”于六月初一日司库白世秀将做得楠木匣画夔龙式样持进交太监胡世杰呈览，奉旨：“照样准用填漆做。钦此。”参见前揭《总汇》第 13 册“匣作”，第 633 页。

3　例如乾隆四十四年四月二十七日，将苏州送到填漆圆盒二件等持进交太监胡世杰呈览，奉旨：“填漆圆盒装念珠，交四执事带往热河。”参见前揭《总汇》第 42 册“记事录”，第 500 页。

4　例如乾隆十三年六月十七日，太监胡世杰交填漆匣一件（随各式玉图章十六方），传旨：“着配二层屉盛装，钮要一般平。配一底屉装折子一件，先做样呈览。钦此。”参见前揭《总汇》第 16 册“匣作”，第 325 页。

5　例如乾隆三十八年五月初三日，太监胡世杰交填漆罩盖匣一对（内各盛五色墨五锭），传旨：“着配糊蓝绫杉木屉板，将墨安稳。”参见前揭《总汇》第 36 册“匣裱作”，第 560 页。

6　例如乾隆五十五年五月初五日，太监厄勒里交五彩填漆罩盖长方匣一件（内盛扇子十把，蓝绫屉）、五彩填漆罩盖长方匣一对（内各盛扇子六把，蓝绫屉），传旨：“将蓝绫屉有参差不齐处找补糊饰好。”参见前揭《总汇》第 52 册“匣裱作”，第 296 页。

7　例如乾隆三十一年四月初五日，太监胡世杰交填漆手卷册页盒一对，传旨:“着入百什件。”参见前揭《总汇》第 30 册“百什件”，第 349 页。

8　例如乾隆九年四月二十三日，将填漆小罐一件配得高丽木座。参见前揭《总汇》第 12 册“木作”，第 459 ~ 461 页。

9　例如乾隆五年二月初七日，太监毛团交填漆四方入角盒大小三对、填漆海棠式盒一对、填漆腰圆盒一对、填漆圆盒大小七对、填漆菊瓣盒一对、填漆长方入角盒五对、填漆方胜盒一对、填漆菱花盒一对、填漆六寸盘十四件、填漆菊瓣七寸盘一对、填漆菊瓣大盘一对、填漆菱花大盘一对、填漆八方大盘一对、填漆方盘一对、填漆长方盘大小二对、黑漆深雕爱月云盘一对、红雕漆桃式盒一对、朱漆深雕葵花盘一对、红雕漆四方双龙盒一对、朱漆深雕龙凤盘一对、红雕漆江崖海水腰圆盘一对，传旨：“着照盘内花样、盒外花样，按其名色，酌量底子、地杖俱刻签子，应刻何处，先贴样呈览，准时再刻。于本月十三日七品首领萨木哈、催总白世秀将填漆盒、盘三十四样俱按花样贴得名色签子，”持进交太监毛团呈览，奉旨：“准照贴的签子名色镌刻。”参见前揭《总汇》第 9 册“油作”，第 460 页。

（四）其他

除了脱胎漆、雕漆、填漆，苏州织造从乾隆九年（1744年）开始陆续为宫廷制作过单色漆[1]、金漆[2]、彩漆[3]、洋漆[4]等，尽管每次成做的数量有限，毕竟展现了宫廷对苏州漆匠多方面的需求。

二　苏州织造改做的漆器

皇帝旨令苏州织造改做的主要是填漆器。根据上引（表一），这项工作始于乾隆三年（1738年），在乾隆二十四年（1759年）以前主要由造办处承担[5]，乾隆三十年（1765年）以后则在皇帝确定样款之后，全部发到苏州完成。

改做填漆器的方法主要有两种，其一是改做纹饰。例如：

> 乾隆十六年十二月初四日，太监胡世杰交填漆圆盒一件，传旨："着交图拉用旧胎骨，照寿春盒花样，仍做填漆，将子口合严，底刻'大清乾隆年制'。钦此。"

于十七年十二月二十六日员外郎白世秀将苏州织造做得送到寿春盒一件（随蓝册一件）持进交太监胡世杰呈进讫。[6]

1　例如乾隆十八年十月十三日，笔帖式福宁持来太常寺汉字文一张，内开为太常寺公务事准会典馆奏准先师孔子庙应添祭器一案，相应抄录粘单移咨贵府，遵照会典馆原奏办理，等因启怡亲王准行，遵此回明内大臣海望、承恩公德保、总管西宁、白世秀准行。记此。于十九年二月初四日苏州织造安宁送到红漆边里竹篚二件，于本月初五日交国子监典簿白宁领去讫。参见前揭《总汇》第19册"苏州"，第426页。

2　例如乾隆二十七年正月初十日，将青玉象一件上做得挑杆木样，画得联纸样，持进交太监胡世杰呈览，奉旨："将杆子放粗些，并楼子、挑头、仙人杆子俱做金漆的，其宝盖、刷子联俱做缂丝的，做准样着色，发往苏州安宁处成做。钦此。"参见前揭《总汇》第27册"行文处"，第335页。

3　例如乾隆四十三年七月十一日，太监厄勒里交彩油八仙人八件、彩油福禄寿仙人三件、彩漆莲瓣托盘一件，传旨："仙人脸像形势样款不好，着交同德带去交与舒文，仍用旧胎骨另改做，照莲瓣托盘上漆水一样重漆见新，照样再成做一份，各随银镀金杯，得时交宁寿宫。钦此。"参见前揭《总汇》第41册"行文"，第412页。

4　例如乾隆四十八年二月初八日，太监厄勒里交洋漆扇式三层提梁盒一件（少盒盖一件），传旨："着发往苏州配做盒盖一件送来。"参见前揭《总汇》第46册"行文"，第633～634页。

5　例如乾隆四年二月初四日，太监毛团等交填漆小柜一件（内盛什锦扇一百柄），传旨："着将填漆柜另漆，先画样呈览，准时再做。钦此。"于七月三十日首领李久明将画得紫漆地画五彩云龙雕漆戗金纸样一张交太监毛团、胡世杰、高玉呈览，奉旨："扇箱五面俱照此准做。"参见前揭《总汇》第9册"油作"，第155页。

乾隆十三年八月十七日，太监胡世杰交黑漆描金花炕桌二张、黑漆炕桌一张，传旨："将描金花炕桌着漆填漆，其黑漆炕桌着漆黑漆。"参见前揭《总汇》第15册"油作"，第649页。

6　前揭《总汇》第18册"苏州"，第417页。

乾隆三十一年二月二十九日，太监胡世杰交雕填漆三足圆盘一件（奉三无私），传旨：“将盘内八角花纹改做六角，先画样呈览，准时发往苏州，用旧胎骨照样漆做，仍要‘大明宣德年制’款。钦此。”

于三月初一日催长四德、笔帖式五德将雕填漆三足盘内贴得改画六角花纹纸样，持进交太监胡世杰呈览，奉旨：“准发往苏州，仍用旧胎骨照样另漆做。钦此。”[1]

其二是利用原有漆器品种的胎骨，改做填漆花纹。例如：

乾隆二十四年三月初九日，太监胡世杰交填漆方匣一件、彩漆匣三件、影子木方匣一件（东暖阁），传旨：“着交安宁，将填漆匣一件照旧从漆见新。彩漆匣三件仍用旧胎骨，照填漆方匣一样改做填漆，其花样酌量，匣里不必动。再照影子木方匣大小另做填漆匣一件，一并送来。钦此。”[2]

改做雕漆器的材料比较少，全系交苏州完成。见于《总汇》的有两种改法。一种是改做花纹[3]，另一种是添配零件，重新组合[4]。

除此以外，苏州还曾先后承担过描金漆[5]和仿洋漆[6]的改制工作。

1　前揭《总汇》第30册“行文”，第332页。

2　前揭《总汇》第24册“行文处”，第616页。

3　乾隆二十一年五月二十六日，员外郎白世秀、金辉将百什件内存库贮雕漆盘三件、填漆盘二件、填漆盒二件持进安在奉三无私呈览，奉旨：“着交安宁，仍用旧胎服，原雕漆者仍做雕漆，填漆者仍做填漆，要寿春宝盘花样，刻‘乾隆年制’款。钦此。”参见前揭《总汇》第21册“行文”，第765页。

4　例如乾隆四十七年十二月二十三日，太监厄勒里交红雕漆入角高装盒一件（王杰进，计九屉，内八屉各盛十二候册页一册，一屉盛汉青玉素璧一件），传旨：“将盛册页屉八件内另配合牌屉板，仍用原旧蓝绫糊饰，其盛玉璧屉撤下，并雕漆屉俱变价。钦此。”于四十八年正月二十三日将红雕漆高装盒一件连盒底共计九屉内，除盛玉璧屉一件原撤下变价，其余八屉内各盛十二候诗册页一册，另配得合牌屉板，用原旧蓝绫糊饰呈览，奉旨：“盒屉八屉分四屉，随盖，内各盛册页二册，余剩四屉用三屉发往苏州配盒底一件、盒盖一件，得时与册页盒配成一对，其余一屉并变价一屉再伺候呈览。钦此。”于二十四日将红雕漆屉一件并变价红雕漆屉一件、汉青玉璧一件呈览，奉旨：“将雕漆屉二件俱发往苏州添做盒底、盒盖，配成幢盒一件，其雕漆颜色要与旧雕漆屉颜色一样，汉青玉璧仍交崇文门变价。钦此。”于四十九年正月二十九日苏州送到配盒底、盒盖红雕漆盒三件，呈进交香山一件、万寿山二件讫。参见前揭《总汇》第45册“行文”，第420～421页。

5　乾隆十三年闰七月初四日，太监胡世杰交红漆描金菱花盒一件，随填漆图书匣一件，传旨：“照图书匣盖上的狮子，着画在菱花盒盖上，身上的花纹亦画在盒的身上，照图书匣上花样交南边照样漆做。”参见前揭《总汇》第16册“苏州”，第187页。

6　乾隆四十一年二月十五日，太监胡世杰交一面玻璃螺钿漆钟架一座（万寿山）、二面玻璃螺钿漆钟架二座（圆明园），传旨：“着发苏州，将螺钿漆刮去，用旧胎骨另漆黑漆画金花，要仿洋漆做法。”参见前揭《总汇》第39册“行文”，第491页。

三　苏州织造收拾见新的漆器

漆器的收拾见新工作可以具体分为擦抹（包括打磨、刷洗）、另漆里（底）、磕（裂）处粘补三类，其中擦抹的难度最低，粘补漆器磕（裂）处要求的工艺技术水平最高。根据档案记载，苏州织造负责收拾的漆器主要是雕漆和填漆。

（一）雕漆器

依据表二可以发现，造办处和苏州尽管都是从乾隆三年（1738 年）开始承担收拾宫廷雕漆的活计，但乾隆三十年（1765 年）以前，这项工作主要是在造办处完成的。乾隆三十二年（1767 年）以后，收拾雕漆的任务看似由造办处和苏州共同承担，但实际上，难度较高的磕缺修补和另漆里（底）工作大都交给苏州完成。造办处的工作难度则逐渐降低，四十二年（1777 年）以后主要负责比较容易的擦抹（或打磨、刷洗）任务。乾隆三十三年（1768 年）十一月十八日，库掌五德失手将一件雕漆盒损坏，皇帝将五德罚俸六个月，雕漆盒交造办处收拾。三天后，皇帝又下旨，将未收拾完的雕漆盒带到苏州修补[1]。由此可以推断，三十二年（1767 年）以后，乾隆皇帝似乎更加信赖苏州当地工匠的修补手艺。

表二　《总汇》所见造办处与苏州收拾雕漆活计比较表

	造办处	苏州
乾隆三年	龙凤雕漆八方渣斗 1 另漆底；剔红盒 1 罩漆见新雕漆圆盒 1、剔红香几 1 粘补；雕漆盒 1、盘 2、剔红盒 6、剔黑盒 1、盘 1、剔红盒 9、盘 17、香几 1、雕漆盒 1 收拾；剔红圆盒 2、雕漆盒 3、盘 1 进裂处收拾	雕漆兽面花瓶 1、盘 10、盒 2 收拾
乾隆七年	雕漆盒 1 收拾见新	
乾隆十三年		剔黑砚匣 1 用旧胎骨另见新
乾隆十四年		雕漆圭式盒 1 不齐全处收拾
乾隆十八年	雕漆圆盒 1 擦抹；剔红长方盘 2 磕处收拾	

1　参见前揭《总汇》第 31 册“匣作”，第 654 ～ 657 页。

	造办处	苏州
乾隆十九年	剔红双圆盒 1 磕处收拾；剔红香几 1 对面磨平，漆素漆；剔红圆盒 1 擦抹	
乾隆二十年	剔红圭式盒 1 盒里磨去另漆；红雕漆地黑雕漆花长方盒 1、剔紫长方盒 1、剔黑高装圆盒 1 擦抹或打磨	
乾隆二十一年	剔红如意 1 刷洗见新；雕漆戗金三屏风 1 收拾	
乾隆二十二年	剔红圆盒 2 擦抹	
乾隆二十三年	剔红圆盒 1 刷洗见新	
乾隆二十五年	剔红圆盒 1 另漆里，口迸裂处未收拾	
乾隆三十年	剔红经匣 2 粘补收拾	
乾隆三十二年	剔红长方罩盖匣 1 磕崩处粘补收拾	剔红盒 1 连子口满漆黑漆，里外红漆不必动
乾隆三十三年	雕漆圆盒 1 漆裂处粘补；剔红海棠盒 1 磕处粘好；雕漆四层盒 1 刷洗	剔红圆盒 1 另漆黑漆里，磕崩处不必动；剔红圆盒 1 另漆黑漆里；剔红罩盖扇匣 1 不齐全处收拾齐全；雕漆圆盒 1 损坏处收拾（先命造办处收拾）
乾隆三十五年		红漆地黑雕漆圆盒 1 将盒里坏处收拾好，外面磕处不必动；剔红圭璧数珠盒 1 黑漆里另漆见新，外面雕漆磕崩处粘补收拾，“要像新的一样”
乾隆三十六年		剔红经匣 1 伤损之处收拾齐全
乾隆三十七年	剔红碗 1 金里、金底坑凹不平处收拾好；剔红痰盒 1 缺处收拾	
乾隆三十八年	剔红盒漆里	
乾隆四十年	剔红痰盂 1 补漆；剔红圆盒 4、剔红八方盒 1、长方盒 4、圆盒 2、箱 1、剔红小圆盒 5 刷洗	剔红圆盒 1 口底磕处收拾好，“务要随旧”；剔红箱 1 对将箱上下黑漆边线并箱里从漆见新
乾隆四十一年		剔红圆盒 1 盒里另漆饰；嘉靖款黄漆地红绿雕漆龙凤碗 3 另漆黑漆里；嘉靖款红雕漆圆龙碗 2 另漆黑漆里；雕漆斗 1 另漆里

	造办处	苏州
乾隆四十二年	剔红盒1擦抹（子口缺漆处似乎未动）；剔红圆盒1子口收拾严	红雕漆盘1擦抹，盘底裂缝处收拾；剔红福禄寿圆盒1裂缝处随旧意收拾好，盒里重漆见新；剔红龙凤长方盒1里底从漆见新，盒面龙爪不齐全处随旧意添补齐全；嘉靖款剔红二龙捧寿入角方盘1盘底黑漆重漆见新；宣德款剔红龙纹圆盒1、嘉靖款单龙捧“圣”圆盒1盒里并底足黑漆重漆见新
乾隆四十三年	剔红提梁匣底1对线缝红绿雕漆长盒1、剔红圆盒1、圆盒1盒里擦抹或打磨；剔红砚盒盖1盖里讹字磨平补漆	
乾隆四十四年	雕漆盒2、雕漆腰圆盘1、剔红圆盒4、剔红圆盒1对、剔红圆盒4对、剔红圆盒1盒里擦抹、打磨或刷洗	雕漆寿春圆盒1对、楼台殿阁圆盘1、圆盒1盒里、盒底、盘底重漆见新，裂缝处收拾好；雕漆腰圆盘1盘口边另漆黑漆，“要与盘里外旧漆颜色一样”；剔红西番花长方罩盖匣1里底另漆黑漆；剔红圆盒1盒里重漆，磕处收拾好；剔红人物圆盒1子口黑漆里重漆，圆盒4盒里打磨
乾隆四十五年	剔红盒55、雕漆盒25、盘2、剔红盒5对打磨或擦抹	红雕漆小盒3照旧漆颜色、花样，将损坏处收拾；剔红圆盒1口沿损坏处收拾好；剔红圆盒1对盒里重漆见新
乾隆四十六年	剔红圆盒1、剔红圆盒6、剔红盒10、剔红圆盒2、剔红小圆盒4、剔红小圆盒6、剔红盒3、剔红圆盒3打磨、擦抹；剔红圆盒1磕缺收拾好	
乾隆四十七年	剔红菱花盒1、雕漆长方盒1、剔红圆盒1、圆盒34、圆盒1、长方盒1、剔彩圆盒1、长方盒1、人物长方盒1、圆盒1、圆盒3、剔黑盒1、雕漆圆盒1、梅花盒1打磨或擦抹；剔红茶盅金里收拾平；剔红盅子2磨金漆，镶金里；剔红梅花式刻诗盘1刮漆另漆黑漆	剔红人物长方盒1磕缺处收拾好，另漆黑漆里剔红云龙长方盒1磕缺处收拾好；红雕漆盘1不齐全处收拾好；剔红云龙大圆盒1不齐全处收拾好

	造办处	苏州
乾隆四十八年	剔红圆盒1、长方盒1、小圆盒5、入角方盘1、云龙长方盒1、圆盒4、入角长方盒1对、小圆盒5、长方盒2、四方盒1、各式盒25、长方盒1、八仙庆寿高装盒1、长方盒1、长方盒1、圆盒1、圆盒1、八方盒1、长方盒1、人物长方盒1、圆盒1、雕漆圆盒1对、嵌玉剔红小插屏1、剔黑圆盒1、八方盒1对擦抹或打磨；剔红诗意盅4磕缺处收拾好；剔红嵌玉字诗意菱花盒盖2玉字起下补漆；剔红圆盒1磕崩处粘好	剔红长方罩盖盒1、剔红地米色雕漆花纹柜1外面花纹磕缺处收拾好；剔红人物长方盒1盒外磕缺处随旧意花纹找补收拾齐全，其盒里另漆素黑漆；红雕漆地黄龙金漆里碗2另漆黑漆里；剔红二龙戏珠纹插盖匣1匣、盖务要想法收拾一般大，其开裂磕缺处俱收拾好；剔红大圆盒1、剔紫小圆盒1外面磕缺处随旧意收拾好，另漆黑漆里
乾隆四十九年	剔黑八仙圆盒1、高装盒1、圆盒1、三层长方盒1、长方盒1、方盒1、剔紫圆盒1、圆盒1、剔红圆盒1、金地圆盒1、圆盒2、圆盒1、长方盒1、文具1、小圆盒9、圆盒1、剔彩圆盒1、圆盒1擦抹或打磨；嵌玉剔红二层入角方盒1磕缺处收拾好	剔红圭璧念珠盒1磕缺处俱依旧意补好，不必见新； 红雕漆方柜1裂缝收拾好
乾隆五十年	剔红长方盒1、圆盒2、嵌玉字剔红入角方盒1对、剔红入角长方大盒1擦抹或打磨	剔红人物长方盒1对磕缺处收拾好；剔红盆景4对收拾；剔红四方入角盘1另漆底；剔红圆盒1缺处补好
乾隆五十一年	黑红雕漆长方盒1擦抹	剔红大碗1磕缺处收拾，碗里、底足重漆；剔红人物长方盒1对磕缺处收拾
乾隆五十二年	剔红龙凤圆盒1对、红雕漆地黑漆花长方盒1、剔红二层长方盒1、剔红长方盒1擦抹或打磨	雕漆瓶1颜色收拾一致；绢花剔红盆景4对收拾见新
乾隆五十三年	剔红长方盒1、圆盒1擦抹	剔红万寿长春碗1缺漆处找补收拾好；剔红手卷匣2缺漆处补好
乾隆五十四年	剔红小圆盒4、剔红大圆盒1擦抹；剔红松竹梅圆盒1对、人物圆盒1对、荔枝小圆盒1对、牡丹小圆盒1擦抹，内永乐款刮去补漆	
乾隆五十五年	剔红二层长方盒1、小长方盒1、小圆盒1、高装葵花盒1、盘3、剔黑靶碗2擦抹	剔红二层长方盒1将中间并下层空屉板拆下，另落底安整底板；剔红高装葵花盒1盒里另漆，盒面磕缺处随旧色补好
乾隆五十六年		剔红手卷匣2改刻签子收拾

这种信赖还表现在有时命苏州“修旧如旧”[1]，有时则命其“修旧如新”[2]，类似的要求似乎从未向造办处工匠提出过。乾隆四十五年（1780年），油木作副催长保恩失手将小旧雕漆盒三件磕损，灰头漆水脱落数块，盒身间有损裂，因“京中匠役不能收拾”，发交苏州，照旧漆颜色、花样，将损坏处收拾妥协[3]。由是观之，至迟在乾隆四十五年（1780年），造办处匠役修补雕漆器的技术已经比较差了。乾隆十四年（1749年），皇帝传旨将雕漆圭式盒一件发往苏州，盒上不齐全处收拾，再照此盒样另往细致里做二件一同发来[4]。乾隆三十三年（1768年）传旨，将红雕漆罩盖扇匣交苏州，将匣签上“湖”字添配两点，有不齐全处粘补收拾，再照样配做红雕漆匣一件[5]。乾隆四十一年（1776年）下令将内库收贮的嘉靖款黄漆地红绿雕漆龙凤碗三件发往苏州，碗里另漆素黑漆，得时先送二件来，留一件照样成做四件，刻乾隆款[6]。从以上三例可以看出，当时发往苏州收拾的雕漆器还具有做样的用途。

（二）填漆器

表三 《总汇》所见乾隆朝造办处与苏州收拾填漆活计比较表

	收拾见新（造）	收拾见新（苏）
乾隆五年	填漆围屏1粘补收拾好	
乾隆六年	填漆宝座1换托泥，上身粘补收拾；填漆六方画片灯1对添挂络，收拾见新	
乾隆七年	填漆宝座1收拾；四方盒1名色签重填金；圆盘1收拾；填漆杌子4粘补收拾；填漆火盆架2收拾见新	

1　乾隆四十年十月二十日，太监胡世杰交红雕漆圆盒一件（底口有粘），传旨：“将盒里擦抹好呈览。”于二十四日将红雕漆圆盒一件是将盒里擦抹好，因口底俱有磕处，持进交太监胡世杰呈览，奉旨：“着发往苏州，交舒文将磕处收拾好送来，务要随旧，如不能合式，着发回声明前来。”参见前揭《总汇》第38册“行文”，第658页。

2　乾隆三十五年十一月二十日，太监胡世杰交红雕漆圭璧盒一件（黑漆里坏，外面雕漆有磕处，是装念珠用），传旨：“着交萨载带去，将黑漆里另漆见新，外面雕漆有磕处粘补收拾，要像新的一样。”参见前揭《总汇》第33册“行文”，第533页。

3　参见前揭《总汇》第44册“行文”，第13～15页。

4　参见前揭《总汇》第16册“苏州”，第775页。

5　参见前揭《总汇》第31册“行文房”，第732～733页。

6　参见前揭《总汇》第39册“行文”，第515页。

	收拾见新（造）	收拾见新（苏）
乾隆八年	旧填漆桌 1 照旧花样从漆见新；黑漆地勾填彩漆道三屏风 1 收拾见新	
乾隆九年	长方高桌 1 粘补见新；波罗漆高桌 8 粘补收拾	
乾隆十五年	填漆香几 2 收拾见新	
乾隆十七年	填漆案 1 另漆见新	
乾隆十八年	波罗漆面紫檀炕案 1 对补漆	
乾隆二十二年	雕填漆入角方盒 1 收拾擦抹	
乾隆二十三年	填漆圆盒 1 粘补收拾	
乾隆二十四年		填漆方匣 1 重漆见新
乾隆二十六年	雍和宫香几粘补收拾	
乾隆二十九年	填漆宝座 1 扫金罩漆；填漆杆座一面鸾翎掌扇 1 对见新	
乾隆三十年	填漆杆架鸾翎掌扇 1 对粘补收拾	
乾隆三十三年	菱花盒 1 刷洗	牙花填漆盆景 4 收拾
乾隆三十八年	高装盒 1、三层方盒 1 擦抹出亮	
乾隆四十年	方墨盒 1 擦抹收拾	
乾隆四十一年		紫檀波罗漆方盒 1 对漆水爆裂处收拾
乾隆四十七年	供桌 1 漆水磨蹭处收拾；圆盒 2 擦抹；黄漆雕填云龙膳桌 2 收拾	填漆入角方盒 1 对盒里另漆，缺处补好
乾隆四十八年	菊瓣盒 1、圆盒 1 打磨	
乾隆五十年	二层圆盒 1 擦抹	填漆长方罩盖扇匣 1 将匣盖上字签刮去，匣签本身漆水花纹照样另漆，务要随旧色，匣底上年款亦刮去，另漆素黑漆

如果仅仅凭借表一，可能会认为乾隆朝对宫廷御用填漆器的各种收拾工作几乎完全由造办处承担。仔细分析表三后则会发现，迟至在乾隆二十四年（1759 年），苏州才第一次奉旨收拾填漆器，当时送修的方匣还具备做样的功能[1]。但乾隆四十年（1775 年）以后，难度较高的修补、漆里工作常常交由苏州完成，这一点同雕漆的情况极为相似，也从另一个角度证明了苏州当地的填漆水平逐渐获得了皇帝的认可。

1　乾隆二十四年三月初九日，太监胡世杰交填漆方匣一件、彩漆匣三件、影子木方匣一件，传旨："着交安宁，将填漆匣一件照旧从漆见新，彩漆匣三件仍用旧胎骨照填漆方匣一样改做填漆，其花样酌量，匣里不必动。再照影子木方匣大小另做填漆匣一件，一并送来。"参见前揭《总汇》第 24 册"行文处"，第 616 页。

除此以外，乾隆皇帝还曾旨令苏州织造收拾梅李戳灯[1]、彩油八仙人、福禄寿仙人[2]等，唯数量很少。

四 乾隆朝诏令苏州成做宫廷御用漆器活计的原因试析

根据档案记载，雍正年间宫廷御用的各类漆器除了前朝遗留外，大部分由造办处制作，地方进贡者极少[3]，收拾修补工作完全由造办处承担。乾隆三十年（1765年）以后，无论宫廷缺乏专业匠役的雕漆，抑或雍正朝曾经多次制作过的脱胎漆和填漆，甚至包括个别彩漆和仿洋漆作品，画（做）样后皆陆续发往苏州完成。难度较高的漆里（底）和补漆工作也逐渐由苏州织造承担。苏州俨然成为造办处以外最大的宫廷御用漆器生产及维护中心。为什么会发生如此重大的转变？

乾隆十年（1745年）三月，皇帝曾感慨"（造办处）南匠所食钱粮比官员俸禄还多"[4]。同年六月，内大臣海望在奏折中说，"京内匠役不敷用，需外雇匠，一时不得巧手之人，工价甚大。南边巧手之人甚多，工价亦小"，皇帝听后准许其将象牙缨络带到南方成做[5]。乾隆三十三年（1768年）制作《甘珠尔经》时提到："经上雕朱漆填金经板二百十六块如在造办处成做，所需钱粮较费，且活计不及苏州漆饰精细节省，请将经板并经帘等俱行苏州织造处成做。"[6]由以上三条直接或间接的证据，并结合上文从制作、改做、收拾见新三个方面论述的乾隆对苏州漆艺水平的逐渐认可，我们认为促成这种重大转变的原因有二：一是苏州当地工匠的技艺较造办处高超，日益得到皇帝的认可；二是工价低于京城。

此外，乾隆三十四年（1769年）的一条彩漆制作档案也可以引作旁证。

> 乾隆三十四年四月二十日……将画得花神庙雕各样花卉彩漆供桌样一张交太监如意呈览，奉旨：如京内做不免糙，交扬州做。其五供亦要各样花卉画彩漆，

1 乾隆二十一年正月十三日，太监胡世杰交梅李戳灯一对，传旨："灯身座子漆水俱有爆裂处，着交苏州织造安宁收拾好。"参见前揭《总汇》第21册"行文"，第761页。

2 乾隆四十三年七月十一日，太监厄勒里交彩油八仙人八件、彩油福禄寿仙人三件、彩漆莲瓣托盘一件，传旨："仙人脸像形势样款不好，着交同德带去，交与舒文，仍用旧胎骨另改做，照莲瓣托盘上漆水一样重漆见新，照样再成做一分，各随银镀金杯，得时交宁寿宫。"参见前揭《总汇》第41册"行文"，第412页。

3 雍正七年十月二十一日，江宁织造隋赫德进沉香天然万年福禄一座、金漆万寿鼎案一件、仿洋漆万国来朝万寿围屏一座、雕漆五龙宝座一张（锦褥全分）、仿洋漆甜香炕椅靠背一座、仿洋漆云台香几二张、仿洋漆百步灯四架等。参见前揭《总汇》第4册"记事录"，第199～200页。

4 参见前揭《总汇》第13册"记事录"，第530页。

5 参见前揭《总汇》第14册"玉作"，第20页。

6 参见前揭《总汇》第30册"造经处"，第581～590页。

着造办处画样呈览。钦此。

……于本月二十五日库掌五德等将画得花神庙各样花五供纸样三张随晚活交太监胡世杰呈览，奉旨：将此纸样三张暂收贮，俟积厚送到花神时定准尺寸，另画样呈览。钦此。

于六月初二日库掌四德等将按供案尺寸放大，画得炉高九寸，径过八寸，花瓶高一尺一寸，径过五寸二分，蜡台高一尺一寸，径过六寸，五供纸样三张，随花、蜡并原准过着色五供纸样三张，交太监胡世杰呈览，随交出合牌着色案样一件（上贴尺寸黄签），奉旨：准照大样五供尺寸，按着色纸样花纹，并按样，俱交苏州成做彩漆五供一分，随彩漆花、蜡、供案一张。钦此。

于本年十一月十二日库掌四德等将苏州送到彩漆供桌一张随五供一分交太监胡世杰呈进，交花神庙安供讫。[1]

雍正至乾隆早期，在造办处应役的彩漆匠主要来自扬州[2]。到乾隆三十四年（1769年），皇帝尽管觉得造办处的彩漆手艺粗糙，提出交由扬州当地工匠制作的设想，但彩漆供桌和五供的纸样画好后，却改为发往苏州成做。我们似乎可以推测，此时苏州的彩漆水平较之扬州还要高一些。

原载《故宫博物院院刊》2011年第4期

1　参见前揭《总汇》第32册“行文房”，第617页。

2　乾隆三年内大臣海望关于挑补造办处匠役的奏折中讲道：“臣查得造办处珐琅等各作房之南匠从前俱是广东、江西、苏州等处钞官及织造官员拣选好手匠人送赴来京应艺。今经数年，各行南匠内有年老病故者，亦有告退回家者，其缺尚未挑补，至现有之南匠不敷应用。臣按各作原有及缺少未补并酌拟应行添补南匠数目，另缮清单一并恭呈御览，伏候命下臣将应添补之画珐琅匠六名、轮子匠一名、广木匠三名寄字与海关郑武塞；漆匠二名寄字与淮关唐英；镶嵌匠一名、木匠三名、砚匠一名、画样人一名、大器匠五名寄字与织造海保，令其拣选好手匠人送赴来京，以供应艺。”（参见前揭《总汇》第8册“记事录”，第256页）从传世的雍正漆器看，大都是黑漆描金和彩漆作品，因此，乾隆三年命扬州拣选的漆匠似乎主要成做这两类漆器。

清宫造玻璃器综论

张　荣

内容提要：故宫博物院藏古代玻璃器4000余件，从战国到明清几乎不间断，尤以清代占比例最大，约占全部玻璃器藏品的90%，其中绝大部分藏品为传世品。清宫玻璃器由造办处玻璃厂制作，代表了清代玻璃制作工艺的最高水平。本文结合史料、档案和玻璃实物，对造办处玻璃厂制作的玻璃进行了概括与论述。

关键词：造办处　玻璃器　制作工艺

考古资料表明，中国古代的玻璃制造工艺始于西周时期，历经绵延不绝的2000年，至清代发展到顶峰，成为古代玻璃史上的鼎盛时期。故宫博物院藏古代玻璃器4000余件。从藏品的时代上看，战国到明清几乎不间断。其中绝大部分藏品为传世品，尤以清代玻璃制品所占比例最大，约占全部玻璃器藏品的90%。清代玻璃器又分宫廷制造与民间制造两大系列，宫廷玻璃器占其中的3/4，它由造办处玻璃厂按照皇帝的谕旨为皇家制作，代表了清代玻璃制作工艺的最高水平。有清一代从康熙皇帝玄烨到末代皇帝溥仪，内务府官办作坊——造办处玻璃厂从未停止玻璃的制造与生产。本文旨在结合史料、档案和珍贵的玻璃实物，对清代内廷造办处玻璃厂制作的玻璃进行概括与论述。

一　内务府造办处玻璃厂

内务府是清代管理皇宫禁室事务的机构，以七司三院为主干，造办处是内务府的下属机构之一。造办处具体建于何时，各种官家史书的记载略有出入，主要有康熙十九年（1680年）之说[1]和康熙三十年（1691年）之说[2]。记载比较多的是，造办处初

作者：图书馆，研究馆员。

1 《钦定大清会典事例》卷千一百七十三，“武英殿修书处”条。

2 《钦定日下旧闻考》卷七十一，第2292页，官署。

设在养心殿，后移至慈宁宫，习惯上仍称为“养心殿造办处”。“初制，养心殿设造办处，其管理大臣官员无定额。三十年奉旨，东暖阁裱作移在南裱房，满洲弓箭匠亦留在内。其余别项匠作俱移出在慈宁宫茶饭房做造办处。”[1]“造办处掌成造诸器用之物。康熙三十年，以慈宁宫茶饭房一百五十有一楹为造办处。四十八年，复增白虎殿后房百楹。”[2]造办处是专门负责制造、修缮和存储帝后及宫廷需用的各项器物的机构。为了具体承办制造、修缮各项器物，造办处内又分为不同的“作、处、厂”。造办处成立之初并未设玻璃厂。玻璃厂是在康熙三十五年（1696年）建立的，“三十五年奉旨设立玻璃厂，隶属于养心殿造办处，设兼管司一人……四十九年，设玻璃厂监造二人”[3]。玻璃厂不过是造办处内数个作坊之一，专门为皇室成员制作御用玻璃，位于西安门的蚕池口。为了满足皇家对玻璃器的大量需求，雍正年间在圆明园六所又建立了新的玻璃厂。北京夏天炎热，熔炉前工匠无法操作，故玻璃厂每年“八月开窑，五月止窑”。

玻璃厂的建立是康熙皇帝重视玻璃制作的具体体现，西方传教士的直接参与为清宫玻璃厂的玻璃制作提供了技术上的保证。康熙皇帝玄烨是清代皇帝中与传教士接触最多，愿意学习西方科学技术的一代君主。南怀仁、白晋、张诚、闵明我、徐日昇等传教士都先后在宫中讲授科学技术。康熙敕命建造的玻璃厂是在德国传教士纪里安（Kilian Stumpf）指导下进行的，康熙三十五年开始筹建，康熙三十九年（1700年）已建成[4]。纪里安可谓玻璃厂创建的关键人物。美籍学者艾美丽女士（Emily B.Curtis）利用罗马天主教会的档案，整理爬梳，发表了多篇有关玻璃厂早期外籍传教士活动的文章[5]。艾美丽女士的研究成果对我们了解玻璃厂建立前后的情况非常重要，艾氏文章中指出：“康熙三十四年，纪里安奉召赴京，留居法国神父居所，即西安门内蚕池口之天主堂。康熙三十五年，洪若翰致函法国。10月17日函：我们的居所正在制造玻璃。10月31日函：由于神甫的缘故，皇上正于我们居所旁的一幅大地方上建造玻璃厂，乞请由我们法国玻璃厂中选派一位或两位熟练玻璃工匠来华，以便制造出如同我国的玻璃和水晶，以至镜面釉彩，亦请选派珐琅匠一名。”纪里安，字云风，德国人。1655年9月14日生于巴伐利亚国之维尔坎城的赫尔比波利特斯。1691年出发赴华，1694年抵澳门，1695年到达北京。康熙帝颇器重其才能，每次巡幸辄命之扈从。纪里安1710年至1720年间被授钦天监正职。1720年7月24日殁于京师，是年即康熙五十九年。上述较为详细的史料告诉我们，德国人纪里安主持了清宫玻璃厂的建造。由于人手不足，要求法国选派玻璃匠来华。清宫玻璃厂建立之初，除了外国传教士以外，还有广东和山东的工匠曾在玻璃厂供职。

---

1 《钦定大清会典事例》卷千一百七十三，“养心殿造办处”条。

2 《钦定日下旧闻考》卷七十一，第2292页，官署。

3 《钦定大清会典事例》卷千一百七十三，“养心殿造办处”条。

4 《中国文物报》1998年7月5日第三版。

5 林业强：《清内务府造办处玻璃厂杂考》，《虹影瑶辉》，香港中文大学文物馆，2000年。

图一　玻璃水丞

二　康熙、雍正朝的玻璃工艺

玻璃厂建立后，清代的玻璃制作在皇帝和造办处管理大臣的统一指挥下走上了稳步发展的轨道。中国第一历史档案馆保存的《造办处各作成做活计清档》（以下简称《清档》）是内务府所属造办处记载日常承领各项活计的档案，始于雍正元年（1723 年），迄于宣统三年（1911 年）。《清档》中详细记载了宫廷传旨交办各作——金玉作、匣裱作、珐琅作等制作、承修物品等事项，并记述了月、日，交办人职衔、姓名，传旨内容，以及所做物品完成后由谁领走或进呈等过程。《清档》中记录了雍正元年到宣统三年玻璃厂制作玻璃的情况，它是我们了解和掌握有清一代宫廷制作的玻璃数量、品种、类别的唯一的重要史料。遗憾的是《清档》中唯独没有康熙朝汉文档案，尽管如此，我们仍可从其他散见的文献和流传下来的珍贵玻璃实物来管窥康熙朝玻璃制造的概况。据不完全统计，康熙朝已有单色玻璃、画珐琅玻璃、套玻璃、刻花玻璃和洒金玻璃等品种，雍正朝在此基础上又增加了描金玻璃。

单色玻璃是指用单一颜色玻璃吹制或模制的玻璃器皿。康熙朝的单色玻璃是对清以前玻璃制作工艺的继承与发展。这时期的传世品，过去仅知故宫博物院珍藏一件透明玻璃水丞（图一）。该水丞既是一件单色玻璃，也是一件磨制玻璃。器底正中阴刻“康熙御制”篆书款，玻璃无色透明，质地匀净，仿水晶效果。它是清代早期玻璃器皿的珍贵实物，也是故宫博物院藏康熙款玻璃的孤品。由于传教士参与建造玻璃厂，康熙朝玻璃的制作与风格受到直接影响。此件水丞的形制与中国传统的器物造型不甚相同，其装饰的几何图案采用的是西方有着两千年历史的磨琢玻璃手法。后又得知，香港李先生珍藏一件“西瓜水色”玻璃水丞[1]，水丞的颜色像熟透的西瓜瓤，红润明亮，晶莹剔透，故称“西瓜水色”。器底正中阴刻“康熙御制”篆书款。此水丞造型别致，色彩鲜艳纯正，手感沉重，其款识与故宫珍藏的透明玻璃水丞的款识相同，均用砣玉方法碾成。英国布里斯托尔博物馆珍藏一件豆绿色不透明玻璃水丞，底部阴刻“大清康熙年制”楷书款。这三件署款的单色玻璃器是康熙朝极为珍贵的传世品，除此之外，见于记载的康熙朝单色玻璃器还有蓝色、黄色、雨过天晴色等。

单色玻璃是雍正朝制作数量最多、器型最丰富的品种，也是雍正朝玻璃的主流产品。单色玻璃有“涅玻璃”与“亮玻璃”之分，“涅玻璃”是指不透明玻璃，“亮玻璃”是指透明玻璃。见于雍正朝档案记载的单色玻璃有红色、大红色、亮红色、绿色、涅绿色、豆绿色、淡绿色、松绿色、假松石色、翡翠色、白色、月白色、亮白色、葡萄色、黄色、亮黄色、金黄色、橘黄色、酒黄色、蓝色、涅蓝色、亮蓝色、天蓝色、雨过天晴色、紫青色、天青色、金珀色、黑色、蜜蜡色、琥珀色等30种颜色。如：

> 雍正五年，玻璃厂。五月十六日据圆明园来帖内称，五月十五日郎中海望持出菊花瓣式中心填漆金龙碟一件，底刻大明嘉靖年制。奉旨：到冬令时着烧造玻璃处照此碟款式，不必刻花，或比此样式大些，或比此样式小些，成一桌十五件或二十件，烧做几份，其玻璃色不要一样，每色只做一件。钦此。[2]
>
> 雍正六年三月二十二日据圆明园来帖内称，本月十九日郎中海望奉旨：照先做过的玻璃菊花碟子样收小些再做三十件，烧十五色，每色二件，摆在万字房西一路第七间屋内小洋漆书格上，分摆六落，每落五个。钦此。[3]

这两条档案记录的是仿造同一件器物，表明玻璃厂在雍正五年和六年已经能够制作出15～20种颜色的玻璃器。遗憾的是，当年照样制作的几十件各色菊瓣式玻璃碟迄今尚未发现一件被保留下来，而制作它们的参照物——嘉靖填金菊花瓣式漆碟，至今却完好无损地保存在故宫博物院。

故宫博物院珍藏的雍正朝玻璃器仅有21件，大都是单色玻璃，故宫以外世界各地的收藏数量也不会超过百件。笔者看到的雍正朝玻璃器，主要的是单色玻璃。玻璃颜色有黄色、淡黄色、深黄色、雄黄色、亮蓝色、亮紫色、白色、红色、蓝色、葡萄色等，较之档案记载的颜色要少许多。器型有八棱瓶、直颈瓶、水丞、渣斗、圆盒、罐、尊、花觚、碗、水注等。雍正朝玻璃器的器形端正秀美，棱角分明，线条柔和，玻璃内杂质少，

1 前揭《虹影瑶辉》，第84页图2。

2 《造办处各作成做活计清档》胶片64号，中国第一历史档案馆。

3 《造办处各作成做活计清档》胶片65号，中国第一历史档案馆。

图二　玻璃菊瓣式渣斗

图三　玻璃八棱瓶

质地细腻洁净，器表光滑无瑕，色泽亮丽，色彩娇艳。雍正朝玻璃器的代表作品是黄色玻璃菊瓣式渣斗（图二）、蓝色透明玻璃八棱瓶（图三）、蓝色透明玻璃尊等。

玻璃胎画珐琅是清代首创的玻璃装饰工艺，始于康熙朝，由铜胎画珐琅发展而来。故宫图书馆藏道光十五年七月十一日立《珐琅玻璃宜兴瓷胎陈设档案》中有“康熙款玻璃胎珐琅牡丹蓝地胆瓶一件”的记载，是目前所知康熙朝画珐琅在官方汉文文献中的最早记录，台北故宫收藏一件玻璃胎画珐琅蓝地牡丹纹胆瓶，无论造型还是纹饰均与档案记载相同，遗憾的是没有康熙款。直到20世纪末的1998年，笔者在香港徐氏艺术馆见到一件珍贵的康熙款玻璃胎画珐琅小杯（图四），此杯大小不过盈握，亦可称酒盅，圆形，直口，底略内凹，杯体由白色不透明玻璃制成，外有四个圆形开光，内绘月季、牡丹、菊花及荷花等四季花卉，开光外绘团花，杯底署有蓝色“康熙御制”楷书款，款外有内细外粗的双栏框。杯体残破，业已修复。珐琅颜色包括深红、粉红、淡绿、浅黄、宝蓝等，色彩柔和逼真。其造型与纹饰均属典型的宫廷风格，从成型工艺和珐琅色彩看，已是制作技术比较成熟的作品了。这件器物的出现，弥补了康熙朝玻璃胎画珐琅实物的空白。在此之前，已知最早的玻璃胎画珐琅实物是台北故宫收藏的雍正款绿地竹叶纹鼻烟壶[1]。故宫博物院收藏的玻璃胎画珐琅实物均是乾隆朝制品。那么，雍正朝又制作了哪些玻璃胎画珐琅器？《清档》中有如下记载：

1　张临生：《故宫鼻烟壶》，台北故宫博物院，1991年。

图四　玻璃胎画珐琅小杯

雍正元年，正月初九日，怡亲王交红玻璃烧珐琅油娄式鼻烟壶一件。[1]

雍正五年，珐琅作。闰三月，做得玻璃珐琅鼻烟壶十六个。[2]

雍正六年，珐琅作。七月十二日，做得玻璃胎烧珐琅节节双喜烟壶一件。[3]

雍正七年，珐琅作。四月十七日，郎中海望持出涅白玻璃半地瓶一件。传旨：此玻璃瓶甚好，底子不要浑棱砣平，其瓶身上画珐琅绿竹，写黑珐琅字，酌量落款，章法画样呈览过烧造。再玻璃厂照此瓶烧些。此瓶颜色用别样。好款式的亦烧些，上面或画绿竹，或画红花，或如何落款之处，酌量配合烧造。于四月十二日将涅白玻璃半地瓶上画得绿竹并字款图章呈览。奉旨：竹子甚好，但竹叶略多些，先烧造几件。于六月十二日烧得。[4]

雍正十年，珐琅作。正月初九日，首领萨木哈交涅白玻璃胎泥金地画珐琅花卉水丞一件。传旨：此水丞款式甚好，但口子上白线宽了，改画细些，其周身花卉亦改画好花卉烧造几件。钦此。据柏唐阿、邓八格等奏称，照此水丞仿做过未造成等语，理合声明。[5]

1 《造办处各作成做活计清档》胶片 60 号，中国第一历史档案馆。

2 《造办处各作成做活计清档》胶片 64 号，中国第一历史档案馆。

3 《造办处各作成做活计清档》胶片 65 号，中国第一历史档案馆。

4 《造办处各作成做活计清档》胶片 67 号，中国第一历史档案馆。

5 《造办处各作成做活计清档》胶片 71 号，中国第一历史档案馆。

从上述档案记载看，玻璃胎画珐琅在雍正朝有“玻璃烧珐琅”“玻璃珐琅”和“玻璃画珐琅”等不同称谓。雍正朝玻璃胎画珐琅是由造办处玻璃厂和珐琅作合作烧造的，但制作的数量很少。到雍正十年，皇帝下旨令造办处仿造玻璃画珐琅水丞，却未成功，说明玻璃胎画珐琅制作难度很大。雍正朝玻璃胎画珐琅实物只有台北故宫珍藏的一件竹节式鼻烟壶。此壶作三段竹节形，淡绿色地，绘碧竹二枝，衬以棕色斑纹及蜘蛛两只，底饰灵芝，有楷书“雍正年制”款。竹节和“节节”谐音，蜘蛛寓意“双喜”，即为《清档》中记载的雍正六年（1728 年）制作的“玻璃胎烧珐琅节节双喜烟壶”。

康熙朝玻璃制作工艺的另一创新是套玻璃的烧制成功。所谓“套玻璃”是指由两种以上颜色玻璃制成的器物。其制作方法有两种，一是在玻璃胎上满套与胎色不同的另一色玻璃，之后在外层玻璃上雕琢花纹；一是用经加热半熔的色料棒直接在胎上作花纹。套玻璃是玻璃成型工艺与雕刻工艺相结合的产物，是玻璃制作工艺史上的重要发明。这两种方法制作出的器物均可见凸雕效果，既有玻璃的质色美，又有纹饰凹凸的立体美。清代著名学者赵之谦在光绪六年（1880 年）编撰的《勇庐闲诘》中写道：“时（康乾之时）天下大定，万物殷富，工执艺事，咸求修尚。于是列素点绚，以成文章，更创新制，谓之曰套。套者，白受彩也，先为之质曰地，则玻璃砗磲珍珠，其后尚明玻璃，微白，色若凝脂，或若霏雪，曰藕粉。套之色有红有蓝，更有兼套曰二彩、三彩、四彩、五彩或重叠套，雕镂精绝。康熙中所制浑朴简古，光照艳烂若异宝。乾隆以后，巧匠刻画，远过詹成，矩凿所至，细入毫发，扪之有棱。”[1] 文中详细记述了套玻璃器的制作时间和康熙、乾隆朝的不同风格以及套玻璃的不同种类。实际上，作者记录的应是民间制作套玻璃的情况。由此推断，康熙朝宫廷中已有套玻璃工艺了，因套玻璃工艺是由宫廷扩展到民间的。迄今尚未发现康熙朝的套玻璃器实物。雍正朝造办处档案中有关于当时制作套玻璃器的记载，但仅有几条，如：

雍正三年，玉作。十一月二十八日，太监张进喜交葡萄色八角玻璃鼻烟壶一件。传旨：照样各色烧些来。钦此。于四年二月初十日做得套蓝螭虎鼻烟瓶一对。[2]

雍正四年，累丝作。九月二十三日，太监张玉柱交来套红玻璃人参罐一件。传旨：配金盖。钦此。于十月二十四日配得。[3]

雍正五年，烧造玻璃厂。三月十三日，首领太监李久明、萨木哈持来涅黄套红玻璃小盅一件，五彩缠丝玻璃鼻烟壶一件，涅黄玻璃鼻烟壶二件。奉谕：着交玻璃厂照样烧做。遵此。[4]

1 《勇庐闲诘》，《丛书集成新编》卷四七，第 765 页，台湾新文丰出版公司，1985 年。

2 《造办处各作成做活计清档》胶片 62 号，中国第一历史档案馆。

3 《造办处各作成做活计清档》胶片 63 号，中国第一历史档案馆。

4 《造办处各作成做活计清档》胶片 64 号，中国第一历史档案馆。

从上述仅有的几条档案记载看，雍正朝真正制作的套玻璃只有雍正四年（1726年）做得的"套蓝螭虎鼻烟瓶一对"。而套红玻璃人参罐一件只是配金盖，并没有交代清楚该罐是雍正朝还是康熙朝的器物。而雍正五年（1727年），只记录了怡亲王下令照样烧做，而无制作是否完成的记载。由此可见，套玻璃并非雍正朝玻璃生产中的主要品种，实物尚未发现。所见最早、最多、最精美的套玻璃器则是乾隆朝制品。

从《清档》中可以知晓，康熙、雍正朝还有一种刻花玻璃。

> 雍正三年，玉作。十一月初三日，首领太监程国用持来雨过天晴刻花套杯一套，十二个。雨过天晴素套杯一套，十二个。说太监杜寿传旨：着查问。钦此。随查得雨过天晴刻花套杯系广东匠人程向贵做的，于康熙四十八年正月初八日丁皂宝进的。进的雨过天晴素套杯系家里学手匠人周俊做的，于雍正二年十月二十八日丁皂宝呈进的。海望回过怡亲王，谕：做杯匠人今在何处？随问丁皂宝处。丁皂宝来说，广东匠人程向贵、周俊二人于康熙五十四年四月交巡抚送去讫。于本日，首领太监程国用将雨过天晴杯二套仍持去，交太监杜寿讫。[1]

以上这段珍贵的档案，至少向我们传递了三个信息，第一，康熙朝玻璃厂有来自广东的匠人，并交代了他们离开造办处玻璃厂的时间。第二，雨过天晴套杯有两套，色彩相同，但制作工艺、制作时间、制作人均不同。第三，至少在雍正三年（1725年），这两套玻璃杯仍在清宫收藏。遗憾的是，现在仅能看到文字记载。雨过天晴玻璃是仿柴窑瓷器雨过天晴色烧造的，屡见于雍正朝的档案中。由此不难看出，雨过天晴色深受皇家的青睐。此外，雍正档案中还记录了其他刻花玻璃的制作。如：

> 雍正五年，烧造玻璃厂。正月十六日，奏事太监刘玉、王常贵传旨：先赏蒙古王等曾用过乾清宫清茶房金珀色玻璃杯十八件，刻花白玻璃杯十四件，刻花蓝玻璃杯二十五件。着交烧造玻璃厂处照样补做。钦此。于本日清茶房首领太监李英交来作样玻璃杯五件，遂交玻璃厂领催保寿持去讫。于本年十二月二十六日补做得金珀色刻花玻璃杯十二件，刻花白玻璃杯十件，刻花蓝玻璃杯十件。于六年十二月十九日补做得金珀色刻花玻璃杯六件，刻花白玻璃杯四件，刻花蓝玻璃杯十五件。[2]

这条档案清楚地记录了雍正五年到六年间玻璃厂共补做了57件金珀色、白色、蓝色刻花玻璃杯。香港李先生收藏了一件与档案记载相吻合的金珀色玻璃杯，这是目前

1 《造办处各作成做活计清档》胶片62号，中国第一历史档案馆。

2 《造办处各作成做活计清档》胶片64号，中国第一历史档案馆。

所知的57件中的唯一传世品。

洒金玻璃是康熙朝创新的又一个玻璃品种。据记载，康熙四十四年（1705年）玄烨巡幸江南时，至苏州接见巡抚宋荦，并赏赐玻璃鱼缸1个、洒金蓝玻璃瓶2个、蓝玻璃盘1面、黄玻璃小盘10面、蓝玻璃瓶2个、蓝玻璃花笔筒1个、蓝玻璃座蓝玻璃水丞1个，共18件玻璃器[1]。这批玻璃器应是皇家玻璃厂遵照玄烨旨意烧造的，专供皇帝御用或赏用。洒金蓝玻璃是仿照阿富汗所产的青金石而烧造的，需要很高的技术。玄烨的颁赏从一个侧面说明了玻璃厂在建造仅仅几年的时间里就已掌握了洒金玻璃的制作工艺。而在雍正朝档案中未见制作洒金玻璃的记载。

雍正朝档案中记载了描金玻璃的制作。描金玻璃是在玻璃表面描绘金色花纹，其制作方法应源于漆器工艺中描金漆的做法。

> 雍正四年，珐琅作。十月二十五日，员外郎海望持出描金花玻璃小壶二件[2]。
>
> 雍正五年，珐琅作。十二月二十二日传做：雨过天晴玻璃画泥金番花包袱式花插一件。记此。于六年十月二十八日做得。[3]

香港李先生珍藏一件透明浅蓝玻璃描金寿字纹盖碗，碗口微撇，腹部下垂，浅圈足。此碗由透明浅蓝色玻璃制成，饰以描金花纹，碗盖与碗腹部饰四组勾莲花与寿字。碗口沿边镌“雍正年制”楷书横行款。此碗口径较大，线条柔和，比例适中，制作精致，虽不见档案等著录，但此碗的玻璃质感、纹饰和款识均是雍正朝的风格。除此之外，传世的还有与此碗大小相同、工艺一样用透明玻璃制成的盖碗。

三　乾隆朝的玻璃工艺

乾隆时期稳定的政局，雄厚的物质基础和乾隆皇帝本人对文化艺术的雅爱、推崇，使之成为清代工艺美术发展的黄金时代。从《清档》可以看出，乾隆朝的档案几乎占整个《清档》的一半。玻璃制作也不例外，乾隆元年（1736年）到三十年（1765年）是玻璃厂大规模的生产期，也是清代玻璃制作的高峰期。从玻璃品种看，乾隆朝是有清一代最为丰富、最为全面的时期，除康、雍朝已有的玻璃品种继续制作外，还烧造出若干新的玻璃品种。按其制作工艺，乾隆朝玻璃器大致可以分为单色玻璃、套玻璃、画珐琅玻璃、金星玻璃、刻花玻璃、戗金玻璃、搅玻璃、缠丝玻璃、描金玻璃等；从玻璃数量看，整个乾隆朝制作的玻璃器在几万件左右，现存数量也是最多的；从玻璃

1 《苏州府志》卷首之一“巡幸上”，道光四年。

2 《造办处各作成做活计清档》胶片64号，中国第一历史档案馆。

3 《造办处各作成做活计清档》胶片64号，中国第一历史档案馆。

用途看，有生活用品、陈设品、佛堂用品、文房用品、装饰品等。以上三个方面都充分说明乾隆朝的玻璃制作进入了其发展的鼎盛时代。

乾隆朝的玻璃器主要有两大用途，一是供皇家自己享用。玻璃厂除了定期制作玻璃外，皇帝也要求玻璃厂在重大节日向皇室进献玻璃器，如《清档》中记载：万寿节呈进玻璃大花瓶4件，配绫绢花、紫檀木座。各色玻璃盆景9件，各色玻璃鼻烟壶60个。端阳节呈进顶元紫花瓶4件，各色花瓶5件，俱配绫绢花，紫檀木座。各色鼻烟壶60个，俱配铜撒花镀金盖，俱随暖木牙匙。年节呈进顶元紫青大花瓶4件，玻璃鼻烟壶60个。以上成为每年必做的定例。二是供皇帝赏用。《清档》中屡有记载皇帝要求制作赏用的玻璃器，如每年赏给达赖、班禅的物品中总有玻璃瓶、碗、鼻烟壶等。乾隆皇帝赏用最多的是鼻烟壶。如乾隆十九年九月初八日奉旨：现有玻璃活计不甚多，再今年造办处成做万寿节并年节活计等仍不足赏用，着寄信与海望，除今年两次应成做玻璃活计急速赶做外，再务必尽力多多成做些，预备赏用。钦此。于本年十月十一日呈进赏用玻璃活计二百八十件。

见于记载的乾隆朝玻璃厂中的工匠有来自西方的传教士汤执中、纪文，也有来自山东的何崇福等。

单色玻璃是乾隆朝玻璃器中制作数量最多的品种，见于记载的玻璃颜色达30多种，而现存玻璃实物的颜色较之档案记载的要少，主要有白色、砗磲白、月白、天蓝、宝蓝、孔雀蓝、鸡油黄、雄黄、橘黄、娇黄、豆绿、粉红、大红、豇豆红、紫红、茶色、葡萄紫等。单色玻璃器大部分光素无纹，但其颜色娇艳纯正，呈现宝石般的色彩，具有其他工艺品无法替代的艺术效果，如红、蓝色透明玻璃有如红、蓝宝石般晶莹，葡萄紫色玻璃有如紫水晶般剔透。此外，一件器物由几种颜色的玻璃组成，如三色玻璃钵、四色玻璃瓶等，则是乾隆朝的标新立异之作。单色玻璃中出现了40～50厘米高的各种造型的瓶，较雍正朝的小型器物有了突破性的发展，说明乾隆朝的玻璃吹制技术达到了较高的水准。仅玻璃瓶的造型，见于《清档》记载的就有双管瓶、包袱瓶、观音瓶、梅瓶、胆瓶、橄榄瓶、蕉叶瓶、蒜头瓶、纸槌瓶、双陆瓶、双喜瓶、鱼瓶、六方瓶、葫芦瓶、石榴花瓶、灵芝花瓶等。

套玻璃是乾隆朝玻璃中的主要品种，颜色以白套红、白套蓝为主，也有色玻璃地套色玻璃。《清档》中记载的套玻璃有亮白套红、白套红、月白套红、黄套红、绿套红、米色套红、黑套红；白套绿、红套绿、蓝套绿；白套蓝、红套蓝、香色套蓝、天蓝套宝蓝、豇豆红套天蓝；绿套酱色等。套玻璃有套一色与套多色之分。“白受彩”分为白地套红、套蓝、套绿、套黄等，它是套玻璃中的主流产品。此外，还有“兼套”，即在同一色玻璃胎上套二色以上的玻璃器。兴起于康熙、雍正朝的套玻璃目前仅见乾隆一朝的传世品，从《清档》记载看，乾隆元年玻璃厂就开始制作套玻璃器。

乾隆元年，玻璃厂。二月二十九日，太监毛团传旨：着做大红玻璃双管瓶一件，亮白套红玻璃双管瓶一件，涅白套红玻璃双管瓶一件。钦此。双管瓶内之隔断不必做。做瓶坯木样呈览。于本年五月二日做得大红玻璃双管瓶一件。于本年十二月十八日做得亮白套红玻璃瓶一件。涅白套红玻璃瓶炸坏。传旨：不必做了。[1]

见于《清档》记载的玻璃品种除了单色玻璃制作的数量最多外，其次就是套玻璃。乾隆朝套玻璃器的做法，基本上采用在一色玻璃胎外，先满套另一颜色的玻璃，再按所需图案进行雕琢的方法。其中的小件器物，如鼻烟壶，因其地子可施展的空间狭小，有的则出现地子不平的现象。广泛流行于民间的套二色、三色甚至最多达套八色的玻璃器，在造办处玻璃厂中几乎未见。玻璃厂所造的套玻璃器以单色玻璃套单色玻璃为主，成为宫廷制品与民间制品的不同特点。乾隆朝套玻璃工艺取得了较高的艺术成就，主要体现在三个方面：第一，烧造技术成熟。乾隆朝套玻璃器，器形秀美，比例适中，如线条流畅的“白套红玻璃双龙纹玉壶春瓶”（图五）、器形浑圆的“黄套红云龙纹缸”、棱角分明的“豇豆红套蓝玻璃花卉纹瓶”等。第二，雕琢工艺精湛。套玻璃器是玻璃烧造技术和雕琢工艺的复合品，其雕琢工艺与同时期的漆、玉、牙、角等雕刻技术有异曲同工之妙。如“黄套红玻璃荷花纹缸”，所雕荷花似在风中摇曳，美不胜收。第三，色彩搭配和谐。套玻璃器中以色彩对比强烈的为主，如白套蓝、白套红等；也有一个颜色系列的，如天蓝套宝蓝，色彩雅致，不落俗套。

图五　白套红玻璃双龙纹玉壶春瓶

始创于康熙朝的玻璃胎画珐琅，在乾隆朝发展至顶峰，制作数量开始增多，而且以鼻烟壶为主。玻璃胎画珐琅器皿主要是在造办处珐琅作制作完成的，《清档》中屡见记载。如：

乾隆元年，珐琅作。五月十七日太监毛团传旨：玻璃器皿上烧软珐琅伺候呈览。钦此。于本年五月二十日将烧造得亮蓝玻璃软珐琅鼻烟壶二件持进呈览。奉旨：鼻烟壶上花卉画的甚稀，再

1 《造办处各作成做活计清档》胶片 74 号，中国第一历史档案馆。

画时稠密些，俱各落款。钦此。[1]

乾隆三年，正月二十二日，太监毛团交亮蓝玻璃包袱式瓶一件。传旨：着照样烧造玻璃胎珐琅瓶几件。钦此。[2]

故宫博物院藏玻璃胎画珐琅器20件左右，除两件玻璃瓶外，其余都是鼻烟壶，几乎件件是精品，有的鼻烟壶如“玻璃胎金地花卉鼻烟壶”可见于《清档》记载。现存玻璃胎画珐琅器与《清档》所记载的数量不成比例。玻璃胎画珐琅器是清代玻璃中制作工艺难度大，又具有较高艺术性的作品，它是玻璃、珐琅、绘画艺术的集合品。玻璃胎画珐琅器的制作对生产技术要求较高，因玻璃与珐琅的熔点比较接近，温度低珐琅呈色不佳，温度高则玻璃易变形。从仅见的传世真品看，能够在寸天厘地的掌中珍玩中完整地表现出山水、人物和花鸟，确实体现了造办处匠师们鬼斧神工的技艺。正是由于玻璃胎画珐琅所产生的独特魅力，故在晚清民间有“古月轩”之神秘传说。当然，此说尚待进一步研究。

金星玻璃，又称“温都里那石”，是乾隆朝首创并只有乾隆一朝独有的玻璃品种，因在红褐色玻璃体内闪烁着无数个金色光点，故名。乾隆六年（1741年）在西方传教士纪文、汤执中二人的参与、指导下，造办处玻璃厂正式烧制成功了金星玻璃[3]。金星玻璃是清代玻璃中比较珍贵、制作数量稀少的品种，故宫博物院藏金星玻璃器不过40余件。《清档》中屡有对破碎金星玻璃器酌加处理而不是轻易扔掉的记载，如：

乾隆六年，玉作。四月十五日，太监高玉交破金星玻璃福寿三多水丞一件，随绿牙座。传旨：将破处改做收拾，其小石榴酌量做鼻烟壶，绿牙座亦收拾。钦此。[4]

实际上，大部分金星玻璃器是在造办处“玉作”制作完成的，它是用砣玉的方法加工而成。金星玻璃器大致分为文房用品和陈设品两类，前者包括笔筒、笔架、墨床、水丞、臂格、印色盒等，后者包括花插、尊、山子、瓶、壶等。金星玻璃三阳开泰山子（图六）、金星玻璃天鸡式水盂都是金星玻璃的代表作。与此相关的还有洒金星玻璃，即在玻璃体内洒有不规则的金星，《清档》中有“绿金星鼻烟壶、绿金星圆水丞”的记录，传世的乾隆款洒金星玻璃器仅见绿金星玻璃鼻烟壶（图七）和黑色金星玻璃鼻烟壶。

缠丝玻璃之名始见于雍正朝《清档》记载，但未见制作记录。乾隆朝《清档》中出现了制作缠丝玻璃的记录，如：

---

1 《造办处各作成做活计清档》胶片74号，中国第一历史档案馆。

2 《造办处各作成做活计清档》胶片75号，中国第一历史档案馆。

3 《造办处各作成做活计清档》胶片80号，中国第一历史档案馆。

4 《造办处各作成做活计清档》胶片80号，中国第一历史档案馆。

图六　金星玻璃三阳开泰山子

图七　绿金星玻璃鼻烟壶

> 乾隆元年，玻璃厂。六月初三日，太监毛团传旨：照交出配宝格内西洋缠丝玻璃高足杯样烧造几件。钦此。于本月二十五日做得。又十一月十二日，太监毛团传旨：着将缠丝玻璃器烧造些。钦此。于乾隆二年五月二十一日，将做得缠丝玻璃鼻烟壶一件，匙箸瓶一件，交太监毛团呈览。传旨：仍交玻璃厂。钦此。[1]
>
> 乾隆十八年，玻璃作。西洋人纪文烧造得缠丝玻璃花浇，缠丝玻璃笔筒……并原样一件持进……传旨：花浇、笔筒留下做完，明年照花浇样细致里烧几件。[2]

图八　缠丝玻璃瓶

缠丝玻璃工艺源于西方，造办处玻璃厂制作缠丝玻璃始于乾隆朝，应与西洋传教士效力玻璃厂有关。从以上两条档案记载分析，乾隆朝制作的缠丝玻璃是以西洋玻璃器为参照物，并由西洋人亲自制作的。传世的乾隆朝缠丝玻璃器仅见玻璃瓶、碗等少数器皿，如故宫藏缠丝玻璃瓶（图八），其玻璃胎体轻薄，由无色透明玻璃与白玻璃组成细密均匀、

1　《造办处各作成做活计清档》胶片 75 号，中国第一历史档案馆。

2　前揭《虹影瑶辉》。

图九　戗金玻璃炉、瓶、盒三式

旋转流畅的线条，具有清新雅致、冰清玉洁的艺术效果，在清代玻璃器中独具一格。

单色玻璃、套玻璃、玻璃胎画珐琅、金星玻璃和缠丝玻璃是清代玻璃中的主要品种。除此之外，乾隆玻璃厂还制作过磨花玻璃、戗金玻璃、描金玻璃、搅玻璃、雕刻玻璃等，只是制作的数量很少，现存的实物较以上玻璃品种更少。磨花玻璃在雍正朝就制作过琥珀色磨花玻璃杯，乾隆朝继续制作相同的玻璃杯，故宫博物院藏有相同的乾隆款磨花玻璃杯 5 件。戗金玻璃是运用漆器中戗金工艺制作而成的，在五光十色的玻璃胎体上戗划金色的纹理，使本已流光溢彩的玻璃器皿锦上添花，具有富丽堂皇的效果。现存的戗金玻璃器主要是佛堂供器，宫殿所用的炉、瓶、盒三式（图九）和数量较多的盘、碗、勺等生活用品。描金玻璃在清代始见于雍正朝，乾隆朝《清档》中有“蓝玻璃画金花瓶”的记载，乾隆朝的描金玻璃器故宫仅藏有 1 件，即描金山水人物鼻烟壶，该鼻烟壶的描金纹饰虽大部分已脱落，但它却是描金玻璃工艺品种的重要物证。还有一种与缠丝玻璃的效果极为相近的玻璃品种，外表也是自上而下旋转的花纹，过去我们一直称其为“搅玻璃”，但这一称谓在《清档》中不见记载。雕刻玻璃是运用琢玉的方法在玻璃表面雕琢出花纹，其表现手法有两种：一为阴刻的凹陷花纹，一为阳起的浮雕花纹，如故宫藏紫红色玻璃浮雕荷花水丞即属于后者。

特别需要指出的是，乾隆朝玻璃厂制作数量最多的玻璃器是经过各种艺术加工的鼻烟壶。据粗略统计，乾隆一朝制作的玻璃鼻烟壶的数量应在数万件以上。鼻烟壶不仅用于每年在端阳节、万寿节、年节向皇帝呈进，而且乾隆帝经常特命玻璃厂制作鼻烟壶作为赏赐之用，最多的一次是乾隆二十年（1755 年）为了准备一批在承德避暑山庄作赏赐品的玻璃器，四月七日传旨造办处制作鼻烟壶五百个，玻璃器皿三千件[1]。又如乾隆十九年正月三十日，传作“赏用各色玻璃鼻烟壶一百个……以备随围应用”[2]。乾隆二十六年四月二十八日，制作“赏用玻璃器皿两千件，玻璃鼻烟壶五百个”[3]。故宫博物院及世界各地博物馆、私人收藏家中珍藏的鼻烟壶也以玻璃质地的为最多，这与清代皇帝的推崇、喜爱以及大量的制作是不无关系的。

1　《造办处各作成做活计清档》编号 3465，中国第一历史档案馆。

2　张维用：《冰花楼诗文集》，远方出版社，1998 年。

3　《造办处各作成做活计清档》胶片 109 号，中国第一历史档案馆。

四 嘉庆至宣统朝的玻璃工艺

嘉庆朝至宣统朝的百余年间，玻璃厂制作玻璃器的数量、种类已成定例，即每年端阳节成做盘、碗、瓶、炉 81 件，鼻烟壶 60 件；年节成做盘、碗、瓶、炉 100 件，鼻烟壶 60 件。即每年烧造玻璃器 301 件[1]。一般在每年的四月和十二月呈进，但偶尔也有例外，如道光年间，皇帝旨令玻璃厂，一次制作玻璃器 300 件：

> 道光二年，二月十四日，总管魏进朝传旨：乾清宫每年赏用玻璃盘、碗、瓶、盅、渣斗等项，着交造办处烧造三百件。钦此。于本年十二月十四日做得观音瓶八件，宝月瓶八件，八棱瓶八件，盘十二件，汤碗十二件，茶盅十六件，香炉六件，渣斗十二件，斗碗十件持进交太监总管魏进朝点收讫。本月十六日又做得一批，道光四年十二月又做得一批。[2]

嘉庆朝至宣统朝的玻璃工匠主要来自山东博山，见于记载的，嘉庆年间有吹活匠郝珍、郝兰、郝海[3]，道光年间有张坤、李克成等[4]。

《清档》记载的嘉庆至宣统朝的玻璃制品只记录了数量、种类，实际上并没有指明玻璃的品种。从现存的玻璃实物看，嘉庆朝至宣统朝的玻璃器有一个共同特点，即这百年间制作的玻璃器皿几乎都是单色玻璃，而乾隆年间盛极一时的套玻璃、金星玻璃等工艺荡然无存，嘉庆朝是一个重要的转折点，玻璃制作工艺从此进入了衰落期。

嘉庆朝的玻璃器虽然只有单色玻璃，但尚能保持乾隆朝的工艺水平，只是传世品很少，不超过 10 件。道光至宣统朝的玻璃器，主要也是单色玻璃，目前所见只有道光、咸丰朝有几件磨花玻璃器，其制作工艺一落千丈。这一时期的单色玻璃中有涅玻璃与亮玻璃两种，玻璃颜色有天蓝、浅蓝、宝蓝、豆绿、琥珀、藕粉等。玻璃器形在盘、碗、瓶、渣斗等形式上不断地重复，玻璃胎体厚重，大部分器形不周正，比如，直颈瓶的瓶颈不在一条垂直线上，有的器形不方不圆，线条非曲非直，款识也很潦草。咸丰皇帝对此也不甚满意，于咸丰八年（1858 年）曾亲谕玻璃厂“嗣后玻璃活计要素，俱不拉花，款要真”[5]。遗憾的是，皇帝的亲谕也无法扭转玻璃制作水平一路下滑的趋势。即使如此，嘉庆到宣统年间，对达赖、班禅的赏赐品中仍然有玻璃器皿，如嘉庆十二年（1807 年）六月二十八日，赏班禅的物品中有亮蓝玻璃瓶 1 对、琥珀玻璃盘 1 对、亮绿玻璃瓶 1 对、

---

1 屡见嘉庆至宣统年间《清档》记载。

2 《造办处各作成做活计清档》胶片 10 号，中国第一历史档案馆。

3 《山东巡抚咨文》，嘉庆二十二年二月十一日，中国第一历史档案馆。

4 前揭《冰花楼诗文集》。

5 《造办处各作成做活计清档》编号 3078，中国第一历史档案馆。

玻璃鼻烟壶4个[1]。大清朝皇帝仍把赏赐玻璃器看做是等级的象征。

康熙朝是清代官造玻璃制作工艺的开端和奠定基础的时期，玻璃厂的建立是康熙皇帝玄烨继承中国传统玻璃制作工艺和吸收欧洲科学技术的产物，也是皇家对玻璃制品重视与喜爱的结果。晶莹璀璨的玻璃器成为清代艺术品中的新宠和皇帝重要的赏赐品。雍正朝玻璃颜色达30种之多，可谓五彩缤纷，斑斓绚丽，成为雍正朝玻璃制作工艺的闪光点。乾隆朝是有清一代玻璃制作工艺最为辉煌、全面发展的时期。嘉庆朝是玻璃制作工艺的转折点，从此造办处玻璃厂一蹶不振，工艺水平逐步下降。清代玻璃工艺制作与发展的历史与清王朝的兴盛衰亡息息相关，这正是官办作坊不可抗拒的发展规律。

原载《光凝秋水：故宫造办处玻璃器》，紫禁城出版社，2005年

1 《造办处各作成做活计清档》胶片2号，中国第一历史档案馆。

中国文房四宝之概述

张淑芬

内容提要：中国文房四宝是一份宝贵的文化遗产。本文分别就笔、墨、纸、砚以及文房辅助工具（文房清供）一一缕述其历史脉络，并适时点评了各阶段的制作进步与工艺特色。

关键词：文房四宝　文房清供　制作技艺　工艺特色

中国是具有悠久历史的文明古国，中华民族文化是世界上最博大精深的文化。在华夏文明的历史长河中，我们的先人创造出了无数的文化艺术瑰宝，形成了中华民族独具特色的文化。

特别是世界文化史上独具风格、独具品貌的艺术——中国书法和中国绘画，都是运用具有中国传统与特色的书写工具——笔、墨、纸、砚及其他文房用具来完成的。因此，文房四宝也是我国美术史的重要组成部分。它是随着民族文化的诞生而产生的，又随着民族文化的进步而发展的。其功用之大，可以说是承载着、延续了整个中华民族的文化。经过历代科学家、能工巧匠、艺术家、文人雅士的精心创造、设计、加工、继承和发展，中国文房四宝出现了大量的艺术珍品，显示出了东方文明与中华文化的动人心魄的魅力。这是前人为我们留下的一份宝贵的文化遗产。

文房之名，起见于中国历史上南北朝时期（420 ~ 589 年）。《梁书·江革传》、《南史》卷六十八列传第五十八中都提及“文房”[1]一词，是指“国家典掌文翰的地方”。在唐代，“文房”一词除了上述之意外，则专指文人书房而言。如唐代诗人杜牧在《奉和门下相公送西川相公兼领相印出镇》一诗中就有“彤弓随武库，金印逐文房”句。南唐后主李

作者：原保管部，研究馆员。

1 《梁书》卷三十六《江革列传》：“此段雍府妙选英才，文房之职，总卿昆季，可谓驭二龙于长途，骋骐骥于千里。”《南史》卷六十八列传第五十八：“论曰：赵知礼、蔡景历改陈武经纶之日，居文房书记之任，此乃宋、齐之初傅亮、王俭之职。”

煜，雅好文学，收藏甚丰，所藏书画均押以“建业文房之印”。北宋雍熙三年（986年），翰林学士苏易简以笔、墨、纸、砚“为学所资，不可斯须而阙”，撰写了《文房四谱》五卷，分笔谱二卷，砚、纸、墨谱各一卷。其各卷分述叙事、制造、杂说、辞赋诸事，博收约取，内容详瞻。自此文房有“四谱”之名。南宋初，叶梦得撰写《避暑录话》，谓“世言徽州有文房四宝”，故《文房四谱》又称《文房四宝谱》，是以笔、墨、纸、砚为文房所使用、所倚重之谓。唐代诗人韩愈在《毛颖传》说：“颖与绛人陈玄、弘农陶泓、会稽楮先生友善，相推致，其出处必偕。”他称毛笔为“毛颖”，称墨为“绛人陈玄”，纸为“会稽楮先生”，砚为“弘农陶泓”。此篇文章历代传颂，可见文人对于文房四宝的喜爱由来已久。

中国传统文房用具，除了笔、墨、纸、砚这“四宝”之外，还相应出现了一些辅助用具。如水注、水丞、水盂、水洗、墨水匣、墨床、镇纸、压尺、诗筒、笔筒、笔管、笔插、笔架、笔挂、笔洗、笔掭、臂搁、裁纸刀、糊斗、印章、印盒、印泥等。这些放置在书案上的实用陈设品，又统称为文房清供。这些器物材质丰富，器型繁多，用途广泛，所用材料包括有玉石、金属、漆器、陶瓷、玻璃、珐琅以及竹、木、牙、角、匏诸品类。历代能工巧匠因材施艺，使之工艺手法精巧出奇，风格多样；或雍容华美，或雅致脱俗。它们与笔、墨、纸、砚一起，组成了一个绮丽多姿、清新雅致的艺术品世界。

一　治世之功　莫尚于笔

自古迄今，中国书法和绘画艺术的发展，是与毛笔的演变分不开的。晋成公绥在《弃故笔赋》中写道：“治世之功，莫尚于笔，能举万物之形，序自然之情，及圣人之志，惟笔不能宣，实天地之伟器也。”中国使用毛笔有悠久的历史。近代与当代考古学的资料证明，在石器时代，那些陶器上所保留的纹饰、符号，能依稀看出用笔摹画的痕迹。在商代的甲骨文及商、周以来的金文中，“笔”字就有多种形体。东汉许慎的《说文解字》曰：楚称笔谓“聿”、吴称笔谓“不律”、燕称笔谓“弗”，到了秦代才统一称谓“笔”[1]。对于先秦时代毛笔的应用，在古代文献中多有记载。如《尔雅·释器》[2]：“不律谓之笔。”《史记·孔子世家》：“至于《春秋》，笔则笔，削则削”[3]。1954年5月，湖南省长沙市左家公山十五号战国楚墓中出土有一支完整的圆形实心竹毛笔，笔杆末端劈开，将笔头插入当中，再用丝线缠紧，外面封漆固定，笔毫用上等的兔箭毛，笔锋完好，是中国最早的毛笔实物，被称为“天下第一笔”。1975年，湖北省云梦县睡虎地秦墓出土三支竹管毛笔，笔杆一端镂空成毛腔，笔头纳入腔内，已与现代毛笔相似。笔杆染以黑漆，并绘有朱色线条，已显现为赋予其装饰意象而施工艺于笔杆的端倪。

1　东汉许慎的《说文解字》曰：“楚谓之聿，吴谓之不律，燕谓之弗，秦谓之笔。”

2　《尔雅》是中国最早的一部解释词义的书，也是第一部按照词义系统和事物分类来编纂的词典。

3　西汉司马迁《史记·孔子世家》：“至于为《春秋》，笔则笔，削则削，子夏之徒不能赞一词。”

秦代不仅改进了毛笔制作，而且开始用漆染饰笔杆，是制笔工艺上的进步。又如甘肃省武威市磨咀子汉代二号墓出土和四十九号墓出土的毛笔，形状、制法基本相同，杆前端中空以纳笔头，扎丝染漆加固，笔尾削尖便于簪发[1]。笔杆上留有笔工名款“史虎作”“白马作”。特别是笔头以长毫为主，外披短毫，使笔易于蓄墨，称为“披柱法”，表明这时制笔工艺已经成熟。笔的铭款阴刻篆书体，字态细劲，笔杆尾尖削而光滑，以便于“簪笔”。这既证明了汉代人簪笔的风习，又可看出汉代工艺生产“物勒工名”的制度。这两支汉笔为我国目前发现最早的刻有制笔工匠名字的毛笔实物。

隶书由秦代始起到汉代而进入成熟。为了适应隶书体字迹较大、波磔增粗、气势弛张纵放的需要，毛笔在笔杆的长度、笔头的直径和长度上都有所改进。而且，汉笔的制作承袭秦代，更注重笔杆的装饰。清代唐秉钧《文房肆考图说》[2]载：“汉制笔，雕以黄金，饰以和璧，缀以隋珠，文以翡翠。管非文犀，必以象牙，极为华丽矣。”该文之肆考图说杂以议论，其间不乏意气之言，比如饰和璧、缀隋珠，不可皆信，然而汉笔有象牙笔管还是于史有据的。

到东汉、魏晋时期，出现了最早记载毛笔制作方法的历史文献。如东晋王羲之《笔经》、北魏贾思勰《齐民要术》中均记载有用兔箭毫[3]为笔柱，以黄鼠狼毫为外披，达到刚柔相济，使毛笔的含墨量加大，以适应书写需求。另外，笔杆除了竹制外还出现了琉璃等，为唐、明、清各代笔杆的造型和装饰奠定了基础。笔除了作书画工具外，已成为精美的工艺品和珍贵的贡品、礼品。

唐代时书坛崛起，有结构谨严的楷书，潇洒俊逸的行书，变化万千、气势磅礴的草书，等等。由于书体的多样，对其书写工具的毛笔的性能及功用提出了新的需求，促进了毛笔的创新。长锋笔[4]在唐代应运而生，并为以后各代的笔式奠定了基础。从新疆出土的唐代毛笔可以看出，这时毛笔的笔杆增粗，笔头也相应加粗，笔锋呈短锋型。唐宋时期，宣州（今安徽省宣城县）已成为制笔中心。唐代陈氏、宋代诸葛氏制笔均名闻一时。唐代大书法家柳公权曾写过《求笔帖》向宣州陈氏求笔[5]。唐代诗人白居易作《紫毫笔诗》赞美：“江南石上有老兔，吃竹饮泉生紫毫。宣城之人采写笔，千万毛中拣一毫。”这时所用的笔毫为山兔毛、山羊毛和黄鼠狼毛等，并且毛笔杆的后端不

1　簪笔为古时一种礼仪的冠饰，仕人多将毛笔插于发中或冠巾上。唐代张守节的《正义》：“簪笔，谓以毛装簪头，长五寸，插在冠前，谓之为笔。言插笔备礼也。”

2　见唐秉钧《文房肆考图说》卷三《笔说》。

3　兔箭毫，是指秋季狡兔脊背上的两溜硬毛，也叫紫毫。

4　毛笔以其笔锋的长短可分为长锋、中锋和短锋笔，性能各异。短锋笔适宜写真书（又称为“正书”），长锋笔适宜写草书，中锋适宜行书。

5　北宋邵博《邵氏闻见后录》载：“宣州陈氏家传右军求笔帖，后世盖以作笔名家。柳公权求笔，但遗以二支，曰：‘公权能书，当继来索，不必却之。’”

再削尖，与前代毛笔有明显的不同，可知此时以笔簪发的习惯已经消失，毛笔只为适应书画的要求而制作。毛笔在当时不仅为文人雅士所推崇，而且已成为进奉朝廷的贡品。据北宋邵博的《闻见后录》记载，宣笔在唐律中列为“贡品”，并作了岁贡青毫六两、紫毫三两的规定。

到了宋代，笔工巧匠辈出，制笔技术又向前迈进了一步，笔杆的雕镂艺术也达到了精美绝伦的地步。1988 年安徽省合肥市宋墓出土的长锋柱心笔，是处于柱心笔过渡到散卓笔的阶段。而从 1978 年江苏省武进县南宋周瑀墓中出土的毛笔则可窥见宋代长锋笔已经盛行。安徽宣州制笔匠诸葛高改进笔毫，以一种或两种兽毛参差散立而扎，其毫长寸半，并存一寸于管中，一笔可抵他笔数支，称“散卓笔”。北宋诗人梅尧臣诗赞曰：“笔工诸葛高，海内称第一。”还有制笔名家安徽新安汪伯立所制毛笔和同时期的李廷珪墨、澄心堂纸、端砚一起被作为贡品进献给朝廷。至此，毛笔从新石器时代晚期创始，经过战国时期的发展，到东汉、魏晋时期披柱法的创立和采用，直至唐宋时期制作笔毫采用披柱法、散卓法，以及利用紫毫、羊毫、狼毫等制作的长锋和短锋，已经基本形成了其制作体系。

因南宋偏安杭州，到元代时造成中原地区的笔工为求生存而大量地向南迁徙于湖州、嘉兴一带。浙江湖州地区位于太湖南岸，盛产白山羊毛。其毛长色白，粗细均匀，柔韧适中，特别适宜做长锋羊毫笔，有“毛颖之技甲天下”的美誉。因此，优良的湖笔逐渐取代宣笔。据清乾隆时《湖州府志》卷十五《村镇》记载：“元时冯应科、明时陆文宝善制笔，其乡习而精之，故湖笔名于世。”当时赵子昂的字、钱舜举的画、冯应科的笔被誉为“吴兴三绝”，时人有以千金重价求其笔。特别是制笔工张进中制的笔得到了当权者的重视，为宫中所用，使湖笔的名声大振，居于全国首位。

明代的制笔工艺极为讲究，不但追求实用，还注重笔杆的质地和装饰。笔管上采用或镶或雕或描或刻或髹染的工艺，极为精美。像宣德时的黑漆描金云龙纹笔管、嘉靖时的雕漆紫檀笔管、万历时的黄檀木雕龙凤笔管及青花缠枝莲龙纹笔管，等等。笔毫的取材更加广泛，有羊毫、紫毫（兔毫）、狼毫、兼毫（两种或两种以上配用毫）、貂毫、马尾毫、猪鬃以及人须、婴儿胎毛、鸡毛、鹅毛等；按性质有软、硬之分，按锋颖长短有长锋、短锋、中锋之别。笔毫在形状上增加了笋尖式、葫芦式、兰花式等。明代制笔除做工精湛外，笔管书字成为制笔的时尚。汉代已见管上镌刻笔工或作坊名。唐代诗人白居易《紫毫笔诗》中也有“管勒工名充岁贡”句。明代管上书字渐多，书体多显楷书体，有书写、雕刻、填色、描金等手法，内容多为制笔年款，大部分以描金书写。明代的湖州制笔名匠更多，年年专制“御用笔”，使湖笔更盛名远扬，成为取代宣州的制笔中心；制笔从数量、质量以及品种都超过了以往，并成为御用宫廷制笔基地。

清代的工艺美术崇尚华丽、繁复，因而更加注重笔毫的修饰，有的将毫根染成各种颜色，更有在毫根部外层以彩色羽毛为披，使之色彩丰富绚烂，极为美观。《文房肆考图说》中说：“凡笔外饰之毛，或以雉尾盖之，则五色可爱。”然而，清代的制笔也屡有创新之举。由于工艺上对笔毫与笔锋不断进行改良和创新，使羊毫笔的性能质软，作起书画来灵活自如；狼毫、紫毫笔性能挺劲着力，作起书画来易于掌握；几种毫调配使用的兼毫笔，毫毛刚柔适中，持久耐用，达到了尖、齐、圆、健皆具备，作起书画来挥洒自如。并且为了绘画、书法发展的需要，增多了笔的种类、形式、分别有管笔、提笔、抓笔等。管笔最常见，主要写小字。提笔因笔头形如斗又称斗笔，用于悬肘书写大字。抓笔又称揸笔，笔管短粗，以五指抓握，专为书写榜书大字。笔管的材质更加丰富，除常用的竹木管外，还有金、银、瓷、象牙、玳瑁、珐琅等，采用了髹漆、雕漆、填漆、彩绘、描金镶嵌、烧制等各种各样的工艺技法。此时，笔已不再是单纯的实用品，更是精美的工艺美术品。

制笔工艺的不断改进也促进了中国书画艺术的发展。笔不仅是书法、绘画的书写工具，更是一种载体，承载着中华民族所创造的丰富的历史与文化。

二　百年如石　一点如漆

墨为文房四宝之一，墨宜书画，有历久不褪色的特点，是我国古代书画不可缺少的颜料。以品种而言，墨分黑色、彩色、药用墨。彩色墨有朱、黄、蓝、绿、白等色，主要以朱砂等矿物颜料制成。药用墨始于唐代，以松烟墨为料，在墨中加珍珠、麝香、冰片、丁香、猪胆、虎胆、熊胆、鱼胆、狗胆等，可入药，有消肿、止血、消炎、生肌等作用。

墨与笔、砚几乎同时发端于新石器时代的晚期。从国内先后发现的这一时期的文化遗址来看，那时我们的祖先就知道使用天然石墨及烧烤器物后留下的炭作为颜料，对陶器进行美术装饰。商周的甲骨上也有用黑墨和原墨书写的文字。明朱常淓《述古书法纂》载：“邢夷始制墨，字从黑土、煤烟所成，土之类也。”邢夷制墨也就是人工墨的开始。现存最早的人工墨实物是1975年湖北省云梦县睡虎地秦代墓葬出土的残墨块，同时出土的还有研磨器具。墨块颜色纯黑，颗粒粗糙，成圆柱形状，是以松烟伴以漆、胶制成的松烟墨。此时的墨不成形，未制成锭，不能直接在砚上研磨，必须以研石碾压后才能使用。

据史书记载，汉代制墨已成一定规模，主要集中在陕西扶风、隃麋、延州（今扶风县、千阳县、延安市）一带。东汉以前的墨大都呈丸状，用时需要碾碎。东汉以后由于墨模的发明，墨的形状开始变得规整、美观，已有大小规格之分，并以“枚”“丸”计算。1974年在宁夏回族自治区固原县西郊出土的东汉松塔形墨，烟细胶清，浓黑坚致，手感很轻，尤其是模制而成的。这在制墨史上有重要意义。其出土地点距汉代制墨之地隃麋不远。东汉应劭《汉官仪》载：“尚书令、仆、丞、郎，月赐隃麋大墨一枚，小墨一枚。”[1]三国时的书法家韦诞（字仲将）以制墨著名，被人赞为“仲将之墨，一点如漆”[2]。北魏贾思勰的《齐民要术》中有“合墨法”，第一次有系统地详细记载了韦诞墨的制作方法：“参以真珠、麝香，捣细合烟下铁臼，捣三万杵。”[3] 20世纪90年代甘肃省酒泉市西沟村魏晋墓中出土的长方形墨，墨质坚实光润，系伴胶合制，用模压制成，说明此时墨的制作品质大为提高。东晋大书法家王羲之、王献之的墨迹迄今1600余年依然如故，这与当时墨的质量极其有关。

隋唐五代是我国制墨业较发达的时期，主要产墨区移到易水（今河北易县）及上党（今山西长治）一带。当时社会对墨的需求大，墨业由此兴盛。元陶宗仪《辍耕录》载，唐明皇时抄写四书，每年供给书手使用的上谷（易水）墨竟达二百余丸。当时制墨名手有祖敏、奚鼎、奚超、张遇等人。祖敏还被任命为专管朝廷制墨事务的墨务官。唐末战乱，大批士族文人南迁，也促使制墨业南移。易水墨工奚超带领全家落户黄山脚下的歙州（今安徽歙县），取黄山之松，制为松烟。其改进捣松和胶的制墨技术，造出丰肌腻理、光泽如漆、万载存真的佳墨。后奚超子廷珪被南唐后主李煜命为墨务官，赐改国姓李氏。李廷珪制墨注重选料，用胶得法，严于配方，讲究工艺，墨中加十几种名贵药材，还要和生漆捣十万杵，当时有“黄金易得，李墨难求”之说。歙州自此成为全国的制墨中心。

宋元时期，安徽、河北、河南、山东、山西、四川均有制墨业。由于徽州（宋改歙州为徽州）未经战乱，经济保持了繁荣，制墨业十分兴盛，形成了“今徽人家传户习”，“新安（徽歙别称）人例工制墨”[4]的盛况。当时制墨高手就有六十余人，名家有潘谷、叶茂实、张遇、戴彦衡等。宋时已有松烟和油烟两种制墨法，对墨模的要求也提高了。1988年安徽省合肥市宋太师舒国公孙马绍庭夫妇墓出土有两锭墨，一锭是“九华朱觐墨”，为油烟墨；另一锭“歙州黄山张谷男处厚墨”，似为松烟墨。此两锭墨在地下积水中浸泡近九百年，墨形尚存，光泽依旧。特别重要的是署有制墨家名款，为中国制墨史的研究提供了独具价值的实物资料。宋以前墨的造型、纹饰比较单调，从宋墨开始有了图案、贴金字装饰及制墨家款识等；墨中添入药物的药墨开始出现；此时人们不但用墨也开始藏墨，墨已从单纯的实用开始转向兼有鉴赏把玩的功能。

元代统治者轻视文事，制墨业虽没有发展，但仍能承袭宋代的传统。著名墨工有朱万初。明代杨慎《升庵诗话》载：“元有朱万初，善制墨，纯用松烟，盖取三百年摧朽之余，精英之不可泯者用之，非常松也。”

---

1 （汉）应劭撰：《汉官仪》，上海古籍出版社，1995年。

2 《齐民要术》卷九《笔墨第九十一》上载：“元陆友《墨史》卷上：萧子良《答王僧虔书》曰：‘仲将之墨，一点如漆。’”

3 见《齐民要术》卷九《笔墨第九十一》。

4 见（明）沈德符撰《万历野获编》卷二十六。

明代起，制墨业出现了新的局面，打破了一家一户的生产方式，转向商业化生产。除松烟外，还广泛使用了桐油烟和漆烟制墨，并出现了丛墨——集锦墨。万历以后，制墨从数量、规模、质量、花纹、图案、和胶、造型等方面均有很大发展与提高。据明代墨工麻三衡的《墨志》记载，当时安徽徽州地区有墨作一百二十余家，名家辈出，多集中于歙县和休宁，并且形成了明代制墨业的两大派——歙派和休宁派。

歙派多文人兼营，又结交达官贵人，所制墨有烟细胶清、隽雅大方之特点，得到官府喜爱，常进奉朝廷，受到皇帝的赞赏。代表人物有罗小华、程君房、方于鲁、潘家客等。罗小华不光善制墨，并改进了墨的配方，其墨被誉为“坚如石、纹如犀、黑如漆，一螺值万钱”。程君房是明代最负盛名的制墨家，被称为李廷珪后第一人。他除用油烟制墨外，还创造了漆烟墨，自诩“我墨百年，可比黄金”。明代书画家董其昌以“百年之后，无君房而有君房之墨；千年之后，无君房之墨而有君房之名”来赞誉其制墨的成就。他制墨所用的墨模都是当时徽派著名的版画家和名刻工的作品，故墨不但实用，而且在艺术上亦有很大成就。他还著有《程氏墨苑》一书，记墨之形制五百余式。方于鲁为歙派制墨名家，制墨取桐油烟，配以麝香等名贵中草药用胶合制。他所创制的髹彩墨及墨体漆皮，成为明清制墨的主要装饰手法；还著有《方氏墨谱》，收墨之造型三百余式。程、方两部著书的插图均出于当时著名画家丁云鹏、吴左千、李维贞、汪伯玉等人之手。

休宁派多为墨工出身，有丰富的制墨经验，且手法熟练，制墨特点多饰以金银彩色，华丽精美，带漆皮衣的集锦墨较多。代表人物有汪春元、汪中山、汪鸿渐、叶玄卿、邵琼林、吴去尘、吴叔大等。

明代制墨有鲜明的特点：外形多样，除长方形、舌形外，还有圆形、八方形、半舌形、动物花果形、仿古器形，等等；其次图案纹饰丰富，以吉祥图案为主，有花鸟鱼虫、祥瑞动物、神话典故等，具有丰富的文化内涵；再有就是墨的品质大有提高，讲究烟轻、胶陈、料匀、杵到，墨色黝黑，墨味清香，质地细腻。

清代，特别是康、雍、乾三朝时经济发展，社会比较稳定，手工业繁荣，以徽州歙县、休宁为中心的制墨业达到鼎盛。清代制墨的特点是制作精巧，尤喜髹染敷彩，多饰以金、银、绿、蓝诸彩，色泽典雅华丽，墨质坚莹，黝黑亮泽，线条刚劲有力。墨的造型多样，有长方形、圆形、管形、双连束锦形、葵瓣形、竹根形、钟磬形、剑形，及仿玉佩、镇尺、砚、臂搁、竹简、书册等式。但制墨多不涉实用，更注重的是赏玩和收藏，因此在装潢等方面更为精美。文人、书画家参与制墨之风盛行，墨模的雕刻艺术达到了高峰，制墨名家的墨模都直接取材于书画作品、诗文题咏，图案极尽精致。尤其是集锦墨大为发展，雕工精细，装饰华丽，集多种工艺于一身，极具观赏性。

曹素功、汪近圣、汪节庵、胡开文被称为清代制墨四大名家。曹素功居四家首位，在清初享有很高声誉。他继承吴叔大的墨业基础，改吴的肆号玄粟斋为艺粟斋。其所制墨品有 18 种，紫玉光墨为第一，为康熙皇帝南巡时赐名。当时有“天下之墨推歙州，歙州之墨推曹氏”之说。子孙世传其业。汪近圣，清乾隆、嘉庆时杰出制墨家，墨肆鉴古斋，当时人赞“今日近圣，即昔日之廷珪也”。乾隆时其子汪惟高应召入宫任“制墨教习”，传授家传技艺，主持皇家制墨，名声大振。汪节庵，乾隆时崭露头角。他常给名家制墨，著名文人阮元、曹振镛很赞誉其墨品，所做精品被作为贡品，有“万杵桐华青，剂以香麝郁”之誉。胡开文，驰名于乾隆年间，以胡家老法制墨，所制集锦墨长期被作贡品；墨肆号苍佩室。以上诸家子孙皆继承家业。四家之中，胡开文墨传衍最久，直至今日。四家之外，颇负盛名的墨家还有吴守默、程怡甫、江秋史等人。除了歙派、休宁派外，婺源（今改江西上饶，明清时属安徽徽州）制墨家亦有特色，以詹氏一族为多。所制墨形制虽变化不多，但朴素无华，注重实用，其中也不乏精品。

制墨业在清代前叶达到全盛，但到清后期，墨业也同其他各业一样渐显颓势，很长一段时间处于不景气的状态。

三　莹润如玉　冰翼凝霜

造纸术，是中华民族对人类文明所作出的重大贡献之一，与火药、指南针、印刷术并称为中国古代科学技术的四大发明。造纸术的西传，推动了世界文化的发展。在纸张发明以前，人类以堆石、结绳、刻甲骨、契竹木、书绢帛等方式记事。纸的发明是改变人类社会发展的一次技术革命。纸在人们的生活中起到了交流思想、传播知识、记载历史、记事书写等重要作用。纸的发明使文化得以弘扬、传播。

中国早在西汉时就发明了以麻纤维等材料造纸的技术，但还不普及，使用范围较小。到了东汉元兴元年（105 年），宦官蔡伦扩展了造纸原料，改进了造纸技术，用树皮、麻头、破布、渔网等材料制造出“蔡侯纸”，为纸的推广和普及创造了条件。甘肃省居延出土的“肩水金关纸”，是我国现存的早期古纸标本。其可证明在西汉中期，中国已利用废麻料抄造出初级形态的纸。故而对我国造纸术的发明起源问题，提供了重要的实物资料。

三国时，浙江剡县（今绍兴嵊州）之剡溪出古藤，当地人便用古藤造出著名的“剡溪纸”。《浙江志》中记载说：“剡藤纸名扬天下。”欧阳修也赞誉说：“剡藤莹滑如玻璃。”[1] 为了延长纸的寿命，晋时已发明染潢纸的新技术。潢纸的技术起源于西汉成帝时期的染纸术。东晋炼丹家葛洪首创了用黄檗染纸以驱黴避蠹的方法，使许多纸品得以保存传世。潢纸的种类有二品：一是先写后潢；二是先潢后写。浸染的

1 （宋）欧阳修《再和圣俞见答》诗中有“石上紫毫家故有，剡藤莹滑如玻璃”句。

纸叫黄纸，呈天然黄色，有灭虫防蛀的功能。隋唐时我国造纸已进入盛期，造纸原料极为丰富，除了用麻、藤以外，还有用竹、楮树皮等造纸。当时四川地区开发出滑白、玉版、经屑、鱼子等品种的蜀纸。著名的“薛涛笺”产于成都百花潭的浣花溪，是经过再加工的高级楮皮纸。唐代诗人李商隐、李贺曾题诗赞美这种桃花色的纸笺。唐代还有著名的硬黄纸。硬黄纸为初唐至中唐时期所生产的一种名贵的涂纸品，系在晋代药黄纸的基础上进行两次加工而成。纸品外观呈药黄色，舌舔味苦，鼻嗅气香，手触有声。厚者用于抄写佛经、文书；薄者用于勾摹古迹，直到宋代仍很流行。隋唐以后，随着造纸术在各地的传播，少数民族聚居的西北、西南地区也兴建起为数众多的造纸作坊。唐代期间，新疆吐鲁番的高昌国已掌握了以芨芨草为主要原料的造纸技术；文成公主、金城公主将中原造纸技术带入西藏；地处云南的大理国则掌握了用桑皮造纸的技术。

在传统的文房用纸中，宣纸著称于世。宣纸至迟在唐代便开始生产，产地在安徽泾县、旌德、宣城、绩溪地区。该地区隋唐时属宣州府，故名。宣纸以青檀皮为主要原料，制造工艺复杂独特，需经水浸、发酵、蒸煮、晒白、打浆、抄纸、烘干等十几道工序。由于料精工细，使宣纸具有洁白度高、柔韧性好、渗墨力强、经久不坏等特点。将其用于书画更能增加作品的表现力和艺术效果，受到历代文人、书画家的青睐。五代南唐时皖南徽州地区生产的“澄心堂”纸很有名。南唐后主李煜雅好诗书绘画，命人在池州监造纸张以供御用。所产纸以楮皮为主料，细薄光润，洁白如玉，是上好的书画用纸。李煜对其倍加珍赏，特建“澄心堂”以贮之，由此得名。以后各代均有仿制，并纳入宣纸之列。宣纸被誉为“纸中之王”。宣纸的品种，依其特点、用途、效果，林林总总多达六十多种，成为我国主要的书画用纸，并沿用至今。

金粟笺藏经纸，是中国造纸业中硬黄技术登峰造极的代表作。此纸抄造于宋熙宁至元丰年间（1068 ~ 1085 年）。金粟山在浙江省海盐县西南，其山下建有广惠禅院，寺中藏有大量优质的大藏经纸，均由苏州承天寺附设的纸坊所制，专供寺院写经之用。北宋时，徽州地区已形成初具规模的造纸中心，以安徽泾县最著名。

元、明以后，随着科技、文化的发展，纸在质量、产量及花色品种上更为丰富，出现许多传世的精品。元代的“明仁殿纸”、明代的“宣德贡笺”等在技术上较为精湛。明代在仿制前代优质纸的基础上还创新了许多生产工艺，如在纸基上加云母粉，使纸面露出光亮耀眼的颗粒。清代，制造的纸张名目繁多，在纸的加工技术方面，如施胶、加矾、染色、涂蜡、研光、洒金、印花等工艺，都有进一步的发展和创新。尤其是乾隆年间，宣纸制造达到顶峰，有棉料、净料、皮料三大类；有单宣、夹贡、罗纹等二十几种。还有各种加工纸，如虎皮宣、玉版宣、洒金宣、粉蜡宣及仿各代的古纸，等等，名目繁多，工艺复杂。各种笺纸再次盛行起来，一些精美的纸笺不仅仅是书画用纸，其本身就是一件赏心悦目的艺术品。如“仿明仁殿纸”“梅花玉版笺”“描金万字四纹蜡笺”等。笺纸的制作在清代已达到精美绝伦的程度。

四　寿古质润　玉德金声

砚是用于调色、研墨、掭笔的工具，是文房四宝之一。砚的历史悠久，明代王三聘《古今事物考》载：“自有书契，即有研砚。盖始于黄帝时也。”砚在古文中也作“研”，汉代刘熙《释名》卷六《释书契》曰：“砚，研也，可研墨使之濡也。”砚最早是从研磨器逐渐演变发展而来的。1975年湖北省云梦县睡虎地秦代墓葬出土的砚，是中国已知的最早书写用砚的实物。在汉代之初，砚虽普遍使用但较原始。1983年广州西汉南越王墓出土的砚，是用天然鹅卵石制成，图角方形，扁平；研石为用管钻的黑色叶岩石芯加工而成。东汉以后，制砚有显著发展，砚的种类增多，有石砚、铜砚、陶砚等。造型也变得丰富起来，有圆形三足砚、鎏金兽形铜盒石砚、双鸠盖三足石砚、十二峰陶砚等。此时的砚多兽蹄足。

魏晋时，由于陶瓷业的发展，出现了瓷砚，多为青瓷，砚膛不上釉，以利研磨。南北朝及隋代，瓷砚在中国南北地区各名窑均有烧制。砚形从魏晋时的三足砚过渡到多足砚和圆形砚，砚面周边下凹可作水池，底足以圆足并列组成。因形似汉代太学中四周环水的辟雍，故称“辟雍砚”。南北朝时还有双足圆首箕形陶砚，为唐代箕形砚的前身。

唐代时，砚的材质及砚形都发生了很大的变化，盛行箕形砚、风字砚、龟形砚及多足砚。砚材除了陶和瓷外，新开发、开采了端石、歙石、红丝石等著名砚石。河南和山西等地还烧制出了澄泥砚材，质地精良，坚润如石。宋代，是制砚工艺兴旺时期。砚材更加丰富，多达数十种，还开采出了优质的砚材洮河石。澄泥砚的制作也更加成熟，取代了红丝石，与端砚、歙砚、洮河砚同被称为中国四大名砚。源于五代，宋代流行的长方形抄手砚式渐渐成为主流。抄手式是砚背开斜通式深槽，可以手抄之，体轻，便于移动。此时还流行椭圆形、长方形高台砚式，多为洮河石制作。宋砚朴实大方、实用雅观。由于砚文化的发展，出现了有关砚的著作，如米芾的《砚史》、欧阳修的《砚谱》、赵希鹄的《古砚辨》、苏易简的《文房四谱》中的《砚》、唐积的《歙州砚谱》、高似孙的《砚笺》、唐询的《砚录》等，为砚的研究注入了深厚的文化内涵。元代砚基本延续宋砚的做法，砚雕显粗犷和朴拙，但也不乏精品。

明代的文人墨客更加讲究砚质，注重美石。此时仍以端砚、歙砚、洮河砚、澄泥砚为主。砚的造型更加多样化，多随形构思，因材制砚。砚的雕刻精巧雅致，有的还刻有名人诗词或铭文款识。砚匣装潢美观、华丽，用材考究。由于明代的文人墨客赏砚之风超过前代，他们附庸风雅，追求艺术情趣，此时的砚从实用价值逐渐增添着艺术价值，提升了砚的历史文化内涵。明代是我国砚史上的重要时期，既继承了唐宋的传统风格又有自己的特色，也奠定了清代制砚工艺的基础，为中华民族砚文化起到了不可替代的作用。

清代时制砚工艺达到了鼎盛时期，尤其乾隆时期达到高峰。新开采了松花江石、菊花石、驼矶石、紫石等新品种，此外还有玉砚、漆沙砚、铁砚等。砚的造型奇巧新颖，有竹节形、竹笋形、荔枝形、荷叶形、蕉叶形、猫形、钟形、琴式、鼓式，等等。砚上雕刻的题材内容非常广泛，有花鸟鱼虫、飞禽走兽、云龙日月、山川景物，有历史典故、人物故事、神话传说、金石碑刻、古代名人书画等。砚的雕刻技法吸收了石雕、牙雕、木雕和漆雕的技法，交错运用圆雕、深雕、镂空雕、浮雕、浅浮雕、阴刻等多种雕工手法。当时还出现有许多制砚名家，如顾二娘、顾公望、王岫筠等人。并产生了一批有影响的收藏家，如黄任、纪昀、高凤翰、高兆、林佶、黄易、金农、朱彝尊等。

清代对砚的审美情趣越来越高，对砚的评判也越来越考究。整理砚史、研究砚石和砚雕艺术的许多专著先后问世。如朱彝尊的《说砚》、朱栋的《砚小史》等不下百篇。尤其于敏中等人编纂的《西清砚谱》[1]，精选内府所藏从汉代到清代的砚二百余方，图464幅；凡砚石正面、背面、边缘，砚盖内外之铭文、纹饰皆以拓本呈现；每方都有说明，详述其尺寸、材质、形制；集古砚之大成，是非常有价值的史料。

五　含英蓄华　巧夺天工

文房清供是中国传统文房辅助用具的一种泛称，又因多有精美的工艺造型而被称为文玩。这些各具功能的文房清供与笔、墨、纸、砚一起构成了笔耕丹青的必要条件，成为书斋中不可或缺的器物。文房清供作为一种实用器物，不仅种类繁多、用途广泛、工艺技法精湛，而且所用的材料涵盖面非常广泛，有玉、石、铁、铜、金银、雕漆、竹、木、牙、角等，可以说包罗万象、琳琅满目。它们构成了一个绚烂多彩、品味高雅的艺术世界，是前人为我们留下的极其宝贵的文化遗产。

各种文具自有起源。河南安阳殷墟妇好墓和洛阳西周墓葬都曾出土过玉质调色器。而砚、笔、墨、铜削、无字木牍等整套文具的共同出土，首见于湖北省江陵楚县凤凰山西汉墓。到了两晋南北朝时，文房用具的品类渐众，有水注、水盂、镇纸等出现，如“胡人骑狮瓷砚滴”“青瓷羊形水注”“青瓷蛙形水盂”“青釉褐彩蛙形水盂”等。晋代傅玄的《水龟铭》有“铸兹灵龟，体象自然。含出原水，有似清泉。润彼玄墨，染此弱翰……”句。南朝梁简文帝萧纲的《咏笔格》、庾肩吾的《谢赉铜砚笔格启》

1 《西清砚谱》于清乾隆四十六年十二月编纂完成。所著录砚石正谱200方，附录砚石40方，共240方。

都咏赞了笔格、笔山、砚滴等文房用具，并细致地描绘了其材质、用途及摆放位置。如吴均的《笔格赋》中曰:“幽山之桂树，恒萦风而抱雾，叶委郁而陆离，根纵横而盘互。尔其负霜含液,枝翠心赤,翦其匡条，为此笔格。”隋唐是我国科举制度的起源和兴起期，文人意识趋强,书法和绘画艺术渐盛,兴与笔、墨、纸、砚不可分离的文房用具大量出现，品类增多,制作愈发完善。世人开始着眼于文房清供在形式、工艺、材质上的设计与欣赏，及其使用的意境与品味。唐代诗人杜甫在《题柏大兄弟山居室壁》中有“笔架沾窗雨，书签映隙曛”的诗句。到了宋代，文房清供不仅门类更加丰富，用途更加广泛，而且制作材料也非常讲究。文人雅士对形态美的追求，使文房清供在拓展实用价值的同时，也提升了自身的收藏价值。南宋的林洪在《文房图赞》中把文房用具化为18人，各封以官，并为文赞之，如称水盂为水中丞，并赐号“玉蜍老翁”。龙大渊的《古玉图谱》、李昭玘的《乐静集》、刘宰的《家藏集》、岳珂的《愧郯录》等，都分别记载有臂搁、砚匣、压尺、笔格、笔插、水漏等，以及其所使用的材质。南宋赵希鹄是我国历史上第一个将文房清供整理出书的人，他在《洞天清录集》[1]中考证、鉴赏了古砚、砚屏、笔格、水滴等，其中写道:“古人无水滴，晨起则磨墨汁盈砚池，以供一日用，墨尽复磨，故有水盂。”还写道:“明窗净几，罗列布置，篆香居中，佳客玉立相映。时取古人妙迹以观，鸟篆蜗书，奇峰远水，摩挲钟鼎，亲见商周。端研涌岩泉，焦桐鸣玉佩，不知身居人世。所谓受用清福，孰有逾此者乎？是境也，阆苑瑶池，未必是过。”书中不仅描述出了一个理想化的书房，还道出了文房清供的功用精髓。元代的文房清供不仅从数量上，而且在品质上都明显优于前朝，其制作工艺精湛、造型丰富多彩、色泽古雅淳朴。元统二年（1334年），罗先登仿《文房图赞》的体例，写成《续文房图赞》，扩充了前人的罗列。更为重要的是多元文化的融合，如内蒙古奈曼旗青龙山镇辽陈国公主墓出土的玉水盂、敖汉旗新地乡英凤沟出土的辽代银质文房用具等，反映了辽金少数民族的生活方式受中原文明的影响显著。

经过宋元的普及和拓展，文房清供到明代进入了勃兴期。其时，经济高度发达，科学制度鼎盛，文人阶层迅速扩大，人们对文房用具的需求日益增强。文房清供除实用性外，日益讲求装饰性与艺术性；形制或效法古物，或取意自然。收藏文玩成为文人雅士和商贾追求的一种时尚。民间工匠的社会地位也有了相应的提高，他们从而表现出极大的艺术创造力，这些都带动了文房清供的空前发达。明代皇室受当时文人精致化生活的影响，书房装饰与文玩赏藏之风极盛，投入巨大财力，创造出了文房清供前所未有的辉煌，使其从文人自娱的文玩进入到皇家的御用器。嘉靖、万历年间，竹雕器物成为文房之大宗，官窑瓷器、铜器和能工巧匠所做的文房器物达到了精美绝伦的境界，令人叹为观止。文人雅士纷纷著书立说，对文房清供的勃兴起到了推波助澜

---

1 《洞天清录集》又作《洞天清录》。该书为考鉴古文物的著作,分古琴辨、古砚辨、古钟鼎彝器辨、怪石辨、砚屏辨、笔格辨、水滴辨、古翰墨真迹辨、古今石刻辨、古画辨等。书中援引考证,类皆确凿,为鉴赏家之指南。

的作用。明代中期的王佐增补了曹昭成书于明洪武二十年（1387 年）的《格古要论》，辑成《新增格古要论》十三卷。书中增加了卷九《文房论（补遗）》，从工艺、产地、考据与鉴赏的角度进行了论述。屠隆所著《考槃余事》中的《文房器具笺》篇共记载有 45 种古人常用的文房用具，如砚匣、水注、水丞、水盂、水洗、墨盒、墨床、镇纸、压尺、笔筒、笔插、笔架、笔挂、笔洗、臂搁、印章、印泥盒、纸刀等。文震亨的《长物志》在卷七《器具》中，对列入的众多文房用具，几乎都有所点评。高濂的《遵生八笺·燕闲清赏笺》中列举了文具二十余项，分别详尽地论述了所用材质、形制、纹饰等。在清代，文房的所备之物已一应俱全，文房清供的审美理念、工艺技巧已臻完善，并达到了鼎盛。文房清供的流行与繁荣，除了文人雅士、商贾的精心追求外，在很大程度上是由于康、雍、乾三朝皇帝的爱好与推动。故宫博物院藏乾隆御用旅行文具箱，是一件绝无仅有的文房艺术精品。箱体以紫檀木制作，打开后可支成文案；内设同样大小的两个屜盒，每一屜盒设有形式不同、大小各异的双层多宝阁，放置 65 件文具与器玩，如白玉洗、松花江石砚、玉臂搁、笔筒、兽镇、石章、描金云龙纹笔，等等。这个文具箱及其所藏俱是文具中的精华，代表了清代的最高水平。御制文房用具的工艺超凡精美，构筑成了一个琳琅满目的煌煌殿堂——康熙朝的器形延续晚明制式，或雄浑古朴，或优雅柔媚；雍正朝的清新飘逸、雅致脱俗；乾隆朝的则繁华绚丽、雍容华美，均体现了祥和安宁的盛世特征。康、雍、乾三帝也将文房清供作为治世教化的道具，将文房的制作工艺和玩赏鉴藏的风气推向了顶峰。

中国文房四宝是一项内涵丰富的知识载体。文房四宝根植在中华民族传统文化的土壤之中，为我们祖国历史文化的发展和延续作出了巨大的贡献。文房四宝无论在历史文化上、在艺术评鉴上，还是在工艺创新与匠心制作上皆形成了独树一帜的体系。是故，中国美术分类全集为其立项。《中国美术分类全集》之《中国文房四宝全集》，共分为《墨》、《砚》、《笔、纸》、《文房清供》四卷；汇集了从各地博物馆藏品中精选出来的，自远古、先秦以降的历代藏品近千件。这些珍贵的藏品与资料是前人为我们留下的宝贵的文化遗产。古往今来，文房四宝呼唤着人们的创造力；时至今日，文房四宝仍然吸引着人们进行着探求与研究。

原载《中国美术分类全集·中国文房四宝全集》第一集，北京出版集团，2007 年

试析乾隆朝毁造墨

赵丽红

内容提要：乾隆初年，内廷御书处“墨作”曾多次将前朝遗墨分类、配匣度藏，并将各类破墨销毁重造。本文结合清乾隆造办处活计档案与现藏墨品进行分析，通过对乾隆时期“墨作”所进行的墨品改造、毁造、补造及仿造等项活动的梳理，探寻毁造墨品的特点。

关键词：清乾隆　御书处　墨作　毁造墨

清代内廷御墨的制作均出自御书处“墨作”。“墨作”自康熙年间建立，作为制墨机构一直沿用到清代后期。乾隆初年，御书处“墨作”仍沿袭旧制，专门承办内廷御墨的制作。其墨品的制作一方面为古墨新制，另一方面为创新样式，均体现了乾隆朝御墨的制作风格。

古墨新制，据乾隆朝造办处活计档案记载，御书处墨作曾多次将前朝遗墨分类、配匣度藏，并将选出的各类破损的古墨、明墨、康熙朝款墨、雍正朝款墨、新墨和仿明墨等数千余件销毁重造。重造的墨品有的是改造、有的是毁造、有的是旧模补造、有的是仿造，等等。分清乾隆时期毁造墨品的情况，对我们认识和研究清代内廷御墨的制作尤为重要。

一　改造

改造，是指将旧墨改样再造，它在乾隆初年已出现。织造处的档案详尽记载了乾隆二年（丁巳，1737 年）的一次改样再造过程。档案记：三月初八日：“太监毛团传旨，着将交出配箱盛装之古墨内大些的选几锭呈览，钦此。”三月初九日：“……奉旨着交

作者：器物部，副研究馆员。

御书处，将交出古墨内选细致人物、山水、花卉，另改别样款式成造。再或玉玦或玉佩样式不拘大小也造些。先画样呈览，准时再做。钦此。”四月十三日：“七品首领萨木哈将御书处遵旨绘画得合牌墨样二十方呈览奉旨，其玦佩样式上亦添墨名图书，将此墨二十方交海望，寄与织造海保刻做墨模送来，比此大墨式样放大些，另改款式，再画样五六方呈览，准时也交海保刻做墨模送来。钦此。”六月初七日：“画得大墨样六方，七品首领萨木哈交太监毛团呈览，奉旨准做。钦此。”九月十九日记：“七品首领萨木哈将海保送来墨样各样二十副，交太监毛团呈览奉旨着交御书处。钦此。于本日司库刘山人将墨模各样二十副交御书处收讫。”[1] 从上述记载可知，当时因墨品较大不便实用，而将有人物、山水、花卉纹的大锭墨品“另改别样款式成造”，并且将改造墨品画样二十五六方交苏州织造刻制墨模。至今这些墨模已不复存在，但从现藏墨品比较分析，故宫博物院旧藏墨品中确有与上述相同的墨式，其墨品均署“乾隆丁巳年制”，大小锭形制各异，为 26 种样式，其中也有玉玦、玉佩等样式，墨品题名字体或纹饰分别填金或描蓝、描绿彩绘，除本色墨品外，还有黄、红、白、蓝、绿各色成套制作的墨品，它们很有可能就是上述这些古墨改样重制的墨品。这种集多种形式的博古墨品样式，在乾隆时期成为重要的御墨形式，现故宫博物院仍藏有数千件之多。

二　毁造

毁造，是指对内廷残破旧墨的毁造再制。据乾隆三年“匣作”档案记载：“太监毛团、高玉交古墨三百九十四锭，朱墨三锭，传旨：着认看等次，有破墨选出毁用。钦此。”又记：“本年三月十六日司库刘山人、崔总白世秀将交出古墨内，选得方于鲁墨二十五锭，程君房墨二十四锭，方于鲁破墨十二锭，程君房破墨二十九锭，仿方于鲁墨三十一锭，仿程君房破墨五锭，古墨六十四锭，破墨六十九锭，御墨十三锭，新墨一百二十二锭，朱墨三锭，交太监毛团、高玉呈览。奉旨：将此选出之墨，各归入先交选准配合箱，盛装方于鲁等墨内；再新墨并仿方于鲁、程君房墨，俱交御书处毁墨用；其破古墨内有甚破坏者，也选出与御书处入在先交出毁用之古墨内毁做。钦此。”[2] 因墨品为日常用消耗品，御书处对破墨的毁造从未间断。除上述记载外，在本年又有近百件古墨毁做的情况，如“匣作”记载：“三月十二日高玉交古墨九十五锭，传旨：着认看等次，有破墨选出，毁用。钦此。”“三月十六日，将交出古墨九十五锭内，选得程君房墨三锭、方于鲁墨十四锭、古墨十九锭、御墨四锭、破墨十五锭、新墨三十五锭、刘源墨二锭，交太监毛团、高玉呈览。奉旨：将此选出之墨，各归入先前交出选准配箱盛装方于鲁等墨内，其新墨亦交御书处毁墨用，其破古墨内有甚破坏者，也选出交御书处，

1　乾隆二年《内务府造办处活计档案》胶片号 74，中国第一历史档案馆藏。

2　前揭乾隆三年《内务府造办处活计档案》胶片号 75。

归入先交出毁墨之古墨内，毁做。钦此。”[1]上述文字明确记载了毁造墨品的种类及数目。其中除单列破古墨外，还记载有对明代仿程君房墨、仿方于鲁破墨、康熙时期刘源的破墨以及破损的新墨进行毁造的情况。目前有大量关于毁造墨的实例，现特举数例加以说明。

（一）毁造金元以来的古墨

据《清宫述闻》转载杨钟义《雪桥诗话》所记：“乾隆年间，取金元以来古墨碎者，重造成挺，即曰清乾隆长春园精造。得之者尤以为宝贵。”记载了将金元以来古墨碎者再造为乾隆御墨的情况，这是较为特殊的毁造墨品。现知藏品中确有少量的署“清乾隆长春园精造”墨品，题名为“内殿轻煤墨”，从墨质分析的确是烟轻胶细，墨品优良。造型为圭形，形制与康熙“清康熙畅春园精造”御墨相同，可见是仿康熙御墨形制而造，至于是否“取金元以来古墨碎者，重造成挺”，还有待进一步的资料证实。

（二）毁造康熙刘源博古墨

刘源所制博古墨，现知有十四锭，其大小、形制、题款和装饰内容各不相同。主要是康熙十七年三月和五月，刘源在监督芜湖钞关任上设计并监制的墨品。乾隆三十五年，有数百件重装和毁造刘源墨的记载，如“将各式墨五百十七锭分析装：一屉内盛天元地方墨二十块，磬式墨十六块；一屉内盛元光墨二十五块，方墨二十五块；一屉内盛琴式墨五十四块；一屉内盛镜墨十五块，虞书十二章墨十五块；一屉内盛昭文带墨四十八块；一屉内盛长方墨二十块；一屉内盛心经塔墨五十四块；一屉内盛虞书十二章墨二十六块、艾叶式墨二十三块；一屉内盛艾叶式墨二十六块；一屉内盛镜式墨三十二块。以上十屉，共墨三百九十九块，并余剩墨一百十八块持进，另配八屉共一百零五块，余剩十三块，琴式墨两块，昭文带墨两块，天元（圆）地方墨一块，方墨二块，虞书十二章墨一块，长方墨一块，入百什件用。艾叶式墨一块，心经塔墨三块，交懋勤殿另毁造用。钦此”[2]。上述文字记载了乾隆三十五年重装十八屉博古墨的情况，其墨品数量可观。其中一部分装入百什件多宝匣，而余剩少量的墨品“交懋勤殿另毁造用”。从上述所记墨品形式与现藏实物进行比对分析，其造型和墨品命名与康熙刘源博古墨相符。因此，上述“交懋勤殿另毁造用”的“艾叶式墨一块，心经塔墨三块”，应为刘源贝叶式、塔式（金刚塔）两种形制的墨品。乾隆初年，内廷曾将大量的刘源墨品整理重装，并视为内廷御墨珍品；乾隆三十五年，又以刘源博古墨

1 前揭乾隆三年《内务府造办处活计档案》胶片号75。

2 前揭乾隆三十五《内务府造办处活计档案》胶片号120。

品为蓝本，开始大量仿制博古墨品，成为乾隆时期内廷御墨的创新形式，具有典型的时代特征。

（三）毁造彩墨

乾隆时期，御书处墨作，除毁造本色黑墨外，还有毁造彩色墨的情况。如乾隆三年的记事录记载："正月初四日，司库刘山久、催总白世秀来说，太监高玉交黑墨五十斤、朱墨一斤六两，传旨：着交御书处毁墨用。钦此。"[1] 档案中虽然没有明确毁造彩墨的形式种类，但从乾隆四年的彩墨制作中或许能有一些了解，如："四年，六月二十八日，太监毛团、高玉交彩金墨大小二十六锭、白色墨大小二十六锭、黄色墨大小二十六锭、绿色墨大小二十六锭、青色墨大小二十六锭、黑色墨大小二十六锭、红色墨大小二十六锭，传旨：着配有抽屉箱内。钦此。……十一月初十日，白世秀将摆得七色墨一百八十二锭，交太监毛团、胡世杰、高玉呈览，奉旨：着内廷讨箱子盛装。钦此。……于五年二月初九日，萨木哈将十色墨计二百六十锭，配得糊锦绫里紫檀木盘十件，装在洋漆箱内，上刻'天章宝露'签，随象牙牌子一件持进，交太监毛团呈进讫。"[2] 从中可知乾隆初年彩墨制作形式的丰富多样。

乾隆三十五年"匣作"记载："洋漆长方匣一件内，下屉配得合牌屉两屉。一屉盛夔凤红墨一块，小红墨一块，白墨一块，蓝墨一块……奉旨：将下层屉内红、蓝、绿墨，交懋勤殿毁造墨用，照红夔凤墨配做绿墨一块，小红墨照样配做黄墨一块，照绿夔凤墨配做蓝墨一块，白腰元墨照样配做红墨一块，照合牌墨样配做黄墨一块，中层屉内照八角蓝墨配做红墨一块，其余配准装。钦此。"[3] 明确记述了乾隆三十五年毁造红、蓝、绿墨的情况，其毁造墨品形式各异，但从毁造彩墨的形式与现藏实物分析，毁造的墨品区别于上述刘源博古墨形式，应为乾隆本朝创新博古墨品，即为毁造本朝御墨的形式。可见这一时期内廷彩墨的制作频繁，并有多次彩墨毁造。

三　补造

补造，是指制作新墨，将前朝缺失的旧墨补齐，以配成套。如乾隆三十四年档案记载："将洋漆柜内，康熙御制墨用两千锭，雍正御制墨，乾隆御制墨，现有的按两千锭数目着御书处补做，各要两千锭，共成六千锭，在花梨木箱内配屉盛装。先呈样。其换下洋漆柜、并剩康熙御制墨一百四十一锭交进。钦此。于三十八年二月十六日，将旧

1　前揭乾隆三年《内务府造办处活计档案》胶片号 75。

2　前揭乾隆四年《内务府造办处活计档案》胶片号 75。

3　前揭乾隆三十五年《内务府造办处活计档案》胶片号 120。

有康熙御制墨用两千锭，配得分晰样款杉木隔断屉两屉，雍正御制墨一千二百七十三锭，新补做七百二十七锭（即乾隆时期补做）共两千锭，分晰样款，配得杉木隔断屉两屉，乾隆御制墨五百锭，新补做墨一千五百锭，共两千锭，分晰样款，配得杉木隔断屉两屉，以上六屉，俱装在旧花梨木箱内。”[1] 这是乾隆时期较为特殊的一次重装御墨。其中记述有一部分署有“雍正御制”的墨品，是乾隆时期后补制而成。可见，乾隆时期确有“再造”前朝御墨的情况，而墨品题名署款仍为前朝旧款，即“雍正年制”。

四　仿造

仿造，是指乾隆朝仿造前朝墨品，以仿造康熙刘源各式博古墨最具特点。其一是造型上模仿，有相同之处；其二是有所本的模仿，但墨品命名迥异；其三则署本朝“大清乾隆年制”款。下文试以例说明。

（一）仿造刘源宋砚式墨

此墨（图一）的砚面边沿分别填金楷书“遂初堂藏墨”和“大清乾隆年制”款，并于墨上题诗云：“固因磨墨有陶泓，砚也何求即墨卿。新样非关夸手巧，别裁可识寓思精。必偕出处犹为远，相忘主宾莫与争。声应气求求应在，研来合相衹天成。刘源者，康熙初年间人也。内府藏所制博古墨，有以砚为式者，因题句。乾隆庚寅（乾隆三十五年，1770 年）仲春月上浣御题。”以题诗来赞誉刘源制墨精深。遂初堂，位于内廷东路乾隆花园内，乾隆因承诺执政满六十年后，不能逾越祖父康熙在位的时间，于是退居太上皇，其将在乾隆花园内所建书房命名为遂初堂，以示遂自己的早年心愿。

图一　清乾隆仿刘源砚式墨

1　前揭乾隆三十四年《内务府造办处活计档案》胶片号 120。

（二）仿造刘源有虞十二章墨

此墨品（图二）两侧分别阳文楷书“古华轩珍藏”和“大清乾隆年制”款。因用朱砂制成，墨体较厚重。以内廷斋轩命名于墨品，始于康熙时期，此墨以乾隆时期的轩名命名墨品，在造型装饰上均仿清代康熙御墨。

此墨造型、装饰均仿刘源墨式，一面祥云海水，其上题铭隶书“有虞十二章”；另一面装饰十二章图案，既日、月、星辰、山、龙、华虫、宗彝、水藻、火、粉米、黼、黻，各有象征寓意，最早在《尚书》中记载，为天子冕服上的装饰，象征天地乾坤、至尊无尚的寓意。

（三）仿刘源龙德墨

此墨（图三）长方形，一面题名“龙德”，其下篆书“天府永藏”印款。墨两侧分别阳文楷书“养性殿珍藏”和“大清乾隆年制”款。养性殿，为乾隆三十七年所建，此墨以乾隆时期的殿名命名墨品。在造型装饰上均仿清代康熙御墨形式。

图二　清乾隆仿刘源有虞十二章墨（墨两侧分别楷书“古华轩珍藏”和“大清乾隆年制”款）

图三　清乾隆仿刘源龙德墨（墨两侧分别楷书“养性殿珍藏”和“大清乾隆年制”款）

（四）仿刘源“松风水月”墨

此墨（图四）形为上圆下方，取天圆地方之意。题名为“寓名蕴古”。其上诗文详记的是乾隆壬辰年（乾隆三十七年，1772 年）重摹淳化阁帖成图的故实，以墨纪事，为内廷御墨特点之一。墨品两侧分别署“大清乾隆年制”和“淳化轩珍藏”。此墨在形制上模仿刘源墨品，以乾隆时期的轩名命名墨品，为清代御墨特点。

（五）仿刘源“云行雨施万国咸宁”墨

此墨（图五）造型为方印式，印台浮雕海水龙纹钮，且双龙纹描金，气势威严。印台边饰蟠夔纹，印文篆书“云行雨施万国咸宁”。印面左侧署阳文楷书“大清乾隆年制”款。此墨在形制上模仿刘源墨品。

图四　清乾隆仿刘源松风水月墨（墨两侧分别署“大清乾隆年制”和“淳化轩珍藏”，题名为“寓名蕴古”）

图五　清乾隆仿刘源国宝墨（墨面篆书“云行雨施万国咸宁”，上侧署“大清乾隆年制”款）

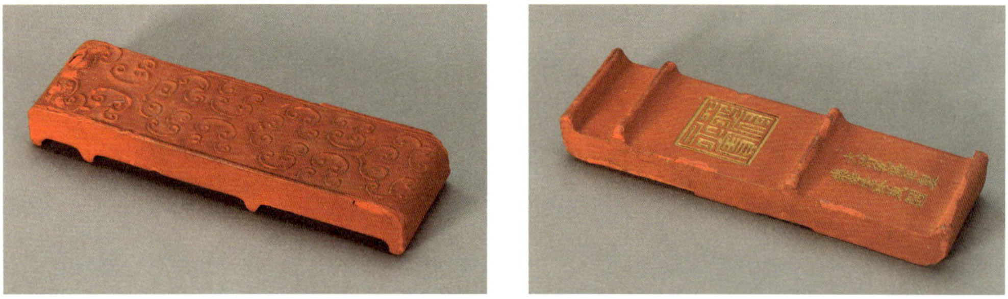

图六　清乾隆仿刘源昭文带式墨（墨背面题铭填金楷书"天府永宝"并"大清乾隆年制、乐寿堂珍藏"款）

（六）仿刘源昭文带式墨

此墨（图六）一面为勾云纹，一面题铭印款“天府永宝”，其下双行填金楷书“大清乾隆年制”“乐寿堂珍藏”并“古香”方印。乐寿堂为乾隆临幸的场所。此墨在造型装饰上虽然仿康熙御墨墨品题名，但是以乾隆时期的轩名命名，具有鲜明的时代特征。

以上所列墨品均为彩色朱墨。其墨品命名分别为养性殿珍藏、淳化轩珍藏、古华轩珍藏、乐寿堂珍藏，应是乾隆时期用于殿宇陈设特制的鉴藏墨品。其墨均为乾隆时期仿康熙刘源博古墨形式，墨品不仅在形制上完全模仿，而且在装饰内容上也相仿，墨的命名也效仿康熙御墨以内廷书斋轩室命名于墨品，具有丰富的文化内涵和文人品位。可见，康熙刘源博古墨深受乾隆皇帝的喜爱，内廷御书处大量效仿制作，并成为乾隆御墨的重要形式。

结论

通过上述毁造墨品的状况分析，可以得出以下结论：第一，乾隆时期御书处“墨作”不仅负责内廷御墨的制作，同时还兼有改造、毁造、补造、仿造前朝墨品的制作。可见，乾隆时期御墨的制作，在承袭旧制的同时并没有墨守成规，而是不断追求、创新并发展了传统御墨的制作。第二，御书处“墨作”毁造墨品，一般是遵照皇帝的旨旨画样制作，并交地方织造按宫廷样式刻制墨模。御墨的制作很大程度上与皇帝个人的喜好有密切关系，乾隆皇帝崇尚古制，喜好博古鉴藏，为政时期所制仿古器物最多，在御墨的制作上也多有博古墨制作。第三，乾隆御书处所制御墨，深受康熙御墨形式的影响，一方面沿袭前朝御墨的制作形式，如仿造康熙时期以内廷斋轩命名的墨品，均形成内廷定式；另一方面还创新发展了康熙刘源博古墨的制作形式，如乾隆初年，在整理重装刘源博古墨的基础上，创新制作有大量各式博古墨，特别是不惜工本地将内廷古墨改造或毁造，并庋藏陈设在斋轩殿宇，至今这些墨品仍有大量存世，墨品形制仿古，除本色黑墨外，还有在墨品上描金彩绘装饰，特别是同一种形制的墨品，还制有朱、黄、绿、蓝、白等各色彩墨。这些墨品有些是效仿康熙刘源博古墨形式，还有一些是乾隆时期仿古创新的博古墨，其形制不拘一格，成为乾隆时期御墨的重要特点。虽然有些古墨毁造失去了墨品的原貌，对于后人了解古墨的形制无疑也是一个损失，但从这些墨品中也可以窥见乾隆时期仿古御墨的创新发展，不断丰富了清代内廷御墨的制作形式，从而也体现了乾隆时期内廷御墨的制作风格。

原载《故宫博物院院刊》2010 年第 4 期

清宫医药来源考索

关雪玲

内容提要：征收各省药材、官员进贡、外买药材和成药、外国使节馈赠、宫中自制药品是清宫医药来源的五个主要途径。通过这些途径，各种药材和部分成药源源不断地进入宫廷，从而有力地保证了清宫药材供应的充盈。宫中御药房和造办处对进入宫廷的药材进行加工炮制，制备成型，最大限度地满足了宫廷用药的需求。而外国药品的流入无疑极大地丰富了清宫医药的品种，是对中成药的补充。清宫医药来源问题是宫廷医学的重要课题之一，在过去的研究中很少有人涉及。在对五个途径的逐一考述后，这个问题也就迎刃而解。

关键词：清宫医药　药材　成药　来源

通观迄今为止清宫医学研究的相关论著，大部分都是依据中国第一历史档案馆发表的医方档案为材料撰写的，且多限于医方的分析解说，有关宫廷医学历史的方面论述还很少。清代宫廷的医药来源问题就是其中之一，由于材料不多，且过于分散，查找不易，故此过去的研究基本没有涉及。对清宫医学研究来讲，这是全新的内容。本文在全面占有材料的基础上，利用清宫档案、清宫医学文物、各种官书、方志、私人笔记等，系统、全面地论述清代宫廷医药的来源问题，希冀从根本上解决这个问题，弥补当前研究的缺陷和不足。

清宫医药（本文主要指药材和成药）来源途径相当广泛，条分缕析后，可归纳为五个方面，以下就对其逐一考述。

一　向各省征收药材

向各省征收药材是清代宫廷药材最主要的来源。清代有这样的规定："各直省岁解

作者：宫廷部，研究馆员。

药材本色并折色钱粮。”[1] 这一规定有几层含义：第一，朝廷对各省药材每年征收一次，所收药材分药材本色和药材折色两部分。第二，所征收的药材均以各省的道地药材为主，以确保药材的特性及其品质优良。第三，各省上交药材的数量是有定额的。倘若不能完成本色药材的数额，则需按价折银完纳。在不敷宫内药房之用时，由太医院给价，派专员办买本色药材，年终从各省药材折色中报销[2]。

清代把岁解药材列在“国用”范畴，即便在时事艰难、宫廷日用益崇节俭的关头，药材的供应也一如既往。例如，光绪二十七年（1901 年）庚子之乱后不久，光绪帝发出的“除茶叶、药材及有关食物等项外，其余一切食物著一并永远停止”[3] 的上谕便可证实这一点。由于资料有限，各省交纳药材的数额和种类目前尚不能一一知晓，只有康熙十三年（1674 年）浙江布政使陈秉直造报各府额解本折药材数目文册可资利用。文册中列举了当年浙江交纳的药材本色有杭州府的白芍、白术，台州府的乌药、猪牙皂等；僵蚕、蔓荆子、草决明等则交折色钱粮[4]。需要说明的是，作为定例的额解数时有损益，浙江贡於术便是一例。光绪年间，慈禧太后身体不豫，须服用於术。浙江巡抚奎廷寄，命知县二人赴天台山采办交进。“以后每年，遂著为例。”当时天台山於术出产不多，且以人工种植的为主，真正的天然於术尤为难得，每年所产不过数十枝[5]。尽管如此，仍要不遗余力地满足朝廷的需求。

清代对各省交纳药材的管理相当严细。“各直省出产药材地方，每年解纳本院生药库收储。”太医院生药库对所收到的药材，必须验其优劣，仔细清点，登记造册。太医院选委二员为生药库库使，典守库务。仅有太医院一个机构还不够，药材出入均要经由礼部。实际上生药库收贮药材的全过程，受到太医院和礼部的共同监督[6]。

宫内药房每日取用药材，需通过礼部，发票向太医院传取，并把用过药味数目、斤两造黄册，缮折具奏后，补咨太医院。药材的炮制，制备成药，由宫中御药房承办。不同时期，汇总药味数目、斤两，补咨太医院的时限各异。顺治初年是一年一汇总。康熙朝沿前朝旧例。乾隆四年（1739 年）十月，把缮折、补咨太医院的时限由一年一次改为每三个月一次[7]。康熙五十五年（1716 年）十月十一日的“副包衣达杨进朝等奏报东药房用过药味数目奏折”完整地呈现了这一程序：“管理药房包衣达事副包衣达杨进朝等谨奏：东药房自康熙五十四年五月初一日起至五十五年四月三十日止，陆续传

1 （清）昆冈等：《钦定大清会典事例》卷 1105，光绪二十五年石印本。

2 前揭《钦定大清会典事例》卷 1105。

3 （清）刘锦藻：《清朝续文献通考》卷六十三，浙江古籍出版社，2000 年。

4 单士魁：《清代太医院》，《故宫博物院院刊》1985 年第 3 期。

5 （清）刘声木：《苌楚斋随笔》下册，第 992 页，中华书局，1998 年。

6 前揭《钦定大清会典事例》卷 1105。

7 故宫博物院：《故宫珍本丛刊》《钦定内务府则例二种》，第 378 页，海南出版社，2000 年。

用过药味数目。计开：升麻五斤，罗卜子六斤，桂枝二斤，桃仁五斤，麻黄五斤，地榆二斤，滑石八十斤……牛胆二百个，香薷汤六百六十八料（朱批：无药味数目），鲜姜一百四十九斤十二两。以上药味，俱系委官垫办用过，相应补咨太医院。谨此奏闻。”[1]

二　官员进贡

清朝官员常以个人名义上贡、献纳方物，其名目、缘由很多，主要有节贡、例节等，所贡物品五花八门。就药而言，既有道地药材，又有成药，还有西洋药。

（一）献纳道地药材

所谓的道地药材是指来自特定产区的优质药材，土壤、气候、环境等综合因素决定了一些药材，只有产自特定地区药性才能达到最佳。正是由于药材的这种特性，道地药材就成了其产区官员进献贡品的不二选择。如乾隆五十九年（1794 年）十二月初十日，广西巡抚姚芬贡金果榄九匣，三七九匣，肉桂五匣，千年健三匣，山羊血九匣，石羊胆九匣[2]。这几种药材均是广西的道地药材。从故宫博物院现存石羊胆来看，作为贡品的石羊胆，在包装上颇费心思。一种包装是把胆囊口上缠红丝线，放在小银盒内，每九个银盒共装一个黄锦匣内，在锦匣之外又套一个光素本色木匣；另一种是把缠着红线的石羊胆装在较大的银盒中，银盒外包装的木匣上有龙戏珠和海水江崖图案，匣盖上有“贡品石羊胆”字样。

官员在进贡时，视药材情况的不同，进贡方式也不一样，有的甚至把药材做成各式器物呈进。如乾隆四十五年（1780 年）四月二十九日，四川总督文绶进：黎椒如意九柄，黎椒挂珠一百盘，黎椒手珠一百盘，黎椒五匣，麝香九瓶，黄连五匣，贝母五匣，藏红花五匣，九节菖蒲五匣，川芎五匣，金钗石斛五匣，仙茅五匣[3]。这份贡单中，特别值得一提的是黎椒及黎椒器物。黎椒特指四川汉源地区所产的花椒，唐代即作为贡品进献宫中。花椒既是一种调味料，更是一种香药。正因此，四川各级官员屡屡以黎椒和黎椒制品进贡。乾隆五十九年（1794 年）五月初三日，四川总督孙士毅贡：黎椒九匣，藏红花九匣，麝香九瓶，黄连九匣，三七九匣，郁金九匣，茯苓九个，贝母九匣，鹿茸九对，五加皮九匣，石斛九匣，附子九匣，菖蒲九匣，牛膝九匣，仙茅九匣，杜

1　中国第一历史档案馆编：《康熙朝满文朱批奏折全译》，第 1148 页，中国社会科学出版社，1996 年。

2　中国第一历史档案馆、香港中文大学文物馆合编：《清宫内务府造办处档案总汇》第 55 册，第 147 页，人民出版社，2005 年。

3　前揭《清宫内务府造办处档案总汇》第 44 册。

仲九匣，川芎九匣[1]。这种惯例沿袭到道光年间[2]。以道地药材黎椒制作如意、念珠、手珠等器物，可谓标新立异。花椒本是单独的小颗粒，要做成念珠、手珠等佩饰，需要把花椒磨成粉，再加工成形。当然，作为药料进入到宫中的黎椒，同样被做成避瘟疾的器物，档案中有大量制作川椒扇器的记载。如历朝按年例制作锭子药一项中即有川椒扇器。此外，从这三份不同时期的进单中所开列的药材名称，可以很明显地看出四川地区所产的道地药材品种，除黎椒外，还有麝香、黄连、贝母、藏红花、菖蒲、川芎、石斛、仙茅、茯苓、五加皮、三七、牛膝、杜仲、附子等。

如同其他贡品一样，进贡道地药材也是效敬皇帝的一种表现。既然如此，朝廷在何处，官员就会追随而至，把药材呈献。庚子事变后，两宫逃亡到西安，各省所贡药材也陆续送进行宫。如江西巡抚黄槐森在光绪二十六年（1900 年）十一月初三日进金果榄九匣，千年健九匣，山羊血九银瓶，石羊胆九银瓶。第二年四月，四川总督奎俊送进十一种四川道地药材，包括川连三匣，郁金三匣，菖蒲三匣，五加皮三匣，仙茅三匣，贝母三匣，附子三匣，石斛三匣，牛膝三匣，杜仲三匣，川芎三匣。这些道地药材，在两宫回銮时，随驾进宫。以“由西安随来各种药”的名目，登记造册[3]。

（二）进献外国药

这和进贡道地药材、本土成药不同。进贡道地药材、本土成药是持续性、经常性行为，而进献外国药则是在中西文化交流鼎盛的康雍乾时期较为多见，其他朝则寥若晨星。

最具代表性的一例是康熙六十一年（1722 年）万寿节时，江西巡抚王企埥所献之物。这些物品都是域外所产，因“其名甚异”而被萧奭收录在他所著的《永宪录》中：“罗纹纸二十张、格尔莫斯一瓶、歌尔德济德辣一瓶、德哩哑嘎一瓶、巴木撒木香避凤巴尔沙摩一瓶、番红花一瓶、巴尔白露一瓶、哑挂济拿摩摩三瓶、金济纳一瓶、包衣巴尔二瓶、安利摩牛一包、苏济尼二瓶、甘佛蜡一座、巴尔加德哩一瓶、阿都尔则一瓶、西洋斑毛一匣、波罗尔德一瓶、色路撒一包、沙宾香一瓶、达尔默的歌一瓶、翁文多哩歌一瓶、武马武一包、撒勒步路蜡一瓶、西洋硫黄一包、苏尔佛助一瓶、哑挂拿喜纳一瓶、白蜡济多露我乐二瓶。”这份清单中的物品，有些一目了然，从名称便可知所言何物，但大多数名称奇异，究竟是些什么东西，现在仍莫辨其详。

但综合清代各种文献和史乘还是能确定其中有几种是西洋药。比如，格尔莫斯，又写作“格尔墨斯”“格尔默斯”等，是一种治心脏病的药，康熙四十七年（1708 年）

1 前揭《清宫内务府造办处档案总汇》第 55 册，第 102 ～ 103 页。

2 （清）吴振棫：《养吉斋丛录》卷二十四，北京古籍出版社，1983 年；前揭《清宫内务府造办处档案总汇》第 45 册。

3 故宫博物院药材、药具库藏：光绪二十七年十一月二十八日随来各种药味底帐。

十二月，康熙帝心动过速时，曾令两广总督赵弘燦火速寻找[1]。

德哩哑嘎，又写作“德力雅噶”“德里鸦噶”等。原是古希腊医学中的一种解药，唐代传入中国，译名“底也迦”或“的里亚加”。唐代《千金翼方》、宋代《政类本草》、明代《本草品汇精药》和《本草纲目》等均收载有此药。《本草品汇精药》中甚至有外国向中国皇帝进献这种药的画面。其主治恶毒冷气，腹内挣疼，脾胃虚弱[2]。康熙朝御医处方中常见使用德哩哑嘎。

番红花，又名藏红花，具有活血通经、凉血解毒、散郁开结的功效。

金济纳，又写作“金鸡纳”，现名奎宁，是治疟疾良药。

巴木撒木香避风巴尔沙摩，应是“巴木撒木香”和“避风巴尔沙摩”的合写。不知是《永宪录》的作者萧奭在抄录时出现了讹误，还是在刊刻、编排过程中断句不当所致。巴木撒木香，又写作“巴尔撒末香”；避风巴尔沙摩，又写作“避风巴尔撒末”，是避暑的香药。

安利摩牛，又写作“安利谋牛”“昂的莫牛”等，用来治疮内脓发散[3]。

晚清时，袁世凯曾向光绪帝贡过多种药品，其中有美国治头疼膏药七盒。据《光绪起居注》记载，光绪三十年（1904年）前后，光绪帝常头疼头晕，御医为此多方治疗，既配了内服药，又用了洗药，甚至连膏药都贴到了皇帝的太阳穴上。袁世凯就是在这种情形下献上美国治头疼膏药的，膏药当时并未用完，现在故宫仍存留3盒。

三　外买药材和成药

宫中所用药材，一方面从太医院生药库传取，另一方面则按定例给价，令药商采办。最有名的药商当数同仁堂药商。

（一）同仁堂供奉

有清一代，享有供奉御药殊荣的民间药铺，只有同仁堂一家。同仁堂供奉御药包括药材和成药两大类。

同仁堂以选料上乘、配方独特、炮制讲究、疗效显著、药味齐全著称于世。从雍正年间开始，同仁堂就为清宫供奉御药，一直持续了近二百年[4]。清帝逊位后，小朝廷时期，宫里仍保持着从同仁堂传取药的习惯。故宫现存的医药文物可以证实这点。故

1　中国第一历史档案馆编：《康熙朝汉文朱批奏折汇编》第2册，第300页，档案出版社，1985年。

2　（清）姚衡：《寒秀草堂笔记》卷三，《咫进斋丛书》，光绪九年，归安姚氏校刊本。

3　前揭《寒秀草堂笔记》卷三，《咫进斋丛书》。

4　中国北京同仁堂集团公司编：《北京同仁堂史》，第149页，人民日报出版社，1993年。

宫药材、药具库收藏有一玻璃瓶麝香，瓶上所贴黄签上有墨书字样："宣统十六年七月十二日传来，同仁堂射香二钱"。

通常情况下，同仁堂每三个月进药一次，每次进药情况都有详细记录。如道光二十一年（1841年）七月至九月，圆明园药房向同仁堂药商张大镛传取药材一百一十七种，重二百一十六斤十二两八钱。随后的三个月，又传一百五十种药材，重二百五十二斤七两。倘若遇到紧急事务，则随时传取，限时交进。如乾隆四十八年（1783年）秋，乾隆帝准备木兰秋狝。按照成例，皇帝出巡要由药房备药，御医随侍。当时御药房药料和成药不全，备"随围药味咀片丸散"的差事交便由同仁堂承担，限八月三十一日送到。此次同仁堂所办道地药材有：茯苓、苏叶、陈皮、半夏、甘草、赤苓、厚朴、羌活、当归、独活等二十七种，计二十二斤；珍贵细料药物及药面有：牛黄、冰片、麝香、朱砂、雄黄、犀角面、白芨面七种，计二斤五两；成药有三十四种："仙药茶一斤，藿香正气丸一斤，宣化丸五十丸，参苏理肺丸一斤八两，五福化毒丹十丸……"[1]。

从御药房发给同仁堂的"票传"和"粘单"上看，每次传取的药物少则数十种，多则数百种。同仁堂供奉的成药有些仍保存在故宫。如太乙紫金锭、八宝太乙紫金锭、黎峒丸、十香返魂丹、神效活络丹、再造丸、苏合丸。黎峒丸、十香返魂丹、神效活络丹、再造丸、苏合丸是蜡丸，蜡皮上有药名戳和同仁堂铺主姓氏戳。黎峒丸上有金色戳："乐家"和"黎峒"；十香返魂丹上则是金色戳："乐家"和"返魂"；再造丸上有"回生"和"再造"两个红色戳；苏合丸上只有"香丸"一个红色戳。八宝太乙紫金锭装在纸盒里，盒盖贴红签，签上有"五分一锭，五十锭一盒"字样，药锭的形状有轮、锣、伞、盖、花、罐、鱼、长八宝，还有蝙蝠、葫芦、大吉葫芦等形状。

传取同仁堂药品，表明清宫对同仁堂药品的信任和青睐，同时也证明同仁堂成药的品质优良，可以和御药房所制成药互为替代。

清廷对药商所采买药材的价格、银两领取办法均有规定。御药房所需药材，均按定例给价，令药商采办，每届三月一次奏销，行文到太医院转咨户部，药商赴部领取[2]。也就是说，药商要先垫付银两购买药材，待所需药材送交御药房，由药房验明品味，登记数目后，才能领取银两。且药价不能自行厘定，必须以有关机构上报的价格为准。同仁堂药商也遵循这一定制。对同仁堂所垫付的药款，宫中有时甚至不支付银两，而是以药库中的药材相抵。如乾隆二十八年（1763年），御药房清点库贮陈药时，将十四项"间有用项药味"，分别酌情留足备用外，其余药味经崇文门估价后，交给同仁堂药商张世基领出变售，用以"抵别项药价"。并规定"嗣后凡有外进各项药味内酌留备用外，其余随时酌量奏明，照此办理"[3]。乾隆四十年（1775年）四月，又把

1 前揭《北京同仁堂史》，第149页。

2 前揭《钦定大清会典事例》卷1105。

3 前揭《故宫珍本丛刊》《钦定内务府则例二种》，第379页。

"各处进到药味并库贮药味内有从未取用及用项无几者"，交崇文门估价后，发给张世基领出变售，同样"以抵别项药价"且规定"嗣后遇有应变价者即于奏销黄册时奏明，遵照此例办理"[1]。

屡屡垫款支付，使同仁堂资金捉襟见肘，宫廷用药时有贻误之虞，为了避免这种状况，清廷给予同仁堂一些特权，如允许预领官银，特许调剂药价。有时清宫一次拨给同仁堂的经费，就够用上好几年[2]。这样从经费上保障了同仁堂的良性循环，实际上也就保证了清宫用药这条渠道的畅通。

（二）外买各种成药

尽管有御药房修合，同仁堂供奉，但宫中药品难免有不敷应用之时，解决燃眉之急的最有效措施莫过于从宫外购买。光绪时期的各种药底账中时有外买药的记载。如光绪二十四年（1898 年）七月初二日，谦和奉旨传买毓麟固本膏二十贴。七月初八日，祥福传买盐水锭一斤，十香煖脐膏二十贴，段氏金丹十丸[3]。

在非常时期，外买药品甚至是唯一行之有效的办法。光绪二十六年庚子之变，两宫仓促离京时，所携带药品有限，几天后，七月二十八日即买成药七种：木香槟榔丸三两，香砂养胃丸三两，胃苓丸三两，藿香正气丸十丸，参苏理肺丸三两，附子理中丸十丸，二母宁嗽丸二十丸[4]。这些药显然是杯水车薪。所以，八月初六日，两宫谕"内务府大臣怀塔布、世续，即著迅赴行在，并著传知太医院庄守和、杨际和、张仲元、范绍相、全顺等多备药品，由怀塔布等一并督率前来，毋再迟延"[5]。谕旨发出的第二天，太医院官员就办买人参五支；膏药三种，分别是正江膏五贴，追风膏五贴，煖脐膏五贴（油膏子二斤）；成药十三种，分别是胃苓丸三两，牛黄清心丸十丸，活络丹十丸，抱龙丸十丸，苏合丸十丸，香连丸三两，越鞠保和丸三两，泻痢固肠丸三两，芎菊上清丸三两，黄连上清丸三两，通关散三两，清咽利膈丸三两。怀塔布带去的药，不久即告罄。两宫在太原期间，又先后两次外买药品。一次在八月十九日，买成药五种：活络丹十丸，抱龙丸十丸，苏合丸十丸，参茸卫生丸四丸，再造丸六丸。八月二十日，又买成药十三种：清肺抑火化痰丸四两，通宣理肺丸二十丸，礞石滚痰丸八两，大健脾丸十两，当归龙荟丸八两，梅苏丸四两，附子理中丸八两，参苓白术丸十六两，人参健脾丸一百二十丸，开胃健脾丸十二两，理气健脾丸十二两，

1　前揭《故宫珍本丛刊》《钦定内务府则例二种》，第 379 ～ 380 页。

2　前揭《北京同仁堂史》，第 14 ～ 15 页。

3　故宫博物院药材、药具库藏：传药底账。

4　故宫博物院药材、药具库藏档案：册页封面上无题名。

5　《清德宗实录》卷四六八，中华书局，1987 年。

痧气灵丹十瓶，灵宝如意丹五钱[1]。宫中遗存仿单证实，其中的一些药，如人参健脾丸、胃苓丸等是位于太原鼓楼前帽儿巷的体延堂所造。这些药有的并未用完，两宫回銮时，带回宫中。

四　外国使节馈赠

一些西方国家出于开展对华贸易的需要，派遣使团来到中国。为了表达通商的迫切心情，他们往往向清廷奉送丰厚礼品，西洋药品作为礼品中一类进入宫中。这里仅以荷兰和葡萄牙为例来说明。

清朝建立后，已经取代葡萄牙、西班牙成为头号海上强国的荷兰一直谋求开拓对华贸易市场。顺治十三年（1656 年）七月荷兰巴达维亚总督遣使臣携带方物抵达广东。进呈御前的方物中有丁香、桂皮、檀香等。进呈皇后的方物中有蔷薇露等[2]。康熙二十五年（1686 年），荷兰国王第三次向中国派出使节，使臣宾先吧之携带礼品中有丁香三十担，檀香二十担，冰片三十二斤，肉豆蔻四瓮，丁香油、蔷薇花油、檀香油、桂皮油各一罐[3]。雍正五年（1727 年），荷兰获准在广州设立商馆，荷兰从此有了自己的对华贸易基地。此后的几十年荷兰再无遣使之举。直到乾隆五十九年（1794 年），荷兰使者的身影才再次出现在北京。他们以恭贺乾隆帝登基六十年盛典的名义而来，携带的贺礼，计有檀香、豆蔻、丁香、檀香油、丁香油等二十六种[4]。

清初沿袭明末的政策，允许葡萄牙人继续租住澳门，但因海禁甚严，澳门与内地的贸易严重受阻。为此，葡萄牙印度总督以国王的名义派遣使臣玛讷撒尔达聂（Manuel de Saldanha）向清廷“奉表入贡”。康熙九年（1670 年）七月，玛讷撒尔达聂抵京，馈赠给清廷的礼物中有伽南香、犀角、乳香、苏合香、丁香、金银花露等香料和药物[5]。伽南香，又名“沉香”，是著名的香药，清宫常用配锭子药。犀角是珍贵的药材，有清热、解毒之功效。乳香可制薰香，又用作治慢性气管炎和外用膏药的混合液。丁香油是重要香料，且可作牙科防腐止疼药。金银花露是以金银花之花、叶蒸馏成露制作的饮料，能解暑清热。康熙五十六年（1717 年）定例，禁止国人前往南洋贸易，澳门葡人因此独得其利。康熙五十八年（1719 年）三月，澳门总督罗萨（Manoel Vicente Rosa）代表议事会为谢清廷不禁澳门葡人前往南洋贸易，

1　故宫博物院药材、药具库藏档案：册页封面上无题名。

2　前揭《钦定大清会典事例》卷 503。

3　前揭《钦定大清会典事例》卷 503。

4　前揭《钦定大清会典事例》卷 503。

5　前揭《北京同仁堂史》，第 149 页。

特呈函一封，并备礼一份，由两广总督转交。礼品中的药物有：秘鲁金鸡纳树皮1箱，极好之膏药、止痛药等1箱[1]。

宫中西洋药品还有一些是西洋传教士所呈进。传教士为了博取皇帝的好感，以谋求教务之发展，屡屡进献药品。虽然这种渠道进入宫中的药品数量有限，但作用却十分可观，故在探讨宫中医药来源时，是不容忽视的。最典型一例，当数康熙三十二年(1693年）西洋传教士向康熙帝献金鸡纳霜。当时，康熙帝被疟疾所困，命悬一线，金鸡纳霜挽救了康熙帝的性命[2]。其他例子还有，康熙五十二年（1713年）三月十八日，康熙帝六旬大寿，在宫中供职的纪理安（Bernard-Kilian Stumpf）、苏霖（Joseph Suarez）、巴多明（Dominique Parrenin）等进木瓜膏八碗，保心石数个，巴期弟略一瓶，撒硼一匣，金鸡纳两包[3]。雍正登基后，巴多明和罗怀忠（Jean- Joseph da Costa）等又分别进献了避风巴尔撒木香八小象牙盒、两小锡盒[4]。

除对方主动馈赠外，史料中有清廷向西洋人索取西洋药的记载。如康熙四十五年（1706年）五月，康熙帝授意武英殿总监造赫世亨，向罗马教廷特使多罗（Carlo Tommaso Maillard Tournon）索取西洋药。康熙帝的圣旨是这样的："多罗所携得利雅噶有余，赫世亨尔向伊求取，若少则勿取，可捎信到广东后寻得寄来。若有绰科拉亦求取。"多罗留下足够自用的得利雅噶和绰科拉后，把剩余的得利雅噶两小锡盒、绰科拉一百五十块，悉数交给赫世亨。并表示到广州后，寻觅到得利雅噶，再送给赫世亨[5]。两年半后，康熙帝又故伎重演。康熙四十七年（1708年）十二月，康熙帝突发心悸病，急需格而墨斯、阿尔格而墨斯救治，武英殿监造、员外郎张常柱奉命传旨："著西洋人写信台报上带去与广东众西洋人，有格而墨斯，著台报上送来，如无，将阿尔格而墨斯速速送来。钦此。"几日后，西洋人送到"上写格尔墨斯子一包，锡盒；第一盒格尔墨斯药一件，磁碗贮；第二盒格尔墨斯药一件，锡小花盒二盒一件，小磁杯；格尔墨斯制成的药，第一盒样一件；又格尔墨斯子一封"。两广总督赵弘燦差家人将这些药送进宫中[6]。

除西方国家外，对清称臣之藩属国，如琉球、安南、朝鲜、暹罗等，也不断派遣使节，向朝廷纳贡。清朝对其贡期、贡物均有规定。据（光绪）《大清会典》和《大清会典事例》所载，朝鲜一年四贡，琉球二年一贡，安南三年一贡，暹罗三年一贡。至于贡物，清朝根据其与藩属国政治关系的强弱，也有不同的要求。对琉球、安南、朝鲜三

---

1 [瑞典]龙思泰著，吴义雄等译：《早期澳门史》，第94页，东方出版社，1997年。

2 （清）黄伯禄：《正教奉褒》，第118页，光绪三十年，上海慈母堂本。

3 王利器：《李士桢李煦父子年谱》，第4223页，北京出版社，1983年。

4 前揭《清宫内务府造办处档案总汇》第3册，第354页。

5 前揭《康熙朝满文朱批奏折全译》，第418页。

6 前揭《康熙朝汉文朱批奏折汇编》第2册，第300页。

国贡物种类、数额详细规定。涉及药材的是，硫球贡硫黄一万两千六百斤；安南贡沉香六百两，速香一千二百两，砂仁、槟榔各九十斤[1]。而对暹罗等则没有具体要求，但从档案中还是可以探知相关情况的。乾隆五十四年（1789年）正月，暹罗进皇上方物中有豆蔻、藤黄各三百斤，沉香二斤，檀香一百斤，犀角六个。进皇宫方物中有豆蔻、藤黄各一百五十斤，沉香一斤，檀香五十斤，犀角三个[2]。通观各种史籍，可以看出暹罗常贡有豆蔻、藤黄、犀角、沉香、硫黄、冰片、冰片油、蔷薇露等。这些来自异域的药材都是该国的土产，是名副其实的道地药材，对丰富清宫药材的品种无疑大有裨益。

五　宫中制作药品

宫中自制药品是解决宫廷用药的正途，也就是说，帝后服用的汤药和宫廷所用成药大多是由宫内有关机构制作的。司职制药的是什么机构呢？在回答这个问题之前，不妨先看一则档案："雍正六年五月十一日，药房首领太监王杰传，造办处再做避暑香珠十料，药房亦再做避暑香珠十料。"[3]档案地明确告诉我们，宫中制作成药的机构有两个，分别是药房和内务府造办处。下面就以这两个机构为主线，探讨宫中制药之大略。

（一）御药房煎药及修合成药

御药房是供应宫廷所需药材的炮制和各型成药加工的机构。从顺治十年御药房设立伊始，保障和管理宫廷用药，始终是御药房主要职掌之一。御药房有专门从事制药的碾药苏拉，太医院合药医生，向民间招募的合药民医生，合药苏拉。

"药物事关重大"[4]是雍正帝训谕中的一句话。清廷对煎药及修合成药这些医事活动非常重视，制度也相当严明。如修合成药前，太医院御医先请脉，开药方具本奏明。然后"调剂御药，参看较同，会内监就内局合药"。修合完药后，"将药帖连名封记，具本开载本方药性、治症之法于日月之下。医官、内监书名以进置簿。凡进药，奏本院既具，随即登簿，年月下书名，内监收掌，以凭稽考"。烹调御药时，太医院御医和内臣监视，每一剂备两服，煎时两服合为一服，煎熟后，分别放在两个器皿中。其中一个器皿中的药，太医院御医、内臣次第尝服，另一器皿进呈御前。有时太医院御

1　（清）昆冈等：《钦定大清会典》卷39，光绪二十五年石印本。

2　前揭《清宫内务府造办处档案总汇》第51册，第271页。

3　前揭《清宫内务府造办处档案总汇》第3册，第747页。

4　（清）鄂尔泰等：《国朝宫史》卷三，第29页，北京古籍出版社，1987年。

医并不参与，而是将处方奏明，交御药房按方烹调[1]。若合药不依本方出现失误，或封题错误（未开明药名品味、分量或虽开而遗漏舛错者，谓之封题错误），以不敬论处。至于药的规格也是不能随意而为的。丸药由圆形、椭圆形药模子压成。蜡丸的蜡皮重量、膏药尺寸的大小，都需依例而行。如黎峒丸，每丸蜡皮重五分；胎产金丹，每丸蜡皮重一钱。一张高丽纸要摊五十四贴膏药[2]。

相对于会典、则例中提纲挈领式的记载，晚清时在宫中效力多年的太监信修明在《老太监的回忆》中，对煎药过程的口述则要详细得多："煎药与民间少异。民间煎药水三盅煎八分。御药房煎药主张快，先将药材放入银锅内，兑水三盅，用风箱炭火急煎。煎好时，倾入银盘的新布上，药房的大师傅用双手捧布，一气将药拧出，约一盅有余。各煎药者须先尝一口，再将药汁倒在银盘中，用时再温。"不知信修明是否是药房太监或曾在药房服务过，若不是的话，其所言难免就有道听途说之嫌。但他所说的煎药用风箱等物品在故宫药材、药具库仍有收藏，由此判断他所说的并非无据。

清帝对修合成药时常过问。如雍正五年（1727年），雍正帝认为十一月十三日是上好吉日，便示意药房有该合的药合些。当日卯时，药房合药十九种[3]。这条档案提到修合药时要选择吉日。无独有偶，乾隆五十二年（1787年）一条制作锭子药的档案中也有同样的记载[4]。这说明择吉日修合药，不是雍正帝个人习惯，而是宫中制药时普遍遵守的一个成规。

药房在用传统技法制作丸、散、膏、丹的同时，一度用西洋的蒸馏法制作药露，这种现象在康雍乾三朝尤为突出。露房设在武英殿，有专门医生承应这项差事。乾隆年间，从新招募的30名合药医生中，抽调旗医生1名、民医生3名充实到露房。乾隆三十五年（1770年）五月，蒸露活计减少，4名医生暂时拨回药房，待有活时再咨取。蒸馏法与中医修合药的技法迥异，"拨回之医生等仅习蒸露，未解修合药味"，一时无用武之地，"若令专候该处应用未免旷闲"。权衡后，令旗医生留在药房，学习差使，听候传唤，3名民医生被裁汰[5]。

宫中还曾制作过西洋药。传教士白晋的一段自白是目前仅见的关于宫中制西药最详细的描述，有鉴于此，尽管这段史料被频繁引用，在此仍照旧抄录："在宫内皇上指定的房间，设置了类似实验室的设备。其中有各种形状的炉灶，适于化学实验用的各种器皿、用具之类的物品。皇上毫不吝惜，要用白银制造这些实验用具。我们领导了这项工作，在三个月里指导中国人制成了干燥剂、糖浆制剂、浸膏等几种试剂。皇上

1 前揭《钦定大清会典事例》卷1105。

2 前揭《故宫珍本丛刊》《钦定内务府则例二种》，第396页。

3 陈可冀：《清宫医案研究》第1册，第25页，中医古籍出版社，2003年。

4 前揭《清宫内务府造办处档案总汇》第50册，第27页。

5 前揭《故宫珍本丛刊》《钦定内务府则例二种》，第376页。

时常驾临实验室观察制药作业。这项工作一结束，皇上就满意地谕旨把这些试剂全都留作御用药品。”[1]

在传教士的指导下，宫中制造了多种西药。金鸡纳霜就是其中之一。康熙三十二年（1693年）传教士洪若翰（Jean de Fontaney）、刘应（Claude de Visdelou）把金鸡纳霜献给康熙帝的同时，还奉命教给其制药方法[2]。四十四年（1705年）南巡时，康熙帝以宫中所制的金鸡纳霜作为圣药赏赐臣工。《圣祖五幸江南全录》载：“这金鸡纳是皇上御制，服了很好，这是十两，着赐提督。”另一事例是配制德里鸦噶。雍正四年（1726年）造办处一条档案耐人寻味。二月初四日太监杜寿持来多种西洋物品，让传教士巴多明和西洋医生罗怀忠认看。二人看后，认出这些物品中有德里鸦噶，还有各斯多多尔者、撒尔味亚和阿玛撒嘎伯尼。各斯多多尔者、撒尔味亚是配制德里鸦噶的原料，阿玛撒嘎伯尼是一种树脂，也是用来配德里鸦噶的[3]。宫中收贮德里鸦噶配料的事实让我们相信宫中曾制作过德里鸦噶。

不能忽视的是，寿药房及寿药房前贯以宫殿名称的各处寿药房，如寿康宫药房、宁寿宫药房、永和宫药房，也担负着修合药饵的任务。现存各种刻有“寿药房”款识的银药具证实了这一点。但关于寿药房机构的建制，官书中未见记载，只见信修明的回忆录中有这样的描述：“寿药房有首领两名，大师傅一名，带班太监一名，太监十名，制药生数名，专司传医煎药，以及配制丸、散、膏、丹之事。”[4]

（二）造办处制作药

造办处是清宫内务府所属负责制造皇家御用品的专门机构。综观档案记载可知，在相当长的一段时间里，造办处和药房一起承担着清宫中的制药事务。造办处制药任务是其统辖的某一作坊来完成的。制药作坊不是一成不变，在不同时期，由不同作坊来承担。锭子药作（锭子作）、杂活作、皮裁作、灯裁作都先后配制过药。

在制药方面，造办处和药房各有侧重。药房主要制备帝后日常用的丸、散、膏、丹，造办处主项是配制锭子药及军前用药。虽品种相对单一，但基本是批量制作，数量较大。

造办处没有常设的制药医生，在制药期间，医生需造办处行文从药房咨取，制完药后，医生再回到药房。除医生外，还要从营造司、广储司抽调匠役从事锭子药其他工序的制作。乾隆二十九年（1764年）二月十二日，管理造办处事务郎中寅著等为做

---

1 ［法］白晋著，赵晨译：《康熙皇帝》，第42页，黑龙江人民出版社，1981年。

2 ［法］杜赫德著，郑德第译：《耶稣会士中国书简集——中国回忆录》第1卷，第289页，大象出版社，2001年。

3 前揭《清宫内务府造办处档案总汇》第2册，第333～334页。

4 信修明：《老太监的回忆》，第47页，北京燕山出版社，1992年。

发报锭子药用行医生匠役致药房等处咨文，把程序交代得一清二楚："今为发报锭子药用行药房医生八名，用行贵司雕銮匠四名，画匠四名，刷匠一名，用行贵司绦儿匠四名，络丝匠一名。自二月十五日起用，两个月完时退回可也。需至咨者，右咨药房、营造司、广储司。"[1] 其实，除其他机构的匠役外，造办处一些作坊的匠役也参与其中。包括此问题在内的锭子药制造的细节，将有专文论述，此不详述。

为戍边军队制备药品是造办处又一职责。除了和锭子药一起配发的平安丸、人马平安散外，还要随时依旨配制一些药。如雍正九年（1731 年）八月，赏给西征兵丁棉袄、棉袜的同时，谕示造办处配造健步散、耐寒散各一千斤。造办处杂活作在九月十五日、二十二日配完两种药[2]。后来，药不敷应用，又在十一月二十八日配造健步散一百斤、耐寒散四百斤[3]。黎峒丸、三黄宝蜡丸是内服、外用兼具的药品，在刀光剑影的战场上，更多地作为外用药使用。关于三黄宝蜡丸的功效，雍正帝在一条"谕发三黄宝蜡丸等药以备军中需用"的谕旨中讲道："倘遇破伤处敷之甚效。"[4] 鉴于此，雍正十一年（1733 年）十一月，配造黎峒丸、三黄宝蜡丸各五百丸，发往西路军营[5]。

结语

通过以上这些途径，各种药材和部分成药源源不断地进入宫廷。需要说明的是，由于清宫医药供应关系重大，不允许有丝毫的疏忽和懈怠，因此清政府建立了一套完善的制度，通过诸多机制进行保障，如岁解药材本色和折色、将宫中医药用项列入国用，等等，这些制度和机制具有强制性和连续性，从而有力地保证了清宫药材供应的充盈。宫中御药房和造办处对进入宫廷的药材进行加工炮制，制备成型，最大限度地满足了宫廷用药的需求。而外国药品的流入无疑极大地丰富了清宫医药的品种，是对中成药的补充。

原载《哈尔滨工业大学学报》（社会科学版）2007 年第 4 期

1 前揭《清宫内务府造办处档案总汇》第 29 册，第 230 页。

2 前揭《清宫内务府造办处档案总汇》第 5 册，第 115 ～ 116 页。

3 前揭《清宫内务府造办处档案总汇》第 5 册，第 121 页。

4 中国第一历史档案馆编：《雍正朝汉文谕旨汇编》第 3 册，第 25 页，广西师范大学出版社，1999 年。

5 前揭《清宫内务府造办处档案总汇》第 5 册，第 744 页。

试论中国酒具的发展及特色

桑颖新

内容提要：在中国古代，酒具有着非常广泛的社会功能。其中最基本的，就是专门用于盛放、贮存、温煮、斟灌、挹取、饮用等。而最重要的，则是作为礼器，成为人们社会地位的标志和等级制度的载体。早在新石器时代各文化类型中就有饮酒的杯子和存贮酒的陶瓶、罐等出土。商周秦汉时期，青铜酒具和陶、漆木酒具成为主流，其形制和样式也更趋丰富。魏晋隋唐及至宋元时期，陶瓷技术得到很大发展，制作工艺水平不断提高，精美的瓷质酒具和金银制作的酒具在这一时期最具代表性。明清时期，各种工艺高度发展，在酒具制作方面更是精工细作，推陈出新，品种最为丰富。除精美的瓷质酒具外，还有金、银、铜、锡、玉、玻璃等，呈现出异彩纷呈、百花争艳的时代特征。

关键词：中国　酒具　发展　演变

酒作为一种饮品逐渐被人们发明认识，盛用和贮藏酒的容器也就随之应运而生。尽管目前我们所见到的这些器物还不能推断一定是当时的专用酒具，但其用于盛放和饮用液态物质的功能则完全可以认定。

酒具的产生发展始终与人类文明进步和社会的发展同步前行。酒文化是我国民族文化的重要组成部分，而酒具是酒文化的重要载体。细观酒具的发展，呈现在我们面前的除了酒具的实用功能外，它涵盖了中国古代政治史、经济史、文化艺术史。追溯中国几千年酒具的发展过程，我们不只是看到酒具精美神奇，更让我们认识到它所承载的文化，洋洋洒洒几千年都不曾割断过的一种特殊文化，值得我们去探究。认识历代酒具的发展演变，无疑对酒文化的研究大有裨益。

作者：展览部，副研究馆员。

一　新石器时代的酒具

我们今天在长江流域、黄河流域的诸多墓葬考古挖掘中均有杯子和用于存储的瓶、罐等出土。从造型上看，已与后世饮酒所用的杯和瓶颇为相似，可视为此类器型的早期形态，均为陶质。从目前出土的实物来看，最早的酒具应为陶质器，产生于新石器时期。这说明我们的祖先在很早的时候，就已经和酒产生了关系，而且当时酿酒技术已经开始盛行。《诗经·鹿鸣》中就提到酒，“我有旨酒，以燕乐嘉宾之心”[1]。旨酒指美酒。《诗经·七月》中有“八月剥枣，十月获稻。为此春酒，以介眉寿”[2]。从诗句中推知，约在六千年前，已经出现人工酿酒和用于盛放、贮存酒的器皿即酒具。

新石器时期的酒具，朴素实用，造型多样，罐、瓮、盂、碗、杯等种类丰富。彩绘陶所绘图案显示着朦胧的抽象之美，三角纹、方格纹、旋涡纹、波浪纹、圆形纹等皆是从自然界中获取灵感装饰到酒具上，祈求自然界给人类以安宁，反映着那时人们对神灵的祈求和崇拜。1973年甘肃泰安县邵店大地湾仰韶文化遗址中，出土一件人头形器口彩陶瓶，是仰韶文化的代表作品[3]。此瓶口以人头塑成，人眼及鼻孔均与器瓶相通，周身绘满神秘图案，看似酒器，实则是当时人们用来祭祀或举行巫术仪式的用具。远古时期人们对自然界的认识还十分有限，在他们看来，自然界除了能被人类感知外，另有超强能力的人控制世界，他们可以与神灵沟通，让人们产生敬畏与恐惧[4]。从甲骨文上经常出现占梦、求雨、问卜灾异、预言征伐的内容来看，他们依赖神鬼的智慧和力量，祈求神灵降临，保佑平安。在古代，科学和迷信是分不开的。掌握占卜的巫师同时掌握着天文历法、数学、历史及医药等知识[5]。在这种活动中，酒的出现与酒具的产生占有十分重要的地位，酒似乎可以帮助人们达到通神的精神状态，让人们感到了安宁，并给予了心灵的安慰与幻觉，人们把所有的一切都归于酒的程序中，酒在这时期的宗教文化和礼制制度中扮演着极为重要的角色，与之相应，酒具也从实用器变为一种礼器，很多时候是用在礼仪活动中，用以表达人们对神的崇尚和尊敬。

肖形酒器制作逼真，情趣别致，如猪形陶鬶、鸟形陶壶、人形陶瓶等，在装饰上也是十分讲究，这类酒具多是陪葬用品，是财富与地位的象征。虽是泥土所造，却是精益求精，或绘上彩色花纹或雕刻动物图案和几何形图案。

黑陶杯是龙山文化的典型代表物品，已直观地显示出其饮用功能。这种具有很高的工艺水平的杯子，应该不仅仅是用于饮水。以我们目前对饮品的认知，没有比酒更

1　(宋) 朱熹撰：《诗经传》卷九，第100页。

2　前揭《诗经传》卷八，第92页。

3　张光福编著：《中国美术史》，第17页，知识出版社，1982年。

4　张晓凌：《中国原始艺术精神》，第158页，重庆出版社，2004年。

5　深圳大学国学研究所主编：《中国文化与中国哲学》，第45页，东方出版社，1986年。

珍贵的饮料了。整个杯子陶质细腻，胎体黑亮轻薄，似如蛋壳，故又称它为“蛋壳”陶。其造型规整且有一把柄置于杯身，与今天我们所用的把杯极为相似，这样拿放起来更加方便稳妥。此杯制作难度很大，需要有丰富经验才能完成，在当时，这类陶质酒具是用来给有一定社会地位的人使用的。在今天很多墓葬发掘中，都有大量的酒具陪葬品出土，它是墓主人身份的标志，更是财富的象征。很多有权有势的人，死后都把自己生前喜爱的酒具作为随葬品，可见酒具在当时人们心目中的地位是何等的重要。新石器时期的酒具除实用功能外，在很大程度上已成为权力的象征和政治的需要了（图一）。

图一　新石器时期龙山文化黑陶杯

二　商周秦汉时期的酒具

商周秦汉跨越了中国历史上一个漫长时期，见证了奴隶制社会由盛到衰，封建社会由建立到初步发展的历史过程。商代国家机构形成后，统治者不仅占有生活资料和生产资料，而且按自己的需要支配工匠和手工业技术人员从事各种分工劳动。这时期随着冶炼技术的发展，用铜、锡、铅等金属按比例配制，经过冶炼铸造成为青铜器。青铜不仅被广泛用于生产和军事领域，更主要是出现了大量的青铜礼器，对贵族来说，青铜礼器不仅是世家的标志及庙堂祭祀的宝器，同时它的多寡，也体现着贵族等级制度中的上下尊卑，高低贵贱。在这些神圣的礼器中，青铜酒具则占有相当大的比重，这时期酒一度在国家的宗教信仰和政治生活中占据着难以想象的重要地位，也是中国古代礼制最为规范的时期。正如《左传》中所说：“酒以成礼。”[1]“酒礼”成为最严格的礼节。酒与政治结合得最为紧密，酒往往应用在最为神圣隆重的场合，酒具更是成为礼制和权力的象征，酒具的使用体现出酒行为中的贵贱、尊卑、长幼乃至各种不同场合的礼仪规范。因此酒具发展也最为迅速，每一件酒具都细致精良，一丝不苟，传达着人们对神灵祖先虔诚膜拜的特殊心情，酒具用品更加细化、规范。

商代的父戊方卣（图二），是专用以盛鬯酒的祭器，同时也是酒具。鬯酒是一种

1 《春秋左传集解》第一册，第 180 页，上海人民出版社，1977 年。

用郁金草和黑黍酿造的酒，色黄而芳香，是比较珍贵的酒。一方面用鬯酒祭祀祖先、神祇；另一方面让祭祀的人饮用，以达到通神显灵的精神状态。斝是最基本的青铜酒具之一，是用于盛酒或温酒的酒具。但在礼制方面，据《礼记》、《左传》等书记载，它是用来行裸礼的酒具（图三）。而盉是用来调酒的，枓则是用来取酒的。商代由于生产力的发展，社会相当繁荣，尤其到了晚期物质生活富裕，饮酒之风日盛，这从已出土的青铜器中酒具的数量之多得到印证。酒具形制与样式也更趋丰富，达到了空前的繁荣。爵、卣、尊、觯、觚、盉等品种繁多，制作考究，器形端庄厚重，古朴美观。不同身份的人使用不同的饮酒器，如《礼记·礼器》明文规定："宗庙之祭，贵者献以爵，贱者献以散，尊者举觯，卑者举角。"[1] 表明人类的贵贱之分也已经开始。所刻纹饰都反映着那个时代超越自然的神秘，器身多以"饕餮纹""夔龙纹""鸟兽纹""蝉纹"为装饰，体现出浓浓的宗教色彩。而且从平面装饰发展到立体装饰，神秘狞厉，显示出皇权的尊严和不可侵犯。

1976年，在安阳发现了一座保存完整的殷代王室墓葬。出土的遗物中青铜礼器近二百件，造型纹饰精美，其中酒器占百分之七十[2]。《说苑疏证·反质》载："……纣为露台糟丘，酒池肉林，宫墙文画，雕琢刻镂，锦绣被堂，金玉珍玮，妇女优偿，钟鼓

图二　商父戊方卣

图三　商兽面纹斝

1 《十三经注疏》，（唐）孔颖达：《礼记正义》卷二十三，第1443页，中华书局影印。

2 前揭《中国美术史》，第22～23页。

管乐，流漫不禁，而天下愈竭。”[1]通宵达旦的狂欢，最后被周武王所灭。周武王伐灭商纣之后，认为酒是致使商亡国的重要原因之一，于是下令禁酒，通常只有在祭祀时才会用到酒和酒具。这一措施，使得周代早期的酒具发展出现了停滞，这就是西周早期酒具反倒不如前代丰富精美的原因。周后期在继承商代传统的基础上，又追求明快、豪放的艺术效果。其中仿造自然界动、植物形状制成的酒具，灵活多变，清丽简洁。凤鸟纹尊（图四），器身上下三层装饰有凤鸟纹图案，器物两侧各装饰有一个虎头，使人感到天神之作的灵动之美，令人赞叹不已。尊在酒具中属于大型容酒器，常常与彝成组出现，作为重要的祭祀用礼器。

图四　周凤鸟纹尊

秦、汉时期最美的酒具是漆质酒具。这时期的漆质酒具在继承战国漆器艺术风格的基础上又有所创新，在造型、纹饰、色彩等方面都带有漆、木制品的特性美。漆器工艺是我们祖先又一伟大发明，古人在长期的生产实践中，发现用漆树割取的天然液汁作涂料，具有耐潮、耐高温、耐腐蚀等特殊功能，又可以配制出不同色彩，光彩照人，这一发明在汉代达到辉煌。这时期漆器是以黑红为主色，漆器品种繁多，还开创了新的工艺技法，如多彩、针刻、铜扣、贴金片、玳瑁片、镶嵌、堆漆等。漆器图案根据不同的器物，以粗率简练的线条或繁缛复杂的构图表现，增强人或动物的动感与力度。黑红互置的色彩产生光亮、优美的特殊效果，在红与黑交织的画面上，色彩对比鲜明，形成富有音乐感的瑰丽的艺术风格，展现出人神共在、流动飞扬、变幻神奇的神话般的世界。耳杯是这时期酒具中最常见的一种造型，耳杯的起源大概与春秋时铏（舟）有密切关系。南朝梁元帝在《采莲赋》中吟道：“鹢首徐回，兼传羽杯。”[2]羽杯即羽觞，亦即耳杯。除了漆杯，还有漆枋、漆榼、漆卮是用来盛酒的用具。漂亮多彩的漆酒具也存有不足之处，用这种漆木酒具盛酒时间长了往往会变味。而瓷质酒具就不会出现这种现象，它不渗透漏、不挥发，对酒液有良好的保存作用。加之东汉时瓷质酒具的

1 （汉）刘向撰：《说苑疏证》卷二十《反质》赵善诒疏证，华东师范大学出版社，1985 年。

2 （唐）欧阳询编：《艺文类聚》卷八十二，第 1404 页，中华书局。

大量出现，漆酒具逐渐退出历史舞台，质优价廉的瓷酒具则被广泛使用。除使用瓷酒具外，陶质酒具也还在沿用，同时金、银、玉也在少量使用中，但只是上层贵族和富人使用。这一时期的酒具不同于前朝的单一品种，呈现出百花齐放的局面，有些不同质地的酒具还相互仿制。

在酒具的发展中，其形制、工艺受人们的饮食习惯、酿酒技术的发展以及科学技术的进步等诸方面因素的制约。汉代以前人们宴饮时一般是席地而坐，酒樽入在席地中间，里面放着挹酒的勺，饮酒器具也置于地上，酒具的形体较矮粗。东晋顾恺之绘画作品《女史箴图》中，就展示了席地而坐的优雅。

三　魏晋、隋唐时期的酒具

魏晋、隋唐时期是中国历史由纷乱走向统一，封建社会发展达到鼎盛的历史时期。这时期手工业制造水平发展迅速，新的习尚应运而生，随着制瓷业的发展，这一时期使用的酒具由青铜和陶器向青瓷和白瓷转变。青瓷酒具为主流产品，占据了主导地位。其品种有酒碗、酒盏、酒注、酒壶、樽、罐等，以鸡头、羊头作为壶嘴装饰的酒壶最为盛行。早期壶嘴是死口，只是起装饰作用并无实际意义，多作为随葬品；后期壶嘴多为中空，既美观又兼具实用的功能，成为我国南方普遍使用的酒具。晋人潘岳在《笙赋》中说“披黄包以授甘，倾缥瓷以酌酃”[1]便是用瓷器装酒的证明。所说缥瓷为浙江温州一带窑厂生产的瓷器，釉色青白。瓷器在这时已成为人们日常中最主要的生活用品，瓷器的广泛使用应该讲是中国物质文化史上的重要变革，自此以后瓷质酒具一直成为人们日常生活中最主要的酒具种类。青釉羽觞杯是仿造汉代漆觞而制的青瓷饮酒用器。其杯形小巧，端庄中显生动，平实中又富有动感，使用起来非常方便（图五）。王羲之兰亭集会，

图五　南朝青釉羽觞

1 （梁）萧统：《昭明文选》卷十八，赋壬，第860页，中华书局。

曲水流觞所用的“觞”，就是这种形制的杯子。曲水流觞源于“上巳节”“祓禊”习俗，禊是一种祭礼，禊的意思是浴，古时的农历三月初三是上巳日，“上巳”是指三月中第一个逢“巳”的日子，人们互相牵引聚集在水边洗濯，并且把酒杯放在水里任其流去，曲水的起源就出在这里。《荆楚岁时记》载：三月三日，士民并出，江渚池沼间，临清流，为流杯曲水之饮[1]。这个风俗起源于黄河流域，晋以后逐渐演变成文人墨客踏青游春娱乐、饮酒赋诗的盛事。人们把它固定在三月初三，而不管它是否是第一个巳日了，既然成了文人的节日，又因为在水边饮酒，文人们创造出来的花样就更多了，就有了曲水流觞的饮酒方法。也就是在平浅曲折的山泉之旁，将盛有酒的觞（酒杯）置于水中，任其缓缓流动，借着流水传递酒杯，即觞漂到谁的身边就由谁饮酒赋诗，作不出者罚酒三杯，这就是历史上有名的风流“雅事”曲水流觞。可见这种汉风的饮酒具还是十分受人欢迎的，并在延续使用。

唐代是中国历史上的盛世，对外开放交往使经济、文化诸方面发生了很大变化，人们的思想得到进一步解放。随着起居习惯的改变，人们的坐姿也发生了变化，或是箕踞（两脚互叠于椅上），或是垂脚坐（两脚下垂于地）。酒具器形也随之更新、发展，变得较为瘦高。这时期酒业十分发达，瓷器制作达到了鼎盛阶段，向实用、多样化发展。邢窑的白瓷和越窑的青瓷代表了“南青北白”两大瓷窑体系。邢窑，作为北方著名瓷窑，似雪类银的白釉瓷在当时也是上等的饮酒用具。唐白釉瓷壶，壶体形小巧，口流较短，这些都是唐代瓷壶的典型特点，小中见巧不失沉稳。越窑是南方青瓷的著名瓷窑，从汉代开始烧造青瓷，其间不乏精美酒杯、酒壶出现。青瓷以千峰翠色的精美釉色始终占据着南方瓷业的霸主地位，跨数个世纪而不衰，唐代诗人陆龟蒙有诗赞曰：“九秋风露越窑开，夺得千峰翠色来。好向中宵盛沆瀣，共嵇中散斗遗杯。”[2]是对越窑青瓷最好的描绘。越窑址在浙江余姚上林湖一带，古代属越州，故名。其特点是釉色偏黄，或青中闪黄，后逐渐改进为清水般的湖绿色，以艾色为贵，追求玉的质感。青釉刻花梅花式撇足小碗（图六），造型酷似盛开的梅花，色泽青亮而莹润。唐代统治者对金、银制品的偏爱，使金、银酒具铸造水平迅速发展，达到相当的高度。很多上层社会的人们，用雕刻精美的金、银酒具来体现自身的价值。这类酒具生活气息浓厚，花卉鸟兽，情趣盎然；人物故事，形象生动。多是反映人们日常生活的景致及一些祈福的图案，很多元素也反映外来文化对大唐的影响，有许多铸造精美的金、银酒具流传后世。杯身錾刻人马狩猎图的铜鎏金刻人马狩猎杯，纹饰生动，錾刻精致，代表了唐代金属酒具制作的工艺水平（图七）。唐代酒具在今天看来，具有很强的时代感，这时期中原与西域的交往比较频繁，文化也得到广泛的交流。许多作品异常精湛，奇艺骈罗，充满蓬勃生机，呈现着豪迈大气的风格。

---

1 （梁）宗懔撰：《荆楚岁时记》，第 9 页，中华书局。

2 《全唐诗》卷 629《陆龟蒙诗全集》，第 7216 页。

图六　唐青釉刻花梅花式撇足小碗

图七　唐铜鎏金刻人马狩猎图杯

四　宋元时期的酒具

宋元时期，中国制瓷业得到突飞猛进发展，人们追求美学上朴质无华、平淡自然的情趣韵味。特别是宋代逐渐形成的“以文治国”的策略，对瓷酒具发展具有非常大的影响，瓷酒具的生产推旧出新，且质精型美，俊美清秀，没有一点儿浮躁张扬之感，内敛与沉静是宋代器物的典型特征。盛酒用的梅瓶，纤瘦挺拔，一改唐时造型的厚重肥硕。瓷质酒具完全成为主流酒具，不论是官窑还是民窑都烧造出大批精美的瓷制酒具。影青的注子、注碗（图八），就是一件宋代的温酒用具，温酒器始于晚唐，盛于宋代。此器由注子、注碗两部分组成。注子也叫执壶，执壶本是由唐代发展而来的一种酒具，到了宋代后二者有机地结合为一种新的酒具。在外面的注碗中放入热水，里面的注子注入酒后放入碗中，这样酒就会变热，饮热酒对身体有保健作用，这是有科学根据的。宋人在饮酒方面有很多科学养生健身的经验，这也是我们宝贵的财富。影青蟠螭提梁倒流壶（图九），是宋代的创新产品，因需要把壶倒置过来方可装酒而得名。在当时是一件具有科技含量的盛酒用具，注酒时需把壶底朝上，酒从壶底中心的孔中注入，然后翻转过来，壶内部设有夹壁和导管，注酒时酒从导管流入夹壁中，翻转过来时酒不会淌溢出来，这种反注正倒的方法独具匠心，堪称一绝。表现了我们祖先高超的智慧，也说明古人崇尚酒器，对酒具的使用要求已从实用向趣味新颖发展，成为生活中不可缺少的重要组成部分。宋代瓷器的最大特点就是创造了美学境界，它在重视釉色美的同时更追求瓷的质地之美，让二者兼而有之。

这一时期随着社会的发展，贸易的繁荣，酒文化得到进一步发展。宋人张择端《清

图八　宋影青注子、注碗

图九　宋影青蟠螭提梁倒流壶

明上河图》是中国古代绘画中的杰作，描绘了北宋都城汴梁清明时节城市生活的方方面面。街道两边店铺林立，行人摩肩接踵，络绎不绝，茶坊、酒肆随处可见，热闹非凡，是宋人生活的写照。

与宋代同时存在的还有辽、金、西夏少数民族政权，少数民族与汉族之间是相互融合、相互影响的关系，史书上记载契丹民族“转徙随时，车马为家”，表明契丹是一个游牧民族。反映在酒器上，最典型的就是皮囊壶。皮囊壶形制扁圆，短流，肩上有一提梁，周边边缘起线仿造兽皮缝制，制作出皮革的缝线，十分逼真。整体造型反映出北方游牧民族酒具的特有风格。皮囊壶适宜游猎携带，具有浓郁的民族特色。鸡腿瓶，也是辽代非常盛行的酒具，一直延续到金元。鸡腿瓶很形象，像鸡腿似的，细长可以直接插在马鞍两侧兜里。瓶上有凸棱纹，是为了防滑，马跑起来，有凸棱就不容易窜出来。有的鸡腿瓶上面写着“葡萄酒”，证明是装酒的器皿。这是少数民族特有的瓷器，主要是便携，是游牧民族特性使然。元朝十分重视对外交往，吸收、借鉴外来文化，并为己用。瓷酒具、金银酒具在这时期交替使用，已改宋时体积庞大厚重的风格，高足杯、双耳扁壶是这时的主要酒具用品。

五　明清时期的酒具

明、清两代是中国古代工艺水平发展的高峰时期，工艺门类齐全，在酒具的制作上体现出多姿多彩的时代特征。这一时期酒具包含了多种工艺、材质，有金、银、锡

图一〇　清雍正款霁兰釉小杯

图一一　清雍正款黄釉白里盅

图一二　明子刚款白玉单凤双螭万寿合卺杯

等金属质地，瓷、玉、料、玻璃、竹木牙角等天然材质，还有集天然与人工于一体的匏制酒具，以及工艺精美、品质华贵的珐琅酒具。妙造自然，巧夺天工是对这一时期酒具的最好概括。

精美的瓷质酒具以它特有的优势占据主导地位。它以其耐用、价廉，成为主流饮酒用具，居于酒具市场的主导地位。明清时期随着各种工艺的发展成熟，酒具制作更加精细，常绘以山水、花鸟、人物、故事等图案，成为真正的艺术品，呈现出异彩纷呈、百花争艳的时代特征。中国酒具作为礼仪制度的载体，始终显示出使用的场合及使用者的身份和地位。清代颜色釉极其丰富且品种繁多，当时对颜色釉的使用要求也有严格的规定，皇帝在举行祭天、地仪式时，要用蓝色釉酒杯祭天（图一〇），用黄色釉酒杯祭地。蓝色代表着昊天，广大无边。黄是人们对远古黄帝的尊崇，又是皇宫专用颜色，代表皇权的至高无上（图一一）。这时期玉质酒杯也是宫廷中最常见的酒具之一，明代著名的琢玉匠师陆子刚制作的“白玉单凤双螭万寿合卺杯”（图一二）就是进贡给明代皇帝结婚时的专用酒杯。此杯由一块整玉雕琢成两个相连的直筒式杯。杯身上下各琢饰一圈绳纹，表示把两个杯子捆扎在一起，寓意“合卺”。古代新婚时，以卺代杯，男女双方各持其中一杯饮用，以示好和也称合卺，意为婚后合二为一，同甘共苦。从考古发掘所得，这种双联杯的形制，早在新石器时代的陶器中就出现过。在湖北荆门包山二号墓和河北满城西汉窦绾墓均有两器相连的器物出土,至于这种器物在当时是否就是古代婚礼喝交杯酒专用的酒杯,还需进一步探讨。这件合卺杯可谓独具匠心，除使用白玉外还有青玉、黄玉及痕都斯坦玉，用这些玉制作出来的酒具精美异常，色泽温润，花纹天然，光亮透明，充分显示出皇家御用的气派。

金制品流行于汉代，盛行于唐代，都是因为皇宫贵族的推崇，特别是唐代皇帝非常喜欢。金银酒具不仅贵重而奢华，同时也代表了财富和地位。只能出现在皇宫贵族的酒案上，一般官吏、士大夫也很难拥有。因此以金银制作的酒具属于皇家贵族用具。明清时期金银的酒具加工、制作工艺在继承前代的基础上更加精湛，代表了这一时期工艺制作水平。

酒具从产生到发展，从民间到宫廷，它的发展一直同中国社会历史的发展一脉相承，是随着社会科学技术、经济及社会时尚的发展而变化。作为中华民族文化的载体，逐渐成为艺术品被赋予深厚意义与文化内涵，被人们视为珍宝加以收藏，更为人们的生活增添无穷乐趣，古人说，“美酒不如美器”。酒以舌品味，器以目观赏。酿造精良的美酒配以赏心悦目的酒具，才能达到饮酒与艺术审美的和谐统一，这正是中华酒文化的重要特征之一。

原载《文博》2008年第5期

清代射箭与“弓力”问题

毛宪民

内容提要：本文探讨清弓制作材料与“弓力”等级，通过诸帝御用弓“弓力”度数比较研究，阐述清帝如何注重八旗官兵射箭及弓力训练并解决弓力软弱等问题，纠正杜绝花架，以及考核步射、骑射本领，朝廷以视弓射准确与弓力强弱为选拔奖惩人才的等级，并制定以六力官弓为军事训练中优劣与否的合格标准。

关键词：御用弓　弓力　训练　考核　标准

故宫博物院珍藏皇太极、顺治、康熙、雍正、乾隆、咸丰、光绪等皇帝所使用的御用弓，其弓的牛角面上镌刻“弓力”力数。笔者由此通过研究御用弓“弓力”，探讨八旗官兵在军事训练中对射箭“弓力”力数如何确定，从中体会清帝为什么始终以娴熟骑射而不忘弓矢之家法为其根本，并总是身先士卒为八旗将士演练骑射本领，强调“国家以弧矢开基，武备之修挽强为尚”[1]为其出发点，使我们更加理解了“我国家以骑射为业，今若不时亲弓矢，惟耽宴乐，则田猎行阵之事，必致疏旷，武备何由而得习乎？盖射猎者演习之法，服制者立国之经，朕欲尔等不忘骑射，勤练士卒”[2]的深刻道理。

一　御用弓制作与“弓力”

乾隆注重和敬仰皇太极使用的御用宝弓，称谓“神弓”，其御制诗《恭瞻太宗所制鹿角椅叠戊戌旧作韵》咏“习武寓习猎，神弓射鹿斯”[3]之句。乾隆东巡时专程去宝胜寺观瞻过皇太极的弓矢，在《再题宝胜寺》诗中注释：“是寺恭藏……太宗文皇帝所

作者：宫廷部，研究馆员。

1 《清仁宗实录》卷 284，嘉庆十九年二月上乙未。

2 《清太宗实录》卷 34，崇德二年四月丁酉。

3 《清高宗（乾隆）御制诗四集》卷 99。

贻弓，壮士弗能开，矢长四尺余……”[1]；作诗《恭瞻太宗文皇帝所御弧矢》[2]缅怀皇祖遗物。《恭瞻太宗皇帝所御弓矢》云：“矢计长四尺，弓知劲百钧。宝藏示家法，善用识天人。”[3]乾隆在另一首《恭瞻太宗皇帝所御弓矢》诗注云：“昔我太祖憩洞城之野，有栋鄂部善射人细翁锦乘马佩弓矢过，召至前，指百步外柳命之射，细翁锦发五矢中其三，上下相错，太祖发五矢皆中。众视之五矢所集仅五寸许，凿落块木而五矢始出，共叹为神技云。”“萨尔浒之战，明总兵刘綎统兵二万，由南路出宽甸将逼兴京。太宗与大贝勒、二贝勒、三贝勒率兵往御，太宗先引精骑三十人，超出众军前，自山驰下，奋击战甚酣。大贝勒亦自山西夹攻，太宗纵兵奋击，歼其二营兵万余人，刘綎战死。太宗复督兵，攻明海盖道康应乾，明与朝鲜兵合竞发火器，忽大风扬沙，烟尘反扑敌营，昏冥昼晦。我军乘之飞矢雨集，其兵二万人尽歼焉。”[4]乾隆不禁赞叹皇太极射箭高超，百发百中，神技过人，感叹弓马骑射在战争中有不可替代的作用。弓矢在当时的历史条件下，的确要比火枪快捷神勇，因为火枪射击完成后，要填装火药、灌铅弹、点火绳，速度确比弓箭慢；在激烈的战场上，情况瞬息万变，骑射可威力尽显，迅如猛虎，风卷残云。如果射手臂力过人，弓力强劲，再加上娴熟射箭技能，弓矢发威稳、准、狠，其优势更将尽显无遗。

考察皇太极、顺治、康熙、雍正等使用的御用弓，在装饰上是用桦皮浸染，颜色上描有白、黑、花绿之分，牛角有白、黑、黄之别。而乾隆及后世皇帝使用的御用弓，均采用金桃皮装饰弓弧干，桦皮染色色彩多样，弓面贴饰有几何回纹、龟贝纹、人字锦纹、如意吉祥纹、方块菱形纹和万字（卍）纹等红、黑图案。御用弓在清中期即使使用桦皮装饰，也将其染色或彩漆描绘金花、金福和寿字纹、蝙蝠纹等。另外，御用弓中部镶有手柄暖木一块，清朝前期在制作上素朴无华，而中期后，手柄暖木两侧装饰有日、月或蝠纹图形，中间制作绿鲨鱼皮裹饰，手握感舒适。

自乾隆朝始，弓矢制作集前朝之大成，《皇朝礼器图式》即收入了“皇帝大阅弓”“皇帝大礼随侍弓”和“皇帝随侍弓”等，其“皇帝大阅弓”谨按《周礼·春夏·司弓矢》“中春献弓弩。王弓、弧弓以授射”制定：

> 皇帝大阅弓，桑木为干，面傅以角，背傅筋，蒙金桃皮。加暖木皮，置矢处加黑桃皮，两 以檀木饰桦皮。刻其末鹿角，弦床鹿角，饰绿革。弦以丝。四尺九寸五分，置括处裹以革。[5]

---

1 《清高宗（乾隆）御制诗初集》卷18。

2 《清高宗（乾隆）御制诗初集》卷18。

3 《清高宗（乾隆）御制诗二集》卷53。

4 《清高宗（乾隆）御制诗四集》卷99。

5 （清）允禄等编撰：《皇朝礼器图式》卷14，武备2。

对"皇帝大阅弓"材料的制作，按照《考工记·弓人》所记"凡为弓，冬析干而春液角，夏治筋，秋合三材。寒奠体，冰析灂"方法加工。清总管内务府造办处有严格的规定和数量说明，如乾隆二十七年（1762年）奏准：预备上用弓，每间一年成造3张。官用弓，每年成造6张。库贮备用上用弓数，以70张为定额。二十八年（1763年）奏准，"预备上用弓及各项弓，每岁更画桦皮一次"[1]，以保持御用弓的整洁、鲜亮、美观。乾隆朝规定"上用弓，酌定每年成造三张"；授意"上用弓，俱着画金色桃皮"[2]。所谓"金桃皮"，即木杆表皮面红黑色，剥离后里面呈黄色，金光闪闪，可包裹装饰刀、枪、弓、箭、马鞍之木皮。金桃皮是一种灌木植物，出产于大兴安岭地区。乾隆时期，金桃皮由管理阿尔泰军台，每岁采办连杆九千枝交送[3]。每年，总管内务府造办处都要收购大量的金桃皮，至今在故宫博物院武备兵器库中还储存有金桃皮，杆呈圆棍形状，粗细似人手指，每根长约三十厘米左右。在宫廷木器物件上大量采用金桃皮裁成的条形状物，取其表皮编织装贴成人字形或几何形纹，装饰效果极具富贵、华丽，更加彰显出皇家气派。《考工记·弓人》曰："为天子之弓，合九而成规（九只规围成一个整圆，即每只弓的弧度是圆周的九分之一）；为诸侯之弓，合七而成规；大夫之弓，合五而成规；士之弓，合三而成规。"[4]乾隆朝沿袭历代制弓特点，并颁布"弓箭之制"，按定制方法严格制作。弓胎用榆木或樠木，南方或削巨竹为之，取材之法视竹木之理，平正端直，张而不破。胎长三尺七寸，其面敷以牛角，背加以筋胶，外饰桦皮胎，若为皇帝做弓则描金彩漆或饰以金桃皮。弓靶两弰以桑木为之，各长六寸三分，镶以牛角刻锲其末，鹿角固定方钉于角端并垫弦。制作垫弦弓弦有二，一采用缠弦，用蚕丝二十余茎为骨，外用丝线横缠以束之，缠线分三节，隔七寸许，空一二分不缠，则不张弓时可折叠收之。另采用皮弦，剪鹿皮为之，用于战阵，弓力强弱，视胎面厚薄、筋胶之轻重为断。另外，故宫博物院除珍藏有上述两种弦外，还有一种中股为筋，采用蚕丝线缠绕，十分硬朗、结实，只有臂力强劲之人才可拉开之弓。清初规定，各庄园牛群牛角，尚膳房鹿角、鹿筋，均随时交送总管内务府贮库。又定鳔胶以库内存贮朽皮，每年熬煮水胶、鹿角胶，尽数熬煮鱼鳔广胶，酌量所用奏请，由户部支取乌拉打牲人所得鲟鱼鳔交送贮库。乾隆二十六年奏准：遇有需用野羊角之处，俱改用水牛角，如库贮不敷行文户部支取[5]。《考工记·弓人》载，制弓胶"鹿胶青白，马胶赤白，牛胶火赤，鼠胶黑，鱼胶饵（牲畜的筋键，意即色如筋键），犀胶黄"[6]。这样看来，清宫遗留的弓面用胶，以鹿胶、

1 嘉庆朝《大清会典事例》卷910，内务府·武备·弓矢櫜鞬。

2 嘉庆朝《大清会典事例》卷910，内务府·武备·弓矢櫜鞬。

3 嘉庆朝《大清会典事例》卷910，内务府·武备·采伐木材。

4 戴吾三编著：《考工记图说》，第94页，山东画报出版社，2003年。

5 嘉庆朝《大清会典事例》卷910，内务府·武备·采伐木材。

6 前揭《考工记图说》，第89页。

牛胶、马胶为最多，犀胶为个例。清弓制作以干、角、筋、胶、丝、漆等“六材”为准，分为六至一等弓和一至十八力，以筋、胶等不同重量而定“弓力”力数：

> 六等弓，一力至三力，用筋八两、胶五两；
> 五等弓，四力至六力，用筋十四两、胶七两；
> 四等弓，七力至九力，用筋十八两、胶九两；
> 三等弓，十力至十二力，用筋一斤十两、胶十两；
> 二等弓，十三力至十五力，用筋二斤、胶十二两；
> 一等弓，十六力至十八力，用筋二斤六两、胶十四两。[1]

弓在制作中使用筋和胶越多，弓力则越大。所谓“力”即指拉弓射箭时张开的“弓力”，即张弓时所用力气的单位，每“力”为 9 斤 14 两[2]，清制 1 斤等于 16 两。“弓力”力数的强弱，在御用弓上反映突出，有的御用弓牛角面上直接镌刻或皮签上墨书“弓力”数字。如顺治弓“七力”；康熙弓“十一力”和“七力半”；雍正弓“四力半”；乾隆弓“三力”“五力半”和“七力”；咸丰弓“五力”等。

通过御用弓的“弓力”力数，可知康熙使用御用弓达至“十一力”，可见其射箭臂力强劲。但据文献史料记载，康熙“自幼强健，筋力颇佳，能挽十五力弓，发十三握箭，用兵临戎之事皆所优为……”[3]他身先士卒，能拉开“十五力弓”；同时，康熙与近御侍卫等谈及“朕于骑射哨鹿行猎等事”时曰：

> 皆自幼学习，稍有未合式处，侍卫阿舒默尔根即直奏无隐，朕于诸事谙练者，皆阿舒默尔根之功。迄今犹念其诚实忠直，未尝忘也。朕自幼至今，凡用鸟枪、弓矢，获虎一百三十五、熊二十、豹二十五、猞猁狲十、麋鹿十四、狼九十六、野猪一百三十二，哨获之鹿凡数百，其余围场内随便射获诸兽，不胜记矣。朕曾于一日内射兔三百一十八，若庸常人毕世亦不能及此一日之数也。朕所以屡谕尔等者，以尔等年少，宜加勤学，凡事未有学而不能者，朕亦不过由学而能，岂生而能者乎？[4]

康熙从 5 岁开始上学读书，受习骑射等武事，自幼遵从祖先精于骑射的优良传统，

1　乾隆朝《大清会典则例》卷 122，兵部 · 武库清吏司 · 军器 · 军器通例。

2　王兆春：《中国科学技术史 · 军事技术卷》，第 288 页，科学出版社，1998 年。注：另一说“力”为 9 斤 4 两，清制 1 斤等于 16 两。

3　《清圣祖实录》卷 275，康熙五十六年十一月辛未。

4　《清圣祖实录》卷 285，康熙五十八年七月己未。

经常狩猎习武并通过练习武艺，锻炼身体，始终不渝地保持满族刻苦慓悍的尚武风格。康熙驻跸绰诺木毕喇之马尼图地方上行围时，曾一矢射穿两黄羊并射断拉哈里木，时近御巴林台吉阿喇布坦、科尔沁台吉吴尔图纳素图无不惊异，手持断木奏曰：“即鸟枪亦不能穿两羊并拉哈里木，我等自幼从未经见如此射法。”[1]同样，故宫博物院珍藏的《威弧获鹿图》、《弘历一发双鹿图》轴[2]，描绘了乾隆驰骋中一箭射中两只鹿，“围中双鹿并驰，射中箭穿中其并驰者亦毙”[3]。说明康熙、乾隆臂力过人，弓力强劲，射箭精准，均是自幼勤学苦练步射、骑射基本功的必然结果。

故宫博物院珍藏的御用弓上面附有皮签或黄纸签，使我们能够准确地断定其年代。不仅如此，乾隆还将率领王公大臣和八旗兵士畋猎、步骑射及“木兰秋狝”时所射获的野兽数量镌刻在御用弓的牛角面上，忠实记录下了时间和地点，御用弓明显地披露着不容置疑的历史信息，弓面上所镌刻的文字，不仅反映了皇帝对御用弓使用的情况，而且弥补了史料文献记载的不足，说明乾隆帝更是将其“武功良具”和“十全武功”宣扬到极致，在弓牛角面上镌刻战绩和“弓力”数，其目的就是要使后世子孙永远牢记骑射为“我朝家法”，“朕每年行围射猎，正为使官兵等熟习骑射，不致废弛，朕尚以身先之……”[4]永远不忘“满洲旧俗，以马步射清语为要”[5]，即“国语骑射”为立国之本。

二　射箭与“弓力”训练

清帝重视八旗官兵的步射、骑射训练，主张“骑射为满洲要务”，“嗣后八旗各部院满洲大臣官员等，如不留心骑射，必以家法治之”[6]，“通行晓谕八旗各营、各省将军、副都统等，各将所属官兵步射、骑射实力训练，但期精锐……”[7]作为“祖制家法”，八旗官兵精于训练，长于骑射，弓箭是他们随身必带不可或缺的远射兵器。清廷不仅射箭要分出人员等级，而且要考察八旗官兵究竟使用多少“弓力”为合式，并确定射箭“弓力”力数标准，研究如何使用软弓、硬弓等问题。总的要求即是突出步骑射的训练效果。

1 《清圣祖实录》卷 205，康熙四十七年七月甲申。

2 故宫博物院编：《清代宫廷绘画》，文物出版社，1992 年。

3 《清高宗（乾隆）御制诗五集》卷 21，《锦云良骏歌》。

4 《清高宗实录》卷 367，乾隆十五年六月下乙未。

5 《清高宗实录》卷 367，乾隆十五年六月下乙未。

6 《清高宗实录》卷 406，乾隆十七年六月上癸卯。

7 《清仁宗实录》卷 164，嘉庆十一年七月丙午朔。

（一）“弓力软弱”问题

射箭“弓力”强弱与否，是清廷选拔人才的一个特定标准。乾隆发现“今引见人员弓力软弱，发箭多不能及靶，皆平日不事操练所致”[1]；而弓箭射手多用软弓，专讲虚架，并未练挽强贯扎之[2]。在阅看侍卫等步射时，发现“伊等所用箭翎太曲，竟成绿营体制。又有弓力软而箭长翎大者，其意不过欲令人美观，步射之道必须合弓力造箭”[3]。他特别强调弓箭不求美观而求实用务实，阐明“我满州肇起兴京，底定天下，全赖弓箭”，所以他要求“着将朕御用之箭发出一枝，令领侍卫内大臣等给各处看视，俱着以此为制，合各人所用之弓制造。诸大臣其时体朕意留心教导各该管侍卫官员兵丁等，阿哥等亦着谨记朕谕”[4]；要求在制造弓箭时，应因人而异，因势利导，各人应量身制作所使用之弓箭。

乾隆时期，从地方官员申奏训练报告看，“弓力软弱”是个普遍存在的问题。据西宁总兵官许仕盛奏称，查阅标协营路兵丁虽无老弱，马匹亦鲜疲瘦，唯骑步士卒技艺多生疏，弓力大半柔软，开拉撒放俱未合式，弓射则人马未娴，准头则十无一中[5]。钦差尚书公讷亲奏，遵旨查阅外省营伍，发现弓马鸟枪生疏不在少数，至各省兵丁弓力，能挽五、六力以上者，不过十之二三，其余多系二、三、四力，未免过于软弱，无资实用，按理应习挽五力以上弓方为适中[6]。马尔拜奏荆州官员内逾岁者过多，兵丁马步骑射平常，弓力过软[7]。乾隆二十一年（1756年）谕：

> 前因武职官员射箭往往有及半即坠，或低掠地面者，朕曾降旨训饬，乃今日前锋统领、护军统领等，带领引见人员内，犹有仍前不堪之人，甚则明知弓力软弱，故将前手挑高，夫射箭之法必矢发劲速，不半坠擦地能直达所指为佳，若有意挑高，虽至软之弓，亦可及远。此等恶习，皆统领等平日漫不经心，不勤加训练所致。前锋统领、护军统领等，着交部察议。[8]

对于如何解决射箭弓力软弱的问题，除加强刻苦训练，统领官员者全力负责任外，

---

1 《清高宗实录》卷341，乾隆十四年五月下己巳。

2 《清高宗实录》卷18，乾隆元年五月上丙申。

3 《清高宗实录》卷1507，乾隆四十三年五月下戊寅。

4 《清高宗实录》卷1507，乾隆四十三年五月下戊寅。

5 《清高宗实录》卷168，乾隆七年六月上乙丑。

6 《清高宗实录》卷221，乾隆九年七月下己亥。

7 《清高宗实录》卷364，乾隆十五年五月上乙巳。

8 《清高宗实录》卷515，乾隆二十一年六月下壬子。

即采用广西提督岳钟璜提奏的有效办法：因粤西水土瘠薄，兼多湿潮弓力稍软，今余各营训练，以五力为率，逐渐加增，有能用七、八力至十力以上者，重加提拔。其弓射生疏，弓不及五力者，勒限学习改进，违者无能者降级[1]。总之，奖惩分明，应该是以扎实的射箭实力为之。对八旗官兵年龄构成进行优化，身体衰老者多进行调换。乾隆在阅各营员弁时，发现步马箭多有生疏，衰老者固然较多，但少壮者亦不在少数，遂饬令将从前着有劳绩，精力尚可与年壮弓马平常犹可造就者，酌量或调兼营或补简缺，其精力衰惫及年壮不能造就之员，详加甄别处理[2]。

显然，“弓力软弱”的问题在乾隆朝后期亦均带有普遍性。如嘉庆二十年（1815年）二月初九日，嘉庆阅看左右两翼前锋营官兵射靶，官兵二百名内，竟无一人中五箭者，弓力甚软，其根本原因皆由该前锋统领等平日不善训练有关[3]；他在阅看正蓝旗护军营射靶时发现，官兵一百人内，并无一人中五箭者，中三四箭者亦少，不禁喟叹弓力太软，究其原因皆该管护军统领平日并不认真督促操演[4]。由此，护军统领长庆被嘉庆严厉申饬。再有就是因地制宜地对官兵使用弓进行改造，防止虚假上报“弓力”训练成绩，杜绝哗众取宠。如“马步弓箭宜分别制备，查习射之弓均皆梢长面窄，原为扯拉灵巧，川省征行多系丛林深箐并雾雨瘴烟，一经潮湿必致歪斜无用。请于各营马步兵丁每百名内，另制短梢宽面弓二十张，具要五、六力以上，用筋生漆，战箭酌量弓力长短配合改造”[5]。有些省份兵丁制作“弓箭架虽有可观，而弓力率多虚报，如报八力之弓，实止六、七力……”[6]这些行为令乾隆非常厌恶，认为必须申饬纠正，认真制止。嘉庆亦认为：

> 我朝东三省之兵，所以素称劲旅，战则必克者，职是之故。今绿营积习于一切技艺率以身法架式为先，弓力软弱取其拽满适观……中者十无一二，即阵式杂技，亦不过炫耀观瞻，于讲武毫无实效。[7]

对于这种射箭训练中搞华而不实的花架式，虚张声势“炫耀观瞻”者，朝廷必须坚决杜绝，严惩不贷。

---

1 《清高宗实录》卷401，乾隆十六年十月下癸亥。

2 《清高宗实录》卷221，乾隆九年七月下己亥。

3 《清仁宗实录》卷303，嘉庆二十年七月丁丑。

4 《清仁宗实录》卷305，嘉庆二十年四月辛巳。

5 《清高宗实录》卷281，乾隆十二年十二月下庚寅。

6 《清高宗实录》卷329，乾隆十三年十一月下丁卯。

7 《清仁宗实录》卷131，嘉庆九年七月上丁亥朔。

（二）以“弓力”强弱选拔人才

雍正曾谕兵部和八旗都统等，对于官员的升迁、擢用、选用、补用等，主要从“八旗满洲，古武举、武进士内，有人才出众、骑射娴熟者，除特恩选用外，其余俱请交各该处，以伊等应得之缺补用，但伊等应补品级不同，则升用亦宜分别。嗣后将满洲古武举，照汉人武举例会试后，请派大臣验看，分别等次。才优者列为一等，交与该旗于护军校、骁骑校等缺，挨次委署试用，行走三年，勤慎明白者，入于应升护军校、骁骑校人员内，带领引见补授。骑射平常者，列为二等，驳回该旗令其学习，以图会试上进，内有愿在该旗当护军前锋效力之人注意挑取，令其当差行走，学习娴熟时拣选补用。其满洲古武进士，除特恩挑选侍卫外，其余请交该旗于护军校、骁骑校等缺挨次补用，行走三年，谙练称职者，入于应升人员内，带领引见补授”[1]。总之，朝廷要在“骑射娴熟”者中选择人才，列出等级优者，按护军校、骁骑校例，“给予钱粮米石，所服顶戴，悉照委署官员之例”[2]，补以重任。乾隆对于射箭“弓力”强者，采取“恩赏”“施恩”“鼓励”的方法，编列等第，优者格外恩赏，授意八旗官兵习学马步射，特派王大臣同该管大臣等考射布靶，中三枝以上者分别记名，即中未合式而弓力强汉仗好者亦着记名，并编列等第各将所记名数[3]。射箭“中未合式而弓力强”者，亦可属奖励范围，可见“弓力”之强弱是射箭考核之关键。

乾隆朝时，军机大臣曾报福建武乡试题名录内，李武举人能开弓二十二力。乾隆疑惑：

> 思历科武殿试举子，开十数力之弓尚多竭蹶，从未有如此膂力者。此或系缮写之讹亦或出于粉饰，可于喀尔吉善、陈宏谋奏事之便传谕询问，令其据实复奏。如李邦石果能开弓至二十二力，则其技勇必有可观，着即咨送来京候朕亲试。[4]

据调查武闱校得知，士弓力俱照例较准，李邦石系将十力、十二力两弓并开虽觉勉强，合计实二十二力。乾隆仍有疑虑，由于“闽省风土潮湿，弓力虽准究不能如北地强劲，现已调取来省给咨送部报闻”[5]。如果此人真是弓力强劲、臂力无比的话，朝廷定会重用此人，前途无量。

清廷注重人才选拔，特别是“军政乃国家大典，派出考验之王大臣等，理宜慎重遴选。

1 《清世宗实录》卷125，雍正十年十一月丁酉。

2 《清世宗实录》卷125，雍正十年十一月丁酉。

3 《清高宗实录》卷252，乾隆十年十一月上庚午。

4 《清高宗实录》卷451，乾隆十八年十一月下癸酉。

5 《清高宗实录》卷451，乾隆十八年十一月下癸酉。

此次派勘世职军政之端恩等，将绵丹等二十四员定为一等具奏。朕御箭亭阅看伊等步射，骑都尉齐木清阿箭俱中靶，弓力尚劲，当经赏给三等侍卫挑在乾清门行走，其余技艺尚好者，亦均赏给大门侍卫。惟奉恩将军宗室嘉瑞步射平常、恩骑尉舒凌阿步射平常，且不能奏履历，当将嘉瑞改为二等；舒凌阿改为三等。此次朕亲临箭亭阅该员等步射，将技艺平常人员等第更正。若于宫内引见，只看拉弓，伊等弓力强弱、技艺优劣何由勘阅。看来派验之王大臣等并未认真阅看，改为三等之舒凌阿著照例罚俸一年；端恩等著交部察议。嗣后官员军政经朕由一等改为二等，应无庸议。如有改为三等人员，定将原验之王大臣交部察议。著为令”[1]。清廷以视“弓力”强弱与否，同时明确射箭准确中靶为第一要素，要求检验王大臣须“认真阅看”。严格把关，突出等级标准，是确保被选拔者能否在皇宫内做御前侍卫之前提条件。

嘉庆御紫光阁阅射选拔武举，发现会试中式各武举马步箭中者甚少，弓刀石俱属平常，而有的武举人照所注“弓力”试看俱不能开，似此技艺庸劣。旨意对开弓违式者应罚停殿试[2]。道光希望在选拔人才中要公平，选拔真才之人。道光十三年（1833年）十一月，谕内阁对“所有派出监射、较射之王大臣，宜如何公平考校，以副朕求才若渴之心。历科中式武举，俱有能开出号弓者，是以一甲进士，即在此内挑取。上年壬辰科中式武举，虽有出号弓而比较马步箭及刀石技勇之优劣，拔取一甲一名李广金系十二力。本科朕亲试中式武举内牛凤山、孙和平俱报开十二力弓，朕见其从容引满，因赏给十三力弓仍能开满。可见此中不乏人才，皆由监射、较射之王大臣自顾考成，虑复试殿试时弓力不符，先为此避重就轻之举”；要求“其派出监射、较射之王大臣等务须秉公校阅，为国求才，用备干城之选，不得规避处分，屈抑人才，预为弓力不符地步。再八力弓系属三号，历科间有备数充选之人，究非上乘。本科会试中式武举陈正坤、常奎基、畲碧元、王家燮俱系开八力弓，未免过多，甚不出色。嗣后有似此开八力弓而刀石并无头号者，该王大臣等即不准挑入好字，以杜幸进而拔真才”[3]。总之，“弓力”强劲是选拔真才之标准，万不能“屈抑人才”。清帝要求王大臣等“秉公校阅”，而且将其上升至“为国求才”的高度；同时通谕八旗都统等在挑选披甲时，“必须弓力较强，箭有准头者方准挑补……均以弓箭为重，以副朕讲明武备训励旗人之至意”[4]。清廷选拔人才，无论是高级的武举进士，还是寻常披甲仆人，均是要求射箭弓力较强、箭有准头者为选择对象。在选拔官员上亦是如此，“将此传谕各省将军副都统等，嗣后保举卓异人员，务须秉公，择其着有劳绩、办事妥干、骑射精熟之员”[5]，正如道光

1 《清仁宗实录》卷263，嘉庆十七年十一月壬午。

2 《清仁宗实录》卷151，嘉庆十年十月戊戌。

3 《清宣宗实录》卷245，道光十三年十一月癸巳。

4 《清宣宗实录》卷195，道光十一年八月下己亥。

5 《清宣宗实录》卷135，道光八年四月庚辰。

帝所言:“八旗拱卫神京，关系尤重，不可不加意讲求。”[1]

（三）“以六力弓为合格”标准

八旗官兵在军事训练中实施步射、骑射时，究竟使用几等“弓力”合式，朝廷必须制定出一个使用射箭“弓力”的合式标准。

乾隆对使用硬弓者反感，“惟以兵用硬弓，希图见好，徒事虚名，全不务实”[2]。无论是射箭开弓“弓力”多么强者，如果发射之箭均不能命中目标，不务实效，必然会遭受到乾隆的不满和申饰。嘉庆主张:“人力各赋于天，强弱不同，步射不在弓力软硬，惟期发必命中。”[3]嘉庆在巡幸盛京阅看该处官兵布靶时发现，中3箭者仅只1人，吉林官兵中箭者甚多，并非俱用硬弓，是步射优劣，全不在弓力强弱，盛京官兵所以未能多中布靶者，总由富俊迂谬，教以硬弓是以不能善射，徒事虚名而无实用……切勿徒用硬弓，转致失准不中靶[4]。军营用箭皆系梅针，营兵操练射靶所用铲子箭，头轻翎大不过架势饰观，应改用梅针箭等语亦不成话，箭枝样式种种不同，各适于用其箭镞翎羽之轻重，总视弓力为准才是。对于喀什噶尔口赞大臣富俊奏请，嗣后八旗各营挑选前锋护军，非用八力弓不准挑选等语，嘉庆以为断不可行，将富俊申饬[5]。

根据八旗官兵的训练情况，分别营伍兵士技艺缓急，训练营伍者均当以弓力劲而有准，无论马步射求稳制胜命中靶心为原则。嘉庆对御史孙汶奏“挑选侍卫酌定弓力一折”给予肯定，要求督抚、提镇均有统辖营伍之责，身先士卒，“平时训练官兵弓以六力为度，箭靶不得违式暗加宽大……均须迅速而总以准头为要，申明教诫”[6]，万不可养尊处优，自耽安逸。他主张八旗官兵训练使用“弓以六力为度”是比较客观实际的，若“概令开弓在八力以上，亦属难行。此事惟在练习精勤，则膂力日增，即力弱者亦渐能挽强。嗣后着领侍卫内大臣及管理旗营诸大臣，各率所属，勤加教演，纵不能悉挽八力劲弓，总约以六力为合格”[7]；并旨意“兵丁操演弓力，当以挽强为尚，纵不能悉挽八力以上，若六力则颁诸令甲，着八旗护军前锋、健锐等营，嗣后挑缺拣选务以六力弓为合格，其不入格者毋许滥充。至东三省官兵技艺优娴，实堪嘉予”，

---

1 《清宣宗实录》卷195，道光十一年八月下己亥。

2 《清高宗实录》卷1405，乾隆十七年五月下戊午。

3 《清仁宗实录》卷164，嘉庆十一年七月丙午朔。

4 《清仁宗实录》卷164，嘉庆十一年七月丙午朔。

5 《清仁宗实录》卷164，嘉庆十一年七月丙午朔。

6 《清仁宗实录》卷131，嘉庆九年七月上丁亥朔。

7 《清仁宗实录》卷284，嘉庆十九年二月上乙未。

责令每五年奏请挑送训练优异官兵，“挑留二三百员名，分派京城各处当差”[1]。嘉庆提出“以六力弓为合格”标准后，八旗官兵射箭训练压力明显减轻。

道光朝继承嘉庆朝的做法，以务求实效的态度，严格按照以“六力官弓”合格者挑缺人员，补以重任。道光帝曾谕内阁：

> 管理值年旗王大臣等，复将旗营设立官弓，核实挑缺，另行妥议。着照所请嗣后前锋护军、健锐火器各营，每营设立六力官弓数张，挑缺时，先以官弓开试，裕如者，方准较射。仍以中靶为去取，其挽强而不能命中，与中靶而弓力稍软者，俱不准挑取。其领催马甲挑缺，着仍照旧制办理。各该旗都统、副都统等，仍不时严行教诫，勤加操练，勿任日久懈弛。[2]

清廷挑选步骑射合格者的标准，虽以六力官弓为标准，但步骑射最基本的要求则是以射箭中靶为前提，光能挽强弓而不能命中靶心，或虽能中箭靶而弓力稍软者，均同样不准挑取。这实际对八旗官兵提出了苦练步骑射基本功的要求，也是“祖制家法”和“国语骑射”立于不败之地的最根本的高标准要求。

原载《清史论丛》（2012 年号），中国广播影视出版社，2011 年

1 《清仁宗实录》卷 280，嘉庆十八年十二月上庚子。

2 《清宣宗实录》卷 154，道光九年三月下癸亥。

“击角球”考

杨静荣

内容提要：文章从文物、文献相认证的角度考证了击角球运动使用的器具及玩法，并论证了其年代。

关键词：捶丸　击角球　考释

在中国体育史中，有一个项目，与现代高尔夫球十分类似，曾流行于宋、金、元、明时期，到清代渐衰亡。这个项目叫“捶丸”，元朝初期，宁志老人著《丸经》一书（图一），该书成书于1282年，上、下两卷共计32章，全面记述了这种运动的比赛规则、使用工具及该项运动锻炼带来的好处，内容非常丰富完备。如果从该书算起，中国的“高尔夫球”，比诞生于15世纪苏格兰的现代高尔夫球要早三百多年。根据《丸经·集序》中记载“至宋徽宗、金章宗皆爱捶丸”的记述，说明其流行时间还要早。捶丸源于由马球派生出的“步打”，步打是不骑马，只用杆打球的一项运动（类似现代的曲棍球），但是仍然有较强的对抗性质。捶丸则以击球进洞定胜负，娱乐性高于对抗性。正因为其娱乐性较高，所以颇受人们喜爱，上至王公贵族，下至黎民百姓，均可在这项运动中一显身手。正规的比赛是成人的事情，当时的儿童也不甘落后，但是儿童因为受到体能的限制，只能玩小型化的“捶丸”，类似现在的儿童足

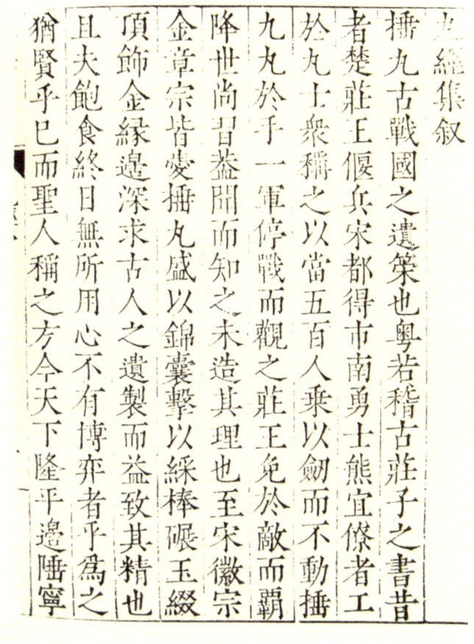
丸經集叙
捶丸古戰國之遺策也粤若稽古莊子之書昔
者楚莊王偃兵宋都得市南勇士熊宜僚者工
於丸士衆稱之以當五百人乘以劍而不動捶
丸丸於手一軍停戰而觀之莊王免於敵而覇
降世尚習蓋閑而知之未造其理也至宋徽宗
金章宗皆愛捶丸盛以錦囊擊以綵棒碾玉綴
頂飾金緣邊深求古人之遺製而益致其精也
且夫飽食終日無所用心不有博弈者乎爲之
猶賢乎已而聖人稱之方今天下隆平邊陲寧

图一　元宁志老人著《丸经》

作者：原古器物部，研究馆员。

球或儿童台球。宋代的文献中称其为“击角球”。因为文献记载较为笼统，所以在以往研究中国体育史的论著中未能引起足够的重视。笔者在1990年曾主持了故宫博物院的“中国古代体育文物展”，对此专题颇感兴趣，在外出考察及整理文物时亦多加留心，终于发现在传世文物中有不少“击角球”的文物资料。现考证如下。

一　捶丸

宁志老人的《丸经》是记载捶丸的最完整的文献资料，该书记载捶丸场上最显著的特点是设球穴，以杖击球，而且场地要有地形变化、凹凸不平，球穴旁要插上彩旗作为标记；捶丸所用杖（棒），有着不同的类型，有“撺棒”“杓棒”“朴棒”“单手”等，供人在不同条件下选用，打出不同的球。捶丸比赛时，既可分组，亦可不分组。以参加人数的多寡又有相应的不同名称，多人参加的叫“大会”，七八人参加的为“中会”，五六人的则为“小会”，而三四人的称为“一朋”。最少的是两人，叫“单对”。比赛根据筹之多少，可分为大筹（20）、中筹（15）、小筹（10）。比赛以先得以上各数者为胜。可惜该书只有文字，没有图像资料。好在中国是文物大国，遗留的文物成千上万，只要仔细寻觅，总会发现蛛丝马迹的。现存于山西省洪洞县广胜寺水神庙壁画中的元代捶丸图，可补《丸经》之缺憾。“图中于云气和树石之间的平地上，二男子着朱色长袍，右手各握一短柄球杖。左一人正面俯身作击球姿势，右一人侧蹲注视前方地上的球穴，稍远处有二侍从各持一棒，棒端为圆球体，居中者伸手向左侧击球人指点球穴位置。”它是元代民间捶丸活动的真实反映（图二、图三）。明代的捶丸，远不如前代那样普及。现藏故宫博物院的《明宣宗行乐图》长卷中，有一部分描绘的是捶丸图。图中所绘的场地面貌、旗、穴及击丸的棒、侍从的位置等，都与《丸经》上所说吻合。只是图中以人为地设置某些障碍来代替野外山丘，这显然是变通之法。但图中的皇帝亲自持棒参加活动，这表明捶丸运动在当时是一项高雅的体育娱乐活动。上海博物馆藏明代杜堇《仕女图》，则记录了女子捶丸运动（图四）。以上三件文物是目前见到的形象记录捶丸运动的宝贵资料。中国体育史的专业研究者曾经对比捶丸

图二　元山西洪洞水神庙击角球壁画（局部）

图三　元山西洪洞水神庙击角球壁画（局部）

图四　明杜堇《仕女图》（局部，上海博物馆藏）

与现代高尔夫球的规则后得出四点结论：①捶丸的窝和高尔夫的球穴都是击球的目标，场上都有标志旗，用以指导方向。两者的设备基本相同。②捶丸的基窝相对，高尔夫的起点和球穴相对，两者的起点基本相同。③捶丸和高尔夫都是利用自然地形，要有各种障碍。两者的要求是相同的。④捶丸的球虽未规定规格，但要求适应球棒，轻重合宜。高尔夫的球有明确的重量及大小规定，但其要求也是与球棒合宜。两者要求是一致的[1]。以上的结论可以看出二者的关系。认为捶丸早于现代高尔夫球三百多年的观点并非是狭隘的民族主义，而是实实在在的历史事实。

二　“击角球”相关的文献

记载“击角球”的文献是北宋名相范仲淹的曾孙范公偁所著《过庭录》一书，是书记载多为两宋时期的名人佚事，总计 116 个条目，“是一部实实在在的史料笔记”，“名落孙山”的典故即出自该书。在“滕元发少侍文正长与忠宣交往”条目中记载：范仲淹的外甥滕元发少时聪明，但是非常调皮，范仲淹待滕元发如亲子，爱其才，不计较其调皮之事。滕元发“爱击角球，文正每戒之，不听。一日，文正寻大郎肄业，乃击球于外，文正怒，命取球令小吏直面以铁槌碎之。球为铁所击，起，中小吏之额。小吏获痛间，滕在旁，拱手微言曰：‘快哉！’至登第仕宦始去。”[2] 这段文献虽然很短，但是非常重要。从中可以得出两点结论：①北宋中期击角球即已流行。②击角球的球

1　见毕世明主编：《中国体育史》第 336 页，北京体育学院出版社，1990 年。

2　（宋）范公偁撰，孔凡礼点校：《过庭录》第 368 页，中华书局，2002 年。

可以用铁槌击碎。击角球的“角”字，在这里应该读作“jué”，释为竞争、较量之意，如《吕氏春秋·十月》：“天子乃命将军率讲武肄射角力。”《孙子·虚实》：“角之而知有余不足之处。”现代常说的“角胜、角斗”均为此意。

三　击角球的文物资料

击角球的文物资料早在20世纪50年代的出版物中即已出现，只是未引起学术界的重视，陈万里先生曾著《陶枕》一书，书中录有两件宋代陶枕，一件定名为“板球”（图五），另一件定名为“婴戏”（图六）。板球不见文献记载，枕面绘一儿童举杖击球，其杖类捶丸所用之杖，只是略短。应该就是击角球所用之杖。此件文物非常重要，我曾多方寻觅其下落，并曾问过当年做过陈万里先生助手的冯先铭先生，冯先生告之曰：“此件文物是一文物商人提供，不知下落何处。”另一件也是宋代陶枕，但是一件残器，

图五　宋磁州窑板球纹枕（故宫博物院藏）

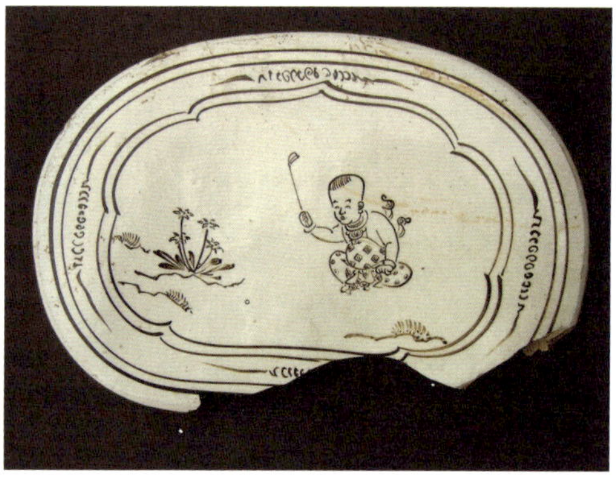

图六　宋击角球纹枕（故宫博物院藏）

图七　宋《蕉荫击球图》册页（故宫博物院藏）

只有一个完整的枕面，陈万里先生将其定名为“婴戏”。出版物在20世纪50年代图版质量均有缺陷，不是十分清晰，所绘图案好像是一个儿童在悠闲自得地扑捉飞蝶。此件资料现存于故宫博物院的陶瓷资料库，今年在整理资料时，我有幸将其拿在手中仔细观赏，当时的心情就像发现新大陆一样激动，原来这也是一件击角球的宝贵资料，一个儿童右手高举杖杆，击出的球在前方滚动。这个球是白色的，而且比那件陈万里先命名为“板球”的球要小。我之所以如此激动，不仅仅是又发现一件击角球的宝贵资料，更主要是看到这个白色的小球，使我多年的猜测终于得到验证。此外故宫博物院藏有名为“蕉荫击球图”（图七）的宋代册页。图中绘儿童以杖击球，其杖略小，应该也是击角球。

四　击角球的“球”

捶丸所用球，据《丸经》记载为瘿木制成，所谓的瘿木实际就是树木生成绞瘤的部分，该部分植物纤维绞结紧密，质地坚硬，不但耐击打，而且其绞结的纹理在滚动中亦十分醒目。击角球的“球”，前面所引文献已经讲明，其球须用铁槌方可击碎，而且在击碎时会有渣末飞溅。说明它与瘿木球不同，只有石质、陶瓷或玻璃的才与之相符。石质制成球，成本过高，玻璃制造业在中国古代不发达，唯有陶瓷才与文献最相符。在出土和传世文物资料中，有一种球，外表无釉，有绞胎的（图八、图九）、彩绘的（图一〇）和光素白瓷的（图一一）三种，直径大者4～5厘米，小者2～3厘米。河北、河南、山西、陕西等地的宋、金窑址以及扬州、泰州的唐宋遗址中均有出土。笔者曾在20世纪80年代一篇讨论绞胎的论文中认为扬州出土的绞胎球可能是马球用球，这个观点可能过于武断，因为至今未能找到文献佐证。反观击角球的文献和文物资料，这种球应该就是击角球所用之球。绞胎的纹理极类瘿木，彩绘球的纹理则完全是仿绞胎纹理。击角球是儿童游戏，不同于正规的捶丸运动，所用器具既与捶丸相似，

图八　北宋当阳峪窑绞胎击角球

图九　北宋磁州窑系绞胎击角球

图一〇　北宋磁州窑系彩绘击角球

图一一　宋代白瓷击角球（泰州地区出土）

又与捶丸稍有差距。绞胎和彩绘的陶瓷球即说明了这点，瘿木球成本肯定高于陶瓷球。陶瓷球如果用绞胎和彩绘工艺制作，则可以达到相似的效果。成本低廉的陶瓷球完全可以满足儿童的需要，又可为陶瓷工匠带来商机。现在发现的绞胎和彩绘的球，胎质多为灰白色或灰色，显然都是生产陶瓷的下脚料制成。第三种球是白色无釉的，直径小于前两种，可能是成本更为低廉的一种球，故宫博物院现存的击角球枕，画面即是这种白色的小球。我在泰州地区曾见到唐宋遗址出土的这种小瓷球，外表很光华，其光华程度类似现代陶瓷球磨机中使用很久的石子，说明其当为使用过的器物。我初次见到这种小瓷球，也感到茫然，以为是陶瓷球磨机中的瓷球，因为现代陶瓷工艺中加工粉碎研磨陶瓷颜料时，为避免杂物掺入颜料而导致变色，有些特殊的颜料需要使用瓷球代替石子在球磨机中研磨。研磨过的瓷球也十分光华，但是出于泰州地区唐宋遗址的这种球，是与绞胎和彩绘球一起出土的。在山东地区出土的绞胎和彩绘球中也经常有这种白瓷球，由此联想到故宫博物院现藏的击角球枕，它应该就是击角球所用的一种球。

五　击角球枕的准确年代

击角球的文献是判断击角球枕最有说服力的证据。滕元发是个历史名人，其生卒年也很清楚，据最新出版的《中国历史人名大辞典》滕元发条目载：他生于 1020 年，卒于 1090 年。“婺州东阳人，初名甫，字元发，以字为名，更字达道，仁宗皇祐五年进士。历开封府推官、盐铁户部判官。神宗初进知制诰，知谏院，除翰林学士，知开封府，出知郓州、定州。数言新法害民。坐妻党犯法，黜知池州，徙安、筠、湖三州。哲宗时再知郓州，值岁饥，赈济流民。徙真定、太原府，治边有方，号称名帅。卒谥章敏。有《孙威民征南录》。”当年范仲淹命人击碎滕元发的击角球的球时，如果滕元发是在 7 ～ 10 岁时，确切年代应是 1027 ～ 1030 年。也就是说北宋中早期击角球正在流行，可以认为击角球纹枕有可能就是这一时期的产物，最起码根据现有的文献，定其上限是不会有错的。根据现在已经发表的文物资料，磁州窑白地黑花作品带纪年的器物，以甘肃省博物馆所藏“明道元年巧月造，青山道人醉笔于沙阳”铭文的白地黑花卧虎纹枕的时代最早，而白地黑花击角球枕有可能比其还要早上几年。当今学术界有专家认为磁州窑的辉煌时期是在金代，“明道元年”枕在造型及画风、釉色诸方面都存在明显疑点，当属后人所造，其年代至少在金晚期以后[1]。学术界有不同观点是很正常的，也是好现象。我认为那些反映民俗的生动绘画，如马戏纹、熊戏纹、蹴鞠纹、击角球纹等，均能在文献中找到蛛丝马迹的记载，与北宋的生活一脉相承，正需要陶瓷史的专业工作者深入研究。本文抛砖引玉，希望引起更多同仁的兴趣。

原载《收藏》2008 年第 4 期

1　见秦大树《磁州窑白地黑花的装饰产生与发展》，《文物》1994 年第 10 期。

图书档案

毛晋与《嘉兴藏》关系考辨

章宏伟

内容提要：自20世纪80年代以来，海峡两岸的学者不约而同地注意到毛晋汲古阁与《嘉兴藏》的关系，无论是目录、解题，还是研究论文，都是在整理《嘉兴藏》基础上得出的，因而毛晋续刻《嘉兴藏》的观点被奉为圭臬。笔者通过梳理故宫博物院藏《嘉兴藏》，发现学界以往的认识并不符合实际情况，毛晋与《嘉兴藏》有关系，但具体表现为：①毛晋作为佛教善信，捐钱刊刻《嘉兴藏》经卷做功德，与汲古阁刻经是完全不同的两个概念；②毛晋长期经营书坊，又重视校勘，有丰富的校勘经历与经验，因而在捐钱的同时，又出力参加虞山华严阁刻藏的校对工作；③毛晋汲古阁曾接受云南木增的委托，代刻佛经，捐赠嘉兴楞严寺；④毛晋汲古阁自刻极少的佛经；⑤除毛晋代刻、捐赠经版外，汲古阁的刻工、书手与《嘉兴藏》没有关系。这些与毛晋有关的藏经，都不能如《故宫博物院藏〈嘉兴藏〉目录》、《"国家图书馆"善本书志初稿》著录为毛晋汲古阁刊刻。

关键词：毛晋　汲古阁　刻藏　嘉兴藏　虞山华严阁

明代出版家毛晋（1599～1659年），从万历末年开始刻书，一直到去世，40多年间苦心经营出版事业，"夏不知暑，冬不知寒"，他刻印书的数量，超过了历史上以及他以后的独立经营的出版家，对当时和后世都有很大的影响。因而，虽然乾嘉学者对毛刻颇有微词，毛晋刻书却是谁也不能忽视的。叶德辉虽然诋"其刻书之功，非独不能掩过，而且流传缪种，贻误后人"[1]，但在《书林清话》卷七有七题谈"明毛晋

作者：故宫学研究所，副研究馆员。

1　叶德辉：《书林清话》，第190页，中华书局，1957年。

汲古阁刻书”。历来论毛晋刻书者，都是依据《汲古阁校刻书目》[1]和《明毛氏汲古阁刻书目录》[2]，把汲古阁刻书分类统计，说毛晋一生刻书六百余种，大都是传统经史诗文，而且大多为成套的丛书[3]。对于毛晋与明末清初民间一项重大刻书工程《嘉兴藏》的关系，由于从未知见，一直为人遗忘。

重新发现毛晋与《嘉兴藏》有关系，则是基于各地整理《嘉兴藏》工作的开展，至少有云南省图书馆、故宫博物院图书馆、苏州西园寺、台湾“国家图书馆”四家机构通过整理馆藏《嘉兴藏》，明确了毛晋与《嘉兴藏》的关系[4]。杨玉良在整理故宫博物院藏《嘉兴藏》、编撰《故宫博物院藏〈嘉兴藏〉目录》[5]的基础上，发表《故宫博物院藏〈嘉兴藏〉初探》说“虞山华严阁便是他（毛晋）鸠集校刻良手校刻大藏的地方”，“华严阁刻经所用的写刻工匠多是毛晋门下从事多年的良匠”，“《嘉兴藏》提供的上述实物资料对研究明末清初著名刻书家毛晋的刻书史极为重要”，显然认定是毛晋刻书，更何况有《大方广佛华严经海印道场十重行愿常遍礼忏仪》卷末木增施刻文称“南直隶苏州府尝（常）熟县隐湖南村笃素居士毛凤苞汲古阁中鸠良工雕造”，杨玉良先生的观点是不言而喻的，就是毛晋刻，因而《故宫博物院藏〈嘉兴藏〉目录》就是这样著录的。无论是目录还是研究论文，都是建立在整理《嘉兴藏》基础上的，是看了《嘉

1 冯惠民、李万健选编：《明代书目题跋丛刊》，书目文献出版社，1994 年。又收入陶湘编、窦水勇校点《书目丛刊》，辽宁教育出版社，2000 年。《明代书目题跋丛刊》径题《汲古阁校刻书目》为“（明）毛晋撰”，是有问题的。《汲古阁校刻书目》收有“许慎说文解字十五卷”，《说文》系毛晋在明清之际购得祖本，嫌其字小，于顺治年间以大字开雕，未竟而晋卒。康熙四十年代毛扆继承晋志刻竣全书。在四十三年、四十四年手校样稿，此后照校样稿修版刷印，但雍熙牒文末题“有明后学毛晋从宋本校刊　男扆再校”的“有明”二字未修。后又修去“有明”二字再印。最后，毛扆撰刻书跋名“汲古后人毛扆谨识”一篇及节录他书有关《说文》的论述十一则附刻书后印行。详细考述请参看潘天祯《毛扆第五次校改〈说文〉说的考察》、《毛扆四次以前校改〈说文〉说质疑》、《汲古阁本〈说文解字〉的刊印源流》，均收入《潘天祯文集》，上海科学技术文献出版社，2002 年。《汲古阁校刻书目》原书颙“隐湖毛氏原本，同里后学顾湘校”。《中国丛书综录》题郑德懋辑，可能是因为郑德懋（悔道人）辑有《汲古阁校刻书目补遗》，就以为《汲古阁校刻书目》也是郑德懋所辑。

2 前揭陶湘编、窦水勇校点《书目丛刊》。

3 请参阅笔者《毛晋刻书活动考论》，中国社会科学院历史研究所明史研究室编：《明史研究论丛》（第七辑），紫禁城出版社，2007 年。

4 苏州西园寺藏经目笔者尚无缘得见，孔毅的硕士论文《汲古阁刻书考》中《〈汲古阁刻书目录〉补正》（《嘉兴藏》部分）以潘天祯先生提供之苏州西园寺藏经目补故宫博物院图书馆编卡片的内容，可知苏州西园寺藏经目是明确标示毛晋与《嘉兴藏》关系的。

5 《故宫博物院藏〈嘉兴藏〉目录》，故宫博物院内部刻印本。本《目录》没有标注刻印时间，考虑杨玉良、邢顺岭发表《〈嘉兴藏〉整理记》的时间是 1985 年 2 月，孔毅 1985 年的硕士论文《汲古阁刻书考》曾充分利用故宫博物院整理《嘉兴藏》的成果，似可定刻印时间为 1984 年或稍前。当然，也完全可能在 1985 年以后刻印《故宫博物院藏〈嘉兴藏〉目录》，此前只是整理《嘉兴藏》，并摘抄资料做卡片。现在该专题卡片尚在故宫博物院图书馆。

兴藏》原书后得出的，因而材料观点一出，就被奉为圭臬。此后，孔毅、瞿冕良、三浦理一郎都有论述。中国台北“国家图书馆”特藏组编《“国家图书馆”善本书志初稿·子部（四）·释家（汇编）》在著录与毛晋有关的藏经时，也十分明确地注明是毛晋所刊。

笔者有幸与《嘉兴藏》结缘，多次梳理12000多卷的《嘉兴藏》，摘录与毛晋有关的《嘉兴藏》施刻文，将之分类归纳，发现毛晋与《嘉兴藏》的关系与前面所述各家的认识都不一样，试述如下。

一　毛晋与《嘉兴藏》的关系集中在崇祯壬午、癸未、甲申三年

《嘉兴藏》每卷经后几乎都有施刻文，虞山华严阁刻本的施刻文一般都分上下两栏，上栏镌施赀人名、校对人名、刊刻时间、地点等，下栏则记此经字数，写刻工价及书刻者姓名。下面试举几例，以见一斑：

明崇祯壬午（十五年，1642年）常熟毛凤苞捐刻的《佛为海龙王说法印经一卷》，该经尾题后施刻文分上下二栏，上栏记“常熟信士毛凤苞捐资刻《佛为海龙王说法印经》全卷。东塔寺释道源、海隅信士戈汕同对。崇祯壬午仲夏虞山华严阁识”；下栏记“经一卷。共字三百八十个。计写银一分五厘，计刻银一钱三分六厘；板一块，共计工价银四分。上元于起龙书。长洲李如科刻”。

明崇祯癸未（十六年，1643年）常熟毛凤苞捐刻的《苏悉地羯罗经四卷》，最末卷尾题后有二方形木记，一镌“尝（常）熟信士毛凤苞捐资刻《苏悉地羯罗经》全部。东塔寺释道源、东湖信士戈汕同对。崇祯癸未仲冬虞山华严阁识”；另一则记“经四卷。共字四万二千二百十个。计写银一两六钱八分八厘。计刻银十四两七钱七分三厘。共板五十六块，计工价银二两二钱四分。上元王莲（书？）、句容李焕刻”。

明崇祯甲申（十七年，1644年）常熟毛凤苞捐刻的《御制释迦牟尼佛赞一卷》，该经无尾题，但有二栏施刻文，上栏题“常熟信士毛凤苞捐资刻《御制释迦牟尼佛赞》。东湖信士郁慈明、戈汕同对。崇祯甲申仲秋虞山华严阁识”；下栏题“经一卷。共字五百五十六个。计写银二分三厘。计刻银一钱九分五厘。计板一块，工价银四分。江宁黄铭书。句容潘守诚刻”。

这就为我们辨识毛晋与《嘉兴藏》的关系提供了绝对可靠的第一手资料。

从现在掌握的材料看，毛晋参与《嘉兴藏》事务集中在崇祯壬午、癸未、甲申三年。此外，顺治八年还有记载。为了能比较清晰地呈现毛晋参与《嘉兴藏》活动，本文以故宫博物院藏《嘉兴藏》为基础，参以其他材料，试从几个不同的角度来加以分析。如果涉及故宫博物院图书馆编《故宫博物院藏〈嘉兴藏〉目录》、台北“国家图书馆”特藏组编《“国家图书馆”善本书志初稿·子部（四）·释家（汇编）》等，则暂不论辨它们把有关毛晋参与《嘉兴藏》活动的佛经都著录为毛晋刊（刻）。孔毅硕士论文中

有关《嘉兴藏》书名，依例参之北京刻经处所编《嘉兴藏目录》，因其依据为故宫图书馆编卡片，以《嘉兴藏目录》为参，自是认真的表现。但凡书名因参《目录》有异，概不予指出。对于其他材料中的文字错讹，原则上也不予指出更正。

以往学者如孔毅（57）据《苏目》所增《佛大僧大经》，说是“毛晋对”[1]。故宫博物院藏《嘉兴藏》第71函“当五”有《佛说佛大僧大经》，卷末尾题后有音释，无施刻文[2]。台北“国家图书馆”藏《嘉兴藏》本《佛说佛大僧大经》卷末有施刻文，乃“泰和信官萧士玮捐俸刻《佛说佛大僧大经》。东塔寺释道源、东湖信士戈汕同对。崇祯壬午孟秋虞山华严阁识”[3]，与毛晋没有关系。当然，孔毅乃是根据苏州西园寺藏经目增补的，笔者尚无缘翻阅苏州西园寺藏经，或许苏州西园寺藏经确如孔毅所说，是不同于故宫博物院、台北“国家图书馆”藏《嘉兴藏》的另一个本子。但我总觉得这种可能微乎其微，实际上应是不可能的。

孔毅（51）摩登伽经二卷　毛晋对　案据《苏目》增[4]。故宫博物院藏《嘉兴藏》第66函，庆三为《摩登伽经卷上》，第21页尾题后有音释，无施刻文。庆四为《摩登伽经卷下》，第18页尾题后有音释、校勘，无施刻文。台北“国家图书馆”藏《嘉兴藏》本无本经。而且藏书可能缺“庆”字函，但著录钞本09033.632《沙弥罗经一卷》尾题下亦镌有“庆”字。下接的钞本09033.633《治禅病秘要经存一卷》尾题下题有“善二”二字。再接的钞本09033.634《佛说七处三观经二卷》千字文编次“庆”。再接的钞本09033.635《佛说圣法印经一卷》千字文编次“缘十”。再接的钞本09033.636《五阴譬喻经一卷》千字文编次“庆一”[5]。如此混乱，可知台湾“国家图书馆”藏本这里是存在问题的。

孔毅（52）舍头谏经一卷　毛凤苞捐资　壬午　案据《苏目》增[6]。故宫博物院藏《嘉兴藏》第66函，庆上为《十二经同本》，封面标列十二经经名，有舍头谏经。但我们据故宫博物院图书馆藏《嘉兴藏》拍摄的光盘（本文以下省称“光盘”）无此经。根据孔毅（51，52）的记载，或是故宫藏本在本册末尾几页出了问题，如烂损、粘贴在一起难分开，而不应是与苏州西园寺藏经不同版本。台北“国家图书馆”藏《嘉兴藏》本无本经。

孔毅（198）见造八百论二卷　毛凤苞捐　有化城寺僧灵宏补版　康熙丙寅（二十五

1　转引自［日］三浦理一郎《毛晋交游研究——以毛晋诗文集为中心》附录二，孔毅《〈汲古阁刻书目录〉补正》（《嘉兴藏》部分），第5页，复旦大学博士论文，2002年。

2　故宫博物院藏：《嘉兴藏》第71函，《佛说佛大僧大经》第21页。

3　“国家图书馆”特藏组编：《“国家图书馆”善本书志初稿·子部（四）·释家（汇编）》，“佛说佛大僧大经”条，第222～223页，台北“国家图书馆”，2000年。

4　转引自前揭《毛晋交游研究——以毛晋诗文集为中心》附录二，第5页。

5　前揭《“国家图书馆”善本书志初稿·子部（四）·释家（汇编）》，第197～198页。

6　转引自前揭《毛晋交游研究——以毛晋诗文集为中心》附录二，第5页。

年）孟冬　虞山华严阁识　案毛晋亡于顺治十六，此盖为补板时间也[1]。而《二十二种大藏经通检》无《见造八百论二卷》。

毛晋是否参与了《摩登伽经》、《舍头谏经》和《见造八百论》的校对、捐资，因未见确凿材料，暂记此待查。

孔毅（2）佛说海龙王经四卷　萧士玮捐资　道源、毛晋对　壬午仲夏　上元罗章写　李焕刻[2]。误。其卷四卷末尾题后有音释，有施刻文，分上下二栏，上栏记“泰和信官萧士玮捐俸刻《海龙王经》。东塔寺释道源、东湖信士戈汕同对。崇祯壬午孟冬虞山华严阁识”。下栏记“经四卷。共字三万五千六百四十一个。计写银一两四钱二分六厘。计刻银十二两四钱七分四厘。板四十七块，工价银一两八钱八分。上元罗章书。句容李焕刻”[3]。

孔毅（22）佛说人本欲生经　毛凤苞捐资　崇祯癸未　徐大任书　潘守诚、李如科刻[4]。孔毅此据当是故宫博物院图书馆卡片。但《故宫博物院藏〈嘉兴藏〉目录》65.553 也仅著录：佛说人本欲生经一卷，后汉释安世高译，明崇祯年刻本。故宫博物院藏《嘉兴藏》第 65 函光盘，福九《佛说人本欲生经》第 17 页，卷末尾题后有音释，无施刻文。台北“国家图书馆”特藏组编《“国家图书馆”善本书志初稿·子部（四）·释家（汇编）》09033.551“佛说人本欲生经”条，也没有著录施刻文，没有施刻者，也没有校对、书写者、刻工[5]，不知孔毅此据何来？或是依据的苏州西园寺藏经目？

孔毅（55）佛母般泥洹经　毛表捐资　道源、戈汕对　癸未仲冬　陈兆熊书　潘守诚刻；孔毅（71）大寒林圣难拿陀罗尼经　毛衮捐资；孔毅（72）佛说诸行有为经　毛褒捐资；孔毅（73）息除中夭陀罗尼经　毛褒捐资[6]。这是把毛晋之子捐刻的书列入了，与毛晋没有关系，与汲古阁也没有关系。

还有类似《菩萨本生鬘论》十六卷，“从字体和卷端低四格来看，接近毛晋虞山华严阁所刊本”[7]，因为未见施刻文，本文概不列入。

本文论述毛晋与《嘉兴藏》关系时，将不依据佛经在《嘉兴藏》中的顺序，而是根据毛晋参与《嘉兴藏》活动的时间来排列，尽可能精确到月，无法确定月份的则列在当年的最后。当然，这样的排列只是根据佛经名称来排，而不考虑佛经篇幅的大小，有的一经会有上万字，有的一经只有几百字。

1　转引自前揭《毛晋交游研究——以毛晋诗文集为中心》附录二，第 18 页。三浦注：孔氏案语，此据《苏目》增。

2　转引自前揭《毛晋交游研究——以毛晋诗文集为中心》附录二，第 1 页。

3　《嘉兴藏》第 56 函，《佛说海龙王经卷四》，第 22 页。

4　转引自前揭《毛晋交游研究——以毛晋诗文集为中心》附录二，第 3 页。

5　前揭《“国家图书馆”善本书志初稿·子部（四）·释家（汇编）》，“佛说人本欲生经”条，第 172 页。

6　转引自前揭《毛晋交游研究——以毛晋诗文集为中心》附录二，第 5、7、7、7 页。

7　前揭《“国家图书馆”善本书志初稿·子部（四）·释家（汇编）》，“菩萨本生鬘论”条，第 406 页。

二 毛晋与《嘉兴藏》的关系表现在捐资和参与校对两个方面

通过对《嘉兴藏》施刻文的全面梳理，可知毛晋与《嘉兴藏》的关系表现在捐资和参与校对两个方面，而且大凡属于毛晋捐资刊刻的佛经，毛晋基本上不亲自参加校对工作。毛晋捐资助刻并亲自参加校对的《嘉兴藏》，只有《佛一百八名赞经》1卷、《十二门论》1卷、《遗教经论》1卷、《百字论》1卷、《金刚针论》1卷、《出三藏记集》17卷等，共6种22卷。而且还有一个有趣的现象，大凡属于毛晋捐资刊刻的佛经，都署“毛凤苞”而不署“毛晋”，而参加校对时则署“毛晋”而不署“毛凤苞”。

由于笔者看到的《嘉兴藏》主要是故宫博物院藏本，而该藏的版本情况相当复杂，因而论述毛晋捐资和参与校对《嘉兴藏》，也只能主要依据故宫博物院藏本，遇到故宫藏本缺漏的，或者故宫藏本光盘有问题的，在一时无法依据材料补证的情况下，只有留待今后补证。

（一）捐刻

壬午

孟夏

文号	经名	施刻文	函数
韩一至五	仁王护国般若经疏五卷	“经五卷。共字四万六千九百十三个。计写银一两八钱七分八厘。计刻银一十六两四钱一分九厘。共板五十八块，计工价银二两三钱二分。”（《仁王护国般若经疏卷第五》第36页）[1]	第176函

仲夏

文号	经名	施刻文	函数
景五	佛为海龙王说法印经一卷	“经一卷。共字三百八十个。计写银一分五厘。计刻银一钱三分六厘。板一块，共计工价银四分。”（第2页）	第56函
景十	佛说四辈经一卷	“经一卷。共字一千二百七十九个。计写银伍分。计刻银四钱四分八厘。共板二块，共计工价银八分。”（第7页）	第56函
渊八至十	佛说金刚手菩萨降伏一切部多大教王经三卷	“经三卷。共字二万一千二百九十四个。计写银八钱五分三厘。计刻银七两四钱八分八厘。共板三十块，计工价银一两二钱。”（《佛说金刚手菩萨降伏一切部多大教王经卷下》第20页）	第80函

1 在施刻文下栏的最后有书写者和刻工的记载，本节引述时全部不录，下同。

孟秋

文号	经名	施刻文	函数
善一	佛说梵志阿飏经一卷	"经一卷。共字六千六百四十七字。计写银二钱六分六厘。计刻银二两三钱二分六厘。共板九块，共计工价银三钱六分。"[1]	第 65 函
善二	佛说寂志果经一卷	"经一卷。共字八千零七十三个。计写银三钱二分三厘。计刻银二两八钱二分五厘。共板十块，计工价银四钱。"（第 20 页）	第 65 函
当十	佛说耶祇经一卷	"经一卷。共字九百五十一个。计写银三分八厘。计刻银三钱三分三厘。共板二块，计工价银八分。"（第 3 页）	第 71 函
当十	佛说末罗王经一卷	"经一卷。共字八百六十四个。计写银三分五厘。计刻银三钱零三厘。板一块，计工价银四分。"（第 5 页）	第 71 函
当十	佛说摩达国王经一卷	"经一卷。共字六百四十七个。计写银二分六厘。计刻银二钱二分七厘。板一块，计工价银四分。"（第 7 页）[2]	第 71 函
当十	佛说旃陀越国王经一卷	"经一卷。共字一千三百十六个。计写银五分三厘。计刻银四钱六分一厘。共板二块，计工价银八分。"（第 11 页）	第 71 函
当十	佛说五王经一卷	"经一卷。共字二千一百二十个。计写银八分五厘。计刻银七钱四分二厘。共板三块，计工价银一钱二分。"（第 17 页）	第 71 函
当十	佛说出家功德经一卷	"经一卷。共字二千三百四十三个。计写银九分四厘。计刻银八钱二分。共板三块，计工价银一钱二分。"（第 23 页）	第 71 函
当十	佛说栴檀树经一卷	"经一卷。共字一千零八十五个。计写银四分四厘。计刻银三钱八分。共板二块，共工价银八分。"（第 26 页）	第 71 函
当十	佛说頞多和多耆经一卷	"经一卷。共字七百五十一个。计写银三分。计刻银二钱六分三厘。板一块，计工价银四分。"（第 28 页）	第 71 函
深四	佛说延寿妙门陀罗尼经一卷	"经一卷。共字三千三百四十七个。计写银一钱三分四厘。计刻银一两一钱七分二厘。共板四块，工计（二字倒置）价银一钱六分。"[3]	
深四	佛说息除贼难陀罗尼经一卷	"经一卷。共字五百三十六个。计写银二分二厘。计刻银一钱八分八厘。板一块，计工价银四分。"[4]	

1　故宫藏本卷末尾题后有音释，无施刻文（前揭《嘉兴藏》第 65 函，《佛说梵志阿飏经》，第 16 页）。此施刻文引自前揭《"国家图书馆"善本书志初稿·子部（四）·释家（汇编）》，"佛说梵志阿飏经"条，第 183 页。

2　前揭《"国家图书馆"善本书志初稿·子部（四）·释家（汇编）》，"佛说摩达国王经"条，第 231 页，著录为"板一块，计工价银七分"，怀疑是誊录之误。

3　故宫藏本光盘有问题，此施刻文据前揭《"国家图书馆"善本书志初稿·子部（四）·释家（汇编）》，"佛说延寿妙门陀罗尼经"条，第 284 页。

4　故宫藏本光盘有问题，此施刻文据前揭《"国家图书馆"善本书志初稿·子部（四）·释家（汇编）》，"佛说息除贼难陀罗尼经"条，第 284 ~ 285 页。

文号	经名	施刻文	函数
深四	佛说法身经一卷	故宫藏本光盘有问题。台北“国家图书馆”藏本施刻文下栏记经文字数、工价，凡一千八百八十字，写银七分六厘，刻银六钱五分八厘，共板三块，工价银一钱二分。[1]	
深四	信佛功德经一卷	“经一卷。共字三千九百四十个。计写银一钱五分八厘。计刻银一两三钱七分九厘。共板五块，计工价银二钱。”[2]	

仲秋

文号	经名	施刻文	函数
善四	佛说本相倚致经一卷	“经一卷。共字九百三十三个。计写银三分七厘。计刻银三钱二分六厘。共板二块，计工价银八分。”（第21页）	第65函
善四	佛说文陀竭王经一卷	“经一卷。共字一千七百三十个。计写银七分。计刻银六钱零五厘。共板三块，计工价银一钱二分。”[3]	第65函

季秋

文号	经名	施刻文	函数
薄六	佛说分别布施经一卷	“经一卷。共字一千五百三十六个。计写银六分二厘。计刻银五钱三分八厘。计板二块，计工价银八分。”（第4页）	第74函
颠九	大般涅槃经论一卷	“经一卷。共字四千八百六十三个。计写银一钱九分五厘。计刻银一两七钱零二厘。共板六块，计工价银二钱四分。”（第12页）	第111函

孟冬

文号	经名	施刻文	函数
善六	佛说尊上经一卷	“经一卷。共字一千五百五十一个。计写银六分二厘。计刻银五钱四分二厘。共板二块，计工价银八分。”（第4页）	第65函
竭一至三	禅秘要法经三卷	“经三卷。共字四万零四百九十二个。计写银一两六钱二分。计刻银十四两一钱七分三厘。板五十块，计工价银二两。”（《禅秘要法经卷下》第33页）	第72函

1　前揭《“国家图书馆”善本书志初稿·子部（四）·释家（汇编）》，“佛说法身经”条，第285页。

2　故宫藏本光盘有问题，此施刻文据前揭《“国家图书馆”善本书志初稿·子部（四）·释家（汇编）》，“信佛功德经”条，第285页。

3　故宫藏本卷末尾题后无音释，无施刻文（前揭《嘉兴藏》第65函，《佛说文陀竭王经》，第34页）。此施刻文据前揭《“国家图书馆”善本书志初稿·子部（四）·释家（汇编）》，“佛说文陀竭王经”条，第186～187页。

文号	经名	施刻文	函数
忠一	佛顶放无垢光明入普门观察一切如来心陀罗尼经二卷	“经二卷[1]。共字七千四百四十八个。计写银二钱九分零八厘。计刻银二两六钱零七厘。共板十块，计工价银四钱。”(《佛顶放无垢光明入普门观察一切如来心陀罗尼经卷下》第 9 页)	第 72 函
则三	法集名数经一卷	“经一卷。共字二千七百四十一个。计写银一钱一分。计刻银九钱五分九厘。板四块，工价银一钱六分。”(第 7 页)	第 72 函
则四	十二缘生祥瑞经二卷	“经二卷。共字六千一百三十九个。计写银二钱四分五厘。计刻银二两一钱四分九厘。共板九块，计工价银三钱六分。”（《十二缘生祥瑞经卷下》第 8 页)	第 72 函
尽八	佛说长者施报经一卷	“经一卷。共字三千一百六十四个。计写银一钱二分七厘。计刻银一两一钱零七厘。板四块，工价银一钱六分。”(第 11 页)	第 73 函
临一（上中下三卷同）	佛母宝德藏般若波罗蜜经三卷	“经三卷。共字九千八百四十六个。计写银三钱九分四厘。计刻银三两四钱／四分七厘。共板十八块，计工价银七钱二分。”[2]	第 73 函

仲冬

文号	经名	施刻文	函数
善八	施食获五福报经一卷	“经一卷。共字五百八十四个。计写银二分三厘。计刻银二钱零五厘。共板一块，计工价银四分。”(第 13 页)	第 65 函
庆二	沙弥罗经一卷	“经一卷。共字七百五十九个。计写银三分。计刻银二钱六分六厘。共板一块，计工价银四分。”（第 2 页)	第 66 函
庆二	玉耶经一卷	“经一卷。共字二千零十三个。计写银八分。计刻银七钱零五厘。共板三块，计工价银一钱二分。”（第 8 页)	第 66 函
庆二	玉耶女经一卷	“经一卷。共字一千六百二十七个。计写银六分五厘。计刻银五钱七分。共板三块，计工价银一钱二分。”(第 13 页)	第 66 函
庆二	阿遬达经一卷	“经一卷。共字八百八十七个。计写银三分五厘。计刻银三钱一分一厘。共板二块，计工价银八分。”(第 16 页)	第 66 函
庆二	摩邓女经一卷	“经一卷。共字一千二百三十四个。计写银四分九厘。计刻银四钱三分二厘。共板二块，计工价银八分。”(第 20 页)	第 66 函

1　前揭《“国家图书馆”善本书志初稿·子部（四）·释家（汇编)》，“佛顶放无垢光明入普门观察一切如来心陀罗尼经”条，著录为“经一卷”，当是誊录之误，其条目即是“二卷”，第 238 页。

2　故宫藏本卷末尾题后有音释，无施刻文（前揭《嘉兴藏》第 73 函，《佛母宝德藏般若波罗蜜经卷下》，第 10 页)。此施刻文据前揭《“国家图书馆”善本书志初稿·子部（四）·释家（汇编)》，“佛母宝德藏般若波罗蜜经”条，第 265 ~ 266 页。

本年

文号	经名	施刻文	函数
善四	佛说顶生王故事经一卷	“经一卷。共字二千六百五十个。计写银一钱六分。计刻银九钱二分七厘。共板四块，(以下模糊)”[1]	第 65 函

癸未

仲春

文号	经名	施刻文	函数
户一至封七	出三藏记集十七卷	“记十五卷。共字十五万二千五百二十一个。计写银六两一钱。计刻银五十三两三钱九分。共板二百二十三块，计工价银十一两一钱五分。”(《出三藏记集传卷第十七》第 26 页)	第 146 函

孟夏

文号	经名	施刻文	函数
造六	十二门论一卷	台北“国家图书馆”藏本为崇祯癸未孟夏泰和信士萧士瑀捐资刻，东湖信士殷时衡、毛晋同对，“论序一卷。共字一万一千八百六十二个。计写银四钱七分四厘。计刻银四两一钱五分二厘。共板十七块，计工价银八钱五分。”[2] 故宫藏本与台北“国家图书馆”藏本不同，在卷末尾题后有音释，再有施刻文，但与虞山华严阁常见的上下两栏牌记不同，其文曰：“汲古阁毛凤苞捐资刻《十二门论》全部。共字一万一千四百七十三个。该银五两七钱三分六厘。康熙丙寅孟冬虞山华严阁识。化城寺持僧灵宏补刻。”[3] 康熙丙寅为二十五年（1686），此时毛晋早已谢世（毛死于顺治十六年，1659）。因而此施刻文值得研究。	
星二	金刚针论一卷	“论一卷。共字三千七百零一个。计写银一钱四分八厘。计刻银一两二钱九分五厘。共板五块，计工价银二钱五分。”(第 10 页)	第 135 函

1 故宫藏本卷末尾题后无音释，无施刻文(前揭《嘉兴藏》第 65 函，《佛说顶生王故事经》，第 30 页)。但似乎有施刻文栏框痕迹，或为电子化时做掉了？此施刻文据前揭《“国家图书馆”善本书志初稿·子部(四)·释家（汇编)》，“佛说顶生王故事经”条，第 186 页。

2 前揭《“国家图书馆”善本书志初稿·子部（四)·释家（汇编)》，“十二门论”条，第 364 ～ 365 页。

3 前揭《嘉兴藏》第 109 函，《十二门论》，第 32 页。

孟秋

文号	经名	施刻文	函数
当七	卢至长者因缘经一卷	“经一卷。共字四千九百六十九个。计写银一钱九分五厘。计刻银一两七钱三分九厘。共板七块，计工价银二钱八分。”（第 13 页）	第 71 函

孟冬

文号	经名	施刻文	函数
念一至四	金刚顶瑜伽中略出念诵经四卷	“经四卷。共字四万一千四百二十八个。计写银一两六钱五分三厘。计刻银十四两二钱六分五厘。板六十块，工价银二两四钱。”（《金刚顶瑜伽中略出念诵经卷第四》第 27 页）	第 57 函
庆一	阿难分别经一卷	“经一卷。共字二千四百零三个。计写银九分六厘。计刻银八钱四分二厘。板四块，工价银一钱六分。”（第 16 页）	第 66 函
则五	外道问圣大乘法无我义经一卷	“经一卷。共字一千四百五十九个。计写银五分八厘。计刻银五钱一分一厘。共板二块，计工价银八分。”（第 18 页）	第 72 函
临八	佛说俱枳罗陀罗尼经一卷	“经一卷。共字七百一十四个。计写银二分九厘。计刻银二钱五分。共板一块，计工价银四分。”[1]	
临八	佛说消除一切灾障宝髻陀罗尼经一卷	故宫藏本光盘有问题。台北“国家图书馆”藏本施刻文下方记字数为二千一百二十二个，写银八分五厘，刻银七钱四分；板三块，工价银一钱二分。[2]	
夙六	佛说灌顶王喻经一卷	“经一卷。共字六百三十八个。计写银二分六厘。计刻银二钱二分三厘。共板一块，工价银四分。”（第 24 页）	第 75 函

仲冬

文号	经名	施刻文	函数
克七至十	苏悉地羯罗经四卷	“经四卷。共字四万二千二百十个。计写银一两六钱八分八厘。计刻银十四两七钱七分三厘。共板五十六块，计工价银二两二钱四分。”[3]	第 57 函

1　故宫藏本光盘有问题，此施刻文据前揭《“国家图书馆”善本书志初稿·子部（四）·释家（汇编）》，“佛说俱枳罗陀罗尼经”条，第 272 页。

2　前揭《“国家图书馆”善本书志初稿·子部（四）·释家（汇编）》，“佛说消除一切灾障宝髻陀罗尼经”条，第 272 页。

3　故宫博物院藏《嘉兴藏》无施刻文（前揭《嘉兴藏》第 57 函，《苏悉地羯罗经卷第四》，第 27 页）。此施刻文据前揭《“国家图书馆”善本书志初稿·子部（四）·释家（汇编）》，“苏悉地羯罗经”条，第 164 页。

文号	经名	施刻文	函数
庆九	佛说大爱道般涅槃经一卷	“经一卷。共字三千三百五十个。计写银一钱三分四厘。计刻银一两一钱七分三厘。共板五块，计工价银二钱。”（第14页）	第66函
临八	佛说栴檀香身陀罗尼经一卷	“经一卷。共字七百六十八个。计写银三分。计刻银二钱六分九厘。共板一块，计工价银四分。”[1]	
临八	佛说钵兰那赊嚩哩大陀罗尼经一卷	“经一卷。共字一千二百一十二个。计写银四分九厘。计刻银四钱二分四厘。共板二块，计工价银八分。”[2]	
临八	佛说洛叉陀罗尼经一卷	“经一卷。共字七百一十九个。计写银二分九厘。计刻银二钱五分三厘。共板一块，计工价银四分。”[3]	
临八	佛说辟除诸恶陀罗尼经一卷	“经一卷。共字七百二十八个。计写银二分九厘。计刻银二钱五分五厘。共板一块，计工价银四分。”[4]	
夙六	佛说月喻经一卷	“经一卷。共字一千一百三十七个。计写银四分六厘。计刻银三钱九分九厘。共板二块，计工价银八分。”（第20页）	第75函
颠九	涅槃经本有今无偈论一卷	“经一卷。共字二千八百八十八个。计写银一钱一分七厘。计刻银一两零一分一厘。共板四块，工价钱一钱六分。”（第19页）[5]	第111函

甲申

仲春

文号	经名	施刻文	函数
颠十	遗教经论一卷	“论一卷。共字一万二千一百八十三个。计写银四钱八分七厘。计刻银四两二钱六分四厘。共板十七块，计工价钱八钱五分。”[6]	第111函
逸四	百字论一卷	“论一卷。共字三千五百六十三个。计写银一钱四分二厘。计刻银一两七钱九分三厘。共板五块，计工价银二钱五分。”（第10页）	第113函

1　故宫藏本光盘有问题，此施刻文据前揭《“国家图书馆”善本书志初稿·子部（四）·释家（汇编）》，“佛说栴檀香身陀罗尼经”条，第273页。

2　故宫藏本光盘有问题，此施刻文据前揭《“国家图书馆”善本书志初稿·子部（四）·释家（汇编）》，“佛说钵兰那赊嚩哩大陀罗尼经”条，第273页。

3　故宫藏本光盘有问题，此施刻文据前揭《“国家图书馆”善本书志初稿·子部（四）·释家（汇编）》，“佛说洛叉陀罗尼经”条，第275页。

4　故宫藏本光盘有问题，此施刻文据前揭《“国家图书馆”善本书志初稿·子部（四）·释家（汇编）》，“佛说辟除诸恶陀罗尼经”条，第275～276页。

5　下一经“颠九”《能断金刚般若波罗蜜多经论颂》无施刻文。

6　故宫藏本卷末尾题后，有音释，无施刻文（前揭《嘉兴藏》第111函，《遗教经论》第32页）。此施刻文据前揭《“国家图书馆”善本书志初稿·子部（四）·释家（汇编）》，“遗教经论”条，第371～372页。

仲秋

文号	经名	施刻文	函数
言五	佛三身赞一卷	“经一卷。共字三百九十一个。计写银一分六厘。计刻银一钱三分七厘。计板一块，工价银四分。”（第 6 页）[1]	第 82 函
言五	御制释迦牟尼佛赞一卷	“经一卷。共字五百五十六个。计写银二分三厘。计刻银一钱九分五厘。计板一块，工价银四分。”（第 8 页）	第 82 函
言五	御制救度佛母赞一卷	“经一卷。共字五百五十三个。计写银二分二厘。计刻银一钱九分四厘。共板一块，计工价银四分。”（第 13 页）	第 82 函

季冬

文号	经名	施刻文	函数
匪六	业成就论一卷	“论一卷。共字五千四百三十五个。计写银二钱七分二厘。计刻银一两九钱零四厘。板八块，工价银三钱二分。”[2]	第 112 函

根据上述毛晋捐资刻 62 种藏经，不计补刻，共计 224 两 8 钱 7 分 7 厘，而这是在不到 3 年的时间所捐，数额应是不少的，说明毛晋作为佛教信徒的诚心。

（二）校对

壬午

孟夏

文号	经名	施刻文	函数
景五	右绕佛塔功德经一卷	东塔寺释道源、东湖信士毛晋同对。崇祯壬午孟夏虞山华严阁识。共字一千一百十五个。（第 6 页）	第 56 函
则一	嗟韈曩法天子受三归依获免恶道经一卷	东塔寺释道源、东湖信士毛晋同对。崇祯壬午孟夏虞山华严阁识。共字一千五百六十二个。（第 5 页）	第 72 函

1　前揭《“国家图书馆”善本书志初稿·子部（四）·释家（汇编）》，“佛三身赞”条，第 326 页，著录的施刻文与故宫本略异，无“计板一块”的“计”字，不知是原来如此，还是誊录时出错。但不知什么原因，在著录刻工名时，添加了“潘守诚（句容潘守诚刻）等”字。

2　故宫藏本卷末尾题后有音释，无施刻文（前揭《嘉兴藏》第 112 函，《业成就论》，第 15 页。前一经无施刻文）。此施刻文据前揭《“国家图书馆”善本书志初稿·子部（四）·释家（汇编）》，“业成就论”条，第 375 ~ 376 页。

文号	经名	施刻文	函数
薄五	佛说决定义经一卷	东塔寺释道源、东湖信士毛晋同对。崇祯壬午孟夏虞山华严阁识。共四千六百九十七个。[1]	
兰一至十	守护国界主陀罗尼经十卷	东塔寺释道源、东湖信士毛晋同对。崇祯壬午孟夏虞山华严阁识。共字七万三千一百四十三个。（《守护国界主陀罗尼经卷第十》第 21 页）	第 76 函

仲夏

文号	经名	施刻文	函数
羊一至四	七佛所说神咒经四卷	东塔寺释道源、东湖信士毛晋同对。崇祯壬午仲夏虞山华严阁识。共字三万一千六百四十五个。（《七佛所说神咒经卷第四》第 27 页）	第 56 函
羊六至八	僧伽吒经四卷	东塔寺释道源、东湖信士毛晋同对。崇祯壬午仲夏虞山华严阁识。共字二万三千九百四十八个。（《僧伽吒经卷第四》第 15 页）	第 56 函
景五	佛说妙色王因缘经一卷	东塔寺释道源、东湖信士毛晋同对。崇祯壬午仲夏虞山华严阁识。共字一千四百七十九个。（第 10 页）	第 56 函
景五	师子素驮娑王断肉经一卷	东塔寺释道源、东湖信士毛晋同对。崇祯壬午仲夏虞山华严阁识。共字一千四百五十个。（第 15 页）	第 56 函
景五	差摩婆帝受记经一卷	东塔寺释道源、东湖信士毛晋同对。崇祯壬午仲夏虞山华严阁识。共字一千六百十二个。（第 20 页）	第 56 函
景五	师子庄严王菩萨请问经一卷	东塔寺释道源、东湖信士毛晋同对。崇祯壬午仲夏虞山华严阁识。共字二千零十一个。（第 26 页）	第 56 函
景十	佛说三品弟子经一卷	东塔寺释道源、东湖信士毛晋同对。崇祯壬午仲夏虞山华严阁识。共字一千一百三十四个。（第 3 页）	第 56 函
景十	佛说当来变经一卷	东塔寺释道源、东湖信士毛晋同对。崇祯壬午仲夏虞山华严阁识。共字九百五十九个。（第 10 页）	第 56 函
景十	佛说法灭尽经一卷	东塔寺释道源、东湖信士毛晋同对。崇祯壬午仲夏虞山华严阁识。共字一千零七个。（第 15 页）	第 56 函
景十	佛说甚深大回向经一卷	东塔寺释道源、东湖信士毛晋同对。崇祯壬午仲夏虞山华严阁识。共字一千八百八十一个。（第 21 页）	第 56 函
景十	天王太子辟罗经一卷	东塔寺释道源、东湖信士毛晋同对。崇祯壬午仲夏虞山华严阁识。共字七百六十五个。（第 23 页）	第 56 函
竭四	阴持入经二卷	东塔寺释道源、东湖信士毛晋同对。崇祯壬午仲夏虞山华严阁识。共字一万零五百二十三个。（《阴持入经卷下》第 15 页）	第 72 函
竭五	佛说因缘僧护经一卷	东塔寺释道源、东湖信士毛晋同对[2]。崇祯壬午仲夏虞山华严阁识。共字八千七百六十三个。（第 24 页）	第 72 函

1 前揭《"国家图书馆"善本书志初稿·子部（四）·释家（汇编）》，"佛说决定义经"条，第 288 页。

2 前揭《"国家图书馆"善本书志初稿·子部（四）·释家（汇编）》，"佛说因缘僧护经"条，无"同对"二字，第 234 页。

文号	经名	施刻文	函数
则七至八	妙臂菩萨所问经四卷	东塔寺释道源、东湖信士毛晋同对。崇祯壬午仲夏虞山华严阁识。共字贰万壹千壹百捌拾玖个。[1]	
深一	大正句王经二卷	东塔寺释道源、东湖信士毛普（晋）同对。崇祯壬午仲夏虞山华严阁识。共字六千九百六十二个。[2]	
渊一至四	佛说秘密三昧大教王经四卷	东塔寺释道源、东湖信士毛晋同对。崇祯壬午仲夏虞山华严阁识。共字二万三千八十九个。（《佛说秘密三昧大教王经卷第四》第20页）	第80函
渊五至七	佛说无二平等最上瑜伽大教王经六卷	东塔寺释道源、东湖信士毛晋同对。崇祯壬午仲夏虞山华严阁识。共字二万八千五百六十个。（《佛说无二平等最上瑜伽大教王经卷第六》第15页）	第80函
澄十	佛说最上秘密那拏天经三卷	东塔寺释道源、东湖信士毛晋同对。崇祯壬午仲夏虞山华严阁识。共字一万三千六百个。（《佛说最上秘密那拏天经卷下》第13页）	第80函
韩六至九	佛说仁王护国般若波罗蜜经疏神宝记四卷	东塔寺释道源、东湖信士毛晋同对。崇祯壬午仲夏虞山华严阁识。共字四万三千五百三十二个。（《佛说仁王护国般若波罗蜜经疏神宝记卷第四》第31页）	第176函

孟秋

文号	经名	施刻文	函数
则一	佛说较量寿命经一卷	东塔寺释道源、东湖信士毛晋同对。崇祯壬午孟秋虞山华严阁识。共字四千一百二十个。（第17页）	第72函
尽八	佛说摩利支天陀罗尼咒经一卷	东塔寺释道源、东湖信士毛晋同对。崇祯壬午孟秋虞山华严阁识。共字八百三十三个。（第3页）	第73函
尽八	佛说毗沙门天王经一卷	东塔寺释道源、东湖信士毛晋同对。崇祯壬午孟秋虞山华严阁识。共字三千五百五十个。（第21页）	第73函

仲秋

文号	经名	施刻文	函数
善四	佛说恒水经一卷	东塔寺释道源、东湖信士毛晋同对。崇祯壬午仲秋虞山华严阁识。共字一千六百一十个。（第14页）	第65函
善四	佛说瞻婆比丘经一卷	东塔寺释道源、东湖信士毛晋同对。崇祯壬午仲秋虞山华严阁识。共字一千四百七十七个。（第18页）	第65函
庆七至八	佛说七处三观经二卷	东塔寺释道源、东湖信士毛晋同对。崇祯壬午仲秋虞山华严阁识。共字一万一千零二十七个。（《佛说七处三观经卷下》第15页）	第66函

1 前揭《"国家图书馆"善本书志初稿·子部（四）·释家（汇编）》，"妙臂菩萨所问经"条，第250页。

2 前揭《"国家图书馆"善本书志初稿·子部（四）·释家（汇编）》，"大正句王经"条，第279页。

文号	经名	施刻文	函数
竭十	分别善恶报应经二卷	东塔寺释道源、东湖信士毛晋同对。崇祯壬午仲秋虞山华严阁识。共字八千九百三十五个。（《分别善恶报应经卷下》第10页）	第72函
尽九	毗婆尸佛经二卷	东塔寺释道源、东湖信士毛晋同对。崇祯壬午仲秋虞山华严阁识。共字六千一百九十五个。（《毗婆尸佛经卷下》第9页）	第73函

季秋

文号	经名	施刻文	函数
则六	胜军化世百喻伽他经一卷	东塔寺释道源、东湖信士毛晋同对。崇祯壬午季秋虞山华严阁识。共字三千三百三十五个。[1]	
则六	六道伽陀经一卷	东塔寺释道源、东湖信士毛晋同对。崇祯壬午季秋虞山华严阁识。共字二千三百二十五个。[2]	
则九	佛说苾刍五法经一卷	东塔寺释道源、东湖信士毛晋同对。崇祯壬午季秋虞山华严阁识。共字二千二百七十二个。（第6页）	第72函
则九	佛说苾刍迦尸迦十法经一卷	东塔寺释道源、东湖信士毛晋同对。崇祯壬午季秋虞山华严阁识。共字一千二百九十二个。（第10页）	第72函
则九	大乘宝月童子问法经一卷	东塔寺释道源、东湖信士毛晋同对。崇祯壬午季秋虞山华严阁识。共字一千九百五十个。（第17页）	第72函
则九	佛说莲华眼陀罗尼经一卷	东塔寺释道源、东湖信士毛晋同对。崇祯壬午季秋虞山华严阁识。共字五百一十个。（第19页）	第72函
则九	佛说观想佛母般若波罗蜜多菩萨经一卷	东塔寺释道源、东湖信士毛晋同对。崇祯壬午季秋虞山华严阁识。共字九百八十三个。（第22页）	第72函
则九	佛说如意摩尼陀罗尼经一卷	东塔寺释道源、东湖信士毛晋同对。崇祯壬午季秋虞山华严阁识。共字一千七百三十个。（第27页）	第72函
薄六	佛说分别缘生经一卷	东塔寺释道源、东湖信士毛晋同对。崇祯壬午季秋虞山华严阁识。共字一千零十二个。（第7页）	第74函
薄六	佛说法印经一卷	东塔寺释道源、东湖信士毛晋同对。崇祯壬午季秋虞山华严阁识。共字六百九十九个。（第9页）	第74函
薄七	佛说圣佛母般若波罗蜜多经一卷	东塔寺释道源、东湖信士毛晋同对。崇祯壬午季秋虞山华严阁识。共字八百十一个。（第21页）	第74函
之九	佛说法乘义决定经三卷	东塔寺释道源、东湖信士毛晋同对。崇祯壬午季秋虞山华严阁识。共字九千五百八十九个。（《佛说法乘义决定经卷下》第6页）	第78函

1 前揭《“国家图书馆”善本书志初稿·子部（四）·释家（汇编）》,“胜军化世百喻伽他经”条,第249页。

2 前揭《“国家图书馆”善本书志初稿·子部（四）·释家（汇编）》,“六道伽陀经”条，第249～250页。

孟冬

文号	经名	施刻文	函数
念七至八	牟梨曼陀罗咒经二卷	东塔寺释道源、东湖信士毛晋同对。崇祯壬午孟冬虞山华严阁识。共字一万五千二百八十六个。[1]	
善六	佛说鹦鹉经一卷	东塔寺释道源、东湖信士毛晋同对。崇祯壬午孟冬虞山华严阁识。共字四千零五十四个。（第15页）	第65函
善六	佛说兜调经一卷	东塔寺释道源、东湖信士毛晋同对。崇祯壬午孟冬虞山华严阁识。共字一千七百零一个。（第20页）	第65函
善六	佛说意经一卷	东塔寺释道源、东湖信士毛晋同对。崇祯壬午孟冬虞山华严阁识。共字一千一百七十五个。（第23页）	第65函
善六	佛说应法经一卷	东塔寺释道源、东湖信士毛晋同对。崇祯壬午孟冬虞山华严阁识。共字一千九百十五个。（第28页）	第65函
善七	佛说波斯匿王太后崩尘土坌身经一卷	东塔寺释道源、东湖信士毛晋同对。崇祯壬午孟冬虞山华严阁识。共字一千三百八十八个。（第4页）	第65函
善七	须摩提女经一卷	东塔寺释道源、东湖信士毛晋同对。崇祯壬午孟冬虞山华严阁识。共字七千一百五十九个。（第20页）	第65函
善八	佛说三摩竭经一卷	东塔寺释道源、东湖信士毛晋同对。崇祯壬午孟冬虞山华严阁识。共字三千六百四十个。（第9页）	第65函
善八	佛说婆罗门避死经一卷	东塔寺释道源、东湖信士毛晋同对。崇祯壬午孟冬虞山华严阁识。共字四百九十二个。（第11页）	第65函
善八	佛说鸯崛摩经一卷	东塔寺释道源、东湖信士毛晋同对。崇祯壬午孟冬虞山华严阁识。共字二千八百五十九个。（第30页）	第65函
善九	佛说鸯崛髻经一卷	东塔寺释道源、东湖信士毛晋同对。崇祯壬午孟冬虞山华严阁识。共字二千六百十一个。（第7页）	第65函
善九	佛说力士移山经一卷	东塔寺释道源、东湖信士毛晋同对。崇祯壬午孟冬虞山华严阁识。共字二千五百六十九个。（第14页）	第65函

1 前揭《"国家图书馆"善本书志初稿·子部（四）·释家（汇编）》,"牟梨曼陀罗咒经"条,第165～166页。

文号	经名	施刻文	函数
善九	佛说四未曾有法经一卷	东塔寺释道源、东湖信士毛晋同对。崇祯壬午孟冬虞山华严阁识。共字七百个。（第16页）	第65函
则三	圣多罗菩萨一百八名陀罗尼经一卷	东塔寺释道源、东湖信士毛晋同对。崇祯壬午孟冬虞山华严阁识。共字三千六百六十五个。[1]	
尽三至六	佛说大摩里支菩萨经七卷	东塔寺释道源、东湖信士毛晋同对。崇祯壬午孟冬虞山华严阁识。共字三万二千四百十九个。（《佛说大摩里支菩萨经卷第七》第12页）	第73函
临十	佛说频婆娑罗王经一卷	东塔寺释道源、东湖信士毛晋同对。崇祯壬午孟冬虞山华严阁识。共字二千二百五十二个。[2]	
临十	佛说人仙经一卷	东塔寺释道源、东湖信士毛晋同对。崇祯壬午孟冬虞山华严阁识。共字三千四百九十六个。[3]	
临十	佛说旧城喻经一卷	东塔寺释道源、东湖信士毛晋同对。崇祯壬午孟冬虞山华严阁识。共字二千一百九十七个。[4]	
临十	佛说信解智力经一卷	东塔寺释道源、东湖信士毛晋同对。崇祯壬午孟冬虞山华严阁识。共字二千七百六十八个。[5]	
澄三至九	佛说最上根本大乐金刚不空三昧大教王经七卷	东塔寺释道源、东湖信士毛晋同对。崇祯壬午孟冬虞山华严阁识。共字四万七千六百五十二个。（《佛说最上根本大乐金刚不空三昧大教王经卷第七》第16页）	第80函

仲冬

文号	经名	施刻文	函数
善八	频毗婆罗王诣佛供养经一卷	东塔寺释道源、东湖信士毛晋同对。崇祯壬午仲冬[6]虞山华严阁识。共字二千零四十四个。（第19页）	第65函
善八	佛说长者子六过出家经一卷	东塔寺释道源、东湖信士毛晋同对。崇祯壬午仲冬[7]虞山华严阁识。共字一千一百二十七个。（第22页）	第65函

1　前揭《“国家图书馆”善本书志初稿·子部（四）·释家（汇编）》，“圣多罗菩萨一百八名陀罗尼经”条，第246页。

2　前揭《“国家图书馆”善本书志初稿·子部（四）·释家（汇编）》，“佛说频婆娑罗王经”条，第277页。

3　前揭《“国家图书馆”善本书志初稿·子部（四）·释家（汇编）》，“佛说人仙经”条，第278页。

4　前揭《“国家图书馆”善本书志初稿·子部（四）·释家（汇编）》，“佛说旧城喻经”条，第278页。

5　前揭《“国家图书馆”善本书志初稿·子部（四）·释家（汇编）》，“佛说信解智力经”条，第279页。

6　前揭《“国家图书馆”善本书志初稿·子部（四）·释家（汇编）》，“频毗婆罗王诣佛供养经”条，第192页，著录为“崇祯壬午孟冬”，疑是誊录之误。

7　前揭《“国家图书馆”善本书志初稿·子部（四）·释家（汇编）》，“佛说长者子六过出家经”条，第192页，著录为“崇祯壬午孟冬”，疑是誊录之误。

文号	经名	施刻文	函数
善九	佛说舍利弗目犍连游四衢经一卷	东塔寺释道源、东湖信士毛晋同对。崇祯壬午仲冬[1]虞山华严阁识。共字一千四百五十八个。（第20页）	第65函

癸未

孟春

文号	经名	施刻文	函数
静二	唯识二十论一卷	东湖信士殷时衡、毛晋同对。崇祯癸未孟春虞山华严阁识。共字四千一百六十三个。（第26页。前一经无施刻文）	第113函

仲春

文号	经名	施刻文	函数
造七	十八空论一卷	东湖信士殷时衡、毛晋同对。崇祯癸未仲春虞山华严阁识。共字九千三百五十八个。（第23页）	第109函
情六至七	中边分别论二卷	东湖信士殷时衡、毛晋同对。崇祯癸未仲春虞山华严阁识。共字一万七千九百八十一个。（《中边分别论卷下》第24页）	第113函
户一至封七	出三藏记集十七卷	东湖信士殷时衡、毛晋同对。崇祯癸未仲春虞山华严阁识。共字十五万二千五百二十一个。（《出三藏记集传卷第十七》第26页）	第146函

孟夏

文号	经名	施刻文	函数
造六	十二门论一卷	东湖信士殷时衡、毛晋同对。崇祯癸未孟夏虞山华严阁识。共字一万一千八百六十二个。[2]	
星二	金刚针论一卷	东湖信士殷时衡、毛晋同对。崇祯癸未孟夏虞山华严阁识。共字三千七百零一个。（第10页）	第135函

1 前揭《“国家图书馆”善本书志初稿·子部（四）·释家（汇编）》，“佛说舍利弗目犍连游四衢经”条，第194页，著录为“崇祯壬午孟冬”，疑是誊录之误。

2 前揭《“国家图书馆”善本书志初稿·子部（四）·释家（汇编）》，“十二门论”条，第364～365页。故宫藏本与台北“国家图书馆”藏本不同，在卷末尾题后有音释，再有施刻文，但与虞山华严阁常见的上下两栏牌记不同，其文曰：“汲古阁毛凤苞捐资刻《十二门论》全部。共字一万一千四百七十三个。该银五两七钱三分六厘。康熙丙寅孟冬虞山华严阁识。化城寺持僧灵宏补刻。”（前揭《嘉兴藏》第109函，《十二门论》，第32页）康熙丙寅为二十五年（1686年），此时毛晋早已谢世（毛死于顺治十六年，1659年），因而此施刻文值得研究。

文号	经名	施刻文	函数
星二	菩提心离相论一卷	东湖信士殷时衡、毛晋同对。崇祯癸未孟夏虞山华严阁识。共字三千六百八十七个。（第19页）	第135函
星二	大乘破有论一卷	东湖信士殷时衡、毛晋同对。崇祯癸未孟夏虞山华严阁识。共字九百九十六个。（第22页）	第135函
集九至十	禅法要解经二卷	东湖信士殷时衡、毛晋同对。崇祯癸未孟夏虞山华严阁识。共字一万七千一百零二十个。[1]	

仲夏

文号	经名	施刻文	函数
情三至五	摄大乘论本三卷	东湖信士殷时衡、毛晋同对。崇祯癸未仲夏虞山华严阁识。共字二万六千四百九十八个。（《摄大乘论本卷下》第24页）	第113函
逸五	方便心论一卷	东湖信士殷时衡、毛晋同对。崇祯癸未仲夏虞山华严阁识。共字七千八百一十九个。（第20页）	第113函

孟秋

文号	经名	施刻文	函数
忠五至八	妙法圣念处经八卷	东塔寺释道源、东湖信士毛晋同对。崇祯癸未孟秋虞山华严阁识。共字三万一千五百四十一个。[2]	
斯二	瑜伽集要救阿难陀罗尼焰口轨仪经一卷	东塔寺释道源、东湖信士毛晋同对。崇祯癸未孟秋虞山华严阁识。共字五千四百三十八个。（第15页）	第76函

仲秋

文号	经名	施刻文	函数
取一至二	金刚峰楼阁一切瑜伽瑜祇经二卷	东塔寺释道源、东湖信士毛晋同对。崇祯癸未仲秋虞山华严阁识。共字一万四千六百个。（《金刚峰楼阁一切瑜伽瑜祇经卷下》第26页）	第80函
静四至五	大丈夫论二卷	东湖信士殷时衡、毛晋同对。崇祯癸未仲秋虞山华严阁识。共字一万六千三百零四个。（《大丈夫论下》第21页）	第113函
星一	集诸法宝最上义论二卷	东湖信士殷时衡、毛晋同对。崇祯癸未仲秋虞山华严阁识。共字七千三百三十六个。（《集诸法宝最上义论卷下》第10页）	第135函

1　前揭《"国家图书馆"善本书志初稿·子部（四）·释家（汇编）》，"禅法要解经"条，第414页。

2　前揭《"国家图书馆"善本书志初稿·子部（四）·释家（汇编）》，"妙法圣念处经"条，第243页。

季秋

文号	经名	施刻文	函数
念十	佛说甘露经陀罗尼一卷	东塔寺释道源、东湖信士毛晋同对。崇祯癸未季秋虞山华严阁识。共字二百十七个。（第5页）	第57函
念十	大陀罗尼末法中一字心咒经一卷	东塔寺释道源、东湖信士毛晋同对。崇祯癸未季秋虞山华严阁识。共字六千九百八十七个。[1]	
夙四	佛说金刚场庄严般若波罗蜜多教中一分一卷	东塔寺释道源、东湖信士毛晋同对。崇祯癸未季秋虞山华严阁识。共字四千一百十三个。（第11页）	第75函
取三至四	佛说妙吉祥最胜根本大教经三卷	东塔寺释道源、东湖信士毛晋同对。崇祯癸未季秋虞山华严阁识。共字一万七千九百个。（《佛说妙吉祥最胜根本大教经卷下》第17页）	第80函
取五至八	妙吉祥平等秘密最上观门大教王经五卷	东塔寺释道源、东湖信士毛晋同对。崇祯癸未季秋虞山华严阁识。共字三万三千三百九十五个。（《妙吉祥平等秘密最上观门大教王经卷第五》第10页）	第80函
匪十	取因假设论一卷	东湖信士殷时衡、毛晋同对。崇祯癸未季秋虞山华严阁识。共字三千八百一十三个。（第11页）	第112函
匪十	观总相论颂一卷	东湖信士殷时衡、毛晋同对。崇祯癸未季秋虞山华严阁识。共字三百五十五个。（第13页）	第112函

孟冬

文号	经名	施刻文	函数
克一至六	一字佛顶轮王经六卷	东塔寺释道源、东湖信士毛晋同对。崇祯癸未孟冬虞山华严阁识。共字五万七千二百五十个。（《一字佛顶轮王经卷第六》第26页）	第57函
念九	金刚顶经曼殊室利菩萨五字心陀罗尼品一卷	东塔寺释道源、东湖信士毛晋同对。崇祯癸未孟冬虞山华严阁识。共字四千五百零七个。[2]	
念九	观自在如意轮菩萨瑜伽法要一卷	东塔寺释道源、东湖信士毛晋同对。崇祯癸未孟冬虞山华严阁识。共字四千一百七十五个。（第27页）	第57函
念十	佛说救面然饿鬼陀罗尼神咒经一卷	东塔寺释道源、东湖信士毛晋同对。崇祯癸未孟冬虞山华严阁识。共字一千三百一十四个。（第4页）	第57函
福七至八	佛般泥洹经二卷	东塔寺释道源、东湖信士毛晋同对。崇祯癸未孟冬虞山华严阁识。共字二万二千七百八十四个。（《佛般泥洹经卷下》第28页）	第65函

1　故宫博物院藏《嘉兴藏》第57函“念”下册光盘缺，此据前揭《“国家图书馆”善本书志初稿·子部（四）·释家（汇编）》，“大陀罗尼末法中一字心咒经”条，第167页。

2　前揭《“国家图书馆”善本书志初稿·子部（四）·释家（汇编）》，“金刚顶经曼殊室利菩萨五字心陀罗尼品”条，第166页。

文号	经名	施刻文	函数
庆一	慢法经一卷	东塔寺释道源、东湖信士毛晋同对。崇祯癸未孟冬虞山华严阁识。共字六百三十六个。（第9页）	第66函
则五	赞扬圣德多罗菩萨一百八名经一卷	东塔寺释道源、东湖信士毛晋同对。崇祯癸未孟冬虞山华严阁识。共字二千四百十一个。（第6页）	第72函
则五	圣观自在菩萨一百八名经一卷	东塔寺释道源、东湖信士毛晋同对。崇祯癸未孟冬虞山华严阁识。共字二千三百九十二个。（第12页）	第72函
夙四	佛说息净因缘经一卷	东塔寺释道源、东湖信士毛晋同对。崇祯癸未孟冬虞山华严阁识。共字三千七百九十五个。（第10页）	第75函
夙五	佛说初分说经二卷	东塔寺释道源、东湖信士毛晋同对。崇祯癸未孟冬虞山华严阁识。共字七千五百二十一个。（《佛说福力太子因缘经卷下》第8页）[1]	第75函
夙九	佛说福力太子因缘经三卷	东塔寺释道源、东湖信士毛晋同对。崇祯癸未孟冬虞山华严阁识。共字九千零一十六个。（《佛说初分说经卷下》第10页）	第75函
清十	叶衣观自在菩萨经一卷	东塔寺释道源、东湖信士毛晋同对。崇祯癸未孟冬虞山华严阁识。共字三千八百十个。（第11页）	第76函
清十	毗沙门天王经一卷	东塔寺释道源、东湖信士毛晋同对。崇祯癸未孟冬虞山华严阁识。共字二千四百六十五个。（第18页）	第76函
之四	佛说大乘随转宣说诸法经三卷	东塔寺释道源、东湖信士毛晋同对。崇祯癸未孟冬虞山华严阁识。共字一万二千二百九十二个。（《佛说大乘随转宣说诸法经卷下》第11页）	第78函
流一	出生一切如来法眼遍照大力明王经二卷	东塔寺释道源、东湖信士毛晋同对。崇祯癸未孟冬虞山华严阁识。共字九千八百十三个。（《出生一切如来法眼遍照大力明王经卷下》第9页）	第79函
流六至十	佛说瑜伽大教王经五卷	东塔寺释道源、东湖信士毛晋同对，崇祯癸未孟冬虞山华严阁识。共字三万三千四百九十九个。[2]	
取九至十	普遍光明焰鬘清净炽盛如意宝印心无能胜大明王大随求陀罗尼经二卷	东塔寺释道源、东湖信士毛晋同对。崇祯癸未孟冬虞山华严阁识。共字一万七千三百九十一个。（《普遍光明焰鬘清净炽盛如意宝印心无能胜大明王大随求陀罗尼经卷下》第21页）	第80函
止三	金刚恐怖集会方广轨仪观自在菩萨三世最胜心明王经一卷	东塔寺释道源、东湖信士毛晋同对。崇祯癸未孟冬虞山华严阁识。共字一万零四百九十个。（第29页）	第81函
若一至十	大方广菩萨藏文殊师利根本仪轨经二十卷	东塔寺释道源、东湖信士毛晋同对。崇祯癸未孟冬虞山华严阁识。共字九万六千一百七十个。[3]	

1　本条与下条施刻文错刻，当为刻工疏忽所致。

2　前揭《“国家图书馆”善本书志初稿·子部（四）·释家（汇编）》，“佛说瑜伽大教王经”条，第309页。

3　前揭《“国家图书馆”善本书志初稿·子部（四）·释家（汇编）》，“大方广菩萨藏文殊师利根本仪轨经”条，第322页。

文号	经名	施刻文	函数
思一至二	佛说持明藏瑜伽大教尊那菩萨大明成就仪轨经四卷	东塔寺释道源、东湖信士毛晋同对。崇祯癸未孟冬虞山华严阁识。共字一万九千五百八十九个。（《佛说持明藏瑜伽大教尊那菩萨大明成就仪轨经卷第四》第 15 页）	第 82 函
思三至四	佛说金刚香菩萨大明成就仪轨经三卷	东塔寺释道源、东湖信士毛晋同对。崇祯癸未孟冬虞山华严阁识。共字一万八千六百九十个。（《佛说金刚香菩萨大明成就仪轨经卷下》第 21 页）	第 82 函
思五至六	金刚萨埵说频那夜迦天成就仪轨经四卷	东塔寺释道源、东湖信士毛晋同对。崇祯癸未孟冬虞山华严阁识。共字二万一千六百八十八个。（《金刚萨埵说频那夜迦天成就仪轨经卷第四》第 14 页）	第 82 函
思十	佛说幻化网大瑜伽教十忿怒明王大明观想仪轨经一卷	东塔寺释道源、东湖信士毛晋同对。崇祯癸未孟冬虞山华严阁识。共字七千二百四十七个。（第 17 页）	第 82 函
外六	五分比丘尼戒本一卷	东塔寺释道源、东湖信士毛晋同对。崇祯癸未孟冬虞山华严阁识。共字一万一千二百二十五个。（第 36 页）	第 99 函
外七	波罗提木叉僧祇戒本一卷	东塔寺释道源、东湖信士毛晋同对。崇祯癸未孟冬虞山华严阁识。共字八千七百六十三个。（第 28 页）	第 99 函
外八	十诵律比丘戒本一卷	东塔寺释道源、东湖信士毛晋同对。崇祯癸未孟冬虞山华严阁识。共字一万零二百四十四个。（第 32 页）	第 99 函
外九	十诵律比丘尼戒本一卷	东塔寺释道源、东湖信士毛晋同对。崇祯癸未孟冬虞山华严阁识。共字一万一千三百五十个。（第 36 页）	第 99 函
受一至二	昙无德律部杂羯磨二卷	东塔寺释道源、东湖信士毛晋同对。崇祯癸未孟冬虞山华严阁识。共字一万六千七百个。[1]	
性九至十	大乘掌珍论二卷	东湖信士殷时衡、毛晋同对。崇祯癸未孟冬虞山华严阁识。共字一万五千二百八十五个。[2]	
性四至八	究竟一乘宝性论五卷	东湖信士殷时衡、毛晋同对。崇祯癸未孟冬虞山华严阁识。共字四万二千一百五十七个。[3]	
疑二至五	大宗地玄文本论八卷	东湖信士殷时衡、毛晋同对。崇祯癸未孟冬虞山华严阁识。共字三万二千零九十三个。（《大宗地玄文本论卷第八》第 11 页）	第 135 函

仲冬

文号	经名	施刻文	函数
则五	毗俱胝菩萨一百八名经一卷	东塔寺释道源、东湖信士毛晋同对。崇祯癸未仲冬虞山华严阁识。共字二千零九十一个。（第 23 页）	第 72 函

1 前揭《"国家图书馆"善本书志初稿·子部（四）·释家（汇编）》，"昙无德律部杂羯磨"条，第 357 页。

2 前揭《"国家图书馆"善本书志初稿·子部（四）·释家（汇编）》，"大乘掌珍论"条，第 380 页。

3 前揭《"国家图书馆"善本书志初稿·子部（四）·释家（汇编）》，"究竟一乘宝性论"条，第 380 页。

文号	经名	施刻文	函数
夙六	佛说无畏授所问大乘经三卷	东塔寺释道源、东湖信士毛晋同对。崇祯癸未仲冬虞山华严阁识。共字六千零九十二个。（《佛说无畏授所问大乘经卷下》第 17 页）	第 75 函
之二至三	佛说顶生王因缘经六卷	东塔寺释道源、东湖信士毛晋同对。崇祯癸未仲冬虞山华严阁识。共字一万九千一百六十个。（《佛说顶生王因缘经卷第六》第 8 页）	第 78 函
唱十	普贤菩萨行愿赞一卷	东塔寺释道源、东湖信士毛晋同对。崇祯癸未仲冬虞山华严阁识。共字二千三百九十一个。[1]	
外五	五分戒本一卷	东塔寺释道源、东湖信士毛晋同对。崇祯癸未仲冬虞山华严阁识。共字六千九百九十二个。（第 24 页）	第 99 函
受四	十诵羯磨比丘要用一卷	东塔寺释道源、东湖信士毛晋同对。崇祯癸未仲冬虞山华严阁识。共字一万一千七百十七个。（第 30 页）	第 99 函
性一至三	决定藏论三卷	东湖信士殷时衡、毛晋同对。崇祯癸未仲冬虞山华严阁识。共字二万五千七百五十四个。（《决定藏论卷下》第 24 页）	第 112 函

季冬

文号	经名	施刻文	函数
卑五至九	四分僧羯磨五卷	东塔寺释道源、东湖信士毛晋同对。崇祯癸未季冬虞山华严阁识。共字四万九千三百八十个。[2]	

甲申

孟春

文号	经名	施刻文	函数
静一	大乘楞伽经唯识论一卷	东湖信士殷时衡、毛晋同对。崇祯甲申孟春虞山华严阁识。共字九千六百十五个。（第 26 页）	第 113 函
静六至七	入大乘论二卷	东湖信士殷时衡、毛晋同对。崇祯甲申孟春虞山华严阁识。共字一万九千二百二十一个。（《入大乘论卷下》第 26 页）[3]	第 113 函
逸四	掌中论一卷	东湖信士殷时衡、毛晋同对。崇祯甲申孟春虞山华严阁识。共字一千零五十五个。（第 17 页）	第 113 函

1 前揭《"国家图书馆"善本书志初稿·子部（四）·释家（汇编）》，"普贤菩萨行愿赞"条，第 351 页。

2 前揭《"国家图书馆"善本书志初稿·子部（四）·释家（汇编）》，"四分僧羯磨"条，第 347 页。

3 前揭《"国家图书馆"善本书志初稿·子部（四）·释家（汇编）》，"入大乘论"条，第 382 ～ 383 页，因"末行遭裁切"，无"崇祯甲申孟春虞山华严阁识""句容潘守诚刻"。

仲春

文号	经名	施刻文	函数
息一至七	佛说一切如来金刚三业最上秘密大教王经七卷	东塔寺释道源、东湖信士毛晋同对。崇祯甲申仲春虞山华严阁识。共字四万九千七百七十个。（《佛说一切如来金刚三业最上秘密大教王经卷第七》第22页）	第79函
和一至十	根本说一切有部百一羯磨十卷	东塔寺释道源、东湖信士毛晋同对。崇祯甲申仲春虞山华严阁识。共字六万七千七百三十八个。（《根本说一切有部百一羯磨卷第十》第14页）	第97函
退一至七	大乘阿毗达磨集论七卷	东湖信士殷时衡、毛晋同对。崇祯甲申仲春虞山华严阁识。共字四万五千零三个。（《大乘阿毗达磨集论卷第七》第15页）[1]	第111函
颠八	无量寿经优波提舍一卷	东湖信士殷时衡、毛晋同对。崇祯甲申仲春虞山华严阁识。共字三千五百四十八个。（第9页）	第111函
颠十	遗教经论一卷	东湖信士殷时衡、毛晋同对。崇祯甲申仲春虞山华严阁识。共字一万二千一百八十三个。[2]	
匪一至四	佛性论四卷	东塔寺释道源、东湖信士毛晋同对。崇祯甲申仲春虞山华严阁识。共字三万八千七百六十十个。（《佛性论卷第四》第24页）	第112函
情一至二	顺中论二卷	东湖信士殷时衡、毛晋同对。崇祯甲申仲春虞山华严阁识。共字一万四千一百八十五个。（《顺中论卷下》第21页）[3]	第113函
逸四	百字论一卷	东湖信士殷时衡、毛晋同对。崇祯甲申仲春虞山华严阁识。共字三千五百六十三个。（第10页）	第113函

孟夏

文号	经名	施刻文	函数
静三	宝髻经四法优波提舍一卷	东湖信士殷时衡、毛晋同对。崇祯甲申孟夏虞山华严阁识。共字五千六百六十五个。（第15页）	第113函

仲夏

文号	经名	施刻文	函数
尊一至卑四	根本萨婆多部律摄十四卷	东塔寺释道源、东湖信士毛晋同对。崇祯甲申仲夏虞山华严阁识。共字十二万五千五百四十四个。（《根本萨婆多部律摄卷第十四》第29页）	第96函

1　台北“国家图书馆”藏本无最末的刻工记录“句容潘守诚刻”，《初稿》“后疑有缺文”。前揭《“国家图书馆”善本书志初稿·子部（四）·释家（汇编）》，“大乘阿毗达磨集论”条，第369页。

2　前揭《“国家图书馆”善本书志初稿·子部（四）·释家（汇编）》，“遗教经论”条，第371～372页。

3　前揭《“国家图书馆”善本书志初稿·子部（四）·释家（汇编）》，“顺中论”条，第383页，著录施刻文中有两处（“信士”“仲秋”）与故宫藏本有异，不知是否誊录之误。

仲秋

文号	经名	施刻文	函数
言二	底哩三昧耶不动尊威怒王使者念诵法一卷	东湖信士郁慈明、毛晋同对。崇祯甲申仲秋虞山华严阁识。共字七千三百六十一个。（第20页）	第82函
言五	七佛赞呗伽陀一卷	东湖信士郁慈明、毛晋同对。崇祯甲申仲秋虞山华严阁识。共字一千二百零四个。（第4页）	第82函
言五	佛一百八名赞经一卷	东湖信士戈汕、毛晋同对。崇祯甲申仲秋虞山华严阁识。共字一千一百个。（第11页）	第82函
言五	圣救度佛母二十一种礼赞经一卷	东湖信士郁慈明、毛晋同对。崇祯甲申仲秋虞山华严阁识。共字一千一百六十三个。（第17页）	第82函
言五	佛说一切如来顶轮王一百八名赞一卷	东湖信士郁慈明、毛晋同对。崇祯甲申仲秋虞山华严阁识。共字五百八十七个。（第19页）	第82函
言六	赞法界颂一卷	东湖信士郁慈明、毛晋同对。崇祯甲申仲秋虞山华严阁识。共字二千零六十个。（第10页）	第82函
言六	八大灵塔梵赞一卷	东湖信士郁慈明、毛晋同对。崇祯甲申仲秋虞山华严阁识。共字一千个。（第13页）	第82函
言六	三身梵赞一卷	东湖信士郁慈明、毛晋同对。崇祯甲申仲秋虞山华严阁识。共字七百九十八个。（第15页）	第82函
言六	大明太宗文皇帝御制文殊赞	东湖信士郁慈明、毛晋同对。崇祯甲申仲秋虞山华严阁识。共字六百个。（第17页）	第82函
言六	佛说文殊师利一百八名梵赞一卷	东湖信士郁慈明、毛晋同对。崇祯甲申仲秋虞山华严阁识。共字一千六百七十七个。（第22页）	第82函
言六	曼殊室利菩萨吉祥伽陀一卷	东湖信士郁慈明、毛晋同对。崇祯甲申仲秋虞山华严阁识。共字九百五十一个。（第25页）	第82函
言六	圣金刚手菩萨一百八名梵赞一卷	东湖信士郁慈明、毛晋同对。崇祯甲申仲秋虞山华严阁识。共字一千□□□十六个。（第30页）[1]	第82函
下一至十	萨婆多部毗尼摩得勒伽十卷	金地受华孙房、东湖信士毛晋同对。崇祯甲申仲秋虞山华严阁识。共字八万三千八百五十个。（《萨婆多部毗尼摩得勒伽卷第十》第17页）	第97函
睦一至十	根本说一切有部尼陀那五卷目得迦五卷	金地受华孙房、隐湖信士毛晋同对。崇祯甲申仲秋虞山华严阁识。共字五万九千四百五十九个。（《根本说一切有部目得迦卷第十》第13页）	第97函
沛一至四	成唯识宝生论五卷	东湖信士郁慈明、毛晋同对。崇祯甲申仲秋虞山华严阁识。共字二万九千二百六十九个[2]	
沛五	十二因缘论一卷	东湖信士郁慈明、毛晋同对。崇祯甲申仲秋虞山华严阁识。共字一千五百五十三个。（第5页）	第111函

1　前揭《"国家图书馆"善本书志初稿·子部（四）·释家（汇编）》，"圣金刚手菩萨一百八名梵赞"条，第330页，即著录为"共字一千十六个"。

2　前揭《"国家图书馆"善本书志初稿·子部（四）·释家（汇编）》，"成唯识宝生论"条，第372页。

文号	经名	施刻文	函数
沛五	壹输卢迦论一卷	东湖信士郁慈明、毛晋同对。崇祯甲申仲秋虞山华严阁识。共字一千三百三十二个。（第 9 页）	第 111 函
沛五	大乘百法明门论一卷	东湖信士郁慈明、毛晋同对。崇祯甲申仲秋虞山华严阁识。共字七百零一个。（第 11 页）	第 111 函
沛五	转识论一卷	东湖信士郁慈明、毛晋同对。崇祯甲申仲秋虞山华严阁识。共字三千一百五十一个。（第 19 页）	第 111 函
沛六	唯识三十论一卷	东湖信士郁慈明、毛晋同对。崇祯甲申仲秋虞山华严阁识。共字一千三百二十个。（第 5 页）	第 111 函
沛六	显识论一卷	东湖信士郁慈明、毛晋同对。崇祯甲申仲秋虞山华严阁识。共字五千八百零六个。[1]	
沛七至八	发菩提心论二卷	东湖信士郁慈明、毛晋同对。崇祯甲申仲秋虞山华严阁识。共字六千四百十四个。[2]	
沛八至十	三无性论二卷	东湖信士郁慈明、毛晋同对。崇祯甲申仲秋虞山华严阁识。共字一万六千五百零七个。（第 20 页）[3]	第 111 函
逸四	解拳论一卷	东湖信士郁慈明、毛晋同对。崇祯甲申仲秋虞山华严阁识。共字九百七十六个。（第 13 页）	第 113 函

季秋

文号	经名	施刻文	函数
次一至弗三	大乘庄严经论十三卷	东湖信士郁慈明、毛晋同对。崇祯甲申季秋虞山华严阁识。共字七万一千九百六十八个。（《大乘庄严经论卷第十》第 19 页）[4]	第 109 函
退八	王法正理论一卷	东湖信士郁慈明、毛晋同对。崇祯甲申季秋虞山华严阁识。共字七千五百二十五个。（第 19 页）	第 111 函
退九	瑜伽师地论释一卷	东湖信士郁慈明、毛晋同对。崇祯甲申季秋虞山华严阁识。共字七千五百七十个。（第 19 页）	第 111 函
退十	显扬圣教论颂一卷	东湖信士郁慈明、毛晋同对。崇祯甲申季秋虞山华严阁识。共字五千六百七十八个。（第 19 页）	第 111 函
亏一至二	能断金刚般若波罗蜜多经论释三卷	东湖信士郁慈明、毛晋同对。崇祯甲申季秋虞山华严阁识。共字一万三千五百九十六个。（《能断金刚般若波罗蜜多经论释卷下》第 11 页）	第 112 函

1　前揭《"国家图书馆"善本书志初稿·子部（四）·释家（汇编）》，"显识论"条，第 374 页。前揭《嘉兴藏》第 111 函，从"沛"字号下《显识论》起，经应另装一册，故宫藏本光盘该"沛下"文件夹内内容误装（？）他经，故不得核。

2　前揭《"国家图书馆"善本书志初稿·子部（四）·释家（汇编）》，"发菩提心论"条，第 374 页。

3　故宫博物院藏《嘉兴藏》第 111 函，因"沛"下函故宫藏本光盘文件夹内容误装（？）他经，只有《三无性论》最后几页。

4　此施刻文只记录了前 10 卷的字数，而没有后 3 卷的记录。

文号	经名	施刻文	函数
亏二	略明般若末后一颂赞述一卷	东湖信士郁慈明、毛晋同对。崇祯甲申季秋虞山华严阁识。共字一千四百四十六个。（第 6 页）	第 112 函
亏三至四	妙法莲华经优波提舍二卷	东湖信士郁慈明、毛晋同对。崇祯甲申季秋虞山华严阁识。共字一万三千四百九十个。（《妙法莲华经优波提舍卷下》第 18 页）	第 112 函
亏五至六	妙法莲华经论优波提舍二卷	东湖信士郁慈明、毛晋同对。崇祯甲申季秋虞山华严阁识。共字一万三千五百八十八个。（《妙法莲华经论优波提舍卷下》第 18 页）	第 112 函
亏七至十	大宝积经论四卷	东湖信士郁慈明、毛晋同对。崇祯甲申季秋虞山华严阁识。共字四万零四百三十个。（《大宝积经论卷第四》第 24 页）	第 112 函

孟冬

文号	经名	施刻文	函数
恻一至造五	般若灯论十五卷	东湖信士郁慈明、毛晋同对。崇祯甲申孟冬虞山华严阁识。共字七万一千六百六十五个。（《般若灯论卷第十》第 20 页）[1]	第 109 函

季冬

文号	经名	施刻文	函数
思七至九	佛说大悲空智金刚大教王仪轨经五卷	长洲信士孙房、东湖信士毛晋同对。崇祯甲申季冬虞山华严阁识。共字一万九千四百六十二个。（《佛说大悲空智金刚大教王仪轨经卷第五》第 9 页）	第 82 函
言三	圣迦柅忿怒金刚童子菩萨成就仪轨经三卷	鹿城信士孙房、东湖信士毛晋同对。崇祯甲申季冬虞山华严阁识。共字一万六千五十八个。[2]	
外十	大沙门百一羯磨法一卷	东塔寺释道源、东湖信士毛晋同对。崇祯甲申季冬虞山华严阁识。共字九千零十九。（第 27 页）	第 99 函
匪六	业成就论一卷	长洲信士王咸、东湖信士毛晋同对。崇祯甲申季冬虞山华严阁识。共字五千四百三十五个。[3]	

1　这里施刻文记录的只是前 10 卷的字数，后 5 卷没有施刻文。台北“国家图书馆”藏本则是另一刻本，其千字文编次与故宫藏本相同，卷首有未署撰者《般若灯论》也与故宫藏本相同：“尾题后附刻‘校讹’、‘音释’。施刻愿文如卷一记‘般若灯论卷第一计字七千零三十四 / 弘法会松江信官王元瑞施刻并板纸银三两一钱 / 七分 / 松江信士徐尔铉施写钱三钱五分二厘祈 / 先室宋氏凡身顿净法性恒明莲邦不退永证菩提 / 信士徐洊承阅抱香庵祖璿对 / 崇祯癸未孟夏松江弘法会贵州赤水释继庆校释。’”前揭《“国家图书馆”善本书志初稿·子部（四）·释家（汇编）》，“般若灯论”条，第 364 页。

2　前揭《“国家图书馆”善本书志初稿·子部（四）·释家（汇编）》，“圣迦柅忿怒金刚童子菩萨成就仪轨经”条，第 325 页。

3　前揭《“国家图书馆”善本书志初稿·子部（四）·释家（汇编）》，“业成就论”条，第 375 ～ 376 页。

文号	经名	施刻文	函数
匪九	手杖论一卷	鹿城信士孙房、东湖信士毛晋同对。崇祯甲申季冬虞山华严阁识。共字二千七百八十三个。[1]	

顺治辛卯

仲冬

文号	经名	施刻文	函数
杜三	曼殊室利菩萨吉祥伽陀一卷	东湖信士郁慈明、毛晋对。顺治辛卯仲冬虞山华严阁识。共字九百五十。（第18页）	第141函

由此我们可以知道毛晋在崇祯壬午、癸未、甲申3年时间里，从开始参加《嘉兴藏》工作以来，每月都不懈怠。根据上述180种经文的字数统计，毛晋校对《嘉兴藏》共2476970字。最多的一个月是癸未孟冬，校对文字达516762字，平均每天近2万字。将近3年的时间，坚持不懈，勤勤恳恳，不计报酬，无私奉献，毛晋无愧为佛教信徒。而毛晋的这种坚持不懈，是在他自己的汲古阁校刻书紧张繁重的工作中进行的。这3年汲古阁校刻的图书请参看笔者另文《毛晋年谱》及《新编毛晋汲古阁校刻书目》。

三　毛晋汲古阁刊刻佛经与《嘉兴藏》关系的探讨

毛晋汲古阁刊刻佛经不多，现所见的几种经卷，既没有施刻文，且《嘉兴藏目录》均未著录，当是所谓“未入藏”者。但在现存的《嘉兴藏》中又收有这几部佛经，情况比较特殊，这里只能予以简单揭示：

（1）《大方广佛华严经海印道场十重行愿常遍礼忏仪四十二卷》[2]，署唐兰山云岩慈恩寺护法国师一行沙门慧觉依经录，宋苍山载光寺沙门普瑞补注，明钦褒忠义忠

1　前揭《“国家图书馆”善本书志初稿·子部（四）·释家（汇编）》，“手杖论”条，第376～377页。

2　前揭《“国家图书馆”善本书志初稿·子部（四）·释家（汇编）》，“大方广佛华严经海印道场十重行愿常遍礼忏仪四十二卷”条著录为“明崇祯十四年毛氏汲古阁刊本”，第570页；“孔毅大方广佛华严经海印道场十重行愿常编礼忏仪四十二卷　附华严海印道场九会请佛一卷　明释木增订正捐资　崇祯十四年毛氏汲古阁刊板，崇祯十四年钱谦益序，毛晋序，木氏跋。三浦注：《周考》67页载有是本，‘编’作‘遍’。又云：‘唐释慧觉录、宋释普瑞补注。崇祯十四年毛晋捐赀代刻嘉兴楞严寺方册藏经之一。按中图所藏嘉兴楞严寺方册藏经中题为毛晋刻本者凡数十种，除牧云和尚所撰三种为晋自出版外，余皆如此书，乃毛晋代信徒及自捐赀而刻。虽前人汲古书目皆未收，然确为毛氏所刻。’”见前揭《毛晋交游研究——以毛晋诗文集为中心》附录二，第16～17页；故宫博物院藏《嘉兴藏》续藏第15～17函收有该经，不知什么缘故《故宫博物院藏〈嘉兴藏〉目录》没有著录这部佛经；《二十二种大藏经通检》也没有著录《大方广佛华严经海印道场十重行愿常遍礼忏仪》。

荩四川布政佛弟子木增订正，鸡山寂光寺沙门读彻参阅，天台习教观沙门正止治定。

故宫博物院藏本卷首有释迦牟尼佛图像二幅，版心左下角镌有“吴门袁灵敬写”[1]，台北“国家图书馆”藏本卷首有释迦牟尼佛图像一幅，版心左下角镌有“径山化城恒瑞梓”，后半叶有龙纹木记[2]。之后，下接明崇祯十四年虞山钱谦益《华严忏法序》[3]、崇祯十四年毛凤苞《华严经海印道场忏仪叙》[4]和《华严海印道场忏仪题辞》[5]。《华严海印道场九会请佛仪》一卷，共19页，中缝题“支那撰述、华严忏仪、页码、黑钉”。后附有一页文：“南中木道人栖志林泉，雅好净业，每逢经忏，留意探寻。一日于叶榆崇圣寺中得《华严海印道场礼忏仪》四十二卷，传自大唐一行沙门所录，但大藏中未见载入。惟据父老传说，因大唐兵燹，有禅师普瑞传来，付在寺中。第其中字句间有差讹，文意间有未接。余生天末，识见不敏，不敢僭为参订。兹欲将《华严经》全部辑入其中，刊传于世。敢以仰质高明弘慈改正，共成济世津梁，同证菩提觉路。”[6]台北《“国家图书馆”善本书志初稿》将这页施刻文认做又一题记，并以为“应系出自毛氏之手”：“其后又有另一题记，说此礼忏仪传自大唐一行沙门所录，但大藏中未见载入，惟据父老传说，因大唐兵燹，有禅师普瑞传来，付在寺中，其中字句，间有差讹，文意间有未接，然不敢僭为参订，故将华严经全部辑入其中，刊传于世云云。视此段内容，应系出自毛氏之手。”[7]

该经无千字文编号，中缝题“支那撰述、华严忏仪卷第X、页码、黑钉”。在第一卷末尾题后无音释，也没有《嘉兴藏》各类样式的施刻文，而是如正文刻有11行文字：“钦褒忠义忠荩四川左布政、云南丽阳佛弟子木增，同丽江府知府授参政男木懿、应袭孙木靖，暨诸子孙太学生木乔、木参，生员木宿、木橚、木櫄、木桄、木极、悟乐等，各捐净捧（俸），延僧命役，敬奉《大方广佛华严经三昧忏仪》一部，共四十二卷六十一册，直达南直隶苏州府尝（常）熟县隐湖南村笃素居士毛凤苞汲古阁中，鸠良工雕造。起于崇祯庚辰孟夏，终于辛巳暮春，凡一载功成。今置此版于浙江嘉兴府楞严寺藏经阁，祈流通诸四众，历劫熏（重）修，见闻此法，永持不舍，所愿一乘顿

1　前揭《嘉兴藏》续藏第15函，《大方广佛华严经海印忏仪》卷一之二（封面书签题），卷首。

2　前揭《“国家图书馆”善本书志初稿·子部（四）·释家（汇编）》，“大方广佛华严经海印道场十重行愿常遍礼忏仪四十二卷”条，第571页。

3　前揭《嘉兴藏》续藏第15函，《华严忏序（钱）》，第3页。

4　前揭《嘉兴藏》续藏第15函，《华严忏序（毛）》，第1～3页。

5　前揭《嘉兴藏》续藏第15函，《华严忏仪题辞》，第2页。

6　前揭《嘉兴藏》续藏第15函，《华严忏仪卷首附》，本页无页码，但接在第19页之后，应为第20页。

7　前揭《“国家图书馆”善本书志初稿·子部（四）·释家（汇编）》，“大方广佛华严经海印道场十重行愿常遍礼忏仪”条，第570～571页。

教遍布人寰，三有群生俱明性海者耳。”[1] 毛晋《送法润禅师载〈华严海印仪〉还南诏》[2] 对此也有记载。由此可知为明崇祯庚辰（十三年，1640 年）至辛巳（十四年，1641 年）常熟毛凤苞汲古阁刻本，但应该是代刻本。当是毛晋汲古阁刻版后，木增把经版送到嘉兴楞严寺刷印流通的。对于代人刻书，以往学者研究毛晋没有引起注意，实际上，毛晋作为一个出版商，曾为当时人代刻了一些书，如为张溥刻《南史》、《汉魏六朝三百名家集》，为钱谦益刻《列朝诗集》，为王象晋刻《二如亭群芳谱》，等等。此《华严忏仪》是毛晋为云南丽江的木增所刻。

从卷第二起，直到卷第四十二，包括如卷第十九分之一、之二，卷第二十分之一、之二，卷第二十一分之一、之二，卷第二十二分之一、之二、之三、之四、之五，卷第二十三分之一、之二、之三，卷第二十四分之一、之二、之三、之四、之五，卷第二十五分之一、之二、之三，卷第三十五分之一、之二，卷第三十八分之一、之二、之三，卷末尾题后均无音释，无施刻文，个别卷卷末甚至无尾题。

（2）故宫藏本续 53 函、续 54 函收有《憨山老人梦游集》，共 40 卷，各卷卷首有编校者款，如卷一，侍者福善日录、门人通炯编辑、岭南弟子刘起相重较[3]。卷首有《憨山大师梦游全集序》，记毛晋因与德清的关系，开始时“请独任镂版”，未完而子晋殁，是其子“褒、表、扆，聿追先志，遂告成事”[4]。《中国古籍善本书目》集部 10020 著录为“清顺治十七年毛褒等刻本”[5]，是正确的。该经怎么被收入《嘉兴藏》，笔者目前还没有找到答案，但该经与毛晋的关系是明确的。

童玮《二十二种大藏经通检》著录《憨山大师全集》五十五卷，福善日录，通炯编辑，在《嘉兴藏》续藏第 53 ～ 54 函[6]。不知他依据的是哪一个本子。台北《“国家图书馆”善本书志初稿》著录“憨山老人梦游全集存五卷”时也说“全书原五十五卷”，尾题后有施赀刻文。本书乃其弟子福善、通炯等汇编憨山大师遗文而成，全书原五十五卷（古本四十卷），此本仅存卷一至卷五[7]。并定为明江州左春魁刊本，与故宫藏本不同。故宫藏本卷四十有《憨山大师全集旧序》，说是“兹大师法孙坚如欲募刻师全集，乃特请为序而赞成之。予嘉其为法忘躯之诚，因述余所仰慕感慨之思云尔。天界后学道盛

1　前揭《嘉兴藏》续藏第 15 函，《华严忏仪卷第一》，第 29 页。

2　《野外诗》12ab《送法润禅师载〈华严海印仪〉还南诏》序文。此文亦载于《隐湖》上 /64b，以此事系于崇祯十七年。案：《以介》所载释照渠（汰如弟子）序文云：“先高松师，始唱《华严》于庚辰之春，先生（毛晋）设供。”现据以考订此事于崇祯十三年。见前揭《毛晋交游研究——以毛晋诗文集为中心》，第 46、76 页。

3　前揭《嘉兴藏》续藏第 53 函，《憨山老人梦游集卷一》，第 1 页。

4　前揭《嘉兴藏》续藏第 53 函，《憨山老人梦游集卷首》，《憨山大师梦游全集序》，第 7 页。

5　《中国古籍善本书目》集部，第 827 页，上海古籍出版社，1998 年。

6　童玮编：《二十二种大藏经通检》，第 307 页，中华书局，1997 年。

7　前揭《“国家图书馆”善本书志初稿·子部（四）·释家（汇编）》，“憨山老人梦游全集”条，第 597 页。

和南题”[1]。《憨山大师口筏引》:“客岁龚中丞孝升入粤……”由此可知此《憨山大师全集》应有二刻，或一为 55 卷，一为 40 卷。但究竟这两个版本孰先孰后，因未见 55 卷本，不敢擅断。

（3）《牧云和尚懒斋别集十四卷》，台北“国家图书馆”藏有此书，著录云：明释牧云撰，明末虞山毛氏汲古阁刊本。版心上方偏右题“懒斋别集”，中间记“汲古阁”，下方记叶次。首卷首行顶格题“牧云和尚懒斋别集卷之一”，第二、三行则分别低约八格题“东吴毛晋子晋编阅 / 鄂州记室智时较订”。文中“校”字改作“较”，盖避明熹宗讳。是书系牧云禅师所作诗文，而毛晋为之纂集编次[2]。此经并后经，版式行款与《嘉兴藏》径山化城寺、楞严寺版不同，更与毛晋校对之华严阁版不同，当是汲古阁单独为其刊行。其编入《嘉兴藏》的因由还需再加寻找。

《北京大学图书馆藏古籍善本书目》230.8/2010 著录明毛氏汲古阁刻本，《全明分省分县刻书考》著录明崇祯毛氏汲古阁刊本。《中国古籍善本书目》集部 10931 著录为清顺治十四年毛氏汲古阁刻本。《中国古籍善本书目》（征求意见稿）792 著录行款：十行二十字，白口，四周双边。王重民《中国善本书提要》著录《牧云和尚懒斋别集十四卷》：六册（北大）汲古阁刻本 [十行二十字（20.1 × 13.6）]　原题：“东吴毛晋子晋编阅，鄂州记室智时较订。”王庭言序。朱一是序[3]。《中国善本书提要》同页又著录《牧云和尚懒斋别集十四卷病游初草一卷病游后草一卷病游游刃一卷宗本投机颂一卷》：十六册（北图）清顺治间汲古阁刻本 [十行二十字（20.4 × 13.8）]　清释通门撰。通门号牧云，俗姓张，常熟人。卒于康熙十年，年七十三。卷内题：“东吴毛晋子晋编阅，鄂州记室智时较订”，诗文载至顺治十二年冬，则当刻成于顺治十三四年间矣。成未久而毛晋下世 [十六年]，故印本流传极稀。卷内有:“邓尉徐氏藏书”“徐坚藏本”“怀新馆藏书记”“真州吴氏有福读书堂藏书”等印记。王庭言序　朱一是序[4]。

《二十二种大藏经通检》无《牧云和尚懒斋别集》，只有《牧云禅师语录》一卷，在《嘉兴藏》续藏第 73 函。故宫藏本为《牧云和尚语录》，王庭言《牧云和尚语录序》：“……兹复芟繁订存十六卷，流通于楞严之经坊。”[5] 因未见过《牧云和尚懒斋别集十四卷》，不敢贸然下断语。

（4）《牧云和尚病游初草一卷病游后草一卷》，台北“国家图书馆”藏有此书，著录云：明释牧云撰，明末虞山毛氏汲古阁刊本。版心最上方偏右题“病游初草”“病游后草”等字，中间记“汲古阁”，下方镌叶次。是部刊刻笔法悉同前部《牧云和

1　前揭《嘉兴藏》续藏第 54 函，《憨山老人梦游集卷四十下》，第 41 页。

2　前揭《“国家图书馆”善本书志初稿·子部（四）·释家（汇编）》，“牧云和尚懒斋别集”条，第 597 ～ 598 页。

3　王重民撰：《中国善本书提要》，第 680 页，上海古籍出版社，1983 年。

4　前揭《中国善本书提要》，第 680 页。

5　前揭《嘉兴藏》续藏第 73 函，《牧云和尚语录》，《牧云和尚语录序》，第 1 页。

尚懒斋别集十四卷》，然字体稍小，当是为了配合此本多为七言诗作而行二十一字。两者相较，此前后二部应是同时刊刻作品。首卷首行顶格题“牧云和尚病游初草”，第二、三行皆低约九格题“东吴毛晋子晋编阅/鄂州记室智时较订”。卷前有作者自叙，末署“时崇祯庚辰（十三年，1640年）岁夏五月述于破山禅院之西轩”[1]。《中国古籍善本书目》集部10930也著录《牧云和尚病游初草一卷病游后草一卷》，为明崇祯毛氏汲古阁刻本，其行款为：十行二十一字，白口，四周双边[2]。但故宫博物院藏《嘉兴藏》无此书，《二十二种大藏经通检》也没有收入《牧云和尚病游初草一卷病游后草一卷》，只有《牧云禅师语录》一卷，在《嘉兴藏》续藏第73函。故宫藏本为《牧云和尚语录》。

《明毛氏汲古阁刻书目录》知而未得者目录：牧云和尚病游　游刃　病游初草后草，此《牧云和尚病游初草一卷病游后草一卷》台湾“国家图书馆”有藏，而《牧云和尚病游　游刃》则不知是否还存世。

（5）《中国古籍善本书目》子部10837著录：“般若波罗蜜多心经略疏小钞二卷，清钱谦益辑，清顺治十五年毛晋刻本”[3]，钱谦益是毛晋的老师，关系特殊。

（6）《“国家图书馆”善本书志初稿》子部（三）08969、《全明分省分县刻书考》著录有明天启辛酉（元年，1621年）虞山毛晋刊本《补续高僧传二十六卷》。

（7）《中国古籍善本书目》子部11211著录：牧云和尚宗本投机颂一卷，清释通门撰，清初毛氏汲古阁刻本。

《明毛氏汲古阁刻书目录》知而未得者目录宗本投机颂。

（8）《中国古籍善本书目》子部11212著录：牧云和尚七会余录六卷，清释通门撰，清初毛氏汲古阁刻本。

《明毛氏汲古阁刻书目录》知而未得者目录七会余录。

（9）《“国立”故宫博物院善本旧籍总目》著录：大佛顶首楞严经疏解蒙钞六十卷，清钱谦益撰，清光绪庚辰（六年）蘧园重刊汲古阁本。二十册。则汲古阁刻过《大佛顶首楞严经疏解蒙钞六十卷》，但汲古阁本现在已不可得见。

1　前揭《“国家图书馆”善本书志初稿·子部（四）·释家（汇编）》，“牧云和尚病游初草一卷病游后草一卷”条，第598页。

2　《中国古籍善本书目》（征求意见稿）791，内部油印本。

3　《中国古籍善本书目》子部，第936页，上海古籍出版社，1996年。

此外，还有《心经》[1]、《华严经》[2]、《种玉宝言》[3]、《大悲神咒》[4]、《金刚经》[5]、《指月录》[6]数种，《明毛氏汲古阁刻书目录》知而未得者目录著录。

毛氏经板刻于常熟，当时似有少量刷印：

《牧斋尺牍》致毛晋说："《出三藏记》，乞惠一册，尚欲尽印新藏，待少有赀粮，即从事也。"[7]此书《嘉兴藏》本为毛氏所刊，可证。

《牧斋尺牍》致毛晋说："《牧潜集》及书目领到。"[8]

《牧斋尺牍》致毛晋说："《心经》既欲流通，似须照藏板为妙。"[9]

《牧斋尺牍》致毛晋说："《心经小钞》，阅完送去。卷首借重含老《旁论》……"[10]

《牧斋尺牍》致毛晋说："未刻经目，并云栖经直，乞借一观。"[11]

钱谦益致黄观之函云："今毛氏经板，已一一送化成（城）[12]，合算已得什之八九。正浮图合尖之日，惟足下努力唱导，即五台了凡，再见于今日矣。望之祝之。《憨山大师全集》，工已告竣，须亟付经坊流通，此今日人天眼目也。"[13]这封信里所说"今毛氏经板，已一一送化成（城），合算已得什之八九"，当是毛晋所刻佛经后来被收入《嘉兴藏》的原因。

结论

综上所述，毛晋与《嘉兴藏》确有十分密切的关系，他在崇祯壬午、癸未、甲申3年，

---

1 《汲古阁校刻书目》著录叶数：心经小钞　　七十五叶。《明代书目题跋丛刊》，第880页。

2 《汲古阁校刻书目》著录叶数：梵本翻宋板华严经全部　　口口口口口口。荥阳悔道人辑，同里顾湘参校《汲古阁刻板存亡考》：梵本翻宋板华严经"板现存常熟虞山三峰清凉寺"。《明代书目题跋丛刊》第880、885页。

3 前揭《汲古阁校刻书目补遗》：种玉宝言二卷（汲古阁校刻，原本偶遗，其叶数未详，俟补）。《明代书目题跋丛刊》，第886页。

4 前揭《汲古阁校刻书目补遗》：大悲神咒（汲古阁校刻，原本偶遗，其叶数未详，俟补。）《明代书目题跋丛刊》，第886页。

5 前揭《汲古阁校刻书目补遗》：金刚经（汲古阁校刻，原本偶遗，其叶数未详，俟补。）《明代书目题跋丛刊》，第886页。

6 前揭《汲古阁刻板存亡考》：指月录"板现存常熟虞山三峰清凉寺"。《明代书目题跋丛刊》，第885页。

7 钱谦益：《与毛子晋》，《钱牧斋全集》第7册，第310页，上海古籍出版社，2003年。

8 前揭《与毛子晋》，《钱牧斋全集》第7册，第311页。

9 前揭《与毛子晋》，《钱牧斋全集》第7册，第314页。

10 前揭《与毛子晋》，《钱牧斋全集》第7册，第314页。

11 前揭《与毛子晋》，《钱牧斋全集》第7册，第316页。

12 化城，指径山东麓之化城寺。

13 钱谦益：《与黄观之》，前揭《钱牧斋全集》第7册，第257页。

若不计捐资补刻，计捐资225银两，助刻了62种佛经，并积极参与《嘉兴藏》的校勘工作。与毛晋一起共同校对《嘉兴藏》的，有东塔寺释道源、东湖信士殷时衡、东湖信士郁慈明、东湖信士戈汕、金地受华孙房（长洲信士孙房、鹿城信士孙房）、长洲信士王咸等6位，毛晋参加校对了至少180种佛经，约250万字，对于加快后期《嘉兴藏》的刊刻完成出了大力，是个需要记上一笔的大功臣。但所有这些，并不是毛晋汲古阁自己动手刊刻《嘉兴藏》，这与作为书坊的汲古阁刻书是有原则区别的，断断不可将之混为一谈。

我们在《嘉兴藏》施刻文中，能够看到与毛晋相关的（捐刻、校对）经卷的书写者有：上元于起龙、江宁黄铭、上元罗章、长洲徐大任、上元王茝、上元王萓、吴县章流、上元李文卿以及中山魏邦泰。也能看到与毛晋有关的虞山华严阁佛经刻工有5位：

（1）长洲李如科。《明代刊工姓名索引》无李如科。

（2）句容潘守诚。《明代刊工姓名索引》刻工有句容潘守诚（124页），收录3书，均为华严阁刻佛经，应该就是《嘉兴藏》。

（3）句容李焕。《明代刊工姓名索引》第143～144页收录有李焕：①嘉靖三十五年（1556年）顾氏刻本《唐王右丞诗集》，雕梓者有李焕，为苏州人。（见405～406页）②嘉靖四十一年（1562年）王氏刻本《野客丛书》，刻工有李焕。（见359～360页）③万历五年（1577年）张氏刻本《史通》，刻工有李焕。（见315页）④万历十二年（1584年）刻本《甂甀洞稿》，刻工有李焕。（见417～418页）从著录的这4部书的刻工来看，与刻《嘉兴藏》的李焕，时代似乎相隔太长，不大可能为同一人。但④的书工徐普在《嘉兴藏》书工中也常出现。

（4）溧水杨可浍。《明代刊工姓名索引》无杨可浍。

（5）句容潘以铉。《明代刊工姓名索引》无潘以铉。

由此推断，这5位刻工应该不大可能是毛晋汲古阁的刻工，而且真正确知汲古阁刊刻的佛经，如上揭《大方广佛华严经海印道场十重行愿常遍礼忏仪四十二卷》等，都没有刻工的署名。由此也可证明学界以往的认识并不符合实际情况，毛晋与《嘉兴藏》有关系，但具体表现为：①毛晋作为佛教善信，捐钱刊刻《嘉兴藏》经卷做功德，与汲古阁刻经是完全不同的两个概念；②毛晋长期经营书坊，又重视校勘，有丰富的校勘经历与经验，因而在捐钱的同时，又出力参加虞山华严阁刻藏的校对工作；③毛晋汲古阁曾接受云南木增的委托，代刻佛经，捐赠嘉兴楞严寺；④毛晋汲古阁自刻极少的佛经；⑤除毛晋代刻、捐赠经版外，汲古阁的刻工、书手与《嘉兴藏》没有关系。这些与毛晋有关的藏经，都不能如《故宫博物院藏〈嘉兴藏〉目录》、《“国家图书馆”善本书志初稿》著录为毛晋汲古阁刊刻。

原载《北京大学中国古文献研究中心集刊》第十一辑，北京大学出版社，2012年

雍正朝文化国策与内府刻书

李士娟

内容提要：雍正帝在位 13 年，虽时间较短，但这一时期内府刻书却是卷帙浩繁，是康熙 61 年间内府刻书数量的两倍，与乾隆朝 60 年刻书卷数相当。雍正朝是清代康熙、乾隆两朝盛世的重要过渡时期，其人又颇具争议。此文拟对比康乾二朝内府刻书，分析雍正朝内府刻书特色，以书证史，透视出雍正帝治国理念。

关键词：雍正朝　文化　国策　内府刻书

清朝近 300 年间，内府主持编译的图书约有千余种，种类之多，规模之大，在历史上罕见。而康、雍、乾三朝编刊的数量近 500 余种，占清代内府刊书总数的一半以上。这期间雍正帝在位仅仅 13 年，时间短，刻书种数虽不多，但卷帙浩繁，数量惊人，约有 11900 余卷，是康熙在位 61 年间内府刻书数量的两倍，与乾隆在位 60 年刻书卷数相当。

一　雍正帝及其文化国策

爱新觉罗·胤禛，是清朝入关之后第三任皇帝，生于清康熙十七年（1678 年），是康熙帝的第四子。康熙六十一年 (1722 年)，胤禛经过激烈的竞争之后取得了皇位，45 岁登基，年号雍正，在位 13 年，58 岁去世，庙号世宗。雍正帝即位时已步入中年，对于宫廷内部矛盾和地方政务情况了如指掌。特别是诸皇子争夺嗣位，使康熙帝心力交瘁，以致晚年决心不立皇太子。雍正帝即位后，矛盾也必然集中到他一个人身上。从客观上来看，雍正帝确实不如康熙帝宽厚，但是他当时所处的历史环境与康熙帝时是不一样的。继位后他一改康熙帝治国“宽和”的政策，为政严猛，使用严厉的手段，

作者：图书馆，副研究馆员。

整肃朝野内外。他也是一位颇有作为、政绩显赫、文武兼备的君主，更是中国历史上少见的勤政皇帝。雍正帝为政 13 年，对康乾盛世起到了承前启后的作用。

雍正朝文化国策的最大特色是尊孔崇儒。雍正即位不久，就表明了他崇儒的理念。雍正元年（1723 年）四月，礼部遵旨给孔子先世五代封爵时，他阐明崇儒的思想说："五伦为百行之本，天地君亲师，人所宜重，而天地君亲之义，又赖师教以明。自古师道，无过于孔子，诚首出之圣也。我皇考崇儒重道，超轶千古，凡尊崇孔子典礼，无不备至。朕蒙皇考教育，自幼读书，心切景仰，欲再加尊崇，更无可增之处，故敕部追封孔子先世五代。"[1] 皆以儒家经典为教材。清朝以科举取士，考试内容出自"五经"。雍正元年（1723 年）五月，雍正帝以"孝为百行之首"，是"化民成俗之本"，自元年"会试"为始，加试《孝经》，与《五经》并重[2]。清朝制定的这项严格的政策，作为国家的根本方针一直延续到清末。知识分子毕生研读儒家典籍，阐发微言大义，成为"修身"之本，将人心统一于儒家的学说，来达到政治上统一的目的。雍正帝不光号召广大士子臣民学习儒家经典，他本人也带头学习，堪称典范，以儒家经典为据。他引述孔子的话："事君勿欺"，阐述"公诚"自励，作出表率。他表示："朕自身体力行，为天下先。"[3] 他这样说的，也是这样做的。他经常是从早到晚"凝坐殿室"，披览奏章，是一位非常勤奋的皇帝。

雍正帝为推广儒学，倡导办学，采取增设八旗官学等诸多措施。雍正五年（1727 年），根据国子监祭酒孙嘉淦建议，每旗各设官学一所，将原来在北京城内顺治年设置的四所官学增加至八所。据《大清会典事例》载："酌定一旗额设官学生一百名，分派满洲六十名，以三十名习满文，三十名习汉文；蒙古二十名；汉军二十名。"[4] 八旗官学共有学生 800 人，意在更多的培养人才。当时在北京虽然设立满族官学，但是由于名额和经济条件的限制，仍有众多贫寒满族子弟不能入学读书。雍正元年（1723 年）十二月上谕："养育人才首以学校为要，宗室内有俊秀情愿读书及八旗秀才童生内家贫不能延师者，宜各建立学堂一概教育。"至雍正四年（1726 年）四月，礼部议得："八旗左右翼各于公所设立学堂两所。各设汉学教习员、满汉书（满汉文翻译）教习两员。旗人内有家贫不能延师者，情愿读汉书者入汉学堂学习，情愿读满汉书者令入满汉学堂学习。"[5] 除此之外，还在一些边远地区陆续开设学校，使这些地区原先文化落后的面貌有所改观。通过这一途径，不仅为国家不断培养了人才，重要的是起到正风俗统一人心的巨大作用，是稳定社会秩序的决定因素之一。雍正帝曾亲笔撰写："训饬士子

1 《清世宗实录》卷六，第 21、22 页，清乾隆六年内府朱格写本。

2 《清世宗实录》卷七，第 18 页。

3 《清世宗实录》卷七五，第 4 页。

4 《钦定大清会典事例》卷一一〇一，第 5 页，清光绪二十五年石印本。

5 《八旗通志初集》卷四九《学校志》，第 21 页，清乾隆四年武英殿刻本。

文，颁布学宫，东西南朔，海澨山陬，户习诗书，家敦礼乐，遐迩无不响风，文教之隆，莫过于此矣！”他对其父的“文教之隆”表达了不胜仰慕之情。雍正帝表示“遵守旧章，寤寐求贤，惟恐或失”，要求从中央到地方负责教育的官员“督学”必先身正风正，“廉洁持身”，为国家培养“柱石”人才[1]。雍正七年（1729年）以后，又对宗室学的领导体制、教育人员、学习内容、考试制度等作出规定，使各方面制度更趋完善，教育得到了新的发展。

重视典籍刊刻是雍正朝文化国策的又一体现。武英殿修书处是清代中央刻书中心，据《大清会典事例》、《武英殿修书处则例》记载，康熙十九年（1680年）十一月奉旨设立修书处，隶武英殿造办处下，兼承刻书等事。至雍正七年（1729年），武英殿造办处改名为武英殿修书处，准予铸图记，使之升格成为直接隶属于总管内务府下的专门刊书机构。其办公地点也日益扩大到武英殿及其周围群房，乃至东、西华门以外的一些地方，为内府刻书走向繁荣提供了有利条件。雍正朝武英殿修书处留下大量由皇帝御批、御编、御纂的珍贵典籍。

二　从刻书内容透视治国策略与施政理念

雍正帝文化国策的倡行，大力推进了文化教育进程，而内府刻书无疑是其文化教育发展的组成部分。内府刻书具有权威性和表率作用，雍正很好地利用了编纂刊刻书籍这一媒介作用来阐发自己的思想。从雍正朝刻书内容反映出雍正帝的治国理念，主要有以下三个方面。

第一，为巩固皇权制造舆论。

雍正帝在皇子时代，就刻意用编书来为其夺取皇位服务。当众皇子们明争暗斗之际，当时的雍亲王特地编了一本《悦心集》。这是古代文人田园生活作品的汇编，其中收录了陶渊明的《归去来辞》、《桃花源记》、《陋室铭》、《归田录》等诗文。雍亲王编纂此书，表面上是希望归隐山林，过一种读书种地淡泊超然的生活，以此表明自己是个与世无争的皇子，实则欺蔽世人，以掩其谋取储位的活动。

雍正帝继位后，自知处境艰难，不敢懈怠，勤于政务，他每天批阅大量的奏折，动辄数百千字，日日不辍。雍正十年（1732年），雍正帝把自己即位以来亲笔批阅群臣的奏章，汇为《朱批谕旨》一书，直至乾隆三年（1738年）刻完，全书收录226位臣工7000余件奏折。此书是雍正帝处理政事的原始档案，涉及当时社会各方面之事，是雍正皇朝政务活动的重要记录。除这些文献档案之外，雍正帝还亲自编纂、辑校、敕修和钦定了大量书籍交内府刊行。他对臣工所颁发的谕旨，由大臣张廷玉等辑录成编，

1　前揭《清世宗实录》卷三，第8、9页。

内府刻印成《上谕内阁》159 卷、所奉谕旨涉及八旗政务者题为《上谕八旗》13 卷，满、汉文各 1 部。从雍正八年（1730 年）内府刊刻的《大义觉迷录》，可以了解雍正对调和满汉思想以及破除种族成见的努力。此书由雍正皇帝亲自编纂，书中记载了曾静反清一事之始末，包括胤禛审问曾静的笔录、曾静的供词、雍正帝的议论，雍正帝认为过分强调“内中国而外夷狄”的思想，鄙视戎狄，并不适宜[1]。这充分表明了其华夏一家的大一统思想，这显然是为巩固皇权制造舆论。此外，《清世宗御制文集》所辑御制文章，也真实地反映了雍正帝的皇权理念。

第二，为改革朝政推出新规。

在康熙帝执政后期，为政“尚宽”，吏治变得松弛，朝野开始显现腐败现象。雍正帝继位之后，雷厉风行地实行全面改革，整顿吏治是其中一个主要方面。雍正帝深知，各级官员是支撑国家机器运转的重要依靠，任何一个有作为的君主，不管他怎样的兢兢业业，国家庶政绝非一人所能办理。雍正帝在整顿吏治的过程中，把握“宽严相济”的原则。对每一个铨选出来的官员，通过各种手段进行训导，严格管理，加紧控制，使其不断进步和调整，顺应朝廷的需要。为此，雍正皇帝特地制定政策，对文武百官实行严格的管理，明确奖惩。雍正三年（1725 年），武英殿刻印颁行满文本《钦定吏部处分则例》，申明了朝廷有关处分失职的规定。则例，是清政府针对中央各部门的职责、办事规程而制定的基本规则，是各部、院机关正常运转的基本依据，可以视为清政府的行政法规。雍正帝推出的《吏部则例》，是清代吏部全面检查、考核各级官吏和办理官员的升降、奖惩等有关事务的明文规定，包括满汉官员的考铨和处分等五大部分。

雍正三年（1725 年），武英殿还刻《吏部铨选满官则例》、《吏部铨选汉官则例》，这是关于办理满汉官员开例、月选、升补、除授、拣选及杂例等制度的明文规定。作为清代重要法律形式之一，在国家行政管理方面起着重要作用。

第三，为兴文重教编刊典籍。

尊崇儒术、兴学重教是雍正帝倡导的。雍正帝执政后刊刻的第一部内府书籍，就是雍正二年（1724 年）的《圣谕广训》。这是雍正帝对康熙帝圣谕十六条的注释、阐述和发挥，用以规劝臣民，忠君爱国，遵循儒家所倡导的礼仪、规范。雍正帝一方面继续加强君主专制，建立并逐步完善从中央到地方的权力运行机制；一方面强化思想统一，在思想领域实行专制主义，教化百姓。雍正帝推崇文治，继续康熙帝所倡导的文化策略：“稽古右文，崇儒兴学”，期望以儒家经典教化臣民。雍正五年（1727 年），内府刊印《钦定诗经传说汇纂》；雍正八年（1730 年），内府编纂刊刻《庭训格言》和《钦定书经传说汇纂》。康熙、雍正皇帝都十分看重后者，命讲官分日进讲，对其逐篇逐节注释而成《日讲书经解义》。他还令国子监刊印《四书五经读本》颁发国子

1　清世宗胤禛纂：《大义觉迷录》卷一，第 3 页，清雍正年八年内府刻本。

监及八旗官学、各直省学院，作为学生教材。雍正五年（1727年），内府刻《孝经集注》，还令儒臣将经文译成满文，以便诵习，并仿朱熹《论语集注》、《孟子集注》的形式编撰此书并亲自审定。清初皇帝重视朱熹小学之书，雍正帝承袭此制，特命内府将陈选的《小学集注》于雍正五年（1727年）在武英殿刊刻，雍正帝特在此书卷前撰御制序："古者八岁而入小学，教之以洒扫，应对进退之节，爱亲敬长之义，俾童而习之，以养其德性。其说散见于经传，朱子采集为小学一书。"雍正帝认为，《小学集注》是六经四子性理诸书之阶梯，下旨译为满文颁行，以便于更多的人研读，促进儒学在满族各阶层的传播。在雍正帝倡导和督促下，地方儒学教育得到一定发展。

既崇佛，又奉道，是雍正帝思想理念的一大特色。雍正帝有较高的佛学修养，他自号圆明居士，自幼喜读佛典，广交僧人，通晓佛理。他不仅研习各教派，还参与门派之争，借以施加自己的政治立场来统御臣民。雍正帝在《御制拣魔辨异录》一书中，扶植圆悟派，痛斥法藏一派全是无知妄说。雍正帝干预这些宗门之争，不是出于崇信佛教，而是出于政治上的考虑，他仍认为政敌就是明末遗民，雍正帝这样做实为铲除异己。雍正十一年（1733年），内府刊行了雍正钦定的禅宗语录集《御选语录》。该书还收录了紫阳真人的禅宗颂偈。紫阳真人是中国道教史上的重要人物，所著《悟真篇》与《道德经》齐名。可以看出，《御选语录》融合了教派与宗门、佛法与道教、禅宗与净土宗的各门派之见，是一部内府刊印的重要经典。雍正十三年（1735年）刻《宗镜录》，该书是五代宋时高僧延寿纂辑的一部禅学名著。雍正帝还将原文节录成编，集成《御录宗镜大纲》。雍正年间，编纂刊刻了大量的佛家、道家经典。

雍正帝曾明确表示："朕向来三教（儒、释、道）并重，视为一体，每见读书士子多有作践释、道者，务理学者尤甚。"[1] 他反对以儒家思想排斥释、道，徒增相互仇怨，力主把三者结为一体，发挥积极的社会效益。雍正帝认为，"凡天下中外设教之意"，都是以"忠君事亲，奖善惩恶，戒淫戒杀"，端正"人品"为目的，背离这一宗旨，就是"异端"邪教，必以法处置[2]。可见，雍正帝所推崇的释道是以不危害社会，不伤害人心为前提的，其目的即在于维护清朝的统治，在封建皇权控制下起到稳定社会的作用。

三　雍正朝与康乾二朝内府刻书之比较

由于每位皇帝各自的身世、经历、性格、兴趣、爱好不同，从而形成各朝内府刻书的不同特色。若将雍正朝与康乾二朝的内府刻书作一比对，就会发现其独特之处。

1　中国第一历史档案馆：《雍正朝汉文朱批奏折汇编》（一），第525、526页，江苏古籍出版社，1991年。

2　《雍正起居注》，雍正五年四月。

（一）从编纂内容上看，雍正朝内府刻书最重政务书籍

康熙帝在位的61年，是中国文化全面复兴和发展的时期。这一时期，学术氛围活跃，一批思想家、文学家、史学家、经学家和自然科学家参与到由官方组织进行的大规模的编书活动之中。康熙一朝内府刻书门类比较齐全。官修史籍以专史纪事本末最为发达，纂修明史、编纂方略、编修典制政书。康熙朝虽然刻书门类多，但重点还是在儒家著述。康熙九年（1670年）确立经筵和日讲制度，经筵和日讲是皇帝学习四书五经的两种重要学习方式。《日讲四书解义》、《日讲书经解义》等，都是其经史教材，也均是儒家经典，并且是按照程朱理学家的观点诠释的经典著述。康熙朝从所刻书内容统计，经史类占据刻书总数的三分之二。纵观康熙帝的一生，仍然是以儒治国，并形成一套以程朱理学为理论基础的治国方略，从而影响了有清一代。

乾隆帝是雍正帝第四子，其在位期间“文治”“武功”成就斐然。乾隆时期可以说是有清一代经济、文化最为繁荣的时期。乾隆帝为了显示“文治武功”，利用康、雍两朝积蓄的人力、财力等有利条件，大兴编书修史之风，气魄之大，超越前代。影响最大的是中国历史上最大的一部丛书《四库全书》，这部书由官方组织全国著名学者编纂而成，对清乾隆以前的历代典籍进行了全面总结和系统整理。《四库全书》的纂修还直接促进了各门专科学术的兴盛。乾隆帝本人酷爱文学艺术，喜爱作诗，善于书法，对于绘画、文玩收藏、戏曲承应、典籍编纂及收藏等均很有兴趣。《秘殿珠琳》和《石渠宝笈》著录了清廷内府所藏历代书画藏品；《西清古鉴》是一部著录清代宫廷所藏古代青铜器的大型谱录，收商周至唐代青铜器1529件。这些典籍都是乾隆年间纂修而成。乾隆时期还编撰戏曲音乐《月令承应》、《九九大庆》、《法宫雅奏》三大系列承应戏本和记载清宫廷音乐的《律吕正义后编》。从乾隆朝纂修刻印的书籍来看，经史子集四部比例相当，而突出的一点是文学艺术的编纂刻印超越康熙、雍正两朝，呈现出一派歌舞升平，这不能不说同乾隆帝本人的性格与兴趣爱好相关联。

雍正由于在位仅13年，故内府刻书的种数并不算多，但卷帙相当多。雍正帝利用内府积蓄的丰富的历史文献，编纂了一些卷帙浩繁的鸿篇巨制。雍正帝还充分利用内府所收藏的丰富史料编纂百卷以上巨著，如《大清会典》、《子史精华》、《骈字类编》等书籍。特别是成书于康、雍之际，雍正四年（1726年）内府刊刻的大型类书《钦定古今图书集成》1万卷，更是一部留名青史的不朽巨著。此书收录了当时所能见到的所有宋元以来的各种古籍，编纂体例甚为严密，由内府用铜活字排印。特别重要的是，此书收录材料极为丰富，多为整段、整篇或整部著作收入书内。因此，大量的宋、元、明古籍，借此得到保存与流传。雍正时期几部具有代表性的类书，无论在规模、体例和功能等方面，都超越前代，达到高峰。类书是把众多书籍的内容，按不同门类分别析出，把相同门类的资料集中，然后按门类排列起来，就内容广泛这一点来说，类似

今天的百科全书。类书的出现适应了社会文化的需要。如《子史精华》106卷，专门采集子书、史书中的名言隽语；《骈字类编》240卷等。随着乾嘉以后朴学之风日益盛行，学者考据大多喜用原书，故类书的纂辑大大减少。类书虽然不是学术撰著，但它的编纂特点是辑录各门类或某一门类的资料，随类相从而加以编排，以便于寻检、征引的一种工具书式的编纂方式，使得大量古代史籍得以保存下来，因而为后人所重视。

雍正帝居康、乾二帝之间，对于历史称道的“康乾盛世”起到了整顿振作、承先启后的关键作用。雍正帝很好地利用了编纂刊刻书籍这一媒介作用，阐发自己的思想，从刻书内容直接反映出他的治国理念。从所刻书来看，其政治色彩浓厚，主要是政治类和宗教类书籍，这也更加凸显雍正一朝内府刻书与康、乾两朝之不同，显而易见是为加强皇权统治服务的。

（二）从刻印数量来看，雍正朝内府刻书年均为最

据1933年故宫博物院出版的陶湘辑《故宫殿本书库现存目》、1995年故宫博物院图书馆和辽宁省图书馆合著的《清代内府刻书目录解题》，以及笔者自己工作中核对统计的数字来看：

康熙时期，武英殿刻书120余种，7800余卷，3300余册。（以下文中雍正朝、乾隆朝内府刻书统计数字均参阅《故宫殿本书库现存目》、《清代内府刻书目录解题》）其中满文、满汉合璧、满蒙藏汉合璧20余种，800多卷。康熙在位61年，按年均刻书计算平均每年刻印2种，50余册。

乾隆时期，武英殿刻书240多种，19900余卷，9300余册。其中满文、满汉合璧、满蒙藏汉合璧50余种，1500卷。乾隆在位60年，平均每年刻书5种，150余册。

雍正时期，武英殿刻书合计70余种，19600卷，6100余册。其中汉文50余种，19200余卷。雍正朝刻满文、满汉合璧、满蒙汉、满蒙藏汉合璧近20余种，360多卷。13年间平均每年刻书5种，460余册。

从以上数字不难看出：自康熙十九年（1680年）设立修书处，武英殿刻书属初创阶段，刻印规模尚小；雍正时期内府刻书已走向繁荣，武英殿刻书已具规模；到乾隆时期刻印规模与技术达到顶峰。而就刻印数量而言，雍正朝的内府刻书平均每年刻印的册数是最多的。

（三）从刻印技术上看，雍正朝内府刻书铜活字刻印成就显著

武英殿修书处在印刷技术上全面继承了明以前的技艺成就，主要采用的是雕版印刷，并有新的提高，其中铜活字、木活字、多色套印和版画插图方面的成就最为突出，

在中国印刷史和世界印刷史上占有重要地位。武英殿采用多色套印技术刷印的图书很多，有二色、四色、五色之别，尤以朱墨二色套印者居多。如康熙五十四年（1715 年）内府刻《钦定词谱》、雍正十一年（1733 年）武英殿刻《朱批谕旨》，皆是朱墨套印；康熙四十九年（1710 年）内府刻四色套印本《古文渊鉴》则是以朱、墨、橙、黄、绿五色套印成书；乾隆时期武英殿刻五色套印本《劝善金科》，是以朱、墨、黄、绿、蓝五色套印成书，使全书内容段落更加分明，所要强调的局部醒目，色彩斑斓，为图书本身增添了光彩，具有很高的观赏价值，十分珍贵。可以说康熙、乾隆两朝多色套印本，显示了清代内府刻书使用套印技术的高度水平。

雍正朝武英殿最著名的印刷活动，是雍正四年（1726 年）用铜活字印刷《钦定古今图书集成》，共印制 64 部，每部 10000 卷，目录 40 卷，每部共 5020 册。印刷这样大部头的百科全书，在我国历史上还是第一次，可以说是我国历史上规模最大的一次铜活字印刷。中国铜活字流行于 15 世纪末至 16 世纪的南方。明代弘治年间铜活字印刷的流行，是继泥活字印刷发明以来在印刷技术上的又一大改进，也是中国印刷术成熟发展的重要标志。雍正年间的《钦定古今图书集成》，其铜字镌刻工整，刀法匀净，刷印清晰，显示出极高的技术水平。书中所附各图为木刻版画，构图严谨，技法丰富，制作精丽，具有很高的艺术价值，形成了清代殿版版画艺术特有的风格，在我国印刷史上占有重要地位。

清代内府刻书是官修书的代表。在封建社会，图书是传播文化、教育臣民的主要手段，所以统治阶级历来重视官修。随着封建皇权专制不断强化，帝王对于书籍编纂的干预逐渐加强，清代“钦定”书籍的数量居历代之首，而以康、雍、乾三朝为最。雍正帝很好地利用了他制定的文化国策，把每一道谕旨颁成书，阐发微言，控制言论。训谕充分表达了他的施政纲领和治国原则，强调臣民要忠君爱国，特别告诫大小官吏要忠于职守。雍正帝亦非常重视教育，加强办学，把御纂、御注的书直接颁给学校作为教材让学生研习。从雍正朝编纂刊行的书籍中，我们不难看出他所做的一切，实际是从思想上强化其君主专制，强化思想统治。雍正朝内府刻书措施得力，仅仅 13 年时间就刻书 70 多种，19000 余卷，平均每年就要刻 5 种，1500 多卷，460 余册，可见当时武英殿的繁忙程度。由于清代中央对于全国出版界起着引导及采用统一行政命令的管理办法，他们一面把钦定编纂的书籍颁发到各省，一面明确指示某书准予某省坊间书贾依式翻刻流通，刷印售卖。从刻印这些书的内容到装帧形式，都是根据皇帝的旨意编刊的，因而集中反映了其编书的目的，体现了其政治观点和艺术情趣。在典籍中阐述统治思想和治国方针策略，使典籍刊刻服务于治道，维护其统治，这在雍正一朝刻书中充分得以体现。

原载《明清论丛》第十二辑，故宫出版社，2012 年

《御制五体清文鉴》编者及编纂年代考

春　花

内容提要： 清乾隆帝敕撰《御制五体清文鉴》为标音词典，是清代唯一一部满藏蒙维汉五体合璧的官修分类词典，书中没有与编者、成书年代相关的记载，自上世纪初开始国内外众多学者关注该词典，尤其研究词语内容的著述居多，但多未涉及《御制五体清文鉴》的编者及编纂经过等事，只有少数学者提出该词典的成书年代，概括起来有"乾隆五十五年成书""乾隆五十六年成书""乾隆五十九年成书"三种观点。本文查阅《奏销档》、《景阳宫清查书籍册附目录》、《懋勤殿书目》、《御书房古鉴斋景阳宫静观斋书目录》、《乾清宫等处书目》、《清高宗实录》、《清字经馆档》、《武英殿修书处档》、《清内府刻书档案史料汇编》中相关资料，介绍《御制五体清文鉴》维吾尔文译者概况，以进一步考订其编纂年代。

关键词： 清文鉴　御制五体清文鉴　维吾尔文译者

清高宗敕撰《御制五体清文鉴》为满藏蒙维汉合璧标音词典，是清代唯一一部满藏蒙维汉五体合璧的官修分类词典，书中没有与编者、成书年代相关的记载。

自上世纪初开始，国内外学界众多学者关注该词典，尤其研究词语内容的著述居多，但多数文章并没有涉及此书编者及编纂经过等事，只有少数几篇谈及与成书年代相关的信息，概括起来目前学界对《御制五体清文鉴》的成书年代持有三种观点。

（1）乾隆五十五年成书：代表作有金病喆著《〈五体清文鉴〉和它的价值》[1]，该文主要介绍了此书的版框尺寸、外观、规格，其中，有关古今收藏地点及流传方面的信息量较大。他认为，《御制五体清文鉴》共有三部抄本，两部在故宫博物院，原藏重华宫、景阳宫，沈阳故宫翔凤阁原藏一部，现藏伦敦大英博物馆，共6函，36卷，2563页，收18671条词语。作者比较了《御制增订清文鉴》、《御制四体清文鉴》、《御

作者：图书馆，研究馆员。

1　金病喆：《〈五体清文鉴〉和它的价值》，《辞书研究》1986年第5期。

制五体清文鉴》所收词语，认为三部词汇完全一样，《御制四体清文鉴》、《御制五体清文鉴》均在《御制增订清文鉴》基础上发展而成，成书晚于1771年，但不会迟于18世纪末尾。同时，作者赞同1903年英国格拉斯编辑出版的《大英博物馆中文书目补编》第129页中提出的“《御制五体清文鉴》约成于1790年”的观点。他还调查了《沈阳故宫翔凤阁原藏殿板书籍目录》，指出1930年清点时《御制五体清文鉴》已佚，并根据1966年在日本出版的今西春秋、佐腾长编《〈五体清文鉴〉译解》一书，认为沈阳故宫藏《御制五体清文鉴》于1912～1930年间已不知去向。

史书琴在《〈五体清文鉴〉察哈台文词条研究》[1]“绪论”之“成书过程”中提到《五体清文鉴》成于乾隆五十五年（1790年），但没有举出任何依据。后来她在《〈五体清文鉴〉编纂过程及维吾尔文词条研究概况》[2]中又提到《御制清文鉴》的编纂过程，认为《四体》、《五体》均来自《御制清文鉴》，并与满文《大藏经》的编纂有关。

（2）乾隆五十六年成书：代表作有江桥著《乾隆御制四、五体〈清文鉴〉编纂考》[3]，她在总结前人研究成果的基础上，根据中国第一历史档案馆藏《内阁蒙古堂来文档》、《宫中档簿》资料，提出：“《四体》编纂乾隆四十四年之后，清字经馆的档案可证，四十二年四、五体《清文鉴》已在编纂之中。而《五体》是《四体》编写中奉旨增加维吾尔文及满文注音，并在原藏文下添注两种注音而成。尔后，两种同时进行，且《五体》早于《四体》成书之年。”作者又根据懋勤殿档案记载，提出“《四体》于乾隆五十九年出样书，六十年出刻本，且大量刊印。……而《五体》成书于乾隆五十六年，早于四体”。

（3）乾隆五十九年：代表作有塔依尔著《〈五体清文鉴〉及其研究述评》[4]，其中明确指出：“《五体清文鉴》成于乾隆五十九年（1795），共6函，36册，2563页，宣纸上写。”其描述基本与金病喆《〈五体清文鉴〉和它的价值》一文一致，但没有举出任何依据。

总之，目前《御制五体清文鉴》编纂年代没有统一的定论，各种观点所举依据也不充分。笔者在《清代满蒙文词典研究》[5]中根据《清内府刻书档案史料汇编》，推断《御制五体清文鉴》成于乾隆五十九年。本文查阅《奏销档》、《景阳宫清查书籍册附目录》、《懋勤殿书目》、《御书房古鉴斋景阳宫静观斋书目录》、《乾清宫等处书目不分卷》、《清高宗实录》、《清字经馆》、《武英殿修书处档》、《清内府刻书档案史料汇编》中相关资料，介绍《御制五体清文鉴》维吾尔文译者概况，进一步考订其编纂成书年代。

1　史书琴：《五体清文鉴察哈台文词条研究》，2005年新疆大学硕士论文。

2　史书琴：《〈五体清文鉴〉编纂过程及维吾尔文词条研究概况》，《和田师范专科学校学报》2005年第3期。

3　江桥：《乾隆御制四、五体〈清文鉴〉编纂考》，《历史档案》2000年第1期。

4　塔依尔：《〈五体清文鉴〉及其研究述评》，《语言与翻译》1988年第4期。

5　春花：《清代满蒙文词典研究》，辽宁民族出版社，2008年。

一 《御制五体清文鉴》译者、编者考

笔者曾在《清代满蒙文词典研究》中进一步考订《御制四体清文鉴》，《御制五体清文鉴》是在《御制增订清文鉴》基础上翻译而成的。因乾隆四十二年“清字经馆”已开始编纂《御制四体清文鉴》，这就意味着《御制五体清文鉴》的编纂，就是将《御制增订清文鉴》的条目译成维吾尔文，并与《御制四体清文鉴》合并成册。据《奏销档》371—133—2 记载，乾隆四十二年十月开始编译《御制五体清文鉴》，由多罗质郡王永瑢主持，哈达尔、套克图讷泽尔、玛玛达尔、麦玛努尔、雅库布五人承担翻译维吾尔文。但至四十七年七月十三日只翻译了 3 册。因耽搁翻译进度，将这些译者交给总管内务府大臣议处。为了翻译工程的顺利进行，总管内务府衙门赦免其罪，并鼓励加快进度继续翻译，督促每月一次进呈皇帝御览。

orin jakūn de wesimbuhengge,dorgi baita be uheri kadalara yamun i gingguleme wesimburengge,wesimbure jalin abkai wehiyehe i dehi nadaci aniya jakūn biyai ice ilan de manju nomun ubaliayambure kuren ci benjihe,bithede,doroi gukmin giyūn wang amban yung iong sei wesimbuhengge,hese be dahame hoise gisun bisire sunja hacin hergen i buleku bithe ainu tuwabume ibeburakū babe baicaci,ere hacin i bithe,dehi juweci aniya juwan biyaci ebsi siran siran i sunja mudan ibebuhe,uheri ilan debtelin šanggabuha,duin sunja aniyai sidende damu sunja mudan ibebuhengge,jaci sitabuha be dahame amban meni kuren i alifi icihiyara hafan,jai alifi ubaliyambure hoise hadar,toktonedzer,mamadari,maimanur,yakob i jergi sunja niyalma be gemu booi ambasa de afabufi weile gisurebuki,amban be umai šorgime icihiyahakūngge, inu weile ci guweci ojorakū,bahaci amban membe suwaliyame,booi ambasa de afabufi baicame gisurebuki.ereci julesi ubaliyambuha hoise hergen i jise be emu biyade emu mudan tuwabume ibebume,dergici dasafi tucibuhe manggi, uthai sunja hacin hergen i acabume arafi tuwabume ibebuki,kemuni hoise hadar sade afabufi tookaburakū obume ubaliyambubufi siran siran i tuwabume ibebure de belhebuki seme,abkai wehiyehe i dehi nadaci aniya ninggun biyai gūsin de wesimbuhede,hese saha sehe,abkai wehiyehe i dehi nadaci aniya nadan biyai juwan ilan i sarkin deri jasinjiha.[1]

汉译文：二十八日奏，总管内务府衙门谨奏：乾隆四十七年八月初三日“清字经馆”来文，调查多罗质郡王臣永瑢等奉旨编纂的含有回文的《五体清文鉴》没有显著进展的缘故，此书自乾隆四十二年十月以来陆续推进五次，共完成三册。

1 历史档案馆藏：《奏销档》371—133—2，第 1 ～ 4 页，总管内务府：《奏为呈览五体清文鉴迟延应查议承办司员等事折》，乾隆四十七年八月二十八日。

四、五年间只推进五次，既然延误太甚，将我们馆承办官员及承担翻译的回人哈达尔(hadar)、套克图讷泽尔(toktonešer)、玛玛达尔(mamadari)、麦玛努尔(maimanur)、雅库布(yakob)等五人均交给总管内务府大臣议处。我们竟然没能督促承办，也不能逃脱罪行，请把我们也一起交给总管内务府大臣调查处分吧。从此，翻译好的回文稿子一个月一次进呈御览，皇上修改出来后，就合写五种文字书进呈御览，还是交给回子哈达尔(hadar)等，翻译不能耽搁，以备陆续进呈御览。乾隆四十七年六月三十日奏旨知道。乾隆四十七年七月十三日申报具奏。

江桥著《乾隆御制四、五体〈清文鉴〉编纂考》所考订之开始编译时间的依据与该档案一致。从该档案所提5名译者名字看，均是维吾尔族。因《御制五体清文鉴》词汇量丰富，翻译维吾尔文的工作量较大，仅5人不可能快速有效地完成。据《奏销档》362—196、《奏销档》430—163记载，除了上述5位维吾尔文译者之外，还从乾隆四十五年"回字学"毕业生中录用头等翻译者古宁阿(gūningga)、套佛(dofu)、英吉野(inggiye)、忠格(jungge)、福必(fubi)、双全(šuwangciowan)6人，考中二等翻译者香年(šiyangniyan)、七十四(cišisy)、义常阿(icangga)、素仍格(surengge)4人，参与编写《御制五体清文鉴》的维吾尔文工作。至五十七年又从乾隆五十年"回子学"毕业生中选录都隆阿、杨世灵、藏灵、文廉、关宝、全宝、长生、久格等翻译维吾尔水平较好者8人，陆续补充为译者。

orin duin de amban yung iong gingguleme wesimburengge,hese be baire jalin,baicaci abkai wehiyehe i dehici aniya sunja biyade hoise tacikūi juse fusengge se juwan niyalma sunja sunja aniya jaluka turgunde da wesimbuhe songkoi gocika hiya bime meiren i janggin bihe boihojo de afabufi,simnebufi,jergi ilhi be banjibume wesimbufi,ubaliyambuhangge kemuni ojoro uju jergi de banjibuha duin niyalma be bithesi de baitalaha,jai jergi de banjibuha duin niyalma be ulin i niyalma namun i niyalma de baitalahaci,tulgiyen gūnihangga,dofu juwe niyalma ubaliyambure hoise bithei hergen majige suse ofi,an i tacikū de sunja aniya bibufi tacibuha be dangsede ejehebi,te dehici aniya de gaiha hoise tacikūi juse inggiye se jakūn niyalma sunja aniya jaluka,jai tacikū de bibuhe gūninngga dofu juwe niyalma geli sunja aniya taciha,se gemu ciksika,amban bi kiyan cing men i ilaci jergi hiya mamadali de afabufi simnebuci,juwan niyalma i dorgi uju jergi de banjibuha gūningga dofu inggiye junghe fubi šuwangciowan ninggun niyalma,jai jergi de banjibuha siyangniyan cišisyi icangga surengge duin niyalma,ese gemu hoise gisun hergen be ubaliyambume arme mutembi,bahaci nenehe mudan i songkoi jergi be bodome bithesi ulin i niyalma namun i niyalma de faksalame baitalabuki,hesei aika songkoi yabubuci esei simnefi banjibuha jergi ilhi be ilgame faksalafi,geren bade dendeme bufi,bithesi ulin i niyalma namun i niyalma i alban de tacime yabubume,oron tucike manggi debubuki,ne manju nomun ubaliyambure kuren de sunja hacin i heregen kamciha manju gisun i buleku bithe weilerede,gūningga se hoise hergen be,arara be dahame,esebe an i kuren de kamcifi yabubume buleku bithei hoise hergen be arabuki,ice gaiha hoise tacikūi juse arame bahanaha manggi,jai meni meni nikebuhe alban de yabubuki,erei jalin gingguleme wesimbuhe,hese be baimbi seme juwan biyai orin duin de wesimbuhede hese saha sehe.[1]

汉译文：二十四日永瑢谨奏：为请旨事，经查得，乾隆四十年五月因“回子学”学员付僧格(fusengge)等十人均已学满五年，照例交给御前侍卫兼副都统白虎朱(baihojo)考试，将上报考试等次，录用头等翻译四人为笔帖式，二等翻译四人为出任库使、库守之职。另外古宁阿(gūningga)、套佛(dofu)二人，略懂回字翻译，档册中记录了照在校学学习五年之事，如今四十年招生之八名“回子学”学员英吉野（inggiye）等已学满五年，另外还有在校学习的胡色（hūse）、套佛（dofu）二人又学五年，这些人年龄也成熟了，臣交给乾清门三等侍卫玛玛达尔（mamadali）考试，十人中考中头等翻译者古宁阿（gūningga）、套佛（dofu）、英吉野（inggiye）、忠格（jungge）、福必（fubi）、双全（šuwangciowan）六人，考中二等翻译者香年（šiyangniyan）、七十四（cišisy）、义常阿（icangga）、素仍格（surengge）四人，这些人都能翻译回字，理应按等次分别录用为笔帖式、库使、库守。若照例进行，根据他们的考试等次，将他们分配各处学习笔帖式、库使、库守等差事，出了开缺之后再安置。今“清字经馆”编译《五体清文鉴》，既然古宁阿（gūningga）等能写回字，仍让他们在“清字经馆”内兼职，写《清文鉴》之回字，新录用之“回子学”学员会写之后，另外安排各自差事，为此谨奏。

请旨十月二十四日奏，知道了钦此。

ice nadan de wesimbuhengge,dorgi baita be uheri kadalara yamun i gingguleme wesimburengge hese be baire jalin baicaci,abkai wehiyehe i susaici aniya juwan biyade hoise tacikūi juse yangšiceng se juwan niyalma sunja aniya jaluka turgunde,da wesimbuhe songkoi kiyan cing men i hūsun hiyase de afabufi simnebufi,jergi ilhi be banjibume wesimbifi,ubaliyambuhangge kemuni ojoro uju jergi de banjibuha ninggun niyalma be bithei de baitalabuha,jai jergi de banjibuha duin niyalma be ulin i niyalma namun i niyalma de baitalabuha be dangsede ejehebi,te susaici aniya de gaiha hoise tacikūi juse durungga se juwan niyalma aniya jaluka bime,se gemu ciksika,amban be kiyan cing men i hiya kašehoju,mamadali

1　中国第一历史档案馆藏：《奏销档》362—196，总管内务府：《奏为考试回子学期满学生等第分别录用事折》，乾隆四十五年十月二十四日。

sede afabufi simnebuci,durungga se juwan nyalma gemu hoise gisun hergrn be ubaliambume arame mutembi,damu hoise tacikūi juse durungga,yangšilung cangling,wenliyan,guwamboo ciowamboo cangšeng gioge se jakūn niyalma,gemu manju nomun ubaliyambure kuren de sunja hacin i hergen kamciha manju gisun i buleku bithe i dorgi hoise hergen be arara de kamcifi yabubuha,ceni kuren ci wesimbufi ilgame gisurefi, bithesi de baitalabure be dahame encu ilgame gisurere be baiburakūci, tulgiyen funcehe hoise tacikūi juse deiing dacun juwe niyalma,monggo jurgan i araha bithesi de yabume ofi,kooli de bithesi de baitalara be dahame bahaci,deing dacun be inu kooli songkoi bithesi de baitalaburao,hesei aika baiha songkoi yabubuci esebe geren bade dendeme bufi,bithesi i alban de tacime yabubume,oron tucike be tuwame uthai debubuki,jai ne manju nomun ubaliyambure kuren de sunja hacin i hergen kamciha manju gisun i buleku bithe weilerede,durungga se hoise hergen arara be dahame,esebe an i kuren de kamcifi yabubume,buleku bithei hoise hergen be arabuki,ice gaiha hoise tacikūi juse arame bahanaha manggi,jai meni meni nikebuhe alban de yabubuki,erei jalin gingguleme wesimbuhe,hese be baimbi seme,bukdari arafi ,ošoi urgun cin wang amban yung booi amban hešen fucanggan ginggiyan,ilingga baningga baita wesimbure hafasade bifi ulame wesimbuhade,hese gisurehe songkoi obu sehe.[1]

译汉文：乾隆五十七年二月初七日内务府总管谨奏：为请旨事，经调查因乾隆五十年十月“回子学”学员杨世成(yangšiceng)等十人学满五年，照例交给乾清门侍卫胡孙（hūsun）等考试，编制等次上报，将头等翻译者六人录用笔帖式，二等翻译者四人录用库使、库守，在档册中记录。现在五十年招生之“回子学”学员都隆阿(durungga)等十人学满，且年龄已成熟。臣交给乾清门侍卫哈射胡朱（hašehojo）、玛玛达尔（mamadali）进行考试，都隆阿（durungga）等十人都能翻译回字，其中都隆阿（durungga）、常机灵（cangling）、温利严（wenliyan）、宽宝（kuwanboo）、全宝（ciowanboo）、常生（cangšeng）、久格（gioge）八人都“清字经馆”内兼职，写《五体清文鉴》之回字，既然他们馆上奏分别录用之外，其余“回子学”学员德义英（deiing）、大春（dacun）二人，在蒙古衙门行走笔帖式，按理录用笔帖式，请将德义英（deiing）、大春（dacun）二人照例录用笔帖式，若准行请旨，将他们分配到各处，学习笔帖式，有了开缺就安置。再者今“清字经馆”内编制《五体清文鉴》，既然都隆阿（durungga）等写回字，理应将这些人合并到馆内，使写《清文鉴》之回字，新录取的“回子学”学员会写之后，再各自委托差事，为此谨奏。

请旨缮写奏折，和硕质亲王臣永瑢（yung ing）、内臣和珅（hešen）、福常阿

1　中国第一历史档案馆藏：《奏销档》430—163，总管内务府：《奏为回子学期满学生派员考试等第分别录用事折》，乾隆五十七年二月初七日。

（fucangga）、金简（ginggiyan）、易灵阿（ilingga）、巴宁阿（baningga）让奏事官，转给内务府，知道了，钦此。

可见，“回子学”学制5年，毕业后才招收新生。乾隆三十五年招收10人，四十年毕业，其中古宁阿、套佛二人学的较差，留下来继续学习5年；四十年只招收8人，包括古宁阿、套佛二人共10人，四十五年毕业；四十五年招收10人，五十年毕业。

乾隆四十五年十月，将四十五年“回子学”毕业生交给乾清门三等侍卫玛玛达尔考试，编制等次，录用古宁阿、套佛、英吉野、忠格、福必、双全、香年、七十四、义常阿、素仍格10人，到“清字经馆”参与了《御制五体清文鉴》维吾尔文翻译工程。五十七年十月，将五十年“回子学”毕业生交给乾清门侍卫胡孙等考试，编制等次，录用都隆阿、常机灵、温利严、宽宝、全宝、常生、久格8人，陆续补充了《御制五体清文鉴》维吾尔文编写者。

因总裁官多罗质郡王臣永瑢自己不懂维吾尔文，故将“回子学”毕业生交给乾清门三等侍卫玛玛达利、白虎朱、咯射胡朱等，负责考试、录用编写《御制五体清文鉴》维吾尔文译者的工作。此外，参与主持事务性工作的有副总裁官和硕额夫普翁苏克拉锡、和硕额夫忠勇国公福隆阿、领侍卫内大臣贝勒扎拉福阿、副总裁侍郎兼都统和硕额夫德勒克、侍郎兼内务府大臣金简，翻书房总管兼通政使扎德英、正卿保成、收掌官兼佐领德庆、原升为同知德青章、主事福勒胡讷、笔帖式殊锡允、学习笔帖式明阿泰、候补副总管吉荣等，人数较多。如：

acara uheri tuwara hafan doroi gukmin giyūn wang yung iong hošoi efu tondo baturu gung fulunggan hiya kadalara dorgi amban beile jalafungga aisilame tuwara hafan asaha i amban gūsa be kadalara amban hošoi efu delak asaha i amban booi amban ginggiyan kuren i baita be adalara hafan bime alifi hafumbure hafan jaoing aliha hafan booceng bargiyara asara hafan nirui janggin deking nenehe tušan i bithesi ne uheri saraci de wesike kingjang ejeku hafan fulehun bithesi šuhiyūn tacime yabure bithesi minggatai oron be aliyara ilhi da ji ršung sei gebu jergi,jai aisilame tuwara hafan hošoi efu pungsukrasi nadan biyai orin ninggun de nimeme akū oho seme,baicafi amban meni yamun de benjihebi,baicaci kuren i baita be kadalara hafan bime,alifi hafumbure hafan jaoing se gemu hoise gisun bisire sunja hacin hergen i buleku bithe be alifi icihiyara niyalma,giyan i gūnin werišemešorgime icihiyafi siran siran i tuwabume ibebuci acambi.[1]

1　中国第一历史档案馆藏：《奏销档》371—133—2，第5～7页，总管内务府：《奏为呈览五体清文鉴迟延应查议承办司员等事折》，乾隆四十七年八月二十八日。

汉译文：……总裁官多罗质郡王永瑢、和硕额夫忠勇国公福隆安、领侍卫内大臣贝勒扎拉福阿、副总裁侍郎兼都统和硕额夫德勒克、侍郎兼内务府大臣金简，馆总管兼通政使赵英、正卿保成、收掌官兼佐领德庆、原笔帖式职今升为同知的青章、主事福勒昏、笔帖式树句、学习笔帖式明阿泰、候补副总管吉荣等职名，还有副总裁官和硕额夫彭苏克拉锡，七月二十六日病逝。查得送来了我们衙门。查得馆务大臣兼通政使赵英等皆为含有回字之《五体清文鉴》编者，理应留心、督促办理，陆续进呈御览……

总之，《御制五体清文鉴》维吾尔文编写者主要来自“回子学”毕业生，从以上两部档案中得知：录用乾隆四十五年毕业生 10 人，从五十年毕业生中选录 8 人，连同以往的 5 位译者，共 23 人。“回子学”是乾隆二十一年为专门培养翻译维吾尔文笔帖式而增设的官学，位于紫禁城西华门里内务府衙门之南，也称“回子官学”，从内务府三旗幼丁内挑选 10 名入学，教习回语、回文。后来也招收从新疆迁到京城的维吾尔族子弟。学期五年，考列一等者以笔帖式用，二等者以库使、库守用，三等者以执事人用。从以上所列人名看，《御制五体清文鉴》译者，除了维吾尔族之外，还有满族、汉族。

二　《御制五体清文鉴》编写年代考

从以上三份档案看，开始编写《御制五体清文鉴》的时间、承办机构、翻译维吾尔文进度、编者职名等内容较清晰，只是没有交代完稿成书时间。笔者根据《清内府刻书档案史料汇编》几份档案，推测《御制五体清文鉴》于乾隆五十九年成书。如：

据广储司库六格等呈称，乾隆五十九年五月初二日，准都虞司来咨内开，据武英殿来文，经本处进呈《御制说经古文》并《五体清文鉴》等书二种，奉旨：著陈设盛京各一部。相应知照贵司，作速转行知会该处，即派员赴本处领取。等因前来。相应移会贵处作速派员来京前赴武英殿，将《御制说经古文》并《五体清文鉴》等书领取可也。等因前来。续于七月初五日，准盛京户部将派往都京领取《同文韵统》之员外朗萨荣安带到由武英殿领来装潢《说经古文》一部一套咨送前来。当经本府将照数查收，敬谨包裹贮库之处，知会武英殿修书处，并知会总管内务府在案。今值都虞司催长张思明前往都京送钱粮之便，相应令其前赴武英殿修书处，希照前咨所开，将《五体清文鉴》交付该催长领取存贮外，并知会总管内务府可也。等情。据此，为此上呈。[1]

可见，《御制五体清文鉴》于乾隆五十九年五月初二日前已进呈，并命盛京派员到武英殿领取。但不知什么缘故，嘉庆二年盛京皇宫又申请抽换《御制五体清文鉴》中四卷书，次年奉旨抽换了所缴回的四卷书。如：

又《五体清文鉴》内卷九畋猎类、卷十六疼痛类、卷二十二打牲器用类、卷三十一兽类，以上四卷亦撤来送殿抽换，仍交该员带回。以上应发往各处陈设各书并抽换缴回各书，相应咨行贵司，转传各该处作，速派员查照办理。……由库撤出之《五体清文鉴》四本，以上共书一百八十七本、木匣五年具敬谨包封并缮具粘单备文交送钱粮之催长高铭带往送交武英殿修书处查照办理外，仍知会总管内务府查照可也。等情。据此，为此上呈。[2]

结论

自乾隆四十二年开始由“清字经馆”编译《御制五体清文鉴》，维吾尔文译者主要来自“回子学”毕业生，五十九年完稿进呈。当时共编写 3 部，原紫禁城内景阳宫、重华宫各藏一部，但笔者查阅清末编写的《景阳宫清查书籍册附目录》、《懋勤殿书目》、《御书房古鉴斋景阳宫静观斋书目录》、《乾清宫等处书目不分卷》、《咸福宫等处书目》等陈设书目，只记载重华宫藏本，却没有景阳宫藏本，也许雍和宫现藏本是来自景阳宫原藏本。嘉庆三年沈阳故宫藏本最后完稿，但该本现不知去向，金病喆认为伦敦大英博物馆藏本是来自沈阳故宫原藏本。由于条件所限，笔者未能比较三部书之畋猎类、疼痛类、打牲器用类、兽类的内容，所以无法知晓沈阳故宫为什么抽换该四卷，并与另外两部又有了何种区别。

原载《满语研究》2014 年第 1 期

1 翁连溪编：《清内府刻书档案史料汇编》下，第 409 页，《乾隆五十九年八月三十日佐领延福等呈，为咨行事》，广陵书社，2007 年。

2 前揭《清内府刻书档案史料汇编》下，第 419 页，《嘉庆二年三月十四日佐领延福等呈，为咨行事》。

试论古籍雕版之厄与存世雕版的保护与利用

——以故宫博物院藏雕版为例

翁连溪

内容提要：本文略述古代雕版的兴废散佚，并以故宫博物院所藏明清雕版为例，探讨其在研究清内府刻书中的价值和意义，以及雕版的利用、保护等问题。

关键词：古籍雕版　兴废　故宫博物院　清内府刻书

中国古代雕版印刷术肇始于隋唐之际，有千年以上的历史，至清季始渐被石印、铅印、珂罗版等近现代印刷技术所取代。在这漫长的历史长河中，古代的出版家和工匠雕刻了浩如烟海、汗牛充栋般的图书雕版，至今仍有不少存之于世。不言而喻，这是中国古代印刷术宝贵的实物遗存，是世界范围内绝无仅有的历史文化财富。但是，古今的藏书家、研究古籍版本学、古典文献学的专家学者，很少有人注意雕版在古籍版本鉴定和古籍文献发掘中的巨大价值和实际意义。为此，笔者特撰著此文，略述古代雕版的兴废散佚，并以故宫博物院所藏明清雕版为例，对其在研究清内府刻书中的价值和意义，以及雕版的利用、保护，谈一点个人的体会。

一　古代雕版之厄，更甚于图书

古代雕版，多为梨木和枣木，故有“寿之梨枣”之说。相比于纸质图书而言，木质坚硬，似乎更易保存传世，但实际情况远非如此。其如宋元雕版，除北宋淹城雕版等断版残片外，几无所闻；宋元刊本，虽然也被藏家珍如拱璧，且亡佚之本不知多少，毕竟还有大量印本存世。两相比照，更可以说明雕版留存之不易。但是，在中国古代，很少有人重视雕版的兴废。隋牛宏论自秦始皇焚书至隋，书有五厄；明代学者胡应麟扩为十厄，皆为书厄之洋洋大者，牛、胡言之痛心疾首，然无一字之于书版，古人重

作者：图书馆，研究馆员。

书籍之流传，轻书版之传世，于中可见。实则，书版保留书籍梓行前之原始信息，本应与书籍同宝重之，而言及书版，必先明其佚散之因由：

1. 兵虫水火，是谓图书四厄，其于书版，损毁尤甚

清代去今未远，考之档案，其书版兴废，尚有踪迹可寻。若清内府刻书，为历代政府刻书之最，雕版典守制度甚严，据《国子监志》记载："本监版刻及武英殿寄监存贮版刻均立册翔实数目，凡书籍刻版之册，皆钤以监印，新旧交代则详验而悉数之。"每逢夏天，气候炎热，时雨多发，必及时晾晒以防潮湿发霉；及岁终都要详加盘查，核对数量，将存缺情况记入档册，凡岁久有损毁的版片需及时修补，以策完整。然有清一代，藏于宫内各处雕版历经火厄，损失难以数计：

乾隆五十五年（1790年）西华门内果房清字经馆发生大火，"延烧房屋计八十五间"，正在刊刻的佛经版片焚毁过半。

同治八年（1869年）武英殿修书处发生大火，据《清穆宗实录》记载，"六月二十日晚西华门内，武英殿不戒于火，延烧至三十余间……"殿中所藏书版数万，皆付祝融，且此处所贮，都是殿版的精华，虽他处尚贮有部分版片，终不能和武英殿所存相比。

1923年夏，大内建福宫发生大火，据溥佳《清宫回忆》记载：宫中所藏藏文经版，以及敬慎斋所藏明景泰年间（1450～1457年）刻制的大藏经版数千块，一并付之一炬。

水灾之于雕版，似不若火厄之甚，北京水患，亦难浸大内，但地方所贮，仍有典守不善，至洪水袭来，葬于鱼腹者。康熙年间，扬州江宁织造局奉敕刊刻《全唐诗》，书成，版即存于扬州织造。据江宁织造副使陈垣园稿本《如我谈》所记："汉府存贮康熙年《全唐诗》木板一份，计十二部，每部十本，共十二架。每年刷印若干，即责成案书陈瑞承办。自夏月江溢为灾，未能移避，迨予至时，业已架倾，板漂过半矣。予咎难辞，为一生之憾事也。"所记为道光二十五年（1845年）事，其时版成已百余年，一朝倾废，漂散零落，甚为可惜。

不言而喻，相对于图书而言，书版具有唯一性。一书梓之墨版，化身千百，行众及远，流布天下，若不幸而羁于兵虫水火，此亡彼存，书版则只余残灰余烬，自此杳如黄鹤，再难寻觅。

2. 兵燹丧乱，对书版毁损之巨，亦不逊于书，唯史载不详，难明究竟

今试言之，自唐贞观十年（636年），长孙皇后崩，太宗敕梓行后所撰《女则》是为政府刻书之开端；五代冯道奏请雕印《九经》，是政府主持刻印儒家经典之始，自此中央政府刻书递代相传，日渐发达。唐五代年湮代远，政府刻版源流变迁史料无征，姑且不论。宋代政府刻书颇盛，宋太祖乾德元年（963年），国家尚未一统，即命窦仪等编纂《宋刑统》，镂版颁行。宋代诸帝，皆重图籍刊刻，即如明邱濬曰："宋朝以

文为治，而于书籍一事，尤切用心。”景德二年（1005年），真宗垂询国子监祭酒邢昺：“书版几何？”答曰：“国初不及四千，今十余万。”版刻之发达，于中可见。靖康元年（1126年），金兵陷汴梁，二年，金人以“需浑天仪、铜人、刻漏、古器、秘阁三馆书籍、印本监版……”为议和条件。宋遂遣官押道释经版、三馆文籍图书、国子书版等物之金营送纳，“虏得明堂九鼎，观之不取，止索三馆文籍图书，国子书版”。后宋勤王之师云集，金人仓促北还，“秘阁图书，狼藉泥中，书史以来……未有如今日之甚”[1]。书籍便携易运，尚且如此，何况雕版？南宋亦重艺文，虽政府刻书之事史载阙文，必宏编巨制，尽锓梨枣，此事所必然。至元十三年（1276年）伯颜率蒙古大军破临安，承世祖忽必烈命，不事杀戮，市民晏然，宫室安堵。并诏旨严申：“秘书省图书，太常寺祭器、乐器、法服、乐工、卤簿、仪卫、宗正谱牒、天文地理图册，并户口版籍，尽仰收拾。”宋代政府所贮书版，当尽归于元。元承前朝旧制，以国子监为刻书之所，所刻既精且夥。明灭元，据王世贞《名将征讨考》云，“徐达入北京，封其（元）库府图籍宝物”，是宋代书版及元国子监刻书版片，悉归于明。查诸史籍，改朝换代之际，兵燹丧乱之时，图籍雕版得以安然存世，妥然付诸新朝，唯此两事而已。

明代政府刻书极为发达，司礼监及南北两监皆刻书。图书刻版保管谨严，若明北京之国子监，书版存储于本监内，立有《经籍书版簿》，类似今天的财产账；南京国子监所藏书版亦宏富，明洪武间，“取天下书版实之南京”[2]，弘治四年（1491年）祭酒谢铎奏：“本监所有书版，虽旧多藏贮，而散在天下者，未免有遗。”故再次搜罗各地书版，尽送南雍，加上自刻书之书版，庋藏不可谓不富，典守亦不可谓不严。入清后南监改为府学，书版或有移储江宁藩库，嘉庆十年大火，清赵绍祖跋《神忏碑》云：“嘉庆十年三曰二十五日，江宁学宫火，其尊经阁上所藏《二十一史》、《玉海》、《江南通志》诸版，扫荡无遗。”其《二十一史》版，柳诒徵《监本史谈》云：“明南京国子监《廿一史》，世称为南监本。其中固有宋版者七，元版者十，唯辽金两史，翻刻宋元版，宋元两史，为明版。延及清初，又有顺康补刊之版。故南监《廿一史》，实合江南四川、广东、北平各地版本，亘宋元明清四朝，搜集雕刊……”若其中宋版，自南宋绍兴迄清嘉庆大火，已历700余年，竟毁于一炬。另据明周弘祖《古今书刻》著录，北监刻书41种，刘若愚《酌中志·内府经书记略》，载明内府（司礼监）刻书达140种以上，但两处所贮书版，遗留至清者甚少（其中必有铲去文字，另刻新书的情况。但皇家所刻，必多贮之高阁，以垂久远，留待后用，铲平再用的情况不会很多），大多印版下落不明。明清鼎革之际，李自成军在北京掳掠盗抢滋甚，仓皇离京时发炮轰击明宫室殿阁，明所贮宋以来之印版，或即毁于此时。

爰及清季，内忧外患，更为书版之大厄。光绪二十六年（1900年），八国联军攻

---

1 《靖康要录》卷十五，十万卷楼丛书本。

2 （清）叶德辉：《书林清话》卷六。

陷北京。清皇宫大内、衙署、园囿、陵寝等，多被焚掠，图书印版，毁灭不知多少。据乾隆三十四年（1769年）清查经版档案所载："大西天（即北海之"西天梵境"）收贮之番藏经版二十八万八十三块，查得俱系换次堆贮，尚属整齐。乾隆二十九年曾奉旨刷印十部，迄今为久，谅无遗失。"八国联军抢掠大西天之大圆镜智宝殿，加之以民国八年大圆镜智宝殿及附近建筑被焚，无异雪上加霜，此处所藏《甘珠尔》经版及殿内另贮38种经版同赴劫灰。兵燹之于书版，其祸莫大焉。再如，清代刊行的遐迩闻名的铜版画《平定准噶尔回部得胜图》、《平定台湾战图》，其铜版1941年尚存于承德避暑山庄，现大都藏于德国国立柏林民俗博物馆，其余日伪时期如何流落海外，至今还是不解之谜。

3. 相对而言，人们更重视对图书的收藏流传，却不重视雕版的收集、整理、保存

宋元明清，藏书家递代不绝，所在多有，如宋之郡斋、遂初堂、直斋；元之清秘阁、映雪斋；明之天一阁、脉望馆、澹园、澹生堂、千顷堂、绛云楼；清之千元十驾、士礼居、海源阁，等等，皆为享誉海内的大藏家，而未闻有以庋藏书版名世者。盖书可以随时取阅，传诸子子孙孙，书版则不同，不仅翻阅不便，体积又大，就阅读而言实用价值不高，故私家难有收藏。

当然，也有些藏书家，本身就是刻书家、出版家，家藏雕版宏富。古代藏书家，最忌子孙不肖，视祖昔珍秘如草芥。故私家所贮之雕版，相比于公家，更难长久保有。明末最负盛名的出版家、藏书家毛晋，藏书达8万余卷，自诩"缩衣节食，遑遑然以刊书为急务"[1]，乃"力搜秘册，经史而外，百家九流，下至传奇小说，广为镂版"。终其一生，刻书600余种，板片10万余块，"汲古阁后，有楼九间，多藏书版"[2]。时人有谓"毛氏之书走天下"。在当时，藏书、刻书能达到如此规模者，唯毛晋一人而已。

史载，毛晋有子五，孙二十，却无一人能继承其藏书、刻书的伟业，相反，其藏书及所刻书版却被后人陆续卖掉。荥阳悔道人（郑德懋，1767～1852年，清常熟人，藏书家）所编《汲古阁刻板存亡考》载之甚详："《十三经注疏》版现存常熟小东门外东仓街席氏，《十七史》书版现存于苏州'扫叶山房'，《史记索隐》、《五代史补》二书版现存于常熟东门内鱼家桥鲍氏，《津逮秘书》、《汉律字源》、《百三家集》版已无，《四唐人集》版已作薪煮茶，《三唐人文集》、《六十家词》书版归常熟人邵某所得，《陆放翁全集》版为常熟某藏家所得，《八唐人诗集》版为山东人赵执信所得，《十元人集》版为无锡华某所得，《诗词杂俎》、《词苑英华》版归扬州某商家所得，《说文解字》乾隆时版在苏州钱景开萃古斋书肆。"从上述记载不难看出，书版散出汲古阁之日，便是零落佚失之时。汲古阁尚且如此，何况其他，这或许就是古代私家藏版命运的缩影。至于"《四唐人集》版已作薪煮茶"，据荥阳悔道人所记云：

---

1 《五经文字》毛扆跋，转引自（清）叶德辉《书林清话》卷七。

2 （清）钱泳：《履园丛话》卷二十二。

“毛晋有一孙，性嗜茗饮，购得洞庭山碧螺春茶，虞山玉蟹泉水，独患无美薪。因顾《四唐人集》版而叹曰：‘以此作薪煮茶，其味当更佳也’，遂按日劈烧之。”清代学者叶昌炽有诗云：“只因玉蟹泉香冽，满架石材煮石铫。”[1]说的就是这件事。后人读史至此，谁能不扼腕三叹。

4．人祸之于书版，所造成的损毁亦烈

例而言之，清季吏治败坏，武英殿所藏书版，人为毁弃难以数计。据《清朝野史大观》卷二载：“清武英殿版书籍，精妙迈前代，版片皆存贮殿旁空屋中，积年既久，不常刷印，遂为人倒卖无数。光绪初年，南皮张文襄之洞官翰林时，拟集资奏请印刷，以广流传，人谓之曰：‘公将兴大狱耶？是物久已不完矣。一经发现，凡历任殿差官，皆将获咎，是革数百人职矣，乌可乎？’文襄乃止。殿旁余屋乃为实录馆，供事盘踞其中，一屋宿五六人、三四人不等，以便早晚赴馆就近也。宿于斯，食于斯，冬日炭不足，则劈殿版围炉焉。又有窃版出，刨去两面文字，而售于厂肆刻字铺，每版易金当十泉四子。版皆红枣木，厚寸许，经二百年无裂痕，当年不知费几许金钱而成之者，乃陆续毁于若辈之手。”若当时，亦有窃《永乐大典》出宫，窃为己有者。窃书出宫，意在保存阅读，行虽恶而书尚存；窃版出宫，将版面铲平，版上记载的历史文献信息毁于一旦，书版与寻常木板无异，这样的木板，存与不存，又何足道？

统治者的个人好恶，王朝的极端文化专制政策，及于书版，作恶莫大。自隋唐以降，印本书行于天下，而禁书之事，何代无之？禁书必毁版，城门失火，殃及池鱼，甚可愍焉。清初禁毁小说、戏曲，清理学名臣汤斌于康熙二十三年（1684年）九月出任江苏巡抚，甫到任上，便“仰书坊人等知悉……若仍前编刻淫词小说戏曲，坏乱人心，伤风败俗者，许人据实出首，将书版立行焚毁，其编次者、刊刻者、发卖者一并重责，仍追原工价，勒限刻古书一部，完日发落”。康熙二十六年（1687年），允刑部给事中刘楷清除淫书疏，诏令：“书肆淫词小说，刊刻出卖共一百五十余种……亦应一体查禁，毁其刻版。”[2]下至地方，上至中央政府，焚书毁版，无所不用其极了。

在王朝时代，除秦火一炬外，清代焚书禁书最为严酷，而有清一代，尤以乾隆朝为最。乾隆以稽古右文为号召，纂修《四库全书》，行寓禁于征之实，禁毁图籍，殃及书版。据清乾隆年间内府造办处档案记载：乾隆一朝禁毁书籍3100多种，销毁书版8万块以上（多为民间查缴书版），至乾隆四十三年（1778年），宫内已是“箱捆为数甚多，房屋已不能容，多系院子内堆积”，后经弘历谕旨“派军机满汉司员，眼同监看，在武英殿字炉，尽数销毁”。此只为销毁书版之一端，据清宫档案所载，此类个案甚多，如：“乾隆四十七年五月十九日起至十二月十七日止，由军机处陆续交来山西等省解到《双柏庐》

1　叶昌炽著，王欣夫补正，徐鹏辑：《藏书纪事诗及补正》，上海古籍出版社，1989年。

2　（清）秦川学士：《皇清奏议》卷二十二。

等书共四次，应销毁废版共一万六百二十五块，由本殿奏明交玻璃厂作烧柴用等”；又同治八年（1869年）“……武英殿修书处为转交废版，经查乾隆四十五年十一月三十日起至四十六年十二月二十日止，由军机处陆续交来江西等省解到《名堂绪论》等书版共八次，应销毁废版贰万壹千九百八十三块。……此项版片系由军机处交至之版，相应呈明，照例交造办处玻璃厂劈碎作为硬木烧柴应用可以”，类似事例还有，无须一一罗列了。

5. 书版刷印次数过多，难免造成断裂漫漶，难以再印

对这样的书版，无论政府刻书衙署还是私家书坊，皆视之如敝履，如此，势必造成一些难以挽回的损失，尽管在当时而言，并无可厚非。如清宫旧藏明正统年间所刻佛经版，只因“已历三百余年”，“模糊残缺不堪刷印似无用”，故“查得玻璃厂烧炼玻璃，每年买办木柴十六七万斤，每万斤连脚价需银二十一两二，所买木柴及运价约需七百余，而此经版七万余块约合重有三十六七万斤……可抵二年柴薪之用，如此旧经版得以洁净焚化，亦可节省二年柴价”。以今人看来，这些大明正统的旧经板，尽管“模糊残缺”，也非仅有柴薪的价值。再如康熙间铸刻铜活字一百余万枚，用来印制《古今图书集成》。图书排印完成，活字就存放在武英殿字库中，毫无疑问，这些活字既可以排印他书，也是《古今图书集成》的字库，与该书印版无异。但乾隆初年，铜用短缺，竟将这批活字融铜铸佛了。以至乾隆后来欲再辑印佚书时，想起这批活字，不禁追悔莫及，为诗曰：“毁铜昔毁彼，刊木此断予。”自注曰：“且使铜字尚存，则今之印书不更事半功倍乎？”也有人说，之所以融字铸佛，是因为典守吏员盗卖铜字与厂肆，惧东窗事发，才以铸佛为名将铜字毁去。据乾隆十年正月二十三日清内府档案记载：因铸造雍和宫三世佛经奏请此项铜版销毁应用。

国家藏版尚且如此，私家书坊主为节约成本记，更有甚之。书版印竣，便随意处理，弃之如无物。如清李渔在《粤游家报》中说：“离家后记起一事，靠东一带墙垣，单薄之甚，此穿窬之捷径也”，因此“欲尽立木栅”，但“非十余金之费不能，米盐莫支，何从办此？不若以生平所著之书之书版，连架移入此地，使之贴墙，可抵一层夹壁。”书已梓行，书版就被视之不如砖瓦木石，用以筑墙，任凭风吹雨淋，书坊主对书版的轻视，于中可见。

综上所述不难看出，雕版之厄，其实更甚于书，只不过以前人们未加注意，也没有人作过深入的考察和研究而已，得以留存至今的书版，可以说已经是劫后余生了。对这些书版，岂能不珍之宝之，重之慎之！

二　从故宫博物院藏雕版看其学术价值和现实意义

故宫博物院收藏明清内府遗存印刷雕版，由于历史的特殊性，在国内外出版印刷史研究中一直备受关注。凡关涉明清内府出版印刷史研究，不能不了解它的雕版、印刷与

流通制度。而对版片开雕的时间、地点、印刷及保管、整理、研究这些信息，为我们从另一个角度更深入地研究明清内府图书出版印刷内容、品类、数量提供了新的资料。

随着这批雕版的整理研究，对它的雕版年代、存藏地点、印刷情况、品类、数量等一些问题，曾有个别文章予以提示，但对个案的研究、更详细的研究报告，可能还是相当不易的，这其中一个很重要的原因，雕刻这批书版的原始档案已然不全，难以查找，这批书版刷印出来的书籍，有的不见踪迹，“有版无书”，大量的书版卷次混乱，无首无尾，残缺不全，长期以来未得到专业性的整理与研究。近年来，故宫博物院图书馆组织力量对这些明清两代内府遗存雕版进行了详细的整理研究考定，笔者在图书馆同仁的帮助下，对这些雕版作了进一步考察，发现了一批明代内府雕刻的书版，及一些未见著录的雕版，并对其中部分雕版作了较为详细的考订。

（一）故宫博物院藏雕版概况

故宫博物院藏 23 万余块雕版，大部分为清内府所雕刻，明代内府雕版未见著录，仅存几块明代民间所刻佛道经版也已非常稀见。从保存情况看，这批清内府雕版版面完整、字体清晰、字口锋锐、镌刻精美、用材考究，有满、蒙、藏、汉四种不同文字版及书籍、佛经、插图版画版，朱墨两色印刷过的痕迹明显，部分书版、佛经版有镌刻完成后无墨色未印刷的白版，有贴版后未开雕或镌刻部分版面的半成品，少量书版佛经版有旧版铲版、修版、补版、挖改、拼版的现象。个别特殊版片为防变形弯曲开裂，采用背面穿木带、马璜钉（扒锔子），版片四周披麻髹漆等工艺。这批雕版基本保持了明清时期的原始状况，而且始终没有远离过雕版地，为研究文物本身提供了更可靠的信息。

有关明清内府出版印刷品种、数量、版本信息，前人多有著录，但看法不一，而研究出版印刷史，要对一个朝代一个印刷机构及其出版物数量种类有一个较准确的了解，才能对它作出客观准确的评价。前人对明清内府刻书研究多通过有关档案、文献、印刷出版物而展开，对出版物的原始书版因特殊原因无法了解，很少研究利用。而对原刻书版的研究，是明清内府出版印刷史研究不可缺少的重要一端。

笔者通过对清内府有关修书档案、文献、存世印刷出版的典籍、佛经，与现存原刻雕版进行比对、考察、研究，发现一批没有著录过的清内府出版物原刻雕版，这将对清代史的研究、清内府出版印刷史、版本目录学研究，增加的清内府刻书的品种，提供新的文献资料。

经过多年的整理研究，故宫所藏的印刷雕版绝大部分已经能够准确著录年代、名称、卷数，其中很少一部分既无序、无尾、残缺不全，又不见著录和相应的纸质出版物，且无原始档案可查，因此无法比对。其中佛教经版占很大比例，由于佛教经典的特殊结构，在经版不全的情况下，又无印刷品的对比，难以确定具体出版年代。其中少量经版内容，大藏经未收，无“千字文”编号，为单刻经系列，非常珍贵。这些还待进一步探讨。

（二）故宫博物院藏稀见雕版考订现状

未见著录的雕版是指雕版存在，清代内府又曾印刷过，而纸质出版印刷品未见著录的雕版。清内府遗存的《十三经注疏》雕版有6000余块，原注录为清乾隆四年至十二年武英殿刻版，近年整理者对这些“黑老虎”雕版进行了重新考订注录，发现这批雕版中有部分雕版在外观、形状、重量、版式、字体等方面有别于其他雕版。如材质上部分雕版为枣木板，而其他为梨木版；部分雕版四边呈弧形，其他为直边型；有的侧立面刻有××卷××页，而其他没有。将此批雕版拣出后，进行详细的注录为：每半版九行，行二十一字，小字双行同，左右双边，白口，双鱼尾，部分版心上镌“康熙二十五年重修”八字。而且这8字是在原书版上挖改重新嵌入的，其中部分雕版版心上无字处，也有被铲去的痕迹。存版有《易疏》、《诗疏》、《书疏》、《礼记疏》、《语疏》、《孟疏》，经查有关明清内府修书档案文献、相关古籍书目，未见康熙二十五年重修是书的著录（图一、图二）。

《十三经注疏》是我国集宋代以前注释研究儒家经典的集大成之作，是研究者必备之书，历史上是书的版本著录非常详尽，宋代自唐代《开成石经》中《周易》、《尚书》、《诗经》、《周礼》、《礼记》、《春秋左传》、《春秋公羊传》、《春秋穀梁传》、《论语》、《孝经》、《尔雅》十二部儒家经典加《孟子》为十三经，又因是经多为先秦时期的作品，年代久远、文字古奥、字的音义发生变化等原因，自汉代始以注疏集解音释等形式为其解释、释音，宋以前的版本多以单种注解释音形式流传。南宋初年，两浙东路茶盐司将《周易》、《尚书》、《周礼》等经、注疏合刻，是注疏合刻本之始，

图一　《易疏》卷七五

图二　《诗疏》

后人称“八行越州本”。其后，南宋时光宗、宁宗年间三山黄唐有经疏合刊本，后有十行十七字合刊本。中国古籍善本书目著录有元刻明递修十行十七字本。经专家考证，其中有部分宋版书页，应著录为宋元明刻元明递修本。明清有闽本、北监本、汲古阁本、乾隆内府本。经与上述各版本相较，该《十三经注疏》是以明代万历北京国子监本为底本“重修”，应注录为明万历十三年至二十一年北京国子监刻本，清康熙内府改年款重印本（明万历版《十三经注疏》，书口上刻有“万历十四年刊”文字，一般注录规则应按书口上方“康熙二十五年重修”著录是书。但查遍版面，一字未改动，只是将书口上原明万历年款挖掉嵌入康熙二十五年重修年款，所以只能定为改年款重印），而非“清乾隆四年至十二年武英殿刻版”。因无确切的档案记载也没有书目著录，该《十三经》的版本一直都存在争议，原始雕版则为该书的版本确定提供了最直接最确凿的证据，如果没有雕版存世，研究人员很难准确著录是书。

对雕版的整理研究能为版本的鉴定提供最直接最可靠的依据，不仅平息了一些版本上的争议，而且我们在整理过程中也发现了不少原始著录的错漏之处。例如，清内府遗存的清武英殿刻《二十四史》雕版 2 万余块，每半版十行，行二十一字，小字双行同白口，左右双边，版心上镌刻有乾隆四年校刊、道光十六年重刊、道光四年校刊三种，经整理后又发现版心上方刻有“康熙二十五年重修”、版心上方未刻年款版二种。据清内府刻书目录著录，《二十四史》条目如下：

(1)《二十四史》清乾隆四年至四十九年（1739 ~ 1784 年）武英殿刻本，其中《旧五代史》版心上刻“乾隆四十九年校刊”，《明史》版心上方无字，其他诸史版心上方均刻“乾隆四年校刊”。

(2)《二十四史》清乾隆四年武英殿刻道光十六年(1836 年)重修本，其中不包括“辽、金、元”三史。

(3)《辽史》《金史》《元史》清道光四年（1824 年）武英殿刻本。

椐上所知，《二十四史》版心上方所刻不同年代“校刊”“重修”字样非常复杂，康熙二十五年重修版、道光十六年重修版，据何底本所修，“辽金元”三史道光四年校刊据何底本校刊。这部史书历代著录非常详尽，但对《二十四史》雕版的重新整理，带出了新的问题。

《二十四史》是我国二十四部纪传体史书的类编，是汇集了从上古到清代 4000 年历史重要文献的一部正史。唐代以前为三史，《史记》、《汉书》、《后汉书》，唐代增加三国、晋、南北朝十朝正史，称为《十三史》。宋代增加了《南史》、《北史》、《新唐书》、《新五代史》，为《十七史》。明代又增加了《宋史》、《辽史》、《金史》、《元史》，为《二十一史》。清雍正十三年官修的《明史》定稿，由武英殿刊印（台北故宫博物院藏清雍正年间武英殿刊初印校样本，书口上无校刊年代），乾隆四年武英殿刷印形成了《二十二史》。随后又增加了《旧唐书》，乾隆四十九年增加了《旧五代史》，形成《二十四史》。书口上有清“康熙二十五年重修”的这个版本，未见著录是据哪个版本进行的重修。经查早于“康熙二十五年”的《二十一史》版本，为明万历二十三年至三十四年北京国子监刻本，版式为每半版九行，行二十一字，小字双行同。经与此版存世刻本相较版式，内容文字相符，经仔细考查，书口上刻“康熙二十五年重修”是将原明万历版年款铲去，嵌入“康熙”年款，其内容未动，同为一版，应著录为明万历二十三年至三十四年北京国子监刻本，清康熙内府二十五年改款重印本。

《二十四史》雕版中《史记》、《前汉书》、《后汉书》、《三国志》、《晋书》、《宋书》、《南齐书》、《梁书》、《陈书》、《魏书》、《北齐书》、《周书》、《隋书》、《南北史》、《旧唐书》、《唐书》、《旧五代史》、《宋史》雕版，书口上刻“道光十六年重修”字样的书版，经与乾隆四年武英殿刻《二十四史》雕版与刻本书页相较，版式、字体相同，只是将乾隆四年刻本版心上“乾隆四年校刊”6字铲去，嵌入“道光十六年重修”7字，书版中避讳字有挖改，个别书版至道光十六年已有损坏，重新补版新刻，书口上无“道光十六年重修”7字。是书雕版中还存有重复书版，如：目录卷17页书版，书口上刻“乾隆四年校刊”6字，另一块同内容的书版，书口上刻“道光十六年重修”7字，应为道光十六年重修此版时没有找到“乾隆四年”的旧书版，又重复多刻一块。同时也为我们留下了乾隆四年清武英殿所刻没有挖改的《二十四史》原刻雕版。也可证实，道光十六年重刊版是用乾隆四年版挖改补刻而成。另外《史记》等书版，书口上也有刻“乾隆四年校刊”6字，也是道光十六年重刊时所遗漏没有挖改的书版。

《二十四史》中《辽史》、《金史》、《元史》雕版书口上刻“道光四年校刊”6字又不同于其他各史雕版。存世雕版与道光四年刻本相较版式、字体、内容相同，为道光四年重刻版，但其他各史是用乾隆四年版改款重印，为什么道光四年特为辽、金、元三史重新刻版？据清内府档案记载，道光初年《钦定辽金元三史国语解四十六卷》书成，而辽、金、元三史中很多地名、人名、官名等因多涉少数民族，文字翻译有误，需要重新核对、修改、重刊，当时大臣曹振镛等人负责此事，经查辽、金、元三史书版“版片模糊脱落，糟烂之处甚多，几不可辨识，若仅加修改，仍属无益，应另行刊版，以垂久远”。据上可知，文字内容需要修版、补版。所藏版片又糟烂甚多，所以皇帝下令重新雕版。雕版中有部分为乾隆四年旧书版铲字后重新利用，现存的《二十四史》雕版中只有辽、金、元三史为道光四年重刻，其余二十一史为乾隆四年至五十九年所雕原版。道光四年刻《辽史》少刻末卷《国语解》，全书为一百十五卷。乾隆四年刻本为一百零六卷。《金史》、《元史》与乾隆四年刻本卷同。

通过上述对几种故宫藏雕版的著录分析，书籍雕版的翻刻、重刻、修补也是著录书籍版本的重要依据。古籍书口上所印的校刊、重修年代等内容是我们古籍工作人员著录版本的依据之一，但一本书的出版印刷过程从图书本身很难得到全面的反应，因此引发一些版本上的争议，而对原刻书版的查看，对其初刻、翻刻、补版、修版、存藏情况进行研究，则能弥补缺陷，为版本著录发掘一些新的依据，这也是版本鉴定的一条新途径。

在整理清宫遗存的雕版中，新发现 5 种未见著录的少数民族文字雕版及道教文献雕版 1 种，其中 4 种雕版迄今没有发现纸质文本，另一种中国第一历史档案馆有印本，但未见著录。

(1) 崇德八年《蒙古律》(版 205252)。清入关前崇德八年 (1643 年) 蒙文刻版，雕版纵 30.5 厘米，横 42.2 厘米，每半页 7 行，四周双边，双鱼尾，版心上用蒙文刻页码，版心下用汉文刻页码。

清朝《蒙古律》、《蒙古律书》为大清政权建立后颁布实施于非满洲区域的第一部法律文献，其颁布时间为崇德八年 (1643 年)，比清入关后颁布的第一部《大清律》早三年，其重要性和开创性不言而喻。但由于历史原因，《律书》的具体内容已无纸质文献可查，据《大清圣祖仁皇帝实录》康熙六年丁未 (1667 年) 九月癸卯条记载：理藩院题，崇德八年 (1643 年) 颁给《蒙古律书》与顺治十四年 (1657 年) 定例增减否，应行文外藩王贝勒等将从前所颁律书撤回，增入见在增减条例颁发。从此可知崇德八年 (1643 年) 清廷已颁布过《蒙古律书》，至顺治十四年 (1657 年) 重新撤回修正，是以崇德八年版《蒙古律》已不存，于今发现刷此律书的原刻雕版，弥补了空缺，此版也是故宫收藏雕版中清廷雕刻最早的雕版，尤为珍贵。

(2) 康熙六年《蒙古律》(版 205247、版 205253)。清康熙六年 (1667 年) 清内府刻蒙文版，雕版纵 30.6 厘米，横 42.4 厘米，每半页 7 行，四周双边，双鱼尾。版心上用蒙古文刻页码，下用汉文刻页码。此书在各种书目中均未见著录，中国第一历史档案馆有藏，全书 49 页，收律文 113 条，蒙古文题写书名，被译为《康熙六年增刻旧扎撒书》或《康熙六年增刻旧律书》，《大清圣祖仁皇帝实录》称其为《蒙古律书》。

(3) 康熙十四年《蒙古律》(版 205901)。清康熙十四年内府刻蒙文版，雕版纵 27.2 厘米，横 41.8 厘米，每半页 7 行，四周双边双鱼尾，版心上用蒙文刻页码，下用汉文刻页码。此书在《中国蒙古文古籍总目》、《清内府刻书目录题解》、《清内府刻书图录》等书目中均未见著录，以上所述书版基本保存完好，填补了存世文献的空缺，为研究《蒙古律》的内容变化提供了新的宝贵资料。

(4)《皇父摄政王军令》(图三) (版 205242、版 205245)。清内府顺治五年刻蒙文版，雕版纵 21.5 厘米，横 34.5 厘米，每半页 6 行，四周双边，白口，上单鱼尾，版框外书口镌蒙文页码及汉文页码。是书《中国蒙古文古籍总目》、《清内府刻书目录题解》、《清内府刻书图录》、《辽宁省图书馆满文古籍图书综录》均未见著录。

图三 《皇父摄政王军令》

清入主中原后，每遇战争，出征行军，为严肃军纪都要颁布军令，据李保文先生在清代《上谕军令条约·行军纪律》一文所讲，清入关前后，凡两次钦颁军令条约纪律，一为雍正九年（1731 年）颁布的《上谕军令条约》，故宫藏有满、蒙、汉三种刻本，一为乾隆四十九年（1784 年）颁布的《行军纪律》。而故宫所藏清顺治五年内府刻满文、蒙文《皇父摄政王军令》雕版未见著录，经李保文先生过目研究，认为此为顺治五年内府刻版，对研究清代行军和作战纪律以及满蒙文军事用语等具有重要的参考价值。

（5）《北极真武感应灵签》雕版（图四）。清宫遗存的《北极真武感应灵签》雕版存十九块三十七面（两面刻），雕版尺寸高 38.3 厘米，宽 28 厘米，厚 2.8 厘米，四周宽龙纹边框，原全套雕版为二十五块四十九面。北极真武，原为玄武，宋代避圣祖赵玄郎讳改玄武为真武。玄武变称玄天上帝，是古代神话中的北方之神，为二十八宿中北方七宿，这套雕版其数取北方七宿七七四十九变生而生。版面分上、中、下三栏，上栏横书《北极真武感应签》，中栏纵书谋望、家宅、婚姻、失物、官事、行人、占病、解曰 8 行，下栏纵 11 行，首行为签号与此签吉凶，如，真武灵签第一：飞龙变化，上大吉。其他诸行以七言诗的形式分别作解，最末二行对其他七个方面所求内容作总的解释。这套雕版龙纹边框，清宫旧藏是宫中举行方术活动“求签问卜”后领取解签文字的印刷品原刻雕版。

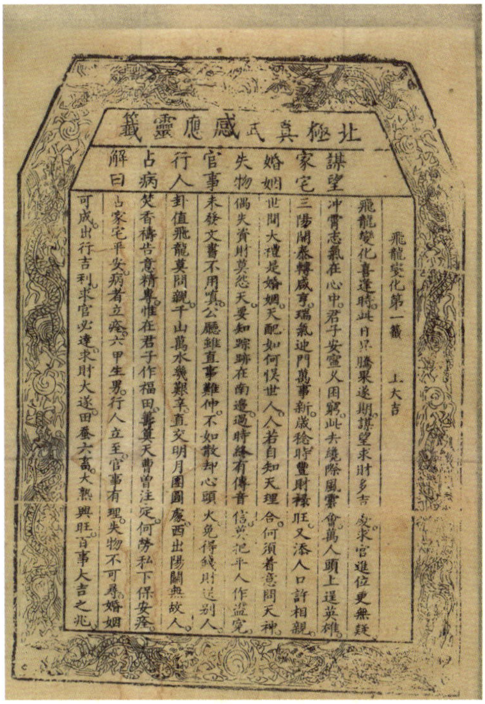

图四 《北极真武感应灵签》（飞龙变化第一签——上大吉）

中国古代方术包括：星占、梦占、六壬、遁甲、相术、风水、占课、八字、测字、卦签等。明清两代宫廷，上至皇帝下至文武百官热衷于事，设真武灵签四十九支于宫内钦安殿，供人求取。钦安殿初建于明永乐十八年（1420 年），嘉靖十四年（1535 年）重建。是明清宫中主要的道教道场之一。每年正月初七、二月初八、三月初三（庆旦）、三月初九（圣降）、四月初四、五月初五、六月初七、七月初十、八月十三、九月初九、十月二十一、十一月初七、十二月二十七为北极真玄天上帝降临之日。传说这 13 天求签最为灵验。求签前沐浴更衣、拈香行礼，尔后启签，启签时口念四真君名号，报名号多贯寿祝天蓬大元帅、天猷副元帅、真武灵应大帝等，念罢启签，验看签号，查验灵签释文。释文有两种形式，彩绘经折装汉文本满文本各一种，上图下文。据有关专家考证，汉文本为明代内府彩绘本，满文本不晚于雍乾年间（书中“宁”字以避讳，最早应为道光时期的写绘本）。雕版刷印的单幅灵签释文，竹纸墨印，共 49 幅，每幅内容列表于下。

灵签顺序	签文内容	签文吉凶	存版情况
第一签	飞龙变化	上大吉	
第二签	虎出大林	中下	

灵签顺序	签文内容	签文吉凶	存版情况
第三签	否极泰来	吉	
第四签	劳心费力	中下	
第五签	行船风顺	大吉	
第六签	鸳鸯分飞	下	
第七签	枯木逢春	中上	
第八签	渔舟上滩	下下	
第九签	春兰秋菊	中	
第十签	游蜂作蜜	下	
第十一签	囚人出狱	大吉	
第十二签	风卷杨花	下	
第十三签	开花结子	大吉	
第十四签	龙蛇混杂	中	
第十五签	一轮明月	大吉	
第十六签	浊油点灯	下下	
第十七签	当忧不忧	中	
第十八签	笼开鹤去	下下	
第十九签	云行雨施	上吉	
第二十签	有舟无楫	下下	
第二十一签	鲲化为鹏	大吉	
第二十二签	凤凰出林	大吉	
第二十三签	花开遭雨	下下	
第二十四签	明月当空	吉	
第二十五签	求谋未遂	中吉	
第二十六签	安居兴旺	吉	
第二十七签	家舍惶惶	下	
第二十八签	贵人接引	大吉	
第二十九签	阴阳道合	吉	
第三十签	月被云迷	中下	
第三十一签	心事冲冲	下	
第三十二签	众星侵月	下	
第三十三签	龙剑出匣	大吉	
第三十四签	病龙行雨	下	
第三十五签	鹤鸣九霄	大吉	
第三十六签	鱼翻桃浪	上吉	
第三十七签	渡水无船	下	
第三十八签	红日当天	大吉	
第三十九签	入山迷路	下下	
第四十签	鸿鹄摩天	吉	
第四十一签	落花流水	下	
第四十二签	游鱼戏水	大吉	
第四十三签	日出扶桑	上吉	
第四十四签	乌云遮月	中下	
第四十五签	风雷鼓舞	大吉	
第四十六签	腾蛇入梦	下下	
第四十七签	密云不雨	中平	
第四十八签	宝剑新磨	吉	
第四十九签	群鸦集噪	下	

此49幅灵签释文与北极真武灵签雕版相较，为此套雕版所刷印，原对此套雕版，在整理时不知出于何处，不知何处所用，历经200多年后，雕版与印品保存良好，同藏宫中，通过雕版与印刷品内容版式比对，此套雕版的出处、雕版的流传与印刷均浮出水面。确认为此版刷印庋藏两处的文物，这种情况在书版整理过程中并非个案，也为今后整理研究其他疑难雕版提供了新的思路。

近年来，笔者一直负责院藏雕版的整理、保护、研究工作。在实际工作中，笔者深切感受到，对这批古代遗留的文化财富，不能以为束之高阁，保护起来就完事大吉，而是在保护好的前提下，去捕捉蓄藏其中的历史文献信息、版本信息，古为今用，发挥雕版在古典文献学上的特殊作用。例如，以往鉴定版本，多就书论书，对文献的发掘整理，也多囿于纸质文献。实际上，离开了雕版实物，对有些特定文献的鉴别，就可能出现差之毫厘、失之千里的谬误；只在纸本文献上做文章，也可能使一些淹没在浩如烟海般的雕版中的珍稀文献失之交臂，只不过以往人们对此很少注意而已。即使有个别文字略有提及，也只是浮光掠影，浅尝辄止，对解决实际问题并没有太大帮助。

综括上言，治古籍者不可不查，雕版绝非只是刻上一些文字、已经刷印过的木片那样简单，其中蕴涵的大量版本信息，实为考察版本所必须；数达23万余片的雕版，本身就是文献的渊薮，也是珍善孤本的文献源，更不能视而不见，任其湮灭无闻。

三　雕版的保护与利用

诚如上言，现存清以前雕版是一份极为珍贵的历史文化财富，是有着近千年历史的雕版印刷术的活化石，是文献的渊海。应该承认，现今人们对雕版的历史文物价值的认识已经有了明显的提高。2014年4月，国家图书馆、“国家古籍保护中心”启动了第五批“国家珍贵古籍名录”和“全国古籍重点保护单位”申报评审工作。经全国古籍保护工作专家委员会研究并通过，报文化部批准，古籍版片和版片收藏单位首次纳入《国家珍贵古籍名录》和“古籍重点保护单位”的申报范围。这项工作的开展不仅填补了雕版研究与保护领域的空白，也进一步丰富了古籍保护的内涵，促进了古籍活态化保护和传承，深化了社会大众对古籍的认识和理解，进一步增强了公藏单位和私人藏家对古籍版片的重视和保护（图五）。

笔者认为，为了使这些劫后余生、留存至今的雕版能够长久流传不虞，除了将其纳入古籍保护中心的工作日程，也应及时参照古籍保护的经验和做法，适时地开展以下工作。

（1）比照古籍保护，对全国现存雕版进行普查，摸清底数。雕版不同于书，集中收藏的单位不过故宫博物院、广陵刻印社、浙江省图书馆管理的嘉业堂、扬州双博馆

图五　故宫角楼藏满文大藏经版柜架

等几个单位，另一些私人博物馆，如北京的文津雕版博物馆也有相当数量的入藏。普查的对象，不应仅局限于这些单位，还应包括一些私家藏品以及存放在寺院（包括云居寺、雍和宫、道观以及德格印经院、布达拉宫雪印经院等藏地印经院）的佛经版、佛画版；各地年画博物馆收藏的年画版等，以期有一个相对准确的数字。

（2）根据存世雕版的特点，对雕版进行定级，这也是参照了古籍保护的做法。通过分级，明确不同版片的文物价值，采取相应的保护措施。

（3）制定雕版保护的统一条例，如防水、放火、防盗、防人为破损；恒温、恒湿的物理条件等，使雕版的保护有据可循，有章可依，这是从现今各行其是的保护进入科学保护的关键。

（4）制定雕版的统一著录条例。雕版不能完全等同于书，在载体形态上有自身的特殊性。统一著录条例，也是以后实现雕版的资源共享、建立我国雕版数据库的前提条件。

（5）对重要的雕版进行补版，比如，清龙藏版已缺失版片近万块，目前北京市文物局就委托北京邦普公司，依据存留的纸本文献，采用人工和电脑相结合的方法进行补雕。中国自古就有对版片进行递修的传统，时逢盛世，我们自应继承和延续这个传统。

当然，这项工作也需要在国家的统筹规划下，才能收到事倍功半的效果。

上述实乃雕版保护之急务，付诸实施庶可使现存雕版不再蒙受不必要的损失。在这个基础上，才能谈到诸如国家雕版数据库的建立、雕版联合目录的编制、雕版图录类工具书的编制和出版等一系列问题。

此外，对雕版的再次刷印图书应该有统一的办法和安排。1949 年以来，尤其是近年来，用旧版刷印图书是个非常普遍的现象，或言曰：如此最能体现雕版印书的原汁原味，更受好古者欢迎。话是不错的，但一个显而易见的事实是，雕版由于材料的特殊性，每刷印一次，都会造成不同程度的磨损，频繁使用，难免漫漶断裂，如果仅仅是出自商业利益的驱动反复使用，就是本末倒置了。就利用和保护的关系而言，保护永远是第一位的，这是一个简明到不必用任何语言解释的道理。

当然，这样说并不等于遗存的雕版不能再用于印书，对于一些纸本文献传世极罕，卷帙浩繁，或上文谈及的仅由雕版保存下来的孤本，社会需要量也不是很大，用现代印刷工艺影印，要经过照相、制版、出片、打样、上落版、印刷等一系列工序，印数愈少，成本愈大，如满文《大藏经》，故宫收藏的雕版就达 41932 块，文物出版社刷印出版的《龙藏》，存世雕版达 69410 块，还都是两面雕刻，用传世纸本为底本，现代印刷技术影印，而且仅仅印制几十部上百部，成本的高昂是难于想象的事，用现存雕版刷印，成书便捷，成本低，对经版也是一次整理，本来是一举两得的事。当然，这必须在保证雕版安全，至少在雕版磨损许可的范围内进行。结合故宫博物院的一些做法，笔者认为，用清以前遗存的旧版刷印新本，以下原则是应该遵循的：

其一，对于那些文物价值较大、书版磨损较重的书版，应作出硬性规定，不得再用于刷印新书。

其二，对于现有纸本传世、社会需要量又较大的图书，采用纸本影印，不得用遗存雕版重新刷印。

其三，确需雕版刷印的图籍，需由专家对文献价值、刷印的必需性及雕版情况进行论证，报有关主管部门备案；特别珍贵的雕版，更应由文物部门组织论证，报省级或国家主管部门批准，方可实施刷印。

其四，刷印图书，雕版不应离开原储存地，不应运送到工厂等外部单位，并应委派专人监印，严禁印版流出原存储地，或刷印篇数过多的现象出现。刷印完成，应有一套完整的恢复保护程序，如雕版的清理、干燥等，并及时归库保管。

其五，原则上，一部文献如用旧版刷印过一次，数年之间不应再次刷印，至少应规定在一个相当长的时间段内不得再次刷印。

无规矩不成方圆。笔者以为，上述都是最基本的安全措施。这些，应由有关部门作出有约束力的规定，才可能制止雕版使用中的随意性和不确定性，笔者所言，仅是故宫博物院已经采取的一些做法和个人的一得之见而已。

本文略述了古代图书雕版的散佚、雕版在古籍鉴定和文献发掘上的重要价值，以及雕版保护的一些建议。其中很多都是笔者长期从事古籍善本和院藏雕版整理、研究中的体会，或有不到之处，尚祈专家学者及有志于雕版保护、研究的同行，有以正之。

参考文献：

[1] 陈登原：《古今典籍聚散考》，上海书店出版社，1983 年。

[2] 任继愈主编：《中国藏书楼》，辽宁人民出版社，1998 年。

[3] 肖东发撰：《中国现存雕刻木版的类型、特征及其社会背景》，《中国书写与印刷文化遗产和图书馆工作》，浙江图书馆，2006 年。

[4] 翁连溪编：《清内府刻书档案史料汇编》，广陵书社，2010 年。

原载《江淮文化论丛》第二辑，文物出版社，2013 年

马衡藏书及题跋

李福敏

内容提要：本文运用统计学方法，分析了马衡先生的藏书结构、特点及其学术研究的主攻方向。以对一个藏书家的视角，分析了马衡的生平志趣、访书、鉴藏、抄校、考订、以书会友、学术交游等活动。

关键词：马衡　金石学家　藏书结构　题跋　手稿

马衡先生不仅是著名的金石、考古学家，而且还是一位颇具眼力的藏书家。他身后，所遗文稿数十万言及历年所藏图书、文物等由其子马太龙、马彦祥悉数捐献给国家。1955 年 8 月，中华人民共和国文化部文物管理局将其全部捐献拨交故宫博物院。

一

马衡所捐古籍图书 1600 余部，经整理并详细著录者为 1275 部，以此为基础，将其藏书结构、特点现列表如下（表一）：

表一　马衡藏书结构表

经						史					
经	部	册	卷	种	集	史	部	册	卷	种	集
群经总义	26	564	939	359		正史	54	353	1268		
易	1	4	4			别史	4	9	29		
诗	7	26	47			杂史	17	42	121		
书	15	27	80			编年	7	30	157		
礼	6	67	117			纪事本末	2	2	4		
春秋	3	9	21			传纪	27	184	344		

作者：图书馆，研究馆员。

经						史					
小学	18	76	84			史评	8	47	78		
小学·训诂	10	59	258			志理	43	298	673		
小学·字书	33	138	281			政书	12	164	2476		
小学·韵书	24	103	184			政书·考工	3	3	6		
乐	1	1	1			职官	2	23	76		
						诏令奏议	1	16	8		
						政书·通制	2	6	35		
						目录·金石	384	1405	2255		
						目录·经籍	43	160	1081		
						地理·杂记	2	2	6		
经类总计	144	1074	2016	359		史类总计	609	2744	8617		
子						集					
子	部	册	卷	种	集	集	部	册	卷	种	集
儒家	6	9	63			总集	45	253	547	45	
法家	1	4	24			别集	76	263	648	45	
释家	11	7	13		27 章						
小说家	1	1	3								
杂家	27	151	209			集部总计	121	516	1195	90	
杂家·杂纂	7	24	74								
杂家·杂考	27	173	587								丛
杂家·杂说	25	79	241			丛书	部	册	卷	种	集
杂家·杂学	1	4	10			各类丛书	102	1201	826	945	55
艺术·谱录	41	182	203	6 类	67 品						
天文算法											
艺术·篆刻	92	434	257								
艺术·书法	27	41	52								
艺术·书画	19	82	247								
类书	14	104	322								
子类总计	302	1298	2297	11		丛书总计	102	1201	826	945	55

上表全部总计：1275 部，7733 册，14962 卷，1394 种，56 集，6 类，27 章，67 品。

现将马衡藏书与《四库全书总目》（以下简称《总目》）收书列表作一对比分析（表二、表三）。

表二　一级分类对比分析

四库全书总目				马衡藏书			
类	部	百分比	备注	类	部	百分比	备注
经	1776	17%	10 小类	经	143	11%	8 小类
史	2136	21%	15 小类	史	609	48%	14 小类
子	2941	29%	14 小类	子	328	26%	11 小类
集	3401	33%	5 小类	集	121	9%	2 小类
				丛	102	8%	6 种

表三　二级分类对比分析

四库全书总目				马衡藏书			
类	部	百分比	备注	类	部	百分比	备注
集 · 别集	2527	25%		史 · 目录 · 金石	384	30.23%	
子 · 杂家	855	8%		子 · 篆刻	91	8%	
史 · 地理	582	6%		经 · 小学	85	6.7%	
集 · 总集	563	5%		集 · 别集	76	6%	
				史 · 正史	54	4.20%	
				史 · 地理	45	3.5%	
				史 · 目录 · 经籍	43	3.37%	

从以上统计数字可以看出马衡先生藏书的特点，《四库全书总目》收书以集部居首，占 33%；子部为次，占 29%；史部又次之，占 21%；经部最少，只占 17%。

而马衡藏书则以史部居首，占 48%；子部次之，占 26%；经部居第三位，占 11%；集部居第四位，占 9%；丛部最少，占 8%。

可见作为学问家，其收藏经部·小学类书籍，显然是以此作为文字的理论基础，其学问的重点则在史部，以史部书籍为收藏重点，其次则在子部。

《总目》在经、史、子、集四部分类之下，又分 44 小类，其中二级分类中，经：10 小类，史：15 小类，子：14 小类，集：5 小类。

马衡先生藏书虽按经、史、子、集、丛五部分类，但与四库相应的四部分类中的二级分类总共有 35 小类，几乎囊括四库二级分类之 80% 左右，其中史部 14 小类（差 1 类）、子部 11 小类（差 3 小类）、经部 8 小类（差 2 小类）、集部 2 小类（差 3 小类）。可看出其藏书是以史部、子部为主，而经部则以小学为主。

从二级分类的角度观察，《总目》以集部·别集为最丰，占 25%；子部·杂家则次之，占 8%；史部·地理居第三位，占 6%；集部·总集居第四位，占 5%。

而马衡藏书则以史部·目录·金石居首，占其收藏的 30.23%；子部·篆刻次之，占 7%；经部·小学居第三位，占 6.7%；集部·别集居第四位，占 6%；史部·正史居第五位，占 4.2%；史部·地理居第六位，占 3.5%；史部·目录·经籍居第七位，占 3.37%。

以中国传统文化之知识结构，视经学为千古之冠，天下之公理。通晓经术，此为根柢，解经宜先识字，由小学入经学者，其经学可信。以此论点来研讨马衡的藏书结构，作为金石学家，其藏书以史部·目录·金石为大宗，子部·艺术·篆刻次之，辅以经部·小学，三者分别居其藏书中之第一、二、三位。正史、地理与目录类书籍，则是为辅助主题收取，别集则是对有关历史人物、专门家的留意。

上面我们仅从分类的角度作粗略统计。从其所撰古籍题跋中可知，他在藏书活动中，历经艰辛，往往为了得到一个好的版本，或有重大学术价值的书籍，倾尽全力，不惜重金。作为一代学问与收藏家，他是全身心地投入其学问与收藏之中的。

二

先生一生劬于书籍学问，尤精于金石、考古、篆刻之学。藏书之外，其收藏以金石拓本最富，亦悉数捐给故宫博物院。藏书处曰“凡将斋”，取意汉司马相如所作“凡将篇”[1]。藏书印有“鄞马氏凡将斋藏书”朱长方、“凡将斋藏书”朱方、“叔平客京师时所得”朱长方、“马衡”“马衡叔平”朱方、“马衡之鈢”朱方、“叔平考校”朱方、“马衡鈢”白方、“叔平所有”朱小方印等。

马衡藏书注重版本，广罗异本。有一书兼收数本者，如《积古斋钟鼎款识》，先生就拥有稿本、刻本、石印本等4种不同版本，其他如《历代钟鼎彝器款识法帖》、《急就章》及《宝刻类编》等，亦多有异本。

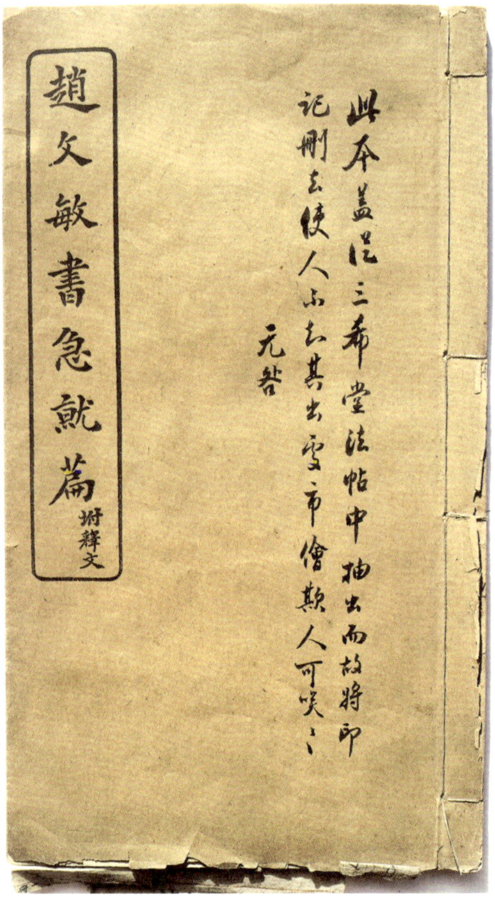

图一　马衡题《赵文敏书急就篇》

马衡于版本鉴赏亦有独到之处。《赵文敏书急就篇》（图一），汉史游所撰，元赵孟頫书，附释文，1915年上海商务石印本。书衣处先生作跋云：“此本盖从三希堂法帖中抽出，而故将印记删去，使人不知其出处，市侩欺人可笑之。无咎。”先生慧眼卓识，能从单行本鉴别其法帖出自何处，可见其版本鉴定之功力。

此外，马衡先生还勤于校书，手不释卷，每校一书或书眉批或写题跋。其所作批语、题跋，颇具学术性及史料价值，是研究其生平及学术思想的参考资料。《国语补音》三卷（图二），宋宋庠撰，清曲阜孔继涵刻微波榭遗书本。书中有“据

1 《凡将篇》，古代字书名。汉司马相如所撰。说文解字，常引其说。《隋书·经籍志》、《新唐书·艺文志》作一卷，已佚。现存清任大椿《小学钩沈》、马国翰《玉函山房辑佚》本。

解犬戎树惇引鄯州羌为说，夫改善鄯国为州，自唐始耳”一句，先生于页眉处朱批云：“汉书西域传有鄯善国，此误倒。按魏隋书地志均有鄯州，广韵鄯州本汉破羌县地属金城郡，魏孝昌二年置鄯州，太平寰宇记同，又云后周为乐都郡，隋郡废置鄯州，炀帝初州废置西平郡，唐武德二年又置鄯州，天宝元年改为西平郡，乾元元年复为鄯州，上元二年为吐蕃所陷，遂废入河州，是唐之鄯州即魏隋之善州，为今甘肃西宁府地，若汉之鄯善国本名楼兰，近白龙堆，在今噶顺沙碛南，远在西宁府西尚千余里，非魏隋之鄯州地也，宋氏误合为一。”寥寥数语，将鄯善国之历史沿革考证得一清二楚，足见其考据学之功底。

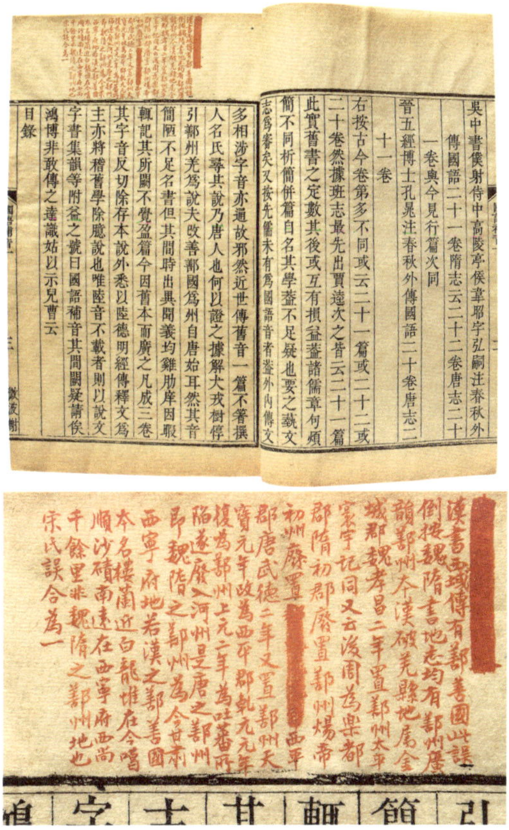

图二　马衡题《国语补音》

《世说新语》三卷，宋刘义庆撰，附《世说新语补》四卷，1917年泗州杨士琦铅印本。马衡朱笔题跋云：“日本藏有唐写世说新书残卷，自规箴孙休好射雉起，至豪爽篇桓玄西下止，凡五十一条，正文注文并有异同，是未经晏元献改卷删校之本，上虞罗叔蕴君振玉假付影印，以广其传。余即据以校订异文，分条录于上耑。此本为张让三文美翊所赠，附记于此，以志不忘。马衡。”又云：“此书旧名《世说新书》，日本神田醇据段氏鬲阳杂俎管家文章为证，谓五季宋初始改新语，罗君又举王方庆《续世说新书》，以证其说不谬。惟书中不避唐讳，定为唐人写本，终嫌未确。”此乃真知灼见。

校所藏以外，闻有旧本，先生必借抄、校订之。《怀米山房吉金图》甲、乙两册，清曹载奎编，1882年（日明治十五年）京都文石堂据道光十九年曹氏本重刊。先生曾购此书，惜非原刻。民国十二年（1923年）冬，先生于厂肆借得原刻本，校之一过，提笔作跋曰：“十二年冬，见原刻法帖本于厂肆，假归校读一过，始知此刻之精不让原本，惜失刻后跋二则，且其中器之次弟亦有颠倒排列者，固补录二跋，并订正其次第。马衡。”下钤“叔平考校”朱文白印一方。

此书乙册书衣背面有先生亲笔所录原刻书后跋二则。其一曰：“怀米山房吉金图二册，乃曹秋舫先生汇其所藏钟鼎款识而模之者也，鉴别精审，镌拓工致，庶几度越宋以后

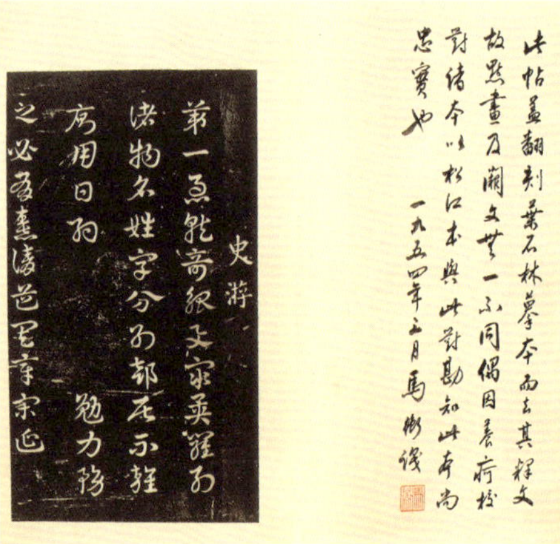

图三　马衡跋玉烟堂本《急就章》

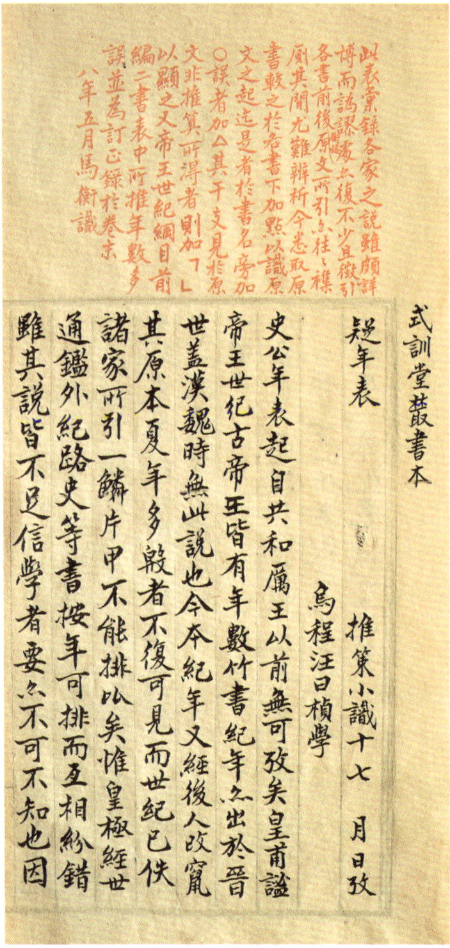
此表彙錄各家之說雖頗詳博而譌謬處亦復不少且徵引各書前後原文所引亦往往襍厠其間尤難辨析今悉取原書較之於各書下加點以識原文之起迄是者於書名旁加○誤者加△其干支見於原文非推算所得者則加「」以顯之又帝王世紀綱目前編二書表中所推年數多誤並為訂正錄於卷末
八年五月馬衡識

武訓堂叢書本

疑年表　　推策小識十七　月日攷

烏程汪日楨學

史公年表起自共和厲王以前無可攷矣皇甫謐帝王世紀古帝王皆有年數竹書紀年亦出於晉世蓋漢魏時無此說也今本紀年又經後人改竄其原本夏年多殺者不復可見而世紀已佚諸家所引一鱗片甲不能排比矣惟皇極經世通鑑外紀路史等書按年可排而互相紛錯雖其說皆不足信學者要亦不可不知也因

图四　《疑年表》及马衡眉批

著录家矣。先是秋舫于己丑之春得史窦敦而失其盖，乃以孟姜敦盖足之。逮庚子夏或自京师贻以一器，按其文与史窦、孟姜也同，取以互易，则前此两失者，一旦皆浑然完物也。三古彝器人间至不易得，今秋舫收藏之富，甲于吴下，乃至残佚辗转数岁，竟得补足，其事之奇要，为从来好古者所未遘者矣，乃备书之以贻观者。武进刘晓华谨记。”下钤“刘晓华印”“方廉”二印。

其二：“款识法帖之刻，昉于吾杭薛尚功，继此王、刘数家，但器不必尽自己出，止凭打本上版。今吾及秋舫皆据怀米山房所得，合以款识博古图之例，汰其毓取简缺其款，俾读者展卷了然，并悉其大小轻重，殆亦好古者之一助云。庚子秋问遽庐漫士徐楙。”下钤“徐问遽”印。

1954 年 3 月，马衡对其所藏玉烟堂本《急就章》校勘后墨笔题跋云：“此帖盖翻刻叶石林摹本而去其释文，故点画及阙文无一不同，偶因养疴校对诸本，以松江本与此对勘，知此本尚忠实也。一九五四年三月，马衡识。”（图三）于病榻之中，先生仍校书不辍，其勤可见一斑。

先生藏书，能承前辈注重抄校之遗风，抄而有校，校而藏之。每抄成一书，均详加校正。《疑年表》不分卷，乌程汪日桢编。为民国八年（1919 年）马衡朱墨笔抄校之书。页眉处先生朱批校阅多处（图四）。于卷首先生眉批云：“此表汇录各家之说，虽颇详博而伪谬处亦复不少，且征引各书前后衡疑原文所引亦往往杂厕其间，尤难辨析。今悉取原书较之。于各书下加点，以识原文之起讫。是者于书名旁加○，误者加△，其干支见于原文，非推算所得者则加「」，

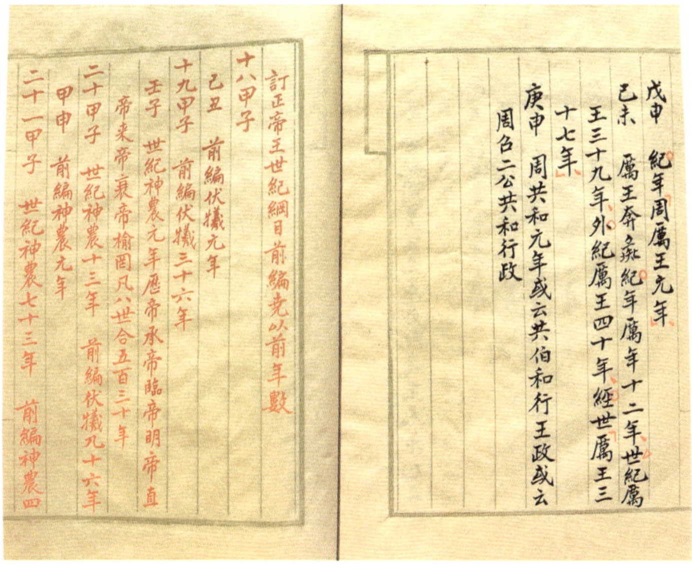

图五　《疑年表》后附马衡朱笔《订正帝王世纪纲目前编尧以前年款》

以显之。又帝王世纪、纲目前编二书表中所推年数多误，并为订正录于卷末。八年五月马衡识。”

第三页十七甲子“戊午，帝王世纪神农元年”一句，页眉处朱批云：“世纪自神农至帝挚皆有年数，凡八百十二年，以尧元年甲辰推之，当始于十九甲子之壬子，此所推多误。”第八页甲辰“按世纪禹年数无明文，以舜启之年推之当在位六十年，此年为夏禹元载”。先生朱批云：“以诸家所引世纪之文证之，舜年六十三荐禹（御鉴），百岁癸卯崩（史纪集辞），禹年七十四，舜始荐之于天，年百岁崩与启元年甲辰不合，若定之以在位六十年又与舜禹之年不符”，等等，文中诸如此类的朱批尚有十余处，不一一赘述。

书中正文之后附马衡朱笔《订正帝王世纪纲目前编尧以前年数》（图五）一篇，起于十八甲子，止于十四甲子。世纪帝喾四十五年，前编帝喾四十年……乙未，世纪前编并帝挚元年。对于尧以前年数之推断具重要的参考价值。

先生喜聚书，暇则入厂肆，见有异书，必购之而后快。每有所获，必书题跋以记之。清吴荣光所辑《筠清馆金石文字》五卷，于民国六年十二月十二日购之于书肆。先生作跋云：“筠清馆金文，杨惺吾及西泠印社皆有重刊本，此为原刊本，初即不易得，昨见之厂肆，亟以银币七元易之，六年十二月十三日，马衡识时大雪初晴。”喜悦之情跃然纸上。

马衡先生与学界名流多有往还，其藏书中胡适、王国维、罗振玉、董作宾、郭沫若、容庚、于省吾、陈邦怀、唐兰、钱玄同、沈兼士、沈尹默、吴湖帆、吴承仕、季明、启功、张国淦等人所贻亲笔签名或作跋之书就有数十种。

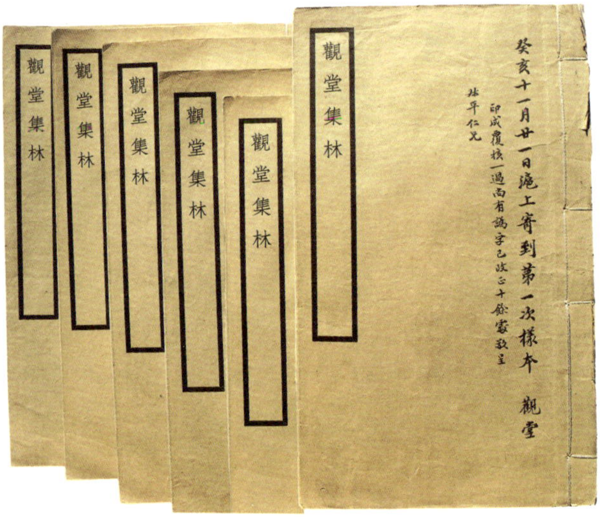

图六　王国维赠马衡书《观堂集林》

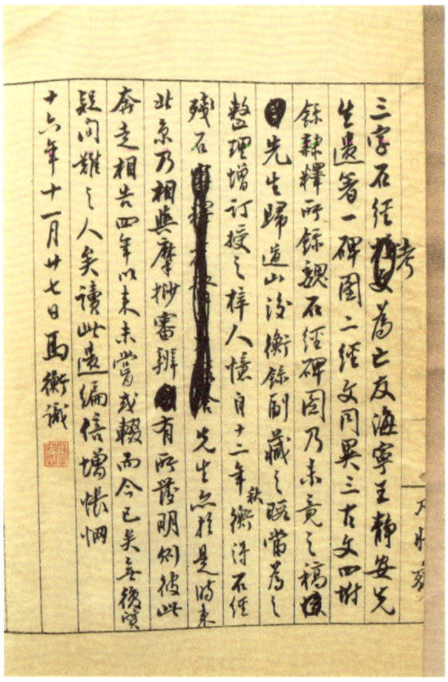

图七　马衡抄录王国维遗书《三字石经考》

《明于越三不朽名贤图赞》，清张岱撰，光绪十四年（1888 年）山阴陈氏校刊本。原为胡适先生所藏，后赠马衡先生，扉页处有胡适先生墨笔题跋曰：“近又得余烜刻本，故把此书送给叔平先生。胡适。十一年廿五日。”

所藏《观堂集林》20 卷，王国维撰，1923 年上虞罗氏铅印本，为王国维先生所赠 (图六)。书衣处有王国维先生题跋：“癸亥十一月廿一日沪上寄到第一次样本，观堂。”下附小字又云：“印成后覆核一过，尚有讹字，已改正十余处，敬呈叔平仁兄。”

按：近来笔者在整理马衡先生手稿遗物时，发现先生所录王国维遗书《三字石经考》一书，卷首先生跋曰：“三字石经考为亡友海宁王静安先生遗著，一碑图、二经文同异、三古文、四附。录隶释所录魏石经碑图，乃未竟之稿。先生归道山后，衡录副藏之，暇当为之整理增订授之梓人。忆自十二年秋衡得石经残石，先生亦于是时来北京，乃相与摩挲、审辨，有所发明则彼此奔走相告，四年以来未尝或辍，而今已矣，无复质疑问难之人矣。读此遗编倍增怅惘。十六年十一月廿七日马衡识。”（图七）下钤“马衡”白文朱印一方。

此跋记述了王、马二位之间的学术交游及马衡对王国维的怀念之情，读来令人感动。

先生作为金石、考古学大家，其声誉名震中外，不少友人因仰慕其名而以书籍相赠。先生所藏《邠州石室录》三卷，清叶昌炽辑，吴兴刘氏嘉业堂校刊本。为沈尹默先生转赠马衡之书。书衣处沈氏作跋云：“此念劬先生所贻，叔平兄笃好金石考古之学，即以转赠。十一年十月五日，是日秋节。尹默并记。”

《五史斠义》五卷，罗振玉著，清光绪二十九年（1903 年）上虞罗氏刻本。为贺忠谟所赠。贺氏在赠语中写道："罗振玉为近世考古知名家，久欲一读其书，未能得也。偶过厂肆见此书，以八十钱购之，奈腹俭不易了了，启卷辄厌，未能终篇知。先生有考古癖，谨以呈赠阅竟，尚祈先生有叺教之声。叔平先生惠存，乡晚贺忠谟敬赠。"

《书契渊源》三册，日中岛竦著，1934年东京文求堂影印本。为日本友人铃木吉武所赠。扉页处有作者题云："叔平先生惠存，铃木吉敬赠。"足见先生作为金石、考古学家在当时之声望。

对友人所赠之书，先生亦每书题跋以记之。郭沫若所著《石鼓文研究》一书，为季明所赠。原书于1936年由香港商务印书馆出版，1940年影印本。因其史料价值及学术价值而享誉学界。先生急欲求之而不得。一日其弟马鉴（字季明）自香港来，以此书相赠，先生大喜过望。提笔作跋云："此书在抗战期间由商务印书馆出版于香港。余时在重庆，无由购致。卅一年秋季明自香港来，行箧中携有此书，举以见贻，如获至宝，今而后先锋、中权、后劲三本皆得寓目快何如之。马衡。"

先生亦常将自己所藏之书赠与友人。《碑别字》五卷，二册，清罗振鋆辑，光绪二十年（1894年）上虞罗氏刻本。初为先生赠钱玄同之书，封面题名空白处有"玄同先生，马衡赠"墨迹。后钱玄同又将此书还赠先生，并作跋曰："十年前于叔平先生处见此罗佩南氏碑别字及其弟叔言氏碑别字补，好之，因侂叔平先生为我仿觅一部，叔平先生即以此自盛者见惠，深感厚谊。中华民国十有七年罗叔言氏合此两册编为一，又益以逘来所得重印为增订碑别字，下走顷购得，因此以原本还赠叔平先生。廿有一年卅有一日钱玄同赠。"真书林一佳话耳。

先生藏书中嘉道以来精版初印较多，但其中亦不乏明刻旧抄及罕传之本，且多具文物价值。年代最早的明代刻本有《石鼓文正误》四卷，明陶滋撰，嘉靖十二年（1533年）蕲水钱氏刻本。年代最早的清代刻本有《通雅五十二卷首三卷》，明方以智辑著，清姚文燮校订，康熙五年（1666年）桐城琴书阁刊本。年代最早的抄本有《宝刻类编》八卷，宋无名氏撰，八册。是书首页右下钤印五方，印文分别为"挹江陆氏珍藏""竹坨真赏""衡山""清白吏子孙""长沙王光谦章"。此书曾经明代著名书画家、收藏家文徵明及清代大藏书家朱彝尊、近人王光谦等人收藏，递藏有绪，颇为珍贵。

《樊氏金石图》，樊基辑，清道光四年（1824年）刻本，三册。为先生所购之罕传之本。书中先生墨笔跋云："此书未见著录，印本甚罕觏。十五年春，北京琉璃厂直隶书局从安徽购得旧书一大宗，曾有书目印行，载樊基著嗣先将各书首册装箱运回至天津，毁于火，仅存此三册，其编目盖据首册录出也。"

《秦汉印统》八卷，明罗王常辑，吴元维校，十二册，明万历三十六年（1608年）新都吴氏树滋堂刻朱印本。每册书衣上均盖有"四库全书未收本，巴陵方氏珍藏"红戳。书中钤有"方功惠藏书私印""巴陵方氏碧琳琅馆珍藏古刻善本之印""巴陵方氏碧琳琅馆藏书""方印功惠""柳桥""方氏碧琳琅馆自藏秘篇"等印多方。据此可知此书为清著名藏书家方功惠所珍藏。方氏卒后，其孙方湘宾于戊戌年（1898年）八月将其藏书辗运至北京待售，不久庚子之变，八国联军入侵北京，方湘宾弃书而南归，藏书散佚。乱后，方氏将藏书大部分售予琉璃厂肆，剩余部分赠京师大学堂。此书可为研究方氏藏书之去向提供一定线索。

作为藏书家，马衡先生在访书、鉴藏、校勘、考订中辛勤耕耘，甚至病中仍乐此不疲。通过先生的藏书活动，我们从中可窥见真正学问家与收藏家的内心世界，以及他对中华民族传统文化的深刻理解与热爱。作为学问家，其主攻方向在金石、篆刻诸领域，其藏书结构也与之相应，为其学术研究铺平了道路。

总之，马衡先生的藏书，于金石篆刻等专业领域之研究、版本学之研究、古代藏书之源流研究等诸多方面均具有较高的价值，其所作古籍批语、题跋于先生生平及学术思想之研究亦颇有裨益。

此外，故宫图书馆还收藏有一些其在故宫任职及担任故宫博物院院长期间所形成的公文等。如清室善后委员会时期，他在参加清点清宫文物时所签署的点查组接收坤宁宫东配房出库文物景泰蓝接收单，1928年国民政府接管故宫时，经亨颐提出要解除故宫博物院，“马衡等五位先生任接收委员上书国民政府保全故宫博物院函”“易培基案小记”“古物馆办事细则”“抗战期间故宫文物之保管（北京广播电台讲演稿）”等重要文件，反映了其治理故宫博物院的主要思想，是研究马衡先生对故宫博物院的贡献及故宫博物院历史的第一手资料。

原载《故宫博物院院刊》2005年第2期

徜徉大内　一窥堂奥

——论故宫博物院藏清宫陈设档案的多重价值*

朱赛虹

内容提要： 本文在对故宫博物院藏清宫陈设档案进行数字化和全面整理的基础上，探讨其存藏现况、文献类型、表述形式、时空信息、内容信息、陈设方位信息及功用，论述陈设档在复原宫殿建筑，还原陈设原状，揭示陈设来源、沿革和制度方面，在考察陈设物品的定名、等级和专项和综合研究中，以及为历史研究提供丰富物证等方面所具有的独特和多重的功用和价值。

关键词： 陈设档　陈设账　原始档　日记档　复核档　清宫　内务府

1925年故宫博物院图书馆成立之初，设有图书和文献二部，分别掌管清宫遗存的古籍和档案。后随本院改组，文献部改为掌故部，后又独立为文献馆[1]，因时局等因素，原存绝大部分清宫档案历经辗转播迁，早已分存于现中国第一历史档案馆、国家图书馆、中国科学院国家科学图书馆和台北等处[2]。唯宫廷各殿陈设册涉及日后原状陈列而予以留存，成为故宫博物院图书馆现存为数不多的清代官方档案的组成部分。本文在对故宫博物院藏清宫陈设档案进行数字化和全面整理的基础上，探讨其存藏现况、文献类型、表述形式、时空信息、内容信息、陈设方位信息及功用，论述陈设档在复原宫殿建筑，还原陈设原状，揭示陈设来源、沿革和制度方面，在考察陈设物品的定名、等级和专项和综合研究中，以及为历史研究提供丰富物证等方面所具有的独特和多重的功用和价值。

作者：图书馆，研究馆员。

* 本文是2007年故宫博物院科研项目“故宫博物院藏清宫档案整理”的成果之一；“十二五”国家重点图书出版规划项目；2013年国家古籍整理出版规划项目。

1　参见袁同礼《故宫博物院图书馆概况》，故宫博物院，民国二十、二十五年。

2　参见各馆馆藏目录，或各馆官网书目检索。

一　清宫陈设档案存藏现况

清代内务府是专门掌管“宫禁”事务的机构，陈设档案即清内务府对其所辖各处殿堂陈设物品的清册，是内务府档案的重要组成部分，目前主要收藏在故宫博物院和中国第一历史档案馆，台北故宫等藏有少量[1]。两馆所存陈设档各有侧重：中国第一历史档案馆所藏以皇家苑囿和行宫为主，如圆明园、静宜园、静明园、清漪园、热河行宫、盘山行宫、白涧行宫等，总量在8000件以上[2]；与此互补，故宫博物院所藏以大内各殿为主，有近800（件），禁城以外者只有80余（件），包括景山、雍和宫、恭王府、清漪园和圆明园等处。两馆正可互补。

二　陈设档的时间范围

故宫藏陈设档案大部分在封签上题有立档时间，有的题署至年、月，详者至日。时间最早的是宁寿宫《陈设账》，署“康熙三十三年正月”，是康熙朝唯一一件（图一）。另有一件较早的《天穹宝殿陈设底档》署“雍正七年正月”，是雍正朝唯一一件（图二）。

其他档案从清乾隆至宣统十四年（按档案题签照录），其中包括三种情况，有具体朝年者，乾隆朝60余件，嘉庆朝70余件，道光朝140余件，咸丰朝20余件，同治朝40余件，光绪朝150余件，宣统朝80余件；仅署朝代无年份者，乾隆朝10余件，嘉庆朝6件，道光朝30余件，咸丰朝7件，光绪朝50余件，宣统朝3件，清末2件，民国8件；未署具体朝代者60余件。可见，各朝各殿档案数量多寡不一，加上康、雍两朝各仅有一件，说明它们远不是陈设档案全部。对于纪实性文献来说，时间信息无疑相当重要。如内廷东路天穹宝殿的一组档案，立档时间先后不同，见下表。

序号	档案题名	立档时间
1	天穹宝殿陈设底档	雍正七年正月立
2	天穹宝殿陈设底档	乾隆十六年十二月立
3	天穹宝殿日记陈设底档	乾隆二十三年六月立
4	天穹宝殿档案	乾隆四十一年十月立
5	天穹宝殿档案	道光十三年二月立

无论是纵比或横比，所得到的不同信息可以互补，对还原史实、追溯沿革等都不可或缺。

1　如清内府写绘本《文渊阁陈设图》、清内务府写本《文渊阁陈设册》等。

2　暂无精确数字。仅据笔者15年前查阅该馆档案和目录的结果粗算。

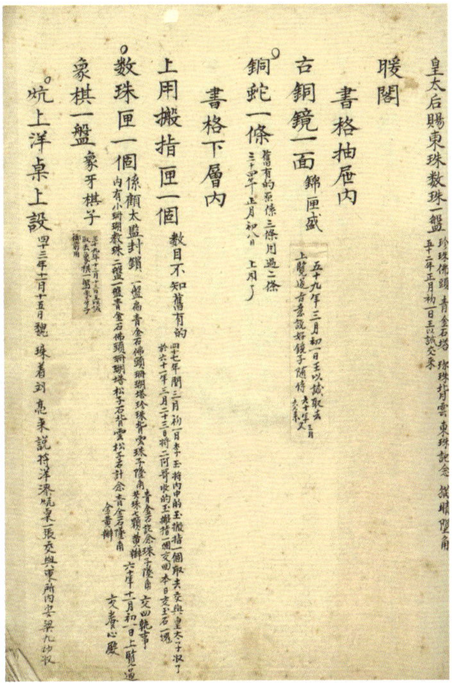
皇太后賜東珠數珠一盤
暖閣
書格抽屜內
古銅鏡一面 錦匣盛
銅蛇一條
書格下層內
上用搬指匣一個 數目不知舊有的
數珠匣一個
象棋一盤 象牙棋子
炕上洋桌上設

图一 康熙三十三年正月立《陈设账》

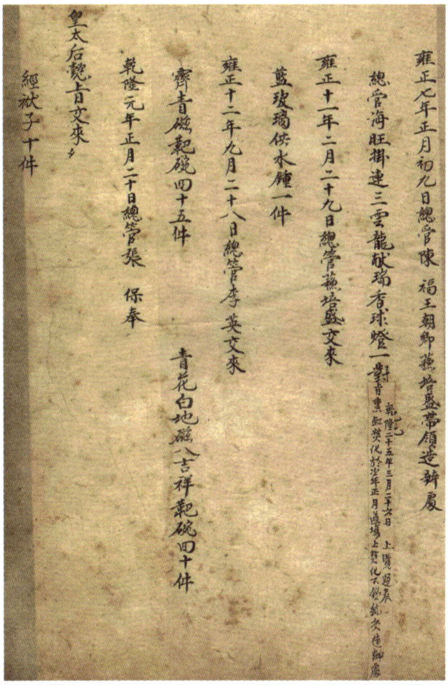
雍正七年正月初九日總管陳福 王朝卿 蘇培盛帶領造辦處
總管海旺掛達三雲龍獻瑞香球燈一對
雍正十一年二月二十九日總管蘇培盛交來
藍玻璃供水罐一件
雍正十二年九月二十八日總管李英交來
霽青磁靶碗四十五件
青花白地磁八吉祥靶碗四十件
乾隆元年正月二十日總管張保奉
皇太后懿旨交來
經袱子十件

图二 雍正七年正月《天穹宝殿陈设底档》

三 陈设档的文献类型

“陈设档”是一个统称。除各殿在陈目录外，还包括赏用、库贮、新收、开除、浮记收账等账目，“浮记”指未经过切实结算而暂时记上，属临时性账目，此类账目是各库备用陈设清单。有些随时用于各殿的补充或替换，有些则是撤交回库的，还有一些可能永远是“库贮”。从陈设档中随处可见的“上要”“上要去安 ×× 殿”“抛了吧”“撤交”“× 殿移 × 殿”“由 ×× 殿交来”等字样，可知各殿陈设都是处于动态的变化调整之中。

根据陈设档案的形成过程，大约分为 3 种形式[1]。

1. 原始档

即某一殿堂陈设物品的原始清册。据记载：

> 各处陈设，均造具清册二分，钤以广储司印信，其一交总管内监，其一交臣等存查。[2]

1 文献类型参考了李福敏《故宫博物院藏清内务府陈设档》，《历史档案》2004 年第 1 期。

2 《大清高宗纯皇帝实录》卷九百九十一。

（乾隆）二十六年奏准，瀛台等处宫殿陈设，各造印册二分，一交该处，一存本苑，以备稽察。[1]

按上述规定产生的清册或印册，均为首次编录，一般不作修改，有一部分在复核时作了修改标记。

2. 复核档

复核档，顾名思义就是根据原始档对各殿陈设进行核查时，对变动部分进行过相应修改的档案。修改的情形不一，一部分直接标注，用朱笔或墨笔书写“对”“对过”字样，或做圈、点等标记，或在相应名称下注明其来源或去向，有的注“× 年 × 月 × 日总管 ××× 奉旨清查”等字样；一部分是间接修改，将修改文字书于黄浮签上，再将黄浮签粘贴在原始档相应名称之下；或据核查清点情况而重新造册。从光绪《大清会典》等相关史料中，可知此类档案的产生也是缘于相关制度或规定：

（乾隆）四十七年奏准，静宜园一带地方辽阔，宫殿庙宇各处陈设不下数千件，若不立法稽查，恐日久弊生。嗣后照汤泉行宫之例，每于年底派员清查一次，每五年一次由内务府奏派大臣一员查核。

嘉庆五年奏准，静明园现在撤交陈设，照静宜园之例，每年派内务府司员查一次，每遇五年奏请钦派内务府大臣清查一次。十年奏准，清漪园现在撤交陈设，照静宜园静明园之例，每年派内务府司员查一次，每遇五年奏请钦派总管内务府大臣清查一次。

道光二十三年奏准，嗣后热河园庭等处行宫陈设及各庙香镫供献动用经费银两，改为闲三年派委司员前往清查一次。每年仍由该总管等清查后，分款造册，咨送内务府备案。又奉旨，本日内务府具奏，拟请嗣后每闲三年，派委司员前往东西北三路行宫，查验铺垫等项一次一折，着改为每届五年，由内务府大臣派员前往各路查验一次。每年仍由该管行宫大臣派员清查后，分款造册，咨送内务府备案。[2]

造具陈设档的办事司员，按照内务府要求，应熟悉陈设事宜，便于办理各项事宜：

新派办事司员于陈设事宜未能熟习，请将原派查办司员，仍令兼办三年。[3]

3. 日记档

“日记档”带有“日记”的某些特征，即从立档时开始记录，之后不断续记该殿

1 《钦定大清会典事例》卷一千一百九十四，第 21 页，清光绪二十五年石印本。

2 前揭《钦定大清会典事例》卷一千一百九十四，第 22、23 页。

3 《大清高宗纯皇帝实录》卷九百九十一。

堂陈设变动情况，且每次续记皆写明日期，形成跨年份或跨朝代的动态流水账。如乾隆元年《交泰殿日记档》、乾隆二十三年《天穹宝殿日记陈设底档》和乾隆六十二年《交泰殿日记档案》（图三）等，均属此类。

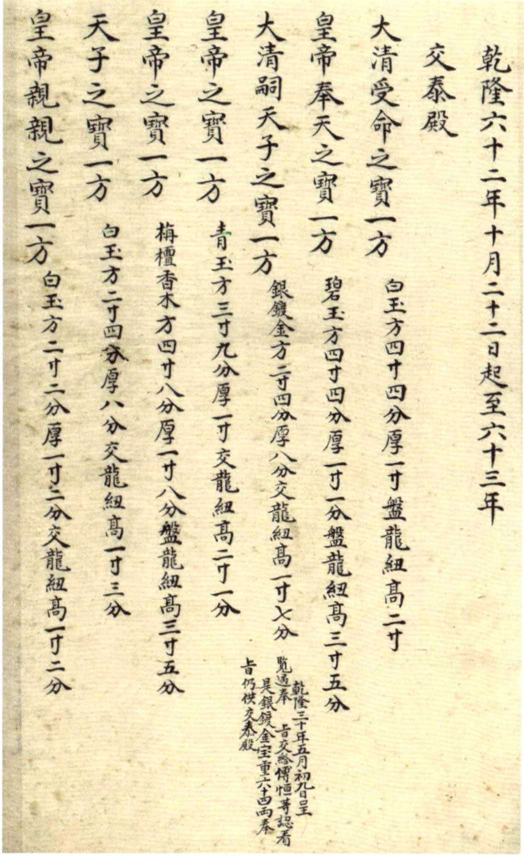
乾隆六十二年十月二十二日起至六十三年
交泰殿
大清受命之寶一方
白玉方四寸四分厚一寸盤龍鈕高二寸
皇帝奉天之寶一方
碧玉方四寸四分厚一寸一分盤龍鈕高三寸五分
大清嗣天子之寶一方
銀鍍金方二寸四分厚八分交龍鈕高一寸七分
乾隆三十年五月初九日呈
覽遵奉　旨交給傅恒等認看
是銀鍍金寶重六十四两奉
旨仍供交泰殿
皇帝之寶一方
青玉方三寸九分厚一寸交龍鈕高二寸一分
皇帝之寶一方
梅檀香木方四寸八分厚一寸八分盤龍鈕高三寸五分
天子之寶一方
白玉方二寸四分厚八分交龍鈕高一寸三分
皇帝親親之寶一方
白玉方二寸二分厚一寸二分交龍鈕高一寸二分

图三　乾隆六十二年十月《交泰殿日记档案》

四　陈设档的表述形式

相关史料中仅有造具清册和印信的记载，对清册的编制未见具体要求，因此陈设档的编录比较随意，其表述方式大体分为两类。

1. 条目式

此类档册无行格，逐一登录每件物品的名称、数量，一行登录一件。如《宁寿宫库存陈设册》：“壹号　红雕漆彩凤幢盒壹对；贰号　红雕漆寿春宝盒壹对；三号　红雕漆双椽宝盒壹对……”[1] 此类账目信息清晰、具体、准确，既便于局部了解，又利于综合探考。

2. 表格式

一般仿柜架的层格和次序绘制成表格，再逐格书写陈设用品，实际是陈设柜架的简化形式，多见于书籍陈设册。如清嘉庆年《钦定四库全书荟要分架图》，以表格记录各书列架分层摆放情形：每半开记录 1 架书籍，内分 4 横格，表示码放为 4 层；每横格内分 4 纵格，表示每层码放为四摞；每纵格内再画横格，4 至 6 格不等，写有书名，显示分函情形。其中，经部有《十三经注疏》等 6 架，史部有《二十四史》等 10 架，子部有《家语》等 6 架，集部有《词综》等 10 架，四部合计 32 架。全册以恭楷缮录，精写细绘，形象地反映了当年《四库全书荟要》的陈设实况。另有《乾清宫东西暖阁陈设圣训实禄格式》、《养性斋书目排架图》、《养心殿陈设书目排架图》等皆属此类。

1　《宁寿宫库存陈设册》，第 1 页，清道光年钞本。

阅者从纵横有致、具有写实效果的排列中，往往能联想到当年的陈设原状，凡补原状无存之缺憾。

五　陈设档的空间范围

各件陈设档案皆著录某一陈设空间的物品，其范围广狭悬殊。

范围最广的，述及某条路线的多组殿堂，如《西路上用陈设册》、道光年间的《东路册页手卷挂轴册》等。

范围稍小的，述及某路线的一组殿堂，如《抑斋粹赏楼养和精舍倦勤斋净尘心室玉粹轩佛堂》、光绪年间的《阅是楼寻沿书屋庆寿堂福履堂天庆堂现安陈设》，等等。

范围更小的，述及单一殿堂或某殿某一间，如乾隆二十一年十一月的《钦安殿档案》、光绪元年十一月初七日的《乾清宫明殿现设档案》、嘉庆七年十一月立《养心殿东西耳房围房陈设》，等等。

范围最小的，仅及某殿某间的某一局部，如多个殿堂的百式件档案。无论范围广狭，著录物品多少，皆与其所在殿堂的功能和用途密切相关。

六　著录的文字与品类

如果将同类的陈设档案横向比较的话，又得到另外的启示。

1. 著录文字详略不同

著录详细者，先标出陈设方位，再列具体陈设，每件再附一些说明性文字。著录粗略者，通篇只列陈设物件，无任何说明，如《乾清宫等处陈设书目》，只记书名、部数和套（函）数，相当于清单或简目。不知方位、排列层格和顺序等详情。

2. 陈设品类多少不一

有综合和专类之别。专收一类的陈设档涉及铜器、玉器、雕漆器、珠石、佛像供器、书籍、挂轴、手卷、册页、挂屏、工艺杂项等类。如《东暖阁雕漆器档案》、《乾清宫珠石档案》、《西暖阁玉器档案》、《钟账》、《表账》，等等，后两种属库藏账目。

综合类涉及数类至几十类不等，包括宫廷陈设、宗教陈设、百式件等。如清宣统七年六月立《静怡轩木器钟表书籍路设陈设账》，收录了轩内钟表、木器、书籍和路设四类，各部分之间以空白页相隔。钟表有铜镀金木楼代水法大钟、硬木厢洋金百式格座表、木楼座钟等 19 件，依次编号；木器有楠木陈设格、宫扇、天地球等 110 件，均有编号；书籍有宋版《春秋》、明抄本《两汉诏令》、清历朝《御制诗文集》等 180

余种，加上清本之复本，共240余部，均无编号；路设有古铜鹤横炉、铜太平有象、古铜诸葛炉等13件，无编号。档册中间或贴有黄纸浮签，上书“宣统 × 年 × 月 × 日 上要去 安 × × 殿”等字样，标明其去向，反映宣统年间的原状。

七　陈设方位及其功用

陈设档案涉及的陈设地点遍及外朝和内廷各处，只有将它们还原到各宫殿中，与该殿堂的功能和用途结合，才能恢复其本来面貌。以下按大内路线、方位，择重要殿区举述，笔者已从中得到若干启示，开解无数疑惑。

1. 外朝东路

銮驾库。清初专设掌管帝、后车驾仪仗的服务机构“銮仪卫”。銮仪卫贮存皇太后仪驾、皇帝法驾卤簿之所名“銮驾库”，其址在东华门迤南，有大库15间，另有门房、大堂、小堂若干，今已无存。《内外库存大驾卤簿二分并驾衣带帽蓝册》等一组档案可供了解相关建制。

国史馆。清翰林院于康熙二十九年(1690年)设于东华门内，掌监修《明史》、《清史》，有总裁、清文总校、提调、总纂、纂修、协修等官，1914年改为清史馆。清宣统年《库书档十二卷》等体现了这一常设修史馆的文献基础和职能。

2. 内廷中路

乾清宫。内廷主要建筑之一，位于紫禁城中路后三宫之首。明代是皇帝寝宫，清康熙时尚沿明制，至雍正移居养心殿后，即作为皇帝召见群臣、批阅奏章、处理日常政务和举行筵宴的场所。现存的嘉庆十一年《乾清宫东暖阁炕上陈设档》，道光十五年《乾清宫明殿现设档》，光绪二十八年《明殿现设金银铜宜兴瓷玻璃珐琅档》，清《乾清宫宫殿春联》、《乾清宫紫檀木阅古阁物品档》、宣统年《乾清宫存书画档》和光绪年《乾清宫等处书目》（图四）等50余件陈设档，从不同侧面体现了该殿的政务等功能。

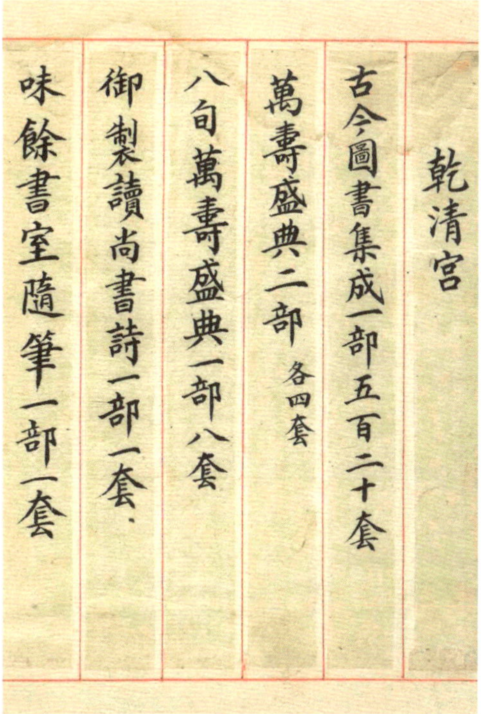
乾清宫
古今圖書集成一部五百二十套
萬壽盛典二部 各四套
八旬萬壽盛典一部八套
御製讀尚書詩一部一套
味餘書室隨筆一部一套

图四　光绪年《乾清宫等处书目》

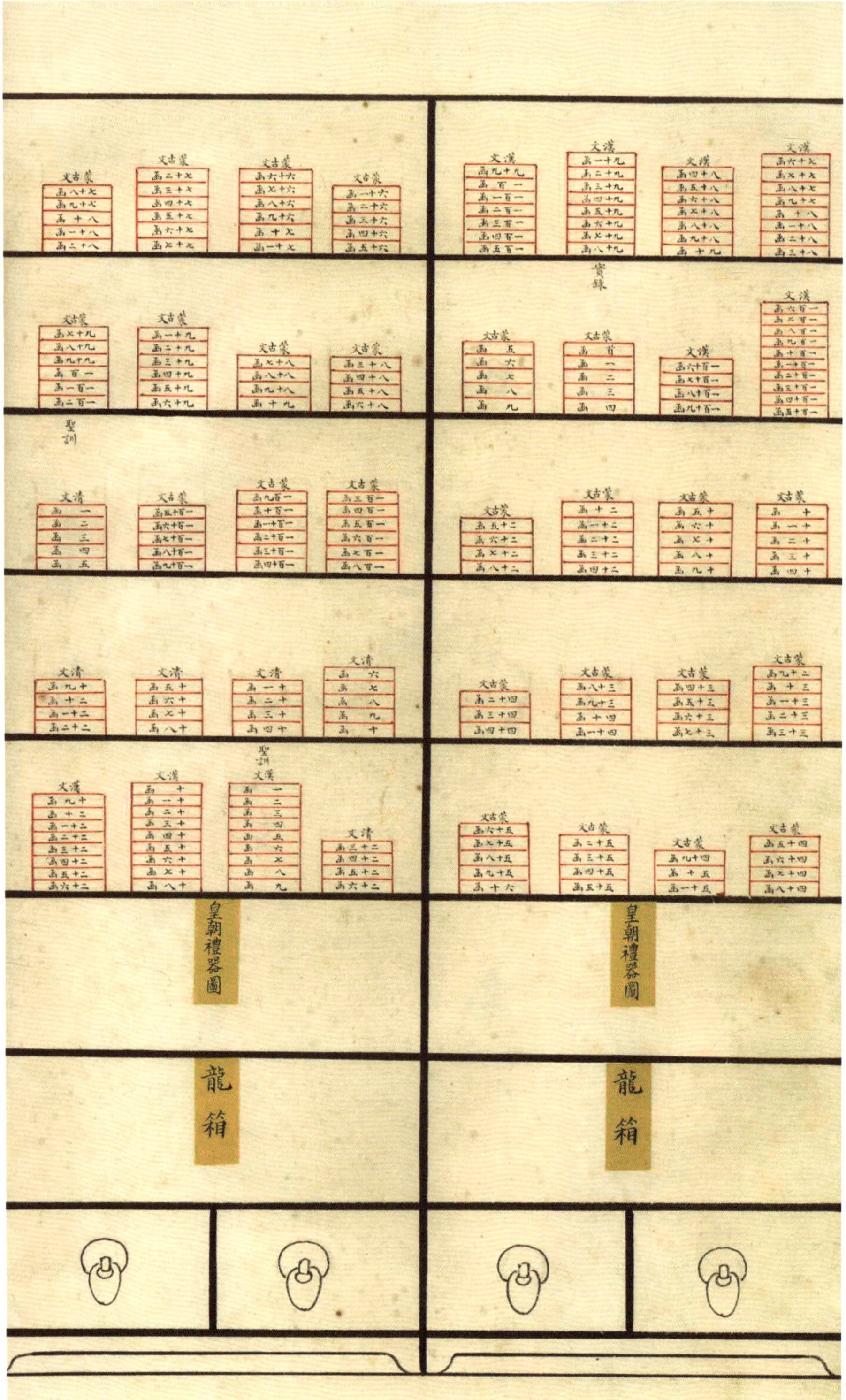

图五　道光年《乾清宫东西暖阁陈设圣训实录格式》

以书籍陈设来说，乾清宫后檐北为仙楼，两侧设书格，贮清《实录》、《圣训》等书。按清制，历朝《实录》告成时，例由实录馆缮写大、小红绫本各2份，每份汉、满、蒙文各1部。首藏小红绫正本于乾清宫东西暖阁；次藏大红绫正本于皇史宬及奉天大内；再藏小红绫正本于内阁。嘉庆十二年（1807年），重缮五朝《实录》，将旧贮之五朝《实录》撤换。重缮本贮于东暖阁，西暖阁改贮高宗《本纪》、《实录》。以后为例，前五朝《实录》藏东暖阁，后五朝至穆宗《实录》存西暖阁，这些均在道光年《乾清宫东西暖阁陈设圣训实录格式》（图五）得到印证。该档以表格形式依次列出东、西暖阁内书架及书函的排列情况，分别注出各书书名、文种及函，反映了清嘉庆朝以后乾清宫东、西暖阁书籍的列架实况，是绝无仅有的文字见证。此处还存有许多其他重要藏书，一直持续到清末，在其他陈设档和建院之初的《故宫物品点查报告》[1]中也得到印证。

交泰殿。内廷后三宫之一，位处乾清宫与坤宁宫之间，是正宫皇后在重大节庆接受朝贺之地。清乾隆年以后，象征皇权的二十五方宝玺贮藏于殿内。有《交泰殿》档案，按正一排、东一排、西一排、东二排、西二排的次序，逐一列出二十五宝的名称、序号、质地、尺寸、钮形及尺寸（图六）。另有乾隆元年《交泰殿日记档》、乾隆二十一年《交泰殿奉安宝册陈设档》、乾隆六十二年《交泰殿现存底档》等，综合反映出此处陈设和典章规制等信息。

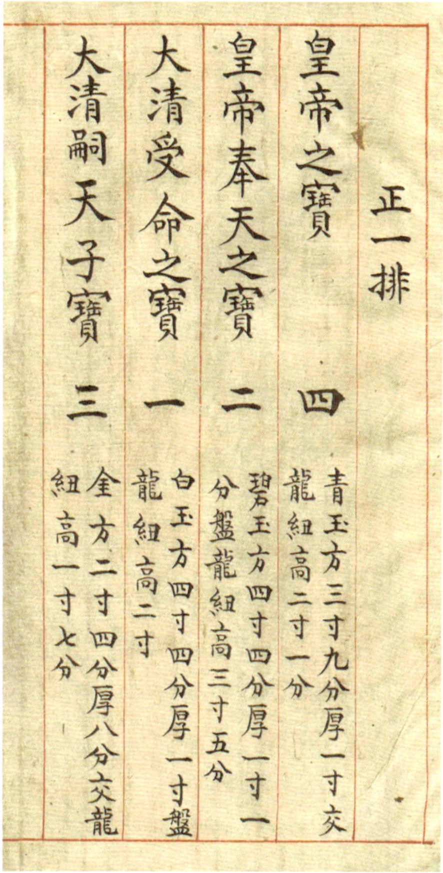
正一排
皇帝之寶 四 青玉方三寸九分厚一寸交龍紐高二寸一分
皇帝奉天之寶 二 碧玉方四寸四分厚一寸一分盤龍紐高三寸五分
大清受命之寶 一 白玉方四寸四分厚一寸盤龍紐高二寸
大清嗣天子寶 三 金方二寸四分厚八分交龍紐高一寸七分

图六　清《交泰殿》档案

坤宁宫。内廷后三宫之一，明代是皇后起居的正宫，面阔九间。清顺治年间仿沈阳故宫清宁宫将西部的七间改为萨满祭祀场所。在此举行的祭祀活动主要有坤宁宫元旦行礼、坤宁宫日祭（包括朝祭、夕祭）、坤宁宫月祭、坤宁宫月祭次日祭天、坤宁宫报祭、坤宁宫大祭、坤宁宫大祭次日祭天、坤宁宫求福、坤宁宫四季献神和坤宁宫背灯祭献鲜。改建后，其中宫地位未改，东暖阁为皇帝大婚的洞房。清道光十五年《坤宁宫东暖阁陈设档案》、《坤宁宫续入石渠宝笈档案》，光绪二年《坤宁宫东暖阁古铜器档案》，

1　清室善后委员会编，1925年出版，第一编第一册为“乾清宫”，共分3卷。

宣统二年《坤宁宫东暖阁现设档》等一组档案可供研究。

昭仁殿。位于乾清宫之东，始建于明代，清乾隆时辟为善本藏室，专储宋、金、元、明精抄佳椠，乾隆帝亲题匾额曰“天禄琳琅”。殿后接室三间，西室匾曰“慎俭德”，再西有匾曰“五经萃室”，为乾隆时敕汇《岳刻五经》之藏所。“天禄琳琅”藏书曾因火灾和改朝换代而两聚两散，除《钦定天禄琳琅书目》[1]和《钦定天禄琳琅书目后编》[2]两书的详细著录外，乾隆年《昭仁殿陈设档案》也著录较详。而到了晚清，这一典藏重点开始发生变化，在宣统年《昭仁殿书目录》中，记录着当年康有为陆续进呈给光绪帝的《日本变政考》、《列国政要比较表》、《波兰分灭记》等著作，还有《日本明治法制史》、《国家公法大纲》、《欧美政教纪原》、《万国史纲》、《万国公法史记》、《英国宪法及政治问答》、《德国学校制度》、《政治异同考》、《英文世界通史》、《海外番夷录》等大批外来维新变法著作，反映出政治局势的变化，光绪帝对外来文化和思潮需求及其阅读志趣的改变。这种变化也体现在光绪时的《宁寿宫书目》、《安毓庆宫书房书目》、《养性殿书目》中，以及清末《长春宫书目》和民国时的《怡情书史书目》等档案中。

懋勤殿。位于紫禁城内乾清宫西庑北端，与东庑端凝殿相对。康熙帝亲政前后曾在该殿读书学习，或招对九卿科道，或讲官进讲，后命侍讲张英、内阁中书高士奇供奉懋勤殿，开始了翰林侍直制度。雍正帝曾在该殿阅殿试卷。光绪帝曾在该殿接见变法诸臣，讨论政事，传谕变法诏命。此外，每岁秋谳，刑科复奏本上，皇帝御懋勤殿亲阅案册，御笔勾决，内阁大学士及刑部堂官等皆面承谕旨。因此懋勤殿也是宫中重要的政治和文化场所。有光绪二十八年《懋勤殿现存图章》、光绪年《懋勤殿书目》、宣统二年《懋勤殿现存陈设库存》等。《懋勤殿书目》显示该处藏有明清官私刻本和抄本400余种，不乏重要藏书，如宋版《三苏文粹》、清铜活字本《古今图书集成》、清蒋衡手书12年之久而成的《十三经》等，后者乾隆帝敕命依其勒石为《乾隆石经》，立于国子监院内。

钦安殿。御花园主体建筑，道教活动场所。从乾隆二十一年《钦安殿陈设档》、道光二十年《钦安殿陈设档》、宣统二年《钦定殿佛像供器档》记录的钦安殿中所供奉的玄武上帝、道教诸神，以及法器、法衣、皇经、道经等，可了解不同时代陈设的变化。

摛藻堂。位于御花园内堆秀山东侧，宫中藏书处所之一，专贮《四库全书荟要》。清乾隆皇帝诏修《四库全书》时已届63岁高龄，深恐不能亲睹其成，命大臣从全书中撷取精华，缮为《四库全书荟要》，既可求精，又可求速。种数、卷数和册数分别占《四

---

1 （清）于敏中等编：《钦定天禄琳琅书目十卷》，清乾隆四十年内府朱丝栏抄本。收录各朝善本430部。

2 （清）彭元瑞等奉敕编：《钦定天禄琳琅书目后编二十卷》，清嘉庆三年内府朱丝栏抄本。著录各朝善本663部。

库全书》的七分之一、四分之一和三分之一。依照《四库全书》的式样，先后缮写两部，一贮京郊长春园味腴书室，咸丰十年（1860 年）毁于英法联军侵华之役；一贮摛藻堂，秘藏多年，后南迁至台北故宫，成为世间孤本秘籍。不仅如此，《四库全书荟要》与《四库全书》相比，材质和装潢更加考究，每册标有卷数检索方便，内容更接近原貌，缮写更加精细，每册书后还附有诸家版本文字异同的考证，更为珍贵。清嘉庆年精细绘制的《钦定四库全书荟要分架图》，不仅提供了全部 463 种书籍的明细，还为我们还原了摛藻堂的典藏原状。

3. 内廷东路

斋宫。位于东六宫之南，毓庆宫西，是皇帝举行祭祀典礼前的斋戒之所。凡祭天祀地及祈谷、常雩大祀前，皇帝致斋于此。明代和清前期，斋戒均在宫外进行，雍正帝为确保平安，改在宫中进行。东暖阁为书屋，西暖阁为佛堂。斋戒期间，不作乐，不饮酒，忌辛辣，皇帝既在此斋戒，也在此读书及处理公务。陈设档有嘉庆二年《斋宫灯账》、嘉庆七年《斋宫陈设账》、嘉庆十二年《斋宫百什件档》以及不注年份的《斋宫陈设书目》等。此处藏书有《十三经注疏》、《钦定二十四史》、《锦绣万花谷》、《唐文粹》等四部之书，可知其阅读品目的丰富。

毓庆宫。位于内廷东路奉先殿与斋宫之间，特为皇太子允礽所建，后作为皇子居所。乾隆帝 12 岁至 17 岁居于此宫。嘉庆帝 5 岁时曾与兄弟子侄等居此，后迁往撷芳殿，即位后又迁回。同治、光绪两朝，此宫作为皇帝读书处，光绪帝曾在此居住。后殿室内明间悬匾曰“继德堂”，西次间为藏书室，嘉庆帝赐名“宛委别藏”。陈设档有光绪年立《毓庆宫陈设》、《毓庆宫继德堂百什件》，咸丰年《毓庆宫书目》、《毓庆宫书格存书目》，以及不注年份的《安毓庆宫宛委别藏书目》等，共 10 余件，说明了“宛委别藏”最初的陈设地点等史实。

景阳宫。在东六宫区域，“景阳”含景仰光明之意。明代是妃嫔居所，清代辟为藏书之处。有嘉庆年《景阳宫陈设书目》、清《景阳宫安放书籍目录》和光绪二十年《景阳宫清查书籍册》等，后者为复核档。

天穹宝殿。东临东筒子路，西邻景阳宫。祭祀昊天上帝之殿，是宫中道教活动场所，并与钦安殿、大高玄殿同为贮藏宫中道经之处。殿内原悬挂玉帝、吕祖、太乙、天尊等画像，每年于此举办天腊道场（正月初一）、天诞道场（正月初九）、万寿平安道场（皇帝生辰）等活动，平时由景阳宫太监负责洒扫。清同治帝、光绪帝曾到此拈香祈雪、祈晴。有雍正七年《天穹宝殿陈设底档》、乾隆十六年《天穹宝殿陈设档》、乾隆二十三年《天穹宝殿日记陈设底档》、道光十三年《天穹宝殿档案》等数件。

敬事房。清内务府所属管理太监事务的机构。康熙初年设立时称敬事房，雍正初年改称宫殿监，旧名仍存。宫殿监办事处在乾清宫南庑，乾东三所之敬事房为另一办理日常事务之所，另有敬事房库房，收贮外国、各藩、各地贡物等。现存光绪十五年《敬事房玉器实存》、《敬事房小漆木器实存》等16件分类档案，类别还有官银、瓷器、纱葛布、布匹、赏人用如意、赏用瓷器、毡毯坐褥、围屏木器等，构成相互补充的一组。

4. 内廷西路

养心殿区。位于乾清宫西侧，西六宫之南。原本是皇帝正寝宫殿一侧的便殿，自雍正帝将其作为寝宫和日常理政的中心后，其后的历朝皇帝都将其作为实际上的正寝宫殿，成为集召见群臣、处理政务、读书学习及居住等多功能为一体的建筑群。现存的近百件陈设档中，仅百式件就有清嘉庆七年《天府球琳百式件》，同治二年《养心殿后殿文竹文具百式件》，宣统二年《养心殿西暖阁自强不息现设百式件》，道光十九年《养心殿后殿洋磁柜百式件》、《养心殿西暖阁金漆匣百式件》和《养心殿明殿陈设图书集成分架图》（图七）等21件，足见此区陈设的丰富和档次。

重华宫区。位于内廷西路西六宫以北，原为明代乾西五所之二所。弘历为皇子时，初居毓庆宫，成婚后移居乾西二所，被封为“和硕宝亲王”后，住地赐名“乐善堂”，登极后以肇祥之地升为宫，名重华。前院正殿为崇敬殿，中院正殿即重华宫，东配殿为“葆中殿”，殿内额曰“古香斋”，曾收贮《钦定古今图书集成》；西配殿曰“浴德殿”，殿内额曰“抑斋”，为乾隆皇帝的书室。后院正殿为翠云馆，两侧有耳房及东西配殿，东次间匾曰“长春书屋”，为乾隆皇帝即位前读书处。自乾隆时始，每岁新正召集内廷大学士、翰林等人在重华宫赐茶宴联句，后将此举作为家法，于每年的正月初二至初十举行。咸丰以后终止。该区陈设档有乾隆年《重华宫恭藏》、嘉庆七年《重华宫琬琰集百式件》、咸丰十一年《上要去糙账》、同治二年《重华宫各殿新书账》、同治五年《重华宫玉器扇子账》等，计40余件，显示该区域的重要。

漱芳斋。原为乾西五所之头所，清乾隆皇帝即位后，改乾西二所为重华宫，遂将头所改为漱芳斋，并建戏台，作为重华宫宴集演戏之所。后殿为“金昭玉粹”，为侍宴观戏之处。乾隆年间，皇帝每岁新正先至西苑阐福寺拈香，而后到漱芳斋开笔书福。逢万寿节、圣寿节、中元节、除夕等重要节日，常侍奉皇太后在后殿进膳、看戏，并赐宴于王公大臣。道光、咸丰、同治等朝，依旧奉皇太后或皇贵太妃等人在此用膳。宣统帝逊位后，同治帝瑜妃、瑨妃曾居漱芳斋芝兰室，遇太妃诞辰日，仍于此处传戏，直至溥仪被迫出宫。现存有乾隆四十一年《漱芳斋已入“石渠宝笈”册页手卷画轴》、嘉庆七年《漱芳斋西间蓝田集瑞百式件》、道光十九年《漱芳斋现设陈设档》等10余件。

5. 内廷外东路

宁寿宫。位于紫禁城内外东路，是乾隆帝为自己退位之后而营建的太上皇宫殿。

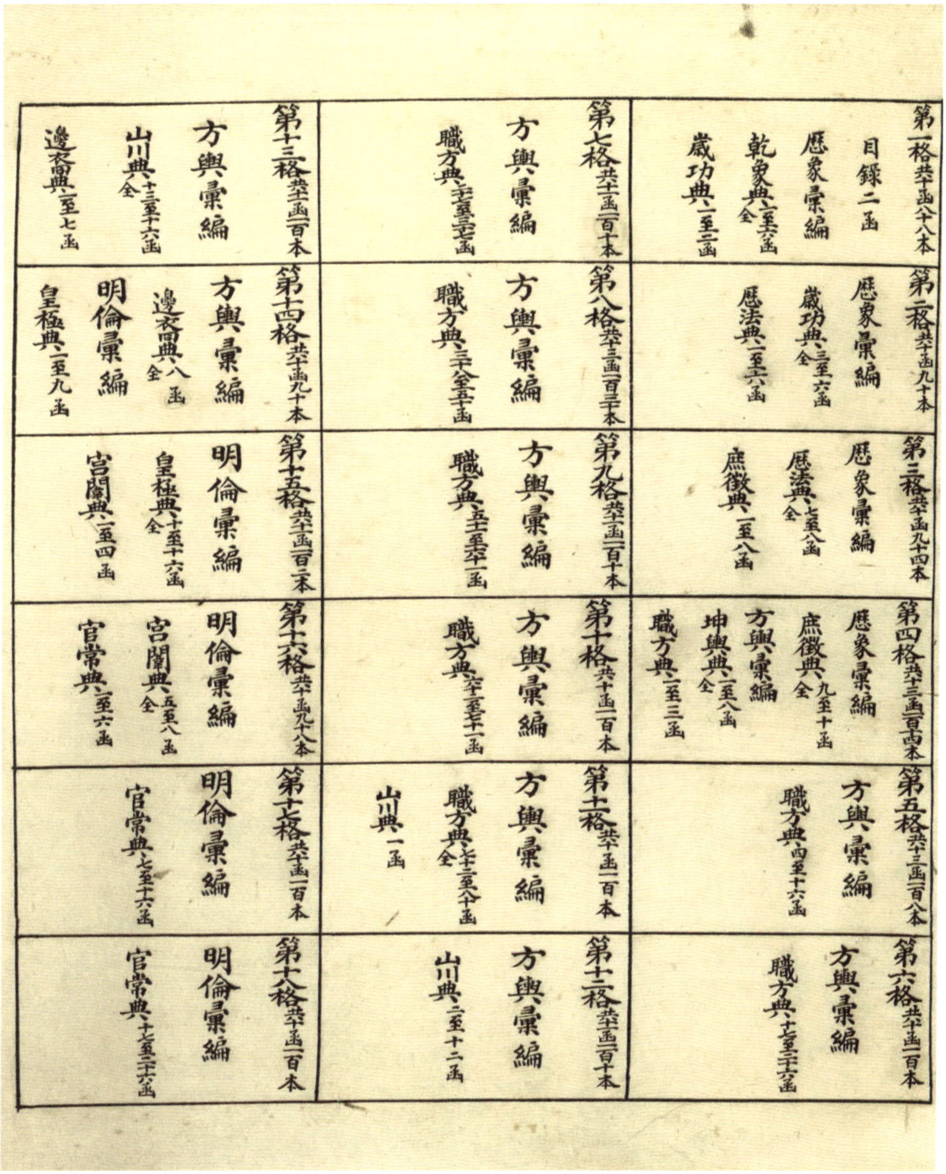

第一格共十函八十八本
目錄二函
歷象彙編
乾象典一至六函 全
歲功典一至二函

第二格共十函九十本
歷象彙編
歲功典三至六函 全
歷法典一至六函

第三格共十函九十四本
歷象彙編
歷法典七至八函 全
庶徵典一至八函

第四格共十三函一百十四本
歷象彙編
庶徵典九至十函 全
方輿彙編
坤輿典一至八函 全
職方典一至三函

第五格共十三函一百八本
方輿彙編
職方典四至十六函

第六格共十函一百本
方輿彙編
職方典十七至二十六函

第七格共十二函一百十本
方輿彙編
職方典二十七至三十七函

第八格共十三函一百三十本
方輿彙編
職方典三十八至五十函

第九格共十二函一百十本
方輿彙編
職方典五十一至六十一函

第十格共十函一百本
方輿彙編
職方典六十二至七十一函

第十一格共十二函一百本
方輿彙編
職方典七十二至八十函 全
山川典一函

第十二格共十二函一百十本
方輿彙編
山川典二至十二函

第十三格共十二函一百本
方輿彙編
山川典十三至十六函 全
邊裔典一至七函

第十四格共十函九十本
方輿彙編
邊裔典八函 全
明倫彙編
皇極典一至九函

第十五格共十二函一百二本
明倫彙編
皇極典十至十六函 全
宮闈典一至四函

第十六格共十函九十八本
明倫彙編
宮闈典五至八函 全
官常典一至六函

第十七格共十函一百本
明倫彙編
官常典七至十六函

第十八格共十函一百本
明倫彙編
官常典十七至二十六函

图七 清《养心殿明殿陈设图书集成分架图》

全区分前朝、后寝。前朝有仿乾清宫的皇极殿，后有仿坤宁宫的宁寿宫；后寝分东、中、西三路，东有畅音阁、庆寿堂、景福宫，梵华与佛日两佛楼；中有养性殿，乐寿堂、颐和轩和景祺阁；西为花园区。其中养性殿为太上皇寝宫，光绪年间慈禧太后居乐寿堂时，也曾在养性殿东暖阁进早、晚膳。整个宁寿宫区殿阁楼台亭斋轩馆皆备，各类陈设齐全，所存清《宁寿宫陈设册》、《宁寿宫陈设书目》、《养性殿书目》，道光十八年《佛日楼梵华楼佛堂档》，光绪年《上传东路各殿陈设册档》、《养性殿陈设档》，宣统十五年《养性殿东暖阁》等，多达140余件，历数着这一区域的方方面面。

6. 内廷外西路

中正殿区。以中正殿为中心的一组佛堂建筑，位于紫禁城内西北隅建福宫花园南，计有中正殿、中正殿后殿、东西配殿、香云亭、宝华殿、雨花阁、雨花阁、东西配楼、梵宗楼等10处，为清代宫廷藏传佛教活动的中心。著名的雨花阁是乾隆时期改建而成，形制独特，藏式佛教建筑风格浓郁，是目前我国现存最完整的藏密四部神殿，对于研究藏传佛教具有重要意义。此区陈设档共有60余件，如乾隆二十一年《中正殿佛经供器总档》，乾隆三十四年《般若品目录档案》，乾隆年《功行品目录档案》、《瑜伽品目录档案》、《德行品目录档案》，乾隆四十七年《雨花阁档案》，道光十五年《雨花阁普明圆觉仙楼智珠心印目录》等，揭示了这一神秘区域的丰富典藏。

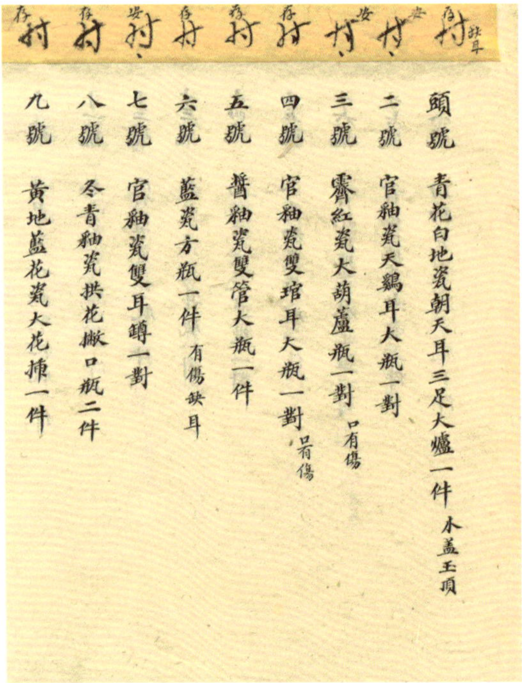
頭號　青花白地瓷朝天耳三足大爐一件　木蓋玉頂
二號　官釉瓷天鷄耳大瓶一對
三號　霽紅瓷大葫蘆瓶一對　口有傷
四號　官釉瓷雙琯耳大瓶一對　口有傷
五號　醬釉瓷雙管大瓶一件
六號　藍瓷方瓶一件　有傷缺耳
七號　官釉瓷雙耳罇一對
八號　冬青釉瓷拱花撇口瓶二件
九號　黃地藍花瓷大花插一件

图八　宣统十三年二月立《静怡轩瓷铜玉陈设账》

建福宫区。初建时拟为乾隆皇帝“备慈寿万年之后居此守制”之用，后因故未行。乾隆帝十分喜爱建福宫，时常到此游憩，吟咏亦多。后清宫定制每年嘉平朔日（腊月初一）皇帝莅此宫开笔书福志新禧。亦称为西花园，随此宫而建的“建福宫花园”有建筑10余座，抚辰殿、建福宫、惠风亭、静怡轩、慧曜楼、延春阁、碧琳馆、妙莲华室、凝晖堂等，轩馆楼阁云集，奇珍异宝无数。1923年，此组建筑连同中正殿等皆遭火焚，化为灰烬，相关档案成为珍贵无比的历史见证。清嘉庆七年《静怡轩雕博古紫檀木罩匣百式件》、《静怡轩四美具百式件》，道光十九年《慧曜楼静室佛堂陈设档》、《延春阁现设陈设档》，同治六年《凝晖堂佛堂》，光绪二年《延春阁上等次等石渠宝笈手卷》、《敬胜斋碧琳馆三友轩百式件》和宣统十三年二月立《静怡轩瓷铜玉陈设账》（图八）等，共有60余件，翻阅着当年陈设盛况的记录，令人感慨万千！

八 陈设档的多重价值

随着文物、博物馆、清史等各项研究的深入，陈设档所具有的多方面作用和价值，已经或正在被越来越多的人所认识。以下结合故宫博物院各项科研和实务，进一步归纳、论证陈设档的多重作用和价值。

1. 复原宫殿建筑的第一手史料

2000年5月，由中国文物保护基金会捐助的“建福宫花园复建项目”开始，陈设档发挥了重要作用。《国朝宫史》、《日下旧闻考》等史书中均未提到该组建筑中有“淡远楼”，而在《延春阁现设陈设档》等档案中却有“淡远楼”的记载，昭示其曾经存在，学者并据以考证出具体方位[1]。

2. 还原宫廷陈设原状的重要参考

2002年8月，故宫博物院与美国世界文物建筑保护基金会签署协定，合作进行“倦勤斋室内装饰装修保护项目”。倦勤斋是作为乾隆皇帝归政后的游乐之处，取“耄期倦于勤”之意。复原陈设方案的依据之一，即是《倦勤斋陈设档》等4件陈设档，结合其他图文史料，考析出倦勤斋的修建年代、建筑形制、内檐装修特点、与其他宫殿建筑的渊源关系及使用情况等[2]。

3. 揭示陈设来源和陈设制度等

《明清室内陈设》[3]、《雍正年的家具制造考（续）》[4]、《一个称职的博物馆工作者——朱家溍先生在故宫》[5]、《明清皇宫陈设》[6]等，都利用陈设档对陈设原状进行研

1 朱庆征：《建福宫花园之澹远楼名实考》，《故宫博物院院刊》2000年第5期。

2 张淑娴：《倦勤斋建筑略考》，《故宫博物院院刊》2003年第3期；李福敏：《故宫〈倦勤斋陈设档〉之一》、《关于〈倦勤斋陈设档〉的几点认识》，《故宫博物院院刊》2004年第2期。

3 朱家溍：《明清室内陈设》，紫禁城出版社，2004年。

4 朱家溍：《雍正年的家具制造考（续）》，《故宫博物院院刊》1985年第4期。

5 朱传荣：《一个称职的博物馆工作者——朱家溍先生在故宫》，《中国博物馆》2004年第1期。

6 王子林：《明清皇宫陈设》，紫禁城出版社，2011年。

究。《雨华阁探源》[1]、《明成化藏汉文对音写经浅探》[2]、《中正殿与清宫藏传佛教》[3]等，《故宫中的藏传佛教艺术瑰宝（二）——六世班禅大师在北京的纪念》[4]、《雨华阁唐卡辨析》[5]、《雨华阁唐卡辨析续论——兼论与〈诸佛菩萨圣像赞〉之关系》[6]、《清宫六品佛楼模式的形成》[7]、《故宫雨华阁神系与密宗四部研究》[8]等文，依据《活计档》、《奏销档》、陈设文献等，将现存实物与相关陈设档的记载对比研究；或揭示并求证图像的宗教意义和其相互之间的关系，阐明陈设的指导思想，梳理出各建筑模式形成的过程以及内部陈列的形式等。

4. 揭示陈设物品的沿革和变迁

将每一宫殿不同年份的若干件陈设档纵向排列来看，综合分析、对比各条记录，如在陈时间、何时撤下、何时转陈、何人制作、何人进贡、赐予某人，等等，不仅会发现陈设内容或添或减的若干变化，还可查到当时管理人员的变迁，提陈、撤陈、保管和修复的程式如何等信息。如：

> 太皇太后赐东珠数珠一盘　珊瑚佛头松子石塔猫睛背云珠子计念珠子坠角　三十九年十二月二十九日王以诚取去进皇太后　四十年正月初三日郑开士送来东珠数珠一盘借用　内有青金石珠八个奉旨自鸣钟收着
>
> 东架　星晷一个　八面罗经一对　针晷黄磁碗一个　看星夹纸转的圆盘一件　此四宗俱系南怀仁进[9]

笔者曾对收有“千里眼”的陈设档进行了综合统计，涉及静怡轩、翠云馆、金昭玉粹殿、延春阁、宁寿宫等档案，得到118条记录，每笔记录一件或一组，一组包括重复品2～8件不等，总计180余件，多于故宫博物院现存数量[10]。结合各件“千里眼”

1　王家鹏：《雨华阁探源》，《故宫博物院院刊》1990年第1期。

2　王家鹏：《明成化藏汉文对音写经浅探》，《故宫博物院院刊》1988年第4期。

3　王家鹏：《中正殿与清宫藏传佛教》，《故宫博物院院刊》1991年第3期。

4　王家鹏：《故宫中的藏传佛教艺术瑰宝（二）——六世班禅大师在北京的纪念》，《中国西藏》（中文版）2002年第1期。

5　罗文华：《雨华阁唐卡辨析》，《故宫博物院院刊》2002年第3期。

6　罗文华：《雨华阁唐卡辨析续论——兼论与〈诸佛菩萨圣像赞〉之关系》，《故宫博物院院刊》2000年第4期。

7　罗文华：《清宫六品佛楼模式的形成》，《故宫博物院院刊》2000年第4期。

8　罗文华：《故宫雨华阁神系与密宗四部研究》，《佛学研究》1997年。

9　《陈设账》，第1、12页，康熙三十三年正月立。

10　据故宫博物院官网公布的《故宫博物院藏品总目》相关数字统计。

之下的注记文字，可知晓它们的去向：

千里眼一筒　三十五年六月二十日石文贵进　五十四年六月二十七日王以诚取去出兵用[1]

千里眼一筒　三十五年九月十五日李玉交来　系苏海做的　五十六年二十五日王以诚取去出兵用[2]

还有千里眼若干，分赐诚直王、四贝勒、七贝勒、十三阿哥、皇太子等人，有的“赐阿哥用了”[3]。

再如嘉庆朝四库未收书丛编《宛委别藏》，系阮元在巡抚浙江任上，留心搜访《四库全书》未收之书的硕果，先后求得175种，依《四库全书总目》例，为每书撰写提要，随书分三次奏进，总称为《四库未收书》。所收多为世所罕见之珍本秘籍，或不见于公私著录，或久已失传，或可补《四库全书》之缺。同时《宛委别藏》所收各书均据旧本精钞影写，具有极高的版本价值。嘉庆帝十分珍爱，赐名《宛委别藏》。命人在每书首页加盖“嘉庆御览之宝”御玺，又命工匠制作了100个楠木书匣盛装，匣上刻“宛委别藏”，匣盖上刻所贮书名，并仿《四库全书》四部陈设。与“天禄琳琅”一样，《宛委别藏》只有一套，两者堪称清宫善本秘藏的姐妹篇，现藏台北故宫博物院。光绪、宣统、民国时期，在毓庆宫、昭仁殿、长春宫、景阳宫等陈设档中都留下了《宛委别藏》的记载，可见其不仅在毓庆宫陈设过。

5. 探考陈设物品的原始记录及内涵

提供海量藏品的海量信息。近800件清宫陈设档，35000余页，以平均每页8条记录计算，数量即达32万件（套、组）。实际上，除每条记录一件（套）以外，还有一部分是每条记录同一名称的一组，如“霁青磁供碗大小八十八件”[4]，这些重复品相加的话，数量就要翻增数倍。综合来看，所有陈设档就是一部清宫藏品的总登记账，陈设方位、地点、名称、数量皆可一目了然。除此之外，我们并未见过其他传世的藏品账目，因此，陈设档是绝无仅有的反映清宫典藏信息的唯一史料。按现今的评鉴标准，所记录的藏品均具有极高的历史和艺术价值，有相当部分属国宝级或珍贵文物级。况且，陈设档多产生于清末时代变革之前，除清帝有计划地将其中部分珍品运至盛京等处外，大部分文物从未出宫，如此原始、海量的名品佳作的著录信息和说明性信息，为相关

1　前揭《陈设账》，第21页。

2　前揭《陈设账》，第21页。

3　前揭《陈设账》，第21～23页。

4　《钦安殿陈设档》，第21页，清道光二十六年立。

研究所提供的信息十分全面和完整，参考价值极高。

参考陈设物品的等级。部分陈设已划分等级，如光绪年间《头等旗龙袍褂蟒袍褂等项实存》和《二等旗龙袍褂蟒袍褂等项实存》，《头等各色小卷绸缎纱等项实存》、《二等各色小卷绸缎纱等项实存》和《三等各色小卷绸缎纱等项实存》，等等。当时的划分标准是什么？与现在的标准有何不同？此类属于管理方面，也可据此探讨。

考察陈设物品的定名。陈设档距今已二三百年，其中记录的文物信息与现今故宫博物院文物账目的著录信息存在差异。随着时代发展和研究的不断深入，著录标准逐渐统一和规范，描述的要素也随之增加，仅名称一项，就包括时代、质地、纹饰等，过去忽略或不够统一规范之处，都在不断增补或修订，导致同一文物古今名称有所不同。

尽管陈设档的文物信息较早，不是现代意义的著录，而是比较原始的记录，但仍属奠基性工作，其后的文物账目多在其基础上派生或新建。这些记录为现今文博、考古等领域的专家学者提供了大量富有价值的参考，可据以了解当时的定名规律，分析古今名称的演进与递变等，在文博业务管理和研究等方面具有极高的应用价值。

专项和综合考察研究。以百式件为例，一种百式件的著录信息和研究内容就不少；而将多种“百式件”综合、比较研究的话，又会得到不同启发，开启无数新的研究空间，请看下表。

清宫陈设档中的百式件

序号	档案题名（按笔画多少为序）	立档时间（同殿以时间先后为序）
1	百什件	宣统二年立
2	百什件陈设档案	道光十八年七月初一日立
3	百什件陈设等项账	宣统十三年七月立
4	碧琳馆楼上洋漆匣百式件	嘉庆七年十一月立
5	碧琳馆楼下抽屉百式件	嘉庆七年十一月立
6	萃珍筒百式件	嘉庆七年十一月立
7	翠云馆万宝箱百式件	嘉庆七年十一月立
8	翠云馆万宝箱百式件	光绪二年立
9	德日新楼下文竹文具百式件	嘉庆七年十一月立
10	金昭玉粹宝座格柜门内百式件	嘉庆七年十一月立
11	景福宫百什件册档	道光十八年钞本
12	敬胜斋雕白檀香匣百式件	嘉庆七年十一月立
13	敬胜斋嵌玉罩匣百式件	嘉庆七年十一月立
14	敬胜斋琼瑶薮百式件	嘉庆七年十一月立
15	敬胜斋洋漆箱百式件	嘉庆七年十一月立

序号	档案题名（按笔画多少为序）	立档时间（同殿以时间先后为序）
16	敬胜斋百式件	光绪二年立
17	敬胜斋碧琳馆三友轩百式件	光绪二年立
18	静怡轩雕博古紫檀木罩匣百式件	嘉庆七年十一月立
19	静怡轩清玩阁百式件	嘉庆七年十一月立
20	静怡轩四美具百式件	嘉庆七年十一月立
21	静怡轩百式件（下）	光绪二年立
22	静怡轩清玩阁百式件	光绪二年立
23	宁寿宫移来百什件陈设档	同治五年九月十六日立
24	宁寿宫移来百什件档	同治五年九月十六日立
25	宁寿宫交来陈设百什件账	同治八年六月初二日立
26	三友轩团圆桌抽屉百式件	嘉庆七年十一月立
27	三友轩棕竹格百式件	嘉庆七年十一月立
28	漱芳斋金昭玉粹百式件	光绪二年立
29	漱芳斋五大格抽屉百式件	嘉庆七年十一月立
30	漱芳斋西间蓝田集瑞百式件	嘉庆七年十一月立
31	漱芳斋西间紫檀木罩匣百式件	嘉庆七年十一月立
32	天府球琳百式件	嘉庆七年十一月立
33	延春阁北门嵌玉五块罩盖匣百式件	嘉庆七年十一月立
34	延春阁百式件仪器	光绪二年立
35	养心殿东暖阁博古格陈设	嘉庆七年十一月立
36	养心殿天球合璧百式件	嘉庆七年十一月立
37	养心殿东暖阁雕龙匣百式件	道光十九年立
38	养心殿东暖阁雕漆长方匣百式件（库存）	道光十九年立
39	养心殿后殿金洋漆二层方盒百式件	道光十九年立
40	养心殿后殿洋磁柜百式件	道光十九年立
41	养心殿后殿洋漆箱百式件	道光十九年立
42	养心殿后殿竹丝小格百式件	道光十九年立
43	养心殿后殿紫檀木雕博古箱百式件	道光十九年立
44	养心殿后殿紫檀木小柜百式件	道光十九年立
45	养心殿西暖阁雕博古箱百式件	道光十九年立
46	养心殿西暖阁雕博古罩盖匣百式件	道光十九年立
47	养心殿西暖阁雕龙紫檀木柜百式件	道光十九年立
48	养心殿西暖阁黑漆罩盖方匣百式件	道光十九年立
49	养心殿西暖阁糊字画格百式件	道光十九年立
50	养心殿西暖阁金漆文具百式件	道光十九年立
51	养心殿西暖阁金漆匣百式件	道光十九年立
52	养心殿西暖阁瑾瑜匣百式件	道光十九年立
53	养心殿西暖阁琅玕聚百式件	道光十九年立
54	养心殿西暖阁琳琅笥百式件	道光十九年立

序号	档案题名（按笔画多少为序）	立档时间（同殿以时间先后为序）
55	养心殿西暖阁珣琪宇百式件	道光十九年立
56	养心殿西暖阁紫檀木硬嵌小箱百式件	道光十九年立
57	养心殿西暖阁博古格陈设	光绪十九年立
58	养心殿后殿集琼藻百式件	同治二年立
59	养心殿后殿文竹文具百式件	同治二年立
60	养心殿西暖阁博古格陈设	光绪十九年立
61	养心殿西暖阁勤政亲贤现设百式件	宣统二年二月十四日立
62	养心殿西暖阁自强不息现设百式件	宣统二年二月十四日立
63	毓庆宫继德堂百什件	光绪二年立
64	斋宫百什件档	嘉庆十二年十二月立
65	重华宫琬琰集百式件	嘉庆七年十一月立
66	重华宫璆琳笥百式件	嘉庆七年十一月立
67	重华宫璆琳笥琬琰集百式件	光绪二年立

将此类物品作为整体考察的话，除材质本身均属物华天宝之外，其精湛工艺、表现形式、设计思想、帝王意趣、陈设制度、历史发展等方面，都是有着无限研究空间的大课题。

6. 历史研究的丰富物证

前例说明，陈设档不但记录室内藏品，也记录与此相关的人物、

事件，为明清史、民国史、外交史等方面的研究提供了若干史料。小到一件物品的材质和制作工艺，清帝个人的文化修养和兴趣爱好，大到民族关系、国际关系，都可找到大量相关史料，在此仅举两例。

了解帝后好尚。如清帝的文化修养、兴趣爱好各有不同，这决定了他们对陈设的选择不同。如康熙三十三年所立《陈设账》，穿插记录了很多西洋物品，如洋桌、洋案、西洋刀、千里眼、洋盒、洋烟、红金洋枪、西洋宝石盒、西洋香、西洋细造上等绳蜡、西洋造银烟灯、西洋布手巾[1]等。此类记载见于多个宫殿，不胜枚举。反映个人情趣的记录还有：

花梨木莲蓬样香盒一个　四十四年正月初四日刘有运奏过奉旨抛了吧[2]

西洋香三样一盒　南怀仁进　上用了些[3]

1　前揭《陈设账》，散见各页。

2　前揭《陈设账》，第 14 页。

3　前揭《陈设账》，第 20 页。

佐证民族和国际关系。清廷与朝鲜、越南、琉球、蒙古等周边国家之间来往密切，各自以特产或精心制作的器物频繁进贡与回赏，在陈设当中有较多体现：

红雕漆寿春小圆盒壹对　签注：道光十七年八月初十日总管赵德喜要去，上在同乐园赏东西两边看戏王大臣、蒙古王及越南国来使等用三件。[1]

红雕漆人物四方入角小盒玖件　下有五签分注：咸丰三年正月二十三日内殿总管韩来玉要去二件赏琉球图王用；咸丰三年三月二十二日奏事首领陈鹤要去赏遥丹书克喇嘛等用一对；咸丰六年正月初五日内殿总管韩来玉要去一对赏琉球国王用；咸丰八年正月初七日内殿总管沈魁要去二件赏朝鲜国王用；咸丰九年六月十二日内殿总管沈魁要去一件赏琉球国王用。[2]

综上所述，馆藏近800件大内陈设档相对完整，以翔实入微的原始记录，承载着清代200余间宫廷陈设及与此相关的历史信息，犹如一部绵延不绝的综合性史料长编，正史不收，他史不录，世所仅见，蕴蓄极富，若能深入挖掘，系统考察，综合研析，定会大有所获！

节选自《版本目录学研究》第六辑，北京大学出版社，2015年

1 《东暖阁雕漆器档案》，第25页，光绪元年十一月初七日立。

2 前揭《东暖阁雕漆器档案》，第25页。

《故宫周刊》的创办与价值

张 露

内容提要：《故宫周刊》是民国时期文物美术类期刊中影响最大、生命力最长的一种。它在特定的历史时期借重故宫本身的资源优势，起到了堪布史料、宣传文物、普及文化的使命，也最早向国民揭示了博物馆的价值和意义。在田野考古不能广泛开展的年代，《故宫周刊》成为举足轻重的以发表文物资料为主体的文化期刊，在很长一段时间内，对中国书画史和古物研究发挥了积极作用。

关键词：国学 早期美术期刊 故宫周刊 创办 印刷 发行 价值

美术、文物类期刊的发轫缘起于20世纪初弘扬国学的风潮，1905年前后创刊的《时事画报》、《真相画报》、《艺术丛编》、《神州国光集》等，或是宣传民主时事，或是“专意保存文艺”[1]。《故宫周刊》正是诞生在这种弘扬国学的背景之下，虽然它同时担负着宣传传统文化、传播现代博物馆文明的历史使命，但以之唤起全国人士之艺术理念，使将艺术者多得古人名迹以资观摩，或许是最为直接的创刊动因[2]。

作为美术学研究的外延，对美术期刊研究的书籍、论文并不多。书籍只见1992年许志浩整理的《中国美术期刊过眼录》，主以梳理美术类期刊，较少研究性观点。而近年的艺术专业的硕士论文中有零星关于美术期刊的篇目，如2007年浙江大学人文学院郑权利的硕士论文《民国绘画期刊研究》[3]，其中以民国时期绘画类期刊的总体状况、区域分布等加以排比，虽也涉及《故宫周刊》，但着笔墨并不多；南京师范大学艺术学院卢培钊的《故宫早期期刊与中国古代书画的大众传播》[4]，虽是专门论述故宫期刊

作者：研究室，副编审。

1 黄宾虹《八十自叙》中关于办报的回忆，详见下文。

2 1929年10月10日《故宫周刊》第1期中易培基的“发刊弁言”。

3 见中国学术知网“硕士学位论文”。

4 《新美术》2010年第3期。

的论文，但尚且停留在介绍阶段，称不上研究。唯独故宫博物院朱赛虹女士《故宫早期刊物的特色及其历史意义》[1]，是专门论述故宫刊物的论文，但论文以记述民国时期故宫博物院出版各类刊物内涵为主，较少论及编辑出版理念之发生发展。此外，早在1995年上海书画出版社编辑的《朵云》杂志中有两篇论及早期美术期刊的论文，一篇是洪再新的《鼓吹革命中的艺术真相——〈真相画报〉所示黄宾虹与岭南三家的关系》，选取了黄宾虹与岭南三家在创办《真相画报》过程中的史实，着重分析了以画家为主的办刊班底在革命的前提下，以刊物为发轫点，试图将具有岭南地域特色的画风推向中国美术界的目的，论文对于了解20世纪10年代的美术期刊的具有示范意义；另一篇是李伟铭的《高剑父留学日本考》，其中也涉及了早期美术期刊创办的一些状况，如其中论及1905年创刊的《时事画报》，明确指出其报刊“约章”：“本报不惜重资，延聘美术家专司绘事，凡一事一物描摹善状，阅者可以征时事而兹考据。”作者认为，“引进西方的写实语言，使绘画在现实的变革中充当开发民智的工具，是东渡归来的高剑父非常明确的信念”。足见众多美术期刊于创刊之初在一定程度上担当了“开发民智”媒介的角色。上述是当前学术界对美术期刊（也包括文物）的一些研究进展，显然其在编辑出版领域还显得很薄弱。本文尝试立足于编辑学的视角，进一步讨论《故宫周刊》的创立及其历史价值。

一 《故宫周刊》创立的社会背景

（一）早期期刊对“国学”的传播

晚清末年，面对清王朝政治的衰微，有中山先生倡议“驱逐鞑虏，恢复中华”；面对西方坚船利炮的冲击，更有很多有知之士冀求通过办学、办刊宣传国学，重振国力，重振民族精神。宣传国学的期刊相继诞生，如1908年的《国学萃编》、1914年的《国学》、1915年的《国学杂志》，等等。其中1904年2月上海“国学保存会”创立的《国粹学报》为最早，由邓实任总纂，编辑者有邓实、章炳麟、刘师培、陈去病、罗振玉等。该刊声称以“发明国字，保存国粹”为宗旨，用文言文撰写稿件，宣传反清思想，强调爱国存学。刊物为32开本（后三年为25开本），月刊，每期60页左右，光纸（后用连史纸[2]）铅印竖排，图版用道林纸印刷，线装，售价三角。该刊头两年主要栏目设社论、政篇、史篇、文篇、丛谈、撰录，第三年增设博物篇、学术篇，第六年又增设

1 《故宫博物院院刊》2009年第5期。

2 连史纸又名“连四纸”“连泗纸”，原产于福建省邵武以及闽北地区和江西省铅山一带。这种纸色白，厚度均匀，防虫耐热，着墨鲜明。旧时，凡贵重书籍、碑帖、契文、书画等皆用之印刷，亦用来记账。我国最早的《点石斋画报》就是用连史纸印刷的。

美术篇等[1]。如史学研究者所评价，“国学倡导者的出发点最初不在研究而在保存，以求养成国民的爱国心”，所以最初“政治或文化关怀明显高于学术追求”[2]。

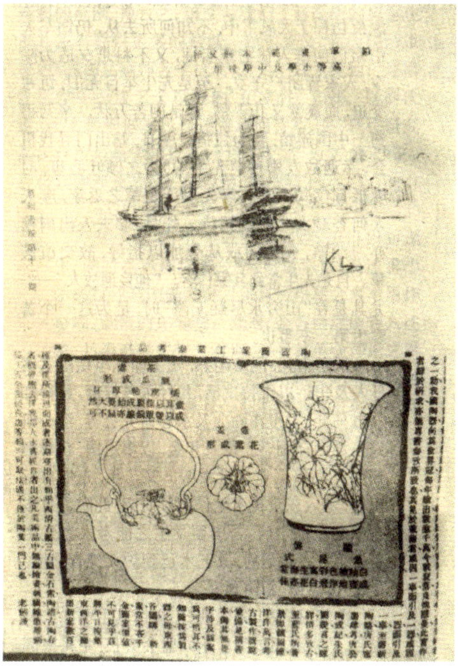

图一 《真相画报》第 12 期高剑父铅笔画

在宣传国学的早期期刊中，还包括有《时事画报》、《真相画报》、《艺术丛编》等美术、文物类期刊。其中《时事画报》于 1905 年 10 月由高剑父、潘达微、陈垣在广州创办，为当时“内地发行的唯一革命报”[3]。而《真相画报》的创办离不开黄宾虹的帮助。20 世纪初，黄宾虹与上海出版界建立了密切的关系[4]，在《八十自叙》中，他回忆说：“逊清之际，士夫谈新政，办报兴学。余游南京、芜湖，友招襄理安徽公学，又任各校教员。时议废弃中国文字，尝与力争之，由是而专意保存文艺之志愈笃。乃至沪，晤粤友邓君秋枚、黄君晦闻，于《国学丛书》、《国粹学报》、《神州国光集》供搜辑之役。”[5]《真相画报》得到了广东省政府资助，在黄宾虹的协助下，由岭南画家高奇峰、高剑父兄弟于 1912 年 6 月在上海创刊。该刊由广州真相画报社编辑，上海商文印刷所印刷发行，每月出版 3 期，共出版 17 期，1913 年 3 月停刊[6]。《真相画报》创刊号有“真相画报出世之缘起”，论及其宗旨为“监督共和政治，调查民生状态，奖进社会主义，输入世界知识”，与其他早期的国学类期刊的宗旨是一致的（图一）。早期关于古代文物的期刊还有《艺术丛书》，1916 年 5 月由上海广仓学会出版，双月刊，邹安主编，1920 年 6 月出版 24 期后停刊。上海广仓学会是英籍犹太人哈同于 1916 年初创立的。

---

1 《国粹学报》共出版 82 期，1911 年 9 月 12 日（宣统三年七月二十日）出版最后一期。刊物连续刊行 7 年，从未间断。停刊之后，改名《古学汇刊》，另行出版。

2 桑兵：《晚清民国时期的国学研究与西学》，《历史研究》1996 年第 5 期。

3 陈智超编注：《陈垣往来书信集》，第 806 页，“一九五九年七月七日，往函”，上海古籍出版社，1990 年。

4 1901 年，黄宾虹、邓实在上海创立神州国光社，最初以珂罗版影印书画、字帖、金石、印谱等为主，出版有《神州国光集》（前 21 期由神州日报社出版）、《神州大观》等；1911 年，黄、邓二人合编的《美术丛书》出版，共 30 辑 120 册，以古书画为主。

5 转引自洪再新《鼓吹革命中的艺术真相——〈真相画报〉所示黄宾虹与岭南三家的关系》注②，《朵云》1995 年第 1 期（总第 44 期），第 58 页，上海书画出版社，1995 年。

6 前揭《鼓吹革命中的艺术真相——〈真相画报〉所示黄宾虹与岭南三家的关系》，第 54 页。

这一时期属于美术类的期刊还有多种，但因为不是以古代艺术研究为主体，在此不予详述，相关材料可参见许志浩《中国美术期刊过眼录》[1]。

五四新文化运动之后，特别是胡适于《新青年》杂志倡导“整理国故运动”开始，形成了国学研究和期刊创办的鼎盛时期[2]。1922 年，北京大学成立文科研究所国学门，国学门在新一段的“整理国故运动”中功不可没。包括对明清内阁档案的整理、分类、摘编等[3]；成立考古学研究室，开展古物古迹的调查保护。这一时期的国学刊物有北京高师史地学会主办的《史地丛刊》（1920 年）、南高史地学会的《史地学报》（1921 年）、南京东南大学的《学衡》（1922 年）、北京大学的《国学季刊》（1923 年）、中国史地学会的《史学与地学》（1926 年）、清华国学院的《国学论丛》（1927 年），等等，众多刊物作为发表研究成果的园地，联络同仁，交流学术心得[4]。但遗憾的是，北京大学原拟于 1924 年创刊的《史学季刊》未能出版，虽然早在当年 4 月的《北京大学日刊》上已经发布了刊物的“编辑略例”和“投稿规则”[5]。而从“编辑略例”中可知，刊物体例已经趋向于专门的史学期刊[6]，超越了前期综合性的“国学”期刊。

1920 年代出版的包含一定量古代美术内容的期刊主要有以下几种。《造形美术》，1924 年 6 月 23 日创刊，北京大学造形美术研究会（1924 年 4 月成立）编辑出版，16 开本。本刊最大的特点是注重发表美术理论研究成果，介绍中国绘画、书法、篆刻等的艺术特点，倡导美育。但本刊仅出版一期。《艺林》（旬刊），1924 年 7 月 7 日创刊，南通金石书画会编辑出版，16 开本，每期 4 版，1926 年 5 月 1 日停刊，共出版 33 期。该刊主要内容为古今文字、绘画。《金石画报》（三日刊），1925 年 11 月 12 日创刊，上海金石画报社编辑出版，有正书局发行，叶更生主编。该报为 8 开，每期 4 版，同年 12 月 18 日出版 13 期后停刊。该报的宗旨为“保存国粹、提倡金石书画”，编辑部机构完备，不仅有编辑组，还有帮助金石书画家润笔的介绍部，有组织藏品出让的代售部和广告部。画报以图为主，除时人的作品，还选刊历代名家印谱、金石研究论文。《鼎脔》（周刊），亦称《美术周刊》，1925 年 12 月 7 日创刊，上海巽社编辑出版，李欢君主办。该刊 8 开，每期 4 版，1927 年 2 月 21 日出版 61 期后停刊。该刊首期的弁言称：“是刊也，凡碑碣砖瓦书画织绣彝鼎印玺钱井兵器等，堪供玩赏，悉在网罗，尽量刊登，供之同好。”刊物特色为图文并茂。“作为中国历史上第一份研究金石艺

---

1 该书主要采录了 1911 ～ 1949 年的美术期刊，上海书画出版社，1992 年。

2 桑兵：《晚清民国时期的国学研究与西学》，《历史研究》1996 年第 5 期。

3 尚小明：《北大史学系早期发展史研究（1899—1937）》，第 166 ～ 168 页，北京大学出版社，2010 年。

4 王建伟：《专业期刊与民国新史学——以二三十年代学术的发展行为为中心》，转自 http://www.cuhk.edu.hk/ics/21c/supplem/essay/0612061.htm

5 前揭《北大史学系早期发展史研究（1899—1937）》，第 176 ～ 182 页。

6 前揭《专业期刊与民国新史学——以二三十年代学术的发展行为为中心》。

术的期刊，它在发表理论研究作品时，也比较突出质量。”[1]《艺观》，1926年2月20日创刊，上海中国金石书画艺观学会编辑出版，黄宾虹编辑，江旭云为理事。该刊创刊时为双周刊（8开4版），出版4期后，出版1期季刊（16开），然后改为月刊（16开72页），至1929年8月出版10期后停刊。中国金石书画艺观学会是1926年初在上海成立的美术团体，宗旨是“保存国粹，发扬国光，研究艺术，启人雅尚心”。该刊首期“编辑大意”阐明，刊物的内容以金文、石刻、图画、雕刻、印章、诗文题跋、论说丛谈和介绍作品为主；1929年学会改为中国艺术学会，刊物内容也扩大到“西洋绘画雕刻及其他艺术”；改为月刊后，仍以金石论著为主要内容，学术质量有明显提高。此外，这一时期《艺林旬刊》（北平中国画学研究会编辑出版）、《国粹月刊》（上海中国书画保存会编辑出版）也包含部分古代书画内容，但数量不多，故不予参照。

（二）新型学科的发轫带动博物馆事业

1920～1930年代，随着“整理国故运动”蔚然成风，国学研究机构、研究团体纷纷成立，各大学也增加了相应的新型学科。继北京大学成立国学门之后，清华、厦门、燕京、齐鲁及东南等大学相继成立国学研究所或国学院，辅仁、厦门、东北等大专院校成立或改建国学系或国学专修科，诸多院校按照西方学科建制增设新型学科。例如，北大国学门分设文字学、文学、哲学、史学、考古学5个研究室，先后成立歌谣研究会、风俗调查会、整理档案会、古迹古物调查会、方言调查会，从多角度扩充国学内涵。清华研究院国学科分为中国语言、历史、文学、音乐、东方语言各科，另设考古陈列室。燕京大学国学研究所确定的学科范围是历史、文学、哲学、文字学、考古学、宗教、美术。东南大学国学院计划分科学、典籍、诗文三部，从学说、图谱、器物三方面运用相关学科的方法，研究语言、文学、美术、天文、数学、哲学等。厦门大学国学院后招聘到北京大学国学所几位骨干，基本继承北大风格，设语言文字学、史学、考古学、哲学、文学及美术音乐几组。这些大学的国学门课程设置，突破了传统的经学，体现了近代西学的特点[2]。

而对古物、档案、民俗等实物资料的搜集、研究，又是很多新兴国学必不可少的手段，其中涉及了考古学、历史学、民俗学等知识。修养深厚的开拓者同时注重对传统学术的借鉴，如马衡先生将金石学与考古学的结合。1918年马衡在北京大学讲授金石学时，他就说：“故今日之所谓金石学，乃兼古器物学、金石文字学推而广之，为广义的科学名称，非仅限于狭义的物质名称而已。”他认为，金石学研究之范畴不仅包括历代铜器、石器诸品，还包含前人著录金石之书籍，其考证之得失，材料处置之方法，并今

1　许志浩：《中国美术期刊过眼录》，第30页，上海书画出版社，1992年。

2　前揭《晚清民国时期的国学研究与西学》，第38页。

后研究之方向，拓展了传统的金石学[1]。此后，马衡任北大考古研究室主任，亲自参加了多项田野考古调查，使自己的知识体系和学术实践从传统金石学迈进到现代考古学。1924年5月19日，北大古迹古物调查会更名为考古学会，马衡继任会长，参加该会的会员有：叶浩吾、李宗侗、陈万里、沈兼士、韦奋鹰、徐炳昶、董作宾、李煜瀛、铎尔孟（法）、陈垣、容庚，他们中间的许多人后来都参与了故宫博物院的创建和守护工作[2]。

国学研究中对古物的关注，新兴学科中考古学的不断壮大，其学术研究和成果无疑为博物馆事业的开展奠定了坚实的基础。首先，学术成果是文化资源的储备；其次，人才成长及学术的现代化是人力资源的累积。

（三）国内印刷技术的普及暨故宫期刊的发端

国内印刷技术的进步为期刊出版提供了必需的物质条件。19世纪40年代，石印技术和西人的报刊书馆运营方式已经流传于广州，随着上海开埠通商，19世纪80年代上海有了40余家石印书馆，形成重印古籍热，这些书馆延续了旧有的文化传播特点[3]。另一方面，西学东渐的冲击，知识传播的需要刺激了新兴技术从业者的产生，因此产生了脱离传统文人书馆的新兴印刷企业。据研究者不完全统计，19世纪末至20世纪30年代，国内有印刷企业340余家[4]，从规模上看，大至世界级的印刷企业商务印书馆，小到家庭式的作坊；从地域上看，上海、北京、广州三大城市民办印刷企业较多，其他如四川、云南、辽宁、黑龙江、陕西、山西乃至边远的甘肃、新疆、西藏等地，几乎全国各省份都有不同规模的印刷企业；从技术上看，多为铅印和石印，照相铜锌版、照相凹版、珂罗版等技术设备得到广泛应用。后来负责印刷《故宫周刊》的京华印书局，为商务印书馆在北京设立的印刷机构，1905年成立，其技术设备应该是国内一流的。

1928年春，故宫博物院古物馆设立文物照相室。这可以说在制版方面为期刊出版作了基础性准备。据早期《故宫周刊》主编吴瀛回忆，“为了要达到我已经提过的流传文物大规模的计划，我们要自己组织一个印刷所。要能够发展到最近代化，艺术高尚规模宏大的唯一印刷工厂”[5]。大约1929年上半年，李玄伯、俞星枢曾经建议由吴

1 马思猛：《金石梦故宫情》，第54页，国家图书馆出版社，2009年。

2 前揭《金石梦故宫情》，第67页。

3 孟悦：《商务印书馆创办人与上海近代印刷文化的社会构成》，采自 http//www.cul-studies.com/community/mengyue/200506/2044.html

4 参见电子书库中《中国印刷通史》第十四章，http//nc.cgan.net/resource/book.htm。

5 吴瀛：《故宫尘梦录》，第170页，紫禁城出版社，2005年。

瀛主编一种每周出版一次的刊物[1]。接下来，马衡介绍了一个德国回来的专门摄影印刷家杨心德，杨本来在南池子与一个王姓的资本家开了个小规模的印刷厂，故宫决定先行利用他们已有的机器到神武门外试办。这个工厂定名为“故宫印刷所”，杨心德为技师兼经理。它的第一笔生意就是《故宫周刊》，由《周刊》的标注看，应该是 1930 年 3 月 28 日的事了[2]。吴瀛说，他曾经同杨心德研究如何改良纸张，并长期直接向德国订购机器纸张，不久就建成了北平唯一的美术印刷厂。

二 《故宫周刊》的编辑宗旨和出版发行

20 世纪初，“学者对学术资讯的需要，已经使闭门著述的时代一去不复返”[3]。《周刊》就是在社会对学术资讯极度渴求的大背景下诞生的，但它并不是故宫博物院的第一种期刊。1929 年 1 月 13 日，鉴于清代掌故成书极少，故宫图书馆决定每月编印《掌故丛编》[4]，这是故宫博物院的第一种期刊。1929 年 2 月 26 日，国民政府行政院令：任命李煜瀛为故宫博物院理事长，易培基为院长兼古物馆馆长，同时任命了文献馆、图书馆正副馆长及总务处长，为博物院事业的完善做好了充分的行政准备。1929 年 9 月，故宫第二种期刊《故宫》（月刊）创刊（每月末发行），1929 年 10 月 10 日《故宫周刊》创刊（图二），是为故宫博物院的第三种刊物。

故宮週刊弁言
十八年雙十節本院四週年紀念
自來文章藝術、欲求其精詣、必先深研古人之作、始可啟發新知、博雅而後淹通、宏中乃能肆外、舍此無他道也、是以國家欲增進其新進之文明、非發揚其固有之文明不可、尤非以其固有之文明灌輸於一般之民衆不可、吾國爲數千年文明古國、文藝進化、震鑠世界、徒以封閉之習過深、凡屬文藝之精奥、大都私於一姓、匿不示人、曰秘殿、曰寶笈、循名責實、從可知矣、乃使一般普通民衆、終身盲昧、反不若外人之挾貲以來者、得以深窺其奥隱、擴之以爲已有、我又從而效之、侈爲新進
總理遺囑
余致力國民革命凡四十年其目的在求中國之自由平等積四十年之經驗深知欲達到此目的必須喚起民眾及聯合世界上以平等待我之民族共同奮鬥
現在革命尚未成功凡我同志務須依照余所著建國方略建國大綱三民主義及第一次全國代表大會宣言繼續努力以求貫徹最近主張開國民會議及廢除不平等條約尤須于最短期間促其實現是所至囑
易培基敬書

图二《故宫周刊》第 1 期“弁言”

创刊第一期，易培基院长在第一版发表弁言，明确办刊宗旨云：

> 自来文章艺术，欲求其精旨，必先深研古人之作，始可启发新知。博雅而后淹通，

1 前揭《故宫尘梦录》，第 167 页。

2 《故宫周刊》第 77 期刊眉变更，出版日期为“民国二十年三月二十八日”。

3 陈以爱：《中国现代学术研究机构的兴起——以北大研究所国学门为中心的探讨》，第 78 页，江西教育出版社，2007 年。

4 一至四期由许宝蘅先生编辑（1930 年 3 月，因掌故部易名文献部，《掌故丛编》改名为《文献丛编》）。参见朱家溍《回忆陈垣、沈兼士两位先生》，《紫禁城》1986 年第 5 期。

宏中乃能肆外，舍此无他道也。是以国家欲增进其新进之文明，非发扬其固有之文明不可，尤非以其固有之文明灌输于一般之民众不可。吾国为数千年文明古国，文艺进化，震铄世界，徒以封闭之习过深。凡属文艺之精奥，大都私于一姓，匿不示人，曰秘殿、曰宝笈，循名责实，从可知矣。乃使一般普通民众，终身盲昧，反不若外人之挟资以来者，得以深窥其奥隐，攘之以为己有，我又从而效之，侈为新进之文明，弥足愧也。故宫者，我国数千年文物之所萃，自成立博物院以来，昔之所谓秘殿宝笈，一夫所享有者，今已公诸国人矣。同人尤虑传播之不广，遂有拓印古器、景印书籍字画之举，最近复编有《故宫月刊》，皆所以为振导吾国固有文化之助者也。第以博物院经费奇拙，既有顾此失彼之虞。而专书月刊，成本较昂，复不能普及于一班之民众，乃更有此周刊之发行。周刊者，取资既微，流传自易。一方以故宫所藏不分门类、不限体例，陆续选登，以示国人；一方以故宫工程建筑以及本院先后设施、计画工作情形，公之有众。期以唤起全国人士之艺术观念，又使讲艺术者，多得古人名迹奇制，以资观摹，俾恢复吾国固有之文明而发扬广大之。则庶乎温故而知新，不至数典而忘祖矣。是此一周刊之微，他日者或将谓吾国文艺复兴之权舆，亦奚不可。斯又岂独本院及本刊之幸哉！

弁言开宗明义，首称“必先深研古人之作，始可启发新知”，承袭了五四以来“整理国故运动”的倡议；他还说，历代“文艺之精奥”，大都藏于一姓、匿不示人，但博物院成立以来，有将其“公诸国人”之责任。此前本院创刊的《故宫月刊》（每册二元五角）因为定价较高，不能普及于一般之民众，故创《周刊》（每册八分），因其“取资既微，流传自易”，强调了博物院传播文明的使命。可见，《周刊》是以启发新知、刊布史料、振导文明为己任。

时事上，怎样对待清室收藏的古物，早在博物院建馆之初便被提及，而且当时的社会舆论非常热烈。林白水在《社会日报》1924 年 11 月 7 日的《对废帝之善后》一文也提出了对其加以研究的必要，他说：“宫中宝物，多半与历史文化有重大之关系，若非多请公正绅士，及大学有名教授，暨一般名流，共同查点，分类登簿，则将来若有遗失，谁任其咎！且为昭示大信于国人起见，亦不得不力取公开。”他还建议，“作为国家之公产，全数陈列，以供研究历史美术文化者之参考。此事必须另派一部分对于美术有兴味有研究之人，专心办理。”可以说，《故宫周刊》及时地担负起了宣传古代文化、为从事历史美术者参考的任务。

《故宫周刊》出版了大量故宫博物院藏历代帝王后妃像、历代书法、卷轴画、扇面及印谱[1]，编辑部还曾特别发行 6 种增刊，全部为古书画作品。显示了刊物对美术之

1　参见朱赛虹《故宫早期刊物的特色及其历史意义》文中“故宫早期刊物的特点与作用”讲到的“名品荟萃弥足珍贵”，《故宫博物院院刊》2009 年第 5 期。

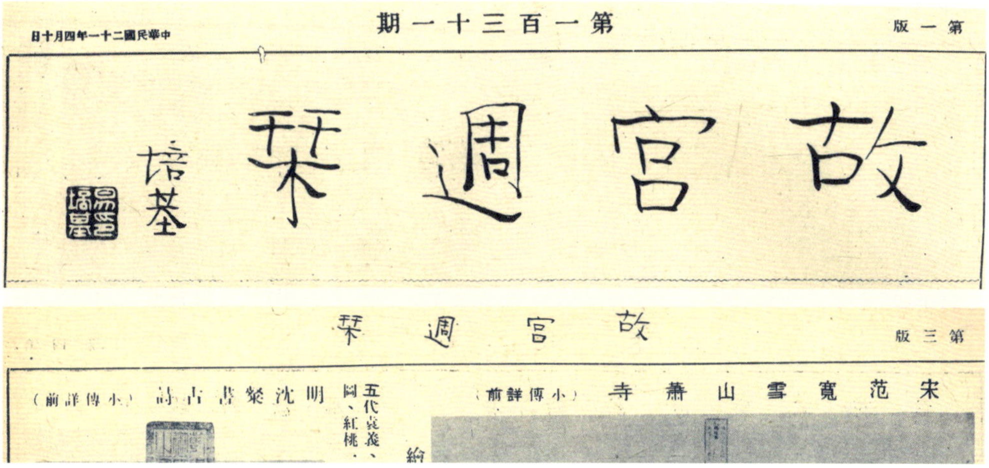

图三　《故宫周刊》第 1 版刊题、第 2 ～ 4 版刊眉

重视。至今美术界仍在强调《故宫周刊》对美术发展的意义[1]，许志浩在《中国早期美术期刊过眼录》中评价，“本刊出版后，各界瞩目，因其具有较大的参考价值，故至今尚为美术界所称道”。

既以刊发艺术作品为主，创刊伊始，《周刊》便确立了简洁大方的设计风格。8 开，最初每期 4 版，米色铜版纸精印。第 1 版刊名由故宫博物院院长易培基题写，2 ～ 4 版刊眉为“故宫周刊”，宋体（图三）；第 1 版下注“中华邮物局特准挂号认为新闻纸类”，第 2 版下注“京华印书局承印”，第 4 版下注“代销处宣外南柳巷永兴寺内”。《周刊》自创刊至第 326 期，刊名一直用院长易培基题写者；1934 年 2 月 21 日起，刊名改为“集史晨碑”字（图四），此间易培基因“故宫盗宝案”而辞职，至第 475 期；第 476 至 510 期，刊名改为“集元文始殿记”字体（图五）。《周刊》版式多为上下两栏式，文字竖排，风格朴素简洁（图六、图七）。

图四　327 ～ 475 期刊名改为“集史晨碑”字体

发行单位、承印厂、周刊页数及出版周期等，后来亦多有变化。如第 30 期始，代售处改为“本市南城南柳巷西南园北洋画报社”；至第 77 期，承印厂改为“故宫印刷所承印”，刊眉亦由宋体改为易培基题刊名；第 101 期，承印厂再次改回“京华印书局”，刊眉也改同最初；至第 105 期创刊一周年之际，刊物扩为 8 版，至第 130 期（民

1　提到《故宫周刊》的论文如郑利权：《民国绘画期刊研究》，浙江大学人文学院，2007 年硕士论文；卢培钊：《故宫早期期刊与中国古代书画的大众传播》，《新美术》2010 年第 3 期。

图五　476～510期刊名改为"集元文始殿记"字体

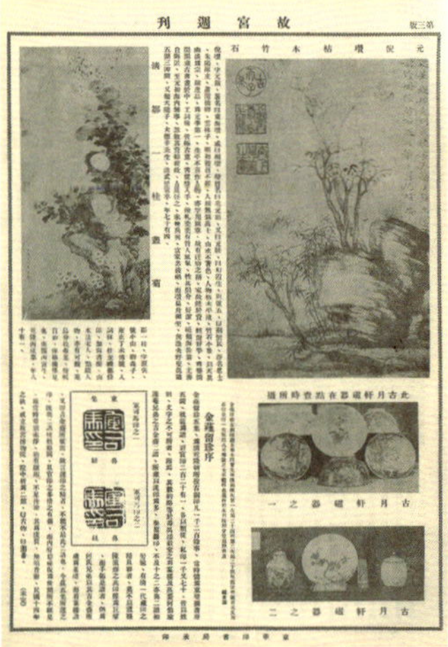

图六　《故宫周刊》版式设计（一）

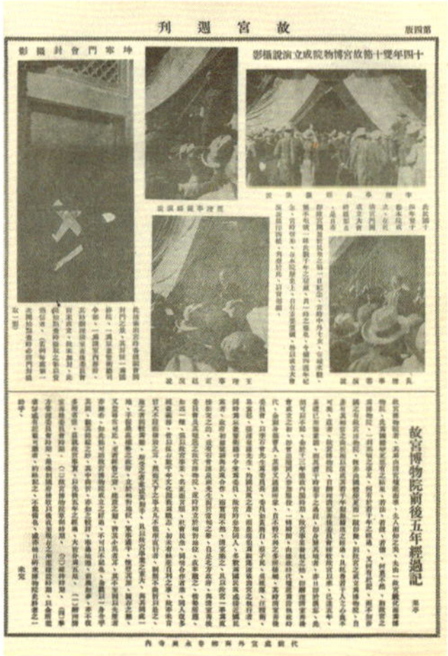

图七　《故宫周刊》版式设计（二）

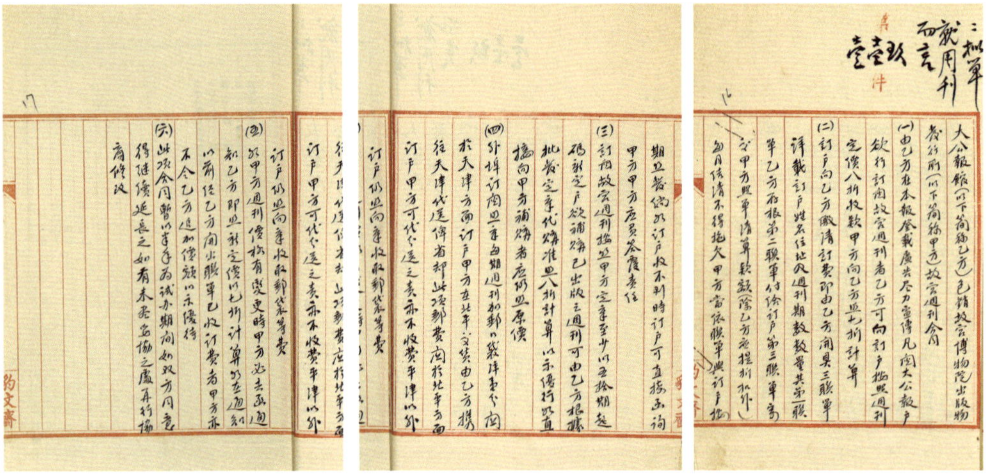

图八　故宫博物院与大公报馆包销合同

国二十一年四月二日）；第131期时，又减回4版，但刊物变更为半周刊，刊眉亦有调整。至第176期，复改为故宫印刷所承印。

由刊物保留下来的信息可知，《故宫周刊》早期在"宣外南柳巷永兴寺内"代销，30期后改为北洋画报社，地址仍然是宣外南柳巷，不知与前者是否一处。《北洋画报》是1926年7月在天津创刊的奉系军阀赞助的独资刊物，1937年7月29日停刊，画报内容包括实事政务、文教、戏剧及史地知识、民俗风景、考古文物等。目前没有找到有关《北洋画报》发行范围和发行渠道的论述，但推测应该有其独立的发行网，若由其代销《故宫周刊》，大约是借助画报的网络和订户，同时在画报上刊行广告。此后，故宫博物院与《大公报》馆签订了包销合同（图八），共订立六项协议，称报馆"在

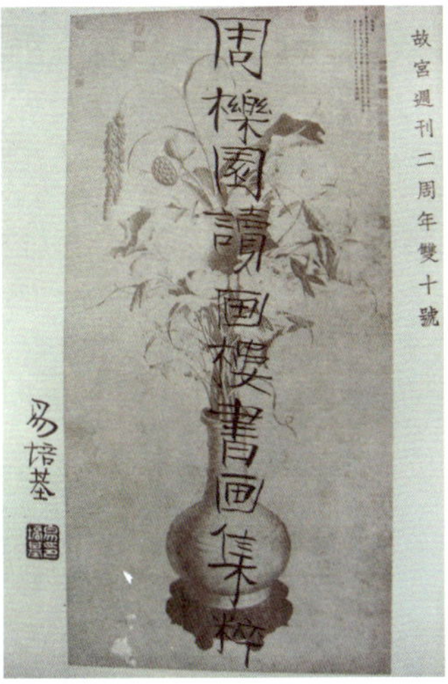

图九 《故宫周刊》两周年纪念刊封面

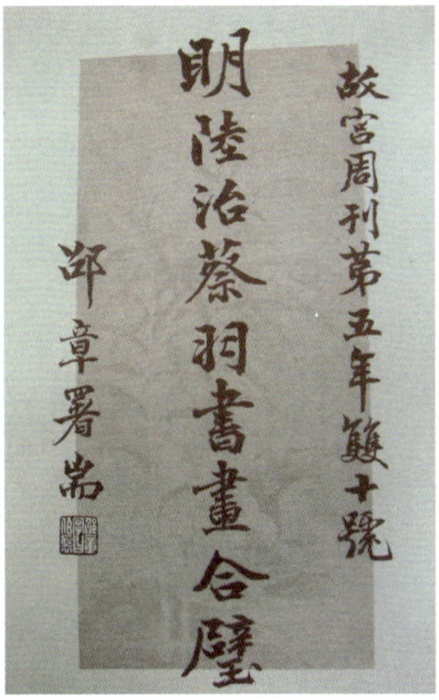

图一〇 《故宫周刊》五周年纪念刊封面

图一一 第30期《故宫周刊》上珍妃照片

本报登载广告尽力宣传，凡阅《大公报》户欲行订阅《故宫周刊》者，乙方（报馆）向订户按照周刊定价八折收款，甲方（故宫博物院）向乙方照七折计算”；“倘若订户收不到时，订户可直接函询甲方。甲方应负答复责任”；订户至少五期起订，“新订户欲补购已出版之周刊，可由乙方根据批发定价代购，准四至八折计算，以示优行”，而若“直接向甲方补购者，应倒照原价”。合同最后称：“此项合同暂以半年为试办，期间如双方同意，得继续延长之。如有未尽妥协处，再行协商修改。”上述合同可见编辑出版衔接缜密，目前虽然找不到具体发行数量的记载，但以《大公报》之发行畅通，对《故宫周刊》之推广亦应有助益。

此外，为了扩大刊物的发行，编辑者亦屡出创意，如曾出版6种周年刊，集中选题为古书画（图九、图一〇），推测应与当时美术界传统绘画之倡导有关。笔者以为，周年刊既在发表文物资料，也在扩大刊物的影响，一定程度上具有广告效应。除诸种增刊，《故宫周刊》还特别编辑“珍妃专号”（第30期，民国十九年五月三日出版），登载珍妃传略、宫中人语（为得诸旧宫监及白头宫女之口），并珍妃最后幽禁处及投井经过路线图，同时附有珍妃入宫前住处（图一一、图一二）、被选之处体和殿、宫中居处景仁宫、被禁之处寿药房、罹难之井及供桌、珍嫔金册、珍妃金册、珍妃金文印等图片，珍妃之经历，跃然眼前，读者自然“张其幽怨，比方环燕”。刊物此举，或者也是以宫中女子之典型个案，且为民众所关注者，扩大刊物之影响。

总之，《故宫学刊》开博物院文化类期刊之先河，全面介绍博物馆的藏品，揭示明清宫廷历史掌故，适应了大批民众的阅读口味，增长了民众的见知，形成了此类期刊的最初风格。《故宫周刊》借助《大公报》等报社的影响，在国内营造了较具规模

图一二　第 30 期《故宫周刊》上珍妃未入宫前之妆阁

的发行范围，对知识界和广大民众产生了积极影响，其刊物风格直接奠定了后来两岸故宫博物院《紫禁城》和《故宫文物月刊》杂志。

三　《故宫周刊》的内容特色和写作风格

《故宫周刊》为画报性 8 开大册（页数有 4 版、8 版之别），米色铜版纸精印，共出版 510 期。其后改为《故宫旬刊》，版式沿袭《周刊》，较《周刊》图版增多，共出版 32 期。《周刊》多数时间每周发行，亦有短时间半周发行，此外在院庆时还增发专刊，如周年双十号《宋人风水二十景》专刊[1]，两周年双十号《周栎园读画楼书画集粹》[2]，三周年双十号《恽王合璧》[3]，四周年双十号《宋四家真迹》[4]，五周年双十号《明陆治蔡羽书画合璧》[5]，六周年双十号《唐徐浩书朱巨川告身》[6] 等，皆为书画作品。

1　原题马远绘，民国十九年双十节北平故宫博物院影印本。

2　《周栎园读画楼书画集粹》，（清）周亮工书绘，民国二十年双十节北平故宫博物院影印本。

3　《恽王合璧》，（清）恽格、王翚绘，民国二十一年双十节北平故宫博物院影印本。

4　《宋四家真迹》，（宋）苏轼、黄庭坚、米芾、蔡襄书，民国二十二年双十节北平故宫博物院影印本。

5　《明陆治蔡羽书画合璧》，（明）陆治书、蔡羽绘，民国二十三年双十节国立北平故宫博物院影印本。

6　《唐徐浩书朱巨川告身》，（唐）徐浩（原题徐季海）书，民国二十四年双十节国立北平故宫博物院影印本。

1936 年，专门编发了《〈故宫周刊〉总索引》[1]，以供分类检索。综观 510 期《故宫周刊》内容，共有以下几个特点。

1. 文物编排从平面文物居多到立体文物逐渐增多

翻检《故宫周刊总索引》，影像、书法、绘画图片的数量远远大于立体类型工艺品如瓷器、铜器、玉器、雕漆等的数量。以瓷器为例，在 172 张图像中，前 100 期中只有 9 张陶瓷，而绝大多数都发表在 200 ~ 470 期之间。这可能与摄影技术的改进有关。朱赛虹女士曾经对《周刊》发表图像内容进行过分类统计[2]，其中总计 4838 件，名画有 853 件，约占 17.6%；法书 319 件，约占 6.5%；瓷器、铜器、景泰蓝、剔红、文具、雕刻等立体文物合计 588 件，约占 12.1%，可见立体文物的总体数量偏少。

2. 选择文物以账目为准，不加甄别

《故宫周刊》所刊录文物，主要以账目或黄签录名，对风格、真赝不加甄别。如第 14 期《宋毕良史"溪桥策杖图"》，附毕氏小传称："居京师，善窠木竹石云龙，能辨书画古器，有毕古董之称，能写唐人小楷……"毕氏为北宋古董商人，其绘画作品还是仅见，风格不似宋人。第 34 期《元曹知白疏山远树图》（图一三），作品明显不是元李郭派画家曹知白的风格；第 11 期《无款　吴三桂斗鹌鹑图》（图一四），标题明显错误，从人物服饰看，与《明宣宗行乐图》无异（图一五），也符合明代服饰制度。而自从《周刊》始作俑，《清史图典》、《紫禁城》杂志因袭之，导致以讹传讹。

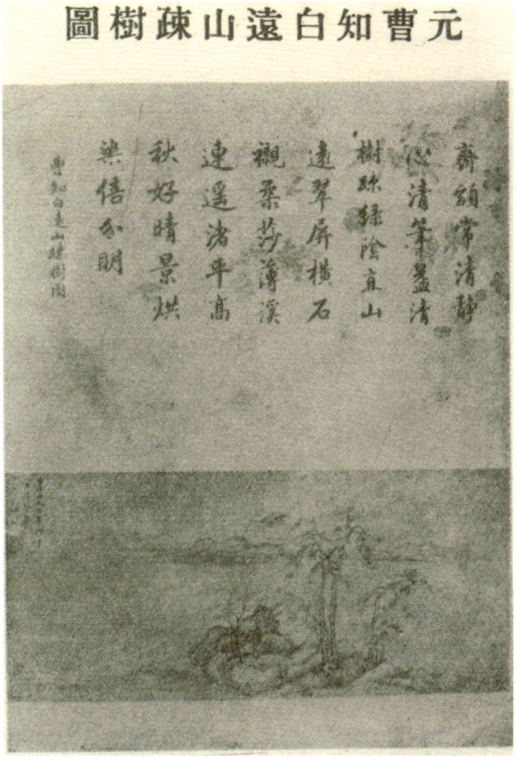

图一三　《故宫周刊》34 期上《元曹知白山远树图》

3. 组织特色栏目加以连载

故宫博物院收藏有浩如烟海的文物、文献史料，早期期刊尤以堪布史料为特色。兹分类述之。

（1）文献类

1　《故宫周刊总索引》，民国二十五年北平故宫博物院编辑、出版。

2　前揭《故宫早期刊物的特色及其历史意义》，第 144 ~ 145 页。

图一四　《故宫周刊》11 期发表之《无款　吴三桂斗鹌鹑图》

图一五　《明宣宗行乐图》卷（局部）

①“清宫史训谕选录”，《周刊》第 1 期开始连载。编者识：“故宫藏有《国朝宫史》十册，内分‘训谕’四卷，‘典礼’六卷。据其册前上谕所载，共缮写六份：于盛京、热河、乾清宫、养心殿、圆明园、上书房各贮一份，原纂本则交懋勤殿存贮。其训谕所载，大都均为宫禁以内管束宫嫔、阉寺琐屑之训谕，而宫廷情事，言之历历，摘而录之，如听开元宫之说天宝遗事也。”开辟了发表宫廷掌故之先，也蕴含了向普通百姓说“宫廷情事”的目的。②“清德宗遗稿”，第 3 期开始连载。选登光绪皇帝文稿，如《读宝月楼记》、《补桐书屋记》、《试马记》、《记画兰》等，从中可以体味到帝王生活中生动的一面。③“射阳先生存稿选”，《周刊》第 11 期开始连载。编者识：“……而此书市间亦罕见，《明诗记事》录其一首，并以《大沁山房集》、《静志居诗话》列首端，以相引重，其价值可知。兹于故宫旧藏，得其全书，亟选录以实吾刊。并首以诗，再及其他，不复依原书卷数为序次也，并弁以原序。”④“绘事杂录”，第 18 期开始连载。编者识前文已载，编排之目的是“为吾人研考艺事之助”。⑤“清代外交史料拾遗”，第 25 期开始连载。编者识：“清代夷务始末，业经本院分期影印。而文献馆前军机处档案，刻正在整理之中，时复发见外交史料，有未载入《夷务始末》者，兹于本刊陆续发表，其次序暂时发见之先后为断，以厌学者先睹为快之意。……”⑥“大瓢偶笔节录”，第 71 期开始连载。

是书为清初山阴杨大瓢宾随手抄缀之作，篇中杂记碑帖，直书所见，可为艺林之参考。⑦“孤本名剧选录”，第 79 期开始连载。选录原宫廷剧本唱段，足见宫廷戏曲文笔之美。编者识有云，“本院整理宫内剧本，有为外间所不经见者，兹拣选登载，以供研讨”。⑧“玄武笔记”，第 101 期开始连载。本栏目为李玄伯撰写之宫闱故实，内容如《慈禧起居注》、《汪精卫供词》、《觉罗绍昌奏请将监禁人犯汪兆铭等开释折》等，为多数读者所关心之宫闱旧闻。⑨“勘修大高殿及社稷坛工程档”，第 175 期开始连载。编者云：“本院整理大高殿档案，曾发现简短琐事各档，于清代掌故不无小补。因选抄登载本刊，以飨读者。”并补充说明，乾隆年间修建各处殿宇工程情形，已见本院《史料旬刊》第十四、十五两期，该项原件系自三所发现，今于大高玄殿所存贮之乾隆五十八年春季上谕档，又觅得一件，并录于后。此外，史料类连载还有段琼林[1]《明史本纪原本、补本异同录》、《林清教案》、《汉译满文老档拾零》等，兹不一一详录。

（2）院史类

①“故宫博物院前后五年经过记”，《故宫周刊》第 1 期开始连载，多在第 4 版。叙述博物院成立之经过，对博物馆机构的建立、文物的交接以及其间人物纠葛等多有记述。原故宫博物院图书馆长庄蕴宽在第 123 期的后补“序”中尤其阐明了其意义：“……是以故宫博物院成立之过程，亦遂极纡轸倜傥之致。……顾蕴藏之离奇瑰异者，今以一度变转之顷，日即于吾人耳目，而其过程之纡轸倜傥者，则一转瞬而且淡忘。吾人身当其境，宜有以志其颠末以示后人，使后人重视此过程，亦即所以重视此事业。……”这或者是有人首次把博物馆发展称为“事业”。②有关故宫博物院发展之“特载”，自 60 期始，所报道事件具有相同之意义，但不以连载名目。如“内政部故宫博物院接受古物陈列所同人为行政院决议”“北平故宫博物院影印天禄琳琅善本书籍招股章程”“本院为清室帝后像经地方法院判述清室案致北平高等法院书”，等等，均涉及博物院之建设。

（3）文物类

①“金薤留珍”，《故宫周刊》第 1 期开始连载。编者按称：“《金薤留珍》古铜印谱五集，本院曾先后传拓两次，第一次拓二十四部，每部定价银百元；又用石印景印一次，每部八元，寒俭之士不能得也。兹再于本刊按期分登，以期普及。”②“宋代法书墨迹”，第 8 期开始刊载。每期刊登一幅宋代文人墨迹，附小传，小传简洁明了，串联下来，不失为宋代文人遗际简史。③“宋夏圭《长江万里图》卷”，第 37 期开始连载。编者附白：“《石渠宝笈》著录摘录……按此卷尺幅过长，本院制版将印单行本。今先择要摄制若干段，分期印入本刊，以厌阅者先睹为快之意。惟各段长短不一，故制版大小亦有参差，阅者鉴之。”周刊连载画面，并收录题跋，对关注笔墨之画

1 原河南大学教授，对古籍版本非常熟悉。

家和关注鉴藏之研究者，均大有裨益。④“明洪武御笔释文”，第101期开始连载。编者识：“明洪武御笔大帧上下两册，计其十五页，阙其一页矣。原藏南薰殿，今庋宝蕴楼。御笔书世不多见，其行草颇伟丽可观，每帧对幅均有释文，其事又多可为史料之助。原册当专印行世。兹先以释文登之本刊，并择印原书若干帧，以飨读者。”该栏目既发表珍贵的帝王书法墨迹，又解说了与之相关的史实，具有相当的历史和艺术价值。⑤“烟云宝笈成扇目录”，第101期开始连载。编者吴景洲识：“故宫养心殿藏元明成扇三百柄。据清室善后委员会清宫点查报告，于十四年九月一日点查入册，以养心殿地点重要，所有藏庋物品，非有必要，不轻移动。直至本年（1931年）六月，博物院有放置扇件陈列室之计，始行提出，发箧启视，震炫心目。原附编目两函，颜曰：烟云宝笈。据张若霭原跋，则清代乾隆八年五月驻跸圆明园，若霭承旨之作。箧凡十八屉，屉各十六至十七柄不等，柄自为槽，槽各有目，瓷青笺，泥金书，与《烟云宝笈》所列目次品名、纸色字体，无不相同，知为同时制也。外箧粗劣，则非当时故物矣。……”本刊刊载元明人成扇目，并标注品级。其他图画、图像类连载亦多。

4. 发布广告，具有初步的现代出版意识

《故宫周刊》适时安排故宫展览及出版物广告，体现出现代的出版理念。如第59期（民国十九年十一月二十三日）4版刊发“最新出版物”广告，标明图书定价，尤特别推出“本院精印民国二十年古物彩图日历预告”：……以最精之金石字画三百六十五

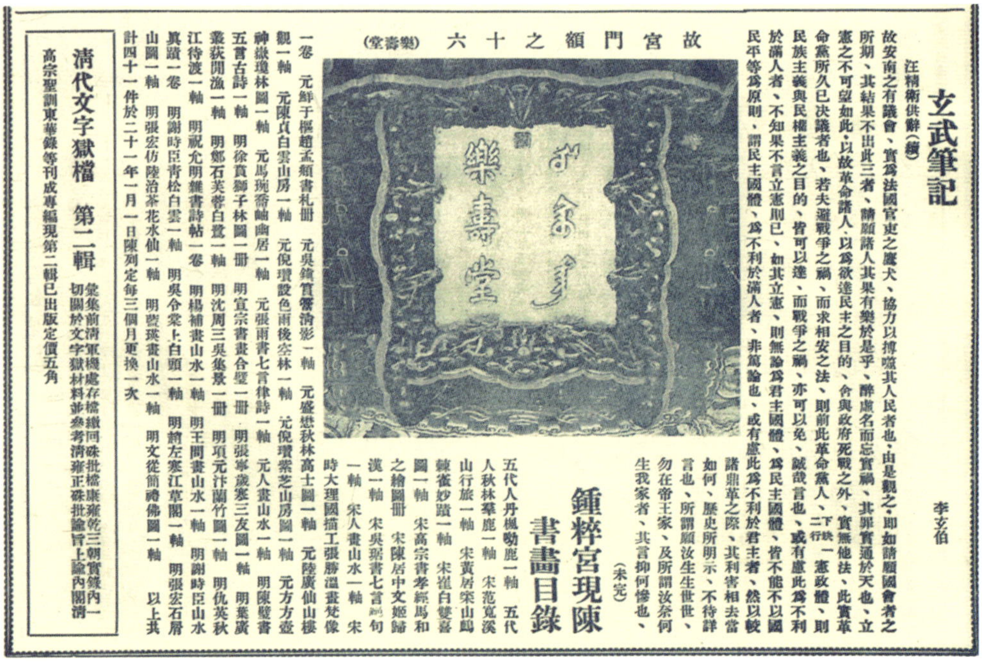
玄武筆記

汪精衛供辭（續）

李玄伯

故安南之有議會、實爲法國官吏之鷹犬、協力以搏噬其人民者也，由是觀之，即如請願國會者之所期、其結果不出此三者、請願諸人其果有樂於是乎、醉虛名而忘實禍、其罪實通於天也、立憲之不可望如此，以故革命諸人、以爲欲達民主之目的、舍與政府死戰之外、實無他法、此實革命黨所久已決議者也、若夫避戰爭之禍、而求相安之法、則前此革命黨人、（下缺二行）一憲政體、則民族主義與民權主義之目的、皆可以達、而戰爭之禍、亦可以免、誠哉言也、或有慮此爲不利於滿人者、不知果不言立憲則已、如其立憲、則無論爲君主國體、爲民主國體、皆不能不以國民平等爲原則、謂民主國體、爲不利於滿人者、非篤論也、或有慮此爲不利於君主者、然以較諸鼎革之際、其利害相去當如何、歷史所明示、不待詳言也、所謂願汝生生世世、勿在帝王家、及所謂汝奈何生我家者、其言抑何慘也、

（未完）

故宮門額之十六（樂壽堂）

樂壽堂

鍾粹宮現陳書畫目錄

五代人丹楓呦鹿一軸　五代人秋林羣鹿一軸　宋范寬溪山行旅一軸　宋黃居寀山鷓棘雀妙蹟一軸　宋崔白雙喜圖一軸　宋高宗書孝經馬和之繪圖冊　宋陳居中文姬歸漢一軸　宋吳琚書七言絕句一軸　宋人畫山水一軸　宋時大理國描工張勝溫畫梵像一卷　元鮮于樞趙孟頫書札冊　元吳鎮寶豐滄影一軸　元盛懋秋林高士圖一軸　元陸廣仙山樓觀一軸　元陳貞白雲山房一軸　元倪瓚設色雨後空林一軸　元倪瓚紫芝山房圖一軸　元方方壺神嶽瓊林圖一軸　元馬琬喬岫幽居一軸　元張雨書七言律詩一軸　元人畫山水一軸　明陳璧書五言古詩一軸　明徐賁獅子林圖一冊　明宣宗書畫合璧一冊　明張寧歲寒三友圖一軸　明葉廣叢荻閒漁一軸　明鄭石芙蓉白鷺一軸　明沈周三吳集景一冊　明項元汴蘭竹圖一軸　明仇英秋江待渡一軸　明祝允明雜書詩帖一卷　明楊補畫山水一軸　明王問畫山水一軸　明謝時臣山水眞蹟一卷　明謝時臣青松白雲一軸　明吳令棠上白頭一軸　明錢左寒江草閣一軸　明張宏石屑山圖一軸　明張宏仿陸治茶花水仙一軸　明藍瑛畫山水一軸　明文從簡禮佛圖一軸　以上共計四十一件於二十一年一月一日陳列定每三個月更換一次

清代文字獄檔　第二輯

彙集前清軍機處存檔繳回硃批檔康雍乾三朝實錄內一切關於文字獄材料並參考清雍正硃批諭旨上諭內閣清高宗聖訓東華錄等刊成專編現第二輯已出版定價五角

图一六　《周刊》上书画陈列目录及《清代文字狱档》广告

种，印成三百六十五幅作日历之背景，式样翻新，颜色古雅。……且图画排列次序，多与节令相符合，使阅者见图，即知某日为某节令。言简意赅，且发布时间正在新年之前。此外，《周刊》还适时发布各殿展览文物之详目（图一六、图一七）。

5. 作者国学根底深厚，文风平实

《周刊》所发表文章，作者亦本着普及教育的宗旨，毫无雕琢浮躁之文风，平实亲切。即使是图版内容的说明，也包含了巨大的信息量，体现出写作者深厚的国学功底。如“宋代法书墨迹”所附之作者小传，赵忭，“宋衢州西安人……景祐初累官宫殿侍御史，弹劾不避权贵，时称铁面御史……诗谐婉多姿，不类其为人”；范纯仁（范仲淹次子）“……尝曰：吾平生所学，得之‘忠恕’二字，一生用之不尽。每戒弟子：苟以责人之心责己，恕己之心恕人，不患不至圣贤地位也。”作者之形象跃然纸上。又如欧阳修小传：“欧阳修，庐陵人，观子，字永叔，自号醉翁，举进士甲科。庆历初召知谏院，改右正言，知制诰，时杜衍、韩琦、范仲淹、富弼相继罢去，修上书极谏，出知滁州，徙扬州、颍州，还为翰林学士，在翰林八年，知无不言。嘉祐间拜参知政事，与韩琦同心辅政，熙宁初与王安石不合，以太子少师致仕。修博极群书，得昌黎遗稿，苦心探索，遂以文章冠天下。晚号六一居士，谓《集古录》一千卷、书一万卷、琴一张、棋一局、酒一壶、鹤一双也，卒谥文忠。有《新唐书》、《新五代史》、《毛诗本义》、《集古录》、《归田录》、《洛阳牡丹记》、《文忠集》、《试笔》、《居士集》、《六一诗话》、《六一词》。”

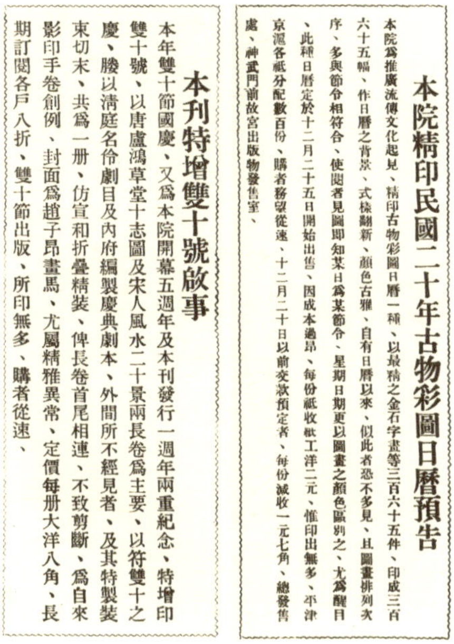

本院精印民國二十年古物彩圖日曆預告

本院爲推廣流傳文化起見、精印古物彩圖日曆一種、以最精之金石字畫等三百六十五件、印成三百六十五幅、作日曆之背景、式樣翻新、顏色古雅、自有日曆以來、似此者恐不多見、且圖畫排列次序、多與節令相符合、使閱者見圖即知某日爲某節令、星期日期更以圖畫之顏色區別之、尤爲醒目、此種日曆定於十二月二十五日開始出售、因成本過昂、每份祇收紙工洋二元、惟印出無多、平津京滬各祇分配數百份、購者務望從速、十二月二十日以前交款預定者、每份減收一元七角、總發售處、神武門前故宮出版物發售室、

本刊特增雙十號啟事

本年雙十節國慶、又爲本院開幕五週年及本刊發行一週年兩重紀念、特增印雙十號、以唐盧鴻草堂十志圖及宋人風水二十景兩長卷爲主要、以符雙十之慶、媵以清庭名伶劇目及內府編製慶典劇本、外間所不經見者、及其特製裝束切末、共爲一册、仿宣和折疊精裝、俾長卷首尾相連、不致剪斷、爲自來影印手卷創例、封面爲趙子昂畫馬、尤屬精雅異常、定價每册大洋八角、長期訂閱各戶八折、雙十節出版、所印無多、購者從速、

图一七 《周刊》广告

四 《故宫周刊》的价值和意义

1. 刊物承担着化私为公、普及文化、堪布史料、启发学术的历史使命

故宫博物院利用自己的资源优势，通过《故宫周刊》、《故宫月刊》、《文献丛编》等杂志，使大批古物精华、历史档案得以公开，刊物成为社会各界认识故宫、了解传统文化的一个“窗口”。加之《周刊》价廉，其普及范围当更加广泛。如朱赛虹女士所言，故宫早期各刊“为荟萃普及起见”“亟应流传广播藉供众览”“总以最合适之方法间杂错综，不取厌于阅览者为目的”，表现出强烈的公众意识和社会责

任感。而各刊除固定编发外，还另于纪念日或某种特别机会编发各种专刊，专一主题加以推广，进一步履行其社会责任。这也从出版方面反映了中国早期博物馆的办馆理念和举措。

同时，《故宫周刊》大量发表秘藏于宫廷的文物、档案资料，开创了学术研究中文物与文献相结合的研究方法，开启了从物质入手谈文化的新途径，为学术的现代化奠定了基础。正如梁启超先生早在上世纪20年代就认识到的："凡一学术之发达，必须为公开的且趣味的研究，又必须其研究资料比较丰富……此其事非赖有种种公共研究机关——若学校、若学会、若报馆者，则不足以收互助之效，而光大其业也。"[1]《周刊》所刊布的原始档案材料，不仅当年在学术界发挥了积极作用，有些直到今天还为学术界所引用。如第84期曾发表李宗侗《曹雪芹家世新考》一文，作者借助在紫禁城懋勤殿发现的曹寅（118通）、曹颙（17通）、曹頫（46通）给朝廷的奏折，考证了曹氏家族的兴盛和发展。这是一批很有价值的红学研究的原始资料，为后来海内外学者所广泛采用，美国学者史景迁（Jonathan D.Spence）在其写作《曹寅与康熙——一个皇帝宠臣的生涯揭秘》时[2]，还在参考这批史料。

2. 刊物保留了故宫博物院早期的历史信息

《故宫周刊》中吴瀛先生的《故宫博物院前后五年经过记》披露了博物院艰辛的发展历程；"理事照片"留下了民国要人和学者的珍贵影像；清宗室索要帝后画像案件的揭露，反映了刚刚被颠覆的皇室的宗族之私情；而游园会海棠盛开等图像，记录了博物院历史中生动鲜活的一面；一些陈列室的原状照片，是难得的溥仪出宫后较近的"宫廷原状"，从一个侧面反映中国博物馆最初的陈列展览模式（图一八）。

3. 创立了严谨生动的期刊风格

《故宫周刊》涉及档案、宫廷掌故、文物介绍几方面内容，文字浅显质朴，但严格遵守着不演绎、不戏说的真实原则，给读者以可信的历史和文化知识。对于艺术品的介绍说明，尽量在最短的叙述中给读者最大量的信息，对后世的研究是一种很好的铺垫和启迪。如后期的《周刊》尤其注意告知读者，某物"原藏于（景仁宫东北小库……）"，学者可以从文物收藏之格局推测清代收藏的理念。

1　梁启超：《清代学术概论》，转引自陈以爱《中国现代学术研究机构的兴起——以北大研究所国学门为中心的探讨》，第72页，江西教育出版社，2007年。

2　［美］史景迁著，陈引驰等译：《曹寅与康熙——一个皇帝宠臣的生涯揭秘》附录，上海远东出版社，2005年。

图一八 《故宫周刊》上永和宫陈列原状照片

4. 办刊宗旨、编排方式对后来的期刊起到积极示范作用

《故宫周刊》首开国内文物类期刊之先河，对其后故宫博物院的期刊内容、编排方式等，产生了潜移默化的影响。例如 1980 年创刊的《紫禁城》杂志，由故宫博物院主办，兹以其创刊早期的第 4 期为例（图一九），内容仍然是沿袭《周刊》宫廷掌故、艺术作品介绍的传统，亦采取图文并茂、雅俗共赏的期刊风格，目的同样是普及文化、传播宫廷历史知识。再看一看较近期的由台北故宫博物院主办的《故宫文物月刊》（图二〇），内容除包含明清宫廷历史、艺术品介绍，还扩展及博物馆服务等。虽然文章的写作已经表现为当代风格，版式设计更加完美，但刊物的主题框架仍是沿袭《故宫周刊》的；同样，较之《故宫学术季刊》，《月刊》所选定的读者群更加大，目的亦是刊布馆藏、普及史实。可见，两岸故宫博物院的期刊都继承了《故宫周刊》的传统。

总之，《故宫周刊》在特定的历史时期借重故宫本身的资源优势，起到了普及文化、堪布史料、宣传文物的使命，也最早向国民传达了博物馆的价值和意义。从表象上看，它使广大民众了解了古代宫廷历史和收藏，使得几千年以来的帝王密藏在普通百姓面前不再神秘；在田野考古工作不能够广泛开展的年代，故宫博物院的刊物成为举足轻重的古代文物发布载体，促进了历史和考古学者对实物的了解，在这些领域发挥了积极影响。而从多角度来看，《故宫周刊》适时记录了博物馆初创时期的行政发展、展

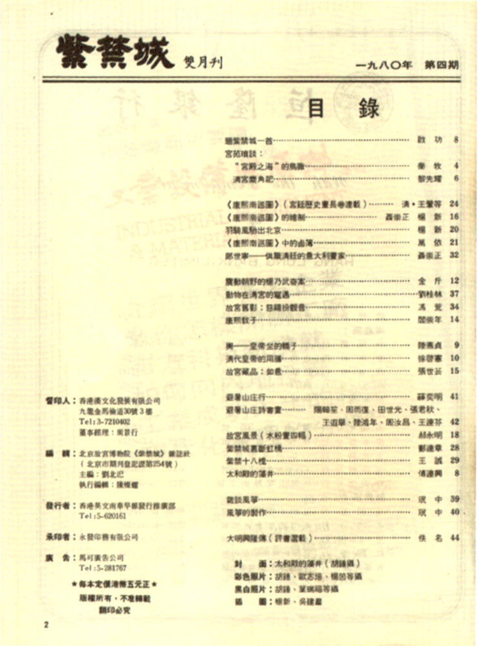
紫禁城 雙月刊　　一九八〇年　第四期

目錄

封　面：太和殿的藻井（胡錘攝）
彩色照片：胡錘、歐志培、楊茵等攝
黑白照片：胡錘、董瑞瑞等攝
插　圖：楊新、吳建嘉

督印人：香港僑文化發展有限公司
九龍金馬倫道30號3樓
Tel:3-7210402
董事經理：周景行

編　輯：北京故宮博物院《紫禁城》雜誌社
（北京市期刊登記證第254號）
主編：劉北汜
執行編輯：陳櫓櫃

發行者：香港英文南華早報發行推廣部
Tel:5-620161

承印者：永發印務有限公司

廣　告：馬可廣告公司
Tel:5-281767

★每本定價港幣五元正★

2

图一九　《紫禁城》杂志早期封面及目录

故宫文物月刊
CONTENT
目錄

图二〇　《故宫文物月刊》近年的封面及目录

厅陈列等，是撰写博物馆发展史不可多得的珍贵资料；同时，《故宫周刊》也表达出近代民主运动后崭新的文化理念，即皇家的收藏并不是帝王的一己之私，而是中华民族全体的文化遗产。

原载《故宫学刊》总第八辑，故宫出版社，2012年

与时俱进与择善固执

——论《院刊》明清史编辑思想的转变

宋仁桃

内容提要：《故宫博物院院刊》是故宫博物院主办的学术性刊物，以发表国内最高水平的明清史、文物研究成果为己任。向读者介绍故宫博物院收藏的明清档案、史料，发表和积极引导作者撰写明清历史的最新研究成果是《院刊》的一项重要内容。自 1979 年复刊至 2009 年，《院刊》共登载了 390 篇明清史学术论文，约占《院刊》总登载量的 1/5。在这 30 年期间，《院刊》既坚持刊发利用故宫藏品、档案、史料深入分析论述明清历史的论文，又积极消化吸收学术界的新思潮，使《院刊》无论在研究领域还是在研究理论和方法上都与时俱进，努力使自己走在学术研究的前沿。

关键词：院刊　明清史　与时俱进　择善固执

《故宫博物院院刊》是故宫博物院主办的学术性刊物，以发表国内最高水平明清史、宫廷历史、文物研究成果为己任。明清历史、宫廷史研究是其一重要栏目。《院刊》自 1979 年复刊以来，截止到 2009 年，30 年间 144 期共刊登了各种研究成果约 1840 篇，其中明清历史、宫廷史方面的论文约 390 篇，占《院刊》总篇目的 21.20%。若把古籍、舆图方面的史料也包含在内加以分析，明清史料约 503 篇，占《院刊》总篇目的 27.34%。其中清史的研究较为突出，约 344 篇，占明清史研究成果的 88.21%；明史的研究相对薄弱，30 年间仅仅刊登了 46 篇，只在历史类论文中占据 11.79%，在《院刊》所有篇目中所占份额更少，仅为 2.51%。故《院刊》关于明史的研究有待进一步加强。

然而纵观《院刊》30 年中关于明清历史和宫廷史的研究，在不同的历史时期，它们在整个《院刊》中所占的分量有所不同，研究领域也因为时代的变化和学术界研究热点的转移而有所改变，这反映了《院刊》在不同的时期的编辑思想，对明清史研究动态的理解和把握也与时俱进，思想亦随之转变。

作者：研究室，副编审。

不同的时代，明清历史、宫廷史料在《院刊》中所占的比重不同。1979、1980年，《院刊》发表的明清宫廷史和宫廷档案史料归属在不同的两个栏目下，即年度总目索引之“明清宫廷历史”和“明清档案、史料”。综合这两个栏目后发现，共计篇目37篇（其中明史3篇），占这几年《院刊》总篇数（共152篇）的24.34%。这两年的历史类文章数目虽然不少，但其中近一半的文章都很简短，主要是对某些清档内容的介绍和关于故宫、明清历史的知识短文，学术研究尚有待加强。

1981年开始，《院刊》将主要利用文献来介绍和研究明清历史的文章分属史论和资料两大块：史论有“明清宫廷历史”“明清史专论”“明清历史”“历史研究”；资料有“明清档案、史料”和“古籍”等栏目。若把这几类综合在一起的话，2000年以前它们在《院刊》中所占比重超过了1/3，2000年以后，明清史类文章大幅减少。而本篇报告主要考察了明清史专论和宫廷历史一类的文章，考察它们在院刊中的变化，以及所反映的编辑思想的变化。

1981年到1989年间，简练的知识性短文在《院刊》中所占分量依然不少。在此期间，《院刊》总篇目为566，历史类文章为162篇（其中元史1篇，明史13篇），比重为28.62%。1990年到1999年，短文开始减少，《院刊》的总篇目也相应地减少，共计448篇，明清历史106篇，占总数的23.66%，其中明史9篇。2000年以后，《院刊》由季刊改为双月刊，明清历史专论和宫廷史料类文章大幅减少，约81篇，而这段时间《院刊》总篇目约为677篇，历史类占据份额大幅度降低至11.96%。与明清历史总数减少的趋势相反的是，明史研究成果开始有了显著的增加，明史研究增加至约21篇，在历史类文章中占25.92%，而此前的80年代和90年代仅分别为8.42%和8.49%。

一　研究领域的变化

从研究的领域和对象来看，《院刊》宗旨是向读者介绍关于明清史，特别是明清宫廷史方面的学术论文。故《院刊》登载的论文主要围绕着皇帝和宫廷以及与其密切相关的明清历史事件和人物。院刊历史类文章中所论述的皇帝有：明太祖、景帝、武宗、世宗；后金、清代的努尔哈赤、皇太极及顺治、康熙、雍正、乾隆、嘉庆、道光、咸丰、同治、光绪、宣统诸帝。涉及的人物还有明清时期的内廷女眷、名臣。涵盖的范围包括了政治、经济、军事、思想、文化、宗教、社会、科技、民族、中外交流、艺术等若干个领域。

《院刊》关于明朝皇帝的研究：太祖朱元璋2篇；景帝1篇；武宗4篇，其中关于武宗豹房的研究就有3篇；世宗3篇，主要围绕着世宗时期的宫廷政变、宫廷疑案论述。其他的人物研究还有皇后1篇、李自成1篇、魏忠贤1篇、左懋第1篇、于谦1篇，都属于政治领域的研究内容。随着时代的变化，《院刊》中明史所涉领域的侧重点也有所不同。20 世纪 80 年代明史研究政治制度的 1 篇、官营经济 1 篇、军队建设 1 篇、宫廷刑事 1 篇。进入 20 世纪 90 年代，除了 1 篇论述明末辽西政局的政治史论文以外，研究的领域主要集中在宫廷史方面，涉及宫廷财政状况 2 篇、宫廷教育 1 篇、宫殿建设 2 篇、陵地 1 篇。2000 年以后，研究领域进一步扩大，社会史、边疆史、中外交流史以及建筑史甚至研究动态、学术总结都有涉及。其中社会史的研究成绩十分显著。2000 年以后的明史研究有 21 篇，关于社会市镇史的研究就有 6 篇；关于中外交流史有 7 篇，涉及郑和下西洋，中国与日本、葡萄牙、朝鲜等国之间的沟通和交往，反映了明代前期开阔的眼界和胸襟；其他政治史方面的研究有 3 篇、边疆史 1 篇、宫殿和文献典籍的研究 4 篇、科举刑事案件 1 篇、研究综述 1 篇。

清史、清宫廷史的研究是《院刊》历史类文章的重头戏，涉及了从努尔哈赤到溥仪所有的满族皇帝，知名的内廷后妃和她们的生活，清代一些重要的制度的建置、官府机构的职能，重要的宫廷建筑，皇族和皇宫内的生活情况，明末清初满汉文化整合，清末民初思想波动，以及清宫廷经济史等若干个领域。从数字显示来看，叙述各代皇帝以及与其相关的政治、经济、文化、宗教等方面的论文有：努尔哈赤研究有 3 篇，主要论述了八旗制度的建立和他肇纪的过程。皇太极研究有 3 篇，领域分散，非主流。顺治研究有 4 篇，其中 3 篇是围绕着顺治继位前后的政局展开的。关于后金、清代早期这三位皇帝的研究集中在 20 世纪 80 年代，没有能够很好地展开，研究领域的深度和广度也有待进一步深化。康熙是《院刊》清史研究的重点对象，共约 27 篇，论述的内容广泛，涉及多个领域，有论述康熙末年储君斗争的政治史，有论述康熙与医学、农业、西洋文化、吏治、科举、战争、情感、教育等方面的论文。除了康熙之外，清史研究较多的其他两位皇帝是雍正和乾隆。关于雍正的论文有 9 篇，集中在继位斗争和合法性以及吏治改革上。乾隆皇帝是明清史中帝王及相关研究最多的一位，共有论文 32 篇，涉及宗教、民众起义、战争、政治经济措施、文化等多个领域，其中最集中的论述是关于乾隆时期的文化和文字狱。有关乾隆帝的文章数量虽多，但是与康熙研究相比，其广度和深度要稍逊一些。嘉庆皇帝研究有 4 篇，主要是政治斗争方面内容。道光皇帝研究 2 篇，都与皇陵有关。咸丰相关研究有 1 篇，是对咸丰时期发生在户部的两个案件进行的考述。同治研究有 2 篇。光绪研究 8 篇，主要涉及三个主题：大婚、帝位危机、死因。溥仪研究 1 篇，是对他的专著所作的书评。慈禧研究有 7 篇，都在 20 世纪 80 年代，包括对她家世的考证、生日庆典以及死因的研究。其他内廷后妃、公主、宫女的研究约 25 篇，各个时段都有，从后妃制度、公主婚配、册立、印玺到对几位知名后妃的个案研究应有尽有。对清代人物的研究，除了帝王、后妃、公主外，还有许多知名的大臣，如费英东、郎世宁、和珅等，都是《院刊》的研究对象。

除却这些与皇帝相关的文章，宫廷内部各项事务和宫内生活史也是讨论的热点。关于敬事房、内务府、奏事处等机构职掌问题，关于宫廷戏曲、音乐、膳食、教育，关于皇家建筑史的研究都能够在《院刊》中找到其身影。另外，关于清代官员管理体制、满族文化习俗及宫廷宗教也在《院刊》研究范围之内。关于清代的奏折、警卫、宫内佛教、盐商、贸易、宫廷采买制、传教士与西洋奇器等政治、军事、宗教、经济、中外交流史等领域都不乏论述。

总结《院刊》30年的明清史研究，其在政治、经济社会、思想文化等不同领域刊发的文章数量不同。在390篇历史论文中，1979年有政治史3篇，思想文化史3篇，人物1篇。1980～1989年有政治史119篇，经济社会史9篇，思想文化史15篇，边疆、民族、中外关系10篇，人物研究17篇。1990～1999年有政治史53篇，经济社会史5篇，思想文化史33篇，边疆、民族、中外关系5篇，人物6篇，综述1篇。2000～2009年有政治史30篇，经济社会13篇，思想文化25篇，边疆、民族、中外关系11篇，人物5篇，综述4篇。在这30年间各领域发表的文章总数如下：政治史205篇，经济社会史27篇，思想文化史76篇，边疆、民族、中外关系26篇，人物29篇，综述5篇，其他约22篇。从统计的文章数据来看，政治史所占分量较重，但有个下降的趋势；经济社会史的研究较为薄弱，2000年后社会史成果开始增多；思想文化史的形式丰富多彩，然而明清历史转型期，特别是晚清思想史的研究非常薄弱。

登载宫廷历史，与宫廷、皇帝密切相关的政治、经济、思想文化等领域的最新成果是院刊明清史研究的宗旨，不断地向读者披露新史料，并利用新材料对传统的研究领域作新的解释，这是院刊的特色，是应该“择其善而固执之”的。《院刊》在长期的实践过程中，既很好地稳固其传统的研究领域的学术水平，又与时俱进，及时地吸收学界新思潮、新理论和新的研究方法，拓展新的研究领域。从人大报刊复印资料来看，学界关于明清史的研究范围已很开阔，关于社会历史进程（如资本主义萌芽产生），区域史（如徽学）研究、社会经济史（如社会保障）等方面的研究已经广泛地展开。政治制度、军事、经济史、文化思想史、民族、中西交流、宗教以及人物志、史学研究动态、综述等方面的研究都更加深入和开阔。与它们相比，《院刊》明清史的研究领域尚显拘束，还有待开拓。2000年以后，《院刊》与外界的交流更加频繁，对学术界的各种新的思想、方法、理论了解得更多，研究视野也更加开阔了，不再仅仅局限于皇帝和宫廷内的相关研究，而是将明清史放在了更加广阔的视角内考察，关于社会史领域的研究开始深化；关于清末历史的研究开始展开，如中西思想对撞、清末新机构总理衙门的研究等；关于明清史研究总结也受到了人们的重视。

二　新的理论方法和学术规范化

从研究的理论和方法来看，《院刊》明清史、宫廷史的研究也有一个转变。80年代的论文受马克思主义史学和唯物史观的影响很深，研究的角度往往从阶级斗争、生产力最终决定上层意识形态等角度入手，重点研究政治史，在研究方法上重视史料和考据，虽然强调用辩证的、历史的、发展的眼光观察历史人物和历史事件，但在实践中有时候对其评价失之简单化、机械化和片面化。进入20世纪90年代中后期以来，《院刊》开始受到新思潮的影响，特别是法国年鉴学派的影响，研究的角度和方法开始呈现多样化。尤其是2000年以后，出现了许多运用新理论和新方法研究历史的论文，这些论文借用了其他学科，如社会学、数学、地理学、心理学等的研究方法和手段，从社会、心理等各个侧面切入史学领域，将历史人物和历史事件放在一个更加广阔的社会空间内加以认识，看待问题的角度更加全面而客观。

从《院刊》发表的文章来看，介绍故宫藏品和档案的文章不少，但利用文物、考古报告来深入分析研究历史问题的论文，在20世纪80年代仅有三四篇，主要是利用圹志对墓主人身份的考释，或者研究太监、后妃的安葬地。1990年代以来，故宫博物院的专家利用故宫的文物藏品，结合历史文献来研究明清宫廷史的论文开始增多。有利用带有西方特色的艺术珍品来考察中西文化交流和中外关系的，如徐家智的《圆明园艺术珍品与耶稣会士郎世宁——17至19世纪中西文化交流之一例》(1993年第1期)；有通过收藏的谥册谥宝来阐释清代帝后谥法的，如郭福祥的《清代帝后谥法与故宫博物院藏清代帝后谥册谥宝》（1994年第4期）；还有丁孟的《张之洞铸银元样钱考》（1991年第3期）是借故宫珍藏的“光绪元宝”银元样钱研究清末政局和货币史的。还有五篇论述明清两代的宫殿建筑的历史沿革、风格特点的文章。2000年以后，运用文物与文献结合讨论历史问题的方法更加普遍，2000到2009年明清史研究论文中，共有25篇属于此类。宫殿历史沿革仍然是其重要的一块，这方面的文章有三篇，如彭勇《京军与明代京城的宫殿庙宇建筑》（2008年第3期）等。此外，涉及藏品的就更多了，涵盖工艺、书画、瓷器等多个专业领域。如林姝《雍正时期玻璃制品与朝政的关系》(2008年第5期），就是依据传世的玻璃制品和造办处活计档、清朝实录等资料来论述雍正的用人之道和清朝的宗教、边疆问题以及对外关系。重视考古发现，利用人类学知识和田野考察法可以对过去许多模糊的历史问题作出科学的解释，如王云的《明清临清贡砖生产及其社会影响》（2006年第6期），就是利用政书、方志、明清实录及田野考察资料，对明清两代官方如何管理贡砖生产，临清成为贡砖烧造基地的原因，窑户和匠人烧造贡砖的方式以及大规模的贡砖烧造给当地社会带来的影响作尽可能深入地探讨。也有利用考古发现对历史事件和历史人物的研究作补充论述和考证的，例如姜念思的《丹巴多尔济小考》(2001年第1期)和董平的《东阿氏家庭及其墓葬简述》(2002年第3期）。利用影像中所蕴含的信息来补史、证史，这是2000年以后在中国史学界逐渐流行的一种研究方法，故宫学者从历史的角度重新诠释了部分书画藏品的史料价值，如刘潞的《〈丛薄行诗意图〉与〈清高宗大阅图〉考析——清代多民族国家形成的图像见证》（2000年第4期）、李斌的《乾隆〈评定伊犁回部战图〉的史料价值》

（2001年第4期）等文。以上都是历史学与其他学科的交叉研究，在传统的考据学和历史分析法的基础上，利用其他学科的理论方法对历史问题作出新的考析和论述，使古老的历史学焕发出了新的耀眼的光彩。

在论文的写作方法上，早期《院刊》的宗旨是披露更多的资料供学界研究，登载的论文多为宏观的、通史性的，写作手法上也多是叙述性的，考证、分析、论述性不够。而到了20世纪90年代中后期，研究的视角更加微观，往往从具体细微的历史细节入手，尽可能客观地把握真实的历史，随之对史料的理解分析能力的要求则大大地提高了。

在历史研究理论和方法上，我们既要坚持马克思主义历史观和唯物史观，辩证地看待问题，又要与时俱进，辩证吸收学界的新思想、新方法，将历史学的研究进一步深化。

在学术规范上，《院刊》也日益与时俱进。从学术论文的写作规范上来看，重视学界的研究成果，对于准确把握自己的研究在学术上的位置非常重要，因此，在论文中作学术回顾是论文写作时应当注意到的，而一直到20世纪90年代，《院刊》发表的学术论文才开始广泛地意识到这一点。从编辑管理的角度来看，20世纪80年代一直到90年代末，《院刊》一直都不太重视刊布论文内容提要、关键词、英文提要，以及责任编辑署名等相关学术规范。2000年以后，随着《院刊》与学术界的交流更加频繁，与其他学术期刊统一的学术规范既合乎《院刊》的学术地位，展示《院刊》的良好形象，也有利于《院刊》与其他学刊的进一步深入交流。

关于康熙时期围绕着皇权展开的一系列斗争，一直是明清政治史研究的重点热点。《院刊》复刊的30年间，一共登载了7篇与此相关的论文，从皇权争夺战、康熙的建储制、雍正继位的合法性等多个角度对这一问题加以阐释，此一案例适时地反映出《院刊》在史学研究的理论方法、写作手法、学术规范上的变化。如1981年第3期登载的冯尔康《康熙朝的储位之争和胤禛的胜利》一文，以马克思主义历史观为指导思想，以圣祖实录、世宗实录为基本史料，从宏观的角度综合分析论述康熙朝的建储、废储，胤 继位的合法性等问题，文章抓住了当时研究的热点，其主题也与当时的社会政治形势相吻合，文章论述翔实有力，但是对于当时学界就这一问题展开的讨论和已有的研究成果总结略显不足。时隔十年之后，在1991年第1期上，再次登载了康熙朝的皇权争夺的文章，即杨珍《康熙晚年的秘密建储计划》，论文没有就康熙朝储君人选的选废及嗣君的上位过程作宏观的论述，而是在此宏观背景下，从康熙的秘密建储制度这一点入手，看似研究一项制度的建制过程，实际上是对雍正继位的合法性问题提出了质疑。整篇论文学术规范严谨，在对学界相关研究有确切了解的基础上，从微观的、制度史的角度切入，深入探悉康熙朝末年的立嗣问题。1999年第3期所载朱诚如《清康熙朝宫廷内部矛盾与皇嗣制度改革》一文，以马克思主义史学观为指导思想，紧紧围绕着矛盾斗争这条线索，从制度史的角度来探讨这个问题。从冯文到朱文，学界关于康熙朝建储和雍正继位问题，以马克思主义史学观为基本指导思想，结合新的理论方法，将建储问题放到更加宏观的时局当中加以探讨。研究的理论和方法上也完成了从宏观的对全局的分析叙述，到从微观的、制度史的角度切入考证、论述一个重大的历史问题这一研究思路的转变。2007 年第 1 期梁绍杰的《清康熙朝大学士王掞奏请建储始末》，是利用被人们所忽视的王掞议储密折，通过剖析王掞和康熙的心理波动，对康熙朝的建储问题作补充论述。这既是利用新材料和新的研究视角对老的热点问题的再讨论，也是历史学进入 21 世纪以后开始出现的新的研究方法，即是利用一些过去被忽视的资料，在新的研究方法下，从微观的视角入手，运用多学科的研究手段，从不同的侧面来把握一个重大的历史问题。

三　比较和借鉴

30 年来，不管是在研究领域广度与深度的拓展上，还是在研究理论和方法的运用上，《院刊》明清史的研究都发生了很大的变化，有了很大的进展，但与纯历史研究学术期刊相比，还有很大的不足。《院刊》上登载的明史研究文章数量太少，尚不能与专业学术期刊作系统的比较，以中国人民大学清史研究所和书报资料中心主办的《清史研究》作为参考对象，考察《院刊》与历史专业期刊的不同，可以说《院刊》还有许多亟须改进的地方。《院刊》主要刊发的是与宫廷密切相关的明清历史研究论文，重点放在了帝王、宫廷的生活史和朝廷的各项决策、制度及机构研究上，属于传统的政治史、制度史研究范畴。清帝加上慈禧在内的研究成果有 100 余篇，约有 84 篇是论道光及以前的皇帝。宫廷内生活、机构、宫殿历史沿革史的论文 80 多篇，还有满人习武、祭祀等文化习俗方面的论文 20 多篇。简而言之，这时的《院刊》主要是明清宫廷史、政治史研究，还主要集中在清前、中期。反观《历史研究》、《清史研究》等纯历史期刊，就会发现他们的研究领域非常广泛。20 世纪 80 年代，各学术期刊的明清史研究主要集中在政治史、经济史和文化史领域，《历史研究》等期刊，不论是政治、经济、军事、文化、民族宗教等各项制度，还是清前、中、晚不同时期，都有论述。仅以清朝的历史人物而言，就远远多于《院刊》的研究。除了皇帝、后妃，《院刊》介绍的历史人物为数甚少，局限于与皇室关系密切的一些人物，如费英东家族、和珅家族、郎世宁等人，其他领域的名人偶有论及。而《历史研究》、《清史研究》中被论述的人物包括了明末的抗金英雄，备受争议的两朝汉官，明末清初的鸿儒，清初的开国功勋，盛世时期的政治、军事、经济、学术名人，清末的爱国将领，洋务运动风云人物，思想界的先行者，等等。20 世纪 90 年代以后，中国学术界与国外学术界的联系愈加密切，国外的许多理论和方法被大量地介绍给中国史学界，从这一时期开始，中国明清史研究无论是研究范畴还是研究方法都上了一个新台阶。《历史研究》和《清史研究》既在传统的政治史、制度史、军事史、经济史、文化学术史、思想史、边疆史、中外关系史、宗教史、秘密会社领域的研究不断地深化、细化，又在西方史学思潮的影响下，开辟了许多新的研究对象，其中最受人关注的是社会史的研究进入了高潮时期。社会史的研究对象非常宽泛，不仅仅是明清之际和清晚期的社会结构变动、思想文化整合属于社会史的研究范围，南方市镇史、北方乡村史、边疆史等区域史也成了当时社会的热点。21 世纪以来，社会史持续升温，而研究对象略有偏移。此时乡村社会、市镇社会的研究仍在继续，生态环境保护、社会救助和社会保障、宗族家族、移民社会研究又成了新的史学热点。随着社会史以及科学技术史研究的兴起，新的研究方法开始运用，特别是社会学、人类学的方法被大量运用于历史研究中。新的史学理论和方法，重视各种学科的交叉，往往运用多种学科手段，从细微之处入手，将研究对象放在整个时代历史背景下，思考事件、人物背后的政治、经济和文化背景。史学与其他科学的交叉研究，有助于解决历史上的许多疑案。如《清光绪帝砒霜中毒类型及日期考》（《清史研究》2008 年第 4 期）一文，就是史学与现代科学手段相结合，利用多学科的研究方法来揭示历史疑难问题的成功范文。清末、民国初年这个时段，在中国近现代历史上出现了一些新制度和新事物，如银行业、报业、保险业等，它们是现代各种社会制度、行业的雏形，关于它们的研究也是自 20 世纪末以来历史学的一个新关注点。学术综述、研究动态是对过去史学研究成果的总结和对未来研究重点的预测，这是不能为史学研究者所忽视的，故而各专业期刊都非常重视之。对于这些领域，遗憾的是《院刊》几乎都没有涉及或给予足够的重视，仅就其传统的政治史、制度史、经济史研究而言，范围也是那么的狭窄。

虽然《院刊》在研究领域的广度和深度上存在着很多不足之处，在利用新理论、新方法研究史学的步伐上也晚了很久，但是《院刊》在研究方法上也有自己的长处。利用图像蕴含的信息阐释历史问题，这种研究手法在 21 世纪前后被介绍入中国，并开始广泛地运用到社会科学的各个学科中。院刊是与故宫博物院紧紧联系在一起的，《院刊》在利用文物和图像证史这种研究手法上是具有自己的优势和特色的。

“择其善而固执之。”利用故宫博物院收藏的特色，深入发掘明清宫廷史料，在考据学的基础上深入分析论述明清历史，这是《院刊》的特点，也是其一大优点，是我们在今后的文章编辑中应该坚持的。要办好一份高质量的学术刊物，我们还应该与时俱进，发散思路，开阔眼界，及时了解社会科学界甚至是自然科学界的学术动态，消化吸收新的研究理论和研究方法，在坚持马克思主义史学观的基础上，更加客观地研究历史问题。这两点的完美结合，相信《院刊》的研究水平会不断提高，也会吸引更多的读者！

原载《故宫博物院院刊》2010 年第 2 期

故宫博物院藏品入藏档案（1949～2009）初步研究

王　硕

内容提要：故宫博物院自1949年新中国成立以来至2009年，新收入院藏品达到22.5万余件，入藏档案共计2万余张，这些入藏档案中存有大量问题需要解决，也含有大量信息值得发掘与研究。因此，对入藏档案在开展整体保护的同时，将其视为一个重要的文化与数据时代的信息要素看待，对其进行整理、分类、归纳、汇总，以形成较为完备的入藏史料档案和对应的数据信息资源库。本文以故宫藏品档案为基础，分析了档案内容与概况、来源及背景、存在的问题并提出了将要进一步研究的内容。

关键词：故宫博物院　藏品　档案　初步研究

故宫博物院是世界上现存最大、最完整的古代宫殿建筑群，也是目前规模庞大的博物馆机构。它不仅拥有精美绝伦的古代宫殿建筑，更拥有多达180万余件珍贵藏品。这些藏品中，除原有来源为“旧藏”之外，还有自1949年至2009年60年间通过接收、收购、捐赠等渠道，新收入藏的22.5万余件藏品，这一部分藏品数量占故宫博物院藏品总量的8%，是故宫博物院藏品体系的重要组成部分。至2012年，故宫博物院已将包含这些藏品的全部藏品信息登入《文物管理信息系统》数据库中（以下简称“文管系统”），以便对其进行现代化的数据管理。

现存新收入院藏品的接收、收购、捐赠等藏品档案、凭证与相关单据，是故宫博物院自新中国成立以来凡新收入院的藏品所必填的一份入藏档案和入库单据，也是该藏品进入故宫博物院收藏体系的首份凭证，非常珍贵。从这些档案入手，梳理60余年的故宫文物入藏历史，是一项针对故宫博物院自身发展的专项课题，也是一份完善故宫博物院院史的重要档案资料。

作者：文管处，副研究馆员。

一　故宫博物院文物入藏档案内容与概况

（一）入藏档案分类

现存故宫博物院入藏档案包括新收入藏品的目录凭单、入库单据与相关档案、账册存页等。档案内容根据入藏途径分为“接收”（分“调拨”和“拨交”两种情况，以下统称为“接收”）“捐赠”“收购”三个类别。档案载体分为三类，第一类为藏品入库单据及目录，共计 23706 张，第二类为藏品收购账簿，计 6 册，第三类为捐赠藏品所颁发的奖状存根与备档。

在这些档案中，以《藏品入库单》占据主体地位，其主要内容和信息资源项包括藏品入藏编号、入藏时间、入藏来源、藏品入院时定名（现该名称为故宫博物院“文管系统”中的底账名称，为不可更改项）、藏品件数、入藏简要、伤况信息、流传经历、鉴定信息、鉴定人签名、送入库别等，均为新收入院藏品的原始信息。特别是入藏时间、入藏来源、鉴定信息、鉴定人、伤况信息等项，可对故宫博物院业务研究起到源流参考作用，具有重要的信息价值。例如“鉴定信息”一项多出自故宫博物院大家之手，而他们中大多已离世。先人们对入院藏品的鉴定意见和判断便成为后人审定藏品信息之依据，弥足珍贵。

（二）入藏档案状况

由于时代原因，故宫博物院入藏档案所用纸张多为透明状薄质纸张或是软质单据，除封皮用软笔墨书之外，80% 的藏品数据均用圆珠笔或钢笔书写，更早年代的数据还用铅笔书写。因书写时需要使用拓蓝纸进行复制，以便于在登记之后依藏品类别分派至各业务科组，故多数档案已出现阴渍或模糊不清的状况，档案字体磨损严重，纸张脆弱不堪，已出现掉页、脱页等现象，急需进入保护状态。由于涉及藏品入院来源等重要信息，该档案需要长期进行人工翻查核对，所排次序在一次次被打乱的同时，也造成一些重要档案和信息页的遗失。如当年有些藏品工作者会将信息用夹纸条的方式放入订好的档案账册中，但后期人员在翻阅时稍有不慎就会将纸条丢失或放入不同的档案账册中。若这部分信息出现遗失或错位，会造成入藏来源信息不准确等后果。

（三）入藏档案相关数据

在多达 2 万余张的入库单据档案中，“接收”类藏品档案计 13237 张，占该类档案比例约为 56%。“收购”类藏品档案计 7057 张，约占有 30%。“捐赠”类藏品档案计 3412 张，约占 14%。同时，与之相辅的《故宫博物院接收凭单》、《故宫博物院藏品收购账》与“收购资金凭证”“故宫博物院捐赠藏品奖状底联”等相关档案还有约万余张。

该类档案在新中国成立以后即开始编录，当时只附有入院藏品序号、藏品定名等项。故宫博物院于 1954 年开始订立“新”字号入藏编号制度，由“新 1”号始，按年代，逐号、依次编排（“故”字号入藏编号制度始于 1962 年）。之后，根据号段编排的情况，编档人员开始回填自 1949 年至 1953 年间入藏的藏品编号，并统一编为“新 14****”六位号段。

（四）入藏档案编制办法

该档案在建立初期依藏品来源不同按“接收”“收购”“捐赠”三类入院文号排列与编目，其后依据年代、入院批次等总体顺序编号，再并入故宫博物院档案系统中设置的“接”“购”“入”字号别档案。每份档案均盖有入院院签、故签等批文号印章，是故宫博物院院藏档案系统的重要组成部分，可依据该档案号在院档案系统中查找相关批示文件或往来工作信件。后因工作性质变更，不再盖有档案序列编号章。

该档案的编制由两部分组成，一方为“授物方”，即向故宫博物院授物的一方，另一方是由故宫博物院“文物管理处”（以下简称“文管处”）工作人员组成的接收方。例如，凡与故宫博物院发生“接收”类行为的“授物者”，授物一方与故宫博物院接收方——文管处，经共同点查藏品工作之后，双方各执一份原始入藏单据作为档案凭证予以保存，该份凭据为“故宫博物院入藏藏品（拨）（入）库单据”，即故宫博物院入藏藏品档案的主体。文管处在整体办理完藏品入院手续之后，会依据藏品不同的类别分别划分至各业务科组入库，科组人员将藏品入库，同时由“文管处”人员编录《故宫博物院藏品总登记账》，业务科组人员同时持有属于本科组类别的“故宫博物院藏品（拨）（入）库单”或相关档案记录，并需将其登录于《故宫博物院藏品分类登记账》中，同时编录藏品入藏卡片，以做到账、卡、物三者相统一的规程要求。除入库程序相同之外，凡被故宫博物院“收购”藏品者，只从故宫博物院领取收购金，并由故宫博物院计财部门保留其“资金凭证”；凡向故宫博物院“捐赠”藏品者，只从故宫博物院领取“奖状凭证”或“奖励凭证”。

（五）入藏档案的存储

因工作性质的关系，故宫博物院入藏档案的主体是藏品入库单据，与各类藏品账目、凭证等信息载体无法进行分割存储，且与故宫博物院办公档案体系中的文件内容有所区别，故存于“文管处”的入藏档案始终以独立于院藏档案体系之外的资源形式存在。

“文物管理处”是故宫博物院负责藏品综合管理与账目信息管理的业务部门，有对藏品进行监督、管控的职能。其主要职责为专司全院藏品总账目并对其进行登记、修订、整理、维护等工作。伴随数字技术的发展，近年来，故宫博物院在藏品数字化方面开辟了一条属于自己的道路。故宫博物院针对馆藏文物所开发的“文物管理信息系统”以及相关系统也归入文管处管理。这样的管理方式，便于将入藏档案与实际工作相结合，也便于入藏档案的整理与研究。

“文管处”的前身为“总保管组”，归属故宫博物院保管部。因工作性质的关系，总保管组在成立之初即拥有其独立于保管部之外的监控职能。故宫博物院于1998年对业务部门施行机制改革（俗称“拆三组五”，将原有的保管部、陈列部、展宣部拆分为现在的“宫廷部”“古器物部”“古书画部”“宣教部”“展览部”）。后总保管组并入“院办公室”，改制为文物管理科，以加强其对全院藏品的监管职能。因工作的重要性与特殊性，故宫博物院于2002年成立文物管理处，专司负责藏品管理与藏品数据（账目）的管理与系统应用。至今，虽隶属关系有所变动，但所存入藏档案与账目等均编排有序，从未变更。

二　故宫博物院入藏档案来源与背景

故宫博物院入藏档案内容依藏品来源分为“接收”“收购”“捐赠”三个类别，并各自附有与其来源相关的凭单、账目与凭证等辅助类档案。

（一）接收

故宫博物院“接收”类藏品档案为各级政府部门，省、自治区、直辖市、地方博物馆、文管会、考古所、各级党政机关、单位等处向故宫博物院拨入、调入，并由故宫博物院接收的藏品记录，附有相关接收凭单与入库单据。由于接收类藏品是故宫博物院自1949年以来规模最大的入藏途径，故这部分档案的数量也最多。

解放初期，在国家文物局和全国各地博物馆的支持下，众多国家级珍贵藏品被调拨、拨交到故宫博物院，不断丰富着故宫的馆藏。因历史原因，“接收”行为多发生在建院初期至20世纪60年代，在此阶段，故宫博物院接收各级政府部门和各地博物馆、单位拨交的藏品达14万余件，其相关的入藏档案也达到1.3万余张。

拨交类行为的发生，与国家施行的政策、方针等要素息息相关，在拨交类别中，有自“国务院总理办公室”“中共中央办公厅”“外交部”“团中央”等各大党、政、机关、团体与民间协会等单位。党和国家领导人也对故宫博物院的藏品入藏工作给予大力支持，并以身作则。

据载，毛泽东主席曾于1951年12月将友人赠送给他的王夫之《双鹤瑞舞赋》交给国家文物局，并给当时的郑振铎局长写了一封信："据云此手迹甚为稀有，今送至兄处，请为保存为盼！"1952年12月，毛泽东主席又将朋友送给他的钱东壁《兰亭十三跋》交由文化部社管局保管。1958年，毛泽东主席再次将张伯驹先生赠送给他的李白《上阳台帖》交由中央办公厅保存。此3件国宝在其后均转拨故宫博物院收藏。

由国家有关部门拨交给故宫博物院的藏品中，有许多原属清宫旧藏而后流失出去的藏品，如溥仪于当年抵押给盐业银行的玉器、瓷器、珐琅器、金印、金编钟等。在党和国家领导人的重视下，1953年，这批藏品安然"回家"，由故宫派工作人员到储藏地点收运回并妥善收藏。此次由国家文物局拨交给故宫博物院的事件也被翔实地登记在这部分入藏档案之中。

（二）收购

"收购"类入藏档案是故宫博物院与售物者在法律依据之下，发生经济行为，对藏品取得控制权的一种入藏记录。"文管处"保留有入院藏品收购账目、故宫博物院计财部门保留有收购类支出凭证。故宫博物院自1949年至2009年，计有6万余件收购藏品，涉及档案7000余张。

自上世纪50年代以来，故宫博物院确定了以清宫流失出去的珍贵藏品为主、兼及中国历史艺术珍品的藏品收购方针。同时国家在资金上给予支持，使故宫博物院成功购回大量珍贵藏品。故宫于成立之初，即设立"藏品征集组"，多方引进藏品鉴定专门人才，如乔有声、孙瀛洲、王文昶、王以坤、马子云、刘九庵、耿宝昌、唐兰、陈万里、徐邦达、朱家溍等大家，组成了强大的专家队伍。至今，虽组员有所更替，但始终秉承专业性与权威性，严格依据国家法律法规与相关章程制度执行各种鉴定程序。

故宫博物院收购藏品的高峰时期，是20世纪的50～60年代。其主要原因是政府支持，阻止了文物的大量外流；其次是因为民间收藏家们的支持，"凡遇流散藏品，得到后必先送至故宫博物院鉴定购藏"成为当时国家、民众与同行之共识。

故宫博物院的购藏品中，就有著名的三希堂法帖中的"二希"回归事件。中华人民共和国建立初期，周恩来总理在日理万机的工作中接到报告，得知故宫"三希堂"中的二希——王献之《中秋帖》和王珣《伯远帖》流入香港，并欲出售，即批示国家文物局重金购回交由故宫收藏。周总理批了50万港币，实际用了488376港元。这一年，中国的外汇储备仅为1.57亿美元。但为了让国宝重返故土，当时财政异常困难的中央政府还是慷慨地拿出了这笔经费。同期从香港收回的珍贵文物还有：唐代韩滉《五牛图》、五代南唐顾闳中《韩熙载夜宴图》、五代南唐董源《潇湘图》、宋徽宗赵佶《祥龙石图》、南宋李唐《采薇图》、南宋马远《踏歌图》、元王蒙《西部草堂图》及倪瓒《竹枝图》等一批名品。

近年来，故宫博物院收购的精品有隋人书《出师表》、张先《十咏图》、明沈周仿黄公望《富春山居图》、宋拓《淳化阁帖》、战国嵌赤铜豆、晋青釉双系鸡头壶、成化斗彩折枝牡丹罐等，极大丰富了故宫博物院的藏品体系，进一步充实了入藏档案的内容。

（三）捐赠

“捐赠”类入藏档案，是授物方不予索求地把有价值的藏品赠予故宫博物院收藏，并得到故宫博物院为其颁发的捐赠荣誉证书或奖金等行为所形成的记录。此类档案不仅有相关的批示文件和藏品入库登记档案，“文管处”尚存有捐赠奖状存根并相关电子档案。

至2009年12月，故宫博物院共接受捐赠藏品2万余件，捐赠人员753人次，涉及入藏档案3000余张。在捐赠者中，从国家党政领导至平民百姓，从专家、学者、知名人士至民间手工艺者，包括港澳台同胞、华侨、华人及国际友人，到故宫博物院专家、学者至普通工作人员，囊括各阶层的人士，所献之中不乏至珍名品。

向故宫博物院捐赠藏品的人士，有老一代革命工作者，如李一氓、章乃器先生。1950年，李一氓先生捐赠元代陆行直绘《碧梧苍石图》1幅。1975年将藏品366件捐赠故宫博物院。1954年、1960年章乃器先生将所藏藏品1000余件捐赠给故宫博物院。还有知名专家、学者，如陈万里、唐兰先生等。有任职于文化部、文物局等关心文化事业的领导人和学者，如郑振铎先生等，还有历任故宫博物院院长，如马衡、吴仲超先生等。也有捐赠者家族即为收藏大家，后人又任职于故宫博物院的朱氏父子等人，以及一生醉心于艺术的大家，如傅抱石先生等，不胜枚举。

三　故宫博物院入藏档案的整理与所存问题

（一）整体介绍

自2000年始，故宫博物院对入藏档案进行过按文号排序并做函保护、整理排架等工作。但近年来，由于故宫博物院对藏品的清理、验收工作持续进行，该份档案的利用十分频繁。2010年以来，伴随藏品数据化进程的不断深入，更是加大了档案的利用频率。为了对这些档案进行保护，更好地发挥其文献价值，故宫博物院开始了对这些档案进行整理与数字化的工作。在对全部入库单据类档案与收购账簿进行数据录入与扫描成型的过程中，不仅完成了数据整体信息的核对工作，还对该份档案中所包含的各类问题进行了初步的整理。从目前掌握的情况来看，接收、收购、捐赠三类档案中均存在大量亟待解决的问题。

1. 接收

接收类藏品约计 14 万余件，约占新入藏品总体数据 22.5 万余件的 62%。由于历史环境与政治原因，至今仍有一些档案信息无法对外披露，还有一些拨交单位已然消失或转组，而与其相关联的藏品信息也随之流逝。

接收类藏品中还存在与“收购”“捐赠”类藏品档案相交叠的情况，例如捐赠者将文物捐赠给了指定部门，该部门在多年后又将其拨入故宫博物院收藏，而在相关的入藏档案中，却只记录了拨交的部门，并未将原授者进行记录。这样的档案记载导致藏品“来源”一项存在内容不全、授者不清的争议。该项工作在寻根溯源的过程中存在很多困难，有些可以根据授者提供的线索给予更正或证明，而有些接收类藏品的入藏来源则无从考证。

2. 收购

“收购”类藏品约计 6 万余件，约占新入藏品的 29%。在所有入藏档案中，此类档案的记录比较完整，如入藏来源、收购人员、经手人等均有可查信息。同时，收购类入藏档案还配有与之关联的《故宫博物院文物收购账》6 册。该账册依据年代逐件逐次记录购入藏品的价格，其中因某些原因未予收购而退回购买人的物品也有登记并附有价格记录。

3. 捐赠

“捐赠”类藏品在故宫博物院入藏品中所占比例约为 9%，是自新中国成立以来在故宫博物院入藏品中产生最高社会价值并被民众认知度最强的收藏形式之一。故宫博物院于 2005 年专设“景仁宫”一馆，长年轮展 60 年来由各方人士所捐珍宝，并在景仁宫捐赠专馆四周镌《景仁榜》，将 60 年来凡向故宫博物院捐赠过珍品的人士之名泐于墙上，以作表彰。故宫博物院原院长郑欣淼先生为此榜特书《景仁榜铭》，以示敬意。

故宫博物院对捐赠藏品的整理与研究工作开展较多，对捐赠类入藏档案的利用也最为频繁，所整理与归纳的问题也较其他两类入藏档案更为明确。在整理档案的过程中，许多属于个人捐赠的行为要从“拨交”与“收购”类别的档案中剥离出来，进行正名。现存于“景仁榜”中的许多信息就是工作人员从烦琐的档案册页中核查而来的。例如捐赠大家张伯驹先生曾于 20 世纪 50 年代，将其所藏、所购的《平复帖》、《游春图》、唐李白《上阳台帖》、唐杜牧之书《张好好诗》卷、宋黄庭坚书《诸上座帖》、宋蔡襄《自书诗》册、元赵孟頫草书《千字文卷》等书画作品无偿捐赠给国家，后于 1956 年拨入故宫博物院，成为故宫博物院珍藏品，其来源也已从“接收”转为“捐赠”。

（二）综合分析

在已经整理完成的入藏档案中，由于历史或其他方面的原因，接收、收购、捐赠三类档案在“来源”信息项目中互有叠加的问题出现较多，解决起来比较困难。

在“接收”类入藏档案中，还可见到在隶属关系上已经有所转变的情况。如原有标示的“社管局”（社会管理局）即是之后的“文物局”，后由该局拨入故宫博物院的藏品统称为“局拨”，意为“文物局拨交故宫博物院藏品”。其中，标为“社管局”拨交的藏品为 5.7 万余件，隶属“文物局”名下的拨交为 5000 余件。再如，有些单位曾将藏品拨交给故宫博物院，但因历史原因，该单位现已更名或消失。由此可见，对于该类档案信息的寻根溯源就显得十分必要。

在入藏档案中，还存在一些普遍性的问题需要解决。例如，因为藏品计件标准不同而产生的计件不准确的问题，导致入藏档案上的计件数量与现有馆藏的计件数量出现误差。解决办法是依据故宫博物院现行文物管理法规进行科学计件，将入藏档案中所记原数据作为参考项加入相应的备注信息。再如，因为藏品定名标准不同而产生的入藏档案名称与现有馆藏品名称不符问题，解决办法是将入藏档案名称在文管系统中设置成为“底账名称”，且不可更改，而经研究后得出的现有藏品名称定为“文物名称”，且可由专业人员编辑、修改等。

四　故宫博物院入藏档案前期工作与后期计划

根据入藏档案的现状，故宫博物院已将其列入保护计划之内，日前已完成对 2 万余张入藏档案以及收购类 4000 余张账册的纸质数据扫描工作，同时，根据前期制定的录入规范，对全部入藏档案进行数据录入。这两项工作的完成，一方面可为后期入藏档案的相关课题提供研究平台，另一方面可与故宫博物院档案信息系统的入藏文书类档案进行链接，进一步完善故宫博物院藏品入藏体系。

将入藏档案纳入故宫博物院数字化体系之后，可解决人工翻阅档案的现状，达到保护档案的首要目的。其次，数字化的入藏档案还可以与档案管理系统相关联，方便研究人员统一调阅。在文管系统中，入藏档案也可以作为藏品信息的辅助载体进行链接，以扩充藏品信息内容，方便学者研究，特别是在查询“藏品信息来源”“藏品鉴定信息”等项目中发挥作用。

目前，故宫博物院已针对入藏档案设立了相关课题，并已进入后期研究阶段。该课题将1949年至2009年的入藏档案按照一定的时间分段、分批次进行整理、归纳和总结，利用统一的格式介绍处于该历史阶段中具有代表性的，与时代相关的各类人物、事迹及相关藏品，并期望进一步分析隐含在入藏档案背后所展示出的那些时代元素与社会现象。在课题完成之后，故宫博物院入藏档案将形成一套完整的电子档案，供人们使用。

结语

博物馆是时代文明的标志之一，博物馆的藏品是任何一座博物馆不可或缺的组成部分。博物馆中的藏品档案是围绕着藏品而建立的，是藏品在收藏过程中一系列活动的真实记录与阐述。藏品与档案既是不可分割的一体，又是相互辅助而存在的。对故宫博物院60余年的入藏档案进行整理、分析与研究，不仅可以展现新中国成立以来故宫藏品的收藏历史，也可对故宫自身收藏体系与发展进行阶段性总结与成果展示，并最终形成可查询、利用的入藏档案系统。

原载《继承发展·保护管理——北京博物院学会保管专业十年学术研讨纪念集》，北京燕山出版社，2010年

论对知识文本的观照与整理

——编辑学原理阐述

白建新

内容提要： 编辑学研究的出路在于以哲学为指路航标。在现代社会，编辑学为知识传播的社会化操作提供理论指导与技术规范。编辑学原理是在编辑行为中对知识文本的观照和整理。观照的层次是倾向与位置、面目与方法、框架与知识。观照需要通识，在知识层面是文献意识。文献意识的内容在高等教育体制中分属不同学科，因而有必要建立“编辑文献基础”课程。整理是以理性思维为编辑行为对象建立新秩序，完成新样品。现代信息技术的进步已经深刻改变了编辑行为的效率和效果。在此基础上以系统科学理论建立图书系统工程概念，有可能为今后出版行业的深度企业化提供新命题。

关键词： 编辑学　观照　编辑文献基础　整理　图书系统工程

最近 30 年，编辑学理论建设向深度与广度大踏步推进的主要表现有三个。第一，中国编辑学会主导，先后由阙道隆、邵益文主编的《中国编辑研究》自 1997 年至 2010 年逐年出版，收录上一年编辑学的研究重要文章，特别是“理论探讨”“学科建设”栏目，留下了编辑学理论建设不间断发展的轨迹。第二，丛林主编的《中国编辑学研究述评 1983—2003》于 2004 年出版，兼具辑览与评述功能，成为阶段性总结。以编辑规律、编辑学科体系与地位为论题发表多位时贤诸说的文章《编辑学研究：路在何方》于 2011 年发表，也是具有集约规模的综述。第三，中国编辑学会编，邵益文、周蔚华主编的《普通编辑学》于 2011 年出版，是标志近年编辑学理论更趋成熟的专著。受此影响，本文略述作者关于编辑学的主张和认识，行文间或采用李景和先生的“编辑行为”[1] 概念，所论以文史哲特别是文物博物馆考古领域的图书编辑为背景。文或不当，尚祈方家教正。

我们主张，编辑学研究的出路在于以哲学为指路航标，编辑学的原理是在编辑行为中对知识文本的观照和整理。

作者：原出版部，编审。

1　李景和先生阐释编辑行为的概念说，“‘行为’指明‘编辑’的性质，‘编辑’指明‘行为’的方式”。

一　编辑学的前提与界限

为说明编辑学的研究出路和编辑学原理，首先需要澄清前提，划清界限。

第一，编辑学是怎么办的科学。在人类知识谱系中，人文学科、社会科学、自然科学和工程技术构成基本部类。在人文学科中哲学追问为什么的问题。自然科学和社会科学的基本理论回答是什么的问题。编辑学和社会科学其他各个学科及工程技术中“基于现实思考的解决问题的方案的研究”一道，应对怎么办的问题。在现代社会，编辑学为知识传播的社会化操作提供理论指导与技术规范。编辑学研究的对象是编辑行为，研究的方法是实证的方法。

第二，编辑学活跃在编辑史当中。一代有一代的学术，一代有一代的技术。一代的学术和技术必然在一代的编辑范式[1]中留下自己时代的烙印。中国传统的治书之学古典目录学、校雠学产生和形成于整理写本群书的编辑范式。在版刻图书通行天下的时代，出现并形成了古典版本学。从近代印刷技术在中国通行之后，伴随着出版行业的日益商业化、规模化，形成编印发三足鼎立格局下的近代编辑范式。信息技术革命浪潮的到来，特别是一大批文字、图像处理技术的高歌猛进，在大幅度压缩从原稿到印前工序自然时间长度的同时，极大地扩展了艺术想象与形象的空间，造就了现代编辑范式和图书系统工程的产生。

第三，编辑是思想的事业，出版是资本的战场。在资本、信息全球化的时代，现代编辑范式正在形成。现代编辑范式包括：陈述明确的编辑学基础原理，把基础原理应用于各种类型编辑（或者称之为部门编辑）的规范方法，处理文字、图像、影像、音频信息的设备、技术和操作规范，最基本的通过投入产出实现资本增值的市场意识，关于知识产权、出版管理、国家标准的通行观念和操作规范。

第四，编辑是从属于社会文化产业的子系统。编辑在主流意识形态的旗帜下以协奏主旋律为首要任务，同样也有社会文化传承的责任，二者融为一体。编辑的主干在出版行业，典型表现形态是图书。编辑表达的内容以知识为主，覆盖人文学科、社会科学、自然科学和工程技术的各个领域。编辑的工具学科是语言文字学、艺术学、逻辑学、法学、心理学，内部分工类似医学学科，传播对象类似教育学学科，制造产品的手段需要工科技术，达到目的的途径依靠经济学的法则和社会学的智慧。当前编辑学科教育正在高等科学研究教育和高等职业技能教育的路口徘徊，编辑学研究的理论成果在重大问题上尚待业界取得共识。

在这样的前提与界限明确之后，我们主张，编辑学研究的出路在于哲学。首先，

1　范式是美国哲学家托马斯·库恩 (Thomas Kuhn,1922 ～ 1996 年) 于 1962 年在《科学革命的结构》一书中提出的概念。关于范式的内容与构成，英国哲学家 A.F. 查尔默斯 (A.F.Chalmers,1939 ～) 有概括性介绍，见查尔默斯著，鲁旭东译《科学究竟是什么》，第 135 页，商务印书馆，2011 年。

哲学是人类“建立在通晓思维历史及其成就的基础上的理论思维形式”[1]。任何部门编辑或者类型编辑的行为对象，都在人们“思维历史及其成就”的范围之内。在这个意义上说，没有哲学思维的参与，没有从常识思维跃迁到哲学思维，就无法对编辑行为进行理论的反思与概括。其次，编辑学研究的是知识的社会化传承的规律与方法。一般说来，编辑学不产生新的元知识，而是产生派生知识，也包括此前既有知识的新的形式。简言之，编辑学是关于知识传承的科学。编辑学把既有知识经过改变形式或者重新组合再次传承。这里的新形式要符合时间、空间、语言、文字、社会阅读习惯、传播方式、适宜形态、商品交换的市场价格等新的要求，满足具有针对性的时代需求。在这里，同样需要从科学思维升华到哲学思维，从而指导编辑行为达到目的。再次，没有哲学的社会科学，无法建立自己的体系和划清界限。既然承认编辑学属于社会科学，编辑学毫无疑问必然需要哲学的概括与指导。编辑学只有按照哲学的思维方式反思自身的历程与现状，才有可能建立科学的编辑学理论体系。

无论是在古代还是在现代社会，编辑行为都具有两个鲜明的特征。第一个，编辑行为的有限独立性。例如，刘向、刘歆父子校书，自觉地以主流思想儒家理论为宗旨。《四库全书总目》纂成，奠定了清代以汉学取代宋学的学术风气转向；但清高宗“寓禁于征”，大批禁毁、铲版图书，暴露“稽古右文”的真实意图，是改造汉族文化以适应清代皇族统治的意识形态。在现代社会，虽然是否符合主旋律是编辑行为的价值取向，但由于出版业商业化日益成熟，劳动的增值也成为编辑行为的先决条件之一。第二个，编辑行为具有鲜明的操作性。这种操作性在信息革命浪潮中越来越增加编辑行为的技术含量和对相关设备的依赖程度。在生产、交换、流通、管理和消费等关键性经济活动已经基本信息化的社会条件下，编辑行为成为遍布社会各个角落，以劳动增值为目的的日常性的知识操作。直接说，编辑行为的操作者，实际上是不直接创造纯粹物质财富，而是编订造办社会必需文化商品的知识工人[2]。编辑行为的这两个规定性，决定了编辑学的原理是在编辑行为中对知识文本的观照与整理。

二　作为编辑学原理的观照

人类的知识，有默会知识，有口头知识，也有文本知识。当文本知识产生并且积累到一定规模，人们按照一定的观念对这些文本进行整理和校雠，最初的编辑行为从此产生。古往今来，所有的编辑行为对象不超过以下范围：事实的记载，理论的表述，现象的描述，情感的表达，以及对既有文献的诠释、考证、补充、重新组合和制造伪文献。

1　《马克思恩格斯选集》第 3 卷，第 899 页，人民出版社，2012 年。

2　参见安东尼·吉登斯著，孙相东译《第三条道路及其批评》，第 70 页，中共中央党校出版社，2002 年；陈学明、俞可平 ;《用另一只眼睛观察当代资本主义》，第 21 页，重庆出版社，2009 年。

从孔子编订六经“述而不作”，到今天《马克思恩格斯全集》历史考证版第2版的编辑出版，认真审视所有的编辑行为，一层一层去掉所有表面现象进行高度概括，最后能够留存在严格审查目光之下的，只有观照和整理。这就是编辑学的原理。

观照，佛教语，指主体静观世界以智慧照见事理。五种般若之一有观照般若。它和观念、觉悟一样，是中古外来语。民国初年，近代佛学家吕澂撰写中国第一部美学专著《美学概论》，在第五章《美的观照及艺术》把这一佛学概念引入美学，用以探讨艺术审美问题。吕澂给观照所下的定义是：“盖观照者，非以静止之自我与生动之对象相对待，乃依对象之要求与之俱动者也。与对象俱动，而后对象之生命乃得尽流向吾人之内，而其真价始显然。观照之所以为观照者，即在乎此。”[1] 作为现代学术术语，观照是“在无所为而为中对对象进行审视”[2]，有一种主体对于客体的超然态度。这种超然态度和“依对象之要求与之俱动”的方式，确切概括了编辑行为的规定性和有限独立性。

我们主张，作为编辑学原理的观照有三个层次。第一个层次是观照倾向与位置。首先，看编辑行为对象与主旋律的关系。在今天的中国，马克思主义占据意识形态的绝对主导地位，但是并不等于没有别的声音和倾向[3]。所谓位置，是观照编辑行为对象在学术研究序列中的位置，也可以理解成水平、高度。

第二个层次是观照面目与方法。这里的面目，指编辑行为对象的基本面貌，通常大多数是中规中矩的专题研究，但是也有几种比较特殊的情况。一是平行跨界研究，即通常所说的交叉研究。二是以高就低介绍，即通常所说的普及。最为令人心惧的是学术功力不足，硬扛大题，看似锦绣，涉嫌泡沫。这种面目，最易误诱编辑行为人身陷泥沼。基本面貌，还包括有无对于论题的学术回顾。从某种程度来说，这是具有决定性的金标准。所谓方法，即编辑行为对象的路数。梁启超在《清代学术概论》第十三节总结了清代朴学的十条特色。这十条特色对于今人治学仍然具有重要意义，现在取来略加改述，作为观照编辑行为对象治学方法的参照标准。一是凡立一题，必凭证据，臆度无证据者不取。二是选择证据，以真为尚。凡有第一手材料存世并且可以找到，不取第二手材料。三是孤证不为定说，其无反证者存疑。四是回避或者隐匿、曲解证据，皆为不德。五是尽量搜集同类事项材料，竭泽而渔，广泛比较，即归纳法中的追求大样本、大数据，以便结论相对可靠。六是凡引据前人旧说或者时人之说，必须明确说明所据，抄袭、剿说为大不德。七是观点不同，平等讨论。八是争论以论题为范围，词旨温和，互相尊重，如有讥讽，是为不德。九是研究贵精而深，结论当

1　吕澂：《美学概论》，第48页，商务印书馆，1923年。

2　辞海编辑委员会：《辞海》，第763页，上海辞书出版社，2009年。

3　参见程恩富《意识形态对立并未真正弱化》，《环球时报》2013年6月3日；张飞岸：《评析当代中国五大社会思潮》，《中国社会科学报》2012年5月10日。

如铁铸。十是文字贵朴实简洁，忌节外生枝[1]。

第三个层次是观照框架与知识。这个层次要强调一个前提，熟元典，具通识。元典，即中国古代基本的和常用的典籍。通识，最为关键。通识的知识层面就是文献意识。文献意识的内容包括：掌握历史年代学以建立时间概念，掌握历史地理学以建立空间概念，掌握古文字学、文字学特别是 20 世纪以来文字改革和规范化历程以建立对文本字形的感觉，熟悉古典金石学、版本学以清楚文本的载体、材质、形制的历史沿革，熟悉古典目录学以掌握古代典籍的分类沿革，熟悉《四库全书总目》以掌握古代典籍的一般体式。这六个方面构成通识的知识层面，即文献意识。在今天的一般知识谱系和高等教育的专业划分中，这六个方面的知识都不在编辑出版学的名下，而是分别归属于历史学、中国语言文学类下的古典文献学、考古学以及文物与博物馆学。一般说来，人文社会科学的编辑行为，都需要文献意识。因此，高等院校的编辑出版专业教学，有必要把这六个方面的基础知识集成传授，课程名可以为“编辑文献基础”。在熟元典、具通识的前提下，观照编辑行为对象的逻辑结构有无问题，框架是否均衡合理，有无畸轻畸重现象，知识上有无硬伤，用字体系是否合理，等等，大致不会出格。

观照的基本特征是“依对象之要求与之俱动”[2]的审视。观察渗透理论，没有深厚的背景知识，谈不上理性的观察。这里的思维方式，第一是跨界思维，第二是类比逻辑推理。跨界思维是一种具有系统论色彩的思想方法。这种方法的前提，是确认世界上任何系统内部紧密联系，外部与其他系统互存互动，构成世界的普遍联系。跨界思维的主要方式，是以一个知识关键点为基点，逻辑串联系统内部和外部的知识，跨越概念、学科的界限，从而成为知识增长的重要途径[3]。跨界思维对于编辑行为中的选题策划是极为重要的思想方法。类比逻辑推理的主要环节是联想和比较。这种推理有局限性，是不够严密的或然推理，不一定具有必然性。

三　作为编辑学原理的整理

整理，就对象整体或者外部关系而言，即通过归类、排比，确定对象在类中间的次序；就对象内部而言，则是调整结构，加工完善。

作为编辑学原理的整理，是在编辑行为中以理性思维为对象建立新秩序，完成新样品。这里的前提，是以系统科学理论对编辑行为对象进行解剖和改造。

《物种起源》的作者达尔文曾经描述科学的定义：“科学就是把事实分门别类，以

1　参见梁启超、朱维铮《清代学术概论》，第 47 ～ 48 页，上海古籍出版社，1998 年。

2　吕澂：《美学概论》，第 48 页。

3　参见保罗·法伊尔阿本德著，周昌忠译《反对方法：无政府主义知识论纲要》，第 1 ～ 5 页，上海译文出版社，2007 年。

便从中得出普遍的规则或结论。”[1]这里的科学指自然科学。把事实分门别类，就是整理，即把经验层次所获得的感性材料，抽象出内在规定，上升到理论层次。这种升华依靠理性思维方式，通常采用的方法有归纳法、类比法和数学方法。

编辑学是社会科学，与自然科学既有相通之处，又有重要的区别。编辑行为为对象建立新秩序，包括外部秩序与内部秩序。外部秩序，是在观照的基础上，为编辑行为对象定位，针对时代新需求，确定对象在知识谱系、社会形象序列和市场价格序列中的位置。首先，知识谱系定位，即对象的知识层次归类，一般有基础记载类、专题研究类和知识普及类。基础记载类有选择性记载、全景式记载，形态有排录、影印、图录等。专题研究类有专著、个人文集、会议文集、定期连续出版的多人文集以及翻译著作等。知识普及类即大众读物，各个学科都有这个层次的图书。其次，社会形象定位，包括对象的开本、装帧形式确定。开本与装帧形式密切相关，是知识谱系定位的外在表现。特别是在装帧设计中封主、封图、封眼的确定，既要体现内容与特色，又要在浩如烟海的新书中跳进潜在消费者的视域，需要设计师超凡脱俗的才华与智慧。再次，市场价格定位，是对象在社会商品交换中实现自身价值的尺度定位。所有编辑行为的对象都要在完成产品形态之后实现商品交换，从而保证增值。因此，社会形象定位与市场价格定位一道，成为联结编辑行为与文化消费之间的感性的纽带。社会文化消费者何时何地受到吸引打开感性纽带联结的另一端的窗户，取决于社会形象定位是否准确、市场价格定位是否适应目标消费者的购买力以及其他的营销渠道与策略。

内部秩序，一般说来是体式和体例、正文结构、图文配合方式、前后零件次序等。建立内部秩序的过程，一般包括编辑加工、校对通读、色彩管理和核红、蓝纸检查、样书检查等，必要时需要印刷跟色、特种装帧材料和工艺的流程跟踪。在这里，特别要强调指出，编辑加工的定律是：清晰思维，精确表达，合理统一。

完成新样品，是建立新的内外秩序的直接表现与结果。把出版行业的编辑、出版、发行看成整体的三个局部是长期以来形成的习惯认识。这种认识包含一种观念，即把编辑和出版当做彼此独立的上下游衔接的两个环节。我们认为，前文所述编辑行为的操作性，正在从技术和工序上把这两个环节整合为一个联系紧密的完整流程。这个流程的起点是选题，终点是图书产品入库。我们主张，以系统科学的理论为方法，把这个流程看做一个整体，名为：图书系统工程。

编辑行为物质条件的变化决定编辑范式的变化。甲骨金文是前书籍形态。先秦两汉魏晋南北朝，以墨或者漆书写在简牍、绢帛、纸张上面；又刻字上石，进而拓墨技

1　裴蜀译文。此语出自英文版《达尔文自传》，英文为：Nothing before had ever made me thoroughly realise, though I had read various scientific books, that science consists in grouping facts so that general laws or conclusions may be drawn from them.(*The Life and Letters of Charles Darwin*,by Francis Darwin,The Echo Library,2007,p30.) 香港大学教授王辑宪提供查阅出处。

法出现[1]。文本的形成是单独书写或者铭刻，复制的方式是抄录或者传拓。在这种物质条件下的编辑范式，产生出目录学、校雠学。自从初唐出现最早的印刷术产品佛经和印纸，两宋以下官私版刻盛行。在这种条件下的编辑范式，形成印刷字体通用、字形逐渐规范、版本学渐兴的特点。晚清邵懿辰《四库简明目录标注》、莫绳孙《郘亭知见传本书目》，新中国郑振铎创编北京图书馆增补《中国版刻图录》，联合奏响雕版时代的"渔舟唱晚"。西方传教士带给中国的不仅是基督教义，还有近代印刷术。铅活字、平版印刷和铜锌版印刷技术先后传入中国，造成图书形态的日新月异、版面构成的多样变化和纸墨色彩的丰富精致。这个时代，形成编辑、印刷、发行的三足鼎立，编辑的案头以字书、红笔、剪刀、糨糊、直尺为操作工具，文本符号从原稿到成品的转移需要多遍精校，图文合并的效果无法直观，编辑和印刷成为各自相对独立的两个部分。20 世纪 80 ~ 90 年代，信息革命的浪潮开始席卷全球，改革开放深刻影响了中国出版业，出版行业的结构性革命开始静悄悄地推进。这种结构性革命的核心内容有两个。第一个是形成文本的符号在理论上可以与复制印刷的符号实现无缝对接。这种无缝对接，以文本形成符号与印刷复制符号是同一个来源为前提，大大缩减了原稿文本与印刷复制文本之间符号转移的排字、校对环节占用的大量人力劳动，从而极大地提高了效率。第二个是图像复制与图文配套技术的高歌猛进。这种进步的直接结果，是出版物中图版数量的剧增，色彩精致，版面构成变化丰富。人们感慨"读图时代"的惊呼，赞叹的是编辑行为效果的革命性改观。有学者总结这种技术进步带来的感性直观的变化，并上升到理性思维，概括为"书籍形态学"[2]。这一主张认为文字、图像、素材、色彩是构成书籍形态的四要素，对四要素感性和悟性的把握，凝聚成表现力，构成知性的智慧网，体现有条理的秩序之美。毫无疑问，这种主张的客观依据，是编辑行为向现代印刷技术的印前工序渗透，已经包含了把书籍整体看做一个完整系统的前提。

在这种结构性的变化中，技术条件已经具备，人们的实践活动已经是真实的自在，缺少的只是人们的自为与共识。我们主张，图书系统工程包含三个子系统。第一个子系统是内容系统，这是最主要的子系统。这个子系统的主要内容，一般情况下就是文本符号有序而且精确表达，可以理解为正文和前后零件及附录；如果是图录、画册、工具书、影印书、论文合集，则需要单独制订子系统的运作方案。第二个子系统是形态系统。这个子系统是指书籍形态的整体设计。这两个子系统不是相互独立的，而是在操作过程中互存互动，在不同具体表象中各分主次。"一切设计都是围绕特定内容展开的造物活动，任何内容都不会脱离一种形式而独立存在，内容和形式是不能截然分开的。在任一思想内容从原有状态变成某种应用形式的过程中，都存在着转换的环

1　参见唐兰《中国文字学》，第 105 页，上海古籍出版社，2001 年。

2　吕敬人：《书的形态学》，《装饰》2008 年第 1 期。

节，并且不管结果如何，新的形态语境必定会赋予它新的意义。”[1]第三个子系统是工艺合成系统。这个系统包括材料、工艺方案、色彩管理、形态定型等。三个子系统构成完整的图书系统工程的流程。这个流程的完成，既是整理的完成，也是新样品的产生。在这里，特别要强调指出，图书系统工程的定律是：进度服从质量。

在出版行业全面企业化的形势下，本文所称图书系统工程概念，具有现实意义。第一，中国的现代图书出版，艺术含量日益增加，单册印数越大，潜在的重印概率可能性就越高。这些品种是否贯彻图书系统工程观念并在其间控制成本和精细打造形态，关系到这一品种的社会形象与留存时段，即重印再版的次数。第二，越来越多的图书品种依靠出版社与设计工作室之间原稿加设计的合作模式。这种合作模式下的双方，如果以图书系统工程作为双方共同认可的操作平台，在质量、结算等方面更容易协调，并达成共识。第三，今天出版业从业人员的流动性和归属感存在潜在矛盾。在出版单位贯彻图书系统工程观念，不仅关系到打造品牌，而且有利于对后继力量的培训与锻炼。这无论是对本单位还是对全行业后继力量的素质培养，都有积极的现实意义。因此，图书系统工程观念，有可能为出版行业深度企业化提供新的积极性命题。

结论

我们根据编辑学的前提与界限，论证编辑学的原理：在编辑行为中对知识文本的观照与整理。观照的定律是依对象之要求与之俱动，从中推导出编辑文献基础。整理的定律是建立新秩序。为编辑行为对象建立内部新秩序的定律是清晰思维，精确表达，合理统一。从整理的技术进步和书籍形态学这两个新条件，推导出图书系统工程。图书系统工程的定律是进度服从质量。

恩格斯说：“我们的主观思维和客观世界遵循同一些规律，因而两者的结果最终不能互相矛盾，而必须彼此一致，这个事实绝对地支配着我们的整个理论思维。这个事实是我们理论思维的不以意识为转移的和无条件的前提。”[2]

本文提出的原理和定律，同样必须服从这种强制性。这种服从就是，毫无保留地接受编辑活动社会实践的检验，既接受证实，同样也欢迎证伪。

原载《中国编辑》2013年第5期

1　赵健：《范式革命：中国现代书籍设计的发端（1862—1937）》，第3页，人民美术出版社，2011年。

2　前揭《马克思恩格斯选集》第3卷，第977页。

故宫博物院个性化出版业务初探

冯印淙

内容提要：本文主要介绍对故宫博物院出版部（故宫出版社）在博物馆个性化出版工作的见解。内容涉及针对图书题材制定个性化出版方案、编辑工作对个性化方案实施的探索、故宫出版社近年来主要系列产品的简介，以及对博物馆界今后出版工作的展望。

作者较长期从事故宫博物院出版工作。文中对如何形成特色地高质量完成故宫博物院藏品及建筑的出版任务作了个性化理解和阐述，尤其是结合了重要出版物进行较为细致的分析。对于最终形成个性化产品提出的建议，在博物馆界的出版工作中，有一定共性。

作者期待博物馆界的出版工作能够形成资源整合和共享，制作高端和普及两种特色的出版物，实现社会效益与经济效益的最佳收获，形成品牌、系列，推进电子化和国际化业务进程，最终为传播中华文明的精髓作出实际奉献。

关键词：故宫博物院　个性化出版　版式　用材与工艺　图录　影印　插图式　系列产品　品牌化　系列化　电子化　国际化

博物馆是为社会及其发展服务的、非盈利的永久性机构，并向大众开放。它为研究、教育、欣赏之目的征集、保护、研究、传播并展出人类及人类环境的物证。

向公众展示、传播馆藏资源及其文化内涵，是现代博物馆的重要社会职能。尤其是世界著名的博物馆，其藏品资源为天下瞩目，而有幸与藏品近距离接触的人毕竟为数不多。出版是这种展示和传播的重要途径之一。截至 2012 年底，大陆地区各类博物馆数量达到 3000 余家，其中唯一拥有出版部门的是故宫博物院，这本身就是一种个性化；这种现状，注定故宫博物院的出版工作具有个性化特征。

作者：出版部，副编审。

故宫博物院文物资源，分为可移动文物和不可移动文物。如从与出版相结合的角度，可以分为藏品类和建筑类。据最新公布的资料显示，故宫博物院现藏文物计 1807558 件（套），分为 25 大类。这些文物或深藏库房，或在专馆长期陈列，或作为特展短期展示，或者正在被研究和修复。那些不可移动的世界文化遗产——紫禁城建筑，虽然被造访的人次逐年递增，观众看到的也多是挂一漏万。作为人类文化的重要遗产，无论如何，其中的绝大多数文物没有机会公开展示和传播。而通过出版这一渠道，则为世人提供了管窥的机缘。

故宫出版社的前身是紫禁城出版社，1983 年成立，一段时期内，是故宫博物院的一个部门。故宫的出版，更远地可以上溯到清代，武英殿就是皇家御用出版机构，凡是这里出版刊刻的图书，称为“殿本”。当代，故宫出版社一直致力于为故宫博物院以及相关行业提供出版业务，依据稀缺的资源，从不为降低成本而牺牲品质，以高品位的内容和形式获得作者、读者和出版行业的认可，有良好的信誉和美誉。

“个性化出版、品牌化经营、市场化运作”，是故宫出版社近 10 年来一贯奉行的宗旨，在这样的思路指导下，稳步推进出版业务。

故宫出版社的编辑工作需要面对以故宫博物院资源为主的多类选题，我有幸参与其中，这使得我有更好的机会逡巡于故宫博物院这座高大精深的宝山，从以观察学习为主，到形成一定的思路，收获极为丰富。现依据曾经参与的故宫博物院编辑出版工作发表一些浅见。

一　根据稿件题材制定个性化方案

故宫博物院藏品和建筑中为数不多的部分，每年都在以不同的方式被制成出版物介绍给公众。故宫出版社即根据藏品及建筑的特征、展示需求以及其他相关条件，策划和协助制定适宜的个性化出版方案。

（一）版式

确定准备出版的主题和内容之后，首先要规划总体版式。从出版主题和图文形式综合考虑，可以大致分为展示藏品与建筑特征的图录式出版物、文献资料整合为题材的影印及影印与研究成果结合式出版物、插图式出版物。其下，又根据内容确定中式翻身，或西式翻身，即图书是从左向右翻开，还是从右向左翻开。一般地，如果是中式翻身，多以竖排版式为主；而西式翻身，则以横排版式为主。当然，个别图书还因专业需要，使用繁体字排版，如一些涉及研究和展示古文字方面的图书。

1．展示藏品及建筑特征——图录式出版物

这类图书的整体结构通常是前言、总论（这部分是一篇或一篇以上的带有学术性的文章）、图版目录（这部分也可以后置）、图版部分（这部分一般分为多个版块，版块之前多有启下的分论）、附录（这部分通常包括图书内容的相关索引、参考文献、后记、编后记，或有其他小段文字）。图版部分以单件（套）藏品或建筑（群）为相对独立的版块，以展示主要特征的主图像、提供细节的局部图像和相应的说明文字构成版式的基本单位。

（1）题材为展示藏品特征的图录

展示藏品特征的图录包括展览图录和非展览图录，版式则没有显著的差别，一些涉外展览，通常具有两种以上的语言形式。为确定版式，可将文物简要归纳为平面藏品和非平面藏品。平面藏品，按照故宫博物院现行分类标准，包括绘画、法书、碑帖、织绣以及其他一些门类中形式具有平面特征的藏品。非平面藏品，如各类器物。根据不同的藏品特征，制定个性化的版式方案，展示细节，提供信息。

（2）题材与建筑有关的图录

紫禁城的建筑群落，在世界遗产中具有唯一性。与此建筑相关的图像，在拍摄时，有一定的自身规律，主题要明确，构图要完整，视觉要舒适，光线要合理；同时，也要求表现出紫禁城建筑的个性化特征。如果达不到相关需求，则可以要求作者替换图像，或通过裁剪和制版工艺进行调整，以达到出版要求。

对于工程图及各种手绘图像，应保持文字及线条清晰可辨，全书整体风格尽量保持一致或有一定内在原则。

由于上述图录无论是以藏品还是建筑为题材，皆为全四色印刷，颜色的校准成为实际出版工作中的关键之一。对于藏品，由于读者不容易亲眼得见，出版物上一旦出现色相偏差，就会给读者传达错误的信息。而由于读者对宫廷建筑和与之相关的颜色信息容易有所了解，形成印象，出版物上一旦出现色差，则会给读者的期望带来负面影响。所以，图录颜色不准，对于出版物质量而言，几乎是致命的谬误。如何保证藏品与建筑本身经过拍摄成为图像来稿，再经过制版彩色打样，在最终形成的纸质出版物上与原藏品或建筑的颜色毫无二致，取决于出版相关环节的工作质量，这种质量的保证，绝非朝夕可得。

此外，图像上所有的文字，如在图像说明中有所提及，逐字核对是非常必要的，毫厘的差错都是低级的错误。这即便可以将责任以“文责自负”的借口往作者身上推卸，但责任编辑难免遭受诟病。

2．文献资料的整理——影印及影印与研究成果结合式出版物

故宫博物院这类文物主要是古籍文献类，相关出版物包括整体影印和整合出版。

整体影印是指以一部或多部古籍为蓝本，影印出版。其中，对版本的考察至关重要。同名古籍，可能收藏有不同的版本形式，究竟选取哪一种作为底本，不仅要根据版本专业人士所提供的可靠依据，还要对备选底本作实地考察。经过逐页翻检、不同版本对照等方式，认定其是否完好无损和确有出版传播价值。确定底本之后，再选择适当形式，同名影印出版。

整合出版是指对所藏古籍、资料经资源整合之后，非原样再版。在此，我们致力于藏品的个性化深度开发，一些立体化、个性化、有创意的项目，获得了国家的各种基金补贴，一方面使得出版成本降低，质量更可追求完美；同时，更是国家出版管理机构对我们个性化出版价值的认可；也为读者和出版行业贡献了好的产品。

3．插图式出版物——专著与普及读物

这类图书版式以图文结合为特征。体例上以文字为主，且具有逻辑结构，图像起内容的辅助作用。版式上，图文混排，总体页面不以图像为主体。由于图片资源丰富，极少数稿件被制作成纯文字图书，即便是纯文字来稿，我们也会协助作者配用一些院藏图像，以增添可读性并使得图书内容更有意趣、更加直观，同时也推动院藏文物及图像的传播和应用。形成与同类图书更丰富的市场竞争优势，体现了个性化出版、品牌化经营的办社宗旨。

《晚清宫廷见闻录》是近年来出版的插图式丛书。其中大部分来稿为纯文字的形式，但由于内容涉及清代末期，各种相关图像相对容易查找调用，我们将这个系列制成现在的图文并茂的普及读物形式，增强了可读性和阅读的节奏感，市场回应良好，成为一版再版的常销书，也随之产生版权交易。

《紫禁书系》是以故宫博物院中青年学者为主要作者的学术专著。丛书撰稿体例就是以图像说明观点，进行论述。这个系列是专著中插图式出版物的典型。

（二）出版用材与工艺

出版物的用材与工艺是出版形式的重要环节。选择和施用适当，会增强图书题材的表现力，展示出版实力，提高图书档次，获得读者青睐。当然，同时要考虑成本，争取高值性价比，反对包装过度。根据图书内容和既定的总体版式，选择相对合适的纸张，包括品牌、厚度、手感、纹理等，用于书匣、书衣、扉页、内文等处，并采用特殊工艺画龙点睛，会直接提升图书的总体质量。

故宫出版社的图书，印装质量总体水平应该说高于图书市场的平均水平，也形成了一直以来没有改变的出版个性。

二　编辑工作实施个性化出版

对于个性化的出版资源，宜采用个性化的工作态度和内容，形成独具个性的工作成效。

（一）针对项目

1．对全流程的主导和监控

从图书制作发行的全流程而言，并不仅仅是上述的几个方面。此前，依据所藏资源进行相应的市场调研、策划选题、组稿、图书制成之后的销售，以及伴随各个环节的适度宣传，都是博物馆藏资源出版的重要内容。

图书出版的效果如何，从社会效益和经济效益等方面进行考量，让更多的民众目睹束之高阁的国宝，并使图书收益最大化，来源于出版物制作相关的整个流程中每一步工作内容。

2．充分利用项目资源

深度开发本项目的图文资源，产生更广泛的效益。对于稿件所涉及的内容，开拓思路，策划相应选题，使出版资源得到充分利用。包括内容的资源、图像的资源，以及在该选题制作的同时，从编辑、设计、制版、印刷等环节同时进行，最终先后产生多个产品。简要列举如下。

《故宫陶瓷馆》是故宫博物院为文华殿区域长期展出的陶瓷馆所制作的展览图录。上下两册，规模较大，包括了陶瓷馆展出的每件展品，成品比较厚重。当时考虑到观众参观之后，有可能想购买相关图书的需求，于是选取展品中的100件，制作成了小型图录《故宫陶瓷精华》。同时，选取其中的精品，加入展品以外的藏品，形成《故宫经典·故宫陶瓷》，为获得多种美誉的《故宫经典》大型系列图录增添了品种。一次制版，制成两种图书；一次调色，通用三种成品，由于策划在先，思路明确，提高了效率，增加了效益。这三种出版物都已经过两次以上再版。

《皇帝的课本》是社领导委派我们编辑室实施的选题，旨在把清代皇室阅读的图书，进行点读和白话串解后，引荐给当今的读者。我们在考察了故宫博物院图书馆所藏资源，确定了《御注道德经》、《圣迹全图》、《承华事略》、《帝鉴图说》、《养正图解》五种底本之后，建议利用现有图像，以原版影印的简单方式同时推出一套名为《故宫博物院藏内府珍本》的图书；并将其中装帧精良、字大行疏、便于理解的《御注道德经》制成豪华影印版，按领导提示将书名调整为更加明确的《顺治御注道德经》，可以作为馈赠礼品和案头精赏。获准制作后，也是一套资源，三种成品形式。其间，此套丛书以《故宫博物院藏内府珍本》的名义，申报了国家古籍整理出版基金，并获得了批准。后期，我们还依据《皇帝的课本》的市场定位，将五种古籍的图文注释版分别制定书名为：《当顺治遇上老子——御注道德经赏析》、《观照孔夫子——圣迹全图赏析》、《皇帝是这样炼成的——帝鉴图说赏析》、《今天你养正了吗——养正图解赏析》、《加油吧太子——承华事略赏析》，增强了图书与读者的亲和力。

（二）针对稿件

面对来稿，责任编辑的角色比较复杂，通常是身兼四责：对书稿负责，对作者负责，对读者负责，对本职工作负责。编辑是作者与读者之间的桥梁，既要尽可能了解专业，又要多替读者着想。编辑是书稿与成品之间的桥梁，既要尽可能保护原作，又要达到质量标准。

编辑前期介入，提供建议，裨益良多。考虑读者对象、调研及预测市场前景，按照成熟的体例对来稿提出建议，包括对总体版式、体例、结构、内容、形式（配图）、图像质量、文种（制作外文版，或是多种文字共同出现），及各种细节。因为更加了解内容，因此也有义务为图书的装帧设计人员提供合理建议，并对其不妥之处谏言。以下按照上文所列的图书三种形式分别举例简述。

1. 图录

《武英殿》(一）为《故宫古建筑保护工程实录》丛书的第一部，是根据故宫整体维修的计划安排，随工程的进展及时地整理、编写并出版的维修工程报告。共 3 章 51 万字、691 幅现场修缮照片和 72 幅工程图。本书稿凝结武英殿保护工程的丰富成果，具有重要的学术价值。

本书稿文字、图像、工程图历经数年完成，涉及 20 余位作者，来稿文字及数字用法、引文准确性、图片清晰度和构图合理程度、工程图像类内容体例等方面，存在大量需要核对和统一体例的工作。根据来稿的这种复杂情况，在时间紧、任务重的情况下，责任编辑与作者进行反复沟通，制定本丛书的《撰稿体例》和《凡例》，统一文字和数值的用法；在对书稿进行框架结构把握的基础上，认真地进行文字加工工作（包括消灭差错、润饰提高、规范统一、核对引文、查对资料，等等），保证了全书的编校质量；对文中大量的随文图进行了顺序的排列、清晰度的判定、构图剪裁的建议，以及在制作环节中对颜色的调整等复杂的工作，提高了全书图文出版质量；对工程图内同类事物的表达方式、同类线条的宽度、同类数字的排式、同类注释的版式、同类标注的形式和位置以及总体版式等内容，进行了审定并统一，使工程图更加标准与规范。

这些工作得到该书主要作者的一致赞许，该书并获得了故宫博物院科研成果奖出版奖。

2．影印式图书

《明代宫廷建筑大事史料长编》（以下简称《长编》），作者由著名的古建筑界和文献界专业人士为主的团队构成。图书一旦全部制成，将成为古建筑界和文献学研究领域蔚为大观的重要参考和里程碑式的工具书。

第一卷为《洪武建文卷》，在几百种文献中，总共摘取1771条史料。来稿时，作者已经将全部史料录成简体字，并延请专家进行了点读。为保证成书足够严谨，无愧于“工具书”的定位，我建议作者将采取影印史料结合研究成果的方式出版。按照出版要求将所有史料做统一规格的专业扫描。在版式设计上，提出建议做成16开精装，每条史料设计成以高为定值，宽随比例缩放的体例，史料截取之后，高度小于定值的不超过原大。

本着尽量展示成果、不产生无用功的思路，又建议将专家所作的标点，通过制版，置入史料相应位置，既保证了史料的可靠，又为读者提供了阅读上的便利。获得作者的认可，并以此方式成书。

《故宫博物院藏档案汇编——工作报告（1925—1949）》是故宫博物院档案整理工作和课题的阶段性成果，并确定出版。来稿前，1353页档案的大部分已被释读、点读并录成简体。同样出于《长编》制作前的考虑，为了保证档案的严谨性和为查阅者提供一次到位的参考（如排成简体，参阅者为了确保史料可靠，必定要申请到档案收藏部门翻阅原档才算严谨）；同时，用于出版的这部分档案中，有相当一部分是经手人手书，字体各异，多规整美观，可供欣赏；此外，也由于手书，一些字迹需要仔细辨认，给进度带来困难，形成难度，潜藏风险。我建议作者采用扫描档案、影印出版的方式，既可减小难度，又能提高可信度。此建议被作者采纳。

这类具有重要参考价值的文献、资料，在进行出版时，宜首先考虑采取影印的方式。除了保证内容的严谨，同时通过文献、资料原貌——如原文献的版式、字形的直观展示，以及所反映出的文献学中涉及的多种信息，可为读者提供进一步研究的线索。这些，都是简体录排所不能企及的。

既然阅读此类图书，必然是需要获取相应的内容信息，同时，必然是具有相应水平的学识能力。这些读者，具有独立的认知和观点，他们需要的是严谨和确凿的信息，对于释读，则见仁见智。这类出版物属于专业图书，为专业人士提供可信的第一手资料的功能和意义，远远大于提供一家之言的点读和隶定。

并且，我认为这种方式适用于更广泛的文献、资料的整理与出版，是一种事半功倍的方式。对于原文献和资料，无须大动干戈、广聚人员进行点读、识读、录排、校对，只需将所需出版的文献原貌高清晰扫描。这类出版物的工作重点，是对文献的整理、利用和研究。我所指的是，依据科研能力，对于内容所提供的信息进行各种层次的研究，例如，索引、统计、归纳、演绎、类比，甚至以内容为基础，进行文献学、历史学、社会学等，以及相关学科的综合研究，与原文献共同出版。既给读者以论据，又能展示论证的过程，最终给出研究结论。

3．插图式图书

《紫禁城行走漫笔》为纯文字形式来稿，对紫禁城内外皇家建筑作了精彩的描述。初审之后，我认为作者的语言亲切，画面感极强，于是与作者沟通，制订方案，亲自拍摄，为文字配图。几乎使作者在书中提到的主要建筑，都辅以图像，也为读者提供了更多的阅读线索。

《宋代官窑导读》是配合故宫博物院相应展览的导览式读物。其读者定位决定了此书应该有喜闻乐见的总体版式。我建议删去了章节序号，采用不同的排式表示不同的层级标题，并翻阅大量资料，寻找宋代人物图形，指定了书中阅读链接中的头像标志。根据图书内容，确定了全书的色调和版式。以上工作，使得图书从形式上更加符合大众读物的定位。

三　成品概览

近年来，故宫博物院藏品的出版，逐步形成了各种系列，确立了品牌，获得了美誉。现将主要丛书简列如下。

（一）独有资源——个性化选题

故宫藏品具有个性化特征，级别高的文物占绝大多数。将这些资源广泛传播，出版社必须有所担当。对于个性化藏品资源的出版，近10年来形成一些重要的系列产品。

《故宫博物院藏品大系》，8开，全四色印刷。本丛书是最近一次文物清点工作完成之后，陆续出版的大型系列图录。其内容拟将故宫博物院藏品分门别类制作成其下各编，以高清大图和简要的文字信息，向公众展示藏品的精华。拟出版总卷帙达500卷。现已经出版《书法编》、《绘画编》、《雕塑编》、《玉器编》、《珐琅编》、《陶瓷编》等50余卷。

《故宫经典》，12开，全四色印刷。本丛书内容涉及与紫禁城相关的藏品、建筑、制度等，既是整合，又是开拓。现已出版40余种。是故宫出版社的重点项目，在市场上赢得了良好的信誉。

《故宫收藏》，16开，全四色印刷。将故宫藏品中的重要器物分门别类选择200件，展示图像，配合文字，使读者了然该门类藏品中的有代表性的精品。

《故宫书画馆》，16开，全四色印刷。是伴随在武英殿举办的同名周期展览而陆续出版的大型图录。展览一般持续3个月，而展陈过后，将在很长时期内不再会与公众见面，这个系列的出版，成为展览的延续和中国古代书画精品传播的重要载体。目前已经出版9集。

《紫禁书系》，16开，全四色印刷。内容涉及与宫廷有关的文物、制度、学术流派等众多方面，为中青年学者提供出版的平台。现已出版20余种，正在以每年5种左右的速度递增出版。

《中国历代名画技法精讲·故宫画谱》，8开，全四色印刷。有《山水》、《人物》、《花鸟》各卷。现已出版20种，拟出版40种。

此外，《皇家品位》、《清宫旧藏聚珍》、《故宫藏品册页、碑帖》、《故宫珍藏历代名家墨迹技法精讲》、《故宫珍藏历代名碑法帖技法精讲》、《故宫珍藏历代法书碑帖集字系列》、《故宫珍藏历代墓志初集》、《收藏与鉴赏》，等等，都是较大型的图册系列。

（二）整合资源——个性化出版

历代精品文物在世界各地分散收藏，故宫出版社以主要收藏在故宫的文物精品为基础，牵头联络，致力于个性化的整合出版。或将以故宫组织和参与组织的文物、历史等领域的学术研讨会成果协助配图，结集出版。

《米芾书法全集》，33卷，8开，全四色印刷。以故宫博物院藏品为主，整合故宫以外的米芾书法作品而集成大观。

《中国历代书法精品大观》，100册，8开，全四色印刷。也是集合多方资源形成的重大选题，一时成为出版界佳话。

此外，《中国古陶瓷研究》、《玉学研究》、《中国书法经纬丛书》、《明清论丛》、《故宫学刊》、《紫禁城学会论文集》、《故宫博物院宫廷史学术论文集》等，均为展示相关学术成果的系列丛书。

（三）参考资源——个性化再版

故宫博物院的出版工作，不仅仅是介绍藏品，还将一些与明清时代相关的各领域已有出版物中的精品，进行再版。这个工作将很多如今已经难以寻觅的出版物，重新编辑、设计，以故宫版的全新系列奉献给读者。如《明清史学术文库》、《明清美文》、《清史事典》等系列。

此外，故宫出版社所辖故宫文化传播公司，近年成立以来，将研发个性化的产品奉为宗旨，设计制作了多个系列的产品。如高仿真书画，将故宫藏品按需精仿；紫砂系列，按照故宫收藏的古代名壶壶式，请当今制壶大家手工制作；精仿文房用具，等等。这些产品高端富贵，充满个性，既传播了古代的文化精品符号，又有很强的实用性，成为有实力的消费群体竞相追捧的佳品。

四　博物馆资源出版展望

故宫出版社为故宫博物院提供出版服务，同时，也责无旁贷地要为博物馆界的各种机构和各位专家提供出版的平台。携手博物馆界专家学者合力谋划、突出个性，共同致力于将藏品传播给更广泛的大众，将研究成果展示到更开阔的领域，是故宫出版社的期待，也具有这样的能力。展望未来的博物馆出版业务，不妨将工作规划概括为“一、二、三、四”，即按照“明确一个目标、担负两个责任、围绕三个层面、把握四个方向”的总体目标稳步健康推进。

（一）明确一个目标：追求两个效益的最佳坐标

1.“双效益”组成四个象限

如果把社会效益和经济效益比作数学中的横轴和纵轴，我们希望产品获得第一象限的最佳位置，也就是两个效益均为正数的某个最佳契合点，渴望追求到两个效益的最佳坐标。

2. 工作进程

为达到这个目标，首先要进行充分的市场调研；之后进行客观的分析，详细的策划，力求精准的市场定位、合理的产品规格、周密的成本匡算和理性的利润预期；进行专业、优质、高效的案头编辑工作；同时，配合营销工作，承担适当的任务。

（二）担负两个责任：学术专著——践行前沿价值，普及读物——引导审美情趣

1. 坚持高端

故宫出版社出版的图书多是阳春白雪，秉承这一传统，坚持专业特色，责无旁贷。以故宫博物院乃至全国博物馆界的专家、学术和藏品为依托，结合优势资源，为读者提供精品文化的飨宴。

2．兼顾普及

同时，铺陈道路，制作普及性与严谨性并重的大众喜闻乐见的读物，为对中国传统文化感兴趣的读者提供便捷通畅的阅读途径。我们认为，制作这类产品时，更应审慎，要严谨求实，意识到肩负弘扬传统文化的历史使命，要对读者负责，对自己负责，对文物负责，对行业负责，对文化负责，对文明负责。

（三）围绕三个层面：故宫博物院相关项目、全国博物馆界出版项目、以前两者为基础策划的深度开发项目

服务好这些项目，形成全国博物馆界出版的个性符号和促进文化繁荣，前景乐观。

（四）把握四个方向：品牌化、系列化、电子化、国际化

1．品牌化

即指制作的产品符合故宫出版社整体风格，不偏离我社出版物在受众中的高雅形象，巩固这类产品在市场上的有利地位。并以此为营，继续加深品牌效应，彰显品牌特色，争取与博物馆界同仁携手构建出版界的权威品牌。

2．系列化

即指制作的图书可以纳入已有的图书系列，或开创某个新的系列。后者同时满足兼容性和开放性两个特点，即在规划新系列时充分考虑到该系列的整体构架、系列内各种选题内容的分布状况、每种选题的个体特征和该系列制作品种的总量，从而产生规模效应，谋求在出版界的良好形象。

3．电子化

在数据成为社会生活主流的自媒体时代，电子阅读成为读者的重要阅读习惯，通过网络传播信息给博物馆出版业务提供了广阔空间。故宫博物院有官网，故宫出版社有“故宫文化网”，都是良好的信息传播平台。全国博物馆资源实现网络共享，并形成出版物，值得期待。

4．国际化

“引进来”和“走出去”是博物馆出版业务的重要使命。积极谋求版权交易，为优秀图书找到新出路，逐步使我们的优秀出版物更多地进入国际市场，完成出版人弘扬民族优秀传统文化的历史任务。积极引进国外好的出版项目，介绍给中国读者，会

使得出版工作更有意义。

增强联系，整合资源，为更多的博物馆提供出版平台，使得出版物更加严谨、包容。一方面繁荣出版市场，更重要的是发挥其社会影响力，让读者能更广泛地了解中华民族传统文化的精髓，增强认知，加深思考，并尽可能地做到知行合一，我们工作在编辑岗位上，显得任重道远。

未刊稿

后　记

故宫博物院学术研究成果有着十年一展示的良好传统。自从1995年70周年院庆时编辑出版《故宫博物院七十年论文选》开始，2005年80年院庆时又接续出版《故宫十年论文选（1995～2004）》，而现在，我们承接了这一传统，并将之固定下来，以展示2005年以来故宫博物院在学术研究方面取得的巨大成就。

2014年初，研究室主任余辉、故宫出版社总编辑赵国英提议按照传统模式编一部论文集，并由研究室呈递了报告。5月，院领导批准研究室组织编辑《故宫博物院十年论文选（2005～2014）》，邀请业务职称为副高级以上的故宫职工（无论在职、还是离退休）提交一篇反映个人最新研究成果（2014年底发表或完稿）的学术论文，纳入进来，汇成一本故宫学人的自选集。征稿通知发布后，我们得到了院内各位学术同仁的大力支持，到截稿时间止，共收到文章167篇，覆盖了故宫所有的学术领域。

既然是循稽传统，本书体例除增加博物馆学板块外，基本上沿袭了《故宫博物院十年论文选（1995～2004）》的板块分类与次序，板块内篇什排序，则依照文章内容反映的时代顺序来排定文章序位。为体现与当代学术阐述方式接轨的思路，我们设置了"内容提要"和"关键词"，缀写了作者所属部门、职称和刊载情况。作者所属部门在职人员以截稿时间的任职部门为准，离退人员以离退时的供职部门为准，所有院领导一律以职务来注明。作者职称则反映截止2014年底个人获聘的职称状态。

单霁翔院长提交的文章《博物馆科学技术能力建设的实践与探索》，对博物馆的建设具有引领意义，经征求本人意见，代作本书序言。

本论集的编辑工作是在以单霁翔院长为主任的编辑指导委员会指导下，张忠培、郑欣淼两位顾问关怀下，由执行主编宋纪蓉副院长直接领导编辑委员会开展工作的。期间，我们得到了本书编辑指导委员会的大力指导与帮助，也得到了故宫出版社赵国英总编辑、考古编辑室主任宋小军、器物编辑室主任万钧的大力支持，还得到了梅婷、王飞虎、李园明等诸位编辑的多方帮助，尤其是有数篇文章没有电子版，需要作文字补录，费时费力。院庆之年，故宫出版社任务多多，能够在紧张的编辑力量中挤出人力，赶制篇什体例差异很大的这部书稿，非常不易，谨致谢忱！

编辑涵盖故宫博物院所有学术领域的一部论文集，我们的学识和经验都经受了考验，期望各位学术同仁多提出宝贵意见，以助益故宫学术事业的发展。

故宫研究院

2015年2月

图书在版编目(CIP)数据

故宫博物院十年论文选：2005 ~ 2014 / 故宫博物院编 .
— 北京：故宫出版社，2015.12
ISBN 978-7-5134-0785-4

Ⅰ. ① 故… Ⅱ. ① 故… Ⅲ. ① 考古学－文集 Ⅳ.
① K85-53

中国版本图书馆 CIP 数据核字（2015）第 210799 号

主　　编：单霁翔
执行主编：宋纪蓉
副 主 编：于庆祥　项坤鹏
策　　划：余　辉　赵国英

故宫博物院十年论文选（2005 ~ 2014）
故宫博物院　编

出 版 人：王亚民
责任编辑：梅　婷　王飞虎　李园明
装帧设计：王　梓
出版发行：故宫出版社
地址：北京东城区景山前街4号　邮编：100009
电话：010-85007808　010-85007816　传真：010-65129479
网址：www.culturefc.cn
邮箱：ggcb@culturefc.cn
印　　刷：北京雅昌艺术印刷有限公司
开　　本：787毫米 × 1092毫米　1/16
印　　张：145.5
字　　数：3400千字
版　　次：2015年12月第1版
2015年12月第1次印刷
印　　数：1 ~ 1500册
书　　号：ISBN 978-7-5134-0785-4
定　　价：860.00元（全三册）